JN411707

세속의 시대

A Secular Age

오늘, 우리의 삶은 어떤 모습인가?

세속의 시대

A Secular Age

오늘, 우리의 삶은 어떤 모습인가?

찰스 테일러Charles Taylor | 조형준 옮김

새물결

A Secular Age by Charles Taylor

옮긴이 조형준
서울대학교 영어영문학과를 졸업하고 동 대학원을 수료했다.
역서로 스티글러의 『자동화사회』, 허욱의 『중국에서의 기술에 관한 물음』,
『재귀성과 우연성』 등이 있다.

세속의 시대

오늘, 우리의 삶은 어떤 모습인가?

지은이 | 찰스 테일러
옮긴이 | 조형준
펴낸이 | 조형준
펴낸곳 | 새물결출판사
1판 1쇄 | 2026년 1월 21일
등록 | 서울 제15-52호(1989년 11월 9일)
주소 | 서울시 은평구 연서로 37가길 6 우편번호 03343
전화 | 02-3141-8696
E-mail | saemulgyul@gmail.com
ISBN 978-89-5559-451-5

나의 딸 그레타에게

차례

4부 세속화의 서사들

5부 신앙의 조건

<일러두기>

1. 원문의 이탤릭체 강조는 볼드체로 처리했다.
2. 본문 중의 ( )는 저자 것이며, 논의를 명확히 하기 위해 역자가 삽입한 경우 [ ]로 표시했다. 또 중요한 개념어나 영어 이외의 단어에 대해서는 원어를 병기하고 다른 역어 후보를 [ ]로 표기한 경우도 있다.
3. 인용문 속의 [ ]는 대체로 역자의 보충이다.
4. 『성서』 인용은 모두 공동 번역 『성서』를 이용했다.
5. 인지명에 대해서는 각국에서 통용되는 것으로 표기했다.
6. 난외 페이지는 영어본 원서 페이지를 가리킨다. 색인의 페이지 표시는 모두 이것을 가리킨다.

<간단한 용어 해제>

1. 'spiritual'이라는 용어의 경우 맥락에 따라 부분적으로 '영적', '정신적'으로 구분해 번역했으며, 양자의 의미가 모두 함의되어 있는 경우 '영=정신적'으로 번역했다.
2. 빈출 용어인 'human flourishing'은 '인간의 개화번영'이라고 번역했다. 'fullness'는 '충일'로, 'renunciation'은 '자기-버림[자기-버리기]'으로, 'disengagement'는 '거리두기', '이탈' 등으로 번역했다. 플라톤이나 아리스토텔레스, 중세기독교가 전제하고 있던 cosmos는 '우주'가 아니라 '코스모스'로 번역했으며, 근대 이후의 자연과학이나 유물론에서 말하는 'universe'는 '우주'로 번역했다. 하지만 저자는 종종 'cosmic'이라는 형용사를 전근대의 '코스모스'와 근대 이후의 '우주' 모두를 함의하는 의미로 사용한다. 본서에서는 '코스모스적 상상계'와 '우주적 상상계' 식으로 나누어 번역했다(cosmic order의 경우에도 동일하다).
3. 또 다른 빈출 용어인 'discipline'는 하나의 번역어로 통일하기가 너무 어려운데, 무엇보다 '규율'과 '훈육'이 — 적어도 우리 사회에서는 — 너무 부정적인 뉘앙스를 띠기 때문이다. 근대가 '잘 살아보세' 식의 (정권이 강요한) 긍정적 경험이기보다는 독재정권이 강요한 부정적 경험이어서인지 근대의 핵심을 구성하는 discipline='규율'과 '훈육'에는 〈국민교육헌장〉 식의 부정적 의미가 각인되어 있다. 거기에 '감시와 처벌' 식의 푸코적인, 여전히 부정적인 뉘앙스가 더해진 측면도 존재한다. 이렇게 구분한다. 즉 먼저 근대 및 개인의 탄생과 관련된 discipline을 주로 다루는 2장 등에서는 긍정적이고 적극적인 의미를 살리기 위해 '규율훈련'이라는 용어를 택한다. 그리고 부정적 뉘앙스를 띨 때는 '훈육'이라는 용어를 택한다. 그리고 근대 이후 하나의 제도로 정착된 경우에는 '규율'이라는 용어를 선택한다. 그리고 종교와 관련되는 경우에는 '훈련'으로 번역했다.
4. 현상학 용어인 'ontic', 'ontological'에 대해 저자는 '존재적'과 '존재론적'이라는 통상적 의미 구분을 실제로 엄밀하게 적용하지 않는 부분이 많다. 이 경우 '존재적'/'존재론적'이라는 개념쌍을 곧이곧대로 엄밀하게 적용하기보다는 '존재적'의 경우 '존재에 관한' 또는 '존재상의'라는 역어를 채택했다. '존재'/'존재자'의 경우도 저자는 병기하지만 엄밀하게 하이데거적 의미로 사용되지는 않는다.
5. 저자 논의와 관련해 핵심적 의미를 갖는 경험experience[Erfahrung]과 체험lived experience[Erlebnis]가 엄밀하게 구분되어 사용되는 맥락 그리고 둘이 혼용되는 맥락이 공존하는데, 독

어본은 둘을 엄격하게, 일관되게 구분, 정리해 번역하고 있다. 그것은 칸트의 '경험'(『순수이성비판』과 『실천이성비판』)/'직관'(『판단력비판』), 실러의 '소박'/'감상', 결정적으로 벤야민의 경험/체험(『일방통행로』/『베를린의 어린 시절』 또는 프루스트의 '마들렌 과자')론을 배경으로 깔고 있으며, 앞의 코스모스/우주 구분과도 엄밀하게 관련되어 있다(불교 용어를 하나 끌어들여 보자면 '돈오점수/돈오돈수' 논쟁을 원용해볼 수 있을 것이다). 역서에서는 둘을 엄밀하게 구분하는 독어본을 따른다. 가령 근대 이전의 '코스모스적 자아'는 우주와 다공적이고 주술화된 관계를 맺고 있어 모든 것을 단박에 '직접' 깨닫지만, 근대적 자아는 '완충제로 덮여 있으며', '거리를 둔' '배타적 휴머니즘'을 따라 세계를 '간접' 경험한다. 칸트에게서 이론적인 순수이성은 경험적인 동시에 초월적이지만 심미적 이성은 세계의 숭고와 체험적 관계를 맺는다.

6. '해석'으로 번역되거나 그와 관련된 용어로는 'interpretation', 'construal', 'twist', 'spin' 등의 용어가 엄밀하게 구분되어 사용되나 국내에서는 해당 번역어 그리고 그것과 관련된 논의를 찾을 수 없다. 따라서 저자 논의를 최대한 이해한 범위에서, 잠정적으로, 각각 이렇게 번역했다. interpretation='해석', construel='[자가-구성적] 해석', twist='경향적 해석', spin='해석의 부여.'

서문 ix

이 책은 1999년 봄, 에든버러대학교에서 '우리는 세속의 시대에 살고 있는가?Living in a Secular Age?'라는 제목으로 진행한 기포드강의에서 유래한다. 그때부터 상당한 시간이 지나고, 또 저술 범위도 넓어졌다. 기본적으로 당시의 연속 강의가 본서의 1~3부를 망라하며, 4~5부는 당시 논하고 싶었지만 제대로 다룰 시간도 또 능력도 모자랐던 문제들을 다룬다(그동안 흐른 세월이 이 측면에서 도움이 되었길 바란다).

1999년 이래 양도 방대해졌을 뿐만 아니라 다루는 주제의 범위도 늘어났다. 하지만 앞의 과정이 뒤의 과정을 따라갔던 것은 아니다. 다루는 주제의 범위가 더 늘어났다면 지금 독자가 손에 쥔 것보다 훨씬 더 두꺼운 저작이 필요했을 것이다. 이 책에서 나는 하나의 이야기a story를 하고 있는데, 서양의 근대에서 통상 '세속화'라고 부르는 것을 주제로 한다. 그렇게 하는 가운데 자주 언급되지만 여전히 그리 매우 분명하지는 않은 해당 과정이 어떤 결과에 이르는지를 명확히 밝혀보려고 시도하고 있다. 그와 같은 과제를 제대로 수행하려면 보다 밀도 있고 연속적인 이야기를 했어야 했을 텐데, 그렇게 할 시간도 또 능력도 갖고 있지 못한 형편이다.

본서를 손에 들 독자에게 이 책을, 이론적 논증에 의해 세밀하게 형상화되어가는 이야기가 아니라 오히려 상호 맞물린 채 서로를 조명하며, 상관적 맥락을 제공하는 일군의 에세이로 생각해달라고 부탁하고 싶다. 그와 같은 소묘로부터 나의 명제의 전반적 요지가 드러날 수 있기를 바라며, 그것이 다른 사람들에게 나의 논증을 발전, 적용, 수정, 이항시킬 수 있는 나름의 독자적 방식을 추가로 마련해줄 수 있기를 바란다.

본 기획에 착수할 수 있는 최초의 추동력을 마련해준 에딘버러대학교의 〈기포드강의위원회〉에게 감사드린다. 또 1996~1998년에 〈아이작킬람펠로우십〉을 제공해준 〈캐나다카운슬〉에게도 신세를 졌는데, 해당 기간에 작업에 착수할 수 있었다. 또 〈캐나다사회과학 · 인문과학연구카운슬〉에게는 2003년에 골드메달상을 수여해준 데 대해 감사드린다. 2000~2001년에는 빈 소재 〈인간과학연구소Institut für die Wissenschaften vom Menschen〉에서의 체류를 통해 많은 도움을 받았다. 2005~2006년에는 〈베를린고등연구소Wissenschaftskolleg zu Berlin〉에서 연구 펠로우십을 제공해주었는데, 그곳에서 비슷한 기획에 착수하고 있던 카사노바José Casanova 및 요아스Hans Joas와의 토론을 포함해 가능한 최고의 조건 아래 연구 과제를 완수할 수 있었다.

x 또한 〈트랜스컬처연구소Centre for Transcultural Studies〉를 중심으로 한 네트워크와 관련된 동료들에게도 감사를 표해야 할 것이다. 본서에서 사용하는 몇 가지 핵심 개념은 그곳에서의 의견교환에서 나왔기 때문이다.

본서 출판과 관련된 몇 가지 실무 작업에서 스미스에게서 큰 도움을 받았는데, 색인 작성뿐만 아니라 많은 번역을 해주거나 많은 번역문을 찾아주었다. 따로 표시하지 않은 경우 번역은 거의 항상 그의 것이며, 때로 내가 손질하기도 했다.

서론 1

1

우리가 세속의 시대에 살고 있다는 말은 무슨 의미일까? 일단 어떤 의미에서건 그렇다는 데 아마 모두 동의할 것이다. 내가 말하는 '우리'란 서양 또는 아마 북구 또는 북대서양세계 사람을 의미한다. — 또한 비록 세속성은 부분적으로 그리고 다양한 방식으로 그 세계 너머까지 영향을 미치고 있지만 말이다. 인류사에 등장한 임의의 다른 어떤 곳, 즉 한편으로는 거의 다른 모든 근대사회(가령 이슬람국가, 인도, 아프리카), 다른 한편으로는 대서양지역이나 다른 지역을 포함한 인류사의 나머지와 비교할 때 '우리' 사회들이 세속적이라는 판단에 이의를 제기하기는 힘들 것 같다.

하지만 세속성의 본질이 무엇인지는 그리 분명하지 않다. 그것을 특징지을 수 있는 두 개의 유력한 후보, 더 좋게는 후보군이 존재한다. 첫 번째 것은 공동의 제도와 실천 — 가장 명시적으로는 국가지만 유일한 것은 아니다 — 에 주목한다. 그에 따르면 차이는 아래 같은 점에 있을 것이다. 즉 모든 전근대사회에서 정치적 조직(화)은 이런저런 방법으로 신-신앙[하느님-신앙]이나 충성 또는 궁극적 실재에 관한 모종의 개념과 관련되거나, 그것에 의거하거나, 그것에 의해 보증된 반면 서양의 근대국가는 그로부터 자유롭다. 교회는 지금 정치 구조로부터 분리되어 있다(물론 영국과 스칸디나비아제국 같은 몇몇 예외가 존재하지만 거의 눈에 띄지도 않고, 그리 지나치게 많은 것을 요구하지도 않아 실제로는 예외를 이룬다고 보기 어렵다). 종교도 또 종교의 부재도 대체로 사적인 일이다. 정치사회는 (온갖 색조의) 신앙을 가진 사람과 그렇지 않은 사람이 똑같이 속한 사회로 간주된다.[1]

다른 식으로 말해, 우리의 '세속'의 사회에서는 신을 전혀 마주치지 않고도 정치에 관여하는 것이 완전히 가능하다. 즉 정치 기획 전체에 대해 아브라함의 신이 가진 결정적 중요성이 강력하고 오인의 여지없이 명백하게 드러나는 지점에 이를 필요 없이 말이다. 겨우 흔적만 남은 의례를 행하거나 기도를 드리는 극소수 순간과 마주할 수 있을 뿐인데, 그와 같은 일은 오늘날에는 드물지만 수 세기 전만 해도 기독교세계에서는 불가피했을 것이다.

앞서와 같은 식의 정식화를 통해 그러한 변화에는 국가 이상의 것이 관련되어 있음을 인식할 수 있다. 우리 문명을 몇 세기 이전으로 거슬러 올라가면 사회의 모든 차원에
2 걸쳐 신이 — 단지 정치적 실천뿐만 아니라 — 일련의 사회적 (앞서 말한 의미에서의) 실천 전체에서 현존했음을 알 수 있다. 가령 교구가 지방행정 형태로 기능하고 있을 때가 그랬다. 교구는 여전히 일차적으로 기도 공동체였다. 또는 길드가 단순한 형식 이상의 의례적 삶을 영위하고 있을 때가 그랬다. 또는 사회가 모든 구성요소를 포함해 자신에게 자신을 드러낼 수 있는 유일한 형태가 가령 〈성체행렬Corpus Christi〉 같은 종교 축제였을 때가 그랬다. 그러한 사회에서는 상술한 의미에서 '신을 마주치지' 않고는 어떤 종류의 공적 활동에 참여하는 것도 불가능했다. 하지만 오늘날 상황은 완전히 다르다.

1 물론 그것이 최근까지 내가 '세속성 1'로 부르는 것에 대한 표준적 견해였다. 물론 얼마든지 실제로 그것의 일부 세부사항, 가령 종교는 '사적인 것'이라는 개념에 대해 이의를 제기할 수 있을 것이다(José Casanova, *Public Religions in the Modern World*[Chicago: University of Chicago Press, 1994]를 보라).
보다 최근 저서에서 카사노바는 여기서 내가 '세속성 1'로 부르는 것의 복잡성을 보다 상세히 밝히고 있다. 그는 한편으로 종교의 소위 (여전히 반대하고 싶은 용어이지만) 사사화privatization로서의 세속화를 (국가, 경제, 자연과학 등의) 세속적 영역의 분화 — 통상 '해방emancipation'으로 이해된다 — 로부터 그리고 종교 제도와 규범'으로부터 구별한다. 그는 그것을 또한 '이 용어 원래의 어근적·역사적 의미와 관련해 고전적인 세속화 이론들의 핵심적 구성요소'로 간주한다. 그것은 사람, 물건, 의미를 담지하고 있는 요소 등을 교회적 또는 종교적 용도로부터 시민적 또는 평신도적[속인적] 용도로, 재산이나 권한으로 넘겨주는 것을 가리킨다.' 그에 대해서는 그의 근간을 참조하라. 거기서 그는 주류의 세속화 이론들에서 타당한 것과 오류인 것을 상세히 구분한다.

그리고 인류사를 한층 더 앞으로 거슬러 올라가면 아르카이크archaic사회[기원전 750~500년]에 이르는데, 거기서는 오늘날 행해지는 일련의 구분 전체, 즉 사회를 종교, 정치, 경제, 사회 등의 측면으로 나누어 구분하는 것은 더 이상 의미를 가질 수 없었다. 그와 같은 보다 초기 사회에서 종교는 "도처에"[2]에 존재했고, 다른 모든 것과 복잡하게 뒤엉키고, 결코 혼자만의 독자적 '영역'을 구성하지 않았다.

그리하여 세속화의 첫 번째 의미는 공적 공간과 관련해 규정된다. 그와 같은 공간에 이제 신 또는 궁극적 실재에 대한 언급은 더 이상 존재하지 않는다고 주장된다. 또는 또 다른 측면에서 보자면, 다양한 행위 영역(경제, 정치, 문화, 교육, 직업, 오락)에서 기능하는 만큼 우리가 따르는 규범과 원리, 우리가 행하는 숙고는 일반적으로 신이나 어떤 종교적 신앙도 가리키지 않는다. 즉 우리가 행위에 앞서 고려하는 것은 각 '영역'의 '합리성' 내부에 머문다. — 즉 경제에서의 최대이윤, 정치 영역에서의 최대다수의 최대이익 등이 그것이다. 그것은 보다 이전 시대와는 현저한 대조를 이룬다. 이전 시대에는 기독교 신앙이, 종종 성직자 입을 통해, 권위 있는 처방을 내려주었는데, 고리대금업 금지나 정통신앙을 지킬 의무 등 유관 영역 어디에서도 쉽게 무시될 수 없었을 것이다.[3]

하지만 관련 사태를 규범 측면에서 보건 아니면 의례나 의식의 현존 측면에서 보건 사회의 자율적 영역으로부터 종교가 그렇게 퇴출된 사실은 여전히 신을 믿고 종교를 열심히 실천하는 대다수 사람이 존재하는 사실과 당연히 양립 가능하다. 여기서 공산주의 시대의 폴란드 경우가 떠오른다. 하지만 그것은 우리를 조금 헷갈리게 만들 수도 있는데, 왜냐하면 거기서 공적 세속성은 인기 없는 독재정권에 의해 강요된 것이었기 때문이다. 반면 미국은 이 측면에서 정말 두드러져 보이는 사례다. 교회와 국가를 분리한 가장 오래된 사회 중 하나인 미국은 종교적 신앙과 그것의 실천의 열성과 관련해 가장 높은 통계수치를 보이는 서양 사회이기도 하니 말이다.

2 "La religion est partout." 아래 논의를 보라. Danièle Hervieu-Léger, *Le Pèlerin et le Convert*(Paris: Flammarion, 1999), pp. 20-21.

3 막스 베버를 따르는 세속화 이론 중 우리 시대의 중요한 한 가닥은 '합리화' 과정에 의해 추동되는 다양한 영역의 '분화'와 '자율화'에 관심을 집중하고 있다. Peter Berger, *The Sacred Canopy*(New York: Doubleday, 1969)와 Olivier Tschannen, *Les Théories de la sécularisation*(Genève: Droz, 1992), 4장을 보라. 나중에 그와 같은 관점에 대한 부분적 비판을 제시하게 될 것이다.

하지만 그럼에도 불구하고 우리 시대를 세속적이라고 부르고, 향수 어린 마음으로 또는 안도감을 갖고 그것을 보다 이전 시대의 신앙이나 경건의 시대와 대비할 때 사람들이 종종 문제 삼고 싶어하는 것이 바로 앞에서 언급한 쟁점이다. 이 두 번째 의미에서 세속화는 종교적 신앙과 그것의 실천의 감소를, 사람들이 신을 외면하고 더 이상 교회에 나가지 않는 것을 의미한다[세속성 2]. 이 의미에서 서양 국가들은 대체로 세속화되었다. — 심지어 공적 공간에서 과거의 흔적으로 신을 공적으로 언급하는 관행을 유지 중인 국가도 마찬가지이다.

그런데 세 번째 의미에서도, 즉 두 번째 의미와 긴밀하게 관련되어 있지만 첫 번째
3 의미와도 무관하지 않은 의미에서 현재를 세속의 시대로 검토해볼 만한 가치가 있다고 생각한다. 세 번째 의미는 신앙의 조건에 초점을 맞출 것이다. 이 의미에서의 세속성으로의 이행은 다른 무엇보다도 신-신앙이 도전받지 않고, 실로 아무 문제가 없던 사회로부터 멀어져 그것이 다양한 선택지 중 하나이며, 게다가 종종 받아들이기 쉬운 선택지는 아님이 받아들여지는 사회로 옮겨간 데서 찾을 수 있다. 이 의미에서 두 번째 의미와 반대로 적어도 미국의 많은 사회 환경은 세속화되었으며, 미국 전체가 그렇다고 주장하고 싶다. 오늘날 그것과 명백한 대조를 보이는 사례가 다수의 무슬림사회 또는 대다수 인도인이 사는 사회 환경일 것이다. 미국이나 몇몇 지역에서 교회/유대교당의 예배 참석자 통계수치가 가령 파키스탄이나 요르단, 모스크에서의 금요예배(또는 거기에 더해 매일의 집단 기도) 참석자 통계수치에 접근하고 있음을 증명하는 문제는 중요하지 않을 수 있을 것이다. 만약 그렇다면 두 사회를 두 번째 의미에서 동일한 것으로 분류할 수 있는 증거가 될 것이다. 하지만 그럼에도 불구하고 **신앙이란 무엇인가** 하는 점에서 두 사회에 큰 차이가 존재함이 분명해 보인다. 그것은 기독교(또는 '포스트-기독교') 사회에서 신앙은 하나의 선택지, 어떤 의미에서는 투쟁을 통해 쟁취한 선택지인 데 반해 무슬림사회에서는 그렇지 않은(또는 아직까지 그렇지 않은) 사실에서 유래한다.

따라서 우리 사회를 이 세 번째 의미에서의 세속의 사회로 검토하고 싶은데, 아마 그것을 이런 식으로 요약할 수 있을 것이다. 즉 내가 정의하고 추적하고 싶은 변화란, 신을 믿지 않는 것이 실제로 불가능했던 사회로부터 신앙이 심지어 가장 독실한 신앙인에게조차 다른 많은 인간적 가능성 중 하나인 사회로 우리를 이행시킨 변화를 말한

다. 나의 신앙을 포기하는 것은 나로서는 상상조차 할 수 없는 일일 수 있다. 하지만 (적어도 신 또는 초월적인 것에 대한) 어떤 신앙도 갖고 있지 않다고 해서 삶의 방식이, 솔직히 말해, 타락하고, 맹목적이며, 무가치하다며 무턱대고 무시할 수 없는 다른 사람들이 존재하는데, 그중에는 아마 우리와 매우 가까운 사람도 일부 포함될 수 있을 것이다. 신-신앙은 오늘날 더 이상 공리적이지 않다. 여러 선택지가 존재한다. 그리고 그것은 또한 적어도 몇몇 사회 환경에서는 신앙을 견지하는 것이 어려워지고 있음을 의미할 수도 있을 것이다. 신앙의 상실을 슬퍼하더라도, 포기할 수밖에 없다고 느끼는 사람도 있을 것이다. 그것은 우리 사회에서는, 적어도 19세기 중엽 이후 뚜렷이 알아챌 수 있는 경험이었다. 그 밖에도 신앙을 갖는 것이 한 번쯤 고려해볼 만한 가능성인 적이 결코 없는 것처럼 보이는 다른 많은 사람이 존재한다. 오늘날 분명히 무수히 많을 것이다.

이 의미에서 세속성이란 우리의 도덕적 · 영=정신적 또는 종교적 경험과 탐구가 이루어지는 이해의 맥락 전체와 관련된다. 여기서 '이해의 맥락'은 아래의 두 가지 것 모두를 의미한다. 즉 아마 거의 모든 사람에 의해 명시적으로 정식화되는 것(가령 복수의 선택지), 그리고 그와 같은 경험과 탐구의 암묵적인 — 대체로 초점이 제대로 맞추어지지 않은 — 배경을 형성하는 몇 가지 전제, 하이데거 용어를 이용한다면 '전존재론 Vorontologische'이 그것이다.

세 번째 의미에 따르면 사회는 영=정신적인 것의 경험과 탐구의 조건에 따라 세속적이게 되거나 아니면 그렇지 않게 될 것이다. 사회가 그와 같은 차원의 어디 위치하느냐는 두 번째 의미에서 그것이 얼마나 세속적인가와 분명히 밀접하게 관련될 텐데, 후자는 다시 신앙과 그것의 실천 수준에 따라 달라질 테지만 미국 사례가 보여주듯이 세 4
속성 2와 세속성 3 간에 단순한 관련성은 존재하지 않는다. 공적 공간과 관련된 세속성 1도 다른 두 가지 의미, 즉 세속성 2와 세속성 3과는 상관관계에 있지 않을 것이다(인도 사례에 대해 그렇게 주장할 수 있을 것이다). 하지만 실제로 서양의 경우 공적 세속성으로의 이행은 위에서 설명한 세 번째 의미에서의 세속의 시대를 가져오는 데 기여한 사태 전개의 일부를 이룬다고 나는 주장할 것이다.

2

영=정신적인 것을 경험하는 조건을 명확히 하는 것은 생각보다 어려운 일로 드러난다. 부분적으로는 신앙 자체에 초점을 맞추는 경향이 있기 때문이다. 사람들이 통상 흥미를 갖고, 많은 고통과 갈등을 불러일으키는 것은 아래의 두 번째 쟁점이다. 즉 '사람들은 무엇을 믿고 실천하는가? 얼마나 많은 사람이 신을 믿는가? 현재 추세는 [신앙/비신앙 Unbeilef 중] 어떤 방향으로 향할까?' 공적 세속성에 대한 관심은 종종 '사람들은 무엇을 믿고 실천하는가?', '그 결과 어떤 대우를 받는가?' 하는 쟁점과 연결된다. 우리의 세속주의 체제는, 미국의 일부 사람이 주장하는 대로, 신앙을 가진 기독교도를 주변부화할까? 아니면 지금까지 승인받지 못한 집단에게 낙인을 찍을까? 아프리카계 미국인을? 히스패닉계를? 또는 게이나 레즈비언을?

하지만 우리 사회에서 종교를 둘러싼 주요 쟁점은 통상 신앙 개념과 관련해 정의된다. 처음에 기독교는 항상 사도신경의 천명과 관련해 규정되었다. 그리고 두 번째 의미에서의 세속성은 종종 기독교 신앙의 쇠퇴로 간주되어왔다. 또한 그와 같은 쇠퇴는 주로 다른 — 과학, 이성에 대한 — 신앙[믿음]의 등장, 그리고 많은 개별 과학의 평결deliverance — 가령 진화론이나 정신의 기능에 관한 신경생리학적 설명 — 에 의해 촉진되어온 것으로 간주되어왔다.

신앙, 경험, 탐구의 조건 쪽으로 초점을 전환시키고 싶은 이유 중 일부는 세속성 2에 대한 그와 같은 설명 — 즉 과학이 종교적 신앙을 논박하고, 그리하여 설 자리를 없게 만든다는 설명 — 에 만족하지 않기 때문이다. 나는 상호 관련된 두 가지 수준에서 불만을 갖고 있다. 먼저 나는 가령 다윈의 발견에 의거해 소위 종교를 논박할 수 있다는 식의 주장의 타당성을 인정할 수 없다. 그리고 두 번째로, 부분적으로 그와 같은 이유에서 나는 그것이 실제로 사람들이 신앙을 포기하는 이유에 대한 적절한 설명이라고는 생각하지 않는다. 심지어 1890년대에 해로 스쿨의 한 학생이 말한 대로 사람들이 '다윈이 『성서』를 논박했다' 같은 말과 관련해 무슨 일이 벌어지고 있는지를 훤히 알고 있더라도 마찬가지이다.[4] 물론 조악한 논증이 매우 탁월한 심리적 또는 역사적 설명에서 결정적 역할을 할 가능성도 얼마든지 존재한다. 하지만 그와 같은 조악한 논증은 막상 근본주의와 무신론 사이에서 발전해 나올 수 있는 또 다른 — 독자적으로 생존 가능한 너무나 많은 — 입장의 가능성은 무시한다. 그러면서 다른 길을 걷지 않은 이유에 대한 모종의 설명을 간절히 바란다. 그에 대한 보다 심층적인 설명을 앞으로 내가 탐구하려는 수준에서 발견할 수 있으리라고 생각한다. 곧 이 문제로 돌아갈 것이다.

이 수준에서 앞의 문제를 조금이라도 더 명확히 하기 위해 나는 신앙/비신앙을 경쟁적인 두 이론으로, 즉 존재나 도덕(성)을 신이나 자연 속에 존재하는 어떤 것 등에 의해 설명하는 방식으로 다루고 싶지 않다. 오히려 삶을 이런저런 방식으로 파악할 때 일정 5
한 역할을 하는 다양한 형태의 체험에, 그리고 신앙인 또는 비신앙인으로 사는 것과 관련된 내적 체험에 주목하고 싶다.

내가 암중모색 중인 방향에 대한 최초의 대략적 암시로, 신앙/비신앙은, 가장 넓은 의미로 말해, 도덕적 · 영=정신적 삶을 사는 대안적 방식이라고 말할 수 있을 것이다.

우리는 모두 삶 그리고/또는 삶을 영위하는 공간이 특정한 도덕적 · 영=정신적 형태를 갖고 있는 것으로 간주한다. 어딘가에 — 어떤 행위나 상태 — 충일fullness, 풍요로움이 놓여 있다. 즉 그와 같은 장소(행위나 상태)에서 삶은 보다 충일하고, 보다 풍요로우며, 보다 심원하며, 보다 가치 있으며, 보다 상찬 받을 만하며, 의당 그래야 하는 것보다 훨씬 더 뛰어나다. 아마 삶에 활력을 불어넣어 주는 장소일 것이다. 종종 그곳에서 깊은 감동을 받고, 영혼을 고무 받는 듯한 체험을 하기 때문이다. 아마 그와 같은 충일감은 단지 먼발치에서만 힐끗 엿볼 수 있는 것일 것이다. 가령 고요하거나 우주와 하나가 된 듯한 느낌이 들 때 또는 고결함이나 관용, 비움, 몰아沒我 수준에서 행동할 수 있을 때 그와 같은 충일이 어떤 것인지를 아주 강렬하게 직관할 수 있을 것이다. 하지만 종종 충일과 환희, 성취감을 [직접] 체험하는 순간이 있을 텐데, 그때 우리도 실제로 그곳에 존재하는 듯한 느낌이 든다. [영국 출신의 가톨릭 사제이자 〈베네딕투스수도회〉 소속 수도사로 후일 인도 남부의 여러 아쉬람에 살며 유명한 선교사가 되었으며 〈기독교도아쉬람운동〉의 주요 성원 중 하나인] 그리피스의 자서전에서 차용한 아래의 한 가

4 문제의 학생은 다름 아닌 트리벨리안George Macaulay Trevelyan이었다. 그가 했다는 말은 Owen Chadwick, *The Secularization of the European Mind in the Nineteenth Century*(Cambridge: Cambridge University Press, 1975), p. 164에서 재인용했다.

지 사례가 그와 같은 많은 경험을 대변할 수 있을 것이다.

어느 날 저녁, 마지막 학기에 나는 혼자 산책하다가 새들이 떼창하는 노랫소리를 들었다. 한해 중 오직 그맘때쯤에만 새벽이나 해 질 녘에 들을 수 있었다. 새들의 노랫소리가 돌연 두 귓속으로 파고 들어올 때의 놀라움의 충격을 지금도 기억한다. 전에 새들이 노래하는 것을 결코 들어본 적이 없는 것 같았다. 새들이 일 년 내내 그렇게 우짖는 걸까 하고 궁금해졌는데, 아무튼 전에는 결코 알아채지 못했다. 계속 걸어가다 꽃이 만개한 몇 그루의 산사나무와 마주쳤는데, 다시, 지금까지 그와 같은 광경을 본 적이 한 번도 없고, 그와 같은 달콤함을 경험한 적이 없다는 생각이 들었다. 만약 돌연 천국의 정원의 나무들 사이로 옮겨가 천사들의 성가대의 노랫소리를 들었더라도 그것보다 더 놀랄 수는 없을 것이다. 그런 다음 석양이 운동장 저편으로 지는 모습을 볼 수 있는 곳에 이르렀다. 그러자 내가 서 있는 나무 옆의 땅바닥에서 종달새 한 마리가 하늘 위로 치솟으면서 내 머리 위로 노랫소리를 쏟아 붓더니 계속 노래를 부르며 보금자리로 돌아갔다. 이어 마지막 햇빛이 사라지고 황혼의 베일이 대지를 덮기 시작하면서 모든 것이 정적 속에 빠졌다. 경외감이 엄습했던 것이 지금도 기억에 생생하다. 천사의 면전에 서 있기라도 한 듯 땅바닥에 무릎이라도 꿇고 싶은 심정이었다. 감히 하늘을 우러러볼 엄두가 나지 않았다. 하늘은 그저 신의 얼굴을 가리는 하나의 베일에 지나지 않는 것처럼 보였기 때문이다.[5]

앞의 경우 충일감은 익숙한 사물, 행위, 참조점 등에 따라 우리가 세계 속에서 일상적으로 존재하는 감각을 뒤흔들고, 그것을 뚫고 나타나는 체험 속에서 등장한다. 버거가 무질Robert Musil 작품에 대해 기술하면서 말하는 순간, 즉 "일상적 현실이 '폐기되
6 고', 소름이 오싹 끼칠 만큼 다른 것의 빛이 스며드는" 순간, 무질이 "다른 상태der andere Zustand"[6]로 묘사하는 의식 상태가 그것이다.

5 Bede Griffiths, *The Golden String*(London: Fount, 1979), p. 9.

6 Peter Berger, *A Far Glory: The Quest for Faith in an Age of Credulity*(New York: Free Press; Toronto: Maxwell Macmillan Canada; New York: Maxwell Macmillan International, 1992), pp. 128-129.

하지만 충일 — 정신을 고양시키는 것이건 사람을 깜짝 놀래키는 것이건 — 을 알아차리는 것은 그와 같은 종류의 한계체험 없이도 이루어질 수 있을 것이다. 깊은 분열, 정신산만, 걱정, 슬픔 등 우리를 맥 빠지게 만드는 것처럼 보이는 것이 어쨌건 사라지거나 상호 조화를 이루어 일체감을 느끼고, 갑자기 역동감과 활력으로 가득 차 다시 전진하고 있는 것처럼 느끼는 순간 또한 존재할 수 있을 것이다. 우리의 지고한 갈망과 삶의 에너지가 더 이상 심리적 정체를 낳는 대신 어쨌건 일치되어 서로를 강화시켜준다. 실러가 "유희Spiel"[7] 개념으로 이해하려고 한 것이 그와 같은 종류의 경험이었다.

그와 같은 경험, 그리고 여기서 모두 열거할 수 없는 다른 체험은 우리가 도덕적 또는 영=정신적으로 지향하는 충일의 장소[8]를 규정하는 데 도움이 된다. 그것이 우리가 방향을 잡는 데 도움이 되는 것은 그것이 어떤 대상과 관련되어 있는지에 대한 모종의 감각을 전달해주기 때문이다. 즉 신의 현존, 자연의 목소리, 만물을 관류하는 힘 또는 욕망 그리고 그것에 형태를 부여하려는 충동을 조화시키려는 우리 내면의 바람에 관해 말이다. 하지만 그것은 또한 종종 마음을 심란하게 하는 수수께끼 같은 것이기도 하다. 그것이 어디서 유래하는지에 대한 우리의 예감 또한 불확실하고, 혼란스럽고, 빈틈이 많다. 우리는 깊이 감동받지만 또한 어리둥절해 하고 동요한다. 우리는 무슨 일을 겪고 있는지를 명확히 하려고 분투한다. 아무리 부분적이더라도 정식화하는 데 성공한다면 안도감을 느낀다. 마치 초점을 맞추고, 명확히 하고, 따라서 충분히 충일하게 존재하게 됨으로써 마치 그와 같은 경험의 힘이 증가되기라도 하듯 말이다.

그것은 우리 삶의 방향을 잡는 데 도움이 될 수 있을 것이다. 하지만 방향감각은 또한 부정적 경사면을 갖고 있다. 즉 무엇보다 먼저 거리감, 무엇인가가 부재하는 느낌, 추방되어 있는 느낌exile, 무능력 등으로 인해 그와 같은 충일의 장소에 결코 이르지

7 실러F. Schiller, 안인희, 『인간의 미학적 교육에 관한 편지』, 휴먼 아트, 15장.

8 '충일'이 여기서 우리가 도달하려고 하는 상태를 가리키는 약식 표현이 되었다. 하지만 나는 이 영역에서 모든 단어가 얼마나 불충분한지를 매우 분명하게 인식하고 있다. 어떤 것을 다른 것으로 '표시'하는 가능한 모든 방법에는 문제가 따르기 마련이다. '충일'의 경우 가장 확연하게 드러나는 결점은 이렇다. 즉 가령 불교에서 명확히 볼 수 있는 대로 하나의 매우 개연적인 영=정신적 경로에 따르면 최고의 갈망은 일종의 공空, sunyata에 대한 갈망이어야 하는 데서 찾을 수 있다. 또는 그것을 보다 역설적으로 표현하자면, 진정한 충일은 오직 공을 통해서만 이를 수 있다. 하지만 여기서 완벽한 용어법적 해결책은 존재하지 않으며, 따라서 앞의 모든 유보사항에도 불구하고 앞의 단어를 그냥 놔두기로 한다.

못하리라는 외견상 치유 불가능한 느낌 등이 그것이다. 무력감, 혼란 또는 더 나쁘게는 전통적으로 우울로 묘사되어온 상태, 권태(보들레르의 '애수spleen')가 그것이다. 그와 같은 상태에서 끔찍한 것은 충일의 장소는 도대체 어디 존재하는가, 심지어 충일이란 도대체 무엇인가 하는 감각마저 잃어버리는 것이다. 충일이 도대체 어떤 상태를 말하는지를 망각하거나 그것을 더 이상 믿을 수 없다고 느끼는 것이다. 하지만 부재감과 상실감 같은 비참함은 여전히 존재하며, 실제로는 심지어 여러 측면에서 한층 더 예리해진다.[9]

전통으로부터 추방되었다는 느낌의 다른 형태를 볼 수 있는데, 그것에서는 영벌永罰을 받았다는 감각, 충일로부터 마땅히, 결정적으로 배제되었다는 감각이 지배적이다. 또는 충일에 대한 부정 자체를 구현하고 있는 끔찍한 형상의 힘에 사로잡힌 각종 이미지가 존재한다. 가령 보스Hieronymus Bosch 회화에서 볼 수 있는 기괴한 야수 형상이 그것이다.

그리고 세 번째 가능성으로 일종의 안정된 중간 상태가 존재하는데, 우리는 종종 그것을 갈망한다. 충일에 이르지는 못했지만 부정당하고 추방되어 몸과 마음이 공허해진 형태를 피할 수 있는 방법을 찾아낸 상태이다. 우리는 삶에서 종종 모종의 안정된, 심지어 상투화routine된 질서를 통해 중간 입장과 타협하기에 이르며, 그와 같은 입장 속에서 우리에게 모종의 의미가 있는 일을 하게 된다. 가령 일상의 행복에 기여할 수
7 있는 일이나 다양한 방법으로 충일적인 일 또는 선이라고 생각되는 것에 도움이 되는 일을 한다. 또는 종종 최고의 시나리오에서는 세 가지를 모두 하기도 한다. 가령 나에게 충일감을 준다고 생각되는, 그리하여 또한 그것을 넘어 인류의 행복에도 분명히 일정하게 기여하게 되는 소명[직업]에 종사하면서 배우자 및 아이들과 행복하게 살려고 애쓰는 것이 그것이다.

하지만 그와 같은 중간 상태에서는 아래의 것이 핵심적이다. 즉 먼저 상투화된 것, 질서, 일상 활동에서 의미와 지속적으로 접촉하게 되면 무엇인가로부터 추방되어 있다는 느낌이나 권태, 기괴한 것에 사로잡혀 있다는 것을 어쨌건 떠올리게 하며, 동시에

9 (잠재적인) 종교적 체험과 그것의 외화에 대한 흥미로운 논의로는 Hans Joas, *Braucht der Mensch Religion?*(Freiburg: Herder, 2004), 특히 12~31페이지와 50~62페이지를 보라.

저지한다. 둘째 우리는 충일의 장소와 계속 접촉하고 있으며, 해를 거듭하면서 그것을 향해 천천히 다가가고 있다는 감각을 갖고 있어야 한다. 중간 상태의 균형이 깨지지 않는 한 그와 같은 장소를 포기하거나 그것에 대한 희망을 완전히 잃어버리는 것은 불가능하다.[10]

여기서 도덕적 · 영=정신적 삶의 그처럼 일반적인 — 그렇게 상정된다 — 구조에 대한 나의 기술이 신앙인 쪽으로 기우는 것처럼 보일 수도 있을 것이다. 앞 단락의 마지막 문장은 분명히 중간 상태에 있는 신앙인의 정신 상태에 상당히 잘 들어맞는다. 즉 종종 구원으로 묘사되는 보다 충일된 중간 상태에 대한 믿음을 계속 유지하며, 그와 같은 희망을 포기할 수 없다. 그리고 또한 비록 그와 같은 상태 쪽으로 이미 작은 일보조차 떼지 못했지만 적어도 그것을 향해 계속 나아갈 수 있는 가능성을 갖고 있다고 느끼기를 바랄 것이다.

하지만 분명히 내가 '중간 상태'로 기술해오고 있는 것 속의 삶이 전부인 많은 비신앙인이 존재한다. 그와 같은 상태가 목표이다. 그와 같은 삶을 성공적으로, 충일적으로 사는 것이 인간의 삶에서는 중요하다. 가령 앞서 기술한 3단 시나리오를 생각해보라. 그것이 인간의 삶이 제공하는 전부이다. 하지만 그와 같은 견해에 따르면 그것은 a) 작은 일이 아니다. 그리고 b) 그것 이상의 것 — 가령 사후나 성스러움이라는 어떤 불가능한 상태 — 이 존재한다고 믿는 것은 그와 같은 인간적 탁월성의 추구로부터 도망치고, 그것을 훼손하게 된다.

따라서 충일을 그와 같은 중간 상태와는 다른 '장소'로 기술하는 것은 우리를 오도할 수 있을 것이다. 하지만 그것에는 구조적 유사성이 존재한다. 비신앙인은 그와 같은 삶에 완전히 만족하는 종류의 사람이 되기를 바란다. 즉 그것에 대해 진심으로 즐거워하며, 그것 속에서 충일감 전체가 적절한 대상을 찾을 수 있기를 바란다. 하지만 아직

10 도덕적 · 영=정신적 체험 — 높고[고급], 낮고[저급], 중간인 세 '장소'에서 이루어지는 것으로 간주된다 — 의 현상학에 대한 그와 같은 연필화[개략적 스케치]에는 명백히 엄청나게 많은 것이 빠져 있다. 가령 우리가 또한 일군의 다른 장소에서도, 가령 다른 사람과 나의 행동 — 부분적으로는 경탄할 만하지만 다른 점에서는 고통이나 분노를 촉발한다 — 에 대해 내리는 판단에서 도덕적 · 영=정신적 요구의 힘을 경험함은 분명하다. 도덕적 차원이 일상적 삶 속에 고루고루 스며들어 있으며, 다양한 방식으로 그것 속에 현존한다.

그와 같은 상태에 도달하지 못했다. 둘 중 하나일 것이다. 즉 먼저 자기 삶을 구성하는 의미를 실제로 충일적으로 살고 있지 않을 수 있다. 즉 결혼생활에서 실제로 행복하지 않거나 직업에 대해 완전히 만족하지 못하거나 인류의 이익에 도움이 되고 있다고 확신하지 못할 수 있을 것이다. 아니면, 두 번째로, 이 모든 것과 관련해 기본적으로 필요한 모든 것을 완비하고 있다고 상당히 확신하지만 겉으로 표명된 견해와 반대로 그와 같은 삶 속에서 고요함의 충일, 만족감, 전일성-감각을 찾지 못하고 있을 수 있다. 다시 말해 현재 놓인 '장소'를 넘어선 것을 갈망한다. 아마 초월적인 것에 대한 향수를 아직 완전히 극복하지 못했을 수 있다. 이런저런 측면에서 아직도 가야 할 길이 얼마간 남은 셈이다. '장소[곳]place'라는 은유의 의미를 바로 거기서 찾을 수 있을 것이다. 비록 완전히 다른 행위나 이승을 넘어선 조건을 환기시킨다는 명백한 의미에서 '다르지' 않지만 말이다.

그런데 인간의 도덕적 · 영=정신적 삶의 그처럼 전형적인 차원을 충일의 식별, 추방
8 되어 있는 형식들, 중간 상태의 유형들로 [나누어] 기술하는 것을 통해 신앙/비신앙을 단지 이론이나 공인된 신앙 체계보다는 체험의 틀로 더 잘 이해할 수 있게 될 것이다.

여기서 둘 간에 명백하게 나타나는 근본적 차이는 신앙인에게서 충일의 장소에 대한 설명은 신에 대한 참조, 즉 인간의 삶과/또는 자연을 초월한 것에 대한 참조를 요구하는 반면 비신앙인의 경우 그렇지 않은 데서 찾을 수 있을 것이다. 후자의 경우 오히려 모든 설명을 열린 채 놔두거나 충일을 자연주의적으로 이해된 인간의 잠재력이라는 측면에서 이해한다. 하지만 지금까지 양자 간의 정반대되는 면모에 대한 그와 같은 기술은 여전히 신앙에 대한 기술인 것처럼 보인다. 따라서 이제 양자의 체험 간의 차이에 대해 나름의 감을 잡는 일이 필요할 것이다.

물론 그와 같은 체험은 믿을 수 없을 정도로 다양하다. 하지만 아마 반복적으로 등장하는 몇 가지 주제를 특정할 수 있을 것이다. 신앙인은 종종 또는 전형적으로 충일은 도래하는 것, 받는 것, 게다가 개인적 관계와 같은 것 속에서 사랑하고 줄 수 있는 또 다른 존재에게서 받는 것이라는 감각을 갖고 있다. 충일에의 접근은 다른 무엇보다도 (자선과 보시뿐만 아니라) 종교적 헌신과 기도의 실천을 포함한다. 더 나아가 신앙인은 본인이 완전한 종교적 헌신과 보시 상태와는 한참 거리가 멂을 완전히 인식하고 있다.

내가 '나' 자신으로 첩첩이 에워싸여 있으며, 보다 저급한 것과 목표에 묶여 있으며, 충일의 '장소'에서처럼 나를 열고, 받고/줄 수 없음을 잘 안다. 따라서 여기서는 아래 생각이 지배하게 된다. 즉 힘이나 충일은 관계 속에서 받게 된다는 것이다. 하지만 받는 사람은 단지 현재 상태 그대로 힘으로 채워지는 것이 아니다. 열려야 되며, 변형되고, 아집으로부터 해방될 필요가 있다.

그것은 매우 기독교적인 정식화이다. 근대적 비신앙과 대비시키기 위해, 아마 그것을 또 다른, 보다 '불교적' 정식화와 나란히 놓아보는 것이 좋을 것이다. 불교에서 개인적 관계는 중심적 위치를 잃어버리게 될 것이다. 오히려 강조점은 점점 더 강하게 자기초월[해탈], 즉 나를 버리고 나를 넘어선 힘을 받아들이는 방향 쪽에 놓이게 된다.

근대의 비신앙인이 처한 처지predicament[곤경]는 전혀 다르다. 충일에 이를 수 있는 힘은 인간 내부에 있다. 그와 같은 생각은 다양한 형태를 띤다. 그중 하나는 합리적 존재로서의 인간 본성을 중심에 놓는다. 칸트Immanuel Kant적 변종이 그와 같은 견해의 가장 눈에 띄는 형태이다. 우리는 합리적 행위 주체로서 준수해야 하는 법칙을 만들어낼 수 있는 능력[힘]을 갖고 있다. 그것은 우리 내부에 욕망 형태로 존재하는 단순한 본성=자연의 힘보다 너무나 많이 우월해 아무런 왜곡 없이 숙고한다면 그와 같은 법칙에 경외심Achtung을 표하지 않을 수 없을 것이다. 충일의 장소는 우리가 마침내 그와 같은 힘을 완전히 다스리고, 그리하여 그와 같은 법칙에 맞추어 행동하는 곳에 놓여 있다. 우리는 욕망에 사로잡힌 존재로서 우리 자신이 얼마나 취약하고 비애에 빠지기 쉬운지를 뼈저리게 느끼는 가운데 인간의 [자가]입법 능력을 경탄과 경외심으로 우러러볼 때 소중한 것을 부여받았다는 감정을 가질 수 있다. 하지만 그것이 결국 우리가 외부로부터 무엇을 받았음을 의미하는 것은 아니다. 힘은 우리 내부에 있다. 그리고 그것을 더 많이 깨달을수록 그것이 내부에 존재하며, 도덕(성)은 타율적인 것이 아니라 자율적이어야 함을 더 많이 인식하게 된다.

(나중에 언급할 포이어바하식 소외론을 여기에 덧붙일 수 있을 것이다. 우리는 신을 [우
리가 그리는 모습대로] 투사하는데, 이미 이전에 그와 같은 무시무시한 힘에 대한 관념을 9
갖고 있기 때문이다. 하지만 그것을 우리 외부에 놓는 오류를 범한다. 그것을 인간을 위해
되찾을 필요가 있다. 하지만 칸트는 그와 같은 걸음을 딛지 않는다).

물론 그 밖에도 이성의 힘에 관한 보다 자연주의적인[본성주의적인] 변종이 존재하는데, 그것은 칸트 사상의 이원론적 · 종교적 차원뿐만 아니라 도덕적 행위 주체의 근본적 자유, 불사성, 신의 존재에 대한 믿음 — 즉 실천이성의 세 가지 요청 — 과 결별한다. 한편으로는 본능에 의해 내몰리고, 다른 한편으로는 생존을 위한 절박한 필요에 의해 꼼짝없이 갇히는 바람에 인간 이성을 조작할 여지를 거의 허용하지 않는 보다 엄격한 형태의 자연주의도 존재할 수 있을 것이다. 우리가 그와 같은 힘을 가진 이유에 대해 아무런 설명도 주어지지 않는 일도 얼마든지 있을 수 있을 것이다. 아마 그것은 — 다시 한 번 칸트에게서와는 달리 — 주로 이성을 도구적으로 사용하는 데서 유래할 것이다. 하지만 그와 같은 종류의 자연주의 내부에서도 냉정한, 거리를 둔disengaged 이성, 환상 없이 세계와 인간의 삶을 성찰하고 인간의 개화번영human flourishing을 위해 최선을 다해 합목적적으로 행동할 수 있는 이성에 대한 칭찬을 종종 발견할 수 있다. 두려움, 협량함, 소심함에 의해 길러진 몽상뿐만 아니라 환상과 본능의 맹목적 힘으로부터 우리를 해방시켜줄 수 있는 비판적 힘으로서의 이성을 모종의 경외감이 여전히 둘러싸고 있다. 그와 같은 이성의 힘보다 더 충일에 가까운 것은 없으며, 그것은 완전히 우리 것으로, 오직 우리 혼자만의, 종종 영웅적 행위를 통해서만 발휘될 수 있다(그리고 여기서 근대의 '과학적' 이성의 거장 — 코페르니쿠스, 다윈, 프로이트 — 의 이름이 거명된다).

실제로 우리는 취약하지만 용감한 존재로, 무의미하고 적대적인 우주에 주눅 들지 않고 맞서 삶의 규칙을 정해야 하는 도전을 받아들일 수 있는 존재라는 그와 같은 감각은 가령 카뮈 작품에서 볼 수 있는 대로[11] 영감의 원천이 될 수 있을 것이다. 그렇게 하는 가운데 우리가 위대해질 수 있다는 감각에 의해 고무되어 그와 같은 도전에 온전히 대처함으로써 우리가 충족하기를 갈망하지만 좀체 그렇게 할 수 없을 상태는 여기서의 우리 논의의 의미에서 독자적인 충일의 장소로 기능할 수 있을 것이다.

이성의 자족적 힘에 대해 쾌재를 부르는 그와 같은 형태와 반대로 종교적 견해와 비슷하게 충일을 충족하려면, 우리가 자율적 이성과는 다른 곳에서 힘을 받아들일 필요가 있다고 보는 비신앙의 다른 형태가 존재한다. 이성 자체는 협소하고, 충일의 요구에

11 『페스트』와 『시지프 신화』를 보라.

대해 맹목적이며, 만약 어떤 한계도 인식하지 못한다면 아마 인간과 자연환경의 파괴로 치달을 것이다. 아마 일종의 교만이나 오만에 의해 추동되고 있을 것이기 때문이다. 여기서는 근대의 즉 거리를 둔, 비신앙적인 이성에 대한 종교적 비판의 반향을 종종 들을 수 있을 것이다. 힘의 원천이 초월적인 것이 아니라 자연 속 또는 우리 자신의 내면적 깊이 또는 양자 모두에서 발견되는 점을 제외한다면 말이다. 여기서 내재성 이론들을 인식할 수 있는데, 그것들은 앞서 언급한 거리를 둔 이성에 대한 낭만주의적 비판, 그리고 가장 두드러지게는 우리 시대의 몇몇 생태윤리, 특히 심층심리학에서 유래한다. 합리적 정신은 보다 심원하고 보다 충일한 것에게 나를 열어야 한다. 그와 같은 정신은 (적어도 부분적으로는) 내면적이다. 즉 우리 자신의 가장 깊은 감정이나 본능이다. 따라서 거리를 둔 이성이 우리 내면에 만들어낸 분열을 — 사유를 감정이나 본능, 직관과 대립시키려는 시도를 — 치유해야 한다.

그리하여 여기서 앞서 막 언급한 대로 비신앙의 계몽주의에 대한 종교적 반응과
몇 가지 유사성을 가진 견해를 볼 수 있다. 자족성 쪽보다는 [다른 곳에서 힘을] 받아들 10
이는 것을 더 크게 강조하는 점에서 말이다. 하지만 그것들은 내재성을 유지하려고 하며, 종교에 대해 거리를 둔 이성보다 더하지는 않지만 종종 적대적이다.

세 번째 범주의 견해들이 존재한다. 여기서 그것들을 분류하기는 어렵지만 본서에서의 논의를 통해 추후 해명할 수 있기를 바란다. 그것들은 가령 현대의 몇몇 형태의 포스트모더니즘처럼 자족적 이성의 주장을 부정하고, 공격하고, 비웃지만 우리가 힘을 받아들이는 것과 관련해 어떤 외부의 원천도 언급하지 않는다. 순수 사유라는 계몽주의의 꿈을 공격하는 것만큼이나 감정이나 통일성의 회복 속에서 위안을 느낀다는 낭만주의적 개념들을 파괴하고 부정하려고 안간힘을 쓴다. 그리고 종종 심지어 무신론적 확신을 강조하는 데 더 열심인 것 같다. 안과 밖의 분할은 치유 불가능한 본성을 가지며, 중심은 결여되어 있으며, 충일은 영구적으로 부재함을 강조하는 것을 요점으로 삼는다. 충일은 기껏해야 어쩔 수 없이 필요한 꿈, 우리 세계를 최소한이나마 이해하기 위해 상정해야 할 수도 하지만 항상 다른 어떤 곳에 존재하며 원리상 결코 발견될 수 없는 것이[라는 것이]다.

그와 유사한 일련의 견해는 여기서 내가 말하고 있는 구조들 외부에 전적으로 존재

하는 것 같다. 하지만 여러 측면에서 그와 같은 구조들에 의존하고 있음을 보여줄 수 있으리라 생각한다. 앞의 견해는 특히 치유 불가능한 것에 직면하고, 그럼에도 불구하고 그대로 계속 밀고나가는 점에서 우리는 용감하고 위대한 존재라는 감각으로부터 활력을 얻는다. 나중에 따로 이 주제로 돌아갈 수 있기를 바란다.

따라서 신앙/비신앙을 보다 앞서 말한 세 가지 차원에서 도덕적 · 영=정신적 삶을 살거나 체험하는 방식으로 다루는 데서 일정한 진전을 이룬 셈이다. 적어도 첫 번째 차원, 즉 충일을 경험하는 방식에서 몇 가지 정반대되는 모습을 끌어낼 수 있었다. 우리를 충일로 이끌 수 있는 힘의 원천이 그것이다. 그것은 '내부에' 존재하는가 아니면 '외부에' 존재하는가? 또 어떤 의미에서 힘의 원천일까? 그에 상응하는 차이가 무엇인가로부터 추방되어 있다는 느낌의 경험 및 중간 상태의 경험과 관련해 나타난다.

내부/외부라는 그와 같은 구별에 대해서는 좀 더 자세히 설명할 필요가 있지만 그에 대해 좀 더 자세히 상술하기 전에 특정한 '장소' — 그것을 탐구할 필요가 있을 것이다 — 에 놓인 충일 경험의 또 다른 중요한 측면이 존재한다. 여기서 우리 논의는 단순한 신앙을 넘어 실제 체험에 보다 가까이 다가갔지만 우리가 그것을 살아내는 방식에 대해서는 여전히 중요한 차이가 존재하는데, 먼저 그것을 밝힐 필요가 있다.

나에게 충일은 나를 초월한 힘으로부터 도래하고, 나는 그것을 받아들여야 한다 등의 말은 도대체 무슨 의미일까? 오늘날 대략 아래 것을 의미할 것 같다. 즉 나의 상충되는 도덕적 · 영=정신적 경험은 상응하는 신학적 견해를 통해 가장 잘 이해될 수 있다는 것이다. 다시 말해 나 자신의 경험 속에서, 기도 속에서, 충일의 순간에, 무엇인가로부터 추방되어 있다는 느낌을 극복하는 경험 속에서, 주변의 다른 사람의 삶 — 예외적인 영=정신적 충일의 삶, 최대한 자폐적인 삶, 악마적 악으로 가득 찬 삶 등 — 속에서 관찰하는 것처럼 보이는 것 속에서 말이다. — 아마 그와 관련된 충일의 상이 서서히 모습을 드러낼 것 같다. 하지만 나는 결코, 실제로는 아무런 의심도 없이, 어떤 이의제기에 대해서도, 즉 내가 생각하는 충일과 맞지 않는 경험, 다른 방식으로 충일에 이르는 삶,
11 종종 나를 끌어당기는 다른 형태의 충일 등에 대해 아무 고민도 없이 확신하는 것은 아니다. 또는 극히 드물게만 그렇게 할 뿐이다.

그것이 현대적 조건에 전형적인데, 많은 비신앙인 또한 비슷한 이야기를 들려줄 수

있을 것이다. 현재의 삶의 조건 속에는 다수의 상이한 [자가-구성적] 해석construal이 존재하며, 실제로 그와 같은 견해가 수두룩함을 깨닫지 않을 수 없을 것이다. 지적인 사람, 즉 합리적이어서 환상과는 거리가 먼 사람은 아무리 선의를 갖고 있더라도 그것에 대해 얼마든지 의견을 달리할 수 있을 것이다. 회의와 불확실성의 조건 속에서 우리는 또한 종종 어깨 너머로 시선을 힐끔 주고, 곁눈질하면서 나의 신앙[신념]에 맞추어 살지 않을 수 없다.

회의의 그와 같은 조짐이 사람들로 하여금 여기서 '이론'에 대해 말하도록 유도한다. 이론은 종종 가설로, 궁극적으로 불확실성 속에 놓인 채 추가증거를 기다리고 있기 때문이다. 앞의 설명을 통해 이론을 단순한 이론으로 이해할 수 없으며, 만약 이런저런 영성 속에서 산다면 우리의 체험 전체가 굴절될 수 있는 방식이 존재함을 충분히 보여주었기를 바란다. 하지만 그럼에도 불구하고 오늘날 우리는 각기 영=정신적 삶을 다양한 방식으로 살 수 있음을 인식하고 있다. 힘을 받는 것, 충일 상태, 추방 상태 등은 상이한 형태를 취할 수 있음을 말이다.

하지만 분명히 앞의 것들을 체험할 수 있는 또 다른 방식이 존재했고, 많은 사람이 실제로 그렇게 해왔다. 그것은 하나의 상태로, 그것 속에서 우리로서는 이런저런 가능한 대안 중 하나로 분류할 개념들의 도움으로 힘, 충일의 장소 또는 추방 상태의 직접적 체험이 묘사될 수 있을 테지만 당사자에게 체험과 그에 대한 [자가-구성적] 해석 간의 그와 같은 구분은 나타나지 않을 것이다. 가령 보스에게 돌아가 보자. 그의 작품은 무엇인가에 들리고, 악령이 출몰하며, 기괴한 야수 형태 등 악몽 같은 시나리오로 가득 차 있다. 그것은 당대를 산 많은 사람의 체험 속에서는 결코 '이론'이 아니었음은 누구나 상상할 수 있을 것이다. 그것은 사실적 두려움의 대상으로, 너무나 강력한 두려움이라서 사실적이지 않다고 진지하게 상정하는 것은 불가능했다. 당신 또는 당신이 아는 사람은 그것들을 체험했다. 그리고 아마 당신의 사회 환경 속에 존재하는 누구도 그것이 실재하지 않는다고 설득시킬 수는 없을 것이다.

비슷하게 『신약성서』 시대 팔레스타인들도 악령에 들린 사람을 보았을 때 이웃이나 사랑하는 사람의 실제 고통과 너무 직접적으로 드잡이하는 바람에 아래와 같은 생각은 도저히 떠올릴 수 없었다. 즉 그와 같은 상태를 순전히 심리-내적인 개념으로 식별 가능한 어떤 심리 상태로 흥미롭게 설명할 수 있으며, 그에 대한 또 다른, 아마 보다 신뢰할 수 있는 병리학이 존재함을 말이다.

또는 현대 — 이 경우 서아프리카 — 에서 사례를 하나 들자면, 메이어와 인터뷰한 셀레스틴에게서도 사태는 그와 매우 흡사했을 텐데, 그녀는 "아방틸에서 엄마와 집까지 걸어왔는데, 북부 사람들이 입는 하얀 외투로 육체를 감싼 낯선 이가 동행했다."[12] 나중에 물어보니 어머니는 보지 못했다고 말했다. 그는 아칸족 정령 소울위임이 드러났으며, 셀레스틴은 그를 영으로 모시도록 강요받았다. 그녀가 사는 세계에서는 앞의 남자를 그와 같은 정령과 동일시하는 것이 아마 '신앙[빙의]belief'으로 불릴 수 있을 것이다. 그와 같은 일은 특정한 체험 이후 도대체 이 모든 것이 무슨 일인가를 설명하려고
12 시도할 때 일어나기 때문이다. 하지만 그녀를 어떤 남자가 동행한 것은 그녀에게 정말로 일어난 일로, 그녀의 세계에서는 사실 영역에 속하는 것이었다.

따라서 체험, 즉 도덕적 · 영=정신적인 것에 대한 [자가-구성적] 해석이라고 부를 수 있는 것이 그 자체가 아니라 돌, 강, 산처럼 실재로서 직접 존재하는 것으로 체험되는 상태가 존재한다. 앞의 말은 또한 그와 같은 사안의 긍정적 측면에 대해서도 분명히 똑같이 해당된다. 즉 우리 문화의 보다 이전 시대에 산 사람들, 그들에게 충일에 이르는 길은 그저 신에게 보다 가까이 다가감을 의미했을 뿐이다. 삶에서 그들이 직면한 양자택일은 이러했다. 즉 보다 충일하게 종교적 헌신의 삶을 살든지 아니면 계속 저급한 가치를 추구하는 일에 매달려 충일에서 계속 멀어지든지 둘 중 하나이다. 17세기 프랑스 용어로 하자면 '독실한 신앙인dévot'이 될 것인가 아니면 '속인mondain'이 될 것인가라는 양자택일이었다. 하지만 충일이 의미할 수 있는 것을 다르게 [자가-구성적으로] 해석하는 길로 나가지는 않았다.

그런데 우리 문명에서 일어난 일의 일부는 우리가 그와 같은 직접적 확실성의 형태를 대부분 마모시켜버린 데서 찾을 수 있을 것이다. 즉 그와 같은 확실성이 보스 시대처럼 (우리에게) 결코 완전히 "소박한 것"[13]이 될 수 없음은 분명해 보인다. 하지만 보다

12 Birgit Meyer, *Translating the Devil*(Trenton: Africa World Press, 1999), p. 181.

13 이 용어를 '소박'문학/'감상'문학이라는 실러의 유명한 구분에서 차용했는데, 그가 생각하는 대립 그리고 내가 여기서 그리려는 것 간에 명백한 유사성이 존재하기 때문이다. 실러, 장상용 역, 『소박문학과

취약하지만 유사한 것이 여전히 존재한다. 내가 말하는 것은 도덕적 · 영=정신적 삶이 특정 사회 환경에서 경향적으로 출현하는 방식이다. 즉 지금 모두 하나 이상의 선택지가 존재함을 인식해야 하지만 우리의 사회 환경에서는 종교적인 것이건 비종교적인 것이건 하나의 [자가-구성적] 해석이 압도적으로 보다 개연성 있는 것으로 출현하는 경향을 보일 수 있을 것이다. 사람들은 다른 선택지가 존재함을 안다. 그리고 만약 다른 선택지에 관심을 갖고 그것에 매료된다면 곰곰이 따져보거나 힘겨운 분투를 통해 그것에 이를 수 있을 것이다. 신앙공동체와 결별하고 무신론자가 될 수 있을 것이다. 아니면 정반대 방향으로 갈 수도 있을 것이다. 하지만 그와 같은 선택지 중 하나가 말하자면 기본 설정이 된다.

그런데 이 측면에서 우리의 서양문명에는 거대한 변화가 있었다. 대부분의 사람이 '소박하게' 삶을 살아가며, (부분적으로 기독교적이며 부분적으로 이교에서 유래하는 '정령들'과 관련된) 특정한 [자가-구성적] 해석을 그저 주어진 실재로 받아들이던 상태로부터 실제로 거의 누구도 더 이상 그렇게 할 수 없으며, 모든 사람이 본인의 선택지를 다른 많은 선택지 중 하나로 간주하는 상태로 이행한 것뿐만이 아니다. 우리는 모두 두 관점 사이를, '참여적engaged' 관점과 '거리를 둔' 관점 사이를 항해하는 방법을 배우고 있다. 전자에서는 우리 관점에 의해 가능해진 현실 체험을 최선을 다해 고수하려는 반면 후자에서는 이런저런 방식으로 공존해야 하는 일련의 가능한 관점 중 하나를 우리가 대변하고 있음을 볼 수 있을 것이다.

하지만 또한 아래의 또 다른 추가적 변화가 일어났다. 즉 단지 소박한 사람뿐만 아니라 또한 무신론에 대해 알고, 고려하고, 해명해온 사람에게도 신앙이 기본 설정이던 상태로부터 비신앙적 [자가-구성적] 해석이 언뜻 보기에 점점 더 많은 사람에게 유일하게 그럴듯한 선택지로 보이는 상태로 말이다. 사람들은, 오직 조상들이 소박한, 반쯤 이교적 신앙에 매달린 방식으로 '소박한' 무신론 상태에 접근할 수 있을 뿐 결코 도달하지는 못하고 있다. 하지만 그럼에도 불구하고 앞서 말한 [자가-구성적] 해석이 압도적으로 그럴 듯해 보인다. 그리고 사람들이 다른 [자가-구성적] 해석을 받아들이는 것

감상문학』, 인하대학교 출판부를 보라.

을 이해하기는 어렵다. 종교적 신앙을 설명하기 위해 극히 조잡한 오류-이론에 쉽게 손을 뻗는 것을 보면 그것이 얼마나 심한지를 알 수 있다. 즉 사람들은 불확실성, 미지의 것을 두려워하며, 지적으로 수준이 낮으며, 죄책감에 의해 마비되어 종교를 찾는다는 것이다.

모든 사람이 그와 같은 상태 속에 있다는 말은 아니다. 우리 서양문명은 모두 서로
13 상당히 다른 일군의 사회, 하위-사회, 사회 환경으로 구성되어 있다. 하지만 비신앙이라는 가정이 점점 더 많은 사회 환경에서 지배적인 것이 되었다. 그리고 몇몇 핵심 영역, 가령 학계와 지성계에서 헤게모니를 장악했다. 그곳으로부터 쉽게 다른 영역으로 확산될 수 있을 것이다.

신앙/비신앙 간의 논쟁을 오늘날의 우리 시대로 옮겨놓기 위해서는 그것을 앞서 말한 체험Erlebnis 그리고 그것을 형성하는 [자가-구성적] 해석의 맥락 속에 놓아야 한다. 그리고 그것은 앞의 논쟁을 동일한 체험을 설명하는 다양한 '이론' 문제 이상의 것으로 간주함을 의미할 뿐만 아니라 또한 다양한 [자가-구성적] 해석을 그때그때마다 특징짓는 입장을 이해함을 의미한다. 즉 그것이 어떻게 '소박하게' 또는 '반성적으로reflectively' 체험될 수 있는지, 이런저런 입장이 많은 사람이나 사회 환경에서 어떻게 기본 설정이 될 수 있는지를 말이다.

관련된 요점을 다른 식으로 정식화해보자. 즉 신-신앙은 1500년과 2000년에 전혀 동일한 것이 아니다. 내가 언급하는 것은 심지어 정통 기독교조차 중요한 변형(가령 '지옥 개념의 몰락', 속죄에 대한 새로운 이해 등)을 겪어왔다는 사실이 아니다. 심지어 동일한 신경信經의 명제들과 관련해서도 중요한 차이가 존재한다. 모든 신앙은 당연시되는 것의 맥락이나 틀 속에 담겨 있음을 고려하자마자 그것은 금방 드러난다. 당연시되는 것은 통상 무언의 것으로 남아 있으며, 결코 명시적으로 정식화되지 않기 때문에 심지어 해당 행위 주체에 의해 아직까지 그와 같은 것으로 인식되지 않을 수도 있을 것이다. 그것이 비트겐슈타인, 하이데거 또는 폴라니의 영향을 받은 철학자들이 "배경background"[14]이라고 불러온 것이다. 비트겐슈타인 지적[15]대로 암반의 성상性狀에 대한 나

14 Hubert Dreyfus, *Being in the World*(Cambridge, Mass.: MIT Press, 1991)과 John Searle, *The Construction of Social Reality*(New York: The Free Press, 1995)을 보라.

의 연구는, 세계가 온갖 화석과 지층을 완비한 채 5분 전에 시작되지 않았음은 당연시하면서도 그것을 명확하게 정식화하고 승인하려는 생각은 머릿속에 결코 떠올리지 않을 것이다. 몇몇 괴팍한 철학자가 미친 듯이 인식론적 장난감 목마[좋아하는 화제]를 타고 놀다가 다가와 그와 같은 명제를 들이밀기 전까지는 말이다.

하지만 이제 아마 나도 그것에 전염되어 더 이상 소박하게 연구에 몰두할 수 없을 것이다. 이제 지금까지 의존해온 것을 살펴보아야 할 텐데, 아마 그중 몇 가지 가능성은 오류일 수도 있을 것이다. 소박함의 그와 같은 파기는 종종 보다 완전한 이해에 이르는 길이다(비록 이 경우는 그렇지 않더라도 말이다). 우리가 그저 모든 움직임이 기본 방위 중 하나, 즉 위쪽 아니면 아래쪽으로 향하는 틀 속에서 꼼지락대고 있는 일도 얼마든지 있을 수 있다. 하지만 가령 우주선 속에서 어떻게 해야 할지를 알거나 심지어 그것이 대충 어떻게 생겼는지를 떠올려보기 위해서라도 원래의 틀이 얼마나 상대적이고 제약된 것인지를 이해해야 한다.

필자가 위에서 말해온 차이는 신을 믿거나 신을 믿기를 거부하는 것을 둘러싼 전체적인 배경적 틀 중 하나이다. 과거의 틀과 현재의 틀은 '소박한'/'반성적'이라는 관계를 맺고 있는데, 후자가 명확하게 인식되지 않은 형태의 이전 배경에 의해 전자에서 배제된 질문을 열어왔기 때문이다.

배경의 변화 — 또는 더 좋게는 보다 이전 배경의 파열 — 는 오늘날 이루어지는 몇 가지 구분에 초점을 맞출 때 가장 잘 드러난다. 가령 내재적인 것/초월적인 것, 자연적인 것/초자연적인 것의 구분이 그것이다. 모든 사람, 즉 앞의 두 쌍의 후자를 긍정하는 사람과 부정하는 사람 모두가 그와 같은 구분을 이해하고 있다. 그렇게 해서 자연이 14
독립적 · 자율적 존재로 분봉分封되어 나가는 것 — 자연을 넘어선 것 또는 초월한 것과 상호작용할 수도 또 그렇지 않을 수도 있을 것이다 — 이 근대적 이론화의 결정적 요소인데, 그와 같은 차원이 다시 근대적 ['체험'이 아니라] '경험'을 구성하는 것에 상응하게 된다. 그에 대해서는 후술하기로 하자.

내가 세 번째 의미에서 세속의 시대의 도래라고 부르는 것이 바로 배경의 그와 같

15 비트겐슈타인Ludwig Wittgenstein, 이영철 역, 『확실성에 관하여』, 책세상.

은 변화, 즉 우리가 충일을 경험하고 탐구하는 전체적 맥락에서 일어난 변화이다. 기독교세계 속에서 유신론적 [자가-구성적] 해석 내부에서 소박하게 살던 상태에서 어떻게 우리 모두가 두 가지 태도 사이를 왕복하며, 모두의 [자가-구성적] 해석이 [신앙이 아니라 그저 하나의] 해석으로 나타나며, 게다가 비신앙이 많은 사람에게 주요한 기본 설정이 된 상태로 이행하게 되었을까? 바로 그것이 내가 이어지는 여러 장에서 기술하고, 아마 또한 (매우 일부만) 설명하려는 변형이다.

결코 쉽지 않은 과제지만 오직 그와 같은 변화를 체험에서 일어난 하나의 변화로 인식할 때만이 그나마 정확한 물음을 제대로 던지기 시작하고 모든 면에서 소박함을 피할 수 있을 것이다. 그와 같은 소박함에는 아래와 같은 것이 포함될 것이다. 가령 비신앙이란 단지 모든 충일감이 사라지는 것에 불과하다거나 또는 그에 대한 배신이라는 견해가 그것이다(유신론자는 종종 무신론자에 대해 그렇게 생각하고 싶은 유혹을 느낀다). 아니면 신앙이란 우리가 모두 하는 체험을 이해하려고 시도하는 일련의 이론일 뿐이며, 그것의 진짜 본성은 순전히 내재적으로만 이해될 수 있다는 견해도 있다(무신론자는 유신론자에 대해 종종 그렇게 생각하고 싶은 유혹을 느낀다).

실제로 우리는 그와 같은 선택지의 차이를 신조信條 측면뿐만 아니라 체험과 감(수)성의 차이 측면에서도 이해해야 한다. 그리고 후자 수준에서는 두 가지 중요한 차이를 고려해야 한다. 첫째, 신앙/비신앙을 둘러싼 배경 전체에서 거대한 변화가 일어났다. 즉 보다 이전의 '소박한' 틀이 사라지고 현대의 우리의 '반성적' 틀이 등장했다. 둘째, 신앙인과 비신앙인이 세계를 어떻게 매우 다르게 경험할 수 있는지를 인식해야 한다. 충일은 우리를 초월한 것 속에서 발견된다는 감각은 체험적 사실로서 앞서 인용한 그리피스 경우처럼 우리에게 왈칵 들이닥치거나 클로델Paul Claudel이 노트르담에서 저녁기도를 드릴 때 체험한 회심의 순간에도 그럴 수 있다. 그와 같은 체험은 이후 명료화되고, 합리화될 수 있을 것이다. 그리고 특정한 신앙[신념]을 낳을 수 있을 것이다. 그와 같은 과정에는 시간이 걸릴 수도 있으며, 비록 원초적 체험은 기억 속에서 패러다임적 순간으로 남아 있겠지만 앞의 신념은 세월이 가면 변할 수도 있을 것이다. 바로 그와 같은 일이 그리피스에게 일어났는데, 오직 몇 년이 지난 후에야 그처럼 결정적 순간을 완전히 유신론적으로 독해하기에 이르렀다. 그리고 그와 비슷한 '지체'를 클로델 경우에서 찾아 볼 수 있을 것이다.[16] 따라서 세속성 3이라는 상태는 우리 시대에서의 몇몇 종류의 체험의 가능성/불가능성이라는 측면에서 기술되어야 한다.

3

위에서 나는 '세속'이나 '세속성' 같은 용어와 씨름해왔다. 처음에는 더 이상 생각할 것도 말 것도 없이 명확해 보였으나 일단 생각하자마자 온갖 종류의 문제가 이 시대에 등장한다. 앞의 용어를 상호 구분되는 세 가지 의미로 사용함으로써 관련 문제 중 일부를 불러내보려고 시도해보았다. 그것으로 모든 문제를 제거할 수 있는 것은 결코 아니지만 나의 탐구가 일정한 진전을 이루도록 하는 데는 충분할 것이다.

물론 세 가지 형태의 세속성 모두 '종교'를 언급한다. (1) 공적 공간에서 후퇴 중인 것으로 (2) 또는 후퇴하고 있다고도 할 수 있고, 그렇지 않다고도 할 수 있는 유형의 신앙과 그것의 실천으로, (3) 우리 시대에 해당 상태가 검토 대상이 되고 있는 특정한 종류의 신앙이나 책무commitment로 말이다. 하지만 '종교'란 무엇인가? 그것은 잘 알려진 대로 모든 규정을 무시하는데, 주로 종교적이라고 부르고 싶은 유혹을 느끼는 현상이 인간의 삶에서 너무 어마어마하게 다양하기 때문이다. '종교가 도처에 존재하는' 아르카이크 사회의 인간의 삶 그리고 우리 사회에서 종교라는 이름 아래 존재하는 명백하게 구분된 일련의 신앙, 관습, 제도 사이에 어떤 공통점이 있는지를 생각해보자. 그럴 경우 우리는 난해하고, 아마 해결 불가능한 과제에 직면하게 될 것이다.

하지만 만약 신중을 기하고(또는 소심하게 접근한다면) 또 하나의 특수한 문명, 즉 근대서양 — 또는 보다 이전의 그것의 구현물인 라틴계기독교세계 — 에서 등장한 일군의 형태와 변형을 이해하려고 시도하고 있음을 유념한다면, 다행히도, 모든 시대의 모든 인간 사회의 모든 '종교적인' 것을 아우를 수 있는 규정을 만들어낼 필요가 없음을 볼 수 있을 것이다. 내가 규정한 세속성의 세 가지 차원에서의 종교의 지위와 관련해

16 Marie-Anne Lescourret, *Claudel*(Paris: Flammarion, 2003), 3장.

우리 (북대서양 지역 또는 '서양') 문명권에 속한 사람에게 중요했고 오늘날에도 여전한 변화는, 핵심 측면 중 하나에서 내가 이미 탐구하기 시작한 것이기도 하다. 즉 충일의 장소가 인간의 삶의 외부 또는 그것을 '넘어선' 곳에 있다고 아무 문제없이 이해되던 세계로부터, 그것을 (그때그때마다 완전히 다른 여러 방법으로) 인간의 삶 '내부'에 위치시키는 다른 해석에 의해 그와 같은 [자가-구성적] 해석이 도전받으며 온갖 갈등에 휩싸인 세계로 이행한 것이 그것이다. 보다 최근에 많은 중요한 투쟁이 벌어져온 것은 바로 이 문제를 둘러싸고였다(보다 이전에 기독교적 [자가-구성적] 해석에 대한 상이한 독법을 놓고 목숨 걸고 싸운 것과 정반대로 말이다).

다시 말해 '초월적/내재적'이라는 구분 측면에서 '종교'를 독해하는 것이 본서에서의 우리 목적에 유용할 것이다. 그것이 내가 여기서 제안하는 신중한(또는 소심하기까지 한) 처리 방식이 가진 강점이다. 종교가 일반적으로 앞의 구분에 기초해 정의되는 일은 통상 있을 수 없는 일이다. 심지어 그렇게 융통성 없이 딱 둘로 나누어 구분하는 특수한 방식은, 우리의 지적 영광을 위해서건 아니면 우리를 바보로 만들기 위해서건(나중에 보여주겠지만 양쪽 모두 어느 정도는 그랬다) 우리(서양인, 라틴계기독교도)만이 해온 짓이라고 주장할 수 있을 것이다. 그것을 가령 플라톤 탓으로 돌릴 수는 없을 것이다. 이유 또한 이데아를 그것을 '모사하는' 유동적 사물로부터 구별할 수 없기 때문이 아니라 다름 아니라 가변적 실재는 이데아를 통해서만 이해 가능하기 때문이다. 서양의 위대한 발명은 자연 속에 내재적 질서가 존재한다는 것으로, 그것을 통해 자연이 어떻게 작용하는지가 체계적으로 이해되고 자체에 입각해 설명될 수 있었다. 하지만 그와 같은 질서 전체가 보다 깊은 유의의성significance, Bedeutung을 갖고 있는지의 여부, 또 만약 그렇다면 그것을 넘어선 초월적 창조자를 추론할 수 있는가 하는 물음은 열린 채로 놔두었
16 다. '내재적'이라는 개념은 한편으로는 자연의 사물, 다른 한편으로는 '초자연적인 것'(하나의 초월적 신, 신들, 정령들, 마술적 영력들靈力, magic forces 또는 다른 것) 간의 모든 형태의 상호침투를 부인하거나 적어도 둘을 별개의 것으로 다루며 문제시하는 것을 포함한다.[17]

17 물론 그와 같은 생각은 고대에 선구자를 갖고 있었는데, 가령 에피쿠로스주의자가 그들이었다. 하지만 — 이렇게 주장하고 싶은데 — 아리스토텔레스는 아닌데, 그의 신은 인력引力의 원점으로서 코스모스

그처럼 종교를 '내재적/초월적'이라는 구분 측면에서 정의하는 것은 우리 문화를 위해 일부러 맞춘 개념 처리 방식이다. 그것은 편협하고 배타적이며, 한 가지만 지나치게 생각하는 것으로 간주될 수도 있지만 나로서는 현명한 처리 방식이라고 주장하고 싶은데, 그와 같은 구분이 근본적 의미를 갖게 된 문화 속에서 일어난 변화를 이해하려고 시도하고 있기 때문이다.

따라서 충일의 원천이 앞의 논의에서처럼 내부/외부에 있는 것으로 간주되고/체험되는지 묻는 대신 사람들이 삶을 넘어선 것, 즉 초월적인 것을 인식하고 있는가를 질문할 수 있을 것이다. 앞의 질문은 통상 그렇게 정식화되는데, 아래 논의에서 나도 일단 그것을 받아들이고자 한다. 몇 장 뒤에서 근대의 세속화 이론들을 검토할 때 내재적/초월적이라는 구분이 무엇을 의미하는지를 좀 더 충분히 설명해보려고 할 것이다. '초월적' 같은 말은 파악하기 매우 어렵다는 것은, 나도 충분히 인식하고 있다. — 부분적으로는 이제 막 암시한 대로 앞의 구분이 근대와 세속화 과정 자체 속에서 구성되거나 재정의되어왔기 때문이다. 하지만 온갖 애매함에도 불구하고 앞의 용어는 우리 맥락에서 충분히 유용하게 사용될 수 있으리라고 믿는다.

하지만 다름 아니라 위에서 탐구한 이유들에서 나는 종교에 대한 통상적 설명을, 즉 초월적인 것에 대한 신앙이라는 설명을, 실천적 맥락에 대해 우리가 갖고 있는 의미에 보다 초점을 맞춘 설명으로 보충하고 싶다. 이러한 나의 생각을 가령 아래와 같이 설명해볼 수 있을 것이다.

모든 사람, 모든 사회는 '인간의 개화번영이란 무엇인가?'에 대한 특정한 이해방식(들)과 함께, 그것에 준거해 산다. 무엇이 충일된 삶을 이루는가? 무엇이 삶을 진정 살만한 것으로 만드는가? 타자의 무엇에 대해 가장 찬탄하는가? 살면서 앞서와 같은 질문들 그리고 관련된 질문을 하지 않을 수 없을 것이다. 이에 대답하려는 투쟁이 우리 삶이 준거하게 되는 또는 그것들 사이에서 망설이게 되는 견해(들)를 규정하게 될 것이다. 또 다른 차원에서 그와 같은 견해(들)는 어떤 때는 철학 이론에서, 또 어떤 때는 도덕적 코드에서, 또 다른 때는 종교적 실천과 종교적 헌신 속에서 코드화된다. 우리

속에서 결정적 역할을 하기 때문이다. 하지만 내재적 질서가 하나의 이론 이상의 것이 된 것은 서양의 근대, 특히 갈릴레이 이후의 자연과학에서였다. 그것은 오히려 우리의 사유 전체의 배경이 되었다.

주변 사람들이 몰두하고 있는 그와 같은 실천, 그리고 제대로 정식화되지 못한 다양한 실천이 각자가 삶을 살아가려고 할 때 사회가 제공해주는 자원을 구성한다.

내부/외부 측면에서 위에서 제기된 쟁점 같은 것과 씨름하는 또 다른 방법은 이렇게 질문하는 것이다. 즉 지고의, 최선의 삶은, 인간의 개화번영으로부터 독립되어 있다는 의미에서 초월적 선을 추구하고, 승인하고, 따르는 것을 전제하는가? 그럴 경우 최고의, 가장 현실적 · 본래적이며authentic 적절한 인간의 개화번영은 우리가 성취할 수 있는 최종목적의 범위에서 이 개화번영 이외의 것을 겨냥하는 것을(도) 포함할 수 있을 것이다. '최종목적'이라고 말하는 이유는 심지어 극히 자족적인 휴머니즘이라도 몇몇 비인간적인 것의 상태, 가령 자연환경의 상태에 도구적 관심을 가져야 하기 때문이다. 쟁점은 그것 또한 궁극적으로 나름의 역할을 하는가?이다.

유대-기독교 종교 전통에서 이 질문에 대한 대답이 '그렇다'인 것은 분명하다. 신
17 을 사랑하고 찬양하는 것이 삶의 궁극적 목적이다. 물론 그와 같은 전통에서 신은 인간의 개화번영을 바라는 것으로 간주되지만 그렇다고, 신에 대한 종교적 헌신이 그것에 좌우되는 것으로 여겨지지는 않는다. 신이 인간의 개화번영을 원함을 알더라도 '뜻대로 이루소서'라고 간청하는 것이 '인간이 개화번영토록 하라'와 등가의 것은 아니다.

그것은 우리에게 매우 익숙한 사례이다. 하지만 통상적인 인간의 개화번영을 넘어설 수 있는 다른 방식들이 존재한다. 불교가 한 예이다. 부처의 가르침은 어떤 의미에서 어떻게 하면 진정한 행복에 이를 수 있는지를, 즉 어떻게 고통을 피하고 지복에 이를 수 있는지를 가르치는 것으로 해석할 수 있을 것이다. 하지만 지복상태에 대한 이해가 너무 '수정주의적'이어서, 그것이 통상 인간의 개화번영으로 이해되는 모든 것으로부터 벗어나기에 이르는 것解脫은 분명하다.[18] 여기서 '벗어남脫'은 정체성의 근본적 변화로 정식화될 수 있을 것이다. 개화번영에 대한 통상적 이해는 자아의 지속을 전제한다. 그것의 수혜자 또는 실패했을 경우에는 피해자가 존재한다. 불교의 무아의 교의는 우리를 [자아의 지속이라는] 환상을 넘어선 곳으로 이끄는 것을 목표로 한다. 열반에 이르는 길은 현세와의 연을 끊는 것을 또는 적어도 인간의 개화번영에 관해 인식 가능한 모든

18 Dalai Lama, *Ancient Wisdom, Modern World: Ethics for the New Millennium*(London: Little Brown, 1999)를 보라.

형태를 초월하는 것을 포함한다.

교의의 큰 차이에도 불구하고 불교와 기독교 모두에는 비슷한 것이 존재한다. 그것은 신앙인이나 경건한 사람은 내면에서 그리고 본인과 관련된 것에서 개화번영이라는 목표와 철저한 단절을 감행할 것을 요구받는 데 있다. 즉 불교의 경우 아我가 멸滅할 때까지, 기독교의 경우 신을 섬기기 위해 인간적 충족을 자기-버림[자기-버리기]할 때까지 본인의 개화번영을 버릴 것을 요구받는다. 모범적 인물에서 각각의 유형을 분명하게 볼 수 있다. 즉 부처는 깨달음覺에 이른다. 그리스도는 아버지 뜻에 따르기 위해 굴욕적 죽음을 받아들인다.

하지만 여기서 그저 상술한 것 속에 들어 있는 암시에 따라 가령 스토아주의가 하는 것 같은 대로 '진정한' 개화번영은 자기-버림을 포함하는 것으로 [자가-구성적으로] 재해석할 수는 없을까? 그와 같은 제안은 기독교에는 타당하지 않을 것이며, 필자 생각으로는 불교에도 타당하지 않을 것이다. 기독교의 경우 자기-버림의 요점 자체가 앞서의 통상적 개화번영이 타당한 것으로 긍정되기를 요구하는 데 있기 때문이다. 천수를 누리는 것이 좋은 것이라고 생각하지 않았다면 그리스도의 자기희생적 죽음은 지금과 같은 의미를 가질 수 없을 것이다. 이 점에서 그것은 소크라테스의 죽음과 전혀 다르다. 소크라테스의 경우 죽음은 현재 상태를 버리고 보다 나은 상태로 떠나는 것으로 제시된다. 여기서 기독교와 그리스철학 간의 도저히 메울 수 없는 심연을 볼 수 있을 것이다. 신은 인간의 통상적인 개화번영을 원하며, 「복음」에 보고된 이야기 중 상당수는 그리스도께서 고통을 치유해주는 사람을 위해 그것을 가능하게 만드는 것으로 이루어져 있다. 자기-버림이라는 요청은 개화번영의 가치를 부정하지 않는다. 오히려 개화번영이라는 대체 불가능한 선을 버리는 대가를 치르더라도 모든 것을 신에게 집중하라는 요청이다. 그리고 그와 같은 버림의 열매는 한 수준에서는 그로 인해 타자를 위한 개화번영의 원천이 되는 것이고, 다른 수준에서는 신에 의해 보다 완전한 개화번영을 회복하기 위한 일에 협력하는 것이다. 그것이 상처를 치유하고 '세계를 수리하는'(여기서 tikkun olam이라는 히브리어 표현을 차용하고 있다) 형태이다.

그것은, 개화번영과 자기-버림 두 가지가 스토아주의 방식대로 후자의 가치를, 말 18
하자면 인생의 여정에서 불필요한 바닥짐으로 배 밖으로 던져버리는 것에 의해 간단히 상호 융해되어 단일한 목표를 형성할 수 없음을 의미한다. 기독교에는 기본적 긴장이 그대로 남아 있다. 즉 개화번영은 좋은 것이지만 그럼에도 불구하고 그것을 추구하는 것은 궁극적 목표가 아니다. 하지만 심지어 그것을 포기하는 경우조차도 그것을 재긍정하게 되는데, 타자 그리고 궁극적으로 모든 사람을 위해 그것의 통로가 됨으로써 신의 의지를 따르기 때문이다.

불교에서도 비슷한, 역설적 관계를 볼 수 있을까? 확신은 없지만 불교 역시 자기를 버리는 사람은 고통 받는 사람에 대한 자비의 원천이라는 생각을 갖고 있다. 자비karuna와 아가페 간에는 유사성이 존재한다. 그리고 수 세기 동안 불교문명에서는 기독교 세계와 병행해 한편에서는 철저하게 자기를 버리는 사람 그리고 다른 한편에서는 통상적인 인간의 개화번영을 목표로 하는 삶의 형태 내부에서 계속 살아가며 내세를 위해 '공덕'을 쌓으려고 하는 사람 간의 소명을 구분하는 방법이 발전해왔다(물론 그와 같은 구분은 프로테스탄티즘의 종교개혁에서 근본적으로 '탈구축'되었다. 그것이 본서에서의 우리 이야기에 대해 어떤 치명적 결과를 가져왔는지 우리 모두 어느 정도 안다. 비록 근대적 세속주의와 그것이 맺는 연관성을 추적하는 과제는 완성된 것과는 여전히 거리가 한참 멀지만 말이다).

그런데 인간의 개화번영과 그것을 뛰어넘는 목표 간의 그와 같은 구분을 왜 그렇게 강조할까? 나는 내가 말하는 의미에서의 근대적 세속성의 도래는 역사상 최초로 순수하게 자족적인 휴머니즘이 광범위하게 가용한 선택지가 되기에 이른 사회의 등장과 시간적으로 일치한다고 주장하고 싶다. 앞서 말한 휴머니즘이란 인간의 개화번영을 넘어선 어떤 최종목표도 또 개화번영을 넘어선 다른 것에 대한 어떤 충성도 수용하지 않는 휴머니즘을 의미한다. 이전 사회에 대해서는 전혀 그렇게 말할 수 없을 것이다.

비록 앞의 휴머니즘은 개화번영과 초월적 목표가 구분되면서도 역설적으로 관련되어 있던 종교 전통에서 등장했지만(그리고 이 점은 우리 이야기에서 제법 중요하다) 그것이 앞서 논한 불교와 기독교의 경우에서처럼 이전의 모든 사회가 그와 같은 영역에 이원성을 투영했다는 의미는 아니다. 또한 보다 고차적인 존재에 대한 숭배reverence를 포함해 개화번영을 일원적으로 파악하는 견해도 존재하는데, 도교가 그와 같은 것처럼 보인다. 하지만 이 경우에도 그와 같은 숭배는 비록 개화번영에 본질적인 것이지만 순전히 도구적 정신에 따라 실천되는 것은 불가능할 것이다. 즉 그렇게 이해된다면 숭배가 될 수 없을 것이다.

다시 말해 인간이 처한 처지에 대한 전근대의 일반적 이해는 우리가 최상위에 있지
않은 질서 속에 우리를 위치시켰다. 신들이나 정령 같은 보다 고차적인 존재들 또는
이데아나 신들과 인간으로 이루어진 코스모폴리스 같은 보다 고차적인 종류의 존재는
우리의 숭배, 존경, 종교적 헌신이나 사랑을 요구했으며, 의당 받을 만했다. 몇몇 경우
그와 같은 존경이나 종교적 헌신은 그 자체로 인간의 개화번영에 핵심적인 요소로 간
주되었다. 그것은 인간적 선의 확고한 구성요소였다. 도교가 하나의 예로, 플라톤주의
와 스토아주의의 지복상태 같은 고대철학도 마찬가지였다. 비록 인간을 희생하는 대가
를 치르거나 아니면 오직 신의 호의를 얻는 것을 통해서만 우리의 선에 기여하게 되는 19
다른 경우에도 종교적 헌신이 요청되었다. 하지만 심지어 여기서도 요구되는 존경은
사실적인 것이었다. 그와 같은 존재는 우리의 경외심을 요구했다. 마치 우리가 에너지
를 조달하기 위해 자연의 힘을 다루는 것과 마찬가지 방식으로 그와 같은 존재를 다루
어야 한다는 데는 의문의 여지가 없었다.

그와 같은 사례의 경우 '휴머니즘'에 대해 말할 수 있을 텐데, 물론 그것은 근대적 세속성의 중심에 놓인 자족적 또는 배타적 휴머니즘exclusive humanism이 아니라 그것과 정반대되는 것이었다.

배타적 휴머니즘을 오직 근대(성) 내부에만 위치시키는 앞의 명제는 진실이라기에는 너무 대담하고 예외를 인정하지 않는 것처럼 보일 수도 있을 것이다. 그런데 실제로 예외가 존재한다. 내 생각으로 고대의 에피쿠로스주의는 자족적 휴머니즘이었다. 그것은 신들의 존재는 인정했으나 그들이 인간의 삶과 관련되어 있음은 부인했다. 그와 관련해 내게 변명거리가 있다면, 제비 한 마리가 왔다고 해서 여름이 온 것은 아니라는 것이다. 나는 자족적 휴머니즘이 광범위하게 가용한 선택지가 된 시대에 대해 이야기하고 있는 것인데, 고대세계에서는 결코 그렇지 않았다. 오직 자체가 소수파인 엘리트 중 작은 소수만이 그와 같은 자기충족적 휴머니즘을 지지했을 뿐이다.

또한 근대적 세속성이 어쨌건 배타적 휴머니즘과 시간적으로 일치한다고 주장하고 싶지도 않다. 첫째, 나의 정의에 따르면, 세속성은 충일에 대한 우리 경험 그리고 그것

의 추구가 전개되는 조건이다. 그리고 그것은 우리가 모두, 즉 신앙인과 비신앙인 모두 공유하는 것이다. 하지만 또한 배타적 휴머니즘이 종교에 대한 유일한 대안을 제공한다고 주장할 의도도 없다. 우리 시대는 비종교적 반휴머니즘이라고 부를 수 있는 일련의 강력한 흐름을 목격해왔는데, 그것은 오늘날 '탈구축Dekonstruktion'['해체주의']과 '포스트-구조주의' 같은 다양한 깃발 아래 등장하고 있다. 그것은 엄청난 영향을 미친 19세기 저술에, 특히 니체 저술에 뿌리를 두고 있다. 동시에 또한 비배타적 휴머니즘을 비종교적 토대 위에 재구축하려는 시도도 이루어지고 있는데, 다양한 형태의 심층생태학deep ecology에서 그것을 찾아볼 수 있다.

오히려 나의 주장은 대략 다음과 같은 말이 될 것이다. 즉 세속성 3은 배타적 휴머니즘의 가능성과 거의 동시에 등장했으며, 그리하여 최초로 가능한 선택지의 범위를 넓혀 '소박한' 종교적 신앙의 시대에 종지부를 찍었다. 배타적 휴머니즘은 어떤 의미에서 중간적 형태인 섭리에 기초한 이신론Providential Deism을 통해 우리에게 몰래 접근해왔다. 그리고 이신론과 휴머니즘 모두 정통 기독교 내부에서 전개된 보다 이전의 사태에 의해 가능해졌다. 그와 같은 휴머니즘이 무대에 등장하자마자 복수의, 소박함을 잃은 새로운 사정이 원래의 음역을 넘어 선택지를 늘릴 수 있는 여지를 마련해주었다. 하지만 그와 같은 과정에서 변형transformation을 위한 결정적 일보가 된 것은 배타적 휴머니즘의 등장이었다.

그와 같은 관점으로부터 보다 이전 시대와 세속의 시대 간의 차이에 대해 아래 같은 간단한 설명을 제시할 수 있을 것이다. 즉 세속의 시대란 인간의 개화번영을 넘어선다는 모든 목표의 쇠퇴가 생각 가능해진 시대이다. 또는 더 낫게는, 그와 같은 쇠퇴가
20 많은 사람에게 상상 가능한 삶의 범위에 속하게 되었다. 그것이 세속성과 자족적 휴머니즘 간의 결정적 연결고리이다.[19]

19 어떤 의미에서 여기서 나는 '세속화' 이론들을 분열시키는 경향이 있는 쟁점 그리고 '종교'를 어떻게 규정할 것인가? 하는 물음에 대해 은연중에 단호한 입장을 취하고 있는 것처럼 보인다. 일부 사람은 종교가 사람이나 사회를 위해 하는 것을, 가령 '통합'에 기여하는 바를 강조하는 기능주의적 이론을 대변한다. 다른 사람들에게 종교에 대한 규정은 실질과 관련된 것이어야 하는데, 그와 같은 이론가 대부분은 초자연적 존재와 영력에 대한 참조를 기준으로 삼길 원한다. 그때그때마다 제안되는 이론과 관련해 둘 중 어느 쪽을 선택하느냐에 따라 큰 차이가 나타난다. 기능주의적 견해에 따르면 '세속의' 시대에 종교는 쇠퇴하지 않았다고 주장하는 것이 가능한데, 왜냐하면 심지어 록콘서트와 축구경기까지 포함해 사람들은 우리

따라서 우리 목적을 위해 '종교'는 '초월(성)' 측면에서 정의될 수 있을 것이다. 하지만 '초월(성)'은 한 가지 차원 이상 속에서 이해되어야 한다. 내재적 질서를 초월하는 어떤 행위 주체나 힘을 믿는지의 여부는 실제로 세속화 이론에서 중요한 문제가 되어온 '종교'의 결정적 특징이었다. 사회적 삶의 중심에서 추방되어온 것은 우리가 초월적 신과 맺는 관계였다(세속성 1). 관련 이론들에서 추적되는 것이 신-신앙의 그와 같은 쇠퇴이다(세속성 2). 하지만 본서가 설명하고 싶어하는 현상을 더 잘 이해하기 위해서는 종교가 '초월(성)'과 맺는 관계를 세 가지 차원에서 살펴보아야 한다. 첫 번째의 핵심적 차원, 즉 '초월(성)'이 우리 삶에 영향을 미치는 것을 이해 가능하게 만들어주는 차원이 본서에서 바로 내가 탐구하고 있는 것이다. 즉 인간의 개화번영보다 고차적인, 그것을 넘어선 모종의 선이 존재한다는 감각이 그것이다. 기독교의 경우 우리는 그것을 아가페로, 즉 신이 우리에 대해 갖고 있으며, 그의 권능을 통해 우리가 분유할 수 있는 사랑으로 생각할 수 있을 것이다. 다시 말해, 변형 가능성이, 단순한 인간적 완성을 넘어선 곳으로 우리를 이끌어줄 가능성이 주어진다. 하지만 물론 — 두 번째로 — 우리가 도달할 수 있는 보다 고차적인 선이라는 그와 같은 개념은 오직 보다 고차적인 힘, 즉 종교에 대한 대부분의 정의에서 나타나는 신앙상의 초월적 신-신앙의 맥락에서만 이해 가능하다. 하지만 세 번째로 아가페에 의한 인간의 변형 가능성에 대한 기독교의 이야기는 탄생과 죽음 사이에서 우리 삶이 '자연적인 것'의 범위의 경계를 넘어서는 것으로 바라볼 것을 요구한다. 우리 삶은 '차안의 삶'을 넘어 연장된다.

우리 문화에서 종교/비신앙 간에 벌어지는 투쟁, 경쟁 또는 논쟁을 이해하기 위해

시대의 온갖 종류의 현상을 종교적인 것으로 포함시키길 마다하지 않기 때문이다. 반면 실질을 중시하는 견해에 따르면 일정한 쇠퇴는 부정 불가능하다. 아래 저서에서 이루어지고 있는 흥미로운 논의를 보라. Danièle Hervieu-Léger, *La Religion pour Mémoire*(Paris: Cerf, 1993), 2-3장.

여기서 앞의 두 가지 규정 중 어느 한쪽이 다른 한쪽보다 더 낫다고 추상적 형태로 주장하고 싶은 생각은 없다. 단지 내게 흥미로운 질문은 실질적 의미에서의 종교와 관련된다고 주장하고 싶다. 다만 그와 같은 현상을 규정할 수 있는 나만의 방식을 선택했으며, '초자연적인 것'에 대한 참조를 교묘하게 처리해버렸다. 왜냐하면 자연적인 것/초자연적인 것이라는 구분은 보편적인 것과는 거리가 멀며, 인간의 개화번영에 주어지는 자리를 경유해 오직 서양 전통 속에서만(이슬람을 가능한 예외로 해야 할 것이다) 실제로 등장하기 때문이다.

우리는 종교를 초월(성)의 앞의 세 가지 차원을 연결하는 것으로 이해해야 한다. 우리 사회에서 탐구될 수 있는 또 다른 가능성이, 따라서 그와 같은 삼중적 초월(성)이라는 관점 그리고 종교의 총체적 거부 간의 어딘가에 존재할 선택지가 존재하지 않기 때문이 아니다. 반대로 그와 같은 선택지는 아주 많다. 오히려 여러 장 뒤에서 설명하게 될 방식으로 다파적 논쟁이 두 가지 극단적 입장, 즉 한쪽의 초월적 종교와 다른 한쪽의 그것의 정면부인에 의해 형성되고 있기 때문이다. 근대문화의 그와 같은 특징을 유감스러운 것으로 생각하는 것은 전적으로 정당하지만 나는 그럼에도 불구하고 그것은 사실이라고 주장하고 싶다.

4

따라서 본서의 관심사인 세속성 3은 세속성 1(공적 공간의 세속화)과 세속성 2(신앙과 그것의 실천의 쇠퇴)와 반대로 지금까지 알려지지 않은 신앙의 조건[상태]으로 이루어져 있다. 즉 신앙으로 나갈 것을 촉구하며 신앙에 의해 규정되는 경험의 새로운 형국으로. 도덕적 · 영=정신적인 것에 대한 모든 탐구와 물음-묻기가 이루어져야 하는 새로운 맥락 속에서 말이다.

21 그처럼 새로운 맥락의 주요한 특징은 그것이 인간의 개화번영을 넘어선 초월적인 것, 목표, 주장에 관한 소박한 인정에 종지부를 찍는 데 있다. 하지만 그것과 관련해 사태는 종교가 교체되던, 즉 하나의 소박한 지평이 결국 다른 지평을 대체하거나 — 가령 튀르카이 지역이 정복된 이후 소아시아 지방이 기독교에서 이슬람으로 전향한 데서 볼 수 있듯이 — 두 지평이 여러 종교가 혼합되는 방식으로 융합되던 과거와는 사뭇 달랐다. 소박함은 오늘날 더 이상 누구에게도 가용하지 않다. — 신앙인과 비신앙인 모두에게 똑같이.

그처럼 사회 속에는 포괄적 맥락이 존재하는데, 사회는 다양한 환경을 포괄하며, 각각의 환경 내부에서 기본 설정은 다른 환경의 그것과 다를 수 있다. 비록 각각의 환경의 거주자는 다른 환경에서 선호되는 선택지에 대해 매우 잘 알며, 그것을 단지 설명 불가능한 이국적 오류로 기각할 수는 없을 것이다.

우리가 그처럼 새로운 조건 속에 놓이게 만든 결정적 변화는 배타적 휴머니즘이 널리 가용한 선택지로 등장한 데서 찾을 수 있을 것이다. 이 모든 일은 어떻게 일어났을까? 또는 다른 방식으로 말하자면, 신앙의 조건이 내가 묘사해오고 있는 대로 바뀌는 등 정확히 무슨 일이 일어났는가? 그것들은 쉽게 대답할 수 있는 질문이 아니다.

즉 나는 쉽지 않다고 생각한다. 하지만 오늘날 많은 사람에게 그에 대한 대답은 적어도 전반적 윤곽에서는 상당히 분명하다. 즉 근대는 앞서 말한 세 가지 형태 모두에서 세속화를 가져왔다는 것이다. 그와 같은 인과적 관계는 불가피했으며, 주류의 세속화 이론은 그럴 수밖에 없는 이유를 설명하는 데 관심을 기울여왔다. 근대문명은 '신의 죽음'을 가져올 수밖에 없다는 것이다.

나는 그와 같은 이론을 전혀 설득력이 없는 것으로 생각하지만 왜 그러한지 보여주기 위해 내 자신의 이야기에 착수할 필요가 있다. 아래에서 이어지는 여러 장에서 그와 같은 이야기를 하게 될 것이다. 보다 이후 단계에서 설득력 있는 세속화 이론은 어떻게 보일 수 있는지 하는 쟁점으로 되돌아갈 것이다.

하지만 먼저 앞으로 펼칠 논쟁에 관해 한 마디 해두고 싶다. 실제로는 두 마디이다. 먼저 앞서 말했듯이 나의 논의는 어디까지나 서양 또는 북대서양세계와 관련되어 있다. 또는 달리 말하자면, 본서에서 다루는 것은 일찍이 '라틴계기독교세계'라고 불려온 것 속에 주요한 뿌리를 가진 문명이다. 물론 세속화와 세속성은 오늘날 그와 같은 세계의 경계를 훌쩍 뛰어넘어 존재하는 현상이다. 언젠가 그와 같은 현상 전체에 대한 연구를 지구적 규모로 수행하는 것이 가능해지길 바란다. 하지만 '라틴계기독교세계'에서 그것을 시작할 수는 없을 것이다. 이유로는 '근대'의 다른 특징들 — 몇 가지 다른 예를 인용하자면, 정치 구조, 민주주의 형태, 미디어 사용 — 과 마찬가지로 세속성은 실제로 완전히 다른 방식으로 표현되며, 상이한 문명의 상이한 요구와 갈망의 압력 아래 발전했기 때문이다. 우리는 점점 더 "복수의 근대(성)multiple modernities"[20]를 가진 세계

20 아이젠슈타트Shmuel Eisenstadt가 편집하는 *Daedalus*의 여러 권에 실린 아래 글을 참조하라. "Early Modernities"(Summer 1998), 127권, 3호; and "Multiple Modernities"(Winter 2000), 129권, 1호. 또한 Dilip Parameshwar Gaonkar, ed., *Alternative Modernities*(Durham: Duke University Press, 2001)

속에 살고 있다. 서둘러 싸잡아서 판단을 내리는 일반화로 달려가기 전에 그처럼 결정적인 변화를 각기 다른 문명과 관련시켜 연구할 필요가 있다. 나의 캔버스는 이미 너무 광폭화되기 직전이다. 북대서양세계 내부에서도 세속성에 이르는 길은 지역적으로, 민족적으로 여럿이었다. 나는 그것들 모두를 공평히 다룰 수 없었다. 하지만 그럼에도 불구하고 그와 같은 과정의 일반적 특징이 일부나마 조명될 수 있기를 바란다.[21] 그와
22 같은 경로를 따라가면서 나는 전작인 『자아의 원천들』(1989년)[22] — 또한 인간의 보편적 관심사를 둘러싼 일군의 쟁점을 끄집어내지만 개별 영역에 제한된 방식으로 다룬다 — 에서와 동일한 방식으로 전진해나갈 생각이다.

두 번째로, 이어지는 각 장에서 나는 내가 '뺄셈 이야기subtraction story'라고 부르는 것을 지속적으로 논박하게 될 것이다. 앞의 말의 의미를 간결하게 요약하자면 이렇다. 즉 일반적으로 근대, 특수하게 세속성은 인간 존재가 보다 이전의 몇몇 제한된 지평이나 환상 또는 지식에 대한 제한을 없애버리거나 그것에서 탈피하거나 해방되어온 이야기를 들려준다는 것이다. 그와 같은 과정으로부터 등장하는 것 — 근대 또는 세속성 — 은 인간 본성의 토대를 이루는 특징이라는 측면에서 이해되어야 하는데, 그것은 그동안 내내 존재했으나 발전이 저해되어 오다가 이후 그것을 막아온 제한이 제거되게 되었다[는 것이다]. 그와 같은 종류의 뺄셈 이야기에 대해 필자는 세속성을 포함해 서양의 근대(성)는 새로운 발명, 새로 구축된 자기 이해, 그와 관련된 실천의 열매로, 인간의 삶의 영속적 특징이라는 측면에서 설명될 수 없다고 지속적으로 주장할 것이다.

이어지는 장에서의 상술을 통해 무엇이 그와 같은 쟁점과 관련되어 있는지가 보다 분명해지기를 바라며, 본서의 논의가 거의 끝나갈 무렵의 15장에서 보다 체계적으로 앞의 쟁점으로 돌아갈 것이다.

을 보라.

21 나 또한 정반대 위험을, 즉 서로 다른 문명에서 이루어지는 문명화 과정 간의 상호 관련성을 무시할 위험을 알고 있다. 이 점과 관련해 판 데어 비어가 이미 나를 비판한 바 있는데, 비유럽 사회에 대한 식민주의자들의 지각이 해당 사회의 종교관을 부양해온 방식을 무시한다는 것이다(Peter van der Veer, *Imperial Encounters*[Princeton: Princeton University Press, 2001]를 보라).

22 『자아의 원천들』, 권기돈, 하주영 역, 새물결.

1부
개혁 작업

A Secular Age

1

신앙의 방파제 25

1

여기서 내가 대답하고 싶은 물음을 제기할 수 있는 방법 중 하나는 이렇다. 즉 우리 서양 사회에서, 가령 1500년에는 신을 믿지 않는 것이 실제로 불가능했는데, 2000년에는 왜 많은 사람이 신앙을 갖지 않기가 쉬울 뿐만 아니라 심지어 불가피한 것으로까지 생각하게 되었을까?

그에 대한 대답의 일부는 분명히 그때는 모두 신을 믿었고, 따라서 그 밖의 다른 대안은 사도邪道로 보였기 때문이라는 것이다. 하지만 그렇게 하면 질문은 점점 더 뒤로 소급될 뿐이다. 우리는 사태가 어떻게 변했는지를 이해할 필요가 있다. 어떻게 대안이 사유 가능해졌을까?

그와 관련된 전체상 중 중요한 일부는 아래 사실에서 찾을 수 있었다. 즉 당시 세계의 너무나 많은 특징이 신앙에 유리하게 이야기되었으며, 신의 존재를 부정하는 것은 불가능한 것처럼 보이도록 만들었다. 앞으로 하려는 이야기에서 중요한 역할을 할 세 가지 특징에 대해 언급해보자.

(1) 그들이 살던 자연 세계 — 그들이 상상한 코스모스 속에 자기 자리를 갖고 있었다 — 가 신의 목적과 행위를 증언해주었다. 그리고 그것은 우리가 오늘날 여전히

이해할 수 있고 (적어도 많은 사람이) 높이 평가하는 명백한 방식 — 그와 같은 세계의 질서와 설계가 신의 창조를 증명해준다 — 에 해당되었을 뿐만 아니라 그와 같은 자연적 질서 속에서 일어나는 큰 사건, 가령 폭풍우, 가뭄, 홍수, 역병 그리고 예외적 비옥과 번영의 해 등은 신의 행위acts of God로 간주되었기 때문이기도 했다. 가령 '신의 행위'라고 하는, 오늘날에는 사어가 된 법적 언어의 은유가 여전히 증언해주듯이 말이다.

(2) 신은 또한 사회의 존재 자체(물론 그것을 묘사하기 위해 '사회'라는 근대적 개념이 사용된 것은 아니었다. 오히려 폴리스, 왕국, 교회 등 다른 용어가 사용되었다)와도 관련되어 있었다. 왕국은 세속적 시간 속에서 이루어지는 단순한 인간적 행위보다 더 고차적인 것 위에 정초된 것으로만 이해될 수 있었다. 뿐만 아니라 앞서 「서론」에서 언급한 대로 사회를 구성하는 다양한 결사[공동 사회]association — 교구, 자치구, 길드 등 — 는 의례 및 예배와 복잡하게 뒤엉켜 있었다. 도처에서 신을 마주칠 수밖에 없었다.

(3) 사람들은 '주술화된' 세계 속에서 살았다. 아마 그것이 최고의 표현은 아닐 것이다. 천사와 요정을 연상시킬 것 같기 때문이다. 하지만 필자가 여기서 떠올리고 싶은
26 것은 앞의 표현의 부정형, 즉 우리의 근대적 상태를 기술하기 위해 막스 베버가 사용한 '탈주술화Entzauberung. disenchantment'란 표현이다. 이 용어는 관련 사항을 논할 때 너무 널리 사용되어 왔으므로 나는 우리의 전근대적 상태의 결정적 특징을 묘사하기 위해 베버 용어의 반대말을 사용하려고 한다. 이 의미에서 주술화된 세계는 우리 조상들이 산 정령과 악령, 도덕적 영력들의 세계이다.

그와 같은 종류의 세계에 산 사람들이 반드시 신을, 분명히 아브라함의 신을 믿은 것은 아닌데, 무수히 많은 '이교' 사회의 존재가 그것을 잘 보여준다. 하지만 1500년의 유럽 농민의 세계관에서 보면, 모든 불가피한 양의성을 넘어 기독교의 신은 선이 승리하거나 적어도 어둠의 무수한 힘을 억누를 수 있도록 해주는 궁극적 보증자였다.

무신론은 앞의 세 가지 특징을 갖춘 세계에서는 상상조차 불가능한 것에 가까웠다. 신이 존재하고, 코스모스 속에서 행위하고, 사회를 창시하고 유지하며, 악에 맞서 방파제 역할을 한다는 것이 너무 명백해 보였다. 따라서 나의 출발-물음, 즉 '1500년과 2000년 사이에 무슨 일이 일어났는가?'에 대한 대답의 일부는 앞의 세 가지 특징이 사라졌다는 것이다.

하지만 「서론」에서 논한 대로 그것으로 모든 이야기가 끝나는 것은 아닐 것이다. 근대의 출현은 단지 상실, 빼셈 이야기가 아니기 때문이다. 우리에게 지표가 되는 두 해 사이에서 우리가 찾는 핵심적 차이는 내가 '충일'이라고 부른 것의 이해에서 나타난 전환이다. 즉 한편으로 우리의 최고의 영=정신적 · 도덕적 갈망이 부단히 신을 가리키며, — 또는 이렇게 말할 수 있을 것이다 — 신 없이는 어떤 의미도 없던 조건에서, 다른 한편으로 그와 같은 갈망이 일군의 다른 원천과 연결되고, 종종 신을 거부하는 원천과 연관되는 조건으로 전환된 것이다. 그런데 우리 세계 속에 신이 존재함을 느낄 수 있도록 해주는 앞의 세 가지 양식의 소멸은 분명히 그와 같은 전환을 촉진하지만 그 자체로는 그것을 초래할 수 없을 것이다. 왜냐하면 심지어 탈주술화된 세계, 즉 세속의 사회, 코스모스 이후의 우주 속에서도 신으로부터의 선물로서의 충일을 분명히 계속 경험할 수 있기 때문이다. 그와 같은 경험을 포기할 수 있으려면 대안이 필요했다.

그처럼 필자가 해야 할 이야기는 어떻게 앞의 세 차원에서 신의 존재가 후퇴했는가 하는 것과만 관련되어 있지 않다. 또한 어떻게 신 이외의 것이 도덕적 또는 영=정신적 갈망의, 즉 '충일'의 필연적인 대당적對當的, objective 대극이 될 수 있었는지를 설명해야 한다. '무슨 일이 일어났는가?'라는 큰 물음은 어떤 의미에서 '충일을 신과 관련시키는 것과는 다른 대안은 어떻게 생겨났는가?'라는 물음이다. 앞으로 내가 다루게 될 주제는 배타적 휴머니즘의 성립사Entstehungsgeschichte이다.

흔히 이야기되는 '빼셈' 이야기는 모든 것을 탈주술화 탓으로 돌린다. 첫째, 과학이 세계에 관한 '자연주의적' 설명을 제공했다. 그러자 사람들이 신을 대신할 대안을 찾기 시작했다. 하지만 실제로 사태는 그와 같은 식으로 전개되지 않았다. 17세기의 새로운 기계론적 과학이 반드시 신의 존재를 위협하는 것으로 간주된 것은 아니었다. 주술화된 코스모스와 마술을 위협하는 것으로 간주되었다. 그것은 또한 특정한 섭리관에 대해 문제를 제기하기 시작했다. 하지만 탈주술화의 경로로 나간 데서는 기독교 쪽에서도 중요한 동기가 존재했다. 다윈은 심지어 18세기에는 아직 지평에 등장하지도 않았다.

물론 이후 사회는 분명히 세속적인 것으로 파악되게 되었다. 사람들은 혁명을 일으
키게 되었다. 몇몇 사례에서는 교회에 대한 반발도 포함되었다. 하지만 그와 같은 행동 27
은 1640년대처럼 다른 교회 조직 이름으로 그리고 섭리가 우리를 이끌고 있다는 강력

한 느낌과 함께 이루어질 수 있었다.

보다 포괄적인 빼셈 이야기에 따르면, 탈주술화뿐만 아니라 세 영역 모두에서 신의 존재가 쇠퇴한 것이 충일과 관련해 가능한 대안적 참조점을 새로운 방식으로 바라볼 수 있는 계기가 되어주었다. 마치 그것이 이미 존재한 채 단지 초대를 기다리기만 하고 있었듯이 말이다.

나의 요점은, 중요한 의미에서, 그것은 아직 존재하지 않았다는 것이다. 물론 다양한 이론이 존재했는데, 몇몇 사람이 지어낸 그것에 대해 정통교리를 따르는 저술가들은 비난을 퍼부었다. 다른 일부 경우 고대 저술가들이 상세히 개진한 이론들도 존재했다. 하지만 그것들은 아직 현실적으로 가용한 대안이 아니었다. 내가 의미하는 것은 충일과 관련해 소수의 극히 독창적인 정신을 가진 사람들 외에도 일반인에게 실제로 이해 가능한 대안적 [자가-구성적] 해석이다.

부정적으로 표현해보자면, 배타적 휴머니즘이 어떻게 그와 같은 역할을 수행할 수 있었는지를 이해하기는 매우 어렵다. 당시 사람들이 주술화된 코스모스관을 갖고 있던 한에서 말이다. 즉 우리 인간 존재를 정령 — 일부는 악령이었다 — 이 암약하는 장 속에 존재하는 것으로 본 한에서 말이다. 이 측면에서 물론 과학은 코스모스의 탈주술화에 일조함으로써 배타적 휴머니즘으로 나가는 길을 개척하는 데 기여했다. 그것을 위해 결정적으로 중요한 조건은 자아 그리고 자아가 코스모스에서 차지하는 자리에 대한 새로운 감각이었다. 자아는 더 이상 정령과 영력의 세계에 열려 있고, '다공적多孔的'이며, 취약하지 않았다. 오히려 여기서 내가 '완충재로 덮인 자아buffered self'라고 부르려는 것이 되었다. 하지만 완충재로 덮인 자아를 만들어내기 위해서는 탈주술화 이상의 것이 필요했다. 또한 도덕질서를 창출할 수 있는 우리 자신의 능력에 대해 확신을 갖는 것이 필요했다.

하지만 고대의 이교세계의 비유신론적 윤리에서 실제로 그것을 위한 원천을 입수할 수 있었을까? 단지 매우 부분적으로만 가능했으리라 생각된다. 첫째, 그와 같은 견해 중 몇 가지 것 또한 우리를 보다 광범위한 영=정신적 또는 코스모스적 질서 속에 위치시켰다. 가령 플라톤주의와 스토아주의가 그랬다. 확실히 그것들은 마술이나 숲속의 정령 등과는 아무런 필연적 관계도 갖고 있지 않았지만 각자의 방식으로 탈주술화와 기계론적 우주에 저항했다. 실제로는 내가 말하는 의미의 배타적 휴머니즘이 아니었다. 심지어 아리스토텔레스에 대해서도 그렇게 말할 수 있을 텐데, 인간의 내면에 존재하는 신적인 것으로서의 보다 큰 질서에 대한 관조에 중요한 역할을 부여하고 있었기 때문이다.

배타적 휴머니즘이 의문의 여지없이 가용했던 것은 에피쿠로스주의 속에서였다. 그리고 가령 흄 같은 저자에게서 루크레티우스가 자연주의 방향으로 탐구를 이끌어나가는 영감 중 하나였음은 놀랄 만한 일이 아니다. 하지만 그저 당시에 주어진 형태 그대로의 에피쿠로스주의로는 상응하는 목적을 이루기에는 실제로는 충분하지 않았다. 에피쿠로스주의는 신들에 관한 환상을 극복함으로써 마음의 평정에 이르는 방법은 얼마든지 가르칠 수 있을 것이다. 하지만 근대적 맥락에서 개화번영을 이룰 수 있는 휴머니즘에 필요한 것은 아니었다. 근대에는 삶에서 도덕질서를 창조할 수 있는 힘이 고대세계의 그것과는 상당히 다른 형태로 바뀌게 되는 맥락이 발전하게 되었기 때문이다. 그것은 우리 세계 — 자연적 세계건 사회적 세계건 — 를 형성하고 창출할 수 있는 능동적 능력을 포함해야 했다. 그리고 인간적 선행을 향한 모종의 충동에 의해 고무되어야 했다. 그와 같은 두 번째 요청을 종교 전통을 소급해 언급하는 방식으로 표현하자면, 근대적 휴머니즘은 능동적 · 개입적인 것에 덧붙여 아가페와 관련해 모종의 대체물을 만들어내야 했다.

이 모든 것은 수용 가능한 형태의 배타적 휴머니즘이 상상되어야 했음을 의미한다. 그리고 그것은 하룻밤 사이에 할 수 있는 일이 아니었다. 또한 한 번의 도약으로 할 28
수 있는 일도 아니었다. 오히려 보다 이전의 기독교적 형태에서 유래하는 일련의 단계를 거쳐 발전하게 되었다. 그것이 내가 들려주려고 하는 이야기이다.

실제로 19세기 말부터 우리 눈앞에 완전한 형태로 그와 같은 대안이 나타나기 시작했다. 그리고 사람들은 이런저런 대안으로 향하는 경향을 보일 수 있었는데, 그것은 부분적으로 각자의 과학관에 달려 있었다. — 비록 여기서도 또한, 나중에 좀 더 자세히 살펴보겠지만, 각자의 도덕적 존재론이 여전히 결정적 역할을 했지만 말이다. 하지만 가령 자연주의적 유물론이 할인판매 중일 뿐만 아니라 근대세계의 가장 권위 있는 제도, 즉 과학과 양립 가능한 유일한 견해로 자임 중인 오늘날, 본인의 신앙에 대한, 자신을 변형시킬 수 있는 능력에 대한 의심 또는 본인의 신앙이 실제로 얼마나 유치하고 부적절한가에 대한 감각이 과학이나 유물론처럼 강력한 이데올로기와 맞물리고, 비록 회한과 향수가 따르지만 비신앙의 길로 우리를 인도하는 것은 얼마든지 있음직한 일일 것이다. 하지만 빅토리아조나 오늘날의 우리에게는 매우 익숙할 그와 같은 시나리오를 보다 이전 세기에, 즉 경쟁적 세계관들 — 그것들 사이에서 오늘날 우리는 망설이고 있다 — 이 비로소 형성되던 시기로 소급해 투영하는 것은 완전 시대착오일 것이다.

2

출발-물음에서 나는 1500년의 신앙의 조건과 2000년의 신앙의 조건은 정반대임을 진술한 바 있다. 이어 그처럼 정반대로 된 이유를 명확화하기 위해 하고 싶은 이야기story에 대해 말했다. 하지만 왜 하필 이야기인가? 그냥 분석을 통해 두 시대의 대립적 측면을 추출해 당시 사정은 이러저러했고, 지금 사정은 이러저러하다고 묘사한 다음 두 시기를 연결하는 [일관된 대문자] 서사narrative는 그냥 놔두는 것은 어떨까? 누가 이 모든 세부사항, 그와 같은 역사를 필요로 할까? 지금은 사라졌지만 당시에는 신이 존재한 세 가지 방식을 밝힘으로써 나는 그렇게 분석에서 대립하고 있는 입장을 분명히 하는 작업을 이미 만족할 만한 방식으로 시작하지 않았는가?

그런데 어떤 의미에서 궁극적 목표는 그와 같은 대립에 이르는 과정에 또는 적어도 비교 기술記述에 의해 2000년의 우리 상태에 초점을 맞추는 데 있다. 하지만 역사적 전개 과정을 간과해서는 그와 같은 과제를 제대로 수행할 수 없을 것이다. 내가 그렇게 생각하는 이유들이 논의가 진행되면서 점점 더 분명해지고 보다 설득력 있기를 바란다. 여기서는 다만 그것들에 대한 일반적 개요만 제시하는 데 그치고자 한다. 즉 우리의 현재의 영=정신적 사정과 관련해 우리가 처한 상태가 역사적으로 발전해온 결과임은 결정적 의미를 갖는 사실이다. 즉 나 그리고 오늘날 우리가 어디에 있는가에 대한 이해는 우리가 점차 이곳까지 이르게 되었으며, 이전 상태를 극복했다는 감각에 의해 부분적으로 규정되어 있다. 그처럼 우리가 '탈주술화된' 우주 속에서 살고 있다는 의식이

널리 퍼져 있다. 그리고 앞의 말을 사용하는 것 자체가 우주가 과거에는 주술화되어
있었음을 우리가 아직도 느끼고 있음을 암시한다. 더욱이 우리는 우주가 전에는 그러했
을 뿐만 아니라 또한 현재 상태에 이르기 위해 일종의 투쟁이 벌어졌고, 일종의 성취가
있었으며, 동시에 그와 같은 성취는 몇몇 측면에서 취약함도 알고 있다. 우리가 그것을
아는 것은, 우리 각자는 어른이 되면서 탈주술화와 관련된 규율훈련을 받아야 했기 때
문이다. 게다가 그와 관련된 약점을 서로 나무라면서 상대방이 '마술적으로' 생각한다
거나 '신화'에 빠졌다거나 '몽상'에 잠겼다고 몰아세우기 일쑤다. 또한 X는 우리 시대 29
에 살고 있지 않으며, Y는 '중세적 마인드'라거나 우리가 숭배하는 Z는 시대를 훌쩍
앞서 있다고도 말한다.

다시 말해, 오늘날 우리가 어디 있는지에 대한 감각은 부분적으로는 어떻게 오늘날에 이르게 되었는가에 대한 이야기에 의해 결정적으로 규정된다. 이 의미에서 우리의 세속의 시대의 본질 자체 속에도 신과의 불가피한 (종종 부정적) 연관성이 존재한다. 그리고 다름 아니라 세속화의 여정[역사적 과정]을 이야기하면서 현재 상태를 기술하기 때문에 그와 같은 여정을 잘못 식별하게 되면 현재 상태를 완전히 잘못 기술하게 될 수도 있다. 근대에 관한 '뺄셈적' 설명이 실제로 한 것이 바로 그것이었다. 현재의 우리 처지를 제대로 기술하려면 뒤로 돌아가 앞의 이야기를 제대로 할 필요가 있다.

우리 과거는 현재 속에 침전되어 있다. 우리가 어디서 왔는지를 제대로 이해하지 못하면 우리 자신을 오인하게 마련이다. 서사narrative는 추가선택 사항이 아니며, 여기서 내가 이야기를 해야 한다고 믿는 것 또한 이 때문이다.

그것은 우리 과제를, 잠재적으로는 무한대로 확대시킨다. 서양기독교세계의 세속화에서 무슨 일이 일어났는지에 관한 이야기는 너무 광범위하고 너무 다면적이어서 비슷한 두께의 책을 몇 권 쓴다고 해도 여전히 해당 주제를 제대로 다룰 수 없을 정도이다. 내가 선택한 영역, 즉 라틴계기독교세계가 동질적이지 않은 만큼 한층 더 그러하다. 아래 논의에서 볼 수 있듯이 이 영역에는 하나 이상의 경로가 존재했으며, 각각의 국민과 지역은 상이한 속도와 상이한 시점에 각자의 길을 걸어갔다. 나는 그저 관련된 이야기의 가장 기본적인 골격만 보여주면서 몇 가지 주요한 이행을 언급할 수 있을 뿐이다. 그와 같은 최소한의 도식적 설명으로부터 관련된 역동성의 전체상이 드러나길 바란다.

하지만 그와 같은 모종의 통시적 설명은 불가피하다.

3

따라서 이야기를 하는 것을 빠트릴 수 없다. 하지만 그것만으로 충분하지 않다. 실제로는 논의 전체가 분석적인 것과 역사적인 것 사이를 왔다 갔다 해야 한다. 여기서는 먼저 당시와 현재의 정반대 상태와 관련된 몇 가지 일반적 특징을 제시하는 것부터 논의를 시작하고 싶은데, 우리가 할 이야기에 의해 내실을 갖추고 한층 더 풍요로워지게 될 것이다. 앞의 특징은 앞서 언급한 세 가지의 거대한 부정적 변화의 영역에 포함되는데, 아래서는 순서를 뒤집어 마지막 변화에서 첫 번째 변화로 거슬러 올라가면서 이야기를 풀어가고자 한다. 그리고 실제로는 다섯 가지 변화를 언급하고 싶다.

(I) 첫 번째 변화는 탈주술화 그리고 비신앙으로 나가는 도정에서 상술한 장애물 3이 제거되는 것이다. (II) 이어 장애물 2의 영역으로 들어가면서 (III) 보다 이전 사회가 몇몇 심원한 긴장을 균형 속에서 유지하던 방법을 살펴보고 싶다. (VI) 그것은 다시 공동의 시간-이해와 연관되어 있었지만 이후 그와 같은 형태로는 더 이상 존재하지 않는다. (V) 마지막으로 장애물 1의 부식에 대해, 따라서 코스모스라는 고대 관념이 근대의 중립적 우주에 의해 대체되어온 방식에 대해 천착하고 싶다.

I. 주술화된 세계, 즉 우리 조상들이 인정한 정령과 악령 그리고 도덕적 영력들의 세계부터 논의를 시작하자. 탈주술화 과정이란 그와 같은 세계가 사라지고 오늘날 우리가 사는 세계에 의해 대체되는 과정이다. 즉 사상, 감정, 영=정신적 도약이 존재하는 유일
30 한 장소가 소위 정신mind이게 되는 세계에 의해 말이다. [근대의] 우주 속에서 유일한 정신은 인간의 정신이다(대략 그렇게 말하기로 하자. 혹시 있을지도 모르는 화성인이나 외계인에게는 미안하지만 말이다). 정신은 한계가 정해져 있으며, 그리하여 앞의 사상, 감정 등은 정신 '내부'에 자리 잡게 된다.

그와 같은 내부공간은 내성적 자기의식의 가능성에 의해 구성된다. 물론 그렇다고

해서 내부의 모든 것이 그와 같은 식으로 의식화될 수 있다는 의미는 아니다. '정신 내부'의 몇 가지 것은 너무 심층적으로 존재하고, 그리고 아마 숨겨져 있어([프로이트가 말하는 대로] 억압되어 있어) 결코 의식 속으로 끄집어내지 못할 가능성이 있다. 하지만 그것은 그와 같은 내부공간에 속한다. 왜냐하면 그것들은 우리의 인식 범위를 벗어나 있으면서 우리가 내성적으로 파악할 수 있는 것이 형성되는 것을 돕기 때문이다. 우리가 보는 지평을 막 넘어선 것이 가시적인 것의 세계 속에 자리를 갖고 있듯이 말이다. 비록 그곳까지 이르러 그것을 직접 목격할 수는 결코 없을 테지만 말이다. 이 의미에서 '내면적인 것'은 내가 "래디컬한 재귀성radical reflexivity"[1]이라고 불렀던 것에 의해 구성된다.

내가 여기서 기술하고자 하는 것은 이론이 아니다. 오히려 오늘날의 우리의 살아 있는 이해를 겨냥하고 있다. 즉 우리가 사태를 소박하게 파악하는 방식이 그것이다. 이렇게 말할 수도 있을 것이다. 즉 그것이 하나의 해석임을 전혀 의식하지 못한 채 또는 — 대부분의 사람에게서는 — 심지어 그것을 정식화하지 못한 채 우리가 삶에서 준거하는 [자가-구성적] 해석이 그것이다. 그것은 그동안 '정신' 그리고 그것이 '육체'와 맺는 관계를 설명하고 명확화하기 위해 제시되어온 다양한 철학 이론을 모두 내가 테이블에 올리지는 않음을 의미한다. 앞서 '살아 있는' 이해라고 했는데, 모종의 데카르트적 이원론 또는 그것과 경합하는 일원론적 유물론, 정체성 이론 같은 것 또는 심지어 육체화된 행위 주체처럼 보다 세련되고 적절한 이론 등을 그것으로 간주하려는 것이 아니다. 나는 [우리의 '철학적' 사유가 시작된다고 하는] 철학적 놀람에 선행하는 이해 차원을 포착하려고 하고 있다. 정신에 관한 우리의 근대적 이해는 분명히 보다 이전의 '탈주술화된' 이해와 달리 데카르트적 유형의 이론에 열려 있지만 우리가 기술하려는 것 자체는 그와 같은 이론이 아니다. 달리 표현하자면, 근대적 정신-관념은 '정신/육체 문제' 같은 것을 얼마든지 상정 가능하고, 게다가 실제로 어떤 의미에서는 불가피한 것으로 만들지만 보다 이전의 이해에 따르면 실제로 그것은 말이 되지 않았다. 그렇다고 근대적 정신-관념이 그 자체로서 상술한 문제에 대한 해답을 제공하는 것은 아니다.

1 졸저, 『자아의 원천들』(1989년), 7장.

나는 그처럼 소박한 이해에 관심을 갖고 있다. 탈주술화로 이어진 사태전개 속에서 그처럼 소박한 이해의 근본적 전환이 일어났다는 것이 나의 주장이기 때문이다. 여기서 사태는 신과 다른 영=정신적 피조물의 존재라는 쟁점에 관해 위에서 언급한 것과는 다르다. 그와 관련해 우리는 사람들이 그것들의 실재를 소박하게 수용하는 태도를 버리고, 이제 그것들의 실재를 긍정 또는 부정하자마자 논쟁적 영역으로 들어서게 된다. 더 이상 소박한 무신론자가 존재하지 않듯이 소박한 유신론자도 존재하지 않는다. 하지만 지금부터 내가 이야기하려는 또 다른 변화가 그와 같은 변화의 기저에 놓여 있었는데, 우리의 세계-감각에서 일어난 변화가 그것이다. 즉 정령들이 정말 아무 문제없이 존재하면서 영향을 미치던 세계로부터 더 이상 존재하지 않으며, 실제로 과거에 존재하던 수많은 방식을 이제는 생각조차 할 수 없게 된 세계로 바뀐 것이다. 그것들이 전혀 영향을 미치지 않는다는 것은 오늘날 우리가 소박하게 겪고 있는 일이다.

물론 그렇다고 해서 우리가 그것들이 존재하지 않음을 소박하게 체험하고 있다는
31 의미는 아니다. 여기서 그와 같은 [논리적] 부정 연산자의 사정거리는 넓다. 즉 우리는 그것들의 존재를 (더 이상) 체험하지 못한다. 하지만 대신 그것들의 비존재를 체험한다는 것 또한 사실이 아니다. 그것은 소박한 수준에서 내가 사물의 분자적 구성을 체험하지 못하는 것과 비슷하다. 하지만 그것이 물리학 시간에 배운 것을 믿는 것을 방해하는 것은 아니다. 물론 그와 같은 믿음은 나의 세계상 속에 특정한 자리를 갖고 있다. [하지만] 나는 그와 같은 믿음이 오직 복잡한 이론적 탐구 활동 — 다른 사람들에 의해 철저하게 수행되어왔다 — 을 통해서만 가용하게 되었음을 안다. 여기서도 앞서와 마찬가지로 신이나 다른 정령들의 존재는 근대적 세계 이해에 의해 부정되지 않는다. 그것이 아니라 그와 같은 이해는 신앙을 회의, 논의, 매개적 설명 등에 열려 있는 영역 속에 위치시킨다.

따라서 소박한 이해로부터의 그와 같은 전환은 본서에서의 나의 목적에 매우 중요하다. 그것을 더 잘 이해한다는 것은 신앙을 둘러싼 조건에서 일어난 변화를 더 잘 파악함을 의미한다. 그와 함께 우리는 세 번째 의미에서의 세속성 — 세속성 3 — 의 핵심에 도달하게 된다.

나는 정신 개념과 함께 근대의 세계 이해에 대한 해명을 시작했다. 사상 등은 정신

에서 생긴다. 또 정신만이 (대략) 인간적인 것이다. 정신은 한계가 정해져 있으며, 내부 공간이[라는 것이]다.

첫 번째 원리부터 시작해보자. '사상 등'이라는 표현으로 나는 무슨 말을 하려는 것일까? 물론 내가 의미하는 것은 우리가 세계와 자기 자신에 대해 보유하거나 품고 있는 신념이나 명제뿐만 아니라 우리가 갖고 있는 인식 등을 가리킨다. 또한 우리의 반응, 즉 우리가 사물 속에서 찾는 유의의성, 중요성, 의미도 가리킨다. 원리상 언어 이론적 의미와 혼동될 위험이 있지만 나는 이 모든 것을 나타내기 위해 '의미meaning'라는 통칭을 사용하고 싶다. 나는 그것을 우리가 '삶의 의미' 또는 우리에게 큰 '의미'를 가진 관계라고 말할 때의 의미로 사용하고자 한다.

그런데 의미를 그와 같은 '의미'로 검토하면 정신 중심 견해 그리고 주술화된 세계 간의 결정적 차이가 나타난다. 전자의 견해에 따르면 의미는 '정신' 속에 존재한다. 즉 사물은 오직 우리 속에 어떤 반응을 일깨우는 한에서만 의미를 가질 수 있다는 의미에서 말이다. 그리하여 그것은 그렇게 반응할 수 있는 능력을 가진 피조물 — 즉 감정, 욕망, 혐오감 등을 가진 존재, 요컨대 가장 넓은 의미에서의 정신을 부여받은 존재로서의 인간 본성과 관련된다.

다시 한 번 그것은 유물론, 관념론, 일원론, 이원론 등 다양한 철학 이론을 통한 해명에 앞서는 사물 이해 방법임을 강조해야 할 것이다. 우리는 철저한 유물론적 견해를 택해 우리 반응은 사물이 유기체로서의 우리에 대해 가진 기능에 의해, 더 나아가 사물에 대한 지각이 촉발시키는 온갖 종류의 신경생리학적 반응에 의해 설명될 수 있다고 주장할 수 있을 것이다. 사물의 의미를 여전히 우리 반응에 의해 설명하는데, 그와 같은 반응은 우리가 내면적으로 '프로그램화'되거나 '접속'된 방식에 의존한다는 의미에서 우리 '내부'에 존재한다.

우리는 온갖 것을 안다고 자부하지만 그저 통 속에 담긴 뇌일 수 있을 뿐 어떤 미친
과학자가 그것을 조작하고 있다는 유물론적 몽상이 존재한다. 그것은 온갖 종류의 사유 32
를 위한 물질적 충분조건은 두개골 내부에 존재한다는 전제에서만 의미를 가질 수 있다. 따라서 실재하지 않는 세계에 관한 설득력 있는 생각은 뇌를 그것에 딱 맞는 상태로 만듦으로써 만들어낼 수 있을 것이다. 내부/외부를 나누는 지리학, 둘을 나누는 경계선

— 정신 중심적 견해에서 결정적으로 중요하다 — 이 그와 같은 유물론적 정신 해명에서 재생산되고 있다.

하지만 주술화된 세계에서 의미는 앞의 의미에서 정신 내부에, 분명히 인간의 정신 내부에 있지 않다. 만약 500년 전의 보통 사람들 — 심지어 대부분의 엘리트 — 의 삶을 살펴본다면 무수히 많은 측면에서 그랬음을 볼 수 있을 것이다. 첫째, 그들은 정령 — 선한 것도 있고 악한 것도 있었다 — 의 세계 속에서 살았다. 물론 악령은 사탄을 포함했지만 사탄 말고도 세계는 일군의 악령으로 가득 차 있어 사방에서 사람을 위협하고 있었다. 즉 숲속 그리고 광야의 악령과 정령뿐만 아니라 일상적 삶에서 위협할 수 있는 것도 존재했다.

물론 선한 쪽의 영 · 정신의 대리인 또한 수두룩했다. 신뿐만 아니라 신의 성자들 또한 존재했는데, 사람들은 그들에게 기도하고, 몇몇 경우에는 그들의 성역을 방문했다. 질병을 치유했으면 하는 바람 또는 앞서 드린 기도를 들어준 것에 대해 감사드리거나 아니면 가령 해난 등의 극단적 위험으로부터 구원을 얻기 위해.

그와 같은 인간-외적 행위 주체는 아마 우리에게 그리 낯설지 않을 것이다. 그것은 상술한 근대적 세계관의 두 번째 원리, 즉 코스모스에서 유일한 정신은 인간뿐이라는 원리(우리는 통상 그렇게 믿는 경향이 있다)를 어기고 있다. 하지만 그럼에도 불구하고 대략 우리 것과 비슷한 정신의 이미지를, 즉 선의나 악의라는 형태로 의미가 깃들 수 있는 이미지를 제공하는 것 같다.

하지만 그와 같은 고찰 방식으로는 주술화된 세계의 낯섦이 충분히 파악되지 않을 것이다. 가령 다름 아니라 성인숭배에서 해당 경우와 관련된 영력들은 어떤 사람에게 은총을 베풀지 말지를 결정할 수 있는 행위 주체, 주체적 존재가 아님을 볼 수 있을 것이다. 하지만 사물에도 그와 같은 힘이 깃들어 있었다.[2] 성인의 치유 행위는 종종 성유물이 안치된 중심지와 연관되어졌다. 가령 그의 (상정상) 육체의 일부나 생전의 성자

2 "물, 나무, 물질, 말言 등 생명이 있건 아니면 우리 생각으로는 생명이 없건 만물에는 영력이 깃들어 있었다. 그리고 그것들은 상호 영향을 미쳤다. 또한 인간 그리고 상이한 종류와 상이한 수준의 권력을 행사하는 초인간적 존재와 인간-외적 존재도 존재했다. 성인, 마녀, 유령, 정령, 각종 영, 쉽사리 알기가 보다 어려운 다른 실체들이 그것이었다"(Stephen Wilson, *The Magical Universe*[London: Hambledon & London, 2000], p. xvii).

와 관련된 물건 — 그리스도의 경우라면 실물 십자가 조각 또는 성녀 베로니카가 얼굴을 닦는 데 사용한 땀수건 등 — 이 그것으로, 특정한 기회에 로마에서 전시되기도 했다. 그리고 그것에 성물sacrament, 聖物의 힘이 부여되어 있다고 믿어진 다른 사물을 추가할 수 있을 텐데, 〈성찬식〉용 빵 또는 〈성촉식〉에서 축복받은 촛불 등이 그것이다. 그와 같은 사물에는 영=정신적 힘이 깃들어 있다고 여겨졌다. 따라서 조심해서 다루어야 했으며, 잘못 건드렸다가는 끔찍한 손해가 초래될 수 있었다.

실제로 주술화된 세계에서는 개인적 행위 주체와 비인간적 영력 간의 구분선이 명
확하게 그어져 있지 않았다. 그것을 성유물의 경우에서 다시 볼 수 있을 것이다. 그것이
가진 영력에 의한 치유 또는 그것을 훔치거나 그렇지 않으면 함부로 다룬 사람에게 내
려지는 저주는 영=정신적 힘이 깃든 것으로서의 그것 자체로서 뿐만 아니라 해당 성유
물이 속한 성인의 선의나 분노에서 비롯되는 것으로 간주되었다. 실제로 현세에는 온갖 33
영력이 두루 존재했다고 말할 수 있을 것이다. 잠시 먼저 악령 쪽을 보자면, 영원히 음
모를 꾸미며 우리의 영벌을 노리는 사탄 자체 같은 초-행위 주체부터 숲의 정령 같은
소소한 악마 — 그것이 깃든 장소와 거의 구별 불가능했다 — 를 거쳐 질병이나 죽음
등을 가져오는 영약靈藥에까지 이르렀다. 그와 함께 여기서 내가 밝히고 싶은 논점이 분
명해지는데, 곧 그것으로 돌아가기로 하자. 즉 주술화된 세계는 완충재로 덮인 자아 및
'정신'이라는 우리 우주와 반대로 당혹스럽게도 우리에게는 본질적인 것처럼 보이는
몇몇 경계선의 부재를 보여준다는 것이다.

그처럼 전근대세계에서 의미는 정신 내부에 존재할 뿐만 아니라 사물 내부에도 또는 인간 외적이지만 코스모스 내적인 다양한 주체 내부에도 깃들 수 있었다. 그와 같은 사물/주체가 보유한 두 가지 종류의 힘을 살펴봄으로써 그것이 오늘날과 얼마나 대조를 이루는지를 두 가지 차원에서 밝힐 수 있을 것이다.

첫 번째는 우리에게 특정한 의미를 강요하는 힘이다. 그런데 어떤 의미에서 비슷한 것이 오늘날에도 내내 일어나고 있다. 세계에서 일어나는 일로 인해 의도치 않게 어떤 반응이 우리 안에서 촉발된다는 의미에서 말이다. 불행한 일이 우리에게 닥칠 수 있는데, 그것에 대해 우리는 슬퍼한다. 또 위업을 이루었을 때 매우 기뻐한다. 하지만 주술화된 세계에서 모종의 힘을 가진 것이 우리에게 영향을 미치는 방식은 오늘날의 이해

에서는 일체의 유사성을 찾아볼 수 없다.

우리에게 세계의 사물은, 인간 존재도 또 인간 존재를 표현하는 것도 아닌 사물은 정신 '외부'에 존재한다. 그것은 고유한 방식으로, 실제로 두 가지 가능한 방식으로 정신에 영향을 미칠 수 있을 것이다.

(1) 우리는 그것을 관찰할 수 있고, 그리하여 세계를 보는 시각을 바꾸거나 그렇지 않았더라면 불가능했을 방식으로 고무될 수 있을 것이다. (2) 우리 자신이 육체로서 그와 같은 외부 사물과 연속적으로 관계를 맺으며 지속적으로 교환 관계를 맺기 때문에, 그리고 우리 정신 상태는 일군의 방법으로 육체의 상태에 대해 인과적으로 반응하기 때문에(그것에 대해 우리는 이런저런 인과관계를 주장하는 특정한 이론을 주창하지 않고도 인식하고 있다) 우리의 강인함, 기분, 동기 등도 외부에서 일어나는 일에 의해 영향받을 수 있으며, 지속적으로 받는다.

하지만 이 모든 경우 그와 같은 반응이 우리 내부에서 발생하며, 더욱이 사물이 그와 같은 의미를 갖게 되는 것은 우리가 정신적 존재로 또는 정신을 내부에 간직한 유기체로 기능하는 것과 관련되어 있다. 반대로 주술화된 세계에서 의미는 이미 사물/행위 주체 속에 우리와 완전히 독립적으로 존재한다. 비록 우리가 존재하지 않더라도 존재할 것이다. 그리고 그것은 그와 같은 사물/행위 주체는 그와 같은 의미를 우리에게 전달할 수 있고, 세 번째 방법으로, 즉 말하자면 세력권 안으로 불러들임으로써 우리에게 의미를 지울 수 있음을 의미한다. 심지어 그와 같은 방식으로 전혀 이질적 의미, 즉 본성상 우리가 보통은 절대 가까이하지 않을 의미마저 지울 수 있을 것이다. 뿐만 아니라 적극적인 경우 우리의 내생적인 선한 반응의 강화에 기여할 수 있을 것이다.

다시 말해 세계는 단지 우리가 특정한 사태 — 그에 대해 우리는 우리 자신의 본성으로부터 반응한다 — 에 직면하도록 만들거나 또는 우리 내부에 모종의 화학적 · 유기
34 적 상태 — 유기체로서 우리가 작동하는 방식 때문에 가령 행복감과 우울감을 가져온다 — 를 초래함으로써 우리에게 영향을 미치는 것만이 아니다. 이 모든 경우 의미는 오직 말하자면 세계가 정신/유기체에 영향을 줌으로써만 존재할 수 있다. 의미는 그와 같은 의미에서 내생적이다. 하지만 주술화된 세계에서 의미는 이미 우리 외부에, 접촉에 앞서 존재한다. 우리는 그것의 힘, 그것의 역장力場 안으로 끌려들어갈 수 있다. 의미

는 외부에서 우리를 덮친다.

어떤 측면에서 그것은 기묘하게 들린다. 하지만 다른 측면에서는 오늘날의 우리에게도 충분히 이해 가능하며 또 유익한 유비가 존재한다. 인간 사이에 무슨 일이 일어나는지를 생각해보기만 하면 된다. 가령 나는 몹시 우울하다. 나는 분노와 절망감으로 가득 찬 채 온 집안을 쿵쾅거리면 돌아다닌다. 반대로 당신은 낙관주의로 에너지가 넘치는 상태로 아침을 시작했다. 하지만 점차 피로감을 느끼고, 이내 절망의 구렁에 빠진다(아니면 아마 일이 다행히 잘 풀려 다른 사람이 나를 행복하게 만들어줄 수도 있을 것이다). 당신을 덮치는 기분은 어떤 의미에서 외생적인 것이다.

하지만 물론 우울한 기분에 빠질 가능성을 당신은 레퍼토리 속에 갖고 있다. 나는 당신이 그렇게 우울감에 빠지게 된 것 자체에 대해서는 책임이 없으며, 단지 하필 오늘 그와 같은 일이 벌어지도록 만든 것에 대해서만 책임이 있다. 하지만 또한 보다 근본적인 외생적 변화 사례를 볼 수 있을 것이다. 아마 나는 당신에게서 모종의 개방적인, 헌신적인 사랑을 배웠을 것이다. 전에는 전혀 그와 같은 종류의 사랑을 할 수 없었으며, 심지어 그것의 존재를 거부하려고 했었다. 그것은 나의 가능성의 지도 속에 존재하지 않았다. 또는 보다 근본적인 예를 하나 들자면, 두 사람 모두 본질적으로 나눔과 커뮤니케이션을 포함한 사랑에 이를 수도 있지만 둘 중 누구도 혼자서는 이를 수 없을 것이다. 우리 둘 모두에게 그것은 어떤 의미에서 타자의 선물이다. 그것은 우리 각자의 내부에 존재한다기보다는 우리 사이의 상호 공간 속에서 일어난다고 말하고 싶을 수도 있을 것이다.

하지만 물론 그와 함께 아직 주술화된 세계에 이른 것은 아닌데, 왜냐하면 우리는 인간의 영역, 즉 인간적 행위 주체와 인간적 잠재성의 영역 내부에 머무르고 있기 때문이다. 단지 인간 주체에 관한 원자론적 견해의 프리즘을 통해 탈주술화를 이해할 때만 주술화된 세계처럼 보이는 인상을 받게 될 것이다. 원자론적 견해에서 사상은 오직 개인의 정신 내부에만 존재하기 때문이다. 유감이지만 그와 같은 견해는 너무 흔하다. 정신 중심의 견해로의 이행 속에는 원자론 이론에 대한 숙명적인 면역결핍에 걸리도록 만드는 것이 존재한다. 철학은 항상 그것으로부터 빠져나오기 위해 애써야 한다. 하지만 여기서 다시 한 번 강조해두고 싶은 것은, 나로서도 그와 관련된 전체적 해석틀을 제대로 다루고, 그것과 관련해 그것을 명확히 하고 있는 철학 이론에서 그것을 추출하려고 시도하고 있다는 것이다.

인간적 영역에서는 흔한 앞서와 같은 사건으로도 아직 주술화된 세계에 이르지 못하지만 그것은 그와 같은 세계를 이해하는 데 유익한 하나의 유비를 마련해준다. 전근대적 이해는 인간 사이에서 작용하며 서로에게서 의미를 촉발하는 힘이 (외생적으로, 그때그때마다의 개인과 관련해) 인간적 영역을 또는 적어도 그와 같은 힘과 비슷한 것을 넘어서까지 펼쳐지는 것을 허용한다.

그리하여 의미는 사물 속에 깃들어 있다는 생각을, 외생적으로 의미를 촉발하거나 지울 수 있는 힘과 관련해 부분적이나마 해명할 수 있을 것이다. 하지만 주술화된 세계에서 사물 속에 깃든 의미는 또한 또 다른 힘을 내포한다. 그렇게 [의미로] '충전된'
35 사물은 우리뿐만 아니라 세계의 다른 사물에도 영향을 미칠 수 있다. 질병을 치유하고, 난파로부터 배를 구하며, 우박과 번개 등을 멈출 수 있다. 통상 우리가 '마술적'이라고 부르는 힘을 갖고 있다. 가령 성인의 유품이건, 성물이건, 촛불이건 축복받은 물건은 신의 권능으로 가득 찼으며, 질병 치료와 재난의 액막이 등 신의 권능이 하는 몇 가지 좋은 일을 할 수 있을 것이다. 한편 악의 힘의 원천은 불길한 목적에 쓰인다. 즉 우리를 아프게 하거나 가축을 병들게 하거나 곡식을 해친다.

다시 한 번 우리 세계와 정반대되는 모습을 분명히 하자면, 주술화된 세계에서 영력으로 충전된 사물은 각각이 구현하는 의미에 상응하는 유인력casual power을 갖고 있다고 말할 수 있을 것이다. 성기르네상스의 조응correspondence 이론은 민중의 믿음이기보다는 엘리트 계층의 믿음이었지만 동일한 주술화된 논리를 분유했으며, 의미에 의해 매개된 유인적 고리로 가득 차 있었다. 왜 수은mercury은 성병을 치유할 수 있을까? 그와 같은 병은 시장에서 감염되고, 헤르메스는 시장의 신이기 때문이다. 그와 같은 사고방식은 갈릴레오 이후의, 정신 중심적 탈주술화와는 완전히 다르다. 사상과 의미가 오직 정신 속에만 존재한다면 '의미로 충전된' 사물은 존재할 수 없을 것이며, 사물 간의 유인성 관계는 어떤 식이건 의미에 의존하지 않으며, 우리 정신으로부터 사물에 투영되어야 한다. 다시 말해 정신 외부에 존재하는 물리적 세계는 사물이 우리에 대해 가진 도덕적 의미에는 결코 의존하지 않는 유인 법칙을 따라야 한다.

그리하여 주술화된 세계에서 영력으로 충전된 사물은 의미를 부여하고, 의미에 걸맞은 물리적 결과를 가져올 수 있을 것이다. 이 둘을 각각 영향과 유인력이라고 부르기로 하자.

다음으로는 그와 같은 세계에서 우리에게 익숙할 뿐만 아니라 결정적으로 중요한 몇몇 경계선이 어떻게 사라진 것처럼 보이는지를 명확히 해보려고 시도할 것이다. 그처럼 영력으로 충전된 두 존재 간에 존재하는 주체와 사물 간의 경계선에 대해서는 이미 말했다. 하지만 보다 중요한 것은 우리가 정신과 세계 사이에 긋는 분명한 경계선은 보다 이전 이해에서는 훨씬 더 흐릿했던 것이다.

그것은 영향이라는 사실로부터 발생한다. 의미가 오직 정신 내부에만 존재하지 않게 되자마자 또 우리가 마법에 걸릴 수 있게 되자마자, 외생적 의미의 권역에 들어서자마자 우리는 의미가 우리를 포함하거나 아마 우리 속으로 침투할 수 있다고 생각할 것이다. 그때 우리는 말하자면 그와 같은 영향에 의해 규정되는 일종의 공간 속에 존재하게 된다. 의미는 더 이상 단지 내부에 놓일 수 없게 된다. 하지만 그렇다고 오직 외부에만 위치할 수도 없을 것이다. 오히려 우리에게는 경계선인 것은, 명백한 것 위에 걸쳐 있는 일종의 사이-공간 속에 존재한다. 또는 그와 같은 경계선은, 여기서 내가 사용하고 싶은 이미지에 따르면, 다공적多孔的이다.[3]

악령에 들릴지도憑 모른다는 공포 속에서 다공성의 존재에 대한 가장 뚜렷한 증거를 찾아볼 수 있다. 우리가 악령에 들릴 수 있다는 것이다. 그리고 실제로 5세기 전에 정신질환의 보다 현저한 증상 — 오늘날의 우리라면 정신병에 걸려 하는 행위로 분류하는 것 — 의 많은 것은 『신약성서』 시대와 마찬가지로 귀신에 들린 탓으로 돌려졌다.

3 '다공적porous'이라는 이 용어를, 정신병 치료에서 나타나는 서양의학과 『아유르베다』 의학 간의 차이에 대한 흥미로운 논의를 보여주는 탐비아 또한 사용한다. 『아유르베다』 의학에서 "경험적 개인은 …… 외부 영향에 내내 다공적이고 열려 있는 것으로 간주된다"(Stanley Tambiah, *Magic, Science, Religion, and the Scope of Rationality*[Cambridge: Cambridge University Press, 1990], p. 134). 나는 그 또한 내가 여기서 규정하려고 시도하는 것과 본질적으로는 동일한 구분을 하고 있다고 믿는다. 그의 저서에서 이루어지는 논의는 그와 같은 구분을 우리가 세계와 관계를 맺는 두 가지 상이한 방식, '코스모스를 향해 정향하는 두 가지 방식' — '참여'와 '유인성'이라고 짧게 생략된 제목을 붙이고 있다 — 으로 간주하는 것과 연관시킨다. 모든 인간 존재는 양자를 모두 할 수 있지만 문명과 삶의 형태에 따라 각각에 매우 다른 비중을 부여한다. 특히 앞의 책, 5장을 보라.

그와 같은 상태에 대한 '치료법'으로 제안된 것 중 하나가 환자 구타였다. 즉 환자 몸을 극히 불쾌한 장소로 만들어 악령이 떠나도록 유도할 수 있다는 생각에서 말이다.

36 하지만 흐릿함의 정도는 심지어 그것보다 훨씬 더 컸다. 심지어 영향을 받는 평범한 경우와 완전히 들리는 것 간의 경계선이 완전히 선명하지 않았다. 다양한 사례가 수많은 단계로 나뉘어져 있었다. 우리의 보다 고도한 능력과 힘을 완전히 뺏긴 것처럼 보이는 경우 들렸다고 했다. 가령 섬망에 빠지는 경우가 그랬다. 하지만 어떤 의미에서 모든 나쁜 영향은 우리에게 내재된 최고의 능력을 어느 정도 빼앗아가기 마련이다. 오직 선한 영향을 받았을 때만, 가령 은총으로 가득 찼을 때만 우리는 안에 내재된 최고의 것과 지고의 것을 통해 궁극의 행위 주체/힘의 원천과 하나가 될 수 있다. 악마에게 들리더라도 신이나 성령이 우리 안에 임해 우리를 내부로부터 되살린다.

좋은 의도에서건 나쁜 의도에서건 영향은 선명한 경계선을 제거해버린다. 누군가 사랑에 빠진다고 해보자. 그리고 그것은 좋건 나쁘건 삶에 영향을 미친다. 그것을 '내면적' 사건이라고 우리는 생각한다. 비록 또한 전술한 두 가지 방식으로 외부로부터 압력을 받고 분명히 자체도 영향을 미치지만 말이다.

하지만 이제 삶의 그와 같은 측면 전체를 선善의 여신 아프로디테의 후견 아래 있는 것으로 보고 있다고 해보자. 앞의 말의 의미는 이렇다. 즉 삶에서의 성공은 아프로디테의 호의 덕이라는 것이다. 그것은 다음을 의미한다. 즉 앞의 여신이 외부의 위험을 막아줄 뿐만 아니라 — 이 측면에서 인간세계의 후견인처럼 인간을 바람직한 상태로 만들어줄 인과적 책임이 있다 — 또한 인간의 올바른 내면적 동기부여가 개화하는 것도 여신이 주는 선물이라는 것이다. 다시 말해 내가 최고로 동기부여된 상태에 있는 것은 단지 욕망이라는 내면적 영역과만 관련된 사실이 아니다. 내가 여신의 선물의 수령자라는 의미이기도 하다. 최고 상태는 간단히 누가 봐도 분명하게 내부에 놓일 수 없을 것이다. 그것은 여신의 선물을 받을 수 있는 사이-공간 속에 놓인다.

그런데 그것은 이론이 아니라 우리가 사물이 그렇게 존재한다고 느끼는, 그리하여 체험하는 방식이라고 상상해보자. 그러면 내부는 더 이상 단지 내부만이 아니라 또한 외부가 된다. 즉 인간의 삶의 심층 자체에 존재하는 감정은 우리 자신을 넘어선 곳으로 우리를 데려가는 공간 속에, 모종의 외부의 힘, 인격 같은 힘에 대해 다공적인 공간 속에 존재한다.

그러면 이제 정반대 극, 즉 우리에게 해를 끼치는 경향이 있는 악령에게 눈을 돌려 보자. 그곳에도 또한 아래 생각을 익숙하게 만들어줄 수 있는 차원이 존재한다. 즉 우리에게 악의를 품고, 나쁜 일이 일어날 수 있는 상태를 만들어낼 수 있는 것이 존재한다. 악령에는 꼭 인간의 적처럼 보이는 데가 있다. 다만 악령의 경우 인간적인 것을 훌쩍 뛰어넘는 사술邪術을 산더미처럼 쌓아두고 있다. 그와 같은 측면은 아프로디테에 의한 외부 후견에 대응한다.

하지만 다시 한 번 말하지만, 악령 또한 단지 섬찟하고 인상적인 외부적 힘뿐만 아니라 그것을 초월한 면도 보유하고 있다. 악한 기운malevolence은 그것보다 침투력이 더 크다. 저항하려는, 생존하려는 우리의 의지 자체를 꺾을 수 있을 것이다. 각자에 고유한 목적과 의도를 갖고 살아가는 의지적 존재로서의 인간에게 파고들 수 있다. 우리는 악령의 행위를 '외부' 영역으로 한정할 수 없다.

이론보다는 오히려 체험 양식으로서 위에서 말한 내용을 이렇게 포착할 수 있을 것이다. 즉 우리는 자신을 선한 기운이나 악한 기운 — 인간 이상의 존재로, 코스모스 속 또는 심지어 그곳을 넘어선 곳에 거주한다 — 에게 상처받기 쉽거나vulnerable 아니면 '치유 가능한healable'('상처받기 쉽다'는 말의 반대말로 긍정적 의미로 사용된다) 존재
로 간주한다는 것이다. 상처받기 쉽다는 그러한 감각이 탈주술화와 함께 사라진 주요 37
특징 중 하나다. 그처럼 주술이 지배하는 세계에서 위험을 가령 마녀 탓으로 돌리려는 모든 시도는, 상처받기 쉽다 — 그렇게 누구 탓으로 돌리는 것이 위험을 특정해준다 — 는 그러한 일반화된 감각에 부합한다. 그와 같은 식으로 주술화된 세계는 신뢰 가능해진다. 주술화된 세계는 어떤 사태를 특정 사물이나 그것의 속성 탓으로 돌리는 것을 이해할 수 있도록, 완전히 신용 가능하게 해줄 수 있는 틀을 제공한다. 그렇게 '누구'나 '무엇' 탓으로 돌리는 것은, 우리가 가령 우리 세계에 존재하는 도시의 무법지대 중 하나에서 무기 휴대자가 적의를 갖고 있다고 상정하는 것과 비슷하다.

악한 기운에 상처받기 쉬운 것에는 그와 같은 영력의 분노를 달랠 필요, 즉 그것과의 우호 관계를 매수하거나 우호 관계를 맺거나 또는 적어도 무력화시킬 행위가 수반된다. 그것을 달래기 위해 무엇을 하는 것이 정상인가 하는 관념은, 즉 의무, 부채라는

생각은 그것과 관련되어 있다. 죄와 벌이라는 개념은 그래서 생긴다. 그리하여 둘은 그와 같은 세계에서 큰 역할을 하게 된다.

물론 신들과 정령 이야기는 인간적 우호/적의와의 유비에 기초해 파악할 수 있을 것이다. 하지만 그것만으로는 위에서 지적한 대로 전근대적 세계관 전체를 파악하기에 충분하지 않다. 그와 함께 그것보다 훨씬 더 이질적인 우주가 우리에게 열리게 된다. 경계선을 뚫고 우리 내면에서 활동할 수 있는 코스모스의 영력들이 우리와 마찬가지로 인격화된 피조물일 뿐만 아니라 온갖 음역에 걸쳐 있는데, 인격적인 것의 영역으로부터 점점 더 멀어지면서 결국 우리는 완전히 다른 모델을 필요로 하기에 이른다. 즉 그럼에도 불구하고 특정한 의미를 체현하고 있으며, 그리하여 우리에게 영향을 미치고, 특정 상황에서 우리가 해당 의미에 따라 살도록 만드는 코스모스적 실재라는 모델이 그것이다.

그런데 이 모든 것은 우리가 체험에 따라 삶을 살아가는 데서 매우 중요한 결과를 가져온다. 그처럼 결정적인 차이에 관해 좀 더 자세히 밝히도록 시도해보자.

생명 없는 물질에도 모종의 영향을 미칠 수 있는 힘이 내재해 있다는 주지의 사례를 검토해보자. 앞서 언급한 조응 문제와 마찬가지로 그와 같은 사례 또한 민중적 믿음보다는 오히려 당시의 엘리트 계층의 이론에서 도출된 것이다. 하지만 원리는 동일하다. 우울melancholy을 생각해보자. 흑담즙黑膽汁, black bile은 우울의 원인이 아니라 그것이 우울을 체현하고, 그 자체가 우울이다. 감정적 삶은 여기서도 또한 다공적이며, 단지 내부의 정신적 공간 속에만 존재하지 않는다. 우리가 악, 즉 내면을 파괴하는 영력에 상처받기 쉬운 것은 사악한 정령에서 비롯될 뿐만 아니라 그것을 훌쩍 넘어선 것에 의해서도 초래된다. 즉 그것을 훌쩍 뛰어넘어 아무 의지도 갖고 있지 않지만 그럼에도 불구하고 악의적 의미를 상기시키는 사물로까지 확대된다.

그것이 오늘날의 경우와 얼마나 대비되는지를 보라. 근대인은 기운이 빠지고, 우울한 기분이 들면 그것은 단지 몸의 화학적 반응일 뿐이라는 말을 듣는다. 배가 고프거나 호르몬 기능장애 등으로 인한 것이라는 것이다. 근대인은 그와 같은 말을 듣고 이내 안심한다. 그리고 그와 같은 감정으로부터 거리를 둘 수 있는데, 바로 그와 같은 말을 통해 사실무근의 것으로 간주되게 된다. 사물은 실제로는 그와 같은 의미를 갖고 있지 않다. 단지 그렇게 느껴질 뿐이다. 그것은 사물의 의미와는 전혀 무관한 인과적 행위의 결과일 뿐이다. 거리두기를 향한 그와 같은 일보는 정신/육체를 구분하고, 육체적인 것을 심리적인 것의 '단지' 우발적 원인으로 추방해버린 우리의 근대적 방식에 의존하고 있다.

하지만 전근대인의 경우 어떤 기분이 흑담즙에서 유래했음을 알더라도 도움이 되지 않았을 것이다. 거리두기를 허용하지 않기 때문이다. 흑담즙이 우울이다. 이제 그는 단지 자신이 그것에 실제로 시달리고 있다는 것만 알 뿐이다.

여기서 근대의 '경계가 정해진 자아bounded self' — 나로서는 '완충재로 덮인' 자아라고 부르고 싶다 — 그리고 보다 이전의 주술화된 세계의 '다공적' 자아가 얼마나 38
정반대되는지를 볼 수 있을 것이다. 그것은 어떤 차이를 만들까?

실존적 측면에서 완전히 다른 상황이다. 우울과 그것의 원인에 관해 상술한 사례가 그것을 여실히 보여준다. 근대의, 완충재로 덮인 자아에게는 정신 외부에 있는 모든 것으로부터 거리를 두고 그것에서 풀려나올 수 있는 가능성이 존재한다. 나의 궁극적 목적은 나의 내면에서 생겨나며, 사물의 결정적 의미는 그것에 대한 나의 응답에 의해 규정된다. 그와 같은 목적과 의미는 상술한 두 가지 방식으로 조작에 의해 영향받을 수 있을 것이다. 하지만 그에 대한 일종의 대항조치를 강구함으로써 그것에 대처할 수 있을 것이다. 가령 우리를 괴롭히거나 유혹하는 경험을 피하고, 유해물질을 주사하지 않는 것 등이 그것이다.

그렇다고 해서 완충재로 덮인 자아라는 이해가 상술한 입장을 반드시 받아들일 것을 요구한다는 말은 아니다. 단지 그와 같은 자기 이해는 그것을 하나의 가능성으로 허용하지만 다공적 자아는 그렇지 않다는 것뿐이다. 다공적 자아에 대한 규정에 따르면 가장 강력하고 중요한 감정의 원천은 '정신' 외부에 존재한다. 또는 더 잘 표현해보자면, 명확한 경계가 존재하며, 그것에 의해 내부의 기본 영역을 규정하는 것을 허용해주며, 그것에 기초해 나머지 다른 모든 사람으로부터 거리를 둘 수 있다는 생각은 다공적 자아에게는 의미가 없다고 말이다.

경계가 정해진 자아로서의 나는 경계를 하나의 완충재로 간주할 수 있을 것이다. 따라서 경계를 넘어선 것은, 오늘날의 표현을 사용하자면, '나를 못살게 굴' 필요가 없다. 여기서 나는 '완충재로 덮였다'는 말을 그와 같은 의미로 사용한다. 그와 같은 자아는 자신을 결코 상처받지 않는 존재로, 사물이 본인에게 가진 의미의 주인으로 자임할 수 있을 것이다.

앞의 두 가지 기술은 각각 앞서 말한 정반대되는 모습의 두 가지 중요한 측면을 포착한다. 첫째, 다공적 자아는 정령, 악령, 코스모스의 여러 영력에 상처받기 쉽다. 그것에는 몇 가지 두려움이 수반되어, 특정 상황에서 그것에 들릴 수 있다. 완충재로 덮인 자아는 그와 같은 종류의 두려움으로 가득 찬 세계에서 벗어난 존재이다. 가령 그와 같은 종류의 사물이 보스의 몇몇 회화에서 생생하게 그려지고 있다.

물론 비슷한 어떤 것이 그와 같은 두려움을 대체할 수 있을 것이다. 그와 같은 이미지 또한 내면적 깊이, 억압된 사상과 감정의 코드화된 드러남으로 간주될 수 있을 것이다. 하지만 중요한 것은 자아와 세계에 관한 그처럼 상당히 변형된 이해에서 그것을 내면적으로 정의하고, 당연히 매우 다른 방법으로 다루는 것이다. 그리고 실제로 그에 대한 치료의 중요한 부분은 거리두기를 가능하게 만들기 위한 목적으로 수행된다.

아마 우리 세계에서 변형이 이루어지고 있음을 나타내는 가장 분명한 첫 번째 표시는 오늘날 많은 사람이 과거의 다공적 자아의 세계를 향수 어린 마음으로 되돌아보고 있는 것이다. 우리와 코스모스 간에 두터운 감정적 경계가 생긴 것이 지금은 상실로 경험되고 있는 듯하다. 사람들은 그처럼 잃어버린 감정을 어느 정도까지 회복하는 것을 목표로 하고 있다. 가령 우리는 전율을 느끼기 위해 무시무시한 것을 주제로 한 영화를 보러간다. 우리 조상들인 농민들이라면 그와 같은 우리를 보고 미쳤다고 생각할 것이다. 우리는 실제로, 정말로 깜짝 놀래키는 것으로부터는 전율을 느낄 수 없을 것이다.

두 번째 측면은 완충재로 덮인 자아는 경계를 넘은 모든 것에 대한 관여로부터 거리를 두고, 나아가 삶에 자기만의 자율적 질서를 부여하려는 야망을 발전시킬 수 있는
39 사실에서 찾을 수 있을 것이다. 두려움의 부재는 단지 기뻐할 만한 일에 그치는 것이 아니라 자제[자기 통제]self-control나 자기 방향 설정의 기회로 간주된다.

따라서 주술화된 세계에서 행위 주체와 영력 간의 경계는 흐릿하다. 그리고 영력으로 충전된 사물이 우리에게 영향을 미칠 수 있는 방식에서 볼 수 있는 대로 정신과 세계의 경계도 다공적이다. 나는 방금 흑담즙 같은 [실체적] 물질이 도덕에 영향을 미칠 수 있는 것에 대해 말한 바 있다. 하지만 정령과 맺는 관계에 대해서도 동일하게 말할 수

있을 것이다. 경계의 다공성은 여기서 다양한 종류의 '들림'에서도 나타나는데, 그것은 가령 영매의 경우처럼 인격 전체가 무엇에 의해 차지되는 것부터 정령이나 신에 의해 지배되거나 부분적으로 합체되는 다양한 종류의 들림에까지 이른다.[4] 여기서 다시 한 번, 자아와 타자 간의 경계는 흐릿하고, 다공적이다. 그리고 그것은 '이론적인 것'이나 '신앙적인 것'이 아니라 **체험** 속에서 주어지는 사실로 이해해야 한다.

하지만 오늘날이라면 분명할 또 다른 경계, 즉 물리학의 법칙 그리고 사물이 우리에 대해 갖는 의미 간의 경계 또한 존중되지 않는다. 영력으로 충전된 사물은 고유한 의미 덕분에 유인력을 가진 것으로 여겨졌다. 이 경우 실제로 경계의 부재는 보다 철저한 방법으로 명시될 수 있었다. 왜냐하면 심지어 전형적 근대인으로서 내가 설명 도구로 이용해오고 있는 구분, 영력으로 충전된 사물이 가진 두 가지 힘, 즉 영향과 유인력을 구분하는 것조차 주술화된 세계에서는 통하지 않기 때문이다. 주술화된 세계에서 그렇게 구분하는 것이 불가능하다는 말이 아니다. 왜냐하면 나중에 살펴보겠지만 그것이 존재하기 때문이다. 오히려 그와 같은 구분이 분석적으로가 아니라 현실적으로 구분된 사건의 두 유형에 반드시 대응하지는 않는다는 것이다. 즉 너의 질병을 치유한 것과 동일한 영력은 또한 너를 보다 선한 사람 또는 보다 성스러운 사람으로 만들 수 있다고 생각되었다. 게다가 말하자면 하나의 행동 속에서[일거에] 말이다. 왜냐하면 상술한 두 가지 장애, 즉 질병과 나쁜 인간성은 종종 현실에서는 다른 것으로 간주되지 않았기 때문이다.[5] 그것은 가령 신전, 성유물, 성물을 갖고 또는 그것 옆에서 치유할 때 우리는 근대의학과는 다른 것을 다루고 있음을 보여준다. 유사성이 아무리 커 보여도 두 현상은 전혀 다른 것이었다. 사람들이 순교자 토마스 베케트Thomas à Becket의 피가 섞인 것으로 알려진 물을 작은 물병에 담아 캔터베리로부터 가져와 무엇인가를 치유하는 효능을 얻기 위해 마신 방식은 언뜻 보면 오늘날 특별한 약국에서 희귀약품을 찾는 것과 비슷해 보일 수도 있을 것이다. 하지만 당시에는 근대적 경계 — 그것에 따르면 치료제는 정신이 아니라 육체를 대상으로 한다 — 가 존재하지 않았다. 정신의 치유가 필요하

4 들림憑 현상에 대해 논하는 아래 글을 보라. Birgit Meyer, *Translating the Devil*(Trenton: Africa World Press, 1999), pp. 205-206.

5 Eamon Duffy, *The Stripping of the Altars*(New Haven: Yale University Press, 1992), 8장.

더라도 이유는 오직 질병이 위에서 기술한 공인된 방식으로 유기체에 생기는 변화에 의해 야기되었다고 생각되었기 때문이다. 질병과 죄가 종종 분리 불가능하게 상호 연결되어 있던 방식을 보면 그것을 분명하게 볼 수 있다. 이 경우 죄는 오늘날의 우리라면 면역체계의 오류에서 비롯된 것으로 돌려졌을 역할을 하고 있었다고 말할 수 있을 것이다.[6] 면죄 의식을 행하고 나면 몇몇 증상은 깨끗이 치유되리라는 믿음이 널리 퍼져 있었다. 죄와 질병 간의 긴밀한 연관성은 또한 가령 영=정신적 구제 조치 대신 통상적 의학에 의존하는 것에 대한 경고, 이교도 의사(가령 유대인 의사)를 찾는 것의 전면 금지 등 〈테라노공의회〉와 그 밖의 다른 〈공의회〉의 결의에 대해서도 설명해준다.

물론 실제로는 많은 사람이 영=정신적 구제 조치를 수용자의 영=정신적 상태와 무
40 관하게 저절로 통하는 것처럼 취급했다. 바로 그것이 성직자와 교육받은 준봉자들이 거듭 불만을 토로하는 원인이 되었다. 하지만 그것은 그들이, 약국에서 처방받는 약품에 대해 우리 근대인의 '완충재로 덮인 자아'가 취하는 태도를 취했기 때문이 아니었다. 오히려 사람들이 자기 쪽에서는 영적으로 진지한 일은 하나도 하지 않은 채 성수를 마시거나 성유물함에 손을 집어넣음으로써 영=정신적 변화와 육체적 변화가 동시에 초래되기를 바랐기 때문이다. 그와 매우 비슷한 방식으로 많은 사람이 순례 전에는 고해성사 같은 면죄 획득 조건을, 즉 순례 또는 다른 형태로 면죄를 허여 받으려고 하기 전에 먼저 고해해야 한다는 조건을 무시했다. 그것은 루터가 항의한 악습이었지만 그가 최초로 그렇게 했던 것은 전혀 아니다.

하지만 당시 성물이나 그것의 효용을 거칠게 이용하는 가운데 치료 물질의 근대적 도구화에 접근하는 것처럼 보인 사람들이 존재한 것과 마찬가지로 오늘날에도 병을 죄와 관련짓는 태도가 아직도 남아 있다. 에이즈에 대한 일부 사람의 반응을 생각해보라. 또는 암은 나쁜 라이프스타일 때문에 걸리는 것이라는 비난을 듣기도 한다(손택Susan Sontag은 그에 항의했다). 일부 오래된 태도는 어떤 의미에서 회복 불가능하지 않다. 물론 그와 같은 태도를 진지하게 옹호하는 것은 근대적 정체성과 근본적으로 대립하게 될 것이다. 그런데도 사람들은 대부분이 기묘하다고 비난할 신앙을 택하기도 한다.

6 Jonathan Sumption, *Pilgrimage: An Image of Mediaeval Religion*(London: Faber & Faber, 1975), p. 78.

500년 전의 주술화된 세계에서 물질적인 것/도덕적인 것 간에는 명백한 선이 그어져 있지 않았다. 하지만 그것은 단지 정신을 둘러싼 경계가 근본부터 다공적이라는 기본적 사실의 또 다른 측면일 뿐이다. 분명히 인간 외적인 사물과 행위 주체는 단지 우리의 육체적 상태뿐만 아니라(그리고 따라서 우리의 영=정신적 상태나 감정적 상태에도 간접적으로 작용할 수 있을 것이다) 영=정신적 · 감정적 상태를 하나의 행위를 통해[일거에] 모두 변형시키거나 형성할 수 있었다. 그와 같은 행위 주체는 단순히 '정신' 외부로부터 작용할 뿐만 아니라 우리를 감정적 · 영=정신적으로 구성하는 데 도움을 준다.

물론 앞의 방식이 유일한 것은 아니다. 오늘날 우리는 육체/도덕 간의 그와 같은 경계선을 당시에는 알려지지 않았던 방식으로 그리고 있다. 비인간적 세계를 예외 없이 자연의 법칙이 지배하는 영역으로 이해하는 우리의 인식은 그것을 정신 외부에 확고하게 위치시키는 것과 관련되어 있다. 거기서는 뉴턴 이후의 근대적 견해가 대권을 장악하고 있다. 그런데 비록 인간세계를 동일한 '자연과학적' 방법으로 다루려고 이론적으로 전념해왔음에도 실제로 우리는 타자들과의 교류를 그와 같은 주조틀 속에 틀지어 넣지 못하고 있다. 사실 우리는 인간 행위의 영역이 의지의 예외적 노력이나 카리스마적 호소나 단순한 규칙이나 처방으로 환원 불가능한 최상급 판단에 의해 큰 차이가 빚어질 수 있는 영역인 것처럼 살고 있다. 그리하여 종종 결과는 예외적으로 효율적인(또는 비효율적인) 행위로부터 유래한다고 생각한다. 그 결과 모두 일군의 단일한 법칙에 속한 사례라고는 진술할 수 없게 된다.

하지만 우리 조상들은 정확히 그와 같은 식으로 세계의 중요한 자연적 사건을 바라보았다. 즉 질병의 치유나 실패, 풍작이나 기근, 역병이나 폭풍우, 해난으로부터의 구조나 난파 등을 말이다. 그것들은 예외 없는 법칙에 의해 야기된 현상이 아니라 일련의 행위의 결과로 받아들여졌다. 어떤 때는 나쁜 행위 주체, 다른 때는 성인 또는 종종 신 41
의 행위의 결과로 말이다. '신의 행위'라는 용어는 당시 현실적 의미를 갖고 있었다.

그와 같은 생각은 르네상스 직전까지 지속되었다. 부스마 지적에 따르면 칼뱅은 폭풍우와 홍수를 특별한 섭리, 우리 행위에 응답하는 말 그대로의 신의 행위로 보았다.[7]

7 William Bouwsma, *John Calvin*(New York: Oxford University Press, 1988), p. 34.

예외 없는 질서는 여전히 미래의 일이었다. 그것은 탈주술화된 세계의 한 측면이었다.

그렇다면 이 모든 것은 신앙의 조건과 어떻게 관련될까? 그와 같은 관련성은 전술한 완충재로 덮인 자아/다공적 자아라는 대비의 두 측면에 상응하는 두 가지 방식으로 진술될 수 있을 것이다.

첫째, 비신앙은 주술화된 세계에서는 어렵다. 그것은 정령이 논박의 여지없이 존재하는 사물에 속하며, 신이 정령이고, 따라서 부정 불가능했기 때문이 아니다. 훨씬 더 중요한 것은 신이 그와 같은 세계 속에서 지배적인 영 · 정신 역할을 하고, 게다가 경외심을 불러일으키는 무시무시한 그와 같은 힘의 역장에서 선의 승리를 보증하는 유일한 존재였던 것이다. 물론 다름 아니라 그것은 우리가 신과 맺는 관계, 신에 대한 우리 감정은 언제나 그렇듯 아마 애매함으로 물들여지리라는 것을 의미할 것이다. 하지만 그것은 또한 신의 거부라는 전망 속에는 완충재로 덮인 자아라는 안전한 보루로의 퇴각은 포함되지 않았으며 오히려 신 없이 역장 안에서 방치될 위험을 감수해야 함을 포함하게 됨을 의미할 것이다. 실제로 또 다른 보호자를 찾는 것 말고는 우리에게는 아무 의지처도 남지 않게 된다. 그리고 이 경우 가장 유력한 후보는 신의 가장 큰 적, 사탄이었다. 비록 온갖 날조된 고발 때문에 당시 실상이 어떠했는지는 감조차 잡을 수 없는 것이 사실이다. 하지만 소수의 용감한 사람이 중세에 그와 같은 선택지를 실제로 선택했을 수도 있지만 그것이 대다수 사람을 끌어들인 것은 분명히 아니었다.

일반적으로 주술화된 세계에서 신에게 반역하는 것은 가능한 선택지가 결코 아니었다. 신에 대한 반역은 완충재로 덮인 자아로의 방향 전환이 영향을 미쳐온 측면 중 하나였다. 그와 같은 방향 전환이 비신앙으로 나가는 길 위에 놓인 엄청난 장애물을 제거했다. 하지만 앞서 논한 대로 그것만으로 충분하지 않았다. 여전히 배타적 휴머니즘이라는 적극적 선택지가 제공되어야 할 필요가 있었다. 그리고 여기서 완충재로 덮인 자아로의 방향 전환의 유의의성이 분명해진다. 그것을 통해 코스모스와 신으로부터 풀려나오게 되는 길이 열리는데, 그것이 배타적 휴머니즘을 가능케 해주었다.

배타적 휴머니즘은 하나의 가능성이었지 여전히 현실은 아니었다. 그것이 어떻게 현실화되는지를 이해하기 위해서는 탈주술화의 실제 진전을 보다 엄밀히 살펴볼 필요가 있다. 그것이 실제로 진행되어온 모습이 여러모로 근대서양의 세속성의 실상을, 그리고 지금 벌어지고 있는 신앙/비신앙 간의 투쟁이 어떤 용어를 통해 이루어지고 있는지를 표시해준다.

4

II. 나는 근대적 자아를 완충재로 덮인 존재로, 또 보다 이전의 존재 양식을 '다공적 존
재'로 말해오고 있다. 하지만 그와 같은 실체론적 용어 사용법은 오해를 초래할 수도
있을 것이다. 실제로 개중에는 본인이 개인임을 크게 의식하며 근대적 의미에서 완충재
로 덮인 자아라는 감각을 갖고 사는 사람이 존재할 수 있을 것이다. 실로 그와 같은 42
이해는 개(인)성, 심지어 원자론에 도움이 된다. [하지만] 때로 그와 같은 태도가 공동
체 감각과 조화를 이룰 수 있는지 자문할 수 있을 것이다. 완충재로 덮인 자아는 본질적
으로 거리두기[이탈]의 가능성을 자각하고 있는 자아니 말이다. 그리고 거리두기[이탈]
는 종종 자연과 사회를 포함한 주변 환경 전체와 관련해 이루어진다.

하지만 우리 조상들의 주술화된, 다공적 세계에 사는 것은 본질적으로 사회적으로 사는 것이었다. 우리에게 영향을 미치는 영=정신적 영력들은 종종 내 주변 사람으로부터 유래하는 것뿐만이 아니었다. 즉 나의 적이 건 마법 또는 교구 교회에서 축복받은 촛불이 제공하는 보호뿐만이 아니었다. 훨씬 더 근본적으로 그와 같은 영력들은 종종 사회로서의 우리에게 영향을 미치고, 사회로서의 우리에 의해 방어되었다.

후자 사례를 먼저 살펴보자. '좋은 마법'은 대부분 교회 것이다. 그것은 신이 선의 승리를 최종적으로 보장해준다는 감각에서 저절로 파생된 것이다. 따라서 번개의 위협을 받을 때는 교회당 종을 쳤다. 또는 보다 근본적으로는, 공동체 전체가 기도절 동안 교구의 '경계검분' 행렬에 참여했다. 〈성찬식〉용 빵과 각자가 소유한 온갖 성유물을 들고 나와 교구의 경계 주위를 행진했다. 그와 같은 식으로 다음 계절 동안 악령을 내쫓았다. 잉글랜드에서의 그와 같은 의식 중 하나에서는 「복음」이 읽혔다.

> 옥수수밭과 녹초가 펼쳐진 드넓은 들판에서 신의 말씀의 힘이 공중을 떠돌며 그곳을 더럽히고 있는 온갖 나쁜 영혼의 힘을 …… 꺾어 버려 …… 옥수수가 아무런 해도 입지 않고 질병에도 걸리지 않고 살아남아 우리 식탁을 차리고, 몸의 건강을 유지하는 데 이용될 수 있도록 해주십시오.[8]

우리를 지키는 일은 여기서 집단적인 것으로, 오직 공동체 — 한편으로는 교구공동체, 다른 한편으로는 보다 폭넓은 전체로서의 보편교회라는 공동체 — 로서만 의지할 수 있는 힘을 효율적으로 동원했다.

그처럼 여기서 '우리'는 모두 하나였다. 그것은 두 가지 결과를 가져오게 된다. 첫째, 합의를 지키는 것에 엄청난 가치가 부여된다. '이단'이 되어 공동체의 힘을 거부하거나 그와 같은 행위를 우상숭배로 비난하는 것은 단순히 개인 문제가 아니었다. 공동의식에 참가하지 않거나 심지어 비난하는 마을 주민은 그것의 효력을 위험에 빠뜨리며, 그리하여 모두에게 위협이 되었다.

우리가 보다 이전 시대의 무관용에 대해 거들먹거리며 뒤돌아볼 때마다 지속적으로 망각하는 경향이 있는 것이 바로 그것이다. 공동의 안녕이 집단의식, 종교적 헌신, 충성과 긴밀하게 연결되어 있는 한, 대열을 흐트러뜨리거나 심지어 더더욱 의식을 모독하거나 그것의 신성함을 더럽히려고 시도하는 것은 단지 특정 개인 문제가 아니었다. 그를 다시 대열로 복귀시키려는 공동의 동기는 엄청났다.

그처럼 보다 이전 시대에서는 사회 — 교구뿐만 아니라 왕국 전체 — 가 다함께 신에 대해 구성원의 '정통신앙'(올바른 찬미)을 책임지고 있는 것으로 간주되었다. 몇몇의 일탈이더라도 모두에게 처벌이 내려지게 될 것이다. 특정 시점에 일탈에 철퇴를 내리는 것을 신은, 말하자면, 당신의 의무 또는 심지어 명예가 걸린 문제로 생각하게 되었
43 다. 가령 루터에게는 그렇게 생각되었다.[9] 심지어 16세기 말과 같은 후대까지도 또 (어쨌건 여러모로) 계몽된 보댕Jean Bodin 같은 인물조차 마녀 탄압의 필요성에 대해 쓰면

8 Wilson, *The Magical Universe*, p. 38에서 재인용.

9 Jean Delumeau, *La Peur en Occident*(Paris: Fayard, 1978), p. 221.

서 우리는 "신의 분노를 멈추기 위해 가차 없이 보복해야 한다venger à toute rigueur afin de faire cesser l'ire de Dieu"10고 말할 정도였다.

이단자, 심지어 불신자가 포함된 사회는 무질서에 빠지리라는 생각은 좀체 사라지지 않았다. 그것은 반쯤은 합리주의적 형태로 계몽주의 시대까지 존속되었는데, 가령 충성선서는 무신론자에게는 무효이고 소용없다는 견해 속에서 그것을 찾아볼 수 있었다. 왜냐하면 무신론자는 정의상 사후의 응보를 전혀 두려워하지 않기 때문이다. 로크는 그렇게 생각했고, 심지어 볼테르마저 비슷하게 생각했다.

그것은 정통신앙의 유지에 대한 큰 압력이 존재했음을 의미한다. 그와 같은 압력은 신앙을 집단적으로 유지하는 데 따른 **하나의** 결과였다. 하지만 여기서의 우리 목적을 위해서는 두 번째 결과가 아마 더 중요할 텐데, 왜냐하면 우리는 당시 사람들에게 신이 얼마나 말하자면 '소박한' 체험 대상이었는지를 추적하려 하기 때문이다. 그런 식으로 우리는 앞서 세속성 2로 특정한 문제에 이르게 된다. 그처럼 핵심적인 사회적 행위가 그와 같은 종류의 '마술'이나 영력을 함께 동원하는 것을 포함하는 경우, 사회 자체는 그와 같은 영력이 발현되는 장소로 간주되고, 그렇게 체험된다. 앞서 언급한 경계검분 같은 집단의식'에' 완전히 몰입하면서도 어떻게 동시에 신의 권능과 성물에 회의적일 수 있을까? 그것은 오늘날 전기의 존재를 의심하면서 소켓을 수리하는 것과 같을 것이다. 신의 권능은 사회의 미시적 기능 속에서 각자에게 밀접하게 작용하고 있다고 간주되었다.

앞의 사례는 교구 수준과 관련되어 있다. 하지만 그와 같은 관계는 사회의 보다 고차적인 수준, 가령 보편교회나 왕국에 관해서도 타당하다. 후자의 왕국은 전자의 교회와 마찬가지로, 하지만 각자에 고유한 방식으로, 성스러운 힘 덕분에만 존속할 수 있었다. 왕국의 경우 '국왕을 특별히 보호하는 신성', 국왕의 도유식塗油式, 국왕으로 태어나면서 갖추게 된다고 생각되는 몇몇 마술적 힘 덕분에 말이다.

이 모든 수준에서 사회적 유대는 성스러운 것과 복잡하게 뒤엉켜 있었으며, 그와 다른 것은 상상조차 할 수 없었다. 만약 사회가 그렇게 뒷받침되지 않았다면 어떻게 주술화된 세계 속에서 존속할 수 있었을까? 만약 신의 성성聖性 속에 뿌리내리고 있지

10 앞의 책, 393페이지.

않다면 사회는 성스러운 것과 정반대되는 악 위에 정초되어야 했을 것이다.

그와 같은 식으로 사회, 그처럼 명백히 견고하고 필수불가결한 실재였던 사회의 존재가 신의 존재를 옹호하고 있었다. 그로부터 아래 명제가 성립한다. 즉 나는 도덕적·영=정신적 갈망을 갖고 있으며, 그리하여 신이 존재한다. 뿐만 아니라 또 다른 명제도 거기서 파생된다. 즉 우리는 사회에서 연결되어 있고, 그리하여 신이 존재한다. 이 측면, 즉 신이 사회를 구성하는 역할을 하는 사실이, 당시 공동의 종교적 신앙 위에 정초되어 있지 않은 사회가 존재할지도 모를 가능성을 이해하는 것이 얼마나 어려웠는지를 아마 가장 잘 설명해줄 수 있을 것이다.[11]

III. 그런데 우리 조상의 그와 같은 세계에서 결정적으로 중요했던 그리고 또한 지금은 제거되어버린 또 다른 특징 또는 일군의 특징이 존재한다. 그것이 사라진 이야기가 우리가 추적하려는 변형의 이해에서 핵심적이다. 그것은 중세기독교세계가 '보다 고차적인' 종교에 의해 지배된 많은 (아마 대부분의) 문명과 공유한 특징일 것이다.

44 앞서 말한 특징을 아래의 두 가지 목표 설정 간의 긴장을 동반한 균형이라고 부를 수 있을 것이다. 한편으로 기독교 신앙은 앞 절에서 논한 대로 자기초월, 즉 통상적인 인간의 개화번영을 넘어선 무엇인가를 지향한다. 하지만 다른 한편으로 중세사회의 제도와 관습은 모든 인간 사회와 마찬가지로 적어도 모종의 인간의 개화번영을 촉진하기 위해 부분적으로 조율되어 있었다. 그것을 통해 한편으로는 신앙이 촉구하는 총체적 변형의 요구 그리고 다른 한편으로는 일상적으로 진행되는 인간의 삶의 요청 간에 긴장 관계가 초래되었다.

그와 같은 긴장 관계는 다양한 방법으로 나타난다. 가장 흔하고 가장 잘 알려진 것 중 하나는 처음 몇 세기 동안 동방교회에서 최초로 중요한 운동이 된 독신의 소명과 관련되어 있었다. 그와 같은 은둔적인 수도원 생활의 첫 번째 물결의 배후에 있던 이해에 따르면, 독신생활은 신에게 마음을 전적으로 헌신할 수 있게 해준다. 후손의 생식은

11 라블레에 관한 유명한 저서에서 페브르도 본질적으로는 나와 동일한 명제를 주장하고 있다고 생각한다. Lucien Paul Victor Febvre, *Le problème de l'incroyance au XVIe siècle, la religion de Rabelais*(Paris: A. Michel, 1947)을 보라.

타락 그리고 그 타락이 세계에 도입하는 죽음에 대한 우리의 응답이었다. 그것을 통해 우리는 타락한 시대에 인류라는 종을 존속시키는 것이다. 하지만 독신생활을 통해 타락한 시대로부터 뛰쳐나와 신의 영원으로 돌아가려고 시도할 수 있을 것이다.[12]

그와 같은 긴장 관계는 — 오늘날의 [지복천년설을 믿고 공산공유共産共有의 종교적 사회를 형성해 독신으로 지내는] 셰이커교도Shaker에게서 볼 수 있는 대로 — 모든 사람에게 독신생활을 명하는 교회에서 극복될 수 있을 것이다. 그렇지 않으면 종교개혁가들이 궁극적으로 했던 방식으로, 즉 독신서원을 전적으로 거부하는 것에 의해 극복될 수 있을 것이다. 다만 후자의 경우 무결성無缺性에 대한 요구 그리고 일상적 삶의 요구 간의 긴장은 다른 형태로 터져 나오게 되지만 말이다.

하지만 처음에 사태를 주도한 것은 독신과 결혼이라는 삶의 양식을 결합하려고 한 주류 가톨릭교회와 주류 동방정교회였다. 게다가 시간이 흐르면서 그와 같은 구분은 일종의 상보적 관계로 발전하기 시작했다. 그 결과 라틴계가톨릭교회에서는 (이론상) 독신인 성직자가 결혼한 평신도를 위해 기도하고, 사제와 사목 역할을 하는 반면 결혼한 평신도는 독신 성직자를 뒷받침하는 관행이 정착되어갔다. 보다 폭넓은 범위에서 수도사는 모두를 위해 기도하고, 탁발수도회는 설교했다. 그리고 다른 구성원은 보시하고, 자선 시설을 마련했다. 그와 같은 긴장은 기능의 상보성에 기반한 균형 관계로 점차 변형되어 나갔다.

물론 그것을 통해 긴장의 지속적 원천이 제거된 것은 아니다. 한편으로 개화번영에 대한 기존의 지배적인 생각은 복음에 딱 들어맞지는 않았다. 적어도 상류 계층에게는 타당했던 개화번영의 모델은 명예윤리, 자부심과 신분의식에 대한 요구에 의해 각인되어 있었다. 그리고 평신도 귀족층의 중심 직업이던 전사의 삶 또한 수도사-십자군이라는 이상에서처럼 종합을 위한 시도에도 불구하고 복음과 일치시키기 어려운 독자적 요구를 갖고 있었다.

성물 및 '준準-성물'의 역할과 위치를 둘러싼 논쟁이 그와 같은 논란의 원천에 더해져 문제를 한층 더 복잡하게 만들었다. 그것들은 신도의 구원에 사용되기로 되어 있던

12 Peter Brown, *The Body and Society*(New York: Columbia University Press, 1988), 4장과 7장.

것들이었다. 하지만 또한 온갖 위협에 맞서 통상적인 인간의 개화번영을 보호하고, 강
화시켜주는 '백마술'의 핵심 자체이기도 했다. 따라서 축복받은 성물은 교구의 경계검
45 분 행렬에서 사용되었다. 그리고 '준-성물'은 축복받은 촛불과 마찬가지로 나쁜 주문을
풀거나 치병治病에 사용될 것이다.

그런데 원칙적으로 그와 같은 행위는 「복음」과 연속되는 면이 있었다. 「복음」에는 예수가 여러 권능으로 병을 치유하고 사람들이 다시 개화번영의 삶을 살도록 이끄는 장면이 나온다. 하지만 성스러운 힘의 그와 같은 행사는, 구원을 위한 것이라는 원래의 목적을 시야에서 잃어버리고 심지어 개화번영이라는 이름 아래 통속화되는 경계선을 어디서 넘어서게 될까? 성물을 집으로 가져가 이런저런 목적을 위한 약으로 복용하면 어떨까? 성스러운 힘이 사랑의 부적으로 오용되면?[13]

에라스무스는 민중적 성격을 지닌 많은 경건한 행동이 순전히 이익을 바라고 하는 짓거리라는 인상을 받았는데, 그것에 대해 큰 불쾌감을 느꼈다.

> 특별한 의례에 따라 천상의 이런저런 힘에 예배하는 자들이 있다. 어떤 자는 매일 성 크리스토푸스에게 경의를 표한다. 비록 그의 초상을 볼 때뿐이지만 말이다. 그와 같은 날이면 운 나쁜 죽음을 면할 수 있다고 진실로 믿기 때문이다. 다른 자는 성 로쿠스에게 예배를 드린다. — 하지만 왜? 성인의 가호로 역병을 쫓아낼 수 있다고 믿기 때문이다. 또 다른 자는 성 바르바라와 성 게오르게오스에 대한 기도를 중얼거린다. 적의 손에 떨어지지 않도록 해달라고 말이다. 그는 또 치통을 피하기 위해 성 아폴로니아에게 단식하겠다고 맹세한다. 많은 자가 가려움증을 제거하기 위해 성 요세푸스의 입상을 응시한다. 몇몇은 사업을 파산으로부터 보호하기 위해 이익의 일부를 빈자에게 나누어준다. 다른 몇몇은 이미 파산한 사업을 구해달라고 성 히에로니무스에게 바치는 촛불을 켠다.

그에게 이 모든 것은 우상숭배나 마찬가지였다.[14]

13 Keith Thomas, *Religion and the Decline of Magic*(London: Weidenfeld, 1971), pp. 34-35.
14 Preserved Smith, *Erasmus*(New York: Ungar, 1923[1962]), p. 57. 또한 294페이지를 보라. 거기

그런데 긴장의 그와 같은 원천을 간과하지 않고 중세의 가톨릭세계를 한 측면에서 위계제적 상보성에 기초한 일종의 균형을 포함한 체계로 이해할 수 있을 것이다. 그것은 확실히 중세사회 전체의 조직화 원리로 인정되어왔다. 가령 아래의 유명한 정식, 즉 '성직자는 모두를 위해 기도하고, 영주는 모두를 지키며, 농민은 모두를 위해 노동하는' 사회는 상보적이지만 그럼에도 불구하고 존엄성에서 불평등한 기능으로 조직화되어 있다는 생각을 요약하고 있다. 마찬가지로 독신을 서원한 소명들이 보다 고차적인 것으로 간주될 수 있었을 텐데, 성직의 소명은 의문의 여지없이 그렇게 간주되었다. 하지만 그것이 하나로 기능하는 전체 속에서 보다 저차적인 형태의 다른 삶과 균형을 이루는 것을 방해하지는 않았다.

그것이 의미하는 것은, 지고의 소명과 갈망보다 훨씬 더 저차적인 것을 위한 자리도 원리상 존재했다는 것이다. 긴장은 해소되어 균형 관계를 이루었다. 그것이 중세 후기에 대한 진실 전체가 아니라 그것의 일부였음을 곧 보게 될 것이다.

긴장 속의 균형이라는 그와 같은 특징이 중세사회에서 나타나는 또 다른 방식은 카니발 및 그와 유사한 축제에서 분명해졌다. 그중에는 무질서의 축제와 '소년 주교' 축제 등도 포함되었다. 그와 같은 축제 기간에는 사물의 통상적 질서가 전복되고 '세계가 뒤집혔다.' 일시적으로 모든 것이 중단되고 오직 시끄럽게 떠들고 한바탕 왁자지껄하게 노는 46
난장이 펼쳐졌는데, 그동안 통상적 질서가 전복된 장면이 연출되었다. 소년들이 주교관을 썼고, 광대들은 하루 종일 국왕 행세를 했다. 보통 존경의 대상이던 것이 조롱거리가 되었다. 사람들은 다양한 형태의 방종에 몸을 맡겼는데, 단순히 성적으로 뿐만 아니라 폭력에 가까운 행위 등에서도 마찬가지였다.

그와 같은 축제는 매혹적이었는데, 인간적 의미가 매우 강력하게 느껴졌을 뿐만 아니라 — 사람들은 즐겁게 몰입했다 — 또한 수수께끼 같았기 때문이다.[15] 그와 같은

에는 경건한 신자들이 하도 성가시게 졸라대는 바람에 성모마리아가 했다는 '불평'에 대한 에라스무스의 조롱이 인용되어 있다.

15 물론 윌슨Stephen Wilson(*The Magical Universe*, pp. 31-33) 지적대로 카니발은 또한 풍요제였지만 여기서 나는 그것의 질서 전복적 측면에 관심을 갖고 있다.

수수께끼는 특히 우리 근대인에게는 강하게 느껴질 텐데, 축제가 기존질서에 대한 대안을 제시하지 않았기 때문이다. 근대정치에서 우리가 이해하는 의미로는 어떤 것도 말이다. 즉 현재의 통치 질서를 대체할 수 있는 사물의 반정립적 질서를 제시하는 어떤 것도 찾아볼 수 없었다. 조롱 또한 보다 나은 자들, 우월한 자들, 보다 덕망 있는 자들, 교회의 카리스마 등이 사회를 지배해야 한다는 이해에 의해 틀지어져 있었다. 유머는 이 의미에서 궁극적으로 심각한 것은 아니었다.[16]

지먼 데이비스는 도시를 배경으로 하는 그와 같은 축제가 농촌에서 기원했다고 주장하는데, 농촌의 경우 젊은 총각 집단에게는 샤리바리[규범을 벗어난 자를 제재하는 시끄러운 의례] 같은 조롱 행위와 광란 등을 벌일 허가가 주어져 있었다. 하지만 그녀 지적대로 그와 같은 조롱의 소동은 거의 지배적인 도덕적 가치를 지지하는 방식으로만 실행되었다.[17]

하지만 질서의 이 모든 수용에도 불구하고 그와 같은 과시와 웃음은 기성질서의 변형을 바라는 근본적 욕망이 존재함을 분명하게 보여주었다. 많은 사람이 마음 깊은 곳에서 느끼던 동경들이 그것으로, 기성질서와는 상반되었다. 무슨 일이 벌어지고 있던 것일까? 필자로서는 알 수 없지만 몇 가지 흥미롭고 자극적인 생각이 제시되어왔는데, 여기서 그것을 한번 살펴보고 넘어갈 가치가 있을 것이다.

심지어 당시에도 그것이 일종의 안전판으로 필요했다는 설명이 제시되었다. 미덕과 좋은 질서를 유지하는 것의 하중이 너무나 무겁고, 그렇게 본능을 억압하는 것 아래에는 너무나 많은 증기가 쌓여 있어 체계 전체가 공중 분해되지 않으려면 주기적으로 방출해주어야 한다는 것이었다. 물론 당시에는 증기를 생각할 수 없었지만 아래 인용문에서 프랑스의 한 성직자는 당시 흔했던 기술을 염두에 두고 그와 같은 생각을 분명하게 표현해주고 있다.

16 하지만 그렇다고 해서 그것이 모조模造 폭력이 또한 — 사회 집단 간의 적대에서 — 사람들이 뼈저리게 느끼는 고도의 적개심을 전달하지 않았다는 말은 아니다. 또한 극화된 공격이 자연발생적으로 또는 종종 고의로 실제적인 것으로 번지는 일도 얼마든지 벌어질 수 있었다(후자의 사례로는 E. Le Roy Ladurie, *Le Carnaval de Romans*[Paris: Gallimard, 1979]를 보라).

17 Natalie Zemon Davis, *Society and Culture in Early Modern France*(Stanford: Stanford University Press, 1975).

> 우리는 고대의 관습에 따라 진지하게가 아니라 장난삼아 그와 같은 짓을 벌이고 있다. 그리하여 일 년에 한 번씩 우리 내부에 존재하는 어리석음을 발산시키고 증발시킨다. 종종 공기구멍을 열어주지 않으면 와인 가죽 주머니와 통이 터지는 일이 자주 일어나지 않는가? 우리 또한 오래된 와인 통이니까. ……[18]

또한 당시 그리고 이후에는 한층 더 그와 같은 축제를 고대 로마의 농신제Satur-
nalia와 연관시키게 되었다. 실제의 역사적 관련성을 증명할 적절한 논거는 존재하지 않
는 것처럼 보이지만 뭔가 비슷한 현상이 여기서 재현되고 있다는 상정은 원칙적으로
완전히 수용 가능할 것이다. 그와 같은 병행 현상의 배후에 있는 생각은 상술한 농신제
그리고 비슷한 다른 축제(가령 고대 메소포타미아의 축제 그리고 또 아스테카족의 세계
재생 축제 등)에 관한 이론에 의존하고 있다. 그와 같은 축제의 바탕에 깔린 것으로 상
정되는 직관에 따르면, 질서는 원시적 카오스를 묶어두는데, 카오스는 질서의 적인 동 47
시에 질서의 활력을 포함한 모든 활력의 원천이다. 그렇게 묶어두는 동시에 카오스의
활력을 포획해야 하는데, 질서를 정초하는 최고의 순간에 바로 그렇게 한다. 하지만 상
투화된 오랜 세월의 삶은 카오스의 활력을 파괴하고, 고갈시킨다. 그 결과 질서 자체는
주기적 쇄신을 통해서만 존속할 수 있게 된다. 그와 같은 쇄신 속에서 카오스의 활력은
먼저 새롭게 방출되고, 이어 질서를 새롭게 정초하는 것 속에 끼워 넣어진다. 만약 질서
가 카오스의 원초적 활력 속에 다시 가라앉았다가 새로운 힘을 갖고 다시 부상하지 않
는다면 카오스에 맞서 질서를 유지하려는 노력은 결국 취약해질 수밖에 없다고 상정된
다. 아니면 대략 이렇게 이야기할 수밖에 없을 것이다. 즉 그렇게 상정되는 이유를 완전
히 분명하게 밝히기는 어렵다고 말이다.

여기서는 물론 웃음 속에 담긴 유토피아적 흐름을 밝힌 바흐친도 거론해야 할 것이다. 웃음은 모든 경계를 허무는 수단이다. 또한 우리를 모든 사람 및 모든 것과 연결시

18 Peter Burke, *Popular Culture in Early Modern Europe*(New York: New York University Press, 1978), p. 202에서 재인용.

키는 몸체이기도 하다. 카니발에서는 그것들이 축하된다. 일종의 감각적 파루시아[신의 도래나 임재]가 예시된다.[19]

터너는 또 다른 이론을 제안한다. 우리가 조롱하는 질서는 중요하지만 궁극적 심급이 아니다. 궁극적인 것은 해당 질서가 섬기는 공동체이다. 그리고 그와 같은 공동체는 기본적으로 평등주의적이며, 모든 사람을 포함한다. 하지만 우리는 질서를 제거할 수 없을 것이다. 따라서 질서를 주기적으로 쇄신한다. 즉 공동체 이름으로 질서를 일시 정지시킴으로써 새로 수립해 원래의 의미를 되살리려고 한다. — 그와 같은 질서의 토대에 자리 잡고 있는 공동체는 기본적으로, 궁극적으로 평등한 자들의 공동체이다.[20]

여기서 앞의 모든 제안을 일일이 살펴본 이유는 각각의 제안의 장점이 무엇이건 모두 그와 같은 축제가 벌어진 세계의 중요한 특징을 명확하게 해주기 때문이다. 상보성 그리고 상반된 것 — 즉 동시에 경험될 수 없는 상충되는 반정립 상태의 것 — 의 상호 필요성에 대한 모종의 감각 등이 그와 같은 세계에 포함되어 있다. 물론 우리는 모두 그것을 모종의 수준에서 경험한다. 가령 우리는 x시간 일하고, y시간 여가를 보내고, z시간 동안 잔다. 하지만 근대정신을 불안하게 했던 것은 카니발의 배후에 존재하는 상보성이 도덕적 또는 영=정신적 차원에 속했기 때문이다. 여기서는 단지 가령 잠자는 것과 TV를 보는 것을 동시에 하는 것이 실제로는 양립 불가능한 것만이 문제가 아니다. 오히려 그렇게 하도록 명령받는 것 그리고 그렇게 하면 비난받는 것 간의 양립 불가능성, 용납되는 것과 용납될 수 없는 것 간의 양립 불가능성, 질서와 카오스 간의 양립 불가능성이 문제가 된다. 상술한 설명은 모두 아래 사항을 공유한다. 즉 그것은 세계를 그리고 아마 그것의 토대에 놓여 있을 코스모스를 상정하는데, 기기서 질서는 카오스를 필요로 하며 모순된 원리에게도 자리가 마련되어야 할 것이다.

이 주제에 관한 터너의 논의는 카니발 현상을 보다 폭넓게 조명하려고 시도하기 때문에 특히 흥미롭다. 그것은 세계의 모든 지역에서 전근대사회의 어마어마한 범위에

19 바흐친Mikhail Mikhaëlovich Bakhtin, 이덕형, 최건영 역, 『프랑수아 라블레의 작품과 중세 및 르네상스의 민중문화』, 아카넷.

20 Victor Turner, *The Ritual Process: Structure and Anti-Structure*(Ithaca: Cornell University Press, 1969)와 *Dramas, Fields, and Metaphors*(Ithaca: Cornell University Press, 1978).

걸쳐 나타난 어떤 관계의 표현 중 하나였다. 일반적 형태로 그와 같은 관계를 이렇게 정식화할 수 있을 것이다. 즉 모든 구조는 반구조를 필요로 한다. 터너는 머튼Thomas Merton에게서 차용한 '구조'라는 용어를 이런 의미로 사용한다. 즉

> 특정 사회에서 **의식적으로** 인식되고 규칙적으로 작동하는 유형화된 역할-군, 지위-군, 일련의 지위의 유형화된 배치.[21]

또한 그것을 재정식화해 '사회의 코드'로 재서술할 수도 있을 것이다. 그것을 통해 상
이한 역할과 지위 그리고 그에 상응하는 권리와 의무와 권한 그리고 약점 등이 규정될 48
것이다.

터너에 따르면 그와 같은 코드가 완전히 진지하게 받아들여지며, 심지어 대부분의 시간 동안 가혹하게 강요되는 많은 사회에서 그럼에도 불구하고 그것이 일시 정지되고 중립화되고 침범당하는 순간이나 상황이 존재한다. 분명히 중세유럽의 카니발과 무질서의 축제는 그와 같은 사례를 구성한다. 하지만 그와 같은 '전복 의식'은 실제로는 광범위하게 퍼져 있었다. 가령 다양한 아프리카 사회에서 국왕의 대관식에서 국왕 후보는 장래의 신하들에게 욕설을 듣고 괴롭힘을 당하고, 심지어 걷어차이거나 거칠게 떼밀리는 등 혹독한 시련을 거쳐야 한다.[22]

그와 같은 종류의 전복은 지배적인 법적 · 정치적 코드에 따르면 약하고 지위가 낮은 사람들이 상보적 영역에서 또 다른 종류의 권력을 행사할 수 있는 또 다른 종류의 관계와 유사성을 갖고 있다. 그와 관련해 그는 군사적으로 압도적 우위를 점한 침략자들이 원주민을 정복해 수립한 일련의 아프리카 사회를 인용한다.

> 침략자들은 왕권, 지방의 주지사, 추장 등 높은 정치적 자리에 앉은 자들을 통제했다. 반면 원주민은 지도자를 통해 매개되는 신비로운 힘을 토지 그리고 그것 위에서 자라는 모든 것의

21 Turner, *Dramas*, p. 237.

22 Turner, *The Ritual Process*, pp. 101, 171. 또한 [17세기 말부터 20세기 초까지 서아프리카 가나의 삼림지대를 지배한] 아샨티족의 아포Apo 의식(178~181페이지)을 보라.

> 비옥함에 대해 행사하고 있다고 종종 말해졌다. 강자의 법적·정치적 권력과 대립되는 약자의 권력, 즉 종교적 권력을 갖고 있었으며, 내부 분할과 권위의 위계제를 동반한 정치 체계에 대해 분할할 수 없는 토지 자체를 대표했다.[23]

앞의 상황은 더 나아가 무력한 사람, 지위가 낮은 사람 등 다양한 계층이 자기 영역에서 일정한 권위를 행사하는 — 가령 종종 여성의 경우가 그렇다 — 모든 사회와 유사성을 갖고 있다. 또는 성스러운 광인이나 실제로 중세사회의 빈자처럼 약자, 빈자, 외부인이 특정한 카리스마로 둘러싸인 사회와 유사성을 갖고 있다. 하지만 근대 초에는 그들의 운명이 바뀌는데, 그에 대해서는 아래서 논하기로 하자.

터너는 반 게네프가 연구한 것과 같은 종류의 '통과의례'를 가진 사회까지 포함할 수 있도록 그와 유사한 사례의 영역을 한층 더 확대한다.[24] 여기서 둘을 하나로 묶을 수 있는 것은 한 지위에서 다음번 지위로 통과하도록 해주는 — 가령 어린 남자아이가 성인이 되기 위한 할례의식 등 — 의식을 통해 신참은 보다 이전 역할에서 벗어나 모든 지위 표시를 박탈당하는 일종의 연옥으로 들어서기 때문이다. 보다 이전의 정체성은 어떤 의미에서 망각되고, 일정한 시간을 '문턱[식역]' 위에서 보낸다. 즉 새로운 정체성을 인수하기 전에 온갖 시험과 혹독한 시련을 겪는다. '문턱'이라는 이미지는 반 게네프가 사용한 것으로, 그는 그와 같은 상태를 묘사하기 위해 '식역liminality'이라는 말을 조어한 바 있다. 그는 식역을 일종의 '반구조'로 간주하는데, 그와 같은 상태에서 권리, 의무, 지위의 기준 같은 통상적 코드의 지표들이 일시적으로 제거되어버리기 때문이다.

이 모든 상황의 공통점이 있다면 구조와 반구조, 규칙과 반규칙의 유희가 이루어지는 점이다. 그것은 아래 같은 형태 중 어떤 하나를 취한다. 즉 규칙이 일시적으로 정지되거나 위반된다. 하지만 다른 한편으로는 앞서 언급한 정복자와 토착민 간의 관계에서
49 처럼 코드 자체가 권력의 지배적 원천에 대한 대항원리를 허용하는 방식으로 작용하는 경우도 있다. 이 경우 '약자의 상보적 권력'을 위한 공간이 열린다. 마치 권력구조를

23 Turner, *Dramas*, p. 234.

24 Arnold van Gennep, *Rites of Passage*(London: Routledge, 1960).

정반대 것으로 보완해야 할 필요성을 느끼기라도 하듯이 말이다. 그렇지 않으면 …… 무슨 일이 벌어질까?

여기서 그것과 관련된 기본적 직관을 정의하기는 어렵다. 필자는 카니발과 관련해 위에서 몇 가지 가능성을 언급했다. 그중 하나는 분명히 코드의 압력은 종종 완화될 필요가 있다는 생각이다. 즉 증기[열기]를 발산할 필요가 있다. 하지만 다른 생각도 종종 존재했던 것 같은데, 즉 코드가 가차 없이 적용되면 우리에게서는 모든 활력이 고갈된다는 것이다. 그리고 코드는 정반대 원리의 길들여지지 않은 힘의 일부를 회복할 필요가 있다는 것이다. 음란한 행동을 규정하는 의식에 관한 에번스-프리처드의 논문을 평가하면서 터너는 이렇게 말한다.

> 양성 간의 성적 관계와 적대성을 지배하는 공공연한 상징체계로부터 해방된 삶의 조야한 에너지는 구조적 질서를 대표하는 지배적 상징 및 해당 질서가 의존하는 가치와 미덕 속으로 방향을 돌리도록 유도된다. 모든 대립은 통일성이 회복되면 극복되거나 초극된다. — 게다가 통일성은 그것을 위태롭게 하는 잠재력 자체에 의해 오히려 재강화된다. 그와 같은 의례는 의례적인 것의 한 측면을 명확히 보여준다. 즉 인간이 포유류로서 타고 태어나는 것 속에 내재된 무질서의 힘 자체를 사회의 질서유지에 활용하기 위한 수단 중 하나로 만드는 것이 그것이다.[25]

앞의 설명은 여전히 상당히 '기능주의적으로' 들린다. 의식을 행하는 목적이 여전히 사회 보존에 있는 듯하다. 하지만 터너는 그의 설명을 '공동체communitas'의 견인력이라는 맥락 속에 집어넣는데, 그것이 그의 설명이 기능주의 수준을 넘어설 수 있도록 해준다. '공동체'라는 개념의 의미는 우리 모두가 공유하는 직관, 즉 다양하게 코드화된 역할을 통해 서로 연관되는 방식을 넘어 우리는 또한 다면적인, 근본적으로 평등한 인간 존재의 공동체 속에서 함께 연합된 존재이기도 하다는 직관 속에서 찾을 수 있을 것이다. 전복 또는 위반의 순간에 돌연 출현하는 것이 바로 그처럼 이 모든 것의 토대에

25 Turner, *The Ritual Process*, p. 93.

자리 잡고 있으며, 약자의 힘에 정통성을 부여하는 공동체이다.

그런데 그와 같은 설명 또한 기능주의적 면모를 갖고 있다. 국왕으로 뽑힌 자에게 저주와 욕설을 퍼붓는 것은 지배자의 권한과 특권은 전체의 복지라는 보다 우월한 목적을 갖고 있음을 본인과 우리에게 상기시키기 위해서다. 하지만 터너 설명에서 공동체의 견인력은 우리 사회의 경계를 훌쩍 뛰어넘을 수 있을 것이다. 그것이 작동하는 것은 우리는 모두 인간 존재로 평등하고 연대하고 있다는 감각이 존재하기 때문일 수 있다. 반구조의 방향으로 나가려는 경향은 사회를 넘어선 것, 심지어 인간성을 넘어선 곳에서 유래할 수 있을 것이다. 그와 같은 관점에서 이미 언급한 최초의 긴장, 즉 통상적인 개화번영 그리고 보다 고차적인 자기-버림 같은 소명 간의 긴장을 구조/반구조의 또 다른 사례로 간주하는 것은 적절할 것이다. 권력, 소유, 전사의 지배 같은 구조는 보다 고차적이라고 주장하는 삶의 방식에 의해 도전받지만 그와 같은 방식이 기존질서를 간단하게 대체할 수는 없을 것이다. 양자는 공생을, 따라서 모종의 상보성을 강요당한다.

50 그것을 통해 구조/반구조 간의 유희는 한 가지 수준 이상에서 일어날 수 있음을 인식할 수 있는데, 왜냐하면 카니발이라는 반구조에 맞선 구조적 대극 역할을 하는 것이 국가와 교회가 함께하는 그와 같은 상보성 전체이기 때문이다.

그처럼 공동체의 견인력은 잠재적으로 다양한 것을 유발할 수 있을 것이다. 그것은 단지 우리 공동체뿐만 아니라 인류 공동체까지 표면화시킨다. 또한 코드화된 역할에서 벗어나도록 해줌으로써 동료애를 표출할 수 있도록 해주는 것 외에도 일련의 다른 것을 한다. 또한 우리의 자발성과 창의성이 활동할 여지를 마련해준다. 상상력을 용납한다.

앞의 관점에서 볼 때, 반구조의 힘은 또한 모든 코드는 우리를 제한하고, 중요한 것으로부터 배제하고, 중대한 의미를 가진 것을 보거나 느끼는 것을 저지한다는 감각으로부터도 유래한다. 몇몇 통과의례에서 원로들은 그와 같은 식역적 상태를 활용해 사회의 가장 깊은 지혜를 젊은이에게 가르치려 함을 기억할 수 있을 것이다. 마치 통상의 코드화된 역할에서 벗어남으로써 그것에 대한 풍부한 감수성을 갖추게 된 사람에 의해서 말고는 그와 같은 것은 학습될 수 없기라도 하듯이 말이다. 여기서 종교적이건 세속적이건 '은거'라는 사상의 배후에 있는 원리를 인식할 수 있다.

그리하여 여기서 그와 같은 일반적 현상이 시사하는 것은 반구조의 필연성에 관한 감각이다. 모든 코드는 맞섬의 대상이 될 필요가 있으며, 종종 심지어는 부정됨으로써 무력화되어야 한다. 그렇지 않으면 경직화, 활력 상실, 사회적 응집력의 쇠퇴, 맹목성 그리고 아마 궁극적으로는 자기파괴의 위험을 무릅써야 할 것이기 때문이다. 현세적인 것과 영=정신적인 것, 카니발과 다른 전복 의식 간의 긴장은 그와 같은 감각이 라틴계기독교세계에서는 매우 생생하게 살아 있었음을 보여준다. 오늘날 그것은 어떻게 되었을까?

은거에 대한 앞서의 언급이 보여주듯이 그와 같은 감각이 완전히 사라진 것은 아니다. 우리는 일상적 삶에서 그것을 느낀다. 여전히 멀리 떨어져, 휴일에, 통상적 역할에서 벗어나 '모든 것을 떠나 잠시 쉬고', 신경을 끄고 푹 쉬고, '배터리를 재충전할' 필요를 느낀다. 분명히 카니발 같은 순간도 존재한다. 국경일, 축구경기 등이 그것이다. 그것들은 역사적 선례와 마찬가지로 폭력의 경계 위를 맴도는데, 종종 그것을 넘어가기도 한다. 다이애나비의 죽음을 애도하기 위해 몰려든 군중처럼 심상치 않은 위험이나 사별의 순간에는 공동체가 갑자기 모습을 나타낸다.

다른 점은 반구조의 그와 같은 필요가 사회 전체 차원, 공식적인 즉 정치적 · 법적 구조와의 관계에서는 더 이상 인식되지 않는다는 점이다. 왜 그렇게 되었을까 하고 자문할 수 있을 것이다. 상술한 모든 경우에서 반구조의 필요는 영=정신적 맥락에서 이해되었다. 인간 사회의 코드는 보다 큰 영=정신적 코스모스 안에서 존재했다. 또한 그것을 반구조에게 열어주게 된 것은 인간 사회가 코스모스와 조화를 유지하고 그것의 힘들에 의존하려면 그것이 요구되었기 때문이다. 그와 같은 관점에서 볼 때 그렇게 느껴지던 필요가 쇠퇴한 것은 공론장의 세속화에 따른 단순한 결과이다(「서론」에서 논한 세속성 1의 의미를 참조하라).

여기서 그와 같은 쇠퇴에 대해 주목하는 것은 그것이 '세속성 1'의 등장에서 매우 중요한 역할을 했기 때문이다. 요컨대 상보성이 필요하다는 감각, 반구조의 필요에 대한 감각의 쇠퇴가 공론장의 세속화에 선행하고, 그것의 발달에 기여했다. 코드는 자체와 상충되는 원리가 존재할 수 있는 어떤 여지도 남겨둘 필요가 없으며, 코드의 실행에는 어떤 한계도 존재할 필요가 없다는 생각 — 그것이 전체주의 정신이다 — 은 단지 51
근대에서 반구조가 쇠퇴하면서 나타난 결과 중 하나인 것만이 아니다. 그것은 분명히 사실이다. 하지만 또한 어떤 제한도 용납하지 않는 코드를 실행하려는 유혹이 먼저 나타난 것 또한 사실이다. 그와 같은 유혹에 넘어가버린 것이 근대의 — 모든 의미에서의 — 세속성의 성립에 일조했다.

그것이 곧 내가 하려는 이야기의 일부를 이룬다. 하지만 먼저 당시와 오늘이 얼마나 정반대 모습을 띠는지를 서술하는 작업을 마무리 짓고 싶다.

완전한 코드는 결코 제한될 필요가 없으며, 그것을 아무 제한 없이 실시할 수 있으며 실시해야 한다고 믿는 경향이 등장한 것은 분명히 반구조가 쇠퇴하게 된 결과 중 하나이다. 그와 같은 경향이 우리 시대의 다양한 전체주의 운동 및 체제를 배후에서 추동한 이념 중 하나였다. 사회는 전면 개조되어야 하며, 행동에 대한 전통적 제약 중 어떤 것도 그와 같은 기획을 방해하는 것을 용납해서는 안 된다. 그와 같은 사태전개의 보다 덜 극적인 측면을 하나 거론하자면, 그것은 터널시視, tunnel vision[앞이 똑바르지 않아 잘 보이지 않는 것]를 촉진하는데, 몇몇 캠퍼스에서 〈정치적 올바름PC〉의 주창자들이 주장하는 다양한 [차별적 언어를 피하는 것 따위의] 언어 규범speech code의 실천 또한 그것에 의해 각인되어 있다. 그와 같은 경향은 또 '무관용 원칙' 같은 슬로건에 긍정적 울림을 주고 있다.

〈프랑스혁명〉이라는 역사적 시기는 아마 반구조가 일거에 쇠퇴하기 시작하는 동시에 코드를 어떤 도덕적 제한도 없이 적용하려는 기획이 진지하게 고려되던 때였다. 그것은 새로운 사회를 표현하고 확고히 하는 데 기여할 수 있는 축제를 구상한 다양한 혁명정부의 시도에서 가장 분명하게 나타났다. 그렇게 시도할 때 혁명정부는 보다 이전의 축제, 가령 카니발과 순례제(〈연맹축제Fête de la Fédération〉의 모델이 되었다)와 〈성체행렬〉 축제(〈성체첨례la Fête Dieu〉의 모델이 되었다)에 크게 의존했다. 하지만 실제로 그와 같은 기획은 어떤 의미에서는 본래의 축제의 성격을 정반대로 뒤집었다.

그것에는 반구조 차원이 완전히 결여되어 있었기 때문이다. 즉 그와 같은 행사는 현재 통용 중인 코드의 틈을 벌리는 것이 아니라 그것의 정신을 표현하고 그것과의 동일시를 촉구하는 것을 목적으로 했다. 카니발이 가진 반구조적 요소가 '혁명력 2년'의 탈기독교화에서처럼 종종 차용되었는데, 그처럼 파괴적인 조롱 행위는 종래의 종교와 앙시앵레짐 전반을 겨냥했다. 하지만 코드 자체의 일시 중단이 아니라 현재 통용 중인

코드가 겨냥하는 적의 파괴의 완수를 목표로 했다.[26]

일반적으로 그와 같은 축제는 — 공식[공인된] 현실을 축하하는 것에 속했기 때문에 — 철저하게 조직되었다. 그것은 사회적 유대 자체 또는 '자연'을 축하하기 위한 것이었다. 그리고 철저하게 평등주의적·호혜적이었다. 관중과 배우의 구별이 폐기되어야 한다는 루소적 요구를 충족시키려고 시도했다. 그와 같은 축제 중 하나에 관한 보고에는 아래 구절이 들어 있다.

> 5월 15일의 자유의 축제는 적어도 국민적 행사였다. 사람들은 배우인 동시에 관중이었기 때문이다.La fête de la liberté du 15 mai fut du moins nationale, en ce que le peuple y était tout à la fois acteur et spectateur.[27]

분명히 인간 중심적이었다. 52

> 유일한 진정한 종교란 인간 존재의 존엄성에 관한 숭고한 관념을 그리고 인간조건의 설계자에 의해 소명으로 주어지는 위대한 운명에 관한 숭고한 관념을 부여함으로써 인간을 고귀하

26 Mona Ozouf, *La Fête Révolutionnaire*(Paris: Gallimard, 1976), pp. 102-108. 또한 Michel Vovelle, *La mentalité révolutionnaire: société et mentalités sous la révolution française*(Paris: Editions sociales, 1985)을 보라.

27 Ozouf, *La Fête Révolutionnaire*, p. 88. 그와 같은 원리의 가장 분명한 정식화를 루소의 『공연에 관해 달랑베르 씨에게 전하는 편지』에서 찾아볼 수 있는데, 거기서 그는 당대의 연극과 진정한 공화국의 공공축제를 대비시킨다. 그와 같은 축제는 야외에서 진행된다. 그는 구경꾼과 공연자[배우]의 동일성이 그와 같은 고결한 모임에 핵심적임을 분명하게 밝힌다.
"하지만 결국 무엇이 그와 같은 연극의 주제가 될까? 이렇게 말해도 좋다면, 아무것도 없다. 자유가 주어지면 많은 인파가 모이는 모든 곳에서는 또한 행복이 지배할 것이다. 광장 한가운데 꽃으로 장식된 말뚝을 심고, 사람들을 모으면 파티가 열린다. 또는 더 좋게는, 관객들을 극장으로 데려가, 그들 자신을 배우로 만들어 각각의 사람이 다른 사람 속에서 자신을 알아보고 사랑하도록 만들어라. 모두가 서로 한층 더 단결할 수 있도록 말이다.Mais quels seront enfin les objets de ces spectacles? Rien, si l'on veut. Avec la liberté, partout où règne l'affluence, le bien-être y règne aussi. Plantez au milieu d'une place publique un piquet couronné de fleurs, rassemblez-y le peuple, et vous aurez une fête. Faites mieux encore: donnez les spectateurs en spectacle; rendez-les acteurs eux-mêmes; faites que chacun se voie et s'aime dans les autres, afin que tous en soient mieux unis"(『공연에 관해 달랑베르 씨에게 전하는 편지』, 이효숙 역, 지만지, 233~234페이지를 보라).

게 하는 것을 말한다La seule vraie religion est celle qui annoblit l'homme, en lui donnant une idée sublime de la dignité de son être et des belles destinées auxquelles il est appelé par l'ordinateur humain.[28]

그와 같은 축제가 그것을 후원한 체제가 몰락하자마자 축제의 목록을 수록해야 할 혁명력과 함께 지겨워 죽을 지경이 되고, 소멸된 것은 전혀 놀랄만한 일이 아니었다. 그와 같은 축제는 20세기의 공산주의 체제가 시도한 비슷한 자축 행사의 선구자였는데, 후자 또한 비슷한 운명을 맞이했다. 그리고 그것은 1793년의 탈기독교화 때 카니발의 많은 측면이 이용된 것에서 볼 수 있듯이 우리 시대의 전통적인 반구조에서 일어난 일에 대해 무엇인가를 말해준다. 그와 같은 축제는 유토피아 또는 완전히 조화로운 새로운 체제를 위한 지침을 제공할 수 있다. 그에 대해서는 후술하기로 하자.

하지만 도덕적 경계가 존재하지 않는 구조를 수립한 것은 운명에 의해 정해진 일이 아니라 반구조를 망각한 시대를 엄습한 유혹이었다. 그것은 얼마든지 피할 수 있었는데, 일반적으로 회피되어왔다. 대립의 원리는 삼권분립처럼 얼마든지 지배적인 정치적 코드 속에 내장될 수 있을 것이다. 그리고 제한이라는 원리, 즉 주체의 소극적 자유라는 이름으로 일반적으로 행해져왔다. 물론 그처럼 자유롭고 자기제한적인 체제가 가령 롤스나 드워킨Roanld Myles Dworkin의 현대적 '자유주의'에서 볼 수 있듯이 얼마나 단일 원리에서 파생되는지를 보여주기 위한 시도가 여전히 지적 차원에서 이루어질 수 있을 것이다. 그것은 근대가 유일한, 전지전능한 코드라는 신화에 얼마나 깊이 고착되어 있는지를 보여준다.[29] 하지만 콩스탕Benjamin Constant, 토크빌 그리고 20세기의 벌린Isaiah Berlin 같은 이론가는 모두 우리는 하나 이상의 원리에 충성을 보여야 하며, 우리가 본질적으로 고수하는 원리들은 흔히 갈등 관계에 있음을 인식했다.

이론과 실천 양쪽 모두에서 그와 같은 다원주의적 유형의 자유주의 체제가 등장한

28 카바니 글에 나오는 말로 Ozouf, *La Fête Révolutionnaire*, pp. 336-337에서 재인용했다.

29 이 점에 대해서는 아래 글에서 보다 길게 상술했다. "Iris Murdoch and Moral Philosophy", in Maia Antonaccio and William Schweiker, eds., *Iris Murdoch and the Search for Human Goodness*(Chicago: University of Chicago Press, 1996).

곳에서 반구조의 쇠퇴에 따른 결과는 상당히 경감되었다. 심지어 반구조에게는 그와 같은 사회에서 새로운 종류의 장소, 즉 사적 영역이 주어졌다고 말할 수도 있을 것이다. 그와 같은 사회에서 공/사의 구별 그리고 소극적 자유의 광범위한 영역은 앞의 선구적 사회에서 전복의 축제가 차지한 것과 등가의 영역을 차지하고 있다. 우리가 '때려치우고', 코드화된 역할을 집어던지고, 우리 생각과 느낌을 아무 거리낌 없이 맘껏 즐기고, 강력한 형태의 다양한 공동체를 발견할 수 있는 것은 여기, 혼자서, 친구와 가족 간이나 자발적 결사체 속에 있을 때이다. 이 영역 없이 근대사회의 삶은 견딜 수 없을 것이다.

그와 같은 비공식 영역은 상상력이 길러지고 사상과 이미지가 순환하는 자체에 고유한 공론장public sphere을 발전시켜왔다. 미술, 음악, 문학, 사상, 종교적 삶의 영역이 그것으로, 그것 없이는 개인적으로 기성체제를 거부하는 것은 내용의 근본적 빈약화로 이어지고 말 것이다. 반구조를 위한 그와 같은 근대적 공간은 아무런 속박도 받지 않는
창조를 위한 전례 없는 가능성을 열어주는 동시에 지금까지 경험하지 못한 고립과 의 53
미상실의 위험을 초래한다. 두 가지 모두 그와 같은 공간이 '사적인 것'이며, 공론장은 순수하게 자발적 참여에 의해 유지되는 사실에서 유래한다.[30]

현대의 사정은 이 측면에서 이전의 어떤 것과도 구조적으로 다르다. 그리고 그것은 구조와 반구조 간의 전통적 유희의 일부는 우리에게는 더 이상 가용하지 않음을 의미한다. 전복의식이나 앞서 언급한 아프리카 사회의 외설-의례에서는 대립적 원리들이 남김없이 까발려져 모의 전투 속에서 드러나고, 그것에 관여하는 것이 허용될 뿐만 아니라 그것을 통해 또한 종종 모종의 시너지를 만들어내고, 구조를 덜 자폐적인 것으로 만드는 동시에 구조가 자기쇄신을 위해 반구조의 활력에 의존하는 것을 허용하는 것을 목적으로 했다.

그와 같은 일은 근대에서는 불가능해진 것 같다. 또는 적어도 의례를 수단으로 해서는 그렇게 된 것 같다. 종종 사회의 적대세력들은 모종의 공동의 위협을 느끼거나 공동의 깊은 슬픔 등을 느낄 때는 다 함께 공동의 귀속성을 인식하게 된다. 물론 그와 같은 사태를 둘러싼 사정은 과거와는 상당히 다르다. 외부로부터의 위협이 '우리'를 결

30 우리 시대의 식역과 예술에 대한 터너의 논의를 보라. *Dramas*, pp. 254-257와 *The Ritual Process*, pp. 128-129.

합시키기 위해 너무 자주 필요하다는 사실은 우리 시대의 민족주의의 지속적 힘을 어느 정도 설명해준다.

그처럼 오늘날 반구조가 이동해온 장소 중 하나에는 사적 영역 그리고 그것에 의해 지탱되는 공론장이 속한다. 하지만 그것이 전부는 아니다. 반구조의 호소력은 고도로 상호 의존적이고 과학기술적이며 초-관료제화된 세계에서 여전히 강력하다. 많은 측면에서 이전 어느 때보다 더 강력하다. 중앙집권적 지배, 획일화, 도구적 이성의 압제, 동조압력, 자연 수탈, 상상력의 안락사에 맞선 항의의 물결이 지난 2세기 동안 사회 발전을 수반했다. 그와 같은 항의는 최근, 즉 1960~1970년대에 하나의 정점에 이르렀지만 그것이 마지막은 아니리라고 확신할 수 있을 것이다.

당시 카니발의 많은 측면이 수정되고 개정되었다. 1968년 5월의 파리를 생각해보자. 구조가 비난(세분화le cloisonnement)의 대상이 되고, 공동체의 활력이 해방되어야 한다는 생각이 등장했다. '68세대'는 바로 사적 공간의 반구조를 피하고자 했다. 반구조를 공론장에 중심적인 것으로 만들려고, 실제로는 둘 간의 구분을 폐기하려고 했다.

하지만 여기서도 또한 보다 이전 시대의 반구조의 장소와 중요한 차이가 존재한다. 이제 사람들은 유토피아의 원천으로서의 코드의 부정에, 그리고 전술한 대로 현존 사회를 대체하기로 되어 있는 새로운 기획에 의존하게 되었다. 카니발과 혁명은 장난꾸러기 혁명가들이 아무리 열심히 양자를 동화시키려 해도 결코 일치할 수 없을 것이다. 혁명의 목적은 현존 질서를 대체하는 것이다. 혁명은 이전의 반구조를 채굴해 자유, 공동체, 래디컬한 우애 같은 새로운 코드를 설계한다. 혁명은 새로운 완전한 코드의 탄생지로, 그것은 어떤 도덕적 경계도 필요로 하지 않을 것이며, 어떤 반구조도 용납하지 않을 것이다. 혁명은 모든 반구조를 끝내기 위한 반구조이다. 그와 같은 꿈이 철저하게 완수된다면(다행히 68운동에서는 그렇지 않았다) 악몽으로 바뀔 것이다.

54 이 시점에서 이전 시대의 코드와 그것의 부정 간의 유희 속에 들어 있는 지혜를 인식할 수 있을 텐데, 이제 그것이 사라질 위험에 처해 있다. 모든 구조는 비록 정지까지는 아니더라도 제한될 필요가 있다. 하지만 구조 없이 우리는 아무것도 할 수 없을 것이다. 우리는 코드와 그것의 제한 사이를 자유롭게 왕래하며, 보다 나은 사회를 탐구해나갈 필요가 있다. 다만 그처럼 정반대되는 두 가지 것 간의 그와 같은 긴장 관계에서

벗어나 순수한 반구조로 도약할 수 있으며, 그것만이 정화된 코드로서 사회를 영원히 지배할 수 있다는 환상에 빠지지 않고 말이다.[31]

하지만 그와 같은 꿈이 우리 시대에 여러 차례 새롭게 꿈꾸어진 것은 놀라운 사실이다. 심지어 '국가의 고사枯死'를 꿈꾼 '과학적 사회주의'의 창안자들처럼 다른 점에서는 전혀 냉정했던 사람들도 마찬가지였다. 구조가 주는 고통, 즉 그것의 경직성, 부정의, 인간의 갈망 및 고통에 대한 무심함 등이, 보다 이전의 사회적 출구를 잃어버린 채, 우리를 다시 그와 같은 꿈 쪽으로 몰아가고 있기 때문이다. 아마 우리는 그와 같은 꿈의 마지막 것을 아직 보지 못했을 것이다.

5

IV. 그와 같은 전복과 반구조의 시간이 벤야민에 따르면 근대Neuzeit[새로운 시대]의 핵심적 속성을 이루는 "동질적이고 공허한"[32] 시간이 될 수 없음은 분명하다. 가령 카니발의 시간은 카이로스적[실존적 의미를 띤 시간]이었다. 즉 연대표가 카이로스적 매듭에 의해, 따라서 본질과 위치상 전복을 요구하는 순간에 의해 중단되며, 그것에 이어 용도 변경을 요구하는 다른 순간 그리고 〈참회의 화요일〉, 〈수난절〉, 〈부활절〉 등 파루시아에 접근하는 또 다른 순간이 이어진다.

그런데 우리 시대에 사는 우리 자신에 대해 하는 이야기 속에도 카이로스적 매듭이 존재한다. 혁명 자체는 계승자와 지지자에 의해 그와 같은 카이로스적 순간으로 이해된

31 터너는 *Dramas*, pp. 268-270에서 이 점을 명확히 밝힌다. 마틴Bernice Martin 또한 1960년대와 이후의 표현주의 혁명에 관한 예리한 연구서에서 그렇게 한다(*A Sociology of Cultural Change*[Oxford: Blackwell, 1981]). 그녀는 반구조와 식역이라는 터너의 핵심 개념에 의존해 우리가 앞의 두 가지 것을 인간의 삶의 자족적 토대로 만들려고 할 때 불가피하게 나타나는 아포리아들을 보여준다. 그와 같은 아포리아들이 이후 줄곧 그와 같은 혁명을 규정하고 악마화해온 방향 전환, 전환, 갈등을 통찰력 있게 해석할 수 있도록 해준 개념적 격자가 되었다.

32 벤야민, 반성완 역, 「역사 개념에 관해」, 『발터 벤야민의 문예이론』, 352페이지. 앤더슨Benedict Anderson은 근대적인 사회적 상상계에서 시간을 그렇게 이해하는 것이 핵심적 중요성을 가짐을 보여준다. 앤더슨, 서지원 역, 『상상된 공동체』, 길 출판사. 2장을 보라. 나는 4장에서 이 문제로 다시 돌아갈 것이다.

다. 그리고 민족주의적인 역사 기술은 그와 같은 순간으로 가득 차 있다. 하지만 그와 같은 순간들이 모두어지는 중심이 바뀌었다. 전근대 시대에 통상적 시간을 조직화한 장은 보다 고차적인 시간이라고 부르고 싶은 것에서 유래했다.

여기서 도입해야 할 것이 가장 명백한 용어는 '영원eternity'일 것이다. 그리고 그것은 틀리지 않았는데, 그것이 철학적 · 신학적으로 보다 고차적인 시간을 가리키기 위해 성별된 용어였기 때문이다. 하지만 영원에는 (a) 한 가지 종류 이상의 영원이 존재했으며 (b) 보다 고차적인 시간 영역은 그것으로 소진되지 않기 때문에 보다 일반적인 용어가 필요해진다.

보다 고차적인 시간은 무엇을 했는가? 통속적 · 통상적 시간을 모두고, 집약하고, 재편성하고, 절분했다고 말할 수 있을 것이다. 단도직입적으로 그와 같은 통상적 시간을 '세속적 시간'이라고 부르기로 하자. 거기에는 위험이 따르는데, 왜냐하면 나는 우리 시대의 특징으로 이미 '세속적secular'이라는 말(그리고 이미 세 가지 의미로!)을 사용하고 있기 때문이다. 여기서 앞의 용어를 네 번째 의미로 도입하지 않을 수 없다고 느끼는 것은 그것이 원래 의미로, 「서론」의 세 가지 의미는 그것으로부터 파생되었기 때문이다.

모두 알다시피 'secular'는 세기나 시대라는 의미의 saeculum에서 유래한다. 이 말이 세속적[재속] 성직자/정식[정규]regular 성직자라는 대립쌍에서 한쪽 항 또는 종교
55 (즉 이런저런 수도회)와는 반대되는 계몽주의의 세속적 영역에 존재한다는 식의 말에서 한쪽 항으로 사용되기 시작하자마자 원래 의미가 매우 특수한 방식으로 사용되게 된다. 세속 영역에 존재하며, 통상적 시간에 파묻혀 있는 사람은 통상적 시간의 삶을 산다. 영원에 보다 가까이 다가간 삶을 살기 위해 통상적 시간을 버린 사람과 반대로 말이다. 그처럼 앞의 용어는 보다 고차적인 시간과는 반대되는 통상적 시간에 대해 사용되었다. 그와 병행되는 구별로는 '현세적/영=정신적'이 있다. 한쪽은 통상적 시간 속의 일과, 다른 쪽은 영원의 사건과 관련되어 있다.

따라서 전근대적 시간의식을 논할 때는 앞의 용어를 논외로 하기가 어렵다. 그것과 관련된 복잡한 사정을 솔직히 다 털어놓은 다음에 사용하는 것이 최선이다.

'세속'의 시간은 우리에게는 통상적인 시간이다. 실제로 우리에게 그것은 그저 하나의 시간, 점일 뿐이다. 어떤 일 다음에 다른 일이 일어나고, 어떤 것이 지나가면 지나

간 것이다. 시간 속에서의 배치는 철저하게 추이적이다. A가 B보다 먼저이고, B가 C보다 먼저라면 A가 C보다 먼저이다. 그와 같은 관계를 양화해도 마찬가지이다. A가 B보다 훨씬 더 먼저이고, B가 C보다 훨씬 더 먼저라면 A가 C보다 훨씬 더 먼저이다.

이제 보다 고차적인 시간이 세속의 시간을 모두어 재-질서화한다. 그것이 '휨'과 외견상의 부정합성을 세속적인 연대순[시간-순서화]time-dering에 도입한다. 세속적 시간 속에서는 서로 멀리 떨어진 사건도 그럼에도 불구하고 밀접하게 연관될 수 있을 것이다. 앤더슨은 여기서 필자가 서술하려고 시도하는 것과 동일한 몇 가지 쟁점에 대한 통찰력 있는 논의에서[33] 『구약성서』 속의 몇몇 사건이 『신약성서』 속의 사건과 맺는 예형-성취 관계(가령 이삭의 희생과 그리스도의 〈십자가수난〉)에 관한 아우어바흐 말을 인용한다. 두 사건은 신의 계획에서 바로 옆에 있는 인접한 장소를 통해 연결되어 있다. 영원 속에서 그것들은 거의 같은 것이 되는데, 수 세기(즉 '영겁'이나 '세기saecula')나 떨어져 있더라도 마찬가지이다. 신의 시간 속에는 이삭의 희생과 그리스도의 〈십자가수난〉 간의 일종의 동시성이 존재했다.

마찬가지로 1998년의 성금요일Good Friday은 어찌 보면 1997년의 한여름의 어느 날보다 더 〈십자가수난〉이 이루어진 원래 날에 가깝다. 사건이 한 가지 종류 이상의 시간과 관련되자마자 시간 속에서의 위치설정이라는 쟁점은 완전히 다른 형태를 띠게 된다.

왜 보다 고차적인 시간은 보다 고차적일까? 유럽이 플라톤과 그리스철학에서 계승한 영원이 문제 되는 한 그에 대한 대답은 쉽다. 진정으로 실재하는 완전한 존재는 시간 외부에 존재하며, 불변한다. 시간은 영원의 운동 이미지이다. 그것은 불완전하거나 불완전성의 경향을 보인다.

아리스토텔레스에게서 그와 같은 불완전성은 현세적인 것에 대해 완전히 타당하다. 거기서는 어떤 것도 본질에 전적으로 부합하는 것으로 간주될 수 없을 것이다. 하지만 결함 없이 영원을 반영하는 몇 가지 과정이 존재했다. 가령 시작도 끝도 없이 궤도를 순환하는 별들이 그것이었다.

33 앤더슨, 『상상된 공동체』, 28~31페이지.

그와 같은 사상은 일반적으로 우주를 영원한 것sempiternal universe으로, 즉 변화를 겪지만 시작도 끝도 없다고 상정하는 경향을 보였다. 진정한 영원은 그것을 넘어섰다. 고정되고 또 불변이다.

그것은 이데아의 영역이었다. 그것 아래에는, 세계 속에는 그것의 구현물이 놓여
56 있었는데, 그것들은 불완전성을 드러내기 시작했다. 그와 같은 불완전성은 통상적인, 현세적 시간에서는 실제로 심각해진다. 모든 것이 형상으로부터 어느 정도 일탈하기 때문이다.

그렇게 시간 속에서 일어나는 일은 무시간적인 것보다 덜 실재적이다. 그와 같은 일탈에는 한계가 정해지는데, 시간의 흐름은 영원에 보다 가까운 보다 고차적 움직임(가령 별자리의 회전)에 의해 유지되기 때문이다. 몇 가지 독법에 따르면, 그것은 또한 원환적인 '대년Great Years'에 의해서도, 시간의 거대한 주기에 의해서도 유지되는데, 이후 모든 것은 원초적 상태로 돌아간다. 신화에서 차용된 그와 같은 생각이 당시 널리 확산되어 있었다. 그처럼 스토아주의철학에 따르면, 각각의 순환 이후 모든 것은 거대한 대화재Ekpyrosis 속에서 원초의 미분화된 상태로 돌아간다.

기독교는 스토아주의의 그와 같은 영원-관념을 완전히 포기하지 않고 다소 다른 관념을 펼쳐나갔다. 『성서』에 따르면 우주는 신에 의해 창조되었다. 『성서』는 또한 신이 인간을 어떻게 대하는지에 관한 이야기도 들려준다. 신과 인간 사이의 그와 같은 역사는 부단히 반복되는 순환이라는 생각과 양립 불가능하다. 그것은 또한 시간 속에서 일어나는 일이 중요함을 의미한다. 신은 시간 속에서 펼쳐지는 드라마 속에 모습을 드러낸다. 육화와 〈십자가수난〉은 시간 속에서 벌어지며, 따라서 여기서 그와 함께 일어나는 일은 결코 완전히 실재적이지 않은 것으로는 더 이상 간주될 수 없을 것이다.

그것으로부터 또 다른 영원-관념이 생겨났다. 영원이 플라톤 그리고 나중에는 플로티누스가 상정한 의미로 파악되는 한 우리가 신에 이를 수 있는 길은 시간에서 벗어나는 데 있게 된다. 또한 신은 무감각하고 시간을 초월한 존재이므로 실제로는 역사의 행위 주체가 될 수 없다. 기독교적 이해방식은 그와 달라야 했다. 그것은 서서히 진화했지만 라틴계기독교세계에서 그것의 가장 유명한 정식화는 아우구스티누스에서 유래했다. 즉 그에게서 영원은 모두어진 시간으로 새롭게 해석된다.

그는『고백』11권의 유명한 논의에서 객관적 시간, 즉 과정과 운동의 시간을 탐구한 그리스 사상가들과는 달리 살아 있는 시간을 검토했다. 그에게서 순간은 아리스토텔레스의 '지금nyn', 즉 점, 시한이라는 연장 불가능한 경계 같은 한계점이 아니다. 오히려 그것은 과거를 현재로 집적하고 미래로 투사하는 시간이다. '객관적으로는' 더 이상 존재하지 않는 과거는 여기서는 나의 현재 속에 존재한다. 그리고 그것은 내가 미래로 눈을 돌리는 순간을 형성한다. 미래는 '객관적으로는' 아직 존재하지 않지만 기투로 여기 존재한다.[34] 어떤 의미에서 그는 하이데거의 세 가지 "탈자脫自, ekstaseis"[35]를 예견했다고 생각할 수도 있을 것이다.

그와 같은 식으로 행위의 구성요소 간에 일종의 동시성이 생기게 된다. 나의 행위는 과거로부터 생기는 나의 상황을 그에 대한 응답으로 내가 투영하는 미래와 결합시킨다. 그렇게 해서 과거, 현재, 미래는 서로 의미를 갖게 된다. 그것들은 분리 불가능하며, 그와 같은 식으로 행위의 지금 속에는 최소한의 일정한 일관성, 최소한의 두께가 존재하게 된다. 그리고 그것에 미달되는 경우 시간은 행위의 정합성을 파괴하지 않고는 더 이상 분해할 수 없는 것이 된다. 우리가 선율이나 시 — 아우구스티누스가 선호하는 사례[36] — 에서 찾을 수 있는 것과 같은 종류의 정합성이 그것이다. 선율을 예로 들면 첫 음과 마지막 음 사이에는 일종의 동시성이 존재하는데, 선율이 들리려면 모든 음이 다른 음이 현존하는 가운데 울려야 하기 때문이다. 그와 같은 미시적 환경에서 시간이 결정적으로 중요한 것은 그것이 우리에게 선율을 구성하는 음의 질서를 제공하기 때문이다. 물론 선율의 예에서는 시간에 파괴자로서의 역할은 주어지지 않는데, 그것은 나 57
의 젊은 시절을 접근 불가능할 정도로 멀리 내다버리고, 지나간 시간으로 돌아갈 수 있는 문을 닫아버린다.

따라서 행위나 향유 순간의 일종의 연장된 동시성이 존재할 수 있는데, 가령 우리를 정말 빠져들게 하는 대화에서도 또한 그것을 볼 수 있다. 당신의 물음, 나의 대답, 당신의 응답은 그와 같은 의미에서 함께 펼쳐진다. 비록 선율과 마찬가지로 그것들이

34 Jean Guitton, *Le Temps et Éternité chez Plotin et Saint Augustin*(Paris: Vrin, 1933), p. 235.

35 하이데거Martin Heidegger, 소광희 역,『존재와 시간』, 2편, 3장, § 65.

36 Guitton, *Le Temps et Éternité*, 5장.

시간적으로 정돈되는 것이 본질적으로 중요하지만 말이다.

그런데 아우구스티누스에 따르면 신은 모든 시간을 그와 같은 행위의 순간으로 만들 수 있고 또 실제로 그렇게 한다. 따라서 모든 시간이 신 앞에 현존한다. 그리고 신은 그것을 당신의 연장된 동시성 속에 간직한다. 신의 지금은 모든 시간을 담고 있다. 그것은 영원한 지금nunc stans이다.

따라서 영원으로의 상승은 신의 순간에 참여하기 위한 상승이다. 그는 통상적 시간을 분산, 팽창, 통일성 상실, 과거로부터의 절단, 미래와의 접촉 상실로 파악한다. 우리는 우리에게 주어진 작은 시간의 단편 속에서 길을 잃는다. 하지만 우리는 영원에 대한 억누를 길 없는 갈망을 갖고 있으며, 따라서 그와 같은 상태를 극복하려고 애쓴다. 불행히도 이 모든 노력은 우리가 가진 시간의 작은 조각에 영원한 유의의성을 부여하려고 애쓰는 나머지 사물을 신격화시키는 형태를 너무 자주 띠게 되고, 그리하여 우리는 점점 더 깊은 죄에 빠져들게 된다.[37]

그처럼 중세는 두 가지 영원-모델을 갖고 있었다. 하나는 플라톤적 영원이라고 부를 수 있는 것으로, 완전한 부동성과 무감동의 그것으로, 시간에서 벗어남으로써 그것에 이를 수 있기를 열망한다. 다른 하나는 신의 영원으로, 그것은 시간을 폐기하지 않고 순간으로 집약한다. 우리는 오직 신의 생명에 참여함으로써만 그것에 접근할 수 있을 것이다.

그것에 세 번째 종류의 보다 고차적인 시간을 추가해야 한다. 엘리아데를 따라 그것을 "기원들의 때[시간]time of origins"[38]라고 부를 수 있을 것이다. 위에서 언급한 두 영원과 달리 그것은 철학자와 신학자에 의해 발전된 것이 아니라 민속 전통에 속하는데, 실제로 유럽뿐만 아니라 세계의 거의 모든 지역에서 찾아볼 수 있다.

그것은 위대한 시간 즉 '결정적 때[시간]illud tempus'가 존재한다는 생각을 보여준다. 즉 현재 세계의 창조건 아니면 법을 통한 인민의 창시건 사물의 질서가 수립된 때[시간]가 존재한다는 것이다. 그처럼 위대한 시간에 참여한 행위 주체는 오늘날의 우리보다

37 앞의 책, 236~237페이지.

38 엘리아데Mircea Eliade, 이은봉 역, 『성과 속』, 한길사.

더 높은 등급의 존재로, 신들이거나 적어도 영웅이었다. 세속적 시간이라는 틀에서 그와 같은 기원은 먼 과거 속에, '까마득한 옛날' 속에 존재한다. 하지만 그것은 우리가 재접근하고, 다시 가까이 다가갈 수 있는 것이기도 하므로 단순히 과거 속에만 존재하지 않는다. 그것은 의례를 통해서만 이루어질 수 있지만 그와 같은 의례는 또한 쇄신과 재헌신을 초래하고, 따라서 기원에 보다 가까이 다가갈 수 있는 결과를 가져올 수도 있을 것이다. 따라서 위대한 시간은 우리 뒤에 있지만 또한 어떤 의미에서는 우리 위에 있다. 그것은 처음에 일어난 일이었지만 또한 위대한 모범으로, 역사를 통해 움직이면서 우리는 그것에 보다 가까워지기도 하고 아니면 보다 멀어지기도 한다.

그런데 이 세 종류의 보다 고차적인 시간 각각의 몇몇 측면이 우리의 중세의 선구자들의 시간의식을 형성하는 데 일조했다. 각각의 경우 단지 세속적 시간인 '수평적' 차원뿐만 아니라 '수직적' 차원도 존재했는데, 후자가 상술한 시간의 '휨'과 단축을 가능하게 해주었다. 세속적 시간의 흐름은 다수의 수직적 맥락에서 발생하며, 그 결과 모든 것이 한 가지 종류 이상의 시간과 연관되었다.

따라서 국왕이 두 '신체'를 가진 중세 말의 왕국은 플라톤적 영원 속에도 존재하는 58
것으로 파악되어야 한다. 결코 죽지 않는 몸은 시간과 변화에 따르지 않는다. 그와 관련해 이들 왕국의 상당수에서는 법이 까마득한 옛날에 정초되었다는 견해가 지배했다. 그리고 그와 같은 관념은 기원들의 때라는 틀에서 유래했다. 동시에 그와 같은 왕국은 기독교세계의 일원으로 의미 측면에서 교회를 통해 신의 영원과 연결되어 있었다.

반면 교회는 예배력 속에서 그리스도가 지상에 있던 결정적 때[시간]illo tempore에 일어난 일을 기억하고 재-현했다. 올해의 성금요일이 지난여름의 한창때보다 그리스도의 〈십자가수난〉에 보다 가까울 수 있는 것은 이 때문이다. 〈십자가수난〉 자체는 거기서 그리스도의 행위/수난은 신의 영원에 참여하기 때문에 모든 시간이 세속적 틀 안에서 서로 가까운 것보다 모든 시간에 더 가까워진다.

다시 말해 앞의 견해에 따르면 세속적 시간의 넓이들은 동질적이지도 또 상호 가환적이지도 않다. 보다 고차적인 시간과 관련해 차지하는 자리에 의해 채색된다. 여기서 나는 그것과 정반대되는 사례인 벤야민의 '동질적이고 공허한 시간'을 근대 의식의 표식으로 상기시키고 싶다. 그와 같은 견해에 따르면 시간은 공간과 마찬가지로 용기用器

가 되어버렸으며, 안에 담는 것에 대해서는 무관심하다.

물론 우리의 오늘날의 견해에 관한 그와 같은 해석이 그 자체로서 완전히 맞는지에 대해서는 확신할 수 없다. 고대와 중세의 사유의 '장소place'로부터 근대의 '공간space'으로의 전환이, 공간의 단편을 그것을 우연히 채우는 것으로부터 분리시키는 것을 전제한 것은 사실이다. '장소'가 그곳에 존재하는 것에 의해 식별되는 반면 뉴턴적 공간과 시간은 단순한 용기로 안에서 물체(물체가 아니라 가령 진공이라도 들어맞을 것이다)가 사방을 돌아다닐 수 있을 것이다. 하지만 많은 근대적 시간 이해는 시간을 엔트로피처럼 우주적 과정과 분리 불가능한 것으로 간주한다.

하지만 그와 같은 식으로 우주와 관련해 시간을 식별하려는 시도는 시간을 인류가 지구 위에서 영위하는 인간적·역사적 사건을 담는 무관심한 용기로 만든다. 이 의미에서 우주적 시간은 (우리에게는) 동질적이고 공허하다.

하지만 그와 같은 시각은 보다 이전의 복합적인 시간의식에는 결코 해당되지 않는다. 만약 시간의 넓이가 세속적인 시간질서 속에서 놓이는 위치뿐만 아니라 보다 고차적인 시간과의 가까움에 의해서도 식별되는 경우 시간 속에서 일어나는 일은 그것 안에서 시간이 차지하는 위치에 더 이상 무심하지 않을 것이다. 질서라는 영원한 패러다임에서 벗어난 시간은 무질서를 보다 많이 드러낼 것이다. 신의 영원에 보다 가까운 시간-장소는 보다 철저하게 모두어진다. 성인의 축일에 본인에게 신성한 순례지로 향할 경우 신성하게 되는 것은 시간 자체이다.[39] 햄릿이 "세상이 결딴났다[시간의 관절이 어긋나버렸다]the times are out of joint"[1막 5장 189행]고 말할 때 그와 같은 발언을 '당시의 시간의 단편을 우연히 채우고 있던 덴마크 사회의 상황이 개탄스러움'을 가리키는 환유로 파악해야 할 뿐만 아니라 말 그대로 받아들일 수 있을 것이다. '결딴났다'는 것은 영원에 의해 모든 것이 질서를 부여받은 패러다임에 보다 가까운 때처럼 일이 적절한 방식으로 서로 잘 들어맞지 않음을 의미한다. 마찬가지로 보다 이전의 마설러스의 발언 또한 말 그대로 이해해야 한다. 즉 우리 구주의 탄생을 축하하는 시기가 다가오면 "그만큼 그때가 거룩하고 은혜로워"[40] 혼령과 악령은 지상을 나다니지 못할 것이다.

39 터너 또한 이 점을 지적한다. 즉 순례는 보다 지고한[고차적인] 시간 속으로 들어가는[순례하는] 것이다(*Dramas*, p. 207을 보라).

그런데 동질성과 공허함만으로는 근대적 시간의식을 완전히 특징짓기에는 충분하
지 않다. 아래에서 나는 우리는 '잠재성'과 '성숙' 같은 개념을 중심으로 모두어지는 형 59
태의 서사성을 갖고 있음을 주장하고 싶다. 그러한 서사성을 통해 어떤 것을 시간 속에서 상이한 지점에 놓는 것이 특정한 의미에서 중요해지게 된다. 하지만 보다 이전 시대의 보다 고차적인 시간에 관한 복합적 의식과 비교해보면 동질성 그리고 내용에 대한 무관심이 우리 태도를 특징짓고 있음은 분명하다. 심지어 오늘날의 우리에게는 햄릿이 앞의 대사로 무슨 말을 하고 싶었는지를 이해하는 것조차 어려워지고 말았다.

왜 그런가 하면 우리 조상들과 달리 우리는 삶을 오직 세속적 시간의 수평적 흐름 속에서만 바라보는 경향을 갖고 있기 때문이다. 다시 한 번 말하지만, 앞서와 같은 말로 우리는 가령 신의 영원을 더 이상 믿지 않음을 말하려는 것이 아니다. 많은 사람이 신의 영원을 믿고 있다. 하지만 세속적인 것이 보다 고차적인 시간 속에 마치 기왓장처럼 겹친 모양으로 중첩되어 있다는 것은 오늘날 많은 사람에게는 더 이상 공통으로 '소박하게' 체험할 수 있는 것이 아니다. 즉 14세기(그리고 그것은 오늘날 쳉스트호바와 과달루페를 찾는 많은 순례자에게도 해당될 것이다. 우리의 세속의 시대는 지리적·사회적 경계뿐만 아니라 시간적 경계를 갖고 있다)의 산티아고 데 콤포스텔라나 캔터베리 순례자의 체험에서처럼 너무나 분명히 존재했기 때문에 믿느냐 믿지 않느냐는 물음이 제기될 수 있는 것이 아니었다.

보다 고차적인 시간의 상실은 탈주술화 및 반구조의 쇠퇴와 함께 근대의 세속사회가 등장하기 위한 조건이 조성되는 데 일조한 또 다른 중요한 변화 중 하나이다. 근대의 자연과학이 그러한 변화와 모종의 관련이 있음은 분명하다. 17세기의 기계론적 과학은

40 수탉이 울자 사라졌어. 우리 구주의
탄생을 축하하는 시기가 다가올 때
새벽의 새가 밤새 내내 노래하면
혼령이 나다니지 못한대. 그러면
밤기운도 건전하고 별들도 나쁜 기운을
쏘지 못하고 요정들도 홀리지 못하고
마녀도 주술 부릴 힘이 없어진다고 해.
그만큼 그때가 거룩하고 은혜롭지.
(『햄릿』, 이상섭 역, 문학과 지성사, 1막 1장, 141~148행)

변화의 배후에 있는 안정된 실재에 관해 완전히 다른 개념을 제공했다. 그것은 더 이상 영원이 아니었다. 안정된 것은 시간을 초월한 것도 또 모두어진 시간도 아니고, 단지 시간 속에서의 변화의 법칙일 뿐이었다. 그것은 고대의 객관적 시간과 비슷하지만 다만 지금은 어떤 일탈도 존재하지 않게 되었다. 현세sub-lunar는 별자리가 그렇듯 그와 같은 법칙을 정확히 따른다. 수학의 영원은 변화를 넘어선 것이 아니라 변화를 지속적으로 지배한다. 그것은 모든 시간으로부터 등거리에 있다. 이 의미에서 그것은 보다 '고차적인' 시간이 아니다.

하지만 아무리 자연과학이 우리의 현재 견해에 중요하더라도 여기서 그것의 인과적 역할을 과장해서는 안 되며, 관련된 변형의 주요 원동력으로 만들어서도 안 된다. 우리가 세속적 시간 속에 포섭된 것은 또한 삶을 살고 삶에 질서를 부여하는 방식을 통해 자초한 것이기도 하다. 그것은 탈주술화를 가져온 것과 동일한 사회적 · 이념적 변화에 의해 초래되어왔다. 특히 우리 근대의 문명화된 질서를 만들어낸 규율훈련이 인류사에서 유례를 찾기 어려운 방식으로 시간을 계측하고 조직화하도록 우리를 이끌었다. 시간은 '낭비해서는' 안 되는 귀중한 자원이 되었다. 그 결과 빡빡하고, 엄격한 질서를 따르는 시간 환경이 창출되게 되었다. 그것이 우리를 감싸게 되었는데, 결국 자연처럼 보이게 되었다. 우리는 균일하고 일의적인一義的, univocal 세속적 시간을 사는 환경을 구축해왔는데, 일을 처리하기 위해 그와 같은 시간을 계측하고 관리하려고 한다. 그와 같은 '시간 틀'이 아마 근대의 다른 어떤 측면보다 더 "철창stahlhartes Gehäuse"41이라는 베버의 유명한 서술에 해당될 것이다. 그것은 모든 보다 고차적인 시간을 폐색시키고, 떠올리는 것조차 어렵게 만들었다. 그것이 아래에서 이어지는 이야기의 일부가 될 것이다.

V. 우리가 그것 안에서 사는 우주 이해에서 일어난 변화가, 시간의식에서 일어난 앞의 변화와 복잡하게 뒤엉켜 있다. 우리는 코스모스 속에 살던 삶을 뒤로 하고 우주에 포섭되는 존재로 옮겨갔다고 말할 수 있을 것이다.

41 박성수 역, 『프로테스탄티즘의 윤리와 자본주의 정신』, 135페이지[번역을 '강철 같은 겉껍질'에서 '철창'으로 바꾸었다].

나는 '코스모스'라는 말을 존재의 총체성과 관련해 우리 조상이 애호하던 관념으로 60
사용한다. '전체가 질서지어져 있다'는 의미가 함의되어 있기 때문이다. 그렇다고 해서 우리의 우주가 자체에 고유한 방법으로 질서지어져 있지 않다는 것은 아니다. 하지만 코스모스에서 사물의 질서는 인간에게 모종의 의미를 갖고 있었다. 즉 코스모스에서 질서의 원리는 우리 삶에 형태를 부여하는 것과 긴밀히 관련되고 또한 종종 그것과 동일시되었다.

가령 아리스토텔레스의 코스모스는 정점 그리고 중심에 존재하는 신을 갖고 있는데, 그의 부단하고 불변하는 행위는 플라톤적 영원에 가까운 어떤 것을 예시한다. 하지만 일종의 사유인 그와 같은 행위는 또한 우리 삶의 중심에도 존재한다. 이론적 사유는 우리 속에 존재하는 "가장 신적인 것"[42]이다. 그리고 플라톤, 일반적으로는 그와 같은 사유 방식 전체에게 코스모스는 우리가 삶에서 개인으로나 사회로서 모범으로 예시해야 할 질서를 드러낸다.

코스모스는 한계limit가 있고 경계를 갖고 있다는 생각이 그와 같은 질서 관념의 일부를 이룬다. 적어도 그리스인들에게는 그러했는데, 그들에게는 질서와 한계가 밀접하게 연결되어 있었기 때문이다. 그리고 우리 문명은 이 의미에서 그리스인들의 후계자이다.

그와 같은 종류의 코스모스는 보다 고차적인 수준의 존재와 보다 저차적인 수준의 존재자들로 이루어진 위계제적 질서를 형성했다. 그리고 영원에서 정점에 이르렀다. 코스모스는 실제로 영원 수준에 존재하는 것 — 이데아나 신 또는 양자를 겸한 것 — 에 의해 함께 묶여 있다. 여기서 이데아는 창조자의 생각[관념]이 된다.

부분적으로는 과학혁명의 결과, 코스모스-관념은 쇠퇴했고, 우리는 지금 우주 속에 존재한다. 우주는 자체에 고유한 종류의 질서를 갖고 있으며, 그것은 예외 없는 자연법칙 속에서 드러난다. 하지만 그것은 더 이상 존재자들의 위계제적 질서가 아니고, 영원을 응집 원리가 위치한 장소로 분명히 가리키지도 않는다. 우주는 세속적 시간 속에서 계속 흘러간다. 무엇보다 먼저 우주의 질서 원리는 인간적 의미와는, 어쨌건 직접적으로는 또는 명백히는 무관하다.

42 아리스토텔레스, 최명관 역, 『니코마코스 윤리학』, 10권, 7(서광사, 300페이지).

『성서』적 종교는 처음에는 그리스-로마세계로, 나중에는 아랍세계로 들어가 코스모스-관념 내부에서 발전했다. 그리하여 우리는 명확하게 윤곽이 정해진 가운데 경계가 정해진 무대 위에서 펼쳐지는 역사의 틀 속에 일정한 자리를 차지한 존재로 우리를 이해하게 되었다. 그와 같은 코스모스적 · 신적 역사 전개 전체는 대성당의 스테인드글라스에 제시될 수 있었다. 하지만 우주는 무한한 것[한계가 없는 것]limit-less에 접근했다. 또는 우주의 한계를 시간이나 공간 속에서 쉽게 둘러쌀 수 없었다. 우리의 지구와 태양계는 은하계 속에 놓여 있지만 그것은 아직 다 세지 못한 무수한 은하계 중 하나일 뿐이다. 인류의 기원은 진화적 시간의 안개 속으로 거슬러 올라가는데, 그리하여 무엇을 인간의 이야기의 시작으로 간주할 수 있을지가 불분명하다. 그것의 특징의 상당수가 되돌이킬 길 없이 상실되었기 때문이다.

지난 2세기 동안 신앙/비신앙을 둘러싸고 벌어진 장대한 투쟁의 상당수는 『성서』적 종교에 우주-관념이 던진 도전을 중심으로 전개되었다. 하지만 그러한 투쟁이 신문 일면을 장식할 만큼 격렬한 성격을 가졌음에도 불구하고 우주 중심의 사유방식이 비신앙과 과연 얼마나 관련되어 있는지에 대해 나는 회의적이다. 투쟁이 벌어진 것은 『성서』적 종교가 코스모스-관념의 손아귀에 사로잡혀 있었기 때문이며, 오직 그와 같은 곳에서 뿐이었다. 세계 창조의 때를 기원전 4004년의 특정한 날로 정하려는 시도는 그러한
61 종류의 사고를 잘 보여주는 범례이다. 역설적으로 코스모스라는 참호 속에 진을 치기 위해 근대가 발전시킨 정확한 계산양식을 사용해서 말이다. (신다윈주의의 전혀 개연성이 없는 측면들과 달리) 종의 진화라는 관념 자체를 거부하려는 태도를 또 다른 범례로 들 수 있을 것이다.

『성서』적 종교를 우주 내부에서 재고하려는 것을 막는 장애물 자체는 전혀 존재하지 않는다. 그리고 오리게누스와 쿠자누스 같은 보다 이전의 일부 사상가가 이미 비슷한 종류의 일을 시도한 바 있다. 파스칼에 대해서는 말할 것도 없을 텐데, 무한히 펼쳐진 공간의 영원한 침묵을 환기시키는 그의 말은, 그를 코스모스 그리고 코스모스를 구성하는 천구들의 음악의 사정거리 밖에 확실하게 위치시킨다.

우주 이해가 실제 현실과 맺는 관련성은 보다 미묘하고 간접적이다. 논쟁이 벌어지는 용어를 바꾸어서 신앙/비신앙 모두의 가능성을 재형상하고, 초월을 거부할 수 있

는 새로운 방법을 제공할 뿐만 아니라 신비의 새로운 장을 열어주는 방식을 보면 말이다. 부분들이 완벽하게 맞물려 돌아가는 거대한 시계장치 같은 질서로 간주되는 질서가 어떻게 특정한 종류의 섭리론의 토대가 될 수 있는지 아래서 구체적으로 살펴볼 것이다.

하지만 우리를 둘러싼 공간적 · 시간적 환경에 대한 새로운 이해가 본서에서 내가 기술해오고 있는 다른 변화들과 함께 앞서 말한 그처럼 새로운 맥락을 만들어내게 되었다. 이제 그것이 어떻게 생겨났는지에 관한 이야기로 넘어가도록 하자.

6

나는 지금까지 우리가 잃어버린 세계의 초상을 그려왔다. 온갖 영력이 다공적 행위 주체에게 영향을 미치고, 사회적인 것은 성스러운 것 위에 정초되고, 세속적 시간은 보다 고차적인 시간 위에 정초되며, 게다가 사회 속에서는 구조와 반구조의 유희가 균형 속에서 유지되는 세계가 그것이었다. 그리고 인간적 드라마는 코스모스 내부에서 펼쳐졌다. 우리가 종종 대충 '탈주술화'라고 부르는 변화 과정에서 이 모든 것이 해체되고, 전혀 다른 것으로 대체되었다.

어떻게 그와 같은 일이 일어났을까? 많은 요인이 있었다. 사람들은 가령 르네상스 휴머니즘, 과학혁명, '공안경찰국가Polizeistaat[17~18세기 유럽의 절대전제군주국가]'의 출현, 종교개혁 등을 언급한다. 완전히 맞는 말이다. 하지만 모든 요인을 이해하려면 중세 말의 시기에 가속화되어 유럽 사회를 「복음」, 나중에는 '문명'의 요청에 부응하도록 재창조하는 것을 목표로 했던 움직임의 중요성을 평가할 필요가 있다. '혁명적'이라는 진부한 단어를 그러한 움직임에 적용하는 것이 아마 틀리지는 않을 텐데, 대문자 개혁Reform을 향한 그러한 충동이 대문자 혁명이라는 근대 유럽의 이념이 출현하는 모체가 되었기 때문이다. 사담 후세인의 수사학적 정식화를 굳이 오용하자면, 그와 같은 움직임이 모든 대문자 '혁명들의 어머니'였다.

여기서 내가 '대문자 개혁'이라고 부르는 것은, 평신도로서의 삶 그리고 자기-버림의 소명을 위계제에 기반해 균형을 맞추어주던 것에 대한 심원한 불만족을 표현했다. 한 측면에서 그것은 완전히 이해 가능했다. 그러한 균형은 대다수 사람은 완전함의 요구에 부합해 사는 것이 불가능함을 받아들이는 것을 포함했기 때문이다. 그들은 어떤
62 의미에서 완전한 사람들에 의해 '인도되어야' 했다. 그리고 그와 같은 생각 속에는 기독교 신앙의 정신 자체에 상충되는 무엇인가가 들어 있었다.

하지만 앞의 이야기만으로는 그와 같은 불편함, 둘 사이의 간극을 메우라는 점증하는 요구를 설명하기에는 충분하지 않다. '보다 고차적인[고등]' 종교 중심으로 조직되어온 모든 문명은, 헌신적인 사람들과 그보다 덜 열성적인 사람들 간에, 많은 것을 요구하는 형태의 종교적 헌신과 그저 형식만 따라 하는 실천 간에, 자기-버림의 경로 그리고 번영 및 개화의 요구를 보다 많이 충족시키려는 종교적 의례의 경로 간에, 큰 간극을 보여주어왔다. 차별철폐에 의한 인종 통합이라는 유럽의 정책에서 자주 사용되는 전문용어를 하나 차용하자면, 종교문명들은 '상이한 속도로' 기능했다.

앞서 살펴본 대로 '속도' 차이는 결국 애매한 형태로 수용되거나 아니면 심지어 평신도와 성직자 또는 수도사, 은둔자, 방황하는 성자 같은 종교의 '도사道士들virtuosi'[막스 베버의 사회학에서 탁월한 종교적 또는 영적 재능과 헌신을 지닌 소수 집단으로, 엄격한 규율과 체계적 수행을 통해 우월한 형태의 종교적 삶을 추구하는 점에서 대중 종교의 일반 구성원과 대조된다. 이들 일종의 '영적 귀족'은 체계적 자기 통제와 구원의 치열한 추구에 초점을 맞춘 일종의 '카리스마'를 구현하며, 그것은 종종 대중의 안일한 생활방식을 초월하거나 심지어 비판하는 영적 수행으로 이어진다. 막스 베버, 『경제와 사회』, 542페이지] 간의 상보성 이론에서 모종의 방식으로 승인될 수 있을 것이다. 그와 같은 관계를 일종의 교환으로 간주할 수 있을 것이다. 가령 많은 불교사회에서 평신도는 승려에게 보시하는데, 그것을 통해 미래에 더 나은 몸으로 윤회할 수 있는 공덕을 쌓게 된다.

'암흑시대'에 출현한 라틴계기독교세계는 그와 같은 유형의 것이었다. 하지만 이 점은 이 세계에만 국한되지 않았다. 완전히 다른 '속도'는 또한 동방교회에서도 뚜렷하게 볼 수 있었는데, 다른 주요 문명들은 두말할 필요도 없다. 라틴계기독교세계에 특징적이던 것은 오히려 그러한 속도 차이에 대한 불만이 심화되고 점증한 것이었다. 비록 처음에 그러한 차이를 모조리 폐기하는 것을 목표로 한 것은 아니지만 가장 빠른 속도

와 가장 느린 속도 간의 격차를 좁히려는 진지한 시도가 이루어졌다. 불만은 점점 더 커지고 다양한 운동 — 그중 일부는 엘리트 사이에서, 또 다른 일부는 민중 사이에서, 그리하여 두 수준 모두에서 — 속에서 드러났다.

물론 엘리트와 민중 간의 경계선은 명확하게 그어지지 않았다. 어떤 의미에서 성직자는 엘리트에 속했지만 기층인 지역 교구에는 제대로 된 교양을 거의 갖추지 못한 성직자도 존재했는데, 주교나 대학이나 수도회의 교육받은 동료보다는 교구민과 비슷하게 행동했다. 동시에 교육받은 평신도도 점증하고 있었다. 젠트리 계급의 형성을 볼 수 있었을 뿐만 아니라 또 이 계층에 국한되지 않고 새로운 '중간계급'이 출현했다. 그것은 상업, 법의 실천, 국가와 교회에서의 행정, 문법학교의 확산을 통해 등장하게 되었다.

내가 대문자 'R'을 사용해 '대문자 개혁'이라고 부르는 것은 설교, 장려, 모범을 통해 자신의 실천과 종교적 형태의 헌신을 전파해나가려고 한 보다 헌신적인 사람들의 시도와는 구별되어야 한다. 그와 같은 소문자 개혁은 대문자 개혁으로 귀결될 필요가 없었기 때문에 심지어 공식적인 위계제에 의해서도 조직되고 후원받을 수 있었다. 회심[개종] 운동과 쇄신 운동은 보다 고차적인 모든 문명에서 주기적으로 발생해왔다. 대문자 개혁으로부터 그러한 운동들을 구분해주는 것은, 그것들이 보다 덜 헌신적인 형태의 정통성을 박탈하려는 것이 아니라 단지 좀 더 많은 사람들을 그러한 형태로부터 보다 고차적인 '속도'로 회심시키려는 점에 있었다.

그런데 중세 말의 유럽에도 많은 소문자 개혁이 있었다. 단지 각종 수도회의 수도
사들의 설교를 생각해보라. 하지만 라틴계기독교세계에 특유했던 것은 대문자 개혁에 63
대한 관심이 점증했던 것인데, 사회 전체를 보다 고차적인 기준에 맞게 개조하려는 충동이 그것이었다. 필자는 그와 같은 '질서 열熱, rage for order'을 설명할 수 있는 수단을 갖고 있다고 주장할 생각은 없지만 그것이 중세 말과 근대 초의 시기와 관련해 엄연한 사실이며, 부분적으로는 세속화된 '문명'이라는 이상 속에서 근대 시기까지 이월된 것처럼 보인다. 이렇게 주장하고 싶은데, 즉 그와 같은 '열'이 기존의 주술화된 코스모스의 파괴 그리고 배타적 휴머니즘이라는 실행 가능한 대안의 창출에 결정적 요인이었다는 것이다.

종교적 삶에서 그것이 그토록 널리 확산되도록 만든 차이들은 무엇이었을까? 그것

을 정확히 파악하기는 쉽지 않다. 하지만 하나의 중요한 차이는 두 가지 신앙의 정반대 태도에서 찾을 수 있다. 다시 말해 한편으로는 교의가 상당히 발전해 종교에 헌신하는 삶이 어느 정도 내면의 기도 그리고 이후에는 명상적 실천 형태를 띠게 된 신앙이 존재했다. 다른 한편으로는 반대로 신앙의 내용은 거의 미발달 상태였으며 종교에 헌신하는 실천은 대체로 특정한 행동의 수행 여부에 달린 신앙이 존재했다. 쇼뉘 지적대로 민중은 "아는 종교가 아니라 행위하는 종교une religion du faire, non du savoir"[43]를 갖고 있었다.

그와 같은 행위는 극히 다양했다. 그것에는 단식 그리고 일요일, 축일, 심지어 〈수난절〉, 〈강탄절〉과 관련해 정해진 때 일을 쉬는 것과 같은 것이 속했다. 그중에는 일요 미사에 참석하는 것 그리고 〈부활절〉 때 1년에 적어도 한 번은 속죄하고 〈성찬식〉에 참석하는 것도 포함되었다. 그것들은 미리 정해진 종교 행위였다. 하지만 그 밖에도 또한 사람들이 육체를 던지며 적극적으로 덤벼든 온갖 종류의 풍부한 종교적 헌신 행위가 존재했다. 의례 행위로는 성금요일에 이루어지는 〈십자가경배〉, 〈성촉절미사〉 때 드리는 촛불 축복, 〈성체행렬〉 축제 참석 등이 있었다. 그 외에도 성인에게 드리는 일련의 기도와 성유물 예배, 성모마리아에 대한 기도 등이 있었는데, 그것들에서 우리는 점점 더 논쟁의 장이 되어가는 이행의 영역으로 발을 들여놓게 된다.

그런데 암흑시대에 그렇게 2단으로 이루어진 종교, 즉 위계제에 따라 배치된 종교적 실천의 이중적 체계는 어떤 의미에서 완전히 목적에 부합했다. 가령 8세기에 새로 개종한 게르만 부족들을 예로 들어보자. 그들은 지도자의 모종의 결단으로 특정 교단의 구성원이 되었다. 그들이 자발적 개종자가 될 수 있던 것은 그만큼 기적을 불러일으키는(그들에게는 그렇게 보였다) 선교사들의 힘에 깊은 인상을 받았기 때문이다. 7세기의 앵글로색슨족 개종자들과 마찬가지로 그들 또한 대체로 이른바 기적을 행하는 기독교 성인들의 힘에 의해 개종했다.[44] 그것은 또한 4세기에 갈리아 지방에서 투르의 성 마르티아누스가 기독교화하려고 시도한 농민 경우에도 마찬가지였다. 그들은 모두 이미 익

43 Pierre Chaunu, *Le Temps des Réformes*(Paris: Fayard, 1975), p. 172.
44 Thomas, *Religion and the Decline of Magic*, p. 47.

숙해 있던 성스러운 힘과 관련된 범주 측면에서 새로운 종교를 바라보았을 것이 틀림없다. 아마 그것이 더 고차적인 형태일 수도 있었지만 동일한 음역에 속했다. 그들에게 새로운 의례의 의미는 성직자였던 선교사들이 고수하던 정확한, 즉 교회법에 의해 정해진 의미와는 분명히 달랐을 것이다.[45]

그러한 주파수 차이는 중세 내내 특정한, 종종 상당한 규모의 주변부 집단에서는 그대로 남아 있었던 것 같다.[46] 그리고 그곳과 최근에 개종한 지역(스칸디나비아반도와 64
발트해 지역)에서도 그대로 유지되었던 만큼 그처럼 2단으로 이루어진 체계는 안정적이었으며, 실로 대체 불가능했다.

하지만 실제로 간극은 점점 더, 게다가 일련의 방식으로 줄어들었다.

먼저, 1000년 이후 널리 민중의 지지를 얻은 그리스도 중심주의적 영성이 점증했는데, 그것은 그리스도의 고통 받는 인간성에 초점을 맞추었다. 그것을 당시의 종교예술(그리스도의 〈십자가수난〉에 대한 묘사가 점점 더 중요해지고 중심적 위치를 차지하게 되었다)에서, 그리스도의 수난과의 자기동일시 관행(성 프란치스쿠스의 성흔聖痕[그의 몸에 나타났다고 하는 십자가에 못 박힌 흔적]의 성스러운 상처, 나아가 전혀 다른 차원이지만 편타고행자鞭打苦行者운동)에서 그리고 중세 말에 가까워지면서 다른 성인들에 비해 그리스도, 그리스도와 성모, 성가족에 대한 신앙심에 점점 더 초점을 맞추는 것에서 볼 수 있다.[47] 심지어 기적을 가져오는 성유물의 영역에서조차 중세 말의 몇 세기 동안 사람들의 관심은 그리스도 및 마리아와 연결된 것으로 옮겨갔다. 가령 〈성 십자가〉, 〈그리스도의 피〉(헤일즈수도원), 〈마리아의 젖〉, 〈다섯 개의 상처〉 등과 같은 것이 그것이다.[48]

더피는 그것에 대해 이렇게 쓴다.

평신도들은 그리스도 및 성모와 애정으로 가득 차고 참회 어린 친밀함이라는 강렬한 관계를

45 Richard Fletcher, *The Barbarian Conversion*(New York: Henry Holt, 1997).

46 Thomas, *Religion and the Decline of Magic*, pp. 163-166.

47 John Bossy, *Christianity in the West: 1400-1700*(Oxford: Oxford University Press, 1985), 1장을 참조하라.

48 Ronald C. Finucane, *Miracles and Pilgrims: Popular Beliefs in Mediaeval England*(Totowa, N. J.: Rowman & Littlefield, 1977), pp. 196ff.

맺고 싶어했는데, 그것이 중세 말의 신앙적 헌신의 [혼성] 공통어[국제어]lingua franca였다.[49]

신앙적 헌신의 초점은 점점 더 〈그리스도수난〉 — 즉 사랑하는 형제로서 인류가 져야 할 부채를 갚는 그리스도의 죽음 — 에 맞추어졌다. 그것에는 〈십자가수난〉이라는 승리의 신학으로부터 고난의 신학으로의 이행이 함축되어 있었다. '십자가에서 승천하는 당신을 찬양하도다adoro te in cruce ascendentem'라는 기도문에서 '승천하는ascendentem'을 의미하는 마지막 라틴어는 '십자가에 못 박힌pendentem'이라는 의미로 바뀌었다. 〈다섯 개의 상처〉라는 이미지가 왜 그처럼 엄청난 힘을 갖게 되었는지를 볼 수 있을 것이다. 그것이 가령 '은총의 순례'[1536년에 잉글랜드 북부에서 일어난 가톨릭교도 반란]가 들었던 깃발을 마련해주었다.[50]

그와 같은 관행은 몇몇 엘리트의 관행과는 달랐을 수도 있을 것이다. 가령 교회당의 성유물에 대한 기도는 에라스무스와 콜렛John Colet 같은 휴머니스트[51]의 반발을 불렀다. 하지만 이들 휴머니스트와 개혁가가 재차 반대를 표명했음에도 불구하고 중세 말에는 라틴계기독교세계의 중심 지역의 종교에서 더 이상 이교의 잔재는 그리 많이 남지 않게 되었다.[52]

하지만 심지어 실천상의 그와 같은 차이조차 1500년대 초의 위기적 전환 이전의 수 세기 동안 문제시되었다. 앞서 지적한 대로 그것은 두 방향 모두에서 공격당했다. 한편으로는 아래로부터의 운동이 있었지만 그에 대해서는 후술하기로 하겠다. 한편 위계제를 고수하던 성직자 중심의 교회 측에서도 (그들이 보기에는) 기준을 높이려는 일치단결된 노력 또한 존재했던 것처럼 보인다. 대중을 엘리트 계층의 종교 편으로 끌어들이려는 노력이었다고 말할 수 있을 것이다. 가령 1215년의 〈라테라노공의회〉에서는 모든 평신도에 대해 적어도 1년에 한번 내밀한 죄를 고해할 것을 요구하는 결정이 내려졌다. 그와 병행해 사제를 훈련시키고 안내책자를 작성하려는 노력이 이루어졌는데, 성

49 Duffy, *The Stripping of the Altars*, p. 234.

50 앞의 책, 236~237페이지, 241페이지, 246페이지.

51 Preserved Smith, *Erasmus*, p. 70.

52 Duffy, *The Stripping of the Altars*, 8장.

직자가 신도의 양심을 더 잘 교육시킬 수 있도록 하기 위해서였다.

탁발수도사들의 설교 활동과 노력도 거론할 수 있을 텐데, 그것이 위계제에 기반한 교회에 미친 영향은 다방면에 걸쳐 있었지만 모두 교회의 안정화에 도움이 된 것은 결코 아니었다. 하지만 순회설교를 하는 탁발수도사들 — 종종 교구 성직자보다 더 많이 교육받은 경우가 있었다(그리고 차마 보기 딱한 세속사제와 종종 경쟁 관계에 있었다) — 65
의 설교를 통해 기층 민중과 보다 효율적으로 소통할 수 있는 새로운 회로가 열린 것은 분명히 중요한 성과 중 하나였다. 그들을 통해 보다 절박한 새로운 실천의 메시지가 기독교세계 곳곳에 매우 효율적으로 퍼져나갔다. 만약 기층 민중을 개조하려는 엘리트 집단의 그와 같은 시도를 볼셰비키정당 같은 것이 출현할 수 있는 세계를 멀리서 준비한 것으로 간주할 수 있다면 탁발수도사를 일종의 중세 말의 선전선동요원으로 볼 수 있을 것이다(물론 거기에는 제수이트 같은 보다 이후의 교단, 자코뱅주의자 등을 포함해 많은 중간 단계가 존재했다). 탁발수도사들은 실제로 많은 사람의 의식을 바꾸어놓았다. 그들의 활동은 이중종교개혁[프로테스탄티즘의 종교개혁과 가톨릭의 대항종교개혁]에서 정점에 이르는 대변혁의 결정적 요소가 되었다.

탁발수도사들의 설교가 부분적으로 영향을 미친 가장 두드러진 변화 중 하나는 죽음에 대한 태도와 관련되어 있었다. 아리에스와 다른 사람들이 지적하듯이[53] 중세 말에 — 오늘날의 관점에서 보자면 — 죽음에 대한 관심이 점증하고, 심지어 죽음을 두려워하는 모습을 볼 수 있다. 메멘토 모리memento mori에 관한 끝없는 설교와 저술, 죽음의 무도상, '세 명의 망자와 세 명의 산자 이야기Dict des trois morts et des trois vifs'의 무한한 반복이 전하는 메시지는 죽음의 도래에 직면했을 때 삶, 번영, 쾌락, '몸에 좋은 것'이 얼마나 공허한가로 귀결되었다.[54] 무엇이 몸에 좋을까? 그것은 모두 사라질 것이다. 그리고 정반대 것으로 전환될 것이다. 매력적인 여성과 남성의 아름다운 육체는 정반대 것으로, 부패하는 살로 바뀔 것이다. 실제로 겉으로 드러난 표면 아래를 살펴보면 육체는 어떤 의미에서 이미 그렇다고 할 수 있을 것이다.[55]

53 아리에스Philippe Ariès, 고선일 역, 『죽음 앞에 선 인간』, 새물결출판사[1권, 2부]. Jean Delumeau, *Le Péché et la Peur* (Paris: Fayard, 1983).

54 Delumeau, *Le Péché et la Peur*, pp. 78-79.

> 육체의 아름다움은 온전히 피부 껍질에 있을 뿐이다. 따라서 만일 남자들이 보이오테이아의 스라소니처럼 투시력을 갖고 있어 피부 밑의 것을 볼 수 있다면 여자를 보기만 해도 구역질이 날 것이다. 여자의 우아함은 단지 뱃속의 찌꺼기와 피 그리고 체액과 담즙일 뿐이다. 콧구멍 속에 숨겨져 있는 것과 뱃속에 든 것을 생각해보라. 더러운 것 투성이 아니냐. 토해 놓은 것이나 똥 같은 것은 손가락 끝으로도 만지기 싫어하는 우리가 어떻게 똥주머니 자체를 팔 안에 껴안고 싶어 하겠는가 La beauté du corps est toute entière dans la peau. En effet, si les hommes, doués, comme les lynx de Béotie, d'intérieure pénétration visuelle, voyaient ce qui est sous la peau, la vue seule des femmes leur serait nauséabonde: cette grâce féminine n'est que saburre, sang, humeur, fiel. Considérez ce qui se cache dans les narines, dans la gorge, dans le ventre: saletés partout. …… Et nous qui répugnons à toucher, même du bout du doigt, de la vomissure et du fumier, comment pouvons-nous désirer serrer dans nos bras le sac d'excréments lui-même?

하지만 중요한 점은 물론 단지 그와 같은 육체의 쾌락은 일시적이며, 거의 현실적
이지 않다는 생각뿐만이 아니다. 오히려 그것에 눈을 돌림으로써 정말 중요한 것, 즉
66 사후에 직면하게 되는 문제, 즉 삶 전체에 대한 신의 심판을 무시하는 것이다. 이 세기
에 대중적 현상으로 출현한 것은 일종의 죽음에 대한 태도였는데, 그것은 사실 기원
후 처음 몇 세기부터 몇몇 영=정신적 엘리트 사이에서 반복적으로 환기되어왔다. 성
히에로니무스는 종종 해골을 앞둔 모습으로 묘사되었는데, 그가 죽음에 대해 관조하고
있다고 생각되었기 때문이다. 왜 그랬을까? 다름 아니라 중요하지 않은 것에서 눈을
돌려 진정 중요한 것을 직시하기 위해서였다. 앞의 물음은 신을 위해 살기 위해 현세에
대해서는 죽도록 해줄 수 있는 대답을 요구했다.

55 Chaunu, *Le Temps des Réformes*, p. 189. 쇼뉘는 후이징가의 『중세의 가을』[최홍숙 역, 문학과지성사, 170페이지]에서 인용하는데, 다시 후이징가는 앞의 말을 클뤼니의 오동이 한 말로 돌리고 있다(쇼뉘는 아무리 봐도 영화 〈크래쉬*Crash*〉를 본 것 같지 않다).

따라서 어떤 의미에서 중세 말에 등장한 죽음의 그와 같은 영성은 앞서 서술한 다양한 속도의 체계를 극복하는 쪽으로 중요한 일보가 내디뎌졌음을 의미했다. 그것을 위계제 그리고 성직자들의 노력의 결과로 도래한 것(아마 부분적으로 그랬을 것이다)으로 보건 아니면 신자 사이에서의 보다 심오한 자발적 운동에서 유래한 것(분명히 또한 대부분 그러했을 것이다)으로 보건 그것이 교회의 두 수준 모두가 중요한 쟁점에 관해 동일한 주파수 같은 것 앞에 놓이도록 만들어주었다.

앞서 '…… 같은 것'이라고 말한 이유는 여전히 중요한 차이가 존재해서였다. 또는 엘리트 자체가 진화해 새로운 차이가 생겨났다고 말하는 편이 더 적절할지도 모르겠다. 그와 같은 차이 중 가장 중요한 것이 결국 [루터가 95개조를 발표해 종교개혁에 불을 지핀] 1517년에 폭발해 라틴계기독교세계에 파국적 결과를 가져왔다.

하지만 앞의 문제를 탐구하기 전에 죽음에 대한 새로운 태도를 보다 자세히 살펴보고 싶다. 그것은 기독교화뿐만 아니라 개인화 방향으로의 발전 모두를 나타냈다.

첫째, 기독교화는 분명했다. 라틴계기독교도들이 개종 이전에 가졌던 이교적인 종교적 견해에 따르면, 죽음이란 어떤 의미에서 실존의 여정에서의 추가적 단계 중 하나였다. 하데스라는 초기 그리스 사상의 유명한 개념에서 알 수 있는 대로 그것은 일반적으로는 감퇴 단계로 간주되었다. 그에 수반되는 상실이 망자와의 관계를 복잡하게 만들었다. 왜냐하면 망자가 산자들의 땅을 떠나는 것에 분노하고, 우리가 여전히 좋은 운명을 누리고 있는 것을 부러워하며, 산자들의 땅으로 돌아와 그들을 따라다니도록 유혹받을 수 있음을 쉽게 상상할 수 있기 때문이다. 장례식의 상당 부분은 진혼에 있거나 그렇지 않으면 성가시게 하지 말고 다음 단계에 머무르도록 조상들에게 비위를 맞추기 위해 치러졌다. 그처럼 망자와의 관계는 복잡했다. 그들의 선의가 필요했지만 그들이 너무 가까이 다가오는 것은 원치 않았다. 우리 태도는 양가적이다.

그와 같은 사유 체계에서 산자는 망자는 두려워할 수 있어도 죽음을 두려워 할 큰 이유는 없었다. 우리는 죽음을 환영하지 않지만 그것은 사물의 자연적 질서의 일부이자 하나의 정해진 단계이다.

그런데 기독교적 견해는 그것과는 전혀 다른 것, 공약수가 없는 것을 도입했다. 분명히 기독교 신앙은 사물의 자연적 질서에 대해 다른 견해를 수반하고 종종 그것을 발전시켰지만 또 다른 차원, 즉 묵시론적인 것에 초점을 맞추었다. 그곳에서는 완전히 변형된 삶, 죽음을 극복한 삶을 살도록 촉구되었다. 그와 같은 변형은 어떤 것이건 자연적 질서에 의해 규정된 인간의 개화번영을 넘어선 것을 위해 사는 것을 함의했다.

67 인간의 개화번영을 넘어선 영역이 존재한다는 그와 같은 생각 — 상술한 대로 기독교에서 결정적으로 중요한 요소였다 — 은 또한 일련의 다른 보다 '고차적인' 종교 — 가령 너무나 분명하게 불교 — 에서도 발견되며, 그것들이 종종 '보다 고차적인[고등]' 종교로 간주되는 이유 중 하나이다. 한편으로는 인간의 개화번영을 넘어 살라는 요청과 다른 한편으로는 묵시론적 변형 간의 관계는 기독교의 세기들 내내 복잡해지고 논란에 휩싸였다. 비록 정통신학과는 일치하지 않을지라도 신도들은 반복해서 그와 같은 요청에 제대로 부응하느냐의 여부에 따라, 궁극적 변형에 들어갈 수 있느냐의 가부가 결정된다는 느낌을 가졌다. 신학자들의 지적에 따르면, 그처럼 단순한 상은 우리가 그와 같은 요청에 응답할 수 있도록 만들 수 있는 신의 행위를 배제해버리게 된다. 하지만 그것은 일반적으로 우리가 실패할 수 있으며, 신의 도성에 들어가려면 반드시 통과해야 하는 시험에 대한 규정을 단지 미루는 것에 불과했다.

기독교 역사에 중심적인 이미지를 하나 끌어들이자면, 우리가 〈신의 도성〉에 완전히 들어가기 전에 심판이 이루어진다. 이런저런 방식으로 우리 삶이 저울질되고, 충분하지 않음이 발견될 수 있을 것이다. 이제 죽음을 두려워할 이유가 존재하게 되었다. 죽음은 삶의 끝으로, 따라서 말하자면 심판을 마주할 때 제출하는 '성적표'가 완비되는 순간이기도 하다.

그렇게 죽음과 심판을 두려움과 함께 바라보는 쪽으로 태도가 바뀐 것은 필멸성에 대한 체험의 기독교화를 보여준다. 기존의 많은 방식이 지속되지 않은 것은 아니다. 사람들은 아직도 귀신을 두려워했으며, 망자가 죽음을 기꺼이 받아들이려 하지 않으며 우리 곁에 계속 머무르고 싶은 무시무시한 욕망을 갖고 있는 것은 아닐까 두려워했다.[56] 몽테뉴는 당대의 많은 보통 사람 사이에서 죽음이 얼마나 친밀했으며, 그들이 얼

56 Jean Delumeau, *La Peur en Occident*(Paris: Fayard, 1978), pp. 75-87(이하 *Peur*로 약기).

마나 기꺼이 그것을 받아들이고 있었는지를 전하면서, 본인도 그것을 기꺼이 본받고 싶은 것처럼 쓰고 있다.[57] 많은 사람은 아직도 죽음을 두려워해야 할 것 또는 삶을 의문시하는 것이 아니라 인생의 여정의 일부로 체험했다. 우리는 살고, 그러다 죽는다. 더욱이 망자는 여러모로 여전히 산자들의 사회에 속했다. 망자는 종종 마을 중심의 공동의 터에 묻혔다. 일부 지역에서는 몇몇 축제 때 망자가 다시 돌아오는 것으로 생각되었다. 공동묘지에서 망자의 춤을 보았다는 보고도 있었다. 망자의 현존은 아직 살아 있을 때와 마찬가지로 조금 두렵기도 하고 약간의 위로가 되기도 했다.[58]

하지만 그럼에도 불구하고 새로운 견해가 점점 더 널리 확산되었다. 그것과 함께 특정 형태의 개인화도 마찬가지였다. 기독교화와 개인화는 본질적으로 관련이 있을까? 어떤 의미에서는 그렇다. 앞서 말한 요구에의 호응, 심판, 변형에 해당되는 차원 전체는 개인의 책임에 호소했다. 죽음에 대한 그처럼 새로운 관심이 보다 이전 시대에 수도사와 수행자로 이루어진 소수자의 영성의 기본 형태에 얼마나 의지했는지에 대해서는 전술한 바 있다.

하지만 죽음에 대한 보다 오래된, 공동체 지향적인 접근 방식에서 일어난 전환은 한층 더 진전되어 기독교 신앙의 공인된 독법에도 영향을 주었다. 종말의 때 모든 사람이 함께 심판받는다는 개념은 초기부터 기독교 신앙의 중심적 일부였다. 중세 말에 교회는 각각의 개인은 사후에 즉각 본인의 심판에 직면하게 된다는 생각을 유포하기 시작했다. 그것을 통해 죽음의 순간에 개인적 '성적표'를 받아들인다는 문제 전체가 극화 68
되고, 한층 더 절박한 문제가 되었다. 이전에 〈최후의 심판〉에 대한 믿음은 말하자면 죽음에 대한 보다 오래된, 기독교 이전의 견해, 즉 죽음은 인생의 여정의 일부라는 생각에 덧대질 수 있었다. 궁극적 변형은 더 먼 미래로 미루어졌는데, 그리하여 죽음의 경험에서 그것이 정확히 어떻게 표현되는지 하는 쟁점은 모호한 채로 방치되었다. 개인에 대한 직접 심판이라는 새로운 신앙은 그와 같은 쟁점을 가까이, 종종 무시무시한 방식으로 끌어당겼다. 들뤼모는 그것을 이렇게 정식화한다.

57 Jean Delumeau, *Le Péché et la Peur*(Paris: Fayard, 1983), p. 45(이하 *Péché*로 약기).
58 앞의 책, 2장.

현세-경멸, 죽음의 극화, 개인의 구원의 강조는 동시에 등장했다mépris du monde, dramatisation de la mort et insistance sur le salut personnel ont émergé ensemble.[59]

여기서 그와 같은 변화가 왜 발생했는지를 이해하는 문제 전체가 얼마나 복잡한지를 알 수 있다. 유일한 대답은 존재하지 않는다. 그와 같은 변화가 부분적으로 사회 전체의 종교적 숭배devotion와 실천 수준을 끌어올리려는 라틴계기독교의 노력 전체의 일환으로 성직자 엘리트 계층에 의해 유발되었음은 의문의 여지가 없다. 그와 같은 움직임의 출발점으로는 다양한 시기를 상정할 수 있겠지만 1215년의 〈라테라노공의회〉가 좋은 출발점이 될 수 있을 텐데, 그때 신부에게 하는 비밀고백을 모두의 의무로 하기로 결정되었다. 어쨌건 13세기 이후 '내적 십자군' 같은 것이 일어났는데, 주로 탁발수도회의 설교에 의해 주도되었다. 알비파교도가 다수를 차지하는 나라들에서 활동한 도미니코회의 경우 그것은 현실의 이단에 대한 십자군운동이 될 수 있었다. 동시에 회개, 죽음과 심판이라는 사실에 직면할 것, 나아가 그에 따라 행동할 것을 선교하는 운동이 지속적으로 이루어졌다. 아마 개인에 대한 심판이라는 교의를 그와 같은 십자군운동의 무기고의 일부로 간주할 수 있을 것이다.

하지만 다른 한편 묵시론만 개인화를 촉구한 것이 아니었을 뿐만 아니라 정반대 이야기도 똑같이 타당하다고 주장할 수 있을 것이다. 몇 가지를 거론할 수 있을 텐데, 먼저 전통적 삶의 질서의 몇 가지 형태가 해체되었다. 농민은 촌락을 떠나 도시에 살게 되었다. 사회적 유동성이 높은 새로운 집단이 등장해 상업, 법률, 행정의 여러 제도를 지탱하는 요원으로 활약하게 되었다. 더욱이 무기와 세치 혀로 살아가는 용병condottieri, 이탈리아 르네상스기에 자수성가한 새로운 지배자들이 출현했다. 그들과 그 밖의 다른 사람들은 공동체적 삶의 형태 — 망자는 예전 방식대로 지금도 지속되고 있는 공동체의 일부로 여전히 다루어지고 있었다 — 에 더 이상 깊이 뿌리내리고 있지 않았다.

그들은 개인적 운명을 개척하며, 그것을 통해 부나 권력 또는 영광을 손에 넣으려

59 Delumeau, *Peur*, 2장.

는 사람으로 자부할 유혹에 얼마든지 사로잡힐 수 있는 사람들이었다. 하지만 바로 그들이 메멘토 모리, 이승에서의 모든 성공의 헛됨, 모든 삶과 미의 불가피한 부패에 관한 설교의 주요 표적이 되었다. 그처럼 불가피한 전도는 높은 지위를 목표로 개인의 운명을 따르는 사람들의 삶에서 한층 더 극적으로 작용했다. 그것이 설교에서 선호되는 주제가 된 것은 이 때문이었다. 또한 중요한 몇몇 인물이 해당 문제를 잘 알고 있음을 공개적으로 천명하고자 한 것 또한 동일한 이유에서였다. 한 위대한 주교는 묘석에 자신을 예복을 입은 모습뿐만 아니라 동시에 구더기에 의해 먹히고 있는 시체로도 새겨 넣었다(웰스대성당).

원동력이 무엇이었건 새로운 영성은 개인화 경향을 수반했다. 그것은 아마 성적 순 69
결에 대한 점증하는 강조 속에도 반영되었을 텐데, 그것이 분노, 폭력, 형제의 연을 끊는 죄보다 더 큰 중요성을 갖게 되었다.[60] 보시는 보다 이전에는 부작위不作爲의 죄, 자선과 연대에 대한 거부의 죄가 강조되었지만 그것들이 점차 색욕의 죄, 부정의 죄에 대한 점증하는 관심으로 대체되었으며, 후자는 오염으로 그리고 개인의 성성의 부정으로 간주되었다고 말한다.[61] 또한 고행의 공격 방향도 바뀌었음을 지적한다. 즉 전에는 피해 보상과 복원을 목표로 했으나 이제 회개와 개선에 중점이 놓이게 되었다.[62]

하지만 동시에 역사에서 반복해서 등장하는 것을 볼 수 있는 전환에 의해 새로운 개인성은 새로운 종류의 사회적 유대를 수반했다. 죽음과 심판에 대한 명백히 개인화된 관심을 둘러싸고 새로운 종류의 연대가 생겨났다. 중재intercession가 그것이었다. 산자들은 망자의 영혼을 위해 기도하거나 그렇지 않으면 위로해줄 수 있다는 것이다. 개인의 무시무시한 운명에 대해서는 상부상조로 맞설 수 있을 것이다.

그것은 영=정신적 관심과 행위의 초점으로서의 연옥에 대한 관심이 엄청나게 증가 중이던 것과 관련된 현상 중 일부였다. 보다 이전에, 즉 기원후 처음 몇 세기 이래 영벌을 피한 모든 사람이 천국에 이를 준비가 되어 있는 것은 아니라는 모종의 개념이, 정화하는 불이라는 막연한 개념이 존재해왔다. 하지만 그와 같은 생각이 하나의 완전한 교

60 Delumeau, *Péché*, pp. 245, 490.

61 John Bossy, *Christianity in the West*(Oxford: Oxford University Press, 1985), p. 126.

62 앞의 책, 126페이지.

의로 발전했을 뿐만 아니라 새로운 시간성으로 발전한 것은 오직 중세 라틴계기독교세계에서뿐이었다. 이승에서의 우리의 시간적 존재 그리고 모든 시간과 등시간적인 신의 영원 간에 준-시간이라는 새로운 영역이 삽입되는데, 거기서 영혼은 사후에 바로 이루어지는 심판과 〈최후의 심판〉 간에 존재하게 된다. 그것은 한편으로는 성인들(연옥이 필요 없는 사람들)과 다른 한편으로는 영벌을 받을 사람들(연옥에 올 필요가 없는 사람들)을 제외한 모든 사람에게 필요한 정화의 장소이다. 간단히 말해 실제로는 모든 사람의 죽은 친척과 친구를 위해 필요한 장소이다.

산자의 기도는 연옥에 있는 자의 고통에 영향을 줄 수 있다. 성인들의 중재와 성모 마리아의 중재도 마찬가지이다. 그로부터 성인의 공덕의 축적 그리고 그것을 죄인의 이익을 위해 재분배할 가능성을 둘러싼 이론 전체가 발전해 나왔다. 그와 같은 사고방식이 면죄부라는 제도를 뒷받침했는데, 결국 그와 같은 준-시간의 화폐로 계산되게 되었다. 즉 이러저러한 행위는 연옥에 있는 당신의 어머니에게 1년 40일의 죄 사함을 가져다준다는 식이었다.[63]

그러한 일들이 수습할 길이 없게 되고, 모든 건전한 신학이나 기독교적 실천의 한계를 벗어나고, 결국 중세교회의 조직 전체에 불을 지르게 된 것은 잘 알려져 있다. 결국 터져 나오게 된 반란에 비추어 우리는 아래 이미지를 갖게 된다. 즉 평신도의 무지와 두려움을 이용해 배를 불리며 로마의 목적 — 주로 교황 국가를 유지하고 확대하며, 장대한 르네상스 양식의 교회를 건설하는 것이 그것이었다 — 을 위해 막대한 양의 돈을 평신도로부터 짜내는 부유하고, 강력하고 탐욕스러운 위계제가 그것이다.

그와 같은 견해 속에는 많은 진실이 들어 있지만 다른 방향을 향한 운동을 은폐하고 있다. 위계제는 죽음에 직면해 연대해 행위할 수 있는 수단을 요구한 민중의 신앙심
70 에 과연 얼마나 부응하고, 어떤 의미에서는 그것을 따르고 있었을까? 쇼뉘와 더피 모두 그와 같은 목표에 입각해 등장하거니 부분적으로 구조화된 결사들이 얼마나 중요했는지를 지적한다. 길드, 평신도회confréries 또는 심지어 교구의 삶 자체 — 가령 중재기도에 포함될 사람 명단을 낭독할 때가 그랬다 — 가 그것들이었다.[64] 연옥은 중세 말에

63 Chaunu, *Le Temps des Réformes*, pp. 192ff.

기독교적 실천의 대부분에서 초점이 되었다.[65] 그것은 엄청나게 충전되어 있던 두려움을 중재기도와 [각종 보시] 행위 쪽으로, 빈자에 대한 자선과 기부 쪽으로[66], 망자의 영혼을 위한 기도에 쓰이게 된 헌금 쪽으로 흘러가도록 방향을 돌려놓았다.

특정한 관점에서 보면 16세기 초의 큰 물음은 이럴 수 있을 것이다. 즉 종교개혁가들이 가톨릭의 체계 전체를, 뿌리부터 가지까지 철저히 제거하려고 했을 때 그처럼 엄청난 에너지, 그처럼 거대한 희망과 불안에서는 무슨 일이 일어났을까? 사람들은 그처럼 파괴적인 행위에 대해 본능적 거부감을 갖고 반응했을까? 아니면 종교개혁가들을 따라가며 그와 같은 에너지를 다른 방향, 새로운 음역 속에 쏟아 부었을까? 그것이 분명히 여러 곳의 종교개혁의 운명에 결정적으로 중요한 물음이었다.

하지만 어쨌건 죽음과 심판이라는 그처럼 새로운 영성은 원래 어떤 의미에서는 엘리트와 대중을 보다 근접시키고, 죽음에 대해 보다 기독교적 방식으로 초점을 맞추는 쪽으로 이어지고, 그러한 목표를 염두에 두고 정력적으로 설교되어야 했으나 정반대 결과를 가져오고 말았다. 그것은 일부 엘리트와 신도 대중 간에 점점 더 깊은 골이 파이는 결과로 이어졌는데, 결국 그것이 교회를 분열시킨 전쟁의 명분casus belli이 되었다. 어떻게 된 일일까?

이유는 그리스도의 〈십자가수난〉에 대한 새로운 숭배 그리고 죽음에 대한 새로운 관심과 더불어 또한 일부 엘리트와 대다수 민중의 실천 간의 간극을 벌리고 있던 다른 운동들이 존재했기 때문이다.

첫째, 다양한 원천에서 출발해 보다 강렬한 내면의 기도적 삶을 발전시키려는 일련의 시도가 나타났다. 마이스터 에카르트를 효시로 하는 독일 신비주의 전통이 아마 이 분야에서 가장 잘 알려져 있을 텐데, 하지만 그것이 유일한 것은 아니었다. 14세기에 더 널리 확산되고 영향력도 더 컸던 운동은 〈공동생활형제단Brethren of the Common Life〉의 〈신新신앙devotio moderna〉으로, 해당 운동의 가장 유명한 인물은 『그리스도를

64 앞의 책, 196페이지 이하.

65 Duffy, *The Stripping of the Altars*, pp. 328, 336-337.

66 앞의 책, 361페이지.

따라』의 저자 토마스 아 켐피스Thomas à Kempis였다. 그와 같은 종교적 헌신은 사적인 기도와 내성內省에 보다 큰 역점을 두었다. 심지어 신앙일지를 쓰는 것조차 장려했다.

하지만 그와 같은 운동 또는 다른 어떤 운동과도 아무 관계없이 동일한 방향을 따르는 일련의 선구적 운동이 등장했는데, 소수 성직자 사이에서 생겨난 후 또한 점점 더 많은 보다 교양 있고 사색적인 평신도 사이에서도 등장했다. 사람들은 보다 개인적인 종교적 삶을 찾고 있었으며, 새로운 종류의 기도를 원했으며, 본인이 『성서』를 읽고 또 묵상하고자 했다.

그리하여 새로운 엘리트가 등장하게 되었는데, 위계제를 따라 성직자 중심으로 구성된 교회 지도층과 반드시 일치하지는 않았다. 반대로 그들은 그처럼 새로운 형태의
71 내면성을 종종 의심의 눈길로 바라보았다. 에카르트의 일부 저작은 금서로 지정되었다. 〈베긴회〉 같은 일부 기도운동은 교회와 충돌해 변절자로 선포되었다. 내면성에 대한 그와 같은 회의는 가톨릭교회에서 꽤 후대에 이르기까지 계속되었다. 이그나티우스와 테레사는 스페인의 이단심문에 걸려 여러 차례 고초를 겪었는데, 해당 기관은 내면적 경건의 보다 초기의 물결, 즉 〈광명파Alumbrados〉를 이단으로 낙인찍었으며, 그와 같은 기관에 특징적인 편집증적 방식으로 그것이 재발할까봐 두 눈을 부릅뜨고 있었다. 〈트리엔트공의회〉 이후 사태가 다소 개선되었지만 심지어 그때까지도 새로운 형태의 내면성에 대한 두려움은 사라지지 않았다.

하지만 그와 같은 종류의 내면적 영성은 잠재적으로는 교회의 위계제와 충돌한 반면 기층 민중과도 분리될 수 있었다. 그것은 다수의 민중종교와는 다른 경로를 따라 발전 중이었는데, 민중종교는 사색과 무언의 기도보다는 오히려 행위와 실천에 더 큰 무게를 두고 있었다. 그것들에는 금식하고 순례를 떠나는 것 등 개인화될 수 있는 행위는 두말할 것도 없고 교회에서 하는 전례상의 기도뿐만 아니라 공적 기도, 주기도문과 아베마리아를 읊조리는 것도 포함되어 있었다. 하지만 그것들은 밖으로 연출되는 형태의 신앙이었다.

그런데 앞서 말한 내면화가 반드시 그처럼 적극적인 행동 형태의 종교적 헌신의 포기를 의미했던 것은 아니다. 그것에 대한 반대는 두말할 것도 없이 말이다. 하지만 보다 내면 지향적인 기도에 숙달된 일부 사람은 그것에 진절머리를 냈으며, 그것을 진

정한 경건으로부터의 생각 없는 일탈로 간주했다. 그것은 기독교 휴머니스트들에게 공통된 반응이었다. 에라스무스가 좋은 사례이다. 그들은 엘리트 모두가 민중적 경건에 대해 너무 쉽게 내리는 부정적 판단에 빠져 그것을 외면적으로만 바라보는 바람에 그것을 고무한 정신은 너무 자주 놓치고 말았다. 그리하여 교양 있는 소수와 대중의 실천 간에는 새로운 간극이 벌어지기 시작했다.

하지만 앞서 말한 실천은 외적인 것 쪽으로 주의를 딴 데로 돌리게 할 뿐이라는 공격을 받을 수 있었을 뿐만 아니라 또한 그에 대한 불편함도 점증했는데, 그것은 그와 같은 운동의 가장 내밀한 핵심, 즉 그것이 주술화된 세계에 깊이 뿌리박고 있던 것과 관련되어 있었다. 그처럼 주술화된 세계, 즉 앞서 살펴본 대로 영력으로 충전된 사물이 영향력과 유인력을 가진 세계에서는 신과 성인들로부터 파생되는 '신성한' 사물이 악의적 존재 그리고 악의적 힘으로 충전된 사물을 막아주는 방파제로 간주되었다. 그리하여 성인의 성유물은 '좋은 마술'이 가진 힘을 갖고 있었다. 〈성촉절〉에 축복받은 촛불, 〈종려주일〉에 수난 이야기를 낭독할 때 사용한 십자가, 성수, (〈성찬식〉이 아니라) 미사 때 축복받은 빵 조각 등도 마찬가지였다.[67] 글로 적은 기도문은 부적으로 사용되었고, '신의 어린 양agnus dei'도 마찬가지였다. 교회의 종소리는 천둥을 쫓아낼 수 있었다.[68] 그리고 물론 무엇보다 먼저 제단이라는 성물 자체가 있었다.

그런데 그와 같은 사고방식이, 반드시 사회적 엘리트 계층 출신은 아니지만 점증하는 소수파 사람에게 극히 곤혹스러운 것이 되어갔다. 그렇게 된 이유는 다양했으며, 급진성의 정도도 다 달랐다. 심지어 가장 무비판적인 전제에서 출발하더라도 특정한 민중적 관행은 문제가 있는 것으로 보일 수밖에 없었다. 가령 질병 치유처럼 좋은 목적을 위해 사용되는 유인력은 전혀 문제가 없었다. 심지어 질병 치유가 부분적으로 고해를
받고, 그리하여 면죄에 의해 이루어지는 경우처럼 긍정적 영향과 분리 불가능할 때는 72
한층 더 그랬다. 하지만 〈성찬식〉 빵을 사랑의 부적으로 사용하는 것처럼 유인력을 미심쩍은 용도로 사용하는 사례가 항상 존재했다. 솔직히 악질적인 사례도 존재했는데,

67 앞의 책, 16~18, 26, 124~125페이지.

68 Thomas, *Religion and the Decline of Magic*, pp. 30-31.

가령 어떤 사람의 죽음을 앞당기기 위해 망자로 속여 산자의 미사를 올리는 경우 등이 있었다. 더욱이 어둠의 세력과 작당해 성물이 가진 힘을 이용하는 경우도 있었는데, '흑미사'가 가장 유명했다. 따라서 심지어 비적祕籍의 힘을 이용하는 것에 관한 보다 근본적인 의구심이 일기 전에 교회는 해당 문제와 관련해 항상 합법과 비합법 간의 경계에 대한 단속을 강화해야 했다.

보다 근본적으로, 심지어 아무리 예외적인 목적을 위한 것이더라도 유인력을 사용하는 것에 대한 불편함이 존재했다. 그것에 대해서는 앞서 에라스무스를 예로 들어 이미 살펴본 바 있다. 좋은 영향을 끼칠 목적으로, 우리를 은총의 영역으로 더 깊이 인도하기 위해 사용되는 한 성물은 수용 가능하다. 하지만 드문드문 등장하는 현세의 목적에 초점이 맞추어지는 경우 아무리 그 자체로서 좋은 것이더라도 그것은 우리가 진정한 경건으로부터 일탈하도록 만들 뿐이다. 성인에게 기도하는 것은 오직 우리 자신이 영적으로 더 나아지는 것만을 목적으로 해야 한다.

> 성인을 숭배하는 진정한 방식은 그의 덕을 모방하는 것이며, 성인은 백 개나 되는 촛불보다 그것에 더 신경 쓴다. 너희는 제단에 안치된 바울의 뼈는 숭배하면서 그의 저술이라는 성소에 안치된 그의 정신에 대해서는 그렇게 하고 있지 않다.69

여기서 결정적으로 중요한 점은 실천 자체보다는 염두에 둔 목적이다. 하지만 물론 그와 같은 목적을 완수하려면 많은 관행을 즉각 포기해야 할 것이다. 그러나 만약 보다 내면적으로 바울처럼 되는 것이 목적이라면 성 유물을 만지는 것을 적질한 행위로 여기는 일 또한 적어질 것이다. 오랫동안 존재해온 종교적 견해에 따르면 성유물이 영혼의 개선에 아무 기여도 하지 못하기 때문이 아니라 성유물을 만지는 행위가 영=정신적 이익과 물질적 이익 간의 그와 같은 경계선 — 에라스무스는 그것을 주의 깊게 감시하고자 했다 — 이 통상 간과되는 세계에 속했기 때문이다.

그와 관련된 모든 관행 중 가장 철저한 방식으로 심오한 신학적 반론이 가해진 것

69 Smith, *Erasmus*, p. 57.

은 목적이 무엇이건 교회의 '백마술'에 대해서였다. 그러한 반론에 따르면 어떤 것 — 성물이라도 마찬가지이다 — 을 영력으로 충전된 사물로 취급하는 것은 비록 질병이나 흉작으로부터 나를 지키는 것이 아니라 나를 보다 성스러운 존재로 만드는 것을 목적으로 하더라도 원칙적으로 잘못된 것이다. 신의 권능은 그런 방식으로 사물 속에 가두어지거나 이런저런 방향을 '목표로 삼아 나아가도록 하는 것'을 통해 고정되거나 말하자면 관리될 수 없을 것이다.

그런 식으로 교회가 사용하는 마술은 좋다는 생각은 일찍부터 거부되었다. 중세의 이단 대부분에 의해 그런 이의제기가 되풀이되었는데, 심지어 아주 먼 옛날부터, 가령 왈도Peter Waldo파에게서도 찾아볼 수 있을 정도였다. 그런 형태의 거부는 또한 후일의 롤라드파와 보다 급진적인 후스파에게서 중심적 역할을 했으며, 이어 마침내 종교개혁에 가담한 교회들에게까지 번지게 되었다. 그리고 그것은 단지 부차적 남용이 아니라 교회라는 체계의 핵심 자체와 관련되어 있었기 때문에 항상 성체성사Eucharist가 논쟁의 핵심적 쟁점이 되었다. 위클리프는 사제의 영=정신적 상태와 관계없이 '사효론事效論, exopere operato[성사가 교회의 의도에 따라 거행되면 집전자의 개인적 성덕聖德과 관계없이 은총이 성사를 통해 틀림없이 전해진다는 가르침]'에 따라, 즉 의식의 힘에 의해 빵과 포도주를 성별할 수 있는 성직자의 권능을 거부했다. 그것과 관련해 근본적인 생각은 막 언급한 것으로, 신의 권능과 관련되어 있었다. 즉 신은 성스러운 사람의 기도에 응답하는 존재로 이해될 수 있지만 아무리 타락했더라도 늙은 사제라면 아무나 신의 행동을 맘대로 할 수 있다는 개념은 명백히 수용 불가능했다. 하지만 그렇다면 동일한 논리가 영력/성령으로 충만하다고 여겨지는 모든 사물의 조작에 대해서도 또는 성모마리아나 73
성인에 대한 기도에 대해서도 후험적으로 타당하게 되었다. 신은 행동에서 완전히 자유롭다. 그것은 신의 주권에 속한다.

(그러한 영=정신적 감각과 스코투스-오캄 신학 간의 모종의 친화성을 볼 수 있는데, 후자 또한 아무것에도 속박되지 않은 신의 주권적 권능을 강조했다. 그것이 단순한 친화성 이상의 것이었음은 루터가 그와 같은 사조에 의거한 방식에서도 볼 수 있다).

그것에는 민중적 관행의 혼란에 대한 휴머니스트들의 거만한 태도 이상의 것이 개재되어 있었다. 비록 두 가지 흐름은 상호 융합될 수 있었으며, 종교개혁에서는 실제로 그러했지만 말이다. 하지만 교회의 마술에 대한 그와 같은 거부는 앞서 지적한 대로 [휴머니스트뿐만 아니라] 민중 수준에서도 나타났다. 그와 같은 비판을 가한 롤라드파는 종종 매우 단순한 사람들이었다. 또 비슷한 비판을 한 급진적인 [타보르 시를 세운] 과격파 후스교도들은 사회의 최하층계급으로 구성되어 있었다. 무엇이 앞의 운동들을 추동했을까?

많은 요인 중 특히 두 가지 요인 — 어떤 의미에서는 각각의 상대방의 여러 측면을 보여준다 — 을 끄집어내고 싶다. 첫 번째는 사회적 요인이고, 두 번째 요인은 필자가 '두려움의 장의 전도'라고 부르려고 하는 것이다.

먼저 사회적 차원. 교회의 마술은 신의 권능을 인간의 통제 아래 두려는 비합법적 요구이다. 누가 그와 같은 요구를 하는가? 위계제적 교회가 그것이다. 반란의 한 흐름은 그렇게 요구하는 사람들을 겨냥했는데, 그들은 종종 개인적으로 성스러운 것과는 한참 거리가 멀었으며, 보통 사람들의 삶에 엄청난 권력을 휘두르며 그것을 남용했다. 교회의 마술은 사용자에 의해 불신 대상이 되었다.

하지만 주술화된 세계에서 반란을 일으키고 마술을 거부하는 것은 그리 쉬운 일이 아니었다. 세계에는 흑마술이 우글거렸으며, 오직 백마술만이 그것을 저지할 수 있었다. 게다가 심지어 좋은 마술조차 또한 위험할 수 있는 힘으로 가득 차 있었다. 쇼뉘는 〈성체성사〉에 대한 민중의 태도에 대해 확신을 갖고 이렇게 기술한다. 즉 신의 권능이 집약적으로 나타나는 장으로서 〈성찬식〉이 너무 높이 찬양되고, 우리 자신은 무가치하다는 보통 사람들의 감각이 설교에 의해 지속적으로 되풀이되면서 그들을 너무 낮은 위치에 놓게 되어 〈성찬식〉에 참여하는 것을 두려워하게 되었다는 것이다. 교회의 규칙에 의해 1년에 한번 〈성찬식〉에 참여하는 것이 의무화되었지만 그러한 최소 의무는 대부분의 사람에게는 실제로는 최대 의무로 받아들여졌다. 영력으로 충만한 사물은 아무리 좋은 마술이더라도 — 우리 자신의 세계에서 전선電線과 아주 흡사한 의미에서 — 나쁜 쪽에서 사용하면 위험할 수 있음을 명심할 필요가 있었다. 〈성찬식〉을 아무 가치도 없는 것으로 간주하는 것은 위험하기 짝이 없는 태도로 받아들여졌고, 교회의 설교는 그와 같은 견해를 강화시켰다.

그러나 성물이 여전히 성령의 힘으로 충만한 사물로 남아 있었음은 또 다른 관행

즉 〈성찬식〉용의 **축성된 빵**을 신격화하는 — 눈에 잘 띄는 곳에 모셔두었다 — 관행의 성장에서 확인할 수 있을 것이다. 그러한 관행은 중세 말에 점점 더 널리 확산되었다. 〈성체행렬〉에서도 같은 일이 일어났다. 마치 안전한 거리에서라면 얼마든지 성물의 힘이 작용하는 것을 허용할 수 있지만 〈성찬식〉에 참여하는 것은 너무 가깝다고 느끼는 것처럼 행동했다.[70]

이 모든 관행에 반란을 일으키는 것은 두려움을 막아주는 장벽에 대드는 것을 의미했다. 하지만 기독교 신앙의 잠재력 중 하나는 두려움의 장의 전도에 있었다. 신의 권능이 모든 나쁜 마술에 대해 승리를 거둘 것이다. 여기까지는 온갖 변종의 기독교 신앙이 같은 의견이었다. 하지만 그와 같은 승리가 흑마술에 대한 백마술의 승리로 이해될 수도 있을 것이다. 아니면 모든 마술에 대한 신의 노골적 권능의 승리로 이해될 수도 있을 74
것이다. 그와 같은 권능에 의존해 마술의 장에서 완전히 뛰쳐나오고, 오직 신의 권능에만 의지해야 한다.

그와 같은 '탈주술화' 경향은 유대교 전통 속에, 그리고 이후에는 기독교 전통 속에 함의되어 있었다. 양자에게 기본적인 것은 현세와의 단절에 있었는데, 거기서는 둘이 판단하기에 나쁜 마술 — 이교적 신들과 영력 숭배 — 이 기승을 부리고 있기 때문이다. 하지만 그와 같은 단절은 두 가지 형태 중 어느 하나를 취할 수 있을 것이다. 어떤 의미에서 그것은 양자 위를 맴돌았다. 가령 엘리야가 카르멜산에서 바알의 예언자들을 무찔렀을 때 그것을 볼 수 있을 것이다. 그는 어느 쪽 신이 제물에 불을 내려 응답하는지 보자고 바알의 예언자들에게 대결을 제안했는데, 자신은 불이 붙도록 할 수 있는 반면 그들은 할 수 없음을 보여줌으로써 어떤 의미에서 그들의 마술에 맞서 대항마술을 사용해 승리한 것으로 볼 수 있다. 하지만 엘리야가 핵심적으로 전하고자 하는 이야기의 요점은 그들의 마술은 전혀 공허하다는 것이다. 아무것도 충족시킬 수 없으며, 또 그들의 신은 무력하다는 것이다.

신의 권능이 이교의 주술화된 세계를 정복했다. 그리고 신이 의도한 좋은 주술화에 의해서건 아니면 모든 마술을 절멸시키고, 궁극적으로 세계로부터 마술을 모두 제거하

70 Chaunu, *Le Temps des Réformes*, pp. 205-209.

는 것에 의해서건 둘 중 하나에 의해 그렇게 되었다. 하지만 이 두 노선 중 한쪽에서 다른 쪽으로 전환하는 것은 두려움의 장의 전도를 요구했다. 이전에 사람들이 가장 두려워한 것은 그와 같은 마술적 힘이었다. 물론 나쁜 종류의 마술, 악령의 마술이었다. 하지만 우리는 또한 좋은 종류의 마술에 대해서도 건전한 두려움을 갖고 있으며, 그것으로부터 안전한 거리를 유지한다. 그와 같은 두려움을 모두 받아들여 그것을 신 — 즉 두려움의 유일하게 적법한 대상 — 에 대한 두려움으로 이항시키고, 그것이 모든 마술로부터 나를 보호해주리라는 확신이 들 때 그와 같은 전도가 일어난다.

어떤 의미에서 두려움이 두려움을 몰아낸다고 말할 수 있을 것이다. 하지만 완전히 맞는 말은 아니다. 그것은 가령 대화 중 바보 같은 말로 조롱거리가 될지도 모른다는 두려움이, 고속도로에서 다중충돌사고에 휩쓸려 치명적 사고를 당할지도 모른다는 두려움에 의해 몰아내지는 것과 같은 것이 아니다. 왜냐하면 신에 대한 두려움은 보다 고차적인 것, 우리를 고양시키는 것인 반면 마술에 대한 두려움은 우리를 낮추는 것처럼 보이기 때문이다. 따라서 일종의 전도된 공간이, 즉 다름 아니라 우리가 전에 가장 두려워한 것에 직면해 그것을 끝까지 견뎌내고 결국 극복해, 이제 그것을 통해 용기와 힘을 얻게 해줄 수 있는 공간이 필요해진다. 그처럼 전도된 공간은 새로운 음역에서 신의 권능에 의존한다.

(두려움에 직면해 그것을 전도시키는 것에 의해 방출되는 에너지가 이단들이 성스러움을 비웃는 몇 가지 허세 어린 행위를 고무했음에 틀림없다. 가령 성물의 신성을 더럽히거나 롤라드파처럼 저녁을 해먹기 위해 성 카테리나 상을 태우면서 두 번째 순교를 당하는 중이라는 농담을 하는 것이 그것이었다).[71]

그와 같은 초기 이단들의 경우 마술에 대한 두려움과 위계제 질서의 권력에 대한 두려움은 함께 전도되었다. 바로 그것이 중세에 대중의 경건에 대한 가장 급진적 도전을 고무했다. 그것은 완전히 다른 형태의 전례와 교회적 삶을 향하게 되었는데, 거기서 성물은 순전한 상징적인 것이 되는 경향을 보인 반면 권위는 위계제 질서의 통제에서 벗어나 다시 『성서』 속에 자리 잡게 되었으며, 그리하여 현세의 구원받은 자들의 진정

71 Anne Hudson, *The Premature Reformation*(Oxford: The Clarendon Press; New York: Oxford University Press, 1988), pp. 165-166, 303.

한 공동체와 훨씬 더 확연하게 구별되게 되었다.

어떤 의미에서 종교개혁을 위한 무대는 갖춰진 것 같았다. 이들 초기의 운동들은 원-종교개혁Proto-Reformation으로 생각되어왔다(롤라드파 운동에 관한 허드슨의 저서 제 75
목은 '조숙한 종교개혁'이다). 하지만 여전히 하나의 중요한 요소, 즉 신앙에 의한 구원이라는 교의가 결여되어 있었다. 그것은 교회의 마술에 대한 거부, 순수한 『성서』적 권위로의 귀환과 잘 부합되었다. 하지만 그것들과 절대적으로 관련되어져야 했던 것은 아니다. 심지어 그것과는 다른 일련의 사건도 상정할 수 있을 텐데, 그에 따르면 적어도 종교개혁의 몇 가지 중요한 요소는 가톨릭교회에서 몰아내서는 안 되었다. 성물을 거부할 필요도(루터로서는 결코 동의할 수 없었다) 또 전통의 가치를 거부할 필요도(루터는 그 자체에는 반대하지 않았다) 없었다. 하지만 그것을 위해서는 지난 수 세기 동안 보여온 경향과는 상당히 다른 로마교회가, 권력의 망상에 훨씬 덜 들린憑 교회가 요구되었을 것이다.

하지만 중요한 사실은 신앙에 의한 구원이라는 교의를 제안하면서 루터가 당대의 특히 문제 많은 쟁점의 핵심을, 즉 많은 평신도의 종교적 삶을 규정하고 면죄부판매라는 사기를 추동한 핵심적 관심과 두려움, 즉 심판, 영벌, 구원이라는 쟁점을 건드린 것이다. 그것들에 대해 보다 높은 기준을 세움으로써 그는 대중이 경건하게 여기는 것 또는 성스러운 것을 거부하는 것에 대한 휴머니스트들의 비판과 달리 매우 많은 사람을 움직일 수 있는 대단한 일을 이루어낼 수 있었다.

그는 종교개혁을 추진해나가면서 그렇게 해서 두려움의 장을 또 다른 방식으로 전도시켰는데, 그것은 교회의 마술에 대한 거부 속에 포함된 전도와 흡사했다. 면죄부판매는 처벌에 대한 두려움에 의해 추동되었다. 하지만 루터의 메시지는 우리는 모두 죄인이며, 처벌받아 마땅하다는 것이었다. 구원은 그와 같은 사실을 완전히 마주하고, 그것을 받아들이는 것을 의미했다. 오직 내가 죄지은 존재라는 사실에 완전히 직면할 때만 신의 자비에 나를 맡길 수 있다. 오직 그것에 의해서만 죄과로부터 벗어날 수 있다. "지옥을 두려워하는 자는 바로 그쪽으로 내달린다."[72] 우리는 두려움에 맞서 그것을

72 Strohl, 243에서(Chaunu, *Le Temps des Réformes*, pp. 428-429에서 재인용).

물리쳐야 한다. 그럼으로써 신의 구원의 힘을 믿도록 바뀌게 된다.

아마 거기서 일정한 아이러니를 찾아볼 수 있을 것이다. 죄와 회개에 관한 가톨릭의 설교 대부분은 보통 사람은 감수성이 너무 둔해 두려움을 불러일으키는 것에 의해 반응하도록 만들어야 한다는 원리에 기반하고 있었다.[73] 그와 같은 사실을 깨닫도록 하기 위해 강력한 효과를 가진 조치를 취할 필요가 있었다. 그리하여 설교자들은 청중에게 극단적 죄책감을 불어넣으려고 시도했다. 심지어 가벼운 죄조차 한참 부풀려져 무시무시한 것처럼 들먹여졌는데, 결국 그것조차 신에 대한 모욕을 포함했기 때문이다.[74] 하지만 바로 두려움의 그와 같은 촉진이 사람들로 하여금 루터에 의한 두려움의 전도에 응하도록 준비하는 데 일조했을 수 있을 것이다.

앞의 아이러니는 훨씬 더 복잡해지는데, 왜냐하면 이후의 프로테스탄티즘의 설교 중 일부에서 동일한 양식을 반복하기 때문이다. 우리는 구원에 대해 확신을 가져야 하지만 안이하게 자기만족에 빠져서는 안 된다.[75] 하지만 신도들이 두 번째 위험 쪽으로 마음이 기우는 것을 본 많은 목회자들 또한 영벌에 대한 무시무시한 환시를 한층 더 훨훨 불타오르게 했다.[76] 그로써 신도의 상당 부분이 휴머니즘으로 도망갈 길이 마련되었을까? 나는 그랬다고 믿는다. 하지만 그에 대해서는 후술하기로 하자.

7

그처럼 종교의 쇄신을 위한 강력한 동기가 존재했는데, 필자는 적이도 그중 세 축에 대해 기술해오고 있다. 첫째는 보다 내면적이고 강렬한 형태의 개인적 기도로의 전환,
76 두 번째는 '준-성물'과 교회 통제 하의 마술에 대한 불편함, 마지막으로 세 번째는 신앙에 의한 구원이라는 새로운 자극적 사상이 그것이었다. 이 세 가지가 심판에 대한 불안

73 Delumeau, *Péché*, 11장.

74 앞의 책, 471~472페이지.

75 앞의 책, 613~614페이지(번연Bunyan과 칼뱅의 말을 인용하고 있다).

76 앞의 책, 563페이지. 러브Christopher Love[1618~1651].

과 나는 무가치하다는 감각에 의해 갈라진 세계에 불쑥 나타났다.

앞서 말한 갈망들이 다양한 개혁에 영감을 주었다. 사람들은 삶을 바꾸고, 〈공동생활형제단〉 같은 결사를 결성하고, 기도와 묵상의 새로운 실천을 발전시켰다. 왜 이러한 수준에 머물지 않았을까? 왜 대문자 개혁 — 그것은 교회 전체를 개조하고, '보다 느린' 속도를 불법화하고 폐지하려는 시도를 의미했다 — 으로까지 번져야 했을까? 에라스무스 같은 소문자 개혁가들은 그보다는 덜 근본적인[급진적인] 해결책으로 만족했을 것이다. 그를 걱정스럽게 한 것이 바로 '질서 열', 낡은 체제를 파괴할 필요가 있다고 대문자 개혁가들이 느낀 것이었다. 그와 같은 필요는 우상파괴 방식으로 말 그대로 실행되었다.

> 미사는 폐지되었지만 보다 성스러운 것이 그것을 대신하고 있는가? …… 나는 당신들 교회에 들어가 본 적은 결코 없지만 이따금 당신들의 설교를 듣던 사람들이 무엇인가에 들린 모습으로, 얼굴에는 분노와 격노가 쓰여진 채 교회 문을 나서는 모습을 보아왔다. …… 전사 같은 모습으로 나오는데, 모종의 강력한 공격에 착수하기 전 장군의 일장훈시에 의해 용기백배해진 것 같았다. 당신들의 설교가 회개와 회한을 가져온 적이 있는가? 성직자와 성직자의 삶에 대한 억압에 더 관심이 많지 않은가? 경건보다 선동에 더 많이 기여하지 않는가? 그와 같은 복음주의적 민중 사이에서는 난동이 흔하지 않는가? 그들은 하찮은 이유로 폭력으로 내달리지 않는가?[77]

소문자 개혁으로 해결하기 어려운 쟁점 중 하나는 교회에서의 '성스러운 것'의 역할 문제였다. '성스러운 것'이라는 용어로 나는 신의 권능이 어쨌건 특정한 사람, 시간, 장소 또는 행위 등에 집중되어 있다는 신앙을 가리킨다. 신의 권능이 그것에 머물러 있으며, 그와 같은 방식으로 '통속적인' 다른 사람이나 시간 등에는 깃들지 않은 경우에 사용된다. 성스러운 것은 중세교회의 실천에서 중심적 역할을 했다. 교회는 성스러운 곳으로, 성유물의 존재로 인해 한층 더 그러한 곳으로 여겨졌다. 축일은 성스러운

77 Smith, *Erasmus*, pp. 391-392에서 재인용.

시간이었고, 교회가 주재하는 성례는 성스러운 행위였는데, 그것은 특별한 권능을 가진 성직자를 전제했다. 따라서 준-성물과 성유물에 대한 불편함은 억제하기 어려웠는데, 특히 제단이라는 성물 자체의 성스러움을 거부하는 데까지 내달릴 경우 그랬다. 그와 같은 쟁점들에 대한 평화적이고 충분히 '양해 가능한' 해결책은 얼마든지 떠올려볼 수 있을 테지만 그렇게 하기 위해서는 훨씬 더 많이 열려 있고 이해심 많은 가톨릭교회가, 즉 차이를 찾아내 이단을 박멸하는 데 그토록 열심이지 않은 교회가 필요했을 것이다. [종교개혁 당시 루터와의 토론 등을 통해 로마가톨릭교회를 옹호한 대표적 인물인] 에크 Johann Maier von Eck가 아니라 에라스무스가 대표적 인물이었을 가톨릭교회가 말이다.

하지만 그것이 전부가 아니었다. 그렇게 하기 위해서는 프로테스탄티즘 진영 또한 성스러운 것과 관련된 관행을 신의 눈으로 볼 때 구역질나는 것, 우상숭배로 간주하는 반응을 보이지 말아야 했을 것이다. 루터파 신도와 온건한 가톨릭교도는 그와 같은 쟁점 전체에 관해, 심지어 성체성사에 대해서조차 합의를 볼 수 있었을 텐데, 심지어 실제로 그것을 위한 다양한 처방이 문서로 작성되기도 했다. 하지만 양쪽 모두에서 상대를
77 화해 불가능한 차이 — 상대가 성례를 명백히 거부한다거나 아니면 교황에 대한 우상숭배에 빠졌다고 주장했다 — 라는 관점에서 바라보려는 유혹이 너무 강했다.

이 시점에서 강경노선의 승리가, 중세 말에 양쪽 진영 모두가 잠겨 있던 대문자 개혁의 정신적 분위기 자체 속에서 말하자면 이미 프로그램되어 있지는 않았는지를 따져볼 수 있을 것이다. 만약 교회를 통일적으로 보다 고차적인 기준에 맞추어 개조하는 것이, 그리하여 보다 고차적인 것과 보다 저차적인 것 간의 격차를 줄이는 것이 문제였다면 점점 더 다양해지는 관행을 허용하는 것부터 시작하는 것은 바람직하지 않았을 것이다. 그리고 실제로 종교개혁이 대문자 개혁에 의해 점점 비타협적인 방식으로 추동된 것은 명백하다. 맨 처음부터 종교개혁에서 주요하게 논의된 주제 중 하나는 특히 성직자 신분 그리고 '삶의 완성을 위해 살라는 권고counsels of perfection'의 거부에 있었다. 이제 일반적인 기독교도와 우수한 기독교도 간의 구별은 더 이상 있어서는 안 되었다. 자기-버림을 요구하는 소명[종교적 신분]은 폐지되었다. 모든 기독교도가 똑같이 전적으로 헌신해야 했다.

그렇게 볼 때 종교개혁은 대문자 개혁 정신의 궁극적 열매로, 처음으로 신자들의

진정한 균일성을 만들어내고 신도의 지위 향상을 가져와, 다양한 삶의 속도를 위한 여지를 더 이상 남겨두지 않게 되었다. 만약 신앙을 통한 구원이 궁극적으로 중요한 쟁점이었다면 양 진영 간의 공존도 얼마든지 생각해볼 수 있었을 것이다. 하지만 추동력이 대문자 개혁인 한 기독교세계의 분열은 불가피했다. 에라스무스가 바젤의 교회에서 나오고 있는 모습을 본 어두운 얼굴의 예배자들을 고무한 것이 대문자 개혁으로, 그것은 우상숭배에 대한 증오로 한층 더 활활 타올랐다.

내가 하고 싶은 이야기 — 주술화된 코스모스의 폐지 그리고 신앙에 대한 휴머니즘적 대안의 궁극적 창조 이야기 — 에서는 대문자 개혁으로서의 종교개혁이 중심적이다. 첫 번째 귀결은 충분히 명백한 것처럼 보인다. 즉 종교개혁이 탈주술화의 엔진이었다. 두 번째 귀결은 덜 명백하고 보다 간접적이다. 그것은 프로테스탄티즘의 근본적인, 칼뱅주의적 날개에서 생겨난 시도, 즉 사회 전체를 재편하려는 시도를 통해 초래되었다. 앞의 두 가지 결과를 차례대로 각각 살펴보자.

먼저 탈주술화. 칼뱅을 살펴본다면 성스러운 것의 거부의 배후에 엄청난 에너지가 존재함을 볼 수 있을 것이다. 그는 영감으로 가득 찬 종교적 공상가였다. 가령 성 프란치스쿠스를 포함해 많은 위대한 개혁가와 그의 비전은 래디컬한 단순화를 제안하는데, 거기서는 신앙에 본질적인 것이 부차적 관심사의 잡동사니 뒤에서 뚜렷이 부각된다. 이들 개혁가 모두 당시 지배적이던 균형 상태를 나쁜 타협으로 간주했는데, 적어도 그들에게는 그랬다. 그들의 비전은 세 측면을 갖고 있었다. (1) 그들은 우리에게 어떤 변형이 요청되고 있는지를 보다 명확하게 보았다. (2) 우리의 불완전성을 보다 명확하게 보았다. (3) 신의 위대함을 보다 분명하게 보았다. 셋은 하나의 세트를 이루었다. (1)과 (2)는 칼뱅 본인 말대로 동일한 통찰의 두 측면에 불과했다.[78]

신앙에 본질적인 것에 대해 그들과 같은 개혁가들이 갖고 있던 감각이 래디컬한 단순화를 허용했다. 그러한 단순화를 통해 많은 종교적 실천 — 개혁이라는 목적에 반하는 것이 아니더라도 — 이 그다지 중요치 않음이 드러났다(에라스무스).

78 *L'Institution de la Religion Chrestienne*[1536], I. i.

종교개혁가들은 모든 사람을 보다 고차적인 변형으로 이끌기 위해 연달아 많은 시
78 도를 했다. 그들 뒤에는 중세 말부터 시작된 대문자 개혁 운동의 역사적 발전 과정이 놓여 있었다. 보다 이전의 시도들은 수렁에 빠지고 말았다. 먼저 타협이 이뤄졌다. 이후 그것들로부터 기계적이고 상투화된 순서에 따라 진행되는 측면이 발전되어 나왔는데, 가령 고백, 죄의 분류 절차 등이 그것이었다. 아마 그것들은 변형을 창출하기 위해 구상된 모든 체제로부터 분리 불가능할 것이다. 하지만 칼뱅은 래디컬한 단절을 원했다.

칼뱅의 래디컬한 단순화는 아마 이렇게 정식화될 수 있을 것이다. 우리는 타락했다. 따라서 신이 하는 모든 일은 우리를 구원하기 위한 것이다. 우리는

> 신성모독 없이는 나도 의롭다고는 조금도 주장할 수 없을 것이다. 왜냐하면 그렇게 주장하는 것만큼 신의 의로움에서 영광을 빼앗고, 그것을 감소시킬 것이기 때문이다.[79]

신의 영예와 영광은 지고의 것이다.[80] 하지만 신의 영예는 아담의 죄에 의해 공격당했다.[81] 신의 영예는 의로움 덕분이며, 영광은 그러한 피조물을 거부하는 데 있다. 하지만 신은 자비롭다. 그는 우리 죄에 대해 받아야 하는 보상을 그리스도를 통해 받는다[그의 의로움이 충족된다]. 즉 우리에게 내려야 하는 벌을 무고한 그리스도에게 내리고, 그로 인해 우리는 의로움에 따라 살 수 있게 된다.

여기서 잠깐 앞의 논의로부터 약간 옆길로 벗어나 결정적으로 중요한 사실을 하나 지적하고 싶은데, 칼뱅은 다른 종교개혁가들과 마찬가지로 인간의 무력함 그리고 그에 대한 신의 처방에 관한 교의를 사법적 · 형법적juridical-penal 틀 속에서 주조했다는 것 말이다. 그는 그러한 틀을 아우구스티누스와 후일의 안셀무스에게서 물려받았다. 기독교도(그리고 아마 모든 학파의 실재론자)가 인식해야 할 필요가 있는 수수께끼가 하나 있는데, 악이라는 수수께끼가 그것이었다. 즉 왜 지고의 것을 위해 태어났음을 알고 있

79 앞의 책, III. xiii. 2(William Bouwsma, *John Calvin*[Oxford: Oxford University Press, 1988], p. 141에서 재인용).

80 앞의 책, III. xiii.

81 앞의 책, II. I. 4.

음에도 불구하고 불가해하게도 종종 그에 반하는 삶을 선택할 뿐만 아니라 심지어 그와 다른 선택을 할 수 없다고까지 느끼는 것일까? 그에 상응하는 (지금은 기독교도만의) 신비는, 신은 그와 같은 무력함을 극복하기 위한 행위를 할 수 있다는 것이다. — 그것이 은총의 교의이다.

안셀무스는 그와 같은 이중의 신비를 죄와 벌이라는 개념으로 표현했다. 인간의 무력함은 우리가 원초적으로 신을 저버리는 행위(모든 것을 정초한 그러한 행위는 물론 신비 속에 감싸여 있다)에 대한 응보로 설명된다. 뿌리 깊은 죄인으로서 우리는 이제 영벌을 받아 마땅하다. 그와 같은 사고방식의 사법적 논리에 따르면 이제 우리에 대한 처벌은 허용될 수 있을 뿐만 아니라 우리의 죄과에 대한 배상으로 일정한 처벌이 이루어져야 한다. 그럼에도 불구하고 신은 자비롭고, 우리의 일부를 구원하기를 바란다. 하지만 그러한 일을 하기 위해 신은 당신 아들로 하여금 배상하도록 해야 하며, 무상의 자비의 행위 속에서 그것을 우리의 죄에 대한 배상으로 간주한다.

두말할 필요 없이 그것이 이중의 신비를 명확히 설명할 수 있는 유일한 방법은 아니었다. 니사의 그레고리우스 같은 동방교회 교부들은 그것을 다른 방식으로 설명했다. 하지만 아우구스티누스와 안셀무스가 이 측면에서는 라틴계기독교세계의 신학을 형성해나갔다. 그리고 종교개혁은 그와 같은 교의의 불균형을 수정하기는커녕 악화시켜버렸다. 그러한 교의의 언어가 다른 무엇보다 먼저 그와 같은 신비를 쥐락펴락 해왔다는 인상을 받게 되는데, 그것이 인간의 다수는 영벌을 받는다거나 이중예정설처럼 무시무시한 결론은 두말할 필요 없고 명백한 것과는 전혀 거리가 먼 결론에까지 그와 같은 논리를 철저하게 밀어붙이도록 꼬드기는 핑계가 되었다. 그러한 결론을 도출했을 때의 — 오만함은 두말할 필요 없고 — 자신감은 신비에 대한 후일의 휴머니스트들의 적의를 예견했으며, 그것에 형태를 부여했다.[82]

이 점을 여기서 언급한 것은 그와 같은 사법적 · 형법적 모델의 헤게모니가 후일에

82 아우구스티누스 설명을 상대화해 그것을 결코 깊이를 알 수 없는 신비를 언어적으로 명확히 하려는 여러 시도 중 하나로 간주한다고 해도 그것이 펠라기우스와 벌인 논쟁에 대한 최종 판결을 뒤집을 수는 없을 것이다. 펠라기우스는 인간의 무력함이라는 수수께끼가 도대체 존재한다는 사실을 전적으로 부인했다. 거기에는 언어적으로 명확히 해야 할 어떤 신비도 존재하지 않았다. 아우구스티누스의 경우, 그의 대답에 대해 어떻게 생각하건 적어도 문제를 식별한 점에서는 옳았다.

79 있은 비신앙의 등장에서, 즉 사람들을 신앙으로부터 내쫓았을 뿐만 아니라 신앙을 이신론 방향으로 수정해나가는 과정에서 중요한 역할을 했기 때문이다.

하지만 여기서 탈주술화라는 원래 주제로 돌아가자면, 인간이 무력한 것 — 신의 자비가 맞짝을 이루었다 — 은 복음으로 받아들여졌다. 왜냐하면 우리의 경우 상황이 얼마나 절망적인지, 무엇을 하건 만족을 얻는 것은 불가능하며, 율법이 어떻게 우리를 영벌에 처하는지를 인식하는 한 그리스도에 의해 구원받는다는 복음은 우리를 절망에서 건져주기 때문이었다. 또는 설령 아직도 죄에 맞서 투쟁 중이더라도 불안에서 구해준다. 물론 항상 '그렇게 극소수만 구원받는다면 우리가 구원받는다는 것을 어떻게 알까?'라는 질문이 제기된다. 대답은 이러했다. 신앙을 갖고 있고, 소명에 응하는 것 자체가 우리가 그와 같은 행운아 중 하나임을 알리는 표시라는 것이다. 따라서 그에 대해 확신을 가져야 한다. 그렇지 않으면 신앙이 약해지기 때문이다.

그와 함께 종교적 삶의 중심重心이 옮겨지게 되었다. 신의 권능은 다양한 '준-성물'이나 우리가 의존할 수 있는 성스러운 힘이 깃든 곳을 통해 작용하지 않았다. 그와 같은 '비적적인 것'은 우리 자신이 맘대로 조종할 수 있는 것으로, 따라서 신성모독적인 것으로 간주되었다. 어떻게 보면 성스러운 것/세속적인 것의 구별은 인간, 시간, 공간, 행위 속에 놓고 보면 무너진다고 말할 수 있을 것이다. 그것은 성스러운 것의 영역이 갑자기 확대됨을 의미했다. 구원받는 자에게 신은 모든 곳에서, 따라서 또한 일상적 삶, 노동, 결혼 등에서도 축성한다.

하지만 다른 측면에서 신에 이르는 통로는 극히 좁아졌다. 이제 그러한 축성은 전적으로 우리의 내면적 변형, 즉 신앙 속에서 신의 자비에 모든 것을 맡기는 것에 의존하게 되었기 때문이다. 그렇지 않으면 아무것도 진행되지 않으며, 우리는 그에 합당한 질서를 만들어낼 수 없다.

그런데 그것은 모든 것이 머릿속에서 일어남을 의미하지 않는다. 그것은 후대의 오류로, 종교를 전면적으로 주관화하고 있을 뿐이다. 신은 실제로 행위하고, 자비와 축성을 우리에게 선물한다고 칼뱅은 역설한다. 우리는 그리스도를 통해 — 어떤 의미에서는 그리스도의 몸과 피를 통해 — 신에 의해 양육된다. 왜냐하면 우리 대신 죗값을 치르는 것은 육체적 존재인 그리스도로, 그것은 당신이 피를 흘리는 데서 절정에 이르기 때문이다. 그처럼 성체성사는 실제적인 것, 다름 아니라 우리가 신에 의해 양육되고 있음을 구체적 형태로 나타내는 표시이다. 하지만 반대로 칼뱅은, 구원이란 원래 육체를 가진 사회적 · 역사적 존재인 우리를 실제로 축성하기 위한 비용이기 때문에, 인간의 행위에 맡기기 위해 그것의 효험의 일부를 신이 현세에 양도했다는 생각은 차마 승인할 수 없었다. 성례의 효험 전체는 신과 나의 신앙이 어떻게 연관되느냐에 — [신의] 발화 행위가 이루어지고 그것이 이해되어 수용된다 — 달려 있다. 그리고 그것이 이해되어 수용되려면 그것의 완전한 의미를 이해하고 받아들여야 한다.

> 성사는 신의 말씀 외의 다른 직무가 없다Les Sacremens n'ont d'autre office que la parolle de Dieu(727).[83]

그리하여 우리는 세계를 탈주술화한다. 그리고 준-성물을 거부한다. 옛 종교의 '마술'의 모든 요소를 거부한다. 그것은 무용할 뿐만 아니라 신성모독적이기까지 하다. 왜냐하면 그렇게 해서 우리는 주제넘게 힘을 가진 체하며, 그리하여 '신의 의로움의 영광으로부터' 권능을 '빼앗기' 때문이다. 그것은 또한 성인에 의한 중재는 아무런 효능이 없음을 의미한다. 정령과 영력으로 넘쳐나는 세계에 직면할 때 그러한 사실은 우리에게 큰 자유를 준다. 칼뱅에게 기독교적 자유는 바로 신앙 속에서 구원을 보는 것 속에 존재했다. 그리고 온 마음을 다해 신을 섬기고, 아무래도 상관없는 것에 의해 더 이상 주저하지 않는 것 속에 말이다.[84] 우리는 그와 같은 옛 종교의 무수한 의례와 위무 행위를 80
모두 버릴 수 있을 것이다. 이제 일상적 삶에서 성령을 섬기고, 성령의 인도를 받아 사물을 자유롭게 재-질서화할 수 있을 것이다. 관습에 의해 너무 압박받을 필요가 없다. 지독할 정도로 길을 잃고 헤매도록 오도될 수 있기 때문이다.[85]

탈주술화의 에너지는 두 가지 방향을 향했다. 첫째는 부정적인 것으로, 우상숭배 냄새가 나는 것은 모두 거부해야 했다. 주술화된 세계는 가차 없이 모두 투쟁 대상이

83 *L'Institution de la Religion Chrestienne*, IV. xiv. Art. 17. 305.

84 앞의 책, III. xix.

85 Bouwsma, *John Calvin*, p. 144.

되었다. 처음에 그와 같은 전투가 벌어진 것은 주술화가 전적으로 진실을 결여했기 때문이 아니라 오히려 그것이 필연적으로 신을 부정하는 것으로 간주되었기 때문이다. 만약 성스러운 것, 교회의 '백'마술에서 도움을 구하는 것이 허용되지 않는다면 모든 마술은 '흑'마술이 되어야 했다. 모든 정령은 이제 유일한 대적大敵의 예하에 놓인다. 심지어 좋은 마술로 여겨지는 것조차 실제로는 악마를 섬기고 있음에 틀림없는 것으로 간주되었다.[86]

그리하여 단기적으로 그와 같은 추세는 특히 마녀숭배 같은 몇 가지 옛 신앙의 강화로 이어질 수 있었는데, 가령 마녀는 이제 악마의 배우자로 이전보다 훨씬 더 사악한 역할을 하는 것으로 재정의되었다. 세일럼[17세기 초반에 '마녀재판'이 열린 미국의 매사추세츠주의 한 지역]이 가능해졌다. 하지만 장기적으로 그와 같은 공격은 그와 같은 종류의 박해가 통하도록 만들어준 견해 전체를 서서히 쇠퇴시키지 않을 수 없었다.

두 번째 에너지가 긍정적인 것이었던 만큼 한층 더 그랬다. 성스러운 것, 그것이 정한 한계로부터 자유로워진 세계에서 우리는 모든 것을 최고인 것처럼 보이는 방식으로 새롭게 만들 수 있는 새로운 자유를 느꼈다. 우리는 신앙과 신의 영광을 위해 결정적으로 중요한 결정을 내렸다. 그와 같은 동기에 따라 행동하면서 우리는 최고 목적에 부합하도록 사물에 질서를 부여할 수 있었다. 보다 오래된 금기나 성스러운 것으로 간주되는 질서에 의해 더 이상 방해받지 않는다. 그리하여 세계를 합리화하고, 그것으로부터 신비를 축출할 수 있을 것이다(왜냐하면 이제는 모든 것이 신의 의지 속에 집약되기 때문이다). 그처럼 사물을 세속적 시간 속에서 재질서화할 큰 에너지가 방출되었다.

그와 함께 우리는 그러한 전환의 두 번째 큰 귀결, 즉 휴머니즘의 등장에 장기적으로 큰 기여를 하게 된 결과에 이르게 된다. 그와 같은 상황은 다름 아니라 교회 구조와 세속적 삶 양쪽에서 사회에 새로운 질서를 부여하려는 충동에 의해 일어났다. 칼뱅주의가 침투한 몇몇 사회, 가령 제네바, 뉴잉글랜드 그리고 퓨리턴이 통치한 16세기 중반의 잉글랜드에서 볼 수 있는 행동주의를 무엇이 추동했을까? 그러한 행동주의는 중세 말

86 Thomas, *Religion and the Decline of Magic*, 3장.

의 대문자 개혁을 계속했지만 물론 훨씬 더 야심찬 수준으로 그렇게 했다.

기독교 신앙에 내재하는 긴장 그리고 그것이 당시에 취한 형태를 배경으로 놓고 보면 재질서화를 향한 충동을 이해할 수 있을 것이다.

영구적으로 반복되는 긴장 중 하나에 대해서는 이미 검토했다. 상이한 '속도'를 가진 소명 간의 위계제적 상보성이라는 처방에 따라 해소되거나 적어도 완화되어온 긴장이 그것이다. 그와 같은 긴장 관계를 한편으로는 신을 사랑하라는 요구 — 그것은 심지어 십자가에 이르기까지 신을 따르고, 모든 것을 기꺼이 버리려는 태도를 의미했다 — 그리고 다른 한편으로는 일상의 인간적 삶과 개화번영을 긍정하라는 요구 사이에 가로놓인 것으로 묘사할 수 있을 것이다. 신을 섬기는 길은 종종 다른 사람을 먹이고 치유하고 옷을 입히는 형태를 취하며, 고통과 죽음을 회피하고, 그리하여 인간의 개화번영을 가능하게 하기 때문에 두 가지 요구는 하나로 합쳐질 수 있었다. 그리스도의 삶에서 그것을 분명하게 인식할 수 있다.

노동, 가족, 시민적 삶, 친구들, 사회와 미래의 구축 등을 통해 인간의 온전한 개화 81
번영에 몰두하는 사람에게 기독교적 삶이란 무엇인지를 결정해야 하게 될 때 그와 같은 긴장이 나타난다. 자기를 버리는 성스러운 사람은, 그렇게 버림으로써 자비, 치유 사업을 직접 돕는 것을 통해 앞의 두 측면을 하나로 결합시킬 수 있을 것이다. 하지만 정상적 삶을 사는 사람, 즉 결혼해 자녀들도 있고, 땅을 일구고 장사로 생계를 유지하는 사람은 어떨까?

이론적으로 만인에게 타당한 한 가지 답변은 이렇다. 즉 보통의 쾌락을 쫓는 평균인homme moyen sensuel이 추구하는 삶의 선을 긍정하는 것을 넘어서라. 그것은 무엇보다 먼저 본인의 이익에, 본인의 삶에 초점을 맞추고 있으며, 심지어 그것을 위해 무수히 많은 다른 사람을 기꺼이 희생시키려고까지 한다. 그렇게 하는 대신 신을, 따라서 또한 그의 아가페를, 인류 전체에 대한 그의 사랑을 긍정하고, 사랑의 운동에 동참하기 위해 내가 가진 모든 것을 아낌없이 내어주고 포기해야 한다.

하지만 그와 같은 대답은 일반 시민에게는 역설적인 것을 요구하는 것처럼 보인다. 즉 개화번영을 목표로 하는 온갖 관행과 제도 속에서 살면서도 동시에 완전히 그것에 매몰되어서는 안 된다는 것이다. 그것들 속에 존재하지만 그것들의 일부가 아니라는 것이다. 그것들 속에 존재하지만 거리를 두어야 하고, 기꺼이 그것들을 버릴 준비를 하고 있어야 한다. 아우구스티누스는 그것을 이렇게 표현했다. 즉 현세의 것을 '이용하라, 하지만 즐기지는 마라uti, non frui.' 또는 로욜라와 칼뱅의 정식화를 빌리자면, 모든 것을 신의 영광을 위해 하라.

그것이 도대체 무슨 말인지를 명확히 정식화하는 것은 지극히 어려웠다. 그것을 구체화하려는 모든 시도는 두 가지의 정반대 위험에 직면했다. 한 가지 위험은 개화번영의 삶을 자체의 희화화로 만들 정도로 자기-버림이라는 요소를 너무 높이 내세우는 것이었다. 특히 중세에 결혼 후의 성생활에 대해 평신도에게 가르친 내용을 생각해보라. 그것은 어떤 성적 기쁨도 배제했다. 또 다른 위험은 단순한 최소요구를 정하는 것이었다. 구원에 필요한 최소한의 것을 생각해보라. 가령 몇 가지 중요한 계명을 준수하는 것이 그것이다. 하지만 누구나 알듯이 그래도 심지어 그와 같은 것조차 종종 어긴다. 그리하여 결국 최소조건은 제때 회개해야 한다는 것으로 귀결되고 만다.

여기서의 최종 결과는 이렇다. 즉 그와 같은 긴장 자체에 내장된 내재적 위험이 조만간 우리를 덮친다는 것이다. 즉 자기-버림을 요구하는 소명을 평신도의 일상적 소명[직업]보다 분명히 높은 곳에 놓는 것이다. 그와 함께 1급 기독교도와 2급 기독교도가 존재하게 되는데, 2급인 사람들은 어떤 의미에서 1급인 사람에 의해 지탱된다. 그와 함께 우리는 위계제적 상보성으로 되돌아간다.

반면 사람들이 고수하고 싶어한 결정적으로 중요한 진리는 모든 삶의 방식과 활동의 상보성이었는데, 그에 따르면 우리는 모두 하느님의 종으로, 일부 사람을 다른 사람 위에 놓을 수 없다.

따라서 여기서 한편으로는 보통 사람에게 너무 과도한 자기-버림을 요구하는 것 그리고 다른 한편으로는 그와 같은 요구를 완화시키지만 동시에 복수의 속도를 고수하는 체계를 희생시키는 대가를 치르도록 하는 것 간의 딜레마가 존재하는 것 같다.

급진적 프로테스탄티즘은 그러한 복수의 속도 체계를 명백히 거부했으며, 그러한 체계를 명분으로 한 보다 고차적인 것, 즉 자기를 버리는 소명마저 폐지했다. 하지만 동시에 자기-버림을 일상적 삶 속으로 옮겨놓았다. 그렇게 해서 두 번째 문제를, 즉 1급 신도와 2급 신도를 위계제적으로 분리하는 문제를 피할 수 있었지만 상술한 첫 번째 위험, 즉 보통 사람의 개화번영에 감당할 수 없는 자기-버림이라는 짐을 지우는 위험에 가까워지게 되었다. 그것이 원래 축성된 것으로 간주되어야 할 삶의 이미지를 실제로는 82 일련의 엄격한 도덕적 요구로 가득 채워버렸다. 그것은 상보성을 거부하는 논리에서는 불가피해 보이는데, 만약 모든 소명에 대해 요구되는 바가 동등하게 까다롭다고 실제로 믿고, 또 그것이 하향평준화되길 바라지 않는다면 모두에 대해 극히 엄격한 기준이 적용되어야 하기 때문이다.

질서와 무질서의 이미지가 여기서는 중요했다. 죄 없는 축성된 사람은 무질서한 행동을 피하고, 질서 있는 삶을 살아가며, 술주정, 음행, 없는 말을 지어내는 것, 상스런 웃음, 싸움, 폭력 등을 그만둔다.[87]

게다가 칼뱅주의자들은 사회적 무질서가 창피할 정도이며, 사회 전반의 품행이 앞서 말한 측면에서 죄로 가득 차 있으며, 사회 전체가 무질서, 악덕, 불의, 신성모독 등에 빠져 있다는 강력한 감각을 당시의 많은 사람, 특히 엘리트와 공유했다. 개인 수준뿐만 아니라 사회 수준에서도 그것의 치유가 중요한 목표로 여겨졌다.

여기서 프로테스탄티즘이 중세에 시작된 개혁과 연속선상에 놓이며, 전반적 수준을 격상시키려고 시도했음이 중요해진다.[88] 오직 소수만이 복음에 총체적으로 충실한 삶을 사는 세계에 만족하지 않고 오히려 경건과 관련된 몇 가지 실천이 모든 곳에서 관철될 수 있도록 시도했다.

하지만 이제 사회질서에 주어진 중요성에 비추어보아 도덕적 요청의 일반화는 각자의 삶에 고도의 도덕적 요구를 부과하는 것뿐만 아니라 또한 사회에 질서를 부과하는 것을 포함했다. 그것은 개인적 도덕(성)의 기준의 희석화를 포함하는 것이 아니라 그것을 완성하는 것으로 간주되었다. 악한 자가 다른 사람에게 악영향을 미치지 않도록 사회 전체의 악덕을 단속할 필요가 있다고 칼뱅은 주장했다. 우리는 모두 서로에 대해서뿐만 아니라 사회 전체에 대해서도 책임이 있다.

87 물론 그렇게 해야 하는 데는 『성서』에 근거가 있었다. 가령 「로마인들에게 보낸 편지」, 1장 28~31절과 「갈라디아인들에게 보낸 편지」, 5장 19~23절을 보라.

88 Philip Gorski, *The Disciplinary Revolution*(Chicago: University of Chicago Press, 2003), pp. 19-22를 보라.

그리고 실제로 칼뱅주의 사회 — 가령 제네바, 뉴잉글랜드 — 가 종종 목표로 한 질서의 정도에 도달하는 것은 역사상 매우 예외적이었고, 또 전례를 찾아볼 수 없는 것이었다. 그것은 이전의 어떤 것보다 더 높은 비약을 요구했고, 또 그와 같은 것으로 이해되었다.[89]

하지만 물론 사람들이 혼자 힘으로 그렇게 할 수 있다고 생각한 것은 아니었다. 그것은 오직 신의 권능을 통해서만 가능하다. 우리는 무력하다고 인식해야 하고, 앞의 것을 충족하기 위해 신앙 속에서 신에게 돌아가야 한다. 바로 그것을 통해 그와 관련된 기획 전체가 인간의 개화번영에 관한 새로운, 보다 고도로 도덕화된 견해와 완전히 다른 것이 되었다. 인간의 개화번영이라는 생각을 완전히 버리고 신에게 귀의해 인간의 편의가 아니라 신의 영광을 위해 그와 같은 질서를 구축하는 사람만이 제대로 그것을 해낼 수 있었다.

여기서는 내면적 동기가 열쇠였다. 하지만 그것은 실제로 그것을 실행하려면 규율을 훈련받은 개인적 삶과 질서정연한 사회라는 두 가지 다른 수준에 세 번째 수준의 질서가 추가되어야 함을 의미했다. 게다가 이 모든 것에 대해 정확한 내면적 태도를
83 취하는 것이 필요했다. 그와 관련해 어떤 도움도 필요 없이 오직 자기 힘에만 기반해 그렇게 해야 한다는 생각을 피해야 했다. 그와 같은 태도는 맹목적이고, 주제넘고, 신을 부인하는 짓이다. 하지만 동시에 돌이킬 수 없게 죄에 사로잡혀 있기 때문에 실제로 무력하다는 감각을 피해야 했다. 축성된 사람은 신에 의해 구원받으며, 신의 질서를 세우는 데 필요한 힘을 신에게서 부여받는다는 감각을 반드시 갖고 있기 때문이다.

퓨리턴의 영=정신적 삶은 스킬라의 바위와 카리브디스의 소용돌이치는 바다 사이를 헤쳐 나가는 항해 같았다. 한편으로 우리는 구원에 대해 확신을 가져야 했다. 지나친 불안과 회의는 신의 선물을 거부하는 것이나 마찬가지였고, 심지어 결국 구원받지 못했다는 징조일 수도 있을 것이다. 하지만 다른 한편으로 동시에 아무런 흔들림 없는 전적인 확신 또한 당사자가 그것과 관련해 신학적으로 진정 무엇이 걸려 있는지를 전적으로 망각해버린 채 우리는 죄인으로 영벌을 받아 얼마든지 마땅하지만 오직 신의 무상

89 Bouwsma, *John Calvin*, p. 218.

의 은혜에 의해서만 그것으로부터 구원받음을 망각하고 있음을 보여준다. 즉 실제로 절벽 위에 매달려 있으며, 오직 신이 뻗은 손에 의해서만 추락하지 않고 겨우 버티고 있음을 망각하고 있다.

퓨리턴의 설교는 그처럼 잘 알려진 두 가지 위험 사이를 왔다 갔다 했다. 한편으로 사람들이 얼마나 신의 명령을 심하게 거스르는지를, 혼자 힘으로 더 나은 삶으로 자기를 이끄는 것과 관련해 우리가 얼마나 무력한지를 보여주었다. 다른 한편 신이 영벌로부터 우리를 구원하신다고 확신했다. 하지만 이 모든 것을 당연시하지 않도록 우리가 얼마나 무력한지를 다시 한 번 상기시켜주어야 했다.[90]

프로테스탄트는, 일반적으로 구원받았음을 알려주는 통상적 표시 중 하나는 신이 우리를 구원해주리라는 모종의 확신이라고 일반적으로 믿었기 때문에 많은 사람이 본인이 내면적으로 어떤 성향을 띠고 있는지를 확인하기 위해 자기 영혼을 탐구했음은 충분히 이해 가능할 것이다. 하지만 특정한 내면적 감정과 반응이 실제로 존재하는지를 확인하려는 시도 그리고 그것을 실제로 초래하려는 시도 간의 경계선을 긋기는 매우 어려웠는데, 특히 그에 대한 대답에 너무나 많은 것이 걸려 있는 경우 그랬다. 그리고 그것을 느끼도록 재촉될 때는 한층 더 그랬다.

그 결과 프로테스탄티즘(또한 몇몇 가톨릭)적 영성에서 질서가 수립되어야 할 세 번째 수준이 등장한다. 올바른 내면적 태도를 형성하는 것이 그것이다. 즉 한편으로는 절망이나 사람을 마비시키는 우울함을 피하고 다른 한편으로는 타자에 대한 피상적이고 경박한 신뢰를 피할 수 있는 능력을 길러야 한다.

이제 그와 관련된 규율의 훈련에 기반한 모든 질서의 수립이 어떻게 거대한 전도를 준비했는지를 이해할 수 있으리라는 생각이 든다. 한쪽에는 행동에 모종의 (당시로서는) 매우 인상적인 정도의 도덕질서를 부여하기 위해 성격을 특정한 규율에 따라 훈련하는 사람들이 존재한다. 다른 한편 그중 일부는 힘을 합쳐 사회에 전례 없을 정도의 질서를 부여할 수 있는 방법을 찾았다. 또는 적어도 제대로 된 조건만 갖추어지면 그렇게 할 수 있다고 믿게 되었다.

90 Delumeau, *Péché*, 19장.

그런데 예배와 사회적 삶에서 성스러운 것을 추방하려는 그들의 행위 그리고 질서 수립 과정에서 사물과 사회에 대해 그들이 갖게 된 도구적[합목적적] 태도는 세계에서 주술화를 몰아내는 경향을 보였다. 점점 더 정령과 유의미한 영력들이 사라지면서 탈주술화되는 세계는 점점 더 익숙한 곳이 되었다. 그 결과 다공적 주체라는 이해는 점점 더 사라져갔다.

84 하지만 그것이 신의 자리를 의문시하는 결과를 즉각 가져온 것은 전혀 아니었다. 신은 다수의 정령과 영력이 지배하는 세계에서 선의 승리를 보장하는 존재로는 더 이상 필요치 않게 되었다. 하지만 그와 같은 다수성을 부정하게 되면 우선 그것들과 경쟁하는 유일한 원천, 즉 악마를 도와주는 꼴이 된다. 모든 마술은 흑마술이 되고, 악마의 소행으로 여겨지게 된다. 모두가 영벌을 받아 마땅한 만큼 악이 승리하지 않도록 신의 권능이 한층 더 극적으로 필요해진다. 이제 신-감각이 한층 더 예리해진다.

하지만 반전이 준비된다. 즉 행위 속에 질서가 내장되고, 사회와 관련해서도 또한 질서를 가져오는 것이 적어도 우리 힘이 미치는 범위 안에 있다는 인상을 받고, 보다 결정적으로는 여러 동기 간의 일종의 균형 상태에 이를 수 있는 비결을 배우고 그것을 통해 그와 같은 외부 질서 모두에 이를 수 있는 길을 열어놓게 된다. 그것을 통해 이제 — 심지어 느낄 새도 없이 — 앞서 언급한 스킬라 속으로 미끄러져 들어가는 것이 가능해진다. 즉 그것들을 통제하고 있으며, 잘 해낼 수 있다는 확신 속으로 말이다.

물론 우리는 오직 신의 권능만이 그것을 가능하게 한다는 공식 신앙을 고수할 것이다. 하지만 실제로는 우리 — 우리와 같은 사람들, 우리의 질서정연한 사회/계층[위계]에서 성공하고 품행 바른 사람들 — 가 신의 자비의 수혜자리는 확신이 점점 더 커져갔다. 타락한 무질서한 계급, 주변부 집단, 교황 지지자 등은 전혀 그렇지 못할 것이다. 존재 속에서 세 가지 수준의 질서가 유지되는 한 그와 같은 확신을 막기는 어렵다. 물론 인류의 다수는 영벌을 받도록 운명지어져 있으며, 구원받는 소수는 그저 운이 좋았을 뿐이라는 것은 일반 명제로는 여전히 진실이다. 하지만 실제로 우리는 내가 그와 같은 소수에 속하며, 우주는 정해진 대로 전개되어 나가리라고 확신하게 된다. 여기서 '나는 무력한 죄인'이라는 선언은 점점 더 그저 형식적인 것으로 그치게 된다.

변화에 대한 그와 같은 서술은 아마 오히려 사색과 신실함이 보다 덜한 공동체 구성원에게 해당될 것이다. 하지만 사물을 보다 강력하게 통제하고 있다는 감각은 또한 보다 사려 깊고 신실한 사람도 사로잡았다. 그리하여 모든 칼뱅주의 사회에서는 얼마 지나지 않아 아르미니우스설Arminianism[칼뱅의 교의를 부정하고 자유의사를 강조하며 신의 구원은 전 인류에 미친다고 주장했다]이 등장해 정통 형태의 예정설의 부활을 실제로 촉발했지만 그러다가 다시 현행 체제로 돌아갔다. 사람들의 삶을 바꾸는 데서 칼뱅주의가 큰 성공을 거둔 점에 비추어볼 때 그러한 사태전개는 불가피했다.

세 겹으로 이루어진 질서를 수립할 수 있는 능력에 대한 확신으로부터 어떻게 배타적 휴머니즘으로의 이행이 이루어졌는지를 이해할 수 있을 것이다. 그것을 위해서는 신과의 연관성을 두 지점에서 쳐낼 것이 요구되었다.

첫째, 질서의 목표가 순수하게 인간의 개화번영 문제로 재정의되었다. 질서 추구는 신의 영광을 찬미하기 위한 것으로도 또 물론 신을 따르는 방식 중 하나로도 더 이상 간주되지 않게 되었다. 두 번째로 인간의 개화번영을 추구할 수 있는 힘은 더 이상 신으로부터 받는 것이 아니라 순수하게 인간적인 능력으로 간주되게 되었다.

하지만 내재성 쪽으로의 그러한 이중적 이행의 결과, 인간의 개화번영에 관한 새로운, 여러모로 전례 없는 이해방식이 생겨났다. 이 새로운 이해는 고대로부터 전수된 철학 전통에 따라 종종 '본성=자연nature'이라는 용어로 표현되었다.

8 85

하지만 아무래도 이야기를 너무 앞서가는 것 같다. 종교개혁이 세계의 탈주술화 그리고 이후의 배타적 휴머니즘의 창조에 어떤 역할을 했는지를 살펴보기 전에 해당 시기 전체, 즉 그것을 둘러싼 전후 시기, 대략(여기서 모든 날짜는 자의적인 것이다) 1450~1650년의 시기에 대해 모종의 감을 잡을 필요가 있다. 대문자 개혁이 이루어진 3세기로, 바로 종교개혁 자체라고 부를 수 있는 것의 다양한 단계를 그리고 또한 대항종교개혁을 포함한다. 하지만 또한 중세 말에 등장한 이전의 일련의 충동 — 즉 평신도의 신앙을 개혁하고 보다 '고차적인' 기준으로 끌어올리려던 흐름도 포함한다. 거기에는 연속성이 존재했다. 종교개혁은 엘리트와 보통 사람들, 성직자의 신앙과 평신도의 신앙 간의 간격을 (적어도 이론상으로는) 폐지한 점에서 다른 형태로 전에 착수된 기획을 계속하고 있었다.

그런데 상술한 시기에 세 종류의 변화가 함께 일어나고 있었는데, 서로 뒤섞이며 서로를 방해하거나 촉진시켰다. 너무 뒤섞여 있어 종종 오직 분석 수준에서만 분리 가능하다. 먼저, 민중신앙에서 나타난 자율적 변화가 존재했는데, 그것은 위로부터 장려되었을 수도 있지만 주로 위로부터 힘을 얻은 것은 아니었다. 가령 십자가에 못 박힌 그리스도 숭배, 죽음과 연옥 앞에서의 연대의 관습 등이 그것에 해당되었다. 두 번째로 다른 견해 또는 다른 사회적 기반을 가진 새로운 엘리트 계층이 출현하고 발전하게 되었는데, 그것과 함께 교양 있는 평신도 집단의 출현을 볼 수 있었다. 그리고 그와 같은 집단이 당시 내내 라틴계기독교세계의 종교상을 점점 더 강하게 각인시키게 되었다.

그런 다음, 세 번째로, 사회 전체를 개조해 인민대중의 삶을 바꾸고, 그런 다음 엘리트 사이에서 큰 공감을 얻고 있던 특정 모델에 사회 전체와 대중이 한층 더 잘 조화를 이루도록 하기 위한 엘리트 계층 — 기존 형태건 아니면 신규 형태건 — 의 계획적 시도가 등장했다. 그와 같은 움직임을 이 시대의 맨 처음부터, 심지어 그전부터 볼 수 있었다. 종교적 실천과 신앙의 기준을 높이기 위해 중세교회가 취한 일련의 조치에서 그것을 볼 수 있을 것이다. 나는 제대로 설명할 수는 없었지만 그것이 매우 중요한 사실임을 앞서 언급한 바 있다. 라틴계기독교세계의 '질서 열'이 그것으로, 그것에 의해 종교 지도자와 민중, 위계제와 평신도 간의 위계제적 균형 — 그것은 '보다 고차적인' 종교에 의해 지배된 문명 사이에서는 예외라기보다는 규칙이었다 — 에 대한 불만이 증가했다.[91]

91 나는 라틴계기독교세계 속에 대문자 개혁을 향한 장기적 벡터가 존재했다고 상정하는데, 아마 힐데브란트의 개혁이 실시된 11세기라는 대단히 오래전에 시작된 그것은 가톨릭 대항종교개혁과 프로테스탄티즘 종교개혁 모두로 번져나갔다. 무엇이 그와 같은 벡터가 계속 유지될 수 있도록 해주었을까 하는 질문에 대답하기는 어렵지만 그와 같은 일반적 방향을 부정하는 것은 불가능하다고 생각한다. 오말리John O'-Malley(*Trent and All That*[Cambridge, Mass.: Harvard University Press, 2000], pp. 17-18)는 원래 그와 같은 개혁은 규율 및 습속과 관련되어 있었다고 주장한다. 그리고 교회건 모종의 교단이건 보다 이전의 규칙이나 정전으로 돌아가는 것이 중요했는데, 그것들이 사람들 주장으로는 방종한 상태에 빠져버렸기 때문이다. 나는 그것이 그와 같은 생각의 핵심이라고 생각하지만 내가 대문자 개혁이라고 부르는 위대

그것은 결코 단순히 일과적 단계가 아니었다. 그와 같은 종류의 시도가 반복해서 이루어졌기 때문이다. 첫째, 그와 같은 시도는 동일한 엘리트 계층에 의해, 또 가톨릭교회의 위계제에 의해, 또 〈트리엔트공의회〉를 통해 계속 이루어졌으며, 마침내 그것으로부터 대항종교개혁 교회의 다양한 분지로 뻗어나갔다. 성직자 교육의 기준은 지속적으로 격상되었으며, 평신도적 실천의 기준도 마찬가지였다.

하지만 두 번째로 다른 엘리트도 — 항상은 아니지만 몇몇 경우 위계제와 경쟁했다 — 비슷한 시도를 해왔다. 위계제와의 경쟁은 종교개혁의 후원 아래 사회를 재조직화한 사람들의 경우 명백했다. 즉 루터파 국가들의 교회와 국가 지도자들, 대문자 개혁을 선택한 기독교 휴머니스트들이 그들로, 개혁된 교회들의 종합을 창조하는 데 기여했다. 가 86
령 물론 먼저 칼뱅 그리고 헨리 8세가 로마와 단절한 이후 영국교회를 재조직한 그의 정신적 형제들의 이름을 거론할 수 있을 것이다. 절반의 반항심만 보여준 대중은 때로는 난폭한 방법으로, 때로는 온화한 설득을 통해 새로운 체제에 순응하도록 계속 강요당했다. 동시에 새로운 엘리트 계층이 등장해 종종 그와 같은 과정을 촉진했다.

하지만 세 번째로, 좋은 사회질서라는 명목으로 세속적 권위가 실시한 또 다른 일련의 사회 개조 시도가 있었다. 그러한 시도에서는 항상 종교적 구성요소를 볼 수 있었지만 결코 배타적으로 종교적 측면에서만 규정되지 않았다. 빈자와 탁발수도사들의 상황이 재검토되었다. 그들은 「복음」에 등장하는 형상들의 아우라를 잃어버리기 시작했으며, 점점 덜 자선 대상으로 간주되는 대신 점점 더 처리해야 할 사회 문제로 여겨지게 되었다. 그리하여 조직적으로 다루어지고, 관리되고, 규율을 훈련받고, 종종 준감금 상

한 전통에서 그것은 다른 두 가지 생각과 관련되어 있었다. 첫 번째 것은 종교적 삶 자체에서 보다 커다란 개인적 형태의 신심 그리고/또는 규율 쪽으로, 뿐만 아니라 그것들을 위해 보다 그리스도 중심적인 것에 초점을 맞추는 쪽으로 변화가 일어났다는 생각이다. 두 번째 것은 본문에서 내가 막 서술해온 목표이다. 전념해야 하는 일 및 책무와 관련해 그처럼 격상된 기준을 충족시킬 수 있도록 모든 기독교도를 개조하는 것이 그것이다. 이 두 측면을 통해 대문자 개혁은 단지 (물론 종종 환기되기도 했지만) 과거의 순수함으로 돌아가는 것이 아니라 진정한 새로움과 전례 없는 변화의 엔진이 될 수 있었다. 또한 그와 같은 운동이 그처럼 많은 세기와 단계에 걸쳐 추진력을 계속 유지할 수 있던 이유를 설명하는 데 도움이 되는 것 또한 그와 같은 두 가지 갈망이었다.

맥컬럭 또한 12세기의 힐데브란트적 개혁과 보다 후일의 종교개혁 간에 연속성이 존재하는 것으로 간주한다. 그와 같은 초기의 조치를 '박해 지향적 사회의 형성'을 정초한 움직임으로 간주할 수 있을 것이다. "사회 전체에 대한 집중적이고 전례 없는 규제를 선도하도록 유럽의 성직자를 이용하기 위한 시도가 의문의 여지없이 존재했다"(David MacCulloch, *Reformation*[London: Allen Lane, 2003], pp. 27-28).

태에 놓이기도 했다.92

그것은 새로운 '공안경찰국가'의 한 측면일 뿐으로, 시민의 삶을 합리적 방식으로 조직하는 일에 착수한 상태였다. 시민이 적절한 교육을 받고, 교회에 출석하며, 절제하며, 생산적인 경제적 삶에 종사하는 것을 보장하기 위해서였다. 그것은 또한 다양한 사회적 재난에 효율적으로 대처하기 위한 조직이기도 했다. 역병이 보다 엄격한 격리 정책에 의해 관리되게 되었듯이 말이다.

그와 같은 움직임이 반드시 종교와 경쟁 관계에 있던 것은 아니다. 세속적 권위는 이런저런 교회와 밀접한 협력 관계를 맺고, 기능하고 있었다. 밀라노의 위대한 대항종교개혁 사제인 보로메오Charles Borromeo는 보다 선진적인 모델에 발맞추어 교회의 많은 관행을 개혁했다. 가령 성스러운 것과 세속적인 것을 뒤섞었던 카니발과 다른 이교적 관습의 흔적을 금지하고, 교회로부터 동물을 축출하려고 했으며, 묘지에서 춤추는 것을 그만두게 하고, 샤리바리를 금지하려고 했다. 요컨대 보다 질서 있고 덜 '주술화된' 유형의 기독교적 관행을 만들어내기 위해 애썼다. 또한 빈자와 부랑자를 조직해 규율을 훈련시키려는 도시정부의 조치를 장려했다.

개혁과 조직화를 위한 이 모든 시도를 관통하는 몇 가지 공통된 특징이 존재했다. (1) 행동주의적이었다. 사회를 재질서화할 수 있는 효과적 조치를 추구했으며, 고도로 개입주의적이었다. (2) 획일화uniformizing 경향을 보였다. 단일 모델이나 도식을 모든 것과 모든 사람에게 적용하는 것을 목표로 했다. 비정상적인 것, 예외, 주변인, 모든 종류의 비순응자를 제거하려고 했다. (3) 동질화 경향을 보였다. 비록 여전히 신분상의 차이에 기초한 사회 속에서 작동하고 있었지만 일반적 경향은 차이의 축소, 대중의 교육을 향해 있었다. 그리하여 보다 상위에 있는 사람들이 따르던 기준에 점점 더 잘 순응하도록 만들려고 했다. 교회의 개혁 노력에서도 그와 같은 경향을 분명하게 읽어낼 수 있을 것이다. 하지만 '공안경찰국가'를 통해 민중의 삶에 질서를 부여하려는 시도에 대해서도 동일하게 말할 수 있을 것이다. (4) 베버 용어의 이중적 의미에서 '합리화' 경향을 보였다. 즉 개혁의 몇 가지 (가령 경제 영역에서의) 목표의 설계뿐만 아니라 행동주

92 Bronislaw Geremek, *La potence et la pitié: l'Europe et les pauvres du Moyen Age à nos jours*, trans. Joanna Arnold-Moricet(Paris: Gallimard, 1987).

의적 개혁 과정 자체에서 도구적 이성의 사용이 증가하는 것이 포함되었을 뿐만 아니라 일련의 정합적 규칙(베버가 말하는 합리성의 두 번째 차원, 즉 '가치 합리성Wertrationalität')에 의해 사회에 질서를 부여하려고 시도했다.

그것을 통해 그리고 종교개혁에 고유한 추진력에 의해 앞서 말한 것들은 세계의 87
탈주술화를 그리고 (엘리트와 대중 간의 위계제건 아니면 카니발 속에 반영된 것을 볼 수 있는 것과 '전복된 세계' 간의 위계제건) 위계제적 균형에 기반한 사회의 폐지를 초래하게 되었다. 실제로 카니발 그리고 민중문화의 비슷한 잔재에 대한 적개심이 종교적 재질서화와 세속적 재질서화 모두에서 명백하게 공통으로 나타나는 특징 중 하나였다. 16~17세기의 엘리트 관점에서 보자면, 카니발의 전복된 세계는 여흥의 주제도 또 엘리트의 오만함에 대한 건전한 시정 조치도 아니었다. 또 '통기구'(안전판)도 또 심지어 인간의 삶의 깊이와 다면성에 대한 인식도 아니었다. 그것은 단지 죄의 모습이자 죄를 지으라고 부추기는 유혹일 뿐이었다. 브란트Sebastian Brant의 〈바보들의 배〉부터 시작해 일련의 저술과 회화(보스, 브뤼겔)와 삽화가 전복이라는 주제의 도덕화에 착수했다. 결국 더 이상 웃고 넘어갈 문제가 아니게 되었다. 실제로 전복된 세계는 우리가 일상적으로 사는 곳으로, 그곳에서는 죄가 모든 질서를 뒤엎었다. 이제 죄와 무질서를 응징하기 위한 유머 없는 결정이 전면에 등장하는데, 비타협적 단죄를 통해 애매함과 복잡함을 말소시키려고 했다. 그것은 무질서의 씨를 뿌리고, 이교적 요소와 기독교적 요소를 뒤섞는 등 악덕의 온상임을 근거로 카니발과 다른 유희적 관행을 폐지하려고 한 지배 엘리트의 시도를 반영했다(우리는 여기서 오늘날 〈정치적 올바름〉이라고 불리는 것의 탄생을 목격하고 있다). 들뤼모는 그와 같은 현상을 광기에 대한 태도에서 일어난 비슷한 변화와 연관 짓는다.[93] 광기는 전에는 환시, 성스러움의 피난처로 간주될 수 있었지만 이제는 명확하게 죄의 열매로 판단되게 되었다.

그와 함께 우리는 이 시대 전체의 매우 중요한 특징 중 하나에 이르게 된다. 그것은 처음에는 엘리트 계층과 민중문화 간의 점증하는 균열에 의해 표시되었다. 버크Peter Burke가 그와 같은 분열의 주요한 특징을 추적해오고 있다. 물론 엘리트문화와 민중문

93 Delumeau, *Péché*, pp. 146-152.

화를 구분하는 데는 위험이 따른다. 아주 옛날부터 엘리트에 국한된 문화의 요소가 존재했는데, 가령 신학, 스콜라철학, 인문학에의 숙달 등이 그것이다. 하지만 중세에는 원래 어떤 균형 잡힌 상태도 유지되지 않았다고 주장할 수 있을 것이다. 즉 엘리트 계층이 배제된 민중문화는 애초에 존재하지 않았다. 가령 민중적 양식의 경건을 귀족과 성직자도 공유했다. 모든 사람이 카니발에 함께 참여했다.

하지만 르네상스 말기부터 균열이 점점 확대됨을 확인할 수 있을 것이다. 민중문화로부터의 엘리트 계층의 일종의 분리가 일어났다고 할 수 있을 것이다. 종교 영역에서의 우상숭배건 아니면 카니발과 민중적 오락에서의 우상숭배건 말이다. 그와 같은 분리를 계기로 삶에 관한 엘리트 계층의 이상이 발전하는데, 그것은 많은 민중문화와는 양립 불가능한 것으로 간주되었다. 가령 종교 영역에서의 경건이라는 이상과 세속 영역에서의 '예의civility'가 그것이었다. 그와 같은 분리는 그와 같은 단계에 머물지 않고, 사회를 새로 만들고 대중의 삶에 적극적으로 새로운 질서를 부여하려는 시도의 토대가 되었는데, 그것은 이후 너무나 치명적인 결과를 수반하게 되었다.

주술화된 세계를 제거하고 배타적 휴머니즘과 관련해 최초로 독자적으로 생존 가
88 능한 형태를 역사의 무대에 등장시킨 변형은, 바로 그와 같은 맥락을 통해 바라보아야
한다. 배타적 휴머니즘은 그것이 등장할 수 있도록 해준 과정에 의해 특징지어졌다. 즉 능동주의, 획일화, 동질화, 합리화에 의해 그리고 물론 주술화와 균형에 대한 적대감에 의해 말이다.

이상적으로 말하자면, 재질서화 과정 전체를 상이한 측면, 특히 두 가지 종교개혁[프로테스탄티즘 종교개혁과 가톨릭 대항종교개혁] 그리고 '공안경찰국가' 속에서 추적할 수 있어야 할 것이다. 하지만 그렇게 하기 전에 평신도의 대문자 개혁 시도의 몇 가지 배경에 대해 서술할 필요가 있다. 그러한 시도의 밑바탕에 깔려 있는 철학적 자연개념의 근대적 역사의 일부를 고려할 필요가 있다. 중세 말과 근대 초에 이루어진 휴머니즘의 몇 가지 발전을 살펴볼 필요가 있다. 그것들 또한 삶과 사회를 규율을 훈련시키는 방식으로 재질서화하려는 시도에 크게 기여했기 때문이다. 이제 논의 방향을 바꾸어 그와 같은 가닥을 따라가 보도록 하자.

9

하지만 먼저 이 시대 전체에 대한 일반적 촌평을 하나만 더 추가하기로 하자. 들뤼모 주장대로 이 시대는 불안의 시대였다.[94] 거대한 두려움의 시대였다. 마술에 대한 두려움, 외부인에 대한 두려움, 무질서에 대한 두려움 그리고 물론 죄, 죽음, 심판에 대한 두려움. 그것은 14세기의 큰 대재앙 이후 특히 두드러졌다. 기근, 전쟁, 무엇보다 먼저 흑사병. 두려움은 종종 단지 앞의 재앙에 의해서만 설명되기도 했다.

하지만 두려움은 당시 사회가 겪은 여러 변화에 의해 배가되었다는 말은 그럴듯하게 들린다. 완만한 탈주술화뿐만 아니라 재질서화하려는 지속적 시도에 함의되어 있던 불안정화, 또 익숙한 것의 폐지와 새로운 것의 시작 등이 그것이었다.

탈주술화의 첫 번째 결과는 악령의 제거가 아니었음을 기억해야 한다. 그것은 근본적 형태로 교회의 모든 마술을 멀리했기 때문에 모든 마술을 흑마술로 낙인찍었다. 그와 같은 종류의 것은 모두 이제 악마에게 속했으며, 모든 마술사, 마녀, 신령치료사 등은 이제 악마의 동맹자라는 오명을 뒤집어쓸 위험에 노출되었다.

어떤 의미에서 악령들도 하나 속에 집중되게 되었다. 심지어 신의 능동적 에너지마저 성령으로 가득 찬 각종 물건과 교회의 마술 속에 흩어져 있던 데서 한 점에 모이게 되었듯이 말이다. [그리하여] 하나의 적만, 악마 그 자체, 즉 사탄만 존재하게 되었다.

그와 같은 변화 또한 불안감을 불러일으켰다. 악마에 대한 두려움이 한층 더 커졌으며, 구원에 대해서도 두려워했다. 투쟁에 대한 강조가 늘어났다.

따라서 이 시대에 박해가 격화되고, 그중 일부는 우리에게는 광란에 가까운 것으로 보일 정도인 것은 아마 그리 놀라운 일이 아닐 것이다. 아마 오늘날이라면 사회적 공황이라고 부를 수 있는 현상이 벌어진 것이다. 1789년의 〈프랑스혁명〉 때의 소위 '대공포'가 아마 좋은 사례일 것이다. 우리는 다름 아니라 사회질서를 통해 악의 세력과 싸우거나 그와 같은 질서를 악에 맞서 우리를 보호하려는 노력으로 생각하기 때문에, 그것에

94 들뤼모, 같은 곳.

89 결정적으로 중요하다고 생각해온 것이 손상될 때는 모종의 엄청난 공포가 생겨날 수 있을 것이다. 앞의 말이 의미하는 것은 우리가 필요로 하는 보호 ― 그것이 무엇이건 ― 를 충족시키기 위해 포기해서는 안 되는 어떤 것을 가리킨다. 그와 같은 종류의 두려움은 세속의 시대까지 살아남았다고 주장할 수 있을 것이다. 근대사회는 일부 젊은이가 테러 행위에 나서고 있음을 알게 되면 뿌리부터 흔들릴 수 있을 것이다. 다름 아니라 그것이 질서로 이해되는 것의 방파제 자체, 즉 개인의 안전의 기반을 파괴하기 때문이다. 또는 지금까지 안전하다고 여겨진 몇몇 환경 속에 공산주의자가 암약하고 있다는 생각에 [1950년대 초의] 매카시 시대가 보인 과잉반응을 생각해보라.

중세 말과 근대 초에 전에는 평화롭게 공존하는 것이 허용된 사람들을 포함해 주변부적 존재들에 대한 박해가 격화된 데는 아마 위에서 언급한 것과 유사한 이유가 있었을 것이다. 마녀사냥이 점점 심해졌다. 이단은 점점 더 필사적으로 추적당했다. 부랑자에 대한 두려움이 커져갔다(하지만 여기에는 객관적 변화 또한 존재했다). 실제로는 자기 자신의 구원에 관한 불안이 점점 더 자유롭게 부동浮動하고 있었다는 가설을 세워볼 수 있을 것이다. 그리하여 모든 형태의 위협으로부터 우리를 지켜줄 수 있는, 사회적 성스러움 속에 닻을 내린 방파제로 막연하게 간주되는 것이 오염될 위협에 폭력으로 반응할 가능성이 그만큼 더 커진다.

이 책이 끝나갈 무렵 앞의 쟁점으로 되돌아갈 것이다.

2

규율훈련 사회의 등장 90

1

우리가 해야 할 이야기는 부분적으로 자연, 말하자면 단순히 신의 드러남을 위한 매체로서의 자연이 아니라 자연 자체를 위한 자연에 대한 관심이 증대된 것과 관련된 것 같다. 그와 같은 관심을 과학(가령 13~14세기에 있은 아리스토텔레스의 재발견), 예술(가령 조토Giotto di Bondone의 새로운 '리얼리즘.' 그는 주변 사람을 꼼꼼하게 관찰해 그림 속에 그려 넣은 것 같다), 윤리학(고대의 '자연=본성' 윤리학, 즉 아리스토텔레스, 스토아주의 윤리학이 재발견되었다)에서 찾아볼 수 있을 것이다. 그와 같은 과정은 먼 과거에서 시작되었으며, 몇 단계를 거쳤다. 그것이 '12세기 르네상스'의 결정적 측면 중 하나였다. 하지만 곧이어 자연에 대한 또 다른 종류의 관심이 15세기의 유명론에서 나타났으며, 다시 자연에 대한 또 다른 종류의 관심이 르네상스 휴머니즘에서 등장했다. 이어 거기서 한층 더 멀리까지 나가 다시 과학적 견해에서의 대혁명이 일어났다. 즉 17세기의 갈릴레오적-뉴턴적 전환이 일어났다. 그와 같은 식으로 계속 이어지게 된다.

그런데 그와 같은 사태전개와 근대의 세속주의 간에는 명백한 연관성이 존재하는 것처럼 보일 수 있을 것이다. 필자가 매우 상투적인 이야기 방식에 따라 위에서 이미 지적한 대로, 사람들은 자연에, 주변의 삶에, 단지 신과의 관련이라는 측면에서 뿐만 아니라 '그 자체를 위해' 관심을 갖기 시작했다. 이전에는 자연이나 인간의 삶을 묘사하고 사유할 때는 하나의 목표가 있었을 뿐이지만 이제 두 가지 목표를 갖게 되었다. 오늘날의 우리로 이어진 여정의 첫발을 내디딘 것이다. 점점 더 그 자체를 위해 자연에 관심을 갖는 것으로 충분했다. 그리고 그와 같은 경향은 점차 증가한 반면 신적인 것에 대한 참조는 위축되었다. 그러다가 결국 근대의 배타적 휴머니즘 또는 적어도 세속주의가 등장하게 되었다. 물론 그와 같은 이야기는 그와 같은 종착역이 명백히 정확한 것이라는 감각에 의해 지탱되고 있다. 즉 [신에 대한] 외적 참조 없이 또는 오직 우리 인간만 참조한 채 자연에 관심을 갖는 것이 유일하게 분별 있는 태도라는 감각이 그것이다. 그와 같은 사태전개는 필연적이다. 그것이 서서히, 저항에 맞서 전진과 후퇴를 반복하면서 진행되지만 전체적으로 보면, 시간이 흐르면서 우위를 점할 수밖에 없게 된다.

그와 같은 일직선적 설명은 위에서(「서론」 말미) 논한 것과 같은 종류의 '뺄셈' 이야기의 또 다른 사례일 뿐이다. 단지 신에 대한 참조라는 패를 버리기만 하면 그 자체를 위한 — 또는 우리 관심에 비춘 — 자연에 대한 관심이 '자연스러운' 태도로 등장한다는 것이다.

91 그와 같은 설명은 틀린 것 같다. 진짜 이야기는 훨씬 더 흥미롭다. 그와 같은 설명에서 분명히 틀린 첫 번째 사항은 자연 자체에 대한 관심을 신에 대한 참조와 대비시키는 데 있다. 반대로 실제로 둘은 동행했다. 토마스 아퀴나스에게서 가장 영향력 있는 형태를 띠게 되는 기독교의 새로운 아리스토텔레스적 종합을 생각해보자. 바로 그것이 '자연의 자율화'라고 부를 수 있는 현상을 초래했다. 우리 주변의 사물은 자체에 고유한 본성, 즉 구현하려고 애쓰는 형상을 갖고 있으며, 따라서 각자에 고유한 종류의 완전성을 갖고 있다. 그것은 또한 은총 차원에서 또 다른 종류의 완전성을 드러낼 것을 요청받았지만 그것이 각자에 내재적인, 자연적 완전성[무결성]을 무효화하거나 파기하지는 않았다.

> 은총은 본성=자연을 폐기하지 않고 오히려 완성시킨다Gratia non tollit naturam, sed perficit.

하지만 사물을 본성의 완전성 속에서 관찰하는 것은 은총의 작용을 괄호 속에 넣는 것이기는 하지만 우리가 신을 외면하도록 하지는 않는다. 자연은 신의 피조물이므로 신을 만날 수 있는 또 다른 방법을 제공한다. 자연의 질서는 신의 선성을 절로 보여준다. 아퀴나스가 이렇게 말하는 것은 이 때문이다.[1]

그 결과 피조물의 완전성[무결성]을 빼앗는 것은 신의 권능의 완전성을 빼앗는 것이다 Detrahere ergo perfectioni creaturarum est detrahere perfectioni divinae virtutis.

물론 우리 모두 그것이 교의임을 안다. 여기서 일직선적 견해와 필자의 견해 간의 차이는, 변화에 동기를 부여한 것에 대한 설명으로 앞의 교의를 얼마나 진지하게 받아들이느냐는 쟁점에 있다. 당시 사람들은 유일하게 분별 있는 견해의 자연스런 흡입력을 막 느끼기 시작했다고 주장할 수도 있을 것이다. 그와 같은 견해에 따르면, 자연의 자율화는 모든 초자연적인 것을 부정하는 방향으로 발을 내디딘 최초의 소심한 일보였다. 물론 당시 사람들은 그것을 그와 같은 용어로 정식화하지는 않았을 것이다. 신과 연관 짓는 것과 관련해 모종의 수용 가능한 이유를 갖고 있어야 했기 때문이다. 하지만 그들을 실제로 끌어당긴 것은 자연 자체를 위한 자연에 대한 관심의 증대였다.

내가 논박하고 싶은 것이 바로 그러한 견해이다. 하지만 그러한 견해와 관련해 문제를 명확히 제기하려면 당시와 현재 상황의 명백한 특징을 먼저 다룰 필요가 있는데, 왜냐하면 그러한 특징이 혼란을 초래할 수 있기 때문이다. 심지어 '신앙의 시대'에도 모든 사람이 똑같이 경건했던 것은 아니다. 심지어 실제로 특정한 시대에 수용 가능한 영성(들)에 헌신적으로 몰두한 사람 비율은 극히 일정치 않았을지도 모른다는 의문을 제기할 수도 있을 것이다. 거기서 신앙은 중요하지 않다. 아마 가톨릭의 성물을 사랑의 부적으로 사용하는 사람은 성변화聖變化의 효능에 대해 상당히 큰 기대를 가졌을 것이다. 하지만 숭배 수준이나 '신에 대한 참조'는 그리 두드러지지 않았다.

자연의 자율성에 관한 견해도 마찬가지로 의미의 전 음역을 포괄할 수 있을 것이

1 M.-D. Chenu, *La Théologie au XIIe Siècle*(Paris: Vrin, 1957), pp. 25-26에서 재인용[『대이교도대전*Summa contra Gentiles*』, 김율 역, 분도출판사, III, 69].

다. 자연을 관조하는 것contemplative이나 자연에 대해 배우는 것은 매우 다양한 기획의 일부가 될 수 있을 것이다. 그것은 신을 찬양하는 것부터 시작해 윤리적 성찰과 [심]미적 감상을 거쳐 일을 처리하는 가장 효율적인 방법을 찾는 데까지 이른다. 여기서는 유일한 목표에 대해서는 말할 수 없을 것이다.

흥미로운 질문은 이렇다. 어떤 목표(들)가 지배적이었는가? 원래 자율성 개념을 사용한 사람들이 그렇게 전환한 이유를 무엇이 설명해주는가? 그와 같은 전환이 계속 영향을 미친 이유는 무엇인가? 어떤 의미가 적절하거나 지고의 것으로 규정되는가? 물론
92 여기서도 또한 — 다른 영역에서도 마찬가지지만 — 하나의 유일한 원인을 찾을 이유는 전혀 없다. 하지만 나는 신에 대한 참조를 포함한 의미가 매우 중요한 역할을 했다고 주장하고 싶다.

아퀴나스 이래 계속해서 그와 같은 전환을 명확히 해온 성직자였던 학자-지식인 사이에서는 분명히 그랬다. 일직선적 설명이 실제로 설명하지 못하는 것이 있는데, 자연의 자율화가 자체에 고유한 숭배를 가능하게 만드는 방식이 그것이다. 실제로 그것은 다른 종류의 숭배와 갈등을 일으킬 수 있을 텐데, 그와 같은 변화가 저항을 불러일으킬 수 있는 것(그리고 실제로도 불러일으켰다) 그리고 신성모독으로 — 전혀 그렇지 않았음에도 — **탄핵될** 수 있는 것은 이 때문이다.

그처럼 다양한 방식의 숭배에 관해 어떤 상을 그려보려고 시도할 수 있을 것이다. 그 방식 중 하나는 어떤 것을 말할 때 그것에 대해 위대한 행위가 이루어진 장소, 신의 기적이 일어난 장소에 초점을 맞춘다. 이 견해는 주로 『성서』에 의해 부양되지만 또한 『성서』 시대 이후 일어난 기적과 이적도 끌어댄다. 빵을 생각하는 경우 그것을 광야에 떨어진 만나, 유대인의 유월의식, 최후의 만찬, 하늘의 만찬과 관련시키는 식이다.[2] 그처럼 '신의 행위gesta Dei'에서 빵이 하는 역할에 초점을 맞추다보면 그러한 행위와는 별도로 빵을 지배하고 있는 안정적 존재양식이라는 의미에서 빵의 본질을 고려할 여지는 전혀 남지 않게 된다. 그것이 중세성기의 학자-성직자가 널리 따르던 정신적 태도였는데, 그들은 『성서』와 마찬가지로 그것에서 읽어낼 수 있는 사건의 알레고리화에 초점

2 Chenu, *Théologie*, p. 184를 참조하라.

을 맞추었다.

하지만 거기서는 질서정연한 전체로서의 우주, 즉 코스모스 또는 universitas mundi — 후에 그렇게 불리게 된다 — 라는 감각은 없어진다. 이렇게 말할 수 있을 것이다. 한 집단은 신의 언어 행위에 초점을 맞추는 반면 다른 집단은 그와 같은 행위를 가능하게 해주는 놀라운 체계적 언어에 주목한다고 말이다. 앞의 이미지를 계속 사용하자면, 첫 번째 길을 따르는 사람들이 보기에 후자의 사람들은 신의 권능과 이적을 경시하는 것처럼 보이리라고 말할 수 있을 것이다. 마치 신은 신조어를 만들 수 없는 것처럼 지나치게 제한하는 것 같다고 말이다. 한편 두 번째 길을 따르는 사람들에게 전자의 사람들은 신의 가장 위대한 이적 중 하나, 즉 질서정연한 전체의 창조를 알지 못하는 것처럼 보일 것이다.[3] 세계를 거대한 수금竪琴에 비교하는 호노리우스의 이미지 사용 방식에서 그것을 볼 수 있다.

> 최고의 예술가가 우주를 거대한 수금처럼 창조하고는 그것 위에 다양한 소리를 내는 여러 개의 현을 올려놓았다Summus namque opifex universitatem quasi magnam citharam condidit, in qua veluti chordas ad multiplices sonos reddendos posuit.[4]

두 번째 길을 따르는 사람들에게서 자연의 자율성이 사물의 상징적이거나 알레고리적 의미를 어떤 의미에서라도 거부하는 것을 포함하지 않았음은 두말할 필요가 없을 것이다. 다만 이제 그러한 의미는 조화로운 질서를 배경으로 이해되어야 했다. 언어 행위는 질서가 정해진 언어의 통사론과 어휘에 의거했다. 사물이 변치 않는 본성을 갖고 있다고 해서 그것이 여전히 신을 가리키는 기호로 작용하는 것을 막지는 못한다. 생빅 93

3 우리는 지금 최고의 지적 구성물에 대해 이야기하고 있지만 보통 사람들이 체험한 주술화된 세계와의 유사성을 볼 수 있을 텐데, 또한 그와 같은 세계에서는 상호작용의 우위가, 사물을 예외 없는 법칙의 예시화로 이해할 수 있는 여지를 전혀 남기지 않았다.

4 M.-D. Chenu, *Nature, Man, and Society in the Twelfth Century: Essays on New Theological Perspectives in the Latin West*, trans./ed. Jerome Taylor and Lester K. Little(Chicago and London: University of Chicago Press, 1968), p. 8에서 재인용(*Liber XII Questionum*, c. 2, P. L., 172, 1179[Chenu, *Théologie*, p. 24]에서 재인용).

토르의 후고 말[5]에 의하면

> 감각에 의해 지각 가능한 세계 전체는 신의 손가락으로 쓰여진 일종의 책과 같다Universus mundus iste sensibilis quasi quidam liber est scriptus digito Dei."[6]

그처럼 자연의 자율성은 또한 순수하고 강력한 영=정신적 원천을 갖고 있었다. 회화와 조각에서 등장한 새로운 '리얼리즘'도 마찬가지였다. 그러한 리얼리즘 또한 종종 추가된 것으로 묘사되었다. 아기 예수를 안은 성모화는 당시의 사람을 모델로 삼아 자세히 관찰한 후 그렸으며, 또 종교화에서도 다양성과 개인적 초상화를 볼 수 있었으며, 더 이상 단지 가령 비잔틴교회의 둥근 천장에 그려진 두려움을 불러일으키는 만물의 지배자 그리스도처럼 인물 또는 대상의 모종의 보편적 · 규범적 특징이 아니라 살아 있는 개인의 특색이 그려지기 시작했다. 이 모든 사실은 종교적 목적과 함께 종교 외적 동기가 등장하게 된 것으로 종종 간주되어왔다.[7]

하지만 여기서도 그렇게 대조하는 것은 틀린 것 같다. 질서정연한 전체로서의 자연이라는 감각이 시각예술에 미친 영향과 별도로, 12~13세기에 앞서 말한 변화들을 가져온 다른 영=정신적 이유를 찾아볼 수 있을 것이다.

중세성기 수도사들의 영성이, 세상을 멀리한 채 소수에 의해 인도되는 사도적 삶vita apostolica에 가장 근접한 삶의 터전으로서의[8] 수도원에 초점을 맞추는 경향을 보인 반면, 이미 12세기 말에 현세의 한복판에서 평신도운동을, 실제로 현세를 위해 살려는 새로운 양식의 사도적 실존을 추구하는 운동을 볼 수 있었다. 즉 새로운 삶은 세상 밖으로 나가 세계를 향해 설교하는 것을 포함했다. 그것은 '사도적'이라는 말이 (부분적으로 그와 같은 운동의 결과로) 획득한(또는 재획득한) 의미에서 사도적인 것이 될 것이다. 그

5 앞의 책, 170페이지에서 재인용.

6 앞의 책, 117페이지.

7 가령 W. Ullman, *Principles of Government and Politics in the Middle Ages*(New York: Barnes and Noble, 1966), pp. 300ff를 보라.

8 사도적 삶의 수도원 모델에 대해 논하는 아래 저서를 참조하라. Chenu, *Nature, Man, and Society*, pp. 226-233.

와 같은 운동 중 일부는 왈도가 이끈 운동처럼 이단으로 변질된 것도 있었다. 다른 운동은 특히 성 프란치스쿠스와 도미니쿠스에 의해 창시된 새로운 수도회처럼 교회적 삶을 혁명적으로 쇄신했다.[9]

그처럼 새로운 전환은 아마 위에서 내가 기술한 영=정신적 사태전개와도, 즉 이 세기들에 숭배 대상이, 이전에 라틴계기독교세계에서 우세했던 심판자 그리스도(가령 만물의 지배자 그리스도 속에 반영되었다)에서와 달리 인간적 그리스도, 그리스도의 수난에 초점을 맞추어 발전해나간 사태전개와도 관련되었을 수 있을 것이다. 그러한 사태전개는 또한 성 프란치스쿠스에게서도 반영되었는데, 가령 그의 성흔이 그것을 잘 보여준다. 인간적 수난을 겪는 그리스도를 강조하는 것은 분명히 그리스도를 동시대의 수난자들에게 가까이 데려가려는 갈망에 부합했다. 그것은 그리스도는 우리 형제이자 이웃이며, 우리 사이에 존재한다는 동일한 지도적 관념의 두 측면이었다.

그리고 바로 그것이 그처럼 새로운 영=정신적 방향의 주요 내용이었다. 그것은 그리스도의 육화에 대한 신앙으로서의 기독교의 주요 주제 중 하나로, 기독교 역사에서 다양한 형태로 반복적으로 등장한다. 그리스도를 이전의 영=정신적 체계에서는 고려되지 않거나 먼 거리에 떨어져 있던 사람들, 무엇보다 먼저 빈자 가까이 그리고 그들 사이로 가져갈 수 있기를 갈망했다. 앞서 말한 새로운 운동들은 '사도적 삶'의 중심重心을 수도원에서 평신도 사이로, 특히 상인, 장인, 또한 그중 극빈층이 살던 도시와 마을의 94
새로운 환경으로 옮기려고 했다. 왈도와 프란치스쿠스 모두 장인의 자식이었다.

따라서 그리스도를 현세에, 평신도 세계에, 즉 이전에는 신성하지 않았던 속세에 데려오려는 시도가 그러한 세계에 새롭게 초점을 맞추도록 영감을 부여한 것은 전혀 놀랄 일이 아니다. 한편으로 그것은 자연에 관한 새로운 시각을 동반했다. 그것을 잘 보여주는 사례 중 하나가 풍부한 내용을 가진 프란치스쿠스의 영성인데, 그는 우리를 둘러싼 생명과 뭇 생명의 것 모두에서 신의 삶을 따랐다. 다른 한편 그와 같은 시도는 또한 보통 사람에게 초점을 맞추게 되었다.

그리고 이 경우 개인individuality으로서의 보통 사람에게 초점이 맞추어졌다고 덧붙

9 앞의 책, 10장을 보라.

일 수 있을 것이다. 프란치스쿠스적 영성의 또 다른 중요한 측면은 예수그리스도의 인격에 집중적으로 초점을 맞춘 데 있었기 때문이다. 뒤프레 주장대로 그와 같은 숭배는 결국 '인격의 독특한 개별성에 관한 새로운 전망'을 열어주게 되었다. 지적 수준에서 그와 같은 생각이 보나벤투라, 둔스 스코투스, 오캄 같은 위대한 프란치스쿠스회 사상가 저작에서 모습을 드러내기까지는 시간이 걸렸지만 결국 개별적인 것에 새로운 지위를 부여하게 되는데, 이제 그것은 더 이상 보편적인 것의 단순한 예시로 간주되지 않게 되었다. 완전한 지식이란 이제 '개별적 형태', 스코투스 말로는 "이것 임haecceitas"10의 파악을 의미하게 되었다.

물론 당시에는 그것을 분명하게 인식할 수 없었지만 되돌아보면 그것이 서양문명사의 큰 전환점이었음을, 우리 문화를 규정하는 개인의 우위를 향한 중요한 일보였음을 인식할 수 있을 것이다. 하지만 물론 그것이 그와 같은 유의의성을 가질 수 있던 것은 오직 그것이 단순한 지적 변형 — 새로운, 구체적인 말로 명확하게 표현할 수 없는 스콜라철학의 각종 용어의 발명 속에 반영되었다 — 이상의 것이었기 때문이다. 무엇보다 먼저 그것은 신앙심에서, 기도와 사랑의 초점에서 일어난 혁명이었다. 인간-개인이라는 패러다임, 즉 신-인[그리스도] — 그것과 관련해서만 다른 모든 사람의 인간성은 진정으로 알려질 수 있을 것이다 — 이라는 패러다임이 점점 더 전면에 강하게 나서게 되었다.

따라서 아시시의 교회에 그린 조토의 벽화가 회화 분야에서 일어난 그와 같은 방향 전환의 최초의 반영 중 하나였음은 결코 우연이 아닌 것처럼 보인다. 당대의 살아 있는 사람들의 다양성과 세부적 특징에 대한 그와 같은 관심은 그와 같은 회화의 종교적 의미의 외적 부산물로 등장한 것이 아니라, 오히려 세계에 대한 우리의 새로운 영=정신적 태도의 내적 본질에 속하는 것이었다.

지금까지 필자는 자율적 존재로서의 자연에 대한 관심이 새롭게 부활하게 된 두 가지 동기를 밝혀왔다. 첫째는 질서정연한 코스모스의 창조자로서의 신에 대한 숭배다. 그와

10 Louis Dupré, *Passage to Modernity*(New Haven: Yale University Press, 1993), pp. 36-41.

같은 코스모스의 부분들 자체도 미시적 차원의 질서의 이적을 지속적으로 드러냈다(물론 그것은 특별히 인간 존재에게 적용되지만 그것에만 한정되지 않았다). 그리고 두 번째는 복음적으로 세계를 향해 육체를 돌려 그리스도를 사람들 사이로 가져가려고 했다. 두 동기가 서로 잘 맞아떨어진 것은 분명하다. 이전에 복음이 충분히 살피지 못한 사회나 환경을 향해 복음적으로 몸을 돌리는 것은, 이미 그 자체로 더 잘 선교하기 위해, 신의 말씀의 수신자의 삶 속에 신이 이미 어떻게 임재하고 있는가를 보도록 촉구하는 것이었다. 종교개혁 이후 가장 성공적인 선교사들은 항상 그와 같은 생각을 염두에 두고 선교 대상자의 문화와 전통에 복음을 적합하게 만들려고 시도했다. 아마 여기서 일반적 95
으로 이렇게 말할 수 있을 것이다. 즉 복음의 설교는 설교자의 우월감의 표현 이상의 것이 되려면 수용자의 삶 — 그것이 복음이 가져올 은총보다 더 우선이므로 — 을 꼼꼼하게, 존경심을 갖고 살필 것을 전제한다고 말이다. 다시 한 번 말하지만, 자연은 자율적 존재라는 새로운 이해의 몇몇 위대한 정식이 〈설교단Ordo Predicatorum〉이라는 공식 명칭의 교단의 구성원들로부터 나온 것은 전혀 놀랄 만한 일이 아니다.

그처럼 새로운 이중적 정향이 이루어지게 된 것은 분명히 당시 수 세기에 걸쳐 이루어진 사회적 진화, 특히 봉건적 사회구조로부터 상대적으로 자유롭고 마을, 길드, 신도협회 등 자치를 위한 새로운 장소를 갖추고 있으며 지역성을 초월한 횡적 연결에 대한 새로운 감각을 가진 새로운 도시 환경이 발전한 것과 많은 관련이 있었다. 그리고 실제로 다름 아니라 순회설교자로 이루어진 새로운 수도회는 그렇게 보다 폭넓게 상호 연결되어 있다는 감각을 시골 전역으로 확대하는 데 크게 기여했다. 수도회는 사상과 이미지와 유대감의 도관이 되어 비슷한 처지에 있던 서로 다른 곳의 많은 집단을 상호 연결시키는 역할을 했다. 유랑 탁발수도사들은 어떤 의미에서 커뮤니케이션 매체로, 그들을 통해 보통 사람 사이에서 상호 연결에 관한 보다 생생한 사회적 상상계가 성장하다가 마침내 인쇄술의 발명이 비약적 발전을 가져와 해당 과정이 눈부신 비약을 이루게 되었다.[11]

하지만 그렇게 사회적 토대를 이해하려고 시도한다고 해서, 그것이 그것에 작용하

11 Chenu, *Nature, Man, and Society*, XI장에서의 논의를 보라.

는 종교적 동기의 눈에 띄는 역할을 부정하는 것은 아니다. 자연에 대한 새로운 관심은 종교적 견해 밖으로 나가는 발걸음이 아니었는데, 심지어 부분적으로도 아니었다. 종교적 견해 내부에서의 변형이었다. 근대적 세속성에 대한 일직선적 설명은 지탱될 수 없다. 대신 내가 여기서 제시하려는 것은 의도치 않은 결과로 가득 찬 지그재그식 설명이다. 자연의 자율성이 결국 (곧 언급하게 될 일련의 추가적 변형을 거친 후) 배타적 휴머니즘이라는 제분기를 돌리는 곡물로 이용되게 되었음은 분명 사실이다. 하지만 그와 같은 견해가 처음부터 그와 같은 방향을 향하고 있었다고 주장하는 것은 완전 오류이다. 그와 같은 초기의 사태전개는 당시 전혀 다른 의미를 갖고 있었으며, 상황이 달라졌다면 오늘날의 비신앙인에 대해 갖고 있는 것과 같은 의미는 결코 갖지 않았을 수도 있을 것이다.

여기서 내가 지적하려고 시도 중인 논점에 접근할 수 있는 또 다른 방법은 과학 연구에서건 미적 묘사에서건 아니면 윤리적 성찰에서건 그 자체로서의 자연에 대한 관심은 항상 동일한 종류의 것이 결코 아니었다고 말하는 것이 될 것이다. 자연의 사물이 우리에게 나타날 때의 배경이해에 따라 그와 같은 관심은 전혀 다른 것이 될 수 있을 것이다. 그러한 정식화에는 하이데거적 울림이 들어 있는데, 일부러 그렇게 정식화해보았다. 하이데거는 '존재-의미'라는 물음을 제기했는데, 실체란 무엇인가와 관련해 통상 말해지지 않으며 시대마다 달라지는 배경이해에 대한 물음이 그것이다.

우리가 검토 중인 시대에 자연의 사물은 피조물로 이해되고, 모종의 방법으로 신의
96 손에서 유래되었음을 보여주고 있었음은 두말할 필요조차 없을 것이다. 하이데거가 종종 지적하듯이 중세에 실체는 '피조물ens creatum'[『존재와 시간』, § 6]이라는 지배적 기술記述 양식 하에 이해되었다. 그는 그때 박사학위논문에서 이미 다룬 스콜라철학 시대를 주로 염두에 두었던 것 같다. 하지만 실제로 우리가 지금까지 살펴온 대로 그와 같은 지배적인 기술 방식을 충족시키는 틀-이해framework understanding는 하나 이상이 존재했다. 사물을 신의 이적이 일어나는 장소로 파악하는 사람은 동시에 그것을 피조물로 이해했지만 그럼에도 불구하고 그의 견해는 사물이 질서정연한 코스모스 속에 포함되어 있음을 강조하는 견해와는 완전히 달랐다.

그런데 여기서 우리 이야기에서 중요한 것은 그와 같은 이해의 틀에 대한 기술 양식이 한층 더, 게다가 수많은 방법으로 진화한 사실이다. 나는 이미 세계에 대해 새롭게 관심을 갖게 된 것이 시각예술에 미친 영향에 대해 말했다. 하지만 그와 관련해 자연을 규칙적 질서, 정합성 있는 코스모스로 보는 견해 또한 시간이 흐르면서 작용하기 시작했던 것 같다. 사물을 초월적 힘이 나타나는 장소로 이해하는 틀 내에 머무는 예술은 모종의 정합적 질서 속에 그것을 상대적으로 자리매김하는 데는 관심을 기울일 필요가 없었다. 가령 머리가 우리가 보기에 몸체의 비중과 맞지 않거나 인물과 배경이 그와 같은 것은 중요하지 않았다. 하지만 15세기 회화의 경우 원근법의 등장과 함께 분명히 단일한, 정합적 공간 속에 정렬된 사물이 우리 눈앞에 주어지게 되었다.[12] 자연을 모사하는 그처럼 새로운 방식은 분명히 사물이라는 것은 무엇을 의미하는가, 사물의 본질로 중요한 것은 무엇인가에 대한 완전히 다른 틀-이해로부터 유래했다.

공간의 정합성은 또한 시간의 정합성을 의미해야 한다. 다른 곳에서 논한 대로 보다 이전에 시간은 복합적인 것으로 이해되었다. 세속적 시간, 즉 사물이 고른 리듬 속에서 차례차례 일어나는 일상의 '일시적' 존재의 시간뿐만 아니라 보다 고차적인 시간, 즉 영원의 형태들이 존재했다. 요컨대 필자가 플라톤적 영원이라고 불러온 것, 본질이 영원히 불변하는 영역이 존재하는데, 그것으로부터 영원히 유출되는 모사물은 그것의 희미한 자취일 뿐이다. 더 나아가 신의 영원이 존재하는데, 거기서 신은 역사의 흐름 전체와 같은 시간 속에서 영원한 지금nunc stans의 시간 속에 서 있다. 또한 기원들의 시간, 원초적인 창립적 사건이 일어나는 보다 고차적인 시간이 존재하는데, 몇몇 중대한 순간에 주기적으로 그곳으로 되돌아갈 수 있을 것이다.

앞의 마지막 문장이 시사하는 대로 그와 같은 시간 이해에서는, 보다 고차적인 시간 형태가 세속적 시간 속으로 복잡하게 짜 넣어져 세속적 시간-장소라는 단순한 정합적 질서 속에 끼어드는 것으로 보았다. 세속적 시간에서는 서로 멀리 떨어진 두 사건이 그럼에도 불구하고 둘 중 하나가 기원들의 시간에 가까워지기 때문에 근접하게 될 수 있을 것이다. 가령 이번 〈부활절〉 전날 밤의 단식과 기도의 날이 원래의 〈부활절〉 근처

12 John Hale, *The Civilization of Europe in the Renaissance*(New York: Atheneum, 1993), pp. 219ff를 보라.

로 우리를, 작년 여름날보다 더 가까이 데려간다. — 비록 오로지 세속적 시간이라는 측면에서만 보자면 뒤의 여름날이 더 가깝지만 말이다. 이집트에서 벌인 최초의 파스카[이집트 탈출을 기념하는 유대인의 대축제]와 최후의 만찬은 비록 세속적 시간에서는 무한히 긴 시간에 의해 떨어져 있지만 예표론豫表論[『신약』 중의 사건은 『구약』 속에 이미 예표되어 있다는 이론]에 의해 아주 가까워진다 등.

하지만 시간의 비동질성은 공간의 비동질성을 함의한다. 특정한 성소 — 교회, 사원, 순례의 땅 — 는 일상적 장소보다 고차적인 시간에 더 가깝다. 그와 같은 복잡성을
97 또는 오히려 여기서 볼 수 있는 위계제를 실제로 파악하기 위해서는 공간의 정합성을
깨뜨리거나 공간에 정합적 형태를 부여하려는 시도를 일체 포기할 필요가 있다. 후자는 이콘[성상] 전통에서 신성시되어온 선택지로, 르네상스 이전의 교회 회화에 강력한 영향을 끼쳤다.

하지만 회화에서 정합성이 확립된 후에는 전자의 공간의 정합성을 깨뜨리는 방식이 전면에 나서게 되었는데, 가톨릭의 바로크시대의 몇몇 회화에서 그것을 볼 수 있을 것이다. 가령 산로코의 스쿠올라Scuola Grande di San Rocco에 있는 틴토레토의 그리스도 부활화가 그것이다. 그리스도가 무덤에서 나오는 모습을 그린 그림으로, 호위들이 서 있는 그림의 다른 부분과 날카롭게 단절되어 있다. 그것은 자연의 자율성이 확립된 후 동일한 심원한 종교적 의미가 어떻게 완전히 다른 형태로 재등장할 수 있었는지를 보여주는 좋은 사례이다.

또한 또 다른 일련의 변화가, 점점 누적되는 가운데 세계는 '피조물'이라는 지배적 기술 양식을 철저하게 다른 방향으로 끌고 간 변화가 존재했는데, 우리 이야기에서는 그것이 결정적으로 중요하다. 그것은 자연의 자율성과 관련해 당시 지배적이던 아퀴나스적 사상에 맞선 유명론 혁명과 함께 시작되었다. 다시 거기서 기본적인 동기는 신학적인 것이었다. 아리스토텔레스적 자연관에 따르면, 각각의 사물은 정의상 자연적 완전성, 지고선을 갖고 있다. 그것은 신의 의지로부터 독립되어 있을 것이다. 비록 사물을 그렇게 창조한 것은 신이지만 말이다. 하지만 일단 창조되면 신은 사물에게 무엇이 선인지를 새삼 재정의할 수는 없는 것처럼 보일 것이다. 우리는 항상 필연적으로 선을

원하는 지고선의 존재로서의 신은 사물을 위해 사물의 자연적 선을 원할 수밖에 없다고 주장하고 싶은 유혹을 느낄 것이다.

물론 여기서 결정적으로 중요한 사물은 인간 존재이며, 따라서 신은 인간을 창조한 후 인간 본성=자연이 인간의 선으로 정의하는 것을 원하는 것 외에는 아무것도 할 수 없는 것 같았다. 하지만 그것은 몇몇 사상가에게는 신의 주권을 제한하려는 수용 불가능한 시도인 것처럼 보였다. 신은 무엇이 선인지를 결정하는 데서 항상 자유로워야 하기 때문이다. 신이 원하는 것이 선이다. 선이 선한 것(본성에 의해 선으로 결정된 것)을 원해야 하는 것이 아니라 말이다. 바로 그것이 오캄과 그의 추종자들이 본질의 '실재론realism'을 거부한 가장 강력한 동기였다.

여기서 인간적 사유 전체의 그와 같은 차원 전체와 관련된 또 다른 극히 중요한 측면이 전면에 드러난다. 존재-의미라는 틀은 세계관뿐만 아니라 세계 속에서의 행위자의 태도에 대한 이해와도 관련되어 있다. 본질의 실재론은 먼저 사물 속에서 지각되어야 하는 유형(본질)을 따르는 것을 올바른 행위로 보는 행위 주체의 곤경을 증언한다. 반대로 유명론적 견해에 따르면 신적인 초-행위 주체는 사물과 자유로운 관계를 맺는 가운데 본인의 자율적 의도에 따라 임의로 그것을 처리할 수 있다.

하지만 만약 그것이 옳다고 한다면 우리 또한, 즉 종속되고 피조된 행위 주체인 우리 또한 사물에 대해 그것이 드러내는 규범적 유형이 아니라 우리 창조자의 자율적인 초-의도에 맞추어 관계를 맺어야 할 것이다. 사물이 어떤 것을 위해 쓰이는 목적은 사물에게는 외재적이다. 그와 같은 태도는 기본적으로 도구적 이성의 그것이다.

물론 처음에는 신의 목적이 결정적이다. 하지만 존재자에 대해 새로운 이해에 이르 98
는 데는 그다지 오랜 시간이 걸리지 않았는데, 그에 따르면 모든 내재적 목적이 추방되고 목적인은 떨어져 나가고 오직 작용인만 남았다. 그리하여 [후설과 하이데거가 말하는]'세계상의 기계[론]화'로 불리게 되는 현상이 일어나게 되었다. 그리고 이번에는 그것이, 가설의 진위 여부를 가리는 좋은 시금석은 실제로 그것이 가용한가라는 점에 있다는 과학관으로 나가는 길을 열어주었다. 그와 함께 우리는 베이컨에 이르게 된다.

근본적 변화가 일어난 것이다. 우리는 아직도 '피조물' 영역에 있다. 세계는 신의 피조물이다. 게다가 질서정연한 전체이기도 하다. 하지만 이제 그와 같은 질서는, 세계는 우리가 모델로 따라야 하는 규범적 유형의 체계의 (다소 불완전한) 예시를 드러낸다는 의미에서는 더 이상 규범적이지 않다. 오히려 이제 세계는 상호 작용하는 부분으로 이루어진 광대한 장이다. 그와 같은 장은 특정한 방식으로 기능하도록, 즉 특정한 결과를 산출하도록 설계되어 있다.

그렇게 해서 세계의 목적은 외적인 것이 되었는데, 사물을 이해할 때 그것에 작용하고 있을 — 그렇게 상정되었다 — 규범적 유형의 양식에 비추어 사물을 더 이상 이해하지 않게 되었기 때문이다. 하지만 만약 그와 같은 종류의 메커니즘이 기여하도록 철저하게 설계된 목표가 무엇인지를 식별할 수 있다면 목적을 이해할 수 있을 것이다. 규범적 유형은 전혀 존재하지 않지만 사물은 특정한 결과를 낳도록 설정되기만 하면 원활하게 작용했다.

그와 같은 결과는 신이 정해놓은 것이다. 『성서』를 읽거나 또는 신이 창조한 것을 조사해보면 그것을 알 수 있을 것이다. 그와 같은 목적을 충족하도록 노력해야 할지의 여부는 우리에게 달려 있다.

그와 같은 세계에서 경건한 삶을 사는 것은 아퀴나스에게서 볼 수 있는 질서정연한 아리스토텔레스적 코스모스나 위-뒤오니소스의 위계제적 질서 속에서 사는 것과는 완전히 달랐다. 그것은 더 이상 신이 징조와 상징을 통해 모습을 드러내는 규범적 질서의 찬양 문제가 아니었다. 우리는 오히려 도구적 이성의 행위 주체로서 세계 속에서 살며, 신이 정해놓은 목적을 충족하기 위해 체계를 효율적으로 운영해야 한다. 신이 자신을 세계 속에 계시하는 것은 징조가 아니라 목적을 통해서이기 때문이다. 징조를 통해서인지 아니면 목적을 통해서인지는 단지 두 개의 다른 태도가 아니라 두 개의 양립 불가능한 태도이다. 우리는 코스모스를 징조가 나타나는 곳으로 읽으려는 시도를 포기하고, 환상으로 거부해야 한다. 도구적 태도를 효율적으로 받아들이기 위해서 말이다. 단지 민중신앙 차원에서 정령으로 들끓는 세계로서의 코스모스를 탈주술화할 필요가 있을 뿐만 아니라 또한 과학이라는 고도의 문화 차원에서도 그에 상응하는 변화를 초래할 필요가 있으며, 모든 것이 의미를 갖는 질서정연한 기호의 코스모스를, 침묵하지만 선의로 가득 찬 기계로 교환해야 한다.

그와 같은 전환이 종교개혁의 신학에 내재되어 있던 탈주술화를 위한 동기와 얼마나 잘 부합했는지를 이해할 수 있을 것이다. 그와 같은 종류의 과학이 잉글랜드와 네덜란드에서 성행한 것은 우연이 아니다. 종교개혁의 궁극적 영향에 관한 이야기 — 즉 탈주술화, 세계에 대한 능동적인 도구적 자세, 신이 정해놓은 목적을, 즉 선의를 충족하
기 위해 애쓰는 것과 마찬가지로 결정적으로 중요한 특징이 과학 분야에서도 반복해서 99
나타났다. 그리고 그것들이 새롭게 출현하는 배타적 휴머니즘의 핵심적 특징이 되었다.

우리 이야기의 이 부분은 여전히 미완이다. 지금까지 우리가 해온 이야기를 다시 들어볼 때, 상징에서 메커니즘으로의 전환은 마치 신학적 요구에 의해 주로 추동된 것처럼 들린다. 그것에 따르면 신의 주권과 양립 가능한 유일한 견해는 세계에 대한 새로운 인간의 태도를 결국 규범적인 것으로 만들고 말았다. 그런데 분명히 그와 같은 이야기에는 유의해야 할 점이 존재하는데, 그것이 신의 주권적 권능을 강조하는 종교개혁의 견해와 맺고 있는 긴밀한 유사성도 간과해서는 안 될 것이다. 하지만 그럼에도 불구하고 도구적 성격에 비추어 인간의 행위 주체를 재정의하려는 그와 같은 움직임이 다른 여러 가지 힘에 의해 추동된 것도 사실이다. 질서 부여 행위 측면에서 휴머니즘을 재해석한 것이 그것이다. 그와 같은 새로운 휴머니즘은 르네상스기에 깊은 뿌리를 두고 있었는데, 종교적 신앙과 맞물려 있었지만 부분적으로는 독립되어 있었다.

먼저 과학적 행위에 관한 새로운 관념이 등장하는 것을 볼 수 있을 것이다. 어떤 것을 인식하려면 사상 속에서 어떤 질서를 구성할 필요가 있었다. 15세기에 쿠자누스에 의해 그와 같은 종류의 설명이 발전되었다. 그와 같은 구성주의는 코스모스는 의미 있는 질서를 이룬다는 견해에까지 아직 도전하지는 않았다. 처음에는 피렌체의 동료들에게, 그런 다음에는 그것을 훨씬 더 넘어서까지 플라톤주의의 매우 영향력 있는 독법을 분명히 한 피치노가 그와 같은 구성주의를 채택했다.

> 천체는 언제 움직이는지, 어디를 향해 가는지, 어느 정도 움직였는지, 무엇을 만들어내는지 등 하늘의 질서를 관조해왔기 때문에 인간이 말하자면 하늘의 창조자와 거의 동일한 재능을 가졌음을 누가 부인할 수 있을까? 그리고 만약 단지 도구와 하늘의 소재를 취득할 수 있다면 인간이 어떻게든 또한 천체를 만들 수 있음을 누가 부인할 수 있을까? 심지어 지금도 천체를

만들고 있기 때문이다. 물론 이 경우 다른 소재를 사용하긴 하지만 매우 유사한 질서에 따라 말이다.[13]

다빈치도 나중에 비슷한 생각을 발전시키게 된다. 사물 속에서 '이성=이유ragioni'를 발견해야 한다는 것이다. 하지만 그것은 제2의 창조를 포함했다. 실제로는 두 종류의 창조가 존재했다. 첫 번째는 이성 속에서인데, 그것이 과학이다. 두 번째는 상상력 속에서인데, 그것이 예술이었다.

하지만 인간이라는 행위 주체를 활동적 · 구성적이며 창조하는 자로 바라보는 견해는 세상을 관조적으로 이해하는 데 쓰이던 활동, 즉 과학과 예술에 국한되지 않았다. 그것은 또한 윤리학에서도 점점 더 큰 역할을 하기 시작했는데, 윤리적 개선에 대한 새로운 이해 형태에서, 즉 어떻게 선한 삶에 이를 수 있는가에 대한 문제에서 그랬다. 이제 이 문제를 검토해보고 싶다.

2

본서의 이야기의 핵심적인 한 가닥은 '예의civility'라는 르네상스기 개념에서 시작된다. 그것은 '문명civilization'이라는 우리 개념의 조상으로, 거의 동일한 힘을 갖고 있었다.
100 우리는 그것을 갖고 있지만 다른 사람은 갖고 있지 않은 것으로 알려졌다. 즉 '그들'은 탁월함, 세련미 등 '우리'가 삶의 방식에서 중시하는 중요한 성취를 결여하고 있다는 것이다. 그와 같은 타자들이 '야만인'이었다. 그와 관련해 사용되는 용어에서 알 수 있듯이 그것의 기저에 깔린 대립을 축약해서 보여주는 것이 숲에서의 삶과 도시에서의 삶이었다.

도시는 고대 저술가들 주장에 따라 인간의 삶의 최선이자 최고의 장소로 여겨졌다.

13 Ficino, *Platonic Theology*, trans. Josephine I. Burroughs, in *Journal of the History of Ideas* 5(1944), p. 65(Stephen Greenblatt, *Renaissance Self-Fashioning: From More to Shakespeare*[Chicago: University of Chicago Press, 1980], p. 18에서 재인용).

아리스토텔레스는 인간은 폴리스에서만 본성의 완전성에 도달할 수 있음을 분명히 했다. '예의'는 그리스어 폴리스를 번역한 라틴어 단어, 시비타스civitas[국國, 공화국]와도 관련이 있다. 실제로 그리스어에서 파생된 이 단어는 그것과 긴밀하게 관련된 의미로 사용되었다. 가령 17세기에 프랑스인들은 문명 상태état policé에 대해 말하며 본인들은 갖고 있지만 '야만인들sauvages'은 그렇지 않다고 주장했다.

따라서 부분적으로 이 용어는, 두 번째로, 통치 양식을 가리켰다. 사람은 법규범 아래 질서 있게 통치되어야 하며, 법규범에 따라 지배자와 '행정 관리'는 기능을 수행했다. 야만인들에게는 '자연인' 이미지가 투영되었기 때문에 그것을 결여한 것으로 여겨졌다. 하지만 대부분의 경우 그들에게 실제로 결여된 것은 근대국가로 우리가 생각하는 것을 구성하는 것, 즉 지속적 통치기관이었다. 그것의 손에 사회에 대한 권력의 많은 부분이 집중되며, 그렇기 때문에 사회를 중요한 측면에서 재구축하는 것이 가능해지는 것이다.[14] 그리고 이 유형의 국가가 발전해나가는데, 마침내 그것이 '공안경찰국가état policé'의 규정적 특징으로 간주되기에 이른다.

세 번째로 '예의'가 요구하는 통치 양식은 어느 정도의 국내평화를 보장했다. 그것은 뒤엉켜 싸우는 것, 공인되지 않은 자의적 폭력과는 어울리지 않았고, 또 귀족 출신 젊은이건 평민 출신 젊은이건 공공장소에서 벌이는 난투극과도 마찬가지였다. 물론 근대 초에 그와 같은 현상은 잔뜩 볼 수 있었다. 그리고 그와 같은 사실은 르네상스 담론에서 '예의'가 차지하던 위치 그리고 우리 시대에 '문명'이 차지하는 위치 간의 중대한 차이를 환기시킨다. 조간신문에서 보스니아나 르완다에서 자행되고 있는 대량학살, 라이베리아에서의 정부 붕괴에 대해 읽을 때마다 우리는 소위 '문명'을 소유하고 있어 얼마나 다행인지 하며 우쭐해 하는 경향을 보인다. 비록 그와 같은 것에 대해 그렇게까지 노골적으로 말하는 것에 대해 얼마간은 쑥스러워 하겠지만 말이다. 국내에서의 인종폭동이 마음의 평정을 흐트러뜨릴 것이며, 그러면 우리는 잽싸게 이전 입장으로 돌아갈 것이다.

르네상스 시대에 '예의'라는 이상이 널리 퍼져 있던 엘리트 계층은 그것이 국외에

14 그것은 베버가 말하는 '정당한 물리적 강제력의 독점'을 포함하지만 그것을 넘어선다. 베버, 전성우 역, 『직업으로서의 정치』, 나남, 21~22페이지를 보라.

는 결여되어 있을 뿐만 아니라 국내에서도 너무나 불완전하게만 실현되었음을 너무나 잘 알고 있었다. 보통 사람들은 비록 아메리카의 야만인 수준에 있지 않았고, 심지어 유럽 변방의 야만인(가령 아일랜드인, 러시아인)[15]보다 훨씬 더 나았지만 '예의'라는 이상을 충족하려면 아직 멀었다. 그리고 심지어 지배적인 엘리트 계층의 구성원조차 1551년의 베네치아 공교육법이 제안하는 대로 새로운 세대마다 각자가 엄한 규율훈련을 받을 필요가 있었다.[16] '예의'란 역사의 특정 단계에 충족시키고, 그런 다음 그것에 안주할 수 있는 것이 아니다. 문명에 대해 그와 같은 식으로 생각하는 경향이 있지만 말이다.

그것 속에는 유럽 사회가 1400년경부터 겪어온 변화가 반영되었다. 그와 같은 새로운 (또는 새로 회복된) 이상은 새로운 삶의 방식을 반영했다. 가령 〈장미전쟁〉 이전의 잉글
101 랜드의 귀족계급과 젠트리 계급을 튜더왕조 시대의 동일 신분의 사람들과 비교한다면 차이는 역력하다. 국왕을 위한 것을 제외하면 싸움은 더 이상 앞의 두 계급의 정상적 삶의 방식의 일부가 아니었다. 그와 같은 과정과 유사한 상황이 1800년에 이르기까지 4세기 동안 지속되었다. 즉 통상의 '문명화된' 국가는 지속적인 국내평화를 보장하고, 교역이 정치사회가 관심을 가진 최고 활동으로서의 전쟁을 대체한 사회를 말했다. 또는 교역이 국방만큼 중요해진 사회를 말했다.

하지만 그와 같은 변화가 저항 없이 일어난 것은 아니었다. 젊은 귀족은 언제든 파괴 행위에 나설 수 있었고, 카니발은 폭력에 대한 조롱과 실제 폭력 간에 존재하는 종이 한 장 차이 위에서 간당간당했으며, 산적이 들끓고, 부랑자는 위험할 수 있었으며, 견디기 어려운 곤궁 상태로 인해 촉발된 도시폭동과 농민반란이 재발했다. 따라서 '예의'를 도입하려면 어느 정도 싸울 준비를 할 필요가 있었다.

질서정연한 통치는 '예의'의 한 측면일 뿐이었다. 하지만 다른 측면도 존재했다. 그것에는 기술과 과학, 오늘날이라면 (또한 이 측면에서 우리가 말하는 '문명' 개념과 일정한 유사성이 존재한다) 테크놀로지라고 부를 것의 일정한 발전이 포함되었다. 또한 합리적

15 John Hale, *The Civilization of Europe in the Renaissance*(New York: Macmillan, 1993), pp. 362.
16 앞의 책, 367~368페이지.

인 도덕적 자기 통제를 포함했다. 그리고 또한 중요하게는 취미, 매너, 우아함, 요컨대 건전한 교육과 세련된 매너가 포함되었다.[17]

하지만 그것들은 질서정연한 통치와 국내평화 못지않게 규율훈련, 훈련training의 과실로 여겨졌다. 기본 이미지는 원래 야생적이고 조야한 자연의 사육 내지 순치의 결과로서의 '예의'라는 이미지였다.[18] 그것이 우리 조상들의 — 우리에게는 — 현저해 보이는 인종 중심주의적 태도의 토대를 이루고 있었다. 그들은 가령 유럽계 백인과 미국 원주민 간의 차이를 오늘날처럼 두 '문화' 간의 차이로 보지 않고 오히려 문화와 자연 간의 차이로 보았다. 우리는 연습하고, 규율을 훈련받고, 교육받지만 그들은 그렇지 않다는 것이다. 날 것은 요리해야 한다는 것이다.

그와 같은 대조에는 양의성이 존재했음을 잊지 않는 것이 중요하다. 많은 사람은 '예의'가 사람을 무기력하게 만들고 쇠약하게 만든다고 믿도록 유혹받았다. 아마 최고의 미덕은 다름 아니라 때 묻지 않은 자연=본성 속에서 발견되리라는 것이었다.[19] 그리고 물론 그와 같은 인종중심주의적 관찰방식 전체에 대해 명예로운 예외가 존재했는데, 몽테뉴가 그였다.[20] 하지만 '야생의/순치된'이라는 대조 틀 속에서 사유한 사람들의 일반적 이해는, 결국 어느 편을 들게 되건, 앞의 상태에서 뒤의 상태에 이르도록 이끈 과정에는 엄격한 규율훈련이 따른다고 생각했다. 립시위스는 그것을 '건드리는 사람과 짐승 모두를 길들이는 키르케의 지팡이'로 정의하는데,

> 이 지팡이를 통해 전에는 전부 사납고 말도 듣지 않았던 모든 것이 경외감을 갖고 고군고분 복종하게 된다.[21]

17 앞의 책, 366페이지. '세련된polite'이라는 영어는 물론 해당 그리스어를 번역한 라틴어 'civil에서 차용한 것이다.

18 앞의 책, 367페이지. 또한 미개 상태에 대한 승리를 상징하는 찰스 5세의 동상을 보라.

19 앞의 책, 369~371페이지.

20 몽테뉴, 손우성 역,『수상록』, 31장,「식인종에 대해」, 동서문화사, 224~227페이지를 보라.

21 Justus Lipsius, *Six Bookes of Politickes*, trans. William Jones(London: 1594, p. 17)(Hale, *Civilization of Europe*, p. 360에서 재인용).

‘키르케의 지팡이’는 위대한 문학적 이미지로, 그것과 관련된 일이 매우 용이한 것처럼 보이도록 만들 수도 있지만 앞의 인용문의 후반부는 그와 같은 변형은 매우 힘든 일임을 시사한다. ‘예의’는 본인을 작업 대상으로 삼을 것을 요구하며, 현 상황을 그저 그대로 방치할 것이 아니라 개혁할 것을 요구한다. 즉 자기 자신을 새롭게 형성하기 위한 우리 자신과의 투쟁이 전제되어야 한다.

앞서 시사한 대로 투쟁에 대한 그와 같은 강조는 부분적으로 ‘예의’란 투쟁을 통해 획득해야 하는 이상이라는 인식을 반영한다. 엘리트 계층 또한 그와 같은 인상을 받게
102 되었지만 분명히 평민도 마찬가지였다. 하지만 그러면 왜 평민을 포함하게 되었냐는 질문을 제기할 수 있을 것이다. 역사상 많은 엘리트는 본인의 삶의 방식에 대해 우월감을 갖고 있었으며, 보다 낮은 신분들에 대한 지배와/또는 착취 위에 그것을 구축하는 것에 만족해왔지 그들이 본인의 삶의 방식의 잠재적 참여자가 되리라는 것은 꿈에서조차 생각하지 않았다. 모든 노예사회가 그와 같았고, 다른 대다수 사회도 그랬다. 초기의 이슬람제국이 좋은 사례이다. 아랍사회 지배자들은 신민인 기독교도를 개종시키도록 소명을 받았다고는 생각하지 않았다. 새로 받은 계시에 따라 자기 삶을 사는 것으로 만족했다. 대규모 회심은 보다 후일 일어나며, 신민인 민중 주도로 시작되었다.

물론 엘리트 집단의 구성원은 처음에는 ‘예의’에 대해 이전과 같은 태도를 취하는 경향이 있었다. 하지만 주목할 만한 것은 16세기에 있은 일련의 대문자 개혁의 여파로 개혁 속도가 빨라지고, 이어 강도를 계속 높여감에 따라 보다 낮은 계층까지 개조해나가려는 시도가 이루어진 점이다. 그들을 지금 그대로의 모습으로 방치하는 것은 허용되지 않게 되었다. 태만하고 무질서한 습속을 내려놓고, 시민적 행동의 이런저런 특징에 순응하도록 그들에게 졸라대거나 괴롭히거나 밀어붙이거나 설교하거나 훈련시키거나 조직화해야 했다. 물론 처음에는 완전한 이상에 적합하도록 그들을 완전히 개조하겠다는 생각은 전혀 없었다. 하지만 또한 그냥 그대로 방치하는 것도 받아들일 수 없는 것처럼 보였다. 그리고 그와 같은 과정이 끝나갈 때쯤 해서 우리는 하나의 세계, 즉 우리 세계에, 우리 모두가 ‘문명화’되어야 하는 세계에 들어서게 되었다.

왜 그와 같은 예-방적 태도를 취하게 되었을까? 동기는 복합적이었던 것 같다. 하

나의 동기는 세계의 모든 엘리트 계층에 공통된 것으로, 쉽게 이해 가능하다. 즉 평민의 무질서는 엘리트 계층을 위협하므로 평민은 규율을 훈련받아야 한다는 것이다. 그와 같은 생각은 잉글랜드에서 〈구빈법〉으로 불린 일련의 개혁에서 특히 명백했던 것 같다. 그것에 의해 빈자의 구제 조건이 엄밀하게 규정되어 구걸은 금지되거나 엄격하게 제한되고 유랑은 불법화되는 등의 조치가 취해졌다. 16세기에는 인구증가가 보다 어려워진 경제 상황과 결합되었는데, 그것은 빈곤층의 증가를 가져온 것처럼 보였다. 그것은 또한 그들의 사회적 유동성도 증가시켰는데, 그들은 고향에서는 더 이상 구할 수 없는 지원과 식량을 구하러 대도시로 끌려갔다. 그처럼 극도로 빈곤한 부랑아 무리의 증가는 공공질서를 위협하는 조건을 만들어, 범죄를 조장하고 질병을 확산시키게 되었다. 구제 활동을 통제하고, 사방을 떠돌며 구걸하는 행위를 멈추고, 사람들의 유동성을 방지하려는 시도는 아마 그와 같은 위협에 대한 대응으로 이해될 수 있을 것이다.

하지만 이후 동기는 그처럼 소극적 관심사에서 적극적 관심사로 전환되었다. 사회개혁은 국가운영의 본질적 일부로, 국가권력의 유지와 강화에 핵심적인 것으로 간주되게 되었다. 동시에 처음으로 사람들은 점차 첫째, 정부의 행위는 경제적 실적 개선에 도움이 될 수 있으며, 둘째, 그와 같은 개선이 군사력에 본질적인 선결조건임을 이해하게 되었다. 군사력이 여전히 국가정책의 결정적 영역이었다. 왜냐하면 지배자들은 타국의 침입을 막고 자국의 권력을 확장하려고 했기 때문이다. 하지만 전비는 세수에서 충
당되었다. 생산이 증가하거나 큰 무역흑자를 얻지 못하면 세수는 단기적으로 결코 늘어 103
날 수 없을 것이다. 전에 통치자들은 배분 문제라고 부를 수 있는 사안에 골몰했다. 수도에서의 식량 부족은 물가를 하늘 높은 줄 모르고 치솟게 해 잠재적으로 공공질서에 심각한 결과를 초래할 수 있었다. 근로자 부족은 노동 임금을 젠트리 계급과 도시의 고용자층이 감당 불가능한 수준으로 격상시킬 것이다. 앞서 기술한 대로 거지 무리가 구제를 요구하기 위해 도시에 몰려들 수 있을 것이다. 이 모든 사태는 가격과 물자 판매에 관한 관리 대책을 요구할 수 있을 것이다.

그러나 17세기에 이르러 군사기술이 진보하고 일부 국가(가령 네덜란드와 잉글랜드)가 생산력 증가에 의해 명백히 큰 이익을 얻기 시작하면서 공급 측에 개입하라는 압력이 가해지게 되었다. 정부는 그렇게 해서 생산성에 관여하게 되었다. 그리고 실제

로 인구 규모, 전 주민의 건강과 번영, 심지어 습속에까지 관심을 기울이게 되었는데, 이 모든 것은 직접적으로건 아니면 간접적으로건 군사력에 강력한 영향을 미쳤다.

병역을 감당할 병사를 징병하려면 건강하고 규율을 훈련받은 많은 주민이 필요했다. 그들을 무장시키고 유지하기 위해 필요한 세수를 거두어들일 수 있으려면 많은 생산 종사자가 필요했다. 즉 높은 생산성을 유지하기 위해 멀쩡한 정신에, 질서를 준수하는 근면한 사람이 필요했다. 정부는 단지 질서를 유지하고 소동을 방지할 뿐만 아니라 유럽에서 군사력 균형을 유지하는 것보다 더 고차적인 관심사에 보다 효율적으로 대처하기 위해 점점 더 철저한 방식으로 신민을 개조하는 일에 관심을 갖게 되었다.

그렇게 개입은 두려움 그리고 야심에 의해 추동되었다. 무질서를 방지하고 권력을 증가시키기 위해서 말이다. 소극적 동기와 적극적 동기 모두가 작용했다. 하지만 그것이 이야기의 전부는 아닌 것처럼 보인다. 또 다른 두려움이 그리고 또 다른 적극적 목표가 존재했다.

첫째, 엘리트 계층 사이에서는 또 다른 종류의 두려움이 작용하고 있었다. 우리 자신을 규율훈련해야 하는 어려운 과제로 고투하면서 다른 사람들은 길들여지지 않은 행동을 과시하는 것을 볼 때 느끼는 것과 같은 종류의 두려움이 그것이다. 즉 자기 자신의 삶에서 욕망을 제어하려고 애쓰는 사람 사이에서 노골적인 성적 방종이 불러일으키는 것과 같은 종류의 소란이 그것이다. 범죄, 질병, 무질서 같은 직접적 공포가 〈구빈법〉이 제정된 이유를 설명해준다면 카니발, '무질서'의 축제, 나아가 다양한 종류의 춤 등 민중문화의 요소를 억제하려는 시도는 무엇이 설명해줄까?

물론 여기서 우리는 목적이 더 이상 단순히 '예의'라고 할 수 없는 지점에 맞닥뜨리고 있다. 그와 같은 종류의 변화는 종종 종교개혁의 요구에 의해 추동되었다. 하지만 그것은 우리를 나의 주요 논점 중 하나로 되돌아가게 한다. '예의'와 (프로테스탄티즘의 그것이건 가톨릭의 그것이건) 종교개혁의 목표는 정의에서는 명백하게 구분 가능하다고 해도 실천에서는 종종 이음새 하나 없이 결합되어 있었다. 주민을 규율훈련시키고 질서를 강요하려는 시도에는 거의 항상 종교적 요소가 게재되었다. 설교를 들을 것을 요구하고, 가령 교리문답집을 배우도록 했다. 품행방정이 종교와 분리 불가능한 문명에서 어떻게 그와 다를 수 있겠는가? 동시에 종교개혁은 공공질서의 요소를 지니고 있었다.

그리고 그것은 분리 불가능해 보였는데, 종교적 회심의 열매는 질서정연한 삶을 포함하고, 그것은 또한 일정한 사회질서를 따르는 것을 포함하는 것으로 생각되었기 때문이다. 16세기에 가장 유명한 민중 개혁의 시도 중 일부는 프로테스탄티즘 진영에서는 칼뱅의 제네바에서, 가톨릭 진영에서는 보로메오의 밀라노에서 찾아볼 수 있었는데, 종교, 도덕, 좋은 공공질서 문제가 하나로 뒤섞여 있었다. 그리고 그들이 취한 많은 조치는 중층적으로 연결되어 있었다. 따라서 종교와 관련된 쟁점을 좋은 공공질서와 관련된 쟁점과 말끔히 구분하는 것은 불가능했다. 보로메오는 카니발과 춤을 공격했지만 또한 빈자를 조직하고 규율을 훈련시키려고 했다. 그것은 모두 동일한 개혁 프로그램의 일부였다. 104

하지만 개념적으로 구별되는 이 두 개혁 프로그램은 단지 몇몇 맥락 속에서만 상호 수렴된 것은 아니었다. 또한 두 이상은 상호 영향을 미치고, 서로를 굴절시켰다고 필자는 생각한다. 대문자 종교개혁 속에는, 앞서 논한 대로, 어떤 요구, 즉 엘리트뿐만 아니라 가능한 한 모든 평신도가 복음의 요구에 따라 살아야 한다는 요구가 내재해 있었는데, 그와 같은 요구는 중세 말과 근대 초에 점점 더 절실하게 느껴졌다. 그와 같은 요구는 이전에도 존재했다. 비슷한 것이 평신도의 실천과 신앙을 재활성화하려는 중세의 여러 시도의 배후에 가로놓여 있었다. 하지만 그것은 16세기의 개혁에 의해 비약적 발전을 이루었다. 프로테스탄티즘 진영에서는 원칙적으로 모든 소명[직업]Beruf에 어떤 위계제도 적용할 것을 거부할 정도로까지 개혁이 진행되었다. 모든 사람이 신앙에 완전히 부합해 살아갈 것이 요구되었다. 그리고 그것은 보통 사람의 삶과 실천을 지금 그대로 방치해서는 안 된다는 것을 의미했다. 가령 성자숭배, 성물의 신격화, 오월제 기둥을 빙빙 돌면서 추는 춤 등을 포기하도록 종용하거나 명령하거나 때로는 강요하거나 협박해야 했다. 거기에는 특정 규범을 보편화하려는 충동이 존재했는데, 그것은 부분적으로는 동포에 대한 자선의 요구로 이해된 반면 신이 고집불통인 구성원의 독신瀆神적 행동에 대해 공동체를 벌할지도 모른다는 생각으로 인해 그것에 일정한 격렬함과 절박함이 주어졌다.

나는 그중 많은 것이 '예의'의 요구 중 일부를 일반 주민에게 부과하려는 세속적 목표를 물들였고, 물들일 수밖에 없었다고 주장하고 싶다. 두 목표는 일반적으로 상충되는 것으로 간주되지 않았다(뒤에서 언급하게 될 몇 가지 특수한 맥락 외에서는 그랬다).

오늘날 '세속적' 목적과 '종교적' 목적에 대해 그렇지 않다고 간주되듯이 말이다. 둘은 일반적으로 양립 가능한 것, 정합적인 규범적 견해의 일부로 경험되었다. 따라서 종교개혁을 둘러싸고 보편화에 대한 모종의 의무감이 세속적 개혁을 물들이더라도 결코 놀랄 일이 아니다. 그 결과 전술한 두 가지 두려움과 함께 '예의'라는 의제 또한 소위 평민 자신의 선이라는 미명 하에 부분적으로 부과되었다. 그리고 단지 위선적 합리화(항상 그와 같은 면은 많았지만)로서만이 아니라 의무감으로서도 수행되었다.

하지만 그와 같은 굴절은 또한 다른 방향으로도 향했다. 물론 앞서 말한 대로 종교
적 회심은 질서 있는 삶을 낳는 것으로 생각되었다. 또는 동일한 논점을 정식화하자면,
105 죄의 불가피한 과실은 무질서, 갈등이다. 칼뱅에 따르면 타락한 인간은 항상 다른 사람
을 지배하려고 시도한다.

> 모두 이웃의 주인이자 지배자가 되려 하고, 누구도 선의에서 섬기는 사람이 되려고 하지 않는 것이 인간 본성이다.22

하지만 사회질서는 개인의 인격적 성성에서 기대되는 것의 탁월한 일부일 필요는 없다. 어쨌건 타락한 세계에서는 그럴 수 없다.

위에서 살펴본 대로 사도적 삶이라는 우리 모델이 머나먼 광야의 수도원에서 수도사가 사는 삶을 말하는 것이라면, 우리는 심지어 최고도의 성성조차 세계의 폭력과 무질서에 반드시 종지부를 찍게 되리라고는 결코 생각하지 않았을 것이다. 물론 기독교도의 삶을 소수 공동체라는 측면이 아니라 모두를 포괄하는 것으로 생각하는 경우 상황은 크게 달라질 것이다. 하지만 심지어 그것조차 성성에 따라 산 삶으로부터 사회질서가 저절로 성장해 나옴을 의미하지 않았다. 명심해야 할 것은 종교개혁기의 모든 진영, 특히 프로테스탄티즘이 초超아우구스티누스주의 입장을 고수한 것이다. 그 입장에 따르면 오직 극소수만 구원받는다. 기독교적 삶은, 모순을 피하기 위해 말하자면, 모든

22 Jean Calvin, *Job, Sermon* 136, p. 718(Michael Walzer, *The Revolution of the Saints*[Cambridge, Mass.: Harvard University Press, 1965], p. 31에서 재인용).

구성원이 성인이 되는 것을 통해서는 결코 사회에 질서를 가져올 수 없을 것이다. 그것이 분리주의 교파가 걸어간 길이었는데, 루터와 칼뱅 모두 단호하게 그것을 거부했다. 오히려 신을 경외하는 경건한 소수가 상황을 통제해 모든 것이 올바른 길을 따르도록 해야 한다는 것이었다.

그런데 그와 같은 입장을 취하게 된 부분적 이유를 상술한 믿음에서, 즉 신은 고집불통인 동료들의 과오에 대해 집단적으로 우리를 벌하시라는 믿음에서 찾을 수 있을 것이다. 하지만 그럼에도 불구하고 신을 경외하는 사람들이 그와 같은 일을 떠맡아 상황을 질서 있게 만들어갈 의무를 갖는다는 것이 기독교 신앙에서 불가피하게 나온다고 주장하기는 어렵다. 소수자 중 소수자였던 중세의 수도사들은 그와 다소 다른 입장을 취했다.[23]

따라서 적어도 프로테스탄티즘 진영의 몇몇 집단(특히 칼뱅주의자들)이 전술한 바와 같은 방식으로 세계를 책임지려고 한 것은 설명이 필요하다. 그리고 여기서의 설명 중 일부는 당시의 정치엘리트 계층이 사회개혁과 경제개혁이라는 의제를 강제하려고 시도한 이유에 대한 설명과 같을 가능성이 크다.

다시 말해 '예의'의 좋은 질서 그리고 경건함의 질서는 상호 간에 아무 소통도 없이 별개 부문으로 존재했던 것이 아니다. 둘은 어느 정도 융합해 서로를 변형시켰다. 경건한 삶으로 나가려는 충동, 모든 진정한 기독교도(물론 구원받은 소수로, 설사 명목상으로는 교인이더라도 영벌을 받을 것이 이미 알려진 사람은 포함되지 않았다)를 신을 경외하는 완전히 경건한 삶으로 끌어올리려는 충동은 사회개혁의 의제에 영향을 미치고, 그것에 보편주의적 · 자선사업적 추동력을 제공했다. 그리고 '예의'의 요구 — 그것은 사회의 일정한 재질서화를 함축했다 — 는 다시 경건한, 질서정연한 삶에 새로운 사회적 차원을 제공했다.

[개인적] 경건함과 사회질서 간의 그처럼 실밥 하나 없는 결합이 16세기 중반의

23 하지만 그렇다고 해서 수도사들이 전혀 끼어들지 않았다는 말은 아니다. 다만 그들이 질서 부여에 성공한 것이 성화聖化의 표시로 간주되어서는 안 된다는 것을 말하고자 할 뿐이다. 반대로 그들의 견해에 따르면 세상의 습속과 수도원 생활의 습속 간의 간극은 계속 유지되어야 한다. 비잔틴세계 수도사들도 마찬가지였는데, 그들이 종종 위협적이고 반은 폭력적인 방식으로 세상일에 끼어든 것은 악명 높다.

대문자 개혁 때의 순회설교 사도 중 하나인 폴란드 신학자 라스키Jan Łaski에 의해 저술된 책에서 표현되고 있다. 그는 제대로 개혁된 사회에서는 상황이 아래와 같으리라고 생각했다.

> 군주와 행정관은 보다 평화로울 것이다. 귀족층에서 전쟁은 그칠 것이다. 고위 성직자들의
> 야심은 처벌받을 것이다. 그리고 모두가 천직에서 의무를 다할 것이다. 아이들에게는 어려서
> 106 부터 성스러운 규율을 가르칠 수 있을 것이다. 교의는 순수한 형태로 설파되고, 성례는 제대
> 로 집전될 것이다. 천민은 억제되고 또 덕이 중시되며 악덕은 바로잡힐 것이다. 진정한 보상
> 이 회복되고, 완고하고 반역적인 자에게는 추방이 선고될 것이다. 신의 성스러운 이름을 제
> 대로 부르기만 해도 그와 함께 신의 영광이 선포될 것이다. 결혼의 가장 명예로운 상태가
> 원래 형태로 복원될 것이다. 매춘굴은 폐지될 것이다. 빈자는 돌봄을 받고, 모든 구걸 행위는
> 근절될 것이다. 환자는 문병을 받고 위로받을 것이다. 그리고 망자는 미신과 무관한 명예로
> 운 장례식에 의해 존엄한 방식으로 매장될 것이다.[24]

그와 같은 전반적 의제는 아마 칼뱅주의 사회에서 보다 분명하게 눈에 띄었을 텐데, 16세기 말과 17세기의 잉글랜드와 미국의 퓨리턴 사이에서 가장 두드러진 모습을 보였다. 거의 모든 사람을 이런저런 때 겁먹게 만든 동일한 무질서, 즉 폭력, 불량배, '떠돌이 패거리'는 퓨리턴 또한 공포에 몰아넣었다. 그들은 당연히 그것을 죄라는 프리즘을 통해 보았다. 타락한 자로부터는 그와 다른 것은 전혀 기대할 수 없다는 것이었다. 하지만 또한 회심에 이은 삶의 개혁을 그와 같은 무질서에 대한 처방전으로 생각했다. 그리고 앞서 살펴본 대로 경건한 믿음에 따른 삶의 귀결에 관한 그와 같은 시각이 죄의 귀결에 관한 시각에서 반드시 따라 나오는 것은 아니었다. [기독교 외부의] 다른 사람들에 따르면 신앙을 가진 기독교도는 세상사에서 손을 떼고 보시에 의존해 살거나 아니면 정적주의적 자세로 살거나 그렇지 않으면 무정부주의에 헌신하거나 둘 중 하나를

24 Philip Benedict, *Christ's Churches Purely Reformed*(New Haven: Yale University Press, 2002), p. xvi에서 재인용.

선택해야 했다. 신앙을 가진 기독교도는 훌륭한 시민으로는 쓸모없다고 생각한 것은 마키아벨리 혼자만이 아니었다.

반대로 좋은 삶에 관한 퓨리턴적 개념에 따르면 '성도saint'가 새로운 사회질서의 기둥이었다. 수도승, 걸인, 떠돌이, 게으른 신사의 게으름과 무질서에 맞서 성도는

> 의젓하고 제법 그럴듯한 이런저런 천직에 전념하고, 게으름에 의해 감각을 괴사시키지 않도록 해야 한다.[25]

그것은 단지 어떤 임의의 행위뿐만 아니라 평생의 천직으로 헌신하는 직업 노동도 함께 의미했다. 퓨리턴 설교자 히에론Samuel Hieron은 이렇게 말한다.

> 통상 사람들이 헌신하는 정직한 직업을 갖지 못한 사람, 나아가 앞으로 계속 의지하게 될 고정된 이력을 갖지 못한 사람은 신을 기쁘게 할 수 없다.[26]

그들은 근면하고, 규율을 훈련받았으며, 유용한 노동을 하고, 무엇보다도 신뢰할 수 있었다. '고정된 이력'이 있어, 당연히 서로의 행동을 예측할 수 있었다. 그들이 서로 맺는 계약 위에 비로소 확고하고 신뢰할 수 있는 사회질서를 세울 수 있을 것이다. 온갖 종류의 악덕의 온상은 게으름이기 때문에 그들은 남에게 해를 끼칠 유혹을 받지 않는다.

> 게으른 인간의 뇌는 곧 악마의 작업장으로 변해버린다. …… 도시에서는 거기서 행정관에 대한 폭동과 불평불만이 일어나지 않는가? 그와 같은 상황을 초래하는 것으로 게으름보다 더 큰 원인을 거론할 수 없을 것이다.[27]

25 Henry Crosse, *Virtue's Commonwealth*(Walzer, *Revolution of the Saints*, p. 208에서 재인용)
26 왈저, 앞의 책, 211페이지 이하에서 재인용.
27 Dod and Cleaver, *Household Government*, sig. X3(Walzer, *Revolution of the Saints*, p. 216에서 재인용).

그와 같은 퓨리턴과 함께 안전하고 질서정연한 사회를 건설할 수 있을 것이다. 하지만 물론 모든 사람이 그들 같지 않을 것이다. 하지만 퓨리턴의 기획은 그와 같은 어려움을 감당할 수 있을 것이다. 신을 경외하는 경건한 자들이 지배해야 한다. 회개하지 않는 사람들은 감시, 감독해야 한다. 박스터 생각에 따르면 행정관은 모든 사람이

> 107 …… 자발적 · 개인적으로 기독교 신앙을 고백하도록 마음이 이끌릴 때까지 억지로라도 신의 말씀을 배우고, 규칙을 따라 정숙하게 처신하는 방법을 배우도록 해야 한다.[28]

물론 그것은 칼뱅이 제네바에 수립한 질서와 기본적으로 동일한 종류의 것이었다.

그리하여 칼뱅주의적 종교개혁은 한편으로는 진정한 기독교적 순종으로 가는 길을 규정한 반면 다른 한편으로는 또한 당시의 심각하고, 소름 끼치는 사회적 위기에 대한 해결책을 제공하고 있었던 것 같다. 지극히 인간적인 사회적 불안이 구원-갈망 및 영벌에 대한 두려움과 함께 신앙을 가질 것을 지지하는 이유 속으로 파고들 수 있었다. 신앙이야말로 신도를 갱생시키는 동시에 무질서가 위협하는 상황을 억제할 수 있으리라는 것이었다. 영 · 정신의 회복과 시민적 질서의 구원은 함께 가는 것이었다.

그것을 다른 식으로 표현해 이렇게 말할 수도 있을 것이다. 즉 중세 말의 엘리트 — 물론 성직자였지만 속인 출신도 점점 더 늘어났다 — 는 보다 강력한 형태의 종교적 헌신이라는 이상을 발전시키고 있었으며, 종교개혁을 요구하게 되었던 반면 동일한 엘리트의 구성원들 — 어떤 때는 다른 사람들이지만 다른 때는 동일한 사람들이었다 — 은 '예의'라는 이상을 발전시키고/회복시키려고 하는 가운데 보다 질서 있고 덜 폭력적인 사회적 삶을 요구하게 되었다. 둘 사이에는 일정한 긴장이 존재했지만 또한 둘은 공생하기도 했으며, 시간이 흐르면서 서로를 변형시키게 되었다. 그리고 실제로 의제가 서로 중첩되기도 했다.

그처럼 이 맥락에서 '예의'라는 이상이 적극적 · 변형적 의제를 발전시켜나가게 된 사태의 이면에는 복잡한 인과적 이야기가 존재했다. 시간이 흐르면서 그와 같은 동향은

28 Baxter, *Holy Commonwealth*(London, 1659), p. 274(Walzer, *Revolution of the Saints*, p. 224에서 재인용).

의문의 여지없이 군사력, 따라서 국가 재정상의 힘, 그리하여 근면하고, 교양 있고, 규율훈련된 인구에 의해 달성되는 경제적 실적에 대한 요구에 의해 추동되었는데, 그러한 요구는 계속 증가되었다. 하지만 그와 같은 동향은 또한 부분적으로는 종교개혁의 의제와의 공생 및 상호 영향의 결과이기도 했는데, 거기서 '개선'은 후일 신스토아주의 윤리에 대해 보게 되듯이 일종의 그 자체를 위한 의무로 간주되기에 이르렀다.

부정적으로 보자면, 그와 같은 동향은 부분적으로는 사회질서에 대한 현실적 위협을 회피하려는 시도였다. 또 부분적으로는 카니발이나 '무질서'의 축제 같은 관습에 대한 반동이기도 했다. 그것들은 과거에는 수용되었지만 새로운 이상을 추구하려는 사람들에게는 매우 곤혹스러운 일이었다. 바로 여기서 종교개혁과의 연계가 다시 중요한 역할을 하게 되는데, 왜냐하면 악덕의 과시에 그럴 정도까지 언짢아하는 것이야말로 무엇보다 먼저 엄격한 종교적 양심의 특징 중 하나의 표시였기 때문이다.

그와 관련된 명백한 사례를 성도덕 분야에서 발견할 수 있다. 중세에 매춘은 유럽의 여러 지역에서 허용되었다. 그것은 온갖 혼란스런 결과에도 불구하고 간음과 강간에 대한 이해 가능한 예방책처럼 여겨졌다.[29] 〈콘스탄츠공의회〉조차 도시로 대거 몰려든 많은 참가자를 위해 임시 유곽을 설치하기조차 했다. 하지만 경건한 신앙심을 요구하는 새로운 동향은 성적 순결을 강조하고, 폭력과 사회적 분열의 죄로부터 주된 초점을 성 문제로 돌리는 경향을 보였다. 그리하여 매춘에 대한 태도에 변화가 생기게 되었다. 매춘을 허락하는 것은 생각조차 할 수 없는 일이 되었지만 그것은 또한 사회를 깊은 곳에서 불안하게 만들게 되었다. 일종의 매혹된 혐오감이 등장하게 되었는데, 그것은 타락한 여성을 구제하려는 광범위한 노력이 지속되는 것으로 표현되었다. 더 이상 그와 같은 것을 방치할 수 없다고 느낀 것이다. 지금 행동하지 않으면 안 된다는 것이었다.

그 결과 근대 초의 시기에 상술한 두 가지 이상의 힘이 결합되는 가운데 엘리트 계층은 광범위한 범위의 민중의 관습에 대해 점점 더 엄격해져갔다. 그들이 무질서, 난 108
폭함, 통제되지 않는 폭력으로 간주하는 것에 대한 관용도는 줄어들어갔다. 이전에는 정상적인 것으로 수용되던 것이 이제는 수용 불가능한 것, 심지어 수치스러운 것으로

29 John Bossy, *Christianity in the West: 1400-1700*(Oxford: Oxford University Press, 1985), pp. 40-41을 보라.

간주되었다. 이미 16세기 동안 그리고 이후에도 종종 내가 지금까지 서술해오고 있는 복합적 동기가 아래의 다섯 가지 유형의 프로그램을 도입하는 계기가 되었다.

1. 첫 번째 것은 이미 언급한 신종 〈구빈법〉의 도입이었다. 그와 같은 움직임은 이전 관행으로부터의 중요한 전환 내지 전도를 수반했다. 중세에 빈곤에는 신성한 분위기마저 감돌았다. 계층에 극히 민감했던 당시 사회에서 극빈자와 힘없는 자, 사회적 사다리의 맨 밑바닥에 존재하는 자에 대한 건강한 경멸 같은 것이 존재하지 않았다는 말이 아니다. 하지만 다름 아니라 바로 그것 때문에 빈자는 나를 신성하게 만들 수 있는 기회를 제공했다. 「마태오 복음」, 25장의 말씀에 따르면, 곤궁에 빠진 사람을 돕는 것은 그리스도를 돕는 것이었다. 중세 세계의 유력자가 본인의 오만과 죄를 상쇄하기 위해 벌인 일 중 하나가 빈자에게 이것저것을 베푸는 것이었다. 군주도, 수도원도, 나중에는 부유한 부르주아도 그렇게 했다. 부유한 자는 유언장에서 장례식 때 일정한 숫자의 빈자에게 보시하라는 조항을 남기기도 했다. 그러면 다시 그들이 망자의 영혼을 위해 기도해주리라는 것이다. 「복음」의 우화[「루가 복음」, 16장 19절 이하]에서와는 반대로 [가난한] 라자로의 기도를 하늘에서 들으면 부자는 서둘러 아브라함 품에 안기게 될 수 있다는 것이었다.[30]

하지만 15세기에 이르러 부분적으로 인구증가, 흉작, 그에 기인한 극빈자의 도시 유입의 결과로 그와 같은 태도에 근본적 변화가 일어났다. 일련의 새로운 〈구빈법〉이 채택되었는데, 그것은 노동할 수 있는 사람 그리고 정말 자선 말고는 달리 의지할 수 있는 것이 아무것도 없는 사람을 철저하게 구분하는 것을 원리로 삼았다. 전자는 추방되거나 아니면 매우 낮은 보수로, 종종 엄격한 조건에서 노동하도록 강제되었다. 노동할 수 없는 빈자에게는 구제물자가 제공되었지만 이번에도 역시 완전히 통제된 조건하에서 이루어졌는데, 그것은 결국 종종 여러모로 감옥을 닮은 시설에 구금되는 일도 포함하게 되었다. 또한 걸인의 아이를 갱생시키고, 직업교육을 시키고, 사회의 유능하고 근면한 구성원으로 만들려는 노력도 기울여졌다.[31]

30 Bronislaw Geremek, *La potence et la pitié: l'Europe et les pauvres du Moyen Age à nos jours*, trans. Joanna Arnold-Moricet(Paris: Gallimard, 1987), p. 32를 보라.

31 앞의 책, 180페이지 이하.

일자리 제공, 구제물자, 훈련과 사회적 갱생의 제공 등 모든 유관 조치는 경제적 이유뿐만 아니라 관리를 위한 이유 모두로 감금을 포함할 수 있었다. 그와 함께 푸코가 대감금le grand renfermemen이라고 부르는 시대가 시작되는데, 그것은 이어 무력한 다른 계층의 사람, 가장 유명하게는 정신이상자를 포함하게 된다.[32]

그런데 동기가 무엇이건 태도에서 심원한 변화가 있었음은 분명하다. 즉 빈곤이 이해되는 음역 전체에서 변화가 있었다고 말할 수 있을 것이다. 게레멕이 지적하듯이[33] 중세에는 자발적 빈곤이 성성으로 가는 길이었다. 자발적이지 않은 빈자는 성인으로 간주되지 않았다. 인내심을 갖고 운명을 감수하는 대신 — 그렇게 해야 한다고 배워왔다 — 질투심을 느끼거나 범죄로 치달을 수 있었기 때문이다. 하지만 그럼에도 불구하 109
고 빈자는 나를 신성하게 만들 수 있는 기회를 제공했다. 빈자에게 베푸는 것은 예수그리스도께 선물을 드리는 것이었다. 하지만 새로운 태도는 그것을 무시하고 빈자를 철저하게 다른 음역 속에서 바라보았는데, 그것은 두 가지 측면으로 이루어져 있었다. 한편으로 빈자는 어떤 대접을 받아 마땅한지를 심사받게 되었다. 즉 도움을 받을 만한 가치가 있는가? 도움 받아 마땅한가? 아니면 혼자 힘으로 벌어먹어야 하는가? 다른 한편 빈자의 처우에 대해서는 합목적성이라는 척도에 따라 평가되었다. 즉 (플로린이건 두카트건 또는 리브르 트루누아livere tournois건) 지원금에 대해 최대의 가성비를 얻기 위해 큰 주의가 기울여졌다. 17세기에 잉글랜드의 노동자 숙소에서 사람들은 경제가 필요로 하는 것을 생산하는 노동에 종사했다. 그들은 당시 산업의 병목이었던 모직물 제작 수작업에 종사했다. 그와 같은 식으로 생계를 위해 일하고 동시에 사회를 위해 유용한 일을 했다. 사회적 갱생 작업 또한 동일한 합목적적 엄밀성에 따라 추진되었다. 암스테르담의 형무소인 라습하위스에서는 게으름이 습관화된 사람은 꼼짝도 않으면 점점 물이 차오르는 감방에 투옥되었다. 머지않아 그처럼 못돼먹은 버릇을 고칠 텐데, 그렇지 않으면…….[34]

32 푸코, 오생근 역, 『광기의 역사』, 나남.

33 Geremek, *La potence et la pitié*, pp. 40-41.

34 앞의 책, 277~278페이지. 또한 Philip Gorski, *The Disciplinary Revolution*(Chicago: University of Chicago Press, 2003), pp. 63-64를 보라.

극단적인 퓨리턴적 시각은 심지어 그것보다 훨씬 더 엄격했다. 걸인에 대해 내려지는 판결은 돌처럼 차갑고 적대적이었다. 퍼킨스에게 거지는 "몸에서 떨어져 나온 썩은 다리와 팔"[35]일 뿐이었다. 질서정연한 코먼웰스에 그들을 위한 자리는 존재할 수 없었다.

그처럼 근본적인 방향 전환은 저항에 부딪히게 되었다. 가톨릭국가에서는 교의를 근거로 성직자 일부의 반대가 있었는데, 특히 탁발수도회가 그랬다. 경제발전 측면에서 보다 '후진국'이던 스페인에서는 개혁이 모두 중단되었다.[36] 중세의 빈곤의 신학 전체와의 결별은 너무 극단적이었다. 하지만 가톨릭 유럽 대부분의 지역에서는 그것만으로는 그처럼 새로운 접근법의 진전을 정지시키기에는 충분하지 않았다. 그것은 파리에서 실천되었으며, 보로메오의 밀라노 개혁 프로그램에서도 일정한 역할을 했다.

다른 방향에서의 두 번째 반대도 존재했지만 그와 같은 변화를 멈추는 데는 앞의 것보다 더 무력했다. 민중 자신으로부터 나온 반대가 그것이었는데, 빈자가 끌려갈 때는 종종 항의하거나 심지어 보호하거나 숨겨주기도 했다.

2. 국민정부, 시 지자체, 교회당국 또는 그것들이 결합된 모종의 조직은 종종 민중문화의 몇몇 요소를 엄벌에 처했다. 가령 샤리바리, 카니발, '무질서'의 축제, 교회에서의 춤이 그것이었다. 여기서도 또한 전도를 볼 수 있었다. 이전에는 통상적인 일로 간주되어 모든 사람이 참가하는 것을 개의치 않던 것이 이제는 명백히 비난할 만한 일로 간주되고, 따라서 어떤 의미에서는 사회를 깊이 혼란스럽게 만드는 것으로 여겨지게 되었다.

에라스무스는 1509년에 시에나에서 목격한 카니발을 '비기독교적'이라고 비난했는데, 두 가지 이유에서였다. 첫 번째는 그것이 '고대 이교의 흔적'을 간직하고 있고, 두 번째는 "민중이 지나치게 방종에 빠져 있었기"[37] 때문이다. 엘리자베스조 시대 퓨리턴이던 스텁스Philip Stubbes는 '해로운 춤의 끔찍한 악덕'을 공격했는데, 그것은 '추잡한 애무와 부정한 더듬기로 이어지며'

35 Perkins, *Works*(London, 1616), I, 755(Walzer, *Revolution of the Saints*, p. 213에서 재인용).

36 Geremek, *La potence et la pitié*, pp. 186, 201.

37 Peter Burke, *Popular Culture in Early Modern Europe*(New York: New York University Press, 1978), p. 209.

> 급기야 사통私通을 유혹하기에 이르고, 문란함을 예비하고, 불순함을 도발하고, 온갖 종류의 외설을 도입하기에 이른다.[38]

그런데 버크 지적대로 교인들은 수 세기 동안 민중문화의 그와 같은 측면을 비판해 110
오고 있었다.[39] 새로운 것은 (a) 신성함의 자리에 관한 새로운 우려 때문에 종교적 공격이 심해졌다. 그리고 (b) '예의'라는 이상, 질서정연함, 우아함, 세련됨 등 그것이 요구하는 새로운 규범이 지도계급을 그와 같은 민중문화의 관행으로부터 멀어지도록 만들었다.

'예의'는 그것만으로도, 버크가 쓰고 있는 대로, 상층계급이 민중문화로부터 거리를 두는 것으로 이어졌을 것이다.

> 1500년에 …… 민중문화는 모든 사람의 문화였다. 그것은 교양 있는 사람에게는 제2의 문화이자 다른 모든 사람에게는 유일한 문화였다. 하지만 1800년에 이르면 유럽의 대부분의 지역에서 성직자, 귀족, 상인, 전문가 — 그리고 그들의 아내 — 는 민중문화를 하층계급으로 추방하고 말았다. 이제 그들은 그와 같은 하층계급으로부터 심원한 세계관의 차이로 인해 전례 없을 정도로 분리되어 있다.[40]

16세기에 '예의'는 아래 것을 의미했다.

> 귀족은 보다 '세련된' 매너를, 당시의 예절서 — 그와 같은 종류의 책 중 가장 유명한 것은 카스텔리오네의 『궁정인』이었다 — 를 본따 새로운, 보다 자의식적인 행동양식을 받아들이고 있었다. 자제하는 방법을 배우고, 세심하게 계획해 마치 무관심한 듯이 행동하고, 스타일

38 앞의 책, 212페이지.
39 앞의 책, 217페이지.
40 앞의 책, 270페이지.

> -감각을 함양하고 마치 정식 무도회에 참석하고 있을 때처럼 품위 있게 행동하는 방법을 습득하려고 했다. 춤에 대한 논고가 여럿 출판되었으며, 궁중 무용은 민중 무용과 아무런 공통점도 없게 되었다. 대식당에서 소작인 및 하인과 함께 식사하던 관습을 그만두고 별도의 작은 식당으로 물러났다('거실drawing room', 즉 '칩거용 방withdrawing room'은 두말할 것도 없이 말이다). 롬바르디아 지방에서 행해오던 대로 소작농들과 한바탕 씨름으로 힘을 겨루던 관행도 그만두고, 스페인에서 과거에 행하던 대로 공공장소에서 황소를 죽이는 투우놀이도 그만두었다. 공식 규칙에 따라 '정확하게' 말하고 쓰는 방법을, 그리고 장인과 소작농이 사용하는 전문용어나 방언을 피하는 방법을 배웠다.[41]

'예의'라는 이상은 그 자체로 귀족의 그와 같은 거리두기를 가져오기에 충분했을 텐데, 18세기에는 전통적인 경건한 종교적 삶의 요소로부터도 지나치게 '열성적'이라며 실제로 거리를 두기 시작했다. 하지만 종교개혁과 밀접하게 결합하면서 그와 같은 거리두기를 훌쩍 뛰어넘어 민중문화를 억압하거나 개조하려는 시도로서의 정체를 드러냈다. 가령 17세기 초의 막시밀리안 1세(바이에른 공)의 개혁 시도가 그랬는데, 그것의 프로그램은 그중에서도 특히 마술, 가면무도회, 짧은 드레스, 혼욕, 점치기, 과식과 과음, 혼례식에서의 '음담패설' 등을 금지했다.[42]

3. 17세기 동안 앞서 말한 두 가지 종류의 조치[새로운 〈구빈법〉의 도입과 민중문화
111 의 단속]는 프랑스와 중부유럽에서 막 발전하고 있던 절대주의적 경향 또는 통제경제정책주의적 경향을 가진 국가조직에 의해 세 번째 조치로 포괄되었는데, 그와 같은 국가조직은 일련의 법령을 통해 권력의 이익을 위해서 뿐만 아니라 삶의 개선을 위해 신민의 경제적 · 교육적 · 정신적 · 물질적 복리를 실현하려고 했다. 매우 질서정연한 '공안경찰국가Polizeistaat'[43]라는 이상은 15~18세기 동안 독일에서 가장 발전된 형태로 구현

41 앞의 책, 271페이지.

42 앞의 책, 221페이지.

43 물론 이 말은 여기서 오늘날의 'police-state'와 동일한 의미를 갖고 있지 않다. 'Polizei'(마찬가지로 '폴리스polis'를 어근으로 한다)는 "가장 넓은 의미에서의 행정administration, 즉 한 나라의 주민의 평화롭고 질서정연한 생존을 보장하기 위해 필요한 효율적 수단과 절차라는 함의를 갖고 있었다"(Marc Raeff,

되었다. 그와 같은 국가 주도의 사회경제 통제 활동은 종교개혁의 결과로 나타난 상황에 의해 자극되었는데, 각 지역의 지배자는 (프로테스탄티즘 지역에서는) 교회의 재조직화 과제 그리고 (모든 영지에서) 체제에 대한 순응의 강제 문제를 처리할 필요가 있었다. 하지만 통제를 위한 여러 노력은 다음 세기까지 연장되었고, 경제적 · 사회적 · 교육적 · 도덕적 목표를 포괄했다. 그런 목표들은 우리가 이미 (1)과 (2)에서 같은 지역을 대상으로 탐구한 바 있는 것 중 일부와 겹쳤다. 즉 구제 조치에 대한 규제, 일부 전통 축제 및 관습에 대한 억압이 그것이었다.[44] 하지만 16세기에 그와 같은 시책은 점점 더 확장되어 학교교육을 확립하고, 생산성을 증가시키며, 신민에게 보다 합리적이고, 근면하고, 성실하며, 생산 지향적인 견해를 주입하기 위해 노력했다. 사회는 규율을 훈련받아야 했는데, 물론 자기규율[자기 수양, 자제]self-discipline의 촉진을 목표로 했다.[45]

요컨대 그와 같은 경향은 '예의'라는 이상의 몇 가지 특징을 주민의 보다 광범위한 계층에 강요함을 의미했다. 여기서 주요한 동기는 분명히 순종적이고 유능한 병사를 징발할 수 있도록 해줄 수 있는 인구를 만들어내고, 그들에게 보수를 지불하고 무장시키는 데 있었다. 하지만 관련된 많은 법령은 (물론 통치자 관점에서이긴 하지만) 개선을 목적 자체로 상정했다. 그리고 18세기에 들어서면서 입법의 목적은 점점 더 계몽주의 사상을 구현하게 되며, 그 결과, 개인과 사회 전체에게 생길 이익의 증진이라는 명목하에 인간 활동의 생산적 · 물질적 측면에 점점 더 강조점이 놓이게 되었다.[46]

4. 그와 같은 사회개혁은 올바른 정신과 규율훈련에 의해 뒷받침된 효율적 통치 구조가 발전함으로써 가능해졌다. 그와 같은 개혁은 가령 유럽의 저지대 국가들에서처럼 국지적이고 보다 자발적인 것이거나 아니면 보다 합리화된 종류의 중앙 국가관료제에 의해 추진되기도 했다. 아마 후자의 가장 두드러진 사례가 프로이센일 텐데, 이 나라는 인구나 부 양쪽 모두에서 해당 리그에 속한 국가 중 가장 열세였음에도 17세기 말부터 유럽의 주요 열강 중 하나로 자리 잡으려고 애써왔다.

The Well-Ordered Police State[New Haven: Yale University Press, 1983], p. 5).

44 앞의 책, 61페이지, 86페이지 이하, 89페이지.

45 앞의 책, 87페이지.

46 앞의 책, 178페이지.

그와 같은 통치 구조는 다시 규율훈련과 신앙심의 혼합에 의해 가능해졌는데, 가령 프로이센은 그것을 통해 인구와 부 양면에서 다른 경쟁국보다 더 많은 돈을 동원하고 병사를 훈련시킬 수 있었다. 고스키의 설득력 있는 논의에 따르면, 프로이센의 그처럼 예외적 성과의 원천은 부분적으로는 엘리트 계층 사이에 광범위하게 확산되어 있던 신스토아주의철학에서 찾을 수 있었지만 심지어 훨씬 더 왕조와 지배적 정치인들의 칼뱅주의 또는 경건주의 신앙에서 찾을 수 있었다. 그처럼 예외적인 이야기에서는 개혁의 추진력이 결정적 요소였다.[47]

5. 규율훈련, '방법', 절차 등과 관련된 양식들이 널리 확산된 것을 살펴본다면 그
112 와 같은 사태전개 전체를 또 다른 각도에서 바라볼 수 있을 것이다. 그중 일부는 극기 방법, 지적 내지 정신적 발전 방법처럼 개인적 영역에서 생겨났다. 다른 일부는 네덜란드와 프로이센의 정치엘리트 계층의 경우에서처럼 집단적으로 채택되었다. 또 다른 일부는 위계제적 통제의 맥락에서 이식되고 강요되었다. 푸코의 기술에 따르면 16세기에는 신체 움직임을 꼼꼼하게 분석한 다음 각각의 부분으로 쪼개고, 그런 다음 사람들에게 표준화된 형태로 반복 훈련시키는 것에 기초한 규율훈련 프로그램이 늘어났다. 그와 같은 시책의 주요 집행처는 물론 군대였는데, 그리하여 새로운 형태의 군사훈련이 도입되게 되었는데, 이후 그것의 몇몇 원칙은 학교, 병원, 나중에는 공장에도 적용되었다.[48]

자아의 변형을 목적으로 한 방법적 프로그램 중 가장 잘 알려진 것 중 하나는 로욜라의 영=정신적 훈련으로, 영=정신적 변화를 겨냥한 묵상이 그것이었다. 하지만 그와 같은 핵심적인 두 가지 생각, 즉 묵상과 그것을 겨냥한 방법은 또한 1세기 후에는 데카르트(그는 결국 라 플레슈의 제수이트들에게서 교육받았다)가 제안한 프로그램에서 다시 모습을 드러내게 된다.

47 Philip Gorski, *The Disciplinary Revolution*(Chicago: University of Chicago Press, 2003), 2~3장을 보라. 심지어 프리드리히 대제조차 병사들이 로이텐에서 어렵게 승리한 후 자발적으로 '이제 모두 신께 감사드리세Nun Danket alle Gott'를 합창하기 시작했을 때 깊은 인상을 받았다. 이 계몽군주는 이렇게 말했다. "맙소사, 종교는 얼마나 강력한가?Mein Gott, welche Kraft hat die Religion!" Hans-Joachim Schoeps, *Preussen*(Frankfurt: Ullstein, 1992), p. 74.

48 푸코, 오생근 역, 『감시와 처벌』, 나남, 3부 1장.

3

'예의'라는 이상은 날 것 그대로의 자연=본성을 길들인다는 것을 핵심 이미지로 갖고 있었는데, 자기 자신을 — 아마 이렇게 부를 수 있을 것이다 — 재구조화하려는 태도를 이미 포함하고 있었다. 그와 같은 이상은 특히 전술한 5의 경우에서 볼 수 있는 '자기-형성self-fashioning' 프로그램과 방법으로 구체화되었다. 우리는 우리 자신의 보다 저차적인 자연-본성을 통제되고, 재형성되어야 할 또는 몇몇 경우에는 삶에 보다 고차적인 형태를 부여하기 위해 제거되어야 할 날 것 그대로의 소재로 취급한다.[49] 물론 기독교적인 것이건 고대의 것이건 전통적인 윤리적 견해와의 유사성이 거기에는 존재한다. 그와 같은 견해는 모두 모종의 방식으로 보다 고차적인 것의 이름으로 저급한 것을 통제 내지 제거해나가는 것을 공유했다. 하지만 그처럼 새로운 견해에 특수한 것이 있다면 의지에 대한 강조로, 자력으로 행동할 수 없거나 완고한 질료에 형상을 부여하려고 했다.

플라톤, 아리스토텔레스, 스토아주의 등 고대의 위대한 윤리는 보다 저급한 욕망의 복종을, 심지어 스토아주의의 경우 제거를 요구했다(스토아주의의 경우 정념은 일종의 억견으로, 현자의 영혼에서는 완전히 사라져야 한다). 하지만 미덕의 지배적 이미지는 조화로운 영혼이었다. 여기서의 주요한 생각은 외부에서 이식된 유형이라기보다는 처음부터 인간 본성 속에서 작용하는 형상으로, 유덕한 사람은 그것이 발현되도록 도와야 한다. 반대로 질료를 재형성하고 그것에 형상을 부여한다는[형상화한다]는 이미지 — 당시 사람들이 인간의 생산적 활동을 이해하는 핵심 용어들이었다 — 는 [전통적] 윤리에서는 아무런 자리도 갖고 있지 못했다. 제작poeiesis과 행위praxis는 분명히 구분되었다. 그리고 거듭 지적된 대로 전통윤리에서는 우리가 '의지'라는 근대적 용어로 가리키는 것은 아무런 자리도 갖고 있지 않았다.

우리가 보기에 의지는 두 가지 상이한 차원에서 작동한다. 우리는 어떤 때는 선의

49 Stephen Greenblatt, *Renaissance Self-Fashioning*(Chicago: University of Chicago Press, 1980).

와 악의를, 다른 때는 강한 의지와 약한 의지를 구별한다. 첫 번째 대비는 분명히 기독
교에서 유래한 것으로, 서양에서 가장 잘 알려진 정식화는 사랑을 두 가지로 즉 자비
113 charity와 욕망concupiscience으로 구분하는 아우구스티누스 것이다. 하지만 새로운 근대
적 사조의 주축은 두 번째 대비에 의해 규정되었다. 미덕은 완강한 저항에 맞서 선을 강요할 수 있는 강한 의지를 요구한다. 그렇게 의지 개념을 핵심적인 것으로 만듦으로써 고대의 개념과 결별했을 뿐만 아니라 또한 그와 같은 개념 내부에서 기독교적 사유의 주요 노선으로부터 벗어나는 축의 전환이 일어났다.

의지의 그처럼 결정적인 역할은 그와 같은 근대적 견해의 정식화에서 항상 명시화되지는 않았으며, 또한 신스토아주의 경우에서 즉각 볼 수 있는 대로 조화 개념이 전적으로 결여되어 있던 것은 아니지만 이런저런 형태로 실제로 전환이 일어난 것은 분명했다.

나의 주장은 이렇다. 즉 그와 같은 식으로 행위 영역에 제작적 태도를 도입한 것은 이 두 가지 사태전개가 서로를 지탱하고 촉진하는 한 앞 절에서 내가 언급한 변화와 연결되어 있었다는 것이다. 그것은 쿠자누스, 피치노, 다빈치의 견해 — 그에 따르면 과학은 우리 자신의 구성적 행위에 의해 가능해진다 — 뿐만 아니라 자연과학이 '수행-지식Leistungswissen'(셸러Max Scheller)이라고 부른 것, 즉 진리가 도구적 유효성에 의해 확증되는 과학으로 이행하는 것에 대해서도 동일하게 이야기할 수 있을 것이다. 물론 그와 같은 마지막 변화와 관련해서는 앞서 언급한 신학적 이유도 있었다. 그리고 회고적으로 돌이켜 볼 때, 새로운 과학 자체의 성공을 거론할 수 있을 것이다(물론 직접 도구적 유효성 측면에서 파악되지는 않았지만 말이다). 이제 좋은 삶에 관한 핵심 개념들의 성좌가 또한 일정한 역할을 한 것이 틀림없음을 볼 수 있을 것이다. 제작의 두 양식, 즉 윤리에서의 재구축적 · 변형 지향적 태도 그리고 과학에 대한 관조적 이해보다는 도구적 이해가 서로를 버팅겨주었다.

자연 내부와 외부 모두에서 우리의 자연관 그리고 자연에 대한 태도와 관련해 그와 같은 역사적 시기에 일어난 변화는 일련의 독립적 변화가 중층결정되어 일어난 결과로, 하나의 핵심적 요소로 소급될 수 없다. 신은 무제한의 주권을 갖고 있다는 생각은 코스모스는 형상이 실현된 것이라는 보다 이전의 견해를 파괴하는 데 분명히 기여했다. 우

리는 그와 같은 생각을 유명론 저술가뿐만 아니라 또 나중에는 17세기의 새로운 과학의 옹호자 중 많은 사람 — 가령 데카르트와 메르센Marin Mersenne — 에게서도 찾아볼 수 있다. 만약 신이 피조물의 세계에 대해 절대적 권능potentia absoluta을 보유하며, 또 그것이 신은 심지어 태초에 당신이 창조한 사물들에 고유한 경향에 의해서도 제약 가능한 것이 아님을 의미한다면 현실은 신에 의해 무한히 조작 가능한 것으로 간주되어야 할 것이다. 그리고 그와 같은 요구는 기계론적 자연관 — 그로부터 내재적 목적론의 모든 징후는 배제되어왔다 — 으로부터 출발할 때 가장 잘 충족될 수 있을 것이다.

하지만 만약 그것이 사물의 본성에 부합한다면 그와 같은 인식은 또한 세계에 대한 우리의 태도에도 일정한 결과를 가져오게 된다. 우리는 과학 모델을 바꾸어 더 이상 아리스토텔레스적 또는 플라톤적 형상이 아니라 작용인 간의 관계를 탐구해야 한다. 뿐만 아니라 조작 가능한 우주는 또한 '수행-지식' 또는 통제 과학을 발전시킬 것을 요구한다. 데카르트의 유명한 정식화를 인용하자면, "자연의 주인이자 소유자maître et possesseur de la nature"[50]가 되어야 한다는 목표를 제시한다. 뿐만 아니라 그것은 신이 우리를 위해 정해놓은 목적에 부합하는 방식으로 사물을 이용하는 가운데 신을 모방하는 동시에 그에게 순종할 것을 권할 수 있을 것이다.

거기서 코스모스 속에서의 우리 자리를 찾는 것으로부터 우주 내부에서 모종의 질 114
서를 구성하는 것으로의 획기적인 이행의 열쇠를 발견하고 싶은 유혹을 느낄 수도 있을 것이다. 그것을 신을 따르는 새로운 방법으로 아니면 모든 것에 간섭하는 신의 권능에 대한 일종의 반동으로 해석할 수 있을 텐데, 후자의 견해에 따르면 인간에게는 아무런 자리도 남아 있지 않게 되었다. 실제로 그것은 우리는 질서정연한 코스모스 내부에 정당한 자리를 갖고 있다는 보다 이전의 감각을 파괴해왔다. 블루멘베르크는 대략 후자와 비슷한 견해, 즉 인간의 '자기주장Selbstbehauptung' 측면에서의 '대응책'에 관한 설명을 대변하는 것 같다.[51]

50 데카르트, 소두영 역, 『방법서설 외』, 동서문화사, 71페이지[6부].

51 블루멘베르크Hans Blumenberg, 졸역, 『근대의 정당성』, 새물결, 209페이지(출간 예정). "중세의 체계는 자율화된 그와 같은 객관화 단계, 즉 인간적인 것으로부터 절단된 경직화 단계에서 끝났다. 여기서 소위 '자기주장'이라고 부르는 것은 잃어버린 동기를 되찾기 위한, 인간의 자기이익 자체에 새로 집중하기 위한 대응책이었다."

하지만 재구축하려는 충동은 또한 다른 원천을 갖고 있었으며, 또한 앞서의 것들보다는 더 '대응책'적인 것에서 유래한 것이 분명해 보인다. 그것은 과거의 코스모스가 파괴되기를 기다리지 않았다. 심지어 코스모스는 형상에 의해 형태를 부여받았다는 플라톤적 관념 내부에서조차 인간 존재는 그렇게 형태를 부여받는 것에 협력해야 한다는 관념이, 그것을 완성할 것을 요청받고 있다는 생각이 발전하고 있었다. 르네상스는 이 측면에서 예술가에게 중요한 역할을 부여했다. 피치노는 그와 같은 생각을 이렇게 표현한다.

> 인간은 신의 본성을 띤 모든 일을 모방한다. 열등한 자연의 일을 완성하고, 고치고 개선한다 Homo omnia divinae naturae opera imitatur et naturae inferioris opera perficit, corrigit et emendat.

미켈란젤로는 본인이 그와 같은 방식으로 작업한다고 생각했다. 또 다빈치의 견해에 따르면 예술가는 자연 속에서 발견되는 이성ragioni을 따라야 한다. 하지만 자기 자신의 이성적 · 건설적 행위를 통해 그것을 완전히 끌어내는 것이 우리 과제가 되어야 한다. 경험은 이성을 필요로 한다. 이성이 '자연의 주인이자 교사maestra e tutatrice della natura이기 때문이다.' 그리하여 인간인 예술가 자신도 나름대로 '창조한다.' 단순히 자연에 굽실거리며 그것을 모방하는 자가 아니라 경쟁자이다. 즉 피코 지적대로

> 자연의 노예가 되어서는 안 된다. 오히려 자연의 경쟁자가 되어야 한다non servi natura, sed aemult.[52]

우리는 근대의 과학혁명의 문턱에서 디John Dee, 브루노Girdano Bruno, 플러드Robert Fludd와 다양한 연금술사 등 르네상스의 '마술사들'과 만나게 되는데, 그들도 비슷한 방

52 Dupré, *Passage to Modernity*, pp. 48-49, 51, 124-125에서 재인용. 이 부분의 논의에서 나는 그의 매우 계몽적인 논의로부터 많은 것을 끌어오고 있다.

식으로 자연에서의 형상 내지 영혼의 우위에 대한 강한 믿음을 변형과 개혁이라는 의제와 결합시켰다. 현자의 돌philosopher's stone의 발견이 금 제조와 함께 또한 인간의 삶을 완성시키는 것을 가능하게 해주리라는 것이다.[53]

물론 그와 같은 비기계론적 '제작' 양식은 미래의 물결이 될 수 없었으며, 곧 갈릴레오적-베이컨적 입장에 의해 대체되었으며, 이후 낭만주의 세대에 의해 전혀 다른 형태로 재발견된다는 것이 중요하다. 하지만 다른 많은 현상과 함께 그것만으로도 재구축을 향한 충동이 기계론으로의 이행과 분리 불가능한 것이 아니었으며, 또한 반드시 신의 절대적 권능에 맞선 반역과 결부되어 있던 것도 아니었음을 보여주기에 충분했다.

그런데 그처럼 여러 가닥으로 짜여진 '제작'이 이상으로서의 '예의'에 핵심적 의미를 갖고 있는 한 자기재형성의 행동[실천]이 사회 전체에 적용되자마자, 따라서 막 탄생 중이던 국가가 점점 더 도덕과 사회적 실천의 엔지니어가 되자마자 그와 같은 재구축적 태도가 얼마나 더 많이 두드러진 것이 되어야 하는지 하는 물음이 제기되었다.

지금까지 말해온 이행을 구체적으로 보여주기 위해 16세기의 가장 영향력 있던 신스토아주의 저술가 립시위스[1547~1606년]의 견해를 살펴보고 싶다. 그는 지금 내가 하고
있는 이야기의 열쇠 격 인물인데, 그처럼 새로운, 재구축하려는 태도를 잘 보여주는 윤 115
리 이론을 명확히 했을 뿐만 아니라 그와 같은 견해를 정치적 · 군사적 영역에 어떻게 적용할지를 처음으로 보여주었기 때문이다.

그는 (일종의) 기독교화된 스토아주의를 발명했는데, 그것은 스토아주의 쪽으로 기울고 있다. 윤리 영역에서 기독교와 스토아주의 간에는 두 가지 현저한 차이가 존재한다. a) 기독교는 인간을 신의 은총을 필요로 하는 존재로, 또 잠재적으로 인간이 보유한 선한 의지를 해방시키기 위해서는 신의 도움을 필요로 하는 존재로 본다. 그에 반해 스토아주의는 순수하게 인간의 이성과 자제력에 호소한다. b) 기독교는 인간에게 내재

53 세계상 자체의 기계화가 문제 될 때는 비슷하게 다수의 원인을 염두에 두어야 할 것이다. 15세기의 이탈리아회화에서 이루어진 원근법의 발전(그에 대해서는 앞의 167[96]페이지에서 논한 바 있다)에서 볼 수 있는 공간과 시간의 동질화는 우주를 전적으로 세속적 시간 속에서 새롭게 이해하는 것을 촉진시킨 요소 중 하나였다. 하지만 재현에서 그와 같은 변화가 일어난 이유들이 기계화를 향한 충동 또는 코스모스는 형상에 의해 형태를 부여받았다는 생각의 거부와 어떤 관계가 있다고 상정할 수는 없다.

된 선한 의지의 완전한 실현을 아가페로, 즉 이웃사랑으로 본다. 스토아주의는 현인을 무정념, 즉 정념을 초월한 상태에 이른 사람으로 본다. 그런데 이 두 윤리가 반드시 양립 불가능한 것은 아니다. 즉 아가페는 부단히 분투하고 노력하는 선의라는 일종의 무정념 상태로 파악될 수도 있다. 하지만 기독교신학은 그와 같은 스토아주의적 독법으로부터 멀어져갔는데, 『성서』에 입각해 볼 때 충분히 그럴 만한 이유가 있었다. 「복음」에서 그리스도는 '뱃속에서부터splangnizesthai' 연민에 의해 마음이 움직이는 것으로 묘사되어 있다. 그리고 십자가 위에서의 그의 외침은 아무리 봐도 무정념의 표명으로 볼 수 없다. 그와 같은 정황이 기원후 수 세기 동안 기독교신학에 가장 큰 어려움을 안겨주었는데, 다름 아니라 신은 정념을 갖고 있지 않다apathes는, 그리스에서 유래한 관념의 영향 때문이었다. 그리스도가 그와 같은 그리스적 기준을 충족시키는 데 분명히 실패한 것이 심지어 아리우스주의를 위한 논거로 이용되기까지 했다. 하지만 결국 정통신학은 스토아주의화된 해법을 거부했다.

하지만 바로 그것이 립시위스가 옹호한 견해이기도 했다. 그는 연민miseratio 또는 자비misericordia, 즉 감정적 공감compassion을 거부하고 적극적 개입으로서의 공감을 옹호했는데, 물론 그것은 내적으로 완전히 거리를 두는 것에 기반해 있었다. 그처럼 미묘한 차이는 당대의 신학자들에게 간과되지 않았는데, 가령 연민miseratio을 비판하는 구절은 『부동심에 대해*De Constantia*』의 스페인어 번역에서는 삭제되었다.54

다른 쟁점들과 관련해 신스토아주의는 은총의 필요에 대해서는 침묵한다. 하지만 배타적 휴머니즘 운운하기에는 아직 멀었다. 고전적 모델에서와 마찬가지로 여기서는 신이 아직 중심적 역할을 하고 있다. 신은 우리 삶이 기초하는 이성ratio의 원천이다.

> 이성은 하늘, 신 자신으로부터 온다. — 세네카는 이성을 인간에게 심어진 신의 정신의 일부로 격찬했다.

54 Gerhard Oestreich, *Neostoicism and the Early Modern State*(Cambridge: Cambridge University Press, 1982), pp. 29, 35.

왜냐하면

신 자신은 당신의 상에 의해 우리에게 도래하기 때문이다. 또는 오히려 우리 안에 들어온다
Deus ipse per hanc sui imaginem ad nos venit, imo quod proprius est, in nos.[55]

여기서 스토아주의적 관념이 신의 상이라는 『성서』의 개념의 도움으로 표현되고 있다. 립시위스는 또한 스토아주의와 기독교에 공통되는 또 하나의 교의, 즉 신의 섭리에 큰 역점을 두었다. 발생하는 모든 일은 신의 섭리를 통해 일어난다. 신은 인간에게 닥치는 고난이라는 시련을 겪도록 함으로써 당신의 목적을 이룬다. 그것에 맞서는 것은 헛되고 어리석다. 오히려 숙영지나 전장의 병사들처럼 복종해야 한다. 세네카를 인용하자면

우리는 신의 도성에 태어났으며, 신을 따르는 데 자유가 있다.[56]

그러면 신이나 이성을 따른다는 것은 어떤 것일까? 그에 대한 대답은 본질에서 스
토아주의적이다. 즉 지상과 육체에서 유래하는 억견은 우리를 오도한다. 외적 재난, 재
산이나 건강, 심지어 목숨의 상실조차 가변적인 것에만 영향을 미치는데, 그것은 반드 116
시 지나가게 되어 있다. 이성은 불변하는 것을 꽉 붙잡으라고 가르친다. 16세기 휴머니
즘에 정초적 영향을 미친 사람 중 하나로 립시위스의 선구자이자 동포였던 사람[에라스
무스] 말을 여기서 인용해보자.

당신의 사랑을 영속적인 것, 천상적인 것, 썩지 않는 것으로 옮겨라. 그러면 육체라는 일시적이고 덧없는 이 형태를 보다 냉정하게 사랑하게 될 것이다.[57]

55 앞의 책, 19페이지.
56 *De vita beata*, VII, 15, 7(Oestreich, *Neostoicism*, p. 22에서 재인용).
57 Erasmus, *Enchiridion militis Christiani*, 14장, p. 104.

영속적인 것을 고수함으로써 우리는 부동심을, 따라서 립시위스가 보기에는 핵심적인 미덕을 얻게 될 것이다.

> 부동심이란 외적인 또는 우연한 상황에 의해 들뜨지도 또 의기소침해지지 않는 정신의 적정하고 부동하는 힘을 가리키는 이름이다. 그와 같은 힘은 억견이 아니라 판단과 올바른 이성에 의해 정신 속에 심어진 확신이다Constantiam hic appello, rectum et immotum animi robur, non elati externis aut fortuitis, non depressi. Robur dixi; & intellego firmitudinem insitam animo, non ab opinione, sed a iudicio et recta ratione.[58]

부동심이 올바른 길의 기준을 제공한다. 하지만 그와 같은 길로 나가는 도정에서 우리는 물론 또한 조화를 만나게 될 것이다. 그리고 만약 신에 대한 순종을 기본 원리로 택한다면 가령 자연이나 이성을 삶의 안내자로 삼을 때와 같은 길 위에 있게 된다. 이 모든 기준이 일렬을 이룬다.

훌륭한 사람은 부동심constantia, 인내심patientia, 항심firmitas을 보여준다. 혼돈, 무질서, 폭력, 고난에 흔들리지 않는다. 하지만 그것은 마음이 흐트러지지 않고 혼란에 휘말리지 않음을 의미한다. 그것은 그가 반응하지 않는다는 의미가 아니다. 반대로 립시위스는 근대라는 역사적 시기 전체에 전형적인 방법으로 행동주의 측면에서 스토아주의에서 벗어난다. 그는 에픽테토스 유형보다 로마인 내지 세네카 유형에 보다 가깝다고 말할 수 있을 것이다. 비록 두 저자 모두를 전거로 인용하지만 말이다. 하지만 실제로 그는 로마인들조차 뛰어넘는다. 중요한 것은 단지 세계에서 의무를 다할 뿐만 아니라 선을 위해 적극적으로 투쟁하는 것이다. 그의 저작은 군사 관련 은유로 가득 차 있는데, 앞으로 살펴보겠지만 그의 최초의 열광적 독자 중 일부는 군사 문제에 관심을 갖고 있었다.

심지어 여기서도 스토아주의로부터의 교의상의 중요한 일탈을 찾아볼 수 있다. 그

58 Oestreich, *Neostoicism*, p. 19에서 재인용.

는 인간의 자유의지를 굳게 믿었다. 우리는 세계를 책임지고 있다. 악 및 무질서와의 싸움에 충분히 대비할 수 있도록 이성은 의지를 북돋고, 규율훈련을 부과해야 할 것이다. 확신이나 인내는 단지 고난을 수동적으로 견디는 힘만 가리키는 것이 아니라 선을 위한 투쟁에 가차 없이 뛰어들 수 있는 힘을 의미했다.

왜 그렇게 (준)기독교화된 스토아주의가 당시에 그렇게 큰 영향력을 행사했을까? 그리고 교파의 벽을 넘어 두 교회 모두에? 그가 태어난 네덜란드뿐만 아니라 독일, 심지어 프랑스에서도 말이다. 칼뱅주의자, 루터파, 가톨릭교도들이 이구동성으로 그것을 찬양했다. 그리고 실제로 립시위스는 이 세 교파의 대학 — 루뱅, 예나, 레이던 — 모두에서 교편을 잡을 수 있었다. 당시로서는 매우 드문 위업이었다.

두 가지 명백한 이유가 있었다. 먼저 엘리트 중의 많은 구성원이 '예의'라는 이상의 영향 아래 조상들에 비해 폭력과 무질서를 덜 관용하게 되었는데, 그들은 대문자 개혁이라는 대의가 더 많은 평화와 질서를 가져다주는 대신 많은 경우 보다 큰 투쟁과 분쟁의 기회가 되고, 종종 특히 악질적인 것으로 변하는 것을 보고 이중으로 놀랐다. 그들은 117
본인의 신앙에 대한 나름의 독법을 찾았지만 그것은 교파적 정통성에 강박적으로 매달리기보다는 모든 교회가 공유하는 본질적인 것에 보다 많은 관심을 갖고 있었다. 어떤 의미에서 에라스무스의 정신 중 일부를 공유했지만 그들은 당시 상황에서 종종 프랑스에서 '정치파les politiques'로 알려진 집단이 되었다. 그들은 무엇보다 먼저 평화와 화해에 관심을 갖고 〈가톨릭동맹〉의 교파주의적 열광주의에 강하게 반대했다. 립시위스의 가장 탁월한 프랑스인 추종자 중 두 명은 이 유형의 가톨릭교도였다. 샤론Pierre Charron과 뒤베르Guillaume du Vair가 그들로, 한 명은 수도사, 다른 한 명은 주교였다.

두 번째로 '정치파'와 마찬가지로 립시위스 독자들도 잔혹한 분쟁에 대해 한탄하는 것 이상의 것을 하기를 원했다. 즉 그것에 종지부를 찍고 새로운 정치질서를 수립하길 원했다. 그들은 종종 군사와 통치를 책임지고 있었다. 즉 지배자, 장군, 공무를 관장하는 사람이었다. 그들은 위에서 개요를 제시한 다섯 가지 종류의 프로그램에 관여하고 있거나 관여하려고 했다. 그와 같은 기획에서 그들을 인도할 철학을 찾고 있었는데, 많은 사람이 그것을 립시위스 저작에서 찾아냈다.

곧이어 그처럼 근대화된 스토아주의가 그와 같은 종류의 국가 행동주의에게 왜 토대를 마련해주었는가를 검토해보고 싶다. 하지만 먼저 거기서 어떤 전환이 일어났는지를 확인해두고 싶다. 즉 실제로 보다 후일의 이신론 방향으로 나간, 그리고 결국 배타적 휴머니즘으로 귀결된 전환이 그것이다.

여기서 다시 한 번 그것을 일직선적 경로에 따라 내디딘 한 단계로 간주하는 시대착오를 피해야 한다. 립시위스가 대변한 견해는 핵심에서 유신론적이었다. 그리고 그의 신은 18세기의 이신론에서 볼 수 있듯이 자비로운 방식으로 조화로운 우주를 관장하는 존재가 아니었다. 하지만 은총과 아가페 등 기독교에 핵심적인 몇몇 요소의 쇠퇴는 그와 같은 견해의 중심重心을 이미 결정적으로 바꾸어놓았다. 게다가 이성과 부동심의 도야를 통하는 것 말고는 신에 대한 예배worship는 아무런 본질적 역할도 하지 않는 것처럼 보였다. 어떤 의미에서는 그것이 그와 같은 철학의 장점이었다. 신에 대한 예배 문제야말로 16세기에 모든 투쟁이 관계된 주제 자체였기 때문이다. 이 주제에 대한 침묵은, 다소 시대착오적인 표현을 사용하자면(당시 보다 적절한 것은 '각자의 지배자가 선택하는 교회'라는 표현이었을 것이다), '각자가 선택하는 교회'를 믿으라는 권유로 이해될 수 있었다. 하지만 그와 같은 침묵은 또한 예배를 궁극적으로 불필요하고 의미 없는 것으로 격하시키는 것으로 간주될 수 있었을 것이다.

신은 이성의 원천이므로 여전히 결정적으로 중요하고, 이성을 따름으로써 우리는 우리 안에 내재된 신의 상을 따르게 된다. 하지만 신의 의지를 실행하기 위해 우리가 해야 할 것은 뛰어난 인간이 되는 것이지 그것 이상은 아닌 것처럼 보였다. 그와 같은 인식이 후일 등장하는 이신론의 인간 중심주의를 위한 토대를 마련해주었다. 그것이 다시 한 번 방향을 바꾸어 인간의 추론적[이성적] 능력을 인간에게 내재된 신의 작용으로부터 분리시키는 쪽으로 나아가면서 말이다. 중요한 전환이 이루어진 셈이다. 신스토아주의가 '지그'였다면 이신론은 그것에 대한 '재그'가 될 것이다.

립시위스 저작은 16세기 말에 시작된 군사와 사회 재구축 프로그램에서 중요했다.
118 왜냐하면 그의 윤리적 견해는 공적 삶에의 적극적 개입을 요청했으며, 규율훈련이라는 핵심 개념을 제공했기 때문이다.

1589년의 저작 『정치 또는 시민 교의, 6권*Politicorum sive civilis doctrinae, libri sex*』에 들어 있는 그의 정치적 교의는 필자가 '정치파'라고 불러오고 있는 태도를 취하고 있다.

즉 그는 당시 유럽의 많은 지역에서 만연해 있던 교파 간의 내전을 종식시키고 질서와 안정을 회복시키는 것에 관심을 기울였다. 그는 군주제의 통치 형태를 선호하고 있어 대토지 소유층의 요구에는 거의 주목하지 않았다. 다만 그의 생각에 따르면 군주는 엄격한 도덕적 원리에 의해 인도되어야 하며, 공공의 복지를 위해 온갖 노력을 경주해야 한다.

하지만 앞의 저작은 일반적 조언을 제공하는 것을 넘어 군대개혁에 대한 상세한 지침을 제시했다. 효율적 군사력 구축에서 교련과 군율의 중요성이 강조되었다. 하지만 규율훈련에 관한 그의 생각은 그것을 넘어섰다. 그는 도덕적 변화를 주입하고 싶어했다. 직업 군대를 창시하는 것이 그의 생각이었는데, 개인적 명예와 약탈 같은 과거의 가치는 더 이상 아무런 의미도 갖지 못하게 되며, 병사는 자제continentia, 절제modestia, 금욕abstinentia 같은 스토아주의적 원리에 의해 고무 받게 될 것이다.[59]

다시 말해 훈련의 목적은 협동 행위와 상명하복의 규율훈련을 만들어낼 뿐만 아니라 병사를 도덕적으로 개조하고, 복무와 절제라는 전문직업적 윤리를 심어주는 데 있었다. 무책임한 용병부대는 적군만큼이나 고용한 군주의 신민에게도 종종 위험한 존재였다. 따라서 규율훈련된 군대로 대체되어야 했는데, 그들에게 약탈과 강탈의 자제는 명예 문제로 받아들여지게 될 것이었다.

그것은 두 측면에서, 즉 한편으로는 특수한 측면에서, 다른 한편으로는 보다 일반적인 측면에서 중요했다. 특수한 결과로는 립시위스의 조언이 1590년대에 네덜란드에서 군대개혁을 주도한 사람에 의해 채택된 사실이 있었는데, 그중에는 그의 몇몇 제자(특히 오랑주 공 마우리츠)가 포함되어 있었다. 그들은 엄격한 훈련을 도입해 효과적인 군사력을 수립했는데, 이어 유럽에서 광범위하게 모방되었다. — 가령 스웨덴의 아돌푸스 군대와 크롬웰의 〈신모델군New Model Army〉에 영향을 미쳤다.

보다 일반적인 수준에서 립시위스는 17세기에 등장한 고도의 도덕적 목적을 가진 진지한 개혁가들의 어조를 정했다. 그들이 (종종) 지배자건 또는 보다 빈번히는 고위직 공무원, 행정관, 장군이건 말이다. 그들은 모두 사회의 다양한 차원을 재구축하는 것을

59 앞의 책, 53페이지.

목표로 한 각종 개혁에 착수했다. 립시위스는 우선 일반 복지에의 진력이라는 고상한 도덕적 목표를 제시했는데, 그것은 내핍생활과 자기규율이라는 개인적 윤리 위에 정초되어야 했다. 그것이 하층 민중의 규율훈련과 훈련을 통해 제도와 사회적 삶의 광범위한 개혁의 토대가 되어야 했다. 그것은 또한 신민 사이에서 자제와 근면성이라는 가치의 내면화로 귀결되어야 했다.

간단히 말해 막스 베버가 말한 "현세적 금욕Innerweltliche Askese"[60]에 비견될 수 있을 정신적 풍토에서 '프로테스탄티즘의 노동윤리'라고 불려온 것과 비슷한 무엇인가가
119 창조되어야 했는데, 다만 매우 많은 부분은 정치적 권위의 능동적 재구축 노력에 의해 감당되어야 했다. 절대주의 정부 시대에 국가의 능동적 개입이라는 그와 같은 윤리는 실제로 칼뱅주의의 소명 윤리만큼이나 합리화되고 규율을 훈련받고 전문직업화된 삶의 양식을 도입하는 데 기여했다고 주장할 수 있을 것이다. 칼뱅주의에 의해 크게 강화된 신스토아주의는 어떤 곳에서는 국가관료제를 수단으로 위로부터 작용하면서 큰 변화를 가져온 반면 칼뱅주의와 경건주의는 다른 곳에서는 헌신적이거나 자기희생적인 기업인과 자발적 결사를 통해 아래로부터 작용하면서 동일한 결과를 가져왔다.[61]

행동주의와 헌신적 금욕주의에서 신스토아주의와 칼뱅주의는 매우 비슷했다. 그리고 실제로 칼뱅은 또 학문적 생애를 세네카 연구서 출판으로 시작했다. 칼뱅주의 사회에 사는 사람에게는 신학적 정통파에 속한다는 강한 의식 없이도 교의상의 차이에도 불구하고 쉽게 둘을 하나로 묶을 수 있었다(그리고 실제로 많은 가톨릭교도와 루터파 신도에게 똑같이 하는 일은 그리 어렵지 않았다). 질서를 수립하려는 충동은 매우 비슷했다. 즉 사람들이 '고정된 경력을 쌓아나가도록' 훈련시킴으로써, 즉 이런저런 전문직업에 헌신하도록 하는 것 — 그것의 목표는 동포인 주변 사람에의 봉사 측면에서 규정되었다 — 을 통해 사회의 안정적 질서를 만들어내는 것이 그것이었다. 즉 사적 영역에서는 생산 노동을 통해, 공적 영역에서는 신민의 선에 헌신하는 정부를 통해서 말이다. 실제로 정치 영역에서 칼뱅주의는 완전히 다른 형태들을 만들어냈는데, 그중 일부는 절대주

60 막스 베버, 『프로테스탄티즘의 윤리와 자본주의 정신』, 233페이지.

61 Oestreich, *Neostoicism*, pp. 72-73을 보라.

의적 통치와는 완전히 정반대 것이었다. 하지만 사회질서, 그것을 창조하기 위해 요구되는 종류의 행동주의, 그와 같은 목적을 위해 신적인 것/유덕한 것의 지배가 필요하다는 생각 등에 대한 상은 매우 흡사했다.

그리고 또한 둘 사이에 흡사한 것이 또 하나 있었는데, 그것은 아마 우리를 그다지 놀라게 하지 않을 것이다. 이 모든 것이 성취되리라는 믿음이 그것이었다. 역사적으로 뿐만 아니라 현재에도 엄청난 폭력과 무질서에 직면해서도, 더구나 그처럼 분명히 감당하기 어려운 인간적 현실에 직면해서도 보다 나은 사회를 위해 결정적인, 심지어 불가역적인 변화를 끌어낼 수 있다는 진지한 희망을 품는 것이 어떻게 가능했을까?

사람들 견해에서 주요한 변화가 일어났음이 분명하다. 중세는 죄와 무질서가 현세에서 제거될 수 있는 정도에는 엄격한 한계가 정해져 있다는 견해에 흠뻑 젖어 있던 것처럼 보이는데, 아마 대부분의 시대에 대부분의 사람이 문제를 그와 같은 식으로 바라보았을 것이다. 물론 많은 역사적 시대, 심지어 대부분의 역사적 시대는 과거의 언젠가 황금시대가 존재했다 — 그리고 그것은 상황이 좋으면 얼마든지 회복 가능하다 — 는 생각으로부터 출발했다. 고전 문화의 전성기와 관련해 르네상스 휴머니스트들은 그것을 가능한 것으로 간주했다. 하지만 그와 동일한 정신이 또한 카롤링거왕조에 의한 '로마제국의 부흥' 노력을 촉진했다. 후대의 비잔틴제국의 일련의 황제도 유스티니아누스 황제[1세] 치세의 재현을 꿈꾸었다.

하지만 그와 같은 정점이 17세기의 칼뱅주의나 신스토아주의 프로그램에서만큼 야심차게 규정된 사례는 그때까지 거의 찾아볼 수 없었다. 두 측면에서 그랬다. 첫째, 폭력과 사회적 무질서를 전면적으로 제거하고, 스펙트럼의 한쪽 끝에는 오직 개인적
범죄만을, 다른 쪽 끝에는 전쟁에서의 국가의 합법적 폭력과 범죄억제만 남겨두는 것을 120
목표로 한 점에서 그랬다. 두 번째로 적어도 '예의'의 몇 가지 규범 그리고 질서정연한 삶을 모두에게 심어주는 것을 목표로 한 점에 있었다. 이 두 가지 목표 설정은 오직 두 번째 목표와 비슷한 것을 충족함으로써만 첫 번째 목표를 실현할 것을 바랄 수 있었으리라는 측면에서 상호 연결되어 있었다.

그와 같은 종류의 야심만만한 목표 설정은 유럽사에서 전례 없는 것이었다. 오직 중국에서만 다른 여러 시대에 그에 비견될 수 있는 시도가 이루어졌던 것처럼 보인다.

그리고 실제로 그것을 주창한 사람들은 본인이 혁신적인 어떤 것을 시도하고 있음을 명확히 깨닫고 있었다. 즉 비록 과거의 여러 '황금시대'로부터 영감을 받았지만 단지 그것을 재창조하는 것뿐만 아니라 중요한 측면에서 그것을 능가할 것을 제안하고 있음을 의식하고 있었다.

그와 같은 식으로 칼뱅주의자들은 교회의 초기 시절을 되돌아보았다. 그런데 비록 이 시대의 기독교도에 대해 거룩함의 성취에서 열등의식을 갖고 있었을지 몰라도 그들은 보다 이전 시대에는 총체적인 기독교사회의 수립이 불가능했음을 알고 있었다. 그들이 종종 『구약성서』의 이스라엘에서 모델을 찾는 것을 볼 수 있는 것은 이 때문인데, 그것이 적어도 사방이 적에게 포위당한 채 전투 상태에 놓인 신을 경외하는 사회의 이미지를 제공했기 때문이다. 하지만 이스라엘에 대해 경의를 표하면서도 능가하려는 의도는 기독교신학의 핵심 교의와 관련해 정의되었다.

립시위스와 그의 신스토아주의 계승자들은 로마제국 그리고 그것의 법적 · 군사적 · 정치적 성취를 비슷하게 회고적으로 돌아보았다. 여기서는 어떤 의미에서 휴머니즘적 관심에서 전환이 있었는데, 로마와 그리스 문학에서 그리스인 폴리비오스를 포함한 로마의 역사가들로 관심이 옮겨갔으며, 특히 타키투스에 집중했다. 수사학에서도 보다 과장된 키케로의 스타일보다 타키투스를 선호하게 되었다. 그리고 그들이 의거한 스토아주의는 세네카의 그것이었다. 사람들은 심지어 17세기를 '로마의 세기'라고 말하기조차 했다.[62] 하지만 로마의 통치술, 군사에서의 규율훈련, 스토아철학에 대한 칭송에도 불구하고 민중 전체의 습속을 개선하고 견해를 바꾸는 것을 의도한 프로그램이 새로운 영역에 발을 들여놓고 있음을 점차 자각하게 되었다.

그 밖에도 사회 전체가 고도의, 엄격한 도덕을 갖추는 것과 관련해 (어떤 의미에서) 또 다른 모델이 존재했는데, 로마의 공화정 초기나 (보다 드물지만) 전성기의 그리스 폴리스에 의해 주어졌다. 그와 같은 모델은 근대 유럽사의 다른 시기에도 큰 역할을 했다. 가령 르네상스기의 이탈리아의 시민적 휴머니스트들에게 영향을 미쳤으며, 물론 18세기의 위대한 〈아메리카혁명〉과 〈프랑스혁명〉에서도 같은 역할을 했다. 하지만 여

62 앞의 책, 8페이지를 보라.

기서도 다시 한 번, 적어도 보다 후대에는 소규모로 직접자치가 이루어지던 고대의 소규모 대면사회로 되돌아가는 것은 불가능함을 날카롭게 의식하고 있었다.[63] 게다가 그것이 불가능한 이유 중 하나는 바로 근대국가의 보다 큰 규모를 넘어 고대 공화국이 모든 주민을 포괄했던 것은 **아니며**, 근로인민의 상당 부분 즉 노예는 제외되어 있던데 있음도 날카롭게 의식하고 있었다.[64]

그렇다면 그들은 그와 같은 미지의 영역으로 들어간다는 확신을 어디서 얻었을까? 기본적으로 우리는 그들이 창조해놓은 시대 속에서 살고 있기 때문에 그와 같은 질문 121
은 우리에게는 기이하게 들릴 수도 있을 것이다. 북대서양세계에 사는 우리는 폭력과 무질서는 '통상' 철저하게 제거되어 개인적 범죄와 국가가 수행하는 전쟁이라는 두 극단으로 한정되어야 함을 당연시해왔다. 우리는 LA 남부와 파리 교외에서의 폭동에 큰 충격을, 특히 정신적 충격을 받을 뿐만 아니라 그것을 우리 사회의 안타까운 기능부전의 한 징후로 여겨왔다. 또 구소련을 계승한 몇몇 국가의 상황을 두려움을 갖고 지켜보고 있는데, 우리의 전근대적 과거와 밀접하게 닮은 것을 거기서 볼 수 있기 때문이다. 그리고 우리는 어떤 의미에서 모든 사람에게 '예의'를 심어준다는 목적을 성취했다고 할 수 있을 것이다. 즉 대부분의 주민이 읽고 쓸 수 있게 되었으며, 여러 해 동안 의무교육을 받으며, 훈련된 규율에 따라 이루어지는 노동 및 질서정연한 평화로운 삶과 관련된 몇몇 규범을 공유하고 있다. 그런 만큼 일부 젊은이가 폭력 그리고 가족생활과 노동윤리를 명백히 포기하는 삶의 방식으로 역행하는 모습을 보고 큰 충격을 받고 두려움을 느낄 것이다. 우리가 자명한 것으로 전제하는 규범은 칼뱅주의 성도와 신스토아주의 행정관들이 4세기 전에 목표로 했던 개혁을 훌쩍 넘어서고 있다.

하지만 서양 사회에 사는 우리는 오늘날 시대착오를 극복해야 하고, 그와 같은 변혁이 얼마나 중요하며, 심지어 경탄할 만한 것이었는지를 깨달아야 한다. 질문이 다시 돌아온다. 즉 그들은 어떻게 그와 같은 개혁을 해낼 수 있다고 믿게 되었을까?

63 제임스 매디슨, 알렉산더 해밀턴, 존 제이 공저, 박찬표 역, 『페더럴리스트 페이퍼』 no. 10. 물론 매디슨은 그와 같은 새로운 상황은 이득이었다고 주장한다.

64 헤겔과 콩스탕은 그렇게 주장한다. 졸저, 정대성 역, 『헤겔』, 그린비, 733~734페이지와 Benjamin Constant, "De la liberté des anciens comparée à celle des modernes", in Constant, *De l'Esprit de Conquête et de l'Usurpation*(Paris: Flammarion, 1986), pp. 265-291을 보라.

이 모든 프로그램은 인간 개조 능력에 대한 예외적 확신을 시사했는데, 그와 같은 개혁을 향한 충동의 토대에는 그것이 기저에 놓여 있었기 때문이다. 죄를 타고난 본성을 법의 힘으로 제어하려고 한 일부 퓨리턴적 야심 자체만으로도 우리는 충격을 받지 않을 수 없을 것이다. 스타우턴William Stoughton은 1964년의 논고에서 이렇게 선언한다.

> 두 석판에 기록된 신의 성스러운 율법에 포함된 어떤 계명도 어겨서는 안 되는데, 언제나 그래왔으며, 오늘날 그것은 군주권과 현세의 지배권에 의해 처벌될 수 있다.

즉 십계명 전체가 벌써 형법의 규제 대상이 되어야 했다. 그와 관련해 그는 이단 및 교회 예배 불참 여부도 논한다. 한편 당시의 다른 퓨리턴들은 곰사냥, 오락적 춤, 욕설, 일요일의 오락, 교회 음주 등을 금지하는 법을 제안하고 있었다.65

하지만 또 다른 측면에서 그에 비견될 만한 큰 야심이 존재했음은 경찰[공안]국가의 법령을 보면 분명하게 확인할 수 있다. 삶의 세부사항을 벌금을 부과하는 방식으로 규제함으로써 신민의 행동을 바로잡으려는 충동은 신민을 새로운 틀에 맞추어 주조할 수 있는 권력에 대한 거의 무한한 확신을 보여준다. 레이프 지적대로 '그렇게 많은 말로도 거의 언명되지 않았지만 내포되어 있던 것은 …… 인간 본성은 가단적可鍛的이라는 상정'이었다.

> 인간 본성은 본질적으로 가단적으로, 의지와 외적 환경에 의해 형성 가능하다는 것이었다.66

물론 일각에서는 그와 같은 인간 개조는 단지 원칙적으로 하나의 가능성으로만 간주할 뿐 대중과 관련해 실제로 모든 것을 그와 같은 정도로까지 이행할 수 있으리라고는 많은 희망을 갖지 않았다. 하지만 그럼에도 불구하고 원칙적으로는 그와 같은 사회공학을 방해할 것은 아무것도 없다고 확신하고 있었다.

65 Walzer, *Revolution of the Saints*, pp. 225, 227을 보라.
66 Raeff, *Well-Ordered Police State*, p. 177.

무엇이 그것을 가로막을 수 있었을까? 아마, 첫 번째로, 전면적 개혁 가능성을 제한
하려는 전통적 견해가 있었다. 중세유럽의 경우 그것은 아우구스티누스의 정식화에서 122
명확히 표현되었다. 두 사회, 즉 신의 도성과 지상의 나라가 혼합된 채 나란히 존재한다는 것이다. 지상의 나라는 죄가 뿌리내리는 곳이다. 그것은 폭력과 다툼을 향한 내재적 경향을 갖고 있다. 심지어 통치 자체도 보다 대규모 영역에서 집행되는 폭력의 행위 주체로 파악될 수 있을 것이다. 하지만 그럼에도 불구하고 없어서는 안 되는 것이었다. 오직 그처럼 강력한 행위 주체가 있어야 비로소 보다 덜 강력한 모든 행위 주체를 제어할 수 있을 것이다. 그렇지 않으면 그들은 사회적 삶을 생존 불가능한 혼란으로 끌어내릴 것이다.

그처럼 국가를 다소 경멸적으로 바라보는 관점에 따르면 국가의 역할은 타락한 세계 내부에서 모종의 질서를 유지하는 것이었다. 반면 시민에게 실제로 덕을 베푸는 과제는 국가의 능력을, 따라서 또한 국가의 권한과 책임을 넘어서는 것이었다.

물론 신의 도성 또한 기독교 국가의 우리 사이에 현존했다. 그렇다면 기독교 국가는 아마 보다 나은 것을 실현할 수 있지 않을까? 하지만 기독교 제국 아래 산 아우구스티누스는 그렇게 믿지 않았다. 기독교 국가는 교회를 지원할 수 있고, 이단자와 일탈한 종교 집단을 억제할 수 있을 테지만 시민의 개선은 기독교 국가가 할 수 있는 일은 아닐 것이다. 교회로 대표되는 신의 도성만이 그것을 갈망할 수 있을 것이다.

게다가 수적 비례 또한 신의 도성에게는 극히 불리했다. 아우구스티누스에게 구원받는 사람 숫자는 극소수에 그쳤는데, 이 점에서 중세 말의 가톨릭 신앙 그리고 칼뱅주의는 심지어는 한층 더 그를 따랐다. 구원받는 사람은 대다수 영벌에 처해지는 사람 중 소수 엘리트뿐이었다.

아우구스티누스는 종교개혁가들에게는 사상의 교사maître à penser였다. 따라서 그가 그토록 설득력 있게 규정한 한계를 그들이 극복할 수 있으리라고 어떻게 상상할 수 있겠는가? 그에 대한 대답은 선민 숫자가 그보다는 많다는 것이 아니라 오히려 앞서 살펴본 대로 소수의 선택된 자가 사회 전체를 지배하고 규율을 훈련시킬 수 있는 체제dispensation를 떠올린 데 있었다.

물론 보다 이후에 종교개혁가들은 문제를 다소 그와 다르게 보는 경향을 띠었다.

구원받는 소수와 영벌을 받는 다수를 구분하는 경계선은 더 이상 각각의 사회에서 다소 동일한 부분 사이를 가르는 것이 아니라 결국 대부분의 선민을 포함하는 것으로 암묵적으로 간주되는 신을 경외하는 사회 그리고 다른 한쪽의 로마와 이 제국의 모방자나 이교의 암흑에 의해 지배되는 사회 사이를 가르게 되었다. 후자의 사회에는 박해에 맞서 싸우는 소수의 용감한 사람이 있더라도 대부분은 분명히 영벌을 향해 가고 있었다. 그와 같은 추세는 불가피했다. 모든 사람에게 적어도 한번은 선민이 될 수 있는 기회가 있다는 작업가설을 채택하지 않고 청중에게 설교하기는 극히 어려웠다. 게다가 많은 칼뱅주의 공동체는 소규모로 사방의 적에 맞서 싸우는 입장에 있었기 때문에 그와 같은 '우리 대 그들'이라는 구도를 받아들이기 쉬웠으며, 그것은 또한 고대 이스라엘과의 유사성을 찾는 데 유리하기도 했다.

아우구스티누스가 설정한 한계는 칼뱅주의자 사이에서는 그와 같은 식으로 우회되었다. 그리고 신스토아주의라는 보다 비정통적 분위기 속에서는 오히려 시야에서 사라져버린 것처럼 보인다.

하지만 변화의 잠재력에 관한 믿음의 변형 이상의 것이 존재했다. 새로운 확신이 등장하려면 사회구조 그리고 그것이 악과 맺는 관계에 관한 불분명한 이해 전체가 사라져야 했던 것이다.

123 나는 사회의 몇몇 측면을 바라보는 시각에서 일어난 몇 가지 심오한 전환에 대해 언급했다. 가령 이제 빈곤이 놓이는 음역이 바뀐 것, 구래의 사회의식이 단순한 악덕과 무질서로 백안시되거나 거부당하게 된 것 등이 그것이다. 그와 관련된 각각의 경우 보다 이전의 그와 같은 태도의 기저에 놓여 있던 것은 교의 이상의 것이었다. 오히려 이해의 전체 틀이 관련되어 있었다.

아마 앞의 틀을 이렇게 정식화할 수 있을 것이다. 즉 그것은 사회를 [세] 신분에 따라 분절화되고, 위계제적으로 계층화된 동시에 각자 자기 기능을 완수함으로써 상보적 관계를 맺는 것으로 보는 경향이 있었다. 그와 같은 틀을 반영하는 교의는 명확하게 고수되었는데, 그중 몇 가지는 잘 알려져 있다. 가령 세 신분으로, 즉 기도하는 사람(수도사와 교회 지도자), 싸우는 사람(귀족), 일하는 사람(소작농)으로 구성된 사회 또는 왕국과 인간의 육체 간의 다양한 유비 — 각각의 신분은 육체의 특정 부위와 연관된다(가령 국왕은 머리에, 귀족은 양팔에 유비된다) — 가 그것이다.

그와 같은 분절화에서 결정적인 점은 이렇다. 즉 상이한 계층 간에 분명히 차이가 존재하지만 — 결국 위계제적 질서가 문제가 된다 — 보다 낮은 계층을 제거하거나 또는 모든 사람을 가령 수도사나 기사로 만듦으로써 사태를 개선할 수 있는가 하면 그것은 전혀 불가능하다. 모든 계층은 전체를 위해 필요한 것이다.

그런데 당시의 일반 의식 속에 존재하던 그와 같은 종류의 견해를 또한 다른 분화에도, 심지어 그와 같은 취지의 명백한 교의가 전혀 존재하지 않는 경우에도 해석 틀로 적용해볼 수 있지 않을까 하는 것이 나의 생각이다. 가령 빈자에게 자비를 베푸는 태도가 납득될 수 있던 것은 부분적으로 '너희가 사는 땅에는 너의 동족으로서 가난한 사람이 어차피 있을 것'[『신명기』, 15장 11절]이 당연시되었기 때문이다. 더욱이 그것이 납득되는 것은 빈자는 부자의 구제 대상인 동시에 그들의 [영혼의] 구원을 위한 기회를 제공했기 때문이다. 거기에 지위상의 차이와 나란히 상보성이 존재했다(비록 그와 같은 차이는 두 방향을 향할 수 있었지만 말이다. 시혜자인 영주나 시민은 현세의 지위에서는 거지의 그것보다 명백하게 높았다. 하지만 종교적으로 거지가 보다 고차적인 수준에 있을 수도 있었다). 그와 같은 이해의 틀에서 빈곤을 없애기 위해 실제로 어떤 것을 시도하는 것은 상상조차 할 수 없는 일이었다.

엄격한 성성 그리고 부산한 정신의 허물없는 방출 또는 육체와 관련된 감각적 쾌락 간의 관계에 대해서도 비슷하게 말할 수 있으리라고 믿는다. 물론 그와 같은 생각을 확실한 논거를 갖고 뒷받침하기는 보다 어렵긴 한데, 빈자의 경우에서처럼 어떤 명백한 교의에 기댈 수 있는 것이 아니었기 때문이다. 하지만 비슷한 것이 카니발의 의례 또는 다양한 '무질서'의 축제에 내재되어 있던 것 같은데, 이 모든 의례에서는 '세계가 전복되었다가' 이후에 질서가 회복되었다. 또는 어쨌건 앞에서의 나의 논의는 그와 같은 방향으로 향하고 있다.

물론 이 모든 사안에 대한 한 가지 설명은 '통기구'(안전밸브)론이다. 즉 사회는 일상적 삶의 억압을 통해 쌓인 증기를 방출하기 위해 일시적 방종을 필요로 하는데, 그렇게 한 다음 상쾌한 기분으로 표준적 규율훈련을 따르는 일상으로 되돌아간다는 것이다. 하지만 그와 같은 의례에 관해서는 아마 또 다른 독해가 가능할 것이다. 카니발은 폭식,

성행위, (대부분은 거짓으로 흉내만 내는) 폭력 행사를 조롱의 대상으로 삼았는데, 그것
124 은 육체적 갈망은 분명히 〈수난절〉의 금욕주의가 대상으로 하는 것보다 더 저차적인 것이기는 하지만 전적으로 제거할 수 있는 것이 아니며, 따라서 그것에 마땅한 대접을 해야 한다는 점을 인정하도록 하는 데 도움이 되었다. 물론 '통기구' 설명 또한 그것을 모종의 방식으로 말하고 있는 셈이다. 하지만 필자가 말하고 싶은 것은 이렇다. 즉 그와 같은 열기가 방출될 필요가 있는 것은, 그렇지 않으면 용기가 폭발할 뿐만 아니라 적어도 그리스도가 재림할 때까지 그와 같은 열기는 사물의 변경 불가능한 평형 상태에 속할 것이기 때문이다. 그것이 우리 세계가 돌아가도록 만든다. 그리하여 우리는 의례에 의해 정해진 시기에 그것을 축하하는 것이다. 물론 보다 저차적인 것으로서 그것은 세계가 다시 정상화되자마자 보다 고차적인 것에 자리를 내준다는 것을 훤히 알면서 말이다.

또는 아마 앞의 평형 상태는 보다 심원한 어떤 것을, 모종의 터너적 생각을 즉 사회는 두 음역 — 하나는 질서이며, 다른 하나는 공동체communitas이다. 사회는 구조이지만 주기적으로 반구조 속에서 뿌리를 찾아야 한다 — 을 갖고 있다는 생각을 반영하고 있을 수도 있다. 후자의 반구조를 시야에서 완전히 놓칠 수는 없을 것이다. 그것에 출구를 마련해주어야 한다.

앞의 양쪽의 어떤 경우건 카니발은, 시간은 앞서 (1장에서) 논한 대로 카이로스적 · 다층적이라는 견해를 전제한다.

그와 같은 이해는 여러모로 전前기독교적이고, 또 기원에서는 비기독교적인 것일 수도 있지만 반드시 반기독교적인 것은 아니었다. 또한 「복음」 속에도 아래와 같은 견해를 위한 논거가 존재했다. 즉 악은 선과 너무나 복잡하게 뒤엉켜 있어 우리가 모든 시간의 종말에 이를 때까지는 쉽게 제거할 수 없으리라는 것이다. 그것을 「복음」의 언어로 표현하자면, 밀과 가라지를 추수 때까지 함께 자라도록 내버려두라는 것이다[「마태오 복음」, 13장 30절].

분명히 근대에 엘리트는 그와 같은 이해와의 모든 접촉을 완전히 잃어버렸다. 세계와 시간에 관한 새로운 견해가 점차 지지를 얻기 시작했는데, 그에 따르면 질서와 카오스 간의 상보성은 더 이상 필요하지 않다. 카오스에게 자리를 양보하는 것은 시간의 카이로스적 형성에 상응하는 불가피한 교체가 더 이상 아니라 우리가 뿌리 뽑으려고

시도하고 있는 것에 대한 까닭 없는 양보, 즉 악과의 타협일 뿐이다. 따라서 민중문화의 그와 같은 요소에 대해 비판적인 목소리는 점점 더 빈번해지면서 16~17세기의 엘리트 계층 사이에서는 귀청이 터질 듯한 대합창에 이르게 되었다.

그것은 아마 긴 이야기가 될 것이다. 하지만 아주 간략하게 서술하자면, 세계와 시간에 관한 그처럼 새로운 이해는 원래 기독교적 견해 내부에서 생겨났지만 다양한 종류의 세속적 독법에 의해 인수되었음을 알 수 있다. 그것은 — 아마 립시위스의 신스토아주의부터 시작해 — 점차 세속적 방향으로 기울어져갔다고 말하는 것이 더 나을지도 모르겠다. 실제로 그것이 근대의 세속적 견해의 등장에 일조했다 — '동질적이고 공허한 시간'이 결정적 구성요소이다 — 고 주장할 수 있을 것이다. 동시에 새로운, 비타협적 질서 관념이 관철된다. 우리 삶에는 질서가 있어야 하며, 사회도 질서가 있어야 한다는 것이다.

무엇보다 먼저 사회질서에 대한 근대적 관념은 폭력과 무질서에 대해 이전 견해들보다 훨씬 덜 관용적이었다. 16세기에는 제멋대로인 군사 귀족계급을 대상으로 궁정 업무에 종사하도록 하거나 궁중으로 출근하거나 영지를 관리하도록 하는 등의 길들이기를 통해 순치 작업이 이루어졌다. 폭동, 농민반란, 사회적 무질서가 북서유럽에서는 줄어들기 시작했다. 그리고 결국 대부분의 서양 사회의 국내의 삶에서는 상당히 높은 125
수준의 비폭력이라는 기준을 충족시킬 수 있게 되었다(이 점에서 다른 많은 측면에서와 마찬가지로 미국은 보다 이전의 역사적 시기로의 기묘한 복귀 현상을 보여주었다).

그리고 이 모든 사태가 전개되는 과정에서 그와 같은 식으로 삶에 질서를 부여할 수 있다는 감각이 점점 더 늘어나게 되었다. 그와 같은 감각이 그와 같은 사태전개의 추동력이었을 뿐만 아니라 역으로 그와 같은 사태전개에 의해 강화되었다. 그와 같은 자신감이 16~17기부터 우리를 개조해온 여러 종류의 규율훈련 프로그램 — 개인적인 것이건 아니면 사회적인 것이건 또는 종교적 · 경제적 · 정치적인 것이건 — 의 핵심에 놓여 있었다. 그와 같은 자신감은 타협할 필요가 없다는 신념 그리고 상보성은 필요 없으며, 나아가 질서수립은 그와 정반대되는 카오스의 원리에 의해 설정되는 어떤 한계도 인정할 필요가 없다는 신념과 본질적으로 동일한 것이었다. 그리고 바로 그렇기 때문에 질서를 부여하려는 그와 같은 추동력은 전통적인 전복 축제에 의해 모욕당하는 동시에 불안해졌다. 앞의 추동력은 '물구나무선 사회'를 보아 넘길 수 없었기 때문이다.

따라서 민중의 가단성 그리고 보다 저차적인 것에 대한 보다 고차적인 것의 우월에는 원칙적으로 한계가 있다는 감각을 잃기가 보다 쉬워졌다. 날것 그대로의 야만적 자연=본성이 '예의'에 저항할 수도 있지만 돌이킬 수 없는 상실, 치명적 불균형, 전체에 본질적인 것의 파괴 같은 것은 절대 존재하지 않는다는 것이다. 그리하여 갈 수 있는 데까지 가볼 수 있을 것이다. 파라과이의 제수이트 유토피아들에 대해 그렇게 말할 수 있을 텐데, 중부유럽의 공안경찰국가에 대해서는 한층 더 그러할 것이다.

후일에는 그와 같은 견해를 신성화하는 심리학 이론들이 등장하게 되었다. 인간이라는 존재는 백지상태에 각인된 습관의 묶음이다. 개혁에는 아무런 한계도 없다. 하지만 그와 같은 이론이 한계를 경솔하게 무시하는 원인이 될 수는 없다. 그와 같은 무시는 새로운 질서 이해에서 나오는데, 인간의 삶의 개조에서 의지의 구성적 노력에 본질적 자리를 마련해주는 이해가 그것이다.

아래 물음을 던지는 것이 그에 대한 최선의 설명이 될 수 있을 것이다. 즉 무엇이 엘리트에게 사회를 실제로 변혁시킬 수 있다는 긍정적 희망을 주었을까? 칼뱅주의자들은 신의 섭리가, 적어도 신의 선민으로 선택된 사람들로 이루어진 사회에서는 그들이 통치할 수 있도록 해주리라고 믿었다. 하지만 신스토아주의의 영향을 받은 사상적 분위기에서는 새로운 이념이, 자연적 질서라는 관념이 발전했는데, 그것이 개혁된 세계에 대한 희망의 근거를 제공했던 것 같다.

자연적 질서. — 그것은 완전히 전통적인 관념처럼 보인다. 플라톤 또는 아리스토텔레스 그리고 중세와 이후의 두 사람의 모든 추종자는 결국 무엇을 가르쳤을까? 하지만 그들에게서 문제가 된 것은 완전히 다른 종류의 질서였다. 그것 또한 규범적이지만 완전히 다른 방식으로 그랬다.

궁극적으로 플라톤에서 유래하는 보다 오래된 질서 관념은 아퀴나스에 의한 아리스토텔레스적 부활에서건 아니면 위-디오뉘소스적 세계에서건 이미 현실 속에서 작동하는 것으로 간주된 형상 중 하나로 이루어져 있었다. 우리가 주변에서 보는 가시적 세계는 그와 같은 형상을 표현하거나 드러낸다. 모종의 유출의 결과로 이해되건 아니면 보다 정통적인 방식으로 신의 정신에 깃든 관념에 기초한 창조라는 측면에서 이해되건 말이다.

형상이 이미 작동하고 있다는 개념은 고대의 윤리 전통에 본질적인 것이었다. 위에 126
서 필자는 그것을 근대의 재구축주의적 견해와 대비해오고 있었는데, 후자의 시각에 따르면 형상은 인간의 의지에 의해 '외부에서' 자연에 강요된 것이다. 그런데 새로운 자연 개념은 재구축주의적 전망 안에 머물렀다. 질서 자체가 작동하며 자기실현을 위해 애쓰는 것이 아니다. 오히려 그것은 신이 설계해 놓은 계획이라고 할 수 있는데, 그에 따르면 만물이 너무 잘 들어맞아 신의 계획을 따르기만 한다면 각자에게 주어진 사명을 실행하는 데 쓰이게 될 것이다. 하지만 그와 같은 계획은 그 자체로서 자연 속에서 작동하며, 자기를 실현하기 위해 애쓰지 않는다. 오히려 특정한 영역에서 단지 사물이 '사실상' 작동하는 방법에 호응할 뿐이다. 한편 다른 영역에서 그것은 오직 의지를 부여받은 이성적 존재에 의해 인식되고 작용 대상이 될 때만 관철될 수 있을 것이다.

후자와 같은 종류의 가장 중요한 영역은 인간 사회이다. 여기서 앞의 계획은 이성에게 제시된 규범이지 존재자 속에서 이미 작동 중인 규범이 아니다. 또는 다시 한 번 말하지만, 앞의 계획이 존재자 속에서 작동할 수 있는 것은 오직 이성적 존재자에 의해 고려되고 의지되는 것을 통해서 뿐이다. 그것은 세계와 사회를 재구축하려는 태도와 양립 가능할 뿐만 아니라 그것을 요구한다.[67]

67 그것은 우리 문명의 지평을 훨씬 더 뒤로 거슬러 올라가는 유서 깊은 견해가 사라지는 과정의 중요한 단계에 상응하는데, 브라그Rémi Brague는 흥미로운 저서 *La Sagesse du Monde*(Paris: Seuil)에서 그것에 대해 묘사한 바 있다. 해당 학설이 그리스인들로부터 우리에게 전해온 형태에서 우리는 코스모스의 일부인데, 거기서 '코스모스'라는 말은 물론 오늘날의 표현인 '우주'나 '세계'보다 훨씬 더 많은 내용을 함축했다. 그것은 전체가 질서정연하며, 그와 같은 질서는 자활적 경향을 띠며, 앞서 말한 대로 하자면 형상이 현실 속에서 작동하고 있음을 함축한다. 그것은 인간과 인간의 삶에 대해서 만큼이나 우주의 다른 어떤 부분에 대해서도 사실이다.

물론 인간의 삶에도 또한 결함imperfection이 존재하는데, 아리스토텔레스적 독법에 따르면 현세의[달 아래의]sublunar 세계 전체에 대해 그것이 해당된다. 오직 보다 위의 세계, '하늘'만 질서를 완벽하게 예시할 수 있을 것이다. 따라서 그와 같은 질서를 모방하고, 그렇게 하는 가운데 규범에서 벗어난 우리의 관행을 포기할 것을 촉구하는 것은 충분히 말이 된다(앞의 책, 128~136, 152~171페이지). 플라톤이 『국가·정체』 7권(500)에서 그와 같은 종류의 요구를 하는 것은 유명하다.

하지만 그와 관련해서는 하늘을 모방하는 가운데 우리는 우리 본성의 성향을 따르며, 그와 함께 자기를 실현하는 형상으로 만족하고 만다는 생각이 여전히 지배적이다. 새로운 인위적인, 행동주의적 태도를 취하자마자 그와 같은 견해는 사라져버린다. 그에 따르면 인간적 질서는 의지에 의해 구축되어야 한다. 하

17세기에 그와 같은 관념이 제시된 매우 영향력 있는 개념적 형태 중 하나는 자연법의 그것이었다. 자연법은 아퀴나스 사상에서 이미 중요한 역할을 했다. 그것은 또한 수아레스Francisco Suárez 같은 위대한 스페인 사상가에게, 그리고 그의 추종자들에게 큰 영향을 미치고 있었다. 하지만 오늘날 우리가 근대 자연법 이론의 토대를 마련했다고 보는 사상가들, 가령 그로티우스, 푸펜도르프Samuel Pufendorf, 로크는 자연법에 새로운 변형을 가했다.

그로티우스가 자연법을 도출하는 방법은 인간 본성의 목적을 아리스토텔레스적-아퀴나스적으로 정의하는 경로를 따르지 않는다. 그의 논의는 거의 기하학적 방식으로more geometrico 이루어진다. 『전쟁과 평화의 서』 첫머리에서 그는 이성적 · 사회적 존재자에게 "적합한convenit"68 것으로 자연법을 도출한다. 도출 방식은 극히 간단명료한데, 그것을 약간 해독해보면 대략 아래 같은 말이 될 것이다. 즉 이성적 존재자란 규칙, 법, 원칙에 따라 행동하는 존재자이다. 또한 사회적이기도 한 이성적 존재자는 우리가 함께 살 수 있는 것을 가능하게 해주는 법을 보유해야 할 것이다. 전통적 자연법의 표준적 금지와 명령의 대부분은 그에 기초해 도출될 수 있을 것이다. 여기서는 이미 작동 중인 어떤 형상도 제시되지 않지만 대상(이 경우는 인간)이 '이성적으로' 적합하게 되는 방법이 존재하는데, 그것이 구속력을 가진 규범으로 제시된다.

립시위스 추종자인 그로티우스 생각에 따르면 자연법은 오직 이성 속에서만 구속력이 있다(따라서 아래의 유명한 주장이 나오게 된다. 자연법은 "설령 신이 존재하지 않더라도etsi Deus non daretur"69 타당하다). 반면 푸펜도르프와 후일의 로크는 자연법이 구속력을

지만 인간 외부의 코스모스가 모델을 제공한다는 개념은 여전히, 심지어 과학혁명을 넘어서까지 지속될 수 있을 텐데, 다음 절에서 살펴보겠지만 그와 같은 혁명이 세계는 형상을 표현하거나 드러낸다는 관념을 끝장내버렸음에도 불구하고 말이다. 아마 그것은 가령 몇몇 생태학 운동에서 여전히 지속될 수 있으리라고 주장할 수 있을 것이다. 하지만 최근 몇 세기 동안 그것은 [영국 시인 테니슨Alfred Tennyson이 『인 메모리엄』 56곡에서 노래하는 대로] '이빨과 발톱이 피로 빨갛게 물든' 자연상과의 경쟁에 의해 점점 더 궁지에 내몰리고 있다. 그리고 그 밖에도 기계론적 우주관은 약한 은유로서 말고는 더 이상 진정한 '코스모스의 지혜'와 일치될 수 없을 것이다(앞의 책, 4부).

68 Hugo Grotius, *De jure belli ac pacis*. Translation: *The Rights of War and Peace*, trans. A. C. Campbell(New York and London: Walter Dunne, 1901), 1권, 「서론」, § 10, 21페이지.

69 Hugo Grotius, *On the Law of War and Peace*(*De jure belli ac pacis*), trans. Francis W. Kelsey(Oxford, 1925); 「서설Prolegomena」, 단락 11, p. 13.

갖는 것은 그것이 신의 명령이기 때문이라고 보았다. 하지만 기본 논지는 동일하다. 신은 인간을 이성적 존재자로, 사회적 존재자로, 나아가 자기 자신의 보존 본능을 가진 존재자로 만들었다. 그로부터 어떤 규범을 신이 피조물에게 구속력이 있는 것으로 간주하는지가 분명해진다. 분명히 피조물은 각자의 생명, 자유, 재산을 존중해야 한다.

그와 같은 자연법이 우리에게 구속력을 갖는 것은 창조자가 당신이 만들어낸 것에 127
규칙을 부여했기 때문이다. 하지만 우리는 그와 같은 규칙이 무엇인지 말해줄 계시를 필요로 하지 않는다. 그렇게 만들어낸 것의 본성에 비추어볼 때 자명하기 때문이다.

자연법 또는 자연적 질서에 대한 그와 같은 견해는 유럽 사회를 재형성하고 있던 재구축 프로그램과 병행해 성장했다. 로크는 인간 정신은 '백지', 즉 습관이 각인되기를 기다리는 백지라는 심리학을 통해 재구축적 태도를 새로운 단계로 끌어올렸다. 그는 자신의 사회를 재창조하는 것에 대해 생생한 관심을 가졌으며, 가령 교육에 관한 본인의 견해를 제시했다. 그가 근대의 자연법 전통의 주요 정초자 중 하나인 것은 우연이 아니다.

왜 이 둘, 즉 자연법과 사회의 재구축 프로그램은 병행했을까? 왜 재구축주의자들은 자연법 같은 것을 필요로 했을까? 왜 단지 인간 본성은 가단적이라는 이론만 펴고(로크가 가장 인상적인 방식으로 그것을 정식화하고 있는 것 같다) 그것에만 머물지 않았을까?

공공질서에 대해 합의할 수 있도록 해주는 확고한 토대가 필요했기 때문일 것이다. 신스토아주의는 교파 간의 격렬하고 폭력적인 투쟁 속에서 태어났다. 신스토아주의가 제공하려고 시도한 가장 중요한 것 중 하나는 교파적 차이를 넘어, 또 그것에도 불구하고 정치적 삶의 토대에 대해 이성적으로 동의할 수 있도록 해주는 토대였다. 그로티우스는 립시위스를 따라 국가에의 복종뿐만 아니라 국제법에 관한 완전한 이론을 전개했는데, 그것은 교파적 경계를 넘어 타당해야 했다. 자연법 이론의 목적은 이성적 합의점terrain d'entente을 제공해 극단주의적인 종교적 빨치산들의 편향적ex parte 이론을 대체할 뿐만 아니라 또한 후일의 로크적 변형태에서처럼 가령 주권은 어떤 법에 의해서도 구속되지 않는다는 등 종교적 투쟁에 대한 또 다른 위험하기 짝이 없는, 결함이 많은 반응을 제거하는 것을 목적으로 했다.

필자가 앞의 이론들에 대해 이야기하는 것은 당시 자연법에서 도출된 질서 관념과 경쟁 관계에 있던 견해들 또한 존재했음을 염두에 두어야 하기 때문이다. 그와 같은 견해들도 마찬가지로 종교적 투쟁의 심각한 상황에 대처하고, 국가의 재구축 활동에 토대를 제공하도록 계획된 것이었다. 패자는 역사의 시야에서 쉽게 사라지기 때문에 우리는 그것을 망각하지만 17세기 유럽에서 종교전쟁의 무질서에 대한 가장 유망한 대답은 절대주의국가였다. 그리고 그와 같은 국가 형태는 자체에 고유한 질서 관념 위에 정초되는 경향을 보였다. 절대주의국가라는 관념은 전근대적 관념과는 그다지 근본적으로 다르지 않았기 때문에 그와 같은 사실 또한 눈에 띄지 않는 경향을 보였다. 그와 같은 견해는, 한 가지 점만 거론하자면, 여전히 위계제적 구조를 유지했다. 그와 같은 견해에서 볼 때 사회는 주로 보다 이전의 중세적 질서에서 볼 수 있는 대로 가령 3단으로 이루어진 신분이나 지위로 구성된다. 그리고 또한 사회는 보통 사람들이 위계제적으로 상보 관계를 이루고 있다는, 보다 이전의 유기적 사회관을 유지하는 것으로 만족했다. 하지만 가령 보쉬에Jacques Bénigne Bossuet 저술을 보면 알 수 있듯이 절대주의국가는 다른 측면에서 그것이 목표로 하는 것에 관한 엘리트들의 정식화들에서 극히 근대적이었다.

그와 같은 정식화들은 행위 주체는 '자연=본성' 속에 이미 존재하는 것에 순응하기보다는 오히려 질서를 구축하는 존재라는 근대적 개념들에서 출발했다. 자연법 이론과 마찬가지로 그것들 또한 정치질서를 잠재적으로 경합하는 다양한 행위 주체 간에 어떻
128 게 평화와 '예의'를 유지할 것인가 하는 문제에 대한 대답으로 여겼다. 절대적 지배[절대주의]와 고정된 사회적 위계제는 코스모스의 자연=본성과 함께 주어지는 것이라기보다는 오히려 앞서 언급한 문제에 대한 답변이었다. 절대적 지배는 만인을 하나의 단일한, 논란의 여지가 없는 의지 — 그것이 '주권'이 자리하는 중심점을 마련해준다 — 에 복종시키는 것에 의해 목적을 실현하는데, 근대의 그와 같은 의지-중심적 시각에 따르면 '주권'이 자리하는 중심점 없이 사회는 전혀 생존할 수 없다. 사회적 위계제는 모두에게 각자에게 적절한 상황과 역할을 부여하고, 일련의 명령을 만들어내 확립시킴으로써 질서수립 및 유지라는 목표에 기여하는데, 그것을 통해 가장 높은 곳의 의향이 사회 전체에 전해질 수 있게 된다.

17세기의 대다수 사람에게 무질서의 위협에 대한 그와 같은 응답이 자연권 이론 위에 정초된 응답보다 지적으로 보다 설득력이 있을 뿐만 아니라 정치적으로도 보다 효과적이라고 생각되었다. 그리고 실제로 보다 이전의, 로크 이전의 독법의 자연법 이론은 그처럼 주권은 명확하고 불가분하다는 이상과의 타협을 포함했다. 그로티우스와 푸펜도르프에게 사회계약의 목적은 바로 그와 같은 종류의 주권적 지배를 수립하는 것이었다.

게다가 그와 같은 식으로 위계제와 명령에 의해 질서를 수립한다는 구상은 또한 섭리라는 교의에도 의거했다. 그와 같은 종류의 주권자에게 복종함으로써 우리는 신의 의지에 따른다는 것이었다. 그와 같은 생각은 후일에도 악명 높은 변종 속에서 가장 분명하게 나타난 바 있는데, 왕권신수설이 그것이다.

오늘날의 관점에서 보면 명령에 기반해 질서를 수립한다는 그와 같은 구상은 중세적 체제 그리고 자연법에 의해 지배된 근대 간의 일종의 중간지점 같았던 것 같다. 그와 같은 시각은 어찌 보면 시대착오적인 판단이기도 한데, 그와 같은 견해가 당시를 지배했으며, 당시에는 전혀 과도적 형태처럼 보이지 않았기 때문이다. 하지만 그와 같은 판단 속에는 일정한 진실도 들어 있는데, 명령에 기반한 질서라는 구상은 보다 이전 체제의 몇몇 측면을 간직했으며, 보다 이전의 군주 체제와 연속성상에 있는 것으로 자신을 인식했기 때문이다.

상보성에 보다 의거한 보다 이전의 군주제와 연속성을 이루고 있는 것으로 이해되는 명령 구조로서의 절대주의국가는 〈트리엔트공의회〉 이후의 가톨릭교회와 일정한 유사성을 보였다. 양자의 그와 같은 병행 관계는 경쟁을 의미할 수도 있었지만 또한 교회 그리고 그와 같은 태도를 지지하던 군주제 사이에 친화성을 만들어낼 수도 있을 것이다. 프랑스의 앙시앵레짐과 교회 간의 운명적 결탁은 그와 같은 친화성에 의해 한층 더 촘촘해졌다. 이 점에 비추어볼 때 명령과 위계제에 기반해 질서를 수립한다는 그와 같은 구상에 '바로크적'이라는 명칭을 부여하는 것이 아마 꼭 억지스럽지는 않을 것이다. 물론 그와 같은 이름아래 만개한 예술과 건축물이 그와 같은 정치적 · 이론적 정식을 채택한 모든 사회를 지배한 것은 아니지만 말이다(루이 14세의 프랑스는 '고전적'임을 자임했다). 하지만 예술 형식은 분명히 위계제 그리고 위로부터 내려오는 충동이 혼합된 형태 — 그것이 앞서 말한 정식을 규정하고 있었다 — 를 반영하고 있었다.

로크적 독법으로부터 유래한 자연법 이론은 매우 다른 방향을 택했다. 그것은 물론 재구축의 힘을 강조하는 의지주의적 측면을 갖고 있었으며, 실로 그것을 필요로 했다. 하지만 또한 그와 같은 재구축을 위한 규칙과 목표를 정할 수 있는 규범적 질서라는
129 개념도 필요로 했다. 그것을 규정하는 결정적으로 중요한 개념은 위계제와 명령이 아니었다. 오히려 상호이익을 누릴 수 있는 사회로 함께 들어가도록 되어 있는 평등한 개인으로 이루어진 인류가 출발점을 이루었다.

점차 그와 같은 규범적 질서는, 재구축이 지향하는 것과 같은 종류의 사회를 위한 청사진으로 바뀌어갔다. 서로의 생명과 자유를 존중하는 가운데 함께 살도록 되어 있는 이성적·사회적 존재자들은 또한 주변의 자연환경을 부지런히 착취함으로써 자신을 보존해야 했다.[70] 적절히 수행되면 그와 같은 착취는 경제성장으로 이어질 것이다. 소유권은 자연의 그와 같은 착취로부터 직접 따라 나올 뿐만 아니라 동시에 개혁을, 그리하여 경제성장을 가능하게 해준다.

그처럼 자연법에 관한 그와 같은 성찰로부터 아래 규범이 나오게 된다. 즉 각자에게 소명으로 주어진 고정된 경력을 따라 전쟁과 약탈보다는 성장과 번영에 헌신하며, 상호존중의 도덕과 자기개선의 윤리를 수용하는 근면성실한 사람들로 안정적 질서를 수립한다는 것이 그것이다. 그와 같은 질서는 단지 좋은 생각 이상의 것처럼 보였다. 그것은 이성적이고, 신에 의해 주어진 삶의 방식이었다. 그것을 목표로 해서 나아가는 것은 변덕이나 별난 취향을 따르는 것이 아니다. 그것은 모든 것이 향하도록 운명지어져 있는 곳, 즉 만물이 적소에 있게 되는 종착점terminus ad quem을 향해 나아가는 것을 의미했다.

그것이 사물의 자연스러운 질서다. 그것이 역사 속에서 작동한다 — 그와 같은 생각은 헤겔이 아리스토텔레스의 목적론을 재통합해 그와 같은 구성주의적 견해에 적용했을 때 나타났다 — 는 의미가 아니라 오히려 그것이 우리 노력의 이성적이고, 심지어 섭리적인 목표라는 의미에서 말이다.

70 로크John Locke, 강정인 역, 『통치론』, 5장, 까치.

오늘날 그와 같은 노력은 장대한 [시간적] 지평에 걸쳐 일어나는 것으로 이해할 수 있을 것이다. 우리는 지금 ‘발전development’이라는 이름아래 통용 중인 개념의 탄생에 직면해 있다. 그와 같은 개념 없이는 인간 사회와 역사를 파악하는 것이 어려워지게 되었다. 그것 없이는 무엇을 해야 할지, 사회적 선을 어떻게 정의해야 할지를 거의 알지 못하게 될 것처럼 보일 정도이다.

우리의 시간 이해는 근본적으로 변했다. 위계제적 균형이라는 틀에 입각한 이해는 순환이 중요한 역할을 하며 시간의 경과가 질적으로 구별되는 시간 이해를 동반했다. 즉 지금은 카니발이나 ‘무질서’를 위한 때이고, 이어 질서로 재이행할 때가 온다는 것이었다. 근대적 재구축의 장대한 [시간적] 지평은 일직선적이며, “동질적이고 공허한 시간”[71]으로 구성되었다.

18세기에 그와 같은 자연적 질서 개념은 한층 더 발전되어 존재의 대연쇄라는 기존 개념의 변형을 완성한다. 즉 위계제적 질서를 이루고 있다 — 거기서는 [형이상학적으로는] 형상이 현실 속에서 작동하고 있다 — 는 견해가 우주는 자연들 — 각자의 요구를 충족시키기 위해 애쓰는 가운데 서로 맞물리도록 창조되었다 — 로 이루어진다는 견해로 바뀌게 되었다. 그와 같은 우주는 각자가 자기 요구를 충족시키는 가운데 여러 행위가 서로 맞물리도록 창조되었다. 영구히 변하는 가운데 서로 의지하고 돕는다는 것이다.

원래 17세기의 관념 속에 들어 있던 균형이 그렇게 해서 사라진 것은 상당히 의미심장하다. 당시 다루기 까다로운 자연과 힘겨운 투쟁을 해야 한다는 감각은 우리의 궁극적 목표의 조화에 의해 균형이 맞추어지고 있었다. 하지만 18세기에 이르러 그와 같 130
은 조화는 점차 더 기존하는 것으로 간주되게 되었다. 이해의 조화가 처음부터 인간 본성 속에 기입되어 있다는 것이었다. 공감 그리고 이해의 공동성으로 사물 간에 갈등으로부터 자유로운 질서를 수립하기에 충분해야만 했다. 이제 사람들은 사태를 악화시키는 사악한 행위 주체를 찾아 나서게 되었다. 그것은 군주인가, 수도사인가, 지주인가?

물론 당시의 실제 상황을 과장해서는 안 될 것이다. 변화는 전면적인 것과는 거리가 멀었다. 하지만 힘들게 고생해야 했던 일은 종종 잊혀졌다. 그리고 그것은 새로운

71 앤더슨, 『상상된 공동체』, 길 출판사(벤야민, 『발터 벤야민의 문예이론』, 352페이지).

상황을 반영했는데, 그것을 통해 점증하던 유럽의 많은 엘리트 계층은 '문명'이 도래했으며, 완전히 개혁된 사회가 더 이상 단지 저 멀리 놓인 하나의 전망이라기보다는 오히려 손에 잡힐 만큼 가까이 다가와 있다는 인상을 받았다. 이제 단지 보다 광범위한 범위에 걸친 일련의 개혁, 즉 정치개혁(가령 대의제 통치), 경제개혁(가령 자유방임), 사회개혁(가령 특권계급과 특권의 폐지)이 요구될 뿐이라는 것이었다. 사실 그것을 실행하기 위한 최종 프로그램 중 일부는 심지어 지금까지 사용되어온 의미에서의 '문명'에 반하는 것으로 규정되었다(루소 저작 대부분은 그와 같은 공격 방향을 갖고 있었다).

그것이 당시의 시대가 처한 처지[곤경]였다. 그것은 질서는 성취되었으며, 재구축의 힘은 성공적으로 행사되었다는 느낌에 의해 표시되었다. 그와 같은 상황에서는 인간중심주의가 만개할 수 있을 것이다. 그리하여 배타적 휴머니즘이라는 유력한 선택지가 역사의 모태에서 출현할 수 있는 조건이 마침내 만들어지게 되었다.

4

하지만 이 문제로 논의를 옮기기 전에 전술한 주제로 되돌아가 앞의 휴머니즘이 등장하기 위한 토대 중 일부가 신스토아주의 전통으로부터 어떻게 출현했는지를 검토해보고 싶다.

앞서 지적한 대로 신스토아주의는 재구축이라는 태도에 중요한 자리를 마련해주었다. 자기를 실현하는 경향을 띠지만 우리 협력을 요구하는 형상 개념으로부터 의지의 힘에 의해 '외부에서' 우리 삶에 부과되는 형상 개념으로 강조점이 옮겨갔다. 17세기에 '제작' 윤리로의 그와 같은 이행은 거리를 둔 행위 주체라는 새로운 정합적 이론 그리고 미덕이란 의지가 정념을 지배하는 것이라는 새로운 이해에서 정점에 이르렀다. 그것의 가장 영향력 있는 정식화 중 하나는 데카르트에 의해 제시되었다.

그는 분명히 신스토아주의적 사조에 속했다. 그는 립시위스의 프랑스 제자인 뒤베르와 샤론의 영향을 받았다. 그가 라 플레슈에서 제수이트 교사들을 통해 립시위스 사상에 노출되었으리라는 것은 의문의 여지가 없다. 립시위스가 정식화한 바의 신스토아주의는 앞서 살펴본 대로 이미 원래의 모델로부터 멀어져 있었다. 특히 의지의 강조 그리고 정신/육체 이원론에서 그것을 분명하게 확인할 수 있다. 데카르트는 처음에는 그와 같은 길을 열심히 따라가며 점점 전혀 다른 견해를 발전시켰다.

그와 같은 이행은 현실 속에서 작동 중인 질서 위에 정초된 윤리로부터 질서를 의
지에 의해 부과되는 것으로 이해하는 윤리로의 이행으로 볼 수 있을 것이다. 데카르트
는 물질적 우주에 대해 일관된 기계론적 견해를 채택함으로써 전자의 윤리를 위해 상 131
정 가능한 모든 논거를 철저하게 붕괴시켰다. 자연 속의 사물이 어떤 형상을 표현하거
나 실현하고 있다고 말하는 것은 더 이상 이해할 수 없는 일이 되었다. 그와 같은 용어
로 자연의 사물을 인과론적으로 설명하는 것은 더 이상 말도 되지 않는 이야기가 되었
다. 형상과 그것의 표현은 오직 정신 영역에만 속했다. 물질은 메커니즘으로 설명되어
야 한다.

게다가 정신과 물질의 구별을 분명히 하는 것이 윤리에 본질적이었다. 미덕은 의지 형태로 정신 속에 존재하는데, 육체를 그리고 영혼과 육체의 결합으로부터, 특히 정념으로부터 유래하는 것의 영역을 주권적으로 통제하기 때문이다. 그와 같은 구별에 관해 혼란스러운 상태로 남아 있게 된다면 무엇이 무엇을 통제하느냐를 명확히 이해할 수 없게 된다.

과학과 미덕 모두 세계를 탈주술화하고, 정신과 육체를 철저하게 구분하고, 모든 사유와 의미는 정신 내적인 것의 영역으로 한정할 것을 요구한다. 명확한 경계선을, 즉 앞서 살펴본 대로 완충재로 덮인 자아를 정의하는 경계선을 그어야 한다. 데카르트에 따르면 현실을 순수한 메커니즘으로 볼 때만 그것을 그리는 것이 가능해질 수 있다.

실천적 물음을 다루는 윤리 영역에서는 정신 외적인 것을 메커니즘으로 다룰 것이 요구되는데, 그것은 윤리에 대해 도구주의적 태도 또는 재구축적 태도를 취함을 의미한다. 하지만 그와 같은 태도는 육체적인 것뿐만 아니라 순수한 정신이 아닌 모든 것을 도입해야 한다. 즉 오직 영혼과 육체의 결합 때문에만 정신 속에 생기는 것을 포함해야 하는데, 그것은 특히 정념을 의미한다.

그처럼 그는 스토아학파와는 사뭇 다른 정념론을 전개해갔다. 스토아학파에게 정념이란 억견을 의미했다. 지혜를 얻으면 정념으로부터 완전히 해방될 수 있다. 마치 환

상인 듯 — 실제로 그랬다 — 사라지리라는 것이었다. 하지만 데카르트는 정념을 전혀 다른 음역에서 이해했다. 정념의 본질보다는 기능에 비추어 말이다. 정념이란 창조자에 의해 피조물에게 주어진 반사작용으로, 특정한 적절한 상황에서 적절한 활기를 갖고 응답하는 것을 돕는다. 따라서 그것을 없애버리는 것이 아니라 이성의 도구적 통제 하에 두는 것이 목표가 되어야 한다.

정념은 사라져야만 하는 것이 아닐 뿐만 아니라 가장 훌륭한 사람에게서는 심지어 대부분의 사람에게서보다 한층 더 강력하게 작동한다. 하지만 결정적인 점은 정념이 의지에 의해 통제된다는 점이다. 그는 '극히 위대한 영혼들[사람들]'에 대해 찬탄하면서 이렇게 적는다.

> 그들의 추론의 힘[이성의 능력]은 너무나 강하고 강력해 비록 또한 정념을 갖고 있으며, 심지어 종종 보통 사람들보다 더 격렬한 정념을 가질 때도 그럼에도 불구하고 항상 이성의 주인으로 남아 있다ont des raisonnements si forts & si puissans que, bien qu'elles ayent aussi des passions, & mesme souvent de plus violentes que celles du commun, leur raison demeure neantmoins tousiours la maistresse.[72]

따라서 정념을 제거할 필요는 전혀 없다.

> 정념이 이성을 따르도록 하는 것만으로도 충분하다. 일단 그렇게 길들여지고 나면 정념은
> 132 종종 지나친 경향을 보일수록 그만큼 더 유익해진다il suffit qu'on les rende suiettes a la rai-
> son, & lorsqu'on les a ainsy apprivoisées, elles sont quelquefois d'autant plus utiles qu'elles
> penchent132 vers l'exces.[73]

스토아주의 및 신스토아주의 사상 중 그에게서 여전히 중요한 역할을 했던 요소

72 1645년 5월 18일에 엘리자베트에게 보낸 편지[A&T, IV, 202].

73 1645년 9월 1일에 엘리자베트에게 보낸 편지[A&T, IV, pp. 286-287].

중 하나는 거리두기detachment라는 규범이었다. 이성은 우리에게 무엇이 최고인지를 말해주며, 우리는 그것을 실현하기 위해 행동한다. 하지만 그러는 동안 내내 우리는 결과로부터는 완전히 거리를 두고 있다. 따라서 '극히 위대한 영혼들[사람들]'에 관해 앞서 인용한 문장은 이렇게 계속된다.

> 그들은 행운의 여신이 이승에 사는 사람들에게 호의를 베풀도록 하기 위해 힘이 미치는 한 모든 것을 한다. 하지만 그럼에도 불구하고 영원에 비추어 행운을 극히 낮게 평가하므로 현세의 일을 마치 우리가 연극 속의 사건을 바라보는 듯한 방식으로 본다Elles font bien tout ce qui est en leur pouvoir pour se rendre la Fortune favorable en cette vie, mais neantmoins elles l'estiment si peu, au regard de l'Éternité, qu'elles n'en considerent quasi les evenemens que comme nous faisons ceux des Comedies.

여기서 모종의 스토아주의가 등장하고 있음을 볼 수 있을 것이다. 거리두기, 부동심, 항심, 이성에 의한 통제 같은 핵심 이념이 고스란히 남아 있다. 하지만 그것의 토대에 놓인 인간론은 결정적으로 변형되었다.

그와 같은 차이는 선한 삶이라고 할 때의 '선한[좋은]'이 무엇인지 물을 때 가장 분명하게 드러날 것이다. 또는 다소 다른 각도에서, 우리를 선한 삶으로 이끄는 기쁨과 만족의 본성은 무엇인가를 물을 때 말이다.

형상이 현실 속에서 작동한다는 고대 윤리의 경우 대답은 두 가지 수준에서 찾을 수 있다. 첫째, 우리는 각자 인간 존재라는 형상의 예시이기 때문에 선한 삶을 사는 것은 우리가 우리 본성의 성향과 조화를 이룰 수 있도록 해준다. 그렇게 해서 우리는 분열, 내적 혼란을 피하고, 조화를 누린다. 우리는 더 이상 대립적 힘에 의해 찢기지 않게 되며, 따라서 부동심을 유지할 수 있게 된다. 더 이상 내게 어울리지 않은 것을 갈망하지 않으며, 따라서 자족성을 실현하게 된다.

두 번째 수준에서 형상은 또한 우리 주변의 코스모스 전체에서 작동하며, 몇몇 윤리 이론에서 일정한 역할을 한다. 가령 플라톤의 경우 우리에게 내재된 이성은 단지 코스모스 속의 질서를 보고 그것을 사랑할 능력일 뿐이다. 그것에 대한 우리의 사랑은 그것을 모방하길 원하도록 만들고, 따라서 우리 자신이 질서정연한 삶을 살아가도록 만든다.[74] 선함을 추구하도록 만드는 추동력은 우리가 구체적으로 예시하는 형상뿐만 아니라 선함의 형상에 의해 질서 지어진 전체적 조화로부터도 유래한다. 환언하면 기쁨이나 만족은 우리가 자기 자신의 본성을 따르는 데서 뿐만 아니라 또한 우리가 전체와 상즉相卽하는 데서도 유래한다.

모든 고대 윤리가 전체를 통한 그와 같은 우회에 의존했던 것은 아니다. 아마 가령 그것은 아리스토텔레스에게는 해당되지 않을 것이다. 하지만 스토아주의는 독특한 방
133 식으로 그와 같은 우회를 이용했다. 현자가 행복한 것은 본성을 따르기 때문이다. 하지만 또한 자신에게 일어나는 모든 것을 즐기는데, 그것이 신의 섭리가 드러나는 것의 일부이기 때문이다.

그런데 데카르트에게서 그와 같은 이론의 대부분은 사라지거나 완전히 다른 토대 위에 놓이거나 둘 중 하나였다. 실제로 항상심은 그대로 남아 있으며, 섭리 개념도 마찬가지이다. 하지만 우주는 더 이상 사물 속에서 작동하는 질서라는 상을 제공할 수 없을 것이다. 우주에서 우리가 얻어낼 수 있는 것이라곤 단지 사물이 어떤 기능을 수행하도록 의도되었는지에 대한 통찰뿐이다. 그렇게 한 다음 정념을 패러다임적인 경우로 해서 살펴본 대로 그와 같은 통찰을 실행에 옮겨야 한다.

이제 결정적인 것은 내면의 기쁨이다. 하지만 그것은 더 이상 실제로 조화나 투쟁의 부재에서 오지 않는다. 선한 사람이란 다름 아니라 투쟁을 일삼는 사람이기 때문이다. 그는 전력을 다할 것을 요구받는다. 정념의 영역에서 선한 사람은 보통 사람들보다 더 격렬한 정념을 가질 때도 '이성이 항상 주인으로 남아 있다.' 그는 자연의 경향을 따르지 않고 투쟁을 통해 질서를 부여하는데, 그것은 실제로 의지의 승리를 위해 계획된 것이지만 동시에 의지의 그와 같은 승리를 통해서만 성취될 수 있을 것이다.[75]

74 『공화국 · 정체』, 500.

75 이 마지막 구절에서는 미묘한 배음倍音이 들릴 텐데, 완전히 의도적인 것이다. 그와 같은 정식화를 사용하는 것은 20세기의 최악의 도착 현상에 대한 책임을 근대에 전가하기 위해서가 아니다. 전혀 그렇지 않다. 다만 그와 같은 도착 현상을 지적하는 것에서는 우리 시대의 핵심적 주제에 대한 경향적 해석이 담겨 있음을 분명히 해두고 싶다.

갈등으로부터 자유로운 조화가 아니라 투쟁으로 쟁취한 지배가 이제 미덕의 극치를 이루게 된다. 그리고 그것으로부터 흘러나오는 기쁨은 이성의 승리에 대한 만족이다. 왜냐하면 나는 가장 근본적으로는 이성에 의해 인도되는 의지이기 때문이다.

> 그런데 자유의지는 그 자체로 우리가 가질 수 있는 가장 고귀한 것이다. 우리를 어떤 의미에서 신과 비슷하게 만들어주고, 신의 신민이 되는 것을 면제해주는 것처럼 보이기 때문이다. 그 결과 자유의지의 선용은 우리가 소유한 선 중 가장 위대한 것이다. 뿐만 아니라 아무것도 그것보다 더 우리 것이며, 우리에게 중요한 것도 없다. 이 모든 것으로부터 우리의 최대만족은 오직 자유의지에서만 생길 수 있다는 결론이 나온다Outre que le libre arbitre est de soy la chose la plus noble qui puisse estre en nous, d'autant qu'il nous rend en quelque façon pareils à Dieu & semble nous exempter de luy estre sujets, & que, par consequent, son bon usage est le plus grand de tous nos biens, il est aussi celuy qui est le plus nostre & qui nous importe le plus, d'où il suit que ce n'est que de luy que nos plus grands contentemens peuvent proceder.76

여기서 말하는 '만족'이란, 이성적 존재자로서의 존엄 — 그것은 내가 이성에 의해 지배될 것을 요구한다 — 에 부합하는 삶을 살았다는 느낌을 말한다.

이 지점에서 그는 놀라운 것처럼 보이는 전환을 감행해 명예윤리의 핵심 개념인 '고매高邁함générosité'을 도입한다. 이 말은 17세기에는 오늘날과는[관대함] 다른 의미를 갖고 있었다. 그것은 본인의 신분에 관해, 또 그에 부수되는 명예에 관해 갖고 있는 살아 있는 감각을 일컫는 용어로, 그와 같은 감각에 이끌려 우리는 본인의 직위의 요구에 부합해 살아가려고 한다. 코르네유Pierre Corneille의 주인공들은 이제 막 저지르려는 깜 134
짝 놀랄만한, 용감하며 종종 섬뜩한 행위의 이유로 '고매함'을 꼽았다.

76 1647년 11월 20일에 스웨덴의 크리스티나 여왕에게 보낸 편지, A&T, V, 85, *Letters*, p. 228. 또한 『정념론*Traité des Passions de l'âme*』, 152항['어떤 이유로 사람은 자기 자신을 존중할 수 있는가?']을 보라.

하지만 데카르트는 앞의 개념을 공적 공간에서, 그리고 사회적으로 규정된 신분의 장에서 꺼내 자기인식이라는 내적 영역으로 옮겼다.

> 한 인간으로 하여금 자기 자신을 정당하게 존중할 수 있는 최고점까지 평가하게 만드는 참된 고매함은 한편으로는 그가 의지의 자유로운 통제력 외에 참으로 자기에게 속하는 것은 아무것도 없으며, 또 그와 같은 통제력을 충분히 사용하느냐 않느냐는 것 외에 칭찬받고 또 비난받아야 할 이유는 아무것도 없음을 알고 있는 데 존재하며, 다른 한편으로는 그가 그와 같은 통제력을 충분히 사용한다는 굳세고도 꾸준한 결의, 즉 스스로 최선이라고 판단한 모든 것을 기획하고 실행하려는 의지를 결코 버리지 않겠다는 결의를 영혼으로 느끼는 데 존재한다qui fait qu'un homme s'estime au plus haut point qu'il se peut legitimement estimer, consiste seulement, partie en ce qu'il connoist qu'il n'y a rien que veritablement luy appartiene que cette libre disposition de ses volontez, ny pourquoi il doive estre loüé ou blasmé sinon pour ce qu'il en use bien ou mal; & partie en ce qu'il sent en soy mesme une ferme & constante resolution d'en bien user, c'est à dire de manquer jamais de volonté, pour entreprendre & executer toutes les choses qu'il jugera estre les meilleurs.77

내가 그것에 부합해 살아가야 하는 신분은 이성적 행위 주체지만 사회적으로 규정된 것이 아니다. 본인이 존엄하다는 그와 같은 감각은, 데카르트 말대로, "다른 모든 미덕의 열쇠, 정념의 모든 무질서에 대한 일반적 치료제comme la clef de toutes les autres vertus,

77 『정념론』, 153항[544페이지](A&T, XI, 445-44). 그는 여기서 명예윤리의 내면화에서 이미 몇 발 앞서 있던 뒤베르를 따르고 있다. 뒤베르는 『도덕철학*La Philosophie Morale*』에서 이렇게 쓴다. "진정한 명예는 아름답고 고결한 행동의 빛남으로, 우리와 함께 사는 사람들 눈에 우리 정신을 되비추고, 자신의 내면에서의 성찰을 통해 그들이 우리에 대해 어떻게 생각하는지, 영혼의 커다란 만족은 어디서 유래하는지에 대해 증언해준다Le vraye honneur est l'esclat d'une belle & vertueuse action, qui rejaillit de nostre conscience à la veuë de ceux avec qui nous vivons, & par une reflexion en nous-mesmes, nous apporte un tesmoignage de ce que les autres croyent de nous, qui se tourne en un grand contentement d'esprit." 따라서 "공명심은 매우 달콤한 정념으로, 극히 고매한 정신에게는 쉽게 쏟아져 나올 것이다.L'ambition est une bien douce passion, qui se coule aisément és esprits les plus genereux"(『도덕철학』, 267~268페이지).

& un remede general contre tous les dereglements des Passions"78와 같다. 다시 말해, 다른 모든 미덕을 유지하고 지탱하는 중심적 자리 역할을 담당하는 미덕은 가령 소크라테스에게서는 예지이고, 다른 저술가들의 경우 절제겠지만 데카르트에게는 '고매함'이었다. 여기서 열쇠 역할을 하는 동기는 이성적 존재자로서의 나 자신의 지위에 부과되는 요청이며, 만족은 그와 같은 지위의 존엄에 부합해 살았다는 데서 온다.

이제 우리를 움직이는 것은 더 이상 자연, 즉 인간 자신의 본성과/또는 코스모스의 자연과 조화를 이루고 있다는 감각이 아니다. 그것은 무엇인가 우리 자신이 내재적으로 가치가 있다는 감각 같은 것에 가깝다. 칸트의 '존엄Würde' 개념과 그리 멀지 않다. 도래할 배타적 휴머니즘의 결정적 요소 중 하나가 준비되고 있던 셈이다.79

합리적[이성적] 통제라는 그처럼 새로운 윤리는 앞서 살펴본 대로 탈주술화를 전제했다. 실제로 탈주술화는 그와 같은 윤리를 가져온 힘 중 하나로, 이 측면에서 종교개혁에 의한 구래의 성스러운 것에 대한 거부와 비슷하게 작동했다. 그리하여 필자가 '완충재로 덮인 자아'라고 불러오고 있는 새로운 정체성의 창조에 기여했다. 하지만 그것은 또한 그와 같은 과정을 강화시켰다.

완충재로 덮인 자아는 악령, 정령, 마술적 영력을 더 이상 두려워하지 않는 행위 135
주체이다. 보다 근본적으로 말하자면, 그것들은 더 이상 인간세계에 영향을 주지 않는다. 그에게는 존재하지 않는다. 그것들이 어떤 위협을 가하거나 어떤 의도를 갖고 있건 그를 '못살게 굴지' 못한다. 그런데 거리를 둔 이성적 행위 주체는 욕망에 대해서도 비슷한 조작을 행한다.

물론 우리 욕망은 사실적으로 주어진 성향으로 여전히 우리에게 작용한다. 하지만 이제 보다 고차적인 모든 의미나 아우라를 박탈당하고 있다. 그저 사실적으로 우리를 몰아댈 뿐이다. 우리는 모든 유혹으로부터 거리를 둘 수 있어야 할 것이며, 어떻게 그것을 가장 잘 제거할 수 있는지를 이성적으로 결정해야 한다. 데카르트는 이렇게 쓴다.

78 『정념론』, 161항(A&T, XI, 454; H&R, I, 406). 또한 156항과 203항을 보라.
79 나는 졸저 『자아의 원천들』 8장에서 데카르트에 의해 도입되는 전환에 대해 보다 길게 논했다.

삶을 이끄는 데서 행위가 가진 진정한 효용은 행위를 통해 취득 가능한 육체와 영혼의 모든 완전성의 가치를 정념 없이 음미하고 고려하는 데 있다. …… 통상 다른 좋은 것善을 얻기 위해서는 다른 좋은 것을 포기하지 않을 수 없으므로 항상 보다 나은 것을 선택하도록 하기 위해 말이다Le vraye usage de nostre raison pour la conduite de la vie ne consiste qu'a examiner & considerer sans passions les valeurs de toutes les perfections, tant du corps que de l'esprit …… afin qu'estant ordinairement obligez de nous priver de quelques unes, pour avoir les autres, nous choisissions tousiours les meilleures.[80]

그런데 정념을 제어할 것을 제안하는 보다 고차적인 도덕은 어떤 것이건 그와 같은 종류의 폭로 작업을 해야 하는 것은 맞다. 왜냐하면 실제로 우리의 '보다 저차적인' 정념은 종종 매우 강력한 아우라로 둘러싸이기 때문이다. 가령 폭력충동은 종종 매우 의미심장하게 느껴진다. 나는 모욕당했다, 나의 명예가 달려 있다 등. 또는 내가 지금 하려는 그와 같은 행위는 고귀한 대의를 위한 것이다 등. 더욱이 폭력은 자극적일 수 있으며, 우리를 일상적 존재의 평범함에서 끌어내 보다 고차적인, 보다 고양된 차원으로 끌어올려줄 수 있는 것처럼 보일 수 있을 것이다. 그리고 여기서 폭력은 성적 욕망의 영역에 가까워진다. 그 결과 양자는 종종 복잡하게 서로 뒤엉킬 수 있다. 별도로건 아니면 복잡하게 서로 뒤엉켜서건 폭력과 성적 욕망은 일상으로부터의, 또 일상적 세계의 단조로움으로부터의 해방감을 제공해줄 수 있을 것이다. 양자가 가령 카니발 같은 의례에서 분리된 형태로건 아니면 결합된 형태로건 함께 나타날 수 있는 것은 이 때문이다.

모든 전통적인 윤리적 견해를 관류하는 중요한 주제는 그와 같은 욕망의 가짜 위엄을 폭로하고, 그것의 아우라를 무산시키는 것이다. 이 측면에서는 합리적 다스림control의 윤리도 다르지 않다. 플라톤과 스토아주의철학자들 또한 그와 같은 암흑의 영역에서 빛나는 것처럼 보이는 것은 환상일 뿐이며, 한낮의 차가운 빛 속에서 그와 같은 아우라는 명백히 사라지리라는 것을 보여주려고 노력했다. 그리고 그렇게 폭로하려는 노력은

80 1645년 9월 1일에 엘리자베트에게 보낸 편지. A&T, IV, 286, *Letters*, p. 170.

플라톤에서 스토아학파와 아우구스티누스를 거쳐 근대에 이르는 장대한 계보를 이루는 명예윤리에 대한 공격에서 보다 명백히 드러난다. 여기서 내가 말하는 명예윤리란 136
원래 형태, 즉 공적 인정recognition, 영광glory을 가치 있는 목표로 삼는 형태를 말한다. 따라서 데카르트에게서 볼 수 있는 것, 즉 원래의 공적 형태를 대체하려고 하는 승화되고, 내면화된 형태를 말하는 것이 아니다. 영광은 단순한 모상模像(플라톤)으로, 교만에 의해 설정된 목표, 악의 원천(아우구스티누스)으로, '허영'(홉스)으로 질책받아왔다.

하지만 보다 오래된 이론에서 욕망은 그와 같은 폭로 시도에도 불구하고 여전히 일정한 아우라를 보존할 수 있을 것이다. 플라톤에 따르면, 아름다운 사람을 향한 나의 성적 욕망은 나의 영혼이 동경하는 미의 이데아에 대한 희미하고, 왜곡된 인식이다. 그와 같은 욕망은 현재 형태로는 그와 같은 약속을 실현할 수 없는 모습으로 보일 수밖에 없지만 그와 같은 약속이 전적으로 잘못된 것은 아니다. 합리적 지배의 윤리에 따르면 그와 같은 것은 아무것도 남을 수 없다. 단지 사실적 유혹이라는 장만 남을 뿐이다. 그것은 기계화된 외부 세계와 마찬가지로 심지어 혼란스럽고 왜곡된 것이라도 보다 고차적인 의미의 처소處所로 간주될 수 없을 것이다. 해당 장은 그와 같은 종류의 모든 의미를 전면 박탈당한다. 욕망이라는 거짓 위엄이 아우라를 위한 현실적 근거를 왜곡하는 것이 아니다. 아우라 자체가 완전한 환상이다.

따라서 그처럼 허울 좋은 위엄을 꿰뚫어보기 위해서는 특별한 통찰이 필요하지는 않다는 결론이 나온다. 단지 결연히 올바른 태도를, 즉 도구적인 합리적 지배의 태도를 취하기만 하면 된다. 그러면 곧 그와 같은 감정의 세계는 명백히 잠자코 있게 될 것이다. 즉 진정한 탈주술화된 본성이 드러날 것이다.

그와 같은 행위 주체는 어떤 의미에서 이중적으로 완충재로 덮여 있다. 그는 악령과 정령이 더 이상 '못살게 굴' 수 없을 뿐만 아니라 또한 욕망의 아우라에 대해서도 완전히 냉정하다. 기계적 우주에서, 또 기능적으로 이해되는 정념의 장에 그와 같은 아우라가 존재할 존재론적 공간은 더 이상 존재하지 않는다. 그것에 대응할 수 있는 것은 아무것도 없다. 그것은 단지 혼란스럽고 과도한 감정일 뿐이지만 어쨌건 우리가 제정신을 차리고, 완충재로 덮인 완전한 정체성을 획득할 때까지 우리를 붙잡고 놓아주지 않을 것이다.

합리적 지배의 윤리가 근대적 발전의 마지막 단계가 아니었음은 굳이 상기시킬 필요가 없을 것이다. 근대적 정체성을 그와 같은 식으로 합리적 지배의 윤리만으로 읽어내는 독법은 이런저런 불만이 터져 나오는 발화점 중 하나가 되었는데, 종종 '낭만주의'로 불렸던 광범위한 사상과 감수성의 조류가 그와 같은 태도를 보여준 바 있다. 감정으로부터 모든 아우라를 박탈할 수 있다는 생각 자체는 오류로 여겨지게 되었을 뿐만 아니라 인간의 삶을 극도로 빈곤화시키는 것, 우리의 인간성을 부인하는 것으로 간주되게 되었다.

하지만 그렇게 파악된 거리를 둔 이성이라는 틀 내부에서 탈주술화와 도구적 지배는 긴밀하게 제휴했다. 그리고 배타적 휴머니즘이라는 새로운 선택지의 토대를 마련하는 데 일조한 것이 바로 그것이었다.

5

자아와 사회에 대해 그렇게 거리를 두는 규율훈련된 태도는 근대적 정체성의 본질을 규정하는 레퍼토리의 일부가 되었다. 그것은 또한 세속성 3의 핵심적 특징이기도 하다. 그처럼 규율훈련된 태도는 내가 완충재로 덮인 자아라고 불러오고 있는 것의 두 번째
137 측면을 형성하는 데 기여했다. 탈주술화가 어떻게 한계를 정하는 것 — 정령들의 세계와 관련된 다공성을 끝내는 것 — 을 포함하는지에 대해서는 앞서 이미 살펴본 바 있다.

그런데 거리를 두는 태도는 또한 경계선을 긋는 것으로도, 몇몇 육체적 기능으로부터 거리를 두는 것뿐만 몇몇 양식의 친밀성으로부터 물러나는 것으로도 이어졌다. 그것은 엘리아스의 탁월한 저서에서 훌륭하게 탐구된다.[81]

상호 간에 감정의 교류가 있을 때, 우리를 가로막고 있던 장애물이 제거되고, 서로의 감정을 알게 될 때 우리는 누군가와 친밀한 관계에 있게 된다. 그것이 가족 및 가까운 친구들과 우리가 통상 유지하는 관계이다.

81 박미애 역, 『문명화 과정』, 한길사.

개체발생 측면에서는 그와 같은 관계가 핵심적인데, 왜냐하면 유아기와 유년기에 우리가 성장해 인간성을 성숙시켜 나가기 위해 필요한 인정은 친밀한 관계를 통해 획득되기 때문이다. 만약 그와 같은 관계가 충분히 존재하지 않는다면 우리는 내가 누구인지를 모르게 될 수 있을 것이다. 그렇지 않으면 세계가 우리에게 더 이상 아무것도 말해주지 않는 일이 일어날 수 있을 것이다.

그런데 우리의 정체성, 무엇이 정말 중요한가에 관한 감각은 특정인과 맺는 관계와 결정적인 방식으로 연관되어 발달할 수 있을 것이다. 우리는 오직 그와 같은 관계 속에서만 내가 누구인지, 결정적으로 중요한 것은 무엇인지를 실제로 파악할 수 있게 된다. 사랑의 관계거나 영웅, 성인, 구루, 롤 모델과 맺는 관계가 그것일 수 있을 것이다. 따라서 우리의 정체성은 그와 같은 관계에 무슨 일이 생기거나 할 경우 위협받을 수 있다. 친밀한 관계에 있는 사람이 죽는 경우 힘들어질 수 있지만 종종 그와 같은 상황을 극복하고 망자와 이런저런 관계를 맺는 가운데 계속 살아간다. 최악의 일은 인간관계가 틀어질 때, 절연할 때 또는 다른 사람들에 대한 생각이 변할 때 일어난다. 그와 같은 관계가 우리를 규정한다.

유년기 때는 물론 이 모든 것이 특히 사실이다. 하지만 이후 많은 사람이 이런저런 훈련을 받는 가운데 그와 같은 초기의 친근하고 친밀한 관계와는 전혀 동떨어진 정체성을 갖추게 된다. 가령 전사사회의 젊은 남자는 일정한 나이가 되면 여성으로부터 격리된다. 여전히 인정을 필요로 하지만 이번에는 다른 사람, 전사계급 지도자의 인정을 필요로 하게 되며, 그와 맺는 관계에서는 동료들과 맺는 관계에서처럼 몇몇 친밀성 차원은 배제된다. 거친 농담, 거칠게 밀고 때리는 장난, 뽐내기 등은 볼 수 있지만 이전에 여성과의 관계에서 볼 수 있던 상냥하고 솔직한 태도와 유약함은 전혀 존재하지 않는다. 보다 이전 관계는 더 이상 그들 간의 관계를 규정하는 것으로 인정되지 않는다.

그런데 거리두기와 함께 우리는 그와 같은 방향으로 한 발 더 나가게 된다. 그것은 실제로 전사계급의 윤리와 일정한 친화성을 갖고 있다(여기서 또한 데카르트가 '고매함'을 환기시키고 있음을 상기할 수 있을 것이다).[82] 하지만 지금은 비인격적 원리가 모든

82 졸저 『자아의 원천들』의 8장을 보라.

규율훈련의 중심을 차지하게 되었다. 극단으로 치닫는 경우 명령은 이렇게 될 것이다. 최대한 자립적으로 되라! 신 또는 원리와만 관계를 맺어라! 친절함은 허용되지만 규정적 관계에서는 안 된다. 실제로 모든 규정적 관계는 극단에서는 신/원리 속에서 '지양되어야aufgehoben' 한다.

물론 그와 같은 종착점에 이르기는 매우 어렵다. 그리고 그것은 결코 우리의 갈망의 출발점이 될 수 없으며 단지 우리의 갈망의 목표만 될 수 있을 뿐이다. 우리는 모두 정체성을 유지하기 위해 우선 인정을 필요로 하며, 대부분의 사람은 그것 없이는 지낼
138 수 없을 것이다. 그와 같은 정체성은 오직 지도자나 동료와의 관계 속에서만 개화될 수 있을 것이다. 하지만 그와 같은 관계가 여전히 규정적이지만 그것은 딱딱하고 퉁명스럽고 억제되어 있으며 친밀함과는 거리가 멀다. 그리고 거기서 목표로 삼고 있는 것은 그와 같은 관계의 특징 속에 이미 반영되어 있다. 일종의 자립, 자족성, 자급자족autarky, 자율이 그것이다. 그것에 도달하려면 인정이 필요하지만 우리는 그것을 초월하려고 시도하고, 사다리를 버리려고 한다.

그처럼 거리를 둔 규율훈련이 새로운 형태의 자아-경험을 틀지었는데, 거기서는 자급자족이 자아의 목적을 이루었다. 여기서 자아의 자랑스러운 고독에 관한 프로이트 통찰을 그것을 잘 보여주는 예로 인용할 수 있을 것이다. 인간 존재 간의 사이-공간은 더 이상 중요하지 않다. 우리의 중요한 감정은 우리 내면에서 펼쳐진다.

나중에 그와 같은 종류의 규율훈련에 대한 반동으로 우리는 깊은 감정, 친밀성을 일종의 잃어버린 대륙으로 재발견하게 된다. 우리는 이 모든 것을 새로운 방식으로 경험하고, 그것을 새로운 빛 속에서 바라본다. 로런스D. H. Lawrence가 의기양양하게 감정적 깊이를 재발견하는 모습을 생각해보라(더 이상 실제로는 믿지 않게 된지 오래인 오늘날, 아마 유령 이야기에 흥분하는 것과의 혼란스러운 유사성이 거기 있을 것이다).

엘리아스는 '예의', 나중에는 문명이라는 이상의 발전과 병행해 매너가 엄청나게 변하는 모습에 주목해 그것을 기록했다. 그와 같은 과정은 물론 우선 엘리트 계층에서 시작되지만 이후 19세기 동안 실제로 사회 전체로 퍼져나갔다. 그와 같은 변화는 당혹감, — 심지어 이렇게 말할 수 있을 것이다 — 불쾌한 행위의 문턱이 지속적으로 올라가는 현상을 포함했는데, 그것은 상당히 주목할 만하다. 1500년으로 돌아가 볼 때 사태가

어떠했는지를 발견한다면 놀라고 적잖이 충격을 받을 것이다.

초기의 에티켓 서적은 식탁보에 코를 풀지 말라고 충고했다(1권 223페이지). 1558년의 한 책에 따르면, 냄새 나는 것을 다른 사람에게 냄새를 맡아보라고 내미는 행동은 "예의 바르지 못하다"(1권 280페이지). 또 다른 사람들 앞에서 용변을 보아서는 안 된다(1권 280페이지). 분명히 이 측면에서 기준이 우리 시대와는 전혀 거리가 먼 시대였다.

엘리아스가 추적하는 흔적은 급격한 변화가 아니라 문턱의 점진적 격상을 가리킨다. 보다 초기의 예법서는 식탁보에 코를 풀지 말라고 조언했지만 보다 이후에는 손수건을 사용할 것을 요구하고, 심지어 식탁에서는 코를 풀지 말라고 지시하는 식이다. 어느 시점에서는 복도에서 배변을 보지 말 것을 요구받는 반면 그와 같은 과정이 끝나갈 즈음해서는 심지어 에티켓 서적에서 그와 같은 일을 언급하는 것조차 상스러운 것이 되었다. '침묵의 명령Bann des Schweigens'이 떨어진 것이다. 심지어 그와 같은 생리적 용무에 대해서는 입도 뻥끗해서는 안 된다(1권 287페이지).

엘리아스는 그와 같은 전반적 동향을 두 가지 요인 탓으로 돌린다. 먼저 궁정에 많은 숫자의 사람이 함께 살게 됨에 따라 여러 가지 요구가 보다 엄격한 규칙을 부과하도록 강요했다. 그리고 사람들이 점점 더 밀집되고, 점점 더 빈번하게 교류하는 사회에 살게 되면서 그와 같은 동향은 점점 더 강화되어갔다. 행동의 그와 같은 필수적 규율훈련이 '문명화 과정'(2권, 311페이지 이하)이다.

하지만 그것과 나란히 엘리아스는 또 다른 동력학이, 즉 계급이나 신분의 분화 과정이 그것에 작용했다고 지적한다. 세련됨refinement에 대한 요구는 상층계급을 하층계급과 구분하는 데 사용되었다. 그와 같은 요구는 귀족계급이 도시에서 궁정풍 생활을 139
하도록 강요받고 있었던 만큼 그만큼 더 필요해지게 되었다. 그들이 자유롭게 처리할 수 있는 자원과 권한은 더 이상 그들을 부르주아계층과 분명하게 구분해주지 못했다. 그것을 통해 물론 '부르주아 신사bourgeois gentilshommes'와 다른 사람들 쪽에서 보다 상층인 계층을 모방하려는 욕망의 연쇄를 불러일으키게 되었다. 그리고 그것은 다시 거리를 그대로 유지하기 위해 세련됨의 연쇄 속에서 한발 앞설 것을 요구하게 되었다(1권, 212~219페이지). 엘리아스는 그것을 잘 보여주는 좋은 사례처럼 보이는 것으로 궁정풍 프랑스어의 표준화를 들었다. 그 결과, 일상어에 대해 그와 같은 방언이 전면적 헤게모니를 행사하기에 이르게 되었다(1권, 251페이지 이하).

그런데 앞서 언급한 두 가지 설명 모두에 진실이 담겨 있다고 필자는 생각한다. 하지만 그가 기술하는 사태전개는 또한 두 가지의 다른, 관련된 맥락 속에서도 이해될 수 있다고 생각한다. 나는 그와 같은 사태전개가, 거리를 둔, 규율훈련된 태도가 처음에는 친밀함을 제한하고, 그런 다음 우리의 강력한 감정 그리고 신체 기능으로부터 거리를 두도록 만드는 방식을 반영하는 것으로 보고 싶다.

그와 같은 변화가 어떻게 우리 눈에 들어오는지를 살펴본다면 제일 먼저 눈에 띄는 것은 불쾌한 행위의 문턱이 올라가는 것이다. 막 언급한 사례처럼 특히 보다 많은 메스꺼움을 자아내는 관습에 대해 읽었을 때 느끼는 감정이 그것이다. 하지만 사실 보다 초기의 몇몇 에티켓 서적에서 그와 같은 관습을 피하라는 조언은 평균 독자는 그와 같은 관습을 싫어하지 않는다고 가정하는 것처럼 보일 뿐만 아니라 심지어 혐오스러워 그것을 피하라고 충고하는 것 같지도 않다. 거기서는 뭔가 다른 어떤 것이, 친밀한 관계로 허용될 수 있는 것과 관련된 것이 문제가 되고 있다.

실제로 에티켓 서적들에서 제기된 많은 쟁점은 분명 친밀성과 관련되어 있다. 가령 다른 사람들 앞에서 벌거벗고 있거나 생리작용을 처리하는 것을 다른 사람이 보는 것을 허용할 것인가 하는 문제, 같은 접시로 먹는 것 등이 그것이다. 이 모든 것에 대한 반대는 친밀한 관계의 사람들의 경우 분명히 사라질 것이다. 가령 같은 숟가락을 공유하는 것에 의해 모르는 사람과 '액체를 섞는 것'에 대한 반대는 연인 사이에는 아예 사라진다. 성교 자체가 맘대로 육체의 액체를 섞는 것이기 때문이다.

중세 말과 근대 초의 조언서에서 그와 같은 종류의 행위를 삼가라며 해준 최초의 충고는 종종 부당하게 친밀한 관계라고 상정하는 것과 관련된 것처럼 보인다. 충고는 대칭적으로[양쪽에 평등하게] 정식화되지 않으며, 신분이 낮은 사람에게 주제넘게 신분이 높은 사람과 밀접한 관계를 맺고 있는 것처럼 행세하지 말라고 경고하는 쪽이었다.

가령 16세기의 조언서 『갈라테오』는 이렇게 말한다.

여러 손님을 위한 공동의 그릇에서 음식을 떠서 한 사람에게 대접하는 행동은 그리 예절 바르지 않다는 생각이 든다. 음식을 대접하는 사람이 높은 지위의 사람이라면, 다시 말해 음식

> 을 제공받는 사람에게 그것이 명예가 된다면 괜찮겠지만 그러한 일이 동등한 지위의 사람들 사이에서 일어난다면 대접하는 사람이 자신을 다른 사람들보다 더 높다고 생각하는 것처럼 보이기 때문이다.(1권 291페이지)

여기서는 분명히 주제넘게 친밀한 척하는 것을 금지하고 있다. 만약 지위가 높은 누군가가 그와 같은 종류의 친밀감을 표시한다면 불쾌감을 느끼기는커녕 영광스럽게 느낄 것이다. 하지만 바로 그와 같은 이유로 본인이 먼저 나서 그와 같은 일을 시작하는 것은 명백히 허용될 수 없다. 『갈라테오』는 또한 은밀한 신체 부위를 다른 사람에게 보여주어서는 안 된다고 조언하며 이렇게 계속한다. 140

> 왜냐하면 사람들은 부끄러워 할 필요가 없는 사람들과 함께 있는 경우가 아니라면 보통 그런 행위를 하지 않기 때문이다. 높은 귀족은 하인 앞이나 지위가 낮은 친구 앞에서 그렇게 행동할지도 모른다. 그렇게 해서 그들에게 자신이 거만하지 않고 오히려 사랑스럽고 친절하다는 인상을 줄 수도 있기 때문이다.(1권 290페이지).

보다 초기의 매너는 친밀성과 관련해 신분의 불균형에 기초한 제한의 온갖 종류의 사례를 제공하는데, 오늘날이라면 그것은 쌍방적인 것이 될 것이다. 국왕은 궁정인들이 동석했을 때는 제대로 옷을 갖추어 입는 것을 습관화했다. 심지어 다른 사람이 있을 때는 '실내 변기chaise-percée'에 앉기까지 했다. 볼테르의 정부인 샤틀레 후작부인이 목욕하다가 남자 하인에게 벌거벗은 모습을 보였을 때 동일한 형태의 계층적 비대칭성이 작동했는데, 그때 남자 하인은 혼란스러웠지만 그녀는 제대로 뜨거운 물을 붓지 않는다고 꾸짖기 위해 그렇게 했을 뿐이다(1권, 291페이지).

사람들 간의 관계가 점점 더 평등해지면서 금지 규범은 완화된 것이 아니라 반대로 평등한 지위의 사람 사이에 일반화되었고, 마침내 보편화되었다. 신체상의 친밀함에 대한 제한은 처음에는 지체 높은 사람에게 경의를 표하기 위한 조치로 시작되었는데, 그것은 모든 사람과의 관계에 타당한 터부로 내면화되어갔다. 오늘날 우리는 나체를 드러내는 것에 대해서는 당혹감을 느끼며, 접촉(가령 다른 사람의 숟가락을 사용하는 경우 등)에 관해서는 혐오감을 보여주는 등의 식으로 반응하는 것을 배우게 되었다. 우리는 18세기에 지체 높은 사람이 아무 거리낌 없이 나체를 드러내는 것에 대해 놀라움을 금할 수 없지만 그들이 그것에 대해 아무런 당혹감이나 약점을 잡혔다는 감정을 갖지 않았던 데 대해서는 경이감마저 느낀다. 우리가 보기에 그와 같은 종류의 자기노출 행위는 자의적 권력을 가진 사람이 아랫사람들을 욕되게 할 목적으로 잔혹하게 강요하거나 간수가 교도소 재소자를 대상으로 행할 짓이다. 그렇기 때문에 가장 큰 권력을 가진 사람 본인이 그와 같은 짓을 한다는 생각 자체가 기괴해 보이는 것이다.

그처럼 나체를 드러내는 행위의 의미가 일반화된 터부로 전도된 것은, 한 수준에서는 무람없이 친밀성을 표하던 관행으로부터의 퇴각 — 근대의 규율훈련된 태도의 일부를 이룬다 — 을 반영한다고 필자는 생각한다. 따라서 이제부터 그와 같은 종류의 무람없음은 일반적으로 직접 육체를 맞대는 가족 같은 소규모 범위의 사람을 위해 유보되었다. 그리고 심지어 거기에서조차 터부는 부분적으로 작동했다. 신체의 다양한 기능의 산물들, 즉 체액과 분비물은 철저하게 사적 영역 안에 남아 있어야 했다. 예의 바른 거리를 유지하고, 목소리와 표정, 시각과 음성을 통해 다른 사람과 어울리며 접촉은 친한 사람이나 악수 등 의례적으로 허용된 특정한 기회로만 한정되었다.

그와 같은 사태전개에는 이면이 존재했는데, 친밀한 관계의 강도가 점점 더 증가한 것이 그것이다. 그것은 프라이버시의 새로운 공간과 관습에 의해 외부 세계로부터 격리된 채 가족 내부나 연인 사이에서 성장할 수 있을 것이다. 실제로 당시에 친밀성intimacy이라는 말로 우리가 의미할 수 있는 것이 심오하게 변했다고 말할 수 있을 것이다. 이전 시대의 무람없는 접촉 관계 — 가령 주인과 노예 간의 그것 — 는 아마 모종의 가까움, 어쨌건 조심스러움의 결여를 반영했다. 보다 친밀한 관계로 이루어지는 새롭고 보다 폭이 좁은 범위 안에서 친밀성은 오늘날 갖게 된 의미를 띠게 되었는데, 즉 가장 깊고, 가장 강하고, 가장 '사적인private' 감정을 드러내고 공유하는 것을 함의하게 되었다. 친밀성이라는 현대적 개념의 일부가 된 감정의 공유라는 차원은 물론 심원하고 강렬한
141 특정한 감정을 갖는 것이 인간에게 핵심적인 가치를 가진 성취로 여겨지기 시작한 시대에 등장했다. 새로운 우애결혼companionate marriage 그리고 그로 인해 만들어지는 가

정은 보다 이전 시대에는 추구하지 않았던 프라이버시를 요구했다. 다름 아니라 가정이야말로 공유되는 감정 — 이제 그것은 실로 많은 사람에게 중요한 인간적 선으로 이해되었다. 즉 완전한 인간의 삶의 본질적 부분이었다 — 의 본연의 처소이기 때문이다. 그와 함께 우리는 근대를 향한 도정에 오르게 되는데, 근대에는 조화로운 가정을 이루고, 아이를 낳고, 가계를 계속 이어나가는 것이 더 이상 결혼의 주된 의미를 규정하지 않는다. 오히려 감정적 충족이 결혼의 주요 목적이 되는데, 그것이 인간에게 핵심적인 의미를 가진 선 중 하나로 간주되게 되었다.[83]

하지만 일반적으로 우리는 우리 조상들보다 더 탈신체화된 존재자로 세계와 관련을 맺고 있다. 즉 타자와 상호작용할 때 인격 — 우리는 각자 하나의 인격이다 — 의 중심重心은 다른 곳으로 옮겨가고 더 이상 신체 속에 있지 않게 된다. 그것은 신체 바깥에, 즉 냉정하게 통제 가능한 거리를 둔, 규율훈련된 행위 주체에 놓이게 되었다. 그것이 우리가 타자에게 투영하고 타자가 우리에게 투영하는 '인격[가면]persona'이다. 그리고 그와 같은 상호 투영을 통해 우리는 자신을 그와 같은 이성적 거리를 유지하는 데 성공한 존재자로 인식할 수 있도록 서로 도우며, 그리하여 그처럼 고양된 이상에 부합해 삶을 살아가도록 서로 돕는다.

터부를 깨뜨리는 사람이 극히 귀찮은 존재로 치부되는 것은 이 때문이다. 본인을 바보로 만들 뿐만 아니라 공동으로 유지되는 규율훈련을 전복시킨다는 것이다. 규율훈련의 유지는 간단하지 않기 때문이다. 엘리아스가 보여준 바에 따르면 '문명화 과정'이란 우리가 강력한 감정의 전 범위로부터 그렇게 거리를 두는 것을 포함했다. 그와 같은 감정에는 분노, 폭력에 대한 매료, 성적 욕망 그리고 모종의 방식으로 성적 감정과 연관된 육체적 과정과 배변 행위 등이 있었다. 우리 조상들은 쉽게 분노의 폭발에 몸을 맡겼고, 보다 노골적으로 폭력을 찬양했으며, 잔혹한 처벌 장면에 떼 지어 몰려들고, 인간과 동물에게 고통을 안겨주었다. 오늘날이라면 이 모든 것에 대해 소름이 오싹 돋을 것이다. 그리하여 육체적 친밀성뿐만 아니라 이 모든 것 또한 강력하게 억제되게 되었다. 단지 우리가 분노를 더 잘 다스리거나 적어도 서로에게 그것을 요구하는 경향을 보이

83 앞의 책, 17장을 보라.

게 되었을 뿐만 아니라 또한 분노와 원한의 감정을 감소시키는 방법을 배워왔다. 픽션 그리고 픽션과 동일한 느낌을 주는 TV 프로그램 등에 나오는 폭력이 현실성을 잃을 경우에만 우리는 폭력을 즐기는 데 몸을 맡긴다(2권, 331페이지 이하).

하지만 그와 같은 자기억제를 유지할 수 있는 유일한 방법은 규율훈련된 자아 또는 세련된 자아로서 우리가 느낄 수 있는 강한 혐오감과 불쾌감을 일깨워 그것이 앞서 언급한 육체적 · 성적 · 폭력적 방종과 공모하고 있는 감정을 향하도록 하는 것뿐이다. 이 의미에서 '문명'은 다른 사람에게 적절한 경의를 표하기 위해 자체로서는 어떤 반감도 불러일으키지 않는 행위를 단순히 금지하는 것을 넘어서게 되었다. 거리를 둔 규율훈련의 전진은 그와 같은 방종과 거리를 둘 것을 요구했는데, 그것을 위해서는 합리적 절제의 존엄이라는 시각의 틀 내에서 볼 때 방종적인 태도가 주위의 비난이나 멸시 대상이 된다는 감각을 유지할 것이 요구되었다.

이 의미에서 아래 두 감정은 동반되며, 같은 동전의 양면이다. 한편에는 정념을 억제한 불편부당성이라는 고양된 감각이 존재한다. 다른 한편에는 일종의 감금 상태로서
142 의 분노와 성적 욕망이라는 감각이 존재한다. 후자는 우리를 밑으로 끌어내리면서 만사를 조망할 수 있는 높이에서 우리를 멀어지게 만든다. 20세기에는 조야한 성적 욕망에 대한 터부를 해체하려는 시도(특히 다른 누구보다도 러셀 본인)가 이루어졌다. 하지만 그 결과 분노와 폭력을 그저 냉정한 이성을 더럽히는 것으로 간주하는 한편 이해를 초월한 선의의 윤리를 고수하게 되었을 뿐이다. 아마 그것은 가능할 수도 있을 것이다. 비록 분명히 해당 과정에서 동시에 성적 욕망을 가라앉히고 객관화할 위험이 존재했지만 말이다. 만약 그것이 가능했다면 그것은 근대의 또 다른 혁신이 되었을 것이다. 하지만 실제로 지난 수 세기 동안 우리가 겪어온 문명화 과정은 성과 폭력 양쪽 모두로부터 거리를 두었다.

그리하여 근대문명은 육체적 친밀성, 날것 그대로의 성적 욕망, 폭력 등에 직면했을 때의 혐오감과 반감의 문턱을 높여 나감으로써 발전해나갔다. '섬세함'과 '섬세한 감정Feingefühl'이 예의 바른 사회의 미덕이 되었다. 1672년에 쿠르탱은 다시 공동의 접시에 손대기 전에 숟가락을 깨끗이 씻으라고 말한다.

어떤 사람들은 너무 민감해délicats 네 입에 가져갔던 스푼을 수프에 다시 넣으면 그것을 먹지 않으려고 한다y ayant des gens si délicats qu'ils ne voudraient pas manger du potage où vous l'auriez mise, après l'avoir portée à la bouche.(1권, 259페이지).

더 이상 친밀한 척하면서 보다 지체 높은 사람을 이용해 먹는 것이 문제가 아니라 혐오감을 불러일으킬 수 있는 행동을 피하는 것이 문제였다.

그리고 상술한 대로 문명이란 거리를 둔 '인격'을 통해 상호 관계를 맺으며, 그리하여 기준을 유지해나가면서 우리가 함께하는 게임이기 때문에 그와 같은 터부 중 하나를 어겼을 경우 그것에 대해 분통을 터뜨릴 뿐만 아니라 그것을 넘어 끔찍한 수치심을 느끼게 된다. 문명이란 어떤 의미에서는 적소에서 부끄러움을 느끼는 문제이다.

그와 같은 식으로 규율훈련되고 거리를 둔 행위 주체는 내가 완충재로 덮인 자아라고 불러온 것의 다른 측면을 완성시킨다. 탈주술화된 세계에는 확고한 내부/외부의 경계가 존재할 뿐만 아니라 뿌리 깊은 육체적 욕망과 육체에의 매료에 맞서 또 다른 장벽이 세워진다. 그와 같은 장벽은 거리를 둔 규율훈련의 행위 주체로 기능하는 중심적 정체성에 의해 그리고 그것의 이름으로 세워져 그와 같은 방종의 권역으로부터 거리를 유지한다. 하지만 그와 같은 권역은 또한 감정이 사람들 사이에 유통되는 장이기도 하며, 일종의 상호 자극의 친밀성은 쉽게 등장할 수 있기 때문에 그와 같은 거리는 또한 허용되는 친밀함의 범위를 극적으로 좁혀버린다. 그래도 남게 되는 친밀성의 협소한 범위 바깥에서 우리는 이성적 자기억제 능력을 가진 존엄한 주체로 상호 관계를 맺도록 훈련받는데, 거기서의 규정적 관계는 더 이상 친밀한 것이 아니며 실제로 그것은 각자가 머지않아 규정적 관계를 전면적으로 초월할 수 있도록 준비시키게 된다.

여기서 완충재로 덮는 행위는 육체적 삶의 영역뿐만 아니라 또한 어느 정도는 타자를 겨냥한다. 그와 같은 규율에 따라 훈련된 행위 주체가 원자론atomism이라는 이데올로기의 손쉬운 먹잇감이 되고 마는 것은 전혀 놀랍지 않은데, 그에 따르면 인간은 '우후죽순처럼' 쑥쑥 자랄 수 있는 것처럼 보인다.

6

이제 이야기를 계속해 배타적 휴머니즘으로의 이행을 가능케 해준 것은 무엇인지를 살펴볼 준비가 되어 있는 셈이다. 하지만 그렇게 하기 전에 일단 멈추어 서서 그와 관련된
143 파노라마 전체를 또 다른 틀에 놓고 싶은데, 그것이 이 문제에 대해 중요한 빛을 비추어 줄 것이다. 우리 질문은 이러했다. 즉 신을 믿지 않기가 어려웠던 1500년의 상태로부터 2000년 직후의 우리 상태, 즉 많은 사람에게 신을 믿지 않는 것이 용이해진 상태로 어떻게 이행했을까? 현재 상태를 또한 이렇게 묘사할 수도 있을 것이다. 즉 많은 사람이 순전히 내재적인 목표를 위해 사는 것에 만족하고 있다고 말하고 있다는 것이다. 초월적인 것은 고려하지 않고 삶을 산다고 말이다.

내가 여기서 제기하려는 것은 2단계 설명이다. 첫 번째 단계에서 우리는 초월적인 것으로부터 내재적인 것을, 또는 서양의 기독교세계의 지적 방언으로 바꾸어 말하자면, 초자연적인 것으로부터 자연적인 것을 구별하는 견해 또는 삶의 방식(처음에는 주로 엘리트 계층에 한정되었다)을 발전시켰다. 그렇다고 해서 그와 같은 구별이 (신학) 이론에서만 이루어졌다는 의미는 아니다. 비록 라틴계기독교도가 그와 같은 경계선을 그은 (상당히 이른 시기에, 실제로는 중세성기에) 것 또한 중요하기는 하지만 말이다. 그것만으로도 이미 주목할 만한데, 그것이 이 문명을 다른 문명들보다 두드러지게 했고, 미래의 사건들을 예견했기 때문이다.

하지만 우리에게 중요한 것은 위에서 언급한 이론적 구별이 아니라 우리 경험을 하나하나 선별, 분류하는 것인데, 그것에 의해 순수하게 '자연적인 것'으로서의 특정한 현실과 관계를 맺고 그것을 초월적인 것으로부터 풀어내는 것이 가능하게 된다. 그것에 의해 우리 삶을 둘러싼 직접적 환경을, 우리가 초월적인 것을 가리키고 있다고 아무리 많이 믿더라도 그와 같은 '자연적' 차원에 존재하는 것으로 이해할 수 있게 된다.

정령과 온갖 영력으로 가득 찬 주술화된 세계에서는, 또한 이데아와 만물조응에 의해 형성된 세계에서는, 또한 성스러운 것과 만날 수 있는 세계에서는 주변 환경을 분명히 그와 같은 식으로 경험할 수 없을 것이다. 따라서 우선 앞의 세계들이 파괴되거나

토대가 허물어지거나 경험과는 거리가 먼 것으로 치부되어야 했다. 내재적인 것과 초월적인 것의 수준들이 하나하나 선별, 분류되어야 했다.

그렇게 하나하나 선별, 분류하는 것이 첫 번째 단계였다. 하지만 그것은 처음에는 신에 대한 지속적 신앙과 양립 가능했다. 실제로 그것은 신에 대한 보다 자각적 · 열성적인 신앙심을 동반했다. 탈주술화 과정에 주로 연료를 공급한 것이 그와 같은 신앙심이었는데, 그런 다음 탈주술화가 그렇게 하나하나 선별, 분류하는 작업을 초래하게 되었다.

세속화가 종교적 신앙의 강화와 손을 맞잡고 진행되었음은 종종 지적되어왔다. '종교개혁과 대항종교개혁의 배후에 있던 메시지와 추진력'은 '종교는 강력한 개인적 결단 문제가 되는 도중에 있다'는 것으로 요약될 수 있었다. 17~18세기에 '개인적 책무의 새로운 기독교'가 등장해 "점점 더 세속화되어가는 사회 속에서 발전해갔다."[84] 탈주술화와 개인적 신앙이 그렇게 결합된 분명한 이유 중 하나는 처음에 개인적 신앙이 '질서 열'을 통해 탈주술화를 추진해나간 데 있다. 나중에 인과관계의 그와 같은 화살은 또한 다른 방향으로 향하게 되었다. 즉 기독교도는 신을 심사숙고하는 일이 점점 더 드물어져가는 세계에서 어쩔 수 없이 자체의 자원에 기댈 수밖에 없게 되었다.

하지만 하나하나 선별, 분류하려는 기독교적 충동은 질서 열에서만 비롯된 것은 아니었다. 그처럼 새롭고, 보다 개인적이고, 보다 강렬한 기독교 신앙은 또한 또 다른 벡 144
터 쪽으로도 움직였다. 중세성기 이후 서양기독교세계에서는 신앙을 일상적 삶과 보다 완전히 통합시키려는 시도가 반복적으로 이루어졌다. 그와 같은 시도는 종종 교회의 다양한 '속도' 간의 거리를 줄이려는 목표를 동반했다. 하지만 실제로 두 가지는 서로 다른 것이었다. 오히려 내가 말하는 시도는 아래 것을 의미한다. 즉 개인적 삶과 사회적 삶의 틈새로 보다 강렬한 신앙적 삶을 들여오려고 시도했는데, 지금까지는 부재했기 때문이다.

그와 같은 시도의 성과 중 하나는 새로운 수도회 창시였다. 새로운 수도회는 청빈과 독신제 등 수도원 생활의 일부 규율훈련을 받아들였을 뿐만 아니라 13세기의 탁발

84 John McManners, "Enlightenment: Secular and Christian", in J. McManners, ed., *The Oxford History of Christianity*(Oxford: Oxford University Press, 1990), pp. 277, 298.

수도사와 이후의 제수이트 교단에서 볼 수 있는 대로 그것을 수도원에서 현세로 도입했다. 그것은 하나의 운동으로, 가톨릭교회에서는 가령 마더 테레사가 설립한 수도회 등에서 오늘날까지 계속되고 있다.

또 다른 수준에서는 〈공동생활형제단〉 같은 중세 말의 운동이 있었는데, 그것은 다름 아니라 기도적 삶을 보다 긴밀히 일상적 삶과 통합시키는 것을 목표로 했다. 종교개혁 자체는 그와 같은 목표에 의해 강력하게 표시되었는데, 그와 같은 목표는 내가 일상적 삶의 긍정이라고 불러온 것 속에서 출현했다. 기독교도는 일상적 삶 속에서, 즉 노동과 가정생활 속에서 신을 섬긴다. 그중 어느 것도 세속적인 것으로 치부되어서는 안 된다.

그런데 내 생각에 의하면 그와 같은 갈망 그리고 당시 여러 세기 동안 서양회화에서 일어난 것을 볼 수 있는 재현 방식의 심원한 일부 변화 간에는 연관성이 존재한다. 나는 앞에서 뒤프레를 따라 프란치스쿠스파 운동과 새로운 '리얼리즘'은, 종교화에서 주변의 특정 인물을 그리는 것에 대한 새로운 관심 — 조토와 함께 시작되는 것을 볼 수 있다 — 은 서로 연관되어 있다고 상정해보았다. 이후 수 세기 동안 르네상스기의 이탈리아회화 그리고 후일의 네덜란드회화가 성상화icon — 그리스도, 마리아, 성인들이 보다 고차적인 시간에 둘러싸인 거의 원형적 인물로 묘사되는 경향을 보였다 — 의 궤도에서 벗어나 그들을 우리 시대에 흔히 찾아볼 수 있는 인간 존재로, 우리 자신의 세계 속에서 만날 수 있는 사람들로 그리게 되었다.

그와 같은 사태전개는 종종 비평가들에 의해서는 일종의 세속화 자체, 현세의 사물 자체를 향한 관심의 변화로 제시되었다. 가령 강력한 군주의 초상화를 생각하는 경우 비슷한 어떤 것이 분명히 존재해야만 했다. 하지만 많은 종교화를 그에 비추어 바라보는 것은 잘못이라고 나는 생각한다. 반대로 그것은 오히려 신앙을 일상적 삶에 보다 가까이 가져가려는 시도의 일부로 간주되어야 할 것이다. 그것은 오히려 육화를 겨냥한 강력한 종교성을 증언해준다. 요컨대 그리스도와 마리아를 우리 사이에 실제로 존재했던 인물로 이해/상상하고, 우리 또한 살아가는 삶의 일상적 맥락을 신성시하려는 시도인 것이다.

따라서 그와 같은 회화에서 흔히 볼 수 있는 리얼리즘, 부드러움, 육체성, 개별성은 초월성의 회피로 독해되는 대신 신앙적 맥락에서 육화라는 사건에 대한 강력한 긍정으로 파악되어야 한다. 육화라는 사건을 완전히 현세에 끌어들임으로써 보다 완전하게 그것을 삶으로 살아내려는 시도인 셈이다.

그와 같은 회화에서 초월과 내재는 함께 나타난다. 하지만 내재에 대한 관심이, 종 145
종 그 자체를 위해, 커지면서 종종 긴장이 생기는 것은 사태의 특성상 어쩔 수 없었다. 초월과 내재의 결합은 깨질 위험에 처해 있었다. 따라서 매너리즘 그리고 많은 바로크 회화에서처럼 보다 고차적인 현실이 현세에 틈입하는 것을 그릴 필요를 느꼈다. 그림 속에 그려진 형상들은 우리 시선을 우리 상황을 넘어선 것 쪽으로 잡아당겼다. 또는 회화에서의 어떤 단절은 가령 위에서 언급한 예수부활에 대한 틴토레토의 묘사에서 볼 수 있듯이 보다 고차적인 시간의 난입을 볼 수 있도록 해주었다. 또는 초월과 내재의 연결고리는 알레고리를 통해 유지될 수도 있을 것이다.

그것은 어떻게 우리 이야기에 들어맞을까? '여기와 지금'에 그렇게 초점을 맞추는 것은 결국 하나하나 선별, 분류하려는 태도가 등장하는 데 기여했다. 원근법의 발견 및 공간적 관계에 대한 관심이 공간의 정합성에 대한 감각에 공헌했음은 앞서 언급한 바 있다. 제대로 정리정돈된 장면은 마치 창문 — 알베르티의 유명한 표현을 빌리자면 "투명한 유리vetro tralucente로 만들어진 열린 창una finestra aperta"[85] — 을 통해 바라보듯이 특정한 지점에서 목격되는 경우 견고한 세계를 제시한다. 즉 보다 고차적이며 우리 세계와는 정합적으로 연결될 수 없는 시간 속에 거주하는 형상들이 그와 같은 세계에 틈입하는 일은 더 이상 벌어지지 않는다. 그렇게 재현된 세계는 점점 더 오늘날 우리가 체험하고 있는 것과 같은 세계가 되고 있는데, 거기서 정령, 영력, 보다 고차적인 시간과 직접 만나는 일은 점점 더 드물어진다. 그것들은 상대적이거나 경험과는 거리가 먼 신앙의 대상이 되었다.

따라서 서양기독교세계의 하나 이상의 벡터가 내재와 초월의 분할에 기여했다. 많은 형태의 보다 강렬한 종교성 속에 함축되어 있던 질서 열 — 그것이 탈주술화의 동력이 된 것은 분명하다 — 뿐만 아니라 말이다. 그것뿐만 아니라 신을 보다 완전하게 일상

85 Erwin Panofsky, *Renaissance and Renascences in Western Art*(Stockholm: Almquist & Wiksells, 1965), p. 120.

적 삶과 그것의 맥락 속에 현존하도록 만들 필요성 또한 그것에 기여했다. 바로 그와 같은 필요성이 그와 같은 맥락에 새로운 유의의성과 견고성을 부여하도록 사람들을 이끌었다.

바로 그와 같은 사태전개가, 즉 종교와 신앙의 열매 자체라고 할 수 있는 것이 신앙을 벗어나 순전히 내재적인 세계로 도피하는 것의 토대를 마련해준 것은 아이러니라고 하지 않을 수 없다. 바로 그와 같은 일이 개별적으로 어떻게 일어났는지가 이어지는 각 장의 주제이다.

3

대대적 탈매립 146

우리는 라틴계기독교세계의 중요한 엘리트 사이에서 주술화된 코스모스에 둔감한, 완충재로 덮인 정체성이 어떻게 발전되어왔는지를 살펴보았다. 한편으로 그와 같은 사태 전개는 규율훈련된 형태의 사상과 행동의 형성으로 이어졌으며, 다른 한편으로는 그것에 의해 보다 강고해졌다. 그와 같은 규율훈련은 이번에는 개인적 행동의 개혁을 겨냥했을 뿐만 아니라 사회의 개혁과 재형성을 촉구해 사회를 보다 평화롭고, 보다 질서 있고, 보다 근면한 것으로 바꾸려고 했다.

새롭게 재형성된 사회는 안정적 · 합리적 — 점점 더 그렇게 이해되었다 — 질서 속에서 복음의 요구를 틀림없이 구현해야 했다. 그와 같은 질서 속에는 보다 오래된 주술화된 세계에서 볼 수 있던 양의적인 상보적 요소가 존재할 여지는 전혀 없었다. 즉 세속적 삶과 수도원에서의 금욕적 자기-버림 간의 상보성, 원만한 질서와 카니발에서의 그것의 주기적 정지 간의 상보성, 나아가 정령과 영력이 가진 것으로 상정된 힘 그리고 신의 권능에 의한 그것들의 구축 간의 상보성은 부인되게 되었다. 새로운 질서는 정합적이고, 비타협적이며, 수미일관되어 있었다. 탈주술화가 목적과 원리의 전례 없는 획일화를 가져온 것이다.

그러한 질서의 점진적 도입은 기축시대 이후의 불안정한 균형의 종말을 의미했다.

한편으로는 헌신이나 순종에 기초한 개인화된 종교나 이성적으로 이해된 덕성 그리고 다른 한편으로는 사회 전체의 집단적이고, 종종 코스모스와 관련된 의례 간의 타협이 깨지고, 전자가 후자를 능가하게 되었다. 탈주술화, 대문자 개혁, 개인적인 종교는 나란히 진행되었다. 각각의 교인이 각자의 개인적 책임 하에 [특정 교회에] 귀속될 때 — 가령 조합교회[회중파]가 자리 잡은 [미국의] 코넷티컷주Congregational Connecticut 등 일부 지역에서는 그것이 교인이 되기 위한 명백한 요구사항이 된다 — 교회가 가장 완전한 모습을 띠게 되듯이 사회 자체도 개인들로 구성되는 것으로 재인식되었다. 기축혁명 속에 함축되어 있던 대대적 탈매립Great Disembedding — 나는 이렇게 부를 것을 제안한다 — 이 여기서 논리적 결론에 이른 셈이다.

그것은 우리의 사회적 존재에 대한 새로운 자기 이해가 발달하고 단단히 자리 잡는 것을 포함했는데, 그것을 통해 개인에게 전례 없는 우위가 주어졌다. 여기서 내가 대체적 윤곽을 스케치해보고 싶은 이야기가 바로 그것이다.

여기서 우리의 자기 이해에 대해 말할 때 나는 특히 '사회적 상상계social imaginary'(이렇게 부르기로 한다)에 관심을 갖고 있다. 즉 현대의 서양세계에서 사회적 삶에 대해 심지어 전-이론적으로 집단적으로 상상하는 방식이 그것이다. 이 개념 그리고 그것이 우리 삶에서 수행하는 역할에 대해서는 나중에 상술할 것이다.

147 하지만 먼저 지난 수 세기 동안 우리 상상계에서 일어난 혁명을 보다 포괄적으로 이루어진 문화와 종교의 발전 — 일반적으로 그렇게 이해되게 되었다 — 과 관련시켜 보고 싶다. 그와 같은 1천 년 단위의 변화의 전체적 규모는 보다 이전의, 보다 소규모 사회의 종교적 삶 — 추적 가능한 한 — 의 몇 가지 특징에 먼저 초점을 맞출 때 보다 명확해진다. 모든 인간이 그와 같은 소규모 사회 속에서 살던 단계가 분명히 존재했을 것이다. 비록 그와 같은 역사적 시기의 삶 대부분은 단지 추측될 수 있을 뿐이더라도 말이다.

하지만 만약 '초기 종교early religion'(이렇게 부르도록 할 것이다)(가령 벨라가 '아르카이크 종교archaic religion'라고 부르는 것과 부분적으로 겹친다)[1]에 초점을 맞춘다면 그와

1 "Religious Evolution", *Beyond Belief*(New York: Harper & Row, 1970)의 2장을 보라.

같은 형태의 삶이 행위 주체를 얼마나 깊이 '매립하고 있었는지'를 확인할 수 있을 것이다. 게다가 세 가지 핵심적 방식으로 말이다.

첫째, 사회적으로. 구석기시대, 심지어 몇몇 신석기시대와 부족사회에서 종교적 삶은 사회적 삶과 분리 불가분하게 연결되어 있었다. 물론 그것은 '초기 종교'에만 특수한 것이 아니라 일반적으로도 진실이다. 그와 관련해서는 아래의 명백한 사실이 중요하다. 즉 그러한 사회의 행위 주체에게 가용한 기본 언어 자체, 성스러운 것과 관련된 범주, 종교적 경험의 형태, 의례 행위 양식 등이 사회적으로 확립된 종교적 삶 속에서 발견되는 것이 그것이다. 마치 그러한 소규모 사회 각각이 자체의 독자적 방식으로 인간에게 공통된 몇 가지 능력을 형성하고, 명확히 해나간 것 같다. 그리고 확산과 차용도 존재했지만 어휘의 차이와 가능성의 음역 전체는 예외적일 정도로 다양한 채 남아 있었다.

그처럼 인간에게 공통된 종교적 능력은 무엇일까? 그것은 존재적으로 오직 인간의 정신 내부에 위치 지어져야 할까 아니면 인간을 초월하는 모종의 영=정신적 실재에 다양하게 반응하는 것으로 간주되어야 할까? 그것들은 얼마든지 미결 상태로 남겨 두어도 좋은 문제들이다. 그것들은 인간의 삶의 불가피한 차원일까 아니면 인간은 결국 그것들을 완전히 잊어버려도 무방할까? 그것들 또한 얼마든지 열린 채로 놔두어도 무방할 것이다(분명히 필자는 이 두 가지 쟁점 모두에 관해서는 강한 직감을 갖고 있지만 말이다). 하지만 여기서 두드러진 것은 먼저 정령이나 영력이나 여러 힘과 맺는 관계 같은 것의 편재성인데, 앞의 것들은 일상적 삶에서 볼 수 있는 보통의 힘과 동물이 아니라 어떤 의미에서 보다 지고한 존재임이 인정된다. 두 번째로는 그와 같은 영력과 힘을 파악하는 개념 그리고 우리가 그것들과 맺는 관계의 다양성이다. 그것은 단지 '이론'이나 '신념[신앙]'의 차이 이상의 것이다. 그것은 능력과 경험의 현저한 차이 속에 반영된다. 즉 종교적 삶의 형태의 레퍼토리 속에 말이다.

가령 몇몇 사람 사이에서 행위 주체는 들림憑으로 이해되는 망아 같은 상태에 빠진다. 다른 사람(종종 동일한 사람인 경우도 있다) 사이에서는 특정인에게 강력한 예지몽이 나타나기도 한다. 가령 샤먼은 보다 고차적인 세계로 옮겨갔다는 느낌을 가질 수 있다. 더 나아가 또 다른 사람들의 경우 특정 상황에서는 병에 대한 놀라운 치유력을 보여주기도 한다 등. 이 모든 현상은 우리의 근대문명 속에 사는 대다수 사람이 경험할 수 있는 범위를 넘어선다. 앞의 사람들 각각이 보다 이전 시대 사람들 — 그들의 삶 속에서 앞서 말한 능력은 아무런 역할도 하지 않는다 — 이 경험할 수 있는 범위를 넘어서는 것과 마찬가지로 말이다. 따라서 일부 사람에게는 예지몽이 가능하지만 들림은 그렇지 않다. 후대의 삶에서는 이전의 특정 능력을 볼 수 없게 되는 일이 일어나기 때문이다. 다른 사람에게 들림 현상은 가능하지만 몇몇 종류의 치료는 그렇지 않다 등.

148 그런데 그와 같은 사실, 즉 우리 각자에게 가용한 종교적 언어, 능력, 경험 양식은 우리가 태어난 사회에서 유래한다는 사실은 어떤 의미에서는 모든 인간 존재에 대해 타당하다. 위대한 혁신적 종교의 창시자조차 사회에서 가용한 것으로 선재한 어휘에 의존해야 했다. 그와 같은 통찰은 결국 점차 인간의 언어 일반과 관련된 상투어로 바뀌는데, 우리는 모두 우리가 자란 언어 집단으로부터 언어를 배우며, 우리에게 주어진 것을 오직 그것에 기대는 것에 의해서만 극복할 수 있다. 하지만 이제 우리는 영=정신적 어휘가 점점 더 많이 여행하는 세계에 발을 들여놓았는데, 거기서는 각자에게 하나 이상의 언어가 가용하며, 각각의 어휘는 이미 다른 많은 어휘에 의해 영향 받는 것이 분명하다. 요컨대 서로 멀리 떨어진 사람들의 종교적 삶 간의 다소 가파른 차이가 약화되는 세계 속에서 살고 있다.

하지만 대대적 탈매립에 결정적인 점과 관련된 것은 '초기 종교'가 사회적이던 두 번째 방식에 있다. 즉 중요한 종교 행위 — 신들과 정령의 초혼, 기도, 희생제의, 달래기, 나아가 그와 같은 영력에의 접근, 그것으로부터의 치유, 보호받기, 그것의 인도 아래 점치기 등 — 의 주요 행위 주체는 사회 집단 전체 또는 집단을 위해 행동하는 것으로 인정된 모종의 보다 전문화된 행위 주체였다. '초기 종교'에서 우리는 무엇보다 먼저 하나의 사회로서 신과 관계를 맺었다.

우리는 그것의 두 측면 모두를 가령 반세기 전에 리엔하르트에 의해 묘사된 딘카족에서의 의례상의 희생제의에서 발견할 수 있다. 한편으로 희생제의의 주요한 행위 주체, 즉 '작살의 명수들'은 어떤 의미에서 사회 전체를 위해 특정 직무를 수행하는 '기능 담당자'에 불과했다. 다른 한편 공동체 전체가 연루되어 모든 사람의 주목이 단 하나의 유일한 의례 행위를 향하고 그것에 집중될 때까지 명수들이 선창하는 주문을 반복했다. 그리고 의식이 절정에 이르렀을 때 '참가자들은 가장 뚜렷하게 하나의 단일한, 미분화

된 몸체의 구성원이 되었다.' 그와 같은 참가는 왕왕 초혼되는 신적 존재에 의한 빙의 형태를 띠었다.[2]

그런데 그와 같은 일은 단지 특정 공동체에 국한되지 않았다. 그와 같은 집단적 행위는 의례가 효과를 거두기 위한 본질적 요소였다. 딘카족 세계에서는 혼자만의 힘으로는 그렇게 강력하게 신적 존재를 초혼하려고 나설 수 없다.

> 개인이 실제로나 전통적으로나 일원을 이룬 공동체에 의한 단합된 공동의 행위가 중요했다. 딘카족이 혼자되어 집이나 친족에서 멀리 떨어진 곳에서 불운을 겪을 때 유난히 두려워하는 것은 이 때문이다.[3]

그와 같은 종류의 집단의례 행위 — 여기서 주요한 행위 주체는 공동체 이름으로 행동하며, 공동체 또한 특유의 방법으로 행동에 가담한다 — 는 초기 종교에서는 실제로 모든 곳에서 찾아볼 수 있던 것 같고, 어느 정도는 오늘날까지 계속되고 있다. 탈주술화에 대해 논하면서 지적한 대로 분명히 그것은 우리가 주술화된 세계에 사는 한 계
속 중요한 자리를 차지할 것이다. 가령 농촌 마을의 '교구경계검분' 의식은 교구 전체 149
를 아우르는 것이었고, 공동체 전체의 집단적 행위로서만 유효할 수 있었다.[4]

그와 같은 식으로 사회적 의례 속에 우리를 끼워 넣는 것[매립하는 것]은 통상 또

2 Godfrey Lienhardt, *Divinity and Experience*(Oxford: Oxford University Press, 1961), pp. 233-235.

3 앞의 책, 292페이지.

4 벨라Robert Bellah도 최근 논문 "What is Axial about the Axial Age?", in *Archives européennes de Sociologie* 46(2005), no. 1, pp. 69-89에서 그가 '부족종교'라고 부르는 것에 관해 비슷하게 말한다. "부족사회에서의 의례는 집단의 모든 또는 대부분의 성원의 참여를 포함한다"(69페이지). 그는 그와 같은 사회를 '아르카이크 사회'에 맞세우는데, 이 용어는 고대세계에 등장해 보다 작은 규모의 많은 대면사회를 복속시켰던 대규모 국가를 가리킨다. 이 사회는 위계제적이었으며, 핵심적 의례는 왕과 사제 등 핵심적 인물에 초점을 맞추었다. 하지만 밑바닥에서 대면적 의례는 이후까지 계속되었으며, 벨라 견해에 따르면 오늘날까지 존재한다. 여기서 나는 종교의 발달에 대한 그의 훨씬 더 풍부한 설명에 의해 큰 도움을 받았다. 먼저 그의 "Religious Evolution", in *Beyond Belief*에서, 보다 최근에는 앞서 인용한 논문에서. 이 장에서 내가 대조시키고 싶은 것은 벨라가 구분하는 일련의 단계보다 훨씬 더 단순하다. '부족적인 것'과 '아르카이크적인 것'은 나의 '초기' 종교와 '기축시대 이전' 종교라는 범주에서는 융합된다. 탈매립을 겨냥한 기축시대의 정식화들의 공격 방향을 날카롭게 부각시키는 것이 나의 주요 논지이기 때문이다.

다른 특징을 수반한다. 다름 아니라 가장 중요한 종교 행위가 집단적 행위이고, 또한 그와 같은 행위에서 몇몇 역할 담당자 — 수도사, 샤먼, 치병 주술사, 점쟁이, 부족장 등 — 가 핵심적 역할을 수행할 것이 종종 요청되었기 때문에 그와 같은 역할이 규정되어 있던 사회질서는 신성불가침한 것으로 간주되는 경향이 있었다. 물론 그것이 종교적 삶 중 [이스라엘Jonathan Israel이 말하는] **급진 계몽주의**radical Enlightenment에 의해 종교의 가장 핵심적인 요소로 간주되어 가장 심한 조롱거리가 된 측면이었다. 그것을 통해 종교가 불가촉하고 신성하게 여겨지는 사물의 구조와의 동일시를 통해 불평등, 지배, 착취 형태가 확고하게 자리 잡도록 만드는 파렴치한 짓을 벌이고 있음이 백일하에 폭로되었다. 그리하여 사람들은 '마지막 사제의 창자로 마지막 왕의 목을 매다는 날[디드로 말이다]'이 어서 오기를 고대했다. 하지만 상술한 동일시는 실제로는 매우 오래된 것으로, 보다 후대의, 보다 가혹하고 사악한 많은 형태의 불평등이 발달하지 않았던 시대로 거슬러 올라간다. 왕 그리고 승려들의 위계제가 존재하지 않던 시대로 말이다.

불평등과 정의 문제 뒤에는 보다 뿌리 깊은 문제가, 즉 보다 초기의 이들 사회와 관련해 오늘날의 우리라면 '정체성'이라고 부를 것에 해당할 문제가 존재했다. 다름 아니라 그들에게 가장 중요한 행위는 전체 집단(부족, 씨족, 준-부족, 친족)으로서의 행동이었으며 동시에 그들의 행동은 특정한 방식으로 분절화되어 있었기(부족장, 샤먼, 작살의 명수들에 의한 지도되었다) 때문에 그와 같은 사회적 모체로부터 잠재적으로 분리된 존재자로 자기를 상상하는 것은 불가능했다. 심지어 아마 그것을 상상하는 것조차 머리에 떠오르지 않았을 것이다.

그것이 무엇을 의미했는지를 이해하기 위해 심지어 우리조차 쉽게 생각해낼 수 없는 맥락을 고려해볼 수 있을 것이다. 가령 만약 실제와는 다른 부모 슬하에서 태어났다면 나는 지금 어떤 모습일까? 추상적인 문답 연습으로 얼마든지 그렇게 질문해볼 수 있을 것이다(답: — 실제로 다른 부모 밑에서 태어난 사람처럼 되었을 것이다). 하지만 '만약 이런저런 직업을 갖지 않았으면 나는 지금 어떤 모습일까?' '이 여자와 결혼하지 않았다면 나는 지금 어떤 모습일까?' 등의 질문과 유비해 정체성에 대한 나의 감각을 꼼꼼히 살펴보는 가운데 그와 같은 문제를 조금이라도 더 잘 이해하려고 시도한다면 머리가 어질어질해지기 시작할 것이다. 그와 함께 나의 정체성을 형성한 지평 자체 속으로 너무 깊이 파고들어 앞의 질문을 이해할 수 없도록 만들 수도 있을 것이다. 대부분의 사람에 대해 또한 젠더와 관련해 아마 비슷하게 말할 수 있을 것이다.

필자가 여기서 지적하고 싶은 점은 이렇다. 즉 보다 이전 사회에서 특정한 맥락 외부에서 자아를 상상하는 것 자체가 불가능했던 것은 사회의 본질적 질서에 속하는 문제에까지 연장되었다는 것이다. 우리에게서는 더 이상 그렇지 않다는 것, 즉 '만약 내가 …… 않았다면 어떻게 되었을까?'라는 식의 많은 질문은 얼마든지 생각할 수 있을 뿐만 아니라 화급한 실천적 질문으로 제기된다(이민을 가야 할까? 다른 종교 내지 무종교로 전향해야 할까?)는 것은 우리가 얼마나 탈매립되어 있는지를 잘 보여준다. 그리고 그와 같은 사태전개의 또 다른 결과는 심지어 비록 상상 속에서라도 현실적인 것으로 만들 수 없더라도 추상적 문답 연습을 즐길 수 있는 능력을 갖게 된 것이다.

그처럼 필자가 사회적 매립성이라고 부르는 것은 부분적으로는 정체성과 관련되어 있다. 개인의 자아상sense of self 측면에서 보자면, 그것은 특정한 [사회적] 모체 외부에서 자아를 상상하는 것이 불가능함을 의미한다. 하지만 사회적 매립성은 또한 하나의 150
사회적 현실로 이해될 수 있는데, 여기서 그것은 우리가 함께 우리의 실존을 상상하는 방법을 가리킨다. 가령 우리의 가장 중요한 행위는 사회 전체의 행위이며, 사회는 그와 같은 행위를 수행할 수 있는 특정한 방법으로 구조화되어야 한다고 생각되었다. 그 밖에도 우리의 자아상에 한계가 주어지는 것은 우리가 그와 같은 사회적 상상계가 타당하게 되는 사회 속에서 성장하기 때문임을 볼 수 있을 것이다.

그와 같은 식으로 사회 속으로 매립된다. 하지만 물론 그것은 또한 코스모스 속으로의 매립을 수반했다. 초기 종교에서 우리가 다루어오고 있는 정령과 영력은 다양한 방식으로 세계 속에 복잡하게 뒤엉켜 들어갔기 때문이다. 우리는 앞에서 우리의 중세 조상들의 주술화된 세계에 관해 논하면서 그것의 몇 가지 측면을 살펴보았다. 그들이 숭배한 신은 세계를 초월하는 존재였음에도 불구하고 또한 코스모스 내부의 여러 정령과 관계를 맺을 수밖에 없었으며, 성유물, 성지 등 여러 사물 속에 묻혀[매립되어] 있던 유인력을 다루어야 했다. 초기 종교에서는 고차적 신들조차 종종 세계의 몇몇 특징과 동일시되었다. '토템 신앙'으로 불리게 된 현상이 존재하는 곳에서는 심지어 세계의 몇몇 특징, 가령 동물이나 식물 종이 집단 정체성에 핵심적이었다고까지 말할 수 있을 것이다.[5] 심지어 특정한 지리상의 영역이 종교적 삶에 본질적인 것이 되는 일조차 일어날 수 있었다. 몇몇 장소는 성지로 여겨졌다. 또는 땅의 형상 자체가 성스러운 시대에서의 어떤 것의 원래 성질에 관해 무엇인가를 말해주었다. 우리가 조상들 및 그처럼 보다 고차적인 시간과 맺는 관계는 그와 같은 원풍경을 통해 매개되었다.[6]

사회 및 코스모스와의 그와 같은 관계 외에도 기존 현실에는 초기 종교에서 볼 수 있는 세 번째 형태의 매립이 존재했다. 바로 거기에 오늘날 우리가 일반적으로 '보다 고차[고등]적인' 종교로 부르는 것과의 가장 현저하게 대비되는 면이 존재했다. 사람들이 신[성]들이나 영력의 이름을 부르거나 달랠 때 바라는 것은 번영, 건강, 장수, 다산이었다. 또 질병, 기근, 불임, 요절로부터 보호해달라고 기원했다. 거기서 인간의 개화번영에 관한 일정한 이해를 찾아볼 수 있는데, 우리는 그것을 즉각 이해할 수 있으며, 그것에 덧붙이고 싶은 것이 아무리 많더라도 그것은 우리에게는 너무나 '자연스러워' 보인다. 그것에 결여되고, 1장에서 서술한 대로 보다 후일의 '보다 고등한' 종교에 중심적인 것처럼 보였던 요소는 그처럼 통상적인 이해가 나오게 된 배경을 근본적으로 캐물어야 한다는 생각 그리고 어떤 식이건 그와 같은 이해를 넘어설 것을 요구받고 있다는 생각이었다.

그렇다고 해서 [초기 종교에서] 인간의 개화번영이 만물이 추구하는 최종목표였다는 말은 아니다. 신적인 것은 또한 다른 목적을 갖고 있을 수도 있는데, 그중 일부는 우리에게 해를 끼칠 수도 있다. 어떤 의미에서 초기 종교에서 신적인 것은 항상 단지 우리에게 호의적인 것만은 아니었다. 여러모로 우리에게 무관심할 수도 있었다. 또한 적대적이고, 질투하고, 진노할 수도 있었다. 어떻게든 그것을 모면해야 했다. 비록 원칙적으로 선의가 우위를 점하겠지만 또한 달래기나 또는 심지어 '꾀 많은' 중재자의 개입을

5 가령 Lienhardt, *Divinity and Experience*, 3장; Roger Caillois, *L'Homme et le Sacré*(Paris: Gallimard, 1963), 3장을 보라.

6 그것은 오스트레일리아 원주민의 종교와 관련해 많이 언급된 특징이다. Lucien Lévy-Bruhl, *L'Expérience mystique et les Symboles chez les Primitifs*(Paris: Alcan, 1937), pp. 180ff. Caillois, *L'homme et le sacré*, pp. 143-145; W. E. H. Stanner, *On Aboriginal Religion*(아래의 각주 14를 보라)를 보라. 땅과의 그와 동일한 연관성이 브리티시콜롬비아주의 오카나간Okanagan과 관련해 지적되어왔다. J. Mander and E. Goldsmith, *The Case against the Global Economy*(San Francisco: Sierra Club Books, 1996), 39장을 보라.

통해 해당 과정을 촉진해야 할 수도 있었다. 하지만 이 모든 것을 통해 여일하게 진실된 것은 신[성]의 자비로운 목적은 보통 사람의 개화번영이라는 측면에서 규정되었다는 것이다. 여기서도 또한 일부 능력은 보통 사람의 능력을 훌쩍 벗어나 있지만 몇몇 사람 151
— 가령 예언자나 샤먼 — 은 얼마든지 그것을 보유할 수 있었다. 하지만 그와 같은 능력 또한 궁극적으로는 통상적 의미의 복리를 촉진하는 데 쓰였다.

반대로 1장에서 살펴본 대로 가령 기독교나 불교의 경우 인간의 개화번영을 넘어선 선 개념이 존재하는데, 인간의 개화번영을 척도로 볼 때 명백히 실패했을 때도, 심지어 그와 같은 실패(가령 젊어서 십자가 위에서 죽는 것)를 **통해서도** 우리는 선에 이를 수 있다는 것이다. 또는 그렇게 선에 이르려면 개화번영이라는 장을 완전히 버릴 것이 전제된다(윤회를 끝내야 한다). 초기 종교와 관련해 기독교의 역설은 한편으로는 인간에 대한 신의 무조건적 선의를 주장하는 것처럼 보이는 — 초기의 신들에서와는 반대로 그와 관련해 어떤 모호성도 존재하지 않는다 — 동시에 다른 한편으로 개화번영을 넘어선 것으로 우리 삶의 목적을 재규정하는 데 있다.

이 측면에서 초기 종교와 근대의 배타적 휴머니즘 간에 공통점이 존재한다. 그것을 계몽주의 이후 많은 근대인이 '이교신앙'에 대한 공감을 표현한 것 속에서 느낄 수 있었으며, 그것을 통해 표현되었다. 밀의 견해에 따르면, '이교도의 자기주장'이 "기독교도의 자기부정"[7]보다 훨씬 더 우월하다(그와 같은 견해는 '다신교'에 대한 공감과 관련되지만 동시에 완전히 동일하지는 않다. 이 점에 대해서는 후술하기로 한다). 물론 근대 휴머니즘을 전례 없는 것으로 만든 것은 그와 같은 개화번영은 보다 더 고차적인 어떤 것과도 무관하다는 생각이었다.

그런데 앞서 언급한 내용이 시사하듯이 나는 '초기 종교'에 대해 많은 사람이 '기축시대 이후의' 종교라고 부르는 것과 대비되는 형태로 말해왔다.[8] "기축시대"[9]라는 말은

7 밀John Stuart Mill, 권기돈 역, 『자유론』, 펭귄클래식 코리아, 77페이지.

8 S. N. Eisenstadt, ed., *The Origins and Diversity of Axial Age Civilizations*(Albany: State University of New York Press, 1986)을 보라. 또한 앞서 언급한 Bellah, "What is Axial about the Axial Age?"을 보라.

9 Karl Jaspers, *Vom Ursprung und Ziel der Geschichte*(Zürich: Artemis, 1949). '기축적', '기축시대 이후적'이라는 용어를 사용하면서 나는 두 가지 완전히 상이한 형태의 종교적 삶 — 한 형태가 다른 형태보다 훨씬 더 오래되었다 — 을 구분할 수 있도록 해줄 수 있는 표현을 모색 중이다. 하지만 야스퍼스

야스퍼스에게서 유래한 것으로, 기원전 마지막 천년의 예외적 시대를 말한다. 이 시대에는 다양한 형태의 '보다 고차적인[고등]' 종교가 상이한 문명 속에서 외견상 독립적으로 출현했는데, 각각에는 공자, 부처, 소크라테스, 히브리의 예언자들 등 해당 종교의 창시자 낙관이 찍혀 있다.

이전 종교에 비해 기축시대 종교들은 사회질서, 코스모스, 인간의 선 등 매립성의 세 가지 차원 모두에서 단절을 도입했다는 점에서 놀라운 특징 — 다시 말해 그와 관련해 예견을 매우 어렵게 만들었을 요소 — 을 갖는다. 모든 경우에 또 한꺼번에 그렇게 된 것도 아니다. 아마 불교가 여러모로 가장 큰 영향을 미쳤을 것이다. 왜냐하면 두 번째 차원[코스모스]을 철저하게 밑부터 도려냈기 때문이다. 즉 윤회는 고통을 의미했기 때문에 세계의 질서 자체가 의문시되었다. 기독교에도 비슷한 것이 존재한다. 현세는 무질서하고, 쇄신되어야 한다는 것이다. 하지만 기축시대 이후의 일부 견해는 공자와 플라톤이라는, 서로 상당히 다른 사례에서 볼 수 있듯이 질서정연한 코스모스와 연결되어 있다는 감각을 유지했다. 하지만 두 사람도 질서정연한 코스모스 그리고 실제의 극히 불완전한 사회질서가 어떻게 구분되는지를 분명히 표시하고 있다. 그리하여 집단적인 종교적 삶을 통해 코스모스와 긴밀하게 결합하려는 시도는 의문시되게 된다.

오클리는 군주제의 역사를 논하는 가운데 초기의 그와 같은 삼중적 매립 시도에 관한 정확한 묘사를 제공한다.

> 군주제는 …… 완전히 일원론적이었던 것처럼 보이는 '아르카이크적' 정신 구조에서 출현했

가 앞의 용어와 결부시키는 것 중 많은 것을 반드시 받아들이는 것은 아니다. 가령 나는 특정한 '기축시대Achsenzeit', 즉 그처럼 중요한 변화가 문명 속에서 서로 멀리 떨어진 채 다소 동시적으로 일어난 때를 확정할 수 있는지에 대해 최종 견해를 갖고 있지 않다. 그처럼 중요한 변화가 무엇으로 이루어졌는지 하는 쟁점이 최근 상이한 문명을 규정하는 특징에 대한 관심이 새로 생겨나는 것과 함께 학문적 관심의 중심으로 돌아왔는데, 그에 앞서 서양 사상가들이 '전통'에서 '근대'로 이어지는 경로는 단 하나뿐이며 모든 사회가 그와 같은 경로를 밟아야 하며, 일부 사회가 다른 사회보다 훨씬 더 빨리 그렇게 해야 했을 뿐이라는 예외적 생각에 넋을 잃은 채 있던 오랜 불임 기간이 있었다. 가령 Johann Arnason, S. N. Eisenstadt, and Björn Wittrock, *Axial Civilizations and World History*(Leiden: Brill, 2005)를 보라. 가령 그와 같은 이행에서는 어떤 변화가 핵심적이었는지를 둘러싸고 아이젠슈타트와 위트록이 벌이고 있는 논쟁 등 관련 연구자 간에 진행 중인 매우 흥미로운 논쟁에 대해서는 특정한 입장을 취하고 싶지 않다. 본서에서의 나의 목적에 비추어보자면, 기축시대 이전과 기축시대 이후 간의 대비는 내가 본문에서 열거한 특징들에 의해 규정된다.

> 다. 그와 같은 관점에서 보면 인간적인 것과 신적인 것 간에 관통 불가능한 장벽은 전혀 존재 하지 않는 것 같다. 사람들은 신적인 것은 자연 세계의 순환적 리듬 그리고 그와 같은 자연 152
> 과정 속에 어떻게든 말려들 시민사회 사이에 내재해 있다고 느꼈다. 따라서 신적인 것의 주요 기능은 기본적으로 종교적인 것이었다. 그것에는 코스모스의 질서유지 그리고 인간 존재를 자연 세계와 '조화롭게 통일시키는 것'이 포함되어 있었다.[10]

그와 같이 행위 주체로서의 인간은 사회 속에 묻히고[매립되고], 사회는 코스모스 속에 묻히고, 코스모스는 신적인 것을 구현하고 있다. 내가 기축시대의 변형으로 서술해오고 있는 것은 그와 같은 연쇄를 적어도 — 여럿까지는 아니지만 — 한 지점에서 절단한다. 오클리의 논의에 의하면, 서양의 사태전개에게 특히 치명적인 절단점은 말하자면 정점에서의 분열, 즉 (오늘날의 용어로 말하자면) '무로부터의 창조'라는 유대 사상 — 그에 의해 신은 코스모스로부터 완전히 꺼내져 그것 위에 놓이게 된다 — 의 분열이었다. 그것은, 신은 잠재적으로 우리로 하여금 '세상의 이치'와 단절하라는 요구의 원천이 될 수 있음을 의미했다. 즉 브라그가 "세상의 지혜La Sagesse du Monde"라고 부르는 것이 더 이상 우리를 속박하지 않게 됨을 의미했다.[11]

하지만 이 모든 것 중 아마 가장 근본적으로 새로웠던 것은 기축시대 종교에서 인간의 선을 대하는 태도를 수정하려는 입장이 등장한 것이었다. 급진성의 정도는 각기 달랐지만 모두 종교가 인간의 개화번영에 관한 기왕의, 의견상 의문의 여지가 없어 보이던 견해를 의문시하게 되었으며, 따라서 그와 같은 개화번영이 충족할 수 있도록 해줄 것으로 상정된 사회구조와 코스모스의 특징 또한 불가피하게 의문시되게 되었다. 앞서 언급한 대로 변화는 이중으로 이루어졌다. 한편으로 '초월적' 영역, 즉 신 또는 신들,

10 Francis Oakley, *Kingship*(Oxford: Blackwell, 2006), p. 7. 벨라 또한 최근 논문인 "What is Axial?"에서, 내 생각으로는, 근본적으로 비슷한 견해를 표명한다. "부족 종교와 아르카이크 종교 모두 초자연, 자연, 사회 모두가 단일한 코스모스 속에서 융합되어 있다는 의미에서 '코스모스적'이었다"(70페이지).

11 Oakley, *Kingship*, pp. 50-57. 또한 Rémi Brague, *La Sagesse du Monde*(Paris: Fayard, 1999), pp. 219-239를 보라.

정령의 세계 또는 하늘은 어떻게 정의되건 전에는 인간의 선에 호의적인 요소뿐만 아니라 호의적이지 않은 요소를 모두 포함했지만 이제 인간의 선에 대해 명백히 긍정적이게 되었다. 하지만 다른 한편 여기서 결정적 의미를 가진 두 가지 용어, 즉 초월적인 것과 인간의 선이 그와 같은 변화 과정에서 재해석되었다.

첫 번째 용어, 즉 초월적인 것의 영역에서 일어난 변화에 대해서는 이미 서술했다. 초월적인 것은 이제 「창세기」의 창조주의 신이나 불교의 열반에서 볼 수 있듯이 코스모스를 훌쩍 초월하거나 외부에 존재할 수 있었다. 또는 여전히 코스모스적인 것으로 남아 있더라도 원래의 양의적 성격을 잃어버리고, 성선性善의 질서를 나타냈다. 가령 중국사상에서의 선정善政의 수호자로서의 '천天'12 또는 선을 핵심으로 하는 플라톤의 이데아의 질서에서 그것을 볼 수 있을 것이다.

하지만 두 번째 용어인 인간의 선 또한 어쩔 수 없이 변형을 겪을 수밖에 없었다. 인간의 지고의 목표는 더 이상 이전처럼 단지 개화번영을 이루는 것이 아니게 되었다. 새로운 목표가, 즉 우리가 통상 인간의 개화번영으로 이해하는 것을 넘어설 수 있도록 해줄 구원이 새로운 목표로 설정되거나 그렇지 않으면 천 또는 선이, 천이나 선의 명명백백한 선성을 모방하거나 구현하고, 그리하여 이 아래 지상에서의 사물들의 질서를 변혁할 것을 요구하게 되었다. 그것은 사실 보통은 개화번영을 보다 광범위한 규모로 실현하는 것을 의미했겠지만 (가령 개인, 가족, 친족이나 부족 등으로서의) 우리 자신의
153 개화번영은 더 이상 지고의 목표일 수 없었다. 그리고 물론 우리의 지고의 목표는 '개화번영'은 무엇으로 이루어지는가에 대한 재정의에 의해 표현될 수 있을 것이다.

또 다른 각도에서 보자면, 그것은 파멸적이고 위해를 끼치지 않을 수 없는 사물의 일면으로서의 악을 대하는 태도에서 변화가 일어났음을 의미했다. 악은 이제 단지 그 자체로 감수해야 할 사물의 질서의 일부가 아니었다. 그것에 대해 무엇인가를 해야 했다. 자기변형을 통해 회피할 것을 구상하거나 나쁜 것을 억제하거나 제거하기 위해 맞서 투쟁해야 할 것으로 간주될 수도 있을 것이다. 양쪽 어느 경우건 악은 사물의 불가피한 균형의 일부이기 때문에 그저 그러려니 하며 함께 살아갈 수밖에 없는 무엇인가가

12 Cho-Yun Hsu, "Historical Conditions of the Emergence and Crystallization of the Confucian System", in S. N. Eisenstadt, ed., Axial Age Civilizations, pp. 306-324를 보라.

아니었다. 물론 일단 단지 코스모스의 부정적 측면이기를 그치고 그저 결점으로 낙인찍히게 되자마자 '악'이라는 용어의 의미 자체 또한 바뀌었다.[13]

그와 같은 대조를 이렇게 기술할 수도 있을 것이다. 즉 기축시대 이후의 종교와 달리 초기 종교는 내가 논해오고 있는 세 차원에서 사물의 질서를 그대로 수용하는 것을 포함했다. 호주 원주민의 종교에 관한 일련의 주목할 만한 논문에서 스태너는 그와 같은 영성을 특징짓는 '동의의 분위기'에 대해 이렇게 말한다. 즉 원주민들은 다양한 기축시대 이후의 종교에서 생겨난 "삶과의 일종의 반목"[14]을 아직 시작하지 않았다. 그와 같은 대조는 여러모로 간과되기 쉽다. 원주민 신화가 꿈의 시대 — 즉 통상적인 시간 외부에 존재하는 기원들의 시간으로, 또한 '모든 때everywhen'이기도 하다 — 에 사물의 질서가 생겨나게 된 경위를 이야기하면서 일련의 파국 이야기를 담고 있었기 때문이다. 그와 같은 파국은 사기, 기만, 폭력에 의해 초래되고, 그것으로부터 우리 삶은 회복되고 재출현하지만 여전히 상처는 그대로 남고, 또 계속 분열되어 있는 경우가 많다. 그 결과 삶과 고난 간에 내재적 연관성이 그대로 남고 통합은 분열과 분리 불가능하다. 그런데 그것은 「창세기」의 1장에서 들을 수 있는 이야기를 비롯해 다른 타락 이야기를 연상시키는 것처럼 보일 수 있을 것이다. 하지만 그와 같은 이야기에 대한 기독교적 해석과 반대로 호주 원주민들에게 꿈꾸기를 '따라가고' 의례와 통찰을 통해 기원의 때의 질서와의 접촉을 회복하라는 명령은 그처럼 분열되고 상처 입은 질서와 관련되는데, 거기서 선과 악은 서로 복잡하게 뒤엉켜 있다. 원초적 분열의 회복 또는 보상이나 원초적 상실의 선용 가능성은 전혀 존재하지 않는다. 게다가 심지어 의례와 그것을 통해 얻는 지혜를 통해 피할 수 없는 것을 수용하고, "바꿀 수 없는 사태를 즐겁게 축하하도록"[15] 만들

13 이 의미에서 나는 기축시대에 일어난 핵심적 변화 중 하나에 대한 아이젠슈타트의 정식화에 동의한다. '초월론적 질서와 현세의[세속적]mundane 질서 간의 기본적 긴장이 등장하고, 개념화되고 제도화된다'는 말에 말이다. 그리고 물론 그와 같은 긴장이 등장할 때 '초월론적' 질서 자체가 변한다는 이해에 말이다. S. N. Eisenstadt, ed., *Axial Age Civilizations*, p. 1.

14 W. E. Stanner, "On Aboriginal Religion", *Oceania*, vols. 30-33, 1959-1963에 실린 6편의 논문 중 하나이다. 인용된 정식화는 두 번째 논문 vol. 30, no. 4, June 1960, p. 276에 들어 있다. 또한 같은 저자의 "The Dreaming", in W. Lessa and E. Z. Vogt, eds., *Reader in Comparative Religion*(Evanston: Row, Peterson, 1958), pp. 158-167을 보라.

15 6번째 논문, *Oceania*, vol. 33, no. 4, June 1963, p. 269.

어질 수조차 있다. 원초적 파국은 「창세기」 이야기에서처럼 성스러운 것 또는 보다 고차적인 것으로부터 우리를 분리시키거나 소외시키지 않는다. 오히려 우리가 '따라가려고' 시도하는 성스러운 질서의 형성에 기여한다.

그런데 기축시대 종교들은 초기의 종교적 삶을 제거하지 않았다. 여러모로 초기의 종교적 삶의 특징은 수정된 형태로 계속되어 수 세기 동안 다수의 종교적 삶을 규정했다. 물론 수정은 기축시대 종교의 정식화에서도 나왔지만 또한 대규모의, 보다 분화된 도시 중심 사회의 성장에서도 나왔는데, 그와 같은 사회에서는 보다 위계화된 조직화와 함께 맹아적인 국가구조를 찾아볼 수 있었다. 실제로 그와 같은 구조 또한 탈매립 과정에서
154 일정한 역할을 했다고 주장되어왔는데, 국가권력의 존재 자체가 종교적 삶 그리고 그것이 요구하는 사회구조를 통제하고 형성하려는 모종의 시도를 함축하며, 그리하여 종교적 삶과 그와 같은 사회구조를 둘러싼 불가촉하다는 느낌을 약화시키기 때문이다.[16] 이 주제는 많은 문제와 관련되어 있으며, 실제로 나도 나중에 비슷한 생각을 제시해볼 생각이지만 당분간은 기축시대의 변화가 가진 유의의성에 초점을 맞추고 싶다.

그와 같은 변화가 사회 전체의 종교적 삶을 곧바로 전면적으로 변화시킨 것은 아니다. 하지만 탈매립된 종교의 새로운 가능성을 열어준 것은 사실이다. 즉 신적인 것이나 보다 고차적인 것과의 관계를 모색했는데, 그것이 개화번영에 관한 기존의 개념들을 철저히 수정하거나 심지어 그것을 넘어서고, 개인에 의해 혼자 힘으로/또는 새로운 종류의, 즉 성스러움과 관련된 기존질서와 연결되지 않은 사회성의 틀 내에서 충족될 수 있었다. 그리하여 수도사, 비구, 출가자[힌두교 수행승], 어떤 화신과 신의 열성적인 신도가 주도적으로 나서기 시작했다. 그것으로부터 비밀단체 가입 집단, 열성 신도로 이루어진 교파, 승단, 수도회 등 전례를 찾아볼 수 없는 양식의 사회성이 생겨났다.

이 모든 경우 보다 큰 사회 전체의 종교적 삶과의 관계에서 모종의 갈라짐, 차이 또는 심지어 단절이 존재했다. 그와 같은 사회는 자체가 어느 정도까지는 상이한 계층, 카스트나 계급으로 분화되어 있을 수 있으며, 새로운 종교적 견해가 그들 중 하나에

16 Marcel Gauchet, *Le désenchantement du monde*(Paris: Gallimard, 1985), 2장. Robert Bellah ("What is Axial?", p. 70) 또한 이 '아르카이크 사회'의 중요성을 강조한다.

정착할 수 있었다. 하지만 새로운 교리가 이 모든 계층을 횡단하는 일이 매우 빈번하게 일어났는데, 특히 앞서 서술한 세 번째 차원에서 인간의 선이라는 '보다 고차적' 관념과 관련해 분열이 발생한 곳에서는 특히 더 그랬다.

거기서는 불가피하게 긴장이 발생했지만 또한 전체의 통합을 확실히 하려는 시도, 상이한 종교 형태 간에 모종의 상보성의 감각을 회복하려는 시도도 종종 이루어졌다. '보다 고차적' 형태에 완전히 헌신하고 있는 사람들의 경우 한편으로는 보다 초기 형태를 고수하며 여러 힘에게 개화번영을 탄원하는 사람들에게는 끈질긴 비난처럼 보일 수도 있었지만 그럼에도 불구하고 또한 그들과 상부상조 관계에 있는 사람으로도 간주될 수 있도록 하기 위해 말이다. 평신도는 승려에게 보시하고, 그와 같은 행위로 '공덕을 쌓았는데', 그것은 '보다 고차적인' 길로 한 발 더 이끌어주는 것으로 이해되었다. 또한 삶의 위험으로부터 보호해주고, 건강, 번영, 다산을 증진시키는 것으로 간주되었다.

상보성의 매력은 너무 강력해 심지어 불교, 기독교, 이슬람의 경우에서 볼 수 있듯이 '보다 고차적인' 종교가 사회 전체에 큰 영향을 미치고, 그에 비견될 만한 어떤 것도 존재하지 않는 것으로 추정되는 경우조차 종교적 (베버 용어를 사용하자면) '도사들'로 구성된 헌신적 소수 그리고 사회적 성스러움을 추구하며 여전히 대체로 개화번영을 지향하는 대중종교 간의 차이는 존속되거나 재구성되었다. 그때 한편으로는 ['보다 고차적인' 종교와의] 긴장 관계와 함께 다른 한편으로 위계제적 상보성은 그대로 유지되었다.

우리의 현대적 관점에서 완전히 회고적으로 보면, 기축시대의 영성은 완전한 탈매립 효과를 발휘하는 것을 방해받았던 것 같다. 구래의 틀에 확고하게 뿌리 박혀 있던 다수의 종교적 삶의 힘에 의해 말하자면 꼼짝 못하게 둘러싸여 있었기 때문이다. 기축시대의 영성은 분명히 일정한 형태의 종교적 개인주의를 가져왔지만 그것은 뒤몽이 말하는 "세상 밖의[탈속적] 개인l'individu hors du monde"[17]을 위한 특허장에 불과했다. 즉 155
그것은 소수 엘리트의 삶의 방식으로, '세상'과 관련해 여러모로 주변적인 것이자 그것과 모종의 긴장을 이루고 있었다. 여기서 '세상'은 보다 고차적인 것이나 성스러운 것과

17 Louis Dumont, "De l'individu-hors-du-monde à l'individu-dans-le-monde", in Essais sur l'individualisme(Paris: Seuil, 1983).

관련해 질서지어진 코스모스뿐만 아니라 또한 코스모스 및 성스러움 모두와 관련해 질서지어진 사회를 의미했다. 그것은 또한 여전히 매립의 모체로, 사회적 삶에 등을 돌리려고 시도하는 개인의 삶을 포함해 사회적 삶을 위한 필수불가결한 틀을 제공했다. 개인이 어떤 의미가 되었건 그와 같은 삶의 권역 안에 머무는 한에서 말이다.[18]

아직 더 일어날 일이 있었는데, 앞의 모체 자체가 변형되어 기축시대의 영성의 몇몇 원리에 따라 개조되며, 그 결과 '세상' 자체가 개인에 의해 구성되는 것으로 간주되게 되는 것이 그것이었다. 그것은, 뒤몽 용어로 말하자면, '세상 속의 개인[불교 용어로는 재가자]l'individu dans dans monde'을 위한 특허장이 될 것이다. 즉 일상의 '현세적' 삶에서 자신을 근본적으로 개인으로, 즉 근대(성)의 인간적 행위 주체로 간주하는 행위 주체 말이다.

하지만 그와 같은 변형 기획은 앞의 여러 장에서 내가 서술해오고 있는 것, 즉 기독교적 질서의 요청에 부응해 사회를 철저하게 개조하려는 기획과 하등 다를 바 없었다. 동시에 사회로부터 주술화된 코스모스와 결합된 요소들을 추방하고, 더 나아가 영=정신적인 것과 유한한 것, 신에게 헌신하는 삶과 '현세' 속에서의 삶, 질서와 그것이 먹고 사는 카오스 간의 구래의 상보성의 모든 흔적을 제거하려고 시도하면서 말이다.

앞의 기획은 단지 작동 형태나 양식 덕분에라도 철저하게 탈매립적이었다. 객관화와 도구적 태도의 촉진을 통해 행위와 사회 형태를 규율훈련시켜 개조하는 것이 그것이었다. 하지만 그것의 목적 또한 내재적으로 탈매립과 관련되어 있었다. 탈주술화를 향한 충동을 보면 그것을 분명하게 확인할 수 있는데, 그것이 매립의 두 번째 차원[코스모스]을 파괴했다. 하지만 또한 그것을 기독교적 맥락에서도 볼 수 있다. 여기서 기독교는 어떤 의미에서 기축시대의 다른 모든 영성처럼 작용했다. 실제로 기독교는 영성을

18 여기서 '세상 밖의 개인'이라는 뒤몽의 공식을 탈속적인 불교의 승려에 적용하는 문제와 관련해 탐비아가 표명하는 유보사항에 대해 고려해보고 싶다. Stanley. J. Tambiah, "The Reflexive and Institutional Achievements of Early Buddhism", in S. N. Eisenstadt, ed., *Axial Age Civilizations*, p. 466을 보라. 코스모스 및 신들과 관련된 사회적 삶이라는 의미에서 비구승은 실제로 '세상' 밖에 있다. 하지만 그것이 아래와 같은 두 가지 사태전개를 방해하지 않을 뿐만 아니라 심지어 아마 그것을 필연적인 것으로 만드는 것 같다. (a) 출가자가 함께 모일 수 있는 새로운 종류의 사회성(승단)이 등장한다. (b) 출가자와 재가자 간의 상보성 관계가 성립한다. 그것에 의해 재가자는 출가자가 직접 추구하는 것('공덕')에 한몫 거들거나 또는 심지어 (비록 일탈처럼 보일 수도 있지만) 비구의 영=정신적 힘이 재가가의 일상적 삶의 목표를 겨냥할 수도 있을 것이다.

지향한 또 다른 흐름, 즉 스토아주의와 결합해 작용했다. 하지만 분명히 특별히 기독교적인 양식 또한 존재했다. 『신약성서』는 가족, 일족, 사회에의 애착을 버리거나 상대화하고 신의 도성의 일부가 되라는 부름으로 가득 차 있다. 그것이 몇몇 프로테스탄티즘 교회의 운영 방식 속에 진지한 형태로 반영되어 있음을 볼 수 있는데, 거기서 신도는 단지 출생 덕분에 교회 구성원으로 간주되는 것이 아니라 개인적 부름에 화답함으로써 교회에 가입해야 했다. 다시 그것은 사회는 계약에 기반하며, 따라서 궁극적으로 자유로운 개인의 결정에 의해 구성된다는 견해를 강화하는 데 일조하게 되었다.

그것의 성립사는 극히 명백하다. 하지만 근대적인 '세상 속의 개인'을 창출해 사회를 개조하려는 기독교적 또는 기독교-스토아주의적 시도는 훨씬 더 포괄적이고 훨씬 더 다중-궤도적 영향을 미쳤다는 것이 나의 명제이다. 그와 같은 시도는 먼저 도덕적 상상계를, 이어 사회적 상상계를 근대적 개인주의 쪽으로 밀어붙이는 데 일조했다. 근대의 자연법 이론에서 출현하는 것을 볼 수 있는 새로운 도덕질서에 대한 구상(앞 장[19] 156
에서 언급한 바 있다)에서 그것은 명백해진다. 그와 같은 구상은 스토아주의에 크게 빚지고 있는데, 주창자는 아마 거의 틀림없이 립시위스와 그로티우스 등 네덜란드의 신스토아주의자였다. 하지만 그것은 기독교화된 스토아주의로, 인간 사회를 의식적으로 개조하려는 시도에 결정적 위치를 부여한다는 의미에서 근대적이기도 했다.

완충재로 덮인 정체성과 대문자 개혁 모두 탈매립에 기여했다고 말할 수 있을 것이다. 탈매립은 전술한 대로 정체성 문제 — 자기를 상상하는 맥락의 제약 — 인 동시에 사회적 상상계 문제, 즉 사회 전체를 생각하거나 상상할 수 있는 방법이기도 하다. 하지만 완충재로 덮인 새로운 정체성은 개인적 신앙심과 규율훈련을 도입함으로써 보다 오래된 집단의례와 귀속 형태로부터의 거리두기, 동일시 거부, 심지어 그에 대한 적의마저 증가시켰다. 한편 대문자 개혁을 향한 충동은 머지않아 그것들의 폐지를 염두에 두게 되었다. 규율훈련된 엘리트 계층은 자아상과 사회를 위한 기획 모두에서 사회라는 세계는 개인으로 구성된다는 구상 쪽으로 접근해나갔다.

그와 같은 식으로 광범위한 역사적 시기를 시좌에 넣는 역사적 해석에도 문제는

19 2장 3절.

있는데, 그것은 프로테스탄티즘의 윤리의 전개 그리고 그것이 자본주의와 맺는 관계에 관한 베버의 명제에 관한 논의에서 이미 인식되어왔다. 실제로 앞의 명제는 여기서 내가 말하고 있는 주제와 가깝다. 즉 내가 여기서 주장하는 보다 광범위한 연관성의 구체적 사례이다. 베버는 분명히 나의 원천 중 하나이다.

그런데 사람들은 종종 아래 같은 식으로 베버의 명제에 반대한다. 즉 가령 교파적 충성과 자본주의 발전 간의 관계처럼 명백하게 추적 가능한 상관관계가 존재함을 입증할 수 없다는 것이다. 하지만 영=정신적 견해와 경제적·정치적 수행 간의 그와 같은 종류의 관계의 본성상 영향은 훨씬 더 분산적이고 간접적이다. 극히 저속한 형태의 마르크스주의에 따라, 모든 변화는 가령 경제적 동기 같은 비정신적 요인에 의해 설명 가능하며, 그 결과 정신적 변화는 항상 종속변수로 머문다는 주장을 따른다면 신앙상의 견해는 전혀 중요하지 않을 것이다. 하지만 실제로 양자 간의 관계는 훨씬 더 밀접하고, 훨씬 더 상호 관련되어 있다. 몇몇 도덕적 자기 이해는 특정한 관습 속에 매립되어 있는데, 그것은 아래의 두 가지 것을 의미할 수 있을 것이다. 첫째, 그와 같은 자기 이해는 그와 같은 관습의 확산에 의해 촉진된다는 것, 둘째, 그와 같은 자기 이해가 관습을 형성하고, 그것이 확립되도록 돕는다. [따라서] 관습이 항상 결정적 의미를 갖는다고 믿거나 '이념'이 모종의 방식으로 역사를 추동한다는 정반대 시각을 채택하는 것 역시 이치에 어긋난다.

하지만 장기적 안목에서 보자면, 앞의 명제가 특정한 사회적 형태와 특정한 정신적 전통 간의 결합에 대해 분별 있는 판단을 내리는 것을 방해하는 것은 아니다. 만약 앵글로색슨적 형태의 자본주의적 기업가정신이 가령 중국적 형태보다 가족 관계와 훨씬 덜 결합되어 있다면 — 그것은 부정 불가능해 보인다[20] — 그것이 교회 구성원은 개인으로 이루어진다는 프로테스탄티즘의 견해 그리고 유교의 가족 중심주의 간의 차이와 실제로 무관할까? 비록 미세한 연결고리를 모두 찾아내는 것은 불가능하더라도 그와 같은 관계를 부정하기는 어려워 보인다.

157 마찬가지로 앞의 명제를 통해 나는 근대서양문화에서 자명한 개인의 우위 — 이에

20 후쿠야마Francis Fukuyama, 구승회 역, 『트러스트』, 한국경제신문을 보라.

관해서는 곧 도덕질서라는 근대적 구상 형태로 탐구하게 될 것이다 — 를 기축시대의 종교적 영성의 원리에 입각해 사회를 변형시키려는 보다 이전의 래디컬한 시도와 관련시키려고 시도한다. 다시 말해, 현재의 우리의 자기 이해가 어떻게 발전해왔는지를 시대를 거슬러 올라가서 밝히고 싶다.

빨셈 이야기의 영향력 때문에 그와 같은 종류의 계보학을 추적할 필요가 없는 것처럼 쉽게 보일 수도 있을 것이다. 그리고 그와 같은 이야기는 강력한데, 서양의 근대인들에게는 개인주의가 거의 상식처럼 보이도록 되었기 때문이다. 그들의 오류는 그와 같은 개인 이해를 너무 당연시하는 바람에 그것이 자아와 관련해 가장 먼저 떠오르는, '너무나 자연스러운' 자기 이해가 되기에 이른 것이다. 그와 함께 사태는 근대의 인식론에서처럼 진행되는데, 그에 따르면 사태에 대한 중립적 서술이 먼저 우리를 특정한 틀 속에 집어넣고, 그런 다음 '가치'를 '부가해야' 하는 것으로 생각된다. 비슷하게 여기서도 우리는 나를 먼저 개인으로 파악하고, 그런 다음 타자 그리고 사회성의 형태를 인식하게 된다는 것이다. 그와 같은 설명은 일종의 빨셈 이야기를 통해 근대적 개인주의의 출현을 이해하는 것을 용이하게 해준다. 종래의 지평들은 부식되고, 불태워 없어졌고, 이제 우리에게 고유한 자기 이해, 즉 자아는 개인이라는 해석이 출현하게 되었다[는 것이다].

반대로 여기서 우리가 제시하려는 생각에 따르면, 우리의 최초의 자기 이해는 사회 속에 깊이 매립되어 있었다. 우리의 기본적 정체성은 아버지, 아들, 이런저런 부족의 구성원으로서의 그것이었다. 후대에 이르러서야 우리는 자기를 처음으로 자유로운 개인으로 이해하게 된다. 그와 같은 변화는 자기 자신을 중립적으로 보던 관점에서 일어난 하나의 혁명이었을 뿐만 아니라 동시에 정체성 관념이 변할 때는 항상 그렇듯이 우리의 도덕적 세계에서의 심원한 변화를 포함했다.

그것은 여기서도 또한 각각 앞서 기술한 최초의 두 측면과 일치해 형식적 양식의 사회적 매립과 물질적 양식의 사회적 매립을 구분해야 함을 의미한다. 첫 번째 수준에서 우리는 이미 사회 속에 매립되어 있다. 우리는 특정한 언어를 사용하도록 인도됨으로써 대화를 통해 정체성을 알게 된다. 하지만 내용 수준에서 우리가 배우는 것은 우리가 개인이라는 것, 자기 자신의 의견을 갖고 있다는 것, 신과 자기 자신만의 관계를 갖고 있다는 것, 자기 자신의 회심의 경험을 얻는다는 것이다.

그와 같은 대대적 탈매립이 우리의 도덕질서 이해에서 하나의 혁명으로 일어난다. 그리고 도덕질서와 관련된 각종 관념을 수반하면서 계속된다. 개인이라는 것은 [무인도의] 로빈슨 크루소 같은 사람이 아니라 모종의 방식으로 다른 사람들 사이에 자리 잡고 있음을 의미한다. 그것에는 방금 언급한 전체론holism의 초월론적 필연성이 반영되어 있다.

앞의 혁명은 코스모스적인 성스러운 것으로부터 우리를 탈매립한다. 그리고 기축시대 이후의 초기의 사태전개에서처럼 단지 부분적으로만, 일부 사람에게만 영향을 미치는 것이 아니라 전체적으로 그렇게 한다. 그것은 사회적인 성스러운 것으로부터 우리를 탈매립한다. 그리고 설계자로서의 신과 새로운 관계를 맺을 것을 요구한다. 그처럼 새로운 관계는, 사실, 없어도 되는 것으로 드러나게 될 텐데, 왜냐하면 도덕질서의 토대에 놓인 설계는 보통 인간의 개화번영을 지향하고 있는 것으로 파악될 수 있기 때문이다. 기축시대의 혁명에서 볼 수 있던 그와 같은 초월적 측면은 피안세계의 선과 현세의 선이 말끔하게 분리되는 한 부분적으로 후퇴하거나 어쨌건 후퇴할 수 있게 되었다. 하
158 지만 오직 부분적으로만 그러했는데, 우리의 근대적 도덕관에서 개화번영의 개념들은 감시 대상이 되기 때문이다. 비난을 피하기 위해서는 정의, 평등, 비지배 등 도덕질서 자체의 요청과 부합해야 한다. 그리하여 우리의 개화번영의 개념들은 항상 수정 가능해진다. 그것은 우리의 기축시대 이후의 조건에 속한다.

대대적 탈매립의 그와 같은 최종 단계는 주로 기독교에 의해 추동되었다. 하지만 그것은 또한 일리히의 기억할 만한 표현에 따르면 어떻게 보면 기독교의 "부패"[21]이기도 했다. 앞에서 기독교에 의해 추동되었다고 말한 것은 복음 또한 탈매립이기 때문이다. 기존의 연대관계와 단절하라는 요구에 대해서는 앞서 언급한 바 있다. 하지만 일리히가 설명하듯 그와 같은 요구는 선한 사마리아인 이야기 같은 우화 속에서 한층 더 강력하게 제시된다. 말로 명시되지는 않지만 회피할 수 없게 암시된다. 즉 만약 선한 사마리아인이 성스러운 사회적 경계의 요구를 따랐다면 멈춰 서서 부상당한 유대인을 돕는 일

21 Ivan Illich, The Corruption of Christianity, publication of the Canadian Broadcasting Corporation In the series "Ideas", January 2000. 또한 이한, 서범석 역, 『이반 일리히의 유언』, 이파르를 보라. '타락'이라는 쟁점에 대해서는 마지막 장에서 다시 돌아갈 것이다.

은 결코 하지 않았을 것이다. 신의 도성이 전적으로 다른 종류의 연대, 즉 우리를 아가페-네트워크 속에 집어 넣어줄 연대를 전제함은 분명하다.

그리하여 그런 식으로 부패가 끼어들게 된다. 즉 그와 같은 사태전개의 결과는 아가페-네트워크가 아니라 오히려 범주적 관계들이, 따라서 규범이 우위를 점하는 규율 훈련된 사회였다. 하지만 그럼에도 불구하고 그것은 모두 '현세[세상]'의 요구를 물리치고 현세를 개조하겠다는 칭찬할 만한 시도에서 출발했다. 『신약성서』의 '현세'(코스모스)는 한편으로는 가령 "신은 이 세상을 극진히 사랑하셔서 ……"(「요한 복음」, 3장 16절 이하)에서 볼 수 있는 적극적 의미를, 그리고 다른 한편으로는 현세[세상]가 심판하듯이 심판하지 말라는 등 부정적 의미도 갖고 있다. 그와 같은 부정적 의미에서 '세상'은 현재의 신성화된 사물의 질서 그리고 그것이 코스모스 속에 매립된 상태로 이해될 수 있을 것이다.[22] 이 의미에서 교회는 당연히 세상과 불화한다. 힐데브란트[교황 그레고리우스 7세]가 서임권 투쟁에서 교회의 성직자 서임권을, 주제넘게 나서는 왕조의 지배자 집단의 권력욕과 야심에 의해 추동되는 권력투쟁의 권력의 장 밖에 놔두려고 투쟁할 때 분명히 목격한 것이 그것이었다.

그와 같은 방어적 승리에 기반해 기독교적 영성의 요청과 점점 더 조화를 이룰 수 있도록 '세상'이라는 권력의 장을 바꾸고 정화하려고 시도해야 하는 것이 명백해 보였을 수도 있을 것이다. 하지만 그와 같은 일은 당연히 모두 동시에 일어나지 않았다. 변화는 꾸준히 증가했지만 그와 같은 기획은 다양한 대문자 개혁을 통해 오늘날에 이르기까지 점점 더 급진적 형태로 지속적으로 재-점화되었다. 아이러니는 그것이 어쨌건 전혀 다른 것으로 변질된 것이었다. 즉 또 다른, 완전히 다른 의미에서 결국 세상이 승리했다. 아마 규율훈련의 도입을 통해 신의 도성을 실현할 수 있다는 생각 자체 속에 모순이 있었다고 할 수 있을 것이다. 도스토옙스키가 대심문관의 일화에서 간파한 대로 결국 권력의 유혹이 너무나 강력했다. 거기에 부패가 시작될 터전이 있었다.

이제 대대적 탈매립이 우리의 근대적인 사회적 상상계 속에서 어떻게 관철되는지를 살펴보기로 하자.

22 지라르René Girard, 김진식 역, 『나는 사탄이 번개처럼 떨어지는 것을 본다』, 문학과 지성사를 보라.

4

근대적인 사회적 상상계들 159

1 근대적 도덕질서[1]

나의 명제에 따르면 근대의 서양 사회 발전에서 핵심적인 역할을 한 도덕질서에 대한 새로운 고찰 방식부터 먼저 살펴보기로 하자. 그와 같은 방식은 17세기에 등장한 새로운 자연법 이론들에서 가장 명료하게 진술되었는데, 주로 종교전쟁에 의해 야기된 국내외의 혼란에 대한 대응으로 제시되었다. 여기서의 우리 목적에서 비추어 참조해야 할 가장 중요한 이론가는 그로티우스와 로크이다.

그로티우스는 정치사회의 토대를 이루는 규범적 질서를, 사회를 구성하는 사람들의 자연=본성에서 끌어냈다. 인간 존재는 합리적이며, 평화롭게 상호이익을 위해 협력하려는 의도를 가진 사회적 행위 주체라는 것이다.

그와 같은 관념은 17세기에 등장한 이래 우리의 정치적 사유 그리고 우리가 사회

1 이 장에서의 논의는 졸저 『근대의 사회적 상상』(이상길 역, 이음)에서의 논의에 기대고 있다. 아래 논의에 대해 좀 더 자세히 알고 싶은 독자는 참조 바란다. 당연히 나는 앤더슨의 선구적 저작 『상상된 공동체』와 하버마스, 워너Michael Warner, 로장발롱Pierre Rosanvallon과 그 밖의 다른 사람들의 저작에 크게 기대고 있다. 논의를 전개하면서 일일이 감사를 표하게 될 것이다.

를 상상하는 방식을 점점 더 많이 지배하게 되었다. 그것은 그로티우스의 독법에서는 먼저 정치사회란 무엇인가, 즉 정치사회는 무엇을 위해 존재하는가, 또 어떻게 성립하는가 하는 물음에서 출발한다. 하지만 그와 같은 종류의 이론은 모두 또한 불가피하게 도덕질서에 대한 모종의 생각을 제시했다. 즉 어떻게 사회에서 함께 살아야 하는가에 대해 무엇인가를 이야기했다.

여기서는 선재하는 특정한 도덕을 배경으로 특정한 목적을 염두에 두고 하나의 정치적 실체를 형성하기 위해 함께 모이는 개인으로 이루어지는 사회상이 전제된다. 도덕적 배경은 자연권에 의해 각인되었다. 그리고 개인은 서로에 대한 일정한 도덕적 의무를 이미 지고 있다. 추구되는 목적은 몇 가지 공동이익인데, 안전이 가장 중요했다.

도덕질서의 기초가 되는 관념은 우리가 개인으로서 서로에 대해 갖는 권리와 의무를 강조했다. 심지어 우리를 정치적으로 함께 묶어 주는 것보다 앞선 상태나 그것의 외부에서도 마찬가지였다. 정치적 의무는 그처럼 보다 기본적인 도덕적 구속의 확대 또는 적용으로 간주되었다. 정치적 권위 자체가 정통적인 것은 오직 (본원적 계약에 의해) 개인에 의해 동의되었기 때문이며, 계약이 구속력 있는 의무를 낳는 것도 그것에 앞서 존재하는 원리, 즉 약속은 지켜져야 한다는 원리 덕분이다.

그와 같은 계약이론이 후일 — 심지어 같은 세기에 로크에 의해 — 해석되는 것에 비추어볼 때 그로티우스가 그와 같은 이론으로부터 끌어낸 도덕정치적 결론이 얼마나 온건한 것이었는가는 놀랍기만 할 뿐이다. 정치적 정통성을 합의 위에 정초하려는 그의
160 생각은 현행 정부의 신임을 의문시하기 위해 제시되지 않았다. 그의 주안점은 오히려 교파적 열광주의자들이 현행의 정통적 정권은 궁극적으로 그와 같은 모종의 동의에 기반하고 있음을 핑계로 너무 무책임하게 반란을 촉구할 근거를 약화시키는 데 있었다. 그는 또한 교파상의 쓸데없는 트집 잡기를 넘어 전쟁과 평화의 기본 규칙에 확고한 토대를 부여하려고 했다. 격렬한 종교전쟁이 여전히 계속되던 17세기 초의 맥락에서 그와 같은 강조는 전적으로 이해 가능했다.

그와 같은 이론을 혁명의 '정당화'로, 또 제한정부론의 논거로 처음 사용한 사람은 로크였다. 이제 권력에 맞서 진지하게 권리에 호소하는 것이 가능해졌다. 합의는 단지 정부 수립을 위한 본원적 동의일 뿐만 아니라 과세에 동의하기 위한 지속적 권리였다.

로크부터 오늘날에 이르는 다음 3세기 동안 비록 계약이라는 용어는 완전히 사라져 이제 소수 이론가만 사용하고 있지만 사회는 개개인의 (상호)이익을 위해, 권리를 지키기 위해 존재한다는 근본 사상은 점점 더 중요해지고 있다. 즉 지배적 견해가 되어, 보다 오래된 사회이론이나 보다 새로운 경쟁자를 정치적 삶과 담론의 주변으로 몰아내고 있다. 뿐만 아니라 또한 정치적 삶에 점점 더 큰 영향력을 미치는 주장을 제기하고 있다. 본원적 합의를 요구한다는 것은, 과세는 합의를 조건으로 한다는 로크의 중간적 논의를 거쳐 오늘날에는 누구나 타당한 것으로 인정하는 인민주권이라는 본격적 교의가 되었다. 자연권 이론은 근대적 통치의 중요한 특징이 된 몇 가지 헌법과 헌장 속에 확고하게 정착되는 과정을 거쳐 마침내 입법부와 행정부의 행위를 제한하는 촘촘한 규제의 망을 낳기에 이르렀다. 평등이라는 전제는 사람들이 모든 상하관계 외부에 서 있는 자연 상태라는 출발점 속에 이미 함축되어 있었지만[2] 이후 점점 더 많은 맥락에 적용되어 대부분의 정착된 헌법의 핵심 부분을 이루는 평등한 처우와 차별금지조항을 만들어내게 되었다.

다시 말해 지난 4세기 동안 그와 같은 사회관 속에 함의되어 있는 도덕질서 관념은 이중적 확장을 거쳤다. 한편으로는 적용 대상이 확장되고(그와 같은 관념에 따라 사는 사람이 증가하고, 그것이 지배적 견해가 되어왔다), 다른 한편으로는 강도가 확장되었다(그것이 제기하는 요구가 점점 더 무거워지고 점점 더 다양하게 분기되었다). 앞의 이념은 말하자면 일련의 '개정'을 거듭해 오늘에 이르고 있는데, 매번의 개정 때마다 이전보다 내용도 풍부해지고, 요구 수준도 점점 더 높아져왔다.

그와 같은 이중적 확장을 일련의 방식으로 추적할 수 있을 것이다. 근대의 자연법 담론은 다소 전문화된 틈새에서 출발했다. 그것은 철학자와 법 이론가에게 통치 체계의 정통성에 대해, 전쟁과 평화의 규칙, 즉 요람기의 근대 국제법의 교의에 대해 말할 수

2 로크는 『통치론』 2장(「자연 상태에 관하여」, § 4, 11페이지를 보라)에서 자연 상태를 이렇게 규정한다. "그곳에서 모든 권력과 사법권은 상호적이며, 어느 한 인간도 다른 인간들보다 더 많이 갖지 않는다. 이 점은 동일한 종류와 등급의 피조물은 차별 없이 자연의 동일한 혜택을 받고 태어나 동일한 재능을 사용하기 때문에 — 적어도 해당 피조물은 주인이자 지배자가 본인의 의지를 명시적으로 선언함으로써 어느 한 인간을 다른 한 인간보다 위에 놓고 명백하고 명확한 지명을 통해 의심의 여지없는 지배권과 주권을 수여하지 않는 한 — 어떤 복종이나 종속 없이 상호 평등해야 한다는 사실에서 지극히 명백하다."

있는 언어를 제공했다. 하지만 그 후 다른 틈새의 담론들에 침투해 그것을 변형시키기
시작했다. 그와 같은 사례 중 하나를 도덕질서에 관한 새로운 관념이 신의 섭리 그리고
신이 인간과 코스모스 사이에 수립한 질서에 관한 기술을 굴절시켜 재정식화하기 시작
161 하는 방식에서 찾아볼 수 있는데, 그것이 내가 지금까지 해오고 있는 이야기에서 결정
적 역할을 했다. 이 점에 대해서는 후술하기로 하자.

심지어 오늘날 우리 삶에 훨씬 더 중요한 것은 그와 같은 질서 관념이 사회와 정체 polity, 政體에 관한 우리 관념에서 점점 더 중심적인 것이 되고, 그와 같은 과정에서 그와 같은 관념을 변형시키는 방식이다. 더 나아가 그와 같은 확장 과정에서 그와 같은 질서 관념은 소수 전문가의 담론에 활기를 부여하는 하나의 이론인 데서 벗어나 우리의 사회적 상상계에 필수적인 것이 되고 있다. 즉 근대인들이 본인이 거주하고 유지하는 사회를 상상하는 방식이 되고 있다. 그와 같은 과정에 대해서는 후에 상술하고 싶다.

그와 같은 확장은 한 틈새에서 여러 틈새로, 또 이론에서 사회적 상상계로 옮겨가면서 또한 세 번째 축에서도 가시적이게 되었는데, 그와 같은 축은 그와 같은 도덕질서가 우리에게 요구하는 것과 동일한 종류의 요구에 의해 규정된다.

도덕질서에 대한 구상은 그것이 완전히 실현되리라는 실제적 기대를 수반하지 않는 경우가 종종 있다. 내가 말하는 것은 아무런 기대도 없다는 것이 아닌데, 그렇지 않으면 그것은 내가 여기서 사용하는 말의 의미에서의 도덕질서 관념이 아니기 때문이다. 도덕질서는 실현하기 위해 애써야 할 것으로 간주될 수도 있고, 일부에 의해 실현될 수도 있지만 사람들은 아마 일반적으로 실제로는 오직 소수만, 적어도 현재 조건에서는 그것을 성공적으로 따라갈 수 있을 뿐이라고 느낄 수 있을 것이다.

그리하여 기독교의 복음은 신에 대한 사랑, 상호 간의 사랑, 인류에 대한 사랑으로 고무된 성도공동체라는 관념을 만들어냈는데, 그것의 구성원에게는 경쟁 관계, 상호 증오, 소유욕, 지배욕 같은 것은 아무것도 없다. 중세의 일반적 기대에서 보자면, 소수 성도만 실제로 그와 같은 공동체를 갈망할 수 있을 뿐이며 다른 사람들은 그와 같은 이상에서 한참 벗어난 세계에서 살아야 했다. 하지만 때가 오자마자 그와 같은 이상은 〈최후의 심판〉에서 신 둘레에 모이게 될 사람들의 질서가 될 터였다. 여기서 우리는 단지 근거 없는 이상이 아니라 하나의 도덕질서에 대해 말할 수 있는데, 왜냐하면 그것은

완전한 실현 과정 속에 들어서 있다고 생각되지만 그것을 위한 때가 아직 오직 않았기 때문이다.

비교를 위해 다른 맥락을 찾는다면 다소 거리가 멀기는 하지만 유토피아에 대한 근대의 몇몇 정의를 거론할 수 있을 것이다. 거기서 유토피아란 모종의 조건이 갖추어지면 미래에 결국 실현 가능한 어떤 사태를 가리켰다. 하지만 다른 한편으로 그것은 우리에게 방향을 잡아나갈 수 있도록 해주는 기준으로 쓰이기도 한다.

앞의 것과 다소 다른 것은 '지금 여기서'의 — 다소의 차이는 있지만 — 완전한 실현을 요구하는 질서이다. 물론 그것과 관련해 전혀 다른 두 가지 견해가 가능하다. 첫 번째 이해에서 질서는 실현된 것으로 간주된다. 그것이 사태가 진행되는 정상적 방식의 토대에 놓여 있다. 정치질서에 대한 중세의 많은 관념은 종종 그와 같은 종류의 것이었다. 가령 '왕의 두 신체' 같은 이해방식이 존재했는데, 그에 따르면 왕의 개인적인 생물학적 존재는 불사하는 왕국이라는 '신체'를 실현하고 예시한다. 가령 가혹한 권리 침해의 경우처럼 매우 예외적이고 추문에 가까운 혼란스런 상황이 없는 한 질서는 충분히 실현되고 있는 것이다. 그와 같은 질서가 제공해주는 것은 규범이라기보다는 현실을 이해하기 위한 열쇠인데, 바로 존재의 대연쇄가 우리를 둘러싼 코스모스와 관련해 그렇게 하는 것과 흡사하다. 현실을 이해하기 위한 해석학적 열쇠를 마련해주는 것이다.

하지만 도덕질서는 현실과 또 다른 관계를 맺을 수 있는데, 아직 실현되지 않았지 162
만 완전히 실행될 것을 요구하는 도덕질서가 그것이다. 그것은 정언적 명령을 내린다.

앞서 말한 차이들을 요약해보자. 도덕질서 또는 정치질서 관념은 성도공동체처럼 궁극적인 것일 수 있거나 아니면 '지금 여기서'를 위한 것일 수 있다고 말할 수 있을 것이다. 그리고 후자라면 해석학적인 것 아니면 규범적인 것 둘 중 하나가 될 수 있을 것이다.

그런데 근대의 질서 관념은 중세의 기독교적 이상과는 달리 처음부터 '지금 여기서'를 위한 것으로 간주되었다. 물론 분명히 특정한 길을 따라 계속 움직이는 가운데 보다 해석학적인 것에서 보다 규범적인 것으로 발전했다. 그로티우스와 푸펜도르프 등의 사상가가 원래 그와 같은 질서 관념을 사용하던 본래의 맥락에서 보면 그것은 통치에 필수적인 토대에 대한 해석을 제공했다. 즉 정초적 계약으로 간주되는 것 위에 기반하는 한 통치는 의문의 여지가 없는 정통성을 갖게 되는 것으로 생각되었다. 자연법 이론은 원래 정통화의 해석학이었다.

그런데 이미 로크에서 정치이론은 혁명을 정당화하고, 실로 몇몇 상황에서는 혁명을 도덕적으로 정언적인 것으로 만들 수 있었다. 반면 동시에 인간이 처한 도덕적 상황의 또 다른 특징이 가령 소유와의 관계에서 정통성의 해석학을 제공했다. 나중에 그와 같은 노선을 따라 그와 같은 질서 관념은 소유관을 포함해 심지어 보다 혁명적인 변화를 요구하는 '개정판' 속으로 복잡하게 뒤엉켜 들어가며, 가령 루소와 마르크스 등의 영향력 있는 이론 속에 반영되었다.

그처럼 한 틈새에서 여러 틈새로 이동하고, 이론에서 사회적 상상계로 옮겨가면서 근대적 질서 관념은 또한 세 번째 축을 따라 진전되며, 그것이 낳는 담론은 해석학적인 것에서 규범적인 것으로 이어지는 길을 따라 길게 이어진다. 해당 과정에서 그와 같은 질서 관념은 광범위한 윤리적 개념들과 뒤얽히게 되지만 그 결과로 생기는 복합체는 정치질서, 도덕질서에 관해 근대의 자연법 이론에서 유래하는 그와 같은 이해를 본질적인 것으로 이용한다는 점에서 공통점을 갖고 있다.

이 세 축에서의 확장은 분명히 주목할 만하다. 그것은 설명을 요구한다. 불행히도 근대적인 사회적 상상계의 등장에 대한 인과적 설명을 제공하는 것은 다소 협소하게 초점을 맞추고 있는 나의 의도의 일부에 속하지 않는다. 그것이 취한 형태를 얼마간이라도 밝힐 수 있다면 그것으로 만족하기로 한다. 하지만 당분간은 그와 같은 근대적 질서에 특이한 특징을 좀 더 탐구해보자.

지금까지의 논의에 비추어볼 때 명백해졌어야 할 결정적인 점은 이렇다. 즉 여기서 필자가 사용하는 도덕질서라는 개념은 우리의 상호관계와/또는 정치적 삶을 규제해야 할 것으로 제안된 몇몇 규범의 일람표를 뛰어넘는다는 것이다. 도덕질서에 대한 이해가 규범의 자각과 수용에 추가하는 것이 있다면 그것은 특정한 규범을 맞는 것으로 만드
163 는 동시에 (지정된 지점까지는) 실현 가능하게 만드는 세계, 신의 행위 또는 인간의 삶의 특징을 식별하는 것이다. 다시 말해 질서의 이미지는 무엇이 옳은지에 대한 규정뿐만 아니라 올바른 것에 가닿으려고 노력하고, (적어도 부분적으로라도) 실현하길 원하는

것을 이해할 수 있도록 해주는 맥락에 대한 규정 또한 수반한다.

이제 일련의 변형을 거쳐 그로티우스와 로크의 자연법 이론 속에 적혀 있는 개념으로부터 우리에게 유래한 도덕질서의 이미지들이 전근대 시대의 사회적 상상계 속에 매립되어 있던 이미지들과는 사뭇 다르다는 점이 분명해졌을 것이다.

전근대적 도덕질서의 두 가지 유형을 여기서 거론하는 것이 좋겠다. 그것들이 정치적 근대로 이행하는 동안 그로티우스적-로크적 가닥에 의해 점차 추월, 대체되거나 또는 주변부화되는 것을 볼 수 있기 때문이다. 첫 번째 유형의 도덕질서는 인민의 법이라는 관념에 기반했는데, 그와 같은 법이 까마득한 옛날부터 인민을 지배해왔으며, 어떤 의미에서는 인민을 인민으로 규정했다. 그와 같은 생각은 여러 단계를 거쳐 유럽으로 쏟아져 들어간 인도유럽 부족 간에 널리 확산되어 있던 것 같다. 그것은 17세기의 잉글랜드에서는 고래의 국체國體, Ancient Constitution'라는 이름아래 큰 영향을 미쳤으며, 국왕에 대한 반란을 정당화하는 결정적 관념 중 하나가 되었다.[3]

그와 같은 잉글랜드 사례만으로도 첫 번째 유형의 도덕질서 개념이 항상 보수적 의미를 띠고 있던 것은 아님을 보여주기에 충분할 것이다. 하지만 그와 같은 범주에 농민공동체에서 대대로 전해 내려온 것처럼 보이는 규범적 질서-감각 또한 포함시켜야 할 것이다. 그리고 그것으로부터 '도덕경제'라는 상이 발전되었는데, 그것으로부터 출발해 농민은 지주가 부과하는 무거운 부담이나 국가와 교회가 징수하는 강제징수를 비판할 수 있었다.[4] 여기서도 또한 아래 생각이 항상 재등장했던 것 같다. 즉 원래의 수용 가능했던 부담의 할당이 강탈로 대체되어버렸고, 따라서 부담을 줄여주지 않으면 안 된다는 것이었다.

또 다른 유형의 도덕질서는 위계제적 사회질서라는 관념을 중심으로 조직되었는데, 그것은 코스모스의 위계제 질서를 표현하고, 그것에 상응했다. 그에 관한 이론들은 종종 플라톤적-아리스토텔레스적 형상 개념에서 차용한 언어로 분절화되었지만 근본

3 J. G. A. Pocock, *The Ancient Constitution and the Feudal Law*, 2nd ed.(Cambridge: Cambridge University Press, 1987).

4 '도덕 경제moral economy'라는 용어는 E. P. Thompson, "The Moral Economy of the English Crowd in the Eighteenth Century", *Past and Present* 50(1971), pp. 76-136에서 차용한 것이다.

이념은 또한 가령 왕국에서 왕의 위치는 동물의 왕국에서의 사자, 조류 사이에서의 독수리 위치와 같다는 조응 이론 속에서도 강력하게 나타났다. 인간 영역에서의 무질서는 사물의 질서 자체가 위협받기 때문에 자연 속에 반향되리라는 생각이 나오는 것은 그와 같은 견해로부터였다. 덩컨 왕[셰익스피어의 『맥베스』의 등장인물]이 암살된 밤은 '공중에 탄식과 괴이쩍게 죽어가는 비명'으로 소란하고, 시계로는 대낮인데 달리는 해를 캄캄한 밤이 질식시키고 있다. 지난 화요일에는 솟구치던 보라매가 낮게 나는 올빼미에게 쫓기다가 죽었다. 덩컨 왕의 말들은 밤이 되자 난폭해져 "마구간을 뛰쳐나와 인간과 싸울 듯이/말을 듣지 않았다."5

이 두 사례에서 모두, 특히 두 번째 사례에서 사물의 흐름에 의해 현실화되는 경향을 보이는 질서를 보게 된다. 그와 같은 질서에 반하는 행위는 단순한 인간적 영역을 넘어선 반발에 부딪치게 된다. 아마 그것은 전근대적 도덕질서 관념에 매우 공통적인 특
164 징이었을 것이다. 아낙시만드로스는 자연의 흐름에서 벗어나는 것은 모두 불의와 연결시키며, 자연에 맞서는 것은 결국 "때가 되면 각자가 저지른 불의에 대해 서로에게 보상하고 보상받아야 하리라"6고 말했다. 헤라클레이토스도 사물의 질서에 대해 비슷한 투로 말했다. 비록 태양이 혹시라도 정해진 궤도에서 벗어나려고 한다면 복수의 여신들이 태양을 붙잡아 원래 궤도로 되돌리리라는 것이다.7 그리고 물론 플라톤의 형상은 적극적으로 움직이며 유위전변의 세계에서 사물과 사건을 형성하고 있다.

그와 같은 사례에서는 도덕질서가 단순히 일군의 규범 이상의 것임은 매우 분명하다. 그것이 또한 '존재적' 구성요소라고 부를 수 있는 것, 즉 규범을 실현 가능하게 만들어주는 특징을 식별할 수 있도록 해주는 것을 포함하고 있음도 매우 분명하다. 그런데 위의 2장에서 논한 대로 그로티우스와 로크에서 유래하는 근대의 질서는, 헤시오도스나 플라톤이 말하는 의미에서도 또는 던컨왕 암살에 대한 코스모스의 반응이 시사하는

5 『맥베스』, 이상섭 역, 2막 3장 56행과 2막 4장 17~18행, 문학과 지성사(졸저, 『자아의 원천들』, 610페이지를 보라).

6 Louis Dupré, *Passage to Modernity*(New Haven: Yale University Press, 1993), p. 19에서 재인용.

7 "태양은 정해진 한도를 넘지 않을 것이다. 만약 그렇게 하면 정의의 여신의 시녀인 에리니에스, 즉 복수의 여신들이 그를 찾아낼 것이다"(George Sabine, *A History of Political Theory*, 3rd ed.[New York: Holt, Rinehart & Winston, 1961], p. 26에서 재인용).

것과 같은 의미에서도 자기실현되는 것이 아니다. 따라서 도덕질서에 대한 우리의 근대적 개념은 존재적 구성요소를 완전히 결여하고 있다고 생각하고 싶은 유혹을 느끼게 된다. 하지만 나중에 보여줄 수 있기를 바라는 바이지만 그것은 오류일 것이다. 거기에는 중요한 차이가 존재하지만 그것은 존재적 차원의 전적인 부재 — 그렇게 추정된다 — 가 아니라 존재적 구성요소가 이제 신이나 우주와 관련된 것이 아니라 오히려 우리 인간에 관한 특징이라는 사실에 있다.

그런데 우리의 근대적 질서 관념을 특징짓는 것은, 자연법 이론의 이상화가 전에 지배했던 것과 어떻게 다른지에 초점을 맞출 때 가장 분명하게 드러난다. 전근대적인 사회적 상상계, 특히 상술한 두 번째 유형은 다양한 유형의 위계 간 상보성에 의해 구조화되어 있었다. 사회는 서로 다른 신분으로 이루어지는 것으로 간주되었다. 신분들은 서로를 필요로 하고 서로를 보완했다. 하지만 그것은 그와 같은 관계가 진정으로 상호적인 것임을 의미하지 않았다. 동일 수준에 존재하지 않았기 때문이다. 오히려 어떤 사람이 다른 사람보다 더 높은 존엄성과 가치를 갖는 위계제를 형성했다. 종종 반복해서 거론되는 대로, '기도하는 사람, 싸우는 사람, 일하는 사람'이란 세 신분으로 구성된 사회를 이상화한 중세를 예로 들 수 있을 것이다. 각각의 신분이 다른 두 신분을 필요로 하는 것은 분명했지만 아래로 내려갈수록 존엄성도 줄어든다는 데는 의문의 여지가 없었다. 어떤 기능은 본질상 다른 것보다 높은 지위에 있었다.

그런데 그와 같은 종류의 이상에 특히 중요했던 특징은 기능의 할당 자체가 규범적 질서의 주요 부분을 이루는 점에 있었다. 사태가 완전히 다르게 배치될 수 있을 가능성 — 모두 기도, 싸움, 일 각각을 조금씩 하는 세계 — 이 열려 있었지만 일단 그와 같은 상보적 관계에 들어가게 된 이상 각각의 신분은 다른 사람들을 위해 각자에게 고유한 직무를 수행하는 것만이 문제가 아니었다. 그렇지 않고, 위계제적 분화 자체가 사물의 본래적 질서로 간주되었다. 그와 같은 질서는 자연=본성의 일부거나 사회의 유형이었다. 플라톤주의와 신플라톤주의 전통에서는, 이미 말했듯이, 그와 같은 형상이 이미 세계 속에서 작용하고 있으며, 그것에서 벗어나려는 모든 시도는 현실로 하여금 자기 자신과 갈등을 일으키는 결과를 가져오게 될 것이다. 그와 같은 시도는 사회로부터 자연적 특성을 없애버릴 것이다. 그리하여 그처럼 전근대의 보다 초기의 이론들에서는 유기 165

적 은유가 엄청난 힘을 얻게 되었다. 유기체는 상처를 치유하고 병을 고치려고 애쓰며 이미 작동하는 형상의 패러다임적 처소였다. 동시에 유기체가 드러내는 다양한 기능의 배치는 단지 자의적인 것이 아니라 '정상적이며' 옳은 것이었다. 발은 머리 아래 있는데, 그것이 세상의 이치가 되어야 한다.

질서의 근대적 이상화는 그것과는 완전히 다른 방향으로 향했다. 단지 플라톤 유형의 작용 중인 형상이 존재할 여지가 없었을 뿐만 아니라 그것과 관련해 사회가 기능 할당을 어떻게 할지는 우연적인 일로 간주되었다. 정당화되건 그렇지 않건 그것은 도구적 합리성이라는 관점에서 이루어졌다. 그것 자체가 선을 규정할 수 없을 것이다. 물론 사회 구성원은 서로의 필요를 충족시키고, 서로 돕는다는 것, 즉 간단히 말해 현실에서 그렇듯이 이성적 · 사회적 피조물로 행위한다는 것이 근대적 질서 관념의 기본적인 규범적 원리였다. 그와 같은 식으로 둘은 서로 상보적으로 작용했다. 하지만 그와 같은 원리를 최대한 효율적으로 수행하기 위해 그것이 취할 필요가 있는 특정한 기능분화 자체는 아무런 가치도 갖지 못했다. 그것은 우발적인 것으로, 잠재적으로 가변적이었다. 경우에 따라서는 모두가 교대로 통치자와 피치자가 될 수 있다는 고대 폴리스의 원리에서 볼 수 있듯이 그와 같은 기능 할당은 그저 일시적인 것에 불과할 수 있을 것이다. 또 경우에 따라서는 평생의 전문화를 필요로 할지도 모른다. 하지만 그것에 내재적 가치가 존재하는 것은 아니며 모든 소명[직업]은 신 보시기에는 동등했다. 어느 쪽이건 근대의 질서는 위계제적 질서나 분화의 어떤 특수한 구조에 대해서도 존재론적 지위를 부여하지 않는다.

다시 말해 새로운 규범적 질서의 기본 요점은 사회를 구성하는 개인 간의 상호존중과 상호부조mutual service에 있었다. 주어진 구조들은 그러한 목적에 도움을 주기 위한 것으로, 그에 비추어 합목적적으로 판단되었다. 구래의 신분질서도 일종의 상호부조를 보장했던 사실에 의해 차이가 모호해질 수도 있을 것이다. 즉 성직자는 평신도를 위해 기도하고, 평신도는 성직자를 위해 싸우고 노동했다. 하지만 결정적인 것은 바로 전근대에 사회가 다른 신분들로 분화되어 위계제적 질서 속에 편입되어 있던 점이다. 반면 근대의 새로운 견해에서 우리는 개인 그리고 개인 간의 상호부조에서 출발하며, 각 분화는 각자의 그러한 의무를 가장 효율적으로 수행할 수 있는 방식으로 이루어졌다.

가령 플라톤은 『국가·정체』 2권에서 개인은 자족적이지 못하므로 상호부조의 질서가 필요하다는 논의에서 출발한다. 하지만 매우 신속하게 기본적으로 중요한 것은 그와 같은 질서의 구조임이 분명해진다. 그리고 그와 같은 질서가 영혼의 규범적 질서와의 유비 관계에 있고, 또 상호작용해야 한다는 점을 인식하자마자 [근대와 전근대의 동일성에 관한] 의심이 최종적으로 불식되게 된다. 반대로 근대의 이상에서는 상호존중과 상호부조가 충족 방법을 불문하고 가장 중요하다.

나는 그와 같은 이상을 플라톤을 모델로 하며, 위계제적 상보성을 골자로 하는 전근대적 질서와 구분하는 두 가지 차이를 언급했다. 즉 형상은 더 이상 현실 속에서 작용하지 않으며, 기능의 할당 그 자체는 규범적이지 않다. 그것에 수반되는 세 번째 차이가 존재한다. 플라톤에서 유래하는 질서 이론들에서 여러 위계가 올바른 관계에 있을 때 서로에게 행하는 상호부조는 그것을 통해 각 계급이 최고의 미덕을 발휘할 수 있는 조건에 이르도록 하는 것을 포함했다. 실제로 그와 같은 섬김은 말하자면 질서 전체가 모든 구성원에게 행하는 섬김이라고 할 수 있을 것이다. 하지만 근대의 이상에서 상호 166
존중과 상호부조는 생명, 자유, 자신과 가족의 유지라는 일상적 목표를 대상으로 한다. 이미 언급한 대로 사회 조직은 고유한 내재적 형상이 아니라 합목적성이라는 관점에서 평가된다. 하지만 이제 그와 같은 조직이 섬김의 대상으로 삼는 것은 지고의 도덕이라기보다는 자유로운 행위 주체로 존재하기 위한 가장 기본적인 조건과 관련되어 있다고 덧붙일 수 있을 것이다. — 사회라는 조직에서 필요로 하는 각자의 기능을 수행하기 위해서는 고도의 미덕이 필요하다는 판단이 여전히 가능하더라도 말이다.

그리하여 우리가 서로에게 하는 주요한 섬김은 — 보다 후대 시대의 언어로 하자면 — 집단 안전[안보]security의 제공이며, 생명과 재산의 안전한 법적 보장이다. 하지만 경제적 교환에 종사하는 것을 통해서도 우리는 상호부조하게 된다. 안전[안보]과 번영이라는 두 가지 주요 목적은 이제 조직화된 사회의 주요한 목표로, 그와 같은 사회 자체가 사회를 이루는 구성원 간에 이루어지는 영리적 교환에 본질적인 것으로 간주될 수 있게 되었다. 이상적 사회질서란 우리의 목적이 그물망처럼 서로 맞물려, 각자가 자기 이익을 추구하는 가운데 다른 사람을 도울 수 있는 틀을 말한다.

그와 같은 이상적 질서는 단순히 인간이 생각해낸 것으로 간주되지 않았다. 오히려 신에 의해 계획된 것으로, 모든 것이 신의 의도에 맞추어 상호 연결되어 있었다. 이후 18세기에 동일한 사회 모델이 우주 속에 투영되었다. 우주를 완벽하게 상호 맞물린 일군의 부분으로 해석하게 되었는데, 거기서 각각의 종류의 피조물의 목적은 다른 모든 피조물의 목적과 그물망처럼 서로 맞물려 있다는 것이다.

우리가 전복시키거나 실현할 수 있는 범위 내에 있는 한 그와 같은 질서가 우리의 건설적 활동이 지향해야 할 목표를 설정했다. 물론 전체를 바라보면 질서가 이미 얼마나 실현되었는지를 알 수 있다. 하지만 인간사에 눈을 돌리면 얼마나 우리가 질서에서 벗어나고, 그것을 전복시키고 있는지를 알 수 있다. 따라서 앞의 질서가 우리가 되돌아가려고 노력해야 하는 규범이 된다.

그와 같은 질서는 사물의 본성 속에서 명백해진다고 생각되었다. 물론 신의 계시에 조언을 구하더라도 거기서도 질서를 준수하라는 요구가 정식화되어 있음을 발견할 수 있을 것이다. 하지만 오직 이성만이 신의 목적을 우리에게 설명해줄 수 있을 것이다. 우리 인간을 포함해 생명이 있는 것은 자기보존을 위해 노력한다. 그것이 신이 하시는 일이다.

> 신은 인간을 창조하고 다른 모든 동물 속에서처럼 인간 속에 자기보존에 대한 강한 욕망을
> 심어주었을 뿐만 아니라 식량, 의류, 기타 생필품을 세계에 갖추어주었다. 그것은 인간이 지
> 상에서 일정기간 생존해 거주해야 하며, 따라서 그토록 유별나고 놀라운 자신의 작품 중 하
> 나가 신 본인의 태만과 필수품의 결여로 인해 …… 죽어서는 안 된다는 본인의 계획에 도움
> 이 되었다. …… 신은 인간에게 말을 걸어 (즉) …… 인간을 감각과 이성으로 인도해 인간의
> 존속에 도움이 되고, 보존수단으로 주어지는 것을 이용할 수 있도록 했다. …… 왜냐하면
> 욕망, 즉 생명과 존재의 보존에 대한 강한 욕망은 신 자신이 행위 원리로서 인간에게 심어준
> 167 것이며, 따라서 인간 안에 존재하는 신의 목소리인 이성은 인간에게 자기 존재를 보존해야
> 한다는 자연=본성적 성향을 추구하는 것은 창조주의 의지에 따르는 것임을 가르쳐 확신시키
> 지 않을 수 없기 때문이다.[8]

8 *Locke's Two Treatises*, I, chapter IX, §. 86, p. 223.

우리는 이성을 부여받은 존재이므로 우리 생명뿐만 아니라 모든 인간의 생명이 보존되어야 함을 이해한다. 게다가 신은 우리를 사회적 존재로 만들었다. 그 결과

> 모든 사람은 자신을 보존해야 하며 고의로 자신의 위치를 떠나서는 안 된다. 따라서 비슷한 이유로 자신의 보존이 위태롭지 않을 때 인간은 가능한 최대한 타인을 보존해야 하며, 공격자에 대한 정당한 반역이 아니라면 다른 사람의 생명 또는 생명 보존에 필요한 것, 곧 자유, 건강, 신체 또는 재물을 빼앗거나 손상시켜서는 안 된다.[9]

마찬가지로 로크는 신이 우리에게 이성과 규율훈련의 능력을 부여했으니 자기보존의 과제를 가장 효율적으로 수행할 수 있으리라고 추론한다. 그로부터 우리는 "부지런하고 합리적이어야 한다"[10]는 결론이 나온다. 규율훈련과 개선의 윤리 자체가 신이 계획한 자연적 질서가 요구하는 바이다. 인간의 의지에 따라 질서가 부과되더라도 그 자체는 신의 계획에 의해 요구된 것이다.

로크의 정식화에서 그가 얼마나 상호부조를 영리적 교환의 관점에서 보고 있는지를 알 수 있다. '경제적' — 즉 질서정연하고, 평화적이고, 생산적인 — 활동이 인간 행동의 모델이자 조화로운 공존의 열쇠가 되었다. 위계제적 상보성이라는 과거의 이론들과 반대로 우리는 일치와 상호부조의 영역에서 서로를 만나는데, 우리가 일상적 목표와 목적을 초월하는 한에서 그렇게 하는 것이 아니라 반대로 신의 계획에 따라 그것들을 추구하는 과정에서 그렇게 한다.

그런데 질서의 그와 같은 이상화는 처음에는 세상의 관례와는 전혀 부합하지 않았고, 따라서 사회의 어느 수준을 보더라도 기존의 사회적 상상계에도 부합하지 않았다. 위계제적 상보성이 왕국부터 도시, 주교관구, 소교구, 씨족, 가족에 이르기까지 사람들의 삶

9 로크, 『통치론』, 2장, § 6, 14페이지. 또한 2장, 11장, § 135, 144페이지. 그리고 *Some Thoughts concerning Education*, § 116을 보라.
10 앞의 책, II, 5장, § 34, 309페이지.

이 영위되도록 이끄는 원리였다. 가족의 사례에서 그처럼 상반된 차이disparity가 존재함을 어느 정도 여전히 생생하게 느낄 수 있었는데, 왜냐하면 실제로는 우리 시대에 와서야 비로소 남녀 간의 위계제적 상보성이라는 기존의 이미지에 대해 전면적으로 이의를 제기할 수 있게 되었기 때문이다. 하지만 그것은 '대장정', 즉 전술한 세 축을 따라 전진해온 근대의 이상화가 사실상 모든 차원에서 사회적 상상계와 결합된 후 그것을 변형시켜 마침내 혁명적 결과를 가져온 과정의 후기 단계에 일어났다.

결과가 혁명적 성격을 갖고 있었다는 사실 자체는 앞의 이론을 옹호한 사람들은 오늘날에는 명백해 보이는 것과 반대로 일군의 영역에 그것이 적용될 수 있음을 보지 못했음을 확인해준다. 위계제적 상보성에 따른 생활양식이 가족 내의 관계, 가정에서의 주인과 하인 관계, 영지에서의 영주와 농민 관계, 교양엘리트와 일반 대중 간의 관계를 강력하게 사로잡고 있었기 때문에 새로운 질서 원리의 적용을 일정한 범위 내에 두어
168 야 한다는 것이 '명백해' 보이게 되었다. 심지어 그것이 제약으로조차 받아들여지지 않는 경우도 종종 있었다. 예컨대 18세기에 휘그당이 인민이라는 대의명분 아래 자신들의 과두정치를 정당화한 것은 우리가 보기에 심한 모순이지만 휘그당 지도자들 본인에게는 완전한 상식으로 받아들여졌다.

실제로 그들은 구래의 '인민'관, 상술한 [앞서 말한 분할의] 첫 번째 유형에 해당하는 전근대의 질서 관념에서 유래되는 견해에 기반했는데, 그에 따르면 인민은 까마득한 옛날부터 존재해온 법을 통해 인민으로 구성되었다. 그와 같은 법은 사회의 소수 구성원에게만 지도권을 위임할 수 있으며, 그리하여 그들이 아주 자연스럽게 '인민'을 대변하는 일이 일어나게 되는 것이다. 심지어 근대 초의 유럽 혁명(또는 우리가 혁명으로 간주하는 것)조차 그와 같은 이해 아래 진행되었다. 가령 프랑스의 종교전쟁에서의 폭군방벌론자暴君放伐論者, Monarchomach[16세기에 무력저항권론을 주창해 군주에 대한 무력투쟁, 즉 방벌放伐[쫓아내 죽임]을 정당화한 프로테스탄트, 가톨릭 양쪽의 정치사상가들을 가리킨다]들은 반란의 권리를 조직화되지 않은 대중에게는 인정하지 않았지만 '하위 행정관들'에게는 인정했다. 영국의회도 동일한 생각에 기반해 찰스 1세에게 반란을 일으켰다.

그와 같은 대장정은 오늘날 비로소 끝나가고 있는 듯하다. 아니면 우리 또한 정신적 편협함의 희생자로, 후손들로부터 일관되지 못하거나 위선적이라고 비난받을지도

모른다. 어쨌건 그와 같은 여정의 매우 중요한 몇 가지 구간은 최근에 생긴 것이다. 그와 관련해 앞서 현대의 젠더 관계에 대해 언급한 바 있다. 하지만 동시에 근대적이라고 여겨지는 사회의 부분들 전체가 근대의 그와 같은 사회적 상상계 밖에 남아 있던 것도 그리 오래전은 아님을 명심해야 한다. 웨버는 프랑스 농촌의 많은 공동체는 19세기 말에 이르러서야 비로소 변형되어 4,000만 명의 개별 시민으로 이루어진 프랑스 국민의 반열에 오르게 되었음을 보여준다.[11] 그녀는 전근대의 농민의 생활양식이 평등과는 거리가 먼 상보적 행위 양식에 얼마나 많이 의존하고 있었는지를 분명하게 보여준다. 특히 남녀 간의 관계에서 그러했는데, 단지 그와 같은 관계에만 국한되지 않았다. 또한 장남으로 태어나지 않은 형제자매의 운명도 마찬가지였는데, 가족의 재산을 흩트리지 않고 함께 모아두어 나중에 큰일에 쓸 수 있도록 본인이 상속받을 몫을 포기해야 했다. 극심한 곤궁과 영락, 언제 닥쳐올지 모르는 기근의 위협을 받던 세계에서 가족과 촌락의 규칙을 따르는 것만이 유일하게 생존을 보장해줄 수 있었다. 개인주의라는 근대적 행위 양식은 사치이며, 위험한 방종처럼 보였다.

그와 같은 사정은 쉽게 잊히기 마련이다. 일단 우리가 근대적인 사회적 상상계 속에 확고하게 정착하게 되면 그것이 유일하게 가능한 것, 의미 있는 유일한 것으로 여겨지기 때문이다. 결국 우리는 모두 개인이 아닐까? 상호이익을 위해 사회에서 협력 관계를 구축하는 것은 아닐까? 그와 다른 어떤 척도로 사회적 삶을 생각할 수 있을까?

사정이 그렇다 보니 해당 과정에 대한 매우 왜곡된 시각을 갖기 쉽다. 그리고 두 측면에서 그렇다. 첫째 그와 같은 새로운 질서라는 원리의 장정 그리고 그것이 전통적인 상보성의 양식을 대체하는 과정을 '공동체'를 희생하는 대가로 '개인주의'가 등장하는 것으로 해석하는 경향이 있다. 하지만 개인에 대한 새로운 이해는 사회성에 대한 새로운 이해를 불가피한 이면으로 동반할 수밖에 없는데, 그에 따르면 사회는 상호이익을 위한 것이다. 그것의 기능분화는 궁극적으로는 우연에 의한 것으로, 구성원은 기본적으로 평등하다. 그것이 바로 내가 앞서 몇 페이지에 걸쳐 계속 강조해오고 있는 점인데, 다름 아니라 일반적으로 시야에서 너무나 쉽게 사라지기 때문이다. 개인이 우선하 169

11 Eugen Weber, *Peasants into Frenchmen*(London: Chatto & Windus, 1979), 28장을 보라.

는 것처럼 보이는데, 보다 오래된 형태의 상보성이 [다른 것으로] 대체된 것을 공동체 자체의 해체로 해석하기 때문이다. 그렇게 되면 어떻게 개인을 모종의 사회질서로 유도하거나 강제하고, 규칙에 순응하고 그것을 준수하도록 할 것인가 하는 항상적인 문제에 부딪히게 되는 것 같다.

물론 붕괴 경험은 실제로 항상 반복해서 하게 된다. 하지만 그렇다고 해서 그것이 근대(성)는 또한 사회성이라는 새로운 원리의 등장을 수반한다는 사실을 가리도록 해서는 안 될 것이다. 〈프랑스혁명〉 사례에서 볼 수 있는 대로 붕괴가 일어나는 것은 사람들이 전쟁, 혁명, 급격한 경제 변화 등에 의해 종종 과거 형태의 삶으로부터 추방되지만 새로운 사회구조 속에서 제자리를 잡지 못하기 때문이다. 즉 변형된 몇 가지 관행을 새로운 원리와 연결시켜 실행 가능한 사회적 상상계를 형성할 수 없기 때문이다. 하지만 그렇다고 해서 그것이 근대의 개인주의가 공동체를 해체시키는 것을 본질 자체로 하고 있음을 보여주는 것은 아니다. 또한 근대의 정치적 곤경이 홉스에 의해 규정된 바 있는 곤경, 즉 어떻게 원자적 개인들을 죄수의 딜레마에서 구해내느냐는 곤경임을 보여주는 것 또한 아니다. 반복적으로 등장하는 진짜 문제는 오히려 토크빌 또는 우리 시대에서라면 퓌레François Furet에 의해 더 잘 규정되어왔다.

우리가 왜곡된 시각을 갖게 만드는 두 번째 측면을 우리는 이미 알고 있다. '우리는 본성상 그리고 본질상 개인이 아닌가?'라는 근대의 원리는 너무나 자명해 보여 근대의 발전에 대한 '뺄셈적 설명'을 받아들이고픈 유혹을 느끼게 된다. 단지 구래의 지평으로부터 우리를 해방시키는 것이 필요할 뿐이며, 그러면 상호부조에 기반한 질서 관념이 그나마 명백한 대안으로 남게 된다. 그것을 위해서는 창의적 통찰이나 건설적 노력 모두 필요치 않다. 보다 오래된 종교와 형이상학을 버린 후에는 개인주의라는 이념과 상호이익이라는 개념이 분명히 여전히 남아 있을 것이[라는 것이]다.

하지만 실제로는 정반대가 사실이다. 인류는 대부분의 역사에서 정도는 다르지만 위계제와 뒤섞인 상보성의 생활양식 속에서 살아왔다. 폴리스의 시민처럼 평등의 외딴 섬이 존재했지만 보다 큰 그림 속에 다시 놓고 보면 그것은 위계제적 질서의 바닷속에 놓여 있었다. 그와 같은 사회가 근대의 개인주의와 얼마나 이질적인 것이었는지는 두말할 필요조차 없을 것이다. 오히려 놀라운 것은 그와 같은 사회가 도대체 근대적 개인주의 단계에 이를 수 있던 것이다. 단지 이론 수준뿐만 아니라 사회적 상상계를 변형시키고 그것에 침투하는 차원에서 말이다. 이제 그와 같은 사회적 상상계가 인류 역사상 전례 없는 힘을 가진 사회와 결합하고 있는 이상 그것에 저항하려고 하는 것은 불가능하고 미친 짓처럼 보인다. 하지만 늘 그랬다고 생각하는 시대착오에 빠지지 말아야 한다.

그와 같은 오류를 막는 최고의 해독제는 근대적 개인주의 이론이 우리 상상을 강력하게 지배하기에 이르기까지 걸어온, 종종 갈등으로 점철된 대장정의 몇몇 단계를 다시 한 번 상기하는 것이다.

아래서 논의가 진행되면서 나도 그것에 일정하게 기여해 볼 생각이다. 하지만 현 단계에서는 먼저 지금까지의 논의를 정리하고, 도덕질서에 대한 그와 같은 근대적 이해의 주요한 특징의 개요를 제시하고 싶다.

그와 같은 개요는 세 가지 사항으로 정리할 수 있을 텐데, 나중에 그것에 네 번째 170
사항을 추가할 생각이다.

(1) 상호이익이라는 그와 같은 질서에 대한 최초의 이상화는 권리와 정당한[정통적] 통치에 관한 이론 속에서 등장했다. 그것은 개인에서 출발하며, 사회는 개인을 위해 수립되는 것으로 파악한다. 정치사회는 전-정치적인 것을 위한 도구로 간주된다.

그와 같은 개인주의는 이전까지 지배적이던 위계제적 질서 관념에 대한 거부를 의미했는데, 후자에 따르면 인간 존재는 오직 보다 큰 사회 전체 속에 삽입될 때만 제대로 된 행위 주체가 될 수 있으며, 사회는 위계 간의 상보성을 밝히는 것을 본질 자체로 한다. 원래 형태에서 그로티우스와 로크로 소급될 수 있는 이론은 아리스토텔레스를 가장 두드러진 대표자로 하는 앞서의 모든 이론에 맞서 있었는데, 그것들은 사회 밖에서 인간이 완전한 능력을 갖춘 주체가 될 수 있다는 생각을 부정했다.

앞으로 계속 전진하며 새로운 '개정판'을 내놓게 되면서 그와 같은 구래의 질서 관념은 이번에도 역시 인간을 사회적 존재로, 즉 혼자 힘으로는 도덕적으로 기능할 수 없는 존재로 규정하는 철학적 인간학과 다시 결합하게 되었다. 루소, 헤겔, 마르크스가 보다 초기의 사례를 보여주는데, 오늘날에는 일군의 이론가가 그들을 따르고 있다. 하지만 내가 보기에 그들은 여전히 근대적 관념의 개정판일 뿐이다. 왜냐하면 그들이 질서정연한 사회로 상정하는 것은 평등한 개인 간의 상호부조 관계를 결정적 요소로 포함하기 때문이다. 그것이 목표로, 심지어 '부르주아적 개인'이라는 것은 허구이며, 그와 같은 목표는 오직 공산주의 사회에서만 실현 가능하다고 생각하는 사람에게도 마찬가지이다. 심지어 비록 자연법 이론가들의 윤리 개념과 정반대되며, 실제로는 그들이 거부하는 아리스토텔레스에 오히려 보다 가깝지만 근대적 관념의 핵심은 오늘날의 세계에서도 여전히 이념적 힘을 잃지 않고 있다.

(2) 하나의 도구로 파악된 정치사회가 안전[안보]의 제공 그리고 교역과 번영의 촉진을 통해 개인이 상호이익을 위해 상호부조를 가능하게 해준다. 정치사회 내부의 모든 분화는 그와 같은 목적에 의해 정당화된다. 위계제적 사회 형태건 아니면 그 밖의 다른 형태건 그 자체로 좋은 것이 아니다.

앞서 살펴본 대로 그와 같은 사태전개의 유의의성은, 상호부조가 지고의 미덕의 보장을 목표로 하기보다는 오히려 일상적 삶의 요구에 중점을 둔 데서 찾을 수 있을 것이다. 개인이 자유로운 행위 주체로 생존하기 위해 필요한 조건의 확보를 목표로 하는 것이다. 단 또한 이 측면에서도 이후의 개정판은 수정을 포함했다. 가령 루소에게서는 자유 자체가 미덕의 새로운 정의의 토대가 되고, 진정한 상호이익질서는 자립의 미덕을 보장하는 질서와 분리 불가능해진다. 하지만 루소와 그의 후계자들은 자유, 평등 그리고 일상적 삶의 요구의 충족을 여전히 핵심적으로 강조했다.

(3) 그와 같은 이론은 개인에서 출발하는데, 정치사회는 그것에 봉사해야 한다. 보다 중요한 것은 그와 같은 봉사가 개인의 권리의 옹호라는 측면에서 규정되는 것이다. 그리고 자유가 그와 같은 권리에서 중심적이다. 자유의 중요성은, 정치사회는 자유에 의해 결합된 사람들의 합의 위에 정초되어야 한다는 요구에 의해 입증된다.

그와 같은 이론이 효력을 발휘하게 된 맥락을 성찰해보면 자유를 중심적인 것으로
171 강조하는 입장이 중층결정되었음을 인식할 수 있다. 상호이익질서는 구축되어야 할 이상이었다. 그것은 안정된 평화를 확립하고, 이후 평화의 규범에 더 잘 부합하도록 사회를 개조하려는 사람들에게 지침이 되었다. 그와 같은 이론의 지지자들은 거리를 둔, 규율훈련된 행동을 통해 보다 규모가 큰 사회질서뿐만 아니라 자기 자신의 삶을 개혁할 수 있는 행위 주체를 이미 자임했다. 그들은 완충재로 덮인, 규율훈련된 자아였다. 자유

로운 행위 주체라는 것이 그들의 자기 이해에서 중심적이었다. 권리의 강조, 그중에서도 자유를 가장 중시하는 태도는 사회는 구성원의 이익을 위해 존재해야 한다는 원리에서만 유래하는 것이 아니었다. 그것은 또한 나는 나의 행위에 대한 주체성을 갖고 있다는 권리 보유자의 감각, 또 행위 주체가 세계 속에서 규범으로 요구하는 상황, 즉 자유를 갖고 있다는 감각을 반영했다.

따라서 여기서 작동하는 윤리는 이상적 질서의 요구라는 측면에서만큼이나 행위 주체를 둘러싼 조건이라는 측면에서도 규정되어야 한다. 그것을 자유와 상호이익의 윤리로 파악하는 것이 최선일 것이다. 앞의 표현에 포함된 두 용어, 즉 자유와 상호이익이 본질적이다. 그와 같은 윤리에서 비롯된 정치이론에서 합의가 그토록 중요한 역할을 하게 되는 것은 이 때문이다.

지금까지의 논의를 요약해 이렇게 말할 수 있을 것이다. (1) 상호이익질서는 개인(또는 적어도 보다 큰 위계제적 질서로부터 독립된 도덕적 행위자) 사이에서 성립된다. (2) 그와 같은 혜택이 핵심적으로 포함하는 것은 생명과 생명 유지 수단이다. — 그와 같은 수단의 보장이 미덕의 실천에 어떤 관계를 맺고 있건 말이다. 그와 같은 질서는 (3) 자유를 보장하기 위한 것으로, 권리 측면에서 쉽게 표현된다. 여기에 네 번째 사항을 덧붙일 수 있을 것이다. (4) 그와 같은 권리, 그와 같은 자유, 그와 같은 상호이익은 모든 참가자에게 평등하게 보장되어야 한다. '평등'이 정확히 무엇을 의미하는지는 가변적일 수 있지만 그것이 어떤 형태로건 긍정되어야 함은 위계제적 질서를 거부하는 입장에서 나온다. 그것들이 결정적 특징으로, 다양한 '개정판'을 거치면서도 근대적 도덕질서 관념에서 반복적으로 등장하는 상수들이다.

2 '사회적 상상계'란 무엇인가?

앞의 여러 페이지에서 몇 차례 '사회적 상상계'라는 단어를 사용해왔다. 이 말이 의미하는 바를 좀 더 명확히 해야 할 때가 된 것 같다.

내가 앞의 용어로 포착하려고 시도하는 것은 사회 현실을 거리를 둔 방식으로 생각할 때 사용하는 이론적 틀보다 훨씬 더 폭넓고 심오한 것이다. 오히려 내가 생각하는 것은 사회적 실존에 관해 사람들이 상상하는 방식이다. 즉 어떻게 다른 사람들과 잘 공존할 것인가, 다른 사람들과의 관계는 어떻게 해야 할까 등이 그것이다. 통상 우리가 충족시켜야 하는 기대 그리고 그와 같은 기대의 토대에 놓인 보다 심오한 규범적 개념과 이미지가 그것이다.

여기서 사회이론보다는 '사회적 상상계'라는 용어를 사용하고 싶은 것은 둘 간에 중요한 차이가 존재하기 때문이다. 실제로 몇 가지 차이가 있다. '상상계'라고 말하는
172 것은 (i) 보통 사람이 사회 환경에 대해 '상상하는' 방법에 대해 말하기 때문인데, 그것은 종종 이론적 용어가 아니라 이미지, 이야기, 전설 등에 담겨 있다. 하지만 게다가 종종 (ii) 이론은 소수에만 속하는 반면 사회적 상상계에서 흥미로운 것은 그것이 사회 전체까지는 아니지만 대다수 사람에 의해 공유되는 것이기 때문이다. 그것은 세 번째 차이로 이어진다. (iii) 사회적 상상계란 공동의 실천과 널리 공유된 정통성의 감각을 가능하게 해주는 공동의 이해이다.

그런데 소수가 주장하는 이론으로부터 출발되었던 것이 아마 우선 엘리트부터 시작해 점차 사회 전체로 확산되면서 사회적 상상계에 침투하게 되는 일이 종종 일어난다. 그로티우스와 로크의 이론에서 일어난 일이 대체로 그에 해당될 수 있을 것이다. 다만 그와 같은 침투 과정에서 많은 변형이 일어나고, 그로부터 생겨난 최종 형태는 상당히 다양했지만 말이다.

사회적 상상계는 어느 시대 것이건 복잡하다. 그것은 우리가 서로에 대해 당연히 품고 있는 기대에 대한 감각을 구체화한다. 우리의 사회적 삶을 구성하는 집단적 실천을 수행할 수 있도록 해주는 것과 같은 종류의 공동의 이해를 말이다. 공동의 관행[실천]practice을 실천하는 데서 모두 어떻게 서로 잘 협력할 수 있을까에 대한 모종의 감각이 구체화된다. 그와 같은 이해는 사실에 입각한 것인 동시에 '규범적'인 것이기도 하다. 즉 우리는 한편으로는 보통 일이 어떻게 진행되는지에 대해 이해하고 있지만 다른 한편으로 그와 같은 이해는, 일이 어떻게 진행되어야 하는지, 어떤 실수가 그와 같은 관행을 망쳐버릴지에 대한 생각과 복잡하게 뒤엉켜 있다. 총선거를 통해 정권을 선택하는 우리 관행을 예로 들어보자. 각자에게 투표 행위를 이해할 수 있도록 해주는 배경이

해는 부분적으로는 그와 같은 행위 전체를 우리가 인식하고 있다는 것으로 이루어진다. 즉 모든 시민이 참가하며, 각자가 개별적으로 선택하지만 동일한 선택지에서 그렇게 하며, 개인의 그와 같은 미시적 선택을 하나로 뭉쳐 하나의 구속력 있는 집단적 결정에 이른다는 것을 말이다. 그와 같은 종류의 거시적 결정과 관련된 사항을 이해하는 데서는 부정으로 간주될 수 있는 행동 — 모종의 영향력 행사, 매표買票, 협박 등 — 을 명확히 지적할 수 있는 우리 능력이 핵심적이다. 다시 말해, 그와 같은 종류의 거시적 결정은 소정의 목적을 충족시키려면 몇 가지 규범을 충족시켜야 한다. 가령 소수가 다른 모든 사람에게 본인 명령을 따르도록 강요한다면 그것은 민주적 결정이 아니게 될 것이다.

그런데 그와 같은 규범 이해 속에는 이상적 사례를 인식할 수 있는 능력이 함축되어 있다. 이상적 상황이란 가령 선거로 말하자면, 각각의 시민이 자율적으로 자기 판단을 최대한 행사하고, 모든 사람의 목소리가 경청되는 상황을 말한다. 게다가 그와 같은 이상의 배후에는 일정한 도덕적 또는 형이상학적 질서 관념이 자리 잡고 있는데, 그것의 맥락에서 규범과 이상은 비로소 의미를 갖게 된다.

내가 사회적 상상계라고 부르고 있는 것은 특정 실천에 의미를 부여하는 직접적 배경이해를 넘어선다. 그것은 결코 개념의 자의적 확장이 아닌데, 배경이해가 결여된 실천이 우리에게는 아무 의미도 없고, 따라서 불가능한 것과 똑같이 그와 같은 이해는 의미가 있으려면 우리가 처한 상황 전체를 보다 포괄적으로 파악하고, 우리가 서로 어떤 관계를 맺고 있는지, 우리가 어떻게 현재 상황에 이르게 되었는지, 다른 집단과는 173
어떤 관계를 맺고 있는지 등을 인식할 것이 전제되기 때문이다.

그처럼 보다 폭넓은 해석에는 명확한 한계가 없다. 바로 거기에 몇몇 현대 철학자가 "배경background"[12]이라고 불러온 것의 본질이 있다. 즉 실제로는 우리 상황 전체와 관련해 대체로 구조화되지 않고, 명확하게 표현되지 않은 이해가 그것으로, 그것의 틀 안에서 우리 세계의 개별적 특징이 고유의 의미 속에서 우리에게 모습을 드러낸다. 그

12 아래 논의를 보라. Hubert Dreyfus, *Being in the World*(Cambridge, Mass.: MIT Press, 1991)와 John Searle, *The Construction of Social Reality*(New York: The Free Press, 1995). 두 저자는 하이데거, 비트겐슈타인, 폴라니의 논의에 기대고 있다.

와 같은 이해는 지극히 무한정하고 불확실한 성격 때문에 명확한 교의 형태로는 결코 적절히 표현될 수 없을 것이다. 그것이 여기서 이론이 아니라 '상상계'에 대해 말하는 또 다른 이유이다.

따라서 실천과 그것의 배후에 있는 배경이해 간의 관계는 일방적이지 않다. 만약 배경이해가 실천을 가능하게 만든다면 대체로 그와 같은 이해를 담지하는 것이 실천인 것 또한 사실이다. 어느 시대건 사회의 특정 집단 맘대로 사용할 수 있는 집단적 행위의 '레퍼토리'가 존재한다고 말할 수 있을 것이다. 사회 전체가 관여하는 총선거부터 영빈관에서 우연히 알게 된 사람과 정중하지만 큰 의미는 없는 대화를 트는 법을 배우는 것에 이르기까지 사람들이 어떻게 수행해야 할지를 아는 공동의 행위가 그것이다. 누구에게, 언제, 어떻게 말을 걸어야 할지를 알기 위해 필요한 사리분별은 어떤 종류의 사람과 어떤 상황에서, 어떤 방식으로 어울려야 하는지를 보여주는 이른바 사회공간의 '지도'를 은밀히 수반한다. 만약 상대방이 모두 나보다 사회적 지위가 높거나 관료조직에서 상급자이거나 여성만 있을 경우 아마 나는 대화의 물꼬를 트지 않을 것이다.

사회공간에 대한 그와 같은 암묵적 이해는 그것에 대한 이론적 기술과는 다른데, 후자는 상이한 종류의 사람을 그리고 각자와 관련된 규범을 구분하는 데 기여하기 때문이다. 실천 속에 함축된 이해가 사회이론과 맺는 관계는 익숙한 환경 속에서 자유롭게 움직일 수 있는 나의 능력이 해당 지역의 (실제/말 그대로의) 지도와 맺는 관계와 동일하다. 나는 지도를 사용해 지역 전체를 전혀 개관하지 않고도 얼마든지 충분히 올바른 방향을 잡아나갈 수 있을 것이다. 마찬가지로 우리는 인류사와 사회적 삶의 대부분에서 [거대 이론에 의한] 전체상의 파악이라는 이점 없이도 공동의 레퍼토리를 이해함으로써 얼마든지 해나갈 수 있을 것이다. 인간은 자기 자신에 대한 이론화 작업에 착수하기 훨씬 이전부터 사회적 상상계를 이용해왔다.13

13 사회적 상상계가 이론적으로 파악되어온 것(심지어 이론적으로 파악될 수 있는 것)을 훌쩍 넘어서는 방식은 사회적 신뢰의 경제학에 대한 후쿠야마의 흥미로운 논의에서 예시되고 있다. 가족의 범위를 훌쩍 뛰어넘는 신뢰 분위기가 부재하거나 약하기 때문에 일부 경제는 대규모의, 하지만 국가와는 무관한 기업을 세우는 것을 어려워한다. 그와 같은 사회에서 사회적 상상계는 경제와 관련된 구별, 즉 친족과 비친족 간의 구별을 표시하는데, 그것은 그와 같은 사회에 속한 사람을 포함해 우리 모두가 공유하는 경제 이론에서 대부분 간과되어왔다. 정부는 어떤 규모건 기업을 세우는 것이 사회의 레퍼토리 속에 들어 있으며, 단지 격려만 필요로 한다는 가정에서 출발해 정책, 법적 변화와 인센티브 등을 받아들이도록 유도될 수

여기서 또 다른 사례가 그와 같은 함축적 이해가 얼마나 넓게, 얼마나 깊이 도달할 수 있는지를 보다 뚜렷하게 보여주는 데 도움이 될 수 있을 것이다. 가령 시위를 조직한다고 하자. 그것은 시위라는 행위가 우리의 레퍼토리 속에 이미 들어 있음을 의미한다. 즉 우리는 어떻게 모이고, 플래카드를 들고, 행진하는지를 안다. 게다가 시위가 — 공간적 측면(특정 공간에는 침입하지 않는다)뿐만 아니라 타자에게 영향을 주는 방법 측면(공격성의 문턱의 이쪽에 머물러야 한다. — 폭력은 배제된다) 모두에서 — 일정한 한계 안에 머물러 있어야 함도 안다. 우리는 시위라는 의례를 이해하고 있는 것이다.

우리에게 시위라는 행위를 가능하게 해주는 배경이해는 복잡하다. 하지만 그와 같은 행위는 우리 자신에 대한 하나의 상에 의해, 즉 다른 사람들과 말하고, 그들과 특정한 관계 — 가령 동포나 인류의 구성원 — 를 맺는 사람이라는 상을 통해 부분적으로 이해 가능해진다. 여기에는 언어 행위가 존재하는데, 말하는 자와 듣는 자가 존재하고, 174
그와 같은 관계 속에서 서로가 어떻게 관계를 맺느냐가 나름대로 이해된다. 공적 공간이 존재한다. 그리고 우리는 이미 서로 모종의 대화를 나누고 있다. 그와 같은 대화는 모든 언어 행위와 마찬가지로 앞으로 말해질 말을 기대하면서 전에 말해진 말에게 말을 건넨다.[14]

언설 형태는 우리가 화자로서 청자와 맺는 관계에 대해 무엇인가를 말해준다. 그와 같은 사례에서 그와 같은 행동은 효과를 동반한다. 그것은 감명 깊은 것이어야 하며, 심지어 우리 메시지를 제대로 듣지 않을 경우 모종의 후과가 따르리라고 위협하기까지 하게 된다. 하지만 그것은 또한 설득하기 위한 것이기도 하다. 이 경우에는 폭력적 행위로 넘어가지 않는다. 듣는 사람을 이치를 따져가며 설득할 수 있고, 설득해야 하는 사람으로 생각하는 것이다.

우리가 하는 행동 — 예산삭감을 멈추어야 한다는 메시지를 정부와 동료 시민에게

있을 것이다. 하지만 상호 의존성의 날카로운 경계선이 가족을 둘러싸고 있다는 감각이 그와 같은 레퍼토리를 심각하게 제한할 수 있을 것이다. 사업 방식을 바꾸는 쪽이 더 나으리라는 것이 사람들에게 아무리 많이 이론적으로 입증되더라도 말이다. 사회 공간과 관련해 함축된 '지도'에는 길게 갈라진 깊은 틈이 존재하는데, 그것은 더 나은 이론에 의한 수정 범위를 넘어 문화와 상상계의 깊은 곳에 닻을 내리고 있다. 후쿠야마, 『트러스트』를 참조하라.

14 Mikhail Bakhtin, *Speech Genres and Other Late Essays*(Austin: University of Texas Press, 1986).

전달하는 것 등 — 의 직접적 의미는 보다 광범위한 맥락 속에서, 즉 우리가 — 우리 자신이 보기에는 — 다른 사람들과 지속적 관계를 맺고 있으며, 가령 겸손하게 애원하거나 무장봉기를 하겠다고 위협하지 않고 그와 같은 식으로 말하는 것이 적절한 맥락 속에서 이해 가능해진다. 우리는 그와 같은 종류의 시위는 안정된, 질서정연한 민주사회에서는 통상적인 일이라는 말로 이 모든 일이 별일 아니라고 서둘러 넘어갈 수도 있을 것이다.

하지만 그렇다고 해서 앞의 말이 그렇게 할 수 있는 사례 — 1986년의 마닐라의 민중혁명, 1989년의 〈천안문사태〉 — 즉 무장봉기가 완전히 정당화될 수 있는 사례가 존재하지 않는다는 의미는 아니다. 그러나 엄밀히 말하자면, 그와 같은 상황에서 그와 같은 종류의 행위의 의미는 민주주의로의 이행을 가능하게 해줄 것을 전제정부에게 요구하는 데 있다.

여기서 우리는 우리가 현재 행하고 있는 것에 대한 우리 이해(그것 없이 우리는 그와 같은 행동을 하고 있을 수 없을 것이다)는 우리가 처한 상황 전체 — 우리가 다른 사람들 및 국가와 지속적으로 관계를 맺고 있거나 맺어온 방식 — 를 이해하고 있기 때문에 특수한 의미를 갖게 됨을 이해할 수 있을 것이다. 그것을 통해 다시 공간과 시간 속에서의 우리 위치라는 측면에서 보다 포괄적인 전망이 열리게 된다. 우리가 다른 국가 및 국민과 맺는 관계에 그것이 해당되는데, 가령 우리가 모방하려고 노력하는 민주주의적 삶 또는 벗어나려고 하는 전제정치라는 외적 모델 측면에서 말이다. 더 나아가 그것은 우리 자신의 역사 속에서의 우리 위치, 우리가 어떻게 오늘날의 우리가 되었는지에 대한 서사에도 해당되는데, 앞의 서사를 통해 우리는 평화시위를 할 수 있는 능력을 우리 조상들이 힘들게 쟁취한 민주주의의 성취 또는 그와 같은 공동의 행위에 의해 획득할 수 있는 가능성으로 인식할 수 있게 된다.

국제적 측면뿐만 아니라 역사적 측면에서 특정한 자리를 차지하고 있다는 그와 같은 감각은 1989년의 〈천안문사태〉의 경우에서 볼 수 있는 대로 〈프랑스혁명〉에 대한 참조나 〈자유의 여신상〉을 통한 미국 사례의 '인용' 등 시위의 도상학 자체에 의해 환기될 수 있을 것이다.

어떤 행위를 이해할 수 있도록 만들어주는 배경은 그처럼 넓고 깊다. 그와 같은 배경은 세계에 존재하는 모든 것을 포함하는 것은 아니지만 의미를 부여하는 특징을 한정할 수는 없을 것이다. 바로 그렇기 때문에 또한 의미 부여는 우리 세계 전체에 의거한다고 말할 수 있을 것이다. 시간과 공간 속에서 그리고 다른 사람들 사이에서, 역사 속에서 우리가 처한 상황 전체에 대한 우리 감각에 말이다.

그런데 그처럼 보다 광범위한 배경의 중요한 일부가 필자가 위에서 도덕질서 감각 175
이라고 부른 것이다. 앞의 말로 필자가 의미하는 것은 단지 우리의 사회적 실천의 토대를 이루며, 그와 같은 실천을 가능하게 만들어주는 직접적 이해의 일부를 이루는 규범에 대한 이해 이상의 것이다. 앞서 말한 대로 또한 그와 같은 규범을 실현 가능하게 만들어주는 것에 대한 감각도 있어야 한다. 그와 같은 감각 또한 행위 맥락에 본질적인 일부이다. 사람들은 불가능한 것을 위해, 유토피아적인 것을 위해 시위하지 않는다.[15] — 또는 만약 그와 같은 시위를 한다면 그와 같은 사실 때문에 그것은 다소 다른 행위가 될 것이다. 우리가 천안문에서 행진했을 때 우리가 말한 것의 일부는 (지금보다 다소) 민주적인 사회가 우리에게, 우리의 장로 정치를 지배하는 통치자들의 회의주의에도 불구하고 실현 가능하다는 것이다.

그와 같은 자신감의 근거가 되는 것 — 가령 우리는 인간으로서 함께 민주적 질서를 유지할 수 있고, 그것은 우리의 인간적 가능성의 범위 내에 있다는 희망 — 에는 우리로 하여금 인간의 삶과 역사를 이해할 수 있도록 해주는 도덕질서에 대한 이미지들이 포함된다. 지금까지 말해온 것으로부터 도덕질서에 대한 우리의 이미지는 비록 우리 행동 중 일부를 이해 가능하게 만들어주지만 반드시 현상유지의 경향을 띠지는 않는다는 것이 분명해져야 할 것이다. 기존질서를 지지할 수 있는 것과 마찬가지로 마닐라와 베이징 사례에서 볼 수 있듯이 혁명적 실천의 토대를 이룰 수도 있을 것이다.

이제 아래 논의에서는 도덕질서에 관한 근대적 이론이 서서히 우리의 사회적 상상

15 그렇다고 해서 그것이 유토피아는 자체에 고유한 종류의 가능성과는 무관함을 의미하지 않는다. 그것은 먼 나라나 오늘날에는 모방할 수 없는, 아마 결코 모방할 수 없을 먼 미래 사회를 묘사할 수 있을 것이다. 하지만 인간 본성 속에 들어 있는 한 그것은 실제로는 가능하다는 것이 기본적인 생각이다. 모어의 저서의 화자가 생각하는 것이 바로 그것이다. 그에 따르면 유토피아의 주민들은 본성에 따라 산다(Bronislaw Baczko, *Les Imaginaires Sociaux*[Paris: Payot, 1984], p. 75). 그의 저서 그리고 일군의 다른 '유토피아적' 저술을 위한 모델 중 하나를 제공한 플라톤 또한 비슷한 생각이었다.

계 속에 침투해 그것을 변형시켜 나가는 전환 과정의 개요를 제시하려고 한다. 그와 같은 과정에서 본래 단지 하나의 이상화에 불과했던 것이 수용되어 사회적 실천 — 부분적으로는 전통적인 것이지만 종종 접촉에 의해 변형된다 — 과 결합됨으로써 복합적 상상계로 발전해간다. 그것이 위에서 내가 도덕질서의 이해의 확장이라고 부른 것에 대해 결정적 의미를 갖는다. 우리 상상계로의 그와 같은 침투/변형이 없었다면 근대적 도덕질서가 우리 문화의 지배적인 견해가 될 수 없을 것이다.

그와 같은 종류의 이행이 가령 우리의 근대세계를 정초한 위대한 혁명, 〈아메리카 혁명〉과 〈프랑스혁명〉에서 발생했음을 알 수 있다. 전자의 사례에서는 이행이 훨씬 더 원활히 진행되어 그다지 파국적 양상을 보이지 않았는데, 인민주권의 이상화가 인민에 의한 의회 선출이라는 기존의 실천과 비교적 문제없이 결합되었기 때문이다. 반면 후자의 사례에서는 동일한 원리를 합의에 기초한 일련의 안정된 실천으로 '번역'하지 못한 것이 한 세기 이상에 걸쳐 갈등과 불확실성이 발생한 주요 원천이 되었다. 하지만 이 두 위대한 사건 모두에서 이론의 역사적 우위에 대한 모종의 자각이 존재했다. '혁명'이라는 근대적 이념에서는 그와 같은 자각이 핵심적 의미를 갖는데, 그에 따라 우리는 합의된 원리에 따라 정치적 삶의 재편에 착수하게 된다. 그와 같은 '구성주의constructivism'가 근대의 정치문화의 중심적 특징이 되었다.

어떤 이론이 사회적 상상계에 침투해 변형시킬 때 정확히 무엇이 그것에 영향을 미칠까? 아마 대체로 우리는 새로운 실천을 인수하고, 즉흥적으로 만들어내고, 그것으로 인도될 것이다. 그와 같은 실천은 새로운 견해에 의해 이해 가능해지게 되는데, 그와 같은 견해는 처음에는 이론 속에서 분절화된다. 앞의 견해가 실천에 의미를 부여하는
176 맥락을 제공한다. 그리고 그리하여 새로운 이해가 전례 없는 방법으로 참가자에게 접근 가능해진다. 이제 그처럼 새로운 이해가 사회의 윤곽을 정의하기 시작하고, 결국 입 밖에 낼 필요도 없을 만큼 자명한 체계로 간주되기에 이른다.

하지만 그것은 결코 일방향적인 것, 즉 이론이 사회적 상상계를 변형시키는 과정이 아니다. 행위의 의미를 이해 가능하게 만들어주는 과정에서 이론에도 또한 말하자면 '주해'가 달리는 것이다. 즉 그와 같은 실천의 맥락으로서 특정한 형태가 주어진다. 마치 칸트의 추상 범주라는 개념이 시간과 공간 속의 현실에 적용될 때 '도식화'되는 것

과 다소 비슷하게[16] 이론은 공동의 실천이라는 조밀한 영역 속에서 도식화된다.

그와 같은 과정이 여기서 끝날 필요는 없다. 새로운 실천이, 그것이 낳게 되는 암묵적 이해와 함께 이론의 수정을 위한 토대가 될 수 있을 것인데, 그런 다음에는 그와 같은 수정이 실천을 변경할 수 있게 된다 등.

내가 '대장정'이라고 부르는 것은 새로운 실천 또는 낡은 실천의 수정이 다양한 방식으로 이루어지게 되는 과정을 말한다. 많은 경우 그것은 몇몇 집단과 인구의 몇몇 계층의 자발적 행동(가령 18세기의 교양엘리트가 창출한 공적 공간이나 19세기의 노동자들이 만들어낸 노동조합)을 통해 발전되거나 또 그와 다른 경우에는 엘리트가 착수한 다음 점점 더 기반을 확대해나간다(가령 자코뱅파에 의한 파리의 '지부section'의 조직화). 또 다른 가능성으로는 일군의 실천이 점차 발전하면서 분기되는 과정에서 서서히 사람들에 대해 갖게 되는 의미를 바꾸고, 그리하여 새로운 사회적 상상계('경제')를 구성하는 데 일조하게 되었다. 그 결과 이 모든 경우 서양 사회, 그리하여 우리가 사는 세계의 사회적 상상계가 심오하게 변형되었다.

3 객관화된 현실로서의 경제

실제로 이 시론에서 다루고 싶은 사회의 자기 이해에는 세 가지 중요한 형태가 존재한다. 그것들은 근대의 발전에 핵심적인 의미를 갖고 있으며, 각각은 사회적 상상계가 그로티우스적-로크적 도덕질서 이론에 의해 어떻게 침투되고 변형되는지를 보여준다. 각각 (1) '경제', (2) 공론장, (3) 민주주의적 자치의 실천 및 그에 대한 견해가 그것이다.

(1)부터 시작하자. 이 형태는 분명히 상업사회 속에 정초된 '세련된' 문명의 자기 이해와 관련되어 있다. 하지만 그와 같은 이해의 뿌리를 앞으로 한참 더 소급해 그로티우스-로크로 거슬러 올라가는 질서 관념 자체에서 찾을 수 있을 것이다.

이미 언급한 대로 그처럼 새로운 질서 관념은 코스모스는 신의 섭리의 작품이라는

16 칸트, 최재희 역, 『순수이성비판』, '순수 오성 개념의 도식성', 박영사, 167~173페이지.

이해의 변화를 수반했다. 실제로 우리는 여기서 새로운 질서 모델, 즉 원래의 틈새를 넘어서며 신의 섭리에 의한 통치라는 이미지를 재형성하는 모델의 최초의 사례 중 하나를 보고 있다.

신이 선한 계획에 따라 세계를 다스린다는 관념은 고대에 나타난 것으로, 심지어 기독교의 등장 이전부터 있어온 것으로 스토아주의뿐만 아니라 유대교에 기원을 두고 있다. 새로운 점은 신의 선한 계획에 대한 해석 방법에 있다. 세계의 설계로부터 선한
177 창조주 신의 존재를 유추하는 논증 방식에서 그것을 볼 수 있다. 그와 같은 종류의 논의 또한 매우 오래전부터 존재해왔다. 하지만 이전에 그와 같은 논의에서는 별들과 행성 등을 포함한 우리 세계가 배치되어 있는 틀 전체가 강조되었다. 그런 다음에는 한편으로는 주어진 기능에 딱 맞추어 작용하는 기관을 갖춘 인간 자신을 포함해 피조물의 경탄할 만한 미시적 설계가 강조되었으며, 다른 한편으로는 생명의 과정이 자연의 과정에 의해 유지되는 일반적 형태가 강조되었다.

물론 그와 같은 생각들은 이후에도 계속 대변되었지만 18세기에 인간의 삶이 상호 이익을 창출하기 위해 설계되었는다는 식으로 '설계'의 지위가 격상되었다. 종종 상호적 선의가 강조되는 경우도 있었지만 많은 경우 '보이지 않는 손'과 같은 유형의 요인이 행복한 계획에 대해 책임이 있는 것으로 간주되었다. 내가 말하는 것은 '미리 프로그램화된' 행위와 태도로, 체계적으로 일반적 행복을 위한 유익한 결과를 가져올 것이다. 비록 그와 같은 결과가 원래 행동 속에서 의도되거나 이런저런 태도 속에서 긍정된 것은 아니었더라도 말이다. 스미스는 『국부론』에서 그와 같은 메커니즘 중 가장 유명한 사례를 제공하는데, 그에 따르면 우리 자신의 개인적 번영을 추구하는 것이 일반적 복리에 유용하다. 하지만 또 다른 사례도 존재한다. 가령 스미스의 『도덕감정론』에서 사례를 하나 들 수 있을 텐데, 거기서 그는 자연은 우리로 하여금 지위와 부를 크게 찬양하도록 만들었다고 주장한다. 왜냐하면 미덕과 지혜처럼 보다 덜 눈에 띄는 성질보다는 그처럼 눈에 띄는 특징에 대한 존경에 기반하는 경우 사회질서가 훨씬 더 안정되기 때문이다.[17]

17 Leslie Stephen, *History of English Thought in the 18th Century*(Bristol: Thoemmes, 1997), 2권, 72페이지.

거기서 말하는 질서란 정교한 공학적 설계의 그것으로, 작용인이 핵심적 역할을 한다. 이 점에서 사회 속의 상이한 수준의 존재나 계층에서 드러나는 이데아나 형상 간의 일치로부터 조화가 생긴다고 보는 이전의 질서 관념들과는 다르다. 새로운 질서 관념에서 결정적인 것은 각자가 의식적으로 인식하는 내용에서는 아무리 서로 다르더라도 우리 목적이 서로 맞물려 있는 점이다. 상호이익의 교환 속으로 우리를 끌어들이는 것이다. 우리는 부자와 태생이 좋은 자를 존경하고 지지하며, 대신 안정적 질서와 같은 종류의 것을 누리는데, 그것 없이 번영은 불가능할 것이다. 따라서 설계는 조화된 의미들의 설계가 아니라 상호 맞물린 원인들의 그것이다.

달리 표현하자면, 인간은 유용한 용역의 교환에 종사한다. 우리가 경제라고 부르게 된 것이 기본 모델이게 된 것 같다.

섭리에 대한 그와 같은 새로운 이해는 로크가 『통치론』에서 자연법 이론을 정식화하는 방식에서 이미 명료하게 찾아볼 수 있다. 거기서 새로운 질서 개념 속에서 경제적 차원이 얼마나 큰 중요성을 띠어가고 있는지를 이미 볼 수 있을 것이다. 그와 같은 사태는 두 가지 요소를 갖고 있다. 조직화된 사회의 두 가지 주요한 목표는 안전[안보]과 경제 번영이다. 하지만 이론 전체가 일종의 유익한 교환을 강조하기 때문에 정치사회 자체를 준-경제적 은유를 통해 바라보기 시작할 수 있을 것이다.

가령 바로 루이 14세처럼 지체 높은 사람도 황태자에게 조언하면서 교환설과 비슷한 생각에 동의한다.

> 세계를 구성하는 이 모든 상이한 신분은 상호 의무의 교환에 의해서만 서로 결합되어 있다. 178
> 우리가 신민으로부터 받는 경의와 존중은 무상의 선물이 아니라 그들이 우리에게서 받기를 기대하는 정의와 보호에 대한 보상이다.[18]

참고로 앞의 말은 상호이익질서부터 우리의 사회적 상상계에 이르는 대장정에서

18 *Mémoires*, p. 63(Nanerl Keohane, *Philosophy and the State in France*[Princeton: Princeton University Press, 1980], p. 248에서 재인용).

— 나중에 판명되기로는 — 중요한 이행 단계에 대한 모종의 통찰을 제공해준다. 그것은 명령과 위계제에 기반한 질서와는 경쟁 관계에 놓인 모델이었다. 루이 14세와 그의 시대가 제공하고 있던 것은 신구 질서 간의 일종의 타협으로 간주될 수 있을 것이다. 서로 다른 기능(여기서는 지배자와 신민)을 정당화하는 기본 논거는 새로운 것이었다. 즉 용역의 필연적이고 유익한 교환이 그것이었다. 하지만 정당화되는 것은 아직도 위계제적 사회이며, 특히 절대군주와 신민이라는 가장 근본적인 위계제적 관계였다. 정당화는 점점 더 기능적 필연성이라는 관점에서 이루어졌지만 군주의 이미지는 아직도 고유한 우수성, 존재론적 위계제와 비슷한 어떤 것을 반영했다. 만인지상인 국왕은 사회를 하나로 묶고, 모든 것을 유지할 수 있다. 루이 14세가 좋아한 이미지를 사용하자면 국왕은 태양 같은 존재다.[19]

그와 같은 생각을 "바로크적"[20] 해법이라고 부를 수 있을 것이다. 비록 그것의 가

19 Keohane, *Philosophy and the State*, pp. 249-251.

20 물론 그처럼 다소 경박한 암시 뒤에는 광범위한 영역에 걸친 복잡한 명제가 놓여 있다. 기본적인 생각은 이렇다. 즉 바로크문화는 행위 주체를 내적으로, 제작적인 질서 구축 능력으로 보는 근대적 이해 그리고 세계를 형상에 의해 형성된 코스모스로 보는 보다 오래된 이해 간의 일종의 종합이라는 것이다. 뒤돌아볼 때, 그와 같은 종합은 불안정하고, 다른 것으로 대체될 운명이었던 것 같다(실제로도 그렇게 되었다).

하지만 진실이 무엇이었건 우리는 기존하는 위계제적 질서 그리고 구성적 행위를 통해 그와 같은 질서를 지속시키고 완성하며, 그리하여 자력으로 행동하며, 이 측면에서 위계제 바깥에 위치하며, 따라서 평등하다고 자기를 이해하는 경향이 있는 행위 주체 간의 일종의 구성적 긴장을 바로크문화 속에서 찾아 볼 수 있을 것이다. 따라서 앞서 인용한 루이 14세의 것에서 볼 수 있는 대로 혼합된 정식화가 등장하게 된다.

뒤프레 저서 *Passage to Modernity*(New Haven: Yale University Press, 1993), pp. 237-248에서 이루어지고 있는 바로크예술에 대한 매우 흥미로운 기술에서 많은 것을 배웠다. 그는 바로크에 대해 인간 행위 주체 그리고 그가 동원되며, 그와 같은 행위 주체에 의해 생성된 의미가 우리가 세계 속에서 발견하는 의미와 모종의 관계를 발견할 수 있는 세계 간에 '최후의 광범위한 타협'이 이루어진 시대라고 말한다. 하지만 그것은 긴장과 갈등으로 가득 찬 종합이다.

그와 같은 긴장과 관련해 바로크교회에서는 정적 질서로서의 코스모스보다는 권능과 선의를 코스모스 속에서 표현하는 신에 초점을 맞추었다. 하지만 그처럼 위에서 내려오는 권능은 인간적 행위 주체에 의해 받아들여져 계속 촉진되는 가운데 "별도의 권력의 중심으로 파악되는 신성한 질서 그리고 인간적 질서 간의 근대적 긴장"(226페이지)을 만들어냈다.

뒤프레 주장에 따르면 바로크문화는 "포괄적인 영=정신적 비전에 의해 통일되어 있었다. …… 그것의 중심에는 막 탄생하던 세계에 형태와 구조를 부여할 수 있는 능력을 갖고 있다고 확신하는 사람person이 서 있었다. 하지만 — 그리고 거기에 그것의 종교적 유의의성이 존재했는데 — 그와 같은 중심은 실제로는 인간적 창조자가 위에서 아래로 내려가면서 단계가 하나씩 떨어지는 매개체를 경유해 힘을 끌어오는 초월적 원천과 연결된 채 있었다. 그와 같은 이중적 중심 — 인간과 성스러운 것 — 이 그와 같은 바로크적 세계상을 중세의 수직적 세계상과 구분해주는데, 중세적 세계상에서 실재는 단일한 초월적 점에서

장 장대한 사례인 베르사유궁은 '고전' 양식을 의도했던 것이긴 하지만 말이다. 바로 그와 같은 타협이 한동안 대부분의 유럽을 지배하면서 위계제적 상보성의 화려함과 의례, 상상계를 대대적으로 동원해 앙시앵레짐을 유지했지만 정당화 논리는 점점 더 근대적 질서에 기반하게 되었다. 루이 14세의 절대주의적 통치에 대한 보쉬에의 옹호론도 동일한 음역에 속했다.

하지만 둘째로, 경제는 은유 이상의 것이 될 수 있었다. 그것은 점차 사회의 지배적인 목적으로 간주되게 되었다. 루이 14세가 조언을 위해 회고록을 쓴 것과 거의 같은 시기에 몽크레티앙Antoine de Montchrétien은 경제를 번영하게 할 수 있는 주도면밀한 계획을 짤 수 있는 권력으로 국가를 파악하는 듯한 국가론을 제시했다(참고로 그가 '정치경제학'이라는 말을 만들어낸 것으로 간주된다). 상인은 이득을 얻기 위해 행동하지만 지배자(즉 눈에 보이는 신의 손)에 의한 선정은 그와 같은 행위를 공동선으로 이끌 수 있다.[21]

이 두 번째 전환은 앞서 소묘한 근대적 질서의 (2)의 특징을 반영한다. 즉 우리가 서로에게 베푸는 상호이익은 생명과 생계수단 확보에 각별한 위치를 부여했다. 그것은 섭리론 내부에서만 일어난 변화가 아니었다. 시대의 주요한 추세에 수반된 것이었다.

그와 같은 추세는 3장에서의 논의에서 언급한 표준적인 '유물론적' 설명으로 종종 이해된다. 가령 구식 마르크스주의적 설명이 그것인데, 그에 따르면 산업계급과 상인, 보다 이후에는 제조업자 숫자가 늘어나고 보다 큰 권력을 얻게 된다. 심지어 그와 같은 수준에서조차 그와 같은 설명은 계속 변하는 국가권력의 요구를 참조해 보완될 필요가 있다. 생산의 증대와 유리한 교환이 정치와 군사력에 핵심적인 조건임이 점점 더 통치 엘리트에게 분명해지게 되었다. 네덜란드와 잉글랜드의 경험이 그것을 증명했다. 그리 179
고 물론 몇몇 나라가 일단 경제적으로 '발전하기' 시작하면 경쟁국들 또한 선례를 따르도록 강요되며, 그렇지 않으면 종속적 지위를 감수하게 된다. 상업계급의 지위 향상에는 그것이 그들의 점증하는 숫자와 부보다 더 까지는 아니지만 그만큼은 원인이 되었다.

하강한다. 또한 아무 문제도 없으며, 수평적이며, 르네상스의 몇몇 특징 속에 예시되어 있는 보다 이후의 근대적 세계상과도 구분해준다. 두 중심 간의 긴장 관계가 바로크에 복잡하고, 부단하며, 역동적인 성격을 부여해준다"(237페이지).

21 Keohane, *Philosophy and the State*, pp. 164-167.

그와 같은 요인들이 중요했지만 위에서 암시한 이유에서 변화에 대한 전체적 설명을 제공해주지는 못한다. 그와 같은 변화가 시작되게 된 것은 몇 가지 수준에서의 변화, 즉 경제적 수준뿐만 아니라 정치적 · 영=정신적 수준에서의 변화 덕분이었다. 비록 베버의 이론의 세부적인 것 모두를 구출하는 것은 불가능하지만 이 점에서 그가 옳다고 생각한다.

우리가 안정적으로 직장생활을 한다는 것의 원래 중요성은 그렇게 해서, 앞서 언급한 퓨리터니즘의 표현을 사용하자면, '고정된 경력'에 몸담게 되는 사실에 있었다. 만약 질서정연한 삶이라는 것이 단지 군사적 엘리트나 영=정신적 내지 지적 엘리트뿐만 아니라 일반 인민대중에게도 요구되면 그들은 매 행동에서 질서정연하고 진지해져야 하며, 필수적으로 해야 하는 일뿐만 아니라 생산적인 직업 활동에서도 그렇게 해야 한다. 실제로 질서정연한 사회는 그와 같은 경제적 직업을 중시할 것을 요구하고, 직업을 위한 규율을 제시할 것이다. 그것이 '정치적' 근거였다.

하지만 개혁파 흐름을 따르는 기독교에서는 — 또한 가톨릭 측에서도 점차 그렇게 된다 — 그렇게 요구하게 되는 절박한 영=정신적 이유가, 베버가 나중에 크게 주목하게 되는 이유가 나타나게 되었다. 그것을 개혁파 독법으로 표현하자면 이렇다. 즉 몇 가지 '삶의 완성을 위해 살라는 권고'를 따르는 독신생활 또는 수도적 삶 같은 보다 고차적인 소명이라는 것이 존재한다는 가톨릭의 생각을 거부하고 기독교도는 모두가 완전한 기독교도여야 하며, 어떤 직업에 종사하건 그렇게 할 수 있다고 주장하는 경우 일상적 삶, 즉 대다수 사람이 이끌어나갈 수밖에 없는 삶, 다시 말해 생산, 가족, 일, 섹스와 관련된 삶은 다른 모든 삶과 마찬가지로 신성하다고 주장해야 할 것이다. 실제로 그것은 수도사의 금욕적 독신주의보다 더 신성하다. 후자는 보다 고차적인 삶의 방식을 찾아냈다는 헛된, 교만한 주장에 기반하고 있기 때문이다.

그것이 일상적 삶을 축성하는 토대가 되었는데, 나는 그것이 우리 문명의 형성에 엄청난 영향을 미치면서 처음에는 단지 종교적 영역에 그치던 것을 넘어 무수히 많은 세속적 형태로 관철되어왔다고 주장하고 싶다. 일상적 삶의 축성에는 두 측면이 존재한다. 첫째, 지고의 형태의 기독교적 삶이 펼쳐지는 곳으로서의 일상적 삶의 가치를 높였다. 그리고 그것은 또한 반엘리트주의적 공격 방향을 갖고 있었다. 즉 교회 내부에서나

(수도원에서의 직책) 아니면 세속에서나(고대에서 유래한 윤리로, 생산에 종사하는 삶보다 관조를 더 높이 평가했다) 보다 고차적이라고 주장되는 삶의 방식의 가치를 끌어내렸다. 권세 있는 자들이 권좌에서 내쫓기고, 미천하고 온순한 자들이 높임을 받게 되었다.

이 두 측면 모두 근대문명의 형성에 기여했다. 첫 번째 측면은 우리 삶에서 경제적인 것에 중심적 위치가 주어지게 되는 것의 배경의 일부가 되었는데, 또한 가족생활이나 '[인간]관계'에 우리가 엄청난 중요성을 부여하는 것과 관련해서도 마찬가지이다. 두 번째 측면은 평등이 우리의 사회적 · 정치적 삶에서 근본적으로 중요한 역할을 하게 되는 것의 토대를 이룬다.[22]

이 모든 — 물질적 · 영=정신적 — 요인이 경제적인 것이 중심적 위치로 점차 격상 180
되게 되는 사정을 설명하는 데 도움이 되는데, 이미 18세기에 그것을 분명하게 볼 수 있었다. 그리고 이 시대에 또 다른 요인도 끼어들었다. 또는 그것을 간단하게 앞서 말한 '정치적' 요소의 확대라고 말할 수 있을지도 모르겠다. 상업과 경제활동이야말로 평화와 질서 있는 삶에 이르는 길이라는 생각이 점점 더 신뢰를 얻게 되었다. '평온한 상업Le doux commerce'이 군사적 영광을 일삼는 귀족의 거친 파괴성과 대조되었다. 상업에 전념할수록 사회는 그만큼 더 '세련되고' 문명화되며, 평화의 기예에서 그만큼 더 뛰어나다. 돈벌이에 대한 충동은 '차가운 정념'으로 간주되었다. 그와 같은 정념이 사회에서 우세해지면 폭력적 정념을 제어하고, 억제하는 것이 가능해진다. 또는 이를 다른 식으로 표현하자면, 돈벌이는 우리의 '이해관심'에 도움이 되고, 우리 이해관심은 정념을 억제하고 제어할 수 있다.[23] 칸트는 심지어 여러 나라가 공화제를 채택하고, 그리하여 점점 더 경제적 이해관계에 민감한 일반 납세자의 통제 아래 들어가게 되면 전쟁에 호소하는 일이 점점 더 드물어지리라고 믿었다.

경제에 기반한 새로운 자연적 질서라는 개념이 이해관계의 조화라는 교의의 토대를 이루게 되었다. 심지어 그와 같은 개념은 우주에 투영되기에 이르렀다. 18세기의 우주질서 관념에 반영된 것이 바로 그것으로, 그와 같은 질서는 더 이상 작동 중인 형상들

22 이에 대해서는 『자아의 원천들』, 13장에서 보다 자세히 논했다.

23 허쉬먼Albert Hirschman, 노정태 역, 『정념과 이해관계』, 후마니타스. 나의 논의는 극히 흥미로운 이 저서의 논의에 크게 빚지고 있다.

의 위계제적 질서가 아니라 목적이 서로 맞물린 존재들의 연쇄로 간주되었기 때문이다. 사물들은 상호 관련되어 있는데, 그렇게 서로 도움을 주고받으면서 생존하고 번영하기 때문이다. 이상적인 경제를 형성하는 것이다.

죽어가는 식물이 생명을 지탱하는 것을 보고,
생명을 해체하는 것이 다시 생육하는 것을 보는 것이 좋다.
멸하는 모든 [생명] 형태가 다른 형태를 보충한다.
(우리는 번갈아가며 생명의 숨을 받고, 죽는다)
물질의 바다 위에서 태어나는 포말처럼
만들어지고 부서져 그곳으로 돌아간다.
무관한 것은 하나도 없다. 부분은 전체로 이어지고
모든 것으로 연장되며 모든 것을 유지하는 하나의 영혼은

각각의 존재를 연결한다. 가장 위대한 것과 가장 미천한 것을.
짐승은 인간을 돕고, 인간은 짐승을 돕기 위해 만들어졌다.
모든 것은 섬김받고, 섬긴다. 혼자 따로 떨어져 있는 것은 아무것도 없다.
사슬은 어디까지나 이어지고, 어디서 끝날지 아무도 모른다.
……
신은 모든 존재의 본성 속에 고유한 지복을
정하고, 그것에 고유한 한계를 둔다.
하지만 전체를 형성했을 때 그것을 축복하기 위해
181 상호 결핍 위에 상호 행복을 놓았다.
그리하여 태초부터 영원한 질서가 지배하고,
피조물은 피조물과 인간은 인간과 연결되었다.

See dying vegetables life sustain,
See life dissolving vegetate again:
All forms that perish other forms supply,
(By turns we catch the vital breath, and die)
Like bubbles on the sea of Matter born,
They rise, they break, and to that sea return.
Nothing is foreign: Parts relate to whole;
One all-extending, all preserving Soul
Connects each being, greatest with the least;
Made Beast in aid of Man, and Man of Beast;
All served, all serving: nothing stands alone;
The chain holds on, and where it ends, unknown.
……
God in nature of each being founds
Its proper bliss, and sets its proper bounds;
But as he framed a Whole, the Whole to bless,
On mutual Wants built mutual Happiness:
So from the first, eternal ORDER ran,
And creature linked to creature, man to man.

이 모든 것으로부터 포프는 의기양양하게 "진정한 자기애와 사회적 사랑은 동일하다"[24]는 결론을 끌어낸다.

따라서 아마 그처럼 새로운 질서 관념에 의해 이론 영역뿐만 아니라 사회적 상상계 양쪽에서 초래된 최초의 큰 전환은 사회를 '경제'로, 즉 생산, 교환, 소비로 구성된 일군

24 포프Alexander Pope, *Essay on Man*, 9-26, 109-114; IV, 396.

의 활동 — 그것은 자체에 고유한 법칙과 고유의 역학을 가진 하나의 체계를 이룬다 — 이 서로 맞물려 돌아가는 것으로 바라보는 것으로 이루어지게 되었다. 여기서 '경제적인 것'은 가정 또는 국가에서 집단적으로 필요로 하는 자원을 권위 있는 자들이 단지 관리하는 대신 이제 우리가 서로 관련되는 방식을 규정하게 되었다. 즉 무질서와 분쟁이 위협하지만 않으면 원칙적으로 그 자체로 존재할 수 있는 공존의 영역을 말이다. 경제를 하나의 체계로 파악한 것은 중농주의자들과 스미스를 필두로 한 18세기 이론의 성취였다. 하지만 경제협력과 교역을 사회의 가장 중요한 목적과 의제로 삼게 되는 것은 당시부터 시작해 오늘날까지 계속되고 있는 사회적 상상계의 한 조류였다. 그와 같은 시점부터 조직화된 사회는 더 이상 정체의 등가물이 아니게 되었다. 이제 사회적 존재의 또 다른 차원들도 자체에 고유한 형태와 완전성을 가진 영역으로 간주되게 되었다. 당시에 '시민사회'라는 용어의 의미가 변한 사실 자체가 그것을 반영한다.

이상이 내가 논하고 싶은 사회적 상상계의 세 가지 형태 중 첫 번째이다. 하지만 두 번째 형태로 넘어가기 전에, 우리의 근대적 자기 이해와 관련해 경제를 다른 두 가지 형태와 대비시키자마자 드러날 일반적 특징을 명확히 해두고 싶다. 이 두 가지 형태 — 공론장과 자치적 '인민[민중]' — 모두 우리를 집단적 행위 주체로 상상한다. 서양적 근대(성) 및 이후의 가장 두드러진 특징 중 하나가 그처럼 새로운 양식의 집단적 행위 주체성이다. 우리는 결국 우리가 민주주의 시대에 살고 있는 것으로 이해한다.

하지만 보이지 않는 손의 작용으로 경제적 삶을 설명하는 시각은 전혀 다른 방향으로 나간다. 여기서 집단적 행위 주체는 전혀 존재하지 않는다. 실재로 설명은 그와 같은 행위 주체는 결코 존재하지 않는다는 것으로 귀결된다. 행위 주체가, 자기이익을 위해 행위하는 개인이 존재하지만 전체적 결과가 어떻게 될지는 그의 배후에서 일어난다. 무수한 개별적 활동이 연쇄되는 방식을 지배하는 몇 가지 법칙이 존재하기 때문에 그것은 예견 가능한 몇몇 형태를 갖게 된다.

그것은 객관화하는objectifying 설명으로, 사회적 사건을 비슷한 법칙을 따르는 자연적 과정처럼 다룬다. 하지만 사회적 삶을 객관화하는 그와 같은 고찰 방식이 사회적 행위 주체를 상상하는 새로운 양식과 마찬가지로 근대적 도덕질서에서 파생된 근대적

이해의 일부를 이룬다. 양자는 한 꾸러미로, 동일한 꾸러미의 일부를 이룬다. 일단 사회 182
질서라는 이념을 더 이상 플라톤이 환기시킨 바와 같은 것, 즉 현실에 작용하는 형상으로 다루는 것이 아니라 행위 주체에 의해 비활성적인 현실에 부과되는 형태로 파악하자마자 그처럼 비활성적인 현실에 대한 집단적 행위 모델을 필요로 하는 것만큼이나 그와 같은 현실의 배치 그리고 그것을 구조화하는 인과관계에 대한 상을 필요로 하게 된다. 엔지니어는 본인이 달성할 계획을 필요로 하는 것만큼이나 본인이 활동하게 되는 영역을 지배하는 법칙을 알 필요가 있다. 실제로 그와 같은 계획은 그와 같은 법칙을 모르고는 작성될 수 없다.

그리하여 이 시대에 또한 새로운 종류의 객관화하는 사회과학이 시작되는 것을 볼 수 있다. 그것은 17세기 중반에 페티William Petty가 아일랜드에서 실시한 조사를 출발점으로 했는데, 정책의 기초로 부, 생산, 인구에 관한 사실과 통계가 수집되었다. 사회적 현실을 객관화하는 상은 대규모의 집단적 행위 주체의 구성과 마찬가지로 서양근대의 현저한 특징 중 하나이다.[25] 사회에 대한 근대적 고찰 방식은 논박할 수 없게 이중 초점적이다.

과학의 본질에서 일어난 그와 같은 변화를 더 잘 이해하려면 분리선의 다른 쪽에서 그것을 바라볼 필요가 있을 것이다. 사회를 플라톤 형 또는 아리스토텔레스 형의 목적론과 유사한 관점에서 이해했던 한 그렇게 이중적 초점을 갖는 것은 불가능했다. '목적론'이라고 해서 극히 형이상학적 학설을 환기시키고 싶은 생각은 전혀 없으며, 사회에 관해 널리 받아들여지고 있는 이해방식을 말하고 싶을 뿐이다. 그에 따르면 사회에는 '정상적' 질서가, 장기적으로 자기를 유지하는 경향을 보이지만 몇몇 사태전개에 의해 위협받을 수 있는 질서가 존재하는데, 그것은 일정한 지점을 넘어서면 파괴, 내란 또는 본래 형태의 완전한 상실로의 조락으로 치달을 수 있을 것이다. 그와 같은 사회관이, 우리를 '건강'과 '아픔'이라는 핵심 개념 측면에서 유기체로 이해하는 것과 매우 유사함을 볼 수 있을 것이다.

심지어 마키아벨리조차 공화제라는 정치 형태에 관해서는 그와 같은 종류의 이해

25 아래 저서에서 이루어지는 흥미로운 논의를 참조하라. Mary Poovey, *A History of the Modern Fact* (Chicago: University of Chicago Press, 1998), 3장.

를 갖고 있었다. 공화제라는 정치 형태가 존속하려면 '위대한 인물grandi'과 민중 간에 일정한 긴장 속에서의 균형이 유지될 필요가 있다. 건강한 정체에서 그와 같은 균형은 신분 간의 상호작용이나 경쟁, 상호감시에 의해 유지된다. 하지만 시민들이 개인적 부와 재산에 지나치게 관심을 기울이는 등 특정한 사태전개가 그와 같은 균형을 위협할 수 있다. 그것을 통해 '부패corruzione'가 일어나게 되고, 제때 엄격하게 대처하지 않으면 공화제의 자유는 종말을 맞이하게 될 것이다. 여기서는 인과관계가 작용하지만 — 부는 자유를 훼손한다 — 마키아벨리가 사용하는 용어는 강한 규범적 울림을 갖고 있어 그의 사회 이해가 정상 형태라는 개념을 중심으로 조직화되고 있음을 알 수 있다.

사회사상이 그와 같은 식으로 구축되는 한 이중적 초점으로 보는 시각은 정착될 수 없다. 현실은 비활성적인 것이 아니라 정상 형태에 의해 형성되는 것으로 이해된다. 그와 같은 형태는 건강한 인간 신체와 꼭 마찬가지로 본래 형태로부터의 벗어남의 일정한 한계 내에서 자신을 유지하며, 그것을 넘어서면 파괴에 휩쓸리고 만다. 성공적인 집단적 행위는 그와 같은 형태에 의해 형성되는 장 내부에서 일어나는 것으로 간주된다. 실제로 그와 같은 형태가 성공의 조건이다. 일단 그와 같은 형태가 사라지면 집단적 행위는 해체되어 자기-본위적 개인들의 '부패한' 분투로 전락하고 만다. 비활성적 현실
183 도 또 그와 같은 현실에 외부로부터 모종의 형태를 강제로 부여하는 행위도 존재하지 않는다.

이제 보이지 않는 손이라는 스미스적 개념이 새로운 '정상적' 질서를, 서로를 부유하게 해주는 질서를 규정하게 되었다고 말할 수 있을 것이다. 그리고 실제로 여러모로 그것은 그와 같은 것으로 간주될 수 있으며, 오늘날 다양한 신자유주의적 '시장'의 열렬한 지지자들은 그렇게 하고 있다. 하지만 그와 같은 질서는 집단적 행위의 질서가 아니다. '시장'이란 집단적 행위의 부정이기 때문이다. 적절히 기능하려면 시장은 일정한 유형의 개입(질서유지, 계약준수, 도량형 결정 등) 그리고 동시에 — 꾸준히 강조되는 — 비개입(즉, 정부는 귀찮게 하지 마라)을 요구한다. 구래의 과학의 관점에서 스미스식의 보이지 않는 손에서 놀라운 점은 그것이 부패한 자들, 즉 완전히 자기-본위적 행위자 사이에서 생겨나는 자생적 질서라는 점이다. 그것은 가령 부와 부패를 연결시키는 마키아벨리에게서처럼 본래의 집단적 행위의 규범적 조건과 관련된 통찰과는 전혀 무

관하다.

그와 같은 조건과 관련된 과학에서는 규범적으로 구축된 현실에 의해 틀지어지지 않은 행동을 위한 자리도 또 규범적으로 중립적이고 비활성적인 장의 연구를 위한 자리도 존재하지 않는다. 근대의 이중적 초점의 어떤 요소도 그곳에서는 틈새를 찾을 수 없을 것이다.

'과학'의 본성에서 일어난 그와 같은 변화 또한 앞의 몇 단락 앞에서 내가 언급한 변화와 관련이 있다. 근대인에게 조직화된 사회는 정체政體의 등가물이 더 이상 아니다. 일단 행위 주체의 배후에서 발생하고 있는 비개인적 과정의 탐구 쪽으로 관심을 기울이게 되면 모종의 법칙 같은 체계성을 보여주는 또 다른 측면들이 드러날 수 있을 것이다. 보이지 않는 손에 이끌린 '경제'가 이 측면 중 하나이다. 하지만 나중에는 사회적 삶의 다른 측면 즉 문화나 인구동태 같은 다른 측면이 과학적 고찰 대상으로 골라내진다. 체계적으로 상호 작용하는 인간 존재라는 동일한 집단이 하나의 실체, 즉 사회를 구성하는 것으로 간주될 수 있는 방식은 한 가지 이상일 수 있을 것이다. '경제', '국가' 또는 (이제는 비정치적 측면에서 식별되는) '시민사회' 또는 단순히 '사회', '문화' 등에 대해 말할 수 있을 것이다. '사회' 개념은 '정체' 개념으로부터 풀려나와 일련의 상이한 방식으로 적용되는 가운데 자유롭게 부동하게 된다.

그와 같은 과학혁명의 대부분은 목적tele이라는 측면에서 이루어지는 규범적 사유 양식에 대한 거부를 중심으로 하고 있었다. 그런데 그와 같은 거부는 또한 근대적 질서 관념에서 비롯된 도덕적 사유 대부분의 핵심적 일부를 이루고 있었다. 그것은 로크와 그의 제자들의 반아리스토텔레스적 태도에서 표현되었다. 물론 목적론에 대한 거부는 잘 알려져 있듯이 새로운 과학, 기계론적 과학을 지지하는 태도에 의해 동기를 부여받았다. 하지만 또한 당시 막 모습을 드러내고 있던 도덕이론에 의해서도 촉진되었다. 새로운 원자론적 자연법 이론을 그것의 선행자, 가령 아퀴나스에 의해 정식화된 것으로부터 구분해주는 것이 아퀴나스에게는 중심적인 아리스토텔레스적 모체로부터의 완전한 이탈이었다. 올바른 정치 형태는 인간 사회에서 작용하고, 텔로스로부터 도출될 수 없다. 법을 정당화시켜주는 것은 그것이 신에 의한 명령된 것이라는 사실(로크)이나 인간이 합리적 · 사회적 본성을 갖고 있는 한 그것이 논리적으로 말이 된다는 사실(그로티우 184

스) 또는 그것이 (후대에) 이해관계를 조화시킬 수 있는 방법을 제공해주는 사실에 있었다.[26]

근대의 이중적 초점에 긴장이 없지 않았음을 지적할 필요가 있을 것이다. 나는 앞서 근대적 도덕질서에서 자유를 중심적 선으로 보는 입장이 중층결정되어 있었음을 언급한 바 있다. 자유는 한편으로는 사회의 구성에 동의하고 그것을 구성하는 사람들의 핵심적 특징 중 하나이다. 다른 한편으로 그것은 이미 자체에 고유한 '정상적' 형태를 가진 사회 속으로 태어날 뿐만 아니라 자체에 고유한 사회적 세계를 만들어내는 제작자로서의 우리 조건 속에 기입되어 있다. 실제로 아리스토텔레스적 목적론을 단호히 거부하는 이유 중 하나는 그것이 우리 자신의 삶을 결정하고 우리 자신의 사회를 만드는 우리의 자유를 잠재적으로 제한할 수 있다고 예나 지금이나 간주되었기 때문이다.

하지만 바로 그와 같은 이유에서 앞서 언급한 대로 자유와 사회를 둘러싼 이중적 초점 간에 투쟁이 벌어질 수 있을 것이다. 한쪽 학파에게는 불가피한 현실에 대한 객관적 시각의 영역에 속할 것이 다른 쪽 학파에게는 우리 세계를 설계할 수 있는 인간의 능력을 포기하고 잘못된 '실증성'에 굴복하는 행위로 보일 수 있을 것이다. 자유에 중요성이 부여되다보니 그와 같은 종류의 이의제기가 생길 수밖에 없다. 그와 같은 종류의 비판이 루소 그리고 그를 넘어 피히테, 헤겔, 마르크스 저작의 중심을 이루었다. 우리 문명에서 그와 같은 사상가들이 가진 중요성은 굳이 강조할 필요가 없을 것이다. 헤겔과 마르크스 용어를 사용해 말하자면, 단지 '즉자적인 것an sich'으로 경험되는 삶을 '대자적인 것für sich'으로 추정되는 것으로 변형시키려는 야심이 반복해서 등장해왔다. 그것을 처음에는 단순히 객관적인 사회학적 범주에 속하는 것 — 가령 '장애인'이나 '복지연금수급자'를 동원 운동을 통해 집단적 행위 주체로 전환시키려는 끊임없는 시도에서 찾아볼 수 있을 것이다.

하지만 그와 같은 철학자들은 이전부터 존재해온 시민적 휴머니즘 전통, 공화주의적 자치self-rule 윤리에 의해 영향을 받았다. 여기서 우리는 근대적 도덕질서 자체와 분리 불가분한 긴장 관계에 부딪치게 된다. 그와 같은 질서는 심지어 한편으로 우리의

26 J. B. Schneewind, *The Invention of Autonomy*(Cambridge: Cambridge University Press, 1998), 1부와 Pierre Manent, *La Cité de l'Homme*(Paris: Fayard, 1994), 1부를 보라.

근대적인 사회적 상상계를 전진시키고 식민화했지만 다른 한편으로 불안과 의구심을 낳았다. 우리는 앞서 그와 같은 질서의 확립이 근대사회란 상업사회라는 자기 이해와 결합되어 있었고, 근대국가의 대대적인 내적 평화의 충족이 상업적 단계로의 이행이 거둔 중요한 성과임을 살펴보았다. 근대사회는 전쟁을 인간의 최고 활동이라는 지위에서 끌어내리고, 대신 생산을 해당 자리에 앉혔다. 전사의 명예라는 보다 이전 시대의 코드에 적대적이었으며, 일정한 평준화를 향한 경향을 보였다.

하지만 이 모든 것은 저항을 낳지 않을 수 없었다. 그것은 종래의 관행에 이해관계를 갖고 있던 신분, 이른바 대검귀족帶劍貴族, noblesse de l'épée에게서만 나온 것이 아니었다. 온갖 지위에 속한 다른 많은 사람도 근대(성)에 대해서는 양의적 태도를 취했다. 상업사회의 도래와 함께 위대함, 영웅주의, 비공리적 대의에 대한 진심어린 헌신이 쇠퇴 위기, 나아가 소멸 위기에 처하게 되었다.

앞의 우려는 무엇보다 먼저 아래 형태를 띠었다. 즉 남성이 세련된 사회의 에토스를 따르면서 '연약해지고[여성화되고]' 남성적 미덕을 상실하고 있다는 것이었다. 그것은 18세기에 반복적으로 등장한 중요한 주제가 되었다. 그와 같은 우려는 가장 소박한 수준에서는 시대 특유의 세련된 관습에 맞선 상류 계층 출신의 난폭자들의 반란 속에 185
서 표현되었다. 아마 그보다 약간 더 고차적인 수준에서는 18세기의 잉글랜드에서 결투가 부활한 데서 찾아볼 수 있었다.[27] 하지만 최고 수준에서는 상업사회의 에토스에 대한 경쟁자로서 시민적 휴머니즘의 윤리를 고무했다. 아니면 아마 그와 같은 형태의 근대에 부수되는 위험 — 기력상실, 타락, 자유의 상실 — 에 대한 보상책으로서 말이다. 그것은 결코 주변적 우려가 아니었다. 스미스 등 당시의 가장 영향력 있는 일부 사상가를 사로잡았다.[28]

27 Philip Carter, *Men and the Emergence of Polite Society*(London: Longman, 2001), 3-4장. Anna Bryson, *From Courtesy to Civility*(Oxford: Oxford University Press, 1998), 7장.

28 실제로 몽테스키외부터 퍼거슨Adam Fergurson에 이르기까지 오늘날의 관점에서 가장 중요한 계몽주의 시대의 사회이론가들은 단일한 색조를 띠지 않았다. 그들은 객관화하는 과학이라는 근대적 양식뿐만 아니라 또한 전통적인 공화주의적 이해에도 의존했다. 스미스는 '보이지 않는 손'을 정식화했을 뿐만 아니라 그것이 "인민이라는 위대한 육체"(『국부론』, 최임환 역, 을유문화사, 2권, 787페이지)의 시민정신과 상무정신에 미칠 부정적 결과에 대해서도 숙고했다.
상업사회를 여러 단계로 나누는 이론과 관련해 가장 영향력 있는 것 중 하나의 저자인 퍼거슨은 해당 사

그와 같은 불안과 긴장이 근대문화의 핵심적 부분으로 남아 있다. 그것들은 한 형태에서는 가령 루소나 마르크스 철학에서 볼 수 있듯이 시민적 미덕, 즉 자유 그리고 소외되지 않은 자치를 보호하기 위해 근대적 질서 관념을 변형시킨 '개정'판으로 이어질 수 있을 것이다. 또 다른 관점에서 사람들은 그와 같은 질서 자체 속에 변질의 잠재적 위험이 내재해 있지만 그것 때문에 거부할 필요까지는 없으며 그저 그것의 위험한 잠재력을 미연에 방지할 방책을 찾아내기만 하면 된다고 보았다. 스미스, 나중에는 토크빌이 그와 같은 범주에 속하게 되었다.

하지만 평준화에 대한 우려, 즉 영웅주의와 위대함의 종말에 대한 우려는 또한 니체에게서 볼 수 있듯이 근대적 도덕질서 그리고 그것이 대표하는 모든 것에 대한 거센 비난으로도 전환되어갔다. 그와 경쟁적인 질서 관념으로부터 출발해 근대문명의 한가운데서 모종의 정체를 구축하려는 시도는 파시즘 그리고 그와 관련된 여러 형태의 권위주의에서 가장 뚜렷하게 볼 수 있듯이 모조리 실패했다. 하지만 니체가 여전히 인기를 끌고 있는 사실은 그의 통렬한 비판이 아직도 오늘날 많은 사람에게 호소력이 있음을 보여준다. 근대적 질서는 비록 확립되었긴 하지만 — 아마 심지어 확립되었기 때문에 — 아직도 많은 저항을 불러일으키고 있다.

4 공론장

(2) 아마 경제적인 것이 정체로부터 독립된 정체성을 획득한 시민사회의 첫 번째 차원일 것이다. 하지만 곧 공론장public sphere이 그것을 뒤따랐다.

나는 공론장을 사회 구성원이 다양한 매체(인쇄, 전자 또한 대면)를 통해 만나 공동의 이해관심사에 대해 논하고, 따라서 그것에 대해 공동의 의견을 형성할 수 있는 가능성을 갖게 해주는 공동의 공간a common space으로 기술하고 싶다. '공동의 공간'이라고 앞에 부정관사를 붙인 것은 비록 미디어 그리고 그것 속에서 이루어지는 의견교환은

회가 '부패'에 굴복할 수 있는 조건을 연구했다(Adam Ferguson, *Essay on the History of Civil Society*[New Brunswick, N. J.: Transaction Books, 1980], 5~6부).

복수적이지만 그것은 원리상 서로 의사소통하는 것으로 간주되기 때문이다. 지금 우리가 TV로 보고 있는 토론은 오늘자 조간신문이 보도한 내용을 설명해주며, 다시 앞의 신문이 보도한 것은 전날 라디오 토론에 대한 것이다. 우리가 공론장에 대해 통상 단수로 말하는 것은 이 때문이다.

공론장은 근대사회의 핵심적 특징이다. 어느 정도냐 하면, 실제로는 억압되거나 조작되고 있는 곳에서조차 마치 존재하는 것처럼 위장되어야 할 정도다. 근대의 전제적 사회는 대체로 그런 척해야 할 필요를 절감했다. 어용신문에는 사설이 실렸는데, 비록 186
필자 개인의 의견을 표현하고 있지만 동포 시민의 숙고에 도움이 되도록 하기 위해서라는 명분을 내세웠다. 게다가 관제시위가 조직되었는데, 겉으로는 수많은 사람이 느끼는 분노를 터뜨리기 위한 것이라고 주장되었다. 이 모든 일은 마치 의견교환을 통해 공동의 견해를 형성하는 진정한 과정이 진행 중인 것처럼 이루어졌다.

그와 관련된 맥락에서 나는 특히 매우 흥미로운 두 저작에 기대 논의를 전개할 생각인데, 하나는 거의 30년 전에 출판되었지만 최근에야 영어로 번역된 하버머스의 『공론장의 구조변동』[29]으로 18세기의 여론 형성에 대해 다룬다. 다른 하나는 최근작인 워너의 『문예공화국』[30]으로, 잉글랜드 식민지 시대의 미국에서 하버마스가 논한 것과 유사한 현상이 어떻게 나타났는지를 논한다.

하버마스 저작의 중심 주제는 18세기에 서양의 유럽에서 여론public opinion이라는 새로운 개념이 출현하게 된 과정이다. 여기저기 흩어진 출판물과 소그룹과 지역에서의 의견교환이 하나의 큰 논쟁으로 [자가-구성적으로] 해석되기에 이르고, 그로부터 사회 전체의 '여론'이 등장하게 되었다. 다시 말해 서로 멀리 떨어져 있지만 동일한 견해를 공유하는 사람들이 일종의 논의 공간 속에서 연결되고, 그와 같은 공간 속에서 다른 사람들과 함께 의견을 교환하고 공동의 종착점에 도달할 수 있게 된 것으로 이해되었다.

그와 같은 공동의 공간은 무엇일까? 한번 곰곰이 생각해보면, 그것은 다소 기묘한 것임이 드러난다. 그것과 관련된 사람들은 절대 만난 적이 없는 것으로 가정된다. 하지

29 국역본, 한승완 역, 나남[2004년]. 영역본, MIT대학교 출판부[1989년]. 독일어, *Strukturwandel der Öffentlichkeit*(Neuwied: Luchterhand, 1962).

30 Michael Warner, *The Letters of the Republic*, Cambridge, Mass.: Harvard University Press, 1990.

만 매체를 통해, 즉 18세기 당시로 치면 인쇄매체를 통해 공동의 논의의 공간 속에서 연결되어 있는 것으로 간주되었다. 책, 팸플릿, 신문이 교양대중 사이에서 유통되며, 온갖 명제, 분석, 논의, 반론을 전달하고 서로 언급하고 반박했다. 그와 같은 매체는 널리 읽혔고, 얼굴과 얼굴을 맞댄 모임, 거실, 커피하우스, 살롱 그리고/또는 의회 같은 보다 (권위 있는) '공공' 장소에서 논의되는 경우도 종종 있었다. 이 모든 것에서 생겨나고 — 만약에 어떤 것이라도 생겨난다면 — 모두가 느끼는 일반적 견해가 앞의 새로운 의미에서 '여론'으로 간주되었다.

그와 같은 공간이 여기서 내가 말하는 의미에서의 '공론장'이다. 그런데 앞 단락에서 나는 논의의 결과가 여론으로 '간주되었다'고 말했다. 그와 같은 표현은 공론장이라는 것은 오직 그것이 존재한다고 상상할 수 있을 때만 존재할 수 있는 사실을 반영한다. 여기저기 흩어진 모든 논의가 참가자에 의해 하나의 큰 의견교환 속에서 연결되어 있다고 간주되지 않으면 그것의 결과가 '여론'이 되리라는 느낌은 존재할 수 없다. 물론 그렇다고 여기서 상상이 전지전능하다는 의미는 아니다. 객관적 조건이 존재한다. 내적 조건으로는, 가령 단편적인 국지적 논의가 서로를 언급해야 한다. 외적 조건으로는, 공동의 논의의 토대가 존재하려면 복수의 독립적 원천에서 유통되는 출판물이 있어야 한다. 흔히 말하듯 근대의 공론장은 '출판자본주의'의 도움으로 출범했다. 하지만 워너가
187 보여주는 대로 출판 자체는, 심지어 출판자본주의조차 충분조건이 아니다. 그 밖에도 본질적인 공동의 이해가 생겨날 수 있는 적절한 문화적 맥락이 필요했다.[31] 공론장은 사회적 상상계의 한 변형, 근대사회 발전에 결정적인 변형이었다. 그것은 대장정의 중요한 일보였다.

지금까지의 설명으로 공론장이 어떤 종류의 것인지, 왜 18세기에 새로운 것이었는지에 대한 이해가 조금이나마 깊어졌을 것이다. 공론장은 지금까지 주장해온 대로 일종의 공동의 공간, 즉 결코 서로 만나본 적이 없는 사람들이 함께 논의에 참여해 공동의 의견에 도달할 수 있도록 해주는 공간이었다. 여기서 몇 가지 새로운 전문용어를 도입하고 싶다. 사람들이 함께 모여 어떤 목적 — 의례, 연극 관람, 대화, 중요한 사건의 축

31 *Letters*, 1장.

하 등 — 이 되었건 특정 목표에 초점을 맞추어 공동으로 행동할 경우 '공동의 공간'에 대해 이야기할 수 있다. 초점이 맞추어지는 것은 모두에게 단지 서로 비슷할 뿐만 아니라 실제로 공동의 것이다. 왜냐하면 모든 사람이 함께 공동의 대상이나 목적에 주의를 기울이는 것이야말로 공동의 이해의 일부를 이루기 때문이다. 그것은 각자가 단지 우연히 혼자서 동일한 것에 관심을 갖게 되는 것과는 전혀 다르다. 이 의미에서 '인류의 의견'이라는 것은 단지 하나로 수렴되어가는 통일을 나타내는데, 여론은 일련의 공동의 행위에서 나와야 하는 것으로 간주되었다.

그런데 — 즉 대화를 위한 친밀한 관계 수준에서건 아니면 숙의적 모임을 위한 보다 규모가 크고 보다 '공공적' 규모의 것이건, 의례, 축하, 축구경기, 오페라 관람이건 — 사람들이 모종의 목적을 위해 모일 때는 일종의 공동의 공간이 수립됨을 직관적으로 이해할 수 있을 것이다. 어떤 장소locale에서의 모임으로부터 생기는 공동의 공간을 '[특정] 장소에 묶인topical 공동의 공간'이라고 부르기로 한다.

하지만 우리의 개념 규정에 따르면 공론장은 그와 같은 공간과는 다르다. 그처럼 장소에 묶인 공간을 초월한다. 다수의 그와 같은 공간을 모임은 빠진 보다 큰 하나의 공간으로 엮는다고 말할 수 있을 것이다. 동일한 공적 논의가 오늘은 우리의 논쟁을 거쳐 내일은 누군가의 진지한 대화로 다뤄지고, 목요일에는 신문의 인터뷰 기사가 된다. 나는 그처럼 장소에 묶이지 않은 보다 큰 공동의 공간을 '장소를 초월한meta-topical' 공간이라고 부르고 싶다. 18세기에 등장한 공론장은 장소를 초월한 공동의 공간이었다.

공동의 공간에 관해 우리가 발견해오고 있는 것은 그것이 부분적으로는 공동의 이해에 의해 구성된다는 것이다. 즉 그와 같은 이해로 환원할 수 없지만 그것 없이는 존재할 수 없다. 새로운, 전례 없는 종류의 공간은 새로운, 전례 없는 이해를 요구한다. 공론장의 경우가 바로 그렇다.

새로움은 장소를 초월한 성격이 아니었다. 교회와 국가는 기존하는 장소를 초월한 공간이었다. 하지만 무엇이 새로웠는지를 이해하면 그것의 본질적 특징, 즉 공론장이 그와 같은 대장정에서의 첫걸음이었던 특징을 이해할 수 있을 것이다.

내가 공론장을 그와 같은 대장정에서의 첫걸음으로 간주하는 것은 사회적 상상계에서 일어난 그와 같은 변형이 근대의 질서 관념에 의해 고무되었기 때문이다. 그와

188 관련해 그것의 두 가지 특징이 두드러진다. 한 가지 특징은 이제 막 암시된 셈인데, 정치적인 것으로부터의 독립이라는 정체성이 그것이다. 다른 하나는 정통성의 판별 기준으로서의 힘을 갖고 있는 것이다. 이 두 가지가 왜 중요한지는, 가령 그로티우스나 로크에서 볼 수 있는 원래의 이상화로 돌아가 보면 분명해질 것이다.

첫째, 이미 (논점 1의) 연필화에서 분명히 밝힌 대로 그로티우스-로크식 이상화에서 정치사회는 전-정치적인 것을 위한 수단으로 간주되었다. 정체 외부에 서 있을 수 있는, 말하자면 정체의 수행을 판단하기 위한 정신적 장소가 존재한다. 그것은 사회적 삶을 가령 경제와 공론장 같은 정치적인 것으로부터 독립된 것으로 상상하는 새로운 방법 속에 반영된다.

둘째, 자유는 사회가 보호하기 위해 존재하는 권리에서 중심적 의미를 가진다(논점 3). 자유의 그와 같은 중요성 그리고 그것의 토대를 이루는 행위 주체라는 개념에 상응해 이론은 그것에 의해 하나로 묶인 사람들의 합의 위에 기초해야 한다는 요구를 매우 중시한다.

그런데 합법적[정통적] 통치에 관한 계약론 또한 이전부터 존재해왔다. 하지만 이 세기의 이론들에서 새로운 점은 동의의 요구를 보다 근본적인 차원에 놓은 데 있었다. 기존하는 것으로 간주된 인민이 지배권을 주장할 사람에게 동의해야 하는 것만이 문제가 아니었다. 이제 본원적 계약은 우리로 하여금 자연 상태를 벗어날 것을 촉구하고, 나아가 심지어 개별 구성원에 대한 모종의 권리를 가진 집합체의 존재를 정초한다.

한번만으로도 영원히 타당한 역사적 동의에 대한 그와 같은 본원적 요구는 합법성의 조건으로 현재 상황에서의 동의에 대한 요구로 쉽게 발전할 수 있을 것이다. 통치자는 피치자의 동의를 얻어야 한다. 단지 통치 권력이 시작될 때뿐만 아니라 정통성의 지속적 조건으로서 말이다. 바로 그때 여론의 합법화 기능이 서서히 모습을 드러내기 시작한다.

공론장의 그와 같은 특징을 역순으로 밝혀보자. 아마 그렇게 하기 하기 위해서는 공론장의 새로움을 두 가지 차원에서 밝히는 것이 최고일 것이다. 공론장은 무엇을 하는가와 공론장은 무엇인가가 그것이다.

첫째, 공론장은 무엇을 하는가? 또는 오히려 공론장 속에서는 무엇이 행해질까? 공론장은 잠재적으로는 모든 사람이 참가하는 토론 장소이다(물론 18세기에서 그와 같은 주장은 단지 교양 있는 또는 '계몽된' 소수파에만 해당되었지만 말이다). 토론을 통해 사회는 중요한 문제에 대한 공동의 견해에 이를 수 있게 된다. 그와 같은 공동의 견해는 비판적 논쟁에서 나오는 성찰적 견해이지 사람들이 우연히 갖게 되는 임의의 견해의 총합이 아니다.[32] 그 결과 그것은 규범적 지위를 얻게 된다. 즉 정부는 그것을 경청해야 한다. 그렇게 되는 것은 두 가지 이유에서인데, 그중 한쪽 이유가 우세해져 결국 다른 쪽 이유를 집어삼키는 경향을 보인다. 첫 번째 이유는 그와 같은 의견이 계몽되었을 가능성이 높고, 따라서 정부는 그것에 따르는 것이 현명하다는 것이다. 하버마스가 인용하는 메르시에의 아래 진술은 그와 같은 생각을 명료하게 표현한다.

> 훌륭한 책들은 국민의 모든 계층의 계몽된 사람들에 달려 있다. 그것들이 진리를 장식하며,
> 이미 유럽을 통치하는 것이다. 이 훌륭한 책들은 정부에게 정부의 의무, 오류, 참된 이해, 189
> 정부가 경청하고 따라야만 하는 여론을 깨우쳐준다. 그리고 그와 같은 책들은 국가의 행정가들이 잠에서 깨어나 그들의 열정이 가라앉는 순간을 기다리는 인내의 대가이다Les bons livres dépendent des lumières dans toutes les classes du peuple; ils ornent la vérité. Ce sont eux qui déjà gouvernent l'Europe; ils éclairent le gouvernement sur ses devoirs, sur sa faute, sur son véritable intérêt, sur l'opinion publique qu'il doit écouter et suivre: ces bons livres sont

32 그것을 통해 여론이라는 18세기 말의 개념이 오늘날의 여론조사 목적과 얼마나 멀리 떨어져 있었는지를 엿볼 수 있을 것이다. '여론조사public opinion research'가 측정하려고 겨냥하는 현상은, 위에서의 나의 논의에 비추어보면, 하나로 수렴되어가는 통일로, 토론에서 생겨날 필요가 없다. 그것은 인류의 의견과 비슷하다. 여론에 대한 18세기의 독법의 밑바탕에 놓여 있던 이상은 하버마스(『구조변동』, 185페이지)가 인용하는 버크의 아래 같은 말에서 발생했다. "자유로운 국가에서 모든 사람은 자신이 공적 일에 대해 관심을 갖고 있다고 생각한다. 즉 공적 일에 대해 의견을 형성하고 전달할 권리를 갖고 있다고 생각한다. 그것을 엄밀히 조사하고, 검토하고, 토론한다. 그들은 호기심이 강하고, 주의 깊게 경청하며, 질투심이 많다. 그것들을 사유와 발전의 일상적 주제로 만듦으로써 막대한 숫자의 사람이 그것들에 대해 어느 정도 지식을 획득하며, 몇몇 사람은 상당히 많은 지식을 획득한다. …… 반면 다른 나라들에서는 직책상 공적 일에 대해 보다 많은 관심을 갖거나 생각하게끔 요구되는 사람을 제외하고는 그런 종류의 능력은 삶의 어떤 단계에서건 매우 드물다. 군주의 내각에 들어가기 전까지 아무도 감히 의견을 가지려 하지 않는 나라의 내각에서 발견되는 것보다 더 많은 실제적 지식과 현명함이 자유로운 나라들에서는 기계와 매뉴팩처에서 발견된다.[그러므로 너의 모든 중요성은 자신의 이성을 지속적이고 신중하게 사용하는 데 달려 있다]"

des maîtres patients qui attendent le réveil des administrateurs des États et le calme de leurs passions.[33]

잘 알려진 대로 칸트도 비슷한 견해를 갖고 있었다.

두 번째 이유는 인민이 주권자라는 견해에서 나온다. 이 경우 정부가 여론을 따르는 것은 현명할 뿐만 아니라 도덕적으로도 그렇게 해야 한다. 정부는 이치를 따지는 공중公衆 한가운데서 입법과 통치 행위를 해야 한다. 의회나 법원은 어떤 결정을 내릴 때는 인민 사이에서의 계몽된 토의로부터 이미 나온 결과를 집약해 실행에 옮겨야 한다. 그로부터 하버마스를 따라 워너가 '감독 원리'라고 부르는 것이 등장하는데, 그에 따르면 통치기관의 절차는 공개되어야 하며 식견 있는 시민의 감시에 열려 있어야 한다.[34] 공개됨으로써 입법심사는 여론에 정보를 제공하고, 그것을 통해 그것이 최대한 합리적인 것이 되도록 허용하는 동시에 여론의 압력에 자신을 노출시키며, 그리하여 입법은 궁극적으로 그와 같은 의견이 내리는 명확한 명령에 복종해야 함을 인정한다.[35]

그에 따르면 공론장은 정부를 이끌어야 할 합리적 견해가 정교화되는 장소가 된다. 그것이 나중에 자유로운 사회의 본질적 특징으로 간주되게 된다. 버크 말대로 "자유로운 국가에서 모든 사람은 자신이 공적 일에 대해 관심을 갖고 있다고 생각한다."[36] 물론 그와 같은 상황은 조금 전 시대의 유럽에 비해 18세기에 상당히 새로운 것이었다. 하지만 물론 얼마든지 또한 그것이 과연 역사상 새로운 것인지, 그것은 모든 자유로운 사회의 특징이 아니냐고 질문할 수 있을 것이다.

33 하버마스, 『구조변동』, 186페이지에서 재인용.

34 *Letters*, p. 41.

35 폭스의 연설을 보라(하버마스, 『구조변동』, 145페이지에서 재인용). "여론의 의견을 묻는 것은 확실히 올바르고 현명한 일이다. 만약 그들에게 위험을 지적한 후에도 그들이 나와 같은 관점으로 그것을 보지 않는다면, 또는 그들이 다른 치유책을 내 것보다 더 선호할 만하다고 생각한다면 나는 내가 물러서는 것이 왕에 대한 나의 의무, 나의 조국에 대한 의무, 나의 명예에 대한 의무라고 생각해야 할 것이다. 그 결과 그들은 적당한 도구에 의해, 즉 그들과 같이 생각하는 사람에 의해 그들이 더 좋다고 생각하는 계획을 추구할 것이다. …… 그러나 한 가지 가장 확실한 것은 내가 공중에게 의견을 형성할 수단을 마련해주어야 한다는 것이다."

36 하버마스, 앞의 책, 185페이지에서 재인용.

그렇지 않다. 여기에는 미묘한, 하지만 중요한 차이가 있다. 공론장을 가진 근대사회를 고대 공화국이나 폴리스와 비교해보자. 후자에서는 공적 일公事에 대한 토론이 일군의 배경 아래 벌어지는 모습을 상상할 수 있을 것이다. 즉 향연에 모이는 친구끼리, 광장에서 만난 사람 사이에서 그리고 최종 결정이 내려지는 민회에서 말이다. 토론은 빙글빙글 돌다가, 결국 해당 사안을 결정할 수 있는 권한을 가진 기관에서 매듭지어진다. 그런데 문제의 차이는 이렇다. 즉 이 경우 결정기관 외부에서 이루어지는 토론들이 해당 기관 내부의 동일한 사람들이 결국 취하게 되는 조치를 준비한다는 것이다. '비공식적' 논의는 공식적 논의로부터 분리되지 않는다. 그것에는 자체만의 독자적 지위가 부여되지 않으며, 일종의 '장소를 초월한' 공간을 구성하는 것으로 간주되지 않는다.

하지만 바로 그와 같은 일이 근대의 공론장에서 일어난다. 그것은 자의식적으로 권력 외부에 있음을 자임하는 논의 공간이다. 권력이 그것에 귀 기울일 것으로 예상되지 190
만 그 자체는 어떤 권력도 행사하지 않는다. 이 의미에서 그것의 지위가 정치 외부에 속하는 것이 결정적이다. 아래에서 살펴보겠지만 그것이 공론장을, 마찬가지로 본질적으로 정치 외부의 것으로 간주되는 근대사회의 여러 측면과 관련시킨다. 정치 외부라는 지위는 권력의 결여로서 단지 소극적으로만 규정되지 않는다. 또한 적극적으로도 파악된다. 즉 다름 아니라 여론은 권력행사가 아니기 때문에 이상적인 경우 당파적 정신으로부터 자유로운 동시에 또한 합리적일 수 있다.

다시 말해 근대의 공론장과 함께 정치권력은 외부의 것에 의해 감시되고 견제되어야 한다는 생각 또한 등장했다. 물론 새로운 것은 외부에 의한 견제가 이루어져야 한다는 것이 아니라 오히려 그와 같은 심급의 성격에 있었다. 그것은 신의 의지나 자연의 법칙으로 규정되지 않고(비록 그것의 메가폰으로 쓰일 수는 있지만 말이다), 권력이나 전통적 권위가 아니라 이성에서 유래하는 일종의 담론으로 정의되었다. 하버머스 말을 빌리자면 권력은 이성에 의해 길들여져야 한다. 그것을 표현하는 생각이 바로 "권위가 아니라 진리가 법을 만든다veritas non auctoritas facit legem"37였다.

그처럼 공론장은 선행하는 모든 것과 달랐다. 공론장은 '비공식적인', 즉 권력의 영

37 앞의 책, 259~260페이지.

역 외부에서 이루어지는 논의였지만 그럼에도 불구하고 중요한 결과를 가져올 수 있었다. 공론장은 고대의 집회에서 몇 가지 이미지를 빌려옴으로써(미국의 경우 특히 두드러졌다) 공중 전체에게 유일한 논의 공간처럼 보이게 되었다. 하지만 워너가 잘 보여준 대로 그것은 고대 모델과의 관계에서도 혁신적이었다. 논의에 끼어드는 사람들은 말하자면 집회 참가자를 앞둔 연설자 같았다. 하지만 모델로 삼은 고대의 실제 집회와 달리 그들은 모종의 비인격성, 모종의 비당파성을 위해 노력했다. 즉 당파 정신을 피하려고 했다. 본인의 특수성을 부정하고, 그리하여 '모든 사적 또는 당파적 견해'를 초월하려고 노력했다. 워너가 '부정성의 원리'라고 부르는 것이 그것이다. 그리고 그것이 대화라는 매체와 달리 인쇄매체에 안성맞춤일 뿐만 아니라 새로운 공론장의 핵심적 특징, 즉 정치 외부에 존재하며 권력에 의해서보다는 권력에 관해, 권력에 대해 이루어지는 이성의 담론이라는 특징이 거기서 표현되고 있음을 볼 수 있을 것이다.[38]

워너 지적대로 공론장의 등장은 갈등과 차이로 인해 분열되지 않은 사회질서라는 낡은 이상의 파괴를 수반했다. 그것과 반대로 공론장은 토론이 벌어지고, 계속되면서, 원리적으로 모든 사람을 끌어들일 것이며, 그것은 완전히 정당하다는 것을 의미한다. 그와 함께 낡은 통일은 영원히 사라질 것이다. 하지만 새로운 통일 또한 대체될 것이다. 왜냐하면 끊임없이 이어지는 논란은 권력행사를 위한 것, 즉 대화를 수단으로 계속되는 내란 같은 것이 아니기 때문이다. 논쟁 결과가 분열과 파괴로 이어질지도 모를 잠재성은 그것이 권력 외부에서의 논쟁, 편견 없이 공동선을 규정하려고 애쓰는 합리적 토론이라는 사실에 의해 상쇄된다.

> 논쟁에 저항하는 언어가 논쟁을 위한 규범을 명확히 한다. 그것이 갈등을 빚는 토론으로부터 자유로운 사회질서라는 이상을 사회적 갈등으로부터 자유로운 토론이라는 이상으로 무언중에 변형시킨다.[39]

38 *Letters*, pp. 40-42를 보라. 워너는 그처럼 고도로 중층결정된 형태의 담론의 등장과 관련해 현대 자본주의의 비인격적 행위 주체와 맺는 관계(62~63페이지)뿐만 아니라 비인격적 태도가 당시 식민지들에서 너무나 중요한 역할을 하고 있던 제국의 부패에 맞선 투쟁에 얼마나 잘 들어맞았는지에 대해서도 지적한다(65~66페이지).

39 *Letters*, p. 46.

그처럼 공론장이 하는 것은 사회가 정치 영역의 매개 없이 권력 외부에 존재하지만 그럼에도 불구하고 권력에게 규범이 되는 합리적 담론을 통해 공동의 견해에 도달할 수 있도록 해주는 것이다. 그러면 그것을 하기 위해서는 공론장이 무엇이 **되어야** 하는 191
지를 살펴보기로 하자.

앞의 질문에 대답할 수 있는 최고의 방법은 아마 공론장에서 새롭고 전례 없는 것은 무엇이었는가를 규정하려고 시도해보는 것이 될 수 있을 것이다. 그리고 나는 말하자면 두 단계로 나누어 그와 같은 시도를 해보고 싶다. 첫째, 여기서 공론장의 새로움 중 이미 언급된 측면을 거론할 수 있을 것이다. 공론장과 그것을 구성하는 이미지의 중요한 원천중 하나, 즉 고대 공화국과 비교한다면 그것이 정치 외부의 위치에 놓여 있음이 맨 먼저 눈에 띈다. '문예공화국Republic of Letters'은 17세기 말에 서로 의견을 주고받던 지식인들의 국제협회의 구성원들이 본인을 부르던 통칭이었다. 그것은 공론장의 선구적 현상으로, 실제로 공론장의 형성에 기여했다. 여기서 정치적인 것 외부에 구축된 '공화국'이 존재했다.

실제 공화국과의 유사성과 차이 모두 '문예공화국'이라는 이미지에 설득력과 의미를 부여해준다. 공론장은 어떤 정치적 제한도 고려하지 않고 모든 계몽된 참가자를 하나로 묶는 [자유로운] 협회association였기 때문이다. 하지만 그것은 또한 복종으로부터 자유롭다는 점에서 공화국이었다. 그에 속한 시민은 '문필'업에 종사하는 한 문예공화국 외의 어떤 것에도 충성의 의무를 지지 않았다.

그중 몇 가지가 18세기의 공론장에 의해 계승되었다. 공론장의 틀 내부에서 사회 구성원이 함께 모여 공동의 목적을 추구했다. 그들은 [자유로운] 협회를 형성하고, 또 본인들이 [자유로운] 협회를 형성하고 있지만 그럼에도 불구하고 그것이 정치 구조에 의해 구성되지 않음을 분명하게 알고 있었다. 고대의 폴리스나 공화국은 그렇지 않았다. 아테나이는 하나의 사회, 코이노니아[공동체]였지만 정치에 의해 구축된 것이었다. 그리고 로마도 동일했다. 그와 같은 고대사회의 정체성은 법에 의해 규정되었다. 고대 로마 군단의 깃발에는 '로마 원로원과 로마 인민Senatus populusque romanus'을 나타내는

SPQR이라는 글자가 적혀 있었는데, 거기서 '인민populus'은 로마 시민 전체, 즉 법에 의해 시민으로 규정된 사람을 가리켰다. 인민은 법에 앞서, 법 외부에서 어떤 정체성도 갖지 못했으며, 어떤 통일체도 구성하지 못했다. 앞서 살펴본 대로 그것 속에는 도덕적·형이상학적 질서와 관련해 전근대에 널리 확산되어 있던 견해 — 그것이 사회적 관행[실천]의 토대를 이루고 있었다 — 가 반영되어 있다.

18세기의 우리 선구자들의 경우 사태는 전혀 그와 달랐다. 공론장을 기획하면서 그들은 [자유로운] 협회에 속한 것으로 자임했다. 정치 구조에 아무것도 빚지지 않았으며, 그것과는 독립적으로 존재하는 것으로 간주되는 공동의 논의 공간에 말이다.

그처럼 정치 외부에 존재하는 것으로서의 위상이 새로움의 한 측면이다. 그에 따르면 정치사회의 구성원은 모두 — 또는 적어도 능력 있고 '계몽된' 구성원은 모두 — 또한 국가 외부에서 하나의 사회를 형성하고 있는 것으로 간주되어야 한다. 실제로 그와 같은 사회는 어떤 국가보다 광범위했다. 모종의 목적을 위해 문명화된 유럽 전체로 확대되었다. 그것은 극히 중요한 측면으로, 우리의 현대문명의 핵심적 특징에도 부합하는 것으로, 그때 등장한 그것은 공론장 이외의 다른 곳에서도 찾아볼 수 있었다. 곧이어 이 점을 살펴보고 싶지만 먼저 두 번째 발걸음을 떼어야 한다.

왜냐하면 정치 외부에 존재하는 국제협회라는 것이 그 자체로 새로운 것이 아님은
192 분명하기 때문이다. 그와 같은 것으로 이미 그에 앞서 스토아주의의 세계국가cosmopolis가, 보다 최근에는 기독교교회가 있었다. 유럽인은 상호 환원 불가능한 두 가지 원리에 의해 조직된 이중 구조 사회 속에서 사는 데 익숙했다. 따라서 공론장의 새로움의 두 번째 측면은 그것의 근본적 세속성으로 규정되어야 한다.

여기서 나는 세속성이라는 이 용어의 매우 특수한 어법으로 되돌아가고 있는데, 그에 따르면 그것은 특정한 종류의 시간을 표현하는 것으로서의 원래 의미에 상당히 가까워진다. 이 의미는 '세속성'의 한 가지 공동의 의미와, 즉 공적 공간으로부터의 신 또는 종교나 영적인 것의 제외에 초점을 맞추는 것과 밀접하게 관련되어 있다. 여기서 내가 말하는 것은 정확히 이 측면이 아니라 그와 같은 발달에 기여한 어떤 것이라고 할 수 있다. 사회가 무엇 위에 정초되는가에 대한 우리 이해에서 전환이 일어난 것이다. 혼란을 초래할 수 있는 위험이 따르는데도 여기서 '세속적'이라는 용어를 사용하는 이

유가 있는데, 어원 자체에서 그와 같은 맥락에서 문제가 되는 것을 표시하고 있기 때문이다. 즉 인간 사회는 시간 속에서 어떻게 사는가 하는 문제가 그것이다. 하지만 그와 같은 식으로 차이를 밝히는 작업은 나중에나, 몇 가지 예비적 고찰을 마친 후에나 이루어질 수 있을 것이다.

여기서 내가 말하는 세속성이라는 개념은 근본적인 것radical인데, 사회는 신적인 것 위에 기반한다는 생각뿐만 아니라 동시대인의 공동의 행위를 초월한 것 속에 사회가 구축되어 있다는 모든 관념과도 반대되기 때문이다. 1장에서 묘사한 전근대적 질서 관념들로 돌아가자면, 가령 자기를 존재의 대연쇄의 하나의 고리로 간주하는 위계제적 사회를 발견할 수 있을 것이다. 왕과 귀족 등에게 주어진 자리를 경험적으로 채우는 사람들 배후에는 그들이 일시적으로 구현하는 이데아나 항존恒存하는 형이상학적 실재성이 존재한다. 왕은 두 신체를 갖고 있는데, 그중 하나만이 개별적이고 덧없는 육체로 지금은 식사와 의복이 제공되고 있지만 나중에는 매장될 것이다.[40] 그와 같은 견해에 따르면 사회 자체를 구성하는 것은 그것에 의해 구현되는 형이상학적 질서이다.[41] 인민은 인민의 행위보다 선재하고, 그것으로부터 독립된 틀 안에서 행동하는 셈이다.

하지만 세속성은 신에 의해 세워진 교회나 존재의 대연쇄와 대조를 이룰 뿐만 아니라 또한 우리 사회는 까마득한 옛날부터 존재해온 법에 의해 구성된다는 이해와도 다르다. 왜냐하면 그와 같은 사회 관념 또한 우리의 행위를 특정한 틀 속에, 즉 우리를 하나로 묶어 우리를 갖고 사회를 만들며, 우리의 공동의 행위를 초월하는 틀 속에 우리를 집어넣기 때문이다.

그와 같은 모든 사회관과 달리 공론장은 우리가 그것 안에서 수행하는 공동의 행위 이외의 어떤 것에 의해서도 구성되지 않는 협회이다. 즉 가능하면 의견교환을 거쳐 생겨나는 공동의 견해에 의해서만 형성되는 협회이다. 그것은 오직 우리가 그와 같은 식으로 함께 행동하는 것을 통해서만 존재한다. 그와 같은 공동의 행위는 — 신의 행위, 존재의 대연쇄 또는 까마득한 옛날부터 우리에게 전해져온 법 등 — 행위를 초월하는

40 E. Kantorowicz, *The King's Two Bodies*(Princeton: Princeton University Press, 1957)을 보라.

41 그와 같은 종류의 것으로 유럽 외부 사례로는 Clifford Geertz, *Negar*(Princeton: Princeton University Press, 1980)를 보라. 식민지 정복 이전의 발리 국가가 기술되어 있다.

모종의 차원에서 확립될 필요가 있는 틀에 의해 가능해지는 것이 아니다. 바로 그것이 공론장을 근본적으로 세속적인 것으로 만든다. 그리고 바로 그것이 공론장의 새롭고 전례 없는 성격의 핵심으로 우리를 이끈다고 주장하고 싶다.

193 하지만 이것은 너무 단도직입적으로 던져놓기만 한 진술로, 분명히 세속성 개념은 여전히 좀 더 명확한 해명을 필요로 한다. 신비한 육체神秘體와 대연쇄가 문제라면 그것과의 대비는 충분히 분명할 것이다. 하지만 나는 게르만 민족들 — 우리가 속한 북대서양 근대의 정체를 창시한 것은 그들이었다 — 이 갖고 있던 것과 같은 종류의 전통적 부족 사회와의 차이도, 또 다른 형태를 하나 말하자면, 고대 공화국이나 폴리스를 구성했던 것과의 차이도 주장하고 싶다. 그리고 그와 같은 나의 주장에 대해서는 얼마든지 이의를 제기할 수 있을 것이다.

앞의 사회들을 규정한 요소는 법이었다. 하지만 공론장의 경우 사태가 그렇게 달랐을까? 결국 공론장에서 행위하려 할 때마다 우리는 기존하는 일련의 구조에 마주치게 된다. 특정 신문, TV 방송국, 출판사 등이 그것이다. 우리 행위는 그것이 제공하는 채널 내부에서 이루어진다. 그것은 마찬가지로 족장, 평의회, 연중 집회 등 기존의 구조 안에서 행위해야 하는 임의의 부족의 구성원과 상당히 비슷하지 않은가? 물론 공론장의 제도는 변한다. 가령 신문사는 파산하고, TV 방송국은 합병된다. 하지만 조직 형태가 고정되어 절대 불변인 부족은 존재하지 않는다. 부족 또한 시간이 흐르면서 진화한다. 만약 그처럼 기존하는 구조는 계속 진행 중인 행위에 대해서는 유효하지만 공론장을 수립한 창시 행위에 대해서는 유효하지 않다고 주장한다면 그에 관해서는 이렇게 대답할 수 있을 것이다. 즉 그와 같은 창시 행위는 특정 부족의 창시 행위와 마찬가지로 시간의 흐름 속에서는 특정할 수는 없다고 말이다. 만약 그처럼 특정할 수 있는 계기가 존재해야 한다고 주장하고 싶다면 그에 대해서는 이렇게 지적해야 할 것이다. 즉 많은 부족 또한 가령 리쿠르구스[기원전 9세기경의 스파르타의 전설적 입법자]가 법을 공포했다는 식으로 창시 행위에 관한 전설을 전하고 있다고 말이다. 그가 기존의 구조 바깥에서 행동한 것은 확실하다.

기왕의 구조 내부에서의 행위에 대해 말하는 경우 유사성이 눈에 띈다. 하지만 양자 간에는 중요한 차이가 존재하는데, 그것은 각각의 공동의 이해 속에 들어 있다. 물론 공론장이 기능하는 경우 행위는 어느 때가 되었건 기왕의 구조 내부에서 이루어진다. 사실적으로 타당한 사물의 배치가 존재하는 셈이다. 하지만 그와 같은 배치가 그것 안에서 실행되는 행위에 대해 어떤 특권을 누리는 것은 아니다. 구조는 공동의 공간에서 이루어진 이전의 소통communicative 행위 속에서 확립된 것이며, 그와 같은 행위는 우리가 현재 수행하는 것과 완전히 부합된다. 우리의 현재 행위는 기존의 구조를 수정할 수 있는데, 그것은 완전히 합법적이다. 왜냐하면 그저 소통 행위를 촉진하고 원활히 하는 기능만 할 뿐인 것으로 간주되기 때문이다.

하지만 부족의 전통적 법은 통상 그와는 다른 지위를 가진다. 물론 시간이 지나면서 법 자체가 정한 규정에 따라 그것을 수정할 수 있을 것이다. 하지만 그것은 단지 행위를 촉진하고 원활화하는 것으로 간주되지 않는다. 법의 폐기는 공동의 행위 주체의 폐기를 의미할 것이다. 왜냐하면 법이 부족을 하나의 실체로 규정하기 때문이다. 심지어 공론장의 경우 모든 매체가 폐기되었더라도 단지 새로운 매체를 창시하기만 하면 재개될 수 있는 반면 부족의 경우 비록 다른 부족에게 정복되어 법이 효력이 중단되었더라도 아직 효력을 갖고 있다는 이해가 있는 경우에만 재생될 수 있을 것이다.

사회를 구성하고, 공동의 행위 주체성을 가능하게 하는 것은, 사회 속에서 수행되는 공동의 행위를 초월한다는 나의 말이 의미하는 것이 바로 그것이다. 오늘날의 공동 194 의 행위를 위해 필요한 구조는 어제의 — 하지만 오늘날의 것과 본질적으로 아무런 차이가 없는 — 공동의 행위의 결과로 생긴 것이라는 이야기인 것뿐만이 아니다. 오히려 전통적 법은 어느 때가 되었건 모든 공동의 행위의 전제조건이다. 왜냐하면 그것 없이는 공동의 행위 주체가 존재할 수 없기 때문이다. 반대로 (앞서 말한 의미에서의) 순수하게 세속적인 협회에서 공동의 행위 주체는 단지 공동의 행위의 침전물 속에서, 그리고 그것으로부터만 생긴다.

따라서 여기서 내가 규정하고자 하는 것, 즉 세속성 개념의 기초를 이루는 결정적 구별은 아래 쟁점과 관련될 수 있을 것이다. 즉 무엇이 협회를 구성하는가? 다시 말하면, 그와 같은 집단의 구성원을 오랫동안 공동의 행위 주체로 만드는 것은 무엇인가? 만약 그와 관련해 문제가 되는 것이 그와 같은 행위 주체의 레퍼토리에 속하는 공동 행위 영역을 초월하는 경우 협회는 비세속적이다. 하지만 그것을 구성하는 요소가 그와 같은 공동의 행위에 다름 아닐 경우 우리는 세속적인 것을 갖게 된다. 창시 행위가 이미 과거에 일어났느냐 아니면 지금 일어나고 있느냐는 중요하지 않다.

그런데 내가 주장하고 싶은 것은 그와 같은 종류의 세속성이 근대적이라는 것, 즉 인류사에서 매우 최근에 등장한 것이라는 사실이다. 물론 공동의 행위에서 발생하는 온갖 종류의 일시적인, [특정] 장소에 묶인 공동의 행위 주체는 이전부터 존재해왔다. 군중이 모이고, 큰 목소리로 항의하며, 이어 통치자의 관저가 투석 대상이 되고 대저택이 소실燒失되었다. 하지만 근대라는 시대 이전에 순수하게 세속적 기반 위에서 지속적인, 장소를 초월한 공동의 행위 주체는 생각할 수 없었다. 사람들은 자신들이 행위를 초월한 것 — 신에 의한 창시, 사회가 하나의 고리를 이루는 존재의 대연쇄, 인민을 규정한 전통적 법 등 — 에 의해 지금 모습으로 구성된 것으로만 생각할 수 있을 뿐이었다. 따라서 18세기에 등장한 공론장은 새로운 종류의 심급을 대표했다. 행위를 초월한 구성 행위가 없는 '장소를 초월한' 공동의 공간 그리고 공동의 행위 주체, 순전히 우리 자신의 공동의 행위에 정초된 행위 주체가 그것이었다.

하지만 전통사회가 종종 '기억해온' 창시의 순간은 어떨까? 스파르타에 법률을 부여한 리쿠르구스의 행위는 어떨까? 확실히 그와 같은 순간은 그와 같은 구성적 요인(여기서는 법)이 어떻게 공동의 행위로부터 유래하는지를 보여주는 사례가 될 수 있을 것이다. 즉 리쿠르구스가 제안하고, 스파르타인들이 받아들인 것이다. 하지만 현대의 공동의 행위와 동일한 수준에 놓여 있지 않음은 그와 같은 순간의 본질에 속하는 것이다. 창시 행위는 보다 고차적인 수준으로, 영웅적 시대로, 오늘날의 우리 행위와는 질적으로 전혀 다른 수준에 놓인 것으로 간주되는 '태초의 때illud tempus'로 옮겨진다. 창시 행위는 현재의 우리 행위와, 보다 이전의 비슷한 행위, 즉 침전되어 우리 행위를 구조화하는 행위와 단지 다를 뿐만이 아니다. 그것은 전에 일어났을 뿐만 아니라 다른 종류의 시간 속에서 패러다임적 시간을 갖고 있다.[42]

그리고 그것이 온갖 오해가 생길 수 있는데도 불구하고 '세속적'이라는 말을 사용

42 전근대적 시간의식 — 보다 지고한 시간과 관련해 각자 상이한 형태를 발전시키고 있다 — 에 대한 그와 같은 상을 아래 논문에서 상술해보았다. "Die Modernitaet und die saekulare Zeit", in *Am Ende des Milleniums: Zeit und Modernitaeten*, ed. Krzysztof Michalski(Stuttgart: Klett Kotta, 2000), pp. 28-85.

하고 싶은 이유이다. 왜냐하면 내가 세속적이라는 말을 단지 '종교와 무관한'이라는 의미로만 사용하지 않는다는 것이 분명하기 때문이다.[43] 훨씬 더 많은 것이 배제되어야 한다. 원래 의미에서 이 말은 또한 '시대에 속함'을, 세속적profane 시간과 관련되어 있 195
음을 가리켰기 때문이다. 그것은 앞서 살펴본 대로 현세적temporal/영적spritual이라는 대립에서 '현세적'이라는 의미에 가까웠다.

그런데 보다 이전 시대에 세속적 시간은 보다 고차적인 시간과 관련해 — 보다 고차적인 시간에 의해 둘러싸이고 침투된 채(여기서는 그와 관련된 말을 찾기 어렵다) — 존재하는 것으로 이해되었다. 전근대적 시간 이해는 항상 다차원적이었던 것처럼 보인다. 시간은 — 그리스철학의 영원이건, 『성서』의 신의 영원이건 — 영원에 의해 초월되어 제자리에 고정된다고 생각되었다. 그리스와 『성서』 모두에서 영원은 단지 무한히 계속되는 현세의 시간이 아니라 불변하는 것으로의 상승 또는 시간을 모두어 하나로 만드는 것이었다. 그로부터 그리스어의 '영원에서 영원에 이르기까지hoi aiones ton aio-non'나 라틴어의 '여러 시대로 이루어진 시대saecula saeculorum['세세에 영원히']라는 표현이 생겨나게 되었다.

플라톤 또는 기독교식으로 시간과 영원의 관계를 규정하는 것은 그와 같은 유형으로는 유일하게 가용한 것이 아니었는데, 심지어 기독교세계에서도 마찬가지였다. 그것 외에도 또한 창시의 시간 — 엘리아데가 "기원들의 시간"[44]이라고 부르곤 했던 것 — 에 관해 훨씬 더 광범위하게 퍼진 관념들이 존재했는데, 그것들은 일상적 시간 속의 현재의 순간과 복잡하게 관련되어 있었다. 왜냐하면 종종 의례에 의해 접근 가능했으며, 몇몇 특권화된 시점에 그것의 힘을 부분적으로 재-전유할 수 있었기 때문이다. 기원들의 시간을 단지 일상적 시간 속의 과거 속에 명확히 위치시킬 수 없는 것은 바로

43 사실을 말하자면 종교적 차원을 배제하는 것은 내가 여기서 사용하고 있는 '세속적'이라는 개념의 충분조건은 두말할 것도 없고 심지어 필요조건은 더더욱 아니다. 세속적 협회는 순전히 공동의 행위 위에 정초된 것으로 해당 협회를 위한 어떤 신적인 정초도 배제하지만 그와 같은 협회로 조직된 사람들이 종교 형태의 삶을 지속하는 것을 막을 것은 아무것도 없다. 실제로 그와 같은 형태는 심지어 가령 정치적 협회는 순전히 세속적이어야 한다고 요구할 수 있을 것이다. 가령 또한 종교적 동기에서 교회와 국가의 분리를 지지할 수 있을 것이다.

44 엘리아데, 이은봉 역, 『성과 속』, 한길사, 80페이지 이하.

이 때문이다. 기독교의 교회력은 그리스도의 삶의 '창시적' 사건을 재-연하는 점에서 다른 종교관도 널리 공유하는 그와 같은 종류의 시간의식에 의존하고 있다.

그런데 중요한 장소를 초월한 공간과 행위 주체는 모종의 형태의 보다 고차적인 시간 속에서 구성되었다고 보는 것이 일반적 규범이었던 것처럼 보인다. 국가, 교회는 거의 필연적으로 하나 이상의 시간적 차원에 존재하는 것으로 간주되었다. 그것들이 오로지 세속적 시간이나 일상적 시간 속에서만 존재한다는 것은 생각조차 할 수 없기라도 하듯이 말이다. 대연쇄의 하나의 고리를 이루는 국가는 이데아의 영원한 영역과 연결되었다. 법에 의해 규정되는 인민은 법이 제정된 창시적 시간과 소통했다 등.

근대의 '세속화'는, 한 각도에서 보면, 보다 고차적인 시간을 거부하고, 시간을 순수하게 세속적인 것으로 설정하는 것으로 파악될 수 있을 것이다. 사건들은 이제 그와 같은 한 가지 차원 속에서만 존재하는데, 거기서 많고 적은 시간적 차이를 갖고 함께 존재하며, 동일한 종류의 다른 사건들과 인과관계를 맺고 있다. 동시성이라는 근대적 관념이 여기서 등장하게 되는데, 거기서 원인이나 의미라는 측면에서 명백히 전혀 관계없는 사건들이 단지 단일한 세속적 시간의 흐름 속의 동일한 시점에서 동시에 일어났다는 사실에 의해서만 하나로 묶인다. 뉴스 매체뿐만 아니라 근대문학을 통해 우리는 사회과학의 후원 하에 사회를 관계있는 것과 관계없는 것을 포함해 무수히 많은 사건을 하나로 묶는 수직적 시간의 단편이라는 측면에서 파악하는 데 익숙해지게 되었다. 나는 그것이 근대에 전형적인 사회적 상상 형태였다는 앤더슨의 주장이 맞는다고 생각하는데, 우리의 중세의 조상들은 그것을 이해하기 어려웠을 것이다. 세속적 시간 속에서 일어나는 사건들이 보다 고차적인 시간과 매우 다른 방식으로 연결되어 있던 당시에 사건들을 동시성의 관점에서 연결하는 근대적 관념에 따라 병렬적으로 정돈하는 것
196 은 부자연스러웠을 것이기 때문이다. 그것은 시간의 동질성을 상정했지만 당시에 지배적이던 시간의식에 의해 본질적으로 부정되고 있었다.[45] 이 점에 대해서는 후술하겠다.

45 앤더슨은 근대의 세속적 시간 개념을 묘사하기 위해 벤야민에게서 용어를 하나 차용한다. '동질적이고 공허한 시간'이 그것이다. '동질성'은 내가 여기서 묘사하고 있는 측면을 포착하고 있다. 즉 모든 사건이 이제 동일한 종류의 시간에 속하게 된다. 하지만 시간의 '공허함'은 또 다른 쟁점에 끌려들어가게 된다. 즉 공간과 시간 모두 이 둘을 채우는 것에 의해 구성되기보다는 사물과 사건이 우연히 채우게 되는 '용기容器'로 간주되기에 이르는 방식이 그것이다. 뉴턴에게서 볼 수 있듯이 이 후자의 발걸음이 근대 물

그런데 내가 '세속성'으로 부르는 것 쪽으로의 전진은 분명히 그처럼 철저하게 정화된 시간의식과 관련되어 있었다. 그와 같은 세속성은 협회들이 동질적인 세속적 시간 속에 고정되고 전체적으로 자리 잡을 때 등장하는데, 보다 고차적인 시간이 전적으로 부정되는지 여부와는 상관없으며 또 다른 협회들이 아직도 그와 같은 시간 속에 존재하는 것이 허용되는지의 여부와도 무관하다. 필자가 주장하고 싶은 것은, 그것은 공론장에도 해당된다는 것이다. 그리고 바로 거기에 그것의 새로움과 전례 없는 성격이 있다.

이제 이상의 논의를 정리해, 공론장이 무엇이었는지에 대해 말할 수 있을 것처럼 보인다. 그것은 장소를 초월한 새로운 공간, 사회 구성원들이 생각을 교환해 공동 견해에 도달할 수 있도록 해주는 공간이었다. 그와 같은 것으로서 공론장은 장소를 초월한 행위 주체를 구성했는데, 그와 같은 행위 주체는 사회의 정치적 구성으로부터는 독립적이며, 또한 완전히 세속적 시간 속에서 존재하는 것으로 이해되었다.

정치적인 것 외부에 존재하고, 세속적이며, 장소를 초월한 공간이라는 것이 바로 공론장의 과거 모습이자 현재 모습이기도 하다. 그리고 그것을 이해하는 것이 중요한 이유 중 하나는 그와 같은 공간이 되는 것은 공론장만이 아니었다는 사실, 또 공론장은 시간과 사회에 대한 우리 이해 전체를 변형시켜버렸고, 따라서 그와 같은 이해가 과거에 어떤 것이었는지를 상기하는 것조차 어려워진 사태전개의 일부였다는 사실에 있다.

5 인민주권

(3) 그것이 근대사회의 형성에 기여한 사회적 상상계에서 일어난 변형의 상호 연관된

리학의 형이상학적 상상의 일부를 이루었다. 하지만 내가 말하는 의미에서의 세속화를 위해 핵심적인 것은 동질성을 향한 발걸음이다.

공허함을 향한 발걸음은 도구적 이성이라는 근대적 주체에 관한 견해의 너무나 중요한 일부를 이룬 시간의 객관화의 일부에 속했다. 시간은 어떤 의미에서 '공간화되었다. 하이데거는 시간성에 대한 이해에서 이 모든 관념에 대해 강력한 공격을 개시하고 있다. 특히 『존재와 시간』, 2부를 보라. 하지만 세속성을 시간의 객관화와 구분하는 것을 통해 우리는 하이데거를 분리선의 근대 쪽에 놓을 수 있는 기회를 가질 수 있을 것이다. 하이데거적 시간성은 또한 세속적 시간 형태이기도 하다.

대연쇄 중 세 번째 변형이다. 그것 또한 이론으로 시작해 점차 사회적 상상계 속으로 침투해 그것을 변형시키기에 이르렀다. 하지만 그와 같은 일은 어떻게 일어났을까? 실제로 두 개의 상당히 다른 경로를 구별할 수 있다. 여기서는 이 두 경로를 이념형으로 다룬다. 즉 현실의 역사발전에서는 두 가지가 종종 결합되며, 때로는 분리되기 어려울 때도 있음을 인정한다.

첫 번째 경로에 대해 말하자면, 이론은 새로운 실천이 따르는 새로운 종류의 활동을 고무하고, 그와 같은 식으로 새로운 실천을 채택하는 집단의 사회적 상상계를 형성한다. '계약'이라는 생각을 중심으로 형성된 최초의 퓨리턴 교회들에서 그것의 실례를 발견할 수 있을 것이다. 새로운 교회 구조가 신학적 혁신에서 나왔다. 그리고 그것이 정치적 변화 이야기의 일부가 되었다. 왜냐하면 아메리카의 몇몇 식민지에서는 행정 구조 자체가 교회의 행정 형태에 의해 영향을 받았기 때문이다. 코네티컷주의 회중파에서 그것을 찾아볼 수 있는데, 거기서는 오직 '회심자'만 완전한 시민권을 누렸다.

또 하나의 경로에 대해 말하자면, 사회적 상상계의 변화는 이미 낡은 체제 속에 존재하던 실천에 대한 재해석과 함께 생겼다. 보다 오래된 형태의 정통성은 말하자면 질서에 대한 새로운 이해에 의해 식민지화되며, 그런 다음 변형되었다. 몇몇 사례에서는 뚜렷한 단절 없이 그렇게 되었다.

197 미국이 그것을 잘 보여주는 전형적인 사례이다. 잉글랜드와 아메리카에서 지배적이던 정통성 개념들, 가령 〈잉글랜드내전〉에 불을 지폈을 뿐만 아니라 식민지 반란의 발단이 된 개념들은 기본적으로 과거 회고적인 것이었다. 그것의 중심에는 '고래의 국체'라는 생각이 놓여 있었다. 즉 '까마득한 옛날부터' 통용되어온 법에 기반한 질서를 염두에 두고 있었는데, 그것에 따르면 국왕 말고도 의회도 정당한 자리를 차지하고 있었다. 그것이 전근대적 질서 이해와 관련해 가장 널리 확산되어 있던 견해의 전형적 특징으로 (엘리아데 표현을 빌리자면) '기원들의 시간'으로, 따라서 일상적 시간 속에 들어 있지 않은 때로 거슬러 올라갔다.

보다 오래된 그와 같은 질서 관념은 〈아메리카혁명〉 이후 변형된 형태로 등장해 인민주권의 완전한 기초를 이루게 되었다. 그것에 의해 미국헌법은 '우리, 인민'의 입을 통해 선언되게 되었다. 미국헌법에 앞선 〈독립선언서〉에서는 "자명한 것으로 간주되는 진리"[46]를 내세워 이상화된 자연법 질서에 호소했다. 〈독립선언서〉부터 미국헌법에 이르는 추이는 한층 더 용이했는데, 왜냐하면 전통적인 법으로 이해되던 것은 선출된 의회 그리고 과세에 대한 의회의 동의에 중요한 지위를 부여했기 때문이다. 따라서 필요했던 것이라고는 관련 사안의 균형을 이동시켜 선거를 정통 권력의 유일한 원천으로 만드는 것뿐이었다.

하지만 그와 같은 변화가 일어나려면 사회적 상상계가 변형될 필요가 있는데, 거기서 창시라는 생각은 신화적인 아득한 때에서 분리되어 오늘날에도 사람들이 얼마든지 수행할 수 있는 일로 간주될 필요가 있었다. 다시 말해 창시는 현재의 순수하게 세속적인 시간 속에서 집단적 행위를 통해 일어날 수 있는 것이 된다. 그와 같은 변형은 18세기의 어느 시점에 일어났지만 실제로는 18세기 초가 아니라 말 무렵의 일이었다. 이전에도 엘리트들은 창시 행위에 관한 이론들을 제시했지만 그것들은 행위 근거를 제공하기에 충분할 정도로 일반적인 사회적 상상계 속에 충분히 침투하지 못했다. 따라서 1688년의 〈명예혁명〉은 오늘날 회고적으로 볼 때는 아무리 급진적 단절로 보일지라도 연속성의 행위로, 기존의 합법성으로 되돌아가는 행위로 제시되었다(여기서 우리는 말의 의미론적 변화에 속게 된다. '〈명예혁명〉'의 본래 의미는 원래 입장으로 돌아간다는 것으로, 혁명적 체제전복이라는 근대적 의미와는 거리가 멀었다. 물론 혁명이라는 사건의 작용사 Wirkungsgeschchte가 의미 변화에 기여해왔다).

새로운 이론과 전통적 실천 간의 그와 같은 합치가 그와 같은 결과를 가져오는 데서 핵심적이었다. 아메리카의 경우 인민주권에 호소할 수 있었는데, 그것이 일반적으로 합의된 제도적 의미를 찾을 수 있었기 때문이다. 모든 정착민이 새로운 정치체제를 창시하기 위해서는 모종의 의회, 아마 1779년의 〈매사추세츠헌법제정회의〉 같은 통상적 의회보다 약간 더 큰 의회를 통할 필요가 있다는 데 동의했다. 기존의 대의제도가 가진 힘이 새로운 개념을 실천적 관점에서 '해석하는' 데 도움이 되었다.

〈아메리카혁명〉은 하나의 정통성 관념에 기반해 출발해 어쨌건 급진적 단절은 피

46 그와 같은 일보는 보기보다는 그리 크지 않았다. 식민지 거주자들 견해에 따르면, 그들이 잉글랜드인으로서 누리는 권리는 이미 '자연'권의 구체적 특수화로 간주되었기 때문이다. 베일린Bernard Bailyn, 배영수 역, 『미국혁명의 이데올로기적 기원』, 새물결, 108~109, 225~226페이지.

한 채 또 다른 종류의 정통성 관념을 만들어내며 끝났다고 말할 수 있을 것이다. 정착민들은 처음에는 오만하고 무신경한 대영제국 정부에 맞서 전통적인 '잉글랜드인의 권리'를 주장하는 것으로 시작했다. 의회에서 잉글랜드 국왕과의 결별이 확정되고 더 이상
198 식민지총독 명령을 다 따를 필요가 없게 되자 저항의 지휘권은 당연히 이미 존재하는 선출된 입법부에 넘어갔는데, 그들이 뭉쳐 〈대륙회의〉가 되었다. 1640년대의 내전[퓨리턴 혁명]과의 유사성은 명백했다.

하지만 전쟁은 늘 과격화의 원천이었다. 잉글랜드와의 결별 자체는 〈독립선언〉을 통해 이루어졌는데, 그것은 더 이상 단지 잉글랜드인의 권리가 아니라 보편적 인권을 주장했다. 몇몇 주는 인민의 의지에 기초한 새로운 헌법을 채택했다. 그리고 결국 독립운동 전체는 〈연방헌법〉에서 정점에 이르렀는데, 그것은 새로운 공화국을 근대적 도덕 질서의 한가운데 고정시켰다. 즉 인민으로 행동하기 위해서는 이미 존재하는 모종의 법을 필요로 하지 않으며, 법의 원천임을 자임할 수 있는 인민의 의지로서 말이다.

새로운 사회적 상상계는 본질적으로는 회고적 재해석을 통해 등장했다. 혁명 세력은 대부분 오래된, 과거 회고적인 정통성 이념에 기반해 동원되었다. 그와 같은 동원은 나중에는 주권자인 인민 속에 내재된 권력행사로 해석되었다. 그와 같은 권력의 존재와 정통성을 입증하는 것은 바로 그것이 세운 새로운 정체에 달려 있었다. 하지만 인민주권은 만약 너무 빨리 무대에 등장했다면 새로운 정체를 수립할 수 없었을 것이다. 먼저 그것보다 앞선 이념이 '고래의 국체'에 의해 규정된 인민의 전통적 권리라는 생각을 환기시켜 어려운 준비 작업을 수행해 정착민들을 독립투쟁에 나서도록 동원해야 했다. 하지만 이후 그것은 근대의 혁명의 특징이 되기도 했던 것, 즉 과거에 대한 냉혹한 배은망덕과 함께 망각의 저편으로 내몰리게 되었다.

물론 그렇다고 정통성을 부여하는 담론만이 변할 뿐 실천에서는 아무것도 변하지 않는다는 의미가 아니다. 반대로 몇 가지 점에서 중요한 전진이 이루어졌는데, 오직 새로운 담론만이 그것을 정당화할 수 있을 것이다. 1779년의 〈매사추세츠헌법제정회의〉 같은 개별 국가의 새로운 헌법 제정 움직임에 대해서는 이미 언급했다. 하지만 나중의 〈미국연방헌법〉[1788년] 자체가 가장 현저한 사례였다. 페더럴리스트들 견해로는 새로운 중앙집권적 권력을 창시하는 것이 절대 필요했는데, 그것은 단지 여러 주를 모아

창시하면 되는 것이 아니었다. 바로 그것이 페더럴리스트들이 이제 새로운 통치 형태를 통해 대체하려고 노력하고 있던 연방제의 주요 결함이었다. 개별 주의 '인민' 이상의 것이 존재해야 했는데, 공동의 도구를 만들 필요가 있었다. 새로운 연방정부는 '미국 인민' 속에서 자체에 고유한 정통성의 근거를 가져야 했다. 그것이 〈건국의 아버지들〉의 기획 전체에서 핵심적이었다.

하지만 동시에 주권자인 인민의 행위를 그처럼 과거로 투영하는 것은, 과거의 행위를 새로운 원리의 성과로 해석하는 것을 허용해주는 제도와 관습의 연속성 없이는 가능하지 않았을 것이다. 그와 같은 연속성의 핵심은 정착민 사이에서 선출된 의회를 정통적인 권력 형태로 거의 보편적으로 수용한 데 있었다. 그들이 그것을 한층 더 절감한 것은, 그들이 선출한 입법부가 국왕 또는 대영제국의 지배 아래 있는 행정관들로부터의 권리 침해에 맞서 오랫동안 지역의 자유를 지키는 주요한 보루였던 점을 통해 알 수 있을 것이다. 각국에서 새로운 헌법을 채택하는 결정적 전환점에 이르기 전까지만 해도
기껏 할 수 있는 일이라곤 특별한 확대 의회를 여는 것에 의지하는 것뿐이었다. 인민주 199
권이 수용될 수 있던 것은 그것이 명확하고 논란의 여지가 없는 제도적 의미를 갖고 있었기 때문이다. 그것이 새로운 질서의 토대였다.[47]

〈프랑스혁명〉의 경우 사정이 전혀 달랐으며, 결과 또한 치명적이었다. 모든 역사가가 지적해온 "혁명을 끝내는 것"[48]이 불가능한 것은 부분적으로는 인민주권의 특정한 표

47 "미국에서는 프랑스의 경우에서처럼 대의 관계가 순수한 지배 형태에 의해 흡수당할까 아무도 두려워하지 않는다.Nul ne craint aux États-Unis, comme c'est le cas en France, que le rapport de délégation puisse être assimilé à une pure forme de domination"(Pierre Rosanvallon, *La Démocratie inachevée*[Paris: Gallimard, 2000], p. 28). 대의 형태에 대한 그처럼 심오한 동의는 새로운 〈연방헌법〉을 둘러싸고 벌어지고 있던 격렬한 논쟁에서 볼 수 있듯이 구조에 대한 매우 활발한 논의를 방해하지 않았다. 그것은 심지어 대의의 본질에 관한 몇 가지 심오한 쟁점이 제기되는 것을 허용하기조차 했다(베일린, 『미국혁명의 이데올로기적 기원』, 5장을 보라). 그와 같은 기본적 동의는 또한 샤이Shay의 반란에서처럼 의회에서 표결을 마친 법안에 대한 민중봉기를 방해하지 못했다. 중요한 점은 그와 같은 봉기가 경쟁적 형태의 정통성을 수립하려고 시도하지 않은 것이었다. 오히려 그것은 아무리 정통적이더라도 체계가 여전히 자행할 수 있는 지독한 불의로 간주되는 것에 맞서기 위한 최후 수단이었다. 이 점에서 그것은 앙시앵레짐기의 프랑스에서의 봉기와 다소 유사하다. 그에 대해서는 후술할 것이다. 아래에서의 흥미로운 논의를 참조하라. Patrice Gueniffey, *La Politique de la Terreur*(Paris: Fayard, 2000), pp. 53-57.

48 François Furet, *La Révolution Française*(Paris, 1988).

현은 모두 다른 쪽에 의해, 상당한 근거와 함께 의문시될 수 있기 때문이다. 〈프랑스혁명〉의 초기 몇 년의 가공할 만한 불안정성의 일부는 아래의 부정적 사실에서, 즉 루이 왕조 지배의 정통성으로부터 국민의 정통성으로의 이행이 광범위한 사람에 의해 지지받는 사회적 상상계에서 어떤 합의된 의미도 갖고 있지 않았던 사실에서 유래되었다.

앞의 논의를 〈프랑스혁명〉의 불안정성에 대한 전반적 '설명'으로 이해해서는 안 된다. 오히려 설명을 위해 우리가 인용한 다양한 요인이 함께 작용해 우리가 아는 결과를 낳게 된 경위에 대해 우리에게 무엇인가를 말해주는 것으로 이해해야 한다. 물론 국왕의 측근, 군, 귀족의 상당 부분이 새로운 원리를 수용하지 않은 것은 안정성을 가로막은 엄청난 걸림돌이 되었다. 그리고 심지어 새로운 정통성의 지지자들 사이에서조차 의견이 분분했다. 하지만 분열을 치명적으로 만든 것은 인민주권의 제도적 의미에 관한 어떤 동의된 이해도 부재했던 것이다.

버크는 혁명가들에게 전통적 국체를 고수하고, 그것을 조금씩 개혁하라고 조언했다. 하지만 점진적 개혁은 이미 혁명가들 권한 밖의 일이었다. 그와 같은 국체의 대의제도인 〈3부회〉가 175년 동안 중단되어 있던 것만이 문제가 아니었다. 또한 교양계급, 즉 부르주아계급과 상당 부분의 귀족계급 사이에서 발전해온 평등한 시민권-갈망과는 근본적으로 맞지 않기도 했는데, 그와 같은 갈망은 일련의 방식으로 표현되었다. 부정적 방식으로는 귀족의 특권에 대한 공격으로, 적극적 방식으로는 로마 공화제와 그것의 이상에 대한 열광으로 표현되었다.[49] 실제로 1789년에 제3신분이 최초로 요구한 것이 신분별 분리 심의를 중단하고, 모든 대표를 단일한 〈국민회의〉로 소집하라는 것이었던 것은 이 때문이다.

심지어 그보다 심각했던 것은 교양엘리트를 제외하고는 대의제 국체가 무슨 의미인지를 거의 이해하지 못한 것이다. 분명히 인민대중은 〈3부회〉 소집 요구에 진정서cahiers de doléance를 제출하는 것으로 호응했지만 그와 같은 절차 전체는 국왕의 주권의 존속을 전제했다. 그것은 인민의 의지를 전달하기 위한 통로로서는 전혀 적합하지 않았다.

온건파가 원한 것은 버크의 제안에 따른 것이었다. 즉 시민 투표를 통해 모두에 의

49 Simon Schama, *Citizens*(New York: Knopf, 1989), 4장을 보라.

해 정확히 국민의지의 표현으로 이해될 수 있는 종류의 대의제도로 전통적 국체를 진화시키는 것이었다. 잉글랜드 하원은 18세기에 그렇게 되었다. 비록 여기서 '인민'은 200
실질적 대의의 다양한 형태를 통해 전체를 대표해 발언하는 것으로 간주된 소수 엘리트에 불과했지만 말이다.

영국에서 그와 같은 결과를 가져온 사태전개는 동시에 자치self-rule 형태에 대한 감각을 만들어냈는데, 그것이 보다 광범위한 사회의 사회적 상상계의 일부가 되었다. 잉글랜드에서 인민의 보다 광범위한 참여에 대한 요구가 선거권 확대 제안이라는 형태를 취하게 된 것은 이 때문이었다. 인민은 1830~1840년대의 차티스트 운동에서 가장 현저하게 나타난 대로 기존의 대의구조에 참여하기를 바랐다. 앞서 논한 미국 사례는 그와 동일한 진화 과정의 선행 단계에 해당한다. 두 나라의 대의제의회는 일반적으로 남성 참정권에 기초해 선출되었다.

선출된 의회를 통한 자치라는 그와 같은 형태는 앵글로색슨 사회에서 일반적으로 가용한 레퍼토리의 일부였다. 프랑스의 민중 계급의 레퍼토리에서는 그것이 부재했을 뿐만 아니라 그것은 또한 자체에 고유한 민중 저항 형태를 발전시켰는데, 그것은 전혀 다른 논리에 의해 구조화되어 있었다. 하지만 그와 같은 형태를 음미하기 전에 새로운 이론에 기초해 수행된 근대의 혁명적 이행에 대해 지적해야 할 일반적 사항이 있다.

이행은 '인민' 또는 적어도 활동가 중 중요한 소수가 이론을 이해하고 내면화하는 경우에만 이루어질 수 있다. — 어쨌건 사람들이 원한 의미에서는 그렇다. 하지만 정치적 행위자에게 이론을 이해한다는 것은 그것을 세계 속에서 실천할 수 있음을 의미한다. 이론을 실행에 옮기는 실천을 통해 이론을 이해한다. 그와 같은 실천은 이론이 규정하는 의미에서 이해 가능하게 되어야 한다. 하지만 우리의 실천은 우리의 사회적 상상계를 통해 이해 가능해진다. 따라서 그와 같은 종류의 이행에서 결정적으로 중요한 것은 인민(또는 그중의 열성분자)이 그와 같은 요구를 충족시키는, 즉 새로운 이론을 실현하는 방법을 포함한 사회적 상상계를 공유하는 것이다.

그리하여 특정 시대의 인민의 사회적 상상계를 2장에서 제안한 대로 인민의 구성원에게 이해 가능한 실천의 총체를 포함해 일종의 레퍼토리[축적된 지식, 경험, 각종 의례]로 생각할 수 있을 것이다. 사회를 정통성이라는 새로운 원리에 따라 변형시키려면 그와 같은 원리를 충족시킬 수 있는 방법을 포함한 레퍼토리가 꼭 필요하다. 그와 같은 요구를 두 측면으로 나눌 수 있을 것이다. (1) 행위자는 무엇을 해야 할지를 알고 있어야 하며, 새로운 질서를 실행하는 실천을 레퍼토리 속에 갖고 있어야 한다. 그리고 (2) 행위자 전체가 그와 같은 실천이 무엇인지에 대해 동의해야 한다.

칸트 철학에서 차용한 유비를 사용해 말하자면, 이론은 추상적 범주 같다. 역사 속에서 작동하려면 이론은 실천 영역에서 구체적 해석을 얻기 위한 '도식화'를 필요로 한다.

근대의 혁명에서 (1)의 조건이 완전히 결여된 몇몇 상황이 존재했다. 가령 러시아 사례를 예로 들어보자. 1917년에 있은 차르 지배의 붕괴는 새로운 공화제적 정통성으
201 로 나가기 위한 길을 열어주었어야 했다. 〈임시정부〉의 상정에 따르면 다음 해에 소집될 〈제헌의회〉에서 그와 같은 정통성이 규정될 것이다. 하지만 파이지스의 분석에 따르면 대부분의 농민은 러시아 인민 전체가 주권적 행위 주체라고는 생각조차 못했다.[50] 그들이 완벽하게 잘 이해하고 또 추구한 것은 미르[전통적 농촌공동체]가 자립적으로 행동할 자유, 귀족들이 (그들의 견해에 따르면) 빼앗은 땅을 분할할 자유, 중앙정부로부터 더 이상 억압받지 않을 자유였다. 그들의 사회적 상상계는 지역에서의 집단적 행위 주체, 즉 촌락이나 미르의 인민을 포함했다. 그들은 그와 같은 행위 주체가 국민정부를 상대로 협상해야 함을 알고 있었는데, 정부는 많은 해를 초래할 수 있지만 때로는 좋은 일을 할 수도 있었다. 하지만 전제정부로부터 주권적 권력을 물려받을 수 있는 전국적 인민이라는 생각은 꿈에도 해보지 못했다. 그들의 레퍼토리에는 국민적 수준에서의 그와 같은 종류의 집단적 행위 주체에 의한 행동은 포함되어 있지 않았다. 그들이 이해할 수 있던 것은 〈푸카초프난〉과 같은 대규모 반란으로, 중앙권력을 빼앗아 그것을 대체하는 것이 아니라 악정과 권리 침해를 줄이도록 강요하는 것을 목적으로 했다.

반대로 〈프랑스혁명〉기에 결여되었던 것이 (2)였다. 인민주권을 실현하기 위한 한 가지 이상의 처방이 제안되었다. 한편으로 〈3부회〉라는 전통적 제도는 그와 같은 목적에 적합하지 않았다. (평민인) 인민은 단지 〈3부회〉 중 단지 한 부만 선출했다. 그리고

50 Orlando Figes, *A People's Tragedy*(London: Penguin, 1997), pp. 98-101, 518-519.

제도 전체가 주권자인 국왕에게 탄원하는 신민을 대표[대의]하는 것을 목적으로 했다.

하지만 다른 한편 당시 제안된 이론들의 음역은 아메리카 사례보다도 훨씬 더 광범위했다. 그것은 부분적으로 앵글로색슨 세계에서는 대의제도가 사회적 상상계에 강력한 영향을 미치고 있던 것이 이론적 상상을 억제했던 것 때문이다. 하지만 그것은 또한 프랑스 문화와 사상의 독특한 궤적에서 유래하는 것이기도 했다.

프랑스 사례에서 특히 중요한 것은 루소 영향을 받은 일련의 이론이었다. 그것들은 두 가지 특징을 갖고 있는데, 〈프랑스혁명〉의 추이에서 치명적이었다. 첫 번째 특징은 일반의지라는 루소의 구상의 토대를 이루고 있는 것이었다. 그것 속에는 근대의 질서 관념에 대한 루소의 새롭고 보다 근본적인 '개정'이 반영되어 있었다.

이미 살펴본 대로 근대적인 질서 관념의 원리는 이렇다. 즉 우리는 각자 생존수단을 자유롭게 추구하지만 각자가 자신의 수단을 추구할 때 마찬가지로 다른 사람이 추구하는 것을 돕거나 적어도 방해하지 말아야 한다는 것이 그것이다. 다시 말해 각자가 인생의 계획을 추구하는 형태가 조화를 이루어야 한다. 하지만 그와 같은 조화는 다양한 방식으로 구상되었다. 스미스의 유명한 이론에서처럼 보이지 않는 손에 이끌린 과정에서 조화가 이루어질 수 있었다.[51] 하지만 그것으로는 결코 충분하지 않은 것으로 생각되었기 때문에 의식적으로, 즉 자연법을 따름으로써 조화를 가져오려고도 했다. 로크는 그와 같은 법칙은 신에 의해 주어진다고 보았다. 그리고 우리가 자연법을 따르는 동기는 우리가 신을 따를 때의 동기와 동일했다. 즉 우리의 창조주에 대한 의무감이자 영벌에 대한 두려움이 그것이었다.

후일 신에 대한 두려움은 비인격적 선의라는 관념 또는 본능적 공감이라는 사상으로 대체되었다. 하지만 보다 초기의 이 모든 생각은 우리가 가진 동기의 이중성을 상정

51 로크에게서 이미 그와 같은 메커니즘의 맹아적 형태를 찾아볼 수 있다. 재산 장章에서 그는 이렇게 확언한다. "자신의 노동으로 토지를 수취하는 사람은 인류의 공동자산의 가치를 줄이는 것이 아니라 오히려 증대시키는 것이라는 논점을 덧붙일 필요가 있다. 인간의 삶을 부양하기 위해 [공유지에서 떼어내] 울타리를 쳐서 경작한 1에이커의 토지에서 생산되는 식량은 똑같은 비옥도를 가졌지만 개간되지 않은 채 공유지로 방치된 1에이커의 토지에서 생산되는 양의 10배 이상이나 되기 때문이다. 그렇기 때문에 울타리로 막은 10에이커의 토지로부터 대단히 많은 삶의 편익을 얻는 사람은 자연에 방치된 100에이커의 토지로부터 동일한 편익을 얻는 자보다 실로 90에이커의 토지를 인류에게 되돌려주고 있는 셈이라고 말할 수 있다"(『통치론』, 5장, 47페이지).

202 한다는 점에서 공통점을 갖고 있었다. 한편으로 우리는 타자를 희생하고 나의 이해관심을 추구하려는 유혹에 사로잡힐 수 있을 것이다. 하지만 다른 한편으로는 신에 대한 두려움, 비인격적인 선의 같은 것에 의해 일반선을 위해 행동하도록 동기를 부여받을 수도 있을 것이다. 루소가 제거하고 싶었던 것이 그와 같은 이원론이었다. 진정한 조화는 오직 우리가 그와 같은 이중성을 극복할 수 있을 때만, 자기애amour de soi가 공동의 행위 주체(즉 그와 같은 조화의 충족에 나와 함께 참여하는 사람들)의 정통적인 목표를 충족시키려는 나의 욕망과 일치할 수 있을 때만 이루어질 수 있다. 루소 말로 하자면, '자기애'와 '연민의 정pitié'이라는 원시적 본능은 이성적이고 유덕한 인간 존재 속에서 공동선에 대한 사랑으로 융합되는데, 그것은 정치의 맥락에서는 '일반의지'로 알려지게 된다.

다시 말해 완전히 유덕한 인간에게서 자기애는 타자애와 더 이상 구별되지 않는다. 하지만 그와 같은 구별을 극복하는 것은 동시에 또 다른 지점에서 발생하는 새로운 이원론을 수반했다. 만약 자기애가 인류애라면 우리 내면에서 미덕에 맞서는 이기적 성향은 어떻게 설명할까? 그와 같은 성향은 루소가 '자존심amour propre'이라고 부르는 또 다른 동기에서 비롯되는 것이 분명하다. 그처럼 나 자신에 대한 나의 관심은 두 가지 다른 형태를 취할 수 있는데, 그것들은 마치 선과 악처럼 서로 대립한다.

그와 같은 구별은 계몽주의 맥락에서는 새로웠다. 하지만 또 다른 의미에서는 전통 속에 깊이 닻을 내린 사고방식으로의 회귀를 포함했다. 우리는 의지의 두 가지 성질을 구별한다. 그와 함께 다시 아우구스티누스의 도덕적 세계로 돌아가게 되는데, 그에 따르면 인간은 두 가지 사랑을 할 수 있다. 하나는 좋고 다른 하나는 나쁘다. 하지만 루소의 구별은 아우구스티누스의 개정판으로, 만약 역설적 표현이 너무 충격적이지 않다면, 펠라기우스적 아우구스티누스이다. 왜냐하면 보몽Monseigneur de Beaumont이 극히 명료하게 간파한 대로 선한 의지는 이제 생득적이고 자연스러운 것이며 완전히 인간 중심주의적인 성질을 갖게 되기 때문이다.

그와 같은 이론 자체가 극히 근대적이며, 근대적 도덕질서 속에 자리하고 있다. 그리고 여러 개인의 의지를 조화시키는 것을 목표로 한다. 비록 그것이 새로운 정체성, 즉 "공동의 자아moi commun"[52]의 창조 없이는 불가능하다고 해도 말이다. 구해야 하는 것은 자유, 즉 개개인과 모두의 자유이다. 자유가 지고선인데, 여기서 루소는 덕과 악덕의 대립을 자유와 예속의 대립에 상응하는 것으로 재해석할 정도로까지 멀리 나간다.

> 왜냐하면 욕구에 충동이 걸리는 것은 예속이지만 스스로 부과한 법을 따르는 것은 자유이기 때문이다Car l'impulsion de l'appétit est esclavage, et l'obéissance à une loi qu'on s'est prescrite est liberté."[53]

만인의 선을 지향하기 때문에 우리가 사랑하는 법은 자유의 억제가 아니다. 반대로 법은 우리 내면에서 가장 진정한 것에서, 도덕이라는 보다 고차적인 음역으로 조를 옮기는 자기애에서 나온다. 그것은 고독에서 사회로의 이행의 성과이며, 또한 동물의 상황에서 인간의 상황으로의 이행이기도 하다.

> 자연 상태에서 사회 상태로의 그와 같은 이행은 인간의 내면에 매우 주목할 만한 변화를 가져온다. 인간의 행위에서 본능을 정의로 치환하고 그동안 결여된 도덕을 인간의 행위에 부여하는 것이다. …… 그와 같은 상태에서 그는 자연으로부터 받은 많은 이익을 잃지만 대 203
> 신 아주 큰 이익을 얻게 된다. 그의 능력은 단련되고 발달하며 그의 사상은 넓어지고 그의 감정은 고상해져 그의 영혼 전체를 높일 수 있다. 따라서 만약 그와 같은 새로운 상태의 악용 때문에 그가 탈출해온 원래의 상태 이하로 타락하는 일이 그리 많지 않다면 그를 원래의 상태에서 영구히 떼어놓은 행복한 순간, 어리석고 시야가 좁은 동물로부터 지성적인 존재, 즉 인간이 된 행복한 순간을 그는 끊임없이 축복할 것이다Ce passage de l'état de nature à l'état civil produit dans l'homme un changement très remarquable, en substituant dans sa conduite la justice à l'instinct, et donnant à ses actions la moralité qui leur manquait auparavant. …… Quoiqu'il se prive dans cet état de plusieurs avantages qu'il tient de la nature, il en regagne de si grands, ses facultés s'exercent et se développent, ses idées s'étendent, ses senti-

52 루소, 박호성 역, 『사회계약』, 책세상, 1권 6장.
53 앞의 책, 1권 8장.

ments s'ennoblissent, son âme toute entière s'élève à tel point que si les abus de cette nouvelle condition ne le dégradait souvent audessous de celle dont il est sorti, il devrait bénir sans cesse l'instant heureux qui l'en arracha pour jamais, et qui, d'un animal stupide et borné en fit un être intelligent et un homme.[54]

다른 한편 그와 같은 법에 맞서는 것은 본래의 자아가 아니라 타락했으며, 타자에의 의존으로 인해 본 궤도에서 벗어난 의지이다.

루소의 '개정'은 로크로 거슬러 올라가는 계몽주의 시기의 표준 독법과는 근본적으로 다른 도덕심리학을 제공했다. 그의 심리학은 단지 잠재적으로 선과 악의 두 성질을 지닌 의지로 회귀하지만은 않았다. 또한 이성과 선한 의지의 관계를 전혀 다른 방식으로 제시했다. 주류 심리학이 우리를 보편적 관점의 높이로 끌어올려 공평한 관찰자로 만들어주는 거리를 둔 이성을 우리 속에 내재하는 일반적 선의를 해방시키거나 아니면 적어도 계몽된 자기이익을 인식할 것을 가르치는 것으로 간주하는 반면 루소에게서 그렇게 객관화하는 이성은 전략적 사고의 노예이며, 단지 우리가 점점 더 완전히 권력 계산에 몰두하도록 만드는 데나 도움이 될 뿐이다. 그와 같은 계산에 의해 우리는 다른 사람을 지배하려고 하지만 실제로는 점점 더 그에게 의존하게 될 뿐이다.

그와 같은 전략적 자아는 동시에 고립된 채 다른 사람의 인정을 갈망하는 존재로, 진정한 자아를 한층 더 억압하게 된다. 미덕을 얻기 위한 투쟁은 우리 내부 깊은 곳에 파묻혀 거의 침묵하고 있는 목소리를 회복하려는 시도이다. 우리에게 필요한 것은 거리두기와는 정반대의 것이다. 오히려 우리 자신의 내부에 존재하는 가장 친밀하고 본질적인 것 — 하지만 세상의 시끄러운 소리 때문에 거의 들리지 않게 된 것 — 과의 교류를 다시 회복하는 것이 필요하다. 그것을 루소는 '양심'이라는 전통적 용어로 부른다.

양심이여! 양심이여! 신성한 본능이여! 사멸하는 일이 없는 천상의 소리여! 무지무능하지만 지성을 가진 자유로운 존재의 확실한 안내자여! 선악을 잘못 심판하는 일이 없는 판정자,

54 앞의 책.

> 인간을 신과 같은 존재로 만들어주는 이여, 그대야말로 인간 본성을 뛰어난 것으로 만들고, 204
> 행동에 도덕을 부여하고 있는 것이다. 그대가 없으면 나는 규칙 없는 오성, 원칙 없는 이성에 의해 오류에서 오류로 헤매는 비참한 특권 외에 짐승보다 높은 곳으로 나를 끌어올려줄 아무것도 안에서 느끼지 못할 것이다Conscience! Conscience! instinct divin, immortelle et céleste voix; guide assuré d'un être ignorant et borné, mais intelligent et libre; juge infaillible du bien et du mal, qui rends l'homme semblable à Dieu, c'est toi qui fais l'excellence de sa nature et la moralité de ses actions; sans toi je ne sens rien en moi qui m'élève au-dessus des bêtes, que le triste privilège de m'égarer d'erreurs en erreurs à l'aide d'un entendement sans règle et d'une raison sans principe.[55]

이 이론은 새로운 종류의 정치를 암시했는데, 우리는 실제로 〈프랑스혁명〉의 절정기인 1772~1794년에 그것이 실행된 것을 볼 수 있다. 그것은 (a) 미덕을 중심 개념으로 하는 정치로, 그때 미덕은 자기애와 조국애의 융합으로 이루어졌다. 1792년에 로베스피에르가 한 말에 따르면

> 공화국의 정신은 미덕이며, 그것은 조국애, 즉 모든 개별이익을 일반이익 속에 포섭하는 고결한 헌신이다L'âme de la République, c'est la vertu, c'est l'amour de la patrie, le dévouement magnanime qui confond tous les intérêts dans l'intérêt général.[56]

어떤 의미에서 그것은 고대의 미덕 개념으로의 회귀이며, 몽테스키외는 그것을 공화국의 '원동력'으로 식별한 바 있다. "자기 자신의 이익보다 공익을 항상 우선시하는 것une préférence continuelle de l'intérêt public au sien propre"[57]이 그것이었다. 하지만 그것은 융합('개별이익을 일반이익 속에 포섭한다')이라는 새로운 루소적 용어에 의해 개정되어왔다.

(b) 그와 같은 정치관은 마니교적 이원론으로 기운다. 미덕과 악덕 간의 애매한 영

55 루소, 민희식 역, 「사보아인 보좌신부의 신앙고백」, 『에밀』, 육문사, 509페이지.
56 Georges Lefebvre, in *Quatre-Vingt-neuf*(Paris: Éditions Sociales, 1970), pp. 245-246에서 재인용.
57 몽테스키외, 이재형 역, 『법의 정신』, 4편 5(57페이지).

역은 사라지는 추세이다. 개인의 이익이 일반선에 대한 사랑과 나란히 존재할 수 있는 정통적인 자리는 전혀 존재하지 않는데, 그것이 일반선에 종속되더라도 마찬가지이다. 자기이익은 타락, 따라서 악덕의 징조로, 극단적인 경우 [혁명] 반대파와 구분 불가능하다. 이기주의자는 반역자와 동일시된다.

(c) 그와 같은 정치를 둘러싼 담론은 유사-종교적 음조를 띤다. 이 점은 종종 지적되어왔다.[58] '성스러움'이 종종 환기된다(신성연합, 마라를 살해한 '독신적 손' 등).

(d) 하지만 그와 같은 정치의 가장 치명적인 특징 중 하나는 복잡한 대의 개념이다. 물론 루소에게서 — 그리고 그것이 그의 이론의 두 번째 중요한 특징이다 — 선출된 의회를 매개로 하는 통상적 의미의 정치적 대의제는 저주였다. 그와 같은 비판은 투명성에 대한 그의 주장과 관련되어 있다.[59] 일반의지는 최대한의 투명성을 얻을 수 있는 자리다. 우리 의지가 하나로 융합되어 우리 존재가 최대한 현전하면서 서로에게 열려 있다는 의미에서 말이다. 불투명성은 개별의지에 내재하는 것으로, 우리는 종종 간접적
205 전략을 동원하거나 조작과 기만책(그것은 또 다른 형태의, 준-연극적 유형이며 마찬가지로 악하고 유해한 '대의'와 관련되어 있다)을 사용해 그것을 실현하려고 시도한다. 그와 같은 정치적 견해가 현실에 대한 불만을, 공개할 수 없는 은밀한 행위, 심지어 음모, 따라서 극단적인 경우에는 반란과 그렇게 쉽게 동일시될 수 있던 것은 이 때문이다. 반면 일반의지는 공개적으로, 모두가 보는 가운데 만들어진다. 이 유형의 정치에서 일반의지가 루소가 명확하게 그려낸 또 다른 종류의 극장에서 항상 인민 앞에서 규정되고 선언되고 또는 — 심지어 이렇게 말할 수 있을 것이다 — 생산되는 것은 이 때문이다. 그와 같은 극장에서는 배우가 관객 앞에 모습을 드러내는 것이 아니라 모두가 연기자와 관객을 겸하는 공공축제를 모델로 했다. 바로 그것이 진정한 공화제의 축제를 근대적 형태의 극장과 구별해준다. 앞의 축제와 관련해 얼마든지 이렇게 질문할 수 있을 것이다.

58 François Furet, *Penser la Révolution française*(Paris: Gallimard, 1978), p. 276.

59 스타로뱅스키Jean Starobinski, 이충훈 역, 『장-자크 루소: 투명성과 장애물』, 아카넷.

> 하지만 결국 무엇이 그와 같은 연극의 주제가 될까? 이렇게 말해도 좋다면, 아무것도 없다. 자유가 주어지면 많은 인파가 모이는 모든 곳에서는 또한 행복이 지배할 것이다. 광장 한가운데 꽃으로 장식된 말뚝을 심고, 사람들을 모으면 파티가 열린다. 또는 더 좋게는, 관객들을 극장으로 데려가, 그들 자신을 배우로 만들어 각각의 사람이 다른 사람 속에서 자신을 알아보고 사랑하도록 만들어라. 모두가 서로 한층 더 단결할 수 있도록 말이다.[60]

투명성, 즉 비대의성은 공동의지를 공적으로 규정할 수 있도록 해주는 특정한 형태의 담론을 필요로 한다. 심지어 공동의지가 인민에게 그리고 또 인민에 의해 명백하게 드러날 수 있도록 해주는 일종의 전례典禮 양식도 필요로 한다. 그리고 그와 같은 전례는 일회성이 아니라 반복될 것을, 심지어 강박적으로 그렇게 될 것을 필요로 한다. 파리에서의 그처럼 운명적인 몇 년 동안 등장한 혁명 담론의 결정적 차원을 그와 같은 사고방식에 비추어 이해할 수 있을 텐데, 거기서 정통성은 일반의지 — 그것은 이미 처음부터 건전하고 유덕한 공화국의 일반의지였다 — 의 (궁극적으로 올바른) 정식화에 의해 획득되어야 할 것으로 간주되었다. 그것이 1792~1794년에 벌어진 당파 간 투쟁이 두드러질 정도로 장황했던 이유를 어느 정도 설명해준다. 하지만 그것은 또한 오주프가 연구한 혁명축제에 얼마나 큰 중요성이 부여되었는지를 보여주기도 한다.[61] 그와 같은 축제는 루소 생각에 따라 인민에게 공화국을 현전시키고, 또 인민을 인민에게 현전시키려는 시도였다. 그것은 〈성체행렬〉 같은 보다 이전의 종교의식으로부터 몇 가지 형태를 차용했다.

앞서 말한 대로 루소의 대의 개념은 복잡했는데, 단지 부정적 측면 즉 대의제의회의 금지 이상의 것을 포함하고 있었기 때문이다. 혁명의 담론 자체와 축제에서 또 다른 206
종류의, 담론적·준-연극적 '대의代議'를 볼 수 있을 것이다. 이렇게 말할 수 있을 것이

60 『공연에 관해 달랑베르 씨에게 전하는 편지』, 이효숙 역, 지만지, 233~234페이지를 보라. 그로부터 루소가 추구한 투명성이 어떻게 정치적인 것이건, 연극적인 것이건, 언어적인 것이건 모든 형태의 '대의제'에 적대적인지를 볼 수 있을 것이다. 가령 몇몇 이항관계에서 투명성과 통일성은 동일한 명사를 양쪽 항 모두에 나타낼 것을 요구한다. 그것들은 'x가 y앞에서 어떤 것을 연기한다'는 관계뿐만 아니라 'x가 y를 통치한다'는 관계도 포함한다.

61 Mona Ozouf, *La fête révolutionnaire*(Paris: Gallimard, 1976).

다. 즉 '좋다. 그것은 루소가 금지한 것에 위반되지 않으며, 축제는 심지어 루소의 계획을 따르고 있다.' 하지만 거기에는 공적으로 승인하기 어렵고 잠재적으로 위험한 어떤 것이 이미 존재했다. 일반의지는 오직 진정한 미덕이 존재하는 경우에만, 요컨대 개별의지와 공동의지가 진정으로 융합되는 경우에만 존재하는 한 많은 사람, 아마 대부분의 사람이 아직도 '타락한', 즉 그와 같은 융합을 아직 이루지 못한 상황에 대해서는 뭐라고 해야 할까? 그렇게 되면 진정한 미덕이 존재할 수 있는 유일한 곳은 미덕을 지닌 소수가 될 것이다. 그들이 진정한 공동의지를 전달하는 매개체가 될 것이다. 그것은, 객관적으로 말하면, 모든 사람의 의지이며, 즉 유덕하면 누구나 지지할 공동의 목표이다.

본인들은 흠결이 없다는 통찰을 가진 그와 같은 소수는 무엇을 해야 할까? 그냥 부패한 다수의 '일반의지'가 공식 합의된 몇 가지 투표 절차의 작동을 통해 관철되도록 그대로 내버려두어야 할까? 그와 같은 투표는 어떤 가치가 있을까? 왜냐하면 가정상 전체 의지가 일반의지와 일치하는 진정한 공화제는 아직 존재하지 않을 수 있기 때문이다. 분명히 소수는 진정한 공화제를 가져오도록 활동하라고 요구받을 것이다. 즉 부패에 맞서 싸우고 미덕을 확고히 하라고 말이다.

여기서 전위정치에 대한 유혹이 존재함을 볼 수 있는데, 그것은 우리 세계의 운명적 일부이기도 하다. 그와 같은 종류의 정치는 새로운 종류의 '대의'에 대한 요구를 포함했다. 그것은 과거의 전근대적 대의와는 달랐는데, 그에 따르면 국왕이 왕국을, 주교가 교회를, 공작이 가신을 '대변'한 것은 사물의 본성에 속했다. 그와 같은 자리를 차지함으로써 아랫사람들을 본인이 대표할 수 있는 집합체로 구성하기 때문이다. 혁명 권력은 그것과 분명히 달랐지만 이전의 보다 오래된 형태들처럼 대의 기능을 보여주기 위해 자기-묘사의 준-연극적 형태를 이용할 것이다.

그것은 루소가 단죄한 근대적 의미의 대의 또한 아니었는데, 그에 따르면 대리인이 선거인에 의해 선출되어 모두에게 구속력이 있는 결정을 내린다. 그처럼 새로운, 완전히 공언되지는 않는 형태는 오히려 '체현incarnation'에 의한 대의라고 말할 수 있을 것이다. 소수가 일반의지를 구현하는데, 소수야말로 일반의지가 구현되는 유일한 장이다. 하지만 그것은 일반의지를 구현한다는 주장을 정식화하는 것을 어렵게 만든다. 단지 소수는 선출된 대표자라는 '공식' 모델과 자신을 구별하려고 하기 때문만이 아니라 전체를 대변한다는 주장은 본래 잠정적 성격을 갖고 있기 때문이기도 하다. 가정상 실제로 작동하는 공화국에서 소수가 할 역할은 아무것도 없다. 오직 혁명적 이행기에만 나름의 역할을 할 수 있을 것이다. 그것은 혁명 이론의 일부를 이루지만 통치 이론에는 존재할 여지가 전혀 없다.[62] 바로 그것이 20세기의 주요한 사례인 볼셰비즘으로까지 이어지는 전위정치에서 항상 관찰되는 비정합성의 뿌리이다.

어쨌건 그처럼 오직 절반만 공언된 체현에 의한 대의 이론은 새로운 정치 형태를
만들어냈다. 바로 그것이 새로운 종류의 활동적 전위인 '클럽'의 배후에 자리 잡고 있 207
던 것으로, 그중 자코뱅파가 가장 유명한 사례였다. 퓌레는 코생Augustin Cochin을 따라
'사상협회sociétés de pensée'가 〈3부회〉 소집의 준비 기간에 얼마나 중요한 역할을 했는
지를 밝힌 바 있다.[63]

1792~1794년의 혁명의 흥분의 절정기를 통해 우리에게 익숙해진 것과 같은 종류의 정치를 위한 이론적 토대를 거기서 볼 수 있는데, 그것이 가령 레닌주의 공산당에서 지속되고 있음을 볼 수 있는 근대적 전통을 만들어냈다. 그것은 개별의지와 일반의지의 융합으로서의 미덕의 정치였으며, 어조상 '마니교적'이고 고도로 '이데올로기적'이었으며, 심지어 준-종교적인 것이기도 했다. 그것은 투명성을 추구하며, 따라서 정반대 것, 즉 감추어진 의제와 음모를 두려워한다. 그리고 두 가지 형태의 '대의'를 실천한다. 첫째는 담론 형태와 준-극장적 형태 모두에서 일반의지를 표명한다. 두 번째로는 비록 암묵적으로지만 일종의 체현에 의한 대의를 주장한다.

분명히 대의제 통치가 기존의 레퍼토리 속에는 존재하지 않았다는 논의에 그와 같은 양식의 정치는 이론에서 탄생했다는 논의를 덧붙이더라도 그것만으로는 1792~1794년의 끔찍한 사건들을 설명하기에 충분치 않을 것이다. 공동의 행위와 관련된 다른 기존의 레퍼토리, 특히 프랑스에서는 잘 알려진 민중 반란 형태도 고려할 필요가 있다. 그것들이 우리가 테러라고 부르는 것에 큰 영향을 주었는데, 어떤 의미에서 테러는 새로

62 강니페Patrice Gueniffey는 *La Politique de la Terreur*에서 그와 같은 구분을 매우 유효하게 적절히 사용하고 있다.

63 Furet, *Penser*, pp. 271ff.

운 이념 그리고 깊숙이 뿌리 내리고 있던 민중적 습속의 공동 창작품이었다.[64]

하지만 근대적 도덕질서를 표현하는 이론들이 사회적 상상계에, 그리하여 처음에는 엘리트, 이어 사회 전체의 실천의 레퍼토리에 영향을 미치기에 이르는 두 가지 매우 상이한 경로가 정반대됨을 볼 수 있을 것이다. 또한 두 가지 경로가 〈프랑스혁명〉의 결과에 어떻게 영향을 미쳤는지도 볼 수 있을 것이다. 흥미롭게도 프랑스에서 그것이 '취한' 형태는 앵글로색슨적 양식과는 다른 것으로 드러났기 때문이다. 로장발론은 보통선거제가 프랑스에서 실현되기에 이르는 특이한 경로를 추적해, 그와 같은 공화주의 전통 속에서 사회적 상상계가 취한 다양한 형태를 밝혀냈다.[65]

6 직접-접근 사회

나는 우리의 근대적인 사회적 상상계를 그것의 기저에 놓인 관념 즉 도덕질서와 관련해 서술해오고 있는데, 그와 같은 관념이 오늘날의 우리를 특징짓는 사회적 관행과 형태 속에서 17세기의 자연법 이론의 현저한 특징을 포착해 이후 과정에서 변형시켜왔다. 하지만 그와 같은 질서의 기저에 놓인 관념에서 일어난 변화가 일련의 다른 변화를 수반했음은 분명하다.

행위를 초월한 정초가 부재한다는 것, 즉 근대의 사회 형태가 오직 세속적 시간 속에서만 존재한다는 사실에 대해서는 이미 언급했다. 근대적인 사회적 상상계는 특정 지역을 초월한 보다 큰 실체를, 세속적 시간 속에서 이루어지는 공동의 행위와는 다른 것, 나아가 보다 고차적인 것 속에 정초되어 있는 것으로는 더 이상 보지 못하고 있다.
208 앞서 주장한 대로 전근대국가에서는 그렇지 않았다. 왕국의 위계제적 질서는 존재의 대연쇄에 기초한 것으로 간주되었다. 부족 단위는 독자적 법에 의해 부족으로 구성된 것으로 간주되었으며, 법은 '까마득한 옛날'로까지 또는 엘리아데적 의미의 '기원들의 시

64 『근대의 사회적 상상』, 8장에서 이 점을 상술했다.

65 Pierre Rosanvallon, *Le Sacre du Citoyen*(Paris: Gallimard, 1992)와 *Le Modèle politique français*(Paris: Seuil, 2004).

간'의 지위를 가진 모종의 창시의 순간으로까지 거슬러 올라갔다. 〈잉글랜드내전〉까지 거슬러 올라가면 그것을 포함해 전근대의 혁명에서 과거 회고적 시각과 원초적 법을 확립하는 것이 중요했던 것은 정치체political entity가 이 의미에서 행위를 초월한다는 그와 같은 감각에서 유래했다. 정치체는 간단히 자기 행위로 자신을 만들어낼 수 없었다. 반대로 그것이 정치체로 행위할 수 있는 것은 그 자체가 정치체로 이미 구성되어 있었기 때문이다. 원래의 국체로 돌아가는 것에 그토록 엄청난 정통성이 부수되었던 것은 이 때문이다.

17세기의 사회계약론은 인민이 자연 상태에서 벗어나 사회 속에서 결합된다고 보는 점에서 분명히 그와는 다른 종류의 사고방식에 속했다. 하지만 앞서의 나의 논의가 옳다면, 그처럼 새로운 사고방식이 사회적 상상계에 들어오는 것은 겨우 18세기 말에 이르러서이다. 〈아메리카혁명〉이 어떤 의미에서 분수령이었다. 그와 같은 혁명은 정착민들은 잉글랜드인으로서 기존 권리를 위해 투쟁했다는 의미에서 과거-회고적인 정신에 의해 수행되었다. 게다가 이미 확립되어 있던 각 식민지의 의회 아래에서 투쟁했는데, 그것들이 〈대륙회의〉로 결합되었다. 하지만 그와 같은 과정 전체로부터 '우리, 인민'이라는 핵심적 의제擬制가 출현했다. 그리고 그와 같은 인민의 입에서 새로운 국체[헌법]constitution에 대한 선언이 나오게 된 것이다.

여기서 인민 또는 당시 호칭대로 하자면 '국민nation'은 정치체제[헌법]constitution에 앞서, 게다가 그것과 독립적으로 존재하는 것이 가능하다는 생각을 환기시킬 필요가 있을 것이다. 그리하여 인민은 세속적 시간 속에서 자신의 자유로운 행위에 의해 자신의 체제[헌법]를 자신에게 부여할 수 있다. 물론 그처럼 획기적인 행위에는 보다 고차적인 시간이라는 구래의 사고방식에서 끌어온 이미지가 곧 부수되게 되었다. '시대의 신질서Novus Ordo seclorum'는 새로운 〈프랑스혁명〉력과 마찬가지로 유대적·기독교적 묵시록 사상에 상당히 의존했다. 그리하여 헌법-창시는 '기원들의 시간'의 힘을 얼마간 부여받게 되었다. 탁월한 종류의 행위 주체로 가득 찬 보다 고차적인 시간의 힘으로, 우리는 부단히 그것에 재접근하려고 시도해야 한다. 하지만 그럼에도 불구하고 이제 새로운 고찰 방식이 널리 확산되기 시작했다. 국민, 인민은 하나의 인격을 가질 수 있고, 선행하는 모든 정치질서 바깥에서 함께 행위할 수 있었다. 그와 함께 근대 민족주의의 핵심적 전제 중 하나가 충족되었는데, 그것이 없었다면 민족자결의 요구는 의미가 없었기 때문이다. 바로 거기에 역사적인 정치조직에 얽매이지 않고 자신의 체제[헌법]를 창조할 국민의 권리가 존재했다.

'국민'과 '인민'이라는 집단적 행위 주체에 대한 그처럼 새로운 사고방식이 어떻게 새로운 시간 이해로 표현되는지를 보기 의해 앤더슨의 매우 통찰력 있는 논의로 돌아가기로 하자.[66] 그는 국민으로의 귀속이라는 새로운 감각이 사회를 동시성이라는 범주로 파악하는 새로운 방법에 의해 준비되었음을 강조한다.[67] 즉 사회는 동시에 일어나는 모든 사건으로 이루어진 총체로, 그것들이 해당 시점의 사회 구성원의 삶을 표시한다.
209 그와 같은 사건들이 이른바 동질적 시간이라는 그와 같은 단편을 채운다. 그처럼 매우 명확한, 애매한 데가 전혀 없는 동시성 개념은 오로지 세속적인 것으로서의 시간 이해에 속한다. 세속적 시간이 다양한 종류의 보다 고차적인 시간과 복잡하게 뒤엉켜 있는 한 모든 사건이 동시성과 연속성의 명백한 관계 속에 놓이게 되리라고 보장해줄 수 있는 것은 아무것도 없다. 큰 잔치는 어떤 측면에서는 나와 나의 동료 순례자들의 삶과 때를 같이하는 것이지만 또 다른 측면에서는 영원 또는 '기원들의 시간' 또는 그것이 고지하는 사건과 가깝다.

순수하게 세속적인 시간 이해는 사회를 '수평적으로' 상상하는 것을 허용해준다. 여기서 그것은 어떤 '정점'과는, 즉 사건들의 통상적 연속이 보다 고차적인 시간과 맞닿는 '정점'과는 전혀 무관하다. 따라서 국왕이나 사제 등 그와 같은 정점에 서서 보다 고차적인 시간과 중재한다고 주장하는 특권적 개인이나 행위 주체도 전혀 인정하지 않는다. 그와 같은 근본적 수평성이 바로 각 구성원이 '전체와 직결되는' 직접-접근 사회 direct-access society에서 나오는 결과 중 하나이다. 그처럼 새로운 이해가 출판자본주의 같은 사회적 발전 없이는 등장할 수 없었다는 앤더슨의 주장은 분명히 옳다. 하지만 그도 그와 함께 사회적 상상계의 변형은 그와 같은 발전에 의해 충분히 설명된다고 주장하려고 하지는 않을 것이다. 근대사회는 우리가 자기 자신을 사회로 인식하는 상의

66 앤더슨, 『상상된 공동체』, 길 출판사.
67 앞의 책, 37페이지.

변형 또한 요구한다. 그와 같은 변형 중 결정적이었던 것은 누구의 관점도 아닌 탈중앙화된 관점에서 사회를 파악하는 능력이었다. 즉 나 자신의 관점보다 진실에 보다 가깝고, 보다 권위 있는 관점을 추구할 경우 국왕이나 신성한 의회 등을 사회의 중심에 두도록 이끌리지 않을 것이며, 그처럼 사회를 측면에서, 수평적으로 바라보는 것을 허용해 줄 텐데, 어느 장소에도 한정되지 않는 관찰자가 그와 같은 관점을 가질 수 있을 것이다. — 그에게 사회는 어떤 특권화된 결절점도 갖지 않은 상으로 그려진 모습으로 나타날 것이다. 근대사회, 그와 같은 사회의 자기 이해, "세계상의 시대"[68]에서 근대의 총괄적인synoptic 표상 양식 간에는 긴밀한 내적 연결 관계가 존재한다. 동시에 일어나는 사건의 총체로서의 사회, 비인격적 '체계'로서의 사회적 교환, 도면화되는 것[지도로 그려지는 것]으로서의 사회적 지형, 미술관에 전시되는 수집품으로서의 역사적 문화 등이 그것이다.

그에 따르면 이전에는 사회의 일정한 '수직성'이 존재했는데, 그것은 보다 고차적인 시간 속에 사회가 정초되어 있던 것에 의존하고 있었지만 근대사회에서는 사라졌다. 하지만 전근대사회는 다른 각도에서 보면 간접[매개된] 접근mediated access 사회이기도 했다. 프랑스 같은 앙시앵레짐기의 왕국에서 신민은 오직 하나의 신분적 질서 속에서만 결속될 수 있었는데, 그와 같은 질서는 정점을 통해 즉 국왕의 인격 속에서 결합되어 있었다. 그리고 국왕을 통해 보다 고차적인 시간 및 사물의 질서와 연결되었다. 어떤 사람이 그와 같은 신분적 질서의 구성원인 것도 국왕과의 관계를 통해서였다. 앞 장에서 살펴본 대로 보다 이전의 위계제적 사회는 권력과 종속 관계를 인격화하는 경향을 보였다.

근대의 수평적 사회의 원리는 근본적으로 다르다. 우리 각자는 중심으로부터 등거리에 있으며, 전체와 직결되어 있다. 바로 그것이 '직접-접근' 사회라고 부를 수 있는 것을 묘사한다. 우리는 인격화된 결합을 통한 위계제적 질서로부터 비인격적인 평등한 질서로 이행했다. 즉 수직적인 간접-접근 세계에서 수평적인 직접-접근 사회로 이행한 것이다.

68 하이데거, 신상희 역, 『숲길』, 「세계상의 시대」, 나남, 129~180페이지를 보라.

210 보다 이전 형태에서 위계제적 질서 그리고 내가 접근의 간접성이라고 부르는 특성은 함께 연결되어 있었다. 서로 다른 지위로 이루어진 사회 — 토크빌 말로 하면 '신분제 사회' — 는 가령 17세기의 프랑스에서처럼 분명한 의미에서 위계제적이었다. 하지만 그것은 또한 사람이 해당 사회에 속하는 것은 사회의 특정 구성부분에의 귀속을 통해서임을 의미했다. 어떤 사람은 농민으로서 영주와 연결되어 있었고, 그는 다시 국왕의 영주였다. 도시의 동업조합의 구성원으로서 왕국 내에서 특정한 지위를 갖고 있거나 의회에서 공인 신분으로 일정한 역할을 수행했다 등. 반대로 시민권이라는 근대적 개념은 직접적인 것이다. 내가 중간[매개]조직을 통해 사회의 다른 부분과 어떻게 — 수많은 방식이 존재한다 — 관여하건 이 모든 일은 내가 시민인 것과는 무관하다고 나는 생각한다. 내가 국가에 속하는 기본적 방식은 그와 같은 다른 귀속의 어느 것에도 의존하지도 또 그것에 의해 매개되지도 않는다. 나는 다른 모든 동포 시민과 마찬가지로 공동의 충성 대상인 국가와 직접적 관계에 있다.

물론 그렇다고 해서 일이 진행되는 방식이 반드시 달라지는 것은 아니다. 처남이 법관이나 국회의원인 사람을 아는 경우 곤란할 때는 그에게 전화할 것이다. 여기서 달라진 것은 규범적 상이라고 말할 수 있을 것이다. 하지만 그것의 기저에 깔린 것 — 그것 없이는 새로운 규범은 우리에게 존재할 수 없을 것이다 — 이 보다 중요한데, 사람들이 귀속을 상상하는 방식이 변한 것이다. 17세기 프랑스에는, 또 이전에도 직접-접근이라는 생각 자체가 낯설고, 그것을 명백하게 이해하지 못한 사람들이 분명히 존재했다. 교양 계층은 고대 공화국을 모델로 삼았다. 하지만 다른 많은 사람에게 왕국이나 보편교회 같은 보다 큰 전체에 소속됨을 이해할 수 있는 유일한 방법은 보다 직접적이고 이해 가능한 귀속 단위 — 교구, 영주 — 를 통해 보다 큰 실체에 철저하게 위계제적으로 소속되는 것이었다. 근대가 가져온 것 중 하나는 다른 무엇보다도 우리의 사회적 상상계의 혁명이었다. 간접성[매개]의 형태들이 주변부로 밀려나고 직접-접근의 이미지들이 확산되었다.

그와 같은 변화는 지금까지 내가 묘사해오고 있는 사회적 형태들의 등장에 의해 초래되었다. 그중 하나가 공론장으로, 거기서 사람들은 자신이 전국적 규모의 — 때로는 심지어 국제적 규모의 — 논의에 직접 참여하고 있다고 생각한다. 다른 하나는 시장

경제로, 거기서 모든 경제적 행위 주체는 다른 사람과 대등한 입장에서 계약관계에 들어가는 것으로 간주된다. 그리고 물론 근대적 시민권 국가도 있다. 하지만 그것을 넘어 접근의 직접성이 우리 상상을 사로잡은 다른 방식들 또한 생각해볼 수 있을 것이다. 가령 우리가 유행fashion의 공간에 있다고 해보자. 그러면 우리는 유행을 익히고 그것을 다른 사람에게 전달할 것이다. 더 나아가 우리는 미디어 스타의 전 세계적 규모의 시청자 중 일부를 이루고 있다. 그리고 비록 그와 같은 공간은 자체에 고유한 의미에서 위계제적이지만 — 즉 전설에 가까운 인물 중심이다 — 모든 참가자에게 다른 충성 대상이나 소속에 의해 매개되지 않는 접근을 제공한다. 그와 동일한 종류의 것이 보다 실질적 형태의 참여와 함께 사회, 정치, 종교와 관련된 다양한 운동 속에서 실현 가능한데, 그 211
와 같은 운동들이 근대적 삶의 결정적 특징으로 사람들을 지역과 국가를 초월해 단일한 집단적 행위 주체로 결합시킨다.

상상상의 직접-접근의 그와 같은 형태들은 근대의 평등 및 개인주의와 관련되어 있으며, 실제로 단지 그것들의 상이한 측면일 뿐이다. 접근의 직접성은 위계제적 귀속의 이종성을 폐기한다. 그것이 우리를 동질화하며, 그것이 평등해지는 방법 중 하나이다(과연 그것이 유일한 방법인가의 여부가 다문화주의를 둘러싼 오늘날의 투쟁 대부분에서 쟁점이 되고 있는 중차대한 문제이다). 동시에 다양한 매개의 주변부화는 그것이 우리 삶에서 갖는 중요성을 축소시키고 있다. 개인은 점점 더 그와 같은 조직으로부터 자유로워지고, 그리하여 개인으로서의 자기의식은 점증하게 된다. 근대의 개인주의는 도덕적 이념으로서는 일체의 소속을 그만두는 것 — 그것은 아노미와 붕괴의 개인주의이다 — 을 의미하지 않는다. 하지만 점점 더 확산되고 비인격적으로 변해가는 실체에 속하는 존재로 상상하는 것을 의미한다. 또 다른 관점에서 '네트워크'나 '관계적' 정체성으로부터 '범주적' 정체성으로의 이행으로 묘사되어온 변화가 그것이다.[69]

즉각 중요한 의미에서 근대의 직접-접근 사회가 전근대사회보다 동질적임을 알아차릴 수 있을 것이다. 하지만 그렇다고 해서 그것이 상이한 계층 간에 문화와 생활양식 측면에서 사실상의 분화가 수백 년 전보다 더 적어지는 경향이라는 의미는 아니다(비

69 용어들은 캘훈Craig Calhoun의 것이다. 가령 그의 "Nationalism and Ethnicity", in *American Review of Sociology*, no. 9(1993), p. 230을 보라. 이 절에서의 논의는 그의 최근 저서에 많은 것을 빚지고 있다.

록 차이가 적어진 것은 분명히 사실이지만 말이다). 또한 상이한 계급의 사회적 상상계가 훨씬 더 근접하게 된 것도 사실이다. 지역공동체, 가령 촌락민이나 교구민은 자기 사회의 나머지에 대해 단지 극히 어렴풋한 관념밖에 갖지 못할 수 있는 것이 위계제적·간접적 사회의 특징이다. 중앙의 권위에 대해서는 모종의 이미지 — 가령 선량한 국왕과 나쁜 대신들의 조합 — 를 갖고 있을 수 있지만 전체상의 나머지를 어떻게 채워야 하는지에 대해서는 아무 생각도 없을 것이다. 특히 다른 사람과 지역이 어떤 방식으로 왕국을 형성하고 있는지에 대해서는 상당히 막연한 의식밖에 갖고 있지 못했다. 정치엘리트의 이론과 사회적 상상계 그리고 그보다는 덜 교육받은 계층이나 농촌 지역민의 그것들 간에는 실제로 큰 간극이 존재했다. 그와 같은 사태는 많은 나라에서 비교적 최근까지도 지속되고 있다. 프랑스의 경우 공화국 지도자들이 "하나의 불가분의"[70] 국민에 대해 확신에 찬 목소리로 언급해왔음에도 불구하고 그와 같은 상황이 거의 19세기 내내 존속되어왔음이 정확히 기록되어 있다. 그처럼 분열된 의식은 직접-접근 사회의 존재에는 전혀 부합하지 않는다. 필요한 변형이 결국 제3공화정[1870/1875~1940년]에 의해 초래되었다. 여기서 〈프랑스혁명〉에 의해 이론화된 근대적 프랑스가 비로소 현실이 되고, 모든 것을 포섭하게 되었다. 웨버는 "농민에서 프랑스인으로"[71]라는 저서의 제목으로 사회적 상상계에서 일어난 그처럼 혁명적인 — 복수의 의미에서 — 변화를 포착하고 있다.

70 그것은 Eugen Weber, *Peasants into Frenchmen*(London: Chatto, 1979)에서 탁월한 방식으로 추적되었다.

71 앞의 책.

5

관념론의 유령 212

서양근대(성)에 관한 앞서의 논의를 그것의 밑바탕에 깔린 질서 관념 — 처음에는 [하나의] 이론이었지만 나중에 사회적 상상계의 형성에 기여했다 — 에서부터 시작했는데, 그와 같은 사실이 일부 독자에게는 '관념론', 즉 역사 속에 존재하는 독립적 힘을 '관념'에서 비롯된 것으로 돌리는 관념론 냄새를 풍길 수도 있을 것이다. 하지만 분명히 인과관계의 화살표는 정반대 방향을 향하고 있다고 이의를 제기할 수 있을 것이다. 가령 필자가 앞서 언급한 근대적 질서 이해에서 '경제' 모델이 가진 중요성, 그것은 분명히 현장에서 일어나던 일, 즉 상인층의 대두, 자본주의적 농업 형태의 등장, 시장 확대를 반영했던 것이 분명하다. 정확한 설명, '유물론적' 설명은 그것으로부터 나오게 된다 [는 것이다].

그런데 사견에 따르면 앞서와 같은 종류의 이의제기는 '관념'과 '물질적 요소'를 상호 경쟁하며 인과적으로 작용하는 행동의 심급으로 바라보는 잘못된 이분법에 근거하고 있다. 하지만 실제로 우리는 인간 역사에서 동시에 양쪽 다인 무수한 인간적 실천을 볼 수 있다. 즉 한편으로는 공간과 시간 속에서 인간적 행위 주체에 의해 실현되며, 매우 자주 강압적으로 유지되는 '물질적' 실천을 그리고 다른 한편으로는 동시에 자기에 관한 특정한 이해방식과 이해 형태이기도 한 것을 말이다. 두 요소는 사회적 상상계에 관해 앞 장에서 논하면서 묘사한 방식으로 종종 완전히 상호 분리 불가능한데, 다름 아니라 바로 자기 이해는 실천이 참가자에게 일정한 의미를 갖기 위한 본질적 전제조건이기 때문이다. 다름 아니라 인간적 실천은 의미를 만들어내는 것과 같은 종류의 일이기 때문에 특정 '관념'은 그것의 내적 본질에 속한다. 어떤 요소가 다른 한쪽의 원인인지 하는 물음을 제기하기 위해 둘을 구별할 수는 없을 것이다.

'유물론'은, 도대체 어떤 의미를 지닌다면, 다른 방식으로, 가령 코헨이 역사유물론에 관한 대가 다운 연구서에서 하는 대로 정식화될 필요가 있다.[1] 그것은 아래 취지의 명제로 표현될 수 있을 것이다. 즉 역사에서는 특정한 동기부여가, 즉 '물질적인' 것을 위한 동기부여가, 가령 경제적 재화와 생활수단 또는 아마 권력이 지배적이라는 것이다. 그것이 생산양식이 점차 보다 '고차적인' 형태 쪽으로 변형되는 과정을 설명해줄 수 있을 것이다. 그런데 모든 개별적인 경우 특정한 양식은 특정한 '관념', 법적 형식, 일반적으로 수용된 규범 등을 필요로 할 것이다. 가령 마르크스주의 이론 또한 완전히 발전한 자본주의는 봉건적 노동조건과는 양립 불가능한 것으로 인식한다. 그와 같은 자본주의는 형식상 (법적으로) 자유로운 노동자를, 즉 이동의 자유를 갖고 있으며, 적당하다고 생각하는 곳에서 노동력을 팔 수 있는 노동자를 필요로 한다.

213 여기서 '유물론적' 명제라면 생산양식 그리고 법적 형태와 관념으로 이루어진 그와 같은 '꾸러미'에서 결정적 설명 요소는 생산양식이라고 말할 것이다. 이어 행위 주체에게 새로운 생산양식을 채택하도록 촉구하는 데 기초가 된 동일한 동기부여가 또한 새로운 법적 형태를 받아들이도록 이끈다. 그것이 그와 같은 생산양식에 본질적이기 때문이다. 그것은 작용인적 설명이 아니라 목적론적 설명이다. 물론 작용인은 전제되고 역사적 설명 속에 포함된다. 왜냐하면 법적 형태가 자본주의적 [생산]양식을 촉진하기 때문이다(작용인적이다), 따라서 기본적으로 그와 같은 생산양식에 의해 끌림을 느끼는 행위 주체는 새로운 법적 형태를 선호하도록 유도된다(비록 처음에는 본인이 무엇을 하고 있는지를 의식하지 못하더라도 말이다). 그것은 '~을 하기 위한' 설명, 다시 말해 목적론적 설명이다.

1 G. A. Cohen, *Karl Marx's Theory of History*(Oxford: Oxford University Press, 1979). 아래의 여러 구절에서 그의 분석에 의존하고 있다.

그와 같은 식으로 정식화된 유물론은 정합성을 갖게 되지만 보편적 원리로서는 타당성을 잃는 대가를 치르게 됨을 말해두어야 할 것이다. 경제적 동기부여가 일차적임을 식별할 수 있으며, 그것이 특정한 도덕적 이념을 채택하는 이유를 설명해줄 수 있는 무수한 맥락이 존재한다. 가령 1960년대에 광고주들이 표현적 개인주의expressive individualism의 새로운 언어를 채택하고, 결국 새로운 이상을 받아들이게 되었을 때가 그랬다. 하지만 구원은 신앙에 의한다는 종교개혁 이론의 확산을 경제적 용어로 설명하려는 것은 그다지 타당해 보이지 않는다. 역사에서 유일한 일반 법칙은 이렇다 . 즉 **특정한 한** 심급의 동기부여를 항상 추동력으로 간주할 수 있도록 해주는 일반 법칙은 존재하지 않는다는 것이다. '이데올로기'는 특정한 실천 — 비록 단지 담론적 실천에 불과하더라도 — 에 둘러싸인 채 항상 역사 속에 나타난다. 그러나 그와 같은 '꾸러미'를 채택하고 확산시켜 나가도록 작용하는 동기부여는 매우 다양할 수 있을 것이다. 그리고 실제로 심지어 인류사 내내 타당한 그와 같은 동기부여 — '경제적 동기부여' 대 '정치적 동기부여' 또는 '이데올로기적 동기부여' 등 — 의 유형론을 찾을 수 있는지는 자명하지 않다.

동일한 사태를 또한 다른 식으로 정식화할 수 있을 것이다. 즉 모든 새로운 실천이나 제도는 분명히 '물질적' 전제조건을 갖고 있다. 근대 자본주의는 일군의 상업적 실천 — 교역, 화폐, 은행, 부기 방법 등 — 이 번창하지 않았다면 등장할 수 없었을 것이다. 하지만 다른 관점에서 보면 그와 같은 실천은 '이데올로기' 영역에 속한 조건과 관련된 문제를 제기한다. 그와 같은 실천에 참여할 경우 다른 사람과 함께 어떻게 기능할 수 있는지, 또 따라야 할 규범은 무엇인지에 관해 일정한 이해를 공유해야 한다. 당연시하기 때문에 깨닫지 못할 뿐이다. 또는 스미스[2]의 경우처럼 사람들은 항상 '교역과 교환'에 대한 성향을 갖고 있지만 그와 같은 행위에 참여하기 위한 몇몇 기술이나 특정한 절차에 관한 상세한 지식을 결여하고 있을 뿐이라고 상정한다.

하지만 만약 모스[3]가 기술한 것과 같은 증여 교환 사회라는 원래 상태대로 돌아간

2 스미스, 김수행 역, 『국부론』, 비봉출판사.

3 모스, 이상률 역, 『증여론』, 한길사, 2부.

다면 우리의 '거래trade'를 설명하는 데 극히 큰 어려움을 겪게 됨을 볼 수 있을 것이다. 그것은 그들에게는 기이하거나 심지어 모멸적인 것처럼 보일 수도 있을 것이다. ― 가령 만약 증여의 대가로 상응하는 액수의 돈을 즉각 지급하거나 또는 더 나쁘게는 그것을 돌려주고 더 많은 것을 요구하는 경우 말이다.

가령 민주적 자치 같은 새로운 정치적 실천의 개시에 대해 살펴보자면, 결여되어 있는 것이 몇몇 '물질적 조건'이 아닌 많은 맥락을 볼 수 있을 것이다. 가령 관련 인구
214 집단이 상호 인접해 있거나 의사소통이 제대로 이루어지는 것 또는 왕정의 억압이나 귀족들의 착취에 대한 분노 등 '물질적' 동기부여로 생각될 수 있는 것을 말이다. 오히려 앞 장에서 논의한 사례들에서처럼 자치와 관련해 공통으로 이해하고 있는 레퍼토리가 결여되어 있는 사실이 오히려 더 문제가 될 수 있다.

일반적으로 새로운 실천은 '물질적' 조건과 '이데올로기적' 조건을 모두 갖게 될 것이다. 둘 중 어느 조건을 설명하려고 할지는 둘 중 어느 쪽이 문제 되느냐에 따라 달라질 것이다. 왜 민주주의 혁명은 전이 아니라 바로 그때 일어났을까? 대답은 이럴 수 있을 것이다. 즉 인민이 전에는 전복이 일어난 전야만큼 군주제 지배로부터 그다지 고통 받지 않았기 때문이다. 아니면 이럴 수도 있을 것이다. 즉 인민이 몇 가지 현저한 사례로부터 민주주의가 번영을 가져온다는 것(유럽의 흡입력?)을 이해하기 시작했기 때문이라고. 하지만 대답은 또한 이럴 수도 있을 것이다. 즉 당시 인민은 단지 특정 형태의 전제를 다른 형태로 바꾸고 말 뿐인 반란과 반대로 자립적인 민주주의를 가능하게 해주는 레퍼토리를 발전시키고 있었기 때문이라고. 그리고 또한 이렇게 대답해볼 수도 있을 것이다. 왜냐하면 민주적 통치 형태가 그때 적절한 것처럼 보이기 시작했으며, 그것이 인민의 존엄에 부합하는 것이었기 때문이라고. 첫 번째 종류의 군의 [이데올로기적] 대답이 두 번째 종류의 군의 [물질적] 대답에 항상 양보해야 한다고 생각할 만큼 충분한, 즉 경험에 기초한 근거는 존재하지 않는다. 두 가지 대답의 무게를 서로에게 견주어 어떻게 잴 수 있는지는 선험적으로 결정되지 않는다. 각각의 경우에 따라 달라질 것이다.

하지만 다름 아니라 두 수준이 복잡하게 뒤엉켜 있어 도덕질서라는 새로운 관념이 어

떻게 힘을 얻고, 결국 근대적인 사회적 상상계를 형성하는 것을 허용하게 되는지에 대해 조금 언급해두는 것이 여기서 유용할 것이다. 그리고 그것은 또한 내가 지금까지 묘사해오고 있는 변화에 대한 인과론적 설명 같은 것은 어떤 것도 제공하지 않기 때문에 '관념론'을 둘러싼 모든 불편함을 일소하게 될 것이다.

한 가지 맥락, 즉 어떤 의미에서는 질서라는 근대적 관념이 태어난 원래 고향에 대해서는 이미 언급했는데, 종교전쟁에 의해 초래된 파괴에 응답하기 위한 이론가들의 담론적 실천이 그것이었다. 그들의 목적은 교파적 차이를 넘어선 정통성의 안정적 토대를 찾는 데 있었다. 하지만 그와 같은 시도 전체를 여전히 보다 광범위한 맥락 속에 놓을 필요가 있다. 봉건 귀족층의 순치 내지 교화라고 부를 수 있는 것이 그것으로, 14세기 말에서 16세기까지 계속되었다. 내가 말하고 하는 바는 이렇다. 즉 당시 귀족계급은 종종 상당한 규모의 추종자를 거느린 반자율적인 전사 지도자로 구성되어 있었는데, 이론상으로는 군주에게 충성을 맹세한 입장이었으나 실제로는 군주의 권력의 재가를 받지 않고도 온갖 목적을 위해 강제력을 상당히 자유롭게 행사할 수 있었다. 그러했던 계급이 군주/국가의 종복으로서의 귀족계급으로 변형되었는데, 그들은 군사적 과제를 위해서도 종종 복무하지만 이제는 그와 같은 직무에서 더 이상 자립적으로 행동하는 것이 불가능해졌다.

잉글랜드에서 그와 같은 변화는 본질적으로 튜더왕조 아래 일어났는데, 장미전쟁 동안 왕국을 초토화시키는 데 한몫한 구래의 전사 카스트 대신 새로운 공로[로 신분을 획득한] 귀족이 우위에 놓이게 되었다. 프랑스에서는 그와 같은 과정이 훨씬 길고, 보다 많은 분쟁을 거쳐 진행되었는데, 보다 오래된 무관귀족[대검귀족]noblesse d'épée에 더해 새로운 [문관]법복귀족noblesse de robe을 창출했다.

그것을 통해 귀족 엘리트 계층과 젠트리 계급의 자기 이해가, 물론 사회 전체가 아 215
니라 사회의 한 계급 내지 신분으로서의 본인들에 대한 사회적 상상계가 바뀌었다. 그와 함께 사교성socialablity이라는 새로운 모델, 새로운 이상 그리고 각자의 역할을 제대로 수행하기 위해서는 훈련이 필요하다는 새로운 개념이 도입되게 되었다. 더 이상 해당 신분과 결부된 사교상의 예법honor code를 갖춘 반자율적 전사, 즉 '용감한 기사preux chevalier'가 아니라 다른 사람과 함께 왕권에 조언/봉사하는 궁신宮臣이 이상이 되었다.

그와 같은 새로운 종복은 주로 군사훈련이 아니라 오히려 '민간' 지도자가 되는 것을 가능하게 해줄 인문주의 교양 교육을 필요로 했다. 이제 그들에게 기대된 기능은 처음에는 공직을 함께하는 동료에게, 최종적으로는 통치자에게 조언하고 설득시키는 것이었다. 그리하여 자기연출력, 웅변술, 설득력, 우호관계 창출력, 만만찮게 보이는 방법, 환대하거나 다른 사람 맘에 들 수 있게 구는 방법 등과 관련해 여러 가지 능력을 개발할 필요가 있었다. 구귀족계급이 영지와 재산에 의존해 생활을 영위하고, 하인인 가신들에 의해 둘러싸여 있던 반면 새로 지도자층을 구성하게 된 사람들은 궁전이나 도시에서의 일에 종사할 수밖에 없었다. 거기서 위계제적 관계는 보다 복잡하고 흔히 애매하고, 종종 아직 미정이기도 했다. 교묘한 책략을 부려 순식간에 정상으로 올라갈 수도 있었기 때문이다(다른 한편 한 번의 실수로 갑작스레 몰락할 수도 있었다).[4]

따라서 엘리트 계층에서 인문주의적 훈련이 새로 중요성을 얻게 된다. 아들에게 마상무술시합을 가르치는 대신 에라스무스나 카스틸리오네를 읽도록 하는 것이 좋았다. 제대로 말하고, 좋은 인상을 주며, 어떤 상황에서도 다른 사람과 대화하면서 설득력을 발휘할 수 있는 방법을 배우도록 말이다. 그와 같은 훈련은 새로운 종류의 사회 공간과 새로운 양식의 사교성이 생겨나면서 점점 더 중요해졌는데, 그와 같은 환경 속에서 귀족이나 젠트리의 자제들은 앞날을 개척해나가야 했다. 새로운 사교성을 규정하는 패러다임은 의례화된 전투가 아니라 오히려 모종의 의사-평등 관계가 유지되는 가운데 이루어지는 대화, 화법, 환대, 설득이었다. 의사-평등 관계라는 표현은 위계제가 부재한다는 의미가 아니다. 궁중사회는 위계로 가득 차 있었기 때문이다. 오히려 내가 의미하고자 하는 바는 위계가 앞서 지적한 복잡성, 애매성, 미정성 때문에 부분적으로 괄호 안에 넣어져야 했던 맥락을 말한다. 그와 같은 식으로 사람들은 광범위한 수준의 다른 사람들과 말하는 법을 배우게 되었는데, 세련미politeness라는 몇 가지 공동의 제약 하에 그렇게 했다. 다른 사람을 환대하거나 설득시키려면 바로 그것이 필요했기 때문이다.

4 그와 같은 이행에 대해서는 만Michael Mann의 인상적인 저서 *The Sources of Social Power*, 1권(Cambridge: Cambridge University Press, 1986), pp. 458-463을 보라. 영국을 사례로 그는 '조정된[통합된]coordinated 국가로부터 유기적 국가'로의 이행에 대해 말한다. 그는 당시의 입헌적 통치 체계(잉글랜드와 네덜란드)의 맥락에서 그것을 그가 '계급-국가class-nation'라고 부르는 것의 창조와 결합시킨다(480페이지).

만약 자기 지위를 이용해 다른 사람들에게 무엇을 강요하거나 아랫사람을 무시하거나 또는 꿀 먹은 벙어리가 되어 윗사람에게 입도 뻥끗하지 못한다면 아무것도 얻지 못할 것이다.

앞의 자질은 종종 예절courtesy이라는 용어로 묶여져왔는데, 이 말의 어원은 그와 같은 자질이 드러나야 하는 공간[궁정]을 가리킨다. 이 용어는 당시 이미 오래된 것이었다. 투르바두르 시대에서 유래했으며, 이어 15세기에 번영한 부르고뉴왕조의 궁정에서 사용되었다. 그러나 의미가 바뀌었다. 옛 궁전에서는 반자율적 신분의 기사들이 종종 함께 모여 왕가 중심으로 마상무술시합을 벌이거나 각자가 속한 위계를 과시하곤 했다. 하지만 카스텔리오네가 당시 베스트셀러가 된 『궁정인』[1528년]을 썼을 때 맥락은 그와 달리 우르비노 공작부인의 도시 궁정으로, 궁정인은 그곳에 상주하면서 친히 섬기는 지배자에게 조언하는 것을 생업으로 삼았다. 그들에게 삶은 지속적인 대화였다.

보다 후일 갖게 된 의미에서 ‘예절’은 또 다른 용어 ‘예의civility’와 관련되게 되었다. 이 용어 또한 농후한 내력을 시사하는데, 앞의 2장 2절에서 그것에 대해 서술하려고 216 시도해보았다. 실제로 그것 또한 앞서 살펴본 대로 질서정연한 통치 체계 그리고 과도한 폭력의 억제와 관련되어 있었다.

그처럼 성기르네상스의 ‘예절’ 이해는 ‘예의’에 대한 동시대의 이해에 가까워졌다.[5] 그와 같은 수렴은 당시 막 탄생한 근대국가에서 진행되던 귀족계급의 순치 및 국내 사회의 대규모 평화화를 반영했다(외부의 적에 맞선 전쟁은 별개 문제였다). 두 가지 미덕 모두 새로운 엘리트 계층이 주도하는 사회 공간에서 응집력을 창출하기 위해 필요한 자질을 가리켰다. ‘모든 인간 사회는 예절과 인간성에 의해 유지되고 존속된다.’ 그리고 ‘예의’의 가장 중요한 표시는 평온함, 일치, 합의, 친교 그리고 우정이다. 사회적 조화와 전반적 평화를 촉진시키는 미덕에는 ‘예의’에 더해 “예절, 온화함, 다정함, 자비, 인간성”[6]이 포함되었다.

‘예의’에 관한 위에서의 논의는 엘리트 계층이 평화화를 지향하는 단계로 이행하는

5 브라이슨Anna Bryson이 빼어난 저서 *From Courtesy to Civility*(Oxford: Oxford University Press, 1998)에서 묘사하는 것이 바로 이 과정이다. 이 저서로부터 많은 것을 배웠다.

6 앞의 책, 70페이지에서 재인용.

과정의 세 번째 측면을 가리킨다. '예의'는 인간에게 자연스럽게 갖추어진 상태가 결코 아니다. 또한 쉽게 충족될 수 있는 것도 아니었다. 규율훈련을 위한 많은 노력과 함께, 인간이 타고난 본성=자연을 순치시키는 것도 필요했다. 아이들은 '자연적' 무법 상태를 구현하고 있으므로, 길들여야 한다.[7]

따라서 '예의' 개념을 단지 귀족층의 순치라는 맥락뿐만 아니라 새로운 형태의 — 경제적 · 군사적 · 종교적 · 도덕적 — 규율훈련을 통해 사회의 모든 계급을 개조하려는 보다 광범위하고 야심만만한 시도와 관련해 이해할 필요가 있는데, 적어도 그것이 17세기 이래 유럽 사회에서 현저한 특징이 된다. 프로테스탄티즘과 가톨릭 양측 모두 보다 완전한 종교개혁을 갈망했는데, 그것이 그것을 한층 더 강력하게 추진했다. 그리고 보다 강력한 군사력을, 따라서 그것의 필요조건으로 보다 큰 생산력을 가진 경제를 획득하려는 국가의 야심도 마찬가지였다. 실제로 두 프로그램은 종종 서로 복잡하게 뒤엉키기도 했다. 그리고 개혁 친화적 정부는 종교를 규율훈련을 위한 극히 유효한 원천으로 간주하고, 교회를 그것을 위한 편리한 도구로 인식했다. 이어 많은 종교개혁가는 질서정연한 사회적 삶을 회심의 본질적 표현으로 간주했다.

그처럼 상이한 이상, 즉 예절, 예의 그리고 (종교적인) 대문자 개혁이 서로 복잡하게 뒤엉켜 작동하고 있었을 뿐만 아니라 그것들과 관련된 유럽 사회에서의 발전의 벡터도 확인할 수 있다. 즉 질서정연한 통치 체계, 폭력의 축소, 자기제어[자제]라는 규율훈련, 나아가 경제개혁 그리고 그와 같은 규율훈련에 기초한 새로운 제도/관행이 그것들이다. 그와 같은 제도/관행에는 경제적 기업가 정신의 양식의 변화, 새로운 형태의 '감금' — 병원, 학교, 구빈원 — , 새로운 형태의 군대조직 등이 포함되어 있었다.

이것은 관념론일까? 만약 어떤 사람이 앞의 이상들이 어디선지 모르게 유럽 사회에 침범해 관련된 변화를 한층 더 앞으로 밀고나갔다고 믿을 정도로 어리석다면 그렇게 추정해볼 수도 있을 것이다. 하지만 현실적으로 그와 같은 것은 실제로 전혀 생각조차 할 수 없을 것이다. 매 단계에서 다양한 동기가 난마처럼 뒤엉켜 있었다. 가령 몇몇

7 브라이슨도 동일한 점을 지적한다(앞의 책, 72페이지).

군주제 정부는 질서유지에 많은 노력을 기울였고, 나아가 군자금 마련에 열을 올렸는데, 그것들을 충족시키려면 경제 개선이 필요함을 점점 더 절실하게 깨닫기 시작했다. 217
새로운 비귀족 계층은 그와 같은 군주제 정부를 섬기거나 교역을 통해 등장할 수 있었다. 그리고 물론 대문자 개혁을 추구하기 위한 시도 자체가 강력한 추동력을 가져다주었는데, 그것은 많은 사람을 끌어들이고 종종 저항하기 어려운 변화를 요구했다. 이 모든 동기가 앞의 이상들을 표현한 변화를 앞당기는 데 일조했다.

이 모든 요소가 새로운 정신세계, 즉 질서라는 근대적 이상에 친화적인 세계를 만들어내는 데 기여했다. 전술한 개념들 간의 연관성과 친화성을 추적하는 것은 그다지 어렵지 않다. 한편으로는 '예의' 개념과 결합해 새로운 형태의 엘리트 계층의 사교성이 발달함을 볼 수 있는데, 그것의 기본 패러다임은 의사-평등의 조건 아래에서의 대화였다. 다른 한편 그와 같은 '예의'를 지배층을 넘어 사회의 훨씬 더 광범위한 부분에까지 확대하려는 기획도 볼 수 있다. 거기서는 도덕질서라는 근대적 관념과의 친화성이 존재했다. 대화로서의 사교성은 위계제적 질서보다는 상호교환을 지향하는 사회를 모델로 제시할 수 있을 것이다. 반면 비엘리트 계층을 규율훈련을 통해 변형시키려는 기획은 '예의'의 특징들이 영원히 한 계급 소유로 남는 것이 아니라 보다 광범위하게 확산되어 나가야 함을 의미할 수 있었다. 동시에 사람을 개조한다는 목표 자체는 보다 오래된 질서 관념과의 단절도 시사했다. 즉 이상적 형상이 실재하는 것의 배후에 존재하면서 자기를 실현하기 위해 애쓴다거나 또는 적어도 — 맥베스의 범죄에 대한 두려움을 표현하는 자연의 요소들처럼 — 그와 같은 형상을 침해하는 모든 것에 맞서야 한다고 생각하는 준-플라톤주의적 형태와 말이다. 상술한 '예의'의 목표는 오히려 질서란 구성적 행위를 통해 실현되어야 할 처방formula이라는 생각에 부합했는데, 바로 그것이 근대적 질서가 제시하는 것이기도 했다. 사회는 계약을 매개로 한 인간들의 행위에 의해 생기지만 신이 우리가 따라야 할 모델을 제시했다는 것이다.

그것이 그것들 사이에 존재할 가능성이 있는 친화성이다. 하지만 동시에 다른 친화성도 존재했다. 가령 대화로서의 사회는 르네상스기의 이탈리아, 또 후대의 북유럽 — 특히 내란기와 이후의 잉글랜드 — 에서처럼 공화주의적 자치라는 정치의 이상에 새로운 유의의성을 제공할 수 있었다.[8] 그렇지 않았다면 사회변혁의 또 다른 행위 주체인 절대주의적 군주제 국가 내부에 사로잡혀 있을 수도 있었을 것이다.

우리가 지금까지 서술해오고 있는 엘리트 계층의 사회의식을 근대적인 사회적 상상계의 영역으로 결정적 방식으로 밀어 넣은 것처럼 보이는 것으로 18세기에 일어난 새로운 사교성의 발달을 꼽을 수 있을 텐데, 특히 잉글랜드 — 조금 일찍 시작되었다 — 에서 그랬다. 이 시대에는 사회적 엘리트 계층, 즉 사회의 통치나 행정에 참가하는 계층이 확대되어 본질적으로 '경제적' 기능에 종사하는 사람들이 포함되게 되었다. 그와 같은 일이 일어난 것은 기존의 지배계급 구성원이 그와 같은 직무에 눈을 돌려 가령 개혁 지향의 지주층으로 변모하기 시작했기 때문이거나 아니면 상인, 은행가, 토지 소유자 일반에게 활동의 장이 제공되었기 때문이다.

앞서 '유사-평등'이라고 부른 조건에 관해서는 꽤 큰 틈을 메워야 했다. 현대적 평등 개념이 전면적으로 통용된 것은 아니지만 '사회' 구성원의 자격에 대한 이해는 확대
218 되고, 종래의 '상류 계급gentility' 말투는 여전히 유지되고 있었지만 젠트리 계급이나 귀족계급에게 특수한 특징과는 분리되어갔다. '예의'에 대한 보다 확대된 이해 — 이제 흔히 '세련됨'으로 불리게 되었다 — 는 여전히 사회적 관계의 조화와 긴장 완화라는 목표를 겨냥하고 있었지만 이제 다양한 계급으로부터 사람을 규합해야 했으며, 커피하우스, 극장, 가든 등 일련의 새로운 장소와 무대에서 작동해야 했다.[9] 보다 이전의 '예의' 관념에서와 마찬가지로 세련된 사회로 진입한다는 것은 또한 관점의 확대를 함의했으며, 단순히 사적 존재양식보다는 고차적 존재양식에 들어감을 의미했다. 하지만 이제 강조점은 선의라는 미덕에, 보다 이전 시대의 전사나 궁정인의 코드에 의해 촉진된 것보다는 분명히 덜 경쟁적인 삶의 양식에 놓이게 되었다. 18세기의 세련된 사회는 심지어 '감수성sensibility'의 윤리마저 낳았다.

그와 같은 식으로 위계제로부터 상대적으로 멀어지고, 선의가 새로운 중심성을 갖게 되면서 이 시대는 앞서 서술한 질서에 기반한 근대라는 모델에 보다 가까워지게 되었다. 동시에 경제적 기능이 '사회' 속에 포함된 것이 '예의'와 그와 같은 질서 관념 간

8 포칵J. G. A. Pocock, 곽차섭 역, 『마키아벨리언 모멘트*The Machiavellian Moment*』, 나남.

9 Philip Carter, *Men and the Emergence of Polite Society*(London: Longman, 2001), pp. 25, 36-39를 보라.

의 친화성을 한층 더 강화시켰다.

18세기에 있는 그와 같은 이행은 어떤 의미에서 서양근대(성)의 발전에서 일어난 핵심적 이행 중 하나였다. 세련된 사회는 새로운 의미에서 '역사적'이라고 부를 수 있는 새로운 자기의식을 갖게 되었다. 그것은 사회의 경제적 기반의 중요성을 전례를 찾아볼 수 없는 방식으로 인식하고 있을 뿐만 아니라 또한 역사 속에서 해당 사회가 차지하는 위상, 즉 최근에 도달한 역사의 한 단계인 '상업'사회에 속하는 삶의 방식을 따르고 있다는 것에 대한 새로운 이해도 갖고 있었다. 18세기는 역사발전 단계론이라는 새로운 이론을 만들어냈는데, 그에 따르면 인간 사회는 경제 형태에 따라 규정되는 일련의 단계를 통해 발전한다. 가령 수렵채집사회, 농경사회 등을 경과해 당대의 상업사회에서 절정에 이른다[는 것이다].[10] 그것을 통해 그동안 내가 근대사회의 내부의 평화화와 귀족계급의 순치라고 불러온 변형 전체를 새로운 빛 아래 바라볼 수 있을 것이다. 상업, 이른바 '온화한 상업'에 군사적 가치와 군인의 삶의 방식을 종속적 역할로 격하시킬 수 있는 힘이 부여되어 예로부터 인간 문화를 오랫동안 지배해온 군사적 지배를 끝낼 수 있었다.[11] 정치사회는 이제 단순히 불멸성 측면에서는 더 이상 이해될 수 없게 되었다. 어떤 일이 일어나는 그때그때의 역사적 시대epoch를 고려해야만 했다. 근대는 전례 없는 역사적 시대였다.[12]

10 가령 Adam Ferguson, *An Essay on the History of Civil Society*(London: Transaction Books, 1980)를 보라.

11 허쉬먼, 노정태 역, 『정념과 이해관계』, 후마니타스.

12 J. G. A. Pocock, *Barbarism and Religion*(Cambridge: Cambridge University Press, 1999); Karen O' Brien, *Narratives of Enlightenment*(Cambridge: Cambridge University Press, 1997) 그리고 Pierre Manent, *La Cité de l'Homme*(Paris: Fayard, 1994) 1부를 보라.

2부
전환점

A Secular Age

6
섭리에 기초한 이신론 221

이제 우리 이야기를 본선本線으로 돌리자. 즉 배타적 휴머니즘은 어떻게 대다수 사람 — 처음에는 엘리트 계층 사이에서, 그런 다음 보다 일반적으로 — 에게 살아 있는 선택지가 될 수 있었을까?[1]

그와 같은 일은 종종 '이신론'으로 언급되는 중간 단계를 거쳐 이루어졌다. 이신론에는 많은 측면이 있지만 이 2부의 여러 장에서는 그중 세 가지를 부각시키고 싶다. 첫 번째 측면은 세계는 신에 의해 설계되었다는 생각을 중심으로 한다. 그와 같은 이해는 물론 일반적 개념으로서는 완전히 정통적이지만 17세기 말과 18세기에 인간 중심주의로의 전환을 겪는다. 그와 같은 전환의 요점을 '섭리에 기초한 이신론'이라고 부르기로 한다. 이신론의 두 번째 측면은 비인격적 질서의 우위로의 전환이다. 신은 주로 특정한 사물의 질서를 수립하는 것에 의해 인간과 관계를 맺는데, 허위와 미신에서 나온 관념에 의해 오도되지 않는 한 우리는 그것의 도덕적 형태를 쉽게 파악할 수 있을 것이다. 그와 같은 질서의 요구에 따름으로써 우리는 신에게 복종한다. 이신론의 세 번째 측면

1 이 2부에서 나는 고셰Marcel Gauchet가 '종교의 퇴장la sortie de la religion'이라고 부르는 현상을 다루어볼 생각이다(그의 *Le désenchantement du monde*[Paris: Gallimard, 1985]를 참조하라). 두말할 필요 없이 해당 주제를 다소 다른 방식으로 다루겠지만 그의 설명으로부터 많은 도움을 받았다.

을 진정한, 본래의 자연종교 관념 속에서 볼 수 있는데, 그것은 온갖 이물질의 부착과 부패에 의해 의미가 애매해져왔다. 이제 그것을 다시 명확히 해야 할 필요가 있다.

1

위에서는 근대적 도덕질서라는 담론이 섭리에 대한 이해를 어떻게 재형성해왔는지를 살펴보았다. 그것은 어떤 의미에서 이신론에 관한 '경제주의적' 시각으로 이어졌다. 하지만 여기서 내가 추적하고 있는 사태전개에서 결정적으로 중요한 변화는 신의 섭리의 목적이 협소화되는 것이다. 신이 우리를 위해 의도하는 목적이 유일한 목표 — 즉 인류를 위해 설계한 상호이익질서의 실현이라는 목표로 줄어들고 말았다.

물론 신의 질서의 주요한 특징 — 우리가 신의 질서를 발견하고 정의하는 방법 자체에서 유래한다 — 은 그와 같은 질서에 속한 피조물, 특히 우리 자신에게 좋은 것善을 지향하는 데서 찾을 수 있을 것이다. 그것은 유대-기독교 전통에서는 새로운 것이 아니다. 하지만 신은 천지창조에서 또한 그것 이상의 목적을 갖고 있다고, 그리고 그와 같은 목적은 대체로 우리 인간으로서는 가늠할 수 없는 것이지만 신에 대한 우리의 사랑과 숭배는 포함하고 있는 것으로 항상 생각되어왔다. 그 결과 신의 존재 그리고 우리가 신에 의존하고 있는 사실에 대한 인정은 인간의 개화번영을 넘어선 요구를 즉각 우리에게 부과하게 된다.

222 하지만 이제 17~18세기로의 전환기에 또는 그것의 얼추 10~20년을 전후해 놀라운 인간 중심주의로의 전환이 일어났다. 그와 같은 변화의 네 가지 방향 — 모두 초월적인 것의 역할과 위상을 축소시켰다 — 을 식별할 수 있다면 실제로 앞의 전환을 보다 완전하게 시야에 넣을 수 있을 것이다.

그런데 첫 번째의 인간 중심주의로의 전환은 위에서 설명한 인간의 개화번영을 넘어선 목적이 존재한다는 감각의 쇠퇴와 함께, 따라서 우리는 신의 계획을 실현하는 것 이상의 것을 신에게 빚지고 있다는 관념의 쇠퇴와 함께 일어났다. 그것은 기본적으로 우리는 우리 자신의 선을 성취하는 것을 본질적으로 신에게 의무로 갖고 있음을 의미한다. 그와 같은 생각은 『천지창조만큼이나 오래된 기독교』에서 틴들에 의해 정식화되었는데, 제목 자체가 이신론의 세 번째 측면, 즉 본원적인 자연종교에 대한 호소를 반영하고 있다. 그에 따르면 우리와 관련된 신의 목적은 "당신의 합리적 피조물의 공동이익과 상호 행복"[2]의 실현에 국한된다.

하지만 그는 극단적 사례로, 18세기 초에 출판되었을 때 많은 사람이 그의 저작에 동의했던 것은 아니다. 그는 갈 데까지 갔지만 필자가 여기서 말하고 있는 것은 하나의 흐름에 대해서이다. 하지만 그는 그와 같은 흐름에 목소리를 부여한 유일한 사람인 것과는 한참 거리가 멀다. 위그노로서 네덜란드로 망명한 르클레르크Jean Leclerc와 베르나르Jacques Bernard도 거론할 수 있을 것이다. 얼마 후에 프랑스에서는 생-피에르Abbé de Saint-Pierre가 미덕의 실천이 신에게 걸맞은 유일한 형태의 숭배라는 입장을 취했다. 종교와 정치의 목표는 동일한데, '정의의 준수와 자선의 실천l'observation de la justice et la pratique de la bienfaisance'이 그것이다. 그의 견해는 당시 엄청난 영향력을 갖고 있었는데, 그가 신조어로 만든 '자선bienfaissance'이라는 용어는 계몽주의의 핵심 개념이 되었다. 실제로 그가 최고로 좋아한 신의 호칭은 '자선을 베푸는 지고 존재l'Être souveraine-ment bienfaisant'와 "자선을 베푸는 무한 존재Être infiniment bienfaisant"[3]였다.

하지만 그처럼 명백한 정식화의 지지자들은 논외로 하더라도 심지어 정통신앙을 고수하는 사람들조차 인간 중심주의를 향한 흐름의 영향을 받았다. 즉 그들의 신앙의 초월적 차원이 종종 중심적 의미를 잃어버리게 되었다.

두 번째의 인간 중심주의로의 전환은 은총grace의 쇠퇴였다. 신이 설계한 질서는 이성에 의해 이해될 수 있는 것으로 알려졌다. 이성과 규율훈련을 통해 인류는 시련을 이겨내고 질서를 실현할 수 있을 것이다. 그런데 심지어 이성의 힘을 그렇게 높이 평가하는 데 동의했을 과거의 정통 사상가들조차 이 지점에서 합리적 규율훈련이라는 프로그램을 수행하려면 너무나 엄청난 크기의 선의가 요구되기 때문에 우리가 처한 원죄라는 상황을 고려한다면 신의 은총의 도움이 필요하리라고 덧붙이기를 바랬을 것이다.

2 Matthew Tindal, *Christianity as Old as the Creation*(London, 1730), p. 14.

3 Roger Mercier, *La Réhabilitation de la Nature humaine, 1700-1750*(Villemonble: La Balance, 1960), pp. 105, 274-277.

그와 같은 생각이 항상 부정된 것은 아니지만 필자가 '이신론'이라고 부르는 영=정신적 분위기 속에서 점차 쇠퇴해갔다.

물론 신에게는 아직 역할이 있었다. 실제로는 두 가지 역할이 주어졌다. 첫째, 신은 우리를 창조했고, 우리에게 이성을, 그리고 몇몇 경우에는 선의benevolence를 부여했다. 그리고 그와 같은 능력이 주어졌기 때문에 우리는 정신 차리고 신의 계획을 실행할 수 있는 것이다. 그리고 두 번째로 이상의 것만으로 충분치 않은 경우 종말의 날에 심판자로 나타나 상상조차 불가능한 보상을 나누어주고, 형언조차 할 수 없는 고통이라는 처벌을 판결할 것을 약속했다. 그리고 그와 같은 전망은 목전의 과제에 정신을 집중하는 데 도움이 될 것이다.

223 선천적 선의에 보다 많이 의존할지 아니면 보상과 처벌에 보다 많이 의지할지는 저자마다 달랐다. 로크는 한쪽 극단을 대변했다. 그가 보기에 인간은 게으름과 탐심, 정념, 야심, 미신, 잘못된 교육과 습관으로 인해 올바른 이성의 길로부터 벗어나기가 너무나 쉬워 신은 섭리를 통해 보상과 처벌을 확립하고 (계시를 통해) 명시하는 식의 조치를 취했는데, 그것들이 없으면 인간은 마음을 다잡고 신을 따를 아무런 동기도 부여받을 수 없을 것이다. 그는 이렇게 말한다.

> 실제로 철학자들은 미덕의 아름다움을 보여주었다. 미덕을 두드러지게 만들고, 사람들의 시선을 끌고 칭찬받을 수 있도록 해왔다. 하지만 아무런 혼수도 마련해주지 않고 방치하는 바람에 미덕과 혼인하려는 사람은 거의 없었다. …… 하지만 이제 미덕 쪽에 '가늠할 수 없을 정도로 엄청난 불멸의 영광이라는 추'가 저울판 위에 놓이게 되면서 미덕에 대한 관심이 늘고 있다. 이제 누가 봐도 분명히 미덕보다 더 많은 이익을 가져다주고, 그것만큼 유익한 것도 없을 것이다. …… 그것은 또한 만약 이승에서 훌륭한 삶을 산다면 다음 생에 행복해지라고 사람들을 설득할 수 있는 또 다른 풍미와 효능을 갖고 있다. 사후의 삶에 있을 형언조차 할 수 없을 무한한 기쁨에 사람들이 눈을 뜨도록 하자. 그러면 사람들은 마음속에서 자신을 움직일 수 있는 단단한 어떤 것을 발견할 수 있을 것이다. …… 그와 같은 토대 위에서, 오직 그것 위에서만 도덕은 부동의 것으로 확립되어, 다른 모든 것을 경쟁에서 이겨낼 수 있을

것이다.[4]

가령 샤프츠베리 그리고 그에 뒤이어 허친슨 같은 저자는 로크의 그와 같은 입장에 반발했는데, 그들은 오히려 우리 안에 존재하는 사랑, 선의, 연대 같은 내적 동기의 힘을 강조했다. 이 두 번째 변형태[은총의 쇠퇴]는 '지옥의 쇠퇴'와 일치해, 그리하여 가차 없이 심판하는 신에 관한 전통 신앙을 점점 더 받아들이기를 꺼리는 태도와 일치해 18세기 내내 점점 더 강하게 관철되어갔다. 그러나 보다 앞서의 형태의 변형태에서건 아니면 이 형태의 변형태에서건 은총이 나름의 역할을 할 수 있는 여지는 존재하지 않았다.

세 번째의 인간 중심주의로의 전환은 앞의 두 전환의 산물이었다. 신비로운 것에 대한 감각이 약화되었다. 여기서도 또한 18세기로의 전환기에 하나의 극단적 진술을 찾아볼 수 있는데, 톨랜드John Toland의 『비의 없는 기독교*Christianity not mysterious*』가 그것이다. 이 저작은 엄청난 비난 대상이 되었으며, 심지어 아일랜드에서는 형리에 의해 공개적으로 분서되기도 했다. 하지만 앞의 저작은 또한 다른 사람들은 명확히 밝히기를 주저한 시대의 보다 광범위한 흐름을 포착해 완전한 결론으로까지 밀고나간 것이기도 했다.

그와 같은 전환은 말하자면 다른 두 전환에서, 그리고 자연적 질서가 이해되던 일반적 방식에서 유래했다. 만약 우리와 관련해 추구하려는 신의 목적이 오직 우리 자신의 선의 실현을 포함할 뿐이고, 또 그것을 인간 본성에 관한 설계에서 읽어낼 수 있다면 거기에는 다른 어떤 신비도 숨겨져 있을 수 없다. 전통적인 기독교 신앙의 핵심적 신비 중 하나 — 즉 악의 존재, 신으로부터 인간이 소원해진 것, 신의 도움 없이는 신에게 돌아갈 수 없는 무력성 — 를 무시하더라도 — 익히 알려진 자기이익 형태로건 아니면 선의에 대한 감정 형태로건 — 우리가 필요로 하는 동기가 이미 존재함을 이해할 수 있다고 가정해보자. 이 경우 인간의 마음속에는 더 이상의 어떤 신비도 존재하지 않게 된다.

신비의 또 다른 큰 틈새인 신의 섭리 또한 본래 내용을 잃어버리게 되었다. 그것은

4 *The Reasonableness of Christianity*(London, 1695), pp. 287-289.

간단하게 우리를 위해 신이 세운 계획으로 이루어지는데, 우리는 그것을 이해한다. 특수한 경우에 끼어드는 예견 불가능한 개입인 '특수한 섭리'는 기적과 마찬가지로 신의
224 계획 속에 더 이상 자리 잡을 수 없게 되었다. 실제로 만약 신이 당신의 우주를 파악하기 위해, 따라서 당신의 계획을 실행하기 위해 인간의 이성에 의존한다면 신이 기적을 통해 그와 같은 세계에 개입하는 것은 무책임하고 목적에 반하는 일이 될 것이다. 만약 신이 개별 사례에 맞추어 법을 조정한다면, 허친슨 주장에 따르면

> 인간의 모든 예지와 선견은 모든 신중한 행위와 마찬가지로 즉각 무의미해지게 될 것이다.[5]

네 번째의 인간 중심주의로의 전환은 신은 인간이 현재의 조건 속에서 선천적으로 타고 태어나는 한계를 넘어설 변형을 계획 중이라는 생각의 쇠퇴와 함께 일어났다. 기독교 전통에서 그와 같은 생각은 보통 우리가 신의 삶의 분유자가 된다는 측면에서 표현되어왔다. 그리스 교부들 그리고 근대에 그것을 계승한 케임브리지의 플라톤주의자들은 '테이오시스theiosis', 즉 '신처럼 되는 것神化'에 대해 말했는데, 그것이 인간 운명의 일부로 받아들여졌다. 그와 같은 전망은 어떤 의미에서는 단순한 인간의 개화번영을 넘어서라는 요구의 맞짝이었다. 신을 사랑하고, 신처럼 아낌없는 방법으로 피조물을 사랑하라는 요구는 그처럼 높은 것을 성취 가능한 것으로 만들어 주리라는 변형의 약속과 짝을 이루었다.

그와 같은 전망이 사후의 삶에 대한 설명으로 가장 오래 '살아남았다.' 이승에서의 삶의 한계를 뛰어넘게 해줄 변형은 사후의 다른 삶에서 실현될 것이다. 가령 [18세기 계몽주의 시기의 영국을 풍미한 이신론에 반대하고, 계시종교로서의 기독교의 정통교리를 옹호한] 버틀러Joseph Butler와 칸트 같은 저자는 비록 심지어 다른 측면에서는 일부 다른 전환에 양보했음에도 불구하고 전통적인 기독교 교리의 그와 같은 잔재를 고수했다. 물론 그와 같은 형태로 변형의 교의는 내세의 삶으로 완전히 이관되기 때문에 이승에

5 Francis Hutcheson, *A System of Moral Philosophy*, facsimile reproduction of the 1755 edition(Hildesheim: Georg Olms, 1969), p. 184.

서의 기독교도의 삶으로부터 무사히 격리될 수 있었다.

이상과 같은 전환들의 토대에는 무엇이 있었을까? 의문의 여지없이 그와 같은 사태의 설명에 도움이 되는 많은 요소가 당시 존재했다(여기서 제공되는 설명은, 앞서 언급한 대로, 부분적·단편적 성격의 것임을 항상 잊지 말아주기 바란다).

쇼뉘는 종교적 열정과 논쟁의 '만조'에 대해 말해왔는데, 한 세기 반의 급격한 밀물 뒤에 썰물이 시작되었다. 우리는 우리 자신이 20세기를 겪은 만큼 강력한 이데올로기적 동원에 대한 그와 같은 식의 피곤에 전 반응에 익숙하다. 비슷한 어떤 일이 17세기 하반기에 잉글랜드와 프랑스에서 일어나고 있던 것처럼 보인다. 두 나라 모두의 지도계급은 공격적인 종교적 당파심에 대한 공감대를 점점 더 잃어가기 시작했다. 관용이 점점 더 규범으로 받아들여져갔다. 루이 14세가 1685년에 〈낭트칙령〉을 폐지한 것[루이 14세가 1685년에 프랑스의 프로테스탄트인 위그노파에게 신앙의 자유를 인정한 〈칙령〉을 폐지했다]에 대한 유럽 일반의 반응은 그것이 유럽의 엘리트 계층의 여론의 강력한 흐름과 일치하지 않음은 보여주었다.[6]

보다 구체적으로, 잉글랜드인들은 내전 이후 열광적 당파심에 따른 비용에 대해 반성할 이유가 있었다. 왕정복고기에는 광신과 '열광주의enthusiasm'에 맞선 반동이 나타났다. 동시에 부분적으로는 그와 같은 이유에서, 또 아마 부분적으로는 새로운 과학의 성공에 의해 보다 단순하고, 교의적으로 보다 복잡하지 않은 종교, 나아가 이성에게 보다 친화적인 종교의 필요성이 주장되고 있었다.

이 모든 요소가 일정한 역할을 했다. 하지만 그것들이 지금까지 서술해오고 있는 4중의 인간 중심주의로의 전환을 완전히 조명할 수 있다고는 생각하지 않는다. 유럽의 많은 나라의 지도층에서 종교적 열정이 쇠퇴해간 것은 분명하다. 모종의 회의주의, 심
지어 조롱하는 태도마저 많은 커피하우스와 살롱의 대화에서 찾아볼 수 있었다. 당당하 225
게 주장되고 있던 무신론 — 당시 이미 광범위하게 확산되어 있었다 — 보다는 그와 같은 일반적 풍조가 당시 근심과 걱정이 많았던 성직자와 다른 진지한 신도 사이에서 우리가 종종 만나게 되는 감각 즉 중요한 변호론적 과제를 완수해야 한다는 감각을 설

6 John McManners, "Enlightenment: Secular and Christian", in J. McManners, ed., *The Oxford History of Christianity*(Oxford: Oxford University Press, 1990), pp. 282-283.

명해준다. 보일Robert Boyle과 클라크Samuel Clarke 같은 주요 인물은 신의 존재와 선성에 관한 확고한 증거를 제시하려고 부심했다. 버틀러의 저술은 대체로 변호론적 목적을 갖고 있었다.

실제로 버틀러는 1751년에 교구의 주교직을 맡았을 때 이렇게 말했다.

> 이 국민에게서는 종교가 일반적으로 쇠퇴 중인데, 이제 모든 사람이 그것을 목도 중으로, 한동안 진지하게 생각하는 모든 사람의 불만사항이었다.

이어 이렇게 선언한다. 즉 그와 같은 쟁점들에 대해 진지하게 생각하는 사람 그리고 '무신론자를 자임하는 사람' 숫자가 "증가 중이며, 그와 함께 열의도 증가 중이다."[7]

오늘날 무수히 많이 볼 수 있는 진정한 비신앙인, 즉 명확하게 그리고 의식적으로 신-신앙을 거부하는 사람은 1751년에는 그리 숫자가 많지 않았다. 비록 그와 같은 묘사에 부합하는 소수는 중요한 요직을 차지하고 있었지만 말이다. 버틀러는 신앙적 열의의 쇠퇴에 대해, 심지어 종교에 대한 짜증에 반응하고 있었다. 하지만 그와 같은 반응은 역사상 많은 시기에 존재했다. 비록 그렇다고 해서 그것이 경쟁적 신앙 체계를 성립하게 만드는 결과를 가져온 것은 아니지만 말이다.

보다 중요한 것은, 버클리가 통찰력이 풍부한 저서에서 지적하듯이, 그와 같은 짜증에 의해 초래된 엄청난 변호론적 노력 자체가 초점을 너무 극적으로 좁혀 버린 것이다. 그리스도의 구원 행위가 논의 대상이 되는 경우는 거의 없었고, 경건한 삶과 기도의 삶이 이야기되는 경우도 거의 없었는데, 17세기만 해도 그것들은 인기 있는 주제였다. 논의는 오직 창조주로서의 신을 증명하고 신의 섭리를 보여주는 데 집중되었다.[8]

그와 같은 협소화는 어디에서 비롯되었을까? 그것은 부분적으로는 도덕질서라는 새로운 관념이 지배적이게 된 사태를 반영한다고 나는 생각한다. 은총, 자유의지, 예정설에 관한 심오한 신학적 문제를 둘러싸고 지독한 논쟁을 벌인 후 많은 사람이 성스러

7 E. C. Mossner, *Joseph Butler and the Age of Reason*(New York: Macmillan, 1936), p. 8에서 재인용.
8 Michael Buckley, S. J., *At the Origins of Modern Atheism*(New Haven: Yale University Press, 1987).

운 삶으로 이끌어줄 신학적으로 보다 복잡하지 않은 신앙을 갈망했으리라는 것은 충분히 이해가 가고도 남음이 있을 것이다. 그와 같은 종류의 정초 작업을 케임브리지의 플라톤주의자들이 요청했다. 하지만 테일러Jeremy Taylor, 틸로트슨John Tillotson과 로크 같은 저자도 그렇게 했다. 중요한 것은 성스러운 삶에 대한 호소가 환원주의적 방식으로 도덕에 초점을 맞추라는 호소로 그리고 도덕은 다시 행동 문제로 간주되게 된 것이다.

케임브리지의 플라톤주의자들부터 출발해 틸로트슨을 거쳐 로크로, 다시 18세기로 눈을 돌린다면 변증론[호교론]apologetics 그리고 실제로 많은 설교에서 죄, 그러니까 우리 존재의 모종의 변형을 통해 그것으로부터 구원되어야 할 필요가 있는 상태로서의 죄에 대한 관심이 점차 줄어들고 있음을 볼 수 있다. 그리고 설득, 훈련, 규율훈련에 의해 얼마든지 저버릴 수 있는 잘못된 행위로서의 죄에 대한 관심은 점점 더 늘어나고 있음을 볼 수 있다. 올바른 행위의 도덕에 대한 그와 같은 관심은 이 시대를 연구하는 많은 역사가에 의해 주목받아왔다. 종교가 도덕주의로 협소화되었다.[9]

그와 같은 도덕은 이번에는 근대적 질서 관념이라는 측면에서 정식화되었는데, 그
에 따르면 우리의 목적은 우리의 상호이익과 서로 밀접한 관련을 맺고 있다. 자기애와 226
사회적인 것은 궁극적으로는 일치했다. 그와 같은 조화가 신에 의해 섭리를 통해 충족된다는 것이 변증론의 핵심 부분이었다. 틸로트슨은 이렇게 말한다.

> 종교와 행복은, 우리의 의무와 이익은 하나의 동일한 것으로, 단지 상이한 개념 아래 바라보여지고 있을 뿐이라는 깊은 확신보다 현명하고 사려 깊은 사람을 종교적으로 되도록 더 잘 설득시킬 수 있는 것은 아무것도 없을 것이다.[10]

9 가령 Gordon Rupp, *Religion in England 1688-1791*(Oxford: The Clarendon Press; New York: Oxford University Press, 1986), p. 276과 James Downey, *The Eighteenth Century Pulpit*(Oxford: The Clarendon Press, 1969), p. 226을 보라. 다우니는 그것을 이렇게 표현한다. "틸로트슨 대주교에 의해 규정되고 18세기 내내 광교회파廣敎會派 신도들에 의해 실천된 대로 종교는 두려우면서도 매혹적인 신비mysterium tremendum et fascinans이기를 그쳤다. 교회는 거의 예의범절의 교정을 위한 사교 모임이, 동류끼리 만나 도덕적 감수성을 보다 세련된 음색에 맞추어 조음하는 장소가 된 것처럼 보였다"(10페이지).

10 Gerald Robertson Cragg, *Puritanism to the Age of Reason: A Study of Changes in Religious Thought within the Church of England, 1660-1700*(Cambridge: Cambridge University Press, 1950), p. 78n2에서 재인용. 또한 그의 설교 'His Commandments are not Grievous'를 보라. "신의 법은 이치에 맞는다. 즉 우리 본성에 적합하며, 우리 이익에 유리하다"(Downey, *The Eighteenth Century Pulpit*, pp. 14-15 또

그처럼 이미 축 늘어진 종교를 오늘날의 관점에서 바라보게 될 사람은 대경실색해[11] 양방향 — 한 방향에서는 웨슬리John Wesley 그리고 다른 한쪽 방향에서는 후일의 세속적 휴머니스트들 — 모두에서의 철저한 반대를 예감할 수 있을 것이다. 어떻게 종교를 그렇게 협소하게 바라볼 수 있게 되었을까?

여기서 그와 관련해 종종 주어지는 흔한 설명은 이성의 요구라는 것이다. 왕정복고기의 성직자들이 종종 이성에 호소한 것은 분명히 사실이다. 그와 같은 식으로 보다 단순하고 신학적으로 덜 복잡한 종교로 돌아가려고 했는데, 그것은 분열을 불러오는 논쟁의 단초를 그만큼 덜 초래할 것이다. 이성을 통해 의심할 바 없는 신앙의 기본 핵심을 간결하게 정의할 수 있다는 희망이 나타났다. 영국국교회 체제에게 이성은 '미신'을 논박하고 '광신주의'의 무근거성을 증명하는 방식으로 양쪽의, 즉 가톨릭과 퓨리턴이라는 적의 기반을 약화시키는 것처럼 보였을 수도 있을 것이다. 〈왕립협회〉를 강력히 지지한 성직자 스프래트Thomas Sprat는 이렇게 주장했다. 즉 '맹신과 열광주의'를 믿고 따르는 사람은 과학의 진보를 두려워할지도 모르지만

> 우리 교회는 …… 이성의 빛이 비치면 결코 편견에 빠질 수 없을 것이며, 지식의 개선뿐만 아니라 인간의 손에 의해 만들어진 것에 의해서도 현혹되지 않을 것이다. …… 그것으로부터 아마 우리 자신이 가진 힘의 토대를 허물지 않고는 이성과 논쟁을 벌일 수 없으리라는 결론을 내릴 수 있을 것이다.[12]

나중에야 깨닫게 되는 바지만, 우리는 그와 같은 종류의 추론이 후일 어떻게 스프

한 p. 26에서 재인용).

11 클라크Samuel Clarke는 『신약성서』에 대해 주해하면서 요즘처럼 문명화된 시대에 우리는 '단지 헛되고 죄로 물든 지출을 절감할 것을 요구받고 있다'고 주장했다. "모든 것을 팔아 빈자에게 줄 것이 아니라 우리의 풍요의 피상성에서 출발해 자선을 베풀어야 하며, 목숨을 버리거나 심지어 삶의 편안한 즐거움을 버려서는 안 되며, 죄의 무분별하고 무익한 쾌락을 포기해야 한다"(Leslie Stephen, *History of English Thought in the 18th Century*[Bristol: Thoemmes, 1997], 2권, p. 340에서 재인용).

12 Cragg, *Puritanism to the Age of Reason*, p. 97에서 재인용.

래트의 교회를 겨냥하게 되는지를 볼 수 있다. 하지만 종교는 이성 앞에서 퇴각할 수밖에 없으리라는 단순한 세속화 테제를 받아들이지 않는다면 그의 주장을 당시의 많은 공식 종교의 왜소화에 대한 설득력 있는 설명으로 간주하기 어렵다. 우선 딱 한 가지 이유만 들자면, '이성'이라는 말은 하나의 단일한, 명료한 의미를 가진 것이 아니기 때문이다. 케임브리지의 플라톤주의자들도 그것에 호소했지만 그들 또한 성스러운 삶을 부양할 수 있는 보다 단순하고 보다 순수한 종교를 정의하려는 시도 속에서 그렇게 했다. 하지만 이성에 대한 그들의 설명에서는 신적인 것에 대한 직관을 위한 자리도 존재한다. 물론 그와 같은 데카르트적-플라톤주의적 이해는 새로운 자연과학의 성공으로 인해 토대를 침식당했다. 하지만 비록 지식에 대한 새로운 설명, 즉 경험적인 다시 말해 감각의 명료성에 초점을 맞춘 설명을 받아들이더라도 변증론과 많은 설교로부터 그리스도론, 경건, 종교적 경험을 배제할 충분한 이유를 여전히 찾을 수 없을 것이다.

새로운 자연과학은 시간이 흐르면서 종교와 복잡하게 뒤엉키게 된 몇몇 외진 형태, 가령 프톨레마이오스 체계와 스콜라철학의 방법을 실제로 위협했다. 물론 그것은 세계의 탈주술화를 앞당기고, 물질로부터 정신을 분리시키는 것을 촉진했다. 보다 심각한 것은, 예외 없이 타당한 자연법칙이라는 그것의 견해가 나중에 기적의 가능성에 대해 227
의문을 제기하게 된 것이다. 그러나 그것만으로는 경건과 종교적 경험으로부터 외재적 도덕주의로의 전환을 설명할 수 없을 것이다.

확실히 쇼뉘가 말하는 '만조'의 썰물은 경건의 쇠퇴가 있었음을 의미했다. 하지만 여전히 그것도 왜 당시의 종교가 그렇게 자주 그와 같은 도덕주의 형태를 취했는지, 또한 가령 [신비주의자로 '이성의 시대'인 18세기에 열광주의자로 불리며 '이신론'과 무수한 논쟁을 벌인] 로William Law 같은 인물 — 그의 경건한 삶은 너무나 강력하게 17세기의 신중심주의를 상기시켰다 — 이 왜 그렇게 18세기 전반기에 주변적 존재로 머물러 있었는지 — 그를 찬양한 웨슬리의 설교에 의해 기도하는 그의 삶의 일부가 복권될 때까지 말이다 — 를 설명할 수 없다.

근대 초에는 다수의 경건한 실천이 발전했는데, 그것은 중세의 종언을 표시한 내면적 종교가 그처럼 보다 크게 개화하게 된 현상이 지속되면서 나타나게 되었다. 규율훈련, 방법, 인간의 행위 능력에 대한 새로운 감각이 로욜라Ignatius Loyola에 의해 우리가 마음을 열고 신의 말씀을 들을 수 있도록 하기 위한 영=정신적 수련 형태로 활용되었다. 17세기 초에 프랑스의 '경건한 휴머니즘' — 브르몽에 의해 너무나 탁월하게 묘사되어오고 있다[13] — 은 삶을 '신중심주의'적으로 살 수 있는 방법을 탐구했다. 그와 같은 휴머니즘이 상정하는 동시에 강화시킨 것은 본인의 삶이 지향하는 것에 대한 고도의 반성성 — 당시를 지배하고 있던 여흥과 자기도취에 대한 의식 — 이었으며, 그와 관련해 여흥과 자기도취를 극복하기 위해 신에 대한 헌신과 사랑을 키울 수 있는 방법을 제안했다. 그와 같은 기도와 경건의 실천 속에서, 그리고 가령 『신애론*Traité de l'Amour de Dieu*』에서의 살레지오St. François de Sales의 성찰 속에서 아무리 신학자들의 이론에서는 협소화되었더라도 세계 속에 신이 현존한다는 생각이 아직도 생생하게 느껴지고 있었다.[14]

하지만 경건한 휴머니즘은 우리가 의존할 수 있는 신을 향한 도약을, 우리가 육성할 수 있는 종자를 우리 내면에서 발견할 수 있다고 상정했다. 그런데 그와 같은 견해는 당시 너무 큰 영향을 미치고 있던 초아우구스티누스적 가닥의 영성과 충돌했다. 후자에 따르면 만약 인간 본성이 실제로 완전히 타락했다면 우리 내면에서 그와 같은 도약을 발견할 수 있으리라는 희망은 덫, 환상, 본인이 교만해서 꾸며낸 공상의 소산일 수 있을 것이다. 신으로부터 얼마나 멀리 떨어져 있는가를 인식하는 가운데 우리가 기껏 할 수 있는 일이라곤 신의 자비에 매달려 신이 우리의 타락한 본성을 치유해주기를 바라는 것뿐이다. 우리는 사랑을 통해 신에게 가까이 다가가려고 감행하는 대신 신을 경외하면서 멀리서 신의 계명을 따라야 한다.

물론 그것이 얀센주의라고 불리던 영성의 흐름이 일반적으로 받아들이고 있던 관점이었다. 생-시랑St Cyran, 아르노Antoine Arnauld, 니콜Pierre Nicole 그리고 그와 같은 종교적 흐름의 다른 대변자들은 경건한 휴머니즘에 대해 매우 회의적이고, 매우 비판적이기도 했다.[15] 하지만 그와 같은 견해는 그와 같은 교파의 틀을 훌쩍 뛰어넘는 것이었다.

13 Henri Bremond, *Histoire Littéraire du sentiment religieux en France, depuis la fin des guerres de religion jusqu'à nos jours*(Paris: A. Colin, 총 11권, 1967-1968).

14 Louis Dupré, *Passage to Modernity*(New Haven: Yale University Press, 1993), pp. 223-230.

15 Henri Bremond, *Histoire Littéraire*, 4권, *La Conquête mystique: l'école de Port-Royal*을 보라.

그와 같은 공포의 종교는 '순수한 사랑amour pur' 문제를 둘러싸고 경건한 휴머니즘의 후대의 옹호자인 페늘롱François Fénelon과 논쟁을 벌인 보쉬에에 의해서도 인정되었다.

그와 같은 영성에서는 도덕과 의례 모두에서 외면적 행위가 중요했다. 그리하여 얀센주의교도들은 교회의 기도에 큰 가치를 부여하고, 일련의 전례 개혁을 도입했다. 윤리적 행위에 관해 괴로워 견딜 수 없을 정도로 최고도의 엄청난 기준을 요구했다. 조직화와 자기규율이라는 점에서 이 시대가 큰 성취를 낳는 데서 그들의 공헌이 두드러졌 228
음은 의문의 여지가 없다. 하지만 아마 동시에 우리가 신과 내면적으로 연결되어 있다는 감각에 기초한 내적인 경건한 삶의 방식의 쇠퇴에도 기여했을 것이다. 그리고 그와 같은 식으로 경건의 만조가 썰물이 되었을 때 올바른 행위의 미덕이라는 측면에서 종교를 극히 일방적으로 이해하는 것을 공인했다고 할 수 있을 것이다.

거기에는 역설이 존재하는데, 왜냐하면 얀센주의 관점에서 볼 때 결국 보다 후일에 등장한 배타적 변종을 촉진했을 뿐만 아니라 이미 그와 같은 입장으로 향한 일보였던 것이 바로 경건한 휴머니즘의 낙관주의였기 때문이다. 그리고 분명히 내적인 것이건 외적인 것이건 자연[본성]의 선성이라는 보다 후대의 감각은 아마 휴머니즘적 경건이라는 유산에 의거했다고 주장할 수 있을 것이다. 표면적으로는 한쪽의 타락과 공포라는 종교적 의식 그리고 다른 한쪽의 자연의 무구성에 대한 쾌활한 긍정 사이보다 두 휴머니즘 간에 훨씬 더 많은 연속성이 존재했던 것 같다. 하지만 그럼에도 불구하고 보다 이후의 그와 같은 역설적 짝맺기가 그와 같은 결합의 동력학의 일부를 인식할 수 있도록 해준다고 주장할 수 있을 것이다. 그것은 아래의 두 가지 경위를 밝히는 데 도움이 될 수 있을 것이다. 즉 먼저 외면적 행위의 종교가 18세기에 그토록 중요해진 경위 그리고 둘째, 그와 같은 종교가 명하는 행위가 인구의 많은 계층 속에 규율훈련을 통해 이미 확고하게 자리 잡고 있던 경위가 그것이다. 그리고 분명히 타락과 공포에 대한 감각에 의해 생기를 부여받는 내면적 경건이 더 이상 널리 진지하게 느껴지지 않게 되었을 때 그에 대한 반동으로 인간의 무구성이라는 새로운 긍정이 등장하게 된 경위를 설명하는 데도 도움이 될 것이다.

앞서의 추측들이 얼마나 진실에 부합하건 18세기 초의 보다 협소한 종교와 변증론이 완충재로 덮인 자아 개념 그리고 근대적 도덕질서에 의해 형성된 섭리라는 이해에 너무나 잘 들어맞았음은 분명하다. 따라서 아마 이런 물음을 제기해야 할 것이다. 즉 결국 왜 그와 같은 질서가 이 시대의 정통성에 대한 해석학을 그렇게 강력하게 표시하게 되었을까?

그에 대한 대답을 찾으려면 당대의 경험의 또 다른 측면을 살펴보아야 할 것이다. 나는 엘리트 계층의 성공 경험을 거론하고 싶은데, 본인이 추구하던 질서를 자신과 사회 전체에 강요하는 데 성공했던 것이다. 첫째로 훈련받은 규율을 준수하고 절제하며 근면하게 사는 삶의 방식에 대한 훈련이 사회에 광범위하게 확산되어갔기 때문에 많은 사람에게 그것이 제2의 본성이 되었다. 그리고 그와 같은 제2의 본성에서 개인이 일탈하더라도 그로 인해 사회에서 완전히 배제되거나 버림받으리라는 영속적 공포 아래 놓이게 되었던 것은 아니다. 가령 18세기 잉글랜드에서 지배층의 상황은 이 측면에서 툭하면 폭력과 무질서에 빠지곤 하던 튜더왕조 초기의 조야한 기사들 — 그들의 일부 조상들 — 의 상황과는 매우 달랐다. 동시에 다른 계층을 교육시켜 그들에게 그처럼 질서정연한 삶의 몇몇 측면을 주입하려는 움직임에서 어느 정도 전진이 있었다. 소유권 보호를 위한 엄격한 법률이 입증하듯이 지배층 관점에서 볼 때 아직 갈 길이 멀었지만 '문명화 과정'이 시작되었고, 그것이 계속될 수 있으리라는 모종의 감각이 존재했다.

따라서 초기의 신스토아주의에서 매우 분명하게 느껴지던 격렬한 투쟁 — 즉 규율 훈련된 삶의 방식이 행위 주체의 내부 그리고 사회와 관련해 요구한 투쟁 — 의 어조는
229 18기에는 사라졌다. 로크에게는 그와 같은 삶이 얼마나 힘든 것인지에 대한 생생한 감각이 남아 있었지만 그로부터 반세기가 지나자 많은 영향력 있는 저술가가 훨씬 더 평화적인 이미지를 내놓게 되었다. 이제 질서는 얼마든지 도달 가능한 것으로 점점 더 자주 간주되기 시작했다. 자기-이익이 공공선에 기여하는 경향을 갖고 있다고 생각되었기 때문이건 아니면 인간의 표준적 동기가 이전에 생각했던 것보다 훨씬 더 유순하고 자비로운 것으로 여겨졌기 때문이건 말이다.

첫 번째 이유는 알레비Élie Halévy가 '이익의 조화'라고 부르는 것에서 찾을 수 있는데, 이 시대의 사유에서 점점 더 두드러진 자리를 차지하게 되었다. 그와 같은 생각을 17세기의 니콜에게서 찾을 수 있을 텐데, 심지어 우리의 보다 저차적인 동기조차 질서에 기여할 수 있도록 사회가 조직될 수 있다는 개념이 그것이다. 그와 같은 생각은 맨드

빌Bernard Mandeville의 『꿀벌의 우화』에서 사적 악덕이 공적 이익으로 이어질 수 있다는 충격적인 사상 속에서 악명 높은 것이 되었다. 그와 같은 생각은 스미스의 '보이지 않는 손'이라는 학설 속에서 마침내 정전적 형태를 부여받고, 이후 거의 보편적으로 승인받게 되었다.

그와 같은 변동이 잘 규율훈련된, 근면하고 생산적인 형태의 삶을 사회에 주입, 교육시키는 데 성공하게 된 경험을 반영하고 있음은 명백하다. 비록 그와 같은 진리는 종종 시대를 초월한 것으로 제시되었지만 실제로 자기이익은 군사적 착취와 약탈보다는 생산적 노동과 공정한 교환에서 정상적으로 표현된다고 상정되었다. 사람들은 군사적 모험의 윤리보다는 오히려 규율훈련된 생산이라는 '부르주아적' 윤리에 의해 이미 고취되어 있다고 상정되었다. 그와 같은 '부르주아적' 윤리가 '자연적인 것'으로 간주되게 된 사실 자체가 서유럽 엘리트 계층이 지금까지 건설해오고 있던 질서에 대해 갖기 시작한 신뢰의 크기에 대해 말해준다. 즉 그와 같은 질서 속에서 그와 같은 삶의 방식을 제2의 자연=본성이 아니라 제1의 자연=본성으로 보기 시작할 정도로 충분한 안도감을 갖고 있었다.

또는 당시 널리 확산되어 있던 또 다른 생각에 따르면, 그와 같은 질서는 인간이 일단 야만 상태에서 벗어나 문명의 편익을 맛보면 확고해진다고 간주되었다. 평화적으로 이루어지는 산업과 교환의 중요성에 대한 그와 같은 감각이 지적 논의 그리고 보다 세련된 감수성 등의 자유로운 사교성이 지배하는 '세련된polite' 시대에 산다는 것이 의미하는 바의 일부를 이루었다.

그것은 사태에 대한 지나치게 요약적인 견해지만 그것의 후손인 우리 또한 언제든 빠지기 쉬운 환상이기도 하다. 그와 관련해 옛 소련의 많은 공화국에 대해 하버드대학교의 최고 경제학자들이 권한 '민영화'가 결국 대부분의 기업을 범죄적인 신디케이트 손에 내맡겨버리는 결과가 되거나 아니면 단순히 이전에 나라를 통치한 파벌의 수탈정치가 자리 잡게 만들고 말았을 때 느낀 놀라움을 여전히 기억할 수 있을 것이다.

'이익의 조화'라는, 널리 확산된 학설은 본서 1부에서 서술한 바 있는 자연적 질서 관념의 전환을 반영했다. 그와 같은 전환에서는 경제적 차원이 점점 더 중요성을 더해 갔고, '경제적'(즉 질서정연한, 평화적이고, 생산적인) 활동이 점점 더 인간 행위의 모델이 되어갔다.

경제 중심의 그와 같은 조화관이 앞서 묘사한 네 가지 인간 중심주의로의 전환에 어떻게 기여할 수 있었는지를 아마 이해할 수 있을 것이다. 우리 자신이 질서를 창조할 수 있는 능력을 갖고 있는 것에 대한 자신감 — 조화에 대한 믿음이 그것의 전조였다
230 — 은 은총의 도움을 점점 덜 필요한 것으로 보이도록 만들었다. 제도 전체를 면밀하게 정밀 조사할 가능성 자체가 신비가 존재할 여지를 거의 없애버렸다. 그리고 평화와 질서가 모종의 고차적인 영웅적 갈망이 아니라 우리에게 내재된 저차적인 이익에 의해 추동되는 자기애에 의존한다는 관념 자체가 우리 자신을 초월해 인간의 일상적 개화번영을 뛰어넘는 것을 목적으로 한 모든 시도를 쓸모없는 것으로 만드는 것처럼 보였다.

기본적으로 그와 같은 시도는 불필요할 뿐만 아니라 잠재적으로 위험한 것이었다. 영웅적 행동은 귀족과 전사계급의 명예윤리에 보다 적합했다. 그와 같은 행동은 상호이익에 의해 실현되는 용역의 질서정연한 교환을 저해할 위험성이 있다. 만약 신이 인간에 대해 실현하려는 목적이 실제로 우리의 개화번영뿐이라면, 그리고 우리가 근면과 도구적 이성의 현명한 사용으로 개화번영을 이룬다면 신에 대한 사랑이 넘치는 열의를 갖고 추종자들에게 청빈한 삶에 모든 것을 바칠 것을 설파한 아시시의 성 프란치스쿠스 같은 사람의 삶의 방식에는 어떤 가치를 부여해야 할까? 기껏해야 탁발수도사들을 노동력에서 철수시킴으로써 GNP[국내총생산]를 낮추게 될 것이다. 하지만 더 나쁘게는 생산직에 종사하는 사람들의 사기를 떨어뜨릴 수 있을 것이다.[16] 자기애적 피조물이라는 우리 자연=본성의 한계를 받아들이고 그와 같은 조건하에 최선을 다하는 편이 더 나을 것이다.

그것이 또한 [이신론자로 가톨릭과 성공회를 거쳤으나 결국 반교회적 계몽주의사상으로 기운] 틴들[1657~1733년]의 견해였던 것 같다. 그의 주장에 따르면 신은 무사무욕한 사랑을 우리에게 줄 수 있지만 우리는 그렇지 못하다. 우리가 신을 사랑할 수 있는 것은 오직 그가 우리에게 선이기 때문이다. 신의 위대함은 다름 아니라 우리가 필요하지 않음에도 불구하고 오로지 우리의 선만 생각할 준비가 되어 있는 데 있다. 틴들이

16 기번Edward Gibbon, 송은주 외 역, 『로마제국쇠망사』, 3권 443페이지를 보라.

보기에 우리는 그와 같은 자기희생적 사랑에 어떤 식으로건 참여를 요청받고 있지 않다.[17]

하지만 이 지점에서 또 다른 요소가 드러난다. 이신론으로의 이행은 또한 기독교 전통에 핵심적인 논의에 의해 정당화되었는데, 그중에는 종교개혁 지도자들이 사용한 논의도 종종 포함되어 있었다. 앞서 언급한 사례 즉 거짓된 영웅적 행동을 버리고 우리의 일상적인 자기애적 자연=본성에 헌신한다는 사례로 돌아가 보자. 그것은 일상적 삶 그리고 일과 가정으로 이루어진 소명을 옹호하고, 금욕적인 독신생활이 특히 우수한 천직이라는 생각에 반대한 종교개혁 지도자들의 생각에 거의 필적했다. 그렇게 고상한 체하는 사람은 마치 신이 그렇게 창조한 보통 사람이 필요로 하는 것 없이도 해나갈 수 있는 듯 환상에 불과한 교만으로 가득 찬 사람으로 간주되었다. 그들은 신의 선물을 경멸했다. 왜냐하면 신은

> 우리가 즐길 수 있도록 현세의 덧없는 것들Trmporals을 주었기 때문이다. …… 따라서 우리는 그것들의 달콤함을 빨아 마셔야 하며, 그것들로 갈증을 달래 더 많은 것에 대한 채울 길 없는 갈망을 탐하지 않도록 해야 한다.[18]

틴들은 해당 논의를 한층 더 앞으로 끌고 나간다. 그와 관련해 그가 여전히 기독교 신앙으로 인식될 수 있는 것의 한계를 넘어서까지 그것을 밀고나가는 것처럼 생각할 수도 있을 것이다. 하지만 그는 단지 일부 엘리트 계층이 아무런 근거 없이 하는 무결하다는 주장에 대한 기독교 측의 반론을 촉구하고 있을 뿐이다.[19]

후일 배타적 휴머니즘에 의해서도 지지된 한층 더 급진적인 사상이 있었는데, 그것은 정통종교의 '비방'에 맞서 일상적, 심지어 관능적 욕망을 좋은 것으로 복권시키려고

17 Matthew Tindal, *Christianity as Old as the Creation*, p. 16.

18 Perry Miller, *The New England Mind: The Seventeenth Century*(Cambridge, Mass: Harvard University Press, 1967), p. 41에서 재인용.

19 틴들과 이신론주의자들에게 공정하게 말하자면, 무이해관심적 사랑에 대한 불신은 훨씬 더 널리 확산되어 있었으며, 보다 정통적인 아우구스티누스적 신학에서 중요한 역할을 했다. 보쉬에는 '순수한 사랑'이라는 페늘롱의 개념에 대한 맹렬한 공격을, 신의 법칙이 우리에게 타당할 수 있는 것은 적어도 부분적으로는 그것이 사리私利를 보장해주기 때문이라는 논거로 정당화한다.

했다. 심지어 그와 같은 생각조차 비록 가톨릭뿐만 아니라 프로테스탄티즘 주류를 겨냥한 비판이었지만 종교개혁의 주요 주제 중 하나를 받아들여 그것을 또 다른 수준으로 옮겨놓은 것뿐이었다. 즉 종교개혁은 쓸데없고 요란한 금욕주의라는 짐으로부터 기독교도를 해방시킬 것을 주장했던 셈이다. 칼뱅 말에 따르면 기독교도의 자유란 신앙에 비본질적인 것으로 인해 골머리를 앓지 않는 것을 의미한다.[20] 이제 그와 같은 해방감이 욕망의 무구성과 관련해 동원되었다. 우리는 우리 중 말하자면 고대의 저주 아래
231 있는 그와 같은 부분을 풀어놓는다는 것이다. 휴머니즘이 그것을 좋은 것善으로 신성시함으로써 속박으로부터 구원한다고까지 말할 수 있을 것이다. 그리고 욕망과 함께 우리는 인간의 삶의 검소하고 일상적인 요소, 즉 지금까지 관능적 · 물질적인 것으로 비하되어온 요소를 구원하게 된다.

마찬가지로 신비에 대한 거부 또한 종교개혁 지도자들이 이미 가톨릭교회에 대해 겨냥해온 비판 노선을 한층 더 앞으로 밀고나가는 데 기여했다. 가톨릭교회가 신성시하는 것, 특히 미사에 대한 공격은 신비가 존재한다는 주장을 경시했다. 어떻게 빵 한 조각이 그리스도의 몸이 될 수 있을까? 그와 같은 신비는 신비화[얼버무림]mystification(오늘날이라면 그렇게 부를 것이다)에 대한 핑계로, 즉 기독교도를 찬탈된 권력 아래 엄격히 관리하기 위한 목적에 봉사하는 신비화에 대한 핑계로 낙인찍혀졌다. 보통의 기독교도 또한 『성서』를 읽고, 오해의 의미가 없는 그것의 의미를 이해할 수 있을 것이다. 가톨릭교회의 권위 따위는 전혀 필요 없다. 칼뱅이 가톨릭교회의 신비를 비판했다면 톨랜드는 신비 자체를 비판했다.[21]

틴들은 또한 이미 종교개혁가들의 극단적인 아우구스티누스주의에 대해 — 물론 이 경우 다른 기독교도들(이들의 정통파 신앙은 초라하지 않았다)에 의해 — 겨냥되어온 주장을 이용하고 있다. [케임브리지의 플라톤주의자로 홉스에 맞서 도덕의 절대성을 옹호한] 위치코트Benjamin Whichcote와 그 밖의 다른 사람들은 우리와 관련해 신이 오직 우리

20 *L'Institution de la religion Chrestienne*, 3권 19장.

21 그와 같은 길은 틸로트슨의 설교에 의해 마련되었는데, 교황의 '우상숭배', 성변화聖變化와 교회의 권위에 대한 그의 논박은 노골적으로 반기독교적인 후대 저술가들의 논증에 토대를 마련해주었다. Leslie Stephen, *History of English Thought in the 18th Century*, 1권, pp. 78-79; E. C. Mossner, *Bishop Butler and the Age of Reason*(New York: Macmillan, 1936), pp. 22-23.

의 좋음善에만 관심을 갖고 있다고 가정하는 것은 신을 모욕하는 것이라고 주장해왔다. 가령 신이 우리의 섬김을 필요로 하고, 신의 명예와 관련된 요구를 소홀히 하면 화를 내리라고 가정하는 것도 마찬가지일 것이다. 틴들은 본인 저작에서 그와 같은 논점을 수용한다. 즉 인간의 악행으로 인해 신이 상처받으리라고 생각하지 말라는 것이다. 신이 본인의 명예를 회복하기 위해 우리를 처벌한다고 생각하는 것은 오류일 뿐만 아니라 신을 모욕하는 것이라는 것이다. 신은 오직 우리 자신을 위해 벌을 내리는 것이기 때문이다.[22]

여기서 우리는 그와 같은 논쟁의 또 다른 측면을 볼 수 있다. 틴들이 활용하는 논의는 근대 초의 기독교세계 양측의 주요 부분을 지배한 아우구스티누스주의에 맞선 흐름에서 도출된 것이었다. 그는 어떤 의미에서 기독교의 주류에 맞선 강력한 반동의 일부였다. 배타적 휴머니즘의 등장에 대해 서술할 때 이 점 또한 고려해야 할 것이다. 하지만 비록 당시 소수파이긴 했지만 위치코트의 전술한 입장은 보다 넓은 의미의 전통 내부에 아직 머물러 있었다. 그의 견해에 따르면 신이 추구하는 인간의 선 중에는 신화神化가, 곧 신적인 것에 참여할 수 있도록 인간 본성을 높이는 것이 포함되어 있었다.[23] 다른 한편 그가 보기에 신은 보통의 인간적인 개화번영 이상의 것을 목표로 하지는 않았다.

그때나 지금이나 마찬가지로 많은 사람에게 그가 명확히 하고 있던 견해는 인간의 행동의 여지를 쓸데없이 줄이는 것처럼 보였다. 낭만주의 시대 이래 인간의 삶으로부터 그와 같은 식으로 영웅적 차원을 삭제하려는 시도에 반대하는 일련의 많은 사상가가 존재했는데, 그중에는 토크빌과 니체도 포함되었다. 그렇게 줄이는 것은 심지어 인간적 관점에서 보더라도 이해하기 어려운 것처럼 보일 수 있을 것이다. 하지만 그것과 관련해 그것은 또 다른 방향을 향한 일종의 자기극복을 포함하고 있었음을 기억해야 한다. '자기애와 사회적 사랑이 동일한 것'임을 볼 수 있으며, 그에 기초해 사회질서를 설계할 수 있던 합리적인 행위 주체는 그/그녀라는 단독자로서의 존재라는 협소한 관점을 이미 오래전부터 훌쩍 뛰어넘을 수 있었다. 도구적 이성을 사용하는 행위 주체로서의

22 Tindal, *Christianity as Old as the Creation*, 4장.

23 위치코트는 여기서 그리스 교부들, 특히 '신화'라는 그들의 개념에 기댔다.

그/그녀는 전체를 지향하는 관점을 채택하며, 그와 같은 전체의 위대함과 설계에 의해
232 동기를 부여받는다. 이론가들은 가령 인간적 행위 주체에 관한 이론에서 본인을 이론가이자 전반적 계획자로 가동시키는 동기를 고려하지 않는 일종의 실용적 모순을 종종 범한다. 그러나 앞서 언급한 형태의 자기극복은 여전히 일정한 역할을 하며, 그들이 취하는 입장의 배후에 존재하는 추동력 중 하나이다.

아마 그와 같은 식으로 종교적 견해가 그렇게 놀랍도록 협소화된 또 다른 이유를 추적할 수 있을 텐데, 이번에는 완충재로 덮인 자아, 특히 거리를 둔 이성에 초점을 맞추게 되었다. 이 시대의 기독교 변증론은 상호이익질서로서의 우주에 초점을 맞추고 있었다. 새로운 자연과학과 매우 흡사하게, 그리고 부분적으로는 그것에 고무되어 기독교 변증론은 우주를 우리가 관조하는 체계로 제시했는데, 그것을 일종의 그림처럼 전체로 이해할 수 있었다. 실제로 당시 발달한 지배적 도덕이론에 따르면 진정으로 도덕적인 행위 주체는 본인이 처한 상황으로부터 거리를 두고, '공평무사한 관찰자' 관점 — 이 논쟁에 허친슨이 도입한 그와 같은 관점은 나중에 스미스에 의해, 나아가 공리주의자들에 의해 지지받게 된다 — 을 취할 수 있어야 한다.

물론 그것은 거리를 둔 관찰자라는 고전적 관점으로, 그 앞에 사유하는 주체가 끼어들지 않은 채 우주가 하나의 그림처럼 펼쳐지게 된다. 비록 관찰자 또한 본인이 우주 속의 작은 구성요소로 나타나고 있음을 인식하더라도 그것이 그가 지금 전체를 관조할 수 있도록 해주는 출발점이 되고 있는 것은 아니다. 우리는 하이데거가 "세계상의 시대"[24]라고 부른 것의 내부에 존재한다.

코스모스를 형상들의 위계제적 질서로 이해할 때와는 완전히 다른 이해방식을 여기서 찾아볼 수 있다. 그와 같은 이해의 경우 인간이라는 관찰자가 특정 수준에 존재하고 있음이 분명하다. 그리고 그는 본인보다 고차적인 차원이 존재함을 인식하고, 그와 같은 차원의 본성에 대해서도 어느 정도 알지만 그것에 대한 그의 파악이 불완전할 수밖에 없음도 받아들인다. 이 의미에서 마치 그림을 보듯이 전체를 보는 것 — 모든 부분과 차원이 사유하는 주체와 등거리를 두고 있어 똑같이 이해 가능하게 된다 — 은 분명

24 하이데거, 『숲길』, 129~180페이지를 보라.

히 불가능하다. 전체에 대한 조망은 오히려 전체의 특정한 관점으로부터 출발하며, 본질적으로 장소 구속성을 반영한다.

이해에 대한 사고방식의 그와 같은 변화는 당시의 종교와 기독교 변증론에 어떤 영향을 주었을까? 아마 우주로부터 신의 목적을 읽어내고, 신의 선한 의도를 입증할 수 있다는 확신은 다름 아니라 앞서 말한 세계상의 태도, 즉 거리를 두고 전체를 파악하려는 태도 — 보다 고차적인 수준은 아마 꼼꼼한 연구로는 완전히 인식 가능하지 않으리라는 감각은 잊어버리게 될 것이다 — 를 반영하고 있을 것이다.

게다가 이 시대의 기독교 변증론에서 신의론神義論 — 즉 우주로부터 시작해 신의 선성과 정의를 어떻게 증명할 것인가? — 에 대한 물음이 특히 지배적이던 사실은 아마 그처럼 거리를 두는 자세를 반영했을 것이다. 사람들은 과연 신이 정의로운지에 대해 의구심을 표하도록 항상 유도될 수 있었다. 결국 아브라함과 모세는 태고 이전의 의도를 놓고 신과 처음부터 논쟁을 벌이지 않았던가. 하지만 신에 대한 심판을 행하는(그리고 변증론을 통해 의기양양하게 신의 무죄를 선고하는) 데 필요한 모든 요소를 손에 넣었다는 확신은 세계상의 시대에 이르러서야 가능해질 수 있었다. 실제로 신의론 논쟁이 점증하게 된 것이 당시의 한 가지 특징이었던 것처럼 보인다. 보다 이전에 신이 창조한 세계의 곤경 속에서는 신의 천지창조가 어떻게 그와 같은 곤경에 처하게 되었는지, 그 233
리고 그것이 누구 책임인지를(아마 우리 책임일 테지만) 이해할 수 없음을 인정하면서 조력자이자 구제자로서의 신에게 호소하는 쪽으로 보다 쉽게 기울 수 있었다. 하지만 이제 이 모든 일이 어떻게 돌아가는지를 이해할 수 있다고 생각하게 된 만큼 앞서의 논의는 차원을 달리하게 되었다. 사람들은 커피하우스와 살롱에서 신의 정의를 고찰하면서 불만을 표출하기 시작했고, 신학자들은 그에 대해 다가오는 비신앙의 사조를 물리치려면 정면으로 맞서야 할 도전이라고 느끼기 시작했다. 신의론을 둘러싼 관심의 급격한 고조는 사람들이 새로 상상하게 된 인지적 곤경epistemic predicament의 틀 안에 머물러 있었다.

그리하여 필자가 '섭리에 기초한 이신론'이라는 이념형 속에서 파악해온 것의 4중의 쇠퇴를 어떤 복합적 힘이 초래해왔는지를 이해할 수 있을 것이다. 부분적으로는 자아와 사회에 질서와 규율훈련을 도입하는 데 성공한 사회적 경험이 있었다. 또한 부분적으로는 종교개혁을 거친 기독교에서 이미 어떤 방식으로건 정착되어 있던 성찰을 한층 더 앞으로 밀고나가고, 보다 급진적인 단계로 추진한 것이 존재했다. 마지막으로 중세와 종교개혁 이후의 기독교가 유일한 지평으로까지 격상시킨 사법적 · 형법적 틀에 대한 반발이 있었다. 그와 같은 반발은 가령 그리스 교부들 속에 심오한 기독교적 원천을 갖고 있었다. 하지만 그것은 또한 이신론을 강화하는 데도 기여했다. 그리고 곧이어 배타적 휴머니즘을 촉진하는 데 기여하게 된다.

'이신론적인' 4중의 쇠퇴 이후 신에게는 무엇이 남았을까? 여전히 중요한 것이 남았다. 신은 여전히 창조주로 남았으며, 따라서 우리에게 은총을 베푸는 존재이며, 우리는 신에 대해 헤아릴 수 없을 정도로 감사해야 한다. 우리는 우리의 선을 설계한 신의 섭리에 감사한다. 하지만 물론 그것은 오직 일반적인 것으로만 머무는데, 특수한 섭리와 기적은 존재하지 않기 때문이다. 사실 그것들은 신이 우리를 위해 계획하는 종류의 선을 훼손한다. 그리고 신은 보상과 징벌을 붙여 우리를 위해 내세를 준비해두었다. 그와 같은 것 또한 우리의 선을 위한 것이다. 왜냐하면 그것이 선행을 행하려는 신의 계획을 우리가 수행하도록 동기를 부여하기 때문이다.

그러나 그것만으로는 배타적 휴머니즘을 막기에 충분치 않았다. 지금까지의 추론 과정을 다시 한 번 되짚어보자. 일단 세계가 탈주술화되면 신이 우리의 영=정신적 · 도덕적 삶에 필수불가결한 원천이라는 감각이 변형을 겪게 된다. 신은 정령과 의미 있는 영력의 세계에서 선이 승리하거나 적어도 자기를 고수할 수 있음을 보증하는 존재로부터 (1) 질서를 부여하는 힘의 본질적 원동력 — 즉 우리가 세계를 탈주술화하고 그것을 우리 목적에 부합하게 만들 수 있도록 해주는 힘 — 이 된다. 더욱이 우리의 영=정신적 존재와 물질적 존재의 기원 그 자체로서의 신은 (2) 우리의 충성과 숭배를 명하는데, 숭배는 주술화된 세계로부터 분리되어 있기 때문에 이제 한층 더 순수한 것이 된다.

하지만 4중의 쇠퇴에 따라 신은 그와 같은 세계에서 우리의 선과 등치되는 당신의 계획을 성취하는 것 이상의 목적을 갖고 있다는 생각 자체가 약화되기 시작한다. 숭배는 그와 같은 세계에서 신의 목표(즉 우리의 목표)를 실행하는 것으로 축소된다. 따라서 상술한 요소 (2)는 점점 더 약화된다.

요소 (1)의 경우 그것은 주로 은총론의 개념들 속에서 표현되어왔다. 신스토아주의 같은 세속적 윤리의 틀 내에서 자아와 세계에 질서를 부여할 수 있는 힘은 신이 우리에 대해 갖고 있는 힘 — 우리는 그것을 인식하고 육성해야 한다 — 이라는 관념에 의해 보강되었다. 하지만 자신감의 증가 — 그것은 새롭게 등장한 조화롭고 경제 중심적인 234
질서 속에 반영되었다 — 와 함께 신의 은총도 또 우리 내면 속에 존재하는 신의 권능을 육성하는 것도 그렇게까지 불가피하게 보이지는 않게 되었다. 전환을 위한 공간이 마련되었는데, 거기서 질서화 능력은 순전히 인간에 내적인 것으로 간주되게 될 것이다.

이신론의 견해에 따르면 신이 또한 그와 다른 방식으로도 우리를 도울 수 있는 것이 사실이다. 신의 역사함 속에서 볼 수 있는 신의 선성에 대한 관조 자체가 우리에게 영감을 주고, 신의 의지를 행할 수 있도록 활력을 불어넣어 줄 수 있을 것이다.

> 그리하여 보편적 행복에 이르려는 영혼의 침착하고 가장 포괄적인 결정에는 원초의 독립적인 전진전능한 선성 이외에는 다른 어떤 평안과 기쁨의 중심도 없다. 따라서 그와 같은 선성에 대한 지식 없이는, 또한 그것에 대한 가장 열렬한 사랑과 자기양도 없이 영혼은 가장 안정된 지고의 완성과 탁월함에 이를 수 없을 것이다.[25]

앞의 생각이 우리에게 미칠 수 있는 영향력은 무시할 수 없으며, 아마 대부분의 사람은 그와 같은 모종의 원천의 필요성을 인정할 것이다. 하지만 그렇게까지 멀리 논의를 전개해왔지만 왜 그와 동일하게 우리를 고무하는 힘을 가진 것을, 창조주를 언급하지 않고 자연적 질서에 대한 관조로부터 얻을 수 없는지는 분명하지 않다. 그와 같은 생각은 다양한 형태로 배타적 휴머니즘에서 반복적으로 등장하게 된다.

그리하여 배타적 휴머니즘이 정착하게 되었는데, 그것도 극소수가 옹호하는 이론보다 점점 더 일반적으로 가용한 영=정신적 견해로 자리 잡게 되었다. 그것이 등장하기 위해서는 두 가지 조건이 필요했다. 소극적 조건으로는, 주술화된 세계가 사라져야 했다. 적극적 조건으로는, 우리의 최고의 영=정신적 · 도덕적 갈망과 관련해 일반적으로 가용한 구상이 등장해 신 없이도 그것을 승인하고 추구하는 것을 구상할 수 있어야 했

25 Francis Hutcheson, *A System of Moral Philosophy*, p. 217.

다. 그것은 강요된 질서의 윤리(그것은 또한 탈주술화에서 핵심적 역할을 했다)를 통해, 그리고 그와 같은 윤리 — 오직 인간에 내재적인 힘에만 의존해 해당 질서를 실현하는 것이 가능한 것처럼 보이도록 만들었다 — 에 대한 경험을 통해 등장했다. 신을 그처럼 질서를 부여하는 힘에 필수불가결한 원천으로 여기던 다양한 논점이 사라지기 시작해 보이지 않게 되었다. 그때까지 생각하지 못한 것을 생각할 수 있게 된 것이다.

2

아마 생각할 수 있었겠지만 아직 생각되지는 않았다. 전자로부터 후자로의 이행에 대해 보다 자세히 검토해보고 싶다. 그와 같은 이행은 18세기 서유럽의 선진사회의 엘리트 계층 사이에서 발전한 문화, 즉 '세련된polite' 사회의 문화 내부에서 일어났다.

'세련된 사회'라는 그와 같은 관념은 무엇이었을까? 그것은 서양 사회(주로 잉글랜드, 프랑스, 스코틀랜드) 엘리트 계층 사이에서 본인의 세계에 관한 자기 이해의 일부를 이루고 있었다. 그것은 역사적 형태로 주조된 자기 이해였지만 실제로 근대사회의 모든
235 곳에서 관철되는 방식으로 그렇게 되었다. 세련된 사회는 보다 이전 형태로부터 최근에 출현했으며, 이제 대조contrast에 의해 규정되게 되었다.

중세사회에서는 폭력적이고, 무장한 귀족계급 간의 무질서한 충돌이 잦았으며, 사회 구성원은 본인을 전사로 규정했다. 고대의 폴리스와 공화국 역시 전사계급에 의해 지배되었고, 각기 고유한 방식으로 전쟁에 전념했다. '세련된' 사회의 구성원은 주로 평화의 기예arts[학예]에 전념했다.

첫째, 그와 같은 사회는 생산 사회였다. 유익한 기예[학예]와 그것의 꾸준한 개선에 중요한 자리가 주어졌다. 근대의 용어로 표현하자면, 사회의 경제적 차원이, 특히 경제의 진보가 높이 평가되었다. 사람들은 일반적으로 상업의 발전이 세련된 사회로의 이행의 중요한 요인이라고 믿었다.

하지만 그와 같은 사회는 동시에 보다 세련된 학예finer arts — 즉 오늘날 종종 '인문학fine arts'이라고 부르는 것, 즉 문학, 세련된 대화, 철학 — 에 대한 관심에 의해서도

규정되었다. 세련된 사회는 문명화되어 있는데, 그것은 직전의 사회에 비해 보다 높은 수준의 세련미에 이르렀음을 의미했다(세련된 사회가 고전고대문명의 높이에까지 도달했는지는 논쟁거리였지만 말이다).

하지만 그것은 그와 같은 사회가 핵심적 목표(전투가 아니라 평화, 전쟁의 기교가 아니라 학예를 통한 자기개선)에 의해서 뿐만 아니라 그와 같은 사회 특유의 행위 유형을 자랑스럽게 여긴 사실에 의해서도 규정되었음을 의미했다. 고상한refined 또는 세련된 '매너'가 핵심적이었는데, 실제로 '세련된'이라는 용어는 비록 18세기의 다른 여러 용법에서는 사라져버렸지만 우리 언어 속에서 동일한 맥락에서 살아남았다. 매너는 일종의 사교성을, 우리가 서로 관계를 맺고, 서로 접근하고, 서로 대화할 때의 방식을 정의했다.

세련된 스타일이나 매너란 독립적 행위 주체로서 자기 자신에게 고유한 정통적 견해와 이해관심을 가진 타자에게 접근해 상호이익을 위해 정중한 교환 관계를 맺는 것을 의미했다. 그것이 한 수준에서는 서로가 부유해지기 위한 경제적 교환의 그것인 반면 다른 수준에서는 상호 계몽이나 여흥을 위해 대화를 교환하는 것이건 말이다. 그리하여 그와 같은 종류의 사교성에 전형적인 장소는 시장을 멀리 벗어나 계몽된 대화가 오가는 살롱이나 커피하우스였다. 그것은 이후 그와 같은 교환으로 먹고살 요량으로 창간된 출판물이 가닿는 범위가 점점 더 넓어지는 것에 의해 점점 확대되어갔다. 세련된 사회는 무엇보다 먼저 그와 같은 종류의 모임과 교환이 세련화되는 과정에서 모습을 드러냈다. 물론 그와 같은 과정에서는 새로운 종류의 무례와 [합리적 분석이 아니라 생각 없이 반사적으로 나오는 주장만 있는] 논쟁이 등장할 수도 있었지만 그것은 예의 바른 응대라는 형식과 목표 안에 머물렀다. 재치 있게 비꼬는 당신의 발언이 나의 콧대를 꺾고, 나머지 야회 동안 백작부인의 관심을 독차지할 수 있도록 확실히 해주었다고 해보자. 이 경우에도 해당 발언은 그저 여흥을 위한 것이거나 아마 심지어 한 마디 따끔하게 가르치기 위한 것으로, 이 점에서 보다 이전 시대의 형태의 결투를 위한 만남에서처럼 다른 사람을 새벽에 불러내 칼로 찌르는 것을 꿈꾸던 시대와는 몇 광년이나 떨어져 있었다.

마찬가지로 서로를 평등한 존재로 상호존중하는 데도 엄밀한 제한이 있었다. 거기

236 에는 대다수 농민이나 장인은 포함되지 않았지만 신분상의 차이가 너무 큰 역할을 하지 않도록 하는 가운데 귀족과 사회적 지위가 높은 평민을 하나로 모을 수 있던 것은 주목할 만하다.

매너 아래에는, 비록 둘을 구분하기 쉽지 않지만 프랑스 저술가들이 '습속les moeurs'이라고 부르는 것이 존재했는데, 후자는 거의 분절화되지 않은 가치와 규범의 복합체로 세련된 사회 구성원 간의 상호 교류를 인도했다. 무엇이 요구되는지, 무엇이 허용되는지, 위엄 아래에는 무엇이 있는지, 위엄에 의해 무엇이 요구되는지, 부끄러운 짓이나 자랑할 만한 것, 양심에 어긋나는 것, 찬양할 만한 것은 무엇인가 하는 것은 모두 습속에 달렸다. 세련된 문화는 습속을 크게 의식하고 있었는데, 왜냐하면 그들은 바로 직전의 수 세기 동안 변화된 것은 너무나 자주 조국의 법률도 또 기존의 종교 형태도 또 권위와 주권의 토대도 아니었음을 올바로 인식하고 있었기 때문이다. 볼테르는 루이 14세 시대를 프랑스(이 점에서 유럽의 본부였는데, 모든 프랑스인 그리고 심지어 많은 영국인이 그렇게 보았다)에서 세련된 사회가 확립된 시대로 찬양했다.[26] 하지만 당시 변화된 것은 명시적으로 타당한 것으로 간주된 사회의 규칙이라기보다는 정신, 즉 엘리트 간의 교류의 비공식적인, 대부분 암묵적인 규범이었다. 국왕 루이가 〈낭트칙령〉을 폐기하거나 국내의 프로테스탄트를 박해하는 것을 법적으로 막을 것은 아무것도 없었다. 하지만 자유로운 의사에 대한 그처럼 파렴치한 무시는 세련미라는 프리즘에 비추어볼 때 양심에 어긋난 것으로 간주되었다.[27]

26 "리슐리외 추기경의 마지막 해 이후부터 시작해 루이 14세의 죽음에 이르기까지 우리 예술, 정신, 습속에서 우리 정부에서와 마찬가지로 우리 조국의 진정한 영광의 영원한 표시로 삼아야 하는 전반적 혁명이 이루어졌다.À commencer depuis les dernières années du Cardinal de Richelieu jusqu'à celles qui ont suivi la mort de Louis XIV, il s'est fait dans nos arts, dans nos esprits, dans nos moeurs, comme dans notre gouvernement, une révolution générale, qui doit servir de marque éternelle à la véritable gloire de notre patrie"(J. G. A. Pocock, *Barbarism and Religion*[Cambridge: Cambridge University Press, 1999], II권, p. 86에서 재인용).

27 포콕이 '매너'와 '습속'에 대해 함께 말하면서 지적하듯이 말이다. "이 열쇠말은 사회적 존재로서의 개인의 안전을 보장하며 그를 둘러싼 사회에게 무한히 복잡하고 유연한 직물[구조]을 제공하는 공유된 실천과 가치의 복합체를 가리켰다. 매너는 심지어 법보다 더 강력하게 시민사회가 인간의 행위와 신앙을 흡수하고 통제할 수 있도록 만들어주었다. 심지어 신의 현존의 직접적 경험 — 그렇게 주장되었다 — 에 정초되어 있을 때도 마찬가지였다"(*Barbarism and Religion*, II권, pp. 19-20).

따라서 그처럼 새로운 문화를 가져온 이행은 부분적으로는 경제적 · 정치적 측면에서 관찰되었다. 즉 교역 확대, 여행과 '새로운 발견'의 증가, 나아가 전쟁을 일삼는 귀족층에게 비정규군의 해체와 평화유지를 강제할 수 있도록 하기 위한 보다 강력한 국가의 등장이 전면에 놓이게 되었다. 하지만 그와 같은 이행은 또한 관점의 전환이라는 측면에서도 고찰되었다. 즉 정신적 지평의 확대, 감수성의 세련화, 과학과 철학에 대한 관심 증대 등이 그것이다. 흄은 『영국사*History of Great Britain*』에서 이렇게 말한다.

> 이 시기[1500년경 이후]에 즈음해 유럽 전역, 특히 잉글랜드에서 사람들의 정신은 일반적이지만 의식되지 않은 혁명을 경험한 것 같다. 문학은 이미 이전 시대에 부활했지만 정주하는 전문직업인이 주로 몰두했다. 게다가 전 세계 사람들 사이에서 뚜렷이 느껴질 수 있을 정도로까지 퍼지는 일은 지금까지도 시작되지 않았다. 학예는 과학기술적인 것이건 인문학적인 것이건 매일같이 큰 발전을 이루었다. 항해는 지구 전역으로 확대되었다. 여행은 점점 더 안전하고 쾌적해지고 있었다. 그리고 유럽에서는 정치의 일반 체계가 점점 더 확장되고 포괄적인 것이 되었다. 그와 같은 보편적 발효 과정의 결과, 인간의 정신적 지평은 사방으로 확장되었다.[28]

세련된 사회로서의 그와 같은 자기 이해 속에서 위에서 내가 근대적 도덕질서라고 부른 것 — 그것이 그와 같은 문명적 이상 속에 굴절되고 있다 — 이 수행하는 핵심적 역할을 볼 수 있다. 자유에, 타자의 독립된 이해관심과 의견을 존중하는 사회성의 양식에 부여되는 중요성, 사회적 교류는 상호이익을 위해 설계되었다는 사실에 대한 이해, 237
교역과 생산 행위에 부여되는 높은 지위. 이 모든 것은 근대적 질서의 특징을 반영한다.

하지만 심지어 그것보다 중요한 것은 앞의 질서 개념으로부터 사회성[사교성]이라는 이상이 도출되며, 그것이 사회적 관계에 대한 독립적 기준으로 수립되어온 것이다. '독립된'은 여기서 무엇보다 정치적 구조로부터의 독립을 의미했다. 물론 그와 같은 이상은 처음에는 혁명의 위험을 포함하지 않았다. 실제로 세련된 사회의 초기의 그와 같

28 Pocock, *Barbarism and Religion*, II권, p. 203에서 재인용.

은 자기 이해에서는 자체의 성립사에 대한 고찰을 통해 강력한, 심지어 '절대주의' 국가의 등장이 그처럼 새로운, 보다 고차적인 단계를 가능하게 해준 사회의 평화화를 가져오는 결정적 원인으로 간주되었다. 볼테르가 그와 같은 변화를 가져온 주역이라며 루이 14세를 찬양하는 글을 쓴 것은 너무나 당연했다. 하지만 심지어 잉글랜드적 맥락에서 본인의 '자유'에 대해 강한 감각을 갖고 글을 쓴 사람들 또한 권위의 필요성에 관한 생생한 감각을 갖고 있었다. 그와 같은 장의 대부분의 저술가보다 휘그사관적[과거의 사건을 자유와 계몽이 증대되면서 최종적으로 근대의 자유민주주의 또는 입헌군주제의 형성으로 이어지는 불가피한 진보의 연속으로 파악하는 역사관으로, 입헌정체, 개인의 자유, 과학의 진보를 강조한다] 노선에 대해 회의적이었음을 잊어서는 안 되지만 흄에 대해서도 분명히 그렇게 말할 수 있을 것이다.

하지만 세련됨에 대한 그와 같은 이해를 통해 근대적 도덕질서는 계몽된 여론에게는 좋은 조언을 받은 통치자, 심지어 전제군주조차도 귀 기울여야 할 훌륭한 통치의 기준이 되었다. 그것이 볼테르가 대변하게 되는 견해였는데, 심지어 몇몇 '전제군주' — 가령 프리드리히 1세, 요셉 3세, 에카체리나 2세 — 가 점차 부분적으로 그와 같은 기준에 응답하기 시작했다. 그와 함께 우리는 앙시앵레짐의 마지막 해들에 '여론'이 군주의 행위에 관한 판정자가 되는 시대로의 이행 과정에 이미 들어서게 되었다.

그것으로부터 도출되는 연결고리, 즉 근대적 도덕질서와 '문명' 간의 연결고리는 또한 본서에서 내가 옹호하고 있는 주요 명제 중 하나를 예시해준다. 즉 질서라는 이상 그리고 사회의 '문명화'를 가능하게 해주는 양식의 조직과 규율훈련 간에는 긴밀한 관련이 존재한다는 주제가 그것이다. 그와 같은 종류의 사회성[사교성]에 대한 신뢰가 독립된 기준이 되어야 한다는 점에 동의하도록 해주는 것이 바로 그와 같은 형태의 자기-재형성이 성공했다는, 뚜렷이 느껴지는 감각이라고 할 수 있었다. 지금까지의 논의에 비추어 세련됨의 문화는 근대적 도덕질서가 단순한 이론에서 사회적 상상계의 한 형태로 이행하는 첫 번째 단계로, 거기서는 교양 있는 그리고 '고상한' 엘리트의 관습을 뒷받침했다고 말할 수 있을 것이다.

하지만 '독립적'은 그 외에도 그 밖의 다른 것을 의미한다. 즉 교회의 권위 또는 특정 교파의 권위로부터의 독립을 의미했다. 물론 종교로부터의 독립을 의미할 필요는 없었다. 왜냐하면 앞서 서술한 대로 근대적 도덕질서를 섭리의 틀 안에서 인간을 위해 신이 설계한 것으로 이해하기 쉬울 것이기 때문이다. 하지만 그와 함께 아래 명제만 강화될 뿐이다. 즉 질서를 신의 설계로 보는 것은 그것에 가톨릭교회의 어떤 교도권의 평결deliverance에 의해서도 뒤집을 수 없을 뿐만 아니라 이런저런 교파에 특수한 어떤 교리를 내세워 물리치는 것도 불가능한 권위를 부여해준다. 여기서 근대적 도덕질서는 가령 그로티우스에 의한 최초의 정식화에서 신앙상의 분쟁으로부터 독립된 입지를 정치적 권위에 부여하기 위한 의도를 갖고 있었음을 기억할 수 있을 것이다.

그와 같은 입장의 논리를 철저하게 천착한다면 그와 같은 형태의 사교성의 규범적 238
힘은 어떤 교회의 평결에 의해서도 기각될 수 없다는 주장에 이르게 되는데, 〈낭트칙령〉의 폐지 같은 조치에 대해 세련된 사회가 보인 반응이 부정적인 것이었고, 그것이 18세기에 이르러 압도적이게 되는 것은 이 때문이었다. 그와 같은 〈칙령〉에서 볼 수 있는 대로 교리상의 차이의 그와 같은 폭력적 강요는 도덕질서의 설계자로서의 신에 관한 일반적 진리와는 무관하지만 그 자체로 질서에 대한 침해가 된다. — 물론 공적 평온과 복종을 보장하기 위해 그것이 필요한 것이 아니라면 말이다. 하지만 이 경우 그것은 분명히 그렇지 않았다. 계몽된 유럽은 심지어 아무리 잔혹하더라도 확립된 권위나 소유권의 전복을 정당화하는 교의를 가진 교파의 억압에 대해서는 얼마든지 양해해왔지만 법을 충실하게 준수하는 신민을 극히 근소한 신학적 의견차를 이유로 까닭 없이 억압하는 것에 대해서는 그렇지 않았다.

그리하여 세련된 사회에 의해 제시된 틀 내부에서 교회의 행위와 개입 그리고 종교적 차이를 들추어내는 것과 관련해 일군의 규범적 한계가 부여되기에 이르렀다. 그것들은 근대사회에서 우리에게 익숙한 것과 대체로 서로 겹치는 것이었다. 즉 국가권력은 교회의 통제와 독립적으로 행사되어야 하며, 공공질서는 교파나 교리에 기초한 분쟁 — 그것이 아래로부터, 즉 교파 간에 발생하건 아니면 위로부터 즉 쓸데없는 국가의 강압이나 박해로 인해 발생하건 — 에 의한 방해 없이 유지되어야 한다.[29]

29 "종교적인 것을 사회적인 것과 체계적이고 단호하게 동일시하는 입장이 등장하게 되었는데, 그것은 사회를 통치하는 정치적 권위에 대한 자유주의적 · 절대주의적 견해와도 동일하게 양립 가능했다. 정신은 오직 사회적 경로만을 통해 드러나고, 심지어 구현되고, 합당한 것이 되고, 인간적인 것이 되고, 권위에

그것은 사교성이라는 이상 그리고 가령 가톨릭교회의 교도권이나 영국국교회의 권위에 대한 '고高교회적' 해석에 의해 요구되는 것과 같은 종류의 성례상의 권위 간에 잠재적으로 강력한 갈등이 존재했음을 의미한다. 다양한 형태의 이신론과 유니테리언파[삼위일체설을 배격하고 유일한 신격을 주장해 그리스도의 신성을 부정하며 또한 개인의 신앙의 자유와 종교에서의 이성의 활용을 용인하는 종파]부터 배타적 휴머니즘에까지 이르는 일련의 비기독교와 반기독교 입장의 현실적 성립은 앞서 서술한 잠재적이고 종종 현실화되기도 하는 갈등이 벌어지는 그와 같은 장 내부에서 가장 잘 이해될 수 있을 것이다.

세련된 사교성은 성례상의 권위의 강력한 형태에 대한 충성을 짓누르며, 질서를 뛰어넘는 방법 또는 심지어 그것을 가로지르는 방법으로 사회와 정치에 개입할 권리를 주장했다. 마찬가지로 또한 그처럼 강력한 성례상의 권위의 토대가 될 수 있는 다양한 신앙과 관습도 짓눌렀다. 그중에는 특정 장소, 시간, 행위 속에 놓인 신성한 것, 즉 '통속적인 것'으로 규정되는 것과 정반대되는 것으로서의 신성한 것 — 앞 장에서 정의된 바 있다 — 에 대한 까다로운 개념도 포함되어 있었다. 따라서 세련된 사회라는 관점은 내가 탈주술화라고 불러온 것에 보다 친화적이고, 그와 같은 새로운 문화는 신성한 것을 부차화하는 과정을 계속했다.

더 나아가 신적 존재로서의 그리스도의 형상이 성례상의 권위에 대한 주장을 배후에서 뒷받침하는 한 그리스도가 신이었느냐 아니면 단지 위대한 예언자나 교사였느냐는 쟁점은 신이 상호이익질서의 설계자냐 아니냐의 문제와는 관련이 없던 반면 그리스도의 신성에 관한 물음이나 교리를 포기하고 [16~17세기에 폴란드의 〈소개혁교회〉에서 활동한 종파로 『구약』을 하나의 계약으로 보며 단지 이 세상에서의 행복을 약속하는 정도뿐이라고 보는] 소치니안파Socianism나 이신론으로 기울거나 앞의 물음들에 대해 회의주의적 태도를 취하려는 유혹이 나타나게 되었다.

세련된 문명polite civilization 그리고 그와 같은 문명에 의해 공고하게 지켜지는 도덕

복종해야지 결코 인간적 · 사회적 질서를 해치는 방식으로 그렇게 해서는 안 된다고 주장해야 하는 극히 중요한 필요와 비교해볼 때 그와 같은 구분은 부차적 중요성만 가질 뿐이다"(Pocock, *Barbarism and Religion*, vol. I, p. 26).

질서는 자족적 틀로, 즉 그것 안에서 우리의 사회적 · 도덕적 · 정치적 삶의 기준을 찾을 239
수 있는 틀로 쉽게 경험될 수 있을 것이다. 반면 그것과 관련되어 허용되는 유일하게 초월적인 참조점은 그와 같은 질서를 뒷받침하고, 동시에 그것에 대한 침해를 정당화하지 않는 것뿐이다. 사회와 문명 수준에서 앞의 틀은 앞서 내가 '완충재로 덮인 자아'라고 부른 것 — 즉 탈주술화에서 생겨난 자기 이해 — 와 완전히 일치하며, 실제로 그것을 표현한다. 이를 다른 방식으로 표현해보자. 그것은 초월성이 역사적으로 인간에게 영향을 미치고 삶 속에서 모습을 드러내는 몇 가지 형태를 금지하거나 차단하는 사회적 · 문명적 틀이다. 그와 같은 틀은 문명 수준에서 앞 절에서 기술한 바 있는 인간 중심주의로의 전환을 완수하고, 공고화하는 경향이 있었다. 완충재로 덮인 정체성을 위해 완충재로 덮인 세계를 구축한 것이다.

이상의 논리에서 등장하는 견해를 세련된 문명의 역사와 현재 상태를 묘사하기 위해 18세기 저술가들이 사용한 몇 가지 핵심적인 용어 속에서 찾아볼 수 있을 것이다. 세 가지 종류의 위험한 종교가 '미신superstition', '광신fanaticism', '열광주의enthusiasm'로 분류되었다. 첫 번째 유형은 종교의 주술화된 차원을 가리켰다. 즉 종교이해에서 마술을 분유한 의례, 제의, 관행이 그것이다. 이 측면에서 그것의 용어들은 가톨릭을 비난하는 기존의 프로테스탄티즘적 어휘집을 잇고 확대하고 있었다.

'광신'이라는 말은 행위 주체에게 상호이익질서를 훌쩍 뛰어넘고, 심지어 그와 같은 질서를 가차없이 침해하는 것을 허용해주는 것처럼 보이는 형태의 종교적 확신을 가리켰다. 반면 '열광주의'는 신의 음성을 들었으며, 교회건 국가건 외적 권위에 의지하지 않고도 그것에 따라 행동할 수 있다는 확신을 의미했다. 열광주의는 광신으로 이어질 수 있었지만 퀘이커파 같은 몇몇 평화주의적 교파의 경우에서처럼 광신으로부터 사람들을 멀리 떼어놓을 수도 있었다. 한편 광신은 물론 가톨릭교회처럼 열광주의와는 전혀 무관한 강력한 권위적 구조를 가진 종교로부터 생겨날 수도 있을 것이다.

레날 신부는 매우 영향력 있던 저작에서 그가 '일반이익intérêt général'이라고 부르는 질서라는 그와 같은 근대적 관념에의 순응이야말로 시민사회의 지고의 원리임을 분명히 했다.

일반이익이란 국가에서 존속해야 할 모든 것에 대한 규칙이다L'intérêt général est la règle de tout ce qui doit subsister dans l'État.

그로부터 아래 결론이 따라 나온다.

인민 또는 인민의 권위가 위탁된 주권권력만이 어떤 조직이건 그것이 일반이익과 일치하는지를 판정할 권리를 가진다le peuple ou l'autorité souveraine, dépositaire de la sienne, a seule le droit de juger de la conformité de quelque institution que ce soit avec l'intérêt général.

이어지는 논의에서 그는 종교가 어떤 종류의 위험을 그와 같은 질서에 가져올지 몰라 그가 두려워하는지를 분명히 한다.

그와 같은 권위에, 그리고 그것에만 종교의 교리와 규율을 심사할 권한이 있다. 교리는 상식과 반대로 그것이 평화로운 질서를 동요 — 미래의 행복에 대한 교리적 관념은 신의 영광을 열렬히 찬양하는 것 그리고 계시로 간주되는 진리에 복종하는 것과 결합되어 있기 때문에
240 한층 더 위험해질 수 있다 — 에 노출시키지 않도록 하기 위해 검토되어야 한다. 규율을 검토하는 것은 아래와 같은 것을 확실히 하기 위해서이다. 즉 지배적 습속을 위반하지 않고, 애국정신을 약하게 만들고, 용기를 약화시키고, 부지런히 해야 할 일과 결혼 그리고 공무를 기피하지 않도록 하기 위해서이다. 그리고 또 사람들에게도 또 사교성에도 해를 끼치지 않고, 광신과 무관용을 조장하지 않고, 가족 구성원 간에 또 같은 도시의 가족 간에, 왕국 안의 도시 간에, 지상의 왕국 간에 분열의 씨를 뿌리지 않도록 하기 위해서이다. 국왕이나 행정관에게 돌아가야 할 존중을 줄이지 않도록, 사람의 기를 꺾는 청빈의 원리나 우행으로 이어질 조언을 설파하지 않도록 하기 위해서이다C'est à cette autorité, et à cette autorité seule qu'il appartient d'examiner les dogmes et les disciplines d'une religion; les dogmes, pour s'assurer si, contraires su sens commun, ils n'exposeraient point la tranquillité à des troubles d'autant

plus dangereux que les idées d'un bonheur à venir s'y compliqueront avec le zèle pour la gloire de Dieu et la soumission à des vérités qu'on regardera comme révélées; la discipline, pour voir si elle ne choque pas les mœurs régnantes, n'éteint pas l'esprit patriotique, n'affaiblit pas le courage, ne dégoûte point de l'industrie, du mariage et des affaires publiques, ne nuit pas à la population et à la sociabilité, n'inspire pas le fanatisme et l'intolérance, ne sème point la division entre les proches de la même famille, entre les familles d'une même cité, entre les cités d'un même royaume, entre les royaumes de la terre, ne diminue point le respect dû au souverain et aux magistrats, et ne prêche ni des maximes d'une austérité qui attriste, ni des conseils qui amènent à la folie.[30]

계몽주의 중 보다 덜 급진적인 당파는 다른 두 일탈보다 미신에 관해 훨씬 더 관대할 수 있었는데, 왜냐하면 흄이나 기번 같은 저술가는 계몽과 세련됨은 여전히 엘리트의 소유물로 남아야 하며, 따라서 대중 사이에서 어떻게 질서를 유지해야 하는가 하는 문제가 제기됨을 당연시했던 것처럼 보이기 때문이다. 그들에게 약간의 미신은 좋은 것으로, 대중의 반란을 조장하지 않고도 종교적 충동을 만족시켜줄 수 있을 것이다. 그와 같은 생각은 종교는 다른 교리를 따르는 신도들과의 논쟁의 원천이 될 수 있는 교리가 아니라 제의에 의해 기본적으로 정의된다고 상정하고 있었다.

여기서 그것과 정반대되는 모델이 가톨릭이었는데, 그것의 미신은 실제로 전투적 교의와 결부되어 있었다. 하지만 기번에게 모델은 고대사회였는데, 그에 따르면 고대사회에서 비신앙의 엘리트 계층은 겉으로는 국가의 제의를 엄수하며 종교적 관행에서 민중을 방해하지 않을 정도로 충분히 세련되어 있었다.

대중은 로마에서 유행하던 다양한 형태의 숭배가 모두 똑같이 진실하다고 생각했고, 철학자 241

30 Abbé Raynal, *Histoire philosphique et politique des établissements et du commerce des Européens dans les Deux Indes*(1770)(1780년의 제네바 판에서 재인용; t. X, pp. 127ff. Marcel Gauchet, *La Religion dans la démocratie*[Paris: Gallimard, 1998], pp. 34-35에서 재인용).

들은 똑같이 거짓되다고, 생각했으며, 행정관들은 똑같이 유용하다고 생각했다.[31]

그는 그들 고대 행정관들에게 공감을 표시하지 않을 수 없었는데, 그들을 핵심적인 공공의례와 관련해 그들과 비슷하게 적어도 겉으로라도 엄수해야 할 의무를 준수하기를 광신적으로 거부한 기독교도와 대비했다. 그는 고대 행정관들을 마지못한 박해자로 묘사하면서 그들을 호의적인 방식으로 루이 14세 같은 정통신앙의 근대적 강요자들과 대비했다. 고대 행정관들은 분개했다기보다는 당혹했다. 실제로 이 종파의 구성원을 이해하는 데 어려움을 겪었다. 또한 기독교세계의 근대의 박해자들보다 훨씬 덜 엄격했다는 것이 기번의 결론이다.

> 그들은 편견 덩어리와 같은 우리의 격렬한 열의에 의해서가 아니라 입법자의 온당한 정책에 의해 통치를 실현하고 있었기 때문에 경멸의 마음이 느슨해지는 경우가 많았을 것이고, 신분이 낮은 눈에 띄지 않는 그리스도 추종자들에 대해 제정된 법률의 집행이 인간애에 근거해 정지된 일도 종종 있었을 것이다.[32]

그들 로마의 행정관들은 세련된 윤리 덕분에 고평되었는데, 그들의 동기는 순전히 공공질서유지뿐으로 교리상의 열의와는 전혀 무관했기 때문이다. 루이 14가 창피하게 불합격한 시험에 그들은 합격했다.

기번과 흄이 구현한 세련된 형태의 문화는 당시 의미로 이해된 '열광주의'를 혐오했을 뿐만 아니라 또한 오늘날 앞의 용어가 가진 의미도 혐오했다. 세련됨과 품위는 또한 종교적 열정에 사로잡힌 사람들의 열렬하고, 추하고, 종종 잔혹하고 파괴적인 행위로부터 냉정하고 비꼬는 듯한 거리를 두는 태도를 포함하고 있었다. 비록 그와 같은 행위에 대한 비난은 분명히 격렬했지만 앞의 저술가들은 비난의 대상 자체로부터 냉정한 거리를 유지함으로써 문명화된 태도의 우위를 표현했는데, 그와 같은 표현에 주기적

31 기번, 『로마제국쇠망사』, 3권, 81페이지.

32 앞의 책, 1권, 524페이지.

으로 비꼬는 듯한 기지를 장식물로 섞어 짜 넣었다. 그들에게 그처럼 차분한 태도는 그 자체가 계몽적 세련됨의 하나의 상징이었고, 그것은 기번의 인상적인 저술 스타일이 힘과 영향력을 끼치게 해준 핵심적 요소이기도 했다.

고대의 이교도 사상가들을 여러 기독교 교파의 구성원과 비교한 또 다른 구절에서 기번은 기독교도 황제 밑에서 이교가 억압되는 것을 보고 이교도 사상가들이 느낀 고통을 이렇게 묘사했다.

> 소피스트들은 이교 신앙의 멸망을 지상을 암흑으로 뒤덮고, 태고를 지배한 혼돈과 어둠을 다시 불러온 무시무시하고 경악스러운 불가사의로 묘사했다. 그들은 장중하고 감상적인 어조로 신전들은 무덤으로 바뀌고, 신들의 조상을 모셨던 성소들은 그리스도로 순교자들의 유골로 더럽혀졌다고 탄식했다[3권 81~81페이지].

앞의 인용문의 마지막 부분, 특히 '더럽혀졌다'는 강한 용어는 살짝 초기 형태의 '자유간접체style indirect livre'로 쉽게 독해될 수 있을 것이다. 그와 같은 말은 소피스트 입을 빌려 나온다. 그와 같은 기법은 기번에게, 그리고 그의 아이러니하게 슬쩍 한 마디 무심하게 던지며 끼어드는 방법의 전형을 보여준다. 하지만 이후 그는 아래와 같은 냉정한 촌평으로 논평 속에 [직접] 끼어드는 것처럼 보인다.

> 그와 같은 악의에 찬 발언에는 동의할 수 없지만 로마의 법에 희생되었을 이름 없는 사람들
> 을 로마제국의 거룩한 영적 보호자 위치로 격상시키는 것을 목격한 소피스트들의 놀라움은 242
> 이해할 만도 하다.[33]

그처럼 비참한 사건으로부터 까마득히 멀리 떨어진 높이에서 우리 계몽된 독자는 노여움과 애틋함도 없이sirae irac studio 이 모든 일의 어리석음을 음미할 것을 권유받고 있는 것이다.

33 앞의 책, 3권, 81페이지.

세련된 문명이 제공한 무대는 기독교와 잠재적으로 심각한 대립을 낳을 가능성이 있는 현장이 되었는데, 그것에 대해 상이한 방식으로 반응할 수 있을 것이다. 몇몇 사람은 양측을 화해시키려고 노력했다. 일부는 충돌을 느끼고, '세련미'의 비판자가 되었다. 일부는 그것을 느끼고는 기독교 정통파를 거부하는 다양한 형태로 끌려들어갔다. 하지만 세련됨 자체만으로는 보다 광범위한 데까지 이르는 거부를 이해하는 데 필요한 배경을 제시하지 못했다. 그것은 기번과 흄 같은 엘리트 회의주의자를 이해하는 데는 도움이 될 수 있지만 그들보다 과격한[급진적] 반응을 보인 사람들에 대해서는 그렇지 않다. 여기서 필자가 말하는 것에는 이중적 의미가 있다. 첫째, 그와 같은 입장은 종종 정치적으로 보다 급진적일 수 있고, 볼테르와 기번의 계몽주의보다 기존질서에 덜 순응적일 수 있었다. 하지만 또한 두 번째로 빈번히 전투적인 배타적 휴머니즘 — 종종 심지어 유물론으로까지 확장될 수 있었다 — 을 형성하는 쪽으로 과감히 전진하기도 했다고 말할 수 있을 것이다. 그것을 넘어 배타적 휴머니즘이 어떻게 많은 사람에게 실질적 대안으로 그리고 무대에 모습을 드러낼 수 있었는지와 관련해서는 몇 가지 사실을 더 말할 필요가 있을 것이다.

3

필자는 지금까지의 서술에서 어떻게 배타적 휴머니즘이 등장할 수 있었는지를 보여주려고 시도해왔다. 하지만 그것은 그것의 실제적 등장, 즉 왜 그것이 실질적 대안으로 무대에 모습을 드러내게 되었는지에 대한 설명은 아니었다.

앞으로 무엇을 말해야 할지를 보다 명확히 하기 위해 나의 설명의 주요 윤곽을 다시 한 번 제시해보기로 하자. 나는 18세기에 있은 4중의 인간 중심주의로의 전환에 대해 말해왔는데, 그것을 내가 조어한 용어인 '섭리에 기초한 이신론'과 결합시키고 있는 중이다. 어떻게 보면 최초의 두 가지 전환이 결정적으로 중요했는데, 그것이 나머지 두 가지 전환을 견인했기 때문이다.

첫 번째 전환은 인간 존재를 위한 신의 계획이, 인간이 삶 속에서 신이 계획한 질서를 실현하고 그와 함께 행복해지고 복리를 누리게 되는 데까지 축소된 데서 찾을 수 있다. 기본적으로 신이 우리를 창조한 목적은 상호이익질서의 실현에 있다. 인간에게는 개화번영을 넘어선, 그것 이상의 소명이 존재한다는 의식은 이신론의 풍조 속에서 쇠퇴해갔다.

다른 한편 그와 같은 전환은 또한 유럽 문화가 가장 넓은 의미에서의 대문자 개혁을 향해 매우 오랫동안 지속된 경향을 배경으로 했다. 여기서 말하는 개혁이란 사회뿐만 아니라 비엘리트 계층의 삶과 관행을 엘리트 계층이 보다 고차적인 기준에 따른 것으로 간주하는 것에 부합할 수 있도록 개조하려는 시도를 가리켰다. 그것은 주목할 만한 사실이었다. 그와 같은 사실에 대한 설명을 제시할 수 있다고 주장하는 것이 아니라 다만 그것을 하나의 사실로, 즉 11세기에 있은 힐데브란트[그레고리우스 7세]의 대개혁 이후 대중의 관행의 기준을 끌어올리려는 시도가 거듭되어왔음을 지적할 뿐이다. 처음 243
에 그것들은 종교개혁이었다. 즉 먼저 성직자집단 전체 그리고 나중에는 심지어 대다수 평신도까지 헌신과 경건한 삶이라는 보다 고차적인 기준 — 대체로 수도원과 성직자의 실천 중 최고의 것에 의해 규정되었다 — 으로까지 끌어올리려고 시도했다. 1215년에 있은 〈제4차 라테라노공의회〉가 설정한 목표 — 즉 1년에 한번 반드시 고해하고 사면을 받으며, 〈성찬식〉에 참여해야 하는 제도를 모든 평신도에게 부과했다 — 는 보편적으로 요구되는 기준을 끌어올리려는 시도의 한 예였다.

힐데브란트의 개혁의 배후에 있던 사상은 아르킬리에르에 의해 '정치적 아우구스티누스주의'로 불려왔다. 그도 인정했듯이 그것은 아우구스티누스에게 약간 불공평한 호칭이었다.[34] 신의 도성과 지상의 나라 간의 간격에 대해 아우구스티누스는 보다 강한 감각을 갖고 있었기 때문이다. 따라서 국가권력의 도움을 받아 가톨릭교회의 교도권으로 사회를 천상의 나라에 보다 접근시키려는 시도는 적어도 그에게는 극히 위험한 시도로 보였다.[35] 물론 개혁에 우호적인 교황들 또한 정의의 완전한 실현 — 아우구스티누스에 따르면 신에게 마땅히 돌아가야 할 것을 신에게 드리는 것을 포함했다 — 은

34 H.-X. Arquillière, *L'Augustinisme politique*(Paris: Vrin, 1934).
35 적어도 그것이 오클리 견해이다. 그의 *Kingship*(Oxford: Blackwell, 2006), pp. 91, 98-99을 보라.

이 세상에서는 기대 불가능한 것임을 받아들였다. 죄인들이 끝까지 이 세상에 넘칠 것이다. 하지만 정의의 완전한 실현을 모델로 한 규칙에 인민이 복종하는 체제를 마음속에 그려보는 것은 얼마든지 가능했다. 만약 왕권이 신의 의지에 의한 권위(가톨릭교회의 위계제)에 따라 말하는 사람의 명령을 진정으로 따른다면 진정 선한 사람이 지배하고 악한 사람은 그에 따르도록 강요되는 질서가 수립될 수 있을 것이다.[36]

다른 어떤 대안적 원리와의 타협도 필요로 하지 않는 지금 이곳에서의 세계에 대한 생각이 서서히 등장하기 시작해 수 세기 동안 여러 단계를 거쳐 발전해나갔다. 파루시아의 약속, 즉 신이 만물 속에 임재하게 되리라는 약속은 비록 제약이 필요한 축소된 형태로서이긴 하지만 그와 같은 세계에서 실현 가능했다. 이 시점 이후 기독교의 개혁 충동은 다음과 같은 방향을 취하는 경향을 보였다. 즉 신앙을 가진 대다수 사람을 헌신적인 소수 기독교도에게 최대한 접근할 수 있도록 개조시키는 방향이 그것이었다. 모든 평신도에게 1년에 한번의 의무적 고해를 명한 1215년의 〈제4차라테라노공의회〉 결정은 그와 같은 개선 기획의 일부였다는 푸코의 지적은 옳다.

물론 개혁은 결코 계획대로 진행되지 않았다. 하지만 놀라운 것은 방종과 부패의 시대 이후 교회의 엘리트 계층이 거듭 그와 같은 시도로 되돌아가려 했던 정도이다. 힐데브란트 또한 그와 같은 방종의 시기가 지난 후 그에 대해 대처하고 있었다. 이후 연속적으로 이어진 개혁가의 물결도 마찬가지로, 성직자와 평신도 모두에게 부과되는 규칙 수준에서 그리고 또한 설교자 운동을 통해 활동하면서 사람들에게 회심을 요구하고, 개인적 심판이라는 무시무시한 책임에 직면할 것을 호소했다.

어떤 의미에서 오늘날 우리가 종교개혁 그 자체로 상정하고 있는 것은 그와 같은 맥락에서 바라보아야 한다. 분명히 그것은 고위 성직자층의 놀라운 방종과 부패의 또 다른 시대에 대한 반동이었지만 그것이 거부한 가톨릭교회 자체는 수 세기에 걸친 개혁 노력의 현장이었고, 이단과 분열의 영향 아래 또 다른 거대한 개혁을 경험하고 있었

36 아르킬리에르는 세비야의 이시도르의 아래 말을 인용한다. "그러나 사제가 교의와 말로 실현할 수 없는 일이 있을 때 권력이 징벌의 위협으로 명하는 경우를 제외하면 교회 내부에서 권력은 필요하지 않다. Ceterum, intra ecclesiam, potestates necessariae non essent, nisi ut, quod non prevalet sacerdos efficere per doctrine sermonem, potestas hoc imperet per discipline terrorem"(*L'Augustinisme politique*, p. 142).

다. 아마 기독교세계의 어느 지역도 라틴기독교세계보다 더 그와 같은 개혁을 이번 제2
천년기에 반복해서, 광범위한 범위에 걸쳐, 전반적으로 시도해오지 않았을 텐데, 오늘 244
날에도 계속되고 있을 정도이다. 어떤 의미에서 개혁, 재각성, 재조직화, 헌신과 규율훈련의 쇄신은 서양기독교세계에서 발원한 모든 교회의 지속적인 문화의 일부가 되었다고 주장할 수도 있을 것이다. 다시 한 번, 그렇게 된 이유를 필자가 이해하고 있다고 주장할 생각은 없다. 하지만 그것은 사실이며, 게다가 매우 중요한 사실처럼 보인다.[37]

1500년경에 그와 같은 충동은 다소 다른 방향을 택하기 시작했다. 그것은 종교적인 사람뿐만 아니라 세속적인 사람 모두의, 즉 인구 전체의 습속과 생활 습관을 바꾸겠다는 보다 야심찬 목표를 추구하기 시작했다. 즉 모든 사람에게 질서 있고, 절도 있고, 규율훈련된, 생산적인 방식의 삶을 주입시키겠다는 것이었다. 바로 이 지점에서 종교개혁 충동이 예의 바름civility을 도입하려는 시도와 결합되고, 그리하여 '문명화civilize'가 핵심적 용어가 되게 된다. 그것은 결코 단순한 탈취, 종교개혁의 충동에 의해 강요된 일탈이 아니었다. 왜냐하면 종교개혁가들 또한 질서 있고 규율훈련된 삶은 신의 의지에 따라 사는 데서 나오는 부정하기 어려운 결과임을 고백하고 있었기 때문이다. 그들은 또한 문명화를 추구했는데, 충분히 신학적인 이유에서 말이다.[38]

하지만 장기지속의 관점에서 볼 때 일탈이, 적어도 무시무시한 아이러니가 존재했다고 주장할 수 있을 것이다. 왜냐하면 신의 의지에 따라 사는 삶의 확실한 표식으로 간주된 것, 따라서 바로 추구해야 할 가치가 있다고 여겨진 것이 어떤 방식으로건 그와 같은 삶의 본질 자체에까지 침투해 점차 그것과 구분 불가능하게 되었기 때문이다. 개혁, 따라서 규율훈련에 엄청난 투자가 이루어졌는데, 그것은 다른 신앙을 가진 사람들 또는 심지어 다른 종류의 기독교회에 속하는 사람들의 시도를 살펴볼 때 라틴계기독교도 및 이전에 라틴계기독교도이던 사람들 가슴속에 영=정신적 우월감을 심어주었다.

37 오말리John O'Malley는 *Trent and All That*(Cambridge, Mass.: Harvard University Press, 2000)에서 계속 되풀이해서 발생하는 그와 같은 개혁 문화에 대해 묘사한다. 특히 1장을 참조하라.

38 고쉐 또한 그처럼 오래된 대문자 개혁 충동에 핵심적 중요성을 부여하는데, 그것은 중세 말과 근대 초부터 '세계의 탈주술화' 속에서 쭉 이어져왔다. 비록 앞의 과정을 약간 다르게 해석할 수 없는지에 대해 확신이 들지 않지만 말이다(Marcel Gauchet, *Le désenchantement du monde*[Paris: Gallimard, 1985], pp. 221-231을 보라).

그처럼 거대한 노력은 자체가 신앙의 본질적 측면을 모호하게 만들고, 모든 것을 신 중심으로 한다는 일차 목표를 이차적인 것으로 대체시키게 되는 결과로 이어지게 되었던 것 같다. 그것이 최초의 인간 중심주의로의 전환이었다.

두 번째 전환이 그것을 보완했다. 일단 목표가 축소되면 누구의 도움도 없이 우리 힘으로 목표에 도달할 수 있는 것처럼 보이기 시작할 수 있을 것이다. 은총은 이제 더 이상 필수불가결한 것처럼 보이지 않았다. 배타적 휴머니즘이 어디서 등장하는지를 볼 수 있을 것이다. 말하자면 그것이 등장할 수 있는 무대가 갖춰진 것이다. 하지만 그것이 효율적으로 무대에 등장하려면 은총이 무조건 필요한 것으로 더 이상 생각되지 않게 되었으며, 16세기에 칼뱅과 그의 동료들이 사회에 만연한 무질서, 폭력, 악덕, 방탕, 위험에 대해 성찰하면서 강력한 영=정신적 치유만이 질서를 회복할 수 있다고 인식했을 때(그리고 실제로 그것에 대해 이렇게 덧붙일 수 있을 것이다. 즉 오늘날 브라질 노동자가 〈오순절파Pentecostalism교회〉에 출석함으로 파멸적인 음주 습관을 멈추게 되었음을 알게 되고, 〈이슬람국가〉에 가담함으로써 마약 문화에서 탈출한 게토 출신의 아프로-아메리칸 청년이 알게 되었을 때) 그들에게 의미했던 것이 틀림없었을 것은 더 이상 아니게 되었다는 소극적 사실 이상의 것이 필요할 것이다.

그처럼 소극적인 변화를 넘어 도덕적·영=정신적 자원을 순수하게 내재적인 것으로 경험할 수 있도록 해줄 적극적 행보도 필요했다. 그것은 또한 본서 이야기의 결정적 일부이기도 하다. 그로부터 어떤 결과가 나올까? 「서론」에서 문제를 제기한 방식으로
245 그것을 정식화해보자. 즉 신을 전혀 참조하지 않고, 하지만 순수하게 인간 내적인 힘의 범위 내에서 도덕적 충일을 경험하고, 우리의 지고의 도덕적 능력과 영감이 존재하는 장소를 찾아내는 것이 어떻게 가능해졌는지를 인식할 필요가 있다.

하지만 지금 여기서 묘사 중인 맥락에서는 그와 같은 종류의 어떤 경험도 별 소용이 없을 것이다. 이 시대 이래 우리는 오직 인간만 참조하는 도덕적 충일에 대한 많은 정식화를 보아왔다. 가령 『권력에의 의지』의 마지막 절에서 영원회귀에 대해 기술하는 니체를 보자. 거기서 우리는 그곳에서 포착되고 있는 것은 고양된 영감의 순간이지만 그것을 밑에서 떠받치는 오성은 철저하게 무신론적임을 감지할 수 있을 것이다.[39] 하지만 그것이 배타적 휴머니즘의 첫 번째 형태가 될 수는 없을 것이다. 왜냐하면 그와 같은

사고방식이 등장해온 맥락은 상호이익질서가 압도적인 도덕적 중요성을 갖고 있다는 감각에 의해, 즉 해당 질서가 최대한 실현되어야 하며, 그것은 우리 힘의 범위 내에 있다는 감각에 의해 규정되었기 때문이다. 도덕적 충일, 최고의 도덕적 원천이 무엇인지를 분명히 하는 일은 그와 같은 과제에 적합한 것이 되어야 한다. 그것은 그와 같은 질서를 실현하기 위한 행위에 나서도록 우리에게 힘을 마련해줄 수 있는 것, — 기독교의 아가페나 신스토아주의의 사심 없는 선의를 대체하는 기능을 가진 것 — 그와 같은 것이 되어야 했다.

그것은, 그와 같은 형태의 휴머니즘은 우리가 삶에 실제로 새로운 질서를 부여해 새로운 형태로 형성할 수 있다는 확신뿐만 아니라 모두의 이익을 위해 그것을 실현하려고 한다는 동기부여를 구현하고 있어야 함을 의미한다. 최고의 도덕적 능력을 얻을 수 있는 장소가 선의의 원천이자 보편적 정의에 대한 갈망의 원천이어야 했다. 이제 선의와 공익에 대한 관심이 바로 18세기의 배타적 휴머니즘 — 또는 아마 '배타적으로 된' 휴머니즘이라고 불러도 좋을 것이다 — 의 식별기준이 된다. 즉 공리주의나 칸트 이론 또는 인권에 대한 계몽주의적 지지자 그리고 인간의 일반적 행복과 복리에 기초한 새로운 체제의 식별기준이 된다. 벤담은 그것을 아래의 유명한 말로 정식화한다.

> 내가 지금까지 써온 내용 중 단 한 페이지라도 인류애를 한시라도 잊고 있는 것이 있는가? 알려 달라. 그와 같은 페이지가 있다면 내 손으로 제일 먼저 찢어버릴 것이다.[40]

39 "이 세계는 곧 시작도 끝도 없는 거대한 힘이며; …… 가장 차가운 것으로부터 가장 작열하는 것이나 가장 조야한 것, 가장 자기모순적인 것으로 움직이고, 다음에는 다시 충일한 것에서 단순한 것으로, 모순의 놀이로부터 조화의 즐거움으로 되돌아오고, 그와 같은 동일한 스스로의 궤도와 시간 속에서도 여전히 스스로를 긍정하면서 영원히 반복해야만 하는 것으로서 스스로를 축복하면서 어떤 포만이나 권태나 피로도 모르는 생성이다. — 영원한 자기 창조와 영원한 자기 파괴라고 하는 그와 같은 나의 디오니소스적 세계, 이중적 관능이라는 그와 같은 비밀의 세계, 그와 같은 나의 선악의 저편의 세계, 이는 순환의 행복 속에 목적이 없다면 목적이 없으며, 원환 고리가 스스로에 대해 선한 의지를 갖지 않는다면 의지가 없다. — 그대들은 그와 같은 세계를 부를 이름을 원하는가? …… — 그와 같은 세계가 힘에의 의지이다. — 그리고 그 외에 아무것도 아니다. 그대들 자신 역시 그와 같은 힘에의 의지이다. — 그리고 그 외 아무것도 아니다!" 니체, 김정현 역, 『니체 전집 18권: 시와 시 단편들 외』, 책세상, 38[12], § 1067.

40 Ross Harrison, *Bentham*(London: Routledge, 1983), p. 276에서 재인용(졸저, 『자아의 원천들』, 671~672 페이지를 참조하라).

그와 같은 도덕의 원천은 창조되거나 발견되어야 했다. 통상적인 뺄셈 방식의 이야기는 구래의 종교적·형이상학적 신앙이 일단 쇠퇴하면 기존하는, 순전히 인간과만 관련된 도덕적 동기부여를 위한 자리가 마침내 마련되리라는 것을 진실인 것처럼 믿도록 만들려고 할 것이다. 하지만 실제로는 전혀 그렇지 않았다. 최고의 도덕적 능력을 얻을 수 있는 장소는 이제 '인간 본성' 속에 있는 것으로 식별되었기 때문에 그렇게 된 것처럼 보이기는 하지만 말이다. 거기서 그것은 수 세기에 걸쳐 이어져온 비배타적 휴머니즘, 특히 고대에서 근대로 계승되어온 도덕이론과 결합하게 되었다. 그리고 그것들은 분명히 이미 가용했다.

하지만 그와 같은 근대적 휴머니즘은 어떤 의미에서는 인간 본성에 기반한 대부분의 고대 윤리와는 다르다는 것이 이미 명백했다. 즉 배타적인 점에서, 따라서 인간의 개화번영이라는 그것의 개념이 인간이 숭배하거나 사랑하거나 승인해야 할 보다 지고한 어떤 것도 참조하지 않는 점에서 달랐다. 그와 같은 한 그것은 플라톤이나 스토아주의와는 분명하게 구분되었다. 다른 한편 에피쿠로스적-루크레티우스적 철학이라는 사례도 존재하는데, 그것은 필자가 말하는 의미에서 진정으로 배타적인 것처럼 보인다
246 (그리고 바로 그렇기 때문에 일련의 근대 사상가 — 가령 흄 — 에게 참조점이 되었다). 그와 같은 입장을 비교 대상으로 삼는다면 아래와 같은 두 가지 차이가 두드러지게 나타날 것이다.

첫째, 인간의 개화번영이라는 근대적 이미지는 자연과 인간 사회 모두에 대한 행동주의적·개입주의적 태도를 포함하고 있다. 둘 모두 인간의 목적에 맞도록 도구적 이성에 비추어 재구축되어야 한다. 인간 사회에 관해 발전된 이론은 인간 사회에 도구적으로 접근한다. 즉 인간 사회는 생명과 재산을 지키기 위해 존재한다. 인간 사회는 기능주의적으로 이해된다. 능동주의적 재구성과 도구적 이성이 핵심 범주이다.

둘째, 새로운 휴머니즘은 기독교적 뿌리로부터 보편주의를 계승하거나 아니면 스토아주의의 원천으로부터 빼내려고 수를 썼는데, 가령 16~17세기에 영향력이 컸던 한 근대 사상 학파, 즉 '신스토아주의'에서 그것을 찾아볼 수 있을 것이다. 그것이 의미하는 바에 따르면, 사물의 재질서화는 모두의 선을 위한 것이 되어야 한다는 것이 이제

원칙적으로 수용되고 있다는 것이었다. 물론 그와 같은 '원칙적으로'는 사실 당대의 문화적 제약 — 계급적인 것이건, 태생적인 것이건, 젠더적인 것이건, 교파적인 것이건 — 에 따라 무수한 방식으로 위반되었다. 하지만 그럼에도 불구하고 원칙은 중요했다. 왜냐하면 그와 같은 위반과 배제는 강요에 의해 점차 이루어진 것으로, 정당화되어야 했는데, 지속될 수 없었기 때문이다.

하지만 그것 이상으로, 새로운 휴머니즘은 우리는 동료 인간의 선을 위해 행위하도록 동기를 부여받는다고 상정했다. 그와 같은 방향으로 향하는 특수한 성향을 부여받고 있다는 것이다. 그와 같은 식으로 근대 휴머니즘의 도덕심리학은 고대인의 그것과는 현저하게 달랐다. 후자의 경우 우리는 선을 공동으로만 추구할 수 있기 때문에 (일부) 다른 사람과는 우정이나 공동의 도시민이라는 연결고리에 의해 연결된다. 다른 사람에게 선행을 베푸는 방법으로 행동하고 싶은 욕구는 그와 같은 공동의 목표를 승인하는 데서 비롯된다. 아리스토텔레스에게서는 분배적 정의조차 폴리스의 공동의 기획이라는 틀 내에서만 의미를 갖는다. 고대인 중에서는 유일하게 스토아주의만이 그와 같은 식으로 협소하게 선의에만 초점을 맞추는 태도에 대한 예외를 제공했다. 하지만 심지어 여기서도 인류적 규모에서의 연대를 실제로 구상한 스토아주의조차 어떤 의미에서는 동일한 틀을 고수했다. 즉 단지 적용 범위만 확장해 모든 신과 인간으로 이루어진 거대한 코스모폴리스의 일부로 우리를 바라보았던 것이다.

반대로 아가페라는 기독교적 개념에서는 선의가 우리가 기존의 모든 연대의 경계를 넘어설 수 있도록 해주는 방식을 항상 강조해왔다. 착한 사마리아인은 그가 도운 사람에게 [어떤 의무 관계로] 묶여 있던 것이 결코 아니다. 실제로 거기에 이 이야기의 요점의 일부가 존재한다. 물론 공동체의 경계를 뛰어넘는 그처럼 적극적 자비를 신의 모든 자녀로 구성되는 초공동체라는 맥락 속에 자리매김하는 것은 얼마든지 가능하며, 그렇게 함으로써 스토아주의의 코스모폴리스와 근사한 복제품을 만들어낼 수 있을 것이다. 하지만 그와 같은 공동체는 새로 건설되어야 할 것, 일종의 묵시론적 개념으로 이해하는 것이 보다 적절하다. 그리고 아가페를 뛰어넘는 패러다임적 발걸음, 즉 그리스도의 육화 그리고 그리스도를 죽음에 내맡기는 것은 기존의 공동체나 연대에 의해 동기를 부여받는 것이 아니다. 그것은 신의 무상無償의 선물이다.

그처럼 능동적·초공동체적 자선은 근대의 배타적 휴머니즘의 도덕심리학 속에, 그리고 종종 되풀이하여 발생하는 생각 즉 인간 존재는 선의 또는 이타주의 능력을 부
247 여받고 있으며, 불리한 상황에 의해 억제되지 않는 한 그것은 출현하게 되어 있다는 생각 속에 반영되어 있다. 가령 공감 이론의 도움을 받아 그것에 대해 자연주의적 설명을 제시하려는 시도가 이루어지는 경우에도 사람들은 인간의 동기 속에는 그저 타자들이 동료 인간이라는 이유로 그리고 공동이익이나 목적을 인지했는지와 전혀 관계없이 그들의 선을 위해 행동하려는 경향이 포함되어 있다는 생각으로부터 출발한다.

다시 말해 근대의 휴머니즘적 도덕심리학에는 기존의 결합 관계와는 완전히 독립적으로 자선을 향한 특수한 충동이 존재했다. 그것의 적용 범위는 원칙상 보편적이었다. 그것이 말하자면 아가페의 역사적 흔적이다. 또는 다른 식으로 표현하자면, 그것은 내가 앞서 언급한 제2의 내면화 운동의 결과이다. 그에 따르면 그것은 신과 은총 속에서 개인적 삶과 집단적 삶의 질서를 건설해나갈 힘을 더 이상 추구하지 않는다. 하지만 그와 같은 움직임을 단지 부정적으로만 서술하는 것은 오류이다. 신을 몰아낼 뿐만 아니라 선의 내지 이타주의라는 그처럼 위대한 힘을 우리에게 귀속시키기 때문이다. 전근대의 배타적 휴머니즘 — 가령 루크레티우스의 그것 — 으로의 실제적 회귀라는 이름 아래 기독교를 거부하는 것 또한 가능했을 수 있을 것이다. 가령 흄 같은 많은 저술가가 그것의 유혹을 느끼고, 그와 같은 방향으로 나아갔다. 하지만 근대의 배타적 휴머니즘의 주요한 흐름은 오히려 그와 같은 자선 능력을 내면화하려고 시도했으며, 그것은 고대의 지혜로의 귀환과는 전혀 다른 것이었다. 니체는 끊임없이 이 점을 강조했다. 그리고 심지어 흄조차 공감에 관한 매우 근대적인 개념을 본인 이론 속에 포함시켰다.

지금까지 나는 근대적 형태의 휴머니즘이 고대인들과 관련해 새로운 것을 낳는 데 기여한 방식 그리고 그때 토대 — 능동적 재질서화, 도구적 합리성, 보편주의, 선의가 그것이다 — 로 사용된 기독교적 신앙 형태에 의존해온 방식을 강조해왔다. 하지만 물론 그와 같은 휴머니즘이 목표로 한 것은 또한 개화번영을 초월하려는 기독교적 갈망을 거부하는 것이기도 했다. 따라서 오늘날 정의되고 있는 바에서의 개화번영에 이바지하는 자기희생self-giving만이 합리적·자연적인 것[천성적인 것], 심지어 이치에 맞는 범위 내의 것으로 허용되었다. 나머지 자기희생은 도를 넘은 것 또는 '열광주의'로 비

난받았다. 기독교의 금욕주의 전통, 수도원 생활, 선교사, 예언, 감리교 설교자들의 감정 과다 설교에 대해 흄이나 기번 같은 사람이 보여준 경멸적 태도를 생각해보라. 아가페의 후계자는 적절함, 도구적 이성 그리고 아마 또한 좋은 취향의 범위 안에 엄격하게 머물러야 했다.

그럼에도 불구하고 아가페와 유사한 것이 그렇게 보존된 데는 주목할 만한 점이 존재한다. 그리고 나는 그것이 그와 같은 이행에 관해, 따라서 우리 자신에 관해 두 가지 중요한 점을 말해준다고 생각한다.

첫 번째 중요한 점은 배타적 휴머니즘으로의 이행을 다른 어떤 토대 위에 정초하는 것은 아마 불가능했으리라는 것이다. 그와 함께 여기서 나는 그와 같은 이행이 삶과 사회에 질서를 가져오려는 시도 — 그것은 상호이익이라는 이상적 모델에 적어도 보다 가까이 접근하기 시작했다 — 속에서 이미 획득된 신뢰 위에 세워졌다는 점에서 출발하고 있다. 하지만 아가페나 자선이 세 가지 상이한 수준에서 그와 같은 이상적 모델 속에 내장되었다. 자비는 개인적 행위의 이상 중 일부였다. 선한 사회질서에는 사회 구 248
성원 모두에 대한 배려가 담겨 있어야 한다. 그리고 품위 있는 인간에게 적절한 내적 성향에는 자비를 갖춘 성향이 담겨 있었다. 그와 같은 행보의 틀 내에서 이루어진 결정적 일보는 그와 같은 질서를 창조할 수 있는 힘이 우리 모두 속에 존재한다는 인식이었다. 그리고 그와 같은 질서는 부분적으로는 아가페나 선의에 의해 구성되기 때문에 그와 같은 힘이 우리 속에 반드시 갖추어져 있어야 했다.

명백히 루크레티우스적인 관점으로의 이동은 사회와 도덕의 전체적 발전 방향과의 훨씬 더 큰 단절을, 어떤 토대도 놓일 수 없는 단절을 수반했을 것이다. 물론 나중에 무신론이 우리 문화 속에 일정한 자리를 차지하게 되자 그와 같은 가능성과 다른 가능성 또한 나타나기 시작했다.

두 번째 중요한 점은 그와 같은 쟁점에 대한 또 다른 고찰 방식을 가리킨다. 필자는 방금 당시에는 단지 그와 같은 이행 — 어쨌건 단지 주변적·예외적 현상 이상의 것으로 말이다 — 만 가능했던 반면 순수하게 루크레티우스적인 견해로의 전환은 논의조차 되지 않았다고 주장했다. 하지만 그것이 가능했음이 중요하다. 그것을 위해 준비되어야 하는 배경의 일부는 소극적인 종류의 것이었다. 나는 그와 같은 질서화의 도움으로 등장하는 세계의 탈주술화에 대해서는 이미 언급했다. 분명히 정령과 영력들로 이루어진 세계에서 신 없는 우주를 상상하기는 어려웠다. 하지만 탈주술화의 단기적 영향 그리고 그 결과 자아와 사회를 변형시킬 수 있는 우리 힘에 대해 많은 것이 요구되게 되는 것이 신의 적극적 은총을 심지어 한층 더 필수적인 것으로 만드는 것처럼 보인다. 그와 같은 질서화 과정이 어느 정도 성공하고, 일상화됨으로써 비로소 신 없는 세계를 위한 공간이 열릴 수 있었다.

하지만 이상의 것을 고려한다고 해도 앞의 이행이 반드시 일어나야 하는 것은 아니었다. 그러기 위해서는 또한 적극적 요소가 필요했다. 즉 다양한 가능성이 존재하는 것으로 드러나는 가운데 사람들이 앞서 말한 힘이 자신 속에 갖추어져 있다는 확신에 실제로 이를 수 있어야 했다. 사람들은 자신의 인간적 자원 내부에서 보편적 자선과 정의를 위한 동기부여를 발견할 수 있었다.

그런데 그들이 그와 같은 자원을 발견할 수 있으리라고 생각되는 한 가지 분명한 장소가 바로 자부심pride이었다. 그것은 기독교 설교에서 부정적으로 판단된 의미에서의 자부심이 아니라 전사적·귀족주의적 윤리에 핵심적이던 긍정적 힘으로서의 자부심이었다. 그에 따르면 사람들은 자기 자신의 존엄한 감각에 의해 본인 신분의 요구에 부끄럽지 않게 사는 쪽으로 움직여야 한다. 그와 같은 동기부여는 17세기 프랑스에서는 '고매함'으로 불렸다. 코르네유의 비극의 등장인물들은 그것을 부단히 환기시킨다. 클레오파트라는 『폼페이우스의 죽음』에서 이렇게 말한다.

> 군주들은 왕족의 혈통의 도움을 얻어
> 정념을 보다 쉽게 가라앉히니,
> 그것을 고귀한 태생에 빚지고 있다.
> 그들의 고매함이 모두를 명예를 따르도록 만든다.[41]

> Les Princes ont cela de leur haute naissance

41 *Pompée*, II. i. 370-373.

Leur âme dans leur sang prend des impressions
Qui dessous leur vertu rangent les passions.
Leur générosité soumet tout à leur gloire.

여기서 보다 저급한 정념을 제어하도록 동기를 부여하는 것을 바로 자신은 고귀한 태 249
생에 무엇인가를 빚지고 있다는 느낌, 지위에 유일하게 부합하는 명예가 존재한다는 느낌 속에서 찾을 수 있을 것이다.

그런데 앞서 데카르트와 관련해 살펴본 대로 그와 같은 윤리에 대한 수정된 독법을 계승하는 것은 얼마든지 가능했다. 앞서(2장 4절에서) 지적했듯이 그는 고매함을 "다른 모든 미덕의 열쇠 그리고 정념의 모든 무질서에 대한 일반적 처방comme la clef de toutes les autres vertus, & un remede general contre tous les dereglements des Passions" [『정념론』, 161항]으로 만들었다. 하지만 오늘날 우리가 그것의 요청에 부끄럽지 않게 행동해야 하는 고귀한 지위는 더 이상 사회적 계급이 아니다. 그것은 인간 존재 그 자체로서의 신분이며, 합리적 통제의 행위 주체로서의 신분이다. 그리고 그것이 명하는 것은 합리적 방식으로 거리를 두라는 요구에 따르라는 것이다.

여기서 명예윤리 그리고 신스토아주의로부터 발생한 거리를 둔 자기규율이라는 이상 간에 친화성이 존재함은 너무나 분명하다. 둘이 연결되어 있음을 밝힌 것은 데카르트뿐만이 아니었다. 규율훈련의 요구 그리고 전사의 훈련의 요구 간에는 앞서 지적한 유사성이 존재하는데, 두 영역 모두에서 몇 가지 친밀한 관계로부터 거리를 둘 것이 요구되기 때문이다.

몽테스키외는 이렇게 지적한다.

미덕이 가져다주는 그와 같은 내적 만족에서 생기는 고귀한 자부심이 …… 위대한 인물에 걸맞은 감정이다. 위대한 영혼은 자신을 온전한 모습으로 드러내지 않을 수 없다. 자기 존재의 존엄성을 느끼는 것이다une noble fierté qui vient de cette satisfaction intérieure que laisse la vertu …… sied aux grands. Une grande âme ne saurait s'empêcher de se montrer tout entière: elle sent la dignité de son être.[42]

후일 그와 같은 내적 만족감은 쾌락주의 철학에 의해 원용되게 된다. 그것은 가장 큰 쾌락 중 하나로 간주된다. 마리보Pierre Carlet de Chamblain de Marivaux는 이렇게 말한다.

> 그렇다, 감각적 쾌락. 바로 그것이 고결한 행동 후에 나 자신에게 하는 아첨하는 증언[찬사]이라고 내가 부르는 것이다Oui! voluptés, c'est le nom que je donne aux témoignages flatteurs qu'on se rend à soi-même, après une action vertueuse.

디드로는 동의하며 이렇게 주장한다.

> 미덕이 가져다주는 지복은 영속적이며, 미덕에서 유래한 그처럼 순수한 쾌락은 감각의 기쁨이다la félicité que procure la vertu est durable, et que ces plaisirs si purs qui en dérivent sont les délices du sentiment.[43]

그와 같은 동기부여는 분명히 순수하게 인간 내적인 도덕적 원천이어야 한다는 요구를 충족시킨다. 만약 따로 떨어져 있었고, 유일신이나 신들을 인정하는 보다 포괄적인 견해의 일부가 아니었다면 보다 이전의 전사윤리가 배타적 휴머니즘의 한 형태였음은 아무도 의심할 수 없을 것이다. 실제로 일정하게 변형된 귀족주의 윤리를 수립하려는 니체의 후일의 시도가 의문의 여지없이 배타적이었듯이 말이다. 그러나 문제는 보편선이라는 새로운 윤리가 본질에서 자기중심적인 동기부여 이상의 다른 무엇인가를 요구하는 것이었다.

몽테스키외 본인도 이 점을 간결하지만 함축성 있게 이렇게 표현한다. 명예학파에서

42 *Mes Pensées*, 1131-1132(Mercier, *La Réhabilitation de la Nature humaine*, p. 252에서 재인용).
43 앞의 책, 382~383에서 재인용.

> 우리가 배울 수 있는 덕은 항상 남에 대해 어떻게 해야 하는가보다 스스로에 대해 어떻게
> 해야 하는가 하는 것이다. 그것이 우리를 동포 시민을 향하도록 하는 것이라기보다는 오히려
> 그들로부터 우리를 구별해준다. 여기서 인간의 행위는 선한 것이 아니라 아름다운 것으로 250
> 평가된다. 옳은 것으로서가 아니라 위대한 것으로, 도리에 맞는 것이 아니라 비범한 것으로
> 평가된다les vertus qu'on nous y montre sont toujours moins ce que l'on doit aux autres, que ce que l'on se doit à soi-même: elles ne sont pas tant ce qui nous appelle vers nos concitoyens, que ce qui nous en distingue. On n'y juge pas les actions des hommes comme bonnes, mais comme belles; comme justes, mais comme grandes; comme raisonnables, mais comme extraordinaires.[44]

물론 몽테스키외가 말하는 것은 원래의 '신사honnete hommes'의 윤리에 대해서였지 본인과 데카르트가 숙고했으며 규율훈련된 합리적 선의를 행하는 행위 주체를 고무해야 할 것으로 상정된 그것의 수정된 변형태에 대해서가 아니었다. 하지만 그와 같은 생각이 적어도 부분적으로 후자로 이월되어야 했던 것은 분명하다.

만약 합리적 존재로서의 나의 존엄성에 부합해 사는 것이 보편선과 정의를 위해 행위하는 것을 포함한다면 그것을 향한 성향은 합리성이 요구하는 것의 일부이며, 합리적 행위 주체가 본인 속에서 자신을 규정하는 특징으로 발견하게 되는 것의 일부가 될 수밖에 없을 것이다. 다른 방법은 있을 수 없다. 자부심이라는 감각이 보편선을 완전히 대체할 수 없을 것이다. 단지 기껏 그것을 지지하고, 심지어 보편선이 쇠약해질 때도 그래도 그것에 부합해 살아야 할 이유를 제공할 수 있을 뿐이다. 그러나 보편선이 완전히 부재할 때는 아무런 작용도 할 수 없다. 또는 적어도 이 경우 전혀 다른 윤리, 즉 나의 존엄성이 요구하는 것 속에 더 이상 선의가 포함되지 않는 윤리가 된다. 가령 니체의 초인의 윤리가 그렇다.

몽테스키외보다 그것을 더 잘 말할 수 있는 사람은 아무도 없을 것이다.

44 몽테스키외, 『법의 정신』, IV. 2.

> 그와 같은 일반적 선의, 만인을 끌어안을 수 있는 그와 같은 거대한 사랑의 능력보다 신의 섭리에 더 가까운 것은 아무것도 없다. 그리고 자기 자신의 이익이나 자기 주변의 것에 의해서만 영향을 받을 때 마음이 설정하는 제한보다 더 동물적 본능에 가까워지는 것은 아무것도 없을 것이다Rien n'est plus près de la Providence divine que cette bienveillance générale et cette grande capacité d'aimer qui embrasse tous les hommes, et rien n'approche plus de l'instinct des bêtes que ces bornes que le coeur se donne lorsqu'il n'est touché que de son intérêt propre, ou de ce qui est autour de lui.45

그리하여 새로운 휴머니즘은 선의의 내적 원천을 필요로 하고 또 그것을 찾게 되었다. 그리고 그와 같은 방법은 단 한 가지만 있는 것이 아니었다.

첫 번째 방법은 거리를 두는 도구적 이성의 힘에 관한 강력한 감각을 통한 것으로, 그와 같은 이성의 냉정한 비인격성이 보편선을 가져오는 데 충분한 것으로 간주되었다. 여기서 근대적 휴머니즘이 신스토아주의 속에 뿌리를 두고 있음이 드러나는데, 물론 그때 신스토아주의의 아래 생각은 사라졌음을 유의할 필요가 있다. 즉 만사는 선의를 가진 신이 설계한 섭리에 따라 진행되며, 지혜로운 사람은 그것을 수용하고 승인하는 것을 배워야 한다는 생각이 그것이다. 이제 거리를 둔 이성 자체가 우리 자신의 좁은
251 시야의 협소함으로부터 우리를 자유롭게 해 전체를 바라볼 수 있게 해줌으로써 전체에 봉사하고 싶은 욕망에 불을 붙여야 한다는 생각이 제출되었다. 공평한 관찰자라면 바로 그와 같은 사실을 통해 선의를 가진 인간이 될 것이다. 지고의 행복이란 결국 무엇을 말하는지를 이해함으로써 그것을 아우를 수 있기를 원하는 것이다.

아마 그와 같은 견해에 따르는 위험한 환상이 존재할 수도 있지만 그것은 의문의 여지없이 우리가 근대세계에서 한 강력한 도덕적 경험에 상응한다. 거리를 둔다는 것 자체는 우리를 혼란과 불안에 떨게 만드는 무수한 개인적 욕망, 갈망, 질투로부터 자유롭게 해줌으로써 우리 속에 갖추어져 있는 보편선을 해방시킨다. 20세기에 러셀이 그와 같은 생각을 표현한 바 있다. 「종교의 본질」이라는 논고에서 그는 인간에게 존재하

45 *Mes Pensées*, 1285(Mercier, *La Réhabilitation de la Nature humaine*, p. 249에서 재인용).

는 두 가지 본성을 구별했다. 즉 하나는 '특수하고 유한하고 자기중심적'이며, 다른 하나는 '보편적이고 무한하며 공평하다.' 그와 같은 무한한 부분은 '공평하게 빛난다.'

> 인간 본성의 그와 같은 무한한 부분에게 멀리 떨어진 시대와 공간적으로 먼 지역들은 지리적으로 가까운 곳에 있는 현재의 것과 마찬가지로 실재적이다. 사유 속에서 그것은 감각적 삶에 초연하며, 항상 보편적이고 모든 이에게 열려 있는 것을 추구한다. 욕망과 의지 속에서 그것은 단지 선을 목표로 삼을 뿐 선을 내 것이나 네 것으로 간주하지 않는다. 감정 속에서 그것은 모든 이에게 사랑을 베풀지 자기목적을 추구하는 사람에게 한정되지 않는다. 유한한 자아와 달리 인간의 그와 같은 부분은 공평하다. 그것은 공평함으로 인해 사유 속에서는 진리에, 행위에서는 정의에, 감정에서는 보편적 사랑에 이르게 된다.[46]

도덕적 능력을 내면화하는 또 다른 방법은 순수하고 보편적인 의지의 감각, 가령 칸트의 경우처럼 우리가 경외심을 갖고 대하는 내면의 힘을 통해 이루어진다. 그것은 필자가 앞서 서술한 거리를 둔 이성과 긴밀히 관련되어 있지만 선의의 원천이 탐구되는 대상의 범위의 넓이에 있는 것은 아니라는 점에서 다르다. 오히려 보편적 법[칙]에 따라 행위할 수 있는 힘 자체가 경탄과 무한한 경의의 대상이 된다. 칸트는 '별이 총총한 내 머리 위의 하늘'과 "내 마음속의 도덕법"[47]을 숨도 쉬지 않고 바로 거론한다. 그것이 정의와 선의의 완전한 요구를 충족시키도록 우리를 높이고 고양시킨다.

도덕적 능력을 내면화하는 세 번째 방법은 보편적 공감sympathy의 감각을 통하는 것인데, 그것이 미덕 속에서 꽃피울 수 있으려면 올바른 조건만 갖추어지면 된다. 여기서 사랑의 원천은 더 이상 냉정한 이성 속에 또는 보편적 원리에 입각해 행위할 수 있는 우리 자신의 놀라운 능력 속에 갖추어져 있는 것으로 간주되지 않는다. 그것은 우리의

46 Ronald Clark, *Bertrand Russell*(London: Cape, 1975), p. 190에서 재인용(『자아의 원천들』, 824~825페이지를 보라).

47 "내가 두 가지 것을 여러 차례 또 장시간 성찰하는 데 종사하면 할수록 두 가지 것은 더욱 새롭고 더욱 높아지는 감탄과 경외를 내 마음에 가득 채운다. 별이 총총한 내 머리 위의 하늘과 내 마음속의 도덕법이 그것이다"(『실천이성비판』, 「맺는말」, 최재희 역, 박영사, 177페이지).

정서적 기질의 깊은 곳에 놓여 있다. 하지만 역사 속에서 발달해온 잘못된, 인간 본성을 왜곡시키는 조건에 의해 억압되고, 왜곡되고, 은폐되어왔다. 여기서 우리 과제는 공감을 해방시킬 수 있는 조건을 찾아내는 것이다. 루소는 특히 연민pitié 개념을 통해 그와 같은 경로에 영감을 준 영향력 있는 저술가 중 하나였다.[48]

얼마 후에 등장한 또 다른 시각이, 우리가 신의 속성으로 여겨온 권능은 실제로는 인간의 잠재력이라는 포이어바흐적 견해다. 그처럼 풍부한 도덕적 영감이라는 재산을 우리 내면에서 재발견할 수 있다는 것이다.

여기서 새로운 것은 도덕의 원천에 대한 이론적 설명뿐만이 아니었다. 그와 같은 원천은 도덕적 경험의 새로운 형태이기도 하다. 그런데 느낌feeling — 도덕적 힘을 갖고 있다는 감각 — 은 이전이나 이후에나 동일하다고 생각하도록 이끌릴 수도 있을 것이
252 다. 그저 어떤 경우에는 아가페로, 또 다른 경우에는 가령 '내 마음속의 도덕법'으로 다르게 설명될 뿐이라는 것이다. 결국 보다 이전의 몇몇 견해도 그와 같은 원천을 우리 내면의 감각에 두었다. 가령 이성은 우리 내면에 존재하는 신의 불꽃이라는 신스토아주의 사상이 그랬다. 칸트주의적 감각도 동일한 불꽃이며, 단지 그것을 다르게 설명하고 있을 뿐이지 않은가?

그런데 그와 같은 생각에 일리가 있음은 의문의 여지가 없다. 가령 칸트적인 도덕적 경험과 스토아주의나 (칸트가 크게 의거한) 신스토아주의의 그것 간에 연속성이 존재함은 분명하다. 하지만 둘 간의 차이가 **단지** 배경적 설명 문제라고 생각한다면 그것은 전혀 오류이다. 즉 립시위스와 칸트가 공유하는 미가공된 느낌 같은 것이 존재하는데, 두 사람 입장은 단지 기저에 깔린 인과적 메커니즘의 속성에 대한 설명에서만 다르다고 생각하는 것은 말이다. 마치 두 사람이 같은 인후염을 앓고 있지만 각자의 병에 대해 다른 병인을 제시하듯이 말이다.

우리는 앞선 인용에서 러셀이 도덕적 영감에 대한 자신의 감각을 어떻게 명확히 설명하고 있는지를 들어보았다. 그때 그는 단지 그것의 기저에 놓인 전제에 대한 설명

48 '연민'에 대한 논의로는 *Discours sur l'origine et les fondements de l'inégalité parmi les hommes*, ed. Garnier-Flammarion(Paris, 1971), pp. 197-198와 *Émile*, ed. Classiques Garnier(Paris, 1964), p. 261을 보라. 또한 『에밀』에 들어 있는 사보아인 보좌신부가 부르는 '양심' 찬가를 보라.

을 제시하고 있었을 뿐만 아니라 보다 고차적이고 보다 보편적인 도덕적 지평까지 고양되는 경험을 표현하고 있었다. 그와 같은 식으로 이해되는 것이 그와 같은 경험에는 본질적이다. 많은 유사성에도 불구하고 그것이 내 마음속의 도덕법을 칸트와 같은 철학자처럼 관조하는 경험이나 바흐의 칸타타를 듣는 신앙인의 경험과는 다를 수밖에 없는 것은 이 때문이다. 두 경우 각각 영감은 우리가 처한 사정에 대한 특수한 이해와 함께, 그리고 그와 같은 이해로부터 나온다. 그와 같은 사정에 보다 명확하게 초점을 맞출 때 또는 그것의 현실성에 관한 특히 절박한 감각이 우리를 압도할 때 영감이 강렬해질 수 있는 것은 이 때문이다.

하지만 그렇다고 해서 그것은 단지 사실적인 경험적 사실하고만 관련될 뿐 마치 '이런저런 생각이 나를 고무시켰지만 이유는 알 수 없다'는 식으로 자전적 세부사항을 제공할 때처럼 비판의 여지가 없다는 말은 아니다. 왜냐하면 설명도 제시되며, 그것이 틀린 것으로 드러날 수 있기 때문이다. 결국 '나'는 여기서 마음을 움직이는 것이 무엇인지를 찾아냈다고 주장할 테지만 그와 같은 주장은 많은 측면에서 잘못된 것일 수 있다. 영감은 우리가 사태를 더 잘 이해하게 되면서 쇠퇴하게 된다. 가령 우리에게 영감을 준 것이 더 이상 일찍이 생각한 것만큼 가치 있어 보이지 않게 될 수도 있을 것이다. 또는 실재에 관한 주장(가령 신의 존재)이 더 이상 근거 없는 것처럼 보일 수도 있을 것이다. 이 모든 경우 경험은 생명력을 잃게 된다.

그렇지 않으면 원래 경험을 논박하는 대신 재해석하게 될 수도 있을 것이다. 그것이 그리피스에게서 일어난 일로, 그가 충일이라는 좀체 잊기 힘든 순간을 어떻게 묘사하는지를 1장에서 인용한 바 있다. 처음에 그는 그와 같은 경험을 통해 일종의 '자연숭배'로 넘어갔는데, 워즈워스, 셸리, 키츠 같은 낭만주의 시인의 작품을 읽음으로써 그와 같은 생각이 형성되었다. 나중에 가톨릭 수도사가 된 그는 그것을 신의 탐구로 나아가게 된 전환점으로 이해했다. 하지만 그와 같은 재해석을 통해 원래의 경험은 인후통에는 들어맞지 않게 되는데, 그에 대해 이제 대안적 해석을 갖고 있기 때문이다[「서론」을 참조하라]. 왜냐하면 의미란 경험에 본질적이기 때문에 경험을 구성한다. 사람들은 재해석을 통해 사태를 동일한 방식으로 다시 한 번 경험할 수 있는 능력을 잃어버릴 뿐만 아니라 게다가 변화는 원래의 경험 속에서 당시 우리가 받아들일 수 있던 것보다 이제 더 깊고 풍부한 의미를 볼 수 있게 된 데 있을 수도 있다. 성년이 된 그리피스는 수십 년 전 학생이었을 때 겪은 순간을 바로 그렇게 바라보고 있는 것이다.

253 여기서 그와 같은 식으로 새로운 도덕적 동기부여를 발견하면서 우리가 갖게 된 것은 일종의 합성물이다. — 우리 주장은 경험뿐만 아니라 현실에도 해당되는 셈이다. 그것은 새로운 형태의 도덕적 삶으로 귀결되는데, 그것이 도덕적 원천을 우리 내면에 정위시킴으로써 배타적 휴머니즘의 여러 형태를 구성하게 된다. 뺄셈 이야기는 그것을 설명하는 데 어려움을 겪게 된다.

지금까지 나는 새로운 형태의 도덕적 삶이 고대세계에서 유래한 전통적인 휴머니즘적 윤리와 관련해 혁신되었음을 보여주려고 시도해왔다. 하지만 가장 널리 확산된 뺄셈 이야기는 그것에 큰 중요성을 부여하지 않는다. 보통은 이렇게 이야기되고 말 뿐이다. 즉 종교적·형이상학적 신조가 사라지면 우리에게는 보통의 인간적 욕망만 남겨지며, 그것이 우리의 근대적 휴머니즘의 기초가 된다. 그것은 잘못된 신화들이 제거되었을 때 남는 찌꺼기에 불과하다. 그와 같은 이야기의 가장 급진적인 독법에서 보통의 ordinary 욕망은 가치전도를 겪는다. 이전에 그것은 내세의 구원이라는 미명하에 통째로 비난받았다. 이제 그것은 긍정된다. 성적 만족은 영벌에 이르는 길로 비난받는 대신 우리의 가장 큰 기쁨 중 하나로 여겨지게 되었다. 보통의 자기애는 더 이상 죄가 아니라 오히려 건강한 인간의 삶의 기초 자체가 되었다. 뺄셈 이야기의 핵심만 보자면 이렇다. 즉 단지 그처럼 도착적이고 환상에 근거한 비난을 떨쳐내기만 해도 벌써 보통의 인간적인 욕망의 가치가 진정한 본성 속에서 항상 그랬던 대로 빛나리라는 것이다.

그런데 인간 본성의 복권은 분명히 계몽주의의 하나의 중요한 가닥이었다. 또한 위에서 설명한 가치전도, 즉 [귀찮은 어떤 것을] '떨쳐내기' 이야기가 계몽주의의 많은 옹호자의 시대관과 자아상과 일치했음 또한 분명하다. 하지만 그와 같은 이야기가 결정적으로 중요한 것을 놓치고 있음 또한 명백하다.

앞의 가치전도는 계몽주의에서 상이한 두 가지 방법으로 사유되었다. 여기서 실제로 나는 두 가지 이념형을 환기시키려고 하는데, 대부분의 이론가가 이 두 가지 형태를 이용하고 있기 때문이다. 두 가지 형태는 각각 각자에 고유한 방식으로 정의/선의를 위한 동기가 내재적이라고 주장하는 한편 또한 그와 같은 동기에 대한 보다 이전의 기독교적·스토아주의적 이해와 관련해 혁명을 가져왔다. 그와 같은 혁명은 통상적인, 변형되지 않은 인간의 욕망과 자기애를 복권시킨 데 있었는데, 과거에 그것들은 보편적 정의/선의에 이르는 길의 장애물로 여겨졌으나 이제는 선을 향한 무해한 또는 적극적 힘으로 제시되게 되었다.

1. '무해화' 전략에서 인간의 동기는 중립적인 것으로 그려진다. 즉 항상 자기애의 한 형태로, 좋은 것 또는 나쁜 것, 비합리적인 것 또는 합리적인 것을 향할 수 있다. 이성에 의해 인도되면 정의와 상호부조에 이르게 된다. 이 이념형을 거의 순수하게 체현하는 극단적 사례는 엘베티우스인데, 그는 이렇게 쓴다.

> 육체의 고통과 쾌락. 그것이 인간의 모든 행위의 미지의 원리다La douleur et le plaisir physique est le principe ignoré de toutes les actions des hommes.[49]

여기서 우리에게 동기를 부여하는 것의 본질은 무엇인가에 관한 물음은 완전히 사라져버린다. 모든 것은 동기를 이끄는 것에 의존하게 된다.

그와 같은 사고방식 속에는 뭔가 격상 비슷한 것이, 즉 저속하고 관능적인 자기도취에서 벗어나 보다 폭 넓고, 고차적이고 순수한 관점으로의 격상 비슷한 것이 존재한다. 그와 같은 격상이 고대인들로부터 유래하는 전통적·비배타적 휴머니즘에서 이미 일정한 역할을 한 바 있다. 그와 같은 식으로 협소하고 비합리적이며 짐승 같고 몽매한 254
세계관으로부터 계몽과 과학으로 진일보하게 되었다. 과학은 본성 자체상 사물에 관해 객관적인 — 그리고 이 의미에서 보편적인 — 관점을 취하는 것을 포함한다. 인간의 삶을 아무 입장도 없는[무관점의] 관점view from nowhere — 또는 당시의 용어를 사용하자면, '공평한 관찰자' 관점 — 에서 바라본다는 것은 보편적이고 더 이상 국지적이지 않은 용어로 사유함을 의미한다. 물론 그와 같은 격상은 이제 오직 오성의 음역에만 속하는 요소로 코드화된다. 의지는 불변인 채로 있다.

그와 같은 틀 내부에서 의지의 성질이 윤리와 무관한 이유는 분명하다. 우리가 해

49 *De l'Homme*, II. vi, pp. 146-147(『자아의 원천들』, 665페이지를 보라).

야 할 일이 무엇인가를 알아내기 위해서는 단지 거리를 둔 이성만 필요할 뿐이다.

2. '적극화' 전략은 본모습의, 타락하지 않은 인간의 동기부여를 다른 모든 사람과 연대하려는 성향을 포함하고 있는 것으로 그리려고 한다. 공감 개념이 18세기에 그와 같은 맥락에서 종종 거론되었다. 그와 같은 이념형의 극단적 사례를 몇몇 형태의 원시주의에서 찾아볼 수 있을 것이다. 고귀한 야만인은 부패하고, 그들의 원래 솔직하고 건강한 반응은 온통 다른 것으로 뒤덮이게 되었다. 바로 그와 같은 생각이 원시주의 쪽으로 기울어 있던 시기의 루소에게 반영되어 있다(가령 『인간불평등기원론』 2부에서 원초적 자연 상태에서 연민이 드러내는 솔직한 반응을 어떻게 기술하는지를 보라).[50] 물론 루소의 완전한 이론은 훨씬 더 복잡하지만 말이다.

그런데 여기서 그것이 보통의 인간적 욕망의 단순한 긍정과는 무관함은 분명하다. — 항상 그렇게 이해되고 또 그에 따라 살아왔지만 말이다. 이 경우 모두 특수한 맥락이 구축되며, 그것 내부에서 욕망은 무해한 것 또는 선한 것으로 나타날 수 있을 것이다. 첫 번째 전략에 따르면 욕망이 무해할 수 있는 것은 거리를 둔 이성에 의해 선의에 기초한 질서의 경로들 속으로 유도될 수 있기 때문이다. 만약 그와 같은 식으로 고분고분하지 않았다면 계몽주의의 주창자가 모두 그랬듯이 그와 같은 질서에 관여하는 모든 사람 눈에 욕망은 몹시 사악한 것으로 비칠 것이 틀림없을 것이다. 선을 향한 그처럼 보편적이고 냉정하며 공평한 의지 — 거리를 둔 이성에서 생길 것으로 상정되고 있다 — 의 맥락에서 자연=본성은 실제로 무해성을 되찾는 것처럼 보인다. 하지만 그와 관련해 그것은 항상 기존하는 것을 그저 발견할 뿐이라고 주장하는 것은 다소 성급하다. 엘베티우스가 그린 상像의 틀 내에서라면 사태는 그렇게 보일 것이다. 하지만 그와 같은 [세계]상을 수용하기 이전에 육욕, 탐욕, 분노 그리고 일곱 가지 대죄 중의 다른 [네 가지] 대죄에 관한 우리 경험은 그와는 전혀 달랐으며, 앞의 [세계]상을 미심쩍어 하는 사람에게는 여전히 그럴 것이다. [하지만] 당시 사람들이 갖고 있던 견해는 위에서 언급된 우리의 처음의 (러셀 말을 빌려 일목요연하게 예시해본) 형태의 도덕적 삶 내부에서 등장해 실제로 많은 사람으로 하여금 — 여기서는 그와 같은 사실이 중요한데 — 선의에

50 루소, 주경복 역, 『인간불평등기원론』, 책세상.

따른 행동에 나설 수 있도록 권능을 부여할 수 있었다. 그리고 그것이 이 시대에 시작된 새로운 사태전개였다.

두 번째 전략에서 사태는 한층 더 분명해진다. 그것은 보통의 욕망의 소위 잠재력, 즉 일종의 아가페(가령 연민, 공감)와 자발적으로 발을 맞출 수 있는 능력에 대한 새로운 통찰을 내포했다. 그와 같은 능력은 욕망에 본질적인 것이지만 상실되거나 온갖 다른 것으로 뒤덮여버렸으며, 되찾을 필요가 있다. 여기서도 다시 한 번 문제가 되는 것은 지금까지 항상 그렇게 살아온 대로 보통의 욕망을 단순히 긍정해, 그것을 종교의 중상으로부터 구하는 것이 아니었다. 그와 같은 '아가페화된' 욕망은 새로운 형태의 도덕적 삶, 앞서 (루소에 의거해) 언급한 세 번째 형태에 속한다.

따라서 배타적 휴머니즘이란 일단 오래된 신화가 흔적도 없이 사라지거나 '악명 높 255
은' 앙시앵레짐 교회가 분쇄되면 우리가 자동적으로 빠져들게 되는 것이 아니었다. 그와 같은 휴머니즘은 인간의 새로운 잠재력, 즉 원천이 철저하게 내면화되는 도덕적 삶의 그와 같은 형태의 틀 내에서 살아갈 수 있는 능력을 개시시켰다. 뺄셈 이야기는 그와 같은 성취에 대해 우리가 의당 해야 하는 대로 경탄하거나 찬양하는 것을 허용하지 않는다. 왜냐하면 그것의 범위와 한계에 대한 우리의 궁극적 견해가 무엇이건 그것은 인간의 발전사에서 이루어진 가장 위대한 성취 중 하나였기 때문이다.

실제로 그것은 하나의 성취였다. 왜냐하면 사물에 대한 공정한 관찰 방법이나 내면에 숨겨진 공감의 감각에 의해 선의의 행동에 나서도록 고무되고, 그와 같은 능력을 습득하기 위해서는 훈련과 도야된 통찰력 그리고 종종 자기 자신에 대한 끊임없는 작업이 요구되기 때문이다. 이 측면에서 관련된 동기부여는 우리 전통의 다른 중요한 도덕적 원천 — 선의 이데아건 신의 아가페건 또는 도道건 인의仁義건 — 과 동일한 방식으로 기능한다. 그것들은 가령 어둠이나 추락에 대한 두려움, 부모의 미소에 대한 반응과 반대로 천성적인 것이 아니다. 그처럼 새로운 원천을 우리에게 가용하게 만드는 것은 전례 없는 방향으로의 일보로, 결코 가볍게 무시해버리고 말 것이 아니었다.

거리두기를 통한 보편선이라는 러셀의 생각을 인간의 영성의 역사에서 등장한 비슷한 다른 변형에 비추어 검토해볼 수 있을 것이다. 그와 같은 종류의 전환이 여럿 존재하는데, 우리는 갑자기 보다 좁은 연대의 범위를 벗어나 보다 넓은 범위의 사람을, 심지어 인류 전체를 우리의 선의에 따른 행동의 범위 안에 포함하라는 요청을 듣게 되는 것이다. 가령 『신약성서』, 종족과 부족을 넘어 새로운 이슬람공동체Umma를 창시하라는 무함마드의 호소, 스토아주의, 카스트나 그 밖의 다른 의례적 구별을 뛰어넘는 부처의 행위 등을 예로 들 수 있을 것이다. 그와 같은 행보는 일부 사람으로부터 항상 반대와 저항을 촉발하지만 동시에 타자에 대한 새로운 전망을 열어주며, 영=정신적 갈망의 보다 높은 수준으로 올라가는 것을 허용해준다. 그것은 다양한 형태로 인간 존재가 응답할 수 있는 것이다. 러셀이 명확히 표현하고 있는 근대적 형태의 새로움은 다음과 같은 점에 있다. 즉 모종의 방식으로 초월적인 것과 연결되는 것에 기반하지 않은 채 우리가 역사상 최초로 보편적인 것에 우리를 열게 되었다는 것이다. 비록 그와 같은 호소가 중요한 무엇인가를 간과하고 있기 때문에 불충분하다고 생각하더라도 보편적 연대에 관한 그처럼 순수하게 내재적인 감각의 발달은 인류사에서 중요한 성취, 이정표임을 인정해야 한다.[51]

이 지점에서 위에서 충분히 탐구하지 못한 채 남겨 둔 문제로 되돌아갈 수 있을 것이다. 도덕질서에 대한 근대적 이해에서 '존재상의 구성요소'란 무엇일까? 위에서 필자는 도덕질서에 관한 우리의 개념 속에는 규범이나 이상에 대한 하나의 정의 이상의 것이 포함되어 있다고 주장했다. 그것을 넘어 그것은 또한 신의 의지나 우주 또는 우리 자신 속에 존재하는 것 중 그와 같은 규범을 적절하고, 현실화 가능한 것으로 만드는 요소에 관한 상 또한 제공하고 있다. 그것은 보다 이전의, 전근대 사상에게는 충분히
256 분명한 것처럼 보인다. 코스모스에 닻을 내린 질서가 그것이었는데, 그것은 자기 자신을 실현하려는 경향을 띠고, 모든 침해와 관련해 던컨 왕 살해에 대해 동물계가 한 것과 똑같은 방식으로 반응했으며, 분명히 매우 현실적인 '존재상의 구성요소'를 갖고 있었다. 하지만 우리는 인간 중심적 정의定意로의 이행, 특히 질서를 자기를 실현하는 것이 아니라 구축되는 것으로 보는 정의로의 이행은 그와 같은 구성요소를 완전히 고려하지 않는다고 믿고 싶은 유혹을 느낀다. 그와 같은 정의는 일련의 규범만 제공할 뿐이라고

51 인간사에서 일어난 그와 같은 종류의 발전, 즉 우리에게 새로운 종류의 도덕적 행위에 나서도록 영감을 불어넣어 주는 새로운, 보다 보편적인 공간을 열어주는 발전에 대해서는 한참 뒤에 다시 논의하기로 한다. 15장 7절을 보라.

믿고 싶은 유혹을 느끼는 것이다.

이제 그와 같은 견해의 잘못이 무엇인지를 인식할 수 있을 것이다. 계몽주의에서 생겨난 형태의 배타적 휴머니즘에서 핵심적 의미를 갖는 상호이익질서라는 근대적 견해에는 실제로 그와 같은 구성요소가 존재했다. 다른 점은 이제 그것이 인간의 내면에 놓인 것이 된 점이다. 그와 같은 질서는 우리에게 적절하고 실현 가능한데, 다름 아니라 우리가 특정 조건 하에서는 보편선과 정의를 실행할 수 있기 때문이다. 또한 보다 급진적인 유물론적 변형태도 존재했는데, 그에 따르면 그와 같은 질서는 '이빨과 발톱이 피로 빨갛게 물든' 자연 속에서 더 이상 원군을 발견할 수 없을 것이다. 인간을 무관심하고, 심지어 적대적이기까지 한 우주에 둘러싸인 하나의 가족으로 볼 수도 있을 것이다. 어쩌면 심지어 인간 존재가 얼마나 끔찍하고, 파괴적인 욕망까지 드러낼 수 있는지를 보게 될 수 있을 것이다. 하지만 그럼에도 불구하고 훈련, 규율훈련, '문명' 또는 긍정적인, 비징벌적 양육이라는 몇 가지 조건이 구비되면 거리를 둔 선의를 베풀려는 동기를 풀어놓을 수 있거나 앞의 질서의 토대를 이루는 도덕법에 대한 경외심이나 보편적 연민의 마음을 풀어놓을 수 있으리라는 생각은 그대로 남아 있을 수 있을 것이다.

다른 말로 하자면, 그러한 질서가 우리 내면 깊은 곳에 존재하는 것에 말을 걸며, 따라서 그와 같은 질서를 구축하려는 노력은 사상누각을 구축하는 것과는 다름을 우리는 계속 확신할 수 있을 것이다. 정반대로 자기를 안정화시킬 수 있으며, 그것의 실현은 우리가 그것을 얼마나 소중하게 생각하는지를 알 수 있도록 해준다. 따라서 그와 같은 질서의 안정된, 심지어 비록 부분적일지라도 실현을 위해 필요한 조건은 그와 같은 질서가 말을 거는 우리 내면이라는 요소가 풀려나오고, 개발되고, 성숙되는 것에서 찾을 수 있다. 하지만 우리 내면에서 그와 같은 질서에 공명하는 것은 선의를 베풀도록 동기를 부여하는 그와 같은 형태다. 그리하여 그것이 근대의 무신론적 질서 관념 속에서도 여전히 존속하게 되는 존재상의 구성요소라고 할 수 있다.[52]

그것은 그와 같은 관념을 물리치기가 왜 쉽지 않은지를 설명해준다. 그럼에도 니체

52 롤스John Rawls는 『정의론』에서 시간이 흐르면서 자기-안정화되는 것을 올바른 이론의 중요한 조건이라고 말한다. 즉 그와 같은 형태의 정의가 수립되는 사회에서 그것에 대한 책무는 감소하기보다 점점 더 증가해야 한다. 자기-안정화라는 그와 같은 기대에 대해서는 뒤에서, 즉 17장에서 상술할 것이다.

는 그렇게 했으며, 보다 뒤에는 파시즘이 그렇게 했다. 하지만 그들의 경로를 따라가려면 아직 갈 길이 한참 남았다. 그렇게 하려면 또한 보편성의 규범과 이상을 모두 물리쳐야 한다. 존재상의 모든 구성요소를 내버리는 동시에 그와 같은 질서의 기준을 고수하려고 할 수는 없는 노릇이다. 비록 니체 이름을 들먹이며, 종종 '포스트-모더니스트'라고 불리는 우리 시대의 몇몇 사람의 경우 그렇게 하는 것처럼 보이지만 말이다. 하지만 그들이 내놓는 요구, 가령 '차이'의 보편적 승인은 그들이 근대적 도덕질서와 관련해 본인들 고유의 변종을 구축하고 있음을 보여준다. 만약 그와 같은 시도가 가능하지 않다면 왜 그와 같은 요구를 승인하지 않는다고 사람들을 비난할까? 그것은 어떻게 가능할까? 그것은 우리 내면에 있는 무엇에게 말을 걸고 있을까?

앞서 언급한 두 가지 전략, 즉 선의가 내면적 능력임을 보여주려는 전략은 우리 본성 속에서의 그것의 존재적 자리에 관한 두 가지 주요한 시각에 대응한다. 첫 번째 시각에 따르면, 선의는 우리가 자신의 협소하고 특수한 입장에서 벗어나게 된 데 따른 성과이다. 우리는 계몽과 규율훈련을 거쳐 그와 같은 높이에 이르게 된다. 두 번째 시각에 따르면, 선의는 우리 본성의 내면 깊은 곳에, 즉 타자에게 공감할 수 있는 본래의 성향
257 속에 뿌리를 두고 있는데, 그것은 얼마든지 분실되고 은폐될 수 있을 것이다. 이 두 시각은 미덕의 존재의 높이로까지 격상되는 것 또는 악덕에 떨어지는 것을 둘러싼 역사적·개인적 서사를 매우 상이한 방식으로 이해한다. 가령 규율훈련과 합리적인 자기통제는 첫 번째 설명에서는 완전히 적극적인 역할을 한다. 하지만 가령 루소에게서 볼 수 있는 대로 두 번째 설명에서 그것은 원래의, 자발적인 선한 본성에서 우리를 멀어지도록 만들 수 있는 것으로 종종 간주되기도 한다. 다른 한편 깊이 감추어진 생득적 자연=본성이라는 생각은 로크와 엘베티우스에서 유래하는 합리적 규율훈련의 윤리에게는 그 자체로 혐오 대상이 될 수밖에 없을 것이다.

여기에는 두 가지 유형의 이야기가 존재하는데, 물론 그렇다고 해서 양자를 종합하려는 시도가 불가능하다는 의미는 아니다. 실제로 가장 강력하고 주목을 끄는 근대 이론 중 일부는 둘을 조합하려는 시도이다. 칸트가 좋은 예이다. 인간의 예지적 본성은 실제로 인간에게 생득적인 것이지만 나타나기 위해서는 오랜 기간의 이성의 규율훈련이 필요하다는 것이다. 독일관념론은 모두 칸트의 그와 같은 통찰에 가장자리 장식만

단 채 발전시키고 있다. 그리고 마르크스 또한 그와 같은 전통에 의존했다. 밀은 그와는 다소 다른 방식으로 두 가지 전통을 결합시키려고 시도했다.

하지만 어떻게 이해되건 인간의 내면에 선의의 원천이 존재한다는 그와 같은 발견/정의는 우리 문명의 위대한 성취 중 하나이자 근대적 비신앙의 현장이다. 무엇이 그처럼 위대한 전환을 가능하게 했을까? 바로 그것이 앞에서의 논의를 통해 내가 답을 찾아보려고 씨름해온 질문이다. 분명히 배타적 휴머니즘으로의 도약을 위한 맥락은 앞서 서술한 '이신론'에 의해 설정되었다. 즉 인류의 의제로서의 상호이익질서에 또는 심지어 '문명'에 점점 더 초점이 맞추어지게 되었다. 그리고 이어 그와 같은 질서를 실현하기 위한 매우 상대적인, 하지만 그럼에도 불구하고 전례 없는 진보가 이루어졌다. 그리고 그것을 통해 인간의 힘에 대한 그리고 인간의 활동을 통해 우주를 순종시킬 수 있다는 생각에 대한 신뢰가 생겨났다. '이신론'이 틀을 제공했지만 그와 같은 진보가 도약을 위한 '물질적 조건'을 마련해주었다.

하지만 또한 분명히 그와 다른 조건도 존재했다. 가령 거리두기와 공적 공간의 세속화가 그것이다. 하지만 그것들에 또 다른 요소를, 행위 주체의 자기 이해와 관련된 요소를 덧붙여야 할 것이다. 도덕의 원천의 그와 같은 내면화가 근대문화 속에서 내면으로의 전환inward turn에 의해 준비되었음은 명백하다. 이 주제에 대해서는 다른 저작에서 포괄적으로 논한 바 있다.[53] 여기서는 단지 두세 가지 특히 두드러진 점을 언급하는 정도로 그치고자 한다.

분명히 거리를 둔 이성이라는 형태의 내면으로의 전환이 새로운 형태의 도덕적 삶의 몇 가지 — 적어도 첫 번째 형태(러셀)를 직접 준비했다. 자기를 재창조할 수 있는 거리를 둔, 규율훈련된 행위 주체는 자기 자신의 내면에서 무서울 정도의 통제력을 발견하고, 그것을 풀어놓는데, 그가 근대의 배타적 휴머니즘의 핵심적 담지자 중 하나임은 분명하다.

거리를 두는 것은 또한 또 다른 방법으로도 기여한다. 데카르트에게서 볼 수 있듯이 그것의 결정적 절차는 행위 주체를 그가 속한 장으로부터 고립시키고, 오직 그에게

53 『자아의 원천들』.

만 초점을 맞추고, 외적 환경은 사상捨象한 채 그가 자기 안에 보유하고 있는 것을 명시
258 하는 것이다. 그것이 '나는 생각한다'라는 데카르트의 전략에서 핵심을 이룬다. 즉 먼저 우리 '내부에' 존재하는 관념을 살펴보고, 그런 다음 그것이 '외부에' 존재하는 어떤 것에 대응하는지 하는 물음을 제기하는 것이다.

그와 병행해 전통적 철학 이론들과는 전혀 어울리지 않는 배타적 방법으로 사물의 자연=본성은 그것 '내부'에 있다고 보는 개념의 전개를 추적할 수 있을 것이다.[54] 그것은 거리를 두려는 태도에 반발하는 반응과 뒤얽히면서 인간의 감정에, 이제 내면에 존재하는 것으로 파악되게 된 감정에 새롭게 초점을 맞추려는 태도로 이어지게 되었다. 그리하여 18세기에는 '도덕감정'에 초점을 맞춘 영향력 있는 윤리학 이론이 등장하게 되며, 이후에는 도덕적 구원을 우리 본성의 내면적 목소리에서 찾는 것이 가능해졌다.[55]

이 모든 요소가 도덕적 원천의 내면화를 위한 문화적 자원을 만들어냈다. 아마 여기서 또 다른 역설을 찾아볼 수 있을 것이다. 왜냐하면 내면으로의 그와 같은 전환은 종교적 삶에서도 명백하기 때문이다. 실제로 그와 같은 사태전개 전체가 대체로 종교적 동기부여에 의해 추동되고 있었다.

앞서 살펴본 대로 중세의 민중종교에서는 행위를 통한 신앙심이 주를 이루었다. 즉 단식하고, 집단의례와 기도에 참여하고, 미사에 참석했다. 하지만 중세 말에는 보다 내면적 신앙심을 향한 강력한 이행이 일어났다. 즉 자의식적으로 신과 신의 선성에 초점이 맞추어졌다. 후대의 에라스무스주의적 경건은 중요한 것은 영과 의도이지 외면적 실천이 아님을 강조했다. 이후 종교개혁에서 신앙에 의한 구원이 고창되면서 나의 신앙의 질이라는 문제가 무수한 신도의 삶에 핵심적 관심사가 되었다.

17세기에 '신중심주의' 문제가 프랑스에서 베륄Pierre de Bérulle과 다른 사람들에 의해 제기되었다. 이제 초점은 한층 더 철저하게 내면적 기질에 맞추어졌다. 즉 나의 존재의 중심은 나 자신일까 아니면 신일까? 그와 같은 관점에서 보면 휴머니즘 문화에서 볼 수 있는 것과 병행 관계에 있는 운동이 존재했다. 도덕감정을 강조하는 것에 상응해

54 앞의 책, 11장.
55 앞의 책, 15장과 20장.

종교 영역에서 감정을 강조하는 운동이 발전했다. 즉 경건주의Pietism, 감리교파 그리고 가톨릭 쪽에서는 〈성심회〉가 그것이었다.

종래의, 불변의 종교를 거부했으며, 그것을 통해 영원히 인간적인 것을 발견하고 해방시켰다는 이야기는 양 측면 모두에서 틀렸다. 재창조와 쇄신은 양쪽 모두에 존재했는데, 양자는 끊임없이 서로 영향을 주고받으며 서로 결부되었기 때문이다.

우리가 할 수 있는 일이라고는 가능한 한 최선을 다해 무대를 마련하는 것뿐이다. 배타적 휴머니즘의 등장에 대해서는 결코 완전히 설명할 수 없다. 만약 설명이라는 것이 특정한 상황하에서의 불가피성을 보여주는 것을 의미한다면 분명히 아니다. 인간의 모든 놀라운 성취와 마찬가지로 그것 안에는 그것을 가능하게 해주는 조건으로 그것을 환원시키는 것에 대한 거부감이 존재한다.

그와 같은 성취가 가능했다는 것 자체가 인간 존재와 관련해 중요한 사실이다. 비록 그와 같은 사실은 얼마든지 다른 해석에도 열려 있지만 말이다. 가령 당연히 인간 내면에서 도덕적 원천을 발견할 수 있는데, — 포이어바흐 주장대로 — 그와 같은 힘에 대한 이제까지의 우리의 파악 방식은 항상 단지 우리의 잠재적 능력에 관한 우리의 소외된 의식일 뿐이라고 주장할 수 있을 것이다. 정반대 극단에 있는 입장에 따라 그것이 지각이라고 상정하는 것은 착각으로, 인간의 오만과 추측에 의해 드리워진 그림자일 뿐이라고 주장할 수도 있을 것이다. 또는 필자처럼 두 가지 해석 모두 그리 설득력이 있지 않다고 주장할 수도 있을 것이다. 포이어바흐적 견해로는 순수하게 내재적인 휴머니즘을 둘러싸고 우리가 겪어온 불편함을 모두 설명하는 것은 불가능하다. 만약 그것이
의기양양하게 성취된 진리로 오류를 일소해버렸다면 보다 자기-안정적이고 모두를 보 259
다 확실하게 설득시켰을 것이다. 순수한 착각이라는 해석 또한 그와 같은 휴머니즘의 다양한 변종에 의해 어떻게 사람들이 선을 실행하도록 강력하게 촉구 받게 되었는지를 설명할 수 없을 것이다.

하지만 최종판결이 무엇이건 배타적 휴머니즘으로의 그와 같은 이행은 세속의 시대로서의 우리의 근대 속에서 그리고 그것에 관해 제대로 방향을 잡으려면 반드시 이해해야 할 사항 중 하나이다. 그것은 우리의 현재의 곤혹스런 처지를 이해하는 데 어떤 도움이 될까?

4

하지만 그것이 현재의 이해에 도움이 될까? 그것은 과거의 일이며, 현재는 현재라고 항의할 수도 있을 것이다. 현대에는 비신앙의 전 음역이 존재하는데, 그중 많은 것은 계몽주의의 휴머니즘에는 아무것도 빚진 바가 없어 보인다. 심지어 그중 일부는 솔직히 계몽주의에 적대적이며, 다른 일부는 반휴머니즘을 자임하기도 한다. 근대의 상호이익 질서를 철저히 규탄한 니체에 의해 고무된 일련의 견해 전체는 어떻게 해석해야 할까?

필자가 여기서 옹호하고 싶은 명제를 세 개의 하위-명제로 나눌 수 있을 것이다. 먼저 내가 배타적 휴머니즘이라고 불러오고 있는 것이 자유 및 상호이익의 윤리와 관련해, 실로 그와 같은 윤리를 대체할 수 있는 일군의 도덕적 원천으로 등장했다. 둘째, 배타적 휴머니즘이 당시 그 외의 방법으로 등장하는 일은 있을 수 없었다고 주장하고 싶다. 하지만 세 번째로 거기서 더 나아가 그와 같은 기원이 오늘날에도 여전히 중요하다고 주장하고 싶다. 즉 오늘날에는 훨씬 더 넓은 범위의 비신앙의 입장이 가용해졌지만 그것들은 어쨌건 선의의 질서의 윤리에서 유래했다는 각인을 여전히 띠고 있다고 주장하고 싶다.

첫 번째 하위-명제는 아마 일반적으로 받아들여질 것이다. 필자가 말하는 이행은 17세기 후반에 시작되어 18세기에도 계속되었다. 뭔가 변화가 있음을 알려주는 최초의 명백한 징후 중 하나는 루이 14세에 의한 〈낭트칙령〉의 폐지에 대한 반응이었다. 교양 있는 유럽인들 입에서 거센 항의의 목소리가 터져 나온 것이다. 질서를 준수하고 충성을 다하는 무수한 프랑스 신민의 양심의 자유에 가해진 그처럼 폭력적 억압이 무근거하고 야만적인 것으로 생각된 것이다. 특히 벨Pierre Bayle이 많은 사람이 느낀 분노를 대표적으로 표현했다.

17세기 상반기라면 그와 같은 반응은 불가능했을 것이다. 분명히 심지어 당시에도 관용을 지지하는 사람은 많았다. 만약 리슐리외가 라 로셸 사건[1627년에 위그노파 본거지인 라 로셸을 포위하고 약 13개월 동안 공성전을 벌였지만 〈낭트칙령〉을 폐지하지 않고 사면과 관용 정책을 실시했다] 때 〈칙령〉을 폐지했다면 그와 같은 조치는 많은 사람에 의해 유감으로 여겨져 광범위한 비판을 받았을 것이고, 가톨릭의 억압 하에 있던 프로테스탄트 사이에서 신앙상의 분노를 불러일으켰을 것이다. 하지만 반대로 양심의 자유는 신앙상의 입장과 관계없이 옹호되어야 할 가치이며, 그것을 침해하는 것은 무엇인가 시대에 역행하고 비문명적인 것이라는 감각은 결여되었을 것이다. 그처럼 새로운 감각은 다음 세기 내내 점점 더 강화되었으며, 볼테르의 유명한 캠페인, 특히 ‘칼라 사 260
건’[1761년에 위그노교도인 칼라Jean Calas가, 가톨릭교도로 자살한 맏아들 살해 혐의로 모진 고문 끝에 죄를 자백한 후 거열형을 당했다. 볼테르가 『관용론』에서 종교적 소수파에 대한 관용을 호소하는 계기가 되었다]’에서 정점에 이르렀다.

칼라 사건을 심성의 장기적 변화라는 맥락 — 앞의 사건은 그와 같은 변화에서 일정한 역할을 했으며, 그것의 발전에 기여했다 — 에서 살펴보면 서유럽 엘리트 계층의 도덕적 감수성의 중심重心에서 결정적 변화가 일어났음을 볼 수 있을 것이다. 자유, 특히 신앙의 자유가 그 자체로 하나의 가치가 되고, 수용 가능한 모든 정치질서의 핵심적 특징이 되기 시작하고 있었다.

여기서 문제가 되고 있는 것은 사회 전체에서 일어난 일종의 지각 운동과 유사한 시각의 전환이다. 그와 같은 발전을 설명하기는 너무 어려운데, 만약 단기간의 변화에만 주목한다면 명백하지 않을 수도 있을 것이다. 하지만 가령 1685년 이후의 1세기 — 또는 더 좋게는 아마 1650년 이후의 1세기 반 — 를 대상으로 한다면 거의 부정할 수 없는 것처럼 보일 것이다.

그처럼 자유를 점점 더 강조하는 것과 병행해 — 또는 그에 이어 — ‘복지’라고 부를 수 있는 것 그리고 그에 부수되는 경제 번영과 성장에 대한 관심도 점점 더 커져갔는데, 그것들의 가능성이 점점 더 분명하게 이해됨에 따라 한층 더 그렇게 되었다. 물론 그것을 위한 동기는 부분적으로는 전쟁 수행을 위한 재정적·경제적 수단을 마련해야 하는 정부에 있었지만 교양 있는 유럽인들은 이제 그 자체를 위해 그것들에 몰두하기 시작했다. 무엇보다 먼저 새로운 가능성에 대한 감각이 18세기 내내 서서히 확산되었다.

자유와 복지에 대한 강조는 18세기 후반에 보다 급진적으로 전환하게 된다. 즉 기존 관행으로부터의 모종의 상당히 근본적인 이탈을 포함한 제안들이 제시되고 검증되었다. 그것을 가령 중상주의자들과 스미스에서 유래하는 자유방임주의 경제학 — 명백히 영국적 맥락보다 프랑스적 맥락에서 훨씬 더 광범위한 파급효과를 갖고 있었다 — 에서 볼 수 있다. 하지만 그처럼 새로운 근본성[급진성]은 법률 개혁까지 확대되고(벤담, 베카리아), 마침내 18세기의 4/4분기에는 정치개혁으로 파급되어 위대한 혁명의 시대를 맞이하게 된다. 도덕질서라는 근대적 이념은 이 세기에 주로 해석학적 역할에서 점점 더 처방적 역할로 바뀌어갔다.

필자가 자유와 선의에 기초한 질서의 윤리라는 관점에서 해석해오고 있는 것이 바로 엘리트 계층의 여론에서 일어난 그와 같은 상호 관련된 변동 — 그리고 물론 그와 함께 정통성을 부여하는 힘을 부여받게 된 여론이라는 공인된 현상이 출현하게 된 것 — 이다. 그와 같은 움직임 전체를 그와 같은 윤리의 요구 — 그리고 그것에 수반되는 것, 즉 그것을 실행에 옮겨야 한다는 점점 더 집요해지는 요구 — 를 지속적으로 해석해 명확히 하는 작업으로 이해할 수 있는 것처럼 보인다.

그런데 처음에는 섭리에 기초한 '이신론' 그리고 다음으로 배타적 휴머니즘에 대한 초기의 영향력 있는 정식화가 등장한 것은 바로 그와 같은 움직임 내부에서였다. 둘 사이에 시기적으로 우연의 일치가 존재했음은 부인할 수 없어 보이는데, 나는 둘 사이에는 보다 긴밀한 연관성이 존재한다고 믿는다. 그것은 무엇일까?

지금까지의 주장을 다시 한 번 요약하자면, 이미 묘사한 바 있는 인간 중심주의로의 전환 때문에 배타적 휴머니즘이 타당한 것으로 보이기 시작했다. 그와 같은 전환에는 먼저, 도덕의 중심적 관심이 이제부터는 점점 더 개인적 삶과 사회적 삶에 대해 규율
261 잡힌 질서를 관철시키는 쪽으로 향하고, 그것을 통해 개인 수준에서는 자제와 선행, 사회 수준에서는 평화, 질서와 번영이라는 높은 기준을 확보하려고 했다. 심지어 점점 더 많은 신앙인 또한 질서를 부여하려는 그와 같은 기획에 큰 중요성을 부여하기에 이르렀다. 인간 존재의 최고 목표는 심지어 종교 영역에서조차 순수한 인간적 선을 지향하는 것처럼 보이기 시작했다. 그것을 넘어 그와 같은 목표를 향한 본격적 진보가 이루어지자마자 그것은 다른 사람의 도움 없이 인간의 힘만으로 실현 가능한 범위 내에 있다는 생각이 퍼지게 되었다.

하지만 설령 기적이나 섭리 형태로 개입하는 신의 도움이 점점 필요성과 중요성을 잃는 것처럼 보였어도 은총이라는 방식의 신의 도움 없이 그와 같은 목표를 달성하기 위해 행동할 의지를 끌어낼 수 없다는 것이 여전히 종교 전통의 핵심적인 신조였다. 바로 이 지점에서 두 번째 전환이 등장해 도덕의 순수하게 인간 내재적 원천이라는 영역을 활짝 열었다. 이제야 비로소 최고의 도덕적·영=정신적 목표를 충족하기 위해서는 신의 도움이 필요하다는 것이 더 이상 명백하고 부정 불가능한 것이 아니게 되었다. 대부분의 사람은 그것에 대해 아무런 감각도 없게 되었다. 사람들은 질서를 부여하려는 계획을 계속 앞으로 밀고나가는 가운데 공평한 선의의 감각이나 순수한 인간적 연민 같은 순수하게 인간적인 동기부여에 의해 자신이 추동되고 있다고 느낄 수 있게 되었다. 동시에 그와 같은 기획보다 더 지고한 가치를 갖거나 중요한 것은 아무것도 없다고 느끼게 되었다.

그와 같은 결과가 나타나려면 앞의 두 가지 전환이 필요했음이 분명하다. 최고의 목표를 말하자면 인간의 영역으로까지 갖고 내려와야 했고, 인간의 개화번영을 넘어선 목적은 심지어 많은 신심 깊은 사람의 견해에서도 시야에서 사라져야 했다. 강화된 인간의 도덕적 힘이 중간에 우리 목표와 도덕적 능력을 맞이해 둘 간에 모종의 균형을 수립할 수 있도록 말이다. 앞서 묘사한 인간 중심주의로의 세 번째 전환, 즉 신비적인 것의 추방은 관련 영역 속에서 동일한 두 가지 운동이 존재함을 보여준다. 즉 한편으로 이해될 필요가 있는 것은 이제는 순수한 인간적 목표와 관련해 규정되었다. 즉 성취와 행복을 가져오기 위해 인간의 삶이 어떻게 조직화될 수 있는지를 이해해야 했다. 그리고 동시에 새로운 과학의 방법 덕분에 우리의 인지 능력이 크게 늘어난 것 같다. 이 두 운동의 영향 아래 신비는 축소되고, 심지어 무에 접근했다.

그러고 나서 앞서 언급한 처음의 두 가지 전환에 의해 조성된 분위기 속에서 내세라는 전망이 사라지기만 해도 이미 네 번째 전환이 완수될 것이다. 이 시대에는 이미 사후의 삶을 평화, 휴식, 사랑하는 사람들과의 재회라는 관점에서 파악하는 경향이 존재했다. 변형의 지평은 특히 이승의 삶과 관련해 점점 더 후퇴했다.

그와 같은 이중 운동을 통해 배타적 휴머니즘이 점차 고려 가능한 선택지가 되었다. 그것은 그와 같은 새로운 휴머니즘을 수용하는 긍정적인 동기부여가 존재했음을 시사한다. 그것은 인간에게 힘이 있다는 점증하는 감각을 동반했다. 즉 질서를 부여하는, 거리를 둔 공평한 행위 주체, 독립적인 자기입법자 또는 선의와 공감 같은 내면적인 엄청난 도덕적 자원을 활용해 전례 없는 규모로 보편적인 인간적 선을 위해 행동할 수
262 있도록 힘을 부여해주는 행위 주체로서 힘을 갖고 있다는 것이다. 달리 말하면, 그처럼 자족적인 행위 주체는 태곳적부터 인간이 갖고 있던 두려움, 즉 악령, 신의 선택에서 배제되는 것, 자연의 맹목적인, 압도적인 힘에 대한 두려움을 억누르고 물리칠 수 있다고 여겨지게 되었다.

요컨대 규율 있는 통제와 선의를 실행할 수 있는 완충재로 덮인 정체성이 자체에 고유한 존엄과 권능, 자기 자신의 내면적 만족에 대한 감각을 만들어냈는데, 그것들은 배타적 휴머니즘에 유리하게 작용할 수 있었다.

하지만 또한 소극적 동기도 존재했다. 계몽주의 시기 전체를 관통하는 하나의 주제가 존재한다면, 정통 기독교에 대한 분노, 심지어 증오가 그것이었다. 그와 같은 감정의 강도는 장소에 따라 달랐다. 가령 가톨릭국가 또는 일반적으로 인간 중심주의와 기독교 신앙 간의 대립을 약화시키기에 충분할 정도로 '이신론'의 영향력이 강하지 않은 지역에서는 보다 컸다. 종교에 분노하고 적대감을 표현할 때 계몽주의 주창자들은 몽매함과 비합리성 때문에 종교를 공격했지만 종교는 이제 주로 억압과 고통의 강요를 정당화하는 데 이용된다는 이유로 비난받게 되었다. 인간의 개화번영을 넘어선 목표를 내세우는 것은 행복의 권리를 부정하는 것으로 간주되었다.

계몽주의 정신에게 기독교를 특히 혐오감을 불러일으키는 것으로 만든 것이 있는데, 중세성기와 종교개혁 시기 동안 원죄와 속죄의 교의가 전체적으로 사법적・형법적 방식으로 주조된 것이 그것이었다. 우리가 완성[완벽함]으로부터 너무 멀리 떨어져 있다는 사실은 보다 이전의 죄에 대한 정당한 형벌인 것으로 곡해되었다. 그리고 그리스도에 의한 우리의 구원은 말하자면 벌금을 지불함으로써 과오에 대해 배상하는 것으로 해석되었다.56

그와 같은 견해에는 이미 그 자체로 반감을 품을 만한 측면이 여럿 있었다. 하지만

56 Jean Delumeau, *Le Péché et la Peur*(Paris: Fayard, 1983), 8장.

이어 그것은 잠재적으로 큰 분노를 유발할 수 있는 두 가지 교의와 결합하게 된다. 첫 번째 교의는 오직 소수만 구원받을 수 있다는 믿음이다. 두 번째 교의는 예정설로, 그것은 사법적・형법적 모델 맥락에서 신의 전지전능함에 대한 믿음에서 불가피하게 생겨난 것 같다.57

그리고 실제로 17~18세기에는 의견이 바뀌어 그와 같은 교의에 대한 반발이 거세어져갔다. 한편에서는 '지옥이 몰락하고', 보편적 구원설이 등장했다. 다른 한편 심지어 칼뱅주의 사회 내부에서조차 예정된 영벌에 대한 반감이 증가하고 있었다. 물론 그와 같은 사태전개는 분명히 위에서 내가 추적해오고 있는 사태전개, 즉 선을 행할 수 있는 인간의 힘에 대한 신뢰의 증가라는 사태전개와 무관치 않았다. 하지만 그것을 통해 자체에 고유한 동기를 가진 수준이 추가되었는데, 정통파의 각종 정식화에 대한 반감이 그것이었다. 그것은 교의 수정에 이르거나 아니면 경우에 따라서는 종교와의 완전한 단절에 이를 수밖에 없을 것이다.

다시 인간의 힘, 특히 이성의 힘에 대한 신뢰가 증가함에 따라 부분적으로는 신비로 이루어지는 신앙의 이름으로 권위를 요구하는 교회 입장은 점점 더 받아들이기 어렵게 되었다. 또한 그처럼 또 다른 방식으로도 과학에 기초한 근대의 합리주의는 과학이 등장한 만큼 종교는 논박되어야 한다고 주장할 수 있었다.

하지만 그것만으로는 여전히 소극적 운동을, 즉 당시 엘리트 계층 사이에 확산된
기독교에 대한 적의를 완전히 파악할 수 없다. 단지 사법과 형법을 모델로 한 특정한 263
교의만 또 신비의 합리주의적 거부만 문제가 되었던 것이 아니기 때문이다.

57 보다 급진적인 이신론자들 또한 초아우구스티누스적 기독교 해석에 심한 불쾌감을 느낀 사람들 대열에 합류해 그것을 무신론과 동렬에 놓았다. 제퍼슨Thomas Jefferson은 이렇게 쓰고 있다. "나는 결코 칼뱅에게 합류해 그의 신에게 기도할 수 없을 것이다. 그는 실제로는 무신론자였지만 나는 결코 그럴 수 없을 것이다. 또는 오히려 그의 종교는 악령 숭배daemonism였다. 만약 어떤 사람이 도대체 사신邪神을 숭배했다면 그가 그랬다. 칼뱅에 의해 다섯 가지 교리 속에서 묘사되는 존재는 당신과 내가 인정하고 숭배하는 신, 세계의 창조자이자 자애로운 지배자가 아니라 악령의 사신이다. 칼뱅이 열거하는 흉악무도한 속성을 부여함으로써 신을 신성모독하느니 차라리 아무 신도 믿지 않는 편이 보다 용서받을 만할 것이다." 페인Thomas Paine도 『이성의 시대*Age of Reason*』에서 동일한 노선을 취한다. "기독교 신앙 체계의 경우 그것은 내게는 무신론의 한 형태처럼, 즉 신에 대한 종교적 부정처럼 보인다. 저녁의 어스름이 밤의 어둠에 가까운 만큼이나 …… 무신론에 가깝다"(Michael Buckley, *S. J., At the Origins of Modern Athebism*[New Haven: Yale University Press, 1987]에서 재인용).

앞서 살펴본 대로 기독교의 역사적 실천의 많은 부분은 순수하게 내재적인 인간적 선이라는 새로운 윤리와 충돌했다. 그와 같은 윤리에 따르면 수도원 생활이건, 관조의 삶이건, 성 프란치스쿠스적 영성이건, 감리교의 헌신이건 그와 같은 선을 넘어가는 것을 얻기 위해 노력하는 것, 즉 우리가 보통의 인간적 기쁨과 생산적 활동의 길에서 벗어나도록 만드는 모든 것은 선한 삶을 위협하는 것으로 보였으며, '광신'이나 '열광주의'라는 이름으로 비난받아야 했다. 흄은 (다른 사람과 자기 자신에게 유익한 특성인) 진정한 덕을 인간의 복지에 아무것도 기여하지 않고 오히려 훼손하기까지 하는 '수도회의 미덕'('독신 생활, 단식, 속죄, 고행, 극기, 비하, 침묵, 고독')과 구별했다. 후자는 '지각 있는 사람들'에 의해 거부당하는데, 어떤 목적에도 도움이 되지 않기 때문이다. 즉 이 세상에서 더 많은 행운을 누리게 해주는 것도, 사회에 보다 가치 있는 사람으로 만들어주는 것도, 타자들을 즐겁게 해주는 것도 또 자신에게 기쁨을 가져오는 것도 아니다.

> 우울하고 무모한 광신자는 사후에 달력에서 한 자리를 차지할지도 모른다. 그러나 살아 있을 때는 자신만큼 의식이 혼미하고 음침한 사람들에 의해서말고는 친밀한 관계와 사회 속에 결코 받아들여지지 못할 것이다.58

섭리에 기초한 이신론이 가톨릭에 대한 프로테스탄티즘의 표준적인 비판을 받아들인 다음 그것을 급진[철저]화했을 때 거기에는 또한 역사적으로 행해져온 실천의 대부분에 대한 거부 또한 포함되어 있었다. 단지 기독교 자체를 그와 같은 '열광주의적' 실천과 동일시하는 것, 실제로는 근대적 도덕질서라는 의미에서의 인간의 개화번영을 넘

58 흄, 강준호 역, 『도덕 원리에 관한 탐구』, 9절, SB 270, 아카넷[번역을 수정했다]. 흄이 말하고자 하는 요점을 아래 같은 수사학적 물음으로 보다 선명하게 제시해볼 수 있을 것이다. '성인 프란치스쿠스를 저녁에 초대하시겠습니까?' 실제로 심지어 그의 후원자인 우골리노 추기경조차 그렇게 자문해볼 이유가 있었다. 한번은 무슨 일이 있었냐면, 프란치스쿠스는 다양한 귀족, 기사, 목사와 추기경과 함께하는 저녁 식사 자리에 초대받고 다소 마지못해 응했는데, 다른 이들이 눈치 채지 못하게 먼저 자리를 떠나 거리에서 구걸했다. 다시 식사 자리로 돌아온 그는 밖에서 받은 빵 껍질과 다른 적선물의 일부를 나누어주었다. 두말할 필요 없이 추기경은 심한 모욕감을 느꼈다. 물론 그와 같은 기행에는 다 나름의 의미가 있었다. 그것은 모두 〈프란치스쿠스회회칙〉의 보다 철저하게 금욕적인 특징을 교황이 곧 승인하는 문제와 관련되어 있었다. 하지만 아마 그는 바라는 바를 얼마든지 보다 세련된 방식으로 제시할 수도 있었을 것이다 (Adrian House, *Francis of Assisi*[London: Chatto, 2000], p. 244를 보라).

어서려는 이런저런 갈망과 동일시하는 것만으로도 그와 같은 근대적 휴머니즘이 — 아직도 모종의 약한 의미에서 '이신론적'인 채 남아 있건 아니면 노골적인 무신론으로 진영을 바꾸었건 — 반기독교적으로 규정되기에 충분했을 것이다.

현대에 사는 우리에게는 기독교가 그와 같은 가일층의 갈망과 동일시되어야 하는 것이 분명하므로 그와 같은 식으로 무신론으로 진영을 바꾸는 것은 불가피해 보인다. 하지만 당시 틴들부터 [신의 목적론적 존재논증으로 유명하며, 시계-시계공의 비유를 통해 신의 설계-논증을 주도한] 페일리William Paley[1743~1805년]에 이르기까지 기독교 신앙을 불필요한 요소를 모두 제거한 그와 같은 변형태와 동일시하는 경로를 답파하는 것이 가능했다. 규율훈련과 선의로 이루어진 완충재로 덮인 새로운 정체성을 받아들인 엘리트 계층 사이에서 조상들의 신앙을 고수하는 것이 그것을 통해 강화될지 아니면 약화될지는 어려운 해석학적 문제였다.

사람들이 세 가지 입장을 취했음을 알 수 있다. (1) 일부 사람은 진정한, 개혁된 신앙을 문명 및 '세련됨'과 제휴시키려고 했다. 다른 사람들은 (2) 그와 같은 제휴에 반발했으며, 신앙은 그처럼 아름다운, 자제되고 자족적인 생활양식을 넘어선 곳으로 우리를 이끌어야 하며, [그렇게 하기 위해] 자기를 일부 희생하고, 심지어 얼마간의 자율성을 포기할 필요가 있다고 주장했다. 심지어 감리교가 등장하기 이전인 18세기 말의 복음주의적 반발 속에서 그와 같은 주장을 볼 수 있다. (3) 많은 사람이 신앙에 대한 그처럼 보다 까다로운 정의에 동의했지만 바로 그와 같은 이유로 신앙을 세련됨의 적으로, 심지어 궁극적으로는 야만주의를 위한 힘으로 거부했다. 가령 기번 같은 사람이 그랬다.

첫 번째 범주에 속하는 사람들은 본인의 신앙을 고수하는 것과 문명을 고수하는 264
것을 상호 연결시키는 데 아무런 어려움도 없었다. 하지만 두 번째 범주에 속한 많은 사람에 대해서도 똑같이 말할 수 있었는데, 현세를 초월하는 소명을 갖고 있다는 그들의 감각은 (그들이 보기에) 진정한 문명의 거부를 포함하고 있지 않았다. 많은 복음주의 기독교도를 그와 같은 집단에 속한 것으로 꼽을 수 있을 텐데, 그들은 가령 노예제폐지운동 등 개혁 및 선의와 관련해 당시 이루어지고 있던 정의定義를 급진화하기 위해 애썼다.

다른 한편 신비에 대해 강한 감각을 갖고 있던 기독교도나 가톨릭의 성례 중심주의

sacramentalism에 끌린 사람 또는 정적주의나 감리교 신앙을 가진 사람은 본인의 신앙이 지배적 윤리와 양립 불가능함을 느낀 점에서 종종 비신앙인과 일치했다.

따라서 앞의 쟁점에 대해 어느 쪽을 따를지는 개인적 경험, 기질, 각자 느끼는 친화성 같은 것에 크게 의존했다. 완충재로 덮인 정체성을 너무 편안하게 느끼는 사람은 가령 국교회파 교인으로서 기독교에 충성을 다하고 있음을 완전히 확신할 수 있었다. 하지만 종국에는 그에 못지않게 그와 같은 정체성과 자신을 동일시했지만 인생의 어떤 시점에서 훨씬 더 많은 것을 요구하는 신앙의 매력을 느낀 사람은 너무나 쉽게 기독교가 적이라고 느낄 수 있을 것이다. 그와 관련해 18세기에 등장한 반기독교적 태도의 정체를 명확히 밝히고 규정하기 위해 무던히 애쓴 기번이 10대에 가톨릭으로 개종할까 하는 유혹을 느낀 것은 상당히 뜻깊다.

따라서 다양한 경로를 따라 기독교를 거부하기에 이를 수 있을 텐데, 왜냐하면 인간의 개화번영 이상의 것을 요구함으로써 기독교는 인간적 선의 불구대천의 적이 되었기 때문이다. 동시에 자족적이고 완충재로 덮인 정체성의 존엄을 부정하게 되었기 때문이다.

하지만 그것으로부터 명백히 드러나는 것은 적극적 또는 소극적 동기 양쪽 모두에서 배타적 휴머니즘의 등장은 자유 및 선의에 기초한 질서의 윤리와 긴밀히 연결되어 있다는 것이다. 그와 같은 윤리가 맡은 중심적 역할 그리고 그와 같은 윤리를 실행하는 데서 거둔 상대적 성공이 인간 중심주의로의 전환을 촉진했다. 그리고 그와 같은 질서화의 성공이 가져온 강한 도덕적 만족감이 새로운 휴머니즘을 포용할 수 있도록 적극적 동기를 부여했다. 반대로 그와 같은 윤리와 관련해 종교의 쇠퇴가 그와 같은 움직임에 종종 소극적 동기를 부여했다.

필자가 여기서 제시하고 있는 설명은 비신앙의 발전을 오직 과학과 합리적 탐구의 진보에서 유래하는 것으로 보는, 널리 확산되어 있는 빼셈 이야기를 정면으로 거스른다. 그와 함께 매우 중요한 문제가 제기되지만 좀 더 뒤에 그에 대한 해명으로 돌아가기로 하자.

대문자 개혁과 오늘날 '세속화secularization'라고 부르는 것 간의 관계에 관한 필자 나름의 견해를 '세속화'라는 용어 자체로부터 출발해 제시할 수 있는 또 다른 방식이 존재한다. 이 말의 어원은 사에쿨룸[현세]saeculum, 장기간의 시간적 경과, 시대를 의미하는 라틴어에서 왔다. 그에 상응하는 그리스어는 아이온aion(영어로는 'aeon')이다. 보다 최근에 근대어에서 특정한 숫자, 즉 100년을 가리키는, 그에 상응하는 단어([프랑스어로는] siècle, [스페인어로는] siglo)가 등장하게 되는데, 영어에서는 '세기century'라는 말이 사용되게 되었다.

그런데 '사에쿨룸[현세]'이라는 명사 그리고 'secular'라는 형용사는 라틴계기독교 세계에서는 하나의 대립쌍의, 실제로는 몇 가지의 관련된 대립쌍의 한 항으로 사용되었 265
다. 시간을 기술하는 용어로 이 말은 신의 시간이나 영원이라고 하는 보다 고차적인 시간과는 반대되는 통상적 시간, 시대age 속에서 측정되는 시간을 의미하게 되었다. 따라서 또한 그와 같은 통상적 시간 속에서의 삶의 상황을 의미할 수도 있었는데, 그것은 몇몇 측면에서 영원 속에서의 삶의 상황, 즉 우리가 신의 시간 속에 완전히 모두어졌을 때 놓이는 상황과는 근본적으로 달랐다. 우리의 이승적 상황 — 신이 인간을 위해 준비한 궁극적 계획에서 아무런 역할도 하지 않는다 — 의 다른 많은 특징 외에도 아래 두 가지 특징이 두드러진다. 먼저 우리는 국가 속에서, 즉 정치권력 아래 살며, 두 번째는 소유 체제 아래 산다는 것이 그것이다.

이 의미에서 사에클룸은, 우리 상황이 회복되면 이르게 되는 충일 속에서 우리 삶을 지배할 것이며, 심지어 지금도 작용하고 있는 형태에는 반하게 될 것이다. 그처럼 보다 고차적인 삶의 형태가 아우구스티누스가 '신의 도성'이라고 말한 것이다. '신의 도성'과 사에쿨룸 간에는 일정한 긴장 관계가 존재하는데, 다름 아니라 양쪽의 삶의 상황이 매우 다르기 때문이다. 그와 같은 긴장 관계는 마치 궁극적인 것인 양 인간이 자신의 '세속적' 상황을 고집할 경우 적대관계로 타오를 수 있다.

또는 그리 복잡하지 않게 다소나마 확대해석하면, '세속적'이라는 말은 이 세상일, 즉 '현세적'[시간적]temporal 일을 가리킬 수 있으며, '신의 도성'의 일, 즉 '영적인' 일과 대비되게 된다. 그로부터 이 말은 그처럼 상이한 영역에 속하는 직업과 사람에게까지 확대된다. 가령 영국 상원은 '국교회에 속한 상원의원spritual Lords'(국교회의 주교)과 '세속의 상원의원temporal Lords'(속인귀족)으로 이루어진다. 이단자 처벌은 '세속의 손에 맡겨진다.' 일반적으로 성직자와 수도사는 '영적인' 쪽에 속하지만 그것을 넘어 '세속의secular' 성직자와 '정식regular' 성직자가 구분되었다. 후자는 수도사로, 수도원의 규칙 아래 '세상'으로부터 떨어져 살았다. 전자는 교구 성직자로, 교구민에게 성무를 집행하므로 '세상 속에' 있었다.

중세의 원래 형태에서 삶의 영역은 두 개로 나뉘어진 채 각자에 적합한 활동과 직무가 할당되어 있었다. 그것들은 역사 속에서 공존하는 두 '나라city', 즉 '신의 도성'과 지상의 나라라는 두 나라에 대응했다. 두 나라는 각자에 고유한 규칙과 규범을 갖고 있다. 가령 영=정신적 권력은 피를 흘려서는 안 되었다. 이단자가 세속의 손에 '맡겨져야' 하는 것은 이 때문이다.

내가 대문자 개혁이라고 불러오고 있는 과정이 그와 같은 공존의 조건을 바꾸었다. 결국 그것은 상술한 이원성을 거의 완전히 지워버리게 된다. 그와 같은 사태는 상호 긴밀하게 관련되어 있으며 지금까지의 논의에서 우리가 묘사해오고 있는 세 가지 벡터에 따라 전개되었다.

1. 첫 번째 벡터는 11세기의 교황 힐데브란트의 개혁 직후에 시작되었다. 그것은 세속에서 사는 평신도 대중을 기독교도로서 보다 완전한 신앙인으로 만들려는 시도였다. 그처럼 보다 완전한 삶을 규정하는 규범은 몇몇 측면에서 이미 '영적' 직무에서 발전되어온 규범을 닮았다. 특히 점점 더 개인적 헌신과 금욕적 규율훈련을 강조했다. 1215년에 있은 〈제4차라테라노공의회〉가 정한 규칙, 즉 모든 신도는 적어도 1년에 한 번은 고백하고 〈성찬식〉에 참여해야 한다는 규칙이 핵심적 단계를 표시했다.

266 2. 두 번째 벡터는 프로테스탄티즘의 종교개혁과 함께 생겨났는데, 이원성 자체에 대한 정면공격이었다. 수도사라는 '영=정신적' 소명이 평신도의 그것에 비해 보다 고차적이라는 생각을 거부한 것만이 아니다. '영=정신적' 소명 자체를 전혀 무가치한 것으로 거부했다. 사에쿨룸 밖으로 나가면 결코 제대로 된 기독교도가 될 수 없을 것이다. 그와 같은 금욕적 은둔은 단지 자기 노력만으로 구원을 얻을 수 있다는 영=정신적 자만심과 잘못된 신념[신앙]을 반영할 뿐이다. 기독교도에게 마땅한 모든 소명은 일상적 삶 속에서의 소명 또는 그와 같은 세계에서의 생산 및 재생산과 관련되어 있다. 결정적으로 중요한 것은, 해당 소명을 어떻게 살아내느냐이다. 두 영역은 하나로 일치하게 된다.

수도원 제도의 규칙은 사라졌지만 평신도의 일상적 삶은 이제 보다 엄격한 요구 아래 놓이게 되었다. 수도사의 삶의 금욕적 규범 중 일부가 이제 세속적 삶으로 옮겨지게 되었다. 베버는 그와 관련해 "현세적 금욕"[59]에 대해 논한 바 있다. 그와 같은 과정은 분명히 계속되고 있으며, 심지어 첫 번째 흐름을 가속화시키고 있다.

3. 세 번째 벡터로, 대문자 개혁을 추진한 모든 분파가 탈주술화로 치달았는데, 물론 그중 프로테스탄트교도가 보다 급진적인 방식을 택했다. 그와 같은 시도가 두 영역이 하나로 일치하게 되는 과정을 엄청나게 촉진시켰는데, '영=정신적' 영역의 특징을 표시한 것 중 많은 것이 구성원이 축일과 교회, 성직자와 성례 같은 특정한 시간, 장소, 인물, 행위 속에 집중화된 형태로 현존하는 성스러운 것과 관련되어 있던 사실과 관련되어 있었기 때문이다. 우리 삶으로부터 성/속으로 어떤 것을 표시하던 관행이 퇴조함에 따라 기독교도의 삶이란 '세상' 속에서의 특정한 삶의 방식 속에만 존재한다는 것이 한층 더 명백해 보이게 되었다.

그런데 그와 같은 단계까지 왔으면서도 필자가 지금까지 묘사해오고 있는 전환 — 즉 세속의 세계가 이른바 '영=정신적' 요구로부터의 독립을 선언하는 전환 — 에는 여전히 이르지 못할 수도 있다. 가령 그와 같은 세계에서 성례에 의존하지 않고 기독교도로서의 삶을 산다는 그와 같은 이상이 코드나 조직, 상세한 규율훈련으로 환원되지 않고 대체로 심오한 영감 문제로 남는 일도 얼마든지 있을 수 있을 것이다. 종교개혁에서 유래한 한 계보는 내적 빛inner Light의 중요성을 강조했다. 비슷한 어떤 사고방식이 최초의 퀘이커파에게 영감을 주었다.

하지만 교회가, 그리고 후에는 교회와 함께 국가가 기독교적 삶(이라고 당시 생각된 것)을 그처럼 보다 높은 수준에서 기꺼이 따르려는 태도를 동원하고, 조직하고 적극 실현한다는 목표를 내걺에 따라 기독교적 삶(으로 여겨지는 것)은 코드화되고, 일련의 규범으로 제시되게 되었다. 대문자 개혁은 진지한 과제로 간주되고, 다른 어떤 대안도 허용되지 않았다. 더 이상 '영=정신적인 것'을 위한 별도 영역은, 사에클룸 외부에서 기도의 삶을 추구할 수 있는 영역은 존재하지 않게 되었다. 그리고 카니발이 대변하던 질서

59 'Innerweltliche Askese.' 막스 베버, 『프로테스탄티즘의 윤리와 자본주의 정신』, 233페이지.

와 반질서 간의 교대 같은 것도 더 이상 존재하지 않게 되었다. 올바른 생각과 행동이라는 단 하나의 가혹한 질서만 존재하게 되었는데, 그것이 모든 사회적 · 개인적 공간을 채워야 했다.

그러면 그와 같은 단절은 어떻게 일어났을까? 사에쿨룸에서의 행위의 코드라는 측면에서 기독교도의 삶이 의미하는 바를 표현하려는 시도 자체가 사에쿨룸 속에서의 삶의 기본적 선(생명, 번영, 평화, 상호이익)을 실현하는 것을 주요 목표로 하는 코드를 고안해낼 수 있는 가능성을 열어주기 때문이다. 다시 말해 그것이 필자가 인간 중심주의로의 전환이라고 부른 것을 가능하게 해주었다. 일단 그와 같은 일이 일어나자마자 단
267 절은 일어날 준비가 된다. 거기서 한발 더 앞으로 내디뎌 그와 같은 '세속적' 선이 코드 전체의 본래 의미라고 주장하는 것만 필요할 뿐이다. 아마 그처럼 극도의 순응적 태도에서 나온 금욕적 요구에 대한 짜증과 분개에 휘말려 많은 사람이 기꺼이 그와 같은 발걸음을 내디딜 것이다.

그렇게 했을 때 '영=정신적인 것 · 세속적인 것'으로 이루어지는 하나의 전체 속에 압축되어 있던 중세기독교의 이원적 세계는 적어도 프로테스탄티즘 국가에서는 거의 통일체가 될 뻔했다. 하지만 완전한 통일체가 될 수는 없었는데, 왜냐하면 영=정신적인 것에 대한 감각이 적어도 분열의 원천으로 우리 사회에는 여전히 살아 있기 때문이다. 그것을 넘어 가령 공산주의나 파시즘에서처럼 순수하게 내재적인 측면에서 세속의 삶을 위한 보다 고차적인 목적의 일부를 회복하려는 반종교 형태가 존재했다.

나의 첫 번째 명제에 대해서는 이쯤 해두자. 하지만 두 번째 주장, 그와 다른 형태는 존재할 수 없었으리라는 주장은 어떨까? 즉 비신앙의 에토스는 그와 다른 형태로는 생겨날 수 없었으리라는 주장은? 사태의 본성상 그와 같은 종류의 주장을 논증하기는 매우 어렵다. 하지만 그럼에도 불구하고 내게는 그와 같은 주장이 압도적으로 타당해 보인다. 이 시대에 인간의 삶에서 종교가 갖고 있던 거대한 힘에 맞서는 데 가장 강력한 윤리적 관념의 양식 — 그와 같은 종교 자체의 도움으로 광범위한 전선에서 관철될 수 있게 되었다 — 을 사용하는 것 외에 다른 어떤 방법이 있을 수 있었을까? 분명히 예외적 개인의 경우 실제로 온갖 방식으로 견해를 바꾸는 것이 가능했을 것이다. 그들 중

일부는 기독교 신앙 그리고 선의에 기초한 질서에 대한 근대적 책무 양쪽 모두로부터 거리를 두는 것이 가능했던 것처럼 보인다. 가령 성-테브르몽Charles de Saint-Évremond [1613~1703년]이나 퐁트넬이 그랬다. 그것은 기독교에 대한 명백한 지적 대안으로, 무에서 창조할 것이 요구되지도 않았다. 모델이 고대세계에 이미 존재하고 있었기 때문이다. 하지만 기독교가 종종 신스토아주의와 결합해 아주 최근까지 영=정신적 삶의 매개변수를 규정하고, 아직도 분명히 지배하고 있는 사회에서 그와 같은 시도가 심지어 교양 계층 사이에서도 대중운동이 되리라고는 아무도 생각할 수 없었다.

그와 같은 전환을 주로 인식 문제로 설명하는 (필자가 이미 언급한) 뺄셈 이야기가 존재한다. 과학이 전진하는 시대에 기독교의 주장은 점점 더 신뢰를 잃어가게 되었다. 그리하여 결국 순전히 인간적인 가치만 남게 되었다. 그와 같은 이야기가 비참할 정도로 부적절하다고 간주하는 이유에 대해서는 이미 말한 바 있다. 다만 오늘날 그와 같은 이야기에 사로잡혀 있는 사람들이 당시의 루크레티우스적 반항자들에게 추후에 의당 그들에게 주어져야 할 것보다 더 큰 중요성을 부여하는 이유를 이해할 수 있을 것이다. 왜냐하면 그와 같은 [17세기의] '무종교인들libertine[자유사상가들]'은 무엇보다 먼저 자유사상가였기 때문이다. 그들의 주요 관심사는 선의에 기초한 질서가 아니었다. 하지만 바로 그와 같은 이유로 당대를 움직이거나 뒤흔들 수 없었다. 퐁트넬은 심지어 은둔이라는 전략을 행복에 이르는 길로 제시한다. 그와 같은 세계에서 가능하면 적은 자리를 차지하라. 현실을 바꾸기 위해 우리가 하는 것의 대부분은 말하자면 세계 속에서의 우리의 '용적'만 늘릴 뿐이다.

> 하지만 그와 같은 용적에 의해 인간은 운명의 시련에 점점 더 많이 노출된다. 참호 속에서
> 싸우는 병사들은 일부러 거구가 되어 머스캣 총탄을 맞고 싶을까? 행복해지고 싶은 사람은
> 가능한 한 최대한 자기를 줄이고 제한한다. 그는 두 가지 특징을 갖는다. 먼저 자리를 거의 268
> 바꾸지 않으며, 최소한의 장소만 차지한다Mais ce volume donne plus de prise aux coups de
> la Fortune. Un soldat qui va à la tranchée voudrait-il devenir un géant pour attraper les coups
> de mousquet? Celui qui veut être heureux se réduit et se resserre autant qu'il est possible. Il

a ces deux caractères, il change peu de place, et en tient peu.[60]

그것을 세계를 재구축하기 위한 철학이라고 할 수는 거의 없을 것이다.

그보다 약간 더 후대의 시대에 대해 말해보자. 지배적인 뺄셈 이야기에 비추어보면, 오늘날의 우리에게는 흄의 『자연종교에 관한 대화*Dialogues Concerning Natural Religion*』가 기적에 대한 비판을 통해 비신앙을 위한 투쟁에서 결정적 일격을 가한 것처럼 보일 수 있을 것이다. 하지만 지금까지 우리가 서술해오고 있는 새로운 도덕 개념이 없었다면 그와 같은 저작은 거의 아무런 충격도 주지 않았으리라는 것이 필자의 가설이다. 만약 단지 루크레티우스적 회의주의자들만 상대했어만 한다면 주교들은 침대에서 편안하게 잠을 잘 수 있었을 것이다. 후일 또한 여전히 또 다른 형태의 비신앙이 등장할 수도 있을 테지만 새로운 길을 열기 위해서는 선의에 기초한 질서의 휴머니즘이 필요했다.

이 주제에 다소 다른 각도에서 접근하자면, 이 시대에는 소수파 엘리트의 비신앙에 실제로 하나의 유형이 존재했음을 확인할 수 있는데, 그것은 고대인들의 사유 속에서 기독교와 정반대 방향에서 영감을 제공해주는 모델을 찾았다. 그와 같은 저술가 중에는 방금 말한 사람 외에 가령 샤프츠베리와 기번 같은 다른 사람도 포함된다. 하지만 그들의 견해는 선의의 가치에 관한 근대의, 기독교에서 유래한 가치에 의해 종종 형성되었다. 바로 샤프츠베리가 그것을 잘 보여주는 사례이다. 그와 같은 근대적 요소가 약하게 불타오른 곳에서는 영향력이 작았다. 세계에 불을 지른 것은 볼테르 같은 사람이었지 기번 같은 사람이 아니었다. 둘 간의 온갖 유사점에도 불구하고 볼테르는 자유와 상호이익의 윤리에 대한 열정적 책무를 갖고 있던 반면 기번은, 스티븐 말을 빌리자면, 역사 중 "계몽된 전제정이라는 죽음 같은 황홀경" 아래 산 때를 최고의 시대로 평가했기 때문이다.[61]

60 Mercier, *La Réhabilitation de la Nature humaine*, p. 59에서 재인용. 나중에 에피쿠로스적 전통은 스토아주의와의 일종의 종합에 들어가는데, 그것이 스토아주의가 행동가들의 신조의 일부가 되는 것을 허용해준다. 가령 모페르튀Pierre-Louis Moreau de Maupertuis를 보라. 그와 같은 식으로 그것은 또한 계몽주의의 주류 속에서 한 자리를 차지한다. 앞의 책, 345~346페이지를 보라.

61 Leslie Stephen, *History of English Thought in the 18th Century*, I, pp. 447-448.

그와 함께 우리는 나의 세 번째 주장, 즉 근대적 형태의 모든 비신앙은 여전히 원래 형태의 특징을 띠고 있다는 주장에 이르게 된다. 확실한 논거를 갖고 그것을 뒷받침하기 위해 나는 오늘날 우리가 갖고 있는 선택지의 역사성에 관해, 즉 과거가 현재 속에 침전되어 있는 방식에 관한 또 다른 명제를 제시하고 싶다. 필자는 1부를 시작할 때 이 점을 간단히 언급하면서 우리가 우리 자신을 세속적 존재로 이해하게 되는 것은, 우리는 보다 이전의 신앙 형태들을 극복하고 그것들에서 벗어나는 것을 통해 비로소 오늘날의 우리 모습에 이르게 되었다는 (종종 매우 애매한) 역사 감각에 의해 규정된다고 주장한 바 있다. 신이 심지어 가장 망설임 없는 비신앙인에게조차 여전히 참조점으로 남아 있는 것은 바로 이 때문인데, 왜냐하면 그들이 기반하고 있는 합리성의 높이까지 올라가려면 극복하고 물리쳐야 하는 유혹을 규정하는 데 도움이 되기 때문이다. 마술사가 사회적 삶에서 필수불가결한 역할을 하던 시대가 끝난 지 수 세기가 지났음에도 아직도 '탈주술화'라는 말이 모두가 이해하는 바의 근대를 여전히 묘사할 수 있는 것은 이 때문이다.

아마 사람들이 신을 전혀 참조[언급]하지 않고, 그와 같은 부정적 사실을 전혀 의식 269
하지 않고 사는 사회를 상상해볼 수 있을 것이다. 가령 그것은 [고대 아테나이의] 장군 strategos이나 [고대 유대교의] 대사제에 의해 인도되지 않는 사회에 살지만 (고대사 전공 학생을 제외하고) 아무도 그것을 깨닫지 못하는 것과 너무나 흡사할 것이다. 아마 무신론자가 원하는 것은 온전히 신이 없는 그와 같은 사회일 것이다. 도대체 그와 같은 사회가 존재할 수 있는지의 여부와 상관없이 그것은 분명히 현재의 우리 사회와는 전혀 다를 것이다.

하지만 그와 같은 사회의 존재 가능성을 의심해야 할 중요한 이유들이 존재한다. 물론 사람들이 아브라함의 신을 믿지 않는다는 사실에 대해 누구도 더 이상 신경 쓰지 않는 사회는 얼마든지 존재할 수 있을 것이다. 오늘날 그와 같은 사회는 많다. 하지만 흥미로운 문제는 이렇다. 즉 사람들이 종교적 견해 — 그저 부정되고만 있을 뿐이다 — 에 대해 아무 생각도 없는데 비신앙이 존재할 수 있을까? '비신앙'이라는 호칭조차 더 이상 붙일 수 없는 종교 부재의 상황이? 만약 그와 같은 사회가 존재한다면 하나의 결정적 측면에서 현재의 우리 세계와는 다를 것이다. 현대의 비신앙인 대다수에게 비신앙은 합리성의 성취로 이해된다. 지속적인 역사의식이 없었다면 물론 그것은 가능하지 않았을 것이다. 그것은 현재형만으로는 묘사할 수 없는 조건, 즉 완료형으로 묘사할 필요가 있는 조건이다. 즉 신앙이라는 비합리성을 '극복한' 조건이 그것이다. 완료형으로 표현되는 의식이 오늘날 비신앙인들이 '탈주술화'라는 말을 사용하는 용법의 밑바탕에 깔려 있다. 그와 같은 의식이 사라진 세계를 상상하기는 어렵다.

그런데 배타적 휴머니즘으로 이어졌으며 그것을 정초한 중요한 행위에서도 사태는 비슷했다. 그와 같은 휴머니즘과 관련된 자유, 규율훈련, 선의에 기초한 질서에 대한 견해는 오늘날 우리 세계에 도저히 근절될 수 없게 단단히 뿌리박고 있다. 신앙의 많은 형태뿐만 아니라 그와 같은 휴머니즘을 극복했거나 논박했다고 믿는 비신앙의 또 다른 형태가 존재한다. 니체와 관련된 사유의 흐름 전체가 그러한데, 그것들은 기독교 신앙 그리고 선의에 기초한 질서 간의 친화성을 찾아낸 다음 본인을 양쪽 모두와 대립하는 존재로 규정하는 방식에 의존했다.

실제로 자유 그리고 선의에 기초한 질서라는 기획은 우리 문명에 너무 중심적이기 때문에 가능한 입장은 모두 그것과 관련해 자기를 규정하고 있다. 즉 마르크스주의 및 계몽주의의 여러 분파처럼 그것을 해석하면서 긍정하는 양식을 취하거나 아니면 낭만주의적 저항의 다양한 형태의 후계자의 경우처럼 그것을 비판하고 다른 것을 위한 공간을 열기를 원할 수 있을 것이다.

비신앙의 등장에 관한 역사적 서술이 그저 아무래도 좋은 과거에 관한 이야기, 즉 역사 애호가나 선택을 고려해볼 만한 조금은 별난 덤에 불과한 것이 아닌 것은 이 때문이다. 오히려 세속주의와 신앙을 둘러싼 오늘날의 모든 물음은 이중의 역사성, 2단으로 이루어진 완료형 시제에 의해 영향을 받고 있다. 한편으로 비신앙과 배타적 휴머니즘은 보다 이전 형태의 신앙 — 정통적 이신론과 마술적 세계이해 — 과 관련해 자신을 정의했다. 그리고 그와 같은 정의는 오늘날에도 여전히 비신앙과 뗄 수 없는 관계를 맺고 있다. 다른 한편 신앙을 재정의하고 회복하려는 모든 시도뿐만 아니라 보다 후대에 등장한 형태의 비신앙은 자유, 규율훈련 그리고 질서로 이루어진 최초의 선구적 휴머니즘과 관련해 자신을 규정하고 있다.

7

비인격적 질서 270

1

지금까지는 내가 구성한 개념인 '이신론'의 첫 번째 측면, 즉 인간의 삶의 목적에서의 인간 중심주의로의 전환에 대해 다루어왔다. 본 장에서는 이 용어의 통상적 의미에서의 이신론의 중심적 특징인 두 번째 측면을 검토해보기로 하자.

여기서 말하는 중심적 특징이란 신 그리고 신이 세계와 맺는 관계에 대한 이해의 변화를 말한다. 즉 이신론에서는 정통 기독교적 신 개념 — 즉 인간과 상호 작용하며 인간의 역사에 개입하는 행위 주체로서의 신 — 으로부터 불변의 법칙 — 인간은 그것에 순응하거나 그것의 결과를 감내해야 한다 — 에 의해 작동하는 우주의 건축가로서의 신 개념으로 이행하려는 경향이 존재한다. 보다 넓은 범위에서 보았을 때, 그것은 아래와 같은 연속적 발전으로 파악될 수 있을 것이다. 즉 신은 우리가 행위 주체와 인격으로 알고 있는 것과 유사한 권능을 갖고, 우리와 관련해 지속적으로 그것을 행사하는 지고존재라는 시각으로부터, 신은 오직 본인이 창조한 법칙에 의해 지배하는 구조를 통해서만 인간과 관련되는 존재라는 견해를 거쳐, 최종적으로 신은 무심하거나 부재하는 가운데 무심한 우주와 씨름해야 하는 것이 우리의 조건이라는 견해로 연속적으로 이어지는 셈이다. 그와 같은 관점에서 보면 이신론은 현대의 무신론에 이르는 도중의 중간역으로 간주될 수 있을 것이다.

계몽주의와 이후 시대에 널리 논의된 생각에 따르면, 그와 같은 연속체를 따른 움직임이 소위 중간역까지건 아니면 종착역까지건 이를 수 있도록 동력이 된 것은 이성 자체였다. 우리는 애초의 견해의 몇몇 특징은 지지될 수 없음을 발견할 수 있는데, 결국 받아들이기 어려운 요소가 벗겨져 나간 후에 남은 것(그것이 모종의 이신론이건 세계정신이건 우주적 힘이건 노골적 무신론이건)을 받아들이게 되었다. 각각의 변형태에는 지정된 종착점이 존재한다. 볼테르의 종착점은 오늘날의 과학적 유물론의 그것이 아니다. 하지만 특정한 변형태가 신성시하는 종착점은 어떤 것이건 항상 진리로 간주된다. 즉 이전에 그것을 둘러쌌던 지어낸 이야기나 미신의 기저에 놓여 있던 사실의 잔여적 핵심으로 말이다. 거기서 우리가 보게 되는 것은 고전적인 뺄셈 이야기이다.

나는 그것을 논박하려고 한다. 그것이 진리의 중요한 요소를 포함하고 있지 않다는 것이 아니다. 오히려 그것이 너무 조야하고, 너무 포괄적이며, 분리해야 할 일련의 요소를 서로 뒤섞기 때문이다. 그와 같은 가닥의 몇 가지를 분리시켜 보기로 하자.

271 그와 같은 가닥 중 하나는 탈주술화와 불가분하다. 코스모스는 정령이 거주하고, 뜻깊은 유인력이 작동하는 곳이라는 시각이 폐기되는 정도에 따라 보편적 인과법칙에 의해 통치되는 우주라는 표상이 펼쳐질 수 있는 공간이 열리는데, 그때 그와 같은 우주상은 부분적으로 그와 같은 공간이 한층 더 넓게 열리는 데 기여하게 된다. 그리고 그와 같은 법칙과 관련해 갈릴레이 이후 유행하게 된 견해는 목적이 존재할 여지를 전혀 남기지 않았으며, 가령 성유물이나 성역에 깃들어 있다고 상정된 것과 같은 종류의 유인력은 일체 배제했다. 과학적 이성은 탈주술화의 추동력인 동시에 수혜자이기도 했고, 그리고 그것의 진전은 사람들로 하여금 모든 종류의 전통 신앙과 그것의 실천을 미신으로 낙인찍도록 이끌었다.

또 다른 가닥은 역사에 대한 새로운 태도였다. 윌리엄스는 고대의 역사 서술에서 나타나는 헤로도토스와 투키티데스 간의 차이를, 동일한 종류의 멀리 떨어진 '전설적' 사건에 대해 마치 그것이 바로 어제 우리 주변에서 일어난 것처럼 묘사해줄 것을 사람들이 요구하게 되는 쪽으로 사태가 발전하게 된 것과 관련해 설명한다.[1] 그것에 대해 이런 주석을 덧붙일 수 있을 것이다. 즉 그와 같은 요구는 몇몇 '전설적' 사건이, 모종의 보다 고차적인 시간이나 가령 신들이나 영웅들의 판plane 등 특정할 수는 없으나 모종의 보다 고차적인 존재의 판 위에서 일어나는 것으로 간주하기를 거부하라는 요구와 마찬가지라고 말이다. 그렇게 시간이 동질화되었다.

비슷한 일이 또한 18세기에도 일어났다. 그것을 알아볼 수 있는 영역 중 하나가 인간 문화 또는 언어의 기원을 설명하려는 다양한 시도라고 할 수 있다.[2] 홉스와 로크 이론에서 볼 수 있는 17세기의 정태적 언어 이론 — (우리 사고와 커뮤니케이션의 정돈이라는) 기능 측면에서 언어를 설명하고, 앞의 기능을 수행하기 위해 과거에 언젠가 언어가 생겼다는 사실을 단지 당연시했다 — 대신 사람들은 언어가 어떻게 발생할 수 있었는지에 대해 심리학적 · 사회학적 관점에서 현실주의적 상을 제시하고, 언어가 기원했다고 상정하는 시점부터 현재 사이에 존재하는 언어와 문화의 발전 단계 중 몇 가지를 기술할 필요가 있다고 느끼게 되었다. 그와 같은 기술은 오늘날의 우리에게는 조야하고 사변적인 것처럼 보이지만 그처럼 새로운 틀 속에 자신을 집어넣었으며, 그리하여 후대 사상가들이 가하게 되는 비판을 촉발하게 되었다.

하지만 그처럼 새로운 역사 감각이 등장한 또 다른 영역은 『성서』비평 영역이었는데, 그것의 기원은 심지어 17세기로 거슬러 올라간다. 『성서』의 기술들은 이제 개연성 관점에서 진위가 가늠되기 시작했다. 즉 텍스트가 기록된 시대의 기술자의 인식의 한계가 고려되기 시작했다 등. 그와 같은 종류의 첫 번째 (그리고 가장 큰 스캔들을 일으킨) 급습 중 하나를 스피노자의 『신학정치론』에서의 『성서』비평에서 찾아볼 수 있다.[3]

앞의 가닥 그리고 앞서 말한, 자연과학에 의해 추동된 가닥이 결합해 『성서』의 이야기가 전하는 몇 가지 기적적인 사건을 의문시하도록 만들 수 있을 것이다. 흄이 그렇게 한 것은 유명한데, 그는 그와 같은 예외적 사건이 일어났음을 받아들이는 쪽이 그것을 우리에게 전달한 목격자의 진실성이나 정확성을 의심하는 쪽보다 더 합리적이라고

1 Bernard Williams, *Truth and Truthfulness*(Princeton: Princeton University Press, 2002), 7장.

2 가령 Étienne B. de Condillac, *Essai sur l'origine des Connoissances humaines*(Paris: Vrin, 2002); Lord Monboddo, *Of the Origin and Progress of Language*(Edinburgh, 1786); J. G. Herder, *Abhandlung über den Ursprung der Sprache*(Reclam, 1966)를 보라.

3 스피노자, 강영계 역, 『신학정치론』, 서광사.

진심으로 생각하는지를 물었다. 분명히 그는 자기주장의 무언의 배경으로 시간의 동질성이라는 윌리엄스의 원리(그렇게 부를 수 있을 것이다)를 채택하고 있다(그는 지금은 지나갔지만 '기적의 시대'가 과거에는 존재했다는 반론에 응답해야 했기 때문이다).

272 몇 가지 설명에 따르면, 앞의 두 가지 가닥의 발전, 말하자면 자연'과학'과 역사'과학'의 작용만으로도 이신론으로의 이행을 설명하기에 충분하다. 그리고 과학과 유물론과 관련해 다른 몇 가지 전제가 주어지면 심지어 현대의 무신론으로의 이행까지도 설명할 수 있을 것이다. 하지만 (후자 주장은 당분간 논외로 하더라도) 그와 같은 해석은 분명히 부적절해 보인다. '미신'을 금지하거나 『성서』의 설명을 의문시하더라도 그것이 신을 인간의 대화 상대자로 역사에 개입하는 존재로 파악하는 길에 이르는 문에 빗장을 지르지는 않는다. 사람들은 개인으로건 아니면 집단으로건 신과 대화하고, 그리고/또는 신의 부름을 받고 그리고/또는 신에게서 위안을 얻거나 격려받고 있다고 계속 느낄 수 있을 것이며 또 실제로 계속 느껴왔다. 오직 자연과학과 최고도의 역사 서술이 요구하는 바를 매우 협소하고 환원적으로 읽을 때만 여러 사태와 관련해 자연과학과 양립 가능한 설명은 『성서』에 들어 있는 아브라함이나 모세의 소명 이야기를 배제할 수 있을 것이다. 그리고 신이 적들에 맞서 이스라엘 민족에게 승리를 안겨준 것과 같은 사건에 관해서도 비슷하게 말할 수 있을 것이다. 그와 같은 식으로 이신론을 설명하려 들다가는 절대적 논점 선취petitio principii에 빠지게 될 것이다.

기번 저작에 붙인 「서론」에서 트레버-로퍼는 위에서 내가 환기시켜오고 있는 것과 같은 종류의 동질성 측면에서 그에게 영향을 준 철학적 역사가들에 대해 말한다. — 즉 단지 시간뿐만 아니라 세속과 종교의 모든 제도를 동일한 설명 원리 아래 아우르는 동질성 말이다. 그의 말을 빌리자면, '철학적 역사'를 기획할 때 그는 선구자들을 따라

> 과감히 세속의 정신에 따라 교회사를 다루고, 교회를 진리(나 오류)의 보관소가 아니라 다른 사회와 동일한 사회법칙을 따르는 하나의 인간 사회로 간주했다.[4]

4 H. R. Trevor-Roper, ed., *The Decline and Fall of the Roman Empire, by Edward Gibbon*(New York: Twayne, 1963), p. x.

여기서 그가 기번 대신 하는 주장의 의미는 '동일한 사회법칙'이라는 표현에 주어지는 힘에 의존한다. 기번에게는 광신과 미신을 거론하는 경우를 제외하고는 성직자의 행위를 권력, 권세, 경합 같은 동기 측면에서 설명하는 경향이 있다. 세속의 통치자와 행위 주체에 대해 종종 보다 관대하게 설명한다는 점에서 그는 트레버-로퍼의 동질성 원리에 어긋난다고까지 주장할 수도 있을 것이다. 하지만 만약 행위 주체가 신과 맺는 관계에 의해 동기가 부여되는 인간 행위 — 그리고 정념(영감이나 힘, 분노나 원망 같은 반응 또는 다른 무엇이건 말이다) — 에 대한 설명은 배제하는 그의 태도를 문제 삼는다면 우리는 여기서 내가 제기하고 싶은 주요한 요점에 점점 더 다가가게 된다. 그와 같은 동기가 인간의 행위에서 일정한 역할을 할 수 있다고 믿는 사람이라면 누구도 그것의 작용을 성직자나 '종교' 지도자에게 제한하기를 원치 않을 것이다. 쟁점은 그것에 '사회법칙' 일반의 틀 속에서 일정한 지위를 부여할 수 있는가 하는 것이다(따옴표는 트레버-로퍼의 정식화 속에 은근슬쩍 끼워져 있는 보편법칙적 편견에 내가 굴복하고 싶지 않음을 암시한다).

물론 이 의미에서 트레버-로퍼는 맞았다. 즉 기번은 교회사를 다루면서 논란이 되는 종교적 교의의 진위는 전혀 무시해도 되는 것처럼 행동한다. 어느 교의도 거짓이라고 선언하지 않지만 무슨 일이 일어났는지를 설명한다는 목적을 위해서는 교의에 담겨 있을지도 모르는 어떤 진리도 무시하는 것이 가능하다는 식으로 쓴다. 하지만 그것은 273
(정당화되지 않는) 어떤 예외적 지위 — 그것은 모든 제도를 '동일한 사회법칙'으로 동일시되는 것 아래 놓는다 — 에서 나오는 최종 결말이다. 하지만 그것뿐만이 아니다. 누구도 그와 같은 식으로 역사를 서술하지는 않는다. 즉 사람들이 각자의 조건에 관해 가진 모든 신념의 진리를 전혀 고려하지 않는 방식으로 말이다. 오히려 역사는 인간조건에 대한 모종의 이해라는 틀 내에서 쓰여진다. 행위자는 해당 조건 속에서 자기 운명과 씨름하는 가운데 전진하거나 뒤처지며, 앞뒤로 왔다 갔다 한다. 하지만 이 모든 운동이 동일한 수준에서 설명될 수 없는 것은 행위 주체가 처한 조건을 어떻게 이해하느냐에 모든 것이 달려 있기 때문이다.

세련된 사회polite society의 등장에 관해 기번처럼 '계몽주의화된 서사' 관점에 서술하는 경우[5] 그것의 성쇠 시점을 대칭적으로 고찰할 수 없을 것이다. 단지 규범적 측면뿐만 아니라 — 너무나 명백하게 그렇기 때문이다 — 설명적 측면에서도 그렇다. 그것이 등장한 시점을 우리가 지각된 현실에 부분적으로 응답할 때로 이해하는 것이 전형적 방식이다. 계몽주의의 역사 서술에서 그와 같은 순간은 '정신의 확장'이라든가 '철학의 발전'이라는 관점에서 종종 설명된다.[6] 그리고 기번 본인도 몇 가지의 인간적 진보는 톱니바퀴 효과를 충족시키고, 잘못된 과거로 돌아가는 것을 방지하기에 충분히 완강하다고 믿는 것 같다. 심지어 문명이 쇠퇴하더라도 가장 유익하고 필요한 기예는 살아남는다.

> 개인 천재나 공중의 근면은 근절될 때가 올지도 모른다. 하지만 이들 완강한 초목은 폭풍에도 견디고, 불리한 토양에도 영구히 뿌리를 내린다. …… 따라서 우리는 세계의 모든 시대가 인류의 진정한 재부와 행복과 지식 그리고 아마 미덕을 증진시켜 왔으며 앞으로도 계속 증진시키리라는 기쁜 결론을 받아들여도 좋을 것 같다.

그보다 조금 앞서서는 이렇게 서술되어 있다.

> 우리 인간이 완전을 지향한 전진에서 얼마나 높이까지를 바랄 수 있는지는 확정할 수 없다고 해도 자연계 표면에 대변화가 일어나지 않는 한 더 이상 인류가 본래의 야만 상태로 되돌아가는 일은 있을 수 없다고 굳이 결정하고 걸려도 괜찮을 것이다.[7]

의미 있는 서사라면 기술되는 행위 주체의 모든 신념을 어떤 식으로 설명해도 상관없는 것으로 취급할 수는 없을 것이다. 기번의 수법은 종교적 신념의 진위 문제를 설명을 위해 실제로 괄호 안에 넣고 있는 것처럼 쓰는 데 있다. 하지만 그것이 그가 그와

5 여기서 나는 J. G. A. Pocock, *Barbarism and Religion*(Cambridge: Cambridge University Press, 1999)에서 이루어지는 탁월한 논의에 많은 것을 빚지고 있다. '계몽주의화된 서사'에 대한 흥미로운 설명을 2권 25장에서 찾아볼 수 있다.

6 앞의 책, 84, 201페이지.

7 기번, 『로마제국쇠망사』, 3권, 515, 516페이지.

같은 신념의 제도적 담지자를 다른 제도, 가령 세련된 문명의 제도와 관행 — 그것의 등장은 부분적으로 그것의 타당성에 의해 설명된다 — 과 동일한 기준에 따라 다루고 있다는 의미는 아니다. 사실 종교적 신념 자체는 기번의 설명에서는 실제로는 괄호 안에 넣어지지 않는다. 심하게 비꼬며 자기를 감추는 말투를 벗겨내면 많은 경우 그와 같은 신념은 허위임이 드러나리라는 이해를 보이기 때문이다.

트레버-로퍼의 해석은 계몽주의의 근대판 빼셈 이야기의 일부이다. 그에 따르면 사람들은 종교와 미신 대신 이성과 과학을 사용하기 시작했으며, 그것들이 도달하게 된 결론은 단지 방법에서의 그처럼 유익한 전환을 반영할 뿐이라는 것이다. 일단 사실이 말하도록 한다면 불가피하게 기번과 같은 결론이 나올 수밖에 없다. 물론 그것은 중립적이고 논쟁의 여지가 없는 사실이 아니라 계몽주의화된 비신앙의 자기 이미지의 일부이다. 그리고 이전에 그와 같은 생각은 세련된 문명 자체 속에서 생겨난 자기-이미지 274
중 하나로, 그와 같은 관점에서는 데카르트식의 또는 더 낫게는 로크식의 철학적 방법이 지식에 이르는 왕도로 간주되었다. 젊었을 때 로마가톨릭 쪽을 신봉한 기번 본인도 후일 그것을 버린 이유로 '보편적 도구(로크적 인식론)가 "나의 가톨릭적 견해"[8]에 미친 작용 탓으로 돌렸다.

따라서 18세기에 (우리가 추정하기로는) 기번 같은 사람이 이신론으로 개종하는 데는 단순히 (자연과 인문) 과학의 요구 외의 무엇인가가 작동하고 있었던 셈이다. 그들은 신에 의해 고무된(이라고 추정된) 행위에 대해 깊은 혐오감을 갖고 있었다. 실제로 그와 같은 행위를 가리키는 말을, 즉 '열광주의'라는 (경멸적) 단어를 갖고 있었다. 표면적으로 볼 때 그렇게 한 이유는 명백하다. 그들이 '열광주의자'라고 가려낸 사람들은 종종 신에게서 영감을 받았다고 시끄럽고 독선적으로 주장했으며, 그와 같은 주장에 고무되어 종종 공격적으로 행동하기도 하고 다른 방식으로 기존질서를 위협하기도 했다. 다시 말해 상호이익질서를 위협했다. 그들은 무해한 정적주의자가 되지 않는 한 억누르고 제압되어야 할 골칫거리였다. 하지만 신 자체를 역사발전의 요소로서는 배제하는 기번의 수법

8 Pocock, *Barbarism and Religion*, I권, p. 75.

(신에 대한 광신적 또는 열광주의적 신앙에 맞선다는 이유로 배제한다)을 그와 같은 전복적 분자들에 대한 혐오 측면에서 설명하려다가는 다시 논점선취의 오류에 빠지게 될 것이다. 만약 신이 인간의 역사에서 보다 덜 시끄럽고 속이 덜 들여다보이는 (그리고 또한 보다 많은 영감을 불어넣는) 다른 방식으로 역사할 수 있음을 인정한다면 '열광주의자'에 대한 반응 방식이 교회사 일반을 읽는 방법을 더 이상 규정하지 않을 것이다. 오늘날에도 그와 유사한 현상을 얼마든지 찾아볼 수 있는데, 즉 '세속적인' 미국인들이 [기독교 근본주의를 대표하며 〈기독교우파〉 단체 〈도덕적 다수〉 대표로 미국 기독교계에서 가장 많은 논란을 불러일으킨 침례교 목사인] 폴웰Jerry Falwell과 [신의 치유 능력을 주장하는 전도사로 허리케인을 막아달라고 기도하거나 가령 최근 푸틴이 '종말의 때'와 이스라엘에 대한 마지막 전투를 선동하려는 신의 계획을 따르고 있다고 주장한] 로버트슨Pat Robertson에 대한 (얼마든지 정당화될 수 있는) 부정적 견해에 의거해 종교의 영향에 대한 판단을 내리는 것이 그것이다. '종교'에 대한 그들의 패러다임이 부정적인 것은 경험적 발견의 결과가 아니라 그들에게 이미 주어진 사고의 틀의 결과이다.

그와 같은 논점은 일반화될 수 있을 것이다. 이신론으로 미끄러져 들어가게 된 것은 단지 '이성'과 '과학'의 결과뿐만이 아니라 신을 역사 속에서 작용하는 행위 주체로 이해하는 옛 종교에 대한 뿌리 깊은 도덕적 혐오를 반영하기도 했다. 이 점은 쉽게 간과되는데, 왜냐하면 정통파가 제시하는 신의 활동에 관한 많은 사례가 미심쩍거나 도덕적으로 불쾌한 것처럼 보이도록 만들어질(또는 실제로 그랬다) 수 있었기 때문이다. 주류의 지배적 교의, 즉 다수는 영벌을 받는다는 교의 그리고 신의 은총이라는 교의는 신을 자의적 폭군처럼 보이도록 만들기 위한 계산속에서 나온 것으로, 신은 제멋대로의 방식으로 마음에 드는 사람을 골라 상을 주거나 자신의 피조물의 선보다 본인의 영광에 관한 불가사의한 문제에 더 많은 마음을 쓰고 있다는 것이다. 『구약성서』가 들려주는 많은 이야기는 신을 이스라엘의 백성에게 — 제노사이드[대량학살]조차 배제하지 않는 — 무시무시한 행동을 부추기는 존재처럼 묘사한다. 신의 개입 이야기가 아무런 윤리적 문제도 제기하지 않는 경우 그것은 그와 같은 개입의 소위 수혜자가 되겠다는 특수한, 특별히 계몽되지는 않은 바람에 의해 종종 오염된 것처럼 보인다. 사람들은 어떤 것을 위해 기도하며 그것을 얻을 수 있다고 믿지만 그것이 실제로 좋은 것이 아님은 알지

못한다. 보다 일반적인 관점에서 볼 때 좋은 것이 아님은 두말할 필요 없이 말이다. 가
령 스피노자 것과 같은 철학적 관점에서 볼 때, 역사적 종교는 대중적 공포와 환상에 275
영합하며, 신에게 전혀 적합하지 않은 상을 제공하는 무가치한 것으로 보고 단념할 수
있을 것이다.[9]

하지만 물론 가령 성 테레사의 자서전이나 웨슬리 저작에서 이야기된 신의 개입(으로 여겨진 것)은 그와 같은 종류의 고발에서는 아무런 역할도 하지 않았다. 그리고 한층 더 강력한 이유에서 무수히 많은 미지의, 또 거의 경외심을 불러일으키지 않는 보통 사람들의 행위와 경험 — 그들은 그것들이 신과 연결되어 있다고 생각했다 — 또한 아무런 역할도 하지 않았다. 아마 스피노자의 분석에 동의하며 고개를 끄덕일 사람들은 그와 같은 설명을 믿지 않거나 경멸적인 빛 아래 재해석할 것이다. 하지만 중요한 점은 바로 그것이다. 즉 그들의 태도는 '사실'에 의해 강요된 것이 아니라 특정한 해석틀에서 유래한 것이다.

흥미로운 질문은 이렇다. 즉 그와 같은 틀을 만들어내고 그것에 동기를 부여하는 것은 무엇인가? 하지만 그것을 기술하려고 시도하기 전에 관련된 문제들을 보다 깊은 역사적 관점에서 고찰하는 것이 유용할 것이다. 다양한 형태의 이신론이 모두 거부하기를 원한 것은, 신을 역사에 개입하는 행위 주체로 인식하는 시각이었다. 신은 우주의 본래의 건축가로 행위 주체일 수 있지만 '기적적인 것'이건 그렇지 않은 것이건 무수한 특수한 개입 — 민간신앙과 정통파 종교(비록 양자는 개입의 세부사항에 대해서는 의견이 일치하지 않았지만 말이다)의 주요한 소재 — 의 주체일 수는 없을 것이다.

그때 제기된 문제는 몇 가지 점에서 교부 시대에 초대교회가 씨름한 문제의 재연이었는데, 그때 초대교회는 그리스철학의 용어법을 이용해 기독교적 견해를 정의했지만 그러는 내내 지배적인 견해 — 앞의 용어법은 그때까지 그것을 정식화하기 위해 사용되어왔다 — 로부터 기독교적 교의를 분리하려고 시도했다. 복음의 케리그마를 표현하기 위해 가장 적절한 것으로 처음에 추천된 것은 (느슨한 의미에서의) 플라톤주의였다.

9 스피노자, 『신학정치론』. 또한 Yirmiahu Yovel, *Spinoza and Other Heretics*, 1권, *The Marrano of Reason*(Princeton: Princeton University Press, 1989), pp. 131-132를 보라.

이 철학은 이미 [고대 알렉산드리아의 유대인 철학자인] 필론에 의해 유대사상을 그리스 용어로 재정식화할 때 사용되었다. 3세기에 플라톤주의는 클레멘스와 오리게네스에 의해 기독교의 기본 교의 중 몇 가지를 도출하기 위해 사용되었다. 이후 그렇게 파생된 교의 — 우리는 그것을 '신플라톤주의'라고 부르는데, 당시에는 단순히 '플라톤주의'로 여겨졌다 — 가 아우구스티누스에게는 주요한 영감의 원천이 되었다.

이 초기 시대 사상가들은 모두 기독교 교의 안에 그들이 각각의 학파에서 찾아낸 언어 속에서 왜곡될 위험이 있는 결정적 특징이 존재함을 인식하고 있었다. 그들은 말하자면 매개물에 맞서 싸우기 위해, 그리고 본인이 기독교 신앙의 진리로 간주하는 것을 말할 수 있도록 하기 위해 그것에 새로운 형상을 부여하려고 애썼다. 그리고 물론 도대체 누가 그와 같은 과제를 해낼 수 있는가 하는 문제에 관해 서로 논쟁했다. 몇몇 저술가, 특히 오리게네스는 후대 사상가들에 의해 [철학에] 지나치게 양보했다고 고발당했다.

여기서 긴장으로 이어졌으며, 변화의 핵심축을 규정한 가장 중요한 사항 몇 가지를 살펴보고 싶다.

첫째, (1) 육체이다. 플라톤주의에 따르면 인간은 육체를 초월한 조건에서 최고 상
276 태에 이른다. 즉 육체를 갖는 것肉化은 장애가 된다. 현세에서 육체는 규율훈련에 의해 제어될 필요가 있다. 하지만 지성을 통한 지고존재와의 접촉은 가장 완전한 모습으로 현세의 삶을 초월한다. 탈육화에 대한 그와 같은 강조는 물론 고대세계에서는 극단적 입장이었다. 이 점에서 플라톤을 따르지 않는 다른 철학도 존재했다(그리고 실제로 그처럼 극단적 입장을 취하지 않은 플라톤 해석도 여럿 존재했다). 하지만 그럼에도 불구하고 고대세계의 이교문화는 육체를 하위에 두는 견해에 동의했다.

> 이교적 인격person 개념에서 영혼은, 마치 명문가에서 태어난 남성이 본인보다 열등한 이방인, 즉 아내, 노예 그리고 도시 민중을 지배하듯이, 방심하지 않는, 종종 관용적 권위를 갖고 육체를 지배하는 것으로 생각되었다.10

10 Peter Brown, *The Body and Society*(New York: Columbia University Press, 1988), p. 34.

브라운 지적대로 그리스도 시대의 팔레스타인에서는 그와 같은 종류의 영육 이원론이 설혹 존재했더라도 또 다른 이원론, 즉 '마음'에 의거한 이원론에 종속되어 있었다. 그와 관련된 의미에서 마음은 우리에게 가장 심원하고 기본적인 지향, 즉 우리의 사랑과 관심이 향하는 장소로 간주되었다. 그와 같은 이원론은 '마음'과 다른 것 사이가 아니라 오히려 상이한 종류나 방향의 마음 사이에 있었다. 『성서』의 이미지를 하나 사용하자면, 사람의 마음은 신의 부름이나 이웃의 필요에 의해 움직이지 않을 때 돌처럼 굳어져 '신의 의지에 대한 무언의 반항 상태로 이를 앙다물고 있다.' 그와 같은 사태에 대해 「에제키엘」에 나타난 신의 묵시론적 약속이 있다.

> 새 마음을 넣어 주며, 새 기운을 불어넣어 주리라. 너희 몸에서 돌처럼 굳은 마음을 도려내고…….[11]

마음의 방향은 육체와 영혼으로 이루어진 인격 전체의 방향이다. 브라운이 보여주듯이 그것이 육체와 성적 금욕주의와 관련해 에세네파 그리고 다른 기독교 교파 중에서 발견할 수 있는 것과는 전혀 다른 형태의 기초가 되었다. 가령 성적 금욕은 영혼의 상승에 방해가 되는 귀찮은 욕망을 제거하는 한 가지 방법일 뿐만 아니라 새로운 금욕적 존재 방법은 자체가 새로 신을 향하고, 신의 도성에 속하기 위한 길이었다.[12] 물론 구래의 이원론은 좀체 사멸하지 않았다. 오히려 여러 시대에 걸쳐 기독교도의 사상과 관행에 끊임없이 스며들었다. 그러나 패러다임의 근본적 전환이 일어났다. 이후 마음의 본성은 무엇인가(육체인가 돌인가), 마음의 관심의 방향(아우구스티누스에게서의 '사랑의 두 가지 형태') 또는 분열된 마음인가 아니면 한마음인가가 핵심 쟁점이 되었다.

(2) 육체가 다시 어떤 역할을 할 수 있게 된 것을 통해 역사 또한 새로운 유의의성

11 「에제키엘」, 36장 26절(브라운, 앞의 책, 35페이지에서 재인용). 또한 '마음이 돌처럼 굳어지는 것'에 대한 『신약성서』의 언급을 참조하라. 또한 Kallistos Ware, *The Kingdom of the Heart*(The John Main Lectures 2002), World Community for Christian Meditation London, 2002를 보라.

12 그와 같은 변화에 대해서는 브라운의 예리한 설명을 참조하라.

을 갖게 되었다. 여기서도 또한 그리스적 표현을 추구하는 유대교적 이해가 다시 문제가 되었다. 인간의 마음이 신과 맺는 관계는 신앙을 버렸다가 다시 돌아오는 이야기이다. 그와 같은 이야기를 인간의 역사에서 떼어낼 수는 없었다. 그것은 인간의 역사에서 중심을 이루는 이야기이다. 플라톤주의적 상승은 가장 극단적인 형태 — 가령 플로티누스 — 에서 역사를 초월한 영겁 상태에 도달하는 것으로 끝나지만 유대교 역사에도 끝이 있으며, 몇몇 변형태에서는 역사발전 내부에서 끝에 이르게 된다. 그리고 기독교의 경우처럼 종말이 역사를 초월하는 경우 영원에 대한 이해는 플라톤주의의 그것과는 매우 다르다. 앞서 서술한 대로 신의 위치, 즉 영원한 지금nunc sians은 모든 때가 모두어지는 지점을 말하는 것이지 시간 외부의 영원히 불변하는 지점을 말하는 것이 아니다.

277 여기서의 기본적인 생각은 이렇다. 즉 단지 이야기가 도달하는 최종 상태만이 아니라 이야기 전체가 종말에 속한다는 것이다. 성인聖人들의 삶이 가진 중요성을 거기서 찾아볼 수 있다. 이야기는 단지 신자들에게 모델과 용기를 불어넣어 주기 위한 일련의 모범으로 의도된 것뿐만 아니라 다양한 사람이 신에 이르는 여정이기도 했다. 그리하여 단지 각자의 결말뿐만 아니라 여정 전체가 하나로 모두어진다. 또한 죄 이야기이기도 하지만 죄는 동시에 연민과 회심의 기회이기도 하고, 그 자체로 고려의 대상이 될 수 있을 것이다. 어떤 사건이건 최종적 의미는 전체 속에서 주어지며, 그에 대한 '심판'은 전체에 비추어 내려진다. 「복음」은 베드로가 세 번에 걸쳐 연속적으로 그리스도를 부인했다고 기록하지만 또한 앞의 에피소드는 베드로가 슬피 운 이야기로 끝난다고도 기록하고 있다.

(3) 하나로 모두어진 이야기로서 영원 속에 들어가는 역사의 유의의성에는 그와 같은 이야기의 틀 내에서 각자의 정체성이 구축되는 개인의 유의의성이 담겨 있다. 여기서도 또한 플로티누스와의 대조는 현격하다. 플로티누스에게서 영원에 이른 사람은 모든 개별적인 것을 잃게 되기 때문이다. 심지어 아리스토텔레스에서조차 개인화는 형상을 구현하는 질료에 의해 보장되는 것으로 간주된다. 형상 수준에서는 어떤 개별[개체]도 존재하지 않으며, 단일한 원형만 존재할 뿐이다. 그에 따르면 우리의 활동적 지성만이 불사적일 수 있지만 다른 모든 사람의 지성과 구별될 수 없을 것이다.

(4) 그것은 우연성 또한 새로운 유의의성을 갖게 됨을 의미한다. 질료의 조건에서,

그리고 사건의 흐름에서 일어나는 우연적 사건은 실제로 좋건 나쁘건 형상이 구현되는 방식에 영향을 미치지만 형상 자체는 전혀 영향을 받지 않는다. 그것은 플라톤뿐만 아니라 아리스토텔레스에게도 해당된다. 우연성은 최고 상태의 인간 존재에는 영향을 미치지 않는데, 가령 플로티누스의 경우에서처럼 그와 같은 존재는 시간을 초월하는 것으로 간주되었기 때문이다. 그러나 기독교의 종말은 수많은 여정과 이야기로 만들어진다. 그리고 그것들은 우연성에 의해 형성된다. 이야기가 잘 마무리되는 경우 처음부터 철저하게 어떤 각본에 따라 진행된 것으로 여겨질 수 있다. 그것이 종종 스토아주의를 따라 우리가 섭리라고 부르는 것이다. 신은 인간이 죄를 짓도록 할 계획인데, 그것에 대해 대본에서 약간의 연민을 표할 수 있을 것이다.

하지만 『성서』는 그와는 완전히 다른 모델을 제시한다. 그에 따르면 신의 섭리란 우주 그리고 인간이라는 행위 주체가 토해낼 수 있는 모든 것에 응답할 수 있는 신의 능력을 말한다. 신은 노련한 테니스선수 같은 존재로, 항상 서브를 받아넘길 수 있다.[13] 그와 같은 모델을 가령 〈부활전야예배미사〉를 시작하는 아래의 유명한 말에서 찾아볼 수 있다. '아, 복된 죄여O felix culpa.' 그것은 아담의 죄에 해당된다. 복된 것은 신으로부터 응답을, 즉 죄로부터의 구원이라는 응답을 받기 때문이다. 그와 같은 독법은 또한 선한 사마리아인의 우화에도 분명히 들어맞을 것 같다. 그와 같은 우화가 대답하게 되어 있는 질문은 '누가 내 이웃인가?'이다. 대답은 놀라운데, 부분적으로는 그것이 우리가 파묻혀 있는, 실타래처럼 얽히고설킨 사회적 관계로부터 우리를 풀어내주며, 우리가 유대인을 도운 사마리아인 이야기를 들을 수 있기 때문이다. 하지만 앞의 우화는 또한 기성의 모든 관계를 넘어 우연적 사건이나 우연성의 영역으로 우리를 끌고 간다. 내 이웃이란 내가 우연히 길거리에서 피를 흘린 채 누워 있는 모습으로 마주친 어떤 사람이다. 하필 그럴 때 만난 것은 순전한 우연이었다. 하지만 그와 같은 우연적 사건은 아가페에 의해 고무되어 인간관계의 실타래를 다시 짤 기회가 될 수도 있을 것이다. 사마리아인의 행위는 강도가 역사 속으로 집어넣은 삐딱한 서브에 대한 신의 응답의 일부이다.

13 R. F. Capon, *An Offering of Uncles: The Priesthood of Adam and the Shape of the World*(New York: Sheed and Ward, 1967).

물론 그와 같은 시각을 받아들이려면 어딘가에 신의 전체 계획Total Plan이 존재하고,
278 물론 우리는 분명히 그것을 찾아낼 수 있다는 생각을 버려야 한다. 하지만 그와 같은 사고방식은 특히 라틴계기독교세계에서 그리고 특히 근대에 엄청나게 매력적인 것이었다. 그것은 가령 칼뱅, 안센 같은 몇몇 신학자의 장사 도구였는데, 그것이 얼마나 혐오감을 불러일으키는 결과를 낳았는지 이제 전체 계획의 주요한 주창자는 [악의 존재를 신의 섭리로 보는] 신정론神正論을 곤봉처럼 휘두르는 무신론자가 되어버렸다.[14]

(5) 육체, 마음, 개인. 그것들이 중요해지면 감정도 동일해진다. 그리고 여기에 고전 사상과의 또 다른 차이가 존재한다. 플로티누스에게 그리고 그와는 다른 방식으로 스토아주의에게 우리의 최고 상태는 감정이 제거된 상태이다. 심지어 감정을 옹호하며 훌륭한 삶에서의 일정한 기능을 부여한 아리스토텔레스조차 가장 신적인 것, 즉 관조에 가장 가까워지는 활동에 인간이 종사할 때 감정이 차지할 자리는 없다고 생각했다. 그러나 여기서 감정은 우리가 지고존재와 맺는 관계의 일부이다. 여기서 아우구스티누스에 관한 누스바움의 극히 흥미로운 논의를 인용하고 싶다.

> 우리는 갈망의 한숨과 깊은 고적감에서 우러나오는 신음을 듣는다. 비통함 속에서, 즉 노래를 부르는 사람의 마음이 하늘로 오르려는 욕망에 안간힘을 쓰며 지은 사랑의 노래를 듣는다. 우리는 채워질 수 없는 주림, 달랠 수 없는 갈증, 이루 다 말로 형언할 수 없는 갈망에 불을 붙이는 연인의 육체에 대한 취향에 대해 듣는다. 우리는 무엇인가가 삽입되기를 갈망하며 몸을 여는 것에 대해, 몸과 마음에 불을 지르는 훨훨 타오르는 불길에 대해 듣는다. 이 모든 것은 심오한 에로틱한 열정의 이미지들이다. 그리고 이 모든 것은 기독교적 사랑의 이미지들이다.[15]

14 누스바움Martha Nussbaum(졸역, 『감정의 격동』, 새물결출판사, 978~983페이지)은 아우구스티누스에 관한 매우 흥미로운 논의에서 그가 본인의 삶을 어떻게 우연적 마주침에 의해 변한 것으로 간주하는지를 보여준다. 사람은 자신과 '우연히 해후할' 수 있을 것이다. 또한 브라운Peter Brown, 정기문 역, 『히포의 아우구스티누스』, 새물결출판사, 233페이지를 보라.

15 누스바움, 앞의 책, 963페이지.

바로 그것이 그리스 사상과 긴장 관계를 낳게 만든 논점 중 하나로, 논쟁은 여기서 가장 격렬했다. 왜냐하면 교육받은, 철학자의 신 개념에서는 신이 감정을 초월한 존재라는 것, 신이 감정을 갖지 않는 것이 핵심적이기 때문이다. 십자가에 못 박혀 고통 속에서 울부짖는 그리스도를 신 — 그를 규정하는 특징 중 하나가 '감정의 결여spa-theia'였다 — 과 연결시키는 것은 엄청나게 어려운 일이었다. 아리우스파가 그리스도와 신의 동일화를 거부한 동기 중 하나가 그것이었다. 삼위일체론과 그리스도론을 둘러싸고 이후에도 계속되는 논쟁은 이상의 긴장 관계를 해소시키려는 시도였다.

육체, 마음, 감정, 역사. 이 모든 것은 오직 (6) 지고존재는 인격적 존재 — 이때 '인격적'이라는 말은 행위 능력을 갖고 있을 뿐만 아니라 '영적 친교communion' 능력을 갖고 있다는 의미이기도 하다 — 라는 신앙의 맥락 속에서만 의미를 가질 수 있다. 실제로 삼위일체에 대한 아타나시우스와 카파도키아 교부들의 정의는 그와 같은 개념(교제Koinonia)에 핵심적으로 기반하고 있다. 카파도키아 교부들은 'hypostasis[위계]'라는 말의 새로운 의미를 발전시켰는데, 그것은 지금 더 이상 '토대'나 '실체'가 아니라 '인격'으로 번역되는데, 그것도 그와 같은 새로운 신학의 일부였다. 인격 개념은 '영적 친교' 개념과 상관적인 것이었다. 즉 인격이란 '영적 친교'를 분유分有할 수 있는 존재를 말한다.

역사에 대한 신의 개입, 특히 육화는 우리가 신이 이미 임재해 살고 있는 '영적 친교'의 분유자가 되도록 함으로써 우리를 변형시킬 의도를 갖고 있었다. 그것을 통해 우리의 '신화theiosis'가 이루어져야 한다.[16] 그와 같은 결정적 의미에서 우리가 신을 비인격적 존재로 또는 단지 우리가 적응해야 할 비인격적 질서의 창조자로 취급하는 한 구 279
원은 좌절될 수밖에 없다. 이렇게 말할 수 있을 것이다. 즉 '친교' 안에 존재하는 인간 공동체, 즉 교회를 통해 신과의 '영적 친교' 속에 존재하는 것에 의해서만 구원이 실행될 수 있다.

이상이 필자가 위에서 막 기술해온 이교 사상에 대해 이루어진 다른 모든 수정을 이해할 수 있도록 해주는 기본 생각이다. 그것은 특히 마지막으로 언급한 논점에서 명

16 John Zizioulas, *Being as Communion*(Crestwood, N. Y.: St. Vladimir's Seminary Press, 1985), 1장을 보라.

백해진다. 즉 감정은 신의 사랑 속에 적절한 위치를 차지하고 있으며, 거기서 사랑은 '영적 친교'의 본성을 명시한다. 하지만 앞서 말한 생각이 또한 다른 모든 변화의 토대에 자리 잡고 있다. 즉 '영적 친교'는 각자의 진정한 정체성을 존중하는 방식으로, 즉 역사 — 여기서는 우연성도 한 자리를 차지한다 — 속에서 자기 정체성을 확립하는 육체적 존재로서 모든 사람[인격]person을 통합해야 했다. 그와 같은 식으로 전체에게 의미를 부여하는 중심 개념이 '영적 친교' 또는 사랑으로, 그것이 신의 본성뿐만 아니라 우리가 신과 맺는 관계 모두를 정의한다.

1~6까지의 '꾸러미' 전체는 비인격적 질서 — 지고존재를 이데아(선의 이데아)와 동일시하는 것이건 아니면 플로티누스가 말하는 일자나 하나의 신과 동일시하건 말이다. 하지만 그것을 규정짓는 특징은 '감정의 결여'에 있었다 — 라는 보다 이전의 이상과 벌인 교부신학의 투쟁의 결과이다. 그런데 근대에 우리는 앞의 '꾸러미'가 새로운 질서 관념에 의해 도전받는 것을 볼 수 있는데, 그것은 스펙트럼의 한쪽 끝의 이신론에서부터 다른 한쪽 끝의 근대의 무신론적 유물론에 걸쳐 있었다.

하지만 그와 같은 이해들은 1~5까지의 논점 대부분을 통합하고 있다. 그것들은 인간적 질서에 대한 모종의 상을 제시하는데, 어떤 것은 규범적인 것으로 또는 역사발전의 종착점으로 또는 양자 모두로 그려진다. 그와 같은 상에 따르면 우리는 역사적 행위 주체로, 우리 육체는 물질적 세계 속에 존재하며 우리의 개성(처음에는 자유로운 권리 보유자로 간주되며, 이후 독법들에서는 개성적·독창적 정체성을 발휘할 여지를 남기길 바라는 입장이 등장한다)은 그처럼 존중받는 공동의 생활양식을 향해 움직인다. 보다 초기의 이해 형태(신스토아주의와 로크)에서 감정은 다소 단단한 고삐에 묶여 있었지만 이후 포스트-루소주의 시대, 포스트-낭만주의 시대에는 점점 더 중요한 역할을 하게 되었다.

물론 그것들은 진보이론이나 '역사법칙' 같은 상 형태로 섭리의 대용품을 종종 통합해 들였는데, 물론 그와 같은 이론들에서 우연성이 존재할 여지는 거의 주어지지 않았다. 우연적 사건(가령 유성과의 충돌)이 해당 과정을 탈선시킬 수도 있었지만 문명의 궁극적 모습은 종종 상당히 엄밀하게 규정된 개념에 의해 그려졌다. 그와 같은 이해에서 우리가 택한 여정이 목표의 형성에 기여할 수 있다는 생각, 즉 기독교에 중심적인 생각이 존재할 여지는 거의 없었다. 당연히 근대적 질서 관념에 저항하는 사람들, 가령 우리 시대의 '포스트모더니스트' 사이에서는 우연성에 관한 보다 강고한 생각이 존재하지만 물론 그들에게 우연성이 중요한 것은 그들이 가능한 최고의 상태라는 개념을 원칙적으로 거부하기 때문이지 해당 상태 내부에 우연성을 위한 자리를 마련해 놓기 때문이 아니다.

그러나 기독교의 꾸러미의 경우와 달리 거기서 넘겨받은 1~5까지의 요소는 '영적 친교'의 맥락과는 아무런 연관성도 갖고 있지 않다. 물론 아가페의 대용품, 선의는 존재한다. 하지만 그와 같은 세계상에서 '영적 친교' 자체가 차지할 수 있는 자리는 거의 280
또는 전혀 존재하지 않는다. 심지어 인간적 수준에서도 거의 찾아볼 수 없다. — 근대문화에서 행위 주체에 관한 원자론적 상이 헤게모니를 차지하게 된 것은 그것에 반한다. 그리고 변형을 초래하는 관계로서의 신과의 '영적 친교'를 위한 자리는 전혀 존재하지 않는다.

사실 앞의 마지막 관념은 이 주제에 대한 논의로부터 너무나 멀리 동떨어져 있어 좀체 언급되지 않거나 심지어 논박조차 되지 않는다. 정통파에 대한 주요 공격은 시스템 외부에서 유인력을 행사하는 행위 주체로서의 신의 능력을 겨냥했다. 즉 기적을 일으키고 특수한 섭리를 실현하며, 상벌을 주는 것 등이 그것이었다. 그렇기 때문에 이미 살펴본 대로 정통종교에 대한 '논박'에서 로욜라 같은 사람, 성녀 테레사 같은 사람, 살레지오 같은 사람이 주목받는 경우는 거의 없었다. 또는 혹시 그와 같은 일이 있더라도 특수한 계시나 신의 명령을 증언하겠다고 나서는 '열광주의자'로 간주되는 것이 고작이었다. 이신론과 그것의 후계자들이 사용한 해석 틀은 '영적 친교'를 거의 완전히 지워버렸다.

그와 함께 우리는 앞에서 물은 물음으로 되돌아가게 된다. 즉 무엇이 그와 같은 해석틀을 그토록 강력한 것으로 만들었을까? 누구도 궁극적 대답을 갖고 있다고 주장할 수는 없을 테지만 18세기의 상황에서, 적어도 엘리트 층 사이에서 신은 개인적 행위 주체라는 관념을 매력 없는 것 또는 위협적인 것으로 만들고, 사람들을 앞서 묘사한 연속선상에서 이신론 방향으로 또는 심지어 그것을 훨씬 더 넘어선 곳으로 밀고나간 몇 가지 특징(현대에도 그중 많은 것이 인구의 훨씬 더 광범위한 부분에서 계속되고 있다)을 식별할 수 있을 것이다. 적극적으로 말하자면, 신은 비인격적 질서를 통해 우리와 관계를 맺는다는 생각 또는 아마 심지어 신이란 비인격적 질서 속에 내재하는 정신(가령 그것이 당시 유행한 여러 스피노자 해석 중 하나였는데, 그것은 18세기 말의 독일에서 특히 중요했다)에 지나지 않는다는 생각이 정통적 견해보다 매력적이었다고 말할 수 있을 것이다. 신 없는 비인격적 질서에 대한 애호는 그것보다 더 극단적이었다.

그와 같은 연속선상에서 '비인격적'이라는 극이 가진 매력은 인간의 조건이 점점 더 비인격적 질서라는 관점에서 이해된 사실을 고려한다면 더 잘 이해될 수 있을 것이다. 그리고 해당 과정은 역사의식의 틀 내에서 포착되었는데, 그것은 비인격적 형태를 보다 이전의 보다 인격적인 형태를 뛰어넘는 것으로 간주했다.

그것은 앞서 서술한 대로 무엇보다 먼저 자연적·코스모스적 질서 속에서 명확해졌다. 탈주술화가 코스모스를 해체해버렸는데, 코스모스의 수준들은 보다 고차적인 종류의 사물과 보다 저차적인 종류의 사물을 반영했다. 그와 같은 구분은 인간 존재에게 부정하기 어려운 의미와 관련성을 갖고 있었다. 게다가 코스모스에는 사물이 인간에게 응답해 인간에게 의미를 부여할 수 있도록 해주는 정령과 유의미한 유인력이 포함되어 있었다(가령 병을 치유할 수 있는 성유물). 코스모스 대신 인과적 법칙에 의해 지배되며, 인간에 의한 의미 부여에 전혀 응답하지 않는 우주가 등장했다. 비록 사람들은 우주 전체는 일반적으로는, 또 장기적으로도 인간의 선을 위해 설계되었다고 믿었지만 말이다. 우주 자체는 기계처럼 인간에게 응답하지 않거나 무관심했다. 비록 사람들은 우주는 우리 이익을 위해 기계처럼 설계되었다고 주장했지만 말이다.

281 우리는 아직 우주가 단지 무심할 뿐만 아니라 어떤 의미에서는 '사악하고 잔혹한' 것으로, '이빨과 발톱이 피로 빨갛게 물든' 것으로 간주되기 시작하는 지점까지 이르지는 않았다. 그와 같은 일은 19세기에 비로소 발생하며, 자비로운 설계라는 섭리에 기초한 이신론의 믿음에 심각하게 도전했다. 그것을 통해 기독교 신앙에 일군의 또 다른 문제가 제기되었는데, 그것은 다윈의 시대로 생각해봄 직한 시대에 속했다. 하지만 18세기에 우리는 아직 거기까지 도달하지는 못했다.

여기서 필자는 위에서 이미 거부한 생각, 즉 자연에서 비인격적 법칙이 지배적인 것이 됨으로써 신을 인격 및 행위 주체로 여기는 정통적 관념이 논박되었다는 생각으로 되돌아가고 있는 것이 아니다. 내 생각은 아래와 같이 논리적으로는 더 취약하지만 해석학적으로는 충분히 이해 가능한 생각으로 요약될 수 있을 것이다. 즉 우주 속에서 비인격적이고 인간에게 응답하지 않는 질서가 우위를 차지하게 된 것 — 그것이 의미를 담지한 코스모스의 존재를 믿던 시대를 교대하게 된다 — 은, 우리가 보다 오래된 종교는 더 이상 편안하게 느낄 수 없는 새로운 시대로 진입했다는 생각에 신빙성을 부여해주는 것처럼 느껴질 수 있게 된다는 것이다.

그와 같은 독법은 근대적인 사회적 상상계의 성질에 따라 강화될 텐데, 그와 같은 상상계는 사회를 지배적인, 그것을 틀 짓는 구조면에서 봉건군주, 충성서약, 토지보유권 간의 인격적 관계망이 아니라 오히려 정언적·평등주의적 질서 — 이 질서 속에서 우리는 모두 사회에 동일하게 직접-접근하는 것 속에서 연결되며, 그때 사회는 우리가 함께 모이게 된 것의 산물인 동시에 객관적으로 이해되어야 한다 — 로 제시한다. 근대사회란 비슷한 단위, 즉 평등한 시민으로 구성된 우리/그들이다. 봉건적 관계로 짜인 조직과는 전혀 다른 것이다.[17] 봉건사회에서 근대사회로의 이행이 18세기에 진행되고 있었는데, 엘리트 계층의 (종종 가속되고 있던) 사회적 상상계 속에서 서서히 진행되고 있었다. 여기서 다시 한 번 정통종교와 군주정 간의 일정한 일치(군주정 지지자라면 어김없이 그것을 이용했다)뿐만 아니라 변화 — 거기서 당시 등장하고 있던 세력은 비인격적 질서의 종교에 더 잘 어울리는 것처럼 보일 수 있었다 — 의식도 찾아볼 수 있었다.

여기에도 또한 엄밀한 논리적 포함-관계는 존재하지 않는다. 심지어 해석학적 연관성조차 종교가 할 수 있는 다른 역할을 고려해볼 때 쉽게 차단될 수 있을 것이다. 근대사회는 가령 미국의 경우처럼 신의 설계를 따르고 있는 것으로 볼 수도 있을 것이다. 그리하여 신은 자기 명령을 따르는 우리 제도 속에 내재하게 된다. 또한 그와 같은 식으로 어떤 의미에서 우리는 비인격적 질서, 즉 근대사회의 제도를 통해 신과 연결될 수 있지만 이 경우에도 우리는 그와 같은 식으로 우리가 관계를 맺는 신을 정통적 용어

17 그와 같은 이행을 묘사하는 토크빌의 유명한 장章을 보라. 『미국의 민주주의』, 박지동 역, 2권 2부 2장, 한길사, 499~501페이지.

로 해석할 수 있을 것이다. 흥미롭게도, 미국 사례에서 건국 세대의 많은 주요 인물(워싱턴, 제퍼슨)이 이신론 쪽으로 기울어져 있었지만 신생 공화국의 처음 수십 년 동안 〈제2차대각성The Second Great Awakening〉[19세기 초에 일어난 신앙부흥운동]이 일어나, 많은 사람이 보기에 정통종교와 미국적 자유 간의 연계가 공고해졌다.

그리하여 거기에는 강철 같은 견고한 연결고리는 존재하지 않았지만 친화성이 존재할 가능성은 있었는데, 그것은 사람들에게 다른 여러 요소가 부재할 경우 기독교나 이신론 또는 심지어 정통파로부터 보다 멀어진 입장에 대한 보다 비인격적인 해석이 당대에는 더 적합하다는 느낌이 들도록 만들 수 있을 것이다. 그와 같은 연관성이 마틴에
282 의해 다른 방식으로 환기되었는데, 그는 18세기의 영국의 사상적 무대에 대해 이렇게 평한다.

> 천지창조를 창조주로부터 분리시키고, 그리하여 합리성이 자연적 우주와 사회적 우주 모두를 지배하는 것을 보다 확실히 보장하기 위해 광교회파 성직자들은 뉴턴에 대한 통속적 해석을 적절히 이용했다.[18]

두 종류의 신앙이 가져올 윤리적 결과를 생각해보면 그와 같은 친화성이 한층 더 강력해진다. '영적 친교' 관점에서 볼 때 정통 기독교의 핵심에 있는 것은 신이 그리스도를 통해 제자들과, 그리고 그들을 넘어 다른 사람들과 개인적 관계를 맺는 것인데, 그것은 교회를 통해 계속 가지를 쳐나가면서 인류 전체에 이르게 된다. 신은 우리를 사랑함으로써 우리가 혼자 힘으로는 서로를 사랑할 수 없는 방식으로 우리와 새로운 관계를 맺는다(「요한복음」, 15장. 신이 먼저 우리를 사랑하셨다). 그와 같은 새로운 관계의 생명력이 아가페인데, 그것은 단지 일련의 규칙이라는 관점에서는 결코 이해될 수 없을 것이다. 오히려 특정한 종류의 관계의 확장으로, 네트워크 속에서 외부로 퍼져나가는 것으로 이해될 수 있을 것이다. 이 의미에서 교회는 본질적으로 네트워크 사회이다. 비록 관계들이 (친족관계, 족장에 대한 충성 등과 같은) 관계성의 역사적 형태의 어떤

18 David Martin, *Christian Language and Its Mutations*(Aldershot: Ashgate, 2002), p. 175.

것에 의해서도 매개되지 않는다는 점에서 명백히 전대미문의 종류의 것이긴 하지만 말이다. 교회는 그처럼 모든 역사적 형태를 초월하지만 가령 동등한 시민권처럼 구성원 간의 유사성에 기반한 범주적 사회로 변형되지도 않는다. 오히려 항상 매번 달라지는 아가페-관계로 이루어진 네트워크로 발전한다.[19]

물론 교회는 안타깝게도 그와 같은 모델에 부합하는데, 심지어 장대하게 실패했다. 하지만 그와 함께 교회라는 사회가 본래 어떤 종류의 것이어야 하는지를 그려볼 수 있을 것이다.

반대로 범주적 사회는 코드에 의해, 무엇보다 먼저 법률적 코드에 의해 서로 묶여 있다. 하지만 범주적 사회와 조화를 이루거나 그것에 의해 고무되거나 또 그것을 모델로 삼는 윤리가 발달하는 만큼 그것 또한 마찬가지로 규칙('이것을 하라' 또는 '이것을 하지 마라!') 중 하나에 의해 각인된다. 인간의 곤경에 관한 그로티우스적 이해에 뒤이어 발달한 근대윤리의 역사에서 볼 수 있듯이 말이다.[20] 오늘날 지배적인 철학적 윤리학은 공리주의와 포스트-칸트주의라는 양대 세력으로 나뉘어져 있는데, 둘 모두 도덕을 모종의 기준을 통해 행위 주체가 무엇을 해야 하는지를 결정하는 것으로 파악한다. 그것들은 덕이나 선의 윤리학, 가령 아리스토텔레스의 윤리학에 상당히 적대적이다. 그리고 기독교적 윤리관 — 그에 따르면 지고의 삶의 형태는 규칙을 통해서는 설명될 수 없으며, 오히려 그것은 신과 맺는 특정한 관계에 뿌리를 두고 있다 — 은 화면에서 완전히 사라진다.

근대에 코드, 법률, 즉 무엇을 하라고 명령하는 윤리를 그토록 매력적인 것으로 만드는 특징 중 하나는 그것이 행위 주체는 어떤 권위에 의해서도 구속되지 않는 완전히 자유로운 존재라는 관점을 제공하는 점에 있었다. 자유의 윤리라는 그와 같은 개념은 거의 처음부터 그로티우스적 기획 속에 포함되어 있었다. 로크에 따르면 법률은 제약하는 것이지만 그 자체로 이성으로부터 흘러나온 것이다. 공리주의자들에게 법률은 인간

19 Ivan Illich, *The Corruption of Christianity*, publication of the Canadian Broadcasting Corporation in the series 'Ideas', January 2000을 보라. 또한 『이반 일리히의 유언』. 본서 마지막 장에서 그가 꺼낸 '타락' 문제로 되돌아갈 것이다.

20 Jerry Schneewind, *The Invention of Autonomy*(Cambridge: Cambridge University Press, 1998).

존재가 실제로 원하는 것에 기반하지 외부로부터 강요된 요구에 기반하지 않는다. 루소와 칸트에게서 법[칙]의 진정한 본성은 자기입법적인 데 있다. 반대로 정통 기독교는
283 우리의 지고의 존재양식(그리고 또한 우리의 자유. 다만 완전히 다른 개념으로 소급된다)이 관계로부터, 게다가 평등한 것이 아니라 우리가 우리 자신을 알고, 우리 자신이 되기 위해 의존하는 관계로부터 등장하는 것으로 본다.

그리하여 여기서도 자유의 시대로서의 근대는 인격적 관계로부터 등장하는 목적이 아니라 비인격적 법칙과 관계를 맺는 것과 조화를 이루는 것으로 볼 수 있을 것이다. 이 모든 형태의 비인격적 질서, 즉 자연적 질서, 정치적 질서, 윤리적 질서를 얼마든지 정통 기독교를, 그리고 신은 인격적 행위 주체라는 그것의 이해를 다 함께 반박하는 것으로 만들 수 있을 것이다. 실제로 인간의 존엄이라는 특정한 관념, 특히 칸트에 의해 대변된 관념은 기독교 신앙과 양립할 수 없는 것처럼 보인다.

정통 기독교 교리에 따르면 우리는 구원을 필요로 한다. 이 점에서 우리를 어린애 취급하는 것처럼 보일 수 있을 것이다. 그리고 인격적 관계로 소급되는 자비는 최고의 코드의 우위와 상충된다. 기독교는 인간의 존엄성과 양립할 수 없는 것처럼 보인다.

그와 같은 (필자 생각으로는) 오해가 근대 기독교세계에서 막강한 영향력을 행사해왔다. 여기서 그와 관련된 행위 능력으로 언급되는 주체 개념은 오랫동안 주로 남성적인 것과 관련되어왔다. 자기입법자로서의 남성의 역할은 기독교세계의 많은 곳에서 기독교 신앙과 결합시키기 어려웠다. 근대에 기독교는 종종 여성화되었다. 신앙의 실천에 참여하는 여성이 남성보다 많고, 많은 형태의 경건이 남성보다 여성에게 호소했기(가령 〈성심회〉에의 귀의) 때문이다. 전근대의 기독교세계에서는 그렇지 않았다. 기독교 전사에게 중요한 역할이 주어졌기 때문이다(아마 지나치게 중시된 역할이었지만 여기서 신학적 판단을 논하는 것은 적절치 않다). 그와 같은 역할이 아직도 중요한 곳(현대의 많은 이슬람사회와 부시 대통령이 줄곧 호소해온 미국 사회의 호전적이고 패권을 좋아하는 부분)에서는 여성화 정도가 훨씬 더 약하다. 얼마 전까지 서양기독교를 특징지은 여성화 — 많은 여성이 '남성적인'(이라고 이전에 간주되었던 것) 삶의 방식을 갈망하기 시작했다 — 는 비인격적 질서라는 근대적 감각과 기독교 신앙 사이에 깊은 곳에까지 이르는 긴장 관계가 존재함을 가리키는 중요한 표시 중 하나였다.[21]

이 모든 질서, 즉 자연적·사회적·윤리적 질서 모두가 비인격적인 것을 향한 그와 같은 활주를 촉진시키는 경향을 띠었다. 하지만 그와 같은 활주를 또 다른 관점에서, 즉 거리를 둔 합리적 행위 주체로서의 자기 이해에 의해 추동되는 것으로 볼 수도 있을 것이다. 거리두기[이탈]disengagement는 내가 '객관화objectification'라고 불러온 것의 상관항이다.[22] 특정한 영역을 객관화하는 것은 해당 영역으로부터 그것이 우리에 대해 갖고 있는 규범적 힘을 박탈하거나 적어도 해당 영역이 우리 삶에 대해 갖는 의미 부여를 괄호 안에 넣는 것이다. 만약 지금까지 사물이 존재해온 방식이 의미 부여를 규정하거나 우리를 위해 기준을 설정해온 존재 영역을 택한 다음 이제 그것에 대해 새로운 태도를 취해 그것을 중립적인 것으로, 의미 부여도 규범적 힘도 없는 것으로 다룬다고 해보자. 이 경우 그것을 객관화한다고 말할 수 있을 것이다.

17세기에 과학적 세계상이 크게 기계화된 것은 위에서 설명한 의미에서 객관화 과정이었다. 이전에 코스모스적 질서는 이데아가 구현된 것으로 간주되었다. 그것에는 이중적인 목적론이 들어 있었다. 첫째, 우리 주위의 사물은 이데아나 원형을 예시하기 위해 현재 형태를 띠고 있다. 그와 같은 생각이 르네상스기에 널리 확산된 '조응'이라는 284
학설의 토대에 놓여 있었는데, 그에 따르면 가령 왕국의 군주는 동물계의 사자, 조류계의 독수리, 어류계의 돌고래 등에 조응한다. 각각이 각자의 영역에서 동일한 이데아를 나타내는 것이다.

하지만 두 번째 수준에서 전체 질서 자체가 현재 모습으로 존재하는 것은 그것이 특정한 완전성을 드러내기 때문이다. 플라톤적 독법에 따르면 만물은 선의 이데아 아래 질서정연한 순서에 따라 존재한다. 게다가 전체는 그것이 합리적임을 보여주어야 한다. 플라톤이 말하는 이데아는 자기를 드러내는 실재이다. 사물이 현재 모습인 것은 합리적인 자기-드러냄의 양식에 부응하기 위해서로, 그와 같은 양식에서 일자는 다자로 바뀌

21 여기서 내가 묘사하는 비인격적 질서에 대한 믿음 그리고 인격적 신-신앙 간의 긴장 관계는 기독교 신앙에게는 중세가 오히려 더 편했다는 생각을 부추겨온 것 중 일부이다. 하지만 그것은 조악한 환상 위에 기반하고 있다. **그와 같은** 긴장의 원천은 당시에 존재하지 않았다. 하지만 기독교 전사의 중요성에 대한 언급이 분명히 밝혀주겠지만 다른 긴장들이 존재했다. 교황과 군주 간의 가차 없는 투쟁 등 중세사에 대한 극히 피상적인 인식만으로도 앞서 말한 생각을 꺾어버리기에 충분하고도 남음이 있을 것이다.

22 졸저, 『자아의 원천들』, 323~333페이지를 보라.

면서 모든 가능한 틈새가 메워진다(러브조이가 말하는 '충만의 원리') 등. 그와 같은 질서가 몇몇 수준에서 탁월성을 **규정한다**. 첫째, 각각의 종류의 사물의 이데아는 그것(그리고 물론 그것에는 인간도 포함된다)의 선을 표시한다. 둘째, 코스모스 전체는 최하위인 것부터 최상위인 것에 이르는 존재의 위계를 드러내고, 그에 따라 상이한 사물의 서열을 규정한다. 그리고 셋째, 전체가 자체에 고유한 선성을 드러낸다. 즉 충만, 이성 또는 (기독교의 경우) 창조주의 선의가 그것이다.

그와 같은 식으로 이해된 질서를 '의미로 충만한meaningful 질서'라고 부를 수 있을 것이다. 즉 '존재적 로고스'를 포함한 질서이다. 그것은 내부의 존재자들을 위한 패러다임적 목적을 설정한다. 인간으로서 우리는 우리의 이데아를 따라야 하는데, 그와 같은 이데아는 다시 전체에서 자기 역할을 해야 한다. 그와 같은 이데아 중에는 다른 무엇보다도 우리가 '합리적[이성적]이라는 것'이 포함된다. 즉 우리는 자신을 드러내는 질서를 볼 수 있음을 말이다. 그와 같은 질서에 대해 무관심하거나 그것이 가진 규범적 힘을 인식하지 못한다면 누구도 그것을 이해할 수 없다. 무관심은 아직 이해하지 못했다는, 오류를 범했다는 표시로, 전근대에 이론을 주도한 사람들에 의해 에피쿠로스주의자들과 다른 원자론자들은 곳곳에서 그렇게 비난받았다.

기계론으로 이행하면서 이 영역 전체가 중립화되었다. 그것은 더 이상 우리에게 타당한 규범을 정립하지도 또 우리 삶에 척도를 부여할 수 있는 의미도 규정하지 않았다. 물론 그것의 도덕적 결과가 세계상의 기계화 이야기의 일부를 이루었다. 오캄 같은 인물이 아리스토텔레스주의적 실재론에 맞서 일으킨 유명론적 반란은, 아리스토텔레스주의에서 상정되는 자연의 성향에 기반한 윤리학을 제시하는 것은 신의 주권을 제한하려고 시도하는 것이라는 감각에 의해 동기를 부여받고 있었다. 그와 같은 오캄주의적 사유 노선의 추후의 발전이 과학혁명에서 중요한 역할을 했다.[23] 내가 '객관화'라고 부르는 것이 바로 그와 같은 사태전개다. 하지만 나는 또한 그것을 '거리두기'라고도 부르고 싶은데, 왜냐하면 그것은 모종의 뒤로 물러남withdrawal을 동반하기 때문이다. 앞서 말한 대로 존재적 로고스의 틀 내에서는 의미나 규범적 힘을 인식하지 않고는 실재

23 Francis Oakley, "Christian Theology and the Newtonian Science", *Church History* 30(1961), pp. 433-457을 보라.

를 이해할 수 없을 것이다. 정확하게 파악하는 데서 핵심적인 것은 의미를 통해 사물을 지각하는 것이다. 객관화는 사물의 의미를 괄호 안에 넣은 다음 제외시킨다. 의미가 우리의 탐구를 고무시키는 일은 더 이상 없다. 의미에 따라 사는 행위 주체로서의 우리는 말하자면 탐구로부터 뒤로 물러난다. 그렇게 뒤로 물러나는 것을 '거리두기[이탈]'라고 말하고 싶다.

그와 같은 '뒤로 물러남'은 세계상의 기계화의 구성요소 중 하나였다. 하지만 데카 285
르트는 그것을 넘어 훨씬 더 앞으로 나아갔다. 그는 또한 육체화된 행위 주체로서의 우리 실존에 상응하는 의미로부터도 뒤로 물러날 것을 요구한다. 그에 따르면 보통의 반성적이지 않은 사람은 색깔에 대해서는 옷 속에 있는 것, 단맛에 대해서는 캔디 속에 있는 것으로 본다. 통증은 치아 속에, 따끔따끔한 느낌은 발속에 위치시킨다. 하지만 그것은 사물을 애매하고 혼란스럽게 지각하도록 만든다. 이 모든 경험이 존재하는 실제의 존재론적 장소는 정신 속에 있다. 설령 대상 또는 그것과 관련된 감관의 특성 때문에 그와 같은 경험이 발생한다고 해도 그렇다. 그리고 우리가 그와 같은 경험을 할 때 발생하는 일에 대한 정확한 이해는 제3자의 관점에서 얻을 수 있다. 그것을 통해 우리는 비로소 여기서 발생하고 있는 일의 인과관계를 인식할 수 있다.

그의 객관화는 코스모스적 의미 영역뿐만 아니라 육체로부터도 뒤로 물러날 것을 전제한다. 더 나아가 그는 내가 확실함을 자신할 수 있는 지식은 독백적·자기책임적 방식으로 구축된다는 확고한 입장을 택하면서 우리에게 전통과 사회적 권위로부터, 나아가 공통으로 경험되는 모든 영역으로부터 뒤로 물러날 것을 요구한다. 우리는 우리가 습득해온 진리를 그대로 신뢰하고 받아들일 수 없으며, 명석판명한 관념으로부터 출발하는 모종의 추론 과정을 통해 각자가 자기 자신을 위한 진리를 창조해나가야 한다.

전면적 거리두기라는 그와 같은 강력한 모델은 근대의 전통 속에서 계승되어갔다. 그에 대해 실제로 논란이 없던 것은 아니지만 전파력은 엄청났다. 이유는 부분적으로 근대문명의 가장 명망 높고 인상적인 인지적 행위 양식, 즉 자연과학에서 거리를 둔 사유가 수행한 결정적 역할에서 찾을 수 있었다. 하지만 부분적으로는 또 이미 논했듯이 거리두기, 완충재로 덮인 자아 그리고 그와 결부된 자유, 통제, 침해 불가능성[상처받지 않음]invulnerability, 따라서 존엄의 감각 간의 긴밀한 부합 속에서 그것이 수행한 역할에서도 찾을 수 있었다. 자연과학의 성공 그리고 그것에 수반되는 도덕적 우월감에 기초한 거리를 둔 태도의 명성에서 출발해 그것이 모든 형태의 탐구에 대한 올바른 태도라는 결론으로 일거에 (종종 암묵적으로, 그리고 반의식적으로) 도약하기는 쉬웠다. 그와 같은 (내 생각으로는) 정통적이지 못한 확대가, 인문학과 인간과학에서의 지속적 투쟁이 입증하듯이, 17세기부터 현재까지 우리 문화의 강력한 경향 중 하나이다. 자연과학에 기초한 '경험으로부터 멀리 떨어진experience-far' 방법은 심리학, 정치, 언어, 역사 해석 등의 현상에 적용될 때 중요한 논점을 왜곡하고 놓칠 위험이 있다고 거듭해서 지적되어야 했다.

거리두기가 이해 증진 방법으로 전혀 잘못된 방법일 수 있다는 것이 일상적 삶에서 명백하지 않다는 말이 아니다. 대화하면서 누군가가 우리에게 전달하고자 하는 바를 이해하고 싶을 때 또는 어떤 사람이나 집단에게 동기를 부여하는 것을 파악하고 싶을 때, 그들이 세계를 어떻게 보는지, 그들에게 중요한 것은 어떤 종류의 것인지를 파악하고 싶을 때 거리두기 방법은 거의 확실히 자기를 바보로 만드는 전략이 될 것이다. 우리는 인물이나 사건에 대해 열려 있어야 하며, 의미에 대한 우리 반응을 완전히 자유롭게 놔두는 것을 허용해야 한다(그것은 대개 그와 같은 반응을 반영한 우리 감정에 행동의 자유를 허락함을 의미한다). 물론 또한 이 경우 우리를 방해하는 것이 바로 우리 감정이나
286 인간적 의미에 대한 이해이게 되는 일도 얼마든지 가능할 것이다. 우리는 다른 사람들이 우리와 얼마나 다른지조차 파악하지 못한다. 그러나 가다머가 뛰어난 방법으로 제시했듯이 그것에 대한 치료약은 인간이 의미했음직한 것의 범위에서 완전히 뛰어나가 '사회과학'이라는 표백되고, 중립화된 언어로 사물의 상을 만들어내려고 시도하는 것이 아니다. 그러한 새로운 통찰로 이어지는 문만 굳게 닫을 뿐이다. 타자가 우리가 인정한 의미의 범위에 적합하지 않게 되는 방식에 의해 우리에게 도전하는 것을 허용하는 것에 의해서만 타자를 이해할 수 있다면 그와 같은 범위가 어떻게 부서져 열리며, 변형되어야 하는지를 이해하기 시작할 수 있을 것이다.[24]

24 아래서의 나의 논의를 참조하라. "Understanding the Other: A Gadamerian View on Conceptual Schemes", in Jeff Malpas et al., eds., *Gadamer's Century: Essays in Honour of Hans Georg Gadamer*(Cambridge, Mass.: MIT Press, 2002), pp. 279-297을 보라.

하지만 그것은 일상적 상황에서는 너무나 명백할 수 있지만 그와 같은 일상적 경험은 거리두기 모델이 가진 위엄에 의해 쉽게 무시될 수 있을 것이다. 말하자면 현실에게 그와 같은 태도로부터 출발해 정리정돈될 수 있는 것을 따르도록 촉구된다. 여기서는 (아마 약간 너무 칸트를 연상시키는 방식이겠지만) 선험적으로 작용하는 강력한 동질화가 작동하는데, 그 결과 도착적 결과가 나타나게 된다. '도착적'이라고 말하는 것은 방법과 태도는 관련된 실재[현실]의 본성에 적응해야 하는 반면 여기서는 비록 부지불식중에서지만 실재[현실]가 방법의 법정에 소환되기 때문이다. 요컨대 딱 들어맞지 않는 것은 비실재[비현실]적이라는 회색지대의 것으로 선고된다.

그와 같은 도착적 사태전개를 거리두기[이탈]에 의한 파급효과라고 부를 수 있을 것이다. 코스모스적 의미 영역으로부터 뒤로 물러나는 것은 자연과학이 연구하는 실재[현실]의 본성에 의해 적절히 동기부여된 이행인 반면 파급효과는 거리를 둔다는 태도의 위엄이 우리가 도대체 무엇을 실재[현실]로 지각할 수 있는지를 명하기 시작할 때 생긴다. 아래 사항도 지적할 수 있을 것이다. 즉 그와 같은 파급효과에 의해 구축되는 '과학'은 그것의 실천자에 의해 완전히 인지적 고찰에 의해 동기부여되고 있는 것으로 이해되는 반면 (만약 내가 옳다면) 실제로 그와 같은 동기부여의 대부분은 그와 같은 태도 자체를 둘러싸고 있는 위엄과 찬양 — 그것들은 또 그것들 나름대로 자유, 힘, 통제, 침해 불가능성, 존엄-감각을 사방으로 내뿜고 있다 — 속에 뿌리내리고 있다. 다시 말해 여기서 작동하고 있는 것은 **윤리적** 고찰(삶의 목적 또는 무엇이 보다 고차적인 형태의 삶인가 하는 물음에 관한 고찰)이다. 그것은 특정한 이데올로기적 의식에 의해 은폐된다.

이 장의 주요 주제로 돌아가 가령 기번에 대해 생각해보자. 평화를 지키기 위해 거리를 둘 것을 설파하는 그의 문체가 가진 힘을 생각해보자. — 후일이라면 아마 그것을 '쿨'하다고 특징지을 수 있을 것이다. 그것은 지극히 사려 깊게 거리를 두는 문체로, 각색을 피하고 정색하고 말하는 아이러니 속에서 나타나는 형태로 이야기를 구축하는 의미 부여만 허용한다. 그와 같은 문체의 힘에 매료된 사람에게 그것의 힘은 부분적으로 거리를 두겠다는 태도 자체에서 유래한다. 그리고 그와 같은 태도는 (도대체 그것에 끌리는 사람에게는) 거기에 묘사된 많은 사람의 뜨겁고, 과도하게 열중하는 '광신'보다 훨씬 더 우월한 것처럼 보일 수 있을 것이다. 어떻게 그와 같은 태도를 찬양하지 않을 수 있을까? 어떻게 그것이 뛰어난 인지적 태도라고 느끼지 않을 수 있을까?

모든 것과 거리를 둔다는 그와 같은 태도가 우리와 관련해 신은 인격적 행위 주체라는 감각을 수반하고 있던 정통 기독교와 어떻게 대대적으로 긴장 관계에 들어가게 되었는지를 볼 수 있을 것이다. 그와 같은 감각이 아래 생각이 등장하도록 만든 바 있었다.
287 즉 신과 관련해 거리를 두지 않는 것, 신 그리고 신 아래에서의 타자와의 '영적 친교'로부터 유래하는 사물에 대한 통찰은, 신과의 관계 외부나 그와 같은 관계로부터 뒤로 물러난 곳에서 통찰할 수 있는 것과 다르고, 그것보다 우월하리라는 것이다. 만약 거리를 둔 과학으로부터의 파급효과가 마음껏 힘을 발휘한다면 신앙관의 그와 같은 결정적 특징을 위협하게 될 것이다.

모든 것으로부터 거리를 둔다는 태도 내부에서 본다면 모든 것이 매우 분명해 보일 것이다. 신의 행위로 여겨지는 것은 무엇보다 먼저 기적이 잘 보여주듯이 전체적으로 믿기 어렵다고 할 수는 없더라도 의심의 여지가 있다. 여기서 흄이 완전히 거리를 둔 판에서 어떻게 논의를 전개하고 있는지를 보라. 물음은 이렇다. 즉 어떤 종류의 가설이 물음에 더 많이 열려 있는가? 일부 자연법칙은 예외를 허용한다는 가설일까 아니면 일부 인간 존재는 전승의 연쇄 속에 존재하므로 혼란, 경신輕信 또는 종교를 빙자한 속임수 때문에 완전히 정확할 수 없다는 가설일까? 거리를 두는 방식으로 인간의 이야기를 살펴본다면 저절로 답自答이 나오게 것이다.

하지만 동일한 물음을 또 다른 관점에서, 가령 「복음」 이야기에 들어 있는 치유의 기적의 관점에서 살펴보자. 그와 같은 기적을 살레지오 눈을 통해 살펴보자. 그와 같은 관점에서 보자면, 신과 보다 친밀한 관계가 됨으로써 우리 자신이 변형된다는 생각은 믿을 만한 것 이상의 것이다. 즉 부정 불가능해 보인다. 이렇게 말할 수 있을 것이다. 즉 우리가 영=정신적으로 변형된다는 것이다. 그렇다, 하지만 이 영역에서 한쪽의 '영=정신적인 것'이나 '심리적인 것'과 다른 한쪽의 '물질적인 것' 간의 경계는 얼마나 분명할까? 극히 냉혹한[전혀 신앙이 없는]unbelieving 의사라도 살려는 강한 의지나 내적 평정 상태가 병의 경과에, 심지어 개선이나 치유에까지 영향을 미침을 인정한다. 여기서 정확히 어디에 경계선을 그을 수 있을까?

여기서는 단지 본인에게 고유한 관점에서 보면 확실하며, 부정하기 어려운 것처럼 보이는 흄의 논의도 다른 관점에서 살펴보기 시작하자마자 토대가 흔들리기 시작한다는 점만 암시하고 그치기로 하겠다. 단지 한 가지만 거론하자면, 여기서 말하는 '자연법칙'이 본래 무엇인지, 그리고 무엇이 그것을 거스르는지가 전혀 명백하지 않다. 그리고 물론 전승의 연쇄의 어떤 지점에 위치하는지, 그와 같은 연쇄 속의 개별적 고리를 얼마나 신뢰할 수 있다고 판단하는지도 중요하다. 일단 거리두기라는 태도를 버리면 너무나 탄탄하고 설득력 있게 진행되는 흄의 논의의 두 측면은 동요하기 시작한다.

우리가 고찰하고 있는 시대에는 또 다른 강력한 요소가 거리를 둔 태도 편을 들고 있었다. 흄과 기번에게 결정적이었던 것은 살레지오에게는 그만큼 그렇지는 않았지만 '미신' 일반에 대한 지각에서는 그렇게 말할 수 있었다. 다시 말해 신의 개입을 믿는다는 것이 무엇인지에 대한 그들의 이해는 기적적 치유를 둘러싼 민중신앙과 대중신앙 그리고 모든 것을 경박하게 잘 믿는 사람들이 널리 퍼뜨리는 신이나 성인의 개입에 관한 다른 이야기에 의해 형성되었다. 비록 민중종교 현상에 대한 몰이해 — 그것은 지적/인간적 우월감과 분리 불가능했는데, 그것은 다시 공포로 물들어 있었다 — 를 아무리 고려하더라도 그와 같은 이야기와 전설의 상당수는 크게 설득력이 있지는 않았다. 만약 인격적 신과 관련된 경건한 행위 모두를 흄과 기번이 말하는 부정적 범주('미신', '광신', '열광주의') 중 하나나 다른 것에 동화시키고, 마찬가지로 성 프란치스쿠스 같은 인물을 그와 같은 범주 아래에 배치하거나 완전히 잊어버릴 수 있다면 두 사람 논의에 유용했을 것이다.

당시의 유럽 상황 — 민중종교는 심지어 많은 성직자에 의해서도 미신적인 것으로 판단되고 있었으며, 교회는 이단과 비신앙인에 대한 박해 행위를 종종 자행했다 — 에 288
서 그와 같은 동화를 시도하는 것은 어려운 일이 아니었는데, 특히 본인이 개인적 경건에 의해 감화받은 적이 없는 (또는 — 아마 기번? — 그렇게 감화받은 청년 시절에 대해 반발하는) 사람에게는 더 그랬다.

앞서 말한 대로 근대는 이신론 그리고 나중에는 무신론으로 이행했는데, 그것이 초대교부들이 본인들이 상속받은 철학에 의해 초래한 초기의 변화의 꾸러미의 대부분을 통합했다. 근대의 이신론은 필자의 목록 중 처음의 다섯 가지, 즉 육체, 역사, 개인의 위치, 우연 그리고 감정을 통합했다. 즉 앞의 다섯 가지 개념을 인간의 삶을 이해하는 데 필수적인 차원으로 통합했는데, 그것들을 우리가 신과 맺는 관계에서 완전히 배제했다. 하지만 물론 이 두 수준은 깔끔하게 서로 분리될 수 없다. 거리를 두는 태도는 삶에서 최고의 것이 무엇인지를 설명하려고 할 때 그와 같은 차원의 일부로부터 우리를 들어내는 경향이 있다. 신앙의 쇠퇴 이후 도덕, 즉 우리를 구속하는 규범이 최고의 것임이 드러났다. 도덕은 종종 대문자 이성에 의해, 즉 현실[실재]에 대한 연구, 그렇지 않으면 대문자 이성의 구조 자체에 대한 연구에 의해 드러나는 것으로 간주되었다. 하지만 거리두기가 대문자 이성에게 본질적인 것으로 간주되자 육체는 서서히 중요성을 잃어가는 경향을 보였다. 그리하여 우리는 두 가지 가능한 입장으로 끌려가게 된다. 그중 하나에 따르면 무엇이 옳은지를 결정할 때는 육체에 구속된 감정, '직감'을 도외시하고, 심지어 욕망과 감정조차 배제해야 한다. 그와 같은 입장으로의 이행은 칸트의 작업 속에서 패러다임적 표현을 찾을 수 있다. 아니면 두 번째 가능성은 이성의 지나친 요구에 맞서 흄에게서 볼 수 있는 대로 도덕을 감정 위에 정초하는 것이다. 하지만 바로 그와 같은 이유에서 통상 감정을 둘러싼 보다 고차적인 것의 아우라를 약화시키고, 그것을 오직 자연주의적인 방식으로 설명하고 말 뿐이다. 육체에 묶인 감정은 우리가 보다 고차적인 것의 아우라의 정당한 담지자로 인정하는 것에 우리를 관계시켜주는 매개물이 더 이상 아니다. 우리에게는 다음의 두 가지 선택지가 남겨진다. 즉 비슷한 어떤 것의 존재를 인정하고 이성을 그처럼 보다 고차적인 것으로의 유일무일한 경로로 파악하거나 아니면 그와 같은 종류의 고차적인 것을 전적으로 거부하고 그것을 자연주의적 설명을 통해 무엇인가 다른 것으로 환원시켜버리는 경향이 그것이다.

그와 같은 행보를 '탈육화excarnation'라고 부르고 싶은데, 그에 대해서는 본서 4부에서 논할 것이다. 물론 그것에 대해서는 근대문화에서 격렬한 논란이 벌어진 바 있다. 그것에 대한 가장 중요한 저항의 자리 중 하나는 [심]미적 경험으로, 거기서는 육체에 묶인 감정을 통해 보다 고차적인 무엇인가를 받아들이는 것이 여전히 허용되었다.

이상의 모든 것을 하나로 묶어보면 특정한 종류의 틀-이해가 어떻게 등장했는지를 이해할 수 있을 것이다. 그것은 한편으로는 비인격적 질서들, 즉 우주질서, 사회질서, 도덕질서의 막강한 현존에 의해 부양되었다. 다른 한편으로는 거리두기라는 태도 그리고 그에 부수되는 윤리적 위엄이 가진 힘의 매력에 의해 추동되었다. 그리고 사람들이 대안에 대해 갖고 있는 특정한 관념에 의해 한층 더 강화되었는데, 그것은 다시 민중종교에 대한 엘리트 계층의 경멸적이고 약간의 두려움을 동반한 묘사에 근거하고 있었다. 그것에 기반해 우리가 내재적·비인격적 질서 속에 살고 있다는 흔들림 없는 감각이 생기게 되었는데, 그것은 그것에 속한 사람에게 그와 같은 틀에 맞지 않는 현상은 모두 화면에서 지워버렸다.

이제 단 한 가지 요소만 더 추가할 필요가 있는데, 말하자면 자물쇠로 문을 잠그기 위해 말이다. 일단 그와 같은 고찰 방식을 채택하자마자 세련된, 상업사회에서 발달된 289
역사의식의 틀 속에 자신을 끼워 맞추는 것에 의해 그것 속에 단단히 확고하게 자리 잡을 수 있을 것이다. 이론의 관점에서 표현하자면, 그와 같은 역사의식은 앞 절에서 말한 대로 가령 스미스와 퍼거슨 같은 스코틀랜드 계몽주의에 의한 '발전 단계적' 설명 속에 나타나고 있다.[25] 인간 사회는 가령 수렵채집, 농경, 상업 같은 몇 가지 단계를 거친다. 통상 궁극적으로 경제적 용어로 정의되는 그와 같은 단계들은 하나의 진보를 묘사한다. 보다 고차적인 단계는 발전 — 즉 부의 증가 — 을 표상하며, 따라서 그것에 도달하면 그로부터 되돌아가려고 시도하는 것은 완전히 불합리하다(비록 모종의 양의성이 존재할 여지가 있고, 잃어버린 것에 대한 후회도 존재함에도 불구하고 말이다. 앞으로 살펴보겠지만 그것이 근대문화 속에 깊숙이 뿌리내리고 있다). 이 모든 것이 현 단계, 이제 막 도달한 단계, 즉 상업사회에 분명히 해당된다.

나의 묘사는 몇 가지 중요한 이론과 관련되어 있지만 그것보다 훨씬 더 광범위하게 확산되어 있는 견해나 추세가 존재했는데, 그것은 최근의 역사를 몇몇 거대한 구조적 변화에 기초해 이루어진 부의 증가나 진보로 이해했다. 가령 봉건제의 전사 귀족층이 상업적이고 생산력 지향의 엘리트 계층으로 대체되고, 그 결과 평화화가 찾아오고 경제 번영, 풍속 개선, '세련화' 등이 이루어졌다. 다른 역사적 시대에 속하는 다른 문화적

25 스미스, 『국부론』. Adam Ferguson, *Essay on the History of Civil Society*(New Brunswick, N. J.: Transaction Books, 1980), V-VI부.

특징 및 관습 — 가령 봉건적 가신단과 대비되는 주식회사, 군사훈련과 대비되는 행정과 상업 기예의 훈련, 명예에 대한 지나친 집착과 대립되는 보다 평등주의적인 존엄감 — 과 함께 종교 형태도 변해야 한다는 생각은 쉽게 받아들여질 수 있었다. 그것으로부터 한발 더 내디뎌 '영적 친교'에 의해 정의되는 정통 기독교는 실제로는 보다 이전 시대에 속한다고 주장하기 쉬울 것이다. 즉 그와 같은 형태를 오늘날 유지하는 것은 더 이상 큰 의미가 없으며, 힘들기도 하다.

'발전 단계적' 의식에서 나온 그와 같은 결론은 직접 도출된 것은 아니었지만 분위기는 분명히 그러했으며, 실제로 19세기 내내, 그리고 오늘날까지 그것은 점점 더 중요해지는 요소가 되었다. 만약 필자 주장대로 인간 중심주의적 고찰 방식은 무수한 종교적 현상과 종교적 가능성을 무시한다는 점을 전제한다면 그것들은 '시대에 뒤떨어지고', 오늘날에는 불가능하므로 실제로 무시해야지 진지하게 고려할 아무런 이유도 없다고 말하는 모종의 [우리의 사고방식에 대한] 배경이해는 인간 중심주의적 고찰 방식을 안정화시키고 외부로부터의 모든 잠재적 폭발로부터 그것을 방어하는 데 결정적으로 중요한 역할을 할 수 있을 것이다. 우리는 우리의 현재 견해가 보다 이전의 다른 형태의 이해보다 우월한 것은, 보다 이전의 모든 시대에 대해 현재를 진보로 규정하는 것의 일부라는 느낌을 갖게 된다. 우리에게 그것이 옳은 것처럼 보이는 것은 단지 우리와 관련된 사실일 뿐만 아니라 우리가 이룩한 진보를 반영하기도 한다. 지적 역행은 상상조차 할 수 없는 일이었다. 그렇게 하려면 뒤로 돌아갈 수 있는 것처럼 주장해야 했다.

그와 같은 발전 단계적 의식은 말하자면 인간 중심주의로의 전환의 끝자락에 있는 제동장치로, 옛날로 돌아가는 것을 (거의) 불가능하게 만든다.

사회적 상상계, 인지적 윤리epistemic ethics, 역사의식을 하나로 묶는, 불가피한 비
290 인격적 질서에 관한 그처럼 강력한 이해는 근대를 움직이는 (어떤 의미에서 은폐된) 주도 이념idées forces 중 하나가 되었다. 그리고 그것은 오늘날까지도 마찬가지이다.

그리하여 일련의 다른 교파를 가로질러 — 하지만 그중에서도 영어권 프로테스탄티즘 사이에서는 다른 곳에서보다 더 강력하게(또는 적어도 그다지 격렬한 도전을 받지 않게) 그리고 독일어권 사회에서는 그보다 약하게 — [비인격적 질서의 우위를 강조하는] 모종

의 추세가 엘리트 계층 사이에서 증가했음을 관찰할 수 있을 것이다. 그것은 심지어 엘리트 계층 사이에서조차 결코 만장일치를 얻을 수 있는 생각은 아니었다. 그리고 그와 같은 추세가 존재한 사회 전체의 관점에서 보면, 그것은 종교적 중심重心에 위치한 것과는 한참 거리가 멀었고, 보다 급진적인 측면은 종종 숨겨야 했다. 하지만 엘리트 계층 사이에서 단단히 정착되어 있었기 때문에 중요한 역할을 했다.

나는 그와 같은 추세 중 한 측면, 즉 '인간 중심주의로의 전환'을 그려내는 것부터 논의를 시작했다. 그것을 통해 무엇보다 먼저 인류를 위한 신의 목적이 아래를 향하도록 수정되었으며, 상호이익질서와 조화를 이루는 모종의 인간의 개화번영을 허용하는 내재적 질서 내부에 신의 목적을 새겨 넣었다. 그리고 그와 함께 그와 같은 체계에서 신의 은총의 중요성이 감소하고, 신비가 퇴조하며 또 신의 개입에 의해 마침내 인간이 변형된다 — '신화神化'라는 초대교부들의 개념에 의해 환기된 바 있다 — 는 보다 이전의 시각이 감축된다는 점에 대해서도 말했다. 다른 각도에서 고찰한다면, 즉 그처럼 새로운 추세를 앞선 여러 단락에서 사용된 용어로 기술하자면 이렇다. 즉 신이 우리와 맺는 관계는 비인격적인, 내재적 질서에 의해 매개된 것으로 이해되게 되었다. 내재적 질서로, 자기완결적이다. 즉 어떻게 생겼느냐와는 별도로 그것의 작용방식은 자체에 의해 이해 가능한 것으로 여겨졌다. 한 수준에는 자연적 질서와 우주가 존재한다. 그것은 마술로부터 정화되었으며, 기적에 의한 신의 개입과 특별한 섭리로부터 자유로워지고, 그리하여 보편적인, 우리가 아무런 영향도 미칠 수 없는 인과법칙에 따라 작동한다. 또 다른 수준에는 우리를 위해 설계된 사회질서가 존재한다. 우리는 이성에 의해 그것을 인식하고, 건설적 활동과 규율훈련으로 그것을 설립해야 한다. 마지막으로 그와 같은 사회질서를 규정하는 대문자 법이 존재한다. 정치적/입헌주의적 법으로서든 윤리적 규범으로서든 그것은 합리적 코드에 의해 표현될 수 있으며, 신과 그리고 그것을 연장해 인간과 맺을 수 있는 어떤 특수한 관계와도 독립적으로 파악될 수 있다. 인간관계에서 중요한 것은 앞의 코드에 의해 지시되는 것들이다(가령 자연법, 공리주의 원리, 정언명법).

물론 그와 같은 코드들의 중심에는 앞에서 인간 중심주의로의 전환을 이야기할 때 필자가 거론한 순수한 인간적인 개화번영이 서 있다. 또한 비인격적·내재적 질서를 향한 경향에 대해 이야기할 수도 있을 것이다. 그것들은 동일한 운동의 여러 측면이다. 내 생각에 따르면 앞서 말한 전환이나 경향은 근대 초의 보다 큰 발전 속에서 등장했다. 즉 새로운 형태의 사회조직과 규율훈련의 성장 — 생산성 향상을 도모하고 도구적 효율성을 높이기 위해 설계된 것이었다 — , 평화와 경제발전의 촉진, 상호이익을 겨냥한
291 정치적・윤리적 행위 코드에 따르는 것 등이 그것이었다. 그것이 우리가 보통 '근대'라고 부르는 것의 대부분을 차지했다. 그것과 관련된 나의 논지는 이렇다. 즉 비록 개혁된 기독교(프로테스탄티즘적 변형태에 국한되지 않았다)가 그와 같은 사태전개의 배후에 있는 원동력의 큰 부분을 차지했지만 그것의 성공적 전진을 통해 인간 중심주의로의 전환이라는 측면에서 해석될 수 있는 곤경이 초래되었는데, 거기서 우리는 법과 윤리의 내재적 질서 그리고 자연법칙에 의해 지배받는 우주 속에서 실제로 **살아가고** 있다. 실제로 그것을 통해 배제된 요소들에 대해 어떤 뚜렷한 감각도 결여되어 있기 때문에 그렇게 해석하도록 요청받고 있다고까지 말할 수 있을 것이다.

그와 같은 전환(또는 경향)은 근대에 관한 하나의 해석, 하나의 관찰 방법으로 간주될 수 있을 것이다. 물론 세속화에 관한 몇몇 주인-서사와 빼셈 이야기에서 상정되는 대로 유일하게 가능한 것은 아니다. 왜냐하면 그것은 종교적 삶과 경험의 가능성 전체를 폐쇄하거나 경시하는 것을 포함하기 때문이다. 하지만 일단 그와 같은 폐쇄를 감행하려는 사람에게 그와 같은 해석은 그럴듯하게 보일 수 있을 것이다. 그리고 그와 같은 폐쇄가 정상적인 것이거나 상황에 의해 강요된 것처럼 보일 때(가령 칼라의 사형 집행을 목격하고 있거나 〈낭트칙령〉의 폐지에 대해 알게 되거나 성직자의 반동에 맞선 투쟁에 종사하는 것 등)는 언제든 지극히 납득할 만한 일이 될 것이다. 사람들이 어느 길을 갈지는 결코 완전히 설명 가능하지 않지만 특정한, 명확히 규정된 상황에 놓이면 많건 적건 이해 가능해질 수 있을 것이다.

18세기에 전개된 사태 속에서도 비인격적인 것을 향한 흐름을 발견할 수 있는데, 그것은 19세기까지 계속된다. 이신론과 병행되며 그것과 중첩되는 것으로 유니테리언파를 향한 경향이 존재했다. 내가 논해온 근대의 추세, 심지어 많은 신학적 신념은 다른 교회에서도 찾을 수 있었지만 유니테리언파를 규정하는 신학적 신념들이 그와 같은 전환을 특히 분명하게 반영하고 있다.

그렇게 관찰해볼 때 유니테리언파는 그것에 영감을 준 아리우스파와 마찬가지로 그리스도라는 중심인물에 매달리면서 역사적 기독교의 주요한 구원론적 교의로부터 떨어져 나오려는 시도였다고 볼 수 있을 것이다. 유니테리언파 관점에서 보자면, 그리스도에 관해 중요한 것은 우리와 그리고 우리 사이에 새로운 관계를 개시해 우리가 신과 맺는 관계를 갱신하거나 변형시킨 데 있지 않다. 구원이라고 하는 것은 그와 같은 것을 의미하는 것이 아니라 본래 그것을 통해 법과 윤리로 이루어진 합리적 행위라는 원리를 따를 수 있는 가능성과 함께 그와 같은 원리에 따라 행위할 수 있는 능력을 부여받게 되는 것으로 귀결될 수 있을 것이다. 그와 같은 구원관에서 그리스도의 역할은 가르침과 모범을 보여주는 교사의 그것이다. 그의 중요성은 그가 나중에 계몽주의로 불리게 되는 것의 영감 넘치는 개척자였던 데 있다. 그것을 위해 그는 전혀 신일 필요가 없다. 실제로 만약 신이 예지에 의해 자연 속에서, 그리고 인간 사회를 위해 수립한 자기완결적·비인격적 질서 개념을 유지하고 싶다면 신이 아닌 쪽이 더 좋다. 그리스도의 육화 같은 생각은 그것의 윤곽을 흐릿하게 만들 뿐이다.

이 의미에서 유니테리언파 교의는 신봉자에게만 국한된 문제가 아니었다. 하지만 이 교파의 구성원이 잉글랜드와 미국 양쪽에서 국교회 반대파Dissent의 사회적 엘리트 계층에 속했던 것은 놀랍지 않다. 또한 구성원 중 지나치게 많은 숫자의 엘리트 계층 인물이 19세기 영국의 다양한 종류의 개혁에 종사했다(이 점에서는 퀘이커교도도 그들에게 거의 미치지 못했다). 마틴은 아래 주장을 인용한다. 292

> 집단으로서의 크기(결코 거대하지 않았다)에 비해 유니테리언파는 다른 어떤 집단보다도 더 많은 항목을 『영국인명사전』에서 획득했다.[26]

여기서 내가 옹호하고 있는 주제와 관련해 자칭 유니테리언파로의 개종이 종종 장로교나 다른 칼뱅주의자(속죄를 강조하는 이들 교파의 공적 교의는 그와 같은 새로운 견해와 대극의 입장에 서 있었다) 사이에서 일어난 것 또한 중요할 수 있을 것이다.[27] 하지만

26 Martin, *Christian Language and Its Mutations*, p. 173.

대극으로의 그와 같은 전환은 주로 엘리트 계층, 즉 새로운, 규율훈련된, 합리적인, 코드에 의해 정의된 에토스를 가장 성공적으로 받아들여 내면화한 사람들 사이에서 일어난 것처럼 보인다.

유니테리언파 교의를 통해서건 아니면 또 다른 경로를 통해서건 비인격적 질서에 부여된 우위는 결국 그와 같은 질서의 요구에 맞게 만들어진 기독교에 대한 길들여진 독법을 만들어냈다. 그것의 결과는 가톨릭 사제이자 학자인 타이렐에 의해 간결하게 기술되었는데, 그는 밀폐되고 자기폐쇄적인 로마교황 비피우스 10세 치하에서 아이러니하게도 '근대주의자'라는 이유로 침묵하라는 판결을 받았다. 그는 이렇게 쓰고 있다. 즉 그와 같은 견해는

> 예언자visionary 속에서 도덕가를, 예언자 속에서 교수를, 1세기 속에서 19세기를, 초자연적인 것 속에서 자연적인 것을 발견하려고 궁리한다. 그리스도는 이상적 인간이었다. 천국, 이상적 인간(성)이었다. 합리주의의 전제가 「복음」의 기적의 요소를 거짓된 것으로 걸러냈듯이 도덕주의의 전제는 근대적 도덕을 제외한 모든 것을 걸러낼 것이다. 오직 뒤에 남은 것만이 기독교의 실질이자 본질이다.[28]

2

인간 중심주의로의 전환 그리고 비인격적 질서를 향한 경향. 이 두 측면을 모두 가진 사태전개가 또한 어떻게 다음 세 번째 측면을 보여줄지를 예상할 수 있을 것이다. 정화된 종교가 그것으로, 거기서 신은 천지창조를 통해 자기를 계시하며, 또한 천지창조 자

27 가령 르클레르크와 베르나르처럼 네덜란드로 망명한 위그노교도 사이에서 정통교리를 포기하는 것에 대해서는 J. G. A. Pocock, *Barbarism and Religion*을 보라.

28 George Tyrrell, *Christianity at the Cross-Roads*(1909)(Alister McGrath, *The Twilight of Atheism*[New York and London: Doubleday, 2004], p. 140에서 재인용).

체를 다시 이성적 탐구를 통해 밝힐 것을 우리에게 요구하며, 또한 창조주와 피조물 간의 모든 인격적 형태의 관계 — 인격적 충실, 탄원 기도, 신을 달래고 자기 운명에 신이 관여하게 하려는 시도 등 — 를 무용지물로 만들어버린다. 그것은 현실 위에 정초된 종교다. 대문자 자연 또는 대문자 이성에만 의존한다.

그와 같은 종교에 계시는 필요 없다. 만약 우리가 알아야 할 모든 것을 말하기 위해 고결한 이성만으로 충분하다면 그와 같은 질서의 조물주가 지름길로 그처럼 인격화된 소통에 몸을 굽히는 것은 거의 상상조차 할 수 없을 것이다.

인간에게 원래 구비된 능력에 대한 낙관적 견해에서 출발하자면, 그것이 인류 최고의 종교였을 것이 틀림없다. 만약 그것이 도처에서 그것을 왜곡하는 부착물로 덮인 것을 본다면 그것은 분명히 미덕이나 계몽에 어떤 타락이 생겼으며, 게다가 암흑과 무지에서 이익을 얻는 사악한 세력(종종 '성직자의 정략政略'으로 신랄하게 비난받는다)이 그것 293
을 떠받치고 있기 때문이다. 다양한 종류의 그와 같은 부착물에서 유래한 종교 간의 차이는 모두 거짓이다. 우리는 단순하고, 모든 것의 토대에 놓인 공동의 진리로 돌아가야 한다.

그와 같은 진리를 차분하고 냉정한 이성은 재량껏 부릴 수 있다. 따라서 진정한 종교에 이르는 왕도는 올바른 신앙이다. 우리는 신의 의지에 대한 보다 내밀한 통찰을 낳을 수 있다는 모종의 헌신 관계에 의해서는 올바른 신앙에 도달할 수 없다. 그것이 '신비주의'의 길로, 앞의 견해에 따르면 그것은 어떤 정통성도 갖지 못한다. 신학은 정확한 기술이다. 그리고 안셀무스에게서 여전히 찾아볼 수 있던 훈계의 모든 차원을 잃게 된다.[29]

여기서 다시 인간성에 관한 낙관주의적 전제에서 출발하자면, 우리가 개탄스러울 정도로 신의 법을 따르지 못하는 주요 원인은 거짓 종교의 작용 탓이다. 거짓 종교는 광신적 숭배와 희생제의처럼 완전히 부적절한 행위로 우리를 이끌 뿐만 아니라 우리를 서로 반목시켜 원래 같으면 조화가 이루어져야 할 곳에 다툼을 가져온다. 세계에서 그와 같은 미신이 제거되면 인간은 평화와 조화, 상부상조를 발견하게 될 것이다.

그처럼 지나치게 '탈육화된' 종교적 삶이 다만 다시 한 번 더 조 바꿈轉調, 즉 완전한

29 Nicholas Lash, *Holiness, Speech and Silence*(Burlington, Vt.: Ashgate, 2004).

비신앙의 음역으로 조를 바꾸기만 해도 우리는 이미 라메트리가 『인간기계론』에서 대변하는 아래 같은 종류의 명제에 이를 수 있을 것이다.

> 만약 무신론이 일반적으로 수용된다면 모든 형태의 종교가 파괴되고, 뿌리채 뽑혀 나갈 것이다. 더 이상 신학 전쟁도 벌어지지 않으며, — 너무나 무시무시한! — 종교의 병사도 사라질 것이다. 신성함의 독으로 오염된 자연은 권리와 순결을 되찾을 것이다. 평화를 되찾은 필멸의 존재들은 다른 모든 목소리에는 귀 기울이지 않고 자기 자신의 자발적 명령만 따를 것이다. 오직 그와 같은 지시만이 행복에 이를 수 있도록 해줄 수 있다.[30]

여기서 신앙으로부터 필자가 '섭리에 기초한 이신론'이라고 부르는 중간 단계를 거쳐 무신론으로 이행하는 모습을 볼 수 있을 것이다. 우리 문명에서 비신앙을 위한 자리가 마련된 것은 그와 같은 중간 단계를 통해서였다.

이신론으로의 이행에는 단지 신앙의 변화 이상의 것이 포함되어 있다. 심지어 합리적 논의로 여겨진 것(기적을 의심하는 흄의 논의에서 찾아낸 것과 같은 것)으로부터의 전환 이상의 것이 말이다. 그와 같은 사태전개는 실제로 인간의 인지적 곤경에 대한 배경 이해에서 생긴 커다란 전환을 반영한다. 필자는 위에서 객관화와 거리두기[이탈]에 관해 논하면서 이미 그것의 한 측면에 대해 묘사한 바 있다. 하지만 또 다른 관점에서 보면, 그것은 지평의 변화로 간주될 수도 있을 텐데, 그것이 신이나 '종교'에 관해 추론한다는 것이 무슨 의미인가를 심원하게 바꾸어놓았다.

종교적 진리 문제를 종교적 삶의 특정한 공동체적 관행 — 그것 속으로 기도, 신앙, 희망의 여러 측면이 짜여져 들어간다 — 에의 참여와 별개의 것으로 분리시키는 것은 이신론적 관점의 배경적 가정 중 하나이다. 앞 장에서 살펴본 대로 버클리는 신의 존재를 '증명'하려는 시도를 포함한 이전 신학은 그와 같은 공동의 삶, 이 경우 기독교도의
294 삶의 지평 내부에서 전개되는 것으로 이해되어야 한다고 주장한다. 하우어워스도 최근의 기포드강의에서 동일하게 주장하고 있다.[31]

30 Julien Offray de La Mettrie, *L'Homme Machine*(McGrath, *Twilight of Atheism*, p. 33에서 재인용).

그처럼 새로운 체계의 틀 내에서 신의 존재, 우리가 신과 맺는 관계, 신에 대한 우리의 책무 등의 쟁점은 이신론에 의해 완전히 그와 같은 지평 외부에 놓이게 된다. 다른 곳에서 출발해 먼저 신이 존재하며, 이어 신은 자비로우며, 나아가 그의 계명 중에는 이런저런 것이 있으며 우리는 그것에 복종해야 함을 증명해야 한다고 상상해보자. 버클리 묘사에 따르면 새로운 변증론 속에서 작용하는 새로운 이해가 바로 그것이다. 그리고 그와 같은 변증론은, 뒤늦게 깨닫게 되는 바지만, 무신론을 가장 효과적으로 봉쇄했다고 생각한 바로 그 순간에 무신론으로 향한 문을 열고 있는 것처럼 보인다. 그와 같은 봉쇄는 부단히 분투하는 논의를 통해 이루어지는 것으로 생각되는 반면 문을 여는 것은 관점을 바꿈으로서 이루어진다. 적어도 이론적 근거에서 우주를 선의에서 설계했다는 생각에 기반한 논의를 옹호하는 사람이나 그것의 수신자 모두 실천, 기도, 희망으로 이루어진 이전의 기독교 지평 외부에 머물고 있다고 상정될 수 있을 것이다. 그들의 삶의 틀 자체에 신은 본질적이지 않으며, 그와 같은 틀 밖에서 사유를 통해 도달하려는 하나의 실체(물론 중요한 것이긴 하지만)일 뿐이다.

그와 같은 새로운 틀이란 무엇일까? 내가 본서에서 정의하려고 노력해오고 있는 것이 그것이다. 인간 존재는 근대적 도덕 질서의 규범적 조건 아래 사회를 형성하고, 대문자 자연이 제공하는 것을 사용해, 더 나아가 그와 같은 자연에 대한 정확한 지식 그리고 우리가 나중에 테크놀로지라고 부르게 될 발명품의 도움을 받아 목적을 실현한다는 것이 그것이라고 할 수 있다. 게다가 그와 같은 행위 주체는 거리를 둔 이성의 도움으로 비인격적 질서를 탐구함으로써 지식을 획득한다. 그것에 의해 오늘날의 인간의 인지적 곤경이 규정된다.

바로 그것이 지금까지 근대(성)의 등장으로 식별되어온 지평의 거대한 전환이다. 그것은 다양한 방법으로 이해되어왔다. 세속적 휴머니스트들에 의해 그것은 필자가 '뺄셈' 이야기라고 부르는 것의 틀 속에 집어넣어졌다. 즉 종교적・형이상학인 것은 환상으로 버려지고, 사람들은 자신이 단지 근대적 도덕 질서의 원리 외에는 다른 어떤 규범적 원리도 가질 수 없는 사회에 의해 통일된 사람일 뿐임을 발견하고 있다. 새롭게 규정

31 Stanley Hauerwas, *With the Grain of the Universe*(Grand Rapids: Brazos Press, 2001), 1장. 또한 Michael Buckley, *At the Origins of Modern Atheism*(New Haven: Yale University Press, 1987)을 보라.

된 곤경의 다른 특징 등에 대해서도 마찬가지로 말할 수 있을 것이다. 또는 블루멘베르크적 의미로 살짝 비틀어, 일단 자기주장Selbstbehauptung의 태도를 택하면 이 측면의 모습을 보여줄 수밖에 없다고 말할 수 있을 것이다. 그동안의 논의에서 분명해졌겠지만 나는 그와 같은 종류의 설명을 받아들일 수 없는데, 왜냐하면 그처럼 새로운 자기 이해가 역사적으로 구축되어온 방식을 완전히 무시하기 때문이다.

정반대 관점에서, 아퀴나스 같은 사람의 신학 이해가 사라지고 신의 존재증명 논의가 새로운 지평 속에서 전혀 다른 의미를 띠게 되는 방식을 추적할 수 있을 것이다. 새로운 구축물은 사후적으로는 종종 철저히 '자연스러운 것'처럼 보이고, 그리하여 그것이 얼마나 급진적·혁신적인지를 오해하는 경향을 띠기 때문에 그처럼 새로운 형태의 논의의 주요 사상가 그리고 그들의 계승자인 우리가 그것들이 과연 '얼마나 주제를 바꾸었는지'를 종종 보지 못하는 일이 일어난다. 가령 우리는 신의 존재증명의 타당성
295 에 관해 근대인은 아퀴나스와 다르다(즉 우리는 그와 같은 타당성이 설득력이 있다는 아퀴나스의 생각은 완전히 틀렸다고 생각한다)고 생각하지만 그와 같은 논의가 보다 이전의 지평에서는 완전히 다른 과제를 수행했음을 파악하지 못하는 경향을 보인다.

따라서 후기 스콜라주의의 전개, 둔스스코투스, 유명론, '가능태론possibilism', 오캄, 카예타누스Thomas de Vio Caietanus, 수아레스, 데카르트 등을 포함하는 일련의 단계를 거쳐 앞의 주제가 어떻게 변했는지를 보여주는 연구가 중요한데, 거기서 각각의 단계는 본인이 비판하는 선행 단계와 동일한 쟁점을 다루는 것처럼 보이는 반면 실제로 틀 전체는 슬며시 떠나가고 다른 틀에 의해 대체되는 것 같다. 버클리는 중세 자료들에 대한 그처럼 무자각적인 왜곡에 대한 비판에 크게 기여했는데, 하우어워스, 맥킨타이어, 밀뱅크, 픽스톡, 커, 버럴도 마찬가지이다.[32] 여기서는 그와 같은 작업에 대해 충분히 다룰 수 없지만 내가 지금까지 해오고 있는 이야기는 어떤 의미에서는 그들의 연구를 보완하는 것이다. 나는 사회적 실천에서 일어난 몇 가지 변화, 따라서 또한 지평의 전환을

32 Hauerwas, *With the Grain*, 1장에서 이루어지는 논의를 참조하라. 또한 Alasdair MacIntyre, *Three Rival Versions of Moral Enquiry*(Notre Dame, Ind.: University of Notre Dame Press, 1990); John Milbank, *Theology and Social Theory*, 2nd ed(Oxford: Blackwell, 2006); Catherine Pickstck, *After Writing*(Oxford: Blackwell, 1998); Fergus Kerr, *Aquinas*(Oxford: Blackwell, 2001); David Burrell, *Analogy and Philosophical Language*(New Haven: Yale University Press, 1973)를 보라.

가져오는 데 기여한 사회적 상상계를 이해하려고 노력해왔다(이에 대해서는 본서의 끝 — 즉 에필로그인 「많은 이야기」 — 에서 몇 마디 해볼 것이다).

반면, 사태를 미리 예견하는 투가 되겠지만, 그처럼 새로운 틀이, 기본적으로 자비롭고 질서정연한 것으로 간주되는 자연적 우주에 너무나 중요한 자리를 마련해줌으로써 수 세기에 걸쳐 연속적으로 이루어지는 발전 — 다윈의 발견에 의해 가장 극적으로 축약되어 보여지게 되었다 — 에 의해 그리고 '이빨과 발톱이 피로 빨갛게 물든' 자연성에 의해 얼마나 심원하게 교란될 수밖에 없는지를 볼 수 있을 것이다. 형이상학적 논의의 고전적인, 근대 초의 지평은 최신 형태로도 여전히 (동시대적으로 이해된) 근대적 도덕 질서 아래의 사회 속에 통합된 인간 존재를 포함하지만 이제 그들은 무심한, 심지어 적대적인 우주 속에 놓이게 된다. 그렇게 되면 이제 어떤 형이상학적 견해(물론 그와 같은 틀 속에 매립된 근대적 질서 속에 존재하는 도구적 합리성을 따르는 주체의 그것은 제외하고)라도 그와 같은 지평 내부에서 처리할 수 있는 고찰로부터 시작해 수립되어야 한다. 아래에서는 그것이 형이상학적 사유와 종교적 사유에 대해 어떤 의미를 갖는지를 검토할 예정이다.

규율훈련된, 도구적 합리성에 기초한 상호이익질서의 발전이 그와 같은 전환이 가능할 수 있도록 해준 모체였다. 그러한 전환이 필자가 세 번째 의미로 사용하는 근대적 '세속화'의 심장부이자 기원이기도 하다. 요컨대 근대사회에서 신앙/비신앙이 불안하게 공존하면서 종종 상쟁하는 새로운 상황이 생긴 것이다. 그러나 앞의 모체는 그와 같은 전환을 해명해주는 것 이상의 일을 한다. 즉 또한 그와 같은 상쟁의 일부를 설명하는 데 도움이 된다. 그것에 비추어 '근대(성)'에 대한 몇몇 반발을, 그리고 그와 같은 반발이 근대적 신앙에 가한 긍정, 부정 양측의 충격을 이해할 수 있을 것이다. 이제 이 주제에 관한 고찰에 착수해보자.

3부
'노바'효과

A Secular Age

8
근대의 불편함

299

지난 2세기 동안 신앙/비신앙을 둘러싸고 벌어진 논쟁의 동향과 반대동향을 적어도 요약 식으로 개관해서 뒤쫓는 것만으로도 근대에 그렇게 반발하는 이유에 대해 감은 잡을 수 있을 것이다. 그것이 이제부터 내가 하고 싶은 이야기의 일부이다. 그와 관련해 나는 오늘날 세속성 3이 어떻게 발전했는지를 설명해보려고 시도할 텐데, 그것은 다시 세 단계로 구분될 수 있을 것이다.

첫 번째 단계에 대한 설명은 이제 막 끝낸 셈인데, 배타적 휴머니즘이 어떻게 기독교 신앙의 대안으로 등장하게 되었는지가 그것이다. 두 번째 단계에서는 새로운 다양화의 심화를 볼 수 있다. 정통종교에 대한 다양한 비판, 이신론, 새로운 휴머니즘 그리고 그것들 간의 상호 논쟁은 자유와 상호이익의 휴머니즘을 깨고 나온 비신앙 형태(가령 니체와 그의 추종자들)와 그 밖의 다른 많은 형태를 포함해 결국 많은 새로운 입장을 낳게 되었다. 따라서 현재의 우리의 곤경[처지]predicament은 18세기 말에 가용했던 선택지를 훌쩍 뛰어넘는 온갖 가능한 입장의 전 음역을 제공하고 있다. 마치 최초의 이항론二項論 — 실행 가능한 휴머니즘적 대안의 상정 — 이 '노바'[신성폭발[탄생]) 효과 같은 동력학을 가동시켜, 사유 가능한 것의 전 범위를 가로질러, 심지어 그것을 넘어 점점 더 범위를 넓혀가는 다양한 도덕적 · 영=정신적 선택지를 만들어내는 것 같다. 그와 같은 단계가 오늘날까지 연장되고 있다.

세 번째 단계는 두 번째 단계와 겹치지만 비교적 최근 이야기다. 원래는 엘리트만의 것이던 문화가 '노바'에 의해 파열되어 사회 전체로 일반화되었다. 그와 같은 과정은 20세기 하반기에 정점에 이르렀다. 동시에 그와 같은 과정의 본질적 구성요소로서 서양문화에 '본래성authenticity' 또는 표현적 개인주의 문화가 출현해 일반화되었는데, 사람들은 각자 알아서 자기 길을 찾고, 자기 자신만의 충족을 찾고, '자기 마음에 꽂히는 일을 할 것'을 장려받고 있다. 본래성의 윤리는 낭만주의 시대에서 유래했지만 대중문화에 완전히 스며든 것은 최근 수십 년간의 일이었다. 즉 제2차세계대전 이후의 시기로, 그보다 더 늦지는 않을 것이다.

그와 같은 전환은 주로 인간의 삶에서 영=정신적인 것 — 적어도 많은 사람이 살아
가면서 느끼는 것 — 이 차지하는 자리를 변동시킴으로써 세속성 3의 형체shape를 분명
히 변형시켰다. 한쪽에서는 도덕적 또는 영=정신적 길을 걷는 것 그리고 다른 한쪽의
300 보다 큰 집합체 — 국가, 교회 또는 교파 등 — 에 속하는 것 간의 연관성이 점점 더
느슨해져갔다. 그리고 그 결과 '노바' 효과는 강화되었다. 우리는 지금 영=정신적 '슈퍼
노바', 즉 영=정신적 판 속으로 일종의 다원주의가 급속히 확산되는 시대에 살고 있다.

1

먼저 '노바' 효과부터 시작하자. 이신론, 이어 배타적 휴머니즘으로의 이행에 의해 초래된 처지[곤경]를 묘사할 수 있을까? 내가 의미하는 것은 주로 엘리트 구성원에 의해 경험된 바로서의 곤경인데, 18세기에는 오직 그들만이 그와 같은 변화에 관심을 갖고 있었다.

자유와 질서의 윤리는 완충재로 덮인 자아를 중심에 놓는 문화 속에서 등장했다. 지금까지 내가 사용해오고 있는 '완충재로 덮인 자아'라는 용어는 복잡한 의미를 갖고 있다. 그와 같은 현상에는 말하자면 객관적 측면과 주관적 측면이 존재한다. 완충재로 덮인 주체가 된다는 것은, 즉 안쪽(사상)과 바깥쪽(자연, 물리적인 것) 간의 다공적 경계를 닫아버리는 것은 부분적으로 탈주술화된 세계 속에서 사는 것과 관련된 문제이다.

그것은 앞서 묘사한 일련의 변화에 의해 초래되었다. 즉 정령이나 여러 영력이 출몰하는 코스모스가 기계론적 우주로 대체된 것, 보다 고차적인 시간이 쇠퇴한 것, 가령 카니발 등에서 표현되던 상보성-감각이 후퇴한 것 등이 그것이다.

하지만 앞의 변화들은 주체 영역에서, 정체성에서 일어난 전환들에 의해 촉진되고 강화되었다. 거리를 둔 이성의 출현, 규율훈련된 자기-재구축에 의해 초래된 변형을 그것들로 꼽을 수 있는데, 친밀성의 범위가 좁아지고 강화된 것, 엘리아스의 '문명화 과정'도 그것에 포함되었다.

엘리트 계층에게 앞의 두 측면[객관적 변형과 주관적 변화]은 대개 나란히 진행되었으나 일반 민중 계층은 후자로까지 끌려들어가지 않고도 전자를 겪을 수 있었다. 즉 그들의 세계는 위로부터의 대문자 개혁에 의해 탈주술화될 수 있었다. 따라서 성스러운 것, 보다 고차적인 시간, 상보성-감각을 담지하던 관습과 의례가 금지되거나 해체되었다. 보통 사람들 사이에서 널리 확산되어 있던 그와 같은 처지[곤경]에 대해서는 나중에 다시 언급하기로 하자. 우선은 이신론적·휴머니즘적 이행을 담당한 계층이 처했던 문화 또는 신앙의 조건에 대해 묘사하기로 하자.

완충재로 덮인, 인간 중심주의적인 그와 같은 정체성에는 어떤 이점이 있었을까(있을까)? 그것의 매력은 적어도 우리에게는 꽤 분명하다. 우리 세계와 우리 자신에게 질서 부여 능력과 힘을 갖고 있다는 감각이 생기는 것이다. 또한 그와 같은 능력이 이성 및 과학과 연결되어 있는 한 훨씬 더 많은 것을 알고 이해할 수 있다는 감각이 추가되었다.

하지만 능력과 이성을 넘어 그와 같은 인간 중심주의를 지지하는 또 다른 극히 강력한 요소가 존재했는데, 침해 불가능성이라는 감각이 그것이다. 완충재로 덮인 자아는 탈주술화된 세계 속에서 살고 있기 때문에 정령과 여러 영력으로 이루어진 세계 — 정신의 경계를 넘어서며, 실로 확실한 경계가 존재한다는 생각 자체를 부정한다 — 에 더 이상 열려 있지 않으며, 그것에 의해 침해받지도 않는다. 다공적 자아가 보유하는 두려움, 불안, 심지어 공포는 이제 과거의 것이 되었다. 만약 세계를 탈주술화하는 것에 301
덧붙여 인간 중심주의로의 전환을 감행해 더 이상 심지어 신의 권능에도 의존하지 않게 된다면 자제심이라는 감각, 정신이라는 안전한 내부 세계가 존재한다는 감각이 한층 더 강화될 것이다.

인간 중심주의로의 전환을 수행한 사람의 자아상에는 능력, 이성, 침해 불가능성, 예로부터 전해 내려오는 공포로부터 결정적으로 멀어졌다는 감각 — 그와 같은 두려움을 우리는 여전히 일부나마 느끼고 있다 — 이 속한다. 역사 이해를 통해 그리고 아직 계몽되지 못한 대중에 대한 정보를 통해 그렇게 할 뿐만 아니라 그것들이 우리의 유년기로부터 공명하기 때문이기도 하다. 그리고 그와 같은 성취에는 강력한 만족감이 동반된다.

무엇보다 먼저 여기서 일정한 자부심을, 즉 일정한 자존감을 거론할 수 있을 것이다. 그와 같은 느낌은 그것이, 즉 비이성적 공포로부터 해방된 것이 얼마나 큰 성취인지를 보다 명확하게 인식할수록 그만큼 더 강력해졌다. 근대의 인간 중심주의의 자기의식에는 그와 같은 성취감도 속하는데, 무엇인가를 성취해 주술화된 세계에 사로잡혀 있던 이전 상태에서 벗어나 그처럼 침해 불가능한 상태에 이르렀다는 것이다. 이 의미에서 근대적 자기의식에는 역사적 차원이 존재하는데, 그것은 심지어 역사에 문외한인 사람 — 오늘날에도, 안타깝게도, 너무 많다 — 에게도 해당된다. 그들은 어떤 실천[관행]은 '근대적인[새로운]' 반면 다른 것은 '후진적'임을, 이 생각은 긍정적 의미에서 '중세적'인 반면 저 생각은 '진보적'임을 안다. 역사적으로 어느 시기에 놓이느냐만 알아도 그것만으로도 사실임을 알 수 있다는 식, 거의 뼈대에 해당되는 최소요구에 부합할 수 있다는 식이다.

그와 같은 의식이 과거에 대해 취하는 태도가 톰슨이 말한 바 있는 "후대가 [이전 시대를] 엄청나게 깔보는 것"[1]이다. 그와 같은 태도의 고전적 표현을 그와 같은 인간 중심주의적 의식이 완성되기에 이른 위대한 시대, 즉 18세기 계몽주의에서 찾아볼 수 있다. 기번이 탁월한 사례이다. 그에게서 비잔틴제국의 수도사들과 주교들의 야만적이고 불쾌한 괴상한 짓거리를 회상하는 냉정한 자제심, '미동도 하지 않는' 어조 속에서 침해 불가능성이라는 감각 그리고 과거의 비이성적인 것으로부터 거리를 두려는 태도를 찾아볼 수 있을 것이다. 침해 불가능성은 문체 속에서 구현되는데, 우리 조상들의 폭력적이고 극단적인 신들린 듯한 행동에 대해 건조하고 아이러니한 위트를 가진 흐트

1 톰슨E. P. Thompson, 나종일, 김인중, 한정숙, 노서경, 김경옥, 유재건 역, 『영국노동자계급의 형성』, 13페이지.

러짐 없는 목소리를 통해 마치 나무라듯이 멀찍이 거리를 두고 있다. 그와 같은 어조는 우리에게 이렇게 말한다. 즉 우리는 더 이상 그와 같은 세계에 속하지 않는다. 우리는 그것을 극복했다고.

완충재로 덮인 그와 같은 거리는 근대 유럽에서 등장한 '문명'이라는 복잡한 개념의 일부가 되었는데, 그것은 르네상스기의 '예의' 개념 이래 발전하기 시작해 우리 자신의 역사화된 자기인식의 중요한 일부가 되었다. 그것을 통해 우리는 우리 자신의 '야만적' 과거 그리고 보다 불운한 처지에 있던 다른 사람들과 특정한 관계에 놓이게 된다. 거기에 문해율과 교육, 개인적인 자기규율, 생산기술 발달, 예의의 감각, 다양한 통치형태와 준법의식 등의 또 다른 요소가 추가되었다. 그와 같은 요소들이 점차 발달해온 "예의"[2](또는 '문명화된 상태état policé' 속에서 산다는 것이 의미하는 것)라는 이상을 형성했으며, 그와 함께 새로운 종류의 침해 불가능성과 거리가 지반을 다지며, 규율훈련, 교육, 예의범절 그리고 훌륭한 정치질서善政의 이상에 이런저런 특징을 부여한다.[3]

2 John Hale, *The Civilization of Europe in the Renaissance*(New York: Atheneum, 1994), p. 360.

3 그러는 동안 인간 중심화된 문명의 의미가 자체에 고유한 발전사를 발달시킬 정도로 그와 같은 관념들에 강하게 각인되는데, 그와 같은 틀 안에서 그와 같은 문명의 종교적 선행자들은 경시된다. 그와 같은 의식意識의 등장은 르네상스의 열매로, 중세 말의 시기에 휴머니즘이 정상적으로 성숙하는 가운데 등장한 것으로 간주된다. 종교개혁은 무시되거나 아니면 적어도 매우 일면적인 초상을 통해 그와 같은 과정의 한 단계로 나타나는데, 거기서 중세의 가톨릭의 권위와 성스러움에 대한 개인주의적 · 해방주의적 공격은 시대착오적으로 단지 일종의 원형-계몽주의로 제시되며, 후일의 인간 중심적인 '자유주의' 프로테스탄티즘의 특징은 그와 같은 정초적 시대로 소급되어 해석된다.

자유와 이성이 선행자로부터 선행자로 계속 앞으로 거슬러 올라가면서 포괄 범위를 점점 더 넓혀가는 그와 같은 식의 이야기도 얼마든지 해볼 수 있을 것이다. 완충제로 덮인 자아에 대한 일종의 휘그사관적 역사이다. 그것에도 일정한 진실은 존재한다. 왜냐하면 질서를 향한 경건한 충동은 결국 인간 중심적 변종으로 돌연변이를 일으키기 때문이다. 그리고 이 문제에서는 항상 그렇듯이 연대기는 결코 명확하지 않다. 그와 같은 전통 속에는 심지어 매우 일찍부터 신학적 전거로부터 다소 멀리 떨어진 채 구축된 질서의 윤리를 발전시키고 있던 것처럼 보이는 중요한 인물이 존재했다. 가령 나는 립시우스 그리고 우리가 '신스토아주의'라고 부르는 흐름을 생각 중인데, 그들은 고대철학을 전거로 삼고 있음을 분명하게 천명한다(2장에서 논한 바 있다). 그와 같은 흐름에 특징적인 것이기도 한데, 립시우스는 가톨릭적 사회 환경과 프로테스탄트적 사회 환경 사이를 왔다 갔다 활주하며, 그리하여 그가 궁극적으로 어느 쪽에 충성하고 있느냐 하는 문제는 지금도 여전히 다소 의심스러운 상태에 있다. 그것은 아마 그와 같은 쟁점이 그에게는 그렇게 큰 의미는 없었음을 의미할 것이다. 이 점에서 그는 라이프니츠를 예시한다. 하지만 한 세기를 전부 앞서.

하지만 그와 같은 휘그사관적 역사는 본질적인 것을 빠트리고 있다. 먼저 질서와 탈주술화 방향으로 나가도록 추동한 주전동기主電動機가 종교적인 것이었음을 말이다. 만약 그것을 립시우스 같은 예외적 인물 — 그는 전체적으로 고대철학에서 차용한 영감에 의지할 수 있었을 것이다 — 에 맡겼더라면 변형에는

긍정적 측면에 대해서는 이쯤 해두자. 하지만 부정적 측면 또한 존재했다. 완충재
302 로 덮인 정체성은 우리의 사회질서 속에, 우리가 세속적 시간 속에 매립되어 있는 것에, 우리가 받아들이게 된 거리두기 형태의 규율훈련 속에 깊이 닻을 내리고 있다. 그렇게 닻을 내리는 것은 우리가 침해받지 않을 가능성을 보장해준다. 하지만 그것은 또한 한계로, 심지어 감옥으로 체험될 수 있으며, 그처럼 질서정연한 인간세계 그리고 그와 같은 세계의 도구 합리적 기획을 넘어선 곳에 놓인 모든 것에 대해 우리를 맹목적으로 만들거나 무감각하게 만든다. 무엇인가를 놓치고 있다는, 무엇인가로부터 단절되어 있거나 보호 우산 뒤에서 살고 있다는 느낌이 쉽게 생겨날 수 있을 것이다.

그와 관련해 내가 단지 신의 존재 또는 초월적인 것에 대한 강한 감각 때문에 많은 사람이 이신론, 심지어 그보다 강하게는 휴머니즘에 반발했다는 것만 언급하고 있는 것은 아니다. 그와 같은 종류의 반발은 웨슬리주의자, 경건주의자 그리고 후일의 복음주의자 속에서나 찾아볼 수 있다. 그와 관련해 나는 오히려 탈주술화된, 시시하고flat 공허한 것으로 지각된 세계 그리고 내적인 것, 초월성과 함께 우리가 잃어버린 의미를 대체해줄 수 있는 이승적인 것에 대한 여러 형태의 추구에 대한 훨씬 더 광범위한 불편함을 생각하고 있는 중이다. 그리고 그와 같은 느낌은 당시의 특징이었을 뿐만 아니라 오늘날까지 지속되고 있다.

그렇다고 해서 모든 사람이 그와 같은 감정을 느꼈다는 말이 아니라 오히려 먼저 많은 사람이 그렇게 느꼈으며, 게다가 단지 그것을 넘어 열성적인 유신론자층에서만 그러했던 것이 아니라는 것이다. 정통 기독교를 받아들일 수 없음에도 불구하고 그것을 대체할 모종의 영=정신적 원천을 찾는 사람의 범주가 점점 더 증가했음을 처음부터 감지할 수 있었다. 샤프츠베리는 많은 위대한 낭만주의 작가를 포함한 그와 같은 계층의

훨씬 더 오랜 시간이 걸리거나 아마 어쩌면 전혀 도래하지 않았을 수 있을 것이다. 교양인이건 그렇지 않건 수많은 사람을 탈주술화의 후류後流 속으로 끌어들일 수 있던 운동은 가톨릭이건 프로테스탄티즘적이건 종교적인 것이었다.

두 번째로 그 결과 새로운 휴머니즘은 앞서 지적한 대로 그것이 기원한 것의 흔적을 띠게 되었다. 자아와 세계에 적극적으로, 도구 합리적으로 질서를 부여하려는 목적에 헌신하는 것뿐만 아니라 보편주의universalism와 선의가 그것 내부에서 중심적 자리를 차지하고 있는 점이 그것을 잘 보여준다.

이 모든 것에도 불구하고 그리고 결정적 결함에도 불구하고 탈주술화와 인간 중심주의 쪽으로의 느린, 점진적인, 일직선적 전진 이야기를 조립하는 것은 얼마든지 가능하다.

초기의, 이른바 원형적 구성원이었다(그와 같은 인물 중 몇몇이 정통파와 맺은 관계는 복잡했다. 그중에는 정통신앙 쪽으로 입장을 바꾸어나간 워즈워스와 프리드리히 슐레겔 같은 사람이 있는가 하면 정통파에서 이탈해간 라마르틴, 위고 같은 사람도 있었기 때문이다). 게다가 왕정복고기에는 스탈 부인과 그녀의 추종자들이 있었고, 그 뒤에는 칼라일, 아널드 등도 있었다.

그것을 통해 정통파와 비신앙 간의 대립에 직면해 당시의 많은 사람이, 그리고 그 중에서도 가장 감수성이 풍부한 최고의 인물들은 교차압력cross-pressure에 시달리며 제3의 길을 모색하고 있었음을 읽어낼 수 있을 것이다. 그와 같은 교차압력이 점점 더 많은 제3의 길이 창조되는 가운데 '노바' 효과를 초래한 동력학 중 일부였다.

그것은 자유와 상호이익의 윤리 — 그것은 수용 불가능한 정통교리의 여러 측면(권위주의, 복리[행복]wel-being보다 복종을 앞세우는 것, 인간을 죄짓고 악한 존재로 바라보는 의식, 영벌 등)에 격분할 수 있는 모든 이유를 제공해준다 — 내에서 완충재로 덮인 자아가 되는 것에 따른 처지[곤경] 자체에 대해 무엇인가를 말해준다는 생각이 든다. 또한 그와 같은 처지[곤경]는 영=정신적으로 불안정하며, 한편으로는 보다 이전의 기존 신앙으로 돌아가지 않도록 만드는 동기를 제공하고, 다른 한편으로는 (특히) 불편하다는 느낌, 공허감, 의미가 필요하다는 느낌을 제공한다.

또한 그것은 모든 사람이 이리저리 갈피를 잡지 못하리라는 것을 의미하지 않는다. 많은 사람이, 아마 대다수 사람이 결국 권위주의적 정통파와 유물론적 무신론의 극단적 입장을 포함한 모종의 해결책을 택하게 될 것이다. 하지만 어떤 종류의 것이 되었건 문제를 해결하기 위한 장기적 운동이 존재하지 않는다는 의미에서 상황은 전체적으로
불안정한 채 남는다. 연이은 세대마다 문제를 항상 새로운 방식으로 재개할 것이다. 아 303
이들은 부모의 해결책을 버릴 것이다. 새로운 세대에 속한 사람은 복음주의자가 됨으로써 18세기의 기번적 상류문화에 반항한다. 그러고 나서 얼마 지나지 않아 그들의 후손은 신앙을 갖지 않게 된다 등. 한편으로는 비신앙이 자체의 한계와 불모성에 직면해 전체가 정통파로 회귀하는 가운데 수포로 돌아가길 바라는 사람이나 이 모든 것이 이성과 과학을 향한 역사적 전진을 대변한다고 믿는 사람 모두 실망하고 말 운명이다. 장기적으로 보더라도 안정적 해결책은 존재하지 않는 것처럼 보인다.

둘째, 만약 그와 같은 시소 같은 투쟁에서 뒤로 물러나 문화 전체의 몇 가지 특징을 살펴본다면 완충재로 덮인 정체성 내부의 교차압력을 읽어낼 수 있을 것이다. 비록 그것에 반응하는 방식은 다 다르겠지만 우리의 탈주술화된 세계는 의미를 결여하고 있다는 불평, 나아가 그와 같은 세계에서 특히 젊은이들이 삶의 강력한 목적의 결여로 인해 고통 받고 있다는 불평은 모두가 이해하고 있다. 그런데 그것은 정말로 놀라운 사실이다. 루터 시대라면 도대체 그것이 어떤 문제인지조차 사람들에게 설명하지 못했을 것이다. 당시 사람들을 괴롭힌 문제가 있다면 그것은 오히려 '의미'의 과잉이었다. 즉 그들은 다른 모든 것을 압도하는 한 가지 물음, 즉 '나는 구원받을 수 있는가, 지옥에 떨어질 것인가?'라는 물음 앞에 서 있다고 느꼈는데, 그것이 그들을 귀찮게 했다. 역사를 통틀어 우리는 '현재의 우리 시대[현대]the present age'에 관한 온갖 불평불만을 들을 수 있을 것이다. 변덕스러운 시대이며, 악과 무질서로 가득 차고, 위대함이나 고귀한 행위를 결여하고, 불경함과 비열함이 만연해 있다고 말이다. 하지만 다른 시대와 장소에서 들을 일이 없게 된 것이 우리 시대에는 흔한 표현 중 하나(그것이 옳고 그른가는 논외이다)가 된 다음 문구이다. 즉 우리 시대는 의미 상실이라는 위험에 노출되어 있다는 것이다. 그와 같은 불편함은 완충재로 덮인 정체성 특유의 것으로, 그것의 침해 불가능성 자체가 그와 같은 정체성을 단지 악령, 코스모스의 여러 영력이나 신들이 '나를 못살게 굴지' 않을 위험뿐만 아니라 도대체 의미심장한 어떤 것도 더 이상 마음을 끌지 않게 될 위험에 열어놓는다.

물론 그와 같은 상태와 몇 가지 유사점을 보인 선행하는 상태가 존재했는데, '우울melancholy' 또는 '무감동acedia'이 그것이다. 하지만 물론 사람들은 그것을 전혀 다른 틀 안에서 바라보았다. 그것은 특수한 사태, 말하자면 행위 주체 본인의 영=정신적 병리였다. 그것은 사물의 성질에 관해서는 아무것도 말해주지 않았다. 또 의미의 존재적 정초에 대해 아무런 의심도 품지 않았다. 하지만 의미에 대한 그와 같은 존재적 회의 자체가 근대적 불편함의 본질적 특징이다. 하지만 우리는 왜 우울melancholy(또는 '권태ennui' 또는 '우수spleen')이 — 보들레르에서 볼 수 있는 대로 — 우리 시대의 의식을 형성해온 예술에서 중요한 자리를 차지할 수 있는지를 이해할 수 있을 것이다. 예술의 위치 물음에 대해서는 아래서 다시 살펴보기로 하겠다.

한편 그와 같은 불편함 그리고 그와 비슷한 다른 언짢음은 완충재로 덮인 정체성의 상태에 상응한다. 그와 같은 상태는 일종의 교차압력에 의해 정의된다. 즉 한편으로 우리는 정체성 속에 깊이 매립되어 있고, 인간세계를 초월한 모든 것에 대해 상대적으로 침해받지 않는 것을 자랑하는 동시에 다른 한편으로는 바로 그와 같은 안전을 보장하는 폐쇄 자체로 인해 무엇인가가 막혀 있다고 느낀다. 앞서 언급한 대로 그것이 '노바' 효과의 한 원천이다. 그것은 우리에게 새로운 해법과 새로운 처방을 찾아내 시험할 것을 촉구할 것이다.

하지만 그것은 또한 신앙을 택하건 비신앙을 택하건 특정한 처방이나 해결책의 취약성을 설명하는 데도 도움이 된다. 그처럼 현존하는 다른 모든 입장에서 볼 수 있는
상호 취약화mutual fragilization — 다른 사람들은 다르게 생각한다는, 공동의 기반을 허무 304
는 느낌 — 는 분명히 1500년의 세계와는 달리 2000년의 세계의 주요 특징 중 하나이다.

다원주의는 분명히 오늘날의 상황이 얼마나 다른지를 설명하기 위한 답변의 중요한 일부이다. 모든 사람이 신앙을 갖고 있는 경우 의문은 쉽게 생기지 않는다. 하지만 여기서 말하는 의미의 다원주의는 단지 하나의 사회 또는 도시에서의 여러 신조의 공존만 의미하지 않음을 지적해두어야 한다. 왜냐하면 그와 같은 상황은 전근대적인 맥락 또는 세계의 다른 지역에서도 종종 볼 수 있는데, 그것의 취약화 효과는 상대적으로 적기 때문이다.

사실 그와 같은 종류의 신앙의 다수성은 '다른 사람들'처럼 되는 것이 실제로 나에게는 선택지가 아니라는 감각에 의해 중(립)화되는 한 거의 아무런 영향도 미칠 수 없다. 대안이 기묘하고, 이질적이고, 아마 경멸받을 만한 것인 한 또는 단지 너무 다르고, 색다르고, 너무 이해 불가능한 것인 한, — 따라서 내가 그렇게 되는 것은 현실적으로 상상조차 수 없는 한 — 그와 같은 한 '그들'과의 차이는 내가 나 자신의 신앙 속에 매립되어 있는 것을 위험하게 만들지 않을 것이다.

하지만 타자와의 접촉, 교류 또는 아마 다른 종교를 믿는 사람과의 결혼의 증가를 통해 타자가 신앙을 제외한 모든 것 — 같은 활동, 직업, 의견, 취향 등 — 에서 점점 더 나와 비슷해지면 그와 같은 상태에 변화가 생긴다. 그렇게 되면 차이에 의해 제기되

는 문제는 더욱 집요해진다. 왜 그녀 방식이 아니라 내 방식이어야 할까? 이제 교파의 변경[개종]을 터무니없거나 상상조차 할 수 없는 것처럼 보이도록 만드는 다른 어떤 차이도 남아 있지 않게 된다.

그런데 도덕 질서라는 근대적 관념, 나아가 그것을 굳건히 해주는 민주주의적인 직접-접근 사회 내부에 존재하는 근대사회의 상황은 동질성의 극대화를 특징으로 한다. 우리는 점점 서로 비슷한 사람이 되고 있다. 우리 사이에 존재하는 차이가 서로 다가가지 않도록 방지하는 거리는 점점 더 가까워지고 있다. 인간 간의 상호 취약화는 이제 정점에 이르고 있다.[4]

하지만 그와 같은 결과는 필자가 완충재로 덮인 정체성이라고 불러온 것 내부에서의 불안정성에 의해 한층 더 강화된다. 교차압력을 받는 우리는 쉽게 변하는 성향을 보이며, 세대가 변하면 심지어 여러 번 변하기도 한다. 즉 내가 직면하는 다른 길은 나의 형제, 아버지, 사촌 형, 이모가 이미 걸어간 길일 수도 있다. 거리는 사라져버렸다. 만약 세대 간의 안정성이 보다 크고, 타 종교 간 결혼이 없다면 적어도 X와 Y는 다른 방식으로 성장해, 신앙의 원래 차이에 더해 점점 더 많은 거리를 추가할 것이다. 하지만 그것은 근대사회에서는 불가능하다. 동질성과 불안정성은 함께 작용해 다원주의로 인한 취약화 효과를 극대화하는 역할을 한다.

2

필자는 지금까지 완충재로 덮인 정체성의 틀 내부에서 발생하는 교차압력에서 어떻게 '노바' 효과가 나타나는지에 대해 탐구해왔다. 하지만 그와 같은 효과는 또한 그와 같

4 Peter Berger, *A Far Glory: The Quest for Faith in an Age of Credulity*(New York: The Free Press, 1992), 37페이지 이하에서 이루어지는 논의를 보라. 물론 여기서 '취약화'는 단지 '신앙을 바꾸는 것은 가능한가?'라는 물음이 보다 이전 시대에서는 전례를 찾아볼 수 없는 방식으로 당대의 문제로 살아 있을 수 있는가를 의미할 뿐이다. 그리고 그 결과 개인의 삶에서 그리고 세대 간에 양쪽 방향으로 보다 많은 '개종'이 일어난다. 하지만 그것은 한때 옹호된 신앙(또는 무신론적 믿음)의 견고함이나 깊이에 대해서는 아무것도 말해주지 않는다. 반대로 대안들에 직면하는 신앙이 더 깊고 강할 수 있을 것이다. 15장의 각주 19를 보라. 나는 그와 관련해 요아스가 버거에게 제기하는 이의를 자세히 검토하고 있다.

은 불안정성의 동력학을 보다 상세하게 관찰할 때 나타나는 다른 많은 방법으로도 생
겨난다. 그것의 꾸러미는 거리를 둔 주관성을 내포하는 완충재로 덮인 정체성, 그것을
지탱하는 규율훈련으로 이루어지는데, 그것들이 모두 자유와 상호이익질서를 지탱하 305
며, 일련의 부정적 반응을 초래해왔다. 어떤 때는 앞의 꾸러미 자체를 겨냥하고, 다른
때는 그것의 이런저런 부분을 겨냥하고, 또 다른 때는 그것으로부터 나온 특정한 해결
책을 겨냥하면서 말이다. 여기서는 적어도 그와 같은 요소 중 일부를 살펴보면서 관련
논쟁의 경로를 일부나마 따라가 보려고 한다.

그것을 통해 '노바' 효과의 범위에 대해 어느 정도 추측해 볼 수 있을 것이다. 완충재로 덮인 정체성의 양가성에 직면해 특정 반응이나 이의제기는 종종 하나 이상의 응답을 초래할 수 있기 때문이다. 신앙으로의 회귀를 요청하는 것처럼 보이는 것 또한 새로운 형태의 비신앙을 초래할 수 있고 또는 반대가 될 수도 있다.

즉 부정적 반응을 촉발한 것은 완충재로 덮인 근대의 정체성뿐만이 아니었음을 잊어서는 안 된다. 18세기 이후의 문화에서는 기독교에 대한 강력한 반발도 작용했다. 근대적 꾸러미 전체에 대한 공격의 축을 열거하기 전에 정통종교에 대한 가장 중요한 고발사유를 다시 한 번 제시해보자.

간단명료하게 말하자면, 주요 고발사항은 이렇다.

(1) 이성에 대해 공격적이다(신비가 일정한 역할을 함을 인정하고, 신인God-man 같은 역설적 개념을 제안한다).

(2) 권위주의적이다(즉 이성과 자유를 모두 공격한다).

(3) [신은 악이나 화를 좋은 목적을 위한 수단으로 인정하고 있으므로 신은 바르고 의로운 것이라는] 신의론이라는 해결 불가능한 문제를 제기한다. 또는 문제를 회피하려고 한다. 역사상 가장 비참한 사건을 미래의 삶으로 보상해주겠다고 제안하는 점에서 종종 겁쟁이다. 또는 얼마나 끔찍한 것인지를 덮음으로써 해당 사건을 제거하려고 한다.

(4) 상호이익질서를 위협한다.

(i) 자아에게 엄격한 고행을 강요한다. — 육체와 관능적 만족에 맹렬한 비난을 퍼붓는다.

(ii) 다른 사람에게 엄격한 고행을 강요한다. — 보통의 경우 또한 육체와 관능적 만족에 비난을 퍼붓는 것에 의해. 하지만 실제 박해에서는 극단에 이른다(칼라 사건).

(ii) 상호이익질서의 촉진에 헌신하고 있는 사회의 정통적 권위를 위협한다.

앞의 모든 사항이 우리가 그 속에서 살아가며, 우리의 자유와 상호이익관계를 보장해주어야 하는 내재적·비인격적이며 이성적으로 이해 가능한 질서에 대한 이해와 어떻게 연관되어 있는지를 볼 수 있을 것이다. (1)과 (2)가 (4)와 연관되어 있음은 자명하다. 하지만 신의론에 대해서는 아마 한마디 해야 할 필요가 있을 것이다.

신의론은 어떤 의미에서 내재적 질서라는 개념과는 완전히 독립된 일련의 별개의
306 질문을 제기하는 것 같다. 하지만 실제로 신의론 문제는 이신론 그리고 인간의 인지적 곤경에 대한 새로운 이해라는 맥락에 놓이게 되면 한층 더 뚜렷해지는 동시에 한층 더 대답하기 어렵게 된다.

분명히 신의론은 비록 유신론적 신앙의 양식 내에서는 항상 하나의 가능성으로 남아 있지만 만약 우리가 우리 자신이 불가해한 세계 속에서 살고 있다고, 즉 위협에 노출되지만 조력자로서의 신의 보호 아래 있다고 믿는다면 화급성이 줄어들 것이다. 우리가 우주와 그것의 기능 방식을 이해했다고 주장하자마자, 심지어 그것이 우리 이익을 위해 창조되었다는 점을 환기시킴으로써 그것이 어떻게 작동하는지를 설명하려고 시도하자마자 그와 같은 설명은 명백한 도전에 노출된다. 우리는 사물이 어떻게 운행되는지를 알며, 그것이 왜 그렇게 설립되어 있는지도 안다는 것이다. 따라서 전자가 후자의 목적에 적합한지에 대해서도 판단할 수 있다고 말이다. 1755년의 리스본[대지진]에서 그것은 분명히 그렇지 않은 것처럼 보였다. 따라서 내재적 질서는 판돈을 크게 올리게 된다.

하지만 또 다른 연관성이 존재한다. 신의론의 실패는 이제 더 큰 반역으로 이어질 수 있는데, 우리는 자유로운 행위 주체라는 느낌이 한층 더 고양되기 때문이다. 그러한 연관성은 논리적 주장보다는 실존적 태도 문제다. 이 점을 좀 더 자세히 살펴보자.

누군가 가까운 사람이 죽었다고 가정하자. 당신은 신의 사랑에 매달리고 싶을지도 모른다. 망자와 당신이 여전히 신과 함께 있음을, 또 사랑은 죽음을 극복한다는 — 어떻

게 그렇게 되는지는 이해하지 못하더라도 — 믿음에 매달리고 싶을지도 모른다. 신의론의 도전에 무엇이라고 이의를 제기할 것인가? 한 가지 대답은 이럴 수 있을 것이다. 즉 어떤 의미에서 신은 무력하다고 말이다. 즉 신은 우리의 조건을 말소하지 않고는 그와 같은 과정을 간단히 취소할 수 없다. 따라서 우리가 우리의 육체적 조건 외부에서 또는 그것을 통해 신의 품에 이르는 것은 불가능하다. — 비록 우리가 신의 품에 이르는 그와 같은 불꽃이 종종 켜지고, 놀라운 치유도 일어나기도 하지만 말이다.

아니면 다른 한편 신이 도울 수 있었는데도 실제로는 돕지 않은 것 또는 신은 어쨌건 도울 수 없었지만 그럼에도 우리 모두를 사랑하는 아버지여야 한다고 느끼는 것은 너무나 고통스럽고, 사람을 미치게 만들거나, 완전히 자신을 고문하는 것과 같을 수 있을 것이다. 신의 사랑 속에 계속 머물려면 발버둥쳐야 한다. 정신이 회까닥해 평정심을 잃고 분노를 맘껏 표출할 수 있다면 마음이 홀가분해질 수 있을 것이다. '신을 용서하고 싶지 않다'고 말할 수도 있을 것이다. 하지만 또 다른 방식으로 이렇게 말할 수도 있을 것이다. '그것은 모두 맹목적인 자연이 저지른 짓이다. 따라서 마음대로 그와 같은 자연을 미워하거나 나의 적이 저지른 일로 생각할 것이다. 이제 자연을 자비로운 것으로 보아야 하는 짐을 더 이상 짊어질 필요가 없다. 그냥 대들고, 자연을 불구대천의 적으로 간주할 것이다.' 그렇게 생각하는 것으로 제법 마음이 홀가분해질 수도 있을 것이다.

혼자 있거나 우리(인간)와 함께 있는 것, 나아가 그처럼 끔찍한 사건을 초래한 맹목적 우주에 맞서 다른 사람들과 연대하는 것은 나름대로 위안을 준다. 그것에 의지하는 것이다. 그와 같은 가능성은 내재적 질서에 관한 근대적 감각에 의해 가능해졌다.

마지막으로 언급한 사항이 암시하듯이 어떤 길을 택할지는 연대의 기반이 되는 어떤 집단이 게재되느냐와 많은 관련이 있을 것이다. 만약 신심 깊은 신앙적 삶을 살거나 종교를 실천하고 있다면 깊은 신심에서 신에 매달리는 것이 명백한 길인 것처럼 보이고, 다른 모든 사람도 이 점에서는 마찬가지로 생각한다는 사실에 의해 일이 한층 더 수월해질 것이다. 신에게 반역하는 경우에도 마찬가지일 것이다.

하지만 중요한 점은 다시 한 번 무신론의 '과학적' 증명에서와 마찬가지로 우리를 설득시키는 것은 가차 없는 지적 추론이 아니라 반역에서 찾을 수 있는 안도감이라는 것이다. 그것 속에서 위안을 구하고 싶은지는 먼저 어떤 사람이 그럼에도 불구하고 신 307

의 사랑 속에 지속적으로 머무르는 것이 내면적으로 얼마나 도움이 되는지를, 그리고 신이 우리와 고난을 함께했음을 얼마나 많이 이미 느꼈는지에 달려 있다. 그와 같은 느낌을 갖지 않을 때가 [반란에 의지하기가] 더 수월하며, 신의 사랑 속에서 쉽게 해당 사건을 방지할 수 있을 것 같은, 보호해주는 아버지의 사랑을 본다면 한층 더 수월해질 것이다(이 해석은 인간 중심주의로의 전환에 의해 강화된다). 그렇게 되면 고통스런 역설은 최악이 되며, 그것을 끝까지 고수하는 것은 너무나 견디기 힘들게 되어 진영을 바꾸게 된다. '과학'에 의해 무신론자가 되는 경우와 유사하게 믿음이 미숙할수록 진영을 바꾸기도 그만큼 쉬워진다.

물론 그렇다고 해서 죽음이 모두에게 가혹한 시련이 아니라는 말은 아니다.

그와 같은 일련의 고발사유를 염두에 두면서 이제 내재적·비인격적 질서의 틀 내에서 완충재로 덮인 정체성을 겨냥한 고발사유를 검토해보자. 그것들은 몇 가지 축을 따라 움직인다.

그중 우리 모두에게 익숙한 하나의 중심축이 있다. 우리 문화에는 초월적인 것의 몰락과 함께 무엇인가를 잃어버렸다는 감각이 일반화되어 있다. 그것을 기원법祈願法으로 표현한 것은 사람들이 그것에 매우 다르게 반응하기 때문이다. 어떤 사람은 잃어버렸다는 그와 같은 생각을 지지하고, 그것이 무엇인지를 정의하려고 한다. 다른 사람들은 그것을 경시하고, 그와 같은 반응을 선택 가능한 것으로 그리고 싶어한다. 즉 향수에 빠지는 것을 허용하는 한에서만 맞이하게 될 것으로 말이다. 또 다른 사람들은 향수를 비판하는 사람만큼이나 확고하게 탈주술화 편에 서면서도 그럼에도 불구하고 그와 같은 상실감이 불가피함을 받아들인다. 근대(성)와 합리성을 위해 치러야 할 대가지만 용감하게 그와 같은 거래를 받아들이고, 우리가 어쩔 수 없이 그렇게 된 쪽을 명확하게 선택해야 한다[는 것이다]. 후자 입장의 가장 영향력 있는 대변인 중 하나가 막스 베버였다.[5] 하지만 이 문제에 대해 어떤 입장을 갖고 있건 모두가 여기서 무엇을 말하고 있는지를 이해하거나 이해하고 있다고 믿었다. 그와 같은 감각은 적어도 가정법 형태로

5 막스 베버, 이상률 역, 『직업으로서의 학문』, 문예출판, 74페이지.

는 모두에게 가용한 것처럼 보인다. 결국 그것을 어떻게 해석하게 될 지와 관련 없이 말이다.

무엇이 문제가 되고 있는지를 보다 자세히 탐구하고, 그것이 포함하고 있는 것을 보다 이해하기 쉽게 만들기 위해 현상학적 기술을 시도해야 하는데, 그것은 항상 위태위태하다. 앞의 감각을 어떻게 기술해야 할까? 아마 아래 같은 식으로 말할 수 있을 것이다. 즉 우리의 행동, 목표, 성취 등은 무게, 중대성, 두터움, 실체를 결여하고 있다. 우리 느낌으로는 존재해야만 하지만 보다 심원한 공명이 결여되어 있다는 것이다.

그것은 사춘기에 나타나 정체성 위기의 근원이 될 수 있는 것과 같은 종류의 결여이다. 하지만 그것은 또한 보다 이후에 '중년의 위기' — 그때 이전에 우리를 만족시키고 연대감을 제공해주던 것이 실제로는 더 이상 우리 상황에 부합하지 않고, 우리가 그것에 쏟아 부은 것에 상당하는 것을 전혀 돌려주지 않는 것처럼 보인다 — 의 토대로 나타날 수 있을 것이다. 지금까지 중요했던 것이 이제는 중요하지 않게 되는 것이다.

앞서와 같은 기술은 단지 일반적 불편함에 어느 정도 모양새를 부여하려는 시도에 불과한데, 필자도 그것이 얼마나 미심쩍은 것인지를 잘 알고 있다. 그리고 다른 많은 기술도 얼마든지 가능했을 것이다. 하지만 앞서 말한 불편함도 엄밀한 물음 또는 결여 308
의 지각이라는 측면에서 일련의 보다 확정된 형태를 취하게 되었다.

앞의 물음을 보다 정확하게 파악할 수 있는 방법 중 하나는 '삶의 의미', 페리가 말하는 '의미의 의미le sens du sens', 즉 우리 삶에 현실적 유의의성을 부여하는 본래의 유의의성이 무엇인지를 묻는 데 있다.[6] 우리의 거의 모든 행동은 의미를 갖고 있다. 가령 일하러 가려고 하거나 일을 마친 후 우유를 살 수 있는 가게를 찾는 경우가 그렇다. 하지만 멈춰 서서 왜 그렇게 행동하려고 하는지를 물어볼 수 있다. 그러면 그것은 그처럼 특정한 유의의성을 가진 행동을 넘어선 곳에 존재하는 유의의성으로 이어지는 길을 가리킬 것이다. 위기에 처했을 때, 즉 지금까지 삶에서 지향해온 것이 진정한 가치, 무게를 갖지 못한다고 느낄 때 그와 관련된 물음이 등장할 수 있을 것이다. 그리하여 성공한 의사가 고액의 연봉에 기술적으로도 고도의 숙련을 요하는 직무를 버리고 〈국경없

6 Luc Ferry, *L'Homme-Dieu ou le sens de la vie*(Paris: Grasset, 1996), p. 19. 18장에서 이 문제를 보다 상세히 논할 것이다.

는의사회〉와 함께 아프리카로 가버릴 수도 있을 것이다. 그것이 정말 의미 있는 일이라는 느낌이 들었기 때문이다. 내재성에 대한 불편함은 특히 관련된 모든 대답이 취약하거나 불확실하다는 느낌에서 뚜렷하게 나타난다. 우리가 선택한 길이 설득력 있다고 더 이상 느낄 수 없거나 또는 그것을 자신이나 다른 사람에게 정당화시킬 수 없는 순간이 올 수도 있다는 느낌이 그것이다. 그것이 의미의 취약성으로, 우리 삶에 늘 따라다니는 실존적 취약성과 흡사하다. 즉 갑자기 사고, 지진, 홍수, 치명적 질병, 어떤 끔찍한 배신이 결정적이고 돌이킬 수 없는 방식으로 우리를 삶의 경로 밖으로 내던져버릴 수 있는 것이다. 다만 여기서 내가 말하려고 하는 취약성은 이 모든 것의 유의의성과 관련되어 있다. 즉 설령 길이 여전히 열려 있고, 선택 가능하고, 또 상황도 유리하다고 해도 과연 그것이 가치 있을까 하는 의구심이 여전히 남는 것이다.

다시 한 번 이 문제에 대해 우리가 취할 수 있는 태도는 극히 다양할 수 있다. 다른 사람들이 실존적 위기에도 태연할 수 있듯이 일부 사람은 그것 때문에 평정심을 잃거나 하지는 않는다. 그들이 보기에 그렇게 될 가능성은 '순전히 이론적인 것'일 뿐이다. 하지만 모든 사람이 그와 같은 종류의 물음에 대해 이해하고 있다. 어떤 사람이 '삶의 의미'에 대해 물을 때 그것이 무슨 의미인지를 또한 모두가 이해하듯이 말이다. 보다 이전 시대에는 결코 그렇지 않았다. 분명히 무감동의 위기가, 모든 동기를 잃어버리거나 모든 창조의 기쁨을 잃어버리는 설명 불가능한 사태가 벌어지기도 했다. 하지만 그것은 문제의 행위의 가치를 의심하거나 그에 대한 질문하는 것이 아니었기 때문에 전혀 다른 종류의 경험이었다. 수도사가 본인의 소명과 관련해 무감동을 느끼는 것은 죄였지만 그것은 결코 신[의 존재]을 의문시하는 형태는 아니었다.

그와 같은 문제설정 방식은 기축시대 이후의 견해를 분유하고 있는데, '실상 필요한 것은 **한 가지뿐**'[「루가 복음」, 10장 42절」]이라는 생각이 일어난 것은 그것 속에서였다. 즉 보다 저차적인 다른 모든 목표를 초월하거나 그것에게 의미를 부여하는 모종의 보다 고차적인 목표가 그것이다. 하지만 공허감이나 공명이 부재하다는 느낌은 또한 전혀 다른 방식으로 생길 수도 있을 것이다. 그것은 일상에서 보다 깊은 공명이 제거되어 무미건조하고 시시하다는 느낌에서 유래할 수 있을 것이다. 우리를 둘러싼 것들은 활력이 없고, 추하고, 공허하다. 그리고 살기 위해 그것을 조직하고 그것에 모양새를 부여하고 배치하려는 방식은 의미도, 아름다움도, 깊이도, 의미도 가질 수 없을 것이다. 그처럼 의미를 상실한 세계를 앞두고 일종의 "구토nausée"[7]를 느낄 수도 있을 것이다.

물론 실제로 위에서 언급한 첫 번째 문제설정 방식, 요컨대, '필요한 것은 **한 가지**
뿐'이라는 방식, 즉 기축시대 이후의 문화의 방식을 거부하길 원하는 사람도 일부 존재
한다. 삶이 유일한, 모든 것을 압도하는 목적을 따르도록 강요하려고 해서는 안 된다는
것이다. 우리는 삶의 의미 **자체**와 관련된 물음에 대해 회의적이어야 한다는 것이다. 그 309
들은 반기축시대적 입장을 취하고 싶어 하며, '이교신앙'이나 '다신교'를 회복시키고
싶어 한다. 그러나 그와 같은 논쟁에서 각자가 어떤 입장을 취하건 이 두 수준 모두에게
서 불편함이 느껴진다. 그리고 그와 같은 일이 일어날 때 무슨 일이 벌어질지 누구나
훤히 알 수 있을 것이다.

그와 같은 공허감을 일상적 삶에서 느낄 수 있지만 또한 삶의 결정적 순간 — 탄생, 결혼, 죽음 — 에서 특히 강렬하게 느껴진다. 그것들은 우리 삶의 중요한 전환점이며, 우리는 그것들을 그와 같은 것으로 표시하고 싶어 한다. 그것들이 특별한 순간, 엄숙한 시간임을 느끼고 싶어 한다. 결혼은 '엄숙한 것이 되어야 한다'는 말이 나오는 것은 이 의미에서이다. 우리는 항상 비슷한 일을 해오고 있는데, 그와 같은 순간을 초월적인 것, 지고의 것, 성스러운 것, 신성한 것과 관련시키는 것이다. 기축시대 이전의 종교들은 그렇게 했다. 하지만 여기서 내재적인 것을 에워싼 것에 구멍이 남게 되었다. 따라서 지금까지 종교와 아무 관련도 없거나 종교에 친근감을 느끼지 않던 많은 사람이 그와 같은 통과의례를 위해 교회 의식을 계속 이용하고 있는 것이다.

하지만 또한 일상에서도 그와 같은 결핍감을 직접 느낄 수 있을 것이다. 그리고 그것은 그것을 가장 뼈저리게 느끼는 순간일 수 있을 것이다. 특히 어느 정도의 시간적 여유와 교양을 가진 사람이 느낄 수 있을 것처럼 보인다. 가령 어떤 사람들은 일상적 삶이 끔찍할 정도로 시시하다고 느낄 때가 있다. 그리고 그와 같은 경험은 특히 상업사회와 산업사회 또는 소비사회와 연관되어왔다. 사람들은 소비문화 속에서 욕망과 그것의 충족 사이클이 반복되고 가속화되는 것에 대해 공허감을 느끼고 있다. 휘황찬란한

7 사르트르Jean-Paul Sartre, 방곤 역, 『구토』, 문예출판사.

슈퍼마켓의 속되고 진부한 특징, 청결한 교외의 깔끔하게 정돈된 연립주택, 광재 더미 또는 노후화 중인 공업도시의 경관의 추악함. 우리는 외부인의 엘리트주의적 태도에는 부정적으로 반응할 수 있을 것이다. 보통 사람들의 삶을 실제로는 하나도 모르면서 그것에 대해 판단하기 때문이다. 그와 같은 느낌은 분명히 그와 같은 태도를 반영하고 있는 것 같다. 하지만 아무리 받아들이기 어려운 사회적 거리 그리고 우월감과 뒤섞여 있더라도 그와 같은 느낌은 쉽게 이해할 수 있고, 떨쳐버리기는 어렵다. 그리고 현대문명에서 특정한 도시 풍경으로부터 시골로, 교외로, 나아가 광야로 탈주한다는 생각이 엄청난 인기를 끌고 있는 것을 고려한다면 그와 같은 종류의 몇 가지 반응이 사실상 보편성을 가짐을 인정해야 할 것이다. 교외, 전원도시의 아이러니는 그것이 보다 운 좋은 사람들에게서 앞서 말한 것과 동일한 일부 느낌을, 즉 교외 환경도 공허하고 시시하기는 마찬가지라는 느낌을 불러일으키는 데 있다. 교외 환경 속에 살며 그와 같은 느낌에서 벗어나는 것이 당초 그것이 존재하게 된 첫 번째 이유인데도 말이다.[8]

나는 내재성에 대한 불편함malaise of immannce이 취할 수 있는 세 가지 형태를 구분해왔다. 즉 (1) 의미가, 즉 총체적 유의의성의 추구가 취약하다는 감각, (2) 우리 삶에서 '통과'에 해당되는 중요한 순간을 엄숙화하려는 시도가 시시해졌다는 느낌, (3) 일상적인 것의 완전한 무미건조함과 공허함.

'내재성에 대한 불편함'이라는 말을 선택한 이유는 초월성의 몰락과 함께 그것이 우리 지평 또는 의제에 등장했음을 모두가 인식하고 있기 때문이다. 하지만 그렇다고 해서 그것을 치유할 수 있는 유일한 방법이 초월성으로의 회귀라는 의미는 아니다. 그것 때문에 초래되는 불만이 사람들을 초월적인 것과 맺는 모종의 관계를 추구하도록 되돌려 보낼 수도 있지만 이런저런 이유로 그와 같은 회귀에 동의하지 않거나 또는 오
310 직 전통적인 제도종교와는 매우 다른 형태로만 동의하는 사람 또한 그렇게 느낄 수 있다. 그들 또한 그와 같은 해결책 또는 결핍감을 메울 방법을 찾고 있지만 내재성의 내부에서 그렇게 한다. 그리하여 새로운 입장의 음역은 계속 넓어지고 있다. 전통 신앙 그리고 내재적 질서로서의 근대적 인간 중심주의로의 전환만 존재하는 것이 아니다. 사람들

8 César Graña, *Modernity and Its Discontents*(New York: Harper Torchbooks, 1964)을 보라.

이 그와 같은 내재적 질서에 대해 느끼는 불만은 새로운 형태의 종교뿐만 아니라 내재성에 관한 다양한 해석의 출현에 동기를 부여하고 있다. 그처럼 그와 관련된 음역이 확대일로를 걷는 것이 바로 '노바'라는 용어로 필자가 암시적으로 파악하려고 시도하고 있는 것이다.

따라서 의미의 필요는 초월성의 회복으로 충족될 수도 있지만 또한 '필요한 것은 한 가지뿐'을 순전히 내재적인 용어로, 가령 정의와 번영으로 이루어진 새로운 세계를 창조하려는 기획 속에서 정의하려고 시도해볼 수 있을 것이다. 비슷하게 종교에 호소하지 않고도 우리는 심원함에 대해 본인만의 감각을 가질 것을 촉구함으로써 일상, 자연, 주변의 것이 우리에게 공명하도록 할 수 있을 것이다. 그와 같은 시도 중 하나 — 그것은 인류의 역사적 발전에 중대한 영향을 미쳐왔다 — 에서 '자연'은 단지 자연적 사실의 총체가 아니라 우리 내면 속에 존재하는 심원한 원천이 되었다. 우리 그리고 다른 동물들의 깊은 곳에는 본능이 존재하며, 생명을 가진 자연 일반 속에는 특정한 유형이 닻을 내리고 있다는 생각은 우리 내면에서 그것이 심원한 유의의성을 갖고 있다는 감각에 상응해야 한다. 따라서 가족을 부양하고, 서로 사랑하고, 아이를 갖고, 늙은이의 지혜에 귀 기울이고, 젊은이를 지키기 위해 애쓰는 것은 우리 내면에서 보다 깊은 공명을 불러일으킬 것이며, 또 그렇게 하지 않으면 안 된다. 그것을 느끼지 못한다면 그것은 우리가 우리 자신으로부터 분리되고 단절되어 있기 때문이다. 우리는 '자연스러운 것'으로 되돌아가야 한다. 우리 자신의 보다 심원한 목적과의 접촉의 회복으로서의 탈소외dis-alienation라는 그와 같은 개념의 개척자 중 하나가 루소였다. 그리고 귀족사회의 소외된 형태를 버리고 자연적 형태의 삶으로 돌아가는 것을 미덕의 원천 중 하나로 간주하는 한 우리의 자연적 형태의 삶은 우리에게 기쁨을 주고 깊은 공명을 가져온다는 그와 같은 개념은 〈프랑스혁명〉의 핵심 주제 중 하나가 되었다. 당시 사람들이 새로운 제도에 실체를 부여하고 힘을 실어주기 위해 고안한 의례와 축제에서 그것을 볼 수 있을 것이다. [혁명력의] 달 이름은 한 해의 자연적 순환을 반영했다. 또한 축제는 사람을 연령, 직업, 성별 등과 같은 일상적 삶의 자연스러운 범주에 따라 분류했다.[9]

9 Mona Ozouf, *La fête révolutionnaire*(Paris: Gallimard, 1976)을 보라.

여기서 나의 목적은 그동안 제안된 다양한, 대부분이 상당히 잘 알려진 해결책의 일부를 개관하기보다는 오히려 그것이 어떤 불만과 결여 — 사람들은 그렇게 느꼈다 — 에 응답하고 있는지를 보다 명확히 하는 데 있다. 그와 같은 식으로 '노바'를 추동하고 있던 동력학을 더 잘 이해할 수 있을 것이다. 그렇게 하려면 일부 사람이 근대적 도덕 질서를 지탱하고 있는 완충재로 덮인, 거리를 둔, 규율훈련된 정체성(이후 간결하게 '완충재로 덮인 정체성'이라고 부른다) 속에서 또는 그것의 보다 강력하고 보다 널리 확산된 이런저런 형태 속에서 이의를 제기할 만하거나 결여되어 있는 것으로 간주하는 것을 보다 상세히 진술할 필요가 있을 것이다.

나는 내재성에 대한 일반적 불편함을 상이한 쟁점 또는 결여 — 사람들은 그렇게 느꼈다 — 를 규정하는 것에 의해 세 가지 주요 영역으로 나눔으로써 위에서 이미 그에 대한 논의를 시작한 셈이다. 하지만 그와 같은 작업을 한층 더 멀리까지 끌고나가 비판과 반론의 다양한 축을 규정할 수 있을 것이다. 그와 관련해 다양한 축을 구분하는 것은
311 종종 어려울 것이다. 실제 논쟁에서는 종종 하나 이상의 문제가 쟁점으로 제기되기 때문이다. 여기서 나는 일련의 분석적 구분을 행해야 하는데, 특정 사상가나 운동을 염두에 둔다면 그것은 다소 인위적으로 보일 수밖에 없을 것이다. 하지만 그와 같은 행보는 정당화될 수 있는데, 개별 가닥은 항상 서로 연결된 채 일련의 상이한 방식으로 상호 결합되어 있기 때문이다.

내가 말한 축들은 그때그때마다 제기되는 쟁점들의 친화성에 따라 당연히 아래의 군群으로 묶일 수 있을 것이다.

I. 위에서 우리가 논해오고 있는 주요한 군의 축을, 적당한 명칭을 하나 붙이자면, 공명의 축으로 생각해볼 수 있을 것이다(하지만 어떤 의미에서 내재성에 대한 불편함을 페기 리Peggy Lee의 명곡 가사로 이렇게 요약할 수 있을 것이다. — '그게 다야?Is that all there is?' 아마 이 가수에게 경의를 표하기 위해 심지어 '페기 리 축'이라고 불러야 할지도 모르겠다. 하지만 그것은 충분히 진지하게 들리지 않을 수도 있을 것이다).

삶의 만족스러운 목적을 찾아냈느냐는 질문은 또한 보다 특수화된 형태로도 등장해 완충재로 덮인(등의) 정체성의 특수한 측면을 의문시할 수 있을 것이다. 그리하여

(1) 18세기 말부터 시작해 우리는 주류 이신론/휴머니즘에서의 선의와 자선에 대한 이해가 너무 창백하고 온순하다는 의견에 종종 부딪히게 된다. 앞서 살펴본 대로 이신론으로의 이행은, 전에는 신의 사랑과 신에의 헌신에 핵심적인 것으로 간주되어온 관습의 일정한 배제를 포함했다. 신의 사랑과 신에의 헌신은 과도하고, 과장되었으며 유해하거나 '열광적'이라는 비난을 받았다. 보다 까다로운 형태의 경건 중 하나가 그와 같은 제약에 반발했다. 가령 복음주의자들은 대부분의 주류 교회인이 그냥 내버려두어도 별문제가 없으리라고 생각한 대의, 특히 〈노예제폐지〉에 헌신할 것을 소명으로 요청받고 있다고 느끼게 되었다. 보다 덜 엄격한, 기성의 제도 교회에 보다 우호적인 당권파의 질서 관념에게는 그와 같은 이유로 생산과 소유권 그리고 오랫동안 정착되어온 방식을 그렇게까지 뒤집어엎는 것은 지나쳐 보였다.

하지만 보다 까다로운 형태의 정의/선의에 대한 호소 또한 보다 급진적인 새로운 형태의 휴머니즘의 등장을 초래했다. 앞서 언급했듯이 그와 관련해 루소는 일종의 경첩 같은 역할을 했다. 그는 매우 유창하게 또 설득력 있게 정의/선의에 대한 보다 엄격한 기준을 요구하는 입장을 천명했다. 게다가 그의 이름을 걸고 맹세한 〈프랑스혁명〉의 견해부터 시작해 급진 휴머니즘적 견해의 전통 전체에 영감을 불어넣었다.

(2) 칸트 또한 루소의 후계자에 포함되어야 한다. 왜냐하면 여기서도 다시 한 번 그는 어떤 의미에서는 이신론에 매우 근접했지만 도덕률의 내면적 원천을 날카롭게 규정해 도덕을 자율성과 동일화한 사람 중 하나이기 때문이다. 여기서 우리는 그와 같은 축이 약간 다르게 기우는 것을 볼 수 있을 것이다. 선의 개념이 너무 온순하다는 것은 이제 비난 대상이 아니다. 오히려 공리주의 철학과 분리 불가능하게 결합되어 있는 인간의 동기가 시시해지는 것에 대한 반감을 찾아볼 수 있었다. 많은 사람이 선의의 원천은 그저 계몽된 자기이익 또는 단순히 공감이면 그만이라는 생각에 깊은 불편함을 느꼈다. 그것은 자기를 초월할 수 있는 인간의 힘, 즉 자신과 관련된 욕망을 완전히 초월해 보다 고차적인 갈망을 따르려는 인간의 능력을 완전히 무시하는 것처럼 보였다. 근대적 질서 개념은 이론에서건 아니면 상업사회의 실천에서건 도덕적 향상을 위해 애쓰 312
는 인간의 잠재력의 쇠퇴를 포함한다는 그와 같은 감각은 아래서 살펴보겠지만 근대문화의 중요한 추동력이었다.

그와 같은 감각은 신앙 형태의 반응을 낳을 수 있을 텐데 — 실제로 낳기도 했다 — 그와 같은 반응에서 앞서는 가로막혔던 것, 즉 도덕적 향상을 위해 애쓰는 것은 여기서는 아가페를 향해 자기를 향상시키려는 노력과 동일시되게 된다. 하지만 그와 같은 반응은 또한 휴머니즘 형태를 취하기도 했는데, 말하자면 또한 종교의 경계선상에서 일군의 중간적 변형태를 창출하기도 했다. 칸트는 그와 같은 변형태들의 전 음역에서 중요한 원천이었다. 비록 신과 불멸성이 그의 도식에서 계속 일정한 자리를 차지하고 있음에도 불구하고 그는 또한 배타적 휴머니즘의 발전에서도 핵심적 인물인데, 다름 아니라 도덕의 내면적 원천의 힘을 너무나 설득력 있는 방식으로 명확히 했기 때문이다.

하지만 칸트가 경건주의적 배경을 갖고 있음을 안다고 해서 놀라거나 할 필요는 없을 것이다. 심지어 본인의 경건주의적 신앙을 인간 중심주의 쪽으로 전환시킬 때조차 칸트 철학은 신과 선의 엄격한 요구라는 분위기를 계속 숨 쉰다. 여기서 관련된 역장力場이 계속 움직이는 것을 볼 수 있는데, 거기서는 단지 **하나의** 성좌 이상의 것이 가능하고, 게다가 그것은 지속적으로 변신을 거듭한다.

(3) 완충재로 덮인 정체성 그리고 도덕과 관련된 그것의 모델에 대해 그와 밀접히 관련된 또 다른 공격노선은 그것들을 도덕주의라고 비난했다. 그와 같은 경향 또한 어떤 의미에서는 오래전으로 거슬러 올라간다. 〈잉글랜드내전〉과 그것의 여파 속에서 생겨난 '이성적' 종교가 어떻게 도덕주의 쪽으로 경도되었는지에 대해서는 이미 언급한 바 있다. 신에 대한 인간의 의무는 신이 우리를 위해 설계한 도덕 질서를 설립하고 그에 따르는 데 있었다. 신의 존재와 선성을 가리키는 증거들은 그와 같은 질서가 적절하도록 그가 세계를 설계했음을 가리키며, 그것은 또한 신은 우리에게 보상과 처벌을 통해 그와 같은 질서를 재가했음을 보여주었다. 그리고 필자는 비인격적인 내재적 질서가 어떻게 그것의 에토스를 코드 속에 집중시키는 경향을 보이는지를 보여준 바 있다. 그와 함께 우리는 신에 대한 헌신 자체가 종교적 삶의 중심이라는 감각을 잃어버리게 되었다.

그와 같은 반론이 앞서 제시한 반론과 얼마나 밀접한 관련이 있는지를 볼 수 있을 것이다. 두 반론 모두, 우리에게 지고의 목적으로 제시되는 것은 실제로 그와 같은 자리를 차지할 수 있다는 견해에 반대하기 때문이었다. 그와 함께 특정한 규칙에 따르는 것에 완전히 매몰된 삶이 항의 대상이 된다. 핵심적인 것이, 즉 모종의 위대한 목적이, 모종의 약동이, 모종의 성취가 즉 그것 없이는 삶이 더 이상 의미를 가질 수 없는 것이 결여되어 있다고 느끼게 된 것이다.

기독교적 관점에서 보면, 여기서 결여된 중심적인 것은 신의 사랑이었다. 그와 함께 당대의 기성교회의 경건에 대한 웨슬리의 반발을 [새롭게] 서술할 수 있는 대안적 가능성이 주어졌다. 하지만 그와 동일한 비난이 다른 관점에서도 제기될 수 있었는데, 가령 실러에게서 볼 수 있는 대로 전체적인, 충족된 인간 본성이라는 이름으로 그렇게 할 수 있을 것이다. 그것에 따르면, 그저 도덕적 규칙을 강요하기만 하는 것은 부자유의 형태로 이어진다. 즉 필연성의 영역이 등장한다. 만약 그와 같은 규칙을 강요한다면 그것은 우리가 일종의 "우리 안의 지배자"[10]를 만들어냈음을 의미한다. 진정한 자유는 도덕을 넘어 본성 전체를 조화롭게 실현할 것 — 우리는 그것을 '유희Spiel' 속에서 성취한다 — 을 요구한다.

따라서 도덕적인 것에 맞서 진정한 자기를 실현하라는 그와 같은 호소는 다른 누구 313
보다 더 니체 — 그리고 물론 로런스 — 에게서 볼 수 있는 대로 영=정신적 형태 및 자연주의적 형태 모두에서 일군의 형태로 끝까지 개진될 수 있을 것이다. 실제로 도덕주의는 당대의 비신앙적인 공리주의적 · 포스트-칸트적 형태를 포함해 자유와 이익이라는 근대적 질서로부터 거듭 발생하는 형태 중 하나였으므로 그와 같은 반응은 지금도 여전히 발생하고 있으며, 일군의 상이한 방향을 향하고 있다. '노바' 효과는 계속되고 있다.

II. 실러에 관한 언급과 함께 우리는 내가 '낭만주의적'이라고 부를 또 다른 축의 성좌에 이르게 된다. 비록 그것의 규정에서 실러 그리고 또 괴테가 하는 역할을 생각하면 부적절한 호칭처럼 보일 수도 있지만 말이다. 그와 같은 성좌는 낭만주의 시대에 등장해, 잘 알려진 대로 느슨하게 결합된 일군의 작가와 사상가 집단에게 핵심적이던 관심사를 규정했다.

10 실러, 안인희 역, 『인간의 미적 교육에 관한 서한』, 휴먼 아트, 6번째 편지.

휴머니즘적 용어로 행위 주체 속에서, 또 야생의 자연 속에서 충분히 무게감 있는 삶의 의미를 찾으려는 시도에 대해서는 앞에서 언급했다. (1) 이 의미로 규정한 형태 중 하나는 이번에도 또한 루소를 따라 조화로운 통일이라는 이상과 관련되어 있었다. 그것은 플라톤을 상기시키는 동시에 또한 그것과 달랐는데, 결정적 차이는 통상의 자연스러운=선천적인 욕망의 초월이나 승화를 포함하지 않은 데 있었다. 하지만 그와 같은 욕망은 성애나 아름다운 경관의 향유 등 완전히 보통의 형태로 등장하지만 사람들이 그것에 보다 고차적인 유의의성을 부여함으로써 변양된다. 따라서 이상과 욕망이 대립하는 가운데 욕망을 금지하거나 억압하는 것에 의해 조화를 충족시키는 것이 아니라 통상적 욕망과 보다 고차적인 목표에 대한 감각을 융합시키는 것이 이상이 되어야 한다.

낭만주의 시대에 그와 같은 이상은 미와 동일시되게 되었다. 실러는 샤프츠베리와 칸트에게서 발견한 개념, 즉 미에 대한 우리 반응은 욕망과는 다르다는 개념을 인수했다. 미에 대한 반응은, 당시 흔히 사용되던 용어를 사용하자면, '무이해관심적disinterested'이었다. 칸트 역시 말한 대로 그것은 또한 우리 내면의 도덕률과도 구분되었다. 하지만 실러는 이어 지고의 존재양식은 우리 안에서 도덕적인 것과 욕망적인 것이 완전히 상호 일치하고 선을 지향하는 우리 행위가 복합적 요인에 의해 결정될 때 나타날 수 있다고 주장했다. 그리고 그와 같은 일치를 표현하는 것이 바로 미에 대한 본래 반응으로, 실러는 그것을 '유희'라고 부른다. 심지어 우리 내면에 일치를 가져오는 것이 미라고도 할 수 있을 것이다.[11]

그와 같은 [낭만주의의] 교의는 당시의 사상가들에게, 즉 괴테(실러와 깊은 사상적 교류를 가진 점에서 어떤 의미에서는 그것의 공동 창시자이기도 했다)에게, 그리고 일반적으로 이해되고 있는 의미에서의 '낭만주의자'로 간주되는 사람들에게 엄청난 영향을 미쳤다. 가장 완성된 형태의 통일이자 최고 형태의 존재이기도 한 미가 삶의 진정한 목적에 대한 정의를 제공해주었다. 우리로 하여금 한편으로는 도덕주의를, 다른 한편으로는 계몽된 [자기]이익의 단순한 추구를 뛰어넘을 것을 촉구한 것이 바로 그와 같은 미였다. 여기서 『향연』의 플라톤이 돌아오는데, 다만 이원론[대립]과 승화 없이 말이다.

11 앞의 책, 15번째 편지.

횔덜린은 이상적 여성 반려자를 처음에는 이론 속에서, 그리고 나중에는 곤타르트 314 Suzette Contard라는 현실의 여성 속에서 '디오티마'[『향연』에서 소크라테스에게 사랑의 이데아를 가르치는 여성]라고 부른다. 하지만 그와 같은 이름은 소크라테스에게서처럼 더 나이 많고, 더 현명한 교사 이름이 아니라 (바람직한) 반려자 형태로 등장한다(물론 그것은 비극으로 끝났다. 하지만 이유는 현실이 그와 같은 이상에 필적할 수 없기 때문이다).

융합과 미라는 그와 같은 인간학의 관점으로부터 낭만주의 시대가 거리를 둔, 규율훈련된, 완충재로 덮인 자아 그리고 그것이 건설한 세계에 대해 겨냥한 핵심적 비판 중 하나를 이해할 수 있다. 미는 도덕적 갈망과 욕망, 따라서 이성과 욕망의 조화로운 융합을 요구했다. 규율훈련된 자아 및 합리적 질서와 관련해 지배적 견해에 대한 비난은 그것이 앞의 두 요소, 즉 이성과 욕망을 분리시키고, 더 나아가 이성에게 감정을 억압하고 거부할 것을 요구해온 점에 있었다. 또는 그와 약간 다른 형태의 비난을 보자면, 그것들이 우리를 둘로 분할하고, 보다 깊은 감정의 움직임으로부터 소외시키는 [감정이] 바짝 마른 이성 속에 우리를 가둔다는 것이다.

그런데 사실 그와 같은 비판은 오래전으로 거슬러 올라갈 수 있었다. 샤프츠베리는 로크의 계산적 쾌락주의에 반발해 영혼이 느낄 수 있는 "너그러운 애정"[12]을 복권시켰다. 그는 도덕감각moral sense학파 배후에 자리 잡고 있던 주요한 영감 중 하나였다. 나중에 루소는 본인만의 웅변적인 방식으로 우리를 서로 분리시키고 마음의 이유[이성]reason를 질식시키는 자기이익이라는 편협한 이성에 대해 항의했다. 인간적 탁월함의 한 측면으로서의 심오한 감정에, 심정에, 나아가 감수성에 큰 중요성이 부여된 것은 부분적으로 질서를 부여하는 이성의 지나친 요구에 대한 반발을 반영했다. 이 모든 것이, 우리가 방금 앞서 윤곽을 제시해본 『인간의 미적 교육에 관한 서한』에서의 실러의 정식화를 포함해 낭만주의 시대의 고전적 언명의 배경을 형성했다.

그런데 분열에 대한 그와 같은 항의는 어떤 형태에서는 합리주의적 이신론에서 벗어나 정통신앙으로 복귀하는 데서 일정한 역할을 할 수도 있을 것이다. 가령 경건주의 운동에서 그랬다. 그에 따르면 진정한 종교는 교의에 대한 그와 같은 주지주의적 매료

12 *Philosophical Regimen*, in *Life, Unpublished Letters, and Philosophical Regimen of Anthony, Earl of Shaftesbury*, ed. Benjamin Rand(London: S. Sonnenschein, 1900), p. 54.

에 있지 않다. 그것은 온 마음을 다해야 하는 것으로, 그렇지 않으면 아무것도 아니다. 친젠도르프 백작은 국교회 신학자들의 호교적 집착에 대한 간결하고 최종적인 판단을 이렇게 선언한 바 있다. "신을 머리로 이해하려는 자는 무신론자가 된다."[13] 그와 반대되는 마음의 종교는 웨슬리와 감리교에게 계승되었는데, 황홀경을 동반한, 종종 극적 형태를 띠기도 한 그것은 무엇보다 '열광주의'를 두려워한 사람들에게는 무척 당혹스러운 일이었다.

하지만 동일한 반응은 전혀 다른 방향으로 이어질 수도 있었다. 많은 전통적인 도덕의 맥락에서 감정에 대한 이성의 전제專制는 조악한 욕망에 대한 비난을 포함했다. 따라서 통상적 감정의 회복은 그와 같은 도덕 전통 및 그것의 밑바탕에 존재하는 기독교 — 인간 본성에 대해 상처 입고 타락한 존재라는 상을 갖고 있었다 — 를 거부하는 형태를 띨 수 있을 것이다. 그리하여 루소적 의미의 이신론은 원죄라는 교의를 뿌리쳐버렸던 것이다. 그리고 다른 저술가들도 그와 같은 길을 따라 자연스럽고 자발적인 욕망이 치유의 원천이라는 휴머니즘의 길을 걷게 되었다.

동일한 반응이 두 가지 정반대 방향으로 이어질 수 있던 것이다. 하나는 우리에게 웨슬리(그리고 오늘날의 '오순절파 운동')를 그리고 다른 하나는 로런스(그리고 20세기의
315 다종다양한 유파의 성해방운동)를 가져다주었다. 한 세기 반의 시간을 격하고 산 이 두 영국인 간에 중간고리가 존재했음은 두말할 필요가 없을 것이다.

낭만주의 저술가들에 관해 말하자면, 그중 일부는 결국 한쪽으로, 다른 사람들은 다른 쪽으로 향했다. 아마 그것을 이해하기는 어려운 일이 아닐 것이다. 비록 미의 원형적 이념은 분명히 강력한 내재적 휴머니즘의 경향을 띤 개념에 기반하고 있지만 그것은 또한 우리 안에 지고의 것 — 그것은 욕망과 융합되어야 한다 — 이 존재한다는 매우 원대한 관념을 포함했다. 그와 같은 생각은 종종 플라톤적 언어로(셸리) 또는 기독교적 언어로(노발리스) 또는 양자의 언어 모두로(횔덜린) 표현되었다.

(2) 그러나 낭만주의적 항의는 인간 내부의 분열에 대해서만 표명된 것이 아니었

13 Nicholaus Ludwig von Zinzendorf, in *M. Aug. Gottlieb Spangenbergs Apologetische SchlussSchrift* ⋯⋯ (Leipzig und Görlitz, 1752). 사진 복각본인 Nikolaus Ludwig von Zinzendorf, *Ergänzungsbände zu den Hauptschriften*, ed. Erich Beyreuther and Gerhard Meyer, vol. 3(Hildesheim, 1964), p. 181을 보라.

다. 그러한 분열은 도덕적·추론적 행위 주체로서의 우리를 우리 자신의 본성, 내적 본성으로부터 분리시키고 있는 것으로 간주될 수 있었다. 하지만 또한 우리를 우리 외부의 자연과의 위대한 하나됨으로부터도 분리시킨다고 종종 주장되었다. 그리고 또 다른 의미에서도 계산적 이성에 대한 동일한 강조는 타자와의 공감어린 합일로부터 우리를 떼어낸다고 주장되었다. 그리하여 근대적 이성과 규율훈련에 기반한 질서가 갈라놓은 것을 삼중적으로 바라볼 수 있을 것이다. 즉 추론적 정신은 먼저 자체의 욕망을 가진 고유한 본성으로부터, 두 번째로는 그리하여 붕괴 위험에 처하게 된 공동체로부터, 그리고 자연 속에서 이루어지는 삶의 거대한 흐름으로부터 분리되어버렸다.

실러는 『인간의 미적 교육에 관한 서한』에 수록된 6번째 서한에서 내면에서의 개인의 분열이 공동체의 분열과 어떻게 상호작용하고 강화시키는지, 그리고 마찬가지로 한쪽의 치유가 어떻게 다른 쪽의 그것을 촉진하는지를 탁월하고, 큰 영향력을 미친 방식으로 설명한다.[14] 그와 같은 설명은 비교적 최근인 1968년 5월에 파리에서 있은 학생저항운동에서 볼 수 있는 대로 근대문화 속에서 계속 공명하고 있다.

하지만 그와 같은 상실감은 회복이라는, 가령 미래의 사회주의 사회에서 구원으로 이어지리라는 휴머니즘적 프로그램의 추동력뿐만 아니라 또한 패러다임은 우리 뒤에, 어떤 경우에는 그리스의 이상적 폴리스에, 또 어떤 경우에는 진정으로 통합된 중세사회로 간주되는 것 속에 놓여 있다는 과거-회고적 신념의 추동력도 되었다. 그와 같은 중세상은 가령 노발리스의 「기독교도 됨 또는 유럽*Christenheit oder Europa*」에서 또는 완전히 다른 형태지만 칼라일의 『과거와 현재*Past and Present*』에서 찾아볼 수 있다. 게다가 사태를 보다 복잡하게 만들어, 미래-지향적 운동과 과거-회고적 모델 모두 다시 낭만주의 시대에서처럼 결합될 수도 있었는데, 일부 사람은 기독교사회의 발전에 의해 단절된 그리스의 아름다운 통일을 되찾을 수 있기를 바랐으며, 보다 고차적인 종합의 일부로 되찾을 수 있다고 생각했다(가령 횔덜린과 청년 헤겔).

실제로 나선형을 그리는 그와 같은 주인-서사는 당시에는 매우 널리 확산되어 있었다.[15] 그것은 항상 동일한 틀을 따라 진행되었다. 즉 처음에 통일이 존재했다가 분열로

14 실러, 『인간의 미적 교육에 관한 서한』.

이어지는데, 이성 대 감정, 인간 대 자연 등 두 항이 대립하게 된다는 것이다. 그것으로부터 보다 복잡하고 풍부한 통일을 회복할 수 있는 가능성이 나타나는데, 그것에 의해 앞서의 대립은 해소되지만 개별항은 보존된다. 헤겔을 통해 그와 같은 서사 형태는 마르크스에게 계승되어 근대의 역사에서 엄청난 힘을 발휘하게 되었다.

(3) 그와 같은 삼중 분리의 한 측면에 초점을 맞춘다면 완충재로 덮인 자아 자체에 대한 항의를 엿볼 수 있을 것이다. 주술화된 세계를 차단함으로써 자연 속에 우리를
316 위해 존재하는 생명과 의미의 위대한 원천으로부터 우리도 차단되어버린다는 느낌이 드는 것이다. 물론 그와 같은 느낌이 반드시 과거로 돌아가라는 촉구로 파악된 것은 아니다. 정반대로 낭만주의자들은 우리의 표현력을 매개로 자연과의 관계를 회복시킬 수 있는 새로운 방법을 탐구했다.

이번에도 역시 낭만주의 시대에 자연과의 통합을 위한 모델은 흔히 그리스인들이었다. 그것은 큰 영향을 미친 실러의 시 「그리스의 신들Die Götter Griechenlandes」에서 분명하게 표현되고 있다. 고대에 감정에 의해 매개되는 자아와의 합일 그리고 자연과의 영=정신적 교감은 자명한 것이었다.

시가의 환상적 베일이
아직 다정하게 진리를 두르고 있었을 때는
온 천지에 충만한 생기가 흘렀다.
느낌이 없는 것까지도 느낄 줄 알았다.
사랑의 가슴에 안기게 하기 위해
자연에 존엄을 부여했다.
정화된 눈길엔
만물이 신의 자취로 보였다[장상용 역, 인하대학교 출판부, 10페이지].

15 에이브럼즈M. H. Abrams는 당시에 대한 주목할 만한 논의에서 그와 같은 나선형 서사가 얼마나 널리 확산되고 또 얼마나 중요했는지를 지적한다. *Natural Supernaturalism*(New York: Norton, 1971), 특히 3~4장을 보라. 그는 또한 그것들이 구원사Heilsgeschichte에 대한 기독교적 견해를 포함해 보다 이전의 모델들로부터 얼마나 많은 것을 끌어오고 있는지도 지적한다.

Da der Dichtung zauberische Hülle
Sich noch lieblich um die Wahrheit wand,
Durch die Schöpfung floss da Lebensfülle,
Und was nie empfinden wird, empfand.
An der Liebe Busen sie zu drücken,
Gab man höhern Adel der Natur,
Alles wies den eingeweihten Blicken, Alles eines Gottes Spur.

하지만 그와 같은 영=정신적 교감은 이제 파괴되고 말았다. 우리는 '신들을 빼앗긴 자연'에 직면해 있다.

그것이 베푸는 기쁨을 알지 못한 채
그것의 영광에 결코 황홀해하지 않은 채
그것을 인도하는 정신을 결코 깨닫지 못한 채
내가 축복받는 것에 의해 결코 보다 축복받지 않은 채
그녀의 창조자인 신의 명예에조차 무감한 채
마치 추가 되튀김 없이 치듯이
중력의 법칙에 노예처럼 봉사한다.
신들을 빼앗긴 자연은.

Unbewusst der Freuden die sie schenket,
Nie entzückt von ihrer Herrlichkeit,
Nie gewahr des Geistes, der sie lenket,
Sel'ger nie durch meine Seligkeit,

Fühllos selbst für ihres Künstlers Ehre,
Gleich dem toten Schlag der Pendeluhr,
Dient sie knechtisch dem Gesetzt der Schwere,
Die entgötterte Natur.

317 앞의 시행들의 비관주의에도 불구하고 그와 같은 분리 또한 통일이 회복되는 이야기가 그려내는 나선의 일부가 될 수 있을 것이다.

(4) 그런데 자연으로부터의 분리라는 이 문제는 특히 언급할 만한 가치가 있는 특수한 틀 속에 넣고 바라보아야 한다. 세계나 인간의 삶에 대해 순수하게 도구적 · '합리적' 자세를 택하는 것에 대해 느끼는 불편함이 그것이다. 실제로 자연 그리고 우리 내부와 외부에 존재하는 흐름으로부터 우리를 차단해온 것으로 기소되어온 것이 통상 그와 같은 태도였음을 통해 그것이 실제로 (3)과 밀접히 관련되어 있음을 알 수 있다. 하지만 그럼에도 불구하고 도구적 태도에 대한 공격은 상술한 자기차단의 또 다른 측면 — 그것 또한 자체에 고유한 비참한 결과를 초래해왔다 — 을 끄집어낼 수 있을 것이다. 우리는 삶 또는 자연을 지배하려고 애쓰는 가운데 그것 속에 들어 있는 심원하고 가치 있는 많은 것을 파괴해왔다는 것이다. 균형의 중요성에 눈감아버린 것인데, 그것은 도구적 합리성에 의해 파괴될 수는 있어도 결코 창조될 수 없다. 그와 관련해 근대의 논의 중 가장 중요한 역할을 하고 있는 것은 분명히 생명권biosphere 전체의 생태적 조화에 관한 것이다. 내가 여기서 환기시키고 있는 항의 노선은 우리 시대의 생태운동에 결정적으로 중요한 것이다. 물론 그중 일부는 도구적 합리성에 대한 고려 위에 정초되어 있다. 하지만 생태운동 전체의 중요한 부분이, 세계에 대해 그와 같은 자세를 취하는 것 — 거기서 자연환경은 오로지 인간의 목적을 충족시키기 위한 수단으로만 간주된다 — 은 뭔가 근본적으로 잘못되고, 맹목적이며, 오만하며, 심지어 불경스럽기까지 하다는 느낌에 기대고 있다.

두말할 필요 없이 그와 같은 반응 또한 기독교적 형태뿐만 아니라 비신앙 형태를 취할 수 있을 것이다.

III. 그와 같은 '낭만주의적' 군의 축에 대해 그것과 여러 측면에서 맞서는 다른 축도 존재한다. 분리에 대한 낭만주의적 비판이 치유라는 처방을 제시하는 곳에서 내가 기술하고 싶은 비판들은 낭만주의자들의 그와 같은 근대적 견해를 지나치게 피상적이고 낙관적인 것으로 보는 경향이 있다. 그것들은 종종 치유 불가능한 분리를 가리키며, 비극의 음조를 끌어들일 수 있을 것이다.

(1) 이신론의 섭리관을 그저 터무니없을 정도로, 제멋대로 낙관주의를 표방하는 것으로 거부하는 태도는 강력한 경건함을 동반하고 나타날 수도 있지만 그렇지 않을 수도 있을 것이다. 앞의 견해에 따르면 모든 것이 선을 위해 조화를 이룬다. 그것은 너무나 호의적이며, 모두가 존재함을 아는 비극, 고통, 미해결된 고난을 부정하는 경향이 있다. 그에 대한 반론 중 아마 가장 유명한 사건이 1755년의 리스본 대지진일 것이다. 그리고 그것의 가장 유명한 정식화가 아마 볼테르의 『캉디드』라고 할 수 있을 것이다. 이 작품은 그와 같은 반응이 경건의 감정에까지 이르지는 않으리라는 것을 즉각 보여주었다. 반대로 그와 같은 반응은 섭리 개념 전체, 그리고 그것을 넘어 신-신앙 자체를 318
심판하기 위해 사용될 수도 있었다. 아마 그것이 지난 2세기 동안 그와 같은 반응이 보여준 가장 중요한 영향이었다고 할 수 있을 것이다. 기독교에 대해 비신앙이 제기한 매우 흔한 비판 중 하나는 기독교가 인간의 삶에 대해 유치할 정도로 온건한 견해를 제시한다는 것이었는데, 그에 따르면 모든 것이 결국 잘 되리라는 것이다. 진정 성숙한 어른이라면 도저히 그와 같은 말을 믿을 수 없을 것이며, 현실을 있는 그대로 직면할 용기를 갖고 있어 기꺼이 그와 같은 것 없이 해나가기를 마다하지 않을 것이다. 실제로 그것이 18세기에 이신론에서 배타적 휴머니즘으로 이행한 사람들을 움직이게 한 원동력이었다.

부분적으로 그와 같은 반응은, 버클리 지적대로, 기독교를 특히 변증론의 맥락에서 섭리에 기초한 이신론이라는 측면에서 일면적으로 규정하려는 태도를 보여준다.[16] 그 밖에도 역사적 사건들의 순서가 얼마나 중요한지를 그리고 근대적 논쟁의 발전에서 이신

16 Michael Buckley, *At the Origins of Modern Atheism*(New Haven: Yale University Press, 1987).

론이 얼마나 핵심적 역할을 했는지를 보여준다. 하지만 또한 그것이 완전히 부당한 것은 아니었는데, 고난을 어떻게 할지를 전혀 모르는 리버럴한, 위생처리된 형태의 기독교가 여전히 존재하고 있었기 때문이다.

그와 같은 이의제기는 전혀 피상적이지 않았는데, 이신론 또는 기독교는 세상과 동떨어져 있다는 비난을 받았기 때문이다. 그것은 또한 도덕적 빈정댐과 연결되어 있었다. 세상과 동떨어져 있다는 것이 항상 도덕적 결함일 필요는 없을 것이다. 심지어 유토피아적 희망에 대해, 또 다른 사람들은 달성 불가능한 것으로 주장하는 것을 위해 기꺼이 투쟁하려는 의지에 대해 일부나마 기독교도나 무정부주의자를 칭찬할 수도 있을 것이다. 하지만 팡글로스[『캉디드』에 나오는 교사로 한없이 낙관적이다]적 낙관주의의 경우 세상과 동떨어진 것은 일종의 미숙함, 용기의 결여, 현실을 마주할 능력의 결여의 증거로 간주되고 만다.

게다가 모종의 방식으로 삶을 천박화시키는, 통속화시키는 것으로 간주된다. 인생의 비극을 인식하려면 그것을 직시할 용기뿐만 아니라 그것의 깊이와 장엄함을 인정해야 하기도 한다. 그것이 깊이가 있는 것은, 고난이, 모든 일이 순조롭게 진행되는 것처럼 보였던 이전에는 볼 수 없던 삶의 의미의 일부를 명확히 해줄 수 있기 때문이다. 바로 이 측면이 결국 예술 형태로 비극이 탐구하는 것이다. 그것이 장엄한 것은 그것이 종종 고난을 견뎌내는 것 또는 고난에 맞서는 것을 보여주기 때문이다. 따라서, 기묘하게도, 삶은 가능하면 아주 문제도 없고 지복으로 가득 차 있다는 식의 인생상은 우리로부터 무엇인가를 빼앗게 된다.

의문의 여지없이 니체가 『도덕의 계보』에서 착수한 것이 바로 이 점이었다. 그에 따르면 인간이 견딜 수 없는 것은 고난 자체가 아니라 무의미한 고난이다. 인간은 고난에 의미를 부여할 필요가 있다. 그리고 그는 특히 내가 사법적·형법적 모델이라고 부른 바 있는 것, 즉 우리가 고난을 겪는 것은 죄를 지었기 때문이라는 생각을, 그렇지 않았더라면 견디기 어려웠을 것에 의미를 부여해주기 때문에 부분적으로 신뢰할 수 있게 된 신앙의 사례로 언급한다.[17]

17 니체, 김정현 역, 『선악의 저편. 도덕의 계보』, 제3논문, 28, 책세상. "지금까지 인류 위로 퍼져 있던 저주는 고통이 아니라 고통의 무의미였다."

여기서 니체가 대단한 것을 발견해냈을 가능성이 있다. 비록 나는 의미 자체에 대한 요구가, 말하자면 보다 특수한 것에 대한 의미가 아니라 어떤 것이라도 좋으니 의미에 대한 요구가 존재했다는 생각에 대해서는 유보적이지만 말이다. 앞서 살펴본 대로 그리고 앞으로도 살펴보겠지만 그와 같은 견해는 근대적·휴머니즘적 종교의식에 특유한 것으로, 인간 존재의 내면에 존재하는 종교에 대한 갈망에 특정한(그리고 사견으로는 미심쩍은) 경향을 부여하고 있다. 이 측면에서 다른 누구보다 더 베버, 또한 고쉐는 니체 뒤를 따르고 있다.[18]

하지만 그럼에도 불구하고 그것에는 중요한 것이 있다. 인간조건에 대한 너무 온화 319
한 상은 결정적인 것, 우리에게 중요한 것을 배제한다. 창조에는 — (바르트Karl Barth적) 표현을 사용하자면 — 어두운 면이 존재한다. 기쁨과 함께 엄청난 무구한 수난이 존재한다. 그리고 거기에 더해 수난은 부정되고, 희생자 이야기는 왜곡되고, 결국 망각된다. 결코 시정도 또 보상도 되지 않는다. 영=정신적 교감과 함께 분열, 소외, 원한, 상호 망각이 존재한다. 화해와 재결합은 결코 이루어지지 않는다.

심지어 가령 기독교에서처럼 신앙의 목소리가 그것이 최종 결말이 아님을 부정하고 싶어하는 곳에서조차 그것이 우리가 살아가는 삶의 현실이며, 우리는 보통 그것을 궁극적인 것으로 경험한다는 사실을 도외시할 수 없을 것이다. 모든 위대한 종교는 그것을 인정한다. 그리고 그와 같은 사태를 단순히 부정하는 것이 아니라 그것의 현실성을 진지하게 받아들이는 형태로 이승에 희망을 건다.

창조적 결과뿐만 아니라 파괴적 결과도 함께 가져오는 시바여신[힌두교의 3대 신 중 하나로 '파괴의 신'이다]의 춤 같은 이미지 또는 깔리 같은 여신[힌두교의 주요 신 중 하나로 '죽음의 신'이다]은 그와 같은 사태를 반영한다. 여러 결점이 있지만 사법적·형법적 모델도 마찬가지다. 그것은 피조물의 세계의 어두운 면을 자기만의 방식으로 분절화한다. 이 측면을 단순히 부정하려고 하는 것 — 근대의 많은 기독교도가 그렇게 하고픈 유혹을 느꼈다 — 은 진공을 남긴다. 또는 다소 믿기 어려울 정도의 온화한 인간상을

18 막스 베버와 관련해 아래의 통찰력 있는 연구서에서 이루어지는 흥미로운 논의를 보라. Eyal Chowers, *The Modern Self in the Labyrinth*(Cambridge, Mass.: Harvard University Press, 2004), 3장. 또한 Marcel Gauchet, *Le désenchantement du monde*(Paris: Gallimard, 1985)을 보라.

남겼는데, 그것은 사람들을 비신앙으로 나가도록 촉구하거나 아니면 초아우구스티누스적 신앙 형태로 회귀하도록 촉구하지 않을 수 없을 것이다. 아니면 그리스도의 〈십자가 수난〉, 즉 — 신인God-man의 고난을 통한 세계-치유의 신비의 회복으로 이어지게 될 것이다. 만약 피조물의 세계의 어두운 측면을 덧칠해서 보이지 않도록 하려 한다면 기독교 신앙의 그와 같은 핵심적 신비는 확실히 보이지 않게 될 것이다.

(2) 다름 아니라 선의와 보편주의에 대한 이신론적・휴머니즘적 모델에 맞서 출현한 또 다른 반응이 존재한다. 앞의 모델이 공격받은 것은, 사람들이 그것에서 하향평준화시키는 어떤 것을 보았기 때문이다. 모든 사람이 평등해야 하며, 오래된 귀족적 미덕은, 가령 영웅주의와 전사의 미덕과 마찬가지로, 더 이상 높이 평가되지 않게 되었다는 것이다.

그와 같은 반론에 많은 것이 합류한다. 근대적 휴머니즘과 '문명'의 평등 추구 경향, 전쟁보다 평화를 선호하는 것, 생산이라는 '부르주아적' 미덕의 긍정, 고통의 경감이 그것이다. 그와 같은 특징들은 '무절제extravagance'와 '과잉excess'이라는 부정적 맥락 속에 놓인다. 그리고 이어 전체가 평준화 경향, 소심함, 많은 것을 요구하는 모든 고귀한 이상의 부정, 모든 영웅주의의 부정 때문에 비난받는다.

그와 같은 반응을 메스트르 같은 반동적 사상가에게서, 하지만 또한 토크빌에게서도 볼 수 있을 것이다. 또 보들레르에게서, 하지만 또한 니체에게서도, 그리고 모라스Charles Maurras에게서도, 하지만 또한 소렐Georges Sorel에게서도 볼 수 있을 것이다. 그것은 좌파와 우파에서 나타날 수 있을 뿐만 아니라 (비록 아마 20세기에는 우파에서 현저했음에도 불구하고 말이다) 동시에 종교 형태를(거기서 금욕주의와 자기희생의 숭고한 행위가 요청되는 것일까?), 반대로 격렬한 반기독교적 형태를 취할 수도 있었다(니체, 그는 근대의 이 모든 리버럴한 평등주의를 다른 수단을 통한 기독교의 연속으로 간주했다).

(2)가 쉽게 (1)과 결합되는 것은 말할 것도 없지만 반론은 다른 축 위에서 이루어지고 있으므로 일단 둘을 구별한다.

(3) 앞의 두 가지 것과 긴밀히 관련된 것이 근대적 질서 개념 속에 함축된 행복관에
320 대한 비판이다. 그와 같은 행복관은 몇 가지 종류의 공리주의에서 찾아볼 수 있는 특히 가장 단순하고 견실한 또는 감각적 형태로, 너무 시시하고, 피상적이고, 심지어 비열하

다고 공격받는 일이 종종 있었다. 게다가 단지 지적 오류, 행복에 관한 잘못된 이론을 반영하고 있을 뿐만 아니라 또한 타락한 행동을 해도 좋다는 면허장이 된 다음 근대세계에서 확산되어 우리 삶의 가치를 떨어뜨릴 위협이 될 수 있는 것으로 주장되기도 했다. 그럴 정도로까지 미미해진 인간은 결국 "싫증이 나도록 겪게 되는 사소한 쾌락les petits et vulgaires plaisirs"19에서 존재의미를 발견하게 될 텐데, 토크빌이 이해한 바에 따르면 그것이 부드러운 전제정의 신민에게 유일하게 남은 관심사이다. 니체의 심지어 훨씬 더 무시무시한 비전에 따르면, 그와 같은 비참한 존재들은 "최후의 인간"20이 되고 말 것이다.

근대적 논쟁이 벌어진 곡선 모양의 공간에서 그와 같은 축은 분명히 앞의 두 축과 복잡하게 뒤엉켜 있을 것이다. 한편으로 그것은 분명히 (2)와 근접해 있는데, 그것의 행복관은 저속하고 인간성에 적합하지 않은 것으로 평가되었기 때문이다. 다른 한편 그것은 또한 (1)과도 결합 가능하며, 극히 환상적 · 비현실적인 것으로 비방받을 수 있을 것이다. 인간 존재는 아무리 노력해도 그와 같은 방식으로는 정말 행복해질 수 없다. 아무리 그와 같은 식으로 행복해지기 위해 노력하더라도 자연적인, 불가피한 고난과 죽음 같은 사건에 의해 또는 내면에 존재하는 억압된 느낌, 즉 보다 고차적인 목적을 위해 태어났다는 느낌에 의해 좌절되고 말 것이다. 이 후자의 비판은 기독교 저술가들에 의해서도 종종 가해져왔다. 하지만 그것이 또한 니체의 경멸 어린 '최후의 인간'상 속에도 들어 있음을 볼 수 있을 것이다.

앞서 언급된 세 축은 고정된 입장을 확정하기보다는 논쟁의 유형을 규정한다. 즉 소정의 비판적 입장은 자체가 보다 급박한 입장으로부터 동일한 측면에서 비판받을 수 있을 것이다. 가령 (3)을 예로 들어보자. 엘베티우스 같은 사람이 최저 수준에서 제시한 쾌락주의에 대한 정의는 루소 같은 사람에 의해 저급한 것으로 경멸될 수 있을 텐데, 그는 미덕에 대한 사랑의 내재적 형태뿐만 아니라 일련의 보다 고차적인 감정을 인간의 행복의 상 속에 도입하게 될 것이다. 하지만 보다 비극적인 관점에서 보자면, 유덕한

19 토크빌, 『미국의 민주주의』, 4부 6장, 685페이지.
20 『차라투스트라는 이렇게 말했다』, 「차라투스트라의 서언」, 5페이지를 보라.

공화국에서의 그와 같은 조화의 실현은 상당히 유토피아적인 것으로 보일 수도 있을 것이며, 자기극복이라는 보다 엄격한 요구에 비추어보면 너무 너그럽고, 영웅적 면모를 전혀 찾아볼 수 없으며, 너무나 인간적인 것처럼 보였을 것이다.

다소 급진적인 방향으로의 이 모든 잠재적 전환이 여기서 내가 식별하고 있는 대부분의 축에서 나타난다. 공리주의적 계몽주의는 스탈 부인과 콩스탕에게는 영=정신적으로 충분하지 않았지만 이어 샤토브리앙에게는 너무 지독할 정도로 휴머니즘적이었다 등.

(4) 그것과 관련된 또 다른 공격노선은 죽음과 관련된다. 근대적 휴머니즘은 죽음에게는 아무런 자리도 주어지지 않은 인간의 개화번영 개념을 발전시키는 경향을 보인다. 죽음은 개화번영의 부정, 궁극적 부정에 다름 아니다. 죽음에 맞서 싸우고, 끝까지 지연시켜야 한다. 반대로 포스트-계몽주의 세계에서는 무신론적 입장이면서도 또는 적어도 초월에 대해 애매하고 불명확한 입장을 취하면서도 죽음 속에서, 적어도 죽음의 순간에 또는 죽음이라는 관점 속에서 특권적 입장을, 즉 삶의 의미, 즉 삶의 요점이 분명해지거나 삶의 충만 속에서 더 잘 그것에 이를 수 있는 입장을 보는 일련의 견해 전체가 나타나게 되었다.

321 말라르메, 하이데거, 카뮈, 첼란, 베케트. 중요한 것은 그들이 결코 주변적이고 망각된 인물이 아니었으며, 오히려 그들의 저작이 당대의 상상력을 사로잡아온 것이다. 우리는 그와 같은 사실을 완전히 이해하지는 못하지만 휴머니즘과 신앙 간의 대결을 이해하려고 시도할 때는 반드시 항상 그것을 고려해야 한다. 기묘하게도 그들 그리고 다른 저자들에게서는 종교 전통을 연상시키는 많은 것이 떠오르고 있는 동시에 그들이 종교를, 적어도 지금까지 이해되어온 방식의 종교를 거부하려고 한다는 것 또한 몇몇 경우 분명하다.

9

시간의 어두운 심연 322

앞 장에서 스케치해온 논쟁 축들이 신앙/비신앙 문제를 함축한 오늘날의 논의 대부분을 규정하고 있다. 하지만 지금까지 논해온 대로 그것은 단지 신앙/비신앙, 신-신앙과 배타적 휴머니즘 간의 논쟁인 것만이 아니다. 논의의 흐름이 다양한 방향으로 소용돌이치고 있다.

앞서 말한 대로 19세기에는 비신앙이 크게 전진했다. 이 말이 의미하는 바는 많은 사람이 신앙을 잃고 교회나 유대교 회당을 떠난 것뿐만 아니라 새로운 입장이 고안되고, 비신앙을 위한 새로운 틈새나 공간이 생겨났다는 것이다. 만약 수세기에 걸쳐 세속성 3이 발전해왔다는 이야기의 핵심이 신앙을 대체하는 배타적 휴머니즘이 형성된 것이라면 이 시대는 이 영역에서 대안들의 음역 전체가 보다 풍부해지고 보다 광범위해진 때라고 할 수 있다.

이 시대를 어떤 의미에서 18세기에 시작된 인간 중심주의로의 방향 전환의 연속으로서보다는 일종의 반복으로 볼 수도 있을 것이다. 왜냐하면 두 단계 간에 경건함이 강력하게 고양되는 것을 볼 수 있기 때문이다. 그것이 대략 〈프랑스혁명〉 전쟁 시기에 잉글랜드에서 (그리고 부분적으로는 전투적 비신앙의 과시에 대한 반발로) 시작되어, 빅토리아조 말기의 수십 년간에 이르기까지 잉글랜드 사회를 크게 특징지었다. 처음에 복음주의가, 그리고 나중에는 또한 영국국교회에서 고교회파의 경건주의가 일어나면서 비국교회 교회에서도 신자가 급증했다. 프랑스에서 그것은 물론 왕정복고와 함께 시작되었다. 교회는 실지를 회복하고, 예배를 보는 교인 숫자를 끌어올리려고 시도했다. 그리고 19세기 3/4분기까지 꾸준히 그와 같은 활동을 확장시켰다. 미국은 1800년경부터 〈제2차대각성〉에 휘말려 있었는데, 복음주의적 합의가 이루어져 어쨌건 그것이 미국의 〈건국의 아버지들〉 대다수가 공유한 이신론적 입장을 주변부화시켰다. 교인 숫자가 지속적으로 늘어났는데, 그것은 20세기까지 계속되었다.

따라서 19세기 중반 또는 말엽에 등장한 비신앙으로의 입장전환은 어떤 의미에서는 새로운 경향이었다. 단지 그와 같은 움직임이 18세기에 일어난 앞의 사례보다 광범위했기 때문만이 아니다. 앞서와 마찬가지로 그것은 여전히 아직 선진사회 엘리트 계층에 제한되어 있었지만 그럼에도 불구하고 보다 광범위하게 보급되었다. 뿐만 아니라 19세기의 전환은 이전 것과는 질적으로도 달랐다. 어떤 의미에서 보다 심원했다. 단지
323 콩트나 밀, 르낭이나 포이어바흐 같은 사람들의 지적 정식화가 벤담이나 엘베티우스, 돌바흐의 그것보다 심원하다는 의미가 아니다(비록 나 또한 그렇다고 생각하지만 말이다). 그것은 그와 같은 깊이가 다른 것을 반영했기 때문이다. 즉 비신앙의 입장은 18세기에 선행한 것의 유사한 견해보다 19세기 현실의 생활세계와 배경 감각 속에 더 깊이 닻을 내리고 있었다.

여러 측면에서 그렇지만 여기서는 두 가지 관점만 끄집어내고 싶다. 첫째, 앞서 이미 환기시킨 바 있는 코스모스로부터 우주로의 이행이 한층 더 진전되었다.

코스모스로부터 우주로. 즉 세계가 상상되는 방식이 바뀌었다. '상상되는'이라는 말은 두 가지를 의미하는데, 그중 하나는 다른 것의 구체적 예이다.

첫 번째 것은 앞서 '사회적 상상계'로 기술된 것과 유사하다. 실제로 '사회적 상상계'의 구체적 예로 간주될 수도 있을 것이다. 사회적 상상계는 사회에서 일반적으로 공유되는 배경이해로 구성되는데, 그것이 사회가 지금처럼 기능하는 것을 가능하게 만들어준다. 그것은 두 가지 방식으로 '사회적'이다. 일반적으로 공유되고 있다는 점 그리고 사회에 관한 것이라는 점이 그것이다. 하지만 또한 다른 것에 관해서도 일반적으로 공유된 이해가 존재하지만 그것이 '사회적'인 것은 오직 전자의 의미에서 뿐이다. 그중에

는 우리가 실제로 사는 세계를 상상하는 방식 전체도 속한다.

사회적 상상계가 우리의 사회적 관행[실천]에 의미를 부여하는 다양한 견해로 구성되듯이 '코스모스적[우주적] 상상계'는 주변세계가 우리 삶 속에서 작용하는 방식을 이해할 수 있도록 해준다. 가령 주변세계가 명확한 코스모스적 교의를 포함해 종교적 이미지와 관행에서 작용하는 방식, 다른 나라나 다른 시대에 관해 우리가 하는 이야기 방식, 계절과 시간의 경과를 표시하는 방식, 우리의 도덕적이고/또는 [심]미적 감수성 속에 '자연'을 위치시키는 방식, 혹시 있다면 '과학적' 우주론cosmology을 발전시키려고 시도하는 우리의 방식 등이 그것이다.

우리가 세계를 상상하는 방식이 변한 두 번째의 보다 구체적 의미는 위에서 열거한 목록의 끝에서 두 번째 사항과 관련되어 있다. 즉 자연이 우리의 도덕적 · [심]미적 상상 속에서 작용하는 방식이 그것이다. 그것은 우리의 세계감각이 형성되는 많은 방식 중 하나일 뿐이지만 내가 여기서 그려내려고 하는 변화에서는 특히 중요하기 때문에 특별한 주의를 촉구하는 의미로 굳이 특정해두고 싶다.

그런데 우리 문명에서 지난 500년간 전개되어온 그와 같은 변화는 어마어마한 것이었다. 우선 정령과 영력들이 사는 주술화된 세계로부터 탈주술화된 세계로 이행했다. 뿐만 아니라 아마 보다 중요하게는, 단단한 경계 내부에 감싸인 정적인 세계로부터 광대하고, 무한하게 느껴지고, 영겁에 걸친 진화 과정의 한복판에 있는 세계로 이행했다.

보다 이전 세계는 제한되고 특정한 코스모스-관념에 의해 경계가 정해져 있었다. 즉 사물에 특정한 형상을 부여함으로써 한계를 부여하는 세계 질서가 존재했다. 플라톤 철학에서 유래한 생각 즉 코스모스는 존재의 연쇄라는 생각이 그러한 예 중 하나이다. 그에 따르면 코스모스는 러브조이가 '충만의 원리'라고 부른 것 덕분에 가능한 모든 형 324
태의 존재를 드러낼 수 있다. 코스모스는 어떤 것이라도 존재하는 것이 가능할 정도로 너무나 풍부하다. 하지만 그와 같은 존재 형태의 숫자는 유한하며, 일군의 단일한 기본 원리에서 생길 수 있다. 훈련되지 않은 눈에는 세계가 아무리 광대하고 다양해 보이더라도 그와 같은 원리가 우리를 위해 규정해놓은 계획의 범위 내에 머물고 있음을 알 수 있다. 세계가 아무리 심원하고 헤아릴 수 없어 보여도 그와 같은 합리적 질서 내부에서는 우리가 바닥에 이르리라는 것을, 바깥쪽 가장자리에 가닿으리라는 것을 안다.

여기서 내가 말하고 있는 것은 일종의 이론에 관한 것이다. 하지만 내가 '상상계'라고 부르는 것 수준에서 이론은 일반적 종류의 견해에 기반하고 있으며, 그것의 틀 내에서 감각적으로 지각되는 물질적 세계는 그런 식으로 이데아 속에 담겨 있는 것으로 해석된다. 우리 주변의 사물은 이데아의 구현물이나 표현물로 또는 직접 볼 수 없는 보다 고차적인 실재의 표시로 이해되기 때문이다. 주술화된 코스모스에서 그와 같은 종류의 이해는 아무 문제도 없었다. 사물은 정령이나 영력이 머무는 곳으로 나타날 수 있었기 때문이다. 그리고 일반적으로 그와 같은 것으로 이해되고 있었기 때문에 무비판적으로[비성찰적으로] 그렇게 간주되었으며, 직접 '경험'할 수 있는 것으로 여겨졌다. 육체를 쇠약하게 만드는 병으로부터 회복시켜 줄 수 있는 강력한 힘을 가졌길 바라는 성유물은 단순한 뼈로 보이지 않으며, 그것에 대해서는 한번 만지기만 해도 금방 치병된다는 가정을 세울 수 있었다. 그것은 경이로울 정도로 치유력으로 가득 차 있었다.[1]

그런데 아래 일이 일어났다. 즉 그와 같은 식으로 사물을 파악하는 방법 전체가 우리 문명 속의 많은, 심지어 대부분의 사람에게서 사라져버린 것이다. 그들에게 나타나는 세계는 탈주술화되었다. 코스모스 이론이 더 이상 믿을 수 없게 된 것뿐만 아니다. 심지어 더 이상 완전히 이해 가능하지 않게 되었다. 물리적 실재를 어떤 것을 구현하거나 표현하는 것으로 보는 것은 더 이상 통하지 않게 되었다.

우리 조상들의 코스모스적 상상계는 또 다른 관념에 의해서도 형성되었다. 즉 세계는 신에 의해 창조되었으며, 타락과 구원 속에서 신과 인간을 잇는 이야기의 무대라는 유대적·기독교적 세계상이 그것이다. 그와 같은 관념 또한 사물에 형상을 부여했는데, 그것이 물리적 실재는 가늠할 길 없는, 갈피를 잡기 어려운 깊이를 갖고 있다는 모든 느낌에 외적 한계를 설정했다.

그와 같은 한계는 시간 축에서 설정되었다. 심지어 근대의 과학정신이 신학자들에게 천지창조가 이루어진 정확한 시간(어셔James Ussher 대주교에 따르면 기원전 4004년

1 플라톤주의에서 유래한 이론, 즉 사물은 이데아의 가상이라는 이론은 주술화에 대한 민중의 믿음과 쉽게 어울릴 수 있을 것이다. 둘 모두 의미로 가득 찬 유인력이 우리 주변의 사물 속에 내재한다는 생각을 이해 가능하도록 만들어줄 수 있을 것이다. 코스모스와 관련해 플라톤에게서 영감을 얻은 견해는 고급문화로서 민중의 주술화에 대한 — 이론적으로 탄탄히 뒷받침된 — 맞짝으로 사용될 수 있을 것이다.

10월 22일 오후 6시)을 계산하도록 이끌기도 전에 과거의 깊이는 그곳에서 펼쳐진 신과 인간의 드라마에 의해 이미 모양새를 부여받고 있었다. 하지만 그것은 동시에 그와 같은 경계가 안에 다양성을 포함하고 있음을 의미했다. 우리가 보는 세계는 신이 창조한 것으로, 온갖 종류의 동물, 조류, 어류가 존재하고 있다. 세계는 항상 인간의 집이었지만 항상 다른 생명들의 터전이기도 했다.

이어 그와 같은 『성서』적 틀은 코스모스적 틀과 복잡하게 뒤엉키게 되었다. 물론 긴장도 존재했다. 가령 아리스토텔레스에 따르면 세계는 영원한데, 그것은 '무로부터의 ex nihilo' 창조와 조화를 이루기 어려웠다. 하지만 다른 한편 그도 진화론을 외면하고 종의 고정된 위계제에 표를 던졌다.

동시에 사물을 보다 고차적인 실재의 표시나 표현으로 간주하는 이해는 세계가 창조되었다는 견해 속에 쉽게 통합될 수 있었다. 신이 창조한 것 또한 우리가 발하는 말과 325
마찬가지로 의미를 갖고 있었다. 신플라톤주의에 기반했으며, 일찍이 '위僞디오니시우스Pseudo-Dionysius the Areopagite' 저작 속에서 패러다임적으로 표현된 세계상이 중세신학의 지도이념 중 하나가 되었다.

그런데 『성서』에서 유래한 그와 같은 틀 또한 코스모스-관념의 토대에 놓인 생각과 복잡하게 뒤엉켜 있던 특정한 세계관을 떠받치고 있었다. 사물을 표시sign로, 신이 우리에게 말을 걸 때 사용하는 기호sign로 보는 견해는 코스모스의 불변성을 짧은 시간 척도에서는 확고하게 해주었다. 우리를 둘러싼 세계는 신의 발화 행위로, 『성서』 이야기의 맥락에서는 표준적 이야기 — 그에 따르면 우리가 지각하는 세계는 태초에 신의 손에 의해 창조되었다 — 이외의 다른 어떤 이야기가 끼어들 여지를 남기지 않는 것 같았다. 변화 그리고 당혹스러울 정도의 차이를 가리키는 지표를 넘어선 곳에는 최초의 창조에 의해 정해진 한계가 놓여야 한다.

하지만 한계가 존재한다는 그와 같은 감각에 의해 규정된 견해 전체가 일소되었다. 오늘날 우리의 우주-감각은 다름 아니라 광대하고 헤아릴 수 없다는 생각에 의해 규정되고 있다. 공간, 무엇보다 먼저 시간은 광대하고, 현재의 형태가 진화해 나오게 된 변화의 긴 연쇄를 헤아릴 수 없다는 것이다. 하지만 인류사에서 전례 없는 것은, 그와 같은 광대함이 앞선 계획에 의해 형성되고 한정되었다는 것이 더 이상 명확하고 분명한 것으로 보이지 않는 것이다. 가령 스토아주의나 힌두사상 등에서 볼 수 있는 대로 우주는 광대한 아이온[산스크리트어로는 카르파(겁)] 속에서 운행된다는 보다 이전의 이미지는 그럼에도 불구하고 스토아주의의 대년 같은 반복되는 순환 관념에 의해 한정되어 있었다. 오늘날 우리의 사물-감각은 어느 곳에서도 바닥에 닿고 있지 않다.

여기서 사물-감각에 대해 말하고 있음을 강조해두고 싶다. 사람들이 믿는 것에 대해 말하고 있는 것이 아니다. 많은 사람이 여전히 세계가 신에 의해 창조되고, 어떤 형태로건 신의 섭리에 의해 통치되고 있다고 믿고 있다. 필자가 여기서 말하는 것은 세계가 무의식적으로spontaneously 상상되고, 따라서 경험되는 방식에 관한 것이다. 세계를 합목적적 질서를 가진 것으로 직접적이고 간단하게 지각하는 것은 더 이상 일반적이지 않다. 비록 성찰, 명상, 영=정신적 성장에 의해 그렇게 보게 되는 경우도 있을 수 있지만 말이다.

그런데 그것이 변했다는 이야기 — 적어도 일부 — 를 종종 듣는데, 『성서』의 코스모스론이 진화론 형태의 과학의 전진에 의해 대체된다는 것이다. 그것은 앞의 변화 이야기의 중요한 구성요소이다. 과학적 발견은 [세계이해의] 변혁에서 두드러진, 심지어 결정적인 역할을 했다. 내가 보기에 그와 같은 이야기의 문제는 그것이 한 이론이 어떻게 다른 이론을 대체했느냐는 식으로 이야기하는 것이다. 반대로 내가 관심을 갖고 있는 것은 우리의 사물-감각이, 우리의 코스모스적[우주적] 상상계가, 다시 말해 우리의 배경이해 전체와 세계에 대한 느낌이 어떻게 변했느냐이다.

둘은 전혀 동일한 것이 아니다. 우리 상상계를 전혀 건드리지 않는 이론적 변화도 존재한다. 현대의 자연과학의 보다 정밀하고 난해한 많은 발전의 경우가 그러하다. 과학적 변화는 종종 보다 이전의 상상계를 악화시키거나 파괴하는 데 기여할 수 있을 것
326 이다. 다윈으로 이어진 우주론적 · 생물학적 발견의 경우는 분명히 그랬다. 하지만 심지어 이 경우에도 과학은 단지 보다 이전의 상상계를 대신해 어떤 상상계가 발전할지만 규정하는 것이 아니다. 그것을 인식하려면 과학과 상상계 모두의 변형을 포괄하는 보다 완전하고 풍부한 이야기를 추적할 필요가 있다.

여기서의 우리 목적을 위해서는 보다 풍부한 설명을 택해야 한다. 가장 단순한 세속화 이야기를, 즉 '과학'이 혼자 근대적 비신앙을 규정한다는 이야기를 받아들일 때만

심지어 보다 풍부한 이야기를 무시할 수 있으리라고 상상할 수 있을 것이다. 하지만 아래 논의에서 그것이 만족스러운 설명으로부터 얼마나 거리가 먼지가 분명해지기를 바란다.

심지어 과학 이야기의 실제 진로도 보다 포괄적인 맥락을 무시하면 이해하기 어렵다. 이론 수준에서 일어나는 변화는 추적하기 쉽다. 두 범주로 그것을 제시해볼 수 있을 것이다. 첫째, 지구 중심의 오래된 코스모스가 가진 여러 차원이 엄청나게 증가하는데, 거기서는 지구 주위를 항성과 행성들이 회전한다. 그것은 비록 보다 이전의 상상에 따르면 광대했지만 외권外圈에서 경계에 이르렀는데, 『성서』 이야기가 보다 이전에 시작된 시간적 한계를 정했다. 하지만 이어 우리 태양계는 단지 은하계 중 하나의 별을 직접 둘러싸고 있을 뿐이라는 생각이 점차 늘어난다. 그런 다음 보다 이후에는 그와 같은 은하계조차 무수히 많은 다른 은하계 중 하나일 뿐이라는 생각이 발전한다. 이미 16세기 말에 브루노가 무수히 많은 세계로 이루어진 그처럼 무한한 우주를 상정했다.

그러나 공간의 확대는 외부를 향해 헤아릴 수 없는 것 속으로 치달을 뿐만 아니라 [현미경으로밖에 볼 수 없는] 아주 작은 것들로 이루어진 내적 프론티어를 열었다. 일상적 삶에서 인식하는 사물은 단순히 우리를 둘러싼 방대한 우주에 의해 영향을 받고 규정될 뿐만 아니라 사물 하나하나의 본성이 미시적 구성에 의해 형성되었는데, 그것의 상세한 짜임새는 극소적인 것으로 이루어진 미탐구된 영역 속에 들어 있다. 실재는 사방으로 미지의 것 그리고 아직까지 지도화되지 않은 것 속으로 뿌리를 밀어 넣고 있었다. 세계를 '코스모스'가 아니라 '우주'로 파악하는 것을 규정하는 것이 바로 그와 같은 감각이다. 그리고 우주-인식이 보다 이전의 코스모스상에서와는 달리 '심원하다'는 말이 의미하는 것이 바로 그것이다.

하지만 한정 불가능한 공간이 그렇게 열리게 된 것에 아무리 많이 우리가 압도되더라도 아마 시간의 확장이 미친 영향은 심지어 그보다 더 심원했을 것이다. 고작 5,000~6,000년이라는 한계 안에 담겨 있던 코스모스를 떠나 우리는 자신을 뷔퐁이 "시간의 어두운 심연le sombre abîme du temps"[2]이라고 부른 것의 결과로 보게 되었다. 그처럼 매

2 Paolo Rossi, *The Dark Abyss of Time*, trans. Lydia Cochrane(Chicago: University of Chicago Press, 1984), pp. 108-109를 보라. 뷔퐁은 이 표현을 셰익스피어에게서 차용했을까? 『템페스트』에 나오는 아래 구절을 생각해보

력적인 이미지는, 우리 뒤에 남겨진 시간의 광대한 폭은 우리를 둘러싼 공간의 광대한 넓이와 달리 우리의 생성 과정, 성립 과정을 감추고 있다는 사실로부터 힘을 끌어낸다. 무수한 은하계로 이루어진 방대한 우주는 대부분이 공허한 한 사람들은 그곳이 어둡다고 생각할 수 있을 것이다. 하지만 또한 무수히 많은 별에 의해 밝게 비추어지고 있다고 생각할 수도 있을 것이다. 우리 뒤에 놓인 시간의 무한한 아이온은 또 다른 의미에서 어둡다. 그것을 탐구하려고 할 때 우리는 우리 자신의 여명의 어스름과 만나며, 그런 다음에는 그로부터 우리, 의식을 가진 — 빛을 지닌 — 동물이 등장하는 어둠과 만나게 된다.

연속적으로 이어지는 『성서』의 서사는 (뒤돌아보자면, 오히려 얕은 것 같은) 우물의
327 밑바닥을 밝히는 한 줄기 빛 같았다. 일단 그와 같은 서사가 포기되거나 더 이상 직접적 연대기로 간주되지 않는다면 먼 과거는 어두워진다. 가늠할 수 없어 어둡다. — 의문의 여지없이 그것이 뷔퐁이 의미하고자 했던 바의 일부이다. 그러나 또한 우리가 아는 빛 — 사물에 대한 의식적 인식 — 의 출현에 앞서기 때문에도 어둡다. 그리고 그와 같은 등장 자체도 이해하기 어렵거나 심지어 상상하기조차 어렵다는 의미에서 어둡다.

인간은 더 이상 코스모스의 창립회원이 아니라 최근 시간이라는 협대역만 차지할 뿐이다. 디드로는 그것을 이렇게 정식화한다.

> 하지만 영원이라는 시간에 견주어볼 때 우리가 살아 있는 시간은 과연 무엇일까? …… 발효 중인 원자 속에 들어 있는 무한히 많은 극미동물들, 우리가 지구라고 부르는 또 다른 원자 속에 들어 있는 무한히 많은 극미동물들 같은 것일지도 몰라, 도대체 우리를 앞서간 동물종을 누가 알까? 우리를 뒤따르는 동물종을?Mais q'est-ce que notre durée en comparaison de l'éternité des temps? …… Suite indéfinie d'animalcules dans l'atome qui fermente, même suite indéfinie dans l'autre atome qu'on appelle la Terre. Qui sait les races d'animaux qui nous ont précédés? qui sait les races d'animaux qui succéderont aux nôtres.[3]

라. 거기서 프로스페로는 미란다가 기억하고 있는 것에 대해 이렇게 묻는다. "그 밖에 아득히 먼 시간의 심연 속에서/뭐가 보이나What sees thou else/In the dark backward and abyss of time?"(1막 2장, 49~50행). 여기서 해당 구절을 인용할 수 있게 된 것은 워터스Lindsay Waters 덕분이다.

다윈보다 1세기 가까이 앞서 쓰인 위 글과 함께 우리는 두 번째 범주의 변화에 이른다. 보다 이전의 코스모스-관념은 세계를 고정된 것, 불변의 것으로 보았다. 하지만 우리의 우주-의식은 사물이 진화한다는 감각에 의해 지배되고 있다. 진화 과정은 그것이 전개되는 시간의 심연만큼이나 방대하고, 가늠하기 어렵다. 그와 같은 범주를 다시 두 개의 하위-범주로 분류할 수 있을 것이다. 우리가 사는 세계를 보다 이전 상태에서 발전해온 것으로, 나아가 세계 위에 사는 생명 형태를 진화하고 변화해가는 것으로 보게 되었는데, 특히 인간의 삶이 그렇다.

코스모스는 한정되고 고정되어 있다는 견해로부터 우주는 방대하고 진화한다는 견해로의 변형 과정은 17세기 초에 시작되어 본질적으로 19세기 초에 종료되었다. 비록 1859년에 있은 다윈의 『종의 기원』의 출판과 함께 마침표를 찍은 것으로 볼 수도 있지만 말이다.

그것을 고전적 성공 이야기로 간주할 수 있을 텐데, 그에 따르면 책임지고 사실을 설명하려는 시도가 결국 전통적·권위적 신념에 대해 승리를 거두었다는 것이다. 몇몇 발견은 전통적 이야기 속에 동화되기 어려웠던 점에서 그것에는 일정한 진실이 담겨 있다. 암석에 남아 있는 화석이 대표적 예이다. 하지만 또한 다른 민족, 즉 이집트인, 칼데아인, 중국인 등의 시간-전망이 모세 이야기가 기록하고 있다고 생각되는 5000~6000년 전보다 훨씬 더 이전으로 거슬러 올라가는 과거를 거론하고 있는 점도 들 수 있었다. 그런 다음 신세계, 새로운 민족과 미지의 동물종의 발견은 [노아의] 대홍수 이야기와 융합시키기 어려웠다. 만약 오늘날 존재하는 모든 사람과 동물이 방주에 의해 328
살아난 종의 후손이라면 어떻게 미국으로 건너갈 수 있었을까? 아마 인간은 배를 타고 갔겠지만 말코손바닥사슴은?

그러나 최근 수십 년간의 과학철학이 가르쳐온 바에 따르면, 대안적인 적절한 설명들이 존재하지 않으면 극히 확고한 사실조차 우리의 기존의 신념을 바꿀 수 없으며, 실제로 종종 낡은 신념의 도움으로 원기를 되찾기도 한다.

3 디드로, 김계영 역, 『달랑베르의 꿈』, 한길사, 100페이지.

가령 화석은 암석 자체에서 생겨나는 지층의 형성물로 생각되었다. 칼데아인들의 설명은 진정한 종교와의 접촉을 잃어버리고, 고대로 거슬러 올라가는 혈통을 마련함으로써 본인들의 중요성을 끌어올리려고 시도하는 민족에 의한 황당하기 짝이 없는 헛된, 한가한 사변으로 거부될 수 있을 것이다.[4]

그와 같은 '사실'이 과학으로 열매를 맺기 위해서는 두 가지 조건이 충족되어야 했다. 즉 먼저 대안적 틀이 가용해지고, 두 번째로는 보다 이전의 코스모스-관념이 우리 상상에 미치던 영향이 쇠퇴하는 것이다.

그런데 첫 번째 조건은 어떤 의미에서 이미 충족되었다. 고대에 루크레티우스는 이미 동물과 인간이 자연발생에 의해 땅에서 태어난다는 일종의 진화론을 제시했다. 그리고 어떤 의미에서는 에피쿠로스 또는 루크레티우스의 몇몇 관념의 회귀였던 근대의 기계론적 물리학이 시작된 것이 물리적 변화에 관한 이론의 길을 열었다. 데카르트는 원래의 물질의 배분이 어떠했는지와 관계없이 항상적인 물리적 법칙의 작용에 따라 현재의 세계 질서가 어떻게 생겼는지를 이해할 수 있도록 해줄 수 있는 설명을 제시했다.

두 번째 점에 대해서는 보다 오래된 코스모스-관념의 영향이 — 적어도 그와 같은 과학적 이론을 제시하고, 그것에 대해 논의하던 교양엘리트 계층 사이에서는 — 어떻게 약화되었는지를 쉽게 이해할 수 있다. 그와 같은 코스모스-관념은 두 가지 요소와 밀접하게 관련되어 있었다. 첫째는 주술화된 세계상으로, 앞서 설명한 대로 사물은 정령이나 영력의 표현-구현이라는 것이다. 두 번째는 플라톤적 영원이건 신의 영원이건 일련의 세속적 사건이 보다 고차적 시간과 복잡하게 뒤엉키게 되는 복합적 시간 이해이다. 세계의 탈주술화, 보다 고차적인 시간의 추방은 전통적 견해를 약화시키지 않을 수 없었다.

6,000년이라는 기간은 짧다면 짧지만 합목적적 피조물의 세계가 출현하도록 해준 신의 영원성이라는 틀 속에 놓이게 되면, 영원성이 현존하는 것으로 느껴지고, 특정한 장소, 시간과 행동에서 그것의 집중된 힘을 느낄 수 있는 한 결별하기 어려운 믿음이 되었다. 하지만 일단 사람들이 점점 더 순수한 세속적 시간 속에 살게 되면, 그리고 신

4 로시, 앞의 책, 22장.

의 영원성 그리고 그와 결합된 창조 기간이 단순히 믿음[신앙]의 대상에 그치게 되면 아무리 확실한 근거에 의해 뒷받침되더라도 우리 상상은 처리하기 곤란한 사실을 설명할 수 있는 다른 방식에 눈길이 가기 쉽다.

그것이 버클리[5]가 지적하고 나도 위에서 논한 충격적 사실의 배경을, 즉 수 세기에 걸쳐 기독교 변증론이 신의 존재증명 그리고 신의 우주 설계에 기반한 신의 선의의 증명에 외견상 편중되게 집중된 사실의 배경을 이룬다. 아마 다른 무엇보다도 훨씬 더 삶의 의미를 성찰하고, 신의 사랑을 느낌으로서 신앙에 이르게 된 근대의 신앙인들에게 329
우주 설계 같은 외적 요소에 그와 같은 식으로 초점을 맞추는 것은 아무리 조심스럽게 말해도 기묘해 보일 것이다. 아마 무미건조하고, 하찮게 보일 것이 틀림없다.

하지만 우리는 다른 사람도 아닌 보일이 "박학한 신학자가 비신앙인, 즉 무신론자와 유신론자[즉 이신론자], 이교도, 유대교도와 이슬람교도에 맞서 기독교의 올바름을 증명하는 설교를 연간 8회 할 수 있도록"[6] 연간 50파운드의 수입을 유증하고 있는 모습을 볼 수 있다. 당시의 몇몇 위대한 사상가는 〈보일강연〉의 연사였는데, 그들의 압도적 다수는 만물의 설계와 관련해 신의 존재와 선함을 증명하고, 또 『성서』 이야기를 증명하는 데 전념했다.

그것은 그들에게는 깊은 종교적 감정이 없었다는 의미일까? 전혀 그렇지 않다. 앞의 기금이 원자론적 기계론의, 소위 '미립자 철학'의 위대한 이론가, 보일에 의해 설립된 것은 전혀 우연이 아니었다. 순수하게 세속적인 시간 속에 존재하는 탈주술화된 우주로의 이행은 일상적 경험에 입각한 코스모스 감각과 밀접하게 관련되어 있던 신앙을 취약하게 만들지 않을 수 없었을 것이다.

실제로 기계론 이론은 보다 이전의 코스모스-관념의 한 측면 — 즉 만물은 이데아에 의해 질서지어져 있다는 플라톤적 견해에 입각해 있던 측면 — 을 논박했다. 하지만 그와 같은 이론은 다른 측면과는 완벽하게 조화될 수 있었는데, 그에 따르면 세계는 부분적으로는 피조물인 인간에게 조력을 제공하기 위해 선의를 가진 신에 의해 창조되

5 Michael Buckley, *At the Origins of Modern Atheism*(New Haven: Yale University Press, 1987).
6 Rossi, *The Dark Abyss*, p. 69.

었다. 이제 합목적성에 대한 그와 같은 주장은 만물은 우리 인간에게 유익한 결과를 가져오도록 설계되었다는 생각을 통해 기계론적 개념으로 정식화될 수 있을 것이다. 그것이 앞서 설명한 대로 근대적 도덕 질서의 기반이 되고 있는 관념 중 하나이다.

하지만 기계론 이론은 주로 플라톤과 아리스토텔레스를 논박함으로써 신앙을 약화시킨 것은 아니었다. 실제로 주된 요인은 그것이 주술화를, 따라서 보다 고차적인 질서가 우리 주변의 사물 속에서 표현되고 구현된다는 생각의 기반을 무너뜨렸기 때문이다. 그리하여 코스모스 속에 신이 현존한다는 것을 더 이상 경험에 입각한 것으로, 적어도 이전과 동일한 방식으로 바라보지 못하게 만들었기 때문이다. 신의 권능은 더 이상 옛날처럼 느끼거나 볼 수 있는 것이 아니게 되어버렸다. 이제는 마치 인공적 장치, 즉 기계 속에서 우리가 제작자나 이용자의 목적을 찾아내야 하듯이 사물의 설계 속에서 추론해야 할 것이 되었다. — 그것이 당시의 담론에서, 특히 우주를 시계와 연결하는 직유에서 계속 반복된 이미지였다.

기독교 변증론에서 [신의] 설계에 집중적 관심을 기울인 것은 단지 그것에 지적 문제가 존재했기 때문만은 아니다. 그에 따르면 의심의 여지가 있기 때문에 설계에는 목적이 있고 선의에서 나온 것임이 증명되어야 한다. 특히 문제가 많은 그와 같은 쟁점이 뜨겁게 논의된 것은 과거에는 통상 그와 같은 세계 속에 어떤 것이 현존함을 느낄 수 있었고, 그것이 우리를 지탱해주고 있다는 생각에 익숙해 있었지만 이제는 강력한 결여를 느끼게 되었기 때문이다. 우리를 지탱해주는 그것이 결여되어 있는 것이 신앙 전체의 토대를 허물어버리고 있다고 느끼지 않을 수 없게 된 것이다. 그리하여 그럴 리 없다고 안심할 필요가 너무나 커지게 되었다.

물론 그와 관련해 나는 〈보일강연〉 청강자들만이 그와 같은 필요를 느꼈다고 말하는 것이 아니라 아마 강연자들과 보일 본인에게도 마찬가지였을 것이다. 보다 후대가
330 되어야 즉 모두가 탈주술화된 우주에 익숙해지고 신앙인은 신의 현존을 느낄 수 있는 다른 방법을 보다 많이 강조하는 정신 자세를 갖게 될 때야 비로소 신의 설계라는 개념에 집착하는 것이 현재의 우리에게서처럼 너무나 기이하게 보이게 될 것이다.

대단히 오래전부터 우리를 지탱해주던 것이 돌연 철회됨으로써 그것의 여파로 모든 것이 뒤흔들리게 되는 현상은 지난 수 세기 동안 일군의 맥락에서 반복되어왔다.

가령 위로부터의 대문자 개혁 때 그랬는데, 공권력이 성역 유지와 관련해 주던 도움을 돌연 중단하는 사태가 일어났다(잉글랜드 종교개혁, 〈프랑스혁명〉 등). 또는 나중에 20세기에 대해 논하면서 살펴보게 되겠지만 농촌의 교구 사회의 쇠퇴에서도 그것을 볼 수 있다. 그것에 어떻게 대응할지를 규정한 것은 신앙/비신앙을 둘러싸고 늘 벌어지는 논쟁보다는 앞서 말한 필요 — 그렇게 느꼈다 — 의 맥락이었다. 17세기 변증론도 그와 같은 법칙의 예외가 결코 아니었다.

코스모스-관념의 플라톤적 측면을 포기한 후 많은 신앙인은 이제 『성서』적 측면을 한층 더 완고하게 — 모든 세부사항에 이르기까지 — 고수해야 한다고 느꼈다. 하지만 그와 같은 완고함은 과학적 맥락 자체에서 유래한 것이기도 했다. 보다 오래된 코스모스-관념은 징조sign와 조응을 풍부하게 사용했다. 새로운 과학은, 베이컨의 용어를 사용하자면, 우상으로 간주해 너무나 많은 그것들을 일소하고, 징조로부터 자유로운 것의 영역으로 파악되는 물리적 실재를 있는 그대로 설명하기를 원했다. 『성서』를 궁극적 권위로 강조하는 프로테스탄티즘의 입장과 함께 그와 같은 입장은 유비, 조응, 예형豫形 등을 이용한 보다 이전의 다층적인 『성서』 해석을 억압하는 결과로 이어졌다. 그 결과 『성서』는 무엇보다 먼저 사건의 연대기라는 생각에만 매달려, 거기서 발견되는 설명에서 최대한의 정확도를 추출하려는 시도가 나타나게 되었다. 그것이 포스트-갈릴레오 시대의 전형적인 기획으로, 그것은 어셔 대주교의 계산의 우스꽝스러운 정확성으로 이어지게 되었다.

그와 같은 틀 내에서 보면 기독교 신앙 전체가 「창세기」에 들어 있는 상세한 설명의 정확한 역사성에 달려 있거나 그것에 좌우되게 된다. 가령 천지창조의 1656년 후나 그에 가까울 때 세계적인 대홍수가 있었어야 한다. 그렇지 않으면 『성서』는 '논박된다.'

그와 같은 견해를 보다 이전 견해와 비교해볼 때 신비가 제거되고 있는 점이 눈에 띈다. 보다 정확하게 말하자면, 신비는 우리가 감히 그것을 이해할 수 있기를 바랄 수 없어서 그렇지 신의 설계 안에서는 허용된다. 하지만 그것은 신의 피조물의 세계에서는 추방된다. 이 측면에서 그처럼 새로운 견해는 프로테스탄티즘 종교개혁과 비슷하게 기능했지만 그것보다 훨씬 더 멀리까지 나아갔다. 왜냐하면 성스러움을 피조물의 세계로부터 추방하는 경향을 보였기 때문이다. 피조물이 성스러운 성격을 갖고 있음을 인정하려는 우상숭배의 한 형태로 이어질 수 있다는 이유에서 말이다.

그와 같은 견해에 따르면 우리 역사를 구성하는 실제적 사건 자체는 완전히 이해 가능하다. 반대로 신이 개입하는 곳에서는 이해 불가능하게 되지만 그와 같은 개입 또한 신이 본인의 목적을 드러낸다면 부분적으로 이해될 수 있을 것이다. 그리하여 뉴턴은 자연의 통상적 경과에 대한 설명 — 우리가 발견할 수 있는 자연의 법칙에 따라 수행될 수 있다 — 그리고 우리로서는 이해할 수 없는 창조 행위를 통해 생겨난 그와 같은 세계의 기원에 대해 설명하려고 시도하는 것을 구분한다. 그것에서 찾아볼 수 있는 신
331 비, 즉 그처럼 상호 연관되는 방식으로 창조되었다는 신비는 신의 의도 속에 확고하게 들어 있으며, 실제로 신의 의도가 드러나는 한 부분적으로나마 파악된다. 사물의 작용을 이해하는 것은 우리 힘으로 가능하며, 거기에 신비로운 것이 남아 있을 필요는 전혀 없다. 하지만 사물의 기원을 이해하는 것은 아무런 도움도 받지 않는 한 우리 능력을 완전히 뛰어넘는 것이므로 시도해서는 안 된다. 그에 대한 대답은 그와 같은 세계를 넘어선 곳에 있기 때문이다. 코스모스 내적 신비는 존재하지 않는다.[7]

종교 옹호자들이 신비에 대해 보여준 앞서와 같은 적의는 다소 기이했으며, 매우 역설적인 결과를 가져왔는데, 그에 대해서는 곧 보다 완전히 탐구하게 될 것이다. 하지만 그것의 직접적 결과 중 하나는 이들 신앙의 지지자들이 그들의 불구대천의 적들과 동일한 태도를 취하게 되는 것이다. 그와 같은 지지자들은 온갖 변형을 거듭하며 오늘날에 이르기까지 근대적 논쟁에서 항상 존재해왔다.

미국에서 이데올로기적 다윈주의자와 몇몇 『성서』 근본주의자 간에 벌어지고 있는 투쟁이 좋은 예이다. 필자가 말하는 이데올로기적 다윈주의자란 이제는 확정된 진화적 사실 — 인간을 포함한 모든 종류의 종은 서로 조상과 후손 관계에 있다는 사실 — 을 받아들일 뿐만 아니라 진화가 어떻게 이루어지는지에 대한 궁극적 설명 — 혹시 그것이 가능하다면 — 은 어떤 형태 또는 모양의 설계도 참조하지 않는다며 독단적·부정적으로 주장하는 사람을 말한다. 설계는 온전히 진화론의 피설명항explananda 사이가 아니라 설명항explanantia 사이에만 속해야 한다. 그들은 적어도 인간과 관련된 한 종들은 서

7 앞의 책, 42~44페이지.

로 조상-후손 관계에 있다는 것을 전적으로 부정하려는 창조론자들creationists과 정면으로 대립한다. 이 두 이데올로기 중 어떤 것에 의해서도 얽매여 있지 않은 사람은, 우발성의 우주에서 어떻게 설계 같은 것이 등장하게 되었을까와 같은 물음 속에서, 코스모스 내적인 신비를 본다. 하지만 그와 같은 신비는 양쪽의 극단적 입장 모두에 의해 완강히 거부당한다. 이 측면에서 천지 창조론자들은 뉴턴을 따르고 있다. 즉 신비는 신의 의지 속에 완전히 자리 잡고 있다가 특수한 피조물 형태로 완전히 형성된 채 역사 속으로 분출한다. 신비에 대한 포스트-갈릴레오적 적대가 그것보다 더 강한 방식으로 표현될 수는 없을 것이다. 몇몇 프로테스탄티즘 교파의 묵시록적 예측에 관해서도 동일하게 말할 수 있을 텐데, 그것은 현실주의적인 세부사항을 놀랄 정도로 개연성이 없는 전면적 대단원과 SF와 같은 방식으로 결합시키고 있다.[8]

지금과 마찬가지로 그때도 — 포스트-갈릴레오 시대의 유럽과 스코프스 재판[진화론 교육을 둘러싼 1925년의 재판] 이후의 미국에서 — 부분적으로 탈주술화에 의해 초래된 신앙의 취약화는 탈주술화의 내부화와 결합해 '종교'와 '과학' 간에 기이하게도 폐쇄된 무대 위에서 벌어지는 사건을 연상시키는 정면대결을 발생시켰다. 비신앙인 사이에서 너무나 인기가 좋은 일방적인 '신의 죽음' 이야기에서 너무나 현저한 모습으로 나타나게 된 것이 바로 그것이었다. 한쪽의 동기는 순전히 '과학'적인 성격의 것이었다. 부정 불가능한 사실에 대해 적절한 설명을 찾으려고 했다. 이쪽은 다른 쪽, 즉 과학 외적인 동기, 즉 소중하게 간직해온 신념과/또는 전통적 권위를 유지하려는 동기에서 행동에 나선 다른 사람들에 반대하는 입장을 표명했다.

하지만 현실의 역사는 그와 같은 극적인 그림에 들어맞지 않는다. 여기서 검토 중인 시대를 살펴본다면 정통종교의 옹호자들이 종종 냉정한 과학자로 처신했음을 알 수 332
있을 것이다. 뉴턴으로까지 소급될 수 있는 구분, 즉 세계의 기원을 설명하는 것 그리고 세계가 계속 기능하는 것 간의 구분은 전자의 조작 불가능성을 강조하기 위한 것이었다. 그것은 바로 얼마 전에 데카르트에 의해 부활된 에피쿠로스적 모델을 겨냥했는데, 그것은 현재의 사물의 상태를 보다 이전 단계에서 진화해나온 것으로 설명할 것이다.

8 가령 라헤이Tim LaHaye와 젠킨스의 '종말론적rapture' 소설들을 보라. 이 시리즈 1권은 *Left Behind: A Novel of the Earth's Last Days*(Wheaton, Ill.: Tyndale House, 1995)이다.

정통종교의 옹호자들은 그와 같은 움직임이 우연과 필연성에 의지하는 쾌락주의적 입장으로 후퇴하고, 그와 함께 [신의] 설계를 부정하지 않을까 봐 두려워했다. 또는 심지어 그것이 영원한 우주라는 아리스토텔레스적 관념을 부활시키지 않을까 노심초사했다. 그와 같은 설계를 처음부터 인식할 수 있도록 해주는 우주상을 그려 보여줄 수 있다면 설계의 옹호자들에게는 큰 도움이 될 것이다.

하지만 많은 사람의 주장에 따르면 그와 함께 그것은 과학이라는 대의에도 더 좋은 도움이 될 것이다. 뉴턴의 역학의 법칙은 명확하게 정초될 수 있는 데 반해 기원에 관한 설명은 어느 것이건 분명히 단순한 사변에 머물 수밖에 없을 것이다. 그와 같은 사변에 빠지는 사람은 누구나 '세계를 연역하고', '가설을 세우고', 체계를 구축하려고 시도하는 등 냉정한 과학자가 뉴턴의 정신에 따라 피하려고 했던 온갖 일을 감행하게 된다. 튀르고는 뷔퐁에게 왜 심지어 태양계의 기원에 대해서까지 설명하길 원하는지를 물었다.

> 왜 뉴턴적 과학으로부터 그것을 특징짓는 저 단순함과 현명한 제한을 빼앗으려고 하는가? 다시 우리를 가설의 모호성 속으로 밀어 넣음으로써 3원소 그리고 세계는 그것으로 이루어져 있다고 주장하는 데카르트주의자에게 정당성을 부여하고 싶은가?

콩디약은 그것을 이렇게 정식화한다.

> 만일 연구에 깊이 몰두한 철학자가 물질을 움직여보려고 시도해야 한다면 맘대로 그렇게 할 수 있을 것이다. 아무것도 그에게 저항하지 않는다. 왜냐하면 상상은 보고 싶은 것을 보고, 그 이외의 것은 보지 않기 때문이다. 하지만 그와 같은 자의적 가설은 진실됨에 어떤 빛도 비추지 않는다. 반대로 과학적 진보를 늦추고, 오류를 받아들이도록 이끌기 때문에 극히 위험해진다.[9]

9 콩디약(Rossi, *The Dark Abyss*, pp. 44-45에서 재인용).

그와 같은 시도는 책임 있는 과학의 정반대 것인 '공상romance'으로 비난받았다. 하지만 그렇다고 해서 그것이 뉴턴, 튀르고, 콩디약 등이 순수하게 과학적 관심에 의해 행동에 나선 반면 그들의 적수들은 또 다른 의제를 갖고 있었다는 의미일까? 분명히 그렇지 않다. 오히려 그것은 모든 참가자의 동기가 혼합적이었음을 의미한다. 또는 더 좋게는, 진리에 대한 순수한, 즉 열정적으로 고수하는 어떤 신조[신앙]에 의해서도 물들지 않은 사랑은 어딘가 다른 세계의 현실이지 우리 세계의 것이 아님을 의미한다.

'종교'와 '과학' 간의 순수한 정면대결은 망상chimaera 또는 이데올로기적 구성물일 뿐이다. 현실에는 복잡하고 다층적인 과제를 가진 이론가 간의 갈등이 존재하는데, 로시가 너무나 잘 보여주듯이 이데올로기적 대립에 비추어보면 실제 이야기가 너무 혼란스럽고 어수선해 보이는 것은 이 때문이다.

17세기 말에 『종교의 눈으로 본 지구 이론*The Sacred Theory of the Earth*』을 내놓은 버넷Thomas Burnet을 예로 들어보자. 그는 여러모로 이신론자였고, 『성서』의 설명을 얼마든지 수정할 용의가 있었다. 하지만 그는 『성서』 이야기를 구성하는 본선 — 천지창조, 대홍수 그리고 다가올 묵시록적 종말 — 을 과학적 설명을 통해 재파악할 수 있으리라고 정말로 믿었다. 그러나 그것은 그가 현존하는 우리 세계를 천지창조 때 신의 손에 333
의해 창조된 것이 아니라 오히려 대홍수에 의해 황폐화되고 남은 원래 세계의 모사품으로 제시한다는 것을 의미한다. 다시 말해 유대-기독교 역사의 본선을 정하는 과정에서 그는 고정된 불변의 세계상과 단절하고, 역사는 진화한다는 방향 — 우리의 현재 세계는 그와 같은 진화로부터 생겨난 것이 분명할 것이다 — 쪽으로 큰 걸음을 내딛게 되었다.[10] 앞서 언급한 정면대결 중 단순히 어느 쪽 진영에도 서지 않는 것이다.

또 다른 측면에서 또한 비코에 대해서도 그렇게 말할 수 있을 것이다. 그가 행동에 나서게 된 동기 중 하나는 중국인, 칼데아인 등의 연대기가 보다 짧은 『성서』 이야기에 [역사적 신뢰성에 대해] 의문을 제기하는 것과 관련해 그것들의 신뢰성을 따져보려는 정통파의 관심에 있었다. 하지만 그의 해법은 원래의 연대기를 지켜온 것은 히브리인, 즉 셈족의 후예뿐이라는 주장으로 요약될 수 있을 것이다. 노아의 다른 아이들은 파국

10 로시, 앞의 책 2장과 굴드Stephen Jay Gould, 이철우 역, 『시간의 화살, 시간의 순환』, 아카넷, 2장.

적 후퇴를 겪고 짐승적 단계로 전락했는데, 물론 그로부터 새로운 문명을 건설했지만 터무니없는 연대기를 포함해 신화에 어쩔 수 없이 크게 의존하지 않을 수 없었다는 것이다.

비코 또한 어느 쪽으로건 분류 불가능할 것이다. 그의 동기는 정통적이었지만 그는 인간 문화가 거의 전인적前人的, 즉 동물적 단계부터 기원했다는 이론을 발달시킨 선구자 중 하나였다. 즉 인류는 처음부터 고정되어 있었다는 상을 매장하는 데 기여했다. 그는 우리의 근대적인 역사적 감각 — 그에 따르면 역사의 뿌리는 어둠 속에 뻗어 있다 — 을 정초한 중요 인물 중 하나이다.[11]

그렇다면 버넷과 비코와 관련해 무슨 일이 벌어지고 있던 것일까? 그들이 단지 교차압력 아래 놓여 있던 것으로 이해할 수도 있을 것이다. 그들은 실제로 정통적 견해(의 일부)를 옹호하고 싶었지만 몇 가지 완강한 사실에 직면해야 했으며, 따라서 몇 가지를 조정해야 했다. 그것을 통해 두 사람 모두 우리가 '과학적' 견해로 생각하는 것, 즉 '종교적' 견해를 이긴 견해의 정초자가 되었다. 하지만 그와 같은 해석 방식은 양쪽 견해 모두 전혀 파악하지 못한다. 버넷은 대홍수를 증명하기 위해 폐허로서의 세계라는 가설을, 마찬가지로 비코도 낡은 연대기를 뒤집기 위해 야생으로 돌아간 시대라는 가설을 필요로 했던 것이 아니다.

실제로 고찰 범위를 확대할 때까지는 여기서 무슨 일이 벌어지고 있는지를 이해할 수 없을 것이다. 부정 불가능한 사실을 신뢰성 있게 설명하기를 바라는 '과학'도 또 어떤 대가를 치르더라도 일반적으로 받아들여지고 있는 정통적 가르침을 고수하려는 '종교'도 앞의 두 이론가를 이해 가능하게 해석하는 데는 아무런 도움도 되지 못한다. 우리는 두 사람의 도덕적 · [심]미적 상상 속에서 우주와 역사가 어떤 역할을 하는지를 고려해야 한다. 분명히 두 사람은 정통신앙(의 일부)을 믿었다. 하지만 그들의 종교적 신앙은 도덕적 상상과 분리된 것이 아니라 오히려 정통신앙이라는 그들의 관념 자체가 그와 같은 상상에 의해 굴절되고 있다.

이 수준에서 두 사람을 이해한다면 그들을 코스모스적[우주적] 상상계의 변형의 열

11 Rossi, *The Dark Abyss*, 26장.

쇠를 쥔 인물로 볼 수 있을 것이다. 다시 말해 지금 우리가 근대의 우주적 상상계로 간주하는 것이 두 사람의 종교적 입장과 감수성을 어떻게 형성하기 시작하고 있는지를 이해할 수 있을 것이다.

버닛에게 지구의 산들은 '파괴된 세계의 폐허'였다. 그것은 "로마인들의 오래된 사 334
원과 망가진 원형극장에서 이 민족이 얼마나 위대했는지를 상기할 수 있는 것과 마찬가지로 자연 속에 존재하는 모종의 웅장함"을 보여준다. 폐허는 우리가 심층 시간deep time에 접근할 수 있도록 해주는 경로 중 하나이다. 되찾을 수 없는 과거 속에, 일종의 반영半影 속에 존재하는, 일부를 잃어버린 세계와 우리를 연결시켜준다. 폐허에 마음이 움직이는 사람은 상실감을 느끼게 되고, 한때 위대했던 것 그리고 그것의 무상함도 음미할 수 있을 것이다. 시간의 심연 속으로 달려들지만 또한 그것 속에서 우리는 결코 완성에 이를 수 없음을 선명하게 자각하게 된다. 바로 그것이 르네상스가 '로마인들의 오래된 사원과 망가진 원형극장' 주변에서 느끼기 시작한 감정이었다. 이제 그와 같은 감정이 자연 세계에 의해 환기될 수 있음은 심층 시간에 대한 새로운 감각이 작용하고 있음을 알려주는 표시이다. 세계는 고정된 것이 아니라 진화하는 것이라는 [자가-구성적] 해석 속에 심원하고 감동할 만한 진실이 담겨 있음을 알려주는 표시이다. 버닛 저작에서 그와 같은 진실은 모종의 타락으로 명시화된다. 즉 우리의 결점에 대한 벌로 우리 세계가 파국적으로 파괴된다는 것이다. 여기서 새로운 우주적 상상계가 등장하게 된다. 비록 앞서와 같은 명시화는 광범위한 변화를 겪게 되지만 말이다.

하지만 그와 같은 폐허는 또 다른 방식으로도 우리에게 깊은 인상을 준다. 그것의 크기에 압도당하는 것이다. 산, 사막, 대양 속에서 우리는 낯선 미지의 광대함을 느끼는데, 그것은 우리를 난쟁이로 만들고, 우리 이해[오성]를 넘어서며, 우리를 거들떠보지도 않는 것처럼 보인다. 그런데 당시의 변증론에 의한 [신의] 설계논증argument from design은 세계가 우리에게 알맞도록 창조된 방식에 논의를 집중하고 있었다. 그것은 자연을 질서정연하고, 이해 가능하며, 인간-친화적인 것으로, 즉 광야wilderness보다는 정원으로 묘사하는 경향을 보였다.

버닛의 세계상은 그와 같은 식으로 인간 중심적 입장에서 자연 속에서 신의 현존을 발견하려는 시도와 충돌했다. 하지만 또 다른 방식으로 신의 현존을 가시화시켰다.

> 자연 속의 가장 위대한 대상이 보기에 가장 좋다고 나는 생각한다. 그리고 하늘의 거대한 궁륭 그리고 별들이 거주하는 무한한 영역과 나란히 지구의 광대한 바다와 산맥보다 더 즐거운 마음으로 바라본 것은 아무것도 없다. 그것들의 기운 속에는 위엄 있고 장중한 것이, 우리 정신에 위대한 사상과 정념을 불러일으키는 것이 존재한다. 그럴 때면 우리는 당연히 신과 신의 위대함에 대해 생각한다. 그리고 우리가 이해하기에는 너무나 큰 모든 것이 그렇듯 단지 무한INFINITE의 그림자와 가상만 겨우 가진 것이라도 모두 우리 정신을 넘칠 정도의 풍요로움Excess으로 채우고 또 압도하며, 기분 좋은 종류의 망연자실한 상태와 경탄 속에 집어넣는다.[12]

여기서 버넷은 머지않아 18세기에 '숭고sublime'라고 불리게 될 것에 대해 언급하고 있던 셈이다.

앞서 살펴본 대로 비코는 짐승적인 것에서 인간으로 인간 존재가 격상되는 것을 설명할 수 있는 공간을 열어주었다. 하지만 그것은 『성서』 이야기의 진실을 구원하기 위해 해야 했던 양보는 아니었다. 오히려 섭리를 새롭게 이해할 수 있는 장을 작동시키
335 게 되었는데, 그에 따르면 섭리는 그처럼 맹목적인 피조물을 본인의 유한한 정념을 통해 인간성과 문명을 향해 돌아갈 수 있도록 인도할 수 있다. 이민족 세계가 질서를 되찾을 수 있던 것은

> 짐승적인 일부 사람이 모종의 인간적 감각과 본능에 의해 함께 묶였기 때문이다.[13]

비코는 보다 저급한 본성으로부터 인류가 어떻게 생성되어 나왔는지를 추적하려고 시도하는데, 아마 우리는 그것을 결코 완전히 이해할 수 없을 것이며, 인간 행위를 합리주의적으로 설명하길 고수하는 한 분명히 파악할 수 없을 것이다. 오늘날까지 비코는

12 앞의 책, 36~37페이지.
13 앞의 책, 185페이지.

주로 그와 같은 식으로, 즉 인간 행위에 대한 협소하게 합리주의적인 설명에 반발한 사람들의 지도자 중 하나로 간주되어왔다. 그의 이론의 중심에는 일종의 코스모스 내재적 신비가, 즉 이성, 의식, 문명질서가 그것들이 존재하지 않는 데서 어떻게 생겨났는지를 둘러싼 신비가 존재한다. 그는 폐허가 우리에게 열어주는 것과는 다른 종류의 심층 시간을 도입했다. 우리를 어둠 속으로, 빛 이전의 '어두운 심연somber abime' 속으로 되돌려 보내는 시간이 그것이다.

지금까지 우리는 앞의 두 저자에게서 아래 세 가지 주제를 찾아냈다. 즉 먼저 폐허와 심층 시간, 둘째는 '숭고', 셋째는 어둠으로부터의 인류의 생성이 그것이다. ―「창세기」, 1장이 제공하는 것처럼 보이는 사고방식, 즉 우물 밑바닥까지 비치는 한 줄기 빛이라는 이해에 반하는 사고방식이다. 이 세 주제는 오늘날 우리의 우주적 상상계의 일부가 되었으며, 각각이 이전 상상계의 주요 특징과 상충되었다. 하지만 그것들이 그저 과학적 발견의 부산물로 발생했다고 볼 수는 없을 것이다.

단지 한 가지 점만 살펴보자. 즉 과학의 전진이 어떻게 이루어졌는지를 생각해본다면 우리는 상상계의 전환을 통해 오늘날 우리가 받아들이고 있는 과학 이론을 세울 수 있는 가능성을 얻게 되었다는 것보다 더 맞는 말도 없는 것처럼 보인다. 여기서는 상상계의 전환이 주요 원동력 중 하나였다. 하지만 아마 보다 중요한 것은, 그와 관련해 새로운 형태의 도덕적 상상계를 과학적 변화의 단순한 결과로는 도저히 볼 수 없다는 것이다. 새로운 과학 이론이 코스모스-관념과 『성서』에서 유래한 연대기를 중심축으로 한 보다 오래된 도덕적 상상계를 전복시킨 것은 사실이다. 하지만 그와 같은 사실 혼자만으로는 광대함과 심층 시간에 대한 새로운 반응을 발생시키기에는 충분하지 않다. 오래된 의미들이 파괴될 수 있지만 그것 자체가 새로운 의미를 창조하는 것은 아니다. 그것이 무엇이며, 왜 생겨났는지를 여전히 이해해야 한다.

'숭고'의 등장과 관련해 이 문제를 탐구해보자. 버넷이 '넘칠 정도의 풍요로움'이라고 부르는 것의 경험은 무한한 하늘 또는 고산, 광활한 바다, 길 없는 사막에 의해 촉발되었다. 지구와 관련해서는 광야와 결부되었다.

그런데 고대인에게서 유래한 코스모스-관념은 경작지에 가장 적합했다. 그것은 이미 어원학적으로 이 말 자체 속에 짜 넣어진 질서의 규범에 완전히 적합했다. 광야와 사막지대는 어떤 의미에서는 미완의 것으로, 즉 형성 중인 이데아에 아직까지는 완전히 부합되지 않는 상태로 간주될 수 있을 것이다. 고대 바빌로니아에서는

> 황량한 미개간지 등은 카오스와 동일시되었다. 그것들은 천지창조 이전의 분화되지 않은, 채 형태를 갖추지 못한 존재 형태를 분유하고 있었다. 어떤 토지를 점유할 때 — 즉 착취가
> 336 시작될 때 — 천지창조 행위를 상징적으로 반복하는 의식이 행해진 것은 이 때문이다. 미개간지는 먼저 '코스모스화되어야' 거주할 수 있게 되었다.

따라서

> 미지의 새로운 미개간지에의 정주는 천지창조 행위와 맞먹는 것이었다.[14]

그와 같은 생각의 몇몇 측면이 각종 교단이 삼림과 황무지로 이주해 경작지로 바꾼 유럽의 중세에서 되풀이되고 있음을 발견할 수 있다. 카롤링거왕조 시대에는 그와 같은 수도회가 과거에는 '맹수들이 살던 무시무시한 광야를 이제는 인간이 살기에 적합한 가장 쾌적한 장소로 바꾸어놓은Horridae quondam solitudines ferarum nunc amoenissima diversiora hominum' 공헌을 서류로 증명해주기도 했다. 그리고 그와 같은 작업은 종종 창조 행위와 비교되었으며, 신의 역사함에 인간이 동참하는 것으로 이해되었다.[15]

인간이 세계에 질서를 부여하는 데서 신의 협력자라는 그와 같은 생각은 누구나 쉽게 이해할 수 있듯이 또한 르네상스기에도 강력했다. 헤일Matthew Hale경은 인간을 '이 지체 낮은 세계의 하늘과 땅의 주인이신 위대한 신의 부왕이며, 신의 집사, 관리인, 집행리執行吏이며, 그와 같은 하계의 좋은 농토의 농민' — 농토를 일구고, 그것이 광야로 되돌아가는 것을 막는 것이 그의 과제이다 — 이라고 말했다. 레이John Ray 또한 인간이

14 Clarence Glacken, *Traces on the Rhodian Shore*(Berkeley: University of California Press, 1967), p. 117. 위의 인용문은 글락켄이 엘리아데Mircea Eliade, *Cosmos and History*(New York: Harper, 1959)에서 인용한 것을 그대로 옮긴 것이다.

15 Glacken, *Traces on the Rhodian Shore*, pp. 312-313.

존재하는 이유는 "집도 농장도 또 옥수수밭이나 포도밭도 없는 야만적이고 거주하기에 부적당한 **스키타이** …… 또는 나태하고 벌거벗은 **인디언**이 사는 거칠고 세련되지 않은 **아메리카**로 현 상황이 후퇴하지 않도록 보장하기 위해서"[16]라고 생각했다.

앞서 언급한 '맹수들이 살던 무시무시한 광야' 운운은 보다 이전의 견해에서 광야가 갖고 있던 또 다른 측면을 보여준다. 광야는 단지 미완일 뿐만 아니라 위험한 여러 힘의 거처이기도 했다. 물론 야수의 거처였지만 그것이 구현하는 야수성의 거처이기도 했다. 따라서 악마와 악령의 거처이기도 했다. 광야는 미완인 사실뿐만 아니라 타락도 반영해 신의 설계의 추후의 또 다른 과제였을 뿐만 아니라 그에 대한 반대이기도 했다. 그와 같은 관점에서 보면, 광야에서 성스러운 수도사의 힘은 그곳을 변형시키는 것이 아니라 오히려 맹수를 길들이는 데 있었다. 성인들의 삶은 성 안토니우스, 성 히에로니무스 그리고 물론 성 프란치스쿠스 등 은둔자가 보통은 위험한 동물과 친해지는 이야기로 가득하다.[17]

하지만 사막은 악마의 거처라는 생각은 단지 기독교에만 국한된 것이 아니었다. 고대인들은 판[그리스 신화의 목양신], 사튀로스[그리스 신화에 나오는 반인반수의 숲의 정령]와 켄타우로스[그리스 신화의 반인반마 괴수]를 미지의 땅에 두었다. 많은 민족의 민간전승은 미지의 땅에는 악령이나 트롤[북유럽 전설 속의 거인이나 소인] 등이 살고 있다고 생각했다.[18] 그러나 기독교도에게 광야는 이중의 의미를 지니고 있었다. 첫째, 경작지와 그곳을 지배하는 사회로부터 멀리 떨어진 사막은 신을 발견할 수 있는 곳이었다. 이스라엘 민족이 출애급된 것은 사막에서 신을 경배하기 위해서였다. 그리스도는 세례받은 후 40일을 사막에서 방황했다.

후자의 사건은 그리스도가 광야로 물러났을 때 악마의 유혹을 받았기 때문에 이중적 유의의성을 갖고 있다. 너무나 인간적인 질서의 한계에서 벗어나는 것은 신을 만나는 조건이 될 수 있다. 하지만 동시에 그렇게 하는 것은 인간적 질서가 묶어두고 있는 모든 파괴적 힘에 자기를 노출시키기도 한다. 고독한 장소에서 악령과 벌이는 투쟁은

16 앞의 책, 481, 483페이지.

17 앞의 책, 310페이지.

18 Roderick Nash, *Wilderness and the American Mind*(New Haven: Yale University Press, 1973), pp. 11-13.

성인의 삶에서는 몇 번이고 되풀이해서 반복된다.

337 형상의 부재와 악마적인 것, 바로 그것이 기독교세계의 코스모스-관념의 틀에서 광야가 갖고 있던 의미였다. 따라서 코스모스가 무한한 우주를 향해 활짝 열린 다음 계속 팽창해나간 것에 대한 최초의 반응 중에 공포와 두려움이 섞여 있던 것은 전혀 놀랄 만한 일이 아니다. 케플러는 '완전히 길을 잃어버린 것 같은 느낌이 드는' 브루노의 무한한 공간에 대한 '은밀한 감추어진 공포'를 표명했다. 파스칼의 마음의 외침cri de coeur, "무한한 공간의 영원한 침묵이 나를 두렵게 한다le silence éternel des espaces infinis m'effraye"[19]는 잘 알려져 있다.

그와 같은 변화는 어떻게 일어났을까? '숭고'는 어떻게 18세기 미학의 중심 범주 중 하나가 되었을까?

그와 같은 전환은 직접적으로 일어나지 않았다. 처음에 공포는 세계의 탈주술화와 완충재로 덮인 자아의 발전에 의해 중화되었다. 거리를 둔 이성적 행위 주체는 낯선 광대함의 영원한 침묵에 의해 더 이상 '못살게 괴롭힘을 당하지' 않게 되었다. 미지의 땅에서는 각종 귀신을 쫓아내 정화시켰으며, 그곳과 관련된 무서운 전설은 휴머니즘 사상가에 의해 정체가 드러났다. 산과 평야는 지도와 과학적 이론에 의해 질서지어진 단일 공간 속에서 특정한 목적에 맞게 조화를 이루도록 조정되었다.[20]

하지만 비록 또 다른 음역에서지만 공포는 돌아온다. 샤마는 17세기 말에 산의 낯설고 위협적인 광대함을 다시 한 번 우리 눈앞에 드러내는 회화 양식이 되돌아오고 있음을 보여준다.

> 높은 곳에서 낮은 곳을 내려다보는 16세기의 휴머니즘적 비전, 즉 우주는 가지적이고 조화를 이루고 있다는 견해는 보다 꾸민 듯한histrionic 계곡으로부터의 관점에 의해 다시 한 번 극복되었는데, 후자에서 소모품인 인간은 무시무시한 험준한 바위 그리고 신앙의 바위 사이에 끼여 옴짝달싹 못하고 있다.[21]

19 Rossi, *The Dark Abyss*, p. 112[『팡세』, 206].
20 Simon Schama, *Landscape and Memory*(New York: Knopf, 1995), pp. 424-433.
21 앞의 책, 433페이지.

그러나 그와 같은 공포는 이제 어떤 의미에서는 기분 좋은 것이었다. 샤마는 17세기 말의 한 영국인 알프스 여행자 말을 인용한다. 여행자는 이렇게 생각했다.

> 말 그대로 파괴의 가장자리를 걷고 있었다. …… 이 모든 것의 감각이 내 마음속에 …… 일종의 유쾌한 공포, 무서운 기쁨을 만들어내고 있었다. 나는 헤아릴 수 없을 정도로 기쁜 동시에 전전긍긍했다.

애디슨Joseph Addison은 나중에 이렇게 말했다.

> 알프스는 너무나 많은 낭떠러지와 절벽으로 나뉘어져 있어 마음을 기분 좋은 종류의 공포로 가득 채우고, 세계에서 가장 불규칙하고 보기 흉한 광경을 형성하고 있다.[22]

그것을 어떻게 이해해야 할까? 부분적으로 완충재로 덮인 정체성의 성공 이야기라는 취지로 이해할 수 있을 것이다. 〈타이타닉〉 같은 영화가 유행한 것은 우리가 무시무시한 위험을 지켜보는 가운데 — 그리고 우리 자신은 안전한 한 — 느낄 수 있는 즐거움을 보여준다. 암벽 투성이인 산의 단단함에 대해 느끼는 공포와 관련해 거리를 둔 태도를 통해 얻을 수 있는 것은, 따뜻한 영화관에서 안전하게 앉아 있는 것이 타이타닉호가 수백 명의 사람을 바다 속의 무덤 속으로 끌고 들어가는 광경을 즐기는 사람들에게 하는 것과 동일한 것을 해준다.

분명히 그것은 그와 같은 이야기의 일부를 이루고는 있다. 버크와 칸트 모두 숭고에 관한 저작에서 개인의 안전이라는 요소를 숭고에 의해 감동받기 위한 필요조건 중 하나로 간주한다.[23] 그러나 그것이 해당 이야기의 전부는 결코 아니다. 숭고는 우리에게 기분 좋은 전율을 줄 수 있다. 그리고 우리 조상들은 실제로 공포에 떨었던 — 마녀

22 앞의 책, 449, 453페이지.

23 버크Edmund Burke, 김동훈 역, 『숭고와 아름다움의 관념의 기원에 대한 철학적 탐구』, 마티, 4권, 7장. 칸트, 이석윤 역, 『판단력비판』, 박영사, § 28, 130페이지.

와 악령에 들린 상태를 그린 공포영화를 볼 때처럼 말이다 — 반면 우리가 종종 그와 같은 전율을 맛보는 것은 완충재로 덮인 정체성의 특징 중 하나이다. 그러나 그것은 우리의 도덕적 상상계 속에서 광야가 차지하는 위치를 제대로 설명하지는 못한다. 그것을 어떻게 이해해야 할까?

338 필자는 그것 또한 완충재로 덮인 근대적 정체성의 응답 중 하나로 이해할 수 있다고 생각한다. 앞 장에서 필자는 그와 같은 정체성 그리고 섭리에 기초한 이신론과 배타적 휴머니즘에서의 인간 중심적 질서 이해에 반발해서 나온 반응에 대해 언급했다. 많은 사람에게 그것은 인간의 삶의 범위를 너무 좁게 보는 것처럼 여겨졌다. '열광주의'는 피하며 삶과 번영이라는 좋은 것善을 — 특히 그와 같은 목적들을 선호하도록 설계된 세계 속에서 — 추구하는 것은 삶을 피상적인 것으로, 깊은 공명과 의미는 결여하도록 만드는 것처럼 보였다. 그것은 신앙적 헌신, 자기희생의 희열은 배제하고 인간 존재에 대해 영웅적 차원을 부인하는 것처럼 보였다. 또한 인간조건을 너무 장밋빛 상으로, 즉 비극, 돌이킬 수 없는 상실, 무의미한 고통, 잔혹함, 공포를 박탈당한 상으로 둘러쌈으로써 우리를 무디게 만든다.

그것들이 인간의 행위 주체성과 질서 — 근대 유럽의 경제적 · 정치적 문명은 어떤 의미에서는 대체로 그것들에 기반해 건설되었다 — 에 관한 지배적 입장을 공격할 때 사람들이 겨냥하도록 이끌린 몇몇 '축'이었다. 물론 모든 비판자가 모든 축을 비판한 것은 아니다. 하지만 우리 서양문명에 다가올 위기는 특정한 형태를 취하리라는 감각을 공유했다. 우리는 삶의 한계를 너무 좁게 잡고, 내면이라는 좁은 영역에서 생겨나는 목표에만 배타적으로 집착하기 쉬운 유혹을 받게 된다. 그와 함께 보다 위대한 다른 목표를 몰아내버리고 만다. 그것은 우리 외부에서, 즉 신 또는 자연 전체 또는 인류로부터 기원하는 것으로 간주될 수 있을 것이다. 또는 실제로 우리 내면에서 생기지만 우리를 위대함, 영웅주의, 자기희생, 동료 인간 존재에 대한 헌신 — 지금은 억압되고 부정되고 있는 것들 — 쪽으로 밀어붙이는 것으로 간주될 수 있을 것이다.[24]

그 결과, 보다 위대한 모종의 목적을 통해 그처럼 편협한 자기도취를 방해하는 것

24 이것은 앞 장에서 개요를 제시하면서 축 II. 3으로 정한 것과 긴밀하게 관련된다.

을 통해 그와 같은 질병에서 벗어날 수 있다는 생각이 널리 확산되게 되었다. 우리 삶의 협소한 범위를 깨뜨릴 필요가 있다는 것이다. 자기도취의 피막은 외부로부터 뚫려야 한다. 비록 그것에 의해 해방되는 것이 우리의 보다 본래적인 자아에 내재적인 것이더라도 말이다.

숭고의 도덕적 의미를 여기서 찾을 수 있다. 특히 영웅주의를 찬양하는 축을 공격하며, 피조물의 어두운 측면을 시야에서 은폐해버리는 부당한 미화용 삭제판bowdlerize 인생관을 피하려는 사람들에게 광야 또는 가늠할 길 없을 정도로 방대한 거리와 힘이라는 공포 자체는 하찮은 자아에 대한 이기적 관심으로부터 우리를 깨워, 보다 고차적인 것에 대한 갈망을 실현하는 일에 나서도록 만든다. 버크에 따르면 공포와 고통은 (필연적 역치 이하의 것이라면)은 환희를 가져오는데, 우리의 보다 나은 감관organ에 필요한 운동을 마련해주기 때문이다. 칸트는 버크에 의거해 논의를 전개하지만 이 아일랜드인의 이론의 다소 환원주의적·생리학적 성향은 피하면서 이렇게 주장했다. 즉 화산이나 폭포처럼 저항하기 어려운 자연의 압도적 위력을 보는 것은 우리 자신이 본체적 존재자noumenal being라는 감각을 일깨운다는 것이다. 그와 같은 본체적 존재자는 마치 감각의 영역 내부에서 위협적 현상이 우리의 왜소한 현상적 자아phenomenal self를 능가하듯이 그저 감각적일 뿐인 이 모든 실재를 능가한다.[25]

숭고의 도덕적 의미는 우리의 보다 고차적인 목적이 무엇인지를 둘러싼 입장에 따
라 다를 수 있을 테지만 일반적 형태에서 완충재로 덮인 자아, 즉 단지 인간적 선에만 339
몰두해 있어 협소한 자기도취에 빠질 위험이 있는 자아-지각에 부합한다. '넘칠 정도의 풍요로운' 풍경 — 두려움, 심지어 공포를 촉발하는 한없음, 낯섦, 방대함 — 은 그와 같은 자기도취를 뚫고 나아가 진정 중요한 것에 대한 감각을 일깨운다. 그것이 버넷의 경우에서처럼 신의 무한성이건 아니면 칸트의 경우에서처럼 초감각적인 도덕적 소명이건 또는 보다 후대의 사상가들에게서처럼 목적 없는 세계 — 영원회귀의 진리 — 에 직면해 영웅적으로 의미를 긍정하는 능력이건 말이다.

광야의 새로운 위상을 반영하는 또 다른 사태전개를 살펴본다면 이 점이 명확해질

25 버크, 『철학적 탐구』와 칸트, 『비판』, 127~128페이지.

것이다. 샤마 저작에는 아르카디아[오지의 이상향] 관념의 진화에 관한 흥미로운 논의가 일부 들어 있다.[26] 아르카디아는 항상 야생의 것과 경작된 것 간의 경계에 존재하며, 광야와 정원 사이를 오갔다. 그것은 아마 판과 실레누스가 사는 광야 쪽에서 먼저 시작되었을 텐데, 그것에는 하지만 또한 농업 이전 세계와 관련해 보다 순치를 강조하는 독법도 존재하는데, 그에 따르면 인간의 노고 없이도 땅에서 과일과 곡물이 풍부하게 났으며, 야수들은 위협적이지 않았다. 베르길리우스가 『목가』에서 묘사하는 일종의 목가적인 [로마 신화의 농경신인] 사투르누스 시대였다. 르네상스기 무렵이면 아르카디아는 정원의 이미지에 한층 더 접근한다. 하지만 18세기에는 그에 대한 반동이 시작되면서 '조야함'과 '혼란'이 정원을 평가하는 용어가 되었다. '깔끔함과 우아함Neatness and Elegancy'보다는 '정원과 숲의 혼재'가 보다 선호되었다.

여기서 우리 논의에서 중요한 것은 광야의 가치가 재평가된 것뿐만이 아닌데, 그것은 숭고의 시대에 충분히 예견될 수 있는 것이었지만 그와 같은 관심을 아르카디아 전통의 틀 속에 넣고 보면 중요한 차이가 나타날 것이다. 고대세계 말에 아르카디아에 대한 관심이 나타난 것은 헬레니즘 세계에 등장하기 시작한 추세, 즉 자연으로 돌아가려는 열망의 일부였다. 아마 당시에 폴리스의 정치적 삶이 그곳으로부터의 도피를 꿈꿀 정도로 충분히 복잡해지고, 온통 마음을 다 빼앗고, 온갖 음모에 휩싸여 있었기 때문일 것이다. 하지만 가령 베르길리우스의 『농경시』와 『목가』 모두에서 볼 수 있는 대로 그와 같은 도피는 도시의 악덕으로부터의 도피 그리고 보다 단순하고 건전한 삶의 방식으로의 회귀를 [모두] 강조했다.

하지만 1700년 이후 시대에 광야의 중요성은 대안적 삶의 방식을 제공한 데 있지 않았다. 당시 점차 느껴지기 시작한 문명의 악에 저항한 비교적 소규모의 주변부 집단에게는 최근에 그럴 수도 있었지만 광야에 대한 관심의 압도적 비중은 다른 데 있었다. 광야와 맞닿아 있는 것이, 광야에 열려 있는 것이, 어쩔 수 없이 거의 전적으로 '문명' 속에서 이끌어나갈 수밖에 없는 삶을 제대로 살 수 있게 해주는 어떤 힘을 우리 내부에서 각성시키거나 보강해준다는 것이다. 광야는 '도시'를 대체할 삶의 터전이 아니었다.

26 Schama, *Landscape and Memory*, 9장.

비록 베르길리우스처럼 우리는 종종 (경작된) 시골이 그것을 제공할 수 있다고 여전히 믿지만 말이다. 오히려 광야는 지금 존재하는 곳에서 더 잘 살 수 있도록 해주는 힘을 우리 내부에서 일깨우는 무엇인가를 전달하거나 나누어준다.

그리하여 자연에 대한 새로운 감각이 질서정연하게 정돈된 정원 — 그것은 항상 일종의 소우주로 이해되어왔다 — 을 넘어, 심지어 영국식 정원을 넘어, 심지어 광야가 340
인간의 거처와 맞닿아 있으며, 루소가 유명하게 만든 스위스의 계곡마저도 넘어 마침내 주거 불가능한 고지에, 인간의 삶에 전혀 무심해 보이는 무한성과 경외심 속에서 만나게 되는 고지에 이르게 된다. 라몽Ramond de Carbonnières은 앞의 지역을 여행했는데, 그의 저서는 야성의 고지의 광대함 앞에서 느끼는 경외심을 표현하고 있다. 산은 도표로는 나타낼 수 없는 시간의 한없음 앞에 우리를 서게 한다.

> 모든 것이 사색을 보다 깊게 하려고, 그것에 침울한 색조를, 그것이 획득하게 되는 숭고한 성격을 부여하려고 경쟁한다. 영혼이 비약해 모든 세기와 동시대인이 되고, 모든 존재와 공생하며, 시간의 심연 위로 높이 날아오를 때 말이다Tout concourt à rendre les méditations plus profondes, à leur donner cette teinte sombre, ce caractère sublime qu'elles acquièrent, quand l'âme, prenant cet essor qui la rend contemporaine de tous les siècles, et coexistante avec tous les êtres, plane sur l'abîme des temps.[27]

그리고 19세기부터 유럽인들은 아메리카의 광야에 의해 깊은 충격을 받았다. 샤토브리앙은 뉴욕 북부로 떠난 여행에 대해 보고하면서 이렇게 말한다.

> 상상은 헛되이 [유럽의] 경작된 평원 한가운데를 사방으로 쏘다니려고 한다. 하지만 [아메리카의] 버려진 땅에서 영혼은 드넓은 산림 한가운데 묻혀 자신을 잊고 자연의 숭고함과 어우러져 뒤섞이는 것을 기뻐한다.

27 Charles Rosen, "Now, Voyager", in *The New York Review of Books*, November 6, 1986, p. 58.

1803년에 오하이오 계곡 상류 지역으로 여행한 미국인 해리스Thaddeus Mason Harris는 이렇게 선언한다.

> 그처럼 광활한 숲의 그늘과 침묵 속에는 정신에 경외감을 주는 것이 있다. 깊은 고독 속에서 홀로 자연과 함께 있으면서 우리는 신과 대화한다.

'미개척된 광야의 장엄한 특징'은 '상상을 한층 더 넓혀주고, 사유를 보다 존엄하고 고귀한 것으로 끌어올린다.'

> '자연 속의 숭고'는 경외감을 주는 동시에 우리를 사로잡으며, 영혼을 고양시키고, 확장시키는 동시에 매료시킨다.

또 다른 미국인은 이렇게 말한다.

> 고독의 이점은 얼마나 큰가! 끊임없이 활동하는 에너지 덩어리인 자연의 침묵은 얼마나 숭고한가! 광야라는 이름 자체 속에 우리 이목을 사로잡고 인간의 영혼을 달래주는 것이 존재한다. 자연 속에는 종교 같은 어떤 것이 존재한다.[28]

내시는 그와 같은 광야 애호가 중 많은 사람에게서 볼 수 있는 '상반된 감정ambivalence'에 대해 언급한다. 가령 오하이오 계곡 상류 지역에서 신과 대화했다고 느낀 해리스 목사는 또한 '외로운 숲'이 종종 '사람을 의기소침하게 만들고, 소름 끼치는 곳'임을 발견했다.

> 여행자가 문화가 결여된 지역을 떠돌아다닌 후 고독의 심연에서 벗어나 넓게 펼쳐진, 쾌적한, 경작된 땅과 마주칠 때 감정이 매우 활기를 띠게 하는 무엇인가가 존재한다.

28 Roderick Frazier Nash, *Wilderness and the American Mind*, 3장에서 재인용.

그는 '황량한 황야'에 취락이 들어서는 풍경에 환호했다. 341

> 황량한 삼림의 깊숙한 곳으로부터 분주함과 풍부함이 나타나는 것을 볼 때 그것은 섭리의 선의를 가진 의도에 대해 어떤 교훈을 주는가!

하지만 그와 같은 상반된 감정을 모순으로 해석해서는 안 된다. 인간에 의한 경작지 확대가 광야라는 영역의 존재 자체를 위협하는 오늘날의 우리에게는 그렇게 여겨질지도 모르지만 말이다. 그러나 해리스의 맥락에서 둘 간에는 어떤 갈등도 존재하지 않았다. 광야에 대한 찬양은 그곳이 보다 나은 삶을 살 수 있는 터전으로서의 대안을 제공한다는 의미가 아니었다. 광야가 중요한 것은 그것이 우리가 잃어버리기 쉬운 보다 위대한 무엇인가와 접촉할 수 있도록 해주기 때문이다. '황량하고 쓸쓸하고', 무시무시하고 소름 끼치는 곳인 것이, 광야가 그와 같은 효과를 내기 위해 필수적이었다. 또 다른 미국인 말대로 '광야의 [뉴욕주 북부에 위치한] 애디론댁 산맥에는 "애매함, 공포, 숭고함, 강인함과 아름다움"'이 깃들어 있었는데, 그리하여 우리에게 '전능의 상징'으로서의 신에 대해 말해줄 수 있었다.[29]

광야의 숭고함 중 일부는 타자성에, 인간이 그곳에 살 수 없는 사실에 있었다. 하지만 그곳을 개방하면 광야 외부에서 정직하게 사는 것이 가능해진다.

바로 그것이 소로의 '광야에야말로 세계 유지의 비결이 있다'는 격언의 의미이다. 욀슐레저는 소로가 메인주에 있는 크타든 산과 만난 일에 대해 들려준다. 아마 그처럼 날 것 그대로의 위험을 예상하지 못했던 소로에게 그것은 상당히 걱정스러운 경험이었을 것이다.

> 나는 그것이 원시적이고 길들여지지 않은 자연임을 하산 길에서 아마 가장 완벽하게 깨달았을 것이다. …… 하지만 자연의 그렇게 광대하고 음울하고 비인간적인 모습을 보지

29 앞의 책, 61~62페이지.

않았다면 순수한 자연을 본 적이 없는 셈이다. …… 이곳의 자연은 비록 아름답지만 뭔가 야만적이고 무시무시했다. …… 그곳은 인간의 정원이 아니라 인간의 손이 닿지 않은 지구였다. …… 인간은 그것과 무연하다. 그것은 광대하고 무서운 물질이었다. — 우리가 들어본 어머니 지구, 인간이 밟거나 묻힐 수 있는 것이 아니었다. 그런 곳이 아니었다. 아니, 심지어 점점 더 익숙해져 그곳에 뼈를 놓아둘 수 있는 것과는 무관한 곳이었다. 그곳은 필연과 운명의 집이었다. 이교와 미신적 의식을 위한 장소로 우리보다 바위와 야생동물에 더 가까운 사람들이 거주하는 곳이었다.[30]

소로의 유명한 격언의 핵심은 이렇다. 즉 인간에 적대적임에도 불구하고 아니면 바로 그렇기 때문에 잘 살고 싶다면 그와 같은 비인간적 힘을 접하고 살아야 한다는 것이다. 즉 '완전히 자포자기한 삶을 사는 대다수 사람'과 달리 '심원하게 살고, 삶의 진수를 맘껏 맛보기 위해' 말이다. 자연은 우리 삶의 항구적 원천으로, 그것을 외면할 수 없다.

내가 어찌 대지와 교제를 갖지 않겠는가? 나 자신의 일부분이 그것의 잎사귀이며 식물의 부식토가 아니던가?[31]

나는 숭고 그리고 광야의 도덕적 의미를 근대의 인간 중심주의가 부적절하다는 느
342 낌 그리고 보다 위대한 힘과의 접점을 회복해야 할 필요의 맥락 속에 놓아오고 있다. 광야를 비인간적인 것으로 보는 앞서의 논의의 맥락에서 숭고를 보다 좁은 시각에서 볼 수 있을 것이다. 그것은 종종 너무나 천박하고 인간 중심적인 — 인간 중심적이기에 천박한 — 삶의 감각과 대립한다.

인간 중심주의는 앞서 섭리에 기초한 이신론(통상 이신론으로 알려진 것의 핵심 측면 중 하나)이라고 부른 것의 산물이다. 그와 같은 관점은 또한 다른 무엇보다도 앞서 논의한 변증론의 틀 내에서 중점적으로 논의되었는데, 설계논증에 집중되었다.

30 Max Oelschlaeger, *The Idea of Wilderness*(New Haven: Yale University Press, 1991), p. 148에서 재인용.
31 『월든』, 강승영 역, 이레, 198페이지.

그런데 그와 같은 논증은 기독교 이전부터 존재해왔다. 플라톤은 세계는 '운과 필연'(『법률』)으로 이루어진다고 생각하는 사람들을 반박하기 위해 그와 같은 형태의 논의를 처음으로 이용했다. 하지만 그와 같은 논증이 설계의 목적이 오직 인간의 선의 실현에 있다고 주장한 적은 실제로 결코 없었다. 가령 아우구스티누스는 이렇게 말한다.

> 따라서 자연본성이 자신의 창조주에게 영광을 드리는 것은 우리의 편리나 불편에 따른 것이 아니라 자체의 본성에 따르는 것이다.[32]

그런데 근대의 신앙의 변증론자들 또한 동일하게 단언했지만 실제로는 우주가 인간에게 주는 이점에 대해 한층 더 논의를 집중했다. 그리고 그것은 어떤 의미에서 불가피했는데, 코스모스가 영=정신적 힘의 거처로 더 이상 삶에서 느껴지지도 또 경험되지도 않으며 그것이 신의 설계에 의해 주어진 것임을 증명해야 하자마자 논증의 세부사항은 불가피하게 그것이 인간에 미치는 결과에 초점을 맞추지 않을 수 없게 되었기 때문이다. 버넷은 산을 원래 존재하던 지구의 폐허로 제시함으로써 그와 같은 틀을 깨고 나왔다. 산은 유용한 것이 아니라 냉혹하고[거주하기에 부적당하고], 인간의 삶을 위협하는 것임이 입증되었다. 버넷을 논박하기 위해서는 신이 왜 산을 만들었는지를 보여줄 수 있는 논증이 필요했다. 그와 같은 논증을 고안하는 것은 가능했다. 물의 순환 전체는 고지대와 저지대를 필요로 한다. 그렇지 않으면 어떻게 물이 강을 통해 흐르며 땅을 관개할 수 있겠는가? 하지만 지구의 궤도 경사각은 어떨까? 그것을 논증하는 것에 대해서도 멋진 이야기를 들려줄 수 있을 것이다. 그렇다면 곤충, 거미 등은 어떨까?

이야기는 점점 더 세부사항을 더해가며 계속 이어지면서 점차 우스꽝스러워진다. 신은 안달복달하며 우리의 복리와 편의를 위하도록 피조물과 관련된 모든 세부사항에 대해 노심초사하며 형태까지 만들어주는 부모처럼 보인다. 그에 대한 반항이 따르는 것은 필연적이지만 볼테르처럼 [신의] 설계 일반은 여전히 믿으면서도 우스꽝스러운 세

32 Glacken, *Traces on the Rhodian Shore*, pp. 198-199[아우구스티누스, 성염 역주, 『신국론』, 분도출판사, 1253페이지].

부사항을, 무엇보다 먼저 해당 이야기 속에 유명한 리스본 대지진처럼 삶 자체가 만들어내는 비극을 위한 자리가 존재할 여지가 전혀 없는 것을 견딜 수 없어 한 사람들이 종종 그와 같은 일을 주도했다.[33]

그런데 보다 이전의 세계이해, 즉 세계는 신에 의해 창조된 코스모스라는 이해는 그와 같은 공격에 열려 있지 않았다. 보다 이전의 시각은 세속적 시간 속에서 전개되는 세계사의 사건을 보다 고차적인 시간의 틀 속에 짜 넣었다. 그에 따르면 우리 세계의 사물과 사건은 신의 영원 속에서 깊이를 갖고 있었지만 그에 대한 감각이 사라지자 잃어버리게 되었다. 동시에 신은 우리의 행복 이외의 목적도 갖고 있음도 이해되었다. 실제로 우리를 위한 신의 목적 중에는 보복과 훈련 모두를 의미하는 응징chastisement이 포함되어 있었다. 우리 자신의 오성만으로 그것을 규명하기를 바랄 수는 없으리라는
343 것만큼은 온전히 명백했다. 근대의 설계논증 대부분은 보다 이전에는 상상조차 할 수 없었을 것이다. 그것은 포스트-갈릴레오적 과학 또는 포스트-뉴턴적 과학의 맥락에서 비로소 등장했는데, 신의 섭리를 자체적으로 가늠할 수 있기를 바랐다.

숭고의 도덕적 의미 그리고 18세기 이후의 우주적 상상계의 대부분은 그와 같은 천박함과 인간 중심주의에 대한 반발로 간주될 수 있을 것이다. 하지만 후진에 의해서는 제대로 반발할 수 없을 것이다. 깊이감은 이제는 현실 속에서 더 이상 실감할 수 없게 된 영원 속에서 발견할 수 없을 것이다. 이제 그것은 공간의 광대함과 시간의 심연에서 찾을 수 있게 되었다. 신에게서 인간 이상의 것을 찾는 것은 이제 더 이상 아무 문제도 없는 것이 아니게 되었다. 하지만 그것은 거대한 산과 거센 급류의 가공할 타자성 속에서 출현하게 되었다. 그것은 다시 나중에 신과 피조물의 관계라는 측면에서 이해될 수도 있지만 그와 같은 경험은 또한 또 다른 방향으로 향할 수도 있었다.

앞의 논의에서 나의 붉은 실타래는 숭고였다. 하지만 우리는 인류가 어둠에서 태어났다는 비코의 생각이 어떻게 비슷한 종류의 깊이를 만들어내며, 인간이 유래하는 비인간적 실재와 관계를 맺는지를 볼 수 있을 것이다. 그리고 실제로 18세기는 반드시 그의 영향 아래서는 아니었지만 인간 진화의 신비를 탐색하는 데서 비코를 따랐다. 가령 17

33 위에서의 나의 스케치에 따르면 그것은 축 III. 1과 관련된다.

세기의 언어 이론 — 가령 로크와 홉스의 그것 — 은 언어의 작용, 즉 인간의 삶에서 그것이 어떤 역할을 하는지를 해명하고자 한 반면 18세기는 그와 같은 통찰을 인간이 실제로 어떻게 언어적 존재가 되며, 또 그와 같은 과정에서 어떤 단계를 거쳤는지에 대한 설명 속에 도입하려고 했다. 그와 같은 시도를 콩디약, 워버튼William Warburton, 헤르더Johann Gottfried Herder, 루소, 하만Johann Georg Hamann 등에게서 볼 수 있다. 그리고 로시 지적대로 이들 인간 생성 이야기를 좁은 의미에서 언어사적인 것으로 이해해서는 안 된다. 항상 우리가 어떻게 완전한 인간이 되는가에 대한 포괄적 이론의 일부이기 때문이다.[34]

우리는 그와 같은 사태전개를 또한 과학적 진보 이야기를 통해서도 들려줄 수 있음을 볼 수 있을 텐데, 그것은 새로 발견된 대륙들에서 드러난 새로운 인류학적 사실들에 직면하는 것을 통해 보강될 수 있을 것이다. 하지만 여기서도 또한 분명해져야 하는 것은 과학 이야기가 도덕적 상상계의 변형과 복잡하게 뒤엉켜 있다는 것이다.

따라서 가령 콩디약을 한편으로 그리고 헤르더와 루소를 다른 한편으로 언어의 기원을 놓고 벌어진 인류학적 대결은 분명히 인간조건에 대한 상이한 도덕적 이해와 관련되어 있었다. 콩디약에게서 인간의 생성은 로크적 이성의 규율에 의해 뒷받침된다. 우리가 사용하는 기호를 로크적 의미의 합리적 형태로 통제하는 것을 받아들이고, 그대로 실행함으로써 우리는 진보한다. 그리고 어둠으로부터의 생성은 방치된다.

반대로 헤르더와 루소에 따르면 처음부터 무엇인가, 즉 표현적·커뮤니케이션적 힘이 존재하는데, 그것은 문명의 보다 후일의 발전에 의해 상실되고, 약화되거나 은폐될 수 있을 것이다. 앞서 말한 생성은 방치되는 것이 아니라 합리주의적 '진보'에 의해 점차 어둠 속에 잠겨진다. 여기서 생성 이론은 또한 분리 불가능한 방식으로 동시에 인간의 깊이에 관한 이론이기도 하다. 그리고 후자는 게다가 부정되거나 망각될 위험에 처해 있기도 한데, 생성에 대한 올바른 설명은 우리가 그와 같은 위험을 물리치는 데 도움이 될 수 있을 것이다. 우리는 우리가 심층 시간 속에 놓여 있다고 상상함으로써 344
우리가 깊은 자연=본성을 가진 존재라고 상상하게 되는데, 그렇게 함으로써 그와 같은

34 Rossi, *The Dark Abyss*, 17장.

본성을 구원하는 데 기여하게 된다.

그와 같은 종류의 이론들이 너무 좁은 인간 중심주의의 자기도취에 대한 공격의 다른 축을 어떻게 열어주는지를 볼 수 있을 것이다. 그처럼 협소한 고찰 방식의 틀 내에서 부정되는 보다 포괄적인 관심사는 우리의 보다 깊은 본성에 관한 것이다. 바로 그와 같은 방식이 타개되어야 했다. 자연의 목소리가 우리 안에서 질식되고 있다. 그것이 루소 영향을 받은 낭만주의의 흐름에서 볼 수 있는 표준적 주제 중 하나이다.

여기서 각각 한편으로는 콩디약, 다른 한편으로는 헤르더/루소에 의해 대변되는 두 종류의 이론은 내가 보다 앞에서 제시한 이론, 즉 우리의 도덕적 원천은 인간의 내면에 존재한다는 주장의 두 가지 주요한 설명과 분명히 병렬 관계를 이룬다. 그중 하나에서 선의는 우리를 개별성에서 분리시키는 거리를 둔 이성의 규율훈련에서 유래하는 반면 다른 한편 또 다른 견해에 따르면 공감대가 솟아나는 원천은 우리 내면의 깊은 곳으로부터 회복될 필요가 있다.

숭고 체험 속에서 보다 위대한 어떤 것이 지나치게 협소한 형태의 충족에 우리가 일면적으로 도취하는 태도를 깨뜨린다. 그것은 말하자면 외부에서 온다. 내면의 깊이를 회복하는 데서 그와 같은 타개는 우리 내면에서 일어난다. 하지만 앞의 두 가지 것이 단순히 대안이 아님은 분명하다. 낭만주의 시대와 이후의 많은 사람에게 그와 같은 운동은 양방향에서 동시에 진행되는 것이었다. 내면에서 진정으로 나인 것의 재발견은 외부에 있는 자연의 거대한 흐름에 대해 내가 느끼는 공명resonance에 의해 가능해진다.

그리고 그와 같은 공명 관념 또한 어둠으로부터의 생성에 의해 의미를 부여받는다. 인간은 동물적 본성 — 다시 그것은 생명이 없는 것으로부터 유래했다 — 으로부터 오늘날의 우리로 생성된 피조물인데, 그와 같은 존재로서 우리는 모든 생명체, 또 그것을 넘어 자연 전체와 친화성을 느끼지 않을 수 없을 것이다. 헤르더는 자연을 만물을 관류하는 공감의 거대한 흐름으로 묘사한다.

> 자연 전체를 보라. 천지창조의 위대한 유비를 관찰하라. 만물이 자신을 그리고 동류를 느끼고, 생명이 생명에 반향한다Siehe die ganze Natur, betrachte die grosse Analogie der Schöpf-

ung. Alles fühlt sich und seines Gleichen, Leben wallet zu Leben.[35]

독일 사상의 영향을 크게 받은 코울리지Samuel Taylor Coleridge도 비슷한 생각을 이렇게 표현한다.

> 모든 것은 자체에 고유한 생명을 갖고 있고 …… 우리는 모두 한 생명이다Everything has a life of its own …… and we are all One Life.[36]

워즈워스William Wordsworth는 이렇게 말한다.

> 생각하는 모든 것과 모든 생각의 대상을
> 하나같이 추진하고 만물 속을 구르는
> 한 운동과 한 정신을 [나는 느꼈다].[37]
>
> A motion and a spirit, that impels
> All thinking things, all objects of all thought,
> And rolls through all things

휠덜린은 "삼라만상과 하나가 되고, 자기망각 가운데서 자연의 총체 안으로 되돌아가는 것Eines zu sein mit Allem, was lebt, in seiner Selbstvergessenheit wiederzukehren ins All der Natur"[38]에 대한 갈망에 대해 말했다.

그런데 우리가 만물을 포괄하는 생명의 흐름과 연결되어 있다는 그와 같은 감각은

35 Johann Gottfried Herder, *Vom Erkennen und Empfinden der menschlichen Seele*, in *Herders Sämmtliche Werke*, ed. Bernard Suphan, 15 vols.(Berlin: Weidmann, 1877-1913), VIII, 200.

36 M. H. Abrams, *The Mirror and the Lamp*(Oxford: Oxford University Press, 1953), p. 65에서 재인용.

37 윤준 역, 「틴턴 수도원Tintern Abbey」, 『워즈워스 시선』, 지만지, 38페이지[100~102행].

38 횔덜린, 장영태 역, 『휘페리온』, 을유문화사, 1권, 두 번째 서한, 14페이지.

보다 오래된 몇몇 코스모스-관념에 뿌리를 두고 있었다. 가령 모든 실재는 일자로부터 유출된다는 신플라톤주의적 개념을 생각할 수 있을 것이다. 하지만 친화성의 감각이 지금까지 내가 어둠으로부터의 생성이라고 불러온 것 — 우리 인류가 다른 생명체와 공유하는 동물적 삶으로부터 출현해왔다는 생각에 의해 크게 강화되었다. 그리고 그와
345 같은 생각은 우리 자신이 다른 생명 형태로부터 진화해왔음을 인식할 때 훨씬 더 큰 공명을 얻게 되었다. 비록 가령 헤르더가 계속 의지해온 설계와 섭리 관념이 후퇴했다고 해도 그와 같은 친화성의 감각이 우리 시대에 심지어 오히려 한층 더 강력해진 것은 이 때문이다. 그것이 근대의 많은 생태 의식과 관심의 핵심적 토대 중 하나가 되었다.[39]

그리하여 상술한 의식의 창시자이자 지금도 여전히 패러다임적 주인공인 소로는 '영원한 생명의 원천'[191페이지]에 가까운 월든 호반에 본인이 서 있다고 생각하는 것이다.

> 황량하고 외롭다고 부르는 것에 익숙해진 광경에서조차 내게 뭔가 아주 친밀하고 우연적인 것을 아주 명확하게 의식하게 되었다. 그리고 또 내게 혈연적으로 극히 가깝고 인간적인 것은 개인이나 촌민이 아님을 분명히 의식하게 되었다. 더욱이 내게 전혀 구차한 장소 따위는 어디에도 없다고 생각했다.

앞서 인용한 문구에서 그가 이렇게 자문하는 것은 이 때문이다.

> 내가 어찌 대지와 교제를 갖지 않겠는가? 나 자신의 일부분이 그것의 잎사귀이며 식물의 부식토가 아니던가?[40]

39 윌슨A. N. Wilson은 최근 저서(*The Victorians*[London: Hutchinson, 2002], p. 230)에서 그것을 이렇게 표현한다. "만약 우리가 지금 살고 있는 포스트-정치 시대에 인류를 사로잡아온, 온통 마음을 다 빼앗고 있는 단일 이념을 뽑아내야 한다면 자연적 형태들의 상호관련성이 그것이 될 것이다. 즉 우리는, 인간 존재, 포유류, 물고기, 곤충, 나무 등은 우리 행성 위에서 함께, 모두 상호 의지한 채 살고 있다는 사실이 그것이다. 그리고 모두가 무덤을 넘어 또는 환생을 통해 생명을 누릴 두 번째 기회는 갖고 있지 않은 것처럼 보이는 가운데 말이다. 그리하여 지구의 수호자들에게 지고 있는 책임을 명확히 의식하게 되는 것이다."

40 『월든』, 198페이지.

내가 지금까지 묘사해오고 있는 자연에 대한 도덕적 상상 속에서 일정한 복잡성, 긴장 때로는 심지어 거의 모순조차 읽어낼 수 있을 것이다. 우리는 자연과 친족관계에 있다. 그것이 우리 생명의 원천이고, 따라서 '혈연'이다. 아마 때로는 우리가 가까이서 살고 있는 임의의 '개인이나 마을 주민'보다 가깝다고 느낄 수 있다. 하지만 동시에 자연은 '광대하고 음울하며 비인간적이며', 타자적이며, 적대적이며, 냉담할 수 있을 것이다.

그와 같은 갈등은 여기서는 우리에게는 또한 다른 측면에서는 낯설기도 한 자연과의 친족관계에서 유래하는 것처럼 보인다. 하지만 그것은 소로 저술에서 다른 형태로 표면화될 수도 있을 것이다. 여기서 우리는 심지어 황량한 낯선 부분까지 포함해 자연의 모든 것과 친화성을 갖고 있다. 크타든 산정에서 마주친 비인간적인 것을 묘사하면서 그는 이렇게 말한다.

> 그곳은 이교와 미신적 의례를 위한 장소이자 우리보다는 바위와 야생동물에 더 친근한 사람들을 위한 거처였다.

여기서 광야는 보다 이전의 미개한 시대에는 우리의 일부일 수 있던, 실제로 일부였던 것으로 묘사된다. 그리고 또 다른 구절에서 그는 그와 같은 가능성이 단지 우리의 과거 속에만 존재하는 것은 아니라고 말하는 것 같다. 『월든』에서 그는 자기 안의 '광야'에 대해 보고하고, 우리 몸 안에 들어 있는 '짐승'에 대해 말한다.

> 그것은 우리의 보다 고귀한 본성이 잠들수록 더 많이 깨어난다. 그것은 비열하고 관능적이며, 아마 완전히 축출해낼 수 없는 것인지도 모른다. 마치 우리가 살아서 건강할 때도 우리 몸 안에 들어 있는 기생충처럼 말이다.[41]

그것은 소로에게 우려스러운 사실이지만 우리가 완전히 외면할 수 없는 일이기도

41 소로, 『월든』, 315페이지

하다. 근본적으로 우리 외부와 내부의 광야 모두를 부인하려는 시도가 바로 삶의 품위를 떨어뜨리는 것이다. 그것은 단지 정체로만 이어질 수 있을 뿐이다.

> 내 기분은 아주 확실하게 바깥쪽의 씁쓸함에 비례해 고조된다. 대양이나 사막, 야생의 자연을 내게 달라! …… 기분전환을 하고자 할 때 나는 가장 어두운 숲과 가장 울창하고 긴, 보통 사람에게는 가장 씁쓸한 습지를 찾는다. 나는 유대 신전의 지성소 같은 신성한 장소로서의
> 346 습지에 들어간다. 거기에는 자연의 정수 같은 무엇인가가 들어 있다. 자연림이 미개간된 옥토를 뒤덮고 있다. 그리고 그와 같은 토양은 인간뿐만 아니라 자연에도 좋다. …… 그리스, 로마, 영국 같은 문명국을 유지시키는 것은 그와 같은 나라가 서 있는 자리에서 옛날에 썩어 없어진 원시림이었다. 그와 같은 문명국은 그와 같은 토양이 고갈되지 않는 한 살아남는다. 아 — 인간의 문화여! 식물의 땅이 고갈되는 국가에 기대할 것이라고는 거의 없게 된다. 그리고 조상의 뼈로 거름을 만들지 않을 수 없다.[42]

위에서 우리 존재나 활력이나 창조성은 외부의 비인간적인 것 — 가령 우리 내면에서 영웅주의를 일깨우는 야생의 자연의 압도적 힘 — 뿐만 아니라 외부의 낯선 힘과 공명하는 우리 내부의 야성적 · 전-인간적인 것에도 의존하고 있다는 생각을 찾아볼 수 있다. 그와 함께 우리는 칸트를 넘어선 셈인데, 칸트에게서는 숭고가 초감각적인 도덕적 행위 능력을 일깨우고, '별이 총총한 내 머리 위의 하늘'이 '내 마음속의 도덕법'과 똑같이 "감탄과 경외"[43]로 내 마음을 채우는 두 가지 실재로 연결될 수 있을 것이다. 우리는 이제 오히려 쇼펜하우어의 영역에 있는데, 거기서 우리 생명력은 야생적이고, 무원칙적이며 비도덕적인 의지로부터 온다. 우리가 비이성, 어둠, 공격성, 희생의 힘에 의존하고 있다는 그와 같은 믿음은 우리 문화에 만연하게 되었다. 부분적으로는 쇼펜하우어의 영향에 의한 것이었지만 — 가령 니체, 토마스 만을 보라 — 또한 그것을 넘어

42 『산책 외』, 김완구 역, 책세상, 45~47페이지.

43 "두 가지 것을 여러 차례 또 장시간 성찰하는 데 종사하면 할수록 두 가지 것은 더욱 새롭고 더욱 높아지는 감탄과 경외를 내 마음에 가득 채운다. 별이 총총한 내 머리 위의 하늘과 내 마음속의 도덕법이 그것이다"(『실천이성비판』, 177페이지).

콘래드, 로런스, 제퍼스Robinson Jeffers 등 그와 같은 감수성을 부각시킨 저술가와 맥락은 헤아릴 수 없을 정도로 많다. 제1차세계대전 전후의 유럽처럼 역사적 시대들 전체가 그와 같은 감수성에 흠뻑 스며들어 있었던 것처럼 보인다. 그리고 그것은 오늘날에도 여전히 강력하다.

그런데 그와 같은 일련의 관념 그리고 그것들이 고무하는 양식의 감수성은 부분적으로는 근대의 인간 중심주의에 대한 반항 측면에서 이해될 수 있을 것이다. 특히 그것이 삶과 관련해 부당한 미화용 삭제판식의 상에, 즉 악, 고난, 폭력이 지워지게 되는 상에 반대하는 '비극적' 축 위에서 이루어지는 한에서 말이다. 하지만 그것들은 또한 근대의 우주적 상상계와도 관련되어야 한다. 오래된 코스모스-관념의 맥락에서 시시한, 팡글로스적 관점에 대한 처방은 우리를 영원의 깊이와 신의 분노 쪽으로 다시 향하게 하는 것이었을 것이다. 그와 같은 처방의 쇄신된 변형태는 현재에도 접근이 불가능하지는 않지만 포스트-쇼펜하우어적 처방(일단 이렇게 부르기로 하자)도 동시에 가용한 사실이, 실제로는 전통 신앙에 근거한 처방에 경쟁적으로 의존하려는 태도의 주요한 원천이 되고 있다. 우리 내면의 광야에 그와 같은 종류의 도덕적 의미를 부여할 수 있음을 상상할 수 있다는 사실은 근대의 우주적 상상계에 의해 생기가 불어넣어지는 세계에서만 이해될 수 있다. 그와 같은 상상계는 합리적이고 선의로 넘치는 계획에 의해 반드시 구조화되거나 제한되지는 않는 우주와 관련되어 있다. 우리가 맨 밑바닥까지 이를 수는 없지만 그럼에도 불구하고 어둠으로부터 우리가 생성되는 장소인 우주 말이다.

지금까지 나는 코스모스에서 우주로 어떻게 변형되는지를 이해하려면 단지 이론적 믿음에서 일어난 변화에만 시선을 국한해서는 안 됨을 논해오고 있는 셈이다. 그와 같은 변화는 제한되고, 질서지어져 있으며, 정태적인 코스모스상으로부터 헤아릴 수 없을 정도로 광대하고 계속 진화하는 우주상으로 우리를 데려간다. 그와 관련해 이론이 변할 뿐만 아니라 앞서의 믿음을 위한 맥락을 제공하는 자연발생적·무성찰적 이해도 변했 347
다. 우리 조상들은 자신들의 세계를 정령과 영력들의 거처로 여기고, 그와 같은 세계를 고정되고 질서어진 코스모스로 — 그와 같은 특정한 상을 파악하고 수용하는 것과는 독립적으로 — 이해한 반면 우리는 우주를 무한한 것으로, 상상력으로는 파악할 수 없을 뿐만 아니라 기껏해야 대다수 사람 손이 닿지 않는 고도의 추상적 이론을 이용해야 파악할 수 있는 것으로 경험한다. 게다가 우리는 우주가 항상 변화, 진화 중인 것처럼 느낀다. 우리 조상들이 어렵지 않게 이 두 가지 특징 — 광대함과 진화 — 을 가리키는 여러 징후를 무시할 수 있던 반면 우리 관점에서는 그것들이 두드러져 보인다. 단지 지배적인 이론들이 그와 같은 특징을 인정하기 때문에만 그와 같은 일이 일어나는 것은 아니다. — 물론 분명히 그것도 그와 같은 변화의 원인 중 일부이긴 하지만 말이다. 그것은 또한 우리가 사물을 보거나 경험하는 방법 문제이기도 하다. 빙하는 오늘날 우리에게 영겁에 대해, 천천히 진행되는 '빙하' 운동에 대해 보고한다. 우리는 그처럼 새로운 감수성이 앞서 인용한 라몽의 알프스산맥과 피레네산맥 묘사에서 볼 수 있듯이 이미 18세기 말에 등장하고 있음을 발견할 수 있다. 그와 같은 묘사는 상이한 암석층과 얼음층에 대한 설명에서 서로 그것들이 생성된 멀리 떨어진 시대를 말하자면 직접 눈앞에서 보는 것처럼 제시한다.

하지만 또한 중요한 것은, 우리의 도덕적 상상 속에서 자연적 세계가 나타나는 방식이다. 그리고 지금까지 내가 묘사하려고 시도해오고 있는 것이 그와 같은 방식에서 일어난 변화이다. 우리는 심층 시간과 이해할 수 없는 공간으로 구성된 자연 속에서 살며, 그와 같은 자연으로부터 생겨났다. 그것은 여러모로 미지로, 이질적인, 또 분명히 헤아릴 수 없는 우주이다. 그것은 한편으로는 일정한 동족감과 귀속감을 키운다. 우리는 지구에 속한다. 지구가 우리의 고향이다. 그와 같은 감수성이 생태 의식의 강력한 원천이다. 그것은 또한 우리는 자신을 깊은 본성을 가진 존재로 생각하도록 유도됨을 의미하는데, 우리는 그것을 회복하거나 아니면 반대로 아마 극복해야 한다. 그리고 어둠으로부터의 우리의 생성을 검토함으로써 어떻게 그렇게 할 수 있는지에 대한 대답을 발견할 수 있을 것이다.

다른 한편 그와 같은 우주의 이해할 수 없는 이질적 측면은 우리를 거대하고, 헤아릴 길 없는 비인간적인 것에 직면하도록 만든다. 그리고 그와 같은 사태는 다양한 방식으로 우리 마음을 움직인다. 숭고로서 그것은 우리를 경외감으로 채울 수 있을 것이다. 그리고 우리가 얼마나 작은지를 상기시킴으로써 역설적으로 우리를 일깨워주기도 한다. 그와 같은 이중적 의식을 패러다임적으로 표현하는 것이 파스칼의 갈대 이미지다. 우주 속에서 인간은 한갓 갈대와 마찬가지로 모든 면에서 취약하지만 생각하는 갈대라는 점에서 위대하기도 하다. 하지만 동시에 우리는 우주 속에 존재하는 비인간적이고, 폭력적이고 혼돈스러운 것과의 친화성을 느낄 수도 있을 것이다. 그리고 그것은 다시 우리를 불안하게 만들고/또는 우리의 깊은 본성에 대한 이해를 철저하게 변형시켜, 루소적 전통을 따르는 선량한 인간 본성 상像의 신뢰를 떨어뜨리고 포스트-쇼펜하우어적 견해 속에 투영된 야성적이고 비도덕적이며 흉포한 여러 힘과 우리를 연관시킬 수 있을 것이다.

여러 이론, 비성찰적 이해, 도덕적 상상의 그와 같은 복합체가 우리 시대의 서양문명을 지배하고 있다. 그것이 우리 시대의 모든 곳에 침투해 있다. 모든 곳에서 그것을 관찰할 수 있다. 가령 그것은 포스트-프로이트적 심리학에서도 명백하다. 많은 사람이 프로이트 이론은 부정할 수 있어도 그것에 의미를 부여하는 해석의 맥락은 우리 몸에 348
깊게 배어 있다. 가령 아래와 같은 것을 생각해볼 수 있을 것이다. 즉 우리는 깊은 본성을 갖고 있지만 그것을 시야에서 놓쳤으며, 그것을 회복하는 것은 아마 어려우리라는 생각, 주로 우리 이야기를 다시 함으로써 그것을 회복하고 이해해야 한다는 생각, 그와 같은 깊은 본성은 부분적으로 거칠고 비도덕적이라는 생각. 그것들이 모두 자기 이해를 위한 명백한 틀로, 개별적 이론에 대해 어떻게 생각하건 또는 심지어 철학적 논거에 근거해 틀 전체를 논박하기를 바라더라도 거의 모든 사람이 직관적으로 그것을 이해할 수 있을 것이다.

고쉐는 매우 도발적인 저서[44]에서 무의식이라는 그와 같은 핵심 개념에는 복수의 원천이 있음을 보여준다. 그것은 관련 증거가 많은 낭만주의적 기원 — 우리 안에는 아직도 언급되지 않은 심연이 존재한다는 느낌, 나아가 모든 생명 형태는 연속되어 있다는 강력한 이념 — 으로 거슬러 올라갈 뿐만 아니라 동시에 '뇌[과학]적 무의식cerebral unconsciousness'이라는 생각에도 기반하고 있다. 그와 같은 생각은 사유하기와 의지하기 같은 인간의 가장 고차적인 기능이 어떤 의미에서는 인간 안에 존재하는 신경적·생리적 기능의 산물임을 이해하게 된 19세기에 증가했다.

그와 같은 생각의 발달은 필자가 본서에서 묘사하려고 시도해오고 있는 일련의 변

44 Marcel Gauchet, *L'inconscient cérébral*(Paris: Seuil, 1992).

화가 결합된 결과를 일괄해서 보여준다. 첫째, 그것은 사물의 본성의 위상을 정하는 방법에서 일어난 심원한 전환에 기반하고 있다. 오래된 코스모스 이해, 특히 이데아에 의해 규정되는 '플라톤적' 코스모스에서 사물의 본성은 어떤 의미에서는 내부에 존재하는 것이 아니라 코스모스의 구조에 속했다. 그리하여 형상은 심지어 아리스토텔레스에게서조차 존재적 측면에서 그것이 형태를 부여하는 개체에 완전히 의존하지 않았다. 비록 형상은 개별적 예증과 분리되어 존재할 수는 없지만 그것과는 독립된 자체만의 완전성을 갖고 있었다. 이 모든 특수한 실현에 공동의 형태를 부여하는 것이 형상이었다. 하지만 반대로 탈주술화된 우주에서 이런저런 종류의 사물을 특징짓는 행위를 낳는 유인력의 총체로서의 '본성'은 문제의 사물과 분리 불가능한 것으로 생각되었다. 그것 외부에는 더 이상 존재상의 틈새가 존재하지 않았다.[45]

물론 그와 동일한 전환이 여러 종류의 정령, 의미를 담지한 인과력, 여러 가지 영력을 세계에서 추방해버린 것이었다. 그것은 정신과 비정신적 실재를 확연히 구분했다. 그와 같은 구분이 사유와 의지를 새롭게 파악하는 방법의 토대가 되었는데, 그것들은 자족적이며, 원리상 명확하게 접근 가능하고, 현존하며, 게다가 물질세계로부터 독립되어 있음을 입증할 수 있다는 것이다. 그와 같은 이해 방식을 데카르트의 것과 동일한 것으로 볼 수 있을 것이다.

그런데 우주적 상상계에서 일어난 전환이 그와 같은 생각을 송두리째 부정했다. 데카르트적 주체는 코스모스적 질서의 일부였던 '본성'에 속했던 것과 같은 종류의 깊이를 상실했는데, 거기서는 내가 정말로 누구인지를 발견하려면 인간의 사회적 삶과 코스모스의 질서를 탐구함으로써 '본성'을 파악할 것이 요구되었다. 하지만 이제 나는 순수하게 내재적인 자기명확성 — 명석판명한 자기의식 — 에 의해 그것을 발견할 수 있을 것으로 상정된다.

349 하지만 어둠으로부터의 생성의 맥락에서 주체는 진화하는 시간, 개인적 시간, 또 물질적 구현물과 맺는 관계에서 새로운 종류의 깊이를 획득한다. 자아의 완전한 자제심이라는 데카르트적 상은 아마 두 가지의 거대한 코스모스-관념 사이의 — 즉 관념의

45 『자아의 원천들』, 11장, 381~385페이지에서 그와 같은 변화를 설명해보려고 시도해보았다.

질서에 의해 구조화된 코스모스 그리고 우리가 살고 있는 심연으로 구성된 광대한 우주로의 — 이행에서만 가능했을 것이다. 또는 달리 말하자면, 데카르트적 인간상은 앞의 두 관념 사이의 기간을 지배한 상대적으로 협소한 코스모스-관념에, 즉 기계론적 우주 — 다른 곳에 운명이 존재하는 영혼들을 위해 섭리에 의해 질서를 부여받았다 — 에 속했다.

고쉐는 19세기에 그처럼 새로운 깊이의 한 측면이 어떻게 발전하는지를 보여준다. 즉 반사궁과 감각운동계 같은 개념을 통해 인간의 사고와 의지력은 뇌[과학]적·신경적 기능에서 유래한다는 감각이 등장한 것이다. 19세기 하반기는 심리-생리학 견해에 의해 지배되게 되었는데, 그것은 의식, 사고, 의지를 육체적 실현 내부에 위치시키려고 시도했다.

하지만 고쉐 지적대로 그것은 단순한 이론적 변화 이상의 것이었다. 이론이 제시되는 틀 전체 — 또 무엇이 사유 대상이 되어야 하는지, 어떤 물음을 제기해야 하는지를 규정하는 틀 — 의 전환이었다.[46] 사유가 그것의 물질적 기체와 맺는 관계는 데카르트에게서는 여전히 외적 관계 문제였지만 이제 사유의 본질 자체에 관한 핵심 물음이 되었다. 새로운 이해에 따르면 의식적으로 의지하는 것은 반사궁에서 생겨나며, 그것과 동일한 본질을 갖고 있다.[47] 그와 같은 새로운 견해는 하나의 이론 이상의 것으로 오늘날에도 여전히 우리를 사로잡고 있는 일군의 어렵고 상충되는 문제를 규정하고 있다. 과학적 발견과 심오한 문화적 변화가 상호 작용하고, 상호 굴절되는 가운데 뇌[과학]적 무의식에 관한 새로운 이해를 만들어낸 것이다.

위에서 서술한 새로운 이해는, 개체발생이 계통발생을 반복한다는 진화론에서 유래하는 생각과 함께 낭만주의적 유산의 힘과 결합해 자기 자신에게 불투명한 깊은 주체상을 만들어내는 데 일조했다. 그와 같은 주체는 무의식적이며 부분적으로 비개인적 과정의 거점으로, 인간이 나타나기 이전의 것의 내부 영역과 외부 영역 모두의 어둠으로부터의 생성의 끝없는 시간 속에서 자신을 발견하도록 시도해야 한다.

46 앞의 책, 19~22페이지와 37~38페이지.

47 앞의 책, 72페이지.

동시에 지금까지 서술해오고 있는 자연의 도덕적 유의의성은 분명히 또한 광범위하게 느껴졌다. 광야에 대한 경외감, 자연에 대한 친근감과 생태학적 배려, 도시를 벗어나 광야를 찾아나가거나 시골에 살면서 자신을 쇄신하려는 욕구. 모두 우리 세계의 특징이다. 우리는 여전히 베르길리우스가 찬양한 목가적인 것에 대한 동경을 갖고 있는데, 우리는 거기에 야성적인 것에 대한 경외심을 더해왔다.

18세기에 그와 같은 감수성은 소수파 것이었지만 이제 일반화되었다. 물론 모든 사람이 공유한 것은 아니었다. 18세기의 엘리트 사이에서와 마찬가지로 반대파는 항상 존재했다. 하지만 모든 사람이 그와 같은 감수성을 이해하고 있다. 1831년에 미국을 방문한 토크빌이 들려주는 흥미로운 이야기가 모든 것을 말해준다. 샤토브리앙을 읽은
350 낭만주의 시대의 젊은 프랑스인이던 그가 미시간 땅까지 간 것은 분명 광야를 보고 싶었기 때문일 것이다. 하지만 지역의 개척민들에게 도움을 청하기 위해 자기 계획을 설명하려고 했을 때 그는 몰이해의 벽에 부딪혔다. 그저 한 번 **바라보기 위해** 원시 숲에 발을 들여놓으려고 한다는 것을 그들은 도저히 이해할 수 없었다. 자신들에게는 털어놓지 않은 모종의 딴 꿈수 — 가령 삼림 벌채나 땅 투기 같은 것 — 가 틀림없이 있다고 생각되었다.[48] 현재도 그와 유사한 감성의 격차가 가령 브리티시콜롬비아주의 벌목꾼들 그리고 생태 지향적인 '번들'[나무에 껴안는 환경보호운동가] 사이에 존재한다. 하지만 오늘날 벌목꾼들에게 전투적 환경운동가들이 존재하는 것은 지극히 당연한 일로, 그들에게 그와 같은 사람들이 존재한다는 것을 더 이상 설명할 필요가 없을 것이다.

여기서 다른 많은 글을 얼마든지 인용할 수 있을 것이다. 아름다운 시골, 해변, 광야의 땅으로의 여행은 모두 우리 문화에서는 이제 보편적인 것이 되었다. 많은 사람이 그와 같은 장소에 가지 않거나 가기를 원치 않는 계급이나 집단은 존재하지 않는다. 북아메리카의 수백만 명의 사람이 시골에 별장을 소유하고 있다. 이 모든 것을 무엇보다 더 잘 말해주는 것이 있는데, 혼잡한 도시를 벗어나 자연을 다시 접하려는 요구가 교외의 출현을 초래한 것이 그것이었다. 교외로의 도피는 대규모 운동이 되었다. 코놀

48 Nash, *Wilderness and the American Mind*, p. 23에서 이루어지는 논의를 보라. 내시는 토크빌의 *Journey to America*, ed. J. P. Mayer, trans. George Lawrence(New Haven: Yale University Press, 1960), p. 335과 『미국의 민주주의』 2권 477페이지를 인용하고 있다.

리는 미국에서 교외 개념은 도시와 시골 모두를 맛보고, 각각의 이점을 결합하려는 시도에서 생겼다고 밝힌다.[49] 351

이제 근대의 우주적 상상계가 어떻게 유물론의 확장을 촉진시키는지를 인식할 수 있을 것이다. 실제로 유물론자들은 종종 어떻게 그렇게 하지 않을 수 있는지를 상상하기 어려워했다. 그들의 상상력의 그와 같은 한계에 대해서는 아래에서 설명하고 싶지만 여기서는 일단 앞의 상상계가 또한 어떻게 다른 방향으로도 진행될 수 있는지가 상술한 논의를 통해 명백해져야 함을 밝히고 싶다.

근대의 우주적 상상계가 유물론과 관련되어 있음은 충분히 분명하다. 그와 같은 상상계는 기존의 코스모스-관념을 거의 이해할 수 없는 것으로 만들어버렸다. 제한된 규모의 『성서』적 코스모스-관념은 분명히 신뢰성을 잃게 되었다. 광대하고 헤아릴 길 없는 우주 — 그것의 어둠 속에서 우리는 생성되었다 — 는 분명히 유물론과 공존 가능했다. 사실 그와 같은 상상계의 발전은 일정 정도는 유물론의 원형인 고대의 에피쿠로스주의적 관념으로 소급될 수 있었다.

도덕으로 충전된 우주의 측면은 다른 방향을 가리킨다. 즉 우리는 깊은 본성을 갖고 있으며, 어떤 흐름이 만물을 관통하며, 그것은 우리 내부에서도 공명한다는 감각. 자연과의 접촉을 통해 보다 심원하고 풍부한 것에게 열리는 경험. 코스모스 내부에는 신비가 존재한다는 감각이 그것들이다. — 그것은 섭리에 기초한 이신론 그리고 뉴턴 시대나 보일의 강연의 변증론에서는 완전히 결여되어 있으며, 심지어 오늘날에도 과학주의적 입장과 기독교 원리주의의 많은 견해에서도 여전히 빠져 있다. 하지만 앞의 모든 측면을 일련의 다른 방법으로 해명하는 것은 얼마든지 가능하다.

심지어 완전히 유물론적인 견해 내부에서는 그와 같은 경향을 이해하는 것이 불가능하다고까지 주장하고 싶은 사람이 있을 수도 있을 것이다. 일부 유물론자는 그에 동의하며 그런 만큼 그와 같은 형태의 도덕적 의미에 더 나쁘다고 주장한다. 하지만 그와

49 미발간된 코놀리Randy Connolly의 박사학위논문도 같은 생각에 대해 설명한다. 그의 글은 또한 아래 저서에서도 찾아볼 수 있다. Randy Connolly, "The Rise and Persistence of the Technological Community Ideal", *Online Communities: Commerce, Community Action, and the Virtual University*, ed. Chris Werry and Miranda Mowbray(Upper Saddle River, N. J.: Prentice Hall, 2001).

같은 도덕주의적 틀 안에서 그것에 의미를 부여하려고 시도하며, 일단 우리가 그와 같은 사실에 주목하도록 만드는 사람도 존재한다. 하지만 많은 사람이 그것을 다른 방식으로 명확하게 표현해보려고 시도하고 있는 것은 분명하다. 일부 사람은 그와 같은 의미에 대한 우리 경험을 유신론적인, 심지어 정통 기독교의 틀 내에서 이해하려고 할 것이다. 가령 「서론」에서 인용한 그리피스가 본인의 현현 경험을 그렇게 이해하게 되었듯이 말이다.

하지만 근대의 우주적 상상계와 관련해 주목할 만한 사실은 그것이 어떤 개별적 견해 하나만으로는 실제로 파악될 수 없는 것이다. 그것은 인간을 — (아마) 가장 강경한 유물론부터 무수히 많은 중간 입장을 거쳐 정통 기독교에까지 이르는 — 완전히 상이한 방향으로 움직여왔다. 그와 같은 중간 입장 중 일부는 가령 괴테의 입장 또는 그와는 다른 시각의 에머슨처럼 기독교적이지도, 심지어 유신론적이지도 않지만 모종의 명백한 의미에서 영=정신적이었다. 하지만 깊은 자연과 관계를 맺는 다른 방식 또는 자연을 관통하는 어떤 흐름은 실제로 특정한 틀로 분류하는 것이 불가능하다. 우리는 곧 근대적 시학 그리고 일반적으로 예술언어의 발전이 어떻게 — 우리 자신의 존재론적 책무는 말하자면 보류하면서도 — 그와 같은 의미를 탐구하는 것을 가능하게 해주었는가를 살펴볼 것이다.

그처럼 근대의 우주적 상상계의 두드러진 특징은 그것이 유물론을 촉진하거나 비유물론적 · 영=정신적 견해를 회복해, 말하자면 종교로 돌아갈 수 있도록 해준 데 있지 않다. 비록 이 두 가지 일을 모두 했지만 말이다. 오히려 여기서 그와 같은 상상계에 관한 우리 탐구와 관련해 가장 중요한 사실은 그것이 이 모든 선택지 사이를 그리고 그것 둘레를 — 그중 어느 것도 확실하게 그리고 최종적으로 선택하지 않고 — 헤맬 수 있는 공간을 열어준 것이다. 신앙/비신앙 간의 전쟁에서 그것은 일종의 무인지대no man's land로 간주될 수 있을 것이다. 다만 그것은 다소 중립지대 같은 성격을 띨 수 있도록 충분히 확대되어 거기서는 전쟁을 완전히 피할 수 있게 되었다. 실제로 열광적 소수의 노력에도 불구하고 그것이 현대문명에서 앞의 전쟁이 지속적으로 활기를 얻지 못하는 이유 중 일부라고 할 수 있다.

그와 같은 사태전개의 일부를 아래에서 보다 자세히 살펴보려고 시도해볼 것이다.

10
확대되는 비신앙의 우주 352

1

그처럼 자유로운 공간의 창조는 대부분 낭만주의 시대에 예술의 위상과 이해에서 일어난 변화에 의해 가능해졌다. 그것은 예술 이해와 관련해 모방에서 창조 쪽으로 강조점이 이행한 것과 관련이 있다. 그것은 예술의 언어라고 부를 수 있는 것, 즉 가령 시인과 화가가 의거하는 공적 참조점과 관련된다. 앞서 언급한 사례로 돌아가자면, 셰익스피어가 국왕 시해 행위에 따른 두려움을 온전히 느끼도록 만들기 위해 만물조응correspondence에 의거할 수 있는 것처럼 말이다. 그는 하인으로 하여금 '괴이쩍은unnatural' 사건에 대해 보고하도록 하는데, 그처럼 무시무시한 행위에 일말의 동정심이라도 표하려는 듯한 방식으로 환기된다. 덩컨 왕이 시해당한 밤은 소란한unruly 밤이었다. '공중에 탄식과 괴이쩍게 죽어가는 비명이 들리고' 시계로는 대낮인데 달리는 해를 캄캄한 밤이 질식시키고 있다. 지난 화요일엔 솟구치던 보라매가 낮게 나는 올빼미에게 쫓기다 죽었으며, 덩컨의 말들은 밤에 난폭해져 '마구간을 뛰쳐나와 인간과 싸울 듯이 말을 듣지 않았다.' 비슷한 방식으로 회화 또한 신적인 역사와 널리 알려진 대상 — 즉 성모자상이나 호라티우스 삼형제의 맹세처럼 말하자면 처음부터 보다 고차적 의미가 부여된 사건과 인물에 의지할 수 있었다.

하지만 우리는 2세기 전부터 그와 같은 참조점이 더 이상 타당하지 않게 된 세계 속에서 살고 있다. 르네상스기에는 받아들여졌지만 지금 만물조응의 교의를 믿는 사람은 거의 없으며, 신적인 역사도 또 세속적 역사도 일반적으로 받아들여지는 유의의성을 갖고 있지 않다. 물론 그렇다고 해서 더 이상 만물조응에 관한 시를 쓸 수 없게 되었다는 말은 아니다. 그래도 보들레르는 바로 그것을 했다.[1] 오히려 시는 더 이상 이전의 공적 교의를 단순히 수용하는 것에 의존할 수 없게 되었다는 것이다. 시인 본인도 정전적 형태로 그것을 신봉할 수 없게 되었다. 그는 무엇인가 다른 것, 모종의 개인적 비전을 손에 넣으려고 했다. 역사적 참조를 통해 자신을 둘러싼 세계 속에서 보는 '상징의 숲'에 삼각측량[엄밀한 측정]을 통해 도달하려고 했다. 하지만 상징의 숲을 파악하기 위해서는 옛날에는 공적이었던 교의(어쨌건 그것에 대해 어떤 식이건, 그리고 어떤 것이 되었건 세부사항을 기억하고 있는 사람은 아무도 없다)보다는 — 이렇게 말할 수 있다면 — 그것이 시인의 감수성 속에서 공명하는 방법을 이해할 필요가 있을 것이다.

353 또 다른 예를 들자면 릴케는 천사들에 대해 말한다. 그러나 그의 천사들은 전통적으로 규정된 질서에서 차지하는 위상에 의해 이해되어서는 안 된다. 오히려 그가 사물-감각을 표명하기 위해 사용한 일군의 이미지 전체를 답파하는 가운데 그가 하는 말의 의미를 엄밀히 측정해야 한다. 그의 『두이노의 비가』는 이렇게 시작된다.

> 아, 내가 아무리 외친다고 해서 어떤 천사가 아득한 높이에서 그것을 듣는단 말인가?

부분적으로 천사들의 특징은 '외침'으로는 그들에게 다가갈 수 없는 사실에 의해 규정된다. 체루빔과 세라핌의 서열에 관한 중세적 논고를 통해서는 천사들에 이르는 길을 찾을 수 없을 것이며, 릴케의 감수성이 표명되고 있는 앞서와 같은 시적 묘사를 통과해야 한다.

앞서 말한 변화를 이렇게 서술할 수도 있을 것이다. 즉 이전에 시어는 공적으로 통

1 보들레르, 정기수 역, 「만물조응」, 『악의 꽃』, 정음사, 31페이지.

용되는 몇 가지 의미의 질서에 의거할 수 있던 반면 지금은 바깥으로 표명된 감수성의 언어로 짜여져야 한다고 말이다. 와서만은 의미와 관련해 확립된 배경을 갖고 있던 구질서가 쇠퇴하면서 어떻게 낭만주의 시대에 새로운 시언어의 발전이 필연화되는지를 보여준다. 가령 「윈저 숲Windsor Forest」에서 포프Alexander Pope는 자연적 질서에 관해 예로부터 전해 내려오는 견해를 시적 이미지와 관련해 공통으로 통용되는 원천으로 의지할 수 있었다. 하지만 셸리는 더 이상 그와 같은 수단에 의존할 수 없게 되었다. 시인은 자신의 참조 세계를 표명하고, 그것을 믿을 만한 것으로 만들어야 한다. 와서먼은 그것을 이렇게 설명한다.

> 18세기 말까지는 사람들이 특정한 전제를 공유하기에 충분한 지적 동질성이 존재했다. …… 정도는 다 다르지만 …… 사람들은 …… 기독교적 역사해석, 자연을 성례의 대상으로 바라보는 관점, 존재의 대연쇄, 다양한 창조 수준의 유사성, 인간은 소우주라는 인간관 등을 받아들이고 있었다. …… 그것들이 공적 영역에서의 코스모스적 구문론syntax이었다. 그리고 시인은 자기 작품을 얼마든지 자연을 '모방한' 것으로 생각할 수 있었다. 그와 같은 패턴이야말로 시인이 '자연'이라는 말로 이해하는 바의 것이었기 때문이다.

그는 이렇게 계속한다.

> 19세기 초에 이르면 그와 같은 세계상은 의식에서 사라진다. 시를 모방적인 것에서 창조적인 것으로 파악하게 되는 시각 변화는 비판철학적 현상일 뿐만이 아니다. …… 그렇게 해서 이제 추가적인 정식화 행위가 시인에게 요구되게 되었다. …… 근대시는 자체 내부에서 코스모스적 구문론을 정식화하고, 그것이 허용하는 자율적인 시적 현실을 형성해야 했다. 예전에는 시에 앞서 존재했고 모방 대상이던 '자연'은 이제 시와 함께 시인의 창조성 속에서 공동의 원천을 공유하게 되었다.[2]

2 Earl Wasserman, *The Subtler Language*(Baltimore: Johns Hopkins University Press, 1968), pp. 10-11.

낭만주의 시인들과 이 조류의 후계자들은 코스모스에 대한 독자적 비전을 표명해야만[명시화해야만]articulate 했다. 『서곡』, 「라인강」이나 「귀향」에서 주변의 자연 세계를 묘사할 때 워즈워스와 횔덜린은 포프가 「윈저 숲」에서 여전히 할 수 있던 대로 이미 확립되어 있던 참조의 전 음역을 더 이상 이용할 수 없었다. 그들은 자연 속에는 무엇인가가, 즉 그것을 표현하기 위한 말이 아직도 확립되지 않은 무엇인가가 존재함을 일깨운다.[3] 시가 우리를 위한 말을 찾아주는 것이다. 그와 같은 '보다 섬세한 언어subtler languages' — 셸리에게서 차용한 용어이다 — 속에서 무엇인가가 규정되고 창조되며 동시에 드러난다. 그와 함께 우리는 문학사의 중대한 분기점을 넘어가게 되었다.

19세기 초의 회화에서도 비슷한 일이 발생했다. 가령 다비드 프리드리히는 전통적
354 도상학으로부터 거리를 두었다. 그는 일반적으로 인정된 관습에 의거하지 않은 상징체계를 자연 속에서 찾았다. 그의 야심은 "자연의 형태가 직접 말하도록 하고, 그것을 통해 그것이 예술작품 속에서 질서를 부여받음으로써 자연의 힘이 해방되도록 하는"[4] 것이었다. 그 또한 보다 섬세한 언어를 찾고 있었던 셈이다. 무엇인가를 말하려고 시도하지만 그것을 위한 적절한 용어가 존재하지 않고, 그것의 의미는 이전부터 존재해온 참조목록보다는 자기 작품 속에서 찾아야 하기 때문이다.[5] 우리 감정과 자연풍경 간의

3 따라서 워즈워스는 이렇게 노래한다.

또 다가오는
폭풍우로 캄캄해진 밤이면, 바위 밑에
서 있곤 했네, 태고의 땅 휩쓰는 유령 같은 언어,
혹은 멀리서 불어오는 바람 속으로 희미한
자취를 감추는 곡조에 귀 기울이며

how he
would stand
If the night blackened with a coming storm,
Beneath some rock, listening to notes that are
The ghostly language of the ancient earth
Or make their dim abode in distant winds.

(김승희 역, 『서곡』, 2권, 문학과 지성사, 53페이지[307~311행])

4 Charles Rosen and Henri Zerner, *Romanticism and Realism*(New York: Norton, 1984), p. 58.

친화성에 대한 18세기 말의 감각에 기반하지만 단순한 주관적 반응 이상의 것을 표명하려고[명시화하려고] 시도한 것이다.

감정은 결코 자연에 반할 수 없으며, 항상 자연과 조화를 이룬다.[6]

당연히 그와 같은 이야기는 음악에도 해당된다. 하지만 여기서 보다 섬세한 언어의 발전의 또 다른 측면을 볼 수 있을 것이다. 그것은, 앞서 살펴본 대로, 일부는 존재의 대연쇄, 사물의 질서 등에 관한 형이상학적 신념의 쇠퇴에서, 또 다른 일부는 형이상학과 종교에 관한 합의의 종언으로부터 유래되었다. 하지만 처음에는 음악의 영역에서, 이어 나중에는 또 다른 영역에서도 우리는 보다 '절대적' 형태로 이행하는 모습을 볼 수 있다. 그와 같은 현상은 시작詩作과 음악 일반이 처음으로 '예술'이 되는 과정이 한층 더 발전하면서 비롯된 것이었다.

전례를 드리는 장소에서 영창을 부르며 드리는 기도나 만찬장에서 영웅을 찬양하는 음유시인의 음송吟誦을 생각한다면 시와 음악을 '예술' 범주로 생각하고 있는 셈이다. 하지만 잘 알다시피 그와 같은 것이 원래 행해진 사회에서 그와 같은 종류의 범주는 전혀 존재하지 않을 수도 있거나 존재했더라도 예술에 속하지 않았을 것이다. 우리가 그것을 '예술'이라고 생각하는 것은 그것이 우리의 시 및 음악과 비슷할 뿐만 아니라 (그리고 종종 선구적 관계에 있기 때문만이 아니라) 또한 예술이란 아우라로 둘러싸여 있는데, 앞의 활동도 그렇다고 생각하기 때문이다.

하지만 그렇다고 해서 앞의 말이 그것들의 아우라를 우리 자신의 예술의 그것을 설명하기 위해 사용하는 개념들로, 즉 우리가 '미학적' 범주라고 불러오게 된 것들로 설명할 수 있다는 의미는 아니다. 전례에는 실제로 특별한 무엇인가가 있다. 특수한 음조를 노래하는 것이 그것이다. 하지만 그렇게 하는 이유는 그것이 신에게 말을 걸거나 신과 영=정신적 친교를 나누는 특권적 방법이기 때문이다. 음유시인의 영창은 독특한

5 앞의 책, 68페이지 이하.
6 앞의 책, 67페이지.

방식으로 영웅을 기리고 존경심을 표하는 엄숙한 방식이다.

다시 말해, 이 경우에 특수한 것은 미학적으로 — 듣는 사람이 감동받는(또는 받아야 하는) 방식이라는 측면에서 — 가 아니라 오히려 본연의 존재에 입각해ontically 이해되어야 한다. 즉 (신에게 기도하고 영웅을 찬양하는 것과 같은) 특별히 중요한 종류의 행위가 수행되는 것으로 말이다.

원래 맥락에서는 심지어 특정한 정전 형태 내부에서 이야기하거나 연가를 부르는 것조차 보다 이전의 그처럼 '본연의 존재에 입각해' 이해하는 것이 가능할 것이다. 그와 같은 수행 방식은 사건을 보다 고차적인 수준으로 격상시킨다. 이제 그와 같은 사랑 또는 그와 같은 이야기 속에는 원형적인 것, 즉 인간의 보편적 본질에 가까운 것이 들어있게 된다. 그것을 통해 둘은 보다 고차적인 음역 속에 놓이게 된다.

그러다가 조만간 노래와 이야기와 관련해서도 일정한 변화가 일어난다. 전례에서의 영창과 음유시인의 음송의 경우 우리는 그와 같은 사회적 행위를 모두가 이해하고 있음을 안다. 하지만 그것은 아직 근대적 의미에서의, 즉 종교, 영웅찬가로부터 완전히 분리된 행위로서의 '예술'에는 도달하지 못했다. [예술로서] 분리된 행위는 어떤 창작물의 가치를 그것이 어떤 것을 감상할 수 있도록 해주는 측면에서, 즉 (신의 위대함이나
355 신적인 것에 대한 감각의 위대함이건 또는 영웅의 위대함이건 아니면 그들에 대한 찬양이건 또는 사랑과 고난의 원형이건 등) 어떤 것이 되었건 그것의 고유성 속에서 평가할 수 있도록 그것을 우리 눈앞에 보여주는 측면에서 평가하는 방법을 배우자마자 등장하게 된다. 그와 같은 가치가 원래 담겨지는 행위 — 가령 기도하거나 만찬에서 영웅을 공적으로 찬양하는 등의 행위 — 에 직접 참여하지 않고서도 말이다.

그렇게 해서 최초의 탈매립이 일어난다. 그에 대한 이론을 가령 아리스토텔레스의 『시학』에서 찾아볼 수 있을 것이다. 예술은 그와 같은 종류의 관조 — 우리 눈앞에 사물을 보여주는 것 — 를 가능하게 해주는 점에서 모방mimesis적이라고 묘사할 수 있을 것이다. 그는 비극을 이 의미로 이해했는데, 그것은 그에게서는 이전처럼 더 이상 특수한 형태의 전례가 아니었다. 그와 함께 우리는 (나중에 그렇게 분류되는) '예술' 영역에 들어서게 되는데, 이어 보다 최근에는 오페라, 콘서트홀에서의 미사곡 연주 관행, 19세기의 음악 공연 등이 그렇게 되었다.

하지만 보다 섬세한 언어와 함께 등장하는 제2의 탈매립이 존재했다. 음악의 경우에서 그것을 가장 명확하게 볼 수 있을 것이다. 음악은 고양된 행위 그리고 나중에는 모방 — 연가, 기도, 오페라 등 — 속에서 사용되어온 역사를 통해 일종의 '의미론화se-manticisation'를 발전시켜왔다. 부분적으로 그것을 위한 동기가 존재했는데, 연가와 영창 속에서 드리는 기도를 위해 선택된 음조가 잘 맞는다고 느껴졌기 때문이다. 하지만 그와 같은 음조가 유일하게 가능했던 것은 아니며 그와 관련해서는 다른 것들이 역사적으로 상호 관련되고 추가될 여지가 매우 컸다.

첫 번째, 즉 관조에 의한 탈매립은 기도, 사랑의 선언, 춤, 오페라의 줄거리 등 인간의 행위를 명확하게 인식 가능하게 해주는 맥락을 음악에 맡겼다. 그와 같은 행위들은 실제로 행해지는 것이 아니라 관조되었지만 그럼에도 여전히 맥락을 형성했다. '절대' 음악을 향한 발걸음이 두 번째 탈매립을 형성했다. 그것은 바로크와 고전 시대의 기악곡 속에서 슬금슬금 모습을 드러내다가 낭만주의 시대에 이론화되었다.

일종의 탈의미론화와 재의미론화가 존재하는 셈이다. 모차르트의 〈현악 5중주 4번 G단조〉는 하찮고 일시적인 것이 아니라 심오하고 원형적인 것에 의해 감동받는다는 것이 어떤 것인지를 강력하게 느끼게 해주는데, 그것은 매우 슬픈 선율이지만 동시에 아름답고 감동적이며 우리 몸과 마음을 사로잡는다. 모종의 비슷한 종류의 방식으로 불운한 사랑, 상실이나 이별 등의 아름다운 이야기를 통해 감동받는 것을 떠올려볼 수 있을 것이다. 다만 음악에는 이야기가 없다. 우리는 이야기 없는 응답의 정수 같은 것을 갖게 된다.

그것을 다른 식으로 표현해보자. 연가는 가령 로미오와 줄리엣처럼 인간의 원형적 사랑 이야기가 불러일으키는 것과 동일한 깊은 감동을 불러온다. 연가, 연극, 오페라는 [밖으로] 표현된 응답 그리고 그와 같은 응답이 의도하는 대상 모두를 제공한다. 이어 새로운 '절대' 음악에서 응답은 어떤 방식으로건 포착되고, 실재하는 것으로 만들어져, 우리 앞에서 펼쳐지지만 대상[오브제]은 결여된다. 음악은 강한 감동을 주는데, 왜냐하면 음악 자체가 말하자면 감동받았기 때문이다. 그것은 깊은 감동을 받는 것을 포착하고 표현하고, 육화한다(베토벤의 4중주곡을 생각해보라). 그러나 무엇에 감동받을까? 대상은 무엇인가? 대상은 존재하는가?

또는 다른 방향에서 그와 같은 재의미론화에 접근하자면, 베토벤 〈제5번 교향곡〉
356 을 여는 몇 소절을 운명의 부름으로 묘사하려는 시도를 생각해볼 수 있을 것이다. 거기서 음악이 포착하고 있는 것은 우리가 감동받게 되는 것이 아니라 오히려 그것이 의도하는 대상의 의미 자체이다. 그와 함께 아마 바로 운명이 부르는 순간을 위한 오페라를 위해 작사하고 싶은 것이 그와 같은 종류의 음악이리라는 것이 말해지고 있는 셈이다. 다만 베토벤에게 그것은 '절대' 음악이지 '표제' 음악이 아니다. 오페라에서와 달리 대상은 그려지지 않는다.

그럼에도 불구하고 어떤 대상, 적절한 대상이 존재해야 한다고 우리는 느낀다. 그렇지 않으면 그것은 기만, 가장假裝이 될 것이다. 하지만 그렇다고 해서 반드시 그것을 나타내는 (다른) 언어가 있는 것은 아니다. 단언적인 언어가 없음은 분명하다. 그것이 쇼펜하우어의 음악 이론으로 가는 길을 열었다. 그리고 이후 오페라의 이야기의 맥락에 '절대' 음악을 다시 도입하는 바그너의 실천이 이어졌는데, 하지만 지금은 한층 더 풍부해졌다.

그처럼 의미론화는 적어도 부분적으로는 감동받게 되는 양식을 포착함으로써 작용한다. 하지만 또한 아마 지하적인 것, 코스모스적인 것을 표현하려는 시도에 의해서도 작용한다. 이 경우 그것은 우리 내면의 코스모스적인 것과의 공명을 이용한다.

그것이 새로운 종류의 의미론적 탐구의 자유다. 다른 예술들은 그것을 모방한다. 시에서는 말라르메가 패러다임적 사례이다. 그리고 나중에 비재현적[비-오브제적] 회화는 새로운 영역으로 넘어간다.

'절대'로의 그와 같은 전환을 이룬 보다 섬세한 언어는 지향적 대상(음악)이나 단언적인 것(시)이나 재현된 오브제(그림)와 결별하고 새로운 장에서 움직인다. 존재상의 책무는 매우 불분명하다. 그것은 그와 같은 종류의 예술이 사물의 본성=자연에서는 결코 명료할 수 없으며, 영=정신적 조건과 관계없이 모두에게 가용하지 않은 매우 깊은 진실을 밝히는 데 사용될 수 있음을 의미한다. 여기서 가령 베토벤 이름을 거론할 수 있을 텐데, 확실히 홉킨스Gerard Manley Hopkins도 마찬가지다. 하지만 그와 같은 예술은 또한 외부에 존재하는 깊은 존재상의 실재를 부인하는 것과도 결합될 수 있을 것이다. 오직

무le Néeant만 존재해야 한다. 그것이 그와 관련된 신비의 나머지를 남겨놓는다. 즉 우리는 왜 그렇게 감동받을까? 그러나 그와 같은 신비는 이제 다시 우리 내부로 옮겨진다. 인간학적 깊이를 가진 신비가 되는 것이다. 말라르메에게서 그것을 찾아볼 수 있다. 하지만 여기서의 탐구는 엘리엇처럼 외부에 실재[현실]가 존재한다고 믿는 사람이나 그것을 가리키고 싶은 사람 — 가령 첼란? — 에 의해서도 다시 이용될 수 있을 것이다.

그리하여 '절대' 형태로 기능하는 보다 섬세한 언어가 근대적 비신앙이 갈 곳을 어떻게 제공할 수 있는지를 이해할 수 있을 것이다. 특히 낭만주의적 축에서 이루어지는 비판에 의해 감동받는 사람에게 말이다. 즉 근대적 정체성과 견해는 세계를 시시하게 만들고, 영=정신적인 것, 보다 고차적인 것, 신비를 위한 어떤 자리도 남겨놓지 않는다는 것이다. 하지만 그와 같은 통찰이 우리를 반드시 종교적 신앙으로 돌려보낼 필요는 없다. 또 다른 방향이 존재한다.

그와 같은 생각의 토대에는 아래 생각이 깔려 있다. 즉 신비, 깊이, 심오하게 감동적인 것은, 우리가 알 수 있는 한, 전적으로 인간학적인 것일 수 있다는 것이다. 무신론자, 휴머니스트는 콘서트나 오페라에 가거나 위대한 문학을 읽을 때 그와 같은 생각에 매달린다. 그와 같은 식으로 매우 환원주의적이고 시시한 형태의 윤리 그리고 과학적 인간학을 보완할 수 있을 것이다.

이 모든 것은 '보다 섬세한 언어'에의 새로운 의존이 어떻게 완충재로 덮인 정체성의 곤경을, 처음에는 명백히 부정적인 방식으로 반영하는지를 보여준다. 즉 성스러운 것의 역사, 조응, [존재의] 대연쇄와 관련해 객관적 지시 대상을 갖고 있던 보다 이전의 357
언어가 점점 더 가용하지 않게 된 것은 탈주술화, 기계론적 우주 이해 앞에서 코스모스가 후퇴할 수밖에 없게 된 사정의 불가피한 결과였다. 하지만 새로운 언어를 창조하려는 갈망은 사태를 그대로 둘 생각이 전혀 없음을 보여준다. 그것은 부분적으로 새로운 우주적 상상계의 힘을, 즉 자연 속에 존재하는 새로운 도덕적 의미의 요소를 명확히 하려는 투쟁을 반영했다. 그것은 워즈워스와 횔덜린의 시와 무수히 많은 다른 작품뿐만 아니라 앞서 언급한 다비드 프리드리히의 작품에서 너무나 분명하게 나타나고 있다. 보다 일반적으로 말해, 보다 깊고 완전한 것에 대한 일종의 비전을 회복하려는 투쟁이 이루어지고 있었다. 그것이 쉬울 리 없으며, 그것은 통찰력과 창조적 힘을 요구함을 인식하는 가운데 말이다.

그것을 틀 짓는 이해에 따르면 우리의 인지적 곤경은 이전과는 다르다. 이전에는 신학과 형이상학의 언어가 보다 심원한 것, '보이지 않는 것'의 영역을 확신을 갖고 세밀히 나타냈다면 지금은 그와 같은 영역은 단지 '상징' 언어를 통해서만 간접적으로 접근 가능하다는 생각이 지배하고 있다. '상징'이라는 다의적 용어는 1790년대의 독일 낭만주의 세대에게 특별한 의미를 갖게 되었는데, 후일 괴테의 작품에 반영되게 되었다. 이 의미에서 '상징'은 그와 다른 방법으로는 접근 불가능한 것을 드러낸다. 그것은 알레고리와는 다른데, 알레고리의 이미지들은 또한 직접적으로, 문자 그대로의 언어로도 기술할 수 있는 영역을 가리키기 때문이다.

상징은 실제로 와서만이 '보다 섬세한 언어'로 부르는 것의 구성요소다. 그것은 처음에는 오직 지시하는 것에 대한 접근만 허용한다. [하지만] 상징은 기존의 언어에 단순히 의거할 수 없다. 상징을 만들어내고 발견하기가 너무나 어려운 것은 이 때문이다. 그것을 위한 창조적 능력과 천재마저도 필요할 정도이다. 하지만 그것은 또한 드러난 것은 동시에 또 부분적으로 은폐되고 있음을 의미한다. 드러난 것은 상징으로부터 간단히 분리될 수 없으며, 나아가 일상 세계의 통상적 지시 대상처럼 맘대로 속속들이 알아볼 수 있는 것도 아니다.

그런데 근대의 우주적 상상계 그리고 지난 두 세기의 보다 섬세한 언어 — 특히 시 — 간에는 긴밀한 연관성이 존재한다. 보다 이전의 상상계는 그것을 활성화시킨 코스모스-관념에 의해 명확화되고 형태를 부여받았다. 새로운 상상계에는 과학 말고는 비슷한 것이 전혀 존재하지 않는다. 그리고 과학이 아무리 중요하더라도 그것만으로는 사물의 도덕적 의미를 명확히 하기 위해서는 충분할 수 없을 것이다. 자연을 형상 및 [존재의] 대연쇄를 구현하는 것으로 바라보는 해석학이 머뭇거리기 시작한 시점에서 반쯤 숨겨진 의미를 탐침하는 것은 보다 섬세한 언어의 주요 주제 중 하나가 되었다. 가령 「틴턴 수도원」의 한 구절에서 그것을 볼 수 있는데, 거기서 워즈워스는 이렇게 노래한다.

고결한 생각의 기쁨으로 나를 뒤흔들어놓는
한 존재를, 석양빛과

둥근 대양과 살아 있는 대기와
푸른 하늘과 사람의 마음에 거주하는
훨씬 더 깊이 스며든
어떤 것에 대한 숭엄한 인식을,
생각하는 모든 것과 모든 생각의 대상을
하나같이 추진하고 만물 속을 구르는
한 운동과 한 정신을 [나는 느꼈다]

A presence that disturbs me with the joy
Of elevated thoughts; a sense sublime
Of something far more deeply interfused,
Whose dwelling is the light of setting suns,
And the round ocean and the living air,
And the blue sky, and the mind of man; 358
A motion and a spirit, that impels
All thinking things, all objects of all thought,
And rolls through all things[2연, 94~102행].

자연이 우리에게 말할 것이 있다는 생각은 우리 문화 속에서도 떠돌아다니고 있는데, 완충재로 덮인 자아가 불편하게 느끼기에는 너무 동떨어진 곳에 존재하지만 일련의 간접적 방식으로 — 예술 속에서, 시골이나 숲으로 들어갈 때 느끼는 재생의 느낌, 나아가 그것이 파괴될 때 느끼는 몇몇 당혹스런 반응 속에서 — 환기될 수 있을 정도로는 충분히 강력하다.

앞서 주장한 대로 자연에 대해 열려 있어야 할 필요가 있다는 감각은 우리 삶의 방식에 뭔가 부족한 부분이 존재하며, 우리가 진짜 중요한 것을 억압하는 질서에 맞추어 살고 있다는 감각의 맞짝이다. 왠지 제대로 된 삶을 살고 있지 못하다는 그와 같은 감각이 가장 패러다임적으로 표현되는 곳 중 하나가 실러의 『인간의 미적 교육에 관한 서한』7이다. 거기서 계몽주의의 인간 중심주의의 지배적 형태가 비판되는데, 주로 본서의 8장 2절에서 논한 비판의 두 번째 축을 따라 움직인다. 그는 그와 같은 견해가 도덕주의라고 비판한다. 의지가 우리의 고집 센 욕망에 도덕을 강요하는 것(실러는 여기서 분명히 칸트를 염두에 두고 있다)이 이성과 감성을 분리시키고, 결국 인간 본성의 한 측면을 다른 한 측면의 노예로 만들어버리게 된다. 그러나 도덕에 맞서 단순히 욕망을 긍정하는 것도 그에 못지않게 인간을 분열시키며, 단지 주인과 노예의 관계를 역전시킬 뿐이다. 우리가 추구할 필요가 있는 것은 자발적 통일, 인간의 모든 능력의 조화로, 미 속에서 찾을 수 있다. 미 속에서 형식과 내용이, 의지와 욕망이 저절로 하나가 되어, 실로 분리 불가능한 방식으로 융합한다.

처음에 그는 미를 도덕의 보조수단으로 다루는 것처럼 보였다. 미는 말하자면 그것을 자발적으로 기꺼이 따르게 되기 때문에 보다 효율적으로 도덕률에 따라 살 수 있도록 해주는 수단이라고 말이다. 하지만 계속 읽어나가면 실러가 [심]미적 통일 단계를 도덕주의를 넘어선 보다 고차적 단계로 간주하고 있음이 점점 더 분명하게 드러난다. 그것은 우리 본성의 모든 측면이 조화롭게 결합되며 완전한 자유가 성취되는 전일적 충족인데, 우리의 한 측면이 더 이상 다른 측면의 요구에 종속되도록 강제되지 않기 때문이다. 그리고 우리는 비로소 완전한 기쁨을 경험할 수 있다. 도덕을 넘어선 그와 같은 성취가 인간의 진정한 존재이유를 이룬다.

바로 그것이 그가 말하고 싶은 것인 것 같다. 그는 '유희Spiel'라는 새로운 용어를 도입하는데, 이후 2세기 동안 수많은 저술가에 의해 받아들여지게 되었다. 그것은 우리가 미를 창조하고 미에 응답하는 행위를 가리킨다. 또한 의지에 의한 법[칙]의 강요 속에는 결여된 무상의 자발적 자유의 감각을 전달하기 위해서도 선택되었다. 그는 "인간은 유희하는 한에서만 온전한 인간이다"8라고 주장한다. 그것이 인간의 자기실현의 정

7 실러, 『인간의 미적 교육에 관한 서한』.

8 앞의 책, 15번째 편지, 129페이지.

점이다.

그와 함께 그는 낭만주의 시대의 핵심 이념에 놀라울 정도로 명료하며, 설득력 있
고 많은 영향을 끼친 정식화를 제공했다. 즉 도덕주의로는 부족하다고 사람들이 느끼던
것에 대한 대답 — 도덕에 의해 무시되고, 억압되고 마는 중요한, 모든 것을 규정하는
목표나 성취 — 은 [심]미적 영역에서 발견되리라는 것이다. 그것은 도덕적인 것을 초 359
월하는 것이었지만 실러의 경우 도덕적인 것과 상충되는 것으로 간주되지는 않았다.
오히려 인간적 성취를 완성시킴으로써 도덕을 보완했다. 실러 이론에서 많은 것을 차용
하면서 마찬가지로 '유희' 개념을 결정적 의미로 사용하는 보다 후일의 이론들은 [심]
미적인 것을 도덕적인 것과 대치시키게 된다. 니체에게서 그것의 가장 중요한 대변자를
찾을 수 있다.

그리하여 [심]미적인 것은 윤리적 범주로, 즉 '어떻게 살아야 하는가?', '인생의 가장 중요한 목표와 충족은 무엇인가?'라는 물음에 대한 대답의 원천으로 자리 잡게 되었다. 그것은 예술에 결정적으로 중요한 자리를 부여했다. 미가 우리를 구원하고, 완성시킬 수 있다는 것이다. 미는 우리 외부에서, 즉 자연 또는 (특히 또한 미의 재생력 속에 숭고를 포함시킬 경우) 코스모스의 장엄함 속에서 찾을 수 있을 것이다. 하지만 그것에 우리를 완전히 열어놓기 위해서는 그와 같은 사실을 완전히 인식할 필요가 있으며, 그렇게 하려면 그것을 예술언어로 명확히 표현해야 한다. 따라서 예술작품 속에서 창조된 미는 그것을 통해 우리를 변형시킬 수 있는 중요한 가능성을 제공할 뿐만 아니라 우리가 창조할 수 없는 미에 접근할 수 있는 본질적 방법이기도 하다. 낭만주의 시대에 예술 창조는 인간 행위의 최고 영역을 차지하게 되었다.

예술과 [심]미적인 것에 의해 최고의 목표에 도달하려면 목표가 내재적인 것이어야만 할 것처럼 보일 것이다. 그것은 신에 대한 사랑의 대안을 도덕주의를 초월하는 방법으로 대변하게 될 것이다. 하지만 사태는 그렇게 단순하지 않다. 신은 배제되지 않는다. 미를, 세계를 창조하고 구원하면서 역사하는 신의 작용을 반영하는 것으로 보는 이해를 배제하는 것은 아무것도 없다. 폰 발타자르가 말하는 신학적 미학은 실러 후에도 여전히 가능성으로 열려 있었다.[9]

중요한 변화는 오히려 이 문제틀 전체를 이제 열린 채로 놔두어야 한다는 것이다.

그것이 보다 이전 시대와 우리를 구별해준다. 전근대에 예술적 미는 미메시스 개념으로 파악되었다. 그것은 더 나아가 신의 피조물의 세계로 이해된 질서정연한 코스모스 — 거기서 존재자의 수준은 다양했다 — 속에 편입된 현실의 모방이거나 아니면 '성모자'와 '그리스도의 〈십자가수난〉'에 대한 묘사에서 볼 수 있는 대로 신적 역사의 모방으로 이해되었다. 위대한 예술이 우리에게 만물조응, 존재자의 질서와 신적인 역사를 돌아보도록 가리키는 것은 자명했다. 그와 같은 배경이 희미해져가는 것과 동시에 완충재로 덮인 정체성이 도래하면서 — 후자에게서 보다 광범위해진 그와 같은 영=정신적 환경은 여전히 이성적 추론을 통해 접근해야 하는 신앙의 대상일 수도 있었지만 더 이상 이론화로부터 자유로운 경험 문제가 아니게 되었다 — 지금까지 필자가 와서만을 따라 '보다 섬세한 언어'라고 불러온 것의 발전을 볼 수 있다. 그것이 낭만주의 시대의 두 번째로 중요한 업적으로, 잃어버린 통일을 회복시켜주는 열쇠로 미를 규정하는 입장을 보완해주었다.

그런데 앞서 주장한 대로 그와 같은 언어는 기능하며, 힘을 갖고 있으며, 우리를 감동시키지만 존재상의 책무는 명시하지 않아도 된다. '절대' 음악은 강력하고 심원한 어떤 것에 의해 감동받는 것을 표현하지만 그것을 어디서 찾을 수 있는지 — 하늘이건 땅이건 아니면 우리 자신의 존재의 깊이건 또는 그와 같은 대안이 상호 배제적인 곳에
360 서건 — 를 명시할 필요는 없다. 보다 섬세한 언어가 성취되는 것은, 페이터Walter Pater 말을 빌리면, 모든 예술이 음악의 조건에 접근하도록 분투하는 경우다. 그런데 예술이라는 매체를 사용하는 것은 신을 부정하는 것을 의미하지 않는다. 반대로 근대의 많은 위대한 예술가 — 엘리엇, 메시앙Olivier Messiaen — 는 각자의 매체를 현현의 무대로 만들려고 노력해왔다. 그것은 완전히 가능하지만 필연적인 것은 아니다. 존재상의 책무가 다른 종류의 것일 수도 있거나 아니면 대체로 특정되지 않은 채일 수도 있기 때문이다.

그리고 거기에 근대적 비신앙을 위한 도피처가 놓여 있었다. 도덕주의의 부적절함에 대한 응답으로, 상실된 목표를 [심]미적인 것의 영역에서의 미의 경험과 동일시할 수 있을 것이다. 하지만 그와 같은 목표는 이제 물론 질서정연한 코스모스와/또는 신적

9 Hans Urs von Balthasar, *Herrlichkeit(The Glory of the Lord)*(Einsiedeln: Johannes Verlag, 1962).

인 것과 분리되고 있다. 그것은 — 가령 프로이트에 의해 제공된 것과 같은 — 순수하게 내재적인 모종의 견해 위에 새롭게 정초될 수 있게 되었다. 하지만 또한 특정되지 않은 채 놔둘 수도 있을 텐데, 사실 그것이 가장 흔하게 택하는 선택지이기도 하다.

우리가 자연과 맺는 관계가 그와 같은 중간영역, 종교적 책무와 유물론 사이의 그처럼 자유롭고 중립적인 공간 속에 너무 자주 머무를 수 있는 것은 무엇보다 예술의 언어 덕분이다. 아마 우리가 음악과 맺는 관계에 대해서도 비슷하게 말할 수 있을 것이다. 나는 콘서트홀과 오페라극장에서 공적으로 연주되는 음악이 19세기 부르주아 문화의 영향 아래 유럽과 미국에서 특히 중요하고 진지한 활동이 된 방식을 떠올려보고 있다. 사람들은 거의 종교적 진지함을 갖고 연주회 음악을 들었다. 그와 같은 유비는 결코 부적절하지 않다. 연주는 의식 같은 양상을 띠게 되었는데, 그것은 오늘날까지도 마찬가지이다. 중요한 것이 음악을 통해 이야기되고 있다는 감각이 존재한다. 그것 또한 모종의 중간적 공간을, 명확히 신앙적인 것도 또 무신론적인 것도 아닌 일종의 정의되지 않은 형태의 영성을 창조하는 데 일조했다.[10]

동일하게 양의적 공간 속에 존재하는 것처럼 보이는 우리 세계의 다른 특징도 존재한다. 가령 20세기 말에 무수한 사람을 끌어들인 관광여행을 생각해보라. 사람들은 온갖 이유로 여행하는데, 그중에는 우리 문명과 다른 문명의 중요한 '명소'를 보기 위한 것도 있다. 그런데 그것의 압도적 다수는 교회와 사찰 등 과거의 강력한 초월적 의미가 구현되어 있는 곳이다. 그에 대해 아마 우리는, 그것은 과거 문명은 초월적인 것에 크게 투자했다는 것 말고는 아무것도 입증하지 못한다고 대답할 수 있을 것이다. 과거의 기념물을 관람하거나 과거의 예술을 바라보고 감탄하기를 원하는 사람들에게는 선택지가 없다. 그것을 대성당, 모스크, 사원에서 찾는 것 외에는 달리 방법이 없다. 하지만 나는 그것이 그와 같은 현상과 관련된 의미의 전부라고 생각하지는 않는다. 거기에는 또한 모종의 향수와 뒤섞인 어떤 감탄과 놀라움이 존재하는데, 그와 같은 장소에서는 초월적인 것과의 접촉이 한층 더 확고하고 분명하게 존재했고, 또 계속 존재하기 때문이다.

10 나는 아래 논의가 매우 유용함을 발견해왔다. David Martin, *The Breaking of the Image: A Sociology of Christian Theory and Practice*(Oxford: Basil Blackwell, 1980), pp. 135ff.

그와 같은 중간적 공간의 존재는 앞서 8장 1절에서 내가 완충재로 덮인 근대적 정체성이 느끼는 교차압력이라고 부른 것을 반영한다. 그와 같은 교차압력 아래 한쪽에서 비신앙 쪽으로 끌리지만 다른 한쪽에서는 — 자연에서건 예술에서건, 또 종교적 신앙과의 모종의 접촉에서건 또는 보호막을 뚫고 나오는 신-감각에서건 — 영=정신적인 것에 대한 절박한 요청을 느끼는 것이다.

지난 2세기 동안 예술에서는 '상징'(이 개념을 어떤 방식으로 이해하건)에 의해 드러
361 날 수 있는 것을 지속적으로 탐구해왔다. 게다가 그와 같은 예술 이해가 우위를 점하게 된 것 — 심지어 '의미'의 부인을 통해 예술 자체에 반발하는 것으로까지 여겨졌다 — 은 우리가 처한 곤경에 대해 무엇인가를 말해준다. 전근대적 언어들의 상실은 우리가 완충재로 덮인 정체성 속에 얼마나 깊이 매립되어 있는지를 보여주지만 보다 섬세한 언어를 고안하려는 지속적 시도는 이제는 문제적인 것이 된 이전의 통찰을 보완하거나 대체하는 것이 아니라 단지 그냥 방치하는 것이 얼마나 어려운지를 보여준다. 그것이 근대(성)에 관한 또 다른 문화적 사실로, 잃어버린 의미에 대한 관심과 동일한 의미에서 그와 같은 사실에 대해 증언한다. 그것은 완충재로 덮인 정체성에 내재된 불편함과 불확실성을 말해준다.

코스모스에서 우주로의 이행은 두 가지 중요한 결과를 가져왔다. 첫째 보다 깊고 보다 견고한 형태의 유물론과 비신앙이 발전할 여지를 허용했다. 둘째 또한 완충재로 덮인 정체성이 신앙/비신앙 사이에서 느끼는 교차압력에 새로운 형태를 부여했다. 포스트-낭만주의 예술의 발전과 더불어 그와 같은 이행은 신앙/비신앙 사이에 중립적 공간을 창조하는 데 일조했다.

2

앞의 몇 페이지에서 필자는 앞의 두 번째 발전에 대해 서술해왔다. 이제 이 절의 시작 부분에서의 논의와 연결해 당시의 비신앙의 성숙을 검토해보기로 하자.

물론 19세기에 사람들이 종교적 신앙을 포기하게 된 이유를 찾으려고 한다면 그것

의 음역은 매우 넓을 것이다. 그중 일부는 18세기에 있은 비신앙이라는 선택지의 등장에 대한 논의에서 우리가 이미 열거한 것과 유사하다. 가령 완충재로 덮인 정체성으로부터 얻어지는 만족감 — 힘과 침해 불가능성 — 을 강하게 느끼고, 그것이 가져오는 또 다른 결과, 즉 협소하게 만드는 결과에 그다지 민감하지 않은 사람들은 유물론적 입장을 보다 쉽게 선택할 것이 분명하다. 그 밖에도 기독교를 거부하도록 만든 많은 이유가 있었다. 인간의 악, 신의 심판에 대한 반계몽주의적 교리, 교회의 배제 관행, 몽매주의에 대한 지지 등이 그것이었다.

이 점을 다른 관점에서 관찰해보자. 그러면 근대적 도덕 질서의 가치는 오직 신앙을 포기할 때만 완전하고 철저하게 실현될 수 있으리라는 인상을 쉽게 받을 수 있을 것이다. 19세기에 이타주의는 특히 중요한 가치 중 하나로 간주되었으며, 이 측면에서 배타적 휴머니즘은 기독교에 대한 우위를 주장할 수 있었다. 첫째, 이타적 행위에 대해 기독교는 이승에서의 배상이라는 외적 보상을 해주는 반면 휴머니즘은 선의를 노고에 대한 보상으로 삼는다. 그리고 둘째 기독교는 종종 이단자와 불신자를 보상 범위에서 배제하려는 유혹을 받을 수 있는 반면 휴머니즘은 진정 보편적일 수 있다. 가령 밀이 그와 관련된 논의를 제기했다.[11]

다른 측면에서도 또한 유물론은 근대적 질서 속에 내재된 동향을 완성하는 것처럼 보였다. 실존의 모종의 '보다 고차적인' 또는 '영=정신적' 수준을 지향하는 견해가 가하는 중상에 맞서 통상의 감각적인 자연=본성을 복원하는 것은 이 모든 보다 고차적인 362
수준을 단호히 부인하는 교의에서 가장 근본적이고 철저한 형태를 띠는 것처럼 보인다. 종교개혁가들에 의해 시작된 노력, 즉 보다 뛰어난 것으로 간주되는 소명을 위해 자기를 버리라는 요구에 맞서 인간의 통상적 욕망을 옹호하려는 시도는 유물론에서 최종목적과 논리적 결론에 이르는 것 같다. 그것은 감각적 자연의 무구성에 대한 선언이자 그저 환상에 불과한 비인간적 완벽함을 요구하는 부자연스럽게 비뚤어진 요구에 맞선 자연과의 연대 선언이었다.

비록 아마 이타주의-논증은 당시에 후대와는 다른 공격 방향을 갖고 있었겠지만

11 Stefan Collini, *Public Moralists: Political Thought and Intellectual Life in Britain, 1850-1930*(Oxford: Clarendon Press, 1991), p. 74.

이 모든 요소는 이미 18세기에 작동되고 있었다. 하지만 이제 두 가지의, 명백히 상호 결합된 요소가 등장해 두 가지 모두 관련된 논의의 위치를 약간 바꾸어놓았으며, 또한 유물론적 입장에 새로운 깊이와 견고함을 더하는 데 기여했다. 내가 생각하는 것은 한편으로는 과학과 학문의 영향이고, 다른 하나는 새로운 우주적 상상계이다.

자연과학뿐만 아니라 인문과학 또한 상당한 발전을 이루었다. 후자는 『성서』비평 형태와 주로 관련되었는데, 그것은 『성서』의 전거들을 문제 삼았다. 하지만 그보다 훨씬 더 중요했던 것은 주로 다윈의 진화론 작업과 관련해 자연과학이 유물론적 우주관에 제공했다는 하는 지지였다.

그렇다고 해서 나의 말이 진화론에서 무신론에 이르는 '과학적' 논의가 설득력이 있거나 또는 심지어 단지 그것이 과학적 논의만으로서도 납득할 만한 것이었다는 의미는 아니다. 아래(15장)에서 상술하겠지만 내 견해에 따르면 세계관의 변형은 오히려 윤리적 고려와 관련되어 있었다. 그와 함께 내가 말하고 싶은 것은 방금 언급한 이타주의와 관련된 논의에서처럼 윤리적 고려는 '과학적' 논의에 외재적인 것이 아니라는 사실이다. 오히려 내가 말하고 싶은 것은 유물론적 인식론의 토대에 놓인 입장 전체가 기독교 신앙의 토대에 놓인 입장보다 점점 더 타당한 것으로 보이기 시작했다는 것이다.

왜 그렇게 되었는지(그리고 아직도 그러한지)는 어렵지 않게 인식할 수 있다. 심지어 과학의 성과가 회심 작업을 수행 중인 것처럼 보이는 경우에도 결정적인 것은 빈번히 개별적 결과라기보다는 [과학적 발견의] 형태였다. 근대의 자연과학은 일반 법칙에 의해 틀지어진 우주관을 제공했다. 모든 공간과 시간을 전일적으로 지배하는 규칙성의 비인격적 질서가 기본 질서를 이루는데, 모든 개별적인 것은 그것 안에 존재한다. 그것은 인격적인 창조주-신과 우리를 연관시키고 또한 신의 행위 그리고 역사에 대한 신의 개입에 대한 인간의 응답 간의 지속적 상호작용 — 육화와 속죄에서 정점에 이른다 — 에 비추어 인간의 곤경[처지]을 설명하는 기독교 신앙과는 상충되는 것 같다.

그런데 서양의 지적 감수성 속에는 한편으로는 그와 같은 인격적·역사적 신앙에 응답하는 사람들 그리고 다른 한편으로는 비인격적 질서가 궁극적 틀로 개연성이 있으며 결정적인 것처럼 보이는 사람들 간에 궁극적 갈등이 존재하는데, 그것은 먼 옛날로
363 까지 거슬러 올라간다. 많은 '철학적' 정신, 심지어 아브라함에서 유래하는 위대한 종교

에서조차 후자 방향으로 기울어져왔다. 그것을 단적으로 말해주는 사례가 존재하는데, 우주는 영원하다는 아리스토텔레스적 관념이 비록 (언뜻 보면) 창조 신앙과 서로 맞지 않음에도 불구하고 마이모니데스Maimonides와 이븐 루슈드Ibn Rushd[아베로에스] 같은 사상가를 매료시킨 것이 그것이다.

7장에서 기술한 대로 비인격적 틀로 끌리게 된 것은 또한 이신론, 궁극적으로 무신론을 촉진하는 데 일조했다. 섭리에 기초한 이신론에 따르면, 앞서 살펴본 대로, 신은 주로 불변하는 창조적 질서의 본성 때문에 선의를 가졌다고 할 수 있을 것이다. 레싱은 도덕과 종교의 일반적 진리를 역사의 모든 개별적 사실과 분리시키는 "넓은 도랑"[12]에 대해 말한다.

그와 같은 견해를 대변하는 사람들이 보기에 가장 고귀하고 고차적인 진리는 그처럼 일반적인 형태를 **가져야 한다**. 인격적 개입 — 신에 의한 것이더라도 — 은 자의적인 것, 주관적 욕구라는 모종의 요소를 불러들이게 될 텐데, 실재에 대한 최고의 진리는 그와 같은 요소를 초월한 것이어야 한다. 그와 같은 관점에서 보자면, 인격적 신-신앙은 보다 덜 성숙한 관점에 속하는 것으로, 여전히 사물과 인격적 관계를 맺고 있다는 감각을 필요로 한다. 즉 아직 궁극적 진리를 마주할 준비가 되어 있지 않은 것이다. 그와 같은 종류의 사유 노선이 지속적으로 힘을 얻어가는 가운데 스피노자에서 시작해 괴테를 거쳐 오늘날에 이르기까지 현대문화와 사상을 관류하고 있다.

그런데 많은 사람으로 하여금 자연과학과 종교를 양립 불가능한 것으로 간주하고, 또한 전자를 선택하도록 몰고 간 힘의 중요한 요인은 형태에서의 그와 같은 결정적 차이에서 비롯된다고 필자는 생각한다. 다시 말해 자연과학의 성공은 사람들에게 익숙한 기독교라는 종교가 보다 이전의, 보다 원시적인 또는 보다 미숙한 형태의 이해에 속한다는 추정에 기반하고 또 그와 같은 추정은 그것의 성공에 의해 한층 더 분명하게 확인되었던 것이다.

그런데 비인격성 쪽을 향한 그와 같은 경향은 새로운 우주적 상상계에 의해 한층

12 Gotthold Ephraim Lessing, "Über den Beweis des Geistes und der Kraft", in *Werke*, ed. Pedersen and von Olshausen, 23권, p. 49. 그와 같은 도랑은 건널 수 없는데, "역사의 우연적 진리는 이성의 필연적 진리의 증명이 결코 될 수 없기"(앞의 책, 47페이지) 때문이다.

더 강화되었다. 인격적 신의 존재나 선의에 따른 목적을 더 이상 쉽게 예감할 수 없게 된 광대한 우주는 가장 무시무시한 의미에서 비인격적이고, 우리 운명에 맹목적이고 무관심한 것처럼 보였다. 현실[실재]reality에 대한 새로운 깊이 감각, 즉 그것은 우주 속에 존재한다는 감각은 비인격적인 인과법칙에 의한 설명을 요구하는 것 같았다.

그와 같은 추론은, '거리를 둔 이성'이라는 태도가 세계를 인간적 의미가 결여된 것으로 해석하는 만큼 비인격적 세계상에 보다 적합하다는 의미에서 한층 더 설득력이 있었다. 하지만 그와 같은 태도는 완충재로 덮인 자아라는 근대적 정체성의 일부로, 그리하여 비인격적 질서와의 자연스러운 친화성을 느끼게 된다.

하지만 그와 같은 친화성은 결코 순수하게 인식론적인 것뿐만이 아니었다. 어떤 의미에서 근대에 대한 도덕적 관점 — 기꺼이 낯선 요소까지 통합해 들이려고 하며 근대적 도덕 질서를 명시하는 도덕적 코드에 핵심적 중요성을 부여하는 근대적인 사회적 상상계 — 은 우리가 보편적 관점으로 올라설 것을 요구한다. 그와 같은 새로운 도덕은, 허친슨 말을 빌리자면, '공평한 관찰자' 관점과 머지않아 동일시되게 된다. 우리는 사물에 대한 개별적이고, 협소하고 편향된 시각을 넘어서고 극복함으로써 모든 곳에서 보는 시각view from everywhere 또는 모두의 눈으로 보는 시각으로 나가도록 해야 하는데, 그와 같은 시각은 자연과학이 도달하려고 애쓰는 '아무 입장도 없는[무관점의] 시각'과 유사하다.

364 인류의 보다 이전의 진보 — 기축시대, 이교신앙과 다신교의 종말, 종교개혁 — 를 그와 같은 관점에서 본다면 그것에 내재적인 진정한 목표는 탈주술화의 도입, 인간에게 응답하는 정령이 지배하는 코스모스의 종말, 도덕적 코드에 의해 규정되는 비인격적 질서의 도래였다. 아무것으로도 희석되지 않은 정통적 일신교는 아직 그와 같은 사태전개의 목표가 아니었다. 그것은 분명히 다신을 일신으로 바꾸었지만 여전히 도덕 문제를 너무 많이 한 사람의 변덕스런 전제군주의 호불호에 따라 달라지는 형태로 제기하는 것으로 간주되었다. 지금은 그와 같은 상황을 훌쩍 벗어나게 되었다.

나중에 살펴보겠지만 오늘날의 핵심 쟁점 중 하나는 다름 아니라 도전 불가능한 도덕적 코드의 우위를 위해 그와 같은 식으로 인격적 관계를 배제하는 것이 그렇게 많은 근대인, 가령 공리주의자, 신칸트주의자 — 그리고 그들에게만 국한되지 않았다 —

가 생각하는 것처럼 보이는 대로 실제로 아무 문제도 없었는가 하는 것이다.

어쨌건 비인격적인 것에 대한 그처럼 일반적인 편애parti pris는 머지않아 '과학'이 발전시킨 견해로서의 유물론 속으로 파급될 가능성이 있었다. 하지만 흥미롭게도 항상 그렇게 된 것은 아니다. 종교 대신 자연과학을 선택한 일부 사람은 나중에 앞서 언급한 영=정신적 시시함의 감각에 의해 영향받게 되었다. 그들은 교차압력의 양 측면을 느꼈다. 실제로 그와 같은 불편함이 19세기 말의 교양엘리트 사이에서 증가한 것처럼 보인다. 그들은 다양한 형태의 심령론, 의사-과학 연구, 유사-심리학 등에 뛰어들었다. 가령 마이어스Frederick Myers의 경우 이 두 가지 사태전개가 연속적으로 이어졌다. 즉 먼저 다윈주의 때문에 기독교 신앙을 잃어버렸다가, 이어 영=정신적인 것으로 돌아왔지만 비인격적 틀의 한계 내부에 국한되어 있었다. 그는 본인에 대해 "먼저 현관에서 쫓겨난 하늘의 저택에, 부엌의 식기실을 통해 다시 들어가게 되었다"[13]고 말한다. 대략 그와 같은 이유에서 택하는 영=정신적이지만 비기독교적인(또는 유대교적이거나 무슬림적인) 입장은 우리 문화에서 상당히 널리 보급된 선택지로 계속 남아 있다.

하지만 사람들로 하여금 점점 더 유물론과 '성숙adulthood'을 비슷한 것으로 보도록 이끄는 다른 시각들 또한 존재했다. 종교적 견해는 우리에게 무심한 우주의 진리 — 이제 그것은 근대의 우주적 상상계 내부에 존재하는 하나의 강력한 가능성으로 느껴졌다 — 에 맞서 우리를 보호해주며, 보다 큰 위안을 주는 것으로 쉽게 그려질 수 있었다. 종교는 우리가 우주 속에서 혼자로, 코스모스의 지원을 받고 있지 못하다는 사실을 마주하는 것을 두려워한다. 어릴 때 우리 또한 실제로 그와 같은 현실과 마주하기를 어려워하지만 성장[성숙]한다는 것은 그와 같은 현실을 직시할 수 있는 준비가 된다는 것을 의미한다.

물론 그와 같은 이야기는 기도나 명상의 삶 또는 다른 방식으로 진지하게 영=정신적 규율훈련에 몰두 중인 사람에게는 아마 이해하기 어려울 텐데, 왜냐하면 그와 같은 삶의 방식 또한 자체에 고유한 방식으로 보다 어린 시절의 신의 이미지를 따르던 단계를 넘어 성장해 그것을 버리는 것을 수반하기 때문이다. 하지만 우리 신앙이 미숙한

13 Samuel Hynes, *The Edwardian Turn of Mind*(London: Pimlico, 1968), p. 139.

이미지 단계에 머물러 있다면 유물론은 성숙과 동일한 말이라는 이야기는 개연성이 있
는 것처럼 보일 수 있을 것이다. 게다가 만약 어른스러워짐[성숙, 남자다움]manlyness이
핵심적 미덕이라고 확신하게 된다면 [유물론 쪽으로] 코트를 바꾸라는 요구에 저항하는
것은 불가능해 보일 수 있을 것이다. 밀에게 자연과학의 매력은 다름 아니라 '감상주의
365 는 최소한으로 한 채 완전히 냉철한 논리를 따르기만 하면 되는 데' 있었다. 그것이 "사
실의 직시"14를 가능하게 해준다.

이 모든 것으로부터 자연과학적 유물론의 매력이 얼마나 많이 상세한 발견의 타당성보다는 그것의 토대를 이루는 인식론적 태도 그리고 그와 같은 태도를 취하게 된 윤리적 이유로 소급되는지를 볼 수 있을 것이다. 그와 같은 유물론이 아이 같은 두려움과 감상주의와는 반대되는 '성숙'한 태도, 즉 용기 있고 어른스러운 태도로 간주되었다.

신앙으로부터 '과학'으로의 전향[개종]conversion이 부득이하게 상실감을 동반한 채 이루어진 곳에서는 관련된 신앙의 종류가 중요한 역할을 했다고 일반적으로 말할 수 있을 것이다. 가령 한편에는 몇몇 특정 신조를 매우 깊이 고집하며 그것 없이는 신앙을 생각할 수조차 없던 사람들이 있었다. 그리하여 기독교 신앙이 전적으로 특정 교리나 코스모스 이론 — 천지창조가 기원전 4004년에 일어났음을 말 그대로 믿는 태도 또는 섭리에 기초한 이신론의 주장대로 세상사는 기계의 톱니바퀴처럼 매끄럽게 서로 맞물려 돌아간다는 믿음 — 과 동일시된 만큼 새로운 깊이의 현실[실재]은 그에 대한 결정적 논박처럼 보였을 수 있을 것이다. 또는 타락, 육화, 구원의 드라마가 인간 문화의 점진적 진화와는 양립 불가능한 것으로 이해되는 한 실제로 논박당할 위험이 존재했다.

두 번째로 심지어 신앙을 겨냥한 '아이 같다[유치하다]'는 비난이 본인의 종교적 삶을 표적으로 삼고 있다고 느낀 사람들이 있었다. 그처럼 내면적으로 불안했기 때문에 미숙하다는 주장은 그들을 크게 흔들어놓았으며, 그들은 결국 비록 슬픔과 돌이킬 수 없는 상실감이 따랐지만 종교를 버림으로써 그렇게 해서 생긴 긴장을 해소했다.

첫 번째 경우 실제로 전향은 특정한 자연과학적 결론에 의해 초래되었다고 말할 수 있을 것이다. 하지만 그래도 아래 질문이 남는다. 왜 본인의 신앙을 특정 교의와 동

14 Collini, *Public Moralists*, p. 192.

일시해야 했을까? 그들을 다시 신으로 이끌 수도 있었을 새로운 우주적 상상계의 도덕적 의미에 대해 왜 그렇게 귀를 기울이려고 하지 않았을까?

물론 그것은 여기서 내가 대변하고 있는 일반적 입장에 부합하는데, 그에 따르면 '과학'의 영향 아래 이루어지는 종교로부터의 전향은 유물론 또는 신의 불가능성에 대한 소위 과학적 증명(어쨌건 꼼꼼히 검토해보면 그것의 어느 쪽도 근거가 박약한 것으로 드러나지만)이 아니라 오히려 다른 요인 — 이 경우에는 논박 가능한 비본질적 교의에 대한 집착 — 에 근거한다.

두 번째 경우 해당되는 사람은 과학적 태도 속에야말로 보다 성숙한, 보다 용감하고, 있는 그대로의 현실을 보다 기꺼이 직시하려는 무엇인가가 존재한다고 확신하게 된다. 그와 같은 우월성은 윤리적인 종류의 것으로, 물론 본인의 어린 시절의 신앙 — 그것은 얼마든지 유치한 것으로 남아 있을 수 있을 것이다 — 에 대해 어떤 상을 갖고 있느냐에 의해 강하게 영향을 받을 것이다.

하지만 전향을 거친 후 전향자는 본인 결정이, 과학적 진리가 결정적 요소라는 표준적 이야기에 맞아떨어지는 듯한 인상을 받게 됨을 쉽게 이해할 수 있을 것이다. 만약 고대의 신앙이 근대의 자연과학에 비해 보다 미숙한 시각을 반영한다고 확신하게 된다면 실제로 전자를 포기하고 후자에 매달리는 나를 보게 될 것이다. 그때 내가 엄밀히 366
증명된 모종의 과학적 결론에 따라 그렇게 움직인 것이 아님을 나는 간과하는데, 왜냐하면 어느 편에 설지를 이미 결정한 이상 그것의 '논증'에 의해 쉽게 설득되거나 아니면 그와 같은 편애로 인해 과학이 신의 부재에 관한 결정적 증거를 언젠가 제공할 수 있는 능력을 갖고 있음을 기꺼이 믿을 준비가 되어 있기 때문이다.

이 점을 다른 식으로 표현하자면, 비신앙으로 전향한 사람이 들려주는 이야기 즉 자연과학에 의해 종교를 포기하도록 결심하게 되었다는 이야기는 어떤 의미에서는 실제로 진실이다. 그의 자기 이해에 의하면, 그가 어떤 세계관('종교')을 포기한 이유는 그것과는 양립 불가능한 다른 세계관('과학')이 보다 신뢰성이 있다고 느꼈기 때문이다. 하지만 과학적 세계관을 보다 신뢰 가능하게 만든 것은 '과학적' 증명이 아니라 오히려 자연과학 더하기 우리의 인식론적·도덕적 곤경에 대한 특정한 상 — 그에 따르면 과학이란 냉혹한 현실을 성숙한 어른으로서 직시하는 태도를 대변한다 — 으로 이루어진 하나의 꾸러미 전체가 종교 더하기 우리의 인지적·도덕적 곤경에 대해 그것과 경쟁적인 상 — 그것에 따르면 종교는 진정한 겸허함을 대변하고, 또한 과학적 주장 대부분에서 볼 수 있는 부당한 오만함을 멸시한다 — 의 꾸러미를 이겼기 때문이다. 하지만 여기서 결정적 고려는 과학의 실제적 발견보다는 도덕적 곤경에 대해 '과학'이 제시한 해석이었는데, 전향자의 견해에 따르면 그것이 사실로서의 본인의 (여전히 유치한 신앙의) 경험(어느 신앙이 어느 정도까지는 유치하지 않을까?)의 정곡을 찔렀기 때문이다. 이 의미에서 필자가 도덕적 고려라고 불러온 것이 결정적 역할을 하는 셈인데, 그렇다고 해서 그것이 무조건 전향자가 '과학'의 도덕을 그 자체로 보다 매력적인 것으로 여겼다는 것이 아니라 — 어떤 의미에서는 정반대였다고 상정할 수 있을 텐데, 신앙의 상실을 개탄했기 때문이다 — 오히려 '과학'이 도덕적·영=정신적 삶에 관해 보다 설득력 있는 이야기를 제공했다는 것이다.

코스모스로부터 우주-관념이 등장하는 장기적 진화와 관련해 나는 이미 강력하게 유지되어온 견해 — 그것은 그것 나름대로 영=정신적 함의를 갖고 있었다 — 에 의해 동시에 동기가 부여되지 않은 중요한 과학적 발전은 존재하지 않음을 지적한 바 있다. '과학'이 '종교'에 대해 승리했을 때 그와 같은 한 가지 견해가 또 다른 견해를 배제해 버렸는데, 아마 그와 같은 승리에서는 도덕적/영=정신적 함의가 모종의 역할을 할 것이다. 하지만 일단 승리하게 되면 '과학'의 윤리 자체는 '증명'이라는 이름으로 그와 같은 전환을 소급적으로 정당화할 것을 요구한다. 그리하여 공식 이야기가 이전의 공식 이야기를 인수하게 된다.

그와 같은 고찰 방식 전체는 자연과학과 새로운 우주적 상상계의 접합 효과에 의해 발생하고, 완충재로 덮인 정체성과 함께 생겨난 성숙 개념에 힘입어 나타나게 되었는데, 이제 이전보다 훨씬 더 견고한 비신앙 형태를 출현시켰다. 그것은 세계에 대한 우리의 감각뿐만 아니라 우리가 세계를 인식하고 처리하는 과학적·기술적 관행 모두 속에 보다 확고하게 닻을 내리게 되었다. 오늘날의 환경 전체에서 유물론이 자명한 것, 표준적 태도가 된 것은 이 때문이다. 유물론은 더 이상 엉뚱한, 옆길로 샌 이론이 아니라 상식으로 간주되는 것 속에 서서히 스며들고 있다.

하지만 유물론은 그렇게 확립되었을 뿐만 아니라 또한 더욱 심화되었다. 위에서의 논의에서 살펴본 대로, 새로운 우주적 상상계는 기계론적 우주관이 이미 시동을 건 움직임을 한층 더 멀리까지 밀고나갔다. 그와 같은 세계상이 사물 속에 의미가 들어 있다는 보다 이전의 견해를, 따라서 플라톤적·아리스토텔레스적 관념 — 로고스에 기반한 존재론 — 에 의해 표현된 관념, 즉 우리를 둘러싼 세계는 형상의 실현이라는 견해를 일소시켜버렸다. 하지만 거기에는 다른 종류의 의미 부여가 파고들 여지가 존재했는데, 가령 신이 기계론적 우주를 창조함으로써 촉진시키고자 한 목적 또는 인간이 영혼을 가진 존재이기 때문에 갖게 되는 목적 등이 그것이다. 엄격한 유물론은 이 모든 것 또한 일소시켰다. 367

이제 모든 목적의 완전한 결여는 끔찍한 상실로, 탈주술화된 세계가 우리를 겨냥해 들이대는 가장 무시무시한 위협으로 경험될 수 있을 것이다. 하지만 동시에 다른 쪽의 긍정적 전망 속에서 이해되는 것도 가능하다. 즉 아무것에도 상처받지 않을 수 있는 침해 불가능성이 그것이다. 그와 같은 우주에서 우리에게는 아무것도 요구되지 않는다. 영벌을 받거나 신에게 보복당하거나 영원히 우리 자신과 불화를 겪을 각오를 하지 않으려면 반드시 달성할 것을 요구받는 운명 같은 것은 더 이상 존재하지 않는다. 에피쿠로스주의자들은 이미 모종의 방식으로 그와 같은 주장을 편 바 있었다. 모든 것이 원자와 원자의 어긋남에서 유래하며, 신들은 우리에게 일체 무심함을 알게 되면 우리는 그와 같은 세계를 초월한 것에 대한 두려움에서 해방되고, 그리하여 마음의 평정ataraxia을 얻을 수 있게 된다. 근대적 유물론은 그와 같은 유산을 물려받았지만 그것에 근대 특유의 행동주의적 경향의 해석을 추가했다. 목적을 결여한 우주에서 어떤 목표를 추구할지는 각자가 결정할 문제라는 것이다. 또는 심연, 우리의 심연 속에서, 우리 내면의 깊은 곳에서 유래하는 것으로 인식할 수 있는 것 속에서 그것을 찾았다. 전자의 경우건 후자의 경우건 인간적인 일의 질서를 결정하는 것, — 그리하여 냉담하고, 심지어 적대적이기까지 한 우주에도 불구하고 자기 자신 속에서 자유와 상호이익질서를 구축할 동기와 능력을 발견할 수 있는 것 또한 우리 자신이라는 것이다.

우리는 우주에서 혼자이며, 그것은 한편으로는 무서운 일이다. 그러나 다른 한편으로는 또한 매우 신나는 일이기도 하다. 고독 속에는 일종의 기쁨이 존재하는데, 특히 완충재로 덮인 정체성에게 그렇다. 혼자임이 주는 전율의 일부는 자유롭다는 감각이고,

다른 일부는 그처럼 깨지기 쉬운 순간 — 현재를 즐겨라carpe diem[눈앞의 기회를 놓치지 마라]! — 에 대한 절박한 절실함이다. 모든 의미가 여기 있으며, 그와 같은 작은 점 속에 집중되어 있다. 파스칼은 인간은 생각하는 갈대라는 이미지로 그와 같은 정서를 부분적으로 포착했다.

새로운 우주적 상상계가 그것에 또 다른 차원을 더했다. 우주가 시간과 공간에서 얼마나 막대한지를, 그리고 우주의 미시적 구성이 얼마나 한없이 극미한 것에까지 깊이 이르는지를 자각하고, 또한 그리하여 인간의 무가치함과 취약함을 뼈저리게 실감하게 된 후 우리는 또한 그처럼 막대하고 목적을 결여한 기계에서 생명, 그런 다음 감정, 상상력, 사유가 생겨난 것이 얼마나 놀랄 만한 일인가를 이해하게 되었다.

이 시점에서 종교적인 사람은 자기가 신비 앞에 서 있다고 고백하기 쉬울 것이다. 유물론자는 통상 그것을 부인하고 싶어 한다. 과학은 진보 과정에서 어떤 신비도 인정하지 않으며, 단지 일시적 수수께끼만 인정할 뿐이다. 그러나 그럼에도 불구하고 우리의 사유, 감정적 삶은 그처럼 상상 불가능한 깊이를 갖춘 시스템 속에 뿌리내리고 있으며, 의식은 거기서 출현할 수 있다는 감각은 그들까지도 경외감으로 가득 채운다.

어둠으로부터의 우리의 생성에 대한 경탄과 이 영역에서 느낄 수 있는 갈등이, 우리 시대의 한 저술가에 의해 정확히 포착되고 있다. 호프스태터에 따르면 일부 사람은

> 368 영혼을 '말끔히 설명해버리려는' 모든 시도에 대해 본능적 공포를 품고 있다. 왜 어떤 사람들은 그와 같은 두려움을 갖는 반면 다른 사람들은 나처럼 환원주의 속에서 궁극의 종교를 찾는지 모르겠다. 어쩌면 평생 받아온 물리학과 과학 일반의 훈련이, 물체와 경험 중 가장 실질적이고 친숙한 것이 극미한 것의 규모에서 접근할 때 실체를 갖지 못한 무시무시한 에테르나 거의 이해 불가능한 수학적 활동의 하루살이 생명에 불과한 섬모충의 와동渦動 속으로 사라져가는 것을 볼 때 깊은 경외감을 주었을 수 있다. 그것은 내 안에서 코스모스적 경외감을 불러일으킨다. 내가 보기에 환원주의에 의해서는 아무것도 '말끔히 설명되지 않는다.' 오히려 신비를 더한다.[15]

15 Douglas Hofstadter, "Reductionism and Religion", in *Behavioral and Brain Sciences* 3(1980), p. 434.

하지만 그와 같은 경외감은 친근함의 감각, 그와 같은 깊이에 내재적으로 귀속되어 있다는 감각에 의해 변조되고 강화된다. 그리고 그것은 18세기에 인류가 어둠으로부터 생성되었다는 우리 감각에서 생겨난 것, 즉 모든 존재와 연결되고 연대되어 있다는 감각을 되찾을 수 있도록 해준다. 다만 지금은 그것이 미치는 범위의 넓이와 깊이에 대해 이전과는 도저히 비교 불가능하게 큰 감각을 갖게 되었다.[16]

그리하여 유물론은 보다 깊고 보다 풍부해졌으며, 주인공들이 내가 지금까지 소묘해보려고 시도해온 복잡한 측면에 대해 상이한 입장을 취하게 되었기 때문에 보다 다양한 형태를 띠게 되었다. 비신앙을 선택한 이유는 본서에서의 종교에 관한 우리의 판단 그리고 '과학'이 내렸다고 하는 평결을 넘어선다. 그와 같은 이유 중에는 또한 지금 우리가 우주 속에서 그리고 우주로부터의 우리의 생성 속에서 발견하고 있는 도덕적 의미도 포함된다. 유물론은 이제 우리가 우주적 상상계 속에서 살고, 그것을 더욱 발전시키는 특정한 방식에 의해 부양되고 있다. 그와 같은 방대한 우주는 목적을 결여하고 있다는 감각, 그와 같은 우주에 대한 경외심 그리고 그것과의 친근감의 감각을 굴절시키는 특정한 방식이 그것이다.

16 [미국의 전설적 비행사인] 린드버그Charles Lindbergh의 아래 성찰에서 경외감뿐만 아니라 또한 연결-감이 출현하고 있다. "나는 언젠가 죽을 수밖에 없는 운명임을 알지만 그것은 이런 질문을 제기한다. '이 나는 누구인가?' 나는 개인일까 아니면 무수한 나로 구성되어 진화하는 생명의 흐름일까? …… 특정한 정체를 가진 존재로 말하자면, 나는 서기 1902년생이다. 하지만 서기 20세기의 인간으로 나는 수십억 살이다. 내가 나 자신으로 간주하는 삶은 몇 영겁eon이 흐르는 세월 동안 중단 없는 연속성 속에 존재해왔다. 개인은 생명의 흐름의 관리인이다. — 훨씬 더 위대한 존재의 일시적 드러남으로 무수히 많은 꿈과 같은 본질로부터 형성되어 그것으로 돌아간다. …… 하와이 마우이섬의 깊은 계곡의 절벽 끝에 서서 생명의 흐름은 산의 강 같다고 생각했던 것이 생각난다. — 감추어진 수원에서 솟아나고, 대지에서 태어나며, 별들이 스쳐 지나가고, 합류하고, 어울리며 일시적으로 볼 수 있는 형태로 진화하는 강의 산 말이다." 그는 이렇게 요약한다. "나는 형태고, 무형태다. 나는 생명이고, 나는 물질이고, 필멸이자 불멸이다. 나는 하나이다 그리고 여럿이다. — 나 자신이고 유동하는 인류이다. …… 사후에 나의 존재의 분자들은 대지와 하늘로 돌아갈 것이다. 별들로부터 왔으니 말이다. 나는 별과 같다"(Gore Vidal, "The Eagle is Grounded", in *The Times Literary Supplement*, no. 4987, October 30, 1998, p. 6에서 재인용).
린드버그가 어떻게 근대의 코스모스적 상상계 내부에 완전히 서 있는지를 볼 수 있을 것이다. 가령 마우이에서의 자연 체험은 그에게 코스모스의 심연 그리고 우리가 어둠을 통해 그것으로부터 생성되었다는 생각을 즉각 떠올리게 했다.

그와 같은 방식으로 19세기에 자연과학과 우주적 상상계를 통해 비신앙이 심화되고 견고해졌다. 또한 여기서는 간단히 언급만 하고 지나갈 또 다른 방식이 있는데, 순수하게 세속적인 시간에서의 동시성 및 행위를 둘러싸고 구축된 사회적 상상계의 형태들 — 시장경제, 공론장, 인민주권 정체 — 이 점점 더 지배적이 되어간 사실이 그것이다. 거기서 우주적 상상계의 틀 내에서 이루어지는 자연적 현실 감각과 병행 관계에 있는 사회적 현실 감각을 다시 한 번 볼 수 있는데, 전자는 반드시 비신앙의 견해를 전제할 필요는 전혀 없지만 그것을 수반할 수 있으며, 그와 같은 문제들에 대한 몇몇 해석에 따르면 그와 같은 비신앙의 견해와만 조화를 이루는 것처럼 만들어질 수도 있을 것이다. 피우스 9세는 분명히 그렇게 생각했다.

하지만 19세기의 로마가톨릭교회의 교황 정치에 대해 어떻게 생각하건(그리고 분명히 오늘날에는 누구도 설득시킬 수 없을 것이다) 그것에는 우주적 상상계에 대한 우리 논의와 흡사한 보다 깊은 사항이 존재한다. 근대사회는 중요한 의미에서 비인격적이다. 즉 기꺼이 낯선 요소까지 통합해 들이려는 태도에 기반하며, 평등한 자들 간의 집단적 행위 주체의 형성을 포함한다. 즉 전근대의 유럽 사회('봉건적'이라고 불렸다)에서 중심적 위치를 차지했던 친족관계나 충성관계에서와 같은 인간관계망을 통해서보다는 우
369 리가 공유하는 속성(미국인, 프랑스인, 이스라엘인, 가톨릭교도인 것)을 통해 결합할 수 있도록 해주는 범주적 정체성에 특권을 부여했다. 그렇게 종교적 삶이 네트워크형 사회와 밀접한 관계가 있던 사람 — 가령 시골 교구의 위계제적 세계에서 산 농부 — 은 19세기에 공업화 중이던 도시로 이주하자마자 모든 방향감각을 잃고, 더 이상 전통적 종교에 근거해 사는 것이 불가능해졌다. 완전히 교회와 결별하거나 완전히 새로운 종교 형태의 삶을 고안해내는 경우도 쉽게 찾아볼 수 있었다. 이 문제에 대해서는 아래 장에서 탐구하기로 하자.

3

19세기에 등장한, 보다 깊은 또 보다 깊이 닻을 내린 형태의 비신앙은 오늘날에도 유지

되고 있는 것과 기본적으로 동일하다. 우리는 빅토리아조인들을 우리와 동시대인이라고 볼 수 있지만 그것을 계몽주의 시대 사람들에게까지 쉽게 연장할 수는 없을 것이다. 푸코와 다른 저술가들은 낭만주의 시대가 직접 접근 가능한 표층보다 훨씬 더 깊은 곳에서 연원하는 심층성과 체계성을 가진 현실-감각을 갖고 있었음을 증명함으로써 이 시대가 유럽 사상에 어떤 분수령을 이루는지를 지적한 바 있다. 우리는 그것을 가령 마르크스 같은 사람의 경제 이론, 프로이트 같은 사람의 '심층심리학', 또 니체 같은 사람의 계보학에서 찾아볼 수 있을 것이다.[17] 비록 그들의 개별 이론에 대해서는 얼마든지 이의를 제기할 수 있겠지만 지금도 우리는 여전히 그와 같은 심층으로의 전환의 여파 속에 살고 있다. 이 측면에서 근대적 신앙은 실제로는 계몽주의 시대가 아니라 19세기에 시작되었다고 말하고픈 유혹을 느낄 수도 있을 것이다. "근대의 분열Modern Schism"[18]이 일어난 것은 19세기라는 것이다.

앞 문단에서 니체를 언급했는데, 그것은 19세기의 비신앙의 도덕적 상상계의 발달에서 일어난 극히 중요한 전환을 상기시킨다. 필자는 보다 앞에서 우리 내면에 존재하는 비이성적·비도덕적이며, 심지어 폭력적이기까지 한 힘에 긍정적 유의의성을 부여하는 '포스트-쇼펜하우어적' 견해에 대해 말했다. 다양한 형태를 띠었지만 그와 같은 생각은 그러한 힘을 단지 비난하며 뿌리뽑기만 해서는 안 된다는 말로 요약될 수 있을 것이다. 왜냐하면 우리의 실존과/또는 생명력, 창조력, 강함, 미를 창조하는 능력이 그것에 의존하기 때문이다. 그와 같은 전환은 야성적이고 인간 이전의 것의 어둠으로부터 우리가 생성되는 것 속에서 새로운 도덕적 의미를 발견했다. 그것은 '비극적' 축을 따라 움직이며, 고난, 악, 폭력은 덧칠로 지워 버려온 너무 조화로운 삶의 상을 거부하는 등 표준적 형태의 근대적 인간 중심주의에 반발하는 입장에서 비롯되었다.

그것은 계몽주의의 가치들에 등을 돌리는 것이었다. 하지만 우리가 통상 — 보날Louis Gabriel Ambroise de Bonald과 메스트르 같은 사상가들의 — 반계몽주의라고 부르는 것과 달리 그것은 어떤 의미에서도 종교나 초월적인 것으로의 회귀가 아니었다. 그것은

17 푸코, 『말과 사물』, 민음사.

18 Martin Marty, *The Modern Schism*(New York: Harper, 1969).

단호하게 자연주의적 입장에 머물렀다. 필자가 그것을 '내재적 반계몽주의'라고 부르려고 하는 것은 이 때문이다.

그와 같은 반발의 대상이 된 것은 근대의 배타적 휴머니즘의 핵심적 가닥으로, 그것은 다시 선행하는 종교 전통에 의존했다. 그것은 사실 근대서양의 영성 전체를 구성
370 하는 강력한 가닥이었다. 즉 삶의 가치, 생명을 키우고 유지하는 것, 치유하고 부양하는 것에 대한 긍정이었다. 그것은 인간 중심주의로의 전환에 의해 강화되었는데, 거기서 신의 목적은 인간 생명의 유지라는 그와 같은 하나의 목표로 좁혀져갔다. 그와 같은 생각의 지속적 힘은 아마 생명을 보전하고, 번영을 가져오며, 전 세계적으로 고난을 줄이려는 오늘날의 관심 속에서 분명하게 찾아볼 수 있을 것이다. 내 생각으로 그것은 역사상 전례 없는 사건이었다.

그와 같은 관심은 한편으로는 도덕 질서라는 근대적 이념을 반영한다. 다른 한편으로 그것은 동시에 필자가 다른 곳에서 "일상적 삶의 긍정"[19]이라고 부른 것으로부터 역사적으로 생겨났다. 앞의 용어로 내가 가리키고자 했던 것은 근대 초에 있은 문화혁명이었다. 그것은 관조와 시민적 삶 등 당시 보다 고차적인 것으로 상정되던 활동을 퇴위시키고 선한 것의 중심重心을 일상적 삶, 즉 생산과 가정으로 이행시켰다. 우리의 첫 번째 관심은 삶을 개선하고, 고통을 덜어주며, 번영을 촉진하는 것이어야 한다는 생각은 그와 같은 영=정신적 견해에 속했다. 무엇보다 먼저 '선한 삶'에 관심을 기울이는 것은 도도함과 자기도취에 대한 일격이 되었다. 게다가 종래의 삶의 방식은 내재적으로 불평등했는데, 왜냐하면 소위 보다 '고차적인' 행동은 소수 엘리트만 할 수 있던 반면 일상적 삶을 올바르게 사는 것은 모두에게 열려 있었기 때문이다. 그와 같은 도덕적 기질에 따르면 타자를 정의와 선의의 관점에서 대하는 것이 무엇보다 중요한 것은 자명해 보일 것이다. 그리고 타자를 그렇게 대하는 것은 평등한 수준에서 이루어져야 한다.

우리의 근대적인 윤리적 견해를 구성하는 주요한 요소인 그와 같은 긍정은 원래 기독교적 경건의 한 특수한 양식에서 영감을 얻은 것이었다. 그것은 실천적 아가페를

19 『자아의 원천들』, 13장을 보라.

기리며, 오만, 엘리트주의, 나아가 심지어 '보다 고차적인' 행동이나 영성을 믿는 사람들의 자기도취라고 할 수 있는 것을 논쟁적으로 겨냥했다.

수도원 생활이 '보다 고차적인' 소명을 갖고 있다는 주장에 대한 종교개혁가들의 공격을 검토해보자. 그와 같은 소명은 보다 탁월한 헌신을 한다고 하는 엘리트적 삶의 여정을 표시하기 위한 의도로 만들어진 것이었지만 실제로는 도도함과 자기기만 속으로 일탈해갔다. 기독교도에게 진정 성스러운 삶은 일상적 삶 자체 속에 있었다. 즉 기독교적 방식으로, 즉 신을 섬기는 태도로 노동하고 가정생활을 영위하는 데 있었다.

그것 속에는 '보다 고차적인 것'이라고 주장되던 것에 대한 지상적인earthly, — 이렇게 말할 수도 있을 것이다 — 삶의 체취가 담긴earthy 비판이 담겨 있었는데, 그것은 나중에 전용되어 기독교, 실로 종교 일반에 대한 세속적 비판에 사용된다. 수도사와 수녀에 대해 종교개혁가들이 취한 수사학적 태도 중 일부를 세속주의자와 비신앙인이 넘겨받아 기독교 신앙 자체를 겨냥하게 되었다. 즉 기독교 신앙은 모종의 순전히 상상상의 보다 고차적인 목적을 위해 현실적·감각적·지상적 인간의 선을 경멸하는데, 그와 같은 목표를 추구하는 것은 단지 현실의, 지상의 선의 좌절과 고통, 굴욕, 억압 등으로 이어질 수 있을 뿐이다. 따라서 그처럼 '보다 고차적인' 길을 지지하는 사람들의 동기는 실로 미심쩍다. 교만, 엘리트주의, 지배욕 또한 공포와 겁(초기 종교개혁가들의 이야기에서 등장하지만 그리 두드러진 역할을 하지는 않았다)과 함께 그와 같은 이야기에서 일정한 역할을 했다.

배타적 휴머니즘은 도덕 질서에 대한 충성과 일상적 삶의 긍정 모두를 계승했다. 그리고 그것이 이른바 내부로부터의 반발을 촉발했다. 그와 같은 반발은 근대세계의 371
가장 두드러진 특징 중 하나 — 그것을 세속적 삶의 종교a secular religion of life라고 부를 수 있을 것이다 — 를 겨냥해왔다.

우리는 인류 역사를 기준으로 재보면 놀라울 정도로 도덕적인 문화 속에 살고 있다. 기아, 홍수, 지진, 역병, 전쟁으로 인한 고난과 죽음이 전 세계적 공감대와 실천적 연대를 불러일으킬 수 있는 시대다. 물론 그것은 여러 가지가 남아돌게 된 것은 두말할 필요도 없이 근대적 미디어와 교통수단에 의해 가능해졌다. 하지만 그와 같은 외적 변화가 문화적·도덕적 변화의 중요성을 가려서는 안 될 것이다. 미디어와 교통수단이 동일하다고 해서 모든 곳에서 동일한 반응을 초래하는 것은 아니다. 그것은 구 라틴계 기독교세계에서 압도적으로 현저하다.

또한 과대포장, 과장광고와 TV 시청자의 짧은 주목의 지속 기간에 의해 초래되는 왜곡을 무시해서는 안 될 것이다. 극적 영상이 가장 강력한 반응을 촉발하고, 종종 심지어 보다 긴급을 요하는 사건을 무관심의 영역으로 처박아버리는데, 오직 CNN의 카메라만이 그와 같은 망각으로부터 그것을 구해낼 수 있을 뿐이다. 그럼에도 불구하고 그와 같은 현상 전체는 주목할 만하다. 히로시마와 아우슈비츠 시대는 또한 〈국제앰네스티〉와 〈국경없는의사회〉를 만들어냈다.

물론 이 모든 것은 깊은 기독교적 뿌리를 갖고 있다. 첫째, 대항종교개혁 교회[로마가톨릭교회] 쪽에서의 주목할 만한 세계적 규모의 선교 노력이 있었는데, 그것은 후일 프로테스탄티즘의 여러 교파에 의해 계승되었다. 다음으로 19세기 초에 대중동원 캠페인이 벌어졌는데, 가령 전체적으로 복음주의자들에게서 영감을 얻고 그들이 주도한 잉글랜드의 〈노예제반대운동〉이 그랬다. 또한 그와 병행해 미국에서 노예해방운동이 전개되었는데, 그것 또한 대체로 기독교에 의해 주도되었다. 이후 불의를 시정하고 고난을 줄이기 위해 전 세계적으로 운동과 캠페인을 벌이는 관행은 우리 정치문화의 일부가 되었다. 그와 같은 도정의 어딘가에서 그와 같은 문화는 단지 기독교에게서 영감을 얻는 것을 그치게 되었다. — 비록 깊은 기독교 신앙을 가진 사람은 오늘날의 운동에서 여전히 중요하지만 말이다. 게다가 그와 같은 연대 움직임이 기독교세계 자체의 경계를 초월할 수 있도록 기독교세계의 문화와의 단절이 아마 필요했을 것이다.

그것이 내가 여기서 묘사하려고 시도 중인 계몽주의 시대의 복합적 유산이다. 그것은 먼저 강력한 휴머니즘을 받아들여, 삶을 유지하고 편리하게 하는 것, 나아가 죽음과 고통을 피하는 것의 중요성을 긍정하고, 더 나아가 그와 같은 휴머니즘을 배타적인 것으로 만드는 경향을 갖고 있는 초월성의 몰락/부인은 그리고 배타적 휴머니즘은 그것에 의해 초래되는 동시에 그것에 의존한다는 막연한 역사적 예감을 긍정했다.

2세기 반 전에 시작될 때부터 그렇게 발전해오던 배타적 휴머니즘의 에토스는 계속 저항에 부딪혔다. 매우 큰 영향을 미친 공리주의적 변형태에서 그것은 인간의 삶을 시시하게 만드는 것의 일종, — 나중에 널리 보급되게 되는 표현을 하나 사용하자면

— '일차원적인 것'으로 만드는 것으로 간주되었다. 도스토옙스키의 『지하생활자의 수기』의 주인공 말을 인용하자면, '수정궁'에서의 삶은 숨 막히고, 사람을 위축시키고, 맥 빠지게 하거나 동질화하는 것처럼 느껴졌다. 그와 같은 반응에는 분명히 적어도 두 개의 — 종종 (쉽지는 않지만) 결합 가능한 — 중요한 원천이 존재했다.

하나는 초월적인 것에 대한 지속적인 영=정신적 관심으로, 인간의 개화번영 외에는 아무것도 존재하지 않는다는 주장을 결코 수용할 수 없었고, 그와 같은 환원주의에 372
반발했다. 다른 하나는 보다 오래된 귀족적 에토스에서 유래한 것으로, 평등과 선의의 문화의 동질화 작용에 항의했다. 그것은 인간의 삶의 영웅적 차원의 상실과 함께 그에 따라 인간 존재가 부르주아적·공리주의적 범용성으로 하향평준화되는 것을 우려했다. 그와 같은 관심이 반동적 분파를 훌쩍 뛰어넘고 있었음은 토크빌의 경우에서 볼 수 있는데, 그는 민주주의 시대에 우리를 위협하고 있는 인간성의 그와 같은 종류의 축소에 대해 크게 우려했다. 그는 사람들이 결국 단지 "싫증이 나도록 겪게 되는 사소한 쾌락"[20]에만 사로잡혀 자유에 대한 사랑을 잃어버리게 되는 세계가 올까 두려워했다.

그런데 앞의 저항들은 구래의 오랜 전통에 의해 부양되었는데, 하나는 초월적인 것과 관련된 전통이었고, 다른 하나는 명예 및 탁월성과 관련해 오랜 세월에 걸쳐 존속해 온 몇 가지 기준이었다. 내가 '내재적 반발'이라고 부르는 것은 삶의 우위에 대한 항의이면서도 이 두 가지 전통적 원천을 포기해왔다. 또한 그것은 초월성 속에 정초될 수도 또 역사적으로 받아들여져 온 사회적 위계제에 대한 견해에 기반할 수도 없었다. — 비록 니체에게서 볼 수 있듯이 보다 이전의 전사윤리의 변형태에 의해 고무될 수 있었다면 몰라도 말이다.

그러한, 말하자면 삶의 우위에 맞선 입장은 비신앙 내부에서 생겨난 반발이었다. 하지만 이 경우 어떤 초월적인 것을 위해서라는 명분 아래서의 반발이 아니라 실제로는 단지 그와 같은 우위를 인정함으로써 삶이 제한되고 사소화되고 만다는 감각에 의한 반발이었다.

그처럼 계몽주의가 환상의 영역으로 추방한 전통에 의해 키워진 외재적 반계몽주

20 토크빌, 『미국의 민주주의』, 685페이지.

의와 동시에 과거에 대한 그와 같은 거부를 공유하면서도 종종 그것을 강화하기까지 하는 내재적 반계몽주의가 발전해갔다. 하지만 세속적인 계몽주의적 휴머니즘이 보다 이전의 기독교적인, 아가페 개념에서 영감을 얻은 일상적 삶의 긍정에서 발전한 것과 마찬가지로 내재적 반계몽주의는 초월적인 것에 의해 영감을 얻은 선행자에서 발전해 나왔다.

그와 같은 움직임이 주로 일어난 곳은 낭만주의 그리고 그것의 계승자로부터 발전된 문학과 예술 영역이었다. 낭만주의 운동은 반계몽주의의 중요 거점 중 하나였다. — 또한 항상 훨씬 더 그것 이상의 것이었지만 말이다. 의미를 박탈당한 시시해진 세계에 대한 반발은 낭만주의 작가와 예술가가 거듭 논한 주제로, 반드시 그럴 필요가 있던 것은 아니지만 반계몽주의적 책무와 연동될 수 있었다. 그것은 적어도 공리주의 같은 보다 조야한 계몽주의적 세속주의 형태에 동조하는 것을 불가능하게 만들었다.

내재적 반계몽주의는 서양문화의 이 영역 내부에 존재하기에 이르렀다. 애초부터 그것은 [심]미적인 것의 우위와 관련되어왔다. 심지어 그와 같은 범주를 부정하고, (폴 드 만처럼) '[심]미적인 것의 환상'에 대해 이야기하면서도 그것의 주요 관심사는 예술, 특히 근대의, 포스트-낭만주의 예술이었다. 근대의 학문적 세계에서 그것의 가장 강력한 부대는 문학부에서 찾을 수 있다.

373 내재적 반계몽주의의 주요 주제 중 하나는 죽음의 중심적 역할에 대한 새로운 이해였다. — 그것은 필멸성을 제대로 다룰 수 없는 주류의 배타적 휴머니즘의 무능력에 대한 일종의 응답이었다. 그와 같은 응답의 몇 가지 원천은 종교 전통에서 찾을 수 있었다. 그것에 대해서는 19장에서 기술하기로 하자.

그것과 병행해, 그리고 그것과 긴밀하게 뒤엉켜 있던 것이 삶의 우위에 대한 또 다른 종류의 반발로, 주로 외재적 반계몽주의에서의 두 번째 저항의 원천에 의해 고무되었다. 즉 위대한 것, 예외적인 것, 영웅적인 것의 이름으로 평준화에 저항하는 것이 그것이었다.

그와 같은 종류의 관점의 가장 영향력 있는 제창자는 틀림없이 니체였다. 그리고 우리 시대의 가장 중요한 반휴머니즘적 사상가 — 가령 푸코와 데리다 그리고 그들 배후의 바타이유 — 가 모두 니체에게 강하게 의존하고 있는 점은 주목할 만하다.

물론 니체는 우리의 지고의 목적이 삶을 유지하고 개선시키며, 고통을 방지하는 것이라는 생각에 반발했다. 그는 그와 같은 생각을 형이상학적으로 뿐만 아니라 실천적으로도 부정했다. 일상적 삶에 대한 그와 같은 전반적 긍정을 뒷받침하는 평등주의를 부정한 것이다. 하지만 그의 저항은 어떤 의미에서 내면적인 것이기도 했다. 삶 자체가 잔혹함, 지배, 배제 쪽으로 돌진할 수 있는데, 실제로 가장 열광적으로 삶을 긍정하는 순간에 그럴 수 있었다.

따라서 어떻게 보면 그와 같은 조류는 삶에 대한 근대적 긍정의 틀 내에 머물러 있었다. 삶의 운동 자체(권력에의 의지)보다 더 지고한 것은 없다. 하지만 그것은 선의, 보편주의, 조화, 질서에 격분한다. 그것은 파괴와 카오스, 고난과 착취라는 형벌을 긍정해야 할 삶의 일부로 회복시키길 원한다. 올바르게 이해된 삶은 또한 죽음과 파괴를 긍정한다. 그와 다르게 주장하는 사람은 삶을 제한하고, 길들이며, 봉쇄하고, 삶으로부터 가장 고차적인 드러남 — 삶을 '긍정할' 수 있도록 해주는 것 — 을 박탈하려고 시도하는 것이다.

죽음을 초래하고 고통을 가져오는 것을 유해한 것으로 금지하는 삶의 종교는 삶을 제한하고 삶의 품격을 떨어뜨리는 것이다. 니체는 자신이 플라톤 이전과 기독교 이전의 전사윤리, 용기, 위대함, 엘리트적 탁월성에 대한 찬양을 계승하고 있다고 생각했다. 그와 같은 윤리의 중심에는 항상 죽음이 패러다임적 자리를 차지하고 있었다. 즉 기꺼이 죽음을 맞이하려는 의지, 생명을 명예와 명성보다 낮게 평가할 수 있는 능력이 예로부터 전사 그리고 전사의 우월한 지위에 대한 주장을 항상 표시해왔다.[21] 삶을 긍정하는 근대적 휴머니즘은 나약함을 키운다. 반계몽주의 문화 속에서 그와 같은 고발을 계속해서 들을 수 있었다.

물론 그와 같은 대항문화의 열매 중 하나가 파시즘이었다. — 파시즘에 미친 니체의 영향은 전혀 무관한 것은 아니었다. 비록 니체가 원형적 나치였다는 단순한 신화에

21 헤겔은 전통적인 명예윤리의 그와 같은 특징을 주인-노예 변증법의 중심으로 만든다. 전사 간에 벌어지는 원래의 인정투쟁에서 각각의 전사는 다름 아니라 목숨을 걸기 때문에 인정받을 만한 가치가 있는 존재임을 보여준다. 그렇게 "자기 생명을 거는 것"이 위엄에서는 핵심적이다(헤겔, 임석진 역, 『정신현상학』, 1권, 한길사, 4장 A, 225페이지).

대한 [나치를 피해 미국으로 망명한 후 니체 저서에 대한 번역과 그를 다룬 여러 글을 통해 '잔혹함, 광기 그리고 나치' — 프린스턴대학교에서 만난 아인슈타인이 니체를 공부한다는 말을 듣고 큰 충격을 받은 모습으로 '정말 끔찍하네요'라고 했다는 말은 너무나 유명하다 — 와 연관되어온 니체에 대한 전후의 인식을 크게 바꾸는 데 기여한] 카우프만Walter Kaufman의 논박이 아무리 진실이고 타당하더라도 말이다. 하지만 그럼에도 불구하고 죽음과 폭력에의 매료는 가령 바타이유에 대한 관심에서 반복되는데, 데리다와 푸코 모두 그것을 공유한다. 푸코에 관한 밀러의 저작은 '휴머니즘' — 즉 타파해야 할 질식할 듯하고, 답답한 공간 — 에 대한 그와 같은 저항의 깊이를 보여준다.[22]

여기서 필자의 논점은 신니체주의를 비하해 파시즘에 이르는 모종의 전조로 삼으
374 려는 것이 아니다. 마치 우리 문명의 주요한 영=정신적 경향 중 파시즘에 대해 완전 면책 가능한 어떤 것이 있기라도 한 듯이 말이다! 필자의 논점은 다름 아니라 삶에 대한 끊임없는 관심, 폭력의 금지, 평등의 강요에 대해 반발한 반휴머니즘이 존재한 사실을 인식할 수 있도록 해주는 데 있다.

니체가 말하는 고양된 삶, 즉 온전히 자신을 긍정할 수 있는 삶 또한 어떤 의미에서는 삶을 초월한 곳으로 우리를 데려간다. 그리고 이 점에서 다른, 고양된 삶(가령 『신약성서』의 '영원한 생명' 같은 개념) 같은 종교적 개념과 유사하다. 하지만 전자는 삶의 부정, 죽음과 고난에 대한 매료를 안에 포함시킴으로써 삶을 초월한 곳으로 우리를 인도한다. 삶을 초월한 곳에 존재하는 지고선을 인정하지 않으며, 이 의미에서 철저하게 종교와는 정반대라고 올바로 인식하고 있다. 거기서 '초월성'은 다시 한 번 중요한 의미에서 그리고 역설적이게도 내재적이다.

따라서 내가 내재적 반계몽주의로 불러오고 있는 것은 죽음 그리고 때로는 폭력에 대한 새로운 가치전도, 심지어 매료를 포함한다. 그것은 근대문화를 지배하고 있는 배타적 휴머니즘에 반발한다. 하지만 또한 존재적으로 정초된 이전의 모든 초월성 이해도 거부한다. 만약 그것을 고려한다면 아마 우리의 근대문화상이 바뀔 것이다. 그것을 '전통' — 특히 종교 전통 — 과 세속적 휴머니즘 양측 간의 2파전의 무대로 보는 대신

22 James Miller, *The Passion of Michel Foucault*(New York: Simon & Schuster, 1993).

그것을 일종의 난투극으로, 모종의 3파전 또는 아마 궁극적으로는 4파전으로 볼 수도 있을 것이다.

그것은 내가 '노바'라고 불러온 것이 얼마나 광범위하게 확장되었는지를 인식할 수 있도록 해준다. 각자가 취하는 입장이 점점 늘어났다. 그것들 간의 친화성과 대립은 점점 더 복잡해졌다. 우리는 방금 유물론 및 비신앙과 관련해 그것을 살펴보았다. 하지만 비슷한 복잡화는 다른 기본 입장에서도 생겨나고 있고, 점점 더 광범위한 범위의 사람들이 참가하는 가운데 논쟁이 소용돌이처럼 번져갔다. 그들 사이에 '노바'가 확장되는 가운데 무수히 많은 입장이 횡단하고 상호 겹치게 되었다. — 위에서 우리가 (많은 사람 중 하필!) 파스칼과 근대 유물론의 한 가닥 사이에 존재하는 것으로 진단해본 바와 같이 말이다.

4

19세기에 비신앙은 성년에 이르렀다고 말할 수 있을 것이다. 견고함과 깊이를, 하지만 또한 그리고 아마 무엇보다 먼저 다양성을, 내적 차이의 복합체를 발전시켰다. 그리하여 오늘날 다양한 환경 속에 사는 많은 사람에게 비신앙은 자체로서 하나의 세계를 형성할 수 있게 되었다. 즉 잠재적으로 우리가 믿을 수 있는 것의 지평의 경계선을 긋는 것이 가능하도록 해주었다. 본인 입장을 확신할 수 없는 배타적 휴머니스트도 존재한다. 그들이 본인 입장에서 취약하다고 느끼는 것은 신니체적 반휴머니즘 쪽에서의 비판이다. 또는 이들 '포스트-모더니스트' 본인도 밀이나 마르크스를 읽을 때는 종종 회의에서 오는 고통을 느낀다. 초월적인 것은 그들의 지도에는 존재하지 않는다.

그런데 여기서 나의 출발-물음으로 돌아갈 순간이 온 것 같다. 비신앙이 실제로는
불가능했던 1500년부터, 많은 행복한 무신론자가 존재할 뿐만 아니라 몇몇 환경에서는 375
신앙이 강력한 [다른] 조류에 맞서 싸우고 있는 (대략) 2000년까지 무엇이 변한 것일까?

근대의 우주적 상상계에 대한 우리 논의는 앞의 물음을 한층 더 자세히 이해하는데 도움이 된다. 본서가 출발점으로 삼은 1500년은 자연과 사회적 삶이 보다 고차적인

시간과 복잡하게 뒤엉켜 있는 주술화된 세계로, 비신앙이 존재할 여지는 거의 없었다. 신학자들은 자연적 수준과 초자연적 수준을 구분했지만 의식적 경험의 영역을 전자로만 제한하는 것은 불가능했다. 갖가지 정령, 온갖 영력, 힘들, 보다 고차적인 시간이 항상 끼어들었다.

세계의 탈주술화 그리고 보다 고차적인 시간의 주변부화와 함께 보다 고차적인 것을 그와 같은 식으로 구축驅逐하는 것이 원리적으로 가능해졌다. 하지만 그와 같은 움직임은 세계를 탈주술화하고 도덕적인 것으로 재구성하는 데 필요한 영감, 힘, 규율훈련은 신에게서 나온다고 생각했기 때문에 지체되었다. 그것은 개인의 삶에서는 은혜로 주어지는 것으로, 또 공적 삶에서는 신이 정한 훈련과 구조로 도래하는 것으로 여겨졌다. 그리고 개인적 도덕성과 공공질서 모두에게 중심적이었던 것은 우리의 선을 위해 신에 의해 섭리적으로 정해진 사물의 코스모스적 질서가 존재한다는 감각이었다.

신은 우리 양심 속에, 사회질서 속에, 그리고 코스모스 속에 존재했다. 신의 현존은 주술화된 세계에서처럼 특정한 사물, 장소, 시간에 대한 직접적 경험으로 누가 봐도 명명백백한 방식으로 감지할 수 있는 방식으로 나타나는 것이 아니라 오히려 도덕 영역, 사회, 세계에서 나타나는 사물에 의미를 부여하는 질서 부여적 힘으로 나타났다.

그리하여 정령과 온갖 영력과의 직접적 조우는 후퇴했지만 그것은 질서를 부여하는 신의 의지가 만물을 지배한다는 훨씬 더 강력한 감각이 등장할 여지를 열어주었다. 그리고 실제로 주술을 주변부로 내쫓은 것은 부분적으로는 질서를 부여하는 그와 같은 의지가 존재한다는 우리 감각이었다.

인간 중심주의로의 전환과 함께 신이 만물에 질서를 부여하면서 현존한다는 감각이 희미해지기 시작했다. 그리고 우리 혼자 힘으로 질서를 유지할 수 있다는 감각이 나타나기 시작했다. 일부 사람에게 신은 멀리, 태초 또는 끝으로(이신론자) 물러갔다. 또 다른 사람들에게 신은 완전히 사라져버렸다. 또 다른 사람들은 신을 공격적으로 부정했다.

코스모스적[우주적] 상상계에서 일어난 전환이, 질서를 부여하는 신이 현존한다는 우리 감각을 그와 같은 식으로 약화시켜온 과정을 한층 더 강화하고 완성시켰다. 그와 같은 현존이 단지 설계를 제창한 근대 초의 [목적론적으로 정향된] 변증론과 너무 지나치게 동일시되었을 뿐만 아니라 또한 우주가 시간의 어두운 심연 속에서 광대하고 헤아릴 수 없게 된 이래 그렇게 질서를 부여하는 현존을 완전히 시야에서 잃어버리는 것은 얼마든지 가능한 일이 되기도 했다. 실제로 그와 같은 우주는 그와 같은 생각을 고수하는 것을 어렵게 만들 수 있었다.

앞서 설명하려고 한대로 우리의 우주 감각은 일의적이지[명백하지] 않았다. 질서와 의미에 관한 모든 감각을 배제할 수 있지만 동시에 또한 강력한 영=정신적 의미의 거점이 될 수도 있을 것이다. 그것들이 부인될 경우 그 결과 종종 협소하고 속물적인 형태의 과학주의가 나타나게 된다. 하지만 그것들에 대해 열린 태도를 취할 경우 결과는 매우 다양할 수 있을 것이다. 에피쿠로스적인 자연주의적 방향에서 독해하는 방법에 따르면 깊고 풍부한 유물론 쪽으로 우리를 이끌 것이다. 또 다른 방향에서 해석된다면 우리에게 일련의 영성, 일부 사람에게는 신을 열어줄 것이다.

하지만 처음의 두 길 중 어느 한쪽 — 즉 의미를 부정하거나 아니면 에피쿠로스적 376
인 자연주의적 의미로 그것을 받아들이는 것 — 을 택한다면 실제로 우리는 모든 곳에서 신의 부재를 선고하는 것처럼 보이는 세계에 살 수 있을 것이다. 그것은 외부 경계가 절대적 어둠 이외의 아무것에도 가닿지 않는 우주이다. 우주 및 그에 대응하는 인간세계에서 우리는 실제로 신 없는 삶을 경험하게 된다.

그것은 1500년경에 우리 조상들이 특정한 사물 및 장소와 부딪히면서 여러 정령과 영력을 경험할 수 있던 것과는 영 딴판이다. 그것은 오히려 1700년경에 우리의 (엘리트) 조상들이 질서를 부여하는 신의 현존을, 즉 전면에 내세울 수 있는 대상으로서보다는 일종의 널리 확산된 구성적 원리로 경험하던 방식과 보다 비슷하다.

하지만 오늘날의 경험은, 다시 한 번, 1700년경의 그것과도 다른데, 왜냐하면 그것은 부재감이기 때문이다. 모든 질서, 모든 의미가 우리로부터 유래한다는 감각이다. 우리는 외부의 어떤 반향도 마주치지 않는다. 그렇게 독해된 세계 — 대다수 현대인은 실제로 그와 같은 세계 속에서 살고 있다 — 에서 자연적인 것/초자연적인 것 간의 구별은 단지 지적 추상물이 아니다. 세계를 전적으로 내재적인 것으로 경험할 수 있게 된 새로운 인류가 등장한 것이다. 몇몇 측면에서 그와 같은 성취를 어둠의 승리로 평가할 수 있을지 모르지만 그럼에도 불구하고 그것은 주목할 만한 성취이다.

11
19세기의 궤적들

377

19세기 말과 20세기 초의 '노바'의 추이를 추적할 수 있다면 이상적일 것이다. 왜냐하면 이 시대에야말로 비신앙에 대해 열린 대안이 증가하고 풍부해졌기 때문이다. 이후 내가 '슈퍼노바'라고 부르는 과정에서 온갖 형태의 비신앙이 사회 전체로 확산되는데, 주로 제2차세계대전 후에 일어난다.

그와 같은 현상의 궤적은 각국의 국민문화에 따라 상당히 다르다. 정말 만족스러운 설명을 듣기 위해서는 모든 궤적을 더듬어야 할 것이다. 하지만 아쉽게도 내게는 그것을 완수할 지면도 또 능력도, 그리고 아마 독자에게는 인내심도 없을 것이다. 따라서 몇 가지 흥미로운, 모범이 될 만한 사례에 초점을 맞추기로 한다. 우선 대략 1840~1940년의 잉글랜드(때로는 또한 브리튼 섬[영국]을 대상으로 하지만 주로 잉글랜드)를 살펴보고 싶다. 그런 다음 20세기에 접어들 무렵의 프랑스에 잠시 눈을 돌려보고 싶다. 다음 4부에서는 서양에서의 '세속의 시대'의 도래에 관해 몇 가지 일반적 결론을 끌어내려고 시도해볼 생각이다.

1

19세기 초에는 복음주의와 관련된, 그리고 부분적으로 〈프랑스혁명〉 전쟁과 나폴레옹 전쟁의 충격에 의해 추동된 신앙과 종교적 실천의 부흥을 볼 수 있었다. 하지만 1830년대에 들어서자 지식인과 사회의 엘리트 사이에서 정통신앙은 다시 한 번 압력을 받게 되었다. 그와 관련된 일부 철학적 고려는 이전과 동일했다. 공리주의적 원리에 기반한 철학적 급진주의는 전체적으로 18세기의 지적 산물이었다. 하지만 앞서(10장 2절에서) 언급한 대로 아마 기독교 신앙의 새로운 후퇴를 이전 세기의 여러 사태의 단순한 연속으로서보다는 반복으로 보아야 할 것이다. 왜냐하면 [신앙에 대한] 공격노선이 여러모로 새로웠기 때문이다. 기존 논의가 계속되었지만 새로운 접근에 의해 보완되었다.

중요한 후퇴가 일어났다. 그 결과 19세기 중반이 되면 밀(전혀 중립적 관찰자가 아니었던 것은 맞지만)은 이렇게 말할 수 있었다.

> 보다 지성이 뛰어난 사람들 사이에서 종교, 도덕, 정치 등에서의 구래의 의견은 너무나 완전
> 378 히 신용을 잃어버려 유효성의 대부분을 영원히 잃어버렸다고 할 수 있을 정도이다.[1]

그러나 그와 동일한 후퇴가 일어나도록 만든 가장 중요한 벡터 중 하나는 당시에는 새로운 것이었다. 그것을 당시 많은 사람이 실감한 교차압력의 해소로 이해하는 것이 가장 적절할 것이다. 필자가 앞 절에서 묘사한 것이 그것으로, 한편에서는 벗어나기 어렵다고 생각되는 비인격적 질서가 형성되고, 다른 한편에서는 무엇보다 먼저 시시함, 공허함, 단편화 — 그것이 사회적·문화적 질서를 동반한다는 것은 너무나 분명했는데, 우리 주위에 그것이 출현했다 — 를 피할 필요가 있었다. 비인격성 쪽을 향한 경향은 분명히 정통 기독교에 대한 거부를 강요하거나 그것을 반영했다. 하지만 한편 너무나 많은 핵심적인 좋은 것善의 상실인 듯한 사태에 직면해 역사적 기독교의 몇 가지 가치를 구해야 하는 것도 긴급하게 필요해진 것처럼 보였다.

1 J. S. Mill, *Autobiography*(New York: Columbia University Press, 1960), p. 60.

따라서 많은 사람에게 비인격적 질서를 초월하거나 그와 모순되는 전통 신앙의 요소는 무엇이건 더 이상 믿을 수 없게 되었다. 하지만 동시에 시대의 약점, 추함이나 악에 대한 감각은 보다 환원적이고 과학주의적 또는 공리주의적 유형의 질서를 수용하는 것을 금지했다.

칼라일이 미친 영향과 충격이 비신앙의 진전을 상술한 틀로 포착할 수 있는 좋은 사례를 제공한다. 오늘날 그것을 이해하기는 어려울 텐데, 정도를 벗어난 그의 논쟁적 문체(자체가 우리 관심을 끄는 것이기는 하지만) 뿐만 아니라 주로 그가 경력 말년에 근대의 자유주의의 가장 기본적인 가치 중 몇 가지를 공격했기 때문인데, 그것은 그를 용서하기 어렵게 만들었다. 실로 그의 실추는 사후 직후에 일어났다고 해도 좋을 것이다.[2] 하지만 1830~1840년대에 그는 엄청난 인기를 누렸다. 여기서 '비신앙의 진전의 벡터'라는 말로 필자가 의미하는 것은 이렇다. 즉 칼라일이 나름의 해결책을 제공하려고 하고 있던 교차압력에 대해 내놓은 해결책이, 엘리트 계층 공중의 많은 사람에게 조상 대대로의 신앙으로부터 거리를 둘 수 있도록 해주는 다리를 마련해주었다는 것이다. 아널드가 그와 같은 작업을 이어받아 어떤 의미에서는 그것을 한층 더 확장하거나 다소 다른, 궁극적으로는 보다 받아들이기 쉬운 형태로 개축했다(칼라일 뒤를 이어 그와 같은 종류의 또 다른 다리가 조지 엘리엇에 의해 제공되었다).

칼라일에게 그처럼 중심적 역할을 부여함으로써 필자는 빅토리아조에 있은 신앙의 상실에 관한 표준적 이야기로부터 벗어나고 있다. 다소 단순화시킨 이야기이긴 하지만 빅토리아조의 신앙의 상실은 『성서』를 직접 부정했다는 다윈의 진화론의 충격에 의해 야기된 것으로 생각된다. 그것은 경건한 종교의 정신에 따라 양육된 많은 사람에게 고통스러운 마음의 갈등을 야기했으며, 그것은 많은 사람에게서 종종 절절한 상실감과 함께 결국 신앙의 포기에 의해 해결되게 되었다는 것이다. 그와 같은 이야기에는 진실된 면이 있는데, 특히 마음의 갈등과 상실감에 관한 부분에서 그렇다(다윈 본인도 그것을 느꼈던 것 같다). 그러나 앞의 이야기에서는 중요한 것이 간과되고 있다. 즉 진화론은 거의 모든 사람이 『성서』 이야기를 여전히 단순하게 그리고 문자 그대로 간주하던 세

2 Simon Heffer, *Moral Desperado: A Life of Thomas Carlyle*(London: Weidenfeld & Nicholson, 1995)을 보라.

계에 등장한 것이 아니라는 사실이 그것이다. 특히 무엇보다 먼저 당시의 세계는 시간의 어두운 심연은 두말할 필요 없이 비인격적 질서 관념에 의해 이미 강하게 특징지어져 있었던 것이 그것이다. 그리고 비인격적 질서의 우주적 세계관에 의해 기독교가 대치되었다는 생각에 대해 영향력 있는 정식화 — 즉 칼라일의 그것 — 가 이미 주어져 있던 것이 그것이다.

379 그렇다고 해서 다윈이 충격을 미치지 않았다는 의미가 아니다. 그의 이론은 유물론적・환원주의적 우주관 쪽을 향한 중요한 추동력을 제공했는데, 그로부터 모든 목적론이 제거되었다(보다 깊은 수준에서 말끔히 설명되었기 때문이다). 하지만 그것은 많은 사람이 이미 비인격적 질서의 우위의 견인력을 느끼고 있던 장 속에 등장했다. 혼자 힘으로 그와 같은 견인력을 개시시켰던 것은 아니다.

칼라일은 지적 형성 과정에서 괴테로부터 큰 영향을 받았고, 나아가 그를 통해 부분적으로 실러와 독일 낭만주의의 영향을 받았다.[3] 그는 비인격적 질서와 결합 불가능한 기독교의 모든 특징에 대해 반발했다. 신과 맺는 인격적 관계의 결정적 중요성, 개별적으로 이해되는 신의 섭리적 사건, 신의 개인적 결정으로서의 심판 그리고 무엇보다도 기적(저 '낡아빠진 헤브라이적 의상')이 그것들이었다.[4] 게다가 그와 같은 반발을 본인의 개인적 반응으로 이해하지 않았다. 그는 발전 단계적 역사관에 기초한 견해 — 이에 대해서는 앞 장에서 이미 서술했다 — 를 공유했다. 즉 그가 거부한 상술한 특징들은 설사 아무리 일부 사람이 시대의 다름을 이해하지 못하고 완강하게 매달리더라도 당시의 시대정신에는 기본적으로 받아들이기 어렵다는 것이 그의 입장이었다. 기독교에서 구원할 수 있는 부분은 그것이 무엇이건 그와 같은 형태로는 보존될 수 없을 것이다.

기독교라는 종교의 신화는 18세기에는 8세기와 같아 보이지 않는다.

그와 같은 종교의 거룩한 정신을 새로운 신화로, 새로운 그릇과 옷으로 구현해 그렇지 않으

3 A. Abbott Ikeler, *Puritan Temper and Transcendental Faith: Carlyle's Literary Vision*(Columbus: Ohio State University Press, 1972), pp. 72-80.

4 Heffer, *Moral Desperado*, p. 293.

면 곧 사라져버릴 것만 같은 우리 영혼을 살려내는 데 도움을 주었는가?[5]

'신화'라는 용어를 환기시키는 데서 이미 짐작할 수 있듯이 그와 같은 새로운 형태의 교의는 그리 확고하지 않았다. 하지만 인류가 보다 고차적인 형태의 삶을 이끄는 것을 도와줄 수 있는 어떤 — 순수하게 인간적이지는 않은 듯한 — 영=정신적 힘의 존재는 포함하고 있는 것 같았다. 윌슨 지적대로[6] 모종의 형태의 섭리, 역사, 도덕적 절대성을 포함했다. 앞서 말한 보다 고차적인 형태는 칼라일이 '영원한 예Yea'라고 부른 것 속에서 모든 존재의 선성과 올바름을 실제로 긍정하는 것을 가능하게 해줄 것이다.

칼라일에게는 그와 같은 신앙이 가장 중요했다. 왜냐하면, 그렇지 않다면, 시대의 여러 조류는 인간의 삶의 저급화 쪽을 가리키고 있었기 때문이다. 상업사회와 산업사회의 추악함과 이기주의, 오직 현금에 의한 연결cash nexus에 의해서만 하나로 묶여진 사회가 육성한 원자론, 공동 관심사의 결여, 시대가 심어주는 경향이 있는 근시안적 쾌락주의를 넘어선 삶에 대한 보다 크고 보다 영웅적인 전망의 결여가 그것들이다(칼라일은 니체를 예시하는 가운데 조직화된 자선활동을 '고통일제폐지연맹Universal Abolition of Pain Association'이라고 비꼬듯이 규정하고 있다). 이 시대에 우주와 사회는 의미를 결여한 단순히 기계적인 것처럼 보였다.

> 내게 우주는 완전히 공허하며, 생명도 목적도 의지도, 심지어 적의마저 결여하고 있다. 그것은 하나의 거대한, 죽어버린 광대무변한 증기기관으로, 무생명의 무감각 속에서 돌고 돌며 내 사지를 갈아내고 있었다. '아, 광대하고 음울하고 적막한 골고다여, 죽음의 제분기여!'[7]

심지어 가장 숭고한 문제를 포함해 모든 것이 계산 가능한 것으로 환원된다.

> 벤담적 공리公利, 손익으로 따지는 미덕. 그와 같은 신의 세계는 죽은 조야한 증기기관으로

5 칼라일, 박상익 역, 『의상철학』. 한길사, 290페이지.
6 A. N. Wilson, *God's Funeral*(New York: Norton, 1999), p. 62.
7 『의상철학』. 253페이지.

> 환원되고, 인간의 무한한 천상의 영혼은 건초와 엉겅퀴 무게를 재는 일종의 건초 저울로 환원된다. 쾌락과 고통도 그렇게 재어진다.[8]

보다 고차적인 단계로 나아가리라는 모종의 확신이 없었다면 이 모든 것은 견디기
380 어려웠을 것이다. 앞 장에서 구별한 몇 개의 다른 '축'에서 찾아볼 수 있는 완충재로 덮인 정체성 그리고 근대적 질서에 대한 불만의 광범위한 스펙트럼이 그것 속에 반영되어 있음을 볼 수 있을 것이다. 하지만 특히 마지막 인용문 속에는 필자의 틀에서 I. 2에 해당되는 축[8장 2절 참조]이, 즉 공리주의적인 상업사회와 산업사회에서 이론과 실천의 품위가 떨어지는 사태에 직면해 인간의 영=정신적/도덕적 향상을 추구할 수 있는 인간의 잠재력에 대한 모종의 감각을 구출할 필요가 반영되어 있음을 볼 수 있다.

따라서 기독교에 반대하는 동시에 지지해야 했다. 칼라일의 (별로 명확하지 않은) 교의는 그와 같은 교차압력에 대한 하나의 해결책이었다. 그리고 그것을 둘러싼 긴장이 본인의 삶 속에, 경건한 어머니에게 신앙을 포기했음을 솔직히 말하지 못할 처지 속에 반영되었다. 그가 제공한 정식화, 즉 신앙을 포기한 것이 아니라 재정의했을 뿐이라는 정식화가 그가 시도한 기만을 윤색해주었다(하지만 효과는 미미했다).

아널드는 독자적 방식으로 칼라일 뒤를 이어 동일한 견인력에 응답했다. 기존의 신앙은 믿을 수 없지만 그것이 제공한 많은 것이 필수불가결하다. 원자화된 상업사회는 '무질서anarchy'에 의해 위협받고 있으며, 오직 고차적 교양culture의 확산만이 그것에 맞서 싸울 수 있을 것이다. 지식계급에 의한 그와 같은 교양의 주입은 국민교회national church에 의해 몇몇 형태의 예배가 유지되어온 것과 매우 흡사했다. 두 과제는 중복되는 것으로 볼 수 있었기 때문에 그도 그와 같은 식으로 어머니에게 [영국국교회라는 하나의 이름아래 다양한 신학적 경향이 공존하는 교회를 주장한] 광교회Broad Church 활동가였던 아버지가 하던 일을 계속하고 있다고 전할 수 있었다.

그는 이미 칼라일에서 본 것과 같은 이유로 성장 배경이 된 신앙을 20대 초에 잃었다. 하지만 칼라일에게서와 유사한 이유로 그것은 그에게서도 쉽게 넘어갈 수 있는 단

8 A. Abott Ikeler, *Puritan Temper*, p. 55(『영웅숭배론』, 「무함마드와 벤담」)에서 재인용.

계가 아니었다. 그는 개인적 수준에서 광교회파 활동에 열심이고, 헌신적인 국교회 신도인 아버지를 멀리하게 되었다. 그러나 그것 이상으로 더 이상 수용할 수 없게 된 신앙의 쇠퇴가 일어나면 후과로 무서운 결과가 기다리리라고 느꼈다.

그는 근대세계는 깊이를 결여하고, 근대적 자아는 일체성을 결여하고 있음을 절감했다. 우리는 겉으로만 살아가는 경향이고, 그리하여 삶을 변형시킬 수 있는 보다 큰 의미의 흐름과 분리된다.

> 당신은 당신을 직관의 바다 깊숙이 던져야 한다. 다른 모든 사람은 힘이 미치는 한 최대한 불모의 표면 위에 당신을 머물게 하려고 한다.[9]

그처럼 어떤 위대한 원천으로부터 분리되어 있다는 느낌은 동시에 또한 자기로부터의 분리로 느껴지기도 한다.

> 현시대의 비참함은 인간의 고통의 격렬함에 있지 않다. — 오히려 도대체 온전히 그리고 깊이 괴로워하고, 기뻐하고, 느낄 수 없게 된 데 있다. …… 어떤 감정을 느끼기 시작하는 순간, 바로 다음 순간에 어떤 것을 상상하기 시작하는 식으로 세계는 영원한 소란 속에서 서로 뒤섞이고, 서로 끼어들고, 또 만사가 황급히 지나간다. …… 세계의 병은 자신으로부터의 분리이다.[10]

호난의 표현을 빌리면 아널드는 이렇게 결론을 내린다.

> 사람은 깊은 정체성을 결여하고 있다. 방향감각 상실과 권태로 고통 받고, 감정은 변덕스러
> 워 전혀 만족스럽지 못하고, 존재의 피상성을 느끼며, 자기 자신의 노력에 만족하지 못한다. 381
> …… 영=정신적 삶에 대해 확신을 주는 어떤 강력한 권위도 결여되어 있으며, 그로 인해

9 Park Honan, *Matthew Arnold: A Life*(New York: McGraw-Hill, 1981), p. 88.
10 앞의 책, 126~127페이지.

정신쇠약이 생기고 있다.[11]

아널드는 필자가 8장 2절에서 근대세계에서의 공명의 부재라고 부른 것을 뼈저리게 느꼈다. 특히 '낭만주의적' 차원의 축을 통해 실감했다. 외부의 삶의 거대한 흐름으로부터 분단되고 분리되어 있다는 느낌이 그것이었다. 칼라일과 마찬가지로 그에게 중요한 원천은 괴테와 낭만주의 시대 사상가들이었다. 그리고 그 또한 그들과 마찬가지로 미 속에서 치유력을 보았다. 실천으로서는 문학 속에서, 그리고 '교양'이라고 정의하게 되는 것 속에서 그것을 발견했다.

그것은 단순히 한 고독한 사상가의 또는 예외적 자각과 감수성을 가진 한 개인의 비극이 아니었다. 공허함은 시대 속에 반영되고 있었다. 우리는 기계적인 것과 물질적인 것에 가치를 두며, 이익을 얻기 위한 협소한 전문화를 장려하고, 전체-감각을 결여한 개인적 행위를 장려하는 문명 속에 살고 있다. 이 후자의 결함은 잉글랜드에서 가장 심각했다.

> 우리는 무질서를 향해 표류할 위험에 처해 있는 것이다. 대륙에는 그리고 고대에는 그토록 친숙하던 국가 개념이 우리에게는 없다. 즉 일반이익을 위한 유력한 힘을 위탁받고 개인의 이해관계보다 더 넓은 이해관계의 이름으로 개인의 의지를 조절하는, 집단적·통합적 성격이 있는 나라nation라는 개념이 말이다.[12]

그와 같은 문명은 속물적인 동시에 원자론적이었다. 뿔뿔이 흩어진 사회는 뿔뿔이 흩어진 자아의 맞짝이었다. 아널드는 『인간의 미적 교육에 관한 서한』에서의 실러의 기본 생각을 받아들였다.

그와 같은 단편화 그리고 깊이의 상실은 기독교 시대의 종말에 대해 우리가 치러야 할 대가의 일부였다. 아널드는 그것이 본인의 개인적 선택에 의한 것이 아니라 결국

11 앞의 책, 140페이지.

12 아널드, 윤지관 역, 『교양과 무질서』, 93페이지.

누구도 부정할 수 없는 시대 변화를 반영하고 있음을 칼라일과 마찬가지로 분명하고 명확하게 알고 있었다. 그의 후기 시 「다시 한 번 오버만이Obermann once More」[13]는 서양 사회의 정신사를 총괄하는 일종의 짧은 스케치의 개요를 보여준다. 다신교 시대가 만개한 후 그와 같은 시대의 위대한 성취 및 미와 함께 '은밀하게 이제 질색이라는 느낌secret loathing fell'이 엄습했다. "깊은 권태와 넌더리나도록 물린 욕망으로/인간의 삶은 지옥이 되었다Deep weariness and sated lust/Made human life a hell"(2연 94~96행). 하지만 기독교가 나타나 세계에 큰 혜택을 베풀었다. 오버만이라는 인물은 이렇게 외친다.

> 아, 만약 내가 저 위대한 날에 살았다면
> 얼마나 하늘과 땅이
> 새로운 영광으로 가득 차고
> 내 마음도 빼앗아갔을까.
>
> 속세의 어떤 사상도
> 당시 아직 열려 있던 그리스도의 무덤으로부터
> 그렇게 깊고 강하게 밀려오는
> 사랑의 물결에 맞서 본 적이 없었다(2연 141~148행).
>
> 우리가 믿는 동안 그리스도는 지상을 거닐고 382
> 그의 무덤은 열려 있었다.
> 사실私室에서, 교회에서, 텐트에서 외침이 들려왔다.
> 그리고 그리스도는 구원하기 위해 곁에 있었다.
>
> 이제 그리스도는 돌아가셨다! 이후 저 먼

13 *The Poems of Matthew Arnold*, ed. Kenneth Allott(London: Longmans, 1965), pp. 518-534.

외로운 시리아 마을에 누워 계시다.
시리아의 별들이 반짝이는 눈으로
그의 무덤 위를 내려다보고 있다.

헛되이 사람들은 여전히 새로운 희망을 품고
그의 말 없는 무덤을 바라보며
아직 무덤이 닫히지 않았다고 말하며
말이 들려오기를 기다린다(2연 169~180행).

피와 온기가 떠났어도
아직 골격은 그대로 유지되었고
늘 하던 말을 여전히 하고 있지만
모든 말이 죽었다(2연 193~196행).

Oh, had I lived in that great day,
How had its glory new
Filled earth and heaven, and caught away
My ravished spirit too!

No thoughts that to the world belong
Had stood against the wave
Of love which set so deep and strong
From Christ's then open grave
……

While we believed, on earth he went,
And open stood his grave,
Men called from chamber, church, and tent;
And Christ was by to save.

Now he is dead! Far hence he lies
In the lorn Syrian town;
And on his grave, with shining eyes,
The Syrian stars look down.

In vain men still, with hoping new,
Regard his death-place dumb,
And say the stone is not yet to,
And wait for words to come.'

……

Its frame yet stood without a breach
When blood and warmth were fled;
And still it spake its wonted speech —
But every word was dead.

이러지도 저러지도 못하는 아널드의 마음의 깊은 갈등, 신앙은 불가능하다는 느낌 또 그럼에도 신앙의 상실로 인해 남겨진 마음의 큰 공동空洞은 「카르토지오회수도원에서 적은 시구들Stanzas from the Grande Chartreuse」[14]에서 가장 강력하게 나타난다. 화자는 강력한 공감을 가지면서도 수도원에서의 기도의 삶이 그토록 중요한 역할을 하던 세계

14 앞의 책, 285~294페이지.

로 되돌아갈 수는 없다고 느낀다.

엄격한 교사들이 내 청춘을 사로잡아
신앙을 밝히고 불길은 가다듬어주고
내게 진리의 드높은 흰 별 보여주며
그곳을 응시해 그곳을 동경하도록 명했다.
'이 산 무덤에서 너는 무엇을 하겠느냐?'

용서하소서, 정신의 스승들이여!
당신들의 명으로 나는 오래전에
너무나 많은 것을 망각하고 포기했다.
적이 되기 위해 이곳에 온 것이 아니다.
후회하는 마음에서 당신들의 진리를 저주하고 부정하기 위해
이 은자들을 찾는 것이 아니다.

그들의 친구나 자식으로서 말하는 것도 아니다.
오히려 저 먼 북쪽 나라의 어느 물가에서
383 신들을 생각하며 한 그리스인이
쓰러진 고대 룬문자 비 앞에서
연민의 마음으로 경외하며 슬퍼하며 서 있는 듯하다. ―
둘 다 신앙이었지만 지금은 둘 다 사라졌으니 말이다.

하나는 죽고 다른 하나는 태어날 힘도 없는
두 세계 사이를 떠돌아다니며,
이 은자들처럼 머리 하나 뉠 곳 한곳 없이

지상에서 나는 쓸쓸히 기다린다.
세상은 그들의 믿음도 나의 눈물도 조롱한다. —
나 그들 곁에서 눈물 흘리러 오네.

For rigorous teachers seized my youth,
And purged my faith, and trimmed its fire,
Showed me the high, white star of Truth,
There bade me gaze, and there aspire.
Even now their whispers pierce my gloom:
What dost thou in this living tomb?

Forgive me, masters of the mind!
At whose behest I long ago
So much unlearnt, so much resigned —
I come not here to be your foe!
I seek these anchorites, not in ruth,
To curse and to deny your truth;

Not as their friend, or child, I speak!
But as, on some far northern strand,
Thinking of his own Gods, a Greek
In pity and mournful awe might stand
Before some fallen Runic stone —
For both were faiths, and both are gone.

Wandering between two worlds, one dead,
The other powerless to be born,
With nowhere yet to rest my head,
Like these, on earth I wait forlorn.
Their faith, my tears, the world deride —
I come to shed them at their side(2연 67~90행).

아널드는 여기서 분명히 19세기 초 유럽에서 매우 널리 공유되던 감정을 표현하고 있다. 하지만 그것은 또한 어떤 의미에서는 현재도 마찬가지이다. 트릴링 지적대로[15] 그처럼 자기입법적이며, 그럼에도 불구하고 돌이킬 수 없는 포기의 느낌에 대해서는 다양한 방식으로 응답할 수 있었다. 한 가지 방법은 그처럼 절망적인 상황을 탐구하는 것, 거의 그것에 탐닉하는 것이었다. 방식은 다 다르지만 괴테의 베르테르, 샤토브리앙의 르네, 스낭쿠르Étienne Pivert de Senancour의 오베르망이 한 것이 바로 그것이었다. 근대의 우울증은 그와 같은 작품들에서 그에 대한 정의를 구했다. 그리고 구슬픈 풍경은 적어도 그것을 제공했다. 또 다른 응답 방법은 장대한 행위였다. 그것은 도전적이고, 아마 심지어 파괴적・비도덕적일 수 있었다. 바이런에서 보는 것과 같은 종류의 자기긍정이 그것이다. 그것은 어떤 의미에서는 내가 위에서 '비극적' 축이라고 부른 것에 대한 관심에 응답한 것이었다.

아널드는 그와 같은 양 갈래 길 모두를 인식하고 있었는데, 앞의 시에서 그에 대해 언급하고 있다. 그는 그중 한쪽, 즉 전자에 강하게 끌렸고, 그것을 호의적으로 차분히 살펴보았다. 그러나 결국 양측 모두 부정된다. 후자는 조금 거침없이 거부당한다. "지금 무슨 소용 있는가? 바이런이/…… 상처 입은 마음의 가장행렬을 [유럽 전체로 떠들썩하게] 떠돌게 한 것이What helps it now, that Byron bore/…… The pageant of his bleeding heart?"(2연 133행, 136행). 그러면서도 전자에도 아쉬움을 갖고 작별을 고했다.

15 Lionel Trilling, *Matthew Arnold*(New York: Norton, 1939), 4장.

아니면, 오, 오버만이여,
슬프고 엄중한 그대의 보고를 읽는 것이 더 편안할까?
시대의 거센 폭풍우로부터
퐁텐블로의 외로운 숲이나
눈 덮인 알프스산맥 근처의 오두막 속으로
너의 머리를 숨겼던 이야기를(2연 45~150행).

Or are we easier, to have read,
O Obermann, the sad stern page,
Which tells us how thou hidd'st thy head
From the fierce tempest of thine age In the lone brakes of Fontainebleau,
Or chalets near the Alpine snow?

하지만 제3의 길 또한 존재했다. 즉 새로운 신앙의 시대, 새로운 긍정적 형태의 종교를 추구하는 것이 그것이었다. 칼라일, 아널드, 에머슨은 그곳에 위치한다.

여기서는 아주 세세한 부분까지 들어갈 수는 없다. 하지만 새로운 시대는 현재는 '태어날 힘도 없지만' 문학과 교육에 의해 그것에 보다 가까이 다가가는 것이 가능해졌으면 하는 것이 아널드의 바람이었다. 그리고 그와 같은 변화를 초래하기 위해 그가 의지하게 된 것이 '교양'이었다. 여기서 교양은 아래 의미로 규정된다. 384

교양이란 우리가 가장 관심을 두는 모든 문제에 대해 세상에서 생각하고 말해진 최상의 것을 알게 됨으로써 우리의 총체적 완성을 추구하는 것이며, 그와 같은 지식을 통해 우리의 고정관념과 습관에 신선하고 자유로운 생각의 줄기를 갖다 대는 것인데, 현재 우리는 그와 같은 고정관념과 습관을 꿋꿋이 그러나 기계적으로 따르고 있다.[16]

16 아널드, 『교양과 무질서』, 257페이지.

인간의 완성이란 동물성에 맞선 인간성의 성장을 의미한다. 그것은

> 인간 본성의 특이한 품격과 부와 행복을 형성하는 사고와 감정이라는 저 천품이 날로 더욱 많이 활용되고 또 일반적으로 조화로운 팽창을 하는 것이다.[17]

그와 같은 완성은 고립된 개인에 의해서만 실현되어야 하는 것이 아니다. 오히려 '조화로운 완전함이며, 사회의 모든 부분의 발전'을 가져오는 것이 목표가 되어야 하는데, "그것은 또한 — 우리 사회의 모든 부분을 발전시키는 일반적 완성"[18]이 될 것이다. 이 의미에서 교양은 종교와 유사하지만 그것에 종속될 수는 없을 것이다.

> 교양은 완성이라는 목표를 갖고 사물을 실제 있는 그대로 보려고 사심 없이 노력하면서 인간의 종교적 면이 인간 전체는 아니지만 얼마나 가치 있고 신성한 것인지 우리에게 보여준다.[19]

하지만 아널드의 경우 인생 후반에 교양과 종교는 한층 더 서로 보다 가까워졌다. 왜냐하면 그때는 종교를 '감정이 닿은 도덕'으로 정의하고, 신을 "정의를 가져오기 위한 영속적 힘 — 우리 자신과 동일시되어서는 안 된다 — "[20]으로 묘사하게 되었기 때문이다. 여기서 그와 같은 종교가 비인격적 질서로부터 발원되는 코드와 공동의 실체를 갖고 있음이 명백한데, ('우리 자신이 아니라'라는 표현을 통해) 초월성의 모종의 흔적을 유지하려는 시도가 그것을 잘 보여준다.

그러나 앞의 딜레마를 해결하려는 그와 같은 시도는 하나의 희망, 바람일 뿐으로, 강렬한 분리와 상실감을 완화시켜주지 못했는데, 그것이 그의 시 전반에 걸쳐 반향되며 본인도 느꼈을 것이 틀림없다.

17 앞의 책, 58~59페이지.
18 앞의 책, 261페이지.
19 앞의 책, 285페이지.
20 Clinton Mahann, *Matthew Arnold: A Literary Life*(London: Macmillan, 1998), p. 112.

여기서 자료를 하나 더 살펴볼 만한 가치가 있을 것이다. 19세기 말과 20세기 초에 영국과 미국 모두에서 대성공을 거둔 소설이 그것으로, 『로버트 엘스미어』라는 제목의 이 소설 작가는 워드Humphry Ward 부인으로 아널드 조카였다.[21] 주인공 엘스미어는 정통 기독교 신앙을 잃어버린 국교회 성직자였다. 그러나 무관심에 빠지거나 심지어 기독교의 공공연한 적대자가 되는 대신(또는 더 나쁘게는 진정한 신조를 숨기고 냉소적으로 성직자로서의 안락한 경력을 계속 수행하는 대신) 이리저리 몸부림치면서 아널드적 입장에 이른다. 그는 기독교를 재정의해 이제 옹호하기 어려운 초자연적 신화에서 해방시키고, 신앙을 다시 한 번 인간이 보다 지고한 도덕적 삶에 이를 수 있도록 해줄 수 있는 매체로 만들고 싶어 한다.

어린 시절의 신앙의 상실에 대한 큰 내적 동요와 고통의 와중에 엘스미어는 "순수하게 인간적인 그리스도 — 순수하게 인간적이고, 설명 가능한, 하지만 항상 감탄할 만한 기독교"(321페이지)라는 새로운 비전을 본다. 그는 '천국 및 영원과 관련된 모든 일에서 우리 서양인의 교사, 순교자, 상징이며, 눈에 보이지 않는 성령=정신의 삶의 이미지이자 서약으로서의 그리스도를 — 나의 모든 영혼과 정신을 기울여 믿고' 있는 자신을 발견한다. 하지만 "인간으로서의 신, 영원에서 유래한 말씀 — …… 기적을 행하는 그리스도, 부활해 승천한 그리스도, 필멸인 형제들의 살아 있는 조정자이자 중재자"(342 385
페이지)는 받아들일 수 없었다.

그는 신을 믿었지만 그와 같은 신은 비인격적 힘 같았다. 신은 "영원한 선성 — 그리고 영원한 정신 — 으로, 자연과 인간은 그것의 연속적이고 유일한 계시이다"(494페이지). 여기서 저자는 삼촌보다 철학자 그린T. H. Green에게서 더 많은 것을 차용하는 것 같다. 그린은 그레이라는 (다소 투명한) 이름으로 이야기에 등장하는데, 엘스미어가 재직 중인 옥스퍼드의 한 칼리지의 펠로우로 그의 친구가 되어 핵심적 순간에 조언자 역할을 한다. 그린의 철학 또한 본서에서 내가 묘사해오고 있는 교차압력에서 비롯되었다. 한편으로 그는 흄과 공리주의에 강력하게 반발하는데, 그것들을 인간의 도덕적 향

21 Mrs. Humphry Ward, *Robert Elsmere*(Lincoln: University of Nebraska Press, 1967). 본문에서의 페이지 표시는 이 판에 의한다.

상의 잠재력을 부정하는 이론으로 여긴다. 다른 한편 신을 인간의 역사에 개입하는 초자연적 행위 주체로 받아들일 수 없었다. 그린은 칸트와 헤겔의 작업에서 그와 같은 본인의 입장을 표현할 방법을 찾았다. 신은 어떤 의미에서 우리를 보다 높이 이끄는 천연 자석 같은 것이며, 또한 그와 같은 향상이 가능하다는 존재상의 보장자였다. 하지만 그와 같은 향상은 헤겔의 정신Geist 개념에 예시된 대로 아브라함, 이삭과 야곱의 신보다는 비인격적인 도덕질서로 향하는 것이었다.

그는 임종의 자리에서 이렇게 말한다.

> **인격** 또는 **지성** 또는 비존재! 신에게 적용된다면 이 용어들은 어떤 의미를 가질 수 있을까?(603페이지).

하지만 우리는 신을 필요로 한다.

> 야수가 아니라 인간이 되려면 우리는 **무엇인가**를 사랑하고 경배해야 한다(498~499페이지).

그리고 그와 같은 신은 인격적인 도덕적 향상을 위해서만 필수적인 것이 아니다. 또한 우리 사회를 통합할 수 있는 방법을 찾기 위해서도 필요하다. 여기서 그는 아널드의 핵심 주제를 계승하고 있다. 우리가 새로운 종교를 필요로 하는 것은 '새로운 사회적 연대'가 필요하기 때문이다. 그것을 필요로 하는 것은 '인간의 자아의 감축' 때문이다.

> 그와 같은 자아로 인해 비로소 개인은 **세계**의 목표를 분명하게 볼 수 있고, 또 자기이익뿐만 아니라 이웃의 이익도 돌볼 수 있게 된다. 또한 부자가 빈자를 헌신적으로 돕고, 또 빈자가 부자를 참고 견디는 것을 가능하게 해준다. …… 영원히 결함이 있고 영원히 부적절한 것이 인간의 의지이다. 그런데 세계의 위대한 종교들은 사물의 뿌리에 있는 힘이 인간의 운명을 결정하는 그와 같은 게으른 내면적 기관에 작용하도록 만들어주는 자극제이다. 종교 없이는

> 의지가 본연의 과제를 감당하도록 만들 수 없다. 현재의 우리 종교는 우리를 실망시키고 있다. 우리는 다른 종교를 가져야 하고, 가질 것이다!(572페이지).

아널드적 용어로 풀어보자면, 종교는 여기서 무질서에 맞선 교양의 본질적 방파제로 묘사된다.

그처럼 앞의 소설에서는 매우 높은 수준에서 많은 지적 의견교환이 오가고 있음을 알 수 있다. 그럼에도 불구하고 어떻게 별 힘들이지 않고도 베스트셀러가 되었을까? 그와 같은 탈회심deconversion과 재구축에 따른 내면적 갈등과 극심한 고통을 너무나 생생하게 그렸기 때문이다. 엘스미어 본인이 어릴 적 신앙을 포기해야 하는 것에 당혹스러워하는 것만이 아니다. 그로 인해 캐서린과의 결혼은 파탄 직전이 된다. 캐서린 본인은 정통 복음주의 입장에 깊이 닻을 내리고 있다. 그녀에게는 한편에서는 그와 같은 386
신앙을 고수하는 것 그리고 다른 한편에서는 공개적으로 그것을 비웃는 비신앙이라는 중간 입장은 존재하지 않는다. 그녀는 엘스미어가 재구축한 종교 즉 순수한 인간적 그리스도를 전혀 이해할 수 없을 것이다.

> 어떻게 그것이 사람들에게 도움이 될 수 있을까요? …… 엘스미어, 당신의 역사적 그리스도는 결코 우리 영혼을 설득하지 못할 것입니다. 만약 그가 신이었다면, 당신이 말하는 모든 말 한마디 한마디는 그를 모욕하는 것이 될 것입니다. 만약 인간이었다면 착한 사람이 아니었을 것입니다!(480페이지)

이 소설의 배경은 1880년대 중반으로, 당시의 시대 상황을 반영하고 있다. 따라서 어릴 적의 엘스미어의 신앙은, 밀과 스펜서의 "지나친 합리주의"(62~63페이지)에의 반발 — 당시의 많은 젊은이가 공유했다 — 이라는 당시의 시대적 흐름을 따르고 있었다. 역시 여기서도 그의 탈회심을 둘러싼 핵심적 쟁점은 자연과학과 진화론의 그것이 아니라 오히려 『성서』학에서 유래한 것이었음이 분명하다. 지방의 대지주이자 학자인 친구 웬도버Roger Windover가 그에게 자꾸 들이민 문제들이 그것들로, 바로 그가 엘스미어의 신학적 변화 과정에 시동을 건 주요 인물이었다.[22] 핵심적 물음은 기적-물음이라고 할 수도 있을 테지만 넓은 의미에서였다. 즉 「복음」의 그리스도에 의해 행해진 기적뿐만 아니라 역사에 대한 신의 개입을 증언하는 기독교적 교의 모두와 관련된 기적이 그것이다. 육화, 부활, 승천, 속죄, 중재 등이 그것들이다. 그리고 앞의 대지주의 논의는 트레버-로퍼가 기번을 자리매김한 것과 똑같은 입장에 확실히 자리매김된다.

> 내 목적은 그와 같은 기적을 신뢰 불가능한 것으로 반박하는 것을 돕고 …… 나아가 훈련된 과학적 비평에 비추어 기독교 문헌을 읽는 것을 …… 거부하는 것으로 시종되어왔다(318페이지).

즉 기독교의 토대를 이루는 사건을 포함해 모든 역사적 사건에 '동일한 사회법칙'이 적용되어야 한다는 것이다. 그것에서는 비인격적 질서의 합리적 시대에 사는 우리는 그와 같은 법칙이 무엇인지를 완전히 잘 알며, 또 1세기의 팔레스타인 어부들에게서 배울 것은 아무것도 없다는 것이 전제되고 있다. 앞의 대지주는 '증언의 역사'라는 저작을 집필 중인데, 과학이 이전의 무지와 비합리를 딛고 생겨났다는 명확한 주인-서사를 펼치고 있다(317~318페이지).

이 소설은 그와 같은 식으로 역사화된 틀의 힘을 생생하게 보여주는데, 거기서 역사는 비인격적 질서에 대한 의식이 향상되는 과정으로 독해되며, 그와 같은 질서와 관련해 어떤 역행도 존재할 수 없다. 또는 오히려 그것이 나의 독법이다. 워드 부인도 그와 같은 틀을 본인의 사고에 대한 의문의 여지가 없는 배경으로 받아들이는 것 같다. 내가 제안하는 방식으로 읽는다면 이 소설은 우리를 그와 같은 사고에서 해방시키는 데 도움이 된다. 또한 비슷한 정반대의 단순화 — 그것은 워드 부인이 분명히 맞서려 했던 것이다 — 에 사로잡히는 것으로부터 우리를 해방시켜준다.

웬도버 부부가 본인들의 판단을 명확히 과학적·합리적이라고 생각하는 반면 당시

22 트릴링은 *Matthew Arnold*(New York: Norton, 1939), p. 308에서 『엘스미어』를 흥미롭게 논하는 가운데 이 점을 매우 의미심장하게 지적한다.

의 많은 정통파 신자는 그와 같은 종류의 배교를 똑같이 명확한 용어로 교만함이 가져오는 과실에 불과한 것으로 보았다. 워드 부인은 1881년의 일련의 〈범프턴Bampton강의〉 중 처음 두 번의 강의에 참석한 것으로 기록되어 있는데, 강연자 — 사실 워즈워스의 조카였다 — 는 정통 기독교 신앙의 포기를 태만, 냉담함, 무모함, 오만함, 탐욕을 포함한 일련의 지적 오류에 의한 것으로 설명했다. 그와 같은 공격이 워드 부인으로 하여금 소설을 쓰도록 밀어붙였는데, 그것은 해당 작품이 일종의 희화戱畫가 될 것임을 예고할 수 있었다.[23] 그리고 실제로 소설을 통해 드러난 것은 그와 같은 논쟁의 모든 진영에서 선의와 정직성을 찾을 수 있다는 것이었다. 비록 용기와 성실함에 대한 궁극 387
적 훈장은 엘스미어에게 주지만 말이다.

여기서 일단 멈춘 다음 그러한 회심과 탈회심에 대한 나 자신의 이해를 한층 더 분명하게 밝혀보고 싶다. 그것들이 명증한 이성에 의해 결정되었다는 휘그적인 주인-서사를 나는 받아들일 수 없다. 그것들은 특정한 틀 내부에서는 실로 합리적으로 보이지만 그러한 틀은 윤리적 이유를 포함한 일군의 이유로 우리를 끌어당겼다. 그러한 윤리적 매력 중에는 분명히 자유롭고 침해 불가능한, 거리를 둔 행위 주체의 그것이 있었다. 그와 같은 행위 주체 중 하나가 된다는 것은 근대인에게 분명히 자랑스러운 일이다. 그러나 그로부터 비약해 정통파에서 떨어져 나온 것이 자부심에 의해 실행되었다고 단순하게 말하는 것은 전혀 타당하지 않다. 몇몇 경우에는 분명히 그러했을 것이다. 하지만 그와 같은 틀에 대해 이야기할 때 문제가 되는 것은 다양한 방식으로 우리 삶에 개입하게 되는 우리의 사고와 행위의 복잡한 배경 환경이다. 물론 한 측면에서 비인격적 질서라는 그와 같은 근대적 감각은 우리에게 자유로운 행위 주체라는 존엄감을 부여해 줄 수 있을 것이다. 하지만 그것은 또한 강력한 이상도 제공한다. 단지 가장 중요한 몇 가지만 꼽자면 정직성과 성실성 그리고 선의와 연대가 그것이다. 그와 같은 틀이 어떻게 등장했는지를 병인학 식으로 들려주는 이야기 전체에서 자부심은 나름의 장소를 차지한다. 하지만 개별 사례에서 그와 같은 이야기는 주역이 되는 사람 숫자만큼이나 많고 다를 수 있다. 몇몇 경우 다양한 이유에서 가능한 대안이 유효 범위에서 너무나 멀리

23 *Robert Elsmere*(p. xix)에 붙이는 「편집자 서문」을 보라.

벗어나 있어 주요한 응답이 오히려 앞의 이상에 의해 규정되기도 한다. 가령 정직성, 성실성 그리고 도덕적 향상에 대한 인간의 잠재성에 대한 감각이 그것이다. 그린에게서 볼 수 있는 것이 그것으로, 또한 작가가 주인공에게서 보여주는 것도 바로 이것이다.

실제로 우리는 모두 완전히 이해하지 못하는 일련의 배경과 틀 속에서 행위하고 사고하고 또 느끼고 있다. 그것들에 대한 총체적 책임을 개인에게 지우는 것은 인간조건에서 벗어나기를 바라는 것과 같다. 동시에 어느 정도의 자유로운 움직임과 변화의 여지를 남기지 않는 배경 또한 존재하지 않는다. 인간의 삶의 현실은, 독단적 합리주의자나 궁지에 몰린 정통파의 마니교적 경직성의 양 진영에 의해 상상되는 것보다 더 혼란스럽다.

하지만 여기서 워드 부인이 가장 잘 드러내는 것은 교차압력을 둘러싼 격렬한 고통이다. 칼라일과 아널드에서도 그랬듯이 엘스미어에서도 그것은 마찬가지였다. 즉 그들의 고뇌는 단지 그것과 관련해 동원되고 있던 합리적 성찰만으로 설명될 수 없었다. 즉 비인격적 질서는 기독교를 부정하라는 압력을 가하고 있는 반면 역사에서의 모종의 목적이나 방향의 필요성은 기독교를 요구했다. 또한 칼라일과 어머니 간의 왕복서신에서도 볼 수 있듯이 깊은 개인적 감정도 연루되어 있었다. 유년기의 신앙을 포기하는 것은 종종 큰 고통을 수반했다. 신앙의 그와 같은 후퇴를 그리면서 윌슨이 말한 대로 그것은 "모험 이야기인 만큼이나 상실 이야기였다."[24]

칼라일과 아널드의 성찰은 기독교에서 벗어나 모종의 비인격적 질서의 종교로 이행하기 시작했을 때 다리가 되어주었는데, 그것의 구조가 진화론을 둘러싼 논쟁에 의해 흔들리기 전까지는 그랬다. 진화론을 둘러싼 논쟁은 그와 같은 종합의 한쪽을, 즉 유물론
388 과 환원주의에 맞선 방파제로서의 (비인격화된) 기독교의 구원을 위협했다. 그와 같은 위기는 결국 불타고 있는 (신학적) 집에서 (도덕적·문화적) 가재도구를 구할 것을 약속한 다른 타협으로 가는 길을 가리켰다.

하지만 그것은 단기적으로 볼 때 판돈을 올렸다. 앞 장에서 필자는 빅토리아조의

24 A. N. Wilson, *God's Funeral*, p. 4. 윌슨은 하디 시에서 저서 제목을 차용하고 있는데, 하디 시는 신앙의 쇠퇴에 대한 애도감과 상실감을 웅변적으로 표현하고 있다.

과학과 신앙 간의 논쟁 그리고 이런저런 방식으로 그것을 해결한 결정적 고려라고 생각하는 것을 서술했다. 간단히 나의 주장을 요점만 말하자면, 수많은 것을 결정한 것은 과학이라기보다는 오히려 우리의 인식론적 곤경에 관한 두 가지 이해방식 간의 투쟁 — 도덕적 의미로 물들어 있고, 성숙함과 유치함이라는 이미지와 연결되어 있었다 — 이었다는 것이다. 하지만 신의론 문제 또한 모종의 역할을 했다. 보다 이전에도, 다윈 이전 단계에서도 이미 일정한 역할을 했다. 역사의 방향 같은 것에 대한 칼라일의 보다 엄격한 신앙은 리스본 대지진도 별 어려움 없이 수용할 수 있을 텐데, 그것은 [정통파] 기독교에 대한 그것의 우위를 보여주는 사실의 일부로 간주되었다.

하지만 다윈적 상은 만물에 선의가 미친다는 점을 중점에 놓는 일반적 설계이론마저 산산조각 내는 경향이 있었다. 우리가 마주치는 자연은 '이빨과 발톱이 피로 빨갛게 물들어' 있으며, 시스템은 부적응자의 멸종과 선별에 의해 작동한다. 그것은 기독교 신앙을 크게 흔드는 것일 수도 있지만 동시에 보다 고차적인 존재 양식을 향해 가는 — 코스모스에 닻을 내린 — 역사적 벡터로 섭리를 바라보는 보다 비인격적인 이해방식마저 훼손했다. 결국 정통 기독교보다는 세계-영혼 또는 코스모스적 힘을 함의하는 그와 같은 종류의 세계관이 더 큰 궁지에 몰린 것처럼 보인다. 그렇다고 해서 오늘날에는 비인격적 힘으로서의 신을 믿는 사람들이 많이 존재하지 않게 되었다는 말이 아니다. (다음 장에서 볼 수 있듯이) 오늘의 여론조사는 그들이 많음을 보여준다. 그리고 대중영화도 그것을 상기시킨다(〈포스[신]가 당신과 함께하기를MAY THE FORCE BE WITH YOU〉). 하지만 명확하게 주장되고 지적으로 옹호된 견해로서의 그것은 크게 후퇴한 반면 무신론적 유물론과 정통 기독교는 여전히 상호 논쟁 중이다.

그것은 부분적으로는 신의론 문제와 관련이 있을 것이다. 앞서 말한 대로(7장) 신의론 문제는 항상 유신론의 맥락에서 제기될 수 있는데, 그것은 항상 충족되었다고는 할 수 없는 몇 가지 조건하에서만 실제 문제로 느껴질 수 있을 것이다. 가령 자연과 관련된 것(기아, 질병)에 의해서건 아니면 영=정신적인 것(악마, 마귀, 숲의 정령 등)에 의해서건 위협받고 있다는 느낌에 쫓긴 채 주술화된 세계에 산 전근대인은 조력자나 구원자로서의 신에 호소하는 것에 보다 큰 관심을 가질 수 있었을 것이다. 물론 사태가 어떻게 그렇게 전개되기에 이르렀는지를 설명하는 것은 본인 능력을 훌쩍 뛰어넘음을 인정한 채 말이다. 신이 세계를 창조한 목적이 무엇인지를 정확하게 알고, 그와 같은 의도에 비추어 결과를 검증할 수 있다고 생각하기 시작한 근대에 신에게 책임을 돌린다는 관념이 보다 분명한 의미를 갖고, 한층 더 두드러지게 되었다. 무신론적 맥락에서 신의론을 둘러싸고 제기된 쟁점이 그러한 선명함을 물려받았다. 단, 이번에 기준을 정하는 것은 우리이게 되었다. 그리고 인간의 운명에 대해 우리가 알고 또 인식할 수 있는 것 외에는 아무것도 더 이상 존재하지 않는다고 상정되었다. — 특히 그와 같은 세계에
389 서 추적 가능한 삶의 경로 이후 또는 그것을 넘어선 것은 아무것도 없는 것으로 상정되었다. 또는 만약 있더라도 이런저런 [명백한] 성질을 가진 것이어야 했다. 신이 무신론 시험에 낙제하는 것은 정해져 있다. 그것은, 섭리에 기초한 이신론의 시험에 신이 훌륭하게 합격하는 것이 정해져 있던 것과 같은 정도로 확실했다.

무신론자와 이신론자는 유사한 틀 내에서 언쟁을 벌이고 있는 중이다. 즉 우리는 기준을 알며, 사람들에게 무슨 일이 일어나고 있는지를 알고 있다고. 그리하여 그들은 서로 점수를 따져볼 수 있을 것이다. 그리고 자연과 역사의 가장 무서운 측면을 볼 때 보다 많이 득점하는 경향이 있는 쪽은 무신론자이다. 기독교도들에게 부정적 신의론에 대한 그와 같은 주장은, 즉 존재한다고 주장할지도 모르는 모든 신에 대한 비난은 항상 깊은 혼란을 야기한다. 가령 사랑하는 사람의 죽음 같은 비극적 사건을 지근거리에서 볼 때 실제로 그렇듯이 말이다. 하지만 그와 같은 비난을 논박하기에는 무력함을 사람들은 자각하고 있다. 반론하기 위해서는 결코 알 수 없는 것을 알아야 할 것이기 때문이다. 즉 증명하거나 논증할 수 있어야 하기 때문이다. [신의 의지를] 옹호할 수 있는가 하는 문제는 역사적으로 부정하기 어려운 것 — 즉 어떤 사람은 지진으로 죽고 다른 사람은 가스실에서 죽었지만 아무도 구하러 오지 않았다 — 으로 증명될 수 있는 것 이상의 것이 인간의 운명에 존재하는가에 의존한다. 기독교도는 그와 같은 비난에 대해 오직 희망으로만 응답할 수 있을 것이다.

어떤 의미에서 기독교도에게 남은 유일한 태도는 앞서 서술한 바와 같은 전근대적 입장과 같은 것을 회복시키고, 신을 잔혹한 꼭두각시 놀리는 사람이 아니라 조력자로 보는 것뿐이다. 다만 이전에 그와 같은 입장은 종종 소박하게 — 즉 다른 대안이 존재한다는 감각 없이 — 수용된 반면 이제는 완전한 자각 속에서 회복되어야 한다. 아마 그것

이 도스토옙스키가 『카라마조프 씨네 형제들』 중 '대심문관 전설'에서 절정에 이르는 이반과 알료샤 간의 대화에서 말하고 싶었던 것일 것이다. 이반은 모든 논의를 농락한다. 그에 대한 알료샤의 유일한 응답은 깊은 곤혹일 수밖에 없다. '독신적'이라고 그는 한마디 한다. 또는 논란의 불씨를 키우지 않으려고 전전긍긍한다. 하지만 궁극적 쟁점은, 어떤 태도가 이반이 너무나 생생하게 묘사하는 야만적이고 잔혹한 곤경을 변형시키기 시작할 수 있느냐이다. 소설의 나머지는 그와 같은 물음에 대한 응답을 제시하기 위한 것이라고 할 수 있다.

그리하여 신의론은 코스모스적 힘에 관한 그와 같은 이론들의 후퇴에서 모종의 역할을 했을 수 있을 것이다. 하지만 그것이 이야기의 전부일 수는 없을 것이다. 아마 결정적인 점은 이것일 것이다. 즉 인격적 행위 주체로서의 기독교적 신을 포기하면서도 기독교의 경건한 신앙의 힘의 일부에 매달리려는 시도로서 그와 같은 중간적 입장에 지속적인 힘은 없었다. 결국 그와 같은 입장은 우리의 정신[두뇌]은 얻을 수 있을지 몰라도 마음[영혼]은 얻을 수 없을 것이다.

이상의 판단에 대해서는 일단 영국을 떠나 프랑스를 살펴보면 일정한 지지를 얻을 수 있을 것이다. '인간성의 종교Religion of Humanity' — 콩트와 그의 실증주의뿐만 아니라 생시몽과 그의 운동에서 파생된 여러 활동을 포함한 광의의 의미로 받아들인다면 — 는 기독교의 교리적 기반은 부정하면서도 기독교의 경건의 신앙의 힘의 일부는 유지하려는 그와 같은 시도의 또 다른 사례로 간주될 수 있을 것이다. 칼라일 및 아널드와 마찬가지로 그들 또한 낭만주의 시대의 독일 사상 속에서 새로운 종교의 원천 중 일부를 발견했다. 오직 여기서만 타협은 말하자면 신을 모종의 코스모스적 힘으로 축소시키는 존재론적 차원에서 이루어지지 않았다. 오히려 어떤 교리도 완전히 배제한 채 경건 390
의 신앙의 제도와 관행과 태도를 유지하려는 시도가 이루어졌다. 콩트는 삶에서 중요한 전환기를 표시하는 일련의 의례를 제공하기 위해 위계화된 성직자 제도와 성례를 도입할 것을 제안했다. 그는 어떤 의미에서 가톨릭 신앙의 교리에 조목조목 상응하는 본보기를 제공할 준비가 되어 있었다. 그러나 그의 교의의 핵심에 있던 것은 인간성 및 과학에 의한 그것의 진보였다.

실증주의는 하나의 운동 및 준-종교로 이룩했으며, 심지어 멕시코(디아스Porfirio

Diaz는 실증주의자였다)와 브라질에서도 중요한 역할을 했다. 하지만 보다 장기적으로는 쇠퇴해갔다. 의례는 너무 취약한 기반 위에 서 있어 유지될 수 없었고, 이윽고 사라졌다. 축제와 월력을 완비한 프랑스혁명의 의례가 그랬던 것처럼 말이다.

아마 칼라일과 콩트를 또 다른 유럽적 맥락에서 생각할 수도 있을 것이다. 즉 19세기와 이후의 사상, 생활, 예술에 지대한 영향을 미친 낭만주의 시대의 유력한 등장인물이라는 맥락이 그것이다. 두 사람의 영향은 바그너, 바쿠닌, 마르크스, 베를리오즈, 위고 같은 사람에게 미쳤다.[25] 그들은 8장에서 명확히 해본 여러 종류의 '축'에서 드러나고 있던 시대에 대한 일련의 불만 중 일부에 대해 각기 다르면서도 중첩되는 공격노선에 따라 응답을 시도했다. 그들의 반론은 공허함, 미의 결여, 자아와 자연으로부터의 분리, 원자적 성격, 당대 세계의 불의에 대한 비판을 포함했는데, 그것을 통해 세계에 영향을 미쳤다. 그중 운동을 시작한 것은 콩트, 마르크스, 바쿠닌뿐이며 마르크스만이 지속적 힘을 유지했다. 비록 바그너와 위고는 오늘날까지도 우리의 정전에서 중요한 인물로 남아 있지만 말이다. 하지만 그와 같은 비교의 요점은, 그들의 견해가 현재까지도 지속되고 있다고 생각될 수 있는 유일한 사례(이 범주에 들어가는 것은 아마 오직 마르크스뿐일 것이다)는 이 영역의 유물론적 측면의 마지막에 위치한 요소뿐임을 보여주는 데 있다. 종종 지적된 대로 전투적 마르크스주의는 너무나 자주 종교를 장식하는 일부 액세서리를 이용해먹었다. 하지만 절대 그렇지 않다고 극구 부인하면서. 그리고 21세기에 접어들면서는 심지어 그와 같은 준-종교적 지속력마저도 급격히 쇠퇴 중인 것 같다.

물론 20세기로의 전환기에 하디가 우주의 근저에 놓인 지고의 힘으로 돌아가는 것을 볼 수 있다. 그러나 그것은 이미 칼라일과 아널드와는 다른 도덕적 공간에서의 일이었다. 지고의 의지는 맹목적이고 잔인해 보일 수 있을 것이다. 그리고 비록 말년의 하디는 그와 같은 지고의 의지가 그로 인해 너무나 험하게 농락당한 우리 삶과 함께 발전하고 개선될지도 모른다는 생각을 제시했지만 우리는 칼라일에게 감명을 준 괴테 및 초월론적 이상주의의 계보보다는 오히려 쇼펜하우어(하디에게 영향을 주었다)를 벗하게

25 J. W. Burrow, *The Crisis of Reason*(New Haven: Yale University Press, 2000), 「서설」에서 이루어지는 매우 흥미로운 논의를 참조하라.

되었다. 하지만 설령 그렇더라도 하디의 사유의 그와 같은 형이상학적·우주론적 차원은 그의 소설과 시 수용에서 거의 망각되어왔다.

따라서 비인격적인 내재적 질서에 대한 근대적 감각에 기초한 기독교와 유물론 간의 교리적·형이상학적 타협은 매우 긴 저장수명을 갖지 않았던 것 같다. 아니면 외양이 기만적이었을까? 만약 — 나는 그렇게 주장하고 싶다 — 앞의 타협이 한편으로는 내재적 질서를 깊이 내면화한(또는 본인이 완전히 그와 같은 질서 내부에 있다고 생각하게 391
된) 사람들에게서의 기독교의 수용 불가능성 그리고 다른 한편으로는 세계의 시시함과 공허함 그리고/또는 근대에서의 인간의 삶의 내적 분리, 원자적 성격, 추함 또는 자폐적 성격에 대한 강한 불만 간의 깊은 교차압력에서 발생했다고 가정해보자. 그렇다면 이렇게 질문할 수 있을 것이다. 즉 19세기와는 비교할 수 없을 정도로 유물론이 강해지고, 정통종교 외에 중요한 경쟁상대가 존재하지 않는다고 생각되던 시대에 [정통종교에 의해 제시된 근대인의 삶에 대한 불만과 관련된] 두 번째 군의 고려는 어디로 사라졌을까? 그것은 그것이 많은 사람에게 더 이상 중요하지 않게 되었다는 의미일까? 즉 앞서 말한 19세기의 위대한 예언자들과 달리 우리는 순전히 내재적인 세계에 순응했다는 의미일까?

분명히 일부 사람은 그렇게 순응했거나 적어도 그랬을 거라고 믿었다. '세속화'와 관련된 주인-서사는 거기에는 하나의 경향이 존재한다고 주장할 것이다. 즉 점점 더 많은 사람이 괴테, 칼라일, 하디 등이 이런 방식으로, 그리고 정통 기독교가 저런 방식으로 대답한 쟁점을 전적으로 회피하리라는 것이다.[26] 분명히 19세기보다 더 많은 사람이 그와 같은 범주에 속한다고 선언할 것이다. 하지만 여기서 그와 같은 추세가 지속되었음을 보여주는 근거는 그리 강하지 않은 것 같다. 그것에 공명하는 축 전체에서 제기된 공허감, 시시하다는 느낌 그리고 불만은 여전히 우리와 함께 있는 것 같다. 보다 젊은 세대는 반란을 일으켰는데, 그중 근래 들어 가장 눈에 띄는 것은 1960년대의 그것이었다. 여러 여론조사는 많은 사람이 아직도 우주 및/또는 자기 삶에서 어떤 비인격적 힘의 작용을 인정하면서 본인이 여전히 그와 같은 형이상학적 절충안 속에 위치하고

26 Steve Bruce, *God Is Dead*(Oxford: Blackwell, 2002), p. 42. 그와 같은 견해에 대해서는 다음 장에서 논한다.

있음을 받아들이고 있음을 보여준다. 그와 같은 타협적 형이상학의 짧은 저장수명은 한편으로는 지적·학술적 세계의 현상이고, 다른 한편으로는 종교적·이념적 제도의 현상이다. 한쪽의 지적·학술적 세계와 다른 쪽의 일반인의 영=정신적 삶 간에는 중요한 괴리가 존재한다. 그것은 다음 장에서 (충분히 설명할 수 없을지도 모르지만) 탐구하도록 하겠다.

하지만 여전히 다시 이렇게 질문할 수 있을 것이다. 낭만주의 시대의 일군의 불만족은 당대의 유물론자 사이에서 어떻게 되었을까? 모두 별 문제없이 순응할 수 있었을까? 그리고 여기서도 또 대답은 부정적일 것이다. 하디 그리고 오늘날까지도 계속 그에게 의존하는 우리에게서 볼 수 있듯이 종종 동일한 낭만주의적 원천에 기대 보다 충일하고 보다 깊은 것에 대한 감각을 명확히 할 필요가 아직도 계속되고 있다. 다만 모든 인간 외적 원천으로부터 분리시키기 위해 그것을 재해석해야 한다. 아래서는 그와 같은 과제로 돌아갈 것이다.

2

코스모스 수준에서의 그와 같은 비인격적 질서 관념과 동시에 근대적인 상호이익질서의 다양한 형태 및 그에 대한 반발이 필자가 '노바'라고 부르는 것 — 즉 지난 2세기 동안 신앙/비신앙 간의 논쟁을 둘러싼 새로운 선택지의 증가 — 의 발전에서 중요한 역
392 할을 해왔다. 가령 양도 불가능한 권리 개념을 전면에 내세운 미국의 「독립선언」에 함의된 질서상은 원래 내가 '섭리에 기초한 이신론'이라고 부른 견해 속에 자리 잡고 있었다. 인간 존재는 그와 같은 권리를 '조물주에 의해 부여받았다.' 질서는 신에 의해 설계된 섭리적인 것이다. 그와 같은 질서는 결국 주권적 인민은 '신 아래의 한 백성'이라는 사회적 상상계를 키우게 된다. 교파로 나뉘기는 했지만 그것의 통일성은 그처럼 자유로운 삶을 위해 인간 존재를 창조한 선량한 창조주에 대한 신앙 위에 정초되었다.

그와 같은 유신론적 정초는 이후 점차 붕괴되어갔다. 많은 미국인에게 신을 참조하는 것은 의미 없고, 심지어 위험하기까지 했다. 하지만 원래의 사회적 상상계는 인구의

중요한 부분 사이에서 계속되고 있다.

그와 제법 유사한 사회적 상상계가 영국 사회에도 존재했다고 주장할 수 있을 것이다. 거기서 법과 자유로운 제도는 자체가 양식[품위]decency의 윤리와 강하게 동일시되는 프로테스탄티즘 기독교와 동일시되었다. 현재는 그것 또한 붕괴되었지만 완전히 사라진 것은 전혀 아니다.

그와 같은 '앵글로색슨' 사회 그리고 비슷한 다른 사회에서는 상호이익을 촉진시키기 위해 관계를 맺는다 — 그리고 평등한 권리를 가진 여러 개인으로 구성된다 — 는 근대적 질서 관념이 점차 사회적 상상계를 점령해갔다. 그것이 이전의 관념을 인수하고, 대의제와 법의 우위 같은 정체의 전통적 특징에 새로운 의미를 부여하게 되었다. 그렇게 하는 가운데 개인주의적 · 평등주의적이기보다는 위계제적 · 전체론적인 이전 버전의 질서를 대체했다.

근대적 질서 관념은 사회를 '수평적' 현실로 제시하는 사회적 상상계에 숨결을 불어넣었다. 그와 같은 사회에는 누구나 직접-접근할 수 있고, 또 공론장, 시장경제, 인민주권 같은 형태 속에서 볼 수 있듯이 그러한 사회는 세속적 시간 속에서 우리의 공동의 행위에 의해 창조되고 지탱되기 때문이다. 반대로 보다 이전의 수직적 시각에 따르면 사회는 위계제적으로 질서지어진 여러 부분으로 구성된다. 그것이 사회를 이루는 우리의 정체성을 결정하는데, 그리하여 우리는 부분을 통해 매개적으로만 전체와 관계를 맺을 수 있을 뿐이다. 우리는 지주나 소작인, 성직자나 속인으로, 일정한 교단이나 조합의 구성원으로 왕국에 속한다. 그와 같은 복잡한 통일체는 구성원의 세속적 행위에 의해 창조되는 것이 아니라 그에 앞서 존재한다. 그것은 ('두 신체'를 가진 왕국과 같이) 사물의 질서 자체 위에 정초되거나 아니면 까마득한 옛날부터 존재해왔다. 정체는 존속을 위해 위계제적 질서, 특히 그것의 정점을 필요로 한다. 국왕 없이 프랑스는 존재하지 않는다. 왕국은 국왕 밑에 있는 실체로서만 통합될 수 있다.

지난 3세기의 이야기는 수직적 모델이 때로는 느슨하게, 때로는 급속하게 수평적 모델로 대체되는 과정이었다. 그것은 점진적일 수도 있고, 심지어 몇몇 측면에서는 눈치 채지 못하고 지나가기도 했다. 왜냐하면 사람이나 집단이 체험하는 사회적 상상계는 복잡한 것으로, 궁극적으로 양립 불가능해 보이는 요소를 결합시킬 수 있기 때문이다.

393 때로는 야단법석을 떨지 않고 한쪽에서 다른 쪽으로 옮겨가기도 한다. 거의 분명하게 의식하지 못하고 그렇게 하는 것 같다. 가령 미국에서 독립전쟁 이후 대의제가 인민주권이라는 새로운 관념의 틀 속에 새로운 맥락에서 편입되어가는 데서 볼 수 있듯이 말이다.

그리고 비슷한 이유로 영국사에서 분명히 볼 수 있듯이 두 모델[대의제와 인민주권]은 공존할 수 있다. 여기서 두 모델의 차이점이 간과되고 있다고는 말할 수 없다. 왜냐하면 18세기에 토리당과 휘그당 간에 양자가 대체로 합의한 법체계와 헌법 원리에 기초한 행위를 어떻게 해석할지에 대해 이념논쟁이 벌어졌기 때문이다. '휘그당'은 혼합정체를 계약론이라는 측면에서 정당화하고 싶어 하는 경향을 보였다. 그렇게 근대적 모델에 도달하려고 애썼다. '토리당'은 보다 이전의 모종의 수직적 모델을 고집하고 싶어 했는데, 심지어 왕권신수설 같은 보다 최근의 극단화된 버전을 종종 만지작거리기도 했다. 양자의 현실 정치적 차이점은 그처럼 상이한 이론에 의해 정당화될 수 있는 것으로 여겨졌지만 또한 양측은 헌법과 법체계 전체를 이해하기 위한 다른 방법도 제시했다.

이론의 순수한 하늘에서 벗어나 사회적 상상계 수준으로 시선을 옮기면 많은 영국인은 앞의 3세기 동안 세 모델이 혼합된 세계에 살았을 가능성이 높다. 그들의 세계에서는 공론장, 시장경제처럼 수평적 모델에서만 의미를 가질 수 있던 사회 형태가 차지하는 영역이 점점 확대되고 있었다. 그들의 정치제도는 참정권이 지속적으로 확대되면서 점차 인민주권의 요구에 부합하게 되었다. 하지만 정체 자체는 군주제로 계속 유지되면서 위계제적 요소를 지니고 수직적 양식의 정초에 의거한 의례에 많은 것을 호소하는 형태를 취했다. 교회의 축복을 받은 군주제는 까마득한 옛날에 뿌리를 두고 있었다. 이 모든 것이 앞서 서술한 (본성 자체상 근대적인) 국민의식에 의해 통합될 수 있었다. 거기서 입헌군주제, 그것이 신성시하는 권리와 자유, 프로테스탄티즘 종교 그리고 모종의 '양식[품위]'의 윤리 모두 밀접하게 얽힌 영국적 정체성의 구성요소로 인식되었다. 그와 같은 사례, 또 유사 사례에서 그와 같은 정체성의 부식은 4부에서 살펴보겠지만 신앙에 심각한 (부정적) 결과를 초래할 수 있을 것이다.

그러나 그와 같은 혼합 형태 내에서 각 요소 간의 균형은 천천히 눈에 보이지 않는 방식으로 변해나가기도 했다. 사실 근대의 수평적 상상계를 구현하는 형태가 점점 더 많은 공간을 차지하게 됨에 따라 일종의 경사傾斜가 생길 수밖에 없었다. 처음에는 수직적 모델이 틀을 형성했다. 군주제는 잉글랜드(영국[브리튼]도)의 본질적 부분이었다. 수평적 요소는 그것의 기본적 위상을 위협하지 않고 그것에 부합해갔다. 심지어 〈잉글랜드내전〉에서 군주제에 대한 반역조차 앞의 사실 자체는 문제시하지 않았다. 반대로 공화국에 관한 부정적 경험이 군주제를 강화하기까지 한 것 같았다.

그러나 시간이 흐르면서 균형이 변해갔다. 빅토리아조 중기에는 공화제가 영국인에게 하나의 선택지가 되기 시작했다. 그리고 당시에는 밀려났지만 오늘날 다시 공화제가 하나의 가능성으로 떠올랐다. 영국의 사회적 상상계가 두드러지게 수평화되었다. 그것을 틀 짓는 이해방식은 인민(또는 권리양도라는 측면에서 생각한다면 복수의 인민)을 394
중심으로 하는데, 인민은 입헌군주제를 선택했지만 미래에는 그것을 바꿀 수 있다는 것이다. 그렇게 천천히 기울어져가는 과정은 실제 현상으로서는 반드시 인식 가능한 것은 아니지만 현대적 형태의 확산으로 미루어보아, 후일에 뒤돌아볼 경우, 그것의 방향은 불가피해 보인다.

영국 전체에서는 19세기 초의 복음주의와 관련해 발생한 신앙과 그것의 실천의 부흥이 앞서 언급한 영국적(또는 잉글랜드적) 정체성과 모종의 경건 간의 종합을 굳건히 하는 데 도움이 되었다. 그와 같은 종합은 자유와 상호이익이라는 근대적 질서에 관한 특정한 독법을, 즉 영국의 법과 영국적 방식 — 특정한 개인주의, 권리 개념, 의회제 통치, 법의 지배 — 에 편입되어 있다고 생각된 변형태를 포함했다. 그리고 영국의 법과 영국적 방식은 유럽대륙의 국가, 특히 가톨릭 교황제 국가들이 빠지기 쉬운 자의적·전제적 형태의 통치에 비해 우위에 있는 것처럼 보였다. 특정한 법[의 지배], 또 특정한 '양식'의 도덕은 영국다움의 진수를 보여주는 것으로 여겨졌다. 그것들은 또한 보다 큰 섬에서 자란(아일랜드에서는 안타깝게도 뿌리내리지 못한) 일종의 자유를 존중하는 프로테스탄티즘 기독교와 불가분하게 연결되어 있는 것으로 간주되었다.

따라서 그와 같은 종합에는 세 측면이 내포되어 있었다. 즉 영국, 프로테스탄티즘, 양식이 그것이다. 그러나 또한 네 번째 측면과도 관련되어 있었다. 영국인이 수용한 문명의 이상이 그것으로, 그것은 위에서 서술한 세 가지 요소의 종합에 의해 강하게 채색되었다. 근대 유럽에서 발전한 '문명' 개념에는 앞서 논의한 일련의 측면이 존재한다(2

장). 그중 한 측면으로 경제와 기술 발전이 포함되었다. 예술, 공예, 산업, 기술, 과학이 그것이다. 다른 한편 감수성이라는 측면이 포함된다. 예술, 미, 감정과 표현의 세련, 보다 넓은 의식이 그것이다. 동시에 또한 정치적 측면도 갖고 있었다. '문명화된' 사회는 이 단어 자체가 함의하듯 질서를 유지하는 방식으로 통치되었다. 그와 같은 사회에는 '야만적' 부족과 달리 국가, 법, 질서, 내부평화가 존재했다. 그것과 밀접하게 관련되어 있던 것이 네 번째의 규율훈련 차원이었다. 문명화된다는 것은 요구하는 것이 많은 까다로운 규율훈련, 자제, 윤리적으로 통제되는 고도의 행동 기준, 매너, 기타 필요한 관습의 내면화를 의미했다.

이 네 측면은 [상호] 연결되어 있다고 생각되었고, 따라서 통일된 개념이었다. 평화와 법 없이 어떻게 과학의 진보나 경제의 진보를 전망할 수 있을까? 그것들 없이 어떻게 세련미를 발전시킬 것인가? 하지만 세 번째 측면과 네 번째 측면이 특히 긴밀하게 결부된 것으로 생각되었다. 문명화된 통치와 법의 지배는 특정한 양식의 자기규율의 외적 표현이었기 때문이다.

하지만 영국인들은 유럽대륙의 대부분의 이웃과는 다른 종류의 정부와 법을 갖고 있다고 자부했기 때문에 문명 개념도 특정한 방식으로 굴절시키게 되었다. 유럽 전체가 아프리카는 말할 것도 없이 아시아에 비해 '문명화'된 반면 특수한 영국문명은 그 자체로서 우위를 차지했다. 유럽 일반의 우월감 내에서지만 그와 같은 민족적 굴절이 제1차 세계대전 동안의 볼썽사나운 광경을 설명하는 데 도움을 준다. 즉 양 진영 모두 '문명'
395 을 위해 싸운다고, 즉 브리튼족은 '훈족'에 맞서, 게르만족은 반半-아시아적인 제정 러시아 무리에 맞서 싸운다고 주장하고 있었던 것이다.

법과 규율훈련 간의 그처럼 긴밀한 관계는 해당 문명이 대문자 개혁의 자각적 노력에 의해 구축되어왔으며, 우리는 최근의 역사에서 '문명화된', 양식적인 또는 '기독교적' 삶에 따른 고도의 요구를 충족시키도록 훈련받아왔다는 지속적 감각을 반영하고 있다. 그와 같은 수준에 이른 것은 아직까지 전례를 찾기 어려운, (지구 규모의 기준에서 보면) 보기 드문 최근의 성취였다. 부분적으로는 지적 진보의 성과였지만 보다 큰 측면에서는 조직화된 자기규율과 사회적 변형의 결과였다. [휘그파 역사가이자 정치인. 인도 총독 고문으로 법 앞에서의 만인의 평등, 영어 교육, 인도 형법전 작성 등 인도 통치에서 중요한 역할을 한] 토마스 매콜리Thomas Babington Macaulay는 일찍이 이렇게 말한 적이 있다.

> 여간하지 않은 불운, 여간하지 않은 통치의 실패가 국민을 비참한 꼴로 만드는 것에 대해 가장 책임이 클 것이다. 반대로 물리적 지식의 부단한 진보 그리고 자기개선을 위한 각자의 부단한 노력은 국민의 번영에 크게 기여할 것이다.[27]

이 생각이 유럽의, 그리고 보다 개별적으로는 영국적 문명의 사상/이상에 관한 배경이해의 일부를 이루었다.

그런데 그와 같은 사상/이상은 원래의 최성기인 빅토리아조 형태에서는 대부분의 사람에게 기독교문명과 불가분의 형태로 연결되어 있었다. 많은 사람에게 훈련과 양식, 자유와 선의의 윤리를 들이대고 있던 것은 복음주의적 기독교였다. 복음주의자에게 신을 따른다는 것은 자신을 훈련하고, 부단한 노력과 단련으로 저급한 충동을 억제하면서 인류에게 공헌하도록 노력하는 인격을 형성함을 의미했다. 매콜리 어머니는 훈련을 통해 지력을 닦을 것을 촉구했다. 그에 따라 '장차 본인의 힘과 재능으로 신의 영광을 더 잘 찬양하고', 그리하여 "영원한 거주지"[28]에 받아들여질 수 있도록 말이다. 자기 재능으로 신을 찬양하는 것은 주로 자선 행위를 통해 이루어졌다. 보편선에 대한 그와 같은 복음주의적 헌신의 진지함은 정치적 성취에서 찾아볼 수 있을 텐데, 그중에는 대서양 양쪽에서 성공을 거둔 〈노예제반대운동〉 및 안타깝게도 제국에 봉사하고만 각종 "개혁운동"[29]에 대한 헌신도 포함되어 있었다.

27 Jane Millgate, *Macaulay*(London/Boston: Routledge and Kegan Paul, 1973), p. 137에서 재인용.

28 George Otto Trevelyan, *The Life and Letters of Lord Macaulay*[1876], enlarged and complete edition(London: Longmans, Green, 1908), p. 33.

29 그와 관련해 매콜리가 추구한 가치는 친구이자 협력자인 벤팅크 경Lord William Bentinck을 기리기 위해 캘커타에 세운 기념탑을 위해 지은 비문으로부터 미루어 짐작해볼 수 있을 것이다.

> 7년 동안 탁월한 사려분별과 고결함과 자비심을 갖고 인도를 통치한 윌리엄 벤딩크 경에게,
> 그는, 위대한 제국의 정상에 서서, 사적 시민의 소박함과 겸손함을 결코 등한시하지 않았도다.
> 동양의 전제주의에 영국의 자유를 불어넣었도다.
> 통치의 목적은 피통치자들의 행복임을 결코 잊지 않았도다.
> 잔혹한 의례를 폐지하고,

그러나 내가 '섭리에 기초한 이신론'이라고 부른 보다 이전 형태의 경건이 배타적 휴머니즘의 토대를 마련해준 것과 마찬가지로 그와 같은 정력적 복음주의는 신앙에서 벗어난 자제self-control의 철학으로 가는 길을 열었다. 규율훈련된, 완충재로 덮인 행위 주체의 창조가 순전히 인간적인 틀로 이루어지는 재해석을 불러왔듯이 자기-재구축의 성공 자체도 동일한 휴머니즘적 재해석을 촉진했다.

그리하여 [소설가 버지니아 울프의 아버지로 1859년에 국교회 목사가 되었으나 칸트 등의 영향을 받아 정통신학에 회의를 품고 불가지론으로 기운] 스티븐Leslie Stephen과 밀 같은 위대한 인물에 의해 빅토리아조 성기에 등장한 자제의 윤리가 새롭게 정정되게 되었다. 의무와 이타주의의 윤리가 그것이었다. 거기에는 한편으로는 선의의 의무와 다른 한편으로는 이기적 욕망이 대립적 양극을 이룬다는 대중의 느낌이 자리 잡고 있었는데, 이 점에서 칸트 철학과 친화성을 갖고 있었다.

그것이 내재성으로의 전환을, 18세기에 있은 인간 중심주의로의 경사의 일직선적
396 연속보다는 재개로 만들었다. 보다 이전에는 '자기애'와 '사회적인 것'이 '동일하다'고, 인간의 이기주의는 중립적인 것이거나 심지어 공감을 통해 선의가 되기로 예정되어 있다고 너무나 쉽게 믿어졌다. 그러나 19세기로의 전환기에는 이타주의라는 새롭고 보다 엄격한 이상으로 올라서는 것은 힘든 여정임이 인식되었다. 그렇다고 해서 복음주의자

치욕적 차별을 일소하고,
여론의 표현을 자유롭게 하였도다.
그가 지속적으로 고구한 것이 있었으니, 본인이 책임진 민족들의 지적 · 도덕적 성격을 격상시키는 것이 그것이었도다(Millgate, *Macaulay*, p. 64에서 재인용).

To William Cavendish Bentinck, Who, during seven years, ruled India with eminent Prudence, Integrity and Benevolence:
Who, placed at the head of a great Empire, never laid aside the simplicity and moderation of a private citizen:
Who infused into Oriental despotism the spirit of British Freedom:
Who never forgot that the end of Government is the happiness of the Governed:
Who abolished cruel rites:
Who effaced humiliating distinctions:
Who gave liberty to the expression of public opinion:
Whose constant study it was, to elevate the intellectual and moral character of the Nations committed to his charge.

들이 16세기의 시각, 즉 사회에서 '예의'는 자연의 이치에 거슬러 엄격한 규율훈련에 의해 주입되어야 한다는 시각으로 돌아갔다는 말은 아니다. 반대로 동시대인들과 마찬가지로 몇 가지 기본적인 기준이 이미 충족되었다고 상정하는 경향을 보였다. 다만 이타주의에 관해서는 판돈을 올렸다. 그들도 동시대의 다른 사람들과 마찬가지로 시대가 처한 곤경을 역사적으로 이해했다. 그것이 그들이 영국문명의 우위를 이해하고 있던 틀이었다.

하지만 전칭명제로서, 복음주의자들은 좋은 습관을 들임으로써 인격이 육성되어야 한다고 믿었다. 개인이 당시 통용되던 기준에 도달하는 데서도, 또 기준이 역사적으로 진화하는 데서도 시간이 걸렸다.[30] 강한 의지를 형성하고, 이기주의를 제어하기 위해 의지의 힘을 지속적으로 단련하는 데는 많은 노력이 요구되었다. 이기주의는 언제든지 빠질 수 있는 수렁이었다.

의지와 투쟁의 그와 같은 도덕적 심리학은 새로운 휴머니즘이 출현하는 근거가 된 복음주의적 견해를 반영하고 있었는데, 새로운 휴머니즘은 어떤 의미에서 내재성의 음조로의 전조였다. 유혹과 약함에 맞선 지속적이고 주의 깊은 투쟁은 원래 영=정신적 투쟁에 대한 복음주의적 견해 속에서 이해되었는데, 이제 의지의 힘을 형성하고 단련하며, 의무의 이름으로 보다 저속한 욕망을 격퇴하기 위한 지속적 요구로서의 새로운 휴머니즘으로 이어지게 되었다. '남자다움이 스티븐 눈에 그토록 중요한 자질' 또는 오히려 미덕의 묶음으로 비친 것은 이 때문이다. 애 같거나 여성스럽거나 감상적인 성격과 반대로 용기, 정신의 독립, 솔직하고 정직한 것이 인간 본연의 모습으로 여겨졌다. 스티븐이 신앙을 잃기 전에 '남성적 기독교'를 주창한 킹슬리의 동료였던 것은 놀랄 만한 일이 아니다. 스티븐에게는 앞의 자질이 모든 미덕으로 통하는 열쇠였다. 그것이 소크라테스/플라톤이 지혜에 부여한 것과 같은 지위를 차지했다.

30 Stefan Collini, *Public Moralists: Political Thought and Intellectual Life in Britain, 1850-1930*(Oxford: Clarendon Press, 1991), pp. 91-95(인용문은 94페이지). 영국문명의 우월성은 또한 그와 같은 종류의 인격 형성이라는 측면에서도 표현되었다. 가령 마셜은 이렇게 주장했다. 영국인은 다른 어느 민족보다 더 "자립적인 습관, 깊은 생각, 많은 신중함과 자유로운 선택"(92페이지)을 드러내왔다. 잉글랜드의 정치적 · 경제적 성공을 설명하기 위해 잉글랜드의 "민족적 성격"(107페이지 이하)이 종종 환기되었다.

> 한 가지 미덕이 다른 모든 미덕의 밑바탕에 놓여 있다. 그것을 힘, 활력, 생명력 또는 남자다움 또는 당신 마음대로 아무 이름으로 불러라.[31]

빅토리아조의 자기규율의 기독교가 의무와 의지와 이타주의의 휴머니즘으로 이행하기 위한 공간을 어떻게 만들었는지를 볼 수 있을 것이다. 양측은 많은 공통점이 있는데, 특히 이기주의와 선의를 대립적인 것으로 보는 이해방식이 그랬다. 그러나 전자에서 후자로의 이행의 존재적 기반은 완전히 달랐다. 기독교 신앙에서 선의는 첫째로 타락 이전에 신이 창조한 때 묻지 않은 인간성 때문에 가능했다. 하지만 타락에 의해 더렵혀졌기 때문에 회복하려면 또한 신의 은총이 필요했다.

휴머니즘에서 이타주의가 가능한 것은 일단 그와 같은 수준으로 올라간다면 그것을 보다 고차적이고 진화된 존재방식으로 간주하기 때문이다. 스티븐은 우리가 보다 강해지고 보다 생명이 넘칠수록 이타주의에 보다 끌린다고 생각했다. 보편선 관점에 비추어 생각할 수 있는 보다 고차적인 자아는 계몽과 인격 형성 과정에서 출현했다.
397 그것은 거리를 둔 이성이 개별적인 것으로부터 우리를 자유롭게 해주고, 보다 보편적인 선의 요구에 부합하는 삶을 살거나 아니면 비인격적 원리에 기초해 행동하도록 원하도록 만든다는 18세기적 사고방식의 한 형태임은 누구나 인식할 수 있었다. 그와 같은 생각의 원천 중 하나가 칸트였다.

하지만 낭만주의적 원천에서도 중요한 차용이 이루어졌다. 가령 조지 엘리엇은 포이어바흐에게 감화받았으며, 우리는 모든 것을 감싸는 사랑을 유지하는 능력을 내면에 갖고 있다고 믿었다. 그녀는 특정한 발전 단계에서 우리는 그와 같은 능력이 결실을 맺도록 할 수 있으며, 그리하여 이전에는 신적인 것에 귀속된다고 생각된 것이 실제로는 인간의 능력임을 인식하게 되었다.

밀과 스티븐 모두 각기 다른 방식으로 영국 낭만주의에 의존했다. 우리 내면 깊은 곳에는 감정적 원천이 숨어 있는데, 손상되지 않은 자연과 접촉함으로써 그것을 풀어놓을 수 있을 것이다. 그리고 그것을 찬미하는 시 그리고 자연과의 관계에 의해 그것을

31 Collini, *Public Moralists*, pp. 186-187, 193.

명확히 하고 강화시킬 수 있을 것이다. 워즈워스는 분명히 그와 같은 움직임에 큰 영향을 준 인물이었다. 따라서 밀에게 숭고한 자연미는 평소 우리를 성가시게 하는 사소한 것을 극복할 수 있도록 해줄 수 있었다. 그리고 스티븐에게 위대한 문학(그는 특별히 워즈워스를 언급한다)은 생명이 넘치는 감정과 접촉하는 것을 도와줄 수 있다.[32]

하지만 내면의 원천에 호소하는 가운데 그와 같은 저술가들은 각자의 입장에 모종의 긴장을 도입했다. 자발적 감정의 해방에 대한 추구는 규율에 대한 요구와 쉽게 대립될 수 있을 것이다. 만약 우리의 구원이 그와 같은 내면의 원천의 활용에 의거한다면 어떤 대가를 치르더라도 의지가 욕망을 지배하도록 하려는 시도는 구원을 향해 나가려는 충동을 결국 질식시켜버릴 수도 있을 것이다. 밀과 아널드 모두 그와 같은 긴장을 느꼈다. 밀은 '초췌하고 편협한 유형의 인격의 위험'에 대해 말한다. 경직성은 창조성을 파괴하고 보다 폭넓은 공감을 억제한다.

그렇게 밀과 아널드 모두 좋은 습관의 형성을 다른 것으로 보완할 필요를 느꼈다. 그리고 여기서 그들은 독일 낭만주의 시대 사상가들에게 의존했다. 아널드는 단지 '자기정복'만 끊임없이 추구하는 것에 맞서 괴테적 청량함, 완성된 조화를 추구했다. 밀은 그 나름대로 "극히 풍부한 다양성에서 이루어지는 인간의 발전"[*Ideen zu einem Versuch, die Gränzen der Wirksamkeit des Staats zu bestimmen*, 6장]이라는 빌헬름 폰 훔볼트Wilhelm von Humboldt의 표현주의적 이상에 의존했다. 그리고 '자기정복'의 끊임없는 추구는 인격 형성 요구를 방해하는 것으로 쉽게 간주될 수 있을 것이다. 훔볼트적 교양Bildung은 경험에 대해 열린 태도, 주체적 반응의 육성, [심]미적인 것에 대한 감각의 고양, 자기 자신의 잠재성의 탐구를 시사한다. 이 모든 것이 욕망에 대한 의지의 우위의 외골수적 추구를 훼손시킬 수도 있을 텐데, 특히 그와 같은 추구가 여성적인 것, 감정적인 것과 대립되는 '남자다움' 측면에서 규정되는 경우 그러하다.[33] 아래에서 의무와 의지의 그와 같은 윤리에 대한 몇 가지 반발을 살펴볼 때 그와 같은 긴장에 대해 다시 살펴볼 생각이다.

32 앞의 책, 71~72, 74~79페이지.
33 앞의 책, 101~103페이지.

빅토리아조의 기독교는 휴머니즘을 위한 공간을 만들어냈지만 그것만으로는 휴머니즘으로의 이행에 동기를 부여한 요인을 설명할 수 없다. 사태의 성격상 그와 같은 종류의 이행을 말끔히 설명하는 것은 불가능하다. 게다가 이유도 개인마다 엄청나게
398 달랐다. 그러나 앞 장에서 개관한 일련의 동기부여 모두가 이 문제와 관련되어 있음은 분명하다. 즉 기독교에 대한 반발, 과학의 충격, 특히 다윈의 진화론과 근대적인 우주적 상상계의 발전이 그것이다.

그리고 빅토리아조의 비신앙의 주요 인물들이 인간 중심주의로의 전환에 부수된 교차압력을 자각하는 가운데 그와 같은 우주적 상상계의 도덕적 의미 중 몇 가지에 어떻게 의거했는지를 우리는 이제 막 보아왔다. 가령 워즈워스적 의미의 자연에 말이다.

그러나 영국의 문화적 맥락에서 특히 강력했던 하나의 동기부여는 이타주의의 우위에 기초한 주장이었다. 기독교는 그와 같은 사항에서 두 가지 이유로 휴머니즘에 뒤떨어진 것으로 여겨질 수 있을 것이다. 첫째, 기독교는 이타주의에 대해 이승에서 외재적 보상을 제공하는 반면 휴머니즘은 선의를 그 자체의 보상으로 만든다. 둘째, 기독교는 이단자와 비신앙인을 시야에서 배제하려는 유혹을 종종 받지만 휴머니즘은 참으로 보편적일 수 있다. 가령 밀이 그와 관련된 논거를 제시했다.[34]

그렇게 비신앙을 위한 새로운 공간이 출현했다. 이타주의 및 의무의 휴머니즘이 그것으로, 종종 풍부해진 유물론 속에 뿌리내리고 있었다. 그것은 영국다움, 법, 양식, 문명, 종교를 관련시키고 있던 당시의 지배적 종합의 많은 부분을 그대로 유지할 수 있었다. 그것은 마지막 요소는 잘라냈지만 가능한 규율훈련, 의지, 인격 형성의 중요성을 그만큼 더 강하게 주장했다. 그리하여 그와 같은 휴머니즘이, 이 행복한 브리튼 섬에서 종합을 이루기 위해 오랜 기간 성공적으로 전개되어온 역사적 투쟁을 뒷받침해주게 되었다. 하지만 그와 같은 종합에 의문이 제기되자 이번에는 전혀 새로운 일련의 공간이 열리게 되었다.

그렇게 의문이 제기될 수밖에 없던 데는 일련의 명백한 이유가 존재했다. 인격 형

34 앞의 책, 74페이지.

성과 인간 발전 간의 틈새와 관련해 밀 입장에서 나타난 갈등에 대해서는 이미 언급했다. 다른 사람들은 규율훈련에 대한 강조가 상상력과 지성의 발전을 저해할 것을 우려했다. 또는 자발성과 정서 발달을 짓누를 것을 우려했다. 남자다움의 강조가 단적으로 그와 같은 위험을 심화시켰는데, 왜냐하면 감수성, 자기탐구, 그 자체를 위한 [심]미적인 것의 탐구, 그처럼 성장이라는 동일한 방향을 갖고 등장한 일군의 다른 형태에 대해 난색을 표했기 때문이다.

실제로 그와 같은 남성적 규율훈련에 대한 반발은 그것의 가장 중요한 제도적 장치 중 하나, 즉 퍼블릭스쿨을 고려하면 더 잘 이해될 수 있을 것이다. 그것은 19세기 중반에 개혁되어 — 가장 저명한 것은 아널드에 의한 〈럭비스쿨〉 개혁이다 — 빅토리아조적 의미의 인격 도야의 장이 되었다. 아난 지적대로 그것은 주로 두 가지 이상을 심어주었다. 남자다움과 충성이 그것이다. 아테나이 대신 스파르타를 고대 도시국가의 이상으로 삼았다.[35] 팀 스포츠의 강조가 훈련의 핵심적 부분을 차지했다.

그와 같은 교육은 큰 성공을 거두었다. 왜냐하면 그와 같은 학교에 다닌 젊은 남성 엘리트는 보다 이후의 삶에서 그와 같은 이상을 군대의 연대에서, 중역회의에서, 정치의 장에서, 그리고 본국과 제국의 공무에서 계승했기 때문이다. 그것의 성공은 아마 영국 엘리트의 상상 속에서 경기하는 이미지가 갖게 된 중요성에 의해 가장 잘 증명될 399
것이다. '이튼의 경기장'에서의 싸움에서 이길 수 있고, '경기를 하는 것'이 최고의 사회적 미덕이라는 관념은 늘 외국인은 놀라게 했지만 영국인의 강력한 에토스를 표현했다.

하지만 그와 같은 종류의 훈련이 극단적 충성심뿐 지성과 상상력은 결여된 — 포스터E. M. Forster가 한탄한 '미숙한 마음을 가진 자들'은 두말할 것도 없고 — 거친 사람을 배출할 위험이 있음은 즉각 짐작할 수 있을 것이다. 그것은 속물근성, 외부인 혐오나 무관심, 영국이 우월하다고 가정하는 무심한 태도 — 다른 사회에 대한 완전한 무지와 결합되었다 — 를 쉽게 조장할 수 있을 것이다.

이 모든 것은 앞서 제시한 개략적 스케치 속에 암시되어 있는 가능한 모든 축을 따라 다양한 반응을 촉발했다. 하지만 아마 우리 목적에서 가장 중요한 것은, 삶의 목적

35 Noel Annan, *Our Age*(London: Fontana, 1990), p. 58.

을 좁혀 일정한 행동 코드로 환원시켜버리는 것에의 반발이었다. 신앙/비신앙이라는 두 변형태 모두에서 규율훈련이라는 그와 같은 윤리는 도덕주의였다. 그것은 규율훈련, 자제, 높은 도덕적 기준의 실현을 지상의 목적으로 삼았다. 그와 같은 사정은 이전 세기에 가령 결국 감정을 해방시키는 효과가 있던 웨슬리의 설교에서 볼 수 있는 편협한 도덕주의에 대한 반발로 시작된 복음주의 양식에 대해서조차 타당성을 띠는 경향을 보였다. 도덕주의가 모두 그렇듯 그것은 너무 얄팍하고, 너무 건조하며, 오직 행동, 규율훈련, 통제에만 사로잡혀 삶을 변형시키고 통제에만 초점을 맞추는 편협한 관심으로부터 우리를 해방시켜줄 수 있는 어떤 위대한 도약이나 목적이 존재할 여지를 전혀 남기지 않았다. 나 자신이 올바르게 행동해야 한다는 강박관념은, 개인의 실존에 의미를 부여하는 어떤 압도적으로 중요한 목표나 성취를 위한 여지는 전혀 남기지 않는 것 같다.

근대의 도덕적인, 규율훈련된 삶은 감정을 억누른다는 그와 같은 불만은 종종 낭만주의의 그것과 복잡하게 뒤엉켜 지난 2세기 동안 재삼재사 되풀이되었다. 그것은 근대세계를 규정하는 다른 큰 관심사 중 하나와도, 즉 존재의 의미 — 즉 삶에 의미가 없는 것은 아닌가 하는 문제 — 에 관한 우려와도 관련되어 있다. 실제로 이 두 관심사는 긴밀하게 연결되어 있다. 다른 방향에서 동일한 쟁점으로 향하고 있다. 우리 삶의 본질적 목적이 무엇인지를 물을 여지를 전혀 남기지 않는다는 공격은, 또 다른 각도에서 여전히 과연 그와 같은 본질적 목적이 존재하는지 아니면 오히려 모든 것이 우리 삶의 방식에 의해 무가치화되는 것은 아닌지 하는 고뇌에 찬 질문으로 받아들여질 수 있을 것이다. 단 무미건조한 도덕주의에 대한 비난은 이전 세기들에서도 비슷한 것이 발견되는 반면 의미를 찾으려는 고투는 본질적으로 근대적인 것이다.

그런데 도덕주의에 대한 항의는 서양문화에서 반복적으로 나타난 관심사였을 뿐만 아니라 이 시대에, 즉 19세기 말에 특히 강하게 전면에 나타난 현상이었다. 그것은 '세기말fin de siècle'의 분위기 — 그것이 존재한 장소에서는 — 의 일부를 형성했다. 게다가 유럽적 규모로 출현했다. 프랑스, 독일, 잉글랜드, 심지어 다른 나라에서도 젊은이들은 근대사회가 두 가지 의미 모두에서 너무 '유물론적'이라고 비판했다. 한편으로는 인간의 삶에 대해 너무 환원주의적인 설명을 제시하며, 다른 한편으로는 물질 획득, 돈벌이, 소비에 너무 사로잡혀 있다는 것이었다. 또한 영웅주의, 헌신, 책무, 희생을 질식시키고

부정한다고 비판받았다. 바로 그것이 당시의 많은 엘리트 젊은이 사이에서 제1차세계 400
대전 참전 분위기를 조장했는데, 그들은 전쟁을 오랫동안 대망해온 위대한 대의를 위해 위대한 행위를 할 기회로 환영했다.

물론 무엇인가가 결여되어 있다는 합의가 널리 공유되어 있었지만 그것 내부에서 그것이 도대체 무엇인지에 대한 동의는 없었다. 일부는 다시 종교로 눈을 돌렸지만 단 일반적으로 사회에 존재하는 기성의 것과는 다른 형태의 종교를 요구했다. 또 다른 사람들은 주로 니체에게서 유래한 자기긍정의 여러 새로운 철학으로 향했다. 또 다른 사람은 정치에서, 대개는 좌우 어느 한쪽의 극단적 입장을 취하는 정치에서 출구를 찾았다. 그러나 당시의 영국문화에서 특히 중요했던 탐구의 길이 하나 있었다. 그것에는 예술과 [심]미적인 것에서 본질적인, 하지만 주변부화된 성취를 탐구하는 시도가 포함되어 있었다.

그와 같은 방향에서의 새로운 공간은 낭만주의 세대의 저술가 — 비록 모두가 그와 같은 명칭으로 분류되는 것을 좋아하지 않더라도 말이다 — 에 의해 열려왔다. 중요한 첫걸음은 실러의 『미적 교육』에 의해 내디뎌졌는데, 앞서 지적한 대로 그것은 도덕주의의 결함에 대한 직접적 응답이었다. 인간 중심주의의 편협한 시야에서 벗어나기 위해 우리가 우리 자신을 열어놓아야 하는 힘은 실러의 논고에서처럼 자체가 미와 동일시될 수 있을 것이다. 그렇지 않으면 예술의 언어를 그와 같은 힘으로 연결되는 특권적 회로로 간주할 수 있을 것이다. 그것이 — 자연, 의지, 신 — 무엇이건 말이다.

그런데 위에서 주장했듯이 그와 같은 언어는 기능하고, 힘을 가지며, 우리를 움직인다. 그러나 이 경우 존재상의 책무를 확인할 필요는 없다. 그리고 그것이 근대적 비신앙에 갈 곳을 제공했다. 도덕주의의 결함에 대한 응답으로 그동안 결여되어 있던 목표는 [심]미적인 것의 영역에서의 미의 경험과 동일시될 수 있었다. 그러나 미의 경험은 이제 질서정연한 코스모스 및/또는 신적인 것으로부터 분리되어버렸다. 그것은 순전히 내재적인 모종의 관점 속에서 새롭게 정초될 수 있게 되었다. 가령 프로이트에 의해 제공된 관점 같은 것이 그것이 될 수 있었다. 하지만 또한 특정되지 않은 채 그대로 남겨져 있어도 상관없었는데, 실제로 바로 그것이 대부분의 사람이 종종 택한 선택지였다.

여기서 필자 논의는 앞서 언급한 보다 풍부한 형태의 유물론과 연결된다. 즉 신비

(이 말은 비신앙인에게는 너무 민감한 반응을 자극한다)까지는 아니더라도 물질적 우주의 깊은 곳에서 유래하는 인간의 의식과 감수성에 대한 경외의 감각과 말이다. 인간의 깊이는 거기 존재하며, 어떤 방식으로건 별, 분자, 세포와 연결되어 있다. 어떻게 그와 같은지는 완전히 파악할 수 없더라도 말이다. 그와 같은 연결 그리고 그것이 반영하는 보다 광범위한 친근함은 그것을 이해하지 못해도 우리를 감동시킨다. 여기서 그와 같은 인간적 깊이 또는 미에 의해 놀라거나 압도당할 수 있는 인간의 기묘한 능력을 확인할 수 있는데, 그것들은 우리의 [여러 가지로 다른] 존재상의 책무의 불확실성에 의해 훼손되거나 약화되지 않는 언어로 명확하게 표현되고 축하받을 수 있다. 우리가 그와 같은 종류의 유물론자라면 말이다. 아니면 심지어 우리가 도대체 유물론에 동의하는지에 대한 확신이 들지 않더라도 말이다.

실제로 [심]미적인 것에 대한 그처럼 열린 태도가 이른바 근대문화에서, 그리고 잉글랜드와 그 밖의 다른 지역에서 광교회의 토대가 되었다. 그와 같은 흐름에 속한 일부
401 사람은 영국 및 로마가톨릭 두 교회 형태의 가톨릭 신앙에 끌렸다. 다른 일부는 그리 명확하게 규정되지 않은 영성주의 또는 심지어 모종의 유물론을 주장했다. 그리고 더욱 불가해하게도, 어떤 사람은 분명히 대립되는 그와 같은 책무를 왕래하는 것에 지나친 부담을 느끼지 않는 것 같았다. 와일드는 한때 가톨릭 신앙에 관심을 가졌고, 홉킨스는 페이터의 제자였다 등.

그렇게 [심]미적인 것을 윤리적 범주로 확립하는 것 그리고 보다 섬세한 언어 이외에도 이 세대의 영국문화에는 낭만주의 시대의 또 다른 유산이 존재했다. 그에 대해서는 이미 앞서 언급했다. 훼손되지 않은 자연에는 우리 내면의 깊은 곳에 존재하는 것에 말을 거는 힘이 존재한다는 감각이 그것이다. 그것은 가령 앞 장에서 인용한 워즈워스의 「틴턴 수도원」의 해당 구절에 패러다임적으로 표현되어 있다. 어떤 의미에서 그것은 또한 나름의 방식으로 두 가지 다른 유산도 반영하고 있다. 그것은 미의 힘이 우리를 회복시켜주고 총체적 존재로 만들어가는 좋은 사례를 보여준다. 동시에 시의 존재상의 책무는 최소한의 것으로, 그것을 특정하는 것은 극히 곤란함을 알 수 있다. '고결한 생각의 기쁨으로 나를 뒤흔들어놓는 한 존재'가 그것이다. 그것은 자연 그리고 '사람의 마음속'에 거주하며, '한 운동과 한 정신'이다.

자연에 관한 그와 같은 감각 및 산업화와 경제발전에 의한 자연의 잠재적 상실에 대한 고뇌는 지속적 주제이다. 또한 신앙/비신앙의 광범위한 차이를 넘어 지난 2세기 내내 영국인 사이에 깊은 공명을 불러일으켰다. 시에서는 이 주제에 반복적으로 초점이 맞추어지는데, 직접적으로 아니면 자연의 부재에 항의하는, 마음을 깊이 뒤흔드는 간청에 의해 그렇게 한다. 그와 같은 식으로 시는 문화 형성에 기여해왔다.

3

그것을 배경으로 이제 도덕주의에 대한 반발이 19세기 말과 20세기 초의 잉글랜드에서 어떻게 비신앙을 위한 새로운 공간을 찾았는지를 살펴보고 싶다. 그와 같은 반발은 단지 의무 및 이타주의 윤리뿐만 아니라 퍼블릭스쿨, 군대의 연대, 정부 등 그것의 제도적 표현도 겨냥했다. 우리는 앞서 당시 유럽의 젊은이 사이에서는 사회에 대한 항의운동이 널리 퍼져 있었는데, 그것은 또한 생산, 물질적 부의 획득, 경제 우선시의 전면화 등을 크게 중시하는 사회를 겨냥한 항의운동이기도 했음을 살펴보았다. 또는 달리 말하자면, 단지 이타주의와 공공정신 측면에서의 자제의 윤리뿐만 아니라 개인주의적·자기계발적·'자조적' 측면 또한 거부되었다. 즉 가령 스티븐보다까지는 아니더라도 그만큼 스마일스Samuel Smiles를 표적으로 삼았다.

일련의 반응에 대해 언급하고 싶은데, 보다 덜 급진적인 반응부터 시작하려고 한다. 하지만 먼저 그것들 간의 상호 관계에 대해 한마디만 하기로 하자. 방금 언급한 대로 그것들은 모두 당시를 지배하던 도덕주의/유물론에 보다 광범위하게 불만을 가졌던 정신적 분위기에서 자라나왔다. 그것은 어떤 의미에서 정반대의 두 가지 결과를 불러왔다. 한편으로 다양한 응답 — 그들이 제시한 대답이 크게 달랐다 해도 — 은 종종 친화성을 보였다. 그 결과 종종 두 가지의 (우리에게는 분명히) 양립 불가능한 입장 간의 경 402
계 위에 머물거나 또는 한쪽에서 다른 쪽으로 이행할 수 있었다. 그것이 한쪽 입장이 신앙을 의미하고 다른 쪽 입장은 비신앙을 주장하는 경우 특히 눈에 띈다. 하지만 다른 한편으로 그와 같은 응답들은 다름 아니라 동일한 질문에 대한 경쟁적 응답이기 때문에 첨예하게 대립할 수 있을 것이다. 실제로 한쪽이 다른 한쪽을 (공통적으로 인식되고 있는) 문제에 대한 해법이 아니라 문제의 일부라고 공격할 수 있을 것이다. 가령 로런스는 [1906~1930년경까지 런던과 케임브리지를 중심으로 자유로운 이성, 미와 우정의 존중을 신조로 활동한 영국의 지식인과 예술가 모임으로 케인스, 버지니아 울프 등이 속해 있던] 〈블룸즈버리Bloomsbury 그룹〉에 대해 감정을 결여하고, 본인의 보다 깊은 감정에서 분리되어 있다며 맹렬히 비판했다. 마치 이 그룹이, 그들이 벗어나려고 한다고 생각한 딱딱한 규율훈련 중심 문화의 핵심적 일부인 것처럼 공격했다.

보다 덜 급진적인 다른 쪽 끝에는 도덕주의 그리고 생산과 획득에 초점을 맞추는 것의 불충분성을 매우 잘 아는 사람들이 존재했다. 하지만 그들은 도덕이나 생산을 부정하기보다는 오히려 보다 고차적인 문화적 차원으로 보충하기를 원했다. 아널드 그리고 경우에 따라서는 밀도 그와 같은 부류에 속했다. 필자는 둘에 대해 이미 언급했고, 그와 같은 이중적 충성이 두 사람 입장에서 만들어내는 긴장에 대해 지적했다. 아널드는 규율과 생산의 삶에서 결여된 차원을 일종의 교양을 통해 보완하길 희망했는데, 그것은 종교가 더 이상 메꿀 수 없을 구멍을 분명히 메꾸어주는 것으로 간주되었다. '교양'이, 종교가 보다 이전에 그랬던 것처럼 우리 삶에 보다 고차적인 목적을 부여해주리라는 것이었다. 그는 낭만주의 시대로부터 유증된 자원을 이용해 비신앙이 도덕주의의 결함에 맞서기 위해 활용해야 할 공간을 창조한 최초의 사람 중 하나였다.

마찬가지로 복잡한 입장을 갖고 있던 훨씬 더 젊은 또 다른 인물로 트레블리안이 있었다. 그는 스티븐처럼 강한 복음주의 신앙을 가진 가정 출신이었으나 신앙을 포기한 또 다른 사람 중 하나였다. 하지만 그는 앞서 언급한 종합의 과제를 계승하려는 입장을 고수했다. 수 세기 동안 이 천혜의 섬 브리튼에서 형성된 영국인다움, 프로테스탄티즘, 법, 자유, 양식, 문명의 종합은 거의 흠잡을 데 없이 유지되어왔다. 실로 그는 역사가로서 그와 같은 종합의 위대한 조음기調音器이자 찬미자가 되었다. 다만 약간의 수정을 통해 프로테스탄티즘을 리버럴하고 규율훈련을 중시하는 비신앙의 전 단계로, 마지막에서 두 번째 단계로 규정했을 뿐이다. 기독교 신앙에 관해 그는 이렇게 말한다.

내가 확실한 것으로 믿을 수 있는 유일한 것은 인류의 진보다. 우리가 보통 종교라고 부르는

> 것, 영혼의 불사성 등 그와 같은 것들에 대해 나는 전혀 오리무중이다. 하지만 민주주의에서 뭔가 분명한 것을 포착한 것 같다.[36]

기독교는 '암흑시대에 정치적으로나 사회적으로나' 유럽을 고귀한 형태로 조직했다. '…… 하지만 그것이 주로 한다고 주장해온 것, 즉 우리를 서로 사랑하게 하는 데서 실패했다. ……' '박애'를 근대세계에서 진전시킨 것은 교회인이라기보다는 오히려 볼테르 같은 위대한 불가지론자였다.[37]

그러나 동시에 그는 워즈워스와 마찬가지로 자연 속에서 숭고한 것을 보고 있었다.

> 노섬벌랜드에서만 하늘과 땅이 모두 보인다. 우리는 온종일 산의 능선을 따라 걸었는데, 광야와 계곡을 저 멀리서 바라보기에 충분히 높고 또 위에서 아래의 세계를 내려다보며 고적감에 휩싸였다. …… 그곳은 저 멀리 지평선이 보이는 대지로, 그곳 위를 수증기가 403 하나로 뭉쳐 잔뜩 쌓인 채 표류하는 가운데 모양을 끊임없이 바꾸어가며 가장 먼 곳의 구릉의 능선을 따라 영원히 흘러간다. 마치 부족의 고분과 로마군의 야영지, 노섬벌랜드 땅의 중턱 경계를 나타내는 여러 종류의 탑에 기록되어 있는 기나긴 태고의 원시 시대들이 행렬을 지어나가는 것 같다.[38]

그는 심각한 어려움에 처한 시기에 동생 찰스에게 이렇게 말했다.

> 구릉, 호수, 별에 의지하라. 모든 고귀한 것의 상징이니 말이다. …… 워즈워스는 그것들에 50년이나 의지했다. 그는 실제로 신에게는 조금밖에 의지하지 않았다고 생각한다. 그는 추상적인 것 속에서는 신을 인식하지 못했다. 그는 구릉 속에서 신을 찾아야 했다.[39]

36 Mary Trevelyan Moorman, *George Macaulay Trevelyan: A Memoir*(London: Hamish Hamilton, 1980), pp. 30-31.

37 앞의 책, 50~51페이지.

38 David Cannadine, *G. M. Trevelyan, A Life in History*(London: HarperCollins, 1992), pp. 147-148.

39 Moorman, *George Macaulay Trevelyan*, p. 40.

워즈워스를 참조하는 것에서 유추할 수 있듯이, 자연에의 의지는 우리에게 자연을 열어주는 문학에 의지하는 것과 연동되었다. 그것은 보다 이전의 저술가들에게서 그랬을 뿐만 아니라 매콜리, 특히 메러디스George Meredith에게 해당된다. 문학에 나타나 있듯이 야생의 자연, 즉 산, 바위와 광야에 대한 근대적 열정은 "인간을 위해 준비된 또는 인간에 의해 발견된 성례 중 하나"[40]였다.

하지만 자연과의 그와 같은 관계는 존재상의 책무가 불확실하고 불명확한 영역 안에 머물렀다. 1945년에 케임브리지대학교 트리니티칼리지 기숙사장으로 행한 설교에서 그는 인간의 영·정신력 및 상상력 속에는 '세계를 순전히 물질적 시각으로 보는 것을 금지하는', 또 "신적인 것 — 자연과 인간에게 외재적인 것이건 내재적인 것이건 — 을 일변할 수 있도록 해주는"[41] 무엇인가가 존재한다고 말했다. 그리고 역사에 대한 열정을 이야기하면서 신비의 감각을 고백했다.

> 망자는 과거에는 존재했지만 지금은 존재하지 않습니다. 그들의 자리는 이제 그들을 더 이상 알아보지 못하고, 오늘날 우리 것이 되었습니다. 그러나 과거에 한때 그들은 우리와 마찬가지로 현실 속에서 살았습니다. 그리고 우리도 내일이면 그들과 마찬가지로 그림자에 지나지 않게 됩니다. 그처럼 불변하는 신비에 대한 우리의 첫 번째 놀라움 속에 시, 철학, 종교의 기원이 놓여 있습니다.[42]

그보다 다소 급진적이었던 것이 페이터 그리고 나중에는 와일드의 미의식이었다. 그들이 정적주의자였던 것은 사실이다. 그들은 전복을 제안한다는 의미에서 기존 윤리에 대한 도전을 개시하지는 않았다. 하지만 경쟁적인 포괄적 견해라는 이름으로 관련 논쟁에서 손을 뗄 의도였는데, 어떤 의미에서는 그것이 심지어 한층 더 반역적이었

40 앞의 책, 216페이지 각주 5.
41 앞의 책, 232페이지.
42 앞의 책, 210~211페이지.

다. [심]미적인 것이 이제 실제로 도덕적인 것 외부에, 그리고 그것 위에 자리 잡은 것이다.

그러나 그와 같은 미의식은 어떤 의미에서는 종교적인 것에 가까운 것이었다. 그것은 종교적 형식과 상징을 사용해 보다 이전 시대의 신앙과 형이상학적 신조에서 영감을 끌어냈다. 그것에 끌린 사람들은 종교적 책무의 벼랑 끝에서 결단을 내리지 못하고 종종 갈팡질팡했으며, 주로 고교회 또는 가톨릭 등 비제도적 형태에 친화적이었다. 따라서 앞서 말했듯이 홉킨스는 페이터의 제자였고, 와일드는 결국 가톨릭으로 개종했다 404
(당시의 프랑스에서도 그와 병행하는 현상을 찾아볼 수 있는데, 심미안이 있는 동시에 가톨릭교도였던 위스망스Joris-Karl Huysmans 같은 인물을 보면 그것을 볼 수 있다).

하지만 근대적 예술언어에서 존재상의 책무가 보류됨으로써 도덕과 종교 모두의 외부에서 하나의 공간이 열릴 수 있었다. 그리하여 [심]미적인 것은 종교를 이용해 도덕의 압제로부터 자신을 해방시키고, 이윽고 다음에는 반대로 신앙으로부터 해방되어 [심]미적인 것의 영역을 궁극적·자족적인 것으로 만들었다.

포스트-낭만주의 문학의 '보다 섬세한 언어'의 존재론적 비결정성은 세 가지 종류의 입장을 허용했다고 할 수 있을 것이다. 우리는 그와 같은 비결정성에 머물 수 있을 것이다. 조금 전에 인용한 트레블리안의 말뿐만 아니라 워즈워스의 많은 시가 그렇게 하고 있는 것처럼 보이듯이 말이다. 어느 정도 초인간적인 영=정신적 현실에 호소하고 있는지 또는 오히려 완전히 경험 내부에 존재하는 것을 가리키는지에 대해서는 미결정 상태로 판단을 보류할 수 있을 것이다. 하지만 또한 꼬치꼬치 캐묻지 않고 본인 입장을 단호하게 확정할 수도 있다. 한편으로는 가령 가톨릭 신앙 쪽을 선택한 사람처럼 첫 번째 입장을 택할 수 있을 것이다. 그리고 물론 워즈워스 본인도 말년에는 정통 성공회 신도가 되었다. 아니면 후자, 즉 유보적 입장을 택할 수도 있다. 페이터의 미의식은 후자 부류에 속했던 것 같다(비록 말년으로 가면서는 생각을 다른 식으로 바꾸었던 것 같지만 말이다). 그는 본인의 이상에 대해 이렇게 진술한다. '이 견고한 보석 같은 불꽃과 함께 항상 타오르고, 그와 같은 황홀감을 유지하는 것, 그것이 성공한 인생이다.' 그리고 그와 같은 이상은 경험 수준에서 충족된다. 우리가 초월적 대상과 맺는 관계에 대해서는 아무런 언급도 없다.

> 고도의 정념은 삶에 대한 그처럼 활기찬 감각, 황홀감, 사랑의 슬픔, 정치적 열정이나 종교적 열정 또는 '인간성에 대한 열정'을 마련해준다. 단 그것은 정념이며, 실제로 그처럼 활기차고 크게 증대된 의식의 열매를 당신에게 제공하도록 분명히 하라. 그와 같은 지혜와 관련해 시에 대한 정념, 즉 미의 추구, 예술을 위한 예술에 대한 사랑 속에 최고의 지혜가 깃들어 있다. 왜냐하면 예술은 우리에게 다가와 솔직하게 이렇게 고백하기 때문이다. 즉 쏜살같이 지나가는 이런저런 순간에 오직 최고의 특징만 부여하라고 말이다. 예술은 오직 그와 같은 순간만을 위해 존재하니 말이다.[43]

아래(20장)에서 살펴보겠지만 홉킨스도 결국 명확하게 다른 선택지를 택하는데, 그것이 분명히 그의 작품 속에 반영된다. 하지만 그는 포스트-낭만주의적 이미지와 언어 이해의 비축물에 계속 의존했다. 또한 다양한 양식의 규율훈련된, 도구적 도덕주의에 대한 혐오에도 의존했는데, 그것을 페이터, 러스킨John Ruskin 그리고 또 다른 많은 사람과 공유했다.

〈블룸즈버리 그룹〉은 어떤 의미에서 그것보다 덜 극단적인 동시에 또 보다 극단적이었다. 보다 극단적이었던 것은 당시의 지배적 윤리에 대한 중대한 수정에 필적하는 제안을 실제로 제공했기 때문이다. 그것은 구성원 중 다수가 표명한, 제1차세계대전 참전에 대한 항의에서 가장 명백한 형태로 표현되었다.

405 대안적 윤리는 무어George Edward Moore에 의해 명확하게 표명되었다. 그것은 인격적 관계와 아름다운 정신 상태만을 내재적으로 좋은 것으로 승인했다. 또는 포스터 말대로 "전보와 분노로 이루어지는 외면적 삶이 아니라 인격적 관계가 영원히, 또 영원히 가장 중요한 것이다."[44] 아마 우정 그리고 정직하고 강렬한 감정이 주요한 가치라는 말로 그와 같은 생각을 더 잘 요약할 수 있을 것이다. 아난은 울프의 확신을 이렇게

43 Denis Donoghue, *Walter Pater*(New York: Knopf, 1995), p. 52. 또한 27장을 보라.
44 Noel Annan, *Our Age*, p. 107에서 재인용.

묘사했다. 즉 삶의 전일성integrity은 "내가 느낀 바를 정확하게 찾아내고, 그런 다음 내가 어떤 종류의 사람인지를 인식해 그에 부합해 살아갈 것"[45]을 요구한다. 그러나 [심]미적 경험은 강렬한 감정의 가장 중요한 원천 중 하나이기 때문에 또한 핵심적으로 중요했다. 그것은 각각 서로를 보강할 수 있었다. 즉 우정은 공유된 경험에 의해 보강되고, 경험은 공유됨으로써 한층 더 깊어졌다.

그것들이 궁극적 가치였다. 무어 주장에 따르면 다른 모든 가치는 그와 같은 내재적 가치를 얼마나 많이 촉진하느냐 아니면 저해하느냐에 따라 결과적으로 판단될 것이다. 그리고 〈블룸즈버리 그룹〉의 보다 극단적이지 않은 부분이 부각되는 것은 바로 이 영역에서이다. 양식의 윤리의 대부분, 즉 법과 자유의 구조, 규율훈련의 상당수, 그리고 그것을 둘러싼 제도적 틀의 상당수가 그처럼 수단적 방식으로 가치 있는 것으로 회복되었기 때문이다. 여기서는 케인스가 가장 패러다임적 인물이다. 그는 〈블룸즈버리 그룹〉의 윤리에 완전히 동의했지만 오랜 세월 동안 공무원 및 조언자로 정부 내에서 활동하는 것에 위화감을 느끼지 못했다. — 단 제1차세계대전 후반부와 〈파리강화회의〉는 예외였다. 앞의 〈회의〉의 결과에 대해 그가 영향력 있는 저서에서 비난했음은 유명한 사실이다. 그가 목표로 한 것은 이 모든 일에 다른 생기를 불어넣고, 다른 궁극적 목표를 향해 움직이도록 하는 것이었다.

하지만 〈블룸즈버리 그룹〉은 극단적 입장을 취하지 않음으로써 어떤 의미에서는 한층 더 체제전복적이었다. 왜냐하면 그들이 제창한 정신은 당시 대체로 독자적 가치로 간주되고 있던 규율훈련과 남자다움의 윤리와는 매우 동떨어진 극에 위치해 있었기 때문이다. 규율훈련은 긍정하지만 그것이 우정과 아름다운 정신 상태로 이어지는 경우로 한정되었다. 그처럼 당시의 지배적 종합의 중요한 부분의 비중을 깎아내리고 제약을 가함으로써 해체했다. 종교는 완전히 주변부화되었고, 성윤리는 파산 선고를 받고, 애국주의는 엄격히 억제되고, 관습의 대부분은 조롱 대상이 되었다.

감정 및 자유로운 자기표현의 억압은 별도로 하더라도 〈블룸즈버리 그룹〉의 주요 공격 대상은 영국적 삶의 너무나 많은 부분을 지배하고 있던 속물주의 그리고 다른 국

45 앞의 책, 118~119페이지.

가들의 예술적·문화적 성취를 올바로 평가하는 것을 불가능하게 만든 쇼비니즘이었다. 울프의 유명한 회상, 즉 '1910년 12월 또는 그 무렵에 인간 본성이 바뀌었다'는 당시 런던에서 공개된 포스트-인상파 회화전에 대한 간접적 언급이었다. 해당 전시는 새로운 실험적 예술 그리고 외국 회화 모두에 대한 장벽을 철폐하는 데 일조했다.

따라서 그와 같은 반응이 전혀 손대지 않고 보존한 것, 실로 강화한 것 중 하나는
406 양식의 윤리와 상호이익이라는 근대적 도덕질서 간의 연결이었다. 실제로 앞서 내가 식별한 변화의 두 가지 벡터를 따라 한층 더 밀고나감으로써 그와 같은 질서에 대한 우리 이해를 바꾸는 데 일조했다. 먼저, 다른 사람과의 차이 속에서 각자가 개인으로서 자기를 표현하는 것을 칭찬함으로써 본래성의 벡터를 촉진시켰다. 위에서 아난이 울프의 입장을 묘사하기 위해 불러낸 '전일성'이 그것이다. 둘째, 보다 '고차적인 것'이라는 규율훈련이나 금욕의 요구에 맞서 관능적 욕망에 대한 보통 사람들의 주장을 급진화시켰다. 가령 〈블룸즈버리 그룹〉의 동성애자들은 사회의 제약을 떨쳐버렸다. 모두 '커밍아웃'했지만 사실 일반 대중 앞이 아니라 교제 범위 안에서였다. 당시에는 아직 동성애 관계가 범죄였기 때문이다. 그들은 잉글랜드 그리고 그 밖의 다른 지역에서 20세기 하반기의 풍토를 형성하는 데 일조했다.

나는 도덕주의에 대한 반발이 비신앙을 위한 새로운 공간을 여는 데 도움이 된 몇 가지 방식에 대해 서술해오고 있는데, 그것들은 모두 방법은 다 다르지만 [심]미적인 것을 윤리적 범주로 인식하는 포스트-낭만주의적 이해에 의존했다. 그와 같은 반발이 그렇게나 많이 비신앙 쪽으로 기운 것은 부분적으로는 당시의 지배적 종합이 기독교 신앙을 포함하고 있다고 가정된 사실 때문이다. 하지만 그것이 결정적인 것은 아니었다. 그것은 기성의 종합에서 볼 수 있는 것과는 다른 형태의 신앙을 탐구하도록 영감을 불어넣을 수 있을 텐데, 종종 그렇게 했다. 보다 중요했던 것은 거기서 볼 수 있던 많은 반응 그리고 보다 이전인 중기 빅토리아조에 있은 배타적 휴머니즘으로의 전환 간의 친화성이었다.

특히 〈블룸즈버리 그룹〉이 그와 같은 현실을 반영했다. 특히 앞서 말한 스티븐 가문에 초점을 맞춘다면 그것을 3세대 현상으로 보고 싶은 유혹에 빠진다. 그것은 반역

속의 반역으로, 첫 번째 단계의 많은 것이 그대로 유지되었다. 아버지[스티븐 레슬리]는 주로 휴머니즘보다 인도적이지 않다는 이유로 빅토리아조의 신앙에 반항했지만 그래도 윤리와 규율을 고수했다. 다음으로 딸들[울프 외]이 그에 반항하지만 종교에 관한 원래의 판단을 수정하지 않았다. 그러기는커녕 그것보다 더 멀리까지 나가 '인간다움'을 가령 성적 자유라는 측면에서 규정했는데, 그것은 그들이 심지어 기성 종교로부터 한층 더 멀어지도록 만들었다.

실제로 〈블룸즈버리 그룹〉은 심지어 내재성을 한 단계 더 앞으로 밀고나갔다. 그들은 순수하게 인간적인 선이라는 측면에서 윤리를 채택했을 뿐만 아니라 그와 같은 선 자체를 다른 의미로 내면화시켰다. 내재적으로 가치 있는 것은 내적인 것과, 정신적인 것은 체험 및 감수성과 동일시되었다. 그들은 윤리를 크게 주관화했다. 외적 행위가 중요하지 않다는 의미에서가 아니라 그것이 모두 경험적 가치를 위해 도구화되었다는 의미에서 말이다. 그와 같은 식으로 또 20기 하반기의 한 가지 중요한 변동을 예견했다.

인간조건을 하찮게 만들어버린다며 〈블룸즈버리 그룹〉을 공격할 때 많은 사람이 반발한 것이 그와 같은 내면화에 대해서였다. 즉 심원하고 강력한 힘들에 맞서 자기를 차단하고, 인간의 삶을 둘러싼 쟁점을 개인의 감정에 의해 접근 가능한 것으로 환원시켜버린다는 것이었다. 종교적 관점으로부터 출발하건 아니면 로런스처럼 생명력의 무 407
신론적 환기로부터 출발하건 아니면 권력에의 의지나 역사의 힘에 의거하건 〈블룸즈버리 그룹〉 안에서 불쾌할 만큼 거드름을 피우는 것, 환원주의적인 것을 발견할 수 있다. '탁월한 빅토리아인들' — 모두가 보다 큰 현실과 씨름하고 있다고 자부했다 — 에 대한 [〈블룸즈버리 그룹〉의 일원으로 전기 문학에 새로운 바람을 불러일으킨] 스트레이치 Lytton Strachey의 폄훼는 재치 있고 날카롭다기보다는 둔감할 정도로 환원주의적이고 모든 것을 하찮게 만들어버린다는 인상을 준다.

여기에 20세기까지 이어져 내려오는 논쟁의 원천이 있다. 〈블룸즈버리 그룹〉을 옹호한다면 그처럼 보다 큰 현실 — 신의 현실뿐만 아니라 역사의 현실 그리고 인종의 현실 — 이름으로 저질러진 중대한 범죄를 가리킬 수 있을 것이다. 또 양식의 윤리가 어떻게 앞의 여러 현실에 맞서는 입장을 취하도록 이끌었는지도 지적할 수 있을 것이다. 이 점은 분명히 근거가 확실하다. 실제로는 양쪽 논점 모두 그렇다. 그것은 우리를 딜레마에 빠뜨리는데, 그에 대해서는 아래에서 돌아가고 싶다.

그동안 앞서와 같은 이야기를 해온 것은 단지 비신앙을 위해 주어진 그처럼 새로운 공간의 중요성을 제대로 평가하고 싶어서였을 뿐이다. 그것 덕분에 심지어 (순전히 물질적 행복에 초점을 맞춘다는 의미의) '유물론'에 대한 반발조차 종교 형태를 취하도록 떠밀려가지 않고 무신론적 표현을 찾을 수 있었던 것이다. 본서의 원래의 질문 즉 신-신앙/비신앙과 관련해 지금은 어떻게 500년 전과 사정이 다른가 하는 질문 측면에서 경험의 지도가 어떻게 변했는지를 볼 수 있을 것이다. 나는 그리피스가 학생이었을 때 한 위대한 경험을 인용했는데, 그는 후일 그것을 본인의 신앙의 시작으로 간주하게 된다. 그처럼 새로운 공간에 비추어 유사한 경험이, 즉 뭔가 비교도 안 될 정도로 고차적인 것에 대한 감각의, 우리가 자라면서 갖게 되는 사물에 대한 통상적 감각을 훌쩍 뛰어넘는 것의 체험이 이제 비신앙의 관점 내부에서 이루어짐을 볼 수 있을 것이다. 그리고 실제로 그리피스의 경험이 좋은 사례이다. 왜냐하면 그는 원래 지난 2세기 동안 영국적 감수성의 발전에서 너무나 중요한 역할을 한 포스트-워즈워스적 낭만주의의 전망 속에서 그와 같은 경험을 포착하고 있기 때문이다.

4

이제까지 우리는 두 가지 중요한 변동을 추적해왔다. 하나는 지배적인 종합 내부에서의 배타적 휴머니즘으로의 전환이고, 다른 하나는 도덕주의 그리고 그와 같은 종합의 제약에 대한 반발인데, 그것의 가장 중요한 가닥이 〈블룸즈버리 그룹〉이었다. 하지만 이후 제1차세계대전의 트라우마가 도래했다. 이 전쟁은 이전 어느 것과 비교도 안 될 정도로 위에서 언급한 지배적 종합의 신뢰 가능성을 훼손했다. 그와 같은 종합은 '문명'을 포함했는데, 그것의 핵심적 구성요소 중 하나는 질서와 법을 통해 생명을 폭력으로부터 보호하는 것이었다. 이 전쟁은 적어도 영국적 변형태로는 '문명'을 위해 싸웠다고 여겨졌다. 하지만 대량학살은 어떤 적의 위협보다 훨씬 더 심각한 문명의 부정임이 명백해졌다. 전쟁 직후에 평화와 복지와 사회정의의 비약적 진보를 약속함으로써 정당화를 추가하려는 시도는 어떤 약속도 지키지 못하는 상황에서는 단지 사태만 악화시킬 뿐이었다.

대다수 영국인이 앞서 언급한 종합에 계속 신뢰를 보냈다는 데는 얼마간의 증거가 존재하지만 참호 속에서 싸운 세대나 이후 등장한 중요한 소수의 젊은이에게 전쟁은 408
그와 같은 복합체 전체에 대한 신뢰성을 깨뜨렸다. 특히 영국적 애국주의가 심하게 타격 받았다. 퍼블릭스쿨에서 교육받아 군대의 연대까지 이어진 남자다움과 충성의 윤리는 완전히 신뢰를 잃은 것 같았다. 둘을 둘러싸고 의미를 부여한 과장된 말 — '명예, 신을 위한, 국왕을 위한, 나라를 위한, 사랑하는 우리를 위한, 조국을 위한, 제국을 위한 희생'[46](무명용사기념비에 새겨진 비명에서 인용했다)은 공허하게 울려 퍼졌다.

그렇게 동요한 후에야 비로소 다양한 방향으로 나아가는 것이 가능했다. 하나는 양식과 법을 유지하면서도 터무니없는 애국주의 그리고 투쟁에 대한 철없는 몰입을 꺾고 이전의 종합을 재구축하려고 노력하는 것이었다. 또 〈국제연맹〉을 유지하고 군축을 위한 다양한 노력을 기울이는 일종의 국제적 자유주의로 향할 수도 있었다. 아니면 보다 급진적으로 좌파 또는 우파로 기울어 종합을 거부하고 공산주의나 파시즘으로 전향할 수도 있었다. 이 두 이데올로기가 세계의 제패를 위한 투쟁에서 서로 경합하는 것처럼 보인 1930년대에 많은 젊은이는 둘 중 한쪽을 선택했는데, 실제로는 압도적 다수가 좌파를 선택했다.

그러나 그것과 별도로 대신 또는 심지어 그것과 병행해 전쟁의 트라우마는 불확실성, 불신 그리고 심지어 냉소주의의 감각마저 조장할 수 있었다. 도덕적으로 신뢰 가능한, 공적으로 확립된 질서는 존재하지 않는다는 생각이, 즉 기존에 확립되어 있던 종합과는 정반대 생각이 신뢰 가능한 것으로 여겨질 수 있었다. 하인즈가 '전쟁의 신화'라고 부르는 것의 일부가 그와 같은 감각, 즉 전쟁이 근본적 단절을 초래했다는, 우리는 건널 수 없는 심연에 의해 선인들이 누려온 질서로부터 분리되어버렸다는 감각이다.[47]

파운드Ezra Pound는 그와 같은 절망, 상실, 냉소주의의 시대적 분위기를 「휴 셀윈

46 Samuel Hynes, *A War Imagined*(London: Pimlico, 1990), p. 280.
47 앞의 책, 328페이지.

모벌리Hugh Selwyn Mauberley」의 한 구절에서 이렇게 요약한다.

무수한 사람이 죽었다.
그중에는 최고의 인물들도 …….
이빨이 못 쓰게 된 늙은 암캐를 위해,
금 간 문명을 위해,

There died a myriad,
And of the best, among them,
For an old bitch gone in the teeth,
For a botched civilization.[48]

그와 같은 감각, 또 우리는 유효했던 질서의 쇠퇴 이후 시대에 살고 있다는 생각에 어떻게 응답해야 할까? 다름 아니라 앞서 서술한 종합 내부에서 너무나 오랫동안 자신 만만하게 살아와 영국적 맥락에서는 상황을 받아들이기가 특히 어려웠으리라 추측할 수 있을 것이다. 그와 같은 영국적 사정을 프랑스의 경우와 대비해보라. 프랑스에서는 한 세기 동안 질서 관념을 둘러싸고 두 가지 경쟁적인 견해가 투쟁을 벌여왔으며, '체제화된[기존의] 무질서le désordre établi'를 타도한다는 관념에 이미 상당히 익숙해 있었다.

영국의 경우 그에 대한 반응 — 프랑스에서는 동일한 의미를 갖지 못했을 것이다 — 중 하나는 도덕질서가 완전히 붕괴되어 '부서진 파편더미'에 빠졌다고 보는 것이었다. 저자의 진의가 무엇이건 그것이 1922년에 출간된 엘리엇의 「황무지」에 부여된 의미였다. 그것은 역사적 단절 이후 산산조각난 우리 상태를 표현하려는 시도로 간주되었
409 다.[49] 그리고 거기서부터 상이한 방향으로 나아갈 수 있었다. 통합에 대한 유일한 희망은 인격적 경험 속에서만 찾아야 했다. 시는 엘리엇이 해온 것처럼 보이는 대로 사회의

48 앞의 책, 342페이지에서 재인용.
49 앞의 책, 342페이지 이하.

붕괴를 명확하게 표현하고, 그것에 걸맞은 형태 속에 짜 넣음으로써 그것에 보다 가까이 다가갈 수 있도록 해줄 수 있을 것이다. "이 파편들로 나의 파멸에 버텨왔다These fragments have I shored against my ruin"[「황무지」, 5. '천둥이 말한 것']. 대답은 내적인, 개인적 경험에, 인격화된 의미 속에 있는데, 그런 다음 그것이 다른 사람에게 영감을 주고 동일한 것을 하기 위한 수단을 제공하리라고 생각되었다. 그러나 쇄신된 공공질서의 구축 가능성은 포기되었다.

다른 방향은 질서의 근본적 재구축을 노리는 것, 좌파냐 우파냐는 극단적 해결책 중 한쪽으로 뛰어드는 것이었다. 앞서 말한 대로 1930년대에 점점 더 많은 젊은 엘리트가 양자택일에 끌려들어갔다. 당시 영어로 집필 활동을 하던 가장 유명한 일부 시인이 우파 쪽으로 기운 사실에도 — 예이츠, 파운드, 엘리엇 — 불구하고 대다수는 좌파 쪽으로 기울었다.

어떤 의미에서 제1차세계대전의 끔찍한 트라우마는 적어도 부분적으로는 역설적으로 제2차세계대전에 의해 해소되었다. 왜냐하면 그것은 실제로 문명을 옹호하기 위한 전쟁이었기 때문이다. 히틀러는 이전의 대립 시의 전쟁 프로파간다에 필적할 정도로 — 또는 그것을 넘어설 정도로 — 당시 현실의 수준을 끌어내렸다. 거기에 공산주의의 도덕적 신뢰 박탈이 더해짐으로써 극우파와 극좌파 집단의 대오를 텅 비게 만들고, 또 전쟁 자체가 영국적 애국주의에 모종의 의미를 되살려주어 과거와의 유대관계를 회복시켰다.

하지만 종합은 1914년 이전에 갖고 있던 부동의 힘을 결코 회복하지 못했다. 그와 같은 질서와의 연속성 속에서 살아가고 있다는 어떤 감각도 또한 거기서 진화하면서 그것을 탈피해 보다 자유주의적·국제주의적 방향으로 나아가고 있다는 이해를 포함해야 했다. 〈새처Margaret Hilda Thatcher혁명〉에 이를 때까지 사람들은 또한 오랫동안 보다 사회민주주의적인 방향으로 나가면서, 본래성과 동시에 통상의 관능적 욕망에 대한 옹호의 벡터를 따라 움직이며 보다 관용적인 환경에서 개인이 원하는 대로 살 수 있는 공간을 넓혀주어야 한다고 믿었다. 제2차세계대전의 영광에도 불구하고 제1차세계대전을 이끈 장군들은 시대에 뒤떨어진 전략을 위해 무의미하고 무신경한 형태로 어마어마한 숫자의 생명을 희생시켰다는 (아마 완전히 가치가 없기까지는 않겠지만) 전혀 탐나지 않는 명성을 유지했다. 그와 같은 종류의 애국주의는 복권될 수 없었다.

그렇다면 전간기의 유산은 대체 무엇이었을까? 신뢰를 잃은 종합이 기독교를 내포하고 있었기 때문에 신앙으로부터의 또 다른 후퇴가 있었다. 섬나라 잉글랜드로서의 고립화의 상대적 감소 및 유럽대륙과의 문화적 통합의 보다 큰 진전을 볼 수 있었는데, 이후 그것은 점점 더 빠른 속도로 진행되었다. 대륙의 모더니즘의 보다 섬세한 언어(가령 프루스트)와 심지어 대륙의 이론가들(가령 베버나 프로이트)의 견해조차 점점 더 대화의 일부가 되었다. 하지만 또한 파괴된 질서 속에 살고 있다는 감각은 모종의 수준에서는 경험적 진실로 남아 있었다. 모종의 수정된 종합에 대한 신뢰가 재구축되었음에도 불구하고 어떤 부분에서는 해체 감각 또한 타당성을 유지하고 있다는 감각도 남아 있었다. 지식인과 예술가가 종래의 빅토리아조와 에드워드조 방식으로 공공질서 속에 산다는 것은 더 이상 어렵게 되었다.

410 1914년에 전장에 나간 사람들의 정신세계를 [제1차세계대전에 참전했다 병사한 시인] 브룩Rupert Brooke의 소네트나 당시의 기록과 서한을 통해 일별해보면 여전히 새삼 놀라운 면이 있다. 단지 전쟁에 대해 말하는 언어 — 명예, 용기, 희생, 충실, 용감 — 가 점점 더 고양되어가는 것만이 문제가 아니다. 당시 분쟁을 가장 위대한 문학(가령 셰익스피어의 『헨리 5세』) 또는 학교에서 정신없이 읽은 고전 저술가들의 책('조국을 위한 죽음은 감미롭고 영예롭다dulce et decorum est/pro patria mori' [오웬Alfred Owen]의 시 「감미롭고 영예로우니dulce et decorum est」의 일부]) 속에 보존되어 있는 영광스러운 민족사의 관점에서 파악하는 방식이 문제이기도 했다. 그들이 그와 같은 세계상 속에 완전히, 무자각적으로 젖어 있던 사실을 깨닫는다면 충격을 받지 않을 수 없을 것이다.

> 영국인들이 문학을 써먹는 방식은 …… 본능적이고, 아무런 거리낌이 없었으며, 실로 뻔뻔스러웠다.[50]

50 Paul Fussell, *The Great War and Modern Memory*(New York: Oxford University Press, 1975), p. 161. 또한 21~22페이지에서 그처럼 '고양된' 언어의 어휘 목록을 찾아볼 수 있는데, 그것은 당시의 상황에 대해 많은 점을 밝혀준다.

물론 그와 같은 태도는 일거에 사라지지 않는다. 사실 전간기의 기념식 내내 그와 같은 이미지와 여운은 다수에게는 여전히 권위를 유지하고 있었다. 그리고 1945년 이후에도 올리비에Laurence Olivier는 『헨리 5세』의 영화화로 엄청난 성공을 거둘 수 있었다. 하지만 고학력의 세련된 사람들 사이에서는 아이러니, 불편함, 준-패러디, 인용문 표시, 바흐친적 의미의 '다성음'을 통해 어느 정도 거리를 두지 않고 그와 같은 언어를 사용하거나 이미지를 이용하는 것은 불가능해졌다.

하지만 일정한 애착이 여전히 남아 있었다. 당시 사람들은 보다 이전 시대에 대해 양가적이거나 적어도 그들의 반응은 복잡했다. 우리는 애국주의적 조상들보다 시야가 더 넓고, 덜 소박하며 또 어떻게 보면 그들을 깔보면서도 또한 그들의 확신에 대해 모종의 부러움도 느꼈다. 또 아마 심지어 고정점을 찾기 위해 모종의 방식으로 그들에게 의존하기도 했다. 왜냐하면 그들의 참조점 중 몇 가지, 즉 헌신과 다른 사람을 보호하기 위한 자기희생은 아무리 입 밖에 내는 것이 어색하게 느껴지더라도 쉽게 버릴 수 없었기 때문이다.

나는 위에서 엘리트 계층 사이에서는 불편함이 느껴졌다고 말했다. 1920~1930년대에 그랬지만 반드시 대중까지 공유했던 것은 아니다. 1945년에는 더욱 그랬다. 그러나 20세기에 엘리트와 대중을 가르는 선은 지속적으로 부식되어왔다. 이전에는 소수자 반응이었던 것이 확산되고 있다. 그 결과 과거에 볼 수 있던 것과 동일한 복잡한 관계의 어떤 것이 지금 대중문화 속에 재등장하고 있다. 가령 종종 대중의 호응을 얻는 다양한 향수 여행을 생각해보라. 제1차세계대전 또는 옛 군복에 대한 회상이나 추억이 유행이 되는 것이 그것이다. 그것에는 종종 아이러니, 심지어 허세의 요소가 존재한다. 하지만 또한 잃어버린 확실성의 시대에 대한 향수도 존재한다. 그리고 그것들 모두와 함께 심지어 그처럼 잃어버린 과거에 뿌리내리고 있던 것에 대한 일종의 위안도 존재한다. 이전의 종합에 관한 그와 같은 양가적 태도는 이제 문화 전체 속에 스며든 것 같다.

모든 것을 감안할 때 이 모든 요소는 비신앙의 공간을 확대하는 경향을 띠어왔다. 그리고 전후 잉글랜드에는 학문적·예술적 엘리트문화가 존재했는데, 그것은 압도적으로 그리고 점점 더 비신앙 쪽으로 기운 것이 분명해 보인다. 흥미롭고 통찰력 있는 아난의 저작 『우리 시대』는 [제1차세계대전] 전후 30년 동안 잉글랜드를 이끈 세대를 내부자 입장에서 그린 초상을 담고 있다.[51]

이 책의 독자가 받는 깊은 인상 중 하나는 새로운/근대적 태도와 〈블룸즈버리 그
411 룹〉의 목적 간의 연속성이다. 즉 '속물적 영국을 다른 유럽국가와 마찬가지로 예술이 향유되고 예술가들이 존경받는 나라로 변혁시킨다'는 동일한 갈망을 찾아볼 수 있다. 또 '사생활에서 그리고 예술을 통해 그것을 표현하는 방법에서 사람들에게 가능한 최대한 자유를 주려는' 갈망도 들어 있다. '의지는 미심쩍었다.' 순전한 의지의 힘에 의해 어떤 형태를 강제하는 것은 미덕이라기보다는 오히려 파괴를 위한 정식화처럼 보였다. 그리고 신사적 이상과 그것의 퍼블릭스쿨적 표명은 엄중한 비판 대상이 되었다.[52]

〈블룸즈버리 그룹〉의 시야에서는 완전히 벗어나고, 또한 제2차세계대전의 유산으로 남겨진 것이 아난이 '집단주의'라고 부르는 것이다. 즉 '보다 큰 사회정의를 촉진하기 위해 국가가 개입해야 한다'는 신념 그리고 평등주의가 그것이었다. "우리는 사회의 모든 계급이 이전에는 부유층의 특권이던 것을 누리길 원한다."[53] 사회에 소외가 현실로 존재한다는 인식은 전간기에서 유래했다.[54]

비신앙을 위한 공간은 점점 더 다양하고 복잡해졌으며, 그것이 포함한 불합리하고 부정적인 요소도 점점 더 많이 수용되게 되었다. 그러나 기본적으로 그와 동일한 흔들림 없는 확신을 갖고 완충재로 덮인 정체성을 준비해갔다. 저작 초반에서 아난은 포스터 말을 인용한다. '주님, 저는 믿지 않습니다. 저를 비신앙에서 구해주십시오.' 그는 이렇게 덧붙인다. "우리 시대 사람들은 종종 회의론자였지만 자신만만한 회의론자였다."[55] 앞의 말은 '믿는다'는 것과 관련해 모종의 폭넓은 선택이 가능했지만 여기서는 현명하고 용감하게 그것을 거부하고 있음을 함축한다. 아마 완충재로 덮인 정체성이 기꺼이 외면적이고 무시할 수 있는 것으로 간주한 사항에 대한 불필요하고, 쓸데없는,

51 Noel Annan, *Our Age*(London: Fontana, 1990).

52 앞의 책, 1, 17, 18페이지와 2~3장.

53 앞의 책, 18페이지.

54 앞의 책, 4장.

55 앞의 책, 18페이지.

무근거한 믿음을 포함하고 있기 때문이라는 이유에서일 것이다. 그것이 실제로 인간조건을 설명할 수 있느냐는 그리 자명하지 않았다.

아난은 저작 막판에서 이 시대의 합의에 대한 스크러튼Roger Scruton의 공격을 다루고 있다. 스크러튼은 리버럴한 정신 자세는 '신성한 것과 에로스적인 것의 경험, 나아가 비탄과 성스러운 공포의 경험'을 결여하고 있다고 비난했다. 아난은 그것을 리버럴한 정신에 천박함과 하찮음이라는 오명을 씌우는 것으로 이해했다. 그와 같은 비판은 어떤 의미에서는 로런스의 〈블룸즈버리 그룹〉 비판의 반복이었다. 아난의 응답은 다음과 같다.

> 그들은 위안을 위해, 또 경이로움의 감각을 일깨우기 위해 시를 읽었다. …… 그들은 하디와 하우스먼이 아직 살아 있거나 죽은 지 얼마 안 되는 시대에 자랐다. 예이츠가 삶의 신비를 상기시키고, 엘리엇의 예민한 귀가 시적 전통 내부에서 운율 혁명을 계속하던 시대였다.[56]

심오함 차원에는 예술을 통해 들어갈 수 있다. 예술의 보다 섬세한 언어는 우리를 신비에 대해 열어준다. 단 존재상의 책무는 보류되어 규정되지 않은 채지만 말이다. 19세기가 개척한 포스트-낭만주의 공간은 여전히 주민들로 채워지는 중이다. 그리고 그래야 한다는 것은 좋은 일이다. 우리 대부분은 살아가기 위해서는 그와 같은 공간을 필요로 하기 때문이다. 하지만 존재상의 책무가 보류되고 완충재로 덮인 자아의 삶이 흔들리지 않는 곳에서는 '성스러운 공포'가 존재할 수 없다는 점에 대해서는 스크러튼이 분명히 옳았다.

하지만 그것은 단지 논의의 시작일 뿐이다. 그것이 상실인지, 그렇다면 왜 그런지에 관해서는 여전히 논증될 필요가 있다. 그리고 실제로 양측 입장에 대해서는 할 말이 많다.

하지만 분명한 것은 신앙/비신앙의 현재 상태는 순전히 엘리트문화 측면에서만 묘
사될 수 없다는 것이다. 20세기의 중요한 사건 중 하나는 '노바'가 여러 종류의 사회 412
전체를 포함하게 된 것이다. 그것은 '슈퍼노바'가 되었다. 그것이 4부에서 검토하려는

56 앞의 책, 608페이지.

테마이다.

5

2절을 시작하면서 필자는 이전의 수직적 질서 개념으로부터 근대의 수평적 질서 개념으로의 이행에 대해 언급했다. 그와 같은 이행은 또한 많은 유럽 사회에서도, 적어도 꽤 오랫동안 일어나고 있었다. 실제로 장기적 관점에서 — 가령 22세기의 교과서 관점에서 — 보면 그것은 아마 지배적인 현상으로 보일 것이다. 하지만 그것이 영국에서처럼 항상 조용히, 눈치 채기 어려운 방법으로 일어났던 것은 아니다. 유럽, 특히 라틴계 문화권에서는 질서 관념을 둘러싸고 계속 투쟁이 있어왔다. 그리고 그것은 신앙/비신앙 간의 균형 문제와 직접적으로 관련되어 있었다.

루소의 영향을 강하게 받은 상호이익이라는 근대적 질서의 한 변형태가 프랑스에서, 그리고 이후에는 다른 곳에서도 공화주의적 전통의 기반이 되었다. 그것은 항상 분명히 무신론적이라고 할 수는 없지만 분명히 반기독교적이었다. 민주주의와 인권은 선천적으로 인간은 순결하거나 기본적으로 선한 존재라는 인간관과 분리 불가능한 것으로 파악되었다. 적절한 정체는 오직 그와 같은 인간 본성 그리고 그것에 귀속되는 미덕을 승인하고 찬양할 때만 번성할 수 있을 것이다. 종교, 특히 원죄라는 기독교 교의는 그것을 훼손하고 그것의 토대를 와해시켜버리지 않을 수 없다. 자유로운 사회는 철학을 가르칠 필요가 있으며, 배타적 휴머니즘에 기초한 사회적 상상계를 구축해야 한다.

그리하여 급진적 시대에 독창적 혁명가들은 교회를 공격해 '탈기독교화'를 실현하려고 시도했다. 로베스피에르 통치하에서는 심지어 '지고존재'라는 새로운 종교로 기독교를 대체하려고 시도하기도 했다. 심지어 테르미도르 이후에도 그와 같은 시도는 계속되어, 신력 도입이나 국가 주도 축제를 통해 전통적인 기독교적 견해를 대신해 새로운 견해가 뿌리내리도록 하려고 했다.

종교에 대한 그와 같은 공화주의적 적대는 후일 분명히 무신론적 관점을 고수하는 마르크스주의적 사회주의에서 사회적으로나 형이상학적으로나 보다 급진화되었다. 많은 사회주의 체제와 혁명운동은 자코뱅파보다 더 거세게 교회를 공격했는데, 그와 같은 움직임은 공산권에만 머물지 않고 그것을 넘어 멕시코와 스페인 같은 지역에도 파급되었다.

도덕질서, 인권과 민주주의, 무신론으로 이루어진 그와 같은 라인업은 그와 반대되는 라인업, '반동'의 라인업을 촉발하는 데 일조했다. 가톨릭적 앙시앵레짐은 그와는 다른 질서 개념, 앞서 필자가 다소 대략적으로 '바로크적'이라고 부른 것에 이미 크게 의존하고 있었다. 그것은 위계제의 중요성을 강조한다는 점에서 수직적이었다. 즉 질서 자체가 되려면, 카오스[혼돈]를 피하려면 지위[신분]의 차이가 존중되어야 하며, 나아가 각자는 본인에게 속한 자리를 지켜야 한다는 것이었다. 그리고 사회 전체가 전일적 413
으로 지배하는 군주제적 권력에 의해 질서를 부여받아야 한다. 보쉬에가 그와 같은 견해의 주요 대변자였다.

그와 같은 관념의 '근대적' 측면은 이러했다. 즉 현실의 위계제는 존재상의 로고스라는 모종의 형이상학적 개념 — 사회질서 속에 반영되어 있던 존재자의 여러 지위에 관한 모종의 교리 — 에 의해 점점 덜 정당화되고, 반대로 그것의 결과로 초래되는 이익, 즉 주로 안정된 질서 자체에 의해 점점 더 많이 설명되고 옹호되었던 것이 그것이다. 오늘날의 관점에서 보자면 그것은 일종의 하이브리드처럼 보인다. 한편으로 현실의 차이들은 보다 고차적인 의미의 아우라로 덮여 있었고, 그것이 먼 기원을 가진 시대에 생겨났다는 감각이 존재했다. 그것들은 인상적인 의식에 의해 기념되었고, 위계제의 맨 위에 선 군주제는 신이 당신의 피조물과 맺는 관계를 반영하는 것이라고 주장할 수 있었다. 다른 한편 주요한 정당화는 귀결주의적이었기 때문에 다른 형태들도 보다 효과적으로 작용하는 것으로 드러난다면 정당화될 수 있는 가능성이 암묵적으로 열리게 되었다.

왕정복고는 그와 같은 견해를 전면적으로 복원하려고 했으나 불가능한 것으로 입증되었다. 구질서의 너무나 많은 것이 일소되었다. 그것은 더 이상 까마득한 옛날부터 존재했던 것이 아니다. 1825년에 랭스에서 샤를 10세가 옛 대관식을 완전한 형식으로 재연하려 했을 때 발견했듯이 의식은 예전과 동일한 의미를 갖지 못하게 되었다. 군주제 하에서의 위계제의 정당화는 이제 이전보다 훨씬 더 분명하고 솔직하게 군주제야말로, 그리고 그것만이 질서를 창출할 수 있다는 주장에 의존하지 않을 수 없게 되었다.

바로 그것이 드메스트르에 의한 왕정복고적 견해의 주요한 명확화에서 제시된 입장이었다. 교수형 집행인에 대한 찬사는 그와 같은 종류의 위협이 뇌리를 떠나지 않도록 하지 않고는 사람들을 통치하는 것이 불가능함을 명확히 하기 위한 것이었다. 그리고 물론 〈프랑스혁명〉의 카오스 후에 많은 사람, 특히 귀족계급 사람들은 그와 같은 견해를 매우 개연적인 것으로 간주했다.

그리하여 위계제에 대한 정당화는 점점 더 질서 그리고 올바른 권위에 대한 존중에 집중하게 되었다. 하지만 후자에는 또한 종교적·교회적 권위도 포함되어 있는 것으로 간주되었다. 민주주의는 판단할 권리를 누구에게나 그리고 모두에게 양도한다는 점에서 자연스럽게 사상의 자유와 이단 편에 서는 것처럼 여겨졌다. 진리가 무근거한 의견의 무한한 확산 속에서 상실되는 것을 막으려면 판결을 집행할 수 있는 단일한 권위가 존재해야 한다. 그것이 프로테스탄티즘에 대한 보쉬에의 반론의 핵심이었다. 일단 로마의 가톨릭교회와 결별한다면 끊임없는 분열이 지속적으로 일어나리라는 것이다.

가령 피우스 6세는 1791년에 〈국민의회〉의 권리선언에 대해 언급하면서 이렇게 비난했다.

> 종교 문제에 관해, 아무리 방종한 상상력에 의해 나타내지는 것이더라도 무엇이건 사유하고, 발언하고, 집필하고, 나아가 처벌받지 않고 출판하는 것에 대한 허가, …… 〈국민의회〉가 사회에서 불가침의 자연권으로 인간에게 부여하는 사상의 자유, 행동의 자유cette licence de penser, de dire, d'écrire et même de faire imprimer impunément, en matière de religion, tout ce que peut suggérer l'imagination la plus déréglée …… cette liberté de penser et d'agir que l'Assemblée nationale accorde à l'homme en société comme un droit imprescriptible de la nature.

그리고 그의 후계자인 피우스 9세는 1864년에 본인이 공표한 『오류표*Syllabus*』에서 상
414 궤를 벗어난 다른 명제들과 함께 아래 명제를 비난했다.

로마교황은 진보, 자유주의, 근대문명과 화해하고 양보할 수 있고 또 그렇게 해야 한다.Le Pontife Romain peut et doit se réconcilier et transiger avec le progrès, le libéralisme et la civilisation moderne.57

그처럼 개인에게서 시작되어 권리, 자유, 민주주의를 강조하는 이상적 질서 — 다양한 형태가 있었다 — 는 복종, 위계제, 보다 큰 전체에의 귀속, 심지어 그것을 위한 희생을 강조하는 대항적 이상과 맞서게 되었다. 대항적 이상의 지지자들에게는 그것이 정치와 종교 양쪽에서 카오스를 피하는 명백한 방법처럼 보였다. 하지만 그것 이상으로 복종과 희생의 강조는 그들 생각으로는 본인이 이해하는 종교와 분명히 맞아떨어지는 것이었다. 즉 섭리에 기초한 이신론의 인간 중심주의적 신앙이 아니라 죄 그리고 신에 대한 복종의 필요성을 설파하는 아우구스티누스적 이해와 말이다.

물론 역사적으로 후일의 관점에서 되돌아보는 우리는 앞서 든 이유에서 이상이 대항적 이상을 이길 것임을 자신 있게 예견할 수 있을 것이다. 그리고 실제로 그와 같은 일이 일어났다. 하지만 그렇게 귀결된 길은 오늘날의 관점에서 상정하는 것보다 훨씬 더 평탄치 않았으며, 에두른 것이었다. 그리고 이유 또한 그것이 무신론적 공화주의자 또는 사회주의자 그리고 위계제를 추종하는 성직자 간의 대결 같은 단순한 문제에 그치지 않았기 때문이다. 장면은 이미 그것 이상으로 복잡해져 있었는데, 미국에서처럼 기독교적 관점과 관련되는 것을 포함해 상호이익과 관련해 이미 다양한 변형태의 질서가 존재하고 있었기 때문이다. 그리고 가톨릭권 유럽에서도 라므네Félicité Robert de Lammenais부터 페기Charles Péguy에 이르기까지 보다 많은 형태가 존재하게 되었는데, 그런 다음 20세기 중반에 〈기독교민주주의〉가 승리할 때까지 지속되었다. 그것은 물론 단지 근대적 도덕질서의 승리를 앞당겼을 뿐이다.

반면 그것을 늦춘 것은 다른 방향으로의 전향이었다. 즉 많건 적건 가톨릭이나 기독교로부터 절단된 대항적 이상의 변형태가 발전한 것이 그것이었다. 이미 19세기 중반에는 지적 입장의 전향이 콩트에 의해 이루어졌는데, 그는 사회적 응집력을 제공할

57 Émile Poulat, *Où va le Christianisme?*(Paris: Plon/Mame, 1996), pp. 140-141에서 재인용.

수 있는 권위 있는 종교를 탐구했지만 기독교를 대체하는 것으로 과학에서 도출되는 종교를 고안했다.

보다 심각했던 것은 19세기 말로 가면서 모종의 형태의 대항적 이상에 기반하면서도 기독교적 계선소로부터 점차 이탈해간 운동이 등장한 것이다. 그와 같은 운동의 매력은 오직 부분적으로만 위계제가 질서를 보장한다는 귀결주의적 정당화에서 유래했다. 훨씬 더 중요했던 것은 위계제, 복종, 희생을 중심으로 한 삶의 방식에 대한 내재적 감탄이었다. 나는 앞 절에서 근대적 휴머니즘에 대해 '비극' 방향에서 유래하는 비판의 여러 축에 대해 언급했다. 그것은 근대적 휴머니즘이 모든 것을 평준화해버리고, 영웅주의와 위대함 그리고 예외적인 것을 파괴해버리는 점에 쏠려 있었다. 또는 삶에서 핵심적인 부분을 삭제하고, 제거 불가능한 고난, 비극, 갈등을 수정해 제거하려고 시도하는 것으로 이해했다.

그런데 기독교적 관점에서도 그와 같은 비판을 가할 수 있을 것이다. 그곳에서 영웅은 성인聖人이고, 핵심적인 고난은 〈십자가수난〉이 아닐 수 없다. 그러나 내가 '노바' 라고 부르는 것의 결정적 측면은 앞의 비판이 비신앙의 방향에서도 가해질 수 있다는
415 것이다. 거기서 영웅은 어느 쪽인가 하면 옛날의 전사에 보다 가깝고, 고난은 인간조건과 관련해 근절 불가능한 차원으로, 영웅은 그것에 맞서 극복하는 법을 배워야 한다. 그와 같은 관점에서 평화와 겸손을 중시하고 신과의 궁극적 하나 됨을 희구하는 기독교는 '노바'에게는 쉽게 적으로, 근대적 휴머니즘의 약화를 가져오는 원래의 원천으로 간주될 수 있을 것이다. 니체가 그와 같은 견해의 가장 탁월한 대변자로, 여러모로 가장 큰 영향을 끼친 사람으로 남아 있다.

그것이 바로 앞 장에서 필자가 '내재적 반계몽주의'라고 부른 것이다. '내재적'이라는 것은 초월적 실재를 전혀 참조하지 않기 때문이다. 이 세기[19세기]는 질서를 둘러싼 두 이상 간의 투쟁으로 인해 고뇌를 거듭해왔다. 거기서 내가 대항적 이상이라고 부르는 것은 항상 — 또는 심지어 주로 — 기독교적 견해에 의해 지탱된 것이 아니라 점점 더 비기독교적 또는 심지어 무신론적 입장에 의존했다.

실제로 그와 관련된 음계 전역에는 한 극단에서 다른 극단에 이르기까지 모든 것이 혼재되어 있었다. 가령 모라스Charles-Marie-Photius Maurras 같은 인물을 보자. 그는 주로

가톨릭교도에게 호소하는 운동을 펼쳤다. 그러나 본인은 신앙인이 아니었고, 그가 프랑스를 군주제로 되돌리고 싶었던 것은 단순히 질서와 가톨릭 신앙을 복원시키고 싶어서가 아니었다. 실제로 신앙의 부흥 자체는 다른 것을 위한 도구에 불과했다. 프랑스는 군주제하에서만 다시 위대해질 수 있다는 것이 그의 신념이었다. 군주제가 가져오는 질서가 프랑스를 그와 같은 길로 이끌리라는 것이었다. 그러나 그것이 전부가 아니었다. 규율, 복종, 헌신이라는 그것의 에토스가 보다 고차적인 인간 유형을 형성하고, 또 활동의 장을 제공하리라는 것이었다. 인간의 위대함을 성취하는 것이 궁극적 목적이었다.

모라스가 그렇게 압도적으로 가톨릭교도로 구성된 운동의 지도자로 남아 있을 수 있던 것은 어떻게 가능했을까? 그중 일부는 심지어 1916년에 그가 교황에게 비난받았을 때조차 그를 버리지 않았다. 아마 이유는 부분적으로 비록 감추어진 동기를 갖고 있었더라도 그의 계획에서는 교회가 너무나 중요한 위치를 갖고 있었기 때문이다. 또한 부분적으로는 규율, 희생, 보다 큰 공동체에 대한 헌신을 높이 평가하는 데서는 기독교도와 비기독교도 사이에 중요한 중복이 있었기 때문이다. 하지만 또한 의문의 여지없이 모라스를 추종한 많은 가톨릭교도 자체가 영웅주의 윤리에 끌렸기 때문이기도 하다. 만약 그들이 귀족계급이었다면 결국 그것은 그와 같은 계급의 에토스였다. 또 만약 그들이 부르주아계급에 속했다면, 그리고 도덕적으로 무기력하고 이기주의적이며 공리주의적인(그들은 그렇게 보고 있었다) 사회의 가치관에 싫증났다면 영웅주의 윤리야말로 바로 그들이 갈망했던 것이다.

1912년에 출판된 『오늘날의 젊은이들*Les Jeunes Gens d'aujourd'hui*』이라는 저서를 보면 그것을 볼 수 있다. 그것은 앞서 언급한 20세기로의 전환기의 영=정신적 시시함에 대한 항의의 표현 중 하나였다. 저자 마시스Henri Massis와 타르드Alfred de Tarde는 조사 대상으로 삼은 젊은이 세대를 대변하고 있다고 주장했다. 물론 조사의 학문적 신뢰성은 크게 의문시되었다. 하지만 우리 관점에서 흥미로운 것은 앞의 책에서 나타나고 있는 수사법과 갈망이다. 젊은이들은 자신들을 '1885년' 세대와 대비시켰는데, 그들에게 앞 세대는 '지나치게 이지적이고 내성적이며, 상대주의적이며, 왕성하게 활동하지 못하고, 신앙을 결여하고 있으며, 데카당스에 사로잡혀' 있는 것 같았다. 그들은 궁극적으로는 416
'딜레탕트'였다. '질서와 서열을 창조하고' 책무를 다하는 삶으로 이끌어줄 수 있는 새로운 규율이 필요했다.[58] 회의주의 및 과학에 맞선 신앙, 개인주의에 맞선 국가에의 헌신, 개인적 선택에 맞선 책무와 규율, 평등에 맞선 서열, 바로 그것들이 그와 같은 성향의 젊은이를 끌어들이는 출발선이 될 수 있었다.

그중 일부는 마시스처럼 결국 가톨릭 신앙으로 개종했지만 그것과 경합하는 도덕적 갈망이 존재했음이 분명하다. 즉 삶에 의미를 부여하는 모종의 주요한 대의, 헌신과 희생의 대상, 단순한 성찰과 반대되는 행위 그리고 삶의 행위, 대담한 행동에 대한 갈망이 말이다. 같은 시기의 다른 유럽 사회의 젊은이 사이에서도 그와 같은 경향을 볼 수 있다. 가령 독일의 〈청년운동〉에서는 자연과 공동체와 생철학Lebensphilosophie에 대한 숭배를 찾아볼 수 있었다. 어찌나 열정적이었는지 결국 이 세대의 많은 엘리트 구성원이 전쟁 자체 속에서 대망하고 있던 공동체, 자기희생, 위대한 행위에 대한 출구를 찾을 정도였다. '그러니 우리를 당신의 시간 속에 끼워 맞추어주신 신께 감사하라'라고 브룩은 썼으며, 동일한 환희를 프랑스와 독일의 많은 젊은이에게서도 들을 수 있었다.[59] 한스 카스토르프[토마스 만의『마의 산』의 주인공]는 [베토벤의 〈9번 교향곡〉 중의] 「환희의 송가」를 부르며 전장으로 달려갔다.

그런데 앞서 언급한 대로 전쟁은 엄청나게 충격적인 경험이었다. 그것은 근대사의 큰 트라우마 중 하나였다. 다름 아니라 모든 교전국에서 오랫동안 갈망해온 영웅주의 그리고 헌신을 위한 출구를 마침내 발견했다고 느낀 수많은 청년이 참전했던 터라 서부전선에서의 실제 전투, 수년 동안 끔찍한 상태로 단조롭고 지루한 일상을 보내다 간간이 무차별적이고 기계화된 도살의 아수라장이 끼어드는 상태를 반복하게 된 것은 전율할 만한 각성의 계기가 되었다.

보다 심원한 수준에서 전쟁은 문명의 위기였다. 즉 교전국들은 진정으로 문명화되었다는 기본 전제 또는 보다 심각하게는 문명이라는 이념 자체가 의문시되었다. 사후적으로 보자면, 에드워드조의 그렇게 많은 사람이 주요 열강 간의 전쟁이 문명화된 세계에 어떻게든 어울리리라고, 그것이 그와 같은 세계의 틀 자체를 흔들어버리지 않으리라

58 Robert Wohl, *The Generation of 1914*(Cambridge, Mass.: Harvard University Press, 1979), pp. 8-9.
59 앞의 책, 217페이지.

고 상정할 수 있던 것은 지금의 우리에게는 기묘해 보인다.

그와 같은 착각에는 두 측면이 존재했다. 군사적 예측과 도덕적 의미가 그것이다.
군사적 오류는 〈보어전쟁〉이나 미국의 〈남북전쟁〉보다는 오히려 1870년의 〈보불전쟁〉
을 선례로 상정한 것이었다. 양측은 기병의 추격과 영웅적 행위로 가득하고, 마지막에
가서는 승자와 패자가 뚜렷이 갈리는 전격전을 전망했다. [1914년 7월에 시작된 전쟁과
관련해] 크리스마스 전에는 모든 것이 끝나리라는 낙관적 전망을 세우고 있었다. 도덕
적 의미는, 전쟁을 통해 영웅주의에 대한 굶주림을 충족시켜줄 수 있는 출구를 찾을
수 있으리라는 것이었다. 일부 젊은이는 기꺼이 목숨을 내놓으려 하겠지만 목숨을 바치
기에 적합한 상황에서 그렇게 하게 되리라고 상정되었다. 대의를 위해 자발적으로 위험
에 육체를 노출시키고, 개인적인 자기헌신 행위 속에서 위험한 것은 다 알지만 그것을
무릅쓰고 싸우다가 총알이나 검에 의해 쓰러져 목숨을 잃으리라고 말이다. 고대로 거슬 417
러 올라가는 무용武勇의 원형 속에서 이해된 바대로의 명예로운 전사자 지위에 부합하
고, 그것을 획득하리라고 말이다. '조국을 위한 죽음은 감미롭고 영예롭다.'

그것 뒤에는 종종 거기서 한층 더 앞으로 나간 도덕적 고찰이 존재했는데, 주기적으로 그와 같은 종류의 영웅주의와 헌신을 보여줄 기회가 없다면 문명 자체가 정체되고, 무기력해지고, 쇠퇴하리라는 것이다. 실제로 많은 사람이 19세기 말의 장기 평화에서 이미 그와 같은 일이 발생하고 있지 않을까 두려워했다. 물론 전쟁의 필연성이라는 명제에 대해서는 중후한 철학적 논의 — 가장 유명한 것은 헤겔의 논의이다 — 가 존재했다. 하지만 오늘날, 1914년 8월에 양쪽 진영 모두에서 얼마나 많은 존경할 만한 사람이 그와 같은 견해를 옹호했는지를 읽는다면 간담이 서늘해질 것이다. 가령 에드워드조의 저명한 평론가 고스Edmund Gosse는 그해 가을에 이렇게 썼다.

> 전쟁은 사상의 위대한 정화 수단이다. 지고의 살균제이다. 그것의 붉은 혈류는 지성의 울혈과 정맥 내의 덩어리를 말끔히 씻어내는 콘디 소독제Condy's Fluid다. …… 우리는 아편에 잔뜩 취한 안일과 안락 상태에서, '보호받은 삶'의 비겁함에서도 깨어났다. 온갖 종류의 방종에 대한 바람, 기강해이, 개인적 불편함에 대한 비열한 예민함이 갑자기 국가적 부패의

> 망령으로 우리 앞에 진정한 모습으로 나타났다. 그리고 우리는 너무 늦기 전에 칼집에서 뽑은 검의 반짝임에 따라 그것들을 묻어버리기 위해 딜레당티즘의 무기력을 떨치고 일어섰다.[60]

하지만 장기간의 대대적인 기계화된 도살이라는 현실 — 그와 같은 전장에서 남자들은 진흙의 바다 속에서 대규모로 무명의 죽음을 맞이하게 되었다 — 은 영웅주의와 헌신의 도덕적 의미를 완전히 배신해버렸다. 게다가 근대 유럽에서 발전한 '문명' 개념의 구성적 의미 중 하나는 질서와 법을 통해 생명을 폭력으로부터 보호한다는 것을 의미했다. 결국 그와 같은 개념은 부분적으로는 근대적 도덕질서에 의해 형성된 것이었다. 그것에는 몇몇 젊은이가 다른 사람들의 안전을 지키기 위해 용감하게 목숨을 내던질 여지가 존재할 수 있었다. 그리고 실제로 교전국들은 적국이 문명화된 삶의 바로 이 측면에 대해 가하는 위협에 대해 믿기 어려울 정도로 끔찍한 주장을 폈다. 영국의 전쟁 프로파간다에서 독일인은 급속히 '훈족'이 되었다. 그러나 실제 도살은 그들이 표방한 목표를 비웃었다. 실제로는 4년이나 주둔해야 했던 전투지역에서 한 세대를 분쇄한 것을 정당화하려면 적어도 훨씬 더 나쁜 것까지는 아니더라도 실제로 훈족과 싸웠어야 할 것이다. 현실은 그렇게 표명된 이유를 우스꽝스럽게 만들었다.

그와 같은 상황에 대처하는 방법 중 하나는 판돈을 올리는 것이었다. 즉 전후에 보다 고차적인 문명이, 즉 보다 민주적이고 보다 평등한 사회가, 그리고 경제적 약자를 보다 극진히 처우하며, 보다 명백히 평화로운 사회가 도래할 것을 약속했다. 그리하여 이번 전쟁은 모든 전쟁에 종지부를 찍는 전쟁이 되었다. 국가는 영웅에게 걸맞은 집을 지어줄 것이다. 각국 정부는 능히 고통을 감내할 수 있을 정도로 전쟁의 명분을 키워야
418 함을 본능적으로 이해했다. 전쟁은 정치를 급진화시켰다. 하지만 물론 약속된 변화가 이루어지지 않을 때 이 모든 것의 결과는 심지어 한층 더 파멸적 절망을 가져오게 되었다.

그런데 문명의 위기는 다양한 방식으로 발생했다. 어떤 사람에게는 냉소주의와 절망으로, 다른 사람에게는 앞서 말했듯이 좌파와 우파 양측에서의 사회의 목표에 대한

60 Hynes, *A War Imagined*, p. 12에서 재인용.

근본적 재규정으로 말이다. 또 내면적 이주, 대항문화 형태의 예술의 모색으로 말이다. 여기서는 신앙/비신앙의 '노바'의 확산과 관련된 두 종류의 반응에 대해 말하고 싶다.

첫 번째는 문명의 위기는 또한 모종의 기독교 문화의 위기이기도 하다고 보는 것이었다. 기독교 신앙이 근대문명과 결합해온 한 — 물론 신인동형적 전환으로의 길을 연 것이 바로 그와 같은 결합이었다 — 그것 또한 흔들리게 되었다. 앞 절에서 논한 대로 영국이 그것의 좋은 사례였다. 많은 사람에게 국민적 정체성은 영국적 정치질서, 양식, 일정한 프로테스탄티즘적 기독교로 너무나 단단히 연결되어 있었다. 이 모든 것이 확립된 가치로 느껴졌다. 그와 같은 정체성 내부에 있던 사람에게 전쟁은 바로 그와 같은 가치들을 지키기 위해 벌어진 것이었다. 하지만 이 모든 것이 문명을 의심스러운 것으로 만든다면 신앙은 어떻게 되는 것일까? 그와 같은 위험에 대해서는 기존질서에 반대하는 다양한 형태의 기독교 — 가령 폴란드와 아일랜드처럼 억압받던 국가들의 가톨릭교도 또는 '체제화된 무질서'를 통렬히 비난한 프랑스의 반공화국 가톨릭교도 — 가 덜 취약했다. 그 외 지역에서 제1차세계대전으로 인한 문명의 위기는 체제화된 신앙에 대한 심각한 복부타격body blow으로, 그것으로부터 결코 회복하지 못했다.

언급해두고 싶은 두 번째 반응은 앞서 말한 전향 문제로 우리를 돌아가게 만든다. 새로운 수직적 질서의 이상을 유지하는 다양한 형태의 비신앙의 발전이 그것이다.

대다수에게 전쟁은 끔찍한 경험이었지만 윙거Ernst Jünger 같은 일부 사람에게는 용감한 행위와 자기희생을 보여줄 장을 제공했으며, 심지어 더 많은 사람에게 비전투 시에는 경험해 본 적이 없고 또 재현할 수 없는 친밀한 교류의 경험을 제공했다. 하지만 전후 상황은 재생에 대한 약속과 대조해보면 끔찍한 실망으로 드러났다. 따라서 많은 사람에게 참전했을 때의 정신적 굶주림은 충족되지 않은 채 있었다. 실제로 다양한 극단적 운동 — 공산주의와 파시즘 모두 — 은 그처럼 전후에도 지속된 갈망 위에 구축되었다. 히틀러와 무솔리니의 말은 과거에 최전선에서 싸운 전사의 경험을 직접 겨냥했는데, 그들은 민간인 신분으로 돌아왔을 때는 길을 잃었다고, 사회에 의해 푸대접받고 있다고 느꼈으며, 칭찬도 받지 못했고, 후방 사람들에 의해 배신당했다는 감정이 앙금처럼 남아 있었다.

파시즘은 근대적 질서의 이상에 대한 하나의 대항적 패러다임을 제공했다. 그것은 개인주의, 권리, 민주주의에 맞서 명령, 리더십, 헌신, 복종을 찬양했다. 하지만 위대함, 의지, 행동, 생명에 대한 숭배를 바탕으로 그렇게 했다. 그것에 기독교 도덕이, 그리고 분명히 자유주의 도덕이 끼어들 여지는 전혀 남아 있지 않았다. 삶을 위대한 것으로 만드는 것이 궁극적 목적이었다. 위대함은 부분적으로는 지배와 정복에 따른 권력의
419 영향에 의해 측정되었다. 또한 부분적으로는 헌신의 정도에 의해 측정되었다. 그리고 죽어서 목숨을 바치는 것과 죽음을 무릅쓰는 것이 척도였다. 그처럼 위대함은 부분적으로는 [심]미적 범주에 의해 측정되었다.

엑스타인스 지적대로 파쇼 체제와 나치 체제의 프로파간다는 단지 하나의 수단이 아니었다. 권력 그리고 의지의 승리를 기념하는 그와 같은 행사는 부분적으로는 나치즘 전체의 운동을 뒷받침하기 위한 것이었다. 벤야민이 '정치의 미학화'에 대해 말하면서 지적한 것이 바로 그것이었다. 그리고 그와 같은 기념행사는 놀라울 정도로 죽음 쪽으로 정향되었다.

> 가장 웅장한 나치 의식은 프리드리히 대왕이든, 제1차세계대전의 전사자든, 1932년의 뮌헨 폭동에서 쓰러진 당원이든 아니면 베셀Horst Wessel[나치당가 작사가]이든 영웅이나 순교자를 기리는 의식과 헌화의식에 초점을 맞추었던 것 같다. 케슬러Harry Kessler는 '시체 선전술'이라는 말로 나치즘의 그와 같은 측면을 묘사한 바 있다.[61]

1930년대가 되면 심지어 이탈리아는 말할 것도 없고 스페인, 포르투갈 그리고 나중에는 비시 정권의 프랑스 등 대항적 이상이 강력했던 가톨릭 사회에서조차 죽음이 연루된 그처럼 새로운 종류의 권력에 대한 숭배가 막강한 영향력과 역할을 담당하게 되었다.

앞서와 같은 짧은 고찰로부터 신앙/비신앙 간의 투쟁의 중요한 한 측면 및 양자의 새로운 형태의 발전이 사회의 도덕질서라는 이상 및 대항적 이상과 연결되어왔음을 알 수 있다. 오늘날 굳이 이 점을 지적하는 것이 필요한 것은 우리 서양은 그것이 사실이던

61 엑스타인스Modris Eksteins, 최파일 역, 『봄의 제전』, 글항아리, 528~529이지.

시대를 거의 뒤로 하게 된 것처럼 보이기 때문이다. — 비록 이슬람사회를 일별하기만 해도 그것이 결코 보편적이지 않음을 알 수 있지만 말이다. 하지만 서양에서는 모종의 분리가 일어났는데, 그것은 우리의 많은 조상들에게는 상상조차 할 수 없던 일이었을 것이다. 가령 〈악시옹프랑세즈〉의 가톨릭교도들에게 그러했는데, 그들에게 '통합적 가톨릭 신앙le Catholicisme intégral'은 체제변혁과 불가분했다. 또 공산주의자에게도 그러했는데, 인간에 대한 그들의 전폭적 신뢰는 혁명을 요구했다. 하지만 과장해서는 안 된다. 심지어 프랑스에서는 20세기 초에도 신앙이 정치적 우파 입장과 분리되어 있던 가톨릭교도가 존재했다. 페기, 클로델, 후기의 베르나노스Georges Bernanos와 마리탱Jacques Maritain이 그랬다. 하지만 지난 반세기 동안 우리는 옛날의 결합이 거의 사라져버린 새로운 세계로 진입한 것처럼 보인다.

[앞서 서술한 이 두 가지] 이상으로부터의 분리 — 자체가 논쟁적이다 — 는 어떻게 일어났을까? 근대적 형태의 휴머니즘이나 신앙은 질서라는 이상과 무관하지 않다. 정반대이다. 하지만 그것들은 이제 동일한 이상과 연결되게 되었다. 즉 근대적 이상이 승리했다. 우리는 모두 인권의 옹호자다.

그것은 설명의 일부일 뿐이다. 하지만 또한 사회로부터의 종교의 분리 또는 오히려 사회 속의 새로운 종류의 틈새로의 영성의 이행도 존재해왔다. 다음 4부에서는 그와 같은 이행을 묘사해보려고 시도할 것이다.

4부
세속화의 서사들

A Secular Age

12

동원의 시대 423

1

서양에서 근대적 세속성이 어떻게 등장했는지에 대한 이야기에서 우리가 어디에 도달했는지를 확인해보자. 18세기 말에는 배타적 휴머니즘이 기독교를 대신할 하나의 유력한 대안으로 나타났다. 또한 그것 그리고 그것에서 생겨나는 인간의 삶에 대한 이해에 맞선 일련의 반발도 나타났다. 그것이 '노바' 효과라고 필자가 부르는 것의 시작이었다. 즉 우리에게 가용한 선택지가 된 새로운 입장 — 일부는 신앙에 근거하고, 다른 것은 그렇지 않았으며, 또 다른 일부는 어느 것으로도 분류하기 어려웠다 — 이 꾸준히 전 음역에 걸쳐 확대되기 시작한 것이다. 이 모든 것은 사회적 엘리트 계층에서 일어나고 있었는데, 새로운 형태의 비신앙의 발전과 관련해서는 종종 오직 지식인 계급 사이에서만 나타났다. 그리고 그처럼 엘리트 계층이 다원화되는 과정은 19세기 내내, 각기 다른 속도로, 각기 다른 사회에서 여러 단계에서의 중단을 거치면서 지속되었다. 지금까지 앞의 여러 장에서 더듬어온 것이 그와 같은 과정으로, 적어도 그것의 몇몇 측면을 추적해보았다.

그러나 어찌된 셈인지 이 두 세기를 통해 당시 상류 계층이 처한 곤경이 사회 전체로 퍼져나갔다. (종교적 또는 종교에 무관심한) 선택지가 확대되었을 뿐만 아니라 사회적 삶에서 종교적인 것 또는 영=정신적인 것의 위상 자체가 변했다. 그와 같은 변화는 어떻게 일어났을까?

여기서 우리는 '세속화 이론'의 영역으로 들어서게 된다. 그것은 주로 세속성 1(공적 삶에서의 종교의 후퇴)과 세속성 2(신앙과 그것의 실천의 쇠퇴)의 다양한 국면에 대한 설명과 관련되어 있다. 그러나 그와 같은 세속성 1 및 2와 세속성 3(신앙의 조건의 변화) 사이에도 물론 많은 중첩이 나타난다. 특히 세속성 3과 세속성 2의 관계는 긴밀하지 않을 수 없다. 그것은 두 가지 변화가 동일해서도, 동시에 일어날 수밖에 없어서도 아니다. 그것이 아니라 내가 여기서 관심을 갖고 있는 세속성 3의 변화가 무엇보다도 휴머니즘이라는 대안의 등장을 수반하고 있었기 때문이다. 그와 같은 휴머니즘의 등장은 세속성 2의 실제적인 비신앙이 등장하기 위한 전제조건이며, 종종 세속성 2의 신앙과 그것의 실천의 쇠퇴의 한 원인이 되었다. 아무것도 그와 같은 결과를 회피할 수 있도록 만들 수 없지만 당초 대안의 다원화가 없었다면 전혀 나타날 수 없을 것이다.

424 소수에게 대안이었던 것이 어떻게 다수에게도 같은 대안이 되었는지를 이해하기 위해서는 신앙의 쇠퇴 내지 그것의 쇠퇴의 결여에 대해 알려진 요인에 의거하는 것이 유익할 것이다. 여기서의 이야기는 터무니없이 복잡하고, 상이한 국가, 지역, 계급, 사회 환경 등의 사이에 폭넓은 다양성을 갖고 있다. 그리고 이제까지의 장들에서와 마찬가지로 여기서의 논의는 주로 몇 가지 사회(주로 영국, 프랑스, 때로 미국. 때로 다른 지역에 대한 부수적 언급도 있을 것이다)에서의 그와 같은 과정의 몇 가지 단계에 주로 초점을 맞추게 될 것이다. 따라서 필자의 견해가 여기서 매우 잠정적임은 두말할 나위도 없다. 그럼에도 불구하고 나의 촌평들이 유용할 수 있기를, 그리고 적어도 주로 거론되는 나라들의 경우 모종의 일반적인 변화 노선이 가시화될 수 있기를, 그리고 그와 같은 식으로 서양에서의 세속화에 대한 전반적 이야기에 작게나마 공헌할 수 있기를 감히 바라본다.

그런데 엘리트 계층의 영=정신적 상태가 대중의 것이 된 것은 주로 그것의 확산에 의해서라고 생각하고픈 유혹을 느낄 수도 있을 것이다. 그것은 표준화된 교육의 확대, 문해력 확대 그리고 학교교육의 수준 향상, 또 보다 최근에는 대학 교육과정의 큰 증가에 의해 도움을 받았다. 엘리트 계층이 처한 상태는 또 종종 아래 사실에 의해 일반화되어 갔다. 즉 근대사회는 모든 사람을 동일한 생활양식으로 유도해 도시와 지방의 구별을 일소하고, 모든 사람에게 동일한 사회적 상상계를 주입해 사회 전체와 관련시키는데, 특히 전자 미디어가 도처에 침투하는 것과 함께 그렇게 한다.

그런데 이 모든 것이, 특히 최근 중요한 역할을 수행해왔다. 하지만 거기서 오늘에 이르는 실제 길은 단순한 확산 이야기로 포착될 수 있는 것보다 훨씬 더 울퉁불퉁하고 꼬불꼬불했다. 먼저 일련의 나라에서 종교적 실천이 19세기에, 또 때로는 20세기에 증가했다. 어떤 계산에 따르면 프랑스에서 가톨릭 신앙의 실천이 정점에 이른 것은 1870년 무렵으로, '비기독교화' 운동, 헌법 하 교회constitutional church [1790년에 〈프랑스혁명〉 정부의 〈성직자공민법〉에 의해 세워진 분리교적 교회] 설립, 그 밖의 다른 여러 트라우마를 초래한 혁명의 위기 이후의 일이었다.[1]

이후에는 쇠퇴로 돌아섰는데, 그것은 1960년대에 현저해졌다. 잉글랜드에서 교회에 대한 충성을 나타내는 숫자는 19세기 동안 증가하다가 20세기 초 무렵에 정점에 이른 이후 완만한 감소세로 돌아서는데, 그와 같은 경향은 제2차세계대전 이후 가속화되며 1960년대 이후에는 급격히 진행되었다.[2] 미국은 어떤 계산에 따르면 〈독립전쟁〉에서 1960년대까지 착실하게 증가했으며, 이후 비교적 소수의 감소만 있었다.[3]

물론 그것에 대해 놀랄 필요는 없다. 오히려 우리는 그와 같은 사태전개를 대문자 개혁을 향한 충동의 맥락 속에 놓아야 하는데, 잘 알려진 대로 그것이 '세속화'를 파생물로 내놓게 되는 운동 전체의 토대에 놓여 있었다. 보다 이전의 모든 교회의 개혁 노력은 정통적 실천 수준을 높이는 것을 목표로 했다. 프랑스 가톨릭의 경우 19세기의 노력 이전의 마지막 대약진은 17세기의 〈대항종교개혁〉으로, 전에는 주변의 실천자에 불과

1 Robert Tombs, *France: 1814-1914*(London: Longman, 1996), p. 135는 최고수위선을 1880년에 놓는 반면 콜비Gérald Cholvy와 일레르Yves-Marie Hilaire(*Histoire religieuse de la France contemporaine: 1800/1880*[Paris: Privat, 1985], p. 317)는 보다 이전인 1860년경으로 설정한다. 나는 여기서 둘 간의 입장 차이를 등분해 딱 둘의 중간 시기로 절충하기로 하겠다. 그와 같은 시대 획정에 대해서는 깁슨Ralph Gibson(*A Social History of French Catholicism 1798-1914*[London: Routledge, 1987], p. 230)도 의견을 같이한다.

2 Callum Brown, "A Revisionist Approach to Religious Change", in Steve Bruce, ed., *Religion and Modernization*(Oxford: Oxford University Press, 1992).

3 Roger Finke, "An Unsecular America", in Bruce, ed., *Religion and Modernization*.

425 했던 사람들에게까지 도달해 그들을 통합시키는 데 성공했다. 그와 같은 운동의 틀 내에서 광범위한 내부 선교 사업이 수행되었다. 그리고 비슷한 일이 영국과 아메리카의 보다 프로테스탄트적인 문화에서도 일어나, 교회에서 멀어진 사람을 다시 교회로 나오도록 하기 위한 다양한 전도운동과 신앙부흥운동이 시도되었다.

영국과 프랑스 사례의 경우 대략 19세기에 그와 같은 전도 활동을 후원한 사람들이 품고 있던 한 가지 명확한 목표는, 사회의 상류 계층과 인텔리겐치아intelligentsia — 그들에게는 신앙을 갖지 않는 것이 현실적 선택지였다 — 의 분열된 형이상학 문화와 종교 문화의 보급을 저지하는 것이었다. 그것이 왕정복고기 프랑스 가톨릭 신앙의 최우선 목표였음은 의문의 여지가 없으며, 그것은 또한 18세기 말의 잉글랜드의 〈복음부흥〉운동, 19세기 초의 스코틀랜드에서의 찰머스Thomas Chalmers의 노력 그리고 그 밖의 다른 곳에서도 나타났다. 왜 그와 같은 운동은 성공했고, 어디서 성공했을까? 그리고 최근 수십 년 동안 왜 모두 무너졌을까? 우리는 위의 수치들로부터 세 나라 모두에서 그리고 실제로는 서양 사회의 많은 나라에서 1960년대 전후가 분기점이었음을 알 수 있다. 무슨 일이 일어났을까? 그리고 물론 세속화 이론의 큰 수수께끼는 여전히 미국으로 남아 있다. 왜 이 사회는 대서양 연안의 다른 국가 중 그렇게 현저한 방식으로 두드러질까?

비록 잠시만이라도 앞의 물음들에 대답할 수 있는 척이라도 한다면 정신 나간 짓일 것이다. 아마 심지어 종종 사회학자들이 동원하는 용어로도 대답 불가능할 수 있는데, 그들이 종사하는 분과학문의 성격에 의해 일반적 요소에 의한 설명을 추구하도록 유도되기 때문이다. 하지만 그것이 대개 겉만 번지르르하다는 것이 누차 확인된다.

그런데 세속화 이론에서 종종 언급되는 요인 중 하나가 '분화differentiation'로, 원래는 함께 수행되던 여러 기능이 개별적으로 결정화되어 독자적 규범, 규칙, 제도를 가진 각각의 영역으로 나뉘는 과정을 말한다.[4] 가령 과거에 가정은 생활공간이자 생산 공간 모두였다. 하지만 후자의 기능은 이후 가정에서 벗어나, 현재는 그것으로 이루어지는 기업이 우리가 '경제' — 자체에 고유한 내적 합리성을 갖고 있다 — 로 생각하는 영역을 형성하고 있다. 마찬가지로 교회는 일찍이 교육과 '의료'를 제공했지만 그것들은 현

4 Olivier Tschannen, *Les théories de la sécularisation*(Genève: Droz, 1992), IV장.

재 종종 국가가 자금을 제공하고 경영하는 전문 시설에서 이루어진다.

그런데 그와 같은 사태전개는 분명히 본서의 주제 전체와 관련되어 있다. 적어도 그중 몇 가지는 신과 종교를 다양한 공론장의 주변부로 내모는 세속성 1에 대한 묘사로 간주될 수 있을 것이다. 하지만 심지어 그와 같은 등치 또한 문제를 일으키고, 만약 세속성 2를 설명하기 위해 분화 개념을 사용하려고 한다면 반대의견이 나올 것이 틀림없다. 분화와 세속성 1의 등치와 관련된 어려움은 이렇다. 즉 특정한 영역에서의 활동이 자체에 고유한 내적 합리성을 따르고, 신앙에 기초한 보다 이전의 종류의 규범화를 허용하지 않는다는 사실이 그것이 여전히 신앙에 의해 강하게 형성될 수 없으리라는 것을 의미하지는 않는다는 것이다. 가령 근대 경제에서 기업가는 고리대금업을 금지한 중세교회의 명령을 받아들일 수 없겠지만 그것이 독실한 칼뱅주의자가 신의 영광을 위해 사업하고 많은 수익을 자선단체에 기부하는 일을 막을 수는 없을 것이다. 비슷하게 426
현대의 의사는 통상 성유물을 만지는 식으로 환자를 치료하지는 않지만 의사직에 대한 그의 소명은 얼마든지 신앙에 깊이 근거하고 있을 수 있을 것이다. 그로부터 세속성 2와 분화를 연결시키는 것에 어떤 문제가 있는지가 명백해질 것이다.[5]

의사를 포함한 이 후자의 사례와 관련해 오류는 세속화와 탈주술화를 동일시하는 데 있다. 하지만 만약 (우리 문명에서의) 세속화가 기독교(그리고/또는 유대교) 신앙의 모종의 쇠퇴나 후퇴를 포함해야 한다면 그와 같은 동일시는 성립될 수 없을 것이다. 베버, 고쉐, 버거 및 그 밖의 다른 많은 논자가 반복해서 말해온 대로[6] 유대교와 기독교

5 아마 여기서 우리에게 필요한 것이 보다 예리한 분화 개념, 한편으로는 '포화'라고 부를 수 있을 것의 쇠퇴 그리고 종교의 진정한 주변부화를 구분할 수 있는 개념일 것이다. 삶의 모든 측면에서 신이나 정령에 대한 언급이 필연적으로 등장할 때 사회는 종교적으로 포화된다. 즉 사냥하기 전에 기도하고, 사슴의 정령과 교감한다. 그리고 또한 어디서 사냥할지, 무엇을 심을지를 정하기 위해 만날 때도 마찬가지이다. 가장 초기의 사회는 분명히 이 유형이었을 것이다. 에르비외-레제 말대로 그와 같은 사회에서 '종교는 도처에 있다'(*Le Pélerin et le Converti*[Paris: Flammarion, 1999], pp. 20-21을 보라). 분화 개념의 핵심은 이 의미의 포화의 반대말이다. '종교'가 다른 많은 영역 중 하나로 분리되는 것이다. 이제 사회는 이 의미에서 우리의 근대 경제, 의학 등과 마찬가지로 '분화'를 겪을 수 있을 것이다. 하지만 여전히 지배적인 종교 형태에 의해 매우 많이 형성될 것이다. 비-포화로서의 분화는 '세속화'의 구성요소로서의 '분화'와 매우 다르다. 종교적으로 포화된 사회 그리고 분화되었지만 여전히 종교적으로 형성된 사회 간의 차이는 아래서 내가 종교적 현존의 '앙시앵레짐'형과 '동원'형에 대해 하게 될 구분에 대략 상응한다.

6 베버, 『프로테스탄티즘의 윤리와 자본주의 정신』. Marcel Gauchet, *Le désenchantement du monde*(Paris: Gallimard, 1985); Peter Berger, *The Sacred Canopy: Elements of a Sociological Theory of Religion*(Gar-

모두 각기 다른 시기에 자체적으로 다양한 종류의 탈주술화를 촉진해왔다.

카사노바는 설득력 있는 방식으로 분화와 사사화privatization의 동일시를 반박해왔다. 세속적 영역들의 분리와 해방은 국가, 경제, 과학과 마찬가지로 어김없이 일어났다. 하지만 그로부터 '세속화 과정은 그것의 여파로 근대사회에 사사화를, 또 일부 저자가 덧붙여 주장하는 대로 종교의 주변부화를 가져오리라'는 결론이 나오는 것은 아니다. 반대로 카사노바는 이렇게 주장한다.

> 오늘날 우리는 종교의 탈사사화를 목격하고 있다. …… 전 세계의 종교 전통이 근대(성) 이론들뿐만 아니라 세속화 이론들이 부여해온 주변부화되고 사사화된 역할을 받아들이기를 거부하고 있다.[7]

일반화와 관련해 또 다른 종류의 어려움이 등장하는데, 일련의 현저한 사례에서는 개연성이 있어 보이지만 보다 일반적으로는 타당하지 않음이 드러나기 때문이다. 가령 도시화와 세속성 2를 연결하는 일반화가 그렇다. 일부 사람은 미국과 관련해서는 정반대가 진실인 것처럼 보인다고 주장해왔다.[8] 그리고 그와 같은 일반화는 19세기 동안의 영국에는 해당되지 않을 수도 있을 것이다.[9]

여기서 우리는 그와 같은 종류의 역사적 사유의 요점에 도달한다. 상황은 너무 다양하고 각기 독자적 양상sui generis을 보이며, 그리고 분명히 반복되는 요소는 상황 속에서 너무나 다른 방식으로 이해되고 체험되기 때문에 결국 우리는 몇 가지 특수한 인과적 속성에 대해서만 보다 큰 확신을 가질 수 있을 뿐, 그것에 기초한 일반화로 보이는 것에 대해서는 그렇지 못하다. 베버는 그와 같은 곤경을 자각하고 있었으며, 브루스는

den City, N. J.: Doubleday, 1967).

7 José Casanova, *Public Religions in the Modern World*(Chicago: University of Chicago Press), pp. 5, 20, 211.

8 Roger Finke, "An Unsecular America", pp. 154ff.

9 아래 논의를 참고하라. Hugh McLeod, *Secularization in Western Europe, 1848-1914*(New York: St. Martin's Press, 2000), Introduction. *European Religion in the Age of Great Cities, 1830-1930*(London: Routledge, 1995), Introduction. 또한 Callum Brown, *The Death of Christian Britain*(London: Routledge, 2001).

베버의 비판자 중 몇 명을 반박하면서 이 점을 강력한 논거로 제기한다.[10]

그렇다면 이 모든 것은 '세속화' 이념에게 무엇을 의미할까? '세속화'라는 명칭에 해당하는 어떤 일이 우리 문명에서 일어났음은 상투어에 가깝다. 비록 그와 같은 명제에 대해 많은 학자가 반론을 제기하고 있지만 말이다.[11] 하지만 문제는 무슨 일이 일어났는지를 정확하게 정의하는 데 있다. 실제로 심지어 과연 '세속화'가 일어났는지에 대한 숙고조차 해석과 관련된 그와 같은 쟁점들에 달려 있다.

누구나 많은 나라에서, 특히 지난 수십 년 동안 신앙의 실천 그리고 특정 교파 소속 교인임을 밝히는 일이 쇠퇴했음을 인식할 수 있을 것이다. 과거 수 세기처럼 신이 공적 공간에 더 이상 존재하지 않는 것도 말이다. 그 밖에도 다른 많은 변화에 대해 동일한 이야기를 할 수 있을 것이다. 하지만 그와 같은 변화를 어떻게 이해하고 해석할지는 전혀 자명하지 않다.

사실 이의를 제기해볼 수 있는 두 가지 큰 근거가 존재한다. '세속화'는 일반적으로 427
종교의 모종의 쇠퇴를 가리키는 용어로 여겨진다. 이제 우리 시대에 종교가 과연 겉으

10 Steve Bruce, "Pluralism and Religious Vitality", in Steve Bruce, ed., *Religion and Modernization*(Oxford: Oxford University Press, 1992), pp. 170-194. 깁슨Ralph Gibson은 *A Social History of French Catholicism 1789-1914*(London: Routledge, 1989), 170~180페이지에서 '불라르의 지도la carte Boulard', 즉 1947년에 불라르Chanoine Boulard가 작성한 지도를 논하면서 프랑스의 종교적 실천에서 나타나는 각 지역 간의 차이를 보여준다. 퓌레François Furet는 이 지도를 '프랑스와 프랑스 역사에 대한 가장 핵심적이고 신비로운 문서 중 하나'로 부른 바 있다. 신비는 해당 지도가 19세기에 그리고 심지어 18세기에 관련된 차이들에 대해 작성될 수 있던 지도들을 빈틈없이 반영하고 있는 데 있었다. 그처럼 오랫동안 지속된 차이들은 실천 수준을 사회적·경제적 변수와 연결시키는 것을 매우 어렵게 만든다. 그것들이 미치는 결과가 지역마다 너무 다르기 때문이다. 그와 같은 차이가 나타나는 이유에 대한 설명의 일부는 '〈프랑스혁명〉 이전의 프랑스 가톨릭의 역사'에 있다. "…… 아마 가톨릭 종교개혁 또는 실로 (많은 경우) 너무 자주 문서로 기록되지 않은 중세의 사회사로 거슬러 올라갈 필요가 있을 것이다"(177페이지). 일레르도 *Une Chrétienté au XIXe Siècle?*(Lille: PUL, 1977), 1권, 522페이지에서 비슷한 점을 지적한다. 프랑스 북부의 다양한 지역의 실천에서 나타나는 차이에 대한 설명의 일부는 '18세기에 불로뉴, 서부의 생오메르와 동부의 캉브레 교구에서 철저하게 시행된 가톨릭 종교개혁의 노력으로' 거슬러 올라간다. '…… 불로뉴의 파르츠 드 프레시와 캉브레의 페늘롱 같은 곳에서는 숫자도 많고 적극적인 성직자의 도움으로 교구민 동향을 계속 기록으로 남긴 것 같다.'

11 가령 아래 글을 보라. Michael Hornsby-Smith, "Recent Transformations in English Catholicism: Evidence of Secularization?" in Bruce, ed., *Religion and Modernization*, pp. 118-123과 David Martin, "Towards Eliminating the Concept of Secularization", in J. Gould, ed., *Penguin Survey of the Social Sciences*(Harmondsworth: Penguin Books, 1965), pp. 169-182. 그는 이후 본인만의 세속화 테제를 정식화해오는 중인데, 물론 이전에 비판한 내용을 유념하고 있다.

로 보이는 만큼 정말로 쇠퇴했는지를 질문할 수 있을 것이다. 아니면 과거처럼 그렇게 많은 공간을 차지하지 않는다는 점을 인정하면서 과거 언제 그와 같은 적이 있었던가 하는 질문을 던질 수 있을 것이다. 다시 말해 과거의 종교의 황금시대, 즉 '신앙의 시대'라는 이미지를 의문시할 수 있을 것이다. 어쩌면 결국 겉모습은 달라졌지만 전체적 내용에서는 결국 과거와 그다지 크게 달라지지 않았을 수도 있다.

앞의 두 주장 모두 해석 문제로 귀착된다. 종교란 무엇인가? 만약 종교를 위대한 역사적 신앙 또는 초자연적 존재에 대한 명확한 믿음과 동일시한다면 종교는 쇠퇴한 것처럼 보일 것이다. 그러나 만약 넓은 범위의 영=정신적 또는 준-영적 신앙을 포함하거나 아니면 그물을 보다 넓게 펼쳐 어떤 사람의 궁극적 관심 대상으로 생각한다면 실제로 종교는 종전처럼 존재한다고 주장할 수 있을 것이다.

두 번째 질문은 이렇다. 즉 우리 자신의 시대와 비교하려는 과거란 무엇인가? 심지어 신앙의 시대에도 모두가 정말 종교에 헌신적이었던 것은 아니다. 거의 교회에 나가지 않는 마지못한 교구 신자들에 대해서는 어떨까? 그들은 오늘날 무교라고 말하는 사람들과는 정말 그렇게 많이 달랐을까?

나로서는 세속화 명제는 위에서와 같은 이의제기 대부분에 버틸 수 있다고 생각한다. 하지만 그것이 이의신청을 꼼꼼히 검토해보았자 얻을 것이 아무것도 없다는 의미는 아니다. 오히려 그것을 통해 실제로 무슨 일이 일어났는지에 대한 설명을 좀 더 분명하게 할 수 있을 것이다. 그와 관련해 결국 단지 하나 이상의 변화가 일어났다. '세속화'라는 제목 아래 무엇을 포함시켜야 할까? 11조를 내지 않았다는 이유로 성직자가 교회 법정으로 우리를 소환할 수 없게 된 사실은 사회가 덜 종교적으로 되었음을 의미할까? 그것 자체만으로는 분명히 그렇지 않다. 오늘날에도 그와 같은 일이 일어나지 않고, 일어날 수도 없는 매우 독실한 사회가 존재한다. 그리고 물론 이제는 어떤 교황이나 주교도 한때 잉글랜드의 헨리 2세와 신성로마제국의 하인리히 4세의 경우에서처럼 통치자가 무릎을 꿇고 죄를 사해달라고 빌도록 만들 수는 없을 것이다. 그와 같은 일은 잉글랜드의 헨리 8세가 국왕지상권[수위권首位權] 법을 무리하게 끝까지 밀어붙여 관철시킨 때 또는 신성로마제국 황제 카를 5세 군대가 로마를 약탈한 때[1527년]쯤 이미 불가능하게 되었다. 그와 같은 사실은, '세속화'가 본질적으로는 16세기 초경에 일어났음을 의미할까? 마틴이 설득력 있게 주장하듯이 '종교'와 12세기 가톨릭을 단순히 동일시하고 그것으로부터 멀어지는 모든 움직임을 종교의 쇠퇴로 볼 수는 없을 것이다.[12]

여기서 이론적 문제의 일부 그리고 분명히 감정적 반발을 보이는 이유의 대부분은 또한 대부분의 세속화 이론을 지탱하고 있는 중요한 (만약 푸코의 이 단어를 사용할 수 있다면) '사유되지 않는 요소'가 존재하는 데 있다. 세속화 이론의 반대자들은 세속화는 '이데올로기', 즉 종교는 허위의식이라고, 따라서 멈출 수 없이 감소 중이라고 단정하는 이데올로기라고 말한다. 앞서 말한 '신의 죽음'을 둘러싼 다양한 시나리오는 그것의 한 변종으로 간주될 수 있을 것이다. 하지만 여기서 이데올로기라는 용어를 사용하는 것은 부적절하다. 그것은 당파심이 학문 연구를 압도해버린 사태, 즉 불신이 모든 것을 지배하고 있음을 함의하기 때문이다. 브루스가 그와 같은 제안을 물리친 것은 정당하다.[13]

하지만 세속화의 사회학/역사학의 대부분이 '사유되지 않은 요소'에 의해 영향받 428
고/형성되어왔다는 생각을 논박하기 위해서는 그것만으로는 충분하지 않은데, 그것은 앞의 저자의 견해와 보다 복잡한 방식으로 관련되어 있기 때문이다. 즉 그의 견해를 논쟁적 방식으로 연장시킬 뿐만 아니라 어떤 사람이 가진 신앙과 가치의 틀을 이루는 것이 그의 이론적 상상력을 한정시켜버릴 수 있는 보다 교묘한 방식으로 그렇게 한다.

열정적·논쟁적 당파심보다는 그것이 중립적 사회과학을 방해하는 진정한 장애물이다. 우리 시대의 한 저작의 「머리말」에는 이렇게 쓰여 있다.

> 설령 있다손 치더라도 여기서 다루는 종교 중 어떤 것이 '진실'인지는 사회과학자들이 상관할 일이 아니다. 비록 달성하기 어렵긴 하지만 그들은 항상 가치 중립성을 갈망해야 하기 때문이다.[14]

강조점은 종속절에 놓여야 한다. 정확히 무슨 일이 일어났는지를 결정하는 것은 일군의 해석적 판단에, 종교의 정확한 성격과 기독교 신앙의 내용 같은 쟁점에 달려 있으며,

12 David Martin, *Religious and Secular*, p. 67.

13 Bruce, *Religion and Modernization*, pp. 1-2.

14 Steve Bruce, *Religion in Modern Britain*(Oxford: Oxford University Press, 1995), p. viii.

그와 같은 종류의 질문은 우리의 신념 중 본질적인 부분을 이루는 것에 의해 깊이 채색될 것이다. 그리하여 앞의 인용문의 저자는 계속 종교가 쇠퇴한 몇 가지 이유를 든다. 그는 과학 및 기술 발전을 언급한다. 그가 그렇게 하는 것은 과학이 종교의 잘못을 증명했기 때문에 후자의 소실로 이어졌다는 표준적인 '신의 죽음' 이론을 지지해서가 아니다. 반대로 그는 그것을 명백히 거부한다. 사람들은 자기 신앙을 '명백히 상충되는 증거로부터' 절연시키는 데 너무나 능숙하다. 하지만 그는 삶의 문제를 해결하기 위한 기술적 해결책이 가용하게 된 것이 사람들을 종교로부터 멀어지게 만들었다고 생각한다.

> 키우는 소를 전염성 피부병인 백선으로부터 보호하는 데는 물약이 뛰어난 치료법임이 거듭 증명되었다고 치자. 그렇다면 물약을 살 수 있다면 종교적 의례나 주문은 필요 없게 될 것이다.[15]

하지만 앞의 주장은 탈주술화를 종교의 쇠퇴와 혼동하고 있는 것 같다. 그리하여 우리 문명의 지배적인 종교, 즉 기독교와 유대교 그리고 위에서 언급한 주술화된 세계 간의 복잡하고, 종종 모순되는 관계를 다시 한 번 꼬이게 만든다. 여기서 나와 앞의 인용문의 저자 간의 의견 차이는 종교에 관한 각각의 이해로 귀착되는데, 그것은 애초에 우리의 내용적 신념에 의해 크게 형성될 수밖에 없을 것이다.

나는 우리는 각자가 본인의 견해에 사로잡혀 있으며, 그렇기 때문에 서로를 합리적으로 납득시키기 위해 할 수 있는 것은 아무것도 없다는 모종의 '포스트모던한' 명제를 주장하고 있는 것이 아니다. 반대로 나는 다른 사람들이 판단을 수정하고, (그것과 깊이 관련해) 공감대를 넓히도록 촉진하기 위해 논의를 정돈하는 것은 가능하다고 생각한다. 그러나 그와 같은 과제는 지극히 곤란하며, 한층 더 중요하게는 결코 완결될 수 없다.

15 앞의 책, 132~133페이지. 그와 같은 견해는 널리 퍼져 있다. 맥러드는 '인공비료는 무신론자를 만든다'는 네덜란드 속담을 인용한다(Hugh McLeod, "Secular Cities?" in Bruce, ed., *Religion and Modernization*, p. 61). 그리고 불트만Rudolph Bultmann은 이렇게 쓴다. "우리는 『신약성서』의 영과 경이의 세계를 믿는 동시에 전등 빛과 라디오를 사용하고, 질병에 걸릴 경우 현대의 의료와 치료수단을 사용할 수는 없을 것이다"(*New Testament and Mythology and Other Basic Writings*, ed. and trans. Schubert M. Ogden[Philadelphia: Forest Press, 1984], p. 4).

우리는 사회학 강의에 참여할 때 간단히 각자가 가진 모든 '가치'를 교실 밖에 두고 오겠다고 최종적으로 결심하거나 하지는 않는다. 또한 그와 같은 가치가 그저 우리가 얕잡아볼 수 있는 의식적意識的 전제로 작용하는 것도 아니다. 훨씬 더 깊은 수준에서 계속 우리 생각을 형성하며, 서로 다른 관점을 가진 사람들과 끊임없이 열린 자세로 의견을 나누는 것만이 그와 같은 가치가 낳을 수도 있는 왜곡의 일부를 수정하는 데 도움이 될 것이다.[16]

그와 같은 이유에서 세속화의 '사유되지 않은 요소'뿐만 아니라 종교적 신앙의 다양한 양식이 논쟁을 혼란스럽게 만들 수 있는 방식도 분명하게 인식하고 있어야 한다. 아래 같은 태도 중 하나 또는 그것들의 결합을 받아들일 때 사유되지 않은 요소가 강력하게 작동하게 된다. 즉 종교는 아래 이유로 쇠퇴할 수밖에 없다는 것이다. (a) 종교가 429
잘못되었고, 과학이 그것을 보여준다. (b) 물약으로 백선을 치료할 수 있는 등 종교는 점점 더 무의미해지고 있다. (c) 종교는 권위에 기반하고 있으며, 근대사회는 개인의 자율성을 점점 더 중시하고 있다. 앞의 주장들은 강력하지만 일반인 사이에서 널리 지지받고 있기 때문이 아니라 — 실제로 그것들을 따르는 사람 숫자는 사회마다 크게 다르다 — 지식인이나 학자 사이에서 매우 강력하게 작용하고 있기 때문인데, 일반적으로 종교적 실천이 고도로 이루어지고 있는 미국 같은 나라에서도 마찬가지이다. 실제로 종교의 배제/유의의성 결여는 종종 사회과학, 역사, 철학, 심리학의 눈치 채지 못하는 배경의 일부를 이루고 있다. 실제로 신앙심이 없는 종교사회학자조차 종종 같은 분과학문의 다른 분야를 연구하는 동료들이 그처럼 주변적인 현상에 그토록 강한 관심을 갖는 데 대해 놀라움을 표하고 있다.[17] 그와 같은 풍조에서 그와 같은 견해에서 무의식적으로 발생하는 왜곡된 판단은 종종 아무런 도전도 받지 않은 채 번성할 수 있을 것이다.

16 '사유되지 않은 요소'와 관련해 우리 문명 속의 신앙인과 비신앙인 간에 존재하는 깊은 차이를 문화적 차이와 비슷한 것으로 이해하는 것을 지지하는 몇 가지 논거가 존재한다. 문화 A에 속한 학자들이 이제까지 전혀 논쟁의 대상이 되어본 적이 없는 배경적 범주들을 의문시하지 않고는 문화 B를 이해하는 데 어려움을 겪을 수 있듯이 여기서도 상황은 비슷하다. 물론 차이는 이렇다. 즉 우리의 경우 신앙인과 비신앙인 모두 오늘날 우리 모두가 그것 안에서 살고 있는 복잡한 현실의 (다양한) 측면을 차단하는 범주들 내부에서 움직이는 경향이 있다는 것이다. 그와 같은 생각들은 4부에서 상술될 것이다.

17 예컨대 Bryan Wilson, "Reflections on a Many-Sided Controversy", in Bruce, ed., *Religion and Modernization*, p. 210을 보라.

바로 그것이 "세속화 개념은 폐지되어야 한다"[18]는 마틴의 진심 어린 호소의 얼마든지 정당화될 수 있는 요지라고 할 수 있을 것이다.

물론 필자의 글 또한 다른 종류의 '사유되지 않은 요소'에 의해 형성되고 있는데, 그중 몇 가지를 여기서 명확히 하고 싶다. 왜냐하면 그와 같은 식으로 논의를 전진시킬 수 있다고 생각하기 때문이다. 하지만 나의 것을 주류의 많은 세속화 이론에 포함되어 있는 사유되지 않은 요소와 대비해볼 때 그것을 가장 잘 할 수 있을 것이다.

그와 같은 영역에서 '정통파적' 양식의 이론의 토대에 놓인 기본적 통찰[19]은 (어떤 의미에서의) '근대'는 (어떤 의미에서의) '종교'를 억압하거나 축소시키는 경향이 있다는 것이다. 필자는 그것에 대해 이의를 제기할 생각이 없다. 심지어 어떤 의미에서는 동의한다. 이 의미를 보다 정확하게 규정하려는 것이 본서의 주요 목적 중 하나이다. 또한 많은 정통 이론가가 제시하는 종교에 대한 정의에 이의를 제기할 생각도 없다. 가령 브루스는 아래와 같은 규정적 기술을 제공한다.

> 우리에게 종교란 행위 주체의 권한을 가진 초자연적 실체 또는 인간사를 둘러싼 조건을 설정하거나 그것에 개입할 수 있는 힘을 구비한 채 도덕적 목적을 소유한 비인간적 힘 내지 과정이 존재한다는 가정에 기반한 행위, 신념, 제도로 이루어진다.[20]

물론 그와 같은 정의의 세부사항에 대해서는 얼마든지 시비를 걸 수 있을 것이다. 그와 같은 정의의 큰 문제점 중 하나는 경계를 나누는 방법이다. 즉 오늘날 '영=정신적' 견해에는 '초자연적인 것'을 환기시키지 않는 다양한 형태가 존재하는데, 그것이 개별

18 앞의 주 9를 보라.

19 나는 '정통파'와 '수정주의자'를 구분하는 맥러드 입장을 채택하고 있는데, 그는 본인이 편집한 *European Religion in the Age of Great Cities*의 「서문」에서 그와 같은 생각을 전개하고 있다.

20 Roy Wallis and Steve Bruce, "Secularization: The Orthodox Model", in Bruce, ed., *Religion and Modernization*, pp. 10-11. 또한 Bruce, *Religion in the Modern World*(Oxford: Oxford University Press, 1996), p. 7을 보라. 마틴도 비슷한 규정을 제시한다. "내가 말하는 '종교적'이라는 말은 과학에 알려진, 관찰 가능한 세계를 넘어선 실재의 수준을 받아들이는 것을 의미하는데, 그것에 순전히 인간적인 영역에 속하는 의미와 목적을 완성하며 초월하는 의미와 목적이 귀속된다"(*A General Theory of Secularization*[New York: Harper, 1978], p. 12).

적으로 그것과 어떻게 관련되는지를 제시하기가 종종 어렵다. 그러나 그와 같은 종류의 문제는 어떤 정의에서도 나타날 수 있을 것이다. 문제를 보다 까다롭게 만드는 것은, '초자연적'이라는 용어가 기독교문명에서 발전한 것이다. '자연적' 그리고 그것을 넘은 것 간의 명확한 선은 다른 곳에서는 그어져 있지 않다. 만약 그와 같은 정의가 전 세계의 사회학/역사학을 위해 가용한 것이 되어야 한다면 앞의 말은 그에 대한 이의제기가 될 것이다. 하지만 실제로 우리는 단지 서양 역사, 이전의 라틴계기독교세계만 관찰 중인데, 그와 같은 틀 내부에서 '초자연적'은 우선 얻어진 근사적近似的 묘사로는 훌륭하다.

게다가 필자도 브루스와 마찬가지로 '종교'를 너무 넓고 포괄적으로 규정하는 바람
에 결국 아무것도 변하지 않았다는 주장으로 끝나고 마는 것을 방지해야 한다는 생각
이다. 분명히 중요한 어떤 일이 일어났다. 매우 중요한 어떤 것이, 대부분의 사람이 '종 430
교'라는 용어로 인식하는 어떤 것이 계속 쇠퇴해왔다. 이 용어의 용법과 관련해 반드시
세론을 따를 필요는 없지만 그와 같은 쇠퇴의 유의의성을 이해하려면 어떤 말이 필요하
다. 그리고 '종교'가 확실히 가장 편리한 말이기는 하다.[21]

브루스의 정의에서 내가 마음에 들어 하는 또 한 가지는 그것이 '비인간적 힘'을 포함하는 점인데, 그리하여 내가 2장에서 우리의 '주술화된' 종교적 과거의 '도덕적 힘'이라고 불렀던 것의 중요성을 인정하고 있는 것이다.

그와 같은 정의에서 출발해 나는 아래의 결정적 현상에 대한 브루스의 주장에 동의할 수 있을 것이다.

> 비록 다른 방식으로 개념화할 수도 있지만 세속화란 첫째로 사람들의 신념을 가리킨다. 어떤 사회가 다른 사회보다 더 '세속적'이라고 말할 때 그것이 의미하는 바의 핵심은, 앞의 사회의 사람들이 후자의 사회의 사람들보다 종교적 신념에 의해 덜 영향을 받는다는 말로

21 그렇다고 해서 포괄적 규정이 유용할 수 있을 다른 종류의 성찰이 존재하지 않는다는 이야기는 아니다. 아래 저술에서 그것을 볼 수 있을 것이다(Danièle Hervieu-Léger: *La Religion pour Mémoire*[Paris: Cerf, 1993]과 *Le Pélerin et le Converti*[Paris: Flammarion, 1999]). 종종 상이한 관점 간의 공동의 요소를 도출하는 것이 우리 사회를 이해하는 데 도움이 되는데, 그것이 보통 우리가 세속적인 것/종교적인 것이라는 분할을 통해 파악하는 것의 한계를 뛰어넘을 수 있도록 해주기 때문이다. 하지만 본서에서의 논의를 위해서는 보다 좁은 의미의 개념이 요구된다.

요약될 수 있을 것이다.[22]

보편적으로 적용 가능한 방식으로 종교를 정의하는 시도를 포기한 이상 나는 근대 내내 억압되게 된 것을 보다 구체적으로 파악하고 싶다. 1장에서의 논의에 기대 나는 그와 같은 현상에 두 가지 방향에서 동시에 접근해보려고 한다. 즉 '초자연적 실체의 존재(또는 '신')에 기반한' 신념[신조]과 행위뿐만 아니라 동시에 통상 인간의 개화번영으로 이해되는 모든 것을 넘어선 곳이나 그것 외부로 우리를 이끄는 — 심지어 합리적 상호성(즉 상호번영을 위한 협동)의 맥락에서도 — 인간의 변형이라는 전망에도 초점을 맞추려고 한다. 기독교의 경우 그것은 인간에 대한 신의 사랑(아가페)에의 참여를 의미한다. 그와 같은 사랑은 정의상 생각 가능한 어떤 상호성도 훌쩍 넘어서는 사랑, 공평함의 어떤 척도에도 얽매이지 않는 자기희생적 사랑이다. 그와 같은 신앙의 특수성은 오직 두 측면에서 접근할 때만 포착될 수 있다. 즉 그것이 초인간적 힘(신)으로 상정하는 것의 측면 그리고 그와 같은 힘이 우리에게 요구하는 것, 그것이 열어주는 변형의 전망이라는 측면이 그것들이다.[23]

내가 신앙의 특수성의 그와 같은 수준으로까지 내려가는 것은 집단 간과 집단 내, 개인 간과 개인 내의 주요한 투쟁이 모두 그와 같은 종류의 변형의 전망 그리고 18세기에 근대적 도덕질서와 상업사회에서 출현한 견해 — 그에 대해서는 4장에서 묘사한 바 있다 — 간의 양극화에 의해 형성되어왔다고 생각하기 때문이다. 후자의 견해에 의하면

22 Bruce, *Religion and Modernization*, p. 6. 종종 그와 같은 현상은 '종교의 사회적 유의의성의 감소'로 규정된다. 월리스와 브루스는 11페이지에서 그에 동의하는 투로 말하는 윌슨Bryan Wilson의 말을 인용한다. 하지만 실제로 여기서는 아무런 모순도 존재하지 않는다. 두 가지 현상이 실제로 일어나기 때문이다. 나는 물론 개인의 신앙에 초점을 맞추는 것을 선호하는데, 다양한 사회와 시대의 종교의 사회적 유의의성을 비교하는 것이 종종 쉽지 않을 뿐만 아니라 또한 윌슨이 사회적 유의의성의 감소의 증거로 제시하는 많은 사례가 너무 소박하게 인과적으로 신앙의 쇠퇴 — 신앙을 가진 사람 숫자가 점점 줄어들거나 신앙의 강도와 열성이 점점 더 약해지고 있다 — 에 의존하기 때문이다(그의 "Reflections on a Many-Sided Controversy", in Bruce, ed., *Religion and Modernization*, pp. 195-210을 보라).

23 물론 이것은 그처럼 보다 고차적인 관점에 대한 명백히 기독교적인 설명이다. 하지만 다른 많은 종교에도 그와 유사한 형태가 존재한다. 불교적 관점에서 볼 때 탈아는 대자대비Mahakaruna로 이어진다. 그것은 통상적 개화번영을 훌쩍 넘어서는 변형, 실로 통상 개화번영이나 영속적인 자아로 간주되는 것의 주요 조건 중 하나를 부정하는 것이다. 무슬림적 견해에 따르면 신에게 복종하라는 명령에 따름으로써 우리는 다른 어떤 방식으로도 주어질 수 없는 능력을 얻게 된다 등.

우리의 최고의 목표는 상호성의 맥락 속에서 모종의 인간의 개화번영으로, 거기서 각자는 생명과 자유가 보장된 가운데 상호이익 사회에서 각자의 행복을 추구한다. 그것은 비록 원래는 섭리주의적 견해로, 모종의 신을 위한 자리가 남아 있었지만 이후 보다 고차적인 변형이라는 모든 환상적 관념에는 단호히 반대하는 변종들이 나타났는데, 그것은 그와 같은 관념을 상호성의 질서에 대한 위협으로, 간단히 말해 '광신' 또는 '열광주의'로 간주했다. 매우 일찍부터 그와 같은 견해의 무신론적 또는 불가지론적 형태가 발전되었다.

우리 문명에는 서로 매우 다른 두 가지 태도가 존재하는 것 같은데, 그것을 상이한 431
기질과 상이한 견해 모두로 묘사할 수 있을 것이다. 아시시의 프란치스쿠스에 대해서는, 상인으로서의 삶을 포기하고 엄격한 삶을 살았으며 성흔이 나타난 것에 대해 사람들은 어떻게 생각할까? 사람들은 개화번영을 넘어 나아가라는 그와 같은 요구에 의해 깊이 감명받고, 이어 변형의 전망에 이끌리게 될 수도 있을 것이다. 하지만 반대로 그를 흄이 '수도사의 미덕'이라고 부르는 것의 패러다임적 사례로 보는 사람은 그를 무의미한 자기부정의 실천자, 문명적 상호성에 대한 위협으로 볼 수도 있을 것이다.

물론 변형의 전망과 내재적 전망이라고 부를 수 있는 것 사이에 놓인 관점을 대변하고 싶은 사람도 많을 것이다. 후자의 전망이 유물론적 견해에 의해 지지되는 경향이 있는 우리 시대에는 특히 더 그렇다. 많은 사람이 두 극단 사이의 입장을 택했는데, 유물론이나 상호이익적 도덕에 대한 협소한 견해를 겁내 뒷걸음쳤지만 우리 삶에 미치는 신의 권능과 관련해 광범위한 영향을 미치는 신앙에 의해 주어지는 변형의 전망이라는 강한 주장으로 돌아가고 싶지는 않았기 때문이다. 19세기의 경우 위고가 떠오른다. 또는 에머슨, 아널드 같은 유니테리안파 또는 전-유니테리안파 지식인이 떠오른다. 그와 같은 목록은 무한히 계속될 수 있을 것이다. 그와 같은 종류의 입장이 중요하지 않다는 것이 아니다. 실제로 오늘날의 몇몇 사회에서는 이런저런 변형태로 그것이 다수일 수도 있을 것이다(하지만 만약 사람들의 양가적 태도를 고려한다면 이 영역에서 인원수를 세는 것은 극히 곤란한 과제이다). 하지만 오늘날 사람들은 두 가지 극단적 전망에 의해 양극화되고 있는 장에서 그와 같은 종류의 태도를 취하고 있다. 양극적 대립과 관련해 자신을 규정하는 반면 그처럼 극단적인 입장의 대변자들은 서로 그렇게 호의적이지 않다.

즉 통상 다른 극단과 관련해 본인 입장을 규정하고 중간은 무시한다(또는 반대편으로, 잘못, 편입시켜버린다). 두 극단적 전망이 그와 같은 장을 규정한다는 것은 이 의미에서 이다.

따라서 우리는 아래 명제를 '세속화'의 핵심으로 간주하고 그것에 초점을 맞출 수 있을 것이다. 즉 근대는 변형의 전망의 쇠퇴를 초래했다는 것이다. 정통파의 세속화 이론가들은 설령 변형을 핵심적인 쟁점으로 내세우는 데는 아무 관심이 없더라도 여기까지는 내게 동의할 것이다. 그렇다면 나는 (정통파의) 세속화 이론에 무슨 불만이 있는 걸까?

그와 같은 논의 전체의 어려움 중 하나는 '세속화' 테제가 정확히 무엇에 해당되는지가 얼마간 불명확한 데 있다. 실제로 이 명제에 대한 보다 얇은 독법과 보다 넓은 독법이 존재한다. 내가 주류의 세속화 테제라고 부르려고 하는 것은 삼층 건물에 비유될 수 있을 것이다. 일층은 종교적 신앙과 그것의 실천이 쇠퇴하고, '종교적 제도의 규모와 영향'은 현재, 과거에 비해 줄어들었다는 사실에 근거한 주장을 대변한다.[24] 지층은 그와 같은 변화를 어떻게 설명할지에 대한 몇 가지 주장을 담고 있다. 브루스의 경우 설명을 위해 사회적 단편화(종종 '분화'로 불리는 것을 포함한다), 공동체의 소멸(그리고 관료제의 발전), 합리화의 확대 등을 끌어들인다.[25]

하지만 그것으로 극히 내용이 풍부한 독법을 모두 망라할 수 있는 것은 아니다. 그
432 것들은 일층 위에 한 층을 더 추가하는데, 그것은 오늘날의 종교의 위상과 관련되어 있다. 세속화 운동 전체가 끝난 지금 우리는 어디에 서 있는가? 오늘날 우리는 어떤 곤경에 처해 있는가? 오늘날 종교와 비신앙의 취약성과 강점은 무엇일까? 여기서 우리는 내가 세속성 3이라고 가리킨 영역 속에 있다. 그리고 물론 이 영역, 즉 이층에서 제시한 대답이 대부분의 사람 — 학자들이 아니지만 그들뿐만이 아니다 — 의 흥미를 끈다.

그런데 어떤 사람이 세속화에 동의하는지 아닌지를 둘러싼 혼란의 대부분은 우리가 건물의 얼마나 많은 부분에 관심을 갖고 있는지가 부정확한 데서 비롯된다. 만약

24 Bruce, *Religion in the Modern World*, p. 26.
25 앞의 책, 39페이지.

논하고 있는 것이 일층이라면 비록 상세한 내용에 관해서는 어떤 트집을 잡더라도 일반적 동향에 대해서는 광범위한 합의가 존재한다. 브루스는 종종 가령 마틴과 버거를 포함해 세속화 명제에 합의한 것으로 여겨지는 폭넓은 학자군을 하나로 묶는다. 설령 그와 같은 주장이 옳더라도 그것은 일층에만 적용될 수 있을 뿐이다. 지층으로 내려가거나 이층으로 올라가면 분기들이 나타나는 모습을 분명하게 확인할 수 있다.

여기서 '수정주의자들'이 주류 이론가에 대해 무엇을 논박하고 있는지를 보자. 앞서 살펴본 대로 강력한 논박은 주류 이론가들이 근대화의 몇몇 특징, 가령 도시화와 공업화, 계급사회의 발달과 과학/기술의 등장을 끄집어낸 다음 그것들이 지속적으로 발달해 마침내 종교적 신앙을 잠식하고 주변부화시킨다고 보는 점을 향한다. 그에 반해 수정주의자들은 여러 사례에서 사태의 실제 전개는 전혀 일직선적이지 않았다고 주장한다. 종종 영국의 경우처럼 도시화와 공업화는 새로운 형태의 종교적 실천의 발전으로 이어졌는데, 심지어 그것은 실제로 19세기 동안 증가하기까지 했다. 벨기에 그리고 프랑스 일부에 대해서도 비슷하게 주장할 수 있을 것이다. 더 나아가 여기서 아일랜드 노동자계급이나 웨일스인 등 특정한 민족이나 인종 집단을 거론할 수 있을 것이다.

정통 이론가들에게 가해진 비난은, 그들은 어쨌건 그처럼 보다 새로운 사태전개 자체가 신앙을 약화시키거나 보다 어렵게 만들리라고 믿었던 것이 분명하다는 말로 요약될 수 있을 것이다. 새로운 구조들이 실제로 신앙을 약화시키지만 그럼에도 불구하고 새로운 형태가 꽃피울 가능성을 열어준다고 보는 대신 말이다. 그와 같은 질책은 정당화될 수 있을 것 같다. 왜냐하면 그렇지 않았더라면 정통 이론가들이 위에서 언급한 바와 같은 모순되는 증거를 의도적으로 그렇게 쉽게 간과하는 일은 일어나지 않았을 것이기 때문이다. 다시 말해 수정주의자들은 잘못을 주류 이론가들의 '사유되지 않은 요소' 탓으로 돌리고 있는 것이다.

그와 같은 질책은 불공정하게 생각될 수도 있을 텐데, 특히 19세기가 연구 대상이 아니며 종종 역사는 고려하지 않아도 된다고 느끼는 사회학자에게는 그렇다. 하지만 그럼에도 불구하고 그와 같은 질책에는 중요한 무엇인가가 있는 것 같다. 월리스와 브루스가 예외에 대해 하는 대답에 눈을 돌릴 때 그와 같은 인상은 한층 더 강해진다. 그들은 아일랜드와 폴란드 사례가 보여주듯이 교회가 세속화를 감속시키거나 억제하는 역할을 할 수 있다는 점에는 동의하지만 이렇게 결론을 내린다.

> 그처럼 특수한 유형의 역사와 문화가 암시하는 것은 단순한 발견술적 원리다. 즉 종교가 개인을 초자연적인 것과 결합시키는 것 이외의 과제를 찾아내 그것을 계속하지 않으면 사회적 분화, 사회화, 합리화는 세속화를 낳는다는 것이다.[26]

433 마지막 절은 종교에 대한 보다 이전의 정의에 비추어 '초자연적 실체'라는 측면에서 읽어야 할 것이다. 종교가 우리를 그것과 연결시키는 것 말고도 다른 할 일을 찾아낸다는 말은 종교조직이 정의상 비종교적인 다른 기능이나 과제를 찾아낸다는 이야기이다. 여기서 종교는 자율적으로 기능하는 것이 아니라 다른 어떤 것을 지탱하는 기능을 한다. 그것의 '기능'은 다른 영역에, 여기서는 '문화 보호' 영역에 놓여 있다.

그것은 '종교'는 근대의 조건하에서는 더 이상 독립적 추동력이 아님을 함축하고 있는 것처럼 보인다. 앞서 서술한 양극성의 용어로 번역하자면, 인간 변형의 전망은 근대에서는 대부분의 매력을 잃어버린 것으로 가정된다. 따라서 과거에 종교에 의해 유지되던 행위와 제도는 모종의 다른 동기에 의해 지탱되지 않으면 유지되기 어려울 것이다.

하지만 그와 같은 종류의 주장과 함께 우리는 이미 이층으로 올라와버렸다. 지층과 이층은 긴밀하게 연결되어 있음이 드러난다. 즉 '세속화' 명제에 의해 밝혀진 종교의 쇠퇴에 주어지는 설명은 오늘날의 종교의 위상에 대해 어떤 사람이 그리고 있는 상과 긴밀하게 결부되어 있다. 그것은 전혀 놀라운 일이 아니다. 역사적으로 모든 설명은 인간적 동기부여의 음역에 대한 특정한 견해를 배경으로 갖고 있으며, 그와 같은 맥락에서 특정한 설명상의 명제가 이해되기 때문이다. 가령 다양한 '유물론적' 설명에서 종교는 항상 '상부구조'로, 그것의 형태는 항상 경제 구조와 과정에 의해 설명된다. 그 결과, 실제로 종교적 갈망이 독립적인 효력을 가질 가능성은 부정된다. 그와 같은 설명은, 내가 방금 주류의 세속화 이론이 근대에 관해 말하고 있는 것처럼 보인다고 주장해

26 Wallis and Bruce, "Secularization: The Orthodox Model", p. 17. 또한 Bruce, *Religion in the Modern World*, p. 62를 참조하라.

온 것을 줄곧 주장하고 있다.[27]

그리하여 심지어 일층에 대해서는 의견이 일치하는 사람 사이에서도 한 가지 중요한 초점에 대해서는 의견이 일치하지 않는 셈인데, 그것은 이층을 바라보는 각자의 '상'이 다른 데서 비롯된다. 그와 같은 차이는 또한 역사적 설명을 담당하는 지층에 대해서도 견해 차이를 가져올 수밖에 없을 것이다. 대체로 그와 같은 상황이 필자가 앞서 언급한 역사적 논쟁의 바탕에 깔려 있다.

만일 종교가 독립적 추동력을 갖고 있음을 외견상 부정하는 주장으로부터 출발해 그것을 앞서 요약해서 제시해본 견해 — 즉 근대의 테크놀로지는 마법과 주술화된 세계를 믿는 것을 어렵게 만든다는 명제를 전제하며, 그것을 종교 일반에 관한 명제('키우는 소를 백선으로부터 지키기 위해 종교 의례나 주문은 필요 없다')로 만든다 — 와 결부시키는 경우 우리는 모든 것을 특정한 틀 속에 집어넣는 강력한 가정을 다루고 있는 것처럼 보인다. 그것을 아마 두 개의 (결합된) 명제로 명확히 하는 것이 가능할 것이다. 즉 (1) 소멸 테제 그리고 (2) 부대현상 테제가 그것이다.

전자에 따르면 종교적 신앙과 행위에 대한 독립적인 동기부여(실제로 그것이 항상 부대현상은 아니었다고 상정하면)는 근대의 조건하에서는 소멸되는 경향이다. 후자에 따르면 근대의 조건하에서는 (항상 그렇지는 않더라도) 종교적 신앙과 행위는 부대현상으로만 나타날 수 있을 뿐인데, 즉 어떤 별도의 목표나 목적을 충족하기 위한 기능으로 쓰인다. 이 후자의 테제가 앞서 인용한 '발견술적 원리' 속에 내재해 있는 것처럼 보인다. 그리고 전자는 브루스가 '세속화적 접근'의 비판자들의 것으로 돌려 거부하는 견해, 434
즉 "종교에 대한 지속적·잠재적 요구"[28]가 존재한다는 견해 속에 내재해 있는 것처럼 보인다.

하지만 내가 그와 같은 테제들을 브루스와 월리스 것으로 돌리는 것은, 그들이 (충

27 여기서 우리는 대안적인 '주인-서사Master Narrative' 측면에서 주제화되는 일반적 영역에서 움직이고 있다. 주인-서사는 해석하는 사건을 역사발전의 일반적 추세에 대한 모종의 견해 속에 매립하는 설명을 말한다. 다시 그것은 인간적 동기의 음역에 대한 특정한 견해와 긴밀하게 연결되어 있다. 계몽주의의 다양한 진보 이야기, 마르크스주의적 이야기, 데카당스와 도덕적 유대감의 상실 등으로서의 근대 이야기 등을 예로 들 수 있을 것이다.

28 Bruce, *Religion in the Modern World*, p. 58.

분히 그리고 명확하게) 그것들을 진술했기 때문이 아니라 만약 그와 같은 테제들을 부정할 것을 주장했다면 그들이 실제로 주장한 방식대로 논의를 전개하지 않았으리라는 (확실히 간접적인) 이유에서다. 또는 적어도 그들의 진술 중 일부는 보다 상세한 정초가 필요하다고 느꼈을 것이다. 물론 앞의 두 명제와 같은 종류의 주장을 옹호하는 사람은 많다. 그리고 우리는 두 명제가 왜 내재적 관점을 굳게 유지하는 사람에게 그럴듯해 보이는지를 이해할 수 있을 것이다. 그것이 그럴듯해 보이는 것은 (a) 그와 같은 관점을 가진 사람에게는 과학이 이미 종교를 논박한 것처럼 보이고/또는 (b) 종교적 동기는 단지 항상 인간적 상황의 비참함, 고난, 절망(마르크스에 따르면 '무정한 세계의 감정' [『헤겔 법철학 비판』, 「서설」], 톰슨E. P. Thompson에 따르면 절망)과만 결부되어 왔기 때문이다. 인간이 세계와 사회를 통제할 수 있게 되면 종교적 충동은 쇠퇴할 수밖에 없다.[29]

그렇다면 브루스는 오늘날의 종교의 위상에 대해 무엇을 제시하고 있는 것처럼 보이는 것일까? 가축의 백선에 관한 앞의 인용문은 명제 (a)에 대한 수정된 독법과 동일한 태도를 취하도록 만드는 것처럼 보인다. 그와 같은 관점은 아래와 같은 르낭의 강경한 진단과 관련해 한층 더 누그러진 20세기 말의 사촌의 말처럼 들린다.

> 인류가 더 이상 믿는 것이 아니라 알게 되는 날이 도래할 것이다. 이미 물리적 세계를 알고 있듯이 형이상학적 · 도덕적 세계를 알게 되는 날이il viendra un jour où l'humanité ne croira plus, mais où elle saura; un jour où elle saura le monde métaphysique et moral, comme elle sait déjà le monde physique.[30]

말하자면 브루스 말은, 사람들이 자기 신앙을 '명백히 상충되는 증거로부터' 절연시키는 데 너무나 능숙함을 알았더라면 르낭이 했을 말처럼 들린다. 하지만 브루스는 예전의 유물론적·합리주의적 입장, 즉 과학이 결국 종교를 폐지하리라는 콩트적 관념과 본인 입장을 필사적으로 구별하고 싶어 한다.[31]

29 1장에서 인용한 베니슈Paul Bénichou의 글 속에 들어 있는 문장을 보라.

30 Sylvette Denèfle, *Sociologie de la Sécularisation*(Paris-Montréal: l'Harmattan, 1997), pp. 93-94에서 재인용.

오히려 그에 따르면 그와 같은 사태전개 전체의 종착점은 그와 다른 것처럼 보인다. 즉 보편적 유물론이 아니라 무관심의 만연이 그것이다.

> 종교 문화의 붕괴는 시간이 흐르면서 결국 종교개혁 이전 시기의 기독교 — 즉 널리 퍼져 있으며, 당연시되며, 검증되지 않은 기독교가, 결국 종교에 대한 마찬가지로 널리 퍼져 있으며, 당연시되며, 검증되지 않은 무관심으로 대체되는 것으로 이어질 수밖에 없을 것이다.[32]

그의 견해에 따르면 원리에 기초한 무신론와 불가지론은 아마 기본 설정적 입장이 되지 않을 것이다. 둘이 "종교 문화의 특징으로, 빅토리아조에 절정기를 맞이했기"[33] 때문이다. 오히려 그는 그와 같은 쟁점 전체가 무대에서 사라지고 있음을 말하고 싶어 하는 것 같다. 종교를 둘러싼 몇몇 정치적 쟁점, 가령 프랑스에서의 가톨릭적 군주제주의와 반교권적 공화주의 간의 격렬한 투쟁과 다소 비슷하게 이제는 종교 자체가 그렇게 되리라는 것이다. 양쪽의 열성적 지지자가 대폭 감소해, 이윽고 보다 이후 세대는 도대체 무슨 소동이 있던 거야라고 궁금해 할 것이다(그러기를 바란다).

또는 브루스는 이후 저작에서 앞의 생각을 이렇게 표명하고 있다. 435

> 내가 종착점을 상상할 수 있는 한 그것은 자각적인 무종교는 아닐 것이다. 비종교적으로 되려면 종교가 너무나 소중한 것이 되어야 한다. 그렇게 되면 결국 무관심이 만연하게 될 것이다(베버 말대로 사람들이 종교적 측면에서 음악을 알지 못하게 될 것이다). 사회적으로 의미 있게 공유하는 종교는 전혀 존재하지 않게 될 것이다. 종교 이념은, 모든 사람의 정신이 하얗게 씻겨나가 버리고, 사람들이 세계와 그곳에서의 우리 위치에 대해 처음부터 생각하기 시작할 때보다 더 널리 확산될 수는 없을 것이다.[34]

31 Bruce, *Religion in the Modern World*, pp. 38, 49, 58을 보라.

32 앞의 책, 4페이지.

33 앞의 책, 58페이지.

34 Steve Bruce, *God Is Dead*(Oxford: Blackwell, 2002), p. 42.

물론 그와 같은 그의 예언이 맞을 수도 있지만 내게는 전혀 비개연적으로 보인다. 하지만 이유는 다른데, 나에게는 '종교에 대한 요구'가 그와 같은 식으로 그저 소멸될 것처럼 생각되지 않기 때문이다. 우리가 처한 상황(영속적인 인간적 상황?)은 두 가지 유혹에 열려 있는 것처럼 보인다. 하나는 (어쨌건 서양문명에서는) 변형의 전망의 견인력이다. 다른 하나는 그와 같은 종류의 유혹에 대한 다양한 저항에서 유래한다. 그와 같은 저항의 일부는 우리 문화에서 통용되고 있는 형태의 전망에 영향을 미치는 오용과 왜곡에서 유래하며, 또한 다른 일부는 그와 같은 전망을 따르는 것은 우리 문화 속에서 발전해왔으며 우리도 깊이 헌신해온 양식의 개화번영으로부터 우리를 멀리 떼어놓을 위험이 있다는 사실에서 유래한다.

우리(즉 서양) 사회에서 우리는 먼저 모종의 형태의 기독교적 신에게 끌림을 느끼거나 또는 점점 더 다원화되는 세계인만큼 유대교, 이슬람이나 불교에도 몰입하게 된다. 두 번째 응답은 종교를 인간의 개화번영에 대한 위협, 심지어 적으로 인식하는 '비종교적인' 또는 '세속적' 비판/거부의 틀 내에서 형태를 취하고 있다. 이 두 번째 응답은 개화번영에 대한 특정한 정의를 철석같이 고수하도록 만드는데, 그것이 선악과 정오의 절대적 기준으로 격상된다. 이 두 입장은 각각 내재적으로 취약하며, 특히 다른 쪽 입장에 의해 불안정해질 수 있다. 두 번째 입장은 변형의 전망의 견인력 또는 그와 같은 전망의 광범위한, 절대적 성격을 주장하는 것에 의해 교란될 가능성이 있다. 첫 번째 입장은 우리 문화에서 통용되는 개화번영의 강력한 이미지에서 비롯되는 모든 의심과 재고再考에 취약하다.

그렇다고 해서 그것이 모든 사람이 골치 아프게 되었다는 의미는 아니다. 사람들은 종종 이 두 입장 중 어느 하나를 택하거나 앞서 언급한 다양한 절충적 태도 중 하나를 취해 차분하고 의연하게 삶의 대부분의 시간을 보낸다. 아무 고민도 하지 않는 배타적 휴머니스트도 존재한다. 또한 본인이 거둔 성과에 완전히 만족하는 천하태평의 신앙인도 존재한다. 이 후자의 신앙인들은 무슨 의미인지를 완전히 가늠하지 않고도 변형의 전망을 택했을 수 있을 것이다(사실 그것은 어느 정도는 모든 신앙인에게 해당된다). 하지만 정반대쪽에서의 유혹의 힘을 느끼게 되는 상황이 생길지도 모른다는 의미에서 그들

모두 취약한 상태로 남아 있다. 그리고 비록 그들에게는 그와 같은 일이 일어나지 않더
라도 종종 자식들에게는 그럴 것이다. 내게는 그것이 1960년대, 즉 비록 종종 '종교적' 436
형태를 취하지는 않았지만 절대적인 것에의 갈망이 지극히 명백했던 1960년대의 교훈
중 하나인 것 같다.

그런데 나는 이 모든 것과 관련해 내 입장이 객관적이라고, 즉 모든 '사유되지 않은 요소'로부터 자유롭다고 주장하려는 것이 아니다. 반대로 나는 다른 전망 위에 서 있다. 가령 나는 아시시의 성 프란치스쿠스의 삶에 감동받는다. 그리고 종교에 독자적인 갈망은 소멸했다는 이미지가 내게는 거의 개연성이 없어 보이는 것은 그것과 일정하게 관련되어 있다.[35] 하지만 그렇다고 해서 그것이 우리가 여기서 단지 교착상태에 빠져 그때그때마다 각자의 궁극적 전제에서 출발해 서로를 논박하고 있을 뿐임을 의미하는 것은 아니다. 아마 종교적 갈망에 대한 이런저런 견해가 실제로 무슨 일이 일어났는지를 더 잘 이해할 수 있도록 해줄 수 있을 것이다. 이런저런 전망을 받아들이면 이런저런 통찰에 이르는 것을 보다 수월하게 만들어줄 것이다. 하지만 그와 같은 통찰이 역사에 대한 실제적 설명에서 어떻게 펼쳐질지 하는 문제가 여전히 남는다.

따라서 지난 수 세기에 대한 대안적 해석을 제시해보고 싶은데, 그것은 세속화에 관해 전혀 다른 상을 제시할 것이다. 간단히 말해 주류 쪽의 명제는 그것이 식별하는 변화(가령 도시화, 산업화, 이주, 보다 이전 공동체의 붕괴)의 대부분이 이전에 존재한 종교 형태에 부정적 결과를 미쳤던 한에서는 옳다. 그것이 보다 이전의 실천 중 일부를 종종 불가능하게 만들고, 다른 실천은 의미나 힘을 잃었다. 그것을 통해 종종 집단 전체가 기독교, 또 실제로는 모든 종교와 정반대되는 완전히 다른 모종의 견해를 채택하게 되었다. 자코뱅주의, 마르크스주의, (스페인에서와 같은) 무정부주의가 그와 같은 사례이다. 하지만 종교의 붕괴에 대해 새로운 형태의 종교를 발전시킴으로써 응답하는 일도

35 사실 독립적인 종교적 동기부여의 지속적 의의saliency를 믿기 위해 신앙을 가질 필요는 없다. 또한 진화가 인류에게 잔혹하기 짝이 없는 장난을 쳐 변형에 대한 결코 채워질 수 없는, 어떤 대상적 가능성도 상응하지 않는 갈증을 느끼도록 만들었다고 생각할 수도 있을 것이다. 내게는 그것이 무신론 다음으로 가장 그럴 듯한 가설처럼 보이며, 여전히 소멸 명제Disappearance Thesis보다 더 개연성이 있어 보인다.

일어났다. 그것은 부분적으로는 가령 감리교회와 이 교파의 분파들 같은 새로운 교파의 수립을 통해 일어났다. 하지만 그것은 또한 보다 오래된 기성교회, 예컨대 가톨릭교회의 새로운 양식의 조직화 그리고 새로운 영=정신적 방향을 통해서도 일어났다.

오늘날의 우리 상황은 제2차세계대전 이후, 보다 정확히는 1960년대와 이 시대의 여파로 거슬러 올라갈 수 있는 시기에 한층 더 전개된 사태의 결과이다. 그와 같은 틀 내에서 19세기와 20세기 초에 구축된 것은 보다 이전의 붕괴에 대한 응답이었지만 그 자체도 어떤 거대한 문화혁명으로밖에 표현할 수 없는 과정에서 약화되어갔다. 우리가 그것을 분석하고 그것에 대해 논하는 동안 새로운 형태들이 다시 등장하고 있는 중이다.

그와 같은 독법은 주류의 독법이 배제하는 몇 가지 것을 볼 수 있도록 해준다. 첫 번째로 그것은 쇠퇴를 일직선적 과정으로 보지 않는다. 즉 하나의 불변적인 것이 수세기에 걸쳐 일군의 단일한 원인의 지속적 작용에 의해 쇠퇴하는 것으로 보지 않는다. 연속성은 보다 이전 형태들이 (대략) 19세기 초와 20세기 말 모두에 약화된 사실에 있다. 하지만 비연속성은 관련된 형태와 그것을 약화시킨 힘이 달랐던 데 있다.[36] 두 번째
437 로 그와 같은 독법은 종교 형태가 실제로 변했으며, 또 어떻게 변했는지를 그리고 오늘날 다시 어떻게 변하고 있는지를 이해할 수 있도록 해준다.

간단히 말해, 나는 일층에 관한 한 십중팔구 주류의 명제에 동의할 수 있을 것이다. 지층의 경우 일정한 정도의 수렴이 존재한다. 도시화, 이주 등과 같은 요소가 확실히 일정한 역할을 했기 때문이다. 하지만 그와 같은 역할은 독자적인 종교적 동기부여의 위축을 가져온 데 있지 않다. 반대로 새로운 종교 형태가 창조되어, 무너지거나 '세속화를 담당한' 행위 주체에 의해 실행 불가능해진 형태를 대체하는 데서 그것을 분명하게

36 *A Social History of French Catholicism*(London: Routledge, 1989, p. 227)에서 19세기 프랑스의 경우를 논하면서 깁슨은 이렇게 말한다. "이 시기를 탈기독교화 시기로 보는 것이 관행이었다. 프랑스가 '근대화' 과정 — 세속화뿐만 아니라 종교적 신앙의 쇠퇴는 그것의 필수적 측면이다 — 을 겪으면서 프랑스 남녀의 마음과 정신에 대한 가톨릭교회의 흡인력 그리고 그들의 행동을 규정할 수 있는 능력이 지속적으로 감소한 시기라는 것이다. 하지만 그와 같은 고찰 방식은 근대에 대한 순진한 믿음의 산물로, 그것이 또한 많은 가톨릭교도로 하여금 '자유, 진보, 근대문명'에 대한 피우스 9세의 탄핵을 찬양하도록 만든 원인이 되었다. 프랑스가 실제로 근대화 과정을 겪었더라도 …… 그것이 반드시 가톨릭 신앙과 양립 불가능했던 것은 아니다. 실제로 19세기 프랑스에서는 일련의 모순적 힘이 작동하고 있었는데, 가톨릭적 행동의 진화로 귀결되었다. 하지만 그것은 일직선적인 것과는 한참 거리가 멀었다. 일직선적인 탈기독교화라는 낡은 이미지야말로 가장 단호하게 역사의 쓰레기더미 위로 던져버릴 필요가 있다."

볼 수 있었으며 지금도 마찬가지이다. 그와 같은 사태전개 전체의 벡터는 일종의 신앙의 열사熱死로 이어지는 방향을 향하고 있지 않다.

따라서 여기서 나의 모든 시도는 종교는 불변적 속성을 가짐을, 제대로 규정되기만 하면 종교의 존속은 (일층에서의) 세속화를 논박한다는 점을 보여주려는 것이 아님을 분명히 해야 할 것이다. 오히려 보다 이전 형태들을 박탈당한 오늘날의 상황은 지금까지의 어느 시대와도 다르고, 이전의 틀로는 인식 불가능하다. 현재 상황은 전례 없는 종교적 · 비종교적 · 반종교적 견해의 다원성에 의해 특징지어지고 있는데, 거기서 가능한 입장의 숫자는 끝없이 증가 중인 것처럼 보인다. 그 결과 다수의 상호 취약화에 의해, 따라서 상이한 견해 사이에서 왔다 갔다 하는 것에 의해 특징지어지고 있다. 물론 그것은 각자가 처한 사회 환경에 의해 좌우되겠지만 신앙이나 비신앙에 대해 굳이 말할 필요가 없는 틈새를 찾기가 점점 더 어려워지고 있다. 그리고 그 결과 신앙이 차지하는 비중은 점점 더 줄어들고, 비신앙의 비율은 전례 없을 정도로 점점 커지고 있다. 그리고 그와 같은 사태전개는 종교를 변형의 전망이라는 관점에 비추어 정의할 때는 심지어 한층 더 분명히 그렇다.

그처럼 '세속화'에 대한 필자 자신의 견해는, 솔직하게 고백하자면, 신앙인으로서의 나 자신의 관점에 의해 형성되어 왔는데(하지만 그렇다고 해도 논의를 통해 그것을 옹호 가능하다고 생각한다), 확실히 종교의 '쇠퇴'가 있었다는 것이다. 오늘날 종교적 신앙은 다양한 형태의 이의제기와 거부를 포함한 선택의 장 속에 존재한다. 기독교 신앙은 또한 광범위한 다른 영=정신적 선택이 존재하는 영역 속에 존재한다. 하지만 흥미로운 이야기는 단지 쇠퇴 이야기뿐만 아니라 개인의 삶과 사회의 삶과 관련해 성스러운 것 또는 영= 정신적인 것이 새롭게 자리매김되는 이야기이기도 하다. 지금 그처럼 새롭게 자리매김되고 있는 것이 영=정신적 삶을 새로운 형태로 재구성하고, 신과의 관계 내외 모두에서 새로운 존재방식을 모색할 수 있는 좋은 기회가 되고 있다.

2

앞의 독법이 무엇을 의미하는지는 모종의 엘리트적 비신앙의 시대(18세기)부터 대대적 세속화(21세기)에 이르는 2세기 남짓한 시기의 간략한 역사를 난폭할 정도로 단순화시켜 제시함으로써 아마 더 잘 보여줄 수 있을 것이다. 상이한 단계 간의 구별을 표시하기 위해 베버식의 몇 가지 이념형을 도입하고 싶다.[37] 나는 앞에서 후일의 사태전개에 의
438 해 약화된 종교 형태에 대해 말했다. 두 측면이라는 관점에서 아마 그것을 가장 잘 규정할 수 있을 것이다. 즉 종교적 삶이 수행되는 사회적 모체 그리고 그와 같은 삶의 모체를 이루는 영성 형태가 그것들이다.

첫 번째 이념형은 '앙시앵레짐'이라는 모체이다. 여기서 근대적인 사회적 상상계의 발전에 관한 위에서의 논의를 환기시켜 민중 사이에 널리 확산되어 있던 질서 관념은 (엘리트 사이에서 유행한 계몽 개념과 반대로) 전근대적 종류의 것, 신의 의지나 까마득한 옛날부터 통용된 법 또는 사물의 본성에 입각한 위계제적 상보성의 질서였다고 말할 수 있을 것이다. 그와 같은 질서 개념은 보다 큰 사회에서만 통용된 것이 아니었다. 사람들은 각자 신분을 달리하는 군주, 영주, 주교, 귀족 등에게 복종했다. 질서 개념은 또한 성직자와 귀족계급(또는 잉글랜드에서는 대지주와 교구 성직자)이 판치고, 각자가 자기 자리를 갖고 있던 마을이나 교구라는 소우주에서도 통용되었다. 실제로 우리는 그와 같은 지방적 소우주의 구성원임을 통해서만 보다 큰 사회에 귀속될 수 있었다.

그와 같은 교구 세계에서는 집단 의례가 심지어 대문자 개혁을 거친 사회에서도 여전히 큰 자리를 차지했다. 그것은 부분적으로는 어떤 의례가 전해져왔는가와도 관련되어 있는데, 그것의 목록에는 모든 것이 포함되지만 가톨릭 사회와 프로테스탄티즘 사회는 분명히 달랐을 것이다. 하지만 후자에서 (그리고 심지어 몇몇 지역, 즉 얀센주의가 지배하고 있던 지역에서도) '마술적', '이교적' 요소를 말살하기 위한 온갖 시도에도 불구하고[38] 가령 잉글랜드에서는 '민속종교'에서 근본적인 의미를 갖는 요소를 찾아볼 수

37 맥러드, 브라운, 블라쉬케Olaf Blaschke, 라에츠Peter Raedts, 반 루덴Peter van Rooden, 볼프John Wolffe 및 그 밖의 다른 사람들의 저서에서 이루어지고 있는 흥미로운 논의에 많은 것을 빚지고 있다.

38 Keith Thomas, *Religion and the Decline of Magic*(New York: Scribner, 1971)을 보라.

있었다. 금지된 의례(비록 가령 '무당cunning woman'에게 점치는 것 등 금지된 의례는 여전히 존재했지만)보다는 교회 축제에 주어진 비정통적 의미에서 그것을 찾아볼 수 있을 것이다. 가령 잉글랜드의 몇몇 지역에서는 성금요일이 신학적으로 정통적인 이유뿐만 아니라 그날이 가진 영향력에 의해 파종하기 좋은 날로 여겨졌고, 또 십자가 무늬 빵[영국에서 전통적으로 〈부활절〉 무렵에 먹는 것으로, 속에 건포도가 들어 있고 위에 십자가 무늬가 있는 작은 빵]은 화재로부터 집을 보호한다는 속설이 있었다. 비슷한 비공식적 의미가 섣달그믐, 〈성마르코제〉 전야(4월 24일), 핼러윈, 〈성요한제〉 전야(6월 12일)에 부여되었다. 그와 같은 의례는 종종 보다 이전의 이교 관습에 기원을 두었으며(가령 핼러윈은 부분적으로는 고대 켈트인의 〈삼하인Samhain〉[겨울의 시작을 축하하기 위해 11월 1일 무렵 행해진 고대 켈트족 축제] 축제에서 유래한다), "마귀를 물리치고, 행운을 불러오고, 공동체의 유대를 강화하는 것"[39]과 관련되어 있었다. 권력자로부터 박해받고 고통받는 일이 없는 한 대부분의 교구민은 한쪽의 보다 정통적인 전례적 삶 그리고 다른 한쪽의 비공식적 신앙 및 의례 간에 어떤 대립도 느끼지 않았다. 그것들이 그처럼 다른 유익한 효과를 가질 수 있던 것은 가령 성금요일과 같이 특정한 시간의 신성함 때문이었다. 그처럼 기축시대 이전의 종교적 요소와 기축시대 이후의 종교적 요소가 아무 문제없이 공존했다.

이 측면을 강조할 필요가 있는데, 왜냐하면 이후 연속적으로 개혁을 추진하고 나선 재속 엘리트와 성직자 엘리트 모두 대부분의 민속종교를 '이교적'이고 '미신적'으로 거부하는 경향이 있었기 때문이다. 이 점에서 보다 이후의 '계몽주의'적 종교 비판은 그와 같은 선례를 따랐다. 즉 민중의 성금요일 이해는 오직 곡물 수확을 증대시켜주는 힘에만 제한된 것으로 간주되었다. 근대의 '탈주술화된' 틀 속에는 보다 이전 시대의 439
가장 가혹한 개혁 지향적 성직자를 추종하면서 민속종교는 기독교 신앙과는 전혀 다른

39 John Wolffe, *God and Greater Britain*(London: Routledge, 1994), pp. 80-82. 민중종교의 합성적 성격에 대한 비슷한 서술을 James Obelkevich, *Religion and Rural Society: South Lindsey 1825-1875* Oxford: Oxford University Press, 1976), VI장과 Sarah Williams, *Religious Belief and Popular Culture in Southwark*(Oxford: Oxford University Press, 1999), 3~4장 그리고 프랑스를 대상으로 하는 Philippe Boutry, *Prêtres et Paroisses au pays du curé d'Ars*(Paris: Cerf, 1986), III부 2장과 Yves Hilaire, *Une Chrétienté au XIXe Siècle?*(Lille: PUL, 1977), 1권, XI장에서도 찾아볼 수 있을 것이다.

것으로 생각하려는 유혹이 존재했다. 그와 같은 견해에 따르면 우리 조상인 농민은 거리낌 없이 일종의 제설 혼합주의syncretism를 섬겼는데, 거기서 혼합된 요소들은 매우 달랐으며, 상이한 원리에 의해 촉진되었다. 즉 기독교에서는 헌신 그리고 신의 사랑에 관한 것이고, 민속종교에서는 통제와 조작에 관한 것이라는 것이다. 필자가 여기서 의거하는 몇몇 저자 중에서는 오벨케비치가 종종 그와 같은 관점에 접근하는 것 같다.[40]

하지만 그와 함께 기축시대 이전의 민중적 기독교라는 층層의 본질을 오해하게 된다. 앞서 살펴본 대로 기축시대 이전의 종교의례에서는 인간의 개화번영의 확보 그리고 질병, 기아, 홍수 등의 위협으로부터의 보호가 중요했다. 그것들은 내가 2장에서 기축시대 이후의 타협이라고 부른 것 속에서도 살아남아 구원 또는 영생이나 열반 등 개화번영보다 고차적인 선에 대한 갈망을 포함한 종교 형태와 결합되었다. 보통 베버가 종교적 '도사들'이라고 부른 엘리트, 즉 수도사, 힌두교의 탁발승, 불교의 비구가 한결같이 추구한 것이 그것들이다. 하지만 그와 같은 조합은 단순히 이질적 요소의 병치가 아니었다. 일반적으로 진정한 공생이 존재했다.

심지어 기축시대 이전에도 의례는 오늘날 이해되는 것과 달리 단지 보다 고차적인 힘을 조작하려는 시도가 아니었다. 왜냐하면 그것은 귀의의 감정 그리고 베풀어준 은총에 대한 감사의 마음뿐만 아니라 보다 고차적인 힘들에 대한 경외심을, 또한 그것을 거스르는 것은 잘못이라는 감각 — 가령 '오만hubris'이라는 용어는 이 점을 포착하고 있다 — 을 동반했기 때문이다.[41] 바로 그와 같은 이유로 그러한 경외와 귀의 형태들은 기축시대 이후의 종교의 틀 내에서 한층 더 강력하게 개조되었다. 성금요일에 작물을 파종하면 수확이 늘어난다는 믿음을 예로 들어보자. 그것과 관련해 '조작' 개념에서 출발하는 해석이 무시하는 것은 그날에 특별한 힘을 주는 것으로 민중이 이해하는 것은 기본적으로 정통파의 해석에 부합했다는 사실이다. 즉 그날은 그리스도가 우리를 위해 죽은 날이라는 것이다. 그것은 가령 성유물 숭배처럼 기독교 역사에서 누차 반복되는

40 James Obelkevich, *Religion and Rural Society*, VI장. Jeffrey Cox, *The English Churches in a Secular Society*(New York: Oxford University Press, 1982), p. 95 또한 동일한 견해를 공유하는 것 같다. 그는 '오래된, 비기독교적 부착물'과 '반半-이교적 미신'에 대해 말한다.

41 Robert Lane Fox, *Pagans and Christians*(New York: Knopf, 1986).

것을 볼 수 있는 해석이다. 부트리가 19세기의 앵 현을 대상으로 한 연구서에서 들려주는 근대적 사례를 떠올려볼 수 있을 것이다. 아르스의 사제가 생존해 있는 동안에도 교구민들은 그의 성유물을 모으기 시작했다. 하지만 그것은 그들에게서 그가 '성스러운 사제'의 패러다임이 되었기 때문이다. 그리고 여기서 성성의 기준은 바로 보편교회의 그것으로, 자비, 기도, 자기희생 등이었다. 윌리엄스도 '좋은 교구사제'와 그가 주는 축복의 가치의 중요성을 강조하며 비슷한 점을 지적했다. 그러나 선성의 기준은 전적으로 기독교적이었다. 친절함, 열린 마음, 신도들에 대한 배려, 자기희생적 헌신이 그것들이었다.[42]

그에 상응해 통과의례 또한 추가적 의미를 갖게 되었다. 세례는 공동체의 일원이 된다는 표시였고, 견신례는 성인이 되기 위한 상징적 의식이었다. 윌리엄스는 20세기가 되기까지 영국국교회의 평신도에게 '산후에 감사예배를 드리는 것'이 얼마나 중요했는지를 보여주었다. 출산 후 아이를 교회에 데려갈 때까지 산모는 외출하지 말아야 했다. 그것을 어기면 대개 이웃들로부터 제재를 받았다. 하지만 그와 같은 의식이 가진 '보호하는' 힘은 '기독교적' 의미와, 즉 가령 아이의 탄생에 대해 신에게 감사한다는 의 440 미와 무관하게 유효했던 것이 아니라 오히려 그것에 기반하고 있었다.[43]

그와 같은 종교 형태에서 기독교적인 것을 '이교적인 것'과 깔끔하게 구분하는 것은 불가능할 것이다. 하지만 그와 같은 '앙시앵레짐' 양식의 종교적 삶에는 중요한 간극이 존재했다. 동일한 의식이 한편으로는 성직자와/또는 기타 다른 사람들로 이루어진 엘리트 계층 그리고 다른 한편으로는 다수의 민중 사이에서 다소 다르게 체험되어 이해된 것이다. 이미 살펴본 대로 엘리트 계층은 민중의 많은 의례와 관습을 불편하게 생각했으며, 종종 그것을 개조하거나 심지어 폐지하려고 했다. 민중 쪽을 보자면, 어찌 보면 당연한 일이기도 하지만 그들이 자신의 종교적 삶을 어떻게 생각했는지에 대해서

42 Boutry, *Prêtres et Paroisses*, pp. 346-354. Sarah Williams, *Religious Belief*, pp. 100, 107-108. 일레르도 '좋은 사제le bon prêtre'에 대해 비슷하게 지적하며, 특히 콜레라가 만연했을 때 다른 사람들을 돕기 위해 목숨을 내놓은 사람들의 명성에 대해 지적한다(*Une Chrétienté*, VII장).

43 Wolffe, *God and Greater Britain*, p. 78; Sarah Williams, "Urban Popular Religion and Rites of Passage", in Hugh McLeod, ed., *European Religion in the Age of Great Cities*; 또한 Williams, *Religious Belief*, 4장을 보라.

는 많은 증거가 없다. 그러나 우리가 인용한 사례들과 그 밖의 다른 사례들은 그들이 사제가 인간으로서의 신성함의 표시를 드러내는 것을 높이 평가하고, 그에 따라 반응했음이 분명해 보인다. 그들에게 그와 같은 표시는 자비, 회중에 대한 헌신, 만인에 대해 열린 마음(대지주나 명사와 맺고 있는 너무 가까운 관계와 대조를 이루었다)과 보다 관련이 있었으며, 성적인 것이건 그 밖의 다른 것이건 (직접 자비에 도움이 되는 것이 아니라면) 영웅적 형태의 자기희생에는 관심이 덜했다. 그 밖에도 민속종교는 매우 중요한 차원의 축제를 갖고 있었다. 성인의 날, 성지순례, 각종 축하행사가 그것으로 거기서는 종교의식이 연회, 춤 등 보다 세속적인 축제와 결합되었다. — 하지만 그것은 많은 성직자가 보기에는 너무나 분별없는 조합이었다. 거기에 성직자들과의 또 다른 불화의 원천이 있었고, 그것은 그들의 열성적인 대문자 개혁의 표적이 되었다.[44]

그와 같은 '앙시앵레짐'형 하에서는 교회 구성원이라는 점 그리고 국민의 일부에 속한다는 점(특히 지방 공동체의 구성원이라는 점) 사이에는 밀접한 연관성이 있었다. 그러한 연관성은 부분적으로는 한편의 공식적인 정통파 의례 및 기도 그리고 다른 한편의 지켜주기, 행운을 가져오기, 악을 물리치기 등과 관련된 형태의 의례의 공존에 의해 공고해졌다. 후자는 개인뿐만 아니라 공동체를 수호하기 위한 것이었다. 그와 같은 깊은, 기축시대 이전 수준에서 몇몇 관습의 경우 모두 함께 그것에 참여했다. 참여하지 않는 사람은 공동체 전체를 곤경에 빠뜨리려는 자였다. 기축시대 이전적인 것과 기축시대 이후적인 것의 그와 같은 종합은 심지어 대문자 개혁 과정을 거친 사회에서도 지속되고 있다. 대문자 개혁이 (많은) 공동체 의례보다 개인적 책무를 높이 평가하고, 더 나아가 공동체 의례로부터 마술적·이교적 요소를 제거하는 것을 목표로 했는데도 말이다.

하지만 그들 지방 공동체 형태는 파괴되었다. 어떤 의미에서 그와 같은 파괴는 종교개혁 자체와 함께 시작되었지만 민속종교의 힘은 — 종종 바뀐 토대 위에서 — 그것의 재건을 가능하게 해주었다. 앞서 살펴본 대로(2장) 사회의 엘리트 계층 대부분은 민중문화와 거리를 두고, 심지어 적대시하며, 개조하려고까지 나서게 된 것이 근대라는 시

44 일레르(*Une Chrétienté*, 2권, pp. 631-633)는 민중 계층의 '축제적' 기독교주의에 대해 말한다.

기 전체의 특징이었다. 그들이 종종 강제한 것 중 하나가 탈주술화, 즉 '마법'과 비공인 종교에 대한 억압이었다. 그것만으로도 이미 우리가 '앙시앵레짐'형이라고 불러온 것을 파괴하기에 충분했다.

엘리트 계층은 종종 그와 같은 변화를 강제로 관철시킬 수 있는 엄청난 힘을 가질 수 있을 것이다. 본인들이 민중적 형태로부터 이탈한 사실 자체가 그들을 불안정하게 만들 수 있었다. 조금 전에 언급했듯이 단순히 또는 심지어 주로 개인이 아니라 사회 441
전체의 실천을 규정하는 것이야말로 주술화된 세계에서의 종교의 본성 그 자체였다.

그와 같은 종류의 종교는 엘리트 계층의 이탈에 대해서는 극히 취약한데, 핵심적 의미를 가진 집단의식 모두에 종지부를 찍지는 않더라도 종종 엄격히 제한해야 하는 입장에 있었기 때문이다. 만약 왕 자신이 더 이상 자기 역할을 할 수 없다면 우리는 무엇을 할 수 있을까? 또는 만약 성인의 성유물이나 성상이 불태워졌다면 어떻게 그의 힘을 계속 믿을 수 있을까?

그리하여 위로부터의 개혁은 관련된 많은 사람에게 반드시 대신할 만한 것은 제공하지 않은 채 대부분의 민속종교에 폭력적으로 종지부를 찍었다. 그리고 그것은 사실상의 종지부일 뿐만 아니라 모종의 논박으로 간주될 수도 있을 것이다. 특정 장소와 물건에 영향력과 힘이 깃들어 있다고 믿었던 사람들에게 그것이 천벌을 받지 않고도 파괴될 수 있는 사실 자체는 그것의 힘이 없어져버렸음을 가리키는 것처럼 보였다. 그와 같은 식으로 개혁가들은 [새로운 정통]신앙을 전파하기 위해 이미 여러 차례 사용된 실천을 계속 실행하게 되었다. 성 보니파우스가 이교도인 게르만족의 성스러운 참나무숲을 베어 쓰러뜨렸을 때는 바로 그와 같은 시연 효과를 노린 것이었다. 그리고 멕시코에서 콩키스타도르[정복자]를 따라 들어간 선교사들도 동일한 의도를 갖고 원주민의 사원과 숭배 의식을 서둘러 파괴했는데, 비슷한 결과를 가져왔다.[45]

아깝게도 그와 같은 시점 이후의 경위에 대해 우리는 많은 식견을 갖고 있지는 못한데, 비엘리트 계층의 성찰이나 숙고에 대해서는 규정상 자료가 풍부하게 기록되어

45 롬니츠가 "La Santa Muerte"(Claudio Lomnitz, *Death and the Idea of Mexico*[New York: Zone Books, 2005], pp. 483-497)에서 보여주듯 멕시코에서는 또한 오늘날에도 새로운 숭배 의식cult이 어떤 때는 교회와 공생하는 가운데, 다른 때는 대립하는 가운데 계속 창조되고 있다.

있지 않기 때문이다. 하지만 선험적인 동시에 경험적인 이유에서 일부는 오래된 신앙(들)으로부터 그리고 다른 일부는 새로운 신앙(들) 형태로 제공된 것에서 끌어낸 것으로 새로운 견해 그리고 일련의 실천을 임시변통으로 대충 짜 맞추는 것에 의해 그와 같은 진공 상태를 처음으로 메우기 시작한 것처럼 보일 수도 있을 것이다.

잉글랜드의 종교개혁이 그것의 초기 사례를 제공해주는데, 거기서 그와 관련된 사태가 상이한 단계를 거쳐 전개되었음을 어느 정도 감 잡을 수 있을 것이다. 처음에는 엘리트 계층에 의해 강제된 그것은 다수의 살아 있는 신앙이던 가톨릭 신앙의 주요 관습을 힘으로 억압했다.[46] 비엘리트 중 신념을 갖고 개혁에 참여한 무리는 소수였다. 실제로 일부 무리는 롤라도주의Lollardry 형태로 거의 2세기 앞서 크롬웰과 [영국의 종교개혁가로 성공회의 기초를 닦았으나 메리 1세의 가톨릭 반동시대에 화형당한] 크랜머Thomas Cranmer의 선구가 될 만한 운동을 일으켰다. 하지만 대부분의 사람은 가슴에 구멍이 뻥 뚫리고, 상실감을 느꼈다. 그것들이 메리 1세 치세하에서 한때 구래의 가톨릭 신앙 — 단지 살짝만 바뀌었을 뿐이다 — 으로 복귀하려는 조건을 낳게 되었다. 하지만 이 세기의 후반부에 다수가 구래의 관습과 새로운 전례의 타협에 기반한 잉글랜드국교회에 익숙해지는 것을 볼 수 있다. 그리고 그것 자체가 주로 퓨리턴인 소수파의 비판의 표적이 되며, 계속 그렇게 남아 있게 된다.

그런데 엘리트 계층이 초래한 파괴 그리고 민중에 의한 재생이라는 그와 같은 과정은 이후의 여러 세기 동안에도 반복해서 일어났다. 단지 프랑스사만 언급하더라도 17세기에, 특히 얀센주의 성직자들의 대항종교개혁은 종종 민중의 관습을 금하거나 폐지
442 하는 것을 포함했다. 그리고 〈프랑스혁명〉과 자코뱅 시대의 비기독교화는 사제 및 주교의 투옥과 국외추방은 물론 종교적 실천의 심각한 붕괴를 가져왔다.

후자의 사건과 함께 하나의 명백히 새로운 시대가 시작되었다. 파괴를 초래한 사람들이 간극을 메우기 위해 새로운 반기독교적 이데올로기를 처음으로 제시했다. 단기적으로 볼 때 그들의 시도는 놀라울 정도로 아무 성과도 거두지 못했다. 공화국과 신월력[혁명력]은 시행되지 못했다. 하지만 이후 자신들의 이미지에 따라 프랑스를 다시 세우

46 Eamon Duffy, *The Stripping of the Altars*(New Haven: Yale University Press, 1992)를 보라.

기 위한 장기간의 투쟁이 가톨릭 엘리트 계층과 공화주의 엘리트 계층 간에 벌어지게 되었다.

그것은 나폴레옹의 몰락과 함께 시작되었다. 왕정복고 후 가톨릭교회는 실지 회복에 나섰는데, 그것은 한편으로는 경건한 신심에서 그리고/또는 다른 한편으로는 사회질서에 대한 우려에서 많은 지도적 집단의 지지를 받을 수 있었다.

하지만 왕정복고 이후 교회의 노력은 대체로 필자가 위에서 '바로크적인' 사회적 상상계라고 불렀던 것의 틀 안에 머물렀다. 사실 혁명 후에 등장한 교황권지상론 교회는 그와 같은 상상계에 새로운 형태를 부여했다. 즉 명령의 흐름은 위에서 아래로, 즉 신으로부터 위계제적 질서를 통해 아래로 향하는 것이었고, 목적은 기독교사회의 전면적 재구축에 있었다. 사회는 위계제적으로 상보성을 이루는 것으로 간주되었는데, 각 신분은 전체의 선을 위해 각자의 역할을 한다는 것이었다. 처음에는 왕권과 제단 간의 동맹이 재확인되었지만 교회라는 핵심적 자리를 보존하려는 목적은 분명히 '민주적' 변형태를, 즉 다른 위계제적 질서는 포기되고, 교회만이 그렇지 않았더라면 상보적 평등에 기반했을 — 그것이 20세기 초기의 〈기독교민주주의〉의 강령이었다 — 사회에서 지도자 역할을 담당하도록 해줄 변형태를 허용했다.

그런데 그와 같은 상상계는 다른 '바로크적' 사회적 상상계와 마찬가지로 〈프랑스혁명〉에 의해 초래된 타격을 입었음에도 불구하고 처음에는 보다 오래된, 즉 위계제적이고 형식에 기반한 많은 관념뿐만 아니라 민중적 수준에서는 비록 정통파를 위해 순치되었지만 주술화된 세계의 많은 것을 포함하고 있었다. 사회는 여전히 유기체로 간주되었으며, 그와 같은 유기적 전체에서 개인이 차지하는 자리가 책무와 의무를 규정하는 데서 핵심적이었다. 교회는 사회 전체의 것이므로 모두는 그것에 속해야 했다. 게다가 사회적 의무를 부여하는 힘은 교회가 수호하고 표현하는 성성에서 유래하는 것이었다. 그와 같은 교회에 의해 조직화되는 사회는 그와 같은 (느슨한) 의미에서 뒤르케임적이었다. 즉 교회와 사회적 성성이 일체를 이루고 있었다. — 비록 제1의적인 것의 초점과 제2의적인 것의 초점이 전도되었지만 말이다. 왜냐하면 뒤르케임에게서는 사회적인 것이 제1의적인 초점이 되고 그것이 신적인 것에 반영되는 반면 교황권지상론 입장이던 가톨릭 신앙에게서는 정반대였기 때문이다.

기독교세계를 재건하려는 그와 같은 종류의 시도는 모든 곳에서 온갖 종류의 대항적 시도를 촉발했는데, 그것은 세속주의적 자유주의나 급진주의 운동 형태를 띠었으며, 종종 〈프랑스혁명〉에서 영감을 발견했다. 그 결과 심각한 분열이 일어나고, 중간계급에서 중요한 수준의 반체제적 성향이 나타났다. 게다가 그와 같은 성향은 종종 하층계급이나 노동자계급에 파급되고, 특히 후자에 영향을 주었다. 그렇게 된 이유 중 하나는
443 비교적 명백하다. 즉 교황권지상론자 입장을 취하는 교회는 대체로 군주제적·위계제적 현상유지를 지지했으며, 따라서 그것의 지배 아래 고통 받는 사람들을 그에 반대하는 입장으로 내몰았기 때문이다.[47]

하지만 그것에는 아마 보다 깊은 요인도 작용했을 텐데, 그것은 교회가 〈기독교민주주의〉 철학으로 입장을 바꾸었을 때 한층 더 분명하게 나타났다. 엘리트 계층과 대중 간의 문화적 간극은 근대의 특징이지만 그것이 교회를 현실에서 사회의 모든 사람을 위해 존재해야 하는 것으로 유지하는 것을 어렵게 만들었다. 요컨대 근대라는 다른 환경에서 이루어지는 우리의 신앙 생활은 중세보다 더 강하게 분기되는 경향이 있다. 중세에는 대부분의 엘리트가 여전히 순례를 떠나고, 성유물을 찾는 여행을 떠나는 보통 사람의 종교 문화에 참여했다. 게다가 당시 존재했을 수도 있을 모든 차이는 우리가 공동의 곤경에 처해 있다는 감각 — 주술화된 세계의 종교에서는 그것으로부터 벗어날 수 없다 — 아래 아치처럼 감싸여 있었다. 작물을 지키기 위해 교구의 '경계를 검분'하거나 우박을 물리치기 위해 '천둥 시계'를 울릴 때는 대지주와 날품팔이 농부 모두 같은 배를 탄 처지였다.

하지만 문화와 신앙상의 이반은 물론 계급갈등에 의해 한층 더 악화되었다. 일단 우리는 더 이상 유기적 공동체의 일원이 아니라 착취에 시달리고 있다는 감각이 생겨나자 — 그리고 그와 같은 감각은 심지어 앙시앵레짐의 절정기에서도 결코 표면으로부터 먼 곳에 머물러 있지 않았음을 알 수 있다 — 기성교회는 어느 쪽인가 하는 쟁점이

47 부트리(*Prêtres et Paroisses,* 1부 2장)는 앵 현에서 다수의 농촌 사제가 소규모 노동자계급의 삶 — 제한된 숫자의 센터에 모여들기 시작하고 있었다 — 전체를 얼마나 큰 의구심을 갖고 바라보았는지를 보여준다. 노동자는 본인이 월급을 수령하고, 누구나 다 알아볼 수 있는 어떤 공동체 속에 통합되어 있는 것처럼 보이지 않는 등 실제로 방탕한 삶을 살도록 저주받은 것처럼 보였다. 그들을 엄하게 다룰 필요가 있었다. 그와 같은 조치는 당연히 노동자의 불쾌감만 불러왔을 뿐이다.

등장했다. 유럽의 대부분에서 대체로 대답은 명백했다. 성직자계층은 기존질서 쪽을, 지주와 고용주 쪽을 편들게 되었다. [하지만] 그 결과 비엘리트 계층이 교회로부터 이반하게 된 것이 반드시 일어날 수밖에 없는 일은 아니었음을 보여주는 반증 사례 또한 충분히 존재한다.

여기서 우리 설명을 위한 그림에 도시화와 산업화 과정이 들어온다. 그것들은 부분적으로는 교회가 거의 없는 지역으로의 거주지 이전 그리고 대대적 이주를 통해 앙시앵레짐형의 해체 과정을 촉진했지만 보다 심오하게는 그와 같은 형태가 의미를 간직하고 있던 교구라는 맥락으로부터 다수의 사람을 끌어내는 것에 의해 그렇게 했다. 민속종교의 대부분은 농업의 맥락에 묶여 있거나 특정 공동체의 관습과 관련되어 있었으며, 새로운 맥락에서는 회복될 수 없었다(비록 또한 많은 것이 존속했지만 말이다). 〈제3공화국〉 시대로 이행하면서 시골이 개방되고 도시로의 대규모 이주가 진행되고, 군대 같은 새로운 국민적 제도 등이 영향을 미치게 되는 등 모든 것이 오랜 방식을 해체해가는 효과를 발휘하고 있음을 발견할 수 있었다. 얀센주의와 자코뱅파의 노력에도 불구하고 중세의 가톨릭 신앙의 많은 형태가 19세기 중반의 프랑스에 여전히 살아 있었다.[48] 가령 우박이 내릴 조짐이 보이면 사람들은 여전히 '천둥 시계'를 울릴 것이다. 하지만 일련의 그와 같은 관습 전체는 '주술화된' 종교에서 전형적으로 볼 수 있었듯이 집단적 삶하고만 관련되어 있던 것이 아니라 교구라는 특수한 유형의 공동체와 결부되어 있었다. 그와 같은 공동체의 부식과 붕괴 그리고 구성원의 도시 유입은 엘리트 계층이 부과한 대문자 개혁과 똑같은 또는 심지어 그것 이상의 효과를 가져와 공동체 관습을 약화시키고 주변부화시켰다.

그리고 그것들에 덧붙여 이제부터 주요하게 고민해서 다루어야 할 엘리트 계층, 즉
도시의 고용주와 행정관료들과의 관계가 곧 급기야 계급투쟁 쪽을 향하는 것으로 변질 444
되었다. 일단 주술화된 세계가 사라지거나 도시 노동자처럼 전혀 다른 방식으로 그것과 관계하게 되자마자 또 엘리트문화가 독자적인 길을 걷고 그것이 공식 교회를 지배하게 되자마자, 고용주들과의 계급 갈등이 등장하자마자 사람들 사이에 종교적 소외감이 생

48 Eugen Weber, *Peasants into Frenchmen*(London: Chatto, 1979), 19장과 Boutry, *Prêtres et Paroisses*를 보라.

기는 것이 불가피했다. 그러면 사람들은 일종의 정반대 시각 쪽으로 동원되는데, 교황권지상론 사회에서는 일반적으로 세속적인, 휴머니즘적 견해를 택하게 된다.

두 원인은 하나로 수렴되는데, 그것으로부터 중요한 결과가 초래된다. 즉 새로운 도시 거주자는 이전의 일부 단기 이주자가 했던 대로 더 이상 생활공동체의 결성으로 되돌아간 것이 아니라[49] 영=정신적 삶의 공허함을 깨닫고 새로운 상황 속에서 새로운 형태와 공동체에 대한 충성을 짜낼 방법을 찾아야 했다. 19세기 하반기에 있은 도시 노동자계급의 '비기독교화'는 새로운 세속 이데올로기로의 실제적 전향보다는 종종 그것과 더 많이 관련되어 있었다. 같은 시기에 잉글랜드의 도시 노동자계급에서의 종교적 실천의 쇠퇴에 대해서도 아마 비슷하게 말할 수 있을 것이다.

하지만 공허함은 메워질 필요가 있다. 그리고 새로운 세속 이데올로기가 가능한, 종종 강력한 후보였다. 특히 새로운 노동자계급과 사회주의 운동의 지도자와 조직가가 그것에서 영감을 받은 곳에서 특히 그랬다. 16세기 말의 잉글랜드에서 그와 같은 공허함을 채우기 위해 의지할 수 있던 유일한 형태는 여전히 기독교뿐이었다. 19세기 말의 유럽의 경우 선택 범위는 결정적으로 넓어졌다. 배타적 휴머니즘의 여러 변종이 이제 선택지로 추가되었다. 그리고 교회가 종종 취한 반동적 태도는 단지 그것이 한층 더 타당해 보이도록 만들었을 뿐이다.

그와 같은 종류의 사태전개는 프랑스와 스페인에서도 일어났다. 그리고 비슷한 일이 독일의 프로이센 같은 몇몇 프로테스탄티즘 사회에서조차 일어났다. 그들 사회에서 노동자계급은 사회민주주의 운동으로 돌아섰고, 철학적으로는 유물론 쪽으로 기울었다.[50]

주목할 만한 사실은 이 모든 것이 이야기의 끝은 아니라는 점이다. 19세기에 교황권지상론 입장을 취한 교회가 분명히 지방뿐만 아니라 노동자까지 포함한 도시 대중에 대해 거둔 성공 또한 주목할 만하다. 그것이 가능했던 것은 교회는 불변이라는 주장에도 불구하고 변절 중인 세상에 직면해 모종의 결정적 방식으로 그것에 적응했기 때문이다. 교회는 가령 얀센주의가 선도한 형태의 엄격주의, 즉 죄인에 대한 엄격한 태도를

49 Weber, *Peasants into Frenchmen*, pp. 281-282.

50 가령 Hugh McLeod, *European Religion*, pp. 11-18을 보라.

버리고 이미 [1696~1787년. '죄지은 자에게는 그만큼 더 부드럽고 다정하게 다가가야 한다'고 설파한 가톨릭 주교이자 성인인] 리구오리Alfonso de Liguori가 18세기에 주창한 태도, 즉 죄인에 대한 보다 연민 어린 태도를 취하게 되었다. 교회는 민중에 의한 경건한 신앙의 양식, 가령 (가장 유명한 것으로는) 루르드 샘처럼 진위가 의심스러운 기적의 성지에 대해서조차 보다 관용적이고 관대한 자세를 보였다. 그리고 보다 온화하고, 보다 감정적인 신앙 방식을 제안했는데, 〈그리스도성심회〉에의 헌신이 최선의 사례가 될 수 있을 것이다. 그와 같은 변화 중 일부는 전술적인 것이었을 수도 있지만 훨씬 더 그것 이상으로 이미 유럽 전역에서 강력해지고 있던, 또한 불가피하게 교회에도 존재한 낭만주의 이후의 조류의 결과로 그것을 설명해야 할 것이다. 이유야 어떻건 교회는 대문자 445
개혁을 지향한 과거의 엘리트 계층이 대중을 상대로 취했던 비난과 경멸에 기초한 태도의 일부를 외면했다.

하지만 교회는 또한 또 다른 결정적 방식으로 세계에 적응했다. 나는 교회가 공식적으로 채택한 사회적 상상계는 유기적 사회의 위계제에 기초한 '앙시앵레짐' 모델이었다고 앞서 말했다. 그와 같은 사회에서 각자는 자기 자리를 갖고, 또한 위계제에 복종해야 했다. 하지만 실제로 교회는 그와 같은 태도를 뒤집기 시작했다. 왜냐하면 교회가 이루고자 하는 일의 대부분은 기존의 위계제에 의거한 기존질서의 재주술화가 아니라 오히려 새로운 단체로 평신도를 조직하는 것이었기 때문이다. (가령 몽마르트르언덕의 〈사크레쾨르성당〉 건축을 위한 대대적 기금모금캠페인 같은) 기금모집, 순례 또는 다양한 형태의 평신도에 의한 선교활동 — 그중 일부는 나중에 집단적으로 〈악시옹가톨릭〉으로 불리게 된다 — 을 위해서건 상관없이 말이다. 그처럼 가톨릭교회는 어쩔 수 없이 동원mobililization하는 일에 나서지 않을 수 없었다. 즉 몇몇 특정한 목적을 가진 회원제 조직 속으로 사람들을 조직하고 동원하지 않을 수 없었다. 하지만 그것은 참가자 본인에 의해 창조되는 새로운 형태의 집단적 행위를 의미했다. 그리고 그것은 앙시앵레짐 모델에서는 적절한 자리를 가질 수 없었다. 그리하여 점차 내용이 형식을 파괴하기 시작했다. 그것이 무엇을 함의하고 있었는지를 더 잘 이해하기 위해 여기서 '동원의 시대'의 본질적 구성요소를 이루는 두 번째 이념형을 도입하고자 한다.

3

내가 말하는 '동원'이란 어떤 의미일까? 그것의 의미 중 한 가지 분명한 측면은 사람들이 설득, 강제, 강요, 협박을 통해 새로운 형태의 사회, 교회, 결사를 받아들이게 되는 과정을 가리킨다. 그것은 일반적으로는 정부, 교회의 지배 계층이나/또는 기타 엘리트 계층의 행위를 통해 사람들이 새로운 구조를 받아들일 뿐만 아니라 사회적 상상계, 정통성의 감각과 더불어 삶과 사회에서 무엇이 결정적으로 중요한지에 대한 감각을 어느 정도 변화시킨다는 것을 의미한다. 그와 같은 기술에서 출발한다면 동원은 이미 17세기의 잉글랜드 종교개혁, 프랑스의 대항종교개혁 시대에 진행되고 있던 셈이다. — 또 실제로 십자군을 심지어 보다 이전 사례로 간주할 수도 있을 것이다. 하지만 그와 같은 변화는 보다 광범위한 사회적 맥락 속에서, 즉 왕국과 교회 안에서 일어나고 있었다. 왕국과 교회 자체는 동원의 산물로 간주되지 않았으며, 오히려 반대로 이미 존재하는, 모든 정통성의 불변적이고 변경 불가능한 사회적 배경으로 간주되었다.

하지만 '동원의 시대'에 그와 같은 배경은 더 이상 존재하지 않았다. 우리가 어떤 정치적·사회적·교회적 구조를 갈망하건 그것이 존재하려면 동원이 필요하다는 것이 점점 더 분명해졌다. 그것은 마침내 심지어 앙시앵레짐 속에서 패러다임을 발견할 수 있는 '반동들'에게조차 분명해졌다. 그들은 종종 고심 끝에 그것을 인정하기로 결심하기
446 전부터 그와 같은 이해에 따라 행동할 것을 강요당했다. 하지만 조만간 그들의 담론은 바뀌고, 구질서 중 그들이 복권시키고 싶어 하는 특징은 신의 의지나 자연의 섭리에 따라 아마 영원히 타당하지만 이제 확립되어야 하는 형태가 되었다. 즉 아직 존재하지 않으면 이제 비로소 실현되어야 하는 이상이 되었다. 그와 같은 이해가 정치적/교회적 스펙트럼의 전 영역에서 관철되면서 동원의 시대가 시작되었다.

앙시앵레짐 모델은 교회와 국가가 복잡하게 뒤엉키도록 만들었는데, 그와 같은 모델에 따르면 우리는 신이 인가한 위계제적 질서 속에서 살고 있다. 그와 같은 모델에 기초한 사회에서 신의 존재는 필수적이었다. 권위 자체가 신적인 것과 결부되어 있어 신에 대한 다양한 탄원이 공적 삶과 불가분이었다. 하지만 과거에 그와 같은 모델은 한 가지 이상의 형태가 존재했다. 16~19세기 사이에 우리는 중세 그리고 일련의 비서

양문화에서 살아 있던 원래의 모델에서 그와 매우 다른 또 다른 모델로 이동했다. 내가 동원 유형이라고 부르고 싶은 것을 규정하는 것이 이 두 번째 모델이다.

보다 이전의 앙시앵레짐형은 '주술화된' 세계라고 부를 수 있는 것과 결부되어 있었다. 그것은 분명히 막스 베버에게서 차용한 용어로, '탈주술화'라는 용어의 반대말로 도입된 것이다. 주술화된 세계 속에서 성과 속은 강하게 대비된다. '성스러운 것'이라는 말로 필자가 의미하는 것은 교회 같은 특정 장소, 사제 같은 특정 행위 주체, 대축제 같은 특정 시간, 미사 집전 같은 특정 행위 등 신이나 신성한 것이 존재하는 것이다. 그에 비해 다른 장소, 사람, 시간, 행위는 세속적인 것으로 여겨졌다.

주술화된 세계에서는 신이 사회에 존재할 수 있는 명백한 방식이 존재했다. 즉 성스러운 장소에서 그럴 수 있었다. 그리고 정치사회는 그와 같은 곳과 밀접하게 연결되고, 그로 인해 앞의 것은 정치사회보다 더 고차적인 차원에 존재하는 것으로 생각될 수 있었다. 칸토로비츠는 유럽사에서 '신비로운 몸神祕體'이라는 용어가 처음 사용된 것 중 하나는 프랑크왕국과 관련해서였다고 보고한다.[51] 군주 자체가 각기 다른 판板, 즉 필사적 육체와 불사적 육체에 의해 각각 대변되는 두 판의 연결고리 중 하나가 될 수 있을 것이다.

또는 그것을 약간 다른 언어로 말하자면, 그와 같은 보다 초기 사회에서 왕국은 강력한 형태의 이행성이 지배하는 일상의 세속적 시간뿐만 아니라 보다 지고한 형태의 시간 속에도 존재했다. 물론 보다 지고한 형태의 시간에는 다양한 종류가 존재한다. 가령 플라톤적 영원(성)이 있다. 그것 속에는 만물유전을 넘어선 수준이 존재한다. 기독교적 전통에서 이해되는 것으로서의 신의 영원(성). 그것은 시간의 모두기 형태를 띤다. 그리고 엘리아데적 의미에서의 다양한 기원들의 시간이 그것이다.[52]

그런데 탈주술화가 진행되면서, 특히 프로테스탄티즘 사회에서는 코스모스와 정체政體 양쪽 모두와 관련해 또 다른 모델이 형성되었다. 거기서는 신의 설계라는 개념이 결정적으로 중요했다. 코스모스를 예로 들면, 주술화된 세계로부터 뉴턴 이후의 과학과

51 Ernst Kantorowicz, *The King's Two Bodies*(Princeton: Princeton University Press, 1997).

52 이것들에 대해서는 앞의 1장에서 보다 자세히 서술했다.

조화를 이루는 것으로 파악될 수 있으며 우리를 둘러싼 우주 속에서 표현되는 보다 지고한 의미는 전혀 문제가 되지 않는 코스모스[우주]로의 이행이 이루어졌다. 하지만 가령 뉴턴 본인과 같은 일부 사람에게 코스모스[우주]는 신의 영광을 나타낸다는 강한
447 감각이 여전히 남아 있었다. 그것은 우주의 설계 — 아름다움, 규칙성 — 뿐만 아니라 또한 그것이 분명히 신의 피조물, 특히 만물의 정점에 있는 탁월한 피조물인 우리 자신의 복지에 이바지하기 위해 형성된 사실을 보아도 분명했다. 이제 신의 현존은 더 이상 신성한 것 속에 있지 않다. 왜냐하면 그와 같은 범주는 탈주술화된 세계[=우주]에서는 사라지기 때문이다. 하지만 신은 여전히 설계를 통해 그에 못지않게 강력하게 현존한다고 생각될 수 있었다.

그렇게 코스모스[우주] 속에 신이 현존한다는 생각은 또 다른 이념, 즉 정체 속에 신이 현존한다는 이념과 하나의 짝을 이루었다. 여기서도 앞서와 비슷한 변화가 일어났다. 신적인 것은 더 이상 두 차원 간의 공간에 다리를 놓는 군주 속에 존재하지 않는다. 하지만 우리가 신의 설계를 명시적으로 따르는 사회를 건설하는 만큼 현존할 수 있다. 그와 같은 사회는 신에 의해 확립된 것으로 간주되는 도덕질서라는 이념으로 채워질 수 있을 것이다. 가령 미국의 〈독립선언〉에서 환기되는 아래 방식으로 말이다. 즉 인간은 평등하게 창조되었으며, 창조주로부터 양도 불가능한 몇몇 권리를 부여받았다는 것이다.

그와 같은 〈선언〉에서 표현되었으며, 이후 우리 세계에서 지배적인 것이 된 도덕질서라는 이념이 바로 내가 '근대적 도덕질서'라고 불러오고 있는 것이다. 그것은 선행 질서와는 매우 달랐는데, 왜냐하면 개인으로부터 시작했지만 개인이 위계제적 질서 — 그와 같은 질서 외부에서는 결코 완전한 인간적 행위 주체가 될 수 없을 것이다 — 속에 선험적으로 짜 넣어져 있다고는 보지 않았기 때문이다. 그와 같은 도덕질서의 구성원은 본질적으로 사회 — 그것은 다시 코스모스를 반영하고 그것과 연결되어 있는 것으로 생각된다 — 속에 매립된 행위 주체가 아니라 탈매립된 개인으로 점차 힘을 합치게 되었다. 그와 같은 연합의 토대에 놓인 설계는 각자가 자기 삶의 목표를 추구하는 가운데 타자에게도 상호이익을 주는 방식으로 행위한다는 것이다. 그와 같은 설계는 상호이익이라는 기본 원리에 기초한 사회를 요구하는데, 거기서 모든 사람은 타자의 권리를 존

중하고, 이런저런 종류의 상부상조를 제공한다. 그와 같은 기본 원칙을 최초로 명문화해 가장 큰 영향을 미친 것은 로크였지만 상부상조라는 그와 같은 질서의 기본 구상은 일련의 변형태를 통해 우리에게 계승되어왔다. 그중에는 루소와 마르크스가 제시한 것과 같은 보다 급진적인 것도 포함되어 있다.

하지만 그보다 앞선 시대에, 즉 계획이 섭리에 의한 것으로 이해되었을 때, 그리고 질서는 신의 법과 동일한 자연의 법으로 간주되었을 때 그와 같은 요구사항을 충족시킬 수 있는 사회를 건설하는 것은 신의 설계를 완성하는 것으로 간주되었다. 그와 같은 사회에 사는 것은 신이 현존하는 사회에 사는 것이었다. 물론 성스러운 것에 의해 주술화된 세계에 속한다는 의미에서가 아니라 신의 설계에 따르고 있다는 의미에서 말이다. 신은 우리 삶의 방식의 설계자로 현존한다. 유명한 표현을 인용하자면, 우리는 우리를 '신 아래의 한 백성'으로 이해한다.

그렇게 미국을 그와 같은 새로운 질서 개념의 패러다임적 사례로 간주하면서 필자는 벨라가 발전시킨 미국의 '시민종교civil religion'라는 어마어마하게 생산적인 개념을 따르고 있다. 물론 그와 같은 개념은 오늘날 누구나 이해할 수 있듯이 그리고 당연히 논쟁 대상이 되고 있는데, 그와 같은 종교의 일부 조건에 대해 지금 의문이 제기되고 있기 때문이다. 하지만 그가 초창기뿐만 이후 2세기 동안 미국 사회를 특징지은 것에 관해 본질적인 것을 포착했음은 의문의 여지가 없다.

미국은 신의 목적을 실현할 소명을 지니고 있다는 기본적인 생각만이 그가 인용하 448
는 몇몇 구절을 이해할 수 있도록 해줄 수 있을 것이다. 가령 케네디의 취임연설이 그렇고, 심지어 링컨의 두 번째 취임연설은 한층 더 그러한데, 그것은 오늘날 미국에서 신앙을 갖지 않은 많은 사람에게 이상하고 위협적으로 보일 수도 있을 것이다. 아무튼 그것은 자유롭고 권리를 가진 개인으로 이루어지는 질서라는 구상과 관련해 이해되어야 한다. '자연의 법과 자연의 신의 법'에 호소하면서 〈독립선언〉은 바로 그와 같은 질서를 환기시키고 있다. 이신론자와 유신론자 모두에게서 그와 같은 법의 옳음은 그것이 신의 섭리에 의한 설계의 일부라는 사실에 기초했다. 〈아메리카혁명〉에 참여한 활동가들의 적극적 행동은 그것에, 역사는 신의 설계가 점차 실현되는 극장이라는 견해를 그리고 본인들의 사회는 그와 같은 실현이 완성되는 장소라는 견해를 덧붙였다. — 후일 링컨

대통령은 그것을 '지상에서의 최후의 최고 희망'이라는 말로 언급하게 될 것이다. 자신들이야말로 신의 목적을 성취하기 위한 소명을 띠고 있다는 그와 같은 개념이 프로테스탄티즘적인 미국의 『성서』 문화와 함께 미국을 고대 이스라엘과 비유하는 태도를 촉진시켰는데, 미국의 초창기의 공적 수사 속에서 종종 그것이 반복됨을 볼 수 있을 것이다.[53]

그것에는 연속성과 비연속성이 나란히 존재하는데, 오늘날의 혼란은 그것에서 비롯된다. 연속되는 것은 도덕질서라는 모종의 형태의 근대적 이념의 중요성이다. 그리하여 미국인들은 아직도 〈건국의 아버지들〉과 동일한 원리를 따르고 있다는 인상을 받게 된다. 비록 결코 모든 사람은 아니지만 많은 사람에게 그와 같은 질서를 올바른 질서로 만들어주는 것이 더 이상 신의 섭리가 아니라는 사실이 균열을 불러오고 있다. 도덕질서는 오직 자연 또는 모종의 문명 개념, 심지어 종종 칸트에게서 영감을 얻은 원리, 즉 소위 논란의 여지가 없는 선험적 원리에만 기초하고 있다는 것이다. 그리하여 일부 미국인은 신으로부터 헌법을 구해내길 원하는 반면 보다 깊은 역사적 뿌리를 가진 다른 사람들은 그와 같은 시도를 반헌법적 폭거로 간주한다. 그것이 오늘날 치열하게 펼쳐지고 있는 미국의 문화투쟁Kulturkampf의 배포胚胞였다고 할 수 있을 것이다.

하지만 미국이 근대에 이른 길은 많은 미국인에 의해서는 패러다임적인 것으로 간주되었지만 실제로는 오히려 예외적인 것이었다. 아래서 서술하겠지만 모든 서양 사회는 앙시앵레짐형에서 벗어나 동원의 시대로, 그것을 거쳐 오늘날의 처지[곤경]에 이르는 길을 걸어왔다. 하지만 구유럽에서는 그러한 여정이 훨씬 더 험난했고, 갈등으로 가득 차 있었다. 앞서 지적한 대로 가톨릭 사회에서 특히 그러했는데, 거기서는 현존presence이라는 오래된 모델이 훨씬 더 오래 존속했기 때문이다. 물론 그러한 모델은 탈주술화의 영향을 받았으며, 점점 더 타협적인 것이 되어갔다. 거기서 위계제적 질서는 어떤 의미에서는 언급해서는 안 되는 것으로 그리고 군주는 성스러운 존재로 다루어졌지만 또한 가령 군주에 의한 통치가 질서유지를 위해 필수불가결하다는 기능적 정당화 요소도 몰래 끼어들기 시작했다. 그것을 '바로크적' 타협으로 생각해볼 수 있을 것이다.

53 Robert Bellah, "Civil Religion in America", in *Beyond Belief: Essays on Religion in a Post-Traditional World*(New York: Harper & Row, 1970), 9장을 보라.

오늘날의 우리 삶의 상태에 이르는 경로는 사회에 신이 현존하는 앞의 두 가지 형태 모두로부터 벗어나 다른 상황으로 진입하는 것으로 이어졌는데, 후자에 대해서는 아래서 상술해보기로 하겠다. 가톨릭적 '바로크'에서 벗어나는 경로는 파국적인 혁명 449
적 전복을 거쳤다. 하지만 '프로테스탄트적' 경로는 훨씬 더 원활했으며, 그리하여 추적하기가 어떤 의미에서 훨씬 더 곤란하다.

마틴은 일련의 통찰력 넘치는 저작[54]에서 '프로테스탄트적' 경로, 보다 특수하게는 '영어사용권 국가'의 경로에 대해 흥미로운 설명을 발전시켜왔다. 그와 같은 사태는 사회적 상상계의 지배적 형태는 점점 더 상호이익질서에 초점을 맞추는 반면 '바로크적' 질서는 낯설고, 왠지 질색할 것만 같은 것으로, 간단히 말해 '교황파적인 것'으로 간주되는 사회에서 전개되었다.

그와 같은 견해에 보조를 맞추어 그와 같은 문화들에서는 오직 자발적인 종교적 충성만이 타당하다는 것이 점점 더 자명해져갔다. 종교적 충성의 강제는 점점 더 정통성을 잃어갔다. 그리하여 엘리트가 지배하는 종교로부터의 민중의 이반은 새로운 자발적 연합 형태를 취할 수 있었는데, 그것은 보다 이전 교회와는 사뭇 다른 것이었다. 그와 같은 형태의 원형을 웨슬리의 감리교에서 볼 수 있었는데, 그와 같은 자유로운 교회의 실제적 폭발은 18세기 말에 미국에서 일어났다. 그리고 그것이 미국 종교의 양상을 일변시켰다.

감리교 집단의 경우 전혀 새로운 것이었는데, 그것은 교회church도 또 분파sect도 아니라 오늘날 우리가 '교파denomination'라고 부르는 것의 원형적 형태였다. 그와 같은 트뢸치적 의미의 교회는 사회의 모든 구성원을 안에 결집시킨다고 주장했다. 또한 가톨릭의 경우와 마찬가지로 '교회'는 만인을 위한 교회임을 소명으로 삼았다. 종교개혁에서 등장한 주요 교회 중 일부도 비슷한 갈망을 갖고 있었으며, 가령 독일, 스칸디나비아 그리고 처음에는 잉글랜드에서 사회 전체를 교회와 함께 반체제 입장으로 끌어들이는 데 성공하기도 했다.

하지만 심지어 트뢸치를 따라 '분파'라고 불리는 것은 진정 구성원이라고 불릴 만

54 가령 *Tongues of Fire*(Oxford: Blackwell, 1990)와 *A General Theory of Secularization*(Oxford: Blackwell, 1978)을 보라.

한 자격이 있는 '구원받은 사람'에 관심을 집중했지만 어떤 의미에서는 좌절한 교회였다. 즉 잉글랜드의 장로교회처럼 하나의 전국적 규모의 교회를 수중에 넣으려고 시도하거나 아니면 일부 재세례파처럼 전체 사회에 절망했으며 바로 그와 같은 이유로 사회와의 접촉을 최소화하려고 했다. 그와 같은 교회들은 종교적 삶을 규정하는 영역을 제한하려고 했다.

당초 감리교 운동은 교회-임을 갈망하지 않았으며, 단지 잉글랜드국교회 내의 하나의 조류만 되기를 바랐다. 감리교는 독자적 종류의 영성을 실천하려고 했지만 다른 집단들을 포함한 보다 광범위한 틀 안에 머물러 있기를 바랐다. 그들이 바란 지위는 어떤 의미에서는 가톨릭교회의 수도회의 그것과 비슷했다. 정통성을 가진 차이라는 그와 같은 감각 비슷한 어떤 것은, 그들이 잉글랜드국교회에서 쫓겨나 미국이라는 신천지를 지배하게 된 교파로 자신을 특징지은 표준적 견해가 되었을 때도 그대로 계승되었다.

교파는 동호인 단체affinity group 비슷했다. 그들은 다른 교파(적어도 그 일부)와의 차이를 이판사판 또는 구원인가 영벌인가라는 양자택일 문제로 바라보지 않았다. 자기 교파의 방식이 자신에게는 더 좋고, 심지어 그저 더 좋은 것으로 보일 뿐 그것이 다른 공인된 교파로부터 그들을 갈라놓지는 않는다고 생각했다. 따라서 다른 '교회들'의 공
450 간 속에 존재하며, 그렇기 때문에 보다 일반적인 또 다른 의미에서는 그들 집단 전체가 '교회'를 구성한다고도 할 수 있다. 당신이 선택한 교회에서 예배하라는 명령은 그처럼 보다 넓은 의미의 '교회'에 속하라는 명령으로, 거기서는 허용된 선택의 한계가 교회의 경계선을 규정했다.

교파라는 존재는 분명히 동원의 시대에 속한다. 그것은 신에 의해 수립된 단체가 아니라(비록 또 다른 의미에서 보다 광범위한 '교회'는 그렇다고 할 수 있을지도 모르지만 말이다) 우리가 창조해야 하는 것이다. — 단지 우리 기분에 따라 그렇게 하는 것이 아니라 신의 계획을 완수하기 위해 말이다. 이 점에서 교파는, 새로운 공화국은 신의 섭리에 따른 산물이라는 시민종교적 견해를 닮았다. 양자 사이에는 친화력이 존재하며, 그것이 서로를 강화시켜주었다. 즉 18세기 중반에 일어난 〈대각성〉이 갖고 있던 의지주의의 차원이 1776년의 〈아메리카혁명〉의 길을 준비한 것은 분명했다. 그리고 마찬가지로 자치에 기초한 '독립'이라는 새로운 공화국의 에토스는 19세기 초의 〈제2차대각성〉에는

심지어 이전 어느 때보다 더 커다란 교파적 이니셔티브가 대량으로 포함되어 있었음을 의미한다.[55]

그런데 이민과 사회변동, 계급갈등 때문에 이전의 보다 포괄적인 교회가 이런저런 방식으로 비엘리트 계층에게서 소원하고 위협적인 것이 되어 갈 때 그처럼 자연발생적으로 형성된 동호인 단체가 독특한 장점을 제공했음은 분명하다. 감리교가 계급 분열을 조정하기 위해 고안된 것이 아님은 분명하다. 웨슬리 본인은 사회질서에 대해서는 토리당의 가장 흔들림 없는 신념에 충실했으며, 대서양을 건넌 땅에서 본인의 너무나 많은 추종자가 열정적으로 참여한 〈아메리카혁명〉을 비난하기까지 했다. 또한 나중에 잉글랜드의 주요 감리교 동조자들은 고용주에 대한 노동자들의 격렬한 쟁의를 진정시키려고 시도했다(비록 보수파 지주에 맞서 산업계의 양쪽 모두를 동원할 용의가 있었지만 말이다).

하지만 그럼에도 불구하고 교파 창시자의 원래 생각이 무엇이었건 일부 집단의 종교적 갈망과 통찰에 구체적 형태와 표현을 부여할 준비가 되어 있는 형식이 갖추어져 있었다. 그때 각각의 집단이 계급이나 출신 지역(가령 북부 잉글랜드의 광산 마을)이나 지방(웨일스) 또는 지역에 덧붙여 이데올로기적 친화성(가령 미국에서의 북부 및 남부 감리교와 침례교의 분열) 또는 인종(이 또한 미국 사례이다) 등에 의해 어떻게 규정되는지는 아무런 역할도 하지 못했다. 반면 사회 전반을 아우르는 하나의 큰 교회가 원래 신이 세운 것을 계속 이어나간다는 모델이 상상을 지배하던 사회(즉 가톨릭 사회 그리고 또한 일부 루터주의 사회 또는 그다지 현저하지는 않았지만 일부 칼뱅주의 사회[스코틀랜드])에서는 기독교 신앙의 범위 내에서 비엘리트 계층의 소외감을 개선하기 위한 창조적 해결책을 찾기가 극히 어렵다(하지만 아래의 몇 가지 사례에서 볼 수 있듯이 불가능한 것은 아니다). 자발적 동원 문화가 이미 종교적 자기 이해의 일부가 된 사회에서는 새로운 신앙의 이니셔티브가 보다 쉽게 등장할 수 있을 것이다. 교파적 상상계가 대부분의 대륙 사회에서는 알려지지 않았던 유연성을 가능하게 해주었다.[56]

55 Gordon Wood, *The Radicalism of the American Revolution*(New York: Vintage, 1993)을 참조하라.

56 하지만 심지어 그렇다고 해도 극빈층은 보다 숙련된 노동자보다 잉글랜드에서 벌어진 그와 같은 운동으로부터 덜 영향을 받는 경향을 보였다. Hugh McLeod, *Secularization in Western Europe, 1848-1914*(New York: St. Martin's Press, 2000), 3장 그리고 또한 Religion and the People of Western Europe 1789-1989(Oxford: Oxford University Press, 1997), 4장 그리고 David Hempton, *Religion and Political Culture in Britain and Ireland*(Cam-

실제로 일련의 상이한 이니셔티브가 출현했지만 가장 인상적인 군群은 18세기 말
부터 영국과 아메리카에서 보급된 것으로 대략 '복음주의적' 신앙부흥 양식으로 부를
451 수 있는 것으로 이루어졌다.[57] 가장 강렬한 단계에서 그들 운동은 종교개혁의 몇 가지
핵심 교의에 초점을 맞추었다. 즉 인간은 죄지은 존재라는 생각, 회심의 필요성, 신의
은총에 함께하기 위해 신앙을 통해 신에게 귀의할 필요가 그것이었다. 집단이 타고난
것으로 간주되는 성향보다는 오히려 개인적 결단으로 이루어지는 개인적 행위로서의
회심에 종종 강조점이 놓였다. 그리고 회심은 종종 강력한 감정의 압력하에 공중 앞에
서 극적 형태로 이루어졌다.

그것이, 바로 앞서의 논의에서 사용한 용어를 빌리자면, 강력한 변형의 전망인데, 그것은 한편으로는 심원하고 잠재적으로 압도적인 힘을 가진 죄 그리고 불완전하다는 의식에 의해, 다른 한편으로는 신의 사랑과 그것의 치유력, 한마디로 '놀라운 은혜amazing grace'에 대한 압도적 감정에 의해 규정되었다. 보다 이전의 종교개혁에서와 마찬가지로 새로운 권능의 그와 같은 강화는 질서 있는 삶에서 신앙의 결실을 맺기 위한 의도에서 나온 것이었다. 그리고 질서와 무질서는 당시의 민중 계층이 직면한 곤경 속에서 보면 얼마든지 이해 가능한 용어로 간주되었다. 즉 많은 사람이 점점 더 시장 주도의 경제 속에서 어떻게든 발을 붙이려고 분투하고 있었으며, 그와 같은 상황에서 생존은 종종 새로운 상황에 대한 적응, 이주, 전통적 사회 형태 외부에 존재하는 새로운 노동 규율에의 적응에 달려 있었다. 위험한 것은 게으르고, 무책임하고, 무절제하고, 낭비적인 행동 형태로 전락하는 것이었다. 그리고 그것 뒤에는 전통적 형태의 기분전환과 유흥의 유혹이 존재했는데, 그것들이 그와 같은 식으로 사회적으로 제 구실을 못하게 만드는 형태 속에 사람을 가두어놓을 수 있었다. 음주와 술집이 그것이었다. 절제가 복음주의 문화의 중심 목표 중 하나였으며, 현대인 귀에는 과잉으로 여겨질 정도로 중시된 것은 이 때문이다. 하지만 음주가 당시 얼마나 큰 재앙이 될 수 있었는지를 안다면 아마

bridge: Cambridge University Press, 1996), p. 29와 6장을 보라.

57 여기서는 무엇보다 먼저 매우 유용한 아래 논의에 기대고 있다. Hugh McLeod, *Religion and the People of Western Europe*, pp. 36-43; John Wolffe, *God and Greater Britain*, pp. 20-30 그리고 David Hempton, *Religion and Political Culture*, 2장.

(딱 맞는 말을 하나 고르자면) 정신이 퍼뜩 들 것이다. 가령 미국에서는 1820년대에 1인당 음주량이 오늘날의 4배였다.[58]

그리고 음주와 함께 사람들이 선호한 또 다른 행동이 무질서를 방조했다. 스포츠를 빙자한 잔혹한 경쟁이나 내기, 성적 난교가 그것이었다. 무질서에 대한 그와 같은 이해는, 옛날부터 가정 밖에서 이루어진 몇 가지 남성끼리의 흥청망청식 유흥을 비난의 표적으로 삼았다. 질서에 대한 새로운 이해는 가정을 중심으로 했으며, 종종 분열을 야기하는 잠재적 원천을 남성 속에서 찾았으며, 여성을 피해자이자 그처럼 질서 있는 가정 공간을 지키는 수호자로 보았다. 심지어 브라운은 그에 대해 '남성적 자질의 악마화'와 "경건함의 여성화"[59]라고까지 말한다. 질서 유지를 위해 남성은 가정을 소중히 하고, 가족에게 윤택한 삶을 제공하는 사람이어야 한다. 또 그렇게 하기 위해 교육받고, 규율을 몸에 익혀 부지런한 일꾼이 되는 것도 필요했다. 금주, 근면, 규율훈련이 가장 중요한 미덕이었다. 교육과 자조는 매우 높이 평가되는 자질이었다. 그것을 획득함으로써 자유롭고 자립할 수 있는 행위 주체라는 일정한 존엄성을 갖게 되었다. 여기서의 목표는 두 용어로 포착될 수 있을 것이다. 한편으로는 질서 있는 생활을 영위하는 '존경할 만한 성격'이 중시되었다. 하지만 그와 함께 다른 한편으로는 자유로운 행위 주체라는 점, 즉 시민으로서의 존엄성도 중시되었다. 복음주의는 기본적으로 반위계제적 힘으로, 민주주의의 추진력의 일부였다.

그와 같은 식으로 구원과 성성을 우리 삶의 특정한 도덕질서와 결부시키는 방식은 452
최초의 종교개혁을 떠올리게 하는데, 복음주의는 상황도 다르고 심지어 개인적 책무를 훨씬 더 핵심적으로 강조하지만 어떤 의미에서는 그것의 반복이었다. 그리고 또 다른 방향으로 눈길을 돌려 그와 같은 운동이 오늘날까지 어떻게 이어져오고 있는지도 지적할 수 있을 텐데, 그것은 영국과 미국 같은 원래의 본거지보다는(그렇다고 해도 여전히 강력하다) 오늘날 라틴아메리카, 아프리카, 아시아에서 더 그렇다.[60] 여기서도 마찬가지로 구원의 수용 그리고 각 신도의 삶에 특정한 종류의 질서를 부여하는 것 사이에

58 Joyce Appleby, *Inheriting the Revolution*(Cambridge, Mass.: Harvard University Press, 2000), p. 206을 보라.
59 Callum Brown, *The Death of Christian Britain*(London: Routledge, 2001).
60 David Martin, *Tongues of Fire*와 *Pentecostalism: The World Their Parish*(Oxford: Blackwell, 2002)을 보라.

동일한 연관성이 존재함을 관찰할 수 있을 것이다. 그리하여 라틴아메리카 남성은 이전 어느 때보다 더 가정 중심적으로 되어 남자다움을 과시하도록 해주는 몇몇 종류의 남성끼리의 흥청망청식 유흥을 버리고 술을 끊은 후 가족에게 윤택한 삶을 보장해주는 사람이 되어야 했다. 실제로 심지어 그와 같은 비교조사를 미국의 〈이슬람국가Nation of Islam〉 같은 비기독교 운동을 포함할 수 있도록 확대해볼 수도 있을 것이다.[61]

그와 같은 운동들은 누구나 볼 수 있듯이 '세속'의 역사에 뚜렷한 흔적을 남겼다. 즉 특정한 인구 부분에 19세기의 맨체스터건 20세기의 상파울루건 또는 21세기의 라고스건 전통과 단절된 새로운 환경 속에서 생산적이고 질서를 내면화한 행위 주체로 기능할 수 있는 가능성을 마련해주었다. 그리고 그와 같은 사태는 두 가지 성찰을 촉발한다. 먼저 신앙을 특정한 도덕(성)이나 질서와 엄격하게 동일시하는 것은 결과적으로 신앙을 약화시키지 않을까? 이미 주장한 대로 17~18세기의 엘리트 계층 사이에서는 그랬다. 그리고 20세기에도, 어쨌건 영국에서는 그랬던 것 같다. 실제로 낯선 힘의 도움 없이는 삶에 일정한 질서를 — 신의 은총을 효율적으로 실행할 수 있는 것과 반대로 — 부여할 수 없을 정도로 본인이 무력하다는 느낌과 원래 결부되어 있던 신앙은, 요구되는 규율이 제2의 본성이 되고, 무력하다고 느끼는 대신 자기 삶을 지배할 수 있다고 느끼게 된다면/그리고 그렇게 될 때 타당성과 설득력의 일부를 잃어버리게 될 것이다. 하지만 아무리 보다 이전의 물결들의 장기적 운명에 의해 입증될 수 있더라도 제3세계에서의 오순절파 운동의 현재의 물결에 무슨 일이 일어날지를 예측하는 것은 어리석은 일일 것이다. 그것은 선행하는 어떤 것에도 비견될 수 없는 자체에 고유한 특징을 소유하고 있을 뿐만 아니라 우리와는 완전히 다른 사회적 맥락 속에서 일어나고 있으며, 우리의 과거 경험은 서양의 것에 지나지 않기 때문이다.

두 번째 성찰은 이 장의 1절에서 논한 독자적인 종교적 동기부여의 힘에 대한 논의로 되돌아갈 수 있도록 해준다. 필자가 지금까지 요약하려고 시도해온 역사를 사회과학의 언어를 빌려 이렇게 요약할 수 있을 것이다. 즉 그와 같은 사례들에서 신앙의 (잠재

61 사회학자들은 현대 프랑스에서 이슬람으로의 (재)회심의 강력한 형태 또한 그와 완전히 비슷한 결과를 가져왔음을 지적해왔다(Danièle Hervieu-Léger, *Le Pélerin et le Converti*(Paris: Flammarion, 1999), pp. 142-143).

적) 기능이란 생산적 · 적응적 성격 구조를 심어주는 것이었다. 그것이 그와 같은 기능이 완수되면 신앙이 쇠퇴해가는 이유를 설명해줄 수도 있을 것이다. 그리고 이 모든 것은 아마 부대현상설에 큰 도움이 될 것이다. 즉 앞서 언급한 두 가지 명제를 확실한 논거를 갖고 뒷받침해줄 수 있을 것이다. 간단히 말해 종교는 근대에서 더 이상 어떤 독자적 힘도 갖고 있지 않다는 견해가 그것이다.

하지만 복음주의-오순절파를 얼핏 보기만 해도 그것이 얼마나 잘못된 이해인지를 금방 확인할 수 있을 것이다. 만일 '잠재적 기능'이 사실상의, 하지만 반드시 의도하지는 않은 결과를 의미한다면 상술한 주장은 옳을 것이다. 하지만 만약 근대에서의 종교 453
의 독자적 힘을 평가하기 위해 상이한 동기부여의 힘을 찾고 있는 것이라면 복음주의는 어떤 다른 목표나 목적에 종교가 편승하고 있는 사례와는 거리가 멀다. 정반대가 사실임을 보여주기 위해 후자에 해당하는 분명한 사례를 살펴보자. 프랑스의 일부 상층 부르주아는 18세기 말에는 볼테르주의자였다가 왕정복고 이후에는 교회를 지지하게 되었으며, 1848년 이후에는 한층 더 그랬다. 그들 중 많은 사람에 관해 교회가 질서의 훌륭한 수호자라는 생각에 의해 주로 영향을 받았다고 말해진다. 나는 얼마만큼의 진정한 경건함과 사회적 관심이 그와 같은 입장 변화의 근저에 깔려 있었는지에 대해서는 굳이 추측해볼 생각이 없다. 의문의 여지없이, 후자의 관심이 어느 정도 존재했으며, 그것만으로도 대조적 사례로 쓰이기에 충분하다고 할 수 있다.

이 프랑스 사례에 대해 말할 수 있는 것은 진정한 경건함은 강하지 않아도 좋다는 것일 것이다. 실제로 거의 전적으로 결여되어도 무관하다고 할 수 있을지도 모른다. 무질서에 대한 두려움 때문에 부르주아계급은 성당의 신도석으로 되돌아갔고, 그렇게 행동하는 것이 맞는다는 느낌을 고취시키기까지 했다. 복음주의는 정반대 사례를 보여준다. 아직 회심하지 않은 노동자가 펍에서 빈둥거리며 번 돈을 술로 탕진하면서도 마음 속의 일부에서는 좋은 부양자이고 싶어 하는 것을 상상할 수 있을 것이다(그것은 온순한 노동자계급에 대한 파리의 부르주아계급의 바람과 유사하다). 하지만 그와 같은 바람은 노동자의 경우 변화를 가져오기 위해서는 별 효과가 없었다. 오히려 효과가 있는 것으로 드러난 것은 종교적 회심이었는데, 그것은 삶에서 다른 어떤 것과도 비교할 수 없을 만큼 강한 동기부여의 힘을 가졌음이 입증되었다. 그와 같은 회심이 이면의 다른 깊숙한 동기를 따르고 있다고 주장하려는 이론은 모두 무거운 입증부담을 져야 할 것이다. 물론 심층심리학적 성격의 이론이라면 제대로 해낼 수 있고, 실제로 몇 가지 고찰이 이루어진 바 있기도 하다. 하지만 잠재적인 사회적 기능을 끌어들이는 이론은 이 경우 신뢰하기에는 턱없이 부족하다.

우리는 지금까지 앙시앵레짐과의 단절 이후 동원 모델 안에서 종교적 신앙이 재수립될 수 있는 두 가지 방식에 대해 묘사해오고 있다. 첫 번째 방식에 따르면 신은 사회 전체 차원에서, 그것도 사회가 실현하려고 애쓰는 설계의 창조자로 현존한다. 신의 설계가 말하자면 그와 같은 사회의 정치적 정체성을 규정한다. 두 번째 방법은 '자유' 교회가 상부상조의 도구로 쓰이는 데서 찾을 수 있는데, 그것을 통해 개인이 신의 말씀을 만나도록 인도되고 신이 정한 규칙에 따라 질서 있는 삶을 추구하며 서로에게 기운을 북돋우게 된다. 두 가지 방식은 서로 매우 잘 양립했다. 양쪽 모두 신의 의지를 실현하기 위해 우리를 동원한다는 비슷한 원리에 기반해 조직되었을 뿐만 아니라 서로의 힘을 북돋는 것으로 볼 수 있을 것이다. 가령 초기 미국의 경우가 그랬다. 공화국은 교회의 자유를 보장하고, 교회는 공화국이 요구하는 신의 의지에 따른 에토스를 지탱했다.

앞서 언급한, 본인이 선택한 교회에서 예배하라는 권고의 배후에 존재하는 의미를 여기서 찾을 수 있을 것이다. 물론 그것은 모든 교회는 단지 자신만의 목적을 실현하려고 사목하는 것이, 그리하여 다른 교회와 경쟁하거나 심지어 적대적으로 투쟁하는 것이 아님을 전제한다. 종종 그와 같은 일이 생기는 것은 불가피할 수 있을지도 모르지만
454 거기서는 또한 협력 관계가 존재하며, 윤리적 효과를 가진 시너지 효과가 생긴다는 기본 시각이 바탕에 깔려 있다. 그리하여 그것들이 — 또는 적어도 허용 가능한 특정한 한계 내에서 움직이는 개별 공동체가 다 함께 모여 보다 광범위한 단체로서의 '교회'를 구성하는 것이다.

아메리카의 경우 보다 이전 시기에 가톨릭교도는 그와 같은 한계 밖에 놓여 있었는데, 많은 사람이 보기에는 오늘날에도 여전히 그러하다. 하지만 다른 사람들이 보기에 그와 같은 한계는 유대교도를 유대=기독교적 유신론을 따르는 공동의 신자의 일부로 받아들일 정도로 확대되었다(그리고 최근에는 다시 확대되어 특히 2001년 11월 이후에는

이슬람교도와 다른 사람들도 받아들였다).

그처럼 다름 아니라 자신이 속한 교회가 모든 신앙인을 포함하지 않기 때문에 보다 광범위한, 덜 조직화되어 있지만 모든 신앙인을 포함하는 전체='교회'에 속한다는 귀속감이 존재하는 것이 교파주의의 특징 중 하나이다. 그리고 그와 같은 감각은 국가 속에서 적어도 부분적으로 표현될 수 있을 것이다. 즉 상호 인정하는 교파의 구성원들이 — 앞서 언급한 미국의 '시민종교'의 경우에서처럼 — 신의 요청에 따라 국가를 형성하고 유지하기 위해 행동하고 있다는 감각과 함께 신 아래의 한 백성을 구성할 수 있을 것이다. 실제로 신에 의한 설계가 자유를 내포하는 한 그것은 교파의 다양성에 대해 너그러운 태도를 보여야 한다는 요구로 해석될 수 있을 것이다.

신의 섭리에 따라 정치적 사명을 갖고 있다는 그와 같은 감각은 미국의 프로테스탄트 사이에서는 매우 강했으며, 오늘날에도 존속하고 있다. 하지만 비슷한 일이 또한 영국에서도 일어났다. 콜리 주장에 따르면 일종의 영국적 민족주의가 18세기에 발전했는데, 그중 일부는 실제의 종파상의 차이를 넘어 프로테스탄티즘을 공유하고 있다는 감각을 둘러싸고 형성되었다.[62] 그와 같은 감각은 영국인들이 이전에 자신들은 프로테스탄티즘의 대의를 따르고 있다는 입장을 천명했던 것에 기반했는데, 왜냐하면 당시 사람들은 국가안보에 대한 주요 위협이 거대한 '로마가톨릭' 열강들에게서 초래되고 있던 세계 속에서 살고 있었기 때문이다.

그처럼 어떤 의미에서 교파적 정체성은 종교를 국가로부터 분리시키는 경향을 띠었다. 교파는 결코 국민교회가 될 수 없으며, 교파 구성원은 국민교회를 자칭하는 교회를 받아들일 수도 또 그것에 참여할 수도 없다. 교파주의가 함의하는 것은 모든 교회가 동일한 선택지로 주어지며, 법적으로까지는 아니더라도 사실상의 정교분리 체제하에서 일이 최고로 진행될 수 있다는 것이다. 하지만 또 다른 차원에서 정치적 실체는 보다 넓은, 포괄적인 '교회'와 동일시될 수 있으며, 그것이 그것의 애국주의의 결정적 요소가 될 수 있을 것이다.

62 Linda Colley, *Britons*(New Haven: Yale University Press, 1992). 또한 Wolffe, *God and Greater Britain* 그리고 David Hempton, *Religion and Political Culture in Britain and Ireland*(Cambridge: Cambridge University Press, 1996)의 5장과 7장을 보라.

그것은 물론 몇몇 가톨릭국가를 지배하고 있던 '뒤르케임적' 상황 — 사회의 성스러운 요소가 교회에 의해 규정되고 섬겨지고 있었다 — 과는 완전히 다른 상황을 보여준다. 한편으로 그처럼 탈주술화된 프로테스탄티즘적 상황에서 특정 장소, 시간, 사람, 행위가 그 자체로서 세속적인 것과 구분되던 보다 이전 시대의 의미에서의 신성함은 더 이상 존재하지 않는다. 다른 한편 정치사회와 신적 섭리 간의 연관성을 독자적으로 규정하고 찬양할 수 있는 교회는 하나도 없었다.

물론 필자는 여기서 이념형에 대해 말하고 있다. 그것은 이 측면에서 미국에서 완전히 실현되었다. 영국 상황은 여러 국민교회가 존속했기 때문에 명확하지 않은데, 그
455 것의 하나의 사례(잉글랜드국교회)에서는 국교회가 계속 의식을 집행하는 역할을 담당했지만 유형, 심지어 의례의 많은 세부사항은 가톨릭적·중세적 과거의 유산이었다. 하지만 대중은 오래전에 국교회와의 동일시는 벗어던진 채 관련 의식은 그대로 따라왔다.

종교와 국가 간의 그와 같은 종류의 연결을 '신뒤르케임적' 양식이라고 부를 것인데, 그것은 한편으로는 '바로크형' 가톨릭 사회의 '구뒤르케임적' 양식과, 다른 한편으로는 실존의 영=정신적 차원이 정치적인 것으로부터 분리된 보다 최근의 형태와도 대조를 이룬다. '구뒤르케임적' 단계는 비록 탈주술화와 도구적 정신에 의해 약화될 수도 있지만 국가가 신 그리고 보다 지고한 존재에 존재적으로 의존한다는 감각이 아직 살아 있는 상황에 상응한다. 반면 '신뒤르케임적' 사회에서 신이 현존하는 것은 사회가 신의 설계를 중심으로 조직되어 있기 때문이다. 그와 같은 설계가 우리 사회를 묘사할 때 우리 모두를 동일시하게 해주는 공동의 요소라는 데 동의할 텐데, 그것과 관련해 '정치적 정체성'이라는 용어를 사용할 수 있을 것이다.

이제 '영어사용권' 국가들의 궤적을 추적해보면 교회가 거의 불가피하게 대항세력을 낳을 수밖에 없던 '바로크적' 궤적과 달리 그곳에서는 높은 수준의 종교적 신앙과 그것의 실천을 유지할 수 있었음을 알 수 있다. 엘리트 계층이 소유한 권력에 대한 분개 그리고 그들의 영=정신적 양식에 대해 느끼는 소외감은 또 다른 양식의 기독교적 삶과 예배에서 표현될 수 있었다. '열성적' 감리교파가 18세기에 영국에서 그랬던 것처럼, 또한 미국의 지방에서 침례교파가 그랬던 것처럼, 오늘날에도 라틴아메리카, 아프리카, 아시아에서 복음주의파와 오순절파가 하고 있는 대로 풀뿌리 집단은 독자적인 영=정신

적 양식을 발견하고 그것에 따라 살 수 있을 것이다. 고상한 체하는 성공회와 장로교가 지배하는 미국 북동쪽 그리고 소외감을 느낀 남부와 서부는 열렬한 '재생'의 복음주의 형태를 택할 수 있을 것이다.

동시에 신앙은 국가와의 '신뒤르케임적' 동일시에 의해 유지되었다. 오랫동안 많은 잉글랜드인에게 특정한 종류의 프로테스탄티즘 기독교는 종종 "품위"[63]라는 말로 요약되는 특정한 도덕적 기준과 동일시되었다. 그리고 잉글랜드는 그와 같은 세계에서 그와 같은 프로테스탄티즘의 가장 중요한 형태를 보유한 지역으로 여겨졌다. 그것을 '체제 속에 정착된[국교적] 종합established synthesis'이라고 부를 수 있을 것이다. 많은 사람에게 잉글랜드의 애국주의는 신앙과 규범의 그와 같은 복합체를 중심으로 형성된 것이었다. 많은 프로테스탄티즘계 미국인 그리고 최근에는 몇몇 가톨릭계 미국인도 미국은 자유민주주의를 인류의 나머지에게 확산시킬 신의 사명을 갖고 있다고 생각했다.

그와 같은 '신뒤르케임형'에서는 종교적 귀속이 정치적 정체성에서 핵심적이다. 하지만 종교적 차원은 '문명적' 정체성이라고 부를 수 있는 것에서도 드러난다. 즉 사람들이 각자가 삶을 살 때 기준으로 삼는 기본 질서가 비록 불완전하지만 좋으며[선하며], '야만인'이건 '원시인'이건 또는 (보다 정중한 현대적 표현을 빌리자면) '개발도상국' 사람이건 외부인보다 (통상은) 더 뛰어나다고 느끼는 감각에서도 나타난다.

실제로 우리는 통상 우리 '문명' 속에서 확정된 질서와, 사람들이 항상 특히 기본적이라고 느끼는 질서와 관계를 맺는 것과 동일한 방식으로 관계를 맺는다. 그와 같은 456
질서가 실제로 우리 세계에서 효력을 갖고 있다고 믿는 것이 주는 안도감과 함께 우리가 그것에 참여하고, 그것을 지탱하고 있다는 자신감에서 비롯되는 우리 자신의 우월감과 선함에 대한 감각을 모두 갖고 있다. 그것은 또한 세계무역센터에서 일어났던 것처럼 그것이 바깥으로부터 무너질 수 있음을 볼 때 커다란 불안감을 갖고 반응할 수 있음을 의미한다. 하지만 또한 그것이 안에서 무너지거나 우리가 그것을 배신할 수 있다고 느낄 때는 심지어 한층 더 심하게 동요할 수 있음을 의미한다. 그때는 우리의 안전만이 위협받는 것이 아니라 우리 자신은 고결하고 선하다는 느낌도 마찬가지이다. 그와 같은

63 잉글랜드에서 기독교가 품위[양식]decency와 관련되어 있음은 마틴David Martin(*Dilemmas of Contemporary Religion*[Oxford: Blackwell, 1978], p. 122)에 의해 지적되어왔다.

가치들이 의문시되는 것을 보는 것은 우리 마음을 몹시 불안하게 만들고, 궁극적으로는 우리의 행위 능력을 위협할 것이다.

보다 이전 시기에 그와 같은 위협이 닥치면 일부 사람에게 비난을 퍼붓고 '내부의 적'을 희생양으로 만들어 폭력을 가하는 것을 볼 수 있었는데, 그와 같은 식으로 고결함을 지킬 수 있도록 교묘하게 처리하면서 위협을 희생양에게 전가함으로써 안전에 대한 위협에 맞섰던 것이다. 라틴계기독교세계의 초기에는 유대인과 마녀가 부러울 것 하나 없는 그와 같은 역할을 떠맡았다. 우리의 '계몽된' 시대에도 아직 유사한 메커니즘에 의존하고 싶은 유혹을 느낀다는 것을 보여주는 증거가 존재하는 사실은 불안하기 짝이 없다. 하지만 만약 평화적 보편주의 교의가 희생양에 대한 폭력을 행사하기 위해 동원되더라도 그와 같은 역설이 역사상 처음 있는 일은 아닐 것이다.[64]

이 점을 분명히 하기로 하자. 즉 잉글랜드 그리고 후일의 아메리카의 애국주의는 애초에는 신의 설계를 완성한다는 관념에 기반하고 있었지만 국민적 정체성은 특정한 문명의 우월성을 실현하는 데서 지도적 역할을 부여받은 것으로 자임하는 것에 기반하고 있다는 것이다. 그와 같은 우월성은 궁극적으로 기독교 이외의 종교에 대한 '기독교세계'의 우월성으로 인식될 수도 있을 테지만 기독교세계 내부에서도 잉글랜드/아메리카는 최첨단에 위치했다.

문명적 우월감이 신의 섭리로부터 분리되어 인종, 계몽 또는 심지어 양자의 모종의 조합에 귀속되게 되면서 원래 본질적으로 종교적이던 그것은 '세속화' 과정을 겪을 수 있는데, 실제로 겪게 되었다. 하지만 여기서 그와 같은 질서 관념을 특정하는 것이 중요한 것은, 그것이 우리 삶이나 사회적 상상계 속에 신이 현존할 수 있는 또 다른 소위 틈새를 마련해줄 수 있기 때문이다. 그와 같은 질서에서 신은 단지 우리의 정치적 정체성을 규정하는 설계의 창조자로서 뿐만 아니라 문명질서를 규정하는 설계의 창조자로서도 현존한다.

하지만 아메리카라는 패러다임적 사례에서는 너무나 분명히 조화를 이루며 결합되어 있는데 왜 굳이 앞의 두 요소를 구별하는가? 둘이 항상 그와 같은 식으로 조화를

64 근대에서의 폭력을 둘러싼 그와 같은 쟁점 전체는 지라르의 획기적 작업을 고려해 한층 더 자세히 다루어볼 만하다.

이루는 것은 아니며 따로 작용할 수도 있기 때문이다. 〈프랑스혁명〉 이후의 기독교 변증론의 대부분에서는 기독교 신앙이 — 근대적 도덕질서 측면에서 규정되건 아니면 보다 이전의 위계제적 상보성 측면에서 규정되건 — 문명질서유지에 본질적이라는 생각이 절대적으로 핵심적이었다. 가령 드 메스트르의 저술에서 찾아볼 수 있듯이 그와 같은 생각이 반혁명 사상의 핵심 원리였다. 하지만 비슷한 목소리를 오늘날 상당히 신뒤르케임적 맥락에서 아메리카의 종교적 우파 일부에서 들을 수 있을 것이다. 그것의 교의에 따르면, 신의 계획을 따르고 있다는 명확한 인식에 기초하지 않으면 우리 질서는 457
불안정하다는 것이다. 그것과 관련된 신앙에 대해서는 이쯤 하기로 하자.

하지만 그와 같은 신앙은 사회적 상상계 속으로 흘러들어갈 수도 있는데, 그것에 따르면 신의 계획을 따르고 있기 때문에 우리 질서가 지금 안정적이라는 것이다. 또는 반대로 신의 계획에서 벗어나 있기 때문에 우리 질서는 위험해지게 되었다는 상상계 속으로 말이다. 문명질서의 설계자/수호자로서 신이 세계에 현존 또는 위험천만하게도 부재한다는 그와 같은 감각은 도처에서 느낄 수 있으며, 심지어 우리 민족이 신의 질서를 실현하는 데서 두드러진 지도적 역할을 한다는 느낌과 결부되지 않는 곳에서도 마찬가지다. 그것은 우리의 정치적 정체성과 상대적으로 분리되어 있을 수도 있을 것이다. 그와 같은 견해는 나 자신의 국민적 정체성을 반영하고 있을지도 모르지만 그와 같은 전위적 지위에 있다는 불손한 태도는 (적어도 장기적으로는) 헤게모니를 지닌 열강 사이에서 찾아보기 더 쉬울 것 같다. 당신이 노르웨이나 벨기에(또는 캐나다) 출신이라면 인류사의 최첨단에 존재한다고 생각하기가 더 어렵다. 하지만 그들 보다 작은 나라 사람도 신이 문명질서의 토대에 존재한다는 감각은 여전히 가질 수 있을 것이다.

하지만 또한 일이 정반대로 진행될 수도 있을 것이다. 즉 보다 광범위한 질서에서의 탁월성과는 전혀 무관하게 신이 우리의 정치적 정체성에 핵심적일 수 있을 것이다. 그리하여 근대사가 진행되는 과정에서 특정 교파에 대한 충성이 특정 민족이나 인종, 국민적·계급적·지역적 집단 정체성-감각 속으로 짜여 들어가게 되었다.

여기서 동원의 시대라고 부를 수 있을 것에 중심적인 유형의 한 가지 적용 사례를 식별할 수 있을 것이다. 근대적 시민의 사회적 상상계는, 다양한 형태의 전근대가 인간의 삶에 대한 '매립된' 이해를 반영한다는 점에서 그것과 대조를 이룬다. 앙시앵레짐의 왕국과 관련해 우리는 이미 태곳적부터 군주의 신민으로 규정된 것으로 간주되었다. 그리고 실제로 보다 정확히 나는 이런저런 봉건영주의 농노 그리고 다시 앞의 봉건영주는 이런저런 공작의 봉토 보유자이고, 다시 앞의 공작은 이런저런 왕의 봉토 보유자 식으로 이어졌다. 또는 특정 도시의 시민으로 이런저런 사람에게 종속되어 있거나 이런저런 가톨릭 주교좌 성당참사회 소속인데, 이 참사회는 이런저런 주교 소속이며, 다시 이 주교는 나름대로 교황뿐만 아니라 왕과 특정한 관계를 맺고 있다 등. 우리가 전체와 맺는 관계는 매개되어 있다. 다른 한편 근대 시민의 사회적 상상계는 우리 모두가 하나로 결합해 하나의 정치적 실체를 형성하며, 평등한 구성원으로서 동일한 방식으로 우리 모두가 그것과 관계를 맺는 것으로 본다. 그와 같은 정치적 실체는 구축되어야 한다(또는 이미 성립되어 기능하고 있다면 이전에 구축되었어야 한다). 민족주의 같은 근대의 다양한 이데올로기가 우리가 태곳적부터 항상 인민 X의 구성원이었다고 아무리 열심히 확신시키려 할지라도(비록 우리 조상들은 그것을 완전히 깨닫지 못했고, 심지어 인민 Y의 언어를 말하도록 강제/유도되었더라도 마찬가지이다) 또한 그 결과 우리는 우리 자신의 국가를 건설해야 할 사명을 아무리 많이 지니게 되었을지라도 그럼에도 불구하고 그와 같은 국가 X는 건설되어야(건설되었어야) 한다. 사람들에게 정말로 Y의 국민이 아니라 X의 국민(가령 우크라이나인이지 폴란드인이 아니다)임을 납득시킬 필요가 있다(있었다).

그와 같은 자기 이해에서는 상호 관련된 두 가지 특징이 핵심적이다. 첫째, 우리가 정말로 X국의 구성원임을 인식하기 위해서는 동원이 필요하다(필요했다). 우리는 우리 국가를 세우기 위해, 예컨대 Y에 맞서 반란을 일으키거나 〈국제연맹〉 등에 호소하기
458 위해서는 함께 행동에 나서도록 만들어져야 했다. 둘째, 그와 같은 동원은 정체성에 대한 (재)정의와 불가분하다. 우리는 우리 자신을 또한 지금 우리 자신이거나 앞으로 될 수 있는 일군의 다른 것(폴란드인 또는 〈합동동방가톨릭교도〉 또는 단순히 마을의 일원이나 소작인 등)이 아니라 분명히, 심지어 종종 주로 X의 구성원으로 정의해야 한다.

그와 같은 새로운 형성물 — 부르주아국가나 동원의 다른 산물 — 은 정체성을 구성하는 몇 가지 공동의 극 — 그것을 '정치적 정체성'이라고 부를 수 있을 것이다 — 을 겨냥한다. 물론 그것이 (비록 서양에서는 종종 그랬지만) 언어에 의해 규정되는 국민일 필요는 없다. 종교적 신앙에 의한 귀속이 그것이 될 수도 있을 것이다. (혁명기의

프랑스와 아메리카에서처럼) 특정한 통치원리가 그것이 될 수 있을 것이다. 그리고 역사적 유대감도 그것이 될 수 있을 것이다. 그와 함께 아메리카 사례를 동원의 시대에 근대세계에 널리 확산된 특징 중 한 가지 사례로 볼 수 있을 것이다. 정치적 정체성은 또한 심지어 미국 사례에서 볼 수 있듯이 신의 설계에 대한 언급이 부재하거나 이차적인 경우에도 종교적 또는 신앙적 귀속을 중심으로 짜일 수 있을 것이다. 거듭 말하지만 영국과 아메리카는 강력한, 독립 국가였다. 하지만 종교적 신앙에 의한 동일시는 종종 주변적인 또는 피억압 민족에게서도 생긴다. 그와 관련해 폴란드와 아일랜드에서의 가톨릭 신자의 정체성 문제는 잘 알려진 사례이다. 한때 프랑스계 캐나다인도 그랬다.

여기서 집단과 종교적 신앙 간의 연결은 비록 동일한 가톨릭교회가 관련되어 있었지만 반혁명기의 프랑스에서 볼 수 있던 '앙시앵레짐' 유형과는 다르다. 왕좌와 제단은 동맹을 맺을 수 없을 것이다. 왜냐하면 루터파, 잉글랜드국교회, 정교회의 것일 때뿐만 아니라 심지어 가톨릭교회(빈에 있는 왕좌)의 것일 때조차 제단에 왕좌는 어울리지 않는 이질적인 것이기 때문이다. 엘리트 계층에 대한 원한은 그들이 권력과 특권을 잃어가게 되면서 중요성을 잃게 되었다. 하지만 국민적 지배 및 억압과 관련된 감각, 고난과 투쟁 속에 미덕이 존재한다는 감각은 종교적 신앙 및 충성과 깊이 뒤섞여 있었다. — 심지어 폴란드를 '국가들 사이에서 십자가에 못 박힌 그리스도'로 과도한 수사적 표현을 동원해 묘사할 정도로 깊이 결부되어 있었다. 그 결과가 내가 '신뒤르케임적' 효과라고 부르는 것으로, 거기서는 집단에의 귀속감과 종교적 신앙에의 귀속감이 융합되고, 집단의 역사와 얽힌 도덕적 쟁점은 종교적 범주로 코드화되는 경향을 보인다(피억압 민족이 사용할 수 있는 경쟁력 있는 언어를 〈프랑스혁명〉의 언어가 이미 보여준 바 있다. 그와 같은 혁명적 언어는 〈아일랜드인연맹Society of United Irishmen〉, 1837년의 파피노Louis-Joseph Papineau의 반란[민주주의 개혁을 요구하고, 오늘날의 퀘벡주를 캐나다와 통일시키자는 제안에 반대해 일어난 프랑스계 캐나다인들의 봉기], 나폴레옹 시대의 돈프로브스키Jan Henryk Dąbrowski가 이끈 폴란드인 군단 등 앞서 언급한 종속적 지위의 모든 민족의 역사의 특정한 시점에 한번은 활기를 띠었다. 하지만 이 모든 경우에 후일 가톨릭적 코드화가 우위를 점하게 되었다).

'신뒤르케임적'이라는 나의 범주는 심지어 앞서 오랜 세월에 걸친 프랑스의 '공화주의적' 정체성과 관련해 살펴본 대로 반종교적인 철학적 입장에 기반해 정치적 정체성을 정초하는 것을 포함할 수 있도록 얼마든지 확대될 수 있을 것이다. 오래된 '프랑스인-프랑스어 전쟁guerre franco-française'은 이 의미에서 두 개의 신뒤르케임적 정체성 간의 싸움이었다. 그렇게 보면 그것들은 가령 언어적·역사적으로 한 민족이라는 상정에 기반한 또는 특정한 헌법적 질서에 기반한 다른 종류의 정치적 정체성과는 대조를 이루게 될 것이다.

마지막으로 언급한 프랑스 사례는 신뒤르케임적 유형의 정체성 동원은 체제 속에
459 정착된established 국민을, 심지어 폴란드나 아일랜드처럼 체제 속에 정착된 국민이 되기를 열망하는 민족을 훌쩍 넘어 연장될 수 있음을 보여준다. 또한 종교적 신앙에 기반한 동원 사례도 존재하는데, 그것은 문화투쟁 동안의 독일의 가톨릭교도와 네덜란드의 '기둥화verzuiling'[종교나 정치적 성향에 따라 친분관계를 형성하고 그것을 삶의 중요한 '기둥'으로 삼는 문화]에서 볼 수 있듯이 심지어 순수하게 방어적인 것으로 독립적인 민족국가를 수립할 수 있는 전망은 전혀 찾아볼 수 없는 경우에도 정치적 영향을 행사할 의도를 갖고 있다.

그런데 종교적으로 규정된 정치적 정체성에 의한 동원이라는 그와 같은 현상은 분명히 우리 세계에서 현재 엄청난 힘으로 존재하고 있으며, (무섭게도) 장래에도 그럴 것이다. 이 점에 대해서는 나중에 다시 언급하기로 하자. 하지만 여기서는 우선 그와 같은 결과가 대단한 영향을 미치는 곳에서는 신앙과 그것의 실천의 잠재적 쇠퇴가 지연되었거나 일어나지 않음을 지적하고 싶다. 그것은 상당히 '세속적인' 사고방식을 따르는 근대사회학의 풍토에서는 쉽게 오해를 불러일으키기 쉬울 것이다. 다시 한 번 말하지만 앞의 복음주의뿐만 아니라 영어권 국민에서도 마찬가지로 우리는 그와 같은 상황과 관련해 종교가 '통합 기능' 또는 브루스 말로는 '문화 방어' 기능을 수행하고 있다고 말하고 싶은 유혹을 느낄 수도 있을 것이다. 그것으로부터 종교적 신앙은 이 경우 종속변수이며, 그것의 통합적 기능은 설명요인인데 있다는 주장으로 쉽게 넘어갈 수 있을 것이다.

하지만 나는 종교적 언어란 억압을 위한 것이건 성공적인 국가 건설을 위한 것이건 강한 도덕적 · 정치적 경험을 특정한 도덕적 원리를 중심으로 코드화하는 것이 충분히

의미가 있음을 발견할 수 있도록 해주는 언어라고 말하는 것이 사태를 덜 왜곡하는 것이라고 생각한다. 한편으로는 폴란드나 아일랜드 농민이나 노동자, 다른 한편으로는 스페인이나 프랑스의 그들의 맞짝의 상이한 처지[곤경]를 지적하는 것은 아래 같은 대조적 사실을 보여주기 위해서이다. 즉 전자의 경우 가톨릭적 언어를 빌려 코드화하는 것에 대한 유인誘因이 존재하며 그것에 대한 저항은 거의 존재하지 않는 반면 후자의 '바로크적' 체제 하의 삶은 그와 같은 코드화에 강하게 반대하는 경험을 낳는다.

아일랜드와 폴란드를 환기시킴으로써 우리는 프랑스 혁명기 그리고 이후 실지를 회복하려는 가톨릭교회의 시도로 되돌아가게 된다. 그와 같은 시도에 대해 '본래의 뜻에 반해malgré elle'라는 의미에서지만 동원의 승리였다고 할 수 있을 것이다.

4

하지만 이 점에 대해 상술하기 전에 한편으로는 '앙시앵레짐형'과 '구뒤르케임형' 정체, 다른 한편으로는 '신뒤르케임형'을 따르는 동원의 시대를 구분하는 필자 입장이 가진 상이한 측면을 하나로 묶어보는 것이 유익할 수도 있을 것이다. 거듭 이야기하지만 이 모든 것은 이념형이다. 아마 완전한 사례를 들어 뒷받침할 수는 결코 없을 것이다. — 비록 혁명 이전의 프랑스 군주제와 19세기 초 아메리카의 공화주의를 각각의 유형의 패러다임으로 간주하는 것은 가능할 테지만 말이다.

첫 번째 유형, 즉 AR(앙시앵레짐형)과 두 번째 유형, 즉 M(동원형) 간의 차이를 아래 같은 대비목록을 통해 일목요연하게 제시해볼 수 있을 것이다.

(i) AR형은 코스모스와/또는 보다 지고한 시간 위에 정초된 전근대적 질서 관념에
기초하는 반면 M형은 도덕질서라는 근대적 관념과 연결되어 있는데, 상호이익 원리에 460
기반한 그것은 평등한 사람 간의 공생 방법 중 하나를 보여준다.

(ii) AR형은 그것에 귀속되는 실제의 인간 존재보다 먼저 존재하며, 그들의 지위와 역할을 규정했다. 그것은 태곳적부터 이미 존재했다. 그에 반해 M형은 우리가 실현할 것을 요구받는 모델을 제공한다. 인간 행위 주체는 세속적 시간 속에서 그와 같은 계획

을 실행한다. M형과 내가 '동원'이라고 불러오고 있는 것 간의 내재적 연관성이 거기 존재한다. 즉 사람들은 전부터 존재하던 장소에 머물거나 (또는 유감스럽게도 혁명의 중단 이후에는) 그곳으로 되돌아갈 것을 명령받는 것이 아니라 새로운 구조에 참여하도록 유도되거나 강제되거나 조직화되어야 한다. 새로운 구조를 창조하도록 힘을 북돋워야 한다.

(iii) AR형은 사회를 구성하는 '신분'(귀족계급, 성직자계급, 부르주아계급, 농민)과 '제도'(성직자회의, 의회, 신분제의회), 심지어는 보다 작은 규모의 사회(교구, 지역공동체, 수도회 관구)로 분절화되며, 각자는 오직 그와 같은 구성 부분 중 하나에 귀속되는 것을 통해서만 전체에 귀속된다는 의미에서 '유기적'이다. 그에 반해 M형 사회는 '직접-접근'에 기반한다. 개인은 위와 같은 다양한 집단화와는 상관없이 '직접적으로' 시민이며, 본인 맘대로 특정 집단에의 귀속 여부를 결정할 수 있다.

(iv) AR형 세계는 일반적으로 주술화된 세계이다. 반면 M형으로 넘어갈수록 탈주술화 정도가 점점 더 커진다.

AR형과 M형이라는 이 두 이념형이 필자가 그려오고 있는 이행을 명확히 하는 데 기여해왔다. 내가 지금까지 이용해온 방식으로 보자면, 이 두 이념형은 프랑스 그리고 앵글로색슨 국가들에서 근대화와 세속성을 향해 걸어온 경로에 가장 핵심적으로 해당될 것이다. 보다 협소하게 보자면, 나는 이들 사회의 역사가 밟아온 여정에서 특정한 핵심 단계에, 즉 오랜 전통을 가진 기존의 국민교회에 대한 불만으로 인해 새로운 형태의 발전이 불가피하게 되었을 때에 초점을 맞추어왔다.

필자가 지금까지 해오고 있는 이야기들은, '신뒤르케임적'이라는 특수한 이념형 — 앞의 이야기들을 하기 위해 맘껏 이용해오고 있다 — 과 마찬가지로, 분명히 한계를 갖고 있다. 그것들만으로는 여러 국민[민족]이 걸어온 상이한 여정 모두를, 또한 그것들 내부의 모든 단계를 이해하기에 충분하지 않다. 가령 독일과 스칸디나비아에는 대규모 반대운동에 의해 영향을 받지 않고, 몇몇 경우에는 오늘날까지 체제 속에 정착된 국민교회를 존속시켜온 2개의 루터주의 사회가 존재한다. 그 밖에도 이탈리아, 스페인 등 라틴계 사회가 존재하는데, 거기서의 사태전개는 프랑스 사례와 모종의 유사성을 띠지만 동일한 것과는 한참 거리가 멀다.

역사를 한참 더 거슬러 올라가면 AR형이라는 이념형은 유럽의 모든 곳에 적용 가능하다고 말할 수 있을 것이다. 잉글랜드와 프랑스 군주제가 국왕의 신성성, 왕의 두 신체, 심지어 성유를 바른 왕이 손을 갖다 대기만 해도 '연주창King's evil'을 낫게 할 수 있다는 치유력에 대해 유사한 개념을 갖고 있던 것은 문화적 이유에서 얼마든지 이해 가능하다. 그리고 두 사회 모두 오늘날이라면 철저하게 동원의 시대라는 측면에서 규정될 자기상을 갖고 있었다. 그런데 두 사회가 중세의 출발점부터 현재까지 걸어온 경로
는 사뭇 달랐다. 잉글랜드의 경우 18세기의 '앙시앵레짐'의 군주제가 원래 중세에서 기 461
원한 신성성의 많은 특징을 잃어버린 것은 확실하다. 라틴계기독교세계 전반에 걸쳐 각국이 걸어간 다양한 경로를 모두 정말로 철저하게 연구하려면 이론적 장치의 대대적 확충이 요구될 것이다.[65]

유감스럽게도 그것은 본서의 논의 범위를 넘어선다(그리고 적어도 현시점에서는 필자 능력도). 하지만 지금까지 묘사해온 이행은 본서의 제한된 목적에는 충분하다. 소극적으로 말하자면, 지금까지 지배적이던 단선적인 세속화 이론을 타파하는 것이 나의 목적이었는데, 그에 따르면 신앙의 후퇴는 사회의 계급분화나 지방으로부터 도시로의 인구 유입 같은 근대화의 몇몇 흐름이 지속적으로 기능하면서 나타나게 될 결과로 간주될 수 있다. 이미 프랑스 사례와 앵글로색슨과 미국 사례 간의 대비만으로도 그와 같은 견해에 의문을 제기하기에 충분할 텐데, 유사한 사태전개가 한 사례에서는 기독교로부터 분리되는 결과로 이어지고, 다른 사례에서는 경건한 신앙과 교회적 삶의 활기찬 새로운 형태의 발전으로 이어졌기 때문이다. 실제로 동원 자체만으로는 어느 쪽으로 귀착될지를 알 수 없음은 분명하다. 프랑스의 종교사회학자 르 브라Gabriel le Bras 말대로 19세기 말에 몽파르나스 역에 도착한 프랑스 농민은 이미 교회에 속해 있지 않았다. 반대로 비슷한 처지에 있던 농민이더라도 북미로 이주하면 종종 새롭고 보다 활기찬 실천 형태를 동반하는 결과를 보이곤 했다.

보다 적극적으로 말하자면, 근대화가 종교적 신앙과 그것의 실천에 균일하고 단선적인 영향을 미쳤다는 상정 대신 또 다른 모델을 제시하는 것이 나의 목표였다. 그에

65 마틴(*On Secularization: Towards a Revised General Theory*[Aldershot: Ashgate, 2005])이 그처럼 상이한 경로들을 훌륭하게 요약해서 보여주고 있다.

따르면 그와 같은 변화들은 실제로 보다 오래된 형태들을 빈번히 불안정하게 만들지만 그 결과 무슨 일이 일어날지는 어떤 대안이 가용했는지 또는 관련 당사자의 레퍼토리로부터 무엇이 발명될 수 있는지에 크게 의존했다. 몇몇 경우 그와 같은 상황에서 새로운 종교 형태가 생기는 결과로 이어지기도 했다. '세속화' 하에서 근대의 종교적 삶의 유형은 불안정화와 재편으로, 그와 같은 과정이 여러 번 반복될 수 있을 것이다.

그와 같은 명제를 완전히 설득력 있게 논증하려면 보다 충분한 연구가 필요할 텐데, 그것은 이미 지적한 대로 필자 능력 밖이다. 하지만 앞에서부터 내가 계속 보다 좁은 범위에서 제시해온 비교 검토의 결과는 충분히 설득력이 있으며, 앞으로 다양한 새로운 여정이 추가로 검토되더라도 단지 나의 기본 명제의 올바름을 확인해줄 뿐이게 되리라고 믿는다.

여기서 한 가지 점에 대해 더 유보하고 싶다. 필자가 논하고 있는 것은 이념형이기 때문에 심지어 가장 잘 적용되는 경우에도 과거 3세기 동안 발견되는 형태 중 많은 것이 이런저런 방식으로 앞서와 같은 구별에 어긋나는 경우도 당연히 있을 것이다. 그와 같은 구별의 요점은 첫째, 장기간에 걸친 움직임, 즉 AR형으로부터 M형으로 이행해나가는 '굵뜬 추세la tendance lourde'를 식별하는 데 있다. 하지만 두 번째 요점은 기독교교회에 속한다는 공동의 귀속감을 유지할 수 있도록 해주는 다양한 종류의 사회적 모체를 구별하고, 각각의 모체 속에서 유지되고 있는 상당히 다른 귀속 형태를 분류할 수 있는 것이다.

하지만 20세기 이전의 잉글랜드를 단도직입적으로 '신뒤르케임적'이라고 말하는
462 것은 명백히 지나친 단순화이다. 분명히 매우 최근까지(심지어 아마 오늘날까지?) 경의를 표하는 중요한 형태, 위계제, '고래의 국체'에 대한 존숭reverence이 존재했으며, 잉글랜드국교회 교구가 여전히 존재하며, 민속종교가 사방에 스며들어가 있는 공동체 형태가 최근까지도 살아남아 있었기 때문이다. 마찬가지로 19세기 프랑스를 AR형의 지속으로 이야기하는 것 또한 단순화인데, 그것은 부분적으로밖에는 진실이 아닌 것으로, 동원의 시대에 속하는 새로운 도시 문화가 등장하고 새로운 제도가 발전하기 시작했기 때문이다.

그와 같은 구별의 요점은, 사회 전체와/또는 시간의 단편 전체를 이런저런 구멍 속

에 집어넣는 것이 아니라 각각의 사회와/나의 시간의 단편 속에서 AR형과 M형의 비중을 가늠해보면 매우 일반적 수준에서는 동일한 종류의 것처럼 보이는 운동이 형태와 곡률을 달리하게 됨을 보여주는 데 있다. 일반적으로 말하자면, M형에 의해 AR형이 밀려나지만 20세기 하반기에는 이 M형조차 서서히 눈에 띄지 않게 기반이 무너지는 결과로 이어지기 때문이다.

그와 함께 여기서 나는 지금까지의 나의 주장의 요점에 이르게 된다. 즉 19세기의 가톨릭의 반발은 '원래의 뜻에 반한' 동원의 승리였다는 것이다. 먼저 프랑스 사례를 들어보자. 분명 당초의 의도는 성직자뿐만 아니라 평신도의 위계제적 질서를 중심으로 교회를 재구축하는 데 있었다. 프랑스 혁명기의 트라우마가 오자남Antoine Frédéric Ozanam과 라므네 같은 사람들의 보다 통찰력 있는 제안에도 불구하고 가톨릭교회를 왕좌와 제단의 동맹으로 다시 몰아내버렸다. 하지만 첫째 그와 같은 재구축을 실현하려면 결국 정규 성직자와 수녀뿐만 아니라 남녀 평신도를 아우르는 광범위한 조직화가 요구되게 될 것이었다. 그리고 둘째, 왕정복고라는 목적에 가장 잘 맞아떨어졌던 19세기 가톨릭교회의 특징이 이 세기에 이루어진 근대(성)의 발달, 즉 도시, 산업, 커뮤니케이션, 유동성에 취약했다. 세 번째로, 앞의 특징들을 옹호하려는 시도 자체가 조직화와 모집이라는, 단적으로 동원을 수반했는데, 그것 자체가 그와 같은 형태의 기반을 무너뜨렸다.

두 번째와 세 번째 논점을 이렇게 총괄할 수 있을 것이다. 즉 내가 여기서 말하는 특징들은 19세기 프랑스의 농촌 교구에서 가장 두드러졌다. 농촌의 민중에게 가톨릭적 삶의 주요한 장소는, 가령 미국에서 감리교회에 귀속되는 양식 — 그것은 거의 무한한 유동성과 양립 가능했다 — 과는 정반대로, 교구였다(앞의 대비목록의 [iii]항을 보라). 교구에서의 종교적 삶은 앞서 내가 이미 묘사한 바 있는 형태의 가톨릭 전례와 실천을 민속신앙과 혼합했는데, 후자는 대체로 주술화된 세계 속에서 작동했다(앞의 대비목록의 [iv]항을 보라). 게다가 모든 교구는 각자에 고유한 방식으로 이 두 요소를 뒤섞었다. 가령 독자적인 특별한 성인이 있고, 순례 형태, 치유자와 수호자로서의 성인숭배 등도 각각이었다(다시 앞의 대비목록의 [iii]항을 보라).

부트리는 이렇게 말한다.

> 이 ‘민중종교’가 얼마나 ‘자연스럽게’ 교구의 종교적 삶에 적합하고 일체화되어 있는지, 심지어 사제의 기도와 축복을 얼마나 끈질기게 요구하기까지 하는지에 주목해야 할 것이다. 463 초자연적인 것으로 흘러넘치고, 숭배의식을 특정한 날짜 및 장소와 긴밀하게 결합시키는 것 등이 그처럼 복잡한 일군의 의례적 실천의 공동의 특징으로, 그 자체로서는 교구의 공식적인 성례의 실천과 그렇게 멀리 동떨어져 있지 않다. 그와 같은 일군의 의례에서 ‘토착종교 une religion du terroir’라는 이미지가 생긴 것인데, 그것이 이 세기 내내 지방 기독교의 종교적 심성의 토대가 되었다Il convient de marquer combien “naturellement” cette “religion populaire” s’insère, s’intègre, dans la vie religieuse paroissiale, requiert même avec insistance l’office et les bénédictions des prêtres. La pregnance du surnaturel, l’union intime d’un culte, d’une date, d’un terroir, tels sont les traits communs à cet ensemble complexe de pratiques cultuelles, qui ne sont pas à ce titre si éloignées de la pratique paroissiale des sacrements. De cet ensemble de rites se dégage l’image d’une religion du terroir, fondement des mentalités religieuse de la chrétienneté rurale tout au long du siècle.[66]

그와 같은 ‘토착du terroir종교’는 각각의 마을에서 집단적 규범으로 살아 있었다. 그것은 단지 주민의 신앙심을 보여주는 다양한 개인적 형태와 수준의 최종 결과만 반영하는 것이 아니었다. 반대로 집단의례는 모두에게 중요했는데, 일반의 무사와 안녕이, 풍작, 짐승의 건강, 콜레라로부터의 보호 등이 그것에 달려 있었기 때문이다(앞의 대비목록의 [i]항을 참조하라). 그리고 실제로 일련의 그와 같은 실천은 “태곳적부터depuis des temps immémoriaux”[67] 존속해왔다고 생각되었다.

하지만 그것을 넘어 심지어 전례에 관한 헌신의 수준과 유형은 모든 사람에 대해 미리 정해져 있었다. 그와 같은 수준을 올리고 싶어 한 성직자들은 교구민들로부터 ‘세상에 대한 체면le respect humain’이라고 불리던 규범적 장애물에 부딪히게 되었다. 이 표현의 의미와 관련해 우리의 신칸트주의자의 귀는 우리를 완전히 오도한다. 그것은 우리

66 Boutry, *Prêtres et Paroisses*, p. 487.

67 앞의 책, 506페이지.

각자가 양심상의 이유에서 그리고 동료에 대한 존중에서 해야 할 의무가 있는 것을 가리키는 것이 아니라 오히려 동료 교구민으로부터 존경을 얻고 유지하기 위해 각자가 해야 마땅한 일을 규정하고 있다. 칸트에서와는 정반대로 여기서 문제가 되는 것은 순종의 법칙이지 자율성의 법칙이 아니다. 가령 많은 교구에서 1년에 한번, 보통 〈부활절〉 시기에 〈성찬식〉에 참여하는 것을 규범으로 이해하고 있었다. 그것은 매우 중요한 일로, 오늘날이라면 '책임을 완수한다pay one's dues'라고 말했을 것이다. 하지만 그것 이상의 일을 하면 눈살을 찌푸리게 되었다. 19세기 중반에 교회 전체에서 〈성찬식〉을 보다 자주 행하려는 운동이 발전했을 때 그와 같은 생각을 심어주려던 사제들은 '세상에 대한 체면'의 규범과 충돌했다. 교구민들 생각을 돌리지 못하는 일이 종종 벌어졌다. 그들이 보기에 그것은 결코 개인적 결단 문제가 아니었으며, 지금까지의 관행과 단절하는 것은 전혀 부당하다고 느꼈다. 중요한 변화를 가져올 수 있는 유일한 방법은, 비록 종종 (아르스의 사제 같은) 카리스마적 사제에 의해 이루어지기도 하지만 집단 심성을 바꾸는 것을 통하는 방법뿐이었다. 한 관찰자는 아르스에 대해 이렇게 말한다.

> 세상에 대한 체면이 정반대 방향으로 작용하기 시작했다. 사람들은 선을 행하지 않고, 종교 464
> 를 실천하지 않는 것을 부끄러워했다Le respect humain était renversé. On avait honte de ne pas faire le bien et de ne pas pratiquer sa religion.[68]

바로 그것이 사람들을 하나로 묶어 가톨릭교회에 귀속시킨 — 근본적으로 AR형인 — 매우 중요한 사회적 모체였다.[69] 하지만 19세기에 벌어진 다양한 사태전개가 그것을 서서히 약화시킬 조짐을 보이고 있었다. 게다가 도시와 엘리트 계층의 종교적·정치적 삶은 지방과는 완전히 다른 원리에 따라 이루어지고 있었다. 사람들은 분열되었으

68 앞의 책, 344페이지와 459~460페이지. 윌리엄스는 20세기로의 전환기에 사우스워크에서 벌어진 비슷한 사태전개, 즉 종교적 실천과 관련해 모두의 동의에 기반해 실행된 규정을 다루고 있는데, 지역에서는 그것을 '여론'으로 불렀다(*Religious Belief*, pp. 37-38).

69 그것은 또한 개별적으로 재회심을 거부한 이전의 얀센주의자로 구성된 교파 분립론자 교구를 하나로 묶는 데도 사용되었다. 그들 모두 '조상들의 종교를 버려서는 안 된다Il ne faut pas quitter la religion de nos pères'는 데 동의했다. '세상에 대한 체면'은 그것을 요구했다(Boutry, *Prêtres et Paroisses*, p. 522).

며, 의견은 점점 더 갈라지고, 당파를 형성해 상쟁을 일삼았다. 이 두 유형의 환경은 분리된 채 있을 수 없었다. 도시의 엘리트 계층이 시골로 이주하고, 지방 명사들은 견해를 바꾸었다. 일부 도시에서는 산업이 발전하고, 사람들은 여행하게 되었다. 결국 농촌은 철도뿐만 아니라 젊은 남성을 징집하고 사람들을 교회에서 떼어내기 위해 교사를 마을로 파견한 제3공화정의 일련의 반성직자적 행정에 의해 개방되게 되었다.

결국 공화주의자들이 성공을 거두었다. 농촌 공동체를 분할했으며, 1877년의 결정적으로 중요한 선거에서 과반수를 획득했다. 하지만 아귈롱을 따라 부트리가 말하듯이 그와 같은 움직임이 1860년 이전에 존재하던 종교 형태의 단순한 퇴화가 아니라는 점이 중요하다. 오히려 그것은 강력한 공동체 형태 — 부트리와 아귈롱은 그것을 '심성 mentalité'이라고 부른다 — 가 종교에 대한 새로운 이해 — 우리 모두가 어떤 '의견opinion'을 가져야 하는 것 — 로 바뀌었음을 의미한다. "[분열된] 교구는 개인적 신앙심을 위한 집단적 틀에 지나지 않는다La paroisse [éclatée] n'est plus que le cadre collectif de dévotions individuelles." 그와 함께 앙시앵레짐형은 동원의 시대에 속한 형태로 대체되어왔다.[70]

지금 와서 생각해보면, 그것은 어쨌건 일어나게 되어 있던 일임을 볼 수 있을 것이다. 하지만 그와 같은 이행을 비애 어린 것으로 만드는 것은, 성직자계급 자체가 그것에 기여한다는 것이다. 그와 같은 일이 벌어진 것은 부분적으로 그들이 불신하던 민중종교의 요소를 변경시켜 개혁하려는 시도를 통해서였다. 물론 그것과 관련해 그들은 단지 수 세기의 역사를 지닌 대문자 개혁의 실천에 따르고 있었을 뿐이다. 그들의 17세기 조상들, 특히 얀센주의자들도 동일한 일을 했다. 어느 쪽인가 하면, 19세기의 성직자들은 한층 더 신중했다. 그들은 개혁의 열성의 과잉이 민중 전체를 가톨릭 신앙으로부터 멀어지게 만들 수 있으며, 그것이 혁명의 시대에는 어떤 의미를 가질 수 있는지를 온몸으로 느끼고 있었다. 그들은 기존의 민속종교에 대해 전임자들보다 훨씬 더 관용적이었다. 하지만 그럼에도 불구하고 여기저기서 개입하는 것을 참지 못했다.[71]

70 앞의 책, 567페이지. '심성'으로부터 '여론'으로의 이행은 19세기에 비엘리트 공동체가 엘리트문화의 원리에 기반해 개조된 사태전개의 단지 한 측면일 뿐이다. 오벨케비치(*Religion and Rural Society*, pp. 91-102)는 사우스 린지South Lindsey에서도 사태가 비슷하게 전개되어 나갔음을 지적한다. (샤리바리나 '시끄러운 음악'을 통해) 자경自警, self-policing적이고 평등한 마을 공동체 — 사람들은 프라이버시를 추구하기보다는 무리와 하나가 되기를 바랐다 — 는 점차 자기규율된 개인들의 사회에 의해 대체되었다.

그리고 성직자들이 가장 중요한 표적으로 삼은 것 중 하나는 신도 집단의 '축제적 기독교christianisme festif'였다. 많은 축제가 모종의 미심쩍은 것에 초점을 맞춘 채 진행된 것만이 문제가 된 것은 아니었다. 가령 치유 효과를 가졌다는 장소로의 순례가 그중 하나였다. 그곳에서 행해지는 의례는 정통 기독교와는 거의 무관해 보였다. 또한 국가는 나폴레옹의 〈정교협약Concordat〉에서 유래한 권한을 사용해 생산성 제고라는 명분으로 축제 일수를 줄이려 했던 것만이 문제가 된 것은 아니었다(그와 같은 행위에서 프랑스는 프로테스탄티즘 국가들이 수 세기 전에 이미 걸은 교황권지상론의 길을 따라잡은 것 465
에 불과했다). 성직자들을 종종 짜증나게 했던 것은 축제 문화 그 자체였는데, 거기서 성스러운 의례는 많은 지극히 세속적인 식사, 음주, 춤과 뒤죽박죽이 되었으며, 그것은 종종 노인과 젊은이 모두의 성도덕에 차마 입에 담기조차 어려운 결과를 가져왔다. 성직자들은 축제를 정화하고, 다소 폭동에 가까운 공동체 축제로부터 본래 종교적 유의의성을 떼어내고 가능한 한 최대한 그것을 진정시키고 싶어 했다. 우리는 여기서 수 세기 동안 진행된 대문자 개혁의 오래된 벡터에 마주치게 되는데, 가령 3장에서 설명한 대로 가톨릭과 프로테스탄티즘 양쪽에서 축제의 '과잉'을 억제하려고 한 시도에서 그것을 볼 수 있을 것이다. 또한 19세기의 링컨셔에 대한 오벨케비치의 묘사가 잘 보여주듯이 동일한 시도를 통해 대목장과 마을 축제에서 저속함이나 음주를 억제하려고 한 시도에서도 볼 수 있다.[72]

둘째, 신도를 바로 잡아 실천과 도덕 수준을 높이려는 성직자계급의 시도 자체는 일부 술집이나 댄스홀을 폐쇄하고 돈을 새로운 교회를 위해 쓰도록 지속적으로 압력을 가하고, 질책하고 요구했음을 의미했다. 사제와 공동체 간에 갈등이 생기는 것은 불가피했다. 처음에 그와 관련된 반란은 어떤 철학적 기반과도 무관했다. 하지만 그것을 통해 성직자의 권력을 규탄하고 평신도의 도덕적 독립을 찬양하는 새로운 견해가 비집고

71 부트리는 민중종교의 실천의 많은 것에 직면한 성직자들의 '유보적이고 불신적이며 자체로 거부적인 태도attitudes de réserve, de méfiance, de refus même'에 대해 말한다(*Prêtres et Paroisses*, p. 481). 맥러드(*Religion and the People of Western Europe*, pp. 64-65)는 1907년의 프랑스의 또 다른 주임신부의 씁쓸한 발언을 인용한다. "단 한 명도 〈부활절〉의 의무를 다하지 않았는데도 신기하게도 모두 행렬에 참가한다."

72 Obelkevich, *Religion and Rural Society*, pp. 83-84.

들어간 틈이 생길 수 있었을 것이다. 아귈롱은 그것을 이렇게 표현한다.

> 자유사상의 영향이 완전한 효과를 거두려면 교회의 영향력이 내적 이유로 미리 약화되어 있어야 했다. …… 그와 같은 조건 중 가장 중요했던 것은 사람들과 성직자 간에 갈등이 생기는 것이다Pour que l'influence de la libre pensée puisse jouer à plein, il fallait que celle de l'Église fût préalablement ébranlée par des raisons internes …… au premier rang de ces conditions, la naissance de conflits entre peuple et clergé.[73]

그리고 물론 일단 그와 같은 분열이 생기면 교회는 단지 자체의 열렬한 지지자를 동원해서만 자신을 옹호할 수 있었다. 그리하여 위기에 대한 교회의 대응 자체가 단절을 확대시키고, 보다 이전의 교구의 동의를 와해시키는 데 기여했다. 종교는 이제 공동체의 심성이 아니라 당파의 관점에 입각한 하나의 입장이 되었다.[74]

지금 와서 돌아보면, 그와 같은 자멸적 행위의 파토스는 가톨릭교회가 해결 불가능한 임무에 종사하고 있었음을 보여준다. 하지만 그와 같은 사실은 19세기에 로마교황 피우스 9세와 교황권지상론 교회 간에 발생한 모순을 넘어서는 보다 포괄적인 유의의성을 갖고 있었다. 어떤 의미에서 그것은 대문자 개혁의 기획 전체 속에 존재하는 긴장을 드러냈다. 지역 교구의 강점은 집단 의례와 '세상에 대한 체면'이라는, 교구민 전체가 동의한 개념에 있었다. 하지만 대문자 개혁 운동의 추진력 전체는 중세성기부터 종
466 교개혁과 대항종교개혁을 거쳐 복음주의적 쇄신 그리고 왕정복고 이후의 교회에 이르기까지도 기독교도를 신과 신앙에 인격적·신앙적으로 강력하게 책무를 다하는 사람으로 만드는 데 집중되어 있었다. 하지만 개인의 강한 신앙과 공동체의 전능한 합의는 궁극적으로 양립할 수 없었다. 만약 지극히 헌신적인 삶을 살면서 〈성찬식〉에 보다 빈번히 참가하도록 기독교도를 격려하는 것이 목적이라면 그것은 결국 '세상에 대한 체면'의 억제력을 벗어던진다는 것을 의미할 수밖에 없을 것이다. 이론적으로 볼 때, 현장

73 Maurice Agulhon, *La République au village*(Paris: Le Seuil, 1979), p. 172.
74 앞의 책, 644페이지 또한 578~595페이지와 625~651페이지.

에서 벌어지는 그와 같은 갈등 중 어느 것도 지역의 동의를 뒤집는 것에 의해서는 해결될 수 없을 것이다. 하지만 장기적으로 일이 항상 그렇게 진행되는 것은 불가능했다. 모든 교구에 [‘흙수저’로 뒤늦게 벽촌인 아르스의 주임신부가 되었으나 전 세계에서 무수한 사람이 찾는 유명한 고해신부가 된] 비안네Jean Vianney 같은 사제가 있을 수는 없었기 때문이다(그리고 그조차도 아르스의 마을을 변형시키는 데 수십 년이 걸렸다).

물론 전체주의적 시스템을 확립하고 싶다면 그것은 별개 문제다. 그러나 그럴 경우 그와 같은 기획 전체의 성격을 근본적으로 바꿔버릴 것이다. 교황권지상론 교회가 위에서 열거한 지역 교회의 강인함을 항상 인식한 것은 아니며, 일찍이 전체주의적 유혹을 느끼기도 했다. 하지만 교회 또한 동일한 유혹을 느낀 다른 조직과 마찬가지로 그와 같은 유혹의 희생자였고, 그와 관련된 환상으로부터 치유받아왔다. 하지만 가톨릭교회는 그와 같은 목표가, 즉 신도들은 진심 어린 경건함의 실천에서 타의 추종을 불허하도록 하는 반면 강력한 위계제적 권위로 교회를 단단하게 하나로 묶는다는 목적이 궁극적으로 얼마나 모순적인가를 인식하는 데 어려움을 겪어왔다. 물론 종교적 삶이 그와 같은 종류의 권위 아래 살고 있다는 감각에 의해 촉진될 수 있는 사람도 존재하지만 그와 같은 식으로 응답하지 않는 다수에게 선택은 복종하거나 아니면 교회를 떠나거나 교회 안에서 반쯤 숨어 살거나 둘 중 하나였다. 〈제2차바티칸공의회〉의 불가역적 측면은 그와 같은 모순을 표면화시킨 데 있었다.

하지만 19세기의 프랑스로 다시 돌아가, 〈프랑스혁명〉 이후 교구와 그곳에서의 토착종교의 재구축은 어떤 의미에서는 주목해야 할 사실이었음을 인정해야 할 것이다. 그것은 그와 같은 공동체적 삶의 양식이 민중의 습속에 매우 깊이 닻을 내리고 있어 1790년대의 중단 이후에도 원기를 회복할 수 있었음을 보여준다. 부트리가 연구한 앵 현은 강력한 황제 지지 지역으로, 왕정복고 초기에는 상당히 반발이 심했던 점에서 그와 같은 사실은 한층 더 주목할 만하다. 1870년대의 공화주의자들의 승리는 본래 당초 입장으로의 회귀로 간주될 수도 있을 것이다. 하지만 보다 중요하고 불가역적인 일이 재차 발생했음이 분명하다. 즉 AR 형태의 약화와 동원의 시대로의 이행이 그것이었다.

그렇다고 해서 그처럼 응집력 있는 교구가 당시 모두 분쇄되었다고 주장할 수는 없을 것이다. 가령 서부의 몇몇 지방에서는 공격적 공화주의자들에 맞선 세력이 있었다. 좀 더 아래서 우리는 리메르젤의 브르통 교구에 대해 살펴볼 것인데, 거기서 교구적 삶의 약화 또는 해체는 제2차세계대전 이후의 문화혁명에서나 일어났다.

하지만 AR 형태가 약화되고 공화주의자들 자신의 동원을 볼 수 있던 만큼 프랑스의 가톨릭교회에게는 선택의 여지가 없었다. 부트리가 아마 옳을 것이다. 결정적 전환점은
467 1848년으로, 이 해에 남성의 보통선거권이 도입되어 이후 결코 폐지되지 않았다(또한 오랫동안 확대되지도 않았다. 여성은 1945년까지 투표권을 얻지 못했다. — 그렇게 지체된 이유 중 일부는 공화국과 교회 간의 싸움에 있었다). 가톨릭교도들은 정치적 동원을 곁에서 지켜보고만 있을 수 없었다.[75]

당시 조직화 필요성은 이미 광범위한 영역을 포괄하고 있었다. 우선 학교, 병원, 대학 설립 및 운영 자금 조달이 필요했다. 그리고 자칫 교회의 존재가 결여될 수도 있을 분야, 즉 학생, 전문가, 노동자 사이에서 평신도로 구성된 사도회 조직을 만들어 교회의 존재감을 보여줄 필요가 있었다. 이 후자의 조직은 또한 다른 목적에도 도움이 되었다. 즉 자유주의, 사회주의, 프로테스탄티즘 등 적대적 성격(이라고 생각된)을 가진 외부 영향으로부터 신자를 최대한 격리시키는 데 사용되었다. 그와 같은 목적을 추진하기 위해서는 또한 가톨릭 스포츠클럽이나 기타 오락모임 등 온갖 종류의 조직을 필요로 했다. 마지막으로 그에 하등 못지않게 중요했던 것으로 가톨릭정당 창당을 들 수 있었다.

물론 가톨릭교회에는 교우회와 길드 등과 같은 평신도 조직이 항상 있었다. 하지만 19~20세기의 상황에 특징적이던 것은 그와 같은 조직이 점점 근대적인 사회적 상상계를 따르던 사회 속에서 기능하고 있던 것으로, 거기서는 독립적인 자발적 결사와 정당이 점점 더 큰 역할을 하고 있었다. 그와 같은 맥락에 적응하지 않는 것은 불가능함이 입증되었다.

그것은 결국 가톨릭교회가 곧 왕좌와의 동맹관계를 점차 포기하는 결과로 이어졌는데, 그것의 구체적 양상은 맥락에 따라 결정되었다. 특히 비스마르크 지배하의 독일에서처럼 왕좌 자체로부터 공격받았기 때문에 교회로서는 다른 선택의 여지가 없던 곳

75 앞의 책, 626페이지.

에서 그랬다. 그리고 또한 나중에는 고용주와의 동맹에도 주저주저하고, 몇몇 지역에 국한된 현상이었지만 포기하기에 이르렀다. 그것이 〈기독교민주주의〉의 창시를 위한 길을 열었는데, 벨기에에서 가장 두드러졌다. 그와 같은 사태전개는 노동자계급의 소외가 산업화의 불가피한 귀결은 결코 아님을 보여주었다.[76]

동원의 시대에 활동하려면 이것저것 많은 것이 요구되었는데, 그것은 필연적으로 또한 성직자계급의 통제를 느슨하게 만드는 결과를 가져왔다. 노동조합과 정당은 영향력을 행사하려면 일정한 활동의 여지를 가져야 했다. 그와 관련된 아이러니가 문화투쟁이 벌어지던 동안 일어난 한 우발적 사건 속에 반영되었는데, 비스마르크가 독일 가톨릭교회를 공격했던 것이다. 그의 그와 같은 행동은 독일의 가톨릭교도 사이에서 교회를 위해 교회가 해야 할 일을 하겠다는 의미에서 강한 단결과 연대의식을 불러일으켰다. [소위 '쾰른교회투쟁' 때 가톨릭교도와 프로테스탄트교도 간의 결혼 문제와 관련해 프로테스탄트 정부와 갈등을 빚은 드로스테] 쾰른 대주교가 수감되기 위해 끌려갈 때 많은 경건한 신도가 거리로 쏟아져 나와 길게 줄지어 서서 그가 지나갈 때 무릎을 꿇었다. 물론 기성교회의 권위에 대한 그처럼 굳건한 정치적 충성심의 과시는 필연적으로 다른 측면을 갖고 있었다. 지속적인 정치적 저항은 정당에 의해서만 수행될 수 있을 것이며, 그것을 통해 정당의 평신도 지도부는 결국 점점 더 큰 중요성을 획득하게 될 것이다.

결국 많은 차이에도 불구하고 복음주의 그리고 혁명 이후 재구축된 가톨릭 신앙 사이에는 강력한 유사성이 존재했다. 무엇보다 먼저 강력한 감정적 호소력을 가진 새로운 — 또는 쇄신된 — 형태의 영성에 대해 언급해야 할 것이다. 한쪽에는 사랑하는 신에 468
게로의 회심이 존재하고, 다른 쪽에는 〈성심회〉와 리지외의 테레즈의 삶과 모범에 감화된 다른 형태의 신앙심이 존재했다. 단지 그와 같은 신앙 형태들의 '기능적' 특징에만 초점을 맞추려는 것, 따라서 변화된 상황 속에서 활동하기 위해 필요한 숙련과 규율을 그와 같은 방식으로 제공받은 사실에만 초점을 맞추려는 것은 — 아마 우리의 사회

76 Carl Strikwerda, "A Resurgent Religion", in McLeod, ed., *European Religion*, 2장을 참조하라. 벨기에의 가톨릭 신앙에 대한 다른 흥미로운 통찰로는 Vincent Viaene, *Belgium and the Holy See from Gregory XVI to Pius IX 1831-59: Catholic Revival, Society and Politics in 19th Century Europe*(Leuven/Brussels/Rome, 2001), pp. 157-215를 보라.

학적 감수성은 그렇게 하도록 권하겠지만 — 오류일 것이다. 아마 모든 사람이 특정한 전례와 에토스를 공유하고 있을 수도 있을 것이다. 하지만 다양한 사람이 어떤 특별하고, 보다 강력하고, 보다 강하게 특정한 것에 초점을 맞추고, 응축된 그리고/또는 더 잘 규율된 형태의 신앙심/기도/명상/헌신이 필요하다고 느낄 것이다. 아마 삶에서 위기나 힘든 시기에 직면했고, 그것에 대처하기 위해 영=정신적 자원을 집중할 필요를 느꼈을 수도 있을 것이다. 삶이 너무 얄팍하거나 초점을 잃어버렸거나 아니면 엉망이라고 느낄 수도 있을 것이다. 보다 강력한 중심, 모든 것을 집중시킬 수 있는 지점을 요구했다. 아니면 그저 신이 주신 선물을 확인하고 그것에 환호하기 위해 신에 대한 감사의 마음이라는 강력한 느낌을 이런저런 방식으로 표현하고 드러낼 필요가 있다고 느꼈을 수도 있을 것이다.

그와 같은 형태의 영성은 프로테스탄티즘과 가톨릭 양쪽 모두에서 변화된 경제와 사회 속에서 기능하기 위해 필요한 새로운 에토스와 규율을 심어주기 위한 시도와 결합되었다. 반음주투쟁은 또한 아일랜드 교구의 사제들에 의해서도 벌어졌으며, 동시에 비국교주의자들은 금주촉진 운동을 펼쳤다.[77] 더욱이 양측 모두에서 상조회, 신용조합 등 경제적 생존을 위해 필요한 조직을 설립하려는 시도는 종종 교회와 관련해 이루어졌다.

동원의 시대에 성공한 다양한 형태의 신앙은 이 두 가닥을 하나로 꼬았다. 즉 모든(또는 대부분)의 사람이 분유하는 윤리적/규율적 요소뿐만 아니라 종종 모종의 특수한 형태의 헌신을 필요로 하는 사람들을 위한 일련의 특별한 예배, 봉사, 여러 양식의 기도를 말이다. 그와 같은 헌신은 비록 종종 그에 상응하는 행동이 집단에 의해 수행되었지만 개인의 선택 문제로, 무한히 많은 형태로 다양하게 변할 수 있고, 새로운 형태가 창조되는 것을 허용했다. 프로테스탄티즘 쪽에서 그것과 관련해 당연히 다양한 종류의 신앙부흥운동을 거론할 수 있을 것이다. 가톨릭 쪽에서는 9일 기도, 피정, 가령 〈성심회〉에 드리는 특별예배, 순례, 몬트리올의 〈성요셉성당〉의 계단, 더 나아가 사제와 교구 등을 지탱해준 다양한 형태의 자원봉사를 거론할 수 있을 것이다. 그와 같은 마지막

77 부트리 또한 '악습les abus', 주로 무도장la danse, 카바레 그리고 일요 노동le travail le dimanche 철폐에 나선 교구 주임사제들의 캠페인에 대해 언급한다(*Prêtres et Paroisses*, p. 579).

종류의 자원봉사의 경우 리지외의 성녀 테레즈가 중요한 개척자였다.

그처럼 특수한 형태들은 종종 성별에 따라 구분되었다. 〈성심회〉가 여성을 위한 조직으로 각급 학교교육의 사목 활동을 담당한 반면 남성은 그와 같은 종류의 활동에 전혀 참여하지 않거나 〈가톨릭노동조합〉 운영 등 '활동적인' 일에 종사했다.

가톨릭 측에서는 한 가지 특징이 두드러지는데, 얼핏 프로테스탄티즘 국가들에서는 그에 상응하는 것을 찾아볼 수 없는 것처럼 보인다. 교황권지상론을 따르는 가톨릭 신앙을 중심으로 새로 결성된 대중운동은 교구공동체의 '토착종교'에서 너무나 중요했던 과거의 축제적 기독교를 단순히 억압하거나 열외로 밀어내지만은 않았다. 오히려 자체에 고유한 버전을 재창조했다. 이미 교구 수준에서 사제들은 민중 축제나 순례를 억제하기보다는 제어하고, 새로운 방향을 향하도록 하거나 정화하려고 시도했다. 거기 469
서 공통으로 볼 수 있던 한 가지 시도는 지역의 전통적인 장소에서 지역의 중요한 순례 중심지로 주목 대상을 바꾸는 것이었다. 깁슨 말대로 "성직자들은 민중종교의 특징인 지방주의를 보다 보편주의적 방향으로 새롭게 향하도록 하려고 했다."[78] 19세기 내내 프랑스에서는 가령 라 살레트, 루르드, 파레르모니알 등 최근의 성모 출현과 결부된 중요한 국가적 사적이 등장했다. 19세기 말이 되면 사람들이 수백, 수천 명씩 조직화된 무리를 이루어 대부분은 철도를 이용해 매년 루르드를 방문하고 있었다.

그것은 어떤 수준에서는 동원의 승리를 의미했다. 얼핏 보면 그것은 명성 등을 잃지 않으려고 조바심을 낸 채 교구공동체에 의해 통제되던 형태의 지방적 제의를 초지역적인, 위계제의 인가를 받았으며 지역을 초월한 것으로 대체하려는 성직자들의 시도가 궁극적으로 성공을 거둔 것처럼 보인다. 하지만 가톨릭의 다른 모든 동원과 마찬가지로 그것 또한 양의적이었다. 실제로 성모 출현은 지방에서 시작되었다. 성모는 농민이나 양치기 앞에 나타났다. 위계제적 성직자 제도는 처음에는 신중했다. 그리고 어쨌건 그들의 새로운 주장을 꼼꼼히 조사할 필요가 있었다. 지난 200년 동안 지방을 뛰어넘은 성모마리아 신앙의 대순례지는 과달루페에서 메주고리예까지 모두 새로운 출발로서 민중종교의 틀 내에서 기원했으며, 그것이 시작될 수 있던 것은 보통의 일반 신자

78 Ralph Gibson, *A Social History of French Catholicism*(London: Routledge, 1989), p. 144.

대중에게 호소했기 때문이다. 성직자들은 종종 그와 같은 움직임을 저지할 수 있을 뿐 창조할 수는 없었다.[79]

필자가 여기서 주요한 논거 중 하나로 사용하고 있는 '축제적인 것'이란 관념은 넓은 의미로 이해되어야 한다. 그것은 축하연과 순례를 포함했다. 그것은 첫째, 많은 사람이 틀에 박힌 일상의 삶 외부에서 무리 지어 이루어지는 활동에 참여하는 것을 포함했다. 그와 같은 '외부'가 순례의 경우처럼 지리적인 것이건 아니면 일상의 사물의 질서와 단절하는 축하연의 의례를 염두에 둔 것이건 상관없이 말이다. 그와 같은 속屬의 또 다른 종으로 옛날의 카니발을 인정할 수 있을 텐데, 그것은 가령 브라질에서 모종의 형태로 여전히 살아남았다. 하지만 두 번째로, 그와 같은 회합을 통해 우리는 성스러운 것 또는 적어도 보다 위대한 힘과 접촉하는 듯한 느낌을 갖게 된다. 그것은 루르드에서처럼 치유 형태로 나타날 수도 있을 것이다. 하지만 심지어 그와 같은 형태가 아니어도 무엇인가 보다 깊고 고차적인 것에 다가가고 있다는 느낌을 가질 수 있다. 따라서 카니발을 그와 같은 범주에 포함시키는 것은 결코 확대 해석이 아니다. 필자가 3장에서 개괄한 터너 설명에 따르면, '전복된' 그와 같은 세계는 기존질서의 위계제적 분할을 넘어 우리가 평등한 인간 존재로 함께 존재하는 우리 사회의 '공동성' 차원에 우리를 다시 결합시켜준다.

이 점을 지적하는 것은 이 의미에서의 '축제적인 것'은 종교적 · 의사종교적 삶의 중요한 형태로 오늘날에도 계속되고 있다고 믿기 때문이다. 그것은 우리 사회에서 영= 정신적인 것이 차지하는 자리에 관한 모든 기술의 일부가 되어야 할 것이다. 필자는 '축제적인 것'에 관한 논의를 시작하면서 그와 같은 19세기 형태의 가톨릭은 프로테스탄티즘 측에서는 어떤 유사한 것도 없는 것처럼 보인다고 말했다. 하지만 다시 한 번 보면, 그와 같은 주장에 대해 이의를 제기할 수 있을 것이다. 가령 신앙부흥운동 집회는 분명히 그와 유사한 점을 보여준다. 그리고 지난 세기에 등장했으며, 지금 세계의 많은
470 부분으로 확산 중인 오순절파의 폭발적 증가를 생각할 때 '축제적인 것'을 오늘날의 종교적 삶의 결정적 차원으로 간주해야 할 이유는 한층 더 많아지게 될 것이다.

79 Thomas Kselman, *Miracles and Prophecies in Nineteenth Century France*(New Brunswick, N. J.: Rutgers University Press, 1983), 6장에서 이루어지고 있는 흥미로운 논의를 참조하라.

이 점에 대해서는 다음 장에서 다시 논할 것이다. 하지만 가톨릭적 동원과 프로테스탄티즘적 동원 간의 유사성에 대한 논의를 계속해, 양쪽 모두에서 영성과 자기규율 양식은 매우 다른 방식이지만 종종 이어 정치적 정체성과 결부되어 있었음을 볼 수 있을 것이다. 영국과 미국에서 그와 같은 관계는 긍정적인 것으로, 문명질서-감각과 확고하게 결합되어 있는 것으로 간주되었다. 복음주의자들은 본인이 속한 사회가 최고의 소명과 이상에 부합해 살 필요가 있다는 에토스를 본인이 촉진하고 있다고 느꼈다. 바로 그와 같은 인식이 사회 전체가 가령 금주나 안식일 준수 등 몇 가지 기준에 부합해 살 것을 요구하도록 자신감과 사명감을 심어주었다. 그와 같은 목표에는 많은 반대가 있고, 퓨리턴이 수용 불가능한 온갖 규제를 억지로 강요하고 있다는 감각이 존재했지만 한편의 종교적 비국교도주의 그리고 다른 한편 원래 가톨릭 신앙 및 권위주의에 대한 반대에 의해 규정된 잉글랜드와 아메리카의 정치적 정체성은 복음주의자들이 그와 같은 국가들이 근본적으로 본인들의 기본 가치를 지향하고 있다는 감각을 가질 수 있도록 해줄 정도로는 충분히 서로 가까웠다.80

80 문명적 우월감이 또한 제국주의를 밑에서 떠받쳤으며, '백인의 짐white man's burden'이라는 양심을 마련해주었다. '후진' 민족을 통치해야 하는 짐을 정당하게 떠맡고 있다는 그와 같은 감각은 나중에 토대를 옮기게 된다. 즉 인종을 근거로 또는 유럽의 계몽된 문화를 근거로 정당화된다.

잉글랜드 국기가 활짝 펴지는 곳에서
모든 폭군의 잘못 몰아내고
신은 세상을 더 나은 세상으로 만드셨네.
인간이 지상에 머무는 짧은 시간 동안에라도.
Where England's flag flies wide unfurl'd
All tyrant wrongs repelling,
God made the world a better world
For man's brief earthly dwelling.

그것은 1878년에 디즈레일리 내각의 식민지장관의 연설에서 보다 산문적으로 표현되었는데, 그는 아래와 같은 영국의 의무에 대해 말하고 있다. "우리의 원주민 동료-신민에게 …… 극히 하찮은 사람이라도 극히 고귀한 사람과 똑같이 억압과 부당한 대우로부터 자유를 누릴 수 있으며, 종교의 도덕의 빛이 극히 어두운 거처까지 뚫고 들어갈 수 있는 체계를 마련해주어야 한다." 그리고 영국의 자비로운 통치를 — 인도와 아프리카(리빙스턴, 고든)에서 — 확산시키는 데서 복음주의자들이 한 역할은 국내의 복음주의자들에 의해 알려지고 높이 평가되었다. Wolffe, *God and Greater Britain*, pp. 194, 221-222. 또한 McLeod, *Secularization in Western Europe*, pp. 237, 239-240 그리고 Hempton, *Religion and Political Culture in Great Britain and Ireland*, 8장을 참조하라.

그와는 완전히 다른 또 하나의, 이번에는 부정적인 관계가 앞서 서술한 폴란드인과 아일랜드인 같은 소수 민족 사이에서 등장했다. 신앙은 여기서도 정치적 정체성과 결부되어 있었지만 그것은 기성 권위에 대립하는 것으로 점점 더 독립국가를 강하게 꿈꾸었다. 세 번째 종류의 관계는 소수파 가톨릭교도 또는 적어도 대륙의 (프랑스처럼) 궁지에 몰려 있던 교회에서 볼 수 있었다. 이 경우 국민의 정치적 정체성을 경쟁자에게 맞서는 방식으로 규정할 수 있다는 희망 하에(프랑스) 또는 소수파에게 수용 가능한 지위를 확보하기 위해 저항(독일)이 조직되었다. 이 세 번째 범주의 또 다른 변종을 '기둥화'가 일어난 저지 지역, 즉 벨기에와 네덜란드에서 찾아볼 수 있었다. 모든 영=정신적 집단이 어떤 의미에서 마치 공인된 자리를 요구하는 소수파처럼 행동했다. 유럽대륙의 경우 많은 제도적 결정의 결과는 종종 영=정신적 선택을 따라 이념을 정한 정당 결성이었다. 가령 가톨릭정당, 때로는 프로테스탄티즘 정당 또는 자유주의(즉 반교파적) 정당 같은 식으로 말이다.

그리고 포위 공격당하는 상태에서 전투에 임하고 있던 이 모든 가톨릭교회에서는 자신이 문명질서의 유일하게 가능한 방파제를 제공한다는 감각이 강했다. 프랑스에서는 항상 재래할 위험이 있던 혁명에 의한 파괴적 무질서에 맞설 수 있는 유일한 방벽은 가톨릭 신앙뿐이라고 종종 주장하곤 했는데, 유산계급의 많은 사람이 그것을 받아들였다. 하지만 그와 같은 주장의 밑바탕에는 교회만이 권위를 따르도록 사람들을 설득시킬 수 있다는 생각만이 깔려 있던 것이 아니다. 그것은 또한 도덕의 기초 자체, 사회적 삶과 가족의 삶 자체는 헌신적인 성직자의 지속적이고 끈질긴 사목 없이는 와해되리라는 것을 의미했다. 아르스의 주임사제 본인도 한때 이렇게 말한 바 있다.

> 사제 없이 교구를 20년 방치하면 짐승을 숭배할 것이다Laissez une paroisse vingt ans sans prêtre, on y adorera des bêtes.[81]

81 Boutry, *Prêtres et Paroisses*, p. 344. 또한 380페이지를 보라. 거기서 그는 '세계에서 교회가' 스스로 짊어지게 된 '도덕적 · 사회적, 요컨대 문명화의 사명'에 대해 말한다. Hilaire, *Une Chrétienté*, vol. I, p. 305도 같은 생각을 환기시킨다.

그것은 교의와 관련해 극단적인 성직자주의적 형태를 띠고 있지만 그와 같은 미묘
한 차이를 무시한다면 영국해협의 다른 쪽에서 복음주의자들에 의해 그리고 실제로 다 471
른 많은 사람에 의해 대변되고 있던 견해 — 대략 종교가 영락하면 기본적인 도덕도 오래 생존할 수 없다는 말로 요약될 수 있을 것이다 — 와의 유사성을 거기서 찾아볼 수 있을 것이다. 교인 사이에서는 콕스의 아래 말이 널리 확산되어 있었다.

> 사회는 도덕 없이는 붕괴되고, 도덕은 종교 없이는 불가능하며, 종교는 교회 없이는 소멸할 것이다.

데본셔공작이 〈런던교회기금〉의 지지자를 상대로 한 연설에서 한 말을 인용하자.

> 만일 저 모든 교회 그리고 저 모든 교회가 의미하는 모든 것이 없다면 잉글랜드가 오늘날 어떤 모습인지를 한순간이라도 상상할 수 있을까요? …… 분명히 거리를 걷는 것조차 안전하지 않았을 것입니다. 모든 존경과 양식[품위], 또 근대문명을 지금과 같은 형태로 만드는 경향을 보여온 모든 것은 존재하지 않았을 것입니다. 경찰, 정신병원, 교도소 때문에 도대체 얼마나 많은 비용이 들었는지 짐작할 수 있을 겁니다. …… 교회가 해온 일, 또 오늘날에도 하고 있는 일이 아니었다면 비용은 몇백 배로 불어났을 것입니다.[82]

아마 공작은 앞의 연설에서 주로 교회의 자선사업에 대해 언급하고 있는 것일 테지만 그것은 분명히 문명질서의 도덕적 토대에 대한 보다 기본적인 생각의 일부를 이루고 있었다.

이 시대 대다수 기독교도의 심정에서 쟁점은 종교와 관련해 내가 앞서 제시한 양자택일 즉 목표를 순수하게 인간적인 성취로 제한해야 하는가 아니면 그것을 초월한 것에 대한 초월론적 전망을 개척해야 하는가에 있지 않았다. 당시의 지배적 견해에서

82 Jeffrey Cox, *The English Churches in a Secular Society*(New York: Oxford University Press, 1982), p. 271(데본셔공작 말은 109~110페이지에서 재인용했다).

앞의 첫 번째 선택은 존재하지 않았다. 초월적인 것, 즉 신 그리고 그리스도를 통한 구원에 이르기 위해 애쓰지 않는다면 심지어 가장 기본적인 인간적 성취의 조건도 부도덕과 무질서 속으로 무너져버리고 말 것이다. 그러한 견해는, 오늘날에도 몇몇 집단에서 여전히 옹호되고 있지만, 한 세기 전에는 기독교도 사이에서 표준적 · 주도적 견해였다.

필자가 제시한 동원이라는 이념형에서 출발해 그것이 점점 더 지배적으로 된 시기를 특정하고자 시도한다면 동원의 시대가 시작된 시기를 대략 1800년으로, 끝난 시기를 1950년경(아마 보다 정확하게는 1960년경)으로 정할 수 있을 것이다. 당시를 개괄해보면 모든 곳에서 앙시앵레짐형의 종교 형태가 쇠퇴와 상실의 쓰라림을 겪었음을 알 수 있을 것이다. 그리고 또한 거의 모든 곳에서 시대에 맞는 새로운 종교 형태가 발전했다. 그중 일부는 놀라운 규모로 사람을 끌어들이고 동원해 앙시앵레짐의 여러 형태를 능가했다(가령 대기근 이후 개혁 과정을 거친 아일랜드교회).

실제로 일부 학자는 '제2차신앙고백 시대Second Confessional Age'(물론 〈제1차 시대〉는 16세기에 있었다)라고 말하기도 한다.[83] 왜냐하면 교회가 구성원의 삶의 대부분을 조직화하고, 따라서 종종 강렬한 충성심의, 민족주의와 유사한 감정의 초점이 될 수 있었기
472 때문이다.[84] 실제로 앵글로색슨 세계 외부에서 그와 같은 조직화는 종종 자발적 게토 형태를 띠었는데, 오직 동일한 신앙을 가진 사람들끼리 학교를 다니고, 축구를 하고, 오락을 즐기는 것을 보장하기 위해서였다. 가톨릭교회가 그와 같은 게토의 주요한 건축가로, 심지어 앵글로색슨 세계에서도 건설했다. 하지만 가령 네덜란드에서는 프로테스탄트교도들이 비슷한 일을 해왔다. 실제로 심지어 그와 같은 '신앙고백 시대'는 기독교 교회의 경계를 넘어서까지 연장된다고 주장할 수 있을 것이다. 마찬가지로 여성모임과 청년모임, 스포츠클럽, 문화조직 등을 갖춘 사회민주당 그리고 이후의 공산당과 몇 가

83 Olaf Blaschke, "Europe between 1800 and 1970: A Second Confessional Age", paper for a conference on "Master Narratives", April 2002(내가 아는 한 아직까지 미출간 상태이다)을 참조하라.

84 Peter Raedts, "The Church as Nation State: A New Look at Ultramontanist Catholicism(1850-1900)", paper for a conference on "Master Narratives", April 2002(내가 아는 한 아직까지 미출간 상태이다)을 참조하라.

지 비슷한 점을 찾아볼 수 있을 것이다. 그와 같은 조직들의 목적은 가톨릭의 '게토'의 기저에 놓여 있던 것과 다르지 않았다. 요컨대 신봉자의 삶 속에 보다 깊이 침투하고, 그들을 보다 밀접하게 결합시켜 외부인과의 접촉을 최소화하는 것이 그것이다.[85]

그리하여 강렬한 형태의 신앙은 이 시대에 영성, 규율훈련, 정치적 정체성, 문명질서의 이미지라는 네 가닥의 실을 하나로 꼬았다. 이 네 가닥은 이전의 2백 년 동안 엘리트 계층의 종교에서 존재해왔지만 이제 대중적 현상이 되었다. 서로를 강화하면서 하나의 전체를 형성했다.

하지만 단단히 조직된 그와 같은 교회들은 종종 외부인을 미심쩍어 했으며, 극히 엄격한 퓨리턴적 코드를 따르며, 특정한 형태의 정치적 정체성과 내재적으로 결합되어 있으며, 자기가 문명질서를 정초하고 있다고 주장했다. 그리고 20세기 중반에 개막되기 시작하는 다음 시대에 갑자기 도래하는 몰락에 철저하게 대비되어 있었다. 이제 이 시대에 대해 살펴볼 텐데, 그것을 '본래성의 시대'라고 부를 것이다.

85 Olaf Blaschke, "Europe between 1800 and 1970"와 또한 Hugh McLeod, *Secularization in Western Europe*, pp. 208-209, 224-225를 보라. 또한 잉글랜드의 〈선데이스쿨〉을 둘러싸고 조직된 풍부한 사회적[사교적] 삶과의 몇 가지 유사성도 존재한다(David Hempton, *Religion and Political Culture in Britain and Ireland*, pp. 124-125를 보라).

13

본래성의 시대 473

5

이 시대를 본래성Authenticity의 시대라고 부르기로 하자. 지난 반세기 동안에, 아마 그보다 더 짧은 기간에 우리 사회에서 신앙의 조건을 심오하게 바꾸어놓은 어떤 중요한 일이 일어난 것 같다.

다른 많은 논자와 함께 나는 우리 북대서양문명이 지난 수십 년 동안 문화혁명을 겪어오고 있다고 믿는다. 아마 1960년대가 적어도 상징적으로는 전환점이었다고 할 수 있을 것이다. 그것은 한편으로는 개체화[개인주의화]individuating 혁명이었다. 이렇게 말하는 것은 기묘하게 들릴지도 모르는데, 왜냐하면 서양근대는 이미 특정한 개인주의에 기반하고 있기 때문이다. 하지만 그것이 다른 축들을 포기하지 않은 채 새로운 축으로 위치를 옮겨갔다. 도덕적/영=정신적 개인주의와 도구적 개인주의 외에도 이제 '표현적' 개인주의가 광범위하게 확산되고 있다. 물론 그것이 완전히 새로운 것은 아니다. 표현주의는 18세기 말의 낭만주의 시대의 발명품이었다. 지적 · 예술적 엘리트 계층은 19세기 내내 삶을 살거나 자기를 표현하는 자기 본래의 방식을 탐구해왔다. 새로운 것은 그와 같은 종류의 자기정향이 대중적 현상이 된 것처럼 보이는 것이다.

모두가 무엇인가가 바뀌었다고 느끼고 있다. 종종 그것은 상실, 단절로 경험된다.

대다수 미국인이 공동체가, 즉 가족, 이웃, 심지어 통치 형태마저 서서히 무너지고 있다고 믿고 있다. 사람들이 모든 일에 적극 참여해 본인에게 주어진 소정의 몫을 다하려는 의지가 점점 줄어들고 있다고 느끼고 있다. 타자에 대한 신뢰도 점점 감소하고 있다.[1] 학자들이 그와 같은 평가에 반드시 동의하는 것은 아니지만[2] 그와 같은 인식 자체가 오늘날의 사회에 관해 무엇인가를 말해주는 중요한 사실이다. 의문의 여지없이 다른 서양 사회에서도 비슷한 인식이 확산되고 있다.

그와 같은 변화를 가져온 것으로 꼽을 수 있는 원인은 많다. 가령 풍요와 소비 중심 생활방식의 지속적 확산, 사회적·지리적 유동성, 기업 업무의 외주화와 사업 축소, 새로운 가족 유형, 특히 맞벌이 가구의 증가, 그 결과로서의 과로와 번아웃 등이 그것이다. 그 밖에 교외의 확대에 의해 생활, 일, 소비를 세 개의 다른 지역에서 하게 된 것, TV가 점점 더 중요한 역할을 하게 된 것을 들 수 있다.[3] 하지만 그것을 재촉한 요소의
474 정확한 목록이 무엇이건 여기서 필자가 관심을 갖고 있는 것은 그처럼 새로운(적어도 그렇게 보이는) 개체화[개인주의화]를 장려하고, 또한 그것에 관해 도덕적으로 불편함을 느끼도록 만드는 인간의 삶, 행위 주체, 선에 관한 이해방식이다.

앞에서 말한 변화는 종종, 특히 그것에 의해 가장 크게 당황한 사람들에 의해 단순한 이기주의의 분출 또는 쾌락주의로의 방향 전환으로 이해되어왔다. 다시 말해 공동체에의 봉사 그리고 자기규율이라는 전통윤리에서는 분명히 악덕으로 치부되었을 이 두 가지가 변화의 원인으로 겨냥되고 있다. 하지만 내 생각에 그것은 요점을 간과하고 있다. 이기주의 그리고 쾌락의 단순한 추구(그것들이 의미하는 것이 정확히 무엇이건)는 분

1 Robert Wuthnow, *Loose Connections*(Cambridge, Mass.: Harvardal1998), 6장; Gertrude Himmelfarb, *One Nation, Two Cultures*(New York: Knopf, 1999), pp. 20ff; 퍼트넘Robert Putnam, 정승현 역, 『나 홀로 볼링』, 페이퍼로드를 보라.

2 퍼트넘(『나 홀로 볼링』)은 '사회적 자본social capital'의 쇠퇴는 실제라고 주장한다. 반면 워드나우(*Loose Connections*)는 그에 대해 이의를 제기하며 쇠퇴 중인 보다 오래된 형태의 연관성은 새로운 종류의 보다 '느슨한' 연관성으로 대체되고 있다고 말한다. 또한 Wolfe, *One Nation*, pp. 252-253과 John A. Hall and Charles Lindholm, *Is America Breaking Apart?*(Princeton: Princeton University Press), pp. 121-122를 보라. 결사association 일반에 대해서는 비판자들 말이 맞을 수도 있지만 정치 참여 영역과 관련해서는 퍼트넘이 중요한 것을 발견했을 가능성이 있어 보인다. 새로운 로비 단체와 단일-쟁점 조직은 보다 오래된 회원 조직과 다소 다르게 작동한다.

3 퍼트넘, 『나 홀로 볼링』, 4장을 보라.

명 다양한 개인에 대한 동기부여에서 크고 작은 역할을 할 수 있지만 선에 대한 일반적 이해에서 일어난 대규모 변화는 선에 대한 모종의 새로운 이해를 요구한다. 주어진 개별 사례에서 그것이 합리화로 더 많이 기능하는지 아니면 행동을 고무하는 이상으로 더 많이 기능하는지는 중요하지 않다. 이상 자체가 결정적 추진 요소가 되고 있다.

가령 여기서 문제가 되고 있는 개인주의화가 가장 명백하게 드러난 현상 중 하나는 소비자 혁명이었다. 전후의 풍요와 더불어 그리고 전에는 많은 사람이 사치품으로 여겼던 것의 확산과 함께 사적 공간 그리고 그것을 충족시키는 수단이 새로운 관심의 초점이 되어갔다. 그리하여 전에는 긴밀하게 조직된 노동자계급[4]과 농촌[5] 공동체, 심지어 확대가족에 속한 사람들끼리 맺던 관계가 점차 확대되기 시작했다. 상부상조의 보다 오래된 양식은 쇠퇴했는데, 아마 부분적으로는 극심한 궁핍 상태가 드물어진 탓도 있을 것이다. 그리하여 사람들은 점점 더 자기 자신의 삶 그리고 핵가족의 삶에 집중하게 되었다. '뉴타운'이나 교외로 이사하고, 점점 더 혼자 살며, 세탁기부터 패키지여행 그리고 그것들이 촉진하는 보다 자유로운 개인적 라이프스타일에까지 제공되는 신상품과 서비스의 범위와 종류가 점증하는 것의 도움으로 삶을 꾸려나가려고 하게 되었다. '행복의 추구pursuit of hapiness'라는 말은 쉽게 가용한 수단의 범위의 증가에 따라 새로운, 보다 직접적 의미를 갖게 되었다. 그리고 그처럼 새롭게 개인화된 공간에서 소비자는 점점 더 본인 취향을 표현하고, 또 본인의 욕구와 애착에 따라 공간을 장식할 것이 장려되었다. 그리하여 예전 같으면 부유층만 누릴 수 있던 삶을 누리기 시작했다.

그와 같은 새로운 소비문화의 중요한 측면 중 하나는 특수한 청년 시장의 창조였다. 그곳에서는 의상부터 레코드에 이르기까지 신상품이 홍수처럼 쏟아져 나오면서 사춘기 청소년부터 '영 어덜트young adult'까지 아우르는 연령층을 겨냥했다. 막 발전 중이던 청년문화와 발맞추어 상품을 팔기 위해 동원된 광고는 청년을 인생의 한 단계, 즉 유년 그리고 책임에 얽매인 성년 사이의 한 단계로 인식하도록 하는 새로운 종류의 의식을 형성하는 데 일조했다. 물론 선례가 없던 것은 아니다. 보다 이전의 많은 사회도

4 Richard Hoggart, *The Uses of Literacy*(London: Chatto & Windus, 1957)을 참조하라.

5 Yves Lambert, *Dieu Change en Bretagne*(Paris: Cerf, 1985)을 참조하라.

생애주기에서 그와 같은 단계를 특별히 표시했는데, 그에 따라 그들만의 특별한 패거리를 짓고 의식 등을 치를 수 있었다. 상층계급 젊은이는 학창시절과 (때로는) 기숙사 생활을 즐길 수 있었다. 실제로 도시적 삶이 확산되고 국민문화가 확립됨에 따라 상층과 중간계급 청년은 19세기 말까지는 자신을 하나의 사회적 실재로 의식하기 시작했다.
475 젊은이는 심지어 정치적 참조점 또는 동원의 기반이 되기도 했다. 가령 독일의 〈청년운동〉 그리고 보다 이후에는 파시즘이 유명한 행진곡에서 '조베네차Giovenezza' [이탈리아어로 '젊은이'를 의미한다]에게 호소한 것을 예로 들 수 있을 것이다. 하지만 젊은이의 그와 같은 자기구분은 19세기와 20세기 초의 노동자계급 문화와의 단절을 의미했는데, 그와 같은 문화에서는 삶의 여러 가지 필요가 유년기 이후부터 돈벌이 꾼으로서 본격적 일을 시작하기 전까지의 그와 같은 중간 휴식을 배제했던 것처럼 보인다.

현재의 청년문화는 광고가 그들을 겨냥하는 방식뿐만 아니라 그보다 더 크게는 자진해서 '표현주의적인 것'으로 정의된다. 선택하는 옷차림의 스타일, 듣는 음악의 종류가 당사자의 인격 그리고 고른 사람이 좋아하는 것을 표현하는데, 그처럼 넓은 공간의 패션 내부에서 젊은이는 맘에 드는 것을 선택하며, 그것을 통해 수천 또는 심지어 수백만 명의 다른 사람과 조화를 이루게 된다.

그와 같은 패션 공간에 대해서는 곧 다시 논의하기로 하자. 하지만 전후의 소비주의에 관한 그와 같은 외적 사실로부터 그것에 부수된 자기 이해로 눈을 돌리면 필자가 '본래성'의 문화라고 불러온 것이 지속적으로 확대됨을 볼 수 있을 것이다.[6] 그것은 18세기 말의 낭만적 표현주의와 함께 출현한 삶의 이해방식을 의미한다. 즉 우리는 각자의 인간성을 실현하는 본인만의 방법을 갖고 있으며, 사회 또는 이전 세대 또는 종교적 권위나 정치적 권위 등 외부로부터 강요되는 모델에 굴복해 순종하는 대신 자기 자신만의 스타일을 찾아 끝까지 해보는 것이 중요하다는 것이다.

그것이 19세기와 20세기 초 동안의 많은 지식인과 예술가의 관점이었다. 그와 같은 에토스가 이 시대 내내 일부 문화적 엘리트 사이에서 강화되고, 심지어 급진화되는 경향을 추적할 수 있을 텐데, '부르주아적' 또는 기성의 코드와 기준에 저항하고, 본인

6 *The Malaise of Modernity*(Toronto: Anansi, 1991)을 보라.

이 끌리는 대로 창조하고 살 것을 촉구하는 예술과 삶의 방식에 대한 공개적 지지를 표명할 수 있는 권리, 심지어 의무가 있다는 의식이 증가했다. 〈블룸즈버리 그룹〉이 독특한 환경 속에서 그것의 에토스를 규정한 것은 20세기 초의 잉글랜드에서 그와 같은 길로 나가는 데서 중요한 단계였는데, 그처럼 시대가 변했다는 느낌이 울프의 유명한 말 속에 반영되어 있다. "1980년 12월 또는 그 무렵에 인간 본성이 변했다."[7] 그와 얼마간 유사한 사례는 1920년대에 지드가 동성애자라고 '커밍아웃한' 것이었다. — 욕망뿐만 아니라 도덕에 대한 태도 그리고 진실성이 그렇게 하도록 했던 것이다. 지드는 더 이상 겉치레할 필요가 없다고 느꼈을 뿐만 아니라 또한 오랜 갈등 끝에 본인 그리고 동일한 가장假裝 아래 마음고생을 하고 있던 다른 사람들에게 해를 끼치고 있음을 깊이 이해했기 때문이다.[8]

하지만 그와 같은 본래성의 윤리가 사회 일반의 견해를 형성하기 시작한 것은 단지 제2차세계대전 후의 시대가 되어서였을 뿐이다. '[남에게 신경 쓰지 말고] 네가 하고 싶은 일을 하라do your own thing'는 표현이 유행어가 되었다. 1970년대 초의 한 맥주광고는 '오늘의 세계에서 너 자신일 것be yourselves in the world of today'을 요구했다. 단순화된 표현주의가 도처에 침투해 들어갔다. [본래의] 나를 발견하고, 실현하고, 진정한 자아를 해방시키는 것을 도울 것을 약속하는 요법이 점점 더 늘어났다.

따라서 본래성이라는 오늘날의 윤리는 장대한 전사를 갖고 있다. 그리고 그와 같은 476
전사를 살펴본다면 그것이 완충재로 덮인, 규율훈련된 자아 — 무엇보다도 먼저 도구적인 합리적 통제에 관심을 갖고 있었다 — 에 대한 보다 광범위한 비판의 틀 속에 놓여 있음을 알 수 있을 것이다. 만약 1960년대를 전환점으로 간주할 수 있다면 주요 지식인 사이에서 바로 직전 시기의 우리 사회에 대한 광범위한 비판이 존재했음을 간파할 수 있을 것이다. 1950년대 사회는 개인성과 창조성을 파괴하며, 생산성과 구체적 결과에 너무 집착한다고, 감정과 자발성을 억압하고 유기적인 것보다 기계적인 것을 찬양하는 등 순응주의적이라는 혹평을 얻었다. [1960년대의 청년저항문화에 '반문화counterculture'

7 Samuel Hynes, *The Edwardian Turn of Mind*(Princeton: Princeton University Press 1968), p. 325에서 재인용.

8 Michel Winock, *Le Siècle des Intellectuels*(Paris: Seuil, 1997), 17장.

라는 명칭을 부여한] 로작Theodore Roszak과 마르쿠제 등의 저술가는 다가올 혁명의 예언자였음이 드러났다. 틸리히는 1957년에 전공 졸업생 세미나 참가자들에게 이렇게 말했다고 한다.

> 여러분을 위해, 나라를 위해, 그리고 인류를 위해 여러분 사이에서 더 많은 체제 비순응주의자가 나오기를 희망합니다.[9]

어떤 의미에서 (아마 본인은 의도하지 않았겠지만) 그의 소원은 다음 10년에 넉넉히 이루어졌다.

1960년대(실제로는 1970년까지 확대되었지만 여기서는 표준적 용어가 된 이 표현을 사용한다)의 청년세대 반란은 실제로 창조성, 개인성, 상상력을 질식시키는 체제에 맞섰다. 보다 '유기적인' 연결이라는 이름으로 '기계적인' 체제에 저항했다. 도구적인 것에 반대하고 고유의 내재적 가치를 지닌 것에 헌신하는 삶을 옹호했다. 또 특권에 반대하고 평등을 옹호했다. 이성에 의한 육체의 억압에 반대하고, 관능성의 충족을 옹호했다. 하지만 그것들은 단지 별개의 목표나 요구의 목록으로서만 간주되지 않았다. 낭만주의 시대에 이미 제시된 비판 축을 따라 그들은 한쪽의 이성 대 감정이라는 내면적 분할, 다른 한쪽의 학생 대 노동자라는 사회적 분할뿐만 아니라 일/놀이라는 삶의 영역 간의 분할은 모두 상호 내재적으로 관련되어 있으며, 지배와 억압 양식(감정보다 우선시되는 이성, 육체노동자를 지배하는 지식노동자, 놀이를 주변부화하는 '진지한' 일)과 분리 불가능한 것으로 이해했다. 통합 혁명이 이 모든 분할/억압을 일거에 없애버릴 것이다. 분명히 바로 그것이 1996년 5월, 파리에서의 학생운동에서 표명되게 된 견해였다. 평등한 사회는 방금 언급된 세 개의 장벽의 동시적 파괴('장벽 제거décloisonnement')에 의해 등장할 것이었다. 비록 이론은 모든 곳에서 정확히 그와 똑같은 정도로 명시된 것은 아니었지만 5월에 있은 사건이 전 세계에 강한 공명을 불러일으킨 것은 분명하다. 또한 그

9 브룩스David Brooks, 형선호 역, 『보보스 — 디지털 시대의 엘리트』, 동방미디어, 155~204페이지; Alan Ehrenhalt, *The Lost City: The Forgotten Virtues of Community in America*(New York: Basic Books, 1994), pp. 60-64를 보라(틸리히 말은 61페이지에서 인용된다).

것이 다시 1964년에 버클리대학교에서 시작된 미국에서의 보다 초기의 운동에서 제기된 일부 주제를 반영했던 것도 마찬가지이다.

그와 같은 견해는 낭만주의 시대로 거슬러 올라간다. 특히 실러의 『인간의 미적 교육에 대해』에서 정교화되었다.[10] 그것은 부분적으로 그와 관련된 반문화의 연쇄를 통해, 일부는 분명히 마르쿠제 같은 저술가의 영향을 통해 1960년대까지 전해졌다. 그것 속에 매립되어 있던 본래성의 윤리와 마찬가지로 그것은 이 시대에 이미 엘리트 계층 477
의 환경에서 벗어나 훨씬 더 널리 가용한 선택지가, 사회 전체가 인식 가능한 태도 및 감수성이 되었다(아무리 혐오되거나 중상되었다고 해도 말이다).

하지만 물론 이후 수십 년의 문화를 오직 1960년대의 갈망을 통해서만 해석할 수는 없다. 그와 같은 견해 전체에 반대했으며 지금도 반대 중인 사람들의 반발뿐만 아니라 그와 같은 갈망 자체가 만들어낸 일련의 모순과 딜레마를 고려해야 한다. 아마 모든 사람이 지금은 1968년 5월의 유토피아적 성격을 인식하고 있을 것이다.[11] 어떤 의미에서 그것은 당시에도 마찬가지였다. '68세대'는 레닌과 볼셰비키의 강철 같은 정치적 결단력을 완전히 결여했다. 사실 그것은 부분적으로는 〈프랑스공산당〉 비판에서 출현했다. 이 의미에서 그들의 손은 깨끗했다. 그러나 유토피아주의는 그것만의 대가를 갖고 있다. 통일성을 지닌 자기표현, 관능성의 해방, 평등한 관계, 사회적 단결 같은 목표는 함께 이루기는 쉽지 않았던 만큼, 통합이 매우 어려웠고, 당분간은 기껏해야 오직 소규모 공동체에서만 가능한 것처럼 보였던 만큼 그것을 실현하려는 시도는 한 패키지 중의 몇 가지 요소를 다른 요소를 위해 희생하지 않을 수 없을 것이다.

그리고 물론 바로 그것이 실제로 이후에 일어나고 있음을 우리는 보고 있다. 브룩스는 미국의 현재의 상층계급에서 볼 수 있는 '부르주아'와 '보헤미안' 간의 종합에 관해 묘사하고 있다. 그들 '보보스' — 그는 그들을 이렇게 부른다 — 는 자본주의 및 생산성과 화해했지만 개인의 발전과 자기표현의 중요성을 최우선시하는 감각은 간직했

10 실러, 『인간의 미학적 교육에 관한 편지』. 특히 6번째 편지를 보라.

11 리카르François Ricard는 전례 없는 가능성과 함께 새로운 시대로 진입한다는 감각에 대한 탁월한 묘사를 제공한다. 초기의 베이비붐 세대에 대한 그의 통찰력 넘치는 저서 *La Génération Lyrique*(Montréal: Boréal, 1992)를 참조하라.

다. 성과 관능성을 자체가 선인 것으로 충심에서 포용하는 태도를 간직했지만 그것을 자기개선에 대한 모종의 진지한 관심과 함께 추구했는데, 그것은 1960년대의 뒤오니소스적 자발성과는 수 광년이나 동떨어진 자세이다. 그들은 그가 '보다 고상한 자기중심주의'라고 부르는 것을 발달시켰다.

> 그들에게는 자기-계발이 가장 중요한 덕목이다. 그러므로 그것은 저속한 의미의 자기중심주의, 좁은 자기 이익이나 사려 없는 축적에 관한 것이 아니다. 그것은 보다 고상한 자기중심주의이다. 그것은 자신의 능력을 최대한 발휘하는 것이다. 따라서 직업을 택할 때는 영적으로 충만하고, 사회적으로 건설적이고, 경험적으로 다양하고, 감정적으로 풍요롭고, 자존심을 고양시키고, 끊임없이 도전적인 직업을 선택한다.

원래의 패키지에서 제외된 것 중 하나는 한편으로 사회적 평등이다. 보보스는 레이건-새처 혁명과 화해해 복지국가 규모를 축소하고 수입의 불평등을 증가시켰는데, 본인들은 최상층부를 차지했다. 다른 한편 그들의 고도로 유동적인 생활방식은 공동체의 침식에 일조했다. 하지만 그들 야심가 중 많은 사람에게서는 그와 같은 현실에 대해 일종의 잔여적 불편함 이상의 것이 존재한다. 그들은 모두의 복지에 기여하고 있다고 믿고 싶어 한다. 그리고 보다 의미 있는 공동체적 관계를 갈망한다.[12]

478 실제로 주로 IT세계에서 발견할 수 있는 그와 같은 종류의 자본주의적 하위문화가 부유층과 권력층에서 만장일치로 수용된 것은 아니었다. 거대한 수직적 기업 문화가 여전히 존재하고 있다. 그리고 둘 간에는 긴장이 존재한다.

그럼에도 그것은 68세대의 이상의 단편들이 비록 이후 선택적으로 받아들여졌지만 지금도 여전히 강력하게 작용하고 있음을 보여준다. 심지어 포기하고 방치해버린 단편조차 양심에 걸릴 수 있을 것이다. 아무리 왜곡되었더라도 그와 같은 이상은 미국 같은 사회에서조차 특정 영역에서는 강력한 저항을 일깨우고, '문화전쟁'으로 불려온 것의 대상이 될 수 있을 정도로 충분히 강력하다. 이 용어는 어떤 의미에서는 과장일지

12 브룩스, 『보보스』, 3, 5, 6장. 인용문은 148페이지에 있다.

도 모른다. 왜냐하면 전쟁의 양쪽 진영에서 총력을 기울여, 누가 봐도 명백히 전력투구하는 투사 수는 상대적으로 소수라는 모종의 증거가 존재하기 때문이다. 사실 대다수 미국인은 중간 입장에 서 있기 때문이다. 하지만 체제의 동력학, 단일 이슈에만 전념하는 조직 간의 상호작용, 미디어, 미국식 정당제도, 심지어는 아마 '권리'에 대한 미국인들의 집착, 이 모든 요소가 양극화를 계속 가열시켜 각종 쟁점에 대한 정신적으로 보다 냉정하고 절제된 대처를 가로막아왔다.[13]

이상은 오직 선택적으로만 성취될 수 있다는 사실은 또한 우리가 적극적으로 지지하는 측면의 유의의성도 바꾼다. 자기표현은, 그것을 동등한 자들의 진정한 공동체와 양립 가능할 뿐만 아니라 심지어 그것의 실현을 향해 나가는 경로로 보게 되면 비중과 유의의성을 갖게 된다. 오직 자기 자신만을 위한 것으로 드러나면 그것들의 대부분을 잃을 수밖에 없다. 그리하여 역설이 생기게 되는데, 가령 브룩스는 '보다 고상한 자기중심주의'에 관한 앞의 인용문(실제로 그의 책 전체를 통해)에서 바로 그것에 응답하려 하고 있다. 이상이 선택적으로만 성취될 수 있는 것은 어떤 것을 손조차 대보지 못한 채 방치하도록 만들 수 있을 뿐만 아니라 또한 남아 있는 것조차 사소하거나 시시한 것으로 만들 위험이 있다. 또한 지금은 축소된 목표에 매달리는 바람에 그것에 포함된 딜레마를 은폐해버릴 위험도 수반된다. 그 결과 싫건 좋건 다른 타당한 목표의 실현을 방해하고, 자신이 지지하고 주장하는 목표도 축소하게 된다. 축소되고 단순화된 파편은 우리의 도덕적 세계 — 모든 것을 포괄하는 구호의 토대 자체 — 를 제약하는 한계가 되어버린다.

그것의 좋은 예가 '선택choice'이라는 개념이다. 즉 어떤 대안 중에서 선택하는 것인지 또는 어떤 영역 중에서 선택하는 것인지와는 상관없이 순수하게 최고의 가치를 선택한다는 개념이 그것이다. 하지만 우리 사회에서는 그와 같은 개념이 중요한 문제의 맥락에서는 만능의 논거로 규칙적으로 환기됨을 인정해야 한다. 가령 임신 첫 3개월 내에는 임신중절을 적어도 법으로 금지하자는 생각에 반대하는 일련의 논거를 생각해

13 그와 같은 양극화 메커니즘에 대한 빼어난 서술로는 James Davison Hunter, *Culture Wars*(New York: Basic Books, 1991)와 *Before the Shooting Begins*(New York: The Free Press, 1994)을 보라. 볼프(Alan Wolfe, *One Nation*)는 그와 같은 대립을 최소화하려고 시도한다.

볼 수 있을 것이다. 관련 논거 중 하나는 현재의 우리 사회에서 아이를 낳는 부담은
거의 전적으로 임신한 여성에게 부과되고 있다는 사실도 포함된다. 또는 법망을 전부
피하다 보니 낙태수술이 훨씬 더 위험한 조건에서 수행될 가능성이 높다는 문제도 있
다. 하지만 선택의 자유를 그 자체로 옹호해야 한다는 것은 그것과는 아무런 관련도
없다. — 물론 장래 부모가 될 사람들이 결혼지참금 액수를 줄이기 위해 태아가 여아인
경우에 한해 선택적으로 임신중절의 선택을 정당화하는 경우는 별개지만 말이다. 그와
같은 종류의 호소는 문제를 시시한 것으로 만들 뿐이다. 그것은 또한 다른 맥락들에서
도 환기되는 선택이라는 말이 가진 우호적 반향을 이용하고 있을 뿐이다. 가령 나의
욕망에는 아무런 장애물도 없다는 느낌을 환기하기 위해 사용되는 광고에서 그것을 찾
479 아볼 수 있다. 마치 사탕가게에서 즐거운 선택의 무한한 장 곁을 맴돌고 있다고 느끼는
어린아이가 된 듯이 말이다. '선택의 자유' 같은 말은 중요한 것은 거의 모두 차단한다.
딜레마에 처한 상황에서 희생된 대안, 해당 상황의 진정한 도덕적 비중 등을 모두 말이다.

그럼에도 불구하고 우리는 그와 같은 말에, 특히 '자유', '권리', '존중', '차별철폐' 등 구호로 쓰이기도 하는 용어에 재삼재사 부딪치게 된다. 물론 그와 같은 용어 중 어떤 것도 '선택' 같은 방식으로 공허하지는 않다. 하지만 그것들은 또한 논의를 중단시키는 전칭적 명제로 종종 동원된다. 즉 개별 사례에서 어디서, 어떻게 사용될지에 대한 어떤 고려도 없이 말이다. 그것은 서양의 많은 국가의 민주정치의 역학과 모종의 관련이 있다(필자는 다른 곳에서는 더 나은지에 대해서는 아무런 입장도 취하지 않는다). 즉 특정 입장을 옹호하는 집단, 미디어, 정당이 모두 [남들이 이해하기 쉽도록 지나치게] 단순화되거나 간단하게 설명된 정치문화를 생성하고 살찌우는 방식과 말이다. 헌터는 여러 연구가 보여주는 우울한 사실을 보고하고 있다. 즉 낙태 논쟁 중 '낙태합법화 반대' 쪽이 자기주장이 정당함을 입증할 수 있는 최고의 방법은 '권리'와 '선택'에 호소하는 것이라는 것이다.[14] 사람들이 선호하는 이 두 용어는 프로크루스테스적 힘을 획득한다. 천박함과 으스댐은 같은 동전의 양면이다.

그러나 바로 그와 같은 이유에서 우리는 그와 같은 말들이 사회 속에서 존재하는

14 Hunter, *Before the Shooting Begins*, p. 118.

인간 존재의 현실적 삶에 관한 숙고를 과연 얼마나 많이 반영하는지 질문할 수 있을 것이다. 헌터는 '당신은 pro-life[낙태합법화에 반대하는가]인가 아니면 pro-choice[어머니의 선택권을 우선하는가]인가?처럼 모종의 방식으로 질문을 단순화하는 것에 의해 논쟁의 어느 한 진영에 속할 수 있다고 생각하지만 막상 그것이 어떻게 복잡하고 미묘한 차이를 은폐하는지를 보여준다.[15]

이 문제에 관한 또 하나의 흥미로운 고찰을 1950년대의 시카고 그리고 이후 미국의 삶이 어떻게 되었는가에 관한 에렌할트의 매력적인 연구에서 찾아볼 수 있다.[16] 그의 저서는 아래 말로 시작된다.

> 미국의 대부분의 사람은 너무 명백하고 자명해 보여 거의 굳이 언급할 필요조차 없어 보이는 몇 가지 단순한 명제를 믿고 있다. 즉 선택은 삶에 좋은 것이며, 선택의 여지가 더 많을수록 그만큼 더 행복하다. 권위는 본질적으로 미심쩍다. 누구도 다른 사람에게 무엇을 생각하고, 어떻게 행동해야 할지를 명할 권리를 갖고 있지 않다. 죄는 개인적인 것이 아니라 사회적인 것이다. 인간 개개인은 본인이 그것 안에서 살아 숨 쉬는 사회의 피조물이다 등이 그것이다.[17]

여기서 위와 같은 생각이 얼마나 널리 퍼져 있는가는 누구나 인식할 수 있을 텐데, 그것은 비록 종종 논박되기도 했지만 종종 여러 논쟁에서 으뜸패 또는 특정한 틀에 끼워 맞추는 전제로 사용되고 있다. 여기서 에렌할트의 기본 명제는 매우 설득력이 있다. 하지만 앞의 세 가지 명제 중 어느 것 하나라도 보편적 진리로 받아들이는 것은 말도 되지 않는다. 어떤 종류의 것이건 사람이 살 수 있는 사회가 되려면 선택의 자유는 여러모로 제한되어야 하고, 몇 가지 권위는 존중되어야 한다. 몇 가지 책임은 개인이 지도록 해야 함은 분명하다. 항상 어떤 선택을 할 것인지, 어떤 권위를 존중할지, 어떤 책임을 져야

15 앞의 책, 3부.
16 Ehrenhalt, *The Lost City*.
17 앞의 책, 2페이지.

할지, 그리고 비용은 얼마로 해야 할지가 쟁점이 되어야 한다. 다시 말해 앞서와 같은 구호에 의지하는 것은 복수의 선택 사이를 항해해야 하는 딜레마를 우리로부터 은폐해
480 버린다. 우리가 올바로 이해한 것이라면, 20세기 하반기에 미국에서는 몇 가지 선택의 자유가 확대되고, 몇 가지 권위는 실추되는 일이 일어났다고 할 수 있을 텐데, 그 결과 몇 가지 이익과 몇 가지 손실이 부수되어 생겨났다. 그리고 그와 같은 구호의 확산에 일조한 대부분의 사람은 모종의 수준에서는 이 점을 알고 있다. 왜냐하면 그들 또한 다른 맥락에서는 안정되고 신뢰할 수 있는 안전한 공동체의 상실에 대해 개탄할 수 있기 때문이다. 앞에서 살펴본 대로 대부분의 미국인은 공동체가 훼손되어 왔으며, 오늘날에는 사람을 전보다 더 신뢰할 수 없게 되었다고 생각한다.

비용은 우리가 1950년대의 억압에 따른 몇 가지 제한 — 집안에 갇힌 여성들, 학교에서 틀에 박힌 교육을 받도록 강요당하는 아이들 — 에 대해 특히, 심지어 오늘날에도 분노를 느끼기 때문에 어떤 의미에서는 감추어질 수 있을 것이다. 그와 같은 일이 두 번 다시 일어나서는 안 된다고 생각하는 것이다. 반대로 가령 사회적 관계가 게토 속으로 해체되고, 많은 사람이 평생 '채널을 이리저리 돌리며' 삶을 살아야 하게 된 것에 따른 비용은 감당 가능한 것 또는 아마 단순히 '시스템에 의한 것' 중 하나로 간주되어, 그리하여 어쨌건 각자가 짊어질 수 있는 것으로 경험되고 있다.

하지만 온갖 혼란과 발뺌에도 불구하고 가치관에서 진정한 변화가 있었음이 드러나고 있다. 수 세기 동안 참고 견뎌온 많은 것 — 가령 삶에서의 여성의 선택사항의 제한 — 이 지금은 견딜 수 없는 것으로 선언되고 있는 사실에서 그것을 볼 수 있다. 따라서 우리 상황에 대해서는 두 가지 점을 지적할 필요가 있다. 하나는 공적 담론의 많은 핵심 용어가 시시해지고 사소화되고 있는 사태를 알아차리는 것이다. 다른 하나는 우리의 실제 숙고가 그와 같은 환상들에 의해 왜곡되거나 부분적으로 사로잡히기도 하지만 그럼에도 불구하고 그것들이 허용하는 것보다 항상 더 풍요롭고 심원함을 이해하는 것이다.

내가 이 점을 지적하는 이유는, 본래성의 시대의 개막 같은 전환에 대해서도 비슷하게 이중의 평가를 허용할 필요가 있다고 생각하기 때문이다. 그와 같은 사태전개에 반감을 가진 사람은 단순히 그것이 가져온 환상에 비추어서만 그것을 바라보고, 본래성

또는 관능성의 긍정을 가령 단순히 이기주의 그리고 쾌락의 추구로 간주하고, 자기표현의 갈망은 오직 소비자의 선택에 비추어서만 바라보고 싶은 유혹을 느낄 것이다. 다른 한편 그와 같은 전환의 옹호자들은 새로운 이상의 가치를 긍정하고 싶은 유혹을 느낄 것이다. 마치 그것들이 아무 문제도 없고, 비용도 무료이며, 결코 사소화될 수 없는 것인 양 말이다. 양쪽 모두 그와 같은 전환을 안정적인, 영원히 계속되는 게임 내부의 한 움직임으로 간주한다. 한편의 비판자가 보기에 그와 같은 전환은 미덕에 대한 주된 위협이었고, 지금도 그와 같은 여러 악덕을 수용한다는 함의를 갖고 있다. 다른 한편의 지지자에게는 억압의 양식이었고, 지금도 마찬가지인 매우 오래된 형태를 우리가 뒤집어버린 것이다.

나는 그와 같은 전환을 다르게 바라보고 싶다. 우리가 앞서 말한 것과 같은 모종의 변형을 겪을 때는 도덕적 쟁점이 되는 것이 바뀐다. 그와 같은 이행에서 생기는 이득과 손실에 대해 이성적으로 전반적 판단을 내리는 것이 불가능하다는 말이 아니다(그것을 저울질해보면 분명히 손실이 포함되어 있었지만 전체적으로는 긍정적인 것이었다고 나는 생각한다). 하지만 내 생각에 따르면 가용한 선택지가 바뀌어왔다. 그것은 먼저 보다 이전 시대에는 가용했던 몇 가지 선택지가 오늘날에는 불가능해졌음을 의미한다. 가령 가족에서의 분명하게 고정된 젠더 역할로 전반적으로 복귀하는 것이 그렇다. 그리고 두 번째로 그것은 새로운 맥락에서 오늘날 몇 가지 선택지가 추가되었으며, 그중 몇 가지는
다른 것보다 더 좋음을 의미한다. 비판자들이 가장 퇴화된 형태라고 되풀이해서 한탄하 481
며 차단하려는 경향이 있는 것이 그와 같은 시각이다. 그와 같은 비판자들은 부지불식중에 사소화된 형태들의 협력자가 되어버린다. 새로운 맥락 전체가 그와 같은 형태에 의해 규정되는 양 공격하기 때문이다. 낙태 논쟁에서 한쪽 진영이 'pro-choice'를 자임하는 것은 반대편 극과의 투쟁의 동력학과 밀접하게 관련되어 있다. 본래성에 대한 철저한 공격은 시곗바늘을 이전으로 돌리기에는 무력할 뿐만 아니라 우리 삶을 더욱 조악하게 만드는 데나 일조할 뿐이다.

우리의 사회적 상상계에서 일어난 앞의 전환은 어떤 결과를 가져올까? 그와 같은 결과의 중요한 측면 중 하나는 앞서 이루어진 청년문화에 대한 논의를 떠올리게 만든다.

그것 또한 사소화trivialization 가능성이 있는 하나의 중요한 장소를 구성한다.

필자는 다른 곳에서[18] 사회적 상상계의 전형적으로 근대적인, '수평적' 형태에 대해 쓴 적이 있는데, 거기서 사람들은 자신과 대다수의 다른 사람을 동시에 존재하고 행위하는 것으로 파악한다. 그와 같은 형태 중 널리 인정되고 있는 세 가지는 경제, 공론장 그리고 주권적 인민이다. 그러나 앞서 언급한 유행의 공간은 동시성의 네 번째 구조의 사례가 된다. 그것은 공론장과 주권적 인민과는 다른데, 그것들은 공동의 행위의 장이기 때문이다. 이 측면에서 유행은 일군의 개인적 행위가 사슬 모양으로 연결된 경제와 비슷하다. 하지만 그것과도 다른데, 유행의 공간에서 우리 행위는 특수한 방식으로 서로 관련되기 때문이다. 나는 내가 좋아하는 종류의 모자를 쓸 뿐이지만 그렇게 하는 가운데 무엇보다 먼저 나의 스타일을 다른 모든 사람에게 보여주며, 그렇게 함으로써 다른 사람들의 자기과시에 반응하며, 또한 다른 사람들도 내게 응답하게 될 것이다. 유행의 공간에서 우리는 기호와 의미의 언어를 함께 유지하는데, 그것은 항상 변한다. 하지만 그것은 또한 어떤 순간에건 우리 몸짓에 그것이 가진 의미를 부여하기 위해 필요한 배경이기도 하다. 만약 내 모자가 뽐내려고 하지만 과도한 장식은 피한 자기과시를 특수한 방식으로 표현하고 있다면 그것은 스타일이라는 공통 언어가 이 점에 이르기까지 우리 사이에서 진전되어 왔기 때문이다. 나의 몸짓은 언어를 변화시킬 수 있으며, 다른 사람들의 스타일상의 응답 시도도 언어가 갖게 되는 새로운 윤곽에서 의미를 얻게 될 것이다.

그와 같은 유행의 공간의 사례로부터 내가 끌어내고 싶은 일반적 구조는 수평적인, 동시적인 상호 존재의 구조로, 그것은 공동의 행위의 구조라기보다는 오히려 상호과시display 구조이다. 다른 사람들이 존재하는 것, 즉 우리가 하고 있는 것의 목격자로 존재하며, 그리하여 우리 행위의 의미에 대한 공동의 결정자로 존재하는 것이 우리 행위에서는 모두에게 중요하다.

그와 같은 종류의 공간이 현대의 도시사회에서 점점 더 중요해진다. 거기서는 서로 낯선 무수한 사람이 함께하는 일이 아무것도 없어도 어깨를 서로 마주치며, 서로에게

18 이상길 역, 『근대의 사회적 상상』, 이음을 보라.

영향을 주고받으며, 서로의 삶의 필수불가결한 맥락을 형성한다. 매일마다 퇴근하기 위해 지하철로 달려가야 하는 삶에서 다른 사람은 앞을 가로막는 장애물의 지위로까지 전락할 수 있다. 반대로 가령 도시적 삶은 우리가 일요일마다 각자 공원에서 산책하듯이, 여름의 거리 축제에서 군중과 어울리거나 결승전 경기를 운동장에서 함께 관람하는 등 타자와 함께 존재할 수 있는 다른 방식을 발전시켜왔다. 여기서는 각 개인이나 소집 482
단이 자기 책임 아래 행동하지만 자기과시가 다른 사람에게 어떤 것을 말하고, 그들에게서 그에 대한 응답을 받고, 또 모든 사람의 행위를 물들이는 공동의 분위기와 색조를 만들어내는 데 일조함을 깨닫는다.

여기서 도시에 사는 일군의 모나드는 독아론獨我論과 의사소통 간의 경계 위를 떠돈다. 시끄러운 나의 발언과 몸짓은 분명히 가까운 동료들만 향하고 있다. 또 우리 가족 집단은 천천히 산책하거나 일요일에는 우리끼리 하이킹을 가기도 하지만 그러는 내내 우리가 구축하고 있는 그와 같은 공동의 공간을 의식하고 있는데, 거기서 서로 주고받는 메시지가 의미를 얻게 된다. 고독과 커뮤니케이션 간의 그와 같은 기묘한 권역은, 19세기에 출현했을 때 그와 같은 현상을 관찰한 초기의 많은 사람에게 강한 인상을 주었다. 마네의 일부 회화나 보들레르가 도시 풍경 — 관찰과 과시를 하나로 결합시킨 산책자와 댄디 역할에서 그것을 볼 수 있다 — 에 매료된 것을 떠올릴 수 있을 것이다.

물론 19세기의 그와 같은 도시 공간은 국소적이었다. 즉 모든 참여자가 동일한 장소에, 서로가 보이는 곳에 있었다. 하지만 20세기의 커뮤니케이션은 장소를 초월한 변형태를 만들어냈는데, 가령 올림픽이나 다이애나비 장례식을 TV로 시청할 때 다른 수백만 명의 사람이 함께 보고 있음을 의식하고 있다. 사건에 대한 참여의 의미는 그것을 공유하는, 광범위하게 흩어진 엄청난 숫자의 청중에 의해 형성된다.

그와 같은 공간은 그야말로 고독과 함께함 사이를 부유하기 때문에 종종 공동의 행위로 확 뒤집힐 수 있다. 그렇다고는 해도 실제로 그렇게 되는 순간을 특정하는 것은 어려울 수 있을 것이다. 가령 아이스하키 경기장에서 3피리어드에 결정적 골을 넣은 것에 환호성을 지르기 위해 마치 한 사람처럼 일어설 때 분명 우리는 공동의 행위 주체로 변신하게 된 셈이 된다. 그리고 경기장을 떠나고 나서도 다 함께 행진하거나 떼창하거나 심지어 여러 가지 형태로 난리법석을 피우며 그것을 연장하려고 할 수도 있을 것이다. 록페스티벌에서 환호성을 지르는 군중 또한 비슷하게 융합된다. 그와 같은 융합의 순간에는 감정이 고양됨을 볼 수 있는데, 그것은 카니발이나 보다 이전 시대의 일부 대규모 집단의례를 떠올리게 한다. 뒤르케임은 그와 같은 집단적 흥분의 기회를 사회와 성스러운 것을 창립하는 순간으로 간주해, 그것에 중요한 자리를 부여했다.[19] 어쨌건 그와 같은 순간은 오늘날의 '고독한 군중'이 느끼는 어떤 중요한 요구에 응하는 것처럼 보인다.

나는 여기서 이제 막 '공동의 행위'에 대해 말해왔지만 그것이 항상 올바른 범주인 것은 아니다. 폭도가 경찰차를 박살내거나 병사들에게 투석할 때의 표현으로는 아마 적절한 말일 것이다. 하지만 록콘서트나 다이애나비 장례식 때 우리가 공유하는 것은 그와는 다른 어떤 것이다. 그것은 행위라기보다는 오히려 감정, 즉 강력한 공동감정이다. 거기서는 우리 모두 깊이 감동하고 있고, 또 하나가 되어 감동을 함께하고 있으며, 보다 위대하고 심원하고 존경스러운 것과 접촉하는 가운데 하나로 융합되었다고 느끼는 일이 일어나게 된다. 그것이 우리를 감동시키는 힘은 그와 같은 융합을 통해 엄청나게 커진다.

그와 함께 우리는 위에서 환기시킨 바 있는 '축제적인 것'이라는 범주로 돌아가게 된다. 공동의 행위/감정 속에서의 융합의 순간이 그것으로, 그것은 우리를 일상적인 것에서 떼어놓는 동시에 예외적인 것, 우리를 초월한 것과 접촉하도록 만드는 것처럼 보
483 인다. 그와 같은 이유로 몇몇 논자는 그와 같은 순간을 근대세계에서 새로운 형태의 종교가 출현하는 순간 중 하나로 인식하고 있다. 그와 같은 생각에는 뭔가가 들어 있는데[20], 그에 대해서는 좀 더 아래서 자세히 살펴보고 싶다.

우리 세계에서는 새로운 소비문화, 표현주의, 상호과시의 공간이 결합되어 자체에 고유한 종류의 시너지를 만들어내고 있다. 상품이 개인적 표현의 매개물이, 심지어 정체성의 자기규정이 되고 있다. 하지만 설령 이데올로기적 측면에서 제시된다고 해도 그것이 실제적인 개인적 자율성에 대한 모종의 선언으로 귀결되는 것은 아니다. 자기규

19 뒤르케임, 민혜숙, 노치춘 역, 『종교생활의 원초적 형태』, 한길사.

20 Danièle Hervieu-Léger, *La Religion pour Mémoire*(Paris: Cerf, 1993), 3장, 특히 82페이지 이하를 보라.

정의 언어는 상호과시의 공간 속에서 규정되지만 후자는 이미 지금 특정 장소를 초월한 공간이 되었다. 그와 같은 상황은 우리를 스타일 창조의 일류 중심지 — 보통은 부유하고 강력한 나라나 환경 속에 존재한다 — 와 연결시킨다. 그리고 그와 같은 자기규정의 언어는 대기업에 의해 지속적으로 시도되는 조작 대상이 된다.

나이키 운동화 구입 행위는 어떻게 내가 존재하는가/보이고 싶어하는가에 대해 무엇인가를 말해줄 수 있을 것이다. 즉 [나이키 광고 구호인] 'just do it!'을 나의 모토로 받아들 수 있는 일종의 권한이 향상된 행위 주체가 그것이다. 그리고 그렇게 함으로써 나는 스포츠의 영웅들 그리고 그들이 뛰는 위대한 리그와 나를 동일시할 수 있다. 그와 같은 식으로 나는 나의 '개(인)성'을 표현하는 가운데 수백만 명의 다른 사람과 손잡는 것이다. 게다가 보다 고차적인 어떤 세계, 즉 스타와 영웅들의 장소 — 대부분이 환상의 산물이다 — 와 나를 연결함으로써 그것을 표현한다.

현대의 소비사회는 과시공간의 구축과 분리 불가능하다. 가령 벤야민에 의해 주제화된 19세기 파리의 아케이드 그리고 오늘날의 거대한 몰 같은 거대 소비시설 등의 국소적 공간, 소비의 전당 그리고 또한 상품을 통해 우리를 다른 곳에 존재하는 상상 속의 보다 고차적인 존재와 연결 지어주는 장소를 초월한 공간도 있다.

하지만 그럼에도 불구하고 이 모든 순응과 소외는 선택과 자기결정처럼 느껴질 수도 있을 것이다. 선택지를 점점 더 증대시키는 소비 공간이 선택을 찬양하기 때문만이 아니라 또한 어떤 스타일을 받아들임으로써 나는 가족이나 전통 등 보다 제한적인 일부 공간에서 벗어나고 있다고 느낄 수 있기 때문이기도 하다.[21]

21 음벰베Achille Mbembe는 오늘날의 요하네스버그에 대한 매력적인 분석을 보여주는 "Aesthetics of Superfluity"(*Public Culture*, vol. 16, no. 3[2004], Duke University Press, pp. 373-405)에서 멜로즈 아치 앤 몬테카지노Melrose Arch and Montecasino[말 그대로이다]라는 이름으로 도시 지역의 북쪽 끝에 조성된 새로운 상류 계층 중심의 완전한 몰 중심 환경에 대해 묘사한다. 그와 같은 몰이 사람들이 꿈꾸어온 '다른 어떤 곳'으로 형성되었는데, 쇼핑객은 그것과 연결되어 있다고 느낀다. 심지어 수 세기에 걸쳐 비바람에 시달려온 것처럼 정교하게 마감질하는 것을 포함해 교묘하게 모방하는 것을 통해 그와 같은 몰은 우리를 토스카나로 옮겨준다. 토스카나는 제1세계 디자인의 중심일 뿐만 아니라 또한 중세적 뿌리를 통해 현대의 소비 자본주의가 해체시키고 있는 통합된 공동체를 대변한다. 그와 같은 장소에서 쇼핑객은 정서적으로 불가능한 것을 가능하게 만들 수 있으며, 선택을 늘릴 수 있는 짜릿함과 함께 심오한 의미를 갖고 있지만 오래전에 사라져버린 과거의 공동체에 대한 향수 어린 바람 모두를 향유할 수 있다(393페이지 이하).

물론 본래성에 대한 보다 진정한 추구는 오직 다국적 기업에 의해 만들어진 로고중심주의적22 언어에서 벗어날 수 있을 때만 시작될 수 있음은 두말할 필요가 없을 것이다. 그와 같은 언어는 장소를 초월한 과시공간에서는 큰 자리를 차지하지만 그것이 이야기의 전부는 아니다. 숭배 대상이 되는 스타와 영웅, 정치구호와 시위 양식 또한 유통된다. 그것들 또한 각자에 고유한 방식으로 왜곡될 수 있지만(체게바라 티셔츠를 생각해보라) 또한 진정한 쟁점을 둘러싸고 초국적 운동과 우리를 연결시켜 줄 수도 있을 것이다.

그 밖의 다른 어떤 방식으로 표현적 개인주의의 전진은 우리의 사회적 상상계를 바꾸고 있을까? 여기서 나는 다시 한 번 이념형을 스케치할 수 있을 뿐인데, 새로운 것이 낡은 것과 공존하는 점진적 과정을 다루고 있기 때문이다.

주권적 인민으로서의 우리의 자기 이해는 그와 같은 새로운 개인주의에 의해 대체되지 않았다. 하지만 아마 강조점의 변화가 있었을 것이다. 인간의 정체성은 복합적인
484 것으로, 많은 참조점으로 구성되어 있다. 많은 사람에게 캐나다인, 미국인, 영국인, 프랑스인인 것은 여전히 중요해 보인다. 단지 올림픽이 열리고 있을 때의 우리 모습만 보라. 그러나 정체성에 대한 우리의 전반적인 지각 구조에서 그것의 비중과 중요성은 바뀔 수 있을 것이다.

오늘날 많은 젊은이에게 보다 가까운 동료집단 사이에서 누리고 과시하는 — 하지만 찬양 대상, 심지어 제품과 관련해 미디어에 의해 규정되고 있다 — 몇몇 스타일은 자기-감각에서 점점 더 큰 자리를 차지하고 있으며, 교회, 정당, 어떤 가치의 옹호 단체 등은 말할 것도 없고 국민 같은 대규모 집단적 조직에의 귀속감을 중요성 측면에서 대체하는 경향을 보여 왔다고 주장할 수 있을 것이다.

상호이익이라는 근대적 도덕질서의 경우 어느 편인가 하면 한층 더 강화되어왔다고 할 수 있을 것이다. 또는 아마 보다 정확하게 말하자면, 다소 다른 형태를 취하게 되었다. 물론 공정, 각자의 자유의 상호존중이라는 이상이 오늘날의 젊은이 사이에서도 이전 어느 때와 마찬가지로 강력하게 지지받고 있음은 분명하다. 실제로는 다름 아니라 부드러운 상대주의를 볼 수 있는데, 그것은 본래성의 윤리를 수반하는 것처럼 보인다.

22 일부러 말놀이를 해보았다. 여기서 내가 에둘러 염두에 두고 있는 것은 클라인Naomi Klein의 획기적 저서 『노 로고』(정현경, 김효명 역, 랜덤하우스코리아)이다.

그것은 이렇게 말한다. 즉 각자 자기 하고 싶은 것을 하고, 다른 사람이 하는 일의 '가치'를 비판해서는 안 된다. 그와 같은 태도는 실제로 그것에 의해 요구되는 하나의 확고한 윤리적 토대에 근거하고 있다. 다른 사람의 가치를 비판해서는 안 되는데, 그들은 당신과 마찬가지로 자기 자신의 삶을 살 권리가 있기 때문이다. 용서받을 수 없는 죄는 무관용이다. 그와 같은 명령은 분명히 자유와 상호이익의 윤리에서 파생되었다. 물론 그것을 그렇게 적용하는 것에 대해서는 쉽게 트집 잡을 수 있겠지만 말이다.[23]

그와 같은 '상대주의'에서 명백히 볼 수 있듯이 새로운 뒤틀림이 발생하는데, 앞의 명령이 이제는 독자적으로 존재하는 것이다. 이전에는 다른 명령들에 의해 둘러싸이고 또 그것들 안에 포함되어 있던 것과 반대로 말이다. 로크가 보기에 자연법은 강력한 규율을 통해 우리 내면에 심어질 필요가 있었다. 따라서 설령 목표가 개인의 자유더라도 그와 같은 장 그리고 강력한, 공동으로 강제되는 덕성character의 필요성 간에는 아무런 모순도 없는 것으로 느꼈다. 오히려 후자 없이 상호존중 체제는 존속할 수 없음이 분명한 것처럼 보였다. 밀이 이후 '위해 원리harm principle'로 불리게 되는 생각을 표명할 수 있던 것은 그로부터 꽤 오랜 시간이 지나서였다. 즉 타자에게 해를 끼치는 것을 방지하기 위한 것 외의 목적으로는 누구도 내가 좋아하는 것에 대해 내게 간섭할 권리가 없다는 것이 그것이다. 밀 시대에 그와 같은 원리는 일반적으로 전혀 수용되지 않았다. 그것이 자유방임사상으로 나가는 길을 열었던 것처럼 보인다.

하지만 오늘날에는 위해 원리가 널리 지지되며, 지배적인 표현적 개인주의에 의해 요청되는 처방인 것처럼 보인다(그리고 밀의 논의가 또한 훔불트라는 인물에서 유래하는 표현주의적 원천에 의거했던 것은 아마 우연이 아닐 것이다).

실제로 '(개인의) 행복의 추구'는 전후 시대에 새로운 의미를 띠게 되었다. 물론 그와 같은 생각은 〈아메리카혁명〉이래 자유주의에 핵심적이었으며, 그와 같은 혁명이 그

23 쉴레겔Jean-Louis Schlegel은 오늘날의 젊은이에 대한 연구에서 지속적으로 등장하는 가치를 이렇게 열거한다. "인권droits de l'homme, 관용tolérance, 타자의 신념에 대한 존중respect des convictions d'autrui, 자유libertés, 우정amitié, 사랑amour, 연대solidarité, 박애[형제애]fraternité, 정의justice, 자연보호respect de la nature, 인도적 개입intervention humanitaire", *Esprit*, no. 233, June 1997, p. 29. 드네플Sylvette Denèfle은 프랑스의 비신앙인에 대한 연구를 통해 앞의 사실을 입증한다(*Sociologie de la Sécularisation*[Paris: L'Harmattan, 1997], 6장). 그들에게는 관용이 핵심적 미덕이다(166페이지 이하).

와 같은 추구를 기본권이라는 [「독립선언」에 기록된 대로 생명과 자유, 평등에 대한 권리와 함께] 삼위일체 중 하나로 신성화했다. 하지만 아메리카공화국의 최초 1세기 동안 그와 같은 권리는 당연시되는 몇몇 경계 내부에 국한되어 있었다. 먼저 아메리카인들이 최대한 부응해 살아가려고 한 시민윤리가 존재했는데, 그것의 중심에는 자치라는 가치가 존재했다. 하지만 그것을 넘어 성도덕(나중에 '가족의 가치family values'로 불리게 된
485 다)의 몇 가지 기본적 요구뿐만 아니라 근로와 생산성이라는 가치도 존재했는데, 그것들이 개인적 선의 추구에 틀을 부여했다. 그와 같은 경계를 벗어나는 것은 행복을 추구하기보다는 오히려 완전한 파멸로 향하는 것이었다. 따라서 사회가 그와 같은 규범들을 내면에 심어주거나 심지어 몇몇 경우(가령 성도덕) 강제하려고 노력하는 것은 「독립선언」에 의해 신성화된 세 가지 기본권과 아무런 모순도 되지 않았다. 다양한 양식의 사회적 순응을 강요하는 것에 대해 유럽 사회들은 아마 아메리카사회보다는 덜 민감했지만 그들의 코드는, 어느 쪽인가 하면, 심지어 아메리카보다 훨씬 더 제약적이었다.

개인적 성취에 주어지는 그와 같은 제한이 무너지는 것은 몇몇 경우 점진적으로 이루어지며 전진과 후퇴의 흔들림을 동반했지만 장기적으로는 명백한 전반적 경향이 되었다. 샌델은 시민윤리에 대한 관심이 오늘날에 비해 아메리카 역사의 첫 세기에 얼마나 현저했는지를 지적한다. 브랜다이즈Louis Dembitz Brandeis는 부분적으로는 대규모 기업연합은 "노동자가 시민처럼 생각하는 것을 가능하게 해주는 도덕적 · 시민적 능력을 손상시킨다"[24]는 것을 근거로 20세기 초에 반독점소송을 제기할 수 있었다. 하지만 20세기가 진전됨에 따라 그와 같은 고려는 점점 더 후퇴하게 되었다. 법원은 개인의 '프라이버시' 보호에 점점 더 많은 관심을 기울이게 되었다.

하지만 개인의 행복의 추구에 대한 제한이, 특히 성에 관한 사항뿐만 아니라 다른 분야에서도 가장 명백하게 제거된 것은 실제로는 제2차세계대전 이후의 시기였다. 프라이버시를 인용한, 그리하여 형법의 적용 범위를 제한한 〈미국대법원〉 판결이 명백한 사례이다. 비슷한 일이 트뤼도 총리하의 캐나다 형법 개정에서 일어났는데, 그것은 '국가는 국민의 침실에는 개입하지 않는다'는 원리를 표명했다. 위녹은 1970년대에 프랑

24 샌델, 이경식 역, 『당신이 모르는 민주주의』, 와이즈베리, 209~210페이지.

스의 심성에서 일어난 변화에 대해 이렇게 지적한다. 낙태합법화, 이혼법 개정, 포르노 영화 승인 등과 함께 "검열폐지, '습속 해방'이 법 안으로 들어왔다."[25] 그와 같은 진전은 실제로 거의 모든 대서양 사회에서 일어났다.

그와 같은 혁명의 핵심은 성도덕에 있었다. 앞 절에서 지적한 대로 그와 같은 과정에는 장기간의 시간이 걸렸지만 문화적 엘리트 사이에서 그와 같은 사태전개가 보다 일찍부터 전개되어오고 있었다. 1960년대에 그것이 모든 계급에게 일반화되었다. 그것은 분명 심각한 변화였다. 성적 순결과 일부일처제의 상대화, 하나의 합법적 선택지로서의 동성애의 인정, 그것들은 모두 교회에 엄청난 충격을 주었다. 지난 수 세기 동안 이런저런 태도를 통해 앞의 문제에 대해 큰 역점을 두어왔기 때문이다. 독실함이 종종 극히 엄격한 성적 코드와 동일시될 정도로 말이다. 이 점에 대해서는 조만간 다시 논하기로 하자.

실제로 덕성character을 훈련할 필요는 한층 더 배경으로 물러갔다. 마치 상호존중의 도덕이 진정한 자기실현이라는 이상 자체 속에 매립된 것처럼 말이다. 그리고 오늘날 많은 젊은이는 분명히 그것을 그렇게 경험하고 있다. 파시즘과 극단적 민족주의라는 486
20세기의 끔찍한 일탈 또한 동일한 원천에서 물을 마셨음은 완전히 망각한 채 말이다.

이 모든 것은 아마 상호권리존중이라는 원리가 대서양세계의 우리 문화 속에 매립된 정도를 반영하고 있을 것이다. 그것이 권리회복과 비차별의 정치적 · 법적 절차의 대부분을 전면적으로 합법화할 수 있도록 해주는 배경을 이룬다. — 비록 각각의 적용의 옳고 그름에 대해서는 정열적으로 논쟁 중이지만 말이다. 하지만 그것은 또한 권리의식이 특정한 정치공동체에의 귀속감과 점점 더 느슨하게 연결되는 사태를 반영하기도 하는데, 그것은 긍정적 면과 부정적 면을 모두 가진다.[26]

25 Michel Winock, *Le siècle des intellectuels*(Paris: Seuil, 1997), p. 582.

26 정체성의 그와 같은 변화가 미국뿐만 아니라 대서양세계의 거의 모든 곳에서 투표참가율이 떨어지는 것을 설명하는 데 도움이 될 수 있으리라고 주장할 수 있을 것이다. 그와 같은 추세는 젊은이 사이에서 특히 두드러진다(퍼트넘, 『나 홀로 볼링』, 14장을 보라). 아마 거리두기는 직접적일 뿐만 아니라 — 즉 무소속의 개인이 정치에 대한 관심을 잃을 뿐만 아니라 — 또한 간접적이기도 한 것처럼 보인다. 즉 사람들이 그들을 정치와 연결시켜온 운동과 조직으로부터 떨어져 나왔다. 가령 (가령 영국과 프랑스 같은) 일부 국가에서 계급의식, 따라서 노동조합 같은 계급운동의 쇠퇴는 많은 사람을 정치체제와 연결시켜온 연결고리를 끊어버렸다. 그들은 계급적 정체성 그리고 계급투쟁에 관한 특정한 이해를 통해 전체와 묶여 있

그것에 대한 찬반은 한쪽으로 제쳐두고 여기서는 우리의 본래 주제와 관련된 문제, 즉 가장 넓은 의미에서의 성스러운 것이 — 이렇게 묘사할 수 있다면 — 상상되는 장소라는 주제에 논의를 집중하고자 한다. 표현적 개인주의의 그처럼 새로운 사회적 상상계를 하나의 이념형으로 스케치해보자면 그것은 완전히 비뒤르케임적이라고 할 수 있을 것이다.

구뒤르케임적 질서화 원리에 따르면, 내가 성스러운 것과 연결된다는 것은 내가 원칙적으로 사회와 동일한 외연을 가진 교회에 속한다는 의미를 함축했다. 실제로는 비록 외부인으로 용인된 사람도 존재하고 또 아직까지 규율화되지 않은 이단도 존재할 테지만 말이다. 반대로 신뒤르케임적 질서화 원리에 따르면 우리는 본인 선택으로 교파에 속하게 되는데, 그러나 이어 그것이 보다 넓은, 쉽게 손에 잡히지 않는 '교회' 그리고 보다 중요하게는 섭리적 역할을 하는 정치적 실체와 나를 연결시켜준다. 두 경우 모두 신에 충실한 것과 국가에 충성하는 것 사이에는 연관성이 존재한다. — 내가 '뒤르케임적'이라는 한정형용사를 사용하는 것은 이 때문이다.

신뒤르케임적 양식은 개인성과 선택의 권리 쪽을 향한 중요한 일보를 포함한다. 사람이 특정한 교파에 속하는 것은 그것이 옳다고 생각되기 때문이다. 그리고 이제 그와 같은 선택을 통해서가 아니면 '교회' 구성원이 될 수 있는 방법은 없는 것처럼 보이게 되었다. 구뒤르케임적 유형의 지배에서는 사람이 의사에 반해 강제로 통합되고, 신에게 올바로 접속되어야 한다고 요구할 수 있고 또 그렇게 했지만 이제는 어불성설이다. 강제는 틀렸을 뿐만 아니라 모순이고 또 그렇기 때문에 가당찮은 것으로 간주되게 되었다. 그와 같은 의식의 발전에서 하나의 중요한 분수령은 〈낭트칙령〉의 폐지에 대한 교양있는 유럽인의 반대에서 볼 수 있었다. 심지어 교황조차도 그것이 잘못되었다고 생각했다.

하지만 표현주의적 견해는 그것을 한 단계 더 전진시켰다. 내가 일부가 되는 종교적 삶이나 실천은 나의 선택이 되어야 할 뿐만 아니라 동시에 그것이 나에게 반응을

었다. 정체성을 통해 '노동운동'이나 〈프랑스공산당〉과 연결되는 사람 숫자가 점점 더 줄어드는 세계는 아마 또한 투표 기권의 수준이 높아가는 세계이기도 할 것이다.

보여야 하며, 내가 이해하는 바의 영=정신적 발전에 비추어 의미가 이해되어야 한다. 그와 함께 우리는 새로운 단계에 도달하게 된다. 이전에 교파의 선택은 고정된 틀, 가령 사도신경이나 보다 광범위한 '교회'의 신앙 안에서 일어나는 것으로 이해되었다. 그와 같은 신앙의 틀 안에서 나는 가장 편안하게 느끼는 교회를 선택했다. 하지만 만약 이제 초점이 나의 영=정신적 경로에 놓이게 된다면, 그리하여 내가 의미 있다고 생각되는 보다 섬세한 언어 속에서 내게 주어지는 통찰에 놓이게 된다면 그와 같은 틀 또는 다른 어떤 틀을 유지하는 것은 점점 더 어려워진다.

하지만 그것은 보다 넓은 '교회' 속에서의 나의 위치는 나에게는 아마 그리 중요치 487
않으리라는 것을 의미한다. 그것과 함께 '신 아래의 한 백성' 속에서의 또는 섭리적 역할을 하는 그와 같은 다른 정치적 조직 속에서의 나의 위치도 비슷하다. 새로운 표현주의적 체제 내부에서는 우리가 성스러운 것과 연결되어 있는 것이 '교회'건 국가건 어떤 특정한 보다 폭넓은 틀 안에 필연적으로 매립되는 일은 있을 수 없다.

프랑스에서 지난 수십 년 동안 진행된 사태전개가 오래된 '프랑스인-프랑스어 전쟁'의 양쪽 진영 모두에게 지극히 불안정했던 것은 이 때문이다. 교회는 많은 추종자를 잃어버렸을 뿐만 아니라 젊은이들 또한 교회의 경쟁자인 자코뱅적인/또는 공산주의적인 세계관에서 벗어나기 시작했다. 바로크풍의 구뒤르케임 유형의 성직자주의의 동력학과 보조를 맞추어 앞의 투쟁으로부터 나름대로 일종의 국민적 '교회'가, 공화국 그리고 그와 같은 공화국의 원리에 따른 교회가 되기를 갈망한 형태의 휴머니즘이 등장했다. 그것이, 그것 안에서 사람들이 각자의 상이한 형이상학적 그리고 (만일 주장하는 사람이 있다면) 종교적 견해를 대변하게 될 틀이 되어야 했다. 거기서는 공화국이 성직자주의적인 군주제주의자들의 구뒤르케임주의에 맞서 일종의 신뒤르케임적 질서화 원리를 위해 투쟁했다. 그와 같은 신뒤르케임적 전통은 심지어 '성스러운 것'이라는 용어를 자신을 위해 차용했다('신성 동맹'union sacrée', 마라를 살해한 '불경스런 손la main sacrilège' 등의 표현을 생각해보면 잘 알 수 있다. 그와 같은 어법은, 뒤르케임이 앙시앵레짐과 공화국 모두를 포함하는 쪽으로 이 용어를 이론적으로 사용하는 것을 명백히 조장했다). 가톨릭 신앙 그리고 앞서 말한 변종의 공화주의 모두 새로운 표현적 개인주의의 포스트-뒤르케임적 질서화 원리 속에서 많은 추종자를 잃게 되는 것은 놀랄 만한 일이 아니

다.[27]

그것은 질서라는 이상이 신앙/비신앙 간의 논쟁 속으로 복잡하게 뒤엉켜 들어가도록 만든 방식을 크게 바꾸고 있다. 오늘날 우리가 도덕질서라는 이상에 대한 포괄적 합의에 이른 것만이 그와 같은 방식으로 복잡하게 뒤엉기는 것이 매우 드물게 된 사태에 기여한 유일한 변화는 아니었다. 우리의 포스트-뒤르케임적 질서화 원리에서 종교적이건 '세속적이건' 성스러운 것이 우리의 정치적 충성과 분리된 상황 또한 그것에 기여했다. 하지만 앞서 언급한 '프랑스인-프랑스어 전쟁'을 고무해온 것은 전반적 충성을 둘러싼 이 두 종류 간의 경합이었다. 게다가 1914년에 무수한 사람을 참호로 몰아넣어 조국을 위해 싸우고, 4년 동안 탈영하지 않고, 소수의 예외를 제외하고는 반란을 일으키지 않고 그곳에 머물도록 한 것 또한 보다 오래된 질서화 원리였다.[28]

나는 여기서 과거형으로 이야기하고 있는데, 왜냐하면 당시 전쟁의 주요 참전국이던 많은 나라에서 새로운 질서화 원리가 그와 같은 종류의 일을 불가능하게 만들고 있었기 때문이다. 하지만 그와 같은 사정이 타당한 지리적 영역이 한정되었던 것 또한 분명하다. 발칸반도에서는 1911년에 발발한 전쟁 이후 이 측면에서 그다지 많은 변화가 없었다. 그리고 심지어 또한 북대서양의 핵심 사회에서조차도 그와 같은 변화가 비가역적이었다고 믿을 정도로 지나치게 낙관적이어서는 안 될 것이다.

구/신/포스트-뒤르케임적 질서화 원리라는 표현은 이념형을 묘사한다. 내 주장은 그중 어느 하나가 전면적 묘사를 제공한다는 것이 아니라 역사는 이 세 가지 질서화 원리를 통해 전진하고, 마지막 이념형이 우리 시대를 점점 더 강하게 물들이게 되었다는 것이다.

그와 같은 새로운 포스트-뒤르케임적 질서화 원리와 함께 모든 것이 이야기되는 것은 아님은 근대사회에서 벌어지는 투쟁으로부터 이미 명백하다. 어떤 의미에서 미국

27 여기서의 나의 분석은 고쉐의 것에 가까워지고 있다는 생각이 드는데, 그는 프랑스의 현재 상태를 '제3차 세속주의 시대une troisième époque de la laïcité'라고 부른다(*La Religion dans la Démocratie*[Paris: Gallimard, 1998], p. 74). 또한 그의 *La Condition Historique*(Paris: Stock, 2003), 12장을 보라. 후자의 저서는 그와 같은 사태전개를 인간사에 관한 심오하고 계몽적인 이야기의 맥락 속에 놓고 있다.

28 퓌레(*Le Passé d'une Illusion*[Paris: Gallimard, 1996])는 그와 같은 충성이 그리고 그것을 지탱한 귀속감이 얼마나 주목할 만한 것이었는지를 지적한다.

에서 〈도덕적 다수Moral Majority〉를 추동해 〈기독교우파〉에게 동기를 부여한 것의 일부는 488
한때 국민을 규정했지만 지금은 파열된 신뒤르케임적 견해의 일부를 재-구축하려는 갈망에서 찾을 수 있었다. 그와 같은 갈망에 의하면, 미국인이라는 것은 유신론과, '신 아래에서의 한 국민'인 것과 또는 적어도 그와 같은 관념과 복잡하게 뒤엉켜 있는 윤리와 다시 한 번 연관되게 될 것이다. 비슷한 방식으로 바티칸이 이끄는 가톨릭교회의 많은 지도부도 영성spirituality에 대한 새로운 표현주의적 이해 속에 포함된 일괴암적 권위에 대한 도전에 저항하려고 했다. 그리고 아메리카의 가톨릭교회는 도덕적 합의와 관련해 한창일 때는 종교를 신뒤르케임적 방식으로 정초하는 것을 선호한 보다 이전 형태를 재구축하기 위해 빈번히 〈기독교우파〉와 보조를 맞추었다.[29] 이 모든 집단에게서 기독교 신앙과 문명질서 사이에는 일정한 연관이 존재한다는 생각이 중요한 역할을 했다.

하지만 그와 같은 시도의 격렬한 전투적 성격이 벌써 우리가 오래된 질서화 원리로부터 얼마나 멀어져왔는지를 보여준다. 오늘날의 신앙의 조건을 해명하는 데는 그와 같은 변동을 살펴보는 것이 유용하다. 하지만 그것은 또한 내가 앞서 주장한 내용을 강조하기도 한다. 내가 사용하는 '신뒤르케임적 질서화 원리' 내지 '포스트-뒤르케임적 질서화 원리' 같은 용어는 이념형을 나타낸다. 나의 주장은 오늘날의 시대가 명확히 포스트-뒤르케임적이라는 것이 아니다. 마치 가령 중세 프랑스가 의문의 여지없이 구뒤르케임적이었거나 19세기의 아메리카가 순전히 신뒤르케임적이지 않았듯이 말이다. 오히려 앞서 말한 두 가지 질서화 원리 간에 투쟁이 지속되고 있다는 것이다. 하지만 우리를 불안정하게 만들고 분란을 조장하는 것이 그것, 즉 그와 같은 포스트-뒤르케임

29 카사노바의 탁월한 저서 *Public Religions in the Modern World*(Chicago: University of Chicago Press, 1994)는 우리의 종교적 곤경이 얼마나 다양한지를 보여준다. 만약 우리가 포스트-뒤르케임적 견해에 의해 전면적으로 규정된 세계 속에서 살게 되었다면 아마 공론장에 종교를 위한 더 이상의 공간은 존재하지 않을 것이다. 영=정신적 삶은 오늘날 매우 널리 확산되어 있는 몇몇 절차적 자유주의 규범에 발맞추어 전적으로 사사화될 것이다. 하지만 카사노바는 실제로 종교의 '탈사사화deprivatization'를, 즉 사회의 종교적 삶에 다시 개입하려는 교회와 종교 단체의 시도를 추적하고 있다. 내가 방금 언급한 아메리카의 〈기독교우파〉와 가톨릭 주교들의 서한을 사례로 들 수 있을 것이다. 그와 같은 종류의 일이 언젠가 끝날 것 같지는 않다(그리고 또한 바람직하지 않다). 하지만 그와 같은 개입이 이루어지는 상황은 단일한 뒤르케임적 체제가 종언을 고하고 많은 사람이 점점 더 포스트-뒤르케임적 견해를 수용하는 것에 의해 규정된다.

적 질서화 원리의 유용성이다.

그러나 신앙 그리고 문명질서 간의 쉽게 투쟁으로 폭발하는 결합에 대해 검토하기 전에 우리가 이야기해오고 있는 변동이 근대의 주체화 논리와 그리고 '완충재로 덮인 자아'라고 부를 수 있을 것과 얼마만큼 조화를 이루는지를 분명히 해두고 싶다. 우리는 이미 18세기에, 앞의 3부에서 언급한 18세기의 중요한 '분기점' 중 하나에서 완충재로 덮인 정체성의 냉담하고 신중한 종교관에 대한 반응 중 하나는 우리를 움직이는 감정, 정서, 생생한 신앙을 강조하는 것이었음을 살펴보았다. 가령 경건주의와 감리교의 경우가 그랬는데, 두 교파에게는 신의 구원 행위에 대한 강력한 정서적 응답이 신학적 정확성보다 더 중요했다.

물론 그들 운동은 정통신앙 내부에 머물기를 바랐지만 강조점이 신앙의 대상의 본질보다는 오히려 감정의 강도와 본래성으로 옮겨가는 데는 오랜 시간이 걸리지 않았다. 이 세기 후기에『에밀』독자들은 무엇보다 먼저 등장인물들의 본래성을 띤 깊은 정서에 감탄하게 될 것이다.

거기에는 일정한 논리가 들어 있다. 전에는 많은 열정적[수난적] 신앙이 존재했고 삶과 죽음이라는 가장 중요한 문제는 교의적이었지만 지금은 심지어 흠 하나 잡을 데 없는 이론 지향의 정통신앙의 냉담한 거리를 둔 관망 속에서 막상 신앙의 핵심 자체가 사라지고 있다는 느낌이 확산되고 있다. 우리는 오직 열정[수난]을 통해서만 신과 접촉할 수 있다. 그와 같은 생각을 공유하게 되는 사람에게는 열정의 강도가 주요 미덕이
489 되고, 신학적 정식화의 정확성이 다소 부족한 점을 보완하고도 남음이 있는 것으로 여겨졌다. 거리를 둔 이성에 의해 지배된 시대에는 그와 같은 미덕이 점점 더 결정적인 것으로 여겨지게 되었다.

낭만주의 초기에 이르면 이 문제는 다소 다른 형태로 나타나게 된다. 이제 많은 사람에게 생기 없는 이성은 어떤 형태로도 궁극적 진리에 도달할 수 없는 것처럼 보였다. 보다 지고한 것이나 신적인 것을 개시할 수 있는 보다 섬세한 언어가 필요했다. 하지만 그와 같은 언어가 강렬하게 작용하려면 저자나 독자와 공명할 필요가 있었다. 어떤 외적 공식[처방]에 동의하는 것이 중요한 것이 아니라 보다 고차적인 실재에 대한 감동적 통찰을 낳는 것이 중요했다. 깊이 느껴지는 인격적 통찰이 이제 우리의 가장 귀중한

영=정신적 자원이 된다. 슐라이어마허에 따르면 보다 위대한 무엇인가에 의존하고 있다는 강력한 감정을 탐구하는 것이 결정적이다. 자기 자신의 내면에 존재하는 그와 같은 감정에 영향력과 목소리를 부여하는 것이 올바른 공식[처방]을 얻는 것보다 결정적이다.

나는 현재의 표현주의적 견해는 모종의 일반적 형태로 우리 문화 속에 깊이 파고든 그와 같은 변화로부터 파생된 것이라고 믿는다. 슐라이어마허 표현을 빌리자면, '박식한 종교 거부자'에 의해 지배되는 것처럼 보이는 시대에 정말 가치 있는 것은 영=정신적 통찰/감정이다. 그것은 소유자와 매우 깊게 공명하는 언어에 불가피하게 의존하게 될 것이다. 따라서 거기서 생겨나는 명령은 이럴 것처럼 보인다. 즉 각자가 각각 그/그녀 자신의 영=정신적 영감으로 향한 길을 따르도록 하라. 몇몇 정통교리와 맞지 않는다는 주장에 의해 자기가 걷는 길을 단념하지 않도록!

따라서 한편으로 원래의 구뒤르케임적 질서화 체제에서 사람들은 본인의 종교적 본능을 포기하라는 명령에 따라야 한다고 쉽게 느낄 수 있을 것이다. 왜냐하면 정통교리와 불일치하는 그와 같은 본능은 이단적이거나 적어도 보다 열등한 것이 틀림없었기 때문이다. 반면 신뒤르케임적 세계에 사는 사람들은 선택은 '교회' 또는 선호하는 국민의 전반적 틀과 일치해야 한다고 느꼈는데, 그리하여 유니테리언과 윤리협회조차 일요일에는 예배와 설교를 하는 교파를 자임했다. 반면 포스트-뒤르케임적 시대에는 많은 사람이 복종에 대한 요구에 직면했을 때 전혀 그것을 이해하지 못한다. 마치 신뒤르케임적 세계에서 믿지 않는 교회에 참여하는 것이 잘못일 뿐만 아니라 부조리하고 모순되는 것처럼 보이듯이 포스트-뒤르케임적 시대에는 따라야 할 길로, 즉 감동시키고 영감을 주는 길로 제시되지 않는 영성을 추종한다는 생각이 그렇게 보였다. 오늘날 많은 사람에게서 어떤 외적 권위를 따르기 위해 자기 자신의 길을 포기하는 것은 정신적 삶의 형태로서는 이해할 수 없는 것으로 여겨지고 있다.[30] 여기서의 명령은, 뉴에이지 축

30 페리는 매우 흥미로운 저서 *L'Homme-Dieu ou le sens de la vie*(Paris: Grasset, 1996)의 1장에서 '권위의 부정'이라는 제목으로 그와 같은 현상에 대해 한마디 한다. 나는 그의 말에 대부분 동의하지만 표현주의적 뿌리를 보는 대신 그가 직접 데카르트와 연결시킴으로써 그와 같은 반응을 지나치게 지성화하고 있다는 생각이다.

제의 한 연사 말을 빌리자면,

> 내면의 자아에게 진실처럼 들리는 것만 받아들여라.[31]

물론 영성의 자리와 본질에 관한 그와 같은 이해에는 처음부터 다원주의가 내장되어 있다. 단지 특정한 교의적 틀 내부의 다원주의뿐만 아니라 무제약의 다원주의가 말이다. 또는 오히려 제약은 또 다른 질서에 속한 것으로 어떤 의미에서 정치적인 것이며, 자유와 상호이익이라는 도덕질서에서 흘러나온다. 각자의 영=정신적 경로는 타자의 경로를 존중해야 한다. 위해 원리를 준수해야 한다. 그와 같은 제약을 가진 그와 같은 경
490 로는 끝까지 함께 살 모종의 공동체 — 심지어 국민 공동체나 잠재적인 국가교회 — 를 요구하는 것의 영역 속을 통과할 수도 있지만 또한 동호인 단체 또는 조언을 제공하고 관련 문헌을 제공하는 봉사기관 등 극히 느슨한 집단만 요구하는 영역을 넘어서 나갈 수도 있을 것이다.

왜 종교를 추구하는가에 대한 제대로 된 대답이 되려면 구뒤르케임적 조건이나 신뒤르케임적 조건(교회 또는 '교회'와/또는 사회) 중 하나를 충족시켜야 한다는 과거의 선험적 원리는 새로운 질서화 원리 속에서는 포기된다. 영=정신적인 것 자체가 사회와 더 이상 본질적으로 관련되어 있지 않다고 생각된다.

완충재로 덮인 정체성에 대한 표현주의적 응답의 논리에 대해서는 이상으로 충분할 것이다. 하지만 물론 지금까지 그래온 대로 사태가 전개될 필요는 없었다. 적어도 몇몇 사회에서는 지난 수십 년간 그러한 사태전개의 주요 촉매제가 되어온 것이 전후의 풍요로움에 의해 해방된 새로운 개인주의적인 소비문화였던 것 같다. 그것은 태곳적

31 트레블리안 경이 한 말로, '정신, 육체, 영혼을 위한 축제Festival for Mind, Body, and Spirit'라는 제목의 강연에서 했다고 한다(Paul Heelas, *The New Age Movement*[Oxford: Blackwell, 1996], p. 21에서 재인용). 앞의 명령은 단지 뉴에이지적 견해를 대변하는 것처럼만 보인다고 말할 수 있을 것이다. 하지만 6장에서 힐라스가 주장하는 대로 이 측면에서 다양한 뉴에이지 운동은 훨씬 더 광범위하게 받아들여지고 있는 태도를 강조하고 있다. 가령 1978년의 〈갤럽여론조사〉에 따르면 미국인의 80%가 '어떤 교회나 교당에 나가건 개인이 독립적으로 본인의 종교적 믿음에 이르러야 한다'는 말에 동의하는 것으로 나타났다(Heelas, p. 164). 동일한 발언을 Robert Bellah et al., *Habits of the Heart*(Berkeley: University of California Press, 1985), p. 228에서도 찾아볼 수 있다.

부터 전혀 변치 않고 꼭 필요한 것처럼 보이는 것에 쥐어 살아온 대다수 사람 — 거기서 가장 낙관적인 지평은 적당히 자족하고 재앙을 피할 수 있는 수준을 유지하는 것이었다 — 에게 엄청나게 매력적으로 보였던 것 같다. 그와 같은 새로운 문화가 어떻게 브르타뉴 지방 교구의 견고한 공동체 생활을 느슨하게 만드는 동시에 사람들이 고밀도의 공동체적·의례적 삶을 버리고 개인적 번영을 정열적으로 추구하도록 만들었는지에 대해서는 랑베르가 상세히 밝힌 바 있다. 그의 정보 제공자 중 한 명은 이렇게 말했다.

> 우리는 더 이상 그것[종교]에 대해 신경 쓸 틈이 없다. 할 일이 너무 많다. 우리는 돈과 편리함 그리고 모든 것을 갈구한다. 지금은 모든 사람이 그와 같은 일에 열광하고 있다. 나머지는 쳇!On n'a plus le temps de se soucier de ça[la religion], il y a trop de travail. Il faut de l'argent, du confort, tout ça, tout le monde est lancé là-dedans, et le reste, pffft![32]

그와 같은 사태전개들은 상호 관련되어 있다. 새로운 번영은 소통 가능성의 개선을 수반했으며, 그것을 통해 지금까지 알려지지 않았던 지평이 펼쳐졌다. 하지만 이어 새로운 행복의 추구가 너무나 강하게 끌어당기는 바람에 사람들은 보다 이전의 의례적 삶을 포기하기 시작했는데, 그것은 물질적 세계와 영=정신적 세계에서 생존해나가기 위해 공동체와 공동체의 노력을 중심으로 짜여져 있었다. 그렇게 되자 그와 같은 의례적 삶 자체가 축소되고, 부분적으로 사라지기 시작했다. 그 결과 지금까지의 생활방식을 고수할 근거도 점점 더 줄어들어갔다.[33]

32 Yves Lambert, *Dieu Change en Bretagne*(Paris: Cerf, 1985), p. 373. 에르비외-레제도 여기서 나와 비슷한 견해를 표명하고 있다. 결핍에 대한 두려움이 오늘날의 세계에서는 후퇴하고 있다는 것이다. "무슨 일이 있어도 배불리 먹을 수 있으리라는 확신을 가진 사회에서 종교는 어떻게 될까?Que se passe-t-il pour la religion dans une société où l'on a l'assurance de manger à sa faim, quoi qu'il arrive?", in Chrétiens, *tournez la page*(Paris: Bayard, 2002), p. 97.

33 최근 종교사회학자들은 프랑스의 몇몇 지역에서 종교적 실천이 높은 수준을 보이는 것은 교구 거주와 관련되어 있음을 이미 지적해왔다. 도시 이주는 일반적으로 파괴적 결과를 가져온다. 르 브라는 그것을 이렇게 표현한다. "나는 파리에 정착하는 100명의 시골 사람 중 90명 정도가 몽파르나스 역에서 벗어나면 종교적 실천을 중단한다고 확신한다Je suis convaincu que sur cent ruraux qui s'établissent à Paris, il y en a à peu près 90 qui, au sortir de la gare Montparnasse, cessent d'être des pratiquants"(Danièle Hervieu-Léger, *Vers un nouveau Christianisme?*[Paris: Seuil, 1986], p. 37에서 재인용).

'회심'은 보다 이전 형태의 그것들처럼 마치 거의 보다 강력한 형태의 마술에 대한 응답인 것처럼 보인다. 리메르젤 마을 주민들의 종교는 경제적 생존과 재앙의 예방에만 관심이 있던 것은 아니다. 그렇지 않고 그들의 신앙은 구원에 대한 관심을 행복(복리)에 대한 관심과 너무나 복잡하게 뒤엉키도록 만드는 바람에 번영에 이르는 새로운 개인적 경로 — 이제 타당성이 입증되어 깊은 인상을 주게 되었다 — 가 이제까지의 견해 전체를 교란시킬 정도가 되었다. 다른 한 정보 제공자는 이렇게 말했다.

> 왜 미사에 가야 하지, 하고 사람들은 묻는다. 옆집의 이웃은 나만큼, 아마 나보다 더 잘하고 있지만 미사에 참석하지는 않는다Pourquoi j'irais à la messe, qu'ils se disent, le voisin qui est à côté de moi, il réussit aussi bien que moi, peut-être même mieux, et il n'y va pas.[34]

바꿔 말하면, 브르타뉴 지방 교구에서 후대까지 살아남은 '앙시앵레짐'형에서는 오
491 래된 견해가 일련의 현세적 · 피안적 관심사를 하나의 복합체로 연결시키고 있었지만 지금 상당히 결정적으로 붕괴되었다. 그것은 재구축될 수 없을 텐데, 랑베르가 기술한 대로 신앙은 오직 그것을 고수하는 가운데 그것을 진화시킨 사람들 사이에서만 살아남았다.[35] 1960년대에 훨씬 더 도시화된 사회였던 퀘벡에서 비슷한 일이 일어났다. 거기서 그와 같은 영향은 국민적 정체성과 가톨릭교회 사이의 신뒤르케임적 연결에 의해 지연되었는데, 그와 같은 매듭이 풀리자 사람들은 현기증이 나는 속도로 종교와 결별했다. 그와 같은 사태전개는 아마 오늘날 아일랜드에서 일어나고 있는 일 또는 폴란드에서 일어나기 시작하고 있는 일과 모종의 유사성을 갖고 있다.

다른 프로테스탄티즘, 특히 영어권 사회에서 그에 대응하는 산사태는 훨씬 더 점진적이고, 덜 극적이었는데, 아마 새로운 소비자 문화가 그곳에서는 보다 느리고 보다 장기간에 걸쳐 발전했기 때문일 것이다. 그러나 영국과 미국 모두에서 1960년대의 표현주의 혁명이 사태를 가속화시켰던 것처럼 보인다.

34 앞의 책.
35 Lambert, *Dieu Change en Bretagne*, pp. 385ff.

그와 같은 변화 전체가 공적 공간에서의 종교의 위치에 미친 충격을 어떻게 이해해야 할까? 아마 그것을 이런 모습으로 그려볼 수 있을 것이다. 즉 18세기에 있은 배타적 휴머니즘의 발명은 새로운, 다원주의적 상황을 만들어냈는데, 그것의 문화는 종교와 비종교 사이에 분열되어 있었다(단계 1). 그와 같은 휴머니즘 그리고 그것의 원천을 이루는 모체(완충재로 덮인 정체성, 도덕질서)에 대한 응답은 모든 방향에서 선택지를 증대시켜갔다(단계 2). 하지만 그와 같은 다원주의는 장기간에 걸쳐 주로 엘리트 집단, 지식인, 예술가 내부에서 작용하며, 자체에 고유한 선택지를 만들어갔다.

이미 일찍부터, 무엇보다 먼저 가톨릭국가에서는 전투적 휴머니즘을 옹호하며, 비신앙을 대중 사이에서 퍼트리려고 한 정치운동이 일어났는데, 다소 미미한 성공밖에 거두지 못했다. 그리고 종교로부터의 소외 의식 또한 일부 평민 계층을 교회로부터 이반시켰지만 반드시 대안을 제공한 것은 아니었다. 한편으로 수많은 사람이 그처럼 다원적이고 분열된 문화 외부에 놓여 있었다. 아니면 그럼에도 가장자리에라도 자리 잡을 수 있는 경우 특정한 종교의 선택이 사회로의 수용과 밀접하게 결합되는 다양한 형태의 뒤르케임적 질서화 원리에 의해 종교를 고수하는 쪽을 선택하도록 강하게 규정되었다. 그와 같은 원리는 구-유형에 속할 수 있을 텐데, 비록 사회 전체 차원에서는 급속하게 쇠퇴하기 시작했지만 랑베르의 리메르젤 마을의 경우에서처럼 농촌 지역의 공동체 수준에서는 여전히 잘 작동하고 있었다. 또는 그것은 신뒤르케임적 유형일 수도 있었다. 선택받은 백성[민족]이라는 의기양양한 느낌, 또 다른 유형의 권력(최근의 폴란드의 경우처럼 무신론도 포함한다)에 맞서 위협받고 있는 정체성을 지키고 있는 피억압 집단 사이에서도 그것을 찾아볼 수 있을 것이다. 또는 이민자 집단 사이에서도 찾아볼 수 있을 것이다. 또는 신앙공동체로의 필연적 편입이라는 관념은 지역에 따라 어떤 형태가 우세하건 기독교는 문명질서의 필수불가결한 모체라는 의심할 바 없는 신조에 의해 유지될 수도 있을 것이다.

나의 가설은 이렇다. 즉 전후 우리의 사회적 상상계에서 점점 더 포스트-뒤르케임
적 시대 쪽으로 향하게 된 산사태가 다양한 뒤르케임적 질서화 원리를 불안정화하고 492
침식해왔다는 것이다. 그것을 통해 사람들은 점차 그것에 묶여 있던 것으로부터 해방되고, 분열된 문화 속으로 받아들여지게 되거나 또한 새로운 소비자 문화가 보다 이전의

견해를 대폭 동요시킨 경우에는 사람들을 폭발적으로 그처럼 분열된 세계로 내쫓아버렸다. 왜냐하면 새로운 문화의 매력을 의식하면서도 또한 그것 속으로 억지로 끌려들어가는 방식을 결코 과소평가해서는 안 되기 때문이다. 촌락 공동체는 해체되고, 지역의 공장은 폐쇄되며, 일감은 '사업축소'로 인해 사라질 때 사회적 승인과 불명예라는 어마어마한 무게 또한 새로운 개인주의 쪽으로 옮겨가기 시작한다.

그처럼 표현주의 혁명은 동원의 시대의 몇몇 대규모 종교 형태의 토대를 무너뜨려왔다. 이전에 우리의 충성을 요구하는 교회는 부분적으로 정치적 정체성과의 연결을 통해 나름의 영향력을 행사하고 있었다. 심지어 그와 같은 정치적 정체성이 이전과 마찬가지로 강하게 남아 있는 경우에도 영=정신적인 것과의 연결은, 새로운 포스트-뒤르케임적 질서화 원리 속에서 사는 사람들에게 계속 끊어져온 것이었다.

하지만 그것으로 충분하지 않다. 표현주의 혁명은 또한 기독교 신앙과 문명질서 간의 연결도 훼손했다. 앞서 기술한, 동원의 시대의 많은 종교 형태에서 볼 수 있던 주도적 형태는 질서 있는 삶에 대한 강한 감각 그리고 구성원에게 그와 같은 삶을 실현하도록 돕고/설득하고/압력을 가하려는 시도였다. 앞서 지적한 대로 새로운 규율이 내면화되어 감에 따라 그와 같은 규율화 기능의 효과에 대한 평가가 절하되어가는 것 그리고 절대 금주나 안식일의 철저한 준수 등 이전에는 본질적인 것으로 여겨졌던 일부 엄격한 조치가 그것을 규정한 사람들 후손에게는 귀찮은 일로 보이게 되는 것은 아마 불가피할 것이다. 퓨리턴이라거나 즐거움을 망치는 무리, 분열의 씨를 뿌리는 자라는 근거 없는 혐의를 씌워 복음주의파 기독교도에 저항하는 일은 항상 일정하게 존재해왔다. 디킨스 작품의 등장인물인 [『돔비와 아들』의] 하울러Melchisedech Howler와 파이어워크스Jabez Fireworks, 심지어 조지 엘리엇의 [『미들마치』의] 벌스트로드Nicholas Bulstrode 또한 그와 같은 적대감 중 일부를 드러내고 있다. 또한 종종 감리교에 대한 비판이 제기되었는데, 금주나 마을 스포츠의 금지가 공동체 문화의 공생을 교란하고 사람들을 서로 반목시킨다는 것이었다.[36] 19세기 말에는 복음주의적 도덕에 대한 보다 일반적인 반발

36 David Hempton, *Religion and Political Culture in Britain and Ireland*(Cambridge: Cambridge University Press, 1996), pp. 18과 132-133.

이 발생했는데, 사람들의 활력을 고갈시키고, 자유와 자기발전을 억압하고, 사람들을 획일화하고, 미를 부정한다는 것이었다. 쇼, 입센, 니체 같은 저술가는 그와 같은 비판을 매우 강력하게 형상화한 바 있다. 그리고 "이교적 자기주장이 기독교적 자기부정보다 뛰어나다"[37]는 밀의 주장도 비슷한 것을 표현하고 있다. 아널드는 또한 그 나름대로 비국교도 중산층의 교양 결여를 개탄했다. 그리고 〈블룸즈버리 그룹〉의 문화는 부분적으로는 그와 같은 종교적 분위기 전체에 대한 반발에 의해 형성된 것으로 볼 수 있을 것이다.

하지만 이 모든 사태전개는 1960년대의 문화혁명에 의해 강화되었다. 점점 더 많은 사람이 대다수의 종교윤리에 반대하는 태도로 휩쓸려 들어갔을 뿐만 아니라 또한 새로운 성습속이 심지어 점점 더 강하게 그와 같은 윤리와 불화를 일으키게 되었기 때 493
문이다. 세 가닥이 꼬였는데, 과거에 그것은 많은 사람에게 절대적으로 의문의 여지가 없는 것으로 보였다. 한편으로는 기독교 신앙 그리고 규율훈련 및 자제, 심지어 자기희생abnegation이라고까지 할 수 있는 것의 윤리 간의 결합이 있었다. 그리고 둘째는 그와 같은 윤리와 문명질서의 결합이었다. 하지만 앞서 기술한 대로 이 두 번째 연결은 점점 더 많은 사람에게서 점점 더 신뢰할 수 없는 것이 되어갔다. 행복의 추구가 성윤리의 규제와 성적 만족의 지연을 촉구하는 규율을 필요로 하지 않은 것처럼 보이게 되었을 뿐만 아니라 실제로는 자기실현이라는 이름으로 그와 같은 규율의 위반을 요구하게 되었다. 물론 그것을 가장 강하게 느낀 것은 다름 아니라 그와 같은 규율의 많은 것이 제2의 본성이 되어 이럭저럭 그것에 따라 살아가려면 강력한 윤리적/영=정신적 지지를 필요로 하지 않았던 사람들이었다. 필자 세대의 많은 베버주의적 사회학자들이 놀랍게도, 1960~1970년대의 아이들은 삶에서는 전통적 규율의 많은 것을 이완시키기면서도 노동하는 삶에서는 그것을 보존할 수 있었다. 그것이 반드시 실행하기 쉬운 것은 아니었는데, 일부 사람은 그렇게 하지 못했다. 게다가 또한 당시의 전체적 분위기에서 그와 같은 규율은 여전히 너무나 새롭고, 삶의 방식과는 너무나 동떨어져 있어 그와 같은 방식으로 채택하고 선택하는 것은 불가능하기도 했다. 마틴은 지구 남반부에서의

37 밀, 『자유론』. Hugh McLeod, *Religion and the People of Western Europe*, p. 114와 Jeffrey Cox, *The English Churches in a Secular Society*, p. 275를 보라.

오순절파의 전진에 대해 기술하면서 이렇게 말한다.

> 선진국 세계에서는 상당히 많은 숫자의 사람이 적어도 제법 긴 무절제의 기간 동안 경제 영역의 규칙은 무시한 채 자유롭게 방임되는 자유로운 삶을 추구할 수 있지만 개발도상국 세계에서는 경제적 규칙을 피할 수 없다. 선진국 세계에서는 노동하는 삶에서는 규칙을 수용하면서도 그 외 영역에서는 무시할 수 있는 반면 개발도상국 세계에서는 규칙이 삶 전체를 지배해야 한다. 그렇지 않으면 완전히 파산하거나 범죄자로 전락하거나 둘 중 하나다.[38]

규율을 선택적으로 수용하는 그와 같은 묘기 — 장기간에 걸친, 그리고 종종 여러 세대에 걸친 내면화 과정을 전제한다 — 가 새로운 태도를 취하는 것을 가능하게 해준 결정적 조건이었다. 비록 표현주의 혁명이 이전의 경계를 위반할 수 있는 근거를 제공했지만 말이다. 다른 시대와 장소에서라면 그처럼 철저한 위반은 미친 짓처럼, 거의 자살적인 것처럼 보였을 것이다.

그런데 규율과 문명질서 간의 연결이 깨지는 반면 기독교 신앙과 규율 간의 연결은 도전받지 않는 경우 표현주의 그리고 그것과 결부된 성혁명은 많은 사람을 교회로부터 이반시켰다. 두 가지 점에서 그랬다. 첫째 보다 새로운 변화에 동조해온 사람들은 교회가 제안해온 성윤리와 심각한 위화감을 느꼈다. 하지만 둘째, 나 자신의 길을 걷고 있다는 느낌은 율법만 정할 뿐 [상대방] 응답은 기다리지 않는 교회의 '권위주의적' 접근법 — 아무튼 그렇게 경험했다 — 에 화가 났다.

교회는 그렇게 생각하는 사람들에게 말을 건네는 데 어려움을 겪었다. 말한다고 해
494 서 그것이 그들 말에 간단히 동의한다는 뜻은 아니었다. 성혁명은 너무나 많은 과대광

38 David Martin, *Pentecostalism*(Oxford: Blackwell, 2002), pp. 14-15. 힘멜파브(*One Nation, Two Cultures*)도 비슷하게 주장한다. "퓨리턴의 윤리를 조롱하면서 대항문화는 가난한 사람들에게 도움이 되었을 수도 있을 미덕을 훼손했다. 따라서 언더클래스는 자체에 고유한 '빈곤의 문화'의 희생자일 뿐만 아니라 그것을 둘러싼 상층계급 문화의 희생자이기도 하다. 교외의 10대 백인이라면 상대적으로 별다른 처벌을 받지 않고 흡수할 수 있을 것과 같은 종류의 아무렇지도 않은 비행은 도심의 10대 흑인에게는 말 그대로 치명적일 수 있을 것이다"(26페이지). 물론 빈곤에 대한 인과적 책임을 '물러터진' 문화에만 배타적으로 전가하는 것은 터무니없는데, 경시와 역누진적 수입분배라는 노골적으로 부당한 정책이 미국의 가난한 사람들의 궁핍에 너무나 큰 영향을 미쳐온 것이 너무나 분명하기 때문이다.

고, 유토피아적 환상, 종래의 터부에 대한 반감과 결부되어 있어 앞서와 같은 이야기는 말이 되지 않았다. 그리고 실제로 40년이 지난 지금 볼 때, 그것은 많은 젊은이에게 점점 더 명백해지고 있다(그렇다고 해서 교회가 그와 같은 이행 전체로부터 배울 것이 아무것도 없다는 말은 아니다).[39]

하지만 모종의 지혜를 소유하고 있다고 주장하는 사람은 대화 상대자의 관점으로부터 출발해 그것을 설득력 있게 설명할 의무가 있다. 모든 행위 주체와 관련해 그런데, 여기서도 마찬가지이다. 그러나 지난 2세기 동안 방어적 자세를 취하는 가운데 발달하게 된 느낌, 즉 전투 준비가 된 신앙인 부대에 속한다는 느낌뿐만 아니라 엄격한 코드를 고수해온 태도가 올바른 언어를 찾는 것을 거의 불가능하게 만들었다.

그와 같은 단절은 매우 심원한 것이었다. 브라운이 복음주의를 사례로 보여준 대로 윤리적 태도는 여성은 안정된 가족적 삶 — 그곳은 남성적 유혹, 즉 음주, 도박, 부정에 의해 끊임없이 위험에 노출되었다 — 을 원한다는 생각에 기반하고 있었다. 그리고 우리는 비슷한 생각이 가톨릭 쪽에서도 제안되었음을 안다. 쟁점을 그와 같은 식으로 규정하는 것은 과거에는 근거가 없는 것이 아니었다. 여성은 남성의 무책임, 심지어 폭력이 본인과 아이들에게 미치는 결과를 두려워했던 것이다. 그리고 그와 같은 사태는 마틴 지적대로[40] 현재의 많은 환경, 특히 지구의 남반부에서는 근거가 없는 것은 아니다.

여기서 우리는 지난 2~3세기에 교파의 울타리를 뛰어넘어 나타난 하나의 심원한 사태전개에 마주치게 되는데, 기독교의 '여성화'로 불려온 그것에 대해 브라운은 흥미로운 최근 저서에서 언급한다.[41] 그것은 분명히 기독교 신앙과 '가족의 가치'의 윤리와

39 물론 성혁명 자체는 주인-서사 또는 뺄셈 이야기의 축으로 간주될 수 있을 것이며, 1960년대에는 종종 그와 같은 식으로 해석되었다(가령 라이히Reich, *The Greening of America*를 보라). 비슷한 아래 이야기도 찾아볼 수 있었다. 즉 과학이 종교가 오류임을 보여주었으며, 일단 사람들이 그와 같은 사실을 보는 것을 막는 장애물을 제거하면 뒤로 돌아갈 수 없을 것이다. 또는 사람들은 결국 자율성을 원할 것이며, 일단 권위를 떠받치고 있는 잘못된 근거를 간파하면 뒤로 돌아갈 수 없을 것이다. 그에 상응해 이제 이런 이야기를 할 수 있을 것이다. 즉 사람들은 억제되지 않은 성적 충족을 원하며, 근거 없는 제한에 의해 그것을 부정당해왔음을 알게 되자마자 뒤로 돌아갈 일은 없을 것이다. 가령 1968년의 버클리와 [파리의] 라탱 가의 많은 젊은이는 분명히 그렇게 느꼈을 것이다. 하지만 그와 같은 견해는 그리 오래가지 못했다. 실제로 대부분의 사람이 실상은 훨씬 더 복잡함을 곧 깨달았기 때문이다.

40 Martin, *Pentecostalism*, pp. 98-106.

41 Callum Brown, *The Death of Christian Britain*(London: Routledge, 2001), 특히 4~5장을 보라.

규율된 노동 간에 확립된 긴밀한 공생 관계와 일정하게 관련되어 있는데, 그것은 남성을 일과 가정의 영역 바깥으로 끌어내는 음주, 도박, 스포츠 등 남성적 사회성의 형태뿐만 아니라 군사적 · 전투적 삶의 양식에 반대까지는 하지 않더라도 그것을 낮게 평가했다. 그것은 단지 교회에만 국한된 문제가 아니었다. 18세기에 상업에 의거해 '세련된polite' 사회라는 이상이 발전하는 것과 함께 갈등 — 그리고 모호성 — 이 사회 전체에 반영되는 것을 볼 수 있을 것이다. 심지어 애덤 스미스, 퍼거슨 등 그처럼 새로운 사태 전개를 규정하고 환영한 몇몇 지적 인물조차 그와 같은 움직임에 대해 불안감을 표명했다. 그것이 자치적 시민에게 필요한 군인적 미덕의 쇠퇴로 이어질 수 있었기 때문이다. 다른 사람들은 남성의 "유약화[여성화]effeminization"[42]를 두려워했다. 문화의 여성화는 신앙의 여성화와 병행해 진행되었다.

기독교적 맥락에서 문화의 여성화는 여성의 예배 참석에 비해 남성의 그것이 상대적으로 감소세로 돌아선 데도 반영되었으며, 그로 인해 한층 더 견고해졌다. '남성이 떠나가고 있다Les hommes s'en vont'는 것이 19세기, 특히 하반기에 앵 현 사제들의 일치된 탄식이었다.[43] 남성이 교회에 오지 않는 것은 종종 남성의 긍지와 자존감을 반영했는데, 그것들은 너무 억제되지 않은 신앙심과는 양립 불가능한 것으로 여겨졌다. 그와 같은 종류의 신앙심에는 '여성적인 데'가 있다고 느꼈다. 그와 같은 느낌은 성직자 권력에 대
495 한 일정한 불신과 결합되고, 그것에 의해 부양되고 그것을 부양했다. 성직자(그들의 습관은 여성의 그것과 비슷했다)가 아마 아내와 딸(들)에 대해 너무 큰 권력을 가졌다는 것이었다. 하지만 다른 한편 그것은 나쁜 것이 아니었다. 순결과 정절을 가르치며, 가장의 지위를 보장해주었기 때문이다. 하지만 동시에 아무리 여성에게 좋더라도 그와 같은 성직자의 지도력을 받아들이는 것은 남성의 자존심의 결정적 부분인 독립과는 양립 불가능했다. 분명히 그와 같은 태도에는 공화주의자들의 철학적 반성직자주의가 먹힐 소지가 존재했다.[44]

42 이 점에 대해서는 다른 곳에서, 즉 졸저 『근대의 사회적 상상』에서 보다 길게 논했다.

43 Philippe Boutry, *Prêtres et Paroisses au pays du curé d'Ars*(Paris: Cerf, 1986), p. 578.

44 앞의 책, 3부, 1장과 4장. 그와 같은 젠더 분열에 대한 흥미로운 논의를 또한 Hugh McLeod, *Secularization and the People of Western Europe*(Oxford: Oxford University Press, 1997), p. 128 그리고 Leonore Davidoff and Catherine Hall, *Family Fortunes*(London: Routledge, 1987), 2장과 Thom-

하지만 오늘날 서양에서 진행 중인 성혁명은 문명질서에 대한 지금까지의 이해가 의거해온 남녀 관계에 대한 전체적 그림에 도전해왔다. 그것은 온갖 입장의 페미니즘의 전 음역을 동반했는데, 그중 몇몇 입장에 따르면 여성은 전에는 남성의 욕망에 중심적인 것으로 여겨졌던 성적 탐구와 무제한적 충족에 대한 동일한 권리를 여성을 위해 요구해야 했다. 그와 함께 이제까지 지배적이던 윤리의 개념적 기반이 전면적으로 무너지게 되었다. 이 문제에 대해 1970년에 〈스코틀랜드교회〉가 발간한 보고서의 한 문장을 인용하자면 "그것과 관련해 진짜 문제는 난잡한 여성이다."[45]

물론 여성의 욕망에 대한 그와 같은 설명에 모두 동의하는 것은 아니다. 하지만 그것은 여성 정체성의 형태에 관한 새로운 불확실성을 보여준다. — 그리고 그것에 대응하는 남성 사이에서의 불확실성과 한 쌍을 이룬다. 이 쟁점을 깊이 파고들지 않고 성윤리 문제를 다루는 것은 가능하지 않다.

6

그리하여 1960년대의 문화혁명에서 형성된 세대는 몇몇 측면에서 서양의 기독교 신앙의 뿌리 깊은 전통적 모델에서 완전히 소외되었다. 이미 살펴본 대로 이 세대는 가령 영어권 국가들에서 19세기에 등장한 복음주의파의 신앙부흥운동에서 이해된 바와 같은 좋은 기독교적 삶의 성적 규율에게는 골칫거리였다. 실제로 오늘날의 추세는 단지 그처럼 매우 높은 기준을 거부하는 것을 넘어선다. 심지어 전통적인 농촌 공동체 사이에서 일반적으로 수용되던 제한조차도 오늘날 우리 사회의 많은 숫자의 사람이 지키지 않고 있다. 비록 소수가 된 성직자집단은 그것이 지나치게 느슨하다고 생각하고는 상황을 개선하려고 항상 시도하고 있지만 말이다. 가령 성직자들은 예전에는 혼전 성관계에

as Kselman, "The Varieties of Religious Experience in Urban France", in Hugh McLeod, ed., *Europe and Religion in the Age of Great Cities, 1830-1930*(London: Routledge, 1995), 6장에서도 찾아볼 수 있다.

45 Brown, *Death of Christian Britain,* p. 180에서 재인용.

눈살을 찌푸렸으며, 혼전 임신에 대해 우려를 표시했다. 하지만 동일한 농촌 공동체는 비록 결혼 전에 여러 가지를 시도하는 것, 특히 아이를 가질 수 있음을 확인하는 것은 완전히 정상이라고 생각했지만 의식을 통해 둘의 결합을 확인하는 것을 의무로 할 필요가 있음을 받아들였다. 그와 같은 제한을 벗어나려고 시도하는 사람들은 강력한 사회적 압력, 즉 샤리바리, "소음에 의한 항의rough music"46 등을 통해 다시 전체와 조화를 이루도록 하는 조치가 취해졌다.

496 하지만 오늘날 우리는 이미 그와 같은 제한을 훨씬 더 넘어섰다. 많은 사람이 안정된 부부가 되기 전에 온갖 실험을 거듭하고 있을 뿐만 아니라 또한 결혼하는 일 없이 커플을 형성하기도 한다. 게다가 그와 같은 관계를 형성했다, 헤어지고, 재형성하는 일을 반복한다. 그런데 우리 농민 조상들도 가령 '연속적인 일부일처제' 형태를 취할 수도 있었지만 그래도 그들의 경우 최초의 결합은 항상 사별에 의해 깨졌다. 그러나 오늘날의 경우 결합을 끝내는 것은 이혼(또는 결혼하지 않은 파트너의 경우 그냥 집을 나가는 것)이다.47

그것에는 민중 전통이건 기독교 교의건 모든 형태의 성윤리와 불화를 일으키는 것이 존재하는데, 그것들 모두 결혼의 안정성을 사회질서에 본질적인 것으로 보기 때문이다. 하지만 그것뿐만이 아니다. 기독교도는 본인의 신앙을 문명질서에 본질적인 것으로 보지만 그것이 근대서양의 기독교를 지배한 성윤리의 유일한 원천은 아니었다. 또한 영성에 관한 강력한 이미지가 존재했는데, 그것은 성적 순결에 관한 특정한 이미지를 신성시했다. 근대 초에 그것이 발전하는 모습을 볼 수 있을 것이다. 보시의 논의에 따르면 일곱 가지 대죄에 대한 중세적 이해에서는, 영의 죄(오만, 질투, 분노)가, 육의 죄(폭식, 색욕, 태만. 탐욕은 어느 쪽으로도 분류 가능했다)보다 개탄스러운 것이었다. 하지만 가톨릭의 대항종교개혁 시기에는 강조점이 점점 더 색욕에 놓이며, 그것이 신성성에 대한 결정적 장애물로 여겨지게 되었다.48

46 Yves-Marie Hilaire, *Une Chrétienté au XIXe Siècle?*(Lille: PUL, 1977), 1권, pp. 74-80을 보라.

47 Grace Davie, *Religion in Modern Europe*(Oxford: Oxford University Press, 2000), pp. 63-64.

48 John Bossy, *Christianity in the West, 1400-1700*(Oxford: Oxford University Press, 1985), p. 35; Ralph Gibson, *A Social History of French Catholicism 1789-1914*(London: Routledge, 1989), p. 24.

성윤리를 불결/순결이라는 프리즘으로 보는 것은 아마 고대부터 이어진 관례였을 것이다.

> 따라서 이렇게 결정되었다. 즉 사순절 기간과 다른 계절 동안에는 결혼을 금지하고, 기혼자 간의 성행위는 항상 허용되긴 하지만 죄라는 교의를 따르고, 출산 후 여성은 정화시켜야 하며, 성직자 사이의 성문제에 특별히 관심을 기울여야 한다.[49]

근대는 순결의 기반이 되는 개념을 정신화한 것 같고, 그것을 신에 대한 우리의 접근의 주요한 입구(또는 그와 반대인 중요한 장애물)로 만들었다.

본서에서 내가 사용하는 용어로 가톨릭의 대항종교개혁, 특히 프랑스의 그것을 (그리스도 또는 마리아를 통해) 신에 대한 깊은, 인격적 헌신을 (잠재적으로) 모든 사람에게 깊이 심어주려는 시도로 생각해볼 수 있을 것이다. 게다가 주로 성직자라는 행위 주체를 통해 수행되는 시도로 볼 수 있을 텐데, 성직자는 설교하고, 설득하고, 부추기면서 우리를 그처럼 새로운, 보다 고차적인 방향으로 이끄는 과제를 추진하고자 한다. 더 나아가 성스러운 것과 관련해 전통적인 것이나 공동체, 기축시대 이전 형태들과는 분리시킨 채 말이다. 만약 그것을 목표로 설정할 수 있다면 그것을 달성하기 위한 다양한 방법을 생각할 수 있을 것이다. 본받고자 하는 욕망을 일깨울 수 있기를 바라면서 몇 가지 모범적 고결함holiness을 특히 강조할 수 있을 것이다. 아니면 그래도 조금은 나아지길 바라며 두려움을 불어넣는 것을 주요한 방법으로 삼을 수도 있을 것이다. 물론 이 두 가지 경로 모두 시도되었지만 압도적 무게는 후자의 부정적인 것에 놓였다. 실제로 그것이 중세성기부터 진행된 대문자 개혁 과정의 일부였다. 들뤼모는 그것과 관련해 "공포의 목회술la pastorale de la peur"[50]에 대해 말한 바 있다.

아마 우리는 그것을 단지 주어진 것으로, 어깨를 으쓱하고 받아들일 수 있을지도
모르겠다. 특히 그와 같은 전통이 전근대로 거슬러 올라갈 수 있는 만큼 말이다. 하지만 497

49 보시, 앞의 책, 37페이지.

50 Jean Delumeau, *Le Péché et la Peur*(Paris: Fayard, 1983). 또한 Gibson, *A Social History*, pp. 241ff를 보라.

아마 또한 그것 속에서 대문자 개혁 기획 자체와 분리 불가능한 속성을 볼 수도 있을 것이다. 만약 몇몇 형태의 영성을 빛나게 할 뿐만 아니라 실제로 모든 사람(또는 영벌을 향하고 있지 않은 모든 사람)을 개조하는 것이 목표라면 그와 같은 종류의 대중운동을 만들어낼 수 있는 유일한 방법은 주로 위협과 공포에 호소하는 것뿐이다. 분명히 그것이 대문자 개혁 과정의 매우 이른 시기에, 13세기의 순회 탁발수도사들의 설교에 의한 선교에서 확립된 패턴이었다.

원래 성직자 지도층은 어떻게든 공동체를 변형시키려고 할 때는 지옥의 공포를 과시하는 것을 통해서가 아니라 담당 성직자의 인격적 성성을 통해 그렇게 하려고 한 점에서 거기에는 일정한 아이러니가 존재한다. 나는 앞 절에서 아르스의 주임사제의 경우에 대해 언급했다. 하지만 앞서 말한 대로 모든 교구에서 비안네 같은 인물을 기대할 수 있는 것은 아니다. 만약 목표가 모든 사람을 움직이는 것이고, 심지어 가령 영=정신적으로 감명을 주지 않는 행위 주체를 통해서라도 그렇게 하는 것이라면 공포가 최고 수단이 될 것이다.

프랑스의 왕정복고기에 선교를 위해 파견된 한 설교자 말을 인용해보자.

> 곧 너의 죽음의 시간이 울릴 것이다. 온갖 방탕한 짓을 계속하며 부끄러운 정념의 수렁 속에 점점 더 깊이 빠져라! 마음의 불경으로 심지어 정의로운 자마저 심판하시는 신을 모욕하라. 곧 너는 죽음의 무자비한 공격 아래 쓰러질 것이다. 너의 죄악의 저울은 무시무시한 고통의 저울이 될 것이며, 그것이 이번에는 너에게 재어질 것이다.[51]

일단 그와 같은 경로로 접어들면 훨씬 더 대단한 것이 뒤따를 것이다. 왜냐하면 위협은 매우 명확하게 규정된 실패와 결부되어야 하기 때문이다. '이것을 하시오, 그렇지 않으면 …… (영벌이 뒤따를 것이다).' '이것'은 명백하게 정의 가능해야 한다. 물론 어떤 사람이 실제로 신에 의해 선택되었는지 여부가 궁극적으로 불확실한 채 남아 있어야 하는 기간이 존재하는데, 특히 칼뱅주의 신학의 맥락에서 그랬다. 하지만 베버 지적대

51 Gibson, *A Social History*, p. 246에서 재인용.

로 그와 같은 상황은 우리가 살아낼 수 없는 곤경으로, 이내 비록 신학적 근거가 결여되어 있더라도 신에 의해 선택받았음의 몇 가지 징후가 결정화되어 나타난다. 가톨릭의 대항종교개혁의 맥락에서 그와 관련된 기준은 신에 의해 선택받았음의 징후가 아니라 신의 명령에 대한 최소한도의 복종이었다. 즉 죽음에 이르는 죄를 피할 것, 적어도 그와 같은 죄를 용서받기 위해 필요한 것은 무엇이건 하는 것이 그것이었다.

그와 같은 견해에서 등장하는 것을 '도덕주의'라고 부를 수 있을 것이다. 즉 우리의 영=정신적 삶에 존재하는 특정한 코드에 결정적 중요성이 부여되는 것이다. 우리는 모두 신에게 보다 가까이 다가가야 한다. 하지만 그와 같은 길에서 결정적 단계는 코드에 대한 최소한도의 복종이어야 한다. 그것 없이는 말하자면 심지어 그처럼 결정적인 여정의 출발점에 설 수조차 없다. 그와 같은 견해는 『신약성서』를 한 번만 읽어보아도 아마 그것과 아귀를 맞추기가 쉽지 않겠지만 그럼에도 불구하고 근대에 들어와 기독교교회의 광범위한 영역을 가로질러 일종의 헤게모니를 획득했다.

그와 같은 견해는 결국 모든 강조점을 우리가 해야 할 일 그리고/또는 믿어야 할 498
일에 두었는데, 그것은 영=정신적 성장을 해치는 것이었다. 수녀 저메인은 19세기에 널리 사용된 대표적인 교리문답집을 분석해 다음과 같이 결론을 내렸다.

> 도덕은 다른 모든 것보다 우월하며, 종교는 그것의 하녀가 될 것이다. 신앙과 성사는 더 이상 도덕적 삶의 토대로 이해되지 않는다. 실행해야 할 의무로, 믿어야 할 진리로, 그와 같은 도덕적 의무를 완수할 수 있도록 돕는 수단으로 이해되고 있다.[52]

이제 성직자 주도의, 그리고 영벌의 공포, 따라서 도덕주의에 의해 추동되는 대문자 개혁도 얼마든지 가능한데, 그럼에도 불구하고 그것을 중심으로 그와 같은 개혁이 결정화되는 코드는 상이한 형태를 취할 수 있을 것이다. 핵심 쟁점은 자비 대 공격성, 분노, 복수의 대립에 관한 물음일 수 있을 것이다. 혹은 앞서 말한 성적 순결이라는 쟁

52 Elisabeth Germain, *Parler du salut?*(Paris: Beauchesne, 1967), p. 295. 매우 흥미로운 논의를 담고 있는 Gibson, *A Social History*, p. 244에서 재인용했다.

점이 중심 벡터일 수 있을 것이다. 다시 한 번 여기서도 양자 모두 존재하지만 놀랍게도 더 큰 강조점은 성적인 것에 놓인다. 우리는 앞에서 어떤 의미에서 가톨릭의 대항종교개혁과 함께 강조점이 그와 같은 방향으로 변동되었음을 살펴보았다. 공격성, 폭력, 부정의의 죄가 무시되었다는 것이 아니다. 정반대였다. 단지 코드, 즉 출발선에 설 수 있게 해주는 것에 대한 정의는 성적 사항에 대해서는 극히 엄격했다는 것이다. 다른 차원에도 도덕적 죄는 존재했다. 가령 살인이 그것이다. 또 교회의 규칙의 영역에서도 많았다(가령 미사를 빼먹는 것 등). 하지만 아랫사람이나 다른 사람을 제법 오랫동안 부당하거나 냉담하게 대했다고 해서 성적 방종의 경우처럼 자동으로 교회에서 추방되지는 않았다. 성적 일탈 그리고 교회를 따르지 않는 것이 자동적으로 배제될 사람들이 숨어 있는 주요 영역이었던 것 같다. 그리하여 성적 순결이 순종과 더불어 예외적으로 두드러진 역할을 하게 되었다.

19세기 프랑스에서 성직자가 춤을 금지한다든가, 민중 축제를 폐지한다든가 하는 식으로 (우리가 보기에는) 전혀 쓸데없이 엄청난 소란을 피운 것은 이 때문이었다(물론 프로테스탄티즘 국가에서는 복음주의파에게서 비슷한 현상이 나타났다). 젊은이는 그와 같은 것을 완전히 포기하지 않으면 〈성찬식〉이나 〈사도식赦禱式〉 참석을 거부당했다. 이 문제에 대한 관심은 어떤 순간에는 강박적이었던 것 같다.

그와 같은 사정을 충분히 설명할 수 있다고 주장할 수는 없을 것이다. 하지만 아마 아래의 두 가지 고찰은 그것을 맥락화하는 데 도움이 될 수 있을 것이다. 하나는 앞의 여러 장에서 논의한 근대사회의 평화화이다. 산적, 분쟁, 반란, 부족간 항쟁 등에 의해 일어나는 일상적인 국내적 폭력이 15~19세기 사이에 감소한 사실이 그것이다. 폭력과 분노가 점점 덜 삶의 압도적 현실이 되어가면서 관심이 순결 쪽으로 옮겨갈 수 있었다. 둘째는 성적 금욕이 독신인 성직자에게 삶의 중심적 사실이었다는 자명한 견해다. 그들이 그것에 대해 이것저것 과장해댔으리라는 것은 아마 놀랄 만한 일이 아닐 것이다.

어쨌건 위로부터의 성직자 주도의 대문자 개혁, 즉 도덕주의와 성생활의 억압이라
499 는 그와 같은 조합이 필자가 지금까지 논해온 근대의 전개와 마침내 대립하기에 이르리라는 것은 분명 운명 지어진 것이었다. 개인의 책임과 자유의 강조는 결국 성직자의 통제라는 요구와 충돌하게 될 터였다. 그리고 근대의 규율에 대한 포스트-낭만주의의

반발, 나아가 육체 및 감정의 삶을 복권시키려는 시도는 결국 성의 억압에 대한 반발에 기름을 붓게 될 것이었다.

그와 같은 긴장들은 20세기 중반 이전에 이미 분명해졌다. 앞서 필자는 18세기 말부터 계속 여성에 비해 남성의 예배 참여가 감소했음을 언급했다. 거기서 내가 하나의 공통된 설명으로 언급한 것이 남성의 긍지와 자존심의 이미지였다. 하지만 그와 같은 현상에 대해서는 다른 방향에서도 접근해 그처럼 보다 엄격한 성적 코드가 남성의 몇몇 관습, 특히 젊은이의 난폭한 라이프스타일을 정면 공격했음을 강조할 수 있을 것이다. 그리고 아마 보다 깊게는, 성적 억압과 성직자의 지도의 결합 — 고백의 실천에서 그것을 느낄 수 있었다 — 이 남성을 교회에서 쫓아낸 것처럼 보인다. 성직자의 통제는 남성의 독립심과 충돌했는데, 통제가 좀체 삶의 가장 깊은 속내를 드러내지 않는 남성의 내밀한 측면을 드러내는 것의 형태를 취할 경우 이중적으로 용납 불가능한 것이 되었다. 그리하여 아무 때고 고백에 대한 엄청난 저항이 나타나게 되었을 뿐만 아니라 나아가 어쩔 수 없이 의무로 고백해야 할 때는 주임사제가 아니라 선교 도중의 낯선 방문사제에게 고백하려는 시도가 나타나게 되었다. 들뤼모는 그에 대해 이렇게 말한다.

> 고해소에서 고의로 침묵한 주된 이유는 성적인 종류의 죄를 자백하는 것에 대한 창피함 때문이었다[la raison principale des silences volontaires au confessional fut la honte d'avouer des péchés d'ordre sexuel].

결국 그와 같은 긴장이 남성을 고해소로부터 쫓아내게 되었다. 깁슨이 19세기에 나타난 그것의 후유증에 대해 기술하듯이

> 성찬을 받지 못하고, 성직자가 이것저것 캐묻는 것에 분노한 그들은 점점 더 교회를 버렸다.[53]

이 주제에 관한 다양한 견해 간에 존재하는 간극을 더 잘 이해하기 위해 지금까지 내가

53 Gibson, *A Social History*, p. 188; Delumeau, *Le Péché et la Peur*, 17장, pp. 517-519, 525.

전반적 맥락에서 환기시켜오고 있는 성혁명의 몇몇 특징을 회고해보는 것이 유익할 수 있을 것이다. 그것 또한 전사를 갖고 있는데, 그중 몇 가지에 대해서는 이미 말했다. 심지어 그와 같은 전사를 몇 세기 정도 뒤로 연장해 심지어 결혼한 부부의 생식 과정에서의 성적 쾌락에 대해서조차 불신감을 갖고 있던 중세의 가톨릭의 몇몇 가르침을 출발점으로 삼을 수 있을 것이다. 대문자 개혁 사상가들은 그것에 맞서 결혼상의 사랑을 그 자체로 좋은 것으로 복권시켰다. 결혼이 제공하는 '상호 위안'이라는 말은 성교를 포함했는데, 그와 같은 표현으로 그것에 긍정적 평가가 주어졌다. 그러나 성교는 여전히 일차적 목표를 생식에 두고 있었다. '부자연스러운' 행위란 생식 목적과는 무관한 모든 행위를 말했다. 그와 같은 이유로, 또한 신을 중심으로 하는 삶으로부터 이반시켜버릴 수도 있기 때문에 사랑의 관능적 내지 성애적 측면은 위험하고 의문스러운 것으로 여겨졌다.[54]

빅토리아조에 비슷한 견해가 잉글랜드와 미국에서 큰 호응을 얻었다. 성은 부부를 하나로 묶어주는 것이어야 했다. 성은 건강하며, 따라서 쾌락이 부수되지만 쾌락이 주
500 요 목적이어서는 안 된다.[55] 하지만 그와 같은 이해를 둘러싸고 있던 틀은 매우 달랐다. 물론 그것은 여전히 기독교 교의로 간주되었지만 또한 그리고 주로 과학에 비추어 정당화되었다. 의학 전문가들 그리고 건강이라는 그들의 관념이 성직자들 그리고 신의 의지에 대한 그들의 생각 — 비록 더 이상은 아니더라도 — 만큼 중요했다.

여기서 앞서 기술한 대로 17~18세기에 일어난 결정적 전환이 한층 더 발전하고 있음을 관찰할 수 있을 것이다. 인간에 대한 신의 의지 그리고 인간의 개화번영이라는 지배적 구상 — 이 경우 그것은 근대적 도덕질서에 의해 규정되었다 — 의 동일시 문제가 그것이었다. 신은 자연을 설계하는데, 인간의 선을 염두에 두고 그렇게 한다. 따라서 그와 같은 설계에서 신의 의지를 읽어낼 수 있을 것이다. 우리는 신의 그와 같은 설계의 자비로운 작용에 조응하도록 애씀으로써 신의 의지를 따르게 된다. 로크는 『통치론』에서 그와 같은 식으로 논했다. 과학의 진전에 따라 그와 같은 생각이 — 어떤 형태로건

54 John D'Emilio and Esther B. Freedman, *Intimate Matters*(New York: Harper & Row, 1988), p. 4와 Steven Seidman, *Romantic Longings*(New York and London: Routledge, 1991), pp. 23-24.

55 Seidman, *Romantic Longings*, pp. 26-27.

그것이 신앙을 배제하리라는 생각은 전혀 하지 않은 채 — 성윤리의 자연화, 의학화를 향한 길을 열게 된다.

하지만 그것의 배경에 있는 가정은 매우 달랐다. 퓨리턴에게 성생활에 대한 적절한 질서 부여는 오직 은총 및 축성과 함께만 주어질 수 있다. 그것은 보통의, 일탈하지 않은 사람, 타락하지 않은 사람이라면 누구에게나 가용한 것이 아니다(비슷한 방식으로 이렇게 말할 수 있을 것이다. 즉 자연=본성에 기반한 고대 윤리는 대다수의 보통 사람은 도달할 수 없을 완전함을 제안하는 것으로 생각되었다고 말이다. 그리하여 비그리스인, 노예, 노동자, 여성은 실제로는 그와 같은 미덕의 후보자로 인식되지 않았다). 반대로 의학화된 견해는 건강에 대해 [새로운] 상을 제공했는데, 그것은 평균적인 사람에 의해서도 도달 가능해야 하며, 자연에서의 감당하기 어려운 결함이나 발육 불량은 내쫓을 수 있어야 할 것이다. 말하자면 선善의 요청과 성생활이 만나는 지점은 바로 여기 일상적 삶의 한 가운데이어야 하지 통상적인 개화번영을 넘어서까지 우리를 이끌어갈 변형의 목적지가 아니다.

따라서 그처럼 의학화가 진행된 19세기와 관련해 왜 통상적인 성적 충족이 널리 퍼지지 않았는지에 대한 설명이 필요할 것이다. 비록 그와 같은 요구는 존경할 만한 사람의 삶을 둘러싼 많은 침묵과 은폐에 의해 감추어져 있었지만 말이다. 하지만 그와 같은 문제에 부딪히게 되었을 때 큰 비중이 당시의 발육 불량 문제(이주민, 식민지의 토착민, 노동자계급 등의 경우 분명했다)에 놓이게 되었다. 그리고 또한 세기가 보다 앞으로 나아가자, 이번에는 보다 불길하게, 인종 간 차이로 여겨지는 것에 놓이게 되었다. 일부 '타락한 유형'의 인종과 열등한 인종이 존재한다는 것이었다.

오늘날 우리는 미덕, 건강 그리고 심지어 성성sanctity 즉 다 함께 악덕, 병 그리고 죄에 맞설 수 있도록 해준 것들이 차단된 데 따른 후과와 함께 여전히 살고 있다. 한쪽 견해에 따르면 그것을 통해 질병을 둘러싸고 부정적인 도덕적 아우라가 생겨날 수 있는데, 그에 따르면 암을 앓는 사람은 본인 책임이라는 관념이 그것으로, 손택은 그에 대해 열정적으로 항의한 바 있다.[56] 건강한 사람은 도덕적으로 채색된 좋음goodness을

56 손택Susan Sontag, 이재원 역, 『은유로서의 질병』, 이후.

느끼지만 아픈 사람은 악으로 채색된 나쁨badness을 느낀다는 것이다. 그와 같은 태도는 보다 오래전에 타당했던 기독교적 시각과는 거리가 한참 먼데, 그에 따르면 병자는 고통을 통해 그리스도를 보다 가까이, 그리하여 나머지 사람과도 보다 가까이 영접할 수 있는 공간을 마련해준다.

게다가 근대의학에 의해 개념적으로 파악되는 건강 그리고 보다 오래된(그리고 내
501 생각으로는 보다 심원한) 미덕 개념 간에는 결정적 차이가 존재한다. 건강의 경우 뛰어나야 한다는 요구를 충족시키기 위한 조건은 두 가지 구성요소로 분할된다. 즉 지식이라는 구성요소와 실천이라는 구성요소가 그것이다. 하지만 이 두 요소는 완전히 다른 사람들에게서 존재할 수 있을 것이다. 전문가가 극히 '건강하지 못한' 삶을 살고 있을 수도 있지만 그렇다고 전문가이기를 그만두지는 않는다. 반대로 의사 지시를 고분고분 따르는 환자는 (바라기로는) 멀쩡하지만 본인의 식이요법이 왜 좋은지는 거의 모른다. 근대인은 가령 아리스토텔레스 윤리학의 코스모스와는 다른 우주 속에 존재하는데, 그의 코스모스에서 '실천지實踐知, phroneisis' 같은 개념은 지식이라는 구성요소를 미덕의 실천으로부터 분리하는 것을 허용하지 않는다.[57] 그것은 근대과학과 함께 가능해지는데, 서양의학서에서 볼 수 있듯이 그것이 객관화된 영역의 지식으로 해석되기 때문이다. 심지어 보다 놀랄만한 일은 그렇게 객관화된 지식에 의거하는 것이 근대문화에서는 윤리를 대신하기 시작하는 것이다. 가령 공리주의적 견해에 입각하면, 어떤 것이 올바른 행위인지를 해명해줄 계산을 하는 데 필요한 지식/전문지식은 행위자의 동기가 선과 맺는 관계와는 전혀 무관하다. 악인이 사용하면 해가 되고, 선한 성향을 갖춘 행위주체가 쓰면 선이 되는 것과 같은 종류의 지식이 그것이다. 그것이 바로 아리스토텔레스가 '실천지'와 대비시킨 종류의 지식이다. 그와 비슷하게 현대의 많은 신칸트주의자에게 우리에게 필요한 것은 논증의 논리를 뒤쫓아 갈 수 있는 예리함처럼 보일 텐데, 그것은 도덕적 통찰과 분리 가능한 것처럼 보이는 별개의 능력이다.

도덕적 통찰보다 객관화된 전문지식을 강조하는 그와 같은 방식이 우리 세계의 새롭고, 보다 강력한 형태의 가부장주의를 위한 강령임은 자명하다. 의사, 정신과의사 또

57 *Ethics*, 6권.

는 국가재정의 '균형'을 맞추기 위해 의료보험 비용을 삭감하라고 권고하는 IMF 파견 경제학자들이 공표하는 '과학'과 과연 누가 감히 논쟁하려 들까?

하지만 우리 이야기로 돌아가기로 하자. 20세기로의 전환기의 몇몇 저자 손에 의해 '과학' 자체가 종교와의 동맹 관계를 깨뜨리기 시작했다. 프로이트, 엘리스Havelock Ellis, 카펜터Edward Carpenter 같은 사상가들에게 성적 만족은 그 자체로 좋거나 적어도 실제로는 멈출 수 없는 힘으로 여겨졌다. 그와 같은 견해는 대항문화 속으로 흘러들어갔는데, 그중 몇몇 가닥은 섹슈얼리티를 규율과 억압으로부터의 뒤오니소스적 해방의 한 형태로 간주했다. 20세기 초에는 새로운 사회적 조건과 함께 이 모든 계보가, 주로 도시에서 결합되었는데, 그곳에서 젊은이는 아무 감독 없이 파트너와 자유롭게 만나고 헤어졌다. 1920년대는 새로운 종류의 자유가 등장해 그에 눈뜬 젊은이, 특히 여성이 그것을 누렸는데, 그것은 결혼이나 생식과는 무관한 관능적 형태를 띠었다.

이 모든 것은 아래의 것을 포함했다. (a) 주저주저하면서 오래전부터 있어온 관능성의 비하를 제거하려고 했다(적어도 백인 중산층에서). (b) 주저주저하면서 여성의 욕망(빅토리아조 성기에는 종종 부인되었다)을 그리고 또한 쾌락을 추구할 여성의 권리를 긍정했다. 그와 같은 사태전개는 물론 일정한 위험을 동반했는데, 왜냐하면 임신에 따른 부정적 결과에 대한 주된 책임을 져야 하는 것은 예나 지금이나 여성이었기 때문이다.

이제 1960년대로 급히 달려가 보자면, 물론 노동력으로서의 여성, 피임기술 혁명 502
등 새로운 사회적 요소를 고려해야 한다. 하지만 위에서와 마찬가지로 여기서 필자의 관심은 당시의 윤리적 변화를 촉진시킨 원인을 하나하나 열거하기보다는 그것을 명확히 하는 데 있다. 그와 같은 혁명의 주요한 가닥들은 무엇이었을까?

실제로 소위 세상일에 밝은 쾌락주의에 의해 특징지어지며, 『플레이보이』와 결합되는 그와 같은 가닥 중 하나가 존재한다. 하지만 학생운동 및 청년운동과 연결된 주요 가닥은 네 겹으로 되어 있었다. (1) 앞서 서술한 (a)의 지속화와 급진화로, 관능성을 그 자체로 좋은 것으로 복권시킨다. (2) 전술한 (b)의 급진화로, 남녀 양성의 평등을 긍정하고, 특히 남성과 여성이 젠더적 역할로부터 해방된 채 파트너로 함께한다는 새로운 이상을 명확히 하려고 한다.[58] (3) 성은 뒤오니소스적이고 '위반적으로' 해방을 가져온다는 생각으로, 당시 널리 보급되었다. 그리고 (4) 섹슈얼리티를 어떤 사람의 정체성의 본질적 부분으로 파악하는 새로운 견해가 존재했는데, 그것은 성적 해방에 의미를 더했을 뿐만 아니라 게이 해방, 이전에는 비난받던 일군의 성생활 형태 전체의 해방을 위한 토대가 되었다.[59]

이 모든 것은 성혁명이 1960년대의 핵심적 일부였음을 보여주는데, 나는 앞서 그것을 이 측면에서 규정한 바 있다. 즉 그것은 동일한 도덕적 관념들의 복합체에 의해 추동되었다. 거기서 인간 본래의 정체성을 발견하고, 그것을 인정할 것을 요구하는 것(가닥 4)은 평등의 여러 목표(가닥 2), 육체와 관능성의 복권, 정신과 육체, 또 이성과 감정의 분할의 극복과도 관련되었다(가닥 1과 3). 우리는 마치 전체적 정의가 해프너와 『플레이보이』의 담론에 딱 들어맞을 수 있기라도 하듯 그것을 단지 쾌락주의의 폭발로만 해석할 수는 없을 것이다.

하지만 상술한 대로 여기서 하나의 이상이 [다른 이상들과] 상호 관련되어 있었음이 그것의 실현을 보장해주는 것은 전혀 아니다. 인간의 성생활을 괴롭히는 급격한 비연속성과 딜레마는 대부분의 윤리에 의해 무시되거나 과소평가되어 되어버리고 있지만 드러내야 한다. 뒤오니소스적인 것을 연속적으로 이어지는 삶의 방식과 조화시키는 것의 불가능성, 연속적으로 이어지는 현실적인 친밀한 관계의 틀 속에 관능적인 것을 포함시키는 것의 곤란함, 젠더 역할을 완전히 피하는 것의 불가능성 그리고 적어도 단기적으로는 그것을 재규정하는 것을 가로막는 큰 장애 등을 그와 같은 것으로 꼽을 수 있을 것이다. 두말할 나위도 없이 성해방 찬양이 남성이 여성을 물건 취급하고 착취하는 새로운 방법을 낳을 수도 있을 것이다.[60] 많은 사람이 부모의 코드를 포기하는 데는 해방과 함께 위험이 따른다는 냉엄한 현실을 발견한 것이다.

하지만 앞의 논의에서처럼 다시 한 번 도덕적 풍경이 바뀌었음을 인정해야 한다. 그와 같은 격동을 겪은 사람들은 동등한 파트너와 장기간 사랑하는 관계를 허용할 수 있는 형태를 발견해야 하는데, 그들 또한 많은 경우 부모가 되어 사랑과 안전 속에서 아이들을 키우고 싶어 할 것이다. 하지만 그것을 단순히 과거의 코드와 동일시할 수는

58 Beth Bailey, *Sex in the Heartland*(Cambridge, Mass.: Harvard University Press, 1999), 8장.

59 Seidman, *Romantic Longings*, 5장.

60 D'Emilio and Freedman, *Intimate Matters*, pp. 312ff.; Seidman, *Romantic Longings*, 5장.

없을 것이다. 그것이 섹슈얼리티에 대한 비하, 뒤오니소스적인 것에 대한 공포, 고정적 503
인 젠더 역할 또는 정체성 문제에 대한 논의의 거부와 연결되어 있는 한에서 말이다. 그와 같은 상황에서 교회가 사람들에게 촉구하고 싶어하는 코드가 여전히 그와 같은 결함의 하나 또는 여럿, 심지어 모두에 의해 고통 받고 있는 것(적어도 그렇게 보인다)은 비극이다.

그와 같은 무능력은 기독교의 성윤리가 '자연적인 것' — 심지어 의학적 의미에서도 마찬가지이다 — 과 관련된 몇몇 모델과 불행히도 융합되는 것에 의해 한층 더 치유 불가능하게 되었다. 그것이 이 문제를 새롭게 규정하기 어렵게 만들었다. 뿐만 아니라 또한 그와 같은 근시안이 얼마나 우발적이고, 문제적인지를, 또 그것이 얼마나 본질적으로, 특히 기독교적 의미에서 정당화될 수 없는지를 은폐해버렸다. 신의 의지와 인간의 선으로 상정되는 몇 가지 것을 동일시하는 18세기적 방식이 여기서 다시 한 번 세속화의 위대한 엔진으로 작동하고 있는 셈이다(그리고 세속성 2를 낳고 있다).

앞서와 같은 융합된 비전이 가져온 불편한 결과는 개인의 자기실현과 성적 충족이 복잡하게 뒤엉키는 대중문화가 널리 확산되는 본래성의 시대에 분명히 정점에 이른다. 거기서 나타나는 아이러니는 이렇다. 즉 그와 같은 이반이 다름 아니라 대문자 개혁과 성직자라는 복합체가 가진 특징의 대부분이 〈제2차바티칸공의회〉에서 의문시되던 그때 일어난 것이다. 당시 성직자주의, 도덕주의 그리고 공포의 우위는 의문의 여지없이 대부분 논박되었다. 그와 같은 복합체의 다른 요소들은 그보다는 덜 분명하게 처리되었다. 대문자 개혁의 추진력 자체가 가져올 수 있는 전반적인 부정적 결과 — 민중종교로부터 '비기독교적' 요소를 제거하려고 부단히 시도한다 — 를 제대로 이해했는지는 분명치 않다. 〈제2차바티칸공의회〉 후에 그와 같은 〈공의회〉 정신에 따라 라틴아메리카에서 진행된 대문자 개혁을 위한 몇몇 시도는 '해방신학'을 둘러싼 운동이 잘 보여주듯이 '성직자 주도의 탈기독교화'라는 낡은 양식을 되풀이해, 민중적 컬트[제의적 종교]를 과소평가하거나 금지하고 많은 신앙인을 이반시켰다. 아이러니하게도 그중 일부는 지역의 프로테스탄티즘교회에 의지했는데, 그들은 진보적인 '해방신학'보다 기적적인 것, 축제적인 것에 보다 큰 의미를 부여했다.[61] 이 얼마나 기묘한 사태의 반전인가? 만약 칼뱅이 그곳에 다시 나타난다면 아마 깜짝 놀랐을 것이다. 성도덕 문제의 경우 피임 문제와 관련해 그것을 재검토하려는 시도는 교회가 '권위'를 잃지 않을까 하는 두려움 때문에 성직자들이 자제력을 잃어버리는 바람에 포기되었다.

사실 바티칸의 현재 입장은 성 분야에서는 가장 엄격한 도덕주의를 유지하고, 규칙에서는 아무것도 완화할 용의가 없다는 생각인 것 같다. 그 결과 '비정상적인' 성생활을 하는 사람은 자동으로 성사를 거부당한다(고 상정된다). 반면 제3세계의 회개하지 않는 대토지 소유자, 심지어 '면죄 선언'을 얻어낼 만큼 충분한 영향력을 행사할 수 있는 로마 귀족은 두말한 것도 없고 아직 유죄를 선고받지 않은 마피아 단원에게는 아무런 장애물도 존재하지 않는다.

하지만 〈제2차바티칸공회의〉에서 택한 정책 전환을 아무리 불완전하고 마지못해 따랐다고 해도 가톨릭교회는 분명히 구래의 대문자 개혁과 성직자 복합체를 상대화해 왔다. 그것은 비록 가톨릭교회의 역사에 깊이 정통하지 않더라도 지난 수 세기 동안 교회를 지배한 영=정신적 형태는 규범적인 것이 아니었음을 알 수 있게 해주는 장을 열어주었다. 하지만 그렇다고 해서 그것이 이번에는 신에 대한 완전한 헌신을 갈망하
504 고, 쾌락의 포기와 성적 순결이라는 강한 이미지에 고무된 그와 같은 영성 전체가 비난받게 되었다는 의미는 아니다. 만약 그렇다면 그것은 대문자 개혁-성직자 복합체를 성직자 주도의 대문자 개혁 식으로 처리하는 방법이 되고 말 것이다! 영적으로 극히 비옥하고 풍부한 과실을 맺어온 독신의 소명이 존재해왔으며, 오늘날에도 존재하며, 그중 많은 것이 성적 자제와 순결에의 헌신에 핵심적으로 의존함은 분명하다. 그와 같은 것을 외면하고 과소평가하는 것은 단지 프로테스탄티즘 종교개혁의 오류를 되풀이하는 것일 뿐이다. 대문자 개혁-성직자주의의 운명적 특징 — 교회와 근대사회 사이에 너무 높은 장벽을 세워놓는다 — 은 그것이 고무하는 영성에 있지 않다. 우리 세계는 자칫 성적 충족과 관련된 의기양양한 이미지 속에 거의 익사할 지경인데, 자기-버림의 길에 대해 귀를 기울일 필요가 있다. 오류는 특정한 종류의 순결을 종교적 성사를 통해 신과 연결되기 위한 기본 조건으로 만들게 되는 도덕주의적 코드를 통해 성에 관해 그와 같은 견해를 모든 사람에게 의무적인 것으로 만들려는 데 있다. 바티칸의 규칙 작성자와

61 David Martin, *Pentecostalism*, p. 21.

세속주의 이데올로기가 모두 이해할 수 없는 것이 있는데, 그들 모두가 지금까지 상상해온 것 이상으로 가톨릭교도가 되는 방식이 많다는 것이 그것이다. 하지만 그것을 이해하는 것은 그리 어려운 일이 아니다. 심지어 대문자 개혁-성직자 관점이 사목 정책을 지배한 수 세기 동안에조차 항상 다른 경로가 존재했는데, 종종 가장 걸출한 인물에 의해 대변되었다. 그중에는 공포를 파는 자들에게 위안을 마련해주었다고 생각했지만 유례없이 깊은 비전을 제시한 파스칼은 두말할 것도 없고 (프랑스의 가톨릭 종교개혁에 한정하더라도) 살레지오와 페늘롱을 꼽을 수 있을 것이다.

하지만 그와 같은 종래의 일괴암적 이미지가 해당 분위기를 지배한다면 가톨릭교회를 통해 전해지는 그리스도의 메시지는 본래성의 시대에 광범위한 영역에서 듣기 쉽지 않게 될 것이다. 하지만 그렇다면 그와 같은 경향은 좁은 세속주의에도 그리 호의적이지 않을 것이다.

14

오늘날의 종교 505

7

그리하여 동원의 시대에 지배적이던 종교 형태는 현재의 문화혁명에 의해 불안정해져왔다. 마치 앙시앵레짐의 종교 형태가 동원의 시대의 등장에 의해 불안정해진 것과 마찬가지로 말이다. 지난 2세기의 종교 형태는 이중의 결정적 타격을 입었다. 한편으로 강고한 국민적 정체성 또는 소수파 정체성과 결부되어 있던 교회들이 점차 쇠퇴하게 되었다. 다른 한편으로는 앞서와 동일한 교회들의 윤리 및 권위의 양식의 많은 부분으로부터 사람들이 이탈해갔다.

만약 종교를 국가 속에 매립하는 신뒤르케임적 양식 그리고 문명을 지탱하는 도덕, 특히 성윤리의 주요한 기둥으로서의 종교의 역할이 가족 속에서 교차하는 방식을 고려한다면 삼중의 결정적 타격에 대해서조차 이야기할 수 있을지도 모른다.

그와 같은 이중적 매립의 가장 잘 알려진 사례는 아마 미국, 특히 [제2차세계대전] 전후 시기일 것이다. 왜냐하면 이 시대는 미국적 애국주의, 종교, 가족의 가치에 대한 의미 부여가 완전히 결합된 것처럼 보인 시기였기 때문이다. 한편으로 점점 더 확대되는 교외로 인구 대부분이 이주해나가면서 핵가족의 삶을 만끽할 새로운 가능성이 생겼는데, 그것이 아메리칸 드림의 실현으로 간주되었다. '아메리카'라는 한마디 말이 의미했던 것은 그와 같은 종류의 기회가 열려 있다는 것으로, 그곳에서는 모두가 머지않아 번영을 누리게 되리라는 것이었다. 많은 사람에게 교외 생활이 번영의 절정으로 보이게 된 이유는 각각의 출신을 물으면 자연히 이해가 된다. 일부 사람, 특히 최근 이주민은 과거에 촘촘히 짜여진 확대가족과 친족망 속에 끼워 넣어져 있었는데, 그에 비하면 교외에서의 새로운 삶은 일종의 해방으로 여겨졌다. 그것은 또한 그들의 삶이 기존의 미국 사회에서 신성시되던 모델과 조화를 이룰 수 있도록 해주었다. 다른 사람들에게서 그와 같은 삶은 빈곤 그리고 빈곤이 가져오는 위험 — 실업, 규율의 결여, 음주 — 에 의해 방해되어왔다. 마침내 그들은 존경할 만한 삶에 동참하게 되었다. 게다가 파국적 불경기와 세계전쟁에서 벗어나고 있으며, 마침내 개척 가능한 땅이 앞에 펼쳐지고 있었다.

만약 그와 같은 종류의 번영이 미국적 삶에 중심적이라면 종교 또한 마찬가지였다. 그것은 신의 설계를 따르는 것으로 간주될 수 있으며, 하나의 민족[백성]으로서의 미국
506 은 특히 그와 같은 설계를 실현하기 위해 창시되었기 때문이다. 가족, 종교, 국가라는 삼각형의 세 변은 서로를 지탱했다. 즉 가족은 젊은이가 좋은 시민으로 성장하고 신앙심 깊은 기독교도가 되기 위한 모체였다. 종교는 가족과 사회 모두를 활성화하는 가치의 원천이었다. 국가는 가족과 교회 모두에게 중심적인 가치를 실현하며 또한 이들 가치의 방파제였다. 그리고 그와 같은 견해는 미국의 자유 자체를 '신 없는 공산주의'로부터 방어할 필요가 있는 사실에 의해 한층 더 분명하게 강조되었다. 시카고의 새로운 교외인 엘름허스트라는 마을 주민들이 〈엘름허스트장로교회〉라는 새로운 교회를 세움으로써 공동체 건설의 성취에서 유종의 미를 거둔 것도 놀라운 일이 아니었다. 그것이 새로운 삶을 만들어가는 것과 관련해 중심적 부분으로 이해되었던 것이다.

물론 종교, 생활양식, 애국주의가 그처럼 복잡하게 뒤엉키게 된 것은 많은 관찰자의 눈살을 찌푸리게 했다. 허버그Will Herberg는 저서 『프로테스탄트교도, 가톨릭교도, 유대교도*Protestant, Catholic, and Jew*』에서 그와 같은 새로운 교회는 신을 위해서보다는 사회적 정체성을 위해 존재한다고 보았다. 그리고 새로운 장로교회를 세울 때 엘름허스트의 새로운 주민들은 같은 지역에 있던 기존의 교회 — 지옥의 업화業火를 한층 더 강조하는 유형의 교파에 속했다 — 로부터 거리를 두었다. 실제로 장로파라는 정체성은 신

학 때문에 선택된 것이 아니라 그것이 여러 교파의 사회적 스펙트럼의 딱 중간쯤에 위치했기 때문이다. 미국성공회만큼 고루하지 않았고, 또 침례파만큼 품위 없이 대중적이지 않았기 때문이다.[1]

가족, 종교, 국가가 그처럼 긴밀하게 복잡하게 뒤엉켜 있는 것은 그것의 구성요소 각각이 곧이어 — 당시에는 아무도 모르고 있었지만 — 동시에 공격에 노출되게 되기 때문에 한층 더 주목할 만한 가치가 있다. 실제로 인정머리라고는 찾아볼 수 없는 역사가들에게 그것은 "현대적 핵가족의 가정생활의 막판의 흥청망청 놀고 마시기"[2]로 간주되어오기도 했다. 미국적 생활양식의 때 묻지 않은 장점으로 간주된 것은 짐 크로우[인종차별제도] 반대투쟁 속에서, 나아가 베트남전쟁에 따른 고통 속에서 의문시되게 되었다. 핵가족의 긍정적 이미지는 페미니즘, 1960년대의 새로운 표현주의 문화 그리고 성혁명으로 인해 의문시되었다. 그리고 미국적 순응성에 따른 밋밋한 종교는 그와 같은 격동의 10년 동안 호된 비판에 노출되었다.

그런데 앞의 여러 장에서 필자는 그와 같은 핵심적 변화를 종래의 종교 형태, 즉 동원의 시대의 종교 형태의 발생과 붕괴로 묘사해왔다. 그것은 부정적 측면을 노정해 현 상황에 맞지 않는다는 인상을 준다. 하지만 또한 보다 긍정적인 특징도 기입할 필요가 있다. 과거와는 다른 성윤리를 수반하는 표현주의 혁명에서 출현한 영=정신적 삶은 무엇이었을까?

많은 젊은이가 말하자면 본인의 영=정신적 본능을 따르고 있는데, 무엇을 찾을까? 미국 쪽 상황에 대한 명민한 관찰자들 말에 따르면, 많은 젊은이는 "성스러운 것에 대한 보다 직접적인 체험, 보다 큰 즉각성, 자발성, 정신적 깊이"[3]를 찾고 있다. 그것은 내재적 질서 속에 완전히 폐색된 삶에 대한 깊은 불만에서 비롯된다. 그와 같은 삶은 공허하고, 시시하고, 보다 높은 목적을 결여하고 있다고 느끼는 것이다.

1 Alan Ehrenhalt, *The Lost City*(New York: Basic Books, 1955), pp. 220-228. 또한 Robert Wuthnow, *After Heaven*(Berkeley: University of California Press, 1998), 2장을 보라.

2 Wade Clark Roof, *Spiritual Marketplace*(Princeton: Princeton University Press, 1999), p. 222에서 재인용.

3 앞의 책, 86페이지.

507 그것은 물론 적어도 지난 2세기 동안 서양근대가 만든 세계에 대한 광범위한 반응이었다. 미국 가수 페기 리의 노래 제목 〈그게 다야?〉를 구호로 차용할 수도 있을 것이다. 삶에는 사회적 성공과 개인적 성공과 관련해 현재의 우리를 규정하고 있는 것 이상의 것이 존재해야 한다. 그것은 앞서 서술한 대로 19세기와 20세기 초에 있은 프랑스에서의 가톨릭 신앙으로의 개종 같이 이전의 종교로 회귀하는 데서는 항상 존재해온 요소였다. 하지만 그것은 거기서 신뒤르켐적 정체성과 복잡하게 뒤엉키게 되었으며, 심지어 그것 이상으로 문명질서를 회복하려는 기획이기도 했다. 그와 같은 요소들이 붕괴할 때 우리의 탐구는 자체를 위해 행해진다. 그것은 개인적 탐구이며, 본래성의 언어로 쉽게 코드화될 수 있다. 즉 나의 길 또는 자기 자신을 발견하려고 시도하는 것이다.

더욱이 이 경우 탐구자는 표현주의 혁명의 계승자로, 근대적 도덕질서와 연결된 규율훈련된, 도구적 자아에 대한 낭만주의 시대의 반동에 뿌리를 두고 있었다. 그것은 그들이 '페기 리'의 반응에 공명할 뿐만 아니라 자아의 일종의 통합과 전체성을 추구함을 의미한다. 이성의 일방적 우위에 맞서 감성의 자리를 되찾고, 또 규율훈련된, 도구적 정체성 속에서 허용되어온 위치, 즉 열등하고 종종 죄의식으로 고통 받는 위치에 놓이던 육체와 그것의 쾌락을 되찾으려고 했다.[4] 거기서 강조되는 것은 통합, 전일성, 전체성, 개인성이다. 그들의 언어는 종종 "조화, 균형, 흐름, 통합, 일체성, 중심성"[5]을 환기시켰다.

그와 같은 이유로 영=정신적 전체성에 대한 탐구는 종종 건강에 대한 탐구와 밀접하게 관련되었다. 앞 장에서 서술한 대로 19세기에 발생한 죄와 악덕의 의학화 비슷한 어떤 것이 출현했을 것이다. 즉 정신 건강과 육체 건강 간에 연결고리가 만들어졌는데, 토대는 완전히 달랐다. 주류 의학은 육체와 그것의 과정을 객관화하는 반면 내가 의학화라고 부르는 것은 객관화를 악덕으로까지 확대시켰다. 하지만 건강과 영성 간의 현대적 연결은 통상 대안적 종류의 의학에서 출발한다. 그것은 육체를 단지 자연과학의 대상으로 보는 것이 아니라 영=정신적 흐름과 영감의 장으로 이해한다. 건강을 회복하려

4 앞의 책, 21~24페이지.

5 Paul Heelas, Linda Woodhead, et al., *The Spiritual Revolution*(Oxford: Blackwell, 2004), p. 26. 이 연구서는 영국의 한 공동체와 관련되어 있다. 이 책에서 다루어지는 주제들은 당연히 미국에서 또는 실제로 오늘날 대서양세계의 어느 곳에서나 주요하게 다루어지는 것들과 비슷하다.

면 그와 같은 흐름과 올바른 관계를 맺는 것이 필요하다. 그리고 그것은 오직 그것들에 자기를 열어놓는 것에 의해서만, 즉 객관화와는 정반대 입장을 취하는 것에 의해서만 수행될 수 있다.

루프는 현대의 정신문화에서 식이요법과 비만 관리에 대한 새로운 접근법을 제창하고 있다. 보다 오래된 '[일곱 가지] 대죄'에 대한 이해에 따르면 비만은 폭식, 즉 엄격하게 다스려야 할 유혹에서 유래한다. 의학화는 그와 같은 유혹을 일종의 비정상성으로, 즉 일종의 일탈적 사태전개와 함께 일어나는 현상으로 재규정했다. 현대의 이해는 종종 그와 같은 욕망의 배후에 과식을 초래하는 영=정신적 요구 — 보다 깊고, 충족되지 않은 요구 — 가 존재함을 인정한다.[6]

더구나 결정적으로 중요한 것은 그와 같은 문화가 본래성의 윤리에 의해 각인되어 있는 것이다. 거기서는 전체성과 영=정신적 깊이에 이르는 나의 길을 발견해야 한다. 거기서 초점은 개인, 즉 그/그녀의 경험에 맞추어진다. 영성은 그와 같은 경험에 말을 걸어야 한다. 그리하여 정신적 삶의 기본 양식은 루프 주장대로 탐색quest이 된다.[7] 그 508
것은 선험적 배제나 불가피한 출발점을 갖고는 시작할 수 없는 탐색인데, 둘이 그와 같은 경험을 미연에 방지할 수 있기 때문이다.

그와 같은 종류의 탐구search는 실천자에 의해 종종 '영성'으로 불리며, '종교'와는 대치된다. 그와 같은 대비는 '제도종교'의 거부, 즉 교회가 행하는 권위적 주장의 거부를 반영하는데, 교회는 그와 같은 탐구를 선험적으로 결정하고 또 특정한 한계 내에 머물도록 하며, 무엇보다 먼저 특정한 행동의 코드를 정하는 것을 의무로 자임하고 있다. 그는 인터뷰에 응한 한 사람의 아래 발언을 인용한다.

> 확실히, 종교는, 교의와 전통이며, 예배드리기 위해 무릎을 꿇는 것이라고 느끼고, 그렇게 행동해야 합니다. [그런데] 영성은 내면적 감정입니다. 어떤 것을 자기 세계 속에서 …… 자기 마음속에서 어떻게 느끼건 그것을 허용하는 것이죠. 그것이 과연 제대로 된 것인지와

6 Roof, *Spiritual Marketplace*, pp. 92, 106.

7 앞의 책, 1~2장.

상관없이 말입니다. 종교에는 그런 매개변수들이 없습니다. 이렇게 믿어야 하고 또 이렇게만 믿어야 하는 거죠. 제 생각에, 영성은 사람 속으로 뚫고 들어가, 사람을 끌어올려, 보다 좋은 사람, 보다 열린 사람이 되도록 사람을 움직입니다. 종교가 그와 같은 일을 한다고는 생각하지 않습니다. 종교는 무엇을 해야 하는지, 언제 해야 하는지, 언제 무릎을 꿇어야 하는지, 언제 일어나야 하는지에 대해 말해줍니다. 이하 등등. 엄청나게 많은 규칙이 있지요.[8]

'영성'의 그와 같은 특징, 그것의 주관주의, 자아와 그것의 전체성에 대한 집중, 감정의 강조 때문에 많은 사람은 우리 사회에서 등장한 새로운 형태의 정신적 탐구를 내재적으로 사소하거나 사적인 것으로 간주하게 되었다. 나는 그것이 앞 장에서 비판한 것과 동일한 오류의 본질이라고 믿는다. 즉 본래성의 시대의 주요 현상을 그것의 가장 단순하고 시시한 형태와 동일시하는 성향이 그것으로, 그것은 널리 확산되어 있다. 그렇게 모든 것을 시시하게 만드는 결과는 한편으로는 본래성의 비판자에 반대하는 논의로부터, 다른 한편으로는 그처럼 왜소화된 형태의 추진자로부터 유래한다. — 앞의 논의에서 '선택' 담론의 조달자들이 그랬던 것처럼 말이다. 그들의 반박 시도는 서양문명에서 일어나고 있는 일에 대한 단순화되고 왜곡된 견해를 무의식중에 제시하려고 도모하고 있다.

특히 이 경우 새로운 종류의 정신적 탐색 — 종종 '뉴에이지'라는 용어 아래 똑같이 취급되는 운동들에 한정되지 않지만 아무튼 그것들을 포함한다 — 은 인간의 잠재력을 높이는 운동의 단순한 확장에 지나지 않는다고 종종 비난받아왔다. 따라서 내재적인 것에만 전적으로 초점을 맞추고/또는 사회 환경이건 초월적인 것이건 행위 주체를 초월한 어떤 것에도 관심을 기울이지 않는 자기도취에의 초대나 다름없다고 말이다. 그리고 물론 일반적으로 그와 같은 범위에서 발생하는 많은 현상이 그와 같은 특정화에 잘 들어맞는다. 하지만 모든 탐색이 그렇다는 생각 그리고 그와 같은 종류의 물음은 본성적으로 자기에 대한 이기적 관심에 의해 주도되고 있다는 생각은 환상일 뿐이다. 그리고 그와 같은 환상은 한편으로는 그와 같은 종류의 탐색에 의해 종교적 권위에 대한

8 앞의 책, 137페이지.

감정이 손상된다고 믿는 사람들 그리고 다른 한편으로는 가장 자아-중심적이고 내재적
인 것-중심의 형태를 제창하는 사람들 간에 벌어지는 종종 시끌벅적한 논쟁에서 유래 509
하는데, 양측 모두 상대방을 주요 적대자로 간주하고 공격하기를 선호한다. 전자는 이렇게 주장한다. '진정한 권위(이 관점에 따르면 『성서』, 교황, 전통)를 버리면 어떻게 되는지를 보시오.' 후자의 제창자는 이렇게 말한다. '우리만 권위에 대한 맹목적 믿음에 대한 대안을 제공할 수 있음을 이해하지 못한단 말이오.' 양 진영 모두 유일한 대안을 상대방이 그렇게 싫어하니 어쩔 도리가 없다고 생각하면서 자기 입장에 만족해버린다.

하지만 그와 같은 논의는 우리 시대의 영=정신적 현실의 대부분을 놓치고 만다. 현재의 그와 같은 영=정신적 탐색 형태를, 내재성을 향한 움직임으로 그리면 그것을 보다 오랫동안 근대의 대부분의 시대에 존재해온 경향과 혼동하게 된다. '긍정적 사유의 힘'이라는 논리를 제시한 전후의 필Norman Vincent Peale 같은 인물이 그와 같은 종류의 움직임을 대변했다. 즉 종교적 언어와 이미지가 보다 충일한 인간의 개화번영을 약속하는 기획 안에서 사용되고 있다. 그의 제안을 '인간 잠재력 [개발] 운동human potential movement'의 선구자로 간주할 수 있을 것이다. 하지만 특히 루프가 설득력 있게 논하듯이 오늘날에는 많은 구도자가 그것 이상의 것을 찾고 있다. 매우 자주 자기계발에 주력한 후 그와 같은 시도의 부적절함을 자각한다. 그와 같은 깨달음 자체가 '페기 리'의 반응을 불러일으키며, 그들은 계속 앞으로 나가고 싶어 한다.[9]

다시 한 번, 심지어 힐라스 같은 예리한 관찰자조차 최근의 매우 흥미로운 저서[10]에서 본인이 연구하는 현실에 대해 다소 단락적인 인식을 보여주는 것처럼 보인다. 여기서 내가 환기시키고 있으며, 저자들이 '영성'이라고 부르며, '종교'에 대치시키는 것과 같은 종류의 탐색은 실제로 일종의 자율적 탐사exploration에 의해 규정되며, 권위에 대한 단순한 복종과 대립된다. 그리고 그와 같은 정신적 도정에 참여하는 사람들은 실제로 교회에서 발견하는 도덕주의와 코드-물신주의에 혐오감을 느낀다. 하지만 결정적

9 앞의 책, 9페이지와 40페이지. "매우 실제적인 의미에서 자기실현은 덫이 되었다. 나는 특수하고 독특하며 아직 미완의 존재라고 잔뜩 부풀려진 생각을 갖고 있는 자아를 너무 많이 강조함으로써 자아를 유지하는 것은 '부담'이, 자기 자신의 자기기만에 의해 초래되는 심리적 위기가 되었다."

10 Paul Heelas, Woodhead, et al., *The Spiritual Revolution*.

쟁점을 그와 같은 방식으로 제기하는 것이, 여러 저자가 또한 대체로 그와 동등한 것으로 제시하는 다른 방식과 필연적으로 평행으로 내달리는 것은 아니다. 가령 한쪽의 '현세의 삶을 궁극적으로 초월하는 유의의성의 원천에 귀 기울이고 귀의하는 것' 그리고 다른 한쪽의 "삶의 과정 자체 속에 내재하는 유의의성의 원천을 찾아내고, 경험하고, 표현하는 것"[11]의 대치가 그것이다. 테제[프랑스 중부의 소누에로아르주에 있는 마을로, 특이한 기독교도 공동체 소재지로 알려져 있다]를 방문한 많은 젊은이는 여기서 결국 첫 번째 대안을 선택할 것이다. 저자들의 조사에 참여한 많은 불교도의 태도도 분명히 그럴 것이듯 말이다. 하지만 그들은 도덕주의에 대해 알레르기 반응을 보이고, 다른 모든 구도자와 마찬가지로 그들의 탐색이 권위에 의해 미연에 방지되는 것에 저항할 것이다.

또 '자기 자신을 찾는 것, 자신을 표현하는 것, 자신이 …… 될 수 있는 모든 것이 되기 위한 자기 자신의 길을 발견하는 것'은 "자신을 초월한 사물의 질서를 위해 자신을 부정하거나 희생하는 것 또는 …… 그와 같은 질서를 참조하며 사는 것"[12]과는 대치된다. 하지만 그와 같은 대치가 모든 가능성을 망라하는 것으로 간주될 수는 없을 것이다. 첫 번째 것은 현대의 본래성의 윤리에 대한 정의로 이해할 수 있을 것이다. 두 번째 것은 삶에서 가장 중요한 것에 대한 한 가지 견해를 환기시킨다. 첫 번째 것에서 제기된 물음이 탐색을 개시시킬 수 있다면 그것은 하나의 답으로 두 번째 것으로 귀결될 수 있을 것이다. 아무것도 그것을 보장하지 않지만 또한 아무것도 그것의 반대를 보증하지도 않는다.

510 두 저자가, 우리가 '뉴에이지'라고 부르는 영성의 대부분이 근대의 규율훈련된 도구적 행위 주체에 대한 낭만주의적 비판에 의해 영감을 부여받은 휴머니즘에 의해 숨결을 부여받았다고 이해하는 것은 실제로 옳다. 그와 같은 비판은 앞서 살펴본 대로 1960년대까지 중심적인 주제였고, 통일성, 전일성, 전체성, 개인성에 초점이 맞추어졌다.[13] 하지만 두 저자는 또한 본인들이 연구하는 정신은 그와 같은 것들을 넘어서려는 일반화된 욕망에 의해 '일반적·주관적 웰빙문화'와 구분된다고 지적한다. 그것은 "탐색의

11 앞의 책, 31페이지.
12 앞의 책, 81페이지.
13 앞의 책, 26페이지.

심화"[14]를 함축한다. 일부 사람에게 그와 같은 영성은 내재적인 것으로 파악된 모종의 생명력에 지나지 않지만 거기서 멈출 필요는 없다. 물론 전일성에 대한 그와 같은 추구와 초월적인 것 사이에는 기본적 대립이 존재한다고 선언하고 싶은 사람들도 존재한다. 두 저자가 인용한 바에 따르면 한 성직자는 회중을 향해 '전체임'도 중요하지만 '성스러움'보다는 못하다고 발언했다고 한다.[15] 하지만 그와 같은 부정적 발언은 적대적 관찰자에게서는 종교적 권위가 그와 같은 종류의 탐색을 무용지물이며 위험한 것으로 만들어버리기 때문에 쉽게 예상되는 것인지도 모른다. 하지만 그와 같은 종류의 근시안적 견해에 동조할 아무런 이유도 없다.

내가 이 점을 주장하는 것은, 어떤 의미에서는 본서 전체가, 근대서양에서의 강한 의미에서의 종교적 신앙의 운명을 연구하려는 시도이기 때문이다. 다시 한 번 반복하자면, 그와 같은 강한 의미를 나는 이중의 기준에 의해 정의하고 있다. 즉 한편으로는 초월적 실재에 대한 신앙, 다른 한편으로는 통상적인 인간의 개화번영을 넘어서는 변형과 관련된 갈망이 그것이다. 만약 필자가 지금까지 맞서 싸워온 것, 즉 시시하게 만들어진 flattened 종교관을 받아들인다면 위에서처럼 정의된 종교의 운명에 대해 심각한 오류에 빠지게 될 것이다.

우리 시대에는 의문의 여지없이 하나의 긴장이 존재한다. 그것은 우리 상황에 대한 해석을 둘러싸고 신뒤르케임적 [자가-구성적] 해석과 포스트-뒤르케임적 [자가-구성적] 해석 간의 전투가 벌어지는 장이 되고 있다. 즉 다양한 형태의 종교 또는 영성 간의 투쟁의 장이 되고 있다. 한편의 신뒤르케임적 [자가-구성적] 해석은 권위를 제일로 삼으며, 그리하여 현대의 여러 양식의 탐색을 미심쩍어하고 그것에 적대적이기도 하다. 다른 쪽의 포스트-뒤르케임적 [자가-구성적] 해석은 그와 같은 탐구에 착수했지만 탐구 과정에서 이런저런 형태의 권위를 인정할 수도 그렇지 않을 수도 있을 것이다. 그런데 그와 같은 대립에는 서양문명을 500년이나 거슬러 올라가는 대립, 그러니까 종교개혁 시대의 대립과의 몇 가지 유사점이 존재한다.

14 앞의 책, 88페이지.
15 앞의 책, 16페이지.

오늘날의 구도자들의 영=정신적 선구자들은 브르몽 신부가 17세기 프랑스에 대한 대규모 연구서[16]에서 '경건한 휴머니즘humanisme dévot'이라고 명명한 조류에 속해 있었다. 이 나라에서 당시 그와 같은 조류에 맞선 것은 얀센주의였다. 즉각 제수이트회와 얀센주의 간의 투쟁이 떠오를 텐데, 우리는 통상 양측이 받아들인 교의, 정치적 입장, 전략적 자세, 동맹이라는 측면에서 그것을 규정한다. 하지만 나는 보다 근본적인 것, 즉 인간의 영=정신적 삶에 대해 보여주는 심오한 태도의 차이를 염두에 두고 있다. 경건한 휴머니스트들에게서 주요 목표는, 이 세기에 그와 같은 흐름을 창시한 인물 중 한 명인 살레지오의 핵심적 용어를 사용하자면, 자기 안에서 신에 대한 사랑을 기르는 것이다. 그것은 그들이 내면에서 그와 같은 사랑의 첫 번째 촉구를 기꺼이 신뢰했음을 의미했다. 그리하여 그들은 이미 확인될 수 있는 신앙의 맹아를 키워나가는 작업에 착수했다.[17]

한 세기 전, 그들의 원천 중 하나 — 예수회 창시자 로욜라의 회심 이야기에서 그것
511 을 발견할 수 있다 — 를 살펴보면 거기서 무엇이 문제가 되었는지를 알려주는 좋은 예를 볼 수 있다. 싸움에서 입은 상처를 회복하던 중 절망적일 정도로 지루해진 그는 뭔가를, 특히 기사도소설을 읽고 싶어졌다. 그것은 당시의 기사와 숙녀에게 주식主食이나 마찬가지였으며, 후일 세르반테스에 의해 풍자 대상이 된다. 그러나 그가 머물던 성 안에는 기사도 관련 책이 한 권도 없었고, 겨우 손에 넣을 수 있던 것이라고는 성인전뿐이었다. 잠시 후 그는 어떤 사실을 깨닫기 시작했다. 즉 소설을 읽으면 흥미진진하고 재미있지만 결국 메마르고 불만족스러운 느낌만 남을 뿐이다. 그러나 성인 이야기를 읽으면 큰 정신적 고양을 느꼈고, 나중에 낙담하지도 않았으며, 만족감, 심지어 기쁨마저 여운으로 남았다. 그와 같은 경험이 후일 그의 『영혼의 훈련』에서 결정적 형태로 나타난 통찰의 기초가 되었다. 거기에는 가야 할 길에 대한 직관intimation이 들어 있었다. 그와 같은 내면적 기쁨의 감각을 그는 '위안consolation'이라고, 그것의 대극을 '암울

16 Henri Bremond, *L'Histoire littéraire du sentiment religieux en France, depuis la fin des guerres de religion jusquà nos jours*(Paris: A. Colin, 총 11권, 1967-1968); 또한 1권 *L'humanisme dévot*를 보라.

17 살레지오는 "신에게서 볼 수 있는 영혼에 대한 사랑의 묵상recueillement amoureux de l'âme en Dieu"에 대해 말한다. *Traité de l'Amour de Dieu*(Paris: Monastre de la Visitation, n. d.), 6권, vi-xi장, 50~267페이지를 보라.

desolation'이라고 불렀다. '위안'은 그가 '신의 위업las hazañas de Dios'을 독해하는 것에 의해 만들어졌지만 두 번째 것은 종종 '인간의 위업las hazañas humanas'에 관한 이야기를 읽으면서 생겨났다. 바로 그것이 로욜라가 역사적으로 알려진 여정을 걷게 한 성찰이었다.[18]

그와 같은 경건한 휴머니즘의 반대자들은 인간이 자기 자신의 직관에 편안하게 의지하도록 하려는 것처럼 보이는 그와 같은 종류의 신뢰에 강하게 반대했다. 타락한 인간이 감히 어떻게 그와 같은 능력을 참칭할 수 있는가? 그것은 무한히 반복되는 자기기만의 잠재적 원천이다. 필요한 것은, 확실히 붙잡을 수 있는 외적인 무엇인가이다. 즉 신을 발견하기 위한 방향을 시사하는, 인간의 감각을 초월한 어떤 권위이다. 『성서』 또는 교회의 권위가 그것일 수도 있지만 결정적으로 중요한 것은 그것이 자기 자신의 직관에 근거해서는 안 되는 것이다.

동일한 쟁점이 17세기 말에 프랑스의 두 주교 보쉬에와 페늘롱 사이에서 벌어진 유명한 논쟁에서 등장했는데, 사람은 신의 진정 순수한 사랑을 갈망해야 하는가, 즉 설령 구원받지 못하고 영벌을 받는 것처럼 보이는 경우에도 그것을 고수해야 하는가에 관한 논쟁이 그것이었다. 살의 삶에서 결정적 순간이 온 것은, 그가 영벌을 받을지도 모른다고 느꼈던 때가 한참 지난 후 비록 그렇더라도 그것이 신을 사랑하는 것을 그만두게 할 수는 없음을 깨달았을 때였다. 페늘롱은 그와 같은 이상을 받아들였지만 보쉬에는 그것은 인간은 죄 많은 상태를 자력으로 극복할 수 있다는, 신에 대한 불손함을 함의한다고 주장했다.

그런데 17세기 당시에 그것을 둘러싼 논쟁은 교의 측면에서 벌어졌다. 특히 인간의 타락에 대한 초아우구스티누스주의적 교의가 문제가 되어 실효가 있는 은총 없이는 그것에서 벗어날 수 없다고 여겨졌다. 하지만 내가 논하고 있는 것은 그것의 기저에 놓인 태도에 관한 것이다. 만약 그와 같은 태도를 교의라는 틀 안에 넣어버리면 그것에 충실하지 않게 되고, 그것에 구현되어 있는 뉘앙스를 잃어버리게 될 것이다. 물론 각 개인의 직관이 지표로서 충분하다고, 그것이 기독교 교의의 무게 전체에 대한 반론으로 타당하

18 Jean Lacouture, *Jésuites: 1, Les Conquérants*(Paris: Seuil, 1991), pp. 21-22.

다고는 아무도 생각하지 않았다. 다른 한편 반대쪽 지지자들은 영혼이 고양되는 순간에 생기는 힘을 인식하고, 그것을 끌어낼 수 있었다. 심지어 타당한 입장은 여기서의 양쪽
512 의 상보적 관계를 인정하고, 각각의 주장의 몇 가지 특징을 결합하는 것이라고 주장할 수 있을 것이다. 즉 자기신뢰를 기본자세로 하는 가운데 자기만족과 자기기만의 다양한 가능성을 바로 로욜라나 살레지오 같은 사람들이 했듯이 자각하는 것이다. '머뭄dwell-ing[교회나 교파 등의 제도를 중시하는 태도]'과 '구도seeking'[개인의 내면을 중시하는 태도]라고 부르는 두 가지 영=정신적 태도 사이에서 워드나우가 택한 것이 그와 같은 입장이다.[19] 하지만 사람들이 의지할 수 있는 두 가지 방향이 여전히 남아 있다.

내 주장은 이렇다. 즉 이 두 가지 방향이 오늘날까지 존속하고 있으며, 그것들이 두 가지 종교적 감수성의 기반을 형성하고 있다는 것이다. 한편에는 각각 새로운 영=정신적 탐색의 기초가 되고 있는 종교적 감수성이 존재한다. 다른 한편에는 그와 같은 탐색을 배제하며 권위를 우선적으로 선택하는 자세가 존재한다. 이제 왜 일이 그와 같은 지경에 처하게 되었는지를 이해하기 위해 매우 부분적이고 또 주저되기도 하지만 몇 가지 시도를 해보기로 하자. 가령 삶의 심각한 혼란으로부터 구원될 때와 같은 종류의 회심을 생각해보라. 지난 2세기 동안 미국의 신앙부흥운동에서 종종 수반된 종류의 것이 그것이다. 또는 오늘날 브라질이나 서아프리카의 복음주의파와 오순절파 교회에서 볼 수 있는 종류의 것이 그것이다. 그와 같은 회심이 자신 안에 존재하는 자기파괴적 충동을 이겨내는 외적 권위에 대한 복종으로 종종 느껴지기도 하는 것은 분명히 충분히 이해 가능한 일이다. 하지만 그와 같은 형태의 회심이 또 다른 종류의 구도자의 영혼의 도정을 무효화해서는 안 되며, 또 반대로 그것에 의해 무효화되어서도 안 된다. 영혼의 도정 속에서 그는 어디에 이를지 모르는 보다 이전의 직관을 따르다가 나중에 기독교 신앙에 도달할지도 모르기 때문이다. 가령 그리피스의 것과 같은 인생 행로가 그러한데, 나는 1장에서 그의 자서전을 인용한 바 있다.

다시 한 번 말하지만, 그와 같은 대안들은 다양한 교의의 개입에 의해 경화되고 양극단에서 대립하는 것으로 고정되어갔다. 그 결과 사람을 극단적 입장으로 몰아넣는

19 Wuthnow, *After Heaven*, 1장.

혼란스러운 결과를 초래했는데, 한쪽 극에는 고압적 권위에 대한 복종이, 다른 한쪽 극에는 자족성이 자리 잡았다. 완전한 자기의심이냐 아니면 전면적 자기신뢰냐였다. 그것은 물론 라틴계기독교세계에서 오랫동안 존속해온 강박관념과 궤를 같이했다. 궁극적이고 도달 불가능하고, 결국 자기파괴적인 정확성으로 최종적인, 도전 불가능하고, 오류 없는 권위의 토대를 모종의 형태의 교황의 결정으로건 아니면 『성서』의 축자적 독해 형태로건 꼼짝없이 고정시키는 것이 그것이었다.

하지만 만약 우리를 그와 같은 양극단으로 치닫게 하는 변증법에서 벗어날 수 있다면 다른 대안이 존재하며, 오늘날의 정신적/종교적 삶의 많은 것이 그와 같은 중간 입장에서 발견되어야 함을 분명히 해야 한다.

그렇다고 해서 한편으로는 포스트-뒤르케임적 유형의 체제 그리고 다른 한편으로는 영=정신적인 것에 대한 개인화된 경험 쪽을 향하는 경향 — '좋은 것이 좋은 것이다' 그리고 피상적인 것에 치우치는 모습을 종종 보여준다 — 간에 아무런 연관성도 존재하지 않는다는 말은 아니다. 분명히 요구하는 것이 그리 많지 않은 그와 같은 종류의 영성은, 많은 사람이 본인도 자기 나름의 방식으로 따르고 있다고 생각할 때 이해하고 있는 바로 그것이기 때문이다. 하지만 그것이 이 주제와 관련된 모든 이야기인 것과는 거리가 멀다. 만약 모종의 방법으로 몇 세기 이전으로 돌아갈 수 있다면 제멋대로인 구도자 숫자가 크게 감소하리라는 것은 분명 진실이다. 그러나 그것이 자기 자신의 영=정신적 도정을 따르라는 명령을, 오늘날 사방에서 볼 수 있는 보다 연약하고 피상적 선택지와 동일시하는 것을 정당화하는 것은 결코 아니다.

일부 보수적인 사람들 의견에 따르면, 자유롭게 부동하며, 요구하는 것이 별로 많지 않은 형태의 영성으로 많은 사람을 이끈 점을 지적하는 것만으로도 이 시대를 비난 513
하기에 충분하다. 그러나 그들은 두 가지 것에 대해 자문해야 한다. 먼저 구뒤르케임적 유형의 체제 또는 심지어 신뒤르케임적 유형의 체제로 되돌아가는 것은 가능한가? 그리고 두 번째로 — 그것이 더 뿌리 깊은 문제이다 — 모든 체제는 자체가 선호하는 형태의 일탈을 갖지 않는가? 비록 우리 시대가 얼마간 천박하고 요구하는 것이 그리 까다롭지 않은 영성을 증식시키는 경향이 있지만 위선, 정신적 몽매화, 복음에 대한 내면적 반항, 신앙과 권력의 혼동, 기타 한층 더 나쁜 것 등 다양한 종류의 강요된 순응에 따른 영=정신적 비용을 잊어서는 안 된다. 설령 선택권이 있더라도 현 체제를 고수하는 것이 더 현명할지는 확신할 수 없다.

8

그처럼 새로운 영=정신적 풍경의 특징은 무엇일까? 첫째, 누구나 환영할 만한 것으로, 다양한 종교 집단 간의 장벽이 붕괴되었다. 혼스비-스미스가 〈제2차바티칸공의회〉 이후 영국 가톨릭교회에 관한 보고서에서 말하듯이 당시 여전히 존재하고 있던 게토와 같은 장벽의 해체를 볼 수 있었다.[20] 물론 그것의 효과는 네덜란드처럼 이전에 교파적으로 분열되어 있던 사회에서 한층 더 두드러지게 나타났다.

하지만 그와 같은 풍경의 이면에서는 일종의 쇠퇴가 일어나고 있었다. 누구나 추측할 수 있듯이, 측정 가능한 외적 결과로는 다음 같은 것이 있었다. 첫째, 무신론자, 불가지론자 또는 무종교라고 대답하는 사람 숫자가 증가했는데, 영국, 프랑스, 미국, 호주를 비롯한 많은 나라에서 그랬다.[21] 하지만 그것 이상으로 다양한 중간 입장의 범위가 크게 넓어졌다. 많은 사람이 아직도 특정 교파에 속하거나 신을 믿는다고 말하면서도 신앙의 적극적 실천은 그만두게 되었다. 또 다른 차원에서 초월적인 것에 대한 믿음의 범위가 확대되었다. 인격적 실재를 지닌 신을 믿는 사람 숫자는 줄어든 반면 비인격적 힘 같은 것을 고수하는 사람 숫자는 증가했다.[22] 다시 말해 보다 넓은 범위의 사람이 기독교 정통파의 틀을 벗어난 종교적 신앙을 표명하게 되었다. 그와 같은 추세에 따라 비기독교적 종교, 특히 동양에서 기원한 종교들이 성장해왔다. 그리고 뉴에이지 유형의

20 Michael Hornsby-Smith, "Recent Transformations in English Catholicism", in S. Bruce, ed., *Religion and Modernization*, 6장.

21 Steve Bruce, *Religion in the Modern World*(Oxford: Oxford University Press, 1996), pp. 33, 137ff.; Sylvette Denèfle, *Sociologie de la Sécularisation*(Paris: L'Harmattan, 1997)을 보라.

22 가령 *Gallup Political & Economic Index*(394, June 1993)은 영국인의 40%가 '모종의 정령이나 생명력'을 믿는 반면 '인격적 신'을 믿는 사람은 30%에 불과하다고 보고하고 있다(Heelas, Woodhead, et al., *The Spiritual Revolution*, p. 166에서 재인용). 스웨덴과 프랑스의 경우에도 비슷한 수치가 발견되어왔다(Danièle Hervieu-Léger, *Le Pèlerin et le Converti*[Paris: Flammarion, 1999], pp. 44-46을 보라).

실천, 즉 휴머니즘/영=정신적인 것의 경계 간에 다리를 놓으려는 견해, 영성과 요법therapy을 연결하는 실천의 확산을 가져왔다. 거기에 더해 점점 더 많은 사람이 이전이라면 지지할 수 없는 것으로 간주되었을 입장을 취하게 되었다. 가령 많은 핵심적 교리를 받아들이지 않음에도 불구하고 가톨릭교도를 자임한다. 또는 기독교와 불교를 혼합하는 것을 크게 개의치 않는다. 믿음이 분명치 않은데 기도하는 사람도 많다. 과거에는 사람들이 그와 같은 입장을 취하지 않았다는 말이 아니다. 다만 최근에는 그렇게 솔직하게 말하는 것이 보다 용이해진 것처럼 보인다고 말하고 싶을 뿐이다. 이 모든 경향에 대한 반동으로 기독교 신앙은 〈제2차바티칸공의회〉부터 여러 카리스마 운동까지 다양한 방법으로 자체를 재규정하고, 재구성하는 과정에 있다. 이 모든 것이 표현주의 문화가 우리 세계에 초래한 충격의 결과를 보여준다. 그것은 전혀 새로운 처지[곤경]를 초래했다.[23]

에르비외-레제는 '신앙과 그것의 실천의 분리découplage de la croyance et de la pratique'에 대해, '신앙과 귀속과 정체성 준거 간의 해체désemboîtement de la croyance, de 514
l'appartenance et de la référence identitaire'에 대해서도 언급했다. 데이비Grace Davie는 '귀속 없이 믿기believing without belonging'에 대해 말했다. 특정한 종교적 정체성, 특정한 신학적 명제에 대한 믿음 그리고 표준적 실천 간의 긴밀한 규범적 연결은 대다수 사람에게는 더 이상 타당하지 않게 되었다. 그중 많은 사람이 일종의 '브리콜라주'를 통해 자기 자신의 개인적 견해를 짜깁기하는 데 몰두하고 있다. 하지만 또한 전통적 성좌를 횡단하는 형태로 몇몇 패턴이 널리 확산되고 있다. 신에 대한 모종의 신앙을 선언하며 자기를 특정 교회와 동일시하지만 실제로 교회 예배에는 참가하지 않는('귀속 없이 믿기') 경우도 있다. 하지만 국민교회와 자기를 동일시하는 스칸디나비아적 패턴도 있는

23 많은 서양 사회가 내가 '포스트-뒤르케임적' 체계라고 부르는 것으로 발전된 것이 '다문화주의' 쪽으로의 발전을 분명히 촉진했을 텐데, 그것은 동시에 인구의 다양성이 점점 더 증가함으로써 그것이 점점 더 긴급을 요하는 쟁점이 되도록 만들었다. 하지만 다문화주의는 또한 긴장을 낳아왔는데, 그것은 이런저런 형태의 '뒤르케임적' 이해가 인구의 중요한 부문에 지속적 흡입력을 행사하는 것에 의해 종종 악화된다. 미국의 기독교 보수주의자들은 미국에서 맹위를 떨치고 있는 표현주의에 의해 신경이 잔뜩 곤두선 상태이다. 그리고 많은 프랑스인이 그들의 나라가 상당한 숫자의 무슬림 인구를 포함하고 있다는 사실을 직시하기를 어려워하고 있는데, 너무나 오랫동안 '프랑스'를 본질적으로 가톨릭국가 또는 가톨릭 신앙과 '세속성[정교분리]laïcité' 간의 긴장에 의해 규정된 국가로 파악해왔기 때문이다.

데, 이 경우 신학에 대해서는 광범위한 회의주의를 표명하면서도 중요한 통과의례 때만 참석한다. 국민적 정체성, 특정한 교회 전통, 강력한 공동의 신앙, 문명질서 감각 간의 긴밀한 결합은 동원의 시대의 표준이었다. 그러나 그것이 해체되기 시작했고, 신학의 지배는 결정적으로 약화되었다. 하지만 그와 같은 사태는 또한 다른 나라에서는 교회와의 동일시의 쇠퇴를 의미해왔지만 사람들과 교회의 그와 같은 결합은 스칸디나비아 국가에서는 여전히 강한 것처럼 보인다. 그러나 거기서도 원래의 신학적 함의는 박탈당한 상태이다. 그처럼 교회는 역사적 · 문화적 정체성에서 결정적으로 중요한 요소로 간주된다고 말할 수 있을 것이다. 그와 같은 패턴은 다른 유럽국가에서도 발견될 수 있지만 북유럽국가에서 지배적인 것 같다.[24]

그와 같은 수치와 경향의 배후에는 무엇이 감추어져 있을까? 서양의 현재 상황은 단일한 이념형으로는 이해될 수 없다. 하지만 만약 우리가 동원의 시대에서 벗어나 점점 더 본래성의 시대로 이행하고 있는 것으로 이해한다면 그와 같은 전반적 동향을 어떤 의미에서는 기독교세계로부터의 후퇴로 이해할 수 있을 것이다. 기독교세계라는 말로 필자가 의미하는 바는 사회와 문화가 기독교 신앙에 의해 깊게 스며들어 있는 문명이다. 기독교의 여러 교회가 극히 최근까지 자신의 과제를 생각해온 방식을 생각해본다면 그와 같은 후퇴는 엄청나게 충격적인 사태전개이다. 단지 가톨릭교회만 보아도(다원주의적인 프로테스탄티즘 사회의 교파 횡단적인 '교회'에서도 유사한 점을 찾아볼 수 있다) 목표는 사회 전체에 공동의 종교적 고향을 제공하는 것이다. 프랑스의 경우 17세기에 있은 가톨릭의 대항종교개혁에 대해서도 생각해볼 수 있을 텐데, 그것은 지금까지 결코 제대로 기독교화된 적이 없는 농촌 사회의 각 지역에 파고들 뿐만 아니라 개혁파 교회에게 빼앗긴 지역을 되찾으려고 시도했다. 이어 19세기에는 〈프랑스혁명〉에 의해 황폐해진 것들을 복구하기 위해 다시 노력했다. 20세기 초의 〈가톨릭행동Action Catholique〉의 목표는 손아귀에서 빠져나간 지역에 선교하는 것이었다. 하지만 그와 같은 야심이 실현

24 Hervieu-Léger, *Le Pélerin et le Converti*, pp. 41, 56; Grace Davie, *Religion in Britain since 1945: Believing without Belonging*(Oxford: Blackwell, 1994). 스칸디나비아반도에 특수한 유형에 대한 논의를 Hervieu-Léger, *Le Pélerin et le Converti*, p. 57와 Grace Davie, *Religion in Modern Europe*(Oxford: Oxford University Press, 2000), p. 3에서 찾아볼 수 있을 것이다.

불가능한 것임은 오늘날 분명해 보인다.

그런데 우리 서양 사회는 역사적 측면에서 기독교에 의해 영원히 각인된 채 남게 될 것이다. 그와 같은 논점의 유의의성에 대해 아래서 다시 논할 것이다. 하지만 다른 한편으로 '기독교세계의 후퇴'라는 말로 내가 의미하는 것은 이렇다. 즉 우리가 어떤 공고한 정치적 또는 집단적 정체성에 의해 또는 사회적으로 본질적인 윤리를 뒷받침하고 있다는 의미에 의해 신앙 내부로 인도되거나 머무는 일이 점점 덜 흔해지리라는 것이다. 그와 같은 양쪽 요소의 많은 것은 향후에도 여전히 분명히 계속 존재할 것이다. 515
최소한 집단 정체성은 이민자에게, 특히 갓 들어온 이민자에게 중요할 수 있을 것이다. — 그리고 심지어 비기독교도 이민자, 가령 무슬림이나 힌두교도에게는 한층 더 그러할 것이다. 그들은 기성의 다수파 종교와의 차이를 느끼고 있다. 그리고 교회 구성원이자 정기적인 예배 참석자의 핵심을 이루는 사람들은 어느 나라에나 많건 적건(미국에서는 매우 많고, 스웨덴에서는 매우 적다) 분명히 남을 것이다.

또한 신뒤르케임적 정체성의 지속적 중요성을 보증하는 또 다른 이유가 존재한다. 그것은 일부 사회에서는 포스트-뒤르케임적 사회 환경과 의사-길항 관계에 있다. 가령 미국 그리고 그곳의 〈기독교우파〉의 몇몇 요구, 가령 학교에서의 기도에 대해 생각해보라. 하지만 그와 같은 신뒤르케임적 정체성은 억압받거나 위협받고 있다고 느끼는 집단에서는 아마 한층 더 명백하게 나타날 것이다(〈기독교우파〉의 경우 또한 아마 그렇지 않을까). 그리고 종종 특정한 인종적 또는 역사적 정체성을 가진 사람들은 집단을 형성하기 위해 종교적 표식에 의지하게 될 것이다. 나는 위에서 가령 폴란드인과 아일랜드인에 대해 말했다. 그들은 외부로부터 지배받고, 종종 매우 심하게 억압받는 맥락 속에서 독립을 쟁취하거나 일체성을 확립하기 위해 동원된 이유로 근대의 정치적 형태로 내던져진 사람들이었다. 따라서 근대적 언어, 정치적 실체에 관한 근대적 관념을 받아들였다. 근대적 의미에서 인민이 되었다. 그리고 근대적 인민, 즉 역사의 행위 주체가 되려는 집합체는 자신이 무엇을 하려고 하는지에 대한, 즉 내가 정치적 정체성이라고 부르는 것에 대한 일정한 이해를 필요로 한다. 상술한 두 나라 사례의 경우에는 가톨릭교도인 것은 그와 같은 정체성의 중요한 요소였다.

근대세계에서도 그와 같은 현상은 신앙 관점에서 보면 양의적일 수도 있지만 계속 중요하게 남을 것이다. 왜냐하면 마음 깊숙이 느끼는 종교적 충성부터 종교적 표식이 사람을 동원하기 위해 아이러니하게 조작되는 상황에까지 이르는 등 관련된 사례의 범위는 매우 폭넓기 때문이다. 밀로세비치와 BJP[인도인민당Bharatiya Janata Party]을 생각해보라. 하지만 윤리적 판단이 어떻건 그것은 오늘날의 세계의 강력한 현실이며, 금방 사라질 것 같지는 않다.

그러나 일반적으로 21세기에 북대서양 사회들은 인종적 · 교파적 차이에 의해 찢겨지지 않았지만(가령 북아일랜드는 예외로 해야 할 것이다) 동원의 시대의 최근의 지배적 형태는 보다 많은 경우(유럽)와 보다 작은 경우(미국)의 차이가 있지만 구성원을 유지하는 데 어려움을 겪고 있다고 말할 수 있을 것이다.

그런데 종교에 대한 인간의 갈망이 쇠퇴해간다는 견해를 받아들이지 않는다면 — 나는 받아들이지 않는다 — 종교의 실천 및 종교에 대한 보다 깊은 참여의 접근로는 어디 놓여 있을까? 각자가 영=정신적 삶에서 끌려들어가고 있는 다양한 형태의 영=정신적 실천에 있다는 것이 대답이 될 것이다. 그것에는 묵상, 모종의 자선 행위, 공부 모임, 순례 여행, 특별한 형태의 모종의 기도 또는 일군의 그와 같은 것이 포함될 것이다.

일련의 그와 같은 형태는 물론 항상 존속해왔다. 그것은 말하자면 통상적인 교회의
516 실천에 이미 그리고 주로 포함되어 있는 사람에게는 추가 선택사항이 되었다. 반대로 오늘날에는 사태가 전도되는 일이 종종 일어난다. 우리는 우선 순례 여행, 〈세계청년의 날〉, 묵상 집단이나 기도 동아리 등에 끌린다. 그러고 나서 만약 적절한 방향으로 이끌어진다면 그것들은 통상적인 실천 속에 포함되게 될 것이다.

그리고 그와 같은 형태의 실천 사이에, 더 나아가 그와 관련된 형태의 신앙 사이에 많은 왕래가 있을 것이다.

그것은 포스트-뒤르케임적 체제와, 사소해지고 완전히 사사화된 영성을 혼동하는 것이 오류임을 다시 한 번 더 보여준다. 물론 많은 사소화와 사사화 경향이 존재할 것이다. 그것들이 현재의 우리의 곤경에 수반되는 위험이다. 포스트-뒤르케임적 세계란 앞서 말한 대로 영=정신적인 것과 사람들이 맺는 관계가 정치사회와 맺는 관계로부터 점점 더 풀려나감을 의미한다. 하지만 그와 같은 사태는 그 자체로서는 사람들이 성스러운 것과 맺는 관계가 집단적 연결에 의해 매개될지 또는 어떻게 매개될지에 대해서는

아무것도 말해주지 않는다. 완전한 포스트-뒤르케임적 사회란 종교적 귀속이 국민적 정체성과 무관해지는 사회일 것이다. 거기서 그와 같은 종교적 충성의 범위가 확대되고 다양해지리라는 것은 거의 확실하다. 또 거기서는 거의 분명히 윌리엄 제임스가 유명하게 만든 의미[25]에서 많은 사람이 개인적 경험에 중점을 둔 종교적 삶을 영위하게 될 것이다. 하지만 그로부터 모든 사람이, 심지어 거의 모든 사람이 그와 같은 생활을 하게 되리라는 결론이 나오는 것은 아니다. 많은 사람이 영=정신적 고양을 가령 가톨릭교회도 포함한 교회에서 찾을 것이다. 포스트-뒤르케임적 세계에서 그와 같은 충성은 신성한 사회(구형)에 대한 충성으로부터 풀려나오거나 아니면 모종의 국민적 정체성(신형)에 대한 충성으로부터 풀려나올 것이다. 또는 공동의 문명질서에 필수불가결한 모체를 제공한다는 (지금은 불손하게 들린다) 주장으로부터도 풀려나올 것이다. 위의 분석이 맞는다면 접근 양식이 달라질 것이다. 하지만 그것은 여전히 일종의 집단적 연결일 것이다.

그와 같은 연결은 성사에 의한 것이건 공동의 실천을 통한 것이건 근대세계에서 분명히 여전히 강력하다. 우리는 여기서 쉽게 범할 수 있는 실수를 피해야 한다. 즉 우리의 개인적·사회적 삶에서의 종교의 새로운 위치 즉 우리 자신의 영=정신적 감각을 추구해야 한다는 틀-이해를, 어느 길을 따라 나가야 하는지와 관련된 논점과 혼동하는 것이 그것이다. 새로운 틀은 강한 개인주의적 요소를 갖고 있지만 그것이 반드시 내용 또한 개인화를 향하리라는 것을 의미하는 것은 아닐 것이다. 많은 사람은 극히 강력한 종교 공동체에 참여 중인 자신을 발견할 것이다. 왜냐하면 영=정신적인 것에 대해 많은 사람의 감각은 바로 그곳으로 이끌릴 것이기 때문이다.

물론 반드시 그것에 조상들처럼 쉽게 정착하지는 않을 것이다. 그리고 특히 포스트-뒤르케임적 시대란 종교적 충성이 세대를 초월해 오래 지속되지 못함을 의미할 것이다. 하지만 강력한 집단을 추구하는 선택지가 추종자를 잃지는 않을 것이다. 아마 심지어 반대 경향마저 나타날지도 모른다.

후자의 생각을 진지하게 고려하는 이유 중 하나는 '축제적인 것'이 계속 중요한 데 있다. 우리는 우리를 일상적인 것으로부터 떼어놓은 다음 우리 자신을 초월한 것과 접

25 윌리엄 제임스, 김재영 역, 『종교적 경험의 다양성』, 한길사.

517 촉할 수 있도록 해주는 융합 기회를 지금도 여전히 찾고 있다. 락콘서트, 난장판으로 떠드는 파티rave뿐만 아니라 순례여행, 〈세계청년의 날〉 같은 대집회, 다이애나비 장례식처럼 모두가 공명할 수 있는 사건에 감동한 일회성 모임 등에서 그것을 볼 수 있다. 이 모든 것은 종교와 무슨 관계가 있을까? 그와 같은 관계는 복잡하다. 한편으로 앞의 사건 중 몇 가지는 내가 그에 대한 논의를 시작하면서 채택한 의미에서 의문의 여지없이 '종교적'이다. 즉 초월적인 것으로 추정되는 것(메주고리에 순례 또는 〈세계청년의 날〉) 쪽으로 방향을 잡고 있다. 그리고 아마 아직도 충분히 지적되지 않아온 것이 있는데, 보다 이전 형태로, 아마 기축시대보다 훨씬 더 이전 형태로 거슬러 올라가는 종교의 그와 같은 차원이 오늘날에도 여전히 살아 있고 잔존하고 있는 것이 그것이다. 종교개혁 엘리트들이 수 세기 동안 우리의 종교적 그리고/또는 도덕적 삶을 보다 개인적이고 내면적인 것으로 만들고, 나아가 그와 같은 세계를 탈주술화하고 집단적인 것의 비중을 줄이려고 노력해왔음에도 불구하고 말이다.

몇몇 측면에서 앞의 형태는 우리 시대의 곤경에 잘 적응하고 있다. 에르비외-레제는 젊은이들이 삶에서 신앙과 의미가 어떤 것을 의미하는지를 찾는 여행을 떠나게 됨으로써 전통적인 순례자상에 오늘날 새로운 의미가 주어질 수 있음을 지적한다. 순례는 또한 탐색이기도 하다. 이 점에서 테제 사례는 주목할 만하다. 부르군디에 있는 교파 공동의 기독교 센터 — 고인이 된 쉬츠Roger Schütz를 둘러싸고 핵심에는 수도자 공동체가 형성되어 있다 — 에 여름 몇 달 동안 꽤 많은 나라에서 수천 명의 젊은이가 모여들고, 국제 집회에는 수만 명이 참가한다. 그와 같은 공동체가 우리를 매료시키는 힘은 부분적으로는 그들이 탐구자로 받아들여진다는 것, 나아가 그들이 자유롭게 자신을 표현할 수 있는 사실에 있다. 즉 '신앙의 규범적 장치, 또 마찬가지로 의미가 미리 규정된 담론에 마주치지 않고 말이다confrontés à un dispositif normatif du croire, ni même à un discours du sens préconstitué.' 하지만 동시에 그와 같은 센터는 분명히 기독교에, 국제적 이해와 화해 — 그것들의 종교적 뿌리는 『성서』와 전례를 통해 탐구된다 — 에 뿌리박고 있다. 이 모든 것이 결합해 젊은이들을 끌어당기는데, 그들은 다른 나라에서 온 비슷한 구도자를 만나고 싶어하고, 결과와 관련해 아무 전제조건 없이 기독교 신앙을 탐구한다. 한 방문객은 이렇게 말했다.

테제에서는 질문하기 전에는 아무도 답을 주지 않습니다. 그리고 무엇보다도 답을 탐구하는 것은 각자에게 맡겨져 있습니다A Taizé, on ne vous donne pas la réponse avant que vous ayez posé la question, et surtout, c'est à chacun de chercher sa réponse.

물론 테제의 경험은 단순히 그리고 전체적으로도 '축제적인 것'의 범주에 해당되지 않는다. 거기에는 분명히 일상적인 것에서 벗어나는 것이 있고, 보다 위대한 것과의 접촉이 있으며, 보편적 우애의 감각 — 설령 그것의 원천이 항상 하느님 아버지에게 있는 것은 아니라 해도 — 이 존재한다. 그러나 융합의 감각이 항상 두드러지는 것은 아니다. 하지만 완전히 부재하는 것도 아니다. 테제 경험의 중심에 있는 것은 함께 노래 부르는 것이며, 공동체에 의해 준비된 성가를 각자의 모국어로 부르는 것이다. 그것은 다양한 '백성[민족]people'과 문화 사이에서 추구되는 화해의 모델이며, 그것을 예감케 하는 것이다. 테제가 〈세계청년의 날〉이 발전할 때 모형을 제공하게 된 사실은 전혀 놀랍지 않다. 그것은 본래성의 시대의 기독교적 순례/집회의 한 형태이다.[26]

하지만 오늘날의 록콘서트와 광란의 파티rave는 어떨까? 우리 기준으로 그것들은 분명히 '비종교적'이다. 하지만 그것에 열광하는 사람들도 세속적이고 탈주술화된 세 518
계에 불안하게 서 있다. 우리를 일상적인 것에서 끄집어내주는 공동의 행위/감정에서의 융합은 종종 우리가 보다 위대한 것과 접촉하고 있다는 강렬한 현상학적 의미를 만들어낸다. 우리가 그와 같은 현상을 아무리 궁극적으로 설명하거나 이해하고 싶어 하더라도 말이다. 세계에 대한 탈주술화된 견해는 그와 같은 종류의 경험이 왜 지속적인 힘을 갖는지를 설명할 수 있는 이론을 필요로 한다. 물론 지금 그와 같은 이론이 고안될 수 있고, 몇 가지는 이미 고안되어왔다. 가령 뒤르케임, 프로이트, 바타이유를 보라. 하지만 참가자의 정신 상태가 거리를 두고 객관화하는 태도 — 내재적 · 자연주의적 세계관의 진리는 그와 같은 태도로부터는 자명한 것으로 부득이하게 상정된다 — 와는 거리가 먼 것은 여전히 진실이다. 그와 같은 융합에 내재하는 초월적인 것에 대한 감각을

26 Hervieu-Léger, *Le Pélerin et le Converti*, pp. 100-108.

자연주의적 범주로 궁극적으로 설명(또는 발뺌)하는 것은 선험적으로 명백하지 않다. 우리 세계에서 '축제적인 것'은 초월적인(으로 추정되는) 것이 우리 삶 속으로 분출되어 나오는 틈새로 잔존하고 있다. 아무리 질서에 대한 내재적 이해 주위에 '축제적인 것'을 잘 끼워 넣더라도 말이다.

만약 앞서 말한 틀을 내용과 혼동한다면 또 다른 문제가 생기는데, 인간에 대한 원래의 영=정신적 직관에 대한 우리의 응답이 형식적인 영=정신적 관습으로 성장해 들어갈 수도 있는 방식을 과소-평가하는 것이 그것이다. 우리의 신앙의 여로는 영감, 즉 영=정신적 친근성을 지닌 강렬한 감정의 순간 또는 눈부실 만큼 훌륭한 명찰明察의 순간에 시작될 수 있지만 그런 다음에는 모종의, 아마 매우 엄격한 정신적 훈련을 통해 계속될 것이다. 묵상을 통해 그렇게 할 수도 있고, 기도를 통해서도 그렇게 할 수 있을 것이다. 우리는 그렇게 해서 종교적 삶을 발전시켜 나간다. 이론이 있겠지만 아마 그와 같은 종류의 여로가 우리의 (대체로) 포스트-뒤르케임적 시대에 점점 더 현저해지고 확대될 것이다. 많은 사람이 '대단해!'라는 일시적 감각만으로는 만족하지 않는다. 그것을 더욱 발전시켜 장래에 연결하고 싶어하며, 그렇게 하기 위한 방법을 찾고 있다.[27] 그와 같은 식으로 전통적 형태의 신앙으로 다가가는 주요 통로인 실천으로 우리는 이끌리고 있다.[28]

기독교세계로부터의 그와 같은 후퇴가 우리가 처한 상황을 이해하는 하나의 열쇠를 제공한다고, 더 나아가 한쪽의 신앙과 다른 쪽의 국민적/집단적인 정치적 정체성 및 생활방식 간의 결합이 지속적으로 약화되고 있다고 그리고 그 결과 중 일부로 지금 탐색의

27 Robert Wuthnow, *After Heaven*, 7장 「영성의 실천」에서 이루어지고 있는 흥미로운 논의를 보라.

28 종교적 삶의 그처럼 다양한 종류와 수준을 부각시킴으로써 1500년 이후 일어난 사태전개 전체를 파악해보려고 시도할 수도 있을 것이다. 당시 처음에는 단지 **하나의** 교회만 존재했다. 그것이 (a) (구뒤르케임적 방식으로) 사회 전체를 통합했다. 그리고 (b) 지역적 결사(교구)는 대면적인 종교적 사회성[사교]의 현장이었다. 그리고 (c) 일부 사람이 보다 사적인 종교적 삶을 추구할 수 있도록 해주는 모체였다. 이제 이 세 가지 형태의 종교적 실천은 완전히 서로 분리되어 존재한다. 사람들은 한 측면에서는 어떤 것에 '속해' 있지만 다른 측면에서는 그것에 참여하지 않을 수 있을 것이다. 하지만 여기서 얼마든지 **그럴 수 있음**을 강조해야 할 것이다. [하지만 동시에] 모두가 그렇게 분리된 상태로 살려고는 하지 않을 것이다. 앞의 정식화는 카사노바와의 개인적 의견교환 중에 얻은 것이다.

영성과 독단적 권위의 영성 간의 양극적 대립에 직면해 있다고 가정해보자. 설령 그와 같은 가정이 모두 적절하더라도 여전히 불가사의하고 이해하기 어려운 많은 문제가 남는다. 많은 사람이 조상들 전래의 교회로부터 거리를 두어왔다고 해도 완전히 관계를 끊은 것은 아니다. 가령 몇몇 기독교 신앙을 유지하고, 그리고/또는 교회와의 모종의 명목적 관계를 유지하고 있으며, 여전히 어떤 방식으로건 교회와 자기를 동일시하고 있다. 가령 여론조사에 답할 때면 성공회교도나 가톨릭교도라고 응답한다. 사회학자들은 그것을 이해하기 위해 '귀속 없이 믿기believing without belonging', '확산성 기독교diffusive Christianity' 같은 새로운 용어를 고안해낼 수밖에 없게 되었다.[29] 그와 같은 현상은 서유럽에서 특히 현저하다.

그런데 그와 비슷한 것은 항상 존재해왔다. 즉 교회는 정통파의, 열심히 신앙을 실천하는 사람들의 핵심 둘레에 반영半影[일식과 월식 등에서 부분적으로 그늘로 들어가는 영역]을 항상 수반해왔다. 그와 같은 부분의 신앙은 이단으로 변질되며, 그리고/또는 그들의 실천은 부분적이고 단편적이었다. 우리는 위에서 여전히 부분적으로 또는 전반 519
적으로 '앙시앵레짐'형 속에서 사는 사람들의 '민속종교' 속에서 그와 같은 종류의 사례를 살펴본 바 있다. 그런데 실제로 '확산성 기독교'라는 용어는 19세기 말부터 20세기 초처럼 보다 근대적이지만 동시대적이지는 않은 시기에 영국에서 등장한 비공식적인 민중종교를 가리키기 위해 만들어진 것이었다. 울프는 콕스를 따라 그와 같은 견해의 한 버전에 대한 느낌을 전달하려고 하면서 이렇게 쓰고 있다. 즉 그것은

> 교리를 중시하지 않는 막연한 종류의 신앙이었다. 신은 존재한다. 그리스도는 선한 사람이며, 따라야 할 모범이다. 사람들은 이웃과 함께 자애로 품위 있는 삶을 살아야 하고, 그렇게 하는 사람은 죽은 뒤에 천국에 갈 것이다. 이승에서 고통 받는 사람들은 저승에서 보상받을 것이다. 사람들은 다양한 교회를 적의보다는 무관심으로 대했다. 교회의 사회적 활동은 공동체에 일정한 공헌을 한다고 생각했다. 주일학교는 아이 육성에 필요한 역할을 하는 것으

29 Grace Davie, *Religion in Britain since 1945*와 John Wolffe를 보라. '확산성 기독교diffusive Christianity'는 콕스의 조어이다(Jeffrey Cox, *The English Churches in a Secular Society, Lambeth 1870-1930*[New York: Oxford University Press, 1982], 4장을 보라).

로 느껴졌고, 통과의례는 공식적 형태로 종교적으로 인가될 필요가 있었다. 해마다 그리고 계절마다 축하행사에 참여함으로써 교회와의 관계는 유지되었지만 매주 예배에 참석하는 것은 불필요하고 과도한 것으로 느껴졌다. 여성과 아이가 남성보다 정기적으로 교회 일에 관여할 가능성이 컸지만 그것이 성인 남성이 교회에 적대적이었다는 의미는 아니다. 단지 자신을 주로 집안의 생계비를 버는 사람으로 간주하는 경향이 있으며, 따라서 종교 영역에서는 여성이 가족의 관심을 대표해야 한다고 느꼈을 뿐이라고 짐작할 수 있다. 그리고 신학적인 것이나 개인적인 것보다는 실천적 · 공동체적 일이 중시되었다.[30]

아마 그와 같은 종류의 반영半影은 1900년에는 복음주의의 물결이 높았던 1850년 무렵보다 컸지만 그것이 둘러싼 핵심은 보다 적었을 것이다. 하지만 아무리 많은 숫자의 교인을 가진 교회라도 신앙과 그것의 실천의 중심지대 주위에는 그와 같은 배후지가 항상 존재해왔다. 오직 소수의 헌신적 소수자만이 주변 환경과 싸우며 구성원 100%의 100% 책무를 지탱할 수 있었다. 보다 이전 시기에 그다지 정통적이지 못했던 배후지는 오히려 교회의 전례와 축제를 둘러싸고 있던 민속종교, 반半-마술적 신앙과 그것의 실천 속에 존재했다. 게다가 윌리엄스Sarah Williams의 저작이 증언하는 대로 심지어 그중 일부는 20세기 초까지 존속했다. 비록 1990년의 '확산성 기독교'는 본질에서 보다 이전 시기의 종교적 반영과 달랐지만 말이다. 하지만 그럼에도 불구하고 확산성 기독교는 반영이었다. 영국 기독교의 그처럼 상이한 단계들을 비교해본다면, 울프가 말하는 대로, '1900년경의 영국은 산만하고 수동적인 의미에서지만 역사에서 이전 어느 때보다 더 기독교 정통파에 가까웠다'라는 "판단에는 어느 정도 근거가 있음"[31]을 확인할 수

30 John Wolffe, *God and Greater Britain*(London: Routledge, 1994), pp. 92-93. David Hempton, *Religion and Political Culture in Britain and Ireland*(Cambridge: Cambridge University Press, 1996), pp. 136-137. 헴프턴은 기독교에 대한 이해가 그처럼 널리 확산된 이유에 대한 또 다른 설명을 제공한다. 그와 관련해 '귀속 없이 믿기', '확산성 기독교' 자체 등 사람들이 발명한 모든 용어가 복잡한 현실을 포착하기에는 충분히 유연하지 못함을 강조한다. 또한 종교음악, 특히 해당 문화에서의 찬송가 부르기의 중요성도 강조한다.

31 Wolffe, *God and Greater Britain*. 부트리도 1840~1860 사이의 앵 현에 대해 비슷한 점을 지적한다(하지만 이 측면에서 그것은 프랑스에서 예외적이지 않았다). "하지만 아마 가톨릭교회의 오랜 역사에서 사역과 관련해 체험된 현실은 이상과 정확히 일치하지 않았을 것이다. 하지만 마을의 주임신부의 존재가 가령 3세기 전에 〈트랭트협의회의 아버지들〉에 의해 정교하게 마련된 '좋은 사제' 모델에 그렇게 가까

있다.

그렇다면 1960년 이후 무슨 일이 일어났던 것일까? 확실히 그때까지 존재하던 종교적 반영의 일부는 사라졌다. 오늘날, 이전에는 배후지에 머물던(또는 그들의 부모가 그랬다) 많은 사람이 분명히 기독교 신앙 외부에 머문 채 더 이상 어느 교회와도 자기를 동일시하지 않고 있다. 그중 일부는 의식적으로 가령 유물론 같은 매우 다른 견해를 520
택하거나 기독교 이외의 종교에 귀의하게 되었다. 그와 같은 변화의 일부는 무종교임을 선언하는 사람 숫자의 증가에도 반영된다. 하지만 그것에 의해서도 여전히 설명할 수 없는 것이 있는데, 여전히 신을 믿는다고 선언하고, 그리고/또는 어떤 교회와 자신을 동일시하는 사람이 매우 많은 사실이 그것이다. 물론 1세기 전의 '확산성' 기독교도들에 비해 교회에서 훨씬 더 먼 거리에 머물고 있는 것은 사실이지만 말이다. 가령 그들의 견해는 보다 이단적이며(신은 종종 보다 생명력처럼 받아들여진다), 이미 가령 세례식과 결혼식 같은 통과의례 중 많은 것에 더 이상 참가하지 않는다(그렇지만 영국에서는 독일과 달리 종교적 장례식은 다른 종교적 의례보다 더 흔하게 받아들여진다).

다시 말해 교회 그리고 정통파 기독교의 몇 가지 측면으로부터의 떨어짐 또는 멀어짐은 오히려 데이비가 '기독교 유명론Christian nominalism'이라고 부르는 형태를 취해왔다. 열성적 세속주의는

> 상대적으로 작은 소수의 사람들의 신조로 머물렀다. 신앙 측면에서는 세속주의보다 오히려 유명론이 잔존하는 범주를 이루고 있다.32

위의 말을 어떻게 이해할지는 아직도 불분명하다. 데이비가 '귀속 없는 신앙'이라고 부르는 그와 같은 거리를 두는 태도에서는 많은, 상이한 종류의 애매함이 보인다.

이 다가간 적은 결코 없을 것이다Jamais peut-être, dans la longue histoire de l'Église catholique, la réalité vécue du ministère n'aura aussi exactement coïncidé avec son idéal; jamais l'existence des curés de villages ne sera approchée d'aussi près du modèle du 'bon prêtre', élaboré quelque trois siècles plus tôt par les Pères du Concile de Trente"(Boutry, *Prêtres et Paroisses*, p. 243).

32 Grace Davie, *Religion in Britain since 1945*, pp. 69-70. 그와 같은 수치에 대해 46~50페이지에서 그녀가 제시하는 표를 보라.

세속주의자들 주장대로 단순한 이행기 현상일 뿐일까? 일부 사람에게는 틀림없이 그럴 것이다. 하지만 모든 사람에게 그럴까?

많은 측면에서 그와 같은 현상은 아마 기독교의 집단적 삶의 과거 형태라는 측면에서 가장 잘 서술될 수 있을 것이다. 오늘날의 상황은 '확산성 기독교'와는 일정한 거리가 있는데, 그것 자체도 전적으로 헌신적인 실천 모델과는 일정한 거리를 두고 있었다. 하지만 오늘날의 상황은 지금도 여전히 핵심적 참조점인 별로부터 점점 더 멀어지면서 바깥쪽 궤도를 돌고 있다. 그와 같은 식으로 동원의 시대의 다양한 형태가 현대적 삶의 주변부에 여전히 살아 있다. 그것은 특정한 기회에 드러나는데, 가령 우리가 과거와 연결되고 싶어 하는 열망을 느낄 때가 그렇다. 영국을 예로 들어보면 〈여왕즉위50주년기념식〉이나 장례식 같은 왕실의례 행사에서 말이다. 여기서는 마치 이전의 신뒤르케임적 정체성의 모든 힘이 하루만 되살아나 영국인다움을 특정한 형태의 프로테스탄티즘 기독교와 연결시키는 것 같다. 거기서는, 기묘하게도, 영국국교회가 (가톨릭교도를 포함해!) 모든 사람을 위해 의식을 거행하는 것이 허용된다. 자꾸 바깥쪽을 향해 돌던 우리의 편심적 궤도는 우리를 점점 더 바깥의 우주공간으로 데려가지만 그와 같은 기회에는 원래의 태양 가까운 쪽을 지나간다. 그것이, 필자가 앞서 언급한 대로, 우리 과거가 돌이킬 길 없이 기독교세계 속에 존재한다는 것이 가진 유의의성의 일부를 보여준다. 비슷한 일이 최근 프랑스에서도 일어났는데, 클로비스 세례 1,500주년 기념식이 그것이었다. 다양한 '세속적' 사람들이 투덜거렸지만 상관없이 식이 거행되었다. 역사를 부인하기는 어렵다.

미국에서 2000년에 있은 9·11일 사건 같은 대참사가 일어났을 때 종류는 다르지만 그와 같은 경우가 발생했다. 또는 1989년 4월에 잉글랜드의 힐즈버러 축구장에서 벌어진 비극도 있었다. 94명이 사망했는데, 대부분 리버풀 팀 서포터였다. 데이비는 이후 리버풀에서 열린 기념 추모식에 대해 기술하고 있다.[33] 그리고 최근의 독일 사례는
521 2002년 4월에 에어푸르트에서 일어난 학교 학살사건이다. 과거 동독에 속했던 그곳의 종교적 실천 수준은 세계의 다른 어느 곳보다도 낮았지만 평소라면 사람의 인기척조차

33 앞의 책, 88~91페이지.

드물었을 교회로 많은 사람이 몰려들었다. 발트해에서 많은 스웨덴인을 태운 여객선 〈에스토니아〉가 침몰했을 때도 비슷한 일이 일어났다. 스웨덴에서는 교회에 많은 인파가 몰려든 가운데 추모예배가 열렸다.[34]

그리고 물론 위의 양쪽 요소가 결합된 사건도 있었다. 가령 1997년에 있은 다이애나비 추도와 장례식이 그랬다.

그처럼 많은 사람의 종교적 또는 영=정신적 정체성은 통상 그들이 충분히 거리를 두고 있는 종교 형태에 의해 여전히 규정되고 있다. 그와 같은 태도를 명확히 하고, 그것을 말하자면 내부에서 서술하기 위한 응분의 노력 — 앞서 인용한 문장에서 울프가 확산성 기독교에 대해 시도하고 있는 대로 — 을 여전히 계속 기울일 필요가 있다. 또한 아마 이 문제와 관련해 사용할 수 있는 또 다른 단서가 존재할 것이다. 결국 그럼에도 불구하고 우리가 인정하는 영=정신적 요구로부터 일정한 거리를 두려고 한다는 익히 알려진 태도가 그것이다. 그에 관해서는 아우구스티누스의 유명한 말이 있다. '주여, 제가 순결을 지킬 수 있게 해주십시오, 하지만 조금 있다가.' 이 말은 어느 정도 그와 같은 태도를 요약하고 있다. 하지만 그것은 통상 그것보다는 덜 극적이다. 우리는 모두 삶에서 이리저리 처리해야 할 중요한 일을 떠안고 있으며, 정신적 또는 도덕적 요구에 충분한 주의와 노력을 경주할 수 없다고 느낀다. 어떤 의미에서는 그래 마땅하다고 생각하며, 그것들에 보다 만전을 기하고 있는 다른 사람을 칭찬하면서도 말이다.

그와 같은 요구에 대해 애착이 있기 때문에 그것을 잃어버리기를 원치 않으며, 또 다른 사람이 그것을 부정하거나 폄하하는 것을 볼 때는 저항한다. 설령 가령 자녀에게 세례를 받게 하거나 교회에서 결혼식을 올리게 하지 않더라도 또는 그와 같은 신앙을 명확히 반영하는 다른 어떤 일을 하지 않더라도 여론조사에서 신(또는 천사나 사후의 삶)을 믿는다고 응답할 경우 그의 배후에 놓인 것 중 일부가 아마 그것일 것이다. 또한 그것은 같은 사람이 다른 사람이 그와 같은 영=정신적 원천과 관련되어 있음을 나타내는 행동에 의해 크게 감명받는 이유를 설명해줄 수 있을 것이다. 앞서의 논의에서 사용한 언어를 사용하자면, 비록 현재는 그것에 근거한 생활을 하고 있지 않아도 삶의 변형

34 Peter Berger, "Religion and the West", in *The National Interest*(Summer 2005), 80, pp. 113-114.

의 전망에 대한 애착을 유지하고 있을지도 모른다. 심지어 종종 그와 같은 전망을 잃어버리고 있는 자기 모습을 발견할지도 모른다. 그것에 대한 수신은, 말하자면, 도시의 FM방송을 시골에서 들을 때처럼 어떤 때는 또렷하게 들리다가 다른 때는 희미하게 들린다. 삶을 변형시켜 줄 그와 같은 원천과 실제로 접촉해온 것처럼 보이는 사람들의 삶을 보거나 들을 때 강한 감동을 받을 수 있을 것이다. 그때 방송은 큰소리로 또렷하게 들린다. 그들은 감동받고 기이하게도 감사의 마음을 갖는다. 나는 교황 요한 23세의 삶, 특히 죽음에 대한 사람들의 반응을 기억한다. 요한 바오로 2세의 몇몇 활동과 관련해서도 비슷한 반응이 일어났다. 그와 같은 반응은 종종 가톨릭교회의 경계를 훌쩍 넘어서곤 했다. 물론 종교에 국한되지 않는 현상도 찾아볼 수 있다. 가령 만델라 같은 인물은 그와 동일한 종류의 반응, 즉 긍정과 감사의 마음을 일깨웠다.

아마 여기서 우리가 필요로 하는 것은 그와 같은 현상의 기저에 갈린 내적 역동성을 포착할 수 있는 새로운 개념이다. 데이비와 에르비외-레제는 각자의 저작에서 이
522 점에 관해 연구해오고 있는 것 같다. 데이비에게서 '대리 종교vicarious religion'라는 용어를 차용할 수도 있을 것이다.[35] 그녀가 여기서 포착하려고 하는 것은 우리가 교회와 맺는 관계다. 우리는 교회와 일정한 거리를 유지하지만 그럼에도 불구하고 어떤 의미에서는 교회를 소중하게 여긴다. 교회가, 한편으로는 조상들의 기억을 유지하는 곳으로, 다른 한편으로는 모종의 장래의 필요(가령 통과의례, 특히 장례의 필요성)에 대한 자원으로 또는 어떤 집단적 재해에 직면했을 때의 위로와 판단의 자원으로 존재하기를 원한다.

그와 같은 경우 아마 단순히 신뒤르케임적 정체성의 상실 또는 문명화된 질서에 대한 충성을 통해 종교와 연결되고 있다고 직접 말해서는 안 될 것이며 대신 일종의 변형에 대해 말해야 할 것이다. 우리의 국민적 정체성(그리고/또는 문명화된 질서-감각)에서 종교와의 연결고리는 사라졌다기보다는 변했으며, 일정한 거리를 유지하는 것으로 후퇴했다. 그것은 기억 속에는 강력하게 남아 있다. 하지만 또한 일종의 영=정신적 힘이나 위안의 예비기금으로 여전히 중요한 역할을 하고 있다. (맥루한에게는 미안하지만) '뜨거운' 것에서 '차가운' 것으로 변형되었다. 뜨거운 형태일 경우 공고하고 참가적

35 가령 Grace Davie, *Europe: The Exceptional Case*(London: Darton, Longman & Todd, 2002), p. 46.

인 정체성을, 그리고/또는 기독교가 도덕질서의 방파제라는 예민한 감각을 필요로 한다. 보다 차가운 형태는 교회의 공식 도덕과의 일정한 거리를 허용할 뿐만 아니라 역사적 정체성에 대해서도 일정한 양의성을 허용한다(상술한 차이는 요즘 성윤리 영역에서 가장 현저해질 것이다).

영국을 예로 들자면, 영국인이라는 점과 양식을 갖고 있다는 점, 기독교도라는 점 간의 본래 뜨거운 형태에서의 통합은 20세기에 일련의 방식으로, 아마 가장 크게는 제1차세계대전의 경험에 의해 손상되었다. 그리고 유럽 전역에서 일반적으로 뜨거운, 전투적 민족주의는 두 차례의 세계대전을 통해 신용을 크게 상실해왔다. 그러나 그들의 정체성, 즉 국민적 정체성과 문명적 정체성이 단순히 소멸된 것은 아니었다. 그리고 새로운, 맹아적인 유럽적 정체성이, 그것이 존재하는 곳에서는, 이 두 차원을 연결시키고 있다. 유럽은 초국가적 공동체로, 특정 '가치'에 의해 규정될 수 있을 것이다. 하지만 보다 이전의 정체성은 한때의 '뜨거운' 변형태들의 주장에 대해 거리를 두고, 수동적으로, 그리고 무엇보다도 먼저 모종의 혐오감을 가지면서 새로운 형태를 취하게 되었다.

그리고 실제로 교육받고 세련된 유럽인은 강력한 민족주의건 강력한 종교적 감정이건 이 둘의 노골적 표출에 대해 극도로 불편해하고 있다. 이 측면에서 미국과의 대조는 종종 주목받아왔다. 따라서 세속화 이론 영역에서 가장 논쟁적인 쟁점 중 하나, 즉 '미국 예외주의' 또는 보다 넓은 시각에서 보자면 — 이렇게 말할 수 있다면 — '유럽 예외주의'라고 표현할 수 있는 것에 대해 다루어보는 것이 유익할지도 모르겠다. 어느 쪽이건 우리는 유럽 사회에서는 종교가 비록 획일적이지는 않지만 현저한 형태로 쇠퇴하는 현상을 목격하는 반면 미국에서는 그와 같은 종류의 사태는 전혀 찾아볼 수 없을 것이다. 그와 같은 차이를 어떻게 설명할 수 있을까?

9

그동안 그것을 설명하기 위한 다양한 시도가 있어왔다. (1) 가령 브루스는 미국에서 종교가 강한 힘을 가진 원인을 이민의 맥락에 돌렸다. 이주민은 미국 사회로의 진입을

523 용이하게 하기 위해 비슷한 기원을 가진 사람들로 집단을 만들 필요가 있었다. 집결점은 종종 공유된 종교였고, 주요 행위 주체는 교회였다.[36]

그러나 그와 같은 설명은 금세 막히고 만다. 왜 이주가 교회 등록과 출석을 강화시킬까? 거기에는 분명히 교회가 그것을 위해 이용하기 편한 지원 단체일 수 있다는 생각이 깔려 있을 것이다. 하지만 증거는 교회가 항상 그와 같은 식으로 간주된 것은 아님을 보여준다. 실제로 농민이 농촌에서 도시로 이동할 때 흔히 일어나듯이 이민은 정반대 효과를 낼 수 있다. 그와 같은 현상이 지금까지 너무나 광범위하게 발생했기 때문에 세속화 이론은 몇몇 변형태에서는 유동성을 교육과 산업발전처럼 우리를 세속화시키는 경향을 가진 것 중 하나로 간주해야 함을 기본 법칙 중 하나로 간주하게 될 정도였다.

그러나 진실을 말하자면, 여기에 일반 원칙은 존재하지 않는다. 남부 이탈리아처럼 동일한 기원을 가진 주민으로 구성된 지역의 경우에도 가령 북부 이탈리아, 아르헨티나, 미국처럼 상이한 목적지에 사람을 보낼 경우 상이한 귀결을 가져올 것이다.

> 20세기로의 전환기에 남부 이탈리아 시골 출신의 이민자가 …… 북부 이탈리아 도시의 산업 중심지로 이주한 경우 반교권적 사회주의와 무정부주의적 정체성을 택하는 경향이 있던 반면 가톨릭교도가 다수였던 아르헨티나의 경우 미국 도시의 산업 중심지로 이주하는 경우 가톨릭의 가르침을 '더 잘' 실천하는 가톨릭교도가 되는 경향이 있었다. 오늘날에도 런던의 힌두교도 이민자와 뉴욕의 힌두교도 이민자 간에 또는 파리와 뉴욕의 프랑스어권의 서아프리카 이슬람교도 간에 비슷한 비교를 할 수 있을 것이다.[37]

무엇이 그와 같은 차이를 가져올까? 여기서 우리는 원래 질문으로 되돌아가게 된다. 즉 목적지가 된 두 종류의 사회의 '사회적 상상계'에 모종의 차이가 존재한다. 특히 사회에서의 종교의 위상에 대한 이해에서 양자가 달랐다. 우리는 원점으로 다시 돌아간

36 Steve Bruce, *Religion in the Modern World*(Oxford: Oxford University Press, 1996), 6장.

37 José Casanova, "Immigration and Religious Pluralism: An EU/US comparison", note 20, in Thomas Banchoff, ed., *The New Religious Pluralism and Democracy*(Oxford: Oxford University Press, 2006)을 보라. 나는 이 논문 그리고 다른 곳에서의 그의 논의로부터 많은 것을 배웠다.

것 같기도 하지만 그와 같은 차이를 보다 자세히 조사함으로써 좀 더 멀리 나갈 수 있을 것이다.

미국 사회는 처음부터 자체를 여러 가지 상이한 요소를 통합하는 것으로 생각해왔다. '여럿이 모여 하나를E pluribus Unum'이 모토이다. 물론 처음에 앞서 말한 요소란 주州를 의미했다. 하지만 곧 통합 모델 중 하나는 '교파'에 관한 것이 되었다. 오래된 기성교회는 주변부화된지 오래고 주민은 일군의 교회로 따로 나뉘어져 있었음에도 불구하고 이들 교회를 모두 보다 넓은 '교회'의 일부로 간주함으로써 통합을 되찾을 수 있었다. 보다 넓은 '교회'는, 앞서 기술한 대로, 우리를 일종의 합의에 의한 '시민종교' 속에서 연관시켰다. 처음에 그와 같은 보다 넓은 교회는 프로테스탄티즘 기독교도만 포함했다. 이 때문에 새로 이주해온 사람들, 특히 가톨릭교도는 프로테스탄티즘 사이에서는 '미국인'이 맞는지 의심스럽다는 생각이 널리 공유되었다. 하지만 그와 같은 공화국은 어쨌건 토대를 확대할 수 있었고, 20세기가 흐르는 동안 가톨릭교도와 유대교도도 안에 포함된다고 생각하게 되었다.

그것은 이하의 사실을 나타낸다. 즉 미국인이 서로 다른 신앙을 가졌음에도 불구하 524
고 사회 속에서 어울릴 수 있다고 이해할 수 있는 방식 중 하나는 신앙 자체를 통한 것인데, 이때 그와 같은 종교는 공동의 시민종교에 대한 합의라는 측면에서 이해되었다. '당신이 선택한 교회를 갈 테지만 아무튼 교회를 가라.' 이후 그와 같은 교회는 유대교 교당을 포함하는 것으로 확대되었다. 더욱이 이맘이 목사, 사제, 랍비와 함께 조찬기도모임에 모습을 보이게 될 때 그것을 이슬람 또한 그와 같은 합의에 초대받고 있음을 보여주는 신호로 간주할 수 있을 것이다.

그것은 신앙이나 종교적 정체성을 **통해** 미국인으로 통합될 수 있음을 의미한다. 그것은 자코뱅 공화국에서의 '라이시테laïcité'[정교분리 원칙]라는 정식화와 대조된다. 그와 같은 정식화에서 통합은 종교적 정체성 — 어떤 것이건 — 을 무시하거나 주변부화하거나 사적인 것으로 간주됨으로써 이루어졌기 때문이다.

미국에서는 통합에 관한 그와 같은 오래된 정식화가 매우 큰 합의로 수용되고, 적절하게 확대되어간 사실이 소수파 이민자가 종교적 정체성을 내세움으로써 미국 사회로 진입하는 것을 가일층 촉진하는 데서 유리하게 작용한다. 그것은 특히 그렇지 않았더라면 주로 인종 측면 — 미국의 다양성을 형성하는 또 하나의 주요한 차원으로, 거기서 그것을 둘러싼 관계는 긴장과 갈등을 낳는 경향이 있다 — 에서 지각되었을 몇몇 소수파에게 해당되는 이야기였다.

미국 사회의 한 가지 핵심적 특징 — 미국(또는 유럽) 예외주의를 설명하는 데 도움이 될지도 모르겠다 — 은 다양한 종교적 정체성을 통한 통합에 관해 미국이 상당히 장기적·긍정적 경험을 해왔다는 것이다. 그에 비해 유럽에서 종교적 정체성은 오히려 분열의 요인이었다. 비국교도와 국민교회 또는 교회와 평신도의 역학관계 간의 분열이 그것이었다. 그리고 상대적으로 긍정적인 미국의 그와 같은 경험은 다양성의 또 다른 측면, 즉 심각한 미결문제로 계속되어온 인종문제와 병행하면서 진전되어왔다. 사실 '백인임'이라는 개념은 미국사에서 전개되어왔다. 피부가 거무스름한 남유럽 가톨릭교도들의 경우처럼 과거에는 배제된 몇몇 집단이 마침내 백인 범주에 들어가게 된 이유는 바로 그들의 신앙이 합의에 의한 시민종교에 포함되었기 때문이다.[38]

따라서 여기서 작동하고 있는 것은 이민의 곤경(가령 네트워크 형성의 필요성 등) 자체만이 또는 그것이 주요한 것도 아니다. 오히려 결정적 요인은 수용하는 사회의 구조적 특징, 즉 종교적 정체성을 통해 실현하려는 통합 방식에 있다. 이 점에 관한 역사적 경험 자체가 유럽과의 차이를 설명하기 위한 첫 번째 단서를 제공해준다.

(2) 차이를 가져오는 또 다른 중요한 요소는 유럽 사회의 위계제적 성격에 있을 것이다. 가령 영국의 엘리트 계층, 특히 지식계급은 18세기 이래 하나의 분단된 문화를 살아왔다. 비신앙의 경우 비록 정도는 강한 경건함이 지배한 특정 시기에는 다른 때보다 더 낮았을지도 모르지만 항상 존재했다. 오늘날, 그와 유사한 상황이 미국의 지식계급에도 적용될 수 있을 테지만 사회 자체에서 비신앙이 차지한 위상이 매우 달랐다. 정중함에 기반한 영국 사회에서 엘리트의 생활양식은 미국에서는 거의 볼 수 없을 정도의 명성을 누리고 있다. 그것은 엘리트의 비신앙은 동조압력에 보다 효율적으로 저항할 수 있고 또한 다른 수준의 사람들에게 보다 용이하게 모델을 제공할 수 있음을 의미
525 한다. 이 점에서 다시 영국은 유럽의 다른 사회와 병행 관계에 있으며, 이 측면에서 모

38 앞의 책.

두가 미국과 대조를 이룬다.[39]

사회 전체의 기조를 정할 뿐만 아니라 '종교적 상상'도 규정한다는 의미에서 엘리트 계층의 능력은 매우 중요한 요소임이 드러날 것이다. 미국의 학문 세계는 유럽의 여러 나라와 마찬가지로 아마 깊은 비신앙의 풍조를 띠고 있을 것이다. 가령 사회과학과 역사학에서 기본적으로 상정되고 있는 입장은 분명히 동일하게 세속주의적인 것처럼 보인다. 그러나 미국의 경우 그와 같은 풍조는 보다 큰 사회의 광범위한 부분에는 별다른 영향을 미치지 않는 것처럼 보인다. 반면 유럽에서는 엘리트 계층의 견해가 종교의 위상과 관련해 일반적으로 받아들여지는 상을 규정해온 것처럼 보인다. 유럽의 일반 대중은 지속적 쇠퇴라는, 주류의 세속화 이야기 — 나는 지금까지 그것을 논박해오고 있다 — 를 미국 사람들과는 다른 방식으로 내면화해온 것 같다.

대서양 양쪽이 보여주는 그처럼 다른 이야기의 강점은 여론조사 데이터의 기묘한 특징에서 나타나는 것 같다. 조사에서는 종교적 참여 수준 — 가령 교회 출석 빈도 — 에 관해 미국인은 출석 빈도를 과장하는 경향인 반면 유럽인은 보다 적게 말하는 경향이 있음이 지적되어왔다. 그와 같은 수준에서는 '정상'이 어떠해야 하는지에 관한 모종의 감각이 끼어들게 되는 것이 데이터에 영향을 주게 된다. 하지만 그것 이상의 일이 여기서 벌어지고 있다. 아마 종교가 쇠퇴하고 있다는 느낌 그리고 그것이 '근대(성)'의 징후라는 사고방식이 아마 우리로 하여금 종교적 신앙과 참여를 경시하게 만들 뿐만 아니라 또한 그것들에 찬물을 끼얹는 것으로 작용하고 있다. 여기서는 세속화 이론에 대한 믿음이 아마 부분적으로 일종의 "자기실현적 예언"[40]으로 작용하고 있는지도 모른다.

(3) 하지만 아마 미국 예외주의의 중심에 있는 것은 이런 생각일 것이다. 즉 그와 같은 사회가 처음부터 전적으로 신뒤르케임적 내부에 있던 (영국의 '구' 커먼웰스 국가들을 제외한다면) 유일한 사회라는 생각이다. 한편 유럽의 모든 사회는 '앙시앵레짐'형

39 다시 한 번 마틴의 명제와의 유사성을 찾아볼 수 있다(David Martin, *Pentecostalism*[Oxford: Blackwell, 2002], pp. 56, 68을 보라).

40 그것이 카사노바가 "Ortodoxías seculares y heterodoxías religiosas en la modernidad", pp. 18-20에서 제시하는 명제이다. 이 명제는 전통적인 세속화 명제에서 타당한 것은 무엇이고 틀린 것은 무엇인지를 논하는 그의 근간에서 상술될 것이다.

내지 모종의 구뒤르케임적 요소를 갖고 있는데, 아마 심지어 입헌군주제를 둘러싼 의례처럼 실재하기보다는 오히려 과거의 흔적으로 남아 있다고 말할 수 있을 것이다. 하지만 그것은 종종 (적어도 아마) 국교회의 존재나 '토착종교religion du terroir'를 가진 시골 공동체의 존재처럼 매우 중요했다. 구뒤르케임형과 신뒤르케임형의 비율은 스페인에서 영국이나 스웨덴으로 시선을 옮김에 따라 매우 다르지만 유럽의 모든 국가는 한결같이 두 가지 형태의 혼합을 어느 정도 포함한 반면 미국의 종교적 삶은 완전히 동원의 시대 속에 있었다.

그것은 앙시앵레짐의 구조로부터 유래하는 동력학의 일부가 정도는 다 다르지만 모든 구세계 사회에서 일정한 역할을 하고 있음을 의미한다. 불평등 사회를 배경으로 하는 국교회에 대한 반발이 그중 하나이다. 불평등 사회에서는 기성 종교를 권력 및 특권과 동렬에 놓으려는 유혹이 거의 억제 불가능하다. 그와 같은 사태는 반성직자주의적 반발을 낳을 수밖에 없을 텐데, 18세기 이래 배타적 휴머니즘이라는 선택지가 가용한 점에 비추어볼 때 그것은 전투적 비신앙으로 쉽게 전환될 수 있었다. 이어 그것은 기존의 성직자 지배에 대한 민중의 불만의 힘 전체에 배출구를 마련해주는 데 쓰이게
526 되었다. 그와 같은 역동적 변화가 프랑스, 스페인, 심지어 어느 정도는 프로이센에서도 일어났음을 볼 수 있다. 다른 한편 우리는 앞서 영국에서 널리 확산된 반성직자주의가 비국교주의로 나타난 경위를 확인한 바 있다. 하지만 영국에서조차 페인Thomas Paine과 고드윈William Godwin 같은 사람 속에 대안적 흐름이 처음부터 존재했다. 반면 그와 같은 종류의 생각은 미국사의 초기에는 그와 동일한 충격을 가하지는 않았다. 〈건국의 아버지들〉 대다수가 지녔던 이신론자로서의 뿌리 깊은 각인 — 가장 두드러지게는 제퍼슨 — 은 〈제2차대각성운동〉에 의해 거의 지워진 것처럼 보인다.

그와 같은 사례들에서 작동한 또 다른 중요한 동력학은 제1차세계대전의 발발과 그것의 트라우마가 종교적 신앙에 끼친 혼란스러운 영향이었는데, 그것은 앙시앵레짐형과 동원형 모두에게 동시에 심각한 충격을 주었다. 그것이 가한 충격이 단지 신뒤르케임적 구조에만 가해지던 도전보다 분명히 더 컸다. 이제야 비로소 진정한 프랑스인이 된 농민은 오직 신뒤르케임적 유형의 동원에 의해서만 비신앙에서 벗어날 수 있었다면 기성의 것을 무너뜨리는 이 유형의 힘은 신앙 또는 적어도 실천을 보다 심각하게 불안

정화시키는 결과를 가져왔을 것이다. 한편 동원의 시대로의 이행이 신앙의 어떤 심각한 쇠퇴 없이 완성된 사회에서는 이전에 지배적이던 그와 같은 동원 양식이 무너지면서 받게 된 영향이 분명히 보다 덜 했을 것이다.

(4) 아래처럼 표현한다면 아마 미국과 유럽의 차이에 관한 물음을 보다 날카롭게 제기할 수 있을 것이다. 여기서 필자의 논의의 주요 논지는 1960년대의 문화혁명이 보다 이전 형태의 종교를 불안정화시켰고, 따라서 이후 새로운 형태가 발전했다는 것이다. 본래성의 윤리라는 새로운 강력한 입장은 성혁명을 수반하면서 다음과 같은 두 가지 방식으로 작용해 19세기와 20세기 초의 강력한 종교 형태를 동요시켰다. 첫째로 신앙과 정치적 정체성을 연계시키는 신뒤르케임적 방식을 잠식했다. 그리고 둘째, 종교적 신앙과 특정한 성도덕 간의 긴밀한 관계 — 종교를 문명을 낳는다고 상정된 도덕과 융합시키는 중요한 방법 중 하나 — 를 약화시켰다.

따라서 우리 물음을 이렇게 제시해볼 수 있을 것이다. 왜 그와 같은 불안정화는 유럽에서는 종교적 충성과 실천의 쇠퇴, 심지어 어느 정도는 종교적 신앙 자체의 쇠퇴마저 낳은 반면 미국에서는 그렇지 않았을까?

미국에 관한 한 적어도 대답의 한 측면이 부각된다. 이 나라에는 종교적 · 정치적 정체성, 문명적 도덕 간의 결속을 느슨하게 하는 데 대한 저항이라는 형태로 강력한 반발이 존재했다. 실제로 미국적 양식의 애국주의에서는 미국을 본질적으로 신 아래 있는 한 백성[국민]으로 보며, 특정한 '가족의 가치'가 미국의 위대함에 본질적이라고 보는데, 오늘날까지도 매우 강하게 남아 있다. 그와 같은 의식에 따라 미국은 자국의 본질을 해치는 것으로 간주하는 것에는 항상 맞서 싸울 준비가 되어 있다. 그것이 미국에 여전히 강하게 남아 있는 종교의 한 양식이다.

반대로 헌법적·도덕적 애국주의 — 필자는 앞서 그것을 국가, 도덕, 종교를 지배하
는 통합이라고 불렀는데, 이전에는 영국과 미국에서 매우 비슷했다 — 는 그럼에도 불 527
구하고 영국에서는 훨씬 덜 강고했으며, 실제로는 훨씬 더 강력한 이의제기 대상이 되었다. 그것은 특히 제1차세계대전의 여파 속에서 그랬는데, 제1차세계대전은 미국 사회보다 영국 사회에 훨씬 더 큰 트라우마가 되었다. 영국문명에 대한 도전 — 그와 같은 대변동이 그것을 대변했다 — 은 위에서 기술한 대로 분명히 많은 사람에게 신앙에 대

한 도전으로 받아들여졌다. 신뒤르케임적 영향에 의해 생겨난 강한 감각, 즉 모두가 특정한 도덕적·영=정신적 코드화를 공유하며, 그와 같은 식으로 강한 집단적인 도덕적 경험을 이해한다는 감각은 그리하여 영국에서는 보다 급속히 쇠퇴해, 코드를 약화시켰다. 반면 미국의 경우 많은 사람이 교회 참여를 통해 미국인임을 보여줄 수 있다고 느꼈으며, 계속 그렇게 느낀다. 그것의 이유의 일부에 대해서는 앞서 막 개관한 바 있다. 이 측면에서 지금까지의 논의에 따르면, 다른 유럽 사회는 영국과 비슷하며, 동일한 역사적 경험을 통해 비슷한 결과에 이르게 되었다.[41]

그와 같은 주장에 맞서 삼중으로 반론을 제기해야 할 것이다. 즉 1950년대의 가족-종교-애국주의 복합체가 민권운동, 베트남전쟁, 표현주의 혁명의 시대에 공격당한 것이 그것이다. 미국의 경우 그와 같은 타격은 제1차세계대전이 영국에게 가한 것과 유사하지 않았을까? 아마 그랬을 것이다. 하지만 모두가 그렇게 생각하는 것이 아님은 분명하다. 실제로 이 시대에 대한 상이한 반응이 현대 미국 정치의 '문화전쟁'의 기초를 이루는 것 같다. 신앙, 가족의 가치, 애국주의의 그와 같은 융합이 여전히 오늘날 미국 사회의 약 절반의 사람에게 극히 중요한 가치로 남아 있는 듯하며, 그들은 그것의 핵심 가치(가령 임신중절이나 동성결혼 반대 투쟁)뿐만 아니라 신앙과 정체 간의 연결(학교에서의 기도, '신 아래'라는 단어를 둘러싼 투쟁 등)에서 그와 같은 융합이 도전받고 있는 것에 당황하고 있는 것 같다.

게다가 많은 미국인이, 심지어 우파가 아닌 사람도 여전히 미국을 '신 아래의 한 백성'으로 보는 이념에 대해 매우 친숙하다. 그와 같은 정체성에 불만을 가진 사람들은 대학교와 (일부) 언론을 지배하며 목소리를 높이고 있지만 그들 숫자가 꼭 그렇게 많은 것은 아니다. 그와 같은 경향은 아래 사정을 통해 한층 더 강화된다. 즉 비기독교 이민자 집단과 비유대인 이민자 집단 — 미국적 정체성을 그렇게 『성서』에 기반해 코드화하는 것에 저항하려는 자들의 선천적 동맹자로 여겨지고 있을지도 모른다 — 자체가 적당히 확대된 유형의 『성서』적 코드화 속에 아무튼 흡수되기를 바라기 때문이다. 지금은 공공예배에서 이맘도 사제 및 랍비와 동석하고 있다. 그와 같은 범종교적 결합이

41 이것은, 만약 내가 올바로 이해했다면, 마틴이 *Pentecostalism*, 53에서 개요를 제시하는 명제와 가깝다.

9·11 사건 이후처럼 특히 위기나 재해 시에는 사회의 표면에 모습을 드러내고 있다.

다시 말해, 국민 통합에서의 종교적 정체성의 지속적 중요성이 다수의 미국인을 '신 아래의 한 백성' 속에서 행복하게 만들어주는데, 심지어 낙태와 동성결혼 같은 분야에서 앞의 말이 상정하는 함의에 대해 격렬하게 논쟁을 벌이고 있다 해도 마찬가지이다. '파란색[민주당 지지]' 주의 많은 투표자는 종교적 우파의 호전적 애국자들은 혐오하지만 다수가 주류 교회의 교인으로, 모든 교파가 조화롭게 공생한다는, 신성시되는 처방에 기꺼이 동의하는 서명을 할 것이다.

그런데 그와 같은 미국적 특징은, 유럽에 비해 미국에서는 모종의 종교를 믿는 사
람 숫자가 매우 많은 사실에서 부분적으로 기인한다. 하지만 또한 국민적 정체성에 대 528
한 양측의 태도와도 관련이 있다. 유럽은 20세기 하반기에는 이전까지 갖고 있던 국민성-감각에 대해 완전히 소극적인 자세를 보였다. 그리고 20세기 상반기의 사건들이 이유를 설명해준다. 유럽연합은 이전 형태들을 넘어서려는 시도에 기반했는데, 과거의 그것들이 얼마나 파괴적이었는지를 완전히 의식하고 있었다. 이제 보다 이전의 자기 찬양적 민족주의를 소리 높여 주장하는 것은 극우세력뿐으로, 그것은 다른 모든 사람에게는 일종의 전염병처럼, 아마 죽음에 이르는 질병을 대변하는 것처럼 느껴진다. 그리고 결국 반유럽적이다. 전쟁은 비록 '정의'의 전쟁이더라도 국가적 기획의 우위의 표현으로, 대부분의 유럽인에게 심각한 불안을 야기한다.

미국의 태도는 사뭇 다르다. 이유의 일부는 어쩌면 유럽 국가들보다 마주쳐야 할 수치스러운 비밀이 적기 때문일지도 모른다. 하지만 대답은 보다 단순한 것 같다. 헤게모니적 패권일 때는 자신의 올바름을 전적으로 자신하기가 보다 쉬운 것이다. 거기에도 수치스러운 비밀은 존재하지만 '역사전쟁'을 벌이고 있는 한 무리의 용감한 연구자의 노력에도 불구하고 단호히 무시될 것이다. 대부분의 독일인은 '하느님은 우리와 함께 계신다Gott mit uns'라는 제1차세계대전 때의 구호를 떠올릴 때마다 움찔하지 않을 수 없었다(제2차세계대전에 대해서는 더 적게 말할수록 더 좋다).[42] 그러나 대부분의 미국인

42 실제로 제1차세계대전이 발발했을 때 좌우 양측의 지식인과 학자들이 보여준 쇼비니즘에 대해 경악하지 않을 수 없을 것이다. 많은 숫자의 독일 교수가 1914년 9월에 독일 민족의 투쟁은 문화Kultur[문명] 이름으로 수행되고 있다는 입장을 천명하는 선언문 ―〈93인 선언〉― 을 발표했다. 이어 11월에는

은 신이 누구 편에 서 있는가라는 점에 대해서는 거의 의심하지 않는다. 이 맥락에서 전통적인 신뒤르케임적 규정을 인정하는 쪽이 살아가기에 훨씬 더 용이하다.[43]

따라서 몇 단락 앞에서의 논의에 입각해 말하자면, 강력한 신뒤르케임적 정체성으로서의 '시민종교'에 의한 전통적인 미국형 통합은 원래 비교파적 기독교권에서 유래한 것이며, 문명질서와 강고한 관계를 갖고 있었다. 그와 같은 통합은 영국의 경우와 달리 아직 '뜨거운' 단계에 있다. 원래의 시민종교는 프로테스탄티즘의 기반을 넘어 점차 범위를 넓혀 확대되었다. 하지만 그것은 이제 다음 단계, 즉 문명질서와의 관계는 여전히 견고하게 남아 있지만 종교와의 결합은 이제 광범위한 범위의 세속주의와 자유주의의 신봉자에 의해 도전받는 단계에 이르렀다. 학교에서의 기도 금지, 임신중절 그리고 보다 최근에는 동성결혼 같은 쟁점이 매우 뜨거운 논쟁으로 등장했다. 필자는 위

일련의 프랑스 가톨릭 지식인이 끔찍한 갈등의 진짜 원인을 아래 같이 적발하는 성명서로 그에 응수했다. "주관주의를 기본으로 하며 초월론적 관념론을 따르며, 상식적으로 주어진 것을 무시하며, 현상 세계와 사유 세계, 이성의 세계와 도덕 또는 종교의 세계 간에 밀폐된 칸막이벽을 치는 독일 철학은 인간에 대한 극히 기상천외한 주장을 펼칠 토대를 마련하지 않았는가? 자신의 정신에 대한 자신감으로 가득 차 있으며 우월한 존재라고 자임하는 그들은 공동체의 규칙 위에 올라서거나 맘대로 그것을 주무를 수 있는 권리를 가진 듯이 행동하니 말이다.La philosophie allemande, avec son subjectivisme de fond, avec son idéalisme transcendental, avec son dédain des données du sens commun, avec ses cloisons étanches entre le monde du phénomène et celui de la pensée, entre le monde de la raison et celui de la morale ou de la religion, n'a-t-elle pas préparé le terrain aux prétentions les plus extravagantes d'hommes qui, pleins de confiance en leur propre esprit et se tenant euxmêmes pour des êtres supérieurs, se sont cru le droit de s'élever au-dessus des règles communes, ou de les plier à leur fantaisie?" 마리탱은 1914~1915년에 〈가톨릭학사원Institut Catholique〉에서 행한 강의에서 프랑스의 승리는 "의문의 여지없이 즉각적으로 뿐만 아니라 좀 더 먼 결과에서도 문명의 승리 그리고 게르만적 · 프로테스탄적 문화의 자연주의에 맞선 가톨릭 신앙의 승리를 의미한다signifierait, non pas immédiatement sans doute, mais dans ses consequences éloignées, la victoire de la civilisation et de la foi catholique sur le naturalisme de la Kultur germano-protestante"고 선언했다(Philippe Chenaux, *Entre Maurras et Maritain*[Paris: Cerf, 1999], pp. 18-19, 201).

43 여기서 아마 캐나다, 오스트레일리아, 뉴질랜드 등 구 영연방에 속했던 나라의 사회를 '대조 사례'로 동원할 수 있을 것이다. 이 나라들의 사회는 미국 사회처럼 (거의) 처음부터 동원의 시대에 속했다. 하지만 또한 신앙과 관련된 신뒤르케임적 정의가 제대로 이루어지지 않았다. '영국적' 정체성 속에서 살거나 — 이후 이전 식민지뿐만 아니라 '모국'에서도 쇠퇴했다 — 아니면 (퀘벡의 경우처럼) 훨씬 더 유럽적 모델을 닮은 전환을 겪었다. 하지만 무엇보다 먼저 이 국가들은 헤게모니 권력이 아니었으며, 캐나다의 경우 실제로 헤게모니를 행사하는 국가와 인접함으로써 지속적으로 그와 같은 사실을 상기시켰다. 따라서 종교적 신앙/실천을 행하는 수치가 유럽과 미국 수치의 대략 중간쯤 되는 것을 발견하는 것은 전혀 놀랄 일이 아니다. 게이 간 결혼 — 캐나다의 보수주의자들에게도 그것은 세상을 거꾸로 뒤집자는 말이다 — 이라는 쟁점이 남쪽의 우리 이웃에서와 동일한 정도의 열기와 분노를 일깨우지 않은 것에 대해서도 마찬가지이다.

에서 '문화전쟁'에 대해 언급한 바 있는데 그와 유사한 또 다른 사례가 '프랑스인-프랑스어 전쟁'일 것이다. 즉 동일한 국민의 정체성을 놓고 이데올로기적으로 강력하게 대립되는 방향에서 그것을 코드화하려는 것이다. 민족주의(강대국의 쇼비니즘은 말할 것도 없이)가 여전히 강력하게 남아 있는 맥락에서 말이다. 격한 투쟁에 기름을 붓기 십상인 상황이다.[44]

상술한 내용도 절반의 대답에 지나지 않는다. 나머지 절반은 이렇다. 즉 포스트-뒤르케임적 태도로 이행하고자 하며, 전통적 성도덕에 비판적인 사람들에게 미국의 종교적 다원주의의 역사는 보다 개인화된 실험적인 종교 형태의 수많은 선택지 중 몇 가지 모델을 제공한다는 것이 그것이다. 윌리엄 제임스의 1세기 전의 저명한 저서가 20세기의 문화혁명 훨씬 이전에 그와 같은 종류의 많은 사례를 이미 제공해준 바 있다.[45] 다시 말해 신뒤르케임적 도덕주의 양식을 벗어난 종교적 삶의 몇 가지 모델은 미국적 무대에서는 이미 흔하고 익숙한 것이었다. 그처럼 그와 같은 방향으로 탐구하고자 한 사람 529
들은 따라야 할 선례를 갖고 있었던 셈이다.

미국은 19세기 초 이래 매우 미국적인 방식으로 표현된 종교적 자유의 고향이었다. 즉 미국은 종교적 선택이 가능한 나라로 계속 존재해왔다. 교회를 옮기거나 새로운 교파를 창시하거나 어릴 때 자신이 길러진 것과 다른 교파에 참여하거나 기존 교파에서 탈출하는 등 다양한 시도를 할 수 있는 것이다. 그들의 종교 문화 전체는 어떤 의미에서 본래성의 시대를 위해, 심지어 그것이 20세기 하반기에 대중문화의 한 측면이 되기 이전부터 준비되어 있었다. 본래성의 윤리가 1960년대 이전에도 대서양 양안의 문화적 엘리트 계층 사이에서 존재했지만 교육받은 인구 비율이 심지어 전후의 대학 팽창 이전에도 미국에서 훨씬 더 많았던 것은 사실이다.

따라서 앞서 말한 전반적 변화가 미국을 불안정하게 만드는 정도는 훨씬 덜했다. 반대로 유럽에서는 보다 새로운 포스트-뒤르케임적 선례가 적거나 아예 없었다. 가령

44 그와 같은 '뜨거운' 정체성은 또한 최근의 이라크전쟁을 계기로 출현한 유럽과 미국 간의 차이를 설명하는 데 도움이 될 수 있을 것이다. 일부 논평가는 그것을 '화성에서 온 미국인들, 금성에서 온 유럽인들'이라는 기억할 만한 문구로 포착하려고 시도해왔다(Robert Kagan, *Of Paradise and Power*[New York: Taylor and Francis, 2003]를 보라).

45 윌리엄 제임스, 『종교적 경험의 다양성』.

단지 독일과 프랑스만 생각해보자. 두 나라에서는 새로운 '컬트'가 사람들을 깊이 혼란시켰다. 심지어 프랑스의 무신론자들조차 종교가 증오해 마지않는 표준적인 가톨릭 형태를 취하지 않을 경우 미미하게나마 두려움을 느꼈다.

앞서 서술한 나의 논의에서 생겨나는 앞의 물음에 대한 대답에 대해서는 이와 같은 정도로 해두고 싶다. 그와 같은 대답에 나로서는 절반 정도밖에 만족하지 못함을 고백하자. 보다 정확히는, 아마 4분의 3정도의 만족일 것이다. 나는 미국에 관한 지금까지의 추론은 옳다고 생각한다. 또한 유럽에서 신뒤르케임적 반응이 결여되어 있다는 지적은 옳고 이해할 수 있다고 생각한다. 하지만 여전히 이런 의문은 남을 것이다. 즉 유럽인들은 새로운 형태를 창조하는 데서 왜 보다 독창적이지 않았을까? 심지어 지금처럼 신속한 커뮤니케이션과 세계 여행의 시대에 왜 결국 모르지 않았을 미국 모델을 복제조차 하지 않았을까?

아마 대답은 오직 다음과 같은 장기적 요인 속에서만 찾을 수 있을 것이다. 그중 하나는 앞서 논의한 대로 유럽의 앙시앵레짐이 지속적으로 역사적 그림자를 드리우고 있는 데 있을지도 모른다. 국민적(또는 국민적으로 수립된 초국민적) 교회의 헤게모니가 어떤 통제적 역할도 하기를 그친 지 수 세기가 지난 현재까지도 여전히 사람들의 견해를 형성하고 있다. 심지어 아마 헤게모니가 종교적 다원주의에 의해 상당히 완화된 영국 같은 곳에서도 마찬가지이다. 하지만 미국에선 심지어 그것의 흔적조차 존재하지 않는다. 그와 같은 차이가 본래성의 윤리가 두 대륙에 미친 영향을 결정지었을 것이다. 그와 같은 새로운 가치는 미국에서는 다양한 종교적 표현 양식과 쉽게 결합될 수 있던 반면 유럽에서는 종교를 권위와, 사회 전반의 표준에의 순응과 결합시키기가 더 쉬웠다. 그리고 두말할 필요 없이 종교는 사람들 간의 적대적 대립 그리고 심지어 폭력과도 결부되었다. 교회와 종교는 젊은이들을 포함한 많은 사람에게 복종과 순응이라는 짐을 떠안고 있는 것으로 여전히 여겨졌지만 많은 미국인에게 그것은 이미 오래전에 사라져 버렸다. 그와 같은 상황에서 너 자신의 길을 찾으라는 권유는 미국보다 유럽에서 많은 사람으로 하여금 종교 외부의 형태에서 의미를 찾도록 이끌 수밖에 없었다.

530 게다가 종교를 본래성의 적으로 간주하려는 그와 같은 시도는 세속화가 하는 이야

기, 즉 자율성 그리고 자유롭게 탐구되는 정체성의 증가는 종교의 쇠퇴로 이어지게 되어 있다는 이야기의 신용을 강화하는 데 도움을 주었다. 그리고 그와 같은 이야기의 일반적 수용이 이번에는 자기실현적 예언으로서 신앙과 그것의 실천의 쇠퇴에 기여했다.

여기서 나는 암중모색 중임을 고백해야겠다. 어떤 의미에서는 세속화 이론이 직면한 결정적 문제인 그와 같은 차이에 대해 충분히 만족할 만한 설명을 아직은 모르겠다.[46]

10

아마 이제 나의 논의의 주요한 가닥 몇 가지를 한군데로 모으려고 시도해볼 수 있을 것이다. 필자는 18세기의 (부분적인) 엘리트 계층의 비신앙부터 어떻게 21세기의 (보다 광범위하지만 여전히 부분적인) 비신앙, 또한 종교혐오, 종교로부터의 거리두기에 이르게 되었는지를 묘사하려고 시도해오고 있다. 이 주제가 필자로 하여금 세속화 이론 분야에 관심을 갖게 해주었다. 그리고 여기서 나의 논의는 '정통파'의 독법과 일치하지 않으며 오히려 '수정주의' 역사가들 및 사회학자들의 비판과 의견이 일치한다고 선언하고 싶다. 여기서 우리가 논하고 있는 것은 '근대(성)'의 몇 가지 특징 그리고 종교적

46 지금까지 우리는 미국 사회를 유럽 사회들과 비교해오고 있는데, 만약 전자를 EU와 비교하면 아마 또 다른 측면이 떠오를 것이다. 왜냐하면 EU는 점진적 자기-규정 속에서 세속성 1의 방향으로 자체에 고유한 발걸음을 내디뎌왔기 때문이다. 가장 두드러지게는 신을 논란이 아주 많았던 신헌법 속에 통합시키길 거부하는 가운데 말이다. Peter Berger, "Religion in the West", in *The National Interest*, Summer 2005, pp. 112-119를 보라. 버거는 EU를 세속화의 행위 주체로 간주한다. "유럽으로의 통합은 유럽-세속성에 서명하는 것을 의미한다"(113페이지). 하지만 보다 정확하게 표현하자면, 유럽으로의 통합은 그나마 존재하던 신뒤르케임적 정체성의 힘의 쇠퇴를 한층 더 촉진하리라고 말할 수 있을 것이다.
두 정치 구조를 비교해볼 때 많은 미국인에게는 신과 민족[백성] 간의 뒤르케임적 연관성이 강하다고 말할 수 있을 것이다. 반면 유럽인에게 개별 국가의 경우 그와 같은 연관성이 불신 대상이 되고 있을 뿐만 아니라 대륙 수준에서 볼 때 보다 오래된 애국주의가 매립되어 있는 복수의 고백이 장애물을 추가한다. 그와 같은 식으로 '신'은 여전히 미국적 애국주의를 조장하는 반면 유럽 통합은 위협하는 것으로 간주될 수 있을 것이다.
이 쟁점을 유럽적 수준에서 사유해보면 또한 위에서 언급된 요소 중의 또 다른 하나가 어떻게 거대한 힘을 갖고 작동하는지를 볼 수 있을 것이다. 앞서 말한 대로 유럽 사회들은 미국 사회보다 더 엘리트를 뒤따르는 경향을 보여 왔다. 하지만 그에 따른 결과는 '유럽적' 수준에서는 확대되는데, 그곳에서 속도는 전적으로 엘리트에 의해 정해졌기 때문이다. — 유럽대륙의 여러 국가에서 총선거가 치러진 최근 그에 따른 결과가 확인되었다.

신앙 간의 양립 불가능성에 의해 초래되는 신앙/실천의 일직선적 후퇴가 아니다(여기서 통계학에 대해 이야기하고 있는 것이 아니다!). 나는 인간의 동기부여와 관련해 암묵적 전제 — 그것이 세속화의 그와 같은 지배적 서사를 지탱하고 있다 — 로 종종 간주되는 것을 받아들이지 않는다. 특히 나는 이렇게 생각한다. 즉 종교적 열망 — 내재성을 넘어서는 변형의 전망에 대한 열망과 응답 — 즉 밀론-델솔이 "영원에의 욕망"[47]이라고 부르는 것은 근대에도 동기부여의 강력하고 독립된 원천으로 남는다.[48]

그럼에도 불구하고 신앙과 그것의 실천의 쇠퇴가 일어났으며, 그것을 넘어 보다 이전 세기에 신앙이 누려온 논란의 여지가 없는 지위가 상실되었음은 분명하다. 그것이 '세속화'의 주요 현상이다. 물론 그것의 본질이 무엇인지는 여전히 파악해야 하지만 말이다. 논의를 단순화하기 위해 나의 테제를 재구성해 보여줄 수 있는 방식 중 하나는 그것을 또 다른 '뺄셈 이론'으로 제시하는 것일 것이다. 다만 그렇게 한다면 그와 같은 과정의 각 단계에서 정체성, 사회적 상상계, 제도와 관습이 새롭게 구축되어 포함되는 방식은 일단 무시하지 않을 수 없을 것이다. 하지만 만약 소극적 측면에 초점을 맞추면 필자 이론과 주류 이론 간의 대비는 한층 더 분명해질 것이다.

그와 같은 식으로 완전히 도식적으로 정식화해 이렇게 질문할 수 있을 것이다. 즉 우리(즉, 대부분의 사람)이 1500년에 비신앙의 입장을 취할 수 있었던 것을 저지한 것은 무엇이었을까? 한 가지 해답은 주술화된 세계다. 즉 정령과 각종 영력이 지배하는 코스모스 — 그중 일부는 사악하고 파괴적이다 — 에서는 악에 맞선 보루로서 선한 힘의 버팀목으로 여겨지는 것 — 어떤 것이건 상관없었다 — 에 매달리는 방법밖에 없었다. 또 다른 대답은 이러했다. 즉 신앙은 사회적 삶과 너무나 긴밀하게 뒤엉켜 있어 다른
531 한쪽 없이 한쪽을 상정하기란 거의 불가능했다. 이 두 대답은 원래 결합되어 있었다. 신앙과 사회적 삶이 그렇게 복잡하게 뒤엉키는 것 중 일부에는 선한, 즉 신적 힘을 정령

47 Chantal Millon-Delsol, *Esprit*, June 1997, pp. 45-47.

48 그처럼 다소 모호한 표현을 사용함으로써 모종의 인류학적 상수, 즉 종교에 대한 인간의 감각을 시간을 초월한 방식으로 정의하려고 시도하는 것은 결코 아니다. 그것은 적어도 오늘날의 우리 힘을 완전히 넘어선다고 믿는다. 역사적으로 주어진 종교 형태와 양식은 훨씬 더 다양하다. '영원'은 라틴계기독교세계를 정의해온 종교 전통 속에서 완전한 의미를 갖는 용어이다. 본서에서 이 용어를 사용하는 것은 이 때문이다. 이 음역에서의 종교는 여전히 오늘날의 사람들에게 강력한 흡인력을 갖고 있다는 주장인 셈이다.

의 세계의 위험에 맞서 집단적으로 사용하는 것이 포함되어 있었다. 교구의 '경계검분' 같은 의식이 그것을 잘 보여준다.

소극적으로 말하자면, 그리고 이 문제와 관련된 모든 요소를 논외로 하고 말하자면, 1500년 이후의 여러 세기 동안 주술화된 코스모스가 소실되는 것을 볼 수 있었다(주술화된 세계 속에 존재하던 신앙의 몇 가지 요소가 남아 있지만 하나의 체계를 형성하고 있지는 않으며, 사회적으로 공유되기보다는 이곳저곳에 산재한 개인에 의해 유지되고 있다). 이후 근대적 도덕질서의 맥락 내부에서 신앙의 가용한 대체물, 즉 배타적 휴머니즘 형태가 도입되기 시작했다. 이어 이번에는 신앙/비신앙 쌍방의 입장이 무수히 증대되는 것이 이어지는데, 나는 그것은 '노바'라고 불러왔다. 이 모든 요소가 중첩되면서 신의 존재를 사회공간 속에 매립했던 초기의 사회 형태, 즉 구뒤르케임형, 보다 일반적으로는 '앙시앵레짐'형에 대한 도전, 토대 허물기, 해체 같은 작용이 생겨났다. 처음에 초기 형태의 쇠퇴로 인해 초래된 주된 이익을 누린 것은 동원의 시대의 신뒤르케임형과 그 밖의 형태로, 그것들은 앙시앵레짐의 구조와 공동체의 폐허 위에 구축되었다. 하지만 이후의 사태전개는 거기서 더 나아가 그것들마저 무너뜨렸는데, 문명이 질서 있게 전개되려면 기독교적이어야 한다는 주장마저 거기에 포함되어버렸다. 그렇게 해서 우리는 우리가 (부분적으로) 누리고 있는 질서 있는 삶에서는 신-신앙이 중심적이라는, 널리 확산된 감각이 유지되는 사회에 더 이상 살고 있지 않다.49

그것은 다원주의적 세계로, 거기서는 신앙/비신앙의 많은 형태가 북새통을 이루고, 따라서 서로를 부서지기 쉽게 만들고 있다. 그와 같은 세계에서는 신앙을 '명백하고', 도전 불가능하게 보이도록 만든 모체 중 많은 것이 상실되었다. 물론 모든 것이 소실된 것은 아니다. 신앙이 '기본 설정적' 해법이 되는 환경도 여전히 존재한다. 즉 반대라는 강력한 직감을 갖지 않는 한 그냥 그대로 넘어가야 하는 것처럼 보이는 것이 그것이다. 하지만 이어 또한 비신앙이 기본 설정적 해법에 근사한 것이 되는 환경(학계의 중요한 부분을 포함한다)도 존재한다. 그리하여 전반적 취약화가 증가해왔다.

49 내가 여기서 발전시키고 있는 3단의 상이 맥러드의 미출간 논문 "The Register, the Ticket and the Website"에서 적확하게 포착되고 있는 것처럼 보인다. 하지만 본서에서 내가 그와 같은 식으로 상을 도출하는 방식에 그가 동의하리라고 미리 상정하고 싶지는 않다.

만약 그와 같은 설명을 더 나아가 '뺄셈 이론'으로 설명하기를 원한다면 이렇게 말할 수 있을지도 모른다. 즉 신앙의 사회적 모체의 상실로, 따라서 쇠퇴와 취약화로 규정되는 세속화는 결국 '평평한 경기장'을 가져왔다. 왜냐하면 그와 같은 모체는 과거에는 신앙에 대해 우선권을 부여하는 이점을 제공했기 때문이다. 그러나 그와 같은 생각은 자체가 터무니없다. 왜냐하면 우리가 실제로 보유한 것은 결코 경기장이 아니라 매우 우연히 형성된 지형일 뿐이기 때문이다. 거기에는 많은 경사면이 존재하며, 게다가 경사의 방향 또한 모두 동일하지 않다. 바이블 벨트지대[기독교 신앙이 강한 미국의 중서부에서 남동부에 걸친 지대]의 경사는 도시의 대학들에서의 경사와 다르다.

이렇게 말할 수 있을 것이다. 즉 지금 우리는 이전 어느 때보다 더 개인의 강력한 직관에 의존하며, 그것이 다른 사람에게 영향을 미치는 세계에 살고 있다는 것이다. 그리고 그와 같은 직관이 다른 사람에게도 마찬가지로 자명한 경우는 절대 없을 것이다. 많은 신앙인을 포함한 일부 사람에게 그처럼 획기적인 사태전개는 기독교의 쇠퇴처럼 보일 것이다. 다른 사람에게 기독교세계의 쇠퇴는 상실과 이득을 동시에 포함하고 있다. 집단적 삶과 관련해 이런저런 형태의 위대한 각성은 사라졌지만 신과의 관계에서
532 우리가 겪는 곤경의 다른 측면이 전면에 나타났다. 가령 '숨은 신'에 대해 말할 때 이사야는 무엇을 의미했을까? 17세기에 그것을 깊이 이해하기 위해서는 파스칼 같은 사람이 되어야 했다. 오늘날 그것은 일상적 삶의 일부가 되어 있다.

그와 같은 다원주의와 상호 취약화로 인해 야기된 결과는 종종 공론장으로부터의 종교의 후퇴일 것이다. 한편으로 그것은 불가피하며, 특정 환경에서는 좋기도 하다. 정의는, 근대 민주주의가 상이한 입장의 신앙에 대해 동일한 거리를 취할 것을 요구한다. 몇몇 공공기관, 가령 재판소의 언어는 특정한 입장에서 도출되는 전제로부터 자유로워야 한다. 우리의 응집성은 정치윤리, 민주주의, 인권에 의존하는데, 그것들은 기본적으로 근대적 도덕질서에서 도출된다. 다양한 신앙/비신앙 공동체는 각기 서로 갈리는 다른 이유에서 그것을 지지한다. 우리는 롤스가 "중첩적 합의overlapping consensus"[50]로 기술해온 세계 속에서 살고 있다.

50 롤스, 장동진 역, 『정치적 자유주의』, 동명사.

하지만 다른 한편으로, 카사노바 주장대로[51], 종교적 담론은 공론장에서 중요한 위치를 차지하게 될 것이다. 민주주의는 모든 시민 또는 시민 집단이 공적 논쟁에서 본인에게 가장 의미 있는 언어로 말할 것을 요구한다. 어쩌면 우리는 사려 깊게 남도 이해할 수 있는 언어로 사태를 표현해야 할지도 모른다. 그러나 그것을 하나의 규칙으로 요구하는 것은 시민 언론에 대한 용납 불가능한 강요가 될 것이다. 기독교세계에 살고 있다는 감각이 희박해짐에 따라, 그리고 어떤 영=정신적 조직도 전체를 책임지거나 전체를 위해 말하는 일이 없어짐에 따라 자기 자신의 소신을 밝히는 보다 큰 자유의 감각이 생겨날 텐데, 몇몇 경우 그것은 불가피하게 종교적 담론 속에서 정식화될 것이다.

필자 생각으로는, 그와 같은 사태전개가 데이비가 지적한 외견상의 역설의 배경에 놓여 있다. 즉 1960년대 이후의 큰 쇠락 후에 영국성공회 주교단이 새처 정부에 대한 공개적 비판에 적극 나서기 시작한 것이다.[52] 아마 이렇게 말할 수 있을 것이다. 즉 영국성공회 지도자들이 기성 국교회라는 데서 파생되는 정신적 중압감에서 벗어나 소신을 자유롭게 밝힐 수 있다고 느낀 것은 오직 앞의 급락 이후였다고 말이다.

주인-서사로서의 소극적 이야기에 대해서는 이쯤 해두자. 그러나 우리는 또한 현재의 탐구의 영성이 가진 적극적 특징을 강조하는 보충적 서사를 추가할 수 있을 것이다. '적극적'이란 용어가 반드시 우리가 지지하고 싶어 하는 특징을 의미하는 것은 아니다. 단지 우리 시대가 추방한 것이 아니라 바로 우리 시대를 특징짓는 것에 초점을 맞춘다는 것만 의미할 뿐이다. 여기서 갑자기 나타나는 것이 라틴계기독교세계의 극히 장기간에 걸친 벡터로, 그것은 반세기 이상에 걸쳐 종교적 신앙과 그것의 실천의 보다 개인적·헌신적 형태를 향해 지속적으로 나가고 있다. 지금 우리가 관찰할 수 있는 탐구의 영성은 그처럼 오랜 운동이 본래성의 시대에 취하는 형태로 이해될 수 있다. 그와 동일한 장기적 경향이 규율훈련을 중시하는 자각적·헌신적 신앙인, 즉 칼뱅주의자, 얀센주의자, 경건한 휴머니스트, 감리교도를 탄생시켰다. 그리고 나중에는 '거듭난' 기독교도를 등장시키고, 다음으로 자기 삶의 여정을 자각하고, 그것을 따르고자 하는 오늘날의 순

51 José Casanova, *Public Religions in the Modern World*(Chicago: University of Chicago Press, 1994).

52 Grace Davie, *Religion in Britain since 1945*, pp. 149ff. 또한 Grace Davie, *Religion in Modern Europe*, pp. 53-54를 보라.

례적 구도자를 가져오게 되었다. 북대서양 지역의 종교의 미래는 한편으로는 그와 같은
533 일련의 다종다양한 탐구 전체가 서로 사슬처럼 연결되어 나타나는 결과에 의존하게 될 것이다. 그리고 다른 한편으로는 [다종다양한 개인과 집단 간에 전개되는] 적대적 또는 무관심한 또는 (원컨대) 공생적 관계에 의존하게 될 텐데, 그것은 탐구 양식과 전통적인 종교적 권위의 중심 사이에서, 워드나우가 '머무는 자'와 '구도 자'라고 부른 사람 사이에서 발전할 것이다.

일부 사람에게 그와 같은 생각은 그다지 고무적이지 않을 것이다. 종교적 신앙과 그것의 실천 수준이 어떻건 평탄하지 않고 많은 경사면이 있는 경기장에서는 다양한 형태의 신앙/비신앙 간의 논쟁이 계속될 것이다. 그와 같은 논쟁에서 신앙의 양식은 과거의 지배적 형태에 관한 기억에 의해 불리한 입장에 놓이는데, 그것은 여러모로 시대의 에토스와 어긋나며 많은 사람이 아직도 그것에 반발하고 있다. 그것은 심지어 붕괴된 탐구 분위기가 가져올 의도치 않을 부산물로 인해 한층 더 심각하게 불리한 입장에 놓여 있다. 종교적 실천의 감소에 따라 앞으로 등장할 세대들은 전통적인 종교적 언어와의 접촉을 잃어온 사실이 그것이다.[53] 발라디에는 이것에 대해 이렇게 말한다.

> 대부분의 경우 [결여된 것은] 종교적 의미에서 [신앙에 대해] 열린다는 것 자체, 신앙 행위란 무엇인가에 대한 최소한의 이해, 성스러운 것 또는 신에 대한 극히 단순한 경험이다. 신앙이란 전혀 터무니없는 것이 아니라 순리적인, 정신을 고양시켜주는 방식이라는 인식이, 따라서 또한 종교적 세계의 무엇인가를 느낄 수 있도록 해주는 몸짓 자체라는 인식도 결여되어 있다c'est en bien des cas l'ouverture même au sens religieux, la compréhension minimale de ce qu'il en est d'un acte de foi, l'expérience toute simple du sacré, ou de Dieu ……, l'apperception que la foi n'est pas pure absurdité mais démarche sensée et exaltante qui font défaut …… le geste même par lequel quelque chose se laisse pressentir de l'univers religieux.[54]

53 Grace Davie, *Religion in Britain since 1945*, pp. 123-124.

다른 한편 비신앙 형태에 불리하게 작용하는 것으로는 근대적 도덕질서, 그에 동반되는 규율, 여러 가지 유토피아 사상의 급격한 소진, 뭔가 더 있으리라는 지속적 감각에 대한 일련의 누그러들지 않는 불만을 들 수 있다. 그것들은 우리를 내재적 반계몽주의 방향을 포함해 많은 방향으로 보내버릴 수 있지만 또한 신앙에 이르는 대로를 열어줄 수도 있다. 여기서 앞서 말한 신앙의 불이익 중 하나가 반대로 적극적인 예상 밖의 측면도 보유하고 있음이 드러난다. 거기에 신앙 형태들은 시대정신의 대부분과는 반드시 절대적으로 일치하지 않는다는 사실 자체가 추가된다. 우리는 시대정신 속에 감금될 수도 있지만 거기서 탈옥할 필요를 느끼기도 하기 때문이다. 신앙은 다양한 시대를 초월해 매우 많은 영=정신적인 길로 사람을 인도하기 때문이다. 그와 같은 사정이 시대를 넘어 우리를 신앙으로 이끄는 복선이 되는 것이다. 투쟁은 계속된다La lotta continua.

라틴계기독교세계의 중심 지역인 서유럽에 관한 한 주변 지역인 아메리카 대륙, 즉 북미 및 남미와 달리 미래가 매우 불분명하다. 많은 사람에게서 신앙의 전통적 언어와의 접촉이 점점 희미해져가고 있는 것은 미래의 쇠퇴를 예시하는 듯하다. 하지만 그와 같은 상실이 초래한 결과, 즉 영=정신적 삶에 적절한 형태의 신앙을 탐구하려는 열망의 강도 자체는 미래에 대한 약속으로 가득 찰 수도 있을 것이다. 아마 유럽의 종교적 정체성의 그와 같은 '차가운' 단계를 엡슈타인이 소련의 붕괴 이후의 러시아 상황을 묘사하기 위해 제안한 용어로 해석해볼 수 있을 것이다.

두 편의 흥미로운 논문에서 그는 "최소종교minimal religion"55라는 개념을 도입한다. 또한 '중복되는 범주overlappimg category'에 대해서도 말하는데, 즉 동방정교회기독교도나 가톨릭교도처럼 특정한 기독교 교파에 속한 사람들과 달리 종교적 소속을 묻는 설문조사에서 '그냥 기독교도일 뿐'이라고 응답하는 사람이 그들이다. 그는 그와 같은 종

54 Paul Valadier, in *Esprit*, June 1997, pp. 39-40.

55 Mikhaïl Epstein, "Minimal Religion", and "Post-Atheism: From Apophatic Theology to 'Minimal Religion'", in Mikhaïl Epstein, Alexander Genis, and Slobodanka Vladiv-Glover, *Russian Postmodernism: New Perspectives in Post-Soviet Culture*(New York/Oxford: Berghahn Books, 1999). 또한 Jonathan Sutton, "'Minimal Religion' and Mikhaïl Epstein's Interpretation of Religion in Late-Soviet and Post-Soviet Russia", in *Studies in East European Thought*, February 2006을 보라. 엡스타인의 저서의 존재를 알려준 서튼에게 감사드린다.

534 류의 종교적 입장을 '포스트-무신론'으로 간주한다. 그것은 두 가지 의미를 갖고 있다. 그와 관련된 사람은 전투적인 무신론 체제하에서 자랐다. 해당 체제는 모든 종교 형태를 부정하고 억압했기 때문에 사람들은 모든 교파적 선택지로부터 등거리였고, 또한 그것들에 대해 똑같이 무지했다. 하지만 또한 그와 같은 입장은, 그들은 본인이 받아온 교육에 맞서 싸워왔다는 보다 강한 의미에서도 '포스트-무신론적'이었다. 즉 모종의 방식으로 신-감각을 획득해왔는데, 그것은 아무리 불분명하더라도 그들이 자라온 공간 외부에 그들을 위치시켰다.

'최소종교'는 교회 내부보다는 가족이나 친구처럼 친밀한 주변 사람들과의 관계 속에서 경험하는 영성이다. 특히 개별적 인간 존재 내부뿐만 아니라 각자를 둘러싼 장소와 사물에 특수한 것을 자각하는 영성이다. 마르크스주의적 공산주의가 강조하는 '먼 곳에 있는 동포'에 대한 보편주의적 관심에 대응해 최소종교는 신봉자와 삶을 같이하는 특수한 사람들 속에 존재하는 "하느님 형상과 닮은 모습"[56]을 섬기려고 한다.

하지만 이 종교는 모든 교파적 구조 바깥에서 탄생했으므로 자체에 고유한 보편주의를 갖고 있다. 일종의 자발적 · 비내성적非內省的 에큐메니즘(전교회 일치주의)로, 거기서 다원적 형태의 영성과 예배의 공존은 당연시된다. 심지어 그와 같은 종류의 영성에서 출발한 사람이 결국 특정 교회에 가입할 때조차 — 많은 사람이 그렇게 했다 — 원래의 견해 중 일부는 그대로 간직했다.

> 최소종교인은 보통은 조만간 하나의 특수한 종교 전통에 가담해 동방정교회 기독교도, 침례교도, 유대교도가 된다. 하지만 그렇게 공명하는 공허, 황야의 공간을 체험한 후에는 …… 열려 있다는 새로운 감각을 영원히 보존하게 된다. 신이 어떤 준비도, 세례도, 교의 교육도 없이 돌연 사람을 붙잡는 것은 여기, 영의 황무지에서이다.
>
> 종교개혁을 향한 그와 같은 추진력이 21세기 러시아의 정신을 지배하리라고 추측해볼 수 있을 것이다. 무신론 이전의 여러 전통의 복권이 오늘날의[1995년] 종교 부흥의 초점이다. 그러나 무신론적인 과거, 황야의 체험이 흔적을 남기지 않고 지나갈 수는 없을 것이다. 그리

56 앞의 책, 167~168페이지.

> 고 '공허'의 흔적은 영=정신적 충만에 대한 갈망 속에서 모습을 드러낼 것이며, 역사적 교파들의 경계를 초월하려고 할 것이다. 황야에서 신을 발견한 사람들은 기존 사원들의 벽은 너무 좁으며, 확장되어야 한다고 느낀다.[57]

아마 '포스트-세속적인' 유럽 상황에 대해서도 비슷하게 말할 수 있을 것이다. 앞의 용어를 사용한다고 해도 지난 세기에 있은 신앙과 그것의 실천의 쇠퇴가 역전될 어떤 시대가 도래할 수 있으리라는 의미는 아니다. 그럴 것 같지 않기 때문이다. 적어도 당분간은. 오히려 세속화의 주류를 이루어온 주인서사의 헤게모니가 점점 더 도전받게 되리라는 것을 말하고자 할 뿐이다. 나는 그것이 지금 일어나고 있다고 생각한다. 하지만 — 535
내 생각으로 — 그와 같은 헤게모니가 쇠퇴를 초래하는 데 기여해왔으므로 그것의 극복은 새로운 가능성을 열어놓을 것이다.

'종교적이지는 않지만 영=정신적이다'는 것은 엡슈타인이 말하는 러시아의 '최소 종교'와 모종의 유사성을 가진 서양의 현상 중 하나이다. 그것은 통상 종교의 각종 교파의 규율 및 권위와 일정한 거리를 둔 영=정신적 삶을 가리킨다. 물론 여기서 거리는 종교적 권위의 요구에 대한 반발 그리고 교파적 지도력에 대한 경계심을 반영한다. 반면 러시아에서의 반응[반발]은 전투적 무신론이 남긴 '황무지'에 대한 항의였고, 교파로부터의 거리는 애당초 무지와 비친근성의 소산이었다. 하지만 두 경우 모두에서 일정하게 확산된 에큐메니컬한 감각이 확산되어 있으며, 심지어 나중에 특정 교파의 삶을 따름으로써 '종교적'이게 된 사람조차도 그처럼 원래 파벌주의sectarianism로부터 자유로웠던 태도의 일부를 그대로 보존했다. 또한 여전히 중요했던 것은 유럽의 동서 모두에서 자기 자신의 영=정신적 여정을 따르는 것의 중요성에 대한 모종의 감각이 지속되고 있던 것이다. 그와 같은 감각을 엡스타인은 베르자예프 말을 인용해 이렇게 그대로 들려준다.

> 지식, 도덕, 예술, 통치, 경제는 종교적으로 되어야 한다. 하지만 외적 강제에 의해서가 아니

57 앞의 책, 386페이지.

라 자유롭게, 그리고 내적으로.[58]

어쨌건 우리는 단지 종교적 탐구의 새로운 시대의 초반에 서 있을 뿐이다. 결과는 누구도 예견할 수 없을 것이다.

58 앞의 책, 362페이지.

5부
신앙의 조건

A Secular Age

15

내재적 틀 539

1

이제 세속성 3에 관한 우리의 출발-물음으로 돌아갈 수 있을 텐데, 거기서는 오늘날 서양에 주어진 신앙의 조건이 문제시된다. 간단히 말해 우리의 출발-물음은 이러했다. 즉 1500년의 시점에서는 신을 믿지 않는 것이 실질적으로는 불가능했던 반면 근대서양(의 많은 환경)에서는 신을 믿는 것이 왜 이렇게 어려울까?

앞의 여러 장에서 필자는 서양 사회가 오늘날의 상황에 어떻게 도달했는지를 이야기함으로써 답을 제시하려고 시도해왔다. 하지만 '세속화' 이야기들 또한 오늘날의 도달점, 즉 현대의 영·정신의 상태에 대한 모종의 상을 포함하고 있다(12장에서 서술한 세속화 이론의 세 번째 이야기를 참조하라). 그것이 이 장에서 내가 다루고 싶은 주제이다.

앞의 여러 장에서 논의해온 몇 가지 주제를 끄집어낸 다음, 그것들이 상호 연결되고 강화되는 변화 — 그에 대해서는 앞 장에서 기술한 바 있다 — 에 대해 묘사하면 대답의 단편들을 하나로 모으는 것이 가능할 것이다.

우리는 탈주술화에 대해 이야기했다. 그것은 많은 측면을 갖고 있다. 여기서는 먼저 '내부' 측면, 즉 다공적 자아가 완충재로 덮인 자아로 대체되는 측면에 대해 언급하고 싶은데, 완충재로 덮인 자아에게는 모든 사상, 감각, 목적, 즉 통상 행위자에게 돌릴 수 있는 모든 특징은 '외부' 세계와는 구별되는 정신 속에 존재하고 있어야 하는 것이 공리처럼 보이게 되었다. 완충재로 덮인 자아에게는 정령, 도덕적 힘, 목적 지향적 유인력이라는 관념은 거의 이해 불가능한 것으로 보이기 시작했다.

완충재로 덮인 정체성의 등장은 내면화를 수반했다. 즉 분리된 장으로서의 내부/외부의 구별, 즉 정신Mind/세계의 구별 — 완충재 자체에게는 그것이 핵심적이다 — 뿐만 아니라, 데카르트부터 로티까지 이르는 매개적 유형의 인식론의 범위 전체에서의 내부/외부의 구별뿐만 아니라 또한 내면성의 풍부한 어휘, 탐구되어야 할 사상과 감각의 내면적 영역의 발달을 재촉했다.[1] 자기탐구의 그와 같은 프런티어가 자기-반성[자기진단]self-examination의 다양한 정신적 훈련을 통해 또한 몽테뉴, 근대소설의 발전, 낭만주의의 등장, 본래성의 윤리를 통해 성장했다. 그리하여 이제 우리는 우리 자신을 내면적
540 깊이를 가진 존재로 여기고 있다. 이전에는 코스모스 속에, 주술화된 세계 속에 위치했던 깊이는 이제는 보다 수월하게 인간의 내면 속에 놓이게 되었다고까지 말할 수 있을 것이다. 보다 이전 사람들이라면 악령이 들렸다고 말할 것을 우리는 정신병이라고 생각한다. 또는 다른 예를 하나 들자면, 프로이트는 주술화된 세계의 풍요로운 상징체계를 심리psyche의 심층 속에 국소화시켰는데, 그의 상세한 이론을 어떻게 생각하건 우리 모두는 그와 같은 행보를 매우 자연스럽고 설득력이 있는 것으로 생각한다.[2]

내면이라는 공간을 가진 완충재로 덮인 정체성은 엘리아스가 가장 함의가 풍부한 형태로 기술한 변화를 동반했다.[3] 그것은 규율훈련과 자제의 발전을 포함했는데, 특히 성과 분노 영역에서 그러했다. 여기서는 그가 기술한 변화와 푸코가 검토한 주제가 겹친다.[4] 하지만 엘리아스는 또한 결벽 감각의 주목할 만한 발전도 지적하는데, 그것은 타인들과의 마구잡이식 접촉이라는 보다 이전 형태 — 그와 같은 형태로 지금은 엄격하게 터부시되는 신체 기능을 다른 사람들 앞에서 거리낌 없이 실행했다 — 를 포기하는 것을 포함했다. 좋은 태생과 제대로 된 교육을 받은 사람은 프라이버시를 주장하게

1 드라이퍼스Hubert Dreyfus와 테일러, 이윤일 역, 『실재론 되찾기』, 도서출판 b를 보라.
2 나는 이 점을 『자아의 원천들』에서 상술했다.
3 엘리아스, 박미애 역, 『문명화 과정』, 한길사.
4 특히 『감시와 처벌』을 보라.

되었는데, 그것이 17~18세기의 생활환경을 변형시키기 시작했다. 프라이버시는 친밀함을 가능하게 해주지만 이제는 더 이상 무절제한 것이 아니라 '친밀한 사람들' 끼리만을 위한 것으로 유보되었다. 이렇게 말할 수도 있을 것이다. 즉 마구잡이식 접촉이라는 보다 이전의 장 — 귀족은 식탁과 다른 장소에서 하인들과 함께 어울렸다 — 이 이제 친밀/소원이라는 새로운 구분에 의해 분할되었다고 말이다.

물론 친밀한 공간은 사회적 공간인데, 타인들(소수의 특권을 가진 사람이더라도 마찬가지이다)과 공유되기 때문이다. 하지만 내면적 공간과 친밀성의 영역zone 사이에는 긴밀한 연관성이 존재한다. 우리가 감각, 친화성, 감수성의 심층 같은 것을 공유하고 또 그것을 자기 자신 속에서 발견하는 것은 후자의 영역에서이다. 실제로 기도건, 대화건, 편지건 공유 없이는, 즉 친한 대화자에 의한 공감적 수용 없이는 내면 탐구는 대부분 이루어질 수 없을 것이다. 내면성의 습관은 부분적으로 친밀한 교류 속에서 학습되며, 다양한 교류의 양태 자체가 가령 소설 같은 새로운 텍스트의 유통(초기 형태는 대부분 또는 전체가 편지 교환으로 이루어졌다)을 통해 공유재산이 되어갔다.

그리하여 (규율훈련과 친밀함은 긴장을 이룰 수 있지만) 규율훈련된, 완충재로 덮인 자아는 친밀성을 찾으면서 또한 자신을 점점 더 개인으로 간주하게 되었다. 우리가 근대적 도덕질서라고 불러온 것 속에 함축되어 있는 사회 이해 속에 그것이 반영되어 있음을 분명하게 볼 수 있다. 우리가 그 속에서 살고 있는 사회질서는 코스모스 속에 정초되어 있지 않다. 즉 말하자면 우리에 앞서 존재하며, 우리가 우리에게 할당된 자리를 차지하기를 기다리는 것이 아니다. 오히려 사회란 개인에 의해 또는 적어도 개인을 위해 만들어진 것이다. 그리고 사회에서 개인이 차지하는 위치는, 사람들이 애당초 함께한 이유 또는 신이 사람들을 위해 그와 같은 형태의 공동의 존재를 정한 이유를 반영해야 한다. 그와 같은 이유는 결국 만인에게 평등하게 주어지는 인간 존재의 선에 이르게 된다. 즉 이런저런 역할에 따라 다르게 주어지는 것이 아니라 인간 존재라면 보편적으로 주어지는 선으로 말이다. 설령 모두가 동등한 정도로 그것을 성취하지 않더라도 마
찬가지이다(그리고 물론 근대의 사회이론은 이 문제에 관해 견해를 달리할 것이다. 그와 같 541
은 선을 개인으로서 충족할 수 있는지 여부[가령 로크, 벤담] 아니면 오히려 모종의 공유된 공동선으로 실현해야 하는지 여부[가령 루소, 헤겔, 마르크스, 훔볼트]에 따라 말이다. 하지

만 두 경우 모두 우리는 인간 존재 자체와 관련된 선에 대해 말하고 있다).

완충재, 규율훈련, 개인성은 서로 맞물리며 서로를 강화시킬 뿐만 아니라 여기서 묘사해온 대로 그것들의 발달은 주로 대문자 개혁에 의해 추동되는 것으로 간주될 수 있을 것이다. 보다 인격적이고 헌신적이며 경건한 종교적 삶의 새로운 형태로 나아가는 추진력. 그것은 보다 그리스도 중심의 종교적 삶이다. 그것이 집단의식을 중심으로 한 보다 오래된 형태를 대부분 대체할 것이다. 게다가 그와 같은 추진력은 단지 특정한 종교적 엘리트만을 위해서가 아니라 만인을 위해 변화를 가져오는 것으로 생각되었다. 이 모든 것은 탈주술화(그리고 그것에서 유래한 완충재에 의한 보호)와 자제라는 새로운 규율훈련만 촉진한 것이 아니다. 또한 결국 사회에 대한 보다 오래된 전체론적 이해를 점점 더 믿기 어려운 것으로, 종국에는 거의 이해 불가능한 것으로까지 만들었다.

대문자 개혁 과정에서 등장한 개인주의는 무엇보다 먼저 책임을 중시하는 개인주의다. 나는 개인적 책무를 통해 신, 그리스도, 교회에 충실해야 한다. 그와 같은 관념은 유아세례의 실천을 의문에 부치고, (식민지 시대의 코네티컷주에서처럼) 개인적 회심을 교회에의 귀속 조건으로 삼는 데까지 나아갈 수도 있을 것이다. 하지만 그렇게까지 멀리 나가지 않는 경우에서조차도 그것은 결정적 역할을 했다. 가톨릭도 개개인은 〈부활절〉의 의무를 다하려면 고백하고 사면받아야 했다. 더 이상 간단하게 집단에 동조될 수 없게 되었다. 하지만 그와 같은 최초의 개인주의는 이어 자기반성의 개인주의, 자기발전의 개인주의 그리고 마지막으로 본래성의 개인주의 단계를 거쳐 발전되었다. 그리고 그와 같은 과정에서 자연스럽게 일종의 도구적 개인주의를 낳게 되었는데, 사회는 개인의 선을 위해 존재한다는 생각 속에는 그와 같은 개인주의가 함축되어 있다.

사회는 개인으로 이루어진다는 그와 같은 사회관의 이면에는 코스모스적 질서라는 보다 오래된 이념 — 그것이 전통적 군주제의 기반을 이루고 있었다 — 의 위축이 자리 잡고 있었다. 어떤 의미에서 그것은 탈주술화의 또 다른 측면이었다. 코스모스적 질서라는 이념은 자연의 목적론, 나아가 사회적 현실의 토대에는 합목적적 힘이 자리 잡고 있다는 견해를 논거로 삼고 있었기 때문이다. 어떤 의미에서 그와 같은 이념이 주술화된 세계의 보다 고차적 · 엘리트적이며 지성화된 영역을 형성했는데, 그와 같은 세계 속에서 농민은 과거의 유물과 숲의 정령과 함께 생활하고 있었다.

코스모스적 질서는 보다 고차적인 시간에 대한 보다 이전의 이해와 분리 불가능했다. 반대로 질서라는 근대적 관념은 우리를 세속적 시간 속에 깊고 포괄적으로 안착시킨다. 하지만 앞서 살펴본 대로 코스모스적 질서는 저절로 유지되는 것으로 여겨졌던 반면 새로운 섭리에 의한 사회질서는 인간의 행위에 의해 수립되어야 했다. 그와 같은 질서는 자연 속에서 이미 작동 중인 합목적적 힘들의 모체보다는 우리의 구성적 행위를 위한 청사진을 제공한다. 역사의 새로운 맥락은 구성적 행위 그리고 세계에 대한 도구적 태도 — 새로운 형태의 규율훈련에 의해 이미 주입되어왔다 — 를 장려했다.

그런데 세계에 대한 도구적 태도 그리고 시간의 철저한 세속화는 동시에 진행되었다. 전체적으로 세속적 시간 속에서 살고 있다는 우리 감각은 계측된 시간의 매우 촘촘한 망에 의해 고도로 강화되었는데, 우리는 우리 문명 속에서 우리를 둘러싸고 그와 542
같은 망을 짜오고 있다. 우리 삶은 시곗바늘의 정확한 표시에 의해 계측되고 형태를 갖추게 되었는데, 그것 없이는 지금처럼 기능할 수 없을 것이다. 그처럼 촘촘한 망은 시간을 가장 잘 이용하려는 즉 낭비하지 않고 잘 이용하려는 우리의 광범위한 시도의 조건인 동시에 결과이기도 했다. 그것은 또한 시간이 우리에게 자원이 되는 사태전개의 조건이자 결과이기도 했는데, 우리는 시간을 현명하게, 또 유용하게 사용해야 한다. 그리고 우리는 그것이 또한 퓨리턴 개혁가들에 의해 주입된 규율훈련의 한 형태였음을 기억한다.[5] 우리 세계를 도구적 합리성이 지배하는 것 그리고 세속적 시간이 모든 것에 스며드는 것은 동시에 진행되었다.

그리하여 규율훈련된 개인의 완충재로 덮인 정체성은 구축된 사회공간 속에서, 즉 도구적 합리성[목적 수단 합리성]이 핵심적 가치를 이루며 시간은 전적으로 세속적인 것이 되는 공간 속에서 움직이게 된다. 이 모든 것이 내가 '내재적 틀immanent frame'이라고 부르고 싶은 것을 구성하는데, 아직 단 하나의 배경-관념을 추가해야 할 일이 남아 있다. 즉 그와 같은 틀은 '초자연적' 질서와 대비되어야 할 것으로서의 '자연적' 질서를, 있을 수 있는 '초월적' 세계에 반대되는 '내재적' 세계를 구성한다는 관념이 그것이다.

5 막스 베버, 『프로테스탄티즘의 윤리와 자본주의 정신』, 문예출판사, 60페이지.

그런데 여기서 아이러니한 것은, 중세 말과 근대 초의 라틴계기독교세계가 성취한 것, 즉 초자연적인 것과 자연적인 것 간의 그처럼 명확한 구분은 기본적으로는 초자연적인 것의 자율성을 명확하게 표시하기 위해 만들어진 것이었던 것이다. 아퀴나스의 '실재론'에 대한 '유명론자들'의 반란은 신의 주권적 권력을 확립하기 위한 것으로, 신의 판단이 옳고 그름을 결정하며, 그것은 '자연'의 경향에 의해 구속될 수 없는 것이었기 때문이다. 마찬가지로 종교개혁가들도 자연적 질서로부터 은총의 질서를 풀어주기 위해 가능한 모든 일을 했다.

하지만 이전의 모든 문명을 지배한 주술화된 세계 그리고 코스모스적 질서에 대한 이해방식과는 완전히 상충되는 그와 같은 생각은 필자가 지금까지 서술해오고 있는 일군의 상호 연관된 변화를 통해 우리 세계관 속에서 오히려 깊숙이 확립되어왔다. 그와 같은 변화는 우리의 실천적인 자기 이해 ― (완충재로 덮인, 규율훈련된, 도구적 행위자로서) 세계에, (상호이익을 위해 설계된 사회를 구성하는 책임 있는 개인으로서) 사회에 어떻게 적응해나갈까 하는 것에 대한 우리의 관념 ― 에서의 심원한 변화를 대변했다. 하지만 그와 같은 변화는 서양근대의 주된 이론적 변형, 즉 포스트-갈릴레오적 자연과학의 등장과 완전히 부합함으로써 한층 더 확고하게 단단히 자리 잡았다. 마침내 그것이 자연적인, '물리적' 우주에 대한 우리 상을, 즉 예외 없는 법칙에 의해 지배되는 우주라는 상을 낳게 되었는데, 그것은 창조자의 지혜와 선의를 반영하고 있을지도 모르지만 그것을 이해하기 위해서는 ― 또는 (적어도 첫 번째 수준에서) 설명되기 위해서는 ― 플라톤의 이데아 형태건 아니면 신의 정신 속에 내재하는 관념 형태건 목표로 하는 선에 대한 어떤 준거도 요구하지 않았다.

물론 그와 같은 동향은 앞서 요약한 일부 과정과 관련되어 있다. 특히 근대의 포스트-베이컨적 과학 그리고 세계에 대한 도구적 태도 간에는 긴밀한 연관성이 존재했다.
543 베이컨은 (아리스토텔레스의 학문들을 다소 치우친 방식으로 인용해) 과학의 목표는 사물에 내재된 고귀하고 포괄적인 패턴을 발견하는 것 ― 그것을 밝혀내는 것에 대해서는 자부심을 가질 수 있을 것이다 ― 이 아니라 '인류의 상태를 개선하는 것'을 가능하게 해주는 실험을 수행하는 것이라고 주장한다. 셸러가 새로운 과학을 '수행 지식 Leistungswissen'의 양식으로 묘사한 것은 이 때문이다.[6]

그런데 새로운 과학은 외부로부터의 개입(비록 거기서 어떤 창조주를, 심지어 자비로운 창조주조차 추론할 수 있더라도)을 참조하지 않고 그 자체로 이해될 수 있는 내재적 질서라는 관념에 명확한 이론적 형태를 부여한 반면 완충재로 덮인 개인의 삶, 세속적 시간 속에서 도구적으로 활동하는 삶은 그와 같은 내재적 영역의 자족성이 경험 문제가 될 수 있는 실천적 맥락을 창조했다. 그리고 앞서 지적했듯이 새로운 사회 이해는 새로운 집단적 행위자(국가를 창시하고, 이런저런 운동을 창조하고, 교회를 설립하기 위해 협력하는 사람들)뿐만 아니라 사회적 현실을 자체에 고유한 법칙(바라기로는 뉴턴의 그것처럼 예외 없고 자명한 법칙)에 의해 지배되는 것으로 객관화시킬 수 있는 공간도 허용했다. 그리고 실제로 우리의 집단적 행위가 효력을 발휘하는 데서는 그와 같은 객관적 이해가 본질적이다.

그리하여 우리는 삶을 자족적인 내재적 질서 내부에서 영위되는 것으로 이해하게 되었다.[7] 또는 더 낫게는, 우주적 · 사회적 도덕질서의 성좌 내부에서. 7장에서 서술한 대로 그와 같은 질서는 비인격적인 것으로 이해되었다. 우리 처지에 대한 그와 같은 이해의 배후에는 역사발전에 대한 특정한 개념이 자리 잡고 있다. 즉 우리는 보다 이전의 원시적 단계의 사회 및 자기 이해를 경유해 우리 처지에 대한 그와 같은 해석에 이르렀다는 것이다. 그와 같은 과정에서 우리는 성년이 되었다.

처음에 그와 같은 사회질서는 여러 가지 것이 인간의 영역에서 상호이익의 증진을 위해 어떻게 서로 연관되는지에 대한 청사진을 제공하는 것처럼 생각되었다. 그리고 그와 같은 청사진은 섭리, 즉 신이 우리에게 실현시킬 것을 요구하는 것의 계획과 동일시되었다. 하지만 신을 참조하지 않고도 그려볼 수 있는 것은 자족적인 내재적 질서의 본성에 속하는 것이었다. 그리고 이내 본래의 청사진은 자연에 귀속되는 것으로 간주되게 되었다. 물론 그와 같은 변화는 만약 원래의 견해를 표현만 바꾸어 계속 신을 자연의 창조자로 이해한다면 중요한 것은 아무것도 포함하지 못했을 것이다. 하지만 스피노자

6 Max Scheler, *Gesammelte Werke*, 6권(Bern/München: Francke Verlag, 1960), p. 205.

7 다시 한 번 반복하지만, 내가 말하는 것은 외부로부터의 개입을 참조하지 않고 자체에 고유한 용어로 이해될 수 있는 질서이다. 물론 그것의 배후에 보다 고차적인 모종의 창조적 힘이 존재하는 것으로 가정해야 하느냐를 둘러싼 쟁점은 여전히 논란거리이다.

에 의해 개척된 길을 걸어감으로써 우리는 또한 먼저 자연을 신과 동일한 것[신즉자연]으로, 이어 신으로부터 독립된 것으로 간주하게 되었다. 계획은 계획 입안자 없이도 존재한다. 다음 걸음에서는 이제 그와 같은 계획을 문명화와 계몽 과정에서 우리가 공유하고 충실히 지킬 수 있는 것으로 파악할 수 있게 될 것이다. 우리가 가령 '공평한 관찰자' 견해 같은 보편적 관점으로 상승할 수 있기 때문이거나 아니면 우리의 내적 공감대가 모든 인간 존재에게로 확장되기 때문이다. 또는 합리적 자유에 대한 애착이 결국 우리가 어떻게 행동해야 하는지를 보여주기 때문이다. 그것들이 인간 사이에서의 사물의 규범적 관계라는 개념이 전면적으로 내면화될 때 따르는 가장 흔한 길로, 그때 우리는 더 이상 '자연' 일반이 아니라 계속 전개되는 인간의 동기부여와 관련된다.

그리하여 내재적 질서는 초월적인 것을 완전히 버릴 수 있을 것이다. 하지만 반드시 그래야만 하는 것은 아니었다. 내가 내재적 틀로 서술해오고 있는 것은 근대서양의 모든 사람에게 공통된 것이다. 아니면 적어도 필자는 지금의 사태를 그렇게 그려보고자
544 시도하고 있는 중이다. 우리 중 일부는 그와 같은 사태를 그것이 초월적인 것에 열려 있는 방식으로 살아내고 싶어 한다. 다른 사람들은 폐쇄된 사태로 경험하기를 바란다. 원하지 않았지만 폐쇄성을 허용하게 되는 셈이다. 그와 같은 생각을 좀 더 자세히 살펴보자.

2

무엇보다 먼저 사람들이 내재적 틀의 이쪽 또는 저쪽에서 느끼는 주요 동기를 탐구해보자. 따라서 나의 첫 번째 질문은 이렇다. 즉 내재적 틀은 어떻게 열린 채로 유지될 수 있을까?

우리는 이미 앞의 여러 곳에서 앞의 질문에 대한 대답에 기여할 수 있는 몇 가지 요소를 살펴본 바 있다. 그것의 좋은 사례가 앞 장에서 필자가 '신뒤르케임적' 이해의 패러다임이라고 부른 것, 즉 미국 건국기의 '시민종교'였다. 거기서 우리가 따라야 하는 계획에 대한 섭리주의적 독법을 발견할 수 있다. 그와 같은 독법에 따르면 신(또는 이신

론적으로 말하자면 우주의 설계자)이란 사회질서를 수립할 때 우리가 따르는 사람을 말한다. 그와 같은 사례에서 필자가 끌어내려는 일반적 특징은 이렇다. 즉 당시의 많은 미국인에게서(그리고 아직도 상당수 미국인에게서) 지향해야 할 보다 지고한 것이 존재한다는, 즉 보다 낫고 보다 도덕적인 삶의 방식이 존재한다는 기본적인 관념은 해소 불가능하게 신과 결부되어 있었다(있다)는 것이 그것이다.

그것을 아래와 같이 정식화해보려고 시도해볼 수도 있을 것이다. 즉 관계항을 구분하는 것, 그리하여 그중 하나(또는 몇 개)가 어떤 의미에서 다른 것(또는 다른 몇 개)과는 비교가 안 될 정도로 고차적인 것이게 되는 것은 '강한 평가'라고 불러온 것, 즉 선/악, 고귀한 것/천한 것, 유덕한 것/악덕한 것 등을 구별할 수 있게 해주는 것의 본성에 속한다고 말이다. 즉 보다 저차적인 것은 단지 양적으로 뒤떨어지는 것만이 아니다. 보다 저차적인 것을 아무리 축적해도 보다 고차적인 것의 결여를 보충할 방법이 전혀 없다. 정반대이다.

그런데 그와 같은 구별을 구성하는 보다 고차적인 것에 대한 그와 같은 감각이 어떤 식이건 신 또는 존재상 보다 고차적인 것(초월자)과 근절할 수 없게 연결되어 있는 곳에서는 어디에서나 그처럼 보다 고차적인 것에 대한 신앙은 분명히 올바르고, 정초되어 있으며, 심지어 부정조차 불가능한 것처럼 보인다. 많은 사람에게 선에 관한 최고의 감각은 심오하게 종교적인 맥락 속에서 발전되어왔다. 가령 성인의 이미지를 중심으로 형성되어왔다. 또는 선에 관한 가장 강력한 감각은 기도나 전례 또는 아마 종교음악을 듣는 순간에 형성될 수 있을 것이다. 또는 롤 모델이 강한 종교적 신앙을 가진 사람일 수 있을 것이다. 명확하게 규정된 모든 신학적 '관념'에 앞서 형성되는 지고선[최고선]에 관한 우리 감각은 신의 본질과 동일한 것을 갖고 있는 것과 관련되어 있다. 앞의 말로 내가 의미하고자 하는 바는, 그와 같은 지고선-감각은 신 없이는 또는 보다 고차적인 것과의 관계없이는 상상할 수 없다는 것이다. 물론 '상상할 수 없다'는 표현은 여기서 철학적 담론에서 통상 사용되는 의미를 갖고 있지 않는데, 거기서는 '둥근 사각형'이라든가 '결혼한 독신 남성'이라는 표현은 개념적으로 앞뒤가 맞지 않는다고 이야기하게 되어버리기 때문이다. 그와 관련해 그것은 오히려 모종의 형태의 초월성을 참조하지 않고는 지고선에 대한 본인의 경험을 이해할 수 없음을 의미한다.

그와 같은 연관성은 또 다른 경험이 계속되면서 깨질 수 있을 것이다. 지고선에 관한 우리 견해를 바꾸거나 내재적 맥락에서 가능한 것으로 간주하게 될 수 있을 것이다. 또는 타자와의 관계를 통해 비록 신을 참조할 때 가장 잘 이해된다는 느낌을 이전과
545 마찬가지로 계속 갖고 있음에도 불구하고 어떻게 경험이 지금까지와는 다른 방식으로 해석 가능한지를 이해할 수도 있을 것이다. 신 없는 도덕은 비록 아직까지는 완전히 믿을 수 있는 것은 아니더라도 더 이상 상상 불가능한 것은 아닐 수도 있을 것이다.

하지만 계속 이어지는 경험은 또한 그와 같은 연관성을 단단히 자리 잡게 할 수도 있을 것이다. 게다가 그것을 크게 강화시키고, 심지어 우리를 전향시켜 처음의 내재적 태도를 버리도록 만드는 사례도 존재한다. 앞 장에서 논한 대각성Great Awakening과 그것의 후계자들의 회심 체험이 좋은 사례이다. 그와 같은 경험을 통해 사람들은 신 또는 그리스도에 의해 너무나 큰 힘을 얻어 삶이 각자에게 부과하는 규율과 노력의 요구에 부합할 — 가령 술을 마시지 않고 부지런히 일해 가족을 먹여 살리는 것 등 — 수 있게 되는 것이다. 미국의 〈블랙무슬림〉 같은 기독교 이외의 형태뿐만 아니라 오순절파가 널리 확산되는 물결에서 볼 수 있는 대로 그와 같은 종류의 경험은 오늘날까지 계속되고 있다. 하지만 그것은 근대의 많은 형태의 회심 이야기의 단 하나에 지나지 않는다.

앞서 언급한 신뒤르케임적 사례는 앞서의 연관성이 단단히 자리 잡는 것과 관련해 또 다른 사례를 제공한다. 그것은 단지 선에 관한 나만의 고유한 경험 문제인 것만이 아니라 또한 국민이건, 인종 집단이건, 종교 운동이건 소중하게 간직되어온 결정적으로 중요한 집단적 정체성 안으로 짜 넣어진 것이기도 하다. — 신과 '동일한 본질을 갖고 있거나' 초월성과 모종의 본질적 관계를 맺고 있는 것처럼 보이는 핵심적인 집단적 선이 그것이다.

그와 같은 종류의 '동일한 본질을 갖고 있는 것'은 본래 초월성에 열려 있는 것으로 느껴지는 방식으로 내재적 틀 속에서 살 수 있는 일련의 적극적 방법 중 하나였다. 하지만 그것은 또한 소극적 방식으로도 현존할 수 있을 것이다. 즉 그것의 결여를 느낄 수 있을 것이다. 필자는 앞에서 사람들이 근대적 도덕질서의 환원주의적 형태로, 그리고 그에 수반되는 규율과 도구성이라고 느끼는 것에 대한 다종다양한 반발에 대해 논한 바 있다. 공리주의 같은 몇몇 양식이 유일한 것은 아니지만 그와 같은 종류의 적의에 찬

반발을 끌어들였는데, 그와 같은 식으로 그에 대한 용이한 실례를 제공한다. 우리는 그처럼 환원주의적으로 파악된 질서 속에서 질식할 듯한 느낌을 가질 수 있을 것이다. 그리고 '그게 다야?'라고 자문할 수 있을 것이다. 관대한 행위, 영웅주의, 전사의 미덕, 보다 고차적인 감수성 등이 존재할 여지는 전혀 없어 보였다. 인류에 대한 진정한 헌신, 보다 충족시키기 까다로운 희생의 윤리 또는 보다 큰 전체에 대한 감각, 우주와의 관계도 마찬가지이다.

가령 공리주의에 대한 반발의 그와 같은 범위는 다양한 방향으로 우리를 데려갈 수 있을 것이다. 일부는 가령 루소와 마르크스에게서 볼 수 있는 대로 내재적 질서 내부에 머문 채 지고선에 대한 보다 철저하고 원대한 이해를 찾으려고 할 수 있다. 하지만 그들은 자연과학 그리고 그것을 모델로 한 법칙 지향의 사회과학이 설정한 한계를 존중하려고 한다. 그들은 또한 완충재로 덮인 정체성의 한계도 존중하려고 한다. 다른 사람들은 내재성 내부에 머물지만 평등과 보편적 복지의 도덕질서를 거부하는 대가를 치르며, 오직 소수만 누릴 수 있는 보다 고차적인 삶의 형태를 찬양했다. 여기서 우리는 많은 형태의 내재적 반계몽주의를 볼 수 있다. 하지만 또 다른 몇몇 사람은 초월성에 대한 모종의 승인을 향해 밀고나가거나 아니면 낭만주의 예술 형식에 의해 개척된 불확실한 경계 영역에 머문다.

초월성이 그것의 틀 내에서 작용하게 되는 적극적 형태들에 관해 말하자면, 그것들이 우리가 지고선으로 간주되는 것과 관련되어 있음을 볼 수 있을 것이다. 그것들은 546
윤리적 영역 또는 영=정신적 차원에서 모습을 드러낸다. 우리 시대에, 즉 내재적 틀 내부의 삶에 적용되지만 언제 어느 곳이건 해당되는 것은 아니다. 가령 이교도인 게르만족 사이에서 포교한 성 보니파시오에 관해 전해오는 이야기를 생각해보라. 그는 게르만족이 신성시하는 떡갈나무 숲을 베어버렸지만 아무 일도 일어나지 않았다. 그것은 위대한 힘의 징조로 받아들여져 많은 사람의 개종으로 이어졌다. 또는 그렇게 듣고 있다. 그곳에서는 힘에 관해 기축시대 이전의 관념이 작용하고 있었는데, 그와 같은 상황은 현대의 상황과는 너무 거리가 멀어 상상조차 하기 힘들 것이다.

하지만 물론 그렇다고 해서 그것이 우리가 도덕적 선처럼 내재적 틀 내부에 적합한 요소에만 완전히 갇혀 있다는 말은 아니다. 과거에는 중요한 역할을 했지만 근대의 대문자 개혁으로 인해 주변부로 밀려나 억압되어 있던 요소가 종종 출현하는 것처럼 보인다. 성모 출현을 목격했다는 소문으로 인해 쳉스트호바와 과달루페 등 훨씬 더 오래된 장소의 전통을 연속적으로 이어받아 루르드, 파티마, 메주고리예 등이 새로운 순례 중심지로 등장하고 있다. 그와 같은 순례 자체는 참여자에게는 영=정신적 힘을 부여해주는 현장이 된다. 그와 같은 현상은 일레르가 "축제적인 것"[8]이라고 부르는 것의 맥락 속에 놓아야 한다. 그것은 우리를 일상에서 끌어내는 것처럼 보이는 대중적 축제의 몇몇 순간에서도 관찰할 수 있을 것이다. 우리는 우리가 생각하는 것만큼 반드시 '근대적인 것'은 아니다.

3

그러면 사회가 내재적 틀의 방향으로 나아가는 경우 무엇이 그것이 폐쇄성 쪽으로 향하도록 밀어붙이는 것일까? 너무나 명백히, 본질적으로 내재적인 것으로 간주되는 선의 개념들이 초월적인 것과 동일한 본질을 가진 선에 상응하고 있다. 18세기부터, 즉 기번, 볼테르, 흄의 시대 이후 강력하게 초월적인 형태의 기독교를 근대적 도덕질서의 선을 위협하는 것으로 간주하는 반발을 볼 수 있을 것이다. 강력한 기독교는 특정한 신학적 신앙이나 교회 구조에 대한 충성을 요구할 것이며, 그것은 단지 상호이익의 확보에만 전념해야 하는 사회를 분열시켜버릴 것으로 생각되었다. 그렇지 않으면 인간의 개화번영을 넘어 보다 높은 차원의 선을 실현하려는 요구는 기껏해야 우리 주의를 딴 쪽으로 돌리고, 최악의 경우 원활하게 기능하는 상호이익질서를 다시 위험에 노출시키는 요구의 기반이 될 뿐이다. 종교는 이 모든 위협적 형태에서 계몽주의 시대 사람들에 의해 '광신'이라고 불리게 되었다.

광신에 의해 위협받고 있다는 느낌은 내재성을 폐쇄시키는 중요한 원인 중 하나이다. 많은 경우 처음에 반교권주의 운동이 등장하는데, 그것은 결국 기독교에 대한 거부

8 Yves-Marie Hilaire, *Une Chrétienté au XIXe Siècle?*(Lille: PUL, 1977), 2권, pp. 631-633.

또는 보다 이후에는 무신론으로 향한다. 그와 같은 사태전개를 가령 19세기 프랑스의 반교권주의 이야기에서 추적할 수 있을 것이다.[9]

하지만 그와 같은 추세는 한층 더 앞으로 나아갈 수 있을 것이다. 선이 소위 보다 나은 것, 보다 고차적인 것에 의해 위협받는다고 주장될 뿐만 아니라 또한 보다 고차적인 것에 대한 거부와 동일시되기에 이를 수 있을 것이다. 가톨릭의 금욕주의를 거부하면서 보다 고차적이라는 가짜 소명을 내세워 신의 선물을 거부했다고 수도사들을 질책 547
한 프로테스탄티즘적 담론은 이 의미로 이해할 수 있을 것이다. 그와 같은 담론은 지난 2세기 동안 계속되어왔으며, 지금은 반기독교적 형태로 기독교가 관능적인 것을 거부한다고 — 그렇게 추정된다 — 또는 소홀히 한다는 비난을 가하고 있다. 관능적인 것, 지상적인 것은 인간을 위한 선의 본질에 속한다는 것이다. 초월적 목표를 설정하는 사람은 누구나 그와 같은 선과 결별하고, 그것을 배신하는 것이다.

우리는 여기서 내재성의, 심지어 유물론의 도덕적 매력의 깊은 원천 중 하나와 마주치게 된다. 이미 루크레티우스에게서 느낄 수 있는 힘이 그것이다. 우리가 '자연'의 질서에 속한다는 생각은 아주 매력적이다. 우리는 그처럼 보다 큰 질서의 일부이며, 그것으로부터 유래했으며, 비록 그와 같은 전체 내에서 다른 모든 것을 넘어서지만 그것을 벗어날 수도 또 초월할 수도 없다. 그와 같은 매력의 한 측면은 그것에 속한다는 느낌, 고향의 일부라는 느낌이다. 우리는 그와 같은 자연과 일체라는 것이다. 우리는 그것을 여름날 가장 뚜렷하게 실감한다. 마당에 앉아 있으면 새가 노래하고 벌이 춤추는 소리가 들린다. 우리는 지구에 속해 있다. 카뮈는 『결혼』에서 그와 같은 느낌을 극히 인상적인 방식으로 환기시킨다.[10] 우리가 그것보다 위에 있다는 믿음이 우리를 종종 어떻게 비인간성으로 몰아왔는지를 성찰한다면 그와 같은 느낌은 한층 더 강화될 것이다.

그와 같은 귀속감의 또 다른 측면은 우리와 같은 존재가 보다 낮은 자연으로부터 태어났다는 것에 대한 경탄의 느낌이다. 그것에는 신비로운 것이, 이해하기 어려운 심오한 것이 존재한다. 우리는 그것에 크게 끌리는 느낌을 받으며, 그것을 탐구하고자 한

9 René Rémond, *L'Anticléricalisme en France*(Paris: Fayard, 1976)을 보라.

10 카뮈, 박해현 역, 『결혼』, 휴머니스트.

다. 자연을 초자연적인 것과 분리시키는 기계론적 견해는 이 모든 신비를 아무런 내용도 없는 공허한 것으로 만든다. 그와 같은 분리가 '기적'이라는 근대적 개념을 만들어냈다. 규칙적인 사물의 질서에 외부로부터, 즉 초월적인 것으로부터 일종의 점처럼 구멍이 하나 뚫린다는 생각이 그것이다. 그에 따르면 모든 보다 고차적인 것은 규칙적인, 자연적인 질서 — 그것이 통상적으로 작동하고 있을 때는 어떤 신비도 내부에 존재하지 않는다 — 속에 뚫리는 구멍을 통해 침입해야 한다. 상당히 기묘한 일이지만 이 점에서 유물론자와 기독교 근본주의자는 의견이 일치한다. 비록 후자에게 그와 같은 견해는 '기적'에 대한 증거를 제공하는 반면 — 왜냐하면 몇 가지 것은 자연적 인과관계의 통상적 경로에 의해서는 설명 불가능하기 때문이다 — 유물론자에게는 초월적인 것은 모두 '과학'에 의해 배제된다는 것의 증거이지만 말이다.

그것을 통해 종종 유물론적 담론에 모종의 긴장 관계가 초래되었는데, 한편으로 과학적으로 이해된 자연에 신비란 존재하지 않음을 강조하고 싶지만 다른 한편으로는 무생물적인 자연에서 정신과 목적 같은 것이 생성된다는 사실 앞에서 많은 유물론자가 강렬한 신비감을 느꼈기 때문이다. 그와 같은 어둠으로부터의 생성에 깊이 매료되어, 그것의 심연으로 보다 깊이 들어가 보고, 그것을 보다 완전히 이해해보고 싶었다. 분명한 것은 '기적'이라는 표준적인 근대적 개념을 통해, 즉 규칙적 질서를 교란하는 한 점에서의 개입이라는 생각을 통해 그와 같은 물음으로부터 모든 내용을 텅 비워버렸다는 것이다.

그와 같은 '기적'을 거부하는 것이 르낭이 큰 열정을 기울여 탐구한 시도였는데, 종교의 기원을 탐구한 필생의 작업에서 그것을 볼 수 있을 것이다. 그는 신앙을, 본인이 그렇게 탐구하는 것의 기본 전제 자체를 부인하는 것으로 보지 않을 수 없었다. 종교에는 우리가 이해해야 할 심오한 어떤 것이 존재하며, 오직 자연과 역사를 집중적으로 파헤침으로써만 그것을 파악할 수 있다는 전제가 그것이다. 그리하여 그는 신앙을 등지고 '과학'을 본인만의 방식으로 읽는 작업에 들어가게 되었다.[11]

548 물론 후자의 고찰, 즉 우리는 지구에 속하며, 어둠으로부터 우리가 생성된다는 느

11 Claude Chauvin, *Renan*(Paris: Desclée de Brouwer, 2000).

낌은 또한 기독교 신앙의 일부가 될 수 있을 것이다. 하지만 그것이 내재적 틀의 몇 가지 특징, 특히 자연/초자연의 구분과 단절할 때만 그렇게 할 수 있다. 아마 '기적'은 다름 아니라 모든 것이 정상적으로 작동하는 데 있을 것이다.

하지만 그와 같은 관점을 잠시 내버려두면 지금까지 내가 서술해오고 있는 초월적인 것에 대한 자연주의적 거부 속에서 내재의 폐쇄성 쪽으로 나아가려는 윤리적 관점을 볼 수 있을 것이다. 지금 많은 사람이 한편으로는 규율과 도구적 이성을 중심으로 하는 근대적 질서 내부에서 불편함을 느끼고, 그리하여 초월적인 것에 대해 마음을 열어볼까 하는 쪽으로 생각이 기우는 반면 다른 한편으로 그와 같은 질서에 속한 사람으로서 편안함과 활력을 느낄 수 있는 측면 또한 존재한다. 지금까지 나는 이 측면에 대해 종종 열거해왔다. 완충재로 덮인 자아는 꿈속에서, 특히 어린 시절의 꿈속에서 아직도 우리를 사로잡는 정령과 마술적 영력들의 세계 앞에서도 상처받을 일이 전혀 없다고 느낀다. 세계의 객관화가 권력을 행사하고 모든 것을 제어할 수 있다는 감각을 제공하는데, 그와 같은 느낌은 도구적 이성이 승리할 때마다 강화된다.

그런 다음 근대의 자연과학 그리고 그와 결부된 테크놀로지의 엄청난 성공은 그것이 모든 신비의 문을 열어젖히고, 결국 모든 것을 설명할 수 있으며, 인간과학도 동일한 기본 계획에 따라 발전해야 한다는, 심지어 궁극적으로는 물리학 또는 적어도 유기화학으로 환원되어야 한다는 느낌을 가져다주는 것으로 이어질 수 있을 것이다.

그리하여 우리는 문명 또는 근대의 성장을 폐쇄된, 내재적 틀의 확산과 동일한 의미를 갖는 것으로 이해할 수 있게 될 것이다. 그와 같은 내재적 틀 안에서 문명화된 가치가 발전하고, 인간적 선이라는 목표를 향해 일관하며 그것에 집중하는 태도가 과학적 이성을 점점 더 완전하게 이용하는 것의 도움을 얻어 인간 존재의 최대한의 개화번영을 허용하고 있다. 종교는 광신주의를 통해 그와 같은 목표를 위협할 뿐만 아니라 또한 과학적 유물론을 엄밀하게 요구하는 것으로 간주되게 된 이성의 기반을 침식하는 것으로 여겨졌다.

필자는 지금까지 상호 대립되는 두 가지 주요한 극단적 입장의 토대에 놓인 동기에 대해 서술해오고 있는 중이다. 하지만 이 두 기본적인 정형 사이에서 교차압력을 느낀 사람이 매우 많았음 또한 기억해야 한다. 그들은 가능한 한 최대한 내재적 질서의 '과학적' 수행을 존중하려고 한다. 그렇게 보도록 유도되어온 만큼 한층 더 그러하다. 또한 종교적 '광신'의 영향을 두려워하기도 한다. 하지만 그럼에도 불구하고 여전히 단순히 내재적인 것 이상의 무엇인가가 존재함을 믿지 않을 수 없게 된다. 가령 위고 또는 다른 이름을 든다면 조레스Jean Jaurès에게서 볼 수 있는 것과 같은 종류의 '영성주의적' 입장이 주목할 만한 사례이다.

이 모든 것으로부터 초월적인 것은 일종의 위협, 위험한 유혹, 정신을 산만하게 만드는 것, 우리의 지고선을 가로막는 장애물로 간주되거나 아니면 우리 마음속의 가장 깊은 갈망, 요구, 선한 것의 성취에 대답하고 있는 것으로 해독될 수도 있음을 확인할 수 있다. 아니면 종교가 종종 시범 기수 역할을 해온 만큼 아즈텍의 희생제의부터 [15세기에 스페인의 종교재판에서 초대 종교재판소장을 맡았던 이단심문관으로 무고한 사람을 화형시켜 학살하는 등 극히 무자비한 악행을 저지른 광신도로 유명한] 토르케마다Tomás de Torquemada를 거쳐 빈라덴에까지 이르는 일련의 긴 노선을 생각해볼 수 있을 것이다.
549 원래 우리 물음은 이러했다. 즉 종교는 단지 위협일 뿐인가 아니면 어떤 약속이라도 제공하지 않는가?(그리고 오직 종교만이 그와 같은 종류의 위협을 가하는가 하는 물음을 추가할 수 있을 것이다. 20세기는 스탈린, 히틀러, 폴 포트 같은 인물을 통해 그와는 정반대임을 시사하는 듯하다).

결국 어느 길로 갈 것인가는 결국 그와 같은 질문에 대한 대답에 달려 있다고 생각한다. 하지만 그렇다고 해서 그것이 이런저런 길을 가는 모든 사람이, 심지어 삶에서 이런저런 방향으로 모종의 결정적 전회를 경험한 모든 사람조차 극히 분명하고 순수한 형태로 앞의 쟁점에 직면해왔다는 의미는 아니다. 모든 사람이 반드시 허허벌판에 서서 바람이 어떤 때는 신앙 쪽으로, 다른 때는 비신앙 쪽으로 몰고 가는 것을 느끼는 것은 아니었다. 필자는 일찍이 윌리엄 제임스에 관한 강의에서 그와 같은 허허벌판이야말로 그가 진정 대가다운 솜씨로 탐구한 중요한 장임을 밝힌 바 있다.12

우리는 그와 같은 허허벌판에 서 있지 않은데, 왜냐하면 내재적 틀 자체는 어떻게

12 *The Varieties of Religion Today*(Cambridge, Mass.: Harvard University Press, 2002), p. 59를 참조하라.

성립하게 되었건 통상 또는 심지어 우리의 곤경에 대해 우리가 품게 되는 일군의 신앙이 아니라 오히려 신앙을 발전시킬 때 느끼게 되는 맥락이기 때문이다(물론 그것뿐만이 아니다). 하지만 그에 상응해 내재적 틀을 열린 것 또는 폐쇄된 것으로 파악하려는 이러저러한 해석은 너무 깊이 가라앉아 아무런 의문의 여지가 없는 틀을 형성하게 되었다. 즉 종종 그것으로부터 빠져나오는 것을 생각하기, 심지어 연습 삼아 상상해보는 것조차 힘들어지는 틀을 말이다.

앞서 기술한 대로 신앙 쪽에 선 사람에게 지고선은 신과 본질을 같이한다. — 그들에게 그와 다른 [자가-구성적] 해석은 의미가 없다. 그리고 폐쇄성의 입장 쪽에도 그에 상응하는 입장이 존재하는데, 곧 그것을 자세히 탐구해볼 것이다. 일반적으로는 그와 관련해 여기서 비트겐슈타인이 '상Bild'이라고 부르는 것을 언급할 수 있을 텐데, 우리 사유의 배경을 이루는 것이 그것이다. 우리 사유는 그것의 개념 내부에서 이루어지지만 그것은 종종 거의 정식화되지[명시되지] 않으며, 그로 인해 종종 그에 대한 대안은 전혀 상상조차 하지 못하게 된다. 그는 한 유명한 구절에서 그것을 "하나의 상이 우리를 사로잡았다"[13]고 정식화한다. 우리는 종종 상에 완전히 사로잡히며, 심지어 그에 대한 대안이 어떤 모습을 취할지를 상상조차 할 수 없게 되어버린다. 또는 그보다 다소 나은 처지가 되면 비록 개념적으로 이해하는 것은 어려울 수도 있지만 또 다른 해석 가능성이 존재함을 인식할 수 있을 것이다. — 어떤 의미에서 그것이 민족학이 처하게 되는 통상적 곤경이다.

윌리엄 제임스가 말하는 허허벌판에 설 수 있으려면 이 두 번째 단계를 훌쩍 넘어서고, 각각의 대립하는 입장의 힘 중 일부를 실제로 느낄 수 있을 것이 요구된다. 하지만 신앙/비신앙, 개방성/폐쇄성은 여기서 서로 너무나 동떨어져 있어 그처럼 좀체 이루기 힘든 일을 성취하는 것은 상대적으로 드물다. 대부분의 사람은 첫 번째나 두 번째 수준에 머무르고 말며, 그리하여 어떻게 다른 견해가 의미가 있는지를 전혀 이해할 수 없거나 아니면 그것을 이해하기 위해 애쓴다.

13 "우리는 하나의 상에 사로잡혀 있었다Ein Bild hielt uns gefangen." 비트겐슈타인, 이영철 역, 『철학적 탐구』, 책세상, § 115[불교의 아상我像, 하이데거의 세계상과 동일한 맥락에서의 논의라고 보아 '그림Bild'으로 옮긴 번역어를 '상'으로 바꾸고, 번역도 바꾸었다].

따라서 근대서양의 우리의 곤경은 우리가 많건 적건 공유하고 있는, 내가 내재적 틀이라고 불러온 것에 의해서만 특징지어지는 것이 아니다. — 비록 아래서 살펴볼 대로 그중 몇 가지 특징은 의문시되거나 재해석될 필요가 있지만 말이다. 그것은 또한 보다 특수한 상으로 구성되기도 하는데, 그것에 따라 내재적 틀은 개방성/폐쇄성 쪽의 방향으로 '해석을 부여받으며', 그것이 종종 특정한 상황을 지배한다. 그와 같은 국소적 지배는 당연히 상으로서 그것이 행사하는 영향력을 강화한다. 학술 세계에서 헤게모니를 휘두르고 있는 폐쇄성 쪽으로 기운 해석이 적절한 사례일 것이다.

550 **4**

하지만 여기서의 나의 전반적 해석은 얼마든지 의문시될 수 있을 것이다. 한편으로 나는 내재적 틀 그리고 다른 한편으로는 똑같이 가능한 두 가지 '해석의 부여spin', 즉 개방성과 폐쇄성을 구별해왔다. 일부 사람은 의문의 여지없이 내재적 틀은 하나의 독법을 요구한다고 생각할 것이다. 사실 우리는 규정된 (그리고 충분히 지적이지는 않은) '해석의 부여'의 도움으로 다른 견해를 채택할 수 있지만 그와 반대되는 독법은 자명하고, '자연적인' 독법이다. 세상일이 돌아가는 게 보통 그렇듯, 후자의 입장은 오늘날 폐쇄적 독법의 주창자들, 즉 내재성은 어떤 초월성도 허용하지 않는다고 보는 사람들에 의해 가장 자주 대변된다. 그것은 그와 같은 독법이, 특히 지식인의 학술적 환경에서 헤게모니를 행사하게 됨으로써 나타나는 결과이다. 그와 같은 독법이 자연스럽고 논리적으로 불가피하다는 느낌이 주류의 세속화 이론을 지탱하고 있는데, 세속성은 근대(성)의 필연적 결과라는 견해 — 나는 여기서 지금까지 그것을 논박해오고 있다 — 가 그것이다. 그와 같은 견해는 적어도 막스 베버까지 거슬러 올라가는데, 그는 '탈주술화'에 직면해 신앙을 고수하며, 그리하여 '지성을 희생Opfer des Intellekts' 시킬 수밖에 없는 사람들에 대해 냉소적으로 이렇게 말한다.

시대의 이러한 운명을 용감하게 견디어낼 수 없는 사람에게는 이렇게 말하지 않으면 안 됩니다. 즉 그는 세간에서 행해지듯이 배교자임을 공공연하게 선언하지 말고 조용히 그러나 솔직하고 지체 없이 낡은 교회의 넓고 자비로운 품으로 돌아가는 편이 더 좋을 것이라고 말하지 않으면 안 됩니다.[14]

반대로 나의 견해에 따르면 내재적 틀은, 그것을 올바로 이해해 어느 한쪽의 독법을 강요하지 않고 양쪽 독법을 모두 허용할 때 성립하게 된다. 만약 이데올로기적 왜곡 없이 또는 눈가리개 가죽 없이 우리 처지를 파악한다면 이런 길을 가거나 저런 길을 가거나 모두 종종 '신앙의 도약'이라고 불리는 것을 요구함을 이해할 수 있을 것이다. 하지만 여기서 내가 하는 이 말이 무슨 의미인지는 좀 더 자세히 탐구해볼 만한 가치가 있을 것이다.

우리를 이런 방향 또는 저런 방향으로 밀어 넣는 것은 — 아마 이렇게 말할 수 있을 것이다 — 인간의 삶 그리고 그것의 코스모스적 및 (혹시 존재한다면) 영=정신적 환경에 대한 우리의 전반적 시각이다. 신-신앙 문제 또는 내재적 틀에 대한 개방적 이해 대 폐쇄적 이해라는 쟁점에 대한 태도는 통상 그처럼 직관적인 전반적 시각으로부터 나온다.

그와 같은 시각이 단지 순전히 자의적인 일은 거의 있을 수 없을 것이다. 굳이 압력을 가하면 그와 같은 태도에 동기를 부여한 일련의 고려 전체를 종종 명확하게 밝힐 수도 있을 것이다. 가령 인간의 삶에서 정말 무엇이 중요한가에 대한 우리의 관념, 인간의 삶이 변형될 수 있는 방식에 대한 우리 생각 그리고 인간 역사의, 만약 존재한다면, 상수에 대한 우리 생각 등이 그와 같은 고려에 속할 것이다.

그러나 그와 같은 전반적 시각은 그와 같은 개별적 통찰을 훌쩍 넘어선다. 게다가 그와 같은 통찰 자체도 차후의 또 다른 사건과 경험을 통해 수정될 수 있을 것이다. 이 측면에서 사물에 대한 우리의 포괄적 감각은 우리가 그것을 위해 긁어모을 수 있는 근거들을 예기豫期하거나 뛰어넘는다. 그것은 일종의 예감을 포함한다. 아마 여기서 '예기적 확신'이라고 말하는 것이 더 나을 수 있을 것이다. 앞서 말한 '신앙의 도약'이 의

14 막스 베버, 전성우 역, 『직업으로서의 학문』, 나남출판사, 74페이지.

미하는 것이 바로 그것이다.

하지만 물론 '신앙'이라는 용어는 유신론적 종교에 대해 말할 때는 다른 의미를 가진다. 여기서 그것은 우리가 그와 같은 태도를 취하는 동기보다는 사물에 관한 전반적 시각의 결정적 특징, 즉 신에 대한 신뢰와 확신이라는 인격적 관계를 가리킨다. 신앙이라는 말은 우리 입장의 **내용**을 기술하는 것이지 그와 같은 입장을 취하는 **이유**를 기술하지는 않는다.

551 물론 경험은 우리 태도에 대한 우리의 신뢰를 강화하는 데 기여할 수 있을 것이다. 하지만 모든 예기, 모든 예감을 넘어 보다 협소한 몇몇 물음, 가령 자연과학이나 일상적 삶과 관련된 물음과 관련해 우리가 누릴 수 있는 형태의 확신을 가능하게 해주는 지점에 이르는 일은 결코 일어나지 않을 것이다.

그리하여 비록 우리의 두 번째, 즉 유신론적 의미에서의 신앙은 내재적 틀에서 볼 수 있는 특정한 종류의 열린 태도에 특유한 것이지만 열린 태도와 폐쇄된 태도 모두 우리에게 가용한 이유를 넘어 예기적 확신의 영역으로 들어가는 발걸음을 전제한다.

그리고 그와 같은 정도의 충분한 명확성은 각자의 확신은 적어도 부분적으로 예기적임을 통찰하는 것을 포함할 것이다. 따라서 윌리엄 제임스식의 허허벌판을 알고 있음을 전제한다. 내가 '해석의 부여'라고 부르는 것은 그와 같은 벌판에 들어서야 하는 것을 피하기 위한 수단이다. 즉 본인의 독법이 자명하고 유력해 어떤 발목잡기나 이의제기도 허용하지 않는다는 확신을 각자에게 심어주기 위한 수단이다. 앞 단락에서 베버부터 오늘날에 이르기까지 지적 불성실이라는 고발이 종종 자주 신앙인에게 퍼부어져왔음을 지적한 바 있다. 여기서 '해석의 부여'라는 나의 개념은 비슷한 것을 포함하고 있지만 과장하거나dramatic 모욕할 의도는 전혀 없다. 해당되는 사람의 사유가 어떤 강력한 상에 의해 흐려지거나 속박당해 현실의 주요한 측면을 인식하지 못하게 될 수도 있기 때문이다. 내재성에 대한 폐쇄된 독법이야말로 '자연스럽고' 명백하다고 생각하는 사람은 그와 같은 종류의 장애에 시달리고 있다고 주장하고 싶다.

물론 가령 신의 존재는 '증명될' 수 있기 때문에 열린 독해는 명백하고 불가피하다고 생각하는 사람들에 대해서도 동일하게 이야기할 수 있을 것이다. 하지만 그와 같은 사람 숫자는 아마 오늘날 그들과 대립하는 세속주의자 숫자보다 더 많지 않을 것이다.

그리고 분명히 적수들이 누리고 있는 지적 헤게모니에 접근할 수도 없는데, 따라서 여기서의 나의 논의는 주로 후자의 세속주의적 입장을 다루게 될 것이다.

세속주의적 해석의 부여가 가진 힘은 내가 '폐쇄된 세계 구조closed world structure'라고 부르려고 하는 것의 측면에서 가늠될 수 있을 것이다. 즉 사물에 대한 우리의 파악 중 그 자체로 인식되지 않은 것을 제한하는 방식들이 그것이다. 아래에서 진행될 논의에서는 그와 같은 폐쇄된 세계 구조 중 세 개의 포괄적 범주에 대해 검토하고 싶은데, 그것은 세속화에 대한 주류 쪽 설명이 부당하게 영향력을 행사하는 이유뿐만 아니라 종종 그에 수반해 나타나는 현상 즉 종교에 대한 무관심과 경멸을 설명하는 데 유용할 것이다. 물론 나의 분석과 서술 과정에서 그와 같은 구조에 대해 말하게 될 어떤 것도, 따라서 그와 같은 구조에 대한 상술 또한 그것이 지지하는 결론에 대해 어떤 방식으로건 의문을 제기하지 않을 것이다. 비록 모든 폐쇄된 세계 구조가 정통성을 갖고 있지 않더라도 내재적 틀을 뛰어넘는 것은 아무것도 존재하지 않을 수 있다. 나는 열린 독법에 대해서도 또 폐쇄된 독법에 대해서도 찬반을 표명하는 식으로 논의를 전개할 생각은 없으며, 단지 두 독법 중 하나를 둘러싸고 있는 자명성이라는 잘못된 아우라를 흩뜨리려고 시도할 뿐이다.

하지만 분석에 들어가기 전에 가능한 또 다른 오해를 제거해야 한다. 확실히 인간에 의해 만들어진 근대세계는, 「시편」의 저자들이 보기에 하늘이 신의 영광을 나타내는 것과 거의 비슷한 의미에서 신의 부재를 나타낸다. 그에 대해 윌슨은 이렇게 말한다.

> 19세기는 철학적 · 정치적 · 사회학적 · 문학적 · 예술적 · 인격적 측면에서 신이 불가지의 것이 되고, 신의 목소리는 기계들의 소음과 근대적인 것으로 불린, 당시 막 등장하고 있던 552
> 병적인 자기중심주의의 무조음의 밴시[아일랜드 민담에 나오는 여자 유령으로 구슬픈 울음소리로 가족 중 누군가가 곧 죽게 될 것임을 알려준다고 한다]에 파묻혀 들리지 않게 되는 풍토를 조성해왔다. 종교가 과거에 제공한 사회적 응집력은 산산이 부서졌다. 도시적이며, 공업화되고 유물론적인 사회의 본성 자체가 신의 부재의 배경이 되었는데, 철학과 과학은 그것을 발견한 것이 아니라 그저 추인했을 뿐이다.[15]

'신의 부재'를 그린 윌슨의 초상은 많은 측면을 갖고 있다. 한 수준에서는 도시환경의 변화가 존재한다. 고딕 대성당 주변에 형성된 중세 도시와 근대의 대도시가 얼마나 대비되는지를 떠올려보라. 대성당이 남아 있다고 해도 현재의 마천루가 그것을 난쟁이처럼 왜소하게 보이도록 만드는 것만이 아니다. 그것은 '자본주의가 기독교를 몰아낸다'는 모토에 따라 이전 것을 대체한 일련의 새로운 가치를 반영하고 있는 것으로 간주될 수 있을 것이다. 하지만 사실 그와 같은 변화는 그보다 더 극적이다. 소음이 의미 자체를 대체한다고 해야 보다 적절한 것이다. 도시의 모습은 더 이상 단일한, 모든 것을 망라한 의미를 드러내는 것이 아니라 한편으로 거대 빌딩은 각각 특정 기업이나 승승장구하는 기업가의 공적을 기념하거나 다른 한편 도시의 광대한 영역은 각각 모종의 단편화된 도구적 합리성에 따라 특정한 목적에 따라 지어진 일군의 건물 — 공장, 몰, 부두 — 의 정신 사나운 컬트를 형성하고 있다. 20세기에 건설된 도시 중 환경 전체가 제대로 구비된 곳은 뉴델리와 찬디가르 등 몇 곳에 불과하다.

또 다른 수준에서, '막 등장하고 있던 무조음의 밴시'가 광고와 오락매체를 통해 불가피하게 도처에 침투하며, 각자가 자기만의 만족과 성취를 달성하도록 끈질기게 재촉하고, 성적 욕망이라는 강력한 충동과 전체적인 것에 대한 갈망, 즉 우리 인간성을 구성하는 요소들을 우상의 지위로까지 격상된 제품과 연결시키려고 하며 동시에 그와 같은 과정을 통해 앞의 힘들 자체를 애매모호하고, 본래의 내용을 잃고 하찮은 것이 되도록 만들어버린다.

그와 관련해 항상 신은 아니지만 적어도 의미를 상실했다는 느낌이 널리 확산되어 있다. 그것은 사원, 모스크, 대성당 등 아직 파괴되지 않은 보다 초기 문명의 유적지로 무수한 여행객이 몰려드는 사태가 일종의 흐름을 형성하고 있음을 보아도 잘 알 수 있다. 또한 그와 같은 역사유적이 신흥 중산층이 거주하는 교외에서 '불러내지는' 데서도 그것을 찾아볼 수 있다. 가령 요하네스버그 북부에 있는 샌튼은 토스카나에 종종 비견되곤 한다. 오늘날의 현실 속에서는 다른 곳 또는 다른 시간의 흐름 속에 있기를 꿈꾸며

15 A. N. Wilson, *God's Funeral*(London: Norton, 1999), p. 12.

살기가 점점 더 수월해지고 있다.

하지만 앞서 인용한 윌슨의 말 속에 함축되어 있는 명제, 즉 근대의 조건이 신의 부재라는 경험을 낳고, 세속주의적 이론은 단지 그것을 추인할 뿐이라는 명제는 내가 보기에는 다소 성급하다. 그리고 그렇게 생각하는 데는 한 가지 이상의 이유가 있다.

첫째, 그것은 근대(성)의 다른 경험 또한 존재함을 완전히 간과한다. 가령 한 국민에게 귀속되는 시민의 경험이 그것인데, 시민의 정치적 정체성은 위에서 묘사한 신뒤르케임적 의미에서 종교적 또는 교파적으로 규정된다. 또는 감리교회와 오순절파 기독교도의 경험도 존재하는데, 현대적 삶의 각종 규율에 그들이 원활하게 부합할 수 있던 것은 다름 아니라 기독교로 개종하고, 그리하여 질서를 유지하기 위한 도덕은 신앙과 불가분하다고 느끼게 되었기 때문이다. 합리성을 지향하는 개별적 행위 주체의 여러 553
경제 활동이 아무 관계도 없이 뒤범벅되어 나타나는 동일한 현상의 경우 중세 도시를 모델로 삼고 싶은 관찰자에게는 그것이 단편적이고 무의미한 것으로 보일지 모르지만 신앙이 두터운 기업가나 노동자에게는 신앙의 규칙을 철저하게 준수함으로써 거둔 단단한 열매로 경험될 수 있을 것이다.

하지만 두 번째로, 심지어 여기서 신의 부재를 보는 사람도 내재성에 대해 폐쇄된 관점을 반드시 선택하지는 않으리라고 말할 수 있을 것이다. 그것을 개탄스러운 결여로 간주하고, 그동안 소홀히해온 초월성의 통합적 힘을 지적하는 일도 얼마든지 있을 수 있을 것이다.

그리고 실제로 이 두 가지 반응은 상호 결합될 수 있을 것이다. 그리하여 자본주의적 기업가 정신에 대한 찬미는 신앙이 깊은 사회의 긍정적 징표로 간주되는 반면 미디어에 의한 성의 과잉 연출은 신에 대한 반항을 증거하게 된다. 오늘날 미국에서 진행 중인 '문화전쟁'의 대부분을 지탱하고 있는 것이 그와 같은 종류의 이중 인식이다. 또는 여기서 다시 한 번 게이 간의 결혼에 대한 〈기독교우파〉의 격렬한 반대를 생각해볼 수 있을 텐데, 그들에게 그것은 지금까지 '기독교적 가족의 가치'를 신성시해온 사회로부터의 일탈로 간주되기 때문이다.

하지만 세계가 신으로부터(의미로부터) 버림받았다는 느낌이 논리적으로나 심리학적으로 내재성에 대한 폐쇄된 해석으로, 즉 '자연적' 질서를 초월한 것은 아무것도 존재하지 않는다는 믿음으로 반드시 넘어가야 하는 것은 아니다. 그렇게 될 수밖에 없다는 생각은 부분적으로는 탈주술화를 종교의 종언과 혼동하는 데서 비롯된다. 그와 같은 태도가 현대의 논의에서 널리 확산되어 있다. 실제로 두 용어는 종종 동의어로 사용되기도 한다. 심지어 베버조차도 종종 그와 같은 오류에 빠졌던 것 같다.

하지만 나는 여기서 탈주술화라는 용어를 보다 좁은 의미로 사용한다. 탈주술화란 '마술적' 세계, 따라서 온갖 정령과 유의미한 유인력으로 이루어지는 세계, 즉 숲의 정령과 성유물로 이루어진 세계의 해체를 말한다. 주술이 본질적 역할을 하는 형태의 종교도 존재하지만 그것의 부분적 또는 전면적 부정에 기반한 형태 — 특히 근대의 대문자 개혁을 거친 가톨릭과 프로테스탄티즘 양쪽 모두의 기독교 — 도 존재한다. 따라서 탈주술화와 종교의 종언을 간단히 동일시할 수는 없을 것이다.

'자연적인 것'(이라고 오늘날 불리는 것)을 초월한 것의 현존은 주술화 시대에는 보다 뚜렷하게 만질 수 있고, 직접적이고, — 이렇게 말할 수 있을 것이다 — 물리적으로[육체적으로] 감지할 수 있었다. 강한 의미에서 성스러운 것이란 특정한 백성[민족], 때, 장소, 행위자를 세속적인 것으로 간주되는 다른 모든 것과 정반대되는 것으로 표시하는 것으로, 본질적으로 국소화 가능하며, 그것의 장소는 의례와 성스러운 것의 지리학에 의해 명확하게 표시된다. 중세의 대성당을 바라볼 때 우리가 느끼고, 그것의 소멸에 대해 종종 안타까워하는 것은 이 때문이다. 신에게서 버림받았다는 것은 조상들 전래의 문화가 탈주술화의 가혹한 과정에 의해 변형되고 억압되어온 — 그것의 결핍은 아직도 뼈아프게 느껴지고 있다 — 사람들이 느끼는 경험이다. 하지만 그와 같은 과정은 일부 사람에 의해 종교의 전적인 쇠퇴의 한 측면으로 (잘못) 간주되기 훨씬 더 이전에는 하나의 종교적 삶에서 또 다른 종교적 삶으로의 이행의 일부로 계속되어왔다.

일단 종교와 주술화를 동일시하는 오해를 버리게 되면 그와 같은 동향 전체 속에서
554 종교적 삶 자체가 변형되는 특정한 방향을 시야에서 놓치지 않는 것이 중요하다. 우리는 종교적 삶이 보다 '육체화되었던', 즉 성스러운 것의 현전이 의례 속에서 연출될 수 있고 또는 볼 수 있고, 느낄 수 있고, 만져질 수 있고, (순례를 통해) 도보로 찾아가 볼 수 있는 것이던 시대로부터 종교적 삶이 보다 '정신 속에 존재하는' 시대로, 신과의 연관이 논쟁적인 해석 — 가령 우리의 정치적 정체성은 종교에 의해 정의되고 있다 —

을 승인하거나 신을 우리의 윤리적 삶을 지탱하는 권위와 도덕의 원천으로 해석하는 입장에 의해 점점 더 매개되는 시대로 이행했다.

하지만 변화 정도를 과장해서는 안 될 것이다. 공식 신학 수준에서, 즉 교회가 교리를 이해하는 방식에서 그것은 약간 더 명확할 것이다. 하지만 그와 달리 민중종교 차원에서는 항상 반발이 존재해왔다. 대문자 개혁을 거친 교회는 구래의 종교로부터 계승된 유물(이라고 생각되는 것)과 항상 싸워야 했다. 19세기의 왕정복고 이후의 가톨릭교회는 순례라는 민중적 신심의 실천, 성유물 숭배, 마리아 현현 등을 허용하도록 — 엘리트 눈으로 볼 때는 — '강요받았다.' 보다 일반적으로, 오늘날에도 순례 그리고 일반적으로는 내가 '축제적인 것'이라고 불러온 것의 지속적 소구력을 발견할 수 있다. 보다 최근에는 기묘한 변증법적 전도 속에서 오순절파 운동을 목격 중인데, 그것이 망아 상태에서의 기도 그리고 기적적 치유를 통합해 전통 가톨릭 문화에서 개종자를 쟁취해내고 있는 중이다. 기존의 가톨릭 성직자 엘리트는 그와 같은 실천을 그저 의심과 경멸의 눈길로 바라볼 뿐이다. 칼뱅이라면 그와 같은 사태에 대해 뭐라고 말할까?

그리고 앞의 모든 입장은 현대 기독교의 실천에서 [주린 이를 먹이며, 목마른 이를 마시게 하는 등 (정신적인 것이 아니라) 육체적인] '이웃에 베푸는 물질적 [일곱 가지] 자선corporal works of mercy[형애긍形哀矜]'이 가진 지속적 중요성을 고려하고 있지 않다.

하지만 일단 그와 같은 측면이나 대항운동을 잠시 논외로 하면 공식 기독교는 '탈육화'라고 부를 수 있는 것을 겪어왔다. 즉 육체화되고 '육화된' 형태의 종교적 삶의 형태로부터 한층 더 '머릿속에 존재하는' 형태로 이행했다. 이 점에서 공식 기독교는 계몽주의 그리고 근대적 비신앙 문화 일반과 발걸음을 같이했던 셈이다. 여기서 쟁점은 몸에 대한 적극적[긍정적] 환기를 얼마나 많이 듣느냐가 아니다. 많은 형태의 무신론적 유물론뿐만 아니라 보다 자유주의적 형태의 신학 속에도 그것은 풍부하게 존재한다. 여기서의 쟁점은 지고존재 — 신앙인에게는 신, 일반적으로 비신앙의 '계몽주의자'에게는 도덕 — 와 우리가 맺는 관계가 과연 육체성을 수반한 형태 — 가령 종교개혁 이전의 잉글랜드에서 성금요일에 교구민들이 행한 '십자가에 대한 평복平伏'에서 그것을 쉽게 찾아볼 수 있을 것이다 — 에 의해 매개되는지의 여부이다.[16] 아니면 과연 무엇이 지고존재에 가닿으려는 쪽으로 우리를 움직이는가에 주목한다면 우리의 최고의 욕망,

지고존재를 식별할 수 있도록 허용해주는 욕망이 과연 어느 정도나 육체화되는가가 될 것이다. 마치 『신약성서』에 나오는 동사 'splangnizesthai'의 원래 의미[머리가 아니라 오장육부라는 육체 기관에서 끓어오르는 연민을 느낀다는 의미이다. 가령 「루카복음」, 7장 2절을 보라]에서 출발하는 경우의 연민에서는 분명히 그렇듯이 말이다.

그와 대조되는 것을 오늘날의 '계몽된' 윤리(학)에서 찾아볼 수 있다. 한쪽에는 흄에게서 유래하는 조류가 존재하는데, 그것은 분명히 윤리(학) 내부에 감정을 위한 장소, 즉 공감적 반응을 위한 자리를 갖고 있지만 그것에 선용과 악용을 식별할 수 있는 어떤 힘도 부여하지 않고 있다. 그것을 위해서는 계산적 이성이 필요하다. 특히 극단적인 몇몇 변종에서는 가령 영아살해에 대한 공포 같은 극히 기본적인 '직감적gut[앞의 'splangnizesthai'와 같은 의미이다]' 감정조차 중요하지 않은 것으로 판정된다. 다른 한편으로는 칸트에게서 유래하는 조류가 존재하는데, 그것은 우리의 도덕적 의무를, 우리 자신을 순전히 이성적 행위자로 고찰하는 데서 도출한다.

555 근대의 계몽된 문화는 지극히 이론 지향적이다. 우리는 머릿속에 사는 경향이 있고, 거리를 두는 오성을 신뢰한다. 그것은 경험과 미에 대해서뿐만 아니라 윤리적인 것에 대해서도 타당하다(우리 자신의 감정에 관한 것이 아니면 심지어 미가 우리에게 무엇인가를 이야기하고 있다는 사실조차 받아들일 수 없다). 우리는 윤리적인 자주적 방향 결정의 유일하게 타당한 형식은 합리적 격률 또는 오성을 통하는 것뿐이라고 생각한다. 특정한 감정 — 가령 영아살해에 대한 공포나 '직감적' 감정으로서의 아가페 — 에 자기를 열어놓는 것에 의해서도 또한 좋은 사람이 될 수 있다는 생각은 받아들일 수 없다.

물론 대문자 개혁도 근대서양의 기독교 대부분이 동일한 길을 걷는 데 그만큼은 영향을 미쳐왔다.

그런데 필자가 내재적 틀이라고 불러온 것은 분명히 전혀 중립적이지 않다고 이의를 제기할 수 있을 것이다. 그와 같은 틀 안에서 산다는 것은 다른 방향보다는 그와 같은 방향으로 내몰리게 됨을 의미한다. 그리고 어떤 의미에서 그것은 완전히 맞다. 내재적

16 Eamon Duffy, *The Stripping of the Altars*(New Haven: Yale University Press, 1992).

틀은 특정한 실천과 이론적 통찰의 발전을 통해 등장했다. 그것들을 통해 우리는 7장에서 논한 대로 자연적으로나 사회적으로나 또 윤리적으로나 비인격적 질서 속에서 살고 있음을 인식할 수 있게 되었다. 그것 자체만으로도 정통 기독교보다 이신론에 더 그럴듯하게 보이도록 만들기에 충분했다. 그리고 나중에 그것은 무신론과 유물론을 지지하는 데 원용되었다. 또는 또 다른 예를 든다면, 근대의 '과학적', 분석적 사고의 규칙은 비인격적인 '아무 입장도 없는[무관점의] 관점view from nowhere', 즉 '경험으로부터 멀리 떨어진experience-far' 입장에서 관찰하는 데 특권을 부여한다. 따라서 그것은 비인격적 질서에 대한 이해를 의문시할지도 모르는 통찰, 가령 기도나 사랑의 관계에서 생겨나는 통찰을 당연히 평가절하 하도록 만들어버리는 경향이 있다. 우리 시대에 가장 높이 존경받고, 경험으로부터 가장 멀리 떨어져 확립되어 있는 비인격적 질서는 자연과학으로부터 발전되어 나온 것이다. 액면 그대로 우리 그리고 우리가 사는 세계에 관한 남김 없는 이야기로 받아들인다면 그것은 쉽게 유물론을 지지하는 것처럼 보일 수도 있을 것이다.

따라서 어떤 의미에서 그와 같은 틀 내부에서 살아감으로써 우리는 폐쇄된 관점으로 내몰리게 된다는 말은 맞다. 하지만 그와 같은 경우 그와 같은 정식이 의미하는 바가 중요한데, 그와 같은 틀 내부에서 산다는 것은 그것이 내포한 규범과 실천에 따라 산다는 것을 의미한다. 하지만 서양근대의 내부에서 사는 실제 경험은 다양한 종류의 항의와 저항을 불러일으키는 경향이 있음을 나는 처음부터 일관되게 주장해왔다. 그처럼 보다 포괄적이며 경험적인 의미에서, 그와 같은 틀 '내부에서 살게 되면' 단지 특정한 방향으로 내몰릴 뿐만 아니라 또한 두 가지 관점 사이에서 갈피를 잡지 못할 수도 있다. 그와 같은 삶 속에서 사람들이 하는 매우 흔한 경험은 교차압력을 받고 있다는 것인데, 그것에 의해 열린 관점과 닫힌 관점 사이에서 이리 비틀 저리 비틀거린다.

게다가 나는 아래 논의에서 그것보다 한발 더 나아간 명제를 주장하려고 한다. 앞의 틀은 그 자체로서 우리를 이런 또는 저런 방향으로 향하게 하는 것만은 아니다. 즉 우리 각자에게 그것이 미치는 영향은 우리가 발전시키도록 이끌어져온 정향에 의해 채색되는 것만이 아니다. 뿐만 아니라 또한 심지어 앞의 틀이 폐쇄된 해석을 지지하는 것이 분명하다는 생각이 들 때도 그와 같은 사실이 어떤 타당한 논거를 구성하는 것은 아니다. 여기서 '분명하다'는 말은 합리적 정초가 이루어졌다는 것이 아니라 필자가 '해석을 부여하기'라고 불러온 것에 의해 착각하고 있음을 의미한다.

556 다시 말해 비록 내재적 틀의 규범과 실천은 폐쇄성 쪽으로 기울 수도 있지만 그것이 그것 내부에서 실제로 사는 것이 우리에게 미치는 결과를 결정하지는 않으며, 또 폐쇄된 해석을 정당화하는 것은 더더욱 아니다. (위에서 살펴본 월슨의 '신의 부재'에서와 같은) 표면적 가상이라는 의미에서건 또는 이성에 근거해볼 때 이론의 여지가 없다는 의미에서건 만약 그것이 우리에게 '분명해' 보인다면 그것은 우리가 내재적 틀에 대해 이미 특정한 태도를 정했기 때문이다.[17]

5

이제 폐쇄된 관점의 합리적 '분명함'이라는 착각에 대해 검토해보기로 하자. 근대에서 '폐쇄된' 또는 '수평적 세계'라고 부르려고 하는 것이 어떻게 구성되는지를 탐구하는 것이 나의 목적이다. 앞서와 같은 말로 내가 의미하는 세계는 우리의 '세계'(하이데거적

17 '분명하다obvious'는 말을 좀 더 명확하게 정의할 필요가 있을 것이다. 일차적 의미와 이차적 의미를 구별할 수 있을 것이다. 일차적 의미에서 '분명하다'는 것은 그것을 알기 위해 어떤 특수한 훈련이나 교육을 받을 필요가 없음을 말한다. 그것이 맥콜리가 말하는 '학생이라면 누구나 아는 것'과 등가의 것이라고 할 수 있을 것이다. 물론 그것이 오류로 판명날 가능성은 제외하고 말이다. 따라서 '분명하다'를 다른 의미로 사용해야 한다. 즉 실제로는 그렇지 않지만 분명한 것처럼 보일 수 있다는 의미로 말이다. 겉으로 분명해 보이는 것은 (어떤 문화에서건) '학생이라면 누구나 아는 것이다.'
그것과 반대로 어떤 것이 오랜 기간에 걸쳐 경험되고/또는 개인적 발전을 이룬 결과 점점 더 분명해 보이는 것도 가능할 것이다. 보다 나이 많은 사람이 종종 젊은이의 사랑이나 이상의 환상을 훤히 꿰뚫어보듯이 말이다. 물론 여기서도 또한 그와 같은 '훤히 꿰뚫어봄'은 오류임이 드러날 수 있으며, 따라서 우리는 여기서 '그렇다is'/'보인다seem'가 구별된다는 점을 고려해야 한다.
하지만 여기서의 요점은 이렇다. 즉 두 번째 형태는 다른 종류의 분명함이라는 것이다. 오직 경험/발전의 결과로서만 우리 세계에 나타나기 때문이다. 그것의 영역은 종종 '지혜'라고 불려왔다. 신-신앙은 이차적으로 분명할 수 있지만 일차적으로는 결코 그렇지 않다(신의 존재 '증명'의 배후에 놓인 주장들에게는 그렇게 보였을 수도 있지만 말이다). 경험, 기도, 실천의 결과 처음에는 그저 신앙의 도약이었던 것이 점점 더 명확하고 부정 불가능하게 된다. 그와 같은 (두 번째) 의미에서 신의 존재는 성인에게는 '분명하게' 보이게 될 것이다. — 하지만 결코 더 이상 어떤 선행적 신뢰도 필요 없을 정도로까지는 그렇지 않다. 오직 '해석을 부여하기'에 사로잡힌 사람만이 신의 존재/비존재는 일차적 의미에서 분명하다고 생각할 것이다. 졸고 "Faith and Reason"를 참조하라.

인 의미의 세계, 즉 우리에게 의미를 가진 '세계')의 형태 중 '수직적인 것' 또는 '초월적인 것'을 위한 자리를 전혀 남기지 않으며, 이런저런 방식으로 그것을 배제하고, 접근 불가능하고, 심지어 사유 불가능한 것으로 만드는 형태를 가리킨다.

그와 같은 형태의 세계가 존재한다는 것이 우리에게는 정상적인 것이 되었지만 그것으로부터 한발 물러나 본서에서의 논증을 틀 짓고 있는 기본적 대립으로 돌아간다면 그와 같은 사태가 얼마나 주목할 만한 것인지를 다시 한 번 분명하게 확인할 수 있을 것이다. 즉 본서를 시작하면서 제안한 대로 우리 서양문명(일명 라틴계기독교세계)을 500년 전으로 훌쩍 뛰어넘어 돌아가는 것만으로도 충분할 것이다. 당시 신을 믿지 않는 것은 대다수 사람에게는 거의 생각조차 할 수 없는 일에 가까웠다.[18] 하지만 오늘날에는 전혀 그렇지 않다. 특정 환경에서는 정반대 것이 진실이 되어 신앙은 사유 불가능한 것이 된다고 말하고 싶은 유혹에 사로잡힐 수도 있을 것이다. 하지만 그와 같은 과장은 이미 균형 상실을 드러낸다. 우리 세계에서는 가장 전투적인 무신론부터 가능한 온갖 중간 입장을 거쳐 가장 정통적인 전통적 유신론에까지 이르는 온갖 입장의 전 음계가 사회 어디에선가 대변되고 옹호되고 있다고 말하는 것이 보다 진실에 가깝다. 그와 같은 입장 중 몇 가지는 사유 불가능할 텐데 비슷한 어떤 것을 몇몇 환경에서 실제로 경험할 수 있으나 배제되는 것은 맥락마다 다를 것이다. 미국의 『성서』 벨트의 무신론자는 사람들의 이해를 얻기 어려운데, 학계의 몇몇 영역에서는 신앙을 가진 기독교도가 (상당히 다른 방식이기는 하지만) 똑같은 어려움에 봉착한다. 하지만 물론 그와 같은 맥락 각각의 내부에 있는 사람들은 다른 형태가 존재하며, 본인에게는 신뢰 불가능한 것처럼 보이는 선택지도 동일한 사회의 다른 곳에서는 — 그것을 적의를 갖고 바라볼지 아니면 그저 어리둥절한 채 바라볼 지와는 상관없이 — 기본 설정임을 안다. 대안의 존재는 모든 맥락을 연약한 것으로 만든다. 즉 사유 가능한 것/사유 불가능한 것에 대한 감각을 불확실하고 계속 동요하도록 만든다.

이어 그와 같은 연약화[19]는 많은 사람이 그와 같은 맥락 중 어떤 것에도 확고하게

18 Lucien Febvre, *Le Problème de l'Incroyance au XVIe siècle, la religion de Rabelais*(Paris: A. Michel, 1947)를 보라.

19 '연약화fragilization'라는 나의 개념을 명확히 하기 위해 몇 마디 추가하자. 요아스는 "Glaube und Moral im

매립되어 있지 않으며, 그로 인해 당황하고, 교차압력을 느끼며, 일종의 중간적 입장인 브리콜라주에 의해 구성되어 있는 사실에 의해 한층 더 강화된다. 그와 같은 사람들이 존재한다는 사실은 보다 확고하게 굳어진 환경 내부에서는 종종 심지어 보다 날카로운 의심을 불러일으킬 수 있다. 극단적으로 대립하는 두 관점은, 오늘날 미국에서 '자유주
557 의'와 '근본주의자' 간에 벌어지고 있는 557 문화전쟁에서 볼 수 있듯이 단순히 미친 것이거나 바람직하지 않은 것으로 치부되고 말 수도 있을 것이다. 하지만 중간 입장은 종종 떨쳐버리기가 쉽지 않을 수 있을 것이다.

내가 여기서 시도해보려고 하는 것은 몇 가지 세계, 즉 그것의 내부에서 볼 때 신앙이라는 선택지가 기묘하고 정당화 불가능해 보이는 몇 가지 세계를 명확히 해보는 것이다. 물론 그와 같은 명확화는 일정 정도의 추상화를 전제한다. — 세 종류의 추상화가 존재하는데, 그에 상응하는 위험은 각기 다르다.

(a) 여기서 실제로 내가 서술하려고 하는 것은 세계 전체가 아니라 '세계 구조'이

Zeitalter der Kontingenz"(in Hans Joas, *Braucht der Mensch Religion?*[Freiburg: Herder, 2004])에서 버거(*Sehnsucht nach Sinn*[Frankfurt/Main, 1994])가 제시한 비슷한 연약화 명제를 논박한다. 하지만 나는 요아스와 나 사이에 이 문제에 대해서는 어떤 의견의 불일치도 존재하지 않는다고 생각한다. (나의 용어인) '연약화'는 버거가 생각하는 것과는 다소 다른 것이기 때문이다. 내가 앞의 용어로 의미하는 것은 이렇다. 즉 대안이 보다 가까이 있게 되는 것은 점점 더 많은 사람이 조상들보다 더 많이 입장을 바꾸고, 즉 살아 있을 때 '회심'하고 그리고/또는 다른 입장을 받아들이는 사회로 이어졌다. 평생 그리고 세대별로 입장을 바꾸는 횟수가 증가한다. 하지만 그것은 결국 받아들이게 되는(또는 계속 고수하기로 결정한) 입장이 더 연약하게 되는 것 — 버거는 그렇게 암시하는 것처럼 보인다 — 과는 아무 관계도 없다. 반대로 현재의 우리 시대와 같은 곤경 속에서 등장하는 신앙은 다름 아니라 아무런 왜곡도 없이 대안에 직면하기 때문에 더 강력할 수 있을 것이다. 모든 시대에 그리고 우리 시대에도 또한 대안을 깎아내리는 모종의 이야기 속에서 어떤 신앙을 위한 '버팀목'을 발견하는 일은 흔하다. 가령 프로테스탄트와 가톨릭교도는 수 세기 동안 상대에 대해 실제로는 검증에 전혀 견딜 수 없는 매우 부정적인 상투적 문구를 남발해왔다. 내가 말하는 의미에서 연약화에 대한 반응 중 하나는 그와 같은 버팀목에 의존하는 것이 점증하는 것일 수 있을 것이다. 가령 오늘날 우리는 무신론에 따른 가능한 비도덕적 · 폭력적 결과에 대한 신앙인들의 '주장'('스탈린을 보라', '폴포트를 보라' 등)을 듣는다. 그러면 곧이어 종교로부터 필연적으로 생겨나게 되는 동일한 결과에 대해 경고하는 '세속주의자들'의 반대주장이 울려퍼진다('토르케마다를 보라', '십자군을 보라' 등등). 이 모든 '주장'은 현실에 대한 선택적 주목의 승리를 대변한다. 최근 심지어 지젝Slavoj Žižek처럼 그렇게 지적인 사람조차 서양의 "'신 없는godless' 무신론적 자유주의자"가 기독교도보다 무슬림에 대해 더 관용적이라고 주장했다("Atheism is a legacy worth fighting for", *International Herald Tribune*, March 14, 2006, p. 6을 보라). 실제로 무슬림 때리기에 관한 한 두 집단 모두의 기록은 요즘 상당히 창피한 정도이다. 실제로 앞서 말한 버팀목을 던져버릴 수 있는 종교가 훨씬 더 강하고, 훨씬 더 자체의 원천 속에 깊숙이 뿌리내리고 있다. 그처럼 부끄럽기 짝이 없는 방어 방법을 버리도록 밀어붙일 수 있고 또 실제로 그렇게 하는 것은 우리의 근대적 곤경이 가진 장점 중 하나이다. 이 점에서 나는 요아스 의견에 완전히 동의한다.

다. 경험과 사상이 형성되고 연관되는 방법과 방식의 측면들과 특징들이지 그것들이 구성하는 전체가 아니다. (b) 나는 어떤 구체적인 인간 존재로 이루어진 세계에 대해서도 서술할 생각이 없다. 세계란 사람들이 사는 곳이다. 세계는 사람들이 경험하고, 느끼고, 의견을 말하고, 보는 것 등에 형태를 부여한다. 교차압력에 노출된 사람들의 세계는 확신을 가진 사람들의 세계와는 다르다. 그러나 내가 하려고 하는 것은 특정한 세계-유형(유사-베버적 의미에서의 이념형)을 명확히 하는 것인데, 그것은 현실의 인간들로 이루어지는 전체적 세계와는 일치하지 않을 수도 있을 것이며, 아마 극히 분명하게 일치하지 않을 것이다. (c) 셋째, 명확화는 지성화를 포함한다. 사람들은 오직 살면서 경험하는 것 속에서 주어지는 다양한 연관성 속에서 관념을 통해서만 그와 같은 명확화에 다가가야 하는데, 그와 같은 관념은 도전과 논쟁을 통해 본인이 명확히 하도록 강요되지 않으면 의식적으로 가용하지 않은 경우가 매우 흔하다.

그럼에도 불구하고 그와 같은 명확화 시도는 매우 가치가 있다고 나는 믿는데, 왜냐하면 대안이 존재함을 깨닫지 못하고 특정한 세계 구조 속에 어떤 방식으로 사로잡혀 있는지를 이해할 수 있도록 해주기 때문이다. 앞서 인용한 은유적 표현을 통해 알 수 있는 대로 비트겐슈타인 말대로 '상'에 "사로잡혀 있을"[20] 수 있을 것이다. 마찬가지로 그것을 통해 두 사람이나 두 집단이 서로 딴 이야기를 하는 것이 어떻게 가능한지를 이해할 수 있을 텐데, 양자의 경험과 사상이 두 개의 상이한 상에 의해 구조화되어 있기 때문이다.

나는 초월성에 대해 폐쇄된 세계 구조에 논의를 집중할 것이다. 그것은 내가 '내재적 틀'이라고 불러온 것 내부에서 등장했지만 앞서 말한 대로 그것에 경향적 해석twist을, 특정한 '해석을 부여하는 데', 일차적으로 의식적인 이론적 행보로서 그렇게 하는 것이 아니라 오히려 몇 가지 깊은 상을 통해 그렇게 한다. 그와 같은 상이 그와 같은 틀 자체의 기반을 이루는 상들에 추가적 특수성을 부여한다.

그와 같은 구조가 어떻게 기능하는지는 필자가 이미 언급한 사례, 즉 근대의 인식론에 틀을 제공한 사례를 보면 일목요연하게 이해할 수 있을 것이다. 그와 관련해 여기

20 "우리는 하나의 상에 사로잡혀 있었다." 『철학적 탐구』, § 115[102페이지].

서 나는 '인식론'이란 말을 지금까지 널리 사용되어온 일군의 이론 이상의 것으로 이해하고 있다. 또한 내가 여기서 사용하고 있는 의미에서의 구조 수준에서도 사용하고 있기도 하다. 즉 우리가 사물에 대해 사유하고, 논의하고, 추론하고, 이해하는 방법을 조종하지만 우리는 오직 부분적으로만 인식할 수 있는 기저에 놓인 상을 말한다.

그와 같은 구조는 가장 직접적인 형태로는 아래와 같은 종류의 상과 함께 작용한다. 즉 인식하는 주체는 개인으로, 그는 본인이 받아들이는 정보를 점점 더 포괄적인 이론 속에서 결합시키고 연관시키는 것을 통해 세계-이해를 구성한다. 정보는 내면적
558 표상이라는 형태를 취하는데, 그와 같은 개념의 보다 오래된 변종에서는 상으로 이해되거나 또는 보다 현대적인 다양한 해석에서는 '참'으로 간주된 문장과 비슷한 것으로 이해된다.

그와 같은 상의 특징은 일군의 우선 관계priority relations에 있다. 즉 자아와 자아의 상태에 관한 지식이 외부 현실 및 타자에 관한 지식보다 우선된다. 중립적 사실로서의 현실에 대한 지식이 그것에 다양한 '가치'와 타당성을 부여하는 것보다 우선된다. 그리고 물론 '이 세계'의 사물, 자연적 질서에 관한 지식이 그것을 초월한 힘과 현실에 대한 어떤 이론적 참조보다 우선된다.

인식론적 상은 근대의 자연과학에 관한 특정한 이해와 너무 자주 결합되며, 종종 '폐쇄된 세계 구조'로 기능한다. 우선 관계는 어떤 인식이 먼저 성립했는지를 말해줄 뿐만 아니라 그것에 기초해 무엇이 추론될 수 있는지도 규정한다. 그것은 정초적 관계이다. 나는 세계를 나의 표상을 통해 인식한다. 그리고 가치를 설정하기 전에 세계를 사실로 파악해야 한다. 초월적인 것 — 혹시 도대체 그와 같은 것이 존재한다면 — 의 세계에 발을 들여놓을 생각이라면 자연적인 것으로부터 그것을 추론하지 않으면 안 된다. 그와 같은 상은 '폐쇄된 세계 구조'로 작용할 수 있는데, 초월적인 것에 대한 추론은 추론의 연쇄의 가장 끝에, 가장 깨지기 쉬운 형태로 존재하는 것이 분명하기 때문이다. 그것은 인식론적 측면에서 극히 의심스럽다. 그리고 실제로 그와 같은 행보는 보다 이전의 추론의 연쇄(가령 '타자의 마음'에 대한 추론)와 반대로 동의에 기반하고 있지 않기 때문에 분명히 매우 문제적이[라는 것이]다.

이제 여기서 인식론적 상을 도입하는 것은 우리 시대에 '폐쇄된 세계 구조'가 작용

하는 방식 — 한편으로는 논쟁의 대상이 되고, 다른 한편으로는 자활하는 방식 — 의 몇 가지 특징을 명시하기 위해서이다.

우리는 모두 앞의 논쟁에 대해 아는데, 20세기의 가장 유명한 몇몇 철학자가 그것에 참가했기 때문이다. 그리고 하이데거와 메를로-퐁티를 인식론에 대한 논박의 패러다임적 사례로 언급함으로써 그와 같은 견해가 물구나무서 있으며, 또 왜 그러한지도 인식할 수 있을 것이다. (1) 우리의 세계-파악은 외부 현실에 대해 우리가 보유하고 있는 내적 표상으로만 성립되지 않는다. 분명히 우리는 실제로 그와 같은 표상 — 현대적 용어로 하자면 '참으로 받아들여진 문장'이라는 말로 아마 그것을 가장 잘 이해할 수 있을 것이다 — 을 보유하지만 그것이 우리에게 의미를 갖는 것은 단지 그것이 육체적·사회적·문화적 존재자로서 우리가 세계에 대처해나가는 행위를 계속 진행해나가는 과정에서 표현되기 때문이다. 그와 같은 대처는 표상이라는 관점에서는 결코 설명될 수 없지만 우리의 표상으로 하여금 그것이 가진 실제 의미를 비로소 갖도록 만들어주는 배경을 제공한다. (2) 앞에서 막 암시한 대로 그와 같은 대처 행위 그리고 그에 수반되는 견해에 우리 각자는 우선 개인으로 참여하는 것이 아니라 오히려 각각 사회적 '게임'이나 행위로서의 대처를 실천하도록 유도된다. 그리고 그와 같은 행위 중 일부는 실제로 그와 같은 사태전개의 보다 후반 단계에서 우리에게 개인으로서의 자세를 취할 것을 요구하기도 하지만 본래 우리는 사회적 행동의 틀 내에서 우리 역할을 한다. (3) 그와 같은 대처에서 우리가 교섭하게 되는 것은 무엇보다도 우선 대상 자체가 아니라 하이데거가 '실용적 사물pragmata'[배려적 교섭에서 관계 맺는 것. 『존재와 시간』, § 15]이라고 부르는 것이다. 즉 우리의 교섭의 초점이 되며, 따라서 우리에게 나중에 추가되는
것이 아니라 우리 세계에 최초로 나타나는 것으로서 유관성, 의미, 유의의성을 갖게 되 559
는 것을 말한다. 나중에 우리는 한발 물러서는 것을 배우고, 사물을 객관적으로, 즉 세계에의 대처의 유관성 외부에서 고찰하는 것을 배우게 된다.

(4) 후기 하이데거 사유에서는 그와 같은 유의의성Bedeutung이 보다 높은 지위를 갖고, 우리의 생활양식 전체와 우리에게 유의의적인 것 전체를 구조화하는 일부 유의의성을 포함하게 된다. 그와 같은 맥락에서 '사방Geviert'에 대해, 우리 세계가 그 속에 놓이는 네 개의 축에 대해 말하는데, 대지와 하늘, 필멸의 존재와 신적인 것이 그것이다.

비록 인식론의 그와 같은 탈구축deconstruction 같은 것에 찬성하는 사람이 모두 앞의 네 번째 단계를 인정하는 것은 아니지만 그와 같은 논의가 인식론과 관련된 우선 관계를 완전히 전복시키는 데 주안점을 두고 있음은 분명하다. 추후에 추론되거나 보충된 것으로 간주되는 것은 이제 우리의 본원적 곤경의 일부로 간주된다. 그와 같은 요소들을 회피할 수는 없으며, 그것들을 논박하는 것도 의미가 없다. '철학의 추문'이란 외부 세계의 확실성에 이르지 못하는 무능력이 아니라 오히려 그것이 문제로 간주되어야 하는 것이라고 하이데거는 『존재와 시간』에서 말한다. 우리가 지식을 갖는 것은 세상에 대처하는 행위자일 때뿐이며, 우리는 세상과 교섭하고 있기 때문에 그것을 의문시하는 것은 무의미하다. 거기서는 사물의 가치보다 사물의 중립적 파악이 우선될 수 없다. 또한 사회보다는 개인의 자아-감각에 우선순위가 놓일 수 없다. 우리의 가장 본원적인 정체성은 오래된 놀이 속에 끌려들어간 새로운 놀이 친구로서의 그것이다. 비록 위에서 기술한 네 번째 단계를 추가하지 않고, 또 신적인 것으로 불리는 것을 인간 행위의 불가피한 맥락으로 생각하지 않더라도 신적인 것은 긴 연쇄 속에서 최후의 그리고 가장 깨지기 쉬운 추론 또는 보충으로 비로소 등장한다는 관념 전체는 인식론의 그와 같은 전복에 의해 완전히 기반이 파괴된다. 새로운 견해는 이 네 번째 단계를 거부함으로써 새로운 '폐쇄된 세계 구조'를 구축하는데 이용될 수도 있지만 인식론적 상처럼 직접적이고 자명한 형태로 자신을 '폐쇄된 세계 구조'로 제시하지는 않는다.

그와 같은 사례로부터 '폐쇄된 세계 구조'가 어떻게 작동하고, 공격당하고, 자신을 옹호하는지에 대해 일반적인 것을 배울 수 있다. 자체의 내부에서 볼 때 인식론적 상은 문제가 없어 보인다. 지각과 지식 획득에 대해 반성할 때 그것은 우리가 한 명백한 발견 같은 인상을 준다. 모든 위대한 정초자, 즉 데카르트, 로크, 흄 등은 경험 자체를 반성적으로 검토할 때 드러나는 것에만 이론적 표현을 부여할 것을 주장해왔다.

탈구축의 관점에서 보면 그것은 본인이 처한 상황에 대한 맹목성의 가장 터무니없는 경우이다. 오히려 거기서 일어나는 일은 이러하다. 즉 경험은 개인적인 것, 중립적인 것, 정신-내면적인 것의 우위를 확실성의 장소로 상정하는 강력한 이론에 의해 특정한 형태로 가지치기剪枝 된다. 무엇이 그와 같은 이론을 추동했을까? 특정한 '가치', 미덕, 탁월함이 그것이었다. 독립적이고, 거리를 둔 주체, 자신의 사유 과정을 반성적으로,

(후설의 유명한 표현을 빌리자면 '자기-책임적으로') 통제하는 주체와 관련된 가치들이 그것들이다. 거기에는 특정한 윤리가, 즉 자립성, 자제[자기 통제], 자기책임의 윤리가, 통제를 가능하게 해주는 거리두기의 윤리가 존재한다. 그것은 또한 용기를 요구하는 태도이기도 하다. 즉 권위에의 순응이 주는 싸구려 편안함을 거부하고, 주술화된 세계의 위안을 거부하며, 나아가 오감의 도발에 항복하기를 거부하는 것이다. '가치'로 가득 560
차게 된 그와 같은 상 전체는 주의 깊고, 객관적이고, 아무런 전제도 없는 철저한 검토로부터 출현해야 하나 이제 처음부터 계속 존재했으며, '발견' 과정 전체를 추동해온 것으로 제시된다.[21]

탈구축 관점으로 이행하자마자 '폐쇄된 세계 구조'는 더 이상 그 자체로서는 작동할 수 없게 된다. 그것은 중립적 관점을, 즉 그것으로부터 다른 무엇보다도 몇몇 가치 — 가령 '초월적' 가치 — 를 문제시할 수 있도록 해주는 중립적 관점을 제공하는 것처럼 보였다. 하지만 이제 그것은 자체에 고유한 일련의 가치에 의해 추동되고 있는 것처럼 보인다. 즉 '중립성'은 가짜임이 드러났다.

다른 식으로 말하자면, '폐쇄된 세계 구조'는 어떤 의미에서는 사물에 대한 특정한 시각을 '자연화'하고 있다고 말할 수도 있을 것이다. 말하자면 그것은 우리에게 그것이 사물의 이치이며, 아무런 선입견 없이 경험을 바라보면 그와 같은 상이 나타나리라고 말하는 것이다. 여기서 '자연적인 것'은 '사회적으로 구성된' 것과 대비된다. 그리고 탈구축의 관점에 서면 그와 같은 견해의 등장에 관해 전혀 다른 이야기를 해야 한다. 어느 날, 사람들이 눈가리개 없이 사물을 바라보고 인식론을 발견하는 식으로 일이 간단하게 이루어지는 것은 아니다. 오히려 인간의 정체성의 새로운 역사적 구성체 내부에서, 즉 거리를 둔 객관적 주체 내부로부터 바라볼 때 사물이 그렇게 보일 수 있을 것이다. 그와 같은 과정은 사회와 사회적 실천의 큰 변화와 함께 인간 정체성의 재발명과 재창조를 전제한다. 보다 이전의 정체성에서 간단하게 벗어나 벌거벗은 자연의 순수한 빛 속으로 들어갈 가능성은 전혀 존재하지 않는다.

내부 거주자에 의해 그처럼 자연화되는 방식으로 파악되는 것이 오늘날의 형태의

21 근대의 인식론 그리고 그것의 탈구축에 대한 보다 완전한 논의에 대해서는 『실재론 되찾기』를 보라.

'폐쇄된 세계 구조'의 특징이다. 그로부터 또한 그들은 보다 이전의 신화나 환상으로 되돌아가는 것 말고는 어떤 대안도 찾아낼 수 없게 된다. 바로 그것이 보다 이전의 신화나 환상에 힘을 부여해준다. 그것 뒤에 진을 친 사람들은 말하자면, 극히 빈약한 논거를 갖고 싸우고 있다. 왜냐하면 퇴각으로서 말고는 항복을 떠올려 볼 수 없기 때문이다. 자연화는 본인들의 기원에 관해 그들이 제출하는 일종의 서사화 속에서 등장하는데, 나는 그것을 '뺄셈 이야기'라고 부르고 싶다.

하지만 그와 같은 나의 생각을 한층 더 자세히 전개하기 위해서는 또 다른, 보다 풍부한 '폐쇄된 세계 구조' 또는 보다 많은 '폐쇄된 세계 구조'에 의해 형성된 성좌로 이행하지 않으면 안 된다. 그와 관련해 내가 말하려는 바를 종종 '신의 죽음' 같은 표현을 빌려 표현해볼 수 있을 것이다. 물론 그와 같은 표현은 무수히 많은 다양한 방식으로 사용된다. 여기서는 관련된 모든 사용 방식을 하나하나 일일이 꼼꼼하게 따져볼 수도 또 심지어 앞의 표현의 원조를 그대로 따를 수도 없을 것이다(물론 그의 견해와 그리 멀리 떨어져 있다고 생각하지는 않지만 말이다).[22] 다만 그와 같은 표현을 통해 포착되고 있는 기본적인 생각 중 하나는 근대세계에서 정직하게, 합리적으로, 혼란 없이 또는 날조하지 않고 또는 정신적 유보 없이 신을 믿는 것이 더 이상 가능하지 않은 조건이 등장했다는 것만 말하고자 할 뿐이다. 그와 같은 조건은 인간적인 것 — 인간의 행복이나 잠재력 또는 영웅주의 등을 넘어 우리가 믿을 수 있는 것은 아무것도 남겨놓지 않았다.

그것은 어떤 조건인가? 본질적으로 그것은 아래의 두 범주로 이루어져 있다. 먼저 그리고 가장 중요하게는 자연과학의 평결이다. 그리고 두 번째는 현대의 도덕적 경험의 형태이다.

22 '신의 죽음'에 대한 언급은 『즐거운 지식』(안성찬, 홍사현 역, § 125, 책세상)에 들어 있다. 한참 뒤에서 그는 이렇게 쓴다. "우리는 원래 **무엇이** 기독교의 신에 대해 승리를 거두었는지를 안다. 그것은 바로 기독교의 도덕 자체, 점점 더 엄격해진 진실 개념, 기독교적 양심을 지닌 고해신부의 예민함이 학문적 양심으로 옮아가고 승화되어 모든 것을 희생해서라도 지적 청렴함을 지키도록 만든 것이다. 신의 자비와 가호에 대한 증거로 자연을 바라보는 것, 역사를 신성한 이성의 영역에 입각해 윤리적 세계 질서와 윤리적인 궁극적 의도의 지속적 증거로 해석하는 것, 경건한 사람이 충분히 오랫동안 숙고해 모든 것이 섭리이고 계시이며 영혼의 구원을 위한 사랑으로 고안되고 주어진 것으로 해석하듯이 자신의 체험을 해석하는 것. — 이제 그와 같은 것은 **지나간** 일이고, 자신의 양심에 **반하는** 일이며, 모든 예민한 양심에 비추어 볼 때 비루하고 불성실하고 허위적이며 페미니즘적이고 나약하고 비겁한 일로 여겨지게 되었다"(§ 357, 350~351페이지). 어디서 내 해석이 니체 해석과 일치하는지는 뒤에서 분명하게 드러날 것이다.

먼저 첫 번째 범주에 대해 살펴보자. 아마 그것이 오늘날 작동하고 있는 가장 강력 561
한 '폐쇄된 세계 구조'일 텐데, 그것의 기본적인 생각은 근대과학의 주안점 전체는 유물론의 수립에 있다는 말로 요약될 수 있는 것처럼 보인다. 그와 같은 사고방식을 고수하는 사람들에게 앞의 두 번째 범주, 즉 현대의 도덕적 곤경은 불필요한 것이거나 단지 부차적인 역할만 할 뿐이다. 과학만이 왜 신앙이 앞서 서술한 의미에서 더 이상 가능하지 않은지를 설명할 수 있다. 그것은 모든 수준의 사람이 견지하고 있는 견해이다. 그것은 극히 세련된 르원틴의 표현, 즉 "우리는 물질계에 존재하는 물질적 존재로, 그와 같은 세계에서 나타나는 모든 현상은 물질적 실체 간의 물리적 관계의 결과"[23]라는 표현부터 극히 직접적이고 간단한 표현, 즉 마돈나의 노래 〈material girl, living in a material world〉까지 걸쳐 있다.

종교나 영성은 틀린 신화적 설명, 가령 '악령'에 의한 설명을 [올바른 설명으로] 대체하는 것을 포함하고 있다.[24] 근본적으로 문제가 되는 것은 단지 명백한 진실을 마주하는 것뿐이[라는 것이]다.[25]

그렇다고 도덕적 쟁점이 여기서 끼어들지 않는다는 말은 아니다. 하지만 그것은 사람들은 왜 현실로부터 도피하는가, 왜 환상을 계속 믿으려고 하는가에 대한 설명으로 끼어든다. 그렇게 하는 것은 그것이 위안이 되기 때문이다. 현실세계는 우리에게 전혀 무관심하고, 심지어 어느 정도 위험하고 위협적이다. 어린 시절에 우리는 사랑과 배려로 둘러싸인 존재로 우리를 이해해야 한다. 그렇지 않으면 위축되고 만다. 하지만 자라면서 우리는 어린 시절의 그와 같은 배려의 환경은 인간적 영역을 넘어서까지 확장될 수는 없으며, 더구나 인간적 영역 내부에서도 대부분은 아주 멀리까지 확장될 수 없음을 직시할 수 있는 방법을 배워야 한다.

23 Richard Lewontin, *New York Review of Books*, January 9, 1997, p. 28.

24 다시 르원틴의 논문인데, 세이건Carl Sagan의 글에서 재인용했다.

25 그와 같은 유물론은 실제로는 극히 복잡하다. 비록 그에 대한 논증이 특별히 어렵지는 않지만 말이다. 근대의 과학적 사변의 숲에 서식하는 유물론의 다양한 종을 구별할 수 있을 것이다. (진부한 소리truism의 지위에 접근하는) 정말 소박한 유물론 외에도 기계론적 유물론, 경제적 유물론, '당구공' 유물론 등이 존재한다. 이 점에 대해서는 데콩브Vincent Descombes의 저작에 대해 서평하면서 보다 자세히 상술했다. '뱅상 데콩브'라는 심포지움에서 발표한 졸고를 보라. *The Mind's Provisions*(Princeton: Princeton University Press, 2001), "Descombes' Critique of Cognitivism", in *Inquiry* 47(2004), pp. 203-218.

하지만 그와 같은 이행을 완수하는 것은 어렵다. 따라서 우리는 섭리에 의한 세계, 자비로운 신에 의해 창조된 세계를 투사한다. 아니면 적어도 그와 같은 세계를 궁극적인 인간적 선이라는 측면에서 의미 있는 것으로 간주한다. 섭리에 의한 세계는 위안을 줄 뿐만 아니라 또한 사물을 자율적으로 평가해야 하는 무거운 짐을 두 어깨로부터 덜어주기도 한다. 사물의 의미는 이미 주어져 있다. 현대의 한 저명한 이론가는 그것을 이렇게 개괄한다.

> 내 생각에 우리는 모두 아브라함의 품에 안겨 있다거나 모든 것을 껴안는 신의 사랑 속에 존재한다는 생각은 아래 사정과 관련이 있다. — 봐라, 삶은 얼마나 힘든가. 그러니까 삶의 모든 것에는 흐릿하지만 어떤 따뜻한 의미가 있다고 생각하도록 자기를 속여 넘길 수 있다면 그것만으로도 엄청난 위안이 될 것이다. 하지만 나는 그것이 그저 나에게 나를 속여 넘기기 위해서나 하는 이야기일 뿐임을 잘 안다.[26]

그에 따르면 종교는 어린아이처럼 용기를 결여한 데서 유래한다. 우리는 어엿한 성인이 되어 현실을 직시할 필요가 있다.

그런데 아이처럼 소심하다는 그와 같은 비난은 계몽주의 이래 종교에 대한 비신앙의 전통적 공격 중 하나에 속했다. 그것은 또한 종교는 순전히 자부심에서 무시무시한 자기-고행[불구화]self-mutilation을 요구한다는 공격을 포함한다. 인간의 욕망은 억제되고 제어되어야 한다. 점차 그와 같은 제어는 종종 다른 사람에게도 강요되며, 그리하여 종교는 이단과 외부인에게 가해지는 가공할 만한 고통의 원천, 심지어 엄한 형벌마저 부과하는 심급이 된다. 그와 같은 고발은 '신의 죽음'이라는 표제어 아래 진행되어온 비판의 '도덕적' 측면에 속하는 것으로, 곧 그에 대한 논의로 다시 돌아갈 것이다. 하지만 과학에 의해 동기부여된 비판의 측면에 대해 말하자면, 진리에 저항하는 기본적인 이유

26 굴드 말로, Frederick Crews, "Saving us from Darwin, part II", in *New York Review of Books*, October 18, 2001에서 재인용했다. 그것은 가령 *Rocks of Ages: Science and Religion in the Fullness of Life*(New York: Ballantine Books, 1999)에서 제기되는 보다 미묘한 차이가 있는 그의 입장을 반영하고 있지 않다.

는 소심함이다.

비신앙은 정반대 특징을 가진다. 비신앙인은 성인의 태도를 취해, 현실을 직시할
용기를 갖고 있다. 그는 인간 존재는 혼자임을 안다. 하지만 그것이 그를 그저 무너지도 562
록 만드는 것은 결코 아니다. 반대로 그는 헛된 환상이나 위안을 추구하는 대신 인간의 가치와 선을 긍정하며, 그것을 위해 일하기로 결심한다. 그것은 또한 도덕적 신념과 관련해 그가 금욕에 반대함을 의미한다. 더욱이 그에게는 어떤 사람을 이단으로 배제할 아무런 이유도 없다. 따라서 그의 인간애는 보편적이다. 비신앙은 근대의 (배타적) 휴머니즘을 동반한다.

한 이야기에 따르면 그렇다고 한다. 여기서 결정적인 생각은 그와 같은 이야기의 과학적·인식론적 부분은 완전히 자활self-supporting 가능하다는 것이다. 바로 그것을 합리적 정신은 어떤 도덕적 확신으로부터도 독립해 믿도록 이끌릴 것이다. 어떤 사람들은 그와 같은 진리를 받아들이는 반면 다른 사람들은 저항하는 이유를 설명하려 할 때 전자나 후자 쪽에 그에 대한 도덕적 책임을 귀책시키는 일이 일어난다. 유물론적 과학과 휴머니즘적 긍정의 결합은 그와 같은 사실을 직면하려면 성숙하고 용기 있는 존재여야 하기 때문에 일어난다. 성숙된[어른의] 용기가, 앞서 언급한 휴머니즘의 묘사에서 종종 나타나는 선의와 나란히 나타나게 되는 이유에 대한 답변은 간단한데, 혼자 남겨진다면 우리는 동료 인간을 도우려고 하리라는 것이 그것이다. 또 다른 대답은 우리는 그와 같은 방식을 문화적으로 발전시켜왔으며, 선의를 높이 평가한다는 것 등이 될 수 있을 것이다. — 만약 답을 얻기 위해 정말 열심히 애쓸 생각이라면 얼마든지 그와 같은 식으로 계속해나갈 수 있을 것이다.

신앙인 관점에서는 이 모든 것이 다소 다르게 보인다. 우리는 인식상의 응답과 함께 시작한다. 즉 그에 따르면 근대과학이 유물론 전반에 대한 펼치는 논증은 전혀 설득력이 없는 것처럼 보인다. 완성되어 상세한 것에 이를 때마다 구멍투성이인 것처럼 보인다. 오늘날 그것의 최고 사례는 진화론, 사회생물학 등일 것이다. 하지만 또한 그와 같은 종류의 추론을 가령 도킨스나 데닛Daniel Dennett 저작에서도 찾아볼 수 있다.[27]

27 과학이 종교를 열외시킬 수 있다고 도킨스Richar Dawkins가 믿는 이유는 전혀 신뢰가 가지 않는다. 그것은 '신앙'과 '과학'을 지나치게 단순하게 구별하는 것에 크게 의존하고 있다. "종교는 천연두 바이러

그리하여 신앙인은 의례적인 빈말에 대꾸한다. 그리고 유물론자가 왜 그렇게 부실하기 짝이 없는 논의를 그렇게까지 믿고 싶어 하는지, 그에 대한 설명을 열심히 찾아다닌다. 여기서 앞서 말한 도덕적 견해가 다시 끼어든다. 물론 다른 역할로. 문제는 용기의 결여로 인해 사실을 직시할 수 있는 유물론의 능력을 잃어버리는 것이 아니라 오히려 유물론의 도덕적 매력 그리고 인간의 도덕적 조건과 관련된 사실에 관해 그것이 겉으로는 그럴듯한 설명을 제공해주는 듯한 외관에 꼬드겨져 과학성 운운하는 유물론적 논의가 다양한 신앙의 도약을 가진 것으로 기꺼이 인정해버리고 마는 것이다. 유물론의 패키지 전체가 그럴듯해 보이므로 상세한 세부에 대해서는 그리 꼼꼼하게 따져볼 필요가 없게 된다.

그러나 어떻게 그것이 가능할까? 확실히 앞의 패키지 전체는 다름 아니라 과학이 …… 등을 증명했기 **때문에** 그럴듯한 것이 되어야 한다. 분명히 인식적·도덕적 견해의 패키지는 받아들이는 사람에게 그와 같은 식으로 제시된다. 말하자면 그것이 공식 이야기다. 하지만 여기서 공식 이야기는 현실의 이야기가 아니라고 상정된다. 앞의 패키지가 가진 본래의 매력과 설득력은 우리의 윤리적 곤경을, 특히 신념을 형성할 수 있는 존재로서의 우리 상황을 규정하는 속성에 있다고 가정된다.

그것은 아래 같은 것을 의미한다. 즉 용기 있는 사람은 불편한 진실을 인정하고, 모든 싸구려 편안함과 위안을 멀리할 준비가 되어 있으며, 그리고 바로 그것을 통해 세계를 파악하고 지배할 수 있는 사람이 되어야 한다는 이상이 우리를 우쭐하게 만들
563 고, 따라서 그것을 우리 것으로 만들고 싶은 유혹을 느낄 정도로 크게 그것에 매료된다.
그리고/또는 그것은 그것과 정반대 신앙의 이상, 즉 헌신, 경건은 위안, 의미, 인간적인 것의 외부에 존재하는 도움의 손길에 대한 아직도 미성숙한 욕망에 의해 부추겨지는 것으로 너무나 쉽게 보일 수 있음을 의미한다.

스에 비견될 수 있는 세계의 큰 악 중 하나지만 그것보다 박멸하기가 더 어렵다고 얼마든지 주장할 수 있을 것이다. 신앙, 즉 증거에 기반하지 않는 믿음은 모든 종교의 주적이다." 과학의 경우 "종교의 중요한 악, 즉 신앙으로부터 자유롭다." 하지만 과학자의 작업에는 이미 증거에 기반하지 않은 **어떤** 가정도 존재하지 않는다는 주장은 분명히 맹목적 믿음을, 심지어 종종 혹시라도 하는 의심이 들 때의 불안감조차 느껴보지 못한 믿음을 반영한다(도킨스 말은 Alister McGrath, *The Twilight of Atheism*[London and New York: Doubleday, 2004], p. 95에서 재인용했다).

앞의 패키지 전체가 [신앙적으로가 아니라] 인식적으로 추동되고 있다는 견해에 신뢰성을 부여해주는 것처럼 보이는 것이 온갖 유명한 회심 이야기인데, 그것은 다윈 이후의 빅토리아인들과 함께 시작되었지만 오늘날까지 계속되고 있다. 그에 따르면 젊었을 때 열렬한 신앙을 갖고 있던 사람들은 '다윈이 『성서』를 반박했기' 때문에 마지못해, 영혼의 고통을 수반하면서 신앙을 포기해야 했다. 분명히 — 이렇게 말하고 싶다 — 그들은 어떤 의미에서는 도덕적으로 기독교적 견해를 선호했지만 내면적 고통 — 정도는 각자마다 달랐을 것이다 — 에도 불구하고 사실 앞에 굴복해야 했다.

하지만 바로 그것이 내가 인정하기를 거부해오고 있는 것이다. 거기서 일어난 일은 도덕적 입장이 피도 눈물도 없는 사실 앞에 굴복한 것이 아니다. 오히려 하나의 도덕적 입장이 다른 도덕적 입장에게 길을 비켜주었다고 말할 수 있을 것이다. 보다 고차적인 것에 관한 또 다른 모델이 승리했다. 그리고 실제로 많은 것은 그와 같은 모델을 지지하는 방향으로 진행되었다. 가령 권력, 속박되지 않는 행위 주체, 영=정신적 자제심('완충재로 덮인 자아')의 이미지가 그랬다. 다른 한편 어린 시절의 신앙은 아마 많은 측면에서 어린아이 같은 것[미성숙한 것]으로 머물러 있을 것이다. 그것을 본질상 그리고 구성상 그렇게 보기에 이르게 되기는 너무 쉬웠다.

하지만 다른 이상에 직면할 때 도덕적 이상이 그렇게 후퇴하는 것은 단지 그와 같은 이야기의 한 측면일 뿐이다. 결정적 판단은 인간의 윤리적 곤경의 본질에 관한 하나의 포괄적 판단이다. 그것은 새로운 도덕적 견해로, 클리포드William Clifford의 유명한 표현을 빌리자면 '신앙의 윤리'로, 그에 따르면 증거에 의해 명백히 증명된 것만 믿어야 한다. 그것은 그 자체로서 매력적이지 않았을 뿐만 아니라 또한 우리의 윤리적 곤경에 대한 특정한 견해를 동반했다. 우리가 미성숙할수록 그만큼 더 그와 같은 엄격한 원리에서 벗어나 위안을 주는 비진리에 동의하도록 강하게 유혹받는다는 것이 그것이다. 그처럼 새로운 윤리로 전향한 사람은 또한 가장 깊은 본능 중 몇 가지를, 특히 종교적 신앙으로 끌어들이는 본능을 불신하는 것을 배워왔다. 여기서 실제로 작동했던 회심은 우리의 윤리적 상황에 대한 그와 같은 이해가 기독교적 이해보다 더 그럴 듯한 것에 기반했는데, 후자는 우리를 죄와 배교로 유인하는 것에 대한 특징적 상을 갖고 있었다. 결정적 변화는 믿으려는 성향에 부여되는 지위에서 일어났다. 그것이 해석에서 근본적 변경 대상이 되었다. 그것은 더 이상 진리로 나아가려는 내면 속의 충동이 된 것이 아니라 오히려 신념-형성의 엄격한 원리에 맞서 죄를 지으려는 가장 위험한 유혹이 되었다. 우리의 윤리적 곤경에 대한 그와 같은 [자가-구성적] 해석 전체가 보다 그럴 듯하게 되었다. 새로운 도덕적 이상이 가진 매력은 물론 중요한 것이긴 하지만 단지 그것의 일부에 불과하다. 우리의 동기부여에 대한 독법이 바뀐 것 또한 결정적으로 중요했는데, 그에 따르면 믿으려는 욕망은 이제 아이 같은[유치한] 유혹으로 보이게 되었다. 삶의 초기에 형성된 신앙은 모두 명백한 의미에서 아이 같은 것이므로, 그리고 (기독교 사례에서는) 「복음」적 의미에서 아이처럼 되는 것에 의해서만 그것을 넘어 진화할 수 있으므로 그와 같은 (오)독을 하기는 어렵지 않았다.[28]

물론 그와 같은 변경은 고통스럽다. 왜냐하면 어린 시절의 신앙에 대해 깊은 애착을 가질 수 있기 때문이다. 단지 자기 과거의 일부이기 때문만이 아니라 그것이 약속한
564 것에도 애착을 갖기 때문이다. 실제로 그것이 가진 지속적 매력은 새로운 견해의 핵심적인 구성부분을 형성할 수 있는데, 이제 그것은 유혹이라는 형태로 모습을 드러내게 된다. 비신앙으로의 전향에 동반될 수 있는 후회, 향수를, 마지못해 그렇게 한다는 느낌을 얼마든지 이해할 수 있을 것이다. 윌슨은 『신의 장례식』에서 19세기는 바로 그와 같은 쟁점에 대한 후회와 애도로 가득했다고 주장하며 그와 관련해 동명의 하디 시를 인용한다.[29] 하지만 그와 같은 후회는 이미 보다 어린애 같기는 하지만 아름다운 세계

28 유물론적 견해의 대변자들은 존재론적으로 본인에게 선행하는 책무에 대해 종종 이런 식으로 매우 투명하게 표명하곤 한다. 가령 르원틴이 그렇다. "상식에 반하는 과학적 주장을 기꺼이 받아들이는 것이 과학과 초자연적인 것 간의 현실적 투쟁을 이해하는 데서 열쇠이다. 과학의 구성물이 명백히 터무니없음에도 불구하고, 건강 및 생명과 관련해 많은 터무니없는 약속을 충족시키는 데 실패했음에도 불구하고, 아무것도 입증되지 않은 '그냥 그렇대'라는 이야기에 대한 과학 공동체의 관용에도 불구하고 우리는 과학 편을 드는데, 우리는 선행하는 책무를, 즉 유물론에 충실할 책무를 갖고 있기 때문이다."
"과학의 방법과 제도가 어떤 식이건 현상 세계에 대한 유물론적 설명을 받아들이도록 강요하는 것이 아니라 반대로 물질적 원리에 대한 이전의 충성에 의해 물질적 설명을 생산해낼 탐구 장치와 일군의 개념을 만들어낼 것을 강요받는다. 아무리 그것이 과학에 입문하지 않은 사람에게 직관적으로 보아 말도 되지 않고 사람을 어리둥절하게 만들더라도 말이다. 게다가 그와 같은 유물론은 절대적인데, 왜냐하면 우리는 신적인 것이 발을 들이는 것을 허용할 수 없기 때문이다"(Richard Lewontin, in *New York Review of Books*, January 9, 1997; *First Things*, June/July 2002에서 재인용).

29 A. N. Wilson, *God's Funeral*. 당시 일어난 신앙의 상실에 대해 이렇게 말한다. "그것은 모험 이야기인 것만큼 사별 이야기이기도 하다"(4페이지).

의 상실에 대한 애도 형태로 표명되었다(물론 그것은 후기 빅토리아조의 또 다른 중요한 주제로 바리James Matthew Barrie에 의해 『피터 팬』[1904년]에서 극히 인상적인 방식으로 표현되었다). 하디는 「황소들The Oxen」에서 오래된 신앙을 공감 어린 시선으로 묘사하면서 잃어버린 세계에 대한 애석함뿐만 아니라 그와 같은 세계의 아이 같은 본성을 표현하고 있다.

크리스마스이브, 시간은 12시.
'지금쯤 소들은 무릎을 꿇고 있을 것이네.'
화롯가에서 쉬면서 빙 둘러앉아 잔불을 쬐고 있을 때
한 어르신이 말했네.

우리는 떠올리네, 밀짚 깐 외양간 안,
저 얌전한 착한 동물들이 사는 곳을.
누구 하나 의심해보지 않았네.
그때 소들이 무릎을 꿇고 있었다는 걸.

그렇게 아름다운 공상을 짜낼 사람은
요즘에는 거의 없겠지만 나는 이렇게 생각하네.
만약 누군가 크리스마스이브에
'자, 황소들이 무릎 꿇고 있는 것을 보러 가자.

우리 어릴 적에 알던 저기 계곡 너머
외딴 외양간에 있는 소들 말이야'라고 말했다면
어두운 밤이라도 그와 함께 갈 것이네.
정말 그의 말이 맞기를 바라며.[30]

Christmas Eve, and twelve of the clock.
  "Now they are on their knees"
An Elder said as we sat in a flock
  By the embers in hearthside ease.

We pictured the meek mild creatures where
  They dwelt in their strawy pen,
Nor did it occur to one of us there
  To doubt they were kneeling then.

So fair a fancy few would weave
  In these years! Yet I feel,
If someone said on Christmas Eve,
  "Come; see the oxen kneel

In the lonely barton by yonder comb
  Our childhood used to know",
I should go with him in the gloom,
  Hoping it might be so.

게다가 고통 자체가 회심을 촉구하는 작용을 할 수 있을 것이다. 떼지어 출현한 빅토리아조의 위대한 불가지론자 중 얼마나 많은 사람이 복음주의파 가족 출신이었는지

30 *The Complete Poems of Thomas Hardy*, ed. James Gibson(London: Macmillan, 1976), poem no. 403, p. 468.

는 지금까지 알려진 대로이다. 그들은 정력적이고 남자답고 인류애적인 관심사를 중심으로 하는 모델을 새로운 세속적 키key로 전조시켰다. 하지만 그와 같은 모델의 핵심 자체, 즉 남성적 자기정복, 상실의 고통의 극복은 이제 그에 대한 배교 쪽 손을 들어주게 되었다.[31]

따라서 필자는 근대적 세속성의 등장에 대한 '신의 죽음'식 설명, 다시 말해 근대의 신앙의 조건에 관한 설명의 주요한 요지를 완전히 납득하지는 못한다. 신앙을 문제적인 것, 종종 어려운 것, 심지어 의문으로 가득 찬 것으로 만드는 것은 '과학'뿐만이 아니다.

여기서 '공식 이야기'에 대한 나의 비판과 인식론의 탈구축 간에 병행 관계가 있음 565
을 분명히 해야 할 것이다. 두 경우 모두에서 주장되고 있는 바는 이렇다. 즉 실제로는 훨씬 더 새로운 구축으로 귀결될 어떤 사태전개가 단순히 하나의 발견으로 치부되고 있다고 말이다. 그와 같은 변화는 단지 관찰 가능한 현실을 확인하기보다는 또한 우리의 정체성, 세계 속에서의 우리의 자리 그리고 그것에 함축된 가치에 대한 감각을 포함하고 있다는 것이다(여기서 '구축construction'이라는 말을 사용한다고 해서 그것이 여러 쟁점이 이성에 의해 조정 불가능함을 의미하지는 않는다. 그것은 '포스트모더니즘'의 궤변이다. 하지만 그와 같은 조정은 쿤적 패러다임들 사이에서 이루어지는 것처럼 훨씬 더 복잡하고, 또한 해석학적 적절성이라는 쟁점도 포함하고 있다).[32]

고전적 인식론자들이 사람들이 무엇보다 먼저 정신 속에서 관념을 자각하는 것을 '반성reflection' 또는 내적 관찰의 명백한 진리로 주장하듯이 신의 죽음의 지지자들은 신의 부재를 과학이 드러낸 우주의 고유한 속성으로 인식하기를 원한다. 인식론의 탈구축론자들이 그렇게 명백한 것으로 상정되는 반성의 진리가 실제로는 어떻게 단지 인식주체의 특정한 가치관이 부가된 [자가-구성적] 해석 속에서만 그렇게 보일 뿐임을 보여주고 싶어하는 것처럼 여기서 필자는 신의 죽음 이야기가 명백한 것처럼 보이는 것은 단지 인식주체에 대한 모종의 견해 — 그것의 틀 속에서 거리를 둔 과학적 탐구는 용기 있는

31 Stefan Collini, *Public Moralists: Political Thought and Intellectual Life in Britain, 1850-1930*(Oxford: Clarendon Press, 1991)을 보라.

32 우리의 도덕적 곤경에 대한 견해와 관련해 일어난 그와 같은 변화는 물론 내재적 질서를 가진 세계 속에서 우리가 '성인이 된다[성숙화된다]'는 강력한 서사와 연관된다. 그와 같은 변화와 서사는 서로를 지탱한다. 아래 논의에서 그와 같은 주인-서사의 중요한 위치에 대한 논의로 돌아갈 것이다.

성숙 이야기와 복잡하게 뒤엉키게 되는데, 의미와 지복이라는 보다 '어린아이 같은' 위로를 포기하는 것을 통해 그와 같은 단계에 이르게 된다 — 내부에서뿐이라고 주장하고 싶다.

그리고 일단 그와 같은 인식론 이야기가 제자리를 잡아 철학적 담론을 지배하게 되면 새로운 [자가-구성적] 해석이 점점 더 명백하고 도전 불가능한 것처럼 보이게 되듯이 여기서 거리를 두는 용기 있는 성인 인식주체의 경우도 마찬가지다. 이전에는 다른 많은 구축물 중 하나의 가능한 것이던 것이 비트겐슈타인적 의미의 상 수준으로 정착된다. 즉 더 이상 의문의 여지가 없는 배경의 일부가 된다. 즉 형태는 지각되지 않지만 우리가 사고하고, 추론하고, 경험하고, 다양한 주장과 논의를 처리해나가는 방법을 거의 눈치 채지 못하게 조건화하고 있다. 그와 같은 상의 관점 내부에서 보자면, 논의 순서가 근거가 충분한 일련의 단계를 거쳐 과학에서 무신론으로 나아가는 것은 너무나 당연하다. 그와 같은 단계 중 몇몇이 얼마나 근거가 박약한지를 너무나 잘 아는 비판자에게는 인식주체의 [자가-구성적] 해석이 하는 결정적 역할이 한층 더 두드러져 보일 것이다.

우리를 사로잡는 그와 같은 상 이야기는 무신론이 이미 확립되어 있는 문화 내부에 있는 사람에게 적용되는 경우 설득력이 있을 것이다. 하지만 그와 같은 견해로 전향한 사람이 또한 그와 같은 상 속에 빠져 공식 이야기를 받아들이게 되는 것은 어떻게 가능할까? 왜냐하면 '신의 죽음'이라는 무신론의 견해에게는 그것이 과학에 의해 추동되었다는 자기 이해가 결정적 중요성을 갖기 때문이다. 그와 함께 그것은 가능한 다른 많은 것 중 성숙한 인식주체의 한 견해를 옹호해왔음을 받아들인다는 것은, 그것에는 정당화를 요구하지만 아직 아무런 정당화도 받지 못한 것이 존재함을 받아들이는 것이 될 것이다. 여기서 인식주체의 [자가-구성적] 해석이 상 수준에 머무는 것은 그와 같은 입장 전체에게는 본질적이다. 이념이나 참으로 간주되는 문장 또는 매개적 요소로 간주되는
566 그 밖의 다른 어떤 것 — 어떤 것이라도 상관없다 — 의 우선성이 다른 많은 [자가-구성적] 해석 중 하나로, 정당화를 필요로 하는 것으로 간주되지 않는 것이 매개적 인식론 전통 전체에게 본질적인 것과 꼭 마찬가지로 말이다. 그처럼 결정적으로 중요한 것, 즉 우리의 [인식을] 특정한 틀로 구축하고 있는 것이 상에 머무르는 한 그것은 의문시될

수 없을 것이다. 실제로 그것에 대한 대안을 상상하는 것은 불가능하다. 상이 우리를 사로잡는다는 것은 바로 그와 같은 것을 의미한다.

그것은 과학(그리고 심지어 '과학'의 경우에는 한층 더)이 그와 같은 이야기에서 중요한 자리를, 그것도 일련의 방식으로 차지해왔음을 부인하는 것이 아니다. 한편으로 그와 같은 과학이 밝힌 우주=유니버스는, 중심을 갖고 있으며, 위계화된 코스모스 — 우리 문명은 그것 안에서 성장해왔다 — 와는 매우 다르다. 그와 같은 우주가 들려주는 이야기에서 인간이 어떤 특수한 종류의 자리를 차지하고 있음을 시사하는 것은 거의 존재하지 않으며, 인간의 시간적 · 공간적 차원은 너무나 지루하다. 그것이, 그리고 우리가 우주를 이해할 때 준거하는 자연법 개념이, 그와 같은 우주가 섭리의 개입 — 보다 이전의 코스모스의 틀 속에서는 그렇게 상상되었다 — 뿐만 아니라 그와 관련된 『성서』 이야기 이해에 저항감을 갖도록 만든다. 그렇게 볼 때 다윈은 실제로 '『성서』를 반박했다.'

다른 한편 7장에서 서술한 대로 근대과학의 발전은 인간의 인지적 곤경에 대한 근대적 이해와 나란히 진행되었다. 그와 같은 이해는 자체에 고유한 윤리, 즉 앞서 기술한 엄격하고 거리를 둔 이성의 윤리를 만들어왔다. 하지만 이 모든 것도 공식 이야기 즉 근대사회의 많은 사회 환경을 지배하고 있는 비신앙의 분위기는 지난 3세기 동안 과학이 작성해온 유물론을 옹호하는 강력한 논거에 대한 응답이라는 이야기를 보증해주는 결과로 이어지지는 못하고 있다.

오히려 본 장의 1절에서 내가 탐구하던 것이 바로 그와 같은 연관성이었다. 근대과학은 전술한 다른 많은 측면 — 규율훈련을 수반한 완충재로 덮인 정체성, 도구적 이성에 의존하는 근대적 개인주의, 세속적 시간 속에서의 행위 — 과 함께 내재적 틀을 짠다. 그것을 매우 다양한 방식으로 체험할 수 있을 것이다. 일부는 초월성에 자신을 열어놓을 수 있고, 또 다른 사람들은 폐쇄성을 향할 것이다. 앞서 막 살펴본 대로 폐쇄성을 향하는 경향이 있는 두 가지 가능성을 인식주체의 가치-평가적 [자가-구성적] 해석으로 파악한다면 그것은 내재적 틀 안에서 불가피하게 큰 역할을 해온 선 — 단지 몇 가지만 거론하자면 가령 거리를 둔 이성, 위안을 주는 환상을 포기할 용기, 권위에 맞서 자기 자신의 이성을 신뢰하는 것 등 — 에 관한 여러 관념과 연관될 것이다. 그것들을 수정하고 제한할 다른 가치와 나란히 그것들을 삶 속에 통합시키거나 중심적인 것으로,

경쟁자가 없는 것으로 만들 수도 있을 것이다. 이 두 번째 경로를 통해 필자가 검토해오고 있는 '폐쇄된 세계 구조'를 지지하는 사람은 인식주체에 대한 [자가-구성적] 해석으로 쉽게 이끌리게 될 것이다. 삶에서 그와 같은 행동관을 따르는 사람은 내재적 틀에 특정한 '해석을 부여하게' 되는데, 그렇게 되면 그와 같은 틀은 또한 세계에 대한 우리의 폐쇄된 상의 타당성을 반영하는 것 같다. 그리하여 과학, 근대적 개인주의, 도구적 이성, 세속적 시간은 모두 그리고 특히 내재성의 진리에 관한 또 다른 증거처럼 보인다. 가령 자연과학은 진리를 향한 **하나의** 길일 뿐만 아니라 모든 길의 패러다임이 된다. 그리하여 동질적이고 공허한 것으로 간주되는 세속적 시간은 단지 오늘날의 행위의 지배적 영역일 뿐만 아니라 시간 자체이기도 하다. 상은 우리 태도를 통해 결국 의문시할 수 없게 될 때까지 점점 더 확고하게 우리 속에 참호를 구축할 것이다.

567

6

그런데 신의 죽음이라는 견해의 '탈구축'을 위한 나의 논의의 결정적 부분은 자연과학에서 신의 부재를 도출하는 논증이 그렇게 설득력이 있지 않다는 주장에 기반해 있다. 그와 같은 논증을 나보다는 더 납득할 만한 것으로 간주하는 어떤 사람이 제기할 수 있는 이의제기는 논외로 하더라도, 내가 신의 죽음의 지지자들의 자기해석을 퇴짜 놓는 것은 주제넘은 짓이라고 항의할 수도 있을 것이다. 따라서 신의 죽음-논증이 설득력이 없다면 어떨까? 그럼에도 불구하고 그들을 움직이는 논증이 될 수 있을까?

실제로 왜 [신의 죽음 같은] 형편없는 논증은 훌륭한 논증보다 더는 아니지만 그것만큼 중요한 역사적 작용을 해서는 안 되는 것일까? 어떤 의미에서 그와 같은 반론은 설득력이 있다. 그리고 어떤 의미에서는, 그렇기 때문에, 공식 이야기 또한 참이다. 많은 사람은 과학이 무신론과 유물론은 논박 불가능함을 입증했기 때문에 본인은 무신론자이자 유물론자라고 믿으므로 그것이 그들의 논거라고 말하는 것은 완전히 양식에 부합한다.

하지만 형편없는 논증과 관련된 설명은 보충을 요한다. 형편없는 논증이 그럼에도 불구하고 작동하는 이유에 대한 설명이 필요하다. 물론 각각의 사례에 대해 말하자면 필연적으로 그런 것은 아니다. 개인은 그저 각자의 사회 환경에서 입증되었기 때문에 특정한 결론을 끌어낼 수 있을 뿐이다. 가령 문외한인 보통 사람이 신문의 일요판으로부터 원자의 미시적 구성에 대한 최신 지식을 얻듯이 과학이 신을 논박했음을 세이건이나 도킨스 같은 권위 있는 사람 말을 근거로 받아들일 수 있을 것이다. 하지만 그것은 그와 같은 종류의 권위가 어떻게 구성되었는지는 여전히 설명해주지 않는다. 우리와 같은 문외한이 과학의 권위자들 및 대가들과 마찬가지로 아무런 타당성도 없는 주장에 그렇게 쉽게 속아 넘어가는 일이 일어나는 것은 어찌 된 것일까? 우리 같은 문외한과 전문가 모두 왜 대안을 찾으려고 보다 적극적으로 나서지 않는 것일까? 전체적으로 윤리적으로 채색된 행위 주체라는 관점이 제공하는 매력 측면에서 내가 제시한 설명은 그처럼 보다 심오한 물음에 대답하기 위한 것이었다.

사람의 행위를 잘못된 신앙이라는 관점에서 설명하는 것은 항상 보충을 필요로 한다고 주장하려는 것이 아니다. 나는 날이 맑으리라고 예보하는 라디오의 일기예보가 신뢰할 만하다고 생각하기 때문에 우산 없이 집을 나설 수 있을 것이다. 하지만 그와 같은 종류의 사례와 여기서 우리가 논하고 있는 쟁점 간의 차이는 두 가지이다. 먼저 날씨에 대해 말하자면, 오늘 비에 젖어 불편한 것 말고는 내게 별다른 문제가 되지 않는다. 둘째, 나는 일기예보 말고는 오후 날씨에 접근할 수 있는 대안적 수단을 갖고 있지 않다.

신-신앙의 문제의 경우 앞의 두 번째 사항은 그대로 전용될 수 없다. 물론 문외한으로서 나는 고생물학의 성과를 믿을 만한 것으로 받아들여야 할 것이다. 하지만 과학의 성과가 물질적 세계에 대해 증명해온 것이 신의 실재를 부정하는가 하는 쟁점에 대해 나는 앞서와 마찬가지로 나만의 전거를 갖고 있지 않은 것은 아니다. 왜냐하면 나는 또한 종교적 삶을 영위할 수 있기 때문이다. 즉 나는 신-감각을 갖고 있으며, 나아가 어떻게 신이 나의 실존에 영향을 미치는가를 이해할 수 있다. 그리고 그것에 비추어 과학이 신을 논박했다는 주장의 타당성을 가늠해볼 수 있을 것이다.

여기서 데스데모나와의 비교를 끌어들이고 싶다. 『오셀로』를 단순한 불운 이야기가 아니라 비극으로 만드는 것은, 이아고가 조작한 증거를 너무 쉽게 믿는 주인공 오셀 568

로를 우리가 유죄로 간주하는 것이다. 데스데모나의 사랑과 헌신에 마음/정신을 열 수만 있었더라도 그녀의 결백에 다른 방식으로 접근할 수 있었을 것이다. 그렇게 할 수 없는 것이 비극의 영웅 오셀로의 치명적 결함인데, 강력한 명예 규범 속에 갇혀 있었기 때문이다. — 그리고 그와 같은 자기-구속은 이방인으로서의 지위 그리고 갑작스런 승진에 의해 의문의 여지없이 악화되었다.

내가 '과학이 신을 논박했다'는 주장을, 비신앙의 등장에 대한 어떤 보충도 필요 없는 설명으로 받아들일 수 없는 이유는 그와 같은 쟁점에 관해 우리는 우산꽂이 앞에서 어떻게 할까 망설이며 일기예보를 듣는 사람보다는 오셀로 같기 때문이다. 우리는 단순히 외부의 원천에서 받아들인 정보에만 입각해서는, 내부의 원천은 어떻게 이용했는지를 고려하지 않고는 자기 행위를 설명할 수 없다.

이 모든 것이 개인의 경험에 대한 완전히 타당한 묘사는 아래와 같을 수 없음을 의미하는 것은 아니다. 즉 (본인 생각으로는) 우주의 잔혹한 사실이 신앙과 모순되었기 때문에 소중히 간직해온 신앙을 포기하도록 강요당하고 있다고 느끼는 것이 그것이다. 아니다. 왜냐하면 일단 그와 같은 길로 가면, 일단 비신앙을 받아들이면 외부의 원천에 우선성을 부여하며, 내부의 원천은 권한이 없는 것으로 평가절하할, 실로 어린아이 같은 환상의 유명한 원천으로 매도할 이데올로기 또한 받아들이게 될 것이기 때문이다. 그와 함께 우리는 명예라는 우리 자신의 코드에, 즉 성숙한 합리적인 인식주체라는 코드를 따르게 된다. 그리하여 이제 사후적으로ex post facto 어떤 합리적 대안도 존재하지 않는 것처럼 보인다. — 그리고 오셀로에게도 마찬가지였던 것 같다. 하지만 그와 같은 일이 일어나는 것을 지켜본 우리는 데스데모나의 증언이 왜 받아들여지지 않았는지에 대해 추가설명을 필요로 하게 된다.

하지만 데스데모나의 목소리는 근대의 지평 안에서는 매우 희미할 수밖에 없다. 7장 말미에서 묘사된 인간의 인지적 곤경에 대한 새로운 견해는 그와 같은 지평과 관련되어 있다. 그와 관련해 우리는 개인은 상호이익의 사회 속에 통합되어 있으며, 거리를 둔 이성의 사용을 통해 자연을 파악하고 지배하는 능력을 갖고 있다는 이해에서 출발한다. 뉴턴 시대에는 그와 같은 생각으로부터 아직도 선의의 창조주의 존재를 증명하는 논증을 도출할 수 있었다. 그러나 2백 년 후 그와 같은 결론의 두 가지 특징이 의문시되게 되었다. 첫째로 [우주] 설계의 존재는 창조주를 필요로 한다는 견해가, 다음으로는 피조물의 세계는 신의 자비심을 증명한다는 견해가. 그와 같은 논증의 지평의 최신판은 종종 유물론적 형태를 띠었는데, 그것이 모든 영역에서 자연과학을 진리에 이르는 왕도로 선언했다. 그와 같은 관점에서 보자면, 경험된 의미와 관련된 고찰은 오직 과학적 타당성이 이미 입증된 한에서만 신의 존재증명이나 인간의 목적에 관한 논의 속에 도입될 수 있을 것이다. 사물의 본성 자체상 그와 같은 틀 안에서 이루어지는 논의는 경험에 입각한experience-near 고찰보다 경험으로부터 멀리 떨어진experience-far 자연과학의 고찰에 특권을 부여하는 경향이 있다. 데스데모나 목소리는 체계적 불신이라는 방해물에 의해 들을 수 없게 되어버렸던 것이다.

그리하여 일단 비신앙 쪽으로 발길을 돌리면 공식적인, 과학에 의해 추동되는 이야기를 받아들이도록 이끌리는 압도적인 이유들이 존재한다. 그리고 우리는 매우 자주 타자의 영향 아래 그와 같은 선택을 하고 그들의 권위를 믿고 공식 이야기를 받아들이 569
기 때문에 많은 사람이 본인의 회심을 과학에 의해 추동된 것으로, 심지어 가장 극적인 형태로 그렇게 되었다고 생각하게 된다 해도 놀랄 것은 전혀 없을 것이다. 과학은 우리는 그저 죽어가는 별 위의 덧없는 형태의 생명에 불과함을 보여주는 것 같았다. 또는 우주는 계속 증대하는 엔트로피 아래 그저 썩어가는 물질일 뿐이며, 그리하여 정령이나 신, 기적이나 구원이 존재할 여지가 존재하지 않음을 보여주는 것 같았다. 바젤의 미술관에서 홀바인작 〈무덤 속의 그리스도 주검〉 앞에서 도스토옙스키가 품었던 환상과 비슷한 어떤 것[33]을 말이다. 죽음의 절대적 종국성의 환상이 그것으로, 역으로 그는 그것을 넘어선 것이 존재함이 틀림없음을 확신하게 되었다. 하지만 그것은 쉽게 정반대 효과를, 즉 관람자를 맥 빠지게 만들어 신앙을 포기할 것을 강요하는 효과를 가질 수도 있을 것이다.

하지만 이런 물음은 여전히 남는다. 즉 앞의 논증은 실제로 의문의 여지없이 확실한 것이 아닌데도 왜 그토록 설득력이 있는 것처럼 보일까? 다른 시대와 장소에서 신의

33 사실관계를 바로잡아준 워너Martin Warner에게 감사드린다. 이 그림이 등장하는 것은 『백치』(3부 6장)로, 공작은 그것에 대해 (2부 4장에서) 이렇게 말한다. "그렇지만 저런 그림을 보고 있노라면 오히려 신앙을 잃는 사람도 생길지 몰라"[박형규 역, 『백치』 상, 범우사, 341~342페이지].

실존이 실로 명백한 것으로 보였던 대로 말이다. 그것이 필자가 대답하려고 하는 물음으로, 그와 관련해 '신의 죽음'-명제는 도움이 되지 않는다. 오히려 사이비-해법으로서 길을 가로막을 뿐이다.

따라서 나는 이렇게 주장하고 싶다. 즉 유물론의 힘은 오늘날 과학적 '사실'에서 유래하는 것이 아니라 오히려 유물론을 도덕적 견해와 결부시키는 특정 패키지 — '무신론적 휴머니즘'이나 배타적 휴머니즘이라고 부를 수 있는 것 — 의 힘 측면에서 설명되어야 한다. 그와 같은 패키지에 힘을 부여하는 것은 무엇일까? 필자는 위에서 그와 같은 물음에 대해 가령 거리를 둔 이성 등 내재적 틀에 함축되어 있으며, 극단으로까지 나아가게 되면 과학에 의해 추동되는 '신의 죽음' 이야기를 낳게 되는 몇몇 가치에 비추어 대답해보려고 시도해왔다.

하지만 '신의 죽음'에 대한 설명의 두 번째 수준도 살펴보아야 하는데, 우리 시대의 도덕적 곤경에서 출발하는 것이 그것이다. 여기서의 결론은 과학과 관련된 논증에서의 그것과 동일하다. 즉 우리는 더 이상 합리적으로는 신을 믿을 수 없다는 것이다. 하지만 여기서 출발점은 물론 근대의 윤리적 견해이다.

그런데 우리의 정치적·도덕적 삶의 대부분이 인간의 복지, 인권, 인간의 개화번영, 인간의 평등 등 인간적 목적에 집중되어 있는 것은 사실이다. 실제로 우리에게 익숙한 근대적 의미에서 세속의 사회 속에서 이루어지는 우리의 공적 삶은 오직 인간적 선과만 관련되어 있다. 그리고 우리 시대는 이 측면에서 분명히 인류 역사상 유례가 드물다. 따라서 일부 사람이 그와 같은 종류의 사회에는 신-신앙의 여지가 전혀 존재하지 않는다고 생각하는 것은 아마 놀랄 일은 아닐 것이다. 그와 같은 종류의 믿음은 해당되는 사람을 이방인으로, 그와 같은 세계의 적으로 만들어 세계와 비타협적으로 투쟁하도록 만들 수밖에 없을 것이다. 그리하여 철저하게 그와 같은 세계에 속하는 가운데 그것의 전제에 따라 살아감으로써 정말로 신을 믿을 수 없게 되거나 아니면 신을 믿고, 그리고 어떤 의미에서는 근대(성) 속에서 체류하는 이방인처럼 살아가든가 둘 중 하나이다. 우리는 점점 더 근대(성) 속으로 유도되기 때문에 신앙은 점점 더 어려워진다. 신앙의 지평은 지속적으로 멀어진다.[34]

그런데 신앙과 근대(성)가 상호 적대적으로 맞서 있는 것처럼 그리는 그와 같은 그
림像은 비신앙인들의 발명품이 아니다. 휴머니즘적 세계에 적대적인 기독교의 한 가닥
이 그와 같은 입장과 한 쌍을 이루고, 심지어 조장하기까지도 했다. 피우스 9세를 떠올
려보기만 해도 충분할 텐데, 그는 1864년의 『오류표*Syllabus*』에서 인권, 민주주의, 평등 570
그리고 근대의 자유주의국가가 구현하는 거의 모든 것을 포함한 근대세계의 모든 '오
류'에 격렬한 비난을 퍼부었다. 그 밖에도 기독교도뿐만 아니라 다른 종교의 신자 사이
에서도 비슷한 입장을 보여주는 또 다른 보다 최근 사례가 존재한다.

하지만 종교적 원리주의자와 강경한 무신론자의 그와 같은 야합이 신앙과 근대(성)의 관계에 관한 그들의 공통된 해석을 유일하게 가능한 것으로 만드는 것은 아니다. 오히려 그와 같은 근대적 휴머니즘 세계의 건설을 돕고, 지금은 지지하며, 그와 같은 세계가 중심적인 것으로 만든 형태의 인간의 행복과 개화번영에 강력하게 관여하는 많은 신앙인이 존재함은 분명하다. 여기서 다시 한 번 '신의 죽음'에 대한 설명은 전혀 정당화될 수 없는 결론으로 성급하게 도약하고 만다. 과학이 무신론을 입증했다고 가정하는 것이 가능하듯이 근대적 휴머니즘을 종교의 적으로 간주하는 것은 가능하다. 그러나 두 경우 모두 결론은 타당한 근거를 갖고 있지 않으므로 왜 그렇게 많은 사람이 그렇게 생각하느냐는 질문이 제기된다. 그와 함께 나는 앞에서 계속 제기해온 출발-물음으로 되돌아가게 된다.

'신의 죽음'에 대한 설명을 그런 식으로 도덕적으로 읽는 것은 많은 사람에게 그럴듯해 보일 것이다. 왜냐하면 근대(성)의 등장과 관련해 그들은 어떤 가정을 만들어냈는데, 그것이 해당 과정이 얼마나 복잡하고 어려운지를 보는 것을 가로막는 데 일조하기 때문이다. 한때 나는 그와 같은 가정을 '도버 해변으로부터의 전망'이라고 불러보았다. 그에 따르면 근대(성)로의 이행은 전통적 믿음과 충성의 상실을 통해 이루어진다. 그것은 제도적 변화의 결과를 통해 도래하는 것처럼 보일 수도 있을 것이다. 가령 유동성과 도시화가 정적인 농촌 사회의 신앙과 참조점을 부식시킨다고 가정할 수 있을 것이다. 아니면 그와 같은 상실은 근대적인 과학적 이성의 점증하는 작용에 의해 초래된다고

34 니체, 『즐거운 학문』, § 125. 신의 죽음을 선언하는 광인에 대한 유명한 구절 또한 동일한 지평 이미지를 이용하고 있다.

상정해볼 수도 있을 것이다. 변화는 긍정적으로 평가될 수도 있을 것이다. — 아니면 전통적 참조점이 가치 있고, 과학적 이성은 지나치게 편협하다고 간주하는 사람들에게는 재앙과 같은 것으로 평가될 수 있을 것이다. 하지만 이 모든 이론은 해당 과정을 기술하는 데서는 의견을 같이한다. 즉 구래의 견해와 충성이 침식되고 있다고 말이다. 니체의 이미지로 말하자면, 구래의 지평은 밀려나가고 있다. 아널드에 따르면 신앙의 바다는 밀려나가고 있다. 「도버 해변」의 아래 구절이 그와 같은 관점을 포착하고 있다.

신앙의 바다 또한
한때 만조가 되어, 지구의 해변 주위를
주름진 찬란한 허리띠처럼 감싸고 있었네.
하지만 지금 내가 듣는 것은 다만
밤바람 숨결에 휩쓸려
세계의 황량하고 광대한 저 변방 끝,
벌거벗은 자갈밭 해변으로 밀려나가는
길고 우울한 파도 소리뿐이네.[35]

The Sea of Faith
Was once, too, at the full, and round earth's shore
Lay like the folds of a bright girdle furled.
But now I only hear
Its melancholy, long, withdrawing roar,
Retreating, to the breath
Of the night-wind, down the vast edges drear
And naked shingles of the world.

35 「도버 해변Dover Beach」, 21~28행.

여기서의 음조는 후회막급과 향수의 그것이다. 하지만 그것의 기저에 깔린 이미지, 즉 신앙의 침식은 승승장구 중인 과학적 이성의 진보라는 낙관적 이야기를 들려주는 데 딱 들어맞을 수도 있을 것이다. 한 관점에서 보자면, 인류는 수많은 허위의 해로운 571
신화를 떨쳐내 왔다. 하지만 다른 관점에서 보자면, 인간에게 결정적으로 중요한 정신적 실재와의 접촉을 상실해왔다. 하지만 어떤 경우건 모두 변화는 신앙의 상실로 간주된다.

지금 나타나고 있는 것이 그와 같은 상실의 결과들이다. 낙관적 이야기는 지식의 요구에 대한 경험적·과학적 접근의 우위, 나아가 개인주의, 소극적 자유, 도구적 합리성을 소중히 한다. 하지만 그것들이 전면에 나타나게 되는 것은 일단 우리가 허위의 미신적인 믿음 그리고 그것에 수반되어 우리 삶을 바보처럼 만드는 형태들에 의해 더 이상 방해받거나 눈이 멀지 않게 되자마자 그것들이 우리가 '보통' 가치 있다고 여기는 것이기 때문이다. 일단 신화와 오류가 쫓겨나면 더 이상 어떤 경쟁도 존재하지 않게 된다. 즉 경험적 접근이 지식 획득을 위한 유일하게 타당한 방법으로, 그것은 우리가 허위의 형이상학의 속박으로부터 해방되자마자 자명한 것이 된다. 도구적 합리성에의 점증하는 의존은 우리가 바라는 것을 점점 더 많이 얻는 것을 허용해주는데, 우리는 지금까지는 아무런 근거도 없이 절제하라는 훈계로 인해 항상 그것을 자제할 수밖에 없었다. 개인주의는 신, 존재의 연쇄, 사회의 성스러운 질서 등의 기만적 요구가 더 이상 타당하지 않게 되자마자 얻게 되는 인간의 자기존중의 통상적 과실이[라는 것이]다.

다시 말해, 우리 근대인은 몇몇 주장이 오류임을 '보게 되었기' 때문에 또는 부정적 독해에 의하면, 몇 가지 영속하는 진리를 시야에서 잃어버렸기 때문에 지금 행동하는 방식으로 행동한다. 그와 같은 견해가 그와 같은 [근대(성)의] 상으로부터 판독해내는 바에 따르면, 서양근대는 선에 관해 자체에 고유한 가치관에 의해 추동되었을 가능성이 있다. 즉 구래의 신화와 전설이 폐지된 후 남겨진 유일하게 실행 가능한 일군의 가치관보다는 오히려 가용한 다른 가치관 중 그와 같은 가치관들의 하나의 성좌에 의해 말이다. 그것은 일단 구래의 오류가 드러나면(또는 구래의 진리가 망각되면) 서양근대에 특수한 도덕적 방향을 특징지을 수 있는 것 중 인간의 삶 자체의 일반적 형태가 규정하는 것을 넘어서는 것은 모두 차단한다. 가령 우리는 개인으로 행동한다. 왜냐하면 종래의 종교, 형이상학, 관습에 의해 더 이상 붙잡혀 있지 않게 되자 그렇게 행동하는 것이 '자연스럽기' 때문이다. 비록 그것이 보는 관점에 따라 영광스러운 해방 아니면 우둔하게 이기주의의 수렁에 빠지는 바보짓으로 간주될 수 있지만 말이다. 그것이 도덕적 자기 이해의 새로운 형태, 즉 단순히 선행하는 모든 것에 대한 부정에 의해 정의 가능하지 않은 형태라는 해석은 [앞의 개인주의에 대한 해석으로부터] 배제된다.

여기서 신의 죽음에 관한 도덕적 이야기 그리고 과학에 의해 추동되는 그것의 동료 말馬뿐만 아니라 인식론 간에 유사성이 존재함이 명백할 것이다. 이 세 가지 모두 결정적 행보를 디디며, 그것을 '발견'으로, 즉 특정한 조건이 충족될 때 우리가 '보게 되는' 것으로 제시한다. 하지만 이 모든 경우 그와 같은 묘수는 우리 자신, 우리의 곤경, 정체성에 관해 새로 구축된 이해의 틀 내부에서만 발견처럼 보일 뿐이다. '발견'이라는 요소가 도전 불가능한 것처럼 보이는 것은 그것의 기저에 자리 잡고 있는 구축(물)이 시야를 벗어나 망각되기 때문이다.

몇 페이지 앞선 논의에서 도입한 표현을 사용하자면, 이 모든 설명은 근대의 자유주의적 정체성의 특징을 '자연화한다.' 사람들은 그것이 인간적 행위 주체에 관한 많은 이해 중 역사적으로 구축된 하나의 이해일 뿐임을 볼 수 없을 것이다.

근대(성)에 대한 그와 같은 '뺄셈적' 견해에, 즉 근대는 구래의 지평이 밀려 나가면
572 서 등장했다는 견해에 따르면, 근대적 휴머니즘은 오직 보다 이전 형태들의 쇠망을 통해서만 등장할 수 있었을 것이다. 그 결과 그것은 오직 '신의 죽음'을 통해서만 도래할 수 있는 것으로 생각될 수 있을 것이다. 따라서 만약 구래의 신앙을 내던지지 않았다면 근대의 휴머니즘적 관심사를 가차 없이 대변할 수 없을 것이다. 여전히 신을 믿어서는 근대와 완전히 함께할 수 없다. 또는 아직도 신을 믿는다면 여러 가지를 유보하고, 마침내 부분적으로, 아마 은밀히 모종의 적의 편에 서 있게 될 것이다.

하지만 물론 필자가 다른 곳에서 상술한 대로[36] 그것은 근대(성)에 관한 너무나 부적절한 설명이다. 거기서는 서양근대가 자체에 고유한 영=정신적 견해 자체에 의해 즉

36 『자아의 원천들』.

더 이상 단순히 그리고 불가피하게 이행이라는 사태전개로부터 생성되지는 않는 견해에 의해 지탱되고 있을 가능성은 배제된다. 하지만 그와 같은 가능성은 실제로는 현실이다.

빽셈 이야기의 논리는 대략 이렇다. 즉 일단 신이나 다른 어떤 초월적 실재를 모시는 것에 대한 관심을 잃어버린다면 남는 것은 인간적 선뿐이며, 근대사회가 실제로 관심을 갖고 있는 것 또한 그것이다. 하지만 그와 같은 견해는 내가 근대적 휴머니즘이라고 부르는 것을 근본적으로 불충분하게 묘사하고 있을 뿐이다. 나에게 인간적 관심사만 남게 된 것으로부터는 인간의 보편적 복지가 나의 목표가 되어야 한다거나 또는 자유, 성취, 평등이 중요하다는 결론이 나오는 것은 아니다. 단지 인간적 선에만 국한되어 있는 것은 자기 자신만의 물질적 복리 또는 자기 가족이나 가까운 사회 환경의 그것에만 배타적으로 관심을 같은 것 속에서도 얼마든지 충분히 표현될 수 있을 것이다. 근대적 휴머니즘을 특징짓는 것, 즉 보편적 정의와 선의를 실제로 매우 긴급하게 요구하는 것은 단지 보다 이전의 목표와 충성의 빽셈에 의해서만은 설명될 수 없을 것이다.

빽셈 이야기는 비록 불충분하지만 근대적 휴머니즘적 의식 속에 깊이 매립되어 있다. 그것은 보다 단순한 사상가들에 의해서만 제기되었던 것이 결코 아니다. 심지어 베니슈처럼 통찰력 있고 세련된 사상가조차 『위대한 세기의 도덕』에서 그와 같은 빽셈 이야기의 독법에 대한 지지를 표명한 바 있다.

> 인류는 비참함을 극복할 수 있는 능력을 갖고 있음을 보는 순간부터 자기를 존중하게 된다. 하지만 궁핍을 미덕으로 삼아 삶을 비난했던 굴욕적 도덕성을 물질적 비참함과 함께 망각하는 경향이 있다(L'humanité s'estime dès qu'elle se voit capable de reculer sa misère; elle tend à oublier, en même temps que sa détresse, l'humiliante morale par laquelle, faisant de nécessité vertu, elle condamnait la vie).[37]

다시 말해 근대적 휴머니즘은, 사람들이 금욕주의라는 보다 오래된, 피안적 윤리를 버

37 Paul Bénichou, *Morales du grand siècle*(Paris: Gallimard, 1948), p. 226.

릴 수 있게 되었기 때문에 등장한 것이다.

게다가 그와 같은 뺄셈 이야기는 일반적으로는 인간의 동기, 특수하게는 종교적 신앙의 원천에 대한 특정한 견해에 정초되어 있다. [그에 따르면] 종교적 신앙은 빈곤의 과실로 간주되고, 그에 수반되는 자기-버림은 '궁핍을 미덕으로 삼는다.' 신앙은 박탈, 굴욕, 희망의 결여의 산물이다. 개화번영에 대한 인간적 욕망의 이면이다. 거기서 우리는 그와 같은 욕망이 충족되지 않는 것에 대한 실망에 의해 추동된다.

573 그리하여 인간의 개화번영은 인류의 영원한 목표로 간주된다. 비록 빈곤과 굴욕의 시대에는 퇴색하지만 말이다. 그리고 일단 긍정되기 시작하면 그것의 내용은 전혀 문제없는 것으로 받아들여지게 된다.

그렇게 뺄셈 이야기에 과도하게 의존하는 것은 보다 이전의 즉 1장에서의 나의 불만의 대상과 관련되어 있다. 즉 그와 같은 종류의 설명은 경험과 감수성에서 일어난 변화에 비해 신앙에서 일어난 변화에 너무 많은 자리를 내준다는 것이다. 우리는 이 두 (추정상의) 과오가 어떻게 연결되어 있는지를 이해할 수 있다. 뺄셈 이야기는 서양근대에 의해 초래된 문화적 변화, 즉 자아 그리고 자아가 사회, 공간과 시간 속에서 차지하는 자리에 대한 새로운 이해를 발전시켜온 방식에는 너무 적은 자리만 내준다. 뺄셈 이야기를 하는 사람은 우리가 얼마나 혁신적이었는지를 이해하지 못한다. 그것은 근대를 신앙과 욕망의 지속적 핵심을, 그것을 왜곡하고 억제한 형이상학적/종교적 환상의 덮개로부터 해방시키는 과정으로 이해하는 경향을 보인다.

하지만 세계와 인간조건을 경험하는 새로운 방식은 가령 우리가 자신을 자율적 주체로, 즉 다양한 선택 가능성을 누릴 수 있는 존재, 주권적 인민에 속하며 잠재적으로 역사를 통제할 수 있는 다른 많은 사람과 같은 시민으로 규정하는 데서 찾아볼 수 있을 것이다. 이 모든 방식과 그 밖의 다른 것들은 문화의 대대적 변화라는 맥락, 즉 서양근대가 생성해온 자아, 행위 주체, 시간, 사회에 대한 새로운 이해라는 맥락에서 바라볼 때만 파악 가능하다. 이 모든 변화를 무시하거나 시시하게 만듦으로써 뺄셈 이야기는 인간의 경험에서 일어나는 변화를 파악하기 어렵게 만들어버린다. 그것에게는 신앙의 변화라는 측면에서 이루어지는 설명만 남을 뿐이다.

뺄셈 이야기는 근대적 세속성의 등장을 설명할 수 있는 한 종류일 뿐으로, 본서에서 나는 또 다른, 내 생각으로는 보다 설득력 있는 설명을 제출하려고 시도해왔다. 그와 관련해 우리가 살펴보고 있는 것이 종종 '주인-서사'라고 불리는 것, 즉 역사가 어떻게 전개되는가와 관련된 포괄적 틀과 같은 상이다. 오늘날 그것은 상당한 공격을 받아왔으며, (이념적으로는) 과거의 것으로 치부되고 있다.[38] 그러나 나는 그것은 지나간 것이기는커녕 우리 사유에 본질적인 것이라고 주장할 것이다. 우리는 모두 그것을 이용하고 있으며, 거부한다고 주장하는 사람도 마찬가지이다. 우리는 우리가 하고 있는 일에 대해 명확히 할 필요가 있으며, 우리가 의지하고 있는 서사에 대해 논할 준비가 되어 있을 필요가 있다. 그것을 거부하려는 시도는 단지 문제를 애매하게 만들고 말 뿐이다.

나는 그와 같은 서사 중 하나, 즉 근대적 세속성의 등장의 개요를 추적해오고 있는데, 앞의 세속성은 일반적 형태로 근대적 휴머니즘적 문화 속에 넓고 깊게 뿌리내리고 있다. 그것은 상호 연관된 네 측면을 갖는 경향이 있다. (a) 더 이상 정직하고, 투명하게, 진실하게 신을 믿을 수 없게 되었다는 '신의 죽음'-명제. (b) 근대적 휴머니즘의 등장에 관한 모종의 '뺄셈' 이야기. (c) 종교적 신앙이 존재하는 원래 이유 그리고 그것이 인간에게 영속적으로 동기를 부여하고 있는 것에서 어떤 자리를 차지하고 있는지에 대한 견해. 그것이 뺄셈 이야기의 기반을 이룬다. 그와 같은 견해들은 미지의 것에 대한 원시인의 공포나 세계를 지배하는 근본 요소들을 통제하려는 욕망부터 종교를 신경증과 연결시키려는 프로이트의 사변까지 19세기부터 내내 다양한 형태를 취해왔다. 그와 같은 설명 중 많은 것에서는 테크놀로지가 일정한 수준에 이르면 종교는 무조건 불필 574
요해진다. 즉 이제 원하는 것을 어떻게 마련해야 하는지를 우리 자신이 알게 된 이상 더 이상 신은 필요 없다는 것이다.[39] 그와 같은 이론의 대부분은 심할 정도로 그리고 믿기 어려울 정도로 환원주의적이다.

그것들은 하나로 합류해 (d)라는 결과가 되는데, 그에 따르면 근대의 세속화에서는 주로 과학, 테크놀로지, 합리성에 직면해 종교가 후퇴하게 된다. 19세기에 콩트 같은 사상가는 후일 르낭이 한 대로 종교가 과학에 의해 대체되리라고 확신을 갖고 이렇

38 리오타르, 유정완 역, 『포스트모던의 조건』, 민음사.

39 그것에 대한 보다 세련된 독법을 Steve Bruce, *Religion in Modern Britain*(Oxford: Oxford University Press, 1995), pp. 131-133에서 찾아볼 수 있다.

게 예언했다.

> 인류가 더 이상 믿지 않지만 알게 되는 날이 올 것이다. 즉 이미 물리적 세계를 알고 있듯이 형이상학적 세계와 도덕적 세계를 알게 될 날이 올 것을il viendra un jour où l'humanité ne croira plus, mais où elle saura; un jour où elle saura le monde métaphysique et moral, comme elle sait déjà le monde physique.[40]

그처럼 확신에 가득 찬 미래에의 투사와 반대로 오늘날에는 모든 사람이 그와 같은 환상에 모종의 미래가 있다고 생각하고 있다. 하지만 여기서 필자가 묘사하는 비전에 의하면 한층 더 축소되는 과정이 그것을 기다리고 있을 것이다.

앞의 네 측면을 상호 연관시키면 배타적 휴머니즘 진영 안에서 종종 근대의 세속화를 어떻게 바라볼지에 대한 일정한 상을 얻을 수 있을 것이다. 그것에 맞서 나는 여기서 완전히 다른 상을 제시해오고 있는 셈이다.[41]

7

나는 지금까지 '신의 죽음'이라는 관점의 두 가지 측면 그리고 그것들이 막 등장하던 서양근대의 정체성의 다양한 측면을 '자연화'하는 방식을 살펴보았다. 그와 관련해 앞

40 Sylvette Denèfle, *Sociologie de la Sécularisation*(Paris/Montréal: L'Harmattan, 1997), pp. 93-94에서 재인용.

41 만약 내가 그와 같은 이야기를 정확하게 들려준 것이라면 '신의 죽음'에서 출발하는 설명에는 적어도 겉보기에는 일정한 진실이 들어 있음을 볼 수 있을 것이다. 배타적인 것으로 간주될 수 있으며, 그렇게 체험되어온 형태의 휴머니즘이 발전되어왔다. 그리고 그와 같은 관점에서 출발할 때 자연과학이 정신에 대한 유물론적 해석 쪽을 향하도록 우리를 이끄는 것은 실제로 얼마든지 그럴듯해 보일 수 있을 것이다. '신의 죽음'은 이론적 수준에서는 단지 근대적 세속성에 대한 잘못된 설명에 불과한 것이 아니다. 그것은 또한 근대에서의 우리 조건을 해석하고, 따라서 경험하고 싶은 매력적인 가능성을 나타내기도 한다. 그것은 내가 찾고 있는 설명항은 아니지만 피설명항의 핵심적 부분이다. '신의 죽음'이라는 설명을 그와 같은 역할 속에서 본다면 나는 그것을 부정하기를 바라는 입장과는 거리가 완전히 멀다.

의 두 설명에서 중심重心이 바뀐다는 것이 드러났다. 유물론을 지지하는 첫 번째, 과학에 의해 추동되는 첫 번째 측면은 인식론적 주장에 기반하고 있는 것처럼 보인다. 유물론 그 자체는 존재론적 명제로, 그에 따르면 존재하는 모든 것은 의미하는 바가 무엇이건 '물질'에 기반한다. 하지만 그것의 주장은 궁극적으로 인식론적인데, 존재론적 명제는 과학의 성공에 호소하기 때문이다. 그것은 근대세계에서 타당한 지식의 패러다임적 사례는 연구하는 실재가 오직 물질로만 구성되었다고 (상정해) 이해하며, 따라서 우리는 모든 것이 물질이라는 결론을 내리도록 되어 있다는 입장에서 출발하기 때문이다.

하지만 설령 근대과학에 관한 전제가 사실이더라도 결론까지 타당한 것은 아니다. 그리고 나는 결론이 맞는다고 믿는 사람들은 그것의 결함을 간과하도록 유도되리라고 주장한 바 있다. 인간의 윤리적 곤경과 관련해 유물론적 패키지에 속한 해석을 (다시 충분한 정당화 없이) 통째로 확신하기 때문이다. 그것은 유물론을 무심한 우주의 실재를 파악하기 위해 보다 이전의 형이상학적·종교적 신앙의, 우리를 위로해주는 환상에 저항할 준비가 되어 있는 용감한 성인의 견해로 제시한다. 그런데 그와 같은 해석은 특정한 이야기, 즉 우리가 보다 이전의 환상을 식별하고, 이어 그것에 저항할 수 있는 지점까지 도달하는 이야기와 결부되어 있다. 칸트가 계몽에 대한 매우 영향력 있는 규정에서 유명하게 만든 이야기가 그것이다. 계몽이란 본인에게 책임이 있는 미성숙함selbstbe-
schuldigte Unmündigkeit에서 벗어나는 것이다. 이 시대의 표어는 "너 자신의 지성을 사용 575
할 용기를 가져라sapere aude"42였다. 그와 같은 단계에 이르려면 지식을 늘리는 것이 필요했지만 그것은 새로운 형태의 용기와 불가분했다. 그것이 현실 그리고 그것 속에서의 우리 자리에 대한 우리 자신의 해석을 책임지는 것을 가능하게 해준다.

그것은 그처럼 새로운 확신의 결정적 부분은 하나의 서사, 즉 우리가 지금 있는 곳에 어떻게 도달했는가에 관한 하나의 견해에 의거함을 의미한다. 그리고 신의 죽음이라는 관점의 두 번째 도덕적 측면에 이를 때 서사의 방향이 바뀌었음을 발견하게 된다. 그와 같은 서사는 여기서 뺄셈 이야기 형태를 띤다. 하지만 우리는 이 두 서사화 즉

42 칸트, 김미영 외 역, 「계몽이란 무엇인가에 대한 대답」, 『비판기 저작 1』, 한길사, 39페이지. "계몽이란 인간이 본인에게 책임이 있는 미성숙함에서 벗어나는 것이다. 미성숙함은 다른 사람의 지도 없이는 본인의 지성을 사용하지 못하는 상태이다."

성년 상태로의 용기 있는 이행이라는 이야기 그리고 환상의 뺄셈이라는 이야기가 어떻게 서로 짝을 이루는지를 이해할 수 있을 것이다. 동일한 동전의 양면인 것이다. 우리가 잃어버린 것은 환상이며, 그렇게 하려면 용기가 필요했다. 남겨진 것은 과학의 진정한 평결, 즉 우리를 포함한 사물에 관한 진리로, 그것은 발견되기를 줄곧 기다려왔다.

'성숙[성인화]'과 뺄셈, 그것들이 우리 시대에 관한 그와 같은 강력한 이야기의 두 얼굴이다. 하지만 그와 같은 이야기는 이 두 측면보다 훨씬 더 풍부할 것이며, 또 다른 측면에 대해 좀 더 자세히 탐구해보는 것이 유용할 것이다. 여기서 나는 널리 확산되어 있으며 수사학적으로도 설득력 있는 두 가지 서사화를 살펴보려고 하는데, 그것은 오늘날 많은 사회 환경 속에서 더 이상 도전받지 않은 상식 수준으로까지 깊숙이 자리 잡고 있다. 즉 비트겐슈인적 의미의 '상'이 되어 배경에 [무의식적으로] 자리 잡고 있다.

두 서사화 중 첫 번째 것은 주로 우리의 사회적·정치적 조건과 관련되어 있다. 앞서 주장한 대로 오늘날 우리는 우리가 개인으로 이루어진 사회 속에서 산다고 생각한다. 사회로의 귀속은 다양한 네트워크, 특별히 우리 둘레에 짜여져 온 친족관계, 특히 위계제적 관계, 특수하게는 전근대의 '봉건'사회에 핵심적이던 것과 같은 종류의 관계를 포함한 네트워크로부터의 이탈을 가져왔다. 그렇다고 해서 네트워크와 위계제가 존재하지 않는다는 말이 아니라 단지 근대의 상상계는 국민, 경제, 공론장 수준에서는 그것들을 사회적 귀속과 무관한 것으로 간주한다는 것이다. 우리는 그처럼 보다 큰 전체에 직접 귀속되어 있다. 즉 그것들에 대한 우리의 접근은 앞서 말한 네트워크에 의해 매개되지 않는다. 게다가 그것들 전체는 "낯선 이들의 사회성"43에 의해 하나로 유지되고 있다.

상술한 견해가 앞의 이야기 전체의, 하지만 완전히 외부로부터 들려주는 기본 뼈대이다. 반대로 사태의 그와 같은 전개에 실제로 참여하는 사람 설명에 따르면, 그것은 종종 발견 이야기, 즉 과도한 통제와 부당한 차별을 포함해 폐쇄적인, 밀실 공포증을 느끼게 하는 관계의 보다 협소한 세계로부터의 해방에 대한 거대한 도덕적 열의의 이야기이다. 동시에 그와 같은 사태전개는 새로운, 보다 넓은 공간으로의 해방으로 경험

43 Michael Warner, *Publics and Counterpublics*(New York/Cambridge, Mass.: Zone Books[distributed by MIT Press], 2002)을 보라.

되었다. 대다수 사람이 구래의 차별적 구분에서 벗어나 함께 모여 예컨대 국민, 혁명정당, '인류당' 같은 새로운 기획 속에서 동포 시민으로, 같은 인간끼리 만나는 공간 말이다. 그와 관련해 물론 다른 입장, 즉 그와 같은 변화에 저항하는 사람 쪽에서 보면 그것 576
이 종종 가장 결정적이고 기본적인 사회적 유대의 파국적 해체로 경험되어왔음을 잊지 말아야 한다.

여기서의 패러다임적 실례는 〈프랑스혁명〉이다. 그것의 해방적 행위를 통해 사람들은 '신분'으로부터 해방되어 '국민la nation'이라는 새로운 공간에 진입해 '자유, 평등, 박애'라는 새로운 삼위일체에 의해 결합되었다. 그것으로부터 출발한 도덕적 영감은 매우 강력했다. 그것은 다시 그처럼 급진적인 발걸음이 항상 다시 반복될 것을 의미했다. 무엇보다 먼저 물론 그것은 혁명에 나서거나 또는 적어도 새로운 토대 위에서 자신을 새롭게 구성하려는 다른 '국민들' 사이에서 반복될 것이었다. 그리고 동시에 성공 여부와 관계없이 그와 같은 혁명을 이끌길 열망하는 새로운 당파에서 나타날 것이었다. 19세기 초의 〈청년이탈리아〉 같은 민족주의운동부터 시작해 바로 20세기의 혁명적 아나키스트 당파들, 볼셰비키정당을 거쳐 오늘날의 테러 운동에 이르는 빨치산들은 보다 이전의, 보다 협소한, 종종 네크워크처럼 짜여진, 분명히 위계제적 구조를 깨뜨리고 평등한 동지애에 기반한 보다 광범위한 공간을, 재구성된 국민 또는 새롭게 순화된 이슬람이라는 새로운 공간을 예시하는 공간을 창조하기 위해 애쓰는 투사를 자임했다.[44]

또한 일련의 '청년문화' 속에서도 동일한 것을 볼 수 있는데, 그것은 가족 속에서의 위계제적 역할 귀속에 대한 반항 그리고 보다 포괄적인 박애 운동의 일원으로서의 정체성으로의 이행을 동반했다. 1960~1970년대에 서양 사회에 충격을 준 최후의 대규모 청년운동은 분명히 그와 같은 종류의 것이었다. 그것은 권위에 도전해 교사와 학생, 학생과 노동자, 남녀, 일과 놀이, 수단과 목적의 구분을 해체하려고 했다. 모든 것은 모두가 함께 인간으로 존재할 수 있는 새로운 질서에 이르기 위한 것이어야 했다. 그와 같은 기획의 유토피아적 성격이 그것에 대한 우리의 기억을 아직도 지배하고 있을 수 있지만 그와 관련해 그것이 추구한 변혁의 방향을 잊지 말아야 할 텐데, 그와 같은 종류

44 Syed Qutb, *Milestones*, trans. S. Badrul Hasan(Karachi: International Islamic Publishers, 1981).

의 일련의 많은 변혁 중 하나로 [특히] 사람을 갈라놓는 차별을 철폐하고 자유와 평등의 새로운 공간을 여는 것이 그것이었다.

보다 이전에 그와 유사한 일련의 운동이, 특히 보다 큰 사회에서 불이익을 당하고 있다고 느끼는 소수자 운동이 존재했다. 슬레즈킨은 20세기 러시아에서의 유대인에 관한 해박한 저서에서 그것을 관련 문서로 매우 명료하게 입증했다. 젊은 유대인들은 새로운 종류의 공간, 즉 개방성과 평등성의 공간, 보편적일 수 있는 공간, 이제 비좁고 옹색한 게토의 삶으로 여기게 된 것과 영원히 결별하도록 해줄 공간에 대한 희망에 반응하고 있었다.[45]

보다 덜 혼란스러운, 보다 보편적이고 우애적인 새로운 공간이 가진 그처럼 강력한 도덕적 매력에 초점을 맞춘다면 인류사에서 광범위한 공명을 불러일으켜온 어떤 것을 발견하게 될 것이다. 그와 같은 종류의 일은 반복해서 일어나왔다. 가령 부처를 따르는 사람들이 카스트의 다르마를 벗어나 승단이라는 새로운 공간으로 이행한 것을 생각해 보라. 그리스도를 따르는 사람들은 선한 사마리아 사람의 우화의 본을 따랐는데, 마침내 바울은 이렇게 말할 수 있었다.

> 그리스도 안에서는 유다인이나 그리스이나 종이나 자유인이나 남자나 여자나 아무런 차별이 없습니다[「갈라디아인들에게 보낸 편지」, 3장 28절].

무함마드를 따른 사람들을 보라. 그들은 이슬람의 새로운 공간은 모든 부족과 민족을 초월하는 것으로 간주했다. 그리고 [세계 공동체에 대한] 스토아주의의 호소가 가진 매력 또한 동일한 맥락에서 이해할 수 있을 것이다.

577 그와 같은 종류의 사태전개가 인류라는 종에 속한 우리에게 미칠 수 있는 것처럼 보이는 힘은 만약 그것을 보다 정확하게 규정할 수만 있다면 우리 자신에 관해 중요한 무엇인가를 말해줄 수 있을 것이다. 내가 여기서 그것을 하겠다고 주장할 생각은 없지

45 Yuri Slezkine, *The Jewish Century*(Princeton: Princeton University Press, 2004), 3장, 특히 140~170페이지를 보라.

만 그와 같은 힘을 단지 순전히 소극적인 발걸음, 즉 차별과 제한 같은 족쇄로부터의 벗어남을 통해서만 설명할 수 없는 것 같다. 그것으로부터 벗어남은 물론 가령 카니발에서 또는 모종의 폭력의 분출에서 볼 수 있듯이 큰 흥분을 불러일으킬 수 있을 것이다. 바타이유는 그와 같은 종류의 힘에 대해 묘사한 바 있다. 그러나 그것은 상술한 사태전개 그리고 근대의 많은 사회적 상상계에 수반되는 지속적 느낌, 즉 보다 고차적인 것에 도달했다는 느낌과는 다른 것처럼 보인다.

그와 같은 힘은 부분적으로는, 아니 대부분이 우리가 해방되어 들어가는 공간의 적극적 매력에 의해 설명되어야 한다. 전술한 네 가지 사례를 들어보면, 계몽의 추구의 공간, 구원의 공간, 신에 대한 복종의 공간, 신과 인간이 만들어내는 코스모폴리스의 공간이 그것이다.

낯선 이, 즉 이방인을 기꺼이 사회적으로 통합시키는 경향을 가진 근대적 공간에 고유한 힘은 무엇일까? 그것은 그와 같은 공간에 생겨나는 집단적 힘 그리고 그것의 효력efficacy에 대한 강화된 느낌과 일정하게 관련되어 있음이 틀림없다. 인민으로 결합된 국민은 그와 같은 식으로 결합되는 사람들에게 새로운 종류의 효력을 약속한다. 인민은 더 이상 신민이 아니라 주권자이다. 물론 그와 같은 약속은 사실 엘리트, 관료기구, 인민 자신의 무관심으로 인해 종종 좌절된다. 하지만 그것은 여전히, 200년 동안 계속 존재해왔는데, 구현에 실패했을 때 사람들이 느끼는 씁쓸한 실망감에서 그것의 구현 정도를 가늠해 볼 수 있을 것이다. 물론 민주주의 사회를 무책임한 실권자 패거리에 의해 지배되는 사회와 비교해보면 알 수 있듯이 그것은 부분적으로는 실현되어 있다.

일정하게 관련되어 있지만 모든 것에서 그렇지는 않다. 또한 그것에다 새로운 종류의 효력은 또한 정의, 평등, 자유, 심지어 연대에 기초한 것으로 나타난다는 사실을 추가할 수 있을 것이다. 그것에서는 이 두 가지 선, 즉 행위 주체와 정의가 지금까지 알려지지 않은 방식으로 혼합되고 있다(아마 이렇게 요약해서 말할 수 있을 것이다). 그것이 그처럼 새로운 공간이 행사하는 강력한 도덕적 힘을 설명해준다.

일단 그처럼 새로운 형태가 보다 우월하고 규범적인 힘으로 자리 잡으면 평등과 비차별 측면에서 규정되는 근대적 정의관이 관철되기 시작한다. 빨셈 이야기는 이렇게 말할 것이다. 즉 우리는 항상 그와 같은 직관을 공유했으며, 단지 그것이 위계제와 엘리트 지배를 승인하는 다양한 환상적인 형이상학적·종교적 교의에 의해 무시되고 등한시되어왔을 뿐이라고 말이다. 하지만 그것은 실제로 일어난 일에 부합하지 않는다. 보다 이전의 분화되고 위계화된 질서를 가진 사회, 가령 신분제에 기반한 전근대의 유럽의 왕국이나 위계제에 기반한 밀레트['민족'] 제도를 가진 오스만제국에서 비록 항상 따른 것은 아니었지만 또 다른 정의관이 존재했다. 그것에 따르면 차이는 주어진 것이다. 그 밖에도 그것은 그와 같은 차이를 고려해 신분이나 밀레트 간의 정의正義를 규정했다. 영주에 항거한 유럽 농민은 보통 위계제라는 사실 자체에 대해서는 이의를 제기하지 않고 다만 그것을 지나치게 억압적·착취적으로 운용하는 것에 반대했을 뿐이다. 영주들은
578 부당하게 부역을 가중하고 전에는 존재하지 않던 코르베[강제노역]를 도입하고 있다고 고발당했던 것이다. 모든 곳에서 '도덕적 경제'는 이미 확립되어 있다고 생각되던 관례를 고려했는데, 그와 같은 관례 자체가 위계제적이었다.

정의가 근대적 방식 — 가령 그것이 롤스의 분석을 많은 당대인 눈에 자명한 이치처럼 보이도록 만들었을 것이다 — 으로 파악되기 전에 사회를 이해하는 앞의 방식 전체가 근대적 방식에 길을 비켜주어야 했다. 새로운 종류의 공간이 창조되어야 했는데, 그것은 한편으로는 탁월한 효력을 통해 그리고 다른 한편으로는 정의, 자유, 연대에 관한 자체 독자적 형태를 통해 상호 결합된 다른 많은 관점 사이에서 압도적 흡인력을 발휘했다. 다시 한 번 말하지만, 새로운, 전례 없는 창조를 고려하지 않고 뺄셈 관점에서만 근대의 등장을 이해하려는 시도는 중대한 왜곡이다.

전근대인은 신분, 민족, 종교 집단 간의 체계적 불평등이라는 사실에 크게 신경 쓰지는 않았다. 그것은 사물의 질서의 일부일 뿐이었다. 그것은 마치 오늘날 초자유주의자들이 극빈의 언더클래스underclass를 만들어내는 자본주의에 크게 신경 쓰지 않는 것과 마찬가지였는데, 그것 또한 게으르고 훈련되지 않은 사람들이 자기 자신의 당연한 응보를 받는 질서의 일부로 간주되기 때문이다.

그처럼 새로운 공간이 만들어내는 힘이, 어떻게 변화가 계속되는 가운데 새로운 사람을 조달할 뿐만 아니라 또한 위계제와 차별에 대한 점점 더 철저한 도전을 통해 동일한 사람을 붙잡아두는지를 설명해준다. 일단 새로운 공간 내부로 들어가게 되면 거의 모든 전통적 차별은 — 상황이 무르익는다면 — 잠재적으로는 불의의 부역으로 묘사될

것이다. 따라서 가령 남녀평등을 위한 운동이 뒤늦게 등장할 수 있는데, 그것은 본질적으로 새로운 사회적 상상계의 정초적 운동이 있은 지 한참 후에 형성되지만 분명히 여성이 노동력에 참가하고 교육의 권리 등을 획득한 직후에 형성될 것이다. 근대사에서 새로운 벡터가 작동하며, 자체에 고유한 원리를 불충분하게밖에 충족시키지 못했다는 이유로 이전 혁명의 성과에 도전할 가능성이 존재하게 된다. — 1960년대에 젊은이들이 그렇게 했듯이 말이다. 그와 같은 벡터는 '당신보다 더 …… 하다'는 일련의 행보에 의해 규정된다.

한편으로 내가 인용한 보다 이전의 행보, 즉 기축혁명의 고전적 단계인 불교, 기독교, 스토아학파, 무슬림운동 그리고 다른 한편으로는 근대적인 사회적 상상계의 등장은 상이한 종류의 개인주의를 성립시켰다. 첫 번째의, 즉 기축시대의 사태전개는 뒤몽이 '세상 밖의 개인[불교 용어로는 출가자]l'individu-hors-du-monde'이라고 부른 것의 토대가 되었다. 비구比丘, 승려, 힌두교 탁발승, 수피 성인은 아직도 위계제 사회로 머물러 있던 정상적regular 질서 밖으로 나갔다[출가했다]. 근대적 변화는 '세상 속의 개인'을 위한 토대였다. 사회적 '세상'은 이제 상호이익을 위해 연합하는[결사체를 구성하는] 개인들로 이루어지는 것으로 간주되고 있다.

새로운 질서의 강력한 네 가지 지표는 이렇다. 첫째, 자유. 모든 사태전개는 해방으로 이어져야 한다. 둘째, 권력. 그것은 권리[권력]강화를 의미한다. 셋째, 호혜. 그것이 사회의 주요 목적이다. 넷째, 이성. 자유, 권력, 상호이익의 달성 여부 또는 어떻게 하면 달성 가능한지는 합리적 논의를 통해서만 결정되어야 한다. 이 네 가지 지표의 성취 여부는 실증 가능한 것이 되어야 한다. 평등이라는 기본 전제, 권리의 전경화와 함께 579
그것들이 새로운 질서 관념을 구성하는 핵심 개념이 되어야 한다.

그런데 물론 그것들은 '계몽[주의]'의 가치다. 그것만으로도 많은 사람이 근대의 정치적 상황에 대해 근대는 '종교'에 맞서, 종교와의 투쟁 속에서 그리고/또는 종교를 희생하는 대가로 등장했다는 서사를 제시하도록 만들기에 충분하다. 하지만 그와 같은 견해는 보다 정확하게 검토할 필요가 있다.

사실 그와 같은 형태의 근대는 보다 이전에 등장한 복잡하게 뒤얽혀 있는 구조 및 규칙과 투쟁하는 가운데 등장했다. 앙시앵레짐은 쉽게 식별 가능한 대립적 가치에 기초해 작동했다. (1) 가령 코스모스적 질서에 기초하거나 집단, 인종, 젠더 간의 현실적 차이에 기초해 있어 구조와 규칙을 그 자체로 귀중한 것으로 만들어온 대립적 가치. (2) 상호이익보다 더 고차적이고 보다 중요한 것이 존재한다는 개념. (3) 인간적 선의 몇몇 특징은 실제로는 틀린 것으로 간주되었다. 가령 관능성이 그러했는데, 이 때문에 금욕주의를 향한 성향이 나타나게 되었다.

그런데 이 세 가지 가치 모두 기독교교회와 다른 종교의 지도자에 의해 옹호되어왔다. 피오 노노[피우스 9세] 시대의 가톨릭교회는 그것을 충분히 설득력 있게 보여주는 사례이며, 그 밖에 다른 많은 사례도 존재한다. 따라서 세속주의적 독법은 발명된 것과는 거리가 멀다. 그러나 그것은 또 전체적인 이야기와도 거리가 멀다. 도덕질서에 관한 근대적 이념의 기원은 로크 같은 기독교적(또는 적어도 유신론적) 사상가 속에 존재한다. 오늘날 〈기독교민주주의〉의 존재 또한 그와 같은 사례이다. 이 모든 것은 종교적 관점에서 이루어지는 (1)과 (3)에 대한 반론은 현실의 필연적 특징과는 거리가 멈을 보여준다. 물론 (2)는 초월적 차원을 가진 종교적 신앙이라면 모두 간직해야 할 것이지만 그것이 앞선 계몽의 패키지에서 긍정적 측면을 위협한다는 것은 명백한 것과는 한참 거리가 멀다. 반대로 완전히 충분한 것으로 받아들여지고 있는 계몽의 가치들의 한계에 대한 얼마간의 통찰을 제공해줄 수 있을 것이다.

따라서 근대적인 사회공간의 발생 이야기에 굳이 반종교적 '해석을 부여할' 필요는 전혀 없다. 하지만 굳이 그와 같은 식으로 처리하려는 동기가 존재한다. 그리고 '해석을 부여하려는' 모든 동기와 마찬가지로 어떻게 그것의 광범위한 수용이, 그리고 그것에 함의된 종교의 격하가 명백하고 의문시 불가능한 하나의 '상'으로 굳어질 수 있는지를 쉽게 볼 수 있을 것이다. 근대적 세속성에 관한 서사의 이 측면을 우리가 추적하는 것은 그것이 유물론과 과학 이야기 또는 뺄셈으로서의 근대(성) 이야기보다 더 잘 정초되어 있음이 입증되어서가 아니다. 오히려 그것을 집중적으로 살펴보는 것은 일단 세속주의적인 '해석 부여하기'를 따르기로 결정한다면 그와 같은 반종교적 이야기가 얼마나 시민적 사회성의 그와 같은 공간의 도입에 동반되는 온갖 신빙성과 도덕적 힘을 갖게 되는지를 그것이 잘 보여주기 때문이다.

집단적 권리[권력]강화의 행위 주체로서의 인민이라는 근대적 이념에 대해서는 앞서 언급한 바 있다. 그러나 그와 같은 새로운 공간의 힘은 또 다른 측면을 가진다. '국민'으로서의 인민은 특정한 언어나 문화의 담지자로 간주된다. 세계는 해당 국민과 그의 언어에 특수한 방식으로 체험되고 노래된다. 그것이 헤르더적 국민 개념의 배후에 있는 기본 이념이다. 따라서 그와 같은 새로운 공간에 동참하려는 욕구는 또 다른 의미를 580
갖는다. 즉 우리는 그렇게 체험되고 노래되는 방식의 원천에 다가가려고 한다. 그것이 엘리트(이미 굴복해 공동의 언어[모국어]를 경멸하며 자기들끼리는 프랑스어나 영어로 대화하는 사람들)에 의해 망쳐지지 않은 평민이라는 의미에서의 '인민'이 될 수 있을 것이다. 아니면 언어의 천재가 고급문화 속에서 표현되도록 만드는 과정이 이미 시작되었는지도 모른다. 그리고 그와 같은 과정은 종종 정초적 인물, 가령 단테, 셰익스피어, 괴테, 푸시킨, 미키에비치Adam Mickiewicz[1798~1855년: 폴란드의 낭만주의 국민시인], 페퇴피Sándor Petöfi[1823~1849년: 헝가리의 국민시인] 같은 사람의 작품에서 나오는 것으로 간주된다. 그리하여 새로운 공간은 그처럼 새롭고 고양된 속어를 말하는(또는 아마 쓰는) 것에 의해 규정된다. 슬레츠킨은 그와 같은 현상을 흥미로운 방식으로 논한다.[46]

8

그와 같은 세속성 서사에는, 내재성에 관한 '폐쇄된' 해석-부여하기 속에 편재하고 중요하기 때문에 여기서 언급할 만한 가치가 있는 또 다른 측면이 존재한다. 그것의 줄거리는 이렇다. 즉 보다 이전에 인간은 자기 외부에 존재하는 권위로부터, 가령 [유일]신 또는 신들, 존재의 본성이나 코스모스로부터 규범, 궁극적 가치의 기준을 받아들였다. 그러나 이후 그처럼 보다 고차적인 권위가 본인이 만들어낸 허구였음을 인식하게 되었으며, 본인의 권위에 기반해 자기 자신을 위한 규범과 가치를 확립해야 함을 깨닫게 되었다. 그것이 성숙[성년화] 이야기의 철저화로, 과학에 의해 추동됨을 논거로 유물론

46 앞의 책, 65페이지 이하, 96~100페이지.

을 옹호하는 입장에서 그것을 찾아볼 수 있다. 인간은 단지 환상에서 해방되기만 하면 바로 세계에 대해 진정한 사실을 확립할 뿐만 아니라 또한 삶의 지표가 되는 기본 가치를 확정하기도 한다[는 것이다].

물론 앞서 언급한 두 가지 독법은 도덕적 올바름을 확립하는 것은 어떤 의미에서는 과학이라고 생각하는 사람에게서는 거의 동일한 것이나 마찬가지가 될 것이다. 공리주의자들이 종종 그와 같은 것을 대변한다. 즉 (이 학파의 전통적 정식화를 이용하자면) 최대다수의 최대행복을 가져오기 위해 행위하는 것이 행위의 공리가 되어야 한다. 그리고 실제로 무엇이 그것을 실현할지는 상식적인 경험적 탐구뿐만 아니라 다양한 특수과학에 맡겨야 한다. 이 경우 우리 자신의 기준을 확립해야 한다는 극적인 주장은, 우리는 더 이상 그것을 외부의 권위로부터 받는 것이 아니라 오히려 우리 자신의 과학적 탐구로부터 확립한다는 생각에 이르게 된다. 그것을 이성 또는 우리 자신의 이성에서 끌어낸다고 말할 수 있을지도 모르겠다. 하지만 무엇이 옳은지를 우리 자신이 결정하지 않음은 분명하다. 각각의 경우의 사실에 의해 규정되기 때문이다.

그에 상응해 칸트라면 도덕법칙을 입법하는 것은 우리지만 그것을 정초하는 것은 이성이라고 말할 것이다. 오직 그때서야 비로소 사례에 관한 사실뿐만 아니라 이성의 본성이 우리가 보편화 가능한 준칙에 따라 행동할 것을 요구하게 된다. 우리는 무엇이 올바른 것인지를 결정할 수 없고, 단지 올바른 것을 따르려고 의지할 수 있을 뿐이다. 그때 우리는 욕망을 가진 존재에 맞서 이성적 행위 주체로서의 본성에 따라 행위한다.

581 하지만 그와 같은 서사적 줄거리의 극적인 힘의 일부는 여기서 이미 사라진다. 그와 관련해 놀라운 것은 우리가 살아가는 규범을 우리 자신의 권위에 의해 만들어내야 한다는 주장이다. 보다 고차적인, 인간을 초월한 권위에 관한 태곳적부터의 감각을 얼마나 거부하고 있는지를 통감하자마자 그와 같은 생각은 우리 속에서 몸서리와 전율을 촉발할 수 있을 것이다. 그리고 동시에 우리 자신이 책임져야 하고 책임을 떠맡기 위해서는 용기가 필요함을 인식하도록 우리를 각성시킬 수 있을 것이다. 그 밖에도 말하자면 우리가 규범의 심연 앞에 서 있다는, 맹목적이고, 귀먹은, 침묵하는 우주는 도대체 아무런 방향도 제시하지 않는다는 인식은 우리를 당황하게 만들 수 있을 것이다. 여기서 명랑한 도전의 목소리를, 즉 우리에게 영감을 주고, 그와 같은 낯선 우주의 기묘한

아름다움에 대한 감각을 일깨워주는 목소리를 발견할 수 있는데, 그와 같은 우주에 직면해 무엇이 의미가 있는지는 우리 스스로가 결정할 수 있다는 주장을 내세우는 것이다.

그와 동일한 이야기를 철저함radicality을 달리하는 수준에서 해볼 수 있을 것이다. 그와 관련해 가령 합리성이 도덕의 토대를 이룬다는 식으로 도덕의 정체를 폭로하는 흄의 입장에 대해 되돌아보는 현대의 흄주의자가 가장 평범한 사례를 보여줄 수 있을 것이다. 그와 같은 토대는 오히려 보통의 인간의 감정에, 인간의 행복과 복지에 기여하는지의 측면에서 어떤 행위에 대한 찬반을 표하는 특정한 타고난 성향 속에 존재하기 때문이다. 공감이라는 타고난 감각이 이 경우 우리가 단지 자신의 행복뿐만 아니라 일반적 유용성에 의해 동기를 부여받는 것을 보장한다.

그렇게 볼 때 우리는 종종 어떤 것이 좋고 올바른지를 소박하게 결정할 수 없다. 그것은 한편으로는 행복을 가져오는 것에 대해 찬의를 표하려는 우리의 태생적 성향에 의해, 다른 한편으로는 실제로 인간의 복지에 도움이 되는 것이 무엇인지를 결정하기 위해 사용하는 한에서의 우리 이성에 의해 결정된다. 하지만 또 다른 측면에서 보면, 그와 같은 입장이 전통적인 윤리로부터 결정적으로 멀어지고 있음은 분명하다. 그것은 우리 기준은 신의 의지건 코스모스의 본성이건 인간적인 것의 이데아건 또는 다른 어떤 것이건 보다 고차적인 것에 의해 결정된다는 주장의 정체를 폭로할 뿐만 아니라 또한 그처럼 보다 고차적인 원천에 의거하는 논란의 여지가 없는 권위의 아우라를 흩뜨려버린다. 우리의 도덕적 충동은 다른 모든 충동과 마찬가지로 자연스러운[태생적인] 것이다. 그것은 우리의 섹슈얼리티, 자존과 인정 욕구 등과 마찬가지로 인간이 실제로 기능하는 방식의 일부일 뿐이다.

하지만 물론 도덕적 요구는 보다 고차적인 것이며 우월한 것임을 주장한다. 심지어 다른 욕망이 무시하라고 촉구할 때조차 귀 기울여야 하는 요구임을 주장한다. 그것이 '도덕'이라는 말이 의미하는 바의 일부이다. 그리고 대체로 흄에서 출발하는 도덕철학자는 그와 같은 주장을 거부하길 원치 않을 것이다. 그것에 상응하는 형태로 삶을 살기를 갈망할 것이다. 하지만 그때 그와 같은 도덕적 요구에 그와 같은 지위를 부여하는데 동의하는 것은 우주나 신이 아니라 궁극적으로는 본인 자신임을 깨닫게 될 것이다. 이 의미에서 모종의 결정이 요청된다.

그리고 그와 같은 결정을 내리려면 모종의 용기가 필요하다. 왜냐하면 그처럼 보다 고차적인 원천 그리고 우월하다는 주장 간의 연결고리는 우리의 역사와 문화 안에, 아마 심지어 우리의 체질 안에 너무 깊이 뿌리내리고 있어 외부의 모든 원천에 대한 정체 폭로는 우리를 낙담하게 만드는 결과로 쉽게 이어질 수 있기 때문이다. 우리는 신 또는
582 자연의 명령으로 유지되어온 도덕적 규칙(그중 몇 가지)을 이제 우리 자신의 권위에 기초해 다시 긍정할 용기를 가져야 한다.

이제 그와 같은 자가-권한 부여self-authorization 개념을 좁은 흄적 도덕철학을 넘어 일반화할 수 있을 텐데, 우리는 벌린이 「자유의 두 개념」의 말미에서 교묘하게 표명하는 입장에 이르게 된다.

> 결국에 가서는 사람들이 궁극적 가치 중에서 선택하는 것이다. 그들이 그렇게 선택하는 것은 그들의 삶과 사고가 근본적인 도덕 범주와 개념에 의해 결정되어 있기 때문으로, 그것들은 궁극적 기원이 어디 있건 길고 넓은 시간과 공간을 통해 흘러오면서 그들의 존재와 사상과 자아 정체감의 일부로 자리 잡은 것이다[420~421페이지].

여기서 벌린은 '적정에 관해 영원한 타당성을 내세우지 않으면서도 그중에서 선택할 자유를 부르짖는 이상'을 환기시킨다. 그는 그와 같은 일이 과거에는 인정되지 않았을 뿐만 아니라 미래에도 그럴 수 있음을 인정한다. 하지만 '내가 보기에는 그렇다고 해서 회의적 결론이 따라 나오는 것은 아니다.'

> 영원히 지속되리라는 보장이 없다고 해서 원칙의 신성함이 줄어드는 것은 아니다. 실은, 어떤 객관적 하늘나라에서 우리 가치가 영원하고 안전하다고 보장받고 싶어 하는 욕구야말로 어쩌면 아이들이 바라는 확실성 아니면 원시적 과거에 우리가 원했던 절대적 가치에 대한 동경에 불과할지도 모른다. '자신이 가진 확신의 타당성이 상대적임을 깨닫고 위축되지 않고 그것을 지키는 데서 개명된 사람과 야만인이 구분된다'고 우리 시대의 존경할 만한 저자 한 사람은 말했다. 그것보다 더 높은 것을 요구하게 되는 것이야말로 어쩌면 깊고도 치유

> 불가능한 형이상학 결핍일 수도 있을 것이다. 그러나 그와 같은 결핍에 따라 실제 삶이 확정되도록 방치한다는 것은 깊이로는 마찬가지지만 그보다 훨씬 더 위험한 도덕적・정치적 미숙함일 것이다.[47]

필자가 서술해오고 있는 서사의 줄거리가 여기서 아름답게 환기되고 있다. 즉 유년기에서 성년기로, 야만에서 문명으로, 우리는 자가-권한 부여가 가능한 지점까지 [위로 기어]오른다. 하지만 비록 중요한 선택이 이루어지지만(벌린은 가치 간의 통약 불가능한 갈등이라는 명제로 잘 알려져 있다) 그럼에도 불구하고 규범적인 것으로 받아들여지는 것의 대부분이 우리의 과거 및 정체성에 깊이 닻을 내리고 있음은 분명하다.

만약 우리가 승인하는 가치를 우리의 과거 그리고 오늘날의 우리가 되기에 이른 것과 거의 연속성이 없는 것으로 생각한다면 자가-권한 부여에는 보다 래디칼한 경향적 해석이 주어질 수 있을 것이다. 자신이 혁명적 상황 속에 놓여 있다고 느끼는 저자들은 보다 래디컬한 새로운 입장을 지지하고 있다고 자임하기가 보다 쉽다. 가령 유신론적 윤리나 존재의 대연쇄에 기초한 윤리에 맞선 새로운 휴머니즘 또는 다른 보다 영향력 있는 형태에 맞선 특정한 기질의 휴머니즘 등이 그것이다.

후자와 같은 종류의 태도를 가령 카뮈에게서 발견할 수 있는데, 그의 휴머니즘은 부분적으로는 사르트르가 지지하던 '진보적인', 친공산주의적인 혁명적 휴머니즘에 대한 반대에 의해 규정되고 있다. 카뮈가 보기에 그와 같은 자가-권한 부여에서는 침묵하 583
는 무심한 세계 그리고 그것 속에서 어떤 의미를 찾으려고 하는 모든 노력을 좌절시키는 세계에 맞서고 있다는 느낌이 강하게 나타난다. 이 의미에서 세계는 '부조리'의 장이다. 하지만 그것을 충분히 깨닫고, 도전에 착수하며, 부조리에 맞서 자기 자신의 윤리를 주장하는 것은 무의미한 역경의 힘에 맞서 투쟁할 수 있는 용기를 내고 영감을 발휘할 수 있도록 해준다. 『페스트』에서 의사 리외는 그와 같은 태도의 패러다임적 영웅이다. 페스트에 모종의 잘못된 의미 — 가령 인간은 그것을 통해 그동안 저지른 죄에 따른 벌을 받고 있다 — 를 투사하면 그와 같은 환상에 굴복할 뿐만 아니라 투쟁을 피한 채

47 벌린, 박동천 역, 『이사야 벌린의 자유론』, 아카넷, 421~422페이지.

빈둥거리기만 하게 된다.

카뮈 입장은 너무나 언변이 좋은 데다 수사학적 힘이 있기 때문에 좀 더 상세히 살펴볼 만한 가치가 있다. 그의 결정적 기여는 종교적 · 형이상학적 환상의 종언 이후의 인간조건과 관련된 의미를 '부조리' 관념으로 명확히 한 데 있다. 부조리는 "인간의 호소와 세계의 불합리한 침묵이 마주치면서 생겨난다naît de cette confrontation entre l'appel humain et le silence déraisonnable du monde."48 우리는 행복에의, 즉 향유에의 부름을 듣고 있다고 느낀다. 그것은 단순한 욕망이 아니라 그것이 우리의 보통의 조건이며, 또 우리 삶은 그렇게 살도록 정해져 있다는 느낌이다. 그리고 그것을 넘어 우리는 세계를 이해하고, 세계 속에서 어떤 통일된 의미를 찾아야 한다는 거창한 요구를 안에서 느낀다. 바꿔 말해, 우리 삶의 경험 속에는 불가피하게 사물의 의미에 관한 직관이 기입된다.

하지만 그때 성취와 의미에 대한 주장은 무심한 세계에 의해 잔혹하게 부정된다. 세계가 우리에게 아무것도 빚진 것이 없으며, 우리 갈망에 처음에는 호의를 보이다가 결국에는 박살내버리는 것은 순수한 우연일 뿐이다. 그리하여 등장하게 되는 의미라는 관념은 어떤 총체적 의미에 의해서도 풀릴 길 없는 수수께끼에 부딪치게 된다. 이런저런 일에 의미를 부여하려는 시도는 지속적으로 그리고 명백히 좌절된다. 그것이 바로 카뮈가 '부조리'라고 부르는 모순이다.

물론 그와 같은 주장 자체에는 일견 모순이 존재하는 것처럼 보인다. 인간조건에 관한 카뮈의 극화에 심드렁한 사람들은 즉각 이렇게 지적할 것이다. 즉 만약 기독교와 일군의 형이상학적 견해와 반대로 세계는 무심하고 의미가 결여되어 있다는 것이 요점이라면 부조리에 대해 이야기하는 것 또한 의미가 없다. 부조리는 의미를 기대하는 이유가 있는 곳에 존재하는데 여기서는 대신 무의미가 등장한다. 가정상 의미를 결여한 세계에서 의미를 기대하는 일이 어떻게 있을 수 있단 말인가?

여기서 카뮈가 말하고자 하는 바는 현상학적인 것이다. 우리가 행복과 의미를 기대하고, 그것들을 얻기 위해 노력하고, 그것들을 바라는 것은 삶의 경험의 일부다. 아무

48 카뮈, 김화영 역, 『시지프 신화』, 민음사, 49페이지.

입장도 없는[무관점의] 관점에서 볼 때 세계는 그저 무심할 뿐이며, 의미의 부재에 대해 말하는 것은 아무 소용도 없다. 하지만 우리로서는 세계 속에서, 세계를 살아내야 하는 만큼 그와 같은 기대, 즉 의미에 대한 요구를 지워버릴 수는 없다. 삶에 대한 그와 같은 관점에서 볼 때 세계는 '부조리하다.'

> 이 세계 그 자체는 합리적이지 않다. …… 그러나 부조리한 것은 바로 이 비합리와, 명확함
> 에 대한 미칠 것 같은 열망의 맞대면이다. 명확함에 대한 그와 같은 호소가 인간의 가장 깊 584
> 은 곳에서 메아리친다Ce monde en lui-même n'est pas raisonnable. …… Mais ce qui est absurde, c'est la confrontation de cet irrationnel et de ce désir éperdu de clarté dont l'appel résonne au plus profond de l'homme.[49]

의미를 요구하는 것은 선택 가능한 태도가 아니다. 그것이 우리의 인간-임의 본질적 특징이다.

> 나는 불확실한 향수에 의존해 살아가는 나의 몫을 송두리째 부정할 수는 있어도 이 통일에의 욕구, 답을 얻고자 하는 이 열망, 명백함과 수미일관함에 대한 이 요청만은 부정할 수 없다. 나는 나를 에워싸고, 나에게 부딪쳐 오거나 나를 싣고 가는 이 세계의 모든 것을 반박할 수는 있으나 오직 이 혼돈, 이 설쳐 대는 우연 그리고 무정부 상태로부터 생겨나는 이 기막힌 등가성만은 물리칠 수 없다Je peux tout nier de cette partie de moi qui vit de nostalgies incertaines, sauf ce désir d'unité, cet appétit de résoudre, cette exigence de clarté et de cohésion. Je peux tout réfuter dans ce monde qui m'entoure, me heurte ou me transporte, sauf ce chaos, ce hasard roi et cette divine équivalence qui naît de l'anarchie.[50]

그것에 어떻게 대답해야 할까? 전통적 대답은 부조리를 부정하고 코스모스적 의미를

49 앞의 책, 41페이지.
50 앞의 책, 79페이지.

긍정하는 것이었다. 또는 아마 아래와 같이 표현해보는 것이 보다 적절할 수 있을 것이다. 즉 초기의 발전 내내 인간이라는 종은 줄곧 사회적으로 구축된 의미를 세계에 투사하는 틀 내부에서 살았는데, 그것을 통해 우리 근대인이 직면해야 하는 쟁점은 완전히 차단되었다. 오늘날 앞의 카뮈의 물음에 반응하는 방법 중 하나는 앞의 투사를 복권시키거나 아니면 새로운 투사를 고안하려고 시도하는 것이다. 기독교 신앙을 고수하는 것은 낡은 형태를 유지하기 위한 시도지만 정통적인 혁명적 마르크스주의는 동일한 것을 하려는 새로운 시도를 대변한다. 역사가 종언을 고하면, 즉 대문자 혁명 이후에는 모든 것이 의미를 갖게 될 것이다(재난과 요절 같은 세부적인 것을 제외한다면 말이다).

또 다른 전략은 우리가 바라는 지상에서의 행복 — 우리는 그것을 추구하고, 누리도록 만들어졌다고 느낀다 — 의 중요성을 낮게 조작하는 것이다. 그와 같은 바람을 추구하다 좌절하는 것은 그리 중요하지 않은데, 왜냐하면 구원이라든지 대문자 혁명 등 우리가 추구해야 할 보다 중요한 다른 것이 있기 때문이다. 분명히 이 두 가지 행동방식은 하나의 짝을 이루며, 같은 동전의 양면이다. 세계가 유의미하다고 긍정하는 것은, 비록 우리가 세계를 만든 것은 행복을 추구하기 위해서였다는 애초의 주장을 부인하는 꼴이 되지만, 우리가 애써 찾는 의미가 다른 곳으로 옮겨갔음을 의미하지 않으면 안 된다. 우리의 일상적 성취보다 더 중요한 어떤 것이 존재하는 것이다.

카뮈는 그와 같은 전략의 양 측면을 모두 거부한다. 우리는 결코 행복을 소홀히 해서는 안 된다.

> 먼 곳이 아니라 가까운 곳에서 자연을 사랑하고, 삶의 지혜를 가져야 한다il faut aimer la nature, avoir une sagesse de la vie dans l'immédiat et pas dans le lointain.[51]

그것이 카뮈가 본인의 '헬레니즘'으로 언급하는 것이다. 근대의 다른 비평가들이 '이교'
585 라는 관념으로 제기한 것과 동일한 생각의 일단을 거기서 볼 수 있을 것이다. 즉 기독교에 의한 변형이라는 관점의 뒤로 돌아가 인간의 일상적 개화번영을 다시 한 번 인간의

51 Olivier Todd, *Albert Camus*(Paris: Gallimard, 1996), p. 536.

지고의 목적으로 제자리로 복권시키려는 노력이 그것이다.

그처럼 명백히 투명한 태도를 취함으로써 우리는 명석한 판단력을 가진, 즉 고통스러운 진리를 직면할 수 있는 존재로서의 나 자신의 존엄성에 대한 감각을 갖게 된다. 카뮈는 '명예'에 대해 이렇게 말한다.

> 고귀한 신분이라면 명예가 의무다. 하지만 인간이라면 고귀함이 의무이다. …… 리외는 신이 없는 인간에게는 명예가 유일하게 가능한 도덕임을 매우 잘 이해했다. 인간이 드는 이런저런 이유는 이치에 닿지 않기 때문이다. 그것을 대신해 이치에 닿는 것은 인간이다Nobl-esse oblige à l'honneur. Mais l'homme oblige à la noblesse. …… Vigny a très bien vu que l'honneur était la seule morale possible pour l'homme sans Dieu. Les raisons de l'homme ne tiennent pas debout. C'est l'homme qui tient debout à leur place.[52]

하지만 그것으로 충분하지 않다. 일상적 행복의 복권은 우리를 모든 사람과 연결시킨다. 일상적 행복이 위험해지는 모든 곳에서 그와 같은 행복을 쟁취하기 위한 투쟁의 노력 속에서 그것은 우리를 다른 사람들과 결합시킨다. 그것은 결국 질 싸움이지만 많은 임시적 승리를 가능하게 해준다. 그것이 우리가 가진 전부로, 그것을 허비해서는 안 된다.

앞의 대답 속에서 카뮈가 의미를 종교적·형이상학적 방식으로 투사하는 것 속에서 간파한 세 번째 특징이 부정됨을 볼 수 있다. 즉 [첫째] 부조리를 숨기고, [둘째] 행복을 소홀히 할 뿐만 아니라 그것을 넘어 또한 [셋째] 우리 신조를 받아들이기를 거부하는 사람들에게 그것과 결합된 구원의 약속의 충족을 거부하는 것이다. 그와 같은 투사로부터 해방됨으로써 진정한 보편성에 다가갈 수 있을 것이다.

> 기독교가 …… 한 번도 하지 않았던 일을 해야 한다. 즉 영벌을 받은 사람들을 돌보아야 한다Il faut bien …… faire ce que le christianisme n'a jamais fait: s'occuper des damnés.[53]

52 앞의 책, 457페이지 이하.

카뮈는 여기서 한참 앞서의 논의에서 우리가 사람들 사이에서 지금까지 미지인 공간이 등장하는 것 — 그것은 새로운, 보다 광범위한 연대를 동반한다 — 과 관련해 논한 내용을 자기 식으로 표현하고 있다. 그가 '반항la révolte'이라고 부르는 공간이 그것이다.

> 반항의 운동 속에서 인간들이 다시 연결되는 공동의 장을 찾을 수 있는 것 같다Il me semble trouver dans le mouvement de la révolte le lieu commun où les hommes se rejoignent.[54]

무엇에 대한 반항일까? 부조리 자체에 대한 반항이다. 즉 효과적인 반항이란 행복에 대한 우리 갈망이 부인당하는 것을 그저 수동적으로 견디는 대신, 또한 심지어 더 나아가 부조리한 것을 은폐하거나 선호하는 집단에게 모종의 환상적 대용품을 약속하는 거짓 해결을 피한 채 충족 가능한 제한적이고 임시적인 행복 — 그것이 어디서 발견되건, 누가 수혜자가 되건 제외 없이 — 을 쟁취하기 위해 할 수 있는 싸움을 하는 것을 말한다.

> 승리로 끝날 대의란 존재하지 않음을 알기 때문에 나는 패배로 끝날 대의를 귀하게 여긴다.
> 586 그것들은 일시적 승리건 패배건 상관없이 영혼을 송두리째 바칠 것을 요구한다Sachant qu'il n'est pas de causes victorieuses, j'ai du goût pour les causes perdues: elles demandent une âme entière, égale à sa défaite comme à ses victoires passagères.[55]

임시적이고 제한된 행복과 복리가 거대한 총체적 해결이라는 미명 아래 결코 희생되어서는 안 된다는 그와 같은 정열적 감각이 카뮈로 하여금 공산주의를 지지하는 사르트르 입장을 따르는 것을 불가능하게 만들었으며, 한때 친구이자 동맹자였던 두 사람 간

53 앞의 책, 396페이지.

54 앞의 책, 397페이지.

55 카뮈, 『시지프 신화』, 132페이지. 몇 페이지 뒤인 136페이지에서 카뮈는 이렇게 말한다. "약하고 상처받기 쉬운 이 세계 안에서 인간적인, 오직 인간적인 것에 불과한 것은 무엇이건 보다 뜨거운 의미를 갖게 된다는 것을 어찌 깨닫지 못하겠는가? 긴장된 얼굴들, 위협받는 동지애, 인간 상호 간의 지극히 강하고 수줍은 우정, 그와 같은 것이야말로 진정한 부이다."

의 고통스런 파열을 초래했다.[56]

그리하여 — 카뮈는 한 곳에서 이렇게 말한다 — 반항이란 "깔아뭉개려 드는 운명에 대한 확인 그러나 그에 따르기 마련인 체념을 거부하는 확인일 뿐이다n'est que l'assurance d'un destin écrasant, moins la résignation qui devrait l'accompagner."[84페이지] 그렇게 볼 때 반항이 인간이라는 존재에게 어울리는 유일한 태도이다.

> 삶의 위대함을 회복시킨다. 편협하지 않은 사람 눈에는 인간의 지성이 자신을 넘어서는 현실을 부둥켜안고 대결하는 광경보다 더 아름다운 광경을 없을 것이다. 인간적 오만이 펼쳐 보이는 그와 같은 광경은 무엇과도 비길 수 없는 것이다. …… 그와 같은 현실을 보잘 것 없는 것으로 평가 절하한다는 것은 곧 인간 자신을 평가 절하하는 것이 된다lui restitue sa grandeur. Pour un homme sans oeillères, il n'est pas de plus beau spectacle que celui de l'intelligence aux prises avec une réalité qui le dépasse. Le spectacle de l'orgeuil humain est indépassable. …… Appauvrir cette réalité dont l'inhumanité fait la grandeur de l'homme, c'est du même coup l'appauvrir lui-même.[57]

앞서와 같은 입장이 우리 시대에도 일련의 방식으로 새로운 형태로 모습을 드러내는 것을 볼 수 있는데, 거기에는 스토아주의 비슷하게 용기를 하나의 이상으로 열정적으로 옹호하려는 입장이 들어 있다. 그에 따르면 우리는 성공하리라는 보장도 없이, 실제로는 궁극적으로 실패하리라는 확신을 갖더라도 선을 위해 싸운다. 우리가 실패하는 것은 무심한 우주가 인간이라는 종이 이룬 모든 성과를 결국 무화시킬 뿐만 아니라 동시에 사람들은 역사를 초월한 어떤 초월적 희망 즉 선한 의지에서 나온 성과를 영원히 간직할 수 있으리라는 희망을 받아들이지 않을 것이기 때문이다. 비록 패배가 확실한 사태에 직면하더라도 옳은 것을 위해 전면적으로 헌신하는 것이 인간적 도덕의 정점 자체, 즉 더 이상 아무런 근거도 없는 자가-권한 부여의 극치이다. 데리다는 대략 그와 비슷

56 Ronald Aronson, *Camus & Sartre*(Chicago: University of Chicago Press, 2004)을 보라.
57 카뮈, 『시지프 신화』, 85페이지.

한 입장을 지지했다.

카뮈, 데리다 그리고 그 밖의 다른 사람들은 결국 우리 문명 속에 깊이 뿌리내리고 있는 윤리를, 즉 근대적 도덕질서에 관한 모종의 변종 형태의 휴머니즘을 택하게 되는데, 그에 따르면 우리의 행위와 구조는 만인의 이익에 공헌해야 한다. 하지만 니체는 모두가 자기-초극으로 향하는 도정을 방해하는 수많은 장애물일 뿐이라며 의도적으로 보편적 이익, 평등주의, 민주주의를 거부하는 형태의 자가-권한 부여를 고안했다. 그의 입장은 철저함의 또 다른 정점을 표시한다. 우리 문명의 기본 원리와 철저히 단절하려는 태도가 그것이다. 마르크스에게서 볼 수 있듯이 아무리 포괄적이더라도 그와 같은 원리를 단순히 개조하는 것이 아니라 정면으로 거부하려는 것이다. 『권력에의 의지』를 맺는 아래 문장에서 볼 수 있듯이 그처럼 철저한 자가-권한 부여의 감각으로부터 자유와 힘, 미의 쾌활한 감각이 생겨날 수 있다.

587 그대들은 또한 내게서 '세계'란 무엇인지 알고 있는가? 내가 그대들에게 이 세계를 내 거울에 비추어 보여주어야만 하는가? 이 세계는 곧 시작도 끝도 없는 거대한 힘이며, 커지지도 작아지지도 않으며, 소모되지 않고, 오히려 전체로서는 크기가 변하지 않지만 변화하는 하나의 확고한 청동 같은 양의 힘이며, 지출과 손해가 없지만 그와 마찬가지로 증가도 수입도 없고 자신의 경계인 '무'에 의해 둘러싸여 있는 가계 운영이며, 흐릿해지거나 허비되어 없어지거나 무한히 확장되는 것이 아니라 일정한 힘으로서 일정한 공간에 끼워 넣어지는 것인데, 이는 해당되는 어느 곳이 '비어' 있을지도 모르는 공간 속이 아니라 오히려 도처에 있는 힘이며, 힘들과 힘의 파동의 놀이로서 하나이자 '다수'이고, 여기에서 쌓이지만 동시에 저기에서는 줄어들고, 자기 안에서 휘몰아치며 밀려드는 힘들의 바다이며, 영원히 변화하며, 영원히 되돌아오고, 엄청난 회귀의 시간과 더불어 자신의 형태가 빠져나가는 썰물과 밀려들어오는 밀물로, 가장 간단한 것으로부터 가장 복잡한 것으로 움직이면서 가장 고요한 것이나 가장 단단한 것, 가장 차가운 것으로부터 가장 작열하는 것이나 가장 조야한 것, 가장 자기모순적인 것으로 움직이고, 다음에는 다시 충일한 것에서 단순한 것으로, 모순의 놀이로부터 조화의 즐거움으로 되돌아오고, 그와 같은 동일한 스스로의 궤도와 시간 속에서도 여전

> 히 스스로를 긍정하면서 영원히 반복해야만 하는 것으로서 스스로를 축복하면서 어떤 포만이나 권태나 피로도 모르는 생성이다. — 영원한 자기 창조와 영원한 자기 파괴라고 하는 그와 같은 나의 디오니소스적 세계, 이중적 관능이라는 그와 같은 비밀의 세계, 그와 같은 나의 선악의 저편의 세계, 이는 순환의 행복 속에 목적이 없다면 목적이 없으며, 원환 고리가 스스로에 대해 선한 의지를 갖지 않는다면 의지가 없다. — 그대들은 그와 같은 세계를 부를 이름을 원하는가? 그와 관련된 모든 수수께끼에 대한 하나의 해결을? 그대들, 가장 깊이 숨어 있고, 가장 강하고, 가장 경악하지 않으며, 가장 한밤중에 있는 자들이여, 그대들을 위해서도 빛을 원하는가? — 그와 같은 세계가 힘에의 의지이다. — 그리고 그 외에 아무것도 아니다. 그대들 자신 역시 그와 같은 힘에의 의지이다. — 그리고 그 외 아무것도 아니다.[58]

근대에 들어와 우리가 의미 없는 우주 속에 존재한다는, 우리가 가장 소중히 간직해온 의미는 코스모스나 신의 의지에 의해서는 더 이상 승인되지 않고 있다는 느낌이 점차 나타나기 시작했다. 그와 같은 느낌은 종종 트라우마적 상실로, 낙원으로부터의 두 번째의, 최종적 추방으로 묘사되어왔다. 반대로 니체의 묘사는 거의 찬가에 가까운데, 거기서 또 다른 반응을, 즉 명랑함을 느낄 수 있다. 그것은 부분적으로는 엄청난 넓이와 힘의 스펙터클 자체지만 또한 거의 현기증을 불러일으키는 느낌, 즉 그처럼 거대한 난기류 속에서 모든 의미는 우리 손에 달렸다는 느낌도 존재한다. 그것은 모든 외적 유의의성으로부터 우리를 자유롭게 해주는 궁극적 해방처럼 보일 수 있을 것이다.

앞서 살펴본 대로 자가-권한 부여의 서사는 많은 음역에서 들려질 수 있음을 볼 수 있
는데, 그중 일부는 매우 철저하다[근본적이다]. 하지만 종종 그처럼 상이한 형태를 구분
하지 않고 일종의 유적 이야기로 이야기되기도 하는데, 그것은 신의 죽음 그리고 의미로 588
충만한 코스모스의 몰락과 함께 권한 부여와 관련해 우리가 유일하게 남은 행위 주체
임을 가리킨다. 그와 같은 의미에서 르노는 이렇게 말한다.

58 니체, 김정현 역, 『니체 전집 18권 시와 시 단편들 외』, 책세상, 38[12], § 1067.

기본적으로 **휴머니즘**이란 인간성을 **자율성**의 능력이라는 점에서 이해하고 가치를 부여하는 것을 말한다. 무슨 말인가 하면, …… 인간이란 자신을, 본인에 대한 표상과 행위의 원천으로, 표상과 행위의 근거(주체) 또는 저자로 생각한다는 사실이 근대(성)을 구성한다는 것이다. …… 휴머니즘에서 인간은 더 이상 규범이나 법칙을 사물의 자연=본성(아리스토텔레스)이나 신으로부터 받지 않고, 그것들을 본인의 이성과 의지에 근거해 스스로 수립하는 인간을 말한다. 따라서 근대의 자연권은 인간적 이성(법적 합리주의)에 의해 또는 인간적 의지(법적 의지주의)에 의해 정립되고 규정된 주체적 권리이다.L'humanisme, c'est au fond la conception et la valorisation de l'humanité comme capacité d'autonomie — je veux dire …… que ce qui constitue la modernité, c'est ce fait que l'homme va se penser comme la source de ses représentations et de ces actes, comme leur fondement (sujet) ou encore comme leur auteur …… L'homme de l'humanisme est celui qui n'entend plus recevoir ses normes ou ses lois ni de la nature des choses(Aristote), ni de Dieu, mais qui les fonde lui-même à partir de sa raison et de sa volonté. Ainsi le droit naturel moderne serait-il un droit subjectif, posé et défini par la raison humaine(rationalisme juridique) ou la volonté humaine(volontarisme juridique).59

자가-권한 부여는 이성에 의해 성립되건 아니면 의지에 의해 성립되건 상관없이 여기서는 근대(성)의 공리적 특징으로 간주된다. 그것이 오늘날 엄청나게 확산되어 있는 서사로, 도처에서 그것과 마주칠 수 있다. 그것이 수용되는 곳에서는 어디서나, 이번에는, 그것이 내재성에 대한 폐쇄적 해석을 마찬가지로 공리적인 것으로 만드는 것처럼 보인다. 근대인의 전체적인 윤리적 태도는 신의 죽음(그리고 물론 의미로 충만한 코스모스의 몰락)을 상정하며, 그와 같은 죽음 이야기의 후속편이다. 그와 같은 서술은, 근대(성)란 성숙이라는 이야기가 특정한 방향으로 기울게 하는데, 그것이 근대가 드라마처럼 펼쳐지도록 만들고, 의연한 용기를 갖고 맞서 싸워나갈 것을 호소하고, 심지어 완전한 해방

59 *L'ère de l'individu: contribution à une histoire de la subjectivité*(Paris: Gallimard, 1989), p. 53(강조는 원저자 것이다)(Vincent Descombes, *Le complément du sujet*(Paris: Gallimard, 2004), p. 401에서 재인용).

에 대해 명랑한 태도를 보일 것을 촉구한다.

신앙을 버림으로써 성숙에 이르렀다는 감각은 거리를 둔 이성의 음역 속에서, 그리고 중립적 과학의 평결 — 그것이 무엇이 되었건 — 을 수용할 필요가 있다는 결론으로 이어질 수 있을 것이다. 그것이 전술한 최초의 일련의 '폐쇄된 세계 구조'의 공격 방향이었다. 하지만 또한 성숙이란 무엇보다 먼저 사물의 의미 상실을 정면으로 마주할 수 있음을, 자체는 의미 없는 우주에 직면하더라도 거기서 의미를 발견하고 또 투사할 준비가 되어 있음을 의미한다는 느낌을 가질 수도 있을 것이다. 여기서 그와 관련된 미덕은 거리를 둔 이성과 과학적 책임의 그것은 아니거나 단순히 그것만은 아닐 것이다. 실제로 아마 우리는 심지어 의미를 찾을 때 과학에 너무 단순하게 의존하는 것은 피해야 한다고 느낄 것이다. 여기서 강조되는 주된 미덕은 공허함에 직면하고, 그것에서 에 589
너지를 얻어 의미를 창조할 수 있는 상상적 용기다. 니체와 그의 추종자들은 내재성에 대해 그와 같은 '해석을 부여하는' 핵심적 주인공들이었다. 그리고 카뮈는 앞서 살펴본 대로 그것에 대한 또 하나의 지극히 영향력 있는 형태를 제공했다.[60]

그러나 공허함에 직면해 의미와 가치를 창조해야 한다는 그와 같은 견해는 얼마나 일관성이 있을까? 확실히 근대의 초기 단계에서 일어난 일에 대한 설명으로는 거의 환상에 가깝다. 만약 로크나 그로티우스에게 그것이 당신이 하고 있는 일이라고 설명하려고 한다면 그들은 무슨 말인지 알아듣지 못하고 우리를 말똥말똥 쳐다볼 것이다.

하지만 일단 이 점은 논외로 하기로 하고, 앞의 주장 자체는 얼마나 일관될까? 우리가 구속력 있는 것으로 받아들이는 의미와 가치라는 두 가지는 실제로 발명 가능할까? 또는 벌린의 좀 더 온건한 견해 — 그에 따르면 우리는 그것들이 우리의 과거와 정체성으로부터 생긴다는 것을 인정해야 한다 — 에서 출발하자면, 앞의 두 가지를 잠정성과 상대성 속에서 인정한다는 것은 무슨 의미일까? 물론 좋은 인간적 삶에 대한 나의 기준은 인간이 존재하기 전과 존재하지 않게 된 후에는 전혀 적용되지 않음은 나도 잘 안다. 또한 내가 지지하는 본래성의 윤리는 다른 문화와 시대의 사람들에게는

60 하지만 그와 같은 견해 쪽으로 기우는 사람들은 종종 전혀 '폐쇄된 세계 구조'의 영역에 속하지 않는다. 즉 그들은 단지 인간조건과 관련해 많은 해석 중 단지 하나만 제시하고 있을 뿐임을 분명히 하고 있다. 과학주의의 한계를 인정할 때 특히 그와 같은 태도를 보인다.

아무런 의미도 없음은 나도 인정할 수 있다. 하지만 그렇다고 해서 그와 같은 기준들이 인간의 존재 자체 속에 또는 — 전통적인 표현을 사용한다면 — 심지어 인간 본성 속에 뿌리내리고 있으며, 그것을 승인하기보다는 탐구하고, 발견하고, 보다 명확하게 규정할 필요가 있다고 내가 생각하는 것을 막을 수는 없을 것이다.[61]

게다가 이런 질문이 제기된다. 즉 그와 같은 기준들을 둘러싼 아우라를, 그것들이 나의 경탄과 충성을 요구하는 사실을 어떻게 이해할 수 있을까? 결국 신 그리고 코스모스를 참조해 이해해보려고 시도하고 있는 것이 바로 그와 같은 현상이다. 그것에 대해 과연 니체주의자들은 말할 것도 없고 흄주의자들, 칸트주의자들이 전통적인 것보다 더 설득력 있는 설명을 제공할 수 있을지는 전혀 불분명하다.

그리고 마지막으로 이런 질문이 제기된다. 즉 인간의 삶에서 우리가 희망하고 얻기 위해 애쓸 수 있는 변형은 초월적 원천 없이 무의미한 우주에서 수행될 수 있는 것에만 국한된다고 누가 선언했는가?

좀 더 자세히 살펴보면 자가-권한 부여의 서사는 자명함과는 한참 거리가 멀다. 하지만 많은 사람의 사고에서 그것들이 일종의 공리로서의 지위를 누리고 있는 것은 강력하고 널리 펴져 있는 '폐쇄된 세계 구조'의 한 측면으로, 그것이 우리 모두가 공유하고 있는 내재적 틀에 대한 폐쇄적인 '해석의 부여'를 강요한다.

9

필자는 지금까지 근대(성)와 관련해 그것을 폐쇄된 내재적 질서로 보이도록 만드는 해석의 네 측면의 윤곽을 그려 오고 있는 중이다. 나는 그것들을 '폐쇄된 세계 구조'라고 불렀다. 왜냐하면 그것들이 그와 같은 해석을 (잘못된 방식으로) 명백하고, 논란의 여지가 없으며, 공리적인 것으로 만들기 때문이다. 이 측면들은 어떤 의미에서 성숙 서사, 즉 유아적 의식에서 성인의 의식으로 발달한다는 서사의 변종이다. 과학이, 신이 존재

61 Vincent Descombes, *Le complément du sujet*를 보라. 그는 위에서 인용한 문장 뒤에 이어지는 여러 장에서 자가-권한 부여로서의 자율성이라는 르노의 개념을 매우 효과적으로 비판하고 있다.

할 수 없음을 또는 적어도 종교가 삶과 무관함을 입증했다고 주장하는 첫 번째 측면의 경우 성숙 이야기는 배경에 머물지만 그와 같은 식의 사유의 수용에서는 결정적 역할 590
을 한다. 두 번째 측면은 빼셈 이야기로, 그것 또한 마찬가지로 거의 근거를 제대로 갖추지 못한 채 주로 사람들이 실제로 하는 이야기의 눈에 띄지 않는 배경으로 사용된다. 세 번째와 네 번째 측면은 많은 풍부한 세부사항과 함께 한편으로는 근대의 정치적·도덕적 공간의 등장에 관해, 다른 한편으로는 자율적 자아에 의한 가치의 승인에 관한 보다 풍부한 이야기를 제공한다. 하지만 그것들은 성숙 이야기로 상호 연결된 채 각기 다른 측면을 제시한다.

앞의 네 측면을 보다 상세히 묘사해온 것은 부분적으로 그것들이 확고한 주장보다는 논쟁의 여지가 없는 공리로 기능하고 있음을 보여주기 위해서였다. 즉 매우 불확실한 가정에 의존하고 있으며, 실제로 심오한 문화적 변형에 해당하는 것을 부당하게 자연화하는 것에 종종 기초하며, 전체적으로 그것들이 모든 논증의 부정할 수 없는 틀로 받아들여지게 된 지적 분위기 속에서 결국 일반적으로 모든 엄격한 검증을 피할 수 있었기 때문에 살아남았음을 보여주기 위해서였다. 하지만 또한 그와 같은 서사화들이 얼마나 활기차고 강력할 수 있는지, 그것들이, 특히 마지막 두 측면이 얼마나 자극적이고 매혹적인지를, 폐쇄된 해석을 다양한 미덕, 주로 용감한, 선견지명이 있는 성숙의 미덕과 어떻게 결합시키는지를 일정하게나마 이해시키는 것이 나의 목표이기도 했다. 만약 그와 관련된 다른 점에 대한 고려가 영향을 주지 않는다면 그것들이 내재적 틀에 대한 폐쇄된 해석에 대한 예기적 신뢰를 어떻게 만들어낼 수 있는지를 쉽게 볼 수 있을 것이다. 하지만 [부당하게] 전제된 것에서 어떤 것을 결론 격으로 도출하는 증명으로서는 성공할 수 없다.

서사 차원은 극히 중요하다. 앞서 말한 '폐쇄된 세계 구조'의 설득력은 상세한 — 그렇게 주장된다 — 논증(과학이 종교를 논박했다거나 기독교는 인권과 양립할 수 없다는 등)에서는 거의 유래하지 않으며, 오히려 한때 종교가 융성할 수 있던 때가 있었지만 이제 그와 같은 때는 지나갔다는 취지의 서사의 일반적 형태에서 유래하기 때문이다. 신앙의 개연성의 구조가 최종적으로, 불가역적으로 붕괴했다는 것이다. 19세기의 많은 인물이 (모종의 비인격적 힘에 대한 신앙과 반대인) 인격신-신앙과 관련해 이 점을 느꼈다. 아널드는 보다 오래된 형태의 종교는 불가역적으로 과거의 것이 되었다고 생각했는데, 하디도 또 방식은 다르지만 윌리엄 제임스도 그렇게 생각했다.

그와 동일한 종류의 가정이 또한 오늘날에도 널리 퍼져 있는데, 이번에는 무신론이나 유물론을 지지하면서 모든 형태의 종교를 보다 이전 시대의 것으로 쫓아 보내고 있다. 특정한 환경에서 만들어진 인상, 즉 그처럼 보다 오래된 견해는 더 이상 우리 선택지가 **될 수 없다**는 인상이 너무나 강력해 어떤 의미에서 그와 같은 서사가 의존하는 본래의 논의는 실제로는 더 이상 아무런 역할도 할 수 없게 되었다.

실제로 연구를 계속 밀고나가 폐쇄된 내재성에 대한 그와 같은 견해의 또 다른 측면을 탐구할 수 있었을 것이다. 나는 그것과 결부된 인식론적 교의를 상세하게 논했지만 또한 의무적 행동 문제에만 초점을 맞추고 인간이 해야 할 올바른 일이란 무엇인가라는 물음을 중점에 두는 오늘날의 도덕철학에 대해서도 몇 가지 것을 더 말해두어야 할 것이다. 사실상 오늘날의 도덕철학은 선한 삶, 보다 고차적인 윤리적 동기부여, 사랑
591 해야 할 대상의 본성 등 보다 광범위한 쟁점에 대한 논의를 포기하고 있다. 그처럼 보다 광범위한 초점을 서양 최초의 윤리이론이 정초된 고대세계에서는 여전히 찾아볼 수 있었다. 하지만 공리주의 사상가와 칸트에게서 비롯된 범위의 교의에 논의를 집중하는 경향이 있는 근대의 논의는 그와 같은 장을 대폭 협소화시켜버렸다.[62] 물론 그와 같은 변화의 토대에는 인간의 행위 주체성과 인간의 선에 대한 이해에서 일어난 대대적 변동이 놓여 있었지만 그처럼 보다 심원한 변화들이 배경으로 밀려나 '자연화되어버리는' 바람에 도덕의 중심적 쟁점은 공리성이냐 아니면 공리성 더하기 자유의 요구냐, 그리고/또는 이성적 논의에 대한 요구냐라는 것이 정말 명백한 것처럼 보이게 되었다. 그와 같은 정식화 모두에서 윤리(학)의 토대는 명백한 것으로 간주되며, 이 모든 것의 토대를 이루며 비교되지 않을 정도로 보다 고차적인 것에 대한 이해를 검토해야 한다고 요청할, 더 나아가 그것이 초월적인 것을 가리키는 것인지의 물음을 제기해야 한다고 요청할 아무런 이유도 존재하지 않는 것처럼 보인다.

물론 그 밖의 다른 형태의 '폐쇄된 세계 구조'가, 행위 주체성과 우리의 곤경에 대

62 이 점에 대한 논의와 비판으로는 『자아의 원천들』을 참조하라.

한 다른 관념에 의해 추동되는 형태가 존재한다. 하지만 지금까지 말해온 것만으로도 근대(성)에 대한 그와 같은 태도의 첫 번째 인상을 전달하기에는 충분할 것이다.

그런데 그와 같은 태도가 지배하는 사회 환경에서 이성의 실패나 비난받을 만한 방종을 통해서가 아니라면 도대체 어떻게 신을 믿을 수 있는지를 이해하기란 매우 어려울 수 있을 것이다. 하지만 심지어 그곳에도 논쟁의 여지가 없는 신앙의 섬에서와 마찬가지로 [비신앙에 대한] 대안이 존재하며, 그것이 늘 따라다니는 일부 의구심을 해소시켜 줄 수 있을지도 모른다는 생생한 감각이 존재한다.

대안은 어떤 의미에서 공식 이야기 자체의 일부이기 때문에 사라지지 않을 것이다. '세속화' 이야기의 몇몇 독법에 따르면, 몇 구절 앞에서 인용한 르낭의 글에서 볼 수 있듯이, 종교는 결국 완전히 사라져버려야 한다. 환상이 마침내 폭로되고, 인류는 그것을 잊어버릴 수 있게 되었다. 확실히 특정한 형태의 종교나 특정한 종교적 기능은 완전히 사라졌다고 주장할 수 있을 것이다. 아마 우리는 인류와 관련해 이렇게 상상해볼 수 있을 것이다. 즉 이제 '종교'가 그저 '보다 고차적인' 믿음[신앙]의 형태 중 하나일 뿐인 상태의 인류를 상상해볼 수 있을 텐데, 그와 같은 상태의 인류는 샤먼과 샤머니즘에 관해서는 완전히 망각했을 것이다(심지어 그와 같은 형태의 종교가 과연 그와 같은 식으로 추방될 수 있을지 확신이 들지 않지만 논의를 위해 그렇게 상상해볼 수 있을 것이다).

또는 앞서 언급한 브루스가 제안한 것과 비슷하게 현대적 형태에서 종교는 과학적 논박의 힘에 의해 소멸될지도 모른다는 전망을 포기하되 미래에 인류의 의미 탐구에서 종교적 대답은 주변으로 밀려나리라고 예측해볼 수도 있을 것이다.

하지만 종교가 전체적으로 그와 같은 식으로 사라지거나 주변부화되고 있을까? 얼핏 보아도 그렇게 주장하기는 어려워 보이는데, 비신앙이라는 자기 이해 자체 — 그것을 통해 성숙하고 용감한 존재임을, 즉 유아성의 유혹, 다시 말해, 의존증이나 강인한 정신의 결핍을 극복했음을 자임하게 된다 — 가 분쇄된 적, 극복하지 않으면 안 되는 장애, 또한 여전히 우리를 기다리고 있는 위험 — 아무리 용감하게 자기책임을 떠맡더라도 여전히 우리를 머뭇거리게 만들 수 있을 것이다 — 을 항상 인식하고 있을 것을 요구하기 때문이다. 신앙은 하나의 가능성으로 남아 있어야 하는데, 그렇지 않으면 자기를 평가절상하려는 무신론의 시도가 실패로 돌아갈 것이기 때문이다. 신앙이 곧 사라 592

질지 모른다는 상상 속에는 비신앙 형태와는 근본적으로 다른 상상이 포함되어 있는데, 그것은 정체성과는 무관하다. 그에 따르면 나의 비신앙은, 어떤 신앙도 없는 식의 윤리적 곤경에 대해 내가 갖고 있는 이미지와 무관하며, 그것과 관련되어 있지 않을 뿐만 아니라 오늘날 필자가 가령 플로지스톤[산소 발견 전까지 가연물의 주성분 요소로 생각된 가상의 원소]이나 원래의 자연에 가까운 장소에 대해 믿지 않는 사실과도 마찬가지이다. 아마 그것이 브루스가 예견하고 있는 것에 상응하지 않을까 추정해볼 수 있을 것이다.

아마 오늘날 일부 사람은 대략 자신이 그와 같은 처지에 접근하고 있다고 생각할 것이다. '난 순무 안 좋아해'라거나 '엘비스 프레슬리는 별로야'라고 할 때와 똑같은 말투로 '난 종교적이지 않아'라고 말하는 것이다. 만약 문제를 좀 더 자세히 살펴볼 것을 촉구받는다면 심지어 그들조차 일종의 정체성을 규정하는 문제로서의 신앙과 이런저런 관계를 맺고 있음을 느끼기 시작하리라고 가정해 볼 수 있을 것이다. 그리고 확실히 근대문화 내부에서 돌아다니고 있는 신앙/비신앙 — 사람들이 이쪽에서 저쪽으로 왔다 갔다 하는 부산한 입장 변화 — 에 관한 논의는 모두 윤리적으로 충전된 그와 같은 수준에서 이해되고 있다. 종교는 무종교의 지평 위에 근절 불가능한 것으로 계속 남아 있고, 반대 또한 마찬가지다. 그것은, 이미 지적해오고 있는 대로, '공식 이야기'는 보다 깊은 수준에서 이해될 필요가 있음을 또 다른 방식으로 다시 한 번 가리키고 있다.

10

이 모든 물음은 아마 앞(3절)에서 언급한 윌리엄 제임스적 허허벌판에 선다는 것이 무엇을 의미할 수 있는지를 어느 정도 이해할 수 있도록 해줄 것이다. 그곳에는 바람이 불며 양방향 모두에서 자기를 끌어당기고 있음을 느낄 수 있을 것이다. 그곳에 서는 것은 우리 문화를 규정하고 있는 교차압력의 중간지점에 위치하는 것이다.

그와 같은 공간을 많은 형태로 경험할 수 있을 것이다. 하지만 나는 두 가지 형태를, 아마 우리가 기울게 될 방향을 반영하는 형태를 특히 가려내고 싶다. 첫 번째 형태는 앞선 논의에서도 언급되어 익숙할 것이다. 즉 과학적 유물론 형태건 아니면 보다 정신화된 변형태건 질서지어진, 비인격적 우주를 택하며, 일상을 초월한 자기변형의 전망뿐만 아니라 미, 의미, 따뜻함의 세계의 임박한 상실을 느끼는 사람들이 그들이다. 그처럼 소중히 간직해온 좋은 것의 매력은 그쪽을 선택한 사람의 과거, 특히 어린 시절과 특히 긴밀하게 관련되어 있다. — 물론 바로 그와 같은 관련성이 그처럼 좋은 것이 결국 신뢰를 잃도록 만드는 데 일조하게 되지만 말이다. 심지어 주사위가 던져진 후에조차 그처럼 거절당한 갈망의 힘은 후회와 향수 형태로 돌아온다. 19세기가 후회, 또 윌슨이 말하는[63] 사별의 긴 행렬을 계속 보여주는 것은 이 때문인데, 그것의 가장 통절한 표현 중 하나를 하디의 시 「신의 장례식God's Funeral」에서 찾아볼 수 있다.

그리하여 우리의 신화가 망각될 즈음,
어둠 속에서, 우리는 입술조차 생기를 잃은 채 살금살금 기며 더듬듯이 앞으로 나가고 있다.
바빌론 강가에서 울었던 백성보다 더 슬프게.
왜냐하면 그들의 시온의 땅은 여전히 불변의 희망이었으므로.

지금은 멀리 사라진 세월은 얼마나 행복했던가!
하루의 톱니바퀴를 신뢰에 찬 기도로 돌리기 시작해,
황혼녘에는 신종의 의미를 다한 듯 누워 593
'그'가 거기 계시리라 확신하던 행복한 때는!

그리고 누가 또는 무엇이 '그'의 자리를 채울 수 있으랴?
방황하는 인류는 어디로 산만한 눈을 돌려
인생의 목표를 향해 발길을 재촉하기 위해
어떤 항성을 찾아 헤매면 되는 걸까?

63 앞의 각주 29를 참조하라.

So, toward our myth's oblivion,
Darkling, and languid-lipped, we creep and grope
Sadlier than those who wept in Babylon,
Whose Zion was still an abiding hope.

How sweet it was in years far hied
To start the wheels of day with trustful prayer,
To lie down liegely at the eventide
And feel a blest assurance he was there!

And who or what shall fill his place?
Whither will wanderers turn distracted eyes
For some fixed star to stimulate their pace
Towards the goal of their enterprise? …… 64

그와 같은 상실감은 아마 결코 가라앉을 수 없을 것이며, 단지 완전한 해방이라는 명랑한 기분 속에서만 일소되거나 삼켜질(하지만 얼마나 오랫동안?) 수 있을 뿐이다.

두 번째 형태는 극히 강력한 성향에 의해 적어도 이런저런 형태로 영=정신적 의미를 탐구하는 쪽 그리고 종종 신을 향해 나가게 되는 사람들의 경험 속에서 표현된다. 그들 또한 우주가 결국 가장 환원주의적인 유물론이 묘사하는 것만큼 무의미한 것일 수 있다는 감각에 사로잡혀 있다. 그들은 본인들의 관점으로 그처럼 시시하고 공허한 세계에 맞서 투쟁해야 한다고 느낀다. 그리고 신이나 영원에 대한 강력한 욕망이 결국 자가유도된 환상일지도 모를까봐 — 유물론자들은 그렇다고 주장한다 — 두려워한다.

64 *The Complete Poems of Thomas Hardy*, ed. James Gibson(London: Macmillan, 1976), poem 267, pp. 327-328.

그것이 지난 2세기 동안 익숙했던 곤경이다. 미워시는 헬러를 따라 “차갑고 인간적 가치에 무관심한 과학적 법칙의 세계 그리고 인간의 내면적 세계 간의 이분법”에 의해 촉발된 “유럽 문화의 낭만주의적 위기”[65]에 대해 말한다. 감수성의 그와 같은 흐름을 가리키기 위한 최고의 용어가 아닐 수도 있지만 미워시는 삶의 핵심적 의미가 위협받고 있다는 감각을 그와 같은 식으로 포착하고 있다. 그것은 또한 그와 같은 의미를 사라진 과거로 한정하기를 거부하고, 더 나아가 그것을 표현하고 타당하게 만들 수 있는 새로운 방법을 회복하겠다는 결의도 포착한 표현이기도 했다. 그에게 주요한 사례 — 다른 많은 사례가 존재한다 — 는 블레이크, 괴테, 도스토옙스키였다. 하지만 물론 그와 같은 명단에는 본인도 포함되어야 한다.

그것이 지속적 투쟁이며, 신앙의 옹호는 아직 완결되지 않았다는 생각은, 가령 만약 그리스도와 진리 중 하나를 선택해야 한다면 그리스도를 선택하리라는 도스토옙스키의 유명한 말에서 등장한다.[66] 여기서 확신은 항상 예기적인 것에 머물러야 한다. 신앙을 잃어버린 사람의 지속적 후회에는 신앙을 위한 투쟁에 궁극적 승리는 결코 존재하지 않는다는 느낌이 상응한다.

이 두 가지 형태의 경험은 미워시가 헬러를 따라 ‘상속되지 않은 마음’이라고 부르는 것에 속하는 많은 것 중 하나이다.

65 Czeslaw Milosz, *The Land of Ulro*(New York: Farrar, Straus, Giroux, 1984), p. 94. 여기서 미워시는 헬러Erich Heller의 에세이 “Goethe and the Idea of Scientific Truth”(그의 에세이 모음집 *The Disinherited Mind*에 들어 있다)에 대해 언급하고 있다.

66 앞의 책, 52페이지.

16

교차압력 594

1

'폐쇄된 세계 구조'에 대한 앞서의 논의가 세속화 이론에 관한 보다 광범위한 나의 논의에서 어떤 역할을 하는지는 명확하다. 12장의 용어를 사용하자면, 폐쇄적 내재성의 그와 같은 서사의 힘은 주류 이론이 그렇게 자주 '지층'에서 출발하는 — 실제로 그렇게 한다 — 이유를 설명하는 데 도움이 된다고 주장하고 싶다. 그와 같은 이론은 기본적으로 세계는 종교를 극복하거나 또는 적어도 구석으로 몰아넣는 방향으로 나아가고 있다고 가정한다. 그와 같은 주인-서사가 그와 같은 이론을 구성하는 개별적인 이론적 주장을 틀 짓고 있다.

그것을 대신해 필자가, 적어도 서양 사회(본서의 논의가 초점을 맞추고 있는 지역)에 대해 제시하려는 벡터는 보다 복잡하다. 우리가 내부에서 살고 있는 구조의 변형뿐만 아니라 그것을 상상하는 방식의 변형을 포함해 우리가 처한 상황은 변화를 겪어왔다. 그것은 견해 차이와 상관없이 우리 모두가 공유하는 것이다. 그러나 종교의 쇠퇴와 주변부화라는 관점에서 그것을 파악할 수는 없다. 우리가 공유하는 것은 내가 '내재적 틀'이라고 불러오고 있는 것이다. 우리가 그것 내부에서 살고 있는 다양한 구조, 즉 과학적·사회적·테크놀로지적 등의 구조가 '초자연적인 것'이나 '초월적인 것'에 대한 참조

없이 그 자체로 이해될 수 있을 '자연적' 또는 '현세적' 질서의 일부가 된다는 의미에서 그와 같은 틀을 구성하게 된다. 하지만 그와 같은 질서 자체는 궁극적 설명이나 영=정신적 변형이나 최종적 이해를 위해 초월적인 것을 환기시켜야 하는지 하는 쟁점은 미결 상태로 둔다. 특정한 방식으로 '해석을 부여해야' 할 때만 질서는 '폐쇄된' 해석을 명하는 것 같다.

그와 같은 변화가 종교에 가져온 결과는 복합적 · 다방향적이었다. 나는 서양근대의 발전은 보다 이전 형태의 종교적 삶을 불안정하게 만들거나 사실상 지속 불가능하게 만들었지만 새로운 형태들이 돌연 생겨나왔다고 주장해왔다. 게다가 불안정화와 재구성의 그와 같은 과정은 한번만으로 완전히 끝나는 변화가 아니라 지속적인 변화였다. 그 결과 평생 또는 세대 간에 입장을 전례 없이 크게 바꿈에 따라 서양 사회의 종교적 삶은 이전 어느 때보다 더 붕괴되고 또한 불안정해지고 있다.

595 서양 사회의 두드러진 특징은 종교적 신앙과 그것의 실천의 쇠퇴가 아니었다. 비록 그것을 잘 보여주는 많은 사례가 존재했고, 몇몇 사회에서는 다른 사회보다 한층 더 그러했지만 말이다. 오히려 신앙/비신앙 쌍방의 견해뿐만 아니라 상이한 종교적 입장의 상호 취약화에서 그것을 찾을 수 있을 것이다. 문화 전체가 폐쇄적 내재성을 강조하는 한쪽에서 서사들의 인력引力 그리고 그것이 부적절하다는 다른 한쪽의 감각 사이에서 교차압력을 겪고 있는데, 후자의 감각은 종교적 실천의 기존 환경과의 조우에 의해 또는 그저 초월적인 것에 대한 모종의 직관에 의해 강화되고 있다. 그와 같은 교차압력은 일부 사람과 일부 환경에서는 다른 경우보다 더 강렬하게 경험된다. 하지만 문화 전체에 걸쳐 교차압력이 양쪽에서 끌어당겨지는 일련의 중간 입장에 반영되어 있음을 볼 수 있다.

여기서 위에서 내가 검토한 폐쇄적 내재성 이야기의 네 측면이 해체되기 시작하는 것을 볼 수 있다. 나는 마지막 절에서 네 측면을 동일한 이야기의 다양한 측면으로 다루었는데, 실제로 그리하여 우리는 그것 안에서 그것에 따라 세상을 보고, 살고, 사유하게 된다. 그중 첫 번째 측면, 즉 과학에 기초한 유물론을 채택하고 문화적 변화와 발명을 과소평가하는 뺄셈 이야기가 종종 동반하는 측면은 또한 많은 저항을 불러일으키고 있다. 유물론은 환원주의적 견해들과 너무 긴밀하게 묶여버린다. 그 결과 사고, 의도, 욕망, 동경은 기계론의 측면 또는 보다 기초적인 동기부여라는 측면에서 환원주의적으로 설명될 수 있다고 상정되어버린다.

앞서 논한 대로 유물론은 많은 형태를 갖고 있다. 아래의 두 가지 형태가 특히 인간 과학에서 널리 확산되어 있다. 첫 번째는 기계론적 설명이다(M. 1). 그것은 실제로는 설명에서 의미와 목적론을 피한다는 것을 의미한다. 단지 작용인적 설명만 허용된다. 그와 같은 종류의 이론은 또한 인과적인 원자론적 설명을 선호하는 경향을 띠는데, 그에 따르면 시간과 공간 속에서 이루어지는 인과적 접촉은 점적이다. 하지만 '동기 중시의 유물론motivational materialism'(M. 2)이라고 부를 수 있을 것 또한 존재한다. 우리는 '……에 의해 동기를 부여받은 행위'에 대해 말하지만 가령 도덕적 갈망이나 보다 일반적으로 강한 가치부여가 아니라 단지 보다 저급한 동기motive에 기초해 그것을 설명하려고 한다. 통상의 '속류' 마르크스주의는 그것의 가장 잘 알려진 사례이다. M. 2는 의미를 피하는 것은 M. 1에 더 잘 어울린다는 의미에서 M. 1에서 '유래하지만' 엄밀히 말하자면 M. 1은 도대체 동기에 대해 말하는 것을 허용해서는 안 될 것이다. 하지만 과학적 상상에서 우리의 기본적 동기는 분절적인 충동처럼 보일 수 있을 것이다. 즉 정서적으로 거의 이해되지 않는 원초적 '떠밀림push'이다. 따라서 최소한의 의미밖에 갖지 못한다. 대상에 의해 촉발된 단순한 욕망처럼 말이다. 스키너B. F. Skinner와 그 밖의 다른 행동주의자들은 기본 동기를 그와 같은 식으로 다루는 것처럼 보인다.

무엇이 그와 같은 견해 편을 들어줄까? 한 수준에서는 대문자 '과학Science', 즉 포스트-갈릴레오적 설명의 성공이. 하지만 또한 외재적 견해, 즉 아무 입장도 없는[무관점의] 관점을 택함으로써 도입되는 편견도 존재하는데, 거기서는 우주 전체를 하나의 전경 속에서 관찰할 수 있는 입장에 서는 것이 가능해진다.[1] 그것은 본성 자체상 경험으로부터 멀리 떨어진 견해이다. 그렇게 멀리 떨어진 관점에서 바라본다면 우리는 모두 다른 종과 마찬가지로 흔적도 없이 이리저리 돌아다니도록 운명 지어진 개미 같을 것이다.

그런데 보편[우주]적 · 비인격적 질서에 대한 그와 같은 선호는 유물론에 대한 선호처럼 보인다. 왜냐하면 그와 같은 식으로 보편[우주]적 질서를 이해하게 되었기 때문이

1 하이데거, 『숲길』, 나남.

596 다. 하지만 상호이익질서라는 그와 같은 독법은 최근 수 세기 동안 발전하고 성장해온 것이다. 19세기에 이르러서야 비로소 공고해졌다. 보다 이전에는 이신론 또는 심지어 스피노자주의의 성장에서 볼 수 있는 변형태를 갖고 있었다.

그러나 그와 같은 관점은 또한 윤리적으로 추동된다. 첫째, 그것은 용기를 필요로 한다. 우리가 듣는 표준적 서사에 따르면 코페르니쿠스, 다윈, 프로이트가 했듯이 마음에 위로가 되는 의미를 전해주는 듯한 감언에 저항해야 했다. 그것은 또한 거리를 두려는 태도를 둘러싼 윤리적 아우라에 의해 유지된다.

또한 도덕적 태도도 존재한다. 종교와 형이상학은 인간의 욕망, 괴로움, 행복에 대한 구체적 관심으로부터 아마 우리 눈을 딴 데로 돌릴 것이다. 거기에는 솔로비요프Vladimir Solovyov에 의해 희화화된 기묘한 추론이 존재하는 것 같다. 즉 '인간은 유인원에서 유래했다. 따라서 서로 사랑해야 한다.' 하지만 그와 같은 추론은 일단 호혜라는 근대적 도덕을 도입하면 받아들여질 수 있을 것처럼 보일 수 있을 것이다. 즉 우리는 삶의 몇몇 과제를 더 잘해나갈 수 있는 방식으로 제휴해야 하는데, 앞서 살펴본 대로 종교는 피안적 요구에 의해 그와 같은 상호이익질서를 뛰어넘어 전도시키는 등 그와 같은 원리의 적으로 묘사될 수도 있을 것이다. 게다가 인간의 일에 대해 거리를 두는 자세 — 그것은 정의상 불편부당하다 — 를 취한다면 그와 같은 원리 자체가 자명한 것으로 간주될 수 있을 것이다. 따라서 우리는 신과 플라톤은 버려야 한다. 물론 니체는 근대적 도덕질서를 거부할 때 유인원 논증이 어디로 갈 수 있는지를 보여준다. 하지만 계몽주의의 주류에게는 그와 같은 질서 관념을 고수하는 것이 과학적으로 거리를 두려는 태도 자체에 필수불가결해 보인다.

하지만 또한 그것에 반발하는 다양한 근거도 존재한다. 그것들은 인간의 삶의 위대함 또는 내가 본서에서 서술해오고 있는 대로 하자면 충일은 무엇에 있는가라는 관념을 둘러싸고 결정화된다. 그것들이 표현하는 불편한 느낌은 이렇다. 즉 인간 존재에 대한 유물론의 환원주의적 설명은 그들이 이해하는 바의 인간의 삶의 충일에 대해 어떤 여지도 남기지 않는다는 것이다. 충일에 대한 규정 중 그와 같은 반발을 촉발한 몇 가지가 여기 있다.

(1) 우리는 단지 피규정된 존재가 아니라 활동적이고, 건설적이고, 창조적이며 사물을 형성해나가는 행위 주체라는 감각이 존재한다. 라이프니츠와 칸트가 그와 같은 견해의 핵심적 옹호자였다. 그것은 우리가 실제로 일을 수행하는 방식에 대한 통찰과 동시에 그것을 부정하는 데 대한 윤리적 반발을 보여준다.

(2) 또한 영=정신적 반대도 존재한다. 우리는 보다 고차적인 윤리적/영=정신적 동기를 갖고 있다는 것이다. 가령 칸트의 '도덕법칙에 대한 경외심Achtung für das Gesetz'이 그렇다. 조레스, 아널드, 그 밖의 다른 사람 또한 환원에 대해 비슷한 반대 입장을 취한다.

(3) 그리고 [심]미적 반대도 존재한다. 예술, 자연은 우리를 감동시킨다. 우리는 의미에 대해 보다 심원한 감각을 갖고 있다. 우리는 우리의 '[심]미적' 반응을 그저 쾌락적 반응의 또 다른 형태로 간주할 수 없다. 그것은 보다 심원한 유의의성을 갖고 있다.

그런데 이 모든 것은 우리를 정통신앙으로 되돌아가게 하거나 그것을 재확인하도록 이끌 수 있을 것이다. '만약 신을 부인하는 것이 결국 그와 같은 결과로 이어진다면 그것은 바람직하지 않은 움직임이다.' 하지만 유물론에 대한 그처럼 부정적인 반응을 공유하는 많은 사람은 또한 자신을 정통종교 또는 적어도 기독교 반대자로 규정하고 597 싶어 할 것이다. 그들은 중도를 추구했다. 칸트, 아널드 그리고 조레스에서 볼 수 있듯이 그것은 정통 기독교에서 유래한 모종의 '영=정신적' 또는 유신론적 입장일 수도 있을 것이다. 아니면 인간의 존엄에 대해 어떻게 해서건 환원 불가능한 직관에서 출발해 윤리를 위한 모종의 다른 기초를 찾아내려는 시도일 수도 있다(상술한 쟁점 2).

물론 나는 모든 사람이, 따라서 모든 철학적 입장이 인간의 삶의 위대함과 충일에 대한 모종의 규정을 받아들인다는 것을 공리적인 것으로 받아들이고 있다. 따라서 가령 비판자에 의해 종종 고발되듯이 유물론자가 윤리를 부정하는 것은 아니다. 막 살펴본 대로 유물론의 배후에 있는 추동력은 윤리적·도덕적인 것이다. 오히려 문제는 이렇다. 즉 유물론적 설명을 그와 같은 형태의 충일과 어떻게 아귀가 맞도록 만들 것인지에 대한 그들의 설명이 그들과 다른 철학적 입장에 있는 많은 사람에게는 끔찍할 정도로 믿기 어려워 보이는 것이다. 가령 사유 및 개념적 자발성을 유물론적으로 환원시켜 버리는 것을 어떻게 믿을 수 있을까?(쟁점 1). 또는 동기부여와 윤리적 타당성에 대한 유물론적 설명을 어떻게 믿을 수 있을까?(쟁점 2). 또는 채색된 캔버스 표면이 뇌에 특정한 반응을 촉발하는 방법에 대한 모종의 환원적 설명이 렘브란트에 대한 우리 반응을 어떻게 납득시킬 수 있을까?(쟁점 3).

이 세 가지 결절점을 둘러싸고 우리 서양문화에서 진행 중인 소용돌이치는 듯한 논쟁이 합류하고 있다. 대부분의 사람이 어쨌건 최대한 고수하고 옹호하려는 인간적 성취의 세 가지 형태를 여기서 찾아볼 수 있다. 유물론적이건 그렇지 않건 내재성을 고수하는 모든 입장에게 주요한 물음은 이렇다. 즉 우리에게 말을 거는 모종의 초월적 존재나 힘을 언급하지 않고 어떻게 창조적 행위 주체나 윤리적 요구가 가진 특수한 힘 또는 예술적 경험의 힘을 설명할 수 있을까? 그리고 그와 같은 물음은 인간의 동기부여가 무엇 — 온갖 것이 될 수 있을 것이다 — 에 있다고 믿느냐에 따라 한층 더 다양하게 변조될 수 있을 것이다. 가령 존재론적 믿음에 의해 우리 본성을 다른 동물의 본성과 비슷한 것으로 만들어야 한다고 느낄수록 우리 설명은 그만큼 더 어려워지거나 논박 대상이 되기 쉬워질 것이다. 하지만 일반적으로 그와 같은 입장들은 인간의 윤리적 · [심]미적 경험이 가진 힘에 대해 정신 내재적 설명을 제공하려고 한다.

프로이트가 좋은 예이다. 한편으로 그는 즐겨 이렇게 말하곤 했다. "도덕적인 것은 자명하다das Moralische versteht sich von selbst."[2] 그것은 내가 몇 단락 앞에서 말했듯이 과학적으로 거리를 두려는 태도와 근대적 도덕질서가 분명하게 연결되어 있는 것처럼 보이는 사태를 표현한다. 다른 한편 그는 전혀 새로운 해석학적 영역을 개척했는데, 그에 따르면 예술작품이 우리를 매료시키는 힘은 인간의 정신 내부 구조 측면에서 이해될 수 있을 것이다.

여기서 오늘날 강하게 작용하고 있는 양극화 또는 교차압력의 세 영역을 찾아볼 수 있다. 그것들은 모종의 교의 또는 아마 오늘날의 사회의 특징을 출발점으로 삼는데, 그것을 종교의 쇠퇴의 결과 또는 적어도 그것의 부수 현상으로 제시하는 것은 그럴듯해 보일 것이다. 하지만 많은 사람이 그와 같은 이해에 반대하고, 그것을 받아들이기 어려운 것으로 간주한다. 우리가 막 논의한 사례들에서는 환원적 유물론이 그와 같은 출발점이었다. 물론 그와 같은 출발점은 처음에는 정통의 옹호자들에게 유용했으며, 그

2 Ernest Jones, *Sigmund Freud, Life and Work*, 2권, *Years of Maturity 1901-1919*(London: The Hogarth Press, 1955), p. 463.

렇게 이용되었다. 하지만 이후 그것에 반대하는 사람에는 또한 정통파를 거부하는 사람 598
도 포함되는 일이 종종 벌어졌다. 따라서 거기서 교차압력이 생겨나게 되었다.

그것은 다음과 같은 나의 주장을 보다 설득력 있게 만들 수 있을 것이다. 즉 우리 서양 사회에서 진행된 논쟁은 두 극단적 입장, 즉 정통종교와 (현대적 용어로 말하면) 유물론적 무신론 사이에 매달려 있는 것으로 이해되어야 한다는 것이다. 중간 입장이 다수가 아니라는 뜻이 아니다. 심지어 중간 입장에 선 사람 숫자가 그리 많지 않다는 의미도 아니다. 오히려 그와 같은 입장은 (항상 그렇듯이) 거부하는 것에 의해 자신을 규정한다. 그리고 우리 서양 사회의 경우 거부 대상은 거의 언제나 변함없이 극단적 입장을 포함한다. 우리 서양문화는 더 이상 다시 알아보는 것이 불가능한 지점까지 발달해나가야 했을 것이며, 그와 함께 그중 하나는 시야에서 너무 멀리 사라져 더 이상 타당하지 않게 된다. 이 의미에서 교차압력이 문화 전체를 규정하고 있다.

또한 서양문화는 극단적 입장 사이에 매달려 있다는 나의 주장은 결코 모든 또는 대부분의 구성원이 그렇다는 것을 함축하고 있지 않음도 이해할 수 있을 것이다. 대부분의 사람이 극단적인 것이건 중간적인 것이건 상대적으로 별 갈등을 빚지 않고 이런 저런 입장에 안주하고 있을 수도 있을 것이다. 그것이 요점은 아니다. 오히려 중요한 것은 그와 같은 입장들 자체가 한쪽의 초월적 종교와 다른 한쪽의 환원적 유물론이라는 극단적 두 입장이 결정적 참조점으로 작용하는 영역에서 규정되고 있는 것이다.

혐오스러운 결과를 초래하지 않고도 종교를 거부할 수 있는 새로운 입장과 방법을 창조하도록 고무한 것만이 교차압력이 거둔 성과는 아니었다. 그것은 또한 많은 사람이 오랫동안 종교에 대한 입장을 정하지 못하고 망설이게 되는 비결정 상황으로 이어질 수 있을 것이다. 앞의 몇 단락에서는 그와 같은 새로운 창조의 사례를 제시해보았다. 하지만 양쪽을 왔다 갔다 하고 그리고/또는 오랫동안 망설이는 태도 또한 그것의 결과로 나타날 수 있을 것이다.

가령 나치 체제가 자행한 야만적 인권침해를 거론해보자. 우리가 기꺼이 '기독교문명'의 기준이라고 부르던 것(심지어 윈스턴 처칠처럼 매우 비정통적인 인물조차 그렇게 불렀다)을 그렇게 폭력적으로 부인하는 것에 반발해 전후에 많은 유럽국가에서는 종교로의 회귀 운동이 일어났다. 독일에서 종교의 보호는 인권의 방파제로 간주되었다. 유럽에서는 한편으로는 지난 50년간 세속화가 진행된 반면 다른 한편에서는 종교에 의해 야기된 테러리즘의 출현으로 종교와 인권 간에는 전혀 그처럼 긴밀한 연관성이 존재하지 않는다는 주장이 적지 않은 사람을 설득해왔다. 하지만 겉모습만 보아서는 상당히 세속적으로 보이는 많은 독일인이 무교자konfessionslos로 신고함으로써 쉽게 면세혜택을 누릴 수 있음에도 불구하고 여전히 교회세를 계속 납부하고 있다. 왜 그러느냐는 질문에 그들은 종종 '교회가 아이들을 도덕적으로 이끌어주기를 바란다'거나 "교회를 사회의 도덕적 골격 형성과 유지에 중요한 것으로 간주한다"[3]고 응답했다.

비슷한 패턴을 '조용한 혁명Quiet Revolution'[1960년대에 캐나다에서 근대화와 탈가톨릭화를 위해 이루어진 일련의 사회개혁을 말한다] 이후의 많은 퀘벡 부모에게서도 발견할 수 있다. 본인은 종교의 실천을 완전히 그만두었지만 자식들이 가치-감각을 잃으면 안 된다는 이유로 학교에서 종교교육을 포기하는 것은 주저했다.

599 하지만 단순히 불확실한 상태나 입장 보류가 장기간 이어지지 않는 곳에서 그와 같은 종류의 교차압력은 일군의 새로운 입장이 초래되는 요인이 되었는데, 그것들이 내가 '노바'라고 부르는 것을 구성한다. 우리는 한쪽의 반기독교적 휘둘림과 다른 한쪽의 모종의 (우리에게는) 극단적 형태의 환원 사이에서 갈가리 찢겨 있다. 우리가 새로운 입장을 만들어낸 것은 이 때문이다. 어떤 의미에서 심지어 원래의 이신론적인 비인격적 질서조차 그와 같은 관점에서 이해할 수 있을 것이다. 그것은 루크레티우스에 의해 촉발된 무신론과 마찬가지로 창조의 선성을 놓치지 않으려고 했기 때문이다.

그리고 우리의 근대세계에는 다른 출발점을 가진 교차압력의 다른 계열도 존재했다. 종교 거부와 함께 생성되어온 삶에 대한 여러 관념이나 형태가 그것이다. 하지만 많은 사람이, 심지어 더 이상 오래된 구래의 종교를 받아들이려 하지 않는 사람조차 그것들 앞에서 움찔했다. 그와 같은 출발점 중 하나가 교조적 공리주의였는데, 거기서는 모든 가치가 공리적 결과에 비추어 동질화되고, 보다 고차적인 동기와 보다 저차적인 동기

3 Peter Berger, "Religion and the West", in *The National Interest*(Summer 2005), 80, *Research Library*, p. 6.

간의 차이는 부정되었다. 그와 같은 공리주의는 처음 등장했을 때부터 반발을 불러일으켰는데, 특히 루소가 분명하게 반대 입장을 표명한 이래 칸트에 의해 계승되어 오늘날에도 다양한 버전의 신칸트주의 속에서 살아 숨 쉬고 있다. 그것과 관련된 또 다른 출발점은 자연과 세계를 단순히 인간의 목적을 위한 도구와 원료로 인식하는 철두철미한 태도였다. 그와 같은 태도에 반대하는 입장이 등장하는 것은 뻔했는데, 특히 여러 갈래로 분기된 환경운동 속에서, 또한 인간의 조직적 구성에 관한 의학 연구와 유전자공학의 한계에 관한 고뇌에 찬 질문 속에서 그것을 발견할 수 있다. 그와 같은 물음을 제기하는 많은 사람이 신앙인이지만 신앙인이 아닌 사람도 많다. 후자 중에는 신앙인과 공동의 기반을 찾으려는 사람도 많이 존재한다.

앞서 언급한 대로 인간에게 핵심적인 동기부여 중 하나 — 실제로는 거의 모든 사람이 이런저런 방식으로 그것을 찾고 싶어 한다 — 는 도덕적인 것이었다. 하지만 규율훈련에 기반한 근대(성)의 도덕질서에 대한 또 다른 반발이 존재하는데, 그것은 그와 같은 질서를 회피할 필요가 있는 것으로 간주한다. 도덕 또는 선한 질서의 규율은 우리의 자발성 또는 창조성, 욕망하는 본성을 분쇄할 우려가 있다. 낭만주의 시대에 그와 같은 종류의 반항을 발견할 수 있었는데, 니체와 함께 그것은 평등, 행복, 고통의 완화를 특권화하는 근대의 도덕 자체의 정체를 폭로하고 거부하는 래디컬한 형태를 취하게 되었다. 그와 같은 도덕은 권력에의 의지를 통제된 상태로 방출하는 것에 대해 적대적이었는데, 권력에의 의지에서 아폴론적 질서는 디오니소스적 힘에 봉사하게 되리라는 것이다. 니체는 새로운 윤리를 선언했는데, 거기서 서양근대에서 규정된 것으로서의 도덕은 어떤 자리도 갖지 못했다. 니체의 새로운 윤리는 내가 위에서 '내재적 반계몽주의'로 서술한 것의 원천 중 하나였다.

서양의 예술, 문화, 사상에서 등장한 그와 같은 항의의 결과는 매우 중대했다. 디오니소스적인 것에 대한 탐구는 특히 바타이유, 푸코 같은 20세기 사상가 사이에서 지속적으로 이루어졌으며, 매력적인 것이었다. 하지만 그것은 교차압력의 또 다른 차원의
원천이었다. 단지 니체적 비판의 특징이 근대의 자유주의적 문명에 대한 종교적 비판에 600
의해 전유 가능해서만이 아니다(가령 『기독교적 대결』에서의 무니에[4]). 또한 근대인이 근대적 도덕질서의 적어도 기본 원리에 깊은 충성심을 느끼지 않을 수 없었기 때문이기도

하다. 현대의 신니체주의자들이 규율과 질서에 대한 비판을, 권력 및 불평등에 기반한 근대사회에 대한 급진적 비판과 짝지으려고 시도한 것은 이 때문이었다. 그와 같은 사례를 어떤 의미에서는 푸코와 코놀리[5]에서, 또 다른 의미에서는 데리다에서 볼 수 있다.

2

그와 같은 교차압력의 장에서 논쟁의 궁극적 쟁점은 무엇일까? 내재적 틀이 우리에게 제공하는 한 가지 결정적 선택은 모종의 초월적 원천이나 권능을 믿을지의 여부이다. 우리 서양문화 속에 사는 많은 사람에게 그와 같은 선택은 신을 믿을까이다. 많은 사람에게 그것은 선택처럼 보이지 않을지도 모른다. 왜냐하면 환경이나 주변 사람 또는 깊은 도덕적 지향에 의해 그것이 배제되어 왔기 때문이다. 하지만 내재성의 문화 자체는 그와 같은 선택을 미정 상태로 둔다. 그것은 부인할 수 없는 논증에 의해 배제되지 않는다. 하지만 많은 사람이 결국 이런저런 방식으로 특정한 태도를 취한다. 그렇다면 그와 같은 태도를 정하는 데서 결정적 쟁점은 무엇일까?

앞 장에서 나는 세속성에 관한 다양한 서사를 묘사했다. 내가 앞의 이야기들을 들려준 것은 부분적으로는 그것들에는 필증적 증거는 전혀 존재하지 않음을, 또한 다양한 형태의 비신앙에 대해 지지자를 매료시키는 것은 무엇인가를 보여주기 위해서였다. 앞 절에서 지적한 대로 앞의 논의에서 내가 '충일'이라고 부른 것의 모종의 독법에서 벗어날 수 있는 방법은 존재하지 않는다고 나는 믿는다. 인간의 삶에 대한 모든 바람직한 이해에서는 삶이 선하고, 온전하고, 참되고 적절해 보이는 모종의 형태가 존재해야 한다. 만약 그것이 명백히 결여된다면 우리는 비참하고 견딜 수 없는 절망에 빠질 것이다. 따라서 비신앙이 충일이라는 기독교적 이념을 아무런 까닭도 없이 피하는 것이 아니다. 그것은 충일에 관한 자체의 독법을 갖고 있다.

4 Immanuel Mounier, *L'Affrontement Chrétien*(Paris: Seuil, 1945).

5 William Connolly, *The Terms of Political Discourse*(Princeton: Princeton University Press, 1983).

따라서 신앙/비신앙 간에, 그리고 양쪽의 각기 다른 독법 간에 소용돌이치듯 벌어진 논쟁은 진정한 충일이란 무엇인가에 대한 논쟁으로 간주될 수도 있을 것이다. 그와 같은 논쟁은 두 측면을 가진다. 두 종류의 비신앙 간의 논쟁을 다루어보자. 한쪽에는 표준적인 공리주의 입장이 있다. 존재자는 특정한 요구와 욕망을 가진 것으로 여겨진다. 가령 번영, 우리가 건강하게 자라고 사회에 적응하는 데 필요한 친구 및 가족과 함께 보내는 좋은 시간이 그것이다. 다른 한편 그것에 맞선 영웅적 입장 중 하나로 서양문화에서는 니체에게 많은 것을 빚지고 있는 입장이 존재한다. 가령 일상적 행복은 [『차라투스트라』에 따르면] '가련한 위안ein erbärmliches Behagen'에 지나지 않고, 삶에는 훨씬 더 고차적인 것이 존재한다는 것이다. 또는 카뮈의 『페스트』에 나오는 의사 리외 같은 사람의 영웅적 휴머니즘이 그럴지도 모르는데, 그는 동포를 위해 행동한다. 그것이 아무리 부조리하다고 해도, 또 그와 같은 행동 모두가 결국 아무 소용없게 되더라도 개의치 않는다.

따라서 한 수준에서 가령 흄주의자에 대한 '영웅적' 비판은, 본인과 타자들을 위해
추구하는 만족은 현실적인 것이지만 삶에는 그가 놓치고 있는 보다 고차적인 것이 존
재한다는 것인 것처럼 보인다. 하지만 다른 방향에서의 비판은 다른 쟁점을 다루고 있 601
는 것 같다. 그것은 만족이라고 여겨지는 것 자체를 의문에 부친다. 영웅적 인물이 본인 행동에서 찾아낸 '고차적인 것'에 대한 감각은 의심스러운 것으로 간주된다. 즉 여기서 '고차적인 것'이 주로 자기-연출이라는 비난이 가해질 수 있을 것이다(그리고 종종 가해진다). 즉 본인이 유일한 주인공인 연극을 본인에게 연기하는 것이다. 모두 큰 구경거리다. 실제로 그것이 가리고 있는 것은 인간의 일상적 쾌락과 충족에서 만족을 찾을 수 없는 무능력이다. 그것에는 모종의 부조화가 존재한다. 아마 그는 안정적 관계에 전념할 수 없을 것이다. 아마 그에게는 큰 위험을 안고 행동하기 위한 아드레날린이 필요할 것이다. 그는 사랑할 수 없다. 비판은 그와 같은 식으로 전개될 것이다. 거기서 성취로 간주되는 것은 자체가 비현실적인 것으로, 본래성이 없는 것으로 낙인찍힐 것이다.

기독교도 사이에서도 비슷한 논쟁이 벌어진다. 일상적인 것을 자기부정하는 소명의 우위를 주장하며, 그와 같은 식으로 니체 같은 사람의 영웅적 태도와 유사한 것을 주장하는 사람이 일부 있다. 대부분의 사람은 아마 진짜 기독교도 입장은 양쪽 태도를

모두 잠재적으로 진정한 것으로 간주한다는 데 동의할 것이다. 그러나 그와 같은 '영웅적' 소명을 품는 사람에 대해 동기부여가 불순하다고 비판하는 것이 여전히 가능할 것이다. 우월감을 주는 것이 그것에 끼어 있는 현실적 동기였을 수 있다. 그리고 그것은 여기서 진정한 '성취'가 아닐 것이다. 그만큼 진정하지 못한 모조품일 것이다.

따라서 한 가지 종류의 비판은 이렇다. 여기서 나는 진정한 충일, 즉 일상적 삶보다 심원하고 굳건한 충일을 볼 수 있지만 여전히 보다 고차적이고, 보다 심원하고, 보다 강력한 충일을 마련해주는 것이 존재함을 지적하고 싶다. 따라서 현재의 충일을 인생의 목표 전체로 삼아서는 안 된다. 이어 또 다른 비판이 제기될 수 있는데, 그것은 이렇게 말한다. 즉 나는 네가 여기서 어떤 종류의 충일을 추측하고 있는지를 알며 또한 그것을 나름대로 즐기고 있음도 알지만 두 가지는 동일한 것이 아니다. 충일해지고 있다고 생각하지만 바보짓을 하며 모조품으로 자신을 속이고 있다는 것이다. 이유는 둘 중 하나이다. 즉 그와 같은 충일에는 진정한 변종이 존재하지만 그것을 얻지 못해서거나(너무나 영웅적이고 자기부정을 매우 높이 평가하는 금욕적 수도자의 경우) 아니면 보다 근본적으로 그와 같은 종류의 충일이 신기루에 지나지 않기 때문이다. 가령 니체에 대해 가해질 수 있는 흄적 비판이 그것이다. 모든 것이 자작극으로, 바람직한 것과는 한참 거리가 먼 것을 은폐하고 있다.

그리고 물론 그것은 또한 니체적 형태의 기독교 비판이기도 하다. 즉 당신은 사랑하는 마음에서 포기하고 있다고 생각하지만 실제로 당신의 동기는 강한 것, 아름다운 것, 성공한 것에 대한 공포, 질투, 원망, 증오의 이상한 혼합주의에 지나지 않는다는 것이다.

첫 번째 종류의 비판은 '하향적' 방향에게만 유보되며, 그리하여 '보다 고차적인' 갈망이 '보다 저차적인' 갈망에 대해 등급을 매긴다고 생각할 수 있을 것이다. — 거기서는 양측이 모두 그와 같은 식으로 등급을 매기는 것에 동의할 것이다. 비록 흄주의자들은 '보다 고차적인'과 '보다 저차적인' 같은 단어를 사용할 때 비꼬는 듯 인용부호 안에 넣겠지만 말이다. 두 번째의 정체 폭로적 비판은 일반적으로 '상향식으로' 진행된다. 하지만 반드시 그렇다고는 할 수 없다. 영리하고 성공적이며 방탕한 (가령 광고업계
602 의) 이미지 장사꾼을 생각해보자. 그는 엄청난 성공을 가져온 광고 문구를 고안해낼 정

도로 충분히 똑똑했으며, 그것을 통해 다양한 일용품이 유행하도록 만들 수 있었다는 것에 대해 큰 만족감을 가질 수 있을 것이다. 돈을 벌고, 여자들을 유혹하고, 일정한 명성을 얻었다. 열심히 일하고, 그런 다음 인기 휴양지에서 맘껏 놀 수 있을 것이다. 그것이 진짜 삶이다. 니체와 마찬가지로 그는 모두가 그렇게 할 수는 없으며, 대부분의 삶에는 회색빛이 돌지만 자기 삶은 빛남을 안다.

그에 반해 가령 [아프리카의 사하라사막 주변의] 사헬 지역의 마을 사람들을 위해 비록 저렴하지만 실용적인 우물을 파주는 등의 기업가적 노력을 기울이는 사람에 대해 '하향적' 비판을 가해 그것은 진정하지 않은 삶이라고 낙인찍을 수 있을 것이다. 위에서 설명한 '상향적' 비판과 유사한 몇 가지 이유로 말이다. 즉 만족은 당신이 자신을 향해 그것을 어떻게 연기하느냐에 또는 그것을 감상하고 칭찬할 시청자를 어떻게 얻을 수 있느냐에 달려 있다. 만족은 모두 장식용 반짝이 조각, 연막, 반사경이다. 유행하는 인기 상품은 인간의 복지를 실제로 향상시키지 않는다. 그것은 모두 우리 자신 그리고 생각이 비슷한 주변 사람들과 어울려 즐기는 게임일 뿐이다. 이 측면에서 고독한 전사라는 가짜 영웅 같다. 다른 한편 당신은 진짜 중요한 것을 희생하고 있다. 가령 현실적으로 유용한 생산물, 일련의 화려한 사건으로 이어진 현실적 관계, 휴양지의 라이프스타일에서 자연을 현실적으로 누리는 것이 그것이다. 그리고 이 모든 것이 증명하는 것은 그것이 지속되지 않는다는 것이다. 삶 전체를 채워줄 수 없다는 것이다. 힘이 사라졌을 때 뒤에 남는 것은 공허함뿐이다.

그와 유사한 것이 전사의 명성과 영광이라는 이교도적 삶에 대한 아우구스티누스의 기독교적 비판의 요체였다. 자부심의 충족은 모두 궁극적으로 공허한 것으로 판단된다.

그와 같은 논쟁이 '삶의 목적'으로 불려온 것에 관한 것임을 볼 수 있을 것이다. 그것은 윤리적 논쟁, 플라톤과 아리스토텔레스도 당시에 참여한 것을 볼 수 있는 논쟁과 연결되어 있다. 그리고 그것은 아래의 두 가지 물음 모두와 관련되어 있다. 즉 한편으로는 제안된 가능성 중 어느 것이 현실적인가? 즉 항상 두려움과 원한이 아니라 사랑의 마음에서 우리는 자신을 포기할 수 있을까? 또 겉만 화려한 삶을 영원히 지속되도록 만들 수 있을까? 다른 한편 어떤 현실적 가능성이 실제로 진정한 충족인 것 또는 최고의 충족을 가져오는가? 이 두 측면은 밀접하게 복잡하게 뒤엉켜 있다.

형이상학적 · 종교적 입장 간의 논쟁은 주로 이 의미에서의 윤리적 곤경에 처해 있다는 감각에 의해 추동된다. 대체로 그것이 어떤 입장을 받아들일지, 어떤 입장을 버릴지 또 한 입장에서 다른 입장으로 어떻게 개종할지를 규정했다. 도저히 받아들일 수 없는 두 입장 사이에서 느끼는 교차압력, 그것이 새로운 입장을 고안하도록 유도하고 '노바'를 추동한다. 심지어 다른 어떤 것에 의해 추동되는 것처럼 보일 때도, 그리고 실제로 아마 부분적으로 그럴 때도 그와 같은 논쟁이 중요한 역할을 수행하고 있었다. 비신앙으로의 전향을 사례로 내가 위에서 말한 것이 바로 그러한 상황인데, 비신앙으로의 전향은 '과학은' 가령 모든 것이 물질임을, 신은 존재할 수 없음을 '증명해왔다' 같은 생각에 (그리고 개종자들 말을 빌리면 결정적인 정도로) 정신이 팔려 있는 것처럼 보인다. 나는 심지어 거기서도 중요한 역할은 인간의 도덕적 곤경에 대한 우리 감각이 한다
603 고 주장했다. 여기서 말하는 도덕적 곤경이란, 한편으로는 현실을 알려고 하는 엄격하고 용감한 윤리에 매료되지만 다른 한편으로는 아직까지 남아 우리를 신앙으로 이끄는 힘은 현실적 가능성을 가리키기보다는 오히려 아직까지 남아 있는 취약성, 즉 의미를 상실한 세계에 직면해 위로를 갈망하는 것을 가리킨다는 느낌 사이의 곤경을 말한다.

오늘날 중요한 종교 형태를 보면 그와 같은 논쟁의 윤리적 차원이 매우 분명해진다. 가령 종교가 정치적 정체성의 일부인 '신뒤르케임형'을 보라. 그리고/또는 종교가 문명적 · 도덕적 삶의 방식에 핵심적인 방파제라는 감각도 마찬가지이다. 이 두 경우 우리가 자신과 동일시하는 것 — 우리 국민이 대표하는 것, 우리 삶의 방식 — 은 결정적인 윤리적 차원을 갖고 있다. 하지만 두 경우 모두에서 가장 순수한 형태로는 윤리적 논쟁에 들어갈 수 없다는 감각이 존재한다. 충일에 대한 특정한 윤리적 규정에 대한 우리의 애착은 정서적 충성심을 느끼는 보다 광범위한 사회에의 귀속에 의해 유지된다. 그리고 그와 같은 사정은 가령 정체성에 대한 긍지 같은 다른 동기부여, 우리를 규정하고 있다고 생각되는 윤리에는 이질적일지도 모르는 동기부여를 작동시킨다.

'신 아래의 한 백성'(모종의 미국적 정체성) 또는 세속적 공화국une République laïque (프랑스의 자코뱅파)에 귀속된다고 느끼는 사람을 떠올려보자. 그 사람이 윤리적 · 종교적 견해를 바꾸는 것 — 그리하여 전자는 불가지론자가 되고 후자는 가톨릭교도가 되는 것 — 은 그만큼 더 어려운데, 왜냐하면 그와 같은 전향으로 본인의 정체성 그리고

그것을 공유하는 동지들을 배신하게 된다고 느끼기 때문이다. 그것의 기저에 깔려 있는 것은 양쪽 모두에 의해 거의 언급될 수 없는 것인데, 즉 둘 각각의 공화국에 귀속됨으로써 우월한 종류의 인간집단에 속하며, 그리고 실제로는 자유와 이성, 자유, 평등, 박애를 누리지 못하는 나머지 인류보다 훨씬 더 앞서 있다는 느낌이 그것이다.

그런데 여기서 중요한 것은 윤리적 입장을 지지하는 것 그리고 사회에의 귀속이 양립한다는 것이 **아니다**. 그것은 거의 항상 그러하며, 분명히 기독교도에게 신자가 된다는 것은 교회에 속함을 의미한다. 문제는 멤버십을 둘러싸고 발생해 내가 윤리관을 바꾸지 않도록 작용하는 동기부여가, 윤리적 입장에 따라 핵심적인 것으로 선언되는 동기부여가 아닐 수도 있는 것이다. 미국인을 예로 들어보자. 미국의 우위에 대한 배타적 자부심으로 기독교도로 남아 있는 것은 결코 기독교적 이유로 행동하는 것이 될 수 없을 것이다. 그리고 심지어 오히려 찬양받을 수 있는 연대감조차 미국이 세계에 심각한 해를 끼치는 경우 한계를 가질 수밖에 없게 될 것이다. 우리는 위에서 언급한 것과 유사한 상향식 비판의 단서들을 갖게 될 것이다. 즉 금욕적 소명 속에서 그것을 달성할 가능성이, 그것에 종사하는 동기가 잘못되었기 때문에 무효가 되어버린다.

그리고 자코뱅파의 자부심과 연대 모두에 대해서도 비슷하게 지적할 수 있을 것이다. 아마 종교를 다루는 특정한 방법(학교에서의 히잡 착용)은 설령 아무리 더할 나위 없이 '공화적'이고 '세속적'으로 보이더라도 맞지 않을 것이다. 평등과 인권의 현실적 원리에 따라 그것에 대해 어떻게 결정해야 할까?

물론 그로부터 교회 곁에 머무르길 원하기 때문에 교의를 고수하려는 동기부여는
또한 기독교 교의에서 벗어나려는 동기가 될 수 있다는 결론이 나오게 된다. 그것은 604
너무나 명백한 현상이므로 더 이상의 논의는 불필요하다. 기독교 역사는 교회의 배타주
의로 가득 차 있다.

여기서 내가 말하려는 주요 논점은 그와 같은 배타주의를 호되게 꾸짖어야 된다는 것(아무리 혹독한 비판도 현재 우리가 처한 곤경에서는 어떤 해도 끼칠 수 없을 것이다)이 아니다. 그와 같은 쟁점과의 씨름을 단지 명백히 윤리적·종교적 씨름 — 여기서는 어떤 성취가 진정하고 가능한지, 그리고 어떤 성취가 보다 고차적인지를 가늠하도록 강요당한다 — 으로만 파악하는 한 그와 같은 맥락에서는 어려움에 처할 수밖에 없음을 지

적하고 싶을 뿐이다. 그와 다른 이질적 동기부여 또한 체계적으로 개입한다. 차이를 만드는 것이 바로 그와 같은 체계의 성질이다. 그와 같은 쟁점과 씨름할 때는 그와 같은 이질적 동기부여가 항상 개입하지만 정체성이 걸리게 될 때만큼 대규모의 조직적 방식으로 그렇게 하지는 않는다.

종교가 문명적 · 도덕적 질서에 본질적이라고 생각하는 사람들에 대해서도 비슷한 점을 지적할 수 있을 텐데, 심지어 그들이 그것과 자신을 동일시하지 않거나 자부심을 갖지 않을 때도 그렇다(왕정복고 이후의 프랑스 귀족을 예로 들 수 있을 텐데, 〈프랑스혁명〉을 경험하고 나서 정신을 차린 그들은 회의적 입장을 버리고 적어도 외견상으로는 신앙으로 개종했다). 여기서도 역시 이질적인 것, 즉 사회의 무질서에 대한 공포가 모든 내면적인 윤리적 · 종교적 논쟁의 물을 흐리는 경향을 볼 수 있다.

그런데 오늘날에는 점점 더 많은 사람이 종교에 의해 규정된 신뒤르케임적 정체성이나 종교와 문명적 · 도덕적 질서의 결합(가령 유럽에서는 양쪽 모두 결정적으로 약화되어 있다)으로부터 점점 분리되게 됨으로써 갈수록 더 많은 사람이 관심 밖의[직접적 관계가 없는] 고려로부터 상대적으로 자유로워져 본인 입장이 무엇이었는지 — 무엇이건 말이다 — 를 재고하도록 유도되는 공간에 놓이고 있다. 그와 같은 고려는 아직 일정한 역할을 하고 있지만(〈성찬식〉에 참석하지 않으면 어머니를 얼마나 실망시킬까? 그래도 간다면 친구들 얼굴을 어떻게 볼까?) 이런 식이나 저런 식으로 해나가야 할 진정 타당한 이유와 뒤섞이거나 혼동될 일은 점점 더 적어질 것 같다.

근대문명에서 핵심적인 논쟁은 단지 삶의 충일에 대한 경쟁적 관념뿐만 아니라 우리의 윤리적 곤경에 관한 개념적 파악 방식을 둘러싸고 벌어지고 있음을 다시 한 번 강조하고 싶다. 앞 장에서 논한 대로, 후자의 방식은 보다 광범위하다. 그것은 충일에 대한 이해뿐만 아니라 다음 것도 포함한다.

(a) 사람을 충일을 향해 이끌 수 있는 동기는 무엇인가에 대한 모종의 관념. 그와 같은 동기는 종종 충일 관념 자체 속에 함의되어 있을 수도 있지만 — 아가페가 통로이자 목적지인 기독교의 경우가 그렇다 — 항상 그렇지는 않다.

(b) 충일로 향한 우리 길을 차단한 동기. 과학이 신앙을 논박했다고 느끼는 사람들에게는 그곳에 핵심적 문제가 있음을 보아왔다. 특정한 사상이나 이미지에 의해 신앙으로 나가도록 동기를 부여받는 경향은 올바르고 책임 있는 신앙이라는 성인의 목표로 나가는 것에 대한 장애물로 낙인찍힌다.

(c) 또한 충일이 어떻게 전일적으로 충족될 수 있을까에 대한 모종의 관념이 존재한다. 그것 605
은 그저 어떤 인간도 전체적으로는 도달할 수 없으며 오직 접근할 수만 있는 궁극적인, 심지어 유토피아적 이상일 뿐일까? 아니면 전면적으로 실현 가능한 하나의 전일적 변형일까? 배타적 휴머니즘에 의해 구상된 바에 따르면, 힘든 세상에서 추구하는 평정이라는 목표는 종종 첫 번째 유형에 속하는 사고방식 중 하나이다. 한편 불교에서 이해하는 바의 해탈의 목적은 완전한 변형으로 파악될 수 있을 것이다.

(d) 또 한 다발의 쟁점이 (c)와 밀접하게 관련되어 있다. 즉 (b)에서 거론된 부정적 동기는 어느 정도까지 극복될 수 있을까? 비록 줄일 수는 있겠지만 항상 남아 있을까? 아니면 정말 변형 또는 극복될 수 있을까? 분명히 불교와 기독교 또한 후자 식으로 주장하지만 배타적 휴머니즘의 몇몇 독법도 그렇게 한다. 한편 다른 입장들은 명백히 그렇지 않다. 루소 속에 존재하는 한 가지 중요한 측면을 따르는 마르크스주의는 인류는 일반적 선과는 구별되는 사적 이익에 대한 애착을 상당 부분 극복하리라고 약속하는 것 같다. 하지만 다양한 양식의 자유주의는 그와 같은 전망을 순전히 환상적인 것으로 간주한다.

(e) 및 (d)과 밀접하게 관련된 또 다른 쟁점이 존재한다. 만약 (b)에서 언급된 부정적 동기가 완전히 제거될 수 없다면 그것을 부정 또는 차단하는 데 따른 대가는 무엇일까? 심각한 희생, 심지어 인간적 삶의 훼손마저 요구할까?

이 모든 측면이 앞서 말한 논쟁의 틀 내에서 다루어질 수 있을 것이다. (b)는 과학적 유물론으로의 회심에 관한 앞의 설명에서 이미 고찰에 부쳐졌다. 하지만 서양문화에서 우리 주변에서 벌어지고 있는 그와 같은 논쟁의 몇몇 측면을 검토하는 가운데 우리는 (c), (d), (e)뿐만 아니라 (a)의 쟁점들이 어떻게 논쟁의 장에 나타나는지를 살펴볼 것이다.

3

분명히 이 영역에는 말할 것이 많이 남아 있어 지금까지 쓰여진 것에 추가해 해당 주제에 대해 다른 책 한 권을 쓸 필요가 있다. 하지만 나는 여기서는 관련 논쟁의 몇 가지 일반적 특징, 즉 내가 여기서 이야기해오고 있는 것 — '주인-서사' — 에서 현저하게 두드러지는 것을 지적할 만한 지면밖에 없다.

위에서 언급한 교차압력의 (1)-(3)으로 되돌아가자면, 중간적 입장을 취하는 사람들은 유물론적 환원주의를 꺼린다. 그들이 환원주의적 존재론과 양립할 수 없는 것으로 간주하는 충일의 몇몇 결정적 특징 — 우리가 능동적·창조적 행위 주체라는 것, 도덕적 주체라는 것, 미에 반응할 수 있는 능력을 가졌다는 것 — 때문에 말이다. 하지만
606 여전히 이런 물음을 던질 수 있을 것이다. 즉 여전히 거부하고 싶은 것, 가령 초월적인 것이나 보다 큰 코스모스적 힘 — 또는 그 밖의 다른 어떤 것이라도 상관없다 — 에 대한 모종의 참조를 받아들이기에는 부족한 그와 같은 특징에 정말로 존재론적 공간을 부여할 수 있을까? 다시 말해 중간적 입장은 정말로 존립 가능한가?

그것이 상술한 범주 (a)에서의 쟁점이다. 왜냐하면 거기서는 충일에 대한 우리 이해에서 상정되는 동기를 이해할 수 있는지를 묻고 있기 때문이다.

세 번째 영역 즉 예술과 자연에서 미에 의해 우리가 감동받는 것을 예로 들어보자. 거기서는 가령 이런 종류의 질문이 제기된다. 즉 그와 같은 경험을 초월적인 것을 배제한 존재론의 틀 안에서 이해할 수 있을까? 언뜻, 그것이 적어도 부분적으로 가능함은 분명해 보인다. 가령 프로이트의 것과 같은 이론을 다루어보자. 거기서 특정한 예술작품이 우리에 대해 갖는 힘은 심리의 심층에서 일어나는 감정 측면에서 설명된다. 오이디푸스의 드라마 같은 것이 인간의 정신발달에 핵심적인 한 단계임을 일단 인정한다면 『오이디푸스왕』에서 그것이 환기되는 것이 관객에게서 전율 깊은 인식의 감각을 어떻게 불러일으키지 않을 수 있단 말인가?

다시 한 번 말하지만, 나는 앞에서 19~20세기의 유물론이 어떻게 자연 전체를 관조할 때 고대세계의 루크레티우스 저작 속에서나 발견할 수 있을 경이감과 깊이감을 얼마간이라도 되찾고 있는지에 대해 말한 바 있다. 그와 같은 경이감은 놀랄 만큼 큰 전체성뿐만 아니라 우리 인간이 자연 속에서 나타나는 방식과 관련되어 있는데, 즉 인간은 허약하고 그와 같은 전체의 하찮은 일부일지 모르지만 그럼에도 그와 같은 전체성을 파악할 수 있다. 인간은 생각하는 갈대라는 파스칼적 주제는 무신론과 유물론의 음역에서도 똑같이 연주된다. 심지어 거기서 어떤 경건함이 생겨난다고 말할 수도 있을 것이다. 거기서 우리는 모든 것을 객관화하는 사유 속에서 그것으로부터 이탈함에도 불구하고 궁극적으로 그와 같은 전체성에 속하고, 그것으로 돌아간다. 동료이자 멘토인 해밀턴William Hamilton에 대한 감동적인 추도사에서 도킨스는 친구가 죽으면서 바라던 바를 이렇게 적고 있다.

> 아마존 정글의 임상林床 위에 눕혀져 애벌레들을 위한 먹이로 지하에 숨어 있는 딱정벌레들에 의해 매장되길 바란다.
> 나중에, 내 몸을 단단히 뭉쳐 만든 주먹만 한 공 모양의 먹이로 뿔을 가진 부모들에 의해 소중하게 키워진 새끼들 속에서 나는 사라질 것이다. 내게는 벌레도, 불결한 파리도 필요 없다. 재배열되어 많은 사람이 된 나는 마침내 둥지에서 날아오르는 벌처럼 땅속에서 날갯짓하는 소리를 낼 것이다. — 실제로 벌보다 더 큰 소리를, 거의 오토바이 폭주족 같은 소리를 낼 것이다. 하늘을 나는 딱정벌레가 사방을 둘러싼 가운데 나는 별이 빛나는 하늘 아래 브라질의 광야 속으로 태어날 것이다.[6]

그렇게 명확하게 표현해놓고 보면 그와 같은 경이감 그리고 자연에의 귀속에 따르는 경건함은 자연주의적 · 내재주의적 관점과 양립 가능할 뿐만 아니라 그것을 전제한다고 말할 수 있을 것이다. 그것은 그와 같은 관점의 내재적 일부이다.

그와 같은 경이감을, 적어도 부분적으로 [심]미적인 것(아마 앞의 경건함은 '종교적

6 Richard Dawkins, "Forever Voyaging", *Times Literary Supplement*, August 4, 2000, p. 12.

인 것'과 경계를 접할 것이다)으로 생각한다면 그와 같은 사례는 앞서 언급한 프로이트-사례와 마찬가지로 내재주의적 — 그리고 도킨스와 해밀턴의 경우 심지어 유물론적 —
607 존재론 내부에서 (미와 숭고 양측의) [심]미적 경험을 위한 여지를 찾는 것이 가능한지에 대한 의구심을 없애버리는 것은 아닐까? 의문의 여지없이 그렇지만 앞서 기술한 대로 오직 부분적으로만 그렇다.

내가 그렇게 말하는 첫 번째 이유는 이렇다. 경이감에 대한 그와 같은 경험의 힘과 진정성은 비슷한 것, 아마 심지어 보다 풍부한 것이 가령 파스칼에게서 찾아볼 수 있듯이 종교적 신앙의 음역에서 회복될 가능성을 배제하지 않기 때문이다. 그리고 두 번째로, [심]미적 경험의 다른 양태들이, 현현적 성질, 즉 자체를 넘어서고, 심지어 우리가 통상 알고 있는 자연조차 넘어선 것을 드러내는 성질과 분리 불가능한 힘을 가진 것처럼 보이는 양태들이 존재하기 때문이다. 1장에서 인용한 그리피스의 경험이 하나의 사례가 될 수 있을 것이다. 더욱이 그와 같은 사례가 될 수 있는, 즉 현현적 · 초월적 참조와 분리 불가능한 것처럼 보이는 힘을 가진 몇몇 예술작품 — 단테, 바흐, 샤르트르 대성당의 제작자들. 목록은 무한하다 — 이 존재한다. 여기서 불신자에게는 왜소화 없이 그와 같은 작품에 반응할 수 있도록 해주는 비유신론적 음역을 찾아야 하는 도전이 제기된다.

물론 그와 같은 음역을 찾을 수 있는지는 쉽게 대답할 수 있는 물음이 아니다. 비록 우리는 각자 자기 경험을 나름의 대답 쪽으로 기우는 방식으로 해독하게 되지만 그것을 상호주관적으로 조정하는 일은 분명히 어렵다. 또한 앞 장에서 언급한 포스트-낭만주의 예술의 특징 때문에 한층 더 어려워지는데, 그것의 보다 섬세한 언어는 우리의 존재론적 책무 여부는 상대적으로 불확정적인 채 놓아둔 채 사물의 질서를 명시할 수 있도록 해준다. 19세기에 그렇게나 많은 사람에게 워즈워스가 정통파 기독교도부터 엘리엇과 하디를 포함한 무신론자에까지 이르는 광범위한 존재론적 스펙트럼을 가로질러 패러다임적 시인이 될 수 있던 것이 이 점을 예시해준다.

그러나 우리는 또한 시 및 시에 대한 사랑이 많은 비신앙인의 삶에서 차지하는 중요한 위치에서 교차압력을 볼 수 있다. 워즈워스뿐만 아니라 특히 하디와 하우스먼 Alfred Edward Housemann(도킨스에 따르면 해밀턴은 하우스먼을 즐겨 읽었다[7])도 그렇다.

오늘날 비신앙의 가장 중요한 주창자 중 하나가 우리 시대와 환경은 깊이를 결여하고 있다는 고발에 직면해 하디와 하우스먼에 대한 애착을 표명하고 있는 것은 흥미롭다.[8]

나는 여기서 [심]미적 경험을 둘러싼 쟁점에 대해 무조건 결론을 내려야 한다고 주장하는 것은 아니다. 단지 이런 쪽 또는 저런 쪽으로 기울 때 우리에게 영향을 미치는 여러 가지 고려사항을 지적하고 싶을 뿐이다. 그리고 같은 기조로 위에서 언급한 두 번째 쟁점, 즉 도덕적 행위 주체 문제에 대해 몇 가지 견해를 밝히고자 한다. 여기서 제기되는 물음은 어떤 존재론이 인간의 도덕적 책무를 지탱할 수 있을까 인데, 그것이 내가 본서에서 사용하는 의미에서, 즉 우리가 실현하도록 촉구받는 보다 고차적인 것, 충일의 양태로서 대부분의 우리에게 결정적으로 중요한 '성취'를 구성한다.[9] 칸트의 것과 같은 중간 입장의 탄생은, 순전히 유물론적 존재론은 윤리에 대한 공리주의적 설명과 마찬가지로 인간의 도덕적 경험을 이해하지 못한다는 부정적 판단에서 비롯되었다.

이 종류의 쟁점은 여전히 살아 있는 물음으로 계속되고 있다. [심]미적 경험의 사례와 병행해 제대로 이해된 윤리적 또는 도덕적 삶을 이해하려면 어떤 존재론이 필요 608
한지를 질문할 수 있을 것이다. 바로 그와 같은 근거들에 기반해 칸트적 해결책 자체에 이의를 제기할 수 있을 텐데, 특히 원리나 법칙 개념에 의존하는 것과 관련해 또한 감정(성향)과 도덕적 동기를 철저하게 구분하는 것과 관련해 그렇게 할 수 있을 것이다.

여기서 또 다른 사례를 언급해보고 싶다. 신-흄주의적 도덕의 재구축을 겨누어온 이의제기가 그것이다. 그것을 언급하게 된 것은, 그것이 필자 서사에서 중심적 역할을 하는 주제, 즉 오늘날 이해되는 의미에서의 근대적 도덕질서의 결정적 특징, 즉 보편적 인권과 복지를 핵심적 목표 중 하나로 승인하는 것을 건드리고 있기 때문이다. 나는

7 같은 곳.

8 Noel Annan, *Our Age*(London: Fontana, 1991), p. 608. 그에 대해서는 11장에서 언급한 바 있다.

9 나는 분명히 '성취fulfillment'라는 용어를 통상적 용법보다 더 넓은 의미로 사용하고 있는데, 이 말은 통상 어떤 사람의 개인적 필요와 바람을 충족시켜주는 것에 국한해 사용된다. 여기서 이 용어를 지고의, 그리고 가장 완전한 형태의 삶을 실현하는 모든 것(우리가 그렇게 간주하는 것)으로까지 확대하고 싶다. 비록 그것이 개인적 '성취'의 희생을 요구하더라도 말이다. 이 용어를 선택한 것은 부분적으로 나의 논증을 위해 모종의 총칭적 범주가 필요했으며, 두 번째로 앞서 내가 '충일'에 부여한 역할 때문이었다. 하지만 그럼에도 불구하고 나는 주저주저하면서 이렇게 쓰고 있는데, 왜냐하면 잘못 해석될 여지를 피하기가 얼마나 어려운지를 잘 알기 때문이다. 그렇다고 매 페이지마다 각주를 붙일 수도 없는 노릇이니 말이다.

그것을 보다 이전의 보다 협소한 연대와 단절하고 부분적으로 그것을 대체하는 것을 포함해 인간 상호 간의 연대라는 보다 광범위하고, 질적으로 다른 감각으로 나아가는 것으로 이해하고 싶다. 이 측면에서 그와 같은 움직임은 몇몇 역사적 선례, 예컨대 부처, 스토아주의, 『신약성서』의 가르침('그리스도 안으로 들어간 여러분은 모두 유다인이나 그리스인이나 종이나 자유민이나 남자나 여자나 아무런 차별이 없습니다') 그리고 또한 무함마드에 의해 개시된 선례와 유사하다. 그와 같은 단절의 요점은 연대의 범위를 크게 넓히는 데 있을 뿐만 아니라 함께 묶이는 것의 의미가, 종종 근본적으로 변하는 데 있다. 차별화된 위계제적 질서로 구성되는 사회의 일원인 것 그리고 근대적 '국가'의 시민인 것은 전혀 별개의 것이다. 〈프랑스혁명〉에서 이해된 바의 박애 관계는 오직 후자의 수평적 공간에서만 적용될 수 있는 것이다. 그것은 '자유, 평등, 박애'라는 삼위일체 속의 다른 두 항과 내재적으로 연결되어 있었다.

다른 사람들에게 공감할 수 있는 선천적 성향이라는 관점에서 동일한 역사적 발전 과정을 이해하는 흄적 방식에 따르면, 그것은 역사가 시작될 때 우리가 산 보다 좁은 범위부터 시작해 점점 더 넓은 범위 안에서 협동하고, 그리하여 우리 지평을 넓히고, 결국 궁극적으로는 (우리가 부르는 식대로 하자면) '전역화全域化'와 함께 보편적 윤리에 이르면서 점차 확대되어가는 방향으로 움직여온 것이 된다.[10] 그와 같은 설명에는 질적 단절이라는 감각이 존재하지 않는다. 즉 우리가 보다 고차적인 연대를 위해 보다 협소하고 저차적인 귀속과 단절하거나 그것을 상대화할 때 경험하는 감각, 즉 고차적인 것에 참가하고 있다는 감각이 존재하지 않는다.

나는 여기서 『누구를 위하여 종은 울리나』에서 헤밍웨이가 주인공 조던이 경험한 바를 묘사하면서 표현한 감각을 생각하고 있다.

> 전 세계의 모든 피억압자에게 지고 있는 의무에 헌신한다는 감정이었지. 그와 같은 감정은 종교적 경험처럼 말로 하기는 곤란하고 쑥스럽지만 바흐 음악을 들었을 때, 샤르트르 대성당

10 흄, 강준호 역, 『도덕 원리에 관한 탐구』, 아카넷, 9절[SB 222-224, 272-276]. 야만 상태로부터 문명으로의 이행에 대한 흄의 이해와 관련해 SB 274의 각주 1을 보라.

> 이나 레옹 대성당 안에서 거대한 창문으로 빛이 새어 들어오는 것을 우러러보았을 때 느끼는 것처럼 …… 진솔한 감정이었어.[11]

이 점을 완전히 설득력 있는 결론에 이를 때까지 밀고나가고 싶지는 않다. 보다 적절히 말하자면, 그렇게 할 수 있다고 생각하지 않는다. 단지 여기서 관건이 되고 있는 쟁점을 명확히 하고 싶을 뿐이기 때문이다. 즉 우리의 도덕적 또는 윤리적 삶은, 제대로 609
이해된다면, 우리가 선호하는 존재론에 부합하는 설명에 의해 실제로 포착될 수 있을까? 이 경우 우리는 흄의 시도에서, 즉 도덕을 이성이 본질적으로 보다 고차적인 요구로 지각하는 어떤 것이 아니라 인간의 여러 감정 중 일종의 '자연스러운' 것으로 이해하려는 그의 시도에서 출발하게 될 것이다. 내가 여기서 명확한 해답을 제시하지 않은 채 제기하는 쟁점은 그와 같은 '자연주의적' 설명이 보편주의 현상학을, 즉 보다 이전의 공간에서 벗어나 보다 고차적인 공간에 들어서고 있다는 단절감을, 그리고 그와 같은 움직임에 수반되는 해방감, 더 나아가 고양감을 충분히 설명할 수 있느냐 없느냐이다. 동일한 질문을 사회생물학적 설명에게도 제기할 수 있을 것이다. 그것은 우리 안에 존재하는 하나의 성향을, 진화에 의해 유도된 성향을 상정하는데, 종종 외부자에 대한 야만적 적의를 통해 내집단과 연대해 행동하려는 성향이 그것이다. 그런 다음 그것은 우리가 '내집단'으로 규정한 것의 점진적 확대에 의해 보편주의 윤리의 발달을 설명한다.

연대의 공간에서 도덕적 향상감과 함께 그와 같은 질적 변동을 야기하는 것, 그것의 배후에 놓인 것 또는 (만약 가능하다면) 그것을 정당화하는 것은 무엇인가 하는 쟁점은 누구나 만족할 만한 해답을 찾지 못한 채이다(비록 나 자신의 — 유신론적 — 직감이 없는 것은 아니지만 말이다). 그러나 내가 그것을 테이블에 올리는 것은, 먼저 미학과 관련된 것과 병행해 윤리에 대해서도 존재하는 동종의 쟁점을 예시하기 위해서이다. 즉 우리의 최선의 현상학을 적절한 존재론과 어떻게 합치시킬 것인가? 우리의 존재론을 풍부화하는 것에 의해 또는 현상학을 수정하거나 그것에 도전하는 것에 의해 상술

11 Piers Brendon, *The Dark Valley*(New York: Knopf, 2000), p. 405에서 재인용(김욱동 역, 1권, 민음사, 449페이지).

한 것과 같은 외견상의 불일치를 어떻게 해결할 수 있을까? 두 번째로 이 문제를 제기하는 이유는, 연대의 공간 및 본성 속에서 이루어지는 질적 도약의 그와 같은 현상은 근대(성)의 핵심적 특징 중 하나로, 내가 이야기해오고 있는 세속성 이야기에서 두드러지기 때문이다. 그와 같은 사태전개를 어떻게 올바로 평가할 수 있는지와 관련된 쟁점 전체를 나중에 한참 아래에서 또 다른 각도에서 다루어보고 싶다. 하지만 앞의 설명이 핵심적인 것으로 만들어놓은 것, 즉 근대(성)의 또 다른 중요한 갈망으로 먼저 눈을 돌리기로 한다.

여기서 생각하고 있는 것은 전체성-갈망인데, 그것은 특히 낭만주의 시대에 규율된, 완충재로 덮인 자아에 대한 반발로 등장한 바 있다. 합리적이고 거리를 둔 행위 주체에 대해 이상을 실현하기 위해 본질적인 것을 희생시킨다는 비난이 가해졌다. 희생된 것은 종종 자발성과 창조성으로 기술되기도 했지만 그것은 종종 감정과 육체적 존재와 보다 빈번하게 동일시되었다. 실러를 패러다임적 사례로 들자면, 그는 인간의 추상적 사고 그리고 도덕적 규칙을 제시할 때의 합리적·형식적 힘이 감정, 육체적 존재의 요구, 구체적 형태와 미를 지배하고 억압한다고 개탄했다. 단지 우선순위를 역전시켜 감정을 위해 이성을 희생시키거나 심지어 둘 간의 모종의 적당한 타협에 이르는 것만으로는 그것을 치유할 수 없을 것이다. 오히려 보다 고차적인 단계로 옮겨가 형식충동과 질료충동 Stofftrieb이 조화롭게 통일되도록 해야 한다. 그와 같은 통일은 실제로 자유의 영역에서 일어날 뿐만 아니라 미의 영역에서도 일어나며, 둘이 함께 실러가 '유희'라고 부르는 것을 구성한다.

협소한 합리주의를 비판한 1790년대의 저술가를 우리 문명에서 일반적으로 받아
610 들여진 갈망을 명확히 한 사람으로 간주하는 것은 문제가 있어 보일지도 모른다. 확실히 실러와 괴테 추종자들은 단순히 일파에, 근대문화에서 합리적 통제와 도구적 이성을 동경하는 자들과 지속적 논쟁을 벌인 일파에 불과했다. 그렇긴 하지만 육체적인 것, 감각적인 것을 희생하기를 거부하는 그와 같은 갈망은 보다 일반적인 것이기도 했다. 그리고 그것은 도구적 이성을 최대한 추구한 당파 가운데서도 표면화되었다. 인간의 욕망의 극대화 말고 이성이 추구해야 할 다른 것이 있을까? 그리고 그것은 영=정신적 순수

성 또는 미덕에 대한 헌신 같은 환상적인, 보다 '고차적' 목표에 대한 갈망의 포기를 요구하지 않는가? 급진 계몽주의의 주창자들도 그렇게 주장했다. 그들 또한 전체성과 조화를 지향하고 있었다. 다만 보다 고차적인 형식에 대한 충동을 욕망과 통합시킴으로써 그것에 이를 것을 제안한 것은 아니었다. 오히려 보다 고차적인 충동의 정체를 파헤침으로써, 또한 인간 행위자 내부와 행위자 간에 모든 감각적 · 일상적 욕망을 상호 조화시킬 수 있는 방법을 찾아냄으로써 그렇게 하자고 주장했다.

그리하여 육체의 희생을 금지하고 전체성을 요구하는 태도가 18세기부터 우리가 계승한 문화 대부분에서 핵심적인 것이 되고 있다. 비록 그와 같은 목표는 철저하게 다른 방식으로 파악되지만 말이다. 결정적 차이를 보자. 급진 계몽주의에서, 즉 엘베티우스, 돌바하, 벤담에서 육체를 희생하지 않는 것은 일상의 감각적 욕망에 배출구를, 즉 그것을 자기 마음대로 충족시킬 수 있는 공간을 마련해주는 것을 의미했다. 물론 그것은 다른 사람들과 서로 경쟁하고 그들에 맞서 원하는 것을 빼앗아야 하는 사회에서 그것에 부수되는 몇몇 부정적 특징은 합리적 사회조직 속에서 극복되리라는 것을 의미했다. 하지만 감각적 욕망 자체를 변형시켜야 한다는 것만큼은 전혀 논란의 여지가 없었다.

반대로 실러 모델에서는 욕망이 변형된다. 형식충동과 갈등을 빚을 때의 그것은 형식충동과 질료충동이 융합되거나 조화되었을 때 출현하는 것과는 다르다. 욕망은 형식과 결합될 때 보다 고차적인 의미와 융합되고, 그것이 미를 낳는다.

양측 모두 다른 쪽이 공동의 목표로부터 일탈하고 있는 것으로 간주했다. 급진파에게 욕망의 융합이나 변형 이야기는 어떤 것이건 모종의 허울 좋은 보다 고차적인 것의 미명으로 감각적인 것을 부차화하려는 또 다른 수작에 불과할 뿐이다. 실러 추종자들에게 욕망을 변형되지 않은 상태로 방치하는 것은 정확히 그것을 타락한 형태로 포기하는 것이다. 육체를 구출한다고 말해 놓고는 그렇게 해서는 안 된다.

그것은 우리의 근대서양문화의 가장 심원한 미결 문제 중 하나로, 20세기 하반기의 성혁명에서 다시 표면화된다. 어떤 의미에서 그것의 뿌리는 그와 같은 문화의 토대 자체에 닿아 있다. 하나는 — 이렇게 논할 수도 있을 것이다 — 전체성에 대한 그와 같은 이해 — 그에 따르면 육체에게 핵심적 자리가 주어지는 것을 포함해야 한다 — 는 어떤 의미로는 우리 기독교문명의 유산이라고 주장할 수 있을 것이다. 확실히 후기헬레니즘 문명과 로마문명이 영·정신에 대해 가진 견해로는 그렇게 생각하는 것은 불가능했을 것이다. 그리고 앞서 기술한 대로(7장) 기독교 신앙이 등장해 그것을 부분적으로 변형시켰는데, 브라운이 문서를 하나하나 꼼꼼히 살펴보는 가운데 그것에 대해 빼어나게 묘사
611 한 바 있다.[12] 하지만 그런 다음 다른 한편 대문자 개혁을 목표로 한 기독교의 발전 그리고 그보다 더 큰 규모로는 기축시대 이후의 종교 일반의 발전이 육체를 다시 부차화하는 작용을 했다.

먼저 보다 장기적인 전망을 택해 기축적 전환이 어떤 결과를 가져왔는지를 살펴보자. 그것을 도식적으로(아마 지나치게 단순하게) 바라보자면, 이렇게 말할 수 있을 것이다. 즉 '과거에' 우리는 주술화된 세계에서 종교적 삶을 영위했지만 그것은 또한 어떤 의미에서는 사물의 대립적인 양 측면을 수용하는 것이기도 했다. 즉 한편으로 세계(따라서 신들/정령들)가 은혜를 가져오고, 시혜를 베풀며 축복의 원천일 수 있는 측면을 유지했다. 그러나 다른 한편으로는 세계(거기에는 다른 또는 심지어 때로는 앞과 동일한 신들/정령들이 거주하고 있다)에는 가혹하고 잔혹하고 파괴적일 수 있는 측면도 존재했다. 현대의 한 학자의 정식을 인용하자면 당시의 지배적인 견해는 이러했다.

> 항상 명암, 더위와 추위, 밤과 낮이 존재할 것이다. 이중성은 세계가 존재하는 방식이며, 그에 대해서는 어떤 논박도 또 변경도 있을 수 없다. 그것들의 시점에서 보면, 세계가 존재하기 위해서는 그처럼 대립하는 힘들이 존재해야만 한다. 선과 악, 명과 암, 밤과 낮의 끊임없는 항쟁과 상호작용은 주어진 것이지 우리가 맞설 수 있는 것이 아니었다. 그것이 우주의 본성이었다.[13]

그것에 맞서 기축시대의 종교는 대립하는 힘들의 그와 같은 대혼란을 피하고/길들이고/극복하기 위한 통로를 제공했다. 그것들이 보다 충일하고, 고차적인 선에 이르는 길을

12 Peter Brown, *The Body and Society*(New York: Columbia University Press, 1988).
13 *Books & Culture*, January-February 2002(Carol Stream, Ill.), p. 13.

제공했다.

많은 경우 그와 같은 선은 인간의 통상적인 개화번영을 훨씬 뛰어넘는 것이며, 아마 개화번영을 우리의 가장 지고한 목표(가령 불교의 무아無我, Anattā)로 만드는 것과는 양립할 수 없는 것이기도 했다. 하지만 그것은 우리가 그처럼 보다 지고한 선 속에서 우리의 최고의 가장 충일한 목표를 찾아낼 수 있는 변형마저, 심지어 여러 힘 간의 투쟁이 초극되어('사자는 어린 양과 함께 뛰어놀고') 일관되고 조화로운 질서(유교의 인)로 길들여지는 변형마저 약속했다.

그로 인해 종교적 삶에서는 엄청난 긴장과 갈등이 빚어졌는데, 그것이 보다 고차적인 문명을 황폐화시켰다. 최고의 갈망은 그저 인간의 통상적 욕망을 부정하고 압살하는 것으로 간주될 수 있었으며, 종종 우리를 왜소화시키고 소외시키는 충동으로 낙인찍혔다. 그와 같은 결과가 초래되는 것은 두 가지 측면과 관련되어 있었다. 먼저 우리 욕망을 부정하고, 꼼짝 못하게 포위함으로써 통제하고 매우 엄격하게 제한할 것을 요구했다. 가령 추종자들은 성윤리를 따름으로써 많은 것을 포기하도록 요구받았다. 또는 무법의 전사사회는 무장해제되고, 공격은 엄격하게 통제되고 제어되며, 자만심을 내려놓을 것을 요구받았다. 그것이 윤리적 요구라는 측면이다.

그와 같은 개혁의 다른 면을 '탈주술화적' 측면이라고 부를 수 있을 것이다. 그와 같은 인간적 충동은 순전히 부정적으로 평가되었다. 즉 선에 대한 장애로 말이다. 그것에게는 영=정신적 세계에서의 어떤 깊은 공명도 부정되었다.

가령 보다 이전 시기에 성교는 사찰에서의 매춘과 신성한 결혼 같은 의식과 제도를
통해 보다 고차적인 세계와 연결될 수 있었다. 동시에 아르카이크 시대의 기축시대 이
전 형태로는 전쟁에서의 의례[14]나 희생이 폭력을 성화했다. 그것은 폭력을 성스러운 612
것과 연관시켜 살해에 일종의 [신의 존재를 느끼게 하는] 신비적 깊이를 부여하고, 또한
살해에 흥분감과 황홀감을 주었다. 마치 성욕 및 성교에 대해 위에서 언급한 의례의
거행과 같은 작용을 했다.

다시 말해 오늘날 우리가 성과 폭력이라고 부르는 것은 또한 정령들/신들 또는 보

14 John Keegan, *A History of Warfare*(London: Hutchinson, 1993).

다 고차적인 세계로 통하는 길이기도 했다. 우리는 또한 삶의 그와 같은 차원에서도 그와 같은 세계와 공명할 수 있을 것이다. 그 결과, 보다 고차적인 세계는 양쪽 신들, 즉 친절하고 정숙한 신들뿐만 아니라 잔혹하고 추잡한 신들을 갖게 되었다. 즉 아르테미스와 아테나뿐만 아니라 아프로디테와 마르스를 함께. 그것이 내가 앞에서 언급한 기축시대 이전 세계의 도덕적 '양의성'이다.

'보다 고차적인' 기축시대 이후 종교의 도래와 함께 그와 같은 종류의 신비적 정당화는 점점 더 후퇴했다. 그리고 몇몇 종교에서는 성화된 삶 속에 폭력이 전혀 존재하지 않거나 그에 가까운 지점으로 움직였다. 기독교와 불교에 대해 그렇게 말할 수 있을 것이다. 그리고 힌두교에서도 불살생ahimsa 요구가 꾸준히 확산되고 있음을 알 수 있다. 그리하여 심지어 이전에는 동물을 죽이는 것을 허락받고 또 그렇게 해야 했던 자티[인도의 카스트 제도를 지탱하는 지연=혈연=직업 공동체]조차도 이제는 그와 같은 관습을 포기하고 보다 높은 수준에 도달하려고 했다.

기축시대 이후 종교의 고차적 갈망에 의해 인간의 욕망에 가해진 이중의 상처를 거기서 찾아볼 수 있다. 한편으로는 윤리적 억압에 의해, 다른 한편으로는 단순한 충동을 악덕으로 탈주술화에 의해 축소하는 것에 의해 가해진 상처가 그것이다. 이제 악덕에 대한 충동은 전적으로 부정적 유의의성만 갖게 되었다. 미덕을 향한 길을 방해한다는 것이다.

그와 같은 이중의 상처에 대한 반란이 계속되고 있는 것은 놀랄 일이 아니다. '성취'와 관련해 억압된 양태는, 심지어 주술화된 형태로, '보다 고차적인' 종교에서 회귀한다. 카니발이 일례이다. 또 다른 영역은 온갖 음역의 성전의 전 범위에 걸쳐 찾아볼 수 있다. 신성화되고 정화하는 다양한 형태의 폭력이 기독교세계의 십자군에서 볼 수 있듯이 회귀한다. 그런데 그와 같은 형태는 우리 시각으로 볼 때 기독교 정신과는 근본적으로 맞지 않는 것처럼 보이는데, 중세 초기에 귀족들의 호전적 성격을 억누르려 할 때 그리고 신의 휴전을 선언하려 할 때 사제들은 한 수준에서는 그것을 명확히 알고 있었다. 하지만 그럼에도 불구하고 희생양 양식으로 되돌아감으로써 십자군의 성전을 설교하도록 유도되었다. 즉 이교도는 어둠의 종자이며, 따라서 평화의 왕자라는 이름으로 최악의 적의를 갖고 처리해야 마땅하다는 것이었다.

오늘날, 근대적 비신앙은 종종 "이교주의"[15]라는 대의를 내세움으로써 앞서 서술한 두 가지 상처 중 하나에 대응해왔다. 그것은 변형에 대한 기독교적 요구에 맞서려는 욕망을 옹호했다. 계몽주의의 다양한 측면을 그에 비추어 살펴볼 수 있을 것이다.[16] 엘베티우스에서 볼 수 있는 대로 정체를 폭로하려는 관심에 의거한 물질주의적·공리주의적 버전이 존재했다. 그것은 감각에 대한 윤리적 억압을 폐기하려고 했다. 하지만 탈주술화의 측면을 무시했다. 오히려 보강했다. 욕망은 한낱 욕망일 뿐이었다. 이어 칸트에게서도 동일한 일이 반복되었다. 공리주의와 칸트주의 모두 기축시대 이후 개혁의 과도한 계속으로 간주될 수 있을 것이다. 성은 상호존중이라는 도덕을 훼손하지 않는 한 일종의 자연스러운 충족으로 간주될 수 있을 것이다. 반대로 폭력에 대해서는 통상 전적으로 부정적 시각으로 바라보았다. 우리 사회에서 전쟁놀이용 장난감을 금지시킴으로써 어린 시절부터 폭력을 금기시하는 훈련을 시키고, 젊은이에게도 폭력을 사용하는 것을 부끄러워하도록 똑바로 가르쳐야 한다는 제안을 들을 수 있을 것이다.

반면 많은 낭만주의자는 보다 깊은 의미에서 이교주의에 헌신한 채 윤리적 억압뿐 613
만 아니라 욕망의 탈주술화를 무효화시키기를 원했다. 따라서 거기에는 보다 이전의 의례 그리고 그것이 중심적 역할을 한 사회에 대한 향수가 존재했다. 그리고 그들은 욕망과 그것의 성취를 통해 우리를 자연 및 코스모스와 통합시켰다. 그리하여 '디오니소스적인 것'이라는 강력한 범주가 등장하게 되었는데, 그것의 가장 저명한 옹호자는 니체였지만 바타이유, 들뢰즈, 푸코와 다른 사람에게서도 분명한 형태로 등장한다. 그것은 폭력적인 것과 파괴적인 것뿐만 아니라 성적 욕망을 포함해 욕망의 해방을 요구하며, 욕망에 대한 깊은 공명을 회복하려는 시도로 볼 수 있는데, 규율의 감옥에서 탈옥해 황홀경으로 도피하는 데서 그것이 어떻게 도움이 되는지를 상기시키려고 했다. 우리는 너무 많이 머릿속에서만 존재하고, 육체가 너무 많이 제거되어 있으며, 따라서 그것을 되돌릴 필요가 있다는 감각을 갖고 있는 것이다. 그와 같은 형태의 도피는 보다 이전의 기축시대 이전의 의례와 유사성 — 또는 적어도 우리 근대인에게 느껴지는 공명 —

15 밀, 『자유론』, 77페이지.

16 게이Peter Gay의 흥미로운 저작 『계몽주의 입문』을 보라. 1권의 부제는 '근대 이교주의의 등장The Rise of Modern Paganism'(New York: Knopf, 1966)으로 되어 있다.

을 갖고 있었다. 가령 1913년 파리에서 〈봄의 제전*Le Sacre du Printemps*〉이 초연될 때 벌어진 대소동 그리고 언론의 열띤 반응을 생각해보라.[17]

최악의 경우 — 가장 맹목적이고, 가장 남의 말을 듣지 않으며, 가장 강경한 경우. 가령 유물론적 공리주의의 경우 — 서양근대(성)는 종교적인 것의 양극 모두를 억압했다. 기축시대 이전의 종교에 이중의 상처를 입혔다. 그리고 기축시대 이후 종교에 조롱을 퍼부었다. 하지만 유물론적 공리주의를 또 다른 종류의 기축시대 이후적 개혁으로 간주할 수 있을 것이다. 즉 무조건 좋은 것善, 또 다른 형태의 조화로운 질서를 보여주는 형태의 삶을 수립하려는 시도로 말이다. 아마 그것이 모든 기축시대 이후 형태 중 기축시대 이전의 것에 대한 공명에 가장 둔감한 시도였다. 다른 많은 기축시대 이후 형태와 마찬가지로 그것은 경쟁자들 — 종교들 — 을 용납하지 않는데, 심지어 종교 상호 간의 관계도 마찬가지인 것 같다.

그리고 심지어 질서정연한 자유주의 사회의 지배 아래서도 억압된 것, 즉 희생양을 만들어내는 폭력, 성적 악덕에의 매료가 회귀한다.

나는 전체성-갈망 그리고 육체의 구원-갈망을 서양 종교사의 그와 같은 장기지속의 맥락 속에 놓아보려고 시도해왔다. 하지만 여기서는 본서의 주제, 즉 라틴계기독교세계에서의 다양한 대문자 개혁 운동인 보다 짧은 역사와 관련해 앞의 두 가지 갈망을 정의하고자 한다. 사실 앞의 몇몇 단락에서의 간략한 역사 서술에서 생략된 주제들이 있는데, 기축시대 이후의 다양한 종교가 내가 '탈육화'라고 부르는 것 쪽으로의 움직임을 피하려고 시도해온 방식이 그것이다. 즉 우리의 종교적 삶은 의례, 예배, 실천 같은 육체적 형태로부터 벗어나 다른 곳으로 옮겨가게 되었는데, 그 결과 종교는 점점 더 '머릿속에서' 살게 되었다. 탈육화에 대한 저항은 다양한 형태를 취했다. 요가의 실천이 일례이다. 그러나 또한 일군의 의례가 새로운 의미를 띠거나 변형된 채 계속되어간 것을 볼 수 있다. 라틴계기독교세계의 대문자 개혁에 앞선 '보다 고차적인' 문명의 고전적 평형 상태에서는 기축시대 이전의 집단 의례의 많은 것이 새로운 종교로 통합되었다. 그리고 종교적 '도사들'이라는 소수파의 새로운 규율 또한 육체의 표현을 위한

17 엑스타인스, 『봄의 제전』, 글항아리, 1막 1장.

중요한 자리를 갖고 있었다. 요가의 실천뿐만 아니라 수도원 생활의 의례와 형태에서도 그랬다.

그와 같은 사태전개의 목적은 보다 이전처럼 성과 폭력의 신성화로 회귀하는 것이 아니라 새로운 형태의 집단의례를 발견하는 것이었다. 즉 통과의례 의식, 기도, 단식, 헌신 같은 개인 및 소집단의 규율, 서두르지 않고 기다렸다가 앞으로 나가는 양식, 부부 614
간의 새로운 성생활 방법, 나아가서는 신의 예배에 육체적이고 때로는 공적 표현을 제공해줄 수 있는 치유와 나눔의 새로운 노동. 또는 열반Nirvana이나 해탈Moksha의 탐구가 그것이다.

(나에게는 결정적으로 중요한) 종교개혁 이전의 라틴계기독교세계의 경우 특히 기독교적 미사 집전, 성촉절 같은 교회력에 따른 의례들, 성금요일의 '십자가에 대한 평복平伏' 등이 있었다. 또한 기독교의 통과의례, 새로운 성윤리, 전쟁에 대한 양의적 태도, 몇몇 수도회 생활에서 제도화된 '이웃에 베푸는 물질적 [일곱 가지] 자선形哀矜'에 대한 규정도 볼 수 있었다. 물론 기독교 이전의 기원을 가진 의식과 의례가 많이 존재했다. 그중 일부는 교회의 실천 속에서 변형되고 그것에 통합되어 나갔으나 점차 논란의 대상이 되어 주변부화되었다. 성직자들의 의심을 사고, 복음적 근거 면에서도 미심쩍은 것으로 취급되는 식으로 일이 진행되었기 때문이다.

그러나 그와 같은 균형은 기축혁명에서 비롯되는 '보다 고등한' 모든 문명과 마찬가지로 매우 불안정했다. 정령을 물리치고, 심지어 좋은 건강 상태를 유지하고, 공격적인 결혼 상대자의 위해로부터 보호받기 위한 미심쩍은 관습이 반半-이교적 주변부에 잔존했을 뿐만 아니라 또한 고도의 기축시대 이후적 요구가 당시의 대부분의 사람의 삶과 맞지 않았다. 전자의 높은 성윤리는 농민공동체의 실제 윤리에는 전혀 적합하지 않았다. 농민공동체는 앞 장에서 언급한 대로 간음을 비난하는 데는 동의했지만 혼전성교에 대한 비난에는 동의하지 않았다. 성직자와 수도사 자신이 서약을 지키지 못하는 것은 두말할 필요도 없었다. 심지어 지상의 권력이 교회의 '마술'을 자신의 목적을 위해 쓰이도록 만들고, 정치권력과 엘리트 계층의 특권을 강화한 사실도 마찬가지였다. 또는 반대로 성직자가 권력을 이용해 재산을 축재한 다음 정치적인 것을 종속시키려고 시도할 수도 있었다.

종교개혁 이전의 그와 같은 상태가 가장 래디컬한 대문자 개혁을 소극적이나마 정당화하는 것처럼 보이는 경위는 쉽게 이해할 수 있을 것이다. 하지만 실제로 그와 같은 대문자 개혁이 지향한 것은 광범위한 범위에 걸친 탈육화였다. 그것은 본서의 주요한 논점 중 하나이다. 보다 이전의 기축시대 이전의 관습은 광범위한 탈주술화 속에서 일소되었다. 프로테스탄트교도 사이에서 미사의 중심적 의식은 자체가 불법적 '마술'의 한 예라는 이유로 폐지되었다. 카니발은 억압되었다. 교회에서 음악, 춤, 연극의 이용은 엄격하게 — 각각의 정도는 사례에 따라 달랐다 — 축소되었으며, 종종 세속사회에서도 무거운 압력을 받았다. 일부 통과의례는 폐지되거나 격하되었다(결혼은 일부 프로테스탄티즘교회에게는 성사 중 하나가 아니게 되었다).

동시에 합리적 분석과 자기 통제에서 볼 수 있는 거리를 두는 자세는 탈육화의 또 다른 측면을 가져오는 요인이 되었다. 데카르트가 논한 대로 명석판명한 지식을 얻기 위해서는 사물과 관련해 육체에 구속된 이해로부터 거리를 둘 필요가 있었다. 따라서 올바른 행위는 그처럼 명석한 인식에서 태어나는 것으로 이해되었다. 그리하여 그것은 욕망을 적절히 다스리는 것에서 비롯되는 것이 아니라 오히려 거리를 둔 이성이 욕망에 대해 요구하는 것으로, 즉 욕망이 고분고분 말을 듣도록 훈련되어야 하는 것으로 규정되었다.[18]

615 가장 넓은 의미에서의 인간의 언어 및 커뮤니케이션 행위를 세 수준으로 나누어 생각해보자. 즉 하나는 육체적 습관과 모방이며, 다음은 예술, 시, 음악, 무용에서의 상징적 표현이고, 다른 하나는 산문, 기술적 언어다. 이 세 수준에 대해 생각해보면, 토착의 종교적 삶은 주로 처음 두 가지 속에서 드러남을 볼 수 있지만 근대서양의 대문자 개혁으로부터 태어난 문화는 대체로 이 둘을 포기하고, 세 번째 수준에 국한되었다고 말할 수 있을 것이다. 그와 같은 식으로 대문자 개혁은 거리를 두는 근대적 이성이 도덕에 대해 했던 것과 유사한 역할을 했다. 두 경우 모두, 핵심적인 것은 전자는 신과 그리스도에 관해, 후자는 올바른 행동에 관해 정확한 전치사적 진리를 파악하는 것이었다. 전자의 경우 올바른 예배가 거기에 추가되지만 예배가 취하는 형태는 이차적으로, 마음

18 데카르트의 『정념론*Traité des Passions*』과 관련해 『자아의 원천들』, 8장에서 이루어지는 논의를 참조하라.

대로 다양하게 선택할 수 있을 것이다. 후자의 경우 이성이 성공적으로 적용되면 올바른 행동을 가져오지만 그것이 무엇을 가져오는지는 — 결과적으로 얻은 효용에 대한 계산에 의해서건 아니면 격률의 보편화 가능성에 의해서건 — 오직 이성에 의해서만 인식될 수 있다. 어떤 경우에도 『신약성서』의 아가페의 경우처럼 패러다임적인 오장육부[직감]적 감정은 올바른 행동의 기준으로 간주되지 않는다.

나는 근대서양의 종교의 하나의 캐리커쳐를 제공해온 셈이다. 또는 오히려 그와 같은 종교의 많은 부분이 끌려들어간 방향을 규정하는 이념형을 제시한 셈이다. 그것만으로도 강력한 반발을 촉발하기에 충분하다. 다양한 형태의 프로테스탄티즘에 대한 가톨릭의 반발, 18세기에 수립된 프로테스탄티즘교회에 대한 감리교와 경건주의파의 반발, 앞서 언급한 오늘날의 모든 조류에 대한 현대의 오순절파의 반발 등이 그것이다. 그처럼 현실은 훨씬 더 다채롭다. 하지만 기본적인 경향은 존재해왔으며 계속 작동하고 있다. 그리고 많은 사람이 다양한 형태의 이신론, 유니테어리언파 그리고 모종의 비인격적 질서 앞에서의 두려움 속에서 그와 같은 길의 끝에 이르게 되었다.

그것은 지금까지의 우리 논의에 대해 어떤 의미를 가질까? 급진 계몽주의자들을 실러의 접근법과 대립시키는 점으로 되돌아가기로 하자. 육체를 구원하는 것에 의해 전체성을 성취한다는 것은 무슨 의미일까? 먼저 우리는 왜 그것이 우리에게 호소력을 가진 요구인지를 더 잘 이해할 수 있다. 기축시대로 소급해 추적할 수 있는 탈육화의 충동뿐만 아니라 대문자 개혁에 대한 서양적 충동 속에서 점점 더 강력해지는 점에 비추어 그것을 이해할 수 있을 것이다. 또한 그것이 우리에게 호소하는 이유를 이해할 수 있는데, 기독교문명에는 탈육화에 저항하는 것이 존재하기 때문이다.

하지만 라틴계기독교세계의 실제 대문자 개혁 속에는 인류사에서 이전 어느 때보다 더 그와 같은 탈육화를 밀고나간 것이 존재하기 때문에 먼저 그와 같은 사태전개를 극복하려는 갈망이 왜 투쟁을 촉구하는 것이 되어야만 하는지, 그리고 두 번째로는 왜 그와 같은 극복 시도가 매우 다른 방식으로 이해되게 되었는가를 이해할 수 있을 것이다. 육체적 욕망, 특히 성과 폭력을 겨냥해 압력과 억압이 가해져왔다. 또한 보다 고차적인 표현, 충일의 표현으로서의 육체적 욕망을 점차 배제하는 경향을 보였다. 윤리적 억압과 탈주술화에 따른 환원[축소]이 모두 존재했다. 한쪽은 그와 같은 축소를 받아들이고 억압에만 비판의 불길을 돌렸다. 다른 쪽은 이 문제에서 실러 뒤를 따라 그와 같은 축소를 돌이키려고 시도했다.

616 어느 쪽이 옳을까? 어떻게 그것에 대해 분명히 대답할 수 있을까? 그러나 1960년대의 성혁명을 보면 우리를 거리로 끌어낸 것이 실러적 입장이었음은 분명하다. 헤프너와 『플레이보이』는 다른 극을 대표한다고 여길 수 있을지도 모르겠다. 즉 관능적인 것은 그 자체로 선이라는 것이다. 하지만 일부 혁명가, 심지어 헤프너의 공식에 말로는 찬의를 표했을 사람조차, 구속되지 않은 성행위가 새로운 종류의 박애를 해방시키는 데 도움이 될 새로운 종류의 세계에 대한 유토피아적 희망을 소박하게 품고 있었다. 우리는 앞에서 말한 새로운, 보다 광범위한 연대의 공간으로의 그와 같은 발걸음 중 하나를 성적 자유를 수반하는 패키지의 일부로 열망하고 있었다. 나는 그것에 들어 있는 환상에 대해 이미 논해오고 있지만 관련된 사건은 실러적 양식이 갖는 힘, 상술한 억압뿐만 아니라 축소도 되돌리려는 희망에 대해 무엇인가를 말해준다. 물론 희망 그 자체는 어떤 변형이 가능할지에 대해 아무것도 보여주지 않는다.

아니면 종종 변형이 가능할까? 이제 실망으로 뒤바뀐 전체성에 대한 희망 그리고 그와 같은 희망은 포기되어야 하는가, 그렇다면 어떻게 포기되어야 하는가에 대한 상이한 대답을 살펴볼 필요가 있다.

신앙/비신앙 간의 투쟁에서 전체성에 대한 희망 그리고 육체의 구원에 대한 희망이 어떻게 이용되어왔는지는 쉽게 이해할 수 있다. 우리는 계몽주의가 비판의 화살을 어떻게 종교 쪽으로 돌려왔는지를 살펴보았다. 즉 종교는 우리의 통상적 욕망을 완전히 조화시키는 것이 가능함에도 무의미한 고행으로 이어질 보다 고차적인 선 — 그렇다고 주장된다 — 을 추구할 것을 고집함으로써 그것을 좌절시켜왔다는 것이다. 하지만 기독교 신앙의 중심에는 인간과 신의 궁극적 화해 그리고 바야흐로 (부활한) 육체에서의 궁극적 화해에 대한 희망이 존재한다.

그렇게 두 진영은 위치를 바꿔가며 다른 진영이 실현 불가능한 유토피아에 빠졌다고 비난한다. 비신앙인들은 그리스도의 재림을 몽상이라고 비웃는다. 하지만 계몽주의자들이 조화에 대한 희망을 계속 간직하는 한 기독교도들(그리고 다른 많은 사람)이 그들을 비현실적 유토피아주의자로 경고하고 있음을 알게 될 것이다. 유토피아의 두 차원을 고려해야 하는데, 그것은 우리가 본서에서 검토해오고 있는 근대의 도덕적/윤리적 의식이라는 두 측면에 대응한다. 즉 영육의 조화 또는 육체적 욕망과 가장 고차적인 갈망의 화해뿐만 아니라 또한 그렇게 해서 조화를 이룬 모든 인간 간의 조화가 중요하다. 그것이 보편적 권리와 행복(복리)의 윤리에 대한 우리의 애착을 가져온다. 이 두 측면은 통상 함께 전진해나간다. 이 측면에서 1968년의 학생들의 희망은 예외적인 것이 아니었다. 또한 실러, 급진혁명가들 그리고 마르크스주의에서도 동일한 종류의 이중적 조화(각각의 내부에서, 그리고 모든 것 사이에서)가 추구되어왔다. 〈프랑스혁명〉의 전성기에는 대중이 비현실적 희망에 인생을 걸고 있다고 경고하는 목소리, 적어도 기독교적인 것으로 간주된 목소리 — 가령 드 메스트르 — 가 존재했다. 그리고 20세기의 공산주의와 관련해서도 마찬가지였다.

하지만 그와 같은 희망이 좌절되자마자 물론 그림은 바뀐다. 우리는 이 시대에, 즉 1960~1970년대 이후, 그리고 심지어 한층 더 마르크스주의적 공산주의가 붕괴한 후의 시대를 살고 있다. 어떤 종류의 조화도 지금 일어날 수 있다고 믿기 어려운 시대다. 617
그와 같은 상황은 논쟁을 어떻게 변화시킬까?

역사를 초월한 화해라는 기독교적 희망을 받아들일 수 없는 우리에게, 또 우리의 현세적 상태에서의 이중적 조화라는 다양한 처방을 더 이상 믿을 수 없는 우리에게 결론은 분명해 보인다. 즉 그와 같은 조화의 모든 희망을 포기하라는 것이다. 하지만 그것은 많은 것을 미확정 상태로 놔둔다. 보다 수수한 어떤 희망이 여전히 남아 있을까? 그리고 정말 두 가지 목표 모두를 포기하도록 결심할 수 있을까? 우리의 정치활동의 대부분은 여러 인민이 평등과 정의 속에 함께 사는 세계 질서를, 비록 단지 이성의 관념일 뿐이더라도, 목표로 삼지 않는가? 치유를 위한 우리 노력의 대부분은 인간의 인격의 전체성[온전함]을 목표로 삼지 않는가? 앞의 목표들을 얼마나 쉽게 포기할 수 있을까?

가령 이 점에서 전체성이라는 낭만주의적 이념의 위대한 적 쇼펜하우어를 따르는 프로이트는 심리적 조화라는 목표를 깨끗이 포기하라고 우리에게 요구하지만 그렇게까지 멀리 나갈 필요는 없다. 공산주의만큼은 아니지만 사회통합의 야심적 형태는 풍부하다(자유주의가 그와 같은 형태를 많이 제공한다). 그리고 실러만큼 철저하게 나가는 것은 아니지만 심리적 갈등을 극복하는 방법이라고 일컬어지는 것도 풍부하게 존재한다. 그와 같은 형태와 방법이 바야흐로 포스트-유토피아 시대의 의제로 떠오르고 있다(그러나 이 시대는 얼마나 오래 지속될까?).

우리는 전체성이라는 이상과 관련된 그와 같은 사례로부터 위의 우리 목록에서 (c)부터 (e)까지의 쟁점이 어떻게 결정적으로 중요한지를 이해할 수 있는데, 그와 같은 이상이 전체성에 도달 가능한가 하는 물음과 함께 그것을 방해하는 동기, 그것을 충족시키려고 시도할 때 드는 것으로 상정될 수 있는 비용-물음이 그것이다. 다음 장에서는 이 물음을 한층 더 예리한 형태로 살펴볼 것이다.

17

딜레마 1 618

i. 휴머니즘과 '초월성'

계산적 이성의 패권을 겨냥한 것이건 아니면 플라톤주의적 또는 기독교적 금욕주의의 '보다 고차적인' 요구를 겨냥한 것이건 전체성-갈망을 검토하면서 그것이 육체를 구원하거나 인간의 일상적 욕망을 복권시키려는 갈망과 내재적으로 결합되어 있음을 확인했다. 또한 그것이 기독교의 신앙/비신앙 간의 논쟁 틀 내에서 다양한 방식으로 일정한 역할을 하고 있음도 보아왔다.

(어쨌건 현재) 우리의 반유토피아적 단계에서 전개되고 있는 만큼 그와 같은 논쟁을 좀 더 자세히 살펴보고 싶다. 육체와 욕망을 복권시키려는 갈망이, 신앙에 대한 고발, 즉 그것이 내재적으로, 그리고 본질적으로 그것을 좌절시키고 있다는 고발, 보다 구체적으로는 기독교 신앙에 대한 고발에서 어떻게 나타나는지를 검토하는 것부터 논의를 시작할 것이다. 그와 같은 검토는 사물은 얼핏 보이는 것과 반드시 같지 않으며, 또한 종교와 세속적 휴머니즘 간의 논쟁은 결국 양쪽 입장이 직면하지 않을 수 없는 일련의 딜레마를 가리키는 것으로 끝나게 됨을 보여주리라고 믿는다.

1

근대문화에서 일상적인 것, 육체적인 것을 복권시키려는 그와 같은 욕망의 명백한 성과 중 하나는 본질적 선함, 인간 본래의 자발적 갈망의 무구함을 긍정하는 것이었다. 악은 외재적인 것으로, 사회, 역사, 가부장제, 자본주의, 즉 이런저런 형태의 '시스템'에 의해 초래되는 것으로 간주되는 경향이다. 마틴 말대로, 오늘날의 지배적인 대도시 문화 속에서 마주치게 되는 '유동적이고, 가변적이고, 쾌락주의적이며 기술주의적인' 멘탈리티는

> 개인적 죄책감은 전혀 갖고 있지 않지만 집단적 죄는 맹비난하는 감각을 갖고 있다.[1]

인간의 선천적 무구함에 대한 그와 같은 감각의 가장 두드러진 성과 중 하나는 과거에는 도덕적인 것으로 여겨졌던 너무나 많은 쟁점이 요법[치료]thrapeutic 음역으로 옮겨진 것이었다. 전에는 죄였던 것이 이제는 종종 질병으로 간주된다. 그것이 "요법적인 것의 승리"[2]로, 역설적 결과를 동반했다. 그것은 인간의 존엄성의 고양을 포함하는 것 같지만 실제로는 결국 그것을 멸시하게 될 수 있을 것이다.

619 그것을 좀 더 상세히 검토하고 싶다. 여기서 문제가 되는 것은 틀의 변동이다. 즉 몇몇 인간적 투쟁, 물음, 쟁점, 어려움, 문제가 도덕적/영=정신적 음역에서 요법적 음역으로 옮겨지고 있는 것이다. 그것에는 정확히 무엇이 작용하고 있을까?

질병과 건강이 도덕적 · 영=정신적 좌절/온전함의 은유로 사용되지 않아온 것은 아니다. 가령 플라톤에서 나타나는 요법적 이미지나 '죄로 병든 영혼'의 이미지를 생각해 보라. 하지만 아마 차이는 여기 있을 것이다. 즉 영=정신적 음역에서 영혼의 '정상적인', 일상적인 초기 상태는 부분적으로는 악의 통제 하에 있다. 그것을 극복하려면 영웅

1 David Martin, *The Dilemmas of Contemporary Religion*(New York: St. Martin's Press, 1978), p. 94.
2 Philip Rieff, *The Triumph of the Therapeutic: Uses of Faith after Freud*(New York: Harper & Row, 19 66).

적인 또는 예외적인 것이 요구된다. 우리 대부분은 중간 어딘가에서 열심히 버둥거리고 있다. 그리하여 그와 같은 중간영역을 위해 규정된 일종의 인간적 '정상성'이 존재하게 된다.

그것의 토대에는 죄, 악도 일정한 존엄성을 갖고 있다는 생각이 깔려 있다. 그것은 선에 대한 탐구의 일종이지만 파국적인, 비난받아 마땅한 오류로 인해 일탈하고 만 것이다. 결국 아무것도 아니다. 단지 잘못된 것일 뿐이다. 그것의 영광과 명성은 허무하고 싸구려인 것으로 드러난다. 그러나 오류 속에서 모종의 위대함, 영광의 가상이 나타나는데, 거기에는 일정한 일관성이 존재한다. 그리하여 정상성은 중간영역에 존재한다는 생각이 생긴다.

그에 반해 단순히 병에 걸리는 것만으로는 존엄성이 없다. 그것은 책임져야 할 일일 수도 있고(가령 에이즈에 걸리는 것에 대해 그렇게 생각하는 것 같다) 아니면 비난받을 이유가 없을 수도 있을 것이다. 하지만 그것은 순수한 고장이요, 나약함이며, 결핍이며, 약화이다.

그런데 정신질환이라는 심층심리학적 관념은 그처럼 명확하게 구별된 범주 사이의 어딘가에 위치한다. 거기에는 종종 환각의 요소가 존재한다. 즉 사물은 실제로 존재하는 것과 다르게 나타난다. 하지만 그와 같은 오류는 어떤 존엄성도 결여하고 있을지 모른다. 어쩌면 그저 성숙하지 못하고, 어른 관점에서 사물을 볼 수 없을 뿐인지도 모른다. 아니면 그냥 강박일 수도 있을 것이다. 아니면 맹목적인, 제어 불가능한 반응일 수도 있다. 그것의 병인학에는 루시퍼 이야기가 차지할 자리가 없다.

따라서 치유에는 회심, 지혜의 성장, 세계를 바라보는 새로운, 보다 고차적 시각은 포함되지 않는다. 또는 적어도 그것들은 치유의 결과일 수는 있지만 적어도 요점은 아니다.

물론 중간에 위치하는 현상도 존재한다. 많은 종류의 요법이 존재하는데, 그중에는 휴머니즘적인 심층심리학 요법도 존재한다. 거기서 다양한 콤플렉스는 제한된 존재자의 이해 가능한 반응으로 거의 간주되게 된다. 거기서 요법은 사물을 바라보는 우리 시선을 바꾸는 것을 부분적으로 포함한다. 그와 같은 형태의 요법은 영=정신적인 것에 접근한다. 하지만 그것이 치료요법 쪽에 남아 있는 것은 원래의 병인학이 아무런 루시

퍼적 요소도 갖고 있지 않기 때문이다. 오류 쪽에 적어도 외견상의 가치와 존엄성이 존재하는 곳 또는 적어도 외견상의 가치와 존엄성에 대한 매력이 존재하는 곳에서 선택의 여지는 존재하지 않는다. 여러 대안 중에서 선별한다는 의미에서 선택할 필요는 없다. 본래의 타락은 전적으로 강박의 본성이나 감금의 형태 속에 있다.

따라서 차이는 이렇다. 악은 외견상의 선을 위한 선택이라는 존엄성을 갖지만 병은 그렇지 않다. 그와 같은 존엄성은 용인되는데, 심지어 악이 거짓 선임을, 따라서 실제로
620 는 공허하며, 실제로는 일종의 소외에 불과함을 폭로하려 하는 회심의 담론에서조차 그렇다. 그것은 텍스트가 아니라 콘텍스트[맥락] 속에서, 즉 반대자의 힘을 인정하는 담론 양식 속에서 용인된다.

그런데 요법적인 것의 승리는 아래 같은 파토스를 갖고 있다. 즉 악/성聖이라는 영=정신적 관점을 저버리는 이유 중 하나는 우리의 정상적인, 중간영역적 실존은 불완전하다는 이념을 거부하기 위해서였다. 우리는 있는 그대로, 즉 '자연적' 존재로서 전혀 문제가 없다. 그리하여 일상적인 자연스러운 실존의 존엄성은 심지어 한층 더 높여진다. 그와 같은 행보가 발기부전, 분열, 고뇌, 우수, 우울, 공허함, 무기력함, 사람을 마비시키는 침울함, 무감동 등 흔히 죄의 과실로 인식되어온 것으로부터 우리를 해방시켜야 할 것이다. 하지만 실제로 그와 같은 상태와 증상은 무수히 존재한다.

이제야 겨우 중간영역적 정상성을 향하도록 정해진 존재자의 고통인 앞의 것들은 병의 결과로 간주되어야 한다. 요법적으로 치료되어야 한다. 하지만 치료받는 사람의 경우 이제 그는 단지 무력하기만 한 사람이라는 전제 아래서만 접근된다. 그는 죄인보다 덜 존엄하다. 그리하여 우리의 존엄성을 높여 주리라고 생각되었던 것은 그것을 감소시켰다. 그저 이런저런 조치와 조작을 통해 아무튼 건강해지기만 하면 될 뿐이다.

다른 시각에서 보면, 종교를 버리는 것은 우리를 해방시키고, 행위 주체로서의 완전한 존엄성을 부여하기 위한 것이었다. 종교의, 따라서 교회의, 그리하여 성직자의 후견을 떨쳐버리는 것이었다. 하지만 이제 우리는 새로운 전문가, 치료사, 의사에게 가도록 강요당하고 있는데, 그들은 맹목적·강박적 메커니즘에 적절한 종류의 통제를 행사한다. 심지어 우리에게 약마저 투약할지 모른다. 우리의 병든 자아는 심지어 교회의 옛 신도들보다 한층 더 멸시되고, 그저 물건 취급당한다.

분명히 그와 같은 차이는 아래 조건하에서는 완화시키는 것이 가능하다. (a) 치료법이 '대화 요법talking cure'이며, 치료에서 공동의 행위 주체로서 환자의 협력을 요구하는 경우. (b) 병, 강박, 자폐 상태가 (i) 모든 육체가 끌려들어가기 쉬운 것으로, 따라서 건강한 사람이라는 보다 높은 고원에서 무시하듯이 깔보아서는 안 될 것으로 이해되는 경우 그리고 (ii) 누구나 빠져드는 곤경으로 인간적으로 이해 가능한 것으로 이해되는 한 말이다. 사람들이 그와 같은 상태에 끌려들어가는 것을 이해할 수 있고, 그에 관해 동일한 사람으로서 공감 — '그와 같은 상태에 빠지기 얼마나 쉬운지 잘 알지' — 을 표할 수 있는 것으로 말이다. 그와 함께 우리는 죄의 존엄성 같은 것 쪽으로 기울고 있다. 가령 '충분히 좋은' 보살핌mothering이 이루어지는 중간영역을 높이 평가하는 위니콧Donald Woods Winnicott을 보라. 다른 휴머니즘적 치료사들도 마찬가지이다.

따라서 요법적 전회, 즉 죄와 악 또는 영=정신의 오도의 해석학에서 병의 해석학으로의 이행은 인간의 존엄성에 기껏해야 양의적 결과를 가져올 뿐이다. 그리고 그것은 또한 우리의 자기 이해에도 중대한 영향을 미친다. 상술한 대로, 이전에는 영=정신의 오도의 결과로 간주되던 것, 즉 고뇌, 우수, 우울, 공허함 등은 우리의 요법의 시대에도 계속되고 있다. 하지만 지금 그것들은 종종 그와 같은 오도나 영=정신적 실제와의 접촉의 결여의 표시가 아니라 단지 병리로 독해될 뿐이다.

영=정신적 관점은 어딘가 깊고 내면적인 곳에서 우리는 영=정신적 실재라고 정의되는 것을 인식하고 그것과 관련해 살도록 끌리게 되리라고 가정할 것이다. 우리는 그것에 매료될 수도 있고, 연연할 수도 있으며, 그것 없이는 불만과 불완전성을 느낄 수도 621
있다. 우리는 '신성한 불만', '영원에의 욕망'에 대해 말한다. 그것은 깊고 내면적인 곳에 묻혀 있을 수도 있지만 인간의 영속적 잠재력이다. 따라서 심지어 정상적인 개화번영의 범위에서 매우 성공한 사람(아마 특히 그와 같은 사람)조차 자신의 성취는 허무한 것이라는 불안, 아마 회한, 모종의 느낌을 가질 수 있을 것이다. 그렇게 영=정신적 실재를 상정하는 것을 부정하는 사람들 관점에서 보자면 그와 같은 불안은 병리학적인 것에 불과할 뿐이다. 그것은 완전한 기능부전이다. 그것은 우리를 억누를 수 있을 뿐이다. 전통적으로 이해되어온 많은 형태의 영=정신적 실재를 부정하는 것이 요법적 전회에서 결정적 요소가 되어왔다.

그리하여 그와 같은 전회는 불안, 고통, 공허함, 분열 등 우리의 경험에 대해 근본적으로 다른 이해를 제공한다. 한편으로 그것들은 우리에게 중요한 것을 말하고 있을지도 모른다. 우리 삶 속에 존재하는 어떤 결여나 오도를 드러내고 있는지도 모른다. 또 다른 측면에서 그것들은 질병과 비슷하며, 그 자체로서 어떤 잘못된 방향성의 증상일 수 있다(나의 고혈압이 과식의 결과인 것처럼 말이다). 그것들은 그와 같은 오도에 대한 (아마 대체로 혼란스럽고 숨어 있을) 지각을 구성하지 않는다.

따라서 어떤 관점을 선택하는지는 다른 사람(의사와 도우미들)이 당신을 어떻게 다루느냐에 영향을 줄 뿐만 아니라 또한 당신이 자신을 어떻게 다루는가에도 영향을 미친다. 한편으로 불안은 아마 기도나 명상에 의해 더 잘 이해되고 처리될 필요가 있다. 다른 한편 그것은 제거되거나 적어도 공생하기에 충분할 만큼 완화될 필요가 있다.

정신분석은 [영=정신적 접근과 물리적 치료의] 중간쯤에 있는 현상처럼 생각될 수도 있고, 부분적으로는 그렇다. 행동 요법 또는 주로 약물에 의존하는 요법과 달리 그것은 해석학, 즉 불안의 의미를 이해하려는 노력을 포함한다. 그러나 목표는 동일하다. 해석학자는 인간의 성격 속에 깊이 뿌리내리고 있는 불가피한 심리적 갈등을 파고든다. 하지만 그와 같은 갈등이 우리에게 도덕적 교훈을 주거나 하는 것은 아니다. 죄책감이나 회한은 어떤 현실의 오류도 절대 가리키지 않는다. 우리는 그것의 힘을 감소시키기 위해, 그것과 더불어 살 수 있게 되기 위해 그것을 이해하려고 노력한다. 결정적 쟁점, 즉 고통으로부터 도덕적 또는 영=정신적으로 배워야 하는 것에 대해 말하자면, 그것은 확고하게 요법 편에 있다. 답은 '아무것도 없다'이다.

우리의 심리적 고통에 관한 '영=정신적' 독법과 요법적 독법 간의 투쟁은 종교를 비신앙에 대립시키기만 하는 것이 아니다. 비신앙의 일반적 범위 내부에는 인간의 삶에 대한 '보다 고차적'이고 보다 '영웅적인' 견해가 일상적 욕망의 충족을 강조하는 견해와 대립하는 사례가 많이 존재한다. 나는 앞에서 '보다 고차적인 차원'에서 '보다 저차적인 차원'을 향해 하는 비판 그리고 그것과 반대 방향에서 이루어지는 비판을 논하면서 그때 그와 같은 대립에서 볼 수 있는 몇 가지 쟁점을 제기한 바 있다. 따라서 돈벌이가 제법 되는 일자리, 합당한 번영, 소비자의 선택, 자극적 미디어 등의 만족감을 제공하는 것으로 근대 민주주의의 안정성을 보장하기에 충분하다고 판단할 수도 있을 것이다. 하지만 영웅적 행동, 정치적 자치 또는 위대한 자선적 헌신 등 삶에 대한 보다 고양된 견해의 상실에 대해 여전히 개탄할 수 있을 것이다(비슷한 견해가 '역사의 종말'에 관한 후쿠야마의 유명한 저서의 중심에 있는 듯하다[3]).

그런데 아마 그와 같은 견해를 가진 사람은, 고소득에다 매우 성공적인 전문직업인
이 삶에 중대한 어떤 것이 결여되어 있다는 불안한 기분을 느끼는 것에서 어떤 병리적 622
인 것도 발견하지 못할 수 있을 것이다. 그리고 치료를 통해 그와 같은 기분을 제거하려
는 시도를 인간조건에 대한 희화화로 간주할 것이다.

하지만 어쨌건 두 관점 간의 투쟁이 어떻게 삶을 살 것인지의 모색에서 핵심적일 수 있음을 볼 수 있을 것이다. 사람들 말을 듣고 직업생활이나 결혼생활을 몹시 혼란스럽게 만들고 있는 나의 뿌리 깊은 불안은 그저 병리일 뿐이라고 믿게 되었다고 하자. 이 경우에도 심리적 골칫거리가 삶을 망치고 있는 것에 대한 수치심이나 [그와 같은 상황을 제대로 처리하기에는] 무능하다inadequacy는 느낌이 쉽게 동반될 수 있다. 그와 같은 수치심은 이 모든 일이 유기[체]적으로 초래되는 것이라고 생각함으로써 궁극적으로 누그러질 수 있을 것이다. 그리고 그것이 값싼 약의 용이한 입수 가능성과 더불어 너무나 많은 정신요법을 약물 의존 쪽으로 몰고 가는 데 일조하고 있다.

그와 같은 쟁점이 인간의 삶에 얼마나 결정적으로 중요한지를 깨달을 수 있을 것이다. 불안의 의미에 대해 끝없이 걱정하는 것은 시간과 노력의 낭비에다, 불필요한 고통을 초래하는 일인데, 그것의 전체적 토대가 실제로 유기적으로 연결되어 있기 때문이다. 하지만 진정으로 이해해야 할 불안을 제거하려고 애쓰는 것은 치명적 결과를 가져올 것이다. 요법적인 것의 문화 속에서 그와 같은 이해를 드러낼 수 있는 다양한 측 윤리적 · 영=정신적 언어가 점점 덜 익숙해지고, 각각의 새로운 세대에게는 점점 덜 가용해지는 만큼 한층 더 그러하다.

바꾸어 말하면, 인간이 충일로 강력하게 끌리는 것은 흔한 일이다. — 충일이 어떤 식으로 정의되건 말이다. 그리고 대부분의 사람은 그와 같은 갈망이 그 자체로 심각한 문제의 원천이 될 수 있다는 데 동의할 것이다. 가령 강력한 도덕적 요구는 무거운 죄책

3 후쿠야마, 이창훈 역, 『역사의 종말』, 한마음사.

감이라는 형태로 우리 삶에 충격을 줄 수 있으며, 그것이 도덕적인 것을 포함해 우리 행위와 반응을 무력하게 만들 수 있다. 그러나 순수하게 내재적인 요법의 결정적 특징은 그와 같은 무력함의 치유가 종교적 신앙 같은 초월적인 것에 대한 모든 갈망의 거부 또는 적어도 그것으로부터의 거리두기를 포함하거나 심지어 요구까지 하는 데 있다. 우리는 삶 속에서 그와 같은 갈망과 즐겁지 않은 관계를 맺게 되었지만 그것이 본질적인 것이기 때문에 무력감이 생겨난 것은 우발적인 일이 아니었다. 그것을 제거하는 것을 포함한 치유는 반드시 필요한 것은 아니지만 얼마든지 생각할 수 있는 것이다. 한편 영=정신적 측면에서 볼 때 신앙의 요구가 치명적 갈등을 초래할 가능성이 있는 것은 그것의 무근거성이 아니라 우리 현실의 (타락한) 곤경을 반영한다. 목표는 그것으로부터 달아나는 것이 아니라 영=정신적 현실에 대한 보다 적절한 대응을 찾는 것이어야 한다.

물론 사태를 단순화하기 위해 나는 마치 우리가 '영=정신적' 독법이나 '병리적' 독법에 대해 말할 수 있는 것처럼 설명해왔다. 실제로 병리적 요소가 종종 — 심지어 실제로는 항상이라고 말할 수 있을 것이다 — 우리의 불안 속에 들어온다. 선으로부터 돌아서는 것이라고 할 수 있는 악 또한 맹목적으로, 강박적으로 보다 저급한 선을, 심지어 악을 추구한다는 의미에서 병리를 만들어낸다. 따라서 도스토옙스키가 보여준 대로 영=정신적 또는 윤리적 관점은 병리에 대한 진단을 허용하며, 심지어 요구한다. 거기서 제기되는 쟁점은 이렇다. 즉 오직 병리학만 문제시될 수 있는가 아니면 영=정신적 또는 윤리적 해석 또한 이루어져야 하는가?

623 우리의 현실적 무력감의 많은 것이 어느 쪽으로건 다룰[치료될]treat 수 있는 범위 내에 있다. 그것은 요법에 반응할 수 있는 강박적 요소를 갖고 있다. 그러나 또한 오류, 악의 책임 있는 선택자로서의 우리에게 영향을 미친다. 요법적 혁명은 일련의 통찰과 접근법을 가져왔다. 단 전체적으로 형이상학으로 작동할 때는 엉뚱한 결과를 낳을 위험을 갖고 있기도 하다. 즉 우리 질환을 치료하려는 시도가 결국 우리 내면의 영·정신을 한층 더 숨 막히게 만들고, 다른 무력함을 보다 단단하게 우리에게 붙들어 매게 될지도 모른다.

지금까지 나는 요법적 전회는 아래 두 측면에서, 즉 (1) 우리가 (이 용어 모두의 의미로) 취급되는[치료받는] 방법 그리고 (2) 우리가 자신을 이해하는 방법에서 어디까지 타당한가 하는 질문을 다루어왔다.

그러나 두 견해 간에는 그와 관련된 세 번째 차이가 존재한다. 만약 우리가 무능, 무력함, 분열을 죄, 악, 도덕적으로 상황을 제대로 처리할 수 없는 무능력의 소산으로 이해한다면 그것들은 사실상 모든 인간 존재 속에서 발견되리라고 기대될 수 있을 것이다. 흔치 않은 일이지만 오직 신성함의 궁극의 꼭대기에서만 극복될 수 있기를 기대할 수 있을 것이다. 하지만 만약 그것들을 피할 수 있는 트라우마, 잘못된 양육, 올바른 종류의 지원의 결여 등으로 인해 초래된 질병의 결과로 간주한다면 훨씬 더 많은 사람이 '정상성'에 도달할 수 있으리라 기대할 수 있을 것이다. 도덕적 완성에 관해 말하자면, 중간영역 어딘가에서 불안을 제거하거나 불안과 더불어 사는 법을 배울 수 있게 되기 때문이다. 충분한 능력과 인간성의 교차점은 보다 낮은 높이로 설정될 것이다. 하지만 가령 기독교와 불교에서의 변형의 전망이라는 영=정신적 견해에서 보면, 우리의 영=정신적 상태에 관한 병리학과 그 밖의 다른 혼란을 넘어 우리가 완전한 인간적 능력을 충족시킬 수 있는 지점은 인간의 개화번영과 관련해 인정된 수준을 훌쩍 넘어설 것이다. 그것은 분명히 소수에게서 찾아볼 수 있는 현상이다. 후에 영성이 안정된 정치질서와 맺는 관계를 살펴볼 때 이 세 번째 구별의 중요성을 살펴보게 될 것이다.

요법적 접근은 악의 복잡하고 모순적인 본성을 양의성으로부터 해방시킨다. 그것은 분명 능력의 감소를 함의하지만 또한 항상 책임 있는 행위 주체의 조건이기도 하다. 양의성의 그와 같은 해소는 분명한 전진으로 여겨져야 할 것이다. 하지만 현실 자체가 복잡하고 양의적이기에 실제로 그것은 딜레마의 장으로 우리를 인도한다.

2

그것을 배경으로 기독교를 상대로 한 소송을 바라보고 싶다. 기독교는 인간적 성취를 부정하거나 방해한다는 것이다. 하지만 먼저 종교와 그것의 거부 간의 그와 같은 논쟁의 역설적 특징을 다시 한 번 상기해야 할 것이다. 비신앙인들이 종교에 가하는 비판을 볼 때 그것은 두 가지 정반대 방향에서 오는 것 같다.

한편으로 우월감pride 또는 두려움에 의해 추동되는 종교는 금욕주의와 고행, 인간의 일상적 목표의 포기 등 인간에게 도저히 불가능할 정도로 높은 목표를 설정한다. 그것은 우리로 하여금 '인간-임을 초월할 것'을 촉구하는데, 그것은 결국 우리를 불구로 만들어버리는 결과로 이어질 수밖에 없을 것이다. 그것은 일상적 성취 그리고 우리
624 가 이룰 수 있는 행복을 경멸하고 무시하도록 이끈다. 그것이 내가 8장에서 서술한 군群의 축 중 첫 번째 군('낭만주의적'이라는 표제어)에서 나오는 주요한 비판 중 하나이다.

다른 한편으로 종교는 자연과 인간의 삶에 관한 현실의 엄중한 사실을 직면할 수 없다는 비난이 쏟아지고 있다. 또 우리는 불완전한 존재, 진화의 산물로, 많은 공격성과 갈등이 인간 본성 속에 내장되어 있다는 것이다. 또한 인간의 삶에는 단순히 바란다고 해서 없어질 수 있는 무섭고 끔찍한 것이 매우 많다는 것이다. 종교는 현실의 많은 것을 불온하다고 낙인찍어 부당하게 삭제하는bowdlerize 경향이 있다. 그와 같은 비판은 앞서 말한 축의 두 번째 ('비극적') 군에서 나온다.

나는 거기에 역설이 있다고 말한 것이지 모순이 있다고 말한 것이 아니다. 특정한 독법에 기초하면 두 종류의 비판이 어떻게 일관성을 갖게 되는지를 이해할 수 있다. 한쪽의 고발에서 우리를 훼손시키는 것으로 간주되는 불가능한 변형은 다른 쪽에서는 유치할 정도로 유토피아적인 변형일 뿐이다.

하지만 비록 모순적이지는 않지만 두 공격노선 간에는 긴장이 존재한다. 두 번째 계통이 주로 보다 '자유주의적'이며, '이신론적' 형태의 기독교, 즉 배타적 휴머니즘으로의 전환의 전 단계였던 것에 반대했음을 되돌아볼 때 그것은 명백하다. 가령 칼뱅에 대해 현실의 불온한 부분을 삭제한다는 비난을 퍼붓는 것은 아무도 상상할 수 없을 것이다. 인류의 주요 부분을 지옥에서의 형언할 수 없는 끊임없는 고통 속으로 몰아넣는 견해에 대해 그것이 어떤 것이건 사물의 어두운 면을 은폐한다고 비난할 수 없을 것이다.

동시에 첫 번째 공격은 주로 보다 야만적인 '구래의 종교'를 겨냥하고 있으며, 점점 더 '이신론적' 극 쪽으로 움직일수록 적절성은 줄어든다.

그것으로 충분하지 않다. 현실의 불온한 부분을 삭제한다는 비판은 또한 비신앙의

휴머니스트들에게도 타당한데, 이해관계의 조화나 인간의 공감력을 지나치게 장밋빛으로 보기 때문이다. 반면 인간을 훼손한다는 공격은 몇몇 형태의 무신론적 휴머니즘에 대해 특히 타당한데, 그것이 20세기 역사를 어지른 총체적 개혁을 위한 파괴적 시도를 추동해왔기 때문이다.

사태를 정식화하기 위한 보다 나은 방식은, 기독교가 이 두 비판 모두에 해당한다고 주장하는 것이 아니라 기독교는 다양한 해석의 내부 투쟁의 무대라고 말하는 것일 것이다. 그 결과 어떤 사람들은 한쪽을 회피하려고 시도하지만 그것을 통해 보다 직접적으로 다른 쪽 비판에 해당되게 되고, 다른 사람은 반대로 하게 되는 것이다. 기독교 신앙의 문제는 그것이 다름 아니라 이러지도 저러지도 할 수 없는 딜레마인 것처럼 보이는 것이다. 즉 다른 쪽에 자신을 고정시켜 놓지 않고는 앞의 두 비판 중 하나를 회피하는 것이 어려운 것이다. — 즉 두 가지 모두를 회피하고 싶다고 해도 말이다.

하지만 그렇다면 비슷한 것이 비신앙에 대해서도 진실일지 모른다고 의심하게 된다. 비신앙의 견해는 개혁 능력을 과소평가함으로써 인간을 경시하는 것인지도 모른다. 하지만 또한 목표를 너무 높게 잡아 몇몇 매우 파괴적인 변화 시도를 정당화할 수도 있다. 쟁점은 이 두 가지 오류의 중간에 설 장소가 존재하느냐는 것이다. 비슷한 물음이 기독교 신앙에 대해서도 제기되듯이 말이다.

또는 진상을 규명해보면, 양측 모두 직면해야 하는 하나 이상의 딜레마가 존재하는
것처럼 보일 것이다. 즉 한편으로 초월성 그리고 인간적 성취와 관련된 딜레마가 존재 625
하고, 다른 한편으로 인간 본성의 폭력적·공격적 차원과 관련된 딜레마가 존재한다.

하지만 일반적 투쟁 형태는 아래 같은 것 같다. 즉 양측이 유사한 딜레마와 씨름하지만 인간의 처지[곤경]에 대해서는 매우 다른 이해를 갖고 있다. 논쟁의 일방적 열기 속에서 그와 같은 사실은 일반적으로 시야로부터 사라지고, 유리로 지어진 집의 거주자에게 안전하다고는 도저히 말할 수 없는 거대한 바위를 양쪽에서 서로에게 던지고 있다.

그와 같은 비판 각각을 차례로 살펴보자.

(A) 누스바움이 매우 흥미롭고 종종 설득력 있는 방식으로 첫 번째 비판에, 즉 인간성을 '초월하려는' 시도에 대한 경고에 목소리를 부여했다.[4] 『연약한 선』[5]에서 전개된 논

의를 이어나가는 가운데 — 하지만 거기에서 전개한 논의에 국한되지는 않는다 — 그녀는 일상적 조건을 초월하고 싶은 욕망의 뿌리를, 우리가 우리의 유한성, 한계, 궁핍함, 상처받기 쉬움 속에서 겪는 불안과 공포 속에서 찾는다.

그녀의 논의를 자세히 살펴보면 그와 같은 갈망과 관련해 두 가지 오류를 구별할 수 있다. 한편으로 초월에의 욕망은 적어도 몇 가지 형태에서는 자기가 자기를 논박해야 한다는 비판이 존재한다. 그것은 우리 삶을 비참하게 만들고, 우리 세계를 위험하게 만드는 한계를 없애버리려는 인간의 바람으로 종종 시작된다. 하지만 포괄적으로 충족된다면 그것은 우리를 인간조건으로부터 완전히 떼어내게 될 것이다. 누스바움은 자기섬에 머물라는 칼립소의 청을 오뒷세우스가 거절하는 것을 예로 들어 이 점을 명확하게 지적한다. 오뒷세우스는 여신과의 영원한, 안전한 사랑을 누리는 대신 필멸의 인간의 여성 품으로, 그리고 위험으로 가득한 삶으로 돌아가겠다고 결심한다. 처음 이 두 가지 대안에 대해 들으면 우리는 오뒷세우스가 미쳤다고 생각할 수 있을 것이다. 우리 속에 존재하는 공포와 상처받기 쉬움은 그와 같은 제의에 냉큼 덤벼들도록 만든다. 하지만 그것에 대해 한층 더 자세히 곰곰이 생각해봄에 따라 인간의 사랑, 배려, 상호 지지는 제한되고 위협받은 인간조건과 분리 불가능함을 이해하게 된다. 위험과는 무관한 칼립소의 영원한 삶은 인간 존재 — 여러 차례 결정적 전환점을 맞이하고, 크게 얻을 때가 있는가 하면 크게 잃을 때도 있다. 간단히 말해 인간의 삶은 시간적 유한성을 가진다 — 의 일회성이 마련해주는 의미를 모두 결여하고 있다. 그와 같은 형태의 위험을 처리할 수 있는 방안을 선택함으로써 우리는 어떤 의미에서는 '주제를 바꾸어버리게' 될 것이다. 즉 우리의 인간적 삶을 개선시키는 것이 아니라 전혀 다른 것을 찾아 나서게 된다.[6]

4 윌리엄 제임스 강연문, "Transcending Humanity"를 가리키는데, Martha Nussbaum, *Love's Knowledge* (New York: Oxford University Press, 1990(이래서는 *LK*로 약기한다)의 15장으로 재수록되었다. 하지만 나는 그녀의 기포드 강연 — 그에 대해서는 Fergus Kerr, *Immortal Longings*(Notre Dame: University of Notre Dame Press, 1997)가 자세히 전해주고 있다 — 뿐만 아니라 또한 본서 12장에서의 논의도 참조할 것이다. 관련 쟁점들에 대한 커의 논의가 많은 도움이 되었다.

5 『연약한 선 — 그리스 비극과 철학에서의 운과 윤리』, 이병익, 강명신, 이주은 역, 서커스.

6 *LK*, pp. 365-367.

누스바움은 운동경기에서의 경쟁을 예로 이 점을 충분히 납득시킨다. 그것은 한계에 맞선 필사적 노력이다. 챔피언은 각자의 분야에서 세계기록을 조금이라도 경신하고 싶어한다. 하지만 만약 한계를 완전히 초월할 수 있다고 상상한다면, 즉 즉석에서 그리고 별다른 노력 없이 먼 거리를 이동하거나 맘대로 형체를 바꿀 수 있다면 운동경기의 시합은 도대체 무슨 의미가 있단 말인가. 그리스 신들은 그것을 필요로 하지 않을 것이다. 헤르메스의 힘을 갖고 싶다는 운동선수의 갈망은 그 자체로 해체된다.[7]

물론 신의 불사를 공상하는 특히 고대 그리스적 꿈은 우리 논의의 맥락에서는 그다
지 시의적절해 보이지 않을 수도 있을 것이다. 그리스의 신이 되려는 일에 어떻게 착수
하겠다는 것인가? 그러나 누스바움의 요점은 극단적 사례를 제시함으로써 그보다는 저 626
차적인 전체적 갈망 속에 이미 존재하는 것을 이해시키는 것이다. 가령 『향연』에서 플
라톤이 서술하듯이 사랑은 더 이상 특정인에게 이끌리지 않고 미 자체에, 선 자체에 끌
리게 된다. 그와 같은 갈망에서 우리는 인간의 삶을 가치 있게 만드는 것을 포기하지
않는가? 우리는 인간적 탁월함을 포기하고 낯선 삶의 형태를 쫓아가려 하지 않는가?

그것은 철학을 하는 특정한 방법에 맞서 누스바움이 계속하는 논쟁과 무관하지 않은데, 요컨대 그녀가 문제로 삼는 것은 완전히 거리를 둔 방식으로 일반적 용어를 구사하며, 또 개별적인 것으로부터, 감정의 경험으로부터, 따라서 그것을 가장 잘 전달하는 이야기로부터 계속 거리를 유지하는 방법이 그것이다. 여기서의 그녀의 논의는 대단히 중요하고, 당연히 유력한 것이다.

하지만 그와 별도로 초월성-갈망에 대한 또 다른 이의제기가 존재한다. 그것이 부질없고 자기파멸적일 뿐만 아니라 실제로 우리에게 해를 끼치고, 인간적 성취의 추구에 적합하지 않다는 것이다. 우리 인간의 일상적 욕망과 궁핍에 대해 증오와 혐오감을 유발함으로써 그렇게 한다. 그와 같은 식으로 우리는 우리의 유한성을 혐오하기에 이르고, 그리하여 그렇지 않았으면 있는 그대로의 인간의 삶에 대한 만족 속에서 느낄 수도 있을 기쁨을 망치게 된다.

여기서의 적은 그리스의 다신교적 환상과 그리스철학이라기보다는 기독교, 특히

7 앞의 책, 372페이지.

아우구스티누스적 형태이다. 여기서 누스바움은 필자가 묘사하려고 시도하고 있는 중심 주제 중 하나를, 즉 우리의 세속의 시대를 구성하는 논쟁 중 하나를 다루고 있다. 인간의 통상적인 감각적 욕망을 비방하고, 불결하게 만들고, 불순한 것으로 치부했다는 이유로 기독교를 증오하는 것이 우리로 하여금 배타적 휴머니즘이라는 선택지 — 일단 생각 가능해지자 — 를 채택하도록 추동한 가장 강력한 동기 중 하나였다. 그녀는『사랑에 대한 지식』에서 이 주제를 논하면서[8] 기독교 이전에서 즉 에피쿠로스와 루크레티우스에서 출발점을 가진 그와 같은 입장의 계보학을 제공하지만 육체와 일상적 성취에 대한 기독교적 혐오에 대한 그녀의 반발의 목소리는 볼테르와 니체에 매우 근접하게 되는데, 그녀 또한 두 사람의 논의를 끌어온다. 그리고 실제로 과거 수 세기 동안 루크레티우스가 우리에게 중요해졌다고 주장할 수 있을 것이다. 다름 아니라 그가 기독교 문화와 포스트-기독교 문화에 관한 논쟁을 명확히 하는 데 일조해왔기 때문이다.

누스바움은 니체가 자임한 과제에 찬성하는 것처럼 보인다. 그녀 말에 의하면 그것의 부정적 측면은 "어떤 것의 정체를 폭로하는 계보학, 신랄한 풍자, 가공할 투사라는 기법을 통해 종교적 신념과 목적론적 욕망을 철저하고 상세하게 해체"[9]하는 것이었다. 그것은 바람직한 목표인가라는 물음이 제기된다. 심지어 가능한 목표일까? 도덕질서라는 근대적 이념의 구성에서 기독교적 보편주의와 아가페가 가진 중요성을 감안할 때 기독교가 우리 문명에 심어준 모든 신앙과 욕망을 철저하게 뿌리뽑는 것을 진정 바라야 할까? 아마 니체는 그와 같은 물음의 범위 전체를 관망하며, 긍정적 대답을 내놓을 준비가 되어 있었다. 육체에 대한 혐오뿐만 아니라 연민, 고통의 경감, 민주주의, 인권까지 내버리고 싶었기 때문이다. 하지만 전적으로 그를 따를 준비가 되어 있는 사람은 얼마나 될까?

627 이 물음을 탐구할 때는 즉각 논쟁에 휘말리지 않도록 하는 것이 유용하다고 생각한다. 그것은 우리를 양극화된 입장들로 몰고 가는 경향이 있는데, 그것들이 — 나는 그렇게 의심하는데 — 지탱 불가능한 것으로 드러나기 때문이다. 우리 모두, 당연히, 그것들

8 12장, 'Narrative Emotions.'

9 *LK*, p. 307.

이 허용하는 것보다 더 큰 교차압력 아래 있기 때문이다(심지어 니체에게서조차 마찬가지다. 비록 그는 그와 같은 양극화의 문화 밖에 서기 위한 장소를 찾기 위해 무던히 노력하지만 말이다).

나는 관련 쟁점을 두 국면으로 나누어 다루고 싶다. 먼저 '인간-임의 초월'이라는 이념(들) 그리고 그것을 그 자체로 논박할 수 있는 또는 부인하고 싶은 범위를 살펴볼 것이다. 이어 이 논쟁 전체 속에서의 기독교의 위치를 검토할 것이다.

우리는 초월성-갈망을 단호히 포기하고 '내재적' 삶으로 돌아갈 수 있을까? 종종 그것이 마치 누스바움이 제안하는 것처럼 들린다. 하지만 윌리엄 제임스 강의에서 그녀는 문제가 그것"보다 복잡하다"[10]고 주장한다.

> 인간의 삶의 맥락 내부에는 일상적 인간성을 초월하고자 하는 특정한 종류의 갈망을 위한 많은 여지가 존재한다.

하지만 우리가 필요로 하는 것은 "**내면적 · 인간적** 종류의 …… 초월"[11]이다.

확실히 이 점에서 그녀는 옳다. 하지만 그것은 논의를 새로운 판板으로 옮기며, 내면적/외면적이라는 그녀의 구별은 우리가 원하는 구분을 만들어낼 수 있는가 하는 물음을 제기한다.

그녀가 옳지만 여기서 그녀가 거리를 두고 있는 입장을 공평하게 다루려면 왜 우리가 그것을 고수하도록 유혹당해 왔는지를 이해해야 한다. 우리는 근대를 구성하는 경험 중 하나를 불러내야 할 것이다. 확실히 기괴한 것, 위협적인 것의 영역, 즉 극한 상황으로부터 규칙적인 시간의 흐름을 가진 일상적 삶의 즐거움으로의 오뒷세우스의 귀향은 심지어 그와 같은 경험의 패러다임적 이미지로 받아들여질 수 있을지도 모른다. 우리에게서 기괴한 것이나 위협적인 것은 종종 자초하거나 자진해서 초래한 것이거나 적어도 망상에 사로잡힌 인간 존재가 야바위로 꾸며낸 것이다.

10 앞의 책, 378페이지.
11 앞의 책, 379페이지(강조는 원저자 것이다)

수도원의 소명은 "삶의 완성을 위해 살라는 권고"[12]를 따르는 데 있다는 식으로 평가하는 가톨릭적 입장에 암묵적으로 포함된 [인격에 대한] 정당화될 수 없는 헐뜯음으로부터 결혼 그리고 생산과 관련된 직업 노동에서 이루어지는 일상적 삶의 만족을 복권시켰을 때 많은 개혁파 교회 사람이 한 경험이 그것이었다. 사람들은 자부심에 이끌려 신에게서 소명으로 받지도 않은 금욕적 삶이라는 비현실적 이상에 헌신한 채 본인 마음 내키는 대로 하는 것으로 가정되는 인간의 일상적 경로로부터 벗어나왔다. 그것에 대한 반란은 일종의 형판template, 型板을, 나중에 보다 급진적인 수정판 — 거기에는 금욕과 절제라는 환상적 이상의 미명아래 통상적인 관능적·육체적 존재의 기쁨을 희생시킨다며 기독교를 전면적으로 거부하려는 수정안도 포함되어 있었다 — 이 새겨질 수 있는 형판을 제공했다. 지난 몇 세기 동안, 특히 지난 20세기 동안 무수히 많은 사람이 종교의 요구로 제시되어온 것을 버리고, 그것이 금지한 인간의 일상적 만족의 가치를 재발견하고 있다고 생각해왔다. 망각된 선善으로, 일상적 삶 속에 묻힌 보물로 되돌아간다는 감각을 갖고 있었다.

물론 종교만이 그와 같은 종류의 반란의 표적으로 지각된 유일한 대상은 아니었다.
628 지난 세기에는 수백만 명의 사람이 사회 변형이라는 불가능한 이상의 이름아래 압박당했다. 그들은 정상적인 것, 일상적인 것, 동원되지 않은 인간의 삶이 주는 만족으로 간주되던 것으로 돌아갈 수 있기를 갈망했다. 1990년 무렵에 만난 한 에스토니아인이 기억난다. 그는 내게 45년 동안 자기 나라에서 정상적 생활을 한 사람은 아무도 없었다고 말했다. 그가 무슨 말을 하는지를 이해하는 데는 아무 문제도 없었다.

가톨릭과 프로테스탄티즘, 기독교도와 비신앙인 간의 논쟁 등 안에 포함되는 교의상의 쟁점에 대해 어떻게 생각하건 그렇게 일상적인 것으로 돌아가는 것이 가진 긍정적 힘과 가치를 인정해야 한다. 거기에는 중요한 인간적 경험이, 즉 근대에 몇 번이나 반복되어왔으며, 그 자체로 교의상의 치장에도 불구하고 중요한 인간적 선의 재발견과 긍정을 포함하기 때문에 항상 더할 나위 없이 긍정적인 경험이 존재한다.

그와 같은 회귀의 순간에 회복되는 것은 화려한 것과는 거리가 먼, 흠결 있는 일상

12 나는 이 점을『자아의 원천들』, 13장에서 논했다.

의 사랑의 가치에 대한 감각이다. 즉 연인이나 친구, 부모와 자식 간의 사랑이 그것으로, 그것은 흔하고 일상적인 규칙과 애씀, 이별과 재회, 이별과 귀환을 수반한다.[13] 그런데 이제 우리는 심지어 초월성-갈망에 의해 마음을 빼앗기지 않아도 무엇인가를 재발견하고 있다는 강력한 감각을 가질 수 있을 것이다. 단지 삶에서의 보다 자극적인 또는 현란한 달성과 성취 — 갈등과 모험으로 가득 찬 경력, 정열적이고 극적인 연애 사건 — 와 관련해 일상적인 것의 풍요로움을 쉽게 과소평가해버릴 수 있기 때문에 말이다(하지만 아마 그것들이 자극적인 것은 궁극적으로 초월성에 대한 동경 때문일 것이다). 그런 다음 파트너가 병들거나 거의 목숨을 잃을 뻔한 사고를 당하면 돌연 그와 같은 사랑이 우리에게 무슨 의미인지를 깨닫는다. 우리가 아는 문학의 대부분은, 가령 제인 오스틴 소설처럼, 화려하지 않은 일상성의 회복에 대해 이야기한다.

「두이노의 비가」 2가에서 아테네의 묘지들 위에 새겨진 형상들에 대해 곰곰이 생각하던 릴케는 그와 같은 느낌의 어떤 것을 포착한다.

몸통 속에는 힘이 들어 있지만
그토록 누르지 않고 쉬고 있는 손들을 생각해보라.
스스로를 억제하는 것, 그 정도가 우리의 몫일 뿐
이것이 우리의 것, 그렇게 서로를 어루만지는 것, 허나
신들은 그보다 우리를 세차게 압박하니, 그건 신의 몫일 뿐.[14]

Gedenkt euch der Hände,
wie sie drucklos beruhren, obwohl in den Torsen die Kraft steht.
Diese Beherrschten wussten damit; so weit sind wirs,
dieses ist unser, uns so zu beruhren; stärker stemmen die Götter uns an.

13 누스바움은 기포드 강연 중 『율리시즈』에서의 레오폴드 블룸과 몰리 블룸 간의 사랑을 들어 그것을 환기시킨다(Fergus Kerr, *Immortal Longings*, pp. 4-5를 보라).

14 릴케R. M. Rilke, 김재혁 역, 「두이노의 비가」, 책세상, 161페이지.

Doch dies ist Sache der Götter.

이것은 근대(성)에 대한 반복되는 통찰 중 하나이다. 지속적으로 망각에서 구제될 필요가 있기 때문에 반복된다. 그리고 우리 문화에서 일상적 삶의 긍정이 중요하기 때문에 근대의 구성요소이다.

629 이제 자기초극을 지향하는 모종의 위대한 기획에서 일상성으로 돌아온 사람이 '모든 초월성에 옴이나 붙어라!' 같은 말을 하고 싶어 하는 것은 온전히 이해 가능하다. 하지만 그것이 그와 같은 구호를 올바른 것 또는 심지어 시종일관 옹호 가능한 것으로 만들지는 않을 것이다. 그러나 그와 같은 말이 튀어나오도록 만든 경험을 존중하고 평가해야 한다. 그리 훌륭한 일은 아니지만 다른 사람, 즉 철학자나 이데올로그는 초월을 싸잡아 거부하는 것을 통해 추종자를 끌어내기 위해 그와 같은 경험의 힘을 이용할 수 있을 것이다. 하지만 그렇다고 해서 그와 같은 경험 자체의 가치를 잊어서는 안 된다.

앞의 구호에 직면했을 때 아래 요소를 포함해 반응은 복잡할 것이다. (a) 구호는 틀렸어, (b) 하지만 그건 폄하되면 안 되는 현실적이고 중요한 경험에서 나온 것이야. 따라서 (c) 그것에 저항해야 하지만 간단히 그것을 완전한 오류로 낙인찍어서는 안 돼.

앞의 구호는 왜 틀렸을까. 누스바움이 보다 미묘한 입장을 취할 때 제시하는 이유들에서 그렇다. 우리가 초월하고 싶어 하는 복수의 방향성이 있다. 사실 이 모든 방향성이 거부되는 인간의 삶을 상상하는 것은 거의 불가능할 것이다.

하지만 단지 한정어를 추가하는 것에 의해서는 앞의 구호를 구제할 수 없을 것이다. 가령 '모든 "외적" 초월성에 옴이나 붙어라.' 여기서 우리가 사용하는 구분에 뚜렷한 의미가 부여되지 않는 한 그렇다. '외적' 초월성이란 무슨 의미일까? 물론 우리가 올림포스의 신들처럼 되려는 다소 터무니없는 바람 같은 것을 의미하지는 않을 것이다(물론 우리에게는 터무니없겠지만 고대 그리스인들에게는 말이 되는 이야기였다). 하지만 누스바움이 너무나 잘 묘사하고 있듯이 그것과 관련된 오류에서 벗어남으로써 인간이라는 거푸집에서 우리를 떼어낼 — 그 결과, 몇몇 인간적 선과 탁월함은 우리에게는 더 이상 가능하지 않을 것이다 — 모든 육체의 변형을 피할 수 있을 것이다. 그리스의 신들이 더 이상 운동경기와 정치를 계속할 수 없으며, 그리하여 그와 같은 행위에 함의되어 있는 특징적 목적과 선을 유지할 수 없게 되듯이 말이다.

그와 같은 기준을 이용해 『향연』에서의 플라톤의 사랑의 이념을 거부할 수 있을 것이다. 그것은 개별적인 인간 존재에 대한 모든 사랑을 중요하지 않은 것 또는 단지 부수적인 것으로 만드는 것처럼 보이기 때문이다. 따라서 우정과 성애는 그와 같은 이념에 따라 개혁된 삶의 방식에서 떨어져 나가게 될 것이다. 모든 근대인은 그에 동의할 수도 있지만 그렇다고 해서 그것이 그와 같은 기준이 용인 불가능한 초월성과 용인 가능한 초월성을 나누는데 항상 아무런 논란도 없이 도움이 되리라는 의미는 아니다.

누스바움이 『사랑에 대한 지식』의 「서론」에서 지적하듯이 윤리적 요구와 에로스적 사랑의 요구 간에는 긴장이 존재하는 것 같다.[15] 성애가 프라이버시와 배타성을 요구하고, 그리하여 쉽게 분노와 질투를 유발할 수 있는 방식은 보다 보편적인 사랑과 관심에 대한 갈망, 보다 덜 자아 중심적인 관심에 대한 갈망과 긴장 상태에 있는 것 같다. 여기서 '글쎄, 그렇다면 일상적이고 육화된 에로스적 사랑에게는 그만큼 더 나쁜 일이 되겠지!'라고 말할 수는 없을 것이다. — **우리에게** 곤란하겠지. 플라톤은 그렇게 말하는 것 같으며, 그리고 앞서 막 언급한 것과 비슷한 이유에서 그러하다. 하지만 또한 '보다 보편적이고 보다 덜 자아 중심적인 관심은 "외적" 형태의 초월성을 겨냥하는 만큼 금지하기로 하자'라고 말하기도 어려워 보인다. 실제로 앞서 제시된 기준에 적용해보면 '외적' 630
인 것처럼 보인다. — 그에 상응해 그것을 궁극의 배타적 요구로 끝까지 밀고나가는 것은 우리 삶의 중요한 구성요소, 즉 에로스적 사랑 또는 배제와 그로 인한 질투와 분노가 작동하는 모든 사랑을 2차적인 것으로 만드는 것 같다. 그러나 이제 그렇게 정의된 구별이 우리를 위해 문제를 결정할 수 있을지는 분명치 않다. 수정된 구호로는 그와 같은 과제를 수행할 수 없다.

또는 또 다른 사례를 살펴보자. 우리는 20세기 내내 모종의 세계 질서를 통해 영구 평화를 수립하고자 여러 차례 시도해왔다. 하지만 전쟁은 형언할 수 없는 공포의 계기이자 위대한 귀족적 행동의 계기이기도 했다. 그것은 다른 어떤 것에도 필적할 수 없는 모종의 헌신과 용기를 불러일으킨다. 제2차세계대전 중 10대였던 세대에 속한 내게 심

15 *LK*, pp. 50-53.

지어 인간을 움직이는 동기가 얼마나 복잡하고 불명료한지를 고려하더라도 다른 사람의 자유를 위해, 심지어 보다 큰 공포를 피할 수 있도록 하기 위해 전선에서 목숨을 바친 사람들이 있었음은 지금도 여전히 부정 불가능해 보인다. 많은 사람이 칸트의 영구평화 기획을 진지하게 받아들여 온 우리 시대에도 '전쟁의 도덕적 등가물'을 정의하려는 시도가 반복되어 온 것은 이 때문이다. 그것은 — 오늘날 일이 돌아가는 모양새로 볼 때 — 전쟁의 종결은 가령 영웅주의, 헌신, 약자 보호 등 인류의 탁월성을 발휘할 수 있는 중요한 기회를 제거하리라는 것을 인정하기 때문이다.

그런데 일부 사상가는 여기서 말하는 유형의 초월성을 포기함으로써 그것에 대응해왔다. 즉 인간의 탁월성에 본질적이기 때문에 전쟁은 계속되어야 한다고. 헤겔이 현저한 사례다. 하지만 다른 사상가들도, 윙거Ernst Jünger 같은 사람도 20세기에 동일한 노선을 취해왔다. 그들은 위에서 설명한 논의의 의미로 영구평화를 '외적인 것'으로 선언한다. 하지만 나는 그와 같은 노선을 받아들일 수 없다. 하지만 다른 쪽의 편안한 견해, 즉 전쟁은 비록 엄청난 규모로지만 단지 공포와 파괴만 낳을 뿐이라는 견해도 받아들일 수 없다.

이 모든 것에서 떠오르는 것은 인간-임의 초월 문제가 그리 쉽게 해결되지는 않으리라는 점이다. 외부성/내부성 또는 그 밖의 다른 어떤 식으로 구별하건 초월과 관련해 수용 가능한 방법과 수용 불가능한 방법 간에 명확한 선을 긋기가 어려운 것뿐만 아니다. 또한 몇몇 경우에는 딜레마에 빠지고 말아 주어진 방식이 수용 가능한지 여부에 대해 무제한의 확신을 갖고 알 수는 없음을 고백해야 할 것이다.

그로부터 심지어 마지막 단어 앞에 한정사['모든']를 붙이더라도 '모든 초월성에 옴이나 붙어라'라는 구호는 우리 문제를 모두 해결할 수 없음이 분명해진다. 인간-임을 초월하는 모든 방식을 일괄적으로 포기하는 것은 결코 가능하지 않다. 심지어 니체처럼 기독교적 초월성의 격렬한 적조차 — 아마 특히 그와 같은 사람이 — 우리에게 지속적으로 '자기초극'을 권한다. 즉 우리 자신 속에 존재하는 연민을 억제하기를 바랄 것이다. 요컨대 우리의 선과 탁월함의 목록이 전혀 손상되지 않은 채 우리가 지금 있는 그대로 머물러 있는 것을 거의 바라지 않는다.

우리는 가령 노딩스16가 제안한 것과 같은 노선을 택해 양육 그리고 우리 주변 사람들에 대한 사랑이라는 가치와 경쟁하는 모든 것을 포기할 수도 있을 것이다. 하지만 그것 또한 우리가 지금 애착을 갖고 있는 많은 것을 제외한다. 그에 대한 애착을 어떻게든 '초월'해야 하는데 말이다.

문제를 안고 있는 것, 평가하기 어려운 것, 심지어 우리를 딜레마에 빠지게 만드는 631
것을 포함해 초월성-갈망을 무조건 배제할 수 없다면 그와 같은 방식을 제안하는 사람들을 무조건 비난할 수는 없을 것이다. 심지어 그들이 틀렸다고 주장하고 싶은 경우에도 말이다.

누스바움이 베케트에 관한 장[17]에서 다루는 내용, 즉 육체와 욕망에 대한 기독교의 혐오를 다루어보자. 나 또한 그것을 비난하며, 끔찍한 일탈로 간주하고 싶기도 하다. 하지만 그와 같은 태도의 기원 중 하나를 되돌아보면서 브라운[18]이 기술하듯이 그것이 초기 기독교의 수도원 제도에서 어떻게 등장했는지를 살펴본다면 섹슈얼리티와 생식이라는 삶은 가족과 후손에 대한 관심, 자기 혈통과 재산, 권력에 대한 관심의 일부로 그 자체가 나쁜 것은 아니지만 신에 대한 사랑을 위한 대담한 자기헌신에는 걸림돌이 된다는 감각에서 유래했음을 알 수 있을 것이다. 다시 말해 금욕은 그리스도에게서 볼 수 있는 것과 같은 신의 아가페에 대한 보다 완전한 대응을 찾으려는 시도의, 보다 완전하고 보다 포괄적인 사랑에 참여하려는 시도의 일부였다. 그와 함께 성 프란체스쿠스의 헌신을 바라볼 때 우리가 채택해야 하는 관점에 근접하게 된다. 그리고 그것은 서임권 논쟁에서의 교황 힐데브란트부터 서로 반목하는 두 가문의 부모도 모른 채 로미오와 줄리엣을 결혼시킨 탁발수도사에 이르기까지 교회가 수 세기 동안 귀족 혈통의 권력에 맞서 수행해온 투쟁을 상기시킨다.

오늘날 우리는 금욕을 위한 그와 같은 이유들이 훗날 육체에 대한 부정적 강박관념 쪽으로, 즉 베케트가 끄집어내 다루며 누스바움이 서술하게 되는 현상, 다시 말해 욕망에 대한 혐오성 열광 쪽으로 어떻게 빠져들 수 있는지를 이해할 수 있다.

16 Nel Noddings, *Caring: A Feminine Approach to Ethics and Moral Education*(Berkeley: University of California Press, 1984).

17 *LK*, 12장.

18 *The Body and Society*(New York: Columbia University Press, 1988).

아마 그와 같은 이유들로 보다 완전한 사랑에 대한 그와 같은 갈망을 포기해야 할까? 내게는 그것이 인간과 관련해 베케트가 패러디하고 있을지도 모르는 옹색한 근대의 가톨릭 신앙보다 심지어 더 큰 인간에 대한 훼손임을 고백하기로 하자. 어쨌건 그와 같은 행보를 위한 논거를 마련해야 할 것이다. 그것을 단지 전제하기만 하는 대신 말이다.

하지만 초월성-갈망을 포기하지 않는다면 그처럼 옹색하고, 욕망에 휩싸인 형태의 영성에 대한 우리 대응은 상술한 대극적 적대자에 대한 대응과 마찬가지로 아래처럼 비슷하게 삼중으로 미묘한 것이 되어야 한다. (a) 물론 우리는 그것이 잘못되었다고 그리고 어디서 잘못되었는지를 말해야 한다. (b) 하지만 그것이 부분적으로는 진정한, 이루 다 가치를 헤아릴 수 없는 갈망, 즉 보다 완전한 사랑에 대한 갈망에서 태어났음을 인식해야 한다. 따라서 (c) 마치 무차별적으로 파괴되고 근절될 수 있는 것처럼 그것을 간단하게 통째로 비난할 수는 없다. 사실 그것의 뿌리 속에 들어 있는 가치 있는 것을 보존하면서 극복해야 한다.

그것이 필자가 앞에서 앞의 쟁점을 둘러싼 논쟁에 무턱대고 달려들지도 모를 가능성에 대해 불편한 감정을 토로한 이유이다. 그와 같은 논쟁은 한쪽에서는 '모든 초월성에 옴이나 붙어라!'라는 구호를 내걸고, 다른 한쪽에서는 반대자에 의해 조롱거리가 되는 모든 옹색하고 강박적인 것을 반발심에서 옹호하는 식으로 대응하는 가운데 쉽게 양극화된다. 그것이 미국이나 그 밖의 다른 곳의 문화전쟁에서 너무나 빈번하게 발생하는 상황이다. 아널드가 야밤에 서로를 분간하지 못하고 충돌하는 두 군대라는 유명한 이미지를 통해 환기시키려고 한 것이 아마 그것일 것이다.

초월성에 대한 논박을 받아들이는 사람들 사이에서 보다 수준 높은 것에 대한 다양
632 한 갈망은 왜곡된 것, 병적인 것 또는 부당한 악의에 의해 움직이는 것으로 간주되어야 한다. 그와 같은 갈망은 기독교를 반인간적인 악마적 행위로 간주하는 일부 휴머니즘적 비판에서처럼 악마화되거나 아니면 병리학적 이상으로 간주됨으로써 최소화된다.

후자의 경우 앞서의 논의에서 언급한 두 가지 특징적 면모와 함께 요법적인 것이 승리하는 사례를 보게 된다. 먼저 인간적 성취와 관련해 '정상적인', 수용 가능한 양태로부터의 일탈은 선에 대한 또 다른, 오인된 이미지에 의해 고무되는 것으로 인식되지 않는다. 두 번째로, '정상성'은 평균적 자질을 가진 사람 손이 닿는 범위에 있다. 오직

유덕한 소수 엘리트만 충족시켜 줄 수 있는 것이 아니다.

아마 완전히 일관되지 않을 수도 있지만 기이하게도 종교에 대한 몇몇 휴머니즘적 공격에서처럼 치료적 태도와 악마화하는 태도는 공동으로 보조를 맞출 수 있을 것이다. 금욕적 삶은 병리학적 이상으로 비난받지만 동시에 평신도에게 그것을 설법하는 것은 성직자의 권력에의 의지의 전략의 일부로 간주된다(병리학적 요소는 평신도 쪽에 놓고 권력에의 의지는 성직자 쪽에 놓음으로써 아마 일관성을 되찾을 수 있을 것이다).

그런데 그와 같은 종류의 반초월적 휴머니즘은 '내재성'을 목표를 너무 높이 설정하는 방식으로 종종 해독한다. 그것은 우리가 문명화된 규율로 이해하는 것, 즉 근대적 도덕질서를 자발적으로 따르는 태도의 많은 것을 일반적으로 가용한 비병리적 '정상성'의 일부로 포함한다. 그것은 아마 놀랄만한 일이 아닐 텐데, 왜냐하면 앞서 주장한 대로 배타적 휴머니즘을 위한 원래의 발단은 문명의 그와 같은 규율이 실로 많은 사람에게 제2의 본성이 된 문화 속에서 생겨났기 때문이다. 그것들이 자연스럽고 평균인 손이 미치는 범위 안에 있다는 느낌을 준 이유가 거기 있었다.

하지만 아무리 이해 가능하다고 해도 그와 같은 태도 때문에 그와 같은 종류의 휴머니즘은 종종 일탈자를 거부하고, 때로는 잔혹하게 대하며, 부적응자 또는 악의에 의해 선동된 사람으로 분류한다. 그것의 몇 가지 현대적 사례를 〈정치적 올바름〉에 의해 만들어진 몇몇 정책에서 찾을 수 있을 텐데, 그것은 다양한 '코드'로부터 일탈한 사람에게 강압적 재교육이나 가혹한 처벌 또는 양쪽 모두를 강요한다. 종종 아무리 사소한 것을 위반하더라도 '인종차별'이나 '여성혐오'라는 오명을 뒤집어쓰게 된다.

이 모든 것은 내적 초월성과 외적 초월성의 구별뿐만 아니라 심지어 초월성/내재성이라는 구별 자체가 얼마나 문제적인지를 분명하게 보여준다. 정상적 행동의 기준이 너무 높게 설정되면 '내재성'은 더 이상 올바른 용어가 아닌 것처럼 보일 수 있을 것이다. 물론 나는 나의 주요 테제를 위해 배타적 휴머니즘과 포괄적 휴머니즘이라는 원래의 구분선에 따라 초월성 개념을 유지하고 싶다. 하지만 여기서 지적하고 싶은 것은, 기독교 신앙은 인간의 육체적 충족을 부정한다는 논박 속에 함축된 '초월성' 개념이 얼마나 극단적으로 불분명하고, 불만족스러운가 하는 점이다. 또한 요구하는 바가 매우 많은 종류의 일부 배타적 휴머니즘은 비신앙 자체 내부에서 쉽게 반작용을 낳음을 보여주고 싶다.

633 법의 지배에 복종하고, 자유와 상호이익이라는 도덕질서를 따르는 문명화된 삶의 규율을 비병리적인 것이라는 의미에서 '정상적인 것'으로 선언하고, 그와 같은 양식의 삶에 대한 갈망을 '내적' 초월성으로 간주하는 사람은 그와 같은 규율에 대한 다양한 저항 — 폭력, 공격성, 지배에의 충동 그리고/또는 방자한 성적 방종에 대한 충동 — 을 단순히 병리적인 것 또는 미발달로 분류하게 할 것이다. 그것들은 요법, 재교육 또는 폭력의 위협에 의해 단순히 제거되거나 없애야 할 것으로 여겨진다. 그것들은 인간에 본질적인 것의 충족을, 비록 왜곡된 형태라도 반영하는 것으로 간주되지 않는다. 실제로 도덕적 변형을 통해 그처럼 왜곡된 형태로부터 벗어나도록 실제로 유도될 수 있음에도 불구하고 말이다. 하지만 그것들에게 중요한 목적인 것, 인간 존재로서의 사람들의 삶을 구성하는 것을 박탈하지 않고는 그것들을 간단히 억압할 수 없을 것이다. 그것이 〈시계태엽오렌지*A Clockwork Orange*〉에서 버지스Anthony Burgess가 비난하는 가부장적인 정신공학의 배후에 놓인 태도이다.

또는 그와 같은 쟁점은 요법적인 것의 승리와도 관련해 제기될 수 있을 것이다. 폭력, 공격성, 성적 방종이 단순한 병리 또는 미발달의 것, 치유 또는 교정 가능한 것이라고 가정해보자. 만약 그렇다면 우리는 '정상화'되는 데서 핵심적인 것은 아무것도 잃지 않는다. 하지만 앞의 것을 관련된 행위 주체가 본질적 성취로 경험할 수 있는 행위로 이해한다고 가정해보자. 만약 그렇다면 비록 우리가 그는 도덕적 변형에서 이익을 얻으리라고 생각하더라도 — 가령 그것을 동일한 방식으로 바라보지 않게 될 것이다 — 치료나 재교육을 받도록 함으로써 단지 그에게 호의를 베풀고 있을 뿐이라고 자신을 속일 수는 없을 것이다. 실제로 우리는 타자의 안전이나 전체의 평화를 위해 다양한 방식으로 그를 구속해야 할지도 모르지만 우리가 일반적 선을 위해 그에게 희생을 강요하고 있음을 인식해야 할 것이다.

여기서 무엇이 문제가 되고 있는지를 제대로 인식하기 위해 요법적 관점과 윤리적 관점을 구별하는 것의 배경에는 무엇이 놓여 있는지를 한층 더 자세히 살펴보아야 한다. 근대의 요법적 관점은 인간적 행위 주체는 가단적이라는 계몽주의(영감은 로크에게서 얻었다)에서 부분적으로 발전했다. 행위 주체는 몇 가지 기본적인 동기부여(가령 쾌락의 추구, 고통의 회피)에 기반해 상이한 방식으로 다양하게 목적을 식별하도록 훈련받을 수 있을 것이다. 따라서 재교육을 통해 그와 같은 목적을 재정의하는 것은 그로 하여금 존재의 고유한 방향성을 포기하도록 강제하지 않는다. 그리고 만약 그것이 결국 그가 나머지 모든 사람과 더 잘 적응할 수 있도록 만들어주는 것으로 끝난다면 그것은 보다 큰 조화, 일반적 욕구의 보다 큰 성취 그리고 사방四方으로부터의 혜택으로 이어질 수 있을 것이다.

요법적인 것의 승리의 다른 원천은 죄라는 범주를 제거하려는 바람으로, 그것은 특정한 차원에서 죄지은 사람에게 악의를 귀속시킨다. 일탈자는 나쁜 훈련 또는 질병의 희생자로 간주된다. 그는 개탄스러운, 파괴적 행동을 인정하는 행위 주체로, 그리하여 비난받아야 할 주체로 거기 있는 것이 아니다. 오히려 그는 강박의 사이클에 사로잡혀 있으며, 요법을 통해 그것으로부터 해방시켜 줄 수 있을 것이다.

이 두 번째의 면책화의 동기는 가단성 이념과 잘 들어맞지만 그것을 전제하지는
않는다. 요법적인 것의 승리는 종종 정신분석처럼 인간의 성격 형성에서의 엄청난 경직 634
성을 상정하는 훨씬 더 복잡한 인간학을 수반했다.

하지만 이 두 원천 모두 고대로 거슬러 올라가는 서양 전통의 주요한 윤리 이론의 근저에 깔린 인류학뿐만 아니라 다양한 종교적 견해와 모순된다. 그것들은 서로 다르며, 특히 악에 대한 평가와 관련해 그러하지만 죄인이나 악행자를 자신이 선이라고 느끼는 것을 추구하는 자로 보는 데서도 동의한다. 그가 그것이 실제로 그렇다고 (잘못) 생각해서건(고대의 변형태) 아니면 악을 수용하도록 도착적으로 끌리고 있다고 느껴서건 말이다(기독교와 함께 등장하는 변형태). 그와 같은 악행, '과녁을 벗어나는 것'(아리스토텔레스와 그리스어 『성서』 모두에서 비극적 결함hamartia이라고 불린다)은 통상 이해하기 매우 어렵고, 아마 궁극적으로 설명 불가능하고, 심지어 신비롭기까지 한 것으로 간주된다.

하지만 그것은 가단성이라는 견해가 제시하는 순수한 외부 환경적 설명을 분명히 벗어난다. 하지만 (가령 아리스토텔레스가 주장하듯이) 아무리 많은 나쁜 훈련과 나쁜 습관이 오류의 선택과 관련되어 있더라도 그것은 결국 우리가 존재 전체, 비전, 욕망을 쏟아 붓는 어떤 것이게 된다. 그에 따르면, 좋은 조기훈련은 좋은 성격을 위한 충분조건

이 아니며, 그것은 칭찬할 만한 실례에 의해, 그리고 나중에는 심지어 윤리적 반성에 의해 길러져야 한다. 그러나 비전과 욕망을 통해 우리 존재를 쏟아 붓는 것 자체가 우리의 궁극적 변형이 치료적인 것을 넘어서도록 만들게 된다. 윤리적 변화를 초래하기 위한 치료술이라는 그와 같은 이미지를 아무리 많이 환기시키더라도 플라톤 본인은 선으로의 전환 속에서 "회심"[19] 같은 것을 보고 있음이 분명하다.

근대적 용어를 빌려 정식화해보자면, 윤리적 변형은 행위 주체의 의지와 비전 모두가 관여할 것을 전제한다. 그것은 본인의 일탈을 인정하지 않는 행위 주체를 치료하도록 설계된 요법의 범위를 넘어서고, 지식과 능력을 가르치는 교육의 범위를 넘어선다. 그것은 힘과 공포에 저항할 수 있을 것이다.

그리하여 우리는 '문명화된' 도덕적 행위의 휴머니즘이, 즉 그와 같은 행위에 대한 저항을 단순한 병리 또는 미발달적인 것으로 간주하는 휴머니즘이, 윤리적 관점에서, 어떻게 그것이 식별하고 재조건화하자고 제안하는 일탈자에 대한 중상, 심지어 비인간화처럼 보이는지를 이해할 수 있을 것이다.[20]

B) 그와 함께 우리는 종교에 대한 일련의 반대, 즉 '비극적' 방향에서 유래하는 반대론의 두 번째 군의 집수구역으로 들어선다. 왜냐하면 '정상화를 지향하는' 휴머니즘이 인간의 삶의 공격적 · 투쟁적 · 방종적 차원에 대한 환원주의적 해명에 반대하는 모든 사람으로부터 심원한 반발을 불러일으키는 것이 불가피하기 때문이다. 그중에는 공격성을 비난하고 싶은 사람도 포함되었지만 그들은 관련 쟁점을 윤리적 인간학의 틀 속에서 바라보았다. 하지만 가장 강렬한 반대는 공격성 속에서, 때로는 또한 성적 방종 속에서 축하해야 할 것을 본 사람들에게서 유래했다. 싸우고, 지배하고, 심지어 고통을 주겠
635 다는 충동을 비난하기는커녕 니체는 그것들을 권력에의 의지의 표현으로 이해했다. 평등, 행복 그리고 고통의 종말이라는 미명하에 근대적 휴머니즘이 그것들을 비방해온 것이 바로 인간을 격하시키고, '니힐리즘'을 확산시킴으로써 인간의 삶을 더는 살 가치

19 플라톤은 『공화국 · 정체』, 7권, 518E-519A에서 '전회periagoge'라는 용어를 사용한다.

20 버지스가 〈시계태엽오렌지〉(New York: W. W. Norton, 1963)에서 그와 같은 쟁점을 제기하고 있는 것은 유명하다.

가 없는 것으로 축소시켜버렸다[는 것이다]. 현대에 문명화를 지향하는 휴머니즘을 겨냥한 그와 같은 공격은 푸코가 주도하고 있는데, '정상화'라는 그의 용어를 필자는 상술한 논의에서 차용했다. 그것이 여러 차례 떠들썩하게 선포된 '인간의 종말'의 배후에 있는 (실제로는 명확하게 해명되지 않은) 윤리적 의미였다.[21] 그것이 수많은 포스트모더니스트가 내놓는 '휴머니즘'에 대한 규탄의 요점이었기 때문이다.

그와 같은 근대적 휴머니즘은 '비극적' 권역의 모든 축을 따라가며 공격을 촉발했다. 일부 사람(토크빌, 니체, 소렐, 윙거)이 보기에 그것은 삶에서 영웅적 차원을 제거했다. 다른 사람(위의 사람들 그리고 또한 각자의 방법에 따라 벌린뿐만 아니라 윌리엄스도 여기에 속한다)이 보기에 그것은 우리가 중시하는 상이한 것 간의 갈등이 얼마나 큰지를 자신으로부터 감추는 경향이 있다. 그것은 인간의 삶과 분리 불가능한 비극을, 양립 불가능한 것 간의 고뇌에 찬 선택, 딜레마를 인위적으로 제거한다. 모든 좋은 것을 별다른 노력 없이 하나로 합칠 수 있다는 인상을 준다. 하지만 오직 자유주의적 가치 중 바구니에 담기를 선호하는 것과는 어울리지 않는 몇몇 형태의 선을 변성transfigure시키고 격하시킴으로써만 그것을 충족시킬 수 있다.

더 나아가 그와 같은 공격은 그와 같은 휴머니즘에 함축되어 있는 행복 또는 성취 개념을 겨냥할 수도 있을 것이다. 제어하기 힘든 충동을 병리적인 것 또는 미발달한 것으로 불신함으로써 문명화를 지향하는 휴머니즘은 인간에게 적절한 성취는 '정상인'에게는 갈등으로부터 자유로운 것이 될 것임을 시사한다. 문제가 전혀 없는 행복이 그와 같은 정상성을 따르는데, 그것을 위해 중요한 것을 아무것도 희생할 필요가 없기 때문이다.

윤리적 관점에서 보면 그와 같은 종류의 아무 문제없는 조화는 확실히 가능하지만 오직 인간적 성취의 정점에서만 가능하다. 정상성을 병리적이 아니라는 의미로 결코 정의할 수 없듯이 그와 같은 조화는 통계적으로 '정상'일 수 있는 것이 결코 아니다. 이 측면에서 대부분의 종교적 견해는 윤리적 견해와 일치한다. 자기와의 완전한 조화가 '평균적 육체노동자homme moyen sensuel'는 두말할 것도 없고 대부분의 인간의 운명이

21 이규현, 역, 『말과 사물』, 민음사를 보라.

되는 일은 결코 없을 것이다.

니체주의자들에게 조화는 도달 불가능할 것이며, 그것을 믿거나 그것을 위해 노력하는 것은 심지어 일종의 비난할 만한 약점이다. 공격성이나 성차, 위계제가 인간 본성에 깊이 뿌리내리고 있는 것으로 보는 데는 생물학이나 진화론에 다 근거가 있다고 믿는 사람에게서도 마찬가지이다. 아무 문제없는 행복에 대한 믿음은 앳된 환상일 뿐만 아니라 인간 본성의 불구화를 포함하는데, 인간의 실제 모습의 많은 것을 외면해야 하기 때문이다. 앞 절에서 지적한 대로 그와 같은 관점에서 보면 조화라는 이상은 경멸할 만한 것이 된다.

그런데 앞의 일군의 비판은 정상화를 지향하는 휴머니즘뿐만 아니라 종교에 대해서도 퍼부어지고 있다. 어쩌면 그것은 극히 부적절해 보일 수도 있을 것이다. 기독교의 설교는 죄 많은 세계에서 죄 많은 행위 주체로서 완전히 행복한 것은 가능하지 않다고
636 늘 되뇌지 않았던가? 아무리 현대의 기독교도의 대부분이 지금 '행복의 추구'라는 그와 같은 공동의 견해 속으로 빨려 들어가고 있더라도 분명히 그와 같은 환상을 기독교 신앙 탓으로 돌릴 수는 없을 것이다.

하지만 다른 측면에서 보면 분명히 그와 같은 비난에는 타당한 점이 존재한다. 왜냐하면 유전자 때문에 공격성은 피할 수 없다는 관념(사회생물학)과/또는 그것은 극복하려고 시도하기보다는 오히려 축하해야 할 것이라는 관념(니체) 모두 확실히 기독교 신앙 및 희망 — 누구나 알아볼 수 있는 어떤 기독교적 종말도 찾아볼 수 없기 때문에 — 과 양립 가능하지 않기 때문이다. 기독교는 여기서 가능한 변형을 상정하고 있는 셈인데, 그것은 니체주의와 과학주의에 의해 똑같이 거부당한다. 그리하여 기독교는 비현실적 낙관주의라고, 현실 감각을 희망으로 대체하고 있다고, 인간 존재에 대해 위로가 되는 신화를 퍼뜨리지만 가혹한 진리를 은폐할 뿐이라고 고발되고 있는 것이다. 이 점에서 니체가 끊임없이 말해온 대로 기독교는 정상화를 지향하는 휴머니즘의 조상들로 간주된다. 그리고 우리는 그것 속에는 일정한 역사적 진실이 들어 있음을 확인해왔는데, 그와 같은 휴머니즘은 기독교 신앙에 대한 특정한 (환원된) 독해의 결과이기 때문이다.

그런데 논의는 여기서 기묘한 교착을 보인다. 니체주의의 비난에 따르면, 기독교도

들은 인간의 잠재력에 대한 정화되고, '영성화된' 상에 너무나 매료되어 있어 우리가 얼마나 공격성을 통해 자신을 긍정할 수밖에 없는지를 인식하기를 거부한다. 그럴 때 니체주의자들은 앞서 언급한 비난, 즉 기독교는 인간의 관능적 본성을 받아들일 수 없다는 비난과 긴밀하게 평행선을 달리게 된다. 그것이 배타적 휴머니즘이 기독교적 초월성을 거부하는 핵심 논거 중 하나이다. 그리고 지금, 그와 같은 휴머니즘 자체에 대해 그것의 불구대천이 적들에 의해 비슷한 점이 지적되고 있다.

3

이 모든 것이 상당히 혼란스러우며, 이데올로기적 지형에 대한 새롭고, 보다 섬세하게 표시된 지도가 필요함을 시사한다. 근대문화가 신앙/비신앙 간의 투쟁의 광경만 보여주는 것은 아니다. 우리는 종교에 적대적인 논의가 두 가지의 근본적으로 상이한 각도에서 나오는 것을, 심지어 얼핏 볼 때 그것들이 모두 온갖 종교적 이형태에 대해 타당한 것은 아님을 보아왔다. 앞 단락에서 살펴본 대로 비록 두 공격 방향은 니체적 관점으로부터 어느 정도 제휴될 수도 있지만 궁극적으로 매우 상이한 결론으로 이어질 것이다. 비신앙 진영은 깊이 분열되어 있다. — 휴머니즘의 본질에 대해, 그리고 보다 근본적으로는 휴머니즘의 가치에 대해.

나는 그와 같은 투쟁을 두 주창자 간의 투쟁이 아니라 오히려 삼파전 또는 심지어 사파전으로 이해하기 위한 또 다른 틀을 제공하고 싶다. 필자가 위에서 '내재적 반계몽주의'라고 부른 표제어는 휴머니즘이 삶을 우위에 놓는 것에 도전하는 것으로, 해당 장을 훨씬 더 복잡하게 만든다.

세속적 휴머니스트가 존재하고, 신니체주의자가 존재하며, 그리고 삶을 초월한 모종의 선을 승인하는 사람도 존재한다. 아무나 한 쌍을 이루어 똘똘 뭉쳐 중요한 어떤 쟁점에 관해 제3의 입장에 반대할 수 있을 것이다. 가령 신니체주의자와 세속적 휴머니스트는 함께 종교를 비난하며 삶을 초월한 어떤 선도 거부한다. 하지만 신니체주의자와 637
초월성을 인정하는 사람들은 함께 세속적 휴머니즘에 대해 놀랄 만한 가치가 없다는 식으로 지속적으로 실망을 표하는데, 또한 그것의 삶의 비전에는 한 가지 차원이 결여되어 있다는 의미에서도 의견을 함께한다. 세 번째 제휴에서 세속적 휴머니스트와 신앙인은 니체 후계자들의 반휴머니즘에 맞서 인간의 선이라는 이념을 옹호하기 위해 함께 투쟁한다.

초월성을 승인하는 사람들이 분열되어 있음을 고려하면 이 장에 네 번째 당파를 도입할 수 있을 것이다. 세속적 휴머니즘 쪽으로의 움직임 전체가 단지 오류였으므로 그것을 되돌릴 필요가 있다고 생각하는 사람도 있다. 사물을 바라보는 보다 이전 견해로 돌아갈 필요가 있다는 것이다. 다른 사람들 — 필자도 자신을 이 집단에 넣고 싶다 — 은 삶을 실천적으로 우위에 두는 것은 인류에게 큰 이득이었으며, 계몽주의의 자기-서사에는 일정한 진리가 있다고 생각한다. 그리고 그와 같은 이득은 실제로 기성 종교와의 모종의 단절 없이는 얻어질 수 있는 것 같지 않았다(심지어 우리는 근대적 비신앙은 섭리적인 것이라고 말하고 싶은 유혹에 사로잡힐지도 모르지만 그것은 너무 도발적인 표현 방식일지 모른다). 하지만 그럼에도 불구하고 배타적 휴머니즘이 지지하는 삶의 형이상학적 우위는 잘못되고, 거북하며, 그것의 계속적 지배는 실천의 우위를 위태롭게 한다고 우리는 생각한다.

앞 단락에서 나는 해당 장면을 상당히 복잡하게 만들었다. 그럼에도 불구하고 앞서 스케치한 단순한 사유 노선들이 여전히 두드러져 보인다고 믿는다. 세속적 휴머니스트와 반휴머니스트 모두 계몽주의 서사의 한 부분에서는 의견이 일치한다. 즉 둘 모두 우리가 삶을 초월한 선의 존재에 대한 환상으로부터 해방되어 왔으며, 그리하여 자신을 긍정하는 것이 가능하게 되었다고 본다. 그것은 계몽주의에 의한 선의와 정의의 승인이라는 형태를 띨 것이다. 또는 권력에의 의지의 전적인 긍정 — 또는 '시니피앙의 자유로운 놀이'나 자아의 미학 또는 무엇이건 현재 유행하고 있는 견해 — 을 위한 선언일 수도 있을 것이다. 그러나 그것은 '넘어선 것beyond[초월한 것]'을 과거의 환상이라는 지위로 강등시킨 기본 입장은 그대로 고수한다. 그와 같은 입장을 철저하게 고수하는 사람에게 초월성은 거의 눈에 보이지 않는 것이나 마찬가지이다.

물론 현대의 반휴머니즘은 그다지 의미 있는 운동이 아니라는 이유로 그와 같은 삼파전이라는 그림을 제쳐놓고 싶을 수도 있을 것이다. 유행의 최첨단을 달리는 몇몇 비교문학 교수에게만 초점을 맞춘다면 그럴듯하게 보일 것이다. 하지만 나의 느낌은 이렇다. 즉 우리 문화와 현대사에서 이 세 번째 흐름의 영향은 매우 강력하다. 특히 파시즘뿐만 아니라 심지어 볼셰비즘(그리고 그것이 그와 같은 유일한 사례라고는 도저히 말할 수 없을 것이다)처럼 계몽주의에 의해 고무된 운동까지 오염시키게 된 폭력에의 매료를 고려할 때 그렇다. 그리고 심지어 유혈과 폭력이 난무한 '진보적', 민주적 민족주의의 역사를 면제시켜 줄 수 있을까?

하지만 정말로 삼파전이라는 그림을 택하면 몇 가지 흥미로운 물음이 생긴다. 이
세 가지 입장 각각을 설명하는 것은 나머지 두 입장에서는 다소 어려움이 따른다. 특히
반휴머니즘을 계몽주의 관점에서 설명하는 것은 쉽지 않다. 왜 종교와 전통에서 '해방 638
된' 사람들 쪽에서 그와 같은 후퇴가 일어나는 것일까?

종교적 관점에서 보면 문제는 정반대이다. 너무 성급하고 너무 매끄러운 설명이 즉각 주어지는 것이다. 즉 초월성의 부인은 모든 도덕적 기준을 허물다가 결국 붕괴시켜 버리는 결과로 이어진다는 것이다. 먼저 세속적 휴머니즘이 등장하고, 이어 결국 그것의 이상과 가치가 도전받는다. 그리고 결국 니힐리즘이 승리한다.

그렇다고 앞의 설명에 아무런 통찰도 들어 있지 않다고 주장하는 것은 아니다. 하지만 너무 많은 것이 설명되지 않는다. 반휴머니즘은 단순한 블랙홀, 즉 가치의 부재만이 아니라 죽음 그리고 종종 폭력의 새로운 가치화이기도 하다. 그리고 그것이 죽음과 폭력을 위해 재분절화하는 매력의 일부는 전통 종교의 많은 현상을 강력하게 상기시킨다. 그와 같은 매력이 반휴머니즘의 경계를 훌쩍 넘어섬은 분명하다. 막 언급한 대로 계몽주의의 후계자 중에서도 그것을 볼 수 있다. 하지만 또한 영락없는 종교 전통 내부에서 몇 번이고 되풀이되고 있다. 소련의 강제노동수용소와 이단심문소는 그것의 영구적 힘을 증언한다.

그러나 너무 자아도취적인 종교적 설명에 대한 그처럼 날카로운 반박은 다시 한 번 배타적 휴머니즘에게 문제를 제기한다. 만약 여기에 영구적으로 회귀하는 것이 존재한다면 그것은 어디서 오는 것일까? 사회생물학부터 죽음원리에 대한 프로이트적 사변에 이르기까지 오랫동안 계속된 탐구가 존재해 악에 대한 인간의 성향에 관한 내재적 이론은 우리에게 결여되어 있지 않다. 하지만 그것은 독자적인 반계몽주의적 공격 방향

을 갖고 있다. 즉 개선에 대한 어떤 희망도 엄격하게 제한하기 때문이다. 그것은 우리 운명은 우리 책임이라는 계몽주의의 핵심적 생각을 의문시하는 경향이 있다.

동시에 반대로 초월성 관점에서 아래의 몇 가지 고찰은 명백한 것 같다.

배타적 휴머니즘은 마치 다른 쪽에는 아무것도 존재하지 않는 듯 초월성의 창문을 닫는다. 더욱이 그와 같은 창문을 열고, 먼저 둘러본 다음 어떤 것을 넘어선 영역 쪽으로 넘어가려는 것이 사람의 마음의 억누를 수 없는 욕구가 아닌 듯 말이다. 마치 그와 같은 욕구를 느끼는 것은 오류, 틀린 세계관, 컨디션 조절의 실패 또는 더 나쁘게는 어떤 병리적인 것의 결과인 것처럼 간주된다. 인간조건에 관해 근본적으로 시각을 달리하는 두 가지 관점이다. 어느 쪽이 옳을까?

또는 다른 식으로 말해 어느 쪽이 우리 모두가 영위하는 삶을 더 잘 이해할 수 있도록 만들어줄 수 있을까? 그와 같은 각도에서 보면, 근대적 반휴머니즘의 존재 자체는 배타적 휴머니즘에 반하는 것 같다. 초월론적 시각이 옳다면 인간은 삶을 초월한 것에 응답하려는 근절 불가능한 성향을 갖고 있는 셈이다. 그와 같은 견해를 거부하는 것은 답답한 일이다. 그리고 실제로 삶의 형이상학적 우위를 받아들이는 사람들에게조차 반휴머니즘적 견해 자체는 뭔가 감옥에 가두는 느낌을 주는 것처럼 보이게 될 수 있을 것이다. 종교적 견해는 반휴머니즘을 놀랄 만한 것으로 보지 않는다는 말은, 비신앙은 자체를 파괴해버릴 수밖에 없다는 식의 상당히 독선적·자기만족적인 의미보다는 이 의미로 이해되어야 한다.

그와 같은 견해 내부로부터 출발해 사변을 한층 더 앞으로 밀고나가 이렇게 제안하
639 고 싶은 유혹을 느낄 것이다. 즉 죽음과 폭력에 매료되는 인간의 영구적 민감성은 기본적으로 호모 렐리기오스homo religiosus[종교적 인간]으로서의 우리 본성의 드러남이라는 것이다. 초월성을 인정하는 사람 관점에서 볼 때, 죽음과 폭력에의 매료는 초월성-갈망이 우리를 초월적인 곳으로 데려가는 데 실패할 때 가장 쉽게 도달하는 곳 중 하나이다. 물론 그렇다고 해서 종교와 폭력이 단순한 대체물이라는 의미는 아니다. 반대로 그것은 대부분의 역사적 종교는 인신공양부터 공동체간 학살에 이르기까지 폭력에 깊이 연루되어왔음을 의미해왔다. 왜냐하면 대부분의 역사적 종교는 지극히 불완전한 방식으로만 초월성을 지향하는 데 그쳤기 때문이다. 실제로 종교가 다양한 형태의 폭력숭

배와 가진 친화성은 뚜렷하다.

하지만 그것은 폭력에 끌리는 충동을 완전히 벗어날 수 있는 유일한 방법은 초월성으로의 전환 속의 어딘가에, 즉 삶을 초월한 어떤 착한 사람에 대한 진정한 사랑을 통하는 것뿐임을 의미할 수 있을 것이다. 여기서 우리는 지라르에 의해 매우 흥미로운 방식으로 탐구되어온 지형에, 종교와 폭력의 지형에 들어가게 된다. 아래서는 이 문제로 되돌아갈 생각이다.[22]

하지만 어떤 설명적 견해를 택하더라도 오늘날 계몽주의를 이해하려는 어떤 진지한 시도도 내재적 반계몽주의에 관한 보다 심도 있는 탐구 없이는 이루어질 수 없다. 지금까지 해온 이야기가 그와 같은 생각에 고개를 끄덕이도록 만들 수 있기를 바랄 뿐이다. 두 파派 간의 투쟁이라는 고전적 시나리오는, 두 파가 어쨌건 둘의 한가운데 불러들여온, 앞서 설명한 제3의 대항자와의 각각의 차이 및 유사성을 통해 두 주요 주창자에 관해 배울 수 있는 모든 것을 계속 어둠 속에 남기게 될 것이다.

ii. 불구화에 맞서

4

지금까지의 논의로부터 종교에 대한 배타적 휴머니즘의 공격을 잘 생각해 이해하는 경우 비신앙 진영에 존재하는 몇 가지 심원한 차이가 드러남을 알 수 있다. 그것 자체가 반드시 문제가 되는 것은 아니다. 원칙적으로 두 견해 중 하나가 옳고, 다른 것은 그냥 틀렸다고 할 수 있을 것이다. 그러나 내 생각으로는 '휴머니스트'와 '니체주의자' 양쪽 모두 다른 쪽에 대해 심각한 어려움을 제기한다. 선의, 평등, 휴머니즘이라는 목표를 포기하기란 그리 쉬운 일이 아니다. 그럼에도 내재적 반항에는 종종 강력하게 동기가 부여된다. 거기에 몇 가지 미결된 딜레마가 존재한다.

22 지라르René Girard, 박무호, 김진식 역, 『폭력과 성스러움』, 민음사와 김진식 역, 『희생양』, 민음사를 보라.

그것들은 우리가 앞 장에서 식별한 인간의 윤리적 곤경[처지]을 어떤 식이건 개념적으로 파악하는 것과 관련된 쟁점의 핵심적 복합체로부터 유래한다. 충일 관념이 완전히 실현 가능한지, 그에 대한 장애나 부정적 동기부여는 완전히 극복 가능한지의 여부가 그것들이다. 그리고 그렇지 않다면 앞의 장애를 어쨌건 넘어서는 것은 수용 불가능한 희생을 포함하는가의 여부가 그것이다(앞 장에서 거론된 쟁점 [c], [d], [e]가 그것들이다).

여기서 딜레마, 긴장 관계 또는 심지어 사각형을 원으로 만드는 것처럼 불가능한 일을 시도하는 것에 대해 말할 수 있을 것이다. 어떻게 부르건 기본 형태는 다음과 같은
640 것 같다. 즉 한편으로는 우리의 인간성에 본질적인 것을 분쇄하거나 불구화하거나 부정하지 않는 가운데 관련된 변형에 이르는 길을 보여주면서 인간 존재를 위한 최고의 영=정신적 또는 도덕적 갈망을 어떻게 정의할 수 있을까? 그것을 '최대요구'라고 부르자.

왜 그와 같은 요구가 우리에게 중요할까? 전체성-갈망 속에서 그에 대한 이유를 찾을 수 있다고 생각하는데, 앞 장에서 그것을 명확히 하려고 시도한 바 있다. 현대문화를 관통하는 느낌이 하나 있는데, 최고의 이상을 추구할 때 육체, 일상적 욕망 또는 일상적 삶의 충족을 희생시키는 것은 잘못이라는 느낌이 그것이다. 왜 일상적 욕망에 그토록 중요한 자리가 주어졌을까? 결국 『공화국 · 정체』에서 플라톤은 가족을 형성하고, 재산을 소유하고, 아이들에게 그것을 물려주고 싶은 (그의 문화에서도) 핵심적인 인간적 욕망을 무시할 준비가 완전히 되어 있었던 것 같다. 모든 것을 국가에서의 보다 고차적이고, 보다 완전한 조화라는 이름아래 말이다.

물론 이 점에 고대인들이 동의했던 것은 전혀 아니다. 아리스토텔레스는 플라톤이 선한 삶으로부터 몇몇 일상적 성취를 제거하려고 하는 시도를 강하게 비판하며, 『정치학』 2권에서 가족과 사유재산을 폐지하자는 플라톤 제안을 명백히 거절한다. 그러나 우리의 경우 이유는 기독교 문화 속의 기원에서 비롯된다. '성육신'의 종교는 육체를 무조건 무시할 수 없다. 「복음」 중 그리스도의 것으로 돌려지는 '연민'은 일종의 '직감적 감정'이다. 묵시론적 관점은 육체의 부활을 위한 것이다. 일상적 삶에 대한 종교개혁의 강조는 아리스토텔레스보다 훨씬 더 멀리까지 나가는 것으로, 생산과 가족의 영역을 선한 삶의 일부로 만들 뿐만 아니라 아리스토텔레스가 부여하지 않았던 존엄성을 그것

들에게 부여한다. 중세의 가톨릭 철학의 중심적 전통이 그 자체로서 아리스토텔레스 철학에 의거한 것은 놀랄 일이 아니다.

기독교 비판은 육체의 그와 같은 중심성, 우리의 일상적인 육체적 성취의 제거 불가능성을 수용해, 그것을 신앙 자체에 맞세우면서 후자를 플라톤주의의 변형으로 낙인찍었다. 니체는 종종 그와 같은 계보를 환기시킨다. 그리고 누스바움은 앞서 논의한 그녀의 비판에서 그것에 의지한다. 다름 아니라 우리 문화가 전반적으로 그와 같은 중심성을 그토록 강하게 인정하고 있는 것이 그와 같은 비판을 그렇게 가차 없는 것으로 만든다. 그리고 최대요구가 우리에게 강한 힘을 갖는 것은 이 때문이다. 왜냐하면 일상적 성취를 추방하거나 비하하는 것을 대가로 이상을 추구할 수는 없기 때문이다.

앞에서 시도된 명백히 대략적인 논의의 요점은 그와 같은 요구를 충족시키기가 그리 간단치 않다는 것이다. 우리는 그것이 실현 불가능한지도 모를 가능성에, 우리의 최고의 갈망이 인간적 성취의 전 범위에 대한 종합적인 존중과 아귀가 맞도록 만드는 일이 불가능한 과제일 수 있을 가능성에 직면해야 한다. 다시 말해 우리 인간의 일상적 삶의 개화번영을 가능케 하기 위해 도덕적 갈망을 축소하지 않으면 안 될 가능성에 말이다. 아니면 우리는 보다 고차적인 목표를 확고히 하기 위해 일상적인 개화번영의 일부를 희생시키는 데 동의해야 한다. 만약 그와 같은 '이것이냐 아니면 저것이냐'를 딜레마라고 생각한다면 아마 우리는 진퇴양난에 빠져야 할 것이다.

종교적 신앙에 대한 일견 모순된 것처럼 보이는 이 두 가지 고발, 즉 그것이 각각 인간의 일상적 삶의 금욕으로 이어지며, 인간 본성 중 많은 것을 불온하다고 낙인찍어 부당하게 삭제하거나 위생화한다는 고발을 나는 정말로 그와 같은 딜레마를 가리키는 641
것으로 해석한다. 이 두 가지 고발을 합치면 이렇게 된다. 즉 우리의 지고의 열망을 (고행이라는 고발에서처럼) 만약 그것을 실현하게 되면 인간성을 불구화해야 하게 되는 식으로 파악한다면 당연히 우리는 요구를 축소시키도록, 또 인간의 관능성과 공격성의 힘 전체를 감추도록 은근히 유도될 것이다. 그리하여 일상적이고 구원된 인간성은 서로 불러서 알아들을 수 있는 정도로까지 가까워진다. — 그리하여 불온하다고 낙인찍어 부당하게 삭제한다는 식의 고발을 높이 평가하게 된다. 그와 함께 현실적으로는 하나의 딜레마가 나타나게 된다. 즉 다른 쪽에서 진퇴양난에 빠지지 않고는 한쪽의 궁지에서 빠져나올 수 없는 것이다.

그런데 종교를 그렇게 고발하는 배타적 휴머니스트들은 종종 본인들은 그것을 피하고 있다고 상정하는 것 같다. 그와 같은 딜레마를 벗어난 우리의 최고의 갈망에 어울리는, 인간의 일상적 개화번영을 완전히 존중하는 정의를 찾았다고 상정하는 것 같다. 전술한 논의의 요점은, 그것이 종종 환상이라는 것이다. 그들의 지고의 갈망 또한 인간의 일상적 삶을 고행으로 이끌 위험을 무릅쓴다. 그들은 그와 같은 사실을 자신들로부터 감춘다. 왜냐하면 우리가 그들의 목표로부터 얼마나 멀리 떨어져 있는지를 과소평가하며, — 전통적 언어를 사용하자면 인간의 타락을 과소평가한다 — 그리하여 많은 것을 불온하다고 낙인찍어 부당하게 삭제한다고 고발당할 만하기 때문이다. 아니면 목표에 도달하는 데 드는 비용에 개의치 않으며, 그리하여 고행을 초래한다는 비난을 받을 만하기 때문이거나 말이다.

그리고 물론 그와 같은 실수 모두를 동시에 할 수 있을 것이다. 가령 엘베티우스의 견해처럼 인간 본성을 근본적으로 가단성이 있는 것으로 보는 보다 기계론적 형태의 계몽주의적 도덕 공학에서 실례를 찾아볼 수 있듯이 말이다. 그것은 개혁을 둘러싼 쟁점을 단순히 올바른 습관을 형성해 올바른 정신적 유대관계를 만드는 일로 여기기 때문에 인간의 일상적인 본성은 목표에서 그리 멀지 않은 데 있다고 생각한다. 그와 같은 입장은 원죄라는 교의를 인간의 타락을 과장하는 것으로 거절한다(따라서 많은 것을 불온하다고 낙인찍어 부당하게 삭제한다). 하지만 바로 그와 같은 이유에서만으로도 그들의 사회공학이 인간 존재에게 얼마나 큰 충격을 가하는지를 이해할 수 없다. 인간의 욕망과 갈망은 외부로부터 그렇게 쉽게 형성되지 않기 때문이다(따라서 그것의 실제 정치는 불구화된다).

다시 말해 우리는 역설적으로 양쪽 모두에서 진퇴양난에 빠져 두 가지 실수를 동시에 저지를 수 있을 것이다. 실제로 그것이 계몽주의에서 유래한 보다 환원적인 조류들에 대해 종종 가해지는 비판이었다. 그와 같은 조류들은 시계視界를 낮게 설정했다. 즉 각자가 자기 일을 하는 가운데 또한 다른 사람에게도 이익을 가져다줄 수 있는 사회를 창조하는 것이 목표였다. 즉 이익은 조화를 이룰 것으로 간주되었다. 따라서 인간은 마침내 만족하고, 개선을 위한 쉼 없는 탐구는 마침내 안정된 형태를 발견하게 될 것이다.

역사는 종말에 이를 것이다. 그와 같은 종류의 견해가 자유무역과 세계화에 관한 오늘날의 낙관적 담론 대부분에 암묵적으로 함의되어 있다. 시장민주주의가 모든 곳에서 확립되면 더 이상 싸울 이유가 없으리라는 것이다. 그리고 끝없는 평화로운 생산 그리고 서로가 서로의 풍요를 위해 애쓰는 체제의 여명이 밝아올 것이다.

그런데 많은 비판자에게 그것은 우리의 갈망을 지나치게 낮게 잡는 것이다. 후쿠야
마 본인도 그것을 '최후의 인간'의 시대로 언급한 바 있다. 그리고 그와 같은 이유에
근거한 수많은 비판은 18세기 이래 연면히 계속되고 있다. 루소, 칸트, 마르크스, 니체.
목록은거의 무한대로 확대될 수 있을 것이다. 하지만 동시에 비판자들은 그와 같은 환 642
원적 이론들이 인간에 동기를 부여하는 다양한 것을 전혀 인식하지 못하고 있다고 종
종 지적해왔다. 가령 의미 탐구, 자기긍정의 탐구, 존엄의 요구와 굴욕의 상처가 그것들
이다. 보다 다양한 종류의 성욕 그리고 호전성은 두말할 필요도 없이 말이다. 상술한
환원적 이론들은 그것들을 수용 가능한 작은 잘못으로 간주하거나 보다 위협적 형태를
띨 때는 병리적인 것으로 파악하거나 둘 중 하나이다. 그리하여 그것들을 억제하거나
또는 박멸하는데 드는 현실적 비용을 측정하는 데서 완전히 실패한다. (푸코적 의미에
서) 정상화된 인간 존재를 목표를 성취한 인간 존재로 오인한다.

배타적 휴머니즘 중 보다 덜 환원적인 형태는 위에서 기술한 결함을 공유하지 않는다. 그것은 여러모로 환원주의적인 기계론적 양태에서 벗어나며, 앞 장에서 살펴본 대로 합리적 자유 그리고 또는 도덕적 자율성과/또는 [심]미적 경험 속에서 핵심적 성취를 본다. 하지만 그렇다고 해서 그것이 그와 같은 형태가 '최대요구'를 충족시킬 수 있는 최고의 갈망에 대한 정식화를 발견했다는 의미는 아니다. 낭만주의 시대 이래 합리적 자유나 도덕적 자율성의 규율로 정한 규칙을 따를 때 감정적 자발성과 자기표현 쪽에서 치러야 할 대가에 대한 풍부하고 복합적인 문헌[문학]이 존재해왔다. 실러가 딱 들어맞는 사례이다.

실러 뒤를 이어 인간 본성의 양 측면을 연결시켜 '최대요구'를 충족시킬 수 있는 — 실러 경우에는 미학적 차원, 미의 영역으로의 — 변형을 찾은 사람들이 있었다. 그리고 물론 마르크스 같은 혁명가도 같은 길을 걸어왔다. 그러나 그와 같은 희망은 매우 문제가 많았으며, 인간의 동기부여에 대해 그다지 환원주의적이지 않은 견해를 가진

사람들은 '최대요구'에 절망하고, 그것이 우리에게 달성 불가능한 사명을 부여하며, 우리 갈망을 축소시키는 것이 보다 현명하고 덜 파괴적임을 인정하는 경향을 보였다. 그리하여 우리는 고통이 주는 고난을 제한하는 것을 기본 목표로 하는 '공포의 자유주의'에 의지하도록 유혹받게 된다.

그렇지 않으면 니체를 따라 '최대요구'에 대한 기본적 제약, 즉 모두에게서 보다 높은 차원의 갈망과 일상적 충족을 화해시키라는 제약을 거부할 수 있을 것이다. 일단 그와 같은 일반적 요구사항을 무시할 수 있다면 정말 예외적 자질을 갖춘 엘리트가 자신을 희생하지 않고 또는 그것을 기꺼이 감수하면서 탁월성을 추구할 수 있는 방식을 볼 수 있는 눈길이 열릴 것이다. 그와 같은 성취가 대중을 짓누를지도 모른다는 사실은 아무래도 상관없다. 니체가 영향을 미친 사람들, 즉 내재적 반계몽주의 사상가들은 보편주의를 그리 즉각 거절하지 않았으며, 근대적 휴머니즘의 규율이 억압해온 자기긍정의 보다 거칠고, 보다 덜 속박된 형태를 위한 공간을 열어놓을 수 있기를 원했다.

5

그처럼 배타적 휴머니즘이 과연 '최대요구'를 충족시킬 수 있는 형태로 디자인될 수 있는지는 여전히 대체로 열린 물음으로 남아 있다. 그러나 기독교 신앙은 어떨까? 그것을
643 충족시킬 준비가 더 잘 되어 있을까? 그런 것처럼 보일 수도 있을 것이다. 다름 아니라 기독교는 인간의 삶의 보다 완전한 변형을 고려하기 때문이다. 따라서 거기서는 심지어 극히 맹목적이고, 자기폐쇄적 · 폭력적인 것조차 변성시키는 것을 구상하는 것이 가능해진다. 그러나 그것은 역사에서 완성 가능한 종류의 변형이 아니다. 사태의 본성상 기독교는 딜레마를 완전히 해결하고 '최대요구'를 충족시키는 어떤 전면적 해결책도, 지금 여기에서의 사태와 관련된 어떤 일반적 조직도 제공하지 않는다. 개인으로서 그리고 교회로서 그것은 우리가 신의 도성의 충일에 이르는 길을 열어놓을 수 있는 방법만 보여줄 수 있을 뿐이다.

따라서 기독교도는 실제로 딜레마에 대한 '해결책을 갖고 있지 않다.' 우리가 통상

이 말을 받아들이는 의미에서, 그리고 두 가지 이유에서 말이다. 첫째, 그것이 가리키는 방향이 옳은 것으로 논증될 수 없다. 그것은 믿음으로 받아들여야 한다. 두 번째 이유는 그것과 관련되는데, 그것이 의미하는 바를 완전히 명시할 수 없으며, 그것을 코드 속에서 또는 완전히 특정된 삶의 형태로 제시할 수 없으며, 몇몇 선구적 인물과 공동체의 범례적 삶을 가리킬 수 있을 뿐이다.

하지만 그것은 어려움을 축소한다. 기독교는 종종 또 다른 형태의 플라톤주의로 간주되어왔다. 그리고 심지어 더욱 황당하게도 형벌과 희생에 그토록 중요한 자리를 마련해주는 것처럼 보이기도 한다. 그와 같은 비난은 단지 비판자의 몰이해나 악의에서 나온 것만은 아니다. 「복음」의 메시지에는 인류사를 통해 면면히 우리에게 전해져온 범주들에 부합하지 않는 면이 있다. 그리고 그것에 비추어 의미를 이해할 수 있도록 하기 위해 심지어 지지자에 의해서도 거듭 왜곡된 해석이 덧붙여져 왔다.

그것은 기독교 신앙에 대해 명백히 잘못된 독법들이 존재함을 의미한다. 하지만 그렇다고 해서 그것이 우리가 그것들을 대체할 수 있는 단 하나의 올바른 독법을 제공할 수 있다는 의미는 아니다. 기축시대 이전의 종교적 삶을 포함해 역사를 통해 우리에게 전해진 그와 같은 범주들의 영향력은 너무나 커 기독교의 계시가 무엇을 의미하는지를 끝까지 사유하는 데 어려움이 있을 정도이다. 잘못된 범주들이 우리에게 보다 '자연스럽게' 생기는 일도 종종 있다. 그리하여 우리는 일정 정도의 모호성과 혼란 속에서 작업하게 된다. 그것이 신학을 하는 조건이다.

그렇다고는 해도 우리는 몇 가지 그릇된 해석을 식별할 수 있을 텐데, 그중 일부는 다소 간결하게 드러낼 수 있을 것이다. 다른 것들은 보다 이전의 역사의 모체에서 기독교의 메시지를 풀어낼 것을 요구한다.

왜곡의 중요한 장 중 하나는 바로 변형transformation이라는 관념 자체와 관련되어 있다. 플라톤이라면 육체와 일상적 삶을 희생시키고 있다는 우리의 비난에 경멸조로 응답했을 것이다. 그가 예견하는 변형은 우리가 지혜를 진정으로 사랑하는 사람이 되는 것인데, 그것은 과거에는 인간에게 매우 중요했던 몇 가지 것이 이제는 더 이상 그렇지 않음을 의미했다. 본성상 그것은 훨씬 더 광범위한 변형에 속하는 것으로 여겨졌다. 우리의 현재의 욕망이 좌절되리라고 항의해도 소용없다. 그것은 소멸될 것이다. 왜냐하면 실제로는 중요하지 않고, 인간 존재의 이데아 — 그것은 다시 선의 이데아와 완벽히 조율되게 됨을 의미한다 — 를 실현하기 위해 요구되는 조건의 일부가 아님을 알 수 있게 될 것이기 때문이다.

644 그리고 확실히 어떤 광범위한 변형이라도 그와 같은 특징을 갖게 될 것이며, 지금 중요한 목표와 성취는 나중에는 사라질 것이다. 따라서 '평균적 육체노동자'의 삶의 가치를 지키려면 그처럼 주요한 변형은 모두 포기해야 한다. 급진 계몽주의의 반플라톤적 논리는 그렇게 주장한다. 그렇다면 기독교도는 어떻게 탁상공론을 논하는 밀실의 플라톤주의자가 되지 않고도 변형에 대해 말할 수 있을까?

우리 존재의 변형을 허용하는 어떤 윤리적 견해라도 아래 특징을 가질 것이 분명하다. 즉 아직 갱생하지 않은 사람이 욕망하는 것은 변형을 겪은 사람을 더 이상 움직이지 못할 것이다. 심지어 우리 욕망은 우리 자신의 쾌락에 고정되어 있다고 보는 가장 환원주의적인 이론(다시 한 번 엘베티우스의 그것)도 그와 같은 사실을 고려할 것이다. 즉 보다 좋은 훈련이나 만족을 얻기 위한 현실적 조건에 대한 보다 깊은 이해는, 모든 관심을, 가령 우리 욕구를 충족시키기 위해 이웃을 강탈하는 것에 대한 관심을 제거할 수 있을 것이다. 보다 광범위한 변형은 모든 범주의 욕망을 버리게 되는 것을 함의할 것이다.

아마 기독교적 관점에서 보자면, 성인은 보통 우리가 갈구하는 찬사와 찬양 같은 자기위안적 경의나 마초 같은 힘의 과시에 대한 관심을 잃어버릴 것이다. 플라톤화의 오류는 소실되어도 좋은 것과 본질적인 것 간의 구분선을 우리의 욕망 그 자체, 특히 육체적 욕망의 분할선 둘레에 긋는 것이다(물론 『공화국·정체』에서 실제로 그는 우리가 그와 같은 욕망을 버려야 한다고 제안하는 것은 아니며, 단지 욕망이 이성에게 완전히 고분고분하게 되고 또 그렇게 남아 있어야 한다고 주장할 뿐이다). 반대로 기독교 관점에서 보자면, 자아를 고양시키는 것과 관련된 것을 만족시키는 것을 궁극적으로 무시하고, 상관없는 것으로 만드는 아가페는 자체가 육체적 욕구로, 육화된 연민과 불가분하게 연결되어 있다. 변형은 상당히 다른 축을 통해, 즉 육체body/영혼soul이라는 축이 아니라 오히려 '육flesh/영sprit'이라는 축을 통해 움직이는데, 두 축은 전혀 무관하다. 두 축이 비기독교도뿐만 아니라 기독교도에 의해서도 종종 동일시되는 사실, '육'이 '육체'와 동의어로 간주되기에 이른 사실은 보다 오래된 범주들이 오늘날의 우리 삶과 사고에 얼마나 강력하게 남아 있는지를 증언한다. 그것은 또한 단지 과거로부터의 유물인 것만도 아니다. 거리를 둔 이성의 규율이 근대의 육체/정신mind의 분열에 새로운 힘을 부여하고 있다고 주장할 수 있을 것이다.

또 다른 잘못된 해석은 희생 범주와 관련되어 있다. 그것은 분명히 핵심적 범주이다. 가령 그리스도는 인류를 구하기 위해 생명을 바쳤다. 기독교도도 종종 중요한 것을 포기하도록 요구받는다. 최초의 잘못된 해석과 나란히 기독교적 금욕은 보다 플라톤적인 또는 스토아주의적인 이상 쪽으로 쉽게 미끄러져 내려갈 수 있다. '보다 저차적인 것'이라는 이유로 우리는 삶의 몇 가지 성취를 포기한다. 왜냐하면 결국 그것은 인간의 삶에서 정말 중요한 것이 아니라 궁극적으로는 우리의 진짜 목표를 막는 장애물이기 때문이다. 포기해버리는 것은 실제로는 중요하지 않다. 하지만 그와 같은 관점에서 보면 그리스도의 희생도 무의미해진다. 인간의 삶을 포기하는 것이 지고의 사랑의 행위라는 유의의성을 갖는 것은 다름 아니라 인간의 삶이 너무나 가치 있고, 신이 인간을 위해 마련한 계획의 일부이기 때문이다. 소크라테스의 죽음과 그리스도의 죽음 간의 대비는 이 점을 매우 분명하게 보여준다. 전자에서 철학자는 독을 마시는 순간에도 평온한 모습을 보이며, 친구들에게 보다 나은 곳으로 가리라며 안심시키려고 했다. 후자의 경우 645
에는 겟세마네 동산에서의 괴로움, 그와 같은 잔을 거두어 달라고 아버지에게 기도드린 후 오직 그런 다음에만 '당신 뜻대로 하소서'라는 긍정 속에서 잔을 비운다[「마태오 복음」, 26장 39절].

그와 같은 희생 관념은 종종 이해하기 어려운 것처럼 보인다. 만약 개화번영이라는 충일에 잘못된 것이 있다면 그것을 포기해야 한다는 것은 쉽게 이해할 수 있을 것이다. 그리고 바로 그것이 비신앙이, 기독교적 금욕을 인간적 성취에 관한 부정적 평가로 독해하는 방식이다.

그리고 여기서 비신앙 쪽은 오랜 세월에 걸쳐 기독교적 감수성이 역사적으로 표명해온 견해의 많은 부분에 의거하고 있다. 그것 또한 인간의 개화번영의 많은 측면에 대해 불편해해 왔으며, 그것에 대해 확신이 서지 않아 양가적 태도를 취해왔다. 성적 성취를 예로 들어보자. 수 세기 동안 중세교회는 성관계는 본질적으로 출산을 목표로 해야 하며, 심지어 그때도 지나치게 즐겨서는 안 된다고 가르쳤다. 종교개혁가들은 부부간의 성관계를 복권시키려고 시도했으나 실제로는 신의 영광을 위해 이루어져야 함을 강조하는 바람에 성적 쾌락을 위축시키게 되었다.

여기서 우리 조상들을 깔보려는 것이 아니다. 왜냐하면 삶 속에서 성적 성취와 경건을 결합시키려는 시도에는 현실적 긴장이 끼어들게 마련이라고 생각하기 때문이다. 이 문제는 실제로는 인간의 개화번영 일반과 신에 대한 헌신 간의 보다 일반적인 긴장이 느껴지도록 만드는 보다 많은 사례 중 단지 하나일 뿐이다. 그와 같은 긴장이 성 영역에서 특히 명백하리라는 것은 쉽게 이해 가능하다. 강렬하고 심원한 성적 성취로 인해 우리는 파트너 내부에서의 교환에 강력하게 집중하게 된다. 마치 우리 소유인 양 우리가 사적으로 공유하는 것에게 강하게 우리를 붙들어 맨다. 여기서 우리는 앞서 인용한 글에서 누스바움이 지적한 논점에 접근하게 된다. 초기의 승려와 은자들이 성적 금욕을 신의 보다 넓은 사랑으로 가는 길을 열어주는 것으로 여겼던 데는 다 이유가 있다.

그런데 죄에 의해 왜곡된 세계, 즉 신으로부터 분리된 세계에서 성취와 경건 간에 긴장이 존재하는 것은 놀라운 일이 아니다. 그러나 우리는 그것을 구성적 양립 불가능성으로 전환시키는 것은 피해야 한다. 그러나 그것이 한편에서는 배타적 휴머니즘이, 다른 한편에서는 많은 보수적 기독교 감성 모두가 하는 경향이 있는 것이다. 전자는 신에게의 헌신은 인간적 충족을 줄여나갈 수밖에 없음을 당연시한다. 후자는 욕망의 부정과 제한에 너무나 크게 초점을 맞추는 바람에 그와 같은 세속적 자세의 거울상에 쉽게 빠져버린다. 즉 신을 따르는 것은 자신을 부정하는 것을 의미한다는 것이다.

두 입장 모두 일관된 것처럼 보인다. 긴장은 두 입장 사이에 존재하지만 각 집단 내부에는 부재하는 것처럼 보인다. 하지만 만약 성취와 경건은 구성적으로 양립 가능하지 않다고 주장한다면 어떨까? 그리고 또한 신을 따르는 것은 금욕을 포함한다고 주장한다면 그것은 일관되지 않는 것처럼 보이며, 상당한 긴장 관계에 있는 입장을 주장하는 셈이다. 그와 같은 긴장은 두 가지 목표 중 하나는 다른 한쪽에 항복해야 한다는 이해아래 대부대가 끝까지 자웅을 겨루는 싸움에 나서게 되는 사실에서만 비롯되는 것은 아니다. 그것은 또한 섹슈얼리티와 관련해 앞서 묘사했듯이 두 가지 목표를 조합하
646 는 것의 현실적 어려움에서도 기인한다. 결국 다른 무엇보다도 더 이념적 양극화를 야

기해온 것은 그와 같은 현실적인 실존적 긴장이다. 물론 그와 같은 양극화 또한 나름대로 상황을 악화시키는데 기여하지만 말이다.

그와 함께 우리는 세 번째의 오독에 이르게 되는데, 이번 것은 기독교 특유의 것은 아니지만 우리의 윤리적 사유 일반에 영향을 주고 있는 것이다. 우리는 이웃사랑, 다른 사람에 대한 관대한 감정 등 몇몇 욕망은 좋은 것으로 간주하는 경향이 있다. 그리고 자부심[교만]pride, 폭력 성향 등 다른 것은 나쁜 것으로 인식하는 경향이 있다. 악한 자는 근절하고 선한 자는 장려하는 것을 목표로 한다. 그와 같은 정신에 따라 부모는 아이들이 전쟁 장난감을 멀리하도록 하거나 종종 폭력적인 전통적 동화에서 불순한 부분은 빼버리도록 마음이 끌리게 된다.

실로 가장 환원주의적인 계몽주의 이론에 사태는 그렇게 보일 수 있었는데, 그에 따르면 좋은 습관을 들이고 나쁜 습관은 고치는 것이 목표가 되어야 한다. 하지만 보다 광범위한 변형을 허용하는 모든 이론에서 현실은 보다 복잡하다. 변형되지 않으면 안 되는 것은 욕망 자체이다. 성욕은 보다 심원하고 보다 완전히 참여하는 사랑으로 성장해야 한다. 가령 자기긍정은 사랑하는 사람에 대한 헌신으로 성장하고, 공감은 우리 주변의 현실적 곤경에 보다 많이 눈을 떠야 한다거나 등이다. 심지어 그와 같은 과정이 우리 중 어느 한 사람에게서 시작되었다고 해도 — 그리고 그것이 그렇게 성장해나가는 방향 중의 적어도 하나를 포함하고 있더라도 — 현실은 복잡하다. 이제 더 이상 단지 어떤 것은 근절하고 다른 것은 명심하는 것이 문제가 되지 않는다. 그리하여 단지 성생활에 종지부를 찍는 것은 나쁜, 강박적이며 자기도취적인 측면을 제거할 뿐만 아니라 또한 성장의 전 과정에 종말을 가져온다. 그와 같은 과정은 인도받고 영향받고 가속화될 수는 있지만 간단하게 중단될 수는 없다. 『성서』의 말을 빌리자면, 밀과 가라지는 너무나 밀접하게 혼합되어 있어 가라지를 뽑아버리려다가 밀까지 뽑아버릴 수밖에 없다.[23] 인간적 현실의 그와 같은 근본적 양의성을, 절대적 악이라는 한계 사례(그런데 절대 악이 우리 인간에게 가능한 것일까?)에서 말고는, 항상 명심해야 한다.

앞서 세 가지 오독에 대해 서술해왔는데, 우리는 여기서 정말 어려운 문제에 이르

23 「마태오 복음」, 13장 24~30절을 보라.

게 된다. 종교가 인간의 일상적인 관능적 삶을 부정하고 불구화한다고 비난하는 사람들은 단순히 플라톤화된 환상이나 희생의 본성에 대한 오해의 희생자만인 것은 아니다. 기독교적 변형은 또한 다른 관점에서 보면 구원이기도 하다. 그리고 구원은 영벌의, 따라서 신의 처벌 가능성을 가리킨다. 그처럼 심한 보복이 갱생을 원치 않는 사람을 기다린다는 생각은 또한 종교는 인간의 일상적 성취를 부정하고 비난한다는 이미지에 신뢰성을 부여하는 데 도움을 주어왔다. 이 문제를 한층 더 밝게 조명하기 위해 기독교의 계시가 희생과 신적 폭력에 대한 보다 이전의 이해에서 출현하고 부분적으로 그것을 거부하게 되는 흐릿한 과정을 되돌아볼 필요가 있다.

(A) **어떤** 의미에서 그와 같은 고발은 부정 불가능해 보인다. 아무리 멀리 과거로 거슬러 올라가더라도 모든 곳에서 종교는 종종 이런저런 형태의 희생을 수반함을 알 수 있다. 우리는 뭔가를 포기할 필요가 있다. 그것은 신을 달래는 것이나 신에게 공양하
647 는 것이거나 신의 호의를 얻기 위한 것이다. 그러나 그와 같은 요구는 또한 영=정신적인 것 또는 도덕적인 것일 수도 있다. 왜냐하면 우리는 근본적으로 불완전하며, 신이 원하는 것보다 아래 있기 때문이다. 따라서 나쁜 부분을 희생할 필요가 있다. 또는 나쁜 부분을 처벌함으로써 무엇인가를 희생할 필요가 있다.

여기서는 신의 호의를 받을 만하지 않다는 감각이 중요한 역할을 한다. 그러나 인간은 또한 파괴적 힘의 위협 아래 항상 놓여 있다. 무서운 허리케인, 지진, 기근, 홍수가 존재한다. 그리고 또한 인간사에서도 침략, 약탈, 정복, 학살 같은 야만적 · 파괴적인 사람과 행동이 존재한다. 또는 아마 우리는 궁극적인 엔트로피의 위협을 느낀다고 할 수 있을 것이다.

그것들에게는 불길한 운명 — 우리가 신들에게 빚지고 있는 것 또는 우리의 불완전성 때문에 그것은 우리의 것이다 — 의 무시무시한 요구 아래 들어감으로써 의미가 주어질 것이다. 그와 같은 설명은 고통을 견딜 만한 것으로 만들기 위해 그것에 의미를 부여하기를 원한다는 니체적 사고에 부합한다. 하지만 또한 그것을 정반대 시각에서 바라볼 수도 있을 것이다. 즉 결여, 부족하다는 감각은 원초적인 것이라는 견해가 그것이다. 그리고 그것에 형태를 부여할 필요가 있다. 처음에 고통이 있고, 그런 다음 의미를 찾고, 그리하여 고통이 처벌이 되는 것이 아니다. 그게 아니라 먼저 처벌(또는 부족

의 감각)할 만한 것이 존재한다. 그리하여 우리는 이 모든 것에 형상을 부여하기 위해 특정한 양식의 고통을 또는 그것을 보상할 수 있는 방법에 대한 감각을 찾는다. 그리하여 우리의 벌은 그와 같은 고통과 동일시된다. 그와 같은 식으로 자연의 파괴력은 거칠고, 파괴 정신으로 가득 찬 것으로 이해된다.

그리하여 종교는 우리가 그와 같은 요구/운명과 우리를 동일시함을 의미할 수 있다. 따라서 우리는 파괴를 또한 깔리-시바에서 볼 수 있는 것처럼 신적인 것으로 간주한다. 그리고 그것과 자기 자신을 동일화시키려고 할 때 파괴될 수 있는 모든 것을 포기하면서 자기를 정화한다. 그렇게 해서 거친 파괴에는 의미와 목적이 주어진다. 어떤 의미에서 그것은 길들여지며, 심지어 그것이 신비한 존재의 공포의 일부를 획득한다고 해도 어떤 의미에서는 덜 무서운 것이 된다.

그것은 물론 외적인, 보다 지고한 뜻, 목적 또는 요구에의 복종을 전제한다. [나의] 탈중심화를 요구하는 것이다. 하지만 폭력과 파괴 그리고 이 둘이 우리에게 불러일으키는 무시무시한 공포를 다루는 다른 방법도 존재하는데, 그것은 우리에게 힘[권력]을 갖고 있다는 느낌 그리고 만사가 우리 통제 하에 있다는 느낌을 준다. 그것이 전사윤리의 핵심을 이룬다. 우리는 파괴의 두려움을 제압한다. 폭력적 죽음의 가능성을 받아들인다. 심지어 처음부터 자신을 죽음에 내맡긴 사람으로 간주하기까지 한다. 우리는 '휴가 중인 사자死者들'이다. 전사자 머리를 빌려 연대 이름을 짓는 것의 상징성을 생각해보라. 프로이센군의 '해골Totenkopf'[사자死者의 머리] 연대가 그것이다.

그리하여 우리는 폭력의 원리 속에서 살아가게 되지만 동시에 왕처럼, 두려움을 모른 채, 순수한 행동의 행위 주체로서, 죽음에 맞서 살게 된다. 우리가 죽음의 주인이다. 한때 위협적이던 것이 이제 우리를 흥분시키며 들뜨게 만든다. 천국에 있는 것이다. 그와 같은 식으로 삶은 의미를 갖게 된다. 그것이 '초월한다'는 것의 의미이다.

공포에 대처하는 방법 중 하나는 그것으로부터 신비스러운 힘을 박탈하거나 그것
을 궁극적으로는 은혜로운 보다 고차적인 힘과 동일시함으로써 근대의 사회적 폭력의 648
격동을 잠재우는 것이다. 다른 방법은 폭력의 신비로운 힘을 놔두되 두려움의 영역을
전도시키는 것이다. 전에는 우리를 위축시켰던 것이 지금은 들뜨게 만드는 것이다. 우
리는 지금 그것에 의해 살고, 그것을 통해 통상의 한계를 초월하고 있다. 그것이 전투의

맹위, 용맹한 전사의 분노를 북돋는데, 그것이 일상의 양식으로는 꿈도 꾸지 못할 무훈을 가능하게 한다.

또한 두 가지 반응을 상호 결합시키는 방법도 존재한다. 많은 문화에서 인신공양을 통해 그와 같은 일이 이루어진다. 한편으로 우리는 피를 바치며 신에게 복종한다. 그러나 다른 한편 희생자 또한 폭력의 행사자가 된다. 즉 그저 폭력에 복종하는 대신 폭력 행위를 한다. 피와 유혈낭자 속으로 뛰어들지만 이제 신성한 의도를 갖고 그렇게 하는 것이다. 그와 같은 공포에 대처하는 두 가지 전략을 겸비했기 때문에 신성한 학살보다 더 만족스러운 것은 아무것도 없다. 지라르는 종교와 폭력이 만나는 이 영역을 탐구해왔다.[24]

따라서 예부터 종교는 희생 및 불구화와 결부되어왔다. 많은 요인에 의해 행해져 왔다. 가령 한편으로는 우리에게 실질적으로 중요한 것을 신에게 바쳐야 한다는 의무감을 통해. 그리고 그것은 우리의 불완전성으로 인해 한층 더 강화된다. 다른 한편으로는 폭력과 파괴가 우리 속에 일깨운 깊은 내적 떨림에 대처하려는 전략을 통해서도 행해지는데, 그것은 그것을 신적인 것[신성한 것]과 동일시하거나 아니면 그것의 신비적 힘을 내면화하거나 둘을 동시에 행하는 방식으로 이루어졌다.

하지만 또한 그에 맞서는 반대운동도 존재해왔는데, 위에서 말한 결합을 파기하거나 적어도 정화하려고 시도했다. 고대 유대교가 우리에게 그렇게 신성함에 대해 징세하는 것에 대한 비판을 시작했다. 거짓 신들이 존재한다. 그들에게 바친 공물은 바알 신에게 바친 희생제물처럼 폭력적 강탈에 불과할 뿐이다. 모리야 산정에서 아브라함에게 보여주듯이 그것은 신이 원하는 바가 아니다.

그와 같은 비판은 단지 신들이나 정령을 달랠 필요만 있는 영적이지 못한, 도덕적이지 않은 형태의 희생에 적용된다. 하지만 기독교 전통은 다양한 영성화된 형태를 유지해왔는데, 거기서 희생이 완성을 향한 과정의 일부거나 신의 케노시스(자기를 비우기)에 대한 우리의 응답이다. 우리는 '신의 왕국의 환관'이 될 수 있다. 하지만 나중에 가령 종교개혁이 가톨릭교회의 '보다 고차적인' 금욕적 소명을 비난했을 때처럼 그와

24 지라르, 『폭력과 성스러움』, 『희생양』, 민음사를 보라.

같은 길 중 일부는 허위라는 비난을 받게 되었다.

그런데 앞서 살펴본 대로 근대 기독교에서의 인간 중심주의로의 전환은 그것에서 출현하는 비신앙에 의해 계승되지만 그와 같은 비판 노선을 한층 더 멀리까지 밀고나갔다. 그와 같은 비판은 기독교 신앙의 보다 오래된 형태를, 결국 종교 자체를 거짓된 영=정신적 완성주의로 묘사한다. 요컨대 통상적 성취를 누리는 현실적이고, 건강하고, 살아 숨 쉬고, 사랑하는 인간 존재를 거짓 신들의 제단에 희생양으로 바치는 것으로 묘사한다. 모든 종교는 궁극적으로 피살자의 두개골에서 나는 피를 마시는 몰로크라는 것이다.[25] 페니키아인들의 우상숭배에 대한 『구약성서』의 비판이 초월적인 것에 대한 신앙 자체로까지 확장되는 셈이다.

이미 초월에 대한 누스바움과 다른 사람들의 비판에서 본 대로 이 지점에서 배타적 휴머니즘을 넘어서는 것은 무엇이건 그와 같은 종류의 비판의 표적이 될 수 있다.

여기서 우리를 신앙에서 완전히 떼어내 버리는 운음運音[한 음이 다른 음으로 매끄럽
게 옮아가는 일]은 아마 이런 식으로 이해될 수 있을 것이다. 즉 기독교의 계시를 구성하 649
는 중심적 요소 중 하나는 신이 인간의 선을, 인간의 개화번영을 포함한 선을 의지할 뿐만 아니라 그것을 확실히 하기 위해 아들 그리스도가 인간이 되고 고난을 당하는 등 엄청난 여정을 밟을 것을 의지했다는 것이다. 이제 그와 같은 구성요소는 희생 그리고 신에 의해 정해진 고난을 점점 더 배제하는 방식으로 독해되게 되었는데, 그 결과 신의 희생과 고난에 대한 중심적 믿음이 유지 불가능한 것처럼 보이게 될 정도로까지 나아가게 된다.

만약 신이 우리를 위해 의지하는 선이 인간의 개화번영을 포함할 뿐만 아니라 전적으로 그것으로만 이루어져 있다면 신을 섬기기 위해 그중 일부를 희생하는 것은 어떤 의미가 있을까? 희생과 종교 간의 그와 같은 연결고리는 끊어졌다. 그리고 전통적인 기독교적 경건의 다른 흐름, 즉 세계에서 발생하는 폭력과 파괴를 신적 계획의 궁극적 성취의 일부로 독해하고/또는 그것을 분노의 힘으로 내면화하는 흐름은 이제 거의 이

25 마르크스는 계급사회 그리고 그것을 지배하는 착취에 대해 그와 같은 표현을 사용하지만 계급사회를 반영하고 지탱한 종교들의 금욕주의적 경향에까지 그와 같은 용어를 확대할 수 있었다면 아주 행복해했을 것이다.

해 불가능한 것이 되었다.

내면화는 논외였는데, 왜냐하면 근대적 도덕질서에 따르면 인간의 개화번영이라는 관념은 폭력과 분노를 위한 자리를 전혀 갖고 있지 않으며 단지 평화로운 상호이익을 위한 자리만 갖기 때문이다. 실제로 그와 같은 문명화하는 질서의 규율은 그와 같은 폭력의 억제와 주변부화를 함의해왔으며, 무엇보다도 먼저 폭력에 어떤 신비화하는 힘도 부여하기를 거부해왔다. 앞서 살펴본 대로 폭력은 오히려 병리적인 것 수준으로 상당히 격하되고 있다.

하지만 신적 폭력, 말하자면 신적 계획의 성취의 일부로 인식되는 파괴와 고난을 위한 어떤 자리 또한 존재하지 않는 것 같다. 인간의 개화번영 외는 어떤 목적도 갖지 않은 신이 그것에 대한 침해를 원할 리 없을 것이다. 그것은 아무리 해도 말이 되지 않는다. 어쨌건 신은 우리 편에 서서 인간의 폭력을 억제하고 그것으로부터 신성한 성격을 박탈하려고 시도해야 한다. 어떻게 신 자신이 폭력에 긍정적 의미를 부여할 수 있을까? 그리고 앞서 말한 두 가지 전략 — 그에 따르면 폭력은 신에게서 유래한다는 느낌은 신의 대리인으로서 우리가 성스러운 학살에 기쁘게 참여하고 뛰어드는 것을 허락한다 — 이 복잡하게 뒤엉킨다는 점을 인정하더라도 인간적 폭력에 대한 거부는 신적 파괴의 부인을 요구하는 것 같다.

따라서 그처럼 인간 중심주의적인 분위기 속에서 영=정신적인 것에 대한 관념은 — 혹시 존재한다면 — 완전히 건설적·긍정적인 것이어야 한다. 그것은 깔리를 받아들일 수 없으며, 처벌하는 신을 허용하는 일은 점점 더 어려워진다. 신의 분노는 사라지고 오직 신의 사랑만 남는다.

보다 오래된 견해에 따르면 분노는 전체 꾸러미의 일부여야 했다. 구원의 느낌은 타락 및 비천함의 느낌과 분리 불가능하다. 이어 벌 받아 마땅하다는 느낌과 불가분의 관계에 있다. 응당 받아야 할 벌이 내려져야 한다. 앞서 살펴본 대로 신의 명예는 그것 덕분이다(6장). 따라서 일부 사람은 지옥에서 불태워진다. 그리고 다른 사람들이 구원받는 것은 오직 그리스도가 그들을 위해 '배상해주었기' 때문이다. 그것이 속죄에 대한 사법적·형법적 이해의 핵심이었다.

하지만 인간 중심주의적 분위기에서 그것은 더 이상 말도 되지 않으며, 실제로 극악무도한 것처럼 보인다. 확실히 앞서 내가 '섭리에 기초한 이신론'이라고 부른 보다 이전 단계에서는 내세에서의 포상과 처벌이라는 관념이 보존되어 있었다. 그리고 그것은 예컨대 로크 사례에서 본 대로 우리가 우리 자신의 선을 향한 길을 계속 가는 것을 돕기 위한 유익한 수단으로서의 의미를 지니고 있었다. 하지만 우리가 그와 같은 종류의 외 650
부적 뒷받침을 필요로 한다는 감각이 점차 약해지면서 처벌/교육으로서의 신적 폭력의 마지막 존재이유는 사라진다.

그리하여 구래의 신학의 그와 같은 차원 전체에 대해 특히 강력한 공격이 가해진다. 그것이 처벌이나 시련으로서의 신적 폭력이 존재할 여지를 마련해주었기 때문이다. 그로부터 현저한 근대적 현상이 나타났는데, 그것은 '지옥의 쇠퇴'로 서술되어왔다.

그리고 그로부터 오랫동안 기독교적 경건과 헌신의 핵심이었던 것 — 많은 사람에게서는 여전히 그와 같은 것으로 남아 있다 — 이, 즉 사랑 그리고 그리스도의 수난과 희생에 대한 감사가 생겨났다. 그것은 많은 사람에게 이해 불가능하거나, 심지어 혐오감을 주고, 두려운 것처럼 보였다. 〈십자가수난〉이라는 그처럼 끔찍한 폭력 행위를 찬양하고, 그것을 종교의 중심으로 삼는 것을 보니 병든 것이 틀림없다는 것이다. 비정상적 방식으로 자기-고행에 매달리고 있음이 틀림없다는 것이다. 왜냐하면 그것이 자기혐오를 달래주거나 건전한 자기긍정에 대한 두려움을 잠재워주기 때문이다. 해방적 휴머니즘이 병리적인 것으로 추방하려는 자기처벌을 신비한 것의 경지까지 찬양해 높이려 하고 있다는 것이다. 오늘날 비슷한 이야기를 종종 듣게 된다.[26]

물론 여기까지 와서 그리스도의 〈십자가수난〉을 이야기에서 제외할 수는 없는 노릇이다. 하지만 그것은 '뜻하지 않은 사건accident de parcours'이어야 하며, 요점은 아니다. 그와 같은 독해는 인간 중심주의적 분위기에서 그리스도의 삶에 부여된 유의의성의 전체적 변동과 잘 어울린다. 중요한 것은 그가 **한** 일(속죄, 죽음을 이기는 것, 사로잡혀온 사람들을 구해낸 것)이 아니라 오히려 **말하거나 가르친** 일이다. 유니테리어니즘 쪽으로, 그리고 그것을 넘어 그리스도가 '예언자' 중 하나가 될 수 있는 휴머니즘 쪽으로 미끄러져 내려가는 것은 그리스도의 삶의 중심重心에서 일어난 그와 같은 대대적 변동에 속

26 또한 Fergus Kerr, *Immortal Longings*, p. 102의 논의도 함께 참조하라. 그는 희생으로부터 자유로운 종교를 끌어내려는 이리가라이Luce Irigaray의 시도를 논하고 있다.

한다.

물론 그렇게 함으로써 우리는 폭력과 파괴의 신비로운 공명에 대한 공포와 불안을, 둘을 신적 계획 안에 위치시킴으로써 해결하고자 한 예로부터 전해 내려오는 시도들을 포기하게 된다. 그리고 그것에 대해 대가를 치러야 한다. 인간에 의해, 특히 초월적 이상의 이름으로 부과된 고통[수난]이 하나의 의미를, 즉 어떻게든 제거하지 않으면 안 되는 부정적 의미를 갖게 되었다. 그러나 외부로부터 초래된 고통은 무의미할 수밖에 없다. 우리는 그것이 의미심장함을 인정할 수 없다. 왜냐하면 만약 인정한다면 그와 같은 고통은 올바르고 필요하다는, 우리를 시험하거나 처벌하거나 개선시키기 위해 보내지는 것이라는 견해 중 하나로 물러나야 하기 때문이다.

그리고 아래에서 한층 더 자세히 탐구하겠지만 근대라는 시대가 의미 문제에 그토록 큰 관심을 갖게 된 이유 중 하나가 그것이다. 그리고 그것은 왜 그와 같은 인간 중심주의로의 전환의 시대에 신의론을 둘러싼 쟁점이 그토록 중요한 의미를 갖게 되었는가 하는 물음에 대한 설명의 일부를 제공한다.

여기서 하나의 명백한 연관성이 등장하게 되는데, 지금까지 신적 폭력으로서의 의미와 목적을 부여받았던 모든 고통이 이제 신에게, 실제로 거의 모든 신에게, 그리고 가장 첨예하게는 인간의 개화번영을 주요한 목적으로 삼고 있다고 여겨지는 신에게 하나의 물음을 제기한다는 말로 그것을 정식화할 수 있을 것이다. 하지만 그와 같은 연관성은 다른 방식으로 이해할 수도 있을 것이다. 보다 오래된 입장들에 따르면, 파괴와 폭력은 인간세계와 인간조건의 근절 불가능한 일부이다. 신의 계획은 그것에 일정한 의미를 부여하고, 그것을 극복할 수 있는 모종의 궁극적 길을 마련해주는 것이었다. 그와 같은 사실만으로도 감사의 충분한 근거가 되었다. 우리의 새로운 관점은 적어도 생각해볼 수 있는 장기적 목표로 폭력과 고통으로부터 자유로운 세계를 상상하는 것을
651 가능하게 해준다. 우리가 직면하는 파괴적 힘들은 그와 같은 목표를 향한 길을 가로막는 장애물일 뿐이다. 만약 신 또한 우리를 위해 동일한 목표를 찾고 있다면 왜 그와 같은 파괴적 힘이 먼저 존재하느냐고 묻는 것은 신에 대한 적법한 질문이라고 할 수 있다.

또한 그것을 다음과 같은 제3의 방식으로 정식화해볼 수도 있을 텐데, 그것은 앞

절에서의 논의와 연결될 수 있을 것이다. 보다 오래된 관점은 여러모로 제한되고 취약한 인간조건 내부에서부터 세계를 파악한다. 하지만 어떻게 그것을 포괄적으로 개혁할 수 있는지를 상상하려면 외부에 서서, 그것을 하나의 체계로, 즉 눈앞에 전개된 판tableau이나 '세계상' — 그런 다음 그것 속에 다양한 변경안을 투사해볼 수 있을 것이다 — 으로 보는 것이 필요하다. 도대체 신의 존재를 인정한다고 할 경우 그와 같은 관점으로부터는 신의론을 둘러싼 쟁점이 제기될 수밖에 없을 것이다.

그런데 나는 위에서 비신앙 사상이 일종의 긴장이나 딜레마에 빠지는 것처럼 묘사했는데, 한편으로는 자기실현에 장애가 되는 것을 병리화하는 경향이 있는 휴머니즘적 프로그램을 적극 추진하는 한편 다른 한편으로는 그와 같은 휴머니즘적 태도에서 나타나는 환원주의적 특징에 대한 반감을 반복적으로 조성해 내가 내재적 반항이라고 부른 것을 만들어내기 때문이다.

그러나 인간 중심주의로의 전환을 통해 기독교 신앙 또한 일종의 긴장 관계 또는 딜레마에 빠지게 되는데, 그것은 비신앙의 그것과 일정한 연관성 내지 병행 관계를 갖고 있다. 한편으로 기독교는 희생 없이는, 또 고통에 모종의 긍정적 의미를 부여할 가능성 없이는 상상할 수 없다. 그리스도의 〈십자가수난〉은 단지 가르침이라는 소중한 경력에서 나타난 애석한 부산물로 한쪽으로 제켜질 수 없다.

물론 그렇다. 그러나 대답이 너무 쉽지 않은가? 단지 인간 중심주의로의 전환만 없었던 것으로 물리고, 우리의 현재 조건하에서 관리 가능한 최고의 인간의 개화번영을 넘어선 목적을 신은 인간을 위해 갖고 있다는 통찰을 회복하기만 하면 된다. 인간은 타락한 존재이자 소생시킬 수 있는 존재라는 통찰을 회복하기만 하면 된다[는 식이다].

그것은 확실히 답의 일부이다. 하지만 그것은 단지 섭리에 기초한 이신론 이전 상태로 돌아가는 것이 인간의 목표라는 말은 아니다. 그것의 근거 중 하나는 기독교 신앙이, 적어도 라틴계기독교세계에서는 필자가 초아우구스티누스주의적인 사법적·형법적 틀이라고 부르고 있는 것에 과도하게 투자되어 있는 데서 찾을 수 있다.

여기서 내가 개요를 제시하려고 하는 것이 무엇인지를 상기시킬 필요가 있을 것이다. 즉 기독교 신앙이 중심 주제로 삼고 있는 적어도 두 개의 핵심적 신비가 존재한다. 첫 번째 신비는 왜 우리는 악에 사로잡히는가, 그와 같은 조건을 극복하기 위해, 또 우리가 창조된 바와 같은 종류의 피조물이 되기 위해 왜 스스로 돕지 못했는가/못하는가 하는 것이다. 또 다른 신비는 그리스도의 희생이 어떻게 그와 같은 무력함을 돌파하고, 출구를 열어주었는가이다. 첫 번째 현상은 서양에서는 원죄 관념에 의해 이해되어왔다. 두 번째 현상은 속죄라고 불려왔으며, 수 세기 동안 라틴계기독교세계에서 지배적이던 이해방식은 독특한 사법적 · 형법적 틀 안에 들어 있었다. 즉 죄를 지으면 벌 받아 마땅하며, 그리하여 신을 잃어버리게 된다. 큰 빚을 갚아야 한다. 신은 우리를 대신해 당신의 아들에게 그것을 배상하도록 하고, 그리하여 많은 사람에게 돌아올 길을 닦아놓았다는 것이다.

사람들은 주의 깊은 기독교 신앙이라면 우리가 그와 같은 신비를 결코 규명할 수
652 없으리라는 것을 인식하게 되리라고 생각할 수 있을 것이다. 또 '원죄', '배상한다', "사죄하다"[27] 등 몇 가지 특수한 개념군을 통해 그와 같은 신비를 해명하려는 모든 시도는 핵심에 가까워질 수 있지만 몇몇 사항에서는 문제를 남길 것이며, 앞의 개념의 어떤 것의 논리도 아무리 역설적이고 반발을 불러일으키더라도 궁극적 결론에 이를 때까지 무모하게 밀고나가는 것은 어떤 비용을 치르더라도 피해야 함을 인식하게 되리라는 것을 말이다.

신앙의 신비를 생각할 때는 어떤 의미에서 몇 가지 다른 이미지를 갖고 작업해야 한다. 다른 모든 이미지나 은유와 마찬가지로 그것은 중요한 무엇인가를 개시하지만 유비는 왜곡 없이는 무한대로 밀고나갈 수 없다. 그리하여 사법적 · 형법적 이야기가 우리의 죄를 포착한다. 하지만 또 다른, 심지어 패러다임적이기까지 한 이미지, 구복redemption의 이미지가 존재하는데, 그에 따르면 구세주가 몸값을 치르고 수인을 옥중에서 풀어준다. 사법적 · 형법적 이미지와 달리 여기서의 지불이 모든 사람에게, 특히 수인에게 되갚을 의무를 지운다는 의미는 없다. 마피아에게 보호비를 '빚지지 않는 것'처럼 말이다. 부채를 중심적 문채文彩로 하는 사법적 은유는 (보다 중심적인) 구복의 은유를 무효로 만들지 않고는 한계까지 밀고나갈 수 없을 것이다. 그렇게 하다가는 각각의 이미지가 무엇인가를 추가함을 인정하더라도 우리가 세계에서의 신의 역사함을 일부

27 배상의 신학의 부적절함에 대한 비판으로는 Karl Rahner, *On the Theology of Death*(Freiburg: Herder; Montreal: Palm Publishers, 1961), pp. 58-63을 보라.

라도 비록 멀리서나마 파악할 수 있기를 바랄 수 있는 것은 단지 그와 같은 일련의 이미지 전체를 통해서일 뿐임을 망각하도록 만든다.

신의 분노에 대해서도 동일하게 말할 수 있을 것이다. 죄를 지으면 우리는 신의 분노를 불러일으킨다. 그것은 죄가 우리를 신으로부터 분리시키는 것에 대해 중요한 것을 말해준다. 또한 그것이 얼마나 무시무시한 상태인가에 대해서도, 또 그것을 초래한 데 대한 우리 책임에 대해서도. 그러나 분노 이미지의 논리를 그것의 모든 분지화에 이르기까지 밀어붙일 수는 없다. 당신이 내게 한 일에 대해 내가 분노하고, 당신을 벌하기를 원하고, 심지어 결별해 당신과 더 이상 관계를 갖고 싶지 않다고 생각했다고 치자. 이 모든 것을 신에 적용시키면 우리는 어떤 선을 넘어 신에 대한 또 다른 이미지와 이야기, 특히 여기서는 방탕한 아들 이야기를 통해 전해진 기독교의 열쇠가 되는 교의를 무의미하게 만들어버리게 될 것이다.[28]

하지만 그와 같은 억제는 일종의 지적 겸허함을 요구하지만 그것은 라틴계기독교 세계에서는 부족한 것처럼 보인다. 오히려 그것은 몇몇 선호되는 도식과 전면적이고 거의 강박적으로 자신을 동일화하며, 그 결과 온갖 거칠고 혐오스러운 결과로 끌려가며, 온갖 잔혹한 분열을 정당화하는 풍경을 보여주어 왔다. 여기서 칼뱅의 이중예정설이라는 무시무시한 교리를 생각해볼 수 있을 텐데, 하지만 그처럼 무엇인가에 딱지를 붙이려는 주제넘은 광기라면 가톨릭 측도 그리 뒤떨어지지 않았다.

양측 모두 공동의 초아우구스티누스적 뿌리로부터 인류의 다수가 영벌에 처해지리라는 일반적 또는 널리 받아들여진 동의를 끌어냈다. 콩키스타conquista 이후 남미에 파송된 선교사들은 새로운 회심자들에게 그들의 조상이 신의 구원으로부터 영원히 배제되었다는 사실을 알려야 한다고 느꼈다. 그와 같은 사례는 얼마든지 열거할 수 있을 것이다. 초아우구스티누스적 틀에 의해 야기된 그와 같은 결과가 보다 이전의 여러 시대에 수많은 사람의 양심에 혐오감을 주었다고, 그리고 그 결과 많은 사람을 기독교 신앙의 외부로 내몰고, 인간 중심주의로의 전환이 세력을 결집하자 배타적 휴머니즘

28 Herbert McCabe, *God, Christ and Us*(London: Continuum, 2003)에서의 신의 분노에 대한 논의를 보라. "우리는 이미지를, 특히 상충되는 이미지를 필요로 한다"(15~16페이지). 그는 61페이지에서 아퀴나스 또한 『신학대전』(Ia, 1, 9)에서 우리에게 많은 이미지가 필요함에 동의하고 있다고 지적한다.

속으로 내모는 요인이 되었다고 말하는 것으로 충분할 것이다.

653 오늘날에도 여전히 많은 신앙인이, 가령 보수적 가톨릭교도와 일부 원리주의적 프로테스탄트가 완전한 초아우구스티누스주의적인 꾸러미를 긍정하고 싶어 함을 필자는 안다. 하지만 기독교 신앙과 감성을 유지하는 보다 광범위한 집단에게 지옥의 쇠퇴는 교의의 긍정적 변화로 받아들여지고 있다. 그들에게서 이 주제와 관련해 이신론 이전 상황으로 단순히 돌아가는 것은 아무 문제가 되지 않는다.

이 후자의 종교적 이해 내부에 나 자신을 자리매김하고 그와 같은 입장으로부터 말하자면, 그와 같은 근대적 전회는 몇 가지 긍정적 이익을 가져왔다. 가령 최초의 신비(원죄)에 관한 우리 견해를 인간의 타락이라는 강박적 감각으로부터 떼어냈다. 그리고 속죄에 대한 사법적·형법적 견해로부터 거리를 둘 수 있도록 해주었다.

하지만 또한 보다 근본적인 수준에서도 변화가 일어났다. 우리의 초아우구스티누스적 조상들은 고통과 파괴에서 신적 의미를 찾는 것이 정상적이던 종교 문화의 일부였다. 이전의 모든 인간 문화는 그렇게 했고, 그와 다른 용어로 세계를 이해하고/경험하는 것은 거의 생각조차 할 수 없었던 것 같다. 근대가 완수한 단절은 그와 같은 종류의 독해가 더는 당연시될 수 없음을 의미했다.

내 생각으로 그것은 두 가지 수준에 해당된다. 먼저 우리에게 닥치는 위험과 불행을 순전히 우연적인 것으로 해석할 수 있도록 해주는 대안적 견해들이 존재하는데, 과거에는 오직 극소수(가령 에피쿠로스학파와 다른 몇몇 철학자)만이 그렇게 했다. 뿐만 아니라 또한 신적 폭력이라는 관점에서 독해하는 것은 위험한 유혹이 아닌가 하는 질문이 제기되었다.

나는 위에서 신적 폭력을 우리 자신의 폭력에 의해 식민화하려는 너무나 인간적인 경향에 대해 언급했다. 만약 이런저런 정복이 인간의 죄에 대한 신의 처벌이라면 우리는 정복자에게 거의 신적 사명을 부여하게 될 것이다. 신의 분노의 도구가 외부인, 가령 몽골인과 터키인 같은 기독교세계의 침략자일 때는 위험하지 않을 수도 있을 것이다. 하지만 불신자와 싸우고, 이단을 억압하고, 범죄자를 처벌하는 내부의 사람들은 본인들 또한 신적 명령을 부여받고 있는 것으로 간주하기 시작할 수 있다. 신의 폭력은 폭력의 신비로운 힘을 내면화시키는 전사문화에 의해 너무 쉽게 전유될 수 있을 것이다.

찬탈된 신적 폭력은 또한 배제 메커니즘이기도 하다. 우리는 신의 편에 있고, 규정상 그들 — 불신자, 이단, 비행자, 우리 공동체의 적대자 — 은 그렇지 않다. 그와 같은 식으로 제1차세계대전 — 여전히 기독교적 유럽에서 있던 시대의 마지막 대동란 — 에서 볼 수 있는 대로 우리는 부조리에 직면하게 되는데, 양측 모두 확신에 찬 목소리로 신을 자신의 지지자로 병적兵籍에 올리기 때문이다. 여기서 우리는 정복하기 때문에 옳고, 축복받았다고 믿고 싶은 영=정신적 유혹으로부터 그리 멀리 떨어져 있지 않다.

따라서 아마 근대적 전환이, 바알 신에게 공물을 바치는 것에 대한 『성서』의 비난부터 시작되는 신적 폭력에 대한 비판을 그와 같은 개념 자체를 문제시하는 지점까지 밀고나간 것은 옳았을 것이다. 고통을 신적인 것으로 여기는 모든 해석학에는 뭔가 뿌리 깊은 오류가 있는 것처럼 보인다. 아마 거기서 어떤 의미를 찾는 것은 잘못일 것이다.

하지만 분명히 기독교도에게 〈그리스도수난〉은 의미가 있다. 그리고 그것을 연장 654
해, 순교자와 성인의 수난에도 의미가 있지 않을까? 그렇다. 하지만 전통적 시각에 따르면 이 의미는 이미 현존하는 유의의성의 틀에 끼워 맞추어지는데, 그에 따르면 수난은 처벌이나 교육적 수단으로 간주되며, 그것의 경제는 그리스도의 희생에 의해 변형되었다.

우리는 완전히 다른 곳에서 출발해 수난과 파괴를 종종 그 자체로는 아무 의미도 없는 것으로 간주하고, 수난에 대한 그리스도의 자기희생을 신의 새로운 이니셔티브로 간주할 수 있을 것이다. 그 결과 〈그리스도수난〉은 신과 인간 간의 분열을 수복하고, 따라서 소급적이거나 이미 확립된 의미가 아니라 변형적 의미를 갖게 될 것이다.

따라서 우리는 신에 대한 인간의 저항으로부터, 우리가 죄라고 부르는 그와 같은 저항의 결과를 치유할 수 있는 신에 대해 인간이 마음을 닫아거는 사실로부터 출발한다. 그것이 첫 번째 신비이다. 신의 이니셔티브란, 완전히 취약한 상태에서 그와 같은 저항의 중심에 파고들어 인간 사이에 존재하며 신적 삶에 참가할 것을 호소하는 데 있다. 그와 같은 저항의 본성은, 그와 같은 호소가 한층 더 폭력적인 반대 — 결코 신적 폭력이 아니라 오히려 반-신적 폭력 — 를 불러일으키는 데 있다.

그런데 그와 같은 저항에 그리스도는 그것과 정면으로 대치되는 저항이 아니라 지속적인 사랑과 계속적인 베풂으로 대응했다. 그와 같은 사랑은 사물의 가장 깊은 곳까지 파고 들어갈 수 있으며, 심지어 저항자에게도 길을 열어줄 수 있었다. 그것이 두 번째 신비이다. 사랑을 통한 그와 같은 복종을 통해 폭력은 반전되고, 무한한 악순환 속에서 맞-폭력을 낳는 대신 변형될 수 있게 된다. 그리하여 비권력, 무한한 자기희생, 무조건적인 사랑의 행위 그리고 무한한 열림의 길이 열린다.

그와 같은 이니셔티브, 즉 앞의 수난의 이해 불가능한 치유력에 기반해 인간의 수난은, 심지어 가장 무의미한 유형조차도 그리스도의 행위와 결부되어 신과의 갱생된 접촉 — 그와 같은 행위가 세계를 치유한다 — 의 장이 되는 것이 가능해진다. 수난은 신에게 바쳐짐으로써 변형적 효과를 부여받는다.

그리하여 대참사는 특정한 방식의 대응을 통해 섭리 이야기의 일부가 될 수 있다. 그것의 의미는 선례가 되는 사건이 아니라 그것에서 도출되는 것 속에 있다. 타락의 궁극적 의미가 그에 대한 신의 응답인 성육신에 있었던 것처럼 말이다(그로부터 '다행스러운 죄felix culpa'라는 역설적 서술이 나오게 되었다). 리스본 대지진도, 동남아시아의 쓰나미도, 제2차세계대전도 또 히로시마도 선행하는 사건과 관련된 처벌로 이해될 수 없을 것이다. 그것이 아니라 그것에는 최악의 참화 속에서도 인류를 포기하지 않으려는 신의 확고한 결의를 통해 의미가 주어진다.

그와 같은 종류의 근대적인 기독교 의식意識에서 볼 수 있는 긴장, 어색함 그리고 때로는 딜레마는, 그것이 죄와 속죄에 관한 신앙의 중심적 진리를 낯익은 라틴계기독교적 배경으로부터, 초아우구스티누스주의의 사법적·형법적 독해로부터, 나아가 수난을 처벌이나 교육적 수단으로 간주하는 신적 폭력의 해석학으로부터 떼어내려고 시도하
655 는 데서 유래한다. 한편으로는 많은 사람이 보다 오래된 생각들을 믿기 어렵거나 본인의 신 관념과 일치시키기가 어렵다고 생각한다. 다른 한편 신앙에 대한 공식적 정식화의 너무나 많은 것이 여전히 그것들과 연관되어 있는 것처럼 보이며, 우리 상상력에 대한 그것들의 영향력은 여전히 강력하다.

우리 죄는 수난에 치유 효과를 부여하려는 신의 이니셔티브를 따르지 않고, 그것에 저항하는 데 있다. 우리는 신에게 강하게 끌리고 있다고 느끼지만 또한 그를 따르게 되면 지금까지 우리 삶을 용인할 수 있도록 만들어온 형태들을 일변시켜 알아볼 수 없을 때까지 변형시키리라는 것을 감지한다. 우리는 종종 두려움과 당혹감으로, 적대감으

로 반응한다. 우리는 우리 자신과 전쟁 상태에 있으며, 그와 같은 내적 갈등에 상이하게 대응함으로써 결국 또한 서로 전쟁 상태에까지 이르게 된다. 따라서 죄의 결과가 큰 수난임은 의문의 여지없이 진실이다. 하지만 수난이 공적에 따라 분배되는 것은 아니다. 상대적으로 무구한 많은 사람이 수난에 시달리는 반면 최악의 비행자 중에는 무탈하게 빠져나가는 사람도 있다. 이 모든 것에 대한 적절한 반응은 회고적 부기簿記가 아니라 신의 이니셔티브에 우리가 응답할 수 있도록 만드는 것이다.

그러나 이제 그것이 죄의 실체로 이해된다면 인간 본성의 사악한 경향을 집중적으로 조명하고, 금욕과 희생의 필요성에 초점을 맞추는 근대의 많은 종교 비판에 공감할 수 있을 것이다. 그것은 인간이 실제로는 천사 같은 존재가 아니기 때문도 또 희생이 무의미하기 때문도 아니다. 오히려 인간 존재가 얼마나 악할 수 있는지에 초점을 맞추는 것은 비록 인간의 가단성과 요법에 의존하는 세속적 휴머니스트들의 종종 지나치게 장밋빛인 견해를 논박하기 위한 것이더라도 단지 인간혐오를 강화할 수 있을 뿐이며, 그것이 인간을 신에게 보다 가까이 다가가게 하는 일은 분명히 없을 것이기 때문이다. 그리고 인간이 자신을 위해 희생과 금욕을 제창하는 것은 신의 이니셔티브를 따른다는 요점에서 벗어나게 된다. 그와 같은 이니셔티브가 희생을 포함할 수 있음을 우리는 그것의 정초charter 행위로부터 잘 알지만 거기서 금욕이 요점은 아니다. 실제로 금욕에 초점을 맞추는 것은 종종 앞서 상술한 두 번째 오독의 좋은 돈벌잇감이 될 수 있을 텐데, 그것은 금욕을 어쨌건 가치 없는 것을 단념하는 것으로 오독한다.

하지만 동시에 그와 같은 기독교적 의식은 배타적 휴머니즘을 따라 인간의 개화번영을 유일한 목표로 삼을 수 없다. 만약 인간과 신 간의 단절을 복구하는 데 기여할 수 있다면 모든 것을 포기하는 것은 의미가 있다.

그런데 상술한 두 번째와 세 번째의 오독 때문에 지금은 그와 같은 이해를 고집하기가 어렵다. 금욕은 어쨌건 우리가 진정으로 필요로 하지 않는 사악한 것으로부터 정화되는 것 속에서 의미를 발견하게 되는 쪽으로 기울게 된다. 그리고 보다 깊은 변형의 도정에 있는 우리 삶은 양의성을 잃고, 선한 부분과 미혹된 부분으로 깔끔하게 나뉘는데, 물론 후자는 '금욕 대상'이 되어야 한다. 앞서 설명한 대로 우리 삶에서 신을 향한 성장 그리고 오랜 세월에 걸쳐 유지되어온 보다 협소한 습관과 형태가 가진 지배력 간에 실제로 존재하는 실존적 긴장은 선한 부분과 미혹된 부분으로 쉽게 양극화될 수 있을 텐데, 그런 다음 할 일과 해서는 안 되는 일의 일람표로 목록화될 수 있을 것이다.

그리하여 그와 같은 근대의 기독교적 의식은 근대 휴머니즘의 발전에서 끌어낸 것 그리고 기독교 신앙의 핵심적 신비에 대한 애착 간의 긴장에 의해 각인되어 있는데,
656 그것은 종종 딜레마처럼 느껴질 수 있을 것이다. 그것은 지옥의 쇠퇴, 속죄의 사법적·형법적 모델의 거부, 신적 폭력에 대한 모든 해석학의 거부를 승인할 뿐만 아니라 인간의 개화번영의 완전한 가치 또한 긍정한다. 하지만 내재성으로의 자기폐색은 수용할 수 없으며, 신이 그리스도의 삶과 죽음을 통해 수난과 죽음에 새로운 변형적 의미를 부여했음을 자각하고 있었다. 신의 이니셔티브는 금욕에 새로운 의미를 부여해왔으며, 본질을 가리며 각종 외피로 사태의 진상을 가리는 종교적 반휴머니즘의 온갖 왜곡을 넘어 그것을 되찾아야 한다.

신의 분노는 사법적·형법적 모델에서는 신의 '명예'의 침범에 대한 타당한 대응으로 받아들여졌지만 이제는 신의 사랑의 거절 그리고 그 결과 죄인 간의 고립과 분열에 불가분하게 수반되는 것으로 간주된다. 지옥, 즉 신으로부터의 궁극적 분리는 인간의 자유를 위한 하나의 가능성으로 남아 있어야 하지만 그곳에 사람이 들어차 있으리라는 모든 주제넘은 확신은 포기되어야 한다.

그것은 곤란한 입장이다. 단지 그것이 신앙/비신앙 간의 전선을 가로지르고 있는 사회학적 이유뿐만 아니라 자기충족과 신에의 헌신 간의 긴장이 여전히 우리 삶 속에서는 대부분 해결되지 않고 있다는 보다 심원한 실존적 이유에서 말이다.[29] 인간의 삶에서 인간적인 것과 신적인 것의 양립 가능성은 말로 선언하기는 쉽지만 실제로 보여주는 것은 극히 어렵다. 그것을 예외적 개인의 삶 속에서 읽을 수는 있지만 거기서 나오는 빛을 본인의 삶 속으로 되비추는 것 — 그렇게 하면 다른 사람들 또한 거기서 어떤 의미를 찾아낼 수 있을 것이다 — 은 용이하지 않다. 앞서 말한 전선의 양쪽 모두의 논자들은 본인의 일방적 견해를 고수하는 것이 또는 아마 보다 정확하게는, 본인이 이념적으

29 성적 만족의 경우가 특히 그렇다. 에로스적 욕망과 신의 사랑 간의 관계를 그리고 우리가 신과 맺는 관계에서 젠더가 차지하는 위치를 진지하게 살펴본다면 아마 혼란이 줄어들 수 있을 것이다. 이 문제를 아래 '회심' 장의 6절에서 간략하게 다시 살펴볼 생각이다.

로 선언하고 있는 것과 실존론적 측면에서 얼마나 모순되고 있는지를 본인으로부터 숨기는 것이 보다 쉽다고 생각하고 있다.

근대의 기독교적 의식에 의해 지지된 양립 가능성은 [실제] 성취가 아니라 신의 계획 그리고 신이 불러일으킬 수 있고 또 그렇게 할 변형에의 믿음[신앙]의 행위이다. 일부 사람은 바로 거기에 그와 같은 견해의 핵심적 약점이 있다고 생각하겠지만 옹호자에게는 바로 그것이 양립 가능성을 궁극적으로 신뢰할 수 있도록 만든다.

iii. 폭력의 뿌리들

6

(B) 따라서 이 영역에는 신앙인과 비신앙인 간의 딜레마와 유사한 것이 존재한다. 앞서 우리는 배타적 휴머니즘이 어떻게 초월성-갈망을 거부하는 쪽으로 향하는 경향을 보이는지를 살펴보았다. 하지만 '내재적 초월'을 정의하려는 누스바움의 문제적 시도가 입증하듯이 그것을 완전히 도외시하기도 어렵다. 이제 우리는 근대적 신앙이 방식은 조금 다르지만 인간의 개화번영과 신의 요구 사이에서 그와 유사한 긴장을 어떻게 느끼고 있는지를 볼 수 있을 것이다.

긴장이 존재하는 다른 영역에서도 비슷하게 유사성이 존재할까? 가령 평화로운 도덕질서에 대한 요구와 공격적인 자기긍정의 요구 간의 긴장의 경우는 어떨까? 후자에는 규율의 협소한 제약에서 벗어나고 싶은 욕망, 심지어 호전성과 난잡한 성적 방종도 포함될 수 있을 것이다. 평화로운 질서에 대한 그와 같은 장애물을 단순히 병리적인
것 또는 원시적인 미개 상태에 있는 것으로 분류하고, 그것들을 요법과 조절을 통해 657
없어도 그만인 것으로 취급하려는 경향은 반발을, 즉 내가 앞서 묘사한 비신앙에 내재적인 반란을 촉발한다. 우리 인간 존재의 그처럼 조야한 측면에 대한 부인은 니체와 다른 사람들에 의해 관능성sensuality에 대한 기독교의 영=정신적 '거부'에 완전히 부합하는 책략으로 간주된다. 둘 모두 노예 도덕의 미명아래 이루어지는 자기고행이다.

얼핏 기독교 쪽에는 그와 유사한 문제가 존재하지 않을 것처럼 보일 수 있을 것이다. 그리고 그에 대한 이유는 니체와 배타적 휴머니스트들이 계속 선언하는 것과 동일하다. 즉 기독교도는 '원죄'라는 교의 속에 (통계적으로) 정상적인 인간의 삶의 광범위하게 확산된 성향의 많은 것을 타락한 것으로 선고할 자원을 갖고 있다는 것이다. 관능성에 대해 타당한 것은 폭력에 대해서도 타당하다. 자기 자신의 존재를 불구화해서는 안 된다는 이유로 공격본능에 호소하는 것은 아무 효과도 없을 것이다.

하지만 근대의 기독교적 의식은 더 이상 성급하게 '타락'이라는 딱지로 문제를 해결하려고 하지 않는다. 그것은 (타락한) 본성과 신의 요구 간의 긴장을 인식하고 있으며 또한 인간의 자기긍정이 왜곡된 형태와 얼마나 풀어낼 수 없을 정도로 복잡하게 뒤엉켜 있는지를, — 『성서』적 이미지로 돌아가자면 — 밀과 가라지가 얼마나 수확할 때까지는 함께 자랄지를, 그리고 수확에 이를 때까지의 과정은 얼마나 길지를 깨닫고 있다. 그리하여 그와 같은 의식은, 비신앙인에 의해 느껴지고 있는 것과 유사하게, 여기서 곤란을 느낄 수 있다. 그처럼 복잡하게 뒤엉켜 있어 신에게로 나아가는 것 그리고 신에 대한 저항은 종종 구별해내기가 어렵다.

여기서 제기되는 물음은 이렇다. 즉 심지어 종종 광란이라는 지점까지 치닫는 몇몇 강력한 욕망, 즉 조야한 성욕, 용맹한 전사의 분노, 호전성과 살해 충동을 어떻게 이해해야 할까? 그와 같은 것들을 경험할 때 우리는 야수 같다고 생각한다. 그것들은 인간의 마음을 깊이 교란시킬 뿐만 아니라 파괴적이기도 하다. 선의, 상처의 치유, 평화, 선을 방해한다. 뿐만 아니라 영속적인 사랑, 신뢰, 육아, 돌봄도 방해한다. 물론 신성도.

그와 같은 적대를 어떻게 이해해야 할까? 특히 그것의 조야한 측면을?

이 측면은 적어도 우리가 아는 문화에서는 남성, 특히 젊은 남성 사이에서 특히 강력한 것처럼 보인다. 그들이 민병대, 전투조직, 게릴라 등에 매료되는 것을 이해할 수 있다. 또한 그와 같은 종류의 준조직적인 집단적 폭력이 강간, 약탈, 학살로 전환되는 경향이 있음도 확인할 수 있다. 그것은 강력한 자기주장 형태로, 마초 숭배로 호소력이 있는 듯하다.

우리는 그것들이 종교의 대척점에 서 있는 것으로 생각한다. 그리고 그것은 '보다 고차적인' 종교에 대해서도 사실인 것처럼 보인다. 하지만 폭력은, 그리고 종종 섹슈얼리티는 많은 '원시'종교 사이에서 자기만의 고유한 자리를 갖고 있다. 하지만 단지 그곳에서만이 아니다. 그에 대해서는 기축시대 이전의 종교와 관련해 앞 장에서 이미 서술한 바 있다.

그것을 어떻게 해석하면 좋을까? 우리 문화 속에서 흔히 사용되는 접근법 중 하나로, 거리를 둔 채, 객관화하는 '과학적' 접근법이 있다. 폭력 성향은 생물학적·진화론적 측면에서 이해될 수 있을 것이다. 그것은 어찌 보면 우리 속에 '배선처럼 깔려 있다.'

생물학적 측면에서 폭력을 이해할 수 있을까? 아니면 메타-생물학적인 것에 의존 658
해야 할까? 필자는 여기서 '메타'를 '메타-자연(학)적인 것meta-physical'[형이상학적]으로 사용할 때의 원래 의미 중 하나로, 즉 '피지컬[물리적, 자연학적]'의 '다음 것' 또는 '넘어선 것'이라는 의미로 사용하고 있다. 이 의미에서 '메타'-생물학적인 것은 무엇일까? 그것을 이렇게 표현할 수 있을 것이다. 생물학적인 것은 우리가 다른 동물들과 공유하는 것이다. 즉 우리는 음식, 주거공간, 섹스를 필요로 한다. 그것에 우리만 찾지만 다른 동물에게서도 찾아볼 수 있는 유사한 요구를 충족시켜주는 다른 것이 추가된다. 가령 몸을 따뜻하게 하기 위한 의복 같은 것이 그것이다. 우리는 가령 의미에 대한 요구 같은 것을 필요로 하게 되자마자 메타-생물학적인 것의 영역에 들어선다. 거기서 무엇이 문제가 되고 있는지는 생물학적 용어로는 더 이상 상세히 판독해낼 수 없다. 동물에게서도 비슷한 것을 찾아낼 수 있는 용어로는 그렇게 하기에 요령부득일 뿐만 아니라 가령 합목적적이라는 느낌, 중요하다는 느낌 또는 특정한 삶의 방식이 가치 있다는 생각 등 무엇이 그와 같은 요구를 충족시켜줄 수 있는지 또한 분명히 말할 수 없다.

성과 폭력 모두에 대해 사회생물학적 설명이 존재한다. 우리는 우리 조상들이 투쟁 성향을, 필요하면 부족의 외부인을 죽여야 하는 성향을 발전시켜야 했으리라고 상상할 수 있을 것이다. 그렇지 않았다면 살아남을 수 없었을 것이다. 남성과 여성 간의 짝-맺기도 그와 같은 식으로 설명하듯 말이다. 그것은 보다 많은 후손이 살아남을 수 있도록 해준다. 아마 우리는 그것이 민족주의적인 전쟁 동원 — 그것이 적에 대한 무자비한 공격을 정당화해준다 — 같은 오늘날의 현상을 설명해준다고 생각할 수 있을지도 모르겠다. 또는 모든 인간 사회에서의 사랑과 결혼의 중요성을 설명해준다고 말이다. 우리의 진화의 역사가 어떤 형태로건 오늘날의 우리 모습에 무엇인가를 기여해왔음은 어떤 의미에서는 틀림없이 사실이다. 사회생물학과 관련해 문제는 바로 그것이 얼마나 많이 설명해주느냐이다.

심지어 사회생물학자들조차 우리가 사랑과 전쟁 모두를 둘러싼 정교한 메타-생물학적 모체를 창조해왔음을 인식하고 있음이 틀림없다. 즉 우리가 현실적이고 심원한 사랑에 대한 관념을 갖고 있으며 또는 정당한 대의를 위한 전쟁에 대한 관념을 갖고 있음을 말이다. 쟁점은 이렇다. 즉 자기 이해의 그와 같은 모체는 이 영역에서의 우리 행동에 대해 중요한 무엇인가를 설명하고 있는가? 특히 그와 같은 모체에는 문화적 특성이 존재한다. 사회마다 다르다. 왜 우리가 하고 있는 것을 파악하려면 그와 관련된 다양한 변형태를 이해하는 것이 중요할까? 아니면 이 영역에서의 우리 행동의 주요한 특징은 우리가 진화적으로 계승해오고 있는 것의 관점에서 적절하게 설명되는가?

그처럼 다양한 문화적 모체가 여러 사회의 도덕적 · 종교적 견해를 이해하기 위해 핵심적임은 누구도 부인하고 싶어 하지 않을 것이다. 아마 각각의 문화가 성과 폭력의 강력하고 파괴적인 힘을 제어하려고 투쟁해온 방식을 이해하기 위해서는 메타-생물학적 차원으로 가야 할 것이다. 하지만 앞의 힘 자체는 아마 순수한 생물학적 용어로 이해될 수 있을 것이다. 그와 같은 식으로 이 분야를 분할하는 방식은 절대적 폭력categorical violence이란 일종의 '재발' 같은 것이라는 생각과 쉽게 결합될 수 있을 것이다. 문화는 진화하면서 도덕적 행동에 대해 점점 더 높은 기준을 동반한다. 우리는 지금 이전 문명들에 비해 비교 불가능할 정도로 요구 조건이 까다롭기 짝이 없는 인권 개념과 함께 그리고 부분적으로는 그것에 기초해 살아가고 있다. 하지만 구래의 충동은 여전히 거기 도사린 채 분출을 허용하게 될 모종의 극단적 조건을 기다린다. 거기에 프로이트적 뉘
659 앙스를 더해 이런 해석을 보충할 수도 있을 것이다. 즉 가령 문명의 진보는 점점 더 엄격한 기준을 동반하며, 그것이 폭력적 행위에 대해 이전 어느 때보다 더 무거운 금령을 내린다는 것이다. 카니발, 폭동, 공개 처형과 의례화된 처형, 투우, 여우 사냥 그리고 지금은 야만적인 것으로 간주되는 그 밖의 다른 것 등 이전의 배출구는 모두 금령 아래 놓이게 되었다. 사정이 그러하므로 마침내 그것이 허용될 때는 해방감이 증가하고, 절대적 폭력의 발생에 따른 흥분이 급속도로 고조되게 된다.

그와 같은 분업적 설명의 틀 내에서 폭력 자체를 순수하게 생물학적 차원에서, 심지어 문화가 '진보'하더라도 인간의 삶에서 아마 계속 동일한 것으로 남아 있을 것으로 설명하는 것을 생각해볼 수 있을 것이다. 우리는 남성, 보통은 심지어 보다 빈번하게는 젊은 남성이 가해자라고 지적한다. 그것은 우리에게 호르몬에 근거한 설명을 암시한다. 모든 것은 테스토스테론으로 귀착될까? 하지만 그것은 근본적으로는 불충분한 것처럼 보인다. 육체의 화학이 결정적 요인이 아니어서가 아니라 그것이 인간의 삶에서 결코 단독으로 작동하지 않으며 오직 사물이 우리에게 지닌 의미를 통해서만 작동하기 때문이다. 호르몬에 기초한 설명은 우리가 특정한 의미에 민감한 이유를 말해주지는 않는다. 그것은 기껏해야 단지 가령 누가 화나게 했을 때마다 폭력적으로 될 수 있는 적나라한 사실을 설명할 수 있을 뿐이다. 여기서 이런 질문을 제기해볼 수 있을 것이다. 즉 왜 남성은 여성보다 인간관계에서 폭력적인가? 하지만 심지어 그것조차 미심쩍은데, 굴욕이 개인적 폭력의 중요한 인과적 요인이라는 연구 결과가 있기 때문이다. 가령 길리건의 연구 결과를 보라.[30]

이어 절대적 폭력을 보자면, 메타-생물학적 요소가 종종 결정적 역할을 함을 볼 수 있다. 그렇다, 젊은 남성은 종종 그것에 끌린다. 하지만 또한 팔레스타인 난민촌에서처럼 실직 상태로 정처 없이 방황하며, 유의미한 어떤 미래도 보이지 않을 때는 한층 더 끌리는 것을 볼 수 있다. 앞의 절대적 폭력이 그들의 삶이 매립되어 있는 의미의 모체로, 그것이 활력 넘치는 목적 감각을 제공하고, 활력을 제공하며, 삶에 유의의성을 부여한다. 게다가 누가 동포이고, 누가 적인지를 명시하는 것 또한 그와 같은 모체다.

거기에 종종, 약간 완곡어법으로, '과도함excess'이라고 불리며 폭력을 수반하는 것이 추가된다. 그것은 가해자에게 '황홀감'을 줄 수 있는데, 그것은 허용 가능한 모든 한계를 넘어서는 것을 용인하는 동시에 그렇게 하도록 유혹한다. 한 예민한 관찰자는 최근 저서에서 이렇게 쓰고 있다.

다른 사람의 목숨에 대한 신과 같은 권한 강화 그리고 전쟁이라는 마약이 결합되어, 에로틱

30 James Gilligan, *Violence*(New York: Vintage, 1996).

> 한 사랑의 황홀경처럼 우리 감각이 육체를 지배하도록 만든다. 살해는 우리 안에 갇혀 있던 어두운 저류의 방파제를 무너뜨리며, 그리하여 우리는 신성모독을 자행하고 점점 더 큰 파괴의 난장판 속으로 우리를 밀어 넣게 된다. 평시에는 정중히 대하는 망자는 전시에는 모욕 대상이 된다. 그것을 대상으로 온갖 못된 짓거리를 일삼는 소품이 된다. 보스니아에서는 시신들이 헛간의 문 옆에 뾰족한 것에 꽂혀 있거나 참수되거나 낡은 옷가지처럼 울타리 위에 걸쳐 있었다. 강물에 던져지고, 집 안에서 산채 불태워지고, 창고 안에 쑤셔 넣고, 총살되어
> 660 훼손되거나 길가에 방치된채였다. 아이들이 길거리에서 그것들 옆을 지나가면서 신기한 듯 놀라서 입을 딱 벌리고 바라보다가 가던 길을 계속 가는 것도 얼마든지 가능했다.[31]

그와 같은 종류의 야만성의 발발에 대해서는 앞서 말한 용어가 시사하는 방식으로, 즉 보다 이전의 충분히 문명화되지 않았던 시대의 '재발'로 설명하고픈 유혹을 느끼게 된다. 그것은 내가 믿기로는 위험천만한 환상이다. 하지만 설령 그것이 사실이더라도 여기서 아르카이크로 거슬러 올라갈 수 있는 정도로 오래된 그것이 문화가 아니라 생물학 관점에서 설명되어야 한다는 의미는 아닐 것이다.

우리는 여기서 그와 같은 황홀경, 무절제를 아래 사실로 설명하려는 유혹에 사로잡힐지도 모른다. 즉 인간의 바탕에 깔린 그와 같은 충동이 근대문명에서는 심하게 규율 대상이 되고, 심지어 억압되는 바람에 제멋대로 행동할 수 있게 될 때는 갑작스러운 분출이라는 고차 에너지를 방출하게 된다는 것이다. 그리고 폭력의 분출이 또한 성적 욕망을 고삐에서 풀어주는, 그리고 가해자에게 에로틱한 아우라를 제공하는 일종의 최음제일 수 있다는 지적을 통해 그와 같은 견해를 한층 더 견고하게 만들 수 있을 것이다.[32]

하지만 심지어 '야만적' 시대, 근대문명의 중대한 금령이 내려지기 이전 시대로 되

31 Chris Hedges, *War Is a Force That Gives Us Meaning*(New York: Public Affairs, 2002), p. 89. 글로버 Jonathan Glover는 일부 사람이 전투에서 경험하는 그와 동일한 것, 즉 권력에 대한 모종의 흥분감을 지적한다. 그는 베트남 참전용사의 아래 말을 인용한다. 전쟁은 "남성에게 뭔가 끔찍한 수준에서는 여성에게 출산이 의미하는 것과 가장 가깝다. 삶과 죽음에 관한 권력에 입문하는 것이다. 그것은 마치 우주의 한 귀퉁이를 살짝 치켜들고 아래 무엇이 있는지를 살펴보는 것과 같다"(*Humanity*[New Haven: Yale University Press, 2000], p. 56).

32 헤지스 또한 앞의 책, 98~105페이지에서 그와 같은 점을 지적한다.

돌아가더라도 폭력 및 성욕과 관련된 이 두 가지 충동이 가장 오래된 시대부터 메타-생물학적 의미와 뒤섞여 있던 사실을 발견할 수 있을 것이다. 앞 절에서 언급한 대로 섹슈얼리티는 성스러운 혼인이나 신전에서의 매춘 같은 의식을 통해 성스러운 것과 연결되었다. 절대적 폭력은 전쟁 형태로 인류사의 깊은 곳으로 거슬러 올라간다. 키건은 처음에는 그것 또한 대부분 의례화되어 있었다고 주장한다.[33] 그것을 통해 피해가 제한되었다(아이러니하게도 '진보'는 '합리적' 행동 때문에 보다 큰 파괴를 의미해왔다). 그 밖에도 여기서 인신공희의 풍부하고 다양한 역사를 거론할 수 있을 것이다.

그처럼 고삐 풀린 성욕과 폭력을 통제하려는 우리의 고투만이 메타-생물학적 관점에서 이해될 필요가 있는 것은 아니다. 그와 같은 '충동' 자체가 우리 삶 속에서 그것에 형체를 부여하는 의미의 모체를 통해 파악되어야 한다. 그것은 실제로 앞의 5절에서 간결하게 검토한 바대로 종교와 폭력이 역사적으로 복잡하게 뒤엉켜온 것으로부터 쉽게 추론해낼 수 있는 것이기도 하다.

7

분명히 기독교는 우리가 폭력에의 강한 충동을 느끼는 것에 대해 모종의 메타-생물학적 설명을 요구한다. 의미는 다양한 해석, 따라서 또한 방향 전환을 얼마든지 허용하지만 유전적으로 '배선처럼 깔려 있는' 성향은 그렇지 않다. 하지만 그렇다고 해서 그와 같은 설명이 기독교적 변형 관념을 지지해야 한다는 말은 아니다. 그것은 (적어도) 3파적 논쟁임을 상기해야 한다. 니체에 의해 촉발되었으며, 폭력, 파괴, 무절제한 섹슈얼리티에의 충동을 복권시키길 원한다는 의미에서 내재적 반계몽주의에 속하는 폭력의 의미에 관한 설명들이 존재한다.

그중 일부를 고려하지 않는다면 이 분야에서의 논쟁에 대한 이해 전체가 단락된 채로 끝나고 말 것이다. 나는 두 가지를 간략하게 언급하고 싶은데, 그것들은 니체의 661

33 John Keegan, *A History of Warfare*(London: Hutchinson, 1993).

영향을 받았으면서도 보편주의적 관점을 유지하고, 그리고 '너무 인간적인 것'의 대부분을 보다 저차적인 범주로 쫓아버리는 것은 피하고 싶어 한다.

첫 번째는 바타이유이다. 그의 견해에 대한 나의 설명은 주로 『종교 이론』[34]에 기반한다.

그의 이론에 따르면 이렇다. 즉 동물은 자기 세계와 경계 없는 연속성 속에서 산다. 반대로 인간은 대상[객체]을 가려내고, 그것을 바타이유적 의미로 '사물choses'로 식별할 수 있는 힘을 갖고 있다. 먼저 인간은 도구적 대상을 식별한다. 그것은 서로 나란히 존재하며 상호작용하며 지속되지만 경계 없는 연속성 속에서 서로에게 흘러들어갈 일은 없다.

인간세계는 그와 같이 지속되는 사물로 이루어지며, 실제로 우리의 도구적 행위는 그것을 지속시키는 것을 목표로 한다. 우리 자신의 죽음에게는, 가능한 오랫동안 막아야 할 것으로 말고는 그와 같은 질서 안에 고유한 자리가 없다.

하지만 우리는 살아 있는 존재로, 연속성을 감지한다. 우리가 동물과 공유하는 연속성에서 죽음은 삶의 일부다. 살아 있는 존재로서 우리는 바타이유가 '내밀성l'intimité' 이라고 부르는 것을 위해 연속성 속에서 살고 싶은 갈망을 갖고 있다. 그것은 우리를 끌어당긴다. 하지만 안정된 사물의 질서 속에 존재하는 인간에게 그와 같은 연속성은 위협, 분열이라는 궁극적 위협인데, 그것의 최악의 형태가 죽음이다. 동일한 이유로 내밀성은 인간의 삶에서 성스러운 것의 자리로, 그것은 매혹시키고 매료시킬 뿐만 아니라 두려움을 불러일으킨다.

> 내밀성은 신성한, 성스러운 것이며 불안으로 가득 차 있다l'intimité est sainte, sacrée et nimbée d'angoisse.[35]

마찬가지로 우리는 죽음에 대해서도 양의적 관계를 맺고 있다. 그것은 한편으로는 우리

34 바타이유, 조한경 역, 『종교 이론 — 인간과 종교, 제사, 축제, 전쟁에 대한 성찰』, 문예출판사.
35 앞의 책, 63페이지(번역을 바꾸었다).

의 지속적인 세계 속에 존재하는 단절로, 우리는 그것을 막기 위해 투쟁한다. 다른 한편으로는 사물의 세계로부터 연속성-내밀성 속으로의 탈출이다. 따라서 그것은 슬픔을 가져오지만 일종의 기쁨도 가져다준다. 우리 눈물은 종종 상실을 표현하지만 다른 한편으로는

> 좀 비틀어보자면 눈물은 오히려 뜻밖의 승리, 장래를 염려할 필요가 없을 만큼 미칠 듯이 울고 싶게 만드는 뜻밖의 기쁨을 표현하는 것이기도 하다dans d'autres cas les larmes répondent par contre au triomphe inespéré, à la chance dont nous exultons, mais toujours de façon insensée, bien au delà du souci d'un temps à venir.[36]

하지만 그것이 키츠가 [「나이팅게일에 부치는 노래」에서 말하는] '안락한 죽음과 어설픈 사랑에 빠지는half in love with easeful death' 것은 아니다. 폭력 속에서 죽음을 다룰 때 우리는 죽음을 통해 객관화된 사물의 질서로부터의 탈출에 접근하게 된다. 죽음의 인력은 또한 우리를 폭력, 파괴, 고삐 풀린 섹슈얼리티로 끌고 간다. 사물의 질서를 지속시키기 위한 우리의 주의 깊은 도구적 노력을 직접적으로 전도시키고 부정한다. 그것은 일종의 방기이며, 즉각적 '소모dépense'이다(바타이유는 '소비consommation' 보다는 '탕진', '소진consumation'이라고 말한다).

그와 같은 방기는 모든 것이 다른 것을 위한 도구인 영역에서 우리를 꺼내 자체가 자기목적인 영역으로, 즉 '비생산적 소모의 영역'으로 데려간다.

> 사치, 장례식, 전쟁, 예배, 장엄한 기념물 건설, 도박, 예술, 도착적 성행위(즉 생식이라는
> 목적을 벗어난 활동) 등 그와 같은 활동은 모두 그 자체로 목적을 지니고 있다Le luxe, les 662
> deuils, les guerres, les cultes, les constructions de monuments somptuaires, les jeux, les spec-
> tacles, les arts, l'activité sexuelle perverse(c'est-à-dire détournée de la finalité génitale) repré-
> sentent autant d'activités qui …… ont leur fin en elles-mêmes.[37]

36 앞의 책, 59페이지.

그렇게 벗어나는 것의 기원을 이루며 아르카이크부터 찾아볼 수 있는 종교 형태가 희생제의다. 희생물은 살해당할 수도 있지만 요점은 살해 자체가 아니라 포기하고 바치는 것이다.

> 중요한 것은 지속성 있는 질서 — 그곳에서는 모든 재원이 지속의 필요에 의해 소모될 뿐이다 — 로부터 무조건적 소진의 폭력으로 이행하는 것이다Ce qui importe c'est de passer d'un ordre durable, où toute consumation des ressources est subordonnée à la nécessité de durer, à la violence d'une consumation inconditionnelle.[38]

희생제 집행자는 실제로 이렇게 말한다.

> **내밀하게**, 나는 꼭 아내가 내 욕망에 속해 있는 것과 같이 신들의 지고한 세계에, 신화가 보여주는 것과 같은 지고한 세계에 속해 있다. 즉 폭력적 힘이 미쳐 날뛰며 이해타산을 벗어난 아량의 세계에 속해 있다*Intimement*, j'appartiens, moi, au monde souverain des dieux et des mythes, au monde de la générosité violente et sans calcul, comme ma femme appartient à mes désirs.[39]

> 기이한 신화들에서 보든 잔인한 제의에서 보든 인간의 역사는 잃어버린 내밀성의 추구의 역사이다Dans ses mythes étranges, dans ses rites cruels, l'homme est dès l'abord à la recherche de l'intimité perdue.[40]

37 바타이유, 조한경 역, 『저주의 몫』, 문학동네, 17페이지.
38 바타이유, 『종교 이론』, 59페이지.
39 앞의 책, 54페이지(번역을 바꾸었다].
40 바타이유, 『저주의 몫』, 99페이지.

그와 같은 충동은 혼자 방치되면 불처럼 모든 것을 삼켜버릴 것이다(따라서 불은 희생제의의 상징이자 수단 중 하나이다). 따라서 어쨌건 희생제의나 다른 모든 종교적 향연은 내밀성, 도취, 카오스, 성적 난교, 파괴 영역에 그렇게 해서 열리게 되는 것을 풀어놓는 동시에 제한해야 한다. 공동체는 또한 사라지지 않으려면 어디서 그것을 멈추어야 하는지에 대한 감각도 갖고 있어야 한다.[41]

바로 거기에 초기의 종교적 삶의 기본적 모순이 있는데, 비록 보다 후일의, 보다 고차적인 형태가 그것을 회피하기 위한 시도로 발생하지만 결코 극복될 수 없었다. 내 663
밀성은 사물의 질서로부터의 회피를 의미하지만 향연은 그 자체가 보다 고차적인 수준의 것으로 살아남기를 바라는 공동체에 의해 용의주도하게 조직되었다. 군사사회는 폭력이 외부를 향하도록 하고 그것을 자기 자신의 공동체의 생존을 위한 도구로 삼음으로써 그와 같은 모순을 피하려고 시도할 수 있을 것이다. 공리주의적 보존에 대한 반발은 가령 심지어 본인 목숨을 잃을 위험을 무릅쓰고 전사가 추구하는 영광 그리고 자기를 둘러싸는 사치품과 장식처럼 보다 숭고화된 형태를 취하기도 한다. 하지만 이 모든 것이 자기방기self-release 속으로 직접 뛰어드는 것을 실제로 보상해줄 수는 없을 것이다.

이후 보다 고차적인 형태의 종교가 생겨나는데, 그것은 내밀성을 그와 같은 세계를 넘어선 곳, 즉 초감각적 영역에 놓으며, 신적인 것 또는 가지적 세계는 지속되는 사물의 질서와 완전히 양립 가능하다고 보았다. 실제로 신적인 것 또는 가지적 관념의 질서는 사람과 제도의 보존을 보증했다. 그와 같은 보증을 표현하는 코드를 우리는 도덕으로 파악한다. 지속되는 질서를 보존하기 위해 요구되는 것을 이성을 수단으로 끌어낼 수 있기 때문에 그것은 합리적이다. 이제 폭력 그리고 폭력에 대한 갈망은 악으로, 신 그리고 질서의 적으로 간주된다. 원초적으로 성스러운 것은 심오하게 양의적인 것, 즉 이익을 가져오는 것과 해를 끼치는 것 모두의 원천이었지만 이제 한편으로는 보통 그와 같은 세계를 넘어서는 것으로 간주되는 순수한 신적인 것 그리고 다른 한편으로는 어쨌건 물리적 세계에 내재하는 악의 원리로 분열된다.

하지만 그것은 단지 신적인 것을, 내밀성의 원리를 세계를 초월한 곳에, 그리하여

41 바타이유, 『종교 이론』, 63~66페이지.

이전 어느 때보다 더 우리에게 먼 곳에 위치시킬 뿐이다. 그래서는 인간 존재를 만족시킬 수 없다. 게다가 그와 같은 신적인 것은 다양한 조작, 가령 규율, 선행 등에 의해 보다 가까이 접근 가능한 것으로 간주된다. 그것은 우리가 마치 도구적 행위에 의해 산출할 수 있는 또 다른 현실인 양 그것을 취급하고 있음을 의미한다.

이 마지막 모순이 프로테스탄티즘의 '오직 신앙뿐sola fide'이라는 원리 속에서 극복되면 최종 단계에 이르게 된다. 그에 따르면 선행은 구원을 가져오는 데는 아무 도움도 되지 못한다. 그러나 '오직 신앙뿐'이라는 원리와 함께 결국 도구적 행위와 생산 영역은 모든 저 세상의 목적으로부터 해방된다. 이제 우리는 생산이 자체를 위해 존재하거나 또는 오히려 생산의 잉여가 생산을 보다 효율적이고 풍부하게 만들기 위해 지속적으로 사용되는 형태의 경제를 갖게 된다. 근대 자본주의 단계에 도달한 것이다(여기서의 논의가 베버에게 많은 것을 빚지고 있음은 분명하다).

여기서 인간은 완전히 '사물의 지배le règne des choses' 하에 들어가 '스스로 사물로 전락하게 된다souveraineté de la servitude다.' "인간은 자기 자신으로부터 멀어진다L'homme s'éloigne de lui-même"42(베버의 '철창'을 떠올리게 된다). 그와 같은 사태전개 전체의 토대에 깔린 기본 원리는 이렇다.

> 인간의 삶이 인정하는 질서와 유보는 어떤 것에도 예속되지 않은 최종 목적을 위해, 질서정연하게 예비되어 있던 힘들이 한껏 자유롭게 해방될 때 비로소 의미를 갖게 된다. 아무리
> 664 비참하게 느껴진다고 해도 반항에 의해서만 인류는 물질적 사물의 조건에서 벗어날 수가 있다는 것이다ce que [la vie humaine] admet d'ordre et de réserve n'a-t-il de sens qu'à partir du moment où les forces ordonnées et réservées se libèrent et se perdent pour des fins qui ne peuvent être assujeties à rien dont il soit possible de rendre des comptes. C'est seulement par une telle insubordination, même misérable, que l'espèce humaine cesse d'être isolée dans la splendeur sans condition des choses matérielles.43

42 앞의 책, 104페이지.
43 바타이유, 『저주의 몫』, 47페이지.

그와 같은 해방은 또한 인간 존재를 실제로 하나로 묶는 것이기도 하다.

> 격렬하게 소진하는 사람들끼리는 모든 것이 투명하고, 모든 것이 열려 있고, 그리고 모든 것이 무한해진다Tout transparaît, tout est ouvert et tout est infini, entre ceux qui consument intensément.[44]

신뢰를 잃은 과거의 신앙 대신 우리는 지금까지 종교가 충족시켜주려고 노력해온 심오한 요구를 만족시킬 수 있는 새로운 형태의 창조적 파괴를 발견해야 한다. 내밀성은 어떻게 해서건 표현되어야 한다.

여기서의 해결책은 선명하게 스케치된 문제만큼 명백하지 않다. 여기서의 기본적 직관은 이렇게 요약될 수 있을 것이다. 즉 무질서, 폭력, 성적 방종 속에서 달성 가능한 직접성 그리고 영=정신적 교감의 감각은 인류학적 상수이자 깊고 근절 불가능한 요구라는 것이다. 문명의 규율을 통해 그것에서 벗어나 그것을 내버리도록 하려는 시도는 실패할 수밖에 없을 뿐만 아니라 인간의 삶의 불구화를 의미할 수밖에 없게 된다.

모스와 코제브에게 의존하는 바타이유 사상은 분명히 근대(성)의 규율훈련된, 도구적이고, 객관화하는 태도에 대한 반발에 의해 형성되어왔다. '내밀성'의 해방이라는 그의 상은 그것과는 현격하게 대조적으로 그려진다. 그의 이론은 기축시대 이전의 여러 종교에서 찾아볼 수 있는 폭력과 희생의 자리에 대해 생각하기 위한 통로를 열어준다. 아무리 그의 이론을 기축시대 이후에 대한 해석으로 받아들이기가 어렵더라도 말이다. 하지만 그것이 그것을 기축시대 이후 시대가 무엇을 억압하고 잃었는지를 이해하는데 한층 더 유용한 것으로 만들어줄 수도 있을 것이다.

하지만 또한 폭력과 파괴충동을 복권시킬 수 있는 완전히 다른 방식도 존재한다. 세상의 이치에 관한 포스트-쇼펜하우어적 시각의 틀에서 우리는 심지어 고통을 미 속에 깊이 박아 넣을 수 있을 것이다. 인간이 타자에게 고통을 가하고 해를 끼치는 것이

44 앞의 책, 100페이지.

세상의 이치 자체의 일부이며, 우주 속의 어둡고 비인간적인 것이 우리 속에서 공명하는 방식이다. 그것을 인식하는 것은 인간의 삶의 토대에 놓인 비극을 직관하는 것이다. 그와 같은 방식 속에는 일정한 미가 존재하고, 그것을 인식하고 그것에 동의하는 데는 기쁨이 존재한다. 니체의 견해로는 뛰어난 존재자는 그와 같은 방식에 '그렇다'고 말할 수 있고, 그것이 그의 기쁨이다.

폭력과 고통의 필연성에서 태어난 미를 통해 그것들과 화해한다는 그와 같은 생각은 근대문화에서 여러 차례 반복해서 등장했다. 철학보다 문학에서 더 자주 등장하지만
665 그럼에도 불구하고 강력한 존재감을 갖고 있다. 멜빌, 콘래드, 포크너에게서 그것에 대한 암시를 찾아볼 수 있다. 그리고 또한 헤밍웨이에서도 찾아볼 수 있는데, 그의 작품에서 투쟁, 역경에 맞서 싸울 용기와 결의를 보여주는 것에 대한 남성적인, 자기긍정적 사랑에게는 우리와 우리 속에 심오하게 닻을 내리고 있는 것과 연관 지어지고, 그리하여 필연성에 의해 신성한 것으로 변용되는 것에 의해 깊이와 반향이 주어진다.

현대 작가 매카시Cormac McCarthy는 그와 같은 종류의 비전이 등장하는 일련의 소설로 대중의 상상력을 사로잡아왔는데, 그것은 종종 비중이 그리 크지 않은 등장인물의 입을 빌려 표현되기도 한다.

> 그는, 사람들은 죽음의 선택은 불가해하다고 믿지만 모든 행위는 뒤를 잇는 행위를 촉구하며, 한쪽 발을 다른 사람 앞에 두는 한 운명의 이 모든 사실에서와 마찬가지로 자기 자신의 죽음의 공범이라고 말했다. 이어 게다가 그렇지 않으면 사람들의 끝은 출생 시 결정되며, 온갖 장애물에도 불구하고 본인의 죽음을 모색할 수밖에 없게 되리라고 말했다. 그는 두 가지 견해 모두 하나의 견해일 뿐이라고, 한편으로 우리는 우리가 피했을 수도 있을 기묘하고 애매한 곳에서 죽음을 맞이할 수도 있지만 그와 같은 파괴에 이르는 길이 아무리 감추어져 있거나 구부러져 있어도 사람들은 그것을 찾아내리라고 말하는 것이 보다 정확하리라고 말했다.[45]

45 A. O. Scott, "The Sun Also Sets", review of *Cities of the Plain*, Vol. 3, *The Border Trilogy*, by Cormac McCarthy, in *The New York Review of Books*, September 24, 1998.

제퍼스 시에는 우주의 잔혹한 운행 뒤에 존재하는 놀라운 미에 대한 한층 더 강력한 진술이 담겨 있다.

그는 캘리포니아 해변에 있는 카르멜에서 시적 소명을 깨달았다. 그에게는 그것이 우리 문명의 끝, 공간에서의 한계일 뿐만 아니라 시간을 통한 서쪽으로의 전진의 끝이기도 했다. 끝이란 곧 순환이 끝나는 곳이자 새로운 순환이 시작될 수도 있는 곳이었다. 그와 같은 장소에서 우리는 우리가 생겨난 광대한 우주 속에서 인간의 삶과 문명의 뿌리를 감지할 수 있을 것이다.

제퍼스 시는 우주를 통해, 그리고 우주로부터, 그것의 일부인 우리를 통해 맥박 치는 그와 같은 생명에 대한 모종의 감정에 의해 자양분을 얻고 있다. 그의 시에서는 워즈워스 및 낭만주의와의 연결고리가 보이며, 코스모스를 관통하며 솟구치는 큰 흐름에 대한 감각이 존재한다. 그러나 비전은 전혀 다르다. 제퍼스는 그와 같은 흐름을 '신', 즉 일종의 범신론적 신 — 그가 우주**이다** — 으로 부르기를 원하며, 우리와 그의 다른 피조물을 통해 그것을 느끼고 이해하려고 한다. 그와 같은 전체를 파악하는 것, 생명의 그와 같은 흐름과 소통하는 것은 거대한 미의 상을 갖는 것이지만 그것은 또한 희생제의, 수난 그리고 일종의 무심한 잔혹성의 상 중 하나이기도 하다. 거기에는 이상화된 전사들에 대해 말하며, '도덕에서의 노예반란'이 있기 전에 그들은 거대한 맹수 같았다고 주장할 때의 니체[46]를 떠올리게 하는 것이 존재한다.

신은 별 사이를 활공하는 매를 닮았다.

피 묻은 부리와 날카로운 발톱을 갖고,

46 "그들이 외부로 향하게 되어 낯선 것, 이방의 것과 접하기 시작하는 곳에서는 고삐 풀린 맹수보다 더 나을 것이 없게 된다. 그곳에서 모든 사회적 구속에서 벗어나 자유를 즐긴다. 사회적 평화 속에 오랫동안 감금되고 폐쇄되었기 때문에 나타나는 긴장을 황야에서 보상받는다. 그들은 아마 소름끼치는 일련의 살인, 방화, 능욕, 고문에서 의기양양해 하며 정신적 안전을 지닌 채 돌아오는 즐거움으로 가득 찬 괴물로서 맹수적 양심의 순진함으로 되돌아간다. 그것은 마치 학생들의 장난을 방불케 하는 것이며, 그들은 시인들이 오랜만에 노래하고 기릴 수 있는 것을 가졌다고 확신한다(『도덕의 계보』, 제1논문, 11[372페이지]).

갑자기 달려들어 살을 찢는다. ……

하나의 사나운 삶(「양날도끼」).

God is like a hawk gliding among the stars ……

He has a bloody beak and harsh talons,

he pounces and tears ……

One fierce life("Double Axe").[47]

666 그에게는 어떤 정의도 없다.

자비도 사랑도 없다(「한 시대의 탄생에」).

He has no righteousness.

No mercy, no love(At the Birth of an Age).[48]

그와 같은 우주는 우리가 난쟁이처럼 보이도록 만든다. 우리는 그와 같은 전체의 장대한 아름다움을 돌아보고 숭배할 수 있을 것이고, 그래야 할 것이다.

나는 아름다움美 말고는 아무것도 없다고 믿는다.

그것을 위해 만물은 형성된다고. 확실히 그와 같은 세계는

행복을 위해서도 또 사랑을 위해서도 또 지식을 위해서도 구축되어 있는 것이 아니다.

또 고통을 위해서도, 미움과 어리석음을 위해서도. 이 모든 것에는

계절이 있다. 그리고 긴 세월 동안 그것들은 서로 균형을 이루고,

상쇄된다. 하지만 아름다움은 남는다(「침략」, 584~584행).

47 James Karman, *Robinson Jeffers*(San Francisco: Chronicle Books, 1987), p. 51에서 재인용.
48 아래에서 인용하는 시의 페이지 숫자는 *The Collected Poetry of Robinson Jeffers*, ed. Tim Hunt(Stanford: Stanford University Press, 2001)의 해당 페이지를 가리킨다.

I believe that the beauty and nothing else is

what things are formed for. Certainly the world

Was not constructed for happiness nor love nor wisdom. No, nor for pain, hatred and folly. All these

Have their seasons; and in the long year they balance each other, they cancel out. But the beauty stands("Invasion", 583-584)

하지만 인간은 극복 불가능한 나르시시즘에 빠지기 쉽다. 내부를 향하고, 자기 자신과 자기 일에 관심을 갖고, 그것들이 코스모스 또는 신에게 정말 중요하다고 생각한다. 그는 그와 같은 자기중시 환상의 가장 영향력 있는 형태로 기독교를 멸시한다.

그와 같은 나르시시즘은 세계로부터의 자기분리, 일종의 잔혹성에 대한 향유를 낳는데, 그는 그것을 자연적 삶의 일부인 무심하게 고통을 가하는 것과는 완전히 다른 도착적인 것으로 간주한다. 그의 일부 시는 감내, 즉 그와 같은 전체관과의 평온한 영= 정신적 교감을 표현한다.

「바위와 매」

많은 고매한 비극적 생각이

자기 자신의 눈을 물끄러미 바라보고 있다

이 상징 속에서

이 회색 바위, 그와 같은 곳에,

높이 솟아 있다

바닷바람에 나무 하나 자라지 않는 곳에

지진의 시련에도 견디고
태고 이래의 폭풍우의 각인이 새겨진 바위 정상에
매 한 마리가 앉아 있다

나는 생각한다. 미래의 하늘 높이 걸어야 할
너의 표장은 이것
십자가도 아니고 벌집도 아니다.

그것이다. 빛나는 활력과 암흑의 평화
종국의 무심함과 하나 된
격렬한 의식

667 고요한 죽음과 함께하는 생명,
매의 현실적인 눈과 행위,
하나로 결합되어 있다

돌의 거대한 신비주의,
실패도 그것을 낙담시키지 못하며
성공도 그것이 젠체하도록 만들지 못하리(502행).

Rock and Hawk

Here is a symbol in which
Many high tragic thoughts
Watch their own eyes

This gray rock, standing tall
On the headland, where the sea wind
Lets no tree grow

Earthquake-proved, and signatured
By ages of storms; on its peak
A falcon has perched.

I think, here is your emblem
To hang in the future sky;
Not the cross, not the hive,

But this; bright power, dark peace;
Fierce consciousness joined with final
Disinterestedness;

Life with calm death; the falcon's
Realist eyes and act Married to the massive

Mysticism of stone,
Which failure cannot cast down
Nor success make proud(502)

하지만 그의 일부 시, 특히 서사적 운문에서 우리는 우리 자신의 도취를 깨고, 중심

인물 — 거의 언제나 여성이다 — 의 극적인 행동을 통해 그리스 비극에 의지하는, 그리고 종종 개작하는 방식으로 또는 어머니 여신 같은 고대 개념에 기반해 삶과 죽음을 모두 다루는 방식으로 우리를 낳은 생명의 완전한 강렬함과 교감하기도 한다. 「타마르 *Tamar*」에서처럼 근친상간과 불에 의한 죽음의 격렬한 이야기가 있고 또는 「쉬르 갑岬의 여인들*The Women at Point Sur*」에서와 같은 정화하는 폭력 이야기도 있다.

폭풍이 온다, 상냥한 폭풍이.
여름과 지친 황금의 날들은
쓰라릴 정도로 울적하고 더 파멸적이다.
나병에 걸린 잔디, 병든 숲.
매춘부의 두 눈 같은 바다
그리고 태양의 소음
푸른 목초지에서 짖고 있는 황구黃狗
옆구리를 물어뜯고 있다.
……
당신은 지치고 피곤하고 망가졌다
당신은 샘에 독이 풀릴 때까지 짐승을 기르고 있었다.
옴으로 잔뜩 덮인 그것은 비밀 지하 감옥의 창문을 뚫고 고약한 냄새를 풍겼다.
약속을 어기는 전쟁은 그것을 풀어놓은 사람을 죽였다.
그리고 살아 있는 사람은 누구도 청소부가 아니었다. 하지만 폭풍이 오고 사자는 사냥한다.
밤에 섬광이 번쩍이면 육체를 드러낸 채. 그것이 올 것이다. 평화를 먹고 살며
감각은 그대로이다. 너희들 각각에서 마침내 약간의
쓸쓸함이, 극소량의 갈망과 한 방울의 공포가.
그리고 나서 사자들은 죽어가는 자의 뇌 속에서 사냥한다. 폭풍은 좋다, 폭풍은 좋다.
폭풍은 피조물,

상냥한 폭력, 동정을 동반한 욱신거리는 인후통(149~150).

Come storm, kind storm.
Summer and the days of tired gold
Are bitter blue and more ruinous
The leprous grass, the sick forest,
The sea like a whore's eyes,
And the noise of the sun,
The yellow dog barking in the blue pasture,
Snapping sidewise
……
You are tired and corrupt,
You kept the beast under till the fountain's poisoned,
He drips with mange and stinks through the oubliette window.
The promise-breaker war killed whom it freed
And none living's the cleaner. Yet storm comes, the lions hunt
In the night stripped with lightning. It will come: feed on peace
While the crust holds: to each of you at length a little
Desolation: a pinch of lust or a drop of terror:
Then the lions hunt in the brain of the dying: storm is good, storm is good, good creature,
Kind violence, throbbing throat aches with pity(149-150).

깔리나 [힌두신화의 전쟁의 여신인] 두르가에게서처럼 광기, 살인, 자살을 통한 그와 같은 폭력의 여성적 삭티[생식 원리]는 너무나 인간적인 것을 정화하고 순화시킨다. 우리는 그와 같은 힘의 생기 넘치는 부름을 통해 기저에 흐르는 삶과 죽음의 흐름과 다시 결합한다.

668 **8**

하지만 폭력 성향이 생물학적 것이건 메타-자연(학)적인 것이건 모든 기독교적 이해가 설명해야 할 수수께끼가 아직도 남아 있다. 즉 우리가 아는 인간 본성은 얼마나 신의 모상을 본떠 닮은꼴로 지음받은 모습과 일치할 수 있을까?

아래 가설은 기독교적 관점 내부로부터 나오는 것이다. 즉 인간은 동물의 왕국에서 생겨나 신의 인도를 받는다. 그리고 남성(적어도 수컷)은 강력한 성충동을 갖고 있으며, 그리고 많은 공격성을 갖고 있다. 그와 같은 자질에 관한 한 통상의 진화론적 설명은 정확할 수 있을 것이다. 하지만 신에 의해 인도된다는 것은 그와 같은 충동의 모종의 변형을 의미한다. 그것을 억압 또는 억제할 뿐만 아니라 뚜껑으로 덮어 두어야 한다. 하지만 그것뿐만 아니라 또한 내부로부터의 진정한 전향, 즉 회심이기도 하다. 그 결과 이제 모든 에너지가 신과 같은 방향으로 나아가게 된다. 신의 사랑이 아가페를 움직이면서 공격성은 에너지로 바뀌고, 사물을 신에게 되돌려 주기 위해 애쓰며, 에너지는 악에 맞서 싸우는 것으로 변한다.

악이란 무엇인가? 단지 영점零點, 즉 아직 변형되지 않은 것만이 아니다. 하지만 그와 같은 영점에 대한 또 다른 반응이 있는데, 인간이 동물인 지점이 그것으로 거기서 인간은 변형에 대한 그와 같은 부름을 느끼며, 신에 의한 교육이 시작되는 지점이기도 하다. 이제 인간의 삶에는 고차적인 것, 비길 데 없이 고차적인 것의 차원이 존재하는데, 그것을 완전히 외면할 수 없다. 동경과 분투의 차원이 그것으로, 우리는 그것을 무시할 수 없다.

악이란 신보다 못한 것, 신 이외의 것을 위해 그와 같은 차원을 손에 넣으려고 하는 데 있다. 그것은 매우 강력한 유혹이다. 우리가 그와 같은 유혹을 느끼고 그것에 굴복한다는 것은 누구나 다 아는 사실로, 그것이 우리 삶을 구성한다. 우리 삶의 방식 전체가 그와 같은 굴복 위에 구축되어 있다. 변형을 거치지 않은 사람에게 모종의 보다 고차적인, 신비롭기까지 한 힘이 부여된다. 그리하여 힘을 갖고 있다는 자기 본위의 감정은 교만philotimo이 된다. 하지만 또한 살인을 저지르려는 거친 광란이나 섹스 또한 신비로움을 부여받을 수 있다.

그것이 타락 상태이다. 거기에는 두 가지 차원이 존재한다. 신은 천천히 인류를 교육하고, 천천히 인류를 향하고, 내면에서 인류를 변형시킨다(여기서는 [리옹의] 이레나에우스 관점에서 상당히 많은 것을 차용하고 있다). 그러나 동시에 신의 교육학은 도둑맞고, 유용되고, 오용되어왔다. 교육은 그와 같은 저항의 장에서 행해지고 있다.

저항은 특정한 역사적 형태를 띤다. 우리의 변형되지 않은 삶의 몇몇 측면은 신비로운 힘을 부여받는다. 그와 같은 형태가 확립되고, 다음 세대에게 전승된다. 부분적으로는 문화적 전통이 지속되는 명백한 방식으로 말이다. 아이들은 병사들이 북과 트럼펫 소리와 함께 행진하는 모습을 보며, 크면 군인이 되어 공훈을 세우고 싶다고 간절히 바라게 된다. 하지만 또한 보다 신비로운 방식으로 다음 세대에 전달되기도 한다. 마치 우리 모두가 잠길 수 있으며, 심지어 어떤 정상적 '접촉' 없이도 우리에게 영향을 줄 수 있는(그것을 설명하기 위해 종종 악마가 호출된다) 일종의 인간적 환경에 진입한 듯이 말이다.

그런데 신의 교육학은 상호 반대되는 힘이 맞선 그와 같은 장에서 작동한다. 그와 669
같은 장에서는 만약 어떤 변형되지 않은 실천을 둘러싼 신비로움이 반전되어 신을 섬기는 모종의 관계 속에 들어간다면 그것은 긍정적 발걸음이 되어 우리를 신에게 다시 가까이 데려가는 것이 될 수 있을 것이다. 비록 그와 같은 실천을 전적으로 버리는 것이 궁극적 목적이라고 가정할 수 있더라도 말이다. 우리는 목적으로 일거에 도약할 수 없다. 그것이 느린 교육학에 관한 진실이다.

하지만 다른 한편으로 또한 도약이 있을 수 있고, 또 있어야 한다. 그렇지 않으면 신에 대한 응답에서 어떤 의미 있는 전진도 불가능할 것이다. 종종 우리는 몇몇 역사적 형태와 완전히 단절해야 한다. 여기서는 아브라함이 우리의 패러다임이다.

그런데 많은 종교에서 인신공양이 존재한다. 그것은 이중의 틀 속에서 보아야 한다. 한편으로 그것은 지배하고, 죽이고, 폭력을 가하고 싶은 우리 욕망에 신비스런 힘

[권력]을 부여하는 방식 중 하나이다. 그것은 신비로운 방법으로 유혈에 대한 갈망, 폭력의 쾌락, 일종의 만취 상태에 집중한다. 앞선 논의에서 말했듯이 변형을 거치지 않은 욕망은 우리를 변형시키는 신의 권능에 자신을 열어놓는 대신 자체에 집중되며, 그 자체의 신비로움을 낳는다.

다른 한편 이 모든 것을 전제로 할 때 그것의 방향을 희생 쪽으로 돌리는 것은 그것을 신성 쪽으로 되돌리는 방법이다. 희생을 통해 모종의 움직임이 전개되는데, 신적 교육학에의 양보가 이루어지는 것이다.

성스러운 혼인이나 신전에서의 매춘에 대해서도 비슷하게 말할 수 있을 것이다.

아브라함에게 선포된 계시는 그와 같은 형태의 희생과 단절하는 것이었다. 그리고 계시와 함께 힘power이 선물로 주어진다. 우리는 인신공양을 완전히 거절한다. 신은 우리를 보다 높은 곳으로 인도한다. 그러나 우리는 아직 목표로 곧장 도약하는 데 성공하지 못하고 있다. 폭력이 아직도 일정한 역할을 한다. — 이제는 이중적 역할을. 폭력은 외부에, 가령 이교도의 관습 속에 존재하는데, 바알 신에게 아이들을 희생물로 바치는 것과 같은 그것은 혐오스럽다고 선언된다. 하지만 그것에 맞서 싸워야 하기 때문에 그것은 또한 이제 내부에도 존재한다. 즉 우리는 이교주의에 맞서 싸우는 전사로 동원되고, 이교에 맞선 경계선을 방어한다. 앞서 논한 대로 성스러운 폭력이 여전히 존재한다. 신비로움은 더 이상 그와 같은 폭력에 고유한 속성이 아니다. 호전성 자체에 대한 성화는 더 이상 이루어지지 않는다. 하지만 그래도 군대는 축복받는다. 그리고 거기에 위험이 존재한다. 왜냐하면 그렇게 해서 부지불식중에 모든 것을 자기 쪽에 집중시키고 self-concentration, 신의 이름아래 자행되는 잔학행위에 우리를 동원할 수 있기 때문이다. 그와 같은 사례 중 일부가 『구약성서』에 보고되고 있는 것이 아닐까?[49]

그리스도와 함께 또 다른 계시가 주어지고, 힘이 새로 선물된다. 신이 희생물 역할을 하게 된 것 그리고 그것이 가져온 변화는 폭력과 성스러움 간의 관계를 변형시킨다. 하지만 중요한 측면에서 우리는 다시 기독교세계의 유혹에 빠지게 되는데, 아마 그것을 완전히 피할 수는 없을 것이다. 그리하여 아직도 폭력에 대한 축복이 존재한다. 그것은

49 「사뮤엘 상」, 15장을 보라. 거기서 사울은 아말렉 사람들을 모조리 죽이는 데 실패하게 되어 왕의 자리에서 쫓겨난다.

외부가 존재한다는, 즉 신의 백성에는 외적 경계가 존재한다는 관념에 의해 정당화된다. 폭력은 궁극적으로 신에게 저항하는 사람들에게, 우리 신의 철천지원수에 대해 행사된다(는 것이다).

하지만 처음부터, 아마 특히 처음에 그와 같은 폭력에 대해 기독교 내에 불편함이 존재했다. 후일 기독교세계에서는 통상적 방식으로, 즉 우선 차이를 확인한 다음 그것 670
의 부족한 부분을 보완하는 방식으로 폭력에 대처했다. 기독교 전사는 축복받지만 성직자는 피를 흘려서는 안 되었다.

고행 속에서 자기 자신에 가하는 폭력도 존재했다. 그것은 신에 대한 우리의 저항에 맞선 투쟁의 일부이다.

쉽게 알 수 있듯이 인가되고 신성화된 폭력의 역할은 오히려 비-보편주의적 견해와 보다 쉽게 조화를 이룰 수 있다. 그와 같은 견해는 폭력을 위해 그와 같은 세계 속에 근절 불가능한 틈새를 비워 놓는다. 그것의 근저에 깔린 생각은 대략 이렇다. 즉 인간은 선택할 수 있다. 신을 선택해야 하지만 그에 반한 선택도 할 수 있어야 한다. 시종 신에 맞선 선택을 하는 사람은 신의 원수이다. 그것은 그가 신에게 폭력을 행사하며, 그리하여 또한 신에게서 폭력을 당한다는 것을 의미한다. 왜 그렇게 되는 걸까? 왜냐하면 신은 그렇게 부정하는 길을 거부하지 않고는 실제로 그것을 잘못이라고 단언할 수 없기 때문이다. 그리고 신은 어쨌건 벌하지 않고는 그것을 진정으로 부정할 수 없다. 그것에 그의 명예가 걸려 있다. 여기서 그것을 거부하는 자들을 처벌하기 위한 일종의 논리적·형이상학적 필연성이 등장하는데, 신도 그것을 지나칠 수 없을 것이다. 그것이 사법적·형법적 견해의 핵심적 전제이다.

그와 함께 우리는 폭력의 또 다른 차원에 이르게 된다. 폭력을 신성화하는 쪽으로의 전환 — 모든 것을 자기 쪽에 집중시키는 것으로의 전환 — 을 완수했으므로 우리는 인간적 환경 속에서 그것을 감지할 수 있을 것이다. 그것은 자기긍정 수단으로 또는 우리 삶에 신비로운 힘을 주는 수단으로 우리를 유혹하지만 동시에 우리를 두려움에 사로잡히게 만든다. 그것이 우리를 두려움에 사로잡히게 만드는 것은 단지 무시무시한 일이 우리에게 가해질지도 모르기 때문만이 아니라 또한 우리 자신의 다른 측면, 즉 보다 고차적 측면과 함께 폭력 속으로 삼켜질까 봐 두렵기 때문이기도 하다. 우리는 거친 섹슈얼리티 같은 그것의 유혹을 두려워한다(바타이유와 제퍼스 견해 모두의 이점은 그와 같은 양의성을, 즉 매력과 고뇌 양 측면을 모두 이해하려고 시도하는 데 있다).

그것들이 앞서 서술한 대로 폭력 및 파괴와 관련해 우리가 느끼는 공포와 내적 불편함의 원천이다. 특정한 공격적 성향을 진화적 역사를 배경으로 설명할 수도 있을 것이다. 하지만 우리가 삶, 종교, 전쟁, 처벌에서 폭력을 제도화하는 방식에 너무나 강하게 동기를 부여하는 내적 공명과 공포 같은 요소가 존재하는데, 우리가 그것들을 느끼는 것은 오직 우리가 이미 신의 교육학의 장 속에 존재하기 때문이다. 폭력은 오직 그와 같은 장에서만 도대체 신비한 차원을 가질 수 있다.

그런데 앞서 살펴본 대로 앞의 두려움/불편함은 일단 그와 같은 폭력을 구원에 공헌하거나 그것과 양립할 수 있는 사안과 관련된 계획의 일부로 간주하게 되자마자 줄어들 수 있을 것이다. 가령 시바, 깔리 그리고 신의 왼손으로서의 파괴 등이 그렇다. 그렇지 않다면 그에 대한 대안은 폭력을 신적 사랑의 필연적 분출로, 끝까지 신을 받아들이려고 하지 않는 자들을 분쇄하는 것으로 해석하는 것이다. 단테의 지옥은 성스러운 힘과 지고의 지혜뿐만 아니라 태초의 사랑에 의해서도 만들어져 있다.[50]

이 후자의 견해 속에는 나름의 진리가 존재하지만 보편주의와 양립 불가능하지 않다. 왜냐하면 신의 사랑에 대한 거부는 폭력을 낳고 우리가 폭력 속에서 살도록 선고하기 때문이다. 그리고 폭력 관계는 언제라도 피해자와 가해자, 양과 염소, 위해를 가한 죄책감에 시달리는 사람과 위해를 당하는 피해자를 만들어낸다. 그리하여 구원받은 사람 외에도 영벌을 받는 사람이 존재해야 하는 걸까? 물음은 이렇다. 즉 위해를 가하는
671 사람과 위해를 당하는 사람이라는 구별이 신의 최종 결정인가? 변형의 힘은 그것보다 멀리 갈 수 있는가? 즉 폭력을 궁극적 은신처 속으로 몰아내 정복할 수 있는가? 우리는 신을 최고의 테니스 선수로, 즉 우리의 형편없는 스트로크를 항상 새로운 방식으로 맞받아치는 사람으로 간주할 수 있을 것이다.[51]

50 "성스러운 힘, 지고의 지혜와/태초의 사랑으로 하여금 나를 이루셨도다.Fecemi la divina Potestate,/La somma Sapienza e 'l Primo Amore"(『지옥』, 한형곤 역, 3곡 2연 5~6행).

51 이 이미지는 R. F. Capon, *An Offering of Uncles: The Priesthood of Adam and the Shape of the World*(New York: Sheed and Ward, 1967)에서 차용한 것이다.

반대로 폭력을 궁극적인, 마침내 성취된 신의 계획의 일부로, 악행자에게 돌아가야 할 운명으로 간주하는 것은 그렇게 해석하려는 시도와 관련한 우리 나름의 해석에 참여해 앞의 악행자에 대한 징벌을 환영할 수 있도록 해줄 것이다. 그렇지 않으면 심지어 신의 민병으로 직접 나서 징벌을 가하려고까지 시도할 수 있을 것이다. 그리하여 성스러운 학살이 인가된다. 근대의 보편주의, 즉 '지옥의 쇠퇴'는 그와 같은 버팀목을 일거에 무너뜨려버렸는데, 그것은 이득인 것 같다.

폭력에 대한 그와 같은 기독교적 『성서』해석학은 배타적 휴머니즘의 딜레마로부터의 출구를 제공할까? 많은 측면에서 아마 '그렇다'고 할 수 있지만 다른 측면에서는 '그렇지 않다.'

다양한 휴머니즘적 입장 간에 존재하는 긴장을 다시 한 번 살펴보자. 근대적 질서 관념은 폭력을 완전히 금지하고, 몇몇 해석 형태에서는 방탕한 성행위를 금지한다. 계몽주의에서 유래한 객관화의 견해로는 코스모스 안에 암시되어 있는 것이건 아니면 신의 섬김을 통한 것이건 폭력은 더 이상 신비적 덮개를 갖고 있지 않다. 그렇지 않으면 혁명이나 조국에의 봉사를 목적으로 사용될 때 신비로운 아우라 같은 것을 간직할 수 있을 것이다. 그리고 폭력이 사라지는 최종 단계를 가져오는 것이 그것의 텔로스이게 된다. 아래에서 성스러운 학살에 대한 그와 같은 세속적 독법으로 돌아갈 것이다. 하지만 그것은 일단 논외로 하고 널리 통용되는 계몽주의 사상의 견해에 따르면, 폭력과 방탕한 성행위는 그저 단순한 폭행, 관능으로, 극히 원시적인 것으로, 극복되어야 할 것으로 간주된다. 그것들의 매력은 인류 발달의 가장 원시적인 단계에만 속한 것이다.

이제 폭력을 병리적인 것이나 원시성으로 환원시킴으로써 우리는 자신의 가장 강력한 욕망에 대해 외적 입장을 취한다. 즉 우리 자신을 둘로 나누고 그처럼 강력한 충동을 부인한다. 그렇게 해서 성과 폭력의 형이상학적/신비적 측면은 사라진다.

몇 가지 동기가 우리를 그와 같은 방향으로 몰고 나간다. 거기서는 환원주의적 유물론에 따른 설명 양식이 여전히 영향력을 미치고 있던 것만 중요했던 것은 아니다. 그것은 중요했지만 하나 이상의 동기가 작동했다. 많은 사람이 그것에 끌린 것은 인식론적 또는 형이상학적 근거에서만이 아니었다. 또한 말하자면 순수하게 생물학적인 접근이 그것을 수정해 (〈시계태엽 오렌지〉처럼) 행동 요법이나 보다 근본적으로는 유전자 공학을 통해 폭력 성향을 억제할 수 있는 모종의 방법을 제공할 수 있었기 때문이기도 했다.

하지만 우리는 또한 종종 강력한 실천적 동기를 갖고 있다. 우리는 폭력에 질색하며, 그것이 삶을 황폐화시킬까 두려워한다. 폭력에 맞서 싸우려는 욕망 속에서 우리는 가능한 한 경멸적이고 비열하게 행동하려는 유혹을 느끼며, 또 폭력을 (영=정신적 관점에서) 단순한 타락이나 (배타적 휴머니즘 관점에서) 병리적인 것으로 보려는 유혹을 받게 된다. 앞 장의 논의를 참조하자면, 폭력에 대한 윤리적 억압을 거리를 둔 환원주의적 고찰 방식과 결부시키려는 유혹을 받게 된다. 그와 같은 환원주의적 견해에 저항하는 사람은 폭력의 찬미자와 결탁하고 있는 것처럼 비칠지 모른다. 그리고 폭력의 제어라는
672 즉각적이고 긴급한 의제를 약화시킨다는 비난을 받을 텐데, 그와 같은 폭력은 충동을 멸시하는 환원주의적 설명에 의해 촉진되는 것으로 상정되기 때문이다.

그리고 만약 — 분명히 그렇게 드러날 테지만 — 그와 같은 환원주의적 설명이 폭력 성향을 제어하고 축소시킬 어떤 테크닉도 제공하지 못하며, 또 생물학이나 진화에 뿌리를 둔 폭력이 환원 불가능한 정수처럼 보이기에 이르더라도 행동을 제어하는 것, 따라서 폭력이 혹시라도 어떤 인간적 의미를 가졌음을 어떤 방식으로건 승인하는 것을 피하는 것이 한층 더 시급해질 것처럼 보인다.

하지만 앞서 논해온 대로 그와 같은 환원주의적 접근 전체는 전혀 부적절해 보인다. 메타-생물학적 요인의 명백한 중요성에 비추어볼 때 이론적으로 의심스러울 뿐만 아니라 또한 실천적으로도 역효과를 초래할 수 있을 것이다. 통제당하는 자의 동기에 대한 멸시와 혐오가 지배하는 분위기에서 그의 행동을 통제하려는 시도는 반란 그리고 폭력에 대한 보다 강한 긍정만 유발할 뿐일 수 있을 것이다.

그리고 실제로 이미 살펴본 대로 그와 같은 시도의 부적절함은 근대문화 전체를 통해 울려 퍼진 반발과 항의를 불러일으켜왔다. 그저 임상적이고, 거리를 둔 무미건조한 견해에 직면해 낭만주의적 비판의 축은 인간의 내면 깊은 곳에서 유래하는 힘찬 것을 다시 한 번 긍정하는 방법을 탐구해왔다. 낭만주의 시대에, 그리고 그와 같은 사조의 여파 속에서 서술하고 창작한 사람들에게 인간의 심층에서 유래한 것은 무엇이건 자체

에 독자적인 신비로움을 갖고 있었다. 원시적인 것은 힘을 갖고 있는데, 심지어 그것을 제한하고 그것에 저항해야 하더라도 그것에 의지하거나 그것을 경외할 필요가 있다. 쇼펜하우어는 낭만주의적 심층을 의지로 전치시키려고 시도했는데, 거기서 그와 같은 심층은 거칠고 무정형적인 분투, 폭력과 고삐 풀린 섹슈얼리티의 장소였다. 그것은 콘래드의 『암흑의 핵심*Heart of Darkness*』에서, 초기 스트라빈스키 그리고 프리미티브 시대 내내 환기된 바 있다. 그와 같은 심층은 20세기로의 전환기의 예술과 사상에 포스트-낭만주의 및 쇼펜하우어가 미친 영향의 막대한 힘을 예증한다. 섹슈얼리티와 공격성을 포함한 인간의 심층에 존재하는 신비로운 것에 대한 감각을 회복시키려는 탐구가 다양한 방법으로 이루어졌다. — [심]미적 제시를 통해 그와 같은 힘의 비밀을 엿들을 수 있다고 생각했던 것이다.

그리고 새로운 입장의 다양한 전개가 계속되었다. 프로이트는 정신 내부의 동역학이라는 측면에서 예술의 힘을 해석함으로써 [심]미적 통찰을 '과학'에 중요한 것으로 만들려고 시도했다. 다른 한편 도스토옙스키에게서는 낭만주의에서 영감을 얻은 새로운 기독교적 응답을 찾아볼 수 있다. 휴머니즘이 약화시킨 원시적 차원에 대한 니체의 '긍정Jasagen'은 20세기에는 가령 푸코에 의해 광범위하게 계승되었다. 또한 지금까지 살펴본 대로 방식은 다르지만 바타이유와 제퍼스에 의해서도 계승되었다.

하지만 바로 거기에 어려움이 있다. 폭력의 심층적 의미에 관한 그와 같은 탐구들은 그것을 긍정, 심지어 찬양하기까지 하는 결과로 이어지는 경향이 있다. 그렇지 않으면 폭력이 얼마나 근절 불가능한지를 보여주는 경향이 있다. 바꾸어 말하자면, 일반적으로 폭력의 인력이 너무 깊이 닻을 내리고 있어 근절할 수 없다는 식의 논리로 귀결되는 경향을 보인다. 그와 같은 전망에 쾌재를 부르건(니체) 아니면 체념한 채 비관론적으로 수용하건(프로이트) 말이다.

이론적으로 말해보자면, 폭력의 인력을 의미 관점에서 메타-생물학적으로 설명하 673
는 것은 우리가 그것을 넘어 의미를 재정의하거나 변형시키는 것을 가능하게 해주는 길을 열어줄 수 있을 것이다. 가령 바타이유는 그와 같은 가능성을 탐구하고 싶어 했던 것 같다. 일단 모든 신학적 환상으로부터 또한 "사물의 지배"[52]의 물상화로부터 해방되면 파괴에 기반하지 않은 새로운 형태의 직접성에 접근할 수 있을 것이다. 다른 곳에서 바타이유는 "형식도 양태도 없는"[53] 신비 체험에 대해 이야기한다. 그러나 그와 관련해 그의 목표는 분명해 보이지만 해결책은 종잡을 수 없는 채로 머물러 있다.

그런데 필자가 지금까지 서술해오고 있는 기독교적인 메타-생물학적 설명은 실제로 그와 같은 변형의 전망을 열어준다. 이 의미에서 나는 앞서 제기된 질문, 즉 기독교는 배타적 휴머니즘이 피할 수 없어 보이는 딜레마의 공간으로부터 우리를 벗어나 해줄 수 있을까?라는 질문에 대해 '그렇다'라고 대답할 수 있을 것이다. 하지만 대답은 또한 '아니다'일 수도 있을 것이다. 이유 또한 단지 여기서 제안되는 변형의 본성이 많은 사람에게서 바타이유의 것만큼이나 불투명할 수 있어서만이 아니다. 또한 그와 같은 견해가 또 다른 방식으로 모종의 딜레마를 우리 경험의 중심으로 옮겨놓기 때문이기도 하다.

필자가 여기서 말하고 있는 종류의 변형은 단지 가소성plasticity 문제만은 아니다. 가소성이란 만약 사람을 다르게 훈련시키면 결국 노부인이 거리를 건너는 것을 돕도록 바뀌리라는 제안으로 요약될 수 있을 것이다. 그것이 로크와 계몽주의 사상가들의 영점-환경주의인데, 나는 그것에 대해 이미 앞에서 여러 차례 반대의견을 표명한 바 있다. 여기서 내가 생각하는 변형은 훨씬 더 신비롭고, 또 다른 영=정신적 방향을 제공함을 전제한다.

하지만 그와 같은 가능성을 고려한다면 종종 내가 인간의 삶 속에 존재하는 '원시적' 차원이라고 불러온 것, 즉 섹스와 공격성에 직면해 곤혹스러워 할 것이다. 그것의 신비롭거나 형이상학적 차원을 무조건 부정할 수 없을 것이다. 그것이 처음부터 신의 교육학 속에 연루되어 왔음을 이해하고 있기 때문이다. 그것들이 인간의 삶에서 취해온 다양한 형태는 그와 같은 교육학에 대한 응답을 표현한다. 다른 방식으로, 신에 대한 저항을 나타낸다. 즉 신이 우리에게 요구하는 아가페의 길을 압류해, 그것을 구부려 공생하기에 보다 용이한 것처럼 보이는 것으로 굴절시키려는 시도를 말이다.

52 바타이유, 『종교 이론』, 104페이지.

53 "신비 체험에서와 마찬가지로 명료성 역시 형식도 양태도 없는 지적 성찰을 촉구한다.Cela revient en fait, comme dans l'expérience des mystiques, à une contemplation intellectuelle 'sans forme et sans mode.'" 『저주의 몫』, 233페이지.

그러나 그렇다고 해서 그와 같은 형태들이 무조건 다 나쁘다는 의미는 아니다. 구부려진 것으로는 나쁜 것이지만 신의 부름에 대한 응답으로는 좋은 것이기 때문이다. 우리는 인간적 현실의 근본적 양의성을 인식해야 하는데, 앞서 말한 세 번째 오독은 그것을 완전히 놓치고 있다. 더욱이 앞의 형태는 모두 똑같이 좋은 것이기도 하고 나쁜 것이기도 한 것과는 거리가 멀다. 일부 것에는 다른 것에게보다 더 격렬하게 저항할 필요가 있다. 그것 외에, 역사 내내 신의 교육학 운동이 펼쳐졌는데, 그리하여 지금이라면 완전히 생각조차 할 수 없게 된 몇몇 형태, 가령 성전이나 심지어 인신공양 같은 것조차 보다 이전에는 기꺼이 용납될 수 있었다.

그것은 우리 안에 존재하는 폭력의 공명에 두 수준에서 대응해야 함을 의미한다. 우리가 그때그때마다 부딪히는 현실적 맥락에서 우리는 무구한 사람을 공격으로부터 보호해야 한다. 나치와 싸워야 했고, 민병대 주도의 내전을 끝내야 했으며, 개인에 대한 범죄를 처벌하고, 폭력에 대한 호소를 침묵시킬 필요가 있었다 등. 이것은 모두 수습책damage control 성격을 가진다.

또 다른 수준에서 우리는 어떻게 신의 교육학과 협력하고, 모든 일이 신이 계획하 674
는 방향으로 바뀌도록 도움을 줄 수 있을지를 생각해야 한다. 그와 관련된 현상의 신비로운 의미를 부정하고, 그것을 병리적인 것으로 환원해버리면 분명히 그렇게 할 수 없다. 그것은 단지 그것에 의해 동기를 부여받게 되는 사람들과의 접촉을 끊어버리고, 그들을 음울한 저항으로 몰아넣을 수 있을 뿐이다. 하지만 또한 어떤 형태를 취하건 그것을 본질적으로 인간적인 것으로 찬양함으로써 그것을 할 수는 없을 것이다. 또한 그것을 유전적으로 주어진 것으로, 즉 우리의 DNA의 생물학적 콘크리트 위에 새겨진 것으로 물상화하는 것도 도움이 되지 않는다.

앞서 열거한 충동을 그와 같은 변형적 관점에서 보면, 정상화와 요법화를 지향하는 휴머니스트들 그리고 니체주의자들이 각각 독자적 방식으로 하듯이 그것들에 대해 단순하고 일의적인unambivalent 태도를 취할 수 없을 것이다. 전자에 대해 사람들은 후자와 보조를 맞출 것처럼 보이고, 아마 반대도 마찬가지일 것이다. 따라서 성과 폭력에 대한 충동에 관해서는 이가론二價論적 관점에 의한 긴장 관계만 존재하는 것이 아니다. 또한 직접적 의제의 눈에 보이는 요구처럼 보이는 것 그리고 보다 변형적인 의제의 요구처럼 보이는 것 사이에서 생길 수 있는 긴장 관계도 존재한다.

신비적 폭력의 힘은 우리 사이에 존재한다. 축구 폭동, 거리의 갱단, 폭주족 등에서 말이다. 그것의 해방적 효과는 근대의 이론에서, 니체에 의해 개척된 길에서, 또 — 윙거는 두말할 필요 없이 — 바타이유 및 카이와Roger Caillois와의 경우에서처럼 축하받을 수 있을 것이다. 그것에 직면해 우리는 환원주의적이고 객관화하는 설명을 제공하려는 유혹에 빠지게 된다. 하지만 기독교의 관점은 모든 것으로부터 거리를 두는 그와 같은 종류의 태도를 허용하지 않는다. 실제로 그것은 또한 아래 사실을 이해할 수 있도록 해줄 것이다. 즉 그렇게 거리를 두는 것은 — 다름 아니라 그와 같은 폭발을 진압하고, 강제로 가해자를 바꿔나가는 데 우리를 보다 효율적으로 동원하기 때문에 — 또한 우리 속에 존재하는 적의와 공격성을 일깨우고 정당화하는 데 도움을 준다는 것을, 그리하여 우리는 심지어 세속적인, 자유주의의 틀에서조차 우리 자신에게 고유한 종류의 '거룩한' 폭력을 믿고 그것에 참여할 준비를 그만큼 더 자발적으로 하게 됨을 말이다.

만약 앞의 모든 것이 맞는 말이라면 기독교 신앙은 여기서도 또한 섹슈얼리티와 폭력을 다룰 때, 심지어 위에서처럼 성취와 초월성이라는 쟁점을 둘러싸고 그렇게 할 때조차도 여러 가지 긴장, 난점, 딜레마에 직면하게 된다. 그리고 그것들은 비신앙에 대해 생기는 것과 일정한 유사성을 갖고 있다.

하지만 신앙/비신앙 간의 논쟁에 관한 우리 논의는 전혀 예상 밖의 결과로 이어지게 되었다. 비신앙 쪽에서의 종교 비판의 두 주축을 보자면, 그것들이 명백한 답변을 제시하기는커녕 오히려 양쪽의 주창자 모두 심각한 어려움과 딜레마에 직면했고, 실제로 기본적으로는 그것들이 유사한 종류의 것임을 보여주고 있음을 발견할 수 있을 것이다.

배타적 휴머니즘이 이들 딜레마에 대한 답을 찾을 수 있을지, 아니면 '최고 요구'를 충족시킬 수 있을지는 분명치 않다. 그와 같은 사실이 명백해지자마자 경우에 따라 기독교 진영에서 의기양양해 하며 쾌재를 부르는 소리를 들을 수 있었다. 하지만 그것에는 아무런 근거도 없다. 그렇다, 기독교도들은 그와 같은 딜레마를 극복할 수 있는 방법에 대해 약간의 직관을 갖고 있지만 그것은 앞서(15장) 서술한 '예기적 확신'이라는 의

미에서 신앙의 영역에 존재할 뿐만 아니라 또한 그것을 넘어 일반적인 코드 또는 프로
그램으로 옮길 수 있는 종류의 것은 아니기도 하다.

하지만 상황은 훨씬 더 나쁘다. 즉 너무나 많은 것이 코드와 구조에 의존하는 내재적 틀의 맥락에서 그처럼 해결책을 제시하지 못하는 사람은 고통스런 곤경에 처하게 되며, 그것은 당사자에게 그처럼 중대한 논의를 감당하기에는 요령부득이고 그것에 자기가 기여할 바는 아무것도 없다고 느끼도록 만들고 만다. 그리하여 기독교도들은 종종 그들이 주장해야 할 것 이상을 주장하도록, '대답'을 제공하기 시작하도록 유도된다. 그리고 그렇게 하는 가운데 환원적 휴머니즘이 시달리는 것과 동일한 종류의 맹목성에 빠진다.

그리하여 기독교적 삶이 일정한 '정상적' 도덕, 가령 자립을 주장하는 노동의 윤리와 '가족의 가치'와 동일시되며/또는 그와 같은 도덕이 '기독교적' 정체政體 속에서 대부분 실현되고 있음을 종종 발견하게 된다. 일탈자는 병리적 존재가 아니라 '악'의 존재로 낙인찍히는 것을 말이다. 실제로 그와 함께 요법적 전환의 얕음을 피할 수 있지만 동시에 그와 같은 시각은 너무 왜곡이 심하기도 하다. 세 번째 오독에 빠지고, 우리 삶 속에 존재하는 양가적인 것을 말소시켜버리는 반면 해로운 것뿐만 아니라 많은 좋은 것善도 거부한다(『성서』의 언어를 빌리자면, 가라지와 함께 많은 밀도 함께 뽑혀나간다).

하지만 '기독교도'가 '세속적 휴머니스트'와 비슷한 일탈에 빠지는 것은 우연이 아니다. 내가 본서 내내 보여주려고 해온 대로 양자 모두 라틴계기독교세계에서 진행된 대문자 개혁의 동일한 장기 과정으로부터 출현했다. 양자는 한 꺼풀 벗기면 형제이다.

양측 모두 상당량의 겸허함, 즉 리얼리즘을 필요로 한다. 신앙과 휴머니즘 간의 만남이 그와 같은 정신에 따라 끝까지 완수된다면 우리는 양쪽이 모두 취약해지는 것을 발견할 수 있다. 그리고 그와 같은 쟁점은 오히려 새로운 형태로 재형성된다. 즉 무기고에 누가 최종적이고 결정적인 논거를 갖고 있는가 — 기독교는 인간의 개화번영을 분쇄해야 할까? 비신앙은 인간의 삶의 품위를 떨어뜨릴 수밖에 없지 않은가? — 라고 묻는 것이 아니게 된다. 오히려 그것은 궁극적으로 공통으로 느끼는 딜레마인 것에 대해 누가 가장 깊이 있고 설득력 있게 대답할 수 있는가라는 문제로 제기된다.

근대적 폭력의 성격에 관한 아래의 추가적 논의에서는 이 점으로 돌아가고 싶다.

그러나 거기에 도달하기 위해서는 폭력의 의미, 그것의 메타-생물학적 동기를 둘러싼 쟁점을 한층 더 상세히 조사하지 않으면 안 된다. 수많은 흥미로운 제안이 이루어졌지만 이 분야에서는 아무도 최종 이론에는 심지어 접근조차 못하고 있다. 우리의 동기를 더 많이 조명하기 위해 나는 오늘날의 논쟁의 몇 가지 다른 요소를 도입해야 한다.

18

딜레마 2 676

iv. 인간혐오와 폭력을 넘어서?

9

앞의 두 장에서는 오늘날 서양문화의 틀 속에서 신앙/비신앙을 둘러싸고 진행 중인 논란이 분분한 장場을 기술해보려고 해보았다. 나는 그와 같은 장을 먼저 극단적인 두 입장 간의 교차압력 아래 있는 것으로 특징지었다. 즉 한편으로는 정통종교(즉 원래는 기독교와 유대교. 그러나 이제 이슬람이나 힌두교, 불교, 기타 여러 신앙 등 점점 더 많은 것이 거기에 가담하고 있다)에 의해 대표되는 입장 그리고 다른 한편으로는 강경한 유물론적 무신론에 의해 대표되는 입장이 그것이다. 교차압력이라고 해서 그와 같은 문화에 속하는 모든 사람 또는 대부분의 사람이 이리저리 찢기고 있다고 느끼고 있다는 의미는 아니다. 그렇지 않고 오히려 우리가 견지하는 거의 모든 입장이 적어도 부분적으로라도 두 극단적 입장과 관련해 자체를 정의하는 경향을 보인다는 의미이다.

둘째, 그와 같은 논쟁에서 결정적으로 중요하지만 지금까지 불충분하게만 언급되어온 일련의 고려사항이 존재하는데, 그것이 우리의 윤리적 곤경에 대한 우리의 견해라고 나는 주장해왔다.

셋째, 나는 앞에서 그와 같은 논쟁은 명백하게 반대되는, 내적으로 자기모순이 없는 입장 간에 진행되는 것이라기보다는 오히려 좀 더 꼼꼼하게 검토해보면 실제로는 몇 가지 공동의 딜레마를 해석해 극복하려는 두 가지 경쟁적 시도 간의 투쟁으로 향하는 경향이 있다는 명제를 제출한 바 있다. 초월성(누스바움의 논의에서 말하는 보다 넓은 의미에서의 초월성. 본서에서 나는 통상 이 용어를 보다 좁은 의미로 사용하고 있다)-갈망 그리고 인간의 일상적 욕구를 소중히 여기는 것 간의 딜레마, 또한 인간적 폭력의 메타-생물학적 뿌리를 이해하고 존중하라는 요구 그리고 그것에 종지부를 찍으려는 단호한 도덕적 요구 간의 딜레마가 그것이다.

또한 나는 서양근대에서 벌어진 그와 같은 논쟁의 두 가지 중요한 참조점을 밝혀냈다. 한편으로는 근대적 도덕질서와 보편적 인권 및 행복에 대한 충성, 다른 한편으로는 전체성-갈망 그리고 육체 및 욕망의 복권이 그것이다.

이 모든 것으로부터 (세속성 3의 의미로) 세속의 시대에 인간의 삶이 얼마나 불안정하고 교차압력에 시달리는지, 또 편안한 휴식처로서 선뜻 도움이 되지 않는지를 알 수 있다. 소위 의견충돌에서 보게 되는 것이 그것인데, 또한 우리 시대 특유의 관심사, 즉 삶의 의미를 둘러싼 쟁점과 관련된 일련의 관심사를 살펴볼 때도 그것이 나타난다.

677 페리는 최근 저서에서 이 문제에 대한 매우 흥미로운 탐구방식을 제안한다.[1] 그가 묘사하는 바에 따르면 우리가 하는 일은 항상 어떤 의미, 일정한 요점을 갖고 있다. 우리는 이런저런 기획에 착수하면서 중간에는 삶을 유지하기 위한 상투화된 일상을 계속 유지한다. 이 모든 것을 통해 어떤 일이 발생할 수 있을 것이다. 가령 사랑의 삶이. 커서 자기 삶을 살기 위해 떠나는 아이들이. 그렇게 우리는 가치 있고 유익한 모종의 활동에 점점 더 능숙해질 수 있을 것이다. 하지만 또한 이 모든 게 결국 다 무엇인가 하는 질문에 부딪힐 수도 있을 것이다. 도대체 이 모든 게 무슨 의미인가? 또는 개별적 계획과 되풀이되는 상투화된 일은 모두 자체에 고유한 목적을 갖고 있기 때문에 보다 높은 차

1 Luc Ferry, *L'Homme-Dieu ou Le sens de la vie*(Paris: Grasset, 1996).

원에서 아래 질문이 제기될 것이다. 이 모든 개별적 목적의 유의의성은 무엇인가?

> '의미의 의미' — 이 모든 개별적 의미들의 궁극적 유의의성 — 는 우리에게 결여되어 있다Le 'sens du sens'— la signification ultime de toutes ces significations particulières — nous fait défaut.2

그런데 이 지점에서 반응은 달라지는 경향을 보인다. 일부 사람은 그와 같은 식의 메타-질문을 제기해서는 안 되며, 그럴 필요를 느끼지 않도록 자신을 훈련해야 한다고 주장한다. 그와 같은 식의 질문을 거부하는 것이 영=정신적 훈련, 훨씬 더 초월 쪽으로 정향된 훈련의 일부가 될 수 있음은 진실이다. 우리가 하는 어떤 대답도 왜곡되고 부분적인 것일 수밖에 없으며, 사물의 진정한 요점을 가리리라는 이유에서 말이다. 하지만 배타적 휴머니즘을 옹호하는 하나의 방식으로 그렇게 대답하는 데는 심각한 결함이 존재한다. 많은 사람은 메타적 질문을 던지고 싶어하지 않는다. 하지만 누군가에게 일단 던져지면 잊어버리라는 지시를 받더라도 쉽게 치워버릴 수 없을 것이다. — 지시라는 것이 내가 방금 언급한 훈련에서처럼 실제로 앞의 질문에 대한 대답을 가져다주는 모종의 훈련의 일부가 아닌 한 말이다.

왜냐하면 앞의 물음은 우리의 일상적 목적보다 훨씬 더 충분히, 또 보다 깊이 우리를 끌어당길 수 있는 목표가 존재한다는 감각에서 생겨나기 때문이다. 그것은 내가 1장에서 환기시킨 바 있는 것과 동일한 감각, 즉 어딘가 일상적인 것을 초월하는 충일과 풍요가 존재한다는 감각이다. 그와 같은 감각이 이제 다시 모습을 드러낸다. 하지만 물론 우리가 추구해야 하는 것은 무엇인가라는 물음 형태로. 그것을 인간의 마음으로부터 쉽게 근절할 수 없을 것이다.

그것보다 훨씬 더 효과적인 반응은 자연적 · 인간적 영역 내에 남아 있는 답변을 제시해보려고 시도하는 것일 것이다. 즉 현재의 우리 목적 중 하나가 우리가 찾는 충일과 깊이를 실제로 갖고 있음을 보여주거나 아니면 우리 삶의 통상적 범위를 넘어서지

2 앞의 책, 19페이지.

만 그것에 내재적인 것으로 머문다고 제안하는 것에 의해 말이다. 페리가 그의 저서에서 시도하는 것은 이 후자의 종류와 비슷한 것이다. 그는 인간의 삶을 구원하고 지원하기 위해 보편적으로 실행되는 원조계획 속에서 삶의 일상적 범위를 실제로 초월하는 목적을 본다. 그리고 〈국경없는의사회Médecins Sans Frontières〉 같은 조직에서의 봉사가 많은 젊은이에게 어떻게 실제로 삶에 대한 강한 감각을 주었는지를 보여주는 감동적 증언을 인용한다.[3] 그의 주장대로 그것은 우리의 일상적 실존의 일종의 초월이지만 '수직적'이 아니라 '수평적' 초월이다.[4] 그는 심지어 '성스러운'이라는 용어까지 (사실 지금까지 살펴본 대로 완전히 프랑스적인 전통에서) 사용하고 싶어 한다. 하지만 그것이 우리를 인간적 영역 외부로 끌고 나오지는 않는다. 반대로 일상적인 것을 초월하는 그와 같은 목적을 제안하는 것이 인간적 삶의 형태의 매우 많은 부분을 차지한다.

> 가치를 세계 밖에 놓음으로써 인간은 자신이 진정 인간적임을 입증한다C'est par la position des valeurs hors du monde que l'homme s'avère véritablement homme.[5]

678 앞의 대답은 부분적으로 칸트에 기대고 있다. 그리고 보다 일반적으로 보편선으로 향하는 동기의 인간 내재적 원천이 근대에서 발견/발명되었다는 점에 호소하고 있는데, 이 점에 대해서는 앞 절에서 묘사한 바 있다. 삶의 의미에 대한 그의 대답이 우리에게서 공명을 불러일으키는 것은 앞의 원천이 우리가 유산으로 물려받은 것의 일부가 되었기 때문이다. 그것은 강력한 대답이다. 그것이 충분한지의 여부는 '인간 존재를 인간으로서 도와라'는 호소 — 우리는 모두 그것을 느낀다 — 의 완전한 힘을 그것이 포착하고 있다고 느끼는지의 여부에 부분적으로 달려 있다. 또는 가령 신의 모상을 본떠 닮은꼴로 지음받은 인간의 언어로 명확화되어야 하는 것 중 어떤 것이 여전히 제대로 고려되고 있지 않은가의 여부에 말이다.

나는 이 문제를 다른 곳에서 논했다.[6] 그러나 이곳에서는 페리가 넌지시 암시하는

3 앞의 책, 204~205페이지.

4 앞의 책, 124페이지.

5 앞의 책, 240페이지.

불편함을 한층 더 자세히 탐구하고 싶다. 그것은 오늘날의 '세속적' 세계, 즉 교차압력에 시달리는 다원주의적 세계의 핵심적 면모로, 거기서는 내재성이 매우 강한 인력을 발휘하고 있다. 그와 같은 세계를 가로지르는 힘들의 역선力線을, 그것 내부에서 이루어지는 영=정신적 경험의 형태를 좀 더 명확하게 볼 수 있다면 내가 바로 본서에서 탐구해오고 있는 것 즉 세속성 3의 시대에 산다는 것은 어떤 것인가에 대한 이해에 한층 더 가까워질 것이다.

의미-물음을 페리식으로 제기해보는 것이 좋은 출발점이 될 것이다. 사실 우리가 의미 상실을 현실적 위협으로 느낄 수 있음은 이전 어느 시대에도 유례가 없는 현대의 특징이다. 그러나 그것에 머무르는 것은 사태를 너무 추상적 수준에 내버려두는 것이다. 그것은 우리의 곤경에 대한 특정한, 비신앙의 견해에는 잘 부합한다. 그에 따르면 인간이 필요로 하고 갈망하는 것은 의미인데, 무의미함을 무효화하고 피할 수 있는 것이라면 어떤 의미건, 어떤 것이건 상관없다. 반대로 다양한 종교적 견해에서는 그와 같은 필요나 갈망을 항상 보다 특수한 용어로 바라본다. 가령 신에 대한 갈망, 열반의 추구, 이원성의 극복에 대한 갈망 등이 그것이다. 영향력 있는 종교 이론들은 인간이 신앙에서 요구하는 것에 관해 그처럼 일반화되고 추상적인 정의 위에 구축되어왔다. — 그와 같은 정의는 물론 그와 같은 탐구에 대해 인간이 제시하는 대답은 모두 환상이라는 주장과 양립 가능하다. 상술한 대로 베버의 종교 이해는 고쉐의 매우 흥미로운 이론[7]과 마찬가지로 그와 같은 전제로부터 출발하는 것 같다.

최근 그와 같은 견해에 대한 또 다른 진술을 르원틴에게서 찾아볼 수 있는데, 그는 일부 기독교도가 진화론을 거부하는 이유를 논하면서 이렇게 말한다.

> 여기서의 쟁점은 이렇다. 즉 성스러운 것으로 정해진 보다 고차적인 목적에 대한 신앙이 부재하는 상황에서 어떤 사람의 가정적 · 사회적 · 노동적 삶의 경험이 고뇌, 고통, 피로, 실패의 공유에 의해 의미를 제공할 수 있는가 하는 것이다. 신이 인간을 창조했다는 이야기가

6 "A Catholic Modernity?", in James Heft, ed., *A Catholic Modernity?*(New York: Oxford University Press, 2001)을 보라.

7 Marcel Gauchet, *Le désenchantement du monde*(Paris: Gallimard, 1985).

> 지속적 호소력을 갖는 것은 그것이 통상적인 삶의 경험만으로는 충분하지 않은 사람에게 프롬이 무의미함의 불안이라고 부른 것으로부터의 유혹적 구원을 제공하기 때문이다. 나머지 부분은 주석일 뿐이다.[8]

앞의 견해가 완전히 틀렸다고 주장할 생각은 없다. 그것은 실제로 중요한 현상을 포착하고 있다. 그러나 너무 추상적이어서 부분적이다. 의미를 찾는 인간적 요구는 또
679 한 보다 특수하고, 구체적인 형태를 띠기도 한다. 그리고 그와 같은 형태를 우리의 현재의 곤경 속에서도, 심지어 어떤 신앙상의 고백에도 묶여 있지 않은 사람도 읽어낼 수 있으리라고 나는 믿는다. — 비록 그와 같은 고백을 통해 그것을 간파할 수 있는 준비를 아마 훨씬 더 잘할 수 있겠지만 말이다.

실제로 우리 삶은 어떤 특수한 선이나 가치보다 의미 자체에 초점을 맞출 수 있다는 관념에는 부조리한 것이 존재한다. 사람들은 신, 혁명 또는 무계급사회를 위해 죽을 수는 있어도 의미를 위해 죽지는 않을 것이다. 의미라는 이 용어는 보편적인 어떤 것을 가리킨다. 즉 그것은 일군의 상이한 사람을 각각의 종교적·형이상학적 · 도덕적 선택지로 끌어들이는 것을 파악하기 위한 용도로 사용된다.

보편적인 것으로 알려진 그와 같은 종류의 범주는 종종 일군의 보다 개별적인 선을 대체하는 '보다 고차적인' 대용품으로 제시될 수 있을 것이다. (기독교, 이슬람 또는 자유주의의) 선교자는 다양한 부족[집단]의 성원에게 말을 건넨다. '일정한, 특정 범위 내의 사람의 삶은 존중되어야 한다는 너희의 감각의 배후에는 실제로는 인간의 삶은 그 자체로 보호되어야 한다는 보편적 관념에 관한 어렴풋한 감각이 존재한다.' 여기서 보다 넓은 관점으로 전환할[전향할] 것이 요구된다. 하지만 그와 같은 종류의 일은 '의미' 자체의 경우 전혀 생각할 수 없다.

그와 같은 보편적 범주는 행위 주체의 관점에 속하지 않으며 오히려 (일반적으로 탈주술화된) 관찰자에게 나타나는데, 그는 서로 다른 민족이 서로 다른 것을 — 많은(아마 모든) 경우 객관적 보증 없이 — 삶의 중심에 두는 것에 주목한다. 여기서 끌어낼

8 Richard Lewontin, in the *New York Review of Books*(October 20, 2005), p. 53.

수 있는 결론은 일반적으로 그와 같은 중심에 대한 요구가 존재한다는 것이다. 단지 믿을 만한 것이기만 하다면 그와 같은 중심이 무엇이건 말이다.

우리 시대의 영=정신적 경험에 대한 그와 같은 독해에는 분명히 중요한 일반적 물음들이 걸려 있다. 근대적 세속성의 등장에 대한 필자의 독해가 '신의 죽음'-시나리오를 밑에서 떠받쳐준 인식론의 우위 이론과 대적했던 것과 마찬가지로 내가 여기서 현재의 관심과 논쟁에 대해 제시하고 싶은 상은 종교에 대한 몇몇 통속적인 일반 이론과 충돌할 것이다. 여기서 내가 말하는 의미란 인간이 종교에서 찾고자 하는 것에 관한 이론들을 말한다.

물론 그렇게 말했다고 해서 내가 나 자신의 그와 같은 일반 이론을 제시하려는 생각이라는 것은 아니다. 반대로 처음부터 이실직고하자면, 나는 심지어 어떤 것이 되었건 도대체 그와 같은 일반 이론이 성립할 수 있는지에 대해 매우 의심스럽게 생각한다고 말하는 편이 더 나을 것이다. 내가 말하는 것은 인간이 영=정신적 영역에서 드러내온 약동과 갈망을 모두 집약해 그것들을 (의미에 대한 욕구건 아니면 다른 것에 대한 욕구건) 어떤 단일 집합을 이루는 기본적인 요구, 의도, 경향과 연관 지을 수 있는 이론이다. 현상은 그와 같은 이론이 감당하기에는 너무나 다양하고 불가해하다. 설령 보다 다루기 쉬운 것이더라도 그와 같은 결론을 도출할 수 있으려면 우리는 역사의 끝에 서 있어야 할 것이다.

오히려 나는 우리는 다양한 영=정신적 전통에 직면하고 있다고 생각한다. 그와 같은 전통 속에서 역사가 흐르는 동안 새로운 형태가 시작되는데, 그것이 사람들이 충심을 다해 헌신하고 있는 것을 포착해 영=정신적 굶주림에 특정한 형태를 부여한다. 이후 후세에 계승되고, 새롭게 만들어진다. 그 결과 동일한 사회/문화에 속하는 것의 보다 후일의 독법은 보통 통상 선행하는 것과 모종의 강한 유사성을 띠게 된다. 나는 그것이 기독교 신앙과 관련해 가령 선의의 중심성이라는 측면에서 배타적 휴머니즘에 대해 타 680
당하다고 주장해왔다. 심지어 나는 아가페와의 그와 같은 유사성이 없었다면 배타적 휴머니즘은 등장할 수 없었으리라고 주장해왔다. 하지만 그것에 기반해 아무도 독자적으로 생존 가능한 모든 영=정신적 견해는 반드시 아가페 비슷한 것을 갖고 있어야 한다고 주장할 수 없을 것이다. 분명히 그와 반대이다.

우리 중 누구도 보편적 관점을 택할 수 없다. 우리가 자신의 신앙에 매달리는 것은, 다른 모든 신앙을 전반적으로 조사한 뒤 나의 신앙이 올바르다는 식으로 생겨나는 것이 아니다. 그것은 오직 각자의 신앙의 내면적인 영=정신적 힘을 인식할 때만 가능하다. 그리고 다른 신앙으로부터의 도전에 직면해야 하게 될 때 억제된다.

그러나 종교 형태의 헤아릴 수 없는 다양성에 직면할 때 일반적으로 그렇게 신중할 것을 호소하는 것에 덧붙여 종교가 의미 탐구에 의해 동기를 부여받는 것으로 보는 일반 이론을 조심해야 할 특별한 이유가 존재한다고 생각한다. 이유는 앞서 논한 대로 그와 같은 일반 이론이 너무 명백하게 관찰자 관점에 속하기 때문이다. 특정한 선이나 가치 속에 진정으로 '빠진' 사람은 누구나 그와 같은 특정한 선이 가치를 가진 것으로 보아야 할 것이다. 그는 그것에 의해 동기를 부여받는다. 그는 또한 근대인으로 일정한 반성적 태도를 취하는 것이 불가피하다고 생각할 수 있으며, 그와 같은 태도에 의해 그것이 나의 '의미'임을, 즉 그것은 나에게는 하나의 선이지만 이웃에게는 전혀 다른 선임을, 그것이 자기 삶에 질서와 의미를 부여함을 발견할 수 있을 것이다(그와 같은 태도를 문제의 가치의 타당성에 대한 일급의 감각과 어떻게 조정할 것인가는 또 다른 보다 복잡한 문제이다).

종교적 견해들이 도전받고, 심지어 많은 사람에게 논란거리조차 될 수 없는 것으로 치부되어버린 후 무엇인가를 '잃어버렸다'는 감각이 의미-물음의 중심이 되는 이유는 쉽게 이해할 수 있다. '탈주술화된' 세계는 실제로 의미 없는 세계인 것처럼 보인다. 하지만 그렇다고 해서 그것이 다종다양한 형태가 부침을 거듭한 종교적 삶의 시대 내내 의미 탐구가 종교 형태들의 구성과 유지를 추동한 요소였다는 의미는 아니다. 무엇이 종교에 동기를 부여하느냐에 관한 이론을 너무 안이하게 채택하는 태도의 배후에는 잘못된 추론이 자리 잡고 있다. 다름 아니라 바로 세속의 시대에 사는 우리에게는 의미-물음이 쟁점으로 다가오기 때문에 그것을 모든 시대와 장소에 투사하기가 너무 쉽다. 하지만 결국 그와 같은 시도에는 일관되지 않는 것이 존재한다. 가령 구석기시대에 특정한 종류의 샤머니즘이 생겨난 것은 무엇 때문인지, 또 16세기에 유럽이 신앙에 의한 구원 문제를 둘러싸고 분열된 것은 무엇 때문인지를 이해하는데 그것이 전혀 도움이 되지 않을 것임은 확실하다.

이상의 서론 격의 논의는 이것으로 마치고 필자는 세속적 근대(성)의 몇몇 영=정신적 욕구와 긴장을 탐구해보려고 하는데, 그것들의 기원과 관련해 내가 지금까지 해오고 있는 이야기에 비추어 그것들이 가시화되었기 때문이다.

1. 의미-갈망을 보다 구체적인 요구로 분해해보면 그중 하나는 수난과 악 문제에 대답하기 위한 것이다. 신의론 이야기가 아니다. 정의상 신의론에는 비신앙인을 위한 자리가 없기 때문이다. 우리가 말하고자 하는 것은 어떻게 앞의 문제와 함께 살 것인가 하는 것이다.

세상에는 무수한 수난이 존재함을 알 때 우리는 어쩔 줄 모르게 될 수 있다. 또 그
뿐만 아니라 상실, 이산, 악, 맹목 또는 인간성의 왜곡, 그에 대한 환멸, 자기고행, 나아 681
가 삶의 단조로움, 공허함, 시시함을 깨달을 때는 한층 더 그러할 것이다.

그것이 말하자면 심지어 탈주술화된 세계에서조차 발생하고 있는 상황이다. 우리는 무방비상태에 있다. 이제는 악마와 정령으로부터가 아니라 온 세상을 미친 듯이 몰아치고 있는 것처럼 느껴지는 수난과 악으로부터 말이다. 헤아릴 수 없는 수난의 무게를 느낄 때, 그것 때문에 맥 빠질 때 또는 절망에 함몰될 때 우리는 무방비상태에 놓이게 된다. 전쟁, 기근, 학살 또는 역병과 접촉하기만 해도 그것이 얼마나 가까이 있는지를 금방 느낄 수 있을 것이다.

그러나 수난 외에도 악이 존재한다. 가령 고통을 주는 것, 잔혹함, 열광, 희생자가 고통 받는 것을 좋아하거나 비웃는 것이 그것이다. 그리고 거의 그것보다 더 나쁜 것은 만행, 즉 범죄자의 무감각하고 짐승 같은 폭력에 빠지는 것이다. 그것은 거의 악몽과도 같다. 우리는 그와 같은 일로부터 보호받고, 그와 같은 일은 우리와 무관하길 바란다. 그러나 심지어 탈주술화된 세계에서조차 그것은 아무리 우리가 지키고 있어도 살금살금 기어들어와 우리에게 덤벼들 수 있다.

그렇다고 모든 사람이 그와 같은 것을 느낀다는 주장은 아니다. 그와 같은 감각 — 또는 적어도 우리 주변에서 찾아볼 수 있는 그것의 특정한 형태 — 이 현대문명을 살아가는 우리의 특징을 표시하고 있다. 그리고 우리가 아가페의 영성과 선의의 윤리에 의해 표시된 긴 과거에 의해 형성되어온 사실은 그와 같은 상황과 많은 관련이 있다. 그러

나 악과 수난으로부터 보호받고 싶다는 바람은 광범위하게 느껴지는 요구이다. 또는 보다 적절하게 표현한다면, 그것은 우리가 상처받기 쉽게 되는, 즉 세계가 '우리에게 못살게 굴 수 있는' 방식이다.

그것에 소극적·자기방어적으로 대응하게 되면 많은 것을 제쳐놓게 될 것이다. 즉 당분간 저녁뉴스를 보지 말고 뭔가 다른 것에 집중하겠다고 결심할 수 있을 것이다. 보다 해로운 것은, 역사 내내 우리가 희생자들은 실제로 우리와 동류가 아니라고 자신에게 속삭여 두려움을 떨쳐버리는 데 능숙했던 것이다. 그들은 아마 가난과 궁핍에 대해 우리만큼 신경 쓰지 않을지도 모른다. 또는 아마 나쁜 사람들로 사악하며, 그럴 만한 운명일지도 모른다. 아니면 게으름과 무책임에 의해 그것을 자초했을지도 모른다. 그렇지 않으면 사태를 보다 밝은 색으로 채색할 수 있는데, 거기서 수난은 우리에게 얼씬도 못하게 된다. 가령 원주민은 의미로 충만되고 두터운 문화를 가졌다는 식의 외적이고, 미화적인 시선으로 바라보는 것을 통해 그들과 거리를 둘 수 있을 것이다.

이 모든 것은 무엇인가가 심각하게 잘못되었다는 감각, '세상이 너무나 결딴 나는 out of joint' 바람에 그것을 바라보는 것만으로도 참을 수 없게 되었다는 감각을 마비시킨다. 그처럼 배제하거나 거리를 두려는 반응을 통해 우리는 어쩔 줄 몰라 하게 되는 상황에 빠지는 것을 모면한다. 그렇게 해서 제정신을 유지한다.

그러나 그와 같은 상황에 대한 적극적 응수 또한 존재한다. 우리는 행동할 수 있고, 세상을 치유하기 위해 무엇인가를 할 수 있다고 느낄 때가 있다. 또 자신이 해결책의 일부이지 단지 문제의 일부일 뿐이라고 느끼지 않을 때가 있다. 그와 같은 느낌은 사소한 행동에 의해서도 얻을 수 있다. 바로 가까운 환경에서 목표를 유지하고 있다고 느끼고, 그리하여 매우 함축적인 헤브라이어 표현을 쓰자면 'tikkun olam', '세계의 치유'를 위해 응분의 역할을 하고 있다고 느낌으로써 그렇게 할 수 있다. 가령 생산적 직업에 종사함으로써, 특히 '다른 사람을 돕는' 전문직에 종사함으로써 그와 같은 감각을 가질 수 있을 것이다. 우리가 '의미 있는' 일, 즉 삶의 의미-물음에 대답하는 데 도움을 줄
682 수 있는 일을 찾을 때 해결책의 일부가 되고 있다는 그와 같은 감각은 종종 중요한 요소이다. 페리의 분석은 이 점에서 나의 분석과 꼭 들어맞는 것 같다.

우리 삶에서 중요한 쟁점 중 하나는 이렇다. 즉 세계가 비참하다는 느낌에 대해 우

리는 다양한 방어적·배제적 응수에 의해서는 얼마만큼 대처하고, 또 '티쿤 올람[세계의 치유]에 의해서는 얼마만큼 대처하면 좋을까?

그런데 거리를 두는disengaged 근대의 태도에는 모종의 방법으로 거리두기distance 전략이 함축되어 있다. 문제가 있음은 알지만 그것이 '우리를 괴롭히도록' 놔둘 수는 없는 것이다. 모종의 공감, 관심을 표하는 것은 가능하지만 그것에 의해 어쩔 줄 모르는 상황에 빠지는 것은 허용하지 않으려는 것이다. 아마 그것이 오늘날 인류의 심신이 처한 상태에 대한 냉정한 사실이라고 할 수 있을 것이다. 악에 대해 말하자면, 그것은 심지어 당신을 덜 '괴롭힌다.' 비정한 범죄자에게 우리가 느끼는 동정심은 교정 프로그램의 한계에 의해 조건지어져 있다. 만약 그가 갱생될 수 있다면 해당 프로그램은 실행되어야 한다. 그렇지 않다면 취소될 수 있을 것이다.

그처럼 거리두기 전략은 수난에 휩쓸리지 않도록 물러서는 것 그리고 실천적 행동의 한계에 기초해 배제하는 것 모두에 의해 작동한다. 바꿀 수 없는 것에 대해서는 고민할 필요가 없다.

그와 같은 거리두기 전략이 보존하고 있는 적극적 측면이란 내가 거리를 둔 주체로 비인격적 선의에 의해 움직인다는 감각을 말한다. 자유주의적인 자아는 모든 인류를 선의로 대하지만 도리에 맞거나 가능한 것의 한계 내에서만 그러한데, 피할 수 없는 수난과 악이라는 사실을 직시할 수 있으며, 그것들을 마음속으로 무가치한 것으로 보아 넘길 수 있다. 그것들에 맞설 수 있는 능력을 길러야 한다. 그리하여 비현실주의적인 기독교적 희망에 대해서는 적의를 보인다. 세계를 어느 정도까지 질서 있게 만들고, 모종의 선을 구현할 수 있다는 데서 만족을 얻는다. 그렇게 할 수 있는 능력을 갖고 있다는 감각은 선의적이고 거리를 두는 주체의 정체성을 견고하게 해주고, 그와 같은 정체성이 가치가 있음을 보여주면서 앞에서처럼 제외하는 것을 정당화한다.

그처럼 거리를 두는 전략이 취할 수 있는 또 다른 형태를 가령 볼셰비키적 태도에서 볼 수 있다. 그것은 자유주의적인, 선의적이고 거리를 두는 태도와 비슷한 뿌리를 갖고 있다. 하지만 그것은 또한 역사의 운행에 대해 거대한 통제력을 행사한다는 식으로 힘에 대한 엄청난 감각도 수반한다. 모든 선의는 이제 그와 같은 전능의 개선 행위에 쏟아진다. 그리하여 그것의 범위 밖에 있는 모든 것은 희생되거나 무자비하게 버려진다. 그로 인해 잔인해질 수 있고, 무구한 인간의 삶에 대한 보편적 존중이라는 원칙을 침범할 수도 있게 된다. 그와 같은 식으로 자유주의로는 따를 수 없는 방식으로 행동할 수 있는 것이다. 자유주의에 따르면 우리가 여러모로 제약되어 있다는 감각은 부정적 방식으로[해서는 안 된다는 방식으로] 우리 행동을 통제할 것을 강요하기 때문이다. 적어도 다른 사람에게 고통을 주거나 남을 죽이는 일은 삼가야 한다. 하지만 사람에게는 선을 행할 수 있는 엄청난 힘이 있다는 환상이 지속되는 한 선의에 따라 좋은 일을 수행할 수 있다는 감각이 거리를 두는 선의적 정체성을 견고하게 해준다. 사람들은 자기는 해결책의 일부라고, 따라서 더 이상 문제의 일부가 아니라고 확신한다. 혁명의 흥분스러운 순간 또는 공산당에 입당할 때 그와 같은 느낌이 특히 강렬하다.

그와 같은 과정은 두 측면을 가진다. 한쪽에는 해결책의 일부가 되어 인간적 문제를 극복한다는, 즉 악과 수난을 물리친다는 느낌이 존재하는데, 그리하여 수난과 악에 효과적인 치료법으로 대처하고, 그렇게 해서 그것들에 의해 삼켜지지 않도록 지켜준다.
683 하지만 또한 거리를 두는 태도와 자제하는 태도를 통해 수난과 악에 대한 '직감적 감정'을 끊어버리는 것은 우리도 그것과 연루되었다고는 더 이상 느끼지 않음을 의미한다. 그들은 더 이상 우리 쪽 사람이 아니라는 것이다. 어리석고 덜떨어진 자업자득의 야만인 또는 잔혹한 살인마 또는 몽매한 무리, 이기적인 부르주아적 착취자, 악랄하고 잔학한 백위군白衛軍이라는 것이다. 우리는 그들과의 동족 관계를 부정한다. 꼼꼼하게 따져보며 거리를 두는 태도 그리고 자제하는 태도를 통해 그렇게 한다.

그처럼 볼셰비즘부터 이어지는 스펙트럼을 따라가다 보면 보편선이라는 원리와 상호이익이라는 도덕질서를 포기하는 태도에 이를 수 있을 것이다. 그것이 니체적 태도로, 평등과 선의를 범용화로, 우리 속에 존재하는 것 중 가장 저급한 것, 즉 안일과 안전에 영합하는 것으로 간주하기 때문에 거부한다. 그것은 영웅주의를 추구한다. 그와 같은 태도 중의 한 형태는 — 윙거의 『노동자』-단계에서 볼 수 있듯이 — 거인적인 것과 연관될 수 있을 것이다.[9] 또는 초인들Übermenschen에 의한 엘리트 지배라는 보다 온건한 형태를 취할 수도 있을 테지만 거기서는 모든 것이 초인들의 영웅주의 그리고 탁월

9 윙거, 벤야민, 최동민 역, 『노동자, 고통에 관하여, 독일 파시즘의 이론들』, 글항아리.

성에 대한 그들의 헌신에 예속된다.

여기서 앞의 대답의 첫 번째의 적극적 부분을 차지하는 것은 더 이상 선의가 아니라 인간이라는 유형은 본인의 탁월성의 실현을 요구하고, 단지 소수만이 그렇게 할 수 있다는 생각이다. 따라서 앞서야 한다. 나머지 사람들은 그와 같은 목적에 봉사한다는 것을 알게 되면 얼마간 만족감을 얻을 수도 있을 것이다. 그렇지 않으면 희생양이 될 수밖에 없다. 여기서 적은 수난이 아니라 오히려 나태함, 범용함, 무의미함 속에 빠져드는 것이다. 거리두기라는 그것의 두 번째 과정은 그와 같은 견해의 엘리트주의에서 기인한다. 오직 탁월한 자들만이 실제로 중요하다.

여기서 보이는 자유주의/사회주의에 대한 적의는 니체주의의 그것이다. 자유주의/사회주의는 약자를 돕고, 수난을 끝내고, 평등의 실현을 주요 목적으로 삼는다는 것이다. 탁월성, 자기극복, 모험, 영웅주의를 원하는 지고의 정신의 요구를 질식시킨다. 사람들은 자기 목숨을 걸 준비가 되어 있다. 그것이 헤겔이 말하는 '[타자를 죽음으로 내모는 것은] 자기의 생명을 거는 것Daransetzen des eigenen Lebens'이다. 그리고 항상 다른 사람을 '습격할' 준비가 되어 있어야 한다. 윙거의 "앞뒤 가리지 않는 과감한 행위Draufgängertum"10가 그것이다. 이들 우월한 자들은 보다 지고한 삶에 이르려는 충동 속에서 수난에 과감히 맞서려고 열심이다. 그들은 죽음에 직면할 용의가 있다. 공포의 장을 전도시킨다. 전사윤리를 고수한다. 바로 그와 같은 이유에서 연민이라는 유혹을 물리쳐야 한다. 삼켜지는 것에 대비해 단단히 마음먹어야 하며, 냉정하게 거리를 두는 태도를 취해야 한다.

그리하여 악의 힘, 적어도 그것의 일부, 폭력충동의 힘에 대한 그들의 응답은 그것을 내면화하고, 세례를 베풀고, 즉 탁월해지려는 노력을 성별하는 것으로 귀결된다. 즉 초인들이 원시적인 사람들, 지고의 사람들과 결혼한다. 그것이 앞 절에서 언급한 바 있는 것, 즉 폭력 속에 존재하는 신비적인 것의 내면화/집중화의 근대적 변종이다. 새삼스레 1920년대의 윙거는 그와 같은 길로 이끌렸던 것 같다. 그것이 그의 니체주의의 어두운 면인데, 그것은 이어 나치의 인종주의에서 통속화된다.

10 헤겔, 임석진 역, 『정신현상학』, 1권, 한길사, 225페이지. 윙거, 노선정 역, 『강철 폭풍 속에서』, 뿌리와 이파리, 245페이지(해당 페이지에는 번역문이 보이지 않는다).

게다가 여기서 피해자 시나리오를 언급할 수 있을 것이다. 그와 같은 이미지가 좌파를 식민화할 수 있을 것이다. 모든 악은 타자들에게 투사된다. 그들만이 가해자다. 그렇다면 우리는 순수한 피해자다. 자유주의적 자아는 아래 이유에서 상대적으로 자신은 무죄라고 느낀다. (a) 자신은 전체상을 명확하게 보기 때문에, (b) 자신은 해결책의 일부가 되기 때문에 말이다. 하지만 그것은 세계의 무질서에 관해 자기 잘못을 어느
684 정도까지 인정하는 것과 양립할 수 있다. 반면 피해자 시나리오는 일종의 일탈하고 세속화된 기독교의 일종으로, 타자들에게 악 전체를 투사하는 것을 대가로 완전한 무죄성을 획득한다. 그것은 거인적 행위뿐만 아니라 볼셰비키-유형의 무자비함도 정당화할 수 있다. 여기서 우리를 악으로부터 떼어놓는 두 과정 모두가 어떻게 실행되는지를 볼 수 있다. 즉 우리는 해결책의 일부이며, 그리고 해를 끼치는 사람들과는 전혀 다른 사람이라는 것이다. 우리는 그들과 아무런 공통점도 없다.

그처럼 근대적 비신앙의 다양한 형태는 수난과 악에 대한 우리의 반동으로부터 힘을 얻는 것으로 볼 수 있다. 저 옛날의 정령의 세계가 다른 것으로 대체되는 것이다. — 심지어 그것은 앞의 세계를 쫓아낸 완충재로 덮인 자아에게도 해당된다. 즉 우리를 그것으로부터 보호해야 할 필요가 있는 것이 여전히 존재한다. 그렇다고 해서 우리 모두가 상술한 전략 중 하나에 크게 투자하도록 유도된다는 말은 아니다. 그렇게 하나의 전략에 총력을 투자하는 방식을 가령 행동적인 볼셰비키와 헌신적 피해자에게서 찾아볼 수 있다. 하지만 많은 사람은 그와 같은 전략을 가벼운 마음으로, 잠정적으로 한 번 택해 보는 정도에 그칠 것이다. 많은 사람이 하나 이상의 입장 사이에서 꾸물거리기 마련이며, 시선이 제한되고, 생활에 몰입하게 되고, 파스칼적 기분전환을 추구함으로써 어떤 것에 삼켜지지 않도록 자기를 지키는 데 주력할지도 모른다. 생활에 몰입하게 되는 것이 반드시 도피는 아니다. 우리 근대인은 시선을 좁히기가 이전보다 더 어려운데, 미디어 그리고 우리가 사는 '장소를 초월한' 글로벌한 공간이 종종 심지어 까마득히 먼 곳에 있는 타자의 곤경도 시야에 넣도록 강요하기 때문이다.

앞의 전략 중 일부는 악으로 보이는 것의 수용을 포함한다. 폭력, 전쟁, 타자들의 희생, 그들의 평등한 인간성의 부정을 정당화한다. 이 점에서 종교와 기독교와는 정반

대되는 것처럼 보인다. 하지만 이미 지적했듯이 역사상 많은 기독교는 그와 같은 요소를 자체 내에 통합시키는 데 성공했다. 즉 어떤 대가를 치르더라도 질서를 추구하려는 충동, 호전성, 이단자 추방과 박멸 등이 그것이다. 분명히 기독교 신앙은 나치라면 얼마든지 넘어설 수 있을 몇 가지 한계 앞에 항상 멈추어 섰지만 그럼에도 불구하고 폭력의 신성화가 존재해왔다. 기독교는 역사적으로 티쿤의 실천을 각종 지옥에 떨어진 무리, 이교도, 비신앙인, 이단자 또는 구원불능의 뜨뜻미지근한 무리에 대한 갖가지 배제 움직임과 결합시키는 등 온갖 것을 혼합한 다양한 모습을 보여 왔다.

신앙/비신앙은 유서 깊은 배제적 움직임의 레퍼토리가 점점 더 불쾌한 것으로 여겨지는 맥락에서 오늘날 그와 같은 공동의 요구의 기반 위에서 서로를 마주 보고 서 있다. 기독교가 역사적으로 실천해온 배제적 관행을 보면서 일부 사람은 오직 휴머니즘적 응답만이 배제에 대한 치유를 극대화시켜주리라고 확신한다. 하지만 그때 바로 그와 같은 응답은 인간 존재의 잠재적 위대함이라는 상을 중심으로 짜여져 있어 어떤 휴머니즘적 견해건 낙오자, 악당, 쓸모없는 사람, 죽어가는 사람, 정도에서 벗어난 사람, 즉 인간의 위대함이라는 약속을 무효화시킬 수 있는 사람을 무시하라고 우리를 유혹하지 않을까 하는 문제가 제기된다. 아마 신만이, 또 얼마간 신과 자신을 연결할 수 있는 사람만이 비참함의 극을 달릴 때도 인간 존재를 사랑할 수 있을 것이다. 캘커타에서의 마더 테레사의 봉사는 그와 같은 질문을 떠올리게 한다.

이 쟁점에 관한 논의는 얼마든지 계속될 수 있을 것이다. 필자는 다른 곳에서 그렇게 하려고 시도해본 바 있다.[11] 하지만 분명히 해두어야 할 것은 관련된 문제들에 대해 결정적 결론에 도달하기가 얼마나 어려운가 하는 것이다. 그럼에도 불구하고 삶의 의미에 관해 우리가 가진 가장 깊은 직관 몇 가지에 의해 앞의 문제들이 제기된다. 그것을 685
통해 우리가 인간적인 것의 영역을 넘어서지 않을 수밖에 없는지에 대한 논점은 대부분 열린 채로 있다.

하지만 수난과 악에 관한 그와 같은 고찰에서 가장 강력하게 나타나는 것은 양쪽 진영 모두 티쿤의 실천을 배제 전략으로부터 분리시켜야 하는 과제를 제기한다는 것이

11 "A Catholic Modernity?", in James Heft, ed. *A Catholic Modernity?*를 참조하라.

다. 한편으로 그것은 정화된 기독교적 대안을 가리키는데, 그에 따르면 주눅 들지 않고 수난과 악을 변형시킬 수 있는 신의 힘을 믿고 그것 속에서 사는 것을 목표로 할 수 있을 것이다. 인간은 존재하고 기도함으로써, 존재하고 결코 부재하지 않은 선을 긍정함으로써 해결책의 일부가 된다. 신의 눈을 통해 선을 보는 것이다.

또한 선을 긍정하고 악마적인 것과 싸우는 비종교적 해결책과 함께 수난과 악 속에서 살아갈 수 있어야 한다. 아마 그것으로부터 신에 이르는 새로운, 전인미답의 길이, '신이 오실 큰길을 훤히 닦을' 방도가 존재할 것이다.

다른 한편으로는 억제된, 소극적 자유주의가 존재한다. 그것은 자기 자신의 악마적 잠재력의 과잉으로부터 아래 것을 배워왔다. 즉 품위 있게 행동하라, 고통을 피하라, 억압과 싸워라. 그것과 관련해 벌린은 계속 중요한 인물로 남아 있다. 방식은 다르지만 슈클라Judith Shklar 역시 마찬가지이다. 거기에는 모종의 깊은 지혜가 존재한다.[12]

10

세속적 근대(성)의 영=정신적 긴장이라는 그와 같은 물음은 다음 장에서 다시 논하기로 하고 당장은 극히 불완전한 상태로 남아 있는 앞 절에서의 논의로 돌아가 폭력과 종교의 관계는 어떤가라는 물음을 제기해보자. 오늘날, 신학적으로 고무된 테러리즘 시대에 사는 우리의 큰 관심을 끄는 물음이다. 물론 우리는 또한 마르크스-레닌주의와 나치즘처럼 무신론적이고/또는 반기독교적 이데올로기에서 비롯된 무서운 폭력도 보아왔다. 하지만 그것으로 문제가 해결되는 것은 아니다. 필자가 바로 앞서 주장한 결론,

12 알렉산더Jeffrey Alexander는 신간 *The Civil Sphere*(New York: Oxford University Press, 2006, 특히 4장)에서 시민 장civil sphere 담론을, 자유민주주의 사회를 결합시키고 있는 공동의 규범적 이해를 검토한다. 그와 같은 담론이 특정한 동기, 관계, 제도를 승인하고 다른 것들을 사회의 에토스에 반하는 것으로 비난하는 코드들을 표현하고 확정한다. 그는 그것들이 순수/오염이라는 개념을 반영하는 것으로 간주한다. 즉 부정적으로 코드화된 특징은 실제로 우리 사회를 오염시키고 심오하게 훼손시키는 것으로 간주된다. 그가 말하고자 하는 요점은 이렇다. 즉 그것들 없이 근대의 민주주의가 생존할 수 있으리라고 상상하기는 힘들지만 그것들은 또한 사회적 배제의, 비인간적 형태의 '정화'의 위험천만한 원천을 불가피하게 제공한다. 거기서 희생양 현상에 대한 나의 논의와의 연관성을 찾을 수 있지 않을까 하는 생각이 든다.

즉 절대적 폭력의 근원은 생물학적이라기보다는 메타-자연학적이라는 결론은 살해를 눈감아주거나 장려하는 형이상학적 내지 종교적 견해에 서치라이트를 비추는 것처럼 보인다.

우리가 지금까지 꼼꼼히 살펴보고 있는 물음, 즉 '어떻게 악과 함께 살면서도 그것에 의해 삼켜지지 않을 수 있는가?'라는 물음이 앞의 5절에서의 종교/폭력 간의 관계에 대한 논의를 한층 더 심화시키고, 종교가 여전히 폭력과 연루되는 현실을 조명하는 것을 가능하게 해줄 것이다.

이미 살펴본 대로 기축시대 이전의 종교에서 살해에는 삶의 다른 여러 측면과 함께 일정한 자리가 주어질 수 있었다. 전쟁할 때가 있고 평화를 위한 때가 있었다. 또는 전쟁하는 것을 업('다르마'라고 할 수 있을 것이다)으로 삼은 사람이 존재했다. 평화로운 활동을 하는 신들과 여신들뿐만 아니라 군신도, 희생제에서의 성스러운 살해도 존재했다. 하지만 기축시대의 종교로 이행하면서 일반적으로 전쟁에 대한 평화의 우위를 가져오게 되었다. 비록 기축시대 이전의 많은 특징이 '보다 고차적인[고등한]' 종교 속에서 지속되었지만 말이다. 전쟁 또는 폭력은 대부분의 경우 악의 귀결로 간주되게 되었다. 기독교의 경우에는 분명히 그랬다.

그렇다면 성스러운 살해는 어떻게 살아남을까? 그것은 어떻게 '보다 고등한' 종교에서 되풀이되는 것일까? 그것의 기초를 이루는 원리와 어떤 면에서 보더라도 상충되 686
는 것처럼 보임에도 불구하고 말이다. 기독교문명은 어떻게 가령 반유대주의 형태로 박해를 재발명했을까? 어떻게 십자군 같은 형태로 성전을 설교했을가?

여기서는 이 문제에 대해 그에 걸맞은 길이로 논할 수 없다.[13] 하지만 간략하게 말해, 성스러운 살해가 반복되는 것은 그것이 정화의 한 형태를 제공하기 때문이라는 것이 답이다. 가령 어쨌건 악 속에 휘말려들고 있다고 강하게 느낄수록, 또 앞 절에서 논한 대로 세계의 혼돈과 악에 압도당하고 있다고 강하게 느낄수록 특정한 투사 양식에, 즉 악이 우리와는 무관한 것에, 정반대되는 것에 집중되는 양식에 손을 뻗고 싶은 유혹

13 아래 글에서 이 문제를 보다 자세히 상술하려고 시도해보았다. "Notes on the Sources of Violence: Perennial and Modern", in James L. Heft, ed., *Beyond Violence: Religious Sources of Social Transformation in Judaism, Christianity, Islam*(New York: Fordham University Press, 2004), pp. 15-42.

이 더 강해진다. 그것을 통해 우리는 순수한 존재가 되는데, 심지어 불순함과 무질서의 담지자에 맞서 용감하게 싸울 때는 그것이 한층 더 두드러진다. 게다가 신은 순결의 원천이므로 그렇게 싸우면서 우리는 신과 동일화된다. 우리는 신 쪽에 있다.

그것이 "희생양 메커니즘"[14]이라고 부를 수 있는 것의 본질이다. 그것을 두 개의 구조의 수렴점으로 파악함으로써 개념적으로 이해할 수 있을 것이다. 먼저 정반대 쪽을 찾아낸 다음 그것과는 전혀 무관함을 선언하는 것에 의해 우리는 선하다/질서를 따르고 있다고 확신하는 식으로 반응할 수 있다. '우리' 사이에 경계선이 그어지는 것이다. 그것은 순수/오염 같은 용어로, '나는 정의 편에 있지만 ……' 식의 자기긍정적 대조의 틀 속에서 표현될 수 있을 것이다. 두 번째는 신비적 폭력, 신들의 폭력과의 동일시에서 생기는 힘[권능], 영=정신적 힘이다. 우리는 모종의 형태의 성스러운 학살 속에서 그와 같은 권능 및 힘과 적극적으로 우리를 동일시한다. 또 가령 인도의 카스트제도처럼 성스러운 학살 없이 '나는 정의 편에 있다'는 자기긍정적 대조의 틀을 유지할 수 있을 것이다. 하지만 둘이 합쳐질 때 결과는 특히 강력해진다.

다소 지나치게 단순화된 앞의 판단 체계를 일군의 복잡한 현상에 대입시킬 수 있다면 앞서와 같은 대조를 통해 힘을 얻는 성스러운 살해는 두 가지 주요한 형태로 나타난다. 첫째, 희생양 메커니즘(SM) 자체가 존재한다. 거기서 우리는 경계를 침범해 내부로 파고 들어온 외부인(정반대 쪽)에 달려들어 죽이거나 추방한다. 그리고 둘째, 십자군이 존재한다. 거기서 우리는 외부에 존재하는 정반대 쪽과 전쟁을 벌인다. 두 번째 경우 신비적 폭력과 순수함이 혼합되는 것에 덧붙여 또한 또 다른 강력한 통합을 실현한다. 그것은 죽음의 군주로서의 전사의 태도를 신비적 폭력numinous violence이라는 보다 고차적인 대의와 단단히 이어 붙인다. 그리하여 잠재적으로 사물을 해체시키는 작용을 하는 이 모든 폭력을 집약해 보다 고차적인 통일을 가져오는 동시에 전사의 자기확증에 보다 고차적인 의미와 목적을 부여한다. 십자군이 패러다임적 사례이자 기독교 신앙 그리고 중세사회 지배자들의 귀족적·전사적 삶의 방식 간의 끝도 없이 계속되는 갈등에

14 여기서 분명히 나의 논의는 지라르의 매우 흥미로운 저작들에 기대고 있다. 지라르, 박무호, 김진식 역, 『폭력과 성스러움』, 민음사, 『희생양』, 민음사와 지라르, 김진식 역, 『나는 사탄이 번개처럼 떨어지는 것을 본다』, 문학과 지성사를 보라.

대한 '해결책'이었다. 제멋대로이고 호전적인 귀족계급에게 '신의 평화'를 강요하려는 교회의 끊임없는 투쟁에 종지부를 찍는 '해결책'이었다.

그리하여 성스러운 살해 내지 인신공양이라는 보다 이전 형태의 거부에 기반한 종교 문화에서조차 신비적 폭력은 반복될 수 있다. 그것이 반복되는 것은 비록 심지어 순수성이나 선성에 관한 새로운 정의에 의거하더라도 그것을 이용해 순수성 또는 악과 무관하다는 분리 감각을 확립하고, 그것을 보호하기 때문이다.[15] 그자들이 평화의 군주에 맞선다고? '자, 가서 박살내자!' 우리는 심지어 그의 가르침을 어기고 있을 때도 평 687
화의 왕자의 가장 충실한 추종자라는 데 대해 자기-보증적 확신을 갖고 있다.

그러나 그와 함께 기축시대 이전 상황이 그대로 재현되는 것은 아니다. 이전뿐만 아니라 이후에도 신비적 폭력과의 동일시는 존재했다. 하지만 내용이 근본적으로 바뀌었다. 신비적 폭력은 선과의 동일시를 반드시 의미하지 않는다. 기축시대 이전에 신들은 선의적인 동시에 악의적인 존재였다. 일부 신은 주로 한쪽 편, 다른 신은 주로 다른 쪽 편이었지만 대개는 양쪽에 걸쳐 있었다. 여기서 말하는 '선의적'은 인간의 통상적인 개화번영, 즉 생명, 건강, 번창, 다산 등과 관련해 측정되었다. 우리는 종종 그와 같은 보다 고차적인 존재를 속이고, 그들에게 비위를 맞출 필요가 있었다(따라서 '사기꾼' 같은 인물이 중요했다). 그러나 기축혁명은 신적인 것을 궁극적 선 쪽에 두는 경향이 있었다. 동시에 궁극적 선을 인간의 통상적 개화번영으로 이해되는 것을 넘어서는 것, 즉 열반, 영생으로 재정의했다.

15 그와 같은 연관성이 모종의 방식으로 파농에 의해 명확화되고 있지만 무시무시하게도 비판이 아니라 정화적 폭력에 대한 정당화로 그렇게 되고 있다. 사르트르는 반식민전쟁에 대한 그와 같은 찬양을 이렇게 정식화한다.

그것은 인간이 자신을 재창조하는 과정이다. …… 부드러움으로 폭력의 흔적을 지워버릴 수는 없다. 오직 폭력 자체만이 폭력을 부술 수 있다. 원주민은 무력으로 이주민을 몰아냄으로써 자신의 식민지 노이로제를 치료한다. 분노가 들끓을 때 그는 잃어버린 순수함을 되찾으며, 자기 자신으로 돌아가 자신의 자아를 스스로 창조한다. …… 그것은 일단 시작되면 무자비한 전쟁이다. 누구나 두려움을 느끼거나 남에게 두려움을 주게 된다. 다시 말해 자신의 위선적 존재가 해체되거나 아니면 통합의 생득권을 쟁취하게 된다. 농민이 총을 손에 쥐면 낡은 신화는 희미해지고, 금제는 하나씩 잊혀진다. 반역의 무기는 그가 인간임을 증명하는 증거이다. 반란의 초기에 그는 남을 죽여야 한다. 유럽인을 쏴 죽이는 것은 일석이조의 행위다. 억압자를 없애는 동시에 피억압자를 없애는 것이기 때문이다. 그러면 결국 죽은 자와 해방된 자가 남게 된다(『대지의 저주받은 사람들』, 남경태 역, 그린비, 36~37페이지).

기축적 변형의 일부 형태는 신을 도덕적 이해방식에 접근시킨다. 즉 플라톤에서 볼 수 있는 대로 그처럼 보다 고차적인 선에 의해 정당화되고 이해되는 모종의 코드에 말이다. 그것을 또한 예언자들이 호소한 신에서도 볼 수 있는데, 예언자들은 종종 희생제의는 잊으라고, 과부와 고아를 도울 것을 명했다.

그와 함께 이제 폭력은 새로운 토대를 갖게 되었다. 보다 고차적인 것을 섬기기 위한 것이라는 것이다. 그리고 그것은 그것이 더욱 가차 없고, 무자비하고, 철저할 수 있음을 의미했다. 훨씬 더 이전의 전쟁은 의례화되고, 그리하여 제한되었던 반면 기축시대 이후의 성스러운 살해는 훨씬 더 합리화되고, 끝이 없게 될 것이다.

그와 같은 '진보'는 계속된다. 성스러운 살해가 기축혁명 이후에도 살아남고 재발명되기 때문만이 아니라 또한 '광신주의'와 종교적 박해 그리고 십자군을, 요컨대 종교에 의해 유발된 과거의 온갖 의미 없는 살해를 일소시키려고 한 근대의 세속적 혁명들 이후에도 살아남았기 때문이기도 하다. 우리는 그것을 〈프랑스혁명〉이라는 패러다임적 사례에서 볼 수 있는데, 거기서 공화주의적 '덕'의 순수성은 다시 한 번 적을 말살함으로써 지켜진다. 그리고 다시 한 번 살해는 이제 보다 합리적이고(진정 처단할 만한 목표를 겨냥한다), 깨끗하고, 의학적이며 기술적(기요틴)이며, 선의 진정한 통치를 가져온다. 그것은 평화의 통치가 될 것이다. 로베스피에르는 신헌법에 투표하면서 사형선고를 금지하기를 원하는 사람들 쪽에 섰다. 최종목표 그리고 그것을 가져오기 위해 시행되는 성스러운 살해가 이보다 더 두드러지게 엇박자를 보이는 경우도 찾아보기 힘들 것이다.

그리고 20세기로 눈길을 돌릴 경우 합리적 테크놀로지에 의해 이전 어느 시대의 공포도 초라하게 만들 만큼 증폭된 혁명적 폭력을 볼 수 있다.[16]

한 가지 중요한 의미에서 거리를 둔 합리적·세속적인 근대 세계는 근대가 거부한 종교문명보다 훨씬 더 멀리 그와 같은 방향으로 나아간다. 마지막 제한이 제거된다. 표

16 아마 그것을 발타자르가 신학적으로 정식화하는 사태전개를 반영하는 것으로 간주할 수 있을 것이다. 즉 갈보리 언덕에서의 수난 이후 "악은 '이교적 순진성'과 관련해 지금까지 갖고 있던 모든 것을 잃어버렸다. …… 그리하여 악은 자체를 위해 저질러지고 찬양되며, 뱀이 휘감고 있는 메두사의 머리처럼 매혹적이다"(Aidan Nichols, *No Bloodless Myth: A Guide through Balthasar's Dramatics*[Edinburgh: T&T Clark, 2000], pp. 208-209에서 재인용).

적이 단지 악, 더러움, 부정적인 것만 포함할 때 망설일 이유가 없다. 스탈린 말대로 688
말이다.

> 10년이나 20년 후, 누가 그와 같은 쓰레기들을 기억한단 말인가?[17]

도덕은 합리화된다. 즉 코드는 인간의 행복과 관련해 선이나 정의가 무엇인가에 관한 일정한 이해방식에 기반한다. 그것은 모종의 책임 개념을 수반한다. 악행자는 처벌된다. 우리는 초기 종교의 양의성으로부터 멀리 벗어나왔다. 초기 종교에서 성스러운 것은 은혜와 위험을 동반했다. 그리고 살해된 희생자는 희생제의가 다 끝난 후 숭배할 수 있었다.

기독교적 맥락에서 신적 폭력과의 동일시는 신의 (물론 정의로운) 분노와의 동일시가 되었다. 그렇게 이단을 박해한다. 마녀재판 또한 형식적으로 동일한 논리를 따르고 있다. 그것이 아무리 잔인한 환상에 기초했더라도 말이다.

근대적 도덕질서, 탈주술화되고 합리화된 세계는 이 모든 것에 종지부를 찍을 터였다. 신의 분노가 차지해야 할 장소는 존재하지 않는다. 그리고 신앙인조차 '지옥의 쇠퇴' 운운해왔다.

하지만 도덕화는 사태를 한층 더 악화시킬 수 있을 것이다. 그리고 계몽되고 탈주술화된 세계에서 우리는 새로운 잔인한 환상을 만들어내지 않았는가라는 물음이 제기된다. 그와 같은 폭력은 얼마나 '시대에 뒤떨어진 것'이고, 정확히 '과도함'일까?

원래 형태의 희생제의, 즉 희생자가 성스러운 동시에 위험하며, 재난의 원천이자 치유의 원천인 형태가 근대세계에서는 산산조각 났음을 지적하자. 그것은 마녀재판과 반유대주의에서 볼 수 있는 대로 (a) 오직 완전히 잘못된, 악인 희생양만 낳고 (b) 전투에서 쓰러진 용감한 젊은이처럼 순전히 정의로운 희생만 낳는다. 그와 같은 생각은 궁극적으로 기독교에서 유래한 것이다.[18]

17 Jonathan Glover, *Humanity: A Moral History of the Twentieth Century*(New Haven: Yale University Press, 2000), p. 256에서 재인용.

18 슈바르츠Regina Schwartz의 흥미롭고 도발적인 저서 *The Curse of Cain*(Chicago: University of Chicago

이 모든 것은 폭력과 종교의 관계에 대해 무엇을 말해줄까? 종교가 절대적 폭력의 주요 선동자일까? 과연 인간 문화가 시작된 이래 종교와 폭력은 밀접하게 결합되어 있었던 것 같다. 그리고 여전히 그렇게 연결되어 있는 사례는 오늘날에도 분명히 존재한다.

다른 한편 폭력의 종교적 용법이라고 부를 수 있는 것 중 몇 가지, 특히 희생양 메커니즘의 활용 그리고 모든 악을 외부의 적(또는 일시적으로는 내부의, 하지만 따라서 추방될 필요가 있는 적)과 동일시하는 것에 의해 이루어지는 순결함의 자기확증을 보다 주의 깊게 검토해보면 이 모든 것이 쉽게 종교의 폐기 후에도 살아남으며, 절대적으로 세속적이며, 심지어 무신론적이기까지 한 이념적 · 정치적 형태로 재발할 수 있음을 발견할 수 있을 것이다. 게다가 폭력은 그와 같은 형태로 일종의 잘못된 양심에 따라, 즉 종래의 추악한 패턴을 반복하고 있음을 자각하지 못한 채 재발한다. 다름 아니라 이 모든 것은 옛날 종교에 속했던 것이고, 그리하여 우리의 계몽주의 시대에는 일어날 수 없다는 안이한 추정 때문에 말이다.

하지만 그것 이상이다. 종교가 처음부터 폭력과 연루되어왔더라도 성격이 바뀌었다. 아르카이크 시기의 기축시대 이전 형태에서는 전쟁이나 희생제의에서의 의례가 폭
689 력을 성별했다. 폭력을 성스러운 것과 관련시켜 살해에 그리고 그것에 따른 흥분과 만취에 일종의 신비적 깊이를 부여했다. 바로 다른 의례를 통해 성적 욕구와의 결합에 대해 그렇게 하듯이 말이다.

'보다 고차적인' 기축시대 이후의 종교들의 도래로 그와 같은 종류의 신비적 폭력의 승인은 점점 더 뒤로 물러났다. 앞의 3절에서 언급한 대로 몇몇 종교에서 우리는 폭력이 신성화된 삶 또는 비슷한 것 사이에서 더 이상 차지할 자리가 없게 되는 지점으로 다가가게 된다.

그러나 그럼에도 불구하고 지금까지 살펴본 대로 신성화된 정화적 폭력의 다양한 형태는 재발된다. 십자군 같은 현상이 나타나는 것이다. 십자군은 기독교 정신과 철저

Press, 1997)에서 일신교와 폭력에 관해 제시되는 명제를 이해하고 싶은 것은 그와 같은 맥락 속에서이다. 그와 같은 현상은 그녀가 제안하는 것보다 아마 보다 널리 확산되고 일반적이지 않을까 하고 생각해보고 싶다.

하게 모순되는데, 귀족계급의 호전성을 억제하고, 신의 휴전을 선포하려 했을 때 중세 초기의 주교들은 그것에 대해 한 수준에서는 눈치 채고 있었다. 하지만 그럼에도 불구하고 그들은 희생양 메커니즘 뒤로 물러나 〈십자군전쟁〉을 설교하도록 유도당하고 말았다. 이교도들은 어둠을 섬기는 자들이며, 따라서 평화의 군주 이름으로 가장 철저한 적의를 보여줄 만하다는 것이다.

그럼에도 불구하고 깊은 양의성이 잔존했다. 성스러운 원정은 여느 전쟁보다 더 엄격한 군율 아래 진행될 터였다. 성직자가 직접 무기를 손에 드는 일은 없을 것이다. 그러나 기본적으로 우리는 나중에 로베스피에르에게 딱 들어맞게 되는 거푸집을 갖고 있다. 사형 반대자라도 일단 공화국이 설립되면 나라를 완전히 순수함 속에 세우기 위해 기꺼이 핏속을 뚫고 나가려고 한다. 전과 후, 안과 밖을 분리할 수 있다는 것은 환상이다. 내부에서는, 그리고 왕국/공화국이 계속되는 한 순수함이 군림할 것이다. 그러나 그와 같은 평화의 영역 밖에 있는 것 또는 그것의 이전 것과 우리가 맺는 관계는 야만성에 의해 지배될 것이다.

기축시대 이후의 종교들은 종종 심각한 부정직, 심지어 위선에 시달린다. 그러나 그것은 그것들에게만 국한되는 문제가 아니다. 이 점에서 이들 종교 이후에는 종파를 기준으로 정의된 민족주의(〈인도인민당〉의 힌두지상주의Hindutva, 인류에 대한 신의 의지에 따라 세계에 자유를 가져오는 조지 W. 부시의 나라) 같은 오늘날의 혼합적 현상뿐만 아니라 몇몇 호전적인 세속적 이데올로기가 이어졌다.

하지만 보다 고차적인 그들 종교와 이데올로기는 아르카이크의 보다 초기 형태가 폭력에 부여해준 신비한 깊이는 통째로 박탈하면서도 자신의 순수함을 긍정하기 위해 폭력을 이용하고자 했다. 폭력은 추악하고 야만적이지만 그래도 고상하고 헌신적인 전사들에 의해 행사되어야 한다. 우리는 전쟁과 폭력의 세계에 대해 내심 알고 있는 것의 절반을 끊임없이 억압하고 있다. 그리고 [1968년에 미군이 주민을 대량학살한] 미라이 마을에서건, 아부그라이브 교도소에서건 우리의 용맹한 병사에 의해 자행된 만행에 직면할 때마다 끊임없이 놀라고 있다.

근대세계는 종교적이건 세속적이건 자기 이해 속에 존재하는 깊은 균열로 인해, 즉 터무니없는 규모의 이념적 맹목성에 의해 고통 받고 있다. 헤지는 마음을 찢어놓을 듯

이 고통스러운 저서에서 그와 같은 사태를 탁월하게 분석하고 있다.[19]

그리하여 여기서 다시 한 번 신앙과 세속적 사유 모두 효율적 대처는커녕 이해에도 애를 먹는 비슷한 도전에 직면한다. 아래 절에서의 논의 후에 아래에서는 이 문제로 되돌아가고 싶다.

690 **11**

사회질서의 도덕적 기초에 관한 보다 이전의 모든 관념 — 위계제적 상보성의 질서나 고대의 법률 — 과 마찬가지로 도덕질서라는 근대적 관념은 지지자로부터는 자가안정적일 것으로 간주되는 경향이 있다. 즉 그와 같은 질서에의 순응이 사회에 응집력을 제공하고, 그러면 사회는 자립적으로 된다는 것이다.

근대사회에서 그와 같은 안정성은 근대적 관념, 즉 질서정연한 사회는 개인의 상호행위가 상호이익을 증진시키는 방법으로 사람을 연결시킨다는 관념의 기본 원리에 기반하도록 되어 있다. 그것에 대해 지금까지 살펴본 대로 우리는 다양한 관념을 발전시켜왔다. 처음에는 '최소주의적minimalist'이라고 부를 수 있는 견해가 가령 로크에 의해, 또 후에는 18세기 계몽주의의 주류에 의해 제창되었다. 그것을 그렇게 부르는 것은, 그것이 이타주의나 강한 연대감을 특별히 강력히 요구하지 않기 때문이다. 올바른 구조가 존재하고 상호권리를 존중하기 위한 몇몇 규칙에 순응한다면 각자가 자신의 최고이익을 추구하는 가운데 상호이익이 자연스럽게 생길 것이다. 그것은 사회가 '이익의 조화'를 통해 안정화될 수 있다는 견해로 알려져 왔다.

후일 그에 대한 반동으로 시민의 단결, 공동으로 행하는 일반의지와의 강한 동일시의 중요성을 강조하는 견해 그리고 연대를 보다 크게 강조하는 견해가 등장했다. 루소와 마르크스가 그와 같은 사조의 핵심 사상가였다.[20] 또는 그 밖에도 훨씬 더 높은 수준

19 Chris Hedges, *War Is a Force That Gives Us Meaning*(New York: Public Affairs, 2002).

20 현대사상에서 연대가 가진 핵심적 중요성을 강조하는 브룬크호르스트Hauke Brunkhorst의 흥미로운 저서를 참조하라. *Solidarität: Von der Bürgerfreundschaft zur globalen Rechtsgenossenschaft*(Frank-

의 이타주의를 요구하는 견해도 존재하는데, 그것은 종종 보편적이고 모든 경계를 초월한 것으로 파악되었다. 칸트가, 또 독자적 방식으로 마르크스가 그와 같은 사조의 핵심 저술가이며, 다른 한편 헤겔은 나름의 방식으로 루소와 칸트를 연결시키려고 시도하기도 했다.

발전에 대한 이 모든 견해에서 질서정연한 사회는 자가안정화될 것처럼 보였다. 그것은 단지 '이익의 조화'를 지지하는 변종에만 해당되는 것은 아니다. 칸트의 깊은 영향을 받은 현대 사상가 롤스 또한 '질서정연한' 사회는 구성원의 충성을 획득하며, 그리하여 자체를 유지하는 경향을 보인다고 주장한다.[21] 칸트는 보편주의자인 만큼 그와 같은 효과를 국제 영역으로 확대하는 경향을 보인다. 자기 명예에만 집착하는 무책임한 군주와 달리 전쟁의 대가를 알고 또 느끼는 부르주아 납세자에 의해 운영되는 공화주의 사회는 서로 전쟁을 벌이는 것을 점점 더 내켜하지 않을 것이다. 인류는 영구평화 시대의 도래에 대한 희망을 가질 수 있을 것이다.[22]

하지만 최소주의적 견해들은 전혀 유행이 지나지 않았다. 실제로는 오히려 공산주의의 내파內破 이후 한층 더 유력해지고, 유행하게 되었다. 오늘날 공유되고 있는 견해는 이렇다. 즉 자유시장경제와 자유주의 사회 그리고 민주주의적 통치 형태의 확산이 인류에게 황금시대를 보장해 보편적 평화를 약속하고 만인의 행복을 증대시키리라는 것이다. 사람들에게 자족, 기업가정신, 권리존중 그리고 민주주의적 통치의 규율과 방법에 대해 훈련시킬 필요가 있다. 하지만 그것들은 이미 사람들이 갈망하는 것으로, 일단 한 번 습득하면 결코 잃어버리기를 원치 않을 것이다.

우리의 자기상 전체는 도덕(성)에 대한 근대적 이해 그리고 질서정연하고 규율훈 691
련된 상호이익 사회 위에 기반해 있는데, 그것은 결국 이렇게 귀결된다. 즉 우리는 (몇몇 선택받은 나라에서는) 민주주의와 인권을 고수하는 문명으로 이행했으며, (그리 선택받지 못한 다른 나라에서는) 이행 중이다. 그처럼 자신감 넘치는 전망은 무엇에 기반하고

furt: Suhrkamp, 2002).

21 롤스John Rawls, 황경식 역, 『정의론』, 이학사

22 칸트, 정성관 역, 「영원한 평화를 위하여. 철학적 기획」, 『비판기 저작 II(1795~1804)』, 한길사, 341~386페이지. 이 개념은 이해관계의 조화에 대한 고려에 보다 많이 의존하고 있다고 주장할 수 있을 텐데, 비록 윤리이론에 더 이상 핵심적이지 않지만 칸트도 그것을 여전히 받아들이고 있다.

있을까?

그에 대한 대답은 '보통은' 일단 그와 같은 체제가 확립된다면 우리는 그것으로 완전히 행복해한다는 것이다. 일탈은 항상 오류, 미신, 악조건의 결과다. 일단 그것들이 극복되면 그와 같은 문명 속에서 행복할 수 있다. 그렇게 믿은 데는 18세기의 계몽주의 사상 속에서 최초로 소묘된 이유들이 존재했다. 즉 우리는 계몽된 자기이익에 의해 동기를 부여받으며, 근대의 민주적 · 시장지향적 사회가 실현하는 이익의 조화를 궁극적으로 볼 수 있으며, 그리고/또는 우리 본성 속에는 모종의 공감대가 뿌리 깊게 프로그램화되어 있기 때문이라는 것이다.

물론 온갖 것이 그와 같은 조화를 방해할 수 있다. 지나친 이기주의, 오만, 권력 및 명성의 경쟁적 추구 등이 그것이다. 또 욕망, 음주, 다양한 중독 같은 갖가지 '악덕'도 있다. 그러나 그것들은 상술한 긍정적 종류의 보다 강한 동기부여에 의해 억제될 수 있다고 종종 생각된다. 덕분에 우리는 안정적인 민주주의 정치 속에 안주할 수 있다.

그리하여 우리는 지구화와 경제성장이, 폭력이 만연된 것 같은 사회를 평화로운 민주주의로 전환시키리라는 말을 종종 듣는다. 왜냐하면 보다 건설적인 에너지의 배출구를 갖게 될 것이기 때문이다(그것이 『뉴욕타임스』에 실린 프리드먼Thomas Friedman의 기고문의 기본 생각이었다). 비슷한 자유주의 시장민주주의가 주는 만족감이 후쿠야마의 역사의 종말 운운하는 선언의 기저에도 숨어 있다(보다 고차적인 인간적 목표의 상실이라는 모종의 불안감에도 불구하고 말이다).

그러나 여전히 계속되는 폭력의 슬픈 기록은 그와 같은 전망을 문제시한다. 폭력은 왜 여전히 우리와 함께 존재할까? 우리는 왜 아직도 폭력을 우리 손으로 영속화시키고 있을까? 형이상학적 신앙이나 종교적 신앙 여하와 관계없이 우리가 공통으로 직면하고 있는 앞의 물음들에 대해 완전히 설득력 있는 대답을 가진 사람은 지금까지 아무도 없다.

그에 대한 대답의 일부는 분명히 이렇다. 즉 조화를 보장할 것으로 여겨지는 보다 최소주의적 규칙은 원래 도덕적으로 불안정하다. 정직하고 자유로운 경쟁, 권리의 상호 존중, 민주주의적 통치 같은 코드는 일단 적용되면 실제로 그것에 의해 이익을 얻고 또 그렇게 해서 해당 코드에 한층 더 큰 애착을 갖게 된다는 사실에 의해 자연스럽게 강화되도록 되어 있다. 신자유주의적 세계화의 낙관적 전망은 그와 같은 기대에 기반하고 있다. 그런데 우리 시대에 그와 같은 전망에는 분명히 일정한 진리가 존재하지만 심각한 결함도 분명히 존재한다.

가령 가장 자유로운 시장의 작동이 적어도 중단기적으로는 일부 사람에게 끔찍하
게 부정적인 결과를 가져오는 것뿐만이 아니다(장기적으로 이 모든 것이 원만히 해결될
것이[라는 것]다. 하지만 우리는 그와 같은 추정 상의 위안에 대해 케인스가 무슨 말을 해야
했는지를 알고 있다). 또한 그에 더해 최고의 상황에서 심지어 다수의 이익을 확실히 하
기 위해서라도 일정 정도의 성실성 그리고 공동이익에 대한 헌신이 요구되는데, 자유시 692
장의 규칙은 그것을 보증하지 않는다. 직원을 속여 연금을 사취하는 CEO, 지구적 참사
의 발생 직전까지 환경보호에 무책임한 정책을 밀어붙이는 기업. 그와 같은 목록은 얼
마든지 계속될 수 있을 것이다.

자립적인 윤리적 코드라는 약속의 땅에 정말로 발을 들여놓으려면 또는 심지어 근대적 도덕질서의 기본 조건 — 우리의 상호행위는 진정으로 상호이익을 가져오는 것이어야 한다 — 을 충족시키려면 보다 강력한 윤리, 공동선과의 보다 확고한 동일시, 나아가 보다 강고한 연대가 필요한 것처럼 보인다. 그렇다면 그에 대한 대답은 간단히 '코드를 고쳐야 한다'가 될 수 있으며, 그것을 '루소냐 마르크스냐'를 통해 약간 더 풍부화하는 것이 될 수 있지 않을까?

하지만 이제 우리 모두는 앞의 대답이 수반하는 문제들을 뼈저리게 알고 있다. 지나치게 높은 수준의 중앙 통제는 모두가 원하는 번영의 기반을 파괴하고, 또한 자유를 위협할 수 있을 것이다. 연대는 간단히 위에서 관리될 수 없으며, 사람들이 진정으로 자신과 동일시하는 것이어야 한다. 하지만 강한 공동의 정체성의 여러 근대적 사례 — 가장 두드러진 것이 민족주의이다 — 또한 자체에 고유한 문제를 드러내는데, 종종 다양성에 적대적이거나 외부인에 맞서 사람을 동원하기도 한다. 실제로 그것은 앞 절에서 논한 이런저런 형태의 희생양 메커니즘의 온상으로 쉽게 탈바꿈될 수 있을 것이다. 즉 우리는 특정한 타자에게 악을 투사함으로써 나는 도덕적으로 완전하다는 감각을 강화한다. 그리고 종종 타자에 대한 폭력적 박해와 전쟁을 수행함으로써 자신의 순수함과 올바름에 대한 확신을 확고하게 하려고 한다.

사회를 하나로 결합시킬 수 있는 그와 같은 사회윤리 영역 전체가 매우 문제적이

며, 복합적인 딜레마의 현장이다. 물론 사회적 연대에 관한 강한 감각의 결여는 보다 높은 수준의 일반적 이타주의에 의해 보충될 수 있는데, 그것은 또한 — 바라기로는 — 전쟁과 박해 같은 배제적 실천에 맞선 방어벽으로 작용할 수 있을 것이다. 심지어 연대가 강력한 곳에서도 말이다.

앞의 희망과 관련해 말하자면, 물론 그것은 앞 절의 논의 — 즉 근대적인 보편주의적 휴머니즘의 여러 형태 내부에서조차 희생양 메커니즘이 재생산될 수 있는 사실을 보여준 논의 — 에 의해 흔들릴 것이다. 자코뱅주의와 볼셰비즘 같은 경우 그것은 너무나 명백한 사실이었지만 심지어 현대의 자유주의 사회에서도 많은 '테러와의 전쟁'이라는 수사 뒤에서 악의 담지자를 절멸시키기 위한 전쟁, 심지어 고문마저 정당화하는 것을 포함해 비슷한 태도의 메아리를 들을 수 있다. 순수함이라는 자기 이해는 모두 희생양 메커니즘에 의해 잠식될 수 있는 것처럼 보인다. 그리하여 우리의 올바름은 악쪽으로 투사된 사람들에 맞선 폭력적 전투에 의해 보장되게 된다. 심지어 인권과 민주주의 같은 용어로 정의된 '순수함'도 마찬가지다.

하지만 첫 번째 희망은 어떨까? 즉 너무 약한 연대의 끈을 보충하는 것으로서의 이타주의 말이다. 그것은 사회 내부뿐만 아니라 일반의지에 기반한 정치를 유지하기 위해서는 분명히 적절하지 않은 보다 글로벌한 규모에서도 그렇게 하고 있다.

글로벌한 규모에서의 이타주의가 이전 어느 시대보다 더 현대에서 큰 역할을 하고
693 있음이 명백하다. 게다가 인도주의적 지원과 〈국경없는의사회〉 같은 NGO 활동 같은 형태의 사적 부문뿐만 아니라 정부 수준에서도 그렇다. 단지 아프리카 지원을 크게 늘린 G8 주요 8개국 정상회의의 최근 발안을 생각해보기만 해도 충분할 것이다. 하지만 그와 함께 그와 같은 이니셔티브의 기반에는 어떤 도덕적 원천이 자리 잡고 있는가 하는 문제가 제기된다.

16장에서 인류 전체에 대한 우리의 의무감을 근대의 자연주의적 철학이 제시한 다양한 설명에 비추어 이해하는 것이 가능한가 하는 물음을 제기한 바 있다. 그와 관련해 점점 더 큰 원을 그리면서 퍼져나가는 인간의 공감이라는 측면에서 주어지는 흄적 설명에 대해 몇 가지 의문을 표명했다. 여기서 도덕감정의 존재론은 현상학에 부합될 수 있을까? 나는 그것이 가능하다고 생각하지 않는다. 그와 같은 설명에는 결함이 있는

것 같은데, 왜냐하면 그것은 우리의 의무감을, 즉 보다 오래되고, 협소하고, 보다 덜 만족스러운 양태의 연대와 단절하고 있다는 느낌을 설명할 수 없기 때문이다.

하지만 여기서 또 다른 물음을 제기해보자. 우리는 비록 우리에게 동기를 부여하는 것에 대해 불완전한 설명을 갖고 있더라도 여전히 그것에 의해 강하게 동기를 부여받고 있을 수 있을 것이다. 실제로 사람들은 연대의 정치나 인도주의 활동에 대해 다양한 이유로 동의한다. 한 사람은 무신론적 휴머니스트인 데 반해 다른 사람은 기독교도이고 또 다른 사람은 무슬림인 경우가 있을 수 있다. 바로 그것이 '중첩적 합의' 위에서 작동하는 근대적 정체政體의 본질을 이룬다. 하지만 그와 같은 틀 내에서도 여전히 어느 것이 기초로 더 만족스러운지를 물을 수 있을 것이다. 이제는 이전 논의에서 문제가 된 대로 그것이 어떻게 존재하게 되었는지에 대한 설명으로서가 아니라 오히려 내가 '도덕적 원천'이라고 부르는 것으로서 말이다. 이 용어가 의미하는 것은 그와 같은 도덕을 받아들이도록 고무하고, 그것을 환기함으로써 그와 같은 도덕에 대한 우리의 책무를 강화시킬 수 있도록 (우리 자신의 시각에서 볼 때) 우리를 고무하는 고려들이다.[23]

여기서는 그와 같은 도덕의 요구에 부응하려면 우리가 무엇을 할 필요가 있는지가 쟁점이 된다. 우리가 그것을 받아들이는 이유가 그것이 요구하는 바를 수행하도록 동기를 부여해줄 수 있을까? 아니면 그것은 어쩌면 우리가 가야 할 길 위에 놓인 몇몇 장애 그리고 우리 주의를 흐트러뜨리는 것에 직면해 우리를 결정적으로 약하게 만들어버리고 말까?

이 두 가지 물음에 대한 대답이 밀접하게 연결되어 있을 가능성이 크다. 우리의 도덕적 갈망과 행위를 가장 잘 설명할 수 있는 것이 무엇이냐는 첫 번째 질문에 대한 올바른 대답은 우리가 받아들이게 된 이념적으로 유도된 상보다는 우리가 그렇게 하는 것의 기반에 놓인 실제 동기를 드러내줄 것이다. 그것이 우리의 최고의 갈망 그리고 또한 — 우리가 우리 자신에게 하는 요구에 실제로 부합해 살게 되는 — 우리의 최고의 실천의 기저에 놓인 동기이다. 하지만 그때 그와 같은 동기를 인식하고, 그것을 보다 뚜렷하고 날카롭게 의식하게 됨으로써 그와 같은 윤리에 대한 우리의 애착이나 그에 기초해

23 그와 같은 물음에 대해서는 『자아의 원천들』 1부에서 상술했다.

행동하리라는 결의를 다질 수 있는 기회가 등장하게 된다. '우리는 왜 그것을 하고 있는가?'를 명확히 하는 것은, 행동을 모호하게 만들어 목표로부터 멀어지게 만들 수 있는 다른 외적 동기 — 나만 옳다는 독선, 나쁜 짓을 하는 사람에 대한 경멸과 증오, 자기 문명에 대한 우월감 등 — 를 밝히고, 중화시키는 데 도움이 될 수 있는 것이다. 그렇게 할 수 있도록 힘을 부여해주는 그와 같은 종류의 잠재력을 가진 동기를 '도덕적 원천'이라고 부르고 싶다.

694 그런데 앞서 언급했듯이 보편적 연대의 보다 광범위한 공간에 기꺼이 참여하려는 태도에 관해 계몽주의 시기에 제시된 주요한 설명은 한편으로는 방금 언급한 보편적 공감대에, 다른 한편으로는 우리가 나의 개별성을 넘어 보편적 견해에 이르는 것이 우리를 일종의 보편선으로 데려가는 방식에 기초해 있었다. 그와 같은 설명에 의하면 공평한 관찰자 자세를 취하는 것 자체를 통해 이미 우리는 좋건 싫건 보편적 행복을 원하도록 유도될 수밖에 없다.

하지만 단순한 설명을 넘어 도덕적 원천을 찾아내려면 한발 더 앞으로 나가야 한다. 일반적 관점을 받아들임으로써 우리는 왜 모두의 선을 위해 행동하게 될까? 사실 그것은 분명히 모두에게 해당되는 사실은 아니다. 그와 같은 요구를 불운하게도 충족시키지 못하는 행위 주체에게는 무엇이 부족할까?

흄적 설명에서 나올 대답은 우리의 공감이 너무 제한되어 있다는 것일 것이다. 연대감을 느낄 수 있는 우리 능력은 너무 좁은 사정권에 머물러 있다. 아마 멀리 떨어진 곳에 존재하는 다른 사람들에 대해 보다 많이 알거나 어떤 대형 참사에 관해 감정에 직접 작용하는 듯한 TV 보도를 접하는 것을 통해 그와 같은 결점을 극복할 발판을 마련할 수도 있을 것이다. 그러나 그와 같은 일은 도덕적 원천에 호소하는 것과 동일한 것은 아니다. 이 주제는 연대에 대한 설명으로서 앞서 논한 흄적 공감의 내용과 연결된다. 문명의 발전 그리고 우리의 접촉 범위가 보다 광범위해짐에 따라 공감이 확대되는 것은 우리에 관한 한 명백한 사실이다. 그것이 설명하지 않는 것은 보편적 연대에는 보다 고차적이고 고결하며, 또 훨씬 더 인간적일 수 있는 것이 존재한다는 우리 감각이다. 도덕적 원천으로 작동할 수 있는 것은 보편적 연대가 보다 고차적이라는 그와 같은 감각이다. 그것은 또한 우리가 외재적 동기는 무시하고, 직접 행동에 나서도록 동기를 부여하는 데도 기여한다.

그렇다면 여기서 말하는 보다 고차적인 것에 대한 어떤 설명이 그와 같은 원천으로 기능할 수 있을까? 하나의 대답은 보편적 관점을 획득할 수 있는 행위 주체 — 또는 빈번하게 사용되는 방식으로 요점을 말하자면, 합리적 행위 주체 — 로서의 존엄감에 호소한다. 그와 같은 보편적 통찰을 획득할 수 있는 존재로서의 능력에 부합해 살기 위해서는 우리 또한 보편적으로 — 이 말이 어떤 식으로 파악되건 — 행동해야 한다. 그것은 일반적 행복을 목표로 하는 것과 관련해 파악될 수 있으며(공리주의) 또는 보편화 가능한 격률에 근거해 행동하는 것과 관련해 파악될 수도 있다(칸트). 하지만 두 경우 모두 우리가 그런 식으로 행동하는 것은 우리가 우리 자신의 존엄을 고수하려고 하기 때문으로, 바로 거기에 도덕적 원천이 있다고 말할 수 있을 것이다. 즉 우리가 해야 마땅할 일에 보조를 맞추기 위해 우리가 자신 속에서 그리고 타자 속에서 호소할 수 있는 것이 바로 그것이다.

데카르트가 다른 미덕들의 초석으로서의 고매함에 호소함으로써 도덕이 존엄성에 닻을 내리는 그와 같은 근대적 사태를 개시시켰다. 물론 원래 의미로 고매함이라는 이 용어가 함축하는 미덕은 윤리적 행동을 위한 매우 오래된 기반으로, 전사 및 귀족계급의 명예윤리에 핵심적이었다. 사람은 자기 지위에 맞게 살아야 하며, 하층 신분 출신처럼 행동해서는 안 된다. 앞의 호소는 그에 와서야 비로소 내면화되는 동시에 보편화되었다. 어떤 사람이 속한 보다 높은 신분은 외적 서열에 의한 것이 아니라 합리적 행위 주체에 의한 것이다. 그리고 그것은 (잠재적으로는) 모든 인간에게 공통적이다. 계몽주의의 보편주의는 그와 같은 선례를 따른다.[24]

물론 그와 같은 존엄성의 감각 위에 놓이는 무게는 타자의 선을 위해 행동하도록 695
동기를 부여하는 공감이 실제로 존재하는 곳에서는 줄어든다. 또한 공동이익에 대한 생생한 감각이 — 민족 내부 또는 민족 간에 이익의 조화라는 원리나 보편적인 이중의 조화가 충족되리라는 모종의 희망에 의해 뒷받침된 채 — 존재하는 곳에서도 마찬가지이다. 하지만 일단 보다 이전부터 존재하던 그와 같은 지주支柱에 대한 신뢰가 희박해지

24 그와 같은 사태전개에 대해서는 『자아의 원천들』 8장에서 좀 더 자세히 논했다.

면 — 그와 같은 포스트-유토피아적 시대에는 그렇게 되는 경향이 있다 — 우리가 호소해야 할 주요한 것은 자신의 존엄성에 대한 신뢰이다. 나는 합리적 존재로서 하찮은 사적 이익을 위해 행동하는 것을 부끄럽게 여길 것이다. 또는 보다 미몽과 환상에서 깨어난 언어로 바꾸어 말하자면, 완전히 올바른 정신을 가진 인간 존재로서 부조리한 사태를 볼 때 나는 인류 일반의 고통을 덜어주기 위해 행동함으로써 그것과 맞서 싸우기를 바라지 않을 수 없다. 『페스트』에서의 의사 리외에게서처럼 말이다. 앞서 인용한 문장에서 카뮈는 그것을 이렇게 표현한다.

> 리외는 신이 없는 인간에게는 명예가 유일하게 가능한 도덕임을 매우 잘 이해했다.[25]

그리고 보다 '포스트모던한', '반휴머니즘적' 입장으로 옮겨갈수록 보편적 권리에 대한 열정적 찬동은 그만큼 더 사태의 본성 속에 정초되지 않게 되고, 보상이나 성취에 대한 희망도 없어지며, 가령 데리다에게서처럼 전통적 용어에 따라 동기부여가 불가능해질수록 그와 같은 찬동은 점점 더 명백히 존엄성에 의해, 즉 올바른 정신을 가진 인간 존재로서 우리는 이런저런 요구에 따라야 한다는 감각에 의해 추동되게 된다.

그것은 감탄할만하고 영웅적인 것처럼 보인다. 그리고 어떤 면에서는 의문의 여지 없이 그렇다. 하지만 그것이 적절한 원천인지, 즉 그것이 실제로 인간의 보편적 존엄성과 행복-갈망을 실행에 옮기도록 우리에게 동기를 부여할 수 있느냐는 물음이 제기된다.

그것은 『자아의 원천들』 마지막 장에서 극히 간결하게 제기한 쟁점으로 우리를 데려간다.[26] 복음적 윤리가 보편적 연대로, 즉 동지나 동포로서 결코 만나지도 또 만날 필요도 없는 지구 반대쪽의 인간 존재에 대한 걱정으로 거대하게 확산되는 것에 더 많이 감명받을수록 또는 그것은 궁극적으로 어려운 과제는 아니므로 실제로 접촉한 후 싫어하거나 경멸하기 쉬운 사람에 대해서도 여전히 가질 수 있는 정의감에 의해 또는 본인이

25 Olivier Todd, *Albert Camus: A Life*, trans. Benjamin Ivry(New York: Alfred A. Knopf, 1997), p. 252.
26 『자아의 원천들』, 25장. 아래서의 논의는 "A Catholic Modernity?", in *A Catholic Modernity*, ed. James Heft에 의거한다.

본인의 수난을 자초한 원인인 것처럼 보이는 사람을 기꺼이 돕고자 하는 태도에 더 많이 감명 받을수록, 이 모든 것에 대해 더 많이 생각해볼수록 그만큼 더 연대, 국제적 박애, 현대의 복지국가의 사업에 종사하려는 동기를 창출하고 있는 사람에 대한 우리의 놀라움은 더 커질 수 있을 것이다. 반대로 부정적 측면을 보자면, 현재 서양의 많은 민주주의 사회에서 가난한 사람이나 차별대우를 받는 사람에 대한 동정심이 감소하는 사태에서 볼 수 있듯이 사람을 계속 움직이게 하는 동기가 약화될 때 우리의 놀라움도 그만큼 더 줄어들게 된다.

이 문제를 또한 이렇게 정식화할 수도 있을 것이다. 우리 시대는 오늘날 연대와 선의에 대해 이전 어느 때보다도 더 고차적인 것을 요구하고 있다. 문밖의 이방인에게 그렇게 멀리까지, 그렇게 수미일관되게, 이렇게 체계적으로, 그렇게 당연한 일로 [연대와 선의의 손길을] 뻗칠 것을 요구받아온 적은 일찍이 없었다. 일상적 삶의 긍정의 다른 차원, 즉 보편적 정의와 관련된 차원으로 눈을 돌려도 비슷하게 말할 수 있을 것이다. 696
여기서도 또한 우리는 점점 더 광범위한 계급을 포괄하는 평등의 기준을 유지하고, 점점 더 많은 종류의 차이 사이에 다리를 놓고, 우리 삶에 점점 더 강한 영향을 미칠 것을 요구받고 있다. 어떻게 그것을 해낼 수 있을까?

또는 어쩌면 우리는 이 모든 것을 잘 해내지 못할 수도 있다. 그러면 흥미롭고 중요한 물음이 제기될 수도 있을 것이다. 즉 어떻게 그것을 해낼 수 있을까? 하지만 앞의 물음에 대한 대답에 적어도 다가가기 위해서라도 우리는 이렇게 질문해야 한다. 즉 어쨌건 우리가 지금 용케 해내고 있는 대로 어떻게 그것을 잘 해낼 수 있을까? 그것은 결국 얼핏 그와 같은 연대와 정의의 영역은 이전 시대보다 훨씬 더 나아진 듯한 인상을 준다.

1. 그런데 한 측면에서 앞서의 기준에 부합한 행동이 우리가 품위 있고 문명화된 인간의 삶으로 이해하는 것의 일부가 되었다. 우리는 가능한 한 그와 같은 기준에 부합해 살려고 한다. 그렇지 않으면 자기 자신을 약간 부끄러워할 것이기 때문이다. 앞의 기준은 이미 우리의 자기상, 자기 자신의 가치에 대한 감각의 일부가 되었다. 그리고 그와 함께 앞의 기준을 승인하지 않거나 현재도 하지 않는 다른 사람들 — 우리 조상들이나 현대의 비자유주의 사회 — 을 생각할 때 만족감과 우월감을 느낀다. 바로 그것이

기본적으로 내가 앞서 소묘한 주요한 도덕적 원천, 즉 계몽주의에 기초한 배타적 휴머니즘에서 신성시되고 있는 원천이다.

하지만 우리는 즉각 그것이 동기부여로서 얼마나 취약한지를 느낀다. 그것이 우리의 박애를 유행에 따라 계속 바뀌는 미디어의 주목 그리고 기분을 띄워주는 과대광고에 취약하게 만든다. 우리는 이런저런 달의 주요한 사안에 뛰어들어 이런저런 기근을 위해 기금을 마련하고, 또 처참한 내란을 중재해달라고 정부에 청원한다. 그리고 그것이 CNN 화면에서 사라지면 다음 달에는 모든 것을 잊어버린다. 궁극적으로 기부자 본인의 도덕적 우월감에 의해 추동되는 연대는 예측 불가능하고 변덕스럽기 마련이다. 그와 함께 우리는 실제로 우리의 도덕적 견해가 규정하는 보편성과 무조건성에서 멀어지게 된다.

우리 자신의 도덕적 가치를 한층 더 까다로운 방식으로 파악하는 것을 통해 그와 같은 상황을 극복하는 방법을 그려볼 수 있을 것이다. 그것은 한층 더 큰 수미일관성 그리고 유행으로부터의 일정한 독립, 현실적 요구에 관한 신중하고 분별 있는 주의를 요구할 것이다. 그것이 현장에서 일하는 일선 NGO 활동가가 느껴야 하는 것의 일부인데, 그들도 그에 상응해 TV의 이미지에 의해 끌려 다니는 우리 기부자들을 깔보기 때문이다. 우리가 그와 같은 종류의 캠페인에 전혀 호응하지 않을 정도의 보다 낮은 수준의 사람에게 하듯이 말이다.

2. 하지만 가장 까다로운, 고상한 자긍심sense of self-worth에도 한계가 있다. 우리는 남을 도울 때, 아낌없이 줄 때 내가 가치 있다고 느낀다. 하지만 남을 돕는 것에서 무엇이 가치 있는 것일까? 이것은 분명하다. 즉 인간으로서 그들은 일정한 존엄성을 갖고 있다. 나의 자긍심은 인간 존재의 가치에 대한 나의 감각과 지적·감정적으로 결합되어 있다. 바로 이 점에서 근대의 세속적 휴머니즘은 자축하고 싶은 유혹을 느낀다. 인간 존재를 타락하고 고질적인 죄인으로 품위가 낮은 존재로 비하하는 상을 대체하고, 또 인류가 선량함과 위대함에 대한 큰 잠재력을 갖고 있음을 밝힘으로써 휴머니즘은 우리에게 개혁을 위해 행동할 용기를 가져다줄 뿐만 아니라 또한 그와 같은 박애적 행동이
697 어떻게 그렇게 큰 가치를 갖는지를 설명한다. 인간의 잠재력이 클수록 그것을 실현하는 사업은 더 커지고, 또 그만큼 더 그와 같은 잠재력을 지닌 사람들은 그것을 실현하는

데서 도움을 받을 가치가 있다.

그러나 고상한 휴머니즘에 의해 추동되는 박애와 연대는 종종 고등종교의 이상에 의해 추동되는 것들과 마찬가지로 야누스의 얼굴을 갖고 있다. 한편으로 추상적으로 볼 때 인간은 행동하도록 고무된다. 그러나 다른 한편 현실의 인간이 행하는 것 — 현실의 구체적인 인간 존재가 그처럼 훌륭한 잠재력에 적합하지 않거나, 그것을 무시하거나, 희화화하거나 배신하는 무수한 방식 — 에 대한 큰 실망에 직면할 때 우리는 점점 더 커다란 분노감과 허무감을 경험하지 않을 수 없다. 그들이 실제로 이 모든 노력의 대상이 될 만한 가치가 있을까? 아마 그처럼 어리석은 반항자에 직면해 설령 그를 버리더라도 그것은 인간적 가치 또는 자기 자신의 가치에 대한 배신은 아닐 것이다. 또는 아마 그를 위해 할 수 있는 최선의 것은 강제로라도 더 나아지도록 하는 것이다.

인간의 부족함이라는 현실 앞에서 박애 즉 인간애는 점점 더 경멸, 증오, 공격성에 의해 각인될 수 있다. 박애와 연대 행위가 좌절되거나 더 나쁘게는 계속되더라도 그처럼 새로운 감정이 불어넣어짐으로써 점차 강제적이고 비인간적으로 된다. 전제적 사회주의, 즉 20세기 공산주의 역사는 그와 같은 비극적 전환으로 가득 차 있다. 그것은 100년 전에 도스토옙스키에 의해 탁월하게 예견된 바 있다("무한한 자유에서 출발해 저는 무제한의 전제주의에 이르렀습니다"27). 그리고 이어 숙명적 규칙성으로 재삼재사 반복되었는데, 거시 수준에서의 일당독재체제를 거쳐 미시 수준에서의 각종 '지원'기관 — 원주민을 위한 고아원에서 기숙사학교까지 이른다 — 까지 걸쳐 있었다.

그와 같은 사태전개가 궁극적 종착점에 이른 것은 후속 체제에 의해 살해되기 전에 기록된 마지막 성명에서 엘레나 차우체스크가 한 말 속에서였다. 즉 루마니아 인민은 남편이 그들을 위해 기울인 헤아릴 수 없는 불굴의 노력을 받을 만한 가치가 없음을 입증해버렸다는 것이다.

비극적 아이러니는 이렇다. 즉 잠재력에 대한 감각이 클수록 현실의 사람들은 그만큼 더 개탄스러울 정도로 부족하고, 실망에 의해 생기는 변절은 그만큼 더 심해질 것이다. 고상한 휴머니즘은 자기 자신의 가치에 대해 높은 기준을 정하고, 쟁취하기 위해

27 도스토옙스키, 김현경 역, 『악령』 2권, 민음사, 341페이지[번역을 수정했다].

노력해야 할 장대한 목표를 설정한다. 그것은 매우 중요한 기획을 고무한다. 하지만 바로 같은 이유로 그것은 인간이라는 가공하기 어려운 소재에 형태를 부여하는 데서 강제력, 전제주의, 감독 그리고 궁극적으로는 경멸, 모종의 무자비함까지 장려하고 만다. 참으로 묘하게도 계몽주의적 비판이 종교에 의해 지배되는 사회와 조직 속에서 탄핵한 것이 바로 그와 같은 공포였다.

그리고 그것 또한 동일한 원인에서였다. 신앙의 차이는 여기서 핵심적이지 않다. 지고한 이상을 위한 행위가 수혜자에 대한 무조건적 사랑 속에서 억제되고, 통제되고, 궁극적으로 삼켜지지 않는 곳에서는 모두 그와 같은 추악한 변증법이 되풀이될 위험이 있다. 그리고 물론 단지 적절한 종교적 신앙을 갖고 있다는 것만으로는 그와 같은 일이 일어나지 않으리라고 보장할 수 없다.

698 3. 세 번째 동기부여 양식은 앞서 거듭 보아온 것이지만 이번에는 선의보다는 정의라는 항목에 속한다. 우리는 그것을 자코뱅파와 볼셰비즘에서 보아왔고, 오늘날에는 소위 〈기독교우파〉뿐만 아니라 〈정치적 올바름〉의 좌파에서도 볼 수 있다. 우리는 불의에 맞서 싸우는데, 그것은 하늘을 향해 복수를 외친다. 인종주의, 압제, 성차별 또는 가족이나 기독교 신앙에 대한 좌파의 공격, — 우리는 그것들에 대한 타오르는 적개심 때문에 움직인다. 그것은 그와 같은 불의를 지지하고, 그것과 공모하는 사람들에 대한 증오를 연료로 삼는다. 그리고 이어 우리는 악의 그와 같은 도구 및 공모자들과는 다르다는 우월감에 의해 부양된다. 그리하여 곧 우리가 주변에 야기하고 있는 파괴가 눈에 들어오지 않게 된다. 우리 세계상은 모든 악을 외부로 옮기며, 그리하여 우리는 안전해진다. 우리가 악과 싸울 때의 바로 저 에너지와 증오가 악이 외부의 것임을 증명한다. 고삐를 누그러뜨려서는 결코 안 되며, 반대로 에너지를 배가해, 더 많이 분개하고 탄핵하기 위해 서로 팽팽히 맞선다. 그것이 5절과 10절에서 논한 성스러운 살해의 변증법이다.

여기에 또 다른 비극적 아이러니가 둥지를 틀고 있다. (종종 올바르게 식별된) 불의의 감각이 강해질수록 앞의 유형의 동기부여는 그만큼 더 강하게 단단히 자리 잡을 수 있을 것이다. 우리는 증오의 중심, 보다 큰 규모의 새로운 형태의 불의의 발생원이 되지만 [원래는] 잘못에 관한 더할 나위 없이 뛰어난 감각, 정의와 평등과 평화를 위한 최대한의 열정과 함께 출발했었다.

태국 출신의 한 불교도 지인이 〈독일녹색당〉을 잠깐 들른 적이 있었다. 그는 너무 당혹스러웠다고 내게 고백했다. 그는 자신이 그와 같은 정당의 목표를 이해하고 있다고 생각했다. 즉 사람 간의 평화 그리고 자연에 대한 인간의 존중과 우애의 자세다. 하지만 그를 경악케 한 것은 기성 정당을 향한 온갖 분노, 탄핵과 증오의 목소리였다. 그들은 목표를 향한 첫걸음은 자기 안의 분노와 공격성을 진정시키는 것을 포함해야 함을 이해하는 것 같지 않았다. 그는 그들이 무엇을 목표로 하는지를 이해할 수 없었다.[28]

그와 같은 맹목성이 근대의 배타적인 세속적 휴머니즘에 전형적이다. 그와 같은 근대의 휴머니즘은 박애와 개혁을 위해 에너지를 방출해왔음을 자랑한다. 즉 '원죄'를, 즉 인간 본성에 대한 천하고 모욕적인 상을 제거함으로써 높은 곳에 도달하도록 용기를 북돋운다. 물론 거기에도 일정한 진리가 존재한다. 하지만 또한 대단히 부분적이고, 대단히 조야하기도 하다. 왜냐하면 내가 여기서 제기해오고 있는 질문들에 결코 직면해 본 적이 없기 때문이다. 무엇이 박애적 개혁을 위한 그와 같은 위대한 노력에 동력을 제공할 수 있을까? 그와 같은 휴머니즘은 강한 자긍심을 갖도록 만들어주는데, 우리는 그것을 갖고 이전의 나쁜 행실로 되돌아가는 것으로부터 우리를 지키게 된다. 인간의 가치를 높이 평가하는 개념. — 그것이 우리가 계속 이런저런 행동을 해나가도록 영감을 불어넣는다. 그리고 과오와 압제에 대한 불타는 듯한 분노. — 그것이 우리에게 힘을 불어넣어준다. 그러나 이 모든 것이 얼마나 문제적인지를, 또 그것들이 얼마나 쉽게 사소하고, 추악하고 또 몹시 위험하고 파괴적인 것에 빠질 수 있는지를 이해할 수 없을 것이다.

니체주의 계보학자라면 여기서 신나게 떠들어댈 수 있을 것이다. 도덕이나 영성=정신성이 현실에서는 정반대 것에 의해 얼마나 추동되는지를 보여주는 것보다 더 니체에게 큰 만족을 주는 것도 없었다. 즉 가령 사랑에 대한 기독교적 갈망은 실제로는 강자 699
에 대한 약자의 증오에 의해 동기를 부여받고 있다는 것이다. 기독교에 관한 그와 같은 심판에 대해 어떻게 생각하건 근대적 휴머니즘이 우리를 당혹스럽게 하는 그와 같은 전도로 나갈 수 있는 잠재력으로 가득함은 분명하다. 타자를 위한 헌신에서 방종과 이

28 시바락사Sulak Sivaraksa와의 대화.

기적 안락함을 추구하는 반응으로, 인간의 존엄성에 대한 지고한 감각에서 경멸 및 증오에 의해 추동되는 통제 조치로, 절대적 자유에서 절대적 전제주의로, 피억압자를 도우려는 불타는 욕구에서 모든 방해자에게 쏟아 붙는 열화와 같은 증오로. 그리고 높이 비상할수록 잠재적 추락의 위험은 커진다.

아마 결국 목표도 작게 하고, 너무 큰 기대를 하지 않는 편이 그리고 인간의 잠재력에 대해 처음부터 어느 정도 냉소적으로 생각하는 편이 더 안전할 것이다. 그것은 의문의 여지없이 그렇지만 그러면 또한 위대한 연대의 행동을 떠맡아 엄청난 불의에 맞서 싸우기 위한 동기가 결여될 위험을 무릅쓰게 된다. 결국 최대-물음이 제기된다. 즉 어떻게 인류에 대한 희망을 최소화하면서 박애적 행동은 최대화할 수 있을까? 카뮈의 『페스트』에 등장하는 의사 리외 같은 인물이 이 문제에 대한 가능한 해결책이 될 수 있을 것이다. 하지만 그것은 픽션이다. 현실의 삶에서는 무엇이 가능할까?

앞의 몇 절에서의 고찰은 박애가 어떻게 현실의 실천에서는 인간혐오를 초래할 수 있는지를 보여준다. 하지만 또한 근대문화에는 남을 돕거나 삶의 조건을 바꾸려는 어떤 현실적 경험과도 완전히 무관하게 강력한 인간혐오의 흐름이 존재함을 사람들은 안다. 말하자면 일종의 원리적 인간혐오가 존재하는데, 그것은 인간의 삶의 무가치함을 선언한다. 그와 같은 견해는 본인은 영웅적 자세를 취하고 있다고 자임하며, 기독교도와 휴머니스트 모두 자신으로부터 그리고 우리 모두에게 숨기려고 하는 것을 마침내 진술한다. 최근 저서에서 휴스턴은 20세기 문학의 놀라운 현상을 검토하고 있다. 즉 가장 인기 있는 작가 중 몇몇은 극히 암울하고 무조건적인 인간혐오를 지지했고, 광범위한 대중 — 대부분은 결코 그와 같은 견해에 따라 살도록 유혹받아본 적이 없었다 — 에 의해 읽히고 칭찬받았다.

그녀는 가령 베케트, 베른하르트Thomas Bernhard, 시오랑Emil Cioran, 케르테스Imre Kertesz, 쿤데라를 인용한다. 그중 많은 사람이 공동의 원천으로 삼은 것은 위대한 비관주의자 쇼펜하우어로, 이 유명한 비관주의자는 칼데론의 『인생은 꿈*La vida es sueño*』에 나오는 한 유명한 구절29 — "인간들의 가장 큰 범죄는 태어난 것이다pues el delito mayor del hombre es haber nacido" — 를 실제로 자기 모토로 삼았다. 하지만 실제로 쇼펜하우어는 태어나는 것을 그렇게까지 범죄와 동일시하지는 않았다. 그것은 큰 불운으로 간주되었다. 오히려 규탄받아야 할 것은 태어나게 하는 것이다. 그와 같은 종류의 인간혐오는 인간의 출생과 생식, 가족을 형성하고 아이를 갖는 일 전체를 완전히 거부하고 경멸한다. 그와 같은 태도는 종종 모종의 여성혐오를 동반한다. 여성은 생식의 전 과정을 지속하도록 함정에 빠뜨리기 때문에 남자에게 위험하다. 쇼펜하우어는 그것을 의지가 자체의 매개자를 늘리려는 지속적인 노력으로 간주했다.

그와 관련해 당혹스러워 보일 수 있는 것은 그처럼 극단적인 비관주의가 계속 엄청난 주목, 찬양, 문학상, 언론의 주목을 받는 것이다. 휴스턴은 그에 대해 모종의 흥미로 700
운 설명을 제안한다. 비록 다른 근거로 비난할 수 있을지 몰라도 그와 같은 태도에는 영웅적인 것이 존재하고, 또 흠모 대상이 된다는 그녀의 주장은 분명히 옳다. 근대의 탈주술화된 세계에서

> x제곱된 고통의 광배를 두른 그것의 추종자들은 십자가 위의 우리 그리스도들, 고통 받는 우리의 성인들, 의연하고, 너그럽고, 숭고한 우리의 순교자들이다Portant l'auréole de la douleur puissance *x*, ses adeptes sont nos Christs en croix, nos saints torturés, nos martyrs stoïques, magnifiques et magnifiés.[30]

나는 거기에 또 다른 이유를 덧붙이고 싶다. 분명히 우리 중 많은 사람은 우리가 공언하는 박애적 연대에 대해 양가적인데, 그것도 앞서 논한 것을 포함한 일군의 이유에서 그러하다. 양가성은 불안한 양심에 의해 증가된다. 우리는 우리의 이상과 갈망에 비추어볼 때 해야 할 일을 모두 하고 있지 못하다는 것이다. 그것들이 철저하게 폐기되는 것을 보는 것, 우리의 양가성의 억압된 측면을 발산시키는 것, 또 우리 모두가 〈정치적 올바름〉이라는 규범에 의해 자기도 모르게 위선 속으로 빠져드는 것에 분노를 표하는 데는 일종의 쾌락이 존재한다. — 그리고 이 모든 것을 그럴듯하게 부정할 수 있다. 결

29 Nancy Huston, *Professeurs de désespoir*(Paris: Actes Sud, 2004).
30 앞의 책, 347페이지.

국 우리는 단지 "문학을 즐기고 있을 뿐"[31]이기 때문이다.

하지만 만약 우리가 인간혐오에 대한 그와 같은 은밀한 공감에서 해방되기를 바란다면 어떨까? 그녀는 그와 같은 가정을 실현하기 위해 필요한 몇 가지 고려사항을 제시한다. 그녀는 아이를 갖고, 기른 경험을 가리킨다.

> 나는 언어 또는 인격의 완만한 출현을 보아왔다. 존재의 놀라운 구성, 세계를 섭취하고, 자기 것으로 만들어 그것과의 관계에 들어가는 모습을 본 것이다. **나는 그것이 매우 감동적임을 보았다.** J'ai vu la lente émergence du langage, de la personnalité, l'hallucinante construction d'un être, sa façon d'ingurgiter le monde, de le faire sien, d'entrer en relation avec lui: …… *j'ai vu que c'était passionant*.[32]

나도 그것이 실제로 진실되고 감동적이라고 생각한다. 앞의 말들이 널리 알려진 경험을 기술한다고 확신한다. 그러나 그로 인해 우리는 앞서 제기한 물음으로 되돌아가게 된다. 그와 같은 경외심과 놀라움, 상냥함의 감각은 매우 감동적이다. 새로운 인간 존재가 태어나 자신을 찾을 때는 특히 더 그렇다. 하지만 그와 같은 감각은 무엇을 반영할까? 당연히 도스토옙스키의 『악령』에 나오는 산파 프로호로브나Arina Prokhorovna처럼 그와 같은 인상을 거부하는 사람이 있을 수 있다. 샤토프가 갓 태어난 아기에 대한 경탄하며 외칠 때 — "새로운 존재의 출현이라는 신비, 설명할 수 없는 위대한 신비죠. …… 둘밖에 없던 곳에서 문득 세 번째 인간이, 더할 나위 없이 완전한 새로운 정신이 생겨났는데 …… 새로운 사상, 새로운 사람, 심지어 무섭군요. …… 세상에 이보다 더 멋진 것은 없습니다!" — 그녀는 웃으며 이렇게 대답한다.

31 하지만 물론 그와 같은 현상에 대한 적절한 설명은 우리 시대 그리고 인간의 마음속으로 훨씬 더 깊이 파고들어야 할 것이다. 베케트에 대한 휴스턴의 보다 공감어린 논의에서 볼 수 있듯이 말이다. 또한 가령 미워시가 *The Land of Ulro*(New York: Farrar, Straus, Giroux, 1985), 12절에서 곰브로비츠Witold Gombrowicz에 대해 표명하는 견해를 참조하라.

32 앞의 책, 45페이지(강조는 원저자 것이다).

> "에잇, 헛소리 작작해요. 이건 단순히 유기체의 발전에 지나지 않는다고요. 여기엔 아무것도, 어떤 신비도 없어요. 그와 같은 식이면 파리도 모조리 신비겠네요. 그러나 이게 문제예요. 즉 잉여 인간은 태어나서는 안 된다는 거죠.[33]

샤토프가 얻은 그와 같은 통찰을 물리치지 않는다면 무엇을 보게 될까? 어떤 방식으로 명확히 해야 그것을 실제로 공정하게 다룰 수 있을까? 무엇을 하면 그것이 가장 강력한 영향을 미쳐 우리 삶을 이끌어나가도록 할 수 있을까? 전술한 두 가지 물음, 즉 우리의 도덕적 응답을 설명하는 것에 관한 물음 그리고 우리의 도덕적 원천을 식별하는 것에 관한 물음은, 다시 한 번 말하지만, 밀접하게 연결되어 있다.

기독교도라면 부모가 성장하는 자녀에게서 보는 것은 신의 모습의 일면이라고 말 701
할 것이다. 하지만 그와 같은 통찰을 이해하려면 형이상학적 또는 영=정신적 용어가 필요하다는 것이 반드시 모두에게 명백한 것은 아니다. 그러나 정반대가 사실이며, 그것은 오직 자연주의적으로만 설명될 수 있는 반응이라는 것도 마찬가지로 명백하지 않다. 우리는 이 문제를 또 다른 꼼꼼한 조사, 해명, 탐구를 필요로 하는 물음으로, 게다가 그와 같은 정도로 중요한 물음으로 간주해야 한다. 그것을 보편적 연대의 원천에 대한 앞의 논의와 관련지어 그와 같은 쟁점을 아래 식으로 제시할 수 있을 것이다. 즉 우리가 대부분 아이들과의 관계 속에서 쉽게 인식할 수 있는 그처럼 감동적인 통찰이 어떻게 인간 존재 자체에 대한 우리 태도에 스며들어 힘을 실어줄 수 있을까?

대신 박애에 대한 우리의 깊은 동기를 둘러싼 쟁점 전체는 종종 쉽게 해결될 수 있는 것처럼 간주된다. 우리의 신념 — 어떤 사람에게는 신에 대한 신념, 또 다른 사람에게는 칸트적 도덕이나 인권에 대한 신념 — 에 의해서건 아니면 또 다른 시각에서 보아 공감이나 (앞의 출생의 경우와 같은) 놀라움 같은 '자연스러운' 감정에 의해서건 말이다.

하지만 앞서 말한 대로 단지 적절한 신앙을 갖는 것만으로는 위에서 묘사한 것과 같은 박애적 실천을 둘러싼 딜레마는 아무것도 해결되지 않는다. 그리고 공감은 심지어

33 도스토옙스키, 『악령』 3권, 336~337페이지[3부, 5장, 4절](번역을 크게 수정했다).

본인의 아이들의 경우에도 (비록 매우 드물지만) 이데올로기에 의해 쉽게 차단될 수 있으며, 남의 아이들의 경우에는 분명히 그렇다. 실제로 지고한 이상이 잔인한 실천으로 변형되는 사태는 근대적 휴머니즘이 무대에 등장하기 이전의 기독교세계에서도 아낌없이 입증되었다. 그렇다면 무엇을 할 수 있을까?

어떻게 인간혐오가 아무런 영향도 미치지 못하는, 그것이 어떤 호응도 얻을 수 없는 행위 주체가 될 수 있을까? 물론 방금 위에서 환기시킨 대로 그에 대한 기독교적 설명이 존재한다. 그것은 보증 문제는 될 수 없으며 오직 신앙 문제일 뿐이다. 그것은 두 가지 방법으로 기술될 수 있다. 즉 무조건적 사랑/연민으로, 즉 수혜자인 인간이 받는 것에 기초하지 않은 사랑/연민으로 기술되거나 아니면 인간 존재의 가장 근본적인 모습, 즉 신의 모상을 본떠 닮은꼴로 지음 받은 모습에 기초한 사랑/연민으로 기술되는 것 중 하나이다. 이 두 가지 기술은 분명히 동일한 것으로 귀결된다. 어떤 경우건 사랑은 오로지 개인으로서의 당신 안에서 실현되는 가치 또는 심지어 오직 당신 안에서만 실현 가능한 것에 의해 조건 지어져 있지 않다. 왜냐하면 개개의 인간 존재의 특징으로서 신의 모상을 본떠 닮은꼴로 지음 받은 것은 단지 그와 같은 존재만 참조해 특징지을 수 있는 것이 아니기 때문이다. 우리가 신의 모상을 본떠 닮은꼴로 지음 받은 것은 또한 우리가 삼위일체라는 말로 극히 불충분하게 파악하려고 시도하는 신의 삶의 바로 저 측면이기도 한 사랑의 흐름 속에서 다른 사람들 옆에 서 있음을 의미한다.

그 밖에도 여기서 또 다른 쟁점이 떠오른다. 우리는 기독교적 아가페 그리고 부조리에 직면한 인간의 행복을, 가령 카뮈가 긍정하는 것을 인도주의적 행동이나 인권 옹호와 동종의 박애적 행동을 지탱하는 두 가지 대안적 방법으로 간주할 수 있을 것이다. 여기서 다양한 사람들이 의견이 일치하는 가운데 전형적으로 채택할 두 가지 태도를 볼 수 있다. 그와 같은 관점이 앞의 논의의 주요 쟁점이었다. 하지만 또한 앞의 두 가지 태도는 완전히 다른 윤리적 견해, 인간의 삶에 관해 근본적으로 다른 견해를 반영하고 있다.

나는 위에서 근대의 인간혐오적 태도에 깃든 영웅주의에 대해 말했다. 영웅주의는
702 삶의 무의미함과 무가치함을 깨닫고, 그것에 직면해서도 계속 살아가는 데 있다. 하지만 그것과 관련된 카뮈 입장 — 그에 따르면 끊임없는 박애적 행동이 무의미한 우주에 대

한 응답이다 — 은 심지어 그것보다 더 영웅적인 것처럼 보인다. 실로 심지어 기독교의 순교보다 더 영웅적인 것 같다. 왜냐하면 다른 사람을 위해 사는 것 또는 심지어 다른 사람을 위해 죽는 것을 통해 자기를 바치는 것은 심지어 순교자는 여전히 갖고 있는 복귀에 대한 희망, 즉 부활이라는 회복된 삶에서의 복귀에 대한 희망마저 빼앗기고 있기 때문이다. 그것은 절대적 영웅주의이다.

그것이 오늘날 그와 같은 입장이 누리고 있는 큰 명성을 부분적으로 설명해준다. 그리고 만약 내가 주장해온 대로 근대 무신론의 설득력이 인식론적 고찰보다는 윤리적 태도 속에 존재한다면 그것은 결코 작은 문제가 아니다.

우위에 대한 그와 같은 주장은 반박할 수 없는 것처럼 보일 수도 있을 것이다. 심지어 그리스도의 〈십자가수난〉조차 그것보다 더 무상인 공여에 의해 밀어제쳐진다.

하지만 그것이 탁월함의 궁극적 척도일까? 만약 윤리적 미덕을 고립된 개인이 실현해야 할 것으로 본다면 그렇다고 생각할 수도 있을 것이다. 하지만 묵시론적 잔치라는 패러다임에서처럼 영=정신적 교감, 즉 서로 주고받는 것 속에 지고선이 존재한다고 가정해보자. 무상 공여라는 영웅주의에는 상호성을 위한 자리가 전혀 존재하지 않는다. 만약 당신이 무엇인가를 돌려준다면 나의 공여는 완전히 무상인 것이 아니었던 셈이다. 게다가 극단적인 경우 나는 나의 공여와 함께 사라지고, 그러면 우리 사이에는 어떤 친교도 불가능해진다. 그와 같은 일방적 영웅주의는 자폐적이다. 그것은 우리 자신이 존엄하다는 감각에 의해 움직일 때 도달 가능한 가장 먼 극한에 닿는다. 하지만 그것이 삶의 의미인가? 기독교 신앙은 전혀 다른 시각을 제안한다.[34]

앞서 살펴본 휴스턴의 통찰로 돌아가자. 우리는 아이가 어떻게 자라 또 다른 자유로운 존재가 되는지를 본다. 그것은 실제로는 단지 보다 큰 어떤 것의 일부일 뿐이다. 아이는 부모의 인도에 의해 성장의 길을 따라간다. 하지만 그것은 단순히 한 사람이 다른 한 사람을 위해 하는 서비스가 아니다. 그것은 오직 그것이 그것과는 다른 곳, 그것 이상인 곳에서만, 즉 사랑의 유대가 생기는 곳에서만 성공한다. 그것은 각각이 다른 사람에게 증여인, 각각이 주고, 또 주는 것과 받는 것 사이의 선이 흐려진 곳에서의 결

34 데리다와 레비나스에 관한 논의를 참조하라. John Milbank, *Being Reconciled*(London: Routledge, 2003), 8장. 또한 Robert Spaemann, *Glück und Wohlwollen*(Stuttgart: Klett Cotta, 1989)을 보라.

합이다. 그때 우리는 '이타적인' 일방향주의가 미치는 범위의 완전 바깥쪽에 있다.

매우 다른 방법이지만 심지어 지구 반대편 사람조차 돕도록 촉구하는 평등한 사람 간의 연대라는 감각의 배후에도 그와 유사한 것이 존재하는 것이 가능할 수 있을까? 거기서 문제가 되는 감각은 우리가 어떤 방식으로건 서로에게 주어진다는 것 그리고 이상적으로는 그것이 극한에서는 주는 것과 받는 것이 융합되는 관계로 우리를 향하게 한다는 것일 것이다.

여기서 다시 한 번 우리 관심은 이중적이다. 우리는 한편으로 여기서 사람을 움직이는 힘이 무엇인지를 발견해 그것에 대해 공정할 수 있는 설명을 제시하고 싶어 한다. 다른 한편으로 그것을 올바르게 파악함으로써 그것을 강화하고, 앞서 묘사한 동기, 즉 박애를 너무 쉽게 식민화해 정반대 것으로 바꾸어버리는 동기로부터 그것을 해방시키는데 도움이 되리라는 감각을 찾아볼 수 있을 것이다.

이제 다른 사람들이 신의 모상을 본 따 닮은꼴로 지음 받았다는 사실에 대한 그와
703 같은 종류의 반응은 우리 인간에게는 본래 불가능하며, 우리가 서로에게 선물로 주어진다는 그와 같은 개념을 이해하는 것은 가능하지 않다고 결론 내릴 수도 있을 것이다. 나는 그것이 우리에게는 현실적인 것일 수 있다고 생각한다. 하지만 물론 오직 우리가 신에게 우리를 열 때만 말이다. 그것은 실제로 배타적 휴머니즘 형태의 이론에 의해 설정된 한계를 뛰어넘음을 의미한다. 그것을 믿는다면 근대라는 시대에 대해 말해야 할 매우 중요한 것을 갖게 된다. 신앙인과 비신앙인 똑같이 우리 모두 오늘날 가장 높은 가치를 두는 것의 취약함에 관한 것을 말이다.

하지만 만약 그렇지 않다면 경외심을 불러일으키는 카뮈와 데리다 같은 사람의 스토아주의적 용기가 우리가 갈망할 수 있는 최고의 것이 될 것처럼 보인다. 어떤 식이건 '신앙의 도약', 즉 예기적 확신이 없다면 앞의 물음은 고려할 가치가 없는 것으로 그칠 것이다. 하지만 만약 신-신앙 행위를 확실히 정초하려면 그와 같은 스토아주의적 용기를 새로운 빛 아래 보아야 한다. 그것은 니체적 의미에서의 인간의 자기초극으로 — 또 그것의 사촌인 쇼펜하우어적인 철저한 인간혐오와 마찬가지로 — 여전히 칭찬할 만 하지만 그와 같은 자기초극은 그것보다 훨씬 더 강력하고 효과적인 역사적 치유 행위로 향한 길을 본인이 외면하고, 또 어쩌면 다른 많은 사람도 그렇게 하는 것을 대가로

충족된다.35

12

앞의 마지막 두 절 모두에서 우리 논의는 코드는 어떤 것이어야 하는가, 즉 최소주의적인 것이어야 하는가 아니면 보다 연대에 기반한 것이어야 하는가 아니면 이타주의에 기반해야 하는가 하는 물음을 넘어 코드에 따라 행동하도록 하기 위해 필요한 보다 깊은 동기부여인가는 무엇인가 하는 물음을 제기해야 하는 지점에 이르렀다. 이 문제는 10절에서 소극적 형태로 제기되었는데, 거기서는 이런 쟁점이 제기되었다. 즉 희생양화를 통해 독선성을 강화하려는 유혹에 어떻게 맞서 싸우고, 그것을 극복할 수 있을까? 그것은 11절에는 보다 적극적으로 제기되었는데, 거기서 우리는 우리 시대의 이타주의의 높은 기준을 충족시킬 수 있는 충분한 도덕적 원천을 찾아보았다.

두 가지 사례 모두에서 우리는 근대적 도덕질서의 관념들로부터 등장한 도덕적 사유의 사정권을 넘어서게 되었다. 그와 같은 사유는 다름 아니라 코드 — 한편으로는 도덕적 코드, 다른 한편으로는 일련의 제도와 규칙 모두 — 에 초점을 맞추는 경향이 있었다. 도덕질서는 여러 이익의 조화를 통해 자체를 유지해나간다는 원래의 최소주의적 독법의 틀 내에서 보자면 그렇게 도덕적 동기부여 문제가 소멸된 것은 전적으로 이해할 만한 일이었다. 계몽된 이기심self-interest이 안정성과 사회질서의 토대가 되어야 하기 때문이었다. '이익interest'이 지속적인 기본 동기로, 그것이 단지 좋은 습관과/또는

35 인간의 삶이 광범위한 범위에 걸쳐 변형되기를 바라는 '낙관주의적' 관점이 '비관주의적' 견해보다 인식론적으로 더 위험천만하다고 생각할 수도 있을 것이다. 후자의 입장을 지지하기 위해서는 훨씬 더 적은 예기적 확신이 필요할 것이다. 하지만 만약 그것이 '비관주의자'로서 비극적 오류에 덜 노출되리라는 것을 의미한다면 그것은 맞지 않는다. 한 가지 종류의 재앙은 실제로는 불가능한 변형을 시도하는 것을 수반한다. 하지만 또 다른 종류의 상실이 존재하는데, 거기서 달성 가능한 긍정적 변화가 처음부터 그것을 믿기를 거부하는 것에 의해 유산되는 것이다. 따라서 다른 어느 누구도 결코 신뢰하지 않는 것이 더 영리하거나 또는 더 안전한 것처럼 보일 수 있지만 질식할 듯한 상호 불신의 분위기 속에서는 서로의 힘을 강화시켜주며 타자와 관계를 맺도록 해줄 수 있는 몇몇 형태는 결코 발전할 수 없을 것이다. 사랑의 관계부터 아렌트가 다루는 정치권력에 이르기까지 그것을 잘 보여주는 사례는 차고 넘친다.

계몽된 시각을 통해 올바른 방향으로 인도되기만 하면 되었다.

물론 동기부여를 둘러싼 쟁점의 그와 같은 소멸 — 고대철학에게는 이해 불가능했을 것이다 — 에 대해서는 도덕질서와 관련해 나중에 연대와/또는 이타주의를 강조하는 보다 까다로운 해석에 의해 이의가 제기되었다. 루소와 칸트 모두 동기부여-물음을 중심적인 것으로 만들었다. 가령 이기심 대 일반의지. 성향에 의해 동기를 부여받은 의
704 지 대 이성에 의해 동기를 부여받은 의지가 그것이다. 그러나 현대적 사고는 신칸트주의적 형태에서조차 다시 그와 같은 통찰에서 멀어져버린 것 같다.

그처럼 근대의 자유주의 사회에서는 행위의 코드를 정의하고 적용하는 과제에 많은 노력이 쏟아지고 있다. 첫째, 최고의 이론적 수준에서 현대의 많은 도덕이론이 의무와 금지 대상이 되는 행위에 관한 코드, 특히 단일 원천이나 원리로부터 생성할 수 있는 코드에 비추어 도덕을 정의할 수 있다고 상정하고 있다. 그리하여 오늘날 철학의 분과들에서는 공리주의와 (포스트-)칸트주의 간 다툼이 큰 중요성을 띤다. 이 두 입장 모두 모든 그리고 유일한 의무적 행위를 생성할 수 있는 단일 원리가 존재하는 것이 틀림없다는 데 대해서는 합의한 바 있다. 하지만 그와 같은 원리의 본성을 둘러싸고 격렬한 논쟁을 벌이고 있다. 한편에는 이런저런 양식의 공리성 계산을 선택한 사람들이 있다(규칙 공리주의, 행위 공리주의, 선호로서의 공리성 등). 다른 한편에는 모종의 형태의 보편성에 기준을 두는 사람들이 있다. 가령 원래의 칸트주의적인 종류의 것이건(보편화가능한 격률에 따라 행동하기) 아니면 아래와 같은 보다 세련된 근대적 독법이건 말이다. 즉 관련 당사자가 모두 동의하는 규범은 옳다(하버마스). 아니면 모든 관련 당사자에게 정당화할 수 있는 행위는 옳다(스캔론Thomas Michael Scanlon). 여기서는 도덕을 단일 원천으로부터 생성된 통일적인 코드와 동일시하는 것이 상수로 남아 있다.

하지만 학문의 장을 떠나 정치 영역에 들어간다 해도 비슷한 (그리고 그와 연관된) 코드-고정에 부딪치게 될 것이다. 그것은 우리 사회의 몇몇 근본원리가 법에 의해 고정되어 있는 사정과 복잡하게 뒤엉켜 있는데, 그것의 가장 두드러지고 가시적인 형태가 권리와 비차별에 관한 다양한 헌장의 헌법상 제도화이다. 그것이 우리 세계의 중심적 특징을 이룬다. 그것은 법적 구속력을 가진 코드가 점점 더 정교하게 정의되는 것으로 이어진다. 하지만 그와 같은 접근은 정치 영역을 넘어서고 있다. 관용과 상호존중 같은

몇몇 중요한 집단적 선을 충족시키기 위한 방법은 일부 대학이 도입한 '[차별적 언어를 피하는 것 따위의] 언어 규범speech code' 같은 행동 규범에 있음이 당연시되고 있다. 금지하고, 필요할 때는 인가할 수 있도록 무례한 것의 윤곽이 코드화될 것이다. 그렇게 우리 사회는 전진해나갈 것이다.

그것이 왜 문제일까? 왜 우리의 도덕적/윤리적 삶은 코드로는 결코 제대로 파악될 수 없을까? 거기에는 몇 가지 이유가 있다.

1. 아리스토텔레스적 이유. 상황, 사건은 예견할 수 없이 다양하다. 어떤 처방의 집합으로도 결코 모든 것을 포착할 수 없을 것이다. 사전에 고정된 어떤 코드라도 새로운 상황에 맞게 조정되어야 한다. 실천지[사려]를 가진 선인善人이 관련된 여러 선에 관한 깊은 감각에 더해 그때그때 새로운 상황이 요구하는 바를 가늠할 수 있는 유연한 능력에 기초해 실제로 일을 처리하는 것은 그와 같은 이유에서다.

2. 선의 복수성(다시 아리스토텔레스적인 이유). 하나 이상의 선이 존재한다. 칸트와 벤담, 또 도덕을 단일 원천-원리에서 끌어내려고 시도하는 모든 사람은 그것을 인식하지 못한다. 그와 같은 선들은 특정 상황에서는 상충될 수 있다. 705
자유와 평등, 정의와 연민, 가환적 정의와 상호 예의, 효율적 성공과 공감적 이해, 관료제적 일 처리(범주, 규칙을 요구한다)와 만인을 고유한 인격으로 취급하는 것 등이 그것이다.

3. 그런데 두 번째 상황이 1을 강화시킨다. 그것이 딜레마를 초래한다. 그리고 예측 불가능한 방식으로 다른 딜레마적 상황을 만들어낸다. 그리하여 한층 더 실천지[사려]가 필요하다. 여기서 갈등 중인 두 가지 선-감각 그리고 자체에 고유한 종류의 관계와 긴장 관계에 놓인 각각의 요구가 가진 무게에 관한 감각이 필요해진다. 만약 한쪽이 정말로 중대한 것이고, 다른 쪽은 상대적으로 하찮은 것이라면 우리는 어느 쪽으로 기울어야 할지를 알게 된다.

따라서 '동일한' 딜레마의 다양한 사례는 상이한 해결을 요구한다. 그러나 그것뿐만이 아니다. 심지어 하나의 구체적 사례일지라도 하나 이상의 해법을 허용할 수도 있음은 딜레마의 본질에 속한다. 만약 딜레마를 상충되는 선이라는 측면에서 정의할 수 있다면 '동일한' 딜레마가 구체적 사례에서 — 두 미지수를 갖는 이차방정식에서처럼

— 하나 이상의 해解를 허용할 수도 있을 것이다. 왜?

그것은 우리가 여러 가지 선(정의와 연민, 자유와 평등)을 다루고 있을 뿐만 아니라 특정한 사람, 특정한 행위 주체의 주장을 다루고 있기 때문이기도 하다. 그가 어떻게 자기주장을 선택했는지, 아니면 어떻게 그와 같은 주장을 펴도록 유도되었는지는 결과에 결정적 영향을 미칠 수 있을 것이다. 어떤 사람에게 역사적으로 부당한 일이 일어났다고 가정해보자. 가환적 정의는 보상을 요구한다. 하지만 고려해야 할 다른 사항도 존재한다. 완전한 보상으로 간주될 수 있는 것도 단지 앞의 부당함의 본질을 살펴보기만 해도 다른 효과를 갖게 될 것이며, 그것은 무죄거나 죄책이 그에 걸맞게 전면적이지 않은 관계자에게 손해를 끼칠 수 있을 것이다. 분명히 그것이 역사적 보상의 여러 사례에서 발생하고 있는 일이다. 가령 역사적 피해자에 대한 배상금 지급 문제 또는 전제적·착취적 체제에서 보다 열린 민주적·평등주의적 체제로의 이행 같은 사례에서도 그와 같은 일이 발생하고 있다. 후자의 경우 우리는 또한 완전한 보상이 미래의 새로운 체제에서의 착취자와 피착취자의 후손들의 공존에 어떤 영향을 미칠지도 고려해야 한다.

그런데 두 진영이 지근거리에서 계속 충돌 중인 맥락에서 하나의 '올바른' 해결책은 모든 것을 고려해 피해자에게 보상해주는 것일 수 있을 것이다. 그러나 만약 양 진영이 함께 만나 대화하고, 미래의 공존을 위해 유리한 토대를 찾으려는 동기를 부여받을 수 있게 된다면 아마 완전히 다른 '보상'이나 해결책에 이르게 될 것이다. 남아프리카공화국의 〈진실화해위원회〉 같은 현대의 이행적 정의의 사례가 떠오른다. 물론 그와 같은 사례에 대해서는 큰 의문이 생긴다. 피해자들은 정말 동의했을까? 정확히 누가 피해자였을까? 그들은 너무 많이 양보하라고 재촉받고, 등을 떠밀려 강요당한 것은 아닐까 등. 하지만 그와 같은 종류의 조치의 토대를 이루는 기본적인 생각은 과거의 피해자로 하여금 한 측면(과거에 일어난 일의 진실)에서는 최대한 일을 마무리하고 그에 대한 대가로 다른 측면(즉 '눈에는 눈' 원칙에 따른 가해자 처벌)에서는 정당하게 요구할 수 있는 많은 것을 포기할 수 있음을 받아들이는 것이었다. 목표는 또한 화해, 따라서 새로운 토대에 기반한 공생을 가능하게 해주는 '보상'을 찾는 데 있었다.

여기서 중요한 것은 이렇다. 딜레마가 하나 이상의 해법을 허용하는 한 가지 이유
706 는 그것이 종종 또한 온갖 것을 요구하는 이해 관계자 간의 갈등이며, 관련 당사자에

따라 그것의 역할이 다르게 보이고 해석될 수 있는 데서 찾을 수 있다. 하지만 더 나아가 해석을 특정한 방향으로 움직임으로써 동일한 딜레마라도 두 가지 선에 보다 비용이 덜 드는 방식으로 해결될 수 있을 것이다. 즉 어떤 한 해법이 이곳에서는 유일하게 올바른 해법일 수 있을 것이다. 왜냐하면 당사자들은 서로 완강하게 적대해 상호 맞선 채 각자의 완전한 '권리'를 요구하기 때문이다. 그 결과, 피해자에게 보장되는 '보상'은 한 측면에서는 보다 지고한 것으로, 그리하여 가해자에게 더 큰 고통을 준다. 하지만 그 결과로 생기는 적대 관계는, 피해자와 후손으로부터 상호 예의와 협력이라는 선을 빼앗아간다. 반대로 〈진실화해위원회〉의 운용은 해당 쟁점이 그렇게 완전히 제로섬에 이르지는 않는 새로운 수준으로 우리를 끌어올릴 수 있을 것이다. 처음의 총체적 적대 상황과 관련해 원인인 상황을 초래할 수 있는 것이다.

4. 그와 같은 생각을 일반화함으로써 몇몇 딜레마는 일종의 2차원적 공간 안에서 이해되어야 함을 이해할 수 있을 것이다. 수평적 공간은 두 당사자 간의 해결 지점, 즉 공정한 '보상'을 찾아야 할 차원을 마련해준다. 수직적 차원은 보다 고차적인 차원으로 문제를 끌어올림으로써 해결책이 양 당사자에게서 보다 덜 고통스럽고 손해가 적을 수 있는 새로운 수평적 공간에 접근할 수 있는 가능성을 열어준다.

그와 같은 사례는 근대 정치 속에 수두룩하다. 끔찍한 상호 살해 이후 보스니아에 대한 '공정한' 해결책이란 아마 [무슬림 지역인 보스니아, 가톨릭 지역인 크로아티아, 정교회 지역인 세르비아의] 3개의 별도 주로 구성되며 3명의 대통령을 뽑아 4년 동안 8개월씩 돌아가며 대통령직을 수행하는 기이한 제안을 받아들이는 것이었는데, 그것은 높은 수준의 불확실성과 불안정성을 수반한다. 하지만 시간이 흐르면서 당사자 간에 일정한 신뢰가 재건될 수 있다고 상상해보자. 그러면 보다 일반적인 연방제로 이행할 가능성이 나타날 것이다.

정치에서 위대한 은인이 카리스마적 중재를 통해 사회를 그와 같은 공간으로 끌어올리도록 돕는 사람인 것은 이 때문이다. 앞서 인용한 사례가 암시하는 대로 이 측면에서 만델라와 투투 대주교가 떠오른다.

달리 말하자면 그와 같은 종류의 딜레마는 또한 삼중의 딜레마 또는 이중의 딜레마이기도 하다고 할 수 있다. 먼저 우리는 A와 B라는 주장 사이에서 어느 쪽이 옳은지를 판단해야 한다. 그러나 그런 다음 현재 우리가 놓인 수준에서 A와 B 사이에서 최고의 '보상'을 선택할지 아니면 당사자들을 보다 높은 수준으로 끌어올리기 위한 시도를 할지를 결정해야 한다. 여기서 위대한 정치 지도자는 국민을 어디로 끌고 갈 수 있는지에 대한 빈틈없는 판단과 함께 국민을 그곳으로 이끌 수 있는 위대한 카리스마 권력을 갖고 있음을 보여주는 점에서 두드러진 모습을 보인다. 이와 관련해서도 다시 만델라가 떠오른다.

내가 여기서 말해온 수직적 차원이란 화해와 신뢰의 차원 중 하나이다. 그리고 그것은 공교롭게도 그와 같은 딜레마에 관한 기독교적 이해의 중심 주제 중 하나이다. 지금까지의 논의는 기본적으로 기독교 신앙이 고정된 코드 속으로 결코 그대로 옮겨질 수 없음을 보여준다. 왜냐하면 그것은 항상 우리 행동을 두 가지 차원에 두기 때문이다. 올바른 행동 차원 그리고 묵시론적 차원이 그것이다. 그것은 또한 화해와 신뢰 차원이기도 하지만 가능한 화해에 관한 단지 역사 내적인 모든 시각을 넘어선 차원을 가리킨다.
707 하지만 신앙은 또한 역사 영역에서도 가령 만델라와 투투가 한 대로 수직적 진보를 고무시킬 수 있다(투투의 신앙적 헌신은 잘 알려져 있다. 만델라가 실제로 무엇을 믿었는지는 모르지만 그의 행동 전체는 비록 역사적으로 뿐이더라도 분명히 기독교에 의해 깊이 고무되어 있었다. 비록 자체는 배경으로 머물러 있지만 여기서는 용서가 핵심 범주이다).

『신약성서』는 그와 같은 종류의 암시로 가득 차 있다. 이른 아침에, 그런 다음 해가 질 때까지 계속 오후 늦은 시각에 각기 다른 일꾼을 포도원으로 보낸 포도원 주인을 예로 들어보자. 모두에게 1데나리온을 주겠다는 그의 제안은 안정된 사회에서의 임금 정책의 기초에서 보면 분명히 상궤를 벗어난 것이다. 따라서 맨 처음부터 일한 사람은 돈을 받아들고 주인에게 투덜거린다. 하지만 그와 같은 우화는 신의 도성이라는 묵시론적 차원을 여는데, 그와 같은 수직적 공간의 높이에서는 그것이 유일하게 적절한 분배이기 때문이다. 신은 그리스도라는 인격 속에서 수평적으로 우리와 함께하는 동시에 수직적 차원에서도 일하신다.[36]

36 「마태오 복음」, 20장 1~16절을 보라. 티보는 또 다른 우화, 즉 선한 사마리아인에 대한 심오한 논의에서 그의 반응은 단지 일회적 행동이 아니라 새로운 관계의 시작으로 간주되어야 한다고 지적한다. "그

하지만 그것은 앞서와 같은 세계에는 기독교도로 행위하기 위한 어떤 처방도 존재하지 않음을 의미한다. 오늘날의 상황에서 가능한 최고의 코드 또는 그것으로 통용되는 것을 예로 들어보자. 항상 이런 물음이 제기된다. 즉 그와 같은 코드를 초월/수정/재해석함으로써 모든 사람을 수직적 방향으로 향하도록 하는 것은 가능할까? 그리스도는 「복음」 속에서 끊임없이 그렇게 한다. 따라서 자신을 특정 코드(특히 성적 규범) 및 제도(가령 자유주의 사회)와 너무 완전히 동일시하는 오늘날의 일부 기독교교회의 경향은 극히 불안하기 짝이 없다.

하지만 원래 논의로 돌아가자. 수직적 차원을 환기시킴으로써 우리는 또 다른 측면에서 근대적 도덕철학에 결여된 관점, 즉 도덕적 동기부여라는 관점으로 돌아가게 된다. 왜냐하면 화해와 신뢰 차원으로 [수직적으로] 보다 높이 상승하는 것은 분명히 일종의 동기상의 회심뿐만 아니라 보복에 의한 만족이나 이웃과의 의심 많은 거리를 유지함으로써 얻을 수 있는 안전을 내려놓을 수 있는 능력을 포함하기 때문이다. 우리가 그것을 따라 나아가는 그와 같은 수직적 길이 기독교적 방식으로 이해되느냐의 여부와 관계없이 그것은 새로운 방식으로 사람들과 관계를 맺을 것을 전제한다.

따라서 근대의 자유주의 사회의 '코드 물신숭배' 또는 법숭배nomolatry는 잠재적으로 매우 해롭다. 그것은 모든 코드에게 의미를 부여하는 배경, 즉 규칙과 규범이 실현하도록 되어 있는 다양한 선을 망각하는 경향이 있다. 그리고 수직적 차원에 대해 둔감하게, 심지어 보지 못하도록 만드는 경향이 있다. 그것은 또한 '만병통치약' 형 접근을 촉진한다. 규칙은 규칙이라는 것이다! 심지어 근대의 법숭배가 도덕적으로 그리고 영=

와 같은 관계는 시간이 지남에 따라 확장되며, 여인숙에서 회복되었다는 언급에서 알 수 있듯이 여러 단계를 거칠 수 있으며, 보다 나은 때를 개시하며, 공동의 미래라는 전망 속에서 주인공들을 하나로 묶는다. 그와 함께 열리는 지평은 「복음」의 다른 많은 우화에서처럼 묵시론적 지평이 아니라 역사적 지평, 즉 세계를 개선하는 지평이다Cette relation s'étend dans le temps, elle peut connaître des étapes comme le montre l'évocation de la convalescence à l'auberge, elle inaugure un temps meilleur, unissant les protagonistes dans la perspective d'un avenir commun. L'horizon qui s'offre n'est pas un horizon apocalyptique, comme dans nombre d'autres paraboles évangéliques, c'est un horizon historique, d'amélioration du monde" (Paul Thibaud, "L'Autre et le Prochain", in *Esprit*, June 2003, pp. 13-24를 보라). 이렇게 덧붙이고 싶은데, 티보는 아마 기꺼이 동의할 것이다. 즉 기독교도에게 그와 같은 역사적 지평은 그것이 보다 깊은, 묵시론적 지평과 관계를 맺는 것에 의해 비로소 의미를 갖게 된다고 말이다.

정신적으로 우리를 너무 단순하게 만든다고 말할 수 있을지도 모른다.

13

그런데 그와 같은 논의는 10절 끝에서 미결 상태로 놓아둔 쟁점, 즉 희생양화에 따른 폭력 문제와 분명히 관련된다. 이 모든 것은 폭력을 어떻게 줄일지 또는 제거할지에 대해 무엇인가를 말해주는가? 우리는 그렇게 할 수 있으리라는 희망을 갖고 있을까?

708 먼저 — 물론 그렇게 주장하는 사람이 그가 유일하지는 않지만 — 전술한 칸트의 가설을 검토해보자. 질서정연한 민주주의 사회에서는 폭력이 보다 적어지리라는 견해가 그것이다. 그러한 사회는 더 이상 서로 전쟁하지 않고, 또 아마 내전에 시달리지도 않을 것이다. 11절에서 살펴본 대로 거기에는 일정한 진리가 존재한다. 규율훈련에 기반한 근대의 질서는 실제로 몇몇 효과를 나타냈다. 그러나 같은 절에서 본대로 일군의 이유로 평화는 깨지기 쉽다. 이유는 부분적으로 경제적인 종류의 몇 가지 성공 조건이 존재하고, 또 부분적으로는 배제와 경합의 긴장 때문인데, 그것은 폭력의 일보 직전에 머물러 있기는 하지만 적대성을 만들어내기 때문이다. 게다가 몇몇 사회는 질서정연한 민주주의 정체라는 범주에 진입하는 데 상당한 어려움을 겪고 있는 문제도 있다.

그렇다면 폭력을 극복하려는 프로그램이라면 어떤 것이건 적어도 두 가지 목표를 포함해야 한다. (1) 그처럼 질서정연한 민주주의 정체를 수립한다. (2) 가령 절망적 상황에 있는 배제된 집단, 특히 젊은이들이 생기는 것을 방지하는 것을 통해 그것의 이익이 최대한 널리 확산되도록 노력하라.

하지만 희생양화와 성전이라는 보다 오래된 형태가 우리 시대까지 유지 또는 보다 정확하게는 재편성되고 있는 점을 고려해볼 때 앞의 프로그램은 근본적으로 불완전한 것처럼 보인다. 그것들에 맞서 싸우기 위해 무엇인가를 할 수 있을까? 우리 프로그램에 부가해야 할 제3의 요소가 있을까?

하나의 대답은 이럴 수 있을 것이다. 즉 그와 같은 무제한의 정화적 폭력이 형이상학적/종교적 뿌리를 갖고 있음을 지적하기로 하자. 그렇다면 어떻게 그것을 근절할 수 있을까? 그와 같은 종류의 폭력은 종교적이거나 적어도 형이상학적이다. 그렇다면 우리는 실존에서의 종교적 차원을 완전히 극복함으로써만이 그것을 제거할 수 있을 것이다. 앞의 제안이 문제적인 것은 세속적이라고 상정된 공화국의 주요 건설자 중 상당수, 즉 레닌들과 로베스피에르들이 오늘날까지 본인들이 생각한 것만큼 실제로는 그와 같은 악몽으로부터 자신을 해방시키지 못했다는 것이다.

따라서 지금까지 개관해온 현상으로 미루어보아 가령 단지 근대적 휴머니즘 같은 어떤 비종교적 이론을 제안하는 것만으로는 충분하지 않음이 분명하다. 종교 형태들은 새롭게 재구성되고 있는 것처럼 보인다. 따라서 우리는 진정한, 철저한 탈주술화를 위해, 즉 종교로부터의 전면적 탈출을 위해 투쟁해야 한다. 하지만 어떻게? 그것은 정말 가능할까?

그것은 또 다른 답변을 암시한다. 즉 상술한 모든 것은 종교적 차원이 불가피함을 보여준다. 아마 좋은 종교와 나쁜 종교 간에 하나를 선택하는 방법밖에 없는 것처럼 보인다. 자, 좋은 종교는 실제로 존재한다. 가령 지라르의 해석을 거론할 수 있을 텐데, 그에 따르면 『구약성서』와 『신약성서』를 희생양 서사에 대한 대항-이야기의 원천으로 이용할 수 있을 텐데, 그것은 희생자가 무죄임을 보여준다.[37] 그리고 가령 부처에 대해서도 비슷하게 말할 수 있을 것이다.

그처럼 우리는 기독교적 반-폭력의 복음적 상을 가리킬 수 있다. 그것은 통상이라면 희생양에 의한 정화 쪽으로 쏟아질 에너지의 변형이다. 즉 그와 같은 변형은 폭력의 지배자가 되어, 즉 악을 전멸시키기 위한 힘으로 폭력을 사용하는 것이 아니라 오히려 자신을 폭력에 내줌으로써 폭력의 두려움을 극복하는 것을 목표로 한다. 폭력에 사랑과 용서로 반응하고, 그렇게 함으로써 선함과 치유의 원천의 마개를 열어 안에 들어 있는 것이 흘러나오도록 하는 것이다.

하지만 휴머니즘에 대해 방금 말한 것과 비슷한 논점을 앞의 종교적 입장들에 대해 709
서도 말할 수 있을 것이다. 어떤 종교를 받아들이는 것만으로는 설령 그것이 원리적으로 좋은 것일지라도 충분하지 않다. 근대세계에서 기독교는 '희생자에 대한 마음씀e

37 앞의 각주 14, 특히 지라르, 『나는 사탄이 번개처럼 떨어지는 것을 본다』를 보라.

souci de la victime'에 대해 책임이 있다. 그러나 앞서 살펴본 대로 우리는 그와 같은 마음씀이 희생양에 의한 정화의 종교에 의해 얼마나 쉽게 식민화될 수 있는지를 안다. 그와 같은 것은 세속화된 변종에 불과하다고 항의하길 원하는가? 그렇다면 기독교적 반유대주의의 길고, 음울하고 무시무시한 역사는 어떨까? 지라르가 던지는 불빛 아래 놓고 보면 그것은 복음에 대한 명백한 배신, 180도 전도이다. 따라서 이들 '선한' 종교를 믿는 것만으로는 위험을 극복할 수 없다.

두 진영 모두 병원균을 갖고 있으며, 그것에 맞서 싸워야 한다.

우리 프로그램을 위해 세 번째 척도를 찾으려는 지금까지의 탐구에서 우리는 어떤 지점에 이르렀는가? 우리가 지금까지 고찰한 역설적 전도들은 아래 패턴을 보여준다. 즉 우리가 설정한 목표와 질서 관념의 긍정적 측면은 그것을 실현하기 위해 애쓸 단계가 되자마자 어쨌건 취소된다. 로베스피에르의 사형선고 없는 공화국은 어쩐 일인지 학살을 격화시키는 프로그램을 활성화시켰다. 그리고 다양성 속에 공존하는 민족으로 이루어진 헤르더적 질서나 모든 희생자를 구한다는 목표에 관해서도 비슷하게 말할 수 있을 것이다. 거기서는 이런 역설이 나타난다. 즉 목표의 선함 자체가 우리를 즉 그것의 제기자와 옹호자인 우리를 선이라고 규정하며, 따라서 우리가 도덕적인 만큼 사악한 것이 틀림없는 정반대 사례 위에 우리 자신의 무결함을 정초할 수 있는 길을 열어준다. 도덕이 지고할수록 우리가 퍼부을 수 있고, 실제로 그렇게 해야 할 증오와 파괴는 그만큼 더 잔인해진다. 십자군이 근대세계의 도덕주의에서 완성되기에 이르자마자 가령 살라딘과 사자왕 리처드 1세 시대에 볼 수 있던 것과 같은 적에 대한 기사도적 존경의 마지막 흔적조차 사라져버렸다. 악에 맞선 잔인하고 무자비한 투쟁 외는 아무것도 남지 않는다.

선한 자와 악한 자 사이에 선을 긋는 방식 — 그것은 극히 끔찍한 잔혹 행위마저 허용한다 — 으로 이루어지는 폭력의 무제한화의 그와 같은 독선적 재구성에 대한 일반적 처방은 존재할 수 없을 것이다. 하지만 물론 주어진 맥락 내에서지만 수난에 의해 주어진 권리, 죄지은 자를 처벌할 수 있는 죄 없는 사람의 권리, 가해자를 숙청할 수 있는 피해자의 권리를 누군가가 단념할 가능성은 얼마든지 존재할 수 있을 것이다. 그와 같은 행보는 우리의 올바름을 본능적으로 옹호하는 것과는 정반대이다. 그것을 용서라고 부를 수 있을 테지만 보다 깊은 수준에서 그것은 우리 모두가 공동의 결함 있는 인간성을 갖고 있음은 인정하는 것에 기초하고 있다.

도스토옙스키의 『악령』에서 세계를 개혁하려는 과학주의적 혁명가들의 구호는 '아무도 탓하지 마라'[3권, 380페이지]이다. 그것은 현실에 대해 거리를 두는 자세, 요법적 견해에서 도출되는 구호이다. 그와 같은 구호가 은폐하는 것은, 책임은 완전히 적에게 뒤집어씌우고는 우리에게는 완전한 올바름에서 도출되는 행위를 위한 힘을 부여하는 또 다른 태도이다. 그는 잠재적으로 속죄를 구하는 등장인물들의 모습을 그리는데, 그들이 얻기 위해 분투하는 통찰, 즉 "우리 모두 죄를 지었다"[38]는 통찰은 바로 그것에 맞서고 있다. 그와 같은 식으로 공동의 기반을 회복하는 것이 바로 앞서 말한 것과 같은 710
종류의 행보를 규정한다. 그것이 옛날의 적에 대한 공통 책임의 새로운 기반을 열어준다.

그와 함께 우리는 앞서 언급한 만델라 사례로 되돌아가게 된다. 거기에는 위대한 정치적 지혜가 작동하고 있었다. 그도 그럴 것이 복수라는 너무나 이해 가능한 진로를 취한다면 새로운 민주주의 사회를 구축하는 것은 불가능하게 되었을 것이기 때문이다. 바로 그와 같은 반성이 역사적으로 내전이 끝난 후 많은 지도자로 하여금 사면을 내리도록 촉구했다. 그러나 그의 〈위원회〉에는 그것 이상의 것이 있었다. 사면은 보통은 진실 또는 적어도 그동안 가해진 끔찍한 불의에 대한 의식을 억압하고, 따라서 정치체 내부에서 계속 곪아터질 수 있는 결함을 갖고 있다. 만델라의 답변은 〈진실화해위원회〉였다. 그것은 끔찍한 행위를 드러내지만 반드시 그것을 보복이라는 맥락에 두려고 하지는 않았다. 게다가 밝혀져야 할 행위는 단지 옛 통치자 측의 것만이 아니었다. 그것이 그와 같은 〈위원회〉가 제시한 공동 책임의 토대가 되었다.

그와 같은 시도가 궁극적으로 성공으로 이어질지는 아무도 모른다. 그와 같은 행보는 독선성의 온갖 굴절뿐만 아니라 동시에 수난당한 자가 품게 되는 지극히 이해 가능한 복수욕에도 반한다. 하지만 그것이 없었다면, 그리고 그것 이상으로 심지어 만델라가 처음 감옥에서 풀려날 때 보인 남다른 태도, 즉 피해자로서의 권리포기라고 부를

38 인간의 삶에 대한 모든 환원주의적 견해에도 불구하고 프로호로브나가 보여주는 관대함을 마주하자 샤토프는 그와 같은 통찰에 이른다. 『악령』 3권, 221페이지[3부 5장, 3절].

만한 것이 없었다면 새로운 남아프리카는 내전으로 향하는 유혹 — 당시 상당히 위협적이었으며, 아직까지도 진정되고 있지 않다 — 으로부터 결코 벗어나기 시작할 수조차 없었을 것이다.[39]

전제적이고 종종 잔인한 체제로부터의 이행은 민주주의의 확대와는 분리 불가능할 텐데, 이 영역 전체에는 다른 사례도 존재한다. 폴란드 사례가, 그리고 신사회 건설이라는 미명 아래 보복에 의해 만족을 얻는 것을 삼가라는 [폴란드의 〈자유노조〉에 참여한 지식인이자 언론인인] 미치니크Adam Michnik 같은 사람의 강력한 조언이 떠오른다. 중국의 티베트 탄압에 대한 달라이 라마의 응답은 또 다른 충격적 사례를 제공해준다.

그와 같은 종류의 행보 속에서 우리 프로그램의 세 번째 요소를 찾을 필요가 있다. 그것은 비록 관련된 종교 전통에서 분명히 많은 것을 끌어내고 있지만 반드시 개인적인 종교적 신앙의 열매인 것은 아니라는 점에서 전술한 논의에서 제시한 어느 노선도 따르고 있지 않다. 하지만 어떤 식으로 동기를 부여받았건 그것의 힘은 폭력의 무제한화의 광기를 억압하는 데 있는 것이 아니라 새로운 종류의 공동의 세계의 이름으로 그것을 변양시키는 데 있다.

39 그와 같은 종류의 〈진실화해위원회〉의 이점과 위험에 대한 흥미로운 논의로는 Rajeev Bhargava, "Restoring Decency to Barbaric Societies", in Robert Rotberg and Dennis Thompson, eds., *Truth and Justice*(Princeton: Princeton University Press, 2000), pp. 45-67을 보라.

19
근대(성)의 불안한 전선 711

14

이제 '의미의 의미'에 관한 페리의 메타-물음 — 즉 우리 삶에서의 보다 깊은 의미의 원천-물음 — 으로 되돌아가고 싶다. 앞 장 서두에서 나는 그와 같은 원천 중 하나 그리고 그에 상응하는 갈망에 대한 탐구를 시작했다. 즉 악과 혼돈으로부터 자신을 분리해선 속에 닻을 내리려고 하는 갈망이 그것이다. 우리는 그와 같은 갈망이 어떤 양의적 과실을 만들어낼 수 있는지를, 종교적인 것으로 생각할 수 있는 답변뿐만 아니라 또한 다양한 내재적 휴머니즘 및 반휴머니즘 속에서도 마찬가지로 보아왔다. 여기서는 그 밖의 다른 몇 가지 의미의 원천 또는 우리가 그와 같은 원천을 찾고자 하는 삶의 영역에 대해 언급하고 싶다. 그와 같은 검토에 의해서도 지금까지의 절들에서 논해온 것과 마찬가지로 신앙/비신앙이라는 쟁점을 해결할 수 없을 것이다. 하지만 그것에 의해 내재적 틀을 폐쇄적으로 해석하는 것을 불편하게 느끼는 몇몇 영역을 시야에 넣는 것은 가능할 것이다.

2. 페리의 질문에 대답할 수 있는 또 다른 방식을 살펴보자. 우리는 일상적 삶이 갖는

의미 — 사랑과 일에서의 만족, 자연 세계의 향유, 풍부한 음악과 문학과 예술 — 가 얼마나 깊고 강한 것인지를 보여주려고 시도할 수도 있었을 것이다. 위에서 초월성에 대해 논하면서 주장한 대로 일상적 삶의 가치에 대한 그와 같은 감각이 근대문화의 구성요소 중 하나였다. 그것은 계몽주의 속에 편입되었고, 이후 낭만주의 시대에 한층 더 심화되었다. 낭만주의 예술과 감성이 성애 관계에 한층 더 큰 깊이를 더했는데, 이제 그것은 강렬한 소통으로 간주되었다. 또한 우리가 자연과 맺는 관계에도 깊이를 가져다주었다. 자연은 우리에게, 삶이 삶에게 말을 거는 방식으로 말을 걸어온다. 또 시간과 과거에 관한 감각에도 동일한 깊이를 가져다주었다.

하지만 일상적 삶의 깊이와 충일은 자연적 · 인간적 영역의 한계를 지속적으로 넘어가는 것처럼 보이는 예술에서 우리를 위해 명확해져 왔다. 가령 자연에 대한 낭만주의적 감각은 보다 큰 힘의 이미지, 즉 만물을 휩쓸고 지나가는 생명의 흐름이라는 이미지와 분리되기 어렵다. 앞서 인용한 구절에서 볼 수 있듯이 가령 워즈워스 시에 중심적인 그와 같은 이미지들은 완충재로 덮인 정체성을 둘러싸고 주의 깊게 세워진 한계들 — 정신을 자연과 깔끔하게 분할한다 — 을 깨뜨린다.

712 하지만 그것들은 결국 단순한 이미지, 은유에 지나지 않는 것일까? 아마 그럴 것이다. 하지만 무엇을 위한 이미지와 은유일까? 여기서 그것들이 묘사하는 것은 자연에 관한 우리의 깊은 감정feelings이라고 한마디 하고 싶은 유혹을 느낀다. 그것이 왜 문제인가 하면, 그렇게 하게 되면 감정을 단지 육체적 느낌sensation으로 취급해버릴 게 뻔하게 되는 반면 여기서의 논의와 관련된 감정은 오히려 우리를 둘러싼 자연 세계에 대해 정동으로 가득 찬 지각perception으로 나타나기 때문이다. 자연주의는 이 모든 지각을 단지 날것의 느낌으로 환원시키는 것을 포함하지 않는가? 그렇지 않다면 우리는 완충재로 덮인 자아라는 범주를 깨뜨리지 않는 앞의 지각의 정체를 드러낼 수 있는 대안적 언어를 찾아낼 수 있을까? 이 마지막 물음에 대한 답변이 긍정적일지는 확실하지 않다.

그것은 우리의 근대문화와 관련해 현저한 사실과 연결되어 있다. 즉 우리를 감동시키고, 삶의 중요한 것을 명확히 해주는 작품 중 은근히 많은 것이 우리의 종교 전통과 연결되어 있는 사실이 그것이다. 관광객들의 여정이 얼마나 과거의 대성당과 사찰로 끌려가는지에 대해서는 앞서 이미 지적한 바 있다. 아마 그것은 단지 사람들이 과거에 매료되고, 게다가 우리가 가진 유일한 과거는 종교적인 것밖에 없다는 단순한 이유에서일지 모른다. 그것은 또한 우리가 오늘날 바흐나 〈장엄미사곡〉에 감동받는 사실까지도 설명할 수 있을 것이다. 가능한 설명이지만 내게는 설득력이 없어 보인다. 다른 관점에서 보자면 그것은 오래된 종교가 '세속적'이라고 여겨지는 이 시대에도 완전히 대체되어버리지는 않는 일련의 방식 중 단 하나일 뿐이다.

다시 한 번 말하지만, 내 목적은 문제의 쟁점과 관련해 결론에 이를 때까지 승패를 가리는 것이 아니라 오히려 그렇게 하기가 얼마나 어려운지를 보여주는데 있다.

3. 앞서 나는 우리의 시간-감각과 과거-감각에 대해 언급했다. 세속적 시간의 세계 속에서, 즉 보다 고차적인 시간에 관한 보다 오래된 의식이 후퇴해버린 세계 속에서 살아감으로써 새로운 시간-감각과 기억-감각이 길러진 셈이다.

아마 시간 경험에서 일어난 변화를 파악하려고 시도할 수 있는 최고의 방법은 질서이해에서 일어난 변화에 그것을 비추어보는 것이다. 우리 조상들은 위계제적으로 연관된 여러 시간으로 구성된 복합적 시간의 세계 속에서 살았다. 그들이 산 위계제적 상보성의 사회질서는 오직 그와 같은 다층적 시간 속에서만 이해 가능했다. '왕의 두 신체' 같은 교리는 근대의 균일한 세속적 시간에서는 기괴한 난센스가 된다.

특히 반대의 또는 적어도 동등하지 않은 가치를 가진 여러 요소 간의 상보성이나 필연적 교체라는 개념은 사회가 아래와 같은 코스모스 속에 내장되어 있을 것을 전제했다. 즉 그와 같은 상보적 관계가 지배하며, 동질적 용기容器가 아니며, 내용에 무관심하며, 다형적이며, 카이로스적 시간에 의해 통치되는 코스모스 속에 말이다. 그것은 카니발, 즉 기존질서가 전도되고, '세계가 전복되는 것'이 말이 되는 종류의 세계이다. 그와 같은 질서 자체가 질서를 뛰어넘는 것과 상보적 관계에 있고, 또 그와 같은 교체가 그와 같은 초월을 인정하고, 응분의 대가를 지불했다. 터너는 그와 같은 관계를 '구조'와 "반구조"[1]라는 용어로 명확히 하려고 시도했다.

하지만 뒤따른 근대의 개혁의 물결 — 종교의 이름아래 이루어진 것이건 '예의'라

1 Victor Turner, *The Ritual Process: Structure and Anti-Structure*(Ithaca, N. Y.: Cornell University Press, 1969)와 *Dramas, Fields, and Metaphors*(Ithaca, N. Y.: Cornell University Press, 1978).

713 는 이름으로 이루어진 것이건 — 은 조직화와 규율화를 통해 인간적 질서를 창출하려고 애써왔다. 그와 같은 질서에서 선이 할 필요가 있는 일이라곤, 단지 악이나 덜 선한 것과 전술적이고 우연적으로 타협하는 것이 고작이었다. '예의' — 이 말 대신 지금 우리는 의미심장하게도 문명civilization[문명화]이라는, 과정을 나타내는 용어를 사용하고 있다 — 의 규율들이 상보성의 말소에 결정적으로 기여했다. 그렇게 함으로써 그것들은 보다 고차적인 시간이 일상적 의미를 갖고 있던 세계로부터 세속적 시간에 의한 공적 공간의 독점이 전혀 문제가 되지 않는 세계로 우리를 옮겨놓았다.

만약 서양의 중심적인 근대사회 형태 — 공론장, 경제, 민주주의국가 — 의 발전을 일별한다면 그와 다른 각도에서 동일한 과정을 추적할 수 있을 것이다.

앤더슨의 유명한 표현을 빌리자면 근대의 국민국가는 "상상된 공동체"[2]다. 그것은 특수한 종류의 사회적 상상계 — 즉 사회 공간을 상상하는 사회적으로 공유되는 방법을 갖고 있다고 말할 수 있을 것이다. 근대적 상상계에는 두 가지 중요한 특징이 있는데, 각각의 경우 유럽사의 이전 사례와 대비해봄으로써 그것을 가장 잘 드러낼 수 있을 것이다.

첫 번째 특징은 과거의 위계제적인, 매개적 접근 사회가 수평적인 직접-접근 사회로 이행한 데서 찾을 수 있을 것이다. 그리고 두 번째로, 근대적인 사회적 상상계는 보다 규모가 큰 초지역적 통일체 — 국민, 국가, 교회 — 를, 세속적 시간 속에서 이루어지는 공동의 행위와는 다른 것, 그것보다 더 고차적인 것 속에 정초되어 있는 것으로 더 이상 보지 않는다. 그것은 전근대국가에게는 해당되지 않았다. 왕국의 위계제 질서는 존재의 대연쇄에 기초한 것으로 간주되었다. 부족 단위는 자체의 법에 의해 그 자체로 구성되는 것으로 간주되었는데, 그것은 '까마득한 옛날' 또는 엘리아데적 의미에서 '기원들의 시간'의 지위를 차지한 창시의 순간까지 거슬러 올라갔다.

그의 설명은 앞의 두 가지 특징을 상호 결합시키는 점에서 극히 시사적이다. 그것은 직접-접근 사회의 등장이 어떻게 시간 이해 그리고 그 결과 사회 전체를 상상하는 것이 가능한 방식에 대한 이해의 변화와 연결되어 있는지를 보여준다. 그는 국가에 대

2 앤더슨, 『상상된 공동체』.

한 새로운 귀속감이 사회를 동시성이라는 범주 아래 파악하는 새로운 방식에 의해 어떻게 준비되었는지를 강조한다.[3] 즉 사회는 특정한 순간 구성원의 삶을 특징짓는 무수한 온갖 사건의 동시적 발생으로 이루어지는 하나의 전체라는 것이다. 그와 같은 사건이 일종의 동질적 시간의 그와 같은 단편을 채운다. 매우 분명하고, 애매함이 없는 그와 같은 동시성 개념은 앞서도 말한 대로 시간을 배타적으로 세속적인 것으로 파악하는 입장에 속한다.

순수하게 세속적인 시간 이해는 사회를 '수평적으로' 상상하는 것을 가능하게 해준다. 즉 일상적 사건의 연쇄가 고차의 시간에 닿는 '고차점'과는 무관하게, 따라서 이 문제의 점에 의거해 그것의 매개자가 되는 왕이나 사제 같은 어떤 특권적 인격이나 행위 주체도 인정하지 않고 말이다. 직접-접근 사회에 함축되어 있는 것이 바로 그와 같은 철저한 수평성으로, 거기서 각 구성원은 '전체와 직접 접한다.'

그것에 근거해 근대라는 시대가 어떻게 우리 자신을 배타적으로 세속적 시간 속에 714
서 이해하거나 상상하도록 점점 더 꼼짝없이 이끌어왔는지를 가늠할 수 있을 것이다. 그와 같은 사태전개는 부분적으로는 우리가 일괄해 '탈주술화'라고 부르는 복합적 변화를 통해 일어났다. 그것은 우리가 문명이라는 말로 이해하고 있는 것의 일부가 된 질서에 대한 충동의 유산에 의해 헤아릴 수 없을 정도로 강화되어왔다. 그와 같은 사정 때문에 우리는 시간을 도구 또는 잘 관리되어야 할 자원 — 즉 측정되고, 잘라내고, 규제되어야 할 자원으로 취급하는 자세를 취하기 시작한 것이다. 도구적 태도란 본질상 동질화된다. 그것은 모종의 새로운 목적에 비추어 시간의 단편을 규정하지만 그것에 내재적인 질적 차이는 전혀 인정하지 않는다. 바로 그와 같은 태도가 우리 모두가 그것 안에 살고 있는 엄격한 시간의 틀을 구축해왔다.

하지만 거기에 더해 동시성과 연속성으로 구성된 순수 세속적인 시간은 근대적인 사회적 상상계의 다양한 형태를 매개하는 것이기도 했다. 우리는 공공생활과 사생활 양쪽에서 모든 것을 관통하는 시간에 의한 질서화에 의해 둘러싸이게 되었는데, 보다 이전 시대의 보다 고차적인 시간에서 그것이 차지할 자리는 전혀 없었다.

3 앞의 책, 37페이지.

하지만 그것은 또한 단지 '동질적이고 공허한 시간'이었던 것만은 아니다. 인간이 오직 그와 같은 시간의 틀 속에서만 산다는 것이 도대체 가능한지는 의문스럽다. 우리에게 시간은 계속 주기에 의해 표시되며, 우리는 그것을 통해 방향을 잡는다. 심지어 요구하는 것이 많은 직업의 꽉 들어차고 계획적으로 조정된 빡빡한 일정 속에 더할 나위 없이 철저하게 몰입된 사람조차 — 어쩌면 특히 그야말로 — 상투화된 일이 중단되면 완전히 막막해할 수 있을 것이다. 상투화된 일이라는 틀이 삶에 의미를 부여하고, 서로 다른 순간을 각각 구분하고, 각각의 순간에 의미를 부여하며, 시간의 경과를 표시하기 위해 미니 카이로스를 만들어낸다. 마치 우리 인간은 이런저런 형태로 모두어진 시간을 필요로 하는 것 같다.

현재 우리 시대에 그와 같은 필요를 충족시킬 수 있는 한 가지 방법은 서사이다. 개인으로서 또 사회로서의 우리 이야기가 점점 더 열심히 이야기된다. 첫 번째 수준에서는 자서전 — 어떤 의미에서는 아우구스티누스에 의해 개척되었으나 이후 루소가 다시 손을 댈 때까지 14세기에 걸쳐 휴경 상태로 방치된 장르 — 이 근대적 글쓰기 중 가장 탁월한 장 중 하나가 되었다.

사회적 수준에서는 역사에 대한 관심이 점점 더 증가하고 있다. 그러나 그뿐만 아니라 정치 수준에서 우리는 우리의 국민[국가] 이야기를 이해할 필요가 있다.

수평적인, 직접-접근형 세계로의 이행은 세속적 시간 속으로의 매립과 복잡하게 뒤엉키면서 또한 시간과 공간 속에서 우리가 처한 상황에 대한 상이한 감각을 수반해야 했다. 특히 그것은 상이한 역사 이해방식과 서사화 양식을 가져온다.

나는 4장에서 국민이라는 것의 서사성에 대해, 또 그와 관련된 혁명과 진보라는 범주에 대해 논했다. 그것들이 세속의 시대에 사는 우리의 사회적 상상계의 결정적 구성요소가 되었다.

서사화가 시간을 모두는 한 가지 방법이기 때문이다. 그것은 시간의 흐름을 형성하고, 그것을 '비동질화하고', — 가령 혁명이나 해방의 시간, 1789년이나 1989년 같이 — 카이로스적 순간으로 각인해 구분한다.

그렇다면 공동의 기념식을 통해서도 시간을 모둘 수 있다. 공동으로 기념하는 것
715 자체가 모종의 소규모 카이로스적 순간이 된다. 창시적 사건을 공동으로 축하하기 위해

흩어진 상태에서 벗어나 함께 모이기 때문이다. 이제 공유하고 있기 때문에 우리 이야기의 일치에 대해 보다 강렬한 감각을 갖게 된다.

하지만 말하자면 프로그램 없이 함께 모이는 다른 순간도 존재한다. 가령 수백만 명의 사람이 다이애나비의 죽음을 접하고 각자가 느끼는 소회에서 혼자가 아님을 발견한다. 그들은 추모행위에서 모두가 함께하고 있음을 발견했고, 그와 같은 행위는 이제 방대한 공동의 조문 속으로 융합되었다. 그때 어떤 새로운 카이로스적 순간, 즉 많은 개인의 이야기와 사회의 공동의 이해에서 하나의 전환점이 창출된다. 그와 같은 순간은 매우 강렬할 수 있는데, 심지어 위험할 정도로까지 그렇다.

하지만 그와 같은 순간은 근대사회에서 많은 사람이 마음속 깊이 느끼고 있는 요구에 부응하는 것처럼 보인다. 나는 13장에서 '수평적인' 사회적 상상계의 그처럼 새로운 형태에 대해 이야기했는데, 그것은 공동의 행위를 지탱하는 것이 아니라 오히려 상호과시 공간을 수립한다. 그와 같은 종류의 공간은 현대의 도시사회에서 점점 더 중요해지고 있다. 다름 아니라 너무나 많은 사람이 상호 익명성 속에서 어깨를 부딪치고 있기 때문이다. 일군의 도시의 모나드들이 고독과 교류의 경계선 위를 떠돌고 있다. 그리고 그렇게 경계선상에 아슬아슬하게 서 있어 종종 축구경기나 록페스티벌에 환호하는 군중처럼 공동의 행위 쪽으로 넘어갈 수 있을 것이다. 그처럼 하나로 융합되는 순간 흥분이 고조되는데, 그것은 오늘날의 '고독한 군중'이 느끼는 어떤 중요한 요구에 부응하는 것 같다.

사실 그와 같은 종류의 몇몇 순간은 이전 시대의 카니발에 극히 가까운 유사물이다. 그와 같은 순간은 강력하고 감동적일 수 있다. 왜냐하면 새로운 집단적 행위 주체가 지금까지의 분산된 잠재성에서 벗어나 탄생하는 장면을 목격하기 때문이다. 그와 같은 순간은 들뜨고 흥분이 가득할 수 있다. 그러나 그것은 카니발과는 달리 구조와 반구조에 관해 비록 암묵적이지만 깊이 확고하게 자리 잡은 공동의 이해에 의해 틀지어져 있지는 않다. 그것은 종종 사람을 매우 설레게 만들지만 또 종종 '거칠기도' 하다. 공상적 혁명가건, 외국인 혐오분자건 또는 거친 파괴분자건 일군의 다양한 도덕적 벡터에 의해 일거에 점거되어 독차지될 수 있다. 또는 바츨라프광장에서 열쇠 꾸러미를 흔드는 것[비로드혁명의 상징] 같이 우리가 깊은 곳에서 느끼고 공동으로 소중히 여기는 어떤 선 위에서 결정화될 수도 있을 것이다. 또는 다이애나비 장례식의 경우처럼 평범하다고 할 수 없는 삶을 계기로 평범하고 부서지기 쉬운 사랑과 행복의 추구를 찬미하기도 한다.

뉘른베르크 전당대회의 군중 그리고 그와 비슷한 다른 공포로 가득 찬 20세기 역사를 떠올릴 때 사람들이 그처럼 '거친' 카이로스적 순간에 희망만큼이나 공포를 느끼는 이유가 있다. 하지만 그와 같은 순간의 잠재력과 헤아릴 수 없는 매력은 아마 근대의 세속적인 시간 경험 속에 암암리에 내재되어 있을 것이다. 앞서 설명한 대로 '축제적인 것'은 근대적 삶의 결정적 특징이다.

이상의 논의에서 우리는 근대세계에서 시간이 형태를 얻을 수 있는 두 가지 방법을 식별했다. 하나는 주기적인 것, 상투화된 일, 우리 삶에서 반복되는 형태에 의한 것이다.
716 나날의 일과, 한 주, 사계절을 가진 한 해, 열심히 활동한 시간, 휴가 등이 있다. 두 번째는 변화, 성장, 발전, 잠재성의 실현의 서사화를 통한 것이다. 그것들은 창시, 혁명, 해방 등 일회적 순간을 갖고 있다. 그것들 바깥에 '거친', 프로그램화되지 않은, 그리고 종종 예측 불가능한 합치의 순간이 존재하는데, 그때 상호과시는 공동의 행위로 바뀐다. '혁명적' 순간이라는 느낌을 동반할 수 있어 그와 같은 순간은 매우 강력할 수 있을 텐데, 그와 같은 순간 모종의 잠재적인 공동의 지평이 처음으로 발견되고, 그리하여 아마 함께 존재하는 새로운 방식이 개시된다. 그와 같은 순간은 적어도 해당 순간만큼은 결절점처럼 느껴지며, 그것이 종종 압도적 매력을 갖는 이유 중 일부를 거기서 찾을 수 있을 것이다.

주기적인 것과 일회적인 것은 복잡하게 연관되며, 상호 의존적이다. 우선 첫째로, 위대한 결절점은 이후 반복해서 축하받는다. — 7월 4일[미국 독립기념일], 7월 14일[〈프랑스혁명〉 기념일], 5월 3일[폴란드 헌법제정기념일]처럼 말이다. 서사가 계속 살아 있고, 타당하며, 어떤 것을 형성하는 힘을 계속 가지려면 그와 같은 축하가 본질적이다. 게다가 일부 '거친' 결절점은 축하행사거나 아니면 그것이 되거나 그것으로부터 생겨나기도 한다.

하지만 만약 일회적인 것이 건재하려면 반복되어야 한다면 주기적인 것이 의미와 힘에서 일회적인 것에 의존하는 것 또한 사실이다. 여기서 그와 비슷한 것이 항상 사실이었다고 주장할 수 있을 것이다. 인간은 실제로 늘 시간의 주기를 표시해왔다. 가령 하루, 월, 년, 또 세계의 대화재에 의해 종결되는 스토아주의의 '대년'처럼 보다 긴 기간도 있다. 하지만 반복 가능한 많은 부분은 하나의 지속적 질서나 초월적 원리와 관련되었는데, 앞의 부분에게 유의의성을 부여하는 것이 바로 그것이었다. 스토아주의의 '대년'은 단일 원리의 전개 그리고 근원으로의 회귀를 표상했다. 플라톤에게서 많은 개별 사례는 오직 하나의 이데아와의 관계를 통해서만 존재할 수 있다.

거의 모든 전근대적 견해에서 반복되는 시간적 주기의 의미는 시간 밖에서, 즉 보다 고차적인 시간이나 영원 속에서 찾을 수 있었다. 근대세계에 특유한 것은, 반복 가능한 주기에 의미를 부여하는 단일한 현실이 인간의 자기실현 서사가 되는 견해가 등장한 것인데, 그와 같은 서사는 진보, 이성, 자유, 문명 또는 예절 또는 인권 이야기로 또는 민족이나 문화의 성숙으로 다양하게 이해되었다. 수년, 심지어 평생 규율화된 노동을 하는 것과 관련된 관례, 발명, 창시, 혁신, 국가 형성 등의 위업에는 보다 큰 이야기에서 차지하는 위치를 통해 보다 큰 의미가 부여되었다. 가령 내가 헌신적인 의사, 기사, 과학자, 농업전문가라고 해보자. 내 삶은 규율화된 상투화된 일로 가득 차 있다. 하지만 그처럼 상투화된 일을 통해 나는 이전 역사에서는 결코 볼 수 없었을 정도로 인간적 행복이 추진될 문명을 건설하고 또 유지하는 데 도움을 준다. 그리고 내가 이럭저럭 해낼 수 있던, 아마 작은 발견과 혁신이 내 뒤를 잇는 사람에게 동일한 직무를 약간 더 높은 성취도와 함께 넘겨줄 것이다. 그처럼 상투화된 일의 의미, 그것을 정말 가치 있게 만드는 것은 무엇인지는 그처럼 보다 큰 그림 속에 존재한다. 그리고 그와 같은 그림은 공간적으로 뿐만 아니라 시간적으로도 확장된다.

근대세계의 중요 특징 중 하나는 그와 같은 서사가 공격받게 되는 데 있다. 대문자
서사의 시대는 끝났고 우리는 더 이상 그것을 믿을 수 없다는 것이 한때 유행한 '포스트 717
모더니즘'의 주장이었다.[4] 그러나 포스트모던 저술가들 본인이 서사의 치세의 종언을 선언하면서도 동일한 수사학적 표현을 사용하고 있는 점으로 미루어볼 때 그와 같은

4 특히 리오타르, 유정완 역, 『포스트모던의 조건』, 민음사를 보라.

시대가 종언을 고했다는 주장은 분명히 과장되어 있다. 즉 이전에는 거대 서사를 사랑했지만 지금은 그것의 공허함을 깨닫고 다음 단계로 나아갔다는 것이다. 왠지 익숙한 반복구이다.

인간의 진보에 대한 서사는 우리 세계에 너무 깊이 매립되어버리는 바람에 어느 날 그에 대한 모든 신앙이 사라진다면 정말 놀라울 것이다. 그와 같은 매립은 일상의 많은 어휘 속에서 증명되는데, 일부 생각은 '진보적인 것'으로, 다른 것은 '퇴행적인 것'으로 묘사된다. 어떤 견해는 오늘날의 것이며, 다른 것은 명백히 중세적인 것으로 여겨진다. 어떤 사상가는 '시대를 앞서가는' 반면 다른 사람들은 여전히 이전 세기에 머물고 있다[는 것이다] 등.

하지만 비록 전면적 붕괴 여부가 쟁점은 아니지만 근대의 서사들이 18세기에 회자되기 시작한 이래 의문시되고, 도전받고, 공격받아온 것 또한 사실이다. 처음부터 진보의 목표 — 즉 인간의 일상적 행복 — 와 관련해 그것의 시시함, 무미건조함, 영감의 결여에 대한 이의제기가 존재했다. 일부 사람에게는 초월적 관점이 모두 제거된다는 사실만으로 그와 같은 목표를 부적절한 것으로 비난하기에 충분했다. 하지만 또한 열성적인 비신앙인이기도 했던 다른 사람들도 인간의 삶을 하향평준화해버리며, 예외적인 것, 영웅적인 것, 삶보다 큰 것을 위한 여지를 남기지 않는다며 그것을 비난했다. 진보는 평등, 최소공통분모 그리고 위대함과 희생과 자기초극의 종언을 의미했다. 니체는 우리 문화에서 그와 같은 공격노선을 가장 영향력 있는 방식으로 명확히 한 인물이었다.

또는 문명의 규율들은 삶에 의미를 부여했던 영감, 깊은 감정, 강한 정서를 제한하거나 부정하는 것으로 간주되었다. 그것들은 탈옥해야 할 감옥을 표상했다. 낭만주의 시대 이후 반복된 공격은 그와 같은 방향에서 비롯된 것이었다.

이 모든 공격을 관통하고 있는 것이 무의미함이라는 망령이다. 초월, 영웅주의, 깊은 감정을 부정한 결과 우리에겐 공허하고, 헌신을 고무할 수 없으며, 정말 가치 있는 것은 아무것도 제공하지 못하고, 우리가 육체를 바칠 수 있는 목표에 대한 갈망에 부응하지 못하는 인생관만 남게 되었다. 인간의 행복은 그것을 파괴하려는 힘들에 맞서 싸워야 할 때만 우리를 고무시킬 수 있다. 하지만 일단 실현되면 그것은 오직 권태밖에, 코스모적 지루함 밖에 불러일으키지 않을 것이다.

앞서 논한 대로 실제로 이 주제는 근대 특유의 것이다. 이전 시대라면 의미의 부재를 두려워한다는 것이 기묘하게 여겨졌을 것이다. 인간을 구원과 영벌 사이에 끼인 존재로 만든 것에 대해서라면 복수하는 신의 부정의와 잔혹함에 대해 항의할 수 있을지도 모르지만 [그렇게 해서] 중요한 쟁점이 하나도 남지 않은 것에 대해서는 그렇게 할 수 없을 것이다.

그와 같은 걱정이 근대를 어찌나 크게 구성하는지 일부 사상가는 의미-물음에 대해 그것이 제공하는 답에 종교의 본질이 있는 것으로 간주해왔을 정도이다. 앞서 논한 대로 나는 그와 같은 이론들은 중요한 측면에서 탈선했다고 믿는다. 그것들은 종교의 요점은 의미에 대한 인간의 요구를 해결해주는 데 있음을 함의하고 있다. 그와 같은 718
태도를 취하는 가운데 근대적 곤경을 절대화한다. 마치 거기서 얻어지는 견해가 사태의 최종 진리인 것처럼 말이다(그 밖에도 그것들은 일인칭 입장에서 충분히 이해할 수 없는 견해를 제시하고 있다). 그와 같은 식으로 어떤 의미에서 진보 서사의 분지를 구성한다. 하지만 그것들이 출발점으로 삼는 직관은 논란의 여지가 없다. 의미-물음이 우리 시대의 중심적 관심사이며, 무의미함의 위험이 우리 삶의 준거가 되고 있는 근대의 모든 서사를 취약하게 만든다는 것이다.

하지만 심지어 그와 같은 선천적 취약성은 별도로 하더라도 근대의 서사들은 19~20세기에 점점 더 커지는 회의와 공격에 직면했다. 부분적으로 문명의 실제 성취 — 산업에 의해 황폐화된 땅, 걷잡을 수 없는 자본주의, 대중사회, 생태환경 파괴 — 가 점점 더 의문시되기 시작했기 때문이다. 하지만 또한 계몽주의의 원래 목표가 점점 더 다른 변종으로 분열되기도 했다. 그것들은 어떤 때는 보다 이전의 비판에 대한 응답으로, 즉 개개인의 표현적 성취를 내포한 인간의 행복에 관한 해설로 등장했다. 또는 문명의 문제 많은 성취에 대한 응답으로 등장하기도 했는데, 자본주의에 의한 약탈을 극복하기를 바란 공산주의의 비전이 그것이다.

이 모든 것에 더해 이전에 존재한 몇 가지 질서 관념 — 존재의 대연쇄, 신과 인간의 구원사 등 계몽주의 시대에는 여전히 일정한 영향력을 갖고 있던 관념이 대부분의 힘을 잃었다. 낭만주의 시대의 시와 예술의 상당수는 오직 그와 같은 쇠퇴를 배경으로서 해서만 이해될 수 있을 것이다. 보다 오래된 질서 관념이 시적 언어에 일련의 참조점을,

그리고 회화에는 의미가 잘 알려진 광범위한 주제를 제공해왔다. 이제 그와 같은 참조점과 의미에 의존하는 예술적 언어는 약화되기 시작했다. 시는 공적으로 수용된 사물관을 참조하지 않고 조탁되는 "보다 섬세한 언어"[5]를 찾아 나섰다. 예술은 새로 정의된 주제를 찾아 나섰다. 10장에서 그와 같은 사태전개에 대해 기술한 바 있다.

하지만 믿을 만한 서사에 의해서도 또는 보다 이전의 다른 질서 관념에 의해서도 지원받지 못한다면 문명 속에서 이루어지는 일상적 삶의 규율화된, 상투화된 일은 고도로 문제적인 것이 된다. 한편으로 감옥처럼 작용해 우리를 무의미한 반복에 가두고, 의미의 원천이 될지도 모르는 것은 모두 분쇄하고 죽여버린다. 그와 같은 느낌은 낭만주의 시대 비평에서 이미 존재했지만 현대에 가까워질수록 그만큼 더 끈질기게 재발하게 된다.

또는 그처럼 상투화된 일 자체로는 우리 삶을 하나의 전체로 만들기에 충분하지 않을 수도 있다. 실업, 외적 요인에 의해 강요된 무직 상태, 훈련받을 능력이나 의지의 결여 등으로 인해 그것으로부터 쫓겨나거나 그것에 들어가는 것이 허용되지 않거나 그것 외부에 머물러 있기 때문이다. 하지만 그렇게 되면 나날의 시간적 형태 자체, 현재 순간에서의 시간의 국지적 형상이 사라질 위험에 처한다. 시간은 와해되고, 의미 있는 연결고리를 모두 잃고, 납덩이처럼 무겁거나 끝이 없게 된다.

그리고 또 다른 가능성은, 상투화된 일은 여전히 존재하지만 반복 가능한 개별적
719 행동의 연결을 통해 삶을 전체로 만들기에는 충분하지 않다. 삶의 전 기간에 통일성을 부여할 수 없을 것이다. 우리 삶을 우리 조상들과 자손들의 삶과 통일시키는 것은 두말할 필요 없이 말이다. 하지만 그것이 항상 반복 가능한 순환의 의미의 중요한 일부였다. 그것이 우리를 연속성 속에서 연결시키고, 그렇게 그것의 개별적 예시를 시간을 가로질러 보다 큰 단일한 패턴 속에서 하나로 짜 맞추었다.

나의 삶의 패턴과 주기=순환이 내게 의미와 타당성을 가진다는 것이 보통 의미하는 것의 일부는 그것들이 우리 조상들의 그것들이라는 것이다. 그와 같은 패턴은 질적

5 이 용어는 셸리 것이지만 워서먼에 의해 매우 흥미로운 방식으로 기능을 바꾸었다. 그의 저서 *The Subtler Language*(Baltimore: Johns Hopkins University Press, 1968)를 보라. '보다 섬세한 언어'라는 이 개념에 관한 보다 자세한 논의로는 앞의 저서의 10장 그리고 졸저, 『자아의 원천들』의 5부를 보라.

으로 동일하다는 의미에서 그들의 것과 같다. 하지만 그것뿐만 아니라 조상들의 것과 연속적이며, 동일한 이야기의 일부를 구성한다. 그것을 내게 전해준 것이 그들의 삶의 패턴의 일부였다. 그리고 그것의 재-연을 통해 그들에게 경의를 표하고, 나아가 그것을 추체험하면서 그들을 떠올리고, 그것을 후세에 전하는 것이 내 삶의 패턴의 일부를 이룬다. 그처럼 다양한 상연은 비연속적이지 않다. 그것들은 연결한다. 다양한 것을 중단 없는 이야기 속으로 끌어 모은다.

반복 가능한 삶의 순환이 시간을 넘어 계속 이어져 연속성을 낳는 것이 유의미한 삶의 본질적 조건 중 하나이다. 바로 그와 같은 종류의 연결이 전에는 영원한 것 속으로 시간들을 모두는 방식들에 의해 보장되었다. 그것이 또한 후일에는 인간의 자기실현에 관한 근대의 강력한 서사에 의해 제공되듯이 말이다. 하지만 그와 같은 서사의 신뢰성과 힘이 약해지면 삶의 통일성이 위협받는다.

지금 사후에야 비로소 우리는 통일성 상실과 무의미함이라는 위협은 순수하게 세속적인 시간으로, 즉 보다 고차적인 시간과의 연결을 갖지 않으며, 적어도 인간적 관심사와 관련된 한 '동질적이고 공허한' 것으로 기술될 수 있는 우주적 시간을 배경으로 진행되는 삶으로 향하는 최초의 행보 속에 함축되어 있었다고 주장할 수 있을 것이다. 하지만 보다 이전 견해들의 잔여적 힘, 강력한 서사의 힘이 그것을 오랫동안 보류시켜 온 것은 분명하다. 일종의 시간의식의 위기에 관한 모종의 자각을 보기 시작한 것은 19세기 중반 경으로, 물론 오직 예술적·문화적 엘리트 사이에서만 찾아볼 수 있었다.

내가 방금 전에 언급한 세 가지 양식에서 그것을 볼 수 있다. 상투화된 일 안에 갇힌다는 감각은 철창이라는 베버의 위대한 이미지에 의해 구체적으로 형상화되고 있다. 그것은 통속적인 것, '일상적인alltäglich' 것에의 일종의 수감이다(실제로 카리스마의 '일상화Veralltäglichung'라는 베버 용어는 '카리스마의 상투화routinization'로 영역된다).[6]

일상적 시간의 분해라는 감각 또는 그것이 일종의 납덩이같은 무한(성) 속으로 굳어지는 사태는 보들레르에 의해 감동적으로 구체적으로 포착되었다. 그것이 그가 '우수spleen', '권태ennui'라고 부르는 것의 본질이다.

6 이 주제와 관련해 베버 그리고 다른 저자들에 관한 극히 흥미 있는 탐구로는 아래 글을 참조하라. Eyal Chowers, *The Modern Self in the Labyrinth*(Cambridge, Mass.: Harvard University Press, 2004).

마지막으로 프루스트보다 더 빼어나게 시간을 가로지르는 연결의 상실을 명확하게 형상화한 사람도 없지만 그는 또한 그것을 복원하기 위한 새로운 경험-내재적 방법의 발명자이기도 했다. 세속적 시간의 세계, 즉 보다 고차적인 시간에 관한 보다 오래된 의식이 후퇴한 세계 속에 사는 것은 시간과 기억에 대한 새로운 지각 방식이 성장하는 것을 허용, 실로 자극했다. 그와 같은 지각 가능성을 가장 인상적으로 보여주는 것 중 하나가 『잃어버린 시간을 찾아서』에서 우리 눈앞에서 펼쳐졌다. 이 작품은 그처럼 새로운 감각을 명확히 할 수 있는 '보다 섬세한' 언어를 창조하기 위해 쓰여졌다. 그가 우리
720 에게 보여주는 것은 세속적 시간의 흐름 속에서 살아가는 근대적 삶의 감수성으로 만들어지는 보다 고차적인 시간-감각이었다. 공간적으로 멀리 떨어진 순간 간의 연결은 존재의 질서나 성스러운 역사에 의해 매개되지 않는다. 그것은 마들렌 과자나 고르지 못한 포석鋪石 같은 평범한 감각적 경험 속에 나타나게 되어 있다.

앞의 세 차원에서의 상실 감각을 통해 규율훈련에 기반한 문명 질서의 객관화된 원천으로서의 시간 아래 또는 그것을 넘어 시간을 재발견할 필요가 있음이 명확해진다. 시간-체험을 통해 철창을 깨고 나오거나 권태의 세계를 변양시키거나 잃어버린 시간과 재접속하는 방법을 찾을 수 있을 것이다.

작가들이 상실에 대해 탐구하며 변양 가능성을 모색하는 한편 철학은 주저주저하면서나마, 처음에는 베르그송과 함께, 나중에는 하이데거와 함께 시간-체험을 주제화하기 시작했다.

15

4. 앞서 열거한 가능성들은 단지 근대적 시간-체험이 보다 고차적인 시간의 후퇴에 대응하는 몇 가지 방법에 불과하다. 그것들을 모두 열거하려면 근현대문화에 대한 훨씬 더 광범위한 연구, 특히 죽음에 대한 태도 연구가 필요할 것이다. 하지만 전체적으로 볼 때 아마 그것들은 인간 존재 속에 존재하는 '영원에의 욕망', 즉 여기저기 흩어진 의미의 순간을 하나로 모두어 모종의 전체로 만들려는 욕망에 대해 말할 수 있는 계기

가 되어줄 것이다.[7] 그리고 죽음에 직면할 때 아마 그와 같은 욕망은 또한 또 다른 방법으로 출현할 것이다.

일상적 삶, 특히 우리의 사랑의 관계의 보다 고차적인 의미-감각을 유지하는 것을 매우 어렵게 하는 것 중 하나가 죽음이다. 단지 그와 같은 관계가 우리에게 매우 중요하며, 따라서 파트너가 죽을 때 삶에 견디기 어려운 슬픔의 구멍이 뚫리기 때문만은 아니다. 또한 다름 아니라 너무나 중요해 영원을 요구하는 것처럼 보이기 때문이기도 하다. 깊은 사랑은 삶의 부침에 맞서 이미 존재하며, 다툼, 변덕, 오해, 분개 같은 결렬과 이산에도 불구하고 과거와 현재를 연결시키려고 애쓴다. 모두어온 시간에 참여하는 것은 사랑의 본성 자체에 속한다. 그렇기 때문에 죽음은 패배, 모두어지지 않은 채인 궁극의 이산처럼 보일 수 있을 것이다.

[『차라투스트라』의 「두 번째 춤의 노래」 장에 나오는 대로] '모든 쾌락은 영원하려고 한다Alle Lust will Ewigkeit.' 나는 니체의 이 유명한 말을 '이렇게 즐겁게 보내고 있으니 멈추지 말자'는 의미가 오히려 '이 사랑은 본성상 영원을 요구한다'는 의미로 해석한다.

오늘날 죽음의 현저한 특징, 죽음을 둘러싼 주요 드라마가 사랑하는 이와의 이별임은 의미심장하다. 아리에스는 항상 그랬던 것은 아님을 보여준다. 중세 말과 근대 초에는 죽어가는 사람이 곧 직면하게 될 심판이 중차대한 문제였다. 그리고 이전 시대에 망자는 아직도 어떤 의미에서 여전히 산자들과의 일종의 공동체에 속해 있었다. 이 의미에서 그는 앞의 다양한 시대를 '우리의 죽음la mort de nous', '나의 죽음la mort de moi', '너의 죽음la mort de toi'이라는 제목으로 구별한다.[8]

다름 아니라 지옥이 쇠퇴했기 때문에, 하지만 애정 관계가 우리 삶의 의미에 중심 721
적이기 때문에 우리는 '너의 죽음'에 대해 더없이 큰 고통을 느낀다.

현재 영생이라는 기독교적 또는 일반적인 종교적 관념을 둘러싸고 이루어지고 있는 많은 무신론적 논의는 암묵적으로 영생에 대한 바람을 현실로 간주하는 것이 미숙한 태도의 한 측면이고, 성숙함이란 그것을 버리는 것이라는 말로 귀결된다. 죽음은 최

7 '영원에의 욕망'은 밀론-델솔이 *Esprit*, no. 233, June 1997, p. 45에서 사용한 표현이다.
8 아리에스, 고선일 역, 『죽음 앞의 인간』, 새물결출판사.

종적인 것이다(〈프랑스혁명〉기의 한 비기독교도 말을 빌리자면 '영원한 잠'이다). 현세에 주목하고, 우리 세계를 인간에게 살 만한 곳으로 만들기 위해서는 그와 같은 인식에서 출발해야 한다.

그처럼 경멸적인 태도는 종종 영원에 대한 우리의 욕망은 단지 우리 삶이 멈추지 않고 계속되기를 바라는 바람을 의미할 뿐이라는 입장에서 출발한다. 에피쿠로스학파의 유명한 추론이 진정시키려고 하는 것이 바로 그와 같은 종류의 욕망이다. 이 문제를 의식하고 있는 한 당신은 살아 있다. 죽으면 그것은 더 이상 당신에게 문제가 아니라는 것이다. 하지만 죽음의 부정적 측면에 대한 그와 같은 이해에는 어딘가 피상적인 데가 있다.

순간적인 것으로서의 행복을 모든 의미로부터 분리할 수 있다면 우리는 금방이라도 어떤 멋진 순간을 즐기고, 또 나중에 올 어떤 멋진 순간으로 건너갈 수 있을 것이다. 마치 맛있는 식사를 즐기는 것과 같다. 아마 옛날에는 다른 종류의 요리가 존재했을 것이다. 지금 우리는 그것이 지나가버린 것을 약간은 아쉬워할 것이다. 하지만 맛있는 음식이라면 지금도 있다. 그러니 배불리 먹도록 하자.

그러나 바로 그것이 문제다. 가장 깊고, 가장 강력한 종류의 행복은 심지어 순간적인 것조차 의미-감각 속에 잠겨버린다. 그리고 의미는 모종의 종언에 의해 부정되는 것 같다. 죽음을 둘러싼 최대의 위기가 사랑하는 누군가의 죽음에서 오는 것은 이 때문이다.

모든 쾌락은 영원하려고 한다. 단지 모든 즐거운 경험에서처럼 그것이 계속 이어지길 바라기 때문이어서만이 아니라 오히려 모든 기쁨은 지속되지 않으면 의미의 일부를 잃어버리기 때문에 영원을 위해 노력하는 것이다.

그리고 함께한 삶을 되돌아볼 때 그처럼 행복했던 순간, 아무 걱정 없이 한 여행은 다른 지나간 세월과 다른 여행에 관한 의식에 젖어 들며, 그것들은 현재 속에 살아나는 것처럼 보인다. 그것은 거대한 회귀, 진정한 '영원회귀ewige Wiederkehr'이다. 단지 비슷한 것의 재발만이 아니라 해당 순간의 기저에 놓인 것의 회귀이다. 그것이 프루스트가 도달하려 하는 것처럼 보이는 것으로, 단지 영원히 잃어버린 것을 떠올리는 것만이 아니다.

하지만 심지어 단순히 기억 속에 유지하는 것만으로도 시간을 살아 있도록 만드는 것에 가까워진다. 그것에 대해 글로 쓰고 그것을 예술로 파악할 수 있다면 심지어 한층 더 그럴 것이다. 예술은 모종의 형태의 영원을 갈망한다. 미래의 시대들에게 말할 수 있기를 갈망한다. 하지만 또한 영원과 관련해 그보다 못한 양식 또는 대체물이 존재한다. 우리는 씨족과 부족, 사회, 삶의 방식을 영원한 것으로 만들 수 있을 것이다. 그리고 당신의 사랑과 그것에서 태어난 아이들은 그와 같은 연쇄 속에 자리를 차지하고 있다. 해당 부족이나 삶의 방식을 보존하거나 또는 보다 낫게는 향상시켜온 한 그것을 후세에 전하게 된다. 그와 같은 식으로 의미가 지속된다.

그것은 기쁨이 어떻게 영원을 얻기 위해 노력하는지를 단적으로 보여준다. 비록 가용한 모든 것이 보다 열등한 형태의 것이더라도 말이다. 그리고 심지어 우리에게 가장 큰 의미를 가진 특수한 사태가 우리가 초래하는 전반적 결과 속에서 점차 상실되면서 722
고도로 개별화된 우리 근대인에게 매우 중요한 것이 빠지더라도 말이다. 그리고 물론 그와 같은 영원은 정말로 잊혀진 사람들 또는 흔적을 남기지 못한 사람들, 단죄되고 배제된 사람들은 보존할 수 없을 것이다. 은혜를 느끼는 후세라는 그와 같은 '영원' 속에 일반적 부활은 존재하지 않는다. 그것이 벤야민을 괴롭힌 문제, 즉 역사 속에서 짓밟힌 사람들을 구원할 미완의 필요였다.

그런데 이 모든 것이 신앙의 전망이 옳음을 보여주는 것은 아니다. 다만 영원에의 욕망은 통상 그려지는 것과 달리 사소하거나 유치한 것이 아님을 보여줄 뿐이다. 에피쿠로스학파의 대답은 '나의 죽음'(의 몇몇 측면)에 대처하는 것이지 결코 '너의 죽음' 또는 의미의 죽음에 대처하는 것이 아니다.

그래서 어쨌단 말인가? 그것이 진지하고, 진정시키기 어려운 소망임은 그저 명석한 무신론자가 되려면 심지어 얼마나 많은 용기가 필요한지만을 보여주지 않는가? 아마 그렇겠지만 그것은 또한 영원에의 욕망이 얼마나 니체적 용어로 표현되며, 부정적 방식으로 즉 죽음은 의미의 기반을 약화시킨다는 말로 정식화될 수 있는 윤리적 통찰을 반영하는지를 보여주기도 한다. 이 점을 망각할 때 중요한 것이 사라진다. 결국 여기에는 일종의 교차압력이 존재하는 셈이다.

죽음과 의미 간의 그와 같은 연관성이 오늘날 우리가 이해하는 바의 인간의 삶에 대한 논의에서 종종 거론되는 두 가지 특징 속에 반영되고 있다. 첫 번째 특징은 죽음에 직면해 자기 삶이 곧 끝날 것임을 깨닫는 것이 그때까지 무엇을 위해 살아왔느냐는 문제로 예리해질 수 있는 방식과 관련되어 있다. 이 모든 것의 요점은 무엇일까? 다시 말해 죽음은 의미-물음을 가장 예리한 방식으로 제기할 수 있을 것이다. 그것이 본래적 실존은 '죽음을 향한 존재Sein-zum-Tode'라는 태도를 함축한다는 하이데거 주장의 배경에 놓여 있다.

두 번째 특징은 유족이나 뒤에 남겨진 사람들이 (어쩔 수 없이) 고인을 떠나보내면서도 그와 함께 쌓아온 의미를 고수하기 위해 열심히 애쓰는 방식에서 찾을 수 있다. 바로 그것이 장례식이 항상 하려고 해온 것이었다. — 그 밖의 다른 어떤 목표를 위해 그것이 치러져왔건 말이다. 그리고 그것을 행하는 핵심적인 방식은 심지어 죽은 상태라도 해당되는 사람을 영원한 것이나 최소한 현재 계속되고 있는 것에 연결시키는 것이므로 영원한 것의 의미가 붕괴되면 공허함, 일종의 위기가 발생하게 된다. 오늘날 우리가 보고 있는 것이 바로 그것이다. '확실하고 분명한 부활의 희망 속에서' 영생이 죽은 사람을 기다리리라는 전망은 가까운 사람들에 의해 부정되거나 아니면 일종의 불확실성 속에서 유보된다. 하지만 그렇다고 현재 계속되고 있는 현실의 다른 측면이 고인과 애도자에게 크게 의미가 있거나 하지 않을 수도 있을 것이다. 가령 고인이 정치인인 경우 현재 계속되고 있는 정치사회는 그에게 분명히 그럴 것이다. 타계한 촌장에게는 마을이 계속 이어지는 것이 그럴 것이다. 하지만 많은 사람이 그와 같은 방식으로 그와 같은 사회적 수준과 연결되었던 것은 아니다. 그들은 상대적으로 알려지지 않은 삶을 살았고, 본인들이 사회와 그리 긴밀하게 연결되어 있다고 느끼지 않았다. 우리가 현재 계속되고 있는 현실의 어디에 달라붙을 수 있는지가 분명하지 않다.

723 그와 같은 상황 속에는 공허함과 깊은 당혹감이 존재한다. 하지만 동시에 휴지부를 표시하고, 죽음을 위해 우리의 가장 강한 감정에 호소하는 의례를 찾는 것은 극히 어려워지고 있다. 페리는 오늘날의 "장례의 진부함banalité du deuil"9에 대해 말한다. 우리는

9 Luc Ferry, *L'Homme-Dieu ou Le sens de la vie*(Paris: Grasset, 1996), p. 12.

장례식장에서 너무 자주 불편함을 느낀다. 유족에게 뭐라고 말해야 할지 모른다. 가능하다면 문제를 피하고 싶은 유혹에 종종 빠진다. 그리고 동시에 심지어 평소에는 종교를 실천하지 않는 사람조차 종교적 장례에 의지한다. 아마 비록 자기가 진짜 믿고 있는지는 본인도 확신하지 못하지만 적어도 영원에 대한 요구에 적합한 말이 거기 있기 때문일 것이다.

드네플은 프랑스의 비신앙인 연구에서 '신조' 중 그들이 따르기 가장 어려운 점은 사후에 삶이 존재하지 않는다는 생각이라고 지적했다. 그녀가 조사 대상으로 삼은 샘플 중 절반은 그것을 받아들이지 못하며, 1/4은 무언가가 사후에도 계속된다는 신조를 표명하고, 나머지 1/4은 시류에 따라 의견을 바꾸고 있다. 그들 모두에게 가장 괴로운 것은 사랑하는 사람의 죽음이다.[10]

우리는 죽음을 어떻게 다루어야 할지를 모르며, 따라서 죽음에 대해서는 가능한 한 오랫동안 무시한다. 우리는 삶에 집중한다. 죽어가는 사람은 사랑하는 사람들에게 자기 처지에 대한 부담을 떠넘기기를 원치 않는다. 설령 원하더라도, 심지어 지금 직면하고 있는 죽음이 무슨 의미인지를 말하고 싶어 못 견딜 지경이더라도 말이다. 의사와 그 밖의 다른 사람들은 죽음을 다루는 것에 대한 본인의 저항감을 환자에게 투사하기 때문에 그와 같은 욕구를 헤아리지 못한다. 죽어가는 사람은 종종 사랑하는 사람들에게 자기 일로 크게 떠들지 말고, 장례도 치르지 말고 그저 화장만 하고 앞일을 걱정하라고 당부할 것이다. 마치 죽음을 피하고 싶은 유족의 마음과 결탁해 그들에게 호의를 베풀기라도 하듯이 말이다. 죽어가는 자와 유족 모두에게 부드럽게, 가능한 한 최대한 아픔이 없도록 모든 일이 매끄럽게 지나가도록 하는 것이 목표가 될 수 있을 텐데, 영화 〈야만적 침략*Les Invasions Barbares*〉에서 (얼마간의 상반된 감정과 함께) 이상적인 모습으로 그려지는 것이 그것이다. 그에 대한 대가로 의미-물음 자체가 부정된다. 그것은 어쨌건 결코 완전히 억압될 수 없을 것이다.

그처럼 매우 당혹스럽고 곤혹스러운 기피 속에서 그럼에도 불구하고 죽음과 의미 간의 깊은 연결고리가 드러난다.

10 Sylvette Denèfle, *Sociologie de la Sécularisation*(Paris: L'Harmattan, 1997), 7장.

앞서 언급한 죽음과 의미 간의 다른 연관성으로 돌아가자. 즉 죽음, 특히 죽음의 순간은 삶의 의미를 파악하기 위한 특권적 자리라는 개념이 그것이다. 죽음은 삶의 혼란과 분열을 넘어서 모든 것을 새롭게 바라볼 수 있는 좋은 지점을 제공해줄 수 있을 것이다.

의미의 필요, 영원에의 욕망은 인간적 영역의 경계선 쪽으로 우리를 밀어붙일 수 있을 것이다. 하지만 죽음은 또 다른 방식으로 이 영역 안에 감금된 상태에서 벗어나 바깥 공기를 마실 수 있는 방법을 제공해줄 수 있을 것이다.

19세기의 비신앙의 세계 내부에서 성장한 사유와 감수성의 계보를 살펴보면 그것을 볼 수 있을 것이다. 그것은 어떤 의미에서는 계몽주의의 몇몇 핵심 가치에 대한 공격을, 하지만 내부에서의 공격을 대표한다. 그것이 내가 위에서 '내재적 반항'이라고 묘사한 것이다.

724 말하자면 그것은 비신앙 내부로부터의, 삶의 우위에 맞선 반항이다. 그와 같은 반항은 이제 초월적인 것의 이름으로 이루어지는 것이 아니라 실제로 보다 그저 그와 같은 우위의 승인에 의해 우리가 갇히고 작아지고 있다는 감각에서 나오게 된다.

그리고 상술한 대로 그와 같은 반항의 핵심 주제 중 하나는 인간의 삶에서 죽음이 차지하는 중심성의 재발견이었다.

그와 같은 이행을 대표하는 패러다임적 인물은 말라르메이다. 고답파 선배들과 마찬가지로 그는 이상, 미의 탐구를, 삶을 외면하는 것과 동일시했다.

> 이렇게 행복 속에 파묻혀 오직 식욕으로만 밥을 먹고
> ……
> 모진 마음의 인간에게 역겨움 지울 수 없어
>
> 나는 도망친다. 그리고 누구나 삶에 등을 돌리는
> 모든 창에 매달리고 싶다. 그리고 축복받아
> 무한의 순결한 아침이 금빛으로 물들이고,
> 영원한 이슬에 씻긴 창유리에

나를 비추니, 나는 천사이어라! 그리고 나는 죽으니,
— 유리가 예술이건 신비로움이건 —
내 꿈을 왕관으로 쓰고, 다시 태어나고 싶다.
미가 꽃피는 전생의 하늘에!(「창문」, 21~32행).

Ainsi, pris du dégoût de l'homme à l'âme dure
Vautré dans le bonheur, où ses seuls appétits
Mangent. ……
Je fuis et je m'accroche à toutes les croisées
D'où l'on tourne l'épaule à la vie, et béni,
Dans leur verre, lavé d'éternelles rosées,
Que dore le matin chaste de l'Infini.

Je me mire et me vois ange! et je meurs, et j'aime
— Que la vitre soit l'art, soit la mysticité —
A renaître, portant mon rêve en diadème,
Au ciel antérieur où fleurit la Beauté![11]

이 초기 시에서 단순한 삶에 대한 그와 같은 불만의 보다 초기의 종교적 원천을 여전히 엿볼 수 있다. 상이한 형태로 반복해서 환기되는 창문의 이미지는 우주를 보다 저차적인 것과 보다 고차적인 것으로 분할한다. 보다 저차적인 것은 병원에 비유되며, 삶은 일종의 부패이다. 하지만 윗부분에는 강이 있고 하늘이 있다. 그리고 그와 같은 모습을 환기시키는 이미지들, 즉 무한, 천사, 신비는 종교 전통의 공명음으로 아직도 채워져 있다.

11 『시집』, 황현산 역, 「창」, 문학과 지성사, 58페이지.

725 하지만 나중에, 위기를 겪은 후 말라르메는 유물론적 세계관 같은 것을 드러내기 시작했다. 모든 것의 밑바닥에는 무, 공허밖에 보이지 않는다. 하지만 그렇더라도 시인의 사명은 고고하다. 심지어 근원의, 완전한 언어라는 낭만주의적 전통에서 차용한 용어로 그것에 대해 말하려고까지 할 것이다(시는 말라르메가 고갱과 관련해 말하듯이 '대지에 대한 오르페우스적 해명l'explication orphique de la Terre'과 관련된 것이다).

신앙 측면에서 말라르메는 계몽주의에, 그것도 심지어 상당히 극단적인 유물론적 독법에 동조해왔다. 하지만 인간 존재의 의미라는 측면에서는 그보다 더 계몽주의로부터 멀리 떨어져 있는 사람도 있을 수 없었다. 삶의 우위는 단호히 거부되고, 그것을 다룰 때는 격한 반감이 느껴졌다. 그때 나타나는 것은 죽음의 반反-우위 같은 것이다.

그에게 시의 사명의 실현, 즉 순화된 언어의 획득은 본질적으로 시인의 죽음과 같은 것을 포함하고 있음이 분명하다. 시의 사명은 분명히 모든 개별성을 극복하는 데서 실현되지만 그와 같은 과정은 오직 실제 죽음에서만 완성되는 것 같다. — "마침내 영원이 그를 자기 자신으로 바꾸어놓는 그런Tel qu'en lui-même enfin l'éternité le change"[「에드거 포의 무덤」, 1행(112페이지)] 죽음 속에서 말이다.

> 이 긴 고통의 시간 동안 그것에 대거리하느라 제 존재가 겪은 모든 것은 이루 다 헤아릴 수 없지만 다행히 저는 완전히 죽었고, 제 영혼이 모험을 떠날 수 있는 가장 불순한 영역은 영원입니다. — 나의 영혼, 심지어 시간의 반영에 의해서도 더 이상 가려지지 않는 자신의 순수함 속에 터 잡은 은둔자Tout ce que, par contre coup, mon être a souffert, pendant cette longue agonie, est inénarrable, mais heureusement je suis parfaitement mort, et la région la plus impure où mon Esprit puisse s'aventurer est l'Éternité, mon Esprit, ce Solitaire habituel de sa propre Pureté, que n'obscurcit plus même le reflet du Temps.[12]

그는 부재를 노래한 근대 최초의 위대한 시인이 되었고('폐기된 골동품, 소라껍질도

12 1867년 5월 14일, 카잘스Henri Cazalis에게 보낸 편지. 지금은 *Correspondance Mallarmé 1862-1871*(Paris: Gallimard, 1959), p. 240에 실려 있다.

없다.aboli bibelot d'inanité sonore"), 이 점에서 엘리엇과 첼란을 포함한 다음 사람들이 뒤를 잇는다. 분명히 대상의 부재('빈 객실의 장식장 위에는 공허하게 울리는Sur les crédences, au salon vide: nul ptyx')이지만 그것은 오직 주체의 부재, 어떤 의미에서의 주체의 죽음을 통해서만 충족될 수 있는 것이다("무가 자랑하는 이 물건만 갖고/주인이 지옥의 강으로 눈물을 길러 갔기에.Car le Maître est allé puiser des pleurs au Styx/Avec ce seul objet dont le Néant s'honore."[13]). 보다 이전의 종교 전통과의 기묘한 병행 관계가 생기지만 초월성의 부정이라는 틀 내부에 머문다.

죽음과 죽음의 순간은 종교 전통에서 지워지기 어려운 자리를 차지한다. 기독교에서는 모든 것의 포기, 자아 자체의 포기로서의 죽음을 논한다. 따라서 죽음의 시간은 결정적 순간이다('지금 그리고 우리가 죽음을 맞이할 때 우리를 위해 기도해주십시오'). 대
부분의 불교 전통에서도 죽음은 중요한 지위를 갖고 있다. 기독교 용어로 말하자면, 사 726
람이 모든 것을 내려놓는 곳, 즉 죽음의 자리는 신과 최대한 합일하는 곳이다. 따라서 죽음은 역설적으로 가장 풍요로운 삶의 원천이다.[14]

그와 같은 새로운 포스트-말라르메적 전망에서 죽음의 자리는 새로운 패러다임적 지위를 얻는다. 기독교적 역설은 사라진다. 즉 죽음은 더 이상 삶의 원천이 아니다. 하지만 그리하여 새로운 역설이 생기게 된다. 초월이, 즉 삶을 넘어선 삶이라는 의미에서 개화번영을 넘어선 것으로 새롭게 긍정되는 것처럼 보이기 때문이다. 하지만 동시에 앞의 의미가 부정되는데, 왜냐하면 그것은 현실의 본성 속에 전혀 닻을 내리고 있지 않기 때문이다. 현실에서 그것을 찾아 헤매도 단지 무에 부딪힐 뿐이다.

그와 같은 역설적 생각 — 내재적 초월이라고 부를 수 있을 것이다 — 이 내재적 반계몽주의의 주요 주제 중 하나이다. 죽음은 어떤 의미에서 특권적 관점, 삶을 모두어 들이는 패러다임적 회집점을 제공한다. 그와 같은 생각은 우리 문화에서 재삼재사 되풀이되는데, 반드시 말라르메에게서 유래한 것은 아니다. 앞서 언급한 하이데거의 '죽음을 향한 존재'는 유명한 예인데, 다소 다른 형태로 사르트르, 카뮈, 푸코에 의해서도

13 『시집』, 「제 순결한 손들이 그들 줄마노를」, 111페이지.

14 아래 20장에서 이루어지는 홉킨스에 대한 논의를 보라.

다루어졌으며, 또 '인간의 죽음'의 유행에도 반항을 남겼다. 심지어 '주체의 죽음'에 대해 이야기하는 변종도 있는데, 거기서는 특정한 종교적 견해 — 아마 가장 명백하게는 불교 — 와의 역설적 친근성을 분명하게 확인할 수 있다.

삶의 우위와 관련해 그 외에도 그것과 복잡하게 뒤엉켜 있는 다른 종류의 반항도 존재하는데, 그것에 대해서는 앞서 ('보다 섬세한 언어'를 표제어로) 자세히 살펴본 바 있다. 그것의 가장 영향력 있는 제창자는 의문의 여지없이 니체였다. 우리 시대의 가장 중요한 반휴머니즘 사상가 — 가령 푸코, 데리다, 그들 배후에 있는 바타이유 — 가 모두 니체에게 많은 것을 기대고 있는 것은 의미심장하다.

16

하지만 여기서 이 주제를 더 이상 추적하고 싶지는 않다. 그것에 대해서는 다른 곳에서 보다 길게 논한 바 있다.[15] 앞의 몇 페이지에서 지금까지 이루어진 논의에서 나의 목표는 우리의 근대문화가 인간적 영역의 장벽을 앞에 두고 불안감을 느끼는 몇 가지 방법을 꼽아보는 것이었다. 나는 아래의 것을 언급했다. 즉 의미 탐구, 자연 및 예술과의 접촉을 통한 삶의 감각의 심화, 사랑의 유의의성의 부정으로서의 죽음, 하지만 또한 삶의 한계를 벗어나 삶이 의미를 드러내는 지고의 우월적 조망점에 도달하는 것으로서의 죽음이 그것이다.

앞서 나는 신앙과 배타적 휴머니즘 모두 다루어야 할 일련의 딜레마와 요구에 대해 다루었다. 그와 같은 요구는 아래 것을 포함한다. 즉 인권과 행복에 대한 우리의 매우 강력한 보편적 책무에 부합해 살 수 있도록 해주는 도덕적 원천을 찾아내는 것. 그리고 폭력으로의 일탈 — '보다 고차적인' 형태의 삶에서는 단호히 물리쳐야 하지만 묘하게도, 종종 누구도 눈치 채지 못하는 가운데 돌아온다 — 을 피할 수 있는 방법을 찾아내는 것이 그것이다. 신앙과 배타적 휴머니즘 중 어느 한쪽이 결여한 대답을 다른 한쪽이

15 아래 글을 보라: "The Immanent Counter-Enlightenment", in Ronald Beiner and Wayne Norman, eds., *Canadian Political Philosophy*(Don Mills, ON/New York: Oxford University Press, 2001), pp. 386-400.

명백히 소유하고 있기보다는 오히려 양쪽 모두 동일한 문제에 직면해 일정한 어려움을 겪고 있음을 발견할 수 있다. 727

성찰이 깊어질수록 초월론적인 것이건 내재주의적인 것이건 양쪽 모두의 '해석의 부여'가 가진 안일한 확실성의 토대는 그만큼 더 철저하게 무너진다.

우리가 완강하게 고수하는 입장에 대해 압력이 가해지는 다른 많은 지점을 지적할 수도 있었을 것이다. 하지만 아래의 기본적인 생각이 납득이 가는 방식으로 제시되었길 바란다. 즉 현재의 다양하게 분열된 표현주의적 문화는 포스트-뒤르케임적 이해를 증진시킴으로써 신앙에 매우 비우호적인 것처럼 보인다. 우리 세계는 이념적으로 파편화되어 있으며, '노바' 효과가 표현적 개인주의에 의해 증폭됨에 따라 각자가 취할 수 있는 입장의 범위가 증가하고 있다. 인간적 영역의 경계 내에 머무르려는 또는 적어도 일부러 그것을 넘어 탐구하지는 않으려는 강한 인센티브가 존재한다. 초월에 관한 몇몇 위대한 언어의 이해 수준이 떨어지고 있다. 이 점에서 무수한 것이 망각 속에 빠지고 있다. 소비문화에 의해 정의된 행복의 개인적 추구가 우리의 시간과 에너지를 대부분 여전히 흡수하고 있다. 또는 가난과 해고, 무능력 때문에 행복의 그와 같은 추구에서 배제될지도 모르는 위협이 온갖 노력을 경주할 것을 닦달하고 있다.

이 모든 것이 진실이지만 그것 이상의 무엇이 존재한다는 느낌이 마음속으로 밀고 들어오고 있다. 매우 많은 사람이 그것을 느끼고 있다. 삶에 대해 반성하는 순간에, 자연 속에서 휴식을 취하는 순간에, 사별과 상실의 순간에. 그리고 그것은 상당히 거칠고 예측할 수 없는 방식으로 느껴진다. 우리 시대는 비신앙 속에 편안하게 자리 잡고 있는 것과는 한참 거리가 멀다. 비록 많은 개인이 그렇게 하며, 보다 많은 사람이 여전히 겉으로는 그렇게 하고 있는 것처럼 보이지만 불안감은 계속 나타나고 있다. 그렇지 않았을 수도 있었을까?

세속의 시대는 조현병적[분열증적]이다. 또는 보다 정확하게 말하면, 깊이 교차압력아래 놓여 있다. 사람들은 종교로부터 안전한 거리를 두고 있는 것 같다. 하지만 마더 테레사 같은 헌신적 신도가 존재함을 알고 크게 감동한다. 비오 12세를 혐오하는데 꽤 익숙해 있던 비신앙 세계는 요한 23세의 등장에는 깜짝 놀랐다. 교황이 그저 한 명의 기독교도 같은 인상을 주는 것만으로도 옛날부터의 많은 저항감을 녹이기에 충분했다.

그것에 대해 한번 생각해볼 필요가 있다Il fallait y penser. 마치 신앙을 따를 마음이 없던 많은 사람이 그럼에도 불구하고 앞서 살펴본 대로 그리스도의 메시지를 듣고, 그것이 공개적으로 선언되기를 바랐던 것 같다. 이전 교황에 대한 반응을 보면 그것이 역설임은 명백하다. 요한 바오로 1세가 전 세계 곳곳을 누비며 사랑과 세계평화, 또 국제 규모의 경제 정의에 관해 행한 전도는 많은 사람에게 감동을 주었다. 그와 같은 것들이 이야기되고 있는 것에 사람들은 감격한다. 하지만 심지어 그의 찬양자 중 많은 가톨릭교도조차 교황의 모든 도덕적 명령을 따라야 한다고는 느끼지 않는다. 그리고 표현적인, 포스트-뒤르케임적 세계에서 그것은 모순이 아니다. 그것은 완전히 말이 된다.

이 정도로 우리 시대의 신앙의 조건은 이상하고 복잡하다.

20

회심 728

1

앞 장에서 나는 주로 비신앙의 여러 입장 그리고 그것들의 종교 비판에 대한 검토를 통해 현대의 논쟁을 묘사하려고 시도했다. 그러나 여기서는 그와 같은 논쟁을 또 다른 각도에서 관찰해 내재적 틀을 깨고 나온 몇몇 사람을 간략하게 살펴보고 싶다. 즉 모종의 '회심'을 겪은 사람이 그들이다.

몇몇 경우 사람들은 1장에서 인용한 그리피스처럼 일종의 자가-증명적self-authenticating, '현현적'이라고도 할 수 있는 경험을 겪는다. 그와 같은 종류의 경험의 또 다른 예는 하벨에게서 발견된다.

> 헤르마니스교도소에서 보낸 저 먼 옛날의 순간이 다시 한 번 떠오른다. 구름 한 점 없는 어느 무더운 여름날이었다. 나는 녹슨 쇠 더미 위에 앉아 어마어마한 크기의 나무 꼭대기를 물끄러미 바라보았다. 나무는 당당하게 부동의 자세로 온갖 펜스, 철선, 격자, 감시탑의 위와 아래로 가지를 늘어뜨리고 있었는데, 그것들이 나를 나무와 분리시키고 있었다. 끝없이 펼쳐진 하늘을 배경으로 나뭇잎들이 희미하게 떨리는 것을 보았을 때 나는 뭐라고 형언하기 어려운

> 느낌에 점점 더 사로잡혔다. 돌연 나는 그와 같은 순간 내가 존재하는 세계의 모든 좌표를 넘어 일종의 시간-바깥의 상태에, 즉 지금까지 내가 보고 경험해온 모든 아름다운 것이 완전히 '공-현재하는' 상태에 이른 것처럼 보였다. 지금 그와 같은 순간 나에게 드러나고 있는 바대로의 온갖 사건의 불가피한 경로와 화해해야겠다는, 실로 거의 너그러이 그것에 동의해야겠다는 느낌이 들었다. 그리고 그것은 어차피 마주쳐야 하는 것은 끝까지 모두 마주치리라는 속 편한 결심과 결합되었다. 존재의 주권에 대한 심원한 경탄이 그것의 신비의 심연 속으로 끝없이 굴러 떨어지는 현기증 나는 감각이 되었다. 살아 있음에 대한 한없는 기쁨, 지금까지 내가 겪어온 모든 것을 살아낼 기회가 주어졌다는 사실, 또 모든 것이 깊고 명백한 의미를 갖고 있다는 사실에 대한 무한한 기쁨. — 그와 같은 기쁨이 그 순간 '무한성의 가장자리에서 있던' 내게 너무나 가까이 있던 모든 것의 불가해함, 도달 불가능성에 대한 어렴풋한 두려
> 729 움과 마음속에서 기묘한 동맹을 맺었다. 궁극의 행복감과 함께 세계 및 나 자신과, 그와 같은 순간과, 또 내가 떠올릴 수 있는 모든 순간 그리고 그것들의 배후에 있으며 의미를 갖고 있는 모든 보이지 않는 것과 조화를 이루고 있다는 느낌이 나를 가득 채우고 있었다. 심지어 왠지 '사랑의 매를 맞았다'고까지 말할 수 있을 것이다. 정확히 누구 또는 무엇을 위해서인지는 몰라도 말이다. 그와 같은 체험에 대해 말한 한 편지에서 이미 그것에 대해 곰곰이 생각해보았는데, 이제 그것을 — 적어도 그와 같은 고찰의 관점에서는 — 좀 더 잘 이해한 것 같다.[1]

회심을 경험하는 사람 대부분에게서 그리피스나 하벨에게서 찾아볼 수 있는 것 같은 자가-증명처럼 보이는 경험 중 하나를 결코 찾아볼 수 없음은 두말할 필요가 없을 것이다. 대신 다른 사람 — 성인, 예언자, 카리스마적 지도자 등 보다 직접적인 접촉에 대한 모종의 느낌의 빛을 발한 다른 사람으로부터 종교에 대한 새로운 관점을 쉽게 받아들일 수 있을 것이다.

다른 것들이 보다 가까이 다가왔다는 앞의 느낌은 보통사람이 종교적 언어를 공유

1 Vaclav Havel, *Letters to Olga*(New York: Knopf[1984], 1988), pp. 331-332(Bellah, *Religious Evolution*, pp. 8-9에서 재인용).

하고 있음을 신뢰하는 데서 핵심적 일부를 차지하거나 충일을 명확히 하는 방법 중 하나이다. 아시시의 성 프란치스쿠스나 성녀 아빌라의 테레사 또는 에드워즈Jonathan Edwards나 웨슬리 같은 유명인이나 동일시 가능한 패러다임이 그것들일 수 있을 것이다. 또는 (어떤 사람에게는) 유명하지 않은 성인이나 경건한 사람으로 이루어진 무명의 동반자 모습을 취할 수 있을 수도 있을 것이다. 어느 쪽이건(그리고 종종 둘은 결합된다) 어떤 사람이 고수하는 언어는 다른 사람들이 그것을 보다 완벽하게, 보다 직접적이고 강력한 방식으로 살아왔다는 확신에 의해 강화된다. 그것이 교회에 속한다는 것이 의미하는 바의 일단이다.

하지만 그처럼 보다 직접적인 접촉이 포함할 수 있는 사례의 범위를 확대할 필요가 있다. 나는 그리피스와 하벨에게서와 같은 일종의 충일 체험에서 출발했다. 아마 그와 같은 체험과 유사하고 보다 강력한 것이 성녀 테레사 같은 신비주의자의 환시일 것이다. 하지만 충일에의 가까움의 그와 같은 종류로 시야를 제한해서는 안 된다. 아마 기독교 전통에서 보다 중요한 것은 또 다른 종류의 접촉, 성 프란치스쿠스에 의해 예시된 체험일 것이다. 그에 관해 두드러진 것은 그가 신의 사랑은 압도적 힘을 가졌다는 느낌 그리고 그것을 전달하는 통로가 되고 싶다는 불타는 듯한 욕망에 사로잡힌 것이다. 그의 이야기는 또한 가령 신의 그와 같은 사랑이 자연 속에 존재한다(형제인 태양, 자매인 달)는 환시도 포함한다. 하지만 그의 삶의 두드러진, 많은 영감을 주는 특징은 회심 이야기 — 즉 어떻게 삶의 모든 것을 신의 사랑을 위해 포기하도록 움직였는가 — 에서 나타난다. 그를 움직인 것은, 그리피스와 하벨의 '현현적' 순간에서처럼 일종의 '저쪽'에 있는 신의 권능에 대한 환시라기보다는 신이 그를 향해 열어주는 고양된 사랑 자체의 힘이었다고 말할 수 있을 것이다. 우리의 통상적 지평을 넘어선 변형이 그를 사로잡은 것의 결정적 부분이었다. 그것은 보다 위대한 개인적 힘에 의한 것이 아니라(그것은 일탈의 위험이 있다) 신의 사랑에 대한 참여로서의 변형이었다.

여기서도 또한 앞서 말한 '중간' 상태에 있는 사람은 가령 성 프란치스쿠스 전기를 읽음으로써 그와 같은 종류의 사랑이 어떤 것인지를 대략 감지해, 그것에 끌리거나 그것을 통해 자기 신념이 올바름을 확인할 수 있을 것이다.

충일과의 그와 같은 접점을 그릴 팔레트를 더 확대할 필요가 있다. 우리 시대에는

730 그와 같은 접촉을 '경험' 측면에서 생각하려는 경향이, 그리고 경험을 뭔가 주관적이고, 체험된 대상과는 구별되는 것으로 생각하는 경향이 너무나 강하기 때문이다. 그리고 우리 감정과 관련된 것으로, 우리 존재에서 일어나는 변화 — 기질, 지향, 삶의 취향 등 — 와는 구별되는 것으로 생각하는 경향이 너무나 강하기 때문이다. 즉 '경험'은 이 후자의 것에 인과적 영향을 미칠 수도 있지만 그것과는 별도로 정의된다. 대상과 그리고 주체(경험자)의 지속적 본성 모두와 구분되는 것으로서의 그와 같은 경험 개념은 철저히 근대적인 것으로, 데카르트 및 기타 17세기의 다른 저술가로부터 우리에게 계승된 근대정신 및 지식의 철학에서 유래한다. 그와 같은 이론의 영향을 윌리엄 제임스의 저서 속에서도 찾아볼 수 있다.

그와 같은 경험 개념은 그리피스와 하벨이 열거하는 사건의 사례에서 이미 왜곡으로 이어진다. 왜냐하면 그들이 경험하는 것(이 말이 가진 일상적 의미 중 하나에서)은 둘에게서, 한편으로는 '나'는 이제 내게 열리게 된 보다 깊은 현실에 비추어 정의되고, 다른 한편으로는 그와 같은 현실은 삶을 바꾸는 것으로 이해되었기 때문이다. 만약 그것을 대상이나 행위 주체와는 구별된 어떤 실체로 이해하려고 한다면 그와 같은 경험의 본성 자체가 왜곡되고 말 것이다.

하지만 성 프란치스쿠스의 회심을 본다면 그와 같은 식으로 사태를 바라보고 싶은 유혹을 훨씬 더 적게 느낄 것이다. 물론 거기에도 또한 '경험'이 존재한다. 가령 기쁨과 해방의 '경험'이 말이다. 하지만 거기서 사건의 핵심이 마음에 변형을 가져오고 삶을 바꾸어버리는 데 있음은 분명하다. 그와 유사한 것을 제2의 테레사, 리지외의 테레즈의 삶에서 볼 수 있을 것이다.

따라서 충일과의 접점을 그려내기 위한 팔레트를 보다 확대할 필요가 있다. 그와 같은 접점 중에는 충일의 관조적 파악을 전제하는 것(그리피스와 하벨, 로욜라와 에드워즈에서의 현현)이 존재한다. 그리고 비참함과 공허 등 충일의 부정적 부재에 대한 환시 또한 존재한다. 그 밖에도 '사랑에 의해 놀라는 것' 등 인생을 바꿔버리는 순간에 나타나는 충일과의 접점도 존재한다. 물론 그와 같은 구분은 순전히 이론적인 것에 지나지 않을 것이다. 즉 동일한 사건이 양쪽 성질을 분유할 수 있을 것이다.

그와 함께 관련 영역이 모두 망라되는 것은 결코 아니다. 지금까지 논의된 사건의 두 유형은 개인과 관련된 것이다. 그러나 집단의례나 축하의 순간에 생기는 또 다른 종류의 변형을 수반하는 경험=체험도 존재한다. 앞서 '축제적인 것'이라고 부른 것이 그것이다. 그것은 또한 뒤르케임에 의해 크게 강조된 것이었다. '집단적 비등'의 순간이 그것으로, 그것은 사회 구성원을 서로 연결시키거나 새로운 방향으로 내보내거나 또는 충일을 향해 열어줄 수 있다. 이 유형의 사건은 물론 인간 종교의 여명 자체로까지 거슬러 올라간다. 하지만 바로 근대서양의 종교에서 주변부화되어온 종류의 것이기도 하다. 근대서양의 종교는 앞서 살펴본 대로 종교적 삶의 중심重心을 축제적인 것으로부터 다른 방향으로 옮겨버렸다.

그런데 회심이 어떻게 일어나건 — 갑자기 일어나건 서서히 일어나건 — 오늘날 그것에는 우리 시대를 반영하는 듯한 몇 가지 특징이 존재한다. 그와 같은 특징 중 하나는 회심을 통해 극복한 상황의 성질에서 생겨난다. 많은 위대한 회심 또는 다른 식으로 말하자면 역사에서 새로운 영=정신적 방향을 창시한 많은 위대한 운동은 이전에 사람들이 사고하고 느끼고 살아온 틀을 변형시키는 것을 포함한다. 그와 같은 틀을 넘어서 731
존재하는 것을 보이도록 만드는데, 그것이 동시에 그와 같은 틀의 모든 요소의 의미를 변화시킨다. 그리하여 모든 것이 이제 완전히 새로운 의미를 갖게 된다. 그리스도가 당시 사회에 존재하던 기존의 구세주 개념에 가져온 변화를 생각해볼 수 있을 것이다. 또 부처가 윤회의 사슬을 넘어서는 것이 무엇인지에 대한 종전의 이해를 변형시킨 방식을 생각해볼 수도 있을 것이다. 기독교 내부에서는 신의 사랑에 대한 응답이 의미하는 바에 대한 기존의 이해를 성 프란치스쿠스가 변형시키는 방식을, 성녀 테레사에 의해 창시된 새로운 신비주의 전통 등을 인용할 수 있을 것이다. 그것을 통해 사고, 행위, 경건에 관한 기존의 관습은 완전히 파괴된다. 그와 유사한 현상으로 과학에서의 '패러다임 전환'을 거론할 수 있을 것이다. 물론 그것은 단지 우리 삶의 중심적 문제에만 한정되는 것이지만 말이다.

오늘날 회심은 종종 그와 같은 특징을 갖는다. 비록 그것에 의해 감화받는 것이 회심자 본인의 삶뿐이더라도 말이다. 하지만 그것도 동일한 종류의 패러다임 전환을 포함한다. 내재적·요법적 관점에서 영=정신적 관점으로의 이행을 생각해보자. 둘 간의 차이는 앞서 설명한 바 있는데, 후자에서 이제 신, 선악은 진지한 현실로 받아들여진다. 내재적 이론 — 가령 중요한 다양한 힘은 순전히 정신 내적인 것이며, 환자의 욕망과 공포에 뿌리를 두고 있다는 프로이트 이론 — 의 내적 경제는 이제 붕괴한다. 죄, 소외, 내적 분열의 기원은 이제 적어도 부분적으로는 초월적인 것에 대한 갈망 속에서 발견된다. 따라서 퍼시Walker Percy의 가톨릭으로의 회심은 부분적으로는 인간학 내부에서 생긴 전환에 기반한 것이었다. 가톨릭 신앙은 '인간 행위 주체를 일부는 천사, 일부는 짐승으로 간주한다.' 존재를 깊이 분단된 것 — '두 무한 사이에 매달린 피조물' — 으로 보는 그와 같은 견해가 인간 존재를 그저 "환경 속에 존재하는 유기체"[2]로 보는 정통적인 과학적 견해를 대체해버린 것이다.

또는 가령 도스토엡스키에 의해 초래된 도덕적 관점의 전환을 다시 한 번 예로 들어보자. 앞 장의 많은 논의는 그것에 의지한 바 있었다. 그는 당대의 정치개혁가들에 관해 그들의 진정한 동기는 무엇인지, 선 및 악과는 어떤 관계를 맺고 있는지 하는 물음을 던졌다. 그들의 자기 이해에 따르면 그들은 인류의 운명을 개선하기를 원하며, 본인은 선의에 의해 움직이고 있다고 생각했다. 또는 보다 급진적인 혁명가들의 경우 일종의 과학적으로 거리를 둔 태도에 따라 움직이는데, 그러면 절로 불편부당함과 일반선에 대한 책무를 다할 수 있으리라는 것이었다. 도스토엡스키는 그들의 담론의 우주, 즉 가능한 동기들의 존재론에서 완전히 벗어났으며, 그들의 도덕적 흥분, 강철 같은 결의, 폭력 행사 의지 같은 것의 근원을 전혀 다른 수준에서 찾아냈는데, 그들은 결코 그것을 깨달을 수 없을 것이다. 『악령』에서 샤토프가 갓 태어난 아기 속에서 새로운 창조의 경이를 보면 반면 산파는 단순히 '유기체의 발전'만 본다.

아시시의 프란치스쿠스 또한 당대의 가치 기준을 뒤집었는데, 그것은 당시 사람들이 이해하는바 신이 원하는 것과 관련되어 있었다. 그가 뒤집은 체계는 훨씬 더 다공적이고, 그가 하고 싶은 말을 할 수 있는 여지가 있었다. 반대로 앞의 근대인들[퍼시와
732 도스토엡스키 같은 근대의 회심자들]은 모두 적대자들이 완전히 새로운 의미에서 총체적인 것으로 간주하는 체계를 부수고 나왔다. 자체에 고유한 개념으로 설명, 정초될 수 있는 내재적 질서 체계가 그것이었다. 바로 그것이 '초자연적인 것'에 대치되는 '자연

2 Paul Elie, *The Life You Save May Be Your Own*(New York: Farrar, Straus, Giroux, 2003), p. 160. 비록 '환경 속에 존재하는 유기체'라는 말은 퍼시 것이지만 여기서 나는 대부분 엘리의 글에서 인용하고 있다.

적인 것'이라는 근대적 관념이 의미하는 바였다. 그와 같은 생각을 내세워 우리 세계를 이해하기 위해 자연적인 것을 넘어서는 것은 도대체 필요 없다고 주장하는 것은 얼마든지 가능하고, 심지어 유혹적이기까지 하다. 그리고 자연과학에 의해 확실한 논거를 갖고 뒷받침되어온 체계처럼 매우 신망이 두터운 몇몇 사례의 경우 신앙인과 비신앙인이나 똑같이 '그것들은 실제로 자체에 고유한 개념으로 설명될 수 있다'는 이해를 일반적으로 공유하고 있어 의미 이해와 관련된 영역 전체는 현재의 지배적인 이론적 용어에 의해 포착될 수 있다고 쉽게 선언할 수 있을 것이다.

그것을 뛰어넘은 패러다임적 전환을 시도하는 것은 어떤 의미에서는 (자연과학 내부에서의 패러다임 간의 전환과 반대로) 일반적으로 받아들여지는 언어의 한계에 맞서는 것이다. 패러다임 전환을 초래하는 데 일조하는 용어는 의심스럽고, 믿기 어렵다. (가령 '신', '악', '아가페' 등) '전근대적인 것'으로 불신의 대상이 되는 견해에 속하거나 아니면 새로운 '보다 섬세한 언어'에 의존해야 하는데, 그와 같은 언어의 용어들은 그 자체로는 일반적으로 수용된 지시 대상을 갖지 않지만 통상의 '내재적' 현실을 넘어선 것을 가리킬 수 있다. 실제로 여기서 의문시해야 할 것은 바로 자연/초자연이라는 구분 자체일 수 있을 것이다.

지난 2세기 동안 그렇게 많은 영향력 있는 회심자가 작가와 예술가였던 것은 이 때문이다. 문학은 새로 발견된 그들의 통찰을 표현하는 주요 장소 중 하나였다. '새로 발견된' 것은 해당되는 것이 내재적 질서를 벗어났기 때문인데, 이전까지만 해도 그와 같은 질서가 기존하는 모든 것이라고 믿고 있었다. 아니면 그것은 적어도 해당 질서가 우리 모두에게 압력을 행사하고 있다는 강력한 느낌에서 유래했다. 오코너Flannery O'Connor는 다 아는 대로 회심자는 아니지만 내재적 질서의 그와 같은 압력을 예리하게 느끼고는 '성스러운 것에 끌리는 힘 그리고 우리 시대의 공기 속에서 호흡할 수 있는 그것에 대한 비신앙'이 갈등을 일으키고 있다고 말한다. 그리고 그녀식의 리얼리즘 — 종종 그것에 '그로테스크'라는 용어를 적용했다 — 에서 작가가 '일상적 삶에서 찾아볼 수 있는 사례를 "육안으로는 보이지 않지만 존재한다고 굳게 믿으며, 실로 모든 사람이 보는 것만큼 실재하는 점"과 결합시키기 위해 극단적 이미지'를 어떻게 사용하는지에 대해 말한다. 그와 같은 '보이지 않는 점'은 일상적 설명의 자폐적 체계 외부에 존재하는 것으로, 그것과의 관계에 놓이면 통상적 의미는 모두 바뀌게 된다. — 패러다임 전환의 축점軸點인 셈이다. 예술가는 "심리학과 사회학을 지나 '신비의 한계'"[3] 쪽으로 우리를 데려간다.

회심자의 통찰은 수용된 이론과 관련해서건 아니면 도덕적·정치적 실천과 관련해서건 내재적 질서에 대한 지배적 독법의 한계를 부수고 나온다(또한 앞 장에서 다룬 폭력의 근원을 둘러싼 쟁점들을 제기하려면 둘을 모두 동시에 넘어갈 필요가 있다). 그리고 그것을 위해 새로운 언어와 문학적 스타일을 발명할 것이 요구될 것이다. 오코너는 내재적 질서를 깨고 나와 보다 크고 보다 포괄적인 질서에 도달하는데, 그것은 내재적 질서를 무너뜨리는 동시에 내포한다.

하지만 그와 함께 또 다른 중대한 문제가 제기된다. 보다 큰 질서(가령 신의 질서와
733 신의 교회)는 기존질서를 무너뜨린다. 하지만 보다 큰 그와 같은 질서 그리고 기성의 정치적·문화적·지적 사회질서 간에 또 다른 이상적 관계가 존재할까? 즉 솔기 하나 없이 부합해 양측이 완전히 일치하는 것이 이상적인 관계일까? 지난 몇 세기 동안 회심자들은 종종 그와 같은 이상에 사로잡혀왔다. 그들은 뒤돌아보며 기독교세계의 영광스러운 과거를 찾는다. 유럽의 중세건, 근대 초기건, 〈프랑스혁명〉 이전 시대건 또는 종교개혁 이전 시대건 말이다. 또는 심지어 미국의 〈기독교우파〉처럼 그들이 회복되기를 바라는 것은 불과 수십 년 전의 과거일 수도 있다. 그들이 기존질서(또는 모라스와 〈악시옹프랑세즈〉 취향의 문구를 인용하자면 '기존의 무질서le désordre établi')에 대해 불만인 것은 그것이 자체와 관련해서 뿐만 아니라 보다 고차적인 질서와 관련해서도 '결딴나 있기' 때문이다. 그리고 실제로 이 두 측면은 일체를 이룬다. 왜냐하면 기존질서는 오직 그처럼 보다 고차적인, 보다 포괄적인 질서와의 접촉을 회복하는 것에 의해서만 자기 자신과 조화를 이룰 수 있기 때문이다.[4]

참으로 많은 회심자가 그것을 느꼈다. 적어도 유혹을 느꼈다. 심지어 그것이 주요

3 다시 한 번 여기서 나는 엘리의 예리한 논의를 따른다(*The Life You Save*, pp. 155, 312). 겹따옴표는 엘리의 텍스트로부터의 인용을, 홑따옴표는 오코너 말을 가리킨다.

4 그렇게 과거를 향해 시선을 돌리는 것 — 칸토어Norman Cantor에 의해 '레트로-봉건적' 견해로 언급된다 — 은 많은 숫자의 저술가에게서 반향을 얻었는데, 가톨릭 개종자들뿐만 아니라 가령 애덤스Henry Adams 같은 사람도 있었다. Elie, *The Life You Save*, pp. 6-7과 97을 보라.

한 회심의 이유가 아닌 경우에도 마찬가지였다. 〈악시옹프랑세즈〉 신봉자에게서 강했지만 또한 도슨Christopher Dawson, 벨록Hilaire Belloc 또는 회고적 측면은 결여하고 있지만 어느 정도는 체스터튼G. K. Chesterton에게서도, 또한 엘리엇(그가 모라스를 찬양한 것은 우연이 아니다)에게서도 그것을 찾아볼 수 있다.

기존질서에 대한 불만이라는 점에서 몇 가지 다른 흐름이 여기서 합류했다. 도슨과 엘리엇 같은 몇몇 논자에게 유럽의 가장 깊은 원천은 기독교에 있다는 점, 또 근대인이 그것에서 멀어질수록 유럽 문화는 힘과 깊이를 상실할 수밖에 없음은 분명해 보였다.[5] 또 다른 계보는 근대의 기본적인 잘못을 주관주의 — 즉 자유로운 개인이라는 주체가 과학적·문화적 세계를 구성하는 힘을 갖고 있음을 강조하는 철학 — 속에서 찾았다. 엘리엇도 그것을 주제로 다루었지만 그에 대한 비판을 가장 잘 알려진 형태로 명확히 한 것은 마리탱Jacques Maritain이었다. 특히 그의 『세 명의 개혁가』에서는 루터, 데카르트, 루소가, 즉 근대적 주체의 신격화에 점진적으로 기여한 매우 큰 영향력을 가진 3명의 사상가가 차례로 겨냥되고 있다.[6] 그에 대한 위대하고 필수적인 치료제는 쇄신된 아퀴나스 철학으로, 그것이 객관적 실재에 대한 인식을 다시 한 번 가져올 수 있을 것이다. 그와 같은 철학이야말로 해방을 가져올 수 있다. 왜냐하면 '고개를 들 것'을 또 '대상을 타자로l'objet en tant qu'autre' 간주하도록 강요하기 때문이다. 그것은 나를 "나로부터 독립적인 존재"[7]에게 복종하도록 만들 것이다.

마리탱에게서 그와 같은 철학적 관점은 '지성'과 동일시되었는데, 거기서 그가 10대 내내 그리고 1920년대 초에 모라스와 동맹을 맺은 이유 중 하나를 찾을 수 있다. 왜냐하면 '지성'은 모라스 당파의 핵심 구호 중 하나로, 근대 주관주의에 대한 거부로서 마리탱의 것과 비슷한 용어로 정의되었기 때문이다. 하지만 그것은 이후 가톨릭 신

5 "내가 말하는 것은 유럽을 오늘날의 모습으로 만든 기독교라는 공동의 전통 그리고 그와 같은 공동의 기독교가 우리 모두에게 가져다준 공동의 문화적 요소이다. …… 우리 예술이 발달해온 것은 기독교 안에서이다. 유럽 법률이 최근까지 뿌리 내려온 것은 기독교 속에서이다. 우리의 모든 사상이 유의의성을 갖게 되는 것은 기독교를 배경으로 해서이다." T. S. Eliot, *Notes Towards the Definiti on of Culture*(London, Faber & Faber, 1962), p. 122(Joseph Pearce, *Literary Converts*[London: HarperCollins, 1999], p. 264에서 재인용).

6 Jacques Maritain, *Trois Réformateurs*(Paris: Plon, 1925).

7 Jean-Luc Barré, *Jacques et Raïssa Maritain*(Paris: Stock, 1997), p. 256.

앙의 우위에 대한 긍정 그리고 왕정복고를 통한 국가권력의 회복뿐만 아니라 자유주의 그리고 민주주의라는 '우상'에 대한 끝없는 적대를 요구하는 것으로 한층 더 분명하게 명시되었다.[8] 그것은 독이 든 과일로, 마리탱은 그것에서 벗어나기 위해 분투해야 했다.

734 하지만 모라스가 예시하는 성좌가 지성이라는 그와 같은 개념을 조탁할 수 있는 유일한 방법은 아니었다. 합리적 사고와 반주관주의 간의 긴밀한 결합은 20세기의 다른 유명한 회심자, 가령 잉글랜드의 체스터튼이나 녹스Ronald Knox 같은 사람의 저술에서도 큰 역할을 했는데, 그와 같은 입장이 극우 정치와 연결되지는 않았다.[9]

앞의 복합체와 복잡하게 뒤엉킨 세 번째 흐름은 정치적 귀결 측면에서 종종 극히 숙명적인 의미를 가졌다. 기독교가 질서 자체에 본질적이라는 생각이 그것이었다. 근대 세계는 주관주의 그리고 도덕적 뿌리에 대한 부정을 통해 점점 더 깊은 무질서 속으로 떨어지고 있었다. 워Evelyn Waugh는 1930년의 논설에서 이렇게 말한다.

> 유럽사의 현재 상태에서 본질적인 쟁점은 더 이상 한쪽의 가톨릭 신앙과 다른 한쪽의 프로테스탄티즘 간에 있는 것이 아니라 기독교와 카오스 간에 있는 것 같다. …… 문명 — 이 말로 내가 의미하는 것은 유성영화와 통조림 식품, 심지어 외과수술과 위생병원이 아니라 유럽 전체의 도덕적 · 예술적 조직이다 — 은 그 자체로서는 생존할 수 있는 힘을 갖고 있지 않다. 문명은 기독교를 통해 생겨났으며, 기독교 없이는 사람들의 충성을 요구할 유의의성과 힘을 가질 수 없다. …… 문명의 이익을 누리는 동시에 그것의 기초를 이루는 초자연적 토대를 부인하는 것은 …… 더 이상 불가능하다.[10]

세상을 위협하는 분열과 무질서에 맞설 수 있는 유일한 방파제로서의 기독교라는 종교 또는 몇몇 사례에서는 가톨릭 신앙. 이 주제는 유럽 문화의 깊은 뿌리라는 주제 그리고 방종한 주관주의가 가져올 위험이라는 주제와 함께 엮여 있었다. 이어 이 세 가지 주제

8 Philippe Chenaux, *Entre Maurras et Maritain*(Paris: Cerf, 1999), p. 91.

9 Joseph Pearce, *Literary Converts*, 15장을 보라.

10 앞의 책, 166~167페이지. 또한 Ian Ker, *The Catholic Revival in English Literature, 1845-1961*(South Bend: University of Notre Dame Press, 2003), p. 191을 보라.

는 근대문명의 시시함에 대한 비판으로 통합되었는데, 이 측면에서 '모든 것의 가격은 알면서도 아무런 가치도 모르고 무엇에 대해 깊이 느끼고 또 생각할 능력을 상실한 공허한 인간의 최종 승리'를 예견할 수 있었다.

그것은 매우 강력한 혼합물이었다. 그것은 내재적 틀은 제약적이고, 심지어 답답하기까지 하며, 삶에서 매우 중요한 것을 고려하지 않는다는 직관을 문화 그리고 질서의 깊은 뿌리로 눈길을 뒤로 돌리는 시선과 결합시켰다. 그와 같은 혼합물에는 매우 유혹적인 것이 있었지만 또한 매우 귀찮은 것도 있었다. 이 후자의 요인이 때가 되자 이윽고 표면화되었고, 몇몇 탁월한 회심자가 그것을 깨고 나오도록 이끌었다. 가령 머튼Thomas Merton의 경우가 그랬던 것 같다.[11] 그리고 그것이 바로 분명히 마리탱에게 일어난 일이었다.

마리탱에 대해서는 나중에 다시 돌아가고 싶은데, 당장은 서양에서의 기독교로의 회심자('재회심자'라고 말할 수 있을지도 모른다)는 그와 같은 혼합물과의 관계에서 독특한 상황에 놓여 있었음을 언급하고 싶다. 아프리카나 아시아에서 기독교에 입문한 사람이 비슷하게 생각하리라고 상상하기는 힘들 것이다. 과거의 기독교세계가 우리 상상력에 미치는 영향은 엄청난데, 어떻게 보면 당연한 일이다. 그리하여 오늘날 지배적인 내재주의적 질서를 타파하고 극복하는 과제는 이미 기독교세계의 모델에 의해 규정되어 735
있다는 느낌이 쉽게 생길 수 있을 것이다. 물론 실제로 어느 정도까지 시대를 거슬러 올라갈 수 있는가 하는 쟁점은 열린 채로 남아 있지만 그와 같은 보다 이전의 문명이 우리가 찾고 있는 패러다임적 언어 그리고 또한 아마 신앙과 긴장을 이루는 것이 아니라 오히려 그것을 완전히 표현하는 사회와 문화의 모델을 제공한다.

물론 그렇게 과거를 뒤돌아보는 시선은 기만적일 수 있다. 중세건 〈위대한 세기Grand Siècle[루이 14세 치세의 프랑스의 17세기]〉건 아니면 19세기의 미국에서건 현실사회에서의 삶은 '기독교적 가치'를 얼마나 정확하게 반영했을까? 사회가 그와 같은 가치에 오늘날 보는 것과 달리 경의를 표했던 사실이 해당 사회가 실제로 그것을 지향했음을 입증하지는 않는다. 하지만 보다 깊은 수준에서 그것을 지향한다는 것이 무엇을

11 Paul Elie, *The Life You Save*를 보라.

의미하는지를 물어야 한다. 중세라는 시기 자체에서도 기독교적 삶이 요구하는 것은 역사에서는 고립된 신성한 영역을 제외하고는 결코 완전히 충족될 수 없는 것으로 일반적으로 이해되고 있었다. 그것은 시간의 종말에서의 파루시아[신의 임재]에서만 가능했다. 이곳 지상에서 우리 인간의 실존에는 가령 국가와 사유재산의 존재처럼 인간의 타락한 상태와 불가분한 구조적 특징이 존재한다고 인식되었다. 그것은 타락의 몇 가지 파멸적 효과를 완화시키기 위해 필요했지만 바로 그와 같은 이유에서 [역사의] 종말 속으로 앞서 투사될 수 없었다.

그것은 기독교도가 산 두 질서, 아우구스티누스 표현을 사용하자면, 신의 도성[신국]과 지상의 도성은 결코 완전히 상호 조화를 이룰 수 없음을 의미한다. 거기에는 긴장이 존재했는데, 그것은 오늘날의 우리에게는 위선적이거나 일관성을 결여한 것처럼 보일 수도 있는 상이한 행동 규칙 속에 반영되었다. 그리하여 전쟁은 어떤 상황에서는 허용되었지만 성직자는 전투에 참가해서는 안 되었다. 교회 자체는 이단과 싸우기 위해 폭력을 행사할 수 없었으며, 그것은 '세속적 군대'에게 넘겨졌다. 그리고 사안을 그와 같은 식으로 정리하는 방식은 교회는 전쟁에 대해 무죄이며 무관하다는 겉모양을 보호하기 위한 단순한 수단으로 쉽게 바뀌는 것이 사실이다. 하지만 당시의 지배적 시각에서 볼 때 두 질서의 요구를 원활하게 결합시킬 수 있는 완전히 편안한 방법은 존재하지 않았다.

앞의 여러 장에서 지금까지 해온 나의 이야기의 중심적인 부분은 대문자 개혁에의 충동이 앞의 두 질서의 요구를 서로에게 보다 가까이 다가가게 만드는 경향을 띠는 방식에 할애되었다. 대문자 개혁의 주안점은 지금까지는 헌신적 엘리트의 태도였던 것과 같은 정도의 개인적 책무와 헌신을 모든 사람이 보여줄 수 있는 교회를 만드는 데 있었다. (영벌을 받은 자를 제외한) 진정한 모든 구성원이 총체적으로 복음을 실현하기 위해 노력하는 교회가 그것이 될 것이다. 대문자 개혁을 완수하려면 모두에게 접근 가능한 삶의 방식을 규정할 필요가 있었는데, 그것은 복음의 그와 같은 총체적 성취로 귀결될 수 있을 것이다. 그것은 기독교 신앙의 요구와 관련해 그것을 현세에서 달성 가능한 것, 즉 역사에서 실현 가능한 것과 한층 더 가깝게 만드는 정의로 이어질 수밖에 없었다. 궁극적인 신의 도성 그리고 기독교적 관점에서 완전한 세속 국가 간의 거리는 좁혀져야 한다.

두 질서 간의 접근을 궁극적인 최종지점까지 몰고 나가면 일종의 이신론에 빠지게 된다. 거기서 성육신은 유의의성을 잃고 그리스도는 신의 요구를 해석하는 위대한 교사 736
가 된다. 거기서 신의 요구는 우리가 이 지상에서 평화와 조화 속에 사는 것을 가능하게 해주는 도덕으로 귀결된다. 달리 말하면, 근대적 도덕질서의 한 변종이다. 진정한 종교의 요점 전체는 그와 같은 도덕을 선포하는 데 있다. 그리고 그와 같은 도덕으로 인해 종교가 우리에게 요구하는 변형에 한계가 존재하게 된다. '다음 세계[이승]'는 이제 다른 기능을 갖게 된다. 즉 여기서 시작된 '신화神化'의 길을 완성하는 기능이 아니라 역사 속에서 이루어진 우리 행적을 올바로 판정해야 한다는 요구를 충족시키는 보상 그리고 징벌을 마련하는 기능을 갖는다. 두 질서 간의 긴장은 완전히 사라진다.

지금까지 여러 장에서의 논의를 통해 나는 이렇게 주장해왔다. 즉 비록 지금 말한 바와 같은 논리적 결론에까지 도달한 사람은 거의 없으며, 또 정통 기독교는 두 질서는 조화를 이룰 수 없다는 견해를 고수했지만 그럼에도 불구하고 서양기독교의 주류는 그처럼 두 질서 간의 격차를 좁히려는 움직임에 의해 깊은 영향을 받아왔으며, 그것은 특히 프로테스탄티즘 사회에서 그랬지만 결코 그곳에 국한되지는 않았다. 그리고 문명적으로 우위에 있다는 감각이 서양의 식민지 권력과 함께 증대되면서 기독교세계가 서양문명의 담지자라는 감각과 복잡하게 뒤엉키면서 두 질서 간의 간격은 19~20세기에 여러모로 한층 더 좁혀졌다. 선교사들이 기독교를 비서양세계에 가져갔는데, 그때 그들은 종종 미래의 번영, 진보, 질서 그리고 (때로는 또한) 민주주의와 자유의 기초를 가져오고 있다고 느꼈다. 기독교 신앙은 무엇을 위한 것이냐는 물음은 많은 사람에게 대답하기 어렵게 되었다. 인류를 구원하기 위한 것인가 아니면 자본주의, 과학기술, 민주주의에 의해 이루어지는 진보를 위한 것인가? 이 두 가지 것은 하나로 혼합되는 경향이었다. 구원과 선한 도덕질서의 수립을 구별하기는 한층 더 어려워졌다.

미국의 한 감리교 감독은 '1870년에 청중에게'

> 머지않은 미래에 '간음한 여인도, 더러운 말을 하는 자도, 안식일을 지키지 않는 자도, 배은망덕한 자도, 배교자도, 원래의 악습으로 되돌아가는 자도, 중상하는 자도 없는' 미국이 실현

되어 '방탕한 아들도, 다툼도, 질투도, 고통의 눈물도 없는 수백만 가정'이 실현되리라고 예견한다고 말했다.

30년 후 〈미국해외선교회〉 의장은 이렇게 선언했다.

기독교는 지상의 지배적인 민족들의 종교다. 적절한 때가 되면 그것이 세계에서 유일한 종교가 되리라고 예언하는 것도 성급한 일은 아니다.

한 감리교 지도자는 1909년에 이렇게 썼다.

근대사회의 위대한 세 가지 '사실' — 기독교, 국가, 민주주의 — 중 기독교가 우리 근대문명의 가장 강력한 힘이다.[12]

나는 12장에서 데본셔공작 말을 인용했는데, 그는 〈런던교회기금〉을 위한 기금조성 연설에서 청중에게 이렇게 물었다.

만일 저 모든 교회 그리고 저 모든 교회가 의미하는 모든 것이 없다면 잉글랜드가 오늘날 어떤 모습인지를 한순간이라도 상상할 수 있을까요? …… 분명히 거리를 걷는 것조차 안전하지 않았을 것입니다. 모든 존경과 양식[품위], 또 근대문명을 지금과 같은 형태로 만드는 경향을 보여 온 모든 것은 존재하지 않을 것입니다.

737 다시 말해 단테 시대 이래 기독교세계라는 이상이 계속 발전하는 추세를 보여 왔다. 당시에는 한편으로는 오늘날 잉태되고 있는 파루시아라는 궁극적 질서 그리고 다른 한

12 Richard Neuhaus, "The Public Square", in *First Things*, March 2005, p. 60. 이 감리교 감독 말은 (이제는 시대에 뒤진) '지복천년 이전'의 견해의 아주 좋은 사례처럼 들리지만 또한 오늘날의 '지복천년 이후의' 삶의 대변자 사이에서도 그와 같은 식으로 기독교 신앙과 민주주의문명 간의 관계를 생략하려는 사례를 찾아볼 수 있다.

편으로는 우리가 사는 문명의 기존질서 간에 간극이, 피할 수 없는 긴장이 존재한다는 강한 감각이 존재했다. 근대의 많은 기독교 환경에서 그와 같은 간격은 좁혀지고 긴장은 사라져버렸다.

2

그것은 손실일까? 그렇다고 주장할 수 있을 것이다. 먼저 기독교적 삶을 우리 문명의 규범에 순응해 사는 것과 동일시함으로써 기독교가 약속하는 또 다른 보다 위대한 변형 — 즉 인간의 삶을 신적인 것으로 높이는 것神化 — 을 잃어버리게 되는 점에서 말이다. 둘째, 일리히가 힘 있게 주장하듯이 복음이 암시하는 대로 함께 사는 방식을 받아들이되 그것을 그와 같은 목적을 위해 설립된 조직에 의해 강요되는 규칙들의 코드로 만들면 무엇인가를 잃어버리고 만다. 그의 논의를 좀 더 자세히 따라가 보자. 왜냐하면 곧 명백해지겠지만 그의 이야기는 내가 본서에서 하려고 해오는 이야기와 상당히 가깝기 때문이다. 실제로 나는 그에게서 많은 것을 배웠다.[13]

앞서 말한 이해는 기독교 신앙에 뿌리를 두고 있다. 한때 사제였던 그는 이후에도 가톨릭교도로 남았으며, 신학에서도 정통으로 남았지만 교회의 역사적 역할에 대한 이해는 완전히 독창적이고, 우상 파괴적이었다. 그는 기독교교회와 기독교문명(우리가 '기독교세계'라고 불러온 것)의 실제 발전을 기독교의 '타락'으로 간주했다.

고대세계에 등장한 기독교교회가 새로운 종류의 종교적 결사였다는 데 대해, 그것이 주위에 병원 그리고 빈자들을 위한 구호시설 등 새로운 '봉사' 시설을 만들어갔다는 데 대해 학자들은 동의한다. 실천적 자선사업에 열심히 종사했다. 그와 같은 종류의 활동이 기독교세계가 존속한 여러 세기 동안 중요하게 남아 있었는데, 근대에 이르러 관련 시설이 세속적 기관 — 종종 정부 — 에 의해 대체될 때까지 그랬다. 서양문화 내부에서 보면 오늘날의 복지국가는 초기 기독교교회의 오랜 유산으로 이해될 수 있을 것

13 일리히, 『이반 일리히의 유언』.

이다.

오늘날, 대부분의 사람은 기독교도냐의 여부와 관계없이 그와 같은 활동을 기독교의 긍정적 기여로, 역사에 교회가 가져온 '진보적' 움직임 중 하나로 간주할 것이다. 일리히는 그로 인해 좋은 것이 생겼음을 반드시 부인하지는 않지만 어두운 측면 또한 본다. 특히 그와 같은 과정에서 기독교의 가르침에 대한 심각한 배신이 이루어졌음을 발견했다.

그는 『신약성서』의 아마 가장 유명한 이야기일 선한 사마리아인의 우화를 이용해 바로 1장부터 배신이라는 주제에 대해 설명하기 시작한다. 그것은 먼저 십계명에 나오는 명령, 즉 네 이웃을 나처럼 사랑하라는 계명의 의미에 대한 논의에서 출발한다. 한 율법교사가 '그러면 누가 저의 이웃입니까?'라고 그리스도께 묻는다. 그에 대한 대답으로 그리스도는 앞의 이야기를 들려준다. 한 남자가 여행하다가 강도를 만나 가진 것을
738 모조리 빼앗기고 흠씬 두들겨 맞아 반쯤 죽은 상태로 길가에 내팽겨진다. 마침 한 사제와 레위 사람이 — 즉 유대 공동체에서 중요한 인물 — 그와 같은 처지의 그를 보고는 피해서 '다른 쪽으로' 지나가버렸다. 마지막으로 사마리아인 — 즉 업신여김당하는 이방인 — 이 가까이 다가가 상처를 싸매준 다음 가까운 곳의 여관으로 데려가 돌봐주었다.

그렇다면 그것은 원래 물음에 대한 어떤 종류의 대답일까? 우리 근대인은 그와 같은 대답은 명백하다고 생각하는 경향이 있다. 이웃, 즉 그와 같은 종류의 곤경에 빠질 때 우리가 도와야 할 사람은 우리 집단, 부족, 민족의 동료 성원만이 아니다. 부족적 귀속에 국한되지 않는 모든 인간이다. 그것을 일반화해 모든 인간은 차별 없이 우리 도움의 적절한 수혜자이며, 그것은 사마리아인의 예를 따라 관대하게 주어져야 한다고 말할 수 있을 것이다. 그와 같은 이야기는 우리의 근대의 보편주의적 도덕의식을 구성하는 원래의 초석 중 하나로 간주될 수 있을 것이다.

이렇게 우리는 교훈을 받아들이지만 그것을 특정한 항목에, 즉 도덕적 규칙이라는 항목, 어떻게 행동해야 하는지를 적은 항목에 포함시킨다. 보다 고차적인 도덕적 규칙이란 곧 보편적 규칙으로, 인류라는 종 전체에 적용된다. 우리는 국지적 편협성을 벗어나는 움직임에 집중한다. 하지만 일리히 견해에 따르면 그와 함께 우리는 본질적인 것

을 잃어버린다. 사마리아인 이야기가 우리에게 열어서 보여주는 것은 어디서나, 모든 곳에 적용될 수 있는 일련의 보편적 규칙이 아니라 다른 존재방식이다. 그것은 한편으로는 새로운 동기부여를, 다른 한편으로는 새로운 종류의 공동체를 전제한다.

앞의 우화에 대한 일리히의 해석은 이렇게 정식화될 수 있을 것이다. 즉 종교적·사회적 삶의 보다 이전 형태들이 존재했다. 그것은 (a) '우리'라는 강한 감각에 기반해 있었는데, 그것이 '나'보다, 따라서 내부인/외부인이라는 관념보다 기본적이었다. (b) 악마적인 것이 존재한다는 감각을 갖고 있었다. 그것은 우리를 둘러싼 어둠의 힘들 그리고 그것들에 맞서 우리를 보호해주는 정령 모두를 포함했다.

그 밖에도 그와 같은 전근대적인 삶의 양식은 또한 (c) 걸맞음fitting, 符合, 균형에 대한 강한 감각을 갖고 있었다. 그것은 다시 (i) 세계 속의 사물은 자신에게 걸맞은 형태를 가져야 하며, 그것에 부합해야 한다(그것을 잘 표현하는 방법 중 하나가 플라톤-아리스토텔레스의 형상 개념이다)는 것을 의미한다. 또 (ii) 사물은 코스모스 속에 놓여 있으며, 거기서는 하늘/땅, 위/아래, 남자/여자 등 다른 부분이 다른 부분에 조응하고 있다(9장).

복음이 그와 같은 한계들을 깨뜨리는 새로운 가능성을 열었다. 사마리아인의 우화가 그것을 예증한다. 여기까지는 일리히도 표준적 견해에 동의한다. 사마리아인은 다친 사람을 보고 마음이 움직였다[동기를 부여받았다]. 그는 행동하기 시작하며, 그것과 함께 길가에 쓰러져 있는 사람과 우정/사랑/자비라는 새로운 관계를 (잠재적으로) 개시한다. 하지만 그와 같은 행위는 그의 세계에서 '우리'에 속하는 것으로 허용되는 것의 선을 가르는 경계선을 가로지른다. 그것은 그의 '나'의 자유로운 행위이다. 여기서 자유에 관해 일리히가 하는 이야기는 근대인에게는 오해를 불러일으킬 수도 있을 것이다. 즉 그것은 사마리아인이 혼자서 만들어내는 것이 아니다. 자유는 그가 그에게 응답하는 것과 관련된다. 하지만 그는 모종의 '당위'의 원리가 아니라 심하게 상처받은 그와 같은 사람 자신에 의해 응답할 것을 요청받고[부름받고] 있다고 느낀다. 그리고 그렇게 응답하는 가운데 '우리'의 한계로부터 나를 해방시킨다. 그는 또한 성스러운 것, 어둠의 739
악령과 관련해 세심하게 구축된 관념들 그리고 그것을 예방하기 위해 '우리' 문화, 사회, 종교 속에 수립되어온 다양한 양식의 조치(이방인을 '부정 탄 사람'으로 간주하는 데서 종종 그것이 드러난다)의 영역 밖에서 행동한다.

사마리아인의 행위는 '우리' 사회의 코스모스 및 그와 같은 코스모스 속에서 수립된 균형을 흔들지만 균형 자체를 부정하지는 않는다. 오히려 사마리아인과 상처받은 유대인 간에 새로운 종류의 걸맞음과 공동의 귀속을 창출한다. 그들은 신에게서, 아가페에서 유래하는 삐딱한 균형['비대칭적 균형'](앞의 책 17장, 315페이지) 속에서 서로 걸맞는데, 신이 살이 되었기 때문에 가능해진다. 신의 육화는 사마리아인이 유대인과 함께 만들어낸 새로운 연결고리를 통해 외부로 퍼져나가며 네트워크를 형성해나간다. 그와 같은 네트워크를 우리는 교회라고 부른다. 단 그것은 네트워크지 범주적인 집단 형성이 아니다. 즉 교회는 개별적이고 독자적인, 육체를 가진 사람을 서로 연결시키는 다양한 관계의 엉킴이지 몇 가지 중요한 특성을 공유하고 있는 것에 기반한 집단 형성이 아니다(근대국가에서처럼 말이다. 거기서는 '우리는 모두 캐나다인, 미국인, 프랑스인이다'이게 된다. 또는 보편적으로 우리는 모두 이런저런 권리를 함께 가진다는 식이 된다). 이 점에서 교회는 이전의 혈연적 네트워크를 닮았다(어떤 부족에서 중요한 것은 우리가 공유하는 범주가 아니라 이 사람은 아버지이고 저 사람은 삼촌 그리고 또 다른 저 사람은 사촌이라는 등 그와 내가 관련되어 있는 것이다. 가령 아마존의 '원시' 사회가 다양한 역할, 반족半族[사회가 외혼外婚 단위인 두 집단으로 이루어질 때의 각 집단]), 씨족 등을 나타내는 단어는 갖고 있지만 집단 전체를 나타내는 명칭은 갖고 있지 않은 사실을 발견하고 인류학자들이 놀라는 것은 이 때문이다).[14] 하지만 교회는 기존의 '우리'로 한정되지 않는 점에서 부족적 혈연집단과 다르다. 교회는 혈연이 아니라 우리를 향한 신의 사랑 — 우리는 그것을 아가페라고 부른다 — 에 기반한 상호 걸맞음에 기반해 경계를 가로지르는 연결고리를 창조한다.

현세적 의미에서 보다 '정상적인normal' 것 속에 다시 빠질[자리 잡을]fall back into 때 그와 같은 새로운 네트워크의 타락이 시작된다. 종종 교회 공동체는 부족이 되어(또는 기존의 부족사회를 계승해) 유대인이 사마리아인을 대한 대로 외부인을 대한다(벨파스트의 경우). 그러나 정말 무서운 타락은 어떤 의미에서 고꾸라지는 것fall forward으로,

14 Greg Urban, *Metaphysical Community: The Interplay of the Senses and the Intellect*(Austin: University of Texas Press, 1996), 2장, pp. 28-65을 보라.

그때 교회는 전대미문의 것으로 발전한다. 아가페-네트워크는 새로운 관계에 대한 일종의 충성을 포함한다. 그리고 우리가 그것을 멀리하는 일이 너무나 쉽게 일어나기 때문에(그렇게 멀어지는 것을 '죄'라고 부른다) 방어벽으로 그와 같은 관계를 보호할 것을 촉구받는다. 우리는 그와 같은 관계를 제도화하고, 규칙을 도입해 책임을 나눈다. 그와 같은 식으로 주린 자는 먹이고, 집이 없는 자에게는 머물 자리를 마련해주고, 벌거벗은 자에게는 옷을 입힌다. 하지만 우리는 지금 어떻게 해서건 되살리고 싶지만 네트워크적 삶을 어설프게 모방이나 하고 있을 뿐이다. 우리는 성체성사의 핵심을 이루는 영=정신적 교제, 교분conspiratio의 일부를 잃어버렸다(20장). 영혼이 질식당하고 있는 것이다.

이 모든 것으로부터 새로운 것이 등장하는데, 합리성과 규칙에 기반한 근대 관료제가 그것이다. 규칙이 각각의 범주의 사람에 걸맞은 처우를 규정한다. 따라서 우리 삶의 엄청나게 중요한 특징은 우리가 각각의 범주에 걸맞은 사람이 되는 것이다. 우리의 권리, 자격, 임무는 그것에 의거한다. 그것이 우리 삶을 형성하고, 또 새로운 방식으로 우 740
리를 보게 만드는데, 거기서는 범주에의 귀속이 큰 역할을 하는 반면 특이한 방식으로 육화된 개인은 점점 덜 중요해진다. 각자의 우정의 네트워크를 통해 번창을 이루는 방식은 두말할 필요도 없이 말이다. 일리히에 따르면 그와 같은 삶의 방식에는 괴물 같은 것, 소외를 초래하는 것이 존재한다. 그와 같은 괴물 같은 것은 아가페-네트워크라는 최고의 것의 타락에서 생긴다. 타락한 기독교가 근대적인 것을 만들어낸 것이다.

일리히의 비전은 교회의 관료제적 경화硬化 — 비교적 일찍 일어나 교회의 대부분의 교파에까지, 심지어 동방의 교파에까지 영향을 미치고 있다 — 에 대한 앞의 이해를 넘어선다. 그가 보기에 그와 같은 과정은 라틴계기독교세계에서는 한층 더 멀리까지 진행되었다. '죄'와 그것의 사면의 범죄화[형법화]나 사법화에서 그것을 확인할 수 있다(5장). 규칙, 당위, 벌이 점점 더 중요한 역할을 하게 된다. 하지만 그는 또한 모두가 서양근대에서 중심적인 것으로 인정하지만 개념화하기 어려운 일련의 사태전개 속에서도 그것을 본다. 가령 인간의 생명을 포함한 모든 것을 객관화하는 관점의 성장 같은 것이 그것이다. 그것이 점점 더 강하게 모든 것을 지배해나가고 있다.

그것을 일리히가 '신체의 의료화'라고 부르는 것 속에서 볼 수 있다. 신체에 관한 의학적 지식은 인체 기관의 작동 방식, 또 그것의 배후에서 진행되는 다양한 화학적 과정 등을 추적하는데, 우리 자신의 외부 관점에서 우리를 바라볼 것을 전제한다. 그와 같은 지식과 관점은 살아 있는 육체와 그것의 체험을 평가절하하고, 무시한다. 그것들은 진정한, 과학적 지식의 원천이 아니다. 따라서 신체 내부에서 일어나는 일을 진정으로 이해하고 싶다면 그것들을 버려야 한다. 우리는 우리 자신을 외부에서 이른바 과학의 대상으로 간주하도록 훈련받는다. 하지만 그것이 단순히 살아 있는 체험을 대체할 뿐만 아니라 변질시킨다. 뭔가 균형이 맞지 않는다는, 가령 '몸이 편치 않다dans mon assiette'는 느낌은 더 이상 일차적 현상으로 받아들여지지 않고 단지 뒤에 숨은 어떤 기능부전의 한 징후로만 받아들여진다. 따라서 더 이상 이전만큼 주의 깊게 사람을 돌보지 않는다. 대신 생명을 위협하는 기능부전의 중요한 징후로 보라고 훈련받은 것에 대해서는 점점 더 민감한 의식을 갖게 된다.

그리하여 의료화는 우리가 겪는 체험의 현상학을 변질시켜, 그것의 몇몇 측면은 억압하거나 다른 측면을 후퇴시키는 반면 어떤 측면은 부각시킨다. 하지만 의료화는 또한 자체의 흔적을 은폐하기도 한다. 우리는 우리가 자신을 다양한 방식으로 보고/느끼도록 이끌리고 있음을 보지 못하며, 그것이 경험 그 자체라고 소박하게 믿는다. 우리는 사람들은 항상 그와 같은 식으로 자신을 경험해왔다고 상상한다. 그리고 보다 이전 시대의 설명에 당황하는 것이다.

일리히는 종종 깜짝 놀랄 만한 일련의 분석을 통해 그처럼 그와 같은 탈중앙화된 외부인의 시각의 전개 과정을 추적한다. 가령 응시의 발전, 즉 미디어가 만들어내는 이미지나 X선에 의한 영상화 또는 그래프 등의 배후에 놓인 과정을 시각적으로 재현하는 다양한 방식에 의해 그려지는 상에 우리 자신이 결국 포획되는 과정이 그것이다('시각 원형', 258~261페이지). 우리는 세계, 즉 육체를 가진 진정한 현실 속에 닻을 내리고
741 있던 상태로부터 소원해지는 과정 속에 있다. 생명을 담고 우리가 살아가는 신체를 통해서만 그것에 대한 접근을 회복할 수 있을 테지만 신체의 증언은 '가상'현실에 의해 왜곡된 형태를 띠거나 심지어 부정된다.

비슷하게 그는 도구 사용자라는 인간의 자기 이해를 추적한다. 즉 인간을 분리 가능한 수단으로 파악한다는 것이다. 이어 그것은 자신을 시스템의 일부로 파악하는 쪽으로 나아간다(13장). 우리는 심지어 살아 있는 신체로부터 점점 더 멀어진다. 앞서 내가

'탈육화'라는 용어로 부른 것이 바로 그와 같은 과정이다.

그것은 아가페-네트워크로부터 우리를 점점 더 멀리 떨어뜨린다. 그와 같은 네트워크는 오직 육화를 통해서만 창조될 수 있기 때문이다. 아가페는 내장에서 나온다. 『신약성서』에서 '연민의 정을 느끼다'는 뜻을 가진 splangnizesthai[이 단어의 원형은 그리스에서 '내장'을 의미한다]는 그와 같은 응답을 내장 속에 위치시킨다. 우리를 소외시키는 앞의 자기 이미지에 동조할수록 그것을 이해할 수 있는 능력을 잃어버리게 된다. 부활은 육화를 진지하게 간주할 때만(342페이지), 즉 탈육화를 극복할 때만 의미를 가진다.

하지만 그처럼 우리를 소외시키는 견해는 또한 부분적으로는 기독교가 만들어낸 것이기도 하다. 물론 그것에서는 권력욕이 작동하고 있지만 또한 남을 돕고, 치유하고, 삶을 개선하려는 갈망도 들어 있다(베이컨은 새로운 학문을 '인류 상황의 개선'과 연결시켰다). 그와 같은 견해는 (타락한) 기독교가 만들어낸 또 다른 괴물 같은 것이다. 그리고 최선이 타락하면 최악이 된다Corruptio optimi pessima.

여기서 일리히의 텍스트는 또한 비록 여러모로 미진하지만 어둠과 악의 힘에 대한 우리의 두려움에 대해 매우 깊은 통찰을 보여준다. 인류 최초의 형태의 종교적 삶에서 우리는 부분적으로는 비위를 맞추고 부분적으로는 자비로운 정령, 결국 신에게 돌아서 보호를 간청함으로써 그것들을 차단해왔다. 복음의 새로운 길은 이전의 그와 같은 영력들은 더 이상 해를 끼치지 못한다는 확신을 갖고 '우리'가 세운 오래된 형태의 보호를 버릴 것을 촉구한다. 물론 그처럼 더 이상 해를 끼치지 못하는 것이 아가페-네트워크에 대한 충성의 이면이다. 그리고 그것을 외면하고, 네트워크를 '조직'하고 제어하려 들자마자 우리는 그것으로부터 멀어지고, 공포가 되돌아온다. 하지만 지금은 새로운 음역 속에서 그렇게 된다. 즉 점점 더 혼자, 보다 이전 형태의 집단적 보호라는 '겉뚜껑' 없이 직면하게 된다(6장).

그와 같은 식으로 우리는 객관화/탈주술화 방향으로 한층 더 내몰리게 된다. 자연과학은 어두운 힘의 차원 전체를 간단하게 부정하고 거부한다. 우리는 이제 안심하고 있고, 공포는 가라앉는다. 하지만 그것들에 대한 우리의 감각은 두 가지 방식으로 여전히 살아 있다. 첫째, 그와 같은 어둠의 여러 힘 그리고 그것에 맞서는 자비로운 힘이 존재한다는 생각에 매료된다. 대중적 이야기와 영화, 미술의 상당수가 그것을 재창조하고 있다(〈스타 트렉〉, 〈반지의 제왕〉, 〈매트릭스〉, 〈필립 풀만*Philip Pullman*〉, 〈해리포터〉). 우리는 현실을 여전히 통제하면서도 그렇게 스스로 공포에 전율하는 것이다. 둘째, 앞의 힘들은 악마적 악 형태 속에서 재출몰하는데, 우리는 우리도 그것에 연루되어 있음을 깨닫는다(홀로코스트, 대학살, 굴락, 킬링필드 등).

일리히 이야기는 단지 기독교뿐만 아니라 또한 근대문명에 관한 것임을 볼 수 있을 것이다. 근대문명은 어떻게 보면 '타락한' 기독교의 역사적 창조물이다. 그와 같은 진술은
742 본서에서 내가 하려고 해오고 있는 이야기와 여러모로 비슷하다. 즉 점점 더 규칙에 얽매이고, 또 점점 더 규범에 의해 지배되게 된 라틴계기독교세계의 대문자 개혁으로부터 근대의 세속의 세계가 어떻게 등장했는가가 그것이다.

이 문명은 그가 기독교의 타락이라고 부르는 행보를 가장 먼 극한까지 밀고나갔다. 즉 상호 귀속감에 기초한 동기부여의 실패, 그것의 불충분함에 대한 응답으로 기독교는 하나의 시스템을 세웠다는 것이다. 그것은 (a) 코드와 일군의 규칙, (b) 앞의 규칙을 내면화시키는 일군의 규율훈련, (c) 그리고 규칙이 요구하는 것을 수행하는 것을 확실히 하기 위해 합리적으로 구축된 조직(사적 및 공적인 관료기구, 대학, 학교)의 체계를 포괄했다. 이 모든 것은 우리에게 제2의 자연이 된다. 규율훈련되고, 합리적이고, 거리를 둔 주체가 되기 위해 완수해야 하는 체험으로부터의 탈중심화를 포함해 말이다. 그와 같은 관점 내부에서 보자면, 선한 사마리아인 이야기에 대한 표준적 설명은 곧 자명해진다. 즉 규칙으로 이루어진 보편적 도덕으로 나가는 길에서의 한 단계라는 것이다.

근대적 윤리는 규칙과 규범으로 이루어지는 그와 같은 물신주의를 예증한다. 법뿐만 아니라 윤리까지도 규칙[준칙]과 관련해 파악된다(칸트). 법의 정신은 도대체 그것이 존재하는 곳에서는 중요한데, 왜냐하면 그것 또한 모종의 일반 원리를 표현하기 때문이다. 칸트에게서는 이성에 의한 규율 또는 합리적 행위 주체로서의 인간성을 우선시해야 한다는 것이 원리이다. 하지만 그와 반대로, 앞서 살펴본 대로, 아가페-네트워크는 그와 같은 사람에 대해 내장에서 느끼는 응답을 가장 중시한다. 그것은 일반 규칙으로 환원될 수 없을 것이다. 그것에 부합할 수 없기 때문에 규칙을 필요로 하는 것이다. '당신의 마음의 완고함 때문에.' 물론 규칙을 즉시 폐지할 수 있다는 것은 아니다. 하지

만 근대의 자유주의적 문명은 그것을 물신화한다. 우리는 규칙과 규범의 올바른 시스템을 발견하고, 그런 다음 틀림없이 그것을 철저하게 따라야 한다고 생각한다. 우리는 그것이 육화된 우리 인간세계에는 거의 맞지 않음을 더 이상 볼 수 없을 것이며, 그것이 숨기려 드는 딜레마를 알아채지 못하고 있다. 가령 정의 대 연민의 대립, 즉 정의 대 쇄신된 관계의 대립이라는 딜레마가 그것이다. ― 아파르트헤이트의 철폐 이후 남아프리카공화국이 직면한 딜레마가 그것이었는데, 〈진실화해위원회〉는 보복이라는 기존의 코드를 넘어서려는 시도로 그와 같은 딜레마에 대처하려고 했다. 그와 같은 논의는 앞의 18장 1절에서의 논의와 다시 이어진다.[15]

그와 같은 코드화의 관점에 선다면 사마리아인 이야기에서 결정적인 것이 사라진다. 규칙, 규율, 조직의 그와 같은 시스템에 의해 질서지어진 세계는 우연성을 단지 장애로, 심지어 적과 위협으로만 간주할 수 있을 뿐이다. 그리고 우연성을 제어하고, 우연성이 최소한으로 축소될 수 있도록 제어망을 넓히는 것이 이상이게 된다. 반대로 우연성은 앞서의 대답의 계기가 된 물음, 즉 '그러면 누가 저의 이웃입니까?'라는 물음에 대한 답변으로 이야기된 앞의 이야기에 본질적으로 중요한 특징이다. 우연히 마주치는 사람, 우연히 만난 사람, 상처받아 길바닥에 쓰러져 있는 사람이 당신의 이웃이다. 그처럼 전혀 예상치 못한 우연적 사건이 균형 잡힌 것, 적절한 응답의 형성에 한몫하는 것이다. 그와 같은 이야기는 우리에게 무엇인가를 말해준다. 즉 우리가 가장 마음 깊이 품고 있는 질문이 대답되었다는 것이다. 그와 같은 사람이 너의 이웃이라고 말이다. 하지만 그와 같은 대답을 들으려면 우연성을 단지 제어할 필요가 있는 적대자로만 간주하는 편집광적 관점을 벗어나야 한다. 일리히는 3~4장에서 이 주제를 심오하게 논구한다.

* * * 743

일리히는 도대체 무엇을 말하고 싶은 것일까? 코드에 의해 추동되고 규율훈련되고 객관화된 우리 세계를 무너뜨려야 한다는 것일까? 그는 철저한 래디컬리스트였는데, 나

15 나도 이 점에 대해 "The Perils of Moralism"(출간 예정)에서 상술해보았다.

는 그의 메시지를 무디게 만들고 싶지 않다. 여기서 내가 그를 대신해 말할 수는 없는 노릇이지만 내가 그의 저작에서 끌어낸 것은 이렇다. 즉 법의 지배에 본질적인 법적 코드건 아니면 새로운 세대마다 번갈아가며 가르쳐야 할 도덕적 코드건 그것 없이 우리는 살 수 없다. 비록 법치주의적이고, 사법화되고 객관화된 세계에서 완전히 벗어날 수 없더라도 그것이 전부는 아니라는 것, 그것은 여러모로 인간성을 빼앗고 우리를 소외시킨다는 것을 이해하는 것은 매우 중요하다. 그것은 종종 자신은 깨닫지 못하는 딜레마를 낳고, 앞으로 무조건 나아가면서 엄청난 냉혹함과 잔인함을 낳는다는 사실도 함께 말이다. 좌파 것이건, 우파 것이건 다양한 형태의 〈정치적 올바름〉은 그것을 매일같이 예증한다.

폭력이 우리 세계에서도 이전과 똑같이 호응을 얻고 있는 사실 또한 마찬가지이다. 코드, 심지어 최고의 코드조차 보이는 것만큼 무구하지는 않다. 그것은 우리가 마음 가장 깊은 속에서 느끼는 형이상학적 요구, 즉 가령 의미나 자기 자신의 선성에 대한 감각 같은 몇 가지 것에 대한 응답으로 우리 속에 뿌리내리고 있다. 그것은 곧 우리의 도덕적 우월감을 뒷받침하는 버팀목이 될 수 있을 것이다. 물론 그것이 [「누가복음」, 18장 9~14절에 들어 있는] 바리사이파 사람과 세리의 우화에서 볼 수 있는 대로 『신약성서』의 또 다른 중요한 주제이다.

한층 더 나쁘게는, 그와 같은 도덕적 우월감은 악인, 삐뚤어진 사람, 비인간적인 사람 등 반대되는 사례가 제공하는 증거를 먹고 산다. 심지어 악에 맞선 전쟁을 벌일 때 우리는 우리 자신의 선성에 대해서는 더없는 증거를 제출한다. 우리는 악의 축과 테러리즘 네트워크에 대한 전쟁을 벌일 것이다. 그런 다음 원래 우리는 그렇지 않다고, 그것에 맞서 싸우고 있다고 규정한 악을 우리가 그대로 자행하고 있음을 발견하고는 놀라움과 두려움을 느끼게 된다.

코드, 심지어 최고의 코드조차 우상숭배적 덫이 될 수 있는데, 그것이 폭력과 공모하도록 우리를 유혹한다. 일리히는 심지어 평화애호적 · 평등주의적 · 자유주의적인 최고의 것이더라도 코드에 완전히 빠져들어서는 안 된다고 상기시킬 수 있을 것이다. 우리는 영=정신적 삶의 중심을 코드를 넘어선 곳에서, 코드보다 더 깊은 곳에서, 살아 있는 관심사 속에서 찾아야 한다. 그것이 코드 때문에 희생되어서는 안 되며, 심지어 때로는 코드를 뒤집기까지 해야 한다. 그와 같은 메시지는 특정한 신학에서 유래하지만 그것을 듣는 것은 누구에게나 이득이 될 수 있을 것이다.

나는 부분적으로는 그를 따라 서양에는 오래전부터 기독교 신앙과 문명질서를 동일시하는 쪽으로 경사되는 경향이 존재해왔음을 논해왔다. 그것은 기독교도에게 요구되는 완전한 변형을 시야에서 놓치도록 만들 뿐만 아니라 현존하는 기성의 것이건 아니면 재건하려고 우리가 분투하는 보다 이전 것이건 기독교세계로 간주되는 질서로부터의 핵심적인 비판적 거리를 잃도록 만든다.

그는 기독교 정신을 부정하는 질서에 의해 기독교가 그와 같은 식으로 탈취당한 것이야말로 바로 [인류가 거룩한 만찬보다 죄의 고립을 선호하는 경향을 보이는] 악의 신비mysterium iniquitatis(앞의 책, 273~274페이지)라고 생각한다['기독교 공동체가 아니었다면 생각할 수도 또 상상할 수조차 없었으며 존재하지도 않았을 악이 기독교 공동체 내에 집을 짓고 알을 낳는 신비 말이다[273페이지]. 비록 그처럼 그렇게 깊이까지 파고들어 갈 수 없더라도 그것에 내재된 위험은 볼 수 있을 것이다. 신은 우리 편이며, 우리 질서를 744
축복하신다는 믿음이 쇼비니즘[신앙 배외주의]의 가장 강력한 원천 중 하나다. 그것은 폭력 행위를 일으킬 수 있는 풍부한 영감이 될 수 있을 것이다. 왜냐하면 우리 적은 신의 적임에 틀림없으니 가용한 모든 수단을 총동원에 물리쳐야 하기 때문이다. 그것이 가톨릭교회가 마침내 깨닫게 된 위험이다. 1926년에 〈악시옹프랑세즈〉가 교황에 의해 이단으로 단죄된 것은 이 때문이다. 그와 같은 단죄는 그와 같은 운동이 수립하기 위해 투쟁하고 있던 특정한 문명질서 — 즉 가톨릭 군주제의 복고 — 가 많은 교인에게 매우 매혹적인 것이었음에도 불구하고 이루어졌다. 모라스는 '정치가 먼저다Politique, d'abord'라는 구호로 가톨릭 지지자들을 안심시키려고 했다. 정치적 동맹은 잠정적인 것일 뿐 목표의 동일성을 함의하는 것이 아님을 시사한 것이다. 하지만 실제로 이후 진행된 사태는 신앙과 정치 프로그램의 완전한 융합이었는데, 그것이 끊임없이 폭력의 가장자리 위를 떠도는 갈등 — 모라스는 결국 공화파 정치인들의 암살을 촉구하게 되었다 — 을 조장했다.

교황의 단죄는 마리탱에게 모라스와 결별하고, 전혀 다른 입장으로 나아가 기독교

문명의 재구성을 새로운 방식으로 이해하게 되는 계기가 되었는데, 이제 그것은 기독교 세계로의, 동질적이고 완전히 기독교적이지만 하나의 영역에 국한된 단일 문명으로의 회귀로 이해되지 않았다. 오히려 전 세계적 규모로, 하지만 기독교의 평신도 조직 그리고 지적 · 영=정신적 삶을 다루는 센터로 이루어진 분산형 네트워크를 통해 기독교 문화의 통일을 모색했다.

> 대지 한가운데 세워지는 요새화된 성채 대신 하늘로 던져진 별들의 군대를 생각해야 한다Au lieu d'un château fort dressé au milieu des terres, il faudrait penser à l'armée des étoiles jetées dans le ciel.16

그와 같은 새로운 문화의 중심적 특징은 "자기중심적 자아가 아니라 창조적 주체성의 영=정신적 강림l'avènement spirituel, non pas de l'ego centré sur lui-même, mais de la subjectivité créatrice"17이 될 것이다. 철학과 근대적 상황에 대한 그처럼 새로운 이해는 그의 『완전한 휴머니즘*Humanisme Intégral*』18에서 가장 완벽하게 표현되기에 이르렀다.

3

지난 2세기 동안 일어난 기독교로의 회심(또는 재회심)으로 되돌아가면 지금까지의 논의에 비추어 두 가지 경향을 구분할 수 있을 것이다. 그와 같은 회심은 심리학적 또는 도덕적 자기 이해를 규정하는 현재의 내재적 질서에는 심각한 결점이 존재한다는 날카로운 감각 그리고 유일하게 우리 삶에 의미를 부여할 수 있는 보다 큰 질서에 대한 의식을 종종 수반한다. 보다 큰 질서와 기존질서는 서로 일치하지 않는다. 하지만 그것이 궁극적으로 의미하는 바는 두 가지 방법으로 해석될 수 있을 것이다. 한편으로 걸맞지

16 Jean-Luc Barré, *Jacques et Raïssa Maritain*, p. 396.
17 앞의 책, 398페이지.
18 Paris: Éditions Montaigne, 1936.

않게 된 것은 오직 현재 질서와만 관련된 사실로, 즉 또 다른 질서, 요컨대 진정한 기독
교세계 — 그것의 패러다임은 통상 우리의 과거의 어느 것과 동일시될 것이다 — 를
확립함으로써 극복 가능한 것으로 간주될 수 있을 것이다. 아니면 다른 한편으로 두
질서 간의 간극을 인간의 역사적 조건 그 자체에 고유한 것으로 간주할 수 있을 것이다.
그와 같은 견해에 따르면 기독교 신앙의 요구 그리고 문명 — 심지어 최선의 문명이더 745
라도 마찬가지이다 — 의 규범 간에는 항상 간극과 긴장이 존재할 수밖에 없다.

그와 같은 쟁점이 회심자의 삶과 사상 속에서 늘 분명했던 것은 아니다. 앞서 살펴본 대로 그중 몇몇은 머튼과 마리탱에게서 볼 수 있듯이 한 시각에서 다른 시각으로 이행했다. 다른 사람들은 사유의 상이한 순간 그리고 다양한 국면에서 양 방향으로 기울었다. 일반적으로 근대라는 시대에서 소외될수록 그만큼 더 격렬하게 그것을 비난하고 첫 번째 시각을 택해 진정한 기독교적 질서를 애타게 그리워할 가능성이 컸다. 반면 민주주의와 인권의 문명에는 무엇인가 독특한 가치를 가진 중요한 것이 존재한다고 — 그와 같은 문명과 자신 간에 존재하는 거리감을 완전히 잃지 않으면서도 말이다 — 믿는 사람들은 앞서 인용한 19세기와 20세기 초의 인물들처럼 두 번째 경로를 택할 것이다. 그들은 근대문명의 '충실한 야당loyal opposition'이 될 것이다.

'지금까지 가장 덜 나쁜 문명'으로 판단할 수 있는 것에 대한 그와 같은 비판적 거리두기는 또한 앞의 두 번째 집단에 속한 사람들로 하여금 역사 속에 상이한 방식으로 자리 잡을 수 있도록 이끌 수도 있을 것이다. 우리 시대와 자신을 완전히 동일시하는 사람들은 일직선적 진보 이론을 쉽게 받아들일 수 있을 것이다. 과거의 여러 역사적 시대로부터 배울 것은 아무것도 없다. 우리 시대와 다른 한 우리와 무관한 것으로 옆으로 제쳐놓을 수 있을 것이다. 그와 같은 '진보주의자들'의 대극에 있는 것이 모종의 과거의 패러다임으로 돌아가기를 바라는 사람들이다. 그들(중세, 17세기 또는 1960년대 이전의 미국)은 제대로 하고 있었다. 따라서 그와 같은 기준에서 벗어나는 근대적인 것은 무엇이건 거부해야 한다. 기독교 쪽에서 볼 때 그와 같은 보다 이전 시대 중 하나 속에서 '신앙의 시대'를 찾아 그것을 이상화하기는 쉽다. 앞서 인용한 프로테스탄티즘 성직자가 기독교적으로 해석된 '진보'라는 카드를 사용해 새로운 문명을 기독교의 승리로 보았듯이 말이다.

하지만 어떤 문명으로부터 비판적 거리를 두면서 그럼에도 불구하고 그것을 옹호하는 사람들은 사물을 다르게 볼 수 있다. 아마 기독교의 황금시대 같은 것은 존재하지 않을 것이다. 아마 기독교 신앙이 존재한 다양한 시대와 사회는 랑케가 역사의 여러 시대에 적용한 유명한 표현을 빌리자면 모두 '신과 직통하고unmittelbar zu Gott' 있었다. 그것들이 다른데, 기독교적 삶의 각각의 양식이 당대(세기, 세속saeculum이라고 말하고 싶을 수도 있을 것이다) 속에 매립된 상태에서 벗어나 그것과 일정한 거리를 확보해야 했기 때문이다. 하지만 그와 같은 차이는 앞의 양식들을 솔기 하나 없이 서열화하기는커녕 서로에게 무엇인가를 주고받는 것을 가능하게 해준다.

다양한 매립 상태에서 벗어나는 그와 같은 다양한 접근 방식을 신앙으로의 '여정'이라고 부를 수 있을 것이다. 개별적 사례를 하나 살펴봄으로써 여기서 내가 새로운 여정이라는 말로 무엇을 의미하는지를, 그것을 둘러싸고 어떤 쟁점이 발생할 수 있는지를 아마 보다 생생하게 보여줄 수 있을 것이다. 페기는 본인만의 길, 새로운 길을 찾아낸 근대인의 패러다임적 사례이다.

무엇보다 먼저 그가 매우 근대적 관심사에서 출발하거나 그것을 헤쳐 나온 것이 그것을 잘 보여준다. 또한 그것을 근대에 고유한 발전에 대한 근대적 항의라고 해도 좋을 것이다.

746 여기서 문제가 되는 근대적 발전이란 지금까지 우리가 '탈육화'라고 불러오고 있는 것, 특히 거리를 둔 이성을, 심지어 인간사에서까지, 지혜에 이르는 왕도로 찬양하는 것을 말한다. 지혜에 이르는 올바른 길은 역사연구에서도 객관화하는 것이다. 그는 그것을 동시대 사상가들에게 깊이 자리 잡은 편견이라고 생각했다. 내가 말하는 '객관화'란 연구되는 사항을 우리로부터 완전히 독립된 것으로 파악하는 것을 의미한다. 거기서 우리는 그것에 관여하는 것을 통해 그것을 이해할 필요가 전혀 없으며, 또 우리 삶에서 그것이 가진 의미를 이해할 필요도 전혀 없다. 따라서 과거란 다른 나라나 다름없으며, 해당 과거의 후손이건 아니건 누구나 그것을 '객관적으로' 이해할 수 있을 것이다. 그것을 '아무 입장도 없는[무관점의] 관점'에서 파악해야 한다.

지식에 대한 그와 같은 관점은 인간성에 대한 관점과 관련해 또 다른 의미에서 '객관화된', 즉 인간을 인간이 아닌 대상과 완전히 동일한 수준에서, 즉 기계론적 용어로, 또 결정론적 틀 안에서 파악하는 견해를 선호하는 경향이 있다. 물론 반드시 그것을 낳는 것은 아니지만 말이다.

그는 그와 같은 접근 방식 전체를 단호히 거절했다. 이 점에서 그는 베르그송에게서 깊은 영향을 받았다. 아마 베르그송이 당시 프랑스에서 그와 같은 시각에 대한 가장 주요한 철학적 적대자였을 것이다. 그의 주요 공격노선 중 하나는 사태를 객관화해 파악하는 견해에 중심적인 시간의식이었다. 공간과 유사한 것으로 시간을 포착할 것이 아니라 — 공간에서 순간들은 나란히 놓인다 — 지속durée이라는 살아 있는 시간을 설명해야 한다. 행동할 때 또는 선율을 들을 때 경험하듯이, 지속 속에서 우리는 서로 다른(객관적으로 구별 가능한) 순간 간에 다리를 놓고, 단일한 흐름 속에서 연결시킨다. 기계론적 시각은 현재를 이해하는 데 실패했다. 현재를 지속적 과정 속의 하나의 순간적 단계로 보기 때문이다. 반면 무르니에 말을 빌리자면 베르그송적 견해에 따르면

> 현재는 바로 세계 속에서의 자유의 깊이 그 자체인 깊이를 가진다le présent a une épaisseur qui est exactement celle de la liberté dans le monde.[19]

우리는 행동에서 경험하는 과거, 현재, 미래 간의 그와 같은 종류의 가교(이 교의는 어떤 의미에서는 세 가지 탈자태脫自에 관한 하이데거의 유명한 분석을 선취하고 있다[20])를 베르그송이 '기억'이라고 부르는 것에서도 또 다른 방식으로 경험한다.

베르그송에 의거해 그는 (일종의 객관화를 지향하는) 역사와 기억을 구별한다.

> 역사는 본질적으로 사건을 따라가는 것으로 이루어진다. 기억은 본질적으로 사건 속에 존재하며, 무엇보다 먼저 절대 그것을 떠나지 않고 그것 안에 머무르며 내부로부터 새로 그것을 체험하는 것에 의해 특징지어진다L'histoire consiste essentiellement à passer au long de

19 Emmanuel Mounier, *La Pensée de Charles Péguy*(Paris: Plon, 1931), p. 144.
20 하이데거, 소광희 역, 『존재와 시간』, 2편 3장, § 65[462페이지].

l'événement. La mémoire consiste essentiellement, étant dedans l'événement, avant tout à n'en pas sortir, à y rester, et à le remonter en dedans.[21]

'기억'에 의해 이루어지는 그와 같은 종류의 이해가 그에게는 결정적으로 중요했다. 왜냐하면 그는 자신을 1천 년이나 된 프랑스 문화로부터 태어난 사람으로, 게다가 프랑스 문화를 엘리트문화가 아니라 민중문화, 농민과 장인의 생활방식으로 보았기 때문이다. 그와 같은 생활방식을 이해하려면 그것 속으로 뛰어들어 만들기, 꿰매기, 거두기, 기도하기 등의 다양한 실천을 통해 그와 같은 문화에 이끌리게 되는 경위를 상기해야 했다. 그와 같은 사람들을 어떻게 파악해야 하는가 하는 쟁점은 그에게 결정적으로
747 중요했다. 그와 같은 민중적 환경 속에 둘러싸여 있던 고향 출신 중 교육받는 행운을 누린 최초의 사람으로서 그는 그와 같은 삶의 방식을 명확히 할 필요를 느꼈으며, 실제로 그것을 본인에게 부과된 사명으로 간주했다.[22] 반면 만약 '역사적으로' 접근하려고 한다면 그것의 성질을 왜곡하게 될 것이다. 여러 시대를 거쳐 이루어지는 민중과 민중문화의 형성은 핵심적 실천을 후세에 계승해 형성해나가는 긴 과정이었다. 따라서 행위와 유비해 볼 때, 따라서 행위에 적절한 종류의 시간 이해 속에서 가장 잘 이해될 수 있었다. 그리고 그와 같은 시간 이해가 그에게는 베르그송에게서 끌어낸 의미에서의 '기억'이었다.

21 *Clio, dialogue de l'histoire et de l'âme païenne*, VIII, 285-286(Mounier, *La Pensée de Charles Péguy*, 82에서 재인용).

22 베겡은 이렇게 쓰고 있다. 즉 가족 중 읽는 법을 배운 최초의 사람이었으므로 "그는 과묵한 조상들에게 눈을 돌려 오직 몸짓과 삶의 위대한 행위로만 자신을 표현했던 사람들의 연속 속에서 온전히 남아 있던 것을 처음으로 말로 표현하게 된 자신의 특권을 가늠해보았다.il se retourne vers les ancêtres taciturnes, et mesure son privilege de venir premier manifester par la parole ce qui s'était conserver intact dans la succession de ceux qui ne s'exprimaient que par les gestes et les grands actes solonnels de la vie." Albert Béguin, *La Prière de Péguy*, 4th ed.(Paris: Seuil, 1948), p. 19. 베겡은 Péguy, *Note Conjointe sur Monsieur Descartes*에 들어 있는 한 구절에 대해 언급한다. 무니에도 동일한 저작에서 아래 구절을 인용한다. "인간은 자기 인종의 침묵 속에 다시 빠졌다가, 몇 번이고 다시 떠오르면서 최초의 창조의 영원한 침묵에 대해 아직도 파악할 수 있는 최후의 잔가지를 발견한다. L'homme se replonge dans le silence de sa race et de remontée en remontée il y trouve le dernier prolongement que nous puissions saisir du silence éternel de la création première"(*Note Conjointe*, IV, 92-96; Mounier, *La Pensée de Charles Péguy*, p. 91).

게다가 그것은 단순히 과거를 어떻게 연구할 것인가 하는 것과 관련된 문제가 아니라 중요한 실천적 유미의성을 갖고 있었다. 중요한 것은 단지 과거를 어떻게 연구할 것인가 하는 것뿐만 아니라 그것과 어떻게 관계를 맺느냐는 것이었다. 그에게 핵심적인 구분은 고정된 습관에 의해 지배되는 삶 그리고 자기 자신을 — 심지어 습성이 되어 굳어버린 형태의 힘에 맞서 — 창조적으로 쇄신할 수 있는 삶 사이에 놓여 있었다. 습관의 지배를 받는 삶이란 실제로 과거에 의해 결정되는 삶, 단지 상투화된 듯한 기존 형식의 반복일 수밖에 없었다. 창조적 쇄신은 오직 본질상 일정한 시간적 깊이를 갖지 않을 수 없는 행동에서만 가능했다. 그와 같은 종류의 행동은 보다 깊은 과거에 형성되어온 형식에 의존할 수밖에 없지만 '습관'에서 볼 수 있는 대로 단순한 기계적 재생산이 아니라 전통의 정신을 다시 창조적으로 적용함으로써 그렇게 했다.

그가 동시대인들을 얼마나 당황시켰는지, 또 그를 분류하는 것이 거의 불가능했음을 볼 수 있을 것이다. 혁명과 사회주의를 신봉한 그와 같은 좌파 사회주의적 드레퓌스파는 모두의 행동이 가톨릭을 포함한 프랑스의 천년의 과거 속에 뿌리내릴 필요성을 열심히 주장했다. 따라서 그는 반동이었을까? 하지만 그는 또한 다름 아니라 전통이 어떻게 성장하고 변하는지를 전혀 고려하지 않고 군주제와 교권의 지배 같은 낡은 형태를 다시 강요하려고 한다는 이유로 교권주의적인 반드레퓌스파를 공공연히 비난했다.

그에 따르면 혁명 또한 프랑스 천년의 전통에 속했다. 그와 같은 전통이 엘리트 기관들의 전통이 아니라 프랑스 민중의 전통임을 감안하자마자 그와 같은 견해는 덜 역설적으로 들린다. 정치적 장에서 한편으로 좌파는 (객관화하는 관점에 선) 과학과 진보 — 그로 인해 과거는 망각으로 내몰렸다 — 를 신봉하는 반면 우파는 앙시앵레짐의 제도로 되돌아가려고 분투하고 있었다. 그와 같은 상황에서 그의 목소리가 고독했던 것 그리고 그의 생각이 친구와 적 모두에 의해 끊임없이 희화화된 것은 전혀 놀랄 일이 아니었다.

그에게 결정적인 개념은 충실함fidélité, 전통에의 충실함으로 단순히 [과거로] 돌아가는 것은 완전히 배제했다. 돌아가는 것은 배신이었다. 왜냐하면 과거의 창조적 지속을 그것의 기계적 재생산으로 대체해버리기 때문이다. 습관적으로 행동할 때 우리가 하는 것이 그것이다. 하지만 오늘의 습관을 어제의 습관으로 대체하려는 시도는 아무런

의미도 없다. 게다가 그와 같은 변화를 초래하려고 획책하려는 시도 자체는 사회를 수
748 동적으로 형성되어야 할 불활성적 대상으로 취급함을 의미하는데, 그것이 바로 그가 피하려고 한 태도였다. 결국 그는 좌파와 우파 모두 동일한 무능력에 시달리고 있다는 결론에 이르렀다. 즉 양쪽 모두 현실을 기계적으로 조작하기engineer를 바라는 것이었다. 그것이 '이성'의 새로운 청사진이건 이미 검증된 '전통'이라는 모델이건 말이다. 그들은 민중의 창조적 행동에 호소할 수 없었다.

진실로 살아 있는 종류의 전통에 의해 영감을 받는다는 것은 '신비mystique'에 의해 추동되는 것이었다. 신비라는 이 말은 맨 처음부터 엄청난 혼란을 낳았다. 대신 '이상'이라는 말을 쓸 수 있었을 수 있다고 생각할 수도 있을 것이다. 그러나 무니에 말대로 그는 이상이라는 용어를 사용하지 않으려고 조심했는데, 다름 아니라 앞의 용어가 "영=정신적인 것이 유일하게 탁월한 현실임을 잊게 할de faire oublier que le spirituel est seul éminemment réel"23 우려가 있었기 때문이다. 달리 말하면, 모든 정당한 이상은 깊은 전통 속에, 기왕에 살아온 삶의 양식 속에 이미 닻을 내리고 있다. 현실을 일소해버리는 또는 현실에 위에서부터 형태를 부여하는 새로 발명된 계획 같은 것으로서의 이상은 역사에 들어올 수 없다. 그가 공화국을, 그리고 나중에는 사회주의를 프랑스 민중 전통과의 심오한 연속성에서 그것의 재-표현으로 볼 수 있던 것은 그와 같은 이유에서다.

하지만 처음 그와 같은 영감 아래 개시된 것은 나중에 타락할 수 있으며, 권력을 추구하는 당파 또는 고정된 규범과 습관으로 이루어지는 새로운 질서에게 빼앗길 수 있다. 그렇게 되면 '신비'는 그가 '정치une politique' — 그는 이 용어를 더할 나위 없이 모멸적인 의미로 사용한다 — 라고 부르는 것으로 타락한다. 드레퓌스파의 대의는 자유와 정의였다. 그러나 이후 그것은 하나의 정치 프로그램, (가령 교회와 국가의 분리의 강요 같은) 강제의 새로운 규칙의 토대가 되어 국가이성에 대한 배려와 당파적 족벌주의에 호응하게 되었다.

그는 결국 그와 같은 쇠퇴가 불가피함을 확신하게 되었다. 그로부터 그의 유명한 경구가 생겨난다. "모든 것은 신비에서 시작되어 정치로 끝난다Tout commence en mysti-

23 Mounier, *La Pensée de Charles Péguy*, p. 106.

que et finit en politique."24 그것은 아래 같은 보다 일반적 신념의 일부가 되었다. 즉 인간의 삶에서는 창조적인 것이 기계적·습관적인 것으로 타락하며, 시간이 지나면서 영=정신적 동맥경화가 생기는 경향이 존재한다는 것이다. 근대 자체, 거리를 두고 객관화하는 것을 선호하는 근대 자체가 그와 같은 동맥경화의 한 예이다.

> 우리에게 또 우리 아버지들에게 본능, 인종, [살아 있는] 생각이던 것이 그들[정치인들]에게는 [죽은] 명제가 되었다. …… 우리에게는 유기적이었던 것이 그들에게는 논리적인 것이 되었다Ce qui était pour nous, pour nos pères, un instinct, une race, des pensées, est devenu pour eux[politicians] des propositions, …… ce qui était pour nous organique est devenu pour eux logique.25

그가 신앙으로 돌아간 것은 부분적으로는 바로 그처럼 고뇌에 찬 통찰에 대한 응답이었다. 그러나 그와 같은 복귀를 논하기 전에 그의 사상의 몇 가지 다른 측면을 살펴보아야 할 것이다.

전통에 호소하고 또 '인종race'이라는 단어를 사용하는데도 그는 우파의 일원이 아니었다는 점, 가령 [처음에는 개인주의를 주창했으나 나중에는 열렬한 민족주의자로 탈바꿈해 애국정신을 고취한] 바레스Maurice Barrès의 동맹이 아니었음은 이미 살펴본 바 있다. 그는 근본적으로 공화주의자였고 사회주의자였다. 그리고 프랑스 가톨릭의 천년기적 전통에 호소했음에도 그가 교권 지지파의 일원이 아니었고, 당시 지배적이던 〈트리 749
엔트공의회〉의 흐름을 이어가는 가톨릭 — 육체와 민중에 대해 회의적이었음은 두말할 필요가 없고 규칙 그리고 권위에 대한 순종을 강조했다 — 속에 쉽게 포함될 수 있던 것도 아니었음 또한 진실이다.

그리하여 우리를 우리의 과거와 연결시키고 과거를 계속하는 본래적 행동은 그에 의해 자유로 파악된다. 최고의 자유란 정치적 권위에 따라 규칙을 따르도록 조직되고

24 *Notre jeunesse*, IV, 59(Mounier, *La Pensée de Charles Péguy*, p. 115에서 재인용).

25 앞의 책, IV, 51(Mounier, *La Pensée de Charles Péguy*, p. 109에서 재인용).

동원되고 제약되는 것에 맞서 자신의 신비에 의해 움직이는 데 있다. 심지어 정치적 권위와 규칙이 신비를 실현하고 있다고 주장한다고 해도 그때 이미 우리는 정치에 빠져버린 것이다.

둘째, 인간에게 영감을 주어온 그와 같은 신비에는 다양한 형태가 있다. 페기 본인이 하나 이상의 신비에 의해 움직였다. 무니에에 따르면 그의 경우 그와 같은 신비는 네 가지였다.

> 고대적인 것l'antique[그리스 사상과 문화에 대한 사랑], 유대적인 것la juive[유대인과 유대교에 대한 찬양][26], 사회주의, 기독교.[27]

그처럼 이미 육화되어 사람에게 생명을 불어넣어 주는 그와 같은 **하나 이상의** 이상이 하나의 생명 속에서 합쳐져 아무 문제없이 어우러질 수 있을 것이다. 또 다양한 개인 그리고 또한 민족은 각기 보편적인 것에 대한 각자의 소명을 갖고, 본인에게 고유한 경로를 충실하게 따를 수 있을 것이다. 무니에는 이렇게 말한다.

> 각각의 백성에게서와 마찬가지로 각각의 사람에게서 본인의 신비를 따르는 것은 자기 자신 속에서 본인의 타고난 천품을, 소명을 발견하는 것 그리고 또 그것들에 대해 무결하게 충실성을 지키는 것이다. — 그것도 그와 같은 천품과 소명이 자기 것이기 때문이 아니라 그것들이 보다 지고한 운명을 따르라는 호소이기 때문에 말이다pour chaque homme, pour chaque peuple, suivre sa mystique ce sera découvrir en lui son genium, sa vocation, puis leur garder une fidélité sans défauts, non parce qu'ils sont siens, mais parce qu'ils sont un appel vers une plus haute destinée."[28]

26 그것이 그에게 의미한 바에 대한 탁월한 논의로는 Alain Finkielkraut, *Le Mécontemporain*(Paris: Gallimard, 1991), pp. 40ff를 보라.

27 Mounier, *La Pensée de Charles Péguy*, p. 107.

28 앞의 책. 여기서 모든 사람과 민족은 '자체에 고유한 척도'를 갖고 있다는 헤르더의 개념에 상응하는 생각을 찾아볼 수 있을 것이다. 그것이 본래성이라는 근대적 이상의 핵심을 이룬다. 그것이 본질적으로

물론 그렇다고 해서 그와 같은 종류의 이상이 모두 상호 양립 가능하다는 의미는 아니다. 하지만, 그리고 그것이 우리를 제3의 요점으로 이끈다. 즉 '조화의 나라cité harmonieuse'라는 그의 이상이 그것이다. 그가 사회주의자로서 구상하고, 지향해야 할 궁극적 목표로 평생 포기하지 않은 그것은 그와 같은 이상의 옹호자들이 충실하게 상호 협력하도록 한다는 목표를 안에 담고 있는데, 각자는 동의할 수 없는 사항에 대해서는 솔직히 말하되 강제나 배제라는 수단에는 결코 호소하지 않는 것이 그것이다.[29] 페기 본인이 다채로운 무리의 친구와 그와 같은 식으로 살았다.

넷째로, 세 번째 점에서 이미 짐작할 수 있듯이, 그의 신학에는 지옥이 차지할 자리가 없었다. 그는 구원에 관해 보편주의자였다. 무니에 말에 따르면

> 조화의 나라에서는 살아 있는 누구도 이방인이 아니었다. 현인도, 시대에 뒤떨어진 문화의 성인도, 동물조차도. …… 영원한 구원에서 빠진 사람이 한 명도 없어야 했다aucun vivant, dans la cité harmonieuse, n'était étranger, ni les sages, ni les saints, des cultures périmées, ni mêmes les animaux. …… Il ne fallait pas qu'il y eût un absent au salut éternel.[30]

앞의 차이들에 비추어보면 당시 가톨릭교회 전체를 뒤덮고 있던 권위주의적 스타일에 대해 그가 얼마나 동의하지 않았는지를 쉽게 이해할 수 있을 것이다. 베르그송의 여러 저작이 금서목록에 추가되었을 때 그는 물론 격노했는데, 그와 같은 그의 반응은 또한 금서목록이라는 것을 그가 얼마나 기괴하고 어처구니없는 것으로 여겨졌는지를 보여준다.[31]

근대적인 그의 또 다른 측면이다.

29 무니에는 이렇게 쓴다. "과거의 모든 투쟁을 망각한 조화로운 나라는 배제를 모르며, 모든 문화의 모든 인간을, 모든 내면적 삶을, 모든 종교를, 모든 철학을 받아들인다.La cité harmonieuse, qui oublie toutes les luttes passées, ne connaît pas d'exclusions, et reçoit tous les hommes de toutes les cultures, de toutes les vies intérieures, de toutes les religions, de toutes les philosophies." *La Pensée de Charles Péguy*, p. 46.

30 앞의 책, 182~183페이지.

750 또한 크고 작은 오류의 복잡한 목록으로 가득 차 있던 교회의 완고 불변한 코드로부터 그가 얼마나 멀리 떨어져 있었는지를 볼 수 있을 것이다.

> 도덕이라고 불리는 것은 은총이 사람들에게 스며들지 못하도록 만드는 코팅이다Ce qu'on nomme la morale est un enduit qui rend l'homme impermeable à la grace.

> 도덕이라고 불리는 것보다 더 (다소 부끄러운 이름으로) 종교라고 불리는 것과 정반대되는 것은 없다. …… 그리고 도덕과 종교를 그렇게 하나로 묶는 것만큼 어리석은 것은 없다(루이-필립 1세Louis-Philippe d'Orléans[1773~1850년]와 티에르 씨만큼 어리석을 사람은 없으니까 말이다)Rien n'est plus contraire à ce qu'on nomme (d'un nom un peu honteux) la religion comme ce qu'on nomme la morale. …… Et rien est aussi sot(puisque rien n'est aussi Louis-Philippe et aussi Monsieur Thiers) que de mettre comme ça ensemble la morale et la religion.

또 보다 정교한 말투로 이렇게 정식화되기도 한다.

> 도덕은 허약한 사람들에 의해 발명되었다. 기독교도의 삶은 예수그리스도에 의해 발명되었다La morale a été inventée par les malingres. Et la vie chrétienne a été inventée par Jésus-Christ.[32]

그리고 역사 속에서 선과 악이 상호 연루되는 양가적 과정을 그가 누구보다 더 잘 이해한 것은 놀랄 만한 일이 아니다.

31 *Note Conjointe*. 드뤼Alexander Dru는 *Péguy*(London: Harvill, 1956), pp. 98-103에서 앞의 문장을 인용하고 그에 대해 논한다.

32 *Note Conjointe*, IX, 104-106; *l'argent, suite*, XIV-9, 135(Mounier, *La Pensée de Charles Péguy*, pp. 132-133에서 재인용).

삶의 현실에서 가공할 것은 선과 악의 병치가 아니라 선과 악의 상호침투, 상호통합, 상호부양, 종종 기이하고 신비로운 친족관계이다Ce qu'il y a de redoubtable dans la réalité de la vie, ce n'est pas la juxtaposition du bien et du mal: c'est leur interpénétration, c'est leur mutuelle incorporation, leur nourriture mutuelle, et parfois leur étrange, leur mystérieuse parenté.[33]

이 모든 것을 감안할 때 깊은 가톨릭적 뿌리를 갖고 있었음에도 불구하고 그가 교회와는 소원한 기간을 보낸 것은 놀랄 것이 없을 것이다. 그리고 그와 같은 소원한 기간은 부분적으로는 재회심 이후에도 회심하지 않은 아내와의 연대의식에 의해 연장되었다(아내와의 그와 같은 연대를 종교적 실천의 의무 위에 놓은 것은 딱히 〈트리엔트공의회〉적인 것과는 별개였다. 하지만 그와 같은 발걸음은 가볍게 내디딘 것이 아니었으며, 그것은 그에게 많은 대가를 강요했다).

하지만 '말종mauvais sujet'이었음에도 불구하고 그가 가톨릭으로 돌아간 것은 전혀 놀랄 일이 아니었다. 어떤 의미에서 그는 결코 교회를 떠난 적이 없었다. 그는 상이한 시대를 함께 연결하는 창조적 행동의 시간을 열망했다. 하지만 기계적인 것, 습관적인 것 그리고 더 이상 현재와의 살아 있는 관계에서가 아니라 과거에 의해 결정되는 점적 현재로 외견상 저항할 길 없이 경사되는 것에 직면해 인간이 그와 같은 시간에 도달하는 것은 불가능함에 대한 날카로운 감각을 갖고 있었다. 이 모든 것은 영원이라는 기독교적 관념을 가리켰다. 즉 시간을 뛰어넘은 영원이라는 플라톤적 또는 플로티누스적 관념이 아니라 구원된 또는 모두어진 시간 — 모든 순간이 동일한 운동 속에서 다시 연결되는 시간 — 에 대한 전망이 그것이었다. 아마 (재)회심 전에 그에게 결여된 것은 희망이었을 것이다. 그리고 나중에 그가 희망을 여러 미덕 중 최고의 지위로 격상시킨 것은 놀랄 만한 일이 아니었다.[34]

33 *Les récentes œuvres de Zola*, II, 130(Mounier, *La Pensée de Charles Péguy*, pp. 204-205에서 재인용).

34 *Le Porche de la deuxième Vertu*, in Charles Péguy, *Oeuvres poétiques complètes*(Paris: Galli,ard Éditions

751 또한 깊게 가톨릭적이었던 것은 우리가 어떻게 ― 신과의 영=정신적 교감을 통해, 더구나 교회를 통해 ― 그와 같은 영원에 이르는지에 대한 그의 생각이었다. 여기서 그가 갖고 있던 이미지는 중세 대성당의 [건물 입구에 지붕이 얹혀 있고 흔히 벽이 둘러진] 현관과 비슷했다. 즉 신앙이 두터운 자들이 각자의 땅의 성인을 통해 마리아로, 또 그리스도와 신으로 연결되는 사슬의 이미지가 그것이다.

> 기독교에 관해서는 죄인만큼 유능한 사람은 없다. 성인 외에는 아무도 없다. 그리고 원칙적으로 둘은 같은 사람이다. …… 성인이 죄인에게 손을 내밀기 때문에 죄인은 성인에게 손을 내민다. 그리고 모두 함께, 하나씩, 하나가 다른 하나를 당기면서 예수에게 올라가는 사슬을, 끊을 수 없는 손가락 사슬을 만든다. 기독교도가 아닌 사람은 손을 내밀지 않는 사람이다Nul n'est aussi compétent que le pécheur en matière de chrétienneté. Nul si ce n'est le saint. Et en principe, c'est le même homme. …… Le pécheur tend la main au saint, puisque le saint donne la main au pécheur, Et tous ensemble, l'un par l'autre, l'un tirant l'autre, ils font une chaîne qui monte jusqu'à Jésus, une chaîne de doigts indéliables. …… Celui qui n'est pas chrétien, c'est celui qui ne donne pas la main.

그리고 이어 이렇게 말한다.

> 우리는 특정한 도덕적 · 지적 또는 영=정신적 수준에 있기 때문에 기독교도가 아니다. **재부상 중인** 인종. 모종의 신비한 인종, 영적이고 육적인, 현세적이고 영원한 어떤 신비로운 **피**에 속하기 때문에 기독교도이다.On n'est pas chrétien parce qu'on est à un certain niveau moral, intellectuel, spirituel même. On est chrétien parce qu'on est d'une race remontante, d'une certain race mystique, d'une certaine race spirituelle et charnelle, temporelle et éternelle, d'un certain *sang*.35

Pléiade, 1975), pp. 527-670을 보라. Mounier, *La Pensée de Charles Péguy*, pp. 192f에서의 논의를 보라.

35 '새로운 신학자nouveau théologien.' Albert Béguin, *La Prière de Péguy*, p. 42에서 재인용. 또한

여기서 '인종'과 '피'라는 말이 나오는데, 그것이 나중에 엄청난 오해를 낳는 원인이 되었다. 특히 유럽사에서 오래지 않아 일어난 일을 생각할 때 그렇다.[36] 그러나 여기서의 요점은 육체적인 것이라는 관념을 강조하는 것, 즉 영적인 것은 항상, 게다가 시간을 가로지르는 사슬 속에서 육화된다는 관념을 강조하는 것이다. 그것 속에는 그에게서 그의 기독교 신앙이 얼마나 근대적 탈육화의 거부에 의해 고무되고 있는지가 반영되어 있다. 말하자면 그는 바로 그와 같은 길을 통해 육화의 신앙으로 복귀하게 되었다.

그리고 여기서 결정적인 개념은 '영적 친교', '서로 손을 잡는 것', 다시 말해 성도 공동체이다. 그와 같은 공동체에서 우리 모두가 하나로 결합되는 것이다.

4

752

〈제2차바티칸공의회〉의 개혁에서 중심적이던 몇몇 주제를 그에게서 찾는 것은 어렵지 않다. 특히 자유의 복권, 신의 백성으로서의 교회의 재건, 다른 신앙에 대한 열린 자세 등이 그것이다. 그리고 실제로 거기서는 일련의 영향을 볼 수 있다. 앞의 〈공의회〉의 지적 토대를 놓은 중요한 신학저작 대부분이 프랑스 출신자의 것이었다. 콩가르Yves Congar, 다니엘루Jean Daniélou, 뤼박Henri de Lubac이 떠오른다. 그들의 주요한 지적 원천은 초기 교부들이었지만 그의 흔적이 남아 있던 가톨릭적 사상과 감수성으로 이루어진 환경 속에서 나왔다.[37]

Mounier, *La Pensée de Charles Péguy*, p. 189(XIII, 257-258페이지에서 '새로운 신학자'의 말을 참조하고 있다)을 보라.

36 물론 그것이 민족/국가라는 의미로 '인종'을 환기시키는 그가 가진 유일한 문제는 아니다. 그는 분명히 어떤 의미에서도 인종주의자가 아니지만 그의 민족주의, 특히 목숨을 잃게 되는 제1차세계대전을 그가 인정하는 것에 대해서는 얼마든지 이의를 제기할 수 있을 것이다. 현대의 뿌리 박탈에 대한 그의 비판 또한 분명히 위험한 측면을 갖고 있다.

37 앞서 언급한 신학자들이 남긴 여파 속에서 집필 활동을 한 발타자르Hans Urs von Balthasar 또한 그에게 중요한 위치를 부여한다. 그의 *Herrlichkeit*, 2권(Einsiedeln: Joannes Verlag, 1962), pp. 769-880을 보라.

그리하여 기존의 가톨릭 전통에 대해 그가 제기한 도전을 어떤 종류의 것으로 이해해야 하는가 하는 질문이 제기된다. 이 경우 기존의 가톨릭 전통이란 〈트리엔트공의회〉에서 정의된 것 그리고 〈프랑스혁명〉, 왕정복고, 19세기의 충격에 의해 수정된 것을 말한다. 그것은 궁극적으로 〈제2차바티칸공의회〉의 개혁을 어떻게 이해해야 하는가 하는 질문과 동일하다.

여기서 앞의 질문을 바라볼 수 있는 두 가지 관점을 명백하게 식별할 수 있을 것이다. 한편으로 여기서 관건이 되는 것은 가톨릭적 기독교에 대한 궁극적이고 완전히 올바른 이해라고 상정할 수 있다. 그렇다면 앞의 질문은 이렇게 될 것이다. 즉 누가 옳았는가? 〈제2차바티칸공의회〉인가 〈트리엔트공의회〉인가, 그리고/또는 어느 측면에서 옳았는가? 내가 지금까지 해온 것과 같은 종류의 고찰, 즉 그가 어떻게 가톨릭 신앙에 이르렀는지를 — 즉 그가 무엇을 통과해 어디에서 벗어났는지, 말하자면 그가 어떤 벼랑 끝에서 신앙의 도약을 시도했는지 — 밝히려는 노력은 이 경우 그가 어떻게 잘못했는지 또는 그가 어떤 의미에서 옳았는지를 설명하는 데서만 중요성을 가질 뿐이다.

그렇게 되면 세속적 역사학에서 벌어진 무수한 논쟁으로부터 익숙한 방식으로 그의 배경을 다루게 될 것이다. 가령 진보를 믿는 사람들이 보다 이전 시대 사람들은 우리에게는 명백한 몇몇 진리를 볼 가망이 없었으리라고 주장하는 방식을 보라. 일정한 지식 또는 편견으로부터의 자유 등이 결여되어 있었기 때문이라는 것이다. 또는 다른 쪽에서 전통적 방식의 지지자들이 가장 기본적인 예의범절이 공격당하는 등 도덕적으로 부패한 현재의 상황에서 젊은이들이 시대가 잃어버린 가치를 알게 될 희망은 없다고 논하는 방식을 보라. 여기서 그와 같은 배경과 관점은 모종의 단일한 진리를 식별하는 것과 관련해 인식적으로 특권을 누릴 수 있는 좋은 위치 또는 그것을 박탈당한 나쁜 위치로 특징지어진다.

그와 같은 종류의 연구를 이해할 수 있도록 해주는 두 번째 틀은 두 견해가 상보적 통찰임을 전제한다. 두 견해 모두 단일한 쟁점에 대해서는 단순히 옳거나 틀린 것이 아니라 각각이 우리 이해를 확장하고 풍요롭게 해주는 신선한 관점을 가져온다. 문제는 서로 다른 그와 같은 통찰들이 어떻게 서로 부합하는지를 이해하는 것이다. 그리고 그와 같은 목적을 위해 어떤 통찰이 생겨나는 배경, 즉 사회적/지적/영=정신적 맥락을 보완해 완성시키는 작업은 매우 계발적일 수 있다.

여기서 다루고 있는 쟁점이 앞 절에서 논한 것과 밀접하게 관련되어 있음을 알 수 753
있다. 즉 한편으로 최근의 과거건 아니면 보다 먼 과거건(또는 몇몇 교회에서는 19세기, 심지어 현재건) 어쨌건 과거에서 기독교의 '황금시대'를 발견하건 아니면 다른 한편으로 그것들을 서로 다른, 상보적인, 그런데도 명확하게 서열화할 수 없는 접근법들로 간주하건 말이다.

어느 쪽의 전제에 서야 할까? 여기서는 단순한 방법으로 선택할 수 있다고는 생각되지 않는다. 현실은 보다 복잡하지만 양쪽 모두 나름의 장점이 있음은 명백하다. 그의 견해 속에는 보다 이전의 기존 신앙과 단적으로 배치되는 몇 가지 논점이 존재한다. 그리고 〈제2차바티칸공의회〉는 이들 논점에 관해 〈제1차바티칸공의회〉에서 지배적이던 몇 가지 사상을 바꾸었다. 자유의 중요성, 민주주의의 가치, 인권의 중심적 위치, 다른 신앙 전통에 대한 판단 등이 그것이다. 하지만 그와 같은 변경이 이루어졌다고 해서 가톨릭 신앙의 이 두 가지 역사적 형태 간의 관계를 어떻게 생각해야 하는가 하는 문제가 모두 해소되는 것은 아니다.

민주주의와 인권은 기독교와 양립 불가능하다거나 심지어 신앙의 융성을 위해서는 그리 훌륭한 사회적 맥락을 제공하지 못한다는 피우스 9세의 생각은 단적으로 잘못되었다. 하지만 그렇다고 해서 그것이 19세기에 민주주의에 대해 회의적이던 가톨릭교도들이 20세기의 아이들인 우리보다, 즉 다양한 형태의 무서운 압제에 맞서 민주주의를 지켜야 했던 우리보다 민주주의의 몇 가지 위험과 약점을 명백하게 볼 수 없었을지도 모른다는 의미는 아니다.

과연 우리는 '오류는 아무런 권리도 없다' 같은 일반 원리를 혼란스럽고 위험한 것으로 올바르게 비난하고, 그와 같은 원리가 정당화하는 검열의 양식을 거부한다. 하지만 그렇다고 해서 그것이 순종이라는 영=정신적 규율이 특정 상황에서는 큰 가치를 가질 수 없다는 의미는 아니다.

아니면 교의적이지 않은 쟁점을 다루어보자. 단식, 금요일에 육식을 삼가는 일 등 특정 양식의 절제가 코드의 일부가 되어 의무 문제로 적용되는 방식 전체가 숨 막히는 것이 되어 그것에 대해 이의를 제기할 필요가 있게 되었다고 해보자. 하지만 그렇다고 해서 그것이 더피[38]가 강력하게 주장하듯이 절제라는 집단적 행위를 교회의 삶으로부터 제거함으로써 우리가 중요한 것을 잃어버리지 않음을 의미하는 것은 아니다.

그와 같은 역사적 차이는 각각 초점을 달리해 두 가지 방식으로 파악되어야 한다. 한편으로 우리는 옳고/그름을 둘러싼 쟁점을 다루고 있다. 거기서 모든 변화는 진리의 증가 또는 감소를 의미한다. 다른 한편으로 매우 상이한 삶의 방식으로부터 신앙에 접근하는 다양한 접근법을 다루고 있다. 온전히 전자에만 초점을 맞추면 후자에 대해 눈이 멀 수 있다. 그것은 대단한 손실일 것이다. 부분적으로는 다른 접근법에 대한 이해는 자기 자신의 접근법에 완전히 몰입하는 데 따른 맹목성으로부터 우리를 해방시켜주기 때문이다.

가령 오늘날 기독교도는 지옥과 신의 진노가 — 도대체 이해되었다고 한다면 — 종종 매우 희미하게나마 느껴지는 시대로부터 벗어나야 한다. 하지만 그들은 객관화와 탈육화가 지배하는 세계, 죽음이 의미를 훼손하는 세계 속에서 살고 있다. 우리는 육화가 의미할 수 있는 것에 대한 감각을 되찾기 위해 분투해야 한다. 하지만 가령 에드워즈
754 는, 3세기 전에, 신의 진노가 강력하게 현전하던 세계 그리고 신의 보편적 사랑을 적절히 느끼는 데 오히려 어려움이 있던 세계에 살았다. 그와 같은 차이에 논쟁적으로 반응해 어느 한쪽이 완전히 옳고 다른 쪽은 완전히 틀렸다고 판정할 수 있을 것이다. 즉 에드워즈는 낡은 방식의 의식에 사로잡혀 있었다고 비난하거나 아니면 우리 자신이 신앙을 희석해버렸다고 비난하는 것이 그것이다.

하지만 그와 같은 차이를 또한 다른 관점에서 비추어볼 수도 있을 것이다. 우리는 어느 입장에서도 전체상을 파악하지 못한다. 우리 중 누구도 인간이 신으로부터 소원해진 것, 또 인간을 되찾으려는 신의 역사와 관련된 모든 것을 혼자 힘으로는 파악할 수는 없을 것이다. 하지만 우리 중에는 타락과 구원의 그와 같은 드라마의 몇몇 측면에 대해 모종의 유별난 감각을 가진 사람이 매우 많은데, 그들은 역사의 발전 과정 내내 여기저기 흩뿌려져 왔다. 함께하는 것이 우리 중 누구라도 혼자 할 수 있는 것보다 더 그와 같은 드라마를 완전히 체험할 수 있다. 즉각 논쟁의 무기에 손을 뻗는 대신 그동안 결코

38 Eamon Duffy, *Faith of our Fathers*(London: Continuum, 2004).

들어볼 수 없던 목소리를 경청하는 것이 좋을 텐데, 그것의 어조는 이해하려고 애쓰지 않았다면 우리에게는 영원히 알려지지 않았을지도 모른다. 그와 같은 관대함을 심지어 우리에게 결코 그렇게 하지 않은 (에드워즈 같은) 사람에게도 넓혀야 함을 발견하게 될 것이다. — 이 측면에서 아마 지난 2~세기 동안 진리를 향한 모종의 조심스런 전진을 이루었다고 할 수 있을 것이다. 비록 기독교 역사 전체 속에서 분명히 그에 대한 선례를 찾을 수 있겠지만 말이다. 현대의 우리 신앙은 기독교의 정점도 또 타락한 형태도 아니다. 그렇지 않고 그것은 오히려 지난 20세기 전체에 이르는(그리고 심지어 몇몇 측면에서는 보다 이전의) 대화에 대해 열려야 한다.

그것은 물론 대량의 귀찮은 해석학적 문제를 남긴다. 다양한 접근법은 어떻게 서로 관련되어 있을까? 모든 것을 포괄하는 진리-물음에 그것들은 어떻게 다함께 관련되어 있을까? 우리가 존재하는 한 그와 같은 쟁점들은 결코 우리를 떠나지 않을 것이다. 『성서』건 교황이건 권위를 대변하는 모종의 안전한 심급에 의해 그와 같은 쟁점들이 궁극적으로 대답될 수 있으리라는 믿음은 위험하고 해로운 환상일 뿐이다.[39]

39 〈제2차바티칸공의회〉의 전사는 다른 시대의 기독교 신앙과 관계를 맺을 수 있는 그와 같은 능력이 우리 자신의 시대와 관계를 맺는데 어떻게 도움이 될 수 있는지를 보여준다. 교회, 즉 교회의 권위 그리고 그것이 기댈 수 있는 철학적 원천에 대한 완강한 견해는 '모더니즘'에 대한 비타협적 유죄선고 속에서 표현되었다. 이 모든 것을 통해 가톨릭교회 내에서 허용되는 지적 삶이 좁아지고, 교회와 세계 간의 참호가 점점 더 깊이 파이게 되었다. 그와 같은 막다른 골목으로부터의 출구가 교부들, 특히 그리스 교부들의 원천으로 돌아가는 가운데 발견되었는데, 무엇보다 먼저 뤼박과 콩가르 저작에서 그것을 찾아볼 수 있다. 그와 같은 원천은 교회와 초자연적인 것을 새롭게 규정하는 데서 토대가 되었을 뿐만 아니라 또한 신학과 신비적 삶 그리고 이 둘 모두와 우리 시대의 체험 간의 연관성을 회복하는 것을 가능하게 해주었다. 그와 같은 원천에 대해 말하면서 최근 한 저자는 이렇게 말하고 있다. "최초의 그리스도 공동체에서 유래한 행동하는 신학 그리고 상징이 중요한 역할을 하는 신비주의 신학이 토마스 아퀴나스주의라는 꼬리표 아래 전달된 가르침의 수프, 생명의 확산에 토마스주의적 [죄인의 목에 씌우는] 칼을 씌우는 합리주의적이기까지는 않지만 합리적인 가르침에 낙담한 동시대 사람들의 체험과 신비욕을 채워주고 있다. 구원사의 신학이자 교회 역사의 수난에 민감한 신학으로서 그것은 그들[새로운 신학자들]이 암중모색 중인 의미를 역사에 부여하지만 후기 스콜라주의의 무역사주의는 전혀 그렇게 할 수 없다.Théologie en actes, qui sourd de l'experience des premières communautés chrétiennes, et théologie mystique, où les symboles joue un rôle capital, elle comble l'appétit du vécu et du mystère des contemporains que décourage le brouet rationalisant, sinon rationaliste, de l'enseignement délivré sous l'étiquette thomiste, enseignement qui soumet la prolifération de la vie à un carcan thomiste. Théogie de l'histoire du salut et théologie sensible aux tribulations de l'histoire de l'Église, elle confère à l'histoire un sens qu'ils[sc. les nouveaux théologiens cherchent à tâtons, et dont l'anhistorisme de la scolastique tardive est bien incapable"(Étienne Fouilloux, *Une Église en quête de liberté*[Paris: Desclée de Brouwer, 1998], p. 185).

그처럼 단편적이고 어려운 대화가 가리키는 것이 성도들의 교제Communion of Saints이다. 나는 그것을 단지 완성된 사람들, 불완전성을 뒤로 하게 된 사람들의 교제가 아니라 오히려 신을 향한 삶 전체, 삶의 여정 전체로 이루어진 교제로 이해한다. 여정 전체란 성도들의 삶을 통해 끊임없이 다시 이야기되는 것을 말한다. 그것은 심지어 배신의 순간, 즉 베드로가 그리스도를 부인하던 순간을 복음 이야기가 다시 이야기하는 것까지 포함한다. 그와 같은 순간은 베드로의 이후 삶에 의해서도 지워지지 않는다. 하지만 닭이 울었을 때 느낄 쓰라린 슬픔이 성령 강림 후 그가 사도적 삶을 향해 나아갈 첫걸음이 되리라는 것이 신의 대답이었다. 신은 그렇게 부인하는 순간마저 성성을 향해 나아가는 디딤돌로 삼았다. 이 의미에서 그것은 성자로서의 베드로의 삶에 없어서는 안 되는 요소였다.

여정은 죄로만 이루어지지 않는다. 나의 여정은 역사적 질서 속에 매립된 나의 실존을 결정적으로 포함하는데, 좋기도 하고 나쁘기도 한 그와 같은 질서 속에서 또 그것을 벗어나 나는 신의 질서를 향해 걸어가는 수밖에 없다. 세상 종말이 매우 다른 풍경과 위난을 가진 이 모든 여정을 하나로 모을 것이 틀림없다.

그와 함께 최종 진리-물음이 다양한 여정 간의 차이를 가리도록 허용해서는 안 되
755 는 두 번째 이유가 드러난다. 그와 같은 이유는 이렇게 귀결될 수 있을 것이다. 즉 상호 이해가 상호 풍부화로 이어지는 상이한 민족과 시대의 교제로서의 교회는 본인의 진리에 대한 근거 없는 전면적 신앙 — 오히려 실제로는 '이단'이라는 이름으로 부르는 것이 더 나을 것이다 — 에 의해 훼손되고, 제한되고, 분열되어버리기 때문이다.

지금까지 현대의 회심자가 가질 수 있는 감각 — 기존질서의 바깥쪽으로 나가야 한다는 감각 — 에 대해 부여할 수 있는 두 가지 다른 의미에 대해 묘사해왔다. 그중 하나는 우리로 하여금 완벽하게 적절한 역사적 질서를 탐구하는 것을 목표로 삼도록 만든다. 다른 하나는 무엇이건 그와 같은 질서를 넘어설 수 있는 대화로 우리를 초대한다. 후자의 경우 보다 이전의 처방으로 돌아가는 것이 목표가 아니다. 비록 그와 같은 처방 중 상당수가 의문의 여지없이 그렇게 하도록 고무하지만 말이다. 그리고 항상 보다 이전의

모델을 모방하는 요소가 존재할 테지만 말이다. 그러나 오늘날의 기독교적 삶은 필연적으로 그리고 당연히 현행 질서를 넘어 신을 향해 나갈 수 있는 새로운 방법을 찾고 있으며, 발견할 것이다. 전례 없는 새로운 여정을 찾고 있다고 말해도 좋을 것이다. 기독교적 관점에서 현대를 이해하는 것은 부분적으로는 그처럼 새로운 길을 식별하는 것이다. 우리가 그 속에서 살아가고 있는 특수한 미로 같은 광경을 뚫고, 그곳의 덤불과 발자국 하나 없는 광야를 뚫고 신에 이르는 길을 발견한 선구자들에 의해 개척되어온 길을 말이다.

5

페기는 필자에게 열쇠가 되는 사례였지만 실제로 서양근대에는 새로운 여정을 연 선구자가 수두룩하다. 문학작품 속에서 그와 같은 길을 따라간 도스토옙스키 같은 사람부터 본 장에서 논하는 다른 사람들에 이르기까지 말이다. 그리고 물론 그 밖에도 모두 언급할 수 없을 정도로 너무나 많다. 하지만 비록 짧게나마 또 다른 주요 인물에 대해 논하고 싶은데, 홉킨스가 그이다.

홉킨스는 실로 놀라운 새로운 여정의 두드러진 사례를 보여준다. 페기와 마찬가지로 그도 근대적, 보다 정확히는 포스트-낭만주의적 곤경에서 출발한다. 규율훈련된 도구적 이성을 중심으로 하는 문화에서 그는 인간의 삶이 협애화되고 축소될 위협을 예리하게 느꼈다. 우리는 주변의 자연 세계와의 접촉을 잃고, 그와 함께 본인의 삶에서의 고차적 차원과의 접촉도 잃게 된다. 이 점에서 그는 당대의 주요 사조 및 감수성의 흐름과 일치했다. 근대라는 시대는 우리를 둘러싼 세계의 미에 대한 지각을 잃어버리고 있다는 감각 그리고 그것이 경제적 착취 체계와 밀접하게 관련되어 있다는 감각에서 그는 러스킨과 일치했다. 그러나 근대의 삶에서 [심]미적 차원을 회복하기 위한 탐구에서는 페이터와 일치했다.

더 나아가 예술 그리고 특히 시작詩作이 그와 같은 회복의 핵심적 요소라는 포스트-낭만주의적 직관을 공유했다. 시작의 중요성을 파악하는 방식 중 하나는 언어 이론을 통하는 것이었는데, 그것은 낭만주의 세대에 속하는 독일 사상가들에게서 비롯되었다. 가령 슐레겔 형제와 노발리스 등이 있었는데, 그들은 다시 하만과 헤르더의 작업에 기대고 있었다.

그들의 시학은 언어는 구성적 힘을 갖고 있다는 관념에서 나온 것이었다. 그것은
756 말은 단지 이미 경험한 사물을 가리킴으로써 의미를 획득하지 않는다는 하만-헤르더적 이해에서 출발한다. 반대로 발화, 즉 언어적 표현이 사물을 우리에게 새로운 양태, 깨달음이나 반성의 양태(헤르더 용어를 사용하자면 '깊은 생각Besonnenheit')로 존재하도록 만든다.

그와 같은 생각은 이후 1790년대 저자들에 의해 새로운 시학 이론으로 변형된다. 대부분의 일상적 발화에서 말은 실제로 낡은 지시 이론적 견해에 따라 기능하는 것처럼 보인다. 언어 자체가 구성하는 세계와의 포괄적 관계를 망각하고는 우리는 가령 '손', '막대기', '물' 같은 말은 단지 이미 알고 있는 것을 드러낼 뿐이라고 쉽게 믿을 수 있을 것이다. 그러나 '무한한 것', '보이지 않는 것' 등 일련의 보다 고차적인 것에 이르면 사태는 분명히 달라진다.

아마 그것은 낭만주의의 '상징' 이론에서 가장 명백하게 드러날 것이다. 상징과 관련해 결정적인 점은 그것에 의해서만 어떤 영역이 개시되는 것이다. 이렇게도 말할 수 있을 것이다. 즉 특정한 의미는 오직 상징에 의해서만 우리에게 존재하게 된다고. 가장 고차적인 것, 즉 무한한 것, 신 그리고 우리의 가장 심오한 감정과 관련된 것은 상징에 의한 표현을 통해서만 사유와 고려 대상이 될 수 있다. 무한한 것은 어떻게 표층에 현상Erscheinung으로 초래될 수 있는가 하고 슐레겔A. W. Schlegel은 묻는다. 그는 '단지 상징적으로만, 즉 이미지와 기호 속에서만Nur symbolisch, in Bildern und Zeichen'이라고 대답한다. 그것을 성취하는 것이 시작이다.

> 시작은 …… 영원히 계속되는 상징화 이외의 아무것도 아니다. 즉 우리는 영=정신적인 것을 위해 외피를 찾거나 아니면 외적인 것을 눈에 보이지 않는 내적인 것과 연관짓는다Dichten …… ist nichts anderes als ein ewiges Symbolisieren: wir suchen entweder für etwas Geistiges

eine äussere Hülle oder wir beziehen ein Äusseres auf ein unsichtbares Inneres.[40]

만약 우리가 언어적 존재가 아니었다면 결코 경험 속에 형태를 갖추고 나타나지 않을 것을 첫 번째 근사물 형태로 생각해본다면 앞서 말한 보다 고차적인, '눈에 보이지 않는' 것이 무엇인지를 더 잘 이해할 수 있을 것이다. 영spirit, 靈(Ruach[히브리어로 '성령', '호흡', '숨'을 의미한다], Pneuma[고대 그리스어로, '영혼', '호흡', '숨'을 의미한다])을 예로 들어보자. 아마 설령 전-언어적 동물로 머물러 있더라도 우리에게 바람은 존재할 것이다. 우리는 바람을 피할 은신처를 찾을지도 모른다. 또한 호흡도 존재할 것이다. 우리가 달릴 때 숨을 쉬기 위해 헐떡거리듯이 말이다.

하지만 영은 어떨까? 영혼은 바람이나 호흡과는 다르다. 그것을 보다 고차적인 것, 보다 충일한 것을 추구할 수 있도록 해주는 자질, 거친 움직임, 힘의 시동이라는 의미로 이해해서는 안 된다. 하지만 무엇에도 비할 수 없을 정도로 고차적인 힘에 대한 그와 같은 감각은 우리에게서는 이름 속에서만 형태를 얻는다. 영은 언어를 통해 우리 세계에 들어온다. 그것의 드러남은 발화에 의존한다. '영'이란 말은 슐레겔이 말하는 의미의 상징이다. 그리고 이 말을 최초로 유통시키는 언어의 사용이야말로 앞의 인용문에서 말하는 '시작Dichten', 즉 시의 창조이다.

그와 같은 견해에 따르면 시작에는 뭔가 행위 수행적인 데가 있다. 상징을 창조함으로써 시는 새로운 의미를 확립한다. 잠재적으로 시작은 세계-창조이다. 그것이 1790년대부터 현대까지 전해지는 시학의 이해이다.

시학에 대한 그와 같은 이해 방식은 음역의 변동을 초래하는데, 그것이 가능성의

40 *Vorlesungen über schöne Literatur und Kunst*, I. *Erster Teil. Die Kunstlehre*, S. 81-82. 여기서 나는 '상징'을 핵심어로 선택했다. 비록 그것이 이 의미로 사용되는 유일한 언어도 아니고, 개별 작가 내부에서도 또 작가마다 용법 또한 다양하고 항상 일관되지 않지만 말이다. 종종 동일한 것을 가리키기 위해 '알레고리'라는 단어가 사용되기도 한다. 그것이 매우 혼란스러운 것은 앞의 핵심적인 생각의 전달 매체로서의 '상징'은 (다른 의미로 이해되는) '알레고리'와는 정반대되는 것으로 규정되었기 때문이다. 게다가 이 용어가 또한 다른 사람들에 의해 일군의 다른 방식으로 사용되는 사실이 혼란을 한층 더 가중시킬 가능성이 크다(가령 '상징 논리'라는 표현에서 그것이 사용되는 방식은 이 단어가 낭만주의자emf에서 가졌던 의미와는 명백히 정반대될 것처럼 보인다). 하지만 우리 논의를 위한 용어를 필요로 하는데, '상징'을 택하기로 하자.

새로운 음계 전체를 연다. 다시 한 번 '영'에 대해 생각해보자. 영은 『성서』, 관련 문서,
757 구전 등을 통해 우리 세계로 들어온다. 그것의 실재[현실]는 서사와 교의 속에 고정된다. 새로운 시학은 재귀적[반성적]reflexive 행보를 동반하는데, 그것은 『성서』 자체는 그것이 기록되기 전에 이미 존재한 사건 — 가령 이스라엘 백성에게 일어난 사건 — 을 단순히 서사화한 것이 아님을 가리킨다. 즉 그와 같은 사건 자체가 언어 속에서 비로소 모습을 드러내고 형태를 부여받게 되었음을 가리킨다. 근대(성)에 너무나 전형적인 그와 같은 재귀적[반성적] 전환은 인식의 조건, 즉 '눈에 보이지 않는 것'을 드러내는 것과 관련된 조건을 인식할 수 있도록 해준다.

여기서 가능성의 전 음계가 열린다. 재귀적[반성적] 인식은 주관주의를 가져오고 초월성의 붕괴를 야기할 수 있지만 꼭 그렇지만은 않다. 한쪽 주관주의적 극에서 언어 속에서의 드러남은 단지 언어의 효과로서만 간주될 수 있을 것이다. 정확한 말을 찾아내려는 시인의 노력은 언어를 초월한 실재에 충성하려는 시도로는 이해되지 않는다. 그와 같은 스펙트럼의 다른 극에서 시의 언어는 언어를 초월하지만 여전히 완전히 세계 내적인 것을 규정하려는 시도로 이해된다. 시인은 인간 본성 또는 인간조건을 표현하고 있는 것이다. 그리고 주관주의의 극과 짝을 이루는 다른 극에서 완전한 원래의 이해가 유지된다. 즉 우리 언어는 신 또는 인간성을 초월하는 것을 나타내려고 노력한다는 것이다.

실로 너무 자주 근대 시학의 재귀적[반성적] 전환은 앞의 첫 번째의 주관주의적 태도를 수반하거나 불가피하게 그것으로 귀결되리라고 간단하게 가정되었다. 그러나 그와 같은 필연성은 존재하지 않는다. 포스트-낭만주의 시학의 새로운 '보다 섬세한' 언어에서 결정적으로 중요한 것은 앞 장에서 논한 대로 그것이 존재론적 책무의 보류 또는 불확정성을 허용하는 것이었다. 앞서 말한 광범위한 스펙트럼상의 어디에 시인이 자기를 자리매김할지는 미결 상태로 있을 수 있다. 다시 말해 존재론적 불확정성을 허용하는 것이 근대 시학의 본질에 속한다. 거기서 언어의 의미론은 말하자면 시 작품 자체 속에서 구축되기 때문이다. 언어는 초월에 대한 가장 완전한 존재론적 책무부터 가장 주관주의적인 인간 중심적인 것, 나아가 언어 중심적인 것에 이르기까지 하나 이상의 의미로 받아들여질 수 있다. 그것을 19세기의 워즈워스 시 수용 방식 속에서 볼

수 있다.[41]

그와 같은 불확정성은 허용되지만 요구되지는 않는다. 새로운 시의 언어詩語는 아브라함의 신에게 돌아갈 길을 찾는 데 도움이 될 수 있다. 그리고 홉킨스에서 볼 수 있는 것이 바로 그것이다(그리고 나중에는 가령 엘리엇에게서 볼 수 있다). 히니Seamus Heaney가 시사한 바와 같이[42] 그와 같은 종류의 사례에서 시작은 이중의 원천을 가진다. 한편으로 시적 이미지는 엘리엇 말대로 강력하지만 혼란스러운 감정의 '예리한 불쾌감acute discomfort'[「시의 세 가지 목소리」, 128페이지]에서 — 거의 이렇게 말할 수 있을 것이다 — 해방되기 위해 경험을 명확히 하기 위해 노력한다. 다른 한편으로는 전통에 의해 연마된 신학적 언어 속에서 이미 포착된 신의 역사를 이해하고, 그것을 다시 한 번 경험적으로 실재적인 것으로 만들기 위해 노력한다. 시 속에서 포착되는 궁극적 통찰은 앞의 두 가지가 융합된 것으로, 그와 같은 융합이 또한 둘 모두를 변형시킨다. 즉 경험에게 보다 깊은 의미가 부여되고, 신의 역사는 새로운 종류의 경험적 실재를 획득한다.

홉킨스에게서 종종 앞의 두 가지 접근 양식은 각각 시의 별개 부분에 할당된다. 그
의 몇몇 소네트에서는 8행 연구가 경험을 명확히 하는 반면 6행 연구는 경험을 교의와 758
융합시키려고 시도한다. 그와 같은 융합이 제대로 이루어지지 않는 곳에서 시는 제대로
일체를 이루지 못한다. 8행 연구 속의 이미지가 가령 「황조롱이」에서처럼 신학적 통찰
의 강력한 매체로 변할 때 그것은 훌륭하게 작동한다.

그와 같은 포스트-낭만주의적 맥락에서의 언어 이론으로 돌아가면, 우리가 일상적으로 사용하는 언어는 시시해지고 공소하게 되어버린다는 불만이 종종 제기된다. 즉 우리 시대에 언어의 일상적 사용은 마치 언어의 유일한 기능이 이미 인식된 요소를 지시하는 도구적 기능인 것처럼 그것을 다룬다. 언어의 구성적 · 계시적 힘은 완전히 한쪽으로 방치되고, 무시되고, 심지어 부정되기까지 한다. 그와 같은 언어 이해는 우리가 사물을, 심지어 서로를 순수하게 도구적 측면에서 다루는 태도와 상관적이다.

41 Stephen Gill, *Wordsworth and the Victorians*(Oxford: Clarendon Press, 1998)을 보라.

42 Seamus Heaney, "The Fire i' the Flint", in *Preoccupations*(London: Faber & Faber, 1980), pp. 79-97을 보라.

그것은 종종 단지 사용자(중의 몇 명) 측에서의 언어에 대한 불충분한 이해보다는 언어의 시시해짐이나 빈곤화로 간주된다. 그것 또한 내가 여기서 상술하고 있는 언어 이해로부터 귀결되는 것이다. 언어를 구성적으로 사용하는 것을 통해(그것을 시작詩作이라고 부르자) 우리는 언어를 통해 (신이건 인간 본성, 욕망의 깊이건 권력에의 의지건 또는 다른 무엇이건) 보다 고차적이고 심원한 것과의 접촉을 연다. 시는 행위 수행적 힘을 가진 사건으로, 즉 접촉을 열어주고 어떤 것을 최초로 현시하는 말로 간주될 수 있다. 하지만 그와 같은 사건이란 무엇인가?

앞서 개관한 가장 주관주의적인 해석을 도외시하면 앞의 사건은 객관적 측면을 갖게 된다. 즉 언어를 초월한 어떤 것이 현시되고, 해방된다. 하지만 그것은 또한 불가피하게 주관적 측면을 가진다. 그와 같은 실재는 우리에게, 즉 그와 같은 언어를 말하고, 그와 같은 감수성을 가지며, 이전의 발화나 경험에 의해 준비된 우리에게 현시된다. 그리하여 그와 같은 새로운 말은 우리 안에서/우리에게 공명을 일으킨다. 그것은 자신이 하고 있는 것을 계시한다는 것은 또한 우리에 관한 사실이기도 하다. 비록 계시는 그것 이상의 것이지만 말이다. 그것은 원리적으로는 결국 모든 사람에게 공명할 수 있지만 오직 공명이 가능하게 되는 언어와 인간적 의미 속으로 모든 사람이 유도되기 때문에만 가능하다. 그것이 '보다 섬세한 언어'라는 셸리의 문구가 가진 뜻으로, 그는 그것을 통해 근대시라는 매체를 묘사한다. 보다 이전의 시의 지시 대상과 달리 — 기존의 공적 의미(존재의 연쇄, 신의 역사 등)에 의해 보증되었다 — 근대시는 이미 인정된 구조에 의존하지 않는다. 그것은 새로운 길을 개척하고, 새로운 실재를 '해방시키지만' 단지 공명하는 사람에게만 그렇게 한다.[43]

바로 그것을 통해 그와 같은 '시적' 언어는 취약해질 수 있을 것이다. 공명을 통해 어떤 것을 계시하는 능력을 잃어버릴 수 있는 것이다. 언어는 무뎌지고, 시시해지고, 기계적인 것이 되어, 지시를 위한 편안한 도구, 진부한 문구가 되어 죽은 은유처럼 무심코 입에 오르내리는 것으로 전락할 수 있을 것이다. 물론 전통적인 종교 언어에서 그것을 찾아볼 수 있는데, 또한 정반대 사례도 찾아볼 수 있다. 즉 살아 있는 종교 전통에서

43 나는 그와 같은 생각을 졸저 『자아의 원천들』 23장에서 한층 더 자세히 논한 바 있다.

는 끊임없이 쇄신되는 언어의 힘이 계속 유지된다. 예배자들은 세대를 넘어 〈성령이시 759
여, 우리 마음에 오셔서 채워주소서Come Holy Spirit, our hearts inspire〉라고 찬송하며 의미의 충일을 끊임없이 새롭게 한다. 그러나 똑같은 기도도 죽은 것이 되고, 기계적인 것이 되기도 한다. 기도하고 노래할 때 우리는 그저 같은 동작을 반복할 뿐이다. 또는 그렇지 않으면 그것은 위로의 아우라를, 즉 가족, 친족, 과거와의 연결이라는 친밀함의 아우라를 갖게 되는데, 그것은 기도가 원래 가진 계시적 힘과는 무관하다.

언어에 대한 그처럼 새로운 이해에 비추어 지금까지 예배자 측 결함으로 여겨졌던 그와 같은 생명 없음과 상투화는 이제 우리 언어 속에 자리 잡는데, 우리 언어는 그때 이상적 코드가 아니라 우리 사이에서, 지금 이곳의 우리 사회에서 유통되는 매체로 이해된다. 본래성에 대한 요구 — 그것은 본질적으로 근대적인 것이다 — 자체가 새로운 언어로, 즉 우리 내부에서 공명할 수 있는 언어를 향하도록 우리를 몰아가는 것처럼 보인다.

시적 전통 자체와 관련해 일상어 속에 묻혀버린 모든 셰익스피어적 은유나 『성서』적 은유처럼 시적 언어가 힘을 잃고 시시해질 위험이 잠복해 있다. 다시 말해 한편에서의 통상의 상투화된 일상의 기술적 · 계산적 · 작용적[조작적] 발화와 다른 한쪽의 시적 창조 간의 차이가 사라질 위험이 그것이다. 두 번째 것이 첫 번째 것 속에 흡수되는 것이다. 문학적 정전과 관련해 말하자면, 위대한 시는 다시 한 번 공명을 일으키려면 새로운 맥락이 필요하다고 할 수 있다. 달리 말해 시는 대화 상대 역할을 할 수 있는, 그것과 함께 공명할 수 있는 일련의 동시대적 목소리를 필요로 한다. 그렇지 않으면 시의 힘은 상실될 위험에 빠진다.

언어가 사어가 되어 공명의 힘을 상실할지도 모른다는 두려움은 근대문화에서 반복해서 나타났다. 그리고 문학과 관련해서만 그랬던 것이 아니다. 가령 하이데거에게서 그것을 볼 수 있는데, 그는 공허하고 순응주의적인 '빈 말空談, Gerede'과 본래적 언명을 대비시킨다. 그와 같은 대비는 본질적으로 근대적 '마음씀Sorge'에서 유래한다. 그의 논의는 시작Dichtung으로서의 언어의 잠재력에 관한 근대적 감각 그리고 거기서 귀결되는 창조적 언명과 일상적 언명 간의 구별에 의존하기 때문이다. 오직 시적 언어의 그처럼 고결한 사명과 관련해서만 타락에 대한 두려움이 생겨날 수 있을 것이다. 그와 같은 두려움은 행위 수행적 힘의 상실에 대한 두려움이다. 그것은 근대 시학과 동시에 생겨났다. 그와 같은 두려움은 1790년대의 정초적 사상가들에 의해 표현되고, 이후에도 새로운 시적 창조가 타락을 뒤집을 수 있다는 희망과 함께 되풀이되었다. 말라르메가 "종족의 말에 보다 순수한 의미를 주는donner un sens plus pur aux mots de la tribu"44 사명을 떠맡았다며 포에게 경의를 표한 것은 바로 이 의미에서였다. 언어는 저급해지고, 더럽혀지고, 비본래적인 것으로 변할 지속적 위험 속에 있다는 우려는 계속 되풀이되었다. 방식은 다르지만 그것을 20세기 초의 크라우스Karl Kraus와 오웰에게서 찾아볼 수 있을 것이다. 예술 영역에서 통속성과 공허한 감상 속으로의 그와 같은 붕괴를 나타내기 위해 한 단어가 조어되었는데, '키치'가 그것이다.

하지만 언어의 그와 같은 취약성에는 특히 20세기에 주제화되고, 홉킨스에게 결정적으로 중요한 한 쌍의 특징이 존재한다. 시인을 창조자이자 견시자seer로 보는 원래의 낭만주의적 생각은 독아론적[독백주의적]monological 언어관을 시사할 수 있을 것이다. 진정 중요한 공명은 시인의 영혼이나 존재 속에서 생기는 것이라는 것이다. 하지만 대화적 언어 이해(하만, 헤르더, 훔볼트 등의 정초적 이론 속에 함축되어 있다)가 점점 더 큰
760 지지를 얻게 됨에 따라 중요한 공명은 화자와 청자, 쓰는 사람과 읽는 사람을 연결시키고, 그리고 나아가서는 (아마) 공동체 전체를 연결시키는 것이라는 점이 분명해졌다. 시인의 목소리는 들리지 않을 수도 있을 것이다. 하지만 쓰기의 목적은 타자에게 도달하고, 계시된 또는 해방된 존재 속에서의 일체화를 달성하는 데 있다.45

[하지만 그와 함께] '나'의 고립과 병행해 단 하나의 시적 언어에 초점이 맞추어진다. 독아론(단일한 시인이 창작한다는 생각)의 배후에 부분적 통찰이 존재하듯이 그렇게 하는 것에도 일정한 진리가 포함된다. 쇄신된 행위 수행적 힘 쪽으로의 돌파는 하나의 결정적 순간에, 나아가 하나의 언어 속에서 결실을 맺을 수 있기 때문이다. 모종의 신조어의 발명이나 새로운 어법은 자체 안에 새로운 언어의 힘을 집중시키는 것처럼 보인다. 가령 홉킨스의 '내경inscape'을 생각해볼 수 있을 것이다.

44 「에드거 포의 무덤」, 6행[112페이지].

45 수신자, 심지어 동시대인들을 넘은 곳에 존재하는 초-수신자가 중요하다는 그와 같은 생각을 바흐친 또한 발전시킨 바 있다.

하지만 그와 같은 견해의 일면성은 하나의 언어에 집중된 그와 같은 돌파는 오직 일군의 타자, 참조, 환기, 질문을 통해서만 가능해지며, 그것을 배경으로 해서만 그와 같은 언어 속에서 행위 수행적 힘이 작용할 수 있음을 이해할 때 명확해진다. 공명이 한 시인에게서 일어나는 것이 아니라 시인과 그대Thou 사이에 생기는 것과 마찬가지로 우리를 공명시키는 힘은 하나의 언어나 시구 속에서 분출하기(그렇게 보인다) 전에 전체적 성좌를 통해 형성된다. 시는 전체로서 우리를 공명시킬 수 있지만 오직 간-텍스트적 배치 전체 덕분에만 그렇게 할 수 있다. 실제로 우리는 우리의 고전이 계속 우리를 위해 살아 있을 수 있도록 하기 위해 바로 그와 같은 상황을 새로 구성하려고 지속적으로 노력한다.

의미의 연쇄 속의 의미. — 이 말속에는 각 항의 의미는 그것이 놓이는 구별의 말타래에 의존한다는 평범한 소쉬르적 관찰보다 훨씬 더 많은 것이 들어 있다.

> 언어에는 적극적 사항 없이 차이만이 있습니다Dans la langue, il n'y a que des différences et pas de termes positifs.[46]

만약 '주홍색'이나 '진홍색'이라는 관념이 없었다면 '붉은색'은 다른 것을 의미하게 될 것이다. 여기서 우리는 말이 어떻게 새로운 공간을 열고, 새로운 실재를 계시하며, 숨겨진 것 또는 잃어버린 것과 접촉할 수 있도록 해주는가에 대해 말하고 있다. 그리고 그와 같은 힘은 상보적 의미의 배경 전체에 비추어서만 도래하는데, 그와 같은 배경 자체도 새로운 언어의 도입에 의해 바뀌게 된다.

언어의 회복이라는 그와 같은 쟁점을 포스트-낭만주의적 전통 속에서 정식화할 수 있는 또 다른 가능성이 존재하는데, 그것 또한 의미의 그와 같은 전체론holism에 비추어 읽어야 한다. 카발라주의에서 촉발되어 주제화된 이름을 둘러싼 논의가 다루고 있는 것이 그것이다. 근원의 아담적 언어에서 언어는 그것이 가리키는 실재의 본성을 포착했다.

46 소쉬르Ferdinand de Saussure, 김현권 역, 『일반어어학 강의』, §. 4. 전체로 본 기호, 지만지, 245페이지.

그것이 20세기에 가령 아도르노와 벤야민에 의해 제기된 주제이기도 하다.

앞의 말은 이렇게 들릴 수 있을 것이다. 즉 근대적 언어에서 퇴보하고 부적절해지는 것은 단지 소쉬르가 말하는 특징, 즉 말은 '무동기적'이라는 특징뿐이라고 말이다. 다시 말해 이 동물을 'dog'라고 부르는 이유는, 그것을 프랑스어로 'chien'으로, 독일어로 'Hund'라고 부르는 것 이상의 이유는 없다는 것이다. 그러나 시작詩作이 이 의미에서 실재 — 시는 우리가 그것에 대해 새롭게 말하는 것을 돕는다 — 를 '표상하는' 단일한 단어를 재-발명할 수 있다고 생각하는 것은 부조리할 것이다. 하지만 만약 여기서
761 문제가 되고 있는 것이 시적 이미지 전체임을 이해한다면 중요한 점이 부각될 것이다. 홉킨스는 「황조롱이」에서 하늘을 나는 황조롱이를 포착하는데, 단 하나의 언어가 아니라 시의 용언, 운율, 단어를 통해 그렇게 한다. 그리고 그것을 넘어 신의 역사함의 어떤 것을 포착한다.

그리하여 세 가지 논점이 또는 아마 동일한 논점을 제기하는 세 가지 방식이 존재하는 셈인데, 그것들은 위에서 살펴본 언어와 시작에 대한 이해에 고유한 것이다. (1) 우리의 언어는 구성적 힘을 잃어버렸다, 따라서 회복할 필요가 있다. (2) 그와 같은 힘의 상실은 우리가 주변의 실재를 도구적으로 실제로 다룰 수 있지만 그것의 보다 깊은 의미, 그것이 존재하는 배경, 또 그것에서 표현을 찾아내는 보다 고차적인 실재는 무시된 채, 눈에 보이지 않는 채 머문다는 것을 의미한다. 다른 말로 하면, (3) 그것은 우리 언어가 그처럼 보다 심원한/보다 고차적인 실재 속에 매립된 사물에 이름을 부여할 수 있는 힘을 상실했음을 의미한다.

그리고 물론 (4) 언어의 그와 같은 무능력은 존재의 무능력의 결정적 일면을 이룬다. 즉 우리 삶이 축소되고, 시시해진 것이다.

> 모든 것이 생업으로 시들고, 노역으로 흐려지고 더럽혀져All is seared with trade; bleared, seared with toil. ……47

47 『불멸의 금강석』, 김영남 역, 「하느님의 장엄」(31번째 시), 성바오로출판사, 115페이지.

나는 홉킨스를 그와 같은 맥락에서 바라보고 싶다. 잉글랜드에서 발달한 도시적이고 산업화된 세계의 추악함, "사물들의 **추레함**sordidness"[48]을 홉킨스는 강하게 느꼈다. 실제로 아마 너무 날카롭게 느껴버렸는지도 모른다. 그와 같은 세계에 그가 내린 심판은 너무나 포괄적이고 무차별적이었으며, 그에 대한 처방전을 찾아 본모습을 잃지 않은 자연으로 향하는 그의 전향은 종종 공포에 사로잡힌 도주와 비슷했다. 어쨌건 그는 자연의 형상들에 대해 세심한 주의를 기울이는 것이 산업화된 영국의 끔찍하고 추악한 환경에 대한 본질적 해독제가 되리라고 생각했다. 그와 같은 산업화가 계속 확대되어가는 것을 그는 (옳게도) 두려워했다.

물과 야생이 없어져버린다면
세상은 어찌 될까? 그것들을 남겨둘지어다.
아 그것들을 남겨둘지어다, 물과 야생을.
잡초와 광야여, 무궁히 살지어다.[49]

What would the world be, once bereft
Of wet and wildness? Let them be left,
O let them be left, wildness and wet;
Long live the weeds and the wilderness yet.

자연의 형상들에 주의를 기울임으로써 그와 같은 문명 내부에 있는 우리에게는 점점 더 보이지 않게 되는 보다 깊은 실재를 드러낼 수 있을 것이다. 첫 번째 수준에서 홉킨스에게 열쇠가 되는 단어인 '내박instress과 '내경'으로 표현되고 있는 것이 그와 같은 실재이다. 우리를 둘러싼 사물의 존재가 단순히 불활성적 사물이 아니라 오히려 일종의 활동으로 이해되는 점에서 그의 기본적인 생각은 얼마간 아퀴나스와 관련되어 있

48 이 말은 Norman White, *Hopkins: A Literary Biography*(Oxford: Oxford University Press, 1992), p. 125에서 재인용한 것이다.
49 「인버스네이드」(56번째 시), 158페이지.

다. 각각의 사물은 내적 긴장(내박)을 갖고 있으며, 그것에 의해 자체에 고유한 형상(내경)을 현실화하고 유지한다. 그와 같은 생각은 물론 존재하는 것은 모두 고유의 형상을 지닌다는 플라톤-아리스토텔레스적 관념에 의거하고 있다. 하지만 홉킨스는 둔스 스코투스에게서 영감을 얻어 그것을 넘어갔다. 주어진 사물은 나무 또는 새로서 종에 속한 형상을 분유할 뿐만 아니라 자체의 개별적 내경을, 스코투스 표현을 사용한다면 '이것
762 임[각자성]haecceitas'을 지녔다. 홉킨스는 사물의 '일성oneness'에 대해 말한다. 나무에 대해 쓰면서 그는 '땅에서 일어나는 가장 단순하고 아름다운 일성을 현저하게 간직하고 있는 내경'에 대해 말한다. 또 그와 같은 맥락에서 '자아'에 대해서도 이야기할 것이다. "자아란 사물에 고유한 일성이다."50

그의 시 중 상당수는 사물의 내경에 이름을 부여하는 것[명명]이라고 할 수 있을 것이다. 시의 구성적 힘이 그와 같은 실재가 드러나도록 만든다. 그것은 개별적 존재자의 힘을 계시하고 축복한다. 그의 유명한 시 「황조롱이」에서처럼 말이다.

나는 보았네, 오늘 아침, 아침의 총아, 햇빛 왕국의
왕자, 아롱진 새벽에 끌린 매 한 마리,
그의 밑으로 평평히 굽이치는 잔잔한 공기를 타고
하늘 높이 활보하며, 잔물결 이는 날개를 고삐 삼아
황홀하게 돌고 있는 모습을! 비잉 돌아 휙휙 나아가니
마치 스케이트 뒷굽이 유연한 활곡을 긋는 듯하며
내치고 활주함이 강풍을 박차 버렸다. 숨어 있는 내 가슴은

50 von Balthasar, *The Glory of the Lord*, p. 357. 그의 스코투스주의는 엡슈타인이 포스트-무신론 시대의 러시아에서 식별해내는 '최소종교'를 무시무시한 방식으로 선취하고 있는 듯하다. '멀리 있는 사람'에 대한 무신론적 공산주의의 관심에 대한 반발로 나온 그것은 원래 우리 이웃과, 따라서 특정한 개인과 우리가 맺는 관계와 관련되어 있었다. 그에 따르면 그와 같은 태도가 신학적 견해의 토대를 이룬다. "최소신학은 …… 범신론적 가정을 삼간다. 신은 모든 것 속에 존재하는 것이 아니라 각각의 것 속에, 모든 것의 각자성eachness 속에 존재한다." "신학의 진정한 주제는 단독성들의 세계, 유일한 창조주의 모상을 본따 닮은꼴로 지음 받은 모든 것의 일성이다." "각각의 것은 오직 신이 일성적이라는 사실 덕분에만 일성적이다." Mikhaïl Epstein, "Minimal Religion", in Mikhaïl Epstein, Alexander Genis, and Slobodanka Vladiv-Glover, *Russian Postmodernism: New Perspectives in Post-Soviet Culture*(New York/Oxford: Berghahn Books, 1999), pp. 167-169.

한 마리 새로 인해 설레었나니. — 그의 성취와 달성 때문에![51]

I caught this morning morning's minion, king-
  dom of daylight's dauphin, dapple-dàwn-drawn Falcon, in his riding
  Of the rolling level ûnderneáth him steady àir, and striding
High there, how he rung upon the rein of a wimpling wing
In his ecstasy! Then off, forth on a swing,
  As a skate's heel sweeps smooth on a bow-bend: the hurl and gliding
  Rebuffed the bog wind. My heart is in hiding
Stirred for a bird — the achieve of, the mastery of the thing!

하지만 홉킨스는 그것을 넘어선 것을 가리킨다. 그는 내경을 단단히 붙잡을 뿐만 아니라 그것을 넘어 신의 역사함과 우리의 궁극적 구원에 대한 심층적 전망을 붙잡으려고 하는데, 물론 보다 연약한 손길로 그렇게 한다. 각각의 사물의 개별적 실존은 신에게서 오기 때문이다.

얼룩진 사물들을 지으신 하느님께 영광 있으소서. —
얼룩소 같은 겹색의 하늘이며
……
만상은 상이하고 독특하고 희귀하고 이상하다.
무엇이건 변덕스럽고 점철되어 있다(누가 그 이치를 알까?)
빠르거나 느리고, 달거나 시고, 밝거나 어두운 것으로.
이는 변하지 않는 아름다움을 지닌 그분이 낳으시는 것이니
그분을 찬미할지어다.[52]

51 「황조롱이」(36번째 시), 120페이지.
52 「다채로운 아름다움」(37번째 시), 121페이지.

Glory be to God for dappled things —
  For skies of couple-colour as a brinded cow;
 ……
All things counter, original, spare, strange;
  Whatever is fickle, freckled(who knows how?)
  With swift, slow, sweet, sour, adàzzle, dîm;
He fathers-forth whose beauty is past change:
          Pràise hîm.

그리하여 사물은 오직 신과의 관계 속에서만 개별적 존재를 유지할 수 있다. 그것을 인격적 존재인 우리 자신에 적용하자면, 우리는 신과의 '영적 친교' 속에서만 자기 자신일 수 있음을 의미한다. 그것은, 우리는 신이 우리를 위해 선택한 개별성을 식별하고, 승인하고, 이번에는 우리 쪽에서 선택함을 의미한다. 자아는 '만족의 한숨sigh of content'을 내쉰다. 그렇지 않으면 우리를 우리 자신 안에 가두어야 한다.

영혼이 지닌 자아의 누룩은 둔감한 반죽을 시게 한다. 나는 안다
버림받은 자들이 그와 같음을. 하여 내가 나의 형벌이 되듯이
그들의 형벌은 진땀 빼는 그들 자신이 되리라, 아니 보다 가혹하리라.[53]

Self yeast of spirit a dull dough sours. I see
The lost are like this, and their scourge to be
As I am mine, their sweating selves; but worse.

763 진정 자기 자신이기 위해서는 포기, 내맡기기, 희생이 요구된다. 따라서 그리스도

53 「나는 잠 못 이루고」(67번째 시), 183페이지. von Balthasar, *The Glory of the Lord*, pp. 379-380, 383-384에서의 논의를 보라.

가 가장 충일하게 우리 삶 속에 들어오는 순간은 (우리가 용인한다면) 우리의 죽음의 순간이다. 그리하여 침몰 중인 〈도이칠란트호〉의 갑판 위의 수녀는 〈오, 그리스도여, 그리스도여, 빨리 오소서〉[54]를 부르고 있었다.' 죽음과 부활은 불가분하게 연결되어 있다. 극히 무시무시한 파괴는 또한 온화한 봄으로 간주될 수도 있을 것이다.

파도와 눈과 강과 대지가 그것을 갈았습니다.
하지만 당신은 높이 계십니다, 빛의 오리온인 당신은.
우연을 허락지 않는 당신의 공정하신 손은 그 가지를 헤아리고
계셨습니다.
치명자요 주인이신 당신은, 당신이 보시기엔 폭풍의 눈보라는
소용돌이 꽃잎, 피 붙는 백합화였으니. — 감미로운 천국이 그 속에
뿌려진 것이었습니다.[55]

Surf, snow, river and earth
Gnashed: but thou art above, thou Orion of light;
Thy unchancelling poising palms were weighing the worth,
Thou martyr-master: in thy sight
Storm flakes were scroll-leaved flowers, lily showers—sweet heaven was
astrew in them.

우리는 신을 결코 알 수 없다. 천지창조의 배후에 계신 분은 결코 직접적으로 파악될 수 없을 것이다. 신의 "선택받은 침묵"[56]은 우리를 확실한 지식이 없는 채 내버려둔다.

우리는 추측합니다. 보이지 않는 왕이시여, 우리는 당신을

54 「도이칠란트호의 난파」(28번째 시, 24연, 191행), 99페이지.
55 앞의 시, 21연, 164~169행, 99페이지. von Balthasar, *The Glory of the Lord*, p. 387을 보라.
56 「완벽의 옷」(22번째 시, 1행), 64페이지.

우리가 합당하다고 여기는 뭇 속성들로 옷을 입힙니다.
저마다 자신의 상상에 따라
당신 옥좌에 그림자를 하나 앉혀놓을 뿐.[57]

We guess; we clothe Thee, unseen King,
With attributes we deem are meet;
Each in his own imagining
Sets up a shadow in thy seat

하지만 우리는 신이 이루신 창조 속에서 신을 느낄 수 있다. 개별 사물의 내경 속에서뿐만 아니라 코스모스 속에서도, 그리고 그것의 배후에서 느끼는 힘 속에서도. 홉킨스는 클로델처럼 우주의 장엄 속에서 신의 권능을 강하게 느낀다.

세상은 신의 장엄으로 충전되어 있다.
그것은 흔들린 금박에서 쏟아지는 빛처럼 불꽃을 발하리라.[58]

The world is charged with the grandeur of God
It will flame out, like shining from shook foil;

그러나 그와 같은 통찰, 내경을 넘어선 사물에 대한 보다 깊은 전망은 취약하다. 그것은 우리를 실망시킬 수 있는데, 그는 실의에 빠지기 일쑤였다. 아일랜드에서 보낸 마지막 5년간 그것은 특히 깊었던 것 같다.

나는 잠 못 이루고 낮 아닌 어둠의 거친 털가죽을 느낀다.

57 「논둠」(23번째 시), 66~67페이지.

58 「하느님의 장엄」, 155페이지. 또한 「별이 빛나는 밤에」(32번째 시), 116페이지, 특히 「저 자연은 헤라클레이토스의 불이며」(72번째 시), 192페이지를 보라.

어떤 시간을, 오 얼마나 어두운 시간을 그와 같은 밤에 우리는
보냈던가! 어떤 광경을, 마음이여, 너는 보았으며, 어떤 길들을 헤맸더냐!
그런데도 아직 빛은 더디고, 보다 많은 시간을 보내야 한다.
……
나는 쓸개즙, 나는 가슴앓이, 신의 가장 심오한 명령이
나로 하여금 쓴맛이 나게 하셨으니, 나의 맛은 바로 나였다. 764
저주는 내 안에 뼈들을 세웠고, 살을 채웠고, 피로 넘치게 했다.[59]

I wake and feel the fell of dark, not day.
What hours, O what black hours we have spent
This night! What sight you, heart, saw; ways you went!
And more must, in yet longer light's delay.
……
I am gall, I am heartburn. God's most deep decree
Bitter would have me taste: my taste was me;
Bones built in me, flesh filled, blood brimmed the curse.

그처럼 건조한 시간을 보내는 동안에도 그는 절망에 굴복하기를 거부했다.

육신의 위안, 절망이여,
나는 절대로 너의 향연을 원치 않노라.

No I'll not, carrion comfort,
Despair, not feed on thee

59 「나는 잠 못 이루고」, 183페이지. 마지막 인용문 아래 3행, 즉 '영혼이 지닌 자아의 누룩은'은 각주 53에 인용되어 있다.

단호한 결의로 그는 계속 기도했다.

> 내 것에, 오 생명의 주인이시여, 내 뿌리에 비를 내려주소서.[60]
>
> Mine, O thou lord of life, send my roots rain

그는 페기와 마찬가지로 근대의 곤경에서 출발해 또한 마침내 전인미답의 땅에 도달했다. 그것은 어떤 방식으로건 그의 사고가 기독교의 정통 교의에서 벗어나지 않았음을 의미하지 않는다. 반대로 그는 비인격적 질서의 종교를 향해 미끄러지는 것에 강력하게 저항하는데, 19세기가 18세기의 이신론에서 상속한 그것을 주도자 중 많은 사람이 자기 시대에 맞게 다시 만들었다. — 그중 엄청난 영향을 미친 인물로 아널드와 에머슨이 있었다. 사실 홉킨스에게 핵심적 관심사는 정통적인 전통과 재접속하려는 욕구였다. 그로 인해 처음에는 고교회파와 〈옥스퍼드운동[소책자운동]Tractarianism〉에 이끌렸고, 이후에는 가톨릭 신앙으로 회심하려는 동기를 부여받게 된 것이었다.

그는 당대의 시대정신과의 어떤 교의적 타협도 거부하고, 천지창조라는 신의 역사에서는 '영적 친교'가 목표라는 기독교의 핵심 교리로 단호하게 회귀했다. 신은 단지 창조의 법에 따라 살 수 있도록 우리를 창조한 것이 아니라 신의 사랑에 참가하도록 창조했다. 놀라운 것은 그가 '영적 친교'라는 그와 같은 텔로스 그리고 온갖 특수성 속에서 개별적인 것을 인정하는 것 간에 존재하는 깊은 연관성을 다시 한 번 전면에 내세우는 방식이다. 그와 같은 연관성과 비슷한 것이 아시시의 성 프란치스쿠스의 영성 속에서 이미 뚜렷하게 드러난 바 있다. 물론 그것은 또한 홉킨스에게 영향을 미친 위대한

60 「육신의 위안」(64번째 시), 178페이지 그리고 「주님, 당신은 진실로 옳으십니다」(74번째 시), 196페이지. 옹은 홉킨스의 낙담의 시대는 신앙의 상실의 시대로 이해될 수 없음을 설득력 있게 주장한다. 홉킨스가 말한 모든 것 그리고 그가 이제까지 살아온 금욕주의적 삶은, 그가 단도직입적으로 고통 받는 자아를 겨냥하고 돌진한 것이 기독교 신앙에 대한 위협 — 어쨌건 그것은 신이 '사라지도록' 만든다 — 이기는커녕 오히려 실제로는 신앙이 무엇을 포함하고 있는지 보다 깊이 이해하고, 신앙의 완전한 결과를 전에는 도달 불가능한 정도의 명확한 의식과 함께 포용할 수 있는 기회를 마련해주었음을 암시한다(Walter J. Ong, *Hopkins, the Self and God*[Toronto: University of Toronto Press, 1986], p. 152).

프란치스쿠스회 사상가 둔스 스코투스에 의해서도 명확하게 드러내진 바 있다. 하지만 이 예수회 시인은 19세기의 전혀 다른 맥락에서 그것을 쇄신하는데, 당시 시간과 공간적으로 광활한 우주는 플라톤과 아리스토텔레스적 개념의 도움으로 해명되던 중세의 코스모스뿐만 아니라 다른 여러 차원을 이미 완전히 벗어나 있었다. 따라서 가늠할 수 없는 우주 속에서의 압도적이고 종종 파괴적이기까지 한 활동뿐만 아니라 개별적 내경 속에서도 역사하는 신이라는 그의 비전은 전혀 선례가 없는 것이었다.[61] 그것은 오직 근대에만 생길 수 있는 것이었다. 다만 분명히 생기지 않을 수도 있었다. 우리가 현재 이해하고 있는 것으로서의 우주에 대한 그와 같은 응답에서 필연적인 것은 아무것도 없었다. 홉킨스가 희귀한 통찰의 은총을 타고났던 것이다. 그는 한 가지 의미 이상에서 획기적인 여정을 보측步測했다.

시인으로서 그리고 기독교도로서 걸은 길이 너무나 외롭고, 그의 시대에는 인가받기 너무 어려워 그는 종종 목적지에 이를 수 없으리라고 느끼곤 했다.

새들도 둥지를 짓건만 — 나는 짓지 못합니다. 아니, 애써 보아도
시간의 고자, 그리하여 영속하는 작품 하나 낳지 못합니다.[62]

birds build — but not I build; no, but strain,
Time's eunuch, and not breed one word which wakes

그러나 실의에 잠기는 또 다른 순간, 즉 단지 아일랜드뿐만 아니라 그를 이해하지 765
못하는 고향에서도 자신을 얼마나 이방인처럼 느꼈는지 한탄하는 대목에서는 아련하게 다른 가락을 들려준다.

61 다시 한 번 「저 자연은 헤라클레이토스의 불이며」를 보면 그의 우주가 중세와 근대 초를 지배한 코스모스-관념을 얼마나 멀리 넘어서 있는지를 엿볼 수 있을 것이다. 또한 Ong, *Hopkins*, pp. 156-159에서의 논의도 보라.

62 「주님 당신은 진실로 옳으십니다」, 196페이지

다만 나의 마음이 아무리

지혜로운 언어를 길러내도 어두운 하늘의 당혹스러운 금지가
그것을 저지하거나 지옥의 주문이 좌절시킬 뿐이다. 듣는 이도 없이
들어도 관심 두는 이 없이 그와 같은 언어를 쌓아두다니, 나는 처음부터
외톨이 신세구나.[63]

Only what word

Wisest my heart breeds dark heaven's baffling ban
Bars or hell's spell thwarts. This to hoard unheard,
Heard unheeded, leaves me a lonely began.

오늘날 우리는 듣는 이가 아무도 없는 앞의 말이 얼마나 몹시 '쌓아둘 만한hoard' 가치가 있는지를 인식하고 있다. 홉킨스 본인이 그것을 눈치 채고 있었고, 때때로, 기다릴 준비가 되어 있었다.

6

이 장에서 문학가에게 많은 시간을 할애했지만 새로운 여정의 전체 음역은 그것보다 훨씬 더 광범위하다. 문학가 외에 기도나 행동의 새로운 길을 발견한 사람도 있다. 단지 몇 명 이름만 거론하자면 샤를 드 푸코Charles de Foucauld, 메인John Maine, 바니에Jean Vanier, 마더 테레사, 리지외의 테레즈[64]를 들 수 있을 것이다. 그리고 그중 많은 사람이

63 「타인」(66번째 시), 181페이지.

64 테레즈가 걸어간 길 또한 우리의 근대적 조건으로부터 시작된다. 그와 같은 조건은 보다 이전의 조건과 달랐는데, 보다 이전에는 신과 그리스도가 누구인지에 대해 겨우 어렴풋하게만 알며 신과 아무런 관계

일반 대중에게는 알려지지 않았으며, 앞으로도 그러할 것이다. 실제로 나로서도 그저 수박 겉핥기에 그치고만 느낌이다.

문제는 그들의 삶의 여정을 어떻게 이해할 것인가이다. 실제로 이 장에서 내가 이야기해온 모든 사람은 오해의 여지없이 명백한 의미에서 완벽하게 정통 가톨릭교도였다. 따라서 그들이 선구자들과 연속성 상에 있는 것으로 보는 것은 전적으로 옳다. 그것으로부터 단지 한걸음만 더 나아가 진정 중요한 것은 연속성이지 새로 개척한 길이 아니라고 말할 수 있을 것이다. 그들과 관련해 중요한 것은 오래전에는 확고하게 자리잡고 있었지만 그러다가 개탄스러울 정도의 도전에 직면한 교회 질서를 회복하기 위해 그들이 한 기여이다. 그들의 기이한 일탈은 아무래도 상관없다.

아니면 '진보적' 측면에서 소위 그와 같은 일부 '일탈'을 통해 실제로는 결국 올바른 신앙의 상을 바로 잡는 데 성공했다고 말할 수도 있을 것이다. 그리고 보다 이전의

도 없이 사는 '죄인들'이 실제로 존재했지만 그럼에도 불구하고 모든 사람이, 즉 사회 전체가 신을 믿었다. 반대로 우리는 신에 대한 부정이 실제적인 선택지이며, 수백 만 명의 사람이 그와 같은 입장을 택하는 세계 속에서 살고 있다(Fernand Ouellette, *Je serai l'Amour*[Montreal: Fidès, 1996]을 보라).

"테레즈는 오랫동안 '형이상학적 슬픔'에 젖어 있었다. 그녀의 내밀한 드라마가 펼쳐지는 곳 또한 바로 그와 같은 지형 위에서였다. 그와 같은 슬픔은 그녀가 어린 시절부터 〈그리스도수난〉 그리고 인간들이 그분의 사랑을 거부했다는 것에 대해 갖고 있던 인식과 관련되어 있다. …… 모레는 '테레즈가 섭리의 신비한 설계에 의해 기쁨과 위로를 가장해 그녀의 소명 중 하나로 받아들인 것이 현대라는 시대의 본래 형이상학적인 슬픔이었다'라고 결론을 내린다.Thérèse est pénétrée depuis longtemps de 'tristesse métaphysique'. C'est bien sur ce terrain-là que se joue son drame intime. La tristesse est liée à la conscience qu'elle a, depuis son enfance, de la souffrance du Christ et du rejet de son amour par les hommes. …… Marcel Moret conclut que c'est cette tristesse proprement métaphysique des temps modernes que Thérèse, par un dessein mystérieux de la Providence, a eu entre autres pour vocation d'assumer sous les apparences de la joie et de la consolation"(323페이지). 신앙의 그와 같은 결여를 그녀는 공허함으로 경험했는데, 그것이 그것으로부터 본인을 차단하려는 시도로 그녀를 이끌지는 않았다. 오히려 그녀는 그와 같은 세계 속에서 사는 것을 목표로 삼았다. 그럼에도 불구하고 여전히 신을 믿기를 원하며, 신과 함께하기를 원하면서 말이다. 그것이 그녀에게 주어진 '작은 길petite voie'(336페이지)이었다. "[우리는] 죄인들의 고통 자체를 인내하고, 그들과 '시련의 빵'을 나눌 때만 영혼의 구원을 위해 효율적으로 일할 수 있을 것이다.[On] ne peut travailler efficacement au salut des âmes qu'en endurant les souffrances même des pécheurs, et en partageant avec eux le 'pain de l'épreuve'"(337페이지).

세르토Michel de Certeau는 그것을 이렇게 정식화한다. "리지외의 테레즈의 삶의 여정은 절대적 의지('내가 모든 것을 선택한다')에서 시작해 '내가 믿고 싶은 것'으로 축소된 믿음으로 생의 마지막을 장식하는 '밤'으로 끝난다.l'itinéraire de Thérèse de Lisieux commence avec un vouloir absolu('je choisis tout') et s'achève dans la 'nuit' qui marque la fin de sa vie avec un foi réduite à 'ce que JE VEUX CROIRE.'" *La Fable Mystique*(Paris: Gallimard, 1982), p. 236 n55.

'전통적' 독법을 참된 신앙을 부분적으로 잘못 예견한 것으로 강등시킬 수 있을 것이다.

이 두 가지 태도 모두 앞서 4절에서 논한 첫 번째 틀을 택하고 있다. 즉 기독교적 질서와 관련해 과거 시대의 어디에서('전통주의') 발견되건 또는 현재의 시대에 발견되건('진보주의') 하나의 단일한 패러다임을 상정한다.

앞에서의 논의를 통해 그와 같은 관점에 서게 되면 얼마나 많은 것을 잃게 되는지를 명확히 하는데 조금이나마 기여했기를 바란다. 즉 신에 이르는 길의 풍부한 다양성을 잃어버리게 되는데, 그와 같은 관점이 그것을 부정하거나 그늘로 내몰기 때문이다. 하지만 그와 같은 다양성의 전모가 모습을 드러내는 것은 오직 다른 틀을 택해 교회의
766 일치를 시간을 가로질러 영원까지 뻗어나가는 것으로 볼 때뿐이다. 그리하여 교회가 모두는 패러다임적 여정들이 특정한 한 시대의 여정과 동일시될 수 없을 때뿐이다.[65]

결국 문제는 과거건 현재건 역사적으로 매립된 하나의 기독교적 삶의 질서에 결정적 우위성을 부여하느냐, 아니면 어느 것에 대해서도 패러다임으로서의 지위를 부여하기를 거부하느냐이다.

지금까지 해온 이야기에 비추어 쉽게 이해할 수 있듯이 불행히도 역사적으로 매립된 질서와 관계를 맺는 앞의 두 가지 방식을 둘러싼 의견충돌이 차분한 방식으로 상호존중하는 의견교환 속에서 해결될 가능성은 희박하다. 우리는 위에서 정치적 정체성 및/또는 문명적 · 도덕질서 개념과 결부된 오늘날의 신앙의 양식들의 중요성에 대해 살펴보았다. 그와 같은 형식의 신앙에 끌리는 사람들은 종종 첫 번째 반응에 공감하도록 이끌려 완전히 축복받은 것으로 볼 수 있는 역사적 질서를 찾아 달라붙을 것이다. 물론 그것은 결코 불가피한 일이 아니다. 회심이란 가령 삶에 모종의 질서를 가져오고 혼돈을 끝내거나 회피할 수 있음을 의미하고, '모든 것이 허용되는 것은 아니다'는 느낌이 해방적 힘을 갖고 있다고 생각하는 많은 사람은 그럼에도 불구하고 새로운 모델의 기독교세계에 달라붙으려는 유혹에 빠지지 않는다. 몇몇 상황, 가령 오늘날의 브라질이나 아프리카의 오순절파의 경우 그와 같은 모델은 심지어 도대체 말조차 되지 않는다.

65 기독교의 황금시대를 찾으려는 시도에 대한 윌리엄스Rowan Williams의 비판을 보라. "기독교도인 것이 특권이던 시대가 존재한다는 생각 전체가 기이한 생각이다"(*Why Study the Past?*[London: Darton, Longman, Todd, 2005], p. 105).

하지만 현재나 과거의 질서와의 확고한 동일시가 굳어지는 곳에서 신앙은 너무 쉽게 특정 코드와 충성이라는 측면에서 규정될 수 있게 된다(또는 그와 같은 코드와 충성이 종교적으로 성별됨으로써 힘이 신장된다). 그리고 거기서 낙오하는 사람은 배워야 할 것을 갖고 있을지도 모르는 동포 기독교도보다는 배교자로 보다 쉽게 보이는 경향이 있다.

그리하여 현대에 문화투쟁Kulturkampf이 벌어지게 되는데, 그것은 특히 미국에서 격렬하다. 거기서 일부 교회는 종종 좁게 정의된 성윤리의 몇몇 쟁점에 대해 '세속의 세계'와 싸우도록 유도되고 있다. 그리고 그것은 그와 같은 십자군에 입대하기를 꺼리는 다른 기독교도에 대한 단죄로, 그리고 마침내 교회 내부의 일종의 내전으로 치닫는다. 이제 기독교교회는 전 세계적으로 확산되어 더 이상 단순히 서양의 조직이 아니고, 많은 쟁점이 다른 대륙에서는 전혀 다른 방식으로 진전되기 때문에 그와 같은 문화투쟁을 진정시키기가 점점 더 어려워지고 있다.

거기에 분열의 큰 원천 중 하나가 존재한다. 그와 관련된 또 다른 원천도 존재한다. 나는 위에서 탈육화에 대한 응답에 대해 먼저 말하고, 육체적인 것을 회복하는 것이 절실히 필요함을 말했다. 그와 같은 필요성을 의식하게 된 것이 서양문화에서 모종의 반응으로, 즉 관능적 욕구의 가치에 대한 찬양으로 이어졌다. 하지만 그와 같은 반응은 단지 탈육화의 한 측면만, 즉 성적/관능적인 것의 윤리적 억압이라는 측면만 취소시킬 수 있을 뿐으로 탈주술화적 환원은 건드릴 수 없을 것이다. 그와 같은 환원은 관능성에 부과되는 모든 제약을 제거하는 것을 쉽게 수반할 수 있으며, 실로 어떤 의미에서는 그것을 권장할 수 있을 것이다.

그와 같은 환원을 취소하는 것은 우리를 둘러싼 자연환경 속에서의 삶뿐만 아니라 육체적 감각, 육체적 행위, 육체적 표현이 충일과의 접촉의 경로가 될 수 있는 방식을 재발견하는 것일 것이다. 보다 이전의 종교적 삶은 그와 같은 육체적 양태와 의례로 가득 차 있었다. 하지만 바로 그것들이 대문자 개혁의 진전에 따라 옆으로 내몰리는 경향이 있었다. 대문자 개혁은 보다 지성적인 형태의 기독교 신앙과 의례를 통해 훈련되 767
고 거리를 둔 세속의 세계로 나아갔다. 그러나 육체적인 것을 회복하겠다는 이곳에서의 갈망이 부정되지는 않을 것이다. 그리고 오순절파처럼 지금 가장 빠르게 성장 중인 형태의 기독교가 매우 자주 육체적 의례, 특히 치유 의례에 중요한 위치를 부여하고 있음은 전혀 놀랄 만한 일이 아니다. 하지만 그것은 근대라는 시대 전체에 걸쳐 이루어진 대문자 종교개혁의 위대한 성취로 서양의 많은 기독교도가 간주하는 것에는 역행하고 있다. 갈등의 또 다른 중요한 잠재적 원천이 거기 있다.[66]

이 두 갈등 영역은 연결되어 있는데, 코드를 둘러싼 주요한 투쟁이 성윤리 영역에서 일어나고 있기 때문이다. 그리고 섹슈얼리티는 우리의 육체적 실존에서 결정적으로 중요한 차원이다. 이 영역을 신학적으로 새롭게 해석한다는 것은 의문의 여지없이 성윤리와 관련된 몇몇 주제, 가톨릭의 경우 무엇보다 먼저 피임과 동성애를 다른 방식으로 숙고할 것을 전제할 것이다. 하지만 그와 같은 숙고는 그것 이상의 훨씬 더 많은 것을 요구할 수 있을 것이다. 우리는 성애적 욕구와 신의 사랑이 연결되어 있다는 감각을 회복해 그와 같은 연결을 표현할 수 있는 새로운 방법을 찾아야 하는데, 그것은 유대교건 기독교건 『성서』적 전통 깊숙이 자리 잡고 있다. 그리고 현대의 성혁명 — 그에 대해서는 앞서 13장에서 기술한 바 있다 — 이 성정체성 문제를 중심 의제로 만든 이래 그와 같은 재발견이나 재분절화를 위해서는 남성과 여성이라는 젠더 정체성-물음 그리고 그것이 신과 인간의 관계에서 어떤 형태를 취할 것인가 하는 질문을 다시 한 번 탐구하지 않으면 안 되게 되었다. 그와 같은 탐구를 회피하거나 우회하는 두 가지 방법이 있다. 하나는 젠더 정체성의 차이를 사소한 것, 완전히 가단적인 것, 개인이 자유롭게 결정할 수 있는 것으로 파악하는 것이다. 다른 하나는 앞의 차이에 관해 영원불변의 것으로 생각되는 하나의 정의를 고집하는 것이다. 가령 폰 발타자르가 그렇게 해오고 있는 것처럼 보인다.

이 두 극단적 입장은 본성Nature/육성Nuture 논쟁을 몹시 괴롭히고 있는 양극적인 과도한 단순화를 반영하는데, 즉 만사가 환경의 요소에 의해 결정되는 것이 틀림없다는 입장 그리고 만사는 유전에 의해 결정되는 것이 틀림없다고 주장하는 입장이 그것이다. 현시점에서 인간 문화는 그와 같은 방식으로 작동하지 않는다는 점이 명확해져야 할 것이다. 문화는 항상 일정한 해석과 재정의를 포함해야 하지만 인간이라는 상수를 배경으로 해야 한다. 그와 같은 상수는 사회별로 또 시대별로 항상 새로운 차림을 하고 나타

66 이 문제 전체에 대한 흥미로운 논의로는 Alister McGrath, *The Twilight of Atheism*(New York: Doubleday, 2004), 8장을 보라.

나기 때문에 그것을 개별적으로 특징지으려 하기보다는 동일한 것으로 취급하기가 보다 쉽다. 그러나 어떤 형태로건 차이와 인력引力 모두를 포함하는 성생활은 의심할 여지없이 그와 같은 상수 중 하나이다. 인간 문화의 다른 결절점에서와 마찬가지로 여기서도 계속 유지되는 배경 그리고 계속 달라지는 형태 모두에 대한 감각이 필요하다.

그리고 오늘날 에로스와 영=정신적 삶 간의 심오한 상호침투를 새로 탐구하기 위해 양쪽 모두 필요하다. 서양기독교세계에서 어마어마하게 난처한 이 영역 — 성적인 것이 영적인 것과 조우하는 영역 — 이 신에 이르는 새로운 길이 발견되기를 절박하게 기다리고 있다.[67]

7

미래 예측의 불가능성에 대해서는 본서의 몇몇 곳에서 이미 현명하게 지적한 바 있지만 그럼에도 불구하고 약간의 추측을 해보는 것을 멈출 수 없을 것 같다. 또는 아마
보다 정확하게 말하자면, 두 가지의 대안적 미래를 전망해보고 싶은데, 그것들은 인간 768
의 삶에서 영=정신적인 것이 차지하는 자리에 관한 기본적 상정에 의거하고 있다. 하나는 주류 이론의 기초를 이루는 것이고, 다른 하나는 앞에서의 나의 서사의 토대가 되어온 것이다.

나는 세속성 3, 즉 우리 시대의 신앙의 조건에 대해 무엇인가를 말하려고 시도해왔다. 나는 긴 이야기를 해왔다. 왜냐하면 오직 역사적으로 달려들 때만 그것을 파악할 수 있다고 믿기 때문이다. 물론 단순히 그와 같은 이야기에서 이런저런 견해가 따라나오는 것이 아니라 오히려 12장에서 설명하려고 시도했듯이 어떤 사람의 이야기는 오직 우리 삶에서 영=정신적인 것이 차지하는 자리에 대한 특정한 이해에 비추어서만 의미를 갖는다. 그에 대한 고찰은 두 가지 방향으로 진행된다. 인간의 영=정신적 삶에 관해 어떤 사람이 가진 관념은 우리 이야기를 할 수 있는 특정한 방식을 시사할 것이다.

67 아래의 흥미로운 논의를 보라. Rupert Short, *God's Advocates*(London: Darton, Longman and Todd, 2005), 특히 소스키스Janet Martin Soskice(24~42페이지) 그리고 코클리Sarah Coakley(67~85페이지)와의 인터뷰를 보라.

그러나 이어 다른 한편 해당 이야기의 타당성이나 비타당성은 영=정신적인 것에 관한 그의 견해를 지지하거나 아니면 의문에 부칠 것이다. 본서 내내 나의 일관된 주장은 이러했다. 즉 주류 이론 속에 포함된 견해 — 12장의 용어로 말하면, '지층' — 는 우리가 통상 '세속화'라고 부르는 서양 사회에서 일어난 사건과 과정의 실정에 비추어보면 타당성이 떨어지게 된다는 것이다.

따라서 내가 추측해볼 수 있도록 해주는 핑곗거리가 존재하는 셈이다. 두 가지 미래에 대해 이야기하는 것은 앞의 두 가지 견해의 심층적 전제를 예시하고, 보다 명확히 하는 데 일조할 수 있을 것이다.

첫 번째 미래는 표준화된 세속화 이론에서 나오는 것으로, 그에 따르면 종교는 점점 더 줄어든다. 물론 구세대의 합리주의적 무신론자들 예상대로(15장에서 인용한 르낭과 콩트의 말을 참조하라) 종교가 완전히 사라져 과학에 길을 내주리라고 기대하는 사람은 오늘날에는 아무도 없다. 오늘날 대부분의 무신론자는 '비합리성'이 또는 적어도 과학에 대한 무관심이 항상 일정 정도는 존재하리라는 것 그리고 아무리 거친 생각이라도 항상 옹호자가 있으리라는 것을 인정한다. 하지만 우리는 — 브루스Steve Bruce의 정식화를 빌리자면 — 모종의 형태의 종교적 신앙을 지지하는 사람 숫자가, 각자가 모두 맨 처음부터 시작해 특정 사태에 대한 각자의 설명을 발명할 때 기대함직한 것과 동일하게 되는 지점에 이를 것이다.

여기서는 기본적으로 종교적 · 초월적 견해는 잘못되거나 적어도 어떤 타당성 있는 근거도 갖지 않는다고 가정된다. 일단 우리가 다 자라 과거의 유산을 뒤로 하게 된 이상 그와 같은 견해는 오직 소수파의 보다 조야하고 무근거한 발명을 통해서만 우리 세계로 다시 들어올 수 있을 뿐이다.

나는 또 다른 상정에 근거해 또 다른 미래를 예견한다. 그것은 주류의 견해와는 정반대이다. 종교적 삶에서 우리는 초월적 실재에 응답하고 있다. 우리는 모두 그것에 대해 모종의 감각을 갖고 있는데, 내가 충일이라고 불러온 모종의 양태를 식별하고 인식할 때, 그것에 도달하려고 할 때 그것이 나타난다. 따라서 배타적 휴머니즘이나 내재적 틀 내부에 머무르는 다른 여러 입장이 인정하는 충일의 양태들은 초월적 실재에 응답하고 있기는 하지만 그것을 오인하고 있다. 충일의 결정적 특징을 차단하고 있다. 따라

서 내가 위에서 묘사한 종교적 (재)회심의 구조적 특징 — 보다 협소한 틀을 깨고 나와
사물을 다른 방식으로 이해할 수 있도록 해주는 보다 넓은 장 속으로 들어간다는 느낌
을 갖게 되는 것 — 은 실재에 조응하고 있다.[68] 그리피스와 관련해 살펴본 대로 보다
이전의 충일감에 이제 새로운, 보다 심원한 의미가 부여되는 일이 쉽게 일어날 수 있는 769
것이다. 그는 교정에서의 현현 경험을 처음에는 워즈워스적 낭만주의에 비추어 읽었으
나 나중에는 그것을 기독교와 관련지어 이해하게 되었다.

하지만 앞서 말한 차단은 충분히 이해가 된다. 회심, 즉 기왕의 좁을 틀을 깨고 보다 넓은 장으로 나아가는 것은 통상 우리가 항상 얼마나 많은 것을 차단하고 있는지를 깨닫게 해준다. 아브라함의 신을 믿는 사람들은 보통 그들이 그에 대해 얼마나 아무것도 알지 못하는지, 신에 대한 파악이 얼마나 부분적인지를 깨닫게 될 것이다. 그들이 가야 할 길은 멀다(물론 그중 광신적인 사람들은 그것을 잊고, 또 다른 망상 속의 삶으로 돌아가 자신만의 확고한 진리에 대한 거짓 자신감을 즐길 것이다).

그리고 그와 같은 차단은 모두 무신론자에 의한 것이건 신앙인에 의한 것이건 강하게 동기를 부여받을 수 있을 것이다. '인간은 많은 현실은 감당할 수 없다'(엘리엇[「네 개의 사중주」]). 아주 갑작스럽게, 지금, 신을 마주 보게 된다면 우리는 모두 동요하고, 불안정해지고 혼란스러워 할 것이다. 최소한의 마음의 균형을 유지하기 위해 어느 정도 신을 차단할 필요가 있다. 우리에게 균형점이 어디 있는지 하는 차이가 있을 뿐이다. 우리의 충일감이 초월적 실재(나에게 그것은 아브라함의 신이다)를 반영한다는 것, 또 모든 사람이 충일감을 갖고 있다는 나의 말이 맞는다면 절대적 영점은 존재하지 않는다. 하지만 우리 문명에는 많은 사람이 안주하는 결정적 지점이 존재하는데, 초월을 그와 같은 충일의 의미로 상상하는 것을 거부하는 태도가 그것을 규정하고 있다. 배타적 휴머니즘은 충일의 기반과 윤곽을 내재적 영역에서, 인간의 삶이나 감정 또는 성취의 모

68 그것이 신앙에 찬동하는 많은 저술가에게서 찾아볼 수 있는 느낌, 즉 오늘날의 세속의 세계에서 왠지 갇혀 있고 억눌려지고 있는 듯한 느낌을 설명해준다. 피퍼Josef Pieper는 우리를 감금할 수 있는 '무미건조한 세계의 둥근 지붕die Kuppel'에 대해 말한다. 소피스트와 사이비 철학자가 그와 같은 둥근 지붕의 나사를 보다 단단히 조이고 있다. 그것을 부수고 나와야 한다. *The Philosophical Act*, in *Leisure the Basis of Culture*, trans. Alexander Dru(Indianapolis: The Liberty Fund, 1999), pp. 69-71; *Was Heisst Philosophieren?*(Einsiedeln: Johannes Verlag, 2003), pp. 19-21을 보라.

종의 조건에서 찾아야 할 것이다. 그것을 넘은 또 다른 발견으로 나가는 문은 닫혀 있다.

하지만 그와 같은 발견을 가로막는 장애물은 무신론자들에게만 국한되지 않는다. 많은 신앙인(특히 광신자, 그러나 그 외에도 수많은 사람)이 (바깥의 어둠 속을 떠도는 모든 이단 및 이교도와 반대로) 신을 올바로 이해하고 있다는 확신에 안주하고 있다. 아브라함의 신의 전통에 익숙한 용어로 말하자면 우상에 매달리고 있다.

너무 많은 실재성은 불안정을 초래할 뿐만 아니라 위험할 수도 있다. 방향감각 상실을 논의가 끝났다는 거짓 확신으로 극복하고, 더 나아가 우리 자신 속에서 느끼는 혼돈과 악을 — 18장에서 서술한 방식으로 — 특정한 적에게 투사함으로써 그와 같은 확실성을 보강하려고 하는 만큼 그렇게 될 것이다. 우리는 악에 대한 공격적 행위로 본인의 완전무결한 선성을 확보하려고 한다. 나는 오염에 맞서 싸우고 있으며, 따라서 순수하다는 것이다.

따라서 종교적 신앙은 위험한 것이 될 수 있다. 초월에 대해 자기를 여는 것은 위험으로 가득 차 있다. 하지만 그것에 대해 시기상조의 폐쇄로 대응해 갈등의 극단화, 심하면 전쟁도 불사하며 순수한 것과 불순한 것 사이에 명명백백한 경계선을 그어버리는 경우 특히 그렇다. 종교적 신앙인이 그렇게 할 가능성이 있음은 역사가 넉넉히 증명해준다. 하지만 무신론자들도 마찬가지인데, 가령 평등한 자들의 공화국, 영구평화의 세계 질서, 공산주의 같은 강한 이상에 한번 끌려가버리면 말이다. '악의 축'에 대한 적극적 공격에서도 그와 같은 식으로 본인의 순수성을 자기확신하는 방법을 발견할 수 있는데, 그것은 신앙인과 무신론자 모두 마찬가지이다. 우상숭배가 폭력을 낳는다.

그렇다면 이상의 가정에 설 때 미래는 어떻게 보일까? 물론 어떤 식이건 미래를
770 상세히 예견하는 것은 전혀 불가능할 것이다. 게다가 거의 확실하게 서로 다른 사회에서 사태는 각기 다르게 진행될 것이다. 하지만 일반적 구조는 이러할 것이다. 즉 특정한 환경에서 지배적 균형점이 어디에 이르건 그것은 항상 취약할 것이다. 일부 사람은 본서에서 지금까지 거듭 말해온 이유에서 보다 '내향적으로', 보다 더 내재주의적 입장 쪽으로 나아가길 원할 것이다. 그리고 또 다른 사람들은 현재의 균형을 제약이 많은 것, 심지어 답답한 것으로까지 보고 외부로 나가기를 원할 것이다.

일반적 균형점이 내재성 속에 견고하게 자리 잡은 사회, 심지어 제정신이라면 어떻

게 신을 믿을 수 있을까를 많은 사람이 이해하기 어려워 할 사회에서도 지배적인 세속화 서사 — 우리 세계에 존재하는 많은 고뇌에 대해서는 우리의 종교적 과거에 책임이 있다고 비난하는 경향이 있다 — 는 시간이 흐르면서 점점 더 타당성을 잃게 될 것이다. 부분적으로는 다른 사회들은 그와 같은 전례를 따르지 않으리라는 것이, 따라서 그와 같은 지배적 서사는 보편적 인류에 관한 것이 아님이 분명해질 것이기 때문이다. 또한 '종교'에게 책임이 있는 것으로 돌려질 수 있는 것처럼 보인 많은 병리가 없어지지는 않을 것이기 때문이다. 물론 그와 같은 서사의 타당성은 많은 유럽인이 미국에 대해, 그리고 그것 이상으로 '이슬람'에 대해 하듯이 종교적 사회를 근대적 가치에 적대적인 것으로 낙인찍는 것에 의해 유지될 수 있을 것이다. 하지만 우리가 실제로 '문명의 충돌'에 몰두하지 않는 한 세속화 서사에 그와 같은 종류의 타당성을 부여하는 것은 조만간 멈추게 될 것이다.

동시에 그렇게 내재성의 분위기가 무겁게 농축됨으로써 후속 세대에게서는 '황무지'에 살고 있다는 감각이 한층 더 강렬해질 것이다. 그리고 많은 젊은이가 경계를 넘어 탐구를 다시 시작할 것이다. 그와 같은 탐구가 무엇으로 이어질지는 누구도 예측할 수 없을 것이다. 어쩌면 14장을 마치면서 살펴본 엡슈타인의 직관이 선견지명이 있는 것으로 드러날지도 모르지만 말이다.

내가 지금까지 해온 이야기는 "종교적 과거의 미래"69에는 또 다른 특징이 있음을 암시한다. 우리의 근대적 서사들이 이야기하는 과거의 상당수는 우리에게 확고한 배경을 이루고 있으며, 따라서 간단하게 포기될 수 없으리라는 것이 그것이다. 주류의 기독교적 서사와 세속주의 서사 모두 인간의 종교적 과거가 지닌 몇몇 특징을 기꺼이 추방한다. 양쪽 모두 기축혁명을 명명백백히 긍정적인 사건으로, 따라서 '다신교'나 (유대-기독교적 용어로 말하자면) '이교'는 잃어버려도 좋은 세계에 속하는 것으로 간주한다. 프로테스탄트교도(그리고 어느 정도 일부 가톨릭교도도)는 거기에 종교개혁(또는 그것의 가톨릭적 변종)을 추가하려고 할 텐데, 종교개혁은 기축적 전환의 사업을 완성하고 기독

69 "The future of the religious past", in Hent de Vries, ed., *Religion — The Concept*(Fordham University Press, 2008), pp. 178-244를 보라.

교로부터 이교와 우상숭배의 유물을 제거해주는 것이었기 때문이다. 여기까지만 해도 두 주류 서사는 동조한다. 하지만 이후 세속주의 이야기는 대열을 흐트러뜨리며 또 다른 일보를 앞으로 내딛는데, 거기서 종교 자체는 마치 낡은 피부처럼 벗어 던져지고, 우리는 이성의 빛 속으로 들어간다.

그들 서사화와 관련해 보다 이전 단계에 대해 책임져야 할 결함과 미비함이 무엇이건 그것이 여전히 인간의 삶에 영향을 미치고 있다는 고찰로 이어지게 되는 보다 비관적인 변종들이 존재한다. 우상숭배는 인간의 마음에게는 끊임없는 유혹일지도 모른다.
771 또는 비합리성, 따라서 종교적 신앙은 대부분의 인간에게는 더 이상 없어서는 안 되는 것일지도 모른다. 따라서 신앙의 추방은 완수되지 않을지도 모른다. 하지만 최선을 다한다면 그와 같은 유물들 없이 해나갈 수 있을 것이다.

본서에서 해온 이야기는 그와 같은 서사화와는 다른 것을 제시하는데, 심지어 비관적 해석에서도 마찬가지이다. 우리의 깊은 과거의 많은 부분을 그냥 방치해둘 수는 없다. 단지 우리가 '약하기' 때문만이 아니라 오히려 그것 속에 진정으로 중요하고 가치 있는 것이 존재하기 때문이다. 그와 같은 사실을 인정하는 것은, 현재의 우리 문화에서는, 해당되는 사람이 통상 '이교' 또는 '다신교'의 일부 가치를 포용하는 반기독교도임을 의미한다. 게이는 계몽주의에 관한 유명한 저작에서 그것을 "근대적 이교주의"[70]라고 부른다. 그와 같은 표현으로 관련 현상 전체를 포착할 수는 없겠지만 그것을 통해 계몽주의 내의 하나의 중요한 사조를 파악하고 있음은 의심할 여지가 없다. 밀로 하여금 '이교적 자기주장'을 '기독교적 자기부정'보다 뛰어난 것으로 칭송케 한 것 또는 전혀 다른 사례를 하나 들자면, 니체가 '디오뉘소스'를 "십자가에 못 박힌 자"[71]와 대치시키도록 이끈 것이 바로 그와 같은 조류였다. 그와 같은 논쟁적 자세는 보통 자신이 공격받았다고 느끼는 기독교도에 의해 충분히 앙갚음되고 있다.

하지만 그처럼 단순한 대항 도식으로는 사실을 공정하게 다룰 수 없다. — 적어도

70 게이Peter Gay, 주명철 역, 『계몽주의의 기원』, 민음사.

71 밀, 『자유론』, 77페이지. 니체, 백승영 역, 『바그너의 경우. 우상의 황혼. 안티크리스트. 이 사람을 보라. 디오니소스 송가. 니체 대 바그너』, "— 나를 이해했는가? — 디오니소스 대 십자가에 못 박힌 자"(『이 사람을 보라』, 468페이지).

그것이 내가 들려주려고 해오고 있는 이야기가 시사하는 바이다. 나는 두 가지 대립적인 입장을 동일한 발판 위에 놓기를 바라는 것이 아니다. 가령 유대적 일신교로의 돌파가 일어나지 않았더라면 더 없이 좋았으리라는 것이 아니다. 오히려 유대적 일신교 및 이후에 생긴 여러 가지 돌파 — 본서에서 내가 다루어온 라틴계기독교세계에서의 대문자 개혁의 긴 과정 등 — 가 영=정신적 삶 — 실제로 보다 이전의 '이교주의'에서는 온갖 결함에도 불구하고 번창했었다 — 의 중요한 측면을 짓누르고, 열외 취급하는 식으로(아마 다른 방법이 있을 수 없었겠지만) 수행되었다는 것이다.

영=정신적 삶의 그처럼 중요한 측면 중 하나를 억압하고 주변부화해버리는 것이 내가 본서에서 '탈육화'로 언급해오고 있는 과정이다. 영=정신적 삶의 꾸준한 탈육화가 그것으로, 그리하여 영=정신적 삶은 깊은 의미를 지닌 육체적 형태 속에서 담지되는 일이 점점 더 적어지고, 점점 더 '머릿속'에서 이루어지게 되었다. 여기서 내가 말하려는 것은 가령 기독교가 — 다른 무엇을 갖고 있건 — 자신이 대체한 보다 이전 형태에 비해 육체성에 관한 완전한 감각을 결여하고 있는 점에서 이교보다 뒤떨어진다는 것이 아니다. 오히려 육화된 신-신앙으로서의 기독교는 탈육화된 형태와 하나로 묶여 있는 한 자체에 본질적인 것을 부정하게 됨을 말하고 있을 뿐이다.

탈육화는 또한 섹슈얼리티에 대한 두려움, 따라서 억압과 관련된다. 그리고 앞 절에서 논한 대로 성정체성-물음의 회피 또는 소심한 처리와도 연결되어 있다.

기축혁명적 돌파와 대문자 개혁 양쪽에서 볼 수 있는 또 다른 부정적 특징은 동질화 경향이었다. 개혁에의 충동은 종종 삶의 모든 것을 단일 원리와 요구의 지배하에 놓으려고 했다. 가령 유일신 숭배, 구원은 오직 신앙에만 의한다는 또는 교회 안으로만 한정된다는 것에 대한 인정 등이 그것이었다. 그리고 대문자 개혁은 인간의 삶에서 그와 같은 단일한 요구와 쉽게 어울리지 않는 것처럼 보이는 것은 모두 없애버리거나 젖혀버림으로써 종종 수행되었다. 오늘날 '다신교'의 우월성을 환기시킴으로써 표현하고자 하는 통찰이란 단지 이것일 뿐이다. 즉 보다 이전의 그와 같은 문화들은 삶의 여러 772
가지 다른 측면과 그것의 요구를 근대의 종교적·도덕적 견해는 잃어버린 방식으로 허용해주었다는 것이다. 상이한 신 — 아르테미스, 아프로디테, 마르스, 아테나 — 은 상이한 삶의 방식의 완전성을 존중하도록 강요한다. 금욕, 성적 합일, 전쟁, 평화의 기예

등이 그것인데, 단일 원리에 따른 삶은 종종 그것에 대한 부정으로 귀착된다.

다시 한 번 말하지만 문제는 보다 이전 형태로, 가령 마르스 숭배로 회귀하는 것이 아니다. 오히려 중요한 것은 프로크루스테스적[억지로 맞지도 않은 기준에 끼워 맞추려는] 충동이 얼마나 쉽게 대문자 개혁 운동을 잉태할 수 있는지를 깨닫는 것이다. 이 모든 것 속에 원-전체주의적인 유혹이 도사리고 있다. 루터와 칼뱅은 중세 말의 수도생활을 타락시킨 영=정신적 우월성이라는 이데올로기를 분명히 옳게 단죄했지만 결국 독신주의의 소명 자체의 신용을 손상시키고, 기독교적 삶의 범위를 크게 축소시키게 되었다. 그리고 그들의 종교개혁은 또 다른 단계의 '개혁'을 거쳐 오늘날 세속적인 세계를 형성하는 데 일조했다. 그와 같은 세계에서 자기-버림은 의심의 눈초리 — 어느 정도까지는 항상 건전하고 필요한 것이다 — 로 바라보아질 뿐만 아니라 완전히 상궤를 벗어난 것, 광기 또는 자기고행의 한 형식으로 간주되고 있다. 결국 우리는 모든 것이 하나의 쾌락주의의 원리에 순응하는 보다 협소하고 한층 더 동질적인 세계 속에서 살게 되었다.

다시 한 번 반복하자면, 요점은 기독교에 1회 정도 분량의 이교를 양념으로 뿌릴 필요가 있다는 것이 아니라 그와 같은 종류의 동질화를 강요하는 만큼 우리의 기독교적 삶 자체가 훼손당해왔다는 것이다. 오히려 교회란 인류가 모든 차이와 완전히 이질적인 여정에도 불구하고 하나가 되기 위한 장소였다. 그리고 이 측면에서 우리는 분명히 한참 뒤져 있다.

여기서 끌어내야 할 교훈은 그와 같은 상승의 순간은, 내가 18장에서 '신의 교육학'이라고 부른 것이 우리를 보다 높은 곳으로 이끄는 순간은 '현실로 존재하는' 역사적 형태에서는 종종 (어쩌면 항상) 지극히 애매하고, 헤아릴 수 없을 정도로 귀중한 이익뿐만 아니라 중대한 손실을 초래할 수 있다는 것이다. 그것을 위해 불가결한 전진의 걸음은 구체적 형태에서는 수용 불가능한 희생을 강요할 수 있다. 그것이 어떤 것을 간단하게 무료로 대체 가능하다는 식의 그와 같은 주류 서사 — 기독교도가 말하는 것이건 계몽주의의 주인공 등이 말하는 것이건 — 를 조심해야 하는 이유 중 하나이다.[72]

72 그것이 또한 유대교를 '대체했다'는 기독교의 주장에도 적용됨은 두말할 필요가 없을 것이다. 기독교 신앙을 내세워 그와 같은 종류의 주장을 하는 만큼 신앙은 그만큼 더 불가사의해지고, 심지어 훼손된다. 하지만 또한, 보다 일반적으로, '신의 교육학'이라는 (인정하건대 아직은 충분히 정의되지 않은) 나의 개

실제로 우리가 문제 많은 과거의 공포 중 일부를 우리 나름의 방식으로 반복하고 있는 방식을 막상 우리가 보지 못하게 하는 것이 바로 그와 같은 과거를 완전히 대체했다는 그와 같은 주장이다. 18장에서 기독교세계와 근대의 세속의 세계 양쪽 모두에서 재현되는 희생양화의 폭력의 고통스런 역사 속에서 살펴본 대로 말이다.

내가 여기서 제시하고 있는 설명에서는 과거와 아무 문제없이 단절하고 간단하게 결별한다는 주장이 차지할 자리는 전혀 없다. 이 점에서 나는 벨라의 통찰을 따르고 있다고 믿는데, 그는 인류의 종교적 발전에 관한 근간에서 그것을 상세히 가다듬고 있다. 그는 그것을 "아무것도 상실되지 않았다"[73]는 구호로 정식화한다.

그것은 우리가 어떻게 이곳에 이르렀는가 하는 이야기가 우리가 지금 있는 곳에 대한 설명과 풀기 어렵게 밀접히 연결되게 되는 또 다른 방식인데, 바로 그것이 본서 전체를 일관되게 구조화하는 원리이기도 했다.

념이 레싱의 개념(『인류의 교육*Die Erziehung des Menschengeschlechts*』을 보라)과 얼마나 다른지가 분명해지기를 바란다. '교과과정'은 이신론에서 영감을 얻은 도덕주의에서 끝나지 않을 뿐만 아니라 보다 근본적으로 교육학은 죄와 속죄의 신비에 대한 우리의 감각을 깊게 하는 것에 근거하고 있는 만큼 본래 결코 '끝나지' 않는다. 졸업생이 크게 만족해하며 배움에서 본인보다 훨씬 더 뒤떨어져 있던 선배들이 불완전하게나마 무엇을 이해해보려고 애쓰는 모습을 잘난 체하듯 깔보는 최종 단계 같은 것은 존재하지 않는다. 이신론적 독법에 대한 설명으로는 Nicholas Boyle, *Sacred and Secular Scriptures*(Notre Dame: University of Notre Dame Press, 2005), 1-2장을 보라.

73 Robert Bellah, "What Is Axial about the Axial Age?", in *Archives Européennes de Sociologie*, 46, no. 1, pp. 69-89(인용문은 72페이지). 그의 논지 전체는 Robert Bellah, *Religion in Human Evolution: From the Paleolithic to the Axial Age*(근간)에서 상술된다.

에필로그

많은 이야기 773

여기서는 논의를 마무리하면서 서양의 '세속화'에 관한 나의 이야기가 다른 역사적 설명과, 즉 철학적 또는 신학적 견해나 이론에서 일어난 변화 — 결국 그것들이 현재의 우리의 곤경을 만들어내게 되었다 — 를 추적하는 설명과 어떤 관계를 맺고 있는지를 간단히 살펴보려고 한다. 그것들은 한 가지 수준에서는 나의 설명과 전혀 다르지만 실제로 둘 간에 갈등이 존재한다고는 생각하지 않는다.

오늘날 나도 많은 것을 공감하고 있는 그와 같은 흐름이 하나 존재한다. 그와 관련해 내가 생각하고 있는 것은 (아퀴나스에게서 볼 수 있는 것과 같은) 중세의 '실재론' 비판, 유명론의 등장, 가능태론, 스코투스와 오캄 그리고 그 밖의 다른 사람에게서 찾아볼 수 있는 보다 [의지를 이성보다 우위에 두는] 주의주의적인voluntarism 신학을, 세속의 세계를 향해 밀고나가려는 추세와 결합시키려는 연구 방법이다.

유명론과 기계론적 과학의 등장, 마찬가지로 점점 더 강력한 힘을 발휘하고 있던 인간적 행위 주체의 새로운 합목적적 태도 사이에도 연관성이 있는 것으로 밝혀졌다.[1] 그리고 유명론은 분명히 자연과 초자연의 분명한 구별, 내재적 질서와 초월적 실재 간

1 Francis Oakley, "Christian Theology and the Newtonian Science", *Church History* 30(1961), pp. 433-457을 보라.

의 분명한 구별의 발전에 기여했는데, 앞서 살펴본 대로 그와 같은 구별이 근대적 세속성에 본질적인 지적 배경이 되었다. 이어 합목적적 태도는 의기양양하게 세계를 지적으로 그리고 실천적으로 파악하기 위한 토대로서 내향적 태도를 갖도록 하는 데 기여하게 되었다.

이 모든 것이 근대의 강력한 존재적 이원론을 낳는 데 일조했다. 즉 정신 대對 모든 의미를 박탈당한 기계론적 우주가 그것으로, 후자는 보다 이전의 코스모스와 달리 어떤 내적 목적도 갖고 있지 않았다.[2]

이 모든 것 — 과학, 기계론, 합목적적 태도 — 이 함께 탈주술화에 기여했다. 세계상의 기계론화는 내가 본서에서 사용해온 의미에서의 탈주술화와 사촌이다. 즉 정령과 도덕적 영력을 전제하는 신앙과 그것의 실천의 쇠퇴와 시듦을 의미한다.

세속성이 그와 같은 맥락에서 등장한다는 것은 쉽게 간파할 수 있다. 탈주술화와의 직접적 인과관계가 존재하는데, 그것이 나의 이야기의 일부를 이룬다. 또 분명히 대문자 개혁과의 공모도 존재했는데, 그것이 탈주술화를 촉진하고 중세의 기독교적 코스모스를 파괴하는 데 일조했다. 실제로 앞의 코스모스로부터 이데아와 형상을 비워내는 데 일조한 반실재론은 분명히 신학적 동기를 갖고 있었다.

774 "세상의 지혜."[3] 그것의 쇠퇴에 관한 브라그의 이야기가 여기에 딱 들어맞는다.

세계상의 기계론화, 유의미한 코스모스와 관련된 신-감각의 위축으로 인해 존재의 위계제라는 관념 또한 사라진다. 그리고 유비 철학을 위한 맥락을, 그리하여 신에 대한 지식에 다가갈 수 있는 (제한된) 경로에 관한 특정한 이해를 위한 맥락마저 잃게 된다. 밀뱅크는 신과 피조물 모두에 대해 똑같이 진술되는 그처럼 새로운 '일의적univocal' 존재 이해를, 이후 다른 전환이 그로부터 흘러나오는 결정적 전환으로 간주한다.[4]

2 이 둘 간의 연관성은 밀뱅크와 픽스톡 작업에서 매우 높은 수준에서 연구되어왔다. 두 저자는 종종 '급진 정통파 Radical Orthodoxy' 지지자로 불린다. 가령 John Milbank, *Theology and Social Theory*, 2nd edition(Oxford: Blackwell, 2005); Catherine Pickstock, *After Writing*(Oxford: Blackwell, 1998); John Milbank and Catherine Pickstock, *Truth in Aquinas*(London: Routledge, 2001); John Milbank, Catherine Pickstock, and Graham Ward, eds., *Radical Orthodoxy*(London: Routledge, 1999)를 보라.

3 Rémi Brague, *La Sagesse du Monde*(Paris: Fayard, 1999).

4 John Milbank, in Rupert Shortt, *God's Advocates*(London: Darton, Longman & Todd), p. 108을 보라.

일단 그와 같은 움직임이 나타나면 신을 엄청 위대하고 강력한 존재로, 실제로 지고의 장인Artificer으로 파악하기가 한층 더 수월해진다. 그리고 신의 섭리는 보다 직접적으로 놀랄 만한 총체적 설계와 관련해 이해되게 된다. 신의 설계를 통해 신의 의지를 아는 것은 근대적 도덕질서 이야기 그리고 우리 사이에 신이 현존한다는 신뒤르케임적 이해에 결정적으로 중요하다.

그와 함께 우리가 본서에서 제시한 이야기에 포함된 다른 요소들, 특히 폐쇄된 내재적 질서가 문화적 헤게모니를 쥔 관념으로 등장하게 된 길이 어떻게 준비되었는지를 쉽게 이해할 수 있을 것이다.

그것을 '지적 일탈Intellectual Deviation=ID' 이야기라고 부르자. 그것이 어떤 방식에서는 나의 이야기와 일치하지만 내가 거의 언급하지 않은 사항에 대한 논의를 발전시키거나 반대로 내가 특히 상세히 파고든 사항은 다루고 있지 않음을 볼 수 있을 것이다. 그런데 나는 그와 같은 지적 일탈 이야기가 매우 중요한 몇 가지 진리를 해명하고, 몇 가지 결정적 연관성을 끌어내고 있다고 믿는다. 하지만 그것이 세속성의 배경을 이루는 주요한 이야기로 충분할 수 있다고는 생각하지 않는다. 또 다른 중요한 조각이 있는데, 그것은 기축혁명을 완수하려는 충동과 관련이 있다. 대문자 개혁이 그것으로, 기축시대 이후의 균형, 즉 모든 보다 고차적인[고등] 문명에서의 기축시대적 요소와 기축시대 이후적 요소 간의 조화와 상보성에 종지부를 찍기 위해 노력했다. 도중에 일어난 다양한 사회적 · 문화적 변화를 살펴보면서 내가 초점을 맞추어온 것이 바로 라틴계기독교세계 내부에 발생한 그와 같은 과정이었다. 그것을 대문자 개혁의 주인-서사RMN라고 부르기로 하자.

간략하게 요약하자면, 대문자 개혁은 모든 사람이 진정한 100% 기독교도가 될 것을 요구했다. 그것은 삶과 사회를 탈주술화할 뿐만 아니라 그것들을 규율화하고, 그것들에 새로운 질서를 부여한다. '예의'와 손잡고 도덕질서라는 관념을 준비하는데, 그것이 기독교 그리고 신앙의 요구에 새로운 의미를 부여한다. 그것을 통해 신앙과 기독교세계 간의 거리가 무너진다. 다시 그것은 인간 중심주의로의 전환을 유발하며, 그리하여 기독교 신앙의 독점 상태에서 벗어나게 된다.

나의 주장은 RMN이 명백히 중요하고 또 분명히 18세기에 일어난 돌파를 위한 틀을 제공했을 뿐만 아니라 또한 ID 자체만으로는 충분하지 않다는 것이다.

(a) ID는 주로 교양엘리트 계층과 지식 엘리트 계층 사이에서 일어나는 이론적 견해의
변화를 다룬다. 하지만 어떻게 세속성(1, 2, 3 어느 것이건)이 대중적 현상으로 생겨나느
775 냐는 이야기는 결여되어 있다. 물론 그것은 단지 (i) 온전히 낙수trickle-down[사회의 최
부유층이 보다 부유해지면 보다 많은 일자리 창출 등을 통해 부가 서민과 하층민에게도 확산된다는 이론]적이거나 (ii) 대규모 변화 — 이민, 산업화, 도시화 등 — 가 가져온 전복 효과에 의한 것일 수도 있다. 하지만 분명히 (i) '낙수'의 대부분은 사회적 상상계의 확산을 통해 일어나며, (ii) 앞서 이미 살펴본 대로 제도적 변화가 어떤 결과를 가져올지는 사람들이 그것을 체험하고 이해하는 방식에 의존한다. 근대적인 사회적 상상계에 대한 우리 이야기가 그와 같은 변화를 어떻게 이해해야 할지를 설명하는 데 일조할 수 있을 것이다.

(b) ID는 사실 원래 기독교 교의 내에서의 움직임이었다. 그것은 위에서 언급한 변화에 대한 기독교적 이유를 찾아냈다. 사실 따지고 보면 ID는 그와 같은 기독교적 이유에 의해 원래 고무되었다. 하지만 RMN과 달리 격노해 기독교에 맞서려는 동기는 제공하지 않았다(비록 블루멘베르크는 그렇게 생각하지 않겠지만 말이다?).

(c) 과학, 특히 기계론적 유물론이 그와 같은 이유를 제공하게 된 것은 한참 이후에서였다. 자비롭고 섭리적인 피조물로서의 우주라는 상 전체가 의문시되게 된 것은 다윈 이후 일이었다. 이어 『성서』에 근거한 연대기는 뒤집히고, 설계논증은 사라지고, 신의론에 부정적인 많은 결과가 나타나게 되었다. 그리고 보다 이후 기계론적 유물론이 모든 종교를 의문시하게 되었다. 그것은 18세기에는 거의 표면화되지 않았지만 19세기에는 훨씬 더 강력해졌다. 보다 이전에 완전히 '결딴 난' 우주라는 관념 — 수난과 파괴가 존재하고, 신은 그로부터 우리를 구원하려고 한다 — 은 반신의론적 논의의 그다지 명백한 표적이 아니었다. 무질서는 징벌을 통한 직접적 개입으로 볼 필요 없이 신의 분노 탓으로 돌릴 수 있었다.

(d) 물론 잘 만들어진 기계론적 설계로서의 기독교로의 이행은 기독교의 왜곡, 핵심적 깊이의 상실로 간주될 수 있을 것이다. 우리는 우리가 무엇을 위해 창조되었는가

에 대해 모종의 플라톤적 유형의 이해를 필요로 한다는 급진 정통파 말은 옳다. 하지만 신앙의 단순한 하향평준화가 반드시 세속성으로 이어지는 것은 아니다. 그렇지 않다면 오늘날 많은 신앙이 남아 있지 않을 것이다. 하지만 일단 돌파가 일어나면 이 모든 하향평준화는 내재적 틀이 불가피하다는 감각에 기여하게 된다. 더욱 강력해지는 비인격적 질서의 지적 헤게모니가 그것에 딱 들어맞는 사례이다.

나는 두 이야기, 즉 ID와 RMN을 역사라는 동일한 산 또는 구불구불 흘러가는 동일한 강의 서로 다른 측면을 탐구하는 상보적인 것으로 이해하고 싶다. ID는 결정적으로 중요한 몇 가지 지적 · 신학적 연관성을 해명한다. 하지만 단선적 이야기를 뒤집고, 불안정화와 재구축이 어떻게 이루어지는지를 보여주기 위해서는 RMN이 필요하다. 그것들을 설명하려면 사회적 상상계에 대한 이해가 핵심적으로 중요하다.

여기서 이렇게 이의를 제기할 수도 있을 것이다. 즉 그것은 통시적 이야기로는 옳을지도 모른다. 하지만 지금 우리는 종점에 서 있는데, 그것에 ID와 RMN 모두 기여해
왔다. 혹시 단적으로 ID가 밝혀낸 일탈과 관련해 현대의 상황을 어떻게 해결해볼 수는 776
없을까? 하지만 역사를 그것에 의해 초래된 상황과 분리해서는 안 된다. 오늘날의 종교적 · 영=정신적 삶을 이해하려면 모든 추진력, ― 가령 규율화, 동질화에 맞선 ― 저항, 반발을 고려해야 한다. 따라서 오늘날의 종교를 설명하려면 ID와 RMN 모두 필요하다.

옮긴이 후기

이 책은 2007년에 하버드대학교 출판부에서 출판된 *A Secular Age*를 완역한 것으로, 번역 과정에서 독일어본과 프랑스어본을 참조했다.

* * *

세계의 주요 언어로 모두 번역되고 이후 학계에서 진행된 후속 논의는 말할 것도 없고 〈아마존〉에서 온갖 관련서가 상당수 검색되는 데서 볼 수 있듯, 본서를 21세기 초에 나온 가장 문제적인 철학서로 꼽아도 큰 무리는 없을 것이다. 실제로 2007년에 저자는 본서로 인문학계의 노벨상으로 불리는 템플턴상을, 2008년에는 평생을 학술 연구에 바친 공로로 도쿄상을 수상한 바 있다.

1931년생인 저자는 2019년에는 베를린 소재 훔볼트대학교에 신설된 〈인문학과 사회변화센터〉 주최의 〈발터벤야민강좌〉 개막 강연에서 '민주주의와 민주주의의 위기들'을 주제로 3회 연속 강연을 진행한 바 있다. 그는 해당 강연을 통해 전 세계에서 진행 중인 민주주의의 위기('민주주의에 대한 신뢰 상실')라는 시대적 화두를 거시적 · 역사적으로 다루었다. 다른 한편 2014년에는 본서와 거의 비슷한 분량의 640페이지에 달하는

*Cosmic Connections: Poetry in the Age of Disenchantment*를 상재하는 등 21세기에도 여전히 '현역'으로 활발히 활동 중인 20세기의 대표적 철학자이다.

20세기 철학을 양분한 영미분석철학계의 아성 중 하나인 옥스퍼드대학교에 유학해 대륙철학을 대표하는 헤겔을 공부하던 중 정반대 사조의 대표들로부터 옥스퍼드대학교의 '유일한 천재'라는 말을 들었다는 등 저자를 둘러싼 전설은 무수하다.[1] 그리고 1975년에 상재한 『헤겔』은 헤겔 사후 이제야 비로소 이 관념론 철학자가 말하고자 하는 바의 전모와 진의를 '유럽 최초로' 포괄적으로 해명한 책으로 평가되며, 오늘날까지도 헤겔 연구의 필독서로 남아 있다(많은 연구자가 '이 책을 읽고 비로소 헤겔을 이해하게 되었다'고 말한다).

그는 보수적인 옥스퍼드대학교에서 반핵운동과 진보적 학생운동에 참여하는 것을 시작으로 모국인 캐나다의 퀘벡에서 대통령후보로 입후보하는 등 '순수'이성을 넘어, '실천'이성으로, 그리고 — *Cosmic Connections*가 잘 보여주듯이 — '판단력비판'으로 철학의 전 영역을 종횡무진 탐사하는 독특한 면모를 보여준다. 즉 20세기 철학자로서는 드물게 '진선미' 세 영역에서 어느 곳 하나 빠지지 않고 대가의 빼어난 솜씨를 보여준다.[2] 보통은 '공동체주의자'로서 (신)자유주의 비판자로 알려져 있지만(너무 미국 철학 내부 논의로 가두는 느낌을 준다) 그것보다는 앞의 면모가 그의 지적 여정과 행보를 더 잘 요약해주지 않을까 생각해본다. 그것이 일종의 '헤겔주의자'로서 그가 『자아의 원천들』 이후 20세기에 분석철학 및 대륙철학과 더불어 (특히 프랑스에서) 제3의 조류를 형성해온 (신)니체주의[3] — 또는 한국식의 '포스트모더니즘' — 에 대해 비판적 태

1 그것은 실제로는 헤겔에 대한 오해가 얼마나 뿌리 깊은가를 보여줄 뿐인데, 가령 『정신현상학』의 '감각적 확신 장'에서부터 잘 알 수 있듯이 헤겔은 얼마나 빼어난 언어철학자인가? 라캉은 『세미나』 1권을 열면서 헤겔 철학의 기본 질문은 '1,000마리의 현실의 코끼리[시니피에들]가 구체적인가 아니면 "코끼리"라는 일종의 시니피앙이 구체적인가?'로 요약될 수 있다며 헤겔 전문가인 이폴리트를 초청해 정신분석가들 앞에서 토론을 진행한다. 그리고 최근 브랜덤Robert B. Brandom을 비롯한 영미권 분석철학자들이 헤겔을 적극 전유하며 헤겔의 '언어분석철학화'가 진행되는 듯한 느낌마저 주는 것 또한 헤겔의 또 다른 면모를 새롭게 바라볼 수 있도록 해준다(하지만 사회철학자인 저자는 브랜덤 등에 의한 헤겔의 분석철학화에 대해 다소 유보적인 서평을 남긴 바 있다). 아무튼 저자는 그만큼 선구적이었다.

2 한국의 빼어난 평론가 김우창의 '심미적 이성'이라는 형용모순적 말로 그의 행보를 요약해볼 수도 있을 것이다. 하지만 우리 지식계에서 '심미'는 기이하게 '미학'으로 번역된다. 본서에서도 주요하게 논의되는 실러의 책은 '심미 교육에 관한 편지'가 되어야 할 것이다. 그것은 '미학'과는 전혀 무관하다.

도를 취하는 이유를 설명해주지 않을까 추정해본다. 다소 거칠게 요약해보자면, (신)니체주의=내재적 반계몽주의가 진선미 중 '진'에 대한 비판(아는 것이 힘이라는 말대로 '권력과 진리는 한 쌍이다')에서 출발하지만 선(함께 사는 좋은 삶)에 대해서는 대체로 침묵하고, '미' 중심의 극단화로 기우는 것과 그의 입장은 극단적으로 대조된다.[4]

진선미는 칸트의 세 가지 질문으로 소급될 수 있을 텐데, 다시 그것은 철학 분과적으로는 이론철학과 사회/정치 철학, 예술교육으로 나뉘지만 테일러에서는 궁극적으로 하나로 종합, 통일된다. 그것은 다시 소위 '포스트모더니즘'과 관련해서도 그를 현대 철학에서 독특한 위상과 위치에 놓는다. 본서 제목 자체가 잘 보여주듯이 그는 철저한 반-포스트모더니스트인데, 아마 근대를 영지주의의 도전에 맞선 서구 사상의 제2의 응전으로 보는 블루멘베르크와 대극적 위치에, 일종의 샴쌍둥이처럼 놓는 것이 오히려 그를 흥미롭게 읽을 수 있는 방법이 아닐까 생각해본다. 저자 본인도 근대의 정위定位와 관련해 『근대의 정당성』에서 '세속화'에 관해 가장 정교한 논의를 펼쳐 보인 바 있는 블루멘베르크의 주장을 계속 의식하며, 결론에서는 그가 과연 동의할까를 궁금해 하니 말이다.

블루멘베르크의 문제작 『근대의 정당성』이 1966년에 출간되었을 때 노년의 가다머는 이 신진학자의 도전적 저작을 몇 년을 격해 출판된 다른 두 권의 저서, 즉 푸코의 『말과 사물』(1966년) 그리고 쿤의 『과학혁명의 구조』(1962년)와 더불어 근대를 읽는 우리 시선을 혁명적으로 바꾼 3대 저작으로 상찬한 바 있다. 아마 앞의 세 권의 저서에 얼마든지 본서를 추가할 수 있지 않을까? 하지만 푸코가 '에피스테메의 변동'을, 쿤이 '패러다임 전환'을 기본 주제로 삼는 데서 잘 볼 수 있듯이 단절과 근본적

3 한국 지식계를 지난 20여 년 동안 지배한 듯한 들뢰즈 또한 이 흐름에 넣을 수 있을 텐데, 저자는 그에 대해서는 따로 논하지 않으며, 주로 바타이유를 경유한 데리다, 푸코 등을 이 흐름 속에 넣는다. 니체와 하이데거를 모두 경유한 푸코에 대한 평가가 본서에서는 『자아의 원천들』에서와는 미묘하게 달라진 느낌을 주는 것(?)은 흥미롭기 짝이 없다.

4 앨런 메길, 졸역(정일준 공역), 『극단의 예언자들: 니체, 하이데거, 푸코, 데리다』, 새물결출판사. (신)니체주의는 본서에서는 '내재적 반계몽주의'로 명명되는데, 아마 1980년대 말부터 우리 지식계에 본격 등장한 소위 '포스트모더니즘'의 뿌리에 그것이 자리잡고 있을 것이다. 최근 일부 '코뮌주의자'와 진보적(?) 지식인들이 니체와 푸코로 대거 전향하는 모습 또한 그것에 비추어 비판적으로 살펴볼 수 있을 것이다. 그것과 관련해 본서의 15장 「내재적 틀」에서 '신은 죽었다'는, '세속의 시대의 최고 슬로건에 대해 저자가 펼치는 논박은 철학적 토론의 최고 경지 중 하나를 보여준다.

변화를 중심으로 근대를 설명하는 반면 블루멘베르크와 테일러는 정반대이다. 가령 블루멘베르크가 보기에 유럽 사상계에는 헬레니즘과 헤브라이즘만 존재하는 듯하지만 마치 유럽대륙에서 사라진 아틀라스대륙처럼 또 다른 사조가 존재하는데, 영지주의가 그것이다(동양으로 치면 신비하게 사라진 후 '신비주의 사상'처럼 치부되어온 묵가가 그것에 해당될까?). 그가 보기에 서양의 중세는 영지주의의 도전에 대한 일차 응전이고, 근대는 영지주의가 도전적으로 제기하고 기독교가 임기응변으로 봉합한 물음이 더 이상 대답될 수 없게 되자 동일한 물음을 다른 방식으로 정식화해 자기-정당화하고 자기주장하기 위한 두 번째 방식일 뿐이다. 근대, 즉 Neuzeit[신시대]는 영지주의가 아주 오래 전에 제기한 물음을 '나는 새롭다'는 주장으로 다시 한 번 얼버무리고 있을 뿐이다.

그러면 본서에서의 저자 주장은 어떨까? 이를 (천안문 민주화 운동의 사상적 스승이라고 불리는) 중국의 개혁 사상가 이택후와 비교해보면 어떨까 하는 생각이 문득 든다. 그는 '~~구망~~ 구망救亡과 계몽의 이중주'를 중국 현대사를 관통하는 사상적 흐름으로 보는데, 중국의 근대는 봉건제의 질곡과 제국주의 침략으로 무너진 나라를 구하는 '구망'과 '계몽'의 변증법적 모순 속에서 진행된다는 것이다. 그리고 항상 민족과 국가와 당이 일방적으로 우위를 점하면서 '계몽'은 항상 후순위로 밀리는 구조적 모순이 중국 근대의 비극이라는 것이다('계몽'은 결국 '중국몽' 속에서 흔적조차 남기지 못하고 사라진다). 아마 우리 근대도 그와 같은 비극적 이중주의 변주에서 크게 벗어나지 못하는 역사적 궤적을 그렸다고 할 수 있을 것이다.

저자는 서양의 근대를 '인간의 개화번영과 초월이라는 이중주'의 분열과 갈등(저자 말을 빌리면 '딜레마'와 '교차압력') 그리고 양자의 통일을 위한 노력으로 설명한다. 당연히 그에게서 푸코가 말하는 바와 같은 인식론적 단절과 쿤이 주장하는 바와 같은 과학 패러다임의 '전환' 이야기는 뺄셈 이야기일 뿐, 근대 전체를 설명하기에는 요령부득이다. 테일러(그리고 이택후)가 역사를 설명하는 방식이 흥미로운 것은, 그와 같은 이중주의 합주나 통일이 좀체 힘들다는 것이다. 그리고 그것은 항상 혁명 또는 대문자 개혁이라는 급진화의 유혹을 받는다는 것이다. 그리고 그것은 사회를 마치 무의식적으로 지배하는 '사회적 상상계'에 의해 종종 역사적 파국이나 비극으로 치닫는다는 것이다. 그래서인지 이택후는 망명하다시피 한 미국에서 중국 근대사와 관련해 '고별혁명'을 역설적 대안으로 제시하는데, 일종의 '가톨릭 온건 개혁파'[5]로서 저자 또한 역사와 종교와 정치에 대해 (비록 명시적으로 언명하지는 않지만) 비슷한 결론을 내리는 듯하다.

종교 또는 신앙은 근대에 들어와 정치와 마찬가지로 유난히 개혁과 혁신의 대상이 되어왔다. 그것과 관련해 저자는 종교 또는 신앙과 정치를 모두 '사회적 상상계'라는 문제 틀 속에서 총괄해 근대의 성취와 한계를 살펴보는데, 잉글랜드/아메리카혁명과 프랑스혁명 그리고 러시아혁명이 주된 논의 대상이 된다. 그런데 그것과 관련해 우리는 전자는 '보수'로, 후자의 둘은 '진보'로 이해하는데, 저자의 차분한 논의는 둘의 진보성에 대해 다시 한 번 반추하도록 우리를 이끈다. 그리고 그것은 '혁명'과 산업화를 주요 화두로 근대를 읽어온 우리의 역사인식이 크게 잘못되었을 수도 있음을 암시한다.[6] 그의 논의에 따르면 진정한 혁명은 오히려 잉글랜드와 아메리카에서 있었을 수 있기 때문이다.

'사회적 상상계'란 당대의 민중의 집합적 (지성이 아니라) 상상과 꿈과 환상과 이야기를 말한다. 그것을 통해 역사와 혁명을 분석하는 것은 통상 이념(가령 대문자 계몽주의)이나 일부 혁명가 집단 중심으로 혁명을 해석하는 것과는 전혀 다르다. 가령 원래 (급진) '혁명'을 꿈꾸지 않은 앵글로색슨 혁명은 막상 국체 변형으로 이어지는 진짜 혁명으로 귀결된 반면, 과격한 혁명으로 치달았지만 유혈이 낭자한 '혁명'에 비해 결국 나폴레옹과 제정이라는 초라한 결과로 후퇴한 〈프랑스혁명〉의 대조적 모습을 '사회적 상상계'의 차이를 통해 독해하는 저자 눈은 우리 현대사의 많은 현상에도 그대로 적용 가능할 것이다. '주권재민'이나 '인민주권', 심지어 '투표'조차 인민의 사회적 상상계 속에서 부재했던 러시아에서 '전위'와 '혁명'이 어떤 비극으로 치달았는지는 굳이 언급할 필요가 없을 것이다.

그것과 관련해 우리의 '오만과 편견'으로 가득 찬 착시를 교정시켜주는 책이 있

5 내게 저자는 그렇게 보인다. 나로서는 전혀 상상조차 못해본 놀라운 입장이다. 근대 개혁 과정에서의 에라스무스주의자? 이 책에서 루터와 칼뱅 등에 대한 저자의 평가를 보라.

6 그것은 1980년의 각종 혁명론 그리고 1990년대 이후 우리 담론계를 장악한 어설픈 '해체주의' 그리고 다분히 오해된 푸코적 담론에 의해 한층 더 악화되어왔다.

는데, 『근대 세계의 창조 — 영국 계몽주의의 숨겨진 이야기』[7]가 그것이다. 계몽주의와 혁명 하면 우리는 으레 프랑스를 떠올리지만 진정한 근대적 혁명과 계몽은 영국에서 태어나 근대 세계를 창조했음을 밝히는 이 책에 따르면 '누구 말도 믿지 말라'는 왕립학회(?)의 모토가 영국의 모든 것을 말해준다. 그것은 '인간이 자초한 무지라는 미성숙으로부터 벗어나려면 감히 알려고 하라'는 칸트적 계몽을 너무 초라하고 왜소하게 만든다. 영국은 왕실부터 '누구 말도 믿지 않았으니' 말이다. 프랑스의 혁명가들은 '가증스러운 것을 타파하라'라는 투쟁 구호를 외쳤지만 영국 정치는 애초에 '가증스러운 구체제를, 앙시앵레짐'을 만들지 않았다. 누가 혁명적, 급진적이고 과거와 말끔히 단절했는가가 아니라 누가 이득을 가져왔나를 따져야 하는 셈이다.

우리 근대의 기점을 어디로 잡아야 할지는 여러모로 논쟁거리지만 그것이 1세기를 넘었다는 데는 모두가 동의하는 바다. 따라서 이제 우리의 근대관, 그러니까 종교, 정치, 역사를 바라보는 시각을 모두 '혁명적으로' 바꿀 때가 되지 않았을까? 그것과 관련해 우리의 신앙=종교, 정치, 역사 간단히 말해 우리 삶에 대해 저자가 던지는 뜨거운 고찰과 냉철한 성찰은 21세기 들어서도 여전히 진보-보수라는 틀 말고는 아무런 사상적 좌표도 없이 난파에 난파를 거듭 중인 우리에게 미래를 전망하는 좋은 네비게이터가 되어주고도 남음이 있을 것이다.

* * *

진선미의 통일 말고도 학계에서 저자와 관련해 그리 크게 주목하지 않은 측면이 있는데, 이론과 실천의 통일이 그것이다. 그것과 관련해 테일러는 퀘벡의 분리 독립 문제에 대해서 캐나다가 오늘날과 같은 통합을 유지하도록 하는 데 중대한 기여를 한 실천적 이력을 갖고 있다.

그래서인지 저자는 '사회적 상상계'라는 용어가 잘 보여주듯이 이론, 사상, 서사,

7 포터Roy Porter 저, 최파일 역, 교유서가. 포터에 따르면 계몽주의가 혁명에 이르는 전주곡이었던 프랑스에서와 달리 영국에서 계몽주의는 혁명에 '맞선 예방주사'였다. 반면 마르크스 말대로 독일은 관념론 철학을 통해 정치 혁명을 대신했다.

담론 또는 이데올로기보다는 '이야기'와 ('대중 지성'이 아니라) 대중의 '억견'을 주로 시야와 시좌에 넣는다. 즉 순수이성만큼 '오만과 편견'을 중시하며, 심지어 본서는 '하나의 이야기'라고 주장한다. 그것이 근대=세속의 시대를 주로 혁명사나 지성사 중심으로 읽는 기존 독법과 그의 접근법을 근본적으로 구분해주는데, 그것은 또한 상부구조와 하부구조 운운의 마르크스주의(그에 대한 논박으로는 5장 「관념론의 유령」을 참조하라)와도 근본적으로 다르다.

그것은 그가 이론과 실천의 대중적 통일 또는 접합을 무엇보다 중시하기 때문인데, 그래서인지 그는 가령 칸트에 대한 매료와 함께 '글쎄?'라는 물음표를 동시에 던진다. 우리는 '진선미'와 관련해 신을, 즉 초월성을 배제한 채 모든 것을 인간적으로 정초한 근대 철학의 최고봉 칸트 철학과 관련해 그것이 '예루살렘의 아이히만'을 아킬레스건으로 갖고 있음을 안다. 대부분의 사람이 근대적 이론과 실천의 표상인 칸트 철학을 둘러싼 그와 같은 철학적 스캔들을 개인적 일탈이나 우연적 사건으로 치부하지만 본서의 저자 논의를 연장해보면 그것은 언제든지 재발할 수 있는 필연적인 것이다. 다시 말해 '별이 총총한 내 머리 위의 하늘과 내 마음속의 도덕법'으로, 즉 모든 초월이 그렇게 자연 법칙화와 내재화의 길을 걷는다면(그래서인지 칸트 철학에서는 '초월적', '초월론적'이라는 용어를 둘러싸고 아직도 논쟁이 분분하다) '외부'의 법칙 초월적 '지도자Führer'에게 대중은 언제든지 끌릴 수 있는 것이다. 게다가 오늘날의 탈진실 시대에서처럼 대중은 진리 또는 진실, 법칙을 그리 좋아하지 않는다(소크라테스의 변명처럼 '철학'은 그저 덩치 큰 소의 엉덩이에 들러붙은 '등에'에 그칠 뿐이다).

잘 알려진 대로 플라톤은 이데아의 실현, 그러니까 정치 참여를 위해 세 차례나 시라쿠사를 찾았으며, 공자 또한 가르침을 실현하려고 세상을 주유했지만 결과는 우리가 다 아는 대로이다. 현대에도 푸코가 말년에 '이란혁명'에 대해 어떤 흑역사를 기록했는지는, 지식인들이 거의 언급하지 않는 역사적 사실이다. 이론과 실천의 통일은 너무나 고색창연한 주제지만 동시에 들뢰즈의 노마드와 관련해 서울역의 노숙자가 노마드라고 거침없이 주장하는 우리 지식계의 관념적 급진주의와 실천적 맹목성과 관련해서도 저자의 행보는 울림이 크다(그는 역대 교황의 자문위원을 계속 역임하고 있다).

그는 본서에서도 '세속의 시대', 즉 근대의 본격 등장과 함께 종교가 과학 등의 도전으로 인해 '패배해 쇠퇴한다'는 주류의 '뺄셈' 이야기에 맞서 과연 '실제' 그러한지를 따진다. 그리고 인간이 종교로 대변되는 초월성 없이 '인간의 개화번영'만으로 과연 삶을 살 수 있는지, 아무도 더 이상 묻지 않지만 삶의 본질을 이루는 질문으로 근대를 실천적으로 읽을 것을 제안한다. 그것은 우리의 지식계를 넘어 정치와 사회 전체를 너무나 심각하게 병들이고 있는 소위 '진보-보수'의 가짜 문제 틀을 넘어 인간과 사회를 보는 눈을 근본적으로 바꾸자는 대가의 시대적 제안이기도 하다.

* * *

역자는 한때 환경운동에 종사한 적이 있는데, 대략 1500년부터 시작되는 서구의 거의 모든 정신사를 탐구하는 본서를 번역하던 중 유엔본부에서 들었던 '캡틴 쿠스토 Jacques Cousteau'(1910~1997년)의 연설이 문득 떠올랐다. 산소탱크와 아쿠아렁의 발명자인 동시에 지구의 바다를 가장 선구적으로 탐험해 20세기 인류의 영웅으로 꼽히는 그는 유엔본부에서 NGO 활동가를 대상으로 한 연설에서 이렇게 말했다. '지금까지 지구의 가장 많은 곳을, 그리고 바다의 가장 깊은 곳을 탐험, 탐사했지만 지금 지구는 위기에 처해 있고, 아프다.' 나를 비롯한 1,000여 명의 참가자는 모두 기립해 평생을 바다와 함께한 노익장의 소중한 증언에 동감을 표한 바 있었다.

단행본으로 대략 6권 분량의 이 대하장강 또는 대양 같은 책에 대해 앞의 '캡틴 쿠스토'의 말 중 '바다'를 '우리 삶'으로 바꾸어 그대로 적용해볼 수 있지 않을까 생각해본다. '1500년경부터 21세기 초까지 인간이 내놓은 모든 생각의 가장 많은 곳을, 그리고 가장 깊은 곳을 탐험, 탐사했지만 지금 우리는 여전히 과거와 동일한 위기를 자초하고 있으며, "행복한 삶"에 이르지 못하고 있다. 왜 그럴까?'

이 책의 출항지는 1500년경의 유럽, 그러니까 봉건제가 자본주의로 교체되고, 대문자 종교개혁이 본격화되던 때이다. 이 시대에는 '신을 믿지 않는 것이 도저히 불가능했는데', 그와 같은 시대는 결국 '신을 믿는 것이 여러모로 힘들어지거나 믿지 않는 것이 자연스러워지는 듯한' 21세기로 기항하게 되었다. 저자는 앞의 두 항구 사이의 바다를 항해한 지난 500년 동안 벌어진 온갖 사건과 사고, 사유를 '진보-보수', 이성의 승리와 종교의 패배 식의 '뺄셈 이야기' 또는 '다윈이 종교를 논박했다'는 식의 과학주의와는 완전히 다른 프리즘으로 조명한다.

오늘날 점점 더 세분화되는 철학계로서는 거의 500여 년에 이르는 시간을 가로질러, 그리고 분석철학과 대륙철학을 모두 아우르며 논의를 펼쳐나가는 것은 상상조차 하기 힘들 것이다. 대부분 냇가에서 물놀이하는 것으로 그치거나 강을 항해하는 것 정도로 그치지 대양의 원양항해는 언감생심일 것이다.

하지만 정작 중요한 것은 원양의 대양항해만큼이나 배에 싣는 항해 도구, 즉 사유의 도구들일 터다. 본서에는 '다공적 자아', '완충제로 덮인 자아', 대문자 개혁, 소문자 개혁, '코스모스/우주', '규율훈련', '사회적 상상계' 등 '새 술은 새 부대에'라는 말대로 온갖 새로운 사유의 도구들과 항해지도가 잔뜩 선적되어 있다.

* * *

1980년대 초에 대학교에 입학한 역자를 비롯해 한국의 많은 지식인에게 근대, 즉 '세속의 시대'는 주로 당위 그리고 (저자 용어를 빌리자면) '개정'/'증보'라는 틀 속에서 논의되어온 느낌이다. '미완의 모더니티'라는 하버마스 말이나 '계몽의 변증법'이라는 아도르노 말이 그것을 압축해서 상징적으로 보여주지 않는가? 한 세대 아래 세대에게 '세속의 시대'는 글로벌화를 맞짝으로 가진 '포스트모더니즘'으로 한층 더 실감나게 다가올 것이다.

하지만 '모더니티'와 '모더니즘'이라는 용어가 잘 보여주듯이 그것은 거의 이론 철학에 머물러 있었지 실천 철학이나 '심미'로까지 소화, 심화되지는 못한 느낌이다. 가령 1960년대 이래의 소위 '순수/참여' 논쟁을 보라. 가령 최근 글로벌한 인기를 끌고 있는 'K-컬처'에 대해 '진선미적' 해석이 거의 부재한 것에서도 그렇다. 이 점에서 21세기 한국은 결국 고대의 리어왕이 되어버린 느낌이다. 즉 '내가 누구인지 말할 수 있는 자는 누구인가?'라고 광야에서 홀로 외치고 있는 듯하다.

관련해, 앞의 항해의 비유를 계속하자면, 선장인 저자는 선장실에 『파우스트』에서 메피스토펠레스가 하는 '모든 이론은 회색이다. 유일하게 영원한 것은 저 푸르른 생명의 나무뿐이다'라는 말을 항해 지침으로 걸어놓지 않았을까 상상해본다. 저자 또한 「서문」을 비롯해 도처에서 본서가 '이론'과 '담론'을 연구 대상으로 삼거나 하나의 (일관된) 서사를 구성하는 것을 목표로 하지 않는다고 누차 강조한다. 그것이 아니라 이 긴 책은 우리의 삶에 대한 '하나의 이야기'로, 우리 삶에서 가장 소중한 신앙=신념이 각각의 역사적 시대를 통해 어떤 '사회적 상상계'를 또는 하이데거의 전문용어를 사용하자면 '세계상'을 구성해왔는지를 들려주려고 한다고 말한다. 즉 근대건 포스트모더니즘 아니면 (종교적) 신앙 또는 (정치적) 개혁이건 '생명', 즉 푸르른 삶의 눈으로 그것을 바라보고 회색의 이론 아래 박제하지 말자고 제안한다. 바로 그것이 이 위대한 철학자가 진정으로 위대해지는 지점이자 철학은 삶의 이야기라는 상식 아닌 상식이 재삼재사 진리로서 빛나는 순간이기도 하다.

그것은 사회와 우리 삶을 둘러싼 일종의 '논쟁'이 1980년대에 본격화된 우리 사회에도 여러 가지 울림을 줄 수 있지 않을까? 돌이켜 보자면 그것은 아무래도 진선미의 통일을 지향하며 '우리는 행복한 삶을 살고 있는가?'를 묻기보다는 정파적 '진'을 둘러싼 과격한 투쟁으로 치달아 21세기에는 결국 중세 조선의 당파투쟁을 반복하는 느낌을 준다. 그리고 다른 한쪽에서는 '상담사회'가 본격화되고, 우울이 시대의 기본 정조로 자리 잡고, 후속세대에서는 '꼰대'와 '아재'라는 비아냥거림이 유행이 되어버렸다. 그리고 AI가 모든 문제를 해결해줄 수 있기라도 하는 듯 그것 앞에서 미리 두 손 두 발을 들며 자발적 복종을 선언하거나 손오공의 여의봉처럼 그것을 우상숭배 중이다.

우리 삶을 '개화번영'과 '초월' 간의 갈등과 모순을 선천적으로, 근원적으로 떠안고 있는 것으로 바라보는 그의 시각이 오히려 너무나 신선해 보이는 것은, 그것이 오늘날의 이념 과잉 속에서 우리가 무엇을 잃어버리고 있는지를 깊이 깨우쳐주기 때문이다. 오늘날 우리는 자아상실과 세계상실 그리고 '초월'상실이라는 사막 같은 세계를 살고 있기 때문이다. 동시에 오직 그럴 때만이 대문자 개혁 같은 근본주의적 주장이 얼마나 유혹적인 동시에 그것이 얼마나 쉽게 원래 궤도에서 일탈해 삶을 파괴할 수 있는지를 이해할 수 있을 것이다.

모쪼록 독자도 이 두꺼운 책을 마치 『천일야화』처럼 '하나의 이야기'로 읽을 수 있기를 바란다.

* * *

라캉은 『세미나』 1권을 열면서 '스승은 할이라는 말로 그림자를 남긴다'고 말하며, 가다머가 60세 넘어서까지 책을 상재하지 못한 것은 마치 등 뒤에서 스승 하이데거가 지켜보고 있는 느낌이 들어서라고 말했다는 것은 유명하다.

이 긴 저서를 졸역하는 도중 역자에게도, 조금은 뜻밖으로, 두 스승 말씀이 떠올랐는데, 그것들이 두꺼운 데다 미궁처럼 보일 수도 있을 본서 독해의 또 다른 아리아드네의 실이 되어줄 수 있지 않을까 생각해본다.

한 분은 내가 '하늘에서 본 지구'라는 무료 전시 일로 고전 중일 때 따뜻한 손길을 내밀어준 이어령 선생님이시다. 돌이켜보자면 거의 10여 년 동안 뵈온 선생님하고는 '문화사업' 이야기는 1정도로 하고 9는 선생님의 학문적 가르침을 듣는 즐거운 자리였다. 선생님은 많은 말씀에서 '그런데 말이야 ……'라는 말로 당신의 지혜를 즐겁게 털어놓으셨다. 테일러의 많은 '이야기' 또한 동일한 논리와 구조 하에서 진행된다는 생각이 든다.

어느 날 플라톤의 파르마콘 이야기를 하다가 선생님께서는 거의 1시간 동안 대학원 때부터의 당신의 지적 이력을 들려주시면서 당신 사상을 '파르마콘' 중심으로 요약해 보이셨다. 과연 '디지로그', '생명 자본주의' 등 선생님의 주요한 생각은 '파르마콘'의 기우뚱한 균형을 빼어나게 보여준다는 생각이 들었다. 이 책을 번역하면서 '개혁', '신앙/신념', '계몽주의', '혁명', '회심' 등의 근대적 여정에 대한 테일러의 독법 또한 대단히 '파르마콘적'이라는 생각이 든 것은 아마 그 때문일 것이다.

선생님은 (대단히 이론적인) 책을 함께 내자고 소중한 제안을 해주셨지만 혹시라도 정치적 색깔이 너무 강한 내가 누가 될까 망설이다 그만 선생님과 너무 때 이른 작별을 하고 말았다. 파르마콘을 중심으로 놓고 보자면 선생님 생각과 너무나 가까울 졸역서가 선생님께 지키지 못한 약속을 '대리보충'할 수 있으면 더 이상 바람이 없을 것이다.

나는 대학원에서 셰익스피어를 전공하려 했으나 시대의 어둠은 나를 너무 일찍 '지하생활자'로 끌고 가버렸다. 지도 교수님인 이종숙 선생님은 몇 번밖에 찾아뵙지 못했지만 항상 나의 설익은 이야기를 끝까지 경청하신 끝에 '과연 그럴까?'라는 질문으로 나를 큰 깨달음으로 이끌어주셨다. 그것은 온갖 당파적 이론과 과격한 주장, 고집과 이데올로기가 난무하는 '지하생활'에서도 언제나 나를 오만과 편견에서 구해준 금과옥조였다. '과연 그럴까?'라는 동일한 목소리가 본서에서도 낭랑하게 울리는 것을 확인하는 즐거움은 공부의 원리는 예상외로 간단명료하다는 생각을 하게 만든다.

모쪼록 '그런데 말이야 ……'와 '과연 그럴까?'로 서구의 지난 500년의 삶=신앙과 신념의 여정을 '탈구축'하고 반성하는 저자의 혜안이 도무지 안개 속인 21세기를 읽는 새로운 지도 작성으로 이어지길 기대해본다.

'법무법인 고구려' 대표인 신석범 변호사는 초역이 진행되는 기간 동안 거금을 들여 역자를 지원해주었다. 본업과는 전혀 관계없을 본서에 대해 아무것도 묻지도 따지지도 않고 흔쾌히 지원해준 후의에 드리는 깊은 감사를 이렇게 기록해둔다.

원래 본서와 일부 주제가 겹치는 저자의 또 다른 주저 『자아의 원천들』(1989년)과의 연속성/비연속성을 살펴보는 글을 따로 작성할 생각이었으나 나의 건강을 염려한 가족의 만류로 본격적인 내용에 대해서는 변죽만 울리고 만 듯한 후기로 글을 줄인다. 언젠가 기회가 닿으면 완수해야 할 숙제로 남기며, 독자들의 많은 질정을 바란다.

2024년 5월, 역자

본서는 모든 출판 준비를 마쳤지만 재정상의 어려움 때문에 거의 2년여 동안 깊은 망각의 잠에 빠져있었다. 컴퓨터 속에서 깊은 잠을 자고 있던 원고가 이렇게 세상의 빛을 볼 수 있게 된 것은 김동춘 교수님과 고상섭 목사님의 도움 덕분이다.

과거에는 독재정권이 무시무시한 철권으로 사상의 자유를 억눌렀지만 지금은 자본이라는 우아한 세이렌이, 즉 합리성의 대변인('돈이 안 되는 짓을 왜 하냐?')이자 객관성의 심판관('판매부수를 봐라?' 책뿐만 아니라 한때 세계영화계에 혁명을 몰고 온 한국 영화의 현재 제작 편수는 0편에 가깝다고 한다)이 사상의 자유를 부드럽게 말살 중이고, 우리는 '알아서 기는' 중이다.

이 책은 어찌 보면 한편으로는 착한 사마리아인을 화두로 기독교가 '타락했다'고 보는 일리히, 다른 한편으로는 막스 베버의 『프로테스탄티즘의 윤리와 자본주의 정신』에 대한 긴 주해서라는 느낌을 주기도 한다. 번역 도중 간간이 듣는 유튜브 음악 중간에 부단히 등장하는 〈국경없는의사회〉 광고가 '착한 사마리아인', 즉 종교의 본질의 타락('오른손이 하는 일을 왼손이 모르게 하라', 즉 선행은 '남 몰래'가 아니라 '나 몰래'하는 것이다)과 관련해 저자 주장을 새삼스레 확인해준다. 막스 베버가 근대를 읽는 열쇠 말이며 본서의 주도음이기도 한 '주술화/탈주술화' 또한 21세기의 화두인 '탈진실'과 관련해 여전히 생생한 사유의 힘을 잃지 않고 있다. 가령 미국의 경우 가장 반기독교적인 트럼프는 미국의 대중을 '정치적으로' 주술화하고 있지만 디즈니로 대표되는 미제국주의 문화 즉 소프트파워는 우리를 더 이상 주술에 걸지 못하고 있다(그러자 저자가 논의하는 대로 일각에서 들고 나온 것이 바로 '흑설공주' 류의 정치적 올바름PC이다). 그러던 와중에 제국의 변방에서 만든 〈코리안 데몬 헌터스〉가 우리시대의 진정한 '주술화' 그리고 우리 삶의 'Up', 즉 초월성에 대해 많은 사유와 물음을 던지고 있다.

화이트헤드 말대로 서양 철학사가 플라톤에 대한 각주에 불과하다면 서양 근대는 플라톤의 동굴의 우화 그리고 철인-왕에 대한 긴 주석이자 정치적 실천/실험이었던 것 같다. '동굴'과 '계몽주의'/개혁이라는 패러다임 그리고 철학이 신학의 시녀였던 중세와 달리 근대에는 철학이 학문의 제왕이었던 것이 그것을 잘 보여준다. 저자는 동굴-계몽 또는 개혁 패러다임을 중심으로 서양 근대 500여 년의 근본적 모순을 21세기에 바라보면서 '철학'이 매립해버린 또 다른 패러다임, 즉 믿음과 사랑 및 충일의 패러다임을 다시 탈매립해 21세기의 과제로 제시하는 듯하다(그가 신앙인으로서 가톨릭의 '비판적 지지자'인 것 또한 동일한 이유에서인 듯하다).

단테는 지옥으로 들어서면서 하늘에는 별이 없고 삶에서는 희망이 없는 곳이 지옥이라고 말한다. 그리고 우주의 법칙과 나의 법칙이 딱 맞물려 돌아가는 곳이 천국이라고 노래한다. 칸트보다 한참 더 윗길이며, 참으로 테일러적이다. 고로, 신학과 철학 모두를 새로운 출발선에 둘 때일까?

2025년 12월, 역자

■ 찾아보기

(색인의 페이지는 본문의 난외 페이지, 즉 원서 페이지를 가리킨다)

〈ㄷ〉

〈ㄹ〉

〈ㅁ〉

〈ㅅ〉

〈ㅈ〉

〈ㅊ〉

〈ㅋ〉

〈ㅌ〉

〈ㅍ〉

〈ㅎ〉